Nach dem deutschen Feinheitsgebot.

Jedem das Feine.

Inhaltsverzeichnis

Vorwort
Sterne, die den Weg weisen — 2

Zeichenerklärung
Von Sternen, Kronen und anderen Klassifizierungen — 4

Die Besten der Besten
22 Hotels der Sonderklasse — 10
26 Restaurants der Sonderklasse — 11

Wettbewerb
Varta Segnitz Trophy — 12

Reisekarte
Die Reisekarte im Überblick — Karte 6-7
Zeichenerklärung für die Reisekarte

Die Reisekarte auf 65 Seiten — Karte 8-73

Der Varta-Führer
Hotels und Restaurants von Aachen bis Zwota — 18

Motels und Raststätten
Rasten an den Autobahnen — 1114

Reisehilfen
Schnelle Hilfen für unterwegs — 1121

Buchungsservice
Hier können Sie buchen — 1122

Impressum — 1126

Sterne, die den Weg weisen

Der Varta-Führer empfiehlt Ihnen eine sorgfältig geprüfte Auswahl von Hotels, Gasthäusern und Restaurants in Deutschland. Diese Auswahl wird von Jahr zu Jahr bearbeitet und auf den jeweils neuesten Stand gebracht. Unsere Bewertungen mit dem Varta Sternesystem dienen der Hervorhebung von empfehlenswerten Hotels, Restaurants und Gasthäusern.

Die Nichtnennung eines Hauses stellt dabei keine Aussage über dessen Qualität dar. Unsere fest angestellten Fachinspektoren, allesamt Experten in der Gastronomie- und Hotelbranche, bleiben auf ihren Reisen von Nord nach Süd, von Ost nach West immer inkognito und zahlen für die Leistungen, die sie in Anspruch nehmen.

Ausgewählt werden Betriebe aller Komfortstufen und Preisklassen. Sie werden in Kategorien eingeteilt. ✶ bis ✶✶✶✶✶ oder ⌂ stehen für Hotels und Gasthäuser, ❙❙ bis ❙❙❙❙❙❙❙❙❙❙ oder 🍴 stehen für Restaurants.

Ortsnamen in alphabetischer Reihenfolge

Alle im Varta-Führer genannten Orte werden in alphabetischer Reihenfolge aufgeführt. Früher selbstständige Gemeinden, die Teil einer anderen Gemeinde geworden sind, erscheinen als Stadt- oder Ortsteil unter dem neuen Namen. In vielen Fällen, in denen der Ortsteil- oder der Stadtteilname bekannter ist als der Name des Hauptortes, wurde der bekanntere Name innerhalb der alphabetischen Folge mit Hinweis auf den neuen Namen aufgeführt. Orte mit dem Zusatz „Bad", „Kurort", „Ostseebad", „Seebad", sind unter ihrem Hauptnamen eingereiht. Im Alphabet gilt ä = ae, ö = oe und ü = ue.

Reihenfolge ist Rangfolge

Die Reihenfolge, in der die Betriebe aufgeführt werden, stellt die Rangfolge dar. Die Redaktion will dem Benutzer auf diese Weise Orientierungshilfe innerhalb einer jeden Kategorie geben. Das jeweils beste Haus wird innerhalb der jeweiligen Kategorie als das erste aufgeführt.

Die Kennzeichnung von Leistung

Der Varta-Führer unterscheidet in seinen Symbolen für jeden Betrieb zwischen dem insgesamt gebotenen Rahmen und der Leistung der Mitarbeiter. Der Stern sagt zum Beispiel etwas über die Einrichtung des Wohn- und Arbeitsbereiches aus. Die rote Krone dagegen steht als Symbol für die Leistung der Mitarbeiter, aber auch für ein über das Übliche hinausgehendes Maß an Ausstattung und Dienstleistung. Ist in einem Eintrag das Restaurant vor den Hotelzimmern aufgeführt, handelt es sich um ein „Restaurant mit Zimmern". Das Schwergewicht solcher Betriebe liegt eindeutig in der Gastronomie, sie bieten jedoch zusätzlich Übernachtungsmöglichkeiten an.

Zimmer anderer Kategorien

Die angegebene Kategorie eines Beherbergungsbetriebes bezieht sich jeweils auf den größeren Teil der Zimmer. Verfügt ein Betrieb über eine Anzahl von Zimmern höherer oder niedrigerer Kategorien, weist ein entsprechender Vermerk darauf hin.

Weinstuben, Cafés und Bistros ohne Sterne

Das Bistro entzieht sich einer Klassifizierung analog der für die Restaurant-Kategorien gültigen Maßstäbe. Es handelt sich um eine Betriebsform mit einer kleineren Auswahl an Speisen und einer Ausstattung, die auf relativ kurzen Aufenthalt der Gäste zugeschnitten ist. Bistros werden daher ohne Stern aufgeführt. Ebenfalls ohne Klassifizierung mit Sternen werden spezielle gastronomische Formen mit eindeutigen Angebotsschwerpunkten im Getränkebereich dargestellt. Das betrifft in erster Linie Weinstuben und Bierstuben oder Biergärten. Cafes werden mit dem Symbol der Kaffeetasse aufgeführt.

„Neuzugänge" noch ohne Sterne

Zwangsläufig ohne Klassifizierung und damit ohne Sterne nennt das Buch solche Betriebe, die erst nach Redaktionsschluss eröffnet haben (Neubauten und Umbauten) und daher noch nicht zuverlässig beurteilt werden konnten. Sie stehen jeweils am Anfang der Betriebsauflistung für diesen Ort.

Fotos sind Werbung der jeweiligen Betriebe und nicht Bestandteil der redaktionellen Arbeit.

Beachten Sie bitte, dass die im Buch genannten Zimmerpreise nur Annäherungswerte sein können. Zimmerpreise richten sich nach Angebot und Nachfrage. Sie können zu Zeiten starker Nachfrage, etwa bei Messen oder Großveranstaltungen am Ort, über den Angaben im Varta-Führer liegen. In Zeiten geringer Nachfrage gewähren manche Betriebe auch Preisabschläge. Es kann sich lohnen, danach zu fragen. Nicht selten ändern Betriebe auch während der Geltungsdauer des Buches ihre Preise.

Zeichenerklärung

Von Sternen, Kronen und anderen Klassifizierungen

Hotels und Gasthäuser

⊨ Kostengünstige Unterkunft mit Standard-Ausstattung

* **Hotel oder Gasthaus** mit guter Ausstattung, über dem Durchschnitt

** **Hotel oder Gasthaus** mit sehr guter Ausstattung

*** **Hotel** mit großzügiger Ausstattung

**** **Hotel** mit anspruchsvoller Ausstattung

***** **Hotel** mit außergewöhnlich anspruchsvoller Ausstattung

♛ **Lobenswertes Hotel**
Nach Meinung der Redaktion zeichnet sich ein so ausgezeichneter Betrieb durch einen harmonischen Rahmen und die persönliche Art der Betreuung des Gastes aus. Besonders beachtet werden bei der Vergabe einer Krone alle Elemente, die über das innerhalb einer Kategorie normale Maß an Ausstattung und Zuwendung hinausgehen.

♛♛ **Hervorragendes Hotel**
Eine besonders gute Führung schafft die Atmosphäre, die der Gast für Arbeit und Wohlbefinden wünscht.

♛♛♛ **Erstklassiges Hotel**
Betriebe, die die Redaktion in ihrer Art für richtungsweisend hält.

⊕ Alte, beachtenswerte Architektur oder Einrichtung

einzeln Naturnahe Lage

☾ Ruhige Zimmer vorhanden

⚐ Schöner bzw. interessanter Ausblick möglich

✉ 12345 Postleitzahl des Betriebes

Ballstr 2 (A 3)
Adresse des Betriebes. In Klammern das Planquadrat, in dem die Straße auf dem Stadtplan zu finden ist.

✆ 32 57 89 Telefonnummer

Fax 32 19 13
Telefax-Anschluss

DFÜ Fax-/Modemanschluss im Zimmer möglich

AX American Express
DC Diners Club
ED Eurocard
VA Visa

geschl: Di, Mitte-Ende Jul
Ruhetage und Betriebsferien, wie sie uns von den Betrieben genannt wurden

54 Zi
Dieser Betrieb verfügt über 54 Zimmer

EZ: 180/92-275/140
Zimmerpreis für Einzelzimmer in DM/Euro inkl. Frühstück. Die Umrechnung erfolgte nach dem offiziellem Umrechnungskurs.

Zeichenerklärung

Ⓢ In diesen Hotels können Sie zu Sonderkonditionen übernachten. Eine Buchung zu diesen Sonderkonditionen ist allerdings nur telefonisch über Reich's Hotel und Travel Center möglich. Zu normalen Geschäftszeiten: (05 11) 9 23 99 50, Fax 21 52-6 55.

⊟ Zimmer mit Bad oder Dusche

✆ Zimmer mit Telefon und Amtsleitung

18 🛏 Dieses Hotel verfügt über 18 Nichtraucherzimmer

🅿 Hoteleigene Parkplätze

🏠 Garagen oder Parkhaus vorhanden

2⟳50 Das Haus verfügt über 2 Konferenz-, Gesellschafts- und Tagungsräume für max. 50 Personen.

⌂ Hoteleigenes Hallenbad

≋ Hoteleigenes Freibad

5 Tennis
Anzahl der hoteleigenen Tennisplätze

Golf
In ca. 5 km Entfernung vom Hotel gibt es einen Golfplatz. Platzreservierungen können über die Hotelrezeption vermittelt werden.

Kinderbetreuung
Babysitter/Kinderprogramm auf Anfrage

garni
In diesen Übernachtungsbetrieben wird nur Frühstück serviert. Vielfach können Hausgäste aber damit rechnen, Getränke oder einen Imbiss zu erhalten.

Restaurant
In diesem Hotel sind ein oder mehrere Restaurants vorhanden. Die Öffnungszeiten erfragen Sie bitte an der Rezeption.

Rezeption: 8-13, 17-21
Die Rezeption dieses Hotelbetriebes ist nur in der angegebenen Zeit zu erreichen. Sind keine Angaben vorhanden, so sind die Hotels mindestens von 8-22 Uhr erreichbar.

Zu den Preisangaben
Die Redaktion hat die Preisangaben so spät wie möglich ermittelt. Zweifelsfällen wurde nachgegangen. Die Erfahrung lehrt jedoch, dass Preise häufig im Nachhinein geändert werden. Deswegen empfehlen wir die Nachfrage bei der Buchung.

Zeichenerklärung

Von Sternen, Kronen und anderen Klassifizierungen

Restaurants und Cafés

🍽	Restaurant mit günstigem Preis-Leistungs-Verhältnis
¶	Restaurant mit guter Ausstattung
¶¶	Restaurant mit sehr guter Ausstattung
¶¶¶	Restaurant mit großzügiger Ausstattung
¶¶¶¶	Restaurant mit anspruchsvoller Ausstattung
¶¶¶¶¶	Restaurant mit außergewöhnlich anspruchsvoller Ausstattung
☕	Café
🔑	**Geschulter, erstklassiger Service**

🍲 **Lobenswerte Küchenleistung**
In diesem Restaurant sind die Speisen nach Ansicht unserer Fachinspektoren von lobenswerter Qualität.

🍲🍲 **Hervorragende Küchenleistung**
Grundbestandteile, Zubereitung, Geschmack und Anrichtung befanden unsere Fachinspektoren in diesem Haus für hervorragend.

🍲🍲🍲 **Erstklassige Küchenleistung**
Bei Drei-Kochmützen-Häusern darf ein Leistungsspielraum nach oben nicht erkennbar sein. Beständigkeit und Zuverlässigkeit in der Arbeitsweise sowie herausragende Qualität der Grundprodukte müssen auf diesem Spitzenniveau außer Zweifel stehen. Die Regeln der Kochkunst müssen eingehalten und in vorbildlicher Weise umgesetzt werden. Die Einhaltung der Regeln der Kochkunst bedeutet nicht die ausschließliche Ausrichtung an der traditionellen Küche. Die Drei-Kochmützen-Küche muss vielmehr erkennen lassen, dass sie in der Lage ist, sinnvolle Impulse zu geben. Dabei akzeptiert die Varta-Redaktion spezifische internationale und deutsche Weiterentwicklungen.

✛ **Besonders beachtenswertes Restaurant**
Hier fanden unsere Fachinspektoren eine rundum zufriedenstellende gastronomische Leistung mit einer sehr guten Küchenleistung, einem aufmerksamen und angenehmen Service in einer angenehmen Umgebung und dies alles zu vergleichsweise günstigen Preisen.

> Wird bei einem Restaurant, das im Gebäude eines Hotels oder Gasthauses untergebracht ist, eine Telefonnummer vermerkt, so kann man in aller Regel davon ausgehen, dass dieses Restaurant unter anderer Leitung als der Beherbergungsbetrieb steht.

Hauptgericht: 25/12-40/20
Die Preisspanne in DM/Euro vom preiswertesten bis teuersten Hauptgericht.

Öffnungszeiten
Hier beschränken wir uns darauf, Ihnen nur die Zeiten zu nennen, die vom Üblichen abweichen. Üblich sind Öffnungszeiten über die Mittagszeit und abends ab ca. 18.00 Uhr.

nur abends
Dieser Betrieb ist erst ab ca. 18.00 Uhr geöffnet.

geschl: So, im Winter auch Mo, Jan-Mär
Ruhetage und Betriebsferien, wie sie uns von den Betrieben genannt wurden.

Zu den Ruhetagen
Beachten Sie bitte, dass die im Buch genannten Ruhetage oft nicht eingehalten werden. Zu Messezeiten oder bei Großveranstaltungen sind die Restaurants an diesen Tagen geöffnet. Wenn keine Reservierungen vorliegen, kann es sein, dass ein Betrieb nicht öffnet. Wir empfehlen grundsätzlich, vorher einen Tisch telefonisch zu reservieren.

🛏

In diesem gastronomischen Betrieb stehen den Gästen auch einige Zimmer für die Übernachtung zur Verfügung.

Wir machen den Weg frei

Den richtigen Kurs halten.

Sie sind in Ihren Entscheidungen flexibel und unabhängig. Damit Sie jederzeit über Bargeld verfügen oder auch bargeldlos zahlen können, bieten wir Ihnen die richtigen Karten.

Die Volksbanken Raiffeisenbanken im Internet:
www.vrnet.de

Volksbanken Raiffeisenbanken

Die Volksbanken Raiffeisenbanken arbeiten im FinanzVerbund mit DG BANK, GZ-Bank, WGZ-Bank, Bausparkasse Schwäbisch Hall, DG HYP Deutsche Genossenschafts-Hypothekenbank, DIFA Deutsche Immobilien Fonds AG, Münchener Hypothekenbank eG, R+V Versicherung, Union Investment, VR-Leasing

(Gerd-R. Lang, Uhrmachermeister und Gründer der Chronoswiss, München)

CHRONOSWISS
Faszination der Mechanik

„Zeitgeist finden Sie nicht in meinen Uhren." Also nicht das Oberflächliche, Modische, Flüchtige. Sondern zeitlose Präzision, fanatische Akribie und die unumstößliche Verbundenheit zu beständigem, bodenständigem Handwerk. Meine Uhren passen so gesehen vielleicht nicht mehr in die Zeit. Aber ganz bestimmt zu Menschen, die diesen Anachronismus mit mir teilen. Hätten Sie ein paar Minuten Zeit für mein „Buch mit dem Tick", das ich Ihnen gern zuschicke?

Chronoswiss, Elly-Staegmeyr-Str. 12, 80999 München, Tel. (0 89) 89 26 07-0, Fax (0 89) 8 12 12 35

22 Hotels der Sonderklasse

Mit drei roten Kronen zeichnet die Redaktion des Varta-Führers Betriebe aus, die in jeder Hinsicht vorbildlich sind.
Zwei rote Kronen kennzeichnen die hervorragende Leistung eines Betriebes.

Baden-Baden
Brenner's Park-Hotel

Baiersbronn
Hotel Bareiss Im Schwarzwald
Hotel Traube-Tonbach

Bühl
Schlosshotel Bühlerhöhe

Bad Laasphe
Hotel Jagdhof Glashütte

Aschau i. Chiemgau
Hotel Residenz Heinz Winkler

Badenweiler
Hotel Schwarzmatt

Bergisch Gladbach
Hotel Malerwinkel

Berlin
Four Seasons Hotel
Hotel Brandenburger Hof

Cuxhaven
Badhotel Sternhagen

Dresden
Hotel Bülow Residenz

Essen
Hotel Residence

Hamburg
Hotel Abtei
Hotel Louis C. Jacob

Köln
Hotel im Wasserturm

Herxheim bei Landau
Hotel zur Krone

Ofterschwang
Hotel Sonnenalp

Bad Peterstal-Griesbach
Kur- und Sporthotel Dollenberg

Stromberg
Johann Lafer's Stromburg

Wernberg-Köblitz
Hotel Burg Wernberg

Westerland
Hotel Stadt Hamburg

26 Restaurants der Sonderklasse

Mit drei roten Kochmützen zeichnet die Redaktion des Varta-Führers Küchenleistungen aus, die keine Wünsche mehr offen lassen. Zwei rote Kochmützen kennzeichnen eine hervorragende Küchenleistung.

Baiersbronn
Französisches Restaurant Schwarzwaldstube im Hotel Traube Tonbach

Dreis
Restaurant im Waldhotel Sonnora

Essen
Restaurant im Hotel Residence

Aschau i. Chiemgau
Restaurant im Hotel Residenz Heinz Winkler

Baiersbronn
Restaurant Bareiss im Hotel Bareiss im Schwarzwald

Bergisch Gladbach
Restaurant Dieter Müller im Schloßhotel Lerbach

Berlin
Restaurant First Floor im Hotel Palace

Bühl
Restaurant Imperial im Schloßhotel Bühlerhöhe

Celle
Restaurant Endtenfang im Hotel Fürstenhof Celle

Deidesheim
Restaurant Schwarzer Hahn im Hotel Deidesheimer Hof

Dortmund
Restaurant La Table

Düsseldorf
Restaurant Im Schiffchen

Grevenbroich
Restaurant Zur Traube

Hamburg
Jacobs Restaurant im Hotel Louis C. Jacob

Herxheim bei Landau
Kronen-Restaurant im Silencehotel zur Krone

Laasphe, Bad
Restaurant L'école

Monschau
Restaurant Remise im Alten Getreidehaus

München
Restaurant Am Marstall
Restaurant Tantris

Bad Nenndorf
Restaurant La forge im Schmiedegasthaus Gehrke

Perl
Restaurant im Hotel Schloss Berg

Salach
Burgrestaurant Staufeneck

Stromberg
Restaurant Le Val d'Or im Hotel Johann Lafer's Stromburg

Stuttgart
Restaurant Speisemeisterei

Wernberg-Köblitz
Kastell im Hotel Burg Wernberg

Zweiflingen
Restaurant im Wald- u. Schlosshotel Friedrichsruhe

Varta Segnitz Trophy

Der Wettbewerb Varta Segnitz Trophy um Pokal für den besten Nachwuchs Oberkellner Deutschlands will den talentierten Nachwuchs im Servicebereich der Gastronomie fördern und dem Ansehen des Serviceberufes den Stellenwert vermitteln, den er verdient.

Der Wettbewerb wird gemeinsam vom Bremer Weinimporteur A. Segnitz & Co. GmbH und dem Varta-Führer ausgerichtet.

Die bisherigen Gewinner der Varta Segnitz Trophy:

1990/91	Uwe Pörschmann
1991/92	Hennig Heise
1992/93	Anja Luley
1993/94	Michael Weil
1994/95	Marie-Helen Krebs
1995/96	Anja Siewert
1996/97	Michael Dankwart
1998/99	Melanie Koch

„Gastgeber des Jahres"

Der Nachwuchs braucht Vorbilder, die „Gastgeber des Jahres". So verleihen seit 1994 die Redaktion des Varta-Führers und die A. Segnitz & Co. GmbH im Rahmen des jährlichen Wettbewerbes um die Varta Segnitz Trophy diese Auszeichnung an die Patrons für ihre vorbildliche Art des Umgangs mit dem Gast.

Die „Gastgeber des Jahres" 2000/2001

Hermann Bareiss
Hotel Bareiss im Schwarzwald

Manfred Brennfleck
Hotel Excelsior

Jost Deitmar
Hotel Louis C. Jacob

Lothar Eiermann
Wald- u. Schloßhotel Friedrichsruhe

Heiner Finkbeiner
Hotel Traube-Tonbach

Ralf Kutzner
Residenz Bülow

Johann Lafer
Johann Lafer's Stromburg

Manuel Lechner
Restaurant am Marstall

Daniela Sauter
Hotel Brandenburger Hof

Andreas Schmitt
Hotel Fürstenhof

Reto E. Schuhmacher
Schlosshotel Bühlerhöhe

Erstmalig hat der Varta-Führer 1998 die besten Gastgeberinnen und Gastgeber des Jahres ausgewählt, um den hohen Servicestandard in Deutschland hervorzuheben und auch andere Gastgeber anzuregen, ihren Service weiter zu verbessern.

Die besten Gastgeberinnen und Gastgeber haben ihre beste Nachwuchskraft im Service für den Wettbewerb um die Varta Segnitz Trophy ausgewählt und an den Veranstaltungsort begleitet.

Die Reisekarte im Überblick

Maßstab 1 : 600 000

Zeichenerklärung

Die Reisekarte des Varta-Führers zeigt alle Orte, in denen die Redaktion empfehlenswerte Betriebe gefunden hat, mit roten Ortspunkten. Darüber hinaus enthält sie wichtige Orte, die Ihnen die Orientierung erleichtern sollen. Alles weitere erfahren Sie dann im eigentlichen Varta-Führer, alphabetisch gelistet ab Seite 19.

Hinter jedem Ortsnamen finden Sie Zeichen: 29□, 60↓, 33↖, 42→. Die Zahl ist die Seitenzahl, auf der Sie den entsprechenden Ort im Kartenteil finden. Das angehängte Zeichen gibt das Planfeld an. Nach folgendem Raster haben wir die Seiteneinteilung vorgenommen:

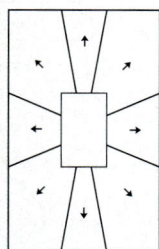

○
Orientierungsorte, nicht im Datenteil erwähnt. Oder - Orts- und Stadtteile von genannten Hauptorten

Orte, die im Varta-Führer beschrieben sind

München
In einem so hervorgehobenen Ort befindet sich zumindest ein Hotel mit mindestens einer ♛

München
In einem so hervorgehobenen Ort befindet sich zumindest ein Restaurant mit mindestens einer 🍷

München
In einem so hervorgehobenen Ort befindet sich zumindest ein Restaurant mit mindestens einer ✢

Autobahn mit Anschlussstelle

Autobahn im Bau mit Datum der voraussichtlichen Verkehrsübergabe

Autobahn geplant mit voraussichtlichem Fertigstellungstermin

mehrbahnige Bundesstraßen

mehrbahnige Bundesstraßen in Planung

Bundesstraßen

Bundesstraßen im Bau

Bundesstraßen in Planung

Sonstige Straßen

Grenzen

Autofähre

Schifffahrtlinie

🅡
Raststätte mit Übernachtung

Ⓡ
Raststätte ohne Übernachtung

Ⓣ
Autobahn-Tankstelle

8
Autobahn-Nummer

E30
Europastraßen-Nummer

✦
Verkehrsflugplatz

112
Bundesstraßen-Nummer

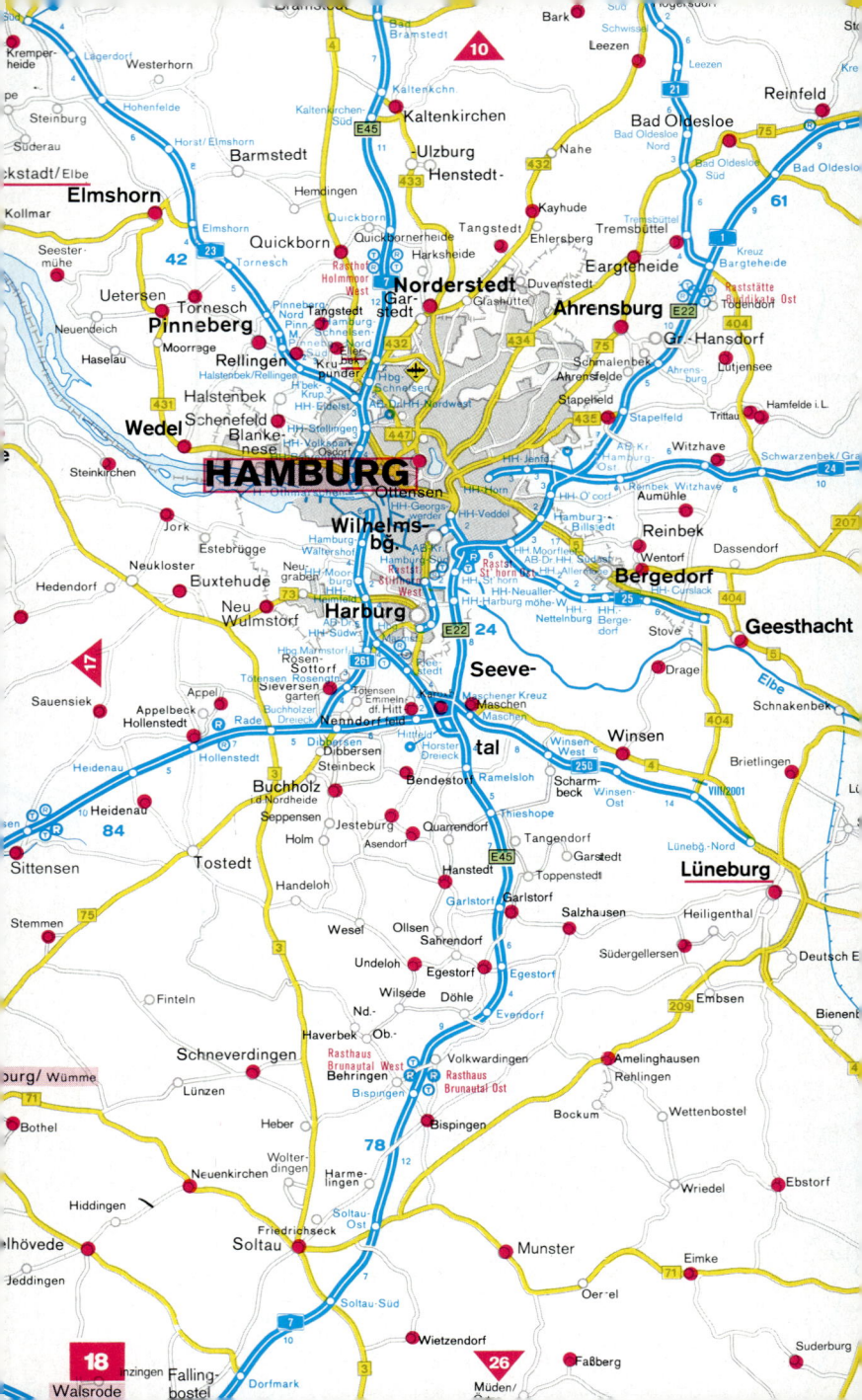

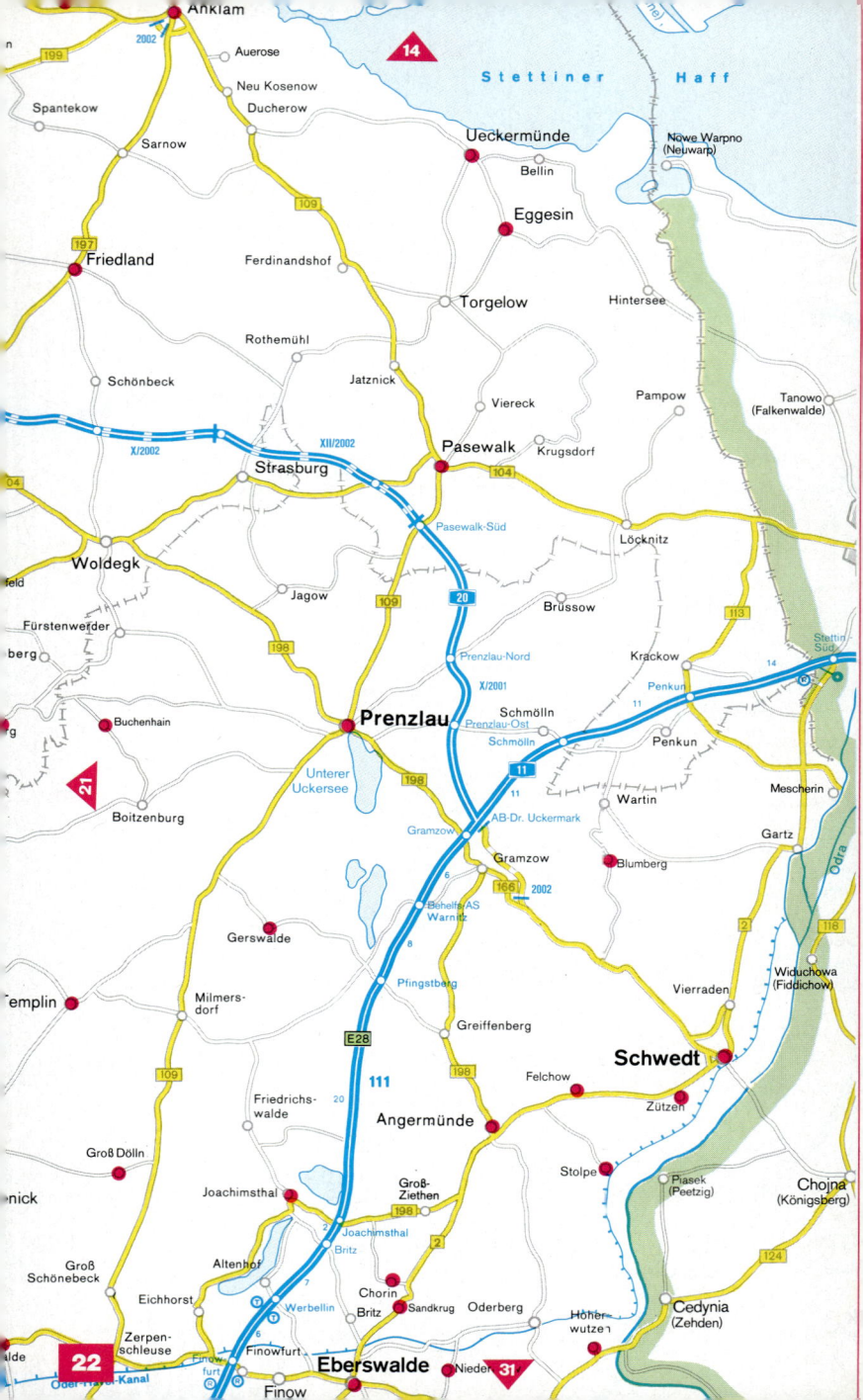

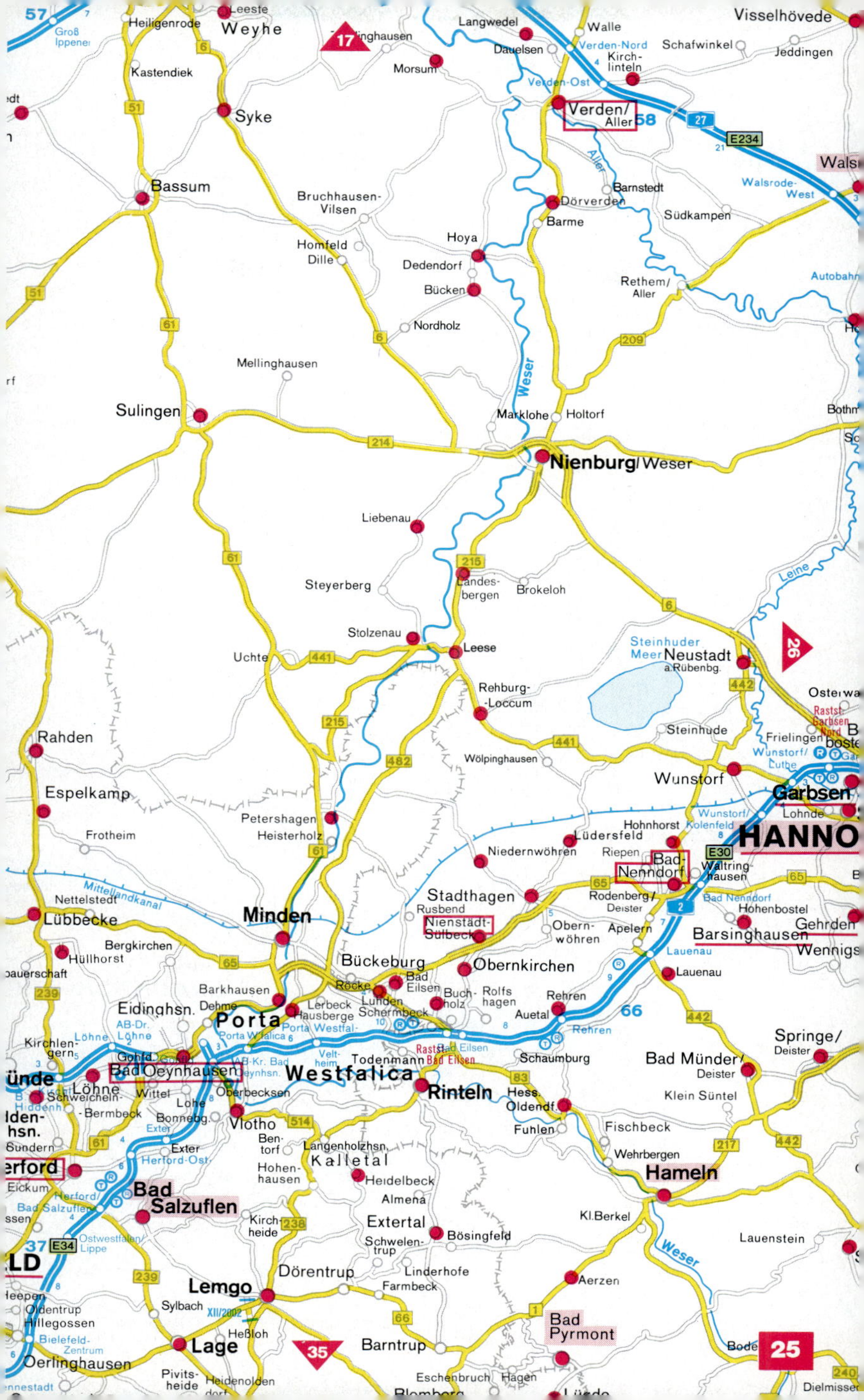
57
Groß Ippener
Heiligenrode
Leeste
Weyhe
17
Langwedel
Walle
Visselhövede
Daueisen
Verden-Nord
Kirch-linteln
Schafwinkel
Jeddingen
Morsum
Kastendiek
Verden-Ost
Verden/Aller
58
27
E234
Syke
Aller
Walsrode-West
Bassum
Bruchhausen-Vilsen
Barnstedt
Dörverden
Barme
Südkampen
Hoya
Homfeld
Dille
Dedendorf
Rethem/Aller
Autobahn
Bücken
Nordholz
209
Mellinghausen
Weser
Sulingen
Marklohe
Holtorf
214
Nienburg/Weser
Liebenau
215
Landes-bergen
Brokeloh
Steyerberg
Leine
Stolzenau
Leese
26
Uchte
441
Steinhuder Meer
Neustadt a.Rübenbg.
442
Rehburg-Loccum
Osterwald
Raststätte Garbsen Nord
Steinhude
Rahden
Frielingen
Wunstorf/Luthe
Wölpinghausen
482
Wunstorf
Garbsen
Espelkamp
Lohnde
Petershagen
Hohnhorst
Wunstorf/Kolenfeld
HANNO
Heisterholz
Lüdersfeld
Frotheim
Niedernwöhren
Riepen
E30
Bad-Nenndorf
Waltring-hausen
Mittellandkanal
65
Nettelstedt
Stadthagen
Rodenberg/Deister
Bad Nenndorf
Hohenbostel
Lübbecke
Minden
Rusbend
Nienstädt-Sülbeck
Obern-wöhren
Apelern
2
Gehrden
Barsinghausen
Bergkirchen
Wennigsen
Hüllhorst
Bückeburg
Obernkirchen
Lauenau
Bauerschaft
239
Barkhausen
Röcke
Bad Eilsen
Buch-holz
Rolfs hagen
Rehren
Eidinghsn.
Dehme
Lerbeck
Lühden
Auetal
66
Porta
Hausberge
Schermbeck
AB-Dr. Löhne
Porta Westfal-
Rehren
Springe/Deister
Kirchlen-gern
Löhne
Porta W'falica
Velt-heim
Todenmann
Raststätte Bad Eilsen
Schaumburg
Gohfeld
AB-Kr. Bad Oeynhsn.
Bad Münder/Deister
Bünde
Bad Oeynhausen
Westfalica
83
Rinteln
Löhne
Schweicheln-Bermbeck
Wittel
Lohe
Oberbecksen
Hess. Oldendf.
Klein Süntel
Bonnebg.
Vlotho
Fuhlen
Fischbeck
Sundern
Exter
514
Ben-torf
Langenholzhsn.
217
Herford-Ost
Wehrbergen
Herford
Kalletal
Hohen-hausen
Heidelbeck
Hameln
Eickum
Bad Salzuflen
Almena
Herford/Bad Salzuflen
Kirch-heide
238
Extertal
Bösingfeld
Kl.Berkel
Lauenstein
Schwelen-trup
E34
Ostwestfalen/Lippe
Weser
37
Dörentrup
Linderhofe
Lemgo
Farmbeck
Aerzen
Heepen
Oldentrup
Sylbach
XII/2002
Hillegossen
Bielefeld-Zentrum
Heßloh
66
Bad Pyrmont
35
Lage
Barntrup
Bodenwerder
25
Oerlinghausen
Pivits-heide
Heidenoldendorf
Eschenbruch
Hagen
Blomberg
Lügde
Dielmissen
240

Map of the Hannover–Braunschweig–Hildesheim region (Lower Saxony, Germany).

Places and features visible on the map include:

- Soltau, Soltau-Süd, Munster, Eimke, Oerrel, Suderburg
- Jeddingen, selhövede, Hünzingen, Fallingbostel, Wietzendorf, Faßberg
- Walsrode, Walsrode-West, Walsrode-Süd, Tietlingen, Dorfmark, Müden/Ortze, Baven, Hermannsburg
- Autobahndreieck Walsrode, Westenholz, Bergen, Oldendorf, Eschede
- Hodenhagen, Ostenholzer Moor, Offen, Eversen-Altensalzkoth
- Essel, Bothmer, Schwarmstedt, Wietze, Winsen, Gr. Hehlen, Gockenholz, Lachendorf
- Boye, Klein Hehlen, **Celle**, Altencelle, Wienhausen, Müden a. d. Aller
- Duden-Rodenbostel, Berkhof, Mellendorf, Nienhagen
- Hellendorf, Wede-mark, AB-Dreieck Hannover-Nord, Wettmar, Burgwedel
- Scherenbostel, Kleinburgwedel, Thönse
- Langenhagen-Kaltenweide, Bissendorf, An der Wietze, Groß-Burgwedel, Farster Bauernsch., Kircher Bauernsch.
- Osterwald, Krähenwinkel, Isernhgn., **Jetze**, Meinersen
- Rastst. Garbsen, Stelingen, Godshorn, Ndr. Häg. Bau., Altw. Burgdorf, Burgdorf, Volkse, Hillerse
- Frielingen, Berenbostel, **Langenhagen**, Beinhorn, Steinwedel, Didderse
- Wunstorf, Lutte, **Garbsen**, Havelse, Hann.-Lahe, H/Kirchhorst, Lehrte-Ost, Stederdorf, Rüper
- Lohnde, **Seelze**, AB-Dr. Hannover-Ost, Lehrte, BS-Waterbüttel, BS-Hafen
- **HANNOVER**, H-Misb., H-Buchh., Hannover-Anderten, Ahlten, Hämelerwald, Peine, **Peine**, Wendeburg
- Benthe, Westerfd, Laatzen, Bilm, Sehnde, Mittellandkanal
- Hohenbostel, Ronnenberg, Hemmgn., Grasdorf, AB-Kr. Braunschw. Südw., BS-Rüningen
- hausen, Gehrden, Wennigsen, Pattensen, Ummeln, Algermissen, Ilsede, **BRAUNSCHWEIG**
- Autobahndreieck Hannover-Süd, Groß-Bülten, Lahstedt-Gadanstedt, BS-Lehndf
- Springe/Deister, Sarstedt, Ahrbergen, Giesen, Hohenleggelsen, Söhlde, SZ-Lebenstedt, S.-Lebenstedt, S.-Bleckenstedt, Broitzen
- **HILDESHEIM**, Hildesheim/Drispenstedt, Schellerten, SZ-Watenstedt, SZ-Lebenstedt-Süd, **SALZ...**
- Osterwald, Mehle, Ochtersum, Wendhausen, Lichtenberg, S.-Gebhardshagen, S.-Bad
- Elze, Diekholzen, Barienrode, Großdüngen, Dernebg., Astenbeck, Salzg. Holle, Badeckenstedt, Steinlah, S.-Bad, Flöthe
- Gronau, Oldendorf, Heinum, Detfurth, Bad Salzdetfurth, Autobahndreieck Salzgitter, Haverlah
- auenstein, Salzhemmendorf, Rheden, Grafelde, Liebenstedt
- Marienhagen, Adenstedt, **Bockenem**, Bockenem, Ostharingen, Lütter a. Barenberge
- Brunkensen, Alfeld/Leine, Hörsum, Lamspringe
- Coppengrave, Grünenplan
- enwerd, Dielmissen

Route markers/numbers visible: 7, 3, 4, 191, 214, 188, 443, 444, 65, 37, 1, 6, E45, E30, E45, 248, 442, 64, 243, 2, 352, 494

Triangular markers: **18**, **25**, **26**, **36**, **41**, **44**, **45**, **46**, **48**, **19**

Uelzen
493
19
Lüchow
Veerßen
Suhlendorf
71
Kölau
Schnega
71
Arendse
190
Salzwedel
Bad
Bodenteich
Tylsen
Dähre
Kuhfelde
rakensehl
Diesdorf
Masel
Winterfeld
Jeetze
Brunau
Hankensbüttel
244
Wittingen
248
Beetzen-
dorf
Repke
Istorf
224
Elbe-
Seitenkanal
71
Kakerbeck
Kalbe
Klötze
Wahrenholz
Brome
Wesendorf
Zicherie
Neuferchau
Grußendorf
Sassen-
burg
248
Gardelegen
244
188
Lindenthal
Tappenbeck
Brackstedt
Mieste
Gifhorn
188
Weyhausen
Alt-
Wolfsbg.
Sandkamp
Sand-
kamp
Vorsfelde
Letz
28
Isen-
büttel
Fallersleben
WOB-W.
Oebisfelde
Fallersleben
WOLFSBURG
Calvörde
71
WOB-Mörse
Flechtorf
Hattorf
39
248
AB-Kr.
Braunschweig-
Nord
BS-Flugh.
Lehre
Königslutter
Bülstringen
2
Werferlingen
Braunschweig-
Ost
AB-Kr.Wolfsburg/
Königslutter
BS-Hansestr.
BS-Hamb. Str.
BS-Celler Str.
Rennau
Haldens
Essehof
Süplingen
Helmstedt -West
Riddagshausen
Bornum
Königslutter
82
Beendorf
BS-Rautheim
245
Helmstedt-Zentrum
Rst.
Lappwald
Bad Helmstedt
BS-Südstadt
AB-Kr.BS-Süd
BS-Heidberg
1
Helmstedt
Alleringers-
leben
1
Melverode
BS-Stöckheim
Wolfenbüttel- N.
Wald-
katen
Marienb./
Helmstedt
Dahlenwarsleber
Bornstedt
Eilsleben
nningen
Wolfenbüttel
Kneitlingen
Irxleben
Wolf.-NW
Ahlum
245 a
1
Magdebu
Wolfenbüttel-West
Wolfenbüttel-Süd
Schöningen
Eils-
leben
Magdebu
Stadtfe
TER
82
MAGDE
79
244
Seehausen
246 a
Wanzlebe
Heiningen
Hamers-
leben
Jakobsberg
Wanzleben
Hornburg
Schladen
244
245
Oschers-
leben
180
Großals-
leben
Hadme
leben
27
Alte
37
Osterwieck
Dardesheim
Schwanebeck
Vienenburg
Vienenburg-Ost
burg

20
Kyritz
Bad Wilsnack
Groß Lüben
Seehausen
Leppin
Arendsee
190
Breddin
Werben
Neustad
189
Havelberg
Elbe
Sandau
Osterburg
Rhinow
Jeetze
Brunau
Goldbeck
102
Meßdorf
Häsewig
Klein Schwechten
Lindtorf
Arneburg
Schollene
107
Kalbe
Bismark
Stendal
Rath
Storkau
27
Vinzelberg
2001
Bützer
Prem
Tangermünde
Milow
188
Jerichow
Lüderitz
Letzlingen
Vehlen
Tangerhütte
Genthin
Bens
71
Dolle
Elbe-Havel-Kanal
Parey
Wusterwitz
189
1
Rogätz
Colbitz
Ziesar
15
Haldensleben
Burg
78
2002
14
Jersleben
Wolmirstedt
2
Ziesar
Glindenberg
Lostau/Hohenwarte
6
E30
Schopsdorf
Burg-Ost
11
Theeßen
Magdeburg-Rothensee
Möser
Burg-Zentrum
Drewitz
71
Dahlenwarsleben
Barleben
Lostau
107
12
Börde Nord
Ebendorf
Magdeburg-Zentrum
Irxleben
246a
Biederitz
1
Magdeburg-Kannenstieg
AB-Kr.
Magdeburg
Möckern
Heyrothsberge
Reetz hütte
Magdeburg-Stadtfeld
246
MAGDEBURG
Loburg
14
Nedlitz
Wanzleben
Gommern
Leitzkau
M'burg-Sudenburg
Reform
246a
Lindau
81
Beyendorf
184
71
Osterweddingen
180
Schönebeck
187a
Schönebeck
38
Zerbst
28
nweddingen
E49
Barby
Düben

Alt Ruppin
21
Neuruppin
Walsleben West
167
Herzberg
Neulöwenberg
Neuruppin
Wusterhausen
24
63
Löwenberg
Liebenwalde
Neuruppin-Süd
Wustrau-Altfriesack
5
Nassenheide
Fehrbellin
Fehrbellin
Beetz
Sommerfeld
Zehlendorf
Sachsenhausen
Brunne
Kremmen
Oranienburg
273
Wandlitz
Friesack
Gr. Ziethen
Schwante
Basdorf
2002
E251
41
Kremmen
Schwante
AB-Dr. Oranienbg.
Tietzow
AB-Dr. Havelland
E55
Birkenwerder
Schönwalde
Birken-werder
Mühlenbeck
Börnicke
Hennigsdorf
Velten
Hohen Neuendf.
Wagenitz
Velten
Stolpe
E26
Schildow
273
Hennigs-dorf
43
111
96
Glienicke
Schönwalde
Sch'dorfer Str.
5
Falkensee
114
BERLIN
Nauen
10
Falken-see
Brieselang
48
XII/2001
Bln.-Spandau
AB-Dr. Charlottenbg.
Seestraße
K.-Sch.-Pl.
Wachow
5
Dallgow
AB-Dr. Funkturm
Päwesin
E55
Kr. Wilmersdorf
Kreuz Schöneberg
273
2
Pritzerbe
Ketzin
Potsdam Nord
Fahrland
Hüttenweg
Raststätte Grunewald
Havel
115
Brielow
Spanische Allee
Saarstr.
Töplitz
Leest
Zehlendorf
Kleinmachnow
Götz
Phöben
POTSDAM
Kemnitz
1
96
Brandenburg
1
Groß Kreutz
Wildpark West
Werder
Klein-machnow
Teltow
31
Groß Kreutz
Potsdam-Babelsberg
101
30
Brandenburg
Netzen
Geltow
Groß Beeren
Mahlow
Netzen
Lehnin
AB-Dr. Werder
Caputh
Michen-dorf
Dahlewitz
12
E51
Ludwigsfelde-West
Ludwigsfelde-Ost
33
Rangsdorf
Namitz
Glindow
Michendorf Nord
Saar-mund
Saar-mund
10
12
10
Lehnin
9
E30
E55
Genshagen
Löwenbruch
AB-Dr. Potsdam
Ferch
Potsdam-Süd
AB-Dr. Drewitz
Ludwigs-felde
XII/2001
Wollin
Golzow
Beelitz-Heilstätten
Wildenbruch
101
Groß Briesen
Beelitz
Trebbin
246
Klein Briesen
Zossen
Borkheide
Beelitz
Mellensee
102
Brück
Lütte
E51
Wünsdorf
Klausdorf
Belzig
Lüsse
2
Schmerwitz
Schlamau
246
9
Dahnsdorf
Wiesenburg
Niemegk
Treuenbrietzen
Luckenwalde
Niemegk
Stülpe
Raben
Klein Marzehns
Kloster Zinna
Jüterbog
115
Niedergörsdf.
39
Kropstädt
29
Köselitz
Straach
Niebendorf
Heinsdorf
102

21
22
29
39
40
BERLIN
POTSDAM
Alt Ruppin
Herzberg
Löwenberg
Neulöwenberg
Liebenwalde
Groß Schönebeck
Eichhorst
Altenhof
Werbellin
Zerpen-schleuse
Finowfurt
Finow
Ebers
Oder-Havel-Kanal
Wustrau-Altfriesack
Beetz
Sommerfeld
Fehrbellin
Nassenheide
Zehlendorf
Stolzen-hagen
Sachsenhausen
Oranienburg
Kremmen
Gr. Ziethen
Schwante
Wandlitz
Basdorf
Schönwalde
Lanke
Biesenthal
Bernau
Bernau-Süd
Schönfeld
Tietzow
Börnicke
AB-Dr. Havelland
AB-Dr. Oranienbg.
Birkenwerder
Birken-werder
Mühlenbeck
Bernau-Nord
AB-Dr. Pankow
Velten
Stolpe
Hohen Neuendf.
Hennigsdorf
Hennigs-dorf
Schildow
Glienicke
Schönwalde
Falkensee
Sch'dorfer Str.
Schönl. Str.
Buchez Str.
Bln.-Weißensee
AB-Dr. Schwanebeck
Bln.-Hohen-schönhsn.
Werneuc
Alt-landsberg
Nauen
Brieselang
Falken-see
Prenzl. Chaussee
Prenzl. Prom.
K.-Sch.-Pl.
Hönow
Bln. Marzahn
Freders
XII/2001
Bln.-Spandau
AB-Dr. Charlottenbg.
Seestraße
Dallgow
AB-Dr. Funkturm
Dahlwitz
Hoppegarten
Kr. Wilmersdorf
Schöneiche
Rüdersdf.
Spree
Woltersdorf
Ketzin
Potsdam Nord
Fahrland
Hüttenweg
Raststätte Grunewald
Schöneberg
Buschkrugallee
Havel
Töplitz
Leest
Span. Allee
Saarstr.
Erkner
Dreieck Treptow
Zehlendorf
Kleinmachnow
Klein-machnow
Kemnitz
Phöben
Wildpark West
Werder
Teltow
Eichwalde
Berlin-Grünau
Groß Kreutz
Potsdam-Babelsberg
Groß Beeren
Mahlow
Zeuthen
AB-Dr. Spreeau
Geltow
Caputh
Michen-dorf
Michendorf Nord
Saar-mund
AB-Dr. Werder
Glindow
Dahlewitz
Rangsdorf
Schönefelder Kreuz
Königs Wusterhsn.
Ludwigsfelde-West
Ludwigsfelde-Ost
Genshagen
Löwenbruch
Niederlehme
Zeesen
Königs Wusterhausen
Ragow
Ferch
AB-Dr. Potsdam
Potsdam-Süd
AB-Dr. Drewitz
Wildenbruch
Ludwigs-felde
Mitten-walde
Mittenwalde
Beelitz-Heilstätten
Beelitz
Trebbin
Zossen
Motzen
Borkheide
Mellensee
Groß Köris
Wünsdorf
Klausdorf
Löpten
Teupitz
Treuenbrietzen
Luckenwalde
Baruth/Mark
Baruth
Stülpe
Staakow
Kloster Zinna
Jüterbog
Niedergörsdf.
Golßen
Freiwalde
Kropstädt
Niebendorf-Heinsdorf

22
124
Sandkrug
Oderberg
Hohen-
wutzen
Cedynia
(Zehden)
118
Warnice
(Warnitz)
Niederfinow
Falkenberg
167
2002
Gozdowice
(Güstebiese)
Mieszkowice
(Bärwalde)
Barnówko
(Berneuchen)
129
Bad Freienwalde
Oder
Debno
(Neudamm)
Wriezen
2002
22
Letschin
Warta
Reichenow
Prötzel
Neuhardenberg
Kostrzyn
(Küstrin)
Bollersdorf
Manschnow
133
Buckow
Strausberg
Seelow
1
Gorzyca
(Göritz)
Müncheberg
167
112
1
5
Heinersdorf
118
Falkenhagen
Lebus
5
Grünheide
Hangels-
berg
Fürstenwalde
Frankfurt
(Oder)
Slubice
Berkenbrück
12
Berkenbrück
58
E30
2
Oder-Spree-Kanal
Spreenhagen
Storkow
Fürsten-
walde-West
Fürstenwalde-
Ost
Briesen
Müllrose
Frankfurt
(Oder)-Süd
Neu Golm
Bad Saarow-
Pieskow
Neubrück
275
Brieskow-
Finkenheerd
Müllrose
Storkow
Groß
Schauen
Scharmützel-
see
87
Cybinka
(Ziebingen)
Wendisch
Rietz
Herzberg
Schernsdorf
Rießen
Beeskow
246
Eisenhütten-
stadt
Fünf-
eichen
Klopot
(Kloppitz)
Alt Schadow
Friedland
Groß
Briesen
Chossewitz
Neuzelle
Treppeln
Leibsch
Schwieloch-
see
168
Schlepzig
Goyatz-
Guhlen
Jessern
112
Bresinchen
320
87
Lieberose
Gubin
274
Guben
Lübben
320
97
Atterwasch
Niewitz
Berstetal
41
31
Drachhausen
Straupitz
Turnow
115

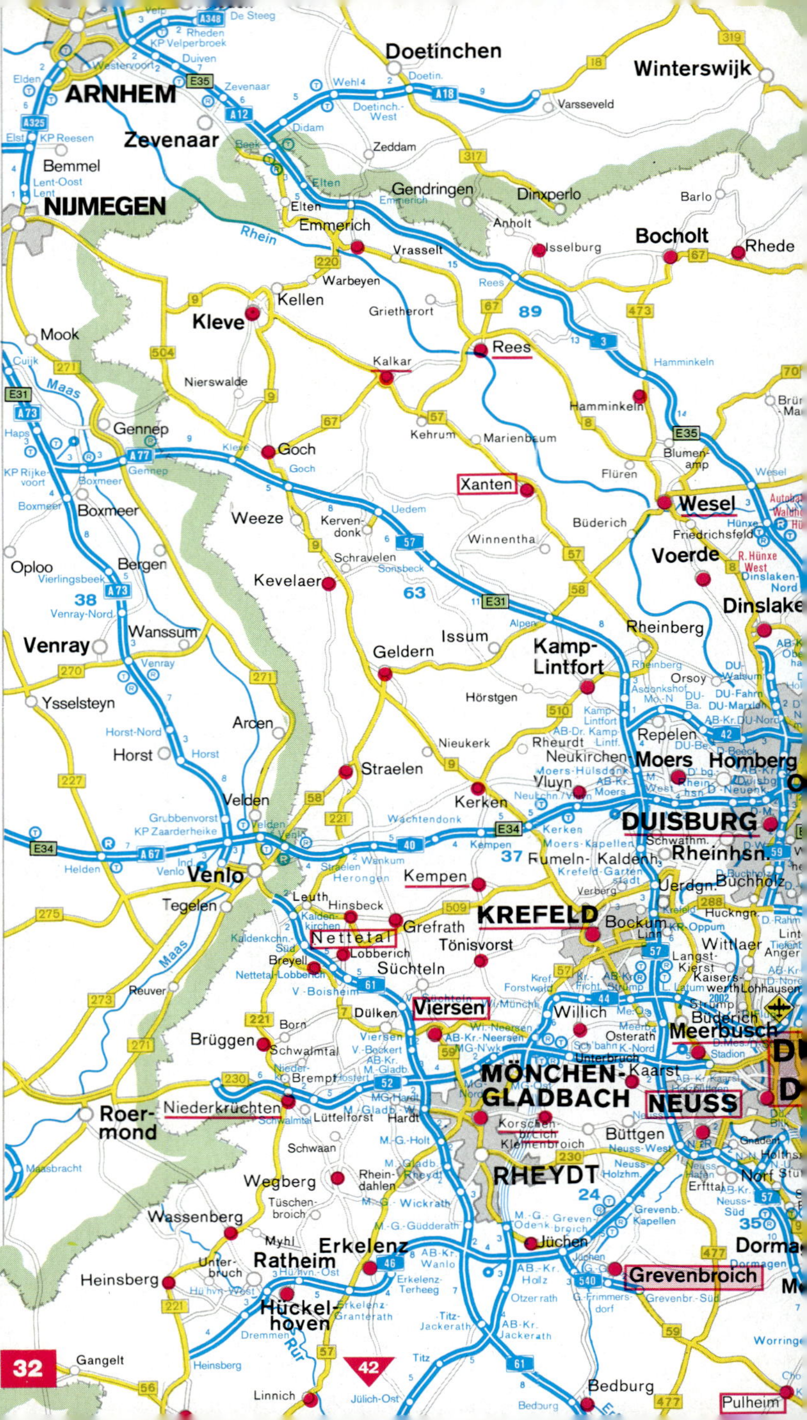
ARNHEM
Zevenaar
NIJMEGEN
Bemmel
Doetinchen
Winterswijk
Varsseveld
Zeddam
Gendringen
Dinxperlo
Barlo
Anholt
Elten
Emmerich
Rhein
Vrasselt
Isselburg
Bocholt
Rhede
Warbeyen
Kellen
Kleve
Griethertort
Rees
Mook
Kalkar
Nierswalde
Hamminkeln
Gennep
Goch
Kehrum
Marienbaum
Blumenkamp
Xanten
Flüren
Wesel
Boxmeer
Weeze
Kervendonk
Uedem
Büderich
Winnenthal
Friedrichsfeld
Voerde
Oploo
Bergen
Schravelen
Sonsbeck
Kevelaer
Dinslaken
Wanssum
Venray
Issum
Kamp-Lintfort
Rheinberg
Geldern
Orsoy
Ysselsteyn
Hörstgen
Arcen
Repelen
Nieukerk
Rheurdt
Neukirchen
Moers
Homberg
Horst
Straelen
Vluyn
Kerken
Velden
DUISBURG
Rheinhsn.
Venlo
Kempen
Wachtendonk
Tegelen
Leuth
Hinsbeck
Grefrath
KREFELD
Bockum
Uerdgn.
Buchholz
Nettetal
Lobberich
Tönisvorst
Breyell
Süchteln
Wittlaer
Kaiserswerth
Reuver
Dülken
Viersen
Willich
Meerbusch
Brüggen
Born
Schwalmtal
Bremp
MÖNCHEN-GLADBACH
Kaarst
NEUSS
Roermond
Niederkrüchten
Lüttelforst
Hardt
Korschenbroich
Büttgen
Schwaan
RHEYDT
Wegberg
Rheindahlen
Norf
Tüschenbroich
Wassenberg
Myhl
Erkelenz
Jüchen
Dormagen
Heinsberg
Ratheim
Unterbruch
Grevenbroich
Hückelhoven
Gangelt
Linnich
Titz
Bedburg
Pulheim
Maas
Rur
42

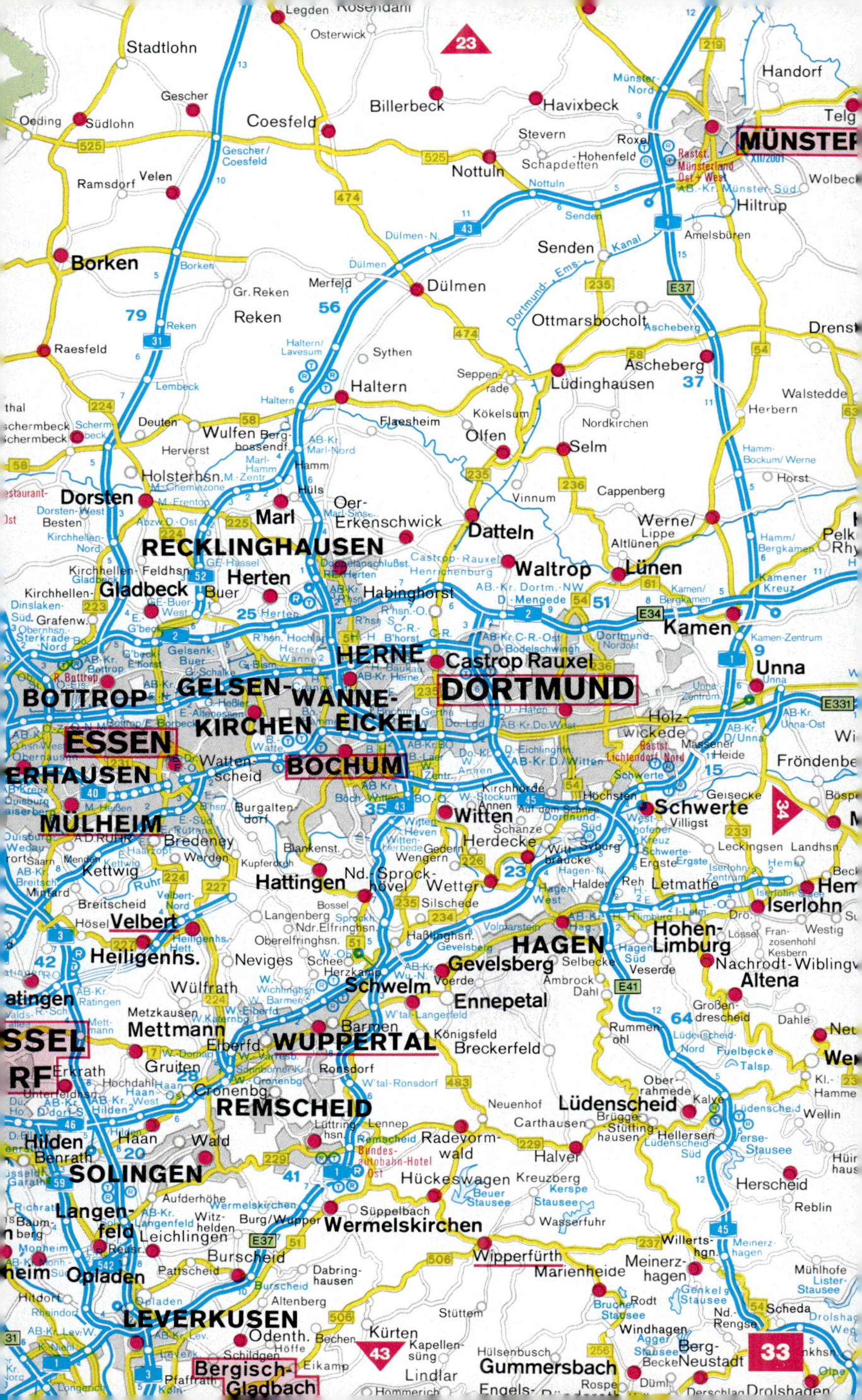

Versmold
Ostbevern
24
Bi
Hoberge
Handorf
Sassenberg
Greffen
Steinhagen
Quelle
Brackwede
Münster-Nord
Telgte
MÜNSTER
XII/2001
Warendorf
Harsewinkel
Ummeln
Roxel
Rastst. Münsterland Ost + West
Beelen
Marienfeld
Senne
AB-Kr. Münster-Süd
Wolbeck
Gütersloh
AB-Kr. Bielefeld
Avenwedde
Hiltrup
Amelsbüren
Kanal
Spexard
Lette
Herzebrock
Ostenfelde
Rheda-
Rheda-W'brück
Gütersloh
Sendenhorst
Hardt
Ennigerloh
Oelde
76
Lintel
Wiedenbrück
Rietberg
Ascheberg
Drensteinfurt
Oelde
Stromberg
Ascheberg
37
Ahlen
Beckum
Walstedde
Herbern
Beckum
Wadersloh
Bad Waldliesborn
Hamm-Bockum/ Werne
Horst
Hamm-Uentrop
Lippetal
Lippborg
Lippstadt
Bad Hamm
Rasthaus Rhynern-Nord
Westtünnen
Werne/ Lippe
Hamm
Pelkum
Rhynern
Rasthaus Rhynern-Süd
Rixbeck
Bad Westernkotten
Altlünen
Lünen
Hamm/ Bergkamen
Hamm
Kamener Kreuz
Kamen/ Bergkamen
Erwitte
Kamen
Bad Sassendorf
Soest
Erwitte/ Anröchte
Kamen-Zentrum
Werl-Nord
33
Unna
Werl
2001
AB.-Kr. Werl
74
Anröchte
Werl-Zentr.
Unna-Zentrum
Soest-Ost
Soest
Holzwickede
AB-Kr. Unna-Ost
AB-Kr. D/Unna
Wickede
Wickede
Möhnesee
Günne
Körbecke
Wamel
Rastst. Lichtendorf Nord
Massener Heide
Fröndenberg
Delecke
Rüthen
Allagen
Schwerte
15
Möhne-Talsperre
Geisecke
Bösperde
Arnsberg-Neheim
Arnsberg-Rathausplatz
Arnsbg.-Hüsten
Schwerte
Villigst
Menden
Warstein
Hirschberg
Westhofener Kreuz
Leckingsen
Landhsn.
Neheim-Hüsten
Arnsbg.-Niedereimer
Arnsbg.-Uentrop
Schwerte-Ergste
Ergste
Hemer
Iserlohn-Zentrum
Becke
Letmathe
Hemer
Arnsberg
Iserlohn
Iserlohn-Seilersee
Eisborn
Sundwig
Westig
Freienohl
Enste
Meschede
Bestwig
Ostwig
Hohen-Limburg
Lössel
Franzosenhohl
Kesbern
Langscheid
Freienohl
Olpe
Wennemen
Bestwig
Valmede
Hagen-Süd
Veserde
Sundern
Sorpe-Stausee
Meschede
Geveling-hsn.
Nachrodt-Wiblingw.
Balve
Hellefeld
Altena
Altenhellefeld
Henne Stausee
Andreasbg.
Großendrescheid
Dahle
Grevenstein
Ramsbeck
64
Lüdenscheid-Nord
Neuenrade
Wenholthausen
Rummenohl
Allendorf
Fuelbecke Talsp.
Werdohl
Ruhr
Sieperting
Eslohe
Siedlinghausen
Oberrahmede
Kl.-Hammer
Obersalwey
Niedersalwey
Kalve
Lüdenscheid
Wellin
Bödefeld
Rönkhausen
Sellinghausen
Hellersen
Lüdenscheid-Süd
Verse-Stausee
Plettenberg
Rimberg
Fretter
Cobbenrode
Altastenberg
Fredeburg
Hüinghausen
Finnentrop
Schönholthsn.
Nordenau
Oberkirchen
Ohlenb.
Herscheid
Bamenohl
Reblin
Ennest
Schmallenberg
Winkhausen
Langewiese
Lennestadt
West-feld
Vorwald
Hoheleye
Willertshgn.
Attendorn
Kickenbach
Grafschaft
Meinerzhagen
Meinerzhagen
Langenei
Fleckenberg
Nieder-helden
Bonzel
Bilstein
Mühlhofe
Saalhsn.
Latrop
Genkel Stausee
Lister-Stausee
Altenhundem
Selbecke
Rodt
Jagdhaus
Scheda
Bigge-Stausee
Oberveischede
Kirchhundem
Nd.-Rengse
Drolshagen
Wegeringhsn.
Wingeshausen
Windhagen
Agger Stausee
34
Frenkhsn.
Olpe
44
Griesemert
Aue
Christia
Bad Berleburg
Düml.
Derschlag
Drolshagen
Olpe

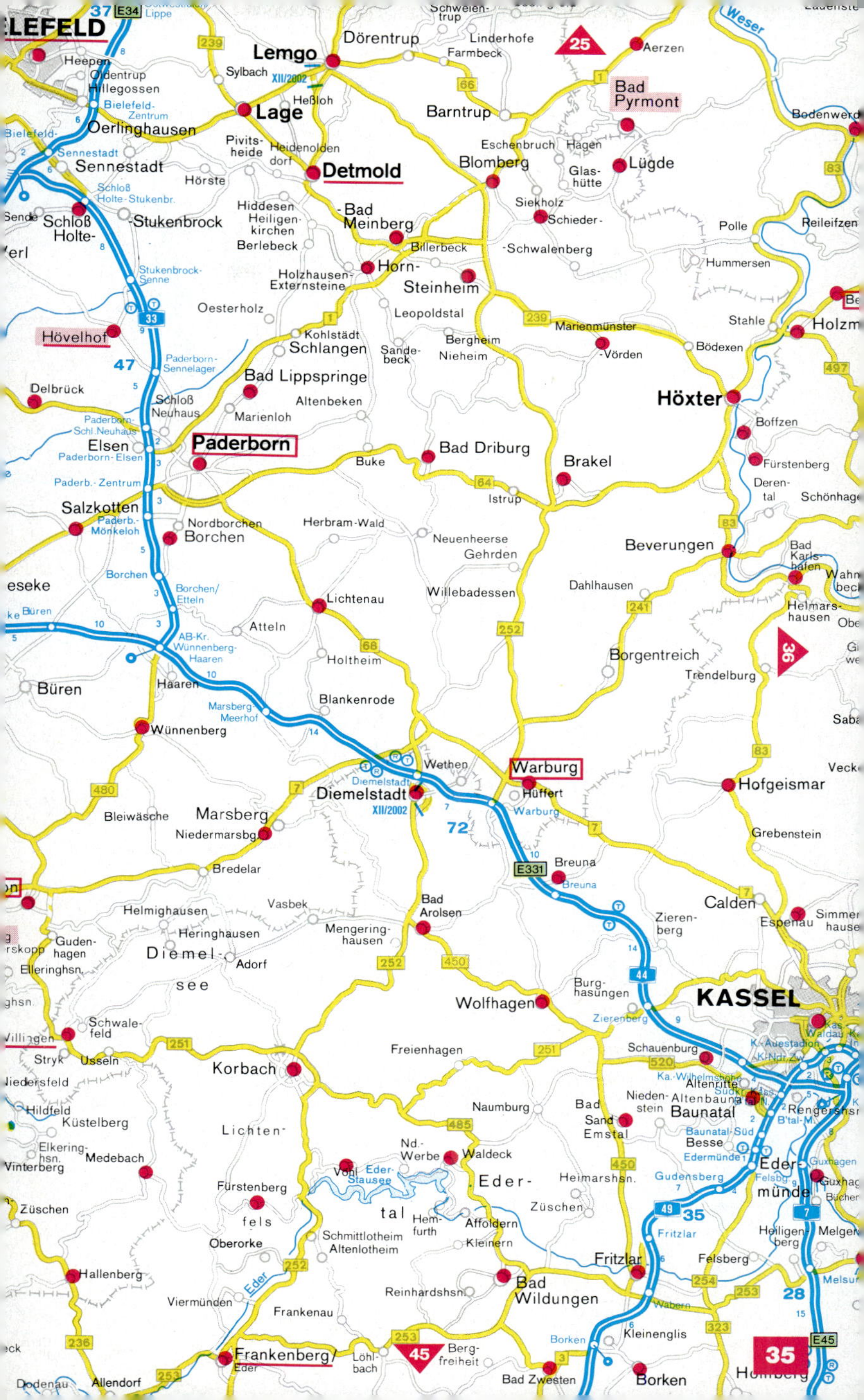

Weser
Salzhemmendorf
Heinum
Rheden
26
Bad Salzdetfurth
243
E45
Haverlah
Marienhagen
64
Grafelde
Adenstedt
Bockenem
Ostharin
Brunkensen
Bodenwerder
Alfeld/Leine
Coppengrave
Grünenplan
Hörsum
Lutter a. Barenberge
Rhüden (Harz)
82
240
Dielmissen
Lamspringe
Langelsheim
83
Delligsen
Innerste Stausee
Eschershausen
248
Freden
Polle
Reileifzen
3
Seesen
Hummersen
64
Stadtoldendorf
Orxhausen
Bad Gandersheim
Seesen (Harz)
240
Bevern
Kreiensen
Stahle
Holzminden
445
Bödexen
Einbeck
Dassel
Echte
Oldershausen
Bad Grund
497
Höxter
Silberborn
Leine
Boffzen
Neuhaus i. Solling
Fredelsloh
Northeim-Nord
243
Fürstenberg
Osterode
Derental
Schönhagen
Moringen
Northeim
241
83
Northeim-West
Großenrode
Uslar
Volpriehausen
Kaltenburg-Lindau
Bad Karlshafen
Hardegsen
Herzberg am Harz
Wahmbeck
Bodenfelde
Bollensen
241
247
Hattorf
Wahlsburg
Lippoldsberg
Goseplack
Nörten-Hardenberg
Helmarshausen
Oberweser
118
Oedelsheim
446
Bovenden
27
Rhumspringe
Gieselwerder
Trendelburg
80
Fürstenhagen
AB-Dr. Göttingen-Nord
G.-Holtensen
Seeburg
G.-Lutterange
Hilkerode
35
Sababurg
Löwenhagen
Göttingen
GÖTTINGEN
Duderstadt
83
Niemetal
Groß-Ellershsn.
Veckerhagen
Reinhardshagen
Rosdorf-Mengershsn.
27
Hofgeismar
3
Raststätte Göttingen West
7
Teistungen
Vaake
Friedland
247
Grebenstein
Gr.Schneen
Hann.-Münden
E45
524
Hann.-Münden/Hedemünden
Friedland
Wingerode
7
Fuldatal
Heiligenstadt
Calden
Espenau
Simmershausen
Fulda
496
Laubach
3
Lutterberg
Hann.-Münden/Staufenberg-Lutterberg
80
80
Staufenberg
Ziegenhagen
Ihringshsn.
Witzenhausen
KASSEL
Niestetal
Dingelstädt
27
Heiligenrode
Dohrenbach
Kassel Ost
Bettenhausen
Nieste
Bernterode
Ahrenberg
Kassel-Auestadion
Martinfeld
Altenritte
Allendorf
Rasthaus Kassel Ost
451
Bad Sooden-
Altenbauna
Kasseler Kreuz
Rengershsn.
Helsa
Großalmerode
Effelder
Baunatal
B'tal-M.
Hitzelrode
Baunatal-Süd
7
Eschenstruth
Besse
Meinhard
Lengenfeld unterm Stein
Velmeden
Edermünde
Guxhagen
Germerode
249
Felsbg.
Guxhagen
Eschwege
Werra
2002
Meißner
Wanfried
Hess.-Lichtenau
Büchenwerra
35
7
Heiligenberg
Melgershausen
452
Treffurt
487
Felsberg
Melsungen
Datterode
Spangenberg
254
253
Melsungen
28
Netra
250
Malsfeld
323
27
Ringgau
7
Sontra
36
E45
83
46
Creuzburg
Weißenhasel
400
Holzhausen
Cornberg
Ulfen

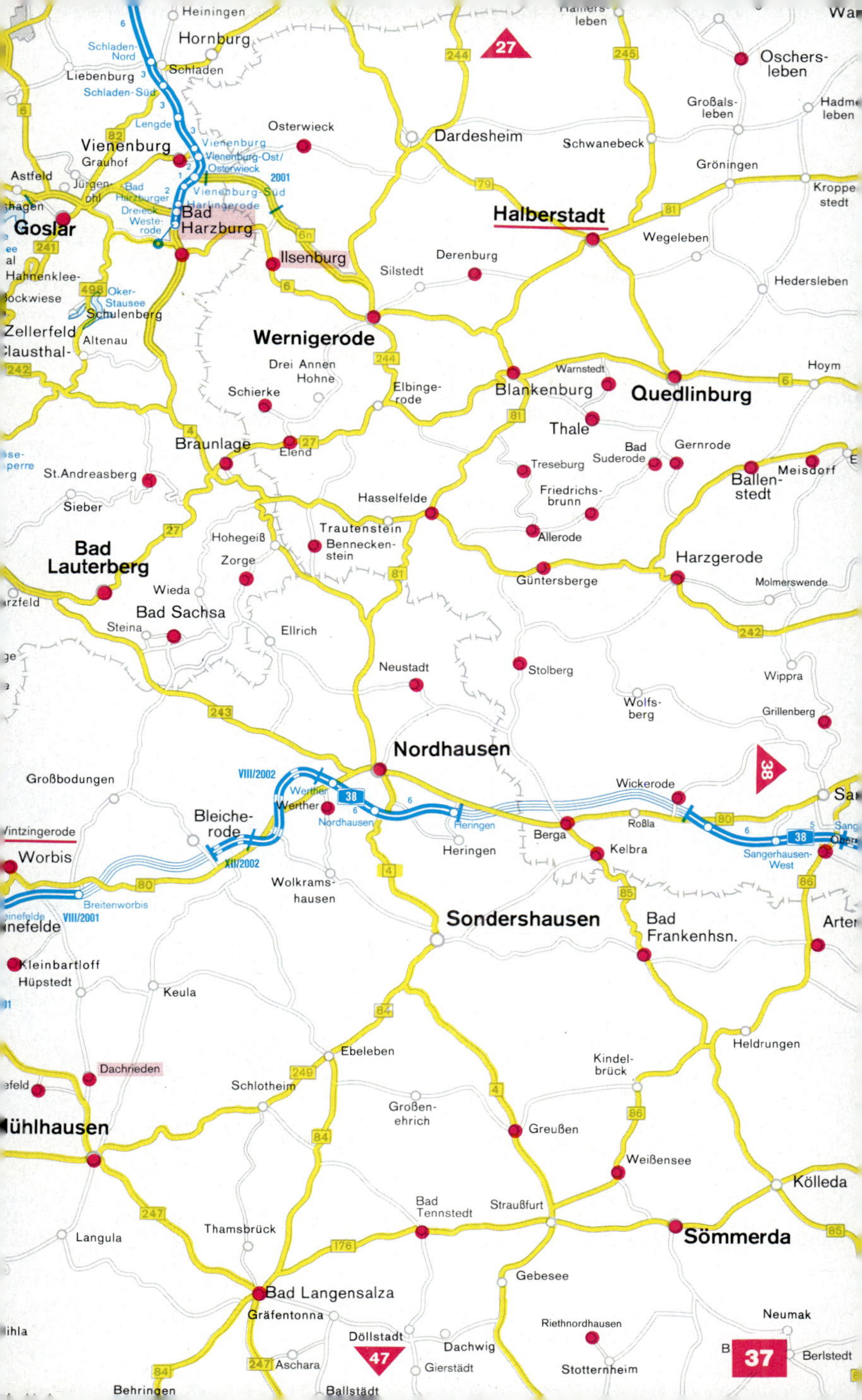

Heiningen
Hornburg
Schladen-Nord
Liebenburg
Schladen
Schladen-Süd
Lengde
Osterwieck
Vienenburg
Grauhof
Vienenburg-Ost/Osterwieck
Astfeld
Jürgenohl
Bad Harzburger Dreieck
Westerode
Vienenburg-Süd
Harlingerode
2001
Goslar
Bad Harzburg
Ilsenburg
Hahnenklee-Bockwiese
Oker-Stausee
Schulenberg
Zellerfeld
Clausthal-
Altenau
Wernigerode
Drei Annen Hohne
Schierke
Elbingerode
Braunlage
Elend
St.Andreasberg
Sieber
Bad Lauterberg
Hohegeiß
Zorge
Wieda
Bad Sachsa
Steina
Ellrich
Trautenstein
Benneckenstein
Hasselfelde
Neustadt
Nordhausen
Großbodungen
Bleicherode
Werther
Nordhausen
Heringen
Worbis
Breitenworbis
VIII/2002
XII/2002
VIII/2001
Wolkramshausen
Sondershausen
Kleinbartloff
Hüpstedt
Keula
Dachrieden
Mühlhausen
Schlotheim
Ebeleben
Großenehrich
Langula
Thamsbrück
Bad Tennstedt
Bad Langensalza
Gräfentonna
Döllstadt
Aschara
Behringen
Ballstädt
Gierstädt
Dachwig
Hamersleben
Oschersleben
Dardesheim
Schwanebeck
Großalsleben
Hadmersleben
Gröningen
Kroppenstedt
Halberstadt
Wegeleben
Derenburg
Silstedt
Hedersleben
Warnstedt
Blankenburg
Quedlinburg
Hoym
Thale
Bad Suderode
Gernrode
Treseburg
Friedrichsbrunn
Allerode
Ballenstedt
Meisdorf
Harzgerode
Güntersberge
Molmerswende
Stolberg
Wippra
Wolfsberg
Grillenberg
Wickerode
Roßla
Berga
Kelbra
Sangerhausen-West
Bad Frankenhsn.
Heldrungen
Kindelbrück
Greußen
Weißensee
Kölleda
Straußfurt
Sömmerda
Gebesee
Riethnordhausen
Stotternheim
Neumak
Berlstedt
6
82
241
498
242
4
27
243
244
245
79
81
6n
80
38
84
249
86
85
247
176
27
38
47

Wanzleben
Sudenburg
Reform
Beyendorf
Oschers-
leben
Osterweddingen
Schönebeck
Lindau
Hadmers-
leben
Altenweddingen
Barby
Zerbst
Egeln
Kroppen-
stedt
Calbe
Förderstedt
Elbe
Aken
DESSAU
Hedersleben
Hecklingen
Staßfurt
Nienburg
Bernburg
Hoym
Güsten
Aschersleben
Köthen
Plötzkau
Ballen-
stedt
Meisdorf
Ermsleben
Sanders-
leben
Alsleben
Könnern
Gröbzig
Radegast
Alterode
Hettstedt
Gerbstedt
Löbejün
Zörbig
Köckern
West
Mansfeld
Wettin
Halle(S)-
Trotha
Klostermansfeld
Wippra
Helbra
Dederstedt
Lutherstadt
Eisleben
Halle(S)-Tornau
Halle(S)-
Peißen
Peißen
Landsberg
Grillenberg
Saale
HALLE
(SAALE)
Wolferode
Halle (S)-Ost
Sangerhausen
Dölbau
Gröbers
Sangerhausen-Süd
Oberröblingen
Sangerhausen-
West
XII/2002
Schraplau
Dieskau
Schkeuditz
Großkugel
Allstedt
Bad
Lauchstädt
Schafstädt
Querfurt
Kötschlitz
Artern
Merseburg
Leuna
Roßleben
Mücheln
Bad Dürren-
berg
Bad
Dürrenberg
Heldrungen
Nebra
Karsdorf
Brauns-
breda
Wiehe
Gleina
Wohlmirstedt
Laucha
Freyburg
Weißenfels
Kreuz
Rippachtal
Bad
Bibra
Leißling
Kölleda
Kleinjena
Rastenberg
Hohen-
mölsen
Bad
Kösen
Naumburg
Eckarts-
berga
Taugwitz
Teuchern
Buttstädt
Pretzsch
Schelkau
Crölpa-
Löbschütz
Naumburg
Bonau
Osterfeld
Neumak
Buttelstedt
Nieder-
trebra
Bad Sulza
Ballstedt
Camburg
Droyßig
Niederroßla
Schköler
E49
E51
2001
2002
28
37
38
48

Raben
Klein Marzehns
29
Kloster Zinna
Jüterbog
Niedergörsdf.
187a
117
Köselitz
Kropstädt
Straach
Düben
102
107
Zahna
Coswig
Coswig
Reinsdorf
Lutherstadt
Wittenberg
Wiepersdorf
Klieken
Griebo
Seyda
Vockerode
Wörlitz
Mügeln
Elster
187
101
Dessau-Ost
Schweinitz
Oranienbaum
Schleesen
Jessen
Kemberg
Lubast
Ateritz
Annaburg
2
Trebitz
Bösewig
2001
Gräfenhainichen
Raguhn
Pretzsch
Jeßnitz
Gröbern
Bad Schmiedeberg
Prettin
100
Wolfen
107
Dommitzsch
182
Falkenberg
183
Bitterfeld
Bad Düben
Torgau
Wellaune
Zwethau
184
183
Schenkenberg
183 a
87
40
Delitzsch
Krippehna
Hohenroda
Naundorf
Schönwölkau
2
Belgern
Eilenburg
Rackwitz
Schildau
Glesien
Schkeuditz
Breitenfeld
Leipzig-Mitte
Hohburg
Reudnitz
Seehausen
XII/2002
Leipzig-Nord
L.-Messegelände
Nischwitz
182
Lindenthal
14
Taucha
Cavertitz
Lützschena
Wiederitzsch
L.-Nordost
Dahlen
Stahmeln
Machern
Wurzen
Strehla
L.-Ost
181
Engelsdorf
Brandis
Kleinpösna
107
6
Oschatz
LEIPZIG
87
Trebsen
Naunhof
Klinga
Wermsdorf
Markkleeberg
Nerchau
Liebertwolkwitz
Naunhof
186
Mutzschen
Mügeln
Grimma
98
Mutzschen
Threna
Knautnaundorf
Belgershain
Pomßen
Leisnig
Ostrau
Zwenkau
Grimma
Zschoppbach
Otterwisch
Großbothen
2
Böhlen
Rötha
95
Kitzscher
14
Döbeln-N
Pegau
Leisnig
Groitzsch
107
176
176
Bad Lausick
Colditz
Gersdorf
Döbeln
Borna
Lucka
Prießnitz
Gehringswalde
Hartha
Regis-Breitlingen
93
95
Roßwein
Waldheim
169
Frohburg
Geithain
Meuselwitz
49
Rochlitz
39
Grandstein
Narsdorf
Tannenberg
180

Kloster Zinna
30
Golßen
Niebendorf-
Heinsdorf
Freiwalde
Lübben
Niewitz
Berstetal
Dube
Rüblingsheide
Straupitz
Lübbenau
Wiepersdorf
Dahme
Cahnsdorf
Luckau
Groß Beuchow
Lübbenau
Kittlitz
AB-Dr. Spreewald
Boblitz
Schönewalde
Lebusa
Calau
Vetschau
Calau
Crinitz
Werchow
Schlieben
Sonnewalde
Herzberg
Bronkow
Doberlug-
Kirchhain
Finsterwalde
Groß-
räschen
Großräschen
Falken-
berg
Uebigau
Meuro
Klettwitz
Bad Liebenwerda
Schwarz-
heide
Lauchhammer
Ruhland
Ruhland
39
Elster-
werda
E55
89
Mühlberg
Gröditz
Reudnitz
Ortrand
Ortrand
Cavertitz
Zabeltitz
Behelfs-AS
Schönborn
Strehla
Schwepnitz
Röderau-
Bobersen
Schönfeld
Thiendorf
Thiendorf
Oschatz
Riesa
Großenhain
Königs-
brück
Koitzsch
Diesbar-
Seußlitz
Radeburg
Radeburg
Friedersdorf
Ostrau
Zehren
Ockrilla
Berbisdorf
Ottendorf
Lichtenberg
Lommatzsch
Mars-
dorf
Ottendf.-
Okrilla
Bärnsdorf
Weinböhla
Moritzburg
Marsdf.
Hermsdf.
Weixdorf
Döbeln-Nord
Meißen
Coswig
Pulsnitz
Liegau-
Augustusbad
AB-Dr.
Dresden-Nord
Reichenberg
Dr.-Flugh.
Langebrück
Scharfen-
berg
Krögis
D.-Wilder
Mann
Dresden-Hellerau
Radeberg
Döbeln-Ost
Klipphausen
Radebeul
Döbeln
Sora
DRESDEN
Dresdner Tor
30
Dr.-Neustadt
Roßwein
Nossen-N.
Nossen-
Ost
Wilsdruff
Dr.-
Altstadt
Dittersbach
Gompitz
Wilsdruff
Nossen
Siebenlehn
AB-Dr.
Nossen
Kesselsdf.
Pesterwitz
E40
Siebenlehn
2002
Lohmen
40
50
Mohorn
Bannewitz
Freital
Heidenau

Lieberose
320
31
Gubin
Guben
Atterwasch
97
Drachhausen
Turnow
Peitz
Burg
Eibau
Neugersdorf
Seifhennersdf.
96
Drausen-
dorf
Varnsdf.
Groß
Schönau
Zittau
Sieniawka
(Klein-
Schönau)
Bertsdorf-
Hörnitz
Waltersdorf
Olbersdorf
Jonsdorf
Oybin
35
Lückendorf
Neiße
tschau
COTTBUS
Kolkwitz
Limberg
115
67
15
Cottbus-West
19
Branitz
122
Forst
Zasieki
Jasien
(Gassen)
10
Roggosen
11
Forst
3
Cottbus-
Süd
Klein Gaglow
Roggosen
Gallinchen
Klein-
Bademeusel
11
Preschen
(für LKW)
Bademeusel
2
169
97
Neuhausen
115
9
Triebel
Trzebiel
(Triebel)
E36
Drebkau
Döbern
12
Neupetershain
Spremberg
156
Welzow
Bad Muskau
Leknica
484
Schwarze
Pumpe
Krauschwitz
156
berg
Weißwasser
Przewóz
(Priebus)
Lauta
96
Hoyerswerda
115
156
Spohla
Koblenz
Kreba-
Neudorf
Bernsdorf
Wittichenau
Rothen-
burg
Uhyst
Königs-
wartha
Jonsdorf
Niesky
96
Kamenz
Piensk
(Penzig)
Kodersdorf
5
Ludwigs-
dorf
10
Klein-
welka
Niedergurig
15
Weißenberg
7
4
Elstra
15
Bautzen-
West
3
E40
Görlitz
Uhyst a. T.
4
Nieder Seifersdorf
55
6
Bautzen-
Ost
Weißenberg
115
E4
itz
6
Salzenforst
Girbigsdorf
Markersdorf
Burkau
Bautzen
Hochkirch
6
Görlitz
Zgor-
zelec
Ohorn
Rammenau
6
Wölkau
Gaußig
Gnaschwitz
Reichenbach
Bretnig-
Hauswalde
Sohland
Bischofs-
werda
Wilthen
Weigsdorf-
Köblitz
XII/2001
Löbau
99
Großharthau
98
Neukirch
Kirschau
96
Schirgiswalde
Bernstadt
Steinigt-
wolmsdorf
Schönbach
Stolpen
Oppach
Friedersdorf
Radomierzyce
(Radmeritz)
Ostritz
Sohland
Neusalza-
Spremberg
Ebersbach
Herrnhut
178
Neustadt
Sluknov
(Schluckenau)
Lobendava
(Lobendau)
Eibau
Hohnstein
51
9
Anschluß siehe oben
Sebnitz

32
Hückel-hoven
Granterath
Titz-Jackerath
AB-Kr. Jackerath
Worringen
E31
221
57
Rur
Titz
59
Heinsberg
Gangelt
Schinveld
Linnich
Bedburg
Bedburg
477
Chorweiler
AB-Kr. Köln-Nord
Pulheim
18
56
Brunssum
Geilenkirchen
Gereons-weiler
Jülich-Ost
41
Erft
Bergheim
Brauweiler
Bocklemünd
44
55
Lövenich
Übach-Palenbg.
Jülich-West
Jülich
Bergheim Süd
12
Frechen Nord
Heerlen
Merkstein
Baesweiler
Aldenhoven
Elsdorf
Horrem
55
Königs-dorf
Frechen
Marsdorf
Alsdorf
Worm
Niederzier
Buir
Kerpen
Frechen
Herlen-Centr.
Herzogen-rath
Alsdorf
40
Sindorf
Mödrath
AB-Kr. Kerpen
Hürth
10
Bardenberg
Kohlscheid
56
Kerpen
Wittem
Würselen
Broich-weiden
Esch-weiler
Weisweiler
E40
Echtz
4
Düren
Türnich
19
Knapsack
Kierdorf
A.-Laurensbg.
17
Eschweiler
Raststätte Aachener Land-Süd
Langer-wehe
Mariaweiler
264
Merzenich
Düren
Gymnich
17
E31
Brühl
Vaals
AACHEN
Stolberg
Rölsdorf
AB-Dr. Erftal
Erftstadt
Erftstadt
477
264
Mausbach
Zweifall
Gey
Niederau
AB-Kr. Bliesheim
Weilerswist
57
Kornelimünster
Walheim
Hürtgenwald
56
E29
Eynatten
Lichten-busch
Friesenrath
Rath
Swisttal
Welken-raedt
E40
A3
399
Brück
Nideggen
26
258
68
Vossenack
Schmidt
Abenden
Euskirchen
Eupen
Simonskall
Euskirchen
Roetgen
Rurstausee
Hasen-feld
Heimbach
Wißkirchen
Eupen
265
Stotzheim
Kuchenheim
Simmerath
Hergarten
37
Kommern
E421
67
Rurberg
Mechernich
629
Huppen-broich
Einruhr
Gemünd
266
Bad Münstereifel/Mechernich
Monschau
266
Heidgen
Erkensruhr
Kall
Bad Münstereifel
Rohren
399
Schleiden
477
Sart
Mont Rigi
Nettersheim
Urft
Eicherscheid
258
Francorchamps
Blumenthal
Steinfeld
51
Hellenthal
Sistig
E42
676
Hollerath
256
Blankenheim
Rupperath
Malmédy
Blankenheim/Ahr
Schuld
Malmédy
Waimes
632
Büllingen
Wershofen
Insul
Ligneuville
265
E29
Antweiler
Losheimer-graben
Dahlem
Adenau
A27
421
Kronen-burg
Jünkerath
258
Recht
St. Vith
Stadtkyll
Üxheim
676
42
Kerpen
St. Vith-Nord
St. Vith
626
265
51
Hillesheim
Nieder-ehe
St. Vith Süd
Olzheim
Lommers-weiler
Schirm
827
Gondelsheim
Winterspelt
Beho
Weinsheim
Gerolstein
Berlingen
62
Bleialf
Prüm
410
Darscheid
E421
Daun
Daun
Prüm
Schönecken
257
Gemünden
Wemper-haardt
60
Mürlenbach
Schalkenmehren
7
Mehren
410
Waxweiler
Waxweiler
Gillenfeld
E42
Deudesfeld
Desserath
Manderscheid
Manderscheid
Daleiden
E29
Mohrweiler
Laufeld
10
Clervaux
Eisenschmitt
Kyllburg
Nieder-öfflingen
42
52
Bitburg
Eichelhütte
Malberg
Neuerburg
Badem

LEVERKUSEN
Bergisch-Gladbach
Bensberg
Odenth.
Altenberg
Kürten
Lindlar
Hommerich
Gummersbach
Engelskirchen
Ründeroth
Bergneustadt
Drolshagen
Olpe
Reichshof
Eckenhagen
Overath
Wiehl
Much
Nümbrecht
Rösrath
Porz
Wesseling
Troisdorf
Siegburg
Lohmar
Seelscheid
Neunkirchen-
Waldbröl
Morsbach
Freudenberg
Ruppichteroth
Windeck
Herchen
St.Augustin
Hennef
Beuel
Blankenberg
Eitorf
Wissen
Betzdorf
Kirchen-
Hamm
Oberpleis
Bad Godesberg
Königswinter
Bad Honnef
Asbach
Altenkirchen
Hachenburg
Meckenheim
Remagen
Linz
Bad Neuenahr
Ahrweiler
Sinzig
Bad Hönningen
Bad Breisig
Dierdorf
Selters/Westerw.
Ransbach-Baumbach
Wirges
Andernach
Neuwied
Bendorf
Höhr-Grenzhausen
Montabaur
Vallendar
Mendig
Mayen
KOBLENZ
Lahnstein
Bad Ems
Nassau
Maria Laach
Weißenthurm
Mülheim-Kärlich
Braubach
Boppard
Bad Salzig
St.Goarshausen
St.Goar
Oberwesel
Kaub
Bacharach
Nastätten
Kaisersesch
Cochem
Treis-Karden
Emmelshausen
Kastellaun
Beilstein
Zell
Bad Bertrich
Lorch
33
44
43
53
E35
E40
E44
E31

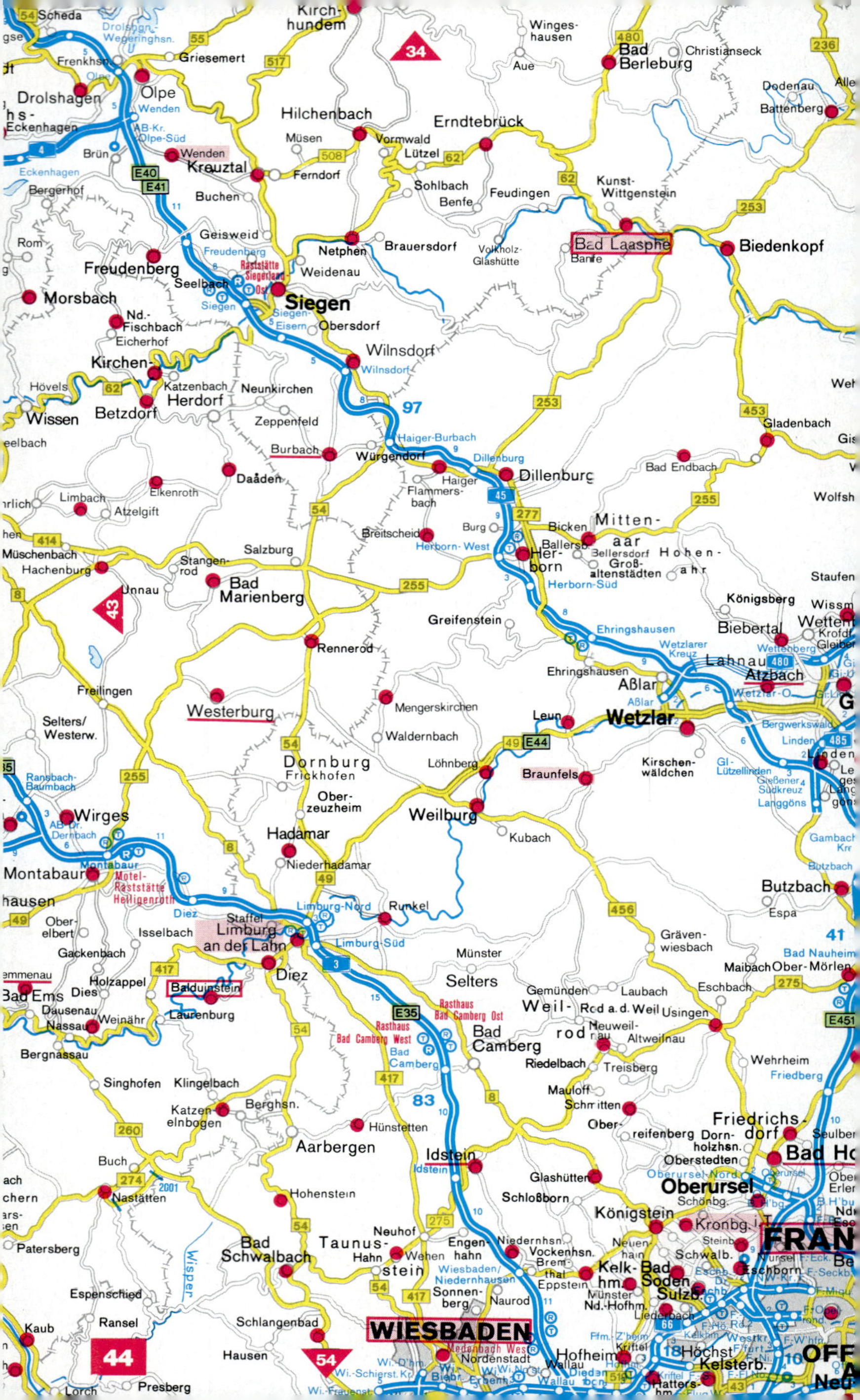

Scheda
Drolshgn.-Wegeringhsn.
Griesemert
Kirch-hundem
34
Winges-hausen
Aue
Bad Berleburg
Christianseck
Frenkhsn.
Olpe
Drolshagen
Wenden
Eckenhagen
AB-Kr. Olpe-Süd
Brün
Wenden
Kreuztal
Hilchenbach
Müsen
Vormwald
Lützel
Erndtebrück
Dodenau
Battenberg
Eckenhagen
Bergerhof
Ferndorf
Sohlbach
Benfe
Feudingen
Kunst-Wittgenstein
Buchen
Geisweid
Rom
Freudenberg
Netphen
Brauersdorf
Volkholz-Glashütte
Bad Laasphe
Banfe
Biedenkopf
Freudenberg
Seelbach
Raststätte Siegerland-Ost
Weidenau
Siegen
Morsbach
Nd.-Fischbach
Eicherhof
Siegen-Eisern
Obersdorf
Kirchen
Wilnsdorf
Hövels
Katzenbach
Neunkirchen
Wissen
Betzdorf
Herdorf
Zeppenfeld
97
Gladenbach
Burbach
Würgendorf
Haiger-Burbach
Dillenburg
Daaden
Haiger
Dillenburg
Bad Endbach
Elkenroth
Flammers-bach
Limbach
Atzelgift
Wolfsh
Burg
Breitscheid
Bicken
Mitten-aar
Müschenbach
Hachenburg
Herborn-West
Ballersb.
Bellersdorf
Hohen-ahr
Groß-altenstädten
Salzburg
Stangen-rod
Her-born
Unnau
43
Bad Marienberg
Herborn-Süd
Staufen
Königsberg
Greifenstein
Ehringshausen
Biebertal
Wettenberg
Rennerod
Wetzlarer Kreuz
Lahnau
Atzbach
Ehringshausen
Aßlar
Wetzlar-O.
Freilingen
Westerburg
Mengerskirchen
Leun
Wetzlar
Bergwerkswald
Selters/Westerw.
Waldernbach
Linden
Dornburg
Frickhofen
Löhnberg
Braunfels
Kirschen-wäldchen
Gl-Lützellinden
Gießener Südkreuz
Ransbach-Baumbach
Langgöns
Ober-zeuzheim
Wirges
AB-Dr. Dernbach
Weilburg
Kubach
Hadamar
Gambach
Niederhadamar
Butzbach
Montabaur
Montabaur
Motel-Raststätte Heiligenroth
Butzbach
hausen
Diez
Limburg-Nord
Runkel
Espa
Ober-elbert
Staffel
Isselbach
Limburg an der Lahn
Limburg-Süd
Gräven-wiesbach
Gackenbach
Diez
Münster
Bad Nauheim
Maibach
Ober-Mörlen
Holzappel
Balduinstein
Selters
Gemünden
Laubach
Eschbach
Bad Ems
Dies
Dausenau
Weinähr
Laurenburg
Rasthaus Bad Camberg Ost
Weil-rod
Rod a. d. Weil
Usingen
Nassau
Rasthaus Bad Camberg West
Bad Camberg
Bad Camberg
Neuweil-nau
Altweilnau
Bergnassau
Riedelbach
Treisberg
Wehrheim
Friedberg
Singhofen
Klingelbach
Mauloff
Schmitten
83
Katzen-elnbogen
Berghsn.
Ober-reifenberg
Dorn-holzhsn.
Friedrichs-dorf
Hünstetten
Aarbergen
Bad Ho
Buch
Idstein
Idstein
Oberstedten
Glashütten
Oberursel-Nord
Oberursel
Nastätten
Schloßborn
Hohenstein
Schönbg.
Königstein
Kronbg.
Neuhof
Taunus-stein
Hahn
Wehen
Engen-hahn
Niedernhsn.
Vockenhsn.
FRAN
Patersberg
Bad Schwalbach
Neuen-hain
Schwalb.
Eschborn
Wiesbaden/Niedernhausen
Bremthal
Eppstein
Kelk-hm.
Bad Soden
Sulzb.
Espenschied
Sonnen-berg
Naurod
Münster
Nd.-Hofhm.
Liederbach
Ransel
Schlangenbad
Kaub
Wisper
44
Hausen
54
WIESBADEN
Medenbach West
Nordenstadt
Hofheim
Wallau
Kriftel
Höchst
Kelsterb.
Hatters-hm.
OFF
Presberg
Lorch
Wi.-Schierst. Kr.
Wi.-Frauenst.
Biebr.
Erbenh.
Diedenb.

Frankenau
Frankenberg/
Eder
Löhl-
bach
Bergfreiheit
Bad Zwesten
Borken
Wabern
Kleinenglis
Borken
Homberg
Haina
Neuental
Homberg
(Efze)
Rengshausen
Knüllwald
Breite
Neuen-
stein
Aua
Bad Hersfeld - West
Bad Hers
Schwalm-
stadt
Treysa
Ziegen-
hain
Rauschenberg
Zella
Neukirchen
Eisenberg
Heddersdorf
Kirchheimer
Dreieck
Cölbe
Kirchhain
Marburg
Willingshausen
Schrecksbach
Ober-
aula
Kirchheim
Hattenbacher
Dreieck
Stadt-
allendorf
Rasthaus
Rimberg Nord
Kirchheim
Niederaula
Amöneburg
Rimberg
Motel-Center
Kirchheim Ost
Niederaula
Alsfeld
Frauen-
berg
Rauischholzhausen
Ober-
-jossa
Nieder-
Ebsdorfer-
grund
Homberg
Alsfeld-West
Alsfeld-Ost
Grebenau
Romrod
Reuters
Großfelda
Schlitz
Michels-
rombach
Hünfeld/Schlitz
Raststätte Reinhardshain Nord
Homberg (Ohm)
Lauterbach
Reiskirchener
Dr.
Grünberg-
Lunda
Mücke
Felda-
tal
Reinhardshain
Bad Salzschlirf
Reiskirchen
Grünberg
Ob.-Seibertenrod
Ulrichstein
Großen-
lüder
Oppenrod
Fernwald
Fulda-Nord
Fernwald
Herbstein
Fulda
Laubach
Kleinlüder
Betzenrod
Lich
Ilbeshausen-
Arnsburg
Schotten
-Hochwaldhausen
Giese
Eichenzel
Hosenfeld
Löschenrod
Eberstadt
Grebenhain
Hungen
Münzenberg
Nieder-Moos
Rothe-
mann
Neuhof
Kalbach
Uttrichs-
hausen
West
Freiensteinau
Wölfersheim
Kohden
Gedern
Wölfers-
heim
Bad Salzhausen
Nidda
Steinbg.
Merkenfritz
Hintersteinau
Hirzenhain
Schlüchtern-Nord
Ulmbach
Bad Nauheim
Lißberg
Schlüchtern
Speich
Friedberg
Staden
Ortenberg
Herolz
Ossenheim
Selters
Florstadt
Stockheim
Udenhain
Steinau
Schlüchtern-Süd
Florstadt
Glauburg
Brachttal
Bad Soden-
Steinau
Züntersbach
Sinntal
Schlierbach
Altenstadt
Altenstadt
Büdingen
-Salmünster
Wernarz
Eckarts
Rupboo
Bad Soden-
Salmünster
Zeitlofs
Wächtersbach
Bad Orb/
Wächtersbach
Mernes
Jossa
Schön-
eck
Heldenbergen
Karben
Nidderau
Altwiedermus
Wirtheim
Bad Orb
Gr. Karben
Windecken
Ronneburg
Gelnhsn
Bieber-
gemünd
Burgjoß
Niederdorfn.
Mittel-
buchen
Bruch-
köbel
Langen-
selbold
Gründau-
Lieblos
Bad Vilbel
Neuberg
Langenselbolder
Dr.
Gelnhsn-Ost
Linsengericht
Joss-
grund
Erlen-
see
Gründau-
Meerholz
Gelnhsn-W.
Rothenbergen
RT A.MAIN
Bischofsh.
Maintal
Rückingen
selbold
Lettgenbrunn
Bieber
Wartma
Hochstadt
Erlens.
Hanauer
Kreuz
Rodenb.
Frei-
gericht
Horbach
Kahl-
Burgsinn
Dörnighm.
Hanau
Flörsbachtal
Mühl-
heim
Gräfendo
Seewiese
Lämmer-
spiel
Klein Kahl
Steinhm.
Michelbach
ACH
Hausen
Alzenau
Gr.-
Krotzenbg
Hainbg.
Alzenau
Vormwald
Oberts-
hsn.
Mömbris
Wasserlos
Kahl/
Froschhsn.
Heimbach
Langenprozelten
35
46
55
45
253
254
323
324
454
62
276
275
455
457
489
521
83
E45
E40
E41
49
5
7
66
91

36
45
46
56
E45
E40
55
64
118
Sontra
Ringgau
Netra
Creuzburg
Homberg
Cornberg
Weißen-
hasel
Ulfen
Holzhausen
Rengshausen
Knüllwald
Homberg
(Efze)
Rotenburg
Nentershausen
Wommen
Herleshsn.
Herleshsn.
Eisenach
Bebra
Breitenbach
Wildeck-
Obersuhl
Wildeck-
Hönebach
Gerstungen
Gerstungen/Obersuhl
Neuen-
stein
Aua
Bad Hersfeld - West
Ronshausen
Berka
Friedewald
Heringen
Friedewald
Marksuhl
Bad Hersfeld
Neukirchen
Eisenberg
Heddersdorf
Kirchheimer
Dreieck
Philippsthal
Tiefenort
Ober-
aula
Kirchheim
Hattenbacher
Dreieck
Bad Hersfeld
Vacha
Bad
Salzungen
Rasthaus
Rimberg Nord
Kirchheim
Rimberg
Niederaula
Schenklengsfeld
Hohen-
roda
Schwarzengrund
Sünna
Motel-Center
Kirchheim Ost
Niederaula
Stadt-
lengsfeld
Haunetal
Ober-
-jossa
Nieder-
Oberstoppel
Breitun
Grebenau
Dermbach
Geisa
Reuters
Burghaun
Zill
Michels-
rombach
Schlitz
Hünfeld
Günthers
Andenhausen
Hünfeld/Schlitz
Tann
rbach
Rückers
Kaltennordheim
Bad Salzschlirf
Marbach
Kaltensundheim
Großen-
lüder
Steinau
Almendf.
Hofbieber
Erbenhausen
Fulda-Nord
Margreten-
haun
Herbstein
Petersberg
Hilders
Batten
Fulda
Künzell
Kleinsassen
Fladungen
Kleinlüder
Dieters-
hsn.
Ilbeshausen.
Ehren-
berg
Abtsroda
Hausen
Giesel
Eichenzell
Rodholz
Poppen-
hausen
Hosenfeld
Löschenrod
Fulda-Süd /
Eichenzell
Wasser-
kuppe
Wüstensachsen
Ostheim
v. d. Rhön
Nieder-Moos
Rothe-
mann
Ebersburg
Rabennest
Gackenh.
Obernhausen
Neuhof
Oberelsbach
Kalbach
Hettenhausen
Gersfeld
Freiensteinau
Uttrichs-
hausen
West
Mellrichstadt
Oberweißenbrunn
Bischofsheim/
Rhön
Unter-
elsbach
Hintersteinau
Franken-
heim
Haselbach
Motten
Schönau
a.d.Brend
Schlüchtern-Nord
Ulmbach
Wildflecken
Speicherz
Bad Brückenau-
Volkers
Sandberg
Schlüchtern
Bad Neustadt
a. d. Saale
Bad Neuh
Herolz
Steinau
Schlüchtern-Süd
Hohenroth
Mühl-
bach
Steinau
Züntersbach
Bad Soden-
Sinntal
Bad
Brückenau
Staatsbad Br.
Wernarz
Bad Brückenau/
Wildflecken
Geroda
Steinach
Eckarts-
Rupboden
Drei-
stelz
Ober-
leichtersbach
Platz
Bad Bocklet
Bad Soden-
Salmünster
Zeitlofs
Raststätte
Rhön-Ost
Münnerstadt
Mernes
Jossa
Bad Orb
Burgjoß
Joss-
grund
Bad Kissingen/
Oberthulba
Oberthulba
Winkels
Bad Kissingen
Frankenbrunn
Reiterswiesen
Lettgenbrunn
Wartmannsroth
Burgsinn
Elfershausen
Flörsbachtal
Ramsthal
Gräfendorf
Seewiese
Hammelburg
Morlesau
Hammelburg
Poppenhausen
Rieneck
Langenprozelten

Mihla
Gräfentonna
37
Döllstadt
Dachwig
Riethnordhausen
Neumak
247
Aschara
Ballstedt
Berlstedt
84
Stotternheim
Gierstädt
Neukirchen
Behringen
Ballstädt
Kleinmölsen
Hötzelsroda
Molschleben
4
Weimar
SENACH
Friedrichs-
werth
Sonneborn
ERFURT
Linderbach
Eisenach-Ost
Nohra
Friemar
7
16
E.-Bindersleben
E.-Vieselbach
Nohra
E40
7
Gotha
8
Weimar
Neu-
dietendorf
3
6
Gotha-Boxberg
Apfelstädt
E.-West
10
Erfurt-O.
Waltershausen
Kreuz
Erfurt
5
114
Gotha
Wanders-
leben
4
Rockhausen
Bad Berka
Ruhla
Walters-
hausen
7
247
Tabarz
Wintersfein
8
Neudieten-
dorf
Elleben
88
Mühlberg
Wandersleben
Ichters-
hausen
6
Kranichfeld
Arnstadt-Nord
Tannroda
Friedrich-
roda
Georgenthal
Holzhausen
Arnstadt
Bad
enstein
Bösleben-
Wüllersleben
Brotterode
Ohrdruf
4
Arnstadt-
Süd
Dienstedt-
Hettstedt
Finsterbergen
71
Marlis-
hausen
Trusetal
Tambach-
Dietharz
87
Teichel
Luisenthal
Crawinkel
Plaue
Stadtilm
Remda
VI/2001
Struth-
Helmershof
Frankenhain
Traßdorf
3
Schmal-
kalden
4
Gräfenroda
XI/2001
19
Oberschönau
Gräfinau-
Angstedt
Rudolsta
hausen
Oberhof
XII/2002
Ilmenau-
Ost
Paulinzella
Steinbach-
Hallenberg
Bad B
Gehlberg
Ilmenau
Lange-
wiesen
XII/2002
Königsee
88
Schwarzburg
Wasungen
VI/2001
Zella-Mehlis-Nord
Zella-Mehlis
Saal
Pennewitz
Gehren
Suhl-Nord
2001
280
Sitzendorf
Unterweißbach
48
Schmiedefeld
Suhl
Meuselbach-
Schwarzmühle
Vesser
Neustadt
Groß-
breitenbach
Ober-
weißbach
Dillstädt
Rohr
ningen
Frauenwald
Cursdorf
247
Katzhütte
Geiersthal
Schleusingerneundf.
Gräfe
Schönbrunn
Masserberg
Neuhaus
am Rennweg
Sankt Kilian
Lichte
Vachdorf
Waldau
Schnett
Heubach
Themar
Schleusingen
Scheibe-
Alsbach
89
Lauscha
Biberau
Fehrenbach
Tettau
Jüchsen
4
281
Hildburg-
hausen
Eisfeld
Steinach
XII/2002
Mengersgereuth-
Hämmern
Förtscher
Römhild
Schalkau
89
Eishausen
Sonneberg
Heldritt
Streufdorf
Bad Rodach
Neustadt
Neuhaus-
Schierschnitz
Trappstadt
Röden-
tal
Wellmersdorf
Oeslau
Bad Königshofen
Grabfeld
Gauerstadt
Beiers-
dorf
Heldburg
Fürth
a. Berg
Scheuerfeld
279
Ummerstadt
Coburg
Mitwitz
Ahorn
Ebersdf.
303
Ermershausen
Birkenfeld
Marolds-
weisach
303
Seßlach
Unt.-Siemau
Ober-
langenstadt
Großheirath
Redwitz
Marktzeuln
Michelau
289
Lichtenfels
Hofheim
Goßmannsdf.
Pfarrweisach
Lichtenstein
Burgku
Reundorf
Alten-
kunstadt
Staffelstein
Romansthal
Königsberg
in Bayern
Ebern
57
47
Weisma
303
Ebensfeld
End

Riethnordhausen
Stotternheim
Neumak
Ballstedt
Berlstedt
Buttelstedt
Nieder-trebra
Bad Sulza
38
Camburg
Osterfeld
Schkölen
Niederroßla
Apolda
Dornburg
Frauen-prießnitz
Kleinmölsen
Weimar
URT
Linderbach
Nohra
Mellingen
Isserstedt
Eisenberg
Bürgel
Bad Klosterla
E.-Vieselbach
E40
Nohra
Weimar
Apolda
Jena
Bad Klosterlausnitz
Erfurt-O.
E.-West
Magdala
Schöngleina
Herm
114
Rockhausen
Bad Berka
Magdala
Schorba
Jena-Lobeda
Stadtroda
H.-df.-O.
AB-Kr. Hermsdorf
Elleben
Blanken-hain
4
Jena-Göschwitz
Zöllnitz
Mörsdorf
Arnstadt-Nord
Kranichfeld
Tannroda
Stadtroda
Hermsdorf-Süd
Rastst. Hermsdorfer Kreuz
Arnstadt
Bösleben-Wüllersleben
85
Arnstadt-Süd
71
Marlis-hausen
Dienstedt-Hettstedt
Kahla
Reinstädt-Gennitz
Trockenborn-Wolfersdorf
Teichel
87
Orlamuüde
Hummelshain
Stadtilm
Remda
Neustadt
Traßdorf
Uhlstadt
Triptis
XI/2001
Kirchhasel
88
281
Gräfinau-Angstedt
Rudolstadt
Friedebach
Oppurg
Ilmenau-Ost
Paulinzella
E51
Bad Blankenburg
Pößneck
E49
Lange-wiesen
Kulm
XII/2002
Königsee
88
Schwarzburg
Ranis
Dittersdorf
Gehren
Pennewitz
Saalfeld
Unterwellenborn
80
56
Sitzendorf
Goßwitz
Ziegenrück
Unterweißbach
Arnsgereuth
Meuselbach-Schwarzmühle
Ober-weißbach
Groß-breitenbach
Cursdorf
Drognitz
Schleiz
90
Leutenberg
Katzhütte
Geiersthal
Schleiz
Gräfenthal
Probstzella
Remptendorf
Masserberg
Neuhaus am Rennweg
Lichte
Saal-burg
Tanna
Heubach
Scheibe-Alsbach
Lauenstein
Friesau
Ebersdorf
Lauscha
Lehesten
Tettau
Ludwigsstadt
Wurzbach
85
Lobenstein
Gefell
281
Steinbach am Wald
Lobenstein
90
Eisfeld
Steinach
Rudolphstein
Hirschberg
Rastst. Frankenwald (Brücken-raststätte)
Mengersgereuth-Hämmern
Förtschendorf
Rudolphstn.
Schalkau
89
Lichtenberg
Berg
Nordhalben
Hölle
12
Bad Steben
Berg
Sonneberg
Bad Steben
Hof-Nord
Bobengrün
Marxgrün
Dürrenwald
Naila/Selbitz
Ködnitz
Neustadt
Neuhaus-Schierschnitz
Pressig
Geroldsgrün
Naila
AB-Dr. Bayerisches Vogtl.
Stockheim
Selbitz
15
Röden-tal
Wellmersdorf
Schwarzenbach a.Wald
Culmitz
Hof-West
Kröten-bruck
Oeslau
Fürth a. Berg
Wallenfels
173
Schübel-hammer
Schwarzenstein
E51
Coburg
Mitwitz
Markt-rodach
Helmbrechts
303
Kronach
Ebersdf.
Fischbach
Münchberg-Nord
Unt.-Siemau
Ober-langenstadt
303
Markt-leugast
Münchberg
Redwitz
Küps
Marktzeuln
Michelau
289
Stadtsteinach
Münchberg-Süd
39
Sparneck
Lichtenfels
85
289
Hermes
2
Zell in Oberfrank
Reundorf
Burgkunstadt
Höferänger
Kulmbach
Gefrees
Alten-kunstadt
289
Burghaig
Plassenburg
Wirsberg
Staffelstein
48
Mainleus
Trebgast
Himmel-kron
Weismain
57
Marktschorgast
Ebensfeld
End
Kulmbach-
Bad Berneck
Bad
Bischofsgrü

Naumburg
Zeitz
Meusel-
witz
Treben
Frohburg
Geithain
39
Narsdorf
Rochlitz
Grand-
stein
Kohren-
Sahlis
Windischleuba
180
7
2
Kayna
Wetter-
zeube
Altenburg
2002
Niederhain
Lunzenau
175
107
Mittw
Wiederau
Pölzig
Lehndorf
Saara
Penig
Rochsburg
Burgstädt
Bad Köstritz
Schmölln
Niederfrohna
Hartmanns-
dorf
Gera
Gera-Bieblach
Gera-
Leumnitz
Ronneburg
Rüdersdorf
GERA
78
E40
Franken-
hsn.
Gößnitz
Waldenburg
Meerane
Limbach-
Oberfrohna
Chemnitz-
Nord
Röhrsdorf
95
Ronneburg
Poster-
stein
Schmölln
Glauchau
Glauchau-
West
Weidensdorf
4
180
Rabenstein
Pleißa
Wüstenbrand
Hoh./E.
AB Dr.
Chemnitz
Rückersdorf
Meerane
Glauchau
Wüstenbrand
Crimmitschau
Wernsdorf
Kuh-
schnappel
Hohenstein-
Ernstthal
173
Mittelbach
Chemnitz
Süd
Neukirch
Bocka
Wünschendorf
Friesnitz
Harth-
Pöllnitz
Weida
92
2
Neukirchen
Seelingstädt
Mosel
Niedermülsen
Thurm
Wolfers-
dorf
175
Dänkritz
ZWICKAU
Mülsen
Bernsdorf
Lichtenstein
169
Klaffenb.
Burkhardts-
dorf
Lugau
Oelsnitz
Berga
Werdau
Steinpleis
Stollberg
Niederwürschnitz
180
Hohen-
leuben
Lichtentanne
Wilkau-
Haßlau
Zwickau-
Ost
Hartenstein
Stollberg-
West
Stollberg
Thalheim
Fraureuth
Schönfels
72
Triebes
Langen-
Wetzendorf
Mohlsdorf
Greiz
173
2001
Neumark
Hartenstein
50
Wilden-
fels
Zwönitz
94
Zeulenroda
Reichenbach
E441
Zwickau-W.
Langen-
weißbach
Mylau
Wolfers-
grün
Kirchberg
93
Lößnitz
Elsterberg
Schlema
Netzschkau
Reichenbach
Schneeberg
Aue
Grünhain
Elterle
94
Lengenfeld
Zschorlau
92
Pausa
Jocketa
Treuen
Rothenkirchen
Burkhardts-
grün
Lauter
Beierfeld
Markersbach
Mehltener
E49
282
Kauschwitz
Jößnitz
Treuen
Rodewisch
169
283
Schwarzen-
berg
101
Bermsgrün
Mühltroff
Leubnitz
Plauen-O.
92
Schön-
heide
Blauenthal
Auerbach
Schnarrtanne
Eibenstock
Plauen
Ellefeld
Rittersgrün
Bergen
169
Falkenstein
Reuth
Grünbach
Weischlitz
Pirk
Plauen-Süd
Carlsfeld
Johann-
georgenstadt
Muldenberg
Oelsnitz
Mühlleiten
Boži
12
72
Boben-
neukirchen
173
Schöneck
AB-Dr.
Hof
Triebel
92
Klingenthal
Zwota
Kraslice
(Graslitz)
Nejdek
(Neudek)
Hof-Ost
Mark-
neukirchen
283
Hof
Gattendorf
Regnitzlosau
Regnitzlosau
Adorf
Erlbach
Hranice
93
Bad
Elster
Wernitz-
grün
Karlovy Vary
(Karlsbad)
15
Hof-Süd
Rehau-Nord
Rehau
Rehau-Süd
E49
289
2002
Bad
Brambach
Schwarzenbach
a. d. Saale
Schönwald
Aš (Asch)
Spalen
Grünhaid
Schönwald
Selb-Nord
Selb
Selb-West
Sokolov
(Falkenau)
64
6
Kirchenlamitz
XII/2001
20
Marktleuthen
Frantiskovy Lazně
(Franzensbad)
15
Bečo
58
59
Cheb
(Eger)
Okrouhlá
49
Mnichov
E48

Pomßen
Grimma
Zschoppbach
39
Leisnig
Ostrau
Lommatzsch
Zehren
40
Meißen
Otterwisch
Großbothen
Döbeln-Nord
Kitzscher
107
Leisnig
14
101
Krögis
Bad Lausick
176
Colditz
Gersdorf
Döbeln
Döbeln-Ost
175
Prießnitz
Hartha
Roßwein
Nossen-N.
Nossen-Ost
95
Gehringswalde
169
Waldheim
Frohburg
Geithain
Nossen
AB-Dr. Nossen
Siebenlehn
Rochlitz
E40
Siebenlehn
2002
Grandstein
Narsdorf
Tannenberg
Rossau
Berbersdorf
Kohren-Sahlis
Mittweida
Hainichen
175
107
46
Hainichen
Großschirma
Hetzdorf
Niederhain
Lunzenau
Wiederau
4
Naundorf
Rochsburg
Frankenberg
Penig
Burgstädt
Bräunsdorf
Chemn.-Ost
Frankenberg
Frankenstein
Freiberg
Niederfrohna
180
Memmendorf
Hartmannsdorf
95
Chemnitz-Nord
Flöha
173
Weißen
Waldenburg
Limbach-Oberfrohna
Röhrsdorf
Falkenau
Oederan
Brand-Erbisdorf
Glauchau
Weidensdorf
Rabenstein
AB-Dr. Chemnitz
CHEMNITZ
Gahlenz
Pleißa
4
180
Wüstenbrand
Hoh./E.
Erdmannsdorf
Augustusburg
Mulda
Glauchau
Wüstenbrand
Kuhschnappel
Chemnitz-Süd
Leubsdorf
Eppendorf
Wernsdorf
173
Neukirchen
Kleinolbersdorf
Niedermülsen
Hohenstein-Ernstthal
Mittelbach
Einsiedel
Waldkirchen
101
Dorfchemnitz
Thurm
Bernsdorf
169
Klaffenb.
Dittersdorf
Zschopau
Friedebach
Mülsen
Lichtenstein
Burkhardtsdorf
Amtsberg
174
Lengefeld
Sayda
Oelsnitz
Lugau
Stollberg
Weißbach
Pfaffroda
Niederwürschnitz
180
Meinersdorf
Hallbach
Heidersdorf
Wilkau-Haßlau
Zwickau-Ost
Hartenstein
Stollberg-West
Stollberg
Thalheim
Pockau
72
Hartenstein
Thum
Zöblitz
Olbernhau
Wolkenstein
95
Marienberg
171
Wildenfels
Zwönitz
Geyer
Ehrenfriedersdorf
Pobershau
Langenweißbach
Lößnitz
Kirchberg
93
Schlema
Wiesa
Wiesenbad
Rübenau
Aue
Schneeberg
Grünhain
Frohnau
Annaberg-Buchholz
49
Zschorlau
Elterlein
Steinbach
Lauter
Beierfeld
Burkhardtsgrün
Markersbach
169
Schwarzenberg
101
Scheibenberg
283
Bermsgrün
Jöhstadt
Satzung
Schönheide
Blauenthal
Crottendorf
Eibenstock
Bärenstein
Nova Ves
7
Rittersgrün
Neudorf
E442
Carlsfeld
Johanngeorgenstadt
Oberwiesental
Boži Dar
Klášterec
Kadaň
Mühlleiten
13
25
Kraslice (Graslitz)
Nejdek (Neudek)
Ostrov (Schlackenwerth)
Karlovy Vary (Karlsbad)
Podbořany

DRESDEN
Coswig
Radebeul
Moritzburg
Berbisdorf
Bärnsdorf
Marsdorf
Weixdorf
Ottendorf
Ottendf.-Okrilla
Lichtenberg
Pulsnitz
Burkau
Ohorn
Rammenau
Bautzen
41
Gaußig
Gnaschwitz
Wölkau
Langebrück
Liegau-Augustusbad
Großröhrsdorf
Bretnig-Hauswalde
Bischofswerda
Großharthau
Radeberg
Reichenberg
Wilthen
Kirschau
Weigsdorf
Köblitz
Neukirch
Steinigtwolmsdorf
Schirgiswalde
Oppach
Sohland
Stolpen
Dittersbach
Helmsdorf
Neustadt
Lobendava
Kesselsdorf
Pesterwitz
Gompitz
Stürza
Lohmen
Hohnstein
Sebnitz
Freital
Bannewitz
Heidenau
Stadt Wehlen
Rathen
Pirna
Possendorf
Röhrsdorf
Dohna
Struppen
Weißig
Porschdorf
Mittelndorf
Hartha
Rabenau
Kreischa
Königstein
Bad Schandau
Hinterhermsdorf
Höckendorf
Gohrisch
Krippen
Reinhardtsdf.-Schöna
Paulsdorf
Dippoldiswalde
Berggießhübel
Bielatal
Pretzschendorf
Glashütte
Liebstadt
Bad Gottleuba
Rosenthal
Schmiedeberg
Bahratal
C. Kamenice
Děčín (Tetschen)
Bärenstein
Bärenfels
Bärenburg
Lauenstein
Petrovice
Schellerhau
Hermsdorf
Altenberg
Geising
Neuhermsdf.
Zinnwald-Georgenfeld
Holzhau
Dubi
Ústí (Aussig)
M.-Březno
Teplice (Teplitz-Schönau)
Kravaře
Litvínov
Úštěk
Litoměřice (Leitmeritz)
Bílina
Vrutice
Lovosice (Lobositz)
Lukavek
Most (Brüx)
Labe (Elbe)
Kozly
Doksany
Roudnice
Rudnice
VIII/2001
Koštice
Budyně
Ohře (Eger)
Louny (Laun)
Nova Ves
Žatec (Saaz)
Velvary
Uzice
Vltava (Moldau)
Ročov
Slany
Řevničov
Elbe
E40
E55
E442
D8
13
30
170
171
172
253
260
27
8
63
15
28
7
16
240
98
96
6

42
Waxweiler
Daleiden
Desserath
Deudesfeld
Gillenfeld
Manderscheid
Mohrweiler
Kyllburg
Eisenschmitt
Eichelhütte
Laufeld
Nieder-öfflingen
Hasborn
Bad Bertrich
Bitburg
Malberg
Badem
Neuerburg
Biersdorf
Rittersdorf
Dudeldorf
Sinspelt
Baustert
Niederkail
Burg
Landscheid
Wittlich
Gondorf
Vianden
Roth a. d. Our
Dreis
Ürzig
Wengerohr
Zeltingen
Rachtig
Wehlen
Maring Noviand
Osann-Monzel
Kesten
Mülheim
Brauneberg
Veldenz
Wolsfeld
Heidweiler
Zemmer
Wallendorf
Holsthum
Prümzurlay
Diekirch
Bollendorf
Irrel
Welschbillig
Daufenbach
Föhren/Hetzerath
Salmtal
Piesport
Dhron
Wintrich
Niederemmel
Neumagen
Echternacherbrück
Echternach
Kordel
Schweich
Trittenheim
Larochette
Pfalzel
Trier
Mehring
Leiwen
Pölich
Longuich
Fell
Büdlicherbrück
Wasserbillig
Euren
TRIER
Olewig
Mertesdorf
Naurath
Waldrach
Bescheid
Thalfang
Junglinster
Igel
Mertert
Riveris
Konz
Wasserliesch
Potaschberg
Grevenmacher
Nittel
Reinsfeld
Hermeskeil
Senningerbg.
Cargo-Cent.
Flaxweiler
Munsbach
Lux.-Cent.
Lux.-Gare
Mosel
Ockfen
Ayl
Saarburg
Irsch
Kell
Schillingen
Neuhütten
Abentheuer
Nonnweiler
LUXEMBOURG
Zerf
Oberzerf
Trassem
Reidelbach
Bosen
Frisange
Remich
Greimerath
Weiskirchen
Wadern
Nennig
Mondorf les-Bains
Orscholz
Lockweiler
Britten
Losheim
Theley
Bardenbach
Mettlach
Perl
Saar
Merzig-Schwemlingen
Tholey-Hasborn
Merzig
Schmelz
Hüttersdorf
Lebach
Sierck-les-Bains
Moselle
Eppelborn
Rehlingen
Dieffeln
Dillingen/Saar
Saarwellingen
Eiweiler
Illingen
Niederaltdorf
Roden
Schwalbach
Heusweiler
Kerlingen
Wallerfangen
Saarlouis
Quierschied
Sulzbach
Lisdf.
Beaumarais
Hombourg-Budange
Bouzonville
Mondelange
Talange
Berus
Altenkessel
Püttlingen
Dudweiler
Ingbert
Wadgassen
Überherrn
Geislautern
SAARBRÜCKEN
Völklingen
Argancy
Eschberg
Boulay-Moselle
Creutzwald-la-Croix
Großrosseln
Forbach
Stiring
Forbach-Centre
Sarreguemines
Forbach-Wiesberg
Freyming
Merlebach
Bübingen
Kleinblittersdorf
METZ
Boulay
Freym.-Merleb.
St. Avold
Hombourg-Haut
Yutz
52
54
24
25
32
33
39
E42
E29
E44
E422
E25
E50
A4
A320
1
8
64
602
620
623
50
51
53
257
268
269
405
406
407
410
418
419
421
422
916
954
153
2002
XII/2002

Cochem
Sehl Ernst
Ellenz-Poltersdorf
Eller
Ediger
Beilstein
Nehren
Alf
Senheim
Bullay
Zell
Kaimt
Briedel
Enkirch
Traben-Trarbach
Bernkastel-Kues
Kleinich
Horbruch
43
Pfalzfeld
Kastellaun
Hollnich
Gammelshsn.
Klosterkumbd
Michel-bach
Simmern
Kirchberg
Gemünden
Rhaunen
Bundenbach
Mörschied
Asbach
Kempfeld
Allen-bach
Kirschweiler
Veitsrodt
Tiefenstein
Hüttgeswasen
Idar-Oberstein
Schwollen
Hattgenstein
Weierbach
Kirnsulzbach
Kirn
Hochstetten-Dhaun
Simmertal
Auen
Waldfriede
Seesbach
Kreers-häuschen
Winterbach
Winterburg
Bergen-hausen
Pleizen-hausen
Emmelshsn.
Lamscheid
Leiningen-
Pfalzfeld
Nenzhäuserhof
Laudert
St. Goar
Patersberg
Oberwesel
Kaub
Dellhofen
Bacharach
Ober-heimbach
Rheinböllen
Trechtingshsn.
Raststätte Hunsrück Ost
Hunsrück West
Stromberg
Lorch a.Rhein
Espenschied
Ransel
Presberg
Wisper
Bad Schwalbach
Schlangenbad
Hausen
Hall-garten
Kiedrich
Oest-rich
Johannisbg.
Aßmannshsn.
Niederwald
Geisenhm.
Mittelheim
Winkel
Rüdeshm.
Bingen
Ingelheim
Binger-brück
Münster-Sarmshm.
Gau-Algesheim
AB-Dr. Nahetal
Dorshm.
Waldlaubershm.
Windesheim
Laubenheim
Gensingen
Guldental
Bretzenheim
Bad Kreuznach
Wall-hausen
Sprend-lingen
Gau-Bickelheim
Bad Kreuznach
Hackenhm.
Bad Münster a.Stein
Norheim
Schloß-böckelheim
Bad Sobernheim
Ebernburg
Bornheim
Erbes-Büdesheim
Ober-moschel
Niederhausen
54
Freimersheim
Kirchheim-bolanden
Dannenfels
Birkenfeld
Lauterecken
Rockenhausen
Göllheim
Dreisen
Nohfelden
Ulmet
Thallichtenberg
Blaubach
Wolfstein
Freisen
Reichwlr.
Eisenberg
Winnweiler
Münchweiler a.d.Alsenz
Ramsen
Wattenheim
Föckelberg
Kusel
Konken
Urweiler
Otterberg
Sembach
Mehlingen
Enkenbach-Alsenborn
Niedermohr
Otterbach
Kaisersl.-Ost
Glan-Münchweiler
Steinwenden
Ramstein-Miesenbach
Kaiserslautern-West
Kaiserslautern-Einsiedlerhof
Hochspeyer
Hütschenhausen
AB-Kr. Landstuhl
Landstuhl
KAISERSLAUTERN
Weidenthal
Miesau
Wald-mohr
Raststätte Waldmohr Nord
Bruchmühlbach-Miesau
Landstuhl
Landst.-Atzel
Dansenberg
Oberbex-bach
Waldmohr
Bruchmühlbach
Bann
Neunkirchen/Saar
Bex-bach
Erbach
Homburg (Saar)
Trippstadt
Elmstein
Lambrecht
Neunkchn. Wellesweiler
Homburg/Saar
Weselberg
Appental
Neustadt a.d.Weinstr.
Furpach
AB-Kr. Neunkchn.
Limb.
Schwarzenacker
Johanniskreuz
Iggelbach
Kirkel
Battweiler
Maßweiler
Waldfischbach-Burgalben
St. Martin
Rohrbach
St. Ingbert-Mitte
Einöd
Zweibrücken
Leimen
Nieder-würzb.
Thaleischweiler-Fröschen
Ramberg
Weyher
Hecken-dalhm.
Blies-kastel
Contwig
Rodalben
Dernbach
Frankweiler
Gleisweiler
Mim-bach
Ixheim
Pirmasens
Münchweiler a.d.Rodalb
Wilgarts-wiesen
Rinnthal
Albers-weiler
Birkwlr.
Mandelbachtal
Wals-hausen
Winzeln
Pirmasens
Hinterweidenthal
Annweiler
Siebeldingen
Hauenstein
Binderbach
Leinsweiler
Gersheim
Lemberg
Erfweiler
Langmühle
60
Dahn
Gossersweiler
53
Billigheim-Ingenheim
Breidenbach
Eppenbrunn
Reichenbach
Gleiszellen
Gleishorbach

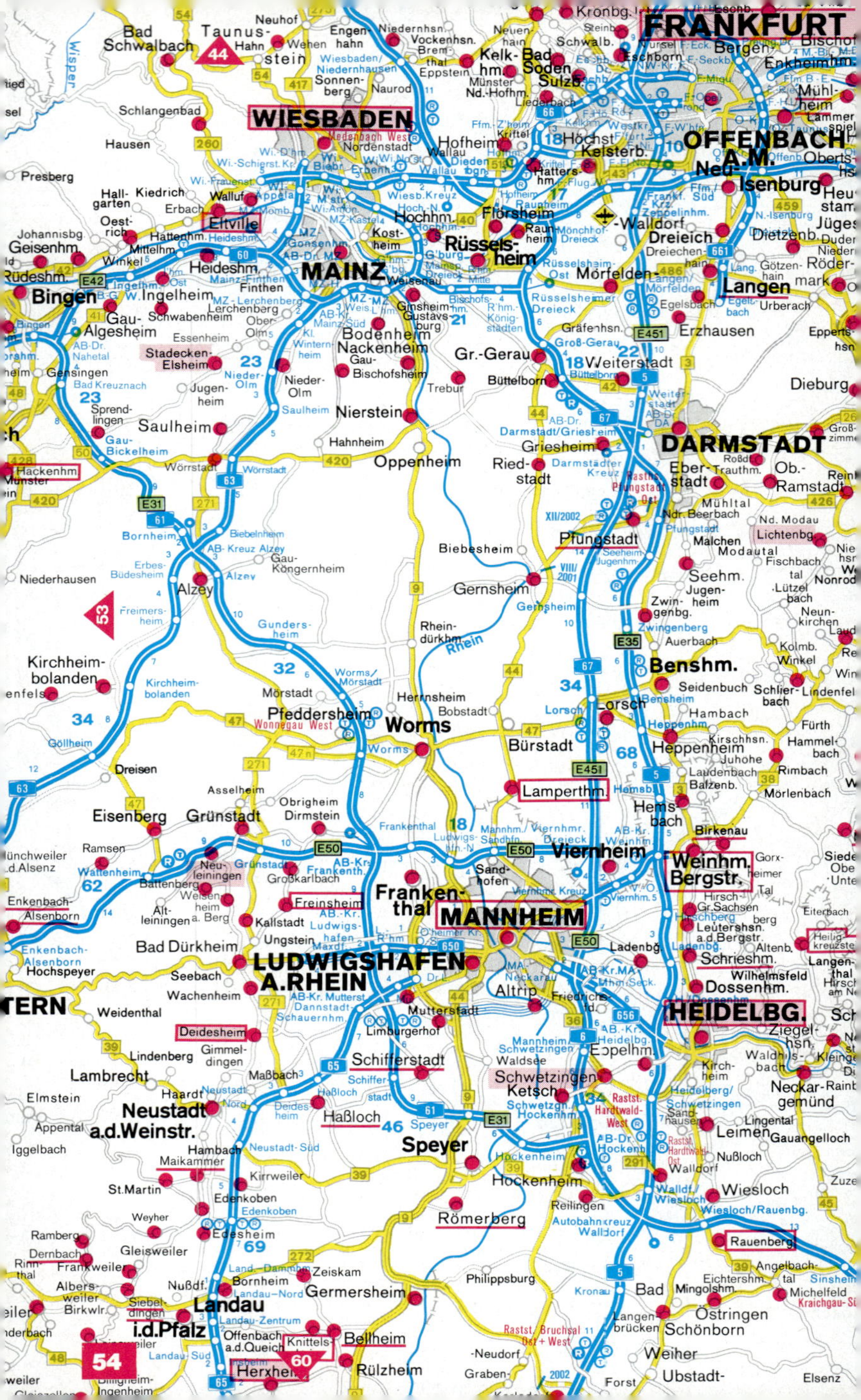
FRANKFURT
WIESBADEN
OFFENBACH A.M.
MAINZ
DARMSTADT
MANNHEIM
LUDWIGSHAFEN A.RHEIN
HEIDELBG.
Worms
Frankenthal
Speyer
Landau i.d.Pfalz
Neustadt a.d.Weinstr.
Bad Schwalbach
Taunusstein
Eltville
Bingen
Rüsselsheim
Flörsheim
Hofheim
Höchst
Kelsterb.
Neu-Isenburg
Langen
Dreieich
Mörfelden-Walldorf
Weiterstadt
Griesheim
Gr.-Gerau
Nierstein
Oppenheim
Alzey
Saulheim
Ingelheim
Gau-Algesheim
Bodenheim
Nackenheim
Pfungstadt
Gernsheim
Benshm.
Lorsch
Heppenheim
Bürstadt
Lamperthm.
Viernheim
Weinhm. Bergstr.
Schriesehm.
Dossenhm.
Schwetzingen
Hockenheim
Wiesloch
Walldorf
Leimen
Neckargemünd
Rauenberg
Östringen
Bad Dürkheim
Grünstadt
Eisenberg
Kirchheimbolanden
Freinsheim
Deidesheim
Haßloch
Schifferstadt
Lambrecht
Maikammer
Edesheim
Germersheim
Bellheim
Herxheim
Römerberg
Philippsburg
Bad Mingolsheim
Lichtenbg.
Ober-Ramstadt
Dieburg
Erzhausen
Trebur
Riedstadt
Biebesheim
Worms
Mörstadt
Pfeddersheim
44
53
60

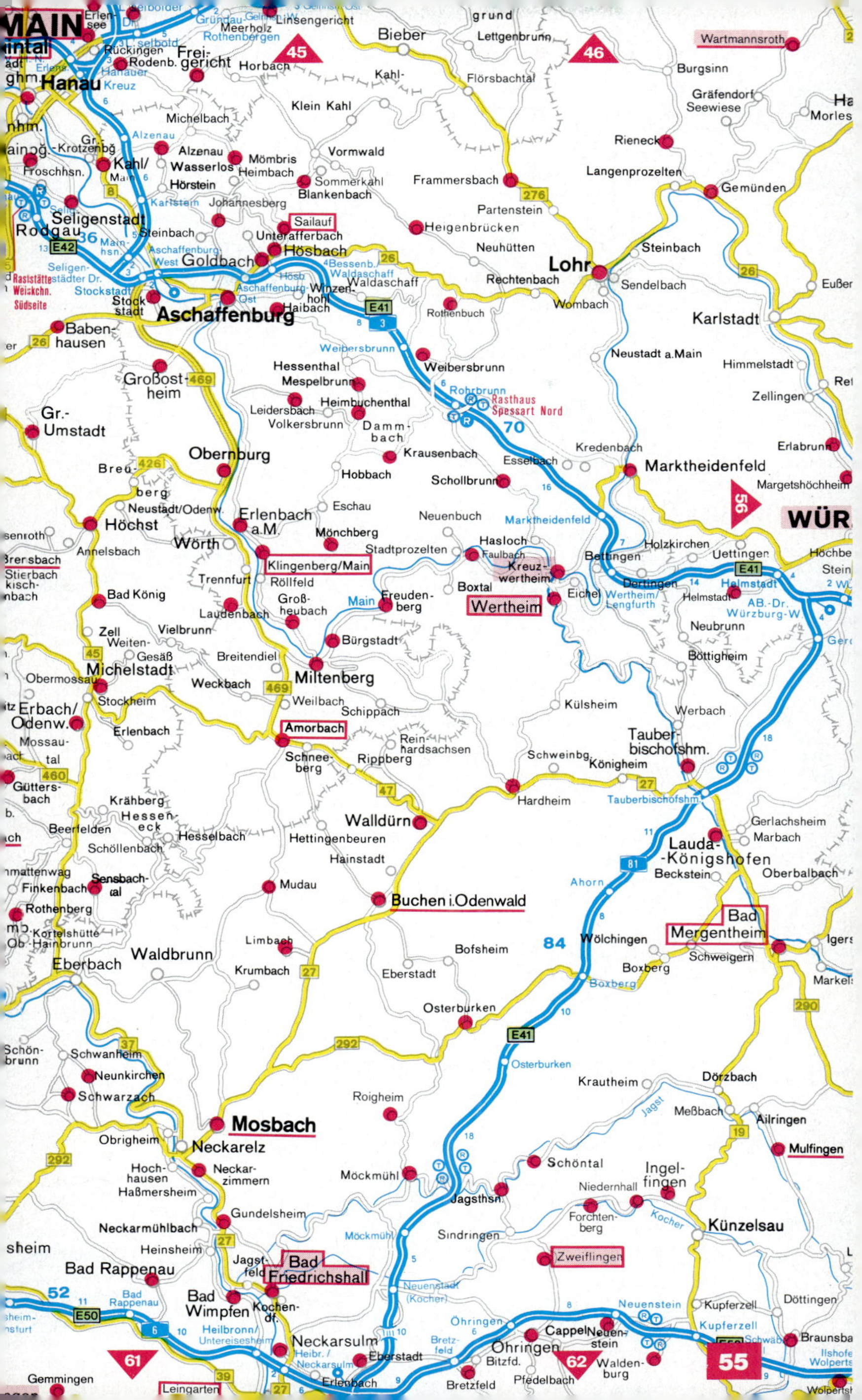

MAIN
Erlensee
Meerholz
Linsengericht
Rothenbergen
Bieber
Lettgenbrunn
Wartmannsroth
45
46
Rückingen
Rodenb.
Freigericht
Horbach
Hanau
Kreuz
Kahl-
Flörsbachtal
Burgsinn
Gräfendorf
Seewiese
Morles
Klein Kahl
Michelbach
Alzenau
Rieneck
Krotzenbg
Kahl/Main
Wasserlos
Mömbris
Vormwald
Frammersbach
Langenprozelten
Gemünden
Froschhsn.
Hörstein
Heimbach
Sommerkahl
Blankenbach
276
Partenstein
Karlstein
Johannesberg
Seligenstadt
Sailauf
Heigenbrücken
Rodgau
Steinbach
Unterafferbach
36
Hösbach
Neuhütten
Steinbach
E42
Aschaffenburg West
Goldbach
26
Lohr
Bessenb./Waldaschaff
Waldaschaff
Rechtenbach
Sendelbach
Eußer
Seligenstädter Dr.
Rastst. Weiskchn. Südseite
Stockstadt
Aschaffenburg Ost
Winzenhohl
Haibach
Aschaffenburg
E41
3
Rothenbuch
Wombach
Karlstadt
Babenhausen
26
Weibersbrunn
Neustadt a. Main
Himmelstadt
Großostheim
469
Hessenthal
Mespelbrunn
Weibersbrunn
Rohrbrunn
Rasthaus Spessart Nord
Zellingen
Gr.-Umstadt
Leidersbach
Heimbuchenthal
Volkersbrunn
Dammbach
70
Obernburg
Krausenbach
Kredenbach
Erlabrunn
Marktheidenfeld
426
Breuberg
Hobbach
Esselbach
Schollbrunn
Margetshöchheim
56
Neustadt/Odenw.
Eschau
Höchst
Erlenbach a.M.
Neuenbuch
Marktheidenfeld
WÜR
Mönchberg
Hasloch
Holzkirchen
Wörth
Stadtprozelten
Faulbach
Bettingen
Uettingen
Annelsbach
Klingenberg/Main
Kreuzwertheim
E41
Trennfurt
Röllfeld
Boxtal
Dertingen
Helmstadt
Bad König
Großheubach
Main
Freudenberg
Wertheim
Eichel
Wertheim/Lengfurth
Helmstadt
AB.-Dr. Würzburg-W.
Laudenbach
Zell
Vielbrunn
Weiten-Gesäß
Bürgstadt
Neubrunn
45
Breitendiel
Böttigheim
Michelstadt
Obermossau
Weckbach
Miltenberg
469
Stockheim
Weilbach
Külsheim
Erbach/Odenw.
Schippach
Werbach
Amorbach
Erlenbach
Reinhardsachsen
Tauberbischofshm.
Mossautal
Schneeberg
Rippberg
Schweinbg.
Königheim
460
Güttersbach
47
27
Krähberg
Hardheim
Tauberbischofshm.
Hesseneck
Walldürn
Gerlachsheim
Beerfelden
Hesselbach
Hettingenbeuren
Marbach
Schöllenbach
Lauda-Königshofen
Hainstadt
81
Beckstein
Oberbalbach
Sensbachtal
Finkenbach
Mudau
Ahorn
Buchen i. Odenwald
Rothenberg
Bad Mergentheim
Kortelshütte
Ob.-Hainbrunn
Limbach
Bofsheim
84
Wölchingen
Igersheim
Waldbrunn
Schweigern
Eberbach
Krumbach
27
Eberstadt
Boxberg
Boxberg
Markelsheim
Osterburken
10
290
37
E41
Schönbrunn
Schwanheim
292
Osterburken
Neunkirchen
Krautheim
Dörzbach
Schwarzach
Jagst
Roigheim
Meßbach
Ailringen
Mosbach
19
Obrigheim
Neckarelz
Mulfingen
292
Hochhausen
Neckarzimmern
Schöntal
Haßmersheim
Möckmühl
Niedernhall
Ingelfingen
Jagsthsn.
Gundelsheim
Forchtenberg
Kocher
Neckarmühlbach
Möckmühl
Sindringen
Künzelsau
27
Heinsheim
Zweiflingen
Bad Rappenau
Jagstfeld
Bad Friedrichshall
Neuenstadt (Kocher)
Bad Wimpfen
Bad Rappenau
Kochendf.
Neuenstein
Kupferzell
Döttingen
52
11
E50
6
10
Heilbronn/Untereisesheim
Öhringen
Bretzfeld
Kupferzell
Braunsbach
Neckarsulm
Cappel
Neuenstein
Öhringen
Heilbr./Neckarsulm
Eberstadt
Bitzfd.
Waldenburg
55
61
62
Gemmingen
Leingarten
39
27
Erlenbach
Bretzfeld
Pfedelbach

Bad Kissingen
Frankenbrunn
Reiterswiesen
Wartmannsroth
46
Elfershausen
Ramsthal
Hofheim
Goßmannsdf.
Gräfendorf
Hammelburg
Morlesau
Hammelburg
Poppenhausen
Königsberg in Bayern
Gemünden
Schweinfurt/ Niederwerrn
Schweinfurt
Sennfeld
Gochshm.
Haßfurt
Theres
Schonungen
AB-Dr. Schweinfurt Werneck
Schw./ Bergrh.
S.-Hafen-W. Ost
Bergrheinfeld
E48
Haßfurt
Main
Sand
69
70
Eußenheim
Werneck
Werneck
Knetzgau
Karlstadt
Rasthaus Riedener Wald-West
Rasthaus Riedener Wald-Ost
Oberschleichach
Sulzheim
Alitzheim
Himmelstadt
Gramschatzer Wald
Retzbach
Gerolzhofen
Dingolshausen
Zellingen
Bergtheim
E45
Eschern-dorf
31
Erlabrunn
Nordheim
Volkach
Veitshöchheim
Ebrach
Margetshöchheim
Würzburg/ Estenfeld
Sommerach
Versbach
Münster-schwarzach
Lindleinsmühle
Lengfeld
Dettelbach
Schwarzach
WÜRZBURG
Autobahnkreuz Biebelried
Wiesentheid
Prichsenstadt
Rottendorf
Uettingen
Höchberg
Kitzingen-Schwarzach
Geiselwind
Schlüssel
E41
Steinbachtal
Rottendorf
Wiesentheid
Abstwind
Geiselwind
E45
Helmstadt
WÜ-Kist
22
Heidingsfeld
Biebelried
Kitzingen
103
AB.-Dr. Würzburg-W.
E43
Würzburg-Heidingsfeld
Randersacker
Raststätte Würzburg-N.
Kitzingen
Rödelsee
Castell
Neubrunn
Mainbernheim
Burghaslach
Gerchsheim
Würzburg R'acker
Eibelstadt
Sulzfeld a. Main
Oberscheinfeld
Winterhausen
Sommerhsn.
Iphofen
13
Frickenhsn.
Segnitz
8
Scheinfeld
Ochsenfurt
Marktbreit
Willanzheim
Marktbreit
E43
55
19
Ober ickelsheim
Gollhofen
Neustadt a.
Gerlachsheim
Marbach
Dietersheim
Oberbalbach
Bernsfelden
71
Uffenheim
Bad Mergentheim
Röttingen
Ipsheim
13
Bad Windsheim
Igersheim
Uffenheim-Langensteinach
Tauberrettersheim
Weikersheim
Freudenbach
Ohrenbach
Markelsheim
Creglingen
Ober-scheckenbach
Gallmersgarten
470
Bad Windsheim
290
Reichelshofen
Steinsfeld
Niederstetten
Rothenburg ob d. T
Windelsbach
Dörzbach
Detwang
Rothenburg ob d. T.
Ailringen
Schrozberg
Colmberg
19
Mulfingen
7
Diebach
Ansbach
Leutershausen
Blaufelden
Rot am See
Künzelsau
Unteroestheim
Schillingsfürst
Brodswind
Langenburg
Wörnitz
Ansbach
Herrieden
Aurach
Herrieden
Döttingen
Kupferzell
Kupferzell
Schnelldorf
Dorfgütingen
AB-Kr. Feuchtwangen/ Crailsheim
Dorfgütingen
Kleinried
E50
Braunsbach
Kirchberg
Schwäb. Hall
56
71
Kirchberg
62
Crailsheim
6
Schnelldorf
Feuchtwangen
Feuchtwangen
63
Bechhofen
Wolpertshausen
Ilshofen

Großheirath
47
Redwitz
Marktzeuln
Michelau
Küps
48
Stadtsteinach
Pfarrweisach
Lichtenstein
Lichtenfels
Reundorf
Burgkunstadt
Höferänger
Kulmbach
Alten-kunstadt
Burghaig
Plassenburg
Wirsberg
Staffelstein
Romansthal
Mainleus
Trebgast
Himmel-kron
Ebern
Weismain
Ebensfeld
End
Bad Berneck
Kasendorf
Thurnau
E48
Neu-drossenfeld
Thurnau-Ost
Thurnau-West
Kulmbach-Neudrossenfeld
Schirradorf
Scheßlitz
Roßdorf
Stadelhofen
55
Ebelsbach
Stettfeld
Breiten-güßbach
Würgau
Scheßlitz
Bayreuth-Nord
Kemmern
Vierethal-Trunstadt
AB-Kr. Bamberg
Hallstadt
Memmelsdorf
Hollfeld
22
Bayreuth
Bamb.-Hafen
Hall-stadt
B'bg.
Bamberg-Ost
Bamberg
Bamberg-Süd
Aufseß
Stegaurach
73
Heiligenstadt
Traindorf
Veilbronn
Ahorntal
Bug
Strullendorf
Waischenfeld
Burgebrach
Hirschaid
Buttenheim
Wiesenttal
Langenloh
Trockau
Muggendorf
Doos
Behringers-mühle
Tüchersfeld
Gasselsdorf
Burggaillenreuth
Haselbrunn
Pommers-felden
Ebermannstadt
Rothenbühl
Potten-stein
Hollenberg
Pegnitz
505
Wachen-roth
Mühlhsn.
Gößwein-stein
Hühner-loh
Limbach
470
Kirchenbirkig
Nemschenreuth
Höchstadt-N.
Forchheim-Nord
Forchheim
Pommersfelden
Steiger-wald
Adelsdorf
Pegnitz
Höchstadt a.d. Aisch
Gremsdorf
Höchstadt-Ost
Forchheim-S.
Egloffstein
Weidensees
Kunreuth
Betzenstein
Obertrubach
Bernheck
Baiersdorf
Pinzberg
Regensberg
77
Baiersdorf-Nord
Plech
Möhrendorf
Neuhaus
Großenseebach
82
Hormersdorf
Marloffstein
Neunkirchen a. Brand
Weisendorf
Erlangen-West
Erlgn.-Nord
Hohen-stein
58
Kosbach
Erlangen
Ecken-tal
Osternohe
Herzogenaurach
Frauen-aurach
Erlangen-Bruck
Bruck
Schnaittach
Schloß-berg
Vorra
AB-Kr. Fürth/Erlangen
Frauenaurach
Eltersdorf
Tennenlohe
Heroldsberg
E51
Kirchensittbach
Hirschbach
Emskirchen
Kleedorf
Hubmersbg.
Großgründlach
Lauf a.d. Pegnitz
Hersbruck
Neukirchen
Boxdorf
Nürnberg-Nord
Lauf/Hersbruck
Reichenschwand
Pommels-brunn
Fürth-Ronhof
Ronhof
Behringers-dorf
Rückersdorf
Happurg
Markt Erlbach
Fürth-Poppenr.
Nürnberg/Behringersdorf
Engelthal
Schwaig
Autobahnkreuz Nürnberg
Kainsbach
Cadolzburg
Fürth
Nürnbg.-Fürth
N.-M'dorf
Zirndorf
NÜRNBERG
59
Wintersdorf
Ober-asbach
Fischbach
AB-Kr. Altdorf
Altdorf/Leinbg.
E50
Nürnberg-Fischbach
Alfeld
Dietenhofen
Eibach
Nü.-Hafen-Ost
N.-Langw.
Altdorf
Roßtal
Oedenreuth
Nü.-Königshof
AB-Kr. Nbg.-Ost
Altdorf/Burgthann
Lauterhofen
Großweis-mannsdf.
Zollhs.
Feucht
Oberölsbach
AB-Kr. Nü. Süd
AB-Dr.N./Feucht
Burgthann
Heilsbronn
Wendel-stein
Nü.-Feucht
Ochenbruck
Schwarzenbruck
Pilsach
299
Schwabach
Roth
Schwan-stetten
Berg
Schwabach-West
Schwabach-Süd
Postbauer-Heng
Neuendettelsau
E50
Forsthof
Rednitz-hembach
Neumarkt i.d.Opf.
Neuen-dettelsau
466
Kammer-stein
Pyrbaum
Pölling
Neumarkt i.d.Oberpfalz
Büchenbach
Pfaffenhofen
Obere Glasschleife
Lichtenau
Windsbach
Abenberg
Roth
Allersberg
Allersbg.
Wolframs-Eschenbach
Deining
Freystadt
Hilpoltstein
Haundorf
Spalt
64
Igelsbachsee
Hilpoltstein
57

Kulmbach
Bayreuth
Pegnitz
Weidenberg
Auerbach in der Oberpfalz
Amberg
Sulzbach-Rosenberg
Hersbruck
Altdorf
Feucht
Neumarkt i.d.Oberpfalz
Schnaittach
Lauf a.d. Pegnitz
Heroldsberg
Hirschau
Grafenwöhr
Wunsiedel
Weißenstadt
Marktleuthen
Kirchenlamitz
Sparneck
Zell in Oberfranken
Münchberg-Süd
Gefrees
Marktschorgast
Bad Berneck
Bischofsgrün
Leupoldsdorf
Tröstau
Bad Alexandersbad
Goldkronach
Fichtelberg
Nagel
Brand/Oberpfalz
Kemnath
Kulmain
Speichersdorf
Erbendorf
Pressath
Eschenbach
Parkstein
Vilseck
Edelsfeld
Königstein
Neuhaus a.d.Pegnitz
Plech
Betzenstein
Obertrubach
Egloffstein
Gößweinstein
Pottenstein
Muggendorf
Waischenfeld
Hollfeld
Aufseß
Ahorntal
Thurnau
Kasendorf
Weismain
Burgkunstadt
Altenkunstadt
Mainleus
Trebgast
Wirsberg
Himmelkron
Neudrossenfeld
Bindlach
Seulbitz
Wolfsbach
Seybothenreuth
Stadtsteinach
Hermes
Höferänger
Burghaig
Plassenburg
Schwaig
Rückersdorf
Behringersdorf
Engelthal
Happurg
Pommelsbrunn
Kainsbach
Birgland
Illschwang
Kümmersbruck
Haselmühl
Schwend
Lauterhofen
Kastl
Pilsach
Berg
Postbauer Heng
Pölling
Pyrbaum
Allersberg
Freystadt
Deining
Lengenfeld
Velburg
Parsberg
Kallmünz
Rieden
Theuern
Schwandorf
Burgthann
Ochenbruck
Schwarzenbruck
Vorra
Hirschbach
Neukirchen
Kirchensittenbach
Kleedorf
Schloßberg
Osternohe
Hohenstein
Eckental
Neunkirchen a. Brand
Kunreuth
Regensberg
Rothenbühl
Tüchersfeld
Hollenberg
Nemschenreuth
Pullenreuth
Schnaittenbach
Pfaben
Wolfring
Fensterbach
Nürnberg
Marktzeuln
55
77
59
91
58
48
57
64
E48
E50
E51
E56
9
6
70

49
Františkovy Lázně
(Franzensbad)
Cheb
(Eger)
Okrouhlá
Bečov (Petschau)
Toužim
Mnichov
E48
303
Waldsassen
Großbüchl-
berg
Neualbenreuth
Mitterteich
Mariánské Lázne
(Marienbad)
Teplá
E49
230
21
299
Wiesau
Tirschenreuth
201
Planá
Kokašice
Schwarzen-
bach
Bärnau
Windisch-
eschenbach
Schönficht
Windischeschenb.
Dietersdorf
Plößberg
Tachov
(Tachau)
15
93
Püchersreuth
Bor
D5
Stribro
(Mies)
Benešovice
E50
Neustadt
a.d.Waldnaab
Floß
Mlýnec
Bor (Haid)
501
Theisseil
Ober-
höll
Weiden
Katerina
Přimda
Schirmitz
Pleystein
Altenstadt
Waidhaus
200
Vohenstrauß
E50
Pleystein
Moosbach
Eslarn
Zelezná
Poběžovice
14
Wernberg-
Köblitz
Horšovský Týn
(Bischofteinitz)
Schönsee
Stadlern
Pfreimd
Teunz
6
Domazlice
(Taus)
Nabburg
Tiefenbach
Kritzenthal
Winklarn
Treffelstein
Liskova
Arnstein
22
26
Kdyně
Schwarzenfd.
Waldmünchen
Bauhof
Rötz
Neunburg
v. Wald
Geigant
Schwandorf-
Nord
Furth i.Wald
Schwandorf
Bodenwöhr
20
Schwandorf-
Süd
65
Neukirchen
b.Hl.Blut
Rimbach
Neubäu
Bruck i.d.Opf.
Regen
Runding
Cham
Chameregg
Schlondf.
Grafenwiesen
Hohenwarth
66
Teublitz
Cham-
münster
Kötzting
Arrach
Nittenau
Roding
85
Blaibach
Traitsching
Miltach
65
59

Maßweiler
Waldfischbach-Burgalben
Thaleischweiler-Fröschen
Leimen
53
48
St.Martin
Edenkoben
54
Römerberg
Rodalben
Weyher
Ramberg
Edesheim
69
Dernbach
Gleisweiler
272
Münchweiler a.d.Rodalb
Wilgartswiesen
Rinnthal
Frankweiler
Landau-Dammhm
Zeiskam
Albersweiler
Nußdf.
Bornheim
Philippsburg
Birkwlr.
Landau-Nord
Germersheim
Winzeln
Pirmasens
Hinterweidenthal
10
Annweiler
Siebeldingen
Landau
i.d.Pfalz
Landau-Zentrum
Hauenstein
Binderbach
Leinsweiler
Offenbach a.d.Queich
Knittelsheim
Bellheim
Lemberg
Erfweiler
48
Landau-Süd
Langmühle
Dahn
Gossersweiler
Billigheim-Ingenheim
65
Herxheim
Rülzheim
Graben
Eppenbrunn
Reichenbach
427
Gleiszellen
Gleishorbach
Rohrbach
Rheinzabern
Neupotz
Pleisweiler-Oberhofen
Hayna
Kandel-N.
-Leopoldshafen
Dörrenbach
Bad Bergzabern
Kandel
Kandel-M.
Eggenstein-
Schönau
Nothweiler
38
Bobenthal
St.Germanshof
Schweigen-Rechtenbach
Schaidt
Kandel-S.
Wörth
Blankenloch
Neureut
Wörth-Dorsch.
MAXAU
KNIELINGEN
MÜHLBURG
3
Wissembourg
Maximiliansau
KARLSRUHE
KA-Durl.
Lembach
Daxlanden
9
Rheinstetten
Scheibenhard
Lauterbourg
Neuburgweier
Ettlingen
Karlsruhe-Süd
KA-Mitte
AB-Dr.
Woerth
Reichshoffen
263
Ettlingen
Waldbronn
8
Durmersheim
Schaffhouse
Busenbach
Seltz
Spessart
36
3
62
Seltz
Forstfeld
Muggensturm
Malsch
Pfaffenhoffen
2001
63
A35
4
Rastatt
Rastatt
Waldprechtsweier
Rasthaus Baden-Baden West
E52
Kuppenheim
Moosbronn
Rountzenheim
Bad Rotenfels
Bernbach
Oberndorf
Michelbach
Althof
Haguenau
Sessenheim
Hügelsheim
Baden-Baden
Sandweier
Bad Herrenalb
Hochfelden
49
2001
Oos
Gaggenau
A4
Staufenbg.
Gaistal
Sinzheim
Baden-Baden
Loffenau
Brumath-Nord
Rheinmünster
Vormbg.
Gernsbach
Canal de la Marne au Rhin
Rohrwiller
62
Varnhalt
Lichtental
Lautenbach
Ob.-Beuern
Brumath
Offendorf
Steinbach
Geroldsau
Gambsheim
Bühl
Neuweier
Weisenbach
Brumath-Sud
Lichtenau
Müllenbach
Affenta
Kaltenbronn
E25
la Wantzenau
E52
Scherzheim
Bühl
Bühlertal
Gambsheim
Obertal
63
36
Kappelwindeck
Forbach
Rheinbischofsheim
Waldmatt
E35
Hoerdt
Diersheim
Reichstett
Neusatz
Enzklösterle
Achern
Sasbach
462
Rheinau
11
Gompelscheuer
Hoenheim
Linx
Sasbachwalden
Hausbergen
Achern
5
Hundsbach
Poppeltal
STRASBOURG
Schönmünzach
Besenfeld
P.de Hag.
Renchen
Wildenbg.
Hinterlangenb.
Schwarzenbg.
Eisenbach
Cronenbg.
Kappelrodeck
Huzenbach
Seewald
Potre-Blanche
Kork
Furschenbach
Porte de Schirmeck
Kehl
Seebach
Schönegrund
Röt
Göttelfingen
Ottenhöfen
Erzgrube
Duppigheim
Geispolshm.
Baggersee
E52
Appenweier
Heselbach
294
Igelsberg
Maisenbühl
Obertal
Tonbach
Illkirch-Graffenstaden
Willstätt
Oberkirch
Buhlbach
Mitteltal
Appenweier
Lautenbach
Klosterreichenbach
Ebersweier
28
Durbach
Oedsbach
500
Baiersbronn
Halbgütle
Ramsbach
Offenburg
Rammersweiler
Kniebis
Hallwangen
Grüntal
Altenheim
Offenburg
Zell-Weierbach
Oppenau
Freudenstadt
Neuried
Albersbach
Bad Griesbach
Dollenberg
Fessenbach
426
83
468
Ortenberg
Holzwald
Zwieselberg
Dietersweiler
Löcherberg
Bad Rippoldsau
Elgersweier
Reichenbach
36
Erstein
Ohlsbach
Gengenbach
Rhein
Lauterbad
Hohberg
Bad Peterstal
Ottenheim
Bergghaupten
Riersbach
Ödenwald
Loßburg
Oberweier
Nordrach
Benfeld
E531
Schapbach
Oberharmersbach
Untertal
Ehlenbogen
Schwanau
Lahr
Friesenheim
3
Unterharmersbach
Biberach
Lahr
415
Walke
Alpirsbach
Zell a.Harmersbach
Boofzheim
Reichenbach
Fischerbach
Ob.-Wolfach
St. Roman
Kappel-Grafenhausen
Prinzbach
33
Steinach
Schnellingen
Wolfach
Schenkenzell
Rhône au Rhin
60
Mahlberg
67
Seelbach
294
Ettenheim
Schuttertal
Hausach
Schiltach
Welschensteinach
Haslach
Lehengericht

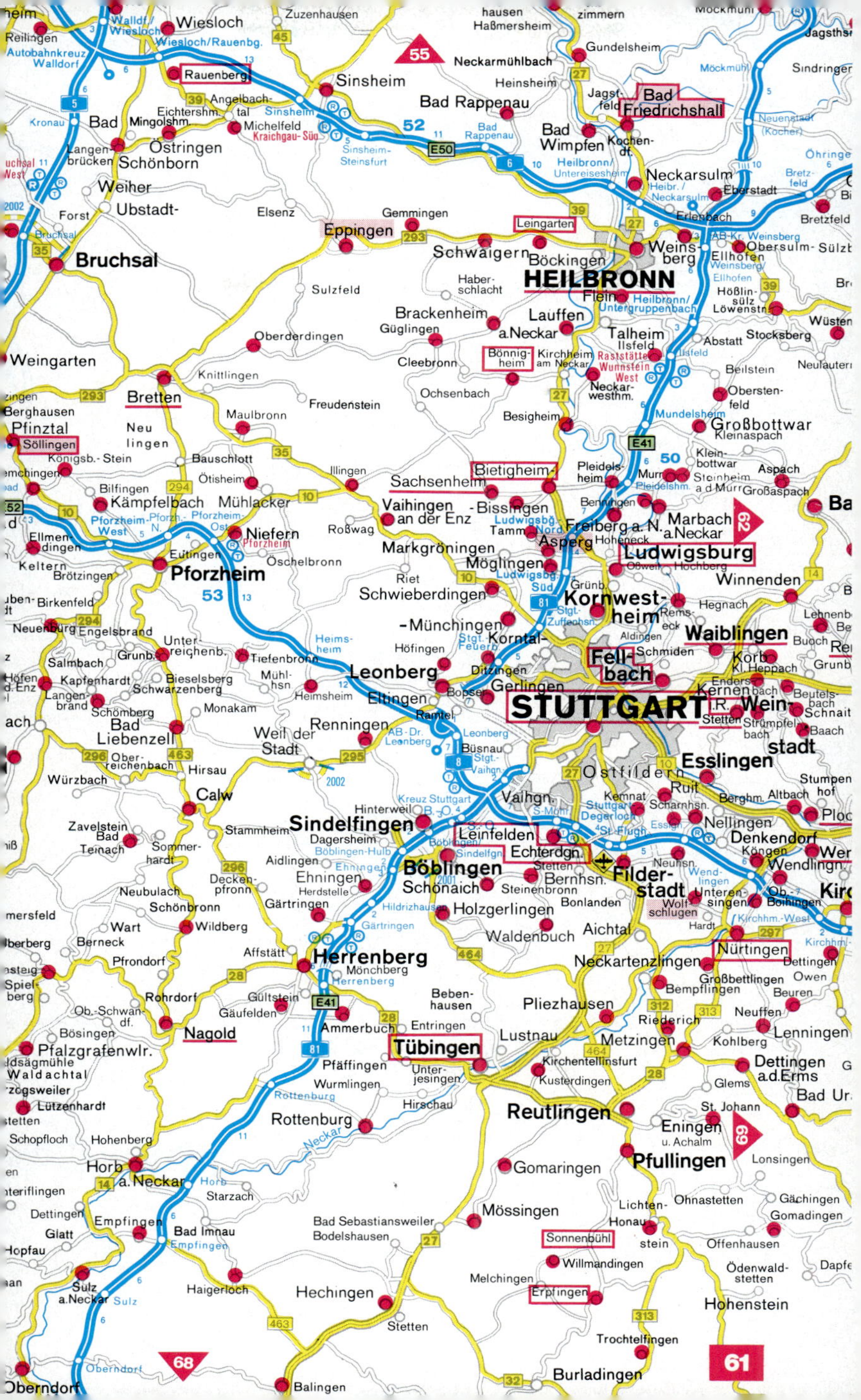

Reilingen
Autobahnkreuz Walldorf
Walldf./Wiesloch
Wiesloch
Wiesloch/Rauenbg.
Rauenberg
Zuzenhausen
Sinsheim
55
hausen
Haßmersheim
Neckarmühlbach
Heinsheim
zimmern
Gundelsheim
Mockmühl
Möckmühl
Jagsthsn
Sindringen
Bad Rappenau
Jagstfeld
Bad Friedrichshall
Neuenstadt (Kocher)
Kronau
Bad Mingolshm.
Eichtersheim
Angelbachtal
Michelfeld
Kraichgau-Süd
Sinsheim-Steinsfurt
52
E50
Bad Wimpfen
Kochendorf
Heilbronn/Untereisesheim
Langenbrücken
Östringen
Schönborn
Weiher
Ubstadt-
Forst
Bruchsal
Elsenz
Gemmingen
Eppingen
Leingarten
Neckarsulm
Heilbr./Neckarsulm
Eberstadt
Bretzfeld
Öhringen
Erlenbach
AB-Kr. Weinsberg
Bruchsal
Schwaigern
Böckingen
Weinsberg
Ellhofen
Obersulm-Sülzbach
Weinsberg/Ellhofen
HEILBRONN
Haberschlacht
Sulzfeld
Flein
Heilbronn/Untergruppenbach
Hößlinsülz
Löwenstein
Brackenheim
Güglingen
Lauffen a.Neckar
Talheim
Ilsfeld
Abstatt
Stocksberg
Wüstenrot
Oberderdingen
Cleebronn
Bönnigheim
Kirchheim am Neckar
Raststätte Wunnstein West
Beilstein
Neulautern
Weingarten
Knittlingen
Ochsenbach
Neckarwesthm.
Oberstenfeld
Bretten
Freudenstein
Berghausen
Pfinztal
Söllingen
Maulbronn
Neulingen
Besigheim
Mundelsheim
Großbottwar
Kleinaspach
Königsb.-Stein
Bauschlott
E41
Kleinbottwar
Steinheim a.d.Murr
Aspach
Großaspach
Illingen
Ötisheim
Bietigheim-
Sachsenheim
Pleidelsheim
Murr
Bilfingen
Kämpfelbach
Mühlacker
Vaihingen an der Enz
-Bissingen
Benningen
Marbach a.Neckar
Pforzheim-West
Pforzheim-N.
Pforzheim-Ost
Niefern
Roßwag
Tamm
Ludwigsbg.-Nord
Freiberg a. N.
Asperg
Hoheneck
Ellmendingen
Eutingen
Markgröningen
Möglingen
Ludwigsburg
Oßweil
Hochberg
Keltern
Brötzingen
Pforzheim
Öschelbronn
Riet
Ludwigsbg.-Süd
Grünb.
Winnenden
Schwieberdingen
Kornwestheim
Hegnach
Birkenfeld
53
Remseck
Lehnenberg
-Münchingen
Stgt.-Zuffenhsn.
Aldingen
Neuenbürg
Engelsbrand
Unterreichenb.
Heimsheim
Höfingen
Stgt.-Feuerb.
Korntal-
Waiblingen
Buoch
Salmbach
Grunb.
Tiefenbronn
Fellbach
Schmiden
Korb
Kl. Heppach
Leonberg
Ditzingen
Höfen a.d.Enz
Kapfenhardt
Bieselsberg
Mühlhausen
Gerlingen
Endersbach
Langenbrand
Schwarzenberg
Heimsheim
Eltingen
Botnang
Kernen i.R.
Beutelsbach
Schömberg
Monakam
STUTTGART
Stetten
Weinstadt
Schnait
Bad Liebenzell
Weil der Stadt
Renningen
Ramtel
Strümpfelbach
AB-Dr. Leonberg
Leonberg
Baach
Oberreichenbach
Hirsau
Büsnau
Stgt.-Vaihgn.
Würzbach
2002
Ostfildern
Esslingen
Stumpenhof
Calw
Kemnat
Ruit
Scharnhsn.
Berghm.
Altbach
Plochingen
Zavelstein
Bad Teinach
Sommerhardt
Stammheim
Hinterweil
Sindelfingen
Kreuz Stuttgart
Vaihgn.
Stuttgart Degerloch
S.-Möhr.
Nellingen
Denkendorf
Dagersheim
Böblingen-Hulb
Leinfelden
Echterdgn.
St.-Flugh.
Köngen
Wernau
Aidlingen
Ehningen
Böblingen
Sindelfgn.
Stetten
Neuhsn.
Wendlingen
Neubulach
Deckenpfronn
Herdstelle
Schönaich
Bernhsn.
Filderstadt
Unterensingen
Oberboihingen
Schönbronn
Gärtringen
Hildrizhausen
Holzgerlingen
Steinenbronn
Bonlanden
Wolfschlugen
Kirchheim
Wart
Wildberg
Gärtringen
Waldenbuch
Aichtal
Hardt
Kirchhm.-West
Berneck
Affstätt
Herrenberg
Neckartenzlingen
Nürtingen
Pfrondorf
Mönchberg
Herrenberg
Großbettlingen
Dettingen
Owen
Spielberg
Bempflingen
Beuren
Rohrdorf
Gültstein
Bebenhausen
Pliezhausen
Ob.-Schwandf.
Gäufelden
Riederich
Neuffen
Bösingen
Nagold
Ammerbuch
Entringen
Lustnau
Metzingen
Kohlberg
Lenningen
Pfalzgrafenwlr.
Tübingen
Kirchentellinsfurt
Dettingen a.d.Erms
Waldachtal
Pfäffingen
Unterjesingen
Kusterdingen
Glems
Lützenhardt
Wurmlingen
Rottenburg
Hirschau
Bad Urach
Reutlingen
St. Johann
Rottenburg
Eningen u. Achalm
69
Schopfloch
Hohenberg
Neckar
Horb a. Neckar
Horb
Starzach
Gomaringen
Pfullingen
Lonsingen
Dettingen
Lichtenstein
Ohnastetten
Gächingen
Empfingen
Bad Sebastiansweiler
Bodelshausen
Mössingen
Honau
Gomadingen
Glatt
Bad Imnau
Empfingen
Sonnenbühl
Offenhausen
Hopfau
Willmandingen
Ödenwaldstetten
Dapfen
Sulz a.Neckar
Haigerloch
Hechingen
Melchingen
Erpfingen
Sulz
Hohenstein
Stetten
Trochtelfingen
68
Oberndorf
Oberndorf
Balingen
Burladingen

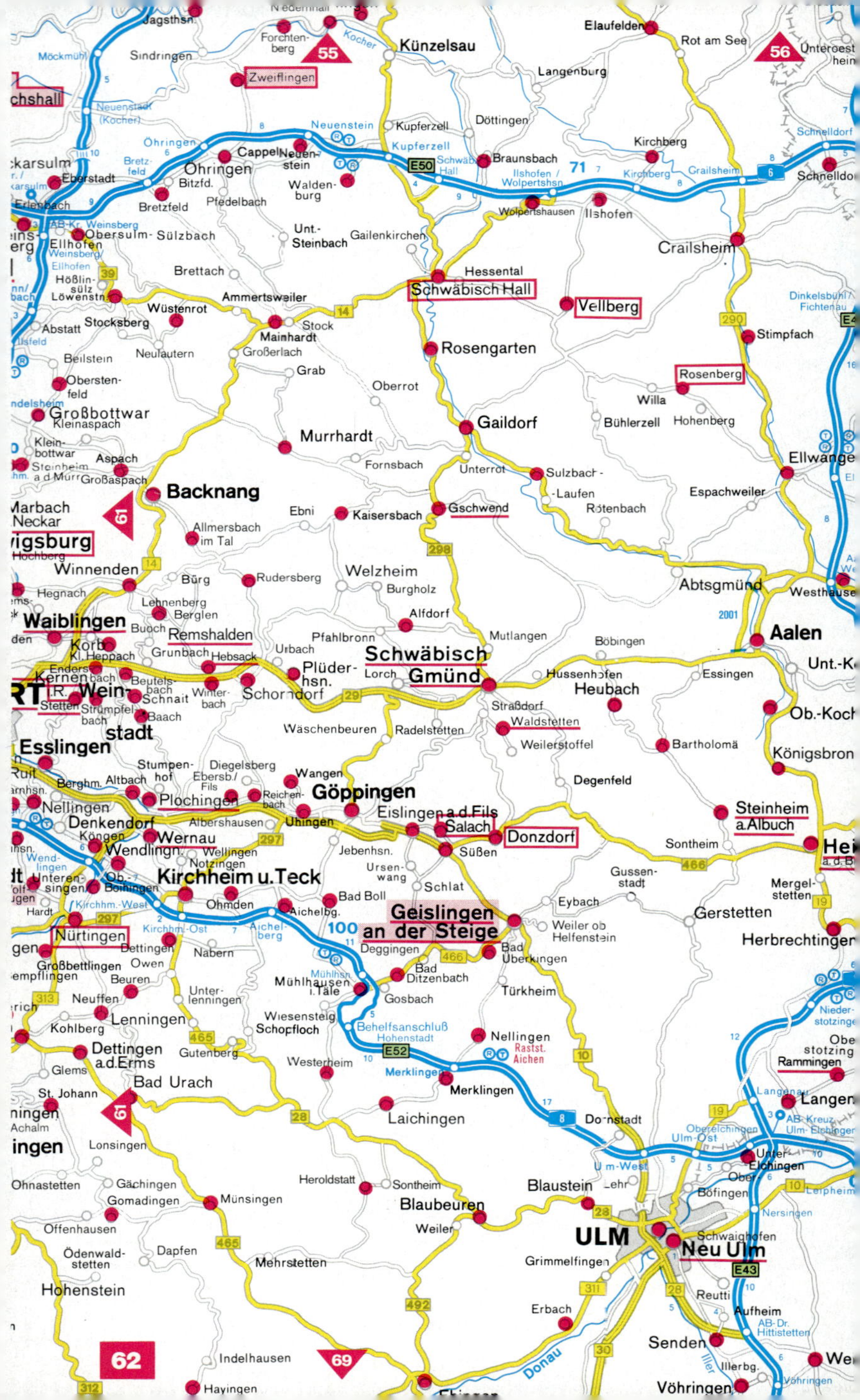

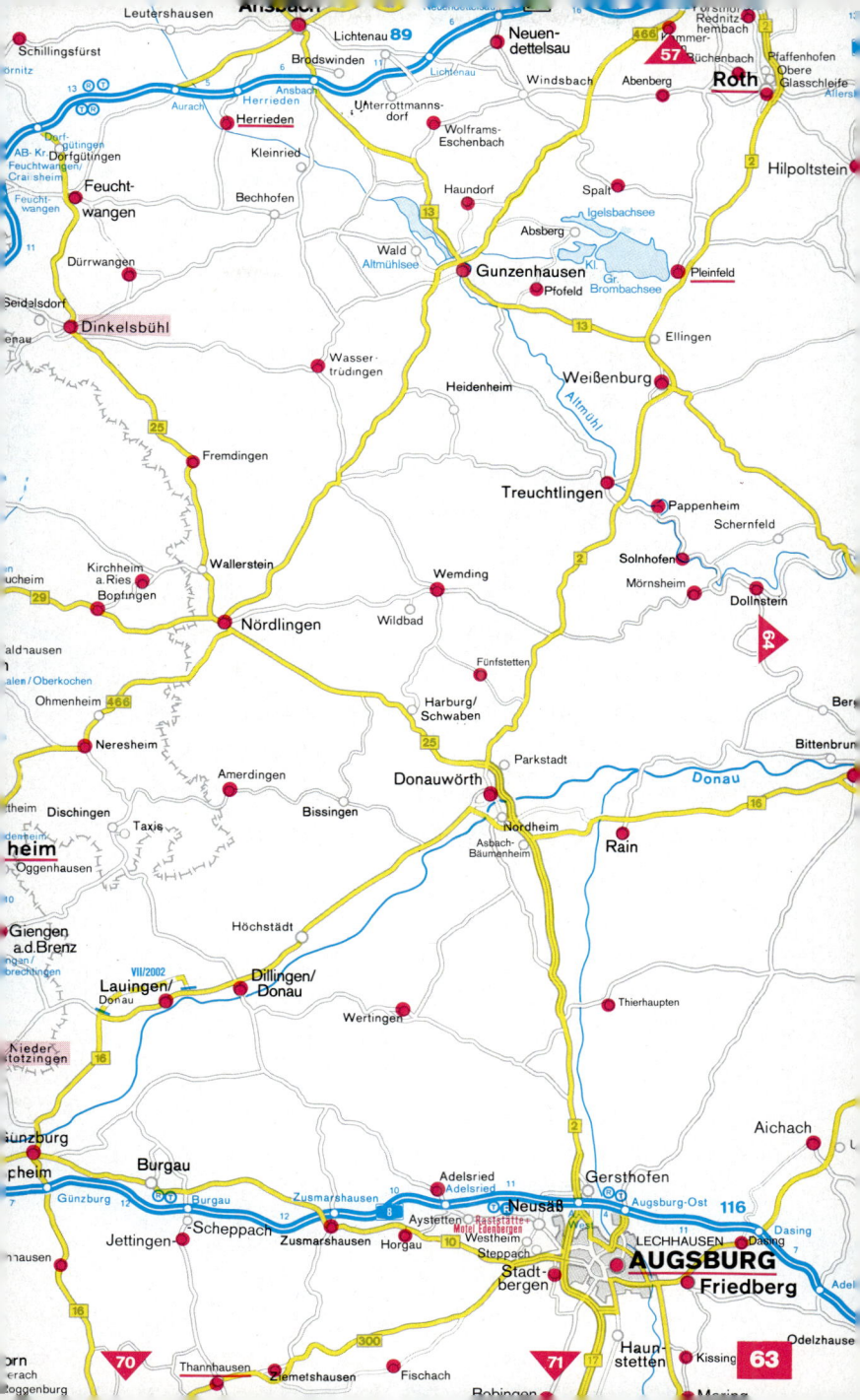

Leutershausen · Ansbach · Lichtenau 89 · Neuendettelsau · Fürsth. Rednitz hembach · 466 57 · Pfaffenhofen Obere Glasschleife · Allers...
Schillingsfürst · Brodswinden · Windsbach · Abenberg · Roth
...rnitz · 13 · Ansbach Herrieden · Aurach · Herrieden · Unterrottmannsdorf · Küchenbach
Dorfgütingen · AB-Kr. Feuchtwangen Crailsheim · Kleinried · Wolframs-Eschenbach · Spalt · Hilpoltstein
Feuchtwangen · Bechhofen · Haundorf · Igelsbachsee
Dürrwangen · Wald Altmühlsee · Absberg · Gr. Brombachsee · Pleinfeld
Seidalsdorf · Dinkelsbühl · Gunzenhausen · Pfofeld · Kl.
· Ellingen
· Wassertrüdingen · Heidenheim · Weißenburg · Altmühl
· 25 · Fremdingen
· Treuchtlingen · Pappenheim · Schernfeld
· Solnhofen · 2
Kirchheim a. Ries · Wallerstein · Wemding · Mörnsheim · Dollnstein
uchheim · 29 · Bopfingen · Nördlingen · Wildbad · 64
· Fünfstetten
ald...hausen · ...alem / Oberkochen · 466 · Harburg/ Schwaben
Ohmenheim · Neresheim · Amerdingen · 25 · Parkstadt · Donau · Bittenbrun
Dischingen · Taxis · Bissingen · Donauwörth · 16
heim · Oggenhausen · Nordheim
· Asbach-Bäumenheim · Rain
Giengen a.d. Brenz · Höchstädt
...brechtingen · VII/2002 · Lauingen/Donau · Dillingen/Donau · Thierhaupten
Niederstotzingen · Wertingen · 16
· Aichach
Günzburg · Burgau · Adelsried · 11 · Gersthofen · 116
...heim · Günzburg · 12 · Burgau · Zusmarshausen · 10 · Aystetten Motel Edenbergen Westheim · Rastätte+ · Augsburg-Ost
· Jettingen- · Scheppach · Zusmarshausen · Horgau · 10 · Steppach · LECHHAUSEN · Dasing
...hausen · Stadtbergen · AUGSBURG · Friedberg · 63
· 16 · 300 · 71 · 17 · Haunstetten · Kissing · Odelzhause
· 70 · Thannhausen · Ziemetshausen · Fischach

Neumarkt i.d.Oberpfalz
Pyrbaum
Pölling
Heng
58
Allersberg
Pfaffenhofen
Obere Glasschleife
Deining
Lengenfeld
Velburg
Freystadt
Hilpoltstein
299
Parsberg
Kallmünz
Beratzhausen
Berching
Laaber
Pettendorf
Adlersbg.
Greding
Raststätte Greding-West
Beilngries
Dietfurt
Mariaort
Nittendorf
Eilsbrunn
Sinzig
Kinding
Emsing
Titting
Altmühltal
Enkering
Gundlfing
Eggersberg
Riedenburg
Kipfenberg
Essing
Kelheim
Bad Abbach
Arnsberg
Denkendorf
Walting
Eichstätt
Raststätte Köschinger Forst Ost
Wettstetten
Gaimersheim
63
Bad Gögging
Abensberg
Lenting
Neustadt a.d.Donau
Biburg
Ingolstadt
Bergen
Schwaig
Ingolstadt-Süd
Siegenburg
Bittenbrunn
Neuburg a.d.D.
Spitalhof
Manching
Elsendorf
Aiglsbach
Geisenfeld
Reichertshofen
Langenbruck
Mainburg
Wolnzach
AB-Dr. Holledau
Rasthaus in der Holledau
Schrobenhausen
Geisenhausen
Au i.d.Hallertau
Gerolsbach
Pfaffenhofen
Schweitenkirchen
Moosburg
Amper
Untergriesbach
Allershausen
Hohenkammer
Thalhausen
Kranzberg
Freising
Dasing
Freising-Mitte
Freising-Ost
Erding
Markt Indersdorf
Adelzhausen
Flughafen
Hallbergmoos
Fahrenzhausen
Hallbergmoos
Oberding
Odelzhausen
64
AB-Kr. Neufahrn
Neufahrn
Eching
72
Hebertshsn.
Unt.-Schleißheim
Lohhof
Sulzemoos
Dachau

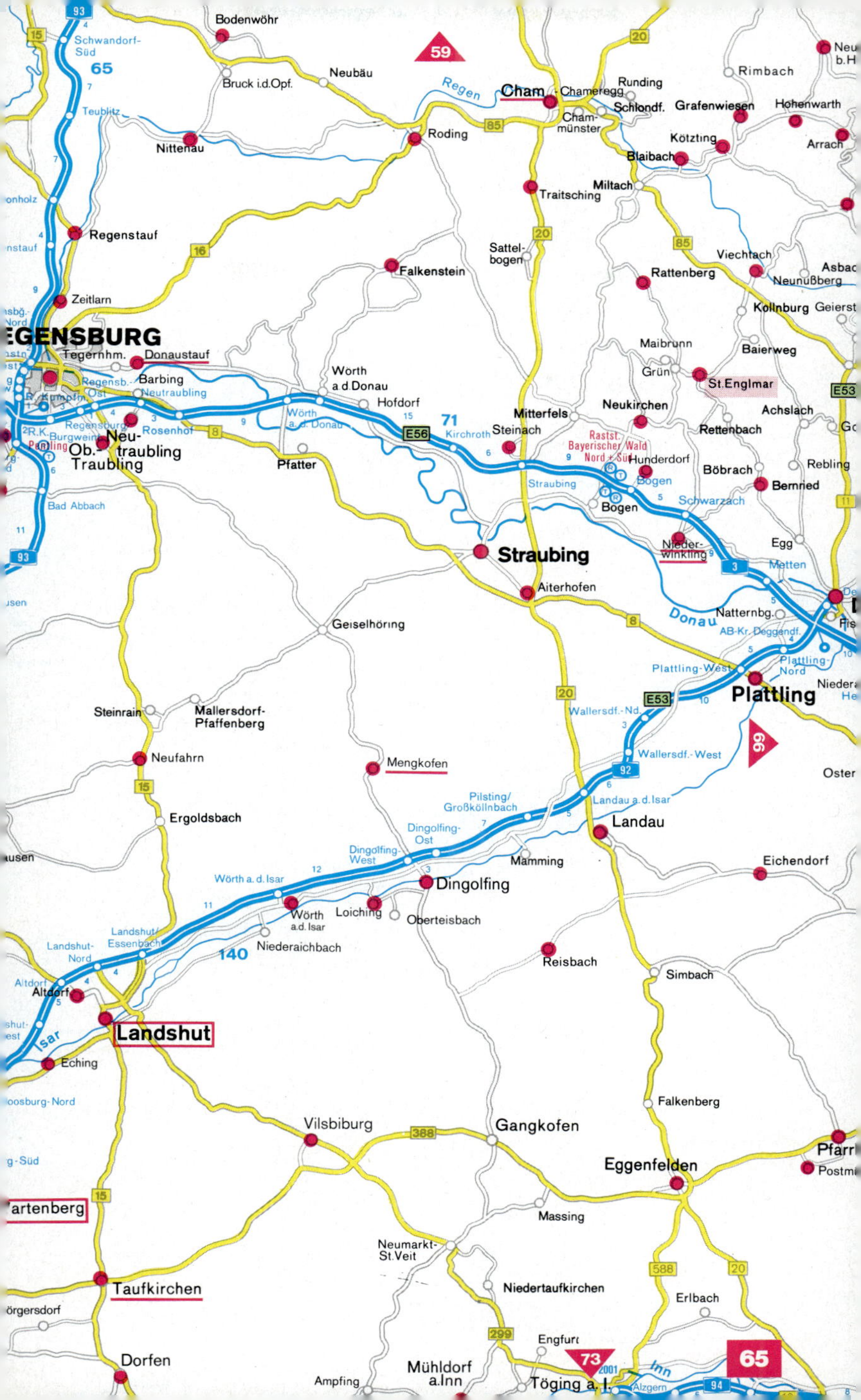

93
15
Bodenwöhr
59
Neu b.H
Schwandorf-Süd
65
Neubäu
20
Rimbach
Bruck i.d.Opf.
Regen
Cham
Chameregg
Runding
Schlondf.
Grafenwiesen
Hohenwarth
Teublitz
Cham-münster
85
Roding
Nittenau
Kötzting
Arrach
Blaibach
Miltach
Traitsching
Regenstauf
16
Sattel-bogen
Falkenstein
Rattenberg
Viechtach
Asbac
Neunußberg
Zeitlarn
Kollnburg
Geierst
EGENSBURG
Maibrunn
Baierweg
Tegernhm.
Donaustauf
Grün
St.Englmar
Wörth a.d.Donau
Regensb.-Ost
Barbing
Neutraubling
Hofdorf
E53
Neukirchen
Achslach
Mitterfels
Wörth a.d. Donau
71
Rettenbach
Regensburg-Burgweinting
Rosenhof
E56
Kirchroth
Steinach
Neu-traubling
Pfatter
Raststt. Bayerischer Wald Nord + Süd
Hunderdorf
Rebling
Ob.-Traubling
Pentling
8
Straubing
Bogen
Böbrach
Bernried
Schwarzach
Bad Abbach
11
Straubing
Nieder-winkling
Egg
Metten
Aiterhofen
Donau
Natternbg.
Geiselhöring
AB-Kr. Deggendf.
Plattling-West
Plattling-Nord
Plattling
Niedera
E53
Wallersdf.-Nd.
Steinrain
Mallersdorf-Pfaffenberg
Wallersdf.-West
69
Neufahrn
Mengkofen
92
Oster
Pilsting/Großköllnbach
Landau a.d.Isar
Ergoldsbach
Landau
Dingolfing-Ost
Dingolfing-West
Mamming
Eichendorf
Wörth a.d. Isar
Dingolfing
Loiching
Oberteisbach
Wörth a.d. Isar
Landshut/Essenbach
140
Niederaichbach
Reisbach
Landshut-Nord
Simbach
Altdorf
Isar
Landshut
Eching
Falkenberg
Vilsbiburg
388
Gangkofen
Pfarr
Eggenfelden
Postm
artenberg
Massing
Neumarkt-St.Veit
588
Niedertaufkirchen
Erlbach
Taufkirchen
299
Engfurt
73
65
Dorfen
Mühldorf a.Inn
Ampfing
Töging a.I.
Inn
Alzgern
94

Neukirchen b.Hl.Blut
Rimbach
Ober-schmelz
Hohenwarth
Silbersbach
Lam
Lohberg
Arrach
59
Zacker-mühle
Arnbruck
Sušice (Schüttenhofen)
27
Javorná
Strašín
Kašperské Hory
Železna Ruda (Mkt. Eisenstein)
Bayerisch Eisenstein
E53
11
Zwieslerwaldhaus
Drach-selsried
Oberried
Asbach
Mais
Neunußberg
Mooshof
Bodenmais
Kollnburg
Geiersthal
Böbrach
Rabenstein
Lehen
Lindberg
Teisnach
Baierweg
Patersdorf
Langdorf
Zwiesel
Frauenau
Oberasberg
Regen
Zimmerau
Poschetsried
Rinchnach
Achslach
Gotteszell
Weißenstein
Rebling
Bischofsmais
Bernried
65
Egg
Metten
Deggendorf-Mitte
Deggendorf
Fischerdorf
Kr. Deggendf.
Plattling-Nord
Plattling
Niederalteich
Hengersberg
Lalling
Schöfweg
533
Schönberg
Daxstein
Ölberg
Sonnenwald
Zenting
Neuhof
Ranfels
Thurmansbang
Traxenberg
Schöllnach
Rothau
39
Iggensbach
Grubhof
Eging
Garham/Vilshofen
Osterhofen
Hofkirchen
Aicha v. Wald
Neukchn. vorm Wald
Eichendorf
Vilshofen
Windorf
Passau-Nord
85
Aldersbach
Aidenbach
Vorder-hainberg
Altenmarkt
Passau-Mitte
Passau-Süd
Ortenburg
Fürstenzell
25
Haarbach
Hirschbach
Griesbach i.Rottal
Ruhstorf a.d.Rott
Bad Birnbach
Schwaim
388
Pfarrkirchen
Postmünster
Bayerbach
Pocking
73
Bad Füssing
Rotthalmünster
Riedenburg
Kirchham
Safferstetten
Obernberg
Ort
Stubenberg
Prienbach
12
148
Stausee
Simbach a.Inn
66
Braunau
Altheim
E552
Vimperk (Winterberg)
Modrava (Mader)
4
Strážny (Kuschwarda)
Wald-häuser
Zwölf-häuser
Klingen-brunn
Spiegelau
Siebenellen
Hochreuth
Riedlhütte
St. Oswald
Alt-schönau
Mauth
Mitterfirmians-reut
Ob.-Kreuzbg.
Grüb
Neu-schönau
Glas-hütte
Philippsreuth
Lang-reut
Bischofsreut
Grafenau
Hohenau
Bierhütte
Auersbergs-reut
Haidmühle
Schlag
Lichten-eck
Ringelai
Freyung
Frauenberg
Maukenreuth
Krumreut-Marchzipf
Grainet
Lacken-häuser
Röhrnbach
Neureichenau
Atzldorf
Tittling
Waldkirchen
Fürsteneck
Raßreuth
Feuer-schwendt
Büchl-berg
Hauzenberg
Thyrnau
Bad Kellberg
Salzweg
Wegscheid
Grubweg
Erlau
Untergriesbach
Passau
Obern-zell
Ober-kappel
Neustift
Kohlbruck
Neuburg a.Inn
130
Vornbach
136
St. Aegidi
E56
Schärding
Neuhaus a.Inn
Pocking
Taufkirchen
149
Suben
129
137
Zell a. d. Pram
St. Martin
A8
143
Ried i. I.
141

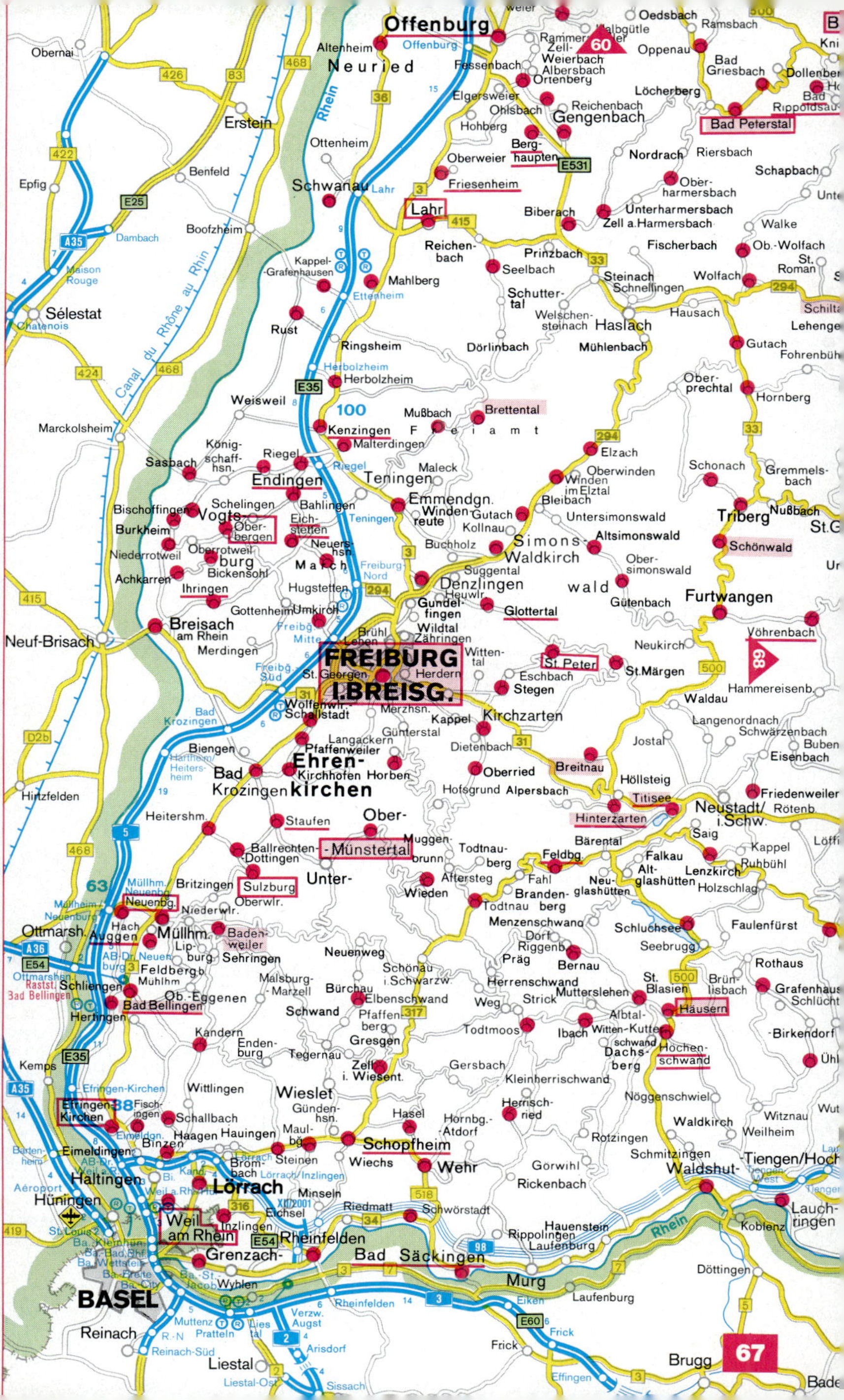
Offenburg
Obernai
Altenheim
Neuried
Rhein
Erstein
Ottenheim
Benfeld
Epfig
Schwanau
Lahr
Boofzheim
Dambach
Maison Rouge
Kappel-Grafenhausen
Ettenheim
Mahlberg
Sélestat
Chatenois
Rust
Ringsheim
Canal du Rhône au Rhin
Herbolzheim
Weisweil
Marckolsheim
Kenzingen
Malterdingen
Mußbach
Brettental
Freiamt
König-schaff-hsn.
Sasbach
Riegel
Endingen
Teningen
Maleck
Bischoffingen
Vogtsburg
Schelingen
Bahlingen
Emmendgn.
Windenreute
Burkheim
Ober-bergen
Eich-stetten
Oberrotweil
Niederrotweil
Bickensohl
Neuershsn.
March
Freiburg-Nord
Achkarren
Ihringen
Hugstetten
Umkirch
Gottenheim
Breisach am Rhein
Neuf-Brisach
Merdingen
Freibg. Mitte
Freibg. Süd
FREIBURG I.BREISG.
St. Georgen
Herdern
Lehen
Brühl
Zähringen
Wildtal
Gundelfingen
Heuwlr.
Denzlingen
Suggental
Buchholz
Gutach
Kollnau
Waldkirch
Simonswald
Glottertal
Wittental
St. Peter
Eschbach
Stegen
St. Märgen
Kappel
Kirchzarten
Merzhsn.
Wolfenwlr.
Schallstadt
Bad Krozingen
Biengen
Hartheim/ Heitersheim
Langackern
Pfaffenweiler
Ehrenkirchen
Kirchhofen
Horben
Günterstal
Dietenbach
Oberried
Hofsgrund
Alpersbach
Breitnau
Hinterzarten
Titisee
Höllsteig
Neustadt/ i.Schw.
Hitzfelden
Heitershm.
Staufen
Ober-Münstertal
Unter-Münstertal
Ballrechten-Dottingen
Sulzburg
Muggenbrunn
Todtnauberg
Aftersteg
Wieden
Feldbg.
Fahl
Brandenberg
Todtnau
Bärental
Falkau
Altglashütten
Neuglashütten
Lenzkirch
Saig
Kappel
Ruhbühl
Holzschlag
Müllhm./ Neuenbg.
Neuenbg.
Britzingen
Oberwlr.
Niederwlr.
Müllhm.
Lipburg
Badenweiler
Sehringen
Ottmarsh.
Hach
Auggen
Neuenweg
Schönau i.Schwarzw.
Menzenschwand
Dorf
Riggenb.
Bernau
Präg
Herrenschwand
Schluchsee
Seebrugg
Faulenfürst
Rothaus
Feldberg
Schliengen
Mühlhm
Ob.-Eggenen
Malsburg-Marzell
Bürchau
Elbenschwand
Strick
Weg
Mutterslehen
St. Blasien
Brünlisbach
Grafenhausen
Schlücht
Bad Bellingen
Hertingen
Schwand
Pfaffenberg
Gresgen
Todtmoos
Ibach
Albtal-Witten-Kuttelschwand
Häusern
Höchenschwand
Dachsberg
Birkendorf
Kandern
Endenburg
Tegernau
Zell i. Wiesent.
Gersbach
Kleinherrischwand
Kemps
Efringen-Kirchen
Wittlingen
Wieslet
Gündenhsn.
Hasel
Herrischried
Nöggenschwiel
Witznau
Fischingen
Schallbach
Haagen
Hauingen
Maulbg.
Schopfheim
Hornbg.-Atdorf
Rotzingen
Waldkirch
Weilheim
Binzen
Eimeldingen
Steinen
Brombach
Wiechs
Wehr
Görwihl
Schmitzingen
Waldshut-Tiengen/Hoch.
Haltingen
Lörrach
Minseln
Rickenbach
Hüningen
Aéroport
St. Louis
Weil am Rhein
Inzlingen
Eichsel
Riedmatt
Schwörstadt
Hauenstein
Rippolingen
Laufenburg
Koblenz
Lauchringen
Rheinfelden
Grenzach-Wyhlen
Bad Säckingen
Murg
Döttingen
BASEL
Muttenz
Pratteln
Rheinfelden
Eiken
Laufenburg
Reinach
Reinach-Süd
Augst
Liestal
Liestal-Ost
Arisdorf
Sissach
Frick
Effingen
Brugg
Baden
Oedsbach
Ramsbach
Rammersweier
Zell-Weierbach
Albersbach
Fessenbach
Ortenberg
Oppenau
Bad Griesbach
Dollenbach
Bad Rippoldsau
Elgersweier
Ohlsbach
Reichenbach
Gengenbach
Löcherberg
Bad Peterstal
Hohberg
Berghaupten
Oberweier
Friesenheim
Nordrach
Riersbach
Schapbach
Oberharmersbach
Unterharmersbach
Zell a.Harmersbach
Biberach
Reichenbach
Prinzbach
Seelbach
Fischerbach
Walke
Ob.-Wolfach
St. Roman
Schuttertal
Steinach
Schnellingen
Wolfach
Hausach
Welschensteinach
Haslach
Mühlenbach
Dörlinbach
Gutach
Lehengericht
Fohrenbühl
Oberprechtal
Hornberg
Elzach
Oberwinden
Winden im Elztal
Bleibach
Schonach
Gremmelsbach
Triberg
Nußbach
Schönwald
St. Georgen
Untersimonswald
Altsimonswald
Obersimonswald
Gütenbach
Furtwangen
Vöhrenbach
Neukirch
Hammereisenb.
Waldau
Langenordnach
Schwärzenbach
Buben
Jostal
Eisenbach
Friedenweiler
Rötenb.
Schiltach
E531
E35
E25
E54
E60
A35
A36
60
63
68
38
100
67

Baiersbronn
60
Kniebis
Freudenstadt
Dollenberg
Holzwald
Zwieselberg
Bad Rippoldsau
Bad Peterstal
Lauterbad
Hallwangen
Grüntal
Herzogsweiler
Lützenhardt
Dornstetten
Aach
Schopfloch
Hohenberg
Dietersweiler
Glatten
Unteriflingen
Ödenwald
Loßburg
Dettingen
Glatt
Horb a. Neckar
Starzach
Empfingen
Bad Imnau
Rottenburg
Wurmlingen
Hirschau
61
Neckar
Bad Sebastiansweiler
Bodelshausen
Mössingen
Schapbach
Untertal
Ehlenbogen
Fürnsal
Hopfau
Dornhan
Sulz a. Neckar
Haigerloch
Hechingen
Melchingen
Walke
Alpirsbach
Aischfeld
Ob.-Wolfach
St. Roman
Schenkenzell
Stetten
Schiltach
Lehengericht
Lindenhof
Oberndorf am Neckar
Balingen
Gutach
Fohrenbühl
Heiligenbronn
Tailfingen
Schramberg
Hornberg
Lauterbach
Sulgen
Dunningen
142
Albstadt
Burgfelden
Schömberg
Ebingen
Villingendf.
Rottweil
Tennenbronn
Zimmern o. R.
Meßstetten
Gremmelsbach
Königsfeld
Wehingen
Triberg
Nußbach
St. Georgen
Niedereschach
E41
Bubsheim
Stetten a. Kalten Markt
Schönwald
Kappel
Obereschach
Villingen-Schwenningen
Denkingen
67
Unterkirnach
Dauchingen
Aldingen
Hausen i. Tal
Thiergarten
Spaichingen
Vöhrenbach
Villingen-
-Schwenningen
Trossingen
Hausen ob Verena
Beuron
E531
Bad Dürrheim
Tuningen
Oberflacht
Fridingen/Donau
Klengen
Brigachtal
Seitingen
Wurmlingen
Bergsteig
Hammereisenb.
Donaueschingen
864
AB-Dr. Bad Dürrheim
Tuttlingen
Schwärzenbach
Wolterdingen
Aufen
Bubenbach
Eisenbach
Donaueschingen
Möhringen
Immendingen
Friedenweiler
Bräunlingen
Rötenb.
Dittishausen
Hüfingen
Geisingen
Kirchenhausen
Neustadt/Schw.
Löffingen
Kappel
Ruhbühl
Stetten
Engen
Eigeltingen
Orsingen-Nenzingen
Stockach
Reiselfingen
Blumberg
Zollhaus
Faulenfürst
Bonndorf im Schwarzwald
Epfenhofen
E54
Stockach-Ost
Stockach-West
Ludwigshafen
Rothaus
Bargen
Duchtlingen
Singen
Kreuz Hegau
Steißlingen
Bodman
Grafenhausen
Schlüchttal
Weizen
Singen/Hohentwiel
Hilzingen
Güttingen
Goldbach
Steinatal
Stühlingen
Birkendorf
Gottmadingen
Böhringen
Radolfzell
Langenrain
Markelfingen
Schaffhsn.-Schweizersbild
Bietingen
Rielasingen-Worblingen
Moos
Zeller See
Mettnau
Allensbach
Ühlingen-
Schaffhausen
Verzweig. Mutzental
Sch.-Nord
Reichenau
Oberzell
Mittelzell
Ofteringen
Büsingen
Schienen
Gaienhofen
Wutöschingen
Sch.-Süd
Witznau
Weilheim
Feuerthalen
Uhwiesen
Öhningen
Hemmenhofen
Lauchringen
Tiengen/Hochrhein
Klettgau
Jestetten
Wangen
Steckborn
Tiengen-West
Tiengen-Ost
Benken
Grießen
Lottstetten
Lauchringen
Nack
Trüllikon
Koblenz
Pfyn
Kleinandelfingen
Andelfingen
Eglisau
Adlikon
Frauenfd.-Ost
Grüneck
Märstetten
Frauenfd.-West
Kaiserstuhl
Glattfld.
Henggart
Frauenfeld
Bülach-Nord
Verzw.-Wi.-Nord
Ob.-Wint.
Attikon
E60
Bülach-West
Matzingen
Bülach
Wi.-Wülflgn.
Wi.-Ohri
Verzw. Wi.-Ost
Wängi
Bülach-Süd
Winterthur
68
Baden
Dielsdorf
Wi.-Töss

Bad Urach
Glems
St. Johann
Eningen
u. Achalm
Pfullingen
Lonsingen
Lichtenstein
Honau
Ohnastetten
Gächingen
Gomadingen
Offenhausen
Willmandingen
Ödenwaldstetten
Dapfen
Münsingen
Mehrstetten
Hohenstein
Trochtelfingen
Burladingen
Gammertingen
Indelhausen
Hayingen
Gossenzugen
Zwiefalten
Ittenhausen
Riedlingen
Langenenslingen
Scheer
Mengen
Herbertingen
Krauchenwies
Schwäblishausen
Ostrach
Pfullendorf
Bad Saulgau
Bad Buchau
Federsee
Biberach an der Riss
Warthausen
Bad Schussenried
Aulendorf
Bad Waldsee
Wolpertswende
Mochenwangen
Mattenhaus
Bad Wurzach
Herdwangen-Schönach
Deggenhausertal
Heiligenberg
Steigen
Frickingen
Lippertsreute
Limpach
Salem
Wittenhofen
Mimmelhsn.
Überlingen
Neufrach
Maurach
Mühlhofen
Bermatingen
Markdorf
Bitzenhofen
Oberuhldingen
Unteruhldingen
-Uhldgn.-
Allmannsdorf
Staad
Meersburg
Konstanz
Kreuzlingen
Hagnau
Immenstaad
Schnetzenhsn.
Fischbach
Jettenhsn.
Waggershsn.
Friedrichshafen
Oberteuringen
Ailingen
Meckenbeuren
Tettnang
Ravensburg
Weingarten
Berg
Dürnast
Schlier
Vogt
Waldburg
Bodnegg
Wolfegg
Kißlegg
Amtzell
Wangen-West
Wangen-Nord
Waltersbühl
Wangen im Allgäu
Argenbühl
Neutrauchburg
Isny
Isnyberg
Neuravensburg
Oberdorf
Kreßbronn
Hege
Schönau
Nonnenhorn
Wasserburg am Bodensee
Bad Schachen
Lindau i.Bodensee
Langenargen
Bodensee
Romanshorn
Arbon-West
Arbon-Süd
Rorschach
Bregenz
Stockenweiler
Hergensweiler
Weißensberg
Hoyren
Aeschach
Reutin
Hörbranz-Lochau
Opfenbach
Ruhlands
Nadenberg
Lindenberg i. Allg.
Scheidegg
Heimenkirch
Goßholz
Manzen
Simmerberg
Weiler
Bremenried
Lindenau
Ob.reute
Irsengrund
Oberstaufen
Buflings
Bad Rain
Steibis
Maierhöfen
Aichstetten
Leutkirch-West
Leutkirch-Süd
Leutkirch
Aitrach
Rot
Ochsenhausen
Erolzheim
Ummendorf
Gutenzell-Hürbel
Maselheim
Sulmingen
Schwendi
Dietenheim
Regglisweiler
Laupheim
Ehingen
Donau
Erbach
Senden
Vöhringen
Iller
Reutti
Grimmelfingen
ULM
Neu Ulm
Blaustein
Lehr
Ulm-West
Ulm-Ost
Böfingen
Dornstadt
Blaubeuren
Weiler
Sontheim
Heroldstatt
Laichingen
Merklingen
Westerheim
69

Map: Allgäu / Memmingen / Kempten region

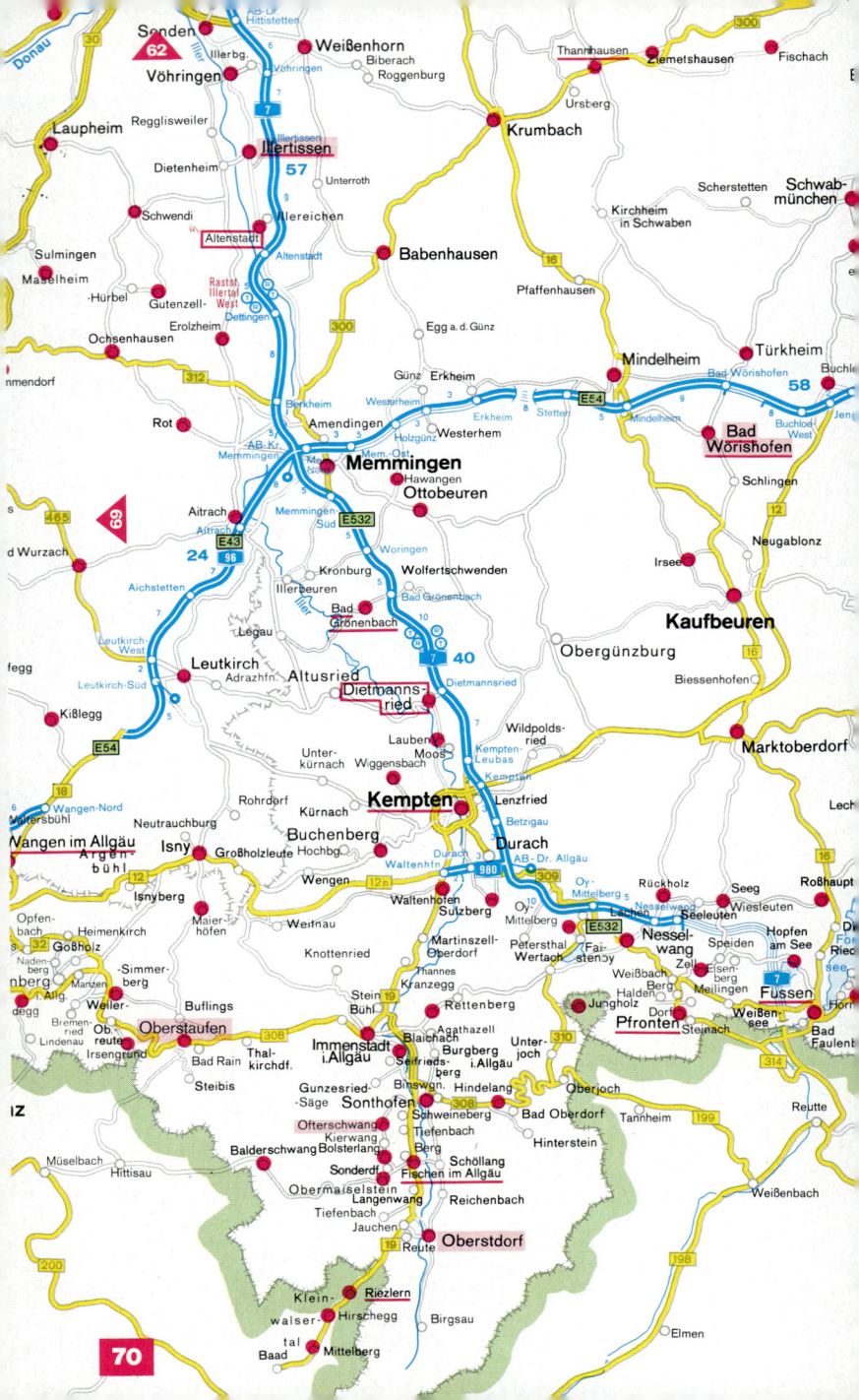

Highway markers: 62, 57, 69, 24, 40, 58, 70

Cities and towns:

- Donau
- Senden
- Vöhringen
- Weißenhorn
- Thannhausen
- Ziemetshausen
- Fischach
- Illerbg.
- AB-Dr. Hittistetten
- Biberach
- Roggenburg
- Ursberg
- Laupheim
- Regglisweiler
- Vöhringen
- Krumbach
- Dietenheim
- Illertissen
- Unterroth
- Scherstetten
- Schwabmünchen
- Schwendi
- Illereichen
- Kirchheim in Schwaben
- Sulmingen
- Altenstadt
- Maselheim
- Hürbel
- Gutenzell
- Rastst. Illertal West
- Dettingen
- Babenhausen
- Erolzheim
- Pfaffenhausen
- Ochsenhausen
- Egg a. d. Günz
- 312
- 300
- Günz Erkheim
- Mindelheim
- Türkheim
- Bad Wörishofen
- Buchloe
- Berkheim
- Westerheim
- Erkheim
- E54
- 58
- Rot
- Amendingen
- Holzgünz
- Westerhem
- Stetten
- Mindelheim
- Buchloe-West
- Jeng
- AB-Kr. Memmingen
- Mem.-Ost
- Mem.-Nord
- Hawangen
- Bad Wörishofen
- Aitrach
- Memmingen
- Ottobeuren
- Schlingen
- 465
- Aitrach
- Memmingen-Süd
- E532
- 12
- 69
- E43
- 24
- 96
- Woringen
- Neugablonz
- Kronburg
- Wolfertschwenden
- Aichstetten
- Illerbeuren
- Bad Grönenbach
- Irsee
- Legau
- Bad Grönenbach
- Leutkirch-West
- 7
- 40
- Kaufbeuren
- Leutkirch
- Adrazhfn.
- Altusried
- Obergünzburg
- Leutkirch-Süd
- Dietmannsried
- Dietmannsried
- Biessenhofen
- Kißlegg
- Wildpoldsried
- E54
- Laubern
- Kempten-Leubas
- Marktoberdorf
- Unterkürnach
- Moos
- Wiggensbach
- Kempten
- Lenzfried
- Lech
- 18
- Wangen-Nord
- Rohrdorf
- Kürnach
- Kempten
- Betzigau
- Mittersbühl
- Wangen im Allgäu
- Argen- bühl
- Neutrauchburg
- Buchenberg
- Hochbg.
- Durach
- AB-Dr. Allgäu
- Isny
- Großholzleute
- Waltenhfn.
- 980
- 309
- Oy-Mittelberg
- Rückholz
- Seeg
- Roßhaupt
- Wengen
- 12n
- Nesselwang
- Wiesleuten
- Isnyberg
- Waltenhofen
- Sulzberg
- Lechen
- Elsenberg
- Hopfen am See
- Opfenbach
- Maierhöfen
- Wernau
- Martinszell-Oberdorf
- Mittelberg
- E532
- Nesselwang
- Speiden
- Die
- Heimkirch
- Goßholz
- Knottenried
- Petersthal
- Fairstenzy
- Wertach
- Zell
- Meilingen
- 32
- Nadenberg
- Manzen
- Simmerberg
- Thannes
- Kranzegg
- Weißbach
- Halden
- Berg
- Jungholz
- Dorf
- Füssen
- 7
- Hori
- Weiler
- Stein-Bühl
- Rettenberg
- Agathazell
- Unterjoch
- Steinach
- Weißensee
- Bremenried
- Buflings
- Blaichach
- Burgberg i. Allgäu
- 310
- Pfronten
- Bad Faulent
- Lindenau
- Oberstaufen
- Immenstadt i. Allgäu
- Seifriedsberg
- Binswn.
- Hindelang
- Oberjoch
- Irsengrund
- Bad Rain
- Thalkirchdf.
- Gunzesried-Säge
- Sonthofen
- Schweineberg
- Bad Oberdorf
- Tannheim
- 199
- Reutte
- Steibis
- Ofterschwang
- Kierwang
- Tiefenbach
- Berg
- Schöllang
- Hinterstein
- 314
- Müselbach
- Balderschwang
- Bolsterlang
- Sonderdf.
- Fischen im Allgäu
- Hittisau
- 200
- Obermaiselstein
- Langenwang
- Reichenbach
- Weißenbach
- Tiefenbach
- Jauchen
- 198
- Reute
- Oberstdorf
- Elmen
- Klein- walser- tal
- Riezlern
- Hirschegg
- Birgsau
- Baad
- Mittelberg
- 70

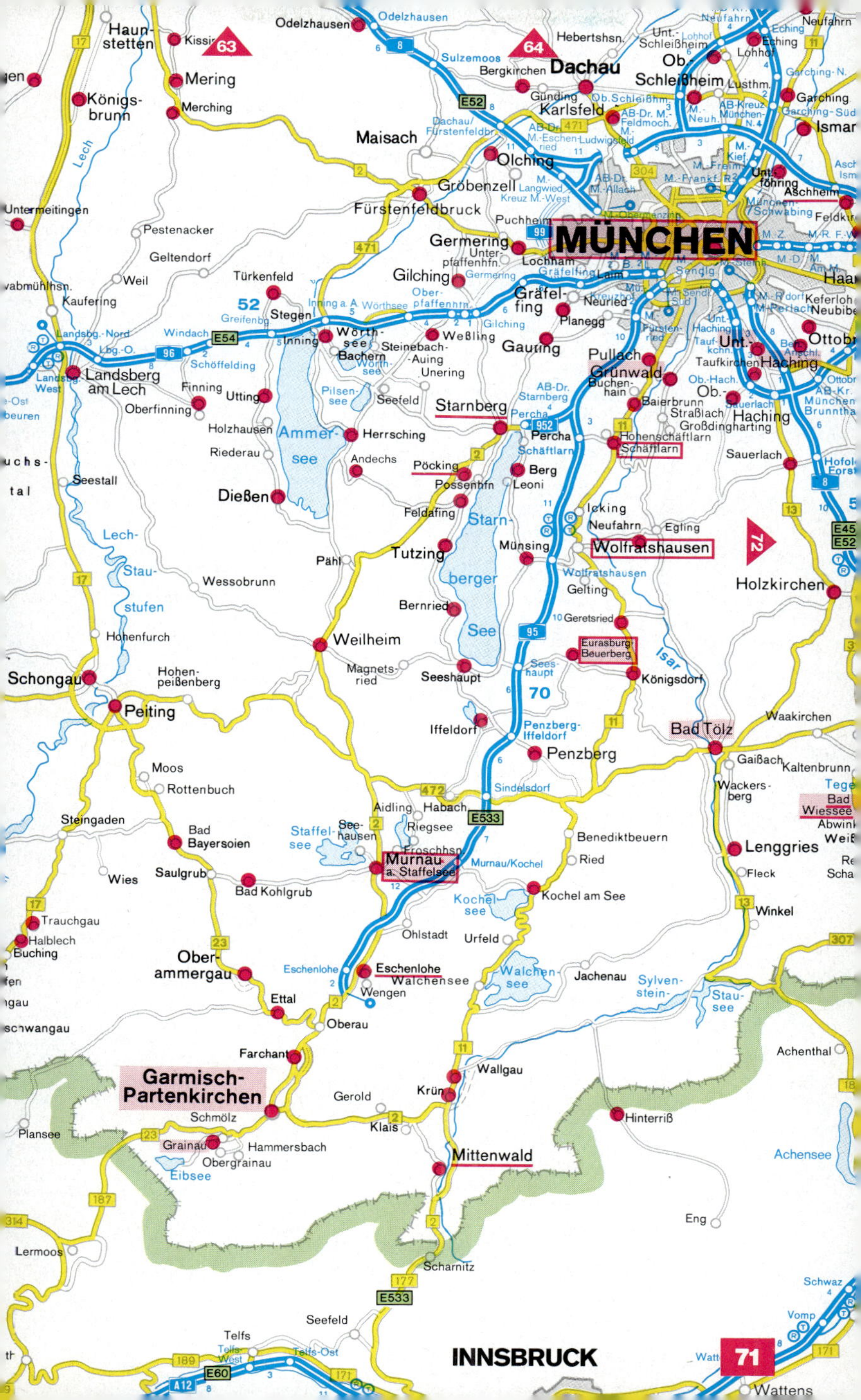

Odelzhausen
Haunstetten
Kissing
63
64
Hebertshsn.
Dachau
Unt.-Schleißheim
Ob.-Schleißheim
Eching
Neufahrn
Mering
Merching
Königsbrunn
Sulzemoos
Bergkirchen
Karlsfeld
Garching
Ismaning
Maisach
Olching
Gröbenzell
Fürstenfeldbruck
Puchheim
MÜNCHEN
Aschheim
Untermeitingen
Pestenacker
Germering
Lochham
Geltendorf
Gilching
Weil
Türkenfeld
Gräfelfing
Planegg
Kaufering
Stegen
Inning
Wörthsee
Bachern
Weßling
Steinebach-Auing
Unering
Gauting
Pullach
Grünwald
Unterhaching
Ottobrunn
Taufkirchen
Landsberg am Lech
Schöffelding
Finning
Utting
Oberfinning
Seefeld
Starnberg
Percha
Baierbrunn
Straßlach
Großdingharting
Ob.-Haching
Hohenschäftlarn
Schäftlarn
Holzhausen
Ammersee
Herrsching
Riederau
Andechs
Pöcking
Possenhofen
Berg
Leoni
Sauerlach
Seestall
Dießen
Feldafing
Icking
Neufahrn
Egling
Wolfratshausen
72
Lech-Staustufen
Starnberger See
Tutzing
Münsing
Pähl
Wessobrunn
Gelting
Holzkirchen
Bernried
Geretsried
Hohenfurch
Weilheim
Eurasburg-Beuerberg
Isar
Schongau
Hohenpeißenberg
Magnetsried
Seeshaupt
Königsdorf
Peiting
Iffeldorf
Penzberg
Bad Tölz
Waakirchen
Gaißach
Kaltenbrunn
Moos
Rottenbuch
Sindelsdorf
Wackersberg
Bad Wiessee
Steingaden
Aidling
Habach
Riegsee
Staffelsee
Seehausen
Bad Bayersoien
Benediktbeuern
Lenggries
Froschhsn.
Murnau a. Staffelsee
Ried
Wies
Saulgrub
Bad Kohlgrub
Fleck
Kochel am See
Kochelsee
Winkel
Trauchgau
Halblech
Buching
Ohlstadt
Urfeld
Oberammergau
Eschenlohe
Walchensee
Jachenau
Sylvenstein-Stausee
Wengen
Ettal
Oberau
Farchant
Achenthal
Garmisch-Partenkirchen
Wallgau
Krün
Gerold
Klais
Schmölz
Hinterriß
Plansee
Grainau
Hammersbach
Obergrainau
Eibsee
Mittenwald
Achensee
Eng
Lermoos
Scharnitz
Seefeld
Telfs
Schwaz
Vomp
INNSBRUCK
71
Wattens

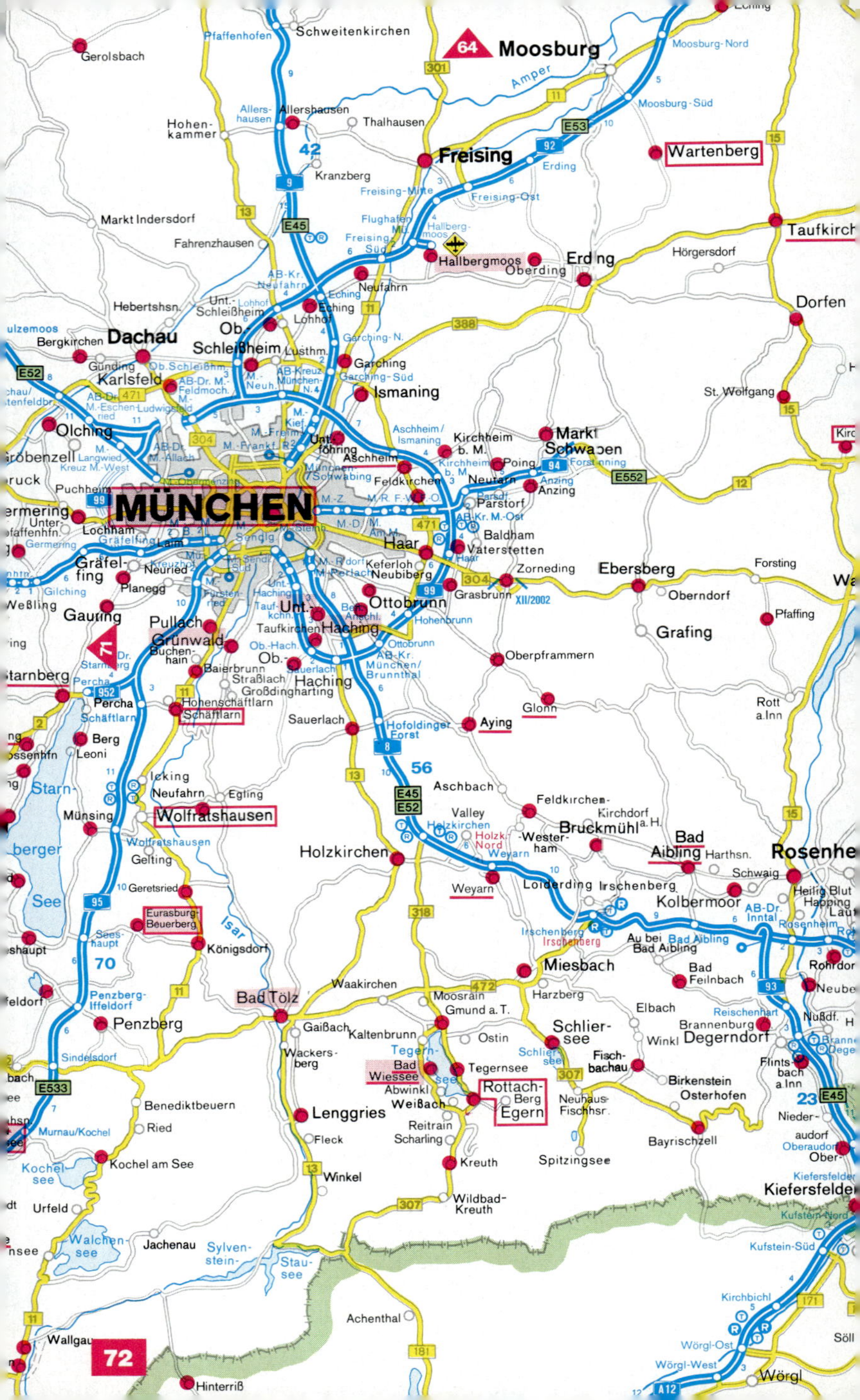

Pfaffenhofen
Schweitenkirchen
64
Moosburg
Gerolsbach
301
Amper
Moosburg-Nord
Moosburg-Süd
Allershausen
Allers-hausen
Thalhausen
Hohen-kammer
E53
42
Freising
92
Wartenberg
Erding
Kranzberg
Freising-Mitte
Freising-Ost
15
13
Markt Indersdorf
E45
Flughafen
Hallberg-moos
Freising-Süd
Fahrenzhausen
Hallbergmoos
Oberding
Erding
Hörgersdorf
Taufkirch
AB-Kr. Neufahrn
Neufahrn
Hebertshsn.
Unt.-Schleißheim
Lohhof
Eching
Dorfen
ulzemoos
Dachau
Ob.-Schleißheim
Bergkirchen
388
Garching-N.
Lusthm.
Garching
Gunding
Karlsfeld
Ob.Schleißhm.
AB-Dr. M.-Feldmoch.
M.-Neuh.
AB-Kreuz München-N.
Garching-Süd
Ismaning
E52
471
St. Wolfgang
AB-Dr.
M.-Eschenried
Ludwigsfeld
Olching
Aschheim/Ismaning
Kirchheim b. M.
Markt Schwaben
Kirc
Gröbenzell
Langwied
Kreuz M.-West
AB-Dr. M.-Allach
304
M.-Frankf.R.
M.-Freim.
Unt.-föhring
Aschheim
Poing
Forstinning
94
E552
München-Schwabing
Feldkirchen
Neufarn
Anzing
12
Puchheim
99
MÜNCHEN
Parstorf
Germering
Unter-pfaffenhfn.
Lochham
Gräfelfing
Laim
M.-Sendlg.
M.-Steinh.
Haar
AB-Kr. M.-Ost
Baldham
Germering
Vaterstetten
Gräfel-fing
Neuried
Keferloh
Neubiberg
Zorneding
Ebersberg
Forsting
Planegg
Gilching
304
XII/2002
Weßling
Gauting
Ottobrunn
Grasbrunn
Oberndorf
Pfaffing
Unt.-Haching
Pullach
Grünwald
Taufkirchen
Haching
Hohenbrunn
Grafing
71
Buchen-hain
Ob.-Hach.
Ottobrunn
Starnberg
AB-Kr. München/Brunnthal
Oberpframmern
Ob.-Haching
Baierbrunn
Straßlach
Percha
952
Großdingharting
Hohenschäftlarn
Percha
Schäftlarn
Glonn
Rott a.Inn
Sauerlach
Hofoldinger Forst
Aying
Berg
Leoni
8
Starn-
berger
See
Icking
56
Neufahrn
Egling
Aschbach
Feldkirchen-Kirchdorf a. H.
E45
E52
Münsing
Wolfratshausen
Valley
Holzkirchen
Bruckmühl
Bad Aibling
Wester-ham
Holzk. Nord
Harthsn.
Rosenhe
Wolfratshausen
Gelting
Holzkirchen
Weyarn
Schwaig
Geretsried
Loiderding
Irschenberg
Heilig Blut
Weyarn
Kolbermoor
Happing
95
Eurasburg-Beuerberg
Isar
AB-Dr. Inntal
Rosenheim
Sees-haupt
Irschenberg
Au bei Bad Aibling
Bad Aibling
Irschenberg
70
Königsdorf
Miesbach
Rohrdor
shaupt
Bad Feilnbach
Waakirchen
472
93
Neube
Penzberg-Iffeldorf
Bad Tölz
Moosrain
Harzberg
Reischenhart
Nußdf.
Gmund a. T.
Elbach
Penzberg
Gaißach
Kaltenbrunn
Ostin
Schlier-see
Brannenburg
Degerndorf
Sindelsdorf
Tegern-see
Winkl
Fisch-bachau
Wackers-berg
Bad Wiessee
Tegernsee
Flints-bach a.Inn
E533
Rottach-Egern
Berg
Birkenstein
Abwinkl
Osterhofen
23
Benediktbeuern
Weißach
Neuhaus-Fischhsr.
Nieder-audorf
E45
Lenggries
Ried
Reitrain
Oberaudorf
Murnau/Kochel
Fleck
Scharling
Bayrischzell
Ober-
Kochel-see
Kochel am See
Kreuth
Spitzingsee
Kiefersfelden
Winkel
Kiefersfelde
Wildbad-Kreuth
Urfeld
Kufstein-Nord
307
Walchen-see
Jachenau
Sylven-stein-
Stau-see
Kufstein-Süd
Kirchbichl
Achenthal
171
Söll
Wallgau
72
181
Wörgl-Ost
Wörgl-West
Wörgl
Hinterriß
A12

65
66
99
Vilsbiburg
388
Gangkofen
Falkenberg
Hirschbach
Griesbach i. Rottal
Bad Birnbach
Pfarrkirchen
Postmünster
Bayerbach
Eggenfelden
Massing
Rotthalmüns
Neumarkt-St. Veit
588
20
Niedertaufkirchen
Erlbach
Stubenberg
Prienbach
12
Stausee
Simbach a. Inn
148
Braunau
299
Engfurt
Mühldorf a. Inn
Ampfing
Töging a. I.
2001
Inn
Alzgern
94
Neuötting
Teising
Marktl
E552
Stausee
Altötting
Waldkraiburg
Tüßling
Moos
Kiefering
Kraiburg am Inn
Mehring
Burghsn.
Alz
156
Raitenhaslach
147
Mattighofen
Gundertshausen
299
Purkering
burg a. Inn
Ostermiething
304
Trostberg
20
Altenmarkt a. d. Alz
Palling
Obing
Großbergham
Amerang
Seeon-
Pittenhart
Traunreut
Tachinger See
Taching
Matt-see
Halfing
Höslwang
Roitham
-Seebruck
Waginger See
Oberndorf
Hemhof-Pelham
Eggstätt
Ising
Waging
Gaden
Laufen an der Salzach
Eisenbartling
Lambach
Salzach
Breitbrunn
Chieming
Mühlen
Chiemsee
Saaldorf
156
Antwort
Rimsting
Gstadt a. Chiemsee
Traunstein
Holzhausen
Schafwaschen
Freilassing
Teisendorf
Prien
Brodhausen
Holzhsn.
Neukirchen a. T.
Achthal
304
Übersee
Grabenstätt
Schweinbach
Bergen
Hittenkchn.-Giebing
Feldwies
Traunstein-Siegsdorf
Neukirchen
Ainring
Frasdorf
Felden
Bernau
Übersee
Siegsdf.
E52
Anger
Ulrichshögl
S.-Nord
S.-Mitte
S.-Kleßhm.
Kaserne/Flugh.
S.-West
E60
Rottau
Bergen
73
Hammer
Frasdorf
Bernau a. Chiemsee
Westerbuchberg
Eisenärzt
306
Piding
150
Staudach-
Grassau
-Egerndach
Zell
Inzell
Bad Reichenhall
SALZBURG
Aschau/Chiemgau
Pettendf.
Ruhpolding
Mauthausen
Nonn
Marquartstein
Maiergschwend
Bad Reichenhall
Marzoll
Kn. Salzburg
S.-Süd
Schmelz
Mühlau
307
Unterwössen
Au
Seehaus
Weingarten
Karlstein
A10
Markt-Schellenberg
Oberwössen
305
Bayer.-Gmain
159
Ettenhsn.
Schleching
Hallein
Sachrang
305
20
Hallein
Reit im Winkl
Entfelden
E641
21
Bischofswiesen
305
Oberau
Kössen
Blindau
Unken
iederndorf
Berchtesgaden
172
305
Schwarzeck
Schönau
312
Au
Unt.-Stein
20
Hintersee
Ramsau
Königssee
176
Lofer
Waidring
Königs-see
St. Johann i. Tirol
312
E641
Fieberbrunn
311

Manche Autos sind einfach schneller als andere

Besonders wenn der Fahre

VDO Dayton Navigations-Systeme: In Bestzeit „da", zur richtigen Zeit a
Punkte. Beim Kunden. Nicht in Flensburg.

veiß, wo's langgeht.

NAVIGATIONSGERÄT WIRD MIT VARTA DEUTSCHLAND-CD-ROM AUSGELIEFERT.

ichtigen Ort sein. Mit den Navigations-Systemen von VDO Dayton sammeln Sie

Weitere Informationen im Handel, unter Tel. 06441/370674 und unter www.vdodayton.com

VDO dayton
VDO Dayton. The Car Brand.

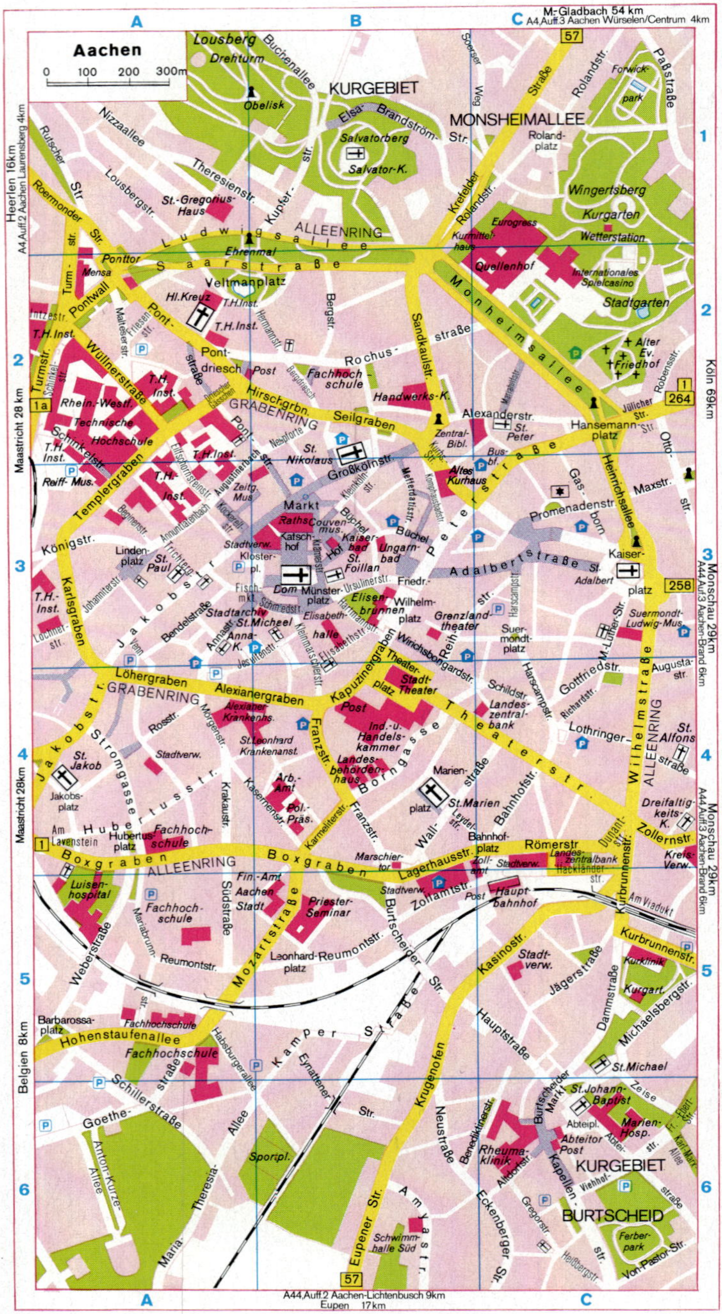
Aachen
0 100 200 300m
M-Gladbach 54 km
A4,Auff.3 Aachen Würselen/Centrum 4km
A
B
C
1
2
3
4
5
6
KURGEBIET
MONSHEIMALLEE
Lousberg
Drehturm
Obelisk
Salvatorberg
Salvator-K.
Wingertsberg
Kurgarten
Eurogress
Quellenhof
Internationales Spielcasino
Stadtgarten
Alter Ev. Friedhof
ALLEENRING
GRABENRING
Ludwigsallee
Saarstraße
Monheimsallee
Veltmanplatz
Ehrenmal
Ponttor
Pontwall
Turmstr.
Wüllnerstraße
Rhein.-Westf. Technische Hochschule
Templergraben
Königstr.
Karlsgraben
Markt
Rathaus
Dom
Münsterplatz
Elisenbrunnen
Großkölnstr.
St. Nikolaus
Seilgraben
Handwerks-K.
Hansemannplatz
Heinrichsallee
Kaiserplatz
Adalbertstraße
St. Adalbert
Peterstraße
Altes Kurhaus
Promenadenstr.
Stadttheater
Theaterstr.
Kapuzinergraben
Alexianergraben
Löhergraben
Jakobstr.
St. Jakob
Boxgraben
Römerstr.
Hauptbahnhof
Wilhelmstraße
Zollernstr.
Kurbrunnenstr.
Kurklinik
Kurgart.
St. Michael
Mozartstraße
Hohenstaufenallee
Fachhochschule
Luisenhospital
Reumontstr.
Kasinostr.
Hauptstraße
Krugenofen
Eupener Str.
Kamper Straße
Schillerstraße
Goethestr.
Sportpl.
Schwimmhalle Süd
KURGEBIET BURTSCHEID
Ferberpark
St.Johann-Baptist
Marien-Hosp.
Rheuma-klinik
Abteitor Post
Heerlen 16km
A4,Auff.2 Aachen Laurensberg 4km
Maastricht 28 km
Belgien 8km
Köln 69km
Monschau 29km
A44,Auff.3 Aachen-Brand 6km
A44,Auff.2 Aachen-Lichtenbusch 9km
Eupen 17km
57
264
258
1a

Aachen 42

Nordrhein-Westfalen
EW 252000
🛈 Tel (02 41) 1 80 29 60, Fax 1 80 29 31
Verkehrsverein
✉ 52062 Friedrich-Wilhelm-Platz

✱✱✱✱ Dorint Hotel Quellenhof
Monheimsallee 52 (C 2), **Tel (02 41) 9 13 20**,
Fax 9 13 21 00 , ✉ 52062, AX DC ED VA, Ⓢ
174 Zi, Dz: 260/130-680/342, 11 Suiten, ⌐ WC
Ⓒ, 71 ⛌, Lift, Ⓟ, ⌂, ⌂, Solarium, 6 Tennis

🍴🍴🍴 Gourmet-Restaurant
Hauptgericht 25/12-40/20, nur abends
Euroasiatische Küche

🍴🍴 L'Brasserie
Hauptgericht 28/14-59/29, Terrasse

✱✱ Holiday Inn Garden Court
Krefelder Str. 221 (außerhalb C 1),
Tel (02 41) 1 80 30, Fax 1 80 34 44, ✉ 52070,
AX DC ED VA, Ⓢ
99 Zi, Ez: 198/99-310/156, Dz: 198/99-310/156,
⌐ WC Ⓒ, 49 ⛌, Lift, Ⓟ, 6⌬35, Golf,
Restaurant

✱✱ Best Western Regence
Peterstr. 71 (C 2), **Tel (02 41) 4 78 70**,
Fax 3 90 55, ✉ 52062, AX DC ED VA, Ⓢ
59 Zi, Ez: 220/110-255/128,
Dz: 290/146-340/171, 1 Suite, ⌐ WC Ⓒ DFÜ,
25 ⛌, Lift, ⌂, 2⌬35, Restaurant

✱✱ Best Western Hotel Royal
Jülicher Str. 1 (C 2), **Tel (02 41) 18 22 80**.
Fax 18 22 86 99, ✉ 52070, AX DC ED VA, Ⓢ
28 Zi, Ez: 195/98-230/115,
Dz: 250/125-340/170, 8 Suiten, ⌐ WC Ⓒ DFÜ,
6 ⛌, Lift, ⌂

✱✱ Pannonia
Jülicher Str. 10 (C 2), **Tel (02 41) 5 10 60**.
Fax 50 11 80, ✉ 52070, AX DC ED VA, Ⓢ
103 Zi, Ez: 135/67-270/135,
Dz: 158/79-330/166, ⌐ WC Ⓒ DFÜ, 22 ⛌, Lift,
Ⓟ, ⌂, 2⌬45, Restaurant

✱ Novotel
Joseph-von-Görres-Str. 21 (außerhalb C 2),
Tel (02 41) 1 68 70, Fax 16 39 11, ✉ 52068, AX
DC ED VA, Ⓢ
118 Zi, Ez: 124/62-215/108,
Dz: 158/79-240/120, ⌐ WC Ⓒ DFÜ, 66 ⛌, Lift,
Ⓟ, 6⌬200, ≋, Restaurant

✱ Benelux
Franzstr. 21 (B 4), **Tel (02 41) 2 23 43**,
Fax 2 23 45, ✉ 52064, AX DC ED VA
33 Zi, Ez: 155/78-200/100, Dz: 180/90-240/120,
⌐ WC Ⓒ DFÜ, Lift, Ⓟ, ⌂, Fitnessraum, garni
geschl.: 21.12.00-3.1.01

✱ Am Marschiertor
Wallstr. 1 (B 4), **Tel (02 41) 3 19 41**,
Fax 3 19 44, ✉ 52064, AX DC ED VA
50 Zi, Ez: 125/62-145/73, Dz: 165/83-195/98,
⌐ Ⓒ DFÜ, Lift, ⌂, 1⌬40, garni

✱ Granus
Passtr. 2 a (C 2), **Tel (02 41) 15 20 71**,
Fax 15 87 06, ✉ 52070, AX DC ED VA
12 Zi, Ez: 110/55-130/65, Dz: 150/75-170/85, ⌐
WC Ⓒ, Lift, Ⓟ, ⌂
geschl.: 17.12.00-8.1.01

⛌ Marx
Hubertusstr. 33 (A 4), **Tel (02 41) 3 75 41**,
Fax 2 67 05, ✉ 52064, ED
23 Zi, Ez: 85/42-120/60, Dz: 140/70-160/80, Ⓒ,
Lift, Ⓟ, garni

🍴🍴 Gala
Monheimsallee 44, **Tel (02 41) 15 30 13**,
Fax 15 85 78, ✉ 52062, AX DC ED VA
Hauptgericht 45/22, nur abends, geschl.: Mo, So

🍴🍴 La Becasse
Hanbrucher Str. 1, Ecke Vaalser Str,
Tel (02 41) 7 44 44, ✉ 52064, DC ED VA
Hauptgericht 50/25

Aachen

☕ Alt Aachener Kaffeestuben
Büchel 18, Tel (02 41) 3 57 24, Fax 6 05 23 78,
✉ 52062, ED VA
☐
Spezialität: Reisfladen.

Burtscheid (1 km ↘)

★★ Burtscheider Markt
Burtscheider Markt 14 (C 6),
Tel (02 41) 60 00 00, Fax 6 00 00 20, ✉ 52066,
AX DC ED VA
30 Zi, Ez: 130/65-180/90, Dz: 190/95-260/130,
⌐ WC ⌀, Lift, P, garni

Kornelimünster (7 km ↘)

★ Zur Abtei
Napoleonsberg 132, Tel (0 24 08) 92 55 00,
Fax 41 51, ✉ 52076, AX DC ED VA
10 Zi, Ez: 90/45-250/125, Dz: 140/70-260/130,
2 Suiten, ⌐ WC ⌀, 2 ⚏, P, ☎, 2↻60
geschl.: 1.-31.1.01
Zimmerausstattung mit Designermöbel.

🍴🍴🍴 Hauptgericht 45/22, geschl.: Do,
1.-31.1.01

🍴🍴 St. Benedikt 🚩
Benediktusplatz 12, Tel (0 24 08) 28 88,
Fax 28 77, ✉ 52076
☐, Hauptgericht 45/22, nur abends, geschl.: Mo,
So

Walheim-Außerhalb (12 km ↘) BAB 44

Abfahrt Lichtenbusch Richtung Monschau

🍴🍴 Brunnenhof
Schleidener Str. 132, an der B 258,
Tel (0 24 08) 5 88 50, Fax 58 85 88, ✉ 52076,
AX DC ED VA
§, Hauptgericht 37/18-48/24, Gartenlokal, P,
🛏

🍴 Gut Kalkhäuschen
Schleidener Str. 400, an der B 258,
Tel (0 24 08) 5 83 10, ✉ 52076

Hauptgericht 40/20-44/22, P, nur abends,
geschl.: Mo
Italienische Küche.

Aalen 62 →

Baden-Württemberg / Ostalbkreis
EW 67000
🛈 Tel (0 73 61) 52 23 58, Fax 52 19 07
Touristik-Service Aalen
✉ 73430 Marktplatz 2

★★ Treff Hotel Limes Thermen
Osterbucher Platz 1 (außerhalb B 3),
Tel (0 73 61) 94 40, Fax 94 45 50, ✉ 73431, AX
DC ED VA, S
einzeln ♪ §, 146 Zi, Ez: 155/78-190/95,
Dz: 195/98-250/125, ⌐ WC ⌀, 83 ⚏, Lift, P,
6↻250, Fitnessraum, Sauna, Solarium,
Restaurant
Direkter Zugang zum Kur- und Badebetrieb
„Limes Thermen".

★ Aalener Ratshotel
Friedrichstr. 7 (B 2), Tel (0 73 61) 9 58 40,
Fax 95 84 70, ✉ 73430, AX DC ED VA
40 Zi, Dz: 138/69-148/74, 1 Suite, 1 App, ⌐ WC
⌀ DFÜ, Lift, P, ☎, 1↻, garni

🍴 Eichenhof
Stadionweg 1, Tel (0 73 61) 4 10 20,
Fax 4 66 88, ✉ 73430, AX ED VA
Hauptgericht 25/12, Terrasse, Biergarten,
Gartenlokal, P, geschl.: 1.-18.6.01, 1.-11.11.01
★ ♪, 9 Zi, Ez: 75/37-85/42,
Dz: 130/65-150/75, ⌐ WC ⌀

Ebnat (8 km ↘)

🍴 Landgasthof Lamm
Unterkochener Str. 16, Tel (0 73 67) 24 12,
Fax 49 12, ✉ 73432, ED
Gartenlokal, Kegeln, P, 🛏, geschl.: Mo, Di,
28.2.-14.3.01, 26.7.-9.8.01

Himmlingen (3 km →)

★ Grauleshof
Ziegelstr. 155, Tel (0 73 61) 3 24 69,
Fax 3 62 18, ✉ 73431, ED VA
9 Zi, Ez: 75/37-80/40, Dz: 130/65-140/70, ⌐
WC ⌀, P, 1↻55, Restaurant
geschl.: 22.2.-4.3.01, 12-26.8.01

Röthardt (3 km ↗)

🍴 Vogthof
Bergbaustr. 28, Tel (0 73 61) 7 36 88,
Fax 7 78 82, ✉ 73433, AX DC ED VA
§, Hauptgericht 30/15, Gartenlokal, geschl.: Fr

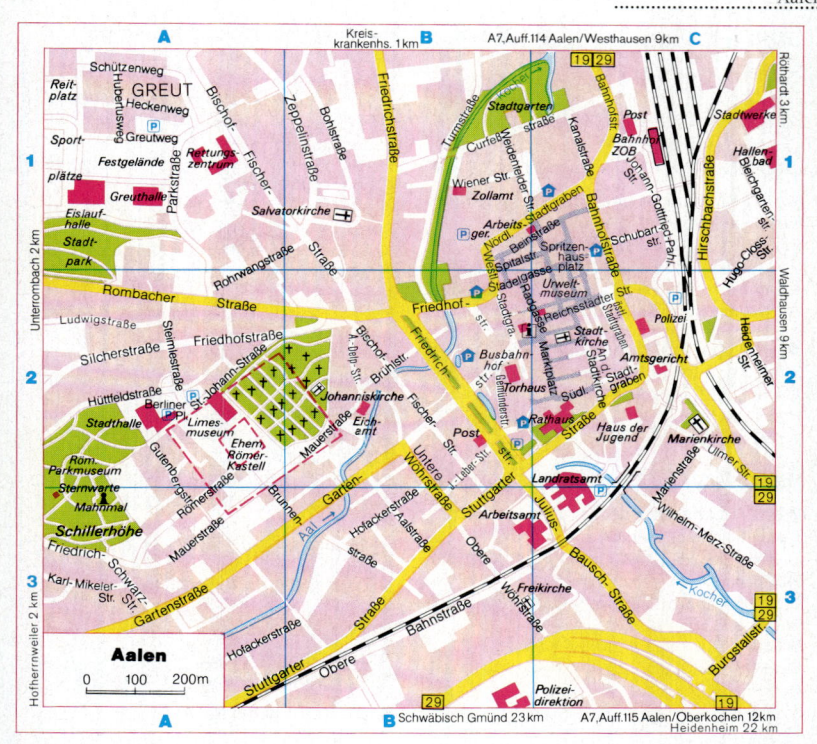

✱▨▨▨ ♫, 14 Zi, Ez: 72/36-75/37,
Dz: 115/57-120/60, ⌐ WC ✆, Ⓟ, 🏠

Unterkochen (4 km ↘)

✱✱▨▨▨ Das Goldene Lamm
Kocherstr. 8, Tel (0 73 61) 9 86 80,
Fax 98 68 98, ✉ 73432, Ⓐ Ⓓ Ⓔ Ⓥ
43 Zi, Ez: 95/47-155/78, Dz: 169/85-225/113,
7 Suiten, ⌐ WC ✆ DFÜ, 7 ⛷, Lift, Ⓟ, 🏠,
3🛏160
geschl.: 24-28.12.00
🍴🍴▨▨▨ ☕, Hauptgericht 21/10-45/22,
Terrasse, geschl.: 24-28.12.00
Gasthaus aus dem 17. Jh..

✱✱▨▨▨ Scholz
Aalener Str. 80, Tel (0 73 61) 56 70,
Fax 56 72 00, ✉ 73432, Ⓐ Ⓓ Ⓔ Ⓥ
51 Zi, Ez: 98/49-130/65, Dz: 150/75-180/90, ⌐
WC ✆, Lift, Ⓟ, 🏠, 1🛏15, Restaurant

Waldhausen (12 km →)

✱✱▨▨▨ Adler
Deutschordenstr. 8, Tel (0 73 67) 95 00,
Fax 95 04 00, ✉ 73432, Ⓔ Ⓥ
32 Zi, Ez: 85/42-130/65, Dz: 135/67-175/88,
1 Suite, 1 App, ⌐ WC ✆ DFÜ, 6 ⛷, Lift, Ⓟ, 🏠,
3🛏50, 🏠, Sauna, Solarium, Golf, 7 Tennis
🍴🍴▨▨▨ Hauptgericht 18/9-38/19, Terrasse,
Biergarten

✱▨▨▨ Alte Linde
Albstr. 121, Tel (0 73 67) 20 01, Fax 20 03,
✉ 73432, Ⓔ
17 Zi, Ez: 65/32, Dz: 105/52, 1 App, ⌐ WC ✆,
1🛏40
🍴▨▨▨ Hauptgericht 20/10-30/15, geschl.: Mi

Abbach, Bad 65

Bayern / Kreis Kelheim
EW 10400
i Tel (0 94 05) 9 59 90, Fax 95 99 20
Kurverwaltung
✉ 93077 Kaiser-Karl-V.-Allee 5

* **Elisabeth und Appartementhaus**
Ratsdienerweg 4, Tel (0 94 05) 9 50 90,
Fax 95 09 77, ✉ 93077, AX DC ED VA
♪, 23 Zi, Ez: 58/29-85/42, Dz: 110/55-140/70,
8 App, ⊣ WC ⌀, 6 ⊢, P, 🏠, Sauna, Solarium
Auch Zimmer der Kategorie ****** vorhanden.

🍽 **Gasthof Schwögler**
Stinkelbrunnstr. 18, Tel (0 94 05) 96 23 00,
Fax 96 23 01, ✉ 93077
Hauptgericht 13/6-30/15, Terrasse, Kegeln,
geschl.: So abends

Lengfeld

🍽🍽 **Landgasthof Gut Deutenhof**
Deutenhof 2, am Golfplatz,
Tel (0 94 05) 95 32 30, Fax 95 32 39, ✉ 93077,
AX DC ED VA
Hauptgericht 22/11, Terrasse, P, Nov-Mär ab
16, geschl.: Mo, 2.1.-1.2.01
** ♪, 13 Zi, Ez: 110/55-138/69,
Dz: 158/79-218/109, ⊣ WC ⌀, 5 ⊢, 3⇌100,
Golf

Abenberg 57

Bayern / Kreis Roth
EW 5700
i Tel (0 91 78) 9 88 00, Fax 98 80 80
Stadt Abenberg
✉ 91183 Stillaplatz 1

🍽 **Burg Abenberg**
Burgstr. 16, Tel (0 91 78) 98 29 90,
Fax 9 82 99 10, ✉ 91183, AX ED VA
Hauptgericht 10/5-35/17, Terrasse, Biergarten,
🛏

🍽 **Goldener Stern**
Marktplatz 14, Tel (0 91 78) 57 36, Fax 58 05,
✉ 91183, ED VA
Hauptgericht 25/12, Biergarten, P, geschl.: Mi

Abensberg 64 →

Bayern / Kreis Kelheim
EW 12500
i Tel (0 94 43) 91 03 17, Fax 91 03 18
Tourismusbüro
✉ 93326 Stadtplatz 1

** **Altstadt Hotel Kneitinger**
Osterriedegasse 2, Tel (0 94 43) 9 15 40,
Fax 91 54 55, ✉ 93326, ED VA
23 Zi, Ez: 80/40-90/45, Dz: 130/65-160/80, ⊣
WC ⌀ DFÜ, 5 ⊢, Lift, P, 1⇌35, Sauna,
Solarium, garni

* **Jungbräu**
Weinberger Str. 6, Tel (0 94 43) 9 10 70,
Fax 91 07 33, ✉ 93326, AX DC ED VA
17 Zi, Ez: 65/32-75/37, Dz: 130/65, ⊣ WC ⌀,
P, 1⇌40
geschl.: Mo, 27-31.12.00
🍽 Hauptgericht 20/10-50/25, Biergarten,
geschl.: Mo, 27-31.12.00

Sandharlanden

🍽 **Hammermeier**
Kirchplatz 4, Tel (0 94 43) 69 93, Fax 90 35 33,
✉ 93326, AX DC ED VA
Hauptgericht 21/10-33/16, Terrasse, P, nur
abends, geschl.: Mo, Di, 18-24.9.00

Abentheuer 53 ←

Rheinland-Pfalz / Kreis Birkenfeld
EW 503
i Tel (0 67 82) 57 78
Gemeindeverwaltung
✉ 55767 Mühlenberg

🍽🍽 **La Cachette**
Böckingstr. 11, Tel (0 67 82) 57 22, Fax 94 40,
✉ 55767
Hauptgericht 26/13-34/17, P, nur abends,
geschl.: Mo

Abstatt 61 ↗

Baden-Württemberg
Kreis Heilbronn
EW 4300
i Tel (0 70 62) 67 70, Fax 6 77 77
Gemeinde Abstatt
✉ 74232 Rathausstr. 30

Hotel Sperber
Heilbronnerstr. / Gartenstr.,
Tel (0 70 62) 6 70 01, ✉ 74232
Eröffnung voraussichtlich Dez 00/Jan 01.

Abtswind 56 →

Bayern / Kreis Kitzingen
EW 760
i Tel (0 93 83) 26 92, Fax 28 01
Fremdenverkehrsverein
✉ 97355 Weinstr. 8

✱ Gästehaus Zur Schwane
Hauptstr. 10, Tel (0 93 83) 60 51, Fax 60 52,
✉ 97355, ED VA
9 Zi, Ez: 78/39-92/46, Dz: 118/59-146/73,
1 App, ⌐ WC ⊘, P, 🏠, 1↻20, Golf,
Restaurant
geschl.: Mo

🛏 Zur Linde
Ebracher Str. 2, Tel (0 93 83) 18 58, Fax 64 48,
✉ 97355
♪, 9 Zi, Ez: 63/31-66/33, Dz: 81/40-91/45, ⌐
WC, 4 ✍, garni

Achern 60 ⬜

Baden-Württemberg / Ortenaukreis
EW 23273
ℹ Tel (0 78 41) 2 92 99, Fax 2 55 52
Stadtmarketing
✉ 77855 Hauptstr. 13

✱ Schwarzwälder Hof
Kirchstr. 38, Tel (0 78 41) 50 01, Fax 2 95 26,
✉ 77855, AX ED VA
21 Zi, Ez: 89/44-118/59, Dz: 139/70-190/95, ⌐
WC ⊘ DFÜ, 7 ✍, P, 🏠
geschl.: 27.12.00-9.1.01
Auch Zimmer der Kategorie ✱✱ vorhanden.
🍴 Hauptgericht 25/12, geschl.: So
abends, Mo

Oberachern (1 km ↓)

🍴 Kininger's Hirsch
Oberacherner Str. 26, Tel (0 78 41) 2 15 79,
Fax 2 92 68, ✉ 77855, DC ED VA
Hauptgericht 26/13-36/18, Gartenlokal, P,
geschl.: Mo, Di mittags, 30.10.-10.11.00,
29.10.-10.11.01
✱ 5 Zi, Ez: 80/40, Dz: 150/75, ⌐ WC ⊘

Önsbach (2 km ✓)

🍴 Gasthaus Adler
Rathausstr. 5, Tel (0 78 41) 41 04,
Fax 27 08 57, ✉ 77855, ED
Hauptgericht 35/17, Gartenlokal, P, nur
abends, so+feiertags auch mittags, geschl.: Do,
2 Wochen über Fasnacht, 3 Wochen im Aug

Achim 17 ↓

Niedersachsen / Kreis Verden
EW 31000
ℹ Tel (0 42 02) 9 16 04 44, Fax 9 16 02 99
Stadtverwaltung/Tourist-Information
✉ 28832 Obernstr. 38

siehe auch Bremen

✱ Gieschen's Hotel
Obernstr. 12, Tel (0 42 02) 8 84 80,
Fax 8 84 81 00, ✉ 28832, AX DC ED VA
43 Zi, Ez: 110/55, Dz: 150/75, ⌐ WC ⊘ DFÜ,
21 ✍, P, 3↻100, Restaurant

Uphusen (5 km ↘)

✱ Novotel Bremer Kreuz
Zum Klümoor, Tel (0 42 02) 52 80,
Fax 8 44 57, ✉ 28832, AX DC ED VA, Ⓢ
116 Zi, Ez: 135/67-145/73, Dz: 135/67-145/73,
⌐ WC ⊘, 50 ✍, Lift, P, 10↻300, ≋,
Restaurant
Preise exkl. Frühstück.

Achkarren siehe Vogtsburg

Achterwehr 10 ⬜

Schleswig-Holstein / Kreis Kiel
EW 867
ℹ Tel (0 43 40) 40 90
Gemeindeverwaltung
✉ 24239 Inspektor-Weimar-Weg 17

🍴🍴 Beckmann's Gasthof
Dorfstr. 16 an der B 202, Tel (0 43 40) 43 51,
Fax 43 83, ✉ 24239, ED VA
Hauptgericht 30/15, Terrasse, P, nur abends,
Sa+So auch mittags, geschl.: Mo, Di

Adelsdorf 57 ←

Bayern / Kreis Erlangen-Höchstadt
EW 7340
ℹ Tel (0 91 95) 9 43 20, Fax 94 32 90
Gemeindeverwaltung
✉ 91325 Hauptstr. 23

✱ Drei Kronen
Hauptstr. 6, Tel (0 91 95) 92 00, Fax 92 04 80,
✉ 91325, AX DC ED VA
48 Zi, Ez: 90/45-135/67, Dz: 118/59-230/115, ⌐
WC ⊘, 10 ✍, Lift, P, 🏠, 4↻70, ⌂, Sauna,
Solarium, Restaurant
Auch einfachere Zimmer vorhanden.

Neuhaus (3 km ↓)

✱ Zum Löwenbräu Flair Hotel
Neuhauser Hauptstr. 3, Tel (0 91 95) 72 21,
Fax 87 46, ✉ 91325, ED VA
14 Zi, Ez: 85/42-110/55, Dz: 120/60-150/75, ⌐
WC ⊘, 14 ✍, P
🍽 Hauptgericht 19/9-30/15, Terrasse,
Biergarten, geschl.: Mo, Di

Adelsried 63 ↓

Bayern / Kreis Augsburg
EW 2300
🛈 Tel (0 82 94) 8 69 20, Fax 86 92 40
Gemeinde Adelsried
✉ 86477 Dillinger Str. 2

** Parkhotel Schmid
Augsburger Str. 28, Tel (0 82 94) 29 10,
Fax 24 29, ✉ 86477, AX DC ED VA
94 Zi, Ez: 120/60-153/77, Dz: 175/88-195/98,
⌐ WC Ⓒ, 15 ✎, Lift, 🅿, 9⊃250, 🏠, Sauna,
Solarium, Restaurant
Auch Zimmer der Kategorie * vorhanden.

Adenau 42 →

Rheinland-Pfalz / Kreis Ahrweiler
EW 2910
🛈 Tel (0 26 41) 9 77 30, Fax 97 73 73
Tourist-Information
✉ 53518 Kirchstr. 15

** Silence-Landhaus Sonnenhof ♛
Auf dem Hirzenstein 1, Tel (0 26 91) 70 34,
Fax 86 64, ✉ 53518, AX DC ED VA
♪ ⚘, 37 Zi, Ez: 85/42-120/60,
Dz: 135/67-260/130, 1 Suite, ⌐ WC Ⓒ DFÜ,
6 ✎, Lift, 🅿, 🏠, 4⊃30, Fitnessraum, Kegeln,
Sauna, Solarium, 2 Tennis, Restaurant

** Zum Wilden Schwein
Hauptstr. 117, Tel (0 26 91) 91 09 20,
Fax 9 10 92 92, ✉ 53518, ED VA
19 Zi, Ez: 80/40-180/90, Dz: 130/65-200/100,
⌐ WC Ⓒ, 🅿, 🏠
Auch Zimmer der Kategorie * vorhanden.
🍴🍴 Hauptgericht 18/9-38/19, Terrasse

* Blaue Ecke
Markt 4, Tel (0 26 91) 20 05, Fax 38 05,
✉ 53518, AX DC ED VA
⚘, Hauptgericht 30/15-48/24, Terrasse, 🅿, 🛏,
geschl.: Mo, 15.1.-15.2.01

Adendorf siehe Wachtberg

Adorf 49 ✓

Sachsen / Vogtlandkreis
EW 6700
🛈 Tel (03 74 23) 22 47, Fax 22 47
Fremdenverkehrsbüro
✉ 08626 Freiberger Str. 8

* Zur Staffel
Hohe Str. 2, Tel (03 74 23) 31 46, Fax 31 47,
✉ 08626, AX ED VA

9 Zi, Ez: 60/30-85/42, Dz: 100/50-150/75, ⌐
WC Ⓒ, Solarium, Restaurant

Aerzen 25 ↘

Niedersachsen
Kreis Hameln-Pyrmont
EW 12200
🛈 Tel (0 51 54) 98 80, Fax 20 16
Gemeindeverwaltung
✉ 31855 Kirchplatz 2

Aerzen-Außerhalb (3 km ↗)

** Golf & Schloßhotel Münchhausen
Schloß Schwöbber, Tel (0 51 54) 98 71 30,
Fax 98 71 11, ✉ 31855, AX ED VA
einzeln ♪ ⚘ ⓑ, 23 Zi, Ez: 85/42,
Dz: 130/65-190/95, 7 Suiten, ⌐ WC Ⓒ DFÜ,
Lift, 🅿, 1⊃35, Golf, Restaurant
Das Gebäude im englischen Landhausstil wurde
1570 während der Weserrenaissance erbaut.

Ahaus 23 ✓

Nordrhein-Westfalen / Kreis Borken
EW 36000
🛈 Tel (0 25 61) 44 44 44, Fax 44 44 45
Tourist-Information
✉ 48683 Schlosstr. 16 a

** Ratshotel Rudolph
Coesfelder Str. 21, Tel (0 25 61) 91 10,
Fax 91 13 00, ✉ 48683, AX DC ED VA
39 Zi, Ez: 148/74-168/84, Dz: 196/98, 3 Suiten,
⌐ WC Ⓒ, 2 ✎, Lift, 🅿, 🏠, 5⊃150, 🏠, Kegeln,
Sauna, Solarium
Auch Zimmer der Kategorie * vorhanden.
🍴🍴 **La Toscana**
Hauptgericht 24/12-35/17, nur abends, Sa+So
auch mittags, geschl.: Mo

* Oldenkott
Oldenkottplatz 3, Tel (0 25 61) 91 00,
Fax 9 10 99, ✉ 48683, AX DC ED VA
20 Zi, Ez: 138/69-158/79, Dz: 186/93, ⌐ WC Ⓒ,
2 ✎, Lift, 🅿, 🏠, 2⊃80, Restaurant

Alstätte-Außerhalb (1 km ↓)

*** Golf-& Landhotel Ahaus City Line & Country Line Hotels
Schmäinghook 36, Tel (0 25 67) 3 80,
Fax 3 82 00, ✉ 48683, AX DC ED VA
einzeln ♪ ⚘, 33 Zi, Ez: 185/93, Dz: 220/110,
4 Suiten, 12 App, ⌐ WC Ⓒ, Lift, 🅿, 5⊃70,
Fitnessraum, Sauna, Solarium, Golf

Ahrenshoop

ϘϘϘ Ambiente
Hauptgericht 33/16-38/19, Terrasse, nur abends

Ottenstein-Außerhalb (10 km←)

ϘϘ Haus im Flör
Hörsteloe 49, Tel **(0 25 67) 10 57**, Fax 34 77,
✉ 48683, AX DC ED VA
Hauptgericht 25/12-48/24, Terrasse, Ⓟ,
geschl.: Mo, Sa abends
✱ ♩ ❀, 19 Zi, Ez: 90/45-120/60,
Dz: 160/80, ⌐ ⓒ, Golf

Ahlbeck siehe Usedom

Ahlefeld   10 ☐

Schleswig-Holstein
Kreis Rendsburg-Eckernförde
EW 165
🛈 Tel (0 43 53) 5 14
Gemeindeverwaltung
✉ 24811 Dorfstr. 8

Ϙ Katerberg
Hauptstr. 8, Tel **(0 43 53) 9 97 00**, Fax 10 01,
✉ 24811, AX DC ED VA
Hauptgericht 28/14, Terrasse, Gartenlokal, Ⓟ,
geschl.: Mo

Ahlen   34 ↖

Nordrhein-Westfalen
Kreis Warendorf
EW 55310
🛈 Tel (0 23 82) 5 92 31, Fax 5 94 65
Stadt Ahlent
✉ 59227 Westenmauer 10

Vorhelm (6 km ↗)

✱ Witte
Hauptstr. 32, Tel **(0 25 28) 88 86**, Fax 31 10,
✉ 59227, AX ED VA
26 Zi, Ez: 85/42, Dz: 140/70, 1 Suite, ⌐ WC ⓒ,
Ⓟ, 🏠, 2⭕60
Auch Zimmer der Kategorie ✱✱ vorhanden.
ϘϘ Hauptgericht 20/10-45/22, Biergarten

Ahrensburg   18 ↗

Schleswig-Holstein
Kreis Stormarn
EW 29000
🛈 Tel (0 41 02) 5 06 60, Fax 5 06 60
Ahrensburger Stadtforum
✉ 22926 Manfred-Sammsch-Str 5

✱✱✱ Park-Hotel
Lübecker Str. 10 a, Tel **(0 41 02) 23 00**,
Fax 23 01 00, ✉ 22926, AX DC ED VA, Ⓢ
99 Zi, Ez: 155/78-239/120, Dz: 175/88-259/130,
10 Suiten, 24 App, ⌐ WC ⓒ DFÜ, 7 ↵, Lift, Ⓟ,
🏠, 8⭕110, Fitnessraum, Sauna, Solarium

ϘϘ Marron
Hauptgericht 31/15-39/19, Terrasse

✱✱ Am Schloß
Am Alten Markt 17, Tel **(0 41 02) 80 55**,
Fax 18 01, ✉ 22926, AX DC ED VA
80 Zi, Ez: 135/67-190/95, Dz: 175/88-230/115,
2 Suiten, 2 App, ⌐ WC ⓒ, 33 ↵, Lift, Ⓟ, 🏠,
5⭕80, Sauna, Solarium, Golf, Restaurant

✱✱ Ringhotel Ahrensburg
Ahrensfelder Weg 48, Tel **(0 41 02) 5 15 60**,
Fax 51 56 56, ✉ 22926, AX DC ED VA, Ⓢ
♩, 22 Zi, Ez: 145/73-156/78,
Dz: 182/91-203/102, 2 Suiten, ⌐ WC ⓒ, 10 ↵,
Ⓟ, 1⭕12, Golf, garni
Auch Zimmer der Kategorie ✱ vorhanden.

Ahrenshoop   12 →

Mecklenburg-Vorpommern
Kreis Nordvorpommern
EW 900
🛈 Tel (03 82 20) 2 34, Fax 3 00
Kurverwaltung
✉ 18347 Kirchnersgang 2

✱✱ Der Fischländer
Dorfstr. 47 e, Tel **(03 82 20) 69 50**,
Fax 6 95 55, ✉ 18347, ED VA
28 Zi, Ez: 120/60-140/70, Dz: 170/85-200/100,
2 Suiten, 2 App, ⌐ WC ⓒ, 4 ↵, Lift, Ⓟ, 🏠,
1⭕30, Sauna, Solarium, Restaurant
Auch Zimmer der Kategorie ✱✱✱ vorhanden.

✱✱ Haus Antje
Hauptstr. 1, Tel **(03 82 20) 69 80**, Fax 6 98 50,
✉ 18347, VA
22 Zi, Ez: 90/45-140/70, Dz: 140/70-170/85,
5 Suiten, ⌐ WC ⓒ, 6 ↵, Lift, Ⓟ, 1⭕10, Sauna,
Solarium, garni

Ahrenshoop

¶ Café Namenlos
Schifferberg 2, Tel (03 82 20) 60 60,
Fax 60 63 01, ✉ 18347, Hauptgericht 20/10-48/24, Terrasse, Ⓟ

✱✱✱ Café Namenlos Fischerwiege und Gästehäuser
Schifferberg 9
☽ ¶, 35 Zi, Ez: 80/40-250/125,
Dz: 100/50-250/125, 15 Suiten, 5 App, ⊣ WC ⊘
DFÜ, 11 ⇐, 3⇨50, ⌂, Sauna, Solarium
Anmeldung im Café Namenlos. In den Gästehäusern Bergfalke und Dünenhaus auch Zimmer der Kategorie ✱ und ✱✱ vorhanden.

✱✱ Haus am Meer Travel Charme Hotel
Dorfstr. 36, Tel (03 82 20) 8 08 16,
Fax 8 06 10, ✉ 18347,
¶, 24 Zi, Ez: 155/78-225/113,
Dz: 175/88-245/123, ⊣ WC ⊘, 3 ⇐, Ⓟ,
Seezugang, Restaurant

✱ Pension Möwe
Schifferberg 16, Tel (03 82 20) 60 80,
Fax 8 06 16, ✉ 18347
¶, 24 Zi, Ez: 85/42-170/85, Dz: 110/55-206/103,
2 Suiten, ⊣ WC ⊘, 6 ⇐, Ⓟ, 1⇨30, Sauna,
Solarium, Restaurant
Auch Zimmer der Kategorie ✱✱ vorhanden.

¶ Café Buhne 12
Grenzweg 12, Tel (03 82 20) 2 32, Fax 2 32,
✉ 18347,
¶, Hauptgericht 22/11, Terrasse, Ⓟ, 1.11.-28.2.
nur sa+so, geschl.: Mo

Niehagen (2 km ↙)

✱✱ Landhaus Morgensünn
Bauernreihe 4 d, Tel (03 82 20) 64 10,
Fax 6 41 26, ✉ 18347,
21 Zi, Ez: 105/52-165/83, Dz: 120/60-240/120,
2 Suiten, 6 App, ⊣ WC ⊘, 4 ⇐, Ⓟ, ⌂,
Fitnessraum, Sauna, Solarium, garni
Elegante reetgedeckte Landhäuser. Auch Zimmer der Kategorie ✱✱✱ vorhanden.

Aibling, Bad   72 ↘
Bayern / Kreis Rosenheim
EW 17000
ℹ Tel (0 80 61) 9 08 00, Fax 3 71 56
Kurverwaltung
✉ 83043 Wilhelm-Leibl-Platz 3

✱✱ Sport- und Familienhotel St. Georg
Ghersburgstr. 18, Tel (0 80 61) 49 70,
Fax 49 71 05, ✉ 83043,
☽, 220 Zi, Ez: 99/49-195/98,
Dz: 140/70-240/120, 15 Suiten, 15 App, ⊣ WC
⊘, 50 ⇐, Lift, Ⓟ, ⌂, 10⇨300, ⌂, Fitnessraum,
Sauna, Solarium, Golf, 1 Tennis, Restaurant

✱✱ Romantik Hotel Lindner
Marienplatz 5, Tel (0 80 61) 9 06 30,
Fax 3 05 35, ✉ 83043,
26 Zi, Ez: 140/70-230/115, Dz: 190/95-300/151,
⊣ WC ⊘ DFÜ, 3 ⇐, Ⓟ, ⌂, 2⇨25, Golf
Auch Zimmer der Kategorie ✱ vorhanden.
¶ ¶ ⊕, Hauptgericht 19/9-39/19, Terrasse

✱ Bihler
Katharinenstr. 8, Tel (0 80 61) 9 07 50,
Fax 9 07 51 50, ✉ 83043,
☽, 22 Zi, Ez: 80/40-120/60, Dz: 150/75-170/85,
⊣ WC ⊘, Ⓟ, ⌂, Sauna, Solarium, Golf
geschl.: 15.1.-15.2.01
Auch Zimmer der Kategorie ✱✱ vorhanden.
¶ ⊕, Hauptgericht 15/7-36/18,
geschl.: Do, 15.1.-15.2.01

Harthausen (2 km →)

✱✱ Schmelmer Hof
Äußere Kolbermoorer Str, Tel (0 80 61) 49 20,
Fax 49 25 51, ✉ 83043,
☽, 112 Zi, Ez: 158/79-168/84,
Dz: 218/109-238/119, 1 Suite, 5 App, ⊣ WC ⊘,
Lift, Ⓟ, ⌂, 8⇨100, ⌂, Kegeln, Sauna,
Solarium, Restaurant
Auch Zimmer der Kategorie ✱ vorhanden.

✱ Lindl-Hof
Harthauser Str. 35, Tel (0 80 61) 4 90 80,
Fax 49 08 60, ✉ 83043,
☽, 17 Zi, Ez: 80/40-85/42, Dz: 115/57-130/65,
1 Suite, 16 App, ⊣ WC ⊘, Ⓟ, ⌂, Sauna,
Restaurant

⌂ Medl
Erlenweg 4, Tel (0 80 61) 60 19, Fax 3 61 96,
✉ 83043,
☽ ¶, 13 Zi, Ez: 65/32, Dz: 110/55, ⊣ WC ⊘,
5 ⇐, Ⓟ, Restaurant
geschl.: Mi, 15.11.-15.12.00

Aichach 63 ↘

Bayern / Kreis Aichach-Friedberg
EW 20000
🛈 Tel (0 82 51) 90 20, Fax 9 02 71
Stadtverwaltung
✉ 86551 Stadtplatz 48

Kreisstadt; Sehenswert: Stadtplatz mit histor. Stadttoren; Heilig-Geist-Spitalkirche und Rathaus; Burgplatz mit Burgkirche in Oberwittelsbach (3 km); Schloss in Unterwittelsbach.

⊨ Bauerntanz
Stadtplatz 18, Tel (0 82 51) 8 95 50,
Fax 5 28 04, ✉ 86551, AX DC ED VA
16 Zi, Ez: 75/37-80/40, Dz: 110/55-115/57, ⊒
WC ⊘, Lift, P, Restaurant

Untergriesbach (2 km →)

⊨ Gasthof Wagner
Harthofstr. 38, Tel (0 82 51) 8 97 70,
Fax 89 77 50, ✉ 86551, AX ED
♪, 31 Zi, Ez: 60/30-70/35, Dz: 90/45-100/50, ⊒
WC ⊘, P, 2⟳50, Restaurant
Rezeption: 6.30-14, 17.30-23, geschl.: Di, Mitte-Ende Aug

Aichelberg 62 ✓

Baden-Württemberg
Kreis Göppingen
EW 1140
🛈 Tel (0 71 64) 22 67, Fax 36 92
Gemeindeverwaltung
✉ 73101 Vorderbergstr. 2

✱ Panorama
Boller Str. 11, Tel (0 71 64) 91 25 20,
Fax 9 12 52 30, ✉ 73101, ED VA
♪ ✿, 17 Zi, Ez: 85/42, Dz: 135/67, ⊒ WC ⊘, P,
🕿, 2⟳28, Restaurant

¶¶ Landgasthof Adler
Tel (0 71 64) 90 28 29, Fax 90 28 30, ✉ 73101, VA
Hauptgericht 12.8/64-38/19, Gartenlokal, P,
⊨, geschl.: Di

Aiterhofen 65 □

Bayern / Kreis Straubing-Bogen
EW 3180
🛈 Tel (0 94 21) 9 96 90, Fax 99 69 25
Verwaltungsgemeinschaft
✉ 94330 Straubinger Str. 4

siehe auch Straubing

✱ Murrerhof
Passauer Str. 1, Tel (0 94 21) 9 94 30,
Fax 99 43 50, ✉ 94330, ED VA
24 Zi, Ez: 60/30-82/41, Dz: 110/55-125/62, ⊒
WC ⊘ DFÜ, 2 ↳, P, 🕿, 2⟳70

¶ Allegro
Hauptgericht 10/5-29/14, geschl.: Sa

Albstadt 68 ↗

Baden-Württemberg
Zollernalbkreis
EW 50000
🛈 Tel (0 74 31) 1 60 12 04, Fax 1 60 12 27
Stadtverwaltung
✉ 72458 Marktstr. 35

Sehenswertes: Bade- u. Freizeitzentrum „badkap", Städt.Galerie, Stauffenberg-Schloss m. Musikhist.Sammlung Jehle, Maschenmuseum Albstadt, Museum im Kräuterkasten, Philipp-Math.-Hahn-Museum, Stadtgesch.Sammlg. „Ebinger Heimastuben", Nähmaschinenmuseum Gebr. Mey, Sammlung Albrecht Mey, hist. Stadtrundweg

Burgfelden

⊨ Landhaus Post
Im Gässle 5, Tel (0 74 35) 91 90 50,
Fax 9 19 05 17, ✉ 72459, ED VA
12 Zi, Ez: 78/39-98/49, Dz: 130/65-150/75, ⊒
WC ⊘, P, 🕿, Restaurant
geschl.: Mo, 19.2.-9.3.01

Ebingen

¶ In der Breite
Flanderstr. 97, Tel (0 74 31) 9 00 70,
Fax 90 07 77, ✉ 72458
Hauptgericht 10/5-44/22, ⊨, geschl.: Sa mittags, So, Mo, 3 Wochen im Sommer

Albstadt

Ebingen-Außerhalb (3 km →)

✱ Zum Süßen Grund
Bitzer Berg 1, **Tel (0 74 31) 1 36 60**,
Fax 13 66 66, ✉ 72458
einzeln ♪, 10 Zi, Ez: 85/42-95/47,
Dz: 140/70-160/80, ⌐ WC Ⓒ, Lift, Ⓟ, 🏠,
1🍴45, Restaurant

Tailfingen

✱ Blume-Post
Gerhardstr. 10, **Tel (0 74 32) 98 40 40**,
Fax 9 84 04 27, ✉ 72461, ED VA
22 Zi, Ez: 85/42-102/51, Dz: 130/65-152/76,
1 Suite, ⌐ WC Ⓒ DFÜ, 6 🛏, Lift, 🏠, 1🍴50,
Restaurant

Aldersbach 66 ✓

Bayern
EW 4000
🛈 Tel (0 85 43) 9 61 00, Fax 96 10 30
Gemeindeverwaltung
✉ 94501 Klosterplatz 1

✱ Mayerhofer Flair Hotel
Ritter-Tuschl-Str. 2, **Tel (0 85 43) 9 63 90**,
Fax 96 39 39, ✉ 94501, ED VA
32 Zi, Ez: 65/32-80/40, Dz: 100/50-120/60, ⌐
WC Ⓒ DFÜ, 13 🛏, Ⓟ, 🏠, Restaurant
geschl.: Mo, Fr, 1.-20.11.00

Aldingen 68 □

Baden-Württemberg
Kreis Tuttlingen
EW 7300
🛈 Tel (0 74 24) 88 20, Fax 8 82 49
Bürgermeisteramt
✉ 78554 Marktplatz 2

✱ Birkenhof
In Stocken 18, **Tel (0 74 24) 9 70 70**,
Fax 97 07 40, ✉ 78554, ED VA
10 Zi, Ez: 78/39-82/41, Dz: 136/68-145/73, ⌐
WC Ⓒ, Ⓟ, Restaurant
geschl.: 5.-26.8.01

Alexandersbad, Bad 58 ↗

Bayern / Kreis Wunsiedel
EW 1350
🛈 Tel (0 92 32) 99 25 20, Fax 99 25 25
Kurverwaltung
✉ 95680 Markgrafenstr. 28

✱✱ Alexandersbad
Markgrafenstr. 24, **Tel (0 92 32) 88 90**,
Fax 88 94 61, ✉ 95680, AX DC ED VA
♨, 160 Zi, Ez: 110/55-130/65,
Dz: 180/90-220/110, 2 Suiten, 50 App, ⌐ WC Ⓒ
DFÜ, 5 🛏, Lift, Ⓟ, 🏠, 4🍴130, 🍸, Sauna,
Solarium, Golf, 1 Tennis
🍴🍴 Hauptgericht 22/11-34/17, Terrasse,
Biergarten

✱ Pension Am Forst
Zum Nagelbrunnen 20, **Tel (0 92 32) 42 42**,
Fax 44 66, ✉ 95680
♪, 18 Zi, Ez: 39/19-48/24, Dz: 72/36-94/47,
3 App, ⌐ WC, Ⓟ, 🏠, Fitnessraum, Golf, garni
Rezeption: 8-20, geschl.: Di, Mi, 1.11.-21.12.00

Alf 53 ↖

Rheinland-Pfalz
Kreis Cochem-Zell
EW 1000
🛈 Tel (0 65 42) 24 19, Fax 90 01 95
Tourist-Information
✉ 56859 Ferdinand-Remy-Str 7

✱ Herrenberg
Moselstr. 11, **Tel (0 65 42) 26 38**, Fax 26 88,
✉ 56859
♨, 11 Zi, Ez: 45/22-60/30, Dz: 80/40-110/55,
1 App, ⌐ WC, Ⓟ, Sauna, garni
geschl.: 10.11.00-10.4.01

Alfdorf 62 □

Baden-Württemberg
Rems-Murr-Kreis
EW 7000
🛈 Tel (0 71 72) 30 90, Fax 3 09 29
Gemeindeverwaltung
✉ 73553 Obere Schlossstr. 28

Haghof (3 km ←)

✱✱ Ringhotel Landhotel Haghof
Welzheimer Str. 3, **Tel (0 71 82) 9 28 00**,
Fax 92 80 88, ✉ 73553, AX ED VA, Ⓢ
einzeln ♪, 40 Zi, Ez: 125/62-155/78,
Dz: 160/80-185/93, 3 Suiten, 3 App, ⌐ WC Ⓒ
DFÜ, 16 🛏, Lift, Ⓟ, 🏠, 3🍴70, 🍸, Kegeln,
Sauna, Solarium, Golf
🍴🍴 Hauptgericht 20/10-45/22

Alfeld (Leine) 26 ↓

Niedersachsen / Kreis Hildesheim
EW 23300
🛈 Tel (0 51 81) 70 31 11, Fax 70 32 39
Info-Centrum
✉ 31061 Marktplatz 12

Allershausen

**✱ ▬▬ Akzent-Hotel
　　　Am Schlehberg**
Heinrich-Rinne-Str. 37, Tel (0 51 81) 8 53 10,
Fax 85 31 58, ✉ 31061, AX ED VA, Ⓢ
♪ ⓢ, 28 Zi, Ez: 130/65-160/80,
Dz: 180/90-250/125, ⊔ WC ⊘, 16 ⇌, 🅿,
2⊃100, Restaurant

▬ City Hotel
Leinstr. 14, Tel (0 51 81) 30 73, Fax 2 63 97,
✉ 31061, AX ED VA
28 Zi, Ez: 75/37-95/47, Dz: 120/60-140/70, ⊔
WC ⊘, Lift, 🅿, 🏠, garni
geschl.: Sa

Warzen

✱✱ ▬▬ Grüner Wald
Am Knick 7, Tel (0 51 81) 2 42 48,
Fax 28 02 48, ✉ 31061, ED VA
17 Zi, Ez: 98/49-110/55, Dz: 150/75-170/85, ⊔
WC ⊘, 17 ⇌, 🅿, Kegeln
geschl.: 1.-14.1.01
🍴 ▬▬ Hauptgericht 19/9-38/19, nur abends,
geschl.: Mo, 1.-14.1.01

Alfter　　　　　　　　　　　　　43 ↖

Nordrhein-Westfalen
Rhein-Sieg-Kreis
EW 21616
🛈 Tel (02 28) 6 48 41 19, Fax 6 48 41 99
Gemeindeverwaltung
✉ 53347 Am Rathaus 7

Alfter-Außerhalb (2 km ↖)

🍴🍴🍴 ▬▬ Herrenhaus Buchholz
Buchholzweg 1, Tel (0 22 22) 6 00 05,
Fax 6 14 69, ✉ 53347, AX DC ED VA
ⓢ einzeln, Hauptgericht 39/19-50/25, Terrasse,
🅿, geschl.: Mo
Am Rande des Naturparks Kottenforst-Ville.

Alken　　　　　　　　　　　　　43 ↓

Rheinland-Pfalz
Kreis Mayen-Koblenz
EW 700
🛈 Tel (0 26 05) 89 97, Fax 47 71
Verkehrsverein
✉ 56332 Moselstr. 4

🍴🍴 ▬▬ Burg Thurant
Moselstr. 15, Tel (0 26 05) 35 81, Fax 35 81,
✉ 56332, ED
Hauptgericht 25/12, Terrasse, Gartenlokal, 🅿,
geschl.: Mo, Di, 1.2.-5.3.01

Allenbach　　　　　　　　　　　53 ←

Rheinland-Pfalz / Kreis Birkenfeld
EW 800
🛈 Tel (0 67 86) 20 89, Fax 25 51
Gemeindeverwaltung
✉ 55758 Hauptstr. 10

Hüttgeswasen (5 km ✓)

**✱ ▬▬ Gethmanns Hochwaldhotel
　　　Silencehotel**
Tel (0 67 82) 98 60, Fax 8 80, ✉ 55743, AX DC
ED VA
26 Zi, Ez: 95/47-120/60, Dz: 140/70-160/80, ⊔
WC ⊘, 4 ⇌, Lift, 🅿, 🏠, 1⊃30, 🛋, Sauna,
Solarium, Restaurant

Allersberg　　　　　　　　　　　57 ↓

Bayern / Landkreis Roth
EW 8200
🛈 Tel (0 91 76) 50 90, Fax 5 09 21
Verkehrsamt
✉ 90584 Marktplatz 1

✱ ▬▬ Weißes Lamm
Marktplatz 15, Tel (0 91 76) 9 88 50,
Fax 98 85 80, ✉ 90584, DC ED VA
20 Zi, Ez: 75/37, Dz: 112/56, 1 Suite, ⊔ WC ⊘,
🅿, Restaurant

Allershausen　　　　　　　　　　72 ↑

Bayern / Kreis Freising
EW 4600
🛈 Tel (0 81 66) 6 79 30, Fax 18 47
Gemeindeverwaltung
✉ 85391 Johannes-Boos-Platz 6

✱ ▬▬ Zum Gock'l
Breimannweg 19, Tel (0 81 66) 81 78,
Fax 36 14, ✉ 85391, AX ED VA
21 Zi, Ez: 88/44-108/54, Dz: 128/64-168/84,
1 Suite, 1 App., ⊔ WC ⊘, 6 ⇌, 🅿, 🏠

✱ ▬▬ Huberhof
Freisinger Str. 18, Tel (0 81 66) 68 71 20,
Fax 68 71 68, ✉ 85391, AX DC ED VA
34 Zi, Ez: 70/35-180/90, Dz: 100/50-250/125,
⊔ WC ⊘, 19 ⇌, 🅿, 🏠, 🛋, Restaurant
geschl.: 20.12.00-10.1.01
Im Altbau einfachere Zimmer vorhanden.

✱ ▬▬ An der Glonn
Robert-Koch-Str. 2, Tel (0 81 66) 6 76 10,
Fax 6 76 11 50, ✉ 85391, AX ED VA
17 Zi, Ez: 95/47-110/55, Dz: 140/70, 5 App., ⊔
WC ⊘ DFÜ, 3 ⇌, 🅿, 🏠, Sauna, Solarium,
Restaurant

Allmersbach im Tal 62 ↖

Baden-Württemberg
Rems-Murr-Kreis
EW 4430
🛈 Tel (0 71 91) 3 53 00, Fax 35 30 30
Bürgermeisteramt
✉ 71573 Backnanger Str. 42

Heutensbach (1 km →)

✱✱ Löwen
Käsbühlstr. 1, Tel (0 71 91) 50 40, Fax 5 04 15,
✉ 71573, AX DC ED VA
27 Zi, Ez: 95/47-120/60, Dz: 140/70-170/85,
1 Suite, 1 App, ⌐ WC ⊘ DFÜ, 🅿, 🏠, 2⊃100,
Fitnessraum, Sauna, Solarium
geschl.: 24.12.00-6.1.01, 15.-21.8.01
🍴 Hauptgericht 12/6-35/17, geschl.: Sa mittags

Allrode 37 □

Sachsen-Anhalt / Kreis Wernigerode
EW 712
🛈 Tel (03 94 87) 2 92, Fax 2 48
Gemeindeverwaltung
✉ 06507 Lange Str. 158

⊨ Hubertushöhe
Sellstr. 174, Tel (03 94 87) 4 95, Fax 7 90 22,
✉ 06507
14 Zi, Ez: 70/35-84/42, Dz: 110/55-155/78, ⌐
WC ⊘, 🅿, Sauna, Restaurant
Rezeption: 9-20, geschl.: Di, Mi,
20.11.-21.12.00

Alpirsbach 60 ↘

Baden-Württemberg
Kreis Freudenstadt
EW 7000
🛈 Tel (0 74 44) 9 51 62 81, Fax 9 51 62 83
Tourist-Information
✉ 72275 Hauptstr. 20

✱ Rössle
Aischbachstr. 5, Tel (0 74 44) 22 81, Fax 23 68,
✉ 72275, AX ED VA
26 Zi, Ez: 69/34-79/39, Dz: 108/54-118/59, ⌐
WC ⊘, Lift, 🅿, 🏠, Solarium, Restaurant
geschl.: Mi, 20.11.-15.12.00

🍴 Zwickel & Kaps
Marktstr. 3, Tel (0 74 44) 5 17 27, Fax 5 17 26,
✉ 72275
Hauptgericht 12/6-29/14, Terrasse, Biergarten,
🅿, geschl.: Mo

Alsfeld 45 □

Hessen / Vogelsbergkreis
EW 18000
🛈 Tel (0 66 31) 18 22 65, Fax 18 22 10
Touristcenter Alsfeld
✉ 36304 Rittergasse 3-5

✱ Klingelhöffer
Hersfelder Str. 47, Tel (0 66 31) 20 73,
Fax 7 10 64, ✉ 36304, AX DC ED VA
40 Zi, Ez: 70/35-88/44, Dz: 115/57-138/69, ⌐
WC ⊘, 🅿, 3⊃60
Auch einfache Zimmer vorhanden.
🍴 Entenviertel
Hauptgericht 25/12

✱ Zum Schwalbennest
Pfarrwiesenweg 12, Tel (0 66 31) 50 61,
Fax 7 10 81, ✉ 36304, ED VA
65 Zi, Ez: 80/40-100/50, Dz: 100/50-140/70, ⌐
WC ⊘, 10 ↙, Lift, 🅿, 🏠, 2⊃60, Fitnessraum,
Solarium, Restaurant
geschl.: 3.-14.1.01
Auch einfachere Zimmer vorhanden.

Eudorf

✱ Zum Schäferhof
Ziegenhainer Str. 30, Tel (0 66 31) 9 66 00,
Fax 96 60 60, ✉ 36304, AX DC ED VA
23 Zi, Ez: 70/35-100/50, Dz: 140/70-150/75, ⌐
WC ⊘ DFÜ, 7 ↙, Lift, 🅿, 🏠, 3⊃200, Kegeln,
Restaurant
Auch Zimmer der Kategorie ✱✱ vorhanden.

Alt Duvenstedt 9 →

Schleswig-Holstein
Kreis Rendsburg-Eckernförde
EW 1700
Gemeindeverwaltung
✉ 24787 Rendsburger Str. 42

Neu Duvenstedt-Außerhalb (3 km ↖)

✱✱ Töpferhaus
Am See, Tel (0 43 38) 9 97 10, Fax 99 71 71,
✉ 24791, AX DC ED VA
einzeln ♪ ✵, 46 Zi. Ez: 155/78-225/113,
Dz: 225/113-345/173, 1 Suite, ⌐ WC ⊘ DFÜ,

23 🛏, 🅿, 4⌨75, Seezugang, Sauna, Solarium, 2 Tennis
Auch Zimmer der Kategorie ★★★ vorhanden.

🍴🍴 ▒, Hauptgericht 38/19-63/31, Terrasse

Altastenberg siehe Winterberg

Altbach 61 →

Baden-Württemberg
Kreis Esslingen
EW 5500
🛈 Tel (0 71 53) 7 00 70, Fax 70 07 11
Gemeindeverwaltung
✉ 73776 Esslinger Str. 26

✱▒▒▒ Altbacher Hof mit Gästehaus
Kirchstr. 11, Tel (0 71 53) 70 70, Fax 2 50 72, ✉ 73776, AX DC ED VA
85 Zi, Ez: 50/25-160/80, Dz: 140/70, 1 Suite, 8 App, ⌐ WC ⌀, 5 🛏, Lift, 🅿, 🍴, 2⌨70, Restaurant
Auch Zimmer der Kategorie ★★ vorhanden.

Altdorf 57 ↘

Bayern / Kreis Nürnberger Land
EW 15000
🛈 Tel (0 91 87) 80 71 00, Fax 80 72 90
Fremdenverkehrsverein
✉ 90518 Oberer Markt 2

Matchpoint
Schulstr. 14, Tel (0 91 87) 9 52 60, Fax 95 26 13, ✉ 90518, AX ED VA
9 Zi, Ez: 95/47-105/52, Dz: 140/70, ⌐ WC ⌀, 🅿, 🍴, 1⌨30, Sauna, Solarium, 3 Tennis
Hallentennisanlage mit Zimmern der Kategorie ✱.

🍴 Gasthof Alte Nagelschmiede
Oberer Markt 13, Tel (0 91 87) 9 52 70, Fax 95 27 27, ✉ 90518, ED
Hauptgericht 25/12, Terrasse, 🅿, 🛏, geschl.: So, 1.-20.8.01

🍴 Rotes Roß
Oberer Markt 5, Tel (0 91 87) 52 72, Fax 80 48 54, ✉ 90518, DC ED VA
Hauptgericht 14/7-33/16, Terrasse, geschl.: Mo, Do abends, 23.12.00-2.1.01
Alter fränkischer Gasthof, dessen Geschichte sich bis zum 30jährigen Krieg zurückverfolgen läßt.

Altdorf 65 ✓

Bayern / Kreis Landshut
EW 10900
🛈 Tel (08 71) 30 30, Fax 30 36 00
Gemeindeverwaltung
✉ 84032 Dekan-Wagner-Str 13

✱▒▒▒ Gasthof Wadenspanner
Kirchgasse 2, Tel (08 71) 93 21 30, Fax 9 32 13 70, ✉ 84032, ED VA
23 Zi, Ez: 88/44-119/59, Dz: 137/69-168/84, ⌐ WC ⌀, 🅿, 1⌨80
🍴 Hauptgericht 20/10, Terrasse, geschl.: Mo

Eugenbach (1 km ←)

✱▒▒▒ Landgasthof Lainer
Bucherstr. 28, Tel (08 71) 93 21 60, Fax 9 32 16 16, ✉ 84032, ED VA
♪, 19 Zi, Ez: 75/37, Dz: 115/57, ⌐ WC ⌀, 2 🛏, 🅿, Restaurant

Altefähr siehe Rügen

Altena 33 ↘

Nordrhein-Westfalen
Märkischer Kreis
EW 24000
🛈 Tel (0 23 52) 20 92 95, Fax 20 92 03
Tourismus- und Verkehrsverein
✉ 58762 Lüdenscheider Str. 22

Burg Altena, Deutsches Drahtmuseum, erste Jugendherberge der Welt.

Dahle (6 km →)

🍴▒▒▒ Alte Linden
Hauptstr. 38, Tel (0 23 52) 97 96 95, Fax 97 96 97, ✉ 58762, ED VA
Hauptgericht 24/12, Terrasse, Kegeln, 🅿, geschl.: Mo mittags, Sa mittags
✱▒▒▒ 15 Zi, Ez: 90/45, Dz: 140/70, 1 Suite, ⌐ WC ⌀, 2⌨60

Altena

Großendrescheid (5 km)

꜒ Gasthof Spelsberg
Großendrescheid 17, Tel (0 23 52) 9 58 00,
Fax 95 80 88, ✉ 58762
Hauptgericht 20/10, 🅿, geschl.: Di,
23.12.00-5.1.01, 7.7.-3.8.01

⋆⋆ Gästehaus Spelsberg
♪ ≶, 12 Zi, Ez: 98/49, Dz: 145/73, 2 App, ⊣ WC
☏, 2⟲40
geschl.: 23.12.00-5.1.01

Altenahr 43 ←

Rheinland-Pfalz / Kreis Ahrweiler
EW 1900
ℹ Tel (0 25 43) 84 48, Fax 35 16
Verkehrsverein
✉ 53505 Haus des Gastes

꜒ Weingasthaus Schäferkarre
Brückenstr. 29, Tel (0 26 43) 71 28, Fax 12 47,
✉ 53505, AX DC ED VA
🕭, Hauptgericht 20/10-36/18, geschl.: Mo,
18.12.00-31.01.01

Altenbauna siehe Baunatal

Altenberg 51 ←

Sachsen / Weißeritzkreis
EW 4600
ℹ Tel (03 50 56) 33 30, Fax 3 33 66
Informations- und Buchungsstelle
✉ 01773 Platz des Bergmanns 2

⋆ Am Skihang mit Gästehaus Villa
Am Skihang 1, Tel (03 50 56) 3 16 10,
Fax 3 16 18, ✉ 01773
♪, 20 Zi, Ez: 65/32, Dz: 100/50, 4 App, ⊣ WC
☏, 🅿, 3⟲30, Restaurant
Auch Zimmer der Kategorie ⋆⋆ vorhanden.

Hirschsprung (5 km ↑)

⋆ Ladenmühle
Bielatalstr. 8. Tel (03 50 56) 34 50,
Fax 34 52 91, ✉ 01773, AX ED VA
♪, 46 Zi, Ez: 85/42-100/50, Dz: 110/55-150/75,
1 Suite, ⊣ WC ☏, 🅿, 🏠, 2⟲40, Sauna,
Solarium, Restaurant

Oberbärenburg

⋆ Berghotel Friedrichshöhe
Ahornallee 1, Tel (03 50 52) 2 80, Fax 2 81 50,
✉ 01776, ED VA
38 Zi, Ez: 90/45-110/55, Dz: 130/65-170/85, ⊣
WC ☏, 3 ⇌, Lift, 🅿, 1⟲30, 🏠, Sauna,
Solarium, Restaurant
Auch Zimmer der Kategorie ⋆⋆ vorhanden.

⋆⋆ Zum Bären
Talblick 6, Tel (03 50 52) 6 10, Fax 6 12 22,
✉ 01776, AX ED VA
♪ ≶, 38 Zi, Ez: 100/50-140/70,
Dz: 130/65-150/75, ⊣ WC ☏, 14 ⇌, Lift, 🅿, 🏠,
🏠, Sauna, Solarium, Restaurant

Altenberge 23 ↘

Nordrhein-Westfalen
Kreis Steinfurt
EW 9960
ℹ Tel (0 25 05) 82 32, Fax 82 40
Gemeinde Altenberge
✉ 48341 Kirchstr. 25

**⋆ Stüer
mit Gästehäusern**
Laerstr. 6-8, Tel (0 25 05) 9 33 10,
Fax 93 31 93, ✉ 48341, AX DC ED VA
54 Zi, Ez: 98/49, Dz: 144/72, ⊣ WC ☏ DFÜ,
2 ⇌, 🅿, 🏠, 7⟲180, Kegeln, Sauna, Solarium,
Restaurant
Im Haupthaus und Haus Veronica auch
einfachere Zimmer vorhanden.

Altenburg 49 ↑

Thüringen
EW 44000
ℹ Tel (0 34 47) 59 41 74, Fax 59 41 79
Altenburg - Information
✉ 04600 Moritzstr. 21

Kreisstadt. Sehenswert: Schloß, Schloßkirche,
Orgel; Spielkartenmuseum; Lindenau-Museum;
Brühl; Skatbrunnen; Rathaus; Naturkundemuseum Mauritianum; Rote Spitzen; Nikolaiturm;
histor. Altstadt; Theater.

⋆⋆ Best Western Parkhotel
August-Bebel-Str. 16-17, Tel (0 34 47) 58 30,
Fax 58 34 44, ✉ 04600, AX DC ED VA
63 Zi, Ez: 105/52, Dz: 150/75-170/85, 2 Suiten,
⊣ WC ☏, 32 ⇌, Lift, 🅿, 4⟲120, Restaurant

**⋆⋆ Altenburger Hof
Top International Hotel**
Schmöllnsche Landstr. 8, Tel (0 34 47) 58 40,
Fax 58 44 99, ✉ 04600, AX DC ED VA
145 Zi, Ez: 95/47, Dz: 155/78, 2 Suiten, ⊣ WC
☏, 42 ⇌, Lift, 🅿, 5⟲150, Sauna, Solarium,
Restaurant
Auch Zimmer der Kategorie ⋆ vorhanden.

Altenmarkt a.d. Alz

** Astor
Bahnhofstr. 4, Tel (0 34 47) 58 70,
Fax 58 74 44, ✉ 04600, AX DC ED VA
92 Zi, Ez: 115/57-135/67, Dz: 155/78-175/88,
⇨ WC ⌀, 35 ⌨, Lift, P, 9⇨70, Restaurant

* Engel
Johannisstr. 27, Tel (0 34 47) 5 65 10,
Fax 56 51 14, ✉ 04600, AX DC ED VA
12 Zi, Ez: 80/40, Dz: 120/60, ⇨ WC ⌀, ⌂,
2⇨30, Restaurant
geschl.: So abends
Auch einfache Zimmer vorhanden.

* Am Roßplan
Roßplan 8, Tel (0 34 47) 5 66 10, Fax 56 61 61,
✉ 04600, AX ED VA
27 Zi, Ez: 80/40, Dz: 120/60, ⇨ WC ⌀, Lift, P,
⌂, 1⇨25, Restaurant

⌂ Wettiner Hof
Johann-Sebastian-Bach-Str. 11,
Tel (0 34 47) 31 35 32, Fax 50 49 36, ✉ 04600,
AX ED VA
13 Zi, Ez: 58/29-78/39, Dz: 85/42-128/64, ⇨
WC ⌀, P, Restaurant
Auch Zimmer der Kategorie * vorhanden.

Altenheim siehe Neuried

Altenholz 10 →

Schleswig-Holstein
Kreis Rendsburg Eckernförde
ℹ Tel (04 31) 3 20 10, Fax 3 20 11 45
Gemeindeverwaltung
✉ 24161 Allensteiner Weg 2-4

Klausdorf

** Wormeck Hotel Kronsberg
Kronsberg 31, Tel (04 31) 3 29 00,
Fax 3 29 01 00, ✉ 24161, AX DC ED VA
♫, 40 Zi, Ez: 170/85-230/115,
Dz: 210/105-270/135, 8 Suiten, ⇨ WC ⌀ DFÜ,
20 ⌨, Lift, P, ⌂, 4⇨50, ⌆, Fitnessraum,
Sauna, Solarium

¶¶ Ars Vivendi
Hauptgericht 25/12-40/20

Altenkirchen 43 ↗

Rheinland-Pfalz
EW 18320
ℹ Tel (0 26 81) 8 52 53, Fax 71 22
Verbandsgemeindeverwaltung
✉ 57610 Rathausstr. 13

** Glockenspitze
Hochstr., Tel (0 26 81) 8 00 50, Fax 80 05 99,
✉ 57610, AX DC ED VA
41 Zi, Ez: 129/64-149/75, Dz: 179/90-199/100,
2 Suiten, ⇨ WC ⌀, Lift, 7⇨600, ⌆, Kegeln,
Sauna, Solarium
geschl.: So

¶¶ Tonscherbe
Hauptgericht 25/12-35/17, Terrasse, Biergarten,
geschl.: So

Altenkunstadt 48 ✓

Bayern / Kreis Lichtenfels
EW 5700
ℹ Tel (0 95 72) 38 70, Fax 3 87 87
Gemeindeverwaltung
✉ 96264 Marktplatz 2

Baiersdorf (3 km ↘)

** Fränkischer Hof
Altenkunstadter Str. 41, Tel (0 95 72) 38 30 00,
Fax 38 30 20, ✉ 96264, VA
♫, 28 Zi, Ez: 85/42-95/47, Dz: 150/75-180/90,
⇨ WC ⌀, 7 ⌨, Lift, P, ⌂, 7⇨50
Auch einfachere Zimmer vorhanden.
¶ Hauptgericht 20/10, Terrasse

Altenmarkt a.d. Alz 73 ☐

Bayern / Kreis Traunstein
EW 3940
ℹ Tel (0 86 21) 98 45 16, Fax 98 45 22
Gemeindeverwaltung
✉ 83352 Hauptstr. 21

* Angermühle
Angermühle 1, Tel (0 86 21) 9 84 70,
Fax 98 47 55, ✉ 83352, AX DC ED VA
29 Zi, Ez: 72/36-86/43, Dz: 118/59, ⇨ WC ⌀,
P, ⌂, 1⇨20

¶¶ Wendekreis
Hauptgericht 16/8-37/18

* Im Trauntal
Grassacher Str. 2, Tel (0 86 21) 40 05,
Fax 40 09, ✉ 83352, ED VA
18 Zi, Ez: 88/44-99/49, Dz: 140/70, ⇨ WC ⌀
DFÜ, 4 ⌨, P, ⌂, 1⇨15, Sauna, Restaurant

Altenmedingen 19 ✓

Niedersachsen / Kreis Uelzen
EW 1600
ℹ Tel (0 58 07) 2 40
Gemeindeverwaltung
✉ 29575

✱ Hof Rose ♛
Niendorfer Weg 12, Tel (0 58 07) 2 21,
Fax 12 91, ✉ 29575
♪, 14 Zi, Ez: 75/37-99/49, Dz: 138/69-156/78,
1 Suite, 1 App, ⊟ WC ⊘, **P**, 🏠, 1⇔20, 🏠,
Sauna, Golf, 1 Tennis, Restaurant
geschl.: 6.1.-28.2.01
Ehemaliger Meierhof in romantischer Lage, der
zum Landhotel umgebaut wurde.

Bohndorf

ⴲ Landgasthof Stössel
Im Dorfe 2, Tel (0 58 07) 2 91, Fax 12 17,
✉ 29575, ED
Hauptgericht 15/7-27/13, Gartenlokal, **P**, 🛏

Altenstadt 45 ✓

Hessen / Kreis Wetterau
EW 12000
ℹ Tel (0 60 47) 8 00 00, Fax 80 00 50
Gemeindeverwaltung
✉ 63674 Frankfurterstr 11

Sehenswert: Ev. St.-Nikolai-Kirche, Kloster
Engelthal, Schloß in Höchst an der Nidder;
historischer Landgasthof „Zum Schwarzen
Adler" in Altenstadt.

✱ Zum Schwarzen Adler
Vogelsbergstr. 2, Tel (0 60 47) 9 64 70,
Fax 96 47 27, ✉ 63674, AX DC ED VA
15 Zi, Ez: 90/45-100/50, Dz: 140/70, 1 Suite, ⊟
WC ⊘, Lift, 1⇔100
**ⴲ Hauptgericht 25/12

Altenstadt 70 ↖

Bayern / Kreis Neu-Ulm
EW 5000
ℹ Tel (0 83 37) 72 10, Fax 89 34
Marktverwaltung
✉ 89281 Hindenburgstr. 1

✱ Sonne
Bahnhofstr. 8, Tel (0 83 37) 72 60,
Fax 72 63 00, ✉ 89281, ED
27 Zi, Ez: 65/32, Dz: 98/49, ⊟ WC ⊘, **P**, 🏠,
Restaurant

Illereichen (1 km →)

ⴲⴲⴲ Schloßwirtschaft 🍷
Kirchplatz 2, Tel (0 83 37) 7 41 00,
Fax 74 10 20, ✉ 89281, ED VA
Hauptgericht 49/24-58/29, Terrasse, Biergarten,
Gartenlokal, **P**, geschl.: Mo
**✱ 10 Zi, Ez: 116/58, Dz: 160/80-220/110,
1 Suite, ⊟ WC ⊘, 🏠, 2⇔100

Altensteig 61 ✓

Baden-Württemberg / Kreis Calw
EW 10800
ℹ Tel (0 74 53) 66 33, Fax 32 49
Verkehrsamt
✉ 72213 Rosenstr. 28

🛏 Gasthof Zur Traube
Rosenstr. 6, Tel (0 74 53) 9 47 30,
Fax 94 73 55, ✉ 72213, AX DC ED VA
24 Zi, Ez: 60/30-72/36, Dz: 100/50-135/67, ⊟
WC, **P**, 🏠, Restaurant
geschl.: Mo, 29.10.-23.11.00

Wart (7 km ↗)

**✱✱✱ Best Western
Hotel Sonnenbühl**
Wildbader Str. 44, Tel (0 74 58) 77 10,
Fax 77 11 11, ✉ 72213, AX DC ED VA
♪ ⚥, 126 Zi, Ez: 105/52-170/85,
Dz: 170/85-270/135, 3 Suiten, ⊟ WC ⊘, 15 ⛌,
Lift, **P**, 🏠, 14⇔750, 🏠, Sauna, Solarium,
Restaurant

Altentreptow 21 ↗

Mecklenburg-Vorpommern
Kreis Demmin
EW 6940
ℹ Tel (0 39 61) 25 51 40, Fax 25 51 50
Stadtverwaltung
✉ 17087 Rathausstr. 1

✱ Am Markt
Marktplatz 1, Tel (0 39 61) 2 58 20,
Fax 25 82 99, ✉ 17087, AX ED VA
29 Zi, Ez: 100/50-110/55, Dz: 145/73-155/78,
1 Suite, ⊟ WC ⊘ DFÜ, 3 ⛌, Lift, **P**, 1⇔40,
Restaurant

Altenweddingen 28 ✓

Sachsen-Anhalt / Kreis Wanzleben
EW 2050
ℹ Tel (03 92 05) 2 13 21, Fax 2 32 27
Verwaltungsgemeinschaft
✉ 39171 Mittelstr. 1

Altenweddingen-Außerhalb (2 km ↓)

✱ Körling
Halberstädter Str. 1, an der B 81,
Tel **(03 92 05) 6 48 00**, Fax 6 48 60, ✉ 39171,
AX DC ED VA
32 Zi, Ez: 85/42-120/60, Dz: 120/60-180/90,
3 App, ⌐ WC ⌀ DFÜ, P, ☎, 2⇨80, Restaurant

Alterode 38 ↖

Sachsen-Anhalt
Kreis Mansfelder Land
EW 465
i Tel **(03 47 42) 7 11 63**
Gemeindeverwaltung
✉ 06543 Einestr. 9

✱ Zur Schlackenmühle
Schlackenmühle 1, Tel **(03 47 42) 95 20**,
Fax 9 52 24, ✉ 06543
13 Zi, Ez: 88/44, Dz: 118/59, ⌐ WC ⌀ DFÜ, P,
☎, Restaurant

Altglashütten

siehe Feldberg (Schwarzwald)

Altötting 73 ↑

Bayern
EW 12400
i Tel **(0 86 71) 80 68**, Fax 8 58 58
Wallfahrts- und Verkehrsbüro
✉ 84503 Kapellplatz 2 a

✱✱ Zur Post mit Gästehaus
Kapellplatz 2, Tel **(0 86 71) 50 40**, Fax 62 14,
✉ 84503, AX DC ED VA
93 Zi, Ez: 95/47-210/105, Dz: 200/100-250/125,
4 Suiten, ⌐ WC ⌀, 9 ⚐, Lift, P, 9⇨250, ☎,
Sauna, Solarium
Gästehaus ca. 200 m entfernt in der
Marienstraße.
❙❙ Hauptgericht 25/12

✱ Plankl
Schlotthamer Str. 4, Tel **(0 86 71) 65 22**,
Fax 1 24 95, ✉ 84503, AX DC ED VA
65 Zi, Ez: 60/30-120/60, Dz: 110/55-160/80,
4 Suiten, 2 App, ⌐ WC ⌀ DFÜ, 12 ⚐, Lift, P,
☎, 2⇨100, Sauna, Solarium, Restaurant
geschl.: 23.12.00-10.1.01
Auch Zimmer der Kategorie ✱✱ vorhanden.

Altrip 54 ↓

Rheinland-Pfalz
Kreis Ludwigshafen am Rhein
EW 7200
i Tel **(0 62 36) 3 99 90**, Fax 39 99 49
Gemeindeverwaltung
✉ 67122 Ludwigstr. 48

Altrip-Außerhalb (3 km ←)

✱ Darstein
Zum Strandhotel 10, Tel **(0 62 36) 44 40**,
Fax 44 41 40, ✉ 67122, AX DC ED VA
einzeln, 17 Zi, Ez: 73/36-95/47,
Dz: 148/74-185/93, ⌐ WC ⌀, 2 ⚐, P, ☎,
7⇨180, Seezugang
❙❙ Hauptgericht 29/14, Terrasse,
geschl.: 1.-17.1.01

Alzenau 55 ↖

Bayern / Kreis Aschaffenburg
EW 19000
i Tel **(0 60 23) 50 21 12**, Fax 3 04 97
Verkehrsamt
✉ 63755 Hanauer Str. 1

❙❙ ❙❙ Villa Messmer
Brentanostr. 30, Tel **(0 60 23) 65 95**,
Fax 99 97 72, ✉ 63755, ED
⚘, Hauptgericht 36/18-39/19, Terrasse

Hörstein (4 km ↓)

✱ Käfernberg
Mömbriser Str. 7+9, Tel **(0 60 23) 94 10**,
Fax 94 11 15, ✉ 63755, AX ED VA
☽ ✿, 29 Zi, Ez: 88/44-155/78,
Dz: 138/69-215/108, ⌐ WC ⌀ DFÜ, Lift, P,
3⇨20, Sauna, Solarium, Golf
Auch Zimmer der Kategorie ✱✱ vorhanden.
❙❙ Hauptgericht 33/16-45/22, Terrasse,
geschl.: So, 30.7.-12.8.01

Wasserlos (2 km ↓)

✱✱ Schloßberg
Am Schloßberg 2, Tel **(0 60 23) 9 48 80**,
Fax 94 88 13, ✉ 63755, AX ED VA
einzeln ☽ ✿, 18 Zi, Ez: 168/84-188/94,
Dz: 188/94-208/104, ⌐ WC ⌀ DFÜ, 3 ⚐, P,
2⇨30
❙❙ ❙❙ ✿, Hauptgericht 39/19-49/24, Terrasse

✱✱ Krone am Park Flair Hotel
Hellersweg 1, Tel **(0 60 23) 60 52**, Fax 87 24,
✉ 63755, AX ED VA

♪ ⚑, 27 Zi, Ez: 138/69-198/99,
Dz: 184/92-224/112, 1 Suite, ⌐ WC ⌀, 7 ⛌, **P**,
🏠, 1⌬30, Kegeln, Sauna, Solarium, garni
Rezeption: 6.30-22
Auch Zimmer der Kategorie ✱ vorhanden.

Alzey 54←

Rheinland-Pfalz
EW 18200
ℹ Tel (0 67 31) 49 53 05, Fax 49 55 55
Stadtverwaltung/Kulturamt
✉ 55232 Ernst-Ludwig-Str 42

✱ Rheinhessen Treff
Industriestr. 13, Tel (0 67 31) 40 30,
Fax 40 31 06, ✉ 55232, AX DC ED VA, Ⓢ
142 Zi, Ez: 120/60-140/70, Dz: 170/85-190/95,
⌐ WC ⌀, 17 ⛌, Lift, **P**, 9⌬360, Kegeln,
Sauna, Solarium, 6 Tennis
Im Gewerbegebiet Rheinhessen Center.

🍴 Weinlaube
Hauptgericht 19/9-32/16, Terrasse

✱ Diamant
Hospitalstr. 28 A, Tel (0 67 31) 48 70,
Fax 4 87 12, ✉ 55232, AX ED VA
17 Zi, Ez: 95/47, Dz: 125/62-135/67, ⌐ WC ⌀,
Lift, 🏠, garni

Zum Wein-Zinken
Klosterstr. 9, Tel (0 67 31) 88 71, Fax 62 66,
✉ 55232, ED
♿, Hauptgericht 20/10-30/15, Terrasse, nur
abends, sa+so auch mittags, geschl.: Do
Eigenbauweine.

Dautenheim (2,5 km ↘)

🛏 Winzerhotel Himmelacker
Westhofer Str. 1, Tel (0 67 31) 4 21 12,
Fax 4 26 80, ✉ 55232
11 Zi, Ez: 60/30-70/35, Dz: 98/49, ⌐ WC ⌀,
2⌬25, garni

Amberg 58 ↘

Bayern
EW 44000
ℹ Tel (0 96 21) 1 02 39, Fax 1 08 63
Tourist-Information
✉ 92224 Zeughausstr. 1 a

siehe auch Kümmersbruck

✱✱ Drahthammer Schlößl
Drahthammerstr. 30, Tel (0 96 21) 70 30,
Fax 8 84 24, ✉ 92224, AX DC ED VA
44 Zi, Ez: 145/73, Dz: 195/98, 1 Suite, ⌐ WC ⌀,
P, 3⌬70, Sauna, Solarium

🍴🍴 Hauptgericht 18/9-40/20, Terrasse

✱✱ Allee Parkhotel Maximilian
Pfalzgrafenring 1, Tel (0 96 21) 33 00,
Fax 33 03 30, ✉ 92224, AX DC ED VA
37 Zi, Ez: 98/49-125/62, Dz: 130/65-160/80,
10 Suiten, ⌐ WC ⌀ DFÜ, 15 ⛌, Lift, **P**, 🏠,
4⌬40, Sauna, garni
Rezeption: 6.30-23.30
Auch Zimmer der Kategorie ✱✱✱ vorhanden.

✱✱ Mercure
Schießstätteweg 10, Tel (0 96 21) 48 30,
Fax 48 34 44, ✉ 92224, AX DC ED VA, Ⓢ
110 Zi, Ez: 177/89, Dz: 222/111, ⌐ WC ⌀, 48 ⛌,
Lift, **P**, 4⌬40, garni

🍴🍴 Casino Altdeutsche Stube
Schrannenplatz 8, Tel (0 96 21) 2 26 64,
Fax 2 20 66, ✉ 92224
Hauptgericht 14/7-42/21, Biergarten, **P**,
geschl.: Mai-Sep So abends
Dem Restaurant angeschlossen „Das kleinste
Hotel Europas: „Eh'häusl". Der Gast hat das
Hotel für sich alleine (max. 2 Personen).

☕ Café Huber
Ziegelgasse 10 / Grammerpassage,
Tel (0 96 21) 1 54 69, ✉ 92224

Amelinghausen 18 ↘

Niedersachsen / Kreis Lüneburg
EW 3670
ℹ Tel (0 41 32) 93 05 50, Fax 93 05 51
Tourist-Information
✉ 21385 Lüneburger Str. 55

Amelinghausen-Außerhalb

🍴 Alchimistenküche
Auf der Kalten Hude 4 (am Lopausee),
Tel (0 41 32) 88 11, Fax 73 61, ✉ 21385
einzeln ♿, Hauptgericht 15/7-32/16, Biergarten,
P, geschl.: Mo

Amelsbüren siehe Münster

Amerdingen 63←

Bayern / Kreis Donau-Ries
EW 884
ℹ Tel (0 90 08) 2 37, Fax 12 75
Gemeindeverwaltung
✉ 86735 Hauptstr. 12

✱ Kesseltaler Hof
Graf-Stauffenberg-Str. 21, Tel (0 90 89) 6 16,
Fax 14 12, ✉ 86735, ED VA

⌂, 14 Zi, Ez: 70/35, Dz: 100/50, ⊟ WC ⌀, P,
🅰, 1↺15, Kegeln, Sauna
geschl.: 1.-15.1.01, 15.8.-15.9.01
🍴 Hauptgericht 22/11, Terrasse,
Biergarten, geschl.: Mo, Di, 1.-15.1.,
15.8.-1.9.01

Ammerbuch 61 ↙

Baden-Württemberg / Kreis Tübingen
EW 10000
🛈 Tel (0 70 73) 30 30, Fax 3 03 38
Gemeindeverwaltung
✉ 72119 Kirchstr. 6

Pfäffingen

✴ Lamm
Dorfstr. 42, Tel (0 70 73) 30 50, Fax 3 05 13,
✉ 72119, AX DC ED VA
19 Zi, Ez: 88/44-125/62, Dz: 130/65-160/80, ⊟
WC ⌀ DFÜ, P, 2↺60
geschl.: Mitte Aug
🍴 Hauptgericht 38/19, Terrasse,
geschl.: Mo, Sa mittags, 2 Wochen im Aug

Amöneburg 45 ↖

Hessen / Kreis Marburg-Biedenkopf
EW 5670
🛈 Tel (0 64 22) 9 29 50, Fax 92 95 22
Stadtverwaltung
✉ 35287 Am Marktplatz, Rathaus

✴ Greib-Weber
Am Markt 16, Tel (0 64 22) 9 42 30,
Fax 94 23 42, ✉ 35287, AX ED
20 Zi, Ez: 90/45-120/60, Dz: 150/75-180/90,
1 App, ⊟ WC ⌀, 15 ⛌, Lift, P, 1↺20, Sauna,
Restaurant
geschl.: 4.-16.10.00

🍴🍴 Dombäcker ✚
Markt 18, Tel (0 64 22) 9 40 90, Fax 5 14 95,
✉ 35287, ED
Hauptgericht 24/12-44/22, Terrasse, P,
geschl.: Mo, 1.-8.1.01, 2 Wochen im Sommer
✴✴ 5 Zi, Ez: 80/40-110/55,
Dz: 150/75-190/95, ⊟ WC ⌀, 5 ⛌, 🅰, 1↺20

Amorbach 55 □

Bayern / Kreis Miltenberg
EW 5020
🛈 Tel (0 93 73) 2 09 40, Fax 2 09 33
Stadt. Verkehrsamt
✉ 63916 Altes Rathaus/Marktplatz 1

**✴ Badischer Hof
mit Gästehaus**
Am Stadttor 4, Tel (0 93 73) 95 05,
Fax 95 03 00, ✉ 63916, AX DC ED VA
26 Zi, Ez: 77/38-95/47, Dz: 100/50-195/98,
1 Suite, ⊟ WC ⌀, P, 🅰, 1↺25, Restaurant
Auch einfache Zimmer vorhanden.

Amorbach-Außerhalb (4 km ←)

**✴✴ Der Schafhof
Relais & Châteaux**
Der Schafhof, Tel (0 93 73) 9 73 30, Fax 41 20,
✉ 63916, AX DC ED VA
einzeln ⌂ ⚑ ⌗, 18 Zi, Ez: 150/75-250/125,
Dz: 240/120-300/151, 5 Suiten, ⊟ WC ⌀, Lift,
P, 3↺64, Sauna, Solarium
Ehemaliges Klostergut von 1720. Im Kelterhaus
Zimmer der Kategorie ✴✴✴ vorhanden.

🍴🍴🍴 Abtstube 🚩
⌗, Hauptgericht 45/22-56/28, Terrasse,
geschl.: Mo, Di, 3 Wochen im Jan

🍴 Benediktinerstube ✚
⌗, Hauptgericht 20/10-30/15, Terrasse,
Biergarten, geschl.: Mi, Do, 3 Wochen im Feb

Amrum 8 ↗

Nebel

Schleswig-Holstein
Kreis Nordfriesland
EW 1060
🛈 Tel (0 46 82) 9 43 00, Fax 94 30 30
Amrum Touristik Nebel
✉ 25946 Hööwjaat 1a

✴ Ekke Nekkepenn
Waasterstigh 19, Tel (0 46 82) 9 45 60,
Fax 94 56 30, ✉ 25946
5 Zi, Ez: 100/50-120/60, Dz: 150/75-170/85,
4 Suiten, 1 App, ⊟ WC ⌀, garni

Norddorf

Schleswig-Holstein
Kreis Nordfriesland
EW 600
🛈 Tel (0 46 82) 9 40 30, Fax 94 03 20
Amrum Touristik
✉ 25946 Am Fähranleger

Nordsee-Heilbäder; Sehenswert: Odde, nördlichste Spitze Amrums, Seevogel-Schutzgebiet;
ACHTUNG Wattweg zur Insel Föhr, nur mit
Führer.

**✴✴ Hüttmann
mit Gästehaus**
Ual Saarepswai 2-6, Tel (0 46 82) 92 20,
Fax 92 21 13, ✉ 25946

Amrum

48 Zi, Ez: 105/52-210/105, Dz: 170/85-305/153, 9 Suiten, 13 App, ⊣ WC ⌀, 18 ⇔, P, ⌂, 2⊃30, Fitnessraum, Sauna, Solarium
♥♥ Hauptgericht 27/13-54/27, Terrasse

* **Seeblick**
Strandstr. 13, Tel (0 46 82) 92 10, Fax 25 74, ⊠ 25946, DC ED VA
⌒, 41 Zi, Ez: 100/50-160/80,
Dz: 172/86-300/151, 7 Suiten, 13 App, ⊣ WC ⌀, Lift, P, ⌂, ⌂, Sauna, Solarium,
2 Tennis, Restaurant
Auch Zimmer der Kategorie ** vorhanden.

♥ **Ual Öömrang Wiartshüs**
Bräätlun 4, Tel (0 46 82) 8 36, Fax 14 32, ⊠ 25946, AX DC
☺, Hauptgericht 30/15
* 10 Zi, Ez: 90/45, Dz: 180/90, 2 App, ⊣ WC ⌀, P, Sauna

⚑ **Café-Bistro Das Kleine Hüttmann**
Ual Saarepswai 2, im Hotel Hüttmann,
Tel (0 46 82) 92 20, Fax 92 21 13, ⊠ 25946
Terrasse, Gartenlokal, P

Wittdün

Schleswig-Holstein
Kreis Nordfriesland
EW 750
ℹ Tel (0 46 82) 9 43 40, Fax 94 34 56
Kurverwaltung
⊠ 25946 Mittelstr. 34

** **Weiße Düne**
Achtern Strand 6, Tel (0 46 82) 94 00 00, Fax 43 59, ⊠ 25946, ED VA
⌒, 11 Zi, Ez: 160/80-245/123,
Dz: 170/85-280/141, 1 Suite, ⊣ WC ⌀, P, ⌂, Sauna, Solarium
♥♥ Hauptgericht 28/14, Terrasse, geschl.: Mo

Amt Neuhaus 19 □

Niedersachsen / Kreis Lüneburg
EW 5810
ℹ Tel (03 88 41) 2 07 47, Fax 6 11 56
Tourist-Information
⊠ 19273 Am Markt 5

Gülstorf

* **Landhaus Elbufer**
Elbstr. 3, Tel (03 88 41) 6 40, Fax 64 13, ⊠ 19273
einzeln ⌒, Ez: 104/52, Dz: 144/72
Behindertengerechtes Hotel.

Amtsberg 50 □

Sachsen
Mittlerer Erzgebirgskreis
EW 4300
ℹ Tel (03 72 09) 67 90, Fax 6 79 17
Gemeinde Amtsberg
⊠ 09439 Poststr. 30

Willischthal

* **Waldhotel Schlößchen**
An der Schlösselmühle 1, Tel (0 37 25) 3 60 60, Fax 2 25 72, ⊠ 09439, AX DC ED VA
17 Zi, Ez: 65/32-90/45, Dz: 90/45-115/57, ⊣ WC ⌀, 7 ⇔, P, 1⊃30, ⌂, Kegeln, Sauna, Restaurant
geschl.: Mo

Andechs 71 ⬈

Bayern / Kreis Starnberg
EW 3073
ℹ Tel (0 81 52) 9 32 50, Fax 93 25 23
Gemeindeverwaltung
⊠ 82346 Andechser Str. 16

Frieding

* **Der obere Wirt**
Georg-Queri-Ring 9, Tel (0 81 52) 9 18 30, Fax 91 83 29, ⊠ 82346, ED
14 Zi, Ez: 95/47-145/73, Dz: 145/73-185/93, ⊣ WC ⌀, P, 3⊃70, Sauna, Restaurant

Andernach 43 □

Rheinland-Pfalz
Kreis Mayen-Koblenz
EW 30000
ℹ Tel (0 26 32) 94 93 99, Fax 94 93 96
Tourist-Information ICA
⊠ 56626 Am Markt 18

Die Bäckerjungenstadt am Rhein; 2000 Jahre alte Stadtgeschichte; Sehenswert: Mariendom; Runder Turm; Alter Krahnen; Rheintor mit Bäckerjungen; Stadtburg, blühenden Rheinanlagen, attraktive Einkaufsstadt.

* **Fischer**
Am Helmwartsturm 4, Tel (0 26 32) 9 63 60, Fax 96 36 40, ⊠ 56626, AX DC ED VA
20 Zi, Ez: 125/62-140/70, Dz: 140/70-240/120, 1 Suite, ⊣ WC ⌀, Lift, ⌂, 2⊃30, Sauna

♥♥ **Ambiente**
Hauptgericht 35/17, Terrasse

✱ Alte Kanzlei ♛
Steinweg 30, Tel (0 26 32) 9 66 60,
Fax 96 66 33, ✉ 56626, AX DC ED VA
🛏, 10 Zi, Ez: 105/52-140/70,
Dz: 160/80-200/100, 1 Suite, 1 App, ⇨ WC ⌀,
Sauna, Solarium
Historisches Schultheißenhaus aus dem Jahre 1677.

🍴🍴 🛏, Hauptgericht 30/15, nur abends, geschl.: So

✱ Parkhotel
Konrad-Adenauer-Allee 1,
Tel (0 26 32) 92 05 00, Fax 92 06 00,
✉ 56626, AX DC ED VA
§, 28 Zi, Ez: 105/52-110/55, Dz: 170/85-180/90,
⇨ WC ⌀ DFÜ, 4 ⊱, Lift, 🅿, 🛎, 2⇨40, Kegeln
Rezeption: 6.30-22, geschl.: 23-24.12.00

🍴 Am Schänzchen
Hauptgericht 24/12, Terrasse, Biergarten

✱ Meder
Konrad-Adenauer-Allee 36,
Tel (0 26 32) 4 26 32, Fax 3 01 11, ✉ 56626,
AX DC ED VA
§, 10 Zi, Ez: 105/52-120/60, Dz: 150/75-170/85,
⇨ WC ⌀ DFÜ

✱ Am Martinsberg
Frankenstr. 6, Tel (0 26 32) 4 55 22, Fax 14 06,
✉ 56626, ED VA
30 Zi, Ez: 70/35-80/40, Dz: 125/62, 1 Suite, ⇨
WC ⌀, 15 ⊱, 🅿, 🛎, garni
geschl.: 23.12.00-15.1.01

Angelbachtal 61 ↖

Baden-Württemberg
Rhein-Neckar-Kreis
EW 4700
🛈 Tel (0 72 65) 9 12 00, Fax 91 20 33
Gemeindeverwaltung
✉ 74918 Schlossstr. 1

Sehenswert: Wasserschloß mit Park; hist. Ortskern; Geburtshaus des Revolutionärs Friedrich Hecker.

Michelfeld

✱✱ Schloß Michelfeld
Friedrichstr. 2, Tel (0 72 65) 70 41, Fax 2 79,
✉ 74918, AX DC ED VA
18 Zi, Ez: 105/52-130/65, Dz: 160/80-210/105,
1 Suite, ⇨ WC ⌀ DFÜ, Lift, 🅿, 3⇨30
🍴🍴 Hauptgericht 40/20, Terrasse,
geschl.: Mo
Beachtenswerte Küche.

🍴 Engel
Friedrichstr. 7, Tel (0 72 65) 9 12 50,
Fax 70 30, ✉ 74918, ED VA
Hauptgericht 25/12, 🅿, geschl.: Do,
12-30.11.00, 11-20.2.01
✱ 8 Zi, Ez: 75/37-95/47, Dz: 115/57, ⇨
WC ⌀ DFÜ, 1⇨14

Anger 73 ↘

Bayern
Kreis Berchtesgadener-Land
EW 4200
🛈 Tel (0 86 56) 98 89 22, Fax 98 89 21
Verkehrsamt
✉ 83454 Dorfplatz 4

✱ Gasthof Alpenhof
Dorfplatz 15, Tel (0 86 56) 98 48 70,
Fax 9 84 87 35, ✉ 83454, ED
19 Zi, Ez: 51/25-70/35, Dz: 88/44-110/55, ⇨
WC ⌀
geschl.: Mo, 29.10.-29.11.00
🍴 Hauptgericht 16/8-32/16, geschl.: Mo, Di

Angermünde 22 ↓

Brandenburg
EW 10200
🛈 Tel (0 33 31) 29 76 60, Fax 29 76 61
Fremdenverkehrsverein
✉ 16278 Brüderstr. 12

✱✱ Weiss Flair Hotel
Puschkinallee 11, Tel (0 33 31) 2 18 54,
Fax 2 33 66, ✉ 16278, ED VA
17 Zi, Ez: 95/47-120/60, Dz: 140/70-180/90, ⇨
WC ⌀, Lift, 🅿, 2⇨50, Kegeln, Restaurant

Angermund siehe Düsseldorf

Anholt siehe Isselburg

Anklam 14 ↓

Mecklenburg-Vorpommern
Kreis OVP Anklam
EW 16400
🛈 Tel (0 39 71) 21 05 41, Fax 83 51 55
Anklam-Information
✉ 17389 Kleiner Wall 11

Sehenswert: Marienkirche; Otto-Lilienthal-Museum; Steintor; Pulverturm; Hoher Stein (3 km Richtung Pasewalk).

Anklam

siehe auch Ducherow

✱ Vorpommern
Friedländer Landstr. 20c, Tel **(0 39 71) 2 91 80**,
Fax 29 18 18, ⌧ 17389, AX ED VA
29 Zi, Ez: 79/39-97/48, Dz: 109/54-145/73,
2 Suiten, ⌐ WC Ⓒ DFÜ, 15 ⚑, P, Restaurant

✱ Am Stadtwall
Demminer Str. 5, Tel **(0 39 71) 83 31 36**,
Fax 83 31 37, ⌧ 17389, AX ED VA
18 Zi, Ez: 98/49, Dz: 149/75, ⌐ WC Ⓒ, P

⦿ Gaststätte Am Steintor
Neuer Markt 2, Tel **(0 39 71) 83 30 50**,
Fax 83 39 33, ⌧ 17389, AX ED VA
Hauptgericht 10/5-25/12, Terrasse, P

Ankum 24 □

Niedersachsen / Kreis Osnabrück
EW 7100
ℹ Tel **(0 54 62) 7 47 40**, Fax 74 74 20
Gemeindeverwaltung
⌧ 49577 Hauptstr. 27

✱✱ Artland-Sporthotel
Tütinger Str. 28, Tel **(0 54 62) 88 20**,
Fax 88 28 88, ⌧ 49577, AX DC ED VA
59 Zi, Ez: 115/57-130/65, Dz: 170/85-190/95,
6 App, ⌐ WC Ⓒ, 6 ⚑, Lift, P, 5⟲80, ☂,
Fitnessraum, Kegeln, Sauna, Solarium, Golf,
9 Tennis
🍴🍴 Hauptgericht 15/7-35/17

⌂ Raming
Hauptstr. 21, Tel **(0 54 62) 2 02**, Fax 94 39,
⌧ 49577, VA
24 Zi, Ez: 40/20-60/30, Dz: 80/40-100/50, ⌐
WC Ⓒ, P, ☂

Annaberg-Buchholz 50 □

Sachsen / Kreis Annaberg
EW 25000
ℹ Tel **(0 37 33) 42 51 39**, Fax 42 51 38
Tourist-Information
⌧ 09456 Markt 1

Annaberg

✱✱ Wilder Mann
Markt 13, Tel **(0 37 33) 14 40**, Fax 14 41 00,
⌧ 09456, AX DC ED VA
62 Zi, Ez: 90/45-140/70, Dz: 140/70-180/90,
3 Suiten, 6 App, ⌐ WC Ⓒ DFÜ, 10 ⚑, Lift, P,
☂, 4⟲130, Sauna

🍴🍴 Zum Silberbaum
☉, Hauptgericht 18/9-27/13, Terrasse

✱ Goldene Sonne
Adam-Ries-Str. 11, Tel **(0 37 33) 4 22 06**,
Fax 2 21 83, ⌧ 09456, AX ED VA
26 Zi, Ez: 90/45-95/47, Dz: 135/67-140/70, ⌐
WC Ⓒ, Lift, P, ☂, 2⟲30, Restaurant

Buchholz

✱✱ Parkhotel Waldschlößchen
Waldschlößchenpark 1, Tel **(0 37 33) 6 77 40**,
Fax 67 74 44, ⌧ 09456, AX DC ED VA
♪, 26 Zi, Ez: 80/40-130/65, Dz: 120/60-170/85,
⌐ WC Ⓒ, Lift, P, ☂, 1⟲80, Kegeln, Bowling,
Restaurant

✱ Landhotel Forsthaus
Schneeberger Str. 22, Tel **(0 37 33) 6 90 10**,
Fax 69 01 11, ⌧ 09456, VA
14 Zi, Ez: 79/39-85/42, Dz: 110/55, ⌐ WC Ⓒ,
8 ⚑, P, ☂, Restaurant
geschl.: Mo

Annerod siehe Fernwald

Annweiler am Trifels 60 ↑

Rheinland-Pfalz
Kreis Südliche Weinstraße
EW 7100
ℹ Tel **(0 63 46) 22 00**, Fax 79 17
Büro für Tourismus
⌧ 76855 Hauptstr. 20

⌂ Pension Bergterrasse
Trifelsstr. 8, Tel **(0 63 46) 72 19**, Fax 96 35 17,
⌧ 76855
♪ ≬, 25 Zi, Ez: 55/27-65/32, Dz: 100/50-120/60,
3 App, ⌐ WC, 4 ⚑, P, ☂, 1⟲25

Ansbach 56 ↘

Bayern
EW 40000
ℹ Tel **(09 81) 5 12 43**, Fax 5 13 65
Amt für Kultur und Touristik
⌧ 91522 Johann-Sebastian-Bach-Platz 1

Barockstadt a.d. Burgenstraße. Sehensw.: Markgr. Residenz (27 Prunkräume, Porzellan- u. Fayencesammlg.), Hofgarten m. Orangerie u. Kaspar-Hauser-Gedenkstein, St.Gumbertus m. Schwanenritterkappelle/Fürstengruft, St.Johannis, Markgrafenmuseum m.Kaspar-Hauser-Abt., barocke Altstadt. Gr. Kultur/Sport.

✱✱ Best Western
Am Drechselsgarten
Am Drechselsgarten 1, Tel **(09 81) 8 90 20**,
Fax 8 90 26 05, ⌧ 91522, AX DC ED VA, Ⓢ

§, 50 Zi, Ez: 170/85-200/100,
Dz: 210/105-250/125, 2 Suiten, ⌐ WC ⌀ DFÜ,
20 ⌥, Lift, P, ☎, 4⇔100, Kegeln, Sauna,
Solarium, Golf
geschl.: 24-24.12.00, 1-3.1.01

♯♯ Drechselsstuben
§, Hauptgericht 25/12-40/20, Terrasse,
geschl.: 24-24.12.00, 1-6.1.01

✳ Bürger-Palais
Neustadt 48, Tel (09 81) 9 51 31, Fax 9 56 00,
✉ 91522, AX DC ED VA
12 Zi, Ez: 145/73-160/80, Dz: 220/110, 3 Suiten,
⌐ WC ⌀, 1⇔, Golf, Restaurant
Auch Zimmer der Kategorie ✳✳ vorhanden.

✳ Platengarten
Promenade 30, Tel (09 81) 97 14 20,
Fax 9 71 42 42, ✉ 91522, AX DC ED VA
17 Zi, Ez: 98/49-120/60, Dz: 140/70-200/100,
⌐ WC ⌀
Historisches Kavalier- und Küchenmeisterhaus von 1735.

♯ Hauptgericht 14/7-39/19, geschl.: Sa

☕ Café Linder
Uzstr. 26, Tel (09 81) 35 95, Fax 76 99,
✉ 91522
Terrasse

Anzing 72 □

Bayern / Kreis Ebersberg
EW 3300
🛈 Tel (0 81 21) 4 74 40, Fax 4 98 92
Gemeindeverwaltung
✉ 85646 Schulstr. 1

✳ Zur Ulme
Amselweg 4, Tel (0 81 21) 4 39 40,
Fax 43 94 39, ✉ 85646, AX DC ED VA
14 Zi, Ez: 70/35-140/70, Dz: 135/67-170/85, ⌐
WC ⌀, ☎, Sauna, Solarium, garni

Apen 16 ✓

Niedersachsen / Kreis Ammerland
EW 10500
🛈 Tel (0 44 89) 73 73, Fax 73 80
Apen Touristik
✉ 26689 Hauptstr. 21

Bucksande (6 km ✓)

✳ Bucksande
Auf dem Bucksande 1, Tel (0 44 99) 15 30,
Fax 71 71, ✉ 26689, AX ED VA
24 Zi, Ez: 59/29-89/44, Dz: 98/49-138/69, ⌐
WC ⌀, 4 ⌥, P, ☎, Sauna, Solarium, Restaurant

geschl.: 1.-14.1.01
Auch einfachere Zimmer vorhanden.

Hengstforde

✳ Hengstforder Mühle
Hauptstr. 302, Tel (0 44 89) 9 27 20,
Fax 92 72 20, ✉ 26689, ED VA
17 Zi, Ez: 75/37-85/42, Dz: 130/65-150/75, ⌐
WC ⌀, P, 1⇔40
♯ ✵, Hauptgericht 20/10-33/16, Terrasse

Apfelstädt 47 ↑

Thüringen / Kreis Gotha
EW 1460
🛈 Tel (03 62 02) 9 04 27, Fax 8 22 73
Gemeindeverwaltung
✉ 99192 Hauptstr. 34

✳✳ Country Inn By Carlson
Riedweg 1, Tel (03 62 02) 8 50, Fax 8 54 10,
✉ 99192, AX DC ED VA
§, 98 Zi, Ez: 119/59-149/75, Dz: 129/64-159/80,
3 Suiten, ⌐ WC ⌀ DFÜ, 42 ⌥, Lift, P, 4⇔60,
Sauna, Solarium
♯♯ §, Hauptgericht 30/15, Terrasse

Apolda 48 ↑

Thüringen / Kreis Weimarer Land
EW 26000
🛈 Tel (0 36 44) 56 26 42, Fax 56 26 42
Apolda-Information
✉ 99510 Markt 16

Sehenswert: Glocken- u. Stadtmuseum, Kunsthaus.

✳✳ Am Schloß
Jenaer Str. 2, Tel (0 36 44) 58 00,
Fax 58 01 00, ✉ 99510, AX DC ED VA
♪, 96 Zi, Ez: 130/65-160/80,
Dz: 160/80-190/95, 14 App, ⌐ WC ⌀, 28 ⌥,
Lift, P, ☎, 6⇔150, Sauna, Solarium
♯♯ Hauptgericht 20/10, Terrasse

✳✳ 2 Länder
Erfurter Str. 31, Tel (0 36 44) 5 02 20,
Fax 50 22 40, ✉ 99510, AX ED VA
24 Zi, Ez: 85/42-95/47, Dz: 110/55-120/60,
6 App, ⌐ WC ⌀ DFÜ, 6 ⌥, P, 2⇔40,
Restaurant

Appel 18 ←

Niedersachsen / Kreis Harburg
EW 1700
🛈 Tel (0 41 65) 61 59, Fax 83 34
Gemeindeamt
✉ 21279 Grauen 1

Eversen-Heide

✱ Ferien auf der Heid
Karlsteinweg 45 / 47, Tel (0 41 65) 9 72 30,
Fax 97 23 49, ✉ 21279, AX DC ED VA
19 Zi, Ez: 55/27-95/47, Dz: 100/50-140/70,
1 App, ⊐ WC ✆, 1 ✉, 🅿, 2⇨20, Fitnessraum,
Golf, Restaurant

Appenweier 60 ↓

Baden-Württemberg / Ortenaukreis
EW 9400
🛈 Tel (0 78 05) 9 59 40, Fax 95 94 44
Gemeindeverwaltung
✉ 77767 Ortenauer Str. 13

✱ Hanauer Hof
Ortenauer Str. 50, Tel (0 78 05) 9 56 60,
Fax 53 65, ✉ 77767, AX DC ED VA
27 Zi, Ez: 80/40-85/42, Dz: 130/65-135/67, ⊐
WC ✆, Lift, 🅿, 2⇨120, Solarium
🍴 Hauptgericht 25/12

Arendsee (Altmark) 28 ↖

Sachsen-Anhalt / Kreis Salzwedel
EW 3280
🛈 Tel (03 93 84) 2 71 64, Fax 2 71 64
Fremdenverkehrsbetrieb
✉ 39619 Lindenstr. 29

✱ Stadt Arendsee
Friedensstr. 113, Tel (03 93 84) 22 34,
Fax 2 72 90, ✉ 39619, AX ED VA
11 Zi, Ez: 85/42-95/47, Dz: 120/60, ⊐ WC ✆,
🅿, 1⇨30, Restaurant
Rezeption: 11.30-14, 17-24

Arnbruck 66 ↖

Bayern / Kreis Regen
EW 2000
🛈 Tel (0 99 45) 94 10 16, Fax 94 10 33
Tourist-Information
✉ 93471 Gemeindezentrum 1

✱ Unterschaffer Landgasthof
Graf-Arno-Str. 7, Tel (0 99 45) 9 40 00,
Fax 94 00 55, ✉ 93471

25 Zi, Ez: 40/20-59/29, Dz: 60/30-98/49, 1 App,
⊐ WC ✆, 🅿, 🏠, 1⇨35, Restaurant
geschl.: Mi

Arnsberg 34 □

Nordrhein-Westfalen
Hochsauerlandkreis
EW 83000
🛈 Tel (0 29 32) 97 31 13, Fax 97 31 20
Verkehrsverein
✉ 59759 Bahnhofstr. 132

✱✱ Menge
Ruhrstr. 60, Tel (0 29 31) 5 25 20,
Fax 52 52 50, ✉ 59821, AX DC ED VA
18 Zi, Ez: 95/47-120/60, Dz: 140/70-180/90, ⊐
WC ✆, 🅿, 🏠, 1⇨40
🍴🍴 Hauptgericht 20/10-42/21 ✢
Terrasse, nur abends, geschl.: So, Mo, 3 Wochen
in den Sommerferien

✱ Zum Landsberger Hof
Alter Markt 18, Tel (0 29 31) 8 90 20,
Fax 89 02 30, ✉ 59821, DC ED VA
10 Zi, Ez: 90/45, Dz: 145/73, ⊐ WC ✆, 🅿, 🏠,
1⇨50, Kegeln
🍴🍴 Hauptgericht 15/7-38/19, Biergarten,
geschl.: Mi

Neheim

✱✱ Dorint
Zu den drei Bänken, Tel (0 29 32) 20 01,
Fax 20 02 28, ✉ 59757, AX DC ED VA, ⓢ
151 Zi, Ez: 185/93-215/108,
Dz: 260/130-300/151, 12 Suiten, ⊐ WC ✆,
33 ✉, Lift, 🅿, 11⇨260, 🏠, Fitnessraum,
Kegeln, Sauna, Solarium, Golf, Restaurant

Neheim-Hüsten (9 km ↖)

✱✱ Meemann
Marktstr. 25, Tel (0 29 32) 54 79 00,
Fax 5 47 90 52, ✉ 59759, AX DC ED VA
14 Zi, Ez: 88/44-92/46, Dz: 150/75, ⊐ WC ✆
DFÜ, 🅿, 2⇨30, Kegeln
🍴🍴 Hauptgericht 30/15, geschl.: Sa
mittags

✱ Waldhaus Rodelhaus
Zu den drei Baenken, Tel (0 29 32) 9 70 40,
Fax 2 24 37, ✉ 59757, AX DC ED VA
🎋, 21 Zi, Ez: 82/41-85/42, Dz: 145/73-150/75, ⊐
WC ✆, 🅿, 3⇨50, Sauna, Golf
🍴 Hauptgericht 25/12, Terrasse,
geschl.: Di, 8.-23.1.01, 9.-31.7.01

Arnsgereuth 48 □

Thüringen
Kreis Saalfeld-Rudolstadt
EW 200
ℹ Tel (0 36 71) 59 80
Gemeindeverwaltung
✉ 07318 Markt 1

🛏 Goldberg
Am Goldberg 1, an der B 281,
Tel (03 67 36) 2 24 30, Fax 2 23 22, ✉ 07318,
AX ED
19 Zi, Ez: 65/32-73/36, Dz: 70/35-96/48, ⊣ WC
Ⓒ, 🅿, 1⇨30, Sauna, Restaurant

Arnstadt 47 ↗

Thüringen / Ilmkreis
EW 28000
ℹ Tel (0 36 28) 60 20 49, Fax 74 57 48
Arnstadt-Information
✉ 99310 Rankestr. 11

✱ Krone
Am Bahnhof 8, Tel (0 36 28) 7 70 60,
Fax 60 24 84, ✉ 99310, AX DC ED VA
40 Zi, Ez: 100/50, Dz: 130/65, 4 Suiten, ⊣ WC
Ⓒ DFÜ, 5 ⊨, 🅿, 2⇨60, Restaurant

✱ Anders
Gehrener Str. 22, Tel (0 36 28) 74 53,
Fax 74 54 44, ✉ 99310, AX DC ED VA
37 Zi, Ez: 99/49-115/57, Dz: 140/70-155/78, ⊣
WC Ⓒ DFÜ, Lift, 🅿, 2⇨30, ♒, Sauna,
Restaurant
geschl.: 2.-8.1.01

✱ Brauhaushotel
Am Häckerstieg 12, Tel (0 36 28) 60 74 00,
Fax 60 74 44, ✉ 99310, AX DC ED VA
33 Zi, Ez: 89/44, Dz: 115/57, 8 App, ⊣ WC Ⓒ,
13 ⊨, 🅿, 5⇨300, ∾, Bowling, Sauna,
Solarium, Restaurant

✱ Prox mit Gästehaus
Stadtilmer Str. 45, Tel (0 36 28) 6 12 20,
Fax 61 22 14, ✉ 99310, AX DC ED VA
20 Zi, Ez: 85/42-95/47, Dz: 95/47-135/67, ⊣
WC Ⓒ DFÜ, 🅿, 🏠, Restaurant

Arolsen, Bad 35 □

Hessen / Kreis Waldeck-Frankenberg
EW 8300
ℹ Tel (0 56 91) 8 94 40, Fax 51 21
Gäste & Gesundheitszentrum
✉ 34454 Landauer Str. 1

✱✱ Residenzschloss Treff Hotel
Königin-Emma-Str. 10, Tel (0 56 91) 80 80,
Fax 80 85 29, ✉ 34454, AX DC ED VA, Ⓢ
♪, 120 Zi, Ez: 130/65-145/73,
Dz: 198/99-215/108, 3 Suiten, 28 App, ⊣ WC
Ⓒ, 24 ⊨, Lift, 🅿, 🏠, 7⇨350, ♒, Sauna,
Solarium, Golf, Restaurant
Auch Zimmer der Kategorie ✱✱✱ vorhanden.

✱ Brauhaus Hotel
Kaulbachstr. 33, Tel (0 56 91) 20 28, Fax 69 42,
✉ 34454, AX DC ED VA
13 Zi, Ez: 90/45-95/47, Dz: 140/70-150/75, ⊣
WC Ⓒ, 4 ⊨, Lift, 🅿, 🏠, Restaurant
geschl.: 7.-21.1.01, 9.-24.7.01

🍴🍴 Schäfer's Restaurant
Schlossstr. 15, Tel (0 56 91) 76 52, Fax 76 52,
✉ 34454, AX DC ED VA
Hauptgericht 19/9-36/18, Terrasse

☕ Residenz-Café
Kirchplatz 5, Tel (0 56 91) 4 02 31,
Fax 4 02 31, ✉ 34454, AX DC ED VA

Mengeringhausen-Außerhalb (2 km ↓)

✱ Luisen-Mühle
Luisenmühler Weg 1, Tel (0 56 91) 30 21,
Fax 25 78, ✉ 34454, DC ED VA
♪ ⚡, 25 Zi, Ez: 70/35-90/45, Dz: 120/60-150/75,
⊣ WC Ⓒ DFÜ, 3 ⊨, 🅿, 🏠, 2⇨20, ♒, Sauna,
Solarium, Restaurant
geschl.: Fr

Schmillinghausen

✱ Landgasthof Teuteberg
Rhoder Str. 8, Tel (0 56 91) 59 61, Fax 5 03 03,
✉ 34454
22 Zi, Ez: 53/26-68/34, Dz: 98/49-125/62, ⊣
WC, 🅿, 🏠, 2⇨50, Sauna, Solarium, Restaurant
Rezeption: 8-20, geschl.: Di, 5.-31.1.01

Arrach 66 ↖

Bayern / Kreis Cham
EW 2820
ℹ Tel (0 99 43) 10 35, Fax 34 32
Tourist-Information
✉ 93474 Lamer Str. 78

✱✱ Herzog Heinrich
Eckstr. 5, Tel (0 99 43) 95 40, Fax 95 47 77,
✉ 93474
168 Zi, Ez: 79/39-115/57, Dz: 138/69-210/105,
2 Suiten, 10 App, ⊣ WC Ⓒ, Lift, 🅿, 🏠, 2⇨70,
♒, Kegeln, Sauna, Solarium, Restaurant
Modernes Ferien- und Tagungshotel mit
umfangreichem Freizeit- und Fitnessangebot.

Artern 38 ✓

Thüringen / Kyffhäuserkreis
EW 7056
🛈 Tel (0 34 66) 32 55 43, Fax 32 55 50
Stadtverwaltung
✉ 06556 Markt 14

✱ Weinberg
Weinberg 1, Tel (0 34 66) 32 21 32,
Fax 32 21 32, ✉ 06556, AX ED VA
⚑, 22 Zi, Ez: 85/42-100/50, Dz: 130/65, 1 Suite,
⊣ WC ⌀, 2 ⌧, 🅿, Restaurant

Aschaffenburg 55 ↖

Bayern
EW 67000
🛈 Tel (0 60 21) 39 58 00, Fax 39 58 02
Tourist-Information
✉ 63739 Schloßplatz 1

siehe auch Johannesberg

✱✱ Post
Goldbacher Str. 19 (B 1), Tel (0 60 21) 33 40,
Fax 1 34 83, ✉ 63739, AX DC ED VA, Ⓢ
69 Zi, Ez: 123/61-178/89, Dz: 195/98-260/130,
⊣ WC ⌀, Lift, 🅿, 🍴, 2⌬60, 🛏, Sauna,
Solarium, Restaurant
Auch Zimmer der Kategorie ✱ vorhanden.

✱✱ Aschaffenburger Hof
Frohsinnstr. 11 (A 1), Tel (0 60 21) 38 68 10,
Fax 2 72 98, ✉ 63739, AX DC ED VA
65 Zi, Ez: 108/54-138/69, Dz: 148/74-220/110,
⊣ WC ⌀, Lift, 🅿, 🍴, 1⌬40, Restaurant
Auch Zimmer der Kategorie ✱ vorhanden.

✱✱ City-Hotel
Frohsinnstr. 23 (A 1), Tel (0 60 21) 2 15 15,
Fax 2 15 14, ✉ 63739, AX DC ED VA
34 Zi, Ez: 98/49-158/79, Dz: 148/74-218/109,
2 Suiten, 4 App, ⊣ WC ⌀, 5 ⌧, Lift, garni
geschl.: 22.12.00-2.1.01

✱ Dalberg
Pfaffengasse 12, Tel (0 60 21) 35 60,
Fax 21 98 94, ✉ 63739, AX DC ED VA
26 Zi, Ez: 135/67, Dz: 185/93, ⊣ WC ⌀ DFÜ,
2 ⌧, Lift, 🅿, 🍴, 1⌬25, Restaurant

✱ Zum Goldenen Ochsen
Karlstr. 16 (A 1), Tel (0 60 21) 2 31 32,
Fax 2 57 85, ✉ 63739, AX DC ED VA
39 Zi, Ez: 96/48-105/52, Dz: 145/73-158/79, ⊣
WC ⌀, 🅿, 2⌬20, Restaurant

🍴 Turin
Luitpoldstr. 6, Tel (0 60 21) 2 44 60,
Fax 97 01 17, ✉ 63739
Hauptgericht 25/12-48/24

🍴 Hofgut Fasanerie
Bismarckallee 1, Tel (0 60 21) 3 17 30,
Fax 31 73 99, ✉ 63739, ED
Hauptgericht 25/12

Damm (1 km ↑)

✱ Pfaffenmühle
Glattbacher Str. 44, Tel (0 60 21) 3 46 60,
Fax 34 66 50, ✉ 63741, AX DC ED VA
34 Zi, Ez: 90/45, Dz: 160/80, ⊣ WC ⌀, Lift, 🅿,
1⌬40, Restaurant

Nilkheim

✱ Classico
Geschwister-Scholl-Platz 10,
Tel (0 60 21) 8 49 00, Fax 84 90 40, ✉ 63741,
AX DC ED VA
22 Zi, Ez: 100/50-120/60, Dz: 160/80-200/100,
2 App, ⊣ WC ⌀, Lift, 🅿, 🍴, garni
geschl.: 20.12.00-6.1.01
Auch Zimmer der Kategorie ✱✱ vorhanden.

Aschau i. Chiemgau 73 ✓

Bayern / Kreis Rosenheim
EW 5000
🛈 Tel (0 80 52) 90 49 37, Fax 90 49 45
Kurverwaltung
✉ 83229 Kampenwandstr. 38

✱✱✱✱ Residenz Heinz Winkler ♛♛
L'Art de Vivre-Residenz
Kirchplatz 1, Tel (0 80 52) 1 79 90,
Fax 17 99 66, ✉ 83229, ED VA
☽ ⚑, 13 Zi, Ez: 240/120-470/236,
Dz: 320/161-540/271, 1 Suite, ⊣ WC ⌀, Lift, 🅿,
🍴, 2⌬40, 🛏, Sauna, Solarium, Golf
🍴🍴🍴🍴 ⚑, Hauptgericht 58/29-75/37 🅿🎁🎁
Terrasse

✱✱ Burghotel
Kampenwandstr. 94, Tel (0 80 52) 90 80,
Fax 90 82 00, ✉ 83229, AX DC ED VA
80 Zi, Ez: 93/46-118/59, Dz: 144/72-194/97,
1 Suite, ⊣ WC ⌀, 10 ⌧, Lift, 🅿, 🍴, 3⌬120,
Sauna, Solarium, Restaurant

🛏 Edeltraud
Narzissenweg 15, Tel (0 80 52) 9 06 70,
Fax 51 70, ✉ 83229
⚑, 16 Zi, Ez: 56/28-72/36, Dz: 92/46-124/62, ⊣
WC ⌀, 🅿, 🍴, garni
geschl.: 15.10.-26.12.00

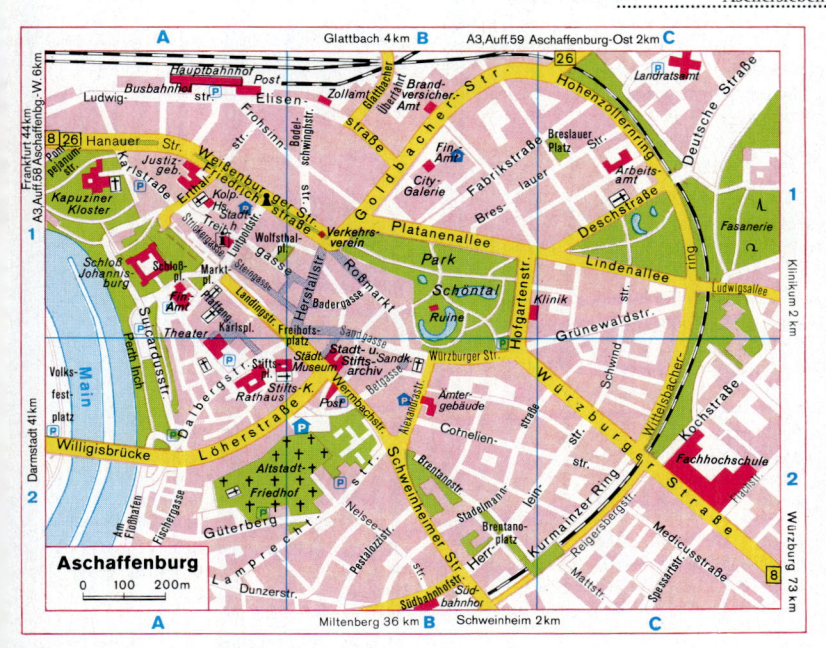

Ascheberg 34

Nordrhein-Westfalen
Kreis Coesfeld
EW 17770
🛈 Tel (0 25 93) 63 24, Fax 75 25
Verkehrsverein Ascheberg e.V.
✉ 59387 Katharinenplatz 1

★★ ▬▬ **Jagdschlößchen**

Himmelstr. 2, Tel (0 25 93) 92 00, Fax 9 20 20,
✉ 59387, ED
25 Zi, Ez: 95/47-120/60, Dz: 150/75-160/80, ⊟
WC ⊘, Lift, P, 🕭, 2⇔40, ⇔, Sauna, Solarium,
Golf
🍴🍴 AX DC 🕭, Hauptgericht 15/7-38/19,
Biergarten, nur abends, sa+so+feiertags auch
mittags

....

★ ▬▬ **Flair Hotel Goldener Stern**

Appelhofstr. 5, Tel (0 25 93) 9 57 60,
Fax 95 76 28, ✉ 59387, ED VA
19 Zi, Ez: 76/38-80/40, Dz: 126/63-130/65, ⊟
WC ⊘, 6⇔, P, 🕭, 2⇔60, Kegeln, Restaurant

Davensberg (3 km) ↘

★ ▬▬ **Clemens–August**

Burgstr. 52-58, Tel (0 25 93) 60 40,
Fax 60 41 78, ✉ 59387, ED VA

72 Zi, Ez: 70/35-75/37, Dz: 120/60-130/65, ⊟
WC ⊘, Lift, P, 4⇔200, Kegeln, Sauna,
Solarium, Restaurant
geschl.: Mo

Herbern (6 km) ↘

★ ▬▬ **Zum Wolfsjäger**

Südstr. 36, Tel (0 25 99) 4 14, Fax 29 41,
✉ 59387, ED
19 Zi, Ez: 75/37, Dz: 120/60, ⊟ WC ⊘, Lift, P,
🕭, garni

Aschersleben 38

Sachsen-Anhalt
EW 27700
🛈 Tel (0 34 73) 42 46, Fax 81 28 97
Verkehrsverein
✉ 06449 Taubenstr. 6

★★ ▬▬ **Ascania**

Jüdendorf 1, Tel (0 34 73) 95 20, Fax 95 21 50,
✉ 06449, AX DC ED VA
44 Zi, Ez: 130/65, Dz: 186/93-196/98, ⊟ WC ⊘
DFÜ, 8⇔, Lift, P, 🕭, 3⇔150, Kegeln, Sauna,
Restaurant

★★ ▬▬ **Andersen**

Bahnhofstr. 32, Tel (0 34 73) 8 74 60,
Fax 8 74 61 50, ✉ 06449, AX ED VA

46 Zi, Ez: 115/57-135/67, Dz: 140/70-170/85,
3 App, ⌐ WC ⌀, 15 ⇔, Lift, 🅿, 1⇔40,
Restaurant
Namensumbenennung nach Redaktionsschluss
erwartet.

Aschheim 72 □

Bayern / Kreis München
EW 6360
🛈 Tel (0 89) 9 09 97 80, Fax 90 99 78 33
Kultur- und Verkehrsamt
✉ 85609 Ismaninger Str. 8

** Schreiberhof
Erdinger Str. 2, Tel (0 89) 90 00 60,
Fax 90 00 64 59, ✉ 85609, AX DC ED VA
87 Zi, Ez: 225/113-345/173,
Dz: 315/158-415/209, ⌐ WC ⌀ DFÜ, 11 ⇔, Lift,
🅿, 🏠, 5⇔100, Sauna, Solarium
geschl.: 22.12.00-7.1.01
🍴🍴   Hauptgericht 35/17, Terrasse   ✚
geschl.: 22.12.00-7.1.01

✱ Gästehaus Gross
Ismaninger Str. 9 a, Tel (0 89) 9 04 40 84,
Fax 9 04 52 14, ✉ 85609, AX ED VA
15 Zi, Ez: 110/55-140/70, Dz: 160/80-200/100,
⌐ WC ⌀

Asendorf 18 □

Niedersachsen / Kreis Harburg
EW 1430
🛈 Tel (0 41 83) 33 81, Fax 5 02 88
Gemeindeverwaltung
✉ 21271 Schützenstr. 11

Asendorf-Außerhalb (1 km →)

✱ Ringhotel Zur Heidschnucke
Zum Auetal 14, Tel (0 41 83) 97 60, Fax 44 72,
✉ 21271, AX DC ED VA, Ⓢ
♩, 50 Zi, Ez: 129/64-149/75,
Dz: 175/88-249/125, 2 Suiten, ⌐ WC ⌀ DFÜ,
19 ⇔, Lift, 🅿, 5⇔80, 🏠, Sauna, Solarium
🍴🍴   Hauptgericht 37/18, Terrasse,
Biergarten

Aspach 62 ↖

Baden-Württemberg
Rems-Murr-Kreis
EW 7900
🛈 Tel (0 71 91) 21 20, Fax 2 12 39
Gemeindeverwaltung
✉ 71546 Backnanger Str. 9

Großaspach

🍴🍴   Gasthof Lamm
Hauptstr. 23, Tel (0 71 91) 2 02 71, Fax 2 31 31,
✉ 71546, ED VA
Hauptgericht 30/15-42/21, 🅿, geschl.: Mo, 2
Wochen im Sommer

Asperg 61 ↗

Baden-Württemberg
Kreis Ludwigsburg
EW 11900
🛈 Tel (0 71 41) 26 92 31, Fax 26 92 53
Amt für Öffentlichkeitsarbeit
✉ 71679 Königstr. 11

** Ringhotel Adler   ♛
Stuttgarter Str. 2, Tel (0 71 41) 2 66 00,
Fax 26 60 60, ✉ 71679, AX DC ED VA, Ⓢ
71 Zi, Ez: 175/88-215/108,
Dz: 218/109-300/151, ⌐ ⌀, 29 ⇔, Lift, 🅿, 🏠,
7⇔220, 🏠, Sauna, Solarium, Golf
Auch Zimmer der Kategorie *** vorhanden.

🍴🍴🍴   Schwabenstube
Hauptgericht 37/18-49/24, Terrasse, geschl.: Mo
mittags
Beachtenswerte Küche.

🍴   Adlerstube
Hauptgericht 18/9-28/14, Terrasse,
geschl.: Sa,so

Assmannshausen siehe Rüdesheim

Ateritz 39 ↖

Sachsen-Anhalt / Kreis Wittenberg
EW 528
🛈 Tel (03 49 21) 2 04 09
Gemeindeverwaltung
✉ 06901 Lindenstr. 15 a

Lubast (1 km ↑)

✱ Heidehotel Lubast
  Flair Hotel
Leipziger Str. 1, Tel (03 49 21) 7 20,
Fax 7 21 20, ✉ 06901, ED VA
50 Zi, Ez: 80/40-130/65, Dz: 130/65-210/105, ⌐
WC ⌀, 16 ⇔, Lift, 🅿, 🏠, 5⇔100, Sauna,
Solarium, Restaurant

Attendorn 34 ↓

Nordrhein-Westfalen / Kreis Olpe
EW 25000
🛈 Tel (0 27 22) 6 42 29, Fax 47 75
Stadtmarketing & Tourismus GmbH
✉ 57439 Rathauspassage

✴ Rauch
Wasserstr. 6, Tel (0 27 22) 9 24 20,
Fax 92 42 33, ✉ 57439, AX ED VA
13 Zi, Ez: 99/49-140/70, Dz: 150/75-180/90, ⌐
WC ☾, 2 🛏, P, garni

☕ Café Harnischmacher
Niederste Str. 5, Tel (0 27 22) 23 70, Fax 33 11,
✉ 57439
Biergarten, geschl.: Mo

Attendorn-Außerhalb (2 km →)

✴✴✴ Burghotel Schnellenberg
Tel (0 27 22) 69 40, Fax 69 41 69, ✉ 57439, AX DC ED VA
einzeln ♪ 🍴 ♿, 42 Zi, Ez: 180/90-200/100,
Dz: 230/115-295/148, 6 Suiten, 3 App, ⌐ WC ☾
DFÜ, P, 🏊, 5⟷80, Kegeln, Sauna, Solarium,
Golf
geschl.: 2 Wochen im Jan
Auch Zimmer der Kategorie ✴✴ vorhanden.

🍴🍴🍴 Rittersaal
♿, Hauptgericht 30/15-50/25, Terrasse,
geschl.: 2 Wochen im Jan

Mecklinghausen (5 km ↘)

✴ Haus Schnepper
Talstr. 19, Tel (0 27 22) 98 44 00, Fax 8 91 33,
✉ 57439, ED VA
20 Zi, Ez: 92/46, Dz: 164/82, 1 Suite, ⌐ WC ☾,
P, 2⟷100, Kegeln, Sauna, Solarium, Golf,
Restaurant

Niederhelden (8 km →)

✴✴ Romantik Hotel Haus Platte
Repetalstr. 219, Tel (0 27 21) 13 10,
Fax 13 14 55, ✉ 57439
50 Zi, Ez: 120/60-155/78, Dz: 195/98-290/146,
2 Suiten, ⌐ WC ☾, 15 🛏, Lift, P, 🏊, 6⟷65,
♨, Kegeln, Sauna, Solarium
Auch Zimmer der Kategorie ✴✴✴ vorhanden.
🍴🍴 ED VA, Hauptgericht 30/15, Terrasse,
Biergarten

✴✴ Landhotel Struck
Repetalstr. 245, Tel (0 27 21) 1 39 40,
Fax 2 01 61, ✉ 57439, AX ED VA
54 Zi, Ez: 115/57-160/80, Dz: 180/90-280/141,
⌐ WC ☾ DFÜ, 3 🛏, P, 🏊, 7⟷200, ♨, Kegeln,
Sauna, Solarium, Golf
Auch Zimmer der Kategorie ✴✴✴ vorhanden.

🍴🍴 Struck
Hauptgericht 14/7-42/21, Terrasse

Atzbach siehe Lahnau

Aua siehe Neuenstein
Kr. Hersfeld-Rotenburg

Aue 50 ✓

Sachsen
EW 22000
🛈 Tel (0 37 71) 28 10, Fax 2 27 09
Stadtverwaltung
✉ 08280 Goethestr. 5

✴ Blauer Engel
Flair Hotel
Altmarkt 1, Tel (0 37 71) 59 20, Fax 2 31 73,
✉ 08280, AX ED VA
56 Zi, Ez: 80/40-110/55, Dz: 120/60-160/80,
1 Suite, 4 App, ⌐ WC ☾ DFÜ, 1 🛏, Lift, P,
3⟷60, Kegeln, Bowling, Sauna, Solarium,
Restaurant
Auch Zimmer der Kategorie ✴✴ vorhanden.

Auerbach i. d. OPf. 58 □

Bayern / Kreis Amberg-Sulzbach
EW 9300
🛈 Tel (0 96 43) 20 30, Fax 20 35
Touristinformation
✉ 91275 Oberer Marktplatz 1

✴ Goldener Löwe
Unterer Markt 9, Tel (0 96 43) 17 65,
Fax 46 70, ✉ 91275, AX DC ED VA
♪, 27 Zi, Ez: 90/45-155/78,
Dz: 160/80-250/125, 3 Suiten, ⌐ WC ☾, 6 🛏,
Lift, P, 🏊, 3⟷10, Kegeln
Auch Zimmer der Kategorie ✴✴ vorhanden.

🍴🍴 Löwenstube
Hauptgericht 30/15
1144 erstmals in der Chronik von Auerbach
erwähnt. Werkzeuge des Eisenerzabbaus
dekorieren die kleinen Restauranträume.

Auerbach (Vogtl.) 49 □

Sachsen / Vogtlandkreis
EW 21000
🛈 Tel (0 37 44) 8 14 50, Fax 8 14 37
Fremdenverkehrsamt
✉ 08209 Schlossstr. 10

✱ Auerbach
Friedrich-Ebert-Str. 38, Tel (0 37 44) 8 09 01,
Fax 8 09 11, ✉ 08209, AX ED VA
🍴, 23 Zi, Ez: 50/25-70/35, Dz: 70/35-100/50, ⊟
WC Ⓒ, P, 3⇔40, Restaurant
geschl.: 22.12.00-27.12.01

Auetal 25 ↘

Niedersachsen / Kreis Schaumburg
EW 6500
🛈 Tel (0 57 52) 18 10, Fax 1 81 18
Gemeindeverwaltung
✉ 31749 Rehrener Str. 25

Rehren

✱ Waldhotel Mühlenhof
Zur Obersburg 7, Tel (0 57 52) 92 88 80,
Fax 9 28 88 77, ✉ 31749, ED VA
52 Zi, Ez: 70/35-180/90, Dz: 130/65-220/110, ⊟
WC Ⓒ, Lift, P, 🐾, ≋, ⛷, Sauna, Solarium,
Restaurant
geschl.: 5.11.-16.12.00
Auch einfachere Zimmer vorhanden.

Auggen 67 ↙

Baden-Württemberg
Kreis Breisgau-Hochschwarzwald
EW 2100
🛈 Tel (0 76 31) 36 77 21, Fax 36 77 33
Verkehrsamt
✉ 79424 Hauptstr. 28

✱ Zur Krone
Hauptstr. 6, Tel (0 76 31) 17 84 50,
Fax 1 69 13, ✉ 79424, AX ED VA
31 Zi, Ez: 110/55-140/70, Dz: 155/78-240/120,
2 Suiten, ⊟ WC Ⓒ DFÜ, Lift, P, 🐾, ⛷, Sauna,
Solarium, Golf, garni
Rezeption: 6.30-22
In den Gästehäusern Kutscher- und
Brunnenhaus Zimmer der Kategorie ✱✱
vorhanden.

🍴 Zur Krone
Hauptstr 12, Tel (0 76 31) 25 56, Fax 1 61 82,
✉ 79424, ED VA
Hauptgericht 14/7-46/23, P, geschl.: Mi

Augsburg 63 ↘

Bayern
EW 265000
🛈 Tel (08 21) 50 20 70, Fax 5 02 07 45
Regio Augsburg Tourismus GmbH
✉ 86150 Bahnhofstr. 7 + Rathausplatz
Cityplan siehe Seiten 50-51

✱✱✱ Steigenberger Drei Mohren
Maximilianstr. 40 (D 5), Tel (08 21) 5 03 60,
Fax 15 78 64, ✉ 86150, AX DC ED VA, Ⓢ
102 Zi, Ez: 185/93-295/148,
Dz: 265/133-385/193, 5 Suiten, ⊟ WC Ⓒ, 33 🛏,
Lift, P, 🐾, 6⇔500, Restaurant

✱✱ Best Western Augusta Hotel
Ludwigstr. 2, Anfahrt über Kesselmarkt (C 3),
Tel (08 21) 5 01 40, Fax 5 01 46 05, ✉ 86152,
AX DC ED VA, Ⓢ
103 Zi, Ez: 188/94-202/101,
Dz: 236/118-286/144, 4 Suiten, ⊟ WC Ⓒ DFÜ,
25 🛏, Lift, P, 8⇔120, Sauna, Solarium,
Restaurant

✱✱ Privat-Hotel Riegele
Viktoriastr. 4 (B 4), Tel (08 21) 50 90 00,
Fax 51 77 46, ✉ 86150, AX DC ED VA, Ⓢ
28 Zi, Ez: 100/50-160/80, Dz: 160/80-220/110,
⊟ WC Ⓒ, Lift, P, 3⇔100, Restaurant
Auch Zimmer der Kategorie ✱ vorhanden.

✱ Romantik Hotel Augsburger Hof
Auf dem Kreuz 2 (C 2), Tel (08 21) 34 30 50,
Fax 3 43 05 55, ✉ 86152, AX DC ED VA
36 Zi, Ez: 125/62-205/103, Dz: 140/70-250/125,
⊟ WC Ⓒ DFÜ, Lift, P, 🐾, Sauna, Solarium,
Golf
Auch Zimmer der Kategorie ✱✱ vorhanden.
🍴🍴 Hauptgericht 35/17 ✚

✱ Dom-Hotel
Frauentorstr. 8 (D 2), Tel (08 21) 34 39 30,
Fax 34 39 32 00, ✉ 86152, AX DC ED VA
44 Zi, Ez: 115/57-160/80, Dz: 140/70-190/95,
4 Suiten, 4 App, ⊟ WC Ⓒ, 12 🛏, Lift, P, 🐾,
2⇔20, ⛷, Sauna, Solarium, Golf, garni
geschl.: 22.12.00-8.1.01
Auch Zimmer der Kategorie ✱✱ vorhanden.

✱ Ringhotel Alpenhof
Donauwörther Str. 233 (A 1),
Tel (08 21) 4 20 40, Fax 4 20 42 00, ✉ 86154,
AX DC ED VA, Ⓢ
128 Zi, Ez: 119/59-189/95, Dz: 168/84-288/145,
2 Suiten, ⌐ WC ✆ DFÜ, 18 ⊷, Lift, 🅿, 🚗, 9⬤220,
≋, Sauna, Solarium, Restaurant

✱ InterCityHotel
Halderstr. 29 (C 4), Tel (08 21) 5 03 90,
Fax 5 03 99 99, ✉ 86150, AX DC ED VA, Ⓢ
120 Zi, Ez: 150/75-210/105,
Dz: 170/85-260/130, ⌐ WC ✆ DFÜ, 50 ⊷, Lift,
🚗, 3⬤46, Fitnessraum, Sauna, Solarium,
Restaurant

✱ Ulrich
Kapuzinergasse 6 (D 5), Tel (08 21) 3 46 10,
Fax 3 46 13 46, ✉ 86150, AX DC ED VA
52 Zi, Ez: 120/60-160/80, Dz: 160/80-210/105,
⌐ WC ✆, 15 ⊷, Lift, 🅿, 🚗, 2⬤25, garni

✱ Am Rathaus
Am Hinteren Perlachberg 1 (D 3),
Tel (08 21) 34 64 90, Fax 3 46 49 99, ✉ 86150,
AX DC ED VA
32 Zi, Ez: 150/75-170/85, Dz: 210/105, ⌐ WC ✆
DFÜ, 16 ⊷, Lift, 🅿, 🚗, garni

✱ Ost am Kö
Top International Hotel
Fuggerstr. 4 (C 4), Tel (08 21) 50 20 40,
Fax 5 02 04 44, ✉ 86150, AX DC ED VA, Ⓢ
55 Zi, Ez: 120/60-160/80, Dz: 140/70-220/110,
1 Suite, 4 App, ⌐ WC ✆ DFÜ, 10 ⊷, Lift, 🅿,
Sauna, Solarium, garni

🍴🍴 Die Ecke
Elias-Holl-Platz 2, Tel (08 21) 51 06 00,
Fax 31 19 92, ✉ 86150, AX DC ED VA
Hauptgericht 25/12-55/27, Gartenlokal, 🅿
Beachtenswerte Küche.

🍴🍴 Feinkost Kahn
Annastr. 16, Tel (08 21) 31 20 31,
Fax 51 62 16, ✉ 86150, AX DC ED VA
Hauptgericht 35/17-38/19, Terrasse, geschl.: So

☕ Café Eber
Philippine-Welser-Str. 6, Tel (08 21) 3 68 47,
Fax 15 82 49, ✉ 86150
§, Terrasse, 8-18, geschl.: so+feiertags

Appartementhotels/Boardinghäuser

Cira Boarding House
Kurt-Schumacher-Str. 6, Tel (08 21) 7 94 40,
Fax 7 94 44 50, ✉ 86165, AX DC ED VA

Ez: 152/76-172/86, Dz: 192/96-212/106,
5 Suiten, 72 App, ⌐ WC ✆ DFÜ, 24 ⊷, Lift, 🅿,
🚗, 3⬤60, Restaurant
Zimmer der Kategorie ✱✱.

Göggingen (3 km ⬈)

✱ Terratel
Nanette-Streicher-Str. 4, Tel (08 21) 90 60 40,
Fax 9 06 04 50, ✉ 86150, AX DC ED VA
22 Zi, Ez: 110/55-125/62, Dz: 160/80-175/88, ⌐
WC ✆ DFÜ, 2 ⊷, Lift, 🅿, 🚗, ≋, Sauna,
Solarium, garni

Haunstetten (7 km ↓)

✱ Prinz Leopold
Bürgermeister-Widmeier-Str. 56,
Tel (08 21) 8 07 70, Fax 8 07 73 33, ✉ 86179,
AX ED VA
37 Zi, Ez: 130/65-170/85, Dz: 160/80-195/98,
⌐ WC ✆, Lift, 🅿, 5⬤140

🍴 Hauptgericht 14/7-37/18, Terrasse,
nur abends, Fr-So auch mittags, geschl.: Mo, So
abends

Inningen (7 km ⬈)

✱ Wangerhof
Vogteistr. 3, Tel (08 21) 9 00 80,
Fax 9 00 81 98, ✉ 86199, AX ED VA
50 Zi, Ez: 65/32-75/37, Dz: 95/47-105/52, ⌐
WC ✆, Restaurant
geschl.: 3 Wochen im Aug

Augustusburg 50 □

Sachsen / Kreis Freiberg
EW 5000
ℹ Tel (03 72 91) 65 51, Fax 65 52
Fremdenverkehrsamt
✉ 09573 Marienberger Str. 296

✱✱ Waldhaus
Am Kurplatz 7, Tel (03 72 91) 2 03 17,
Fax 2 03 17, ✉ 09573, AX DC ED VA
♪, 17 Zi, Ez: 100/50-110/55, Dz: 140/70,
1 Suite, ⌐ WC ✆, Lift, 🅿, 🚗, 2⬤50,
Restaurant

✱ Morgensonne
Morgensternstr. 2, Tel (03 72 91) 2 05 08,
Fax 65 82, ✉ 09573, ED VA
♪, 12 Zi, Ez: 75/37-85/42, Dz: 100/50-110/55,
1 Suite, ⌐ WC ✆, 10 ⊷, 🚗, garni

☕ Café Friedrich
Hans-Planer-Str. 1, Tel (03 72 91) 66 66,
Fax 6 00 52, ✉ 09573, AX DC ED VA
Terrasse, 🅿

Augsburg

Augsburg
0 100 200m
Donauwörth 43km
72 Augsburg-West 6km
A8,Auff.73 Augsburg-Ost 7km
Neuburg 43km
A8,Auff.73 Augsburg-Ost 7km
A8,Auff.73 Augsburg-Ost 7km
Fürstenfeldbruck 42km
Landsberg 38 km
Friedberg 7 km
Fürstenfeldbruck 42km
D
E
F
1
3
4
5
6
2
10
300
Lech
Berliner Allee
Schillstraße
Proviantbach
Hanreibach
Bad
Lechhauser Str.
Stadtwerke
Berufsgenossenschaft Textil u. Bekleid.
Johannes-Haag-Str.
Fichtelbach
Jakobertor
Jakobertorplatz
Bergmühlstr.
Argonstr.
Schäfflerbach
Schäfflerbachstr.
Zobelstr.
Öglinstr.
Werner-Haas-Str.
Jakoberwall
Jakoberwall-Turm
Vogelmauer
Vogeltor
Vogeltorplatz
Landeszentralbank
Provinostr.
Raunerstr.
Theodor-Wiedemann-Str.
Prinzstraße
Wolframstr.
Sanderstr.
Friedr.-List-Str.
Gärtnerstraße
Friedberger Str.
Remboldstr.
Forsterstr.
Schwibbogenplatz
Schwibbogenmauer
Margaretenstr.
Spital-G.
Hospital z. Hl. Geist
Marionettentheater
Schwäb. Handwerkermuseum
Roter Torwall
Rotes Tor
Freilichtbühne
Rote-Torwall-Str.
Haunstetter Str.
Eserwallstr.
Theodor-Heuss-Pl.
Bismarckstr.
Kitzenmarkt
St. Ulrichs-Münster
Kappelberg
Kirchgasse
Milchberg
Weite Gasse
Ulrichsplatz
Armenhaus-G.
Arbeitsgericht
Afrawald
Bäckergasse
Predigerbg.
Am Schwall
Standesamt
Herkulesbrunnen
Röm. Mus.
Schaezler Palais
Katharinengasse
Hallstraße
L.-Mozart-Konservator.
Dominik.
Stadtverw.
Fuggerhs.
Zeugplatz
Zeughaus
Zeuggasse
St. Moritz
Moritz-Pl.
M.-Luther-Platz
Fugger Denkm.
Maximilian-Mus.
Maximilianstr.
Hunoldsgraben
Weiße G.
Winter-G.
Komödie
Vorderer Lech
Mittlerer Lech
Schlossermauer
Oberer Graben
St. Ursula-Kloster
Fuggerei
Mstr.-Veits-Gäß.
Lochgäßchen
Kappeneck
Jakobsplatz
Herrengasse
Am Sparrenlech
Karrengäß.
St. Markus
Post
St. Jakob
Bei der Jakobskirche
Jakoberstr.
Rosengasse
Ob. Jakobermauer
Pilgerhausstr.
Barfüßerstr.
Barfüßer-K.
Maria Stern
Stern-G.
Eisenbg.
Raths.
Perlachturm
St. Peter
A. Hint. Perlachbg.
Rathausplatz
Aug.-Br.
Phil.-Welser-Str.
Stein-G.
Fischer-Str.
Karlstr.
Leonhardsberg
Naturmuseum Planetarium
Obstmarkt
Stadtwerke
Schmiedberg
Mauerberg
Stadtbad
Karolinenstr.
Hoher Weg
Ges.-Amt
Peutingerstr.
Spenglergäß.
Springergäß.
St.-Barbara-Klinik
Dom
Jugendherberge
St. Elisabeth
Inneres Pfaffengäß.
Mittleres Pfaffengäß.
Äußeres Pfaffengäßchen
Untersuchungsgefängnis
Karmelitengasse
Maria-Ward-Inst.
Gesundheitsamt
Karmelitenmauer
Stephansplatz
Benedikt.-Stift
Gallusplatz
St. Gallus
Stephans-G.
Stephingerberg
Pfärrle
Mozarths.
Kautzengäß.
Herwartstr.
Bastion Lueginsland
G.-Haindl-Str.
Sebastianstr.
Stadtbachstr.
Müllerstr.
Unterer Graben
Mittlerer Graben
Stadtgraben
Reischlestraße
Brückenstr.
Klauckestr.
Bleichstr.
Schäfflerbach
Bert-Brecht-Str.
Oblatterwallturm
Gänsbühl
Riedlerstr.
Franziskanergasse
Stadtverw.
Vincentinum
Fachhochschule
St. Maxim.
Fünfgratturm
Polizei
Henisiusstr.
Lauterlech
Paracelsusstr.
Langes Sächsengäß.
Untere Jakobermauer
Oblatterwallstraße
Stadtverw.

Augustusburg

* ◯ ≬, 11 Zi, Ez: 75/37-85/42,
Dz: 100/50-120/60, ⊣ WC ◯, ⌂
Auch Zimmer der Kategorie ** vorhanden.

Erdmannsdorf

*   Landhaus Puschke
Chemnitzer Str. 62, Tel (03 72 91) 2 94 60,
Fax 2 94 61, ✉ 09573, AX ED
26 Zi, Ez: 90/45, Dz: 120/60, 2 Suiten, ⊣ WC ◯,
2 ⇖, Lift, P, 1⬡60, Sauna, Solarium,
Restaurant

Aulendorf   69 □

Baden-Württemberg
Kreis Ravensburg
EW 9000
🛈 Tel (0 75 25) 93 42 03, Fax 93 41 03
Städt. Kurverwaltung
✉ 88326 Hauptstr. 35

*   Aulendorfer Hof
Hauptstr. 21, Tel (0 75 25) 10 77, Fax 29 00,
✉ 88326, AX ED VA
15 Zi, Ez: 87/43, Dz: 135/67, ⊣ WC ◯, P, garni

Aumühle   18 →

Schleswig-Holstein
Kreis Herzogtum Lauenburg
EW 3200
🛈 Tel (0 41 04) 97 80 11, Fax 97 80 13
Gemeindeverwaltung
✉ 21521 Bismarckallee 21

¶¶   Fürst-Bismarck-Mühle
Mühlenweg 3, Tel (0 41 04) 20 28, Fax 12 00,
✉ 21521, ED VA
Hauptgericht 35/17, Terrasse, Gartenlokal, P
***   ** 7 Zi, Ez: 120/60, Dz: 190/95, ⊣ WC ◯
DFÜ, Golf

Aurich   15 ↗

Niedersachsen
EW 40400
🛈 Tel (0 49 41) 44 64, Fax 1 06 55
Verkehrsverein
✉ 26603 Norderstr. 32

*   Brems Garten
Kirchdorfer Str. 7, Tel (0 49 41) 92 00,
Fax 92 09 20, ✉ 26603, AX DC ED VA
29 Zi, Ez: 85/42-120/60, Dz: 130/65-180/90,
2 Suiten, ⊣ WC ◯, 5 ⇖, P, 5⬡500, Bowling
**¶¶   ** Terrasse, Biergarten

*   Stadt Aurich
Hoheberger Weg 17, Tel (0 49 41) 43 31,
Fax 6 25 72, ✉ 26603, AX DC ED VA

44 Zi, Ez: 89/44-120/60, Dz: 149/75-159/80,
5 Suiten, ⊣ WC ◯, 23 ⇖, Lift, P, ⌂, 1⬡60,
Sauna, Solarium, Restaurant

Ogenbargen (11 km ↗)

⇌   Landgasthof Alte Post
Esenser Str. 299, Tel (0 49 47) 12 12,
Fax 14 04, ✉ 26607, AX DC ED VA
80 Zi, Ez: 59/29, Dz: 99/49, ⊣ WC, 1⬡100,
Fitnessraum, Restaurant

Wallinghausen (3 km →)

*   Silencehotel Köhlers Forsthaus
Hoheberger Weg 192, Tel (0 49 41) 1 79 20,
Fax 17 92 17, ✉ 26605, DC ED VA
◯, 50 Zi, Ez: 88/44-160/80,
Dz: 140/70-280/141, 7 Suiten, ⊣ WC ◯ DFÜ,
P, ⌂, 2⬡100, ⌂, Sauna, Solarium, Restaurant

Wiesens (5 km ↘)

¶¶   Waldhof
Zum Alten Moor 10, Tel (0 49 41) 9 57 50,
Fax 6 65 79, ✉ 26605
Hauptgericht 17/8-34/17, Terrasse, P,
geschl.: Mo
***   ** 5 Zi, Ez: 95/47, Dz: 165/83, 3 Suiten,
⊣ WC ◯, 1⬡30, ≋

Aying   72 □

Bayern / Kreis München
EW 3810
🛈 Tel (0 80 95) 9 09 50, Fax 23 53
Gemeindeverwaltung
✉ 85653 Kirchgasse 4

**   Brauerei-Gasthof Aying
Zornedinger Str. 2, Tel (0 80 95) 9 06 50,
Fax 90 65 66, ✉ 85653, AX DC ED VA
28 Zi, Ez: 160/80-200/100,
Dz: 250/125-300/151, ⊣ WC ◯ DFÜ, P, ⌂,
5⬡200, Kegeln
¶¶   Grill-Stube ✚
◯, Hauptgericht 30/15, Terrasse

Ayl   52 □

Rheinland-Pfalz
Kreis Trier-Saarburg
EW 1320
🛈 Tel (0 65 81) 1 94 33, Fax 1 94 33
Verkehrsverein
✉ 54439 Graf-Siegfried-Str 32

¶¶   Ayler Kupp ✚
Trierer Str. 49, Tel (0 65 81) 30 31, Fax 23 44,
✉ 54441, DC ED VA

♌, Hauptgericht 16/8-45/22, Terrasse,
Gartenlokal, **P**, geschl.: Mo, So,
24.12.00-31.1.01
Eigenbauweine.

✱ ◡ ♌, 12 Zi, Ez: 60/30-95/47,
Dz: 100/50-120/60, ⊣ WC ⊘
Auch einfachere Zimmer vorhanden.

Baabe siehe Rügen

Babenhausen 70 ↑

Bayern / Kreis Unterallgäu
EW 5192
i Tel (0 83 33) 30 50, Fax 43 84
Marktverwaltung
✉ 87727 Marktplatz 1

¶¶ Zur Post
Stadtgasse 1, **Tel (0 83 33) 13 03**, ✉ 87727, AX DC ED VA
Hauptgericht 30/15, **P**, geschl.: Mo, Di,
5.-11.3.01, 6.-24.8.01

Babenhausen 55 ↖

Hessen / Kreis Darmstadt-Dieburg
EW 17370
i Tel (0 60 73) 60 20, Fax 6 02 22
Magistrat
✉ 64832 Marktplatz 2

✱ Ziegelruh
Ziegelruh 1, **Tel (0 60 73) 7 26 70**,
Fax 72 67 67, ✉ 64832, ED VA
26 Zi, Ez: 98/49-145/73, Dz: 141/71-176/88,
2 Suiten, 1 App, ⊣ WC ⊘ DFÜ, 4 ⊌, **P**, garni

Bacharach 53 ↗

Rheinland-Pfalz
Kreis Mainz-Bingen
EW 2800
i Tel (0 67 43) 91 93 03, Fax 91 93 04
Rhein-Nahe Touristik
✉ 55422 Oberstr. 45

✱ Parkhotel
Marktstr. 8, **Tel (0 67 43) 14 22**, Fax 15 41,
✉ 55422, ED VA
28 Zi, Ez: 98/49-150/75, Dz: 145/73-190/95,
2 Suiten, ⊣ WC ⊘, Lift, **P**, 🏠, ♨, Sauna,
Solarium, Restaurant
geschl.: 5.11.-15.3.00

✱ Altkölnischer Hof
Blücherstr. 2, **Tel (0 67 43) 13 39**, Fax 27 93,
✉ 55422, AX ED VA
20 Zi, Ez: 90/45-140/70, Dz: 120/60-200/100,
⊣ WC ⊘, Lift, **P**, 🏠, 1⇨120, Restaurant
geschl.: 1.11.-31.12.00, 1.1.-1.4.01

Backnang 62 ↖

Baden-Württemberg
Rems-Murr-Kreis
EW 34000
i Tel (0 71 91) 89 42 56, Fax 89 41 00
i-Stadtinformation
✉ 71522 Am Rathaus 1

✱✱ Gerberhof
Wilhelmstr. 16, **Tel (0 71 91) 97 70**,
Fax 97 73 77, ✉ 71522, AX DC ED VA
42 Zi, Ez: 130/65-150/75, Dz: 170/85, ⊣ WC ⊘
DFÜ, 14 ⊌, Lift, **P**, 🏠, garni

✱✱ Am Südtor
Stuttgarter Str. 139, **Tel (0 71 91) 14 40**,
Fax 14 41 44, ✉ 71522, AX DC ED VA
70 Zi, Ez: 95/47-130/65, Dz: 130/65-160/80, ⊣
WC ⊘, 14 ⊌, Lift, 🏠, 3⇨60, garni
geschl.: 22.12.00-10.1.01

✱ Bitzer
Eugen-Adolff-Str. 29, **Tel (0 71 91) 9 63 35**,
Fax 8 76 36, ✉ 71522, VA
32 Zi, Ez: 94/47-99/49, Dz: 128/64-158/79, ⊣
WC ⊘ DFÜ, 5 ⊌, **P**, 🏠, garni
geschl.: 20.12.00-10.1.01

✱ Rems-Murr-Hotel
Talstr. 45, **Tel (0 71 91) 8 80 05**, Fax 7 29 74,
✉ 71522, AX DC ED VA
38 Zi, Ez: 110/55, Dz: 160/80, ⊣ WC, 4 ⊌, Lift,
P, 🏠, 1⇨10, garni

¶¶ Il Grappolo
Schillerstr. 23, **Tel (0 71 91) 96 01 01**, ✉ 71522,
AX DC ED VA
Hauptgericht 25/12, geschl.: So

¶¶ Backnanger Stuben
Bahnhofstr. 7, **Tel (0 71 91) 3 25 60**,
Fax 32 56 26, ✉ 71522, AX DC ED VA
Hauptgericht 30/15, Terrasse, geschl.: Di

Bad... siehe

Alle Orte mit dem Zusatz Bad, wie Bad Wiessee,
sind unter dem Ortsnamen, also Wiessee, zu
finden.

Baden-Baden 60

Baden-Württemberg
EW 50000
i Tel (0 72 21) 27 52 00, Fax 27 52 02
Tourist-Information
✉ 76530 Solmsstr. 1

siehe auch Bühl

Dorint Maison Messmer
Werderstr. 1, **Tel (0 72 21) 3 01 20**,
Fax 3 01 21 00, ✉ 76530, AX DC ED VA
152 Zi, Ez: 240/120-540/271,
Dz: 320/161-540/271, 10 Suiten, ⌐ WC ✆,
50 ⇥, Lift, 🐕, 6🍴150, 🏊, Sauna, Solarium,
Golf, Restaurant
Eröffnung voraussichtlich Anfang 2001.

★★★★★ Brenner's Park-Hotel ♛♛♛
Schillerstr. 4 (B 3), **Tel (0 72 21) 90 00**,
Fax 3 87 72, ✉ 76530, AX DC ED VA
☾, 100 Zi, Ez: 365/183-685/345,
Dz: 520/261-1050/528, 32 Suiten, ⌐ WC ✆,
Lift, 🐕, 6🍴150, 🏊, Fitnessraum, Sauna,
Solarium
Auch Zimmer anderer Kategorien vorhanden.

🍴🍴🍴🍴 Park-Restaurant
Tel 90 01 00
Hauptgericht 55/27-65/32, Terrasse, **P**

★★★★ Steigenberger Europäischer Hof
Kaiserallee 2 (B 2), **Tel (0 72 21) 93 30**,
Fax 2 88 31, ✉ 76530, AX DC ED VA, S
126 Zi, Ez: 205/103-283/142,
Dz: 310/156-454/228, 4 Suiten, ⌐ WC ✆, 43 ⇥,
Lift, **P**, 🐕, 5🍴200, Sauna, Golf
Auch einfache Zimmer vorhanden.

🍴🍴🍴 Kaiser Allee Restaurant
Hauptgericht 28/14-43/21, Terrasse

★★★ Steigenberger Badischer Hof
Lange Str. 47 (A 1), **Tel (0 72 21) 93 40**,
Fax 93 44 70, ✉ 76530, AX DC ED VA, S
☾, 139 Zi, Ez: 228/114-288/145,
Dz: 318/160-458/230, 4 Suiten, ⌐ WC ✆, 30 ⇥,
Lift, 🐕, 9🍴250, ≋, 🏊, Fitnessraum, Sauna,
Solarium, Golf

🍴🍴🍴 Parkrestaurant
Hauptgericht 29/14-50/25, Terrasse, **P**

★★★ Privathotel Quisisana
Bismarckstr. 21, **Tel (0 72 21) 36 90**,
Fax 36 92 69, ✉ 76530, AX ED VA
☾ ❄, 60 Zi, Ez: 270/135-380/191,
Dz: 380/191-440/221, 8 Suiten, ⌐ WC ✆, Lift,
P, 🐕, 1🍴16, 🏊, Sauna, Solarium, Restaurant
geschl.: 10-31.1.01

★★★ Belle Epoque
Maria-Victoria-Str (B 3),
Tel (0 72 21) 30 06 60, Fax 30 06 66, ✉ 76530,
AX ED VA
16 Zi, Ez: 250/125-375/188,
Dz: 295/148-375/188, 8 Suiten, ⌐ WC ✆ DFÜ,
P, 2🍴35, Golf, garni
Villa von 1870, individuelle Zimmereinrichtung
mit Antiquitäten.

★★★ Queens
Falkenstr. 2 (C 4), **Tel (0 72 21) 21 90**,
Fax 21 95 19, ✉ 76530, AX DC ED VA, S
121 Zi, Ez: 199/100-265/133,
Dz: 259/130-320/161, ⌐ WC ✆ DFÜ, Lift, **P**,
🐕, 6🍴120, 🏊, Sauna, Solarium, Golf

🍴🍴 Reblaus
Hauptgericht 24/12-39/19, Terrasse

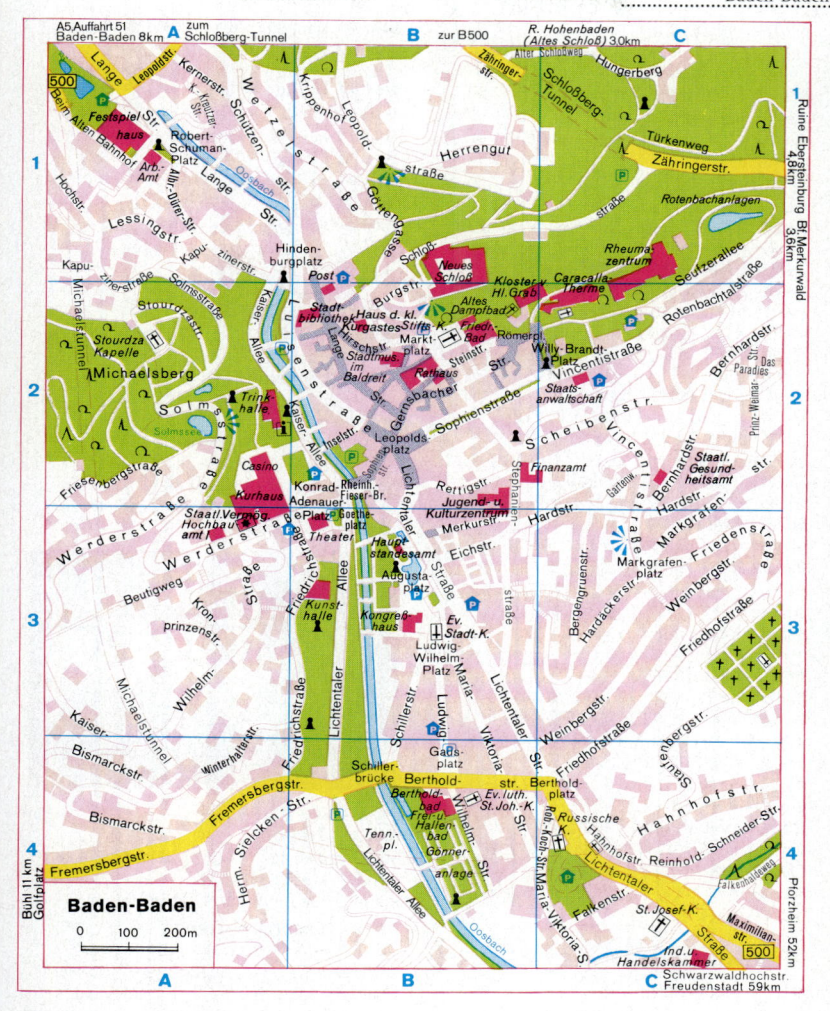

** ▆▆▆ Holland Hotel Sophienpark

Sophienstr. 14 (B 2), Tel **(0 72 21) 35 60**,
Fax 35 61 21, ✉ 76530, AX ED VA
🌙, 73 Zi, Ez: 200/100–320/161,
Dz: 300/151–340/171, 5 Suiten, 5 App, ⇌ WC ⌀
DFÜ, 12 ⚒, Lift, 🚗, 3⇌60, Restaurant

** ▆▆▆ Romantik Hotel ♛
Der Kleine Prinz

Lichtentaler Str. 36, Tel **(0 72 21) 34 66 00**,
Fax 3 46 60 59, ✉ 76530, AX ED VA, Ⓢ

24 Zi, Ez: 195/98–375/188,
Dz: 295/148–475/239, 14 Suiten, 2 App, ⇌ WC
⌀ DFÜ, Lift, **P**, 🚗, 2⇌25, Golf
Auch Zimmer der Kategorie *** vorhanden.
🍴🍴 ▆▆▆ DC, Hauptgericht 50/25–55/27,
geschl.: 3 Wochen im Jan

** ▆▆▆ Treff Hotel Quellenhof

Sophienstr. 27–29 (B 2), Tel **(0 72 21) 93 80**,
Fax 93 81 00, ✉ 76530, AX DC ED VA
52 Zi, Ez: 180/90–220/110,
Dz: 260/130–560/282, ⇌ WC ⌀, Lift, 🚗, 2⇌18

Baden-Baden

¶¶ **Badstüble**
Hauptgericht 15/7-35/17, Terrasse

★★ **Tannenhof**
Hans-Bredow-Str. 20 (A 4),
Tel (0 72 21) 30 09 90, Fax 3 00 99 51,
✉ 76530, AX ED VA
♪ ⚜, 27 Zi, Ez: 120/60-199/100,
Dz: 172/86-254/127, 1 Suite, ⌐ WC ⊘ DFÜ,
Lift, P, 2⇨110, Sauna, Solarium, Restaurant

★★ **Kappelmann**
Rotenbachtalstr. 30, Tel (0 72 21) 35 50,
Fax 35 51 00, ✉ 76530, AX DC ED VA
42 Zi, Ez: 140/70-190/95, Dz: 190/95-260/130,
⌐ WC ⊘ DFÜ, 8 ⇋, Lift, P, 2⇨40, Restaurant

★ **Deutscher Kaiser**
Merkurstr. 9 (B 3), Tel (0 72 21) 27 00,
Fax 27 02 70, ✉ 76530, AX DC ED VA
28 Zi, Ez: 120/60-185/93, Dz: 160/80-240/120,
⌐ WC ⊘ DFÜ, Lift, P, 🕾, Restaurant

★ **Merkur**
Merkurstr. 8 (B 3), Tel (0 72 21) 30 30,
Fax 30 33 33, ✉ 76530, AX DC ED VA
34 Zi, Ez: 140/70-190/95, Dz: 170/85-220/110,
2 Suiten, ⌐ WC ⊘, Lift, P, 🕾, 2⇨35,
Solarium, Restaurant

⛵ **Am Markt**
Marktplatz 18, Tel (0 72 21) 2 70 40,
Fax 27 04 44, ✉ 76530, AX DC ED VA
26 Zi, Ez: 55/27-120/60, Dz: 115/57-150/75,
1 App, ⊘, Lift, P, 🕾, garni
Rezeption: 7-22

¶¶ **Wehlauers Papalangi**
Lichtentaler Str. 13, Tel (0 72 21) 3 16 16,
Fax 3 27 88, ✉ 76530, AX ED VA
Hauptgericht 20/10-58/29, Terrasse, geschl.: Mo,
So, 2 Wochen im Jan

Geroldsau (5 km ↓)

★★ **Auerhahn**
Geroldsauer Str. 160, Tel (0 72 21) 74 35,
Fax 74 32, ✉ 76534, AX ED VA
28 Zi, Ez: 89/44-99/49, Dz: 116/58-158/79, ⌐
WC ⊘, P, 2⇨40
Auch Zimmer der Kategorie ★ vorhanden.
¶¶ Hauptgericht 18/9-38/19, Biergarten

Neuweier (12 km ↙)

★★ **Rebenhof**
Weinstr. 58, Tel (0 72 23) 9 63 10,
Fax 96 31 31, ✉ 76534, AX ED VA
♪ ⚜, 18 Zi, Ez: 100/50-115/57,
Dz: 155/78-165/83, ⌐ WC ⊘ DFÜ, 2 ⇋, Lift, P,
🕾, 1⇨20

¶¶ Hauptgericht 20/10-41/20, Terrasse,
geschl.: So, Mo mittags

★★ **Heiligenstein**
Heiligensteinstr. 19 a, Tel (0 72 23) 9 61 40,
Fax 96 14 50, ✉ 76534, ED VA
♪ ⚜, 24 Zi, Ez: 98/49-180/90, Dz: 170/85,
3 Suiten, ⌐ WC ⊘, 8 ⇋, Lift, P, 2⇨30, Sauna,
Solarium

¶¶ **Schwarzwaldstube**
Hauptgericht 18/9-38/19, nur abends,
geschl.: Mo

¶¶¶ **Zum Alde Gott** 🚩
Weinstr. 10, Tel (0 72 23) 55 13, Fax 6 06 24,
✉ 76534, AX DC ED VA
⚜, Hauptgericht 46/23-59/29, Terrasse, P,
geschl.: Do, 8.-28.1.01

¶¶ **Schloß Neuweier**
Mauerbergstr. 21, Tel (0 72 23) 96 14 99,
Fax 96 15 50, ✉ 76534, AX ED VA
🍷, Hauptgericht 35/17-54/27, P, geschl.: Di
Eigenbauweine.

¶¶ **Traube**
Mauerbergstr. 107, Tel (0 72 23) 9 68 20,
Fax 67 64, ✉ 76534, ED VA
Hauptgericht 21/10-43/21, P, geschl.: Mi

★ **Landhotel Traube
mit Gästehaus**
17 Zi, Ez: 85/42-140/70, Dz: 135/67-168/84,
4 Suiten, ⌐ WC ⊘ DFÜ, 🕾, 1⇨20, Sauna,
Solarium, Golf

¶¶ **Zum Lamm**
Mauerbergstr. 34, Tel (0 72 23) 9 64 60,
✉ 76534, ED VA
Hauptgericht 27/13-50/25, Terrasse, P,
geschl.: Do

Oberbeuern 4 km ↘

¶¶ **Waldhorn** ✚
Beuerner Str. 54, Tel (0 72 21) 7 22 88,
Fax 7 34 88, ✉ 76534, AX ED VA

Hauptgericht 24/12-48/24, Gartenlokal, **P**,
geschl.: Mo, So abends, 2 Wochen im Aug
✱ 12 Zi, Ez: 80/40-105/52,
Dz: 130/65-170/85, ⌐ WC ⊘ DFÜ

Sandweier (6 km ↖)

✱ Blume
Mühlstr. 24, **Tel (0 72 21) 9 50 30**,
Fax 95 03 70, ✉ 76532, ED VA
29 Zi, Ez: 100/50-140/70, Dz: 160/80-180/90,
⌐ WC ⊘, Lift, **P**, 3⊂80, ⌂, Kegeln, Sauna,
Solarium
 Hauptgericht 15/7-35/17, Biergarten

Umweg (7 km ✓)

** Bocksbeutel** ✚
Umweger Str. 103, **Tel (0 72 23) 94 08 00**,
Fax 94 08 29, ✉ 76534, AX ED VA
§, Hauptgericht 29/14-45/22, Terrasse, **P**,
geschl.: Mo
✱ 10 Zi, Ez: 90/45-120/60,
Dz: 150/75-190/95, ⌐ WC ⊘, ⌂, 2⊂25,
Fitnessraum, Sauna, Solarium

Badenweiler 67 ✓

Baden-Württemberg
Kreis Breisgau-Hochschwarzwald
EW 3800
ℹ Tel (0 76 32) 79 93 10, Fax 79 93 99
Touristik-Information
✉ 79410 Ernst-Eisenlohr-Str 4
Cityplan siehe Seite 58

✱✱✱✱ Römerbad
Schloßplatz 1 (A 2), **Tel (0 76 32) 7 00**,
Fax 7 02 00, ✉ 79410, AX DC ED VA
♪ §, 72 Zi, Ez: 240/120-390/196,
Dz: 350/176-420/211, 10 Suiten, ⌐ WC ⊘ DFÜ,
Lift, **P**, ⌂, 3⊂120, ≋, ⌂, Fitnessraum, Sauna,
Solarium
Auch Zimmer der Kategorie **✱✱✱** vorhanden.
Großer Park mit exotischem Baumbestand.

 Terrasse

**✱✱✱ Schwarzmatt
Relais & Châteaux** ♛
Schwarzmattstr. 6 a (B 2), **Tel (0 76 32) 8 20 10**,
Fax 82 01 20, ✉ 79410
♪ §, 41 Zi, Ez: 225/113-255/128,
Dz: 340/171-460/231, 5 Suiten, 7 App, ⌐ WC
⊘, Lift, **P**, ⌂, 1⊂60, ⌂, Solarium, Golf
 AX ED VA, Hauptgericht 38/19-48/24,
Terrasse

✱✱ Schloßberg
Schlosbergstr. 3, **Tel (0 76 32) 8 21 80**,
Fax 63 76, ✉ 79410, AX DC ED
♪ §, 8 Zi, Ez: 95/47-130/65,
Dz: 180/90-250/125, 10 App, ⌐ WC ⊘, Lift, **P**,
⌂, Sauna, Solarium, garni
geschl.: 15.11.-20.12.00, 15.1.-1.3.01

✱✱ Parkhotel Weißes Haus
Wilhelmstr. 6 (B 2), **Tel (0 76 32) 8 23 70**,
Fax 50 45, ✉ 79410, AX ED VA
♪ §, 34 Zi, Ez: 95/47-180/90,
Dz: 160/80-240/120, 3 Suiten, ⌐ WC ⊘ DFÜ,
10 ↤, Lift, **P**, ⌂, 2⊂60, Fitnessraum, Sauna,
Solarium, Golf, Restaurant
geschl.: 7.1.-14.2.01
18000 qm Park mit Mammutbäumen und
subtropischen Pflanzen.

✱✱ Anna
Oberer Kirchweg 2 (B 1), **Tel (0 76 32) 79 70**,
Fax 79 71 50, ✉ 79410
♪ §, 35 Zi, Ez: 90/45-135/67,
Dz: 150/75-270/135, ⌐ WC ⊘, Lift, **P**, ⌂, ⌂,
Sauna, Solarium, Golf, Restaurant
geschl.: 15.11.00-15.2.01
Auch Zimmer der Kategorie **✱✱✱** vorhanden.

✱✱ Romantik Hotel Sonne
Moltkestr. 4 (B 2), **Tel (0 76 32) 7 50 80**,
Fax 75 08 65, ✉ 79410, AX DC ED VA
♪, 35 Zi, Ez: 90/45-150/75,
Dz: 175/88-230/115, 1 Suite, 6 App, ⌐ WC ⊘,
P, ⌂, Restaurant

✱✱ Daheim am Park
Römerstr. 8 (B 2), **Tel (0 76 32) 75 80**,
Fax 75 82 99, ✉ 79410, ED VA
♪ §, 27 Zi, Ez: 90/45-150/75,
Dz: 210/105-280/141, 6 Suiten, ⌐ WC ⊘, 10 ↤,
Lift, **P**, ⌂, ⌂, Fitnessraum, Sauna, Solarium,
Restaurant
geschl.: 1.-19.12.00, 10.1.-19.2.01

✱ Silence-Försterhaus Lais
Badstr. 42 (C 2), **Tel (0 76 32) 8 21 20**,
Fax 82 12 82, ✉ 79410, AX DC ED VA

Badenweiler

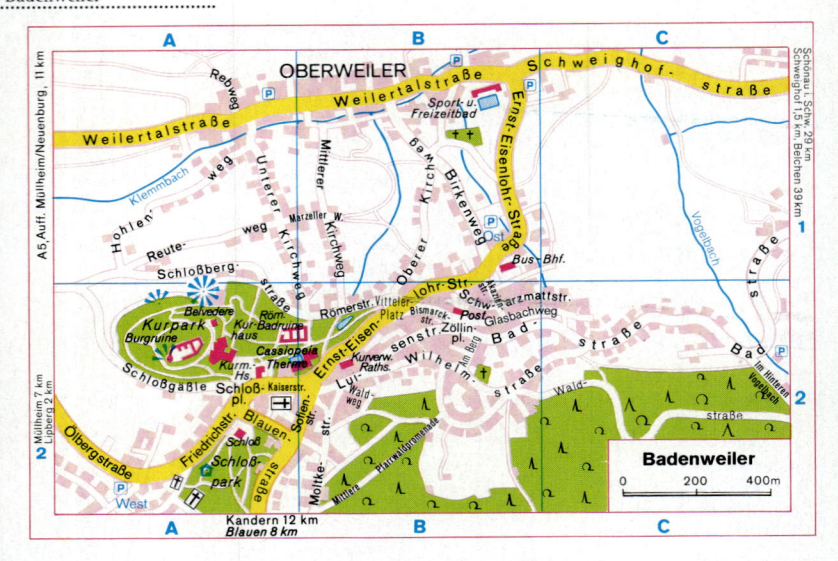

♪, 28 Zi, Ez: 62/31-109/54, Dz: 150/75-178/89,
2 Suiten, ⌐ WC ⓒ, 20 ⇐, 🅿, 🏠, Fitnessraum,
Sauna, Solarium, Restaurant
geschl.: 6.1.-12.2.01
Auch Zimmer der Kategorie ★★ vorhanden.

✱▬▬▬ Post
Sofienstr. 1 (B 2), Tel (0 76 32) 50 51,
Fax 51 23, ✉ 79410, ED VA
♪, 52 Zi, Ez: 79/39-120/60,
Dz: 160/80-240/120, 2 Suiten, 1 App, ⌐ WC ⓒ
DFÜ, Lift, 🅿, 🏠, 1↻40, 🏠, Sauna, Solarium
geschl.: 6.1.-19.2.01
🍴 Hauptgericht 30/15, Terrasse,
geschl.: 6.-19.1.01

✱▬▬▬ Neuenfels
Badstr. 18, Tel (0 76 32) 8 20 30,
Fax 8 20 33 00, ✉ 79410, ED VA
♪ ⚥, 23 Zi, Ez: 75/37-85/42, Dz: 140/70-150/75,
6 App, ⌐ WC ⓒ, 4 ⇐, 🅿, 🏠, garni
geschl.: 20.11.-20.12.00

✱▬▬▬ Schnepple
Hebelweg 15, Tel (0 76 32) 8 28 30,
Fax 82 83 20, ✉ 79410, AX ED VA
18 Zi, Ez: 70/35-150/75, Dz: 120/60-160/80, ⌐
WC ⓒ, Lift, 🅿, 🏠, Solarium, Restaurant

Lipburg

✱▬▬▬ Landgasthof Schwanen
Ernst-Scheffelt-Str. 5, Tel (0 76 32) 8 20 90,
Fax 82 09 44, ✉ 79410, AX DC ED VA

18 Zi, Ez: 60/30-100/50, Dz: 130/65-200/100,
⌐ WC ⓒ, 11 ⇐, 🅿, 🏠, Restaurant
geschl.: Do, 8.1.-15.2.01

Bärenfels 51 ←

Sachsen / Kreis Dippoldiswalde
ℹ Tel (03 50 52) 2 07 91, Fax 2 07 94
Fremdenverkehrsbüro
✉ 01776 Hauptstr. 87

✱▬▬▬ Felsenburg
Alte Böhmische Str. 20, Tel (03 50 52) 2 04 50,
Fax 2 03 40, ✉ 01776, AX
♪, 25 Zi, Ez: 74/37, Dz: 98/49, 1 Suite, ⌐ WC
ⓒ, 🅿, 1↻40, Restaurant

Baesweiler 42 ↖

Nordrhein-Westfalen / Kreis Aachen
EW 26140
ℹ Tel (0 24 01) 80 00, Fax 80 01 17
Stadtverwaltung
✉ 52499 Mariastr. 2

✱▬▬▬ Blumenhof
Übacher Weg 8, Tel (0 24 01) 9 15 30,
Fax 9 15 30, ✉ 52499, AX DC ED VA
15 Zi, Ez: 85/42, Dz: 140/70, ⌐ WC ⓒ, 🅿, 🏠,
Kegeln, Restaurant

Bahlingen am Kaiserstuhl 67 ↖

Baden-Württemberg
Kreis Emmendingen
EW 3600
ℹ Tel (0 76 63) 9 33 10, Fax 93 31 30
Touristikinformation
✉ 79353 Webergäßle 2

✱ Zum Lamm
Hauptstr. 49, Tel **(0 76 63) 9 38 70**,
Fax **93 87 77**, ✉ 79353, AX ED
32 Zi, Ez: 72/36-86/43, Dz: 128/64-144/72, ⊲⎯
WC ⊘ DFÜ, Lift, 2⟳170, Sauna, Solarium, Restaurant
Auch Zimmer der Kategorie ✱✱ vorhanden.

Baierbrunn 72 ←

Bayern / Kreis München
EW 2480
ℹ Tel (0 89) 7 44 15 00, Fax 74 41 50 10
Gemeindeverwaltung
✉ 82065 Bahnhofstr. 2

✱ Strobl
Wolfratshauser Str. 54a, Tel **(0 89) 7 44 20 70**,
Fax **7 93 11 73**, ✉ 82065, AX DC ED VA
20 Zi, Ez: 98/49-125/62, Dz: 130/65-170/85, ⊲⎯
WC ⊘, P, garni

Buchenhain (1 km ↑)

✱ Waldgasthof Buchenhain
Buchenhain 1, Tel **(0 89) 7 93 01 24**,
Fax **7 93 87 01**, ✉ 82065, AX ED VA
41 Zi, Ez: 95/47, Dz: 150/75, ⊲⎯ WC ⊘, Lift
Auch einfachere Zimmer vorhanden.
¶¶ Hauptgericht 25/12

Baiersbronn 60 ↘

Baden-Württemberg
Kreis Freudenstadt
EW 16000
ℹ Tel (0 74 42) 8 41 40, Fax 84 14 48
Baiersbronn Touristik
✉ 72270 Am Rosenplatz 3

✱✱ Falken
Oberdorfstr. 95, Tel **(0 74 42) 8 40 70**,
Fax **5 05 20**, ✉ 72270, AX ED VA
21 Zi, Ez: 63/31-78/39, Dz: 108/54-146/73, ⊲⎯
WC ⊘, Lift, P, ⌂, Sauna, Solarium, Restaurant
geschl.: Di

✱✱ Rose
Bildstöckleweg 2, Tel **(0 74 42) 8 49 40**,
Fax **84 94 94**, ✉ 72270, AX DC ED VA
35 Zi, Ez: 84/42-102/51, Dz: 147/74-187/94,
5 Suiten, ⊲⎯ WC ⊘, Lift, P, ⌂, 1⟳15, ⌀,
Sauna, Solarium
geschl.: Di, 19.11.-15.12.00
¶¶ ¶¶ Hauptgericht 25/12, Terrasse,
geschl.: Di, 19.11.-15.12.00

✱ Rosengarten
Bildstöckleweg 35, Tel **(0 74 42) 8 43 40**,
Fax **84 34 34**, ✉ 72270
26 Zi, Ez: 76/38-82/41, Dz: 126/63-180/90, ⊲⎯
WC ⊘, ⌀, Sauna, Solarium, Restaurant
geschl.: Mi, 6.11.-14.12.00

Baiersbronn-Außerhalb

✱✱✱ Schliffkopf-Hotel
Schwarzwaldhochstr. 1, Tel **(0 74 49) 92 00**,
Fax **92 01 99**, ✉ 72270, ED VA
einzeln §, 60 Zi, Ez: 130/65-170/85,
Dz: 170/85-340/171, 4 Suiten, ⊲⎯ WC ⊘ DFÜ,
15 ⬌, Lift, P, ⌂, 3⟳100, ⌀, Sauna, Solarium
Auch Zimmer der Kategorie ✱✱ vorhanden.

¶¶ ¶¶ Hauptgericht 15/7-49/24, Terrasse

Buhlbach

✱ Sigwart
Am Hänger 24, Tel **(0 74 49) 9 26 20**,
Fax **92 62 41**, ✉ 72270, VA
♪ §, 18 Zi, Ez: 54/27-95/47, Dz: 108/54-124/62,
4 App, ⊲⎯ WC ⊘, P, ≋, Solarium, Restaurant
geschl.: Mo, 12.11.-10.12.00

Heselbach (4 km ↗)

✱✱ Heselbacher Hof
Heselbacher Weg 72, Tel **(0 74 42) 83 80**,
Fax **83 81 00**, ✉ 72270
♪ §, 40 Zi, Ez: 93/46-114/57,
Dz: 170/85-266/133, 2 App, ⊲⎯ WC ⊘, Lift, P,
⌂, 1⟳25, ⌀, Sauna, Solarium, Restaurant
geschl.: Mo, 1.11.-18.12.00, 1.11.-18.12.01

Baiersbronn

Hinterlangenbach (23 km ↖)

** Forsthaus Auerhahn mit Gästehaus
Haus Nr 108, Zufahrt über Schönmünzach,
Tel (0 74 47) 93 40, Fax 93 41 99, ✉ 72270
einzeln ♪ ≸, 30 Zi, Ez: 78/39-160/80,
Dz: 176/88-254/127, 4 Suiten, 7 App, ⊐ WC ⊘,
Lift, 🅿, 🚗, ⌂, Fitnessraum, Sauna, Solarium,
Restaurant
geschl.: Di, 19.11.-22.12.00

Klosterreichenbach (3 km ↗)

* Ailwaldhof
Ailwald 3, Tel (0 74 42) 83 60, Fax 83 62 00,
✉ 72270, ED VA
einzeln ♪ ≸, 24 Zi, Ez: 95/47-165/83,
Dz: 190/95-310/156, 5 Suiten, ⊐ WC ⊘, 10 ⇥,
Lift, 🅿, 🚗, 1⟳20, ⌂, Sauna, Solarium,
2 Tennis
Überwiegend elegante Suiten im Landhausstil.

🍴🍴 Jakob-Friedrich
Hauptgericht 15/7-48/24, Terrasse
Große Auswahl an erstklassigen kalifornischen Weinen.

Mitteltal (5 km ↖)

****** Bareiss Im Schwarzwald ♛♛♛
Relais & Châteaux**
Gärtenbühlweg 14, Tel (0 74 42) 4 70,
Fax 4 73 20, ✉ 72270
♪ ≸, 108 Zi, Ez: 240/120-420/211,
Dz: 460/231-900/453, 12 Suiten, ⊐ WC ⊘, Lift,
🅿, 🚗, ≋, ⌂, Kegeln, Bowling, Sauna,
Solarium, 1 Tennis

🍴🍴🍴🍴🍴 Bareiss
AX DC ED VA
Hauptgericht 52/26-65/32, Terrasse,
geschl.: Mo, Di, 20.11.-24.12.00, 4.6.-6.7.01

🍴🍴🍴 Kaminstube
AX DC ED VA
Hauptgericht 29/14-50/25

🍴 Dorfstuben
AX DC ED VA
☺, Hauptgericht 17/8-38/19

** Lamm
Ellbachstr. 4, Tel (0 74 42) 49 80, Fax 4 98 78,
✉ 72270, AX DC ED VA
50 Zi, Ez: 65/32-132/66, Dz: 184/92-264/132,
⊐ WC ⊘ DFÜ, Lift, 🅿, 🚗, ⌂, Fitnessraum,
Sauna, Solarium
Auch Zimmer der Kategorie ******* vorhanden.
🍴🍴 Hauptgericht 30/15, Terrasse

* Birkenhof
Ödenhofweg 17, Tel (0 74 42) 8 42 40,
Fax 84 24 44, ✉ 72270, DC VA
25 Zi, Ez: 66/33-101/50, Dz: 120/60-136/68, ⊐
WC ⊘, 22 ⇥, Lift, 🅿, 🚗, 2⟳50, Solarium,
Restaurant
geschl.: Mi, 8.1.-3.2.01

Obertal (9 km ↖)

*** Engel Obertal ♛
Rechtmurgstr. 28, Tel (0 74 49) 8 50,
Fax 8 52 00, ✉ 72270, ED VA
♪ ≸, 65 Zi, Ez: 120/60-195/98,
Dz: 202/101-374/188, 1 Suite, 4 App, ⊐ WC ⊘
DFÜ, Lift, 🅿, 1⟳18, ⌂, Fitnessraum, Sauna,
Solarium, Golf, 1 Tennis

🍴🍴 Hauptgericht 30/15-48/24, Terrasse

Röt (7 km ↗)

** Gasthof Sonne
Murgtalstr. 323, Tel (0 74 42) 18 01 50,
Fax 1 80 15 99, ✉ 72270
36 Zi, Ez: 82/41-111/55, Dz: 154/77-186/93,
2 Suiten, ⊐ WC ⊘, 🅿, ⌂, Sauna, Solarium,
Golf
geschl.: 6.11.-14.12.00

🍴 Hauptgericht 10/5-30/15, Terrasse,
geschl.: 6.11.-14.12.00

Schönmünzach (13 km ↑)

** Holzschuh's Schwarzwaldhotel
Murgtalstr. 655, Tel (0 74 47) 9 46 30,
Fax 94 63 49, ✉ 72270
30 Zi, Ez: 70/35-180/90, Dz: 150/75-250/125,
9 App, ⌐ WC ⌀, Lift, Ⓟ, ⌂, 1🍴30, ⌂,
Fitnessraum, Sauna, Solarium, Restaurant
geschl.: 15.11.-15.12.00
Auch Zimmer der Kategorie ✱ vorhanden.

** Sonnenhof
Flair Hotel
Schifferstr. 36, Tel (0 74 47) 93 00,
Fax 93 03 33, ✉ 72270
♪, 42 Zi, Ez: 73/36-109/54, Dz: 132/66-184/92,
⌐ WC ⌀, Lift, Ⓟ, ⌂, Kegeln, Sauna, Solarium,
Restaurant
geschl.: 12.11.-17.12.00
Auch Zimmer der Kategorie ✱ vorhanden.

Schwarzenberg (12 km ↑)

** Sackmann
Murgtalstr. 602, Tel (0 74 47) 28 90,
Fax 28 94 00, ✉ 72270
58 Zi, Ez: 92/46-139/70, Dz: 176/88-328/165,
7 Suiten, 7 App, ⌐ WC ⌀, 10 ⌂, Lift, Ⓟ, ⌂,
2🍴50, ⌂, Sauna, Solarium

🍴🍴🍴 Schloßberg
AX DC ED VA
Hauptgericht 38/19-58/29, nur abends,
geschl.: Mo, Di, 10-21.1.01, 25.7.-12.8.01

🍴🍴 Anita-Stube
AX DC ED VA
Hauptgericht 16/8-45/22, Terrasse

** Löwen
Murgtalstr. 604, Tel (0 74 47) 93 20, Fax 10 49,
✉ 72270, ED VA
27 Zi, Ez: 54/27-93/46, Dz: 126/63-162/81, ⌐
WC ⌀, Lift, Ⓟ, ⌂
Auch Zimmer der Kategorie ✱ vorhanden.
🍴 Hauptgericht 25/12-37/18, Terrasse

Tonbach (3 km ↑)

**** Traube-Tonbach ⚘⚘⚘
L'Art de Vivre-Residenz
Tonbachstr. 237, Tel (0 74 42) 49 20,
Fax 49 26 92, ✉ 72270
♪ ⚘, 175 Zi, Ez: 193/97-323/162,
Dz: 358/180-542/273, 12 Suiten, 55 App, ⌐ WC
⌀, Lift, Ⓟ, ⌂, 4🍴40, ⌫, ⌂, Kegeln, Sauna,
Solarium, Golf, 4 Tennis
Im gegenüberliegenden Haus Kohlwald auch
Zimmer der Kategorie *** vorhanden.

🍴🍴🍴🍴🍴 Französisches Restaurant 🍷🍷🍷
Schwarzwaldstube
L'Art de Vivre-Restaurant
Tel 49 26 65, AX DC ED VA
⚘, Hauptgericht 60/30-75/37, geschl.: Mo, Di,
8.1.-1.2.01, 30.7.-28.8.01
Schwarzwälder Holzbildhauerarbeiten als
Rahmen für elegante französische Tafelkultur.

🍴🍴🍴 Köhlerstube 🍷
Tel 49 26 65, AX DC ED VA
Hauptgericht 42/21-52/26, Terrasse

🍴 Bauernstube
Tel 49 26 65, AX DC ED VA
⌂, Hauptgericht 28/14-38/19

** Sonnenhalde
Obere Sonnenhalde 63, Tel (0 74 42) 8 45 40,
Fax 8 45 41 10, ✉ 72270
30 Zi, Ez: 72/36-200/100, Dz: 160/80-230/115,
3 Suiten, ⌐ WC ⌀, Lift, Ⓟ, ⌂, ⌂, Fitnessraum,
Sauna, Solarium, Restaurant
geschl.: 6.11.-14.12.00
Auch Zimmer der Kategorie *** vorhanden.

** Schwarzwaldhotel Tanne
Tonbacher Str. 243, Tel (0 74 42) 83 30,
Fax 83 31 00, ✉ 72270
53 Zi, Ez: 90/45-115/57, Dz: 154/77-220/110, ⌐
WC ⌀, Lift, Ⓟ, ⌂, 1🍴25, ⌂, Sauna, Solarium,
Restaurant
geschl.: Mo, 5.11.-12.12.00
Auch Zimmer der Kategorie ✱ vorhanden.

Baiersbronn

** **Waldlust mit Gästehaus**
Tonbachstr. 174, Tel (0 74 42) 83 50,
Fax 21 27, ✉ 72270
44 Zi, Ez: 75/37-100/50, Dz: 136/68-180/90,
2 Suiten, ⊒ WC ⊘, Lift, ℙ, 🞄, 🞄, Sauna,
Solarium, Restaurant
geschl.: Di, 6.11.-14.12.00
Im Haupthaus Zimmer der Kategorie ✱
vorhanden.

* **Am Tonbach**
Tonbachstr. 177, Tel (0 74 42) 18 00 80,
Fax 1 80 08 44, ✉ 72270, ED VA
15 Zi, Ez: 94/47, Dz: 168/84-182/91, ⊒ WC ⊘,
ℙ, 🞄, 🞄, Fitnessraum, Sauna, Solarium,
Restaurant

Baiersdorf 57 □

Bayern / Kreis Erlangen-Höchstadt
EW 6400
ℹ Tel (0 91 33) 7 79 00, Fax 77 90 20
Stadtverwaltung
✉ 91083 Waaggasse 2

🍴🍴 **Zum Storchennest** ✚
Hauptstr. 41, Tel (0 91 33) 8 26, Fax 57 44,
✉ 91083, AX DC ED
Hauptgericht 48/24, Gartenlokal, ℙ,
geschl.: Mo, So, 2 Wochen im Jan, 2 Wochen
im Aug
Abends auch Gourmet-Menü.

Balderschwang 70 ✓

Bayern / Kreis Oberallgäu
EW 230
ℹ Tel (0 83 28) 10 56, Fax 2 65
Verkehrsamt
✉ 87538 Haus Nr. 16

** **Hubertus**
Landidyll
Tel (0 83 28) 92 00, Fax 9 20 10, ✉ 87538, AX
DC ED VA
♠, 25 Zi, Ez: 85/42-254/127,
Dz: 140/70-270/135, 1 Suite, ⊒ WC ⊘, 10 🛏,
ℙ, 1⟲40, Sauna, Solarium, Restaurant
Rezeption: 9-19
Im Haupthaus auch einfachere Zimmer
vorhanden..

Balduinstein 44 ✓

Rheinland-Pfalz / Rhein-Lahn-Kreis
EW 650
ℹ Tel (0 64 32) 8 21 45
Gemeindeverwaltung
✉ 65558 Bahnhofstr. 15

🍴🍴🍴 **Am Kachelofen** 🍷
Bahnhofstr. 24, Tel (0 64 32) 8 10 91,
Fax 8 36 43, ✉ 65558, AX ED VA
Hauptgericht 35/17-55/27, Biergarten,
Gartenlokal, ℙ, geschl.: Di, über Karneval 3
Wochen

* **Zum Bären**
10 Zi, Ez: 90/45-140/70, Dz: 180/90-280/141, ⊒
WC ⊘, 2⟲25
geschl.: Di, nach Karneval 3 Wochen

Balingen 61 ↓

Baden-Württemberg
Zollernalbkreis
EW 34000
ℹ Tel (0 74 33) 17 01 18, Fax 17 01 27
Tourist-Information
✉ 72336 Neue Str. 33

** **Stadt Balingen**
Hirschbergstr. 48, Tel (0 74 33) 80 21,
Fax 51 19, ✉ 72336, AX DC ED VA
60 Zi, Ez: 122/61-156/78, Dz: 196/98, ⊒ WC ⊘,
7 🛏, Lift, ℙ, 2⟲20, Golf, Restaurant

** **Hamann**
Neue Str. 11, Tel (0 74 33) 95 00, Fax 51 23,
✉ 72336, AX DC ED VA
50 Zi, Ez: 105/52-140/70, Dz: 170/85-200/100,
1 Suite, 4 App, ⊒ WC ⊘, 6 🛏, Lift, ℙ, 🞄
Auch Zimmer der Kategorie ✱ vorhanden.

🍴 **Gute Stube**
Hauptgericht 15/7

* **Thum**
Klausenweg 20, an der B 27,
Tel (0 74 33) 9 69 00, Fax 96 90 44, ✉ 72336,
DC ED VA
22 Zi, Ez: 90/45-150/75, Dz: 160/80-200/100,
3 Suiten, 3 App, ⊒ WC ⊘, 2 🛏, Lift, ℙ, 🞄,
2⟲90
🍴 Hauptgericht 35/17, geschl.: Sa

Balje 17 ↑

Niedersachsen / Kreis Stade
EW 1192
ℹ Tel (0 47 53) 3 76
Gemeindeverwaltung
✉ 21730 Bahnhofstr. 28

Hörne

* **Zwei Linden**
Itzwörderner Str. 4, Tel (0 47 53) 8 43 00,
Fax 84 30 30, ✉ 21730, ED
17 Zi, Ez: 70/35-75/37, Dz: 100/50-120/60, ⊒
WC ⊘, ℙ, 🞄, 3⟲60, Restaurant

Ballenstedt 37 ↗

Sachsen-Anhalt / Kreis Quedlinburg
EW 7300
ℹ Tel (03 94 83) 2 63, Fax 2 63
Tourist Information
✉ 06493 Allee 37

✱✱✱ **Schloßhotel Großer Gasthof**
Schloßplatz 1, Tel **(03 94 83) 5 10**, Fax **5 12 22**,
✉ 06493, AX DC ED VA
49 Zi, Ez: 198/99, Dz: 252/126, ⇨ WC ⌀ DFÜ,
Lift, **P**, 2⇔80, 🏊, Sauna, Solarium, Golf

🍴🍴 **Fürst Victor**
Hauptgericht 19/9-35/17, Terrasse

Ballrechten-Dottingen 67 ↙

Baden-Württemberg
Kreis Breisgau-Hochschwarzwald
EW 2060
ℹ Tel (0 76 34) 5 61 70, Fax 56 17 99
Bürgermeisteramt
✉ 79282 Alfred-Löffler-Str 1

Weinbau- und Erholungsort am Rande des
Schwarzwaldes zur Rheinebene.

Dottingen

✱ **Landhaus zur Badischen
       Weinstraße**
Neue Kirchstr. 26, Tel **(0 76 34) 59 19 19**,
Fax **59 19 20**, ✉ 79282
♪ ♣, 10 Zi, Ez: 55/27-78/39, Dz: 96/48-120/60, ⇨
WC ⌀, 3 ⛌, **P**, 🏠, garni

🍴 **Winzer-Stube**
Neue Kirchstr. 30, Tel **(0 76 34) 6 97 05**,
Fax **63 81**, ✉ 79282
Hauptgericht 13/6-25/12, Terrasse, **P**,
geschl.: Do, Fr mittags, 8.1.-8.2.01

✱ **Haus Blanka**
Neue Kirchstr. 8, Tel **81 75**, Fax **83 20**
♪ ♣, 7 Zi, Ez: 55/27-65/32, Dz: 90/45-110/55, ⇨
WC ⌀, 🏠

Ballstedt 48 ↖

Thüringen / Kreis Weimar
EW 230
ℹ Tel (03 64 52) 78 50
Verwaltungsgemeinschaft
✉ 99439 Hauptstr. 23

✱ **Landhotel Zur Tanne**
Im Dorfe 29, Tel **(03 64 52) 7 23 60**,
Fax **7 08 57**, ✉ 99439, AX DC ED VA
24 Zi, Ez: 74/37-79/39, Dz: 116/58-126/63, ⇨
WC ⌀, **P**, 2⇔60, Sauna, Solarium, Restaurant

Baltrum 15 ↗

Niedersachsen / Kreis Aurich
EW 550
ℹ Tel (0 49 39) 91 40 03, Fax 91 40 05
Kurverwaltung
✉ 26579 Haus Nr 130

✱ **Strandhof**
Haus Nr 123, Tel **(0 49 39) 8 90**, Fax **89 13**,
✉ 26579, ED
♪ ♣, 26 Zi, Ez: 75/37-85/42, Dz: 140/70-160/80,
6 Suiten, 23 App, ⇨ WC ⌀, 1⇔30,
Fitnessraum, Sauna, Solarium, Restaurant
geschl.: 15.10.00-15.3.01

✱ **Witthus an't Brüg**
Dependance Seemöwe Nr 137,
Tel **(0 49 39) 99 00 00**, Fax **99 00 01**, ✉ 26579
♪ ♣, 11 Zi, Ez: 75/37-100/50,
Dz: 150/75-160/80, 2 App, ⇨ WC ⌀, Kegeln,
Restaurant
geschl.: 1.11.-26.12.00, 10.1.-15.3.01

Balve 34 ↙

Nordrhein-Westfalen
Märkischer Kreis
EW 12280
ℹ Tel (0 23 75) 92 61 90, Fax 92 61 91
Verkehrsverein Balve e.V.
✉ 58802 Widukindplatz 1

Binolen (7 km ↑)

🍴 **Haus Recke**
Binolen 1, Tel **(0 23 79) 9 18 10**, Fax **2 93**,
✉ 58802, AX ED VA
einzeln, Hauptgericht 27/13, Terrasse,
Biergarten, Gartenlokal, **P**, geschl.: Mo,
15-30.11.00, 1-15.2.01
✱ einzeln, 9 Zi, Ez: 98/49,
Dz: 175/88-200/100, 3 App, ⇨ WC ⌀ DFÜ, 🏠,
4⇔100

Eisborn (8 km ↑)

✱✱ **Antoniushütte
       mit Gästehaus**
Dorfstr. 10, Tel **(0 23 79) 91 50**, Fax **6 44**,
✉ 58802, ED VA
♪, 59 Zi, Ez: 90/45-130/65,
Dz: 160/80-230/115, 2 Suiten, ⇨ WC ⌀, **P**, 🏠,
5⇔100, Kegeln
Auch Zimmer der Kategorie **✱** vorhanden.
🍴🍴 Hauptgericht 25/12, Terrasse

Balve

** **Zur Post**
mit Gästehaus
Dorfstr. 3, Tel (0 23 79) 91 60, Fax 91 62 00,
✉ 58802, AX DC ED VA
🌙, 50 Zi, Ez: 90/45-96/48, Dz: 150/75-180/90,
1 Suite, ⌐ WC ⊘ DFÜ, Lift, P, 🏠, 5⭕80, 🛏,
Fitnessraum, Sauna
Auch Zimmer der Kategorie ✱ vorhanden.
🍴 Hauptgericht 15/7-38/19, Terrasse

Bamberg 57 ↖

Bayern
EW 71000
🛈 Tel (09 51) 87 11 61, Fax 87 19 60
Tourismus & Kongreß Service
✉ 96047 Geyerswörthstr. 3

siehe auch Buttenheim

*** **Residenzschloss**
Untere Sandstr. 32 (A 2), Tel (09 51) 6 09 10,
Fax 6 09 17 01, ✉ 96049, AX DC ED VA, Ⓢ
185 Zi, Ez: 238/119-288/145,
Dz: 298/150-338/170, 4 Suiten, ⌐ WC ⊘, 33 🛏,
Lift, 🏠, 10⭕320, Sauna, Solarium, Restaurant
Auch Zimmer der Kategorie ******** vorhanden.

** **St. Nepomuk mit Gästehäusern**
Molitor und Steinmühle
Obere Mühlbrücke 9 (B 3), Tel (09 51) 9 84 20,
Fax 9 84 21 00, ✉ 96049, DC ED VA
§ 🍷, 47 Zi, Ez: 130/65-160/80,
Dz: 200/100-240/120, 4 Suiten, ⌐ WC ⊘ DFÜ,
10 🛏, Lift, 🏠, 2⭕35

🍴🍴 **St. Nepomuk**
§, Hauptgericht 30/15

** **Romantik Hotel Weinhaus**
Messerschmitt
Lange Str. 41 (B 3), Tel (09 51) 2 78 66,
Fax 2 61 41, ✉ 96047, AX DC ED VA
🍷, 17 Zi, Ez: 99/49-165/83,
Dz: 210/105-265/133, ⌐ WC ⊘, 8 🛏, P, 3⭕60

🍴🍴🍴 Hauptgericht 38/19-44/22

🍴 **Hubertusstube**
Hauptgericht 28/14-42/21

** **Barock-Hotel am Dom** ♛
Vorderer Bach 4 (B 3), Tel (09 51) 5 40 31,
Fax 5 40 21, ✉ 96049, AX DC ED VA
🌙, 19 Zi, Ez: 100/50-110/55, Dz: 150/75-160/80,
⌐ WC ⊘, Lift, P, garni
geschl.: 24-27.12.00, 1.2.-1.3.01
Historisches Barockgebäude von 1520.

** **Berliner Ring**
Pödeldorfer Str. 146, Tel (09 51) 91 50 50,
Fax 1 47 15, ✉ 96050, AX ED VA
40 Zi, Ez: 98/49-110/55, Dz: 128/64-178/89, ⌐
WC ⊘ DFÜ, 16 🛏, Lift, P, 🏠, garni
Rezeption: 6.30-22, geschl.: 22.12.00-10.1.01

** **Domherrenhof**
Karolinenstr. 24 (B 3), Tel (09 51) 95 59 90,
Fax 9 55 99 55, ✉ 96049, AX ED VA
17 Zi, Ez: 130/65, Dz: 160/80-180/90, ⌐ WC ⊘,
1⭕25
🍴🍴 Hauptgericht 25/12

* **Gasthof Wilde Rose**
Keslerstr. 7 (B 2), Tel (09 51) 98 18 20,
Fax 2 20 71, ✉ 96047, AX DC ED VA
29 Zi, Ez: 80/40-100/50, Dz: 150/75-155/78, ⌐
WC ⊘, P
Parkplatzreservierung erforderlich.

🍴 **Altfränkische Gaststube**
Hauptgericht 20/10

* **Zum Spatz**
Herrenstr. 2 (B 3), Tel (09 51) 5 20 79,
Fax 5 12 03, ✉ 96049, AX DC ED VA
6 Zi, Ez: 85/42-120/60, Dz: 120/60-140/70,
1 Suite, ⌐ WC ⊘, garni

* **Brudermühle**
Schranne 1 (B 3), Tel (09 51) 95 52 20,
Fax 9 55 22 55, ✉ 96049, ED VA
16 Zi, Ez: 135/67-150/75, Dz: 185/93-215/108,
⌐ WC ⊘ DFÜ, 16 🛏, 1⭕25, Restaurant

* **Weierich**
Lugbank 5 (B 3), Tel (09 51) 95 56 60,
Fax 9 55 66 36, ✉ 96049, AX DC ED VA
24 Zi, Ez: 95/47, Dz: 135/67-150/75, 1 Suite,
1 App, ⌐ WC ⊘, 3 🛏, P, 1⭕67, Restaurant

Brauerei-Ausschank Schlenkerla
Dominikanerstr. 6, Tel (09 51) 5 60 60,
Fax 5 40 19, ✉ 96049
🍷, Hauptgericht 15/7-20/10

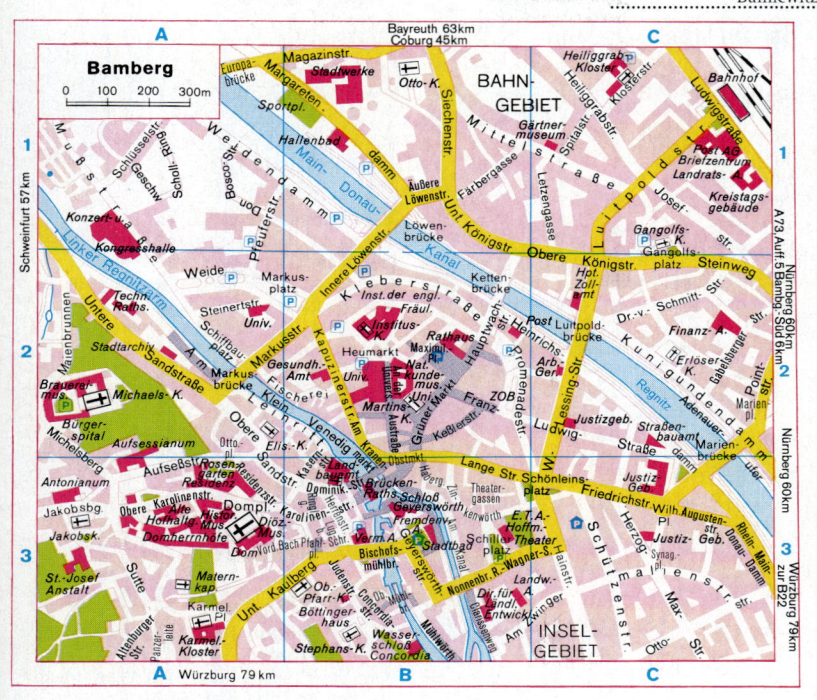

Klosterbräu
Obere Mühlbrücke 1-3, **Tel (09 51) 5 22 65**,
Fax 50 02 74, ✉ 96049
✽, Hauptgericht 18/9, Terrasse, Biergarten,
Gartenlokal, **P**, geschl.: Mi
Älteste Braustätte Bambergs seit 1533.

Brauerei Spezial
Obere Königstr. 10, **Tel (09 51) 2 43 04**,
Fax 2 63 30, ✉ 96052
✽, Hauptgericht 16/8, ⛟, 9-23, geschl.: Sa,
25.8.-10.9.01, 23.12.00-6.1.01
Historische Braustube.

Café Am Dom
Ringleinsgasse 2, **Tel (09 51) 5 68 52**,
Fax 5 90 42, ✉ 96049, AX
Terrasse, geschl.: Do
Spezialität: Wiener Apfelstrudel, Dom-Torte.

Gaustadt

✱ Brauereigasthof Kaiserdom
Gaustadter Hauptstr. 26, **Tel (09 51) 96 51 40**,
Fax 9 65 14 44, ✉ 96049, AX ED VA
19 Zi, Ez: 94/47, Dz: 119/59, ⛌ WC ⓒ, **P**, 🏠,
1⊙40

¶ Hauptgericht 15/7-39/19, nur abends,
So auch mittags, geschl.: Mo, So abends

Bannewitz 51 ↖

Sachsen / Weißeritzkreis
EW 5600
🛈 Tel (03 52 06) 20 40, Fax 2 04 35
Gemeindeverwaltung
✉ 01728 Peisentalstr. 3, Possendorf

Possendorf

✱ Hähnel
Hauptstr. 30, Tel (03 52 06) 2 11 39,
Fax 2 18 61, ✉ 01728, AX ED VA
12 Zi, Ez: 85/42-110/55, Dz: 100/50-135/67, ⛌
WC ⓒ, **P**, Restaurant

Bansin siehe Usedom

Banzkow 20 ↖

Mecklenburg-Vorpommern
Kreis Schwerin
EW 1600
🛈 Tel (0 38 61) 5 50 20
Gemeindeverwaltung
✉ 19079 Schulsteig 4

** Lewitz Mühle
An der Lewitz-Mühle 40, **Tel (0 38 61) 50 50**,
Fax 50 54 44, ✉ 19079, AX ED VA, Ⓢ
52 Zi, Ez: 120/60-180/90, Dz: 180/90-310/156,
4 App., 🚿 WC ⌀ DFÜ, 15 ⚭, Lift, P, ➡,
5🟢190, ➰, Sauna, Solarium, Restaurant
Denkmalgeschützte Holländer Galeriemühle
von 1874 mit Hotelneubau.

* Trend Hotel
Plater Str. 1, **Tel (0 38 61) 71 14, Fax 73 34**,
✉ 19079
58 Zi, Ez: 70/35-80/40, Dz: 100/50-110/55,
5 Suiten, 🚿 WC ⌀, 8 ⚭, Lift, P, 3🟢60,
Restaurant

Mirow

* Unter den Linden
Unter den Linden 4a, **Tel (0 38 61) 79 16**,
Fax 79 18, ✉ 19079, AX DC ED VA
🌙 ✦, 25 Zi, Ez: 80/40, Dz: 100/50, 🚿 WC ⌀, P,
1🟢25, Kegeln, Sauna, Solarium, Restaurant
geschl.: 5.-19.2.01

Bargteheide 18 ↗

Schleswig-Holstein
Kreis Stormarn
EW 12500
🛈 Tel (0 45 32) 4 04 70, Fax 40 47 77
Stadtverwaltung
✉ 22941 Rathausstr. 26

* Papendoor
Lindenstr. 1, **Tel (0 45 32) 20 39 00**,
Fax 20 39 01, ✉ 22941, AX DC ED VA
24 Zi, Ez: 58/29-140/65, Dz: 145/73-175/88,
1 Suite, 🚿 WC ⌀, P, ➡, Restaurant
Auch einfachere Zimmer vorhanden.

Bargum 9 ↖

Schleswig-Holstein
Kreis Nordfriesland
EW 590
🛈 Tel (0 46 71) 58 57, Fax 69 75
Fremdenverkehrsverein
✉ 25821 Rathaus

🍴🍴🍴 Andresens Gasthof
Dorfstr. 63, an der B 5, **Tel (0 46 72) 10 98**,
Fax 10 99, ✉ 25842, ED
Hauptgericht 48/24-54/27, Gartenlokal, P,
geschl.: Mo, Di
* ▬▬▬ 5 Zi, Ez: 135/67, Dz: 195/98 ♛
🚿 WC ⌀, 3🟢0

Bark 10 ↘

Schleswig-Holstein
Kreis Segeberg
EW 880
🛈 Tel (0 45 52) 9 97 70, Fax 99 77 25
Amtsverwaltung
✉ 23816 Hamburger Str. 28

Bockhorn (2 km ↖)

* Comfort Hotel Schäfer
Bockhorner Landstr. 10 a, **Tel (0 45 58) 10 66**,
Fax 2 68, ✉ 23826, AX DC ED VA
21 Zi, Ez: 95/47-105/52, Dz: 135/67-165/83,
2 Suiten, 🚿 WC ⌀, 7 ⚭, P, ➡, Restaurant
geschl.: 10.12.00-6.1.01

Barkhausen siehe Porta Westfalica

Barleben 28 ↙

Sachsen-Anhalt / Kreis Wolmirstedt
EW 5790
🛈 Tel (03 92 03) 78 10, Fax 78 12 90
Gemeindeverwaltung
✉ 39179 Breiter Weg 50

** Mercure
Ebendorfer Str, **Tel (03 92 03) 9 90**,
Fax 6 13 73, ✉ 39179, AX DC ED VA
118 Zi, Dz: 175/88, 1 App, 🚿 WC ⌀ DFÜ, 26 ⚭,
Lift, P, 8🟢150, Sauna, Restaurant

* Mariannenhof
Hansenstr. 40, **Tel (03 92 03) 6 09 45**,
Fax 6 13 34, ✉ 39179, AX ED VA
18 Zi, Ez: 115/57, Dz: 185/93, 🚿 WC ⌀, P,
1🟢40, Restaurant

Barnstorf 24 ↗

Niedersachsen / Kreis Diepholz
EW 5980
🛈 Tel (0 54 42) 80 90, Fax 8 09 32
Samtgemeinde
✉ 49406 Am Markt 4

✶✶ Roshop
Am Markt 6, Tel (0 54 42) 98 00, Fax 98 04 44,
✉ 49406, AX ED VA
63 Zi, Ez: 99/49-130/65, Dz: 155/78-190/95,
2 Suiten, ⌐ WC ⊘ DFÜ, 20 ⌫, Lift, P, ⌂,
10⇔160, ⌂, Kegeln, Sauna, Solarium,
Restaurant

Barsinghausen 25 ↘

Niedersachsen / Kreis Hannover
EW 36000
🛈 Tel (0 51 05) 77 42 63, Fax 6 56 32
Stadt Barsinghausen
✉ 30890 Bergamtstraße 5

✶✶ Stadthotel
Egestorfer Str. 6, Tel (0 51 05) 6 50 95,
Fax 98 90, ✉ 30890, AX DC ED VA
40 Zi, Ez: 120/60-130/65, Dz: 160/80-170/85,
1 App, ⌐ WC ⊘ DFÜ, 1 ⌫, P, 2⇔50, garni

✶ Caspar
Lauenauer Allee 8, Tel (0 51 05) 35 43,
Fax 51 92 22, ✉ 30890
♩, 9 Zi, Ez: 75/37-105/52, Dz: 145/73-175/88,
⌐ WC ⊘, P, ⌂, Sauna, garni

✶ Fuchsbachtal
Bergstr. 54, Tel (0 51 05) 77 60, Fax 77 63 33,
✉ 30890, AX ED VA
77 Zi, Ez: 85/42-220/110, Dz: 175/88-290/146,
2 Suiten, ⌐ WC ⊘ DFÜ, 8 ⌫, Lift, P, 8⇔130,
⌂, Kegeln, Sauna, Solarium, Restaurant

🍴🍴 Marmite ✚
Egestorfer Str. 36 A, Tel (0 51 05) 6 18 18,
Fax 51 57 09, ✉ 30890, AX DC ED VA
Hauptgericht 25/12-38/19, Kegeln, P, nur
abends, geschl.: Di

Bantorf (6 km ↖)

✶✶ Echo Hotel
Kronskamp 2, Tel (0 51 05) 52 70,
Fax 52 71 99, ✉ 30890, AX DC ED VA, Ⓢ
64 Zi, Ez: 100/50-305/153, Dz: 120/60-370/186,
⌐ WC ⊘, 4 ⌫, P, 2⇔45, Restaurant
Auch Zimmer der Kategorie ✶ vorhanden.

🛏 Krüger's Gasthaus
Bantorfer Brink 61, Tel (0 51 05) 5 27 30,
Fax 52 73 52, ✉ 30890, AX DC ED VA
21 Zi, Ez: 60/30-170/85, Dz: 100/50-200/100,
2 Suiten, 1 App, ⌐ WC ⊘ DFÜ, P, 2⇔150,
Kegeln, Sauna, Solarium, Restaurant

Barßel 16 ↙

Niedersachsen / Kreis Cloppenburg
EW 12500
🛈 Tel (0 44 99) 81 40, Fax 81 59
Fremdenverkehrsverein
✉ 26676 Theodor-Klinker-Platz

🍴 Müllerhaus
Mühlenweg 4, Tel (0 44 99) 27 07, Fax 78 97,
✉ 26676, ED VA
Hauptgericht 30/15, P

Barth 13 ↖

Mecklenburg-Vorpommern
Kreis Nordvorpommern
EW 10400
🛈 Tel (03 82 31) 24 64, Fax 24 64
Barth-Information
✉ 18356 Lange Str. 16

✶✶ Ringhotel Speicher Barth
Am Osthafen, Tel (03 82 31) 6 33 00,
Fax 6 34 00, ✉ 18356, AX DC ED VA, Ⓢ
🍴 ⊙, 43 Zi, Ez: 90/45-125/62, 14 Suiten,
25 App, ⌐ WC ⊘ DFÜ, 12 ⌫, Lift, P, 2⇔160,
Sauna, Solarium, Kinderbetreuung
Historisches Speichergebäude. Man verfügt über
modern eingerichtete ein- und zweigeschossige
Appartements.
🍴 ⊙, Hauptgericht 14/7-58/29, Terrasse,
Biergarten

✶ Pommernhotel
Divitzer Weg 2, Tel (03 82 31) 8 20 00,
Fax 8 20 06, ✉ 18356, AX DC ED VA
27 Zi, Ez: 90/45-110/55, Dz: 125/62-155/78,
4 Suiten, ⌐ WC ⊘, P, ⌂, 2⇔25, Restaurant
Auch Zimmer der Kategorie ✶✶ vorhanden.

Bartholomä 62 →

Baden-Württemberg / Ostalbkreis
EW 2150
i Tel (0 71 73) 97 82 00, Fax 9 78 20 22
Bürgermeisteramt
✉ 73566 Beckengasse 14

Bartholomä-Außerhalb (3 km ↘)

* **Akzent-Hotel Wental**
Tel (0 71 73) 97 81 90, Fax 9 78 19 40,
✉ 73566, AX DC ED VA
27 Zi, Ez: 70/35-80/40, Dz: 110/55-120/60, ⌐ WC ⌀, 8 ⇔, **P**, ⌂, 3⇔80, Fitnessraum, Sauna, Solarium, Restaurant
geschl.: Mo

Basdorf 30 ↗

Brandenburg / Kreis Barnim
EW 3550
i Tel (03 33 97) 6 61 31, Fax 6 61 68
Fremdenverkehrsverein
✉ 16348 Prenzlauer Chaussee 157

* **Barnimer Hof**
Am Markt 9, Tel (03 33 97) 78 70, Fax 7 87 77,
✉ 16352, DC ED VA
17 Zi, Ez: 100/50-150/75, Dz: 160/80-190/95,
5 App, ⌐ WC ⌀ DFÜ, Lift, **P**, 2⇔40, Bowling
Auch Zimmer der Kategorie ****** vorhanden.
🍴🍴 Hauptgericht 15/7-35/17, Terrasse

Bassum 25 ↖

Niedersachsen / Kreis Diepholz
EW 15700
i Tel (0 42 41) 8 40, Fax 84 39
Stadtverwaltung
✉ 27211 Alte Poststr. 14

Neubruchhausen (5 km ←)

* **Zur Post**
Hauptstr. 6, Tel (0 42 48) 9 30 00, Fax 5 60,
✉ 27211, ED VA
15 Zi, Ez: 80/40, Dz: 120/60, ⌐ WC ⌀, **P**, ⌂,
8⇔400, Kegeln, Restaurant
Auch einfachere Zimmer vorhanden.

Battenberg (Eder) 44 ↗

Hessen / Kreis Waldeck-Frankenberg
EW 5800
i Tel (0 64 52) 9 34 40, Fax 93 44 19
Städtisches Verkehrsamt
✉ 35088 Hauptstr. 58

Battenberg

* **Rohde**
Hauptstr. 53, Tel (0 64 52) 9 33 30,
Fax 93 33 50, ✉ 35088, AX ED
12 Zi, Ez: 65/32, Dz: 122/61-130/65, ⌐ WC ⌀,
P, ⌂, Kegeln, Solarium, Restaurant

Battenberg (Pfalz) 54 ↙

Rheinland-Pfalz
Kreis Waldeck-Frankenberg
EW 442
Gemeindeverwaltung
✉ 67271

Burgschenke Battenberg
Tel (0 63 59) 96 10 03, ✉ 67271
Hauptgericht 20/10-35/17, Gartenlokal, ab 16,
so+feiertags ab 12, geschl.: Mo, Di

* **Landhotel Hofgut Battenberg**
7 Zi, Ez: 110/55, Dz: 130/65-150/75, ⌐ WC ⌀
Historisches Hofgut mit Burg, Gutsschenke,
Landhotel und Weingut. Idyllische Lage mit
toskanischer Atmosphäre. Auch Zimmer der
Kategorie ****** vorhanden.

Baunatal 35 ↘

Hessen / Kreis Kassel
EW 28000
i Tel (05 61) 4 99 22 10, Fax 4 99 21 80
Verkehrsverein
✉ 34225 Marktplatz 14

* **Stadt Baunatal**
Wilhelmshöher Str. 5, Tel (05 61) 9 48 80,
Fax 9 48 81 00, ✉ 34255, AX DC ED VA
51 Zi, Ez: 98/49-120/60, Dz: 120/60-160/80,
3 Suiten, ⌐ WC ⌀ DFÜ, Lift, **P**, ⌂, 5⇔65,
Kegeln, Restaurant

Altenbauna

** **Best Western Ambassador**
Friedrich-Ebert-Allee 1, Tel (05 61) 4 99 30,
Fax 4 99 35 00, ✉ 34225, AX DC ED VA, Ⓢ
110 Zi, Ez: 130/65-170/85, Dz: 160/80-220/110,
⌐ WC ⌀, Lift, **P**, ⌂, 8⇔180, Fitnessraum,
Sauna, Solarium, Restaurant

Rengershausen

* **Landgasthaus Hotel Bonn**
Guntershäuser Str. 4-6, Tel (05 61) 94 97 60,
Fax 49 89 99, ✉ 34225, AX DC ED VA
30 Zi, Ez: 95/47-130/65, Dz: 150/75-180/90, ⌐
WC ⌀ DFÜ, 8 ⇔, **P**, ⌂, 1⇔20, Kegeln,
Restaurant
geschl.: 24.12.00-1.1.01

Bautzen 41 ✓

Sachsen
EW 45000
ℹ Tel (0 35 91) 4 20 16, Fax 53 43 09
Tourist-Information
✉ 02625 Hauptmarkt 1

siehe auch Gnaschwitz-Doberschau

* Villa Antonia
Lessingstr. 1, Tel (0 35 91) 50 10 20,
Fax 50 10 44, ✉ 02625, DC ED VA
14 Zi, Ez: 80/40-90/45, Dz: 130/65-220/110,
2 Suiten, 2 App, ⌐ WC ✆, 2 ⊱, **P**, Restaurant

** Holiday Inn
Wendischer Graben 20, Tel (0 35 91) 49 20,
Fax 49 21 00, ✉ 02625, AX DC ED VA, **S**
144 Zi, Ez: 122/61-193/97, Dz: 130/65-211/106,
13 Suiten, ⌐ WC ✆ DFÜ, 78 ⊱, Lift, **P**,
5⟳300, Fitnessraum, Bowling, Sauna,
Solarium, Golf, Restaurant

** Goldener Adler
Hauptmarkt 4, Tel (0 35 91) 4 86 60,
Fax 48 66 20, ✉ 02625
30 Zi, Ez: 115/57-135/67, Dz: 155/78-175/88,
⌐ WC ✆, Lift, 1⟳20
Renaissance-Gebäude von 1540.
¶¶ Hauptgericht 15/7-30/15

** Akzent-Hotel Residence
Wilthener Str. 32, im Gewerbepark,
Tel (0 35 91) 35 57 00, Fax 35 57 05, ✉ 02625,
AX ED VA
19 Zi, Ez: 85/42-120/60, Dz: 110/55-130/65, ⌐
WC ✆, 2 ⊱, **P**, ⌂, 1⟳180, Restaurant

* Dom-Eck
Breitengasse 2, Tel (0 35 91) 50 13 30,
Fax 50 13 34, ✉ 02625, AX DC ED VA
12 Zi, ⌐ WC ✆ DFÜ, Lift, ⌂, garni

* Alte Gerberei
Uferweg 1, Tel (0 35 91) 30 10 11,
Fax 30 10 04, ✉ 02625, ED
🍴, 8 Zi, Ez: 70/35-100/50, Dz: 120/60-150/75,
⌐ WC ✆, 2 ⊱, **P**, Restaurant
Barockgebäude aus dem 17. Jh..

Burk (3 km ↗)

* Spree Hotel
An den Steinbrüchen, Tel (0 35 91) 2 13 00,
Fax 21 30 10, ✉ 02625, AX ED VA
♩ ✴, 81 Zi, Ez: 105/52-145/73,
Dz: 130/65-160/80, 15 Suiten, 15 App, ⌐ WC
✆, 20 ⊱, Lift, **P**, 4⟳100, Sauna, 3 Tennis

¶¶ Atrium
Hauptgericht 18/9-32/16, Kegeln

Niedergurig

* Park Hotel
Am Stausee, am Gewerbepark Niedergurig,
Tel (0 35 91) 2 17 80, Fax 21 78 75, ✉ 02694,
AX DC ED VA
65 Zi, Ez: 90/45-120/60, Dz: 160/80, 25 App, ⌐
WC ✆, 20 ⊱, **P**, 2⟳120, ≋, Sauna, Restaurant

Bayerbach 66 ✓

Bayern / Kreis Rottal-Inn
EW 1900
ℹ Tel (0 85 63) 96 30 40, Fax 96 30 66
Kurverwaltung
✉ 84364 Neuer Marktplatz 1

🛏 Gasthof Zur Mühle
Mühlenstr. 3, Tel (0 85 32) 9 61 60,
Fax 96 16 50, ✉ 94137
29 Zi, Ez: 40/20-55/27, Dz: 80/40-110/55, ⌐
WC ✆, **P**, Kegeln, Sauna, Solarium
geschl.: Do, 6.-31.1.01
¶ Hauptgericht 11/5-26/13, Biergarten,
geschl.: 6.-31.1.01

Holzham (3 km ↖)

🛏 Landgasthof Winbeck
Haus Nr 5, Tel (0 85 32) 78 17, Fax 31 43,
✉ 94137
14 Zi, Ez: 50/25-58/29, Dz: 100/50-116/58, ⌐
WC ✆, **P**, ⌂, Restaurant
geschl.: So, 11-25.12.00

Bayerisch Eisenstein 66 ↖

Bayern / Kreis Regen
EW 1800
ℹ Tel (0 99 25) 3 27, Fax 4 78
Verkehrsamt
✉ 94252 Sohulbergstr. 1

* Waldspitze
Hauptstr. 4, Tel (0 99 25) 9 41 00,
Fax 9 41 01 99, ✉ 94252, ED, **S**
56 Zi, Ez: 51/25-71/35, Dz: 86/43-122/61,
6 App, ⌐ WC ✆, Lift, **P**, 1⟳50, ⌂, Sauna,
Solarium, Restaurant
geschl.: 15.11.-15.12.00

* Eisensteiner Hof
Anton-Pech-Weg 14, Tel (0 99 25) 2 32,
Fax 2 32, ✉ 94252
21 Zi, Ez: 65/32, Dz: 110/55, 28 App, ⌐ WC ✆,
Lift, Restaurant
Auch Zimmer der Kategorie ****** vorhanden.

Bayerisch Gmain 73 ↘

Bayern
Kreis Berchtesgadener Land
EW 2700
🛈 Tel (0 86 51) 60 64 01, Fax 60 64 03
Tourist-Information
✉ 83435 Wittelsbacher Str. 15

** ▬▬▬ Klosterhof
Steilhofweg 19 (C 1), Tel (0 86 51) 9 82 50,
Fax 6 62 11, ✉ 83457, ED VA
einzeln ♪ §, 10 Zi, Ez: 105/52-170/85,
Dz: 180/90-220/110, 4 Suiten, ⌐ WC ⊘, P,
Sauna, Solarium, Golf
geschl.: 11.11.-1.12.00, 8.1.-9.2.01

¶¶ ▬▬▬ Hauptgericht 18/9-36/18, Terrasse,
Biergarten, geschl.: Mo, 11.11.-1.12.00,
8.1.-9.2.01

Bayersoien, Bad 71 ↙

Bayern
Kreis Garmisch-Partenkirchen
EW 1100
🛈 Tel (0 88 45) 18 90, Fax 90 00
Kur- und Touristikinformation
✉ 82435 Dorfstr. 45

*** ▬▬▬ Parkhotel
Am Kurpark 1, Tel (0 88 45) 1 20, Fax 83 98,
✉ 82435, AX VA
♪ §, 46 Zi, Ez: 143/72-164/82,
Dz: 198/99-304/153, 42 Suiten, 2 App, ⌐ WC
⊘, Lift, P, 🏠, 5🌣90, 🏊, Fitnessraum, Sauna,
Solarium
Rezeption: 6.30-23

¶¶¶ ▬▬▬ Jahreszeiten
§, Hauptgericht 30/15, Terrasse

* ▬▬▬ Kurhotel St. Georg
Eckweg 28, Tel (0 88 45) 7 43 00,
Fax 74 30 30, ✉ 82435
♪ §, 22 Zi, Ez: 74/37, Dz: 148/74, 2 App, ⌐ WC
⊘, P, 🏠, Solarium, Restaurant

Bayreuth 58 ↑

Bayern
EW 74000
🛈 Tel (09 21) 8 85 88, Fax 8 85 55
Kongreß- und Tourismuszentrale
✉ 95444 Luitpoldplatz 9

siehe auch Pegnitz

*** ▬▬▬ Bayerischer Hof
Bahnhofstr. 14 (B 2), Tel (09 21) 7 86 00,
Fax 7 86 05 60, ✉ 95444, AX DC ED VA, Ⓢ
48 Zi, Ez: 109/54-220/110, Dz: 169/85-260/130,
1 Suite, ⌐ WC ⊘ DFÜ, 35 🛏, Lift, P, 🏠,
3🌣30, 🏊, Sauna
geschl.: 2.-11.1.01
Auch Zimmer der Kategorie ** vorhanden.

¶¶ ▬▬▬ Gendarmerie
Hauptgericht 18/9-39/19, Terrasse,
geschl.: 2.-12.1.01

** ▬▬▬ Treff Hotel Residenzschloß
Erlanger Str. 37, Tel (09 21) 7 58 50,
Fax 7 58 56 01, ✉ 95444, AX DC ED VA, Ⓢ
104 Zi, Ez: 130/65-220/110,
Dz: 180/90-280/141, 3 Suiten, ⌐ WC ⊘, 50 🛏,
Lift, 🏠, 6🌣110, Fitnessraum, Sauna, Solarium,
Golf

¶¶ ▬▬▬ Hauptgericht 35/17, Terrasse, P

** ▬▬▬ Treff Hotel Rheingold
Austr. 2 / Unteres Tor (A 3),
Tel (09 21) 7 56 50, Fax 7 56 58 01, ✉ 95445,
AX DC ED VA, Ⓢ
146 Zi, Ez: 120/60-195/98, Dz: 160/80-235/118,
8 Suiten, ⌐ WC ⊘ DFÜ, 70 🛏, Lift, P, 🏠,
8🌣250, 🏊, Fitnessraum, Sauna, Solarium, Golf

¶¶ ▬▬▬ Orangerie
Hauptgericht 30/15, Terrasse

** ▬▬▬ Best Western Hotel Arvena Kongress
Eduard-Bayerlein-Str. 5 a (A 2),
Tel (09 21) 72 70, Fax 72 71 15, ✉ 95445, AX
DC ED VA, Ⓢ
202 Zi, Ez: 165/83-290/146,
Dz: 205/103-350/176, 24 Suiten, ⌐ WC ⊘ DFÜ,
52 🛏, Lift, P, 🏠, 15🌣750, Fitnessraum,
Sauna, Solarium, Restaurant

** ▬▬▬ Goldener Anker
Opernstr. 6 (B 3), Tel (09 21) 6 50 51,
Fax 6 55 00, ✉ 95444, AX DC ED VA
♪, 30 Zi, Ez: 110/55-150/75,
Dz: 170/85-220/110, 1 Suite, 4 App, ⌐ WC ⊘,
P, 🏠, Restaurant
geschl.: 20.12.00-15.1.01
Zum Teil mit antiken Möbeln ausgestattete
Zimmer. Auch Zimmer der Kategorie *
vorhanden.

* ▬▬▬ Akzent-Hotel im Kolpinghaus
Kolpingstr. 5 (B 3), Tel (09 21) 8 80 70,
Fax 88 07 15, ✉ 95444, AX DC ED VA, Ⓢ
37 Zi, Ez: 115/57-220/110, Dz: 160/80-310/156,
1 Suite, 1 App, ⌐ WC ⊘ DFÜ, 20 🛏, Lift, P, 🏠,
8🌣360
Auch Zimmer der Kategorie ** vorhanden.

¶¶ ▬▬▬ Merianer-Stuben
Hauptgericht 20/10

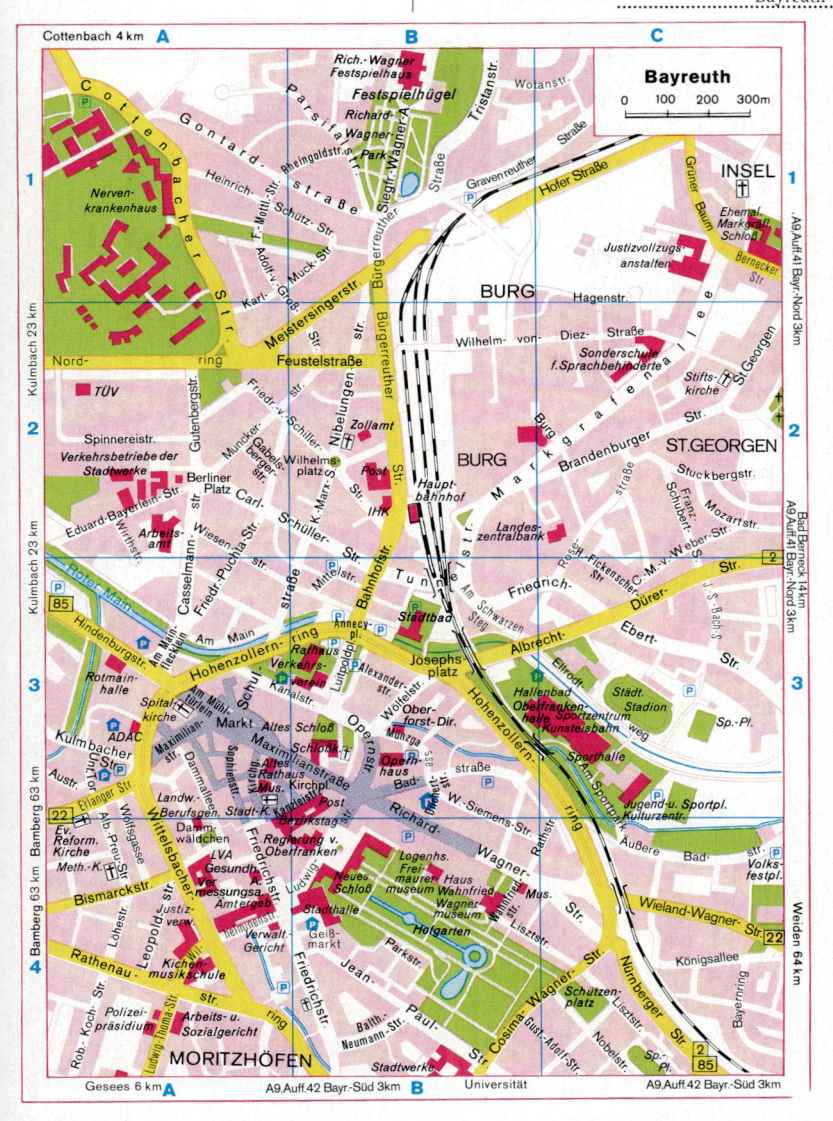

Zur Lohmühle

Badstr. 37 (B 3), Tel (09 21) 5 30 60,
Fax 5 30 64 69, ✉ 95444, AX DC ED VA
42 Zi, Ez: 100/50-110/55, Dz: 160/80-175/88, 🛏
WC ℂ DFÜ, Lift, P, 1🚪25
🍴🍴 Hauptgericht 17/8-33/16, Terrasse,
geschl.: So abends

Schlemmerland

Kulmbacher Str. 3 (A 3), Tel (09 21) 75 93 90,
Fax 7 59 39 35, ✉ 95444, ED VA
12 Zi, Ez: 85/42-145/73, Dz: 130/65-225/113,
🛏 WC ℂ, Lift, Restaurant
geschl.: 24.12.00-7.1.01

Bayreuth

✱ Spiegelmühle
Kulmbacher Str. 28, Tel (09 21) 4 10 91,
Fax 4 73 20, ✉ 95444, AX ED VA
13 Zi, Ez: 79/39-98/49, Dz: 129/64-139/70, ⌐
WC ⌀, P
geschl.: Mo, 2.-22.1.01
🍴 Hauptgericht 14/7-25/12, geschl.: Mo,
So abends

🍴🍴 Bürgerreuth
An der Bürgerreuth 20, Tel (09 21) 7 84 00,
Fax 78 40 24, ✉ 95445, AX ED VA
Hauptgericht 18/9-42/21, Terrasse, P
✱✱ ♪, 8 Zi, Ez: 90/45-128/64,
Dz: 138/69-168/84, ⌐ WC ⌀ DFÜ

Oberkonnersreuth

🍴🍴 Zur Sudpfanne
Oberkonnersreuther Str. 6, Tel (09 21) 5 28 83,
Fax 51 50 11, ✉ 95448, AX DC ED VA
Hauptgericht 34/17-48/24, Terrasse, Biergarten,
P

Wolfsbach-Außerhalb (1 km ←)

🍴🍴🍴 Schloßhotel Thiergarten European Castle
Oberthiergärtner Str. 36, Tel (0 92 09) 98 40,
Fax 9 84 29, ✉ 95448, AX DC ED VA
🍷, Hauptgericht 28/14-45/22, Terrasse, P,
geschl.: Mo
✱✱✱ einzeln ♪ ♥ 🍷, 8 Zi,
Ez: 135/67-185/93, Dz: 220/110-290/146, ⌐
WC ⌀ DFÜ, 2⌂120, ≋, Sauna, Solarium, Golf

Bayrischzell 72 ↘

Bayern / Kreis Miesbach
EW 1600
🅸 Tel (0 80 23) 6 48, Fax 10 34
Kurverwaltung
✉ 83735 Kirchplatz 2

✱ Gästehaus Effland
Tannermühlstr. 14, Tel (0 80 23) 2 63,
Fax 14 13, ✉ 83735
13 Zi, Ez: 76/38, Dz: 130/65-172/86, 2 App, ⌐
WC ⌀, P, 🔔, 🏊, Sauna, Solarium
geschl.: 1.11.-15.12.00

🛏 Zur Post
Schulstr. 3, Tel (0 80 23) 2 26, Fax 7 75,
✉ 83735, AX DC ED VA
41 Zi, Ez: 55/27-90/45, Dz: 110/55-180/90,
2 Suiten, ⌐ WC ⌀, P, 🔔, Restaurant
geschl.: Ende Okt-Mitte Dez

Osterhofen (3 km ↖)

✱ Alpenhof
Osterhofen 1, Tel (0 80 23) 9 06 50,
Fax 90 65 20, ✉ 83735, AX DC ED VA
42 Zi, Ez: 90/45-104/52, Dz: 152/76-204/102,
1 Suite, ⌐ WC ⌀, 2 ⛌, Lift, P, 🔔, 1⌂30, 🏊,
Fitnessraum, Kegeln, Sauna, Solarium
geschl.: 5.11.-15.12.00

🍽 Hauptgericht 20/10-36/18, Terrasse,
geschl.: Mo, 5.11.-15.12.00

Bebenhausen siehe Tübingen

Bebra 46 ↑

Hessen / Kreis Hersfeld-Rotenburg
EW 16500
🅸 Tel (0 66 22) 50 11 38, Fax 4 29 00
Touristik-Service
✉ 36179 Rathausmarkt 1

✱✱ Röse
Hersfelder Str. 1, Tel (0 66 22) 93 90,
Fax 93 93 93, ✉ 36179, AX DC ED VA
45 Zi, Ez: 60/30-119/59, Dz: 128/64-189/95,
1 Suite, 1 App, ⌐ WC ⌀, 15 ⛌, P, 🔔, 5⌂200,
Fitnessraum, Kegeln, Sauna, Solarium
Auch Zimmer der Kategorie ✱ vorhanden.
🍴🍴 Hauptgericht 18/9-38/19, Biergarten

✱ Bebra's Hessischer Hof
Kasseler Str. 4, Tel (0 66 22) 93 60,
Fax 93 61 23, ✉ 36179, AX DC ED VA
24 Zi, Ez: 79/39-98/49, Dz: 125/62-135/67,
3 Suiten, ⌐ WC ⌀, 4 ⛌, P, 🔔, 4⌂300, Kegeln,
Restaurant
geschl.: 24.12.00-10.1.01

Weiterode (2 km ↘)

✱ Sonnenblick
Sonnenblick 1, Tel (0 66 22) 93 10,
Fax 93 11 00, ✉ 36179, AX DC ED VA
einzeln ♥, 64 Zi, Ez: 79/39-99/49,
Dz: 118/59-138/69, ⌐ WC ⌀, Lift, P, 🔔,

5⇌120, ⌂, Kegeln, Sauna, Solarium, Restaurant
Auch Zimmer der Kategorie ✱✱ vorhanden.

Beckum 34 ↑

Nordrhein-Westfalen
Kreis Warendorf
EW 39000
🛈 Tel (0 25 21) 2 90, Fax 2 95 51 99
Stadtverwaltung
✉ 59269 Weststr. 46

Höxberg (3 km ↘)

✱✱ ▬▬▬ **Höxberg**
Soestwarte 1, Tel (0 25 21) 8 30 40,
Fax 83 04 70, ✉ 59269, AX DC ED VA
einzeln §, 39 Zi, Ez: 129/64, Dz: 180/90,
2 Suiten, ⊒ WC ⊘, 6 ⊱, P, ⌂, 4⇌100, Kegeln, Sauna, Solarium
🍴🍴 ▬▬▬ § einzeln, Hauptgericht 25/12-35/17,
geschl.: im Sommer Mo

Vellern (3 km ↗)

✱ ▬▬▬ **Alt Vellern**
Dorfstr. 21, Tel (0 25 21) 8 71 70, Fax 1 60 24,
✉ 59269, AX DC ED VA
33 Zi, Ez: 110/55-140/70, Dz: 170/85-248/124,
1 Suite, 1 App., ⊒ WC ⊘ DFÜ, 5 ⊱, Lift, P, ⌂,
2⇌15, Sauna
🍴 ▬▬▬ ⊕, Hauptgericht 22/11-42/21, Terrasse,
geschl.: Fr abends, Sa+So mittags

Bedburg 42 ↗

Nordrhein-Westfalen / Erftkreis
EW 24000
🛈 Tel (0 22 72) 40 20, Fax 40 21 49
Stadtverwaltung
✉ 50181 Am Rathaus 1

Sehenswert: Schloß Bedburg; Alt-Kaster, Burgruine; Stadtmauer, Stadttore; Grottenhertener Turmwindmühle.

✱ ▬▬▬ **Bedburger Mühle**
Friedrich-Wilhelm-Str. 28, Tel (0 22 72) 99 00,
Fax 99 01 50, ✉ 50181, AX DC ED VA
25 Zi, Ez: 95/47-160/80, Dz: 140/70-225/113, ⊒
WC ⊘, P, ⌂, 3⇌60, Restaurant

Kaster (3 km ↖)

✱ ▬▬▬ **Landhaus Danielshof**
Hauptstr. 3, Tel (0 22 72) 98 00, Fax 98 02 00,
✉ 50181, AX DC ED VA
39 Zi, Ez: 99/49-152/76, Dz: 190/95-280/141,
⊒ WC ⊘, 18 ⊱, Lift, P, 3⇌80, Restaurant
geschl.: 28.12.00-3.1.01

Bederkesa, Bad 17 ↖

Niedersachsen / Kreis Cuxhaven
EW 4500
🛈 Tel (0 47 45) 9 43 30, Fax 94 33 22
Kurverwaltung
✉ 27624 Amtsstr. 8

✱✱ ▬▬▬ **Romantik Hotel Waldschlößchen Bösehof**
Hauptmann-Böse-Str. 19, Tel (0 47 45) 94 80,
Fax 94 82 00, ✉ 27624, AX DC ED VA
§, 38 Zi, Ez: 85/42-240/120,
Dz: 190/95-250/125, 10 Suiten, ⊒ WC ⊘ DFÜ,
18 ⊱, Lift, P, ⌂, 4⇌60, ⌂, Kegeln, Sauna, Solarium, Golf
Auch Zimmer der Kategorie ✱ vorhanden.

🍴🍴 ▬▬▬ **Böse's Restaurant** ✣
Hauptgericht 35/17-45/22, Terrasse

✱ ▬▬▬ **Seehotel Dock**
Zum Hasengarten 2, Tel (0 47 45) 9 47 80,
Fax 94 78 78, ✉ 27624, ED VA
43 Zi, Ez: 80/40, Dz: 140/70, 2 App., ⊒ WC ⊘,
15 ⊱, Lift, P, 1⇌200, ⌂, Kegeln, Sauna, Solarium, Restaurant

🍴🍴 ▬▬▬ **Burgkulisse**
in der Burg Bederkesa, Tel (0 47 45) 78 17 00,
Fax 78 11 22, ✉ 27624, ED
Hauptgericht 10/5-27/13, Terrasse, P

Beelen 34 ↑

Nordrhein-Westfalen
Kreis Warendorf
EW 6240
🛈 Tel (0 25 86) 88 70, Fax 8 87 88
Gemeinde Beelen
✉ 48361 Warendorfer Str. 9

Beelen-Außerhalb (3 km →)

🍴🍴 ▬▬▬ **Hemfelder Hof**
Clarholzer Str. 21, an der B 64,
Tel (0 25 86) 2 15, Fax 86 24, ✉ 48361, ED
Hauptgericht 25/12

Beelen

✱ 11 Zi, Ez: 75/37, Dz: 130/65, ⊒ WC ⌀, 2⇔70

Beeskow 31 ↓

Brandenburg / Kreis Oder-Spree
EW 10000
ℹ Tel (0 33 66) 2 29 49, Fax 25 36 54
Märkische Tourismus-Zentrale e.V.
✉ 15848 Berliner Str. 30

✱✱ **Märkisches Gutshaus**
Frankfurter Chaussee 49,
Tel (0 33 66) 3 37 88 33, Fax 3 37 88 21,
✉ 15848
9 Zi, Ez: 65/32-100/50, Dz: 90/45-130/65,
3 Suiten, ⊒ WC, 5 ⇐, **P**, 1⇔, garni
Auch Zimmer der Kategorie **✱** vorhanden.

Behringen 47 ↖

Thüringen / Kreis Bad Langensalza
ℹ Tel (03 62 54) 73 00
Verwaltungsgemeinschaft
✉ 99947 Hauptstr. 90 b

Hütscheroda (2 km ←)

✱ **Zum Herrenhaus**
Schlosstr. 1, Tel (03 62 54) 72 00, Fax 7 20 23,
✉ 99947, ED VA
♪, 29 Zi, Ez: 75/37-100/50, Dz: 100/50-125/62,
⊒ WC ⌀, 14 ⇐, **P**, 3⇔65, Restaurant

Beierfeld 50 □

Sachsen / Kreis Aue Schwarzenberg
EW 4100
ℹ Tel (0 37 74) 1 53 20, Fax 15 32 50
Gemeindeverwaltung
✉ 08340 August-Bebel-Str 79

Waschleite

✱ **Köhlerhütte Fürstenbrunn**
Am Fürstenberg 4, Tel (0 37 74) 1 59 80,
Fax 15 98 43, ✉ 08358, AX DC ED VA
einzeln ♪, 18 Zi, Ez: 65/32-90/45,
Dz: 130/65-210/105, ⊒ WC ⌀, Lift, **P**, 3⇔110,
Sauna, Solarium, Restaurant

Beilngries 64 ↖

Bayern / Kreis Eichstätt
EW 8500
ℹ Tel (0 84 61) 84 35, Fax 96 61
Touristik-Verband
✉ 92339 Hauptstr. 14

Erholungsort an der Altmühl - am Main-
Donau-Kanal; Sehenswert: Schloß Hirschberg
Aussicht; Brauereimuseum; kath. Kirche im
Stadtteil Kottingwörth (4 km S→); hist. Altstadt
mit Stadtmauer u. Türmen; Technikmuseum;
Spielzeugmuseum.

✱✱ **Gasthof Gallus Minotel**
Neumarkter Str. 25, Tel (0 84 61) 2 47,
Fax 76 80, ✉ 92339, AX DC ED VA, S
60 Zi, Ez: 95/47-160/80, Dz: 135/67-220/110, ⊒
WC ⌀, 21 ⇐, Lift, **P**, 6⇔120, Sauna,
Solarium
Auch Zimmer der Kategorie **✱** vorhanden.

¶ **Ofenstube**
Hauptgericht 23/11-35/17, Biergarten

✱✱ **Ringhotel Die Gams**
Hauptstr. 16, Tel (0 84 61) 61 00, Fax 61 01 00,
✉ 92339, AX DC ED VA, S
62 Zi, Ez: 105/52-135/67, Dz: 150/75-190/95,
⊒ WC ⌀, 3 ⇐, Lift, **P**, 🐕, 10⇔200, Sauna,
Solarium
Auch Zimmer der Kategorie **✱** vorhanden.

¶ Hauptgericht 15/7, Terrasse,
geschl.: 24.12.00-

✱ **Fuchs-Bräu Landidyll**
Hauptstr. 23, Tel (0 84 61) 65 20, Fax 83 57,
✉ 92339, AX DC ED VA
66 Zi, Ez: 90/45-105/52, Dz: 125/62-150/75, ⊒
WC ⌀, 9 ⇐, Lift, **P**, 🐕, 7⇔100, 🏊, Sauna,
Solarium
Auch Zimmer der Kategorie **✱✱** vorhanden.
¶ Hauptgericht 25/12

✱ **Braugasthof Goldener Hahn**
Hauptstr. 44, Tel (0 84 61) 6 41 30,
Fax 64 13 89, ✉ 92339, DC ED VA
46 Zi, Ez: 75/37-90/45, Dz: 110/55-130/65, ⊒
WC ⌀, Lift, **P**, 5⇔50, Sauna, Restaurant
Auch einfachere Zimmer vorhanden.

✱ **Gasthof Zur Krone**
Hauptstr. 20, Tel (0 84 61) 65 30, Fax 65 31 90,
✉ 92339, DC

55 Zi, Ez: 65/32-90/45, Dz: 98/49-130/65, ⊟
WC ⊘, **P**, 2⇔80, Sauna, Solarium, Restaurant

Paulushofen (4 km ↘)

🛏 Landgasthof Euringer
Dorfstr. 23, Tel **(0 84 61) 65 10**, Fax 91 43,
✉ 92339, AX DC ED VA
30 Zi, Ez: 60/30-70/35, Dz: 95/47-110/55, ⊟
WC ⊘, 10 ⇓, Lift, **P**, 3⇔250, Restaurant

🛏 Tramp Hotel
Dorfstr. 4a, Tel **(0 84 61) 60 53 00**,
Fax 60 54 07, ✉ 92339
32 Zi, Ez: 48/24-56/28, Dz: 48/24-56/28, 2 App,
⊟ WC ⊘, 6 ⇓, Lift, **P**, Restaurant, garni
Rezeption: 8-20

Beilstein 53 ↖

Rheinland-Pfalz
Kreis Cochem-Zell
EW 180
i Tel (0 26 73) 90 01 91, Fax 90 01 91
Info im Café Klapperburg
✉ 56814 Bachstr. 33

✱ Burgfrieden
Im Mühlental 62, Tel **(0 26 73) 9 36 39**,
Fax 93 63 88, ✉ 56814
♪, 34 Zi, Ez: 65/32-100/50, Dz: 120/60-160/80,
⊟ WC ⊘, Lift, **P**, Fitnessraum, Sauna, Solarium
geschl.: 1.10.00-1.4.01
¶ Hauptgericht 22/11, Terrasse, nur
abends, geschl.: 1.10.00-1.4.01

✱ Lipmann Am Klosterberg
Klosterstr., Tel **(0 26 73) 18 50**, Fax 12 87,
✉ 56814
♪, 24 Zi, Ez: 75/37-90/45, Dz: 110/55-150/75,
⊟ WC ⊘, **P**, 🕭, Restaurant
Auch Zimmer der Kategorie ✱✱ vorhanden.

¶ Haus Lipmann Alte Mosel-Weinstuben
Marktplatz 3, Tel **(0 26 73) 15 73**, Fax 15 21,
✉ 56814
✤ ⊕, Hauptgericht 19/9-32/16, Terrasse,
geschl.: 1.11.00-1.4.01

Belgern 39 →

Sachsen / Kreis Torgau-Oschatz
EW 4880
i Tel (03 42 24) 4 14 80, Fax 4 14 80
Fremdenverkehrsbüro Belgern
✉ 04874 Markt 10

✱ Alte Post
Markt 13, Tel **(03 42 24) 44 40**, Fax 4 44 34,
✉ 04874, ED VA
10 Zi, Ez: 95/47-105/52, Dz: 125/62-145/73, ⊟
WC ⊘ DFÜ, 6 ⇓, **P**, Kegeln
geschl.: 20.10.-9.11.00, 3-17.1.01
¶¶ Hauptgericht 20/10-35/17, nur
abends, so+feiertags auch mittags, geschl.: Mo,
20.10.-9.11.00, 3-17.1.01

Neußen

✱ Forsthaus Dröschkau
Tel **(03 42 24) 4 51 80**, Fax 4 51 99, ✉ 04874,
AX ED VA
einzeln ✤, 25 Zi, Ez: 75/37-85/42, Dz: 130/65,
1 Suite, ⊟ WC ⊘, 5 ⇓, **P**, 🕭, 2⇔300, Kegeln,
Sauna, Restaurant

Belgershain 39 ✓

Sachsen / Muldentalkreis
EW 2800
i Tel (03 43 47) 5 02 65, Fax 5 02 65
Gemeindeverwaltung
✉ 04683 Schlossstr. 1

Threna

✱ Threna
Hauptstr. 58, Tel **(03 42 93) 30 19 11 93**,
Fax 2 92 39, ✉ 04683
28 Zi, Ez: 70/35-100/50, Dz: 120/60-160/80, ⊟
WC ⊘, **P**, 1⇔40, Sauna, Solarium, Restaurant

Bellheim 54 ↓

Rheinland-Pfalz
Kreis Germersheim
EW 8730
i Tel (0 72 72) 70 08 23, Fax 70 08 55
Verbandsgemeindeverwaltung
✉ 76756 Schubertstr. 18

✱✱ Lindner's
Postgrabenstr. 52, Tel **(0 72 72) 97 20 60**,
Fax 9 72 06 30, ✉ 76756, ED VA
♪, 15 Zi, Ez: 90/45, Dz: 130/65, ⊟ WC ⊘ DFÜ,
P, 2⇔35, Restaurant

¶¶ Braustübl ✚
Hauptstr. 78, Tel **(0 72 72) 7 40 11**,
Fax 7 40 13, ✉ 76756, ED VA
Hauptgericht 19/9, Biergarten, **P**, geschl.: Mo,
Di, 27.12.00-17.1.01
✱ 7 Zi, Ez: 80/40, Dz: 120/60, ⊟ WC ⊘,
🕭, 2⇔60

Bellingen, Bad 67

Baden-Württemberg / Kreis Lörrach
EW 3600
ℹ Tel (0 76 35) 82 11 00, Fax 80 82 90
Bade- und Kurverwaltung
✉ 79415 Badstr. 14

✱✱ Paracelsus ♛
Akazienweg 1, Tel (0 76 35) 8 10 40,
Fax 33 54, ✉ 79415, ED VA
22 Zi, Ez: 97/48, Dz: 170/85, 1 Suite, ⊐ WC ✆,
P, ≋, Golf, Restaurant
geschl.: Do, 1.-31.12.00, 1.-31.1.01

✱ Burger
Im Mittelgrund 5, Tel (0 76 35) 8 10 00,
Fax 81 00 35, ✉ 79415, AX DC ED VA
15 Zi, Ez: 70/35-140/70, Dz: 130/65-180/90, ⊐
WC ✆, **P**, 1⇨44, Restaurant
geschl.: Do

🍴🍴 Landgasthof Schwanen ✢
Rheinstr. 50, Tel (0 76 35) 13 14, Fax 23 31,
✉ 79415, ED VA
Hauptgericht 35/17, Terrasse, **P**,
geschl.: 8.1.-1.2.01
✱ 12 Zi, Ez: 84/42-96/48,
Dz: 144/72-154/77, 5 Suiten, 12 App, ⊐ WC ✆,
≋, Solarium, Golf
Appartements und Ferienwohnungen
vorhanden im Gästehaus Rheintalblick.

Belm 24

Niedersachsen / Kreis Osnabrück
EW 14380
ℹ Tel (0 54 06) 50 50, Fax 56 16
Gemeindeverwaltung
✉ 49191 Marktring 13

Vehrte (4 km ↑)

✱ Kortlüke
Venner Str. 5, Tel (0 54 06) 8 35 00,
Fax 8 35 29, ✉ 49191, AX ED
20 Zi, Ez: 85/42, Dz: 130/65, ⊐ WC ✆, Lift, **P**,
5⇨100, Kegeln, Restaurant

Belzig 29

Brandenburg
Kreis Potsdam-Mittelmark
EW 8000
ℹ Tel (03 38 41) 3 48 15, Fax 3 48 17
Kur- und Freizeit Belzig GmbH
✉ 14806 Straße der Einheit 5

Wenddoche (6 km ↗)

✱ Fläming-Hotel Wenddoche
Tel (03 38 46) 59 90, Fax 4 00 20, ✉ 14806, AX
ED VA
einzeln ♪, 32 Zi, Ez: 60/30-85/42,
Dz: 100/50-120/60, ⊐ WC ✆, 5 ⇐, **P**, 3⇨120,
Sauna, Solarium, Restaurant

✱ Fläminghof Wernicke
Wendoche 2, Tel (03 38 46) 4 00 40,
Fax 4 00 39, ✉ 14806
einzeln ♪, 14 Zi, Ez: 75/37-85/42,
Dz: 110/55-130/65, ⊐ WC ✆, 10 ⇐, **P**, Sauna,
Solarium, Restaurant
Reiterhof.

Bempflingen 61

Baden-Württemberg
Kreis Esslingen
EW 3200
ℹ Tel (0 71 23) 9 38 30, Fax 93 83 30
Bürgermeisteramt Bempflingen
✉ 72658 Metzinger Str. 3

🍴🍴🍴 Krone
Brunnenweg 40, Tel (0 71 23) 3 10 83,
Fax 3 59 85, ✉ 72658
Hauptgericht 40/20, **P**, geschl.: So, Mo, Mi
mittags, 23.12.00-9.1.01, 5-28.8.01

Bendestorf 18

Niedersachsen / Kreis Harburg
EW 2051
ℹ Tel (0 41 83) 73 82, Fax 75 82
Verkehrsverein
✉ 21227 Poststr. 4

🍴🍴 Landhaus Meinsbur
City Line & Country Line Hotels
Gartenstr. 2, Tel (0 41 83) 7 79 90, Fax 60 87,
✉ 21227, AX DC ED VA
✆, Hauptgericht 38/19, Terrasse, Gartenlokal
Fachwerkhof von 1810.
✱✱ 17 Zi, Ez: 100/50-160/80,
Dz: 200/100-290/146, 1 Suite, ⊐ WC ✆, 2⇨18
Auch Zimmer der Kategorie ✱ vorhanden.

Bendorf 43

Rheinland-Pfalz
Kreis Mayen-Koblenz
EW 16900
ℹ Tel (0 26 22) 70 31 05, Fax 70 31 80
Verkehrsamt
✉ 56170 Am Stadtpark 1

Stadt am Rhein. Sehenswert: Garten der Schmetterlinge, Schloss und Burg Sayn, Abteikirche, Stadtmuseum, Turmuhrenmuseum, Heins Mühle.

✱ Berghotel Rheinblick
Remystr. 79, **Tel (0 26 22) 12 71 27**, Fax 1 43 23, ✉ 56170, AX DC ED VA
🛎, 35 Zi, Ez: 120/60-150/75, Dz: 160/80-200/100, 🚽 WC ⊘ DFÜ, Lift, **P**, 🏠, 3🔘40, Golf, 2 Tennis
geschl.: 21.12.00-6.1.01
Im Neubau Zimmer der Kategorie ✱✱ vorhanden.

🍴 Panorama
🛎, Hauptgericht 20/10-35/17, Terrasse, geschl.: Fr, 21.12.00-6.1.01

🍴🍴 Bistrorant Weinhaus Syré
Engers Port 12, **Tel (0 26 22) 25 81**, Fax 25 02, ✉ 56170, ED
Hauptgericht 29/14-42/21, Terrasse, **P**, nur abends, So auch mittags, geschl.: Mo, Di, 2.-10.1.01, 2 Wochen im Jun

Sayn

✱✱ Villa Sayn
Koblenz-Olpen-Str. 111, **Tel (0 26 22) 9 44 90**, Fax 94 49 44, ✉ 56170, AX DC ED VA
18 Zi, Ez: 130/65-150/78, Dz: 195/98-205/103, 🚽 WC ⊘, Lift, **P**, 2🔘40
Restaurierte Villa von 1862 unter Denkmalschutz.
🍴🍴 Hauptgericht 35/17-45/22, Terrasse

Benneckenstein 37 □

Sachsen-Anhalt / Kreis Wernigerode
EW 2510
ℹ Tel (03 94 57) 26 12, Fax 26 13
Kurverwaltung Benneckenstein
✉ 38877 Haus des Gastes, am Kurpark

✱✱ Harzhaus
Heringsbrunnen 1, **Tel (03 94 57) 9 40**, Fax 9 44 99, ✉ 38877, AX DC ED VA
einzeln 🎵, 35 Zi, Ez: 75/37-85/42, Dz: 130/65-140/70, 🚽 WC ⊘, 3 ⚐, **P**, 2🔘40, Kegeln, Sauna, Solarium, Restaurant

Benningen am Neckar 61 ↗

Baden-Württemberg
Kreis Ludwigsburg
EW 5400
ℹ Tel (0 71 44) 90 60, Fax 9 06 66
Gemeindeverwaltung
✉ 71726 Studionstr. 10

✱ Mühle
Neckargasse 2, **Tel (0 71 44) 50 21**, Fax 41 66, ✉ 71726, AX ED VA
18 Zi, Ez: 90/45-95/47, Dz: 145/73-155/78, 1 App, 🚽 WC ⊘, **P**, 🏠, Restaurant

Benrath siehe Düsseldorf

Bensberg siehe Bergisch Gladbach

Bensersiel siehe Esens

Bensheim 54 →

Hessen / Kreis Bergstraße
EW 38000
ℹ Tel (0 62 51) 1 41 17, Fax 1 41 23
Tourist Information
✉ 64625 Rodensteinstr. 19

✱✱ Alleehotel Europa
Europa-Allee 45, **Tel (0 62 51) 10 50**, Fax 10 51 00, ✉ 64625, AX DC ED VA
154 Zi, Ez: 153/77-192/96, Dz: 192/96-231/116, 🚽 WC ⊘ DFÜ, 30 ⚐, Lift, **P**, 🏠, 10🔘200, Fitnessraum, Sauna, Solarium
Im Gästehaus Residenz Zimmer der Kategorie ✱ vorhanden.

🍴🍴 Sankt Georg
Hauptgericht 14/7-26/13

✱✱ Felix
Dammstr. 46, **Tel (0 62 51) 8 00 60**, Fax 80 06 60, ✉ 64625, AX DC ED VA
33 Zi, Ez: 135/67-155/78, Dz: 170/85-205/103, 🚽 WC ⊘ DFÜ, 8 ⚐, Lift, **P**, 🏠, 4🔘80, Fitnessraum, Sauna, Solarium
Auch Zimmer der Kategorie ✱ vorhanden.
🍴 Hauptgericht 19/9-36/18, Terrasse

Bensheim

✱ Treff Hotel
Wormser Str. 14, Tel **(0 62 51) 10 10**,
Fax **40 63**, ✉ 64625, AX DC ED VA, Ⓢ
108 Zi, Ez: 155/78-200/100, Dz: 200/100, ⌐ WC
⌀ DFÜ, 22 ⊭, Lift, Ⓟ, 7⇨140, Sauna,
Solarium, Golf, Restaurant
Designerausstattung.

Auerbach (3 km ↑)

¶¶ Poststuben
Schlosstr. 28, Tel **(0 62 51) 7 29 87**,
Fax **7 47 43**, ✉ 64625, AX DC ED VA
Hauptgericht 13/6-38/19, geschl.: Mo, So
abends

✱ Gästehaus
20 Zi, Ez: 100/50-120/60, Dz: 140/70, ⌐ WC ⌀

Benthe siehe Ronnenberg

Bentheim, Bad 23 □

Niedersachsen
Kreis Grafschaft Bentheim
EW 14000
🛈 Tel **(0 59 22) 9 83 30**, Fax **98 33 20**
Verkehrsamt
✉ 48455 Schlosstr. 18

✱✱ Grossfeld
Schlosstr. 4, Tel **(0 59 22) 8 28**, Fax **43 49**,
✉ 48455, AX DC ED VA
140 Zi, Ez: 90/45, Dz: 180/90, 10 Suiten, ⌐ WC
⌀ DFÜ, 10 ⊭, Lift, Ⓟ, 🜚, 2⇨50, ⌂, Kegeln,
Sauna, Solarium
Auch Zimmer anderer Kategorien vorhanden.

¶¶ Bellevue
Hauptgericht 14/7, Terrasse

✱✱ Am Berghang
Kathagen 69, Tel **(0 59 22) 9 84 80**,
Fax **98 48 48**, ✉ 48455, AX DC ED VA
☽ ✼, 27 Zi, Ez: 109/54-139/70,
Dz: 185/93-205/103, 2 Suiten, ⌐ WC ⌀, 6 ⊭,
Ⓟ, ⌂, Sauna, Solarium, Golf, Restaurant
geschl.: 8.-25.1.01

✱✱ Diana
Bahnhofstr. 16, Tel **(0 59 22) 9 89 20**,
Fax **98 92 31**, ✉ 48455, AX DC ED VA
20 Zi, Ez: 95/47-105/52, Dz: 150/75-180/90,
1 Suite, ⌐ WC ⌀ DFÜ, 9 ⊭, Ⓟ, 🜚, ⌂, Sauna,
Solarium, Restaurant

¶ Schulze-Berndt
Ochtruper Str. 38, Tel **(0 59 22) 9 88 40**,
Fax **98 84 22**, ✉ 48455, ED VA
Hauptgericht 25/12, Ⓟ

✱
9 Zi, Ez: 60/30-75/37,
Dz: 130/65-170/85, ⌐ WC ⌀ DFÜ, 2⇨80

Gildehaus (4 km ←)

✱ Niedersächsischer Hof
Am Mühlenberg 5, Tel **(0 59 24) 7 86 60**,
Fax **78 66 33**, ✉ 48455, AX DC ED VA
☽, 25 Zi, Ez: 90/45-110/55, Dz: 170/85-190/95,
⌐ WC ⌀ DFÜ, 2⇨50, ⌂, Sauna, Solarium,
Golf

¶¶ 🜚, Hauptgericht 17/8-38/19, Terrasse,
Ⓟ

Bentwisch 20 ↙

Brandenburg / Kreis Perleberg
EW 208
🛈 Tel **(03 87 91) 99 90**
Amt Bad Wilsnack / Weisen
✉ 19336 Am Markt 1

✱ Zum braunen Hirsch
Dorfstr. 34, Tel **(0 38 77) 6 05 30**, Fax **6 05 30**,
✉ 19322
15 Zi, Ez: 50/25-110/55, Dz: 100/50-130/65, ⌐
WC ⌀, 2 ⊭, Ⓟ, Restaurant
Rezeption: 11.30-13.30, 16-23

Bentwisch 12 ↘

Mecklenburg-Vorpommern
Kreis Bad Doberan
EW 1631
🛈 Tel **(03 81) 69 01 71**
Amt Rostocker Heide
✉ 18182 Goorstorfer Str. 3

✱ An der Hasenheide
Hasenheide 1 / B 105, Tel **(03 81) 65 43**,
Fax **65 44 44**, ✉ 18182
60 Zi, Ez: 95/47-125/62, Dz: 120/60-160/80, ⌐
WC ⌀

Berching 64 ↑

Bayern
Kreis Neumarkt (Oberpfalz)
EW 8000
🛈 Tel **(0 84 62) 20 50**, Fax **2 05 90**
Verkehrsamt
✉ 92334 Pettenkoferplatz 12

Erholungsort am Main-Donau-Kanal. Sehenswert: Kath. Pfarrkirche; St.-Lorenz-Kirche;
Wallfahrtskirche Mariahilf; Stadtbild mit Mauergürtel und 13 hist. Türmen; Klosterkirche in
Plankstetten (4 km ↓).

✱ Altstadthotel Brauereigasthof Winkler
Reichenauplatz 22, **Tel (0 84 62) 2 73 31**,
Fax 2 71 28, ✉ 92334, AX ED
♪, 21 Zi, Ez: 68/34, Dz: 100/50, ⊡ WC ⌀, 4 ⊷,
Lift, **P**, 2⊙40, Sauna, Solarium
geschl.: So
🍽 Hauptgericht 17/8, geschl.: So abends

✱ Gasthof Dallmayr
Reichenauplatz 5, **Tel (0 84 62) 10 71**, ✉ 92334
30 Zi, Ez: 58/29, Dz: 96/48, ⊡ WC, Restaurant

🛏 Blaue Traube
Pettenkoferplatz 3, **Tel (0 84 62) 12 50**,
Fax 2 73 29, ✉ 92334, ED VA
25 Zi, Ez: 63/31-75/37, Dz: 95/47, 2 App, ⊡ WC
⌀, 2 ⊷, **P**, Solarium, Restaurant
geschl.: 15.-30.10.00
Auch Zimmer der Kategorie ✱ vorhanden.

Berchtesgaden 73 ↘

Bayern
Kreis Berchtesgadener Land
EW 24500
ℹ Tel (0 86 52) 96 70, Fax 96 74 00
Kurdirektion
✉ 83471 Königsseer Str. 2
Cityplan siehe Seite 80

siehe auch Bischofswiesen

✱✱ Fischer
Königsseer Str. 51 (B 3), **Tel (0 86 52) 95 50**,
Fax 6 48 73, ✉ 83471, VA
♪ ⚜, 54 Zi, Ez: 95/47-110/55,
Dz: 189/95-258/129, ⊡ WC ⌀, Lift, **P**, 🐕, ⌂,
Sauna, Solarium
geschl.: 29.10.-18.12.00, 17.3.-6.4.01
Auch Zimmer der Kategorie ✱ vorhanden.
🍽 Hauptgericht 30/15, Terrasse,
geschl.: Mo+Di mittags, 29.10.-18.12.00,
17.3.-6.4.01

✱✱ Treff Alpenhotel Kronprinz
Am Brandholz (A 3), **Tel (0 86 52) 60 70**,
Fax 60 71 20, ✉ 83471, AX DC ED VA, Ⓢ
♪ ⚜, 67 Zi, Ez: 112/56-163/82,
Dz: 170/85-272/137, 2 Suiten, ⊡ WC ⌀, Lift, **P**,
🐕, 2⊙25, Sauna, Solarium, Restaurant
Rezeption: 6.30-22.30

✱✱ Vier Jahreszeiten
Maximilianstr. 20 (B 3), **Tel (0 86 52) 95 20**,
Fax 50 29, ✉ 83471, AX DC ED VA
⚜, 59 Zi, Ez: 98/49-170/85, Dz: 150/75-260/130,
9 Suiten, ⊡ WC ⌀, Lift, **P**, 🐕, 1⊙180, ⌂,
Sauna, Solarium, Golf, Restaurant

✱✱ Wittelsbach
Maximilianstr. 16 (B 3), **Tel (0 86 52) 9 63 80**,
Fax 6 63 04, ✉ 83471, AX DC ED VA
26 Zi, Ez: 78/39-110/55, Dz: 147/74-187/94,
3 Suiten, ⊡ WC ⌀, Lift, **P**, 🐕, garni
geschl.: 1.-30.11.00

✱ Krone
Am Rad 5 (C 1), **Tel (0 86 52) 9 46 00**,
Fax 94 60 10, ✉ 83471, ED VA
♪ ⚜, 21 Zi, Ez: 68/34-92/46, Dz: 128/64-164/82,
2 Suiten, ⊡ WC ⌀ DFÜ, 10 ⊷, Lift, **P**, Sauna,
Restaurant
geschl.: Mo, 28.10.-20.12.00, 28.10.-20.12.01

Anzenbach (1 km ↑)

✱ Rosenbichl
Rosenhofweg 24 (B 1), **Tel (0 86 52) 9 44 00**,
Fax 94 40 40, ✉ 83471, ED
♪ ⚜, 17 Zi, Ez: 59/29-95/47, Dz: 118/59-130/65,
4 Suiten, ⊡ WC ⌀ DFÜ, 17 ⊷, **P**, 2⊙15, 🚋,
Sauna, Solarium, Golf, Restaurant
geschl.: 15.11.-15.12.01

✱ Weiherbach
Weiherbachweg 6 (B 1), **Tel (0 86 52) 97 88 80**,
Fax 9 78 88 88, ✉ 83471
♪ ⚜, 24 Zi, Ez: 62/31-115/57, Dz: 85/42-160/80,
6 Suiten, 6 App, ⊡ WC ⌀, Lift, **P**, ⌂,
Fitnessraum, Sauna, Solarium, Golf, garni
geschl.: 8.11.00-19.12.01

Oberau (6 km ↗)

✱ Neuhäusl
Widmoos 45, **Tel (0 86 52) 94 00**, **Fax 6 46 37**,
✉ 83471, ED VA
♪ ⚜, 23 Zi, Ez: 69/34-94/47, Dz: 130/65-150/75,
3 Suiten, ⊡ WC ⌀, Lift, **P**, 🐕, Sauna, Solarium,
Golf, Restaurant
geschl.: 15.11.-15.12.00

✱ Alpenhotel Denninglehen
Am Priesterstein 7, **Tel (0 86 52) 50 85**,
Fax 6 47 10, ✉ 83471
♪ ⚜, 27 Zi, Ez: 99/49-120/60,
Dz: 156/78-222/111, 4 Suiten, ⊡ WC, 6 ⊷, Lift,
P, 🐕, ⌂, Fitnessraum, Sauna, Solarium, Golf,
Restaurant

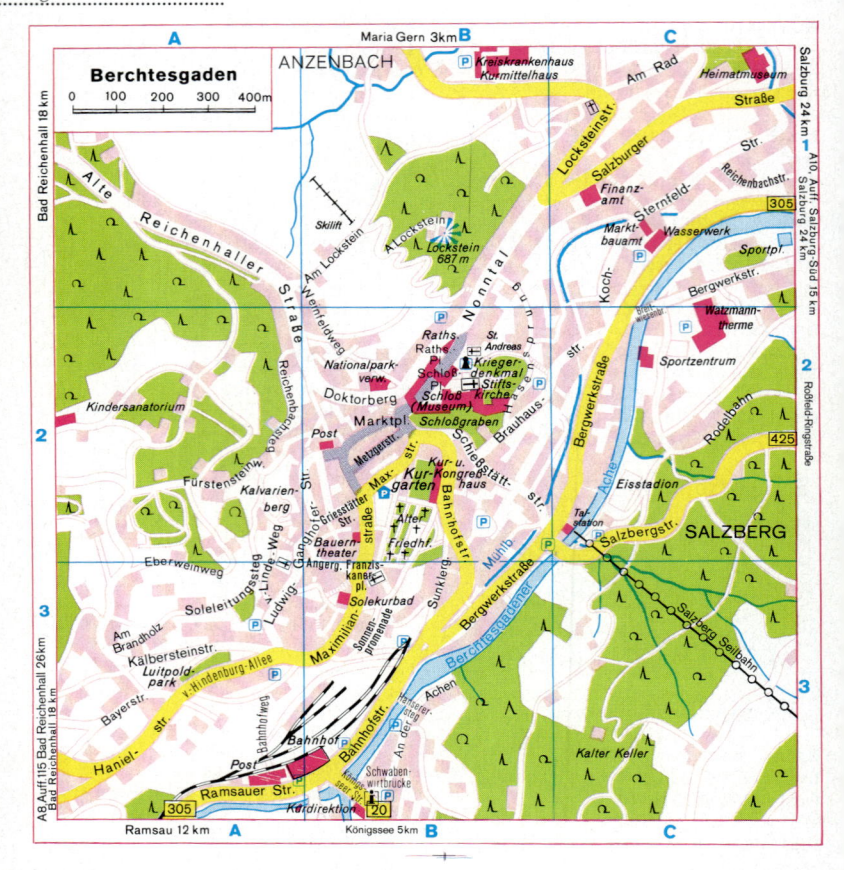

Berg

Berg 48

Bayern / Kreis Hof
EW 2850
🛈 Tel (0 92 93) 94 30, Fax 9 43 22
Fremdenverkehrsverein
✉ 95180 Kirchplatz 2

Rudolphstein

★★ **Saale Hotel**
Panoramastr. 50, Tel (0 92 93) 94 10,
Fax 94 16 66, ✉ 95180, AX DC ED VA
80 Zi, Ez: 65/32-115/57, Dz: 100/50-180/90,
1 Suite, ⊐ WC ⊘, Lift, P, 🚗, 4⊂⊃50, 🏠, Sauna,
Solarium, Restaurant
Auch Zimmer der Kategorie ★ vorhanden.

Berg b. Neumarkt i. d. OPf. 58

Bayern
EW 7110
🛈 Tel (0 91 89) 4 41 10, Fax 44 11 44
Gemeindeverwaltung
✉ 92348 Herrnstr. 1

★ **Lindenhof**
Rosenbergstr. 13, Tel (0 91 89) 41 00,
Fax 41 04 10, ✉ 92348, ED VA
49 Zi, Ez: 70/35-80/40, Dz: 100/50-120/60, ⊐
WC ⊘ DFÜ, Lift, P, 🚗, 1⊂⊃22, Restaurant
Auch einfachere Zimmer vorhanden.

Berg Kr. Starnberg 72 ←
Bayern / Kreis Starnberg
EW 8147
🛈 Tel (0 81 51) 50 80, Fax 5 08 88
Gemeindeverwaltung
✉ 82335 Ratsgasse 1

** Schloss Berg
Seestr. 17, Tel (0 81 51) 96 30, Fax 9 63 52,
✉ 82335, AX ED VA
$, 40 Zi, Ez: 135/67-335/168,
Dz: 174/87-335/168, 10 Suiten, ⌐ WC ⌀ DFÜ,
Lift, P, 4⊖35, Seezugang, Sauna, Solarium,
Golf, Restaurant

Leoni (2 km ✓)

** Seehotel Leoni
Assenbucher Str. 44, Tel (0 81 51) 50 60,
Fax 50 61 40, ✉ 82335, AX ED VA, S
♪ $, 70 Zi, Ez: 195/98-360/181,
Dz: 295/148-360/181, 3 Suiten, ⌐ WC ⌀, 10 ⇃,
Lift, P, ☎, 4⊖40, ≋, ⌂, Sauna, Solarium
🍴🍴 $, Hauptgericht 17/8-46/23, Terrasse

Berga 37 □
Sachsen-Anhalt
Kreis Sangerhausen
EW 2025
🛈 Tel (03 46 51) 65 28, Fax 3 83 22
Stadtinformation
✉ 06537 Lange Str. 8

⊨ Landhaus Blei
Stolberger Str. 26, Tel (03 46 51) 48 90,
Fax 4 89 25, ✉ 06536, DC ED VA
10 Zi, Ez: 75/37-90/45, Dz: 95/47, 1 Suite, ⌐
WC ⌀, P, Sauna, Restaurant
Rezeption: 6.30-22.30

Bergen 26 ↑
Niedersachsen / Kreis Celle
EW 18000
🛈 Tel (0 50 51) 4 79 16, Fax 4 79 36
Stadt Bergen
✉ 29303 Deichend 5-7

* Sölter Hof
Ziegeleiweg 10, Tel (0 50 51) 9 88 20,
Fax 98 82 39, ✉ 29303, ED VA
21 Zi, Ez: 95/47, Dz: 145/73, ⌐ WC ⌀, garni

Altensalzkoth (15 km ↘)

* Helms
Altensalzkoth 7, Tel (0 50 54) 81 91 03,
Fax 81 80, ✉ 29303, DC ED VA
50 Zi, Ez: 84/42-200/100, Dz: 168/84-280/141,
⌐ WC ⌀ DFÜ, 7 ⇃, Lift, P, ☎, 3⊖80, Sauna,
Solarium, Restaurant
geschl.: 27.12.00-31.1.01, 27.12.01-31.1.02
Auch Zimmer der Kategorie ** vorhanden.

Offen (4 km ↓)

* Rosenhof
Hauptstr. 24, Tel (0 50 51) 9 88 80,
Fax 98 88 30, ✉ 29303, AX ED VA
12 Zi, Ez: 55/27-85/42, Dz: 88/44-120/60, ⌐
WC, Restaurant
geschl.: Di

* Michaelishof
Hauptstr. 5, Tel (0 50 51) 88 70, Fax 80 87,
✉ 29303, AX DC ED VA
27 Zi, Ez: 70/35-140/70, Dz: 120/60-180/90,
1 App, ⌐ WC ⌀, 2 ⇃, P, ☎, 2⊖40, Golf,
Restaurant
geschl.: Mo

Bergen 73 □
Bayern / Kreis Traunstein
EW 4450
🛈 Tel (0 86 62) 83 21, Fax 58 55
Verkehrsamt
✉ 83346 Raiffeisenplatz 4

⊨ Säulner Hof
Säulner Weg 1, Tel (0 86 62) 86 55, Fax 59 57,
✉ 83346, ED
♪, 14 Zi, Ez: 55/27-65/32, Dz: 95/47-110/55,
1 App, ⌐ WC, P, Restaurant
geschl.: Do, 18.10.-20.12.00, 20.10.-20.12.01

Bernhaupten

* Emerhof
Bernhauptener Str. 8, Tel (0 86 62) 59 91 93,
Fax 59 75, ✉ 83346
♪, 30 Zi, Ez: 80/40-136/68, Dz: 88/44-136/68,
2 Suiten, 14 App, ⌐ WC ⌀, P, 2⊖25, Sauna,
Solarium, Restaurant
geschl.: Mo

Bergen 49 □
Sachsen / Vogtlandkreis
🛈 Tel (03 74 63) 8 82 01, Fax 81 20
Gemeindverwaltung
✉ 08239 Falkensteiner Str. 10

* Marienstein
Thomas-Muntzer-Str. 9, Tel (03 74 63) 85 10,
Fax 85 11 09, ✉ 08239, AX DC ED VA
♪, 16 Zi, 1 Suite, ⌐ WC ⌀ DFÜ, Lift, P, 1⊖35,
Sauna, Restaurant

Bergen siehe Rügen

Bergerhof siehe Reichshof

Berghaupten 60 ↓

Baden-Württemberg / Ortenaukreis
EW 2300
🛈 Tel (0 78 03) 28 20, Fax 96 77 10
Verkehrsverein
✉ 77791 Rathausplatz 2

★★ Hirsch
Dorfstr. 9, Tel (0 78 03) 9 39 70, Fax 93 97 49,
✉ 77791, ED VA
23 Zi, Ez: 85/42-110/55, Dz: 130/65-175/88,
2 Suiten, ⌐ WC Ø DFÜ, 4 ⌁, Lift, P, 🏠, 2⌂35
geschl.: 6.-23.8.01
Auch Zimmer der Kategorie ✱ vorhanden.
🍴🍴 Hauptgericht 30/15-38/19 ✝
geschl.: Mo, Di mittags, 31.7.-17.8.00, 6-23.8.01

Bergheim 42 ↗

Nordrhein-Westfalen / Erftkreis
EW 60400
🛈 Tel (0 22 71) 8 90, Fax 8 92 39
Stadtverwaltung
✉ 50126 Bethlehemer Str. 9-11

★★ Meyer
Beisselstr. 3, Tel (0 22 71) 80 60, Fax 4 17 22,
✉ 50126, AX ED VA
20 Zi, Ez: 100/50-110/55, Dz: 170/85-190/95, ⌐
WC Ø, Sauna, Solarium, garni

Bergisch Gladbach 43 ↖

Nordrhein-Westfalen
EW 107610
🛈 Tel (0 22 02) 2 93 60, Fax 29 36 36
Touristik GmbH & Co KG
✉ 51465 Hauptstr. 47-51

★★★★ Schlosshotel Lerbach ♛
Relais & Châteaux
Lerbacher Weg, Tel (0 22 02) 20 40,
Fax 20 49 40, ✉ 51465, AX DC ED VA
einzeln ♩ 🍷, 47 Zi, Ez: 350/176-590/297,
Dz: 440/221-700/352, 10 Suiten, ⌐ WC Ø DFÜ,
5 ⌁, Lift, P, 3⌂110, 🏠, Sauna, Solarium, Golf,
1 Tennis
28 ha großer Schloßpark mit Angelteichen und
Joggingpfad.

🍴🍴🍴🍴 Dieter Müller 🍷🍷
L'Art de Vivre Restaurant
Hauptgericht 68/34-75/37, Terrasse,
geschl.: Mo,so

🍴🍴 Schloss-Schänke ✝
Hauptgericht 35/17-40/20, Terrasse

✱ Heidkamper Hof
Scheidtbachstr. 2 (B2), Tel (0 22 02) 3 46 12,
Fax 4 28 31, ✉ 51469, AX ED VA
15 Zi, Ez: 105/52-150/75, Dz: 160/80-220/110,
1 Suite, 1 App, ⌐ WC, 3 ⌁, P, 🏠, garni

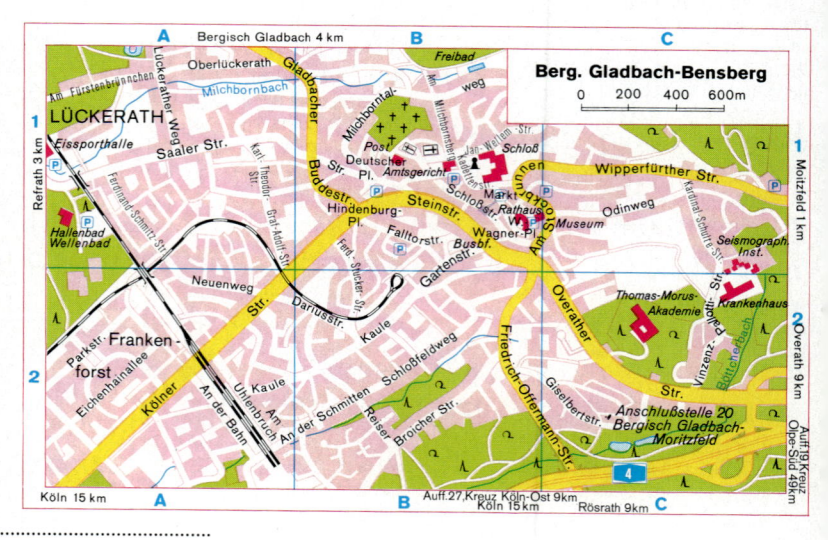

Bergisch Gladbach

🍴🍴 Les Trois
Bensberger Str. 102, Tel **(0 22 02) 3 61 34**,
Fax 3 25 05, ✉ 51469, ED VA
Hauptgericht 35/17-50/25, P

Bensberg (4 km ↓)

Grandhotel Schloss Bensberg
Kadettendstr. 2, Tel **(0 22 04) 4 20**,
Fax 4 28 88, ✉ 51429, AX DC ED VA
120 Zi, Ez: 390/196-500/277,
Dz: 470/236-600/302, 36 Suiten, ⌐ WC ℭ DFÜ,
25 ⛳, Lift, P, 🚗, 10⌂320, ♨, Fitnessraum,
Sauna, Solarium, Restaurant
Eröffnung nach Redaktionsschluss.

✱ Malerwinkel   ♛♛♛
Fischbachstr. 3, Tel **(0 22 04) 9 50 40**,
Fax 9 50 41 00, ✉ 51429, AX DC ED VA
☾, 26 Zi, Ez: 139/70-330/166,
Dz: 199/100-390/196, 2 Suiten, 1 App., ⌐ WC ℭ
DFÜ, 11 ⛳, P, 2⌂50, Sauna, garni
geschl.: 22.12.-1.1.00

🍴🍴 Waldstuben
Am Milchbornbach 39-43,
Tel **(0 22 04) 9 55 50**, Fax 95 55 60, ✉ 51429,
AX ED VA
Hauptgericht 30/15-50/25, Terrasse, P,
geschl.: Mo, 27.12.00-10.1.01

✱ Romantik Waldhotel Mangold
☾, 22 Zi, Ez: 165/83-275/138,
Dz: 225/113-300/151, 2 Suiten, ⌐ WC ℭ DFÜ,
8 ⛳, 4⌂60, Golf
Auch Zimmer der Kategorie ✱✱ vorhanden.

🍴 Das Fachwerkhaus
Burggraben 37, Tel **(0 22 04) 5 49 11**,
Fax 5 76 41, ✉ 51429
☕, Hauptgericht 42/21, Terrasse, geschl.: Mo, Di,
über Karneval, 3 Wochen in den Sommerferien

☕ Café Engels
Schlossstr. 66, Tel **(0 22 04) 91 13 18**, ✉ 51429
Terrasse, 8-18.30, So 12-18

Gronau (1,5 km ↓)

✱✱ Gronauer Tannenhof
Robert-Schuman-Str. 2 (A 2),
Tel **(0 22 02) 9 41 40**, Fax 94 14 44, ✉ 51469,
AX DC ED VA
32 Zi, Ez: 150/75-240/120,
Dz: 200/100-280/141, ⌐ WC ℭ DFÜ, Lift, P,
3⌂96, Kegeln
🍴 Hauptgericht 17/8-40/20, Terrasse

Herrenstrunden (5 km →)

✱ Malteser Komturei
Herrenstrunden 23, Tel **(0 22 02) 2 94 80**,
Fax 9 37 38 88, ✉ 51465, ED VA

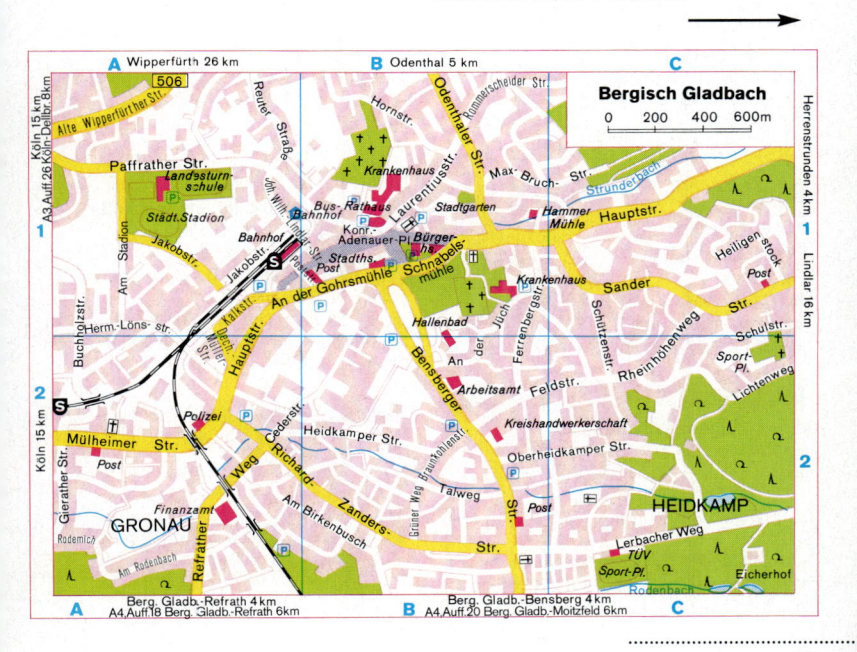

→

Bergisch Gladbach

7 Zi, Ez: 130/65-230/115, Dz: 180/90-250/125,
3 Suiten, ⌐ WC ⌀ DFÜ, 4 ⌫, P, 1⌂, garni
geschl.: Fr
Zimmer der Kategorie ✱✱ vorhanden.

Paffrath

✱ **Hansen**
Paffrather Str. 309 (außerhalb A1),
Tel (0 22 02) 9 57 70, Fax 5 99 39, ✉ 51469,
AX ED VA
19 Zi, Ez: 95/47-210/105, Dz: 145/73-230/115,
⌐ WC ⌀ DFÜ, 7 ⌫, P, ⌂, 1⌂25, Kegeln,
Restaurant

Sand (1 km →)

✱✱ **Privathotel Bremer**
Dombach-Sander-Str. 72, Tel (0 22 02) 9 35 00,
Fax 93 50 50, ✉ 51465, AX DC ED VA
♪, 21 Zi, Ez: 140/70-290/146,
Dz: 270/135-380/191, 1 Suite, ⌐ WC ⌀ DFÜ,
12 ⌫, P, 1⌂20, garni

Bergkirchen 71 ↑

Bayern / Kreis Dachau
EW 6700
ℹ Tel (0 81 31) 5 69 70, Fax 8 69 66
Gemeindeverwaltung
✉ 85232 Johann-Michael-Fischer-Str 1

Günding (3 km →)

✱ **Forelle**
Brucker Str. 16, Tel (0 81 31) 5 67 30,
Fax 56 53 56, ✉ 85232, ED VA
30 Zi, Ez: 115/57-130/65, Dz: 140/70-195/98,
1 App, ⌐ WC ⌀ DFÜ, 10 ⌫, ⌂, garni

Berglen 62 ←

Baden-Württemberg
Rems-Murr-Kreis
EW 5900
ℹ Tel (0 71 95) 9 75 70, Fax 97 57 37
Gemeindeverwaltung
✉ 73663 Beethovenstr. 14-20

Lehnenberg

✱ **Blessings Landhotel**
Lessingstr. 13, Tel (0 71 95) 9 76 00,
Fax 97 60 40, ✉ 73663, AX ED VA
♪ ✤, 23 Zi, Ez: 78/39-115/57,
Dz: 128/64-168/84, 1 App, ⌐ WC ⌀ DFÜ, 2 ⌫,
P, 2⌂40
Auch Zimmer der Kategorie ✱✱ vorhanden.
🍴🍴 Hauptgericht 14/7-39/19, Terrasse,
geschl.: Do

Bergneustadt 43 ↗

Nordrhein-Westfalen
Oberbergischer Kreis
EW 21000
ℹ Tel (0 22 61) 40 42 25, Fax 40 41 75
Verkehrsamt
✉ 51702 Kölner Str. 297

✱ **Feste Neustadt**
Hauptstr. 19, Tel (0 22 61) 4 17 95,
Fax 4 80 21, ✉ 51702, ED
20 Zi, Ez: 75/37-85/42, Dz: 160/80-170/85, ⌐
WC ⌀, P, ⌂, 3⌂100, Kegeln, Restaurant
geschl.: Mo, 3 Wochen im Sommer

Niederrengse (7 km ↗)

🍴🍴 **Rengser Mühle**
Niederrengse 4, Tel (0 27 63) 9 14 50,
Fax 91 45 20, ✉ 51702, AX ED
🍷, Hauptgericht 22/11-42/21, Gartenlokal, P,
geschl.: Mo, Di
✱ 4 Zi, Ez: 110/55, Dz: 150/75, ⌐ WC ⌀,
4 ⌫

Bergrheinfeld 56 ↑

Bayern / Kreis Schweinfurt
EW 5080
ℹ Tel (0 97 21) 9 70 00, Fax 97 00 30
Gemeindeverwaltung
✉ 97493 Hauptstr. 38

✱ **Astoria**
Schweinfurter Str. 117, Tel (0 97 21) 9 70 10,
Fax 97 01 13, ✉ 97493, AX ED VA
55 Zi, Ez: 70/35-85/42, Dz: 100/50-130/65, ⌐
WC ⌀, P, ⌂, 1⌂25, Restaurant
geschl.: 20.12.00-6.1.01

🛏 **Gasthof zum weißen Roß**
Hauptstr. 5, Tel (0 97 21) 78 97 00,
Fax 78 97 89, ✉ 97493, ED
55 Zi, Ez: 51/25-88/44, Dz: 86/43-126/63, P,
2⌂60, Restaurant
geschl.: 30.7.-21.8.00, 27.12.00-8.1.01
Im Gästehaus Gartenstraße Zimmer der
Kategorie ✱✱ vorhanden.

Bergzabern, Bad 60 ↑

Rheinland-Pfalz
Kreis Südliche Weinstraße
EW 8000
ℹ Tel (0 63 43) 9 34 00, Fax 93 40 40
Kurverwaltung
✉ 76887 Kurtalstr. 25

** Petronella

Kurtalstr. 47, Tel (0 63 43) 10 75, Fax 53 13,
✉ 76887, DC ED VA
35 Zi, Ez: 90/45-100/50, Dz: 145/73-160/80,
19 Suiten, ⇩ WC ⌀, Lift, P, ☎, 3⟲100, Sauna,
Solarium
geschl.: im Sommer Di, im Winter Do, Mitte
Jan-Ende Feb
Auch Zimmer der Kategorie ✱ vorhanden.

¶¶ Hauptgericht 30/15-45/22, Terrasse,
geschl.: im Winter Di

✱ Kurhotel Friedrichsruhe

Kurtalstr. 57, Tel (0 63 43) 70 90, Fax 70 91 62,
✉ 76887
35 Zi, Ez: 114/57, Dz: 168/84, 1 App, ⇩ WC ⌀,
Lift, P, ☎, 5⟲60, Solarium, Restaurant

Berka, Bad 48 ↖

Thüringen / Kreis Weimarer-Land
EW 7000
ℹ Tel (03 64 58) 57 90, Fax 5 79 99
Stadtverwaltung
✉ 99438 Goetheallee 3

✱ Hubertushof

Tannrodaerstr. 3, Tel (03 64 58) 3 50,
Fax 3 51 50, ✉ 99438, AX ED VA
30 Zi, Ez: 130/65-170/85, Dz: 150/75-185/93,
⇩ WC ⌀, 16 ⚑, Lift, P, 1⟲25, Sauna,
Solarium
Auch Zimmer der Kategorie ✱✱ vorhanden.
¶¶ Hauptgericht 22/11-35/17, Terrasse

✱ Wettiner Hof

Bahnhofstr. 32, Tel (03 64 58) 34 30,
Fax 3 07 04, ✉ 99438, AX DC ED VA
29 Zi, Ez: 90/45, Dz: 130/65, ⇩ WC ⌀, ☎,
2⟲45, Restaurant

✱ Am Goethebrunnen

Goetheallee 1a, Tel (03 64 58) 57 10,
Fax 5 71 12, ✉ 99438, AX DC ED VA
11 Zi, Ez: 95/47-120/60, Dz: 135/67, ⇩ WC ⌀,
P, 1⟲23, Restaurant

Berlin

Berlebeck siehe Detmold

Berleburg, Bad 44 ↗

Nordrhein-Westfalen
Kreis Siegen-Wittgenstein
EW 21700
ℹ Tel (0 27 51) 9 36 33, Fax 93 63 43
Tourist-Information
✉ 57319 Poststr. 44

✱ Westfälischer Hof

Astenbergstr. 6, Tel (0 27 51) 9 24 90,
Fax 92 49 59, ✉ 57319, AX DC ED VA
38 Zi, Ez: 60/30-90/45, Dz: 120/60-180/90, ⇩
WC ⌀ DFÜ, 19 ⚑, ☎, 1⟲20, Sauna, Solarium,
Restaurant
Auch Zimmer der Kategorie ✱✱ vorhanden.

Wingeshausen (14 km ←)

¶ Weber

Inselweg 5, Tel (0 27 59) 4 12, Fax 5 40,
✉ 57319
Hauptgericht 26/13, P, ⚓, geschl.: Mo, Di,
15-31.7.01, 1-10.11.01

Berlin 30 □

Berlin
EW 3425800
ℹ Tel (01 90) 75 40 40, Fax 26 47 48 66
Tourismus-Info/Europa-Center
✉ 10787 Budapester Str. 45
Cityplan siehe Seiten 88-93

✱✱✱✱✱ Adlon
The Leading Hotels of the World

Unter den Linden 77 (K2), Tel (0 30) 2 26 10,
Fax 22 61 22 22, ✉ 10117, AX DC ED VA
256 Zi, Ez: 420/211-620/312,
Dz: 490/246-690/347, 34 Suiten, 40 App, ⇩ WC
⌀ DFÜ, 65 ⚑, Lift, ☎, 12⟲400, ⚓,
Fitnessraum, Sauna, Solarium

¶¶¶¶¶ Lorenz Adlon

Hauptgericht 55/27-90/45, nur abends,
geschl.: Mo, So, Anfang Aug-Anfang Sep
¶¶¶ Hauptgericht 42/21, Terrasse

✱✱✱✱✱ Four Seasons ♛♛

Charlottenstr. 49 (L 2), Tel (0 30) 2 03 38,
Fax 20 33 60 09, ✉ 10117, AX DC ED VA
⚐, 162 Zi, Ez: 390/196-490/246,
Dz: 460/231-560/282, 42 Suiten, ⇩ WC ⌀ DFÜ,
87 ⚑, Lift, ☎, 4⟲120, Sauna

¶¶¶¶ Seasons

⚐, Hauptgericht 39/19-56/28, P

Berlin

★★★★ Palace
L'Art de Vivre-Residenz
Budapester Str., im Europa-Center (G 3),
Tel (0 30) 2 50 20, Fax 25 02 11 61, ✉ 10789,
AX DC ED VA, Ⓢ
282 Zi, Ez: 380/191-560/282,
Dz: 430/216-610/307, 43 Suiten, ⌐ WC Ⓒ DFÜ,
95 ⇔, Lift, **P**, ☎, 12⟲500
Zimmer unterschiedlicher Kategorien
vorhanden. Zimmerpreise exkl. Frühstück.
Kostenlose Benutzung der Thermen am Europa-
Center für Hotelgäste.

🍴🍴🍴🍴 First Floor
L'Art de Vivre-Restaurant
Tel 25 02 10 20, Fax 25 02 11 60
Hauptgericht 52/26-75/37, geschl.: Sa mittags,
23.7.-19.8.01
Bemerkenswerte Weinkarte.

★★★★ Inter-Continental
Budapester Str. 2 (G 3), **Tel (0 30) 2 60 20**,
Fax 26 02 26 00, ✉ 10787, AX DC ED VA
₰, 510 Zi, Ez: 365/183-545/274,
Dz: 415/209-545/274, 66 Suiten, ⌐ WC Ⓒ DFÜ,
132 ⇔, Lift, **P**, ☎, 31⟲1410, ♨, Fitnessraum,
Sauna, Solarium
Auch einfachere Zimmer vorhanden.

🍴🍴🍴🍴🍴 Zum Hugenotten
Hauptgericht 57/28-65/32, nur abends,
geschl.: So

🍴🍴 L. A. Cafe
Hauptgericht 29/14-36/18, Terrasse

★★★★ Grand Hyatt Berlin
Marlene-Dietrich-Platz 2 (O 6),
Tel (0 30) 25 53 12 34, Fax 25 53 12 35,
✉ 10785, AX DC ED VA
₰, 326 Zi, Ez: 420/211-610/307,
Dz: 460/231-650/327, 16 Suiten, ⌐ WC Ⓒ DFÜ,
109 ⇔, Lift, 9⟲850, ♨, Sauna, Solarium, Golf

🍴🍴 Vox
Terrasse

★★★★ Grand Hotel Esplanade
Lützowufer 15 (H 3), **Tel (0 30) 25 47 80**,
Fax 2 54 78 82 22, ✉ 10785, AX DC ED VA, Ⓢ
367 Zi, Ez: 415/209-535/269,
Dz: 500/251-620/312, 17 Suiten, ⌐ WC Ⓒ,
67 ⇔, Lift, ☎, 7⟲450, ♨, Fitnessraum, Sauna,
Solarium

🍴🍴🍴 Harlekin
Tel 2 54 78 86 30
Hauptgericht 47/23-65/32, Terrasse, **P**, nur
abends, geschl.: Mo, So, 26-29.12.00, 2-8.1.01

Eck-Kneipe
Hauptgericht 28/14-38/19, Terrasse, **P**

★★★★ Kempinski Hotel
Bristol Berlin
Kurfürstendamm 27 (F 3), **Tel (0 30) 88 43 40**,
Fax 8 83 60 75, ✉ 10719, AX DC ED VA, Ⓢ
301 Zi, Ez: 375/188-525/264,
Dz: 435/219-585/294, 52 Suiten, ⌐ WC Ⓒ DFÜ,
90 ⇔, Lift, 15⟲500, ♨, Sauna, Solarium
Auch einfachere Zimmer vorhanden.
Zimmerpreise exkl. Frühstück.

🍴🍴🍴 Kempinski Grill
Hauptgericht 48/24-60/30, geschl.: Mo

🍴🍴 Kempinski Eck
Hauptgericht 25/12-36/18, Terrasse

★★★★ Steigenberger
Los-Angeles-Platz 1 (F 4), **Tel (0 30) 2 12 70**,
Fax 2 12 71 17, ✉ 10789, AX DC ED VA, Ⓢ
397 Zi, Ez: 342/172-572/288,
Dz: 424/213-604/304, 11 Suiten, ⌐ WC Ⓒ,
160 ⇔, Lift, ☎, 16⟲600, ♨, Sauna, Solarium
Auch einfachere Zimmer vorhanden.

🍴🍴🍴🍴 Park-Restaurant
Hauptgericht 37/18-42/21, **P**, nur abends

🍴 Berliner Stube
Hauptgericht 23/11-32/16, Terrasse

★★★★ The Westin Grand
Friedrichstr. 158-164 (Q 5), **Tel (0 30) 2 02 70**,
Fax 20 27 33 62, ✉ 10117, AX DC ED VA
323 Zi, Dz: 475/239-600/302, 35 Suiten, ⌐ WC
Ⓒ DFÜ, 140 ⇔, Lift, 9⟲150, ♨, Fitnessraum,
Sauna, Solarium
Auch einfachere Zimmer vorhanden.

🍴🍴🍴 Le Grand Restaurant
Hauptgericht 29/14-44/22, Terrasse

🍴🍴 Stammhaus
Hauptgericht 19/9-30/15, Terrasse

★★★ Dorint Schweizerhof
Budapester Str. 21-29 (G 3), **Tel (0 30) 2 69 60**,
Fax 26 96 10 00, ✉ 10787, AX DC ED VA, Ⓢ
384 Zi, Dz: 445/224-515/259, 26 Suiten, ⌐ WC
Ⓒ DFÜ, 177 ⇔, Lift, ☎, 18⟲650, ♨,
Fitnessraum, Sauna, Solarium

🍴 Bistro Xxenia
Hauptgericht 20/10-40/20

Berlin

★★★ Berlin Hilton
Mohrenstr. 30 (Q 5), Tel (0 30) 2 02 30,
Fax 20 23 42 69, ✉ 10117, AX DC ED VA, ⓢ
♪ ✱, 460 Zi, Ez: 375/188-505/254,
Dz: 450/226-580/292, 6 Suiten, 1 App, ⌐ WC
⊘, 116 ⚑, Lift, ☎, 18⊃500, ⌂, Bowling,
Sauna, Solarium

🍴🍴 Mark Brandenburg
Hauptgericht 32/16

★★★ Maritim proArte Hotel
Friedrichstr. 151 (L 1), Tel (0 30) 2 03 35,
Fax 20 33 42 09, ✉ 10117, AX DC ED VA, ⓢ
403 Zi, Ez: 269/135-479/241,
Dz: 298/150-538/270, 2 Suiten, 26 App, ⌐ WC
⊘, 80 ⚑, Lift, ☎, 13⊃1600, ⌂, Sauna,
Solarium, Golf
Preise exkl. Frühstück..

🍴🍴 Atelier
Hauptgericht 36/18-48/24, P, nur abends

★★★ DeragHotel Großer Kurfürst
Neue Rosstr. 11-12, Tel (0 30) 24 60 00,
Fax 24 60 03 00, ✉ 10179, AX DC ED VA
115 Zi, Ez: 220/110-295/148,
Dz: 270/135-330/166, 7 Suiten, 29 App, ⌐ WC
⊘, 60 ⚑, Lift, P, ☎, 4⊃36, Sauna, Solarium,
Restaurant

★★★ Crowne Plaza CityCentre
Nürnberger Str. 65 (G 3), Tel (0 30) 21 00 70,
Fax 2 13 20 09, ✉ 10787, AX DC ED VA
415 Zi, Ez: 330/166-495/249,
Dz: 380/191-595/299, 10 Suiten, ⌐ WC ⊘ DFÜ,
174 ⚑, Lift, P, ☎, 10⊃390, ⌂, Sauna,
Solarium

🍴🍴 Wilson's
Hauptgericht 32/16

★★★ Berlin
Lützowplatz 17 (H 3), Tel (0 30) 2 60 50,
Fax 26 05 27 16, ✉ 10785, AX DC ED VA, ⓢ
663 Zi, Ez: 215/108-440/221,
Dz: 274/138-470/236, 30 Suiten, 8 App, ⌐ WC
⊘, 219 ⚑, Lift, ☎, 19⊃550, Fitnessraum,
Sauna, Solarium
Zimmer unterschiedlicher Kategorien
vorhanden.

🍴🍴 Globe
Hauptgericht 25/12-42/21, Terrasse, Biergarten,
P

★★★ Savoy
Fasanenstr. 9-10 (F 3), Tel (0 30) 31 10 30,
Fax 31 10 33 33, ✉ 10623, AX DC ED VA
107 Zi, Ez: 277/139-377/189,
Dz: 345/173-445/224, 18 Suiten, ⌐ WC ⊘ DFÜ,
15 ⚑, Lift, 2⊃70, Sauna, Solarium
Auch Zimmer der Kategorie ★★ vorhanden.

🍴🍴🍴
Hauptgericht 29/14-35/17, geschl.: So

★★★ Astron Berlin-Mitte
Leipziger Str. 106-111 (Q 5),
Tel (0 30) 20 37 60, Fax 20 37 66 00, ✉ 10117,
AX DC ED VA
309 Zi, Ez: 273/137-458/230,
Dz: 301/151-486/244, 81 App, ⌐ WC ⊘ DFÜ,
Lift, ☎, 14⊃220, Fitnessraum, Sauna,
Solarium, Restaurant
Doppelzimmer der Kategorie ★★ vorhanden.

★★★ Mondial
Kurfürstendamm 47 (E 4), Tel (0 30) 88 41 10,
Fax 88 41 11 50, ✉ 10707, AX DC ED VA
75 Zi, Ez: 220/110-440/221,
Dz: 280/141-480/241, 1 Suite, ⌐ WC ⊘ DFÜ,
15 ⚑, Lift, ☎, 3⊃90, ⌂, Sauna, Solarium,
Restaurant

★★ Brandenburger Hof   ⚜⚜
Relais & Châteaux
Eislebener Str. 14 (F 4), Tel (0 30) 21 40 50,
Fax 21 40 51 00, ✉ 10789, AX DC ED VA
78 Zi, Ez: 280/141-415/209,
Dz: 345/173-465/234, 4 Suiten, ⌐ WC ⊘ DFÜ,
Lift, ☎, 4⊃40, Solarium
Rekonstruierter wilhelminischer Stadtpalast.
Zimmerausstattung im Bauhausdesign. Auch
Zimmer der Kategorie ★★★ vorhanden.

🍴🍴🍴 Die Quadriga   🍷
Hauptgericht 48/24-65/32, P, nur abends,
geschl.: Sa, So, 1.-14.1.01, 23.7.-19.8.01

🍴🍴 Der Wintergarten
Hauptgericht 36/18-48/24, Terrasse, P
Beachtenswerte Küche.

★★ DeragResidenzhotel Henriette
Neue Rosstr. 13, Tel (0 30) 24 60 09 00,
Fax 24 60 09 40, ✉ 10179, AX DC ED VA
20 Zi, Ez: 220/110, Dz: 270/135, 34 App, ⌐ WC
⊘, Lift, 4⊃36, Fitnessraum, Sauna, Solarium,
Restaurant
Auch Zimmer der Kategorie ★★★ vorhanden.
Auch Langzeitvermietungen.

★★ Hecker's Hotel
Top International Hotel
Grolmanstr. 35 (E 3), Tel (0 30) 8 89 00,
Fax 8 89 02 60, ✉ 10623, AX DC ED VA, ⓢ
67 Zi, Ez: 230/115-370/186,
Dz: 280/141-370/186, 4 App, ⌐ WC ⊘ DFÜ,
24 ⚑, Lift
Auch Zimmer der Kategorie ★★★ vorhanden.

Cassambalis Taverna
Tel 8 85 47 47, Fax 8 85 49 71
Hauptgericht 29/14-43/21, P, geschl.: So
mittags

Berlin

D
E
F
G
Moabit
Moabit
TIERGARTEN
BM des Innern
Alt Moabit
Levetzowstraße
Erlöser K.
Wikingerufer
Elberfelder Str.
Bundesratufer
Spree
Stromstr.
Lessingstraße
Flensbgr. Str.
Bellevue
Bartning-allee
Post
Akad.d.Künste
Altonaer Str.
Hansa-pl.
Hansa-viertel
Grips-Theater
Klopstockstraße
Bachstr.
Kaiser-Friedr.-Ged.-K.
Tiergarten
Straße des 17. Juni
Berlin-Pav.
Großer Weg
Tiergarten
Neuer See
Lichtenstein-allee
Obersteses Rückerst.-Ger.
UNICEF
Corneliusstr.
Kath.-Heinroth-Ufer
Landwehrkanal
Zoologischer Garten
Zoolog. Garten
Aquarium
Budapester Straße
Franzisk. Krhs.
Statist. Bundesamt
Pol.
Kurfürstenstraße
Europa Center
Verkehrs-A.
Kais.-Wilhelm-Ged.-K.
Breitscheid-platz
Tauentzienstr.
Landesamt f. polit. Bildungsarb.
Lds.-Schulamt
Wittenbg.Pl.
Kleiststr.
An der Urania
Finanz-ger.
Landes-archiv
Bayreuther Str.
Nürnberger Str.
Marburger Str.
Los-Angeles-Pl.
Augsburger Str.
Rankestr.
Lietzenburger Str.
Fugger-str.
Martin-Luther-Str.
Geisbergstr.
Sporthalle
Lette-verein
Ansbacher Str.
Viktoria-Luise-Pl.
Motzstr.
Winterfeldtstr.
Nürnberger Pl.
Regensburger Str.
Nachodstr.
Hohenstaufenstr.
Prager Platz
Aschaffenburger Str.
Bamberger Straße
Landshuter Str.
Münchener Str.
Barbarossastr.
SCHÖNEBERG
K.z.Heilsbr.
Post
Bayer. Pl.
Grunewaldstr.
Amtsgericht
Land.-Krim.-Amt
Salzburger Str.
Innsbrucker Str.
Wartburgstr.
Sen. f. Justiz
Badensche Straße
Fachhochsch. f. Wirtschaft
Schönebg. Raths.
J.-F.-Kennedy-Pl.
Sen. f. Wirtschaft u. Betriebe
Kufsteiner Straße
Stein-Straße
R.-Wilde-Park
Helmholtzstr.
Wasserschutz-polizei
TU
Sp.-Pl.
Dovestr.
Salzufer
Einsteinufer
Franklinstraße
Techn. Prüf.-St. d.TU
Wullenweberstr.
Hansaufer
Fachsch. f. Optik u. Fototechn.
Phys. Techn. Bundesanst.
Landesa. f. Meß.- u. Eichwesen
Marchstr.
Techn. Universität
Hochsch. d. Künste
König. Porzellan-manufaktur
E.-Reuter-Haus
Finanz.A.
Charlottenburger Br.
Versuchsanstalt f. Wasserbau u. Schiffbau
Tribünen-theater
Cauerstraße
Rathaus Charlottenbg.
Post
Landes-zentral-bank
Ernst-Reuter-Pl.
Deutsche Oper
Bismarckstraße
Wasser-spiele
Pol.
Schiller-theater
Schillerstraße
Techn. Universität
Hardenbergstraße
T.U.
Fasanenstr.
Hochsch. f. Bild. Künste u. Musik
Konzert-saal
Verw.Gebäude Bundes-dienstst.
Bundes-verw.-Ger.
Renaissance-theater
Steinpl.
Post
Grolmanstr.
Knesebeckstraße
IHK
Börse
Oberverw. Gericht
Theater d. Westens
Savigny-platz
Kantstraße
Post
Savignyplatz
Leibnizstraße
Wielandstr.
Schlüterstr.
Bleibtreustr.
Mommsenstraße
Kurfürstendamm
Theater am Kurf. Damm
Komödie
Fach-hoch-schule
Ob.Finanz-direktion
Olivaer Platz
Post
Bundes-aufsichtsamt f. Versich.-Wesen
Uhlandstr.
Meinekestr.
Joachimstaler Str.
Ku'dorf
Inst.
Ranke-pl.
Hochsch. d. Künste Th.d.
Wühlmäuse
Hoch-schule der Künste
Musical-Theater Berlin
Bundes-haus
G.-Hauptm.-Anlage
Pariser Str.
Düsseldorfer Straße
Fasanenstr.
Konstanzer Straße
Spichernstr.
Hohen-zollern-pl.
Hohenzollerndamm
Emser Str.
Pommersche Str.
Preußen-park
Sen. f. Bauen, Wohnen u. Verkehr
Stat. Lds.-Amt
BfA
Brandenburgische Straße
Güntzelstr.
Alt-Luth.-K.
Nikolsbgr. Platz
Bundesallee
Prinzregentenstr.
Fehrbelliner Pl.
Senatsverw. f. Inneres
Sigmaringer Str.
DRK
Post
Rathaus Wilmersdorf
Hohenzollerndamm
Schwed.-Vikt.-K.
Nassauische Str.
Berliner Straße
Wilhelmsaue
Blissestr.
Auen-K.
Schölerpark
Str. am Schoelerpark
Sportplatz
Volkspark
Heilig-Kreuz-K.
Fennsee
Mecklenburg.Str.
Schmargen-dorf
A100, Auff.18 Kr.Schöneberg
Friedenau, Steglitz Lichterfelde, Lankwitz
Friedenau, Steglitz Lichterfelde, Lankwitz
1
2
3
4
5
6

Berlin

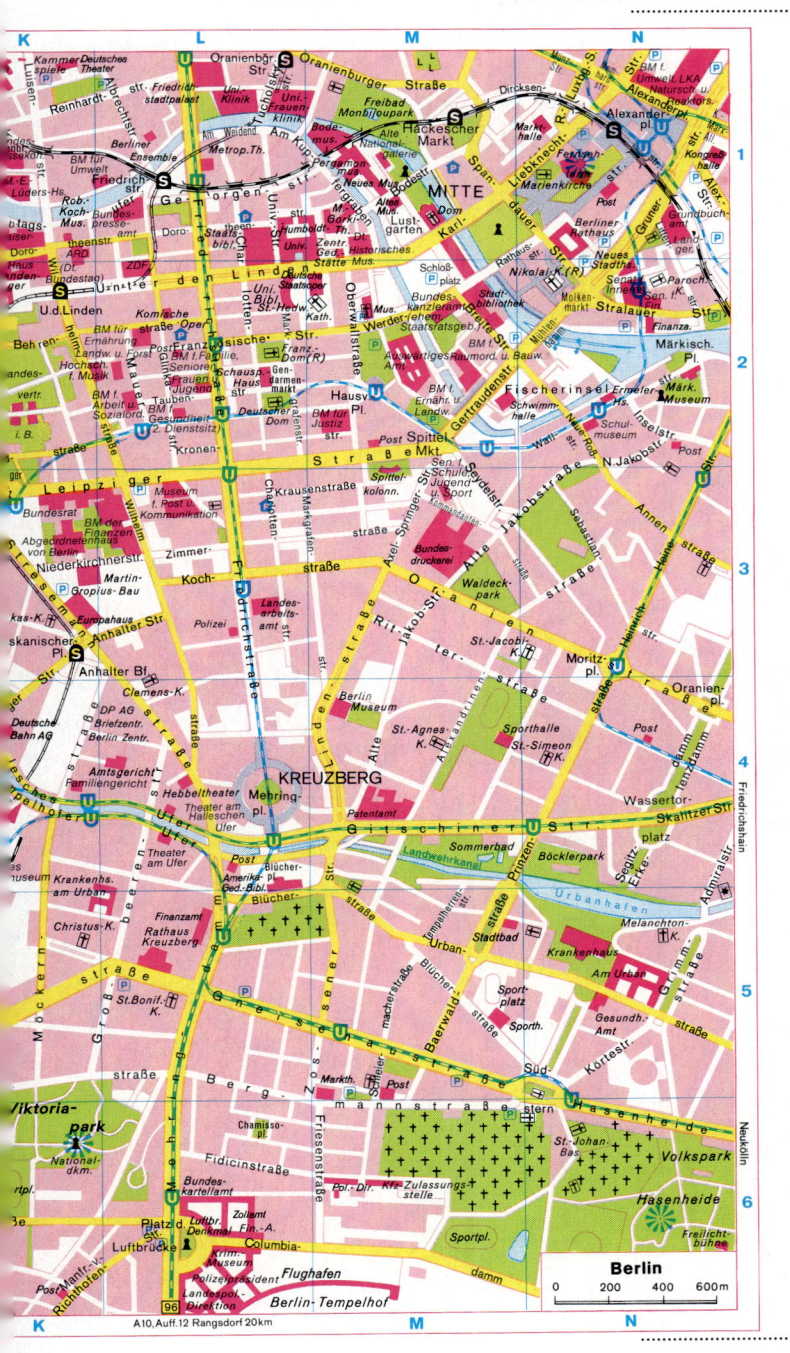

Berlin

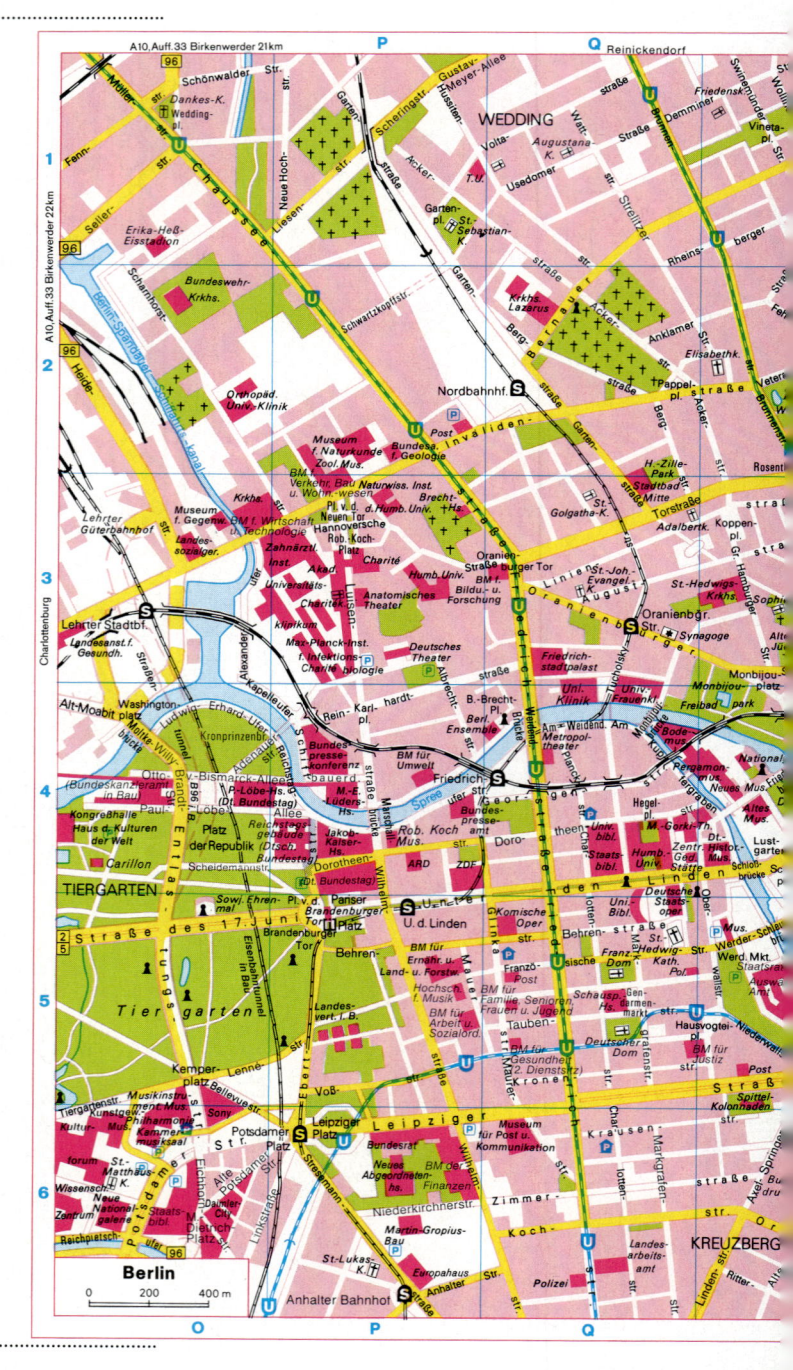

Berlin

R
A10, Auff.33 Birkenwerder 20km
T
A114, Auff.5 Prenzl.Promenade 4km
U
96a
109
Friedr.-Ludw.-Jahn-Sport-park
Eberswalder Straße
Post
St.-Elisabeth-St.
Danziger Straße
Duncker-
Senefelder-
Eliask.
Allee
Raths. Prenzlauer Berg
Städt. Krkhs.
Fröbelstraße
Fröbel-pl.
Schwimm-halle
Weißensee
1
Oderberger
Schwedter
Straße
Knaack-
Sredzki-
Huse-
mannstr.
Museum
Hockey-pl.
Ella-
Kay-
Kurische Str.
Arkona-pl.
Christburger
Kollwitz-pl.
PRENZLAUER
BERG
Wörther
Segensk.
Synagoge
Rykestr.
Marienburger
Danziger Str.
Post
Zions-
Zionsk.
Zionskirchpl.
Kastanienallee
Schwedter
Kollwitz-
Immanuelk.
Immanuelkirch-
Pasteur-
Hufeland-
96a
Lichtenberg
2
Sene-felder-pl.
Teutoburger Pl.
Metzer
Saarbrücker
Wins-
Pol.
St.-Katharinen-Stift
Bötzow-
Greifswalder
Herz-Jesu-K.
Choriner
Weinbergsweg
Volkspark am Weinberg
Post
Torstraße
Linienstr.
Sporthalle
Straßburger
Prenzlauer Berg
Friedrichshain
Am Friedenshain
Volkspark
Friedrichshain
Städt. Krkhs.
3
Volksbühne
R.-Luxemburg-Platz
Rosenthaler
Gormann-
Alte Schönhauser Str.
Weinmeister-str.
Münzstr.
Mollstraße
St.-Bartholomäus-K.
Schwimm-halle
Hohenschönhausen
Tiefbaua. Bez.A.
Memhardstr.
LKA
BM für Umwelt, Natursch. u. Reakt.
Otto-Braun-Str.
Statist. Bundes- u. Landesamt
Haus d. Gesundheit
Platz der Vereinten Nationen
Landsberger Allee
Hackescher Markt
Dircksenstr.
Markthalle
Alexanderplatz
Alexanderstr.
Karl-Marx-Allee
Kongreßhalle
FRIED-RICHS-HAIN
Post
Palisaden-
Friedrichsberger Str.
Auferst.-K.
Piusk.
Fernsehturm
Marienk.
MITTE
Karl-Liebknecht-
Spandauer
Rathausstraße
Post
Grund-buch-amt
Land-gericht
Klosterk.
Littenstr.
Strausberger Platz
Lebuser Str.
4
A10, Auff.4 B-Hellersdorf 25km
Berliner Rathaus
Nikolaik.
Neues Stadth.
Paroch. K.
Post
Singer-straße
HAIN
Molkenmarkt
Senatf. Inneres
Sen. f. Finanzen
Stralauer Straße
Finanz-amt
Holzmarkt-
Lichtenberger
Andreaspl.
Stadtbibl.
Marstall
Landesarchiv
Raumord.
Märkischer Platz
Märk. Museum
Sen. f. Stadtentw., Umweltsch. u. Technologie
Jannowitzbr.
Jannowitzbrücke
Schwimm-halle
5
Fischerinsel
Mühlendamm
Gertraudenstr.
Schwimm-halle
Ermeler Hs.
Zilledkm.
Inselstr.
Spree-Kanal
Wall
Neue Roßstr.
Schulmus.
Post
Köpenicker
Michaelkirchstr.
Michaelbrücke
Koppenstr.
Andreas-
Ostbahnhof
Pariser Kom.
Neue Jakobstr.
Bibliothek
Stralauer Platz
Ostbahnhof Platz
Post
Schillingbrücke
Spree
Mühlenstr.
Seydelstr.
Annen-
Sebastian-
Alte Jakob-
Schmidstr.
Michaelkirchpl.
St.-Michael-K.
Melchior-
Landesinst. f. Tropenmed.
H.-Heine-Platz
Heinrich-Heine-Str.
6
Treptow
Jakobstr.
Waldeck-park
Engel-
Bethanien
St.-Thomas-K.
Manteuffelstr.
Straße
Mariannen-platz
Adal-
St.-Jakobi-K.
Neukölln
S
Treptow

Berlin

** Am Zoo
Kürfürstendamm 25 (F 3), Tel (0 30) 88 43 70,
Fax 88 43 77 14, ⌧ 10719, AX DC ED VA
136 Zi, Ez: 257/129-295/148,
Dz: 338/170-369/185, ⌐ WC ⊘, P, 5⇔80,
garni
Auch Zimmer der Kategorie *** vorhanden.

** Best Western Hotel President
An der Urania 16-18 (G 4), Tel (0 30) 21 90 30,
Fax 2 14 12 00, ⌧ 10787, AX DC ED VA, S
172 Zi, Ez: 250/125-310/156,
Dz: 300/151-380/191, 13 Suiten, 2 App, ⌐ WC
⊘, 20 ⌧, Lift, ⌐, 6⇔80, Fitnessraum, Sauna,
Solarium
Auch Zimmer anderer Kategorien vorhanden.

¶¶ Die Saison
Hauptgericht 25/12, Terrasse, P

** Seehof
Lietzensee-Ufer 11 (B 3), Tel (0 30) 32 00 20,
Fax 32 00 22 51, ⌧ 14057, AX ED VA
§, 77 Zi, Ez: 252/126-377/189,
Dz: 329/165-504/253, 1 Suite, ⌐ WC ⊘ DFÜ,
57 ⌧, Lift, ⌐, 4⇔50, ⌐, Sauna, Solarium

¶¶ Au Lac
Hauptgericht 25/12-45/22, Terrasse, P

** Dorint am Gendarmenmarkt ♛
Charlottenstr. 50-52, Tel (0 30) 20 37 50,
Fax 20 37 51 00, ⌧ 10117, AX DC ED VA
§, 70 Zi, Ez: 295/148-515/259,
Dz: 325/163-515/259, 22 Suiten, ⌐ WC ⊘ DFÜ,
35 ⌧, Lift, ⌐, 4⇔120, Fitnessraum, Sauna,
Solarium, Restaurant
Aufwendige Designer-Gestaltung in den
Zimmern.

** Domicil
Kantstr. 111 a, Tel (0 30) 32 90 30,
Fax 32 90 32 99, ⌧ 10627, AX DC ED VA
49 Zi, Dz: 260/130-320/161, 9 Suiten, 12 App,
⌐ WC ⊘, 15 ⌧, Lift, 2⇔60, Restaurant

** Alsterhof
Augsburger Str. 5 (G 4), Tel (0 30) 21 24 20,
Fax 2 18 39 49, ⌧ 10789, AX DC ED VA, S
196 Zi, Ez: 215/108-365/183,
Dz: 255/128-450/226, 4 Suiten, ⌐ WC ⊘ DFÜ,
61 ⌧, Lift, ⌐, 7⇔70, ⌐, Sauna, Solarium

¶ Alsters
Hauptgericht 25/12-39/19, Biergarten, P,
geschl.: So

** Alexander Plaza
Rosenstr. 1, Tel (0 30) 24 00 10,
Fax 24 00 17 77, ⌧ 10178, AX DC ED VA, S
§, 83 Zi, Ez: 255/128-385/193,
Dz: 285/143-435/219, 9 Suiten, 9 App, ⌐ WC ⊘
DFÜ, 16 ⌧, Lift, ⌐, 6⇔100, Sauna, Solarium,
Restaurant

** Art'otel Ermelerhaus Design Hotel
Wallstr. 70, Tel (0 30) 24 06 20,
Fax 24 06 22 22, ⌧ 10179, AX DC ED VA
95 Zi, Ez: 235/118-335/168, Dz: 275/138,
4 Suiten, 10 App, ⌐ WC ⊘ DFÜ, 52 ⌧, Lift,
2⇔65
Kombination aus Designerhotel, mit
Künstlergalerie und dem denkmalgeschützten
Ermelerhaus.

¶¶ Ermelerhaus
⌐, Hauptgericht 32/16-42/21, Terrasse, nur
abends, geschl.: Mo, So

** Hollywood Media Hotel
Kurfürstendamm 202, Tel (0 30) 88 91 00,
Fax 88 91 02 80, ⌧ 10719, AX DC ED VA
164 Zi, Ez: 185/93-390/196,
Dz: 225/113-390/196, 4 Suiten, 21 App, ⌐ WC
⊘ DFÜ, 50 ⌧, Lift, ⌐, 7⇔300
Auch Zimmer der Kategorie *** vorhanden.

** Villa Kastania
Kastanienallee 20 (A 2), Tel (0 30) 3 00 00 20,
Fax 30 00 02 10, ⌧ 14052, AX ED VA
43 Zi, Ez: 184/92-294/148,
Dz: 228/114-348/175, 8 Suiten, 10 App, ⌐ WC
⊘, 10 ⌧, Lift, P, 1⇔22, ⌐, Sauna, Solarium,
Restaurant

** Ringhotel Hamburg
Landgrafenstr. 4 (GH 3), Tel (0 30) 26 47 70,
Fax 2 62 93 94, ⌧ 10787, AX DC ED VA, S
200 Zi, Ez: 211/106-358/180,
Dz: 262/131-380/191, ⌐ WC ⊘ DFÜ, 56 ⌧, Lift,
P, ⌐, 4⇔90, Restaurant

** Luisenhof
Köpenicker Str. 92 (T 5), Tel (0 30) 2 41 59 06,
Fax 2 79 29 83, ⌧ 10179, AX DC ED VA
26 Zi, Ez: 199/100-220/110,
Dz: 235/118-265/133, 1 Suite, ⌐ WC ⊘, Lift, P,
1⇔35, Restaurant

** Residenz
Meinekestr. 9 (F 4), Tel (0 30) 88 44 30,
Fax 8 82 47 26, ✉ 10719, AX DC ED VA
81 Zi, Ez: 190/95-310/156,
Dz: 250/125-370/186, 2 Suiten, 8 App, ⌐ WC ✆
DFÜ, 17 ⇔, Lift, 3⟳15, Fitnessraum, Sauna,
Solarium

¶¶ Grand Cru
Hauptgericht 36/18, Terrasse

** Albrechtshof
Albrechtstr. 8 (K 1), Tel (0 30) 30 88 60,
Fax 30 88 61 00, ✉ 10117, AX DC ED VA
100 Zi, Ez: 180/90-350/176,
Dz: 280/141-410/206, 2 Suiten, ⌐ WC ✆ DFÜ,
Lift, P, ✆, 5⟳70
¶¶ Hauptgericht 16/8-50/25

** Bleibtreu
Bleibtreustr. 31 (E 4), Tel (0 30) 88 47 40,
Fax 88 47 44 44, ✉ 10707, AX DC ED VA
60 Zi, Ez: 275/138-415/209,
Dz: 341/171-441/222, ⌐ WC ✆ DFÜ, 12 ⇔, Lift,
Sauna
Italienische Designer-Einrichtung. Auch
Zimmer der Kategorie * vorhanden.
¶ Hauptgericht 22/11-45/22, Terrasse

** Queens Hotel
Güntzelstr. 14 (F 5), Tel (0 30) 8 73 02 41,
Fax 8 61 93 26, ✉ 10717, AX DC ED VA, S
106 Zi, Ez: 159/80-229/115,
Dz: 189/95-282/142, 2 Suiten, ⌐ WC ✆, 30 ⇔,
Lift, ✆, 2⟳100, garni

** Excelsior
Hardenbergstr. 14 (F 3), Tel (0 30) 3 15 50,
Fax 31 55 10 02, ✉ 10623, AX DC ED VA, S
317 Zi, Ez: 196/98-401/201,
Dz: 256/128-460/231, 3 Suiten, ⌐ WC ✆,
126 ⇔, Lift, P, ✆, 5⟳130, Restaurant
Auch Zimmer der Kategorie * vorhanden.

* Golden Tulip Hotel Kronprinz
Kronprinzendamm 1 (B 4), Tel (0 30) 89 60 30,
Fax 8 93 12 15, ✉ 10711, AX DC ED VA
84 Zi, Ez: 195/98-280/141,
Dz: 260/130-310/156, 2 Suiten, ⌐ WC ✆ DFÜ,
25 ⇔, Lift, ✆, 3⟳30, garni
Auch Zimmer der Kategorie ** vorhanden.

* Holiday Inn Garden Court
Berlin – Kurfürstendamm
Bleibtreustr. 25 (E 4), Tel (0 30) 88 09 30,
Fax 88 09 39 39, ✉ 10707, AX DC ED VA, S
73 Zi, Ez: 200/100-375/188,
Dz: 240/120-400/201, ⌐ WC ✆, 32 ⇔, Lift, P,
✆, 2⟳30, garni

* Best Western Kanthotel
Kantstr. 111 (C 3), Tel (0 30) 32 30 20,
Fax 3 24 09 52, ✉ 10627, AX DC ED VA, S
70 Zi, Ez: 259/130-280/141,
Dz: 279/140-350/176, ⌐ WC ✆, 13 ⇔, Lift, P,
✆, 1⟳30, garni

* Avalon
Emser Str. 6 (E 4), Tel (0 30) 86 09 70,
Fax 86 09 74 44, ✉ 10719, AX DC ED VA
85 Zi, Ez: 199/100-290/146,
Dz: 239/120-340/171, 9 Suiten, ⌐ WC ✆ DFÜ,
34 ⇔, Lift, ✆, 2⟳90

* Mark Apart Hotel
Lietzenburgerstr. 82-84 (F 4),
Tel (0 30) 88 91 20, Fax 8 22, ✉ 10719, AX DC
ED VA
95 Zi, Ez: 151/76-300/151,
Dz: 200/100-340/171, 9 Suiten, ⌐ WC ✆, 18 ⇔,
Lift, P, 2⟳24, garni

* California
Kurfürstendamm 35 (F 3), Tel (0 30) 88 01 20,
Fax 88 01 21 11, ✉ 10719, AX DC ED VA
50 Zi, Ez: 179/90-255/128,
Dz: 209/105-295/148, 2 Suiten, ⌐ WC ✆ DFÜ,
13 ⇔, Lift, P, ✆, 2⟳50, Sauna, Solarium,
garni
Zimmer der Kategorie ** vorhanden.

* La Vie Hotel Joachimshof
Invalidenstr. 98, Tel (0 30) 2 03 95 61 00,
Fax 2 03 95 61 99, ✉ 10115, AX DC ED VA
36 Zi, Ez: 185/93-310/156,
Dz: 215/108-350/176, 1 Suite, 2 App, ⌐ WC ✆
DFÜ, 9 ⇔, Lift, P, ✆, 3⟳30, Sauna, Solarium,
Restaurant

* Fjord Hotel
Bissingzeile 13, Tel (0 30) 25 47 20,
Fax 25 47 21 11, ✉ 10785, AX ED VA
57 Zi, Ez: 140/70-180/90, Dz: 175/88-196/98,
⌐ WC ✆ DFÜ, 17 ⇔, Lift, P, ✆, garni
geschl.: 23-26.12.00

* Comfort Hotel Frühling am Zoo
Kurfürstendamm 17 (F 3), Tel (0 30) 8 81 80 83,
Fax 8 81 64 83, ✉ 10719, AX DC ED VA
70 Zi, Ez: 160/80-250/125, Dz: 196/98-320/161,
1 Suite, 6 App, ⌐ WC ✆, 30 ⇔, Lift, 1⟳20,
garni

* Quality Hotel Imperial
Lietzenburger Str. 79-81 (F 4),
Tel (0 30) 88 00 50, Fax 8 82 45 79, ✉ 10719,
AX DC ED VA
81 Zi, Ez: 140/70-195/98, Dz: 170/85-265/133,
⌐ WC ✆, 15 ⇔, Lift, ✆, 2⟳50, ≋, Sauna,
Restaurant

Berlin

✱ Hardenberg
Joachimstaler Str. 39-40 (F 4),
Tel (0 30) 8 82 30 71, Fax 8 81 51 70, ✉ 10623,
AX DC ED VA, Ⓢ
45 Zi, Ez: 165/83-250/125, Dz: 195/98-280/141,
⌐ WC ✇, 2 ⋞, garni
Auch Zimmer der Kategorie ✱✱ vorhanden.

✱ Hackescher Markt
Große Präsidentenstraße 8, Tel (0 30) 28 00 30,
Fax 28 00 31 11, ✉ 10178, AX DC ED VA
28 Zi, Ez: 210/105-330/166,
Dz: 230/115-330/166, 3 Suiten, ⌐ WC ✇, 12 ⋞,
Lift, 🛎, Restaurant
Auch einfachere Zimmer vorhanden.

✱ Atrium
Motzstr. 87 (F 5), Tel (0 30) 21 49 10,
Fax 2 11 75 63, ✉ 10777, ED VA
22 Zi, Ez: 108/54-140/70, Dz: 170/85, ⌐ WC ✇,
Lift, ℙ, garni
Rezeption: 7-20

✱ An der Oper
Bismarckstr. 100 (D 2), Tel (0 30) 31 58 30,
Fax 31 58 31 09, ✉ 10625, AX DC ED VA
48 Zi, Ez: 204/102-224/112,
Dz: 234/117-286/144, ⌐ WC ✇, 20 ⋞, Lift, ℙ,
🛎, 1⌬, Restaurant

✱ Art-Hotel Charlottenburger Hof
Stuttgarter Platz 14, Tel (0 30) 32 90 70,
Fax 3 23 37 23, ✉ 10627, ED VA
45 Zi, Ez: 100/50-200/100, Dz: 150/75-220/110,
1 App, ⌐ WC ✇ DFÜ, 10 ⋞, ℙ, 1⌬18,
Restaurant

✱ Alexander
Pariser Str. 37 (E 4), Tel (0 30) 8 87 16 50,
Fax 8 87 16 65, ✉ 10707, ED VA
♪, 18 Zi, Ez: 165/83-215/108,
Dz: 195/98-235/118, ⌐ WC ✇ DFÜ, 1 ⋞, ℙ,
garni
Hotelausstattung in modernem Design von
Michael Heister und Wolfgang Blume.

✱ Tagungszentrum Katholische Akademie
Hannoversche Str. 5 b, Tel (0 30) 28 48 60,
Fax 2 84 86 10, ✉ 10115
40 Zi, Ez: 150/75, Dz: 190/95, ⌐ WC ✇ DFÜ,
Restaurant

🍴🍴🍴🍴 Margaux
Unter den Linden 78, Tel (0 30) 22 65 26 11,
Fax 22 65 26 12, ✉ 10117, AX DC ED VA
Hauptgericht 48/24-74/37, Terrasse, geschl.: So

🍴🍴🍴 Vau
Jägerstr. 54, Tel (0 30) 2 02 97 30,
Fax 20 29 73 11, ✉ 10117, AX DC ED VA
Hauptgericht 48/24-68/34, Terrasse, geschl.: So

🍴🍴🍴 Bamberger Reiter
Regensburger Str. 7, Tel (0 30) 2 18 42 82,
Fax 21 47 47 99, ✉ 10777, AX ED VA
⚘, Hauptgericht 49/24-65/32, Terrasse, nur
abends, geschl.: Mo, So

🍴🍴 Alt Luxemburg
Windscheidstr. 31, Tel (0 30) 3 23 87 30,
Fax 3 27 40 03, ✉ 10627, AX DC ED VA
Hauptgericht 44/22-54/27, nur abends,
geschl.: So

🍴🍴 Viehhauser im Presseclub im Haus der Bundespressekonferenz
Schiffbauerdamm 40, Tel (0 30) 2 06 16 70,
Fax 20 61 67 67, ✉ 10117, AX ED VA
Hauptgericht 26/13-36/18, Terrasse

🍴🍴 Maxwell
Bergstr. 22, Hof der Josty Brauerei,
Tel (0 30) 2 80 71 21, Fax 28 59 98 48,
✉ 10115, AX DC ED VA
Hauptgericht 39/19, Terrasse, nur abends

🍴🍴 Stil
Kantstr. 17, Tel (0 30) 3 15 18 60, ✉ 10623
geschl.: So
Beachtenswerte Küche.

🍴🍴 Die Weltbühne
Linienstr. 214, Tel (0 30) 28 38 80 62, ✉ 10119,
AX ED VA
Hauptgericht 28/14-38/19, Terrasse, Gartenlokal
Beachtenswerte Küche.

🍴🍴 Portalis
Kronenstr. 55-58, Tel (0 30) 20 45 54 96,
Fax 20 45 54 98, ✉ 10117, AX ED VA
Hauptgericht 42/21-48/24, Terrasse, geschl.: Mo,
So, 1.-8.1.01, 2 Wochen im Sommer

🍴🍴 Mensa
Lützowplatz 5, Tel (0 30) 25 79 93 33,
Fax 25 79 93 35, ✉ 10785, AX DC VA
Hauptgericht 39/19-49/24, nur abends,
geschl.: So

🍴🍴 Ana e Bruno
Sophie-Charlotten-Str. 101,
Tel (0 30) 3 25 71 10, Fax 3 22 68 95,
✉ 14059, AX
Hauptgericht 45/22-56/28, nur abends,
geschl.: Mo, So

🍴🍴 Du Pont
Budapester Str. 1, Tel (0 30) 2 61 88 11,
Fax 2 61 88 11, ✉ 10787, AX DC ED VA
Hauptgericht 34/17-49/24, Terrasse, Sa+So nur
abends

🍴🍴 Trio
Klausenerplatz 14, Tel (0 30) 3 21 77 82,
✉ 14059
Hauptgericht 33/16-42/21, nur abends,
geschl.: Mi, Do

🍴🍴 Don Camillo
Schlosstr. 7, Tel (0 30) 3 22 35 72,
Fax 3 22 35 72, ✉ 14059
Hauptgericht 35/17, nur abends, geschl.: So

🍴🍴 Kaiserstuben
Am Kupfergraben 6 a, Tel (0 30) 20 45 29 80,
Fax 20 45 29 81, ✉ 10117, AX DC ED VA
Hauptgericht 37/18-49/24, nur abends,
geschl.: Mo, So
Beachtenswerte Küche.

🍴 Am Karlsbad ✙
Am Karlsbad 11, Tel (0 30) 2 64 53 49,
Fax 2 64 42 40, ✉ 10785, ED VA
Hauptgericht 32/16-49/24, Terrasse, nur abends,
geschl.: Mo, So

🍴 Diekmann ✙
Meinekestr. 7, Tel (0 30) 8 83 33 21,
Fax 88 55 31 59, ✉ 10719, ED VA
Hauptgericht 24/12-45/22, Terrasse
Bistro mit einer Einrichtung im Stil eines
ehmaligen Kolonialwarenladens.

🍴 Aigner Gendarmenmarkt
Französische Str. 25, beim Dorint Hotel,
Tel (0 30) 2 03 75 18 50, Fax 18 59, ✉ 10117,
AX DC ED VA
⚜, Hauptgericht 30/15-45/22, Terrasse

🍴 Trenta Sei
Markgrafenstr. 36, Tel (0 30) 20 45 26 30,
✉ 10117
Hauptgericht 20/10-35/17
Beachtenswerte Küche.

🍴 Borchardt
Französische Str. 47, Tel (0 30) 20 38 71 10,
Fax 20 38 71 50, ✉ 10117
⚜, Hauptgericht 30/15-42/21, Terrasse
Das Restaurant befindet sich im historischen
Gebäude einer traditionsreichen
Delikatessenhandlung von 1853.

🍴 Potsdamer Platz 1
Potsdamer Platz 1, Tel (0 30) 25 37 89 45,
✉ 10785
§

🍴 Lutter + Wegener Am Gendarmenmarkt
Charlottenstr. 56, Tel (0 30) 2 02 95 40,
Fax 20 29 54 25, ✉ 10117, AX ED VA
Hauptgericht 42/21, Terrasse

🍴 Ponte Vecchio
Spielhagenstr. 3, Tel (0 30) 3 42 19 99,
Fax 3 42 19 99, ✉ 10585, DC
Hauptgericht 40/20-48/24, nur abends,
geschl.: Di, 1.-9.1.01, 4 Wochen im Sommer

🍴 Bacco
Marburger Str. 5, Tel (0 30) 2 11 86 87,
Fax 2 11 52 30, ✉ 10789, AX ED VA
Hauptgericht 32/16-45/22, Jul-Aug nur abends

🍴 Il Sorriso
Kurfürstenstr. 76, Tel (0 30) 2 62 13 13,
Fax 2 65 02 77, ✉ 10787, AX DC ED VA
Hauptgericht 35/17-39/19, Terrasse,
Gartenlokal, P

🍴 Engelbrecht
Schiffbauerdamm 6-7, Tel (0 30) 28 59 85 85,
Fax 28 59 85 87, ✉ 10117, AX ED VA
Hauptgericht 28/14-45/22, nur abends,
geschl.: So

🍴 Mario
Leibnitzstr. 43, Tel (0 30) 3 24 35 16,
Fax 32 70 59 78, ✉ 10629, AX
Hauptgericht 32/16-50/25, geschl.: Sa, So,
24.12.00-6.1.01

Berlin

Lutter + Wegner ✣
Schlüterstr. 55, Tel (0 30) 8 81 34 40,
Fax 8 81 92 56, ✉ 10629, AX DC ED VA
🍴, Hauptgericht 35/17, Terrasse, nur abends
Hist. altdeutsche Gaststube seit 1811.

Café-Bistro Reinhard's
Poststr. 28, Tel (0 30) 2 42 52 95,
Fax 2 42 41 02, ✉ 10178, AX DC ED VA
Hauptgericht 25/12
Reinhard's auch am Kurfürstendamm 190, Tel. 030/8811621.

Enoiteca Il Calice
Giesebrechtstr. 19, Tel (0 30) 3 24 23 08,
Fax 3 24 97 37, ✉ 10629, AX ED VA
Hauptgericht 36/18, Gartenlokal, nur abends

Daitokai
Tauentzienstr. 9, im Europa-Center,
Tel (0 30) 2 61 80 99, Fax 2 61 60 36,
✉ 10789, AX DC ED VA
Hauptgericht 40/20, geschl.: Mo
Japanische Küche.

Gasthaus Landauer
Landauer Str. 8, Tel (0 30) 8 21 76 15,
Fax 82 70 99 00, ✉ 14197
🍴, Hauptgericht 15/7-35/17, nur abends, So nur mittags

Möhring
Charlottenstr. 55, am Gendarmenmarkt,
Tel (0 30) 2 03 09 22 40, ✉ 10117, AX ED VA
Hauptgericht 20/10, 8-24

Bars

Harry's New-York Bar
Lützowufer, im Grand Hotel Esplanade,
Tel (0 30) 25 47 80, Fax 2 65 11 71, ✉ 10785
Hauptgericht 25/12-45/22, ab 12

Lore
Neue Schönhauser Str. 20,
Tel (0 30) 28 04 51 34, Fax 28 04 51 35,
✉ 10178, ED VA

Marlene
Budapester Str. 2, im Hotel Inter-Continental,
Tel (0 30) 2 60 20, ✉ 10787
ab 12

Appartementhotels/Boardinghäuser

Madison Potsdamer Platz
Potsdamer Platz 3, Tel (0 30) 5 90 05 00 00,
Fax 5 90 05 05 00, ✉ 10785, AX ED VA
💲, 169 Zi, 169 Suiten, 169 App, ⌐ WC ⊘, Lift,
🛎, 3⟲20, Fitnessraum, Sauna, Restaurant

Suiten der Kategorie ★★★★. Überwiegend Langzeitvermietung.

Heinrich Heine City-Suites im Heinrich-Heine-Forum
Heinrich-Heine-Platz 11, Tel (0 30) 27 80 40,
Fax 27 80 47 80, ✉ 10179, AX DC ED VA
30 Suiten, 8 App, ⌐ WC ⊘ DFÜ, Lift
Rezeption: 6.30-22.30
Nur Suiten und Appartements der Kategorie
★★★★. Überwiegend Langzeitvermietung.

Madison City Suites im Kontorhaus Mitte
Friedrichstr. 185-190 (L2), Tel (0 30) 20 29 20,
Fax 20 29 29 20, ✉ 10117, AX ED VA
84 Suiten, ⌐ WC ⊘, Lift, Sauna, Restaurant
Nur Suiten der Kategorie ★★★★. Überwiegend Langzeitvermietung.

Solitaire
Hermann-Hesse-Str. 64, Tel (0 30) 91 60 10,
Fax 91 60 11 00, ✉ 13156, AX DC ED VA, Ⓢ
48 Zi, Ez: 100/50-210/105, Dz: 135/67-210/105,
2 Suiten, 48 App, ⌐ WC ⊘ DFÜ, 6 ⛌, Lift, Ⓟ,
2⟲50, Sauna, Solarium, Restaurant
Zimmer der Kategorie ★★.

Blattl's Comfort-Aparthotel
Holländer Str. 31, Tel (0 30) 45 60 90,
Fax 45 60 98 00, ✉ 13407, AX DC ED VA, Ⓢ
175 Zi, Ez: 79/39-261/131, Dz: 98/49-312/157,
175 App, ⌐ WC ⊘ DFÜ, 27 ⛌, Lift, Ⓟ, 🛎,
2⟲50, Sauna, Restaurant
Zimmer der Kategorie ★★.

Arcos Appartement-Hotel
Genterstr. 53 a / b, Tel (0 30) 45 48 64 54,
Fax 45 48 61 23, ✉ 13353, AX DC ED VA
30 Zi, Ez: 160/80-220/110, Dz: 195/98-280/141,
⌐ WC ⊘ DFÜ, Lift, Ⓟ, 🛎, 2⟲25
Zimmer der Kategorie ★★. Preise exkl. Frühstück.

Residenz am Deutschen Theater
Reinhardtstr. 27 a-31 (P 4),
Tel (0 30) 2 80 08 10, Fax 2 80 08 19 99,
✉ 10117
41 Zi, Ez: 185/93-350/176,
Dz: 245/123-250/125, ⌐ WC ⊘ DFÜ
Zimmer der Kategorie ★ bis ★★★.

Britz

★★ Treff Park Hotel Blub
Buschkrugallee 60-62, Tel (0 30) 60 00 36 00,
Fax 60 00 37 77, ✉ 12359, AX DC ED VA, Ⓢ
117 Zi, Ez: 220/110-290/146,
Dz: 250/125-290/146, 3 Suiten, 36 App, ⌐ WC

⊘, 57 🛏, Lift, **P**, 🐕, 2⚲90, Fitnessraum, Sauna, Solarium, Restaurant
Badelandschaft mit 120 m langer Wasserrutsche.

★★ Britzer Hof
Jahnstr. 13, **Tel (0 30) 6 85 00 80**,
Fax 68 50 08 68, ✉ 12347, AX DC ED VA
57 Zi, Ez: 136/68-175/88, Dz: 172/86-222/111,
⊿ WC ⊘, 20 🛏, Lift, **P**, 1⚲27, garni

Buchholz

★ Buchholz
Bucher Str. 17, **Tel (0 30) 4 74 99 10**,
Fax 4 74 99 11 99, ✉ 13127, AX ED VA
25 Zi, Ez: 99/49-130/65, Dz: 120/60-160/80, ⊿ WC ⊘ DFÜ, **P**, 1⚲20, Sauna, Solarium, garni

★ Businesshotel Berlin
Pasewalkerstr. 97, **Tel (0 30) 47 69 80**,
Fax 47 69 84 53, ✉ 13127, AX ED VA
99 Zi, Ez: 89/44-140/70, Dz: 128/64-195/98, ⊿ WC ⊘ DFÜ, 24 🛏, Lift, **P**, 🐕, 1⚲15

Friedrichsfelde

★★ Abacus Tierpark Hotel
Franz-Mett-Str. 3-9, **Tel (0 30) 5 16 20**,
Fax 5 16 24 00, ✉ 10319, AX DC ED VA
278 Zi, Dz: 200/100-280/141, ⊿ WC ⊘ DFÜ,
55 🛏, Lift, **P**, 9⚲350, Sauna, Solarium, Restaurant
Auch Zimmer der Kategorie ★★★ vorhanden.

Friedrichshain

★★★ Inn Side Residence-Hotel
Lange Str. 31, **Tel (0 30) 29 30 30**,
Fax 29 30 31 99, ✉ 10243, AX DC ED VA
133 Zi, Dz: 305/153-315/158, 8 Suiten, 36 App,
⊿ WC ⊘ DFÜ, 22 🛏, Lift, 🐕, 3⚲40,
Fitnessraum, Sauna, Solarium, Restaurant
Designerhotel, Kombination aus historischem Backsteinbau und moderner Architektur.
Langzeitvermietung möglich.

★★ Upstalsboom Hotel Friedrichshain
Gubener Str. 42, **Tel (0 30) 29 37 50**,
Fax 29 37 57 77, ✉ 10243, AX DC ED VA, S
169 Zi, Ez: 145/73-290/146,
Dz: 175/88-330/166, 10 App, ⊿ WC ⊘, 29 🛏,
Lift, **P**, 🐕, 9⚲150, Fitnessraum, Sauna, Solarium, Restaurant
Auch Zimmer der Kategorie ★★★ vorhanden.

★★ Mercure Berlin City Ost
Frankfurter Allee 73 a Ecke Voigtstr.,
Tel (0 30) 42 83 10, **Fax 42 83 18 31**, ✉ 10247,
AX DC ED VA, S
120 Zi, Ez: 168/84-193/97, Dz: 186/93-246/123,
⊿ WC ⊘, 46 🛏, Lift, 1⚲20, garni
Anfahrt über Voigtstraße.

★★ Astron
Landsberger Allee 26-32, **Tel (0 30) 4 22 61 30**,
Fax 4 22 61 33 00, ✉ 10243
225 Zi, Ez: 190/95-320/161,
Dz: 190/95-320/161, ⊿ WC ⊘, Sauna, Solarium, Restaurant

★ InterCityHotel
Am Ostbahnhof 5, **Tel (0 30) 29 36 80**,
Fax 29 36 85 99, ✉ 10243
163 Zi, Ez: 160/80-225/113,
Dz: 180/90-265/133, ⊿ WC ⊘ DFÜ, 6⚲0

★ Tulip Inn
Gürtelstr. 41, **Tel (0 30) 29 38 30**,
Fax 29 38 32 22, ✉ 10247, AX DC ED VA, S
60 Zi, Ez: 165/83-220/110, Dz: 195/98-270/135,
⊿ WC ⊘, 10 🛏, Lift, 🐕, 1⚲2, Sauna, Restaurant

★ Gold Hotel am Wismarplatz
Weserstr. 24, **Tel (0 30) 2 93 34 10**,
Fax 29 33 41 10, ✉ 10247, ED VA
35 Zi, Ez: 110/55-140/70, Dz: 150/75-180/90, ⊿ WC ⊘, 10 🛏, Lift, 2⚲50, garni

Grunewald (5 km ↙)

★★★★★ The Ritz-Carlton Schlosshotel
Brahmsstr. 10, **Tel (0 30) 89 58 40**,
Fax 89 58 48 00, ✉ 14193, AX DC ED VA
♪ 🕾, 42 Zi, Ez: 495/249-675/339,
Dz: 495/249-795/400, 12 Suiten, ⊿ WC ⊘ DFÜ,
8 🛏, Lift, **P**, 🐕, 3⚲80, 🐕, Fitnessraum, Sauna, Solarium
Designed by Karl Lagerfeld.

🍴🍴🍴🍴🍴 Vivaldi
🕾, Hauptgericht 46/23-76/38, Terrasse, nur abends, geschl.: So

🍴🍴🍴 Le Jardin
Terrasse

Karow (15 km ↗)

★ Alt-Karow
Alt-Karow 2, **Tel (0 30) 9 42 09 40**,
Fax 94 20 94 23, ✉ 13125, AX DC ED VA
12 Zi, Ez: 95/47-115/57, Dz: 160/80, ⊿ WC ⊘,
1⚲40, Solarium
Auch Zimmer der Kategorie ★★ vorhanden.
🍴 Hauptgericht 18/9-27/13

★ Bel Air
Hagenstr. 1 a, **Tel (0 30) 9 42 00 90**,
Fax 94 20 09 13, ✉ 13125, AX ED VA

⌁, 16 Zi, Ez: 95/47-150/75, Dz: 135/67-180/90,
1 Suite, ⌐ WC ⌀ DFÜ, 6 ⌐, Lift, **P**, Restaurant

Köpenick (10 km ↘)

*** Courtyard by Marriott
Grünauerstr. 1, Tel (0 30) 65 47 90,
Fax 65 47 95 55, ✉ 12557
190 Zi, Ez: 139/70-169/85, Dz: 159/80-189/95,
⌐ WC ⌀, Fitnessraum, Sauna, Restaurant

** Hotel am Schloß Köpenick
Grünauerstr. 17-21, Tel (0 30) 65 80 50,
Fax 65 80 54 50, ✉ 12557, AX DC ED VA
103 Zi, Ez: 130/65, Dz: 150/75, ⌐ WC ⌀, 9 ⌐,
Lift, 6⌀150, Restaurant

* Alter Markt
Alter Markt, Tel (0 30) 6 55 73 10,
Fax 6 55 73 88, ✉ 12555, AX DC ED VA
46 Zi, Ez: 118/59, Dz: 148/74, ⌐ ⌀, Lift, **P**,
1⌀25, garni

Köpenick-Außerhalb (4 km ↘)

** Dorint Am Müggelsee
Am Großen Müggelsee, Tel (0 30) 65 88 20,
Fax 65 88 22 63, ✉ 12559, AX DC ED VA, S
einzeln ⌁, 172 Zi, Ez: 260/130-300/151,
Dz: 300/151-340/171, 4 Suiten, ⌐ WC ⌀, 24 ⌐,
Lift, **P**, 20⌀350, Fitnessraum, Bowling, Sauna,
Solarium, 2 Tennis, Restaurant

Kreuzberg (2 km →)

** Antares am Potsdamer Platz
Stresemannstr. 97 (K 3), Tel (0 30) 25 41 60,
Fax 2 61 50 27, ✉ 10963, AX DC ED VA, S
85 Zi, Ez: 190/95-350/176,
Dz: 250/125-360/181, 2 Suiten, ⌐ WC ⌀ DFÜ,
Lift, **P**, ⌂, 4⌀50, Sauna, Solarium, Restaurant

** Ludwig van Beethoven
Hasenheide 14, Tel (0 30) 6 95 70 00,
Fax 6 95 70 01 50, ✉ 10967, AX DC ED VA
66 Zi, Ez: 140/70-165/83, Dz: 190/95-215/108,
1 Suite, 1 App., ⌐ WC ⌀, Lift, **P**, 1⌀25, garni

¶¶ Altes Zollhaus
Carl-Herz-Ufer 30, Tel (0 30) 6 92 33 00,
Fax 6 92 35 66, ✉ 10961, AX DC ED VA
Hauptgericht 35/17, **P**, nur abends, geschl.: Mo,
So

¶ Le Cochon Bourgeois
Fichtestr. 24, Tel (0 30) 6 93 01 01,
Fax 6 94 34 80, ✉ 10967
Hauptgericht 25/12-37/18, Terrasse, nur abends,
geschl.: Mo, So

Lichtenberg (5 km →)

** Best Western Hotel City Consul
Rathausstr. 2-3, Tel (0 30) 55 75 70,
Fax 55 75 72 72, ✉ 10367, AX DC ED VA, S
100 Zi, Ez: 173/87-228/114,
Dz: 198/99-248/124, 5 Suiten, ⌐ WC ⌀ DFÜ,
32 ⌐, Lift, ⌂, 4⌀70, Fitnessraum, Sauna,
Restaurant

** Quality Hotel & Suites Wilhelmsberg
Landsberger Allee 203, Tel (0 30) 97 80 80,
Fax 97 80 84 50, ✉ 13055, AX DC ED VA, S
311 Zi, Ez: 175/88-230/115,
Dz: 195/98-290/146, 5 Suiten, 91 App., ⌐ WC
⌀, 124 ⌐, Lift, **P**, 11⌀220, Sauna, Solarium,
Restaurant
Langzeitvermietung möglich.

* Comfort Hotel
Rhinstr. 159, Tel (0 30) 54 93 50,
Fax 54 93 55 11, ✉ 10315, AX DC ED VA
120 Zi, Ez: 140/70-210/105,
Dz: 170/85-260/130, 2 Suiten, 22 App., ⌐ WC
⌀, 16 ⌐, Lift, **P**, Bowling, Sauna, Solarium,
1 Tennis, Restaurant

* Nova
Weitlingstr. 15, Tel (0 30) 5 25 24 66,
Fax 5 25 24 32, ✉ 10317, AX DC ED VA
40 Zi, Ez: 130/65-140/70, Dz: 165/83-180/90,
1 Suite, 4 App., ⌐ WC ⌀, Lift, **P**, 1⌀24,
Solarium, Restaurant

* Globus
Frankfurter Allee / Ruschestr. 45,
Tel (0 30) 55 50 70, Fax 55 50 78 00, ✉ 10367
Ez: 119/59-199/100, Dz: 134/67-224/112
Auch einfachere Zimmer vorhanden.

Lichtenrade (20 km ↓)

* Apart-Hotel
Bornhagenweg 24, Tel (0 30) 7 65 90 10,
Fax 76 59 01 39, ✉ 12309, AX ED VA
11 Zi, Ez: 100/50-120/60, Dz: 130/65-160/80, ⌐
WC ⌀, 2 ⌐, **P**, garni
Rezeption: 7-19

Lichterfelde (8 km ↓)

** Villa Toscana
Bahnhofstr. 19, Tel (0 30) 7 68 92 70,
Fax 7 73 44 88, ✉ 12207, AX DC ED VA
16 Zi, Ez: 140/70-200/100, Dz: 180/90-280/141,
7 App., ⌐ WC ⌀ DFÜ, Lift, **P**, garni

Berlin

¶¶ Park-Café
Bäkestr. 15, Tel (0 30) 7 72 90 95,
Fax 7 72 90 94, ✉ 12207
Hauptgericht 30/15, Terrasse, geschl.: Okt-Apr Mo

Mariendorf

★★ Landhaus Alpinia
Säntisstr. 32, Tel (0 30) 76 17 70,
Fax 7 41 98 35, ✉ 12107, ED VA
58 Zi, Ez: 155/78-285/143, Dz: 195/98-335/168,
⌐ WC Ø DFÜ, 38 ⊱, Lift, P, ♨, 1↺, Sauna, Solarium, Restaurant
geschl.: 22.12.00-3.1.01

Marzahn

★ Hotel k
Köpenicker Str. 131, Tel (0 30) 5 14 92 60,
Fax 5 14 92 64 00, ✉ 12683, AX DC ED VA
30 Zi, Ez: 135/67-150/75, Dz: 160/80-180/90,
⌐ WC Ø DFÜ, 10 ⊱, Lift, ♨, 2↺30, Bowling, Sauna, Solarium, Restaurant

Moabit (1,5 km ←)

★★★ Sorat Hotel Spree-Bogen
Alt Moabit 99, Tel (0 30) 39 92 00,
Fax 39 92 09 99, ✉ 10559, AX DC ED VA, Ⓢ
♪, 220 Zi, Ez: 230/115-380/191,
Dz: 318/160-450/226, 1 Suite, 3 App, ⌐ WC Ø DFÜ, 80 ⊱, Lift, ♨, 5↺500, Sauna, Solarium, Restaurant
Kombination aus moderner Designer-Architektur und altem Baudenkmal.

★★ Tiergarten
Alt Moabit 89, Tel (0 30) 39 98 96,
Fax 3 93 86 92, ✉ 10559, AX DC ED VA
40 Zi, Ez: 160/80-240/120, Dz: 195/98-310/156,
⌐ WC Ø, 4 ⊱, Lift, P, ♨, garni
Bürgerhaus aus dem 19. Jh. mit zumTeil historisch erhaltenen Räumen.

★★ Golden Tulip Hotel Park Consul
Alt Moabit 86 a, Tel (0 30) 39 07 80,
Fax 39 07 89 00, ✉ 10555, AX DC ED VA, Ⓢ
52 Zi, Ez: 175/88-290/146,
Dz: 205/103-340/171, ⌐ WC Ø DFÜ, 16 ⊱, Lift, ♨, garni

Neukölln

★★★ Estrel
Sonnenallee 225, Tel (0 30) 6 83 10,
Fax 68 31 23 45, ✉ 12057, AX DC ED VA
♪ ♫, 1125 Zi, Ez: 189/95-379/190,
Dz: 213/107-403/202, 80 Suiten, ⌐ WC Ø DFÜ, 399 ⊱, Lift, ♨, 60↺5000, Sauna, Solarium, Restaurant
2800 qm großes Atrium mit 5 Restaurants.
Auch Zimmer der Kategorie ★★ vorhanden.

★★ Mercure Tempelhof Airport
Hermannstr. 214-216, Tel (0 30) 62 78 00,
Fax 62 78 01 11, ✉ 12049, AX DC ED VA, Ⓢ
157 Zi, Ez: 211/106-231/116,
Dz: 234/117-254/127, 59 App, ⌐ WC Ø DFÜ, 76 ⊱, Lift, ♨, 7↺400, Sauna, Solarium, Restaurant
Hoteleingang an der Rollbergstraße.

★★ Euro-Hotel
Sonnenallee 6, Tel (0 30) 61 38 20,
Fax 61 38 22 22, ✉ 12047, AX DC ED VA, Ⓢ
70 Zi, Ez: 172/86-295/148, Dz: 197/99-295/148,
⌐ WC Ø DFÜ, 28 ⊱, Lift, ♨, 2↺80

★★ Ravel
Rudower Str. 80, Tel (0 30) 66 68 00,
Fax 66 68 08 00, ✉ 12351, AX ED VA
80 Zi, Ez: 130/65-290/146, Dz: 150/75-290/146,
1 Suite, 2 App, ⌐ WC Ø DFÜ, 20 ⊱, Lift, P, 3↺70, Restaurant

★ Sorat Hotel & Office
Rudower Str. 90, Tel (0 30) 60 00 80,
Fax 60 00 86 66, ✉ 12351, AX DC ED VA, Ⓢ
96 Zi, Ez: 165/83-280/141,
Dz: 205/103-290/146, ⌐ WC Ø, 24 ⊱, Lift, ♨, 8↺90, Solarium, garni

Pankow (10 km ↑)

★ Sedes
Prenzlauer Promenade 48,
Tel (0 30) 4 77 90 00, Fax 47 79 00 10,
✉ 13089, AX DC ED VA
30 Zi, Ez: 130/65, Dz: 150/75, 8 App, ⌐ WC Ø, 5 ⊱, Lift, P, 1↺24, garni

Prenzlauer Berg (2 km ↑)

★★ Holiday Inn City Center East
Prenzlauer Allee 169 (T 1), Tel (0 30) 44 66 10,
Fax 44 66 16 61, ✉ 10409, AX DC ED VA, Ⓢ

♪, 122 Zi, Ez: 190/95-345/173,
Dz: 230/115-385/193, ⇾ WC ⊘ DFÜ, 61 ⊱, Lift,
⌂, 5⌬70, Fitnessraum, Restaurant

✱✱ Park Plaza
Storkower Str. 160-162, Forum Landsberger
Allee, Tel (0 30) 42 18 10, Fax 42 18 12 34,
✉ 10407, AX DC ED VA, Ⓢ
155 Zi, Ez: 182/91-222/111,
Dz: 214/107-254/127, 7 Suiten, ⇾ WC ⊘ DFÜ,
64 ⊱, Lift, Ⓟ, ⌂, 2⌬90, Restaurant
Auch Zimmer der Kategorie ✱ vorhanden.

✱ Jurine
Schwedter Str. 15, Tel (0 30) 4 43 29 90,
Fax 44 32 99 99, ✉ 10119, AX DC ED VA
53 Zi, Ez: 159/80-199/100,
Dz: 199/100-249/125, 2 App, ⇾ WC ⊘ DFÜ,
26 ⊱, Lift, ⌂, 1⌬25, garni

✱ Kastanienhof
Kastanienallee 65, Tel (0 30) 44 30 50,
Fax 44 30 51 11, ✉ 10119, ED VA
♪, 34 Zi, Ez: 140/70-210/105,
Dz: 180/90-230/115, 2 Suiten, ⇾ WC ⊘, Lift, Ⓟ,
1⌬15, garni

🍴🍴 Offenbach-Stuben
Stubbenkammerstr. 8, Tel (0 30) 4 45 85 02,
Fax 4 44 56 38, ✉ 10437, AX DC ED VA
🍷, Hauptgericht 25/12-30/15, Terrasse, nur
abends

Jelängerjelieber
Göhrenerstr. 1, Tel (0 30) 4 41 22 95,
Fax 4 41 22 95, ✉ 10437, AX ED VA
Hauptgericht 26/13, Terrasse, nur abends

Reinickendorf (7 km ↖)

✱✱ Dorint Budget Hotel Airport Tegel
Gotthardstr. 96, Tel (0 30) 49 88 40,
Fax 49 88 45 55, ✉ 13403, AX DC ED VA, Ⓢ
303 Zi, Ez: 151/76-265/133,
Dz: 172/86-297/149, ⇾ WC ⊘ DFÜ, 76 ⊱, Lift,
Ⓟ, ⌂, 5⌬120, Restaurant

✱✱ Bärlin
Scharnweberstr. 17-20, Tel (0 30) 4 17 07 40,
Fax 4 17 07 43 30, ✉ 13405, AX DC ED VA
28 Zi, Ez: 145/73-200/100, Dz: 190/95-240/120,
3 Suiten, ⇾ WC ⊘ DFÜ, 13 ⊱, Ⓟ, 1⌬25,
Restaurant

✱✱ Carat
Ollenhauerstr. 111, Tel (0 30) 41 09 70,
Fax 41 09 74 44, ✉ 13403, AX ED VA
41 Zi, Ez: 160/80-285/143, Dz: 190/95-315/158,
⇾ WC ⊘ DFÜ, 12 ⊱, Lift, Ⓟ, 3⌬80, Solarium,
garni

✱ Novotel Berlin-Airport
Kurt-Schumacher-Damm 202,
Tel (0 30) 4 10 60, Fax 4 10 67 00, ✉ 13405,
AX DC ED VA, Ⓢ
184 Zi, Ez: 220/110, Dz: 275/138, ⇾ WC ⊘,
72 ⊱, Lift, Ⓟ, 12⌬250, ≋, Sauna, Solarium,
Restaurant

Schmargendorf

✱ Frisco
Warnemünder Str. 8, Tel (0 30) 8 23 47 62,
Fax 8 23 01 54, ✉ 14199, AX ED VA
19 Zi, Ez: 145/73, Dz: 170/85, ⇾ WC ⊘,
Restaurant

Schönefeld

✱✱ Holiday Inn
Hans-Grade-Allee 5, Tel (0 30) 63 40 10,
Fax 63 40 16 00, ✉ 12529, AX DC ED VA, Ⓢ
195 Zi, Ez: 185/93-325/163,
Dz: 205/103-325/163, ⇾ WC ⊘ DFÜ, 85 ⊱, Lift,
Ⓟ, ⌂, 7⌬150, Fitnessraum, Sauna, Solarium,
Restaurant
Auch Zimmer der Kategorie ✱✱✱ vorhanden.

✱ El Condor
Seeweg 2, Tel (0 30) 63 48 80,
Fax 63 48 82 22, ✉ 12529, ED VA
18 Zi, Ez: 100/50-150/75, Dz: 150/75-170/85,
1 App, ⇾ WC ⊘, Ⓟ, garni

Siemensstadt (6 km ←)

✱✱ Holiday Inn Esplanade
Rohrdamm 80, Tel (0 30) 38 38 90,
Fax 38 38 99 00, ✉ 13629, AX DC ED VA, Ⓢ
336 Zi, Ez: 240/120-320/161,
Dz: 280/141-360/181, 4 Suiten, 18 App, ⇾ WC
⊘ DFÜ, 199 ⊱, Lift, ⌂, 11⌬0, ⌂, Fitnessraum,
Sauna, Solarium

🍴🍴 Il Faggio
Hauptgericht 28/14, Terrasse, Biergarten, Ⓟ,
geschl.: Sa, So

✱ Novotel Berlin-Siemensstadt
Ohmstr. 4-6, Tel (0 30) 3 80 30,
Fax 3 81 94 03, ✉ 13629, AX DC ED VA
119 Zi, Ez: 124/62-273/137,
Dz: 158/79-323/162, 5 Suiten, 5 App, ⇾ WC ⊘
DFÜ, 37 ⊱, Lift, Ⓟ, 8⌬250, ≋, Restaurant

Berlin

Spandau (12 km ←)

※※ Achat
Heidereuterstr. 37-38, **Tel (0 30) 33 07 20**,
Fax 33 07 24 55, ✉ 13597, AX DC ED VA
69 Zi, Ez: 120/60-300/151, Dz: 160/80-350/176,
⊒ WC ⊘ DFÜ, 12 ⊭, Lift, **P**, 2⇔60, Sauna,
Solarium, garni

※※ Neotel Senator
Freiheit 5, **Tel (0 30) 33 09 80**,
Fax 33 09 89 80, ✉ 13597, AX DC ED VA
§, 115 Zi, Ez: 140/70-260/130,
Dz: 160/80-300/151, 1 Suite, ⊒ WC ⊘ DFÜ,
Lift, ⌂, 4⇔150, Restaurant

※ Herbst
Moritzstr. 20, **Tel (0 30) 35 37 00**,
Fax 3 33 73 65, ✉ 13597, AX DC ED VA
21 Zi, Ez: 140/70-155/78, Dz: 185/93-195/98,
⊒ WC ⊘, 2 ⊭, **P**, garni

¶ Kolk
Hoher Steinweg 7, **Tel (0 30) 3 33 88 79**,
✉ 13597
Hauptgericht 20/10-35/17, Terrasse,
Gartenlokal, **P**, geschl.: Mo

Steglitz (6 km ↓)

※ Am Forum Steglitz
Büsingstr. 1, **Tel (0 30) 8 50 80 40**,
Fax 8 59 22 98, ✉ 12161, AX ED VA
31 Zi, Ez: 165/83, Dz: 195/98, 1 Suite, 4 App., ⊒
WC ⊘, Lift, **P**, ⌂

Borger's Bistro
Hauptgericht 20/10, Terrasse, ab 16

Tegel (10 km ↖)

※※ Sorat Hotel Humboldt-Mühle
An der Mühle 5-9, **Tel (0 30) 43 90 40**,
Fax 43 90 44 44, ✉ 13507, AX DC ED VA, Ⓢ
☽, 118 Zi, Ez: 205/103-345/173,
Dz: 255/128-395/198, 2 Suiten, ⊒ WC ⊘ DFÜ,
33 ⊭, Lift, **P**, ⌂, 7⇔90, Fitnessraum, Sauna,
Solarium
Eigene Hoteljacht (Charter möglich).

¶¶ Seaside
§, Hauptgericht 22/11-39/19, Terrasse

※※ Am Borsigturm
Am Borsigturm 1, **Tel (0 30) 43 03 60 00**,
Fax 43 03 60 01, ✉ 13507, AX DC ED VA
105 Zi, Ez: 195/98-265/133,
Dz: 265/133-295/148, 3 App., ⊒ WC ⊘, 42 ⊭,
Lift, **P**, 6⇔240, Restaurant

※ Alt-Tegel
Treskowstr. 3, **Tel (0 30) 4 38 00 70**,
Fax 4 33 86 63, ✉ 13507, ED VA
17 Zi, Ez: 110/55-135/67, Dz: 185/93-210/105,
1 App, ⊒ WC ⊘, **P**, garni

Alter Fritz
Karolinenstr. 12, **Tel (0 30) 4 34 10 97**,
Fax 4 33 82 27, ✉ 13507, AX ED VA
Hauptgericht 16/8-26/13, Terrasse, Biergarten,
P, 16-1, Sa+So ab 11

Tempelhof

※※ Alt Tempelhof
Luise-Henriette-Str. 4 (außerhalb L 6),
Tel (0 30) 75 68 50, Fax 75 68 51 00, ✉ 12103,
AX DC ED VA, Ⓢ
73 Zi, Ez: 183/92-256/128,
Dz: 208/104-276/139, ⊒ WC ⊘, 39 ⊭, Lift, ⌂,
2⇔25, garni

Treptow

※※ Astron
Spreestr. 14, **Tel (0 30) 63 90 30**,
Fax 63 90 33 00, ✉ 12439, AX DC ED VA, Ⓢ
126 Zi, Ez: 132/66-236/118,
Dz: 155/78-236/118, ⊒ WC ⊘ DFÜ, 45 ⊭, Lift,
P, 3⇔90, Fitnessraum, Sauna, Solarium,
Restaurant

Wannsee (15 km ✓)

※※ Forsthaus an der Hubertusbrücke
Stölpchenweg 45, **Tel (0 30) 8 05 30 54**,
Fax 8 05 35 24, ✉ 14109, AX DC ED VA
☽ §, 22 Zi, ⊒ WC ⊘, 1⇔20, garni

¶¶ Schloß Glienicke Remise
Königstr. 36, **Tel (0 30) 8 05 40 00**,
Fax 8 05 99 01, ✉ 14109
Hauptgericht 28/14-38/19, Terrasse, Biergarten

¶ Wirtshaus Halali
Königstr. 24, **Tel (0 30) 8 05 31 25**,
Fax 8 05 92 01, ✉ 14109, AX ED VA
Hauptgericht 17/8-36/18, nur abends,
so+feiertags auch mittags, geschl.: Di

Wedding (5 km ↖)

※※ Holiday Inn Garden Court Berlin-Humboldt Park
Hochstr. 2, **Tel (0 30) 46 00 30**,
Fax 46 00 34 44, ✉ 13357, AX DC ED VA, Ⓢ
220 Zi, Ez: 240/120-340/171,
Dz: 280/141-380/191, 11 Suiten, ⊒ WC ⊘ DFÜ,
91 ⊭, Lift, **P**, ⌂, 5⇔170, Fitnessraum, Sauna,
Solarium, Restaurant

Weißensee

✱✱✱ DeragHotel Königin Luise
Parkstr. 87, Tel (0 30) 96 24 70,
Fax 96 24 71 60, ✉ 13086, AX DC ED VA
67 Zi, Ez: 120/60-165/83, Dz: 180/90-195/98,
4 Suiten, 119 App, ⇨ WC ⊘ DFÜ, Lift, 1⟳15,
Fitnessraum, Sauna, Solarium, Restaurant
Langzeitvermietung möglich.

✱✱ Comfort Hotel
Rennbahnstr. 87-88, Tel (0 30) 47 88 40,
Fax 47 88 41 00, ✉ 13086, AX DC ED VA
67 Zi, Ez: 140/70-155/78, Dz: 170/85, 3 Suiten,
10 App, ⇨ WC ⊘ DFÜ, 13 ⇃, Lift, P, 🚗,
4⟳50, Bowling, Restaurant

Wittenau (10 km ↖)

✱✱ Rheinsberg am See
Finsterwalder Str. 64, Tel (0 30) 4 02 10 02,
Fax 4 03 50 57, ✉ 13435, ED VA
81 Zi, Ez: 180/90-259/130,
Dz: 200/100-299/150, ⇨ WC ⊘, 24 ⇃, Lift, P,
2⟳60, ⚓, 🚗, Fitnessraum, Sauna, Solarium,
Golf
Auch Zimmer der Kategorie ✱ vorhanden.
🍴 Hauptgericht 25/12-40/20, Terrasse

Zehlendorf (10 km ↙)

✱ Haus Leopold
Fischerhüttenstr. 113, Tel (0 30) 8 13 29 64,
Fax 8 13 94 10, ✉ 14163, ED VA
23 Zi, Ez: 160/80-180/90, Dz: 200/100-230/115,
⇨ WC ⊘ DFÜ, 11 ⇃, Lift, P, Restaurant
Rezeption: 7-18.30, geschl.: Mo

🍴🍴 Cristallo
Teltower Damm 52, Tel (0 30) 8 15 66 09,
Fax 8 15 32 99, ✉ 14167, AX VA
Hauptgericht 43/21, Terrasse, P

Chalet Suisse
Clayallee 99, Tel (0 30) 8 32 63 62,
Fax 8 31 63 41, ✉ 14195, AX DC ED VA
Hauptgericht 30/15-48/24, Terrasse, Biergarten,
Gartenlokal, P
Grunewald - Ausflugsziel.

Berlingen 42 ↘

Rheinland-Pfalz / Kreis Daun
EW 250
🛈 Tel (0 65 91) 36 60
Tourist-Information
✉ 54570 Kyller-Weg 3

⚑ Berlinger Mühle
Mühlenstr. 20, Tel (0 65 91) 9 51 30,
Fax 95 13 33, ✉ 54570, ED VA
10 Zi, Ez: 58/29-65/32, Dz: 106/53-116/58,
3 App, ⇨ WC ⊘, P, 🚗, Restaurant
geschl.: Mi, 8.1.-9.2.01

Bermatingen 69 ↙

Baden-Württemberg / Bodenseekreis
EW 3670
🛈 Tel (0 75 44) 9 50 20, Fax 95 02 26
Tourist-Information
✉ 88697 Salemer Str. 1

✱ Haus Buchberg
Buchbergstr. 13, Tel (0 75 44) 9 55 60,
Fax 95 56 30, ✉ 88697, ED VA
15 Zi, Ez: 70/35, Dz: 120/60, ⇨ WC ⊘ DFÜ, P,
🚗, garni

Bernau 67 ↘

Baden-Württemberg / Kreis Waldshut
EW 2000
🛈 Tel (0 76 75) 16 00 30, Fax 16 00 90
Tourist-Information
✉ 79872 Rathausstr. 18

Dorf

⚑ Bergblick
Hasenbuckweg 1, Tel (0 76 75) 4 24,
Fax 14 66, ✉ 79872
✸, 12 Zi, Ez: 55/27-85/42, Dz: 100/50-140/70,
5 App, ⇨ WC ⊘, P, 🚗, Fitnessraum, Sauna,
Solarium, Restaurant
geschl.: Di, 10.11.-15.12.00

Riggenbach

✱ Schwarzwaldgasthof Adler
Riggenbacher Landstr. 10, Tel (0 76 75) 8 08,
Fax 14 85, ✉ 79872, ED VA
28 Zi, Ez: 60/30-100/50, Dz: 120/60-180/90, ⇨
WC ⊘, Lift, P, Solarium, Restaurant
Ältester Gasthof in Bernau, von 1698.

Bernau 30 ↗

Brandenburg / Kreis Barnim
EW 25000
🛈 Tel (0 33 38) 76 19 19, Fax 76 19 70
Fremdenverkehrsamt
✉ 16321 Bürgermeisterstr. 4

∗ Comfort-Hotel
Zepernicker Chaussee 39, **Tel (0 33 38) 29 71**,
Fax 3 87 02, ✉ 16321, AX DC ED VA
48 Zi, Ez: 90/45-99/49, Dz: 110/55-120/60, ⇌
WC ☾, 8 ⇔, P, Sauna, Solarium, garni

Bernau 73 ↙

Bayern / Kreis Rosenheim
EW 6200
🛈 Tel (0 80 51) 98 68 20 22, Fax 98 68 50
Kur- und Verkehrsamt
✉ 83233 Aschauer Str. 10

∗ Gasthof Alter Wirt
Kirchplatz 9, **Tel (0 80 51) 8 90 11**,
Fax 8 91 03, ✉ 83233
44 Zi, Ez: 69/34-120/60, Dz: 116/58-170/85, ⇌
WC ☾, P, ☏, 1⇔70, Restaurant
Im Gästehaus Bonnschlößl Zimmer der
Kategorie ∗∗ vorhanden.

Reit

∗ Seiserhof
Reit 5, **Tel (0 80 51) 98 90**, Fax 8 96 46,
✉ 83233
einzeln ☽ ♨, 20 Zi, Ez: 71/35-95/47,
Dz: 110/55-150/75, 1 Suite, 3 App, ⇌ WC ☾, P,
☏, Sauna, Solarium
geschl.: Di, Mi, 20-24.11.00, 8-24.1.01
🍴 ♨, Hauptgericht 15/7-30/15,
Biergarten, geschl.: Di, Mi, 20.11.-24.12.00,
8-24.1.01

∗ Gasthof Seiser-Alm
Reit 4, **Tel (0 80 51) 8 04 60**, Fax 86 20,
✉ 83233, ED
einzeln ☽ ♨, 24 Zi, Ez: 70/35-80/40,
Dz: 100/50-140/70, ⇌ WC ☾, Lift, P, ☏,
1⇔150, Sauna, Solarium, Restaurant
geschl.: Do, Fr, 20.10.-20.11.01

Bernburg (Saale) 38 ↑

Sachsen-Anhalt
EW 38000
🛈 Tel (0 34 71) 62 60 96, Fax 62 60 98
Stadtinformation
✉ 06406 Lindenplatz 9

∗∗ Parkhotel Parforce-Haus
Aderstedter Str. 1, **Tel (0 34 71) 36 20**,
Fax 36 21 11, ✉ 06406, AX ED VA
97 Zi, Ez: 110/55-135/67, Dz: 150/75, 2 Suiten,
⇌ WC ☾ DFÜ, 27 ⇔, Lift, P, 5⇔100, Sauna,
Solarium
🍴🍴 Hauptgericht 16/8-28/14, Terrasse

∗ Askania
Breite Str. 2, **Tel (0 34 71) 35 40**, Fax 35 41 35,
✉ 06406, AX DC ED VA
47 Zi, Ez: 96/48-125/62, Dz: 140/70-150/75, ⇌
WC ☾ DFÜ, 6 ⇔, P, 2⇔40, Kegeln, Sauna,
Solarium, Restaurant

Berne 16 ↘

Niedersachsen / Kreis Wesermarsch
EW 6983
🛈 Tel (0 44 06) 94 10, Fax 94 11 49
Gemeindeverwaltung
✉ 27804 Am Breithof 8

Sehenswert: gotische Hallenkirche.

∗∗ Akzent-Hotel Weserblick
Juliusplate 6-7, **Tel (0 44 06) 9 28 20**,
Fax 92 82 50, ✉ 27804, AX DC ED VA
12 Zi, Ez: 119/59-149/75, Dz: 160/80-210/105,
⇌ WC ☾ DFÜ, P, 2⇔50, Restaurant
geschl.: Mo, 2.-16.1.01

Berneck, Bad 58 ↑

Bayern / Kreis Bayreuth
EW 5200
🛈 Tel (0 92 73) 57 43 74 75, Fax 57 43 76
Kur und Tourismus GmbH
✉ 95460 Bahnhofstr. 77

∗ Merkel
Marktplatz 13, **Tel (0 92 73) 99 30**, Fax 86 12,
✉ 95460, ED VA
21 Zi, Ez: 55/27-85/42, Dz: 100/50-145/73,
1 Suite, ⇌ WC ☾, 1 ⇔, P, ☏, 2⇔60, Sauna
geschl.: 10.1.-10.2.01
🍴 Hauptgericht 21/10, Terrasse,
geschl.: Mo, 10.1.-10.2.01

Berneck, Bad

🍴 Hübner
Marktplatz 34, Tel (0 92 73) 82 82, Fax 80 57,
✉ 95460, DC ED VA
Hauptgericht 18/9, Gartenlokal, geschl.: Do, Feb

Goldmühl (2 km ↘)

✱ Gasthof Schwarzes Roß mit Gästehäusern
Goldmühl 11, Tel (0 92 73) 3 64, Fax 52 34,
✉ 95460, AX ED
⌀, 24 Zi, Ez: 60/30-90/45, Dz: 80/40-140/70,
1 Suite, 5 App, ⌐ WC, **P**, 🏠
geschl.: So, 26.10.-10.11.00, 26.10.-10.11.01
Auch einfachere Zimmer vorhanden.
🍴 Hauptgericht 10/5-22/11, Biergarten,
geschl.: So abends, Mo mittags, 26.10.-10.11.01

Bernhausen siehe Filderstadt

Bernkastel-Kues   53 ↖

Rheinland-Pfalz
Kreis Bernkastel-Wittlich
EW 8000
ℹ Tel (0 65 31) 40 23 24, Fax 79 53
Tourist-Information
✉ 54470 Gestade 5

Erholungsort an der Mosel; Sehenswert: in
Bernkastel: Marktplatz mit Rathaus; Fachwerkhäuser, Michaelsturm, Puppen- u. Spielzeugmuseum, Burg Lanshut Aussicht; in Kues: St. Niko-
laus-Hospital: Bibliothek; Mosel-Weinmuseum;
Vinothek; Cusanus-Geburtshaus.

Bernkastel

✱ Zur Post
Gestade 17, Tel (0 65 31) 9 67 00,
Fax 96 70 50, ✉ 54470, AX DC ED VA
42 Zi, Ez: 87/43-110/55, Dz: 152/76-180/90, ⌐
WC ⌀, 10 🛏, Lift, **P**, Sauna, Solarium, Golf
geschl.: 3.1.-3.2.01

🍴🍴 Poststube
Hauptgericht 30/15, geschl.: 3.1.-3.2.01

✱ Bären
Schanzstr. 9, Tel (0 65 31) 95 04 40,
Fax 9 50 44 46, ✉ 54470, AX DC ED VA
☆, 33 Zi, Ez: 75/37-160/80, Dz: 130/65-190/95,
⌐ WC ⌀, 20 🛏, Lift, **P**, 🏠, 2⌘40, Restaurant

✱ Binz
Markt 1, Tel (0 65 31) 22 25, Fax 71 03,
✉ 54470, ED VA
9 Zi, Ez: 65/32-90/45, Dz: 110/55-160/80,
2 Suiten, ⌐ WC ⌀, 🏠, Restaurant
Rezeption: 8-20, geschl.: 20.12.00-1.3.01

🍴 Doctor Weinstuben
Hebegasse 5, Tel (0 65 31) 60 81, Fax 62 96,
✉ 54470, AX DC ED VA
⌀, Hauptgericht 25/12, 🛏

Kues

✱✱ Moselpark
Im Kurpark, Tel (0 65 31) 50 80, Fax 50 86 12,
✉ 54470, AX ED VA
⌀, 98 Zi, Ez: 155/78-165/83,
Dz: 109/54-119/59, 12 Suiten, 38 App, ⌐ WC
⌀, 44 🛏, Lift, **P**, 11⌘600, 🏠, Kegeln, Sauna,
Solarium, 6 Tennis, Restaurant

✱ St. Maximilian
Saarallee 12, Tel (0 65 31) 9 65 00,
Fax 96 50 30, ✉ 54470, AX ED VA
⌀, 12 Zi, Ez: 65/32-80/40, Dz: 100/50-130/65,
⌐ WC ⌀, 1⌘30, Restaurant
geschl.: 4.1.-1.2.01

✱ Panorama
Rebschulweg 48, Tel (0 65 31) 30 61,
Fax 9 42 14, ✉ 54470, DC ED
⌀ ☆, 14 Zi, Ez: 70/35-80/40, Dz: 110/55-140/70,
2 Suiten, ⌐ WC ⌀, **P**, Fitnessraum, Sauna,
Solarium, Restaurant
geschl.: 1.1.-28.2.01

Kueser Plateau

✱ Am Kurpark
Meisenweg 1, Tel (0 65 31) 30 31, Fax 49 26,
✉ 54470, AX
⌀, 13 Zi, Ez: 65/32-85/42, Dz: 105/52-126/63,
2 App, ⌐ WC ⌀, **P**, 🏠, Restaurant
geschl.: 20.12.00-1.1.01

✱ Zum Kurfürsten
Amselweg 1, Tel (0 65 31) 9 67 70, Fax 46 25,
✉ 54470, ED VA
⌀, 28 Zi, Ez: 45/22-89/44, Dz: 80/40-150/75,
3 App, ⌐ WC ⌀ DFÜ, 12 🛏, **P**, 3⌘50, Sauna,
Solarium, Golf, Restaurant
Auch einfachere Zimmer vorhanden.

Wehlen (5 km ↖)

✱ Mosel-Hotel
Uferallee 3, Tel (0 65 31) 85 27, Fax 15 46,
✉ 54470, AX DC ED VA
⌀ ☆, 16 Zi, Ez: 70/35-100/50,
Dz: 100/50-180/90, ⌐ WC, **P**
geschl.: 1.11.00-1.3.01

Bernried 65 ↗

Bayern / Kreis Deggendorf
EW 5000
🛈 Tel (0 99 05) 2 17, Fax 81 38
Touristinformation
✉ 94505 Engerlgasse 25 a

✱ Posthotel Bernried
Bayerwaldstr. 13, Tel (0 99 05) 7 40 20,
Fax 74 02 33, ✉ 94505, AX ED VA
18 Zi, Ez: 65/32-95/47, Dz: 59/29-79/39,
3 Suiten, ⌐ WC ⓒ, 5 ⇆, P, ≘, ≋, Sauna,
Solarium, Restaurant
Zimmer der Kategorie ✱✱ vorhanden.

✱ Bernrieder Hof
Bogener Str. 9, Tel (0 99 05) 7 40 90,
Fax 84 00, ✉ 94505, AX ED
45 Zi, Ez: 52/26-66/33, Dz: 112/56-132/66, ⌐
WC ⓒ, Lift, P, ≘, 3⟳80, ≙, Fitnessraum,
Kegeln, Sauna, Solarium, Restaurant

Rebling (8 km ↗)

✱ Silencehotel Reblinger Hof
Kreisstr. 3, Tel (0 99 05) 5 55, Fax 18 39,
✉ 94505, ED VA
einzeln ♪ ♣, 14 Zi, Ez: 89/44,
Dz: 136/68-156/78, 5 App, ⌐ WC ⓒ, 1 ⇆, P,
≘, ≙, Sauna, Solarium
Damwildgehege, Forellenweiher.
🍴 ♣, Hauptgericht 30/15, Terrasse

Bernried 71 □

Bayern / Kreis Weilheim-Schongau
EW 2000
🛈 Tel (0 81 58) 99 39 00, Fax 99 39 01
Gemeindeverwaltung
✉ 82347 Dorfstr. 3

✱✱✱ Marina
Am Jachthafen 1-15, Tel (0 81 58) 93 20,
Fax 71 17, ✉ 82347, AX DC ED VA
♪ ♣, 70 Zi, Ez: 160/80-270/135,
Dz: 195/98-280/141, ⌐ WC ⓒ, P, 6⟳100, ≙,
Seezugang, Kegeln, Sauna, Solarium
Auch Zimmer der Kategorie ✱✱ vorhanden.
🍴🍴 ♣, Hauptgericht 17/8-36/18
Zum Hotel gehört das kulturhistorisch
interessante Hofgut Bernried. Eigene
Landwirtschaft, Wild und Fisch aus eigener
Jagd und Zucht.

✱ Seeblick
Tutzinger Str. 9, Tel (0 81 58) 25 40, Fax 30 56,
✉ 82347, AX DC ED VA
103 Zi, Ez: 95/47-200/100, Dz: 145/73-260/130,
⌐ WC ⓒ, Lift, P, ≘, 6⟳180, ≙, Sauna,
Solarium, Restaurant

Bernterode (bei Worbis) 36 ↘

Thüringen / Kreis Eichsfeld
🛈 Tel (03 60 76) 5 02 28
Gemeindeverwaltung
✉ 37355 Straße des Friedens 40

⊨ Landgasthof zu Schänke
Ringstr. 1, Tel (03 60 76) 4 44 41, Fax 4 44 41,
✉ 37355
15 Zi, Ez: 65/32, Dz: 100/50, ⌐ WC ⓒ, P,
Restaurant

Bersenbrück 24 □

Niedersachsen / Kreis Osnabrück
EW 7870
🛈 Tel (0 54 39) 96 20, Fax 96 22 10
Stadtverwaltung
✉ 49593 Lindenstr. 2

Sehenswert: Klosterpforte mit histor. Marktplatz, ehem. Kloster mit Heimatmuseum und Kirche, Stadtpark mit Fischlehrpfad.

✱ Lange
Am Brink 1, Tel (0 54 39) 22 51, Fax 34 63,
✉ 49593, ED VA
19 Zi, Ez: 55/27-69/34, Dz: 110/55-120/60, ⌐
WC ⓒ DFÜ, 9 ⇆, P, ≘, Kegeln, Restaurant

Bertrich, Bad 52 ↗

Rheinland-Pfalz
Kreis Cochem-Zell
EW 1200
🛈 Tel (0 26 74) 93 22 22, Fax 93 22 20
Verkehrsbüro
✉ 56864 Kurfürstenstr. 32

✱✱ Kurhotel Fürstenhof ♛
Kurfürstenstr. 36, Tel (0 26 74) 93 40, Fax 7 37,
✉ 56864, AX ED
64 Zi, Ez: 98/49-185/93, Dz: 196/98-250/125,
5 Suiten, 1 App, ⌐ WC ⓒ, Lift, P, ≘, 2⟳30,
≙, Sauna, Solarium
Auch Zimmer anderer Kategorien vorhanden.
🍴🍴 Hauptgericht 22/11-35/17

✱ Quellenhof
Kurfürstenstr. 25, Tel (0 26 74) 9 36 80,
Fax 93 68 68, ✉ 56864
40 Zi, Ez: 80/40, Dz: 140/70-150/75, ⌐ WC ⓒ,
Lift, P, 1⟳50, Restaurant

Bertrich, Bad

✱ Bertricher Hof
Am Schwanenteich 7, **Tel (0 26 74) 9 36 20**,
Fax 93 62 62, ✉ 56864
🍴, 17 Zi, Ez: 72/36-83/41, Dz: 144/72-168/84,
3 Suiten, ⊣ WC 🛁, 4 ⛵, **P**, Restaurant
geschl.: 15.12.00-15.1.01

✱ Am Schwanenweiher
Am Schwanenweiher, **Tel (0 26 74) 6 69**,
Fax 93 60 99, ✉ 56864
⏲, 11 Zi, Ez: 60/30-80/40, Dz: 120/60-140/70,
3 Suiten, 3 App, ⊣ WC 🛁, 🐾, garni

Bertsdorf-Hörnitz 41 ↗

Sachsen / Kreis Zittau
EW 2400
🅷 Tel (0 35 83) 51 26 47
Gemeindeverwaltung
✉ 02763 Olbersdorfer Str. 3

Hörnitz

**✱✱ Schlosshotel Althörnitz
European Castle**
Zittauer Str. 9, **Tel (0 35 83) 55 00**,
Fax 55 02 00, ✉ 02763, AX ED VA
⏲, 74 Zi, Ez: 105/52-160/80,
Dz: 160/80-220/110, 4 Suiten, ⊣ WC 🛁 DFÜ,
18 ⛵, Lift, **P**, 4🅿60, Sauna, Solarium

🍴 Hauptgericht 20/10-30/15, Terrasse

Bescheid 52 ↗

Rheinland-Pfalz
Kreis Trier Saarburg
EW 410
🅷 Tel (0 65 03) 80 92 90, Fax 80 92 00
Tourist Information
✉ 54411 Langer Markt 17

Sehenswert: Mühle und Forellenhof, kleines
Wildfreigehege, Forellenzucht mit Angelmöglichkeit.

🍴🍴 Zur Malerklause
Im Hofecken 2, **Tel (0 65 09) 5 58**, Fax 10 82,
✉ 54413, ED

Hauptgericht 29/14-54/27, Terrasse, Biergarten,
P, nur abends, So nur mittags, geschl.: Mo, Di,
1.-19.1.01, 3.-14.9.01

Besenfeld siehe Seewald

Besigheim 61 ↗

Baden-Württemberg
Kreis Ludwigsburg
EW 10700
🅷 Tel (0 71 43) 8 07 80, Fax 8 07 82 89
Stadtverwaltung
✉ 74354 Marktplatz 12

✱ Am Markt
Kirchstr. 43, **Tel (0 71 43) 80 30 60**,
Fax 8 03 06 20, ✉ 74354, AX DC ED VA
11 Zi, Ez: 115/57-130/65, Dz: 140/70-150/75,
5 App, ⊣ WC 🛁 DFÜ, **P**, garni
Haus von 1615.

✱ Ortel
Am Kelterplatz, **Tel (0 71 43) 8 07 10**,
Fax 80 71 80, ✉ 74354, AX DC ED VA
9 Zi, Ez: 105/52, Dz: 130/65-140/70, ⊣ WC 🛁
DFÜ, Lift, Restaurant

Bestwig 34 ↘

Nordrhein-Westfalen
Hochsauerlandkreis
EW 12190
🅷 Tel (0 29 04) 98 71 66, Fax 98 72 74
Touristinformation
✉ 59909 Rathausplatz 1

Föckinghausen

✱ Waldhaus Föckinghausen
Tel (0 29 04) 9 77 60, Fax 97 76 76, ✉ 59909,
AX ED VA
⏲, 17 Zi, Ez: 77/38, Dz: 135/67, ⊣ WC 🛁, **P**,
2🅿40
🍴 Hauptgericht 20/10-32/16, Biergarten,
geschl.: Mo

Ostwig (2 km →)

✷ Nieder Flair Hotel
Hauptstr. 19, Tel (0 29 04) 9 71 00,
Fax 97 10 70, ✉ 59909, ED
31 Zi, Ez: 80/40, Dz: 110/55-134/67, ⌐ WC ⌀,
Lift, P, 3✥45, Kegeln, Sauna, Solarium,
Restaurant

Velmede (1 km ←)

¶¶ Frielinghausen
Ostste. 4, Tel (0 29 04) 5 55, Fax 23 91,
✉ 59909, AX DC ED VA
Hauptgericht 30/15, Biergarten, P, ⌐,
geschl.: Mo

Betzdorf 44 ↖

Rheinland-Pfalz
Kreis Altenkirchen
EW 11000
🛈 Tel (0 27 41) 29 10, Fax 2 91 19
Verbandsgemeinde
✉ 57518 Hellerstr. 2

✷ Breidenbacher Hof
Klosterhof 7, Tel (0 27 41) 9 77 90,
Fax 9 77 97 77, ✉ 57518, AX DC ED VA
16 Zi, Ez: 117/58-145/73, Dz: 160/80-220/110,
3 App, ⌐ WC ⌀ DFÜ, P, ⌂
geschl.: So
¶¶ ♔, Hauptgericht 22/11-38/19,
Terrasse, Biergarten, geschl.: So

Beuren 62 ✓

Baden-Württemberg
Kreis Esslingen
EW 3440
🛈 Tel (0 70 25) 9 10 50 21, Fax 9 10 30 10
Kurverwaltung
✉ 72660 Am Thermalbad 5

✷ Beurener Hof
Hohenneuffenstr. 16, Tel (0 70 25) 91 01 10,
Fax 9 10 11 33, ✉ 72660, VA
10 Zi, Ez: 75/37-99/49, Dz: 140/70-160/80, ⌐
WC ⌀ DFÜ, P, ⌂, 1✥30
geschl.: Di
¶¶ Hauptgericht 40/20, Terrasse,
geschl.: Di, Mi mittags

Beutelsbach siehe Weinstadt

Bevensen, Bad 19 ✓

Niedersachsen / Kreis Uelzen
EW 9800
🛈 Tel (0 58 21) 5 70, Fax 57 66
Kurverwaltung
✉ 29549 Dahlenburger Str. 1

✷✷ Kieferneck
Lerchenweg 1, Tel (0 58 21) 5 60, Fax 56 88,
✉ 29549, ED, S
♪, 50 Zi, Ez: 85/42-170/85,
Dz: 160/80-240/120, 1 Suite, ⌐ WC ⌀ DFÜ,
2 ⌧, Lift, P, 2✥30, ⌂, Sauna, Solarium, Golf
Auch Zimmer der Kategorie ✷✷✷ vorhanden.

¶¶ Klassik
Hauptgericht 20/10, Terrasse

✷✷ Ringhotel Fährhaus
Alter Mühlenweg 1, Tel (0 58 21) 50 00,
Fax 5 00 89, ✉ 29549, AX DC ED VA, S
♪, 46 Zi, Ez: 118/59-200/100,
Dz: 182/91-242/121, 9 Suiten, ⌐ WC ⌀, Lift, P,
⌂, 3✥40, ⌂, Kegeln, Sauna, Solarium
¶¶ Hauptgericht 20/10-40/20, Terrasse

✷✷ Kurhotel Ascona
Zur Amtsheide 4, Tel (0 58 21) 5 50,
Fax 4 27 18, ✉ 29549, ED VA
♪, 77 Zi, Ez: 80/40-120/60, Dz: 140/70-220/110,
1 Suite, ⌐ WC ⌀, Lift, P, ⌂, 1✥30, ⌂,
Fitnessraum, Sauna, Solarium, Restaurant

✷✷ Grünings Landhaus
Haberkamp 2, Tel (0 58 21) 9 84 00,
Fax 98 40 41, ✉ 29549
24 Zi, Ez: 120/60-135/67, Dz: 190/95-270/135,
1 Suite, ⌐ WC ⌀ DFÜ, Lift, P, ⌂, Sauna,
Solarium
geschl.: 5.-18.12.00, 6.-21.1.01

¶¶ Tessiner
Hauptgericht 32/16-48/24, Terrasse,
geschl.: Mo, Di, 5.-18.12.00, 6.-21.1.01

✷✷ Zur Amtsheide Kur- und Golfhotel
Zur Amtsheide 5, Tel (0 58 21) 8 51,
Fax 8 53 38, ✉ 29549, AX ED VA
♪, 57 Zi, Ez: 94/47-170/85, Dz: 168/84-186/93,
12 Suiten, 11 App, ⌐ WC ⌀, Lift, P, 2✥50, ⌂,
Fitnessraum, Sauna, Solarium, Golf, Restaurant
geschl.: 27.11.-17.12.00, 7-21.1.01
Appartementhotel mit Gästehäusern.

Bevensen, Bad

** Ilmenautal
Am Klabusch 11, Tel (0 58 21) 54 00,
Fax 4 24 32, ⊠ 29549, AX ED
⟲, 38 Zi, Ez: 72/36-105/52, Dz: 135/67-180/90,
⌐ WC ⦵, 8 ⊷, Lift, P, 1⟳30
¶¶ Hauptgericht 27/13, Terrasse

** Sonnenhügel
Zur Amtsheide 9, Tel (0 58 21) 54 10,
Fax 5 41 12, ⊠ 29549, DC ED VA
⟲, 24 Zi, Ez: 65/32-110/55, Dz: 140/70-200/100,
8 Suiten, ⌐ WC ⦵, Lift, P, Sauna, Solarium,
Golf, Restaurant
geschl.: 15.12.00-20.1.01

* Dorenmuthe
Birkenweg 11, Tel (0 58 21) 9 81 20,
Fax 98 12 50, ⊠ 29549, AX DC ED VA
31 Zi, Ez: 80/40-105/52, Dz: 155/78-180/90,
2 Suiten, ⌐ WC ⦵, 15 ⊷, Lift, P, 1⟳35,
Fitnessraum, Solarium, Restaurant

* Residenz
Rosengarten 2, Tel (0 58 21) 4 20 11,
Fax 4 20 14, ⊠ 29549, AX DC ED VA
⟲, 32 Zi, Ez: 65/32-85/42, Dz: 90/45-140/70,
2 Suiten, ⌐ WC ⦵
¶ Hauptgericht 25/12

* Landhaus Zur Aue
An der Aue 1 a, Tel (0 58 21) 9 84 10,
Fax 4 27 94, ⊠ 29549
⟲, 28 Zi, Ez: 61/30-99/49, Dz: 132/66-212/106,
⌐ WC ⦵, 13 ⊷, Lift, P, Restaurant
Rezeption: 9-20

* Sonnenhof
Krummer Arm 23, Tel (0 58 21) 9 84 40,
Fax 4 32 00, ⊠ 29549
25 Zi, Ez: 78/39, Dz: 146/73, ⌐ WC ⦵, P, garni

Medingen (2 km ↖)

** Vier Linden
Bevenser Str. 1-3, Tel (0 58 21) 54 40,
Fax 15 84, ⊠ 29549, AX ED VA
41 Zi, Ez: 95/47-150/75, Dz: 130/65-180/90,
1 Suite, ⌐ WC ⦵, 2 ⊷, P, ⌂, 4⟳80, ⌂,
Fitnessraum, Sauna, Solarium, Golf
Auch Zimmer der Kategorie *** vorhanden.
¶¶ Hauptgericht 15/7-35/17

Bevern 36 ↖

Niedersachsen / Kreis Holzminden
EW 4700
🛈 Tel (0 55 31) 99 44 16, Fax 99 44 50
Samtgemeinde Bevern
⊠ 37639 Angerstr. / Rathaus

¶¶¶ Schloß Bevern 🍷
Schloß 1, Tel (0 55 31) 87 83, Fax 87 83,
⊠ 37639, ED VA
⦵, Hauptgericht 27/13-49/24, geschl.: Mo, Di
mittags, 2 Wochen im Herbst

Beverungen 35 →

Nordrhein-Westfalen / Kreis Höxter
EW 7000
🛈 Tel (0 52 73) 39 22 21, Fax 39 21 20
Städtisches Verkehrsamt
⊠ 37688 Weserstr. 10-12

🛏 Bevertal
Jahnweg 1a, Tel (0 52 73) 3 61 90,
Fax 36 19 19, ⊠ 37688, ED
15 Zi, Ez: 60/30-65/32, Dz: 110/55-120/60,
1 Suite, ⌐ WC ⦵, P, garni

Blankenau

* Weserblick
Kasselerstr. 2, Tel (0 52 73) 3 62 20,
Fax 36 22 90, ⊠ 37688, ED VA
₷, 50 Zi, Ez: 65/32-80/40, Dz: 106/53-120/60,
⌐ WC ⦵, P, 3⟳60, Fitnessraum, Kegeln,
Sauna, Solarium
geschl.: 3.-25.1.01
¶ geschl.: 3.-25.1.01

Bexbach 53 ✓

Saarland / Saar-Pfalz-Kreis
EW 19900
🛈 Tel (0 68 26) 52 90, Fax 52 91 49
Stadtverwaltung
⊠ 66450 Rathausstr. 68

Erholungsort; Sehenswert: Blumengarten und
Saarl. Bergbaumuseum im 40 m hohen Aussichtsturm mit unterirdischem Besucherbergwerk, Sportflugplatz.

* Haus Krone
Rathausstr. 6, Tel (0 68 26) 9 21 40,
Fax 5 11 24, ⊠ 66450, AX DC ED VA
17 Zi, Ez: 79/39-120/60, Dz: 120/60-165/83, ⌐
WC ⦵, 3 ⊷, Lift, P, Solarium, Restaurant
Auch Zimmer der Kategorie ** vorhanden.

Hochwiesmühle (1 km →)

** Hochwiesmühle
Haus Nr 52, Tel (0 68 26) 81 90, Fax 81 91 47,
⊠ 66450, AX ED VA
⟲, 100 Zi, Ez: 110/55-140/70,
Dz: 158/79-178/89, 1 Suite, 5 App, ⌐ WC ⦵,
10 ⊷, Lift, P, ⌂, 7⟳200, ⌂, Kegeln, Sauna,
Solarium

Rezeption: 6.30-22
Auch einfachere Zimmer und Zimmer der
Kategorie ✱ vorhanden.
🍴🍴 Hauptgericht 30/15

Beyendorf 28 ↙

Sachsen-Anhalt / Bördekreis
EW 1210
ℹ Tel (03 91) 6 22 48 04
Gemeindeverwaltung
✉ 39171 Schulstr. 19

Beyendorf-Außerhalb (4 km ↖)

✱✱ Classik Hotel Magdeburg
Leipziger Chaussee 13, Tel (03 91) 6 29 00,
Fax 6 29 05 19, ✉ 39171, AX DC ED VA
109 Zi, Ez: 100/50-120/60, Dz: 120/60-150/75,
1 Suite, ⊣ WC ⊘ DFÜ, 35 ⇔, Lift, **P**, ≙,
7⇌60, Sauna, Restaurant

Biberach 67 ↗

Baden-Württemberg / Ortenaukreis
EW 3000
ℹ Tel (0 78 35) 63 65 11, Fax 63 65 20
Tourist-Info
✉ 77781 Hauptstr. 27

⊨ Kinzigstrand
Reiherwald 1, Tel (0 78 35) 6 39 90,
Fax 63 99 20, ✉ 77781, VA
10 Zi, Ez: 53/26, Dz: 98/49-106/53, 1 Suite, ⊣
WC ⊘, **P**

Prinzbach (4 km ↙)

✱ Gasthof Badischer Hof
Dörfle 20, Tel (0 78 35) 63 60, Fax 63 62 99,
✉ 77781, DC ED VA
♪, 40 Zi, Ez: 65/32-120/60, Dz: 130/65-190/95,
4 Suiten, ⊣ WC ⊘, 40 ⇔, Lift, **P**, 2⇌40, ≋,
≙, Kegeln, Sauna, Solarium
geschl.: 5.-17.11.00, 7.-26.1.01
Im Gästehaus Wiesengrund Zimmer der
Kategorie ✱✱ vorhanden.
🍴 Hauptgericht 20/10-38/19, Terrasse,
geschl.: im Winter Mi, 5.-17.11.00, 7.-26.1.01

Biberach an der Riß 69 ↗

Baden-Württemberg / Kreis Biberach
EW 30000
ℹ Tel (0 73 51) 5 14 83, Fax 5 15 11
Tourist-Information
✉ 88400 Theaterstr. 6
Cityplan siehe Seite 112

**✱✱ Best Western
Hotel Kapuzinerhof**
Kapuzinerstr. 17 (A 2), Tel (0 73 51) 50 60,
Fax 50 61 00, ✉ 88400, AX DC ED VA, Ⓢ
75 Zi, Ez: 149/75-199/100,
Dz: 209/105-226/113, ⊣ WC ⊘ DFÜ, 14 ⇔, Lift,
P, ≙, 3⇌60, Sauna
geschl.: 22.12.00-7.1.01

🍴🍴 **Kapuziner-Stüble**
Hauptgericht 24/12, Terrasse, geschl.: Sa, So,
22.12.00-7.1.01

**✱✱ Eberbacher Hof
Flair Hotel**
Schulstr. 11 (B 2), Tel (0 73 51) 1 59 70,
Fax 15 97 97, ✉ 88400, AX ED VA
28 Zi, Ez: 80/40-129/64, Dz: 125/62-175/88, ⊣
WC ⊘, Lift, **P**
geschl.: Aug
Auch Zimmer der Kategorie ✱ vorhanden.
🍴🍴 Hauptgericht 35/17, nur abends,
so+feiertags auch mittags, geschl.: Sa, Aug

✱ Berliner Hof
Berliner Platz 5 (B 2), Tel (0 73 51) 2 10 51,
Fax 3 10 64, ✉ 88400, AX DC ED VA
28 Zi, Ez: 85/42-100/50, Dz: 125/62-140/70, ⊣
WC ⊘, Lift, **P**, ≙, 2⇌60, Sauna, Restaurant

✱ Erlenhof
Erlenweg 18 (B 2), Tel (0 73 51) 3 47 50,
Fax 34 75 33, ✉ 88400, AX ED VA
16 Zi, Ez: 95/47-155/78, Dz: 120/60-255/128,
⊣ WC ⊘ DFÜ, 3 ⇔, **P**, ≙, 2⇌40, garni

🍴 **Zur Goldenen Ente**
Gymnasiumstr. 17, Tel (0 73 51) 1 33 94,
Fax 57 88 48, ✉ 88400
Hauptgericht 20/10, Terrasse, geschl.: So,
24.12.00-7.1.01

Rindenmoos (3 km ↙)

✱✱ Landhotel Zur Pfanne
Auwiesenstr. 24, Tel (0 73 51) 3 40 30,
Fax 34 03 80, ✉ 88400, AX ED VA
19 Zi, Ez: 88/44-98/49, Dz: 130/65-140/70,
1 Suite, ⊣ WC ⊘ DFÜ, Lift, **P**, 1⇌20, Kegeln,
Sauna, Restaurant

Bibra, Bad 38 ↓

Sachsen-Anhalt / Burgenlandkreis
EW 2300
🛈 Tel (03 44 65) 2 03 15, Fax 2 04 66
Fremdenverkehrsverein
✉ 06647 Herrenstr. 3

✱ Bibermühle
Lauchaer Str. 36, Tel (03 44 65) 60 30,
Fax 6 03 11, ✉ 06647, AX DC ED VA
29 Zi, Ez: 65/32-85/42, Dz: 90/45-120/60, ⌑
WC ⊘ DFÜ, P, 1⌑40
🍴 ⌑, Hauptgericht 12/6-35/17

Bicken siehe Mittenaar

Bickensohl siehe Vogtsburg

Biebelried 56 □

Bayern / Kreis Kitzingen
EW 1160
🛈 Tel (0 93 21) 9 16 60, Fax 2 27 40
Verwaltungsgemeinschaft
✉ 97318 Kaiserstr. 37

✱✱ Leicht
Würzburger Str. 3, Tel (0 93 02) 91 40,
Fax 31 63, ✉ 97318, AX ED VA

70 Zi, Ez: 110/55-180/90, Dz: 170/85-250/125,
2 Suiten, ⌑ WC ⊘ DFÜ, Lift, P, 🐕, 7⌑35,
Sauna, Solarium, Golf
geschl.: 23.12.00-10.1.01
🍴🍴 ⌑, Hauptgericht 31/15-43/21,
geschl.: So mittags, 23.12.00-10.1.01

Biebertal 44 →

Hessen / Kreis Gießen
EW 10500
🛈 Tel (0 64 09) 69 26, Fax 69 11
Gemeindeverwaltung
✉ 35444 Mühlbergstr. 9

Königsberg

🛏 Berghof Reemühle
Bergstr. 47, Tel (0 64 46) 3 60, Fax 3 60,
✉ 35444, ED
⌑ ✳, 8 Zi, Ez: 60/30, Dz: 110/55, ⌑ WC ⊘, P,
1⌑80, Restaurant

Biedenkopf 44 ↗

Hessen
EW 14490
🛈 Tel (0 64 61) 9 50 10, Fax 95 01 28
Verkehrsbüro
✉ 35216 Mühlweg 1 1/2

✱ Akzent Park-Hotel
Auf dem Radeköppel, Tel (0 64 61) 78 80,
Fax 78 83 33, ✉ 35216, AX DC ED VA, Ⓢ

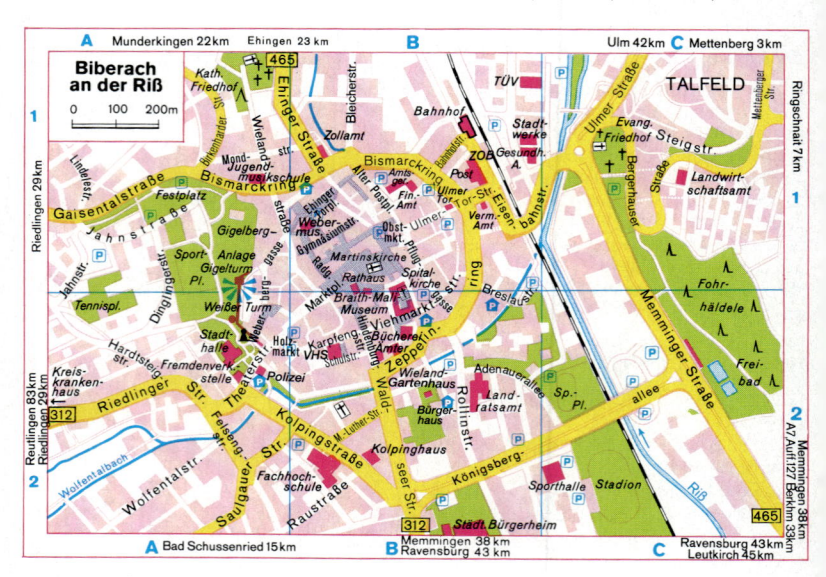

⏲ ⚭, 40 Zi, Ez: 90/45-105/52,
Dz: 160/80-180/90, ⊐ WC ⊘, **P**, 6⇔530, 🔁,
Kegeln, Sauna, Solarium, Restaurant
Rezeption: 6.30-22

Biederitz 28 ↙

Sachsen-Anhalt
Kreis Jerichower Land
EW 4000
🛈 Tel (03 92 92) 20 79
Gemeinde Biederitz
✉ 39175 Magdeburger Str. 38

Heyrothsberge

✱ ▬▬▬ Zwei Eichen
Königsborner Str. 17 a, Tel (03 92 92) 2 78 82,
Fax 2 78 82, ✉ 39175, AX ED VA
19 Zi, Ez: 95/47-108/54, Dz: 120/60-135/67,
1 Suite, ⊐ WC ⊘, **P**, 🔁, Restaurant

Bielefeld 35 ↖

Nordrhein-Westfalen
EW 325000
🛈 Tel (05 21) 51 69 99, Fax 17 88 11
Tourist-Information
✉ 33602 Am Bahnhof 6
Cityplan siehe Seite 114

✱✱ ▬▬▬ Mövenpick
Am Bahnhof 3 (C 1), Tel (05 21) 5 28 20,
Fax 5 28 21 00, ✉ 33602, AX DC ED VA, Ⓢ
162 Zi, Ez: 213/107-262/131,
Dz: 301/151-325/163, ⊐ WC ⊘ DFÜ, Lift, 🔁,
19⇔2200
Auch Zimmer der Kategorie **✱✱✱** vorhanden.
🍴 ▬▬▬ Tel 5 28 26 35,
Hauptgericht 15/7-35/17, Terrasse, **P**

✱✱ ▬▬▬ Ravensberger Hof
Güsenstr. 4 (B 2), Tel (05 21) 9 62 11,
Fax 9 62 13 00, ✉ 33602, ED VA
50 Zi, Ez: 168/84-228/114,
Dz: 253/127-283/142, 1 App, ⊐ WC ⊘ DFÜ,
13 ⊱, Lift, 🔁, 2⇔100, Sauna, Restaurant

✱✱ ▬▬▬ Mercure am Niederwall
Niederwall 31-35, Tel (05 21) 5 25 30,
Fax 5 25 34 44, ✉ 33602, AX DC ED VA, Ⓢ
120 Zi, Ez: 139/70-265/133,
Dz: 159/80-315/158, 30 App, ⊐ WC ⊘ DFÜ,
57 ⊱, Lift, 🔁, 3⇔70, garni

🍴 ▬▬▬ Klötzer's Kleines Restaurant ✢
Ritterstr. 33, Tel (05 21) 6 89 54,
Fax 9 67 75 10, ✉ 33602, AX ED
Hauptgericht 23/11-40/20, geschl.: So, Mo

🍴 ▬▬▬ Im Bültmannshof
Kurt-Schumacher-Str. 17 a, über
Stapenhorststr., Tel (05 21) 10 08 41,
Fax 16 13 90, ✉ 33615, DC ED VA
⏲, Hauptgericht 22/11-38/19, **P**, geschl.: Mo

▬▬▬ Sparrenburg
Am Sparrenberg 38 a, Tel (05 21) 6 59 39,
Fax 6 59 99, ✉ 33602, AX ED VA
⚭, Hauptgericht 30/15-48/24, Terrasse,
geschl.: Di, 30.7.-13.8.01

☕ ▬▬▬ Café Kraume
Stapenhorststr. 10-12, Tel (05 21) 12 20 55,
Fax 13 31 49, ✉ 33602

Brackwede (7 km ↙)

🍴🍴 ▬▬▬ Brackweder Hof
Gütersloher Str. 236, Tel (05 21) 94 26 60,
Fax 9 42 66 10, ✉ 33649, AX DC ED VA
Hauptgericht 35/17, Terrasse, **P**, 🛏

🍴🍴 ▬▬▬ Méditerranée
Brackweder Str. 66, Tel (05 21) 41 00 77,
Fax 41 00 78, ✉ 33647, AX DC ED VA
Hauptgericht 35/17, Gartenlokal, **P**, nur abends,
geschl.: Mo

Heepen (6 km →)

✱ ▬▬▬ Petter
Alter Postweg 68, Tel (05 21) 93 41 40,
Fax 9 34 14 25, ✉ 33719, AX DC ED VA
18 Zi, Ez: 118/59, Dz: 160/80, ⊐ WC ⊘, **P**, 🔁,
Restaurant

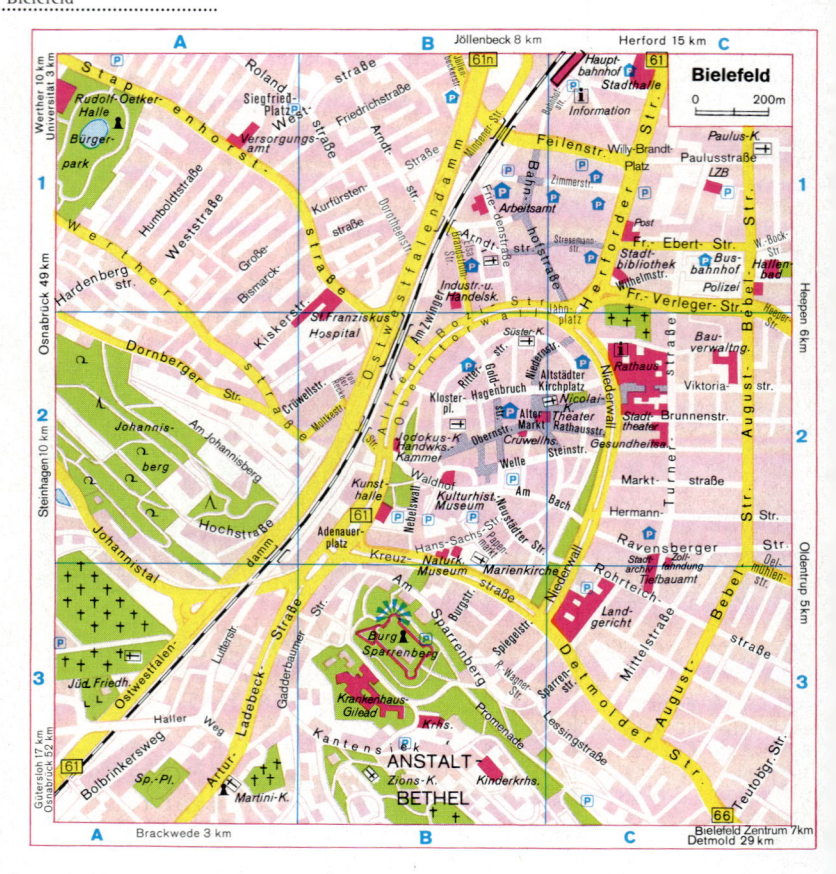

Hillegossen (7 km ↘)

✳ Schweizer Haus

Christophorusstr. 23, Tel (05 21) 92 42 90,
Fax 20 61 12, ✉ 33699, AX DC ED VA
♪, 19 Zi, Ez: 115/57, Dz: 160/80, ⌐ WC ⌀, 2 ⇃,
P, 🚗, 1⌒20, Sauna, Solarium, Restaurant

Jöllenbeck

✳ Heidsieker Heide

Heidsieker Heide 114, Tel (0 52 06) 60 40,
Fax 6 04 50, ✉ 33739, AX DC ED VA
🍴, 46 Zi, Ez: 85/42-150/75, Dz: 120/60-170/85,
⌐ WC ⌀, 10 ⇃, Lift, P, 2⌒80, Restaurant

Oldentrup (5 km →)

✳✳ Best Western Oldentruper Hof

Niedernholz 2, Tel (05 21) 2 09 00,
Fax 2 09 01 00, ✉ 33699, AX DC ED VA, Ⓢ
136 Zi, Ez: 188/94-196/98,
Dz: 228/114-236/118, 1 Suite, ⌐ WC ⌀, 45 ⇃,
Lift, P, 🚗, 11⌒250, 🛋, Kegeln, Sauna,
Solarium, Restaurant
Auch Zimmer der Kategorie ✳ vorhanden.

Quelle (4 km ↙)

✳ Büscher Minotel

Carl-Severing-Str. 136, Tel (05 21) 94 61 40,
Fax 45 27 96, ✉ 33649, AX DC ED VA, Ⓢ

32 Zi, Ez: 99/49-140/70, Dz: 150/75-190/95, ⊖ WC ⌀ DFÜ, ℗, 🕿, 3⌇150, ⚐, Kegeln, Sauna, Restaurant
geschl.: 23.12.00-2.1.01

🍴🍴 Schlichte Hof
Osnabrücker Str. 100, an der B 68,
Tel (05 21) 4 55 88, Fax 45 28 88, ✉ 33649, AX ED VA
🍷, Hauptgericht 20/10-45/22, ℗
Restaurierter Fachwerkbau von 1492.
✱ 11 Zi, Ez: 110/55, Dz: 160/80, 4 Suiten, ⊖ WC ⌀, 🕿, 2⌇30

Senne I (8 km ↓)

🍴🍴🍴🍴 Auberge Le Concarneau
Buschkampstr. 75, Tel (05 21) 49 37 17,
Fax 49 33 88, ✉ 33659, ED
🍷, Hauptgericht 38/19-56/28, Terrasse, ℗, Fr + Sa nur abends, geschl.: So-Do

🍴 Historisches Gasthaus Buschkamp
Tel 49 28 00
🍷, Hauptgericht 30/15
Fünf Fachwerkhäuser, die früher in der näheren Umgebung standen, hier neu aufgebaut. Gastronomie im Museumshof.

Senne I-Außerhalb (2 km ↗)

🍴🍴 Waldrestaurant Waterbör
Waterboerstr. 77, Tel (05 21) 2 41 41,
Fax 2 43 46, ✉ 33659, AX ED
einzeln, Hauptgericht 30/15, Terrasse, ℗,
geschl.: Mo

Sennestadt (12 km ↘)

✱ Quality Hotel
Alte Verler Str. 2, Tel (0 52 05) 93 60,
Fax 93 65 00, ✉ 33689, AX DC ED VA, ⓢ
85 Zi, Ez: 132/66, Dz: 168/84, ⊖ WC ⌀ DFÜ, 23 ⚑, Lift, ℗, 7⌇80, Restaurant
geschl.: 22.12.00-1.1.01

✱ Wintersmühle
Sender Str. 6, Tel (0 52 05) 9 82 50,
Fax 98 25 33, ✉ 33689, AX DC ED VA
15 Zi, Ez: 95/47-110/55, Dz: 120/60-160/80, ⊖ WC ⌀ DFÜ, 2 ⚑, ℗, 🕿, Sauna, Solarium, Golf, Restaurant

Sieker (3 km ↙)

✱ Der Rütli
Osningstr. 245, Tel (05 21) 9 21 20,
Fax 9 21 24 45, ✉ 33605, AX DC ED VA
einzeln ♪, 73 Zi, Ez: 95/47-135/67,
Dz: 115/57-165/83, ⊖ WC ⌀ DFÜ, 26 ⚑, Lift, ℗, 12⌇200, Fitnessraum, Sauna

Biersdorf am See 52 ↖

Rheinland-Pfalz
Kreis Bitburg-Prüm
EW 566
🛈 Tel (0 65 61) 9 43 40, Fax 94 34 20
Tourist-Information
✉ 54634 Im Graben 2

Biersdorf

✱✱✱ Dorint
Am Stausee, Tel (0 65 69) 99 00, Fax 79 09,
✉ 54636, AX DC ED VA, ⓢ
♪ ⚐, 207 Zi, Ez: 185/93-225/113,
Dz: 300/151-340/171, ⊖ WC ⌀, Lift, ℗,
12⌇500, ⚐, Fitnessraum, Kegeln, Bowling, Sauna, Solarium, Golf, 6 Tennis
Auch Zimmer der Kategorie ✱✱ vorhanden.
🍴🍴 ⚐, Hauptgericht 16/8-40/20, Terrasse

✱ Waldhaus Seeblick
Ferienstr. 1, Tel (0 65 69) 9 69 90,
Fax 96 99 50, ✉ 54636, AX ED VA
♪ ⚐, 22 Zi, Ez: 70/35-80/40, Dz: 104/52-124/62, ⊖ WC ⌀, ℗, 2⌇60, Kegeln, Golf, Restaurant
geschl.: 15.1.-15.2.01

Bietigheim-Bissingen 61 ↗

Baden-Württemberg
Kreis Ludwigsburg
EW 40000
🛈 Tel (0 71 42) 7 42 70, Fax 7 42 29
Stadtinformation
✉ 74321 Marktplatz 10

Bietigheim

✱✱ Parkhotel
Freiberger Str. 71, Tel (0 71 42) 5 10 77,
Fax 5 40 99, ✉ 74321, AX DC ED VA
58 Zi, Ez: 105/52-120/60, Dz: 158/79, ⊖ WC ⌀, Lift, ℗, 🕿, 3⌇100, Kegeln
Auch Zimmer der Kategorie ✱ vorhanden.
🍴🍴 Hauptgericht 30/15-40/20, Terrasse

✱ Rose
Kronenbergstr. 14, Tel (0 71 42) 4 20 04,
Fax 4 59 28, ✉ 74321, AX ED VA
22 Zi, Ez: 120/60-140/70, Dz: 175/88-210/105, ⊖ WC ⌀, ℗, 🕿
geschl.: Fr, Sa
🍴🍴 Hauptgericht 30/15-50/25, Terrasse, geschl.: Fr, Sa mittags

Bietigheim-Bissingen

¶¶ Zum Schiller mit Bistro Hans Huckebein 🔴
Am historischen Marktplatz 5,
Tel **(0 71 42) 9 02 00**, Fax 90 20 90, ✉ 74321,
AX DC ED VA
Hauptgericht 37/18-59/29, Terrasse, Biergarten,
Gartenlokal, P, geschl.: So, Mo mittags, zu
Pfingsten 3 Wochen
Im Bistro preiswerte regionale Küche.

✱✱ Gästehaus Zum Schiller
30 Zi, Ez: 98/49-135/67, Dz: 180/90-210/105,
WC ⌀, Lift, 🏠, 2⌕20, Golf
geschl.: 23-27.12.00

Bissingen

✱ Litz
Bahnhofstr. 9/2, Tel **(0 71 42) 39 12**,
Fax 3 35 23, ✉ 74321, AX DC ED VA
32 Zi, Ez: 91/45-101/50, Dz: 140/70-150/75,
WC ⌀, P, 🏠, Restaurant

Billerbeck 33 ↑

Nordrhein-Westfalen
Kreis Coesfeld
EW 11000
🛈 Tel **(0 25 43) 73 73**, Fax 73 50
Verkehrsamt
✉ 48727 Markt 1

✱✱ Domschenke
Markt 6, Tel **(0 25 43) 9 32 00**, Fax 93 20 30,
✉ 48727, AX DC ED VA
♪, 29 Zi, Ez: 88/44-120/60, Dz: 140/70-190/95,
1 Suite, 1 App, WC ⌀, 🏠, 2⌕50
Auch Zimmer der Kategorie ✱ vorhanden.
¶¶ Hauptgericht 32/16

✱ Homoet
Schmiedestr. 2, Tel **(0 25 43) 2 32 40**,
Fax 23 24 25, ✉ 48727, ED VA
13 Zi, Ez: 70/35, Dz: 135/67, WC ⌀ DFÜ, P,
🏠
¶ Hauptgericht 17/8-33/16, Biergarten

Billerbeck-Außerhalb (2 km ↑)

✱✱ Weissenburg
Gantweg 18, Tel **(0 25 43) 7 50**, Fax 7 52 75,
✉ 48727, AX DC ED VA
einzeln §, 55 Zi, Ez: 100/50-150/75,
Dz: 180/90-220/110, WC ⌀, Lift, P, 🏠,
6⌕100, ⌂, Kegeln, Sauna, Solarium
Auch Zimmer der Kategorie ✱ vorhanden.
¶¶ einzeln §, Hauptgericht 28/14-45/22,
Terrasse

Billigheim-Ingenheim 60 ↑

Rheinland-Pfalz
Kreis Südliche Weinstraße
EW 4010
🛈 Tel **(0 63 45) 35 31**, Fax 24 57
Büro für Tourismus Landau-Land
✉ 76829 Rathaus

Ingenheim

¶ Landhotel Pfälzer Hof
Hauptstr. 5, Tel **(0 63 49) 70 45**, Fax 68 22,
✉ 76831
Hauptgericht 18/9-42/21, Gartenlokal,
geschl.: Mi, Do
✱✱ 4 Zi, Ez: 70/35-90/45, Dz: 135/67,
WC ⌀, P

Bilstein siehe Lennestadt

Bindlach 58 ↑

Bayern / Kreis Bayreuth
EW 6700
🛈 Tel **(0 92 08) 66 40**, Fax 6 64 49
Gemeindeverwaltung
✉ 95463 Rathausplatz 1

✱✱ Transmar-Travel-Hotel
Bühlstr. 12, Tel **(0 92 08) 68 60**, Fax 68 61 00,
✉ 95463, AX DC ED VA
140 Zi, Ez: 140/70-160/80, Dz: 180/90-200/100,
WC ⌀ DFÜ, 28 🛏, Lift, P, 🏠, 15⌕750,
Sauna, Golf, Restaurant

Bingen 53 ↗

Rheinland-Pfalz
Kreis Mainz-Bingen
EW 25000
🛈 Tel **(0 67 21) 18 42 05**, Fax 1 62 75
Tourist-Information
✉ 55411 Rheinkai 21
Cityplan siehe Seite 118

✱✱ Best Western Rheinhotel
Am Rhein-Nahe-Eck (A 1), Tel **(0 67 21) 79 60**,
Fax 79 65 00, ✉ 55411, AX DC ED VA, Ⓢ
§, 134 Zi, Ez: 178/89-208/104,
Dz: 237/119-297/149, 1 Suite, WC ⌀ DFÜ,
44 🛏, Lift, P, 🏠, 10⌕800, Sauna, Solarium
¶¶ Aquarius
Hauptgericht 20/10-40/20, Terrasse, Biergarten

✱✱ Weinhotel Michel
Mainzer Str. 74 (C 1), Tel **(0 67 21) 9 15 10**,
Fax 91 51 52, ✉ 55411, AX ED VA

⌀, 24 Zi, Ez: 145/73-185/93,
Dz: 195/98-250/125, 4 Suiten, ⊓ WC ⌀, 4 ⇌,
Lift, P, 🏠, Sauna, Solarium, garni

Binz siehe Rügen

Binzen 67 ✓

Baden-Württemberg / Kreis Lörrach
EW 2530
🛈 Tel (0 76 21) 66 08 51, Fax 66 08 60
Gemeindeverwaltung
✉ 79589 Am Rathausplatz 6

*** Mühle
Mühlenstr. 26, Tel (0 76 21) 60 72,
Fax 6 58 08, ✉ 79589, AX DC ED VA
⌀, 20 Zi, Ez: 90/45-180/90,
Dz: 130/65-240/120, ⊓ WC ⌀ DFÜ, 10 ⇌, P,
🏠, 1⟲60, ≋, Golf
Im Gästehaus Zimmer der Kategorie *
vorhanden.
¶¶ Hauptgericht 60/30, geschl.: So

Birgland 58 ↓

Bayern / Kreis Amberg-Sulzbach
EW 1600
🛈 Tel (0 95 55) 2 35, Fax 6 10
Verwaltungsgemeinschaft
✉ 92278 Am Dorfplatz 2

Schwend

🛏 Pension Anni
Betzenbergerstr. 5, Tel (0 96 66) 3 35,
Fax 12 32, ✉ 92262
15 Zi, Ez: 50/25-60/30, Dz: 76/38-84/42, ⊓
WC, 4 ⇌, P, Sauna, Solarium, Restaurant

Birkenau 54 →

Hessen / Kreis Bergstraße
EW 10500
🛈 Tel (0 62 01) 3 97 47, Fax 3 97 55
Kultur- und Verkehrsamt
✉ 69488 Hauptstr. 119

* Drei Birken
Königsberger Str. 2, Tel (0 62 01) 30 32,
Fax 38 49, ✉ 69488, DC ED VA
20 Zi, Ez: 85/42, Dz: 130/65-140/70, ⊓ WC ⌀,
P, Sauna, garni

¶¶ Drei Birken ✚
Hauptstr. 170, an der B 38,
Tel (0 62 01) 3 23 68, Fax 38 49, ✉ 69488
ED VA
Hauptgericht 28/14, Gartenlokal, P, geschl.: Mo
abends, Di

¶ Ratsstuben
Hauptstr. 105, Tel (0 62 01) 3 95 40,
Fax 39 54 29, ✉ 69488, ED VA
Hauptgericht 30/15-42/21, P, nur abends,
geschl.: Mo, Di

Birkenwerder b. Berlin 30 ↑

Brandenburg / Kreis Oranienburg
EW 6290
🛈 Tel (0 33 03) 29 01 25, Fax 29 01 01
Gemeindeverwaltung
✉ 16547 Hauptstr. 34

** Andersen
Clara-Zetkin-Str. 11, Tel (0 33 03) 2 94 60,
Fax 2 94 61 55, ✉ 16547, AX DC ED VA
40 Zi, Ez: 125/62, Dz: 140/70, ⊓ WC ⌀ DFÜ,
3 ⇌, Lift, P, 🏠, 2⟲50, Restaurant

Birnbach, Bad 66 ✓

Bayern / Kreis Rottal-Inn
EW 2300
🛈 Tel (0 85 63) 96 30 40, Fax 96 30 66
Kurverwaltung
✉ 84364 Neuer Marktplatz 1

*** Sonnengut
Am Aunhamer Berg 2, Tel (0 85 63) 30 50,
Fax 30 51 00, ✉ 84364, AX ED
⌀ ⌀, 88 Zi, Ez: 146/73-161/81,
Dz: 288/145-296/149, ⊓ WC ⌀, Lift, P, 🏠,
2⟲80, ≋, Fitnessraum, Sauna, Solarium, Golf

¶¶ Sonnenhöhe
Hauptgericht 18/9-30/15, Terrasse, nur abends

** Vitalhotel
Brunnaderstr. 27, Tel (0 85 63) 30 80,
Fax 30 81 11, ✉ 84364
⌀, 75 Zi, Ez: 91/45-99/49, Dz: 134/67-194/97,
2 Suiten, ⊓ WC ⌀, 8 ⇌, Lift, P, 🏠, 1⟲20, ≋,
Fitnessraum, Sauna, Solarium, Restaurant

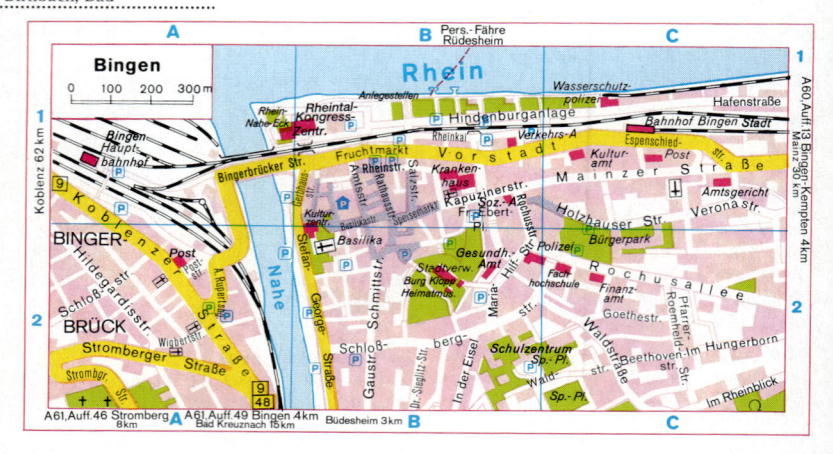

✱✱ Sammareier Gutshof
Pfarrkirchner Str. 20+22, **Tel (0 85 63) 29 70**,
Fax 2 97 13, ✉ 84364, AX ED
32 Zi, Ez: 120/60-138/69, Dz: 174/87-220/110,
6 Suiten, ⊟ WC ⓒ, Lift, P, 🏠, 2⊙20, 🚗,
Fitnessraum, Sauna, Solarium, Golf
Rezeption: 7-20

¶¶ Alt Birnbach
Hauptgericht 25/12

✱✱ Kurhotel Hofmark
Professor-Drexel-Str. 16, **Tel (0 85 63) 29 60**,
Fax 29 62 95, ✉ 84364
☽ 76 Zi, Ez: 100/50-148/74,
Dz: 158/79-230/115, 9 Suiten, ⊟ WC ⓒ, Lift, P,
🏠, Kegeln, Solarium
¶ Hauptgericht 25/12-30/15, Terrasse

✱✱ Kurhotel Quellenhof
Brunnaderstr. 11, **Tel (0 85 63) 30 70**,
Fax 30 72 00, ✉ 84364, AX ED
☽ 38 Zi, Ez: 105/52-130/65,
Dz: 160/80-260/130, 2 Suiten, ⊟ WC ⓒ, 20 🛏,
Lift, P, 🏠, 🚗, Sauna, Solarium, Restaurant
geschl.: Do, 3.12.00-2.2.01, 3-20.12.01

✱ Gräfliches Hotel Alte Post
Hofmark 23, **Tel (0 85 63) 29 20**, **Fax 2 92 99**,
✉ 84364, ED
41 Zi, Ez: 73/36-113/56, Dz: 130/65-160/80,
3 Suiten, 3 App, ⊟ WC ⓒ, P, 2⊙20, 🚗,
Fitnessraum, Sauna, Solarium, Restaurant
geschl.: 28.11.-20.12.00

✱ St. Leonhard
Brunnaderstr. 21, **Tel (0 85 63) 9 60 70**,
Fax 9 60 72 00, ✉ 84364
☽ ✦, 20 Zi, Ez: 52/26-85/42, Dz: 106/53, 1 Suite,
2 App, ⊟ WC ⓒ, 20 🛏, P, 🏠, Sauna, Solarium,
garni

🍰 Café Guglhupf
Pfarrkirchner Str. 22, im Sammareier Gutshof,
Tel (0 85 63) 20 35, **Fax 2 97 13**, ✉ 84364,
AX ED, P

Bischoffingen siehe Vogtsburg

Bischofsgrün 58 ↗
Bayern / Kreis Bayreuth
EW 2150
ℹ **Tel (0 92 76) 12 92**, **Fax 5 05**
Kur- und Verkehrsamt
✉ 95493 Hauptstr. 27

✱✱ Sporthotel Kaiseralm
Fröbershammer 31, **Tel (0 92 76) 8 00**,
Fax 81 45, ✉ 95493, AX DC ED VA
✦, 108 Zi, Ez: 110/56-180/90,
Dz: 195/98-240/120, 3 Suiten, ⊟ WC ⓒ, 21 🛏,
Lift, P, 🏠, 7⊙180, 🚗, Kegeln, Sauna,
Solarium, Golf, 3 Tennis, Restaurant
Auch Zimmer der Kategorie ✱ vorhanden.

✱ Kurhotel Puchtler
Kirchenring 4, **Tel (0 92 76) 10 44**, **Fax 12 50**,
✉ 95493, VA
☽ ✦, 32 Zi, Ez: 65/32-114/57,
Dz: 110/55-204/102, 2 Suiten, 7 App, ⊟ WC ⓒ,
3 🛏, Lift, P, 🏠, 3⊙60, Fitnessraum, Sauna,
Solarium
geschl.: 15.11.-15.12.00

¶ Deutscher Adler
Hauptgericht 20/10-35/17, Terrasse,
geschl.: 15.11.-15.12.00

⊨ Siebenstern
Kirchbühl 15, **Tel (0 92 76) 3 07**, Fax 84 07,
✉ 95493
♪ ⸎ ⊕, 24 Zi, Ez: 45/22-60/30, Dz: 80/40-96/48,
2 App., ⊟ WC, **P**, Sauna, Solarium, garni
geschl.: 30.10.-10.12.00
Rezeption im Gasthof Siebenstern.

Bischofsheim a. d. Rhön 46 ↘

Bayern / Rhön-Grabfeld-Kreis
EW 6000
🛈 **Tel (0 97 72) 14 52**, Fax 10 54
Verkehrsverein
✉ 97653 Kirchplatz 5

Bischofsheim-Außerhalb (5 km ↖)

¶¶ Rhönhäuschen
Am Rhönhaus 1, **Tel (0 97 72) 3 22**,
Fax 91 20 33, ✉ 97653, ⧉ ⧉ ⧉
einzeln ⊕, Hauptgericht 35/17, Terrasse, ⊨

Haselbach (1 km ↙)

✱ Luisenhof
Haselbachstr. 93, **Tel (0 97 72) 18 80**,
Fax 86 54, ✉ 97653, ⧉ ⧉
♪, 14 Zi, Ez: 55/27-60/30, Dz: 90/45-98/49, ⊟
WC, **P**, 1✿40, Sauna, Solarium, Restaurant
geschl.: Mi

Bischofsmais 66 ↖

Bayern / Kreis Regen
EW 3250
🛈 **Tel (0 99 20) 94 04 44**, Fax 94 04 44
Touristikinformation
✉ 94253 Hauptstr. 34

Habischried (4,5 km ↑)

⊨ Pension Schäffler
Ortsstr. 2, **Tel (0 99 20) 13 75**, Fax 83 18,
✉ 94253
14 Zi, Ez: 36/18-40/20, Dz: 68/34-78/39, ⊟ WC
⊘, **P**, Sauna, Solarium, Restaurant
geschl.: Mo, 4.11.-15.12.00

Bischofswerda 41 ↙

Sachsen / Kreis Bautzen
EW 14500
🛈 **Tel (0 35 94) 78 62 41**, Fax 78 62 14
Stadtverwaltung
✉ 01877 Altmarkt 1

✱ Eva-Brunnen
Altmarkt 30, **Tel (0 35 94) 75 10**, Fax 75 14 00,
✉ 01877, ⧉ ⧉ ⧉ ⧉
29 Zi, Ez: 70/35-170/85, Dz: 90/45-170/85,
1 Suite, 4 App., ⊟ WC ⊘, 5 ⇋, Restaurant
Auch Zimmer der Kategorie ✱✱ vorhanden.

Bischofswiesen 73 ↘

Bayern
Kreis Berchtesgadener Land
EW 7000
🛈 **Tel (0 86 52) 72 25**, Fax 78 95
Verkehrsverein
✉ 83483 Hauptstr. 48

⊨ Mooshäusl
Jennerweg 11, **Tel (0 86 52) 72 61**, Fax 73 40,
✉ 83483
♪ ⸎ ⊕, 20 Zi, Ez: 55/27-90/45,
Dz: 110/55-120/60, ⊟ WC, **P**, 🛌, Sauna,
Solarium, Restaurant
geschl.: 25.10.-20.12.00

¶¶ Gran Sasso ✢
Hauptstr. 30, **Tel (0 86 52) 82 50**, Fax 82 50,
✉ 83483, ⧉ ⧉ ⧉ ⧉
Hauptgericht 33/16-44/22, Terrasse, **P**, nur
abends, so+feiertags auch mittags, geschl.: Mo,
2 Wochen im Jun

Bispingen 18 ↓

Niedersachsen
Kreis Soltau-Fallingbostel
EW 5800
🛈 **Tel (0 51 94) 3 98 50**, Fax 3 98 53
Tourist-Information
✉ 29646 Borsteler Str. 6

✱ König-Stuben
Luheweg 25, **Tel (0 51 94) 9 81 00**,
Fax 98 10 19, ✉ 29646, ⧉ ⧉ ⧉ ⧉
25 Zi, Ez: 79/39-115/57, Dz: 115/57-159/80, ⊟
WC ⊘, **P**, 🛌, 1✿60, ⌂, Fitnessraum, Kegeln,
Sauna, Solarium, Restaurant
geschl.: im Winter Mi, 15.1.-15.2.01
Auch Zimmer der Kategorie ✱✱ vorhanden.

Behringen (4 km ↖)

✱ Zur Grünen Eiche
Mühlenstr. 6, **Tel (0 51 94) 9 85 80**,
Fax 9 85 81 99, ✉ 29646, ⧉ ⧉
64 Zi, Ez: 75/37, Dz: 150/75, ⊟ WC ⊘ DFÜ,
12 ⇋, **P**, 5✿120, Restaurant
Auch Zimmer der Kategorie ✱✱ vorhanden.

Bispingen

🍴 Niedersachsen Hof
Widukindstr. 3, Tel (0 51 94) 77 50, Fax 27 55,
✉ 29646, AX ED VA
Hauptgericht 25/12, P, geschl.: Di, 1.1.-1.3.01
✱ ♪, 4 Zi, Ez: 75/37, Dz: 130/65, 1 Suite,
⊟ WC ⌀, 🏠

Niederhaverbeck (9,5 km ↖)

✱ Gasthof Menke
Niederhaverbeck Nr. 12, Tel (0 51 98) 3 30,
Fax 12 75, ✉ 29646, ED VA
♪ §, 16 Zi, Ez: 50/25-84/42, Dz: 84/42-134/67,
1 Suite, ⊟ WC, P, 🏠, 1⟲25, Sauna, Solarium,
Restaurant
geschl.: Do

Bissendorf 24 ↘

Niedersachsen / Kreis Osnabrück
EW 14300
🛈 Tel (0 54 02) 4 04 57, Fax 4 04 33
Tourist-Information
✉ 49143 Im Freeden 7

Schledehausen (6 km ↗)

✱ Akzent-Hotel Bracksiek
Bergstr. 22, Tel (0 54 02) 9 90 30,
Fax 99 03 51, ✉ 49143, AX DC ED VA
23 Zi, Ez: 98/49-140/70, Dz: 130/65-180/90,
1 Suite, ⊟ WC ⌀, Lift, P, 🏠, 3⟲200, Kegeln,
Golf, Restaurant

🍴🍴🍴 Hohe Leuchte
Bergstr. 4, Tel (0 54 02) 86 48, Fax 76 03,
✉ 49143, DC ED VA
🍷, Hauptgericht 36/18-44/22, Gartenlokal, P,
nur mittags, geschl.: Mi

Bitburg 52 ↑

Rheinland-Pfalz
EW 13511
🛈 Tel (0 65 61) 9 43 40, Fax 94 34 20
Tourist-Information
✉ 54634 Im Graben 2

✱ Eifelbräu
Römermauer 36, Tel (0 65 61) 91 00,
Fax 91 01 00, ✉ 54634, DC ED VA
28 Zi, Ez: 95/47-100/50, Dz: 160/80-170/85, ⊟
WC ⌀, P, 🏠, 3⟲350, Sauna
🍴 Hauptgericht 18/9-40/20, Kegeln

🍴 Zum Simonbräu
Am Markt 7, Tel (0 65 61) 33 33, Fax 33 73,
✉ 54634, AX DC ED VA
Hauptgericht 35/17, Biergarten

Bitburg-Außerhalb

✱ Eifelstern
Flugplatz, Gebäude 103, Tel (0 65 61) 9 15 00,
Fax 91 50 10, ✉ 54634, AX DC ED VA
158 Zi, Ez: 90/45-105/52, Dz: 150/75-160/80,
20 App, ⊟ WC ⌀, 24 🛏, Lift, P, 2⟲120,
Sauna, Solarium, Golf, Restaurant

Blaibach 65 ↗

Bayern / Kreis Cham
EW 2070
🛈 Tel (0 99 41) 94 50 13, Fax 94 50 20
Verkehrsamt
✉ 93476 Badstr. 5

🛏 Blaibacher Hof
Kammleiten 6 b, Tel (0 99 41) 85 88,
Fax 72 77, ✉ 93476
♪ §, 18 Zi, Ez: 44/22-53/26, Dz: 78/39-96/48,
⊟ WC, P, Fitnessraum, Sauna, Solarium,
Restaurant
geschl.: 1.11.-15.12.00

Blaichach 70 ↓

Bayern / Kreis Oberallgäu
EW 5000
🛈 Tel (0 83 21) 80 08 36, Fax 2 64 81
Gästeamt
✉ 87544 Immenstädter Str. 7

Gunzesried (4 km ↙)

✱✱ Allgäuer Berghof
Familotel
Alpe Eck über Sonthofen, Tel (0 83 21) 80 60,
Fax 80 62 19, ✉ 87544
einzeln ♪ §, 39 Zi, Ez: 106/53-417/210,
Dz: 182/91-434/218, 5 Suiten, 16 App, ⊟ WC
⌀, Lift, P, 🏠, 3⟲80, 🏊, Sauna, Solarium,
Golf, 1 Tennis, Kinderbetreuung, Restaurant

Blankenbach 55 ↑

Bayern / Kreis Aschaffenburg
EW 1650
🛈 Tel (0 60 24) 63 14 60, Fax 63 14 63
Gemeindeverwaltung
✉ 63825 Eichenberger Str. 1

🍴🍴 Landgasthof Behl
Krombacher Str. 2, Tel (0 60 24) 47 66,
Fax 57 66, ✉ 63825, AX DC ED VA
Hauptgericht 23/11-38/19, geschl.: Mo, Di + Mi
mittags, 2 Wochen im Sommer

Blankenburg 37 ↗

Sachsen-Anhalt / Kreis Wernigerode
EW 18500
🛈 Tel (0 39 44) 28 98
Blankenburg-Information
✉ 38889 Tränkestr. 1

✱✱ Kurhotel Fürstenhof
Mauerstr. 9, Tel (0 39 44) 9 04 40,
Fax 9 04 42 99, ✉ 38889, AX DC ED VA
27 Zi, Ez: 98/49-130/65, Dz: 140/70-170/85, ⌐
WC ✆, 2 ⇋, Lift, P, ☎, 2⇌100, Restaurant
Auch Zimmer der Kategorie ✱✱✱ vorhanden.

✱✱ Viktoria Luise
Hasselfelder Str. 8, Tel (0 39 44) 9 11 70,
Fax 91 17 17, ✉ 38889, ED VA
♪ ♀, 14 Zi, Ez: 100/50-180/90,
Dz: 195/98-260/130, 1 Suite, ⌐ WC ✆, 15 ⇋,
P, Sauna, Restaurant
Auch Zimmer der Kategorie ✱ vorhanden.

✱ Berghotel Vogelherd
Am Vogelherd 10, Tel (0 39 44) 92 60,
Fax 36 50 35, ✉ 38889, ED VA
♪ ♀, 82 Zi, Ez: 90/45-95/47, Dz: 140/70-150/75,
10 Suiten, ⌐ WC ✆, Lift, P, ☎, 5⇌120,
Kegeln, Sauna, Solarium, Restaurant
Auch Zimmer der Kategorie ✱✱ vorhanden.

Blankenburg, Bad 48 □

Thüringen
Kreis Saalfeld-Rudolstadt
EW 8100
🛈 Tel (03 67 41) 26 67, Fax 4 24 42
Touristinformation
✉ 07422 Magdeburger Gasse 1

✱✱ Am Goldberg
Goetheweg 9, Tel (03 67 41) 4 22 10,
Fax 4 22 13, ✉ 07422, AX DC ED VA
♪, 38 Zi, Ez: 125/62, Dz: 168/84, 1 Suite, ⌐ WC
✆, 14 ⇋, Lift, P, 2⇌55, 1 Tennis
Auch Zimmer der Kategorie ✱ vorhanden.
🍴🍴 Hauptgericht 35/17

✱ Zum Steinhof
Wirbacher Str. 6, Tel (03 67 41) 4 10 33,
Fax 4 10 35, ✉ 07422, AX DC ED VA
28 Zi, Ez: 90/45, Dz: 130/65, ⌐ WC ✆ DFÜ, P,
☎, 1⇌42, Sauna, Restaurant

⊨ Eberitzsch
Schwarzenburger Str. 19, Tel (03 67 41) 23 53,
Fax 24 27, ✉ 07422, ED VA
29 Zi, Ez: 70/35-90/45, Dz: 100/50-130/65,
3 Suiten, ⌐ WC ✆, P, Sauna, Solarium,
Restaurant

geschl.: Do
Im Gästehaus Zimmer der Kategorie ✱
vorhanden.

Blankenhain 48 ↑

Thüringen / Kreis Weimarer Land
EW 6950
🛈 Tel (03 64 59) 6 21 92, Fax 4 40 17
Tourist-Information
✉ 99444 Markt Straße 4

✱ Zum güldenen Zopf
Rudolf-Breitscheid-Str. 2, Tel (03 64 59) 49 20,
Fax 4 92 50, ✉ 99444, ED VA
10 Zi, Ez: 85/42-110/55, Dz: 110/55-170/85, ⌐
WC ✆, 2 ⇋, P, Sauna, Restaurant
geschl.: Di

Blaubach 53 ←

Rheinland-Pfalz / Kreis Kusel
EW 510
🛈 Tel (0 63 81) 4 02 95, Fax 7 03 10
Ortsgemeinde Blaubach
✉ 66869 Mauerweg 2 a

✱ Silencehotel Reweschnier
Kuseler Str. 5, Tel (0 63 81) 92 38 00,
Fax 92 38 80, ✉ 66869, DC ED VA
♪, 30 Zi, Ez: 82/41-99/49, Dz: 133/66-158/79,
2 App, ⌐ WC ✆, 4 ⇋, ☎, 4⇌80, Kegeln,
Sauna, Solarium, Restaurant

Blaubeuren 69 ↗

Baden-Württemberg
Alb-Donau-Kreis
EW 11500
🛈 Tel (0 73 44) 92 10 25, Fax 96 69 36
Fremdenverkehrsbüro
✉ 89143 Karlstr. 2

✱ Ochsen
Marktstr. 4, Tel (0 73 44) 96 98 90, Fax 84 30,
✉ 89143, AX DC ED VA

Blaubeuren

32 Zi, Ez: 85/42-125/62, Dz: 130/65-160/80, ⊐ WC ⌀ DFÜ, 10 ⌫, Lift, **P**, 🏠, 1⇔100, Solarium
geschl.: 26.12.00-7.1.01
Auch Zimmer der Kategorie ✱✱ vorhanden.
🍴 Hauptgericht 22/11-36/18,
geschl.: 26.12.00-7.1.01

✱ Adler
Karlstr. 8, Tel **(0 73 44) 50 27**, Fax 2 11 47,
✉ 89143, [ED] [VA]
15 Zi, Ez: 80/40, Dz: 130/65, ⊐ WC ⌀, 1 ⌫,
Restaurant
geschl.: Mi

☕ Café Dirr
Karlstr. 46, Tel **(0 73 44) 65 80**, ✉ 89143
Terrasse, 8-19, So ab 10, geschl.: Di
Spezialität: Baumkuchen.

Weiler (2 km ✓)

✱ Forellenfischer
Aachtalstr. 5, Tel **(0 73 44) 50 24**, Fax 2 11 99,
✉ 89143, [AX] [ED] [VA]
♪, 16 Zi, Ez: 70/35-90/45, Dz: 120/60-140/70,
1 Suite, 2 App., ⊐ WC, 1 ⌫, **P**, 1⇔2, garni
geschl.: 18.12.00-15.1.01

🍴 Forellenfischer
Aachtalstr. 6, Tel **(0 73 44) 65 45**,
Fax 92 26 31, ✉ 89143, [DC] [ED] [VA]
Hauptgericht 16/8-42/21, Gartenlokal, **P**,
geschl.: Mo, So abends, 2.-24.1.01

Blaufelden 56 ✓

Baden-Württemberg
Kreis Schwäbisch Hall
EW 5300
ℹ Tel **(0 79 53) 88 40**, Fax 8 84 44
Bürgermeisteramt
✉ 74572 Hindenburgplatz 4

🍴🍴 Zum Hirschen
Hauptstr. 15, Tel **(0 79 53) 10 41**, Fax 10 43,
✉ 74572, [ED] [VA]
Hauptgericht 25/12-65/32, Terrasse,
geschl.: Mo, Di mittags, So abends
✱✱ 10 Zi, Ez: 108/54-138/69,
Dz: 146/73-216/108, 2 Suiten, ⊐ WC, **P**, 🏠,
1⇔20
Auch einfachere Zimmer vorhanden.

Blaustein 62 ↘

Baden-Württemberg
Alb-Donau-Kreis
EW 14500
ℹ Tel **(0 73 04) 8 02 68**, Fax 8 02 55
Tourist-Information
✉ 89134 Marktplatz 2

✱✱ Comfort Hotel Blautal
Ulmer Str. 4/1, Tel **(0 73 04) 95 90**,
Fax 95 94 00, ✉ 89134, [AX] [DC] [ED] [VA]
90 Zi, Ez: 95/47-127/63, Dz: 135/67-177/89,
90 App., ⊐ WC ⌀ DFÜ, 27 ⌫, Lift, **P**, 🏠,
6⇔70, Fitnessraum, Sauna, Solarium, garni
Rezeption: 6.30-22.00
Langzeitvermietung möglich.

Bleckede 19 ←

Niedersachsen / Kreis Lüneburg
EW 9500
ℹ Tel **(0 58 52) 39 07 88**, Fax 33 03
Tourist-Info
✉ 21354 Lauenburger Str. 15

✱ Zum Löwen
Lauenburger Str. 1, Tel **(0 58 52) 94 00**,
Fax 9 40 40, ✉ 21354, [AX] [DC] [ED] [VA]
♿, 17 Zi, Ez: 85/42, Dz: 130/65, ⊐ WC ⌀, 2 ⌫,
P, 2⇔50, Kegeln, Sauna, Solarium, Restaurant

Blieskastel 53 ✓

Saarland / Saarpfalz-Kreis
EW 23500
ℹ Tel **(0 68 42) 5 20 75**, Fax 5 20 76
Verkehrsamt u. Kurverwaltung
✉ 66440 Kardinal-Wendel-Str 56

Kneippkurort. Sehenswert: historische Altstadt.

Niederwürzbach (6 km ←)

🍴 Hubertushof
Kirschendell 32, Tel **(0 68 42) 65 44**, Fax 78 66,
✉ 66440

Hauptgericht 20/10-46/23, Terrasse, P, 🛏,
geschl.: Di

Blomberg 35 ↑

Nordrhein-Westfalen / Kreis Lippe
EW 18000
🛈 Tel (0 52 35) 50 40, Fax 50 44 50
Verkehrsbüro
✉ 32825 Hindenburgplatz 1

**✱✱ Burghotel
European Castle**
in der Burg, Tel (0 52 35) 5 00 10,
Fax 50 01 45, ✉ 32825, AX ED VA
♪ ⌘, 52 Zi, Ez: 185/93-198/99,
Dz: 240/120-310/156, 2 Suiten, ⊐ WC ⌀ DFÜ,
Lift, P, 🐾, 7⌘160, ≋, Sauna, Solarium, Golf
Burganlage mit Elementen der
Weserrenaissance.

¥¥ ⌘, Hauptgericht 45/22, Terrasse

✱ Café Knoll
Langer Steinweg 33, Tel (0 52 35) 9 60 00,
Fax 73 98, ✉ 32825, ED VA
11 Zi, Ez: 85/42-95/47, Dz: 130/65-148/74, ⊐
WC ⌀, P, Kegeln, Restaurant

Blowatz 12 ↙

Mecklenburg-Vorpommern
Kreis Nordwestmecklenburg
EW 1050
🛈 Tel (03 84 27) 2 47, Fax 2 47
Fremdenverkehrsverein Salzhaff
✉ 23974 Dorstr. 24

Groß Strömkendorf (5 km ↙)

✱ Schäfer Eck
Tel (03 84 27) 29 10, Fax 2 63, ✉ 23974, AX ED VA
36 Zi, Ez: 75/37-85/42, Dz: 130/65-150/75, ⊐
WC ⌀, P, 1⌘50, Sauna, Solarium, Restaurant

Blumberg 68 ↙

Baden-Württemberg
Schwarzwald-Baar-Kreis
EW 10200
🛈 Tel (0 77 02) 5 12 03, Fax 5 12 22
Touristinformation
✉ 78176 Hauptstr. 52

Epfenhofen (4 km ↓)

🛏 Löwen
Kommentalstr. 2, Tel (0 77 02) 21 19,
Fax 39 03, ✉ 78176, ED
25 Zi, Ez: 60/30, Dz: 98/49, ⊐ WC, Lift, P, 🐾,
Restaurant
geschl.: Do, Fr, 13.11.-2.12.00, 15.1.-15.2.01

Blumberg 30 ↗

Brandenburg / Kreis Barnim
EW 2006
🛈 Tel (03 33 94) 7 02 77
Amt Ahrensfelde/Blumberg
✉ 16356 Schloßstraße 7

✱ Am Lennepark
Kietz 2a, Tel (03 33 94) 5 00, Fax 5 02 51,
✉ 16356, AX ED VA
37 Zi, Ez: 98/49-159/80, Dz: 145/73-225/113,
1 Suite, ⊐ WC ⌀ DFÜ, 10 🛏, P, 2⌘35,
Restaurant

✱ Am Rehhahn
Ehrig-Hahn-Str. 3, im Gewerbegebiet,
Tel (03 33 94) 51 40, Fax 5 14 85, ✉ 16356,
AX ED VA
69 Zi, Ez: 85/42-120/60, Dz: 135/67-150/75,
4 Suiten, 65 App., ⊐ WC ⌀, 30 🛏, Lift, P,
6⌘90, Fitnessraum, Sauna, Solarium,
Restaurant

Blunk 10 ↘

Schleswig-Holstein
Kreis Segeberg
EW 520
Gemeindeverwaltung Blunk
✉ 23795 Waldemar-von-Mohl-Str 10

✱✱ Landhotel Zum Schinkenkrug
Segeberger Str. 32, Tel (0 45 57) 9 97 00,
Fax 99 70 20, ✉ 23813, AX DC ED VA
9 Zi, Ez: 105/52-115/57, Dz: 150/75-180/90, ⊐
WC ⌀ DFÜ, 1 🛏, P, 4⌘120, Restaurant

Bobingen 71 ↖

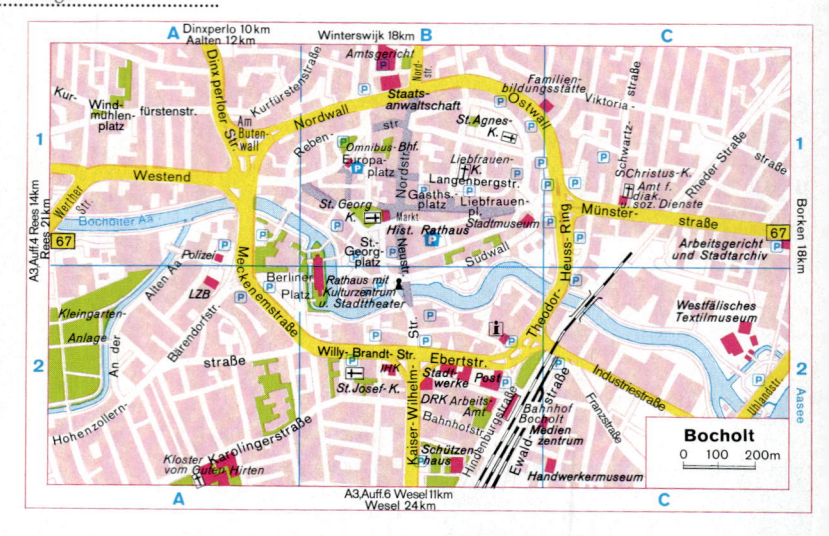

Bayern / Kreis Augsburg-Land
EW 16400
🛈 Tel (0 82 34) 80 02 32, Fax 80 02 72
Stadtverwaltung
✉ 86399 Rathausplatz 1

✶ Akzent-Hotel Schempp
Hochstr. 74, Tel (0 82 34) 99 90, Fax 99 92 99,
✉ 86399, AX DC ED VA
48 Zi, Ez: 115/57-185/93, Dz: 165/83-205/103,
1 Suite, 2 App, ⌐ WC ⌀, 23 ⌫, Lift, P, 🌐,
2⟲32, Fitnessraum, Kegeln, Sauna, Solarium,
Restaurant

Bocholt 32 ↗

Nordrhein-Westfalen / Kreis Borken
EW 73000
🛈 Tel (0 28 71) 50 44, Fax 18 59 27
Stadtinformation
✉ 46395 Kreuzstr. 27

✶✶✶ Am Erzengel
Münsterstr. 250, Tel (0 28 71) 24 77 00,
Fax 24 77 02 47, ✉ 46397, AX ED VA
35 Zi, Ez: 140/70, Dz: 190/95, ⌐ WC ⌀, Lift, P,
🌐, 3⟲100, Kegeln
Auch Zimmer der Kategorie ✶✶ vorhanden.
🍴 Hauptgericht 30/15, Terrasse,
Biergarten, geschl.: Mo mittags, 3 Wochen im
Sommer

Bochum 33 ☐

Nordrhein-Westfalen
EW 397640
🛈 Tel (02 34) 96 30 20, Fax 9 63 02 55
Verkehrsverein
✉ 44787 Kurt-Schumacher-Platz
Cityplan siehe Seite 126

✶✶✶ Holiday Inn
Massenbergstr. 19 (B 3), Tel (02 34) 96 90,
Fax 9 69 22 22, ✉ 44787, AX DC ED VA
160 Zi, Ez: 170/85-359/180,
Dz: 199/100-480/241, 2 Suiten, ⌐ WC ⌀ DFÜ,
80 ⌫, Lift, 🌐, 13⟲240, Fitnessraum, Sauna,
Solarium

🍴 Twin Tower
Hauptgericht 35/17-50/25, P

✶ Excelsior
Max-Greve-Str. 32-34 (C2), Tel (02 34) 9 55 50,
Fax 9 55 55 55, ✉ 44791, AX DC ED VA
32 Zi, Ez: 143/72-148/74, Dz: 178/89-193/97,
⌐ WC ⌀, 8 ⌫, P, 🌐, 1⟲45, Restaurant
Rezeption: 6-20

✶ Acora
Nordring 44-50 (A 2), Tel (02 34) 6 89 60,
Fax 6 89 67 00, ✉ 44787, AX DC ED VA, Ⓢ
224 Zi, Ez: 96/48-185/93, Dz: 119/59-210/105,
11 Suiten, 110 App, ⌐ WC ⌀ DFÜ, 43 ⌫, Lift,
🌐, 3⟲85, Fitnessraum, Solarium, Restaurant
Auch Zimmer der Kategorie ✶✶ vorhanden.

Bockhorn

✱ Novotel
Stadionring 22 (C 1), Tel **(02 34) 5 06 40**,
Fax 5 06 44 44, ✉ 44791, AX DC ED VA, Ⓢ
119 Zi, Ez: 124/62-230/115,
Dz: 158/79-264/132, ⇥ WC ⊘ DFÜ, 50 ⬛, Lift,
P, 8⊖250, 🚭, Sauna, Solarium, Restaurant

✱ Art Hotel Tucholsky
Viktoriastr. 73 (A 3), Tel **(02 34) 1 35 43**,
Fax 87 84 21, ✉ 44787, AX DC ED VA
15 Zi, Ez: 90/45-130/65, Dz: 140/70-160/80, ⇥
WC ⊘, Restaurant
Designerausstattung.

🍴🍴🍴 Stadtpark Restaurant 🍷
Klinikstr. 41, Tel **(02 34) 50 70 90**,
Fax 5 07 09 99, ✉ 44791, AX DC ED VA
§, Hauptgericht 35/17-49/24, Terrasse,
Biergarten, Gartenlokal, **P**, geschl.: Mo,
Okt-Mär So, 27.12.00-11.1.01

🍴🍴 Alt Nürnberg
Königsallee 16, Tel **(02 34) 31 16 98**, ✉ 44789,
AX DC ED VA
Hauptgericht 32/16, Terrasse, **P**, nur abends,
geschl.: Mo

🍴🍴 Stammhaus Fiege
Bongardstr. 23, Tel **(02 34) 1 26 43**,
Fax 6 62 71, ✉ 44787, AX ED
Hauptgericht 25/12-43/21, geschl.: Do, 3
Wochen im Sommer

Harpen

🍴🍴 Brinkhoff´s Stammhaus
Harpener Hellweg 157, Tel **(02 34) 23 35 49**,
✉ 44805
Hauptgericht 38/19-42/21, Terrasse, **P**, nur
abends, geschl.: Di, 2 Wochen im Sommer

Stiepel (7 km ↓)

✱ Wald- und Golfhotel Lottental
Grimbergstr. 52 a, Tel **(02 34) 9 79 60**,
Fax 9 79 62 93, ✉ 44797, AX DC ED VA
75 Zi, Ez: 138/69-185/93, Dz: 191/96-235/118,
2 Suiten, ⇥ WC ⊘, 4 ⬛, Lift, **P**, 2⊖60, ⌂,
Fitnessraum, Sauna, Solarium, garni

Wattenscheid (9 km ←)

✱ Sol Inn
Josef-Haumann-Str. 1, Tel **(0 23 27) 99 00**,
Fax 99 04 44, ✉ 44866, AX DC ED VA, Ⓢ
104 Zi, Ez: 119/59-163/82, Dz: 138/69-182/91,
2 Suiten, ⇥ WC ⊘, 55 ⬛, Lift, 3⊖100, Sauna,
Solarium, Restaurant

Weitmar (3 km ✓)

🍴🍴 Zum Neuling
Neulingstr. 42, Tel **(02 34) 94 69 80**,
Fax 9 46 98 45, ✉ 44795, AX DC ED VA
Hauptgericht 35/17, geschl.: Mi
✱ 16 Zi, Ez: 115/57 👑
Dz: 150/75-160/80, ⇥ WC ⊘, **P**, 1⊖20, ⌂,
Sauna, Solarium

Werne (6 km ←)

✱✱✱ Avalon Hotel Bochum
Kohlleppelsweg 45, Tel **(02 34) 9 25 90**,
Fax 9 25 96 25, ✉ 44791, AX DC ED VA
105 Zi, Ez: 233/117-303/152,
Dz: 306/154-326/164, 3 Suiten, ⇥ WC ⊘, 38 ⬛,
Lift, **P**, 5⊖120, Sauna
🍴🍴 Hauptgericht 24/12-38/19,
geschl.: 22.12.00-7.1.01

Wiemelhausen (3 km ↓)

✱ Haus Oekey
Auf dem Alten Kamp 10, Tel **(02 34) 38 81 30**,
Fax 3 88 13 88, ✉ 44803, ⇥ WC ⊘, **P**, ⌂,
2⊖40
17 Zi, Ez: 110/55, Dz: 150/75, ⇥ WC ⊘, **P**, ⌂,
🍴🍴 Hauptgericht 30/15-38/19, Biergarten,
Kegeln, geschl.: Mo, So

✱ Schmidt-Mönnikes Minotel
Drusenbergstr. 164 (ausserhalb A 4),
Tel **(02 34) 33 39 60**, Fax 3 33 96 66,
✉ 44789, AX ED VA, Ⓢ
32 Zi, Ez: 99/49-165/83, Dz: 140/70-220/110, ⇥
WC ⊘, **P**, ⌂, Kegeln
geschl.: 24.12.00-8.1.01

🍴 Vitrine
Tel 31 24 69, Fax 31 24 96
Hauptgericht 36/18, Terrasse,
geschl.: 27.12.00-6.1.01

Bockhorn 16 ☐

Niedersachsen / Kreis Friesland
EW 8600
🛈 Tel **(0 44 53) 7 08 30**, Fax 7 08 36
Fremdenverkehrsbüro
✉ 26345 Am Markt 1

✱ Friesische Wehde
Steinhauser Str. 6, Tel **(0 44 53) 9 81 00**,
Fax 98 10 99, ✉ 26345, AX ED
17 Zi, Ez: 70/35-80/40, Dz: 98/49-130/65,
2 Suiten, 1 App, ⇥ WC ⊘, **P**, ⌂, 2⊖45,
Sauna, Solarium, garni

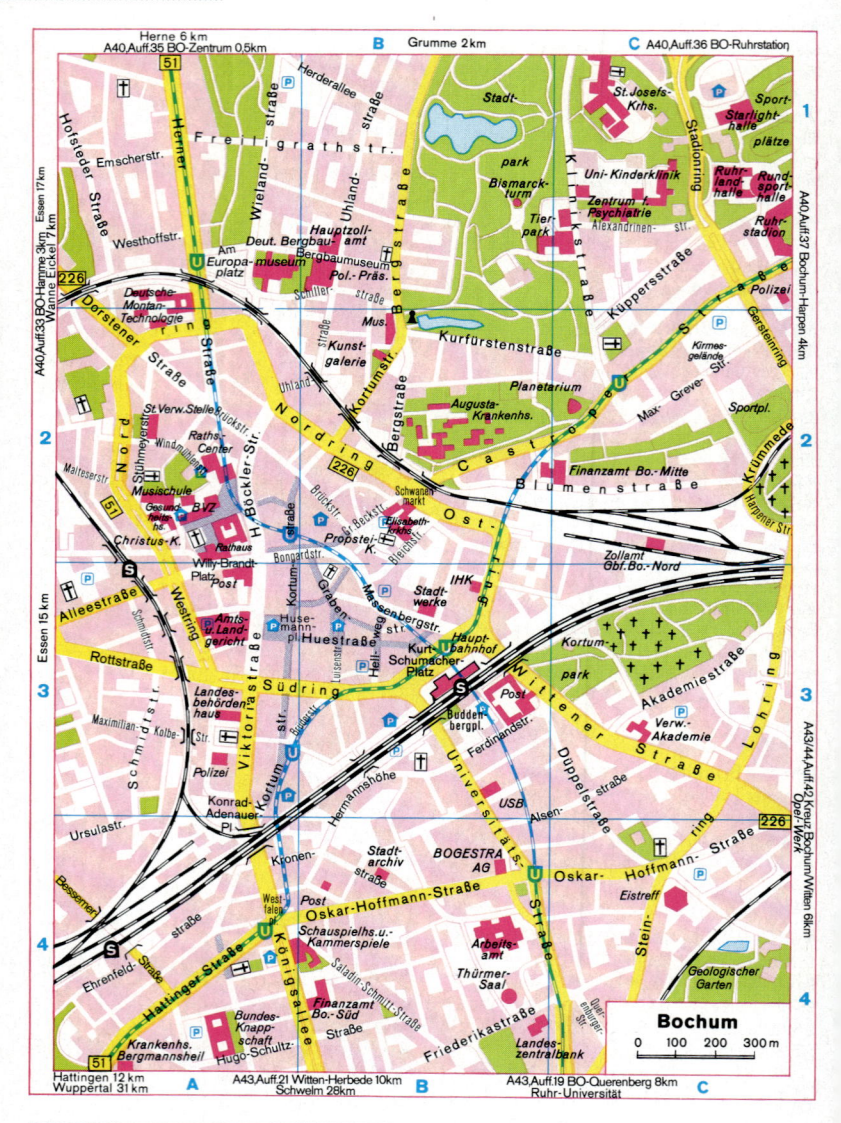

Bocklet, Bad

Bocklet, Bad 46

Bayern / Kreis Bad Kissingen
EW 4092
🕿 Tel (0 97 08) 2 17, Fax 6 01 07
Staatl. Kurverwaltung
✉ 97708 Kurhausstr. 2

✱ Kurhotel Kunzmann
An der Promenade 6, Tel (0 97 08) 7 80,
Fax 7 81 00, ✉ 97708
♪, 79 Zi, Ez: 84/42-120/60,
Dz: 168/84-210/105, 1 Suite, ⌐ WC ℃, Lift, **P**,
🚗, 3🛏80, ⌂, Fitnessraum, Sauna, Solarium,
Golf, Restaurant

Bodenmais

✱ Laudensack
Von-Hutten-Str. 37, Tel (0 97 08) 2 24,
Fax 12 85, ✉ 97708
35 Zi, Ez: 51/25-100/50, Dz: 102/51-132/66,
7 App, ⌐ WC ⌀, Lift, 🅿, 🏠, Solarium,
Restaurant
geschl.: 20.12.00-15.2.01
Auch einfache Zimmer vorhanden.

Bodenheim 54 ↑

Rheinland-Pfalz
Kreis Mainz-Bingen
EW 6800
🛈 Tel (0 61 35) 1 94 33, Fax 63 97
Verkehrsverein Bodenheim e.V.
✉ 55294 Rathausstraße 1

✱ Landhotel Battenheimer Hof
Rheinstr. 2, Tel (0 61 35) 70 90, Fax 7 09 50,
✉ 55294, AX DC ED VA
22 Zi, Ez: 95/47-98/49, Dz: 130/65-140/70,
4 App, ⌐ WC ⌀, 🅿, 3⌂40, Sauna, Restaurant
Rezeption: 7-20, geschl.: 15.12.00-10.1.01
Eigenbauweine.

✱ Gästehaus Rheintal
Rheinstr. 25, Tel (0 61 35) 9 23 40, Fax 69 41,
✉ 55294, ED
16 Zi, Ez: 90/45-95/47, Dz: 120/60-130/65, ⌐
WC ⌀, 🏠, Kegeln, Restaurant

Bodenmais 66 ↖

Bayern / Kreis Regen
EW 3500
🛈 Tel (0 99 24) 77 81 35, Fax 77 81 50
Kurverwaltung Bodenmais
✉ 94249 Bahnhofstr. 56

✱✱✱ Bergknappenhof
Silberbergstr. 10, Tel (0 99 24) 77 40,
Fax 73 73, ✉ 94249
♨, 37 Zi, Ez: 86/43-88/44, Dz: 166/83-194/97,
5 Suiten, 31 App, ⌐ WC ⌀, 6 ⛌, Lift, 🅿, 🏠, 🏛,
Sauna, Solarium, Restaurant
Auch Zimmer der Kategorie ✱✱ vorhanden.

✱✱✱ Riederin
Riederin 1, Tel (0 99 24) 77 60, Fax 73 37,
✉ 94249
☾ ♨, 57 Zi, Ez: 119/59-158/79,
Dz: 248/124-316/159, 4 Suiten, ⌐ WC ⌀, 4 ⛌,
Lift, 🅿, 🏠, ≋, 🏛, Sauna, Solarium, 4 Tennis,
Restaurant
geschl.: 18.11.-17.12.00
Auch Zimmer der Kategorie ✱✱ vorhanden.

✱✱ Hofbräuhaus
Marktplatz 5, Tel (0 99 24) 77 70,
Fax 77 72 00, ✉ 94249, ED
☾ ♨, 78 Zi, Ez: 81/40-126/63,
Dz: 148/74-208/104, 2 Suiten, ⌐ WC ⌀, 10 ⛌,
Lift, 🅿, 🏠, 2⌂350, ≋, 🏛, Fitnessraum, Sauna,
Solarium, Restaurant
geschl.: 10.11.-15.12.00

✱✱ Neue Post
Kötztinger Str. 25, Tel (0 99 24) 95 80,
Fax 95 81 00, ✉ 94249
☾, 60 Zi, Ez: 70/35-120/60,
Dz: 120/60-200/100, 1 Suite, ⌐ WC ⌀, Lift, 🅿,
🏛, Fitnessraum, Sauna, Solarium, 1 Tennis
geschl.: 11.11.-15.12.00
Im Gästehaus auch Zimmer der Kategorie ✱✱✱
vorhanden.
🍴🍴 Hauptgericht 15/7-30/15, Terrasse,
geschl.: 11.11.-15.12.00

✱✱ Adam-Bräu
Bahnhofstr. 51, Tel (0 99 24) 9 40 00,
Fax 72 19, ✉ 94249
32 Zi, Ez: 84/42-105/52, Dz: 164/82-186/93, ⌐
WC ⌀, Lift, 🅿, 🏠, 🏛, Sauna, Solarium,
Restaurant

✱✱ Kronberg
Kronbergweg 4, Tel (0 99 24) 9 40 90,
Fax 8 40, ✉ 94249, ED
35 Zi, Ez: 70/35-90/45, Dz: 140/70-180/90,
18 Suiten, ⌐ WC ⌀, 🅿, 🏛, Fitnessraum, Sauna,
Solarium, Restaurant
Auch Zimmer der Kategorie ✱ vorhanden.

✱ Kur- u. Ferienhotel Waldeck
Arberseestr. 37-39, Tel (0 99 24) 9 40 30,
Fax 94 03 30, ✉ 94249
57 Zi, Ez: 83/41-86/43, Dz: 75/37-78/39,
4 Suiten, ⌐ WC ⌀, 6 ⛌, Lift, 🅿, 🏠, 🏛, Sauna,
Solarium, Restaurant
geschl.: 4.11.-18.12.00

✱ Zum Arber
Rechenstr. 32, Tel (0 99 24) 95 23 00,
Fax 95 24 00, ✉ 94249
♨, 54 Zi, Ez: 60/30-62/31, Dz: 104/52-108/54, ⌐
WC ⌀ DFÜ, 8 ⛌, 🅿, 🏠, Fitnessraum, Sauna,
Solarium, Restaurant

✱ Fenzlhof
Rechenstr. 8, Tel (0 99 24) 9 40 70,
Fax 94 07 89, ✉ 94249
15 Zi, Ez: 70/35-110/55, Dz: 130/65-220/110,
1 Suite, ⌐ WC ⌀, 🅿, Restaurant

✱ Kurparkhotel
Amselweg 1, Tel (0 99 24) 9 42 80,
Fax 9 42 82 80, ✉ 94249

→

16 Zi, Ez: 62/31-77/38, Dz: 106/53-130/65, 3 Suiten, ⌐ WC ⊘ DFÜ, **P**, Sauna, Solarium, Restaurant
geschl.: 3.-21.12.00

Bodenmais-Außerhalb (2 km ←)

✱✱ Hammerhof
Kothinghammer 1, Tel **(0 99 24) 95 70**, Fax 9 57 77, ✉ 94249
🍴, 22 Zi, Ez: 74/37-81/40, Dz: 128/64-138/69, 18 Suiten, ⌐ WC ⊘, 14 🛏, Lift, **P**, Sauna, Solarium, 1 Tennis, Restaurant
geschl.: 5.11.-16.12.00

Böhmhof (1,5 km ↓)

✱ Böhmhof
Haus Nr 1, Tel **(0 99 24) 9 43 00**, Fax 94 30 13, ✉ 94249
🍴, 18 Zi, Ez: 95/47-135/67, Dz: 152/76-230/115, 18 Suiten, ⌐ WC ⊘, Lift, **P**, 🏠, ≋, ≘, Sauna, Solarium, Restaurant
Im Gästehaus Landhaus Zimmer der Kategorie**✱✱✱** vorhanden.

Mooshof (2 km ↘)

✱✱ Mooshof
Mooshof 7, Tel **(0 99 24) 77 50**, Fax 72 38, ✉ 94249, ED
☽ 🍴, 52 Zi, Ez: 85/42-130/65,
Dz: 136/68-196/98, 6 Suiten, ⌐ WC ⊘, 2 🛏, Lift, **P**, 🏠, 1⌂25, ≘, Fitnessraum, Sauna, Solarium, 2 Tennis
geschl.: Mitte Nov-Mitte Dez
Auch Zimmer der Kategorie **✱** vorhanden.

🍴🍴 🍴, Hauptgericht 15/7-35/17, Terrasse, geschl.: Mitte Nov-Mitte Dez

Bodenteich 27 ↖

Niedersachsen / Kreis Uelzen
EW 3300
ℹ Tel (0 58 24) 35 39, Fax 33 08
Kurverwaltung
✉ 29389 Burgstr. 8

**✱✱ Braunschweiger Hof
Flair Hotel**
Neustädter Str. 2, Tel **(0 58 24) 2 50**, Fax 2 55, ✉ 29389, AX DC ED VA
40 Zi, Ez: 90/45, Dz: 160/80, ⌐ WC ⊘, Lift, 🏠, 5⌂100, ≘, Kegeln, Sauna, Solarium, Restaurant

✱ Landhaus Bodenteich
Neustädter Str. 100, Tel **(0 58 24) 9 64 60**, Fax 96 46 30, ✉ 29389
19 Zi, Ez: 75/37-95/47, Dz: 130/65-140/70, ⌐ WC ⊘, 6 🛏, **P**, Sauna, Solarium, garni

🛏 Bodendiker
Neustädter Str. 19, Tel **(0 58 24) 30 78**, Fax 16 51, ✉ 29389
9 Zi, Ez: 55/27, Dz: 100/50, ⌐ WC ⊘, **P**, Kegeln, Restaurant

Bodenwerder 36 ↖

Niedersachsen / Kreis Holzminden
EW 6200
ℹ Tel (0 55 33) 4 05 41, Fax 61 52
Tourist-Information
✉ 37619 Weserstr. 3

✱ Königs Zinne
Linser Str. 12, Tel **(0 55 33) 9 72 40**, Fax 97 24 66, ✉ 37619, ED VA
16 Zi, Ez: 60/30-90/45, Dz: 120/60-150/75, ⌐ WC ⊘ DFÜ, 1 🛏, **P**, 1⌂80, Restaurant

🛏 Goldener Anker
Weserstr. 13, Tel **(0 55 33) 21 35**, Fax 30 57, ✉ 37619, ED
🍴, 13 Zi, Ez: 60/30-70/35, Dz: 90/45-120/60, ⌐ WC, **P**, Restaurant

Bodenwöhr 65 ↖

Bayern / Kreis Schwandorf
EW 3911
ℹ Tel (0 94 34) 90 22 73, Fax 90 22 74
Gemeindeverwaltung
✉ 92439 Rathausplatz 1

✶✶ Brauereigasthof Jacob
Ludwigsheide 2, Tel **(0 94 34) 9 41 00**,
Fax 94 10 66, ✉ 92439
₷, 21 Zi, Ez: 80/40-90/45, Dz: 116/58-136/68, ⌐
WC ⌀ DFÜ, 21 ⌇, 𝐏, 2⟳200, Seezugang
⚐ ₷, Hauptgericht 24/12, Terrasse,
Biergarten

Bodman-Ludwigshafen 68 ↘

Baden-Württemberg / Kreis Konstanz
EW 3900
🛈 Tel **(0 77 73) 93 00 40**, Fax 93 00 43
Tourist-Information
✉ 78351 Hafenstr. 5

Ludwigshafen

✶ Krone
Hauptstr. 25, Tel **(0 77 73) 9 31 30**,
Fax 93 13 40, ✉ 78351, 𝐀𝐗 𝐃𝐂 𝐄𝐃 𝐕𝐀
22 Zi, Ez: 70/35-75/37, Dz: 120/60-150/75,
1 Suite, ⌐ WC ⌀, 1⟳150, Restaurant
geschl.: Mi, 2.11.-1.12.00

Böblingen 61 □

Baden-Württemberg
EW 47000
🛈 Tel **(0 70 31) 66 11 00**, Fax 66 11 10
CCB-Stadtinformation
✉ 71032 Ida-Ehre-Platz 3

✶✶ Zum Reussenstein
Kalkofenstr. 20, Tel **(0 70 31) 6 60 00**,
Fax 66 00 55, ✉ 71032, 𝐀𝐗 𝐃𝐂 𝐄𝐃 𝐕𝐀
42 Zi, Ez: 115/57-155/78, Dz: 175/88-210/105,
4 App, ⌐ WC ⌀ DFÜ, Lift, 𝐏, ☎, 2⟳30,
Fitnessraum, Sauna, Solarium, Restaurant
Rezeption: 6.30-23
Im Stammhaus Zimmer der Kategorie ✶
vorhanden.

✶✶ List
Friedrich-List-Str. 57, Tel **(0 70 31) 2 18 40**,
Fax 21 84 84, ✉ 71032, 𝐀𝐗 𝐃𝐂 𝐄𝐃 𝐕𝐀
32 Zi, Ez: 129/64-145/73, Dz: 164/82-169/85,
3 Suiten, 8 App, ⌐ WC ⌀ DFÜ, 8 ⌇, Lift, 𝐏, ☎,
1⟳15, garni
geschl.: 23.12.00-7.1.01

✶✶ Böhler
Postplatz 17, Tel **(0 70 31) 4 60 40**,
Fax 22 61 68, ✉ 71032, 𝐀𝐗 𝐃𝐂 𝐄𝐃 𝐕𝐀
42 Zi, Ez: 160/80-190/95, Dz: 195/98-245/123,
7 App, ⌐ WC ⌀ DFÜ, 21 ⌇, Lift, 𝐏, ☎, ⌇,
Fitnessraum, Sauna, Solarium, Restaurant

✶ Wanner
Tübinger Str. 2, Tel **(0 70 31) 21 37 00**,
Fax 22 33 86, ✉ 71032, 𝐀𝐗 𝐃𝐂 𝐄𝐃 𝐕𝐀
30 Zi, Ez: 129/64-160/80, Dz: 190/95-195/98,
2 Suiten, 2 App, ⌐ WC ⌀ DFÜ, 4 ⌇, Lift, 𝐏, ☎,
Golf, garni
Auch Zimmer der Kategorie ✶✶ vorhanden.

✶ Böblinger Haus
Keilbergstr. 2, Tel **(0 70 31) 21 10**,
Fax 22 98 11, ✉ 71032, 𝐀𝐗 𝐃𝐂 𝐄𝐃 𝐕𝐀
34 Zi, Ez: 115/57-135/67, Dz: 175/88-180/90,
⌐ WC ⌀, Lift, 𝐏, ☎, 1⟳15, Restaurant
Auch Zimmer der Kategorie ✶✶ vorhanden.

☕ Café Frech
Postplatz 15, Tel **(0 70 31) 23 47 96**,
Fax 22 26 97, ✉ 71032
6.30-19, So 11-17.30

Böblingen-Außerhalb (1,5 km ↓)

✶ Rieth
Tübinger Str. 155, Tel **(0 70 31) 72 30**,
Fax 27 77 60, ✉ 71032, 𝐀𝐗 𝐃𝐂 𝐄𝐃 𝐕𝐀
48 Zi, Ez: 120/60-135/67, Dz: 120/60-135/67,
2 Suiten, 1 App, ⌐ WC ⌀, 15 ⌇, 𝐏, ☎, Sauna,
Restaurant
geschl.: 21.12.00-8.1.01

Hulb (1 km ←)

✶✶ Ascot Hotel
Wolf-Hirth-Str. 8 / 1, Tel **(0 70 31) 6 20 30**,
Fax 6 20 31 00, ✉ 71032, 𝐀𝐗 𝐃𝐂 𝐄𝐃 𝐕𝐀
74 Zi, Ez: 164/82-179/90, Dz: 218/109-238/119,
39 App, ⌐ WC ⌀ DFÜ, 20 ⌇, Lift, 𝐏, ☎,
Sauna, garni

✶ Novotel
Otto-Lilienthal-Str. 18, Tel **(0 70 31) 64 50**,
Fax 64 51 66, ✉ 71034, 𝐀𝐗 𝐃𝐂 𝐄𝐃 𝐕𝐀, Ⓢ
112 Zi, Ez: 124/62-177/89, Dz: 158/79-214/107,
⌐ WC ⌀ DFÜ, 40 ⌇, Lift, 𝐏, 7⟳300, ⌇,
Sauna, Solarium, Restaurant

Bönnigheim 61 ↗

Baden-Württemberg
Kreis Ludwigsburg
EW 7000
🛈 Tel **(0 71 43) 27 30**, Fax 2 73 16
Tourist-Information
✉ 74357 Kirchheimer Str. 1

🍴🍴 Sophie LaRoche 🍷
Schlossstr. 34, Tel **(0 71 43) 8 20 20**,
Fax 82 02 28, ✉ 74357

Bönnigheim

Hauptgericht 48/24-55/27, nur abends,
geschl.: So, Mo
🍴 **Strombergstube**
✱ **Adler Am Schloss**
10 Zi, Ez: 95/47-120/60, Dz: 120/60-150/75, ⌐
WC ⊘

Börnicke 29 ↑

Brandenburg / Kreis Havelland
EW 775
📞 Tel (0 33 21) 4 46 70
Amt Nauen-Land
✉ 14641 Dammstr. 34

✱ **Landhaus Börnicke**
Grünefelder Str. 15, **Tel (03 32 30) 5 13 06**,
Fax 5 14 08, ✉ 14641
10 Zi, Ez: 130/65-145/73, Dz: 180/90-190/95,
⌐ WC ⊘, 3 ⇖, **P**, Restaurant
Stilvolles Landhaus mit Wildgehege.

Bösdorf 11 ✓

Schleswig-Holstein / Kreis Plön
EW 1503
Gemeindeverwaltung Bösdorf
✉ 24306 Heinrich-Rieper-Str 8

Niederkleveez (3 km ↑)

✱ **Fährhaus**
Am Dieksee 6, **Tel (0 45 23) 99 59 29**,
Fax 99 59 55, ✉ 24306, DC ED
♪ §, 17 Zi, Ez: 70/35-90/45, Dz: 120/60-180/90,
1 Suite, ⌐ WC ⊘, 6 ⇖, **P**, Seezugang
Rezeption: 10-22
🍴 Hauptgericht 18/9-30/15, Terrasse

Boffzen 36 ↖

Niedersachsen
Landkreis Holzminden
EW 3160
📞 Tel (0 52 71) 9 56 00, Fax 55 21
Verkehrsamt
✉ 37691 Heinrich-Ohm-Str 21

Boffzen-Außerhalb (1,5 km ↗)

🛏 **Steinkrug**
Am Steinkrug 4, **Tel (0 52 71) 9 57 00**,
Fax 4 93 48, ✉ 37691, AX DC ED VA
♪ §, 11 Zi, Ez: 50/25-55/27, Dz: 100/50-110/55,
1 Suite, ⌐ WC ⊘, **P**, Restaurant
geschl.: Mo, 1.-30.11.00

Bohmte 24 ↘

Niedersachsen / Kreis Osnabrück
EW 13200
📞 Tel (0 54 71) 8 08 33, Fax 8 08 99
Gemeindeverwaltung
✉ 49163 Bremer Str. 4

🍴 **Gieseke-Asshorn**
Bremer Str. 55, **Tel (0 54 71) 10 01**,
Fax 95 80 29, ✉ 49163, AX DC ED VA
Hauptgericht 15/7-35/17, Kegeln, **P**
✱✱ 10 Zi, ⌐ ⊘, 4⇔200, ≋, Sauna,
Solarium

Boizenburg/Elbe 19 ←

Mecklenburg-Vorpommern
Kreis Ludwigslust
EW 11000
📞 Tel (03 88 47) 5 55 19, Fax 6 26 27
Stadtinformation
✉ 19258 Kirchplatz 13

Schwartow (2 km ↗)

✱ **Waldhotel**
Waldweg 49, **Tel (03 88 47) 5 07 09**,
Fax 5 04 49, ✉ 19258, AX ED VA
♪, 28 Zi, Ez: 95/47, Dz: 125/62-145/73, ⌐ WC
⊘, 10 ⇖, **P**, ⌂, Kegeln, Bowling, Sauna,
Solarium, Restaurant

Boll, Bad 62 □

Baden-Württemberg
Kreis Göppingen
EW 5000
📞 Tel (0 71 64) 8 08 28, Fax 90 23 09
Kultur- und Verkehrsamt
✉ 73087 Hauptstr. 81

✱✱✱ **Seminaris**
Michael-Hörauf-Weg, **Tel (0 71 64) 80 50**,
Fax 1 28 86, ✉ 73087, AX DC ED VA
§, 138 Zi, Ez: 174/87-249/125, Dz: 239/120,
15 Suiten, ⌐ WC ⊘ DFÜ, 44 ⇖, Lift, ⌂,
20⇔300, ⌂, Kegeln, Sauna, Restaurant

✱✱ **Badhotel Stauferland**
Gruibinger Str. 32, **Tel (0 71 64) 20 77**,
Fax 41 46, ✉ 73087, AX DC ED VA
♪ §, 42 Zi, Ez: 100/50-200/100,
Dz: 180/90-240/120, ⌐ WC ⊘, 9 ⇖, Lift, **P**, ⌂,
3⇔50, ⌂, Kegeln, Sauna, Solarium
geschl.: 1.-14.1.01
🍴🍴 §, Hauptgericht 35/17, Terrasse,
geschl.: 1.-14.1.01

✱ Rosa Zeiten
Bahnhofsallee 7, Tel (0 71 64) 20 22,
Fax 22 21, ✉ 73087, VA
9 Zi, Ez: 85/42-95/47, Dz: 135/67, 3 App, ⌐ WC
☾, P, garni

✱ Löwen
Hauptstr. 46, Tel (0 71 64) 9 40 90,
Fax 94 09 44, ✉ 73087, AX DC ED VA
31 Zi, Ez: 78/39, Dz: 130/65, 6 Suiten, 6 App, ⌐
WC ☾, P, ⌂, 2⇔150, Sauna, Solarium,
Restaurant
Rezeption: 7-14, 17-23

Bollendorf 52 ↖

Rheinland-Pfalz
Kreis Bitburg-Prüm
EW 1700
ℹ Tel (0 65 26) 9 30 33, Fax 9 30 35
Tourist-Information
✉ 54669 An der Brücke

✱ Ritschlay
Auf der Ritschlay 3, Tel (0 65 26) 9 29 90,
Fax 92 99 50, ✉ 54669
♪ ✴, 22 Zi, Ez: 80/40, Dz: 134/67-153/77,
9 App, ⌐ WC ☾, P, Restaurant
geschl.: 10.11.-23.12.00, 3.1.-25.2.01

Bolsterlang 70 ↓

Bayern / Kreis Oberallgäu
EW 1300
ℹ Tel (0 83 26) 83 14, Fax 94 06
Verkehrsamt
✉ 87538 Rathausweg 4

Kierwang (1 km ↑)

✱ Gästehaus Rita
Bergweg 16, Tel (0 83 26) 12 11, Fax 12 11,
✉ 87538
♪ ✴, 9 Zi, Ez: 45/22-49/24, Dz: 86/43-94/47, ⌐
WC, P, Golf, garni
geschl.: 1.11.-20.12.00

Sonderdorf (1 km ↓)

✱ Gasthof-Pension Tietz
Sonderdorf 18, Tel (0 83 26) 74 44,
Fax 38 45 72, ✉ 87538
♪ ✴, 16 Zi, Ez: 65/32-130/65, Dz: 80/40-160/80,
2 App, ⌐ WC, P, 1⇔20, Restaurant
Rezeption: 8-12, 16-22, geschl.: Di,
6.11.-17.12.00, 23.4.-22.5.01

Boltenhagen 11 ↘

Mecklenburg-Vorpommern
Kreis Nordwestmecklenburg
EW 2800
ℹ Tel (03 88 25) 36 00, Fax 3 60 30
Tourist-Information
✉ 23946 Ostseeallee 4

✱✱✱ Seehotel Grossherzog v. Mecklenburg City Line & Country Line Hotels
An der Seebrücke, Tel (03 88 25) 5 00,
Fax 5 05 00, ✉ 23946, AX DC ED VA
♪, 149 Zi, Ez: 145/73-190/95,
Dz: 190/95-260/130, ⌐ WC ☾, 129 ↙, Lift, P,
9⇔200, ⌂, Sauna, Solarium, Golf, Restaurant

Tarnewitz

✱ Wendenburg
Tarnewitzer Dorfstr. 7, Tel (03 88 25) 30 90,
Fax 3 09 42, ✉ 23946
16 Zi, Ez: 79/39-130/65, Dz: 99/49-180/90,
1 Suite, 1 App, ⌐ WC ☾, 1 ↙, P, Restaurant
Rezeption: 8-20

Bonlanden siehe Filderstadt

Bonn 43 ↖

Nordrhein-Westfalen
EW 313000
ℹ Tel (02 28) 77 50 00, Fax 77 50 77
Bonn Information
✉ 53103 Windeckstraße/Am Münsterplatz
Cityplan siehe Seiten 134-135

✱✱✱ Günnewig Hotel Bristol
Prinz-Albert-Str. 2 (C 4), Tel (02 28) 2 69 80,
Fax 2 69 82 22, ✉ 53113, AX DC ED VA, Ⓢ
114 Zi, Ez: 185/93-370/186,
Dz: 245/123-470/236, 2 Suiten, ⌐ WC ☾ DFÜ,
17 ↙, Lift, ⌂, 7⇔350, ⌂, Kegeln, Sauna,
Solarium

¶¶¶ Majestic
Hauptgericht 35/17-48/24, Terrasse,
geschl.: Sa, So

¶ Kupferklause
Hauptgericht 15/7-39/19, nur abends,
geschl.: So

✱✱✱ Holiday Inn Crowne Plaza
Berliner Freiheit 2 (D 2), Tel (02 28) 7 26 90,
Fax 7 26 97 00, ✉ 53111, AX DC ED VA, Ⓢ
✴, 252 Zi, Ez: 309/155-359/180,
Dz: 388/195-488/245, 12 Suiten, ⌐ WC ☾ DFÜ,
120 ↙, Lift, P, ⌂, 21⇔250, ⌂, Sauna,
Solarium

⟶

Bonn

¶¶¶ Rhapsody
Hauptgericht 29/14, Terrasse

∗∗∗ Günnewig Hotel Residence
Kaiserplatz 11 (C4), Tel (02 28) 2 69 70,
Fax 2 69 77 77, ✉ 53113, AX DC ED VA, Ⓢ
139 Zi, Ez: 160/80-325/163,
Dz: 195/98-385/193, 5 Suiten, ⌐ WC ⌀ DFÜ,
80 ⇥, Lift, ⌂, 5⇨220, ⌂, Sauna, Solarium,
Restaurant
Auch Zimmer der Kategorie ∗∗ vorhanden.

∗∗ Best Western Domicil
Thomas-Mann-Str. 24 (C 3),
Tel (02 28) 72 90 90, Fax 69 12 07, ✉ 53111,
AX DC ED VA, Ⓢ
38 Zi, Ez: 209/105-365/183,
Dz: 310/156-420/211, 3 Suiten, 1 App, ⌐ WC ⌀
DFÜ, Lift, Ⓟ, ⌂, 1⇨45, Sauna, Restaurant
geschl.: 23.12.00-3.1.01
Auch Zimmer der Kategorie ∗∗∗ vorhanden.

∗∗ Kaiser Karl
Vorgebirgsstr. 56 (B 2), Tel (02 28) 65 09 33,
Fax 63 78 99, ✉ 53119, AX DC ED VA
42 Zi, Ez: 170/85-350/176,
Dz: 290/146-390/196, 3 Suiten, ⌐ WC ⌀, Lift,
⌂, 3⇨40, Restaurant

∗∗ Königshof
Adenauerallee 9 (D 3), Tel (02 28) 2 60 10,
Fax 2 60 15 29, ✉ 53111, AX DC ED VA
☾ ♣, 134 Zi, Ez: 225/113-320/161,
Dz: 280/141-380/191, 4 Suiten, 2 App, ⌐ WC ⌀
DFÜ, 35 ⇥, Lift, Ⓟ, ⌂, 5⇨200, Restaurant
Auch Zimmer der Kategorie ∗∗∗ vorhanden.

∗∗ Villa Esplanade
Colmantstr. 47 (B 4), Tel (02 28) 98 38 00,
Fax 9 83 80 11, ✉ 53115, AX DC ED VA
17 Zi, Ez: 130/65-175/88, Dz: 180/90-220/110,
⌐ WC ⌀, Ⓟ, 1⇨25, garni

∗∗ Consul Top International Hotel
Oxfordstr. 12-16 (C 2/3), Tel (02 28) 7 29 20,
Fax 7 29 22 50, ✉ 53111, AX DC ED VA, Ⓢ
96 Zi, Ez: 99/49-228/114, Dz: 149/75-280/141,
2 Suiten, 4 App, ⌐ WC ⌀ DFÜ, 49 ⇥, Lift, Ⓟ,
⌂, 1⇨28, Golf, garni
geschl.: 22.12.00-2.1.01

∗ Europa
Thomas-Mann-Str. 7 (C 3),
Tel (02 28) 63 30 63, Fax 69 53 57, ✉ 53111,
AX DC ED VA
69 Zi, Ez: 120/60-125/62, Dz: 165/83-175/88,
⌐ WC ⌀, Lift, ⌂, 1⇨25, Restaurant

∗ Schwan
Mozartstr. 24 (B 3), Tel (02 28) 96 30 30,
Fax 65 17 93, ✉ 53115, AX ED VA
22 Zi, Ez: 110/55-160/80, Dz: 160/80-200/100,
2 Suiten, ⌐ WC, garni

∗ Aigner Minotel
Dorotheenstr. 12 (C 2), Tel (02 28) 60 40 60,
Fax 6 04 06 70, ✉ 53111, AX DC ED VA, Ⓢ
40 Zi, Ez: 99/49-150/75, Dz: 139/70-190/95,
4 App, ⌐ WC ⌀, 6 ⇥, Lift, Ⓟ, ⌂, 1⇨10, garni
geschl.: 23.12.00-2.1.01

∗ Mercedes
Maarflach 17 a (D 4), Tel (02 28) 22 50 51,
Fax 26 44 12, ✉ 53113, VA
16 Zi, Ez: 110/55-140/70, Dz: 160/80-190/95, ⌐
WC ⌀, garni

¶¶ Le Petit Poisson   ♠
Wilhelmstr. 23 a, Tel (02 28) 65 59 05,
Fax 9 63 66 29, ✉ 53225, AX DC ED VA
Hauptgericht 45/22, nur abends, geschl.: Mo, So

¶¶ Robichon   ✢
Brüdergasse 14, Tel (02 28) 9 69 17 10,
Fax 9 69 13 58, ✉ 53111
Hauptgericht 25/12-45/22, Terrasse, geschl.: So,
2 Wochen im Sommer

¶¶ La Grappa im Hotel Domicil
Thomas-Mann-Str. 24, Tel (02 28) 65 53 00,
Fax 69 66 32, ✉ 53111
Hauptgericht 30/15-35/17, Terrasse

¶¶ Bistro im Kaiser Karl
Vorgebirgsstr. 50, Tel (02 28) 69 69 67,
✉ 53119, AX DC ED VA
Hauptgericht 28/14-42/21, Terrasse, geschl.: So

¶¶ Bonner Eßzimmer
Wachsbleiche 26, neben Beethovenhalle,
Tel (02 28) 63 88 68, ✉ 53111, AX DC VA
Hauptgericht 35/17, Ⓟ, nur abends, geschl.: So,
15-30.7.01

Salvatore

Thomas-Mann-Str. 18 / Ecke Berliner Platz 23,
Tel **(02 28) 63 22 55**, Fax **69 69 47**, ✉ 53111,
AX VA
Hauptgericht 20/10-40/20

Café Bistro Fassbender

Sternstr. 55, Tel **(02 28) 72 61 11**,
Fax **7 26 11 72**, ✉ 53111
Terrasse

Appartementhotels/Boardinghäuser

Appart-Hotel Bad Godesberg

Schlehenweg 6, Tel **(02 28) 3 29 00**,
Fax **32 90 13**, ✉ 53177, AX DC ED VA
Ez: 175/88-200/100, Dz: 200/100-240/120,
23 Suiten, 23 App, ⊣ WC ⊘ DFÜ, Lift, ✻, garni
Appartements der Kategorie **✱✱**.

Acora

Westpreusenstr. 20-30, Tel **(02 28) 6 68 60**,
Fax **66 20 20**, ✉ 53119, S
181 Zi, Ez: 70/35-180/90, Dz: 90/45-205/103,
2 Suiten, 150 App, ⊣ WC ⊘ DFÜ, 35 ⊾, ✻,
Solarium, garni
Zimmer der Kategorie **✱**.

Beuel (2 km →)

✱ Zur Post

Königswinterer Str. 307, Tel **(02 28) 97 29 40**,
Fax **9 72 94 10**, ✉ 53227, ED VA
50 Zi, Ez: 150/75-160/80, Dz: 190/95-200/100,
4 App, ⊣ WC ⊘ DFÜ, P, ✻, 2↺40, Sauna,
Solarium, Restaurant
Auch Zimmer der Kategorie **✱✱** vorhanden.

Buschdorf (4,5 km ↖)

✻✻ La Castagna

Buschdorfer Str. 38, Tel **(02 28) 67 33 04**,
Fax **68 72 39**, ✉ 53117, AX DC ED VA
Hauptgericht 35/17, Terrasse, geschl.: Sa nur mittags

Godesberg, Bad (8 km ↘)

✱✱✱✱ Maritim

Godesberger Allee (A 1), Tel **(02 28) 8 10 80**,
Fax **8 10 88 11**, ✉ 53175, AX DC ED VA, S
369 Zi, Ez: 269/135-555/279,
Dz: 339/170-579/291, 41 Suiten, 2 App, ⊣ WC
⊘, 50 ⊾, Lift, P, ✻, 16↺2800, ⌂, Sauna,
Solarium

✻ Brasserie

Hauptgericht 9/4-20/10

✱✱✱ Ringhotel Rheinhotel Dreesen

Rheinstr. 45 (C 3), Tel **(02 28) 8 20 20**,
Fax **8 20 21 53**, ✉ 53179, AX DC ED VA, S
♪ ⚡, 70 Zi, Ez: 215/108-320/161,
Dz: 270/135-370/186, 2 Suiten, ⊣ WC ⊘, Lift,
P, ✻, 5↺300
Auch Zimmer der Kategorie **✱✱** vorhanden.

✻✻✻ Gobelin

⚡ ⌂, Hauptgericht 28/14-45/22, Biergarten

✱ Best Western Kaiserhof

Moltkestr. 64 (A 2), Tel **(02 28) 95 70 50**,
Fax **95 70 51 00**, ✉ 53173, AX DC ED VA, S
50 Zi, Ez: 120/60-195/98, Dz: 199/100-242/121,
⊣ WC ⊘ DFÜ, 22 ⊾, Lift, ✻, 1↺18, garni
geschl.: 20.12.00-2.1.01

✱ Ambassador

Bonner Str. 29 (A 2), Tel **(02 28) 3 89 00**,
Fax **31 33 15**, ✉ 53173, AX ED VA
34 Zi, Ez: 135/67-300/151, Dz: 180/90-360/181,
2 Suiten, 2 App, ⊣ WC ⊘, 10 ⊾, Lift, P, ✻,
1↺50, garni

✱ Insel Hotel

Theaterplatz 5-7 (A 2), Tel **(02 28) 3 50 00**,
Fax **3 50 03 33**, ✉ 53177, AX DC ED VA, S
64 Zi, Ez: 169/85-269/135,
Dz: 199/100-350/176, 1 Suite, ⊣ WC ⊘ DFÜ,
20 ⊾, Lift, P, 1↺35, Solarium, Restaurant

✱ Zum Adler

Koblenzer Str. 60 (A 2), Tel **(02 28) 36 40 71**,
Fax **36 19 33**, ✉ 53117, AX DC ED VA
39 Zi, Ez: 110/55-160/80, Dz: 130/65-190/95,
3 App, ⊣ WC ⊘, 3 ⊾, Lift, ✻, garni

✱ Akzent-Hotel Am Hohenzollernplatz

Plittersdorfer Str. 56 (A 1),
Tel **(02 28) 95 75 90**, Fax **9 57 59 29**, ✉ 53173,
AX ED VA, S
18 Zi, Ez: 142/71-190/95, Dz: 205/103-300/151,
1 Suite, 1 App, ⊣ WC ⊘, Sauna, Solarium,
Restaurant
geschl.: 20.12.00-6.1.01

✱ Haus Berlin

Rheinallee 40 (B 2), Tel **(02 28) 35 31 75**,
Fax **36 19 33**, ✉ 53173, AX DC ED VA
♪, 14 Zi, Ez: 135/67, Dz: 180/90, ⊣ WC ⊘, P,
garni

✱ Kronprinzen

Rheinallee 29 (B 2), Tel **(02 28) 93 55 20**,
Fax **9 35 52 49**, ✉ 53173, AX DC ED VA
♪, 22 Zi, Ez: 149/75-199/100,
Dz: 189/95-269/135, 2 App, ⊣ WC ⊘ DFÜ,
1 ⊾, P, ✻, garni
Rezeption: 6.30-23

Bonn

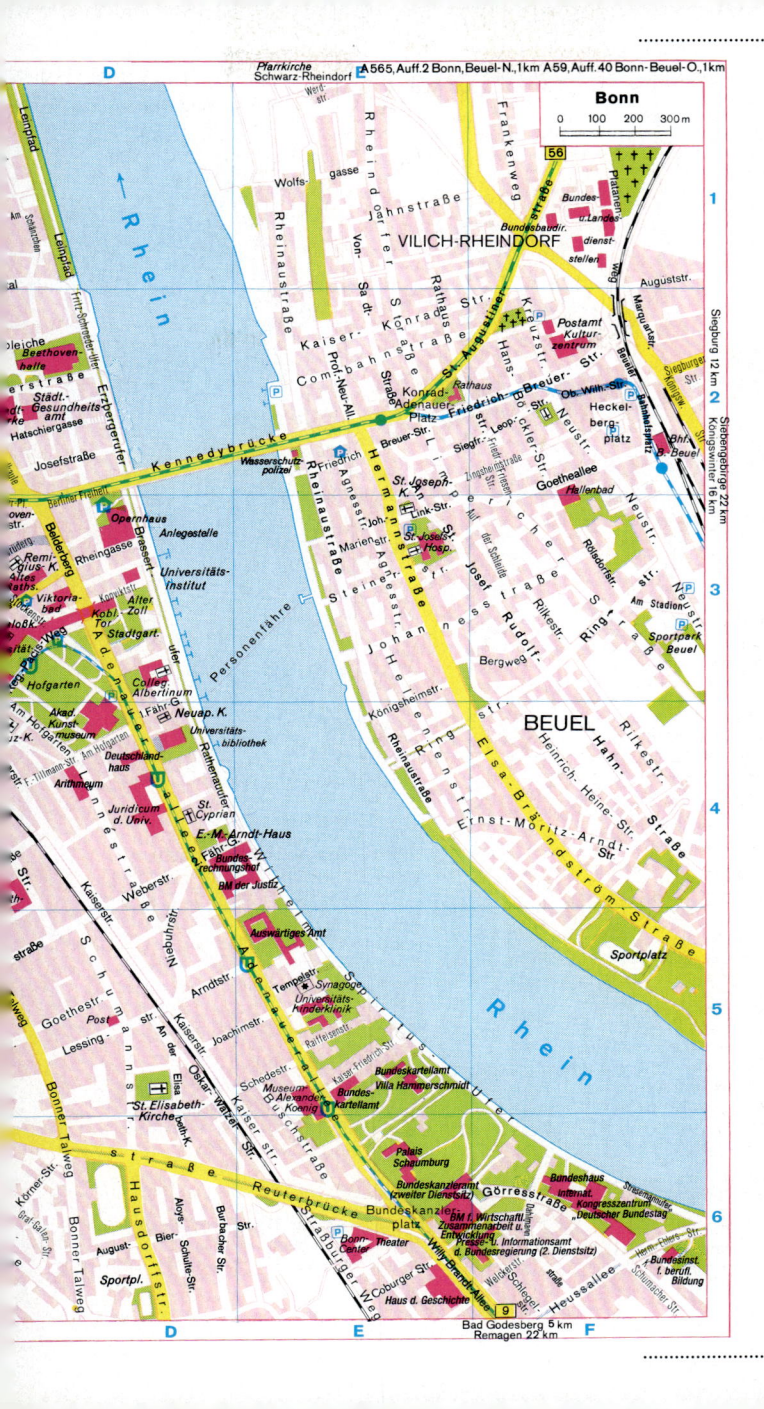

Bonn

Bonn- Bad Godesberg

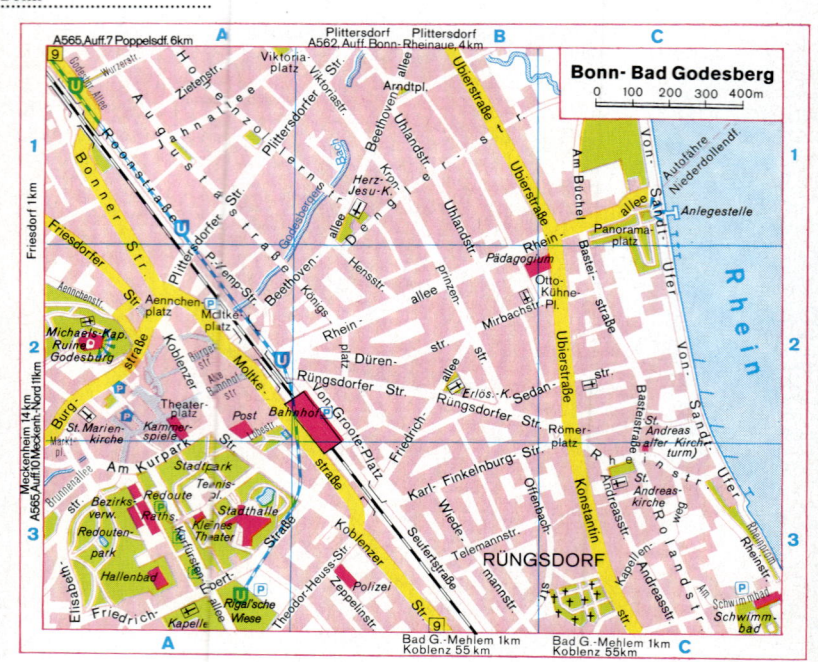

✱ Zum Löwen
Von-Groote-Platz 1, Tel **(02 28) 35 59 51**,
Fax 35 84 38, ✉ 53173, AX DC ED VA
41 Zi, Ez: 109/54-149/75, Dz: 199/100-210/105,
⌐ WC Ⓒ DFÜ, 5 ⚓, Lift
geschl.: 22.12.00-3.1.01

🍴🍴 Leonis
Hauptgericht 21/10-36/18, Terrasse,
geschl.: Mo, So

🍴🍴🍴 Halbedel's Gasthaus
Rheinallee 47, Tel **(02 28) 35 42 53**,
Fax 35 25 34, ✉ 53173, AX ED
☉, Hauptgericht 48/24, Terrasse, nur abends,
geschl.: Mo, 3 Wochen im Sommer

🍴🍴🍴 St. Michael
Brunnenallee 26, Tel **(02 28) 36 47 65**,
Fax 36 12 43, ✉ 53173, AX DC ED VA
☉, Hauptgericht 36/18-44/22, **P**, geschl.: So

Hardtberg (4 km ↙)

✱ Novotel
Max-Habermann-Str. 2, Tel **(02 28) 2 59 90**,
Fax 25 08 93, ✉ 53123, AX DC ED VA, Ⓢ
139 Zi, Ez: 124/62-247/124,
Dz: 158/79-374/188, 3 Suiten, ⌐ WC Ⓒ DFÜ,
20 ⚓, Lift, **P**, 8⌂270, ≋, Restaurant

Kessenich (3 km ↓)

✱✱✱✱ Dorint Hotel Venusberg
An der Casselsruhe 1, Tel **(02 28) 28 80**,
Fax 28 82 88, ✉ 53127, AX DC ED VA, Ⓢ
einzeln ♪ ✦, 75 Zi, Ez: 234/117-444/223,
Dz: 284/143-494/248, 10 Suiten, ⌐ WC Ⓒ DFÜ,
6 ⚓, Lift, ☎, 5⌂150, Sauna, Solarium
🍴🍴🍴 ✦, Hauptgericht 25/12-40/20

Lannesdorf (10 km ↘)

🍴🍴 Korkeiche
Lyngsbergstr. 104, Tel **(02 28) 34 78 97**,
Fax 85 68 44, ✉ 53177, ED VA
☉, Hauptgericht 33/16-38/19, Gartenlokal, nur
abends, geschl.: Mo, Apr, Okt

Poppelsdorf (1 km ↙)

✱✱ Amber Hotel President
Clemens-August-Str. 32 (B 5),
Tel **(02 28) 7 25 00**, Fax 72 50 72, ✉ 53115, AX
DC ED VA, Ⓢ

98 Zi, Ez: 129/64-359/180, Dz: 149/75-359/180,
⌐ WC ⊘, 27 ⇐, Lift, **P**, ≋, 10☼350,
Restaurant

¶ Osteria Casanova
Clemens-August-Str. 2, Tel (02 28) 65 78 46,
✉ 53115
Hauptgericht 25/12-40/20, Terrasse

Bonndorf im Schwarzwald 68 ✓

Baden-Württemberg / Kreis Waldshut
EW 6700
⋮ Tel (0 77 03) 76 07, Fax 75 07
Tourist-Informations-Zentrum
✉ 79848 Schlosstr. 1

** Schwarzwald-Hotel
Rothausstr. 7, Tel (0 77 03) 4 21, Fax 4 42,
✉ 79848, AX DC ED VA
80 Zi, Ez: 80/40-110/55, Dz: 150/75-250/125, ⌐
WC ⊘, Lift, **P**, ≋, 4☼100, ≋, Sauna, Solarium
Rezeption: 6.45-23
¶¶ Hauptgericht 18/9-40/20, Terrasse,
geschl.: Mo, Di mittags, 15.11.-15.12.00

Holzschlag (8 km ↖)

* Schwarzwaldhof Nicklas
Bonndorfer Str. 66, Tel (0 76 53) 8 03,
Fax 8 04, ✉ 79848, AX DC
☾ ⚜, 12 Zi, Ez: 57/28-65/32, Dz: 108/54-130/65,
⌐ WC ⊘, **P**, Restaurant

Sommerau (8 km ←)

* Gasthof Sommerau
Tel (0 77 03) 6 70, Fax 15 41, ✉ 79848, VA
einzeln ☾ ⚜, 12 Zi, Ez: 65/32-75/37,
Dz: 110/55-130/65, ⌐ WC ⊘, 12 ⇐, Lift, **P**,
1☼22, Sauna
geschl.: Mo, Di, 30.10.-17.11.00, 8-17.1.01
Gasthof in reiner Holzbauweise.
¶ Hauptgericht 30/15-45/22   ✚
geschl.: Mo, Di, 30.10.-17.11.00, 8-17.1.01

Bopfingen 63 ←

Baden-Württemberg / Ostalbkreis
EW 12600
⋮ Tel (0 73 62) 80 10, Fax 8 01 50
Stadtverwaltung
✉ 73441 Marktplatz 1

¶¶ Zum Sonnenwirt
Hauptstr. 20, Tel (0 73 62) 9 60 60,
Fax 96 06 40, ✉ 73441, ED VA
Hauptgericht 20/10-30/15, Biergarten, **P**, ⇀

☕ Café Dietz
Hauptstr. 63, Tel (0 73 62) 80 70, Fax 8 07 70,
✉ 73441, AX DC ED VA
⇀, 7.30-19

Boppard 43 ↘

Rheinland-Pfalz
Rhein-Hunsrück-Kreis
EW 16500
⋮ Tel (0 67 42) 38 88, Fax 8 14 02
Tourist-Information
✉ 56154 Marktplatz (Altes Rathaus)

*** Best Western Bellevue-Rheinhotel
Rheinallee 41, Tel (0 67 42) 10 20,
Fax 10 26 02, ✉ 56154, AX DC ED VA, Ⓢ
⚜, 95 Zi, Ez: 126/63-176/88,
Dz: 152/76-262/131, 1 Suite, 1 App, ⌐ WC ⊘,
6 ⇐, Lift, **P**, ≋, 8☼200, ≋, Fitnessraum,
Sauna, Solarium

¶¶ Pfeffermühle
Hauptgericht 28/14-45/22, Terrasse

* Günther
Rheinallee 40, Tel (0 67 42) 8 90 90,
Fax 89 09 50, ✉ 56154, AX DC ED VA
⚜, 19 Zi, Ez: 59/29-128/64, Dz: 90/45-168/84,
1 App, ⌐ WC ⊘, Lift, garni
geschl.: 1.12.00-8.1.01
Auch Zimmer der Kategorie ** vorhanden.

Boppard-Außerhalb (12 km ↑)

*** Jakobsberg
Tel (0 67 42) 80 80, Fax 30 69, ✉ 56154, AX DC ED VA
einzeln ☾, 102 Zi, Ez: 185/93-199/100,
Dz: 265/133-289/145, 6 Suiten, 2 App, ⌐ WC ⊘
DFÜ, 27 ⇐, Lift, **P**, ≋, 7☼250, ≋,
Fitnessraum, Kegeln, Sauna, Solarium, Golf,
4 Tennis, Restaurant
Auch Zimmer der Kategorie ** vorhanden.

Buchholz (6 km ←)

* Tannenheim
Bahnhof Buchholz 3, Tel (0 67 42) 22 81,
Fax 24 32, ✉ 56154, AX ED VA
14 Zi, Ez: 60/30-70/35, Dz: 100/50-125/62,
P, ≋
¶ Hauptgericht 26/13, Biergarten,
geschl.: Do, 22.12.00-20.1.01

Hirzenach

¶¶ Gasthaus Hirsch
Rheinstr. 17, Tel (0 67 41) 26 01, Fax 13 28,
✉ 56154, AX DC ED VA

Hauptgericht 30/15-39/19, 🅿, 🛏, nur abends,
So auch mittags, geschl.: Mo, 15-25.11.00

Borchen 35 ↖

Nordrhein-Westfalen
Kreis Paderborn
EW 1800
🅸 Tel (0 52 51) 3 88 80, Fax 38 88 49
Gemeindeverwaltung Borchen
✉ 33178 Unter der Burg 1

Nordborchen

✽ Pfeffermühle
Paderborner Str. 66, Tel (0 52 51) 3 94 97,
Fax 39 91 30, ✉ 33173, AX DC ED VA
41 Zi, Ez: 95/47-130/65, Dz: 120/60-160/80,
4 App, ⇁ WC ⌀, 10 🛌, Lift, 🅿, 🛎, 3⇌80,
Solarium
geschl.: 20.12.00-7.1.01
Auch Zimmer der Kategorie ✽✽ vorhanden.
🍴 Hauptgericht 17/8, geschl.: So,
20.12.00-7.1.01

✽ Haus Amedieck
Paderborner Str. 7, Tel (0 52 51) 13 00,
Fax 13 01 00, ✉ 33178, AX DC ED VA
46 Zi, Ez: 95/47-100/50, Dz: 135/67-145/73,
1 App, ⇁ WC ⌀, 🅿, 🛎, Restaurant
geschl.: So, 22.12.00-7.1.01

Bordelum 9 ↖

Schleswig-Holstein
Kreis Nordfriesland
EW 1767
🅸 Tel (0 46 71) 13 44
Gemeindeverwaltung
✉ 25852 Dörpshuus

Sterdebüll

**✽ Akzent-Hotel
Landhaus Sterdebüll**
Dorfstr. 90, Tel (0 45 71) 9 11 00, Fax 91 10 99,
✉ 25852, AX DC ED VA
34 Zi, Ez: 98/49, Dz: 150/75, 1 App, ⇁ WC ⌀,
3 🛌, 🅿, 3⇌250, Sauna, Solarium, Restaurant

Borgholzhausen 24 ↘

Nordrhein-Westfalen
Kreis Gütersloh
EW 8680
🅸 Tel (0 54 25) 80 70, Fax 8 07 98
Verkehrsverein
✉ 33829 Masch 2

Winkelshütten (3 km ↗)

✽✽ Landhaus Uffmann
Meller Str. 27, Tel (0 54 25) 9 48 90, Fax 2 55,
✉ 33829, AX DC ED VA
34 Zi, Ez: 115/57, Dz: 165/83, ⇁ WC ⌀, 🅿,
5⇌120, Kegeln, Sauna, 4 Tennis
Auch Zimmer der Kategorie ✽ vorhanden.
🍴🍴 Hauptgericht 32/16, Terrasse,
Biergarten

Borghorst siehe Steinfurt

Borken 35 ↘

Hessen / Schwalm-Eder-Kreis
EW 15000
🅸 Tel (0 56 82) 80 11 60, Fax 80 11 65
Tourist info
✉ 34582 Bahnhofstr. 33

✽ Hotel am Stadtpark-Bürgerhaus
Bahnhofstr. 33, Tel (0 56 82) 80 10,
Fax 80 11 50, ✉ 34582, AX ED VA
42 Zi, Ez: 85/42, Dz: 130/65, ⇁ WC ⌀, Lift, 🅿,
Kegeln, Restaurant

Borken 33 ↖

Nordrhein-Westfalen
EW 40000
🅸 Tel (0 28 61) 93 92 52, Fax 6 67 92
Verkehrsamt
✉ 46325 Bahnhofstr. 22, Im Bahnhof

✽ Lindenhof
Raesfelder Str. 2, Tel (0 28 61) 92 50,
Fax 6 34 30, ✉ 46325, AX DC ED VA
57 Zi, Ez: 115/57-130/65, Dz: 170/85-190/95,
2 Suiten, ⇁ WC ⌀, Lift, 🅿, 🛎, 6⇌150, Kegeln,
Restaurant

Gemen (2 km ↑)

✽ Demming
Neustr. 15, Tel (0 28 61) 6 20 99, Fax 6 62 42,
✉ 46325, ED VA
16 Zi, Ez: 75/37-85/42, Dz: 140/70, ⇁ WC ⌀,
1 🛌, 🅿, 2⇌150, Kegeln, Restaurant

Rhedebrügge (4,5 km ←)

🍴 Landhaus Grüneklee
Rhedebrügger Str. 16, Tel (0 28 72) 18 18,
Fax 27 16, ✉ 46325, AX ED VA
Hauptgericht 24/12-39/19, Biergarten, 🅿, 15-
24, so+feiertags auch mittags, geschl.: Mo, Di
🛏 5 Zi, Ez: 60/30, Dz: 110/55, ⇁ WC ⌀, 🛎

Born a. Darß

Weseke (6 km ↑)

🍽 Landhaus Lindenbusch
Hauptstr. 29, Tel **(0 28 62) 91 20**, Fax 4 11 55,
✉ 46325, AX ED VA
Hauptgericht 23/11-35/17, Terrasse,
Gartenlokal, Kegeln, **P**, nur abends
🛏 9 Zi, Ez: 68/34, Dz: 98/49-108/54, ⊐ WC
⊘ DFÜ, 2 ⊾, ⌂

Borkheide 29 ✓

Brandenburg
Kreis Potsdam-Mittelmark
EW 1077
ℹ Tel **(03 38 44) 6 20**, Fax 6 21 19
Amt Brück
✉ 14822 Ernst-Thälmann-Str 59

✱ Fliegerheim
Friedrich-Engels-Str. 9, Tel **(03 38 45) 6 04 00**,
Fax 6 04 27, ✉ 14822, ED VA
22 Zi, Ez: 75/37-95/47, Dz: 120/60-140/70, ⊐
WC ⊘, **P**, 2⇌120, Restaurant

Borkum 15 ↖

Niedersachsen / Kreis Leer
EW 5800
ℹ Tel **(0 49 22) 93 30**, Fax 93 31 19
Tourist-Information
✉ 26757 Am Georg-Schütte-Platz 5

✱✱ Inselhotel Vier Jahreszeiten
Georg-Schütte-Platz 4, Tel **(0 49 22) 92 00**,
Fax 92 04 20, ✉ 26757, AX DC ED VA
65 Zi, Ez: 125/62-220/110, Dz: 120/60-155/78,
9 Suiten, 1 App, ⊐ WC ⊘, 20 ⊾, Lift, **P**,
1⇌45, ☕, Fitnessraum, Sauna, Solarium
Auch Zimmer der Kategorie ✱ vorhanden.

🍽🍽 Klabautermann
Hauptgericht 18/9-32/16, Terrasse

✱✱ Strandhotel Vier Jahreszeiten
Bismarckstr. 40, Tel **(0 49 22) 92 20**, Fax 41 89,
✉ 26757
♪ ♣, 58 Zi, Ez: 125/62-225/113,
Dz: 240/120-350/176, 1 Suite, ⊐ WC ⊘, Lift,
2⇌100, ⌂, Sauna, Solarium, Restaurant

✱✱ Ringhotel Nordsee-Hotel
Bubertstr. 9, Tel **(0 49 22) 30 80**, Fax 30 81 13,
✉ 26757, AX DC ED VA, Ⓢ
♪ ♣, 89 Zi, Ez: 90/45-260/130,
Dz: 165/83-360/181, 7 Suiten, ⊐ WC ⊘, Lift, **P**,
1⇌40, ⌂, Seezugang, Sauna, Solarium,
8 Tennis
geschl.: 26.11.-26.12.00
Auch Zimmer der Kategorie ✱ vorhanden.

🍽 Burchana
♣, Hauptgericht 30/15-50/25,
geschl.: 26.11.-26.12.00, Jan

✱✱ Seehotel Upstalsboom
Viktoriastr. 2, Tel **(0 49 22) 91 50**, Fax 71 73,
✉ 26757, AX DC ED VA
39 Zi, Ez: 98/49-165/83, Dz: 170/85-260/130,
⊐ WC ⊘ DFÜ, 18 ⊾, Lift, Restaurant
geschl.: 15.11.00-15.2.01

✱✱ Nautic-Hotel Upstalsboom
Goethestr. 18, Tel **(0 49 22) 30 40**,
Fax 30 49 11, ✉ 26757, ED VA
63 Zi, Ez: 100/50-200/100, Dz: 160/80-280/141,
10 Suiten, ⊐ WC ⊘ DFÜ, 18 ⊾, Lift, **P**, Sauna,
Solarium, Kinderbetreuung, Restaurant
Auch Zimmer der Kategorie ✱ vorhanden.

✱ Villa Weststrand
Bismarckstr. 38, Tel **(0 49 22) 9 39 70**,
Fax 93 97 15, ✉ 26757, ED VA
19 Zi, Ez: 85/42-125/62, Dz: 110/55-210/105, ⊐
WC ⊘, 7 ⊾, Lift, Restaurant
Rezeption: 8-18
Auch einfachere Zimmer vorhanden.

✱ Am Leuchtturm mit Villa Janine
Strandstr. 36, Tel **(0 49 22) 9 30 10**, ✉ 26757
36 Zi, Ez: 90/45, Dz: 170/85, ⊐ WC ⊘
Rezeption: Mitte Nov-Mitte Dez, Jan-Mitte Mär

✱ Haus am Park
Bahnhofstr. 5, Tel **(0 49 22) 9 30 60**, ✉ 26757,
ED
12 Zi, Ez: 95/47-120/60, Dz: 210/105, 2 Suiten,
⊐ WC ⊘, 6 ⊾, **P**, ⌂, Fitnessraum, Sauna,
Solarium

🍽 Fischerkate
Hindenburgstr. 99, Tel **(0 49 22) 38 44**,
Fax 91 02 44, ✉ 26757, AX DC ED VA
Hauptgericht 20/10-45/22, Terrasse, **P**,
geschl.: 15.11.-20.12.00, 10.1.-28.2.01

Born a. Darß 13 ←

Mecklenburg-Vorpommern
Kreis Nordvorpommern
EW 1228
ℹ Tel **(03 82 34) 5 04 21**, Fax 5 04 24
Kur- und Tourist GmbH Darß
✉ 18375 Chausseestr. 75

🍽 Gasthaus Zum weißen Hirsch
Chausseestr. 28, Tel **(03 82 34) 4 35**, Fax 4 35,
✉ 18375
Hauptgericht 30/15, **P**, 🛏

Borna 39

Sachsen / Kreis Leipziger Land
EW 21700
🛈 Tel (0 34 33) 87 30
Stadtverwaltung
✉ 04552 Markt 1

✱ Drei Rosen
Bahnhofstr. 67, Tel (0 34 33) 20 44 94,
Fax 20 44 98, ✉ 04552, AX DC ED VA
17 Zi, Ez: 85/42-115/57, Dz: 130/65, 2 Suiten,
⊐ WC ⊘, P, 2⇔18, Sauna, Restaurant

Bornheim 43

Nordrhein-Westfalen
Rhein-Sieg-Kreis
EW 44090
🛈 Tel (0 22 22) 94 50, Fax 94 51 26
Stadtverwaltung
✉ 53332 Rathausstr. 2

✱ Bonnem-Inn
Kalkstr. 4, Tel (0 22 22) 9 40 50, Fax 94 05 29,
✉ 53332, ED VA
17 Zi, Ez: 90/45-130/65, Dz: 120/60-160/80,
2 App, ⊐ WC ⊘ DFÜ, P, garni

Walberberg (7 km)

✱ Landhaus Wieler
Hauptstr. 94-96, Tel (0 22 27) 25 21,
Fax 75 16, ✉ 53332
28 Zi, Ez: 100/50-180/90, Dz: 120/60-220/110,
⊐ WC ⊘, Lift, 1⇔400, Restaurant

Waldorf (3 km)

✱ Zum Dorfbrunnen
Schmiedegasse 36, Tel (0 22 27) 8 80,
Fax 8 82 22, ✉ 53332, AX ED VA
32 Zi, Ez: 95/47-130/65, Dz: 125/62-160/80, ⊐
WC ⊘, Lift, P, 2⇔100, Kegeln, Restaurant

Bosau 11

Schleswig-Holstein
Kreis Ostholstein
EW 750
🛈 Tel (0 45 27) 9 70 44, Fax 9 70 45
Kurverwaltung
✉ 23715 Bischof-Vicelin-Damm 11

✱✱ Strauers Hotel am See
Gerold Damm 2, Tel (0 45 27) 99 40,
Fax 99 41 11, ✉ 23715
♪ ⛋, 35 Zi, Ez: 140/70-160/80,
Dz: 180/90-240/120, 4 Suiten, ⊐ WC ⊘, 2⛱,
P, ⌂, 3⇔50, ⌂, Seezugang, Sauna, Solarium,
Golf, 3 Tennis
geschl.: 2.1.-28.2.01

🍴🍴 Seerestaurant
⛋, Hauptgericht 30/15-42/21, Terrasse,
geschl.: Mo, 2.1.-28.2.01

Bothel 17

Niedersachsen / Kreis Rotenburg
EW 1850
🛈 Tel (0 42 66) 2 88
Gemeindeverwaltung
✉ 27386 Holderweg 19

🍴🍴 Botheler Landhaus
Hemsbünder Str. 13, Tel (0 42 66) 15 17,
Fax 15 17, ✉ 27386, AX DC ED VA
⌂, Hauptgericht 35/17-54/27, Terrasse,
Gartenlokal, P, nur abends, geschl.: Mo, So
Beachtenswerte Küche.

Bottrop 33

Nordrhein-Westfalen
EW 118100
🛈 Tel (0 20 41) 26 54 64, Fax 26 54 67
Stadtinfobüro
✉ 46236 Gladbecker Str

✱✱ Courtyard by Marriott
Passtr. 6, Tel (0 20 41) 16 80, Fax 26 26 99,
✉ 46236, AX DC ED VA, S
100 Zi, Ez: 149/75-385/193,
Dz: 172/86-500/251, 2 Suiten, ⊐ WC ⊘, 26 ⛱,

Lift, **P**, 🍴, 4⟳140, Fitnessraum, Sauna, Solarium
🍽 Hauptgericht 15/7-35/17

✱ Brauhaus-Hotel
Gladbecker Str. 78, **Tel (0 20 41) 2 48 90**, Fax 2 48 93, ✉ 46236, AX ED VA
26 Zi, Ez: 110/55-130/65, Dz: 160/80, ⟶ WC ☏ DFÜ, **P**, Restaurant
geschl.: 22.12.00-8.1.01

Kirchhellen

🍽 Petit Marché
Hauptstr. 6, **Tel (0 20 45) 32 31**, Fax 32 31, ✉ 46244, AX ED
Hauptgericht 35/17, **P**, nur abends, geschl.: So

Bovenden 36 □

Niedersachsen / Kreis Göttingen
EW 13500
ℹ Tel (05 51) 8 20 11 14, Fax 8 20 12 88
Gemeindeverwaltung
✉ 37120 Rathausplatz 1

Rodetal (7 km ↗)

🍽 Rodetal
Haus Nr 1, an der B 446, **Tel (0 55 94) 9 52 20**, Fax 95 22 20, ✉ 37120, AX ED VA
Hauptgericht 25/12-36/18, **P**, 🛏

Brachttal 45 ↓

Hessen / Main-Kinzig-Kreis
EW 4900
ℹ Tel (0 60 53) 61 21 34, Fax 61 21 20
Gemeindeverwaltung
✉ 63636 Wächtersbacher Str. 48

Udenhain (4 km →)

✱ Zum Bäcker
Hauptstr. 1, **Tel (0 60 54) 55 58**, Fax 60 21, ✉ 63636
25 Zi, Ez: 65/32, Dz: 110/55, 2 Suiten, 1 App, ⟶ WC ☏ DFÜ, **P**, 🍴, 1⟳30, Kegeln, Sauna, Solarium, Restaurant
geschl.: 2 Wochen im Sommer

Brackenheim 61 ↗

Baden-Württemberg
Kreis Heilbronn
EW 14280
ℹ Tel (0 71 35) 10 51 21, Fax 10 51 88
Rathaus / Hauptamt
✉ 74336 Marktplatz 1

✱ City Hotel Zabergäu
Georg-Kohl-Str. 43, **Tel (0 71 35) 9 52 00**, Fax 9 52 01 53, ✉ 74336, AX DC ED VA
47 Zi, Ez: 72/36-104/52, Dz: 124/62, ⟶ WC ☏, 30 ⚐, Lift, **P**, 2⟳40, Restaurant

Botenheim (1 km ↓)

✱✱ Adler
Hindenburgstr. 4, **Tel (0 71 35) 9 81 10**, Fax 98 11 20, ✉ 74336, ED VA
15 Zi, Ez: 78/39-98/49, Dz: 145/73-160/80, ⟶ WC ☏, **P**
🍽🍽 Hauptgericht 34/17

Bräunsdorf 50 ↗

Sachsen / Kreis Freiberg
EW 820
ℹ Tel (03 73 21) 2 63, Fax 2 63
Gemeindeverwaltung
✉ 09603 Romanus-Teller-Str. 65

✱ Landhaus Striegistal
An der Striegis 141, **Tel (03 73 21) 88 10**, Fax 8 81 50, ✉ 09603
15 Zi, Ez: 79/39-99/49, Dz: 138/69, 4 Suiten, ⟶ WC ☏, **P**, 1⟳40, Restaurant

Brake (Unterweser) 16 →

Niedersachsen / Kreis Wesermarsch
EW 16731
ℹ Tel (0 44 01) 1 94 33, Fax 1 94 33
Tourist-Information
✉ 26919 Breite Str. 9

✱ Wilkens Hotel/Haus Linne
Mitteldeichstr. 51, **Tel (0 44 01) 53 57**, Fax 48 28, ✉ 26919
⚓, 12 Zi, Ez: 95/47, Dz: 140/70, ⟶ WC ☏, **P**
🍽 Hauptgericht 20/10-42/21, geschl.: Sa mittags

✱ Landhaus Groth
Am Stadion 4, **Tel (0 44 01) 50 11**, Fax 50 11, ✉ 26919, AX DC ED VA
13 Zi, Ez: 84/42-120/60, Dz: 110/55-140/70, ⟶ WC ☏, **P**, 1⟳120, Restaurant
geschl.: Mo
Auch einfachere Zimmer vorhanden.

Brakel 35 □

Nordrhein-Westfalen / Kreis Höxter
EW 18700
i Tel (0 52 72) 36 02 69, Fax 35 53 56
Tourist-Information
✉ 33034 Am Markt 5

✱ Kur- und Tagungshotel Am Kaiserbrunnen
Brunnenallee 79, Tel (0 52 72) 60 50,
Fax 60 51 11, ✉ 33034, AX DC ED VA
♪, 66 Zi, Ez: 120/60, Dz: 185/93, ⌐ WC ☾, Lift,
P, 12⇔150, Sauna, Solarium
🍴🍴 Hauptgericht 25/12-40/20

Bramsche 24 □

Niedersachsen / Kreis Osnabrück
EW 32000
i Tel (0 54 61) 9 35 50, Fax 93 55 11
Stadtmarketing Bramsche GmbH
✉ 49565 Gilkamp 10

✱✱ Idingshof
Bührener Esch 1, Tel (0 54 61) 88 90,
Fax 8 89 64, ✉ 49565, AX DC ED VA
♪, 72 Zi, Ez: 135/67-140/70,
Dz: 200/100-210/105, ⌐ WC ☾, 17 ♨, Lift, P,
5⇔60, Kegeln, Sauna, Solarium, Golf, 3 Tennis,
Restaurant

Hesepe (3 km ↑)

✱✱ Akzent-Hotel Haus Surendorff
Dinklingsweg 1, Tel (0 54 61) 9 30 20,
Fax 93 02 28, ✉ 49565, AX DC ED VA
31 Zi, Ez: 98/49-125/62, Dz: 145/73-165/83, ⌐
WC ☾, 2 ♨, P, 🐾, 2⇔80, ⌂, Sauna
🍴🍴 Hauptgericht 22/11-42/21, Terrasse

Malgarten (7 km ↗)

🍴🍴 Landhaus Hellmich
Sögelner Allee 45, Tel (0 54 61) 38 41,
Fax 6 40 25, ✉ 49565, DC ED VA
Hauptgericht 35/17, P, 🛏, geschl.: Mo, Di
mittags

Bramstedt, Bad 10 ↓

Schleswig-Holstein
Kreis Segeberg
EW 12150
i Tel (0 41 92) 5 06 27, Fax 5 06 80
Tourismusbüro
✉ 24576 Bleeck 17-19

✱✱✱ Gutsmann
Birkenweg 14, Tel (0 41 92) 50 80,
Fax 50 81 59, ✉ 24576, AX DC ED VA, S
♪, 137 Zi, Ez: 180/90-230/115,
Dz: 210/105-230/115, 4 Suiten, ⌐ WC ☾, 75 ♨,
Lift, P, 11⇔200, ⌂, Kegeln, Sauna, Solarium
🍴🍴 Schleswig-Holstein-Stube
Hauptgericht 29/14, Terrasse

✱✱ Treff Hotel Köhlerhof
Am Köhlerhof 4, Tel (0 41 92) 50 50,
Fax 50 56 38, ✉ 24576, AX DC ED VA, S
♪, 134 Zi, Ez: 165/83, Dz: 215/108, ⌐ WC ☾,
Lift, P, 14⇔800, ⌂, Fitnessraum, Kegeln,
Bowling, Sauna, Solarium, Restaurant

✱✱ Zur Post
Bleeck 29, Tel (0 41 92) 5 00 60, Fax 50 06 80,
✉ 24576, AX DC ED VA, S
33 Zi, Ez: 110/55-140/70, Dz: 165/83-200/100,
⌐ WC ☾, 6 ♨, Lift, P, 🐾, 9⇔100
🍴🍴 Hauptgericht 35/17, Terrasse

✱ Freese
Maienbeeck 23, Tel (0 41 92) 15 42,
Fax 8 58 17, ✉ 24576, ED
14 Zi, Ez: 68/34, Dz: 98/49, ⌐ WC ☾, P, 🐾,
Restaurant
geschl.: 1.-15.1.01, 7.-28.7.01

Brand-Erbisdorf 50 ↗

Sachsen / Kreis Freiberg
EW 10000
i Tel (03 73 22) 5 00 11, Fax 5 00 03
Info-Stelle Silbernes Erzgebirge
✉ 09618 Freiberger Str. 8

✱✱ Strupix
Großhartmannsdorfer Str. 6,
Tel (03 73 22) 87 00, Fax 8 70 20, ✉ 09618,
AX ED VA
16 Zi, Ez: 89/44-105/52, Dz: 130/65-140/70, ⌐
WC ☾, 5 ♨, Lift, P, 1⇔20, Restaurant

✱ Brander Hof
Am Markt 4, Tel (03 73 22) 5 50, Fax 5 51 00,
✉ 09618, AX DC ED VA
37 Zi, Ez: 85/42-115/57, Dz: 130/65-150/75,
1 Suite, ⌐ WC ☾, 10 ♨, Lift, P, 🐾, 2⇔80,
Restaurant

Brandenburg 29 ←

Brandenburg
EW 80000
i Tel (0 33 81) 1 94 33, Fax 22 37 43
Brandenburg-Information
✉ 14776 Hauptstr. 51

✱✱ Sorat
Altstädtischer Markt 1, Tel (0 33 81) 59 70,
Fax 59 74 44, ✉ 14770, AX DC ED VA, S

86 Zi, Ez: 180/90-230/115,
Dz: 210/105-260/130, 2 App, ⌐ WC ⌀ DFÜ,
31 ⇔, Lift, 🐾, 4⇔70, Fitnessraum, Sauna,
Restaurant

✱ Am St.Gotthard
Mühlentorstr. 56, Tel (0 33 81) 5 29 00,
Fax 52 90 30, ✉ 14770, ED
11 Zi, Ez: 70/35-110/55, Dz: 120/60-150/75, ⌐
WC ⌀, 5 ⇔, P, 🐾, Restaurant

Brandenburg-Außerhalb (5 km)

✱✱ Axxon
Magdeburger Landstr. 228, Tel (0 33 81) 32 10,
Fax 32 11 11, ✉ 14770, AX DC VA
84 Zi, Ez: 123/61-133/66, Dz: 156/78-166/83,
6 Suiten, 4 App, ⌐ WC ⌀, 59 ⇔, Lift, P,
5⇔150, Fitnessraum, Sauna, Solarium,
Restaurant

Brandis 39 ✓

Sachsen / Kreis Wurzen
EW 9900
🛈 Tel (03 42 92) 65 50, Fax 6 55 28
Stadtverwaltung
✉ 04821 Markt 3

✱ Parkhotel
Bahnhofstr. 22-24, Tel (03 42 92) 8 80,
Fax 8 82 99, ✉ 04821, AX ED VA
60 Zi, Ez: 80/40-105/52, Dz: 99/49-145/73,
3 App, ⌐ WC ⌀, 25 ⇔, Lift, P, 2⇔40,
Restaurant

Brannenburg 72 ↘

Bayern / Kreis Rosenheim
EW 5200
🛈 Tel (0 80 34) 45 15, Fax 95 81
Verkehrsamt
✉ 83098 Rosenheimer Str. 5

Luftkurort im Inntal; Sehenswert: Wendelstein,
1838 m Aussicht (Zahnradbahn bis 1724 m +
25 Min.).

✱ Zum Schloßwirt
Kirchplatz 1, Tel (0 80 34) 23 65, Fax 71 87,
✉ 83098, ED VA
16 Zi, Ez: 62/31-90/45, Dz: 105/52-125/62,
1 Suite, ⌐ WC ⌀, P, 🐾, Restaurant
geschl.: 15.11.-7.12.00

Braubach 43 ↘

Rheinland-Pfalz / Rhein-Lahn-Kreis
EW 3500
🛈 Tel (0 26 27) 97 60 01, Fax 97 60 05
Verkehrsamt
✉ 56338 Rathausstr. 8

🍴 Zum Weißen Schwanen
Brunnenstr. 4, Tel (0 26 27) 98 20, Fax 88 02,
✉ 56338, AX ED VA
☺, Hauptgericht 30/15, Gartenlokal, P, ab 15,
So auch mittags, geschl.: Mi, Jul, Aug
Urkundlich erstmals 1693 erwähnt.
✱ ♪ ☺, 16 Zi, Ez: 80/40-110/55,
Dz: 120/60-175/88, 1 Suite, ⌐ WC ⌀, 2⇔50
Im Kelterhaus Zimmer der Kategorie ✱ und in
Alte Stadtmühle Zimmer der Kategorie ✱✱
vorhanden. Viele Antiquitäten. Kleines
Bauernmuseum.

Brauneberg 52 ↗

Rheinland-Pfalz
Kreis Bernkastel-Wittlich
EW 1200
🛈 Tel (0 65 34) 93 33 33, Fax 93 33 34
Touristik- und Gemeindebüro
✉ 54472 Moselweinstr. 101

✱ Brauneberger Hof ♛
Landidyll
Hauptstr. 66, Tel (0 65 34) 14 00, Fax 14 01,
✉ 54472, ED VA
♪, 19 Zi, Ez: 80/40-125/62, Dz: 110/55-155/78,
1 App, ⌐ WC ⌀, P, 1⇔12, Restaurant
geschl.: Do, 10.1.-15.2.01
Eigenes Riesling-Weingut.

Braunfels 44 □

Hessen / Lahn-Dill-Kreis
EW 11400
🛈 Tel (0 64 42) 9 34 40, Fax 93 44 22
Braunfelser Kur GmbH
✉ 35619 Fürst-Ferdinand-Str 4

✱✱ Altes Amtsgericht ♛
Gerichtsstr. 2, Tel (0 64 42) 9 34 80,
Fax 93 48 11, ✉ 35619, AX ED VA
21 Zi, Ez: 140/70-160/80, Dz: 220/110, 1 Suite,
⌐ WC, 6 ⇔, Lift, P, 2⇔140, Sauna, Solarium,
Golf
geschl.: 1.-30.1.01

Braunfels

¶¶ Bergmann's Restaurant & Bar
Hauptgericht 36/18-46/23, nur abends,
geschl.: So, 1.-30.1.01
Beachtenswerte Küche.

❋ Schloß-Hotel
Hubertusstr. 2, Tel (0 64 42) 30 50,
Fax 30 52 22, ✉ 35619, AX ED VA
35 Zi, Ez: 100/50-140/70, Dz: 148/74-195/98,
⊿ WC ✆, P, 2⟲35, Restaurant
geschl.: Mitte Dez-Mitte Jan

❋ Parkhotel Himmelreich
Am Kurpark 7, Tel (0 64 42) 9 34 00,
Fax 93 40 99, ✉ 35619, AX DC ED VA
23 Zi, Ez: 102/51, Dz: 150/75, ⊿ WC ✆, Lift, P,
1⟲25, Sauna, Solarium, Restaurant

Braunlage 37 ↖

Niedersachsen / Kreis Goslar
EW 5000
🛈 Tel (0 55 20) 9 30 70, Fax 93 07 20
Kurverwaltung
✉ 38700 Elbingeröder Str. 17

❋❋ Romantik Hotel Zur Tanne
Herzog-Wilhelm-Str. 8, Tel (0 55 20) 9 31 20,
Fax 39 92, ✉ 38700, AX DC ED VA
19 Zi, Ez: 105/52-250/125, Dz: 150/75-290/146,
3 Suiten, ⊿ WC ✆, 8 ⚭, P, ☎, 1⟲30, Sauna,
Solarium, Golf
Auch Zimmer der Kategorie ❋ vorhanden.
¶¶ Hauptgericht 17/8-56/28, Terrasse

❋❋ Relexa Hotel Harz-Wald
Karl-Röhrig-Str. 5 a, Tel (0 55 20) 80 70,
Fax 80 74 44, ✉ 38700, AX DC ED VA
120 Zi, Ez: 135/67-190/95, Dz: 195/98-265/133,
⊿ WC ✆, 20 ⚭, Lift, P, ☎, 14⟲250,
Restaurant

❋ Landhaus Foresta
Am Jermerstein 1, Tel (0 55 20) 9 32 20,
Fax 93 22 13, ✉ 38700
♪, 22 Zi, Ez: 80/40-120/60, Dz: 130/65-180/90,
3 Suiten, 3 App, ⊿ WC ✆, ☎, Fitnessraum,
Sauna, Solarium, Restaurant

❋ Hasselhof
Schützenstr. 6, Tel (0 55 20) 30 41, Fax 14 42,
✉ 38700, AX DC ED VA
♪, 20 Zi, Ez: 88/44-110/55, Dz: 152/76-172/86,
⊿ WC ✆, 4 ⚭, P, ☎, Solarium, garni
Auch einfachere Zimmer vorhanden.

Hohegeiß (11 km ↘)

❋ Vitalhotel Sonneneck
Hindenburgstr. 24, Tel (0 55 83) 9 48 00,
Fax 93 90 33, ✉ 38700
₰, 18 Zi, Ez: 69/34-100/50, Dz: 120/60-160/80,
2 Suiten, ⊿ WC ✆ DFÜ, 15 ⚭, P, ☎, 2⟲35,
☎, Sauna, Solarium, Restaurant
Auch Zimmer der Kategorie ❋❋ vorhanden.

¶ Landhaus Bei Wolfgang
Hindenburgstr. 6, Tel (0 55 83) 8 88, Fax 13 54,
✉ 38700, AX DC ED VA
Hauptgericht 30/15, P, geschl.: Do,
6.11.-22.12.00

Braunsbach 62 ↑

Baden-Württemberg
Kreis Schwäbisch Hall
EW 2600
🛈 Tel (0 79 06) 5 14, Fax 14 02
Verkehrsamt
✉ 74542 Geislinger Str. 11

Döttingen (3 km ↖)

❋❋ Schloß Döttingen
Tel (0 79 06) 10 10, Fax 1 01 10, ✉ 74542, ED
♪, 88 Zi, Ez: 75/37-119/59, Dz: 130/65-170/85,
⊿ WC ✆ DFÜ, 17 ⚭, P, ☎, 7⟲80, ≋,

Fitnessraum, Kegeln, Sauna, Solarium, Restaurant
geschl.: 22.12.00-9.1.01
Zimmer in drei Gebäudeteilen.

Braunschweig 26 ↘

Niedersachsen
EW 250000
🛈 Tel (05 31) 27 35 50, Fax 2 73 55 39
Tourist-Information
✉ 38100 Vor der Burg 1
Cityplan siehe Seite 146

✳✳✳ Best Western Stadtpalais
Hinter Liebfrauen 1 a (B 3),
Tel (05 31) 24 10 24, Fax 24 10 25, ✉ 38100,
AX DC ED VA, Ⓢ
44 Zi, 1 App, ⌥ WC ✆, 10 ⚲, Lift, 🅿, 1⟳18,
Restaurant

✳✳✳ Courtyard by Marriott
Auguststr. 6 (B 3), **Tel (05 31) 4 81 40**,
Fax 4 81 41 00, ✉ 38100, AX DC ED VA, Ⓢ
140 Zi, Ez: 142/71-238/119,
Dz: 165/83-261/131, ⌥ WC ✆ DFÜ, 53 ⚲, Lift,
🅿, 🏊, 10⟳100, Fitnessraum, Sauna, Solarium

🍴🍴 Augustus
Hauptgericht 30/15-35/17

✳✳ Mövenpick
Jöddenstr. 3 (A 2), **Tel (05 31) 4 81 70**,
Fax 4 81 75 51, ✉ 38100, AX DC ED VA, Ⓢ
147 Zi, Ez: 173/87-263/132,
Dz: 195/98-325/163, 7 Suiten, ⌥ WC ✆ DFÜ,
92 ⚲, Lift, 🏊, 10⟳220, 🍽, Sauna, Solarium
🍴🍴 Hauptgericht 16/8-38/19, Terrasse, 🅿

✳✳ Ritter St. Georg
Alte Knochenhauerstr. 12 (A 3),
Tel (05 31) 1 30 39, Fax 1 30 38, ✉ 38100, AX DC ED VA
🍽, 22 Zi, Ez: 130/65-245/123,
Dz: 160/80-300/151, 2 Suiten, ⌥ WC ✆ DFÜ,
🏊, 2⟳30, Restaurant

✳✳ Ringhotel Deutsches Haus
Ruhfäutchenplatz 1 (B 2), **Tel (05 31) 1 20 00**,
Fax 1 20 04 44, ✉ 38100, AX DC ED VA, Ⓢ
84 Zi, Ez: 140/70-220/110, Dz: 210/105-260/130,
1 Suite, ⌥ WC ✆ DFÜ, 3 ⚲, Lift, 🅿, 6⟳40,
Golf
Auch Zimmer der Kategorie ✳ vorhanden.

🍴🍴 Zum Burglöwen
🍽, Hauptgericht 21/10-40/20

✳ Lessing-Hof
Okerstr. 13 (A 2), **Tel (05 31) 2 41 60**,
Fax 2 41 62 22, ✉ 38100, ED VA

39 Zi, Ez: 127/63-147/74, Dz: 167/84-187/94,
2 Suiten, ⌥ WC ✆ DFÜ, 12 ⚲, Lift, 🅿, 🏊,
1⟳15, garni
Zufahrt über Alte Waage oder Neuer Weg.

✳ An der Stadthalle
Leonhardtr. 21 (C 3), **Tel (05 31) 7 30 68**,
Fax 7 51 48, ✉ 38102, AX DC ED VA
24 Zi, Ez: 105/52-135/67, Dz: 140/70-170/85, ⌥
WC ✆, 12 ⚲, Lift, 🅿, garni
geschl.: 23.12.00-1.1.01

✳ Gästehaus Wartburg
Rennelbergstr. 12 (außerhalb A 2),
Tel (05 31) 50 00 11, Fax 50 76 29, ✉ 38114,
AX ED VA
21 Zi, Ez: 100/50-169/85, Dz: 145/73-205/103,
⌥ WC ✆, Lift, 🅿, 🏊, garni

✳ City-Hotel Mertens
Friedrich-Wilhelm-Str. 27-29 (A 3),
Tel (05 31) 24 24 10, Fax 24 24 18, ✉ 38100,
AX DC ED VA, Ⓢ
38 Zi, Ez: 135/67-150/75, Dz: 180/90, ⌥ WC ✆,
6 ⚲, Lift, 🏊, 2⟳25, Golf, garni
Rezeption in der zweiten Etage.

🍴🍴🍴 Gewandhaus ✤
Altstadtmarkt 1-2, **Tel (05 31) 24 27 77**,
Fax 24 27 75, ✉ 38100, AX DC ED VA
🍽, Hauptgericht 33/16, Biergarten, geschl.: So

Stechinelli's Kartoffelkeller
🍽, Hauptgericht 16/8-25/12

🍴🍴 Dannenfelds Restaurant ✤
Frankfurter Str. 4, **Tel (05 31) 2 81 98 10**,
Fax 2 81 98 28, ✉ 38122, AX ED VA
Hauptgericht 38/19-44/22, Terrasse, 🅿, nur
abends, geschl.: Di, 1.-14.1.01

🍴🍴 Haus zur Hanse
Güldenstr. 7, **Tel (05 31) 24 39 00**,
Fax 2 43 90 99, ✉ 38100, AX DC ED VA
Hauptgericht 35/17, Terrasse, Biergarten
✳✳ 16 Zi, Ez: 129/64-240/120,
Dz: 160/80-280/141, 1 App, ⌥ WC ✆ DFÜ, Lift,
3⟳100
Auch Zimmer der Kategorie ✳✳✳ vorhanden.

🍴 Lago Maggiore
Hagenbrücke 16, **Tel (05 31) 4 52 20**,
Fax 1 79 22, ✉ 38100, AX DC ED VA
Hauptgericht 22/11-34/17, Terrasse

☕ Café Tolle
Bohlweg 69, **Tel (05 31) 4 44 37, Fax 1 38 75**,
✉ 38100
Gartenlokal

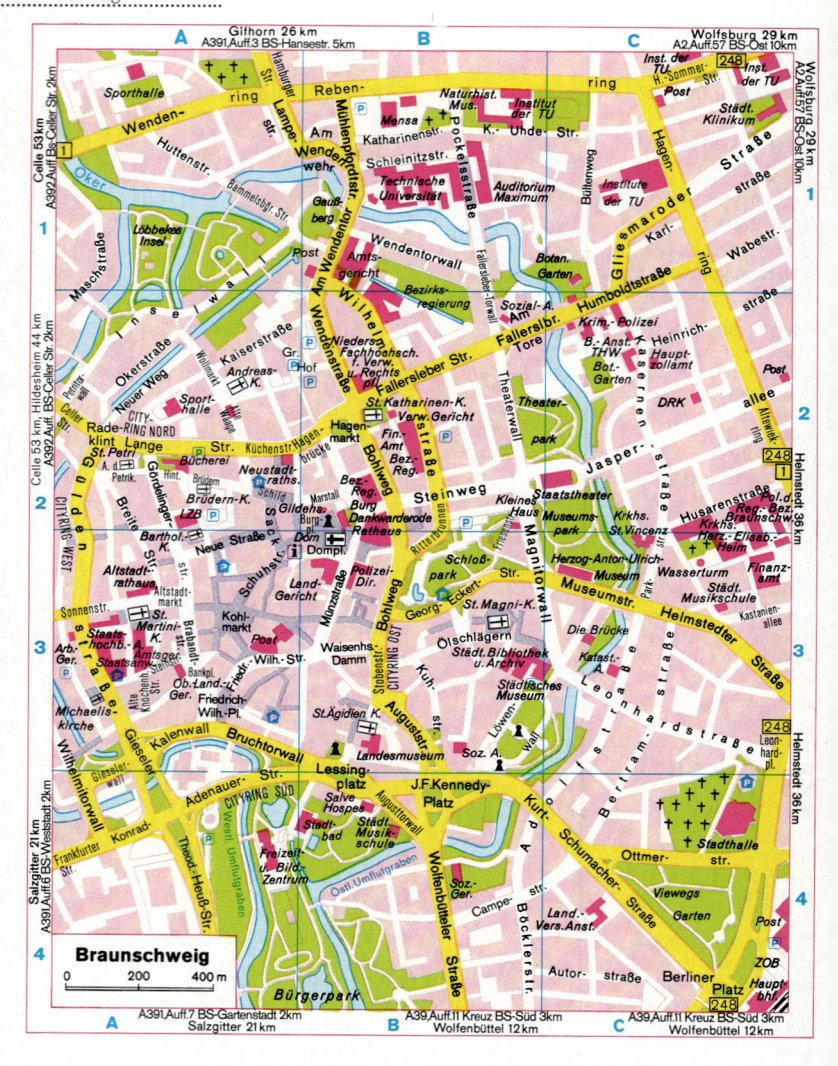

Appartementhotels/Boardinghäuser

Celler Tor

Ernst-Amme-Str. 24, Tel (05 31) 5 90 50,
Fax 5 90 51 00, ✉ 38114, AX DC ED VA
Ez: 150/75–280/141, Dz: 180/90–350/176,
60 App, ⌐ WC ⌀, 2 ↔, Lift, P, 11 ⇔ 300,
Restaurant
Zimmer der Kategorie ✶✶.

Lamme (6 km ←)

✶✶ **Villa San Michele**

Neudammstr. 28 b, Tel (05 31) 25 26 20,
Fax 2 52 62 27, ✉ 38116, DC ED VA
8 Zi, Ez: 125/62, Dz: 150/75, ⌐ WC ⌀, P,
3 ⇔ 80, Restaurant

Riddagshausen (6 km →)

✶✶ **Landhaus Seela**

Messeweg 41, Tel (05 31) 37 00 11 62,
Fax 37 00 11 93, ✉ 38104, AX DC ED VA

57 Zi, Ez: 135/67-300/151,
Dz: 210/105-340/171, 2 Suiten, ⌐ WC ⌀, 10 ⇖,
Lift, **P**, 🕿, 8⇆200
Auch Zimmer der Kategorie ✱✱✱ vorhanden.
🍴🍴 Tel 37 00 11 75, Hauptgericht 35/17,
Terrasse

🍴 Grüner Jäger
Ebertallee 50, **Tel (05 31) 7 16 43**, Fax 7 16 43,
✉ 38104, AX ED VA
Hauptgericht 36/18, Terrasse, **P**

Rühme (7 km ↑)

✱ Nord
Robert-Bosch-Str. 7, **Tel (05 31) 31 08 60**,
Fax 3 10 86 86, ✉ 38112, VA
27 Zi, Ez: 89/44-160/80, Dz: 110/55-190/95,
1 Suite, 5 App, ⌐ WC ⌀ DFÜ, 3 ⇖, Lift, **P**, 🕿,
3⇆0, Restaurant

Schapen

✱ Schapen
Weddeler Str. 8, **Tel (05 31) 3 66 66**,
Fax 2 36 21 18, ✉ 38104, ED VA
14 Zi, Ez: 75/37-85/42, Dz: 125/62-135/67, ⌐
WC ⌀, **P**, garni

Veltenhof (7 km ↖)

✱✱ Pfälzer Hof
Ernst-Böhme-Str. 15, **Tel (05 31) 21 01 80**,
Fax 2 10 18 50, ✉ 38112, DC ED VA
53 Zi, Ez: 90/45-200/100, Dz: 160/80-180/90,
3 App, ⌐ WC ⌀ DFÜ, 15 ⇖, Lift, **P**,
🕿, 2⇆80, Kegeln, Sauna, Solarium, 9 Tennis,
Restaurant
Rezeption: 7-20

Wenden (8 km ↑)

✱✱ Quality Hotel Seminarius
Hauptstr. 48 b, **Tel (0 53 07) 20 90**,
Fax 20 94 00, ✉ 38110, AX DC ED VA
78 Zi, Ez: 95/47-180/90, Dz: 135/67-220/110,
12 App, ⌐ WC ⌀, 10 ⇖, Lift, **P**, 9⇆120,
Kegeln, Sauna, Solarium, 7 Tennis, Restaurant

Bredstedt 9 ↖

Schleswig-Holstein
Kreis Nordfriesland
EW 4600
🛈 Tel (0 46 71) 58 57, Fax 69 75
Fremdenverkehrsverein
✉ 25821 Rathaus

🍴 Ulmenhof
Tondernsche Str. 4, **Tel (0 46 71) 9 18 10**,
Fax 91 81 71, ✉ 25821, AX ED VA

Hauptgericht 20/10, Biergarten, **P**, 🛏, nur
abends

🍴 Friesenhalle
Hohle Gasse 2, **Tel (0 46 71) 15 21**, Fax 28 75,
✉ 25821, AX DC ED VA
Hauptgericht 25/12, **P**, 🛏, geschl.: Mo, So,
25.10.-10.11.00, 15-30.3.01

Breege-Juliusruh siehe Rügen

Brehna 38 →

Sachsen-Anhalt
Landkreis Bitterfeld
EW 3000
🛈 Tel (03 49 54) 4 56 23, Fax 4 56 40
Verwaltungsgemeinschaft Am Strengbach
✉ 06796 Bitterfelder Str. 28/29

✱✱✱ Country Park-Hotel Top International Hotel
Thiemendorfer Mark 2, **Tel (03 49 54) 6 50**,
Fax 6 55 56, ✉ 06796, AX DC ED VA, Ⓢ
182 Zi, Ez: 150/75-180/90, Dz: 180/90-225/113,
⌐ WC ⌀ DFÜ, 104 ⇖, Lift, **P**, 14⇆200, Sauna,
Solarium
geschl.: 24.12.00-2.1.01
🍴🍴 Hauptgericht 30/15, Terrasse,
Biergarten, geschl.: 24.12.00-2.1.01

✱✱ Bavaria
Otto-Lilienthal-Str. 6, **Tel (03 49 54) 6 16 00**,
Fax 6 15 00, ✉ 06796, AX DC ED VA, Ⓢ
152 Zi, Ez: 110/55-150/75, Dz: 130/65-185/93,
3 Suiten, 2 App, ⌐ WC ⌀ DFÜ, 95 ⇖, Lift, **P**,
5⇆120, Restaurant

Breisach am Rhein 67 ←

Baden-Württemberg
EW 13000
🛈 Tel (0 76 67) 94 01 55, Fax 94 01 58
Breisach-Touristik
✉ 79206 Marktplatz 16

Historische Altstadt + Ausgangspunkt für Ausflüge.

✱✱ Ringhotel Am Münster
Münsterbergstr. 23, **Tel (0 76 67) 83 80**,
Fax 83 81 00, ✉ 79206, AX DC ED VA, Ⓢ
♪ ≗, 70 Zi, Ez: 115/57-165/83,
Dz: 179/90-265/133, ⌐ WC ⌀, 23 ⇖, Lift, **P**,
🕿, 4⇆180, 🏊, Kegeln, Sauna, Solarium
geschl.: 7.-20.1.01

Breisach am Rhein

🍴🍴 Badische Weinstube
💰, Hauptgericht 23/11, Terrasse,
geschl.: 7.-20.1.01

✱ Kaiserstühler Hof
Richard-Müller-Str. 2, Tel (0 76 67) 8 30 60,
Fax 83 06 66, ✉ 79206, AX DC ED VA
20 Zi, Ez: 100/50-170/85, Dz: 170/85-250/125,
1 Suite, 1 App, ⌐ WC ⊘, Lift, P, 🏠, 1⊂⊃30
🍴 Hauptgericht 18/9-45/22, Terrasse

🍴🍴 Kapuzinergarten
Kapuzinergasse 26, Tel (0 76 67) 9 30 00,
Fax 93 00 93, ✉ 79206, AX ED VA
💰, Hauptgericht 22/11-48/24, Terrasse, P,
geschl.: 14 Tage um Fasnacht
✱ ♪ 💰, 39 Zi, Ez: 92/46-112/56,
Dz: 110/55-165/83, 4 Suiten, ⌐ WC ⊘ DFÜ,
9 🛏, Lift, 1⊂⊃25, Golf

Hochstetten

✱ Landgasthof Adler mit Gästehaus
Hochstetter Str. 11, Tel (0 76 67) 9 39 30,
Fax 93 93 93, ✉ 79206, ED VA
16 Zi, Ez: 75/37-90/45, Dz: 125/62-140/70, ⌐
WC ⊘, P, 🛏, Restaurant
geschl.: 2 Wochen im Feb

Breisig, Bad 43 ☐

Rheinland-Pfalz / Kreis Ahrweiler
EW 9000
ℹ Tel (0 26 33) 4 56 30, Fax 45 63 50
Tourist-Information
✉ 53498 Koblenzer Str. 59

✱✱ Vier Jahreszeiten
Rheinstr. 11, Tel (0 26 33) 60 70, Fax 92 20,
✉ 53498, AX DC ED VA
💰, 180 Zi, Ez: 125/62-140/70,
Dz: 195/98-225/113, 9 App, ⌐ WC ⊘, Lift, P,
🏠, 15⊂⊃450, 🛏, Kegeln, Sauna, Solarium
Auch Zimmer der Kategorie ✱ vorhanden.

🍴🍴 Schweizer Stuben
💰, Hauptgericht 28/14, Terrasse

🍴🍴 Historisches Weinhaus Templerhof
Koblenzer Str. 45, Tel (0 26 33) 94 35,
Fax 73 94, ✉ 53498, AX DC ED VA
Hauptgericht 25/12-69/34, Terrasse,
Gartenlokal, P, geschl.: Mi, Do mittags

Breitengüßbach 57 ↖

Bayern / Kreis Bamberg
EW 4500
ℹ Tel (0 95 44) 9 22 30, Fax 92 23 55
Gemeindeverwaltung
✉ 96149 Kirchplatz 4

✱✱ Vierjahreszeiten
Am Sportplatz 6, Tel (0 95 44) 92 90,
Fax 92 92 92, ✉ 96149, AX ED VA
35 Zi, Ez: 80/40-105/52, Dz: 110/55-140/70,
2 Suiten, 1 App, ⌐ WC ⊘, 9 🛏, P, 3⊂⊃35, 🏠,
Fitnessraum, Sauna, Solarium
🍴🍴 Hauptgericht 18/9-32/16, Terrasse

Breitnau 67 →

Baden-Württemberg
Kreis Breisgau-Hochschwarzwald
EW 1860
ℹ Tel (0 76 52) 91 09 20, Fax 91 09 30
Kurverwaltung
✉ 79874 Dorfstr. 11

Breitnau-Außerhalb (1 km →)

✱ Gasthof Löwen
Dorfstr. 44, an der B 500, Tel (0 76 52) 3 59,
Fax 3 59, ✉ 79874
💰, 15 Zi, Ez: 55/27-65/32, Dz: 100/50-130/65,
1 Suite, ⌐ WC, P, 🏠, Sauna, Solarium, 1 Tennis
geschl.: 20.11.-15.12.00
🍴 Hauptgericht 21/10-34/17, geschl.: Di

✱✱ Kaiser's Tanne-Wirtshus ♛
Am Wirbstein 27, Tel (0 76 52) 1 20 10,
Fax 15 07, ✉ 79874
31 Zi, Ez: 110/55-290/146,
Dz: 200/100-260/130, 4 Suiten, ⌐ WC ⊘ DFÜ,
Lift, P, 🏠, 🏠, Sauna, Solarium
Auch Zimmer der Kategorie ✱✱✱ vorhanden.
🍴🍴 ☼, Hauptgericht 40/20

Höllsteig (6 km ↓)

✱✱ Best Western Hofgut Sternen
an der B 31, Abfahrt Ravennaschlucht,
Tel (0 76 52) 90 10, Fax 10 31, ✉ 79874, AX DC ED VA, Ⓢ
einzeln ♪, 57 Zi, Ez: 98/49-108/54,
Dz: 156/78-216/108, ⌐ WC ⊘, 8 🛏, Lift, P,
2⊂⊃60
🍴 Hauptgericht 21/10

Ödenbach (2 km ↘)

✱✱ Silencehotel Faller
Im Ödenbach 5, Tel (0 76 52) 10 01, Fax 3 11,
✉ 79874

26 Zi, Ez: 80/40-100/50, Dz: 100/50-220/110,
4 Suiten, ⌐ WC ⌀, Lift, **P**, 🏠, 1⇨15,
Fitnessraum, Sauna, Solarium
Auch Zimmer der Kategorie ✱ vorhanden.
▐ ▐▐▐▐▐ AX ED VA, Hauptgericht 30/15,
Terrasse

Breitscheid 44 □

Hessen / Lahn-Dill-Kreis
EW 5150
ℹ Tel (0 27 77) 91 33 21, Fax 91 33 26
Gemeindeverwaltung
✉ 35767 Rathausstr. 14

Gusternhain (3 km ↓)

✱ ▐▐▐▐▐ **Landgasthaus Ströhmann**
Gusternhainer Str. 11, Tel (0 27 77) 3 04,
Fax 70 80, ✉ 35767, ED VA
12 Zi, Ez: 80/40, Dz: 140/70, ⌐ WC ⌀, **P**, 🏠,
Restaurant

Breitungen (Werra) 46 ↗

Thüringen
Kreis Schmalkalden/Meiningen
EW 5740
ℹ Tel (03 68 48) 8 78 89, Fax 8 78 44
Gemeindeverwaltung
✉ 98597 Rathausstr. 24

✱ ▐▐▐▐▐ **Skaras Landhaushotel**
Wirtsgasse 13, Tel (03 68 48) 88 00,
Fax 88 01 22, ✉ 98597, ED VA
14 Zi, Ez: 60/30-90/45, Dz: 90/45-130/65,
1 Suite, ⌐ WC ⌀, **P**, 1⇨30, Restaurant

Bremen 17 ✓

Bremen
EW 555000
ℹ Tel (01 80) 10 10 30, Fax 3 08 00 30
Bremer Touristik Zentrale
✉ 28215 Findorffstr. 105
Cityplan siehe Seite 151

✱✱✱✱ ▐▐▐▐▐ **Park Hotel**
The Leading Hotels of the
World
Im Bürgerpark, Anfahrt über Hollerallee (C 1),
Tel (04 21) 3 40 80, Fax 3 40 86 02, ✉ 28209,
AX DC ED VA, Ⓢ
einzeln ♪ ✦, 138 Zi, Ez: 420/211-470/236,
Dz: 520/261-620/312, 12 Suiten, ⌐ WC ⌀ DFÜ,
Lift, **P**, 🏠, 7⇨500, ≋, Sauna, Solarium, Golf
Zimmer unterschiedlicher Kategorien
vorhanden.

▐▐ ▐▐ ▐▐ ▐▐ **Park-Restaurant**
Hauptgericht 50/25, Terrasse

▐▐ ▐▐ ▐▐▐▐ **Bistro Fantana**
Hauptgericht 35/17, Terrasse

✱✱✱ ▐▐▐▐▐ **Maritim**
Hollerallee 99 (C 1), Tel (04 21) 3 78 90,
Fax 3 78 96 00, ✉ 28215, AX ED VA, Ⓢ
234 Zi, Ez: 230/115-375/188,
Dz: 275/138-415/209, 27 Suiten, ⌐ WC ⌀ DFÜ,
68 ⇌, Lift, 🏠, 16⇨1600, 🍴, Sauna, Solarium

▐▐ ▐▐ ▐▐ **L'Echalote**
Hauptgericht 36/18-46/23, **P**, nur abends,
geschl.: Jul, Aug

✱✱✱ ▐▐▐▐▐ **Holiday Inn Crowne Plaza**
Böttcherstr. 2, Eingang Wachtstr. (B 3-4),
Tel (04 21) 3 69 60, Fax 3 69 69 60, ✉ 28195,
AX DC ED VA, Ⓢ
♪, 228 Zi, Ez: 260/130-360/181,
Dz: 320/161-380/191, 8 Suiten, ⌐ WC ⌀ DFÜ,
96 ⇌, Lift, 🏠, 14⇨300, 🍴, Sauna, Solarium
Auch Zimmer der Kategorie ✱✱ vorhanden.

▐ ▐▐▐▐▐ Hauptgericht 24/12-36/18, **P**

✱✱✱ ▐▐▐▐▐ **Marriott**
Hillmannplatz 20 (C 2), Tel (04 21) 1 76 70,
Fax 1 76 72 03, ✉ 28195, AX DC ED VA, Ⓢ
♪, 228 Zi, Ez: 215/108-268/134,
Dz: 215/108-268/134, 4 Suiten, ⌐ WC ⌀ DFÜ,
112 ⇌, Lift, **P**, 6⇨700, Golf, Restaurant
Auch Zimmer der Kategorie ✱✱ vorhanden.

✱✱ ▐▐▐▐▐ **Best Western**
Zur Post
Bahnhofsplatz 11 (C 2), Tel (04 21) 3 05 90,
Fax 3 05 95 91, ✉ 28195, AX DC ED VA, Ⓢ
182 Zi, Ez: 189/95-237/119,
Dz: 239/120-299/150, 4 Suiten, ⌐ WC ⌀, 17 ⇌,
Lift, 🏠, 10⇨180, 🍴, Sauna, Solarium

▐▐ ▐▐ ▐▐ **L'Orchidée**
Hauptgericht 45/22-58/29, Terrasse, **P**, nur
abends, geschl.: Mo, So

✱✱ ▐▐▐▐▐ **Mercure**
Bahnhofsplatz 5-7 (C 2), Tel (04 21) 3 01 20,
Fax 1 53 69, ✉ 28195, AX DC ED VA, Ⓢ

Wir kennen uns aus in Bremen

So ist Bremen: Bunt, fröhlich, romantisch, großstädtisch, abwechslungsreich, modern und irgendwie besonders, weil sich Bremen seinen eigenen Reiz bewahrt hat. Das werden Sie an jeder Ecke und Kante sehen und erleben, ob in der Stadt selbst oder „umzu".

bremer neu erleben

Service-Hotline
DM 0,24 pro Min.

01805 / 10 10 30

- Hotelvermittlung
- Karten für Rundfahrten und Führungen
- Ticket- und Souvenirverkauf
- TouristCard Bremen
- Helgolandfahrten
- Fachkundige Beratung rund um Bremen

www.bremen-tourism.de

BTZ
BREMER TOURISTIK-ZENTRALE
Gesellschaft für Marketing und Service mbH

Herzlich willkommen in Bremen

---

143 Zi, Ez: 150/75-226/113,
Dz: 200/100-243/122, 5 Suiten, WC, 25, Lift, Fitnessraum, Sauna, Solarium, Restaurant

** Tulip Inn Schaper-Siedenburg
Bahnhofstr. 8 (C 2), Tel (04 21) 3 08 70,
Fax 30 87 88, 28195, AX DC ED VA
93 Zi, Ez: 135/67-165/83, Dz: 165/83-190/95,
2 App, WC, 13, Lift, garni
geschl.: 21.12.00-3.1.01

** Hanseat
Bahnhofsplatz 8 (C 2), Tel (04 21) 1 67 09 00,
Fax 17 05 88, 28195, AX DC ED VA
33 Zi, Ez: 150/75-210/105, Dz: 180/90-260/130,
WC DFÜ, Lift, garni

** Treff Überseehotel
Am Markt / Wachtstr. 27 (B 4),
Tel (04 21) 3 60 10, Fax 3 60 15 55, 28195,
AX DC ED VA, S
124 Zi, Ez: 180/90-240/120,
Dz: 230/115-290/146, WC DFÜ, 50, Lift, 6 50, Restaurant

** Bremer Haus
Löningstr. 16-20 (C 3), Tel (04 21) 3 29 40,
Fax 3 29 44 11, 28195, AX DC ED VA, S
71 Zi, Ez: 140/70-160/80, Dz: 170/85-215/108,
WC, 10, Lift, P, 1 24, Restaurant
Auch Zimmer der Kategorie * vorhanden.

* Lichtsinn
Rembertistr. 11 (C 3), Tel (04 21) 36 80 70,
Fax 32 72 87, 28203, AX DC ED VA
36 Zi, Ez: 140/70-170/85, Dz: 180/90-200/100,
2 Suiten, 12 App, WC DFÜ, 5, Lift, Solarium, garni
Auch Zimmer der Kategorie ** vorhanden.

👤👤👤 Villa Verde
Auf dem Petersw erder / Weserstadion,
Tel (04 21) 3 05 91 00, Fax 4 98 73 07,
28205, AX DC ED VA
, Hauptgericht 30/15-39/19, nur abends,
geschl.: So, Mo

👤👤 Meierei Bürgerpark
Bürgerpark, Tel (04 21) 3 40 86 19,
Fax 2 19 98 11, 28209, AX DC ED VA
, Hauptgericht 25/12-45/22, Terrasse,
Gartenlokal, geschl.: Mo

👤👤 Bremer Ratskeller
Restaurant vor dem Baccus
Am Markt, Tel (04 21) 32 16 76,
Fax 3 37 81 21, 28195, AX DC ED VA
Hauptgericht 28/14-38/19
Bemerkenswerte Weinkarte.

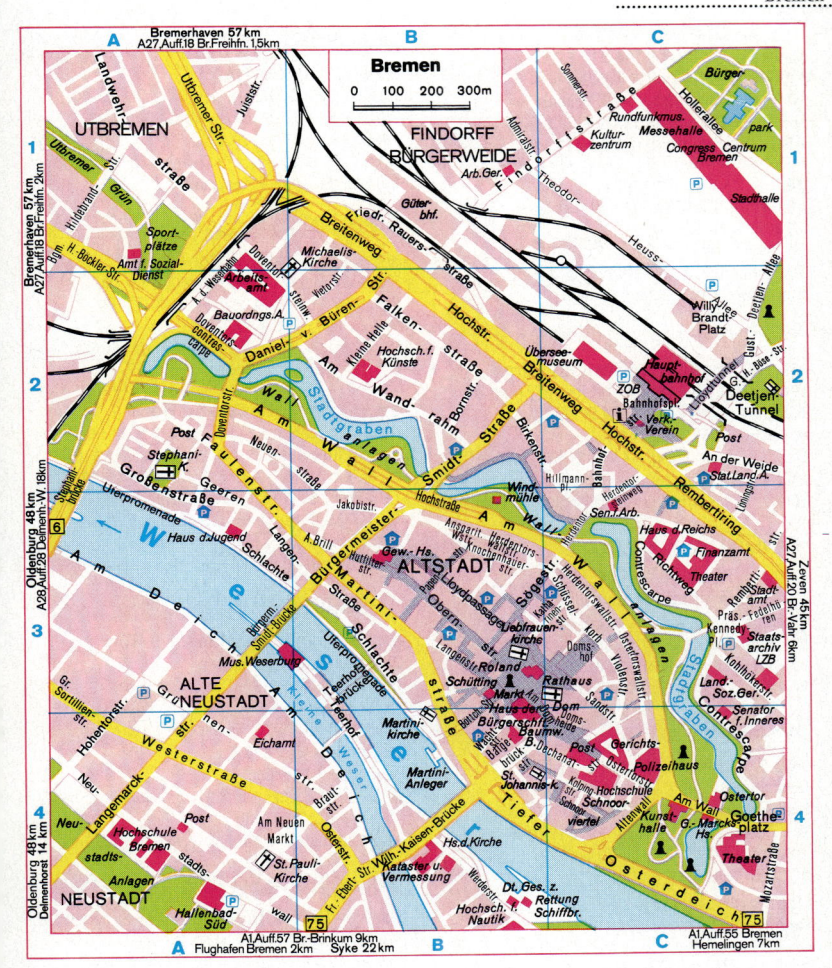

Das kleine Lokal
Besselstr. 40, Tel (04 21) 4 97 90 84,
Fax 4 97 90 83, ✉ 28203, AX DC ED VA
Hauptgericht 38/19-45/22, Terrasse, nur abends,
geschl.: Mo, 3 Wochen im Sommer

Bistro Feinkost Hocke
Schüsselkorb 17, Tel (04 21) 32 66 51,
Fax 32 73 25, ✉ 28195, AX ED VA
Hauptgericht 40/20, nur mittags, geschl.: So

Schröters Leib und Seele
Schnoor 13, Tel (04 21) 32 66 77,
Fax 32 66 87, ✉ 28195, AX VA

Hauptgericht 20/10-35/17, Terrasse

Grashoff's Bistro
Contrescarpe 80, Tel (04 21) 1 47 40,
Fax 30 20 40, ✉ 28195, DC ED VA
Hauptgericht 40/20-45/22, geschl.: So
Delikatessengeschäft mit Weinabteilung und
Bistro. Beachtenswerte Küche.

🍷 Café Knigge
Sögestr. 42, Tel (04 21) 1 30 60, Fax 1 83 96,
✉ 28195, ED
Terrasse
Teestube, holl. Kakaostube; Spezialität:
Kapuzinertorte, Bremer Klaben.

Farge (32 km ↖)

★ Ringhotel Fährhaus Farge
Wilhelmshavener Str. 1, Tel (04 21) 6 86 81,
Fax 6 86 84, ✉ 28777, AX DC ED VA, Ⓢ
🍴, 45 Zi, Ez: 129/64-149/75,
Dz: 180/90-200/100, ⌐ WC ℗ DFÜ, Lift, P, ☎,
6⌬400, Kegeln
🍴 🍴 🍴 🍴 🍴, Hauptgericht 15/7-30/15, Terrasse

Grolland

★ Robben Grollander Krug
Emslandstr. 30, Tel (04 21) 51 46 20,
Fax 5 14 62 99, ✉ 28259, AX DC ED VA
33 Zi, Ez: 109/54-119/59, Dz: 160/80-169/85, ⌐
WC ℗ DFÜ, 5 ⇤, P, ☎, 4⌬150, Restaurant

Horn-Lehe (6 km ↗)

★★ Landgut Horn
Leher Heerstr. 140, Tel (04 21) 2 58 90,
Fax 2 58 92 22, ✉ 28357, AX DC ED VA
104 Zi, Ez: 170/85-195/98, Dz: 197/99-240/120,
2 Suiten, ⌐ WC ℗ DFÜ, 30 ⇤, Lift, P, ☎,
3⌬100, Golf

🍴🍴 Victorian
Hauptgericht 34/17-43/21, Terrasse

★ Horner Eiche
Im Hollergrund 1, über Zubringer Horn-Lehe,
Tel (04 21) 2 78 20, Fax 2 76 96 66, ✉ 28357,
AX DC ED VA
68 Zi, Ez: 125/62-145/73, Dz: 180/90-195/98,
⌐ WC ℗ DFÜ, 14 ⇤, Lift, P, ☎, 2⌬80,
Kegeln, garni

★ Deutsche Eiche
Lilienthaler Heerstr. 174, Tel (04 21) 25 10 11,
Fax 25 10 14, ✉ 28357, AX DC ED VA
39 Zi, Ez: 125/62-145/73, Dz: 170/85-195/98,
⌐ WC ℗, Lift, P, ☎, 4⌬90, Kegeln
🍴 Hauptgericht 11/5-45/22, Terrasse

Neue Vahr (4 km →)

★★ Queens Hotel
August-Bebel-Allee 4, Tel (04 21) 2 38 70,
Fax 23 46 17, ✉ 28329, AX DC ED VA, Ⓢ
142 Zi, Ez: 178/89-233/117,
Dz: 231/116-306/154, 2 Suiten, ⌐ WC ℗, 34 ⇤,
Lift, P, 7⌬380, Restaurant

Neustadt (2 km ↙)

★★★ Atlantic Hotel Airport
Flughafenallee 26, Tel (04 21) 5 57 10,
Fax 5 57 11 00, ✉ 28199, AX DC ED VA
108 Zi, Ez: 198/99-268/134,
Dz: 288/145-348/175, 3 Suiten, ⌐ WC ℗, 60 ⇤,
Lift, P, ☎, 7⌬200, Restaurant

★★ Treff Hanseatic Hotel
Neuenlander Str. 55, Tel (04 21) 5 09 50,
Fax 50 86 52, ✉ 28199, AX DC ED VA, Ⓢ
94 Zi, Ez: 110/55-200/100, Dz: 150/75-220/110,
14 Suiten, 62 App, ⌐ WC ℗ DFÜ, 44 ⇤, Lift,
P, 5⌬35, Fitnessraum, Sauna, Solarium,
Restaurant
Auch Zimmer der Kategorie ★ vorhanden.

Oberneuland

🍴🍴 Landhaus Höpken's Ruh
Oberneulander Landstr. 69,
Tel (04 21) 20 58 53, Fax 2 05 85 45, ✉ 28355,
AX DC ED VA
Hauptgericht 40/20, Terrasse, Biergarten,
geschl.: Mo, 1.-21.1.01
Beachtenswerte Küche.
★ 8 Zi, Ez: 180/90, Dz: 200/100, ⌐ WC
℗, 3 ⇤, 2⌬20, Golf
Auch Zimmer der Kategorie ★★ vorhanden.

Schwachhausen (4 km ↗)

★★ Ringhotel Munte am Stadtwald
Parkallee 299, Tel (04 21) 2 20 20,
Fax 21 98 76, ✉ 28213, AX DC ED VA, Ⓢ
136 Zi, Ez: 166/83-280/141,
Dz: 190/95-310/156, 2 Suiten, ⌐ WC ℗, 35 ⇤,
Lift, P, ☎, 14⌬500, ☁, Sauna, Solarium
🍴🍴 Hauptgericht 30/15

★ Heldt
Friedhofstr. 41, Tel (04 21) 21 30 51,
Fax 21 51 45, ✉ 28213, AX DC ED VA
♪, 60 Zi, Ez: 105/52-140/70,
Dz: 125/62-180/90, 2 App, ⌐ WC ℗, 10 ⇤, P,
☎, Sauna, Solarium, Restaurant
Im Gästehaus Zimmer der Kategorie ★★
vorhanden.

¶¶ Tiffany
Schwachhauser Heerstr. 207,
Tel (04 21) 21 76 86, Fax 25 11 49, ✉ 28211,
AX DC ED VA

Hauptgericht 20/10-45/22, Terrasse, nur abends,
geschl.: So

Vegesack (23 km ↖)

** Strandlust
Rohrstr. 11, Tel (04 21) 6 60 90, Fax 6 60 91 11,
✉ 28757, AX DC ED VA
🍴, 45 Zi, Ez: 145/73-185/93,
Dz: 220/110-280/141, 3 Suiten, ⬚ WC ⓒ DFÜ,
15 ♿, Lift, P, 🛎, 6⭕800, Fitnessraum, Kegeln,
Golf
Auch Zimmer der Kategorie * vorhanden.

¶¶ 🍴, Hauptgericht 38/19, Terrasse,
Biergarten

** Atlantic
Sagerstr. 20, Tel (04 21) 6 60 50, Fax 66 47 74,
✉ 28199, AX DC ED VA
87 Zi, Ez: 140/70-270/135, Dz: 190/95-270/135,
4 Suiten, ⬚ WC ⓒ, 12 ♿, Lift, 🛎, 6⭕60,
Sauna, Solarium, garni

Bremerhaven   17 ↖

Bremen
EW 121000
🛈 Tel (04 71) 4 30 00, Fax 4 30 80
Tourist Info
✉ 27568 Obere Bürger Str. 17
Cityplan siehe Seite 154

*** Best Western Naber
Theodor-Heuss-Platz (B 1), Tel (04 71) 4 87 70,
Fax 4 87 79 99, ✉ 27568, AX DC ED VA, Ⓢ
93 Zi, Ez: 173/87-190/95, Dz: 190/95-250/125,
5 Suiten, ⬚ WC ⓒ, 18 ♿, Lift, P, 🛎, 4⭕200
Auch Zimmer der Kategorie ** vorhanden.
¶¶ Hauptgericht 35/17

** Haverkamp
Prager Str. 34 (B 1), Tel (04 71) 4 83 30,
Fax 4 83 32 81, ✉ 27568, AX DC ED VA
90 Zi, Ez: 140/70-230/115, Dz: 185/93-350/176,
1 Suite, ⬚ WC ⓒ, 20 ♿, Lift, 🛎, 4⭕80, 🏊,
Sauna
Auch Zimmer der Kategorie * und ***
vorhanden.
¶¶ Hauptgericht 32/16

* Primula
Stresemannstr. 10, Tel (04 71) 9 55 00,
Fax 9 55 05 50, ✉ 27576, AX DC ED VA

81 Zi, Ez: 125/62, Dz: 145/73, 4 Suiten, 1 App,
⬚ WC ⓒ DFÜ, 20 ♿, Lift, P, 3⭕40,
Restaurant

* Comfort Hotel
Am Schaufenster 7, Tel (04 71) 9 32 00,
Fax 9 32 01 00, ✉ 27572, AX DC ED VA
🍴, 114 Zi, Ez: 135/67-145/73,
Dz: 170/85-180/90, 2 Suiten, ⬚ WC ⓒ, 22 ♿,
Lift, P, 4⭕150, garni

¶¶ Natusch   ✚
im Fischereihafen
Am Fischbahnhof 1, Tel (04 71) 7 10 21,
Fax 7 50 08, ✉ 27572, AX DC ED VA
🍷, Hauptgericht 22/11-60/30, geschl.: Mo
Einrichtung mit orginal Schiffsteilen.

¶ Fiedler's Aal Kate
An der Packhalle IV, Nr.34,
Tel (04 71) 9 32 23 50, Fax 9 32 23 30,
✉ 27572, ED VA
🍷, Hauptgericht 18/9-36/18, Terrasse

¶ Seute Deern
Am Alten Hafen, beim Schiffahrtsmuseum,
Tel (04 71) 41 62 64, Fax 4 59 49, ✉ 27568,
AX DC ED VA
🍷, Hauptgericht 16/8-36/18
Museumsschiff, Restaurant auf Dreimast Bark
von 1919.

Leherheide (7 km ↗)

** Überseehotel
Adolf-Kolping-Str. 2, Tel (04 71) 68 80,
Fax 6 88 99, ✉ 27578, AX ED VA

41 Zi, Ez: 119/59-129/64, Dz: 149/75-159/80, ⌑
WC ℭ, 22 ⟿, Lift, ℙ, 🏠, 3⟲90, Kegeln, Sauna,
Solarium, Restaurant
Auch Zimmer der Kategorie ✱ vorhanden.

Bremervörde 17 □

Niedersachsen
Kreis Rotenburg (Wümme)
EW 20760
🛈 Tel (0 47 61) 98 71 42, Fax 98 71 76
Tourist-Information
✉ 27432 Rathausmarkt 1

✱ Oste-Hotel
Neue Str. 125, Tel (0 47 61) 87 60, Fax 8 76 66,
✉ 27432, AX ED VA
41 Zi, Ez: 90/45-100/50, Dz: 135/67-150/75, ⌑
WC ℭ, 21 ⟿, ℙ, 🏠, 6⟲250, Kegeln, Sauna,
Restaurant
Rezeption: 6.30-23, geschl.: 1.-14.1.01

✱ Daub mit Gästehaus
Bahnhofstr. 2, Tel (0 47 61) 30 86, Fax 20 17,
✉ 27432, AX DC ED VA
70 Zi, Ez: 77/38-95/47, Dz: 135/67-145/73,
2 App, ⌑ WC ℭ, 10 ⟿, 🏠, Sauna, Restaurant
Auch einfachere Zimmer vorhanden.

Brensbach 55 ←

Hessen / Odenwaldkreis
EW 5700
🛈 Tel (0 61 61) 80 90, Fax 8 09 31
Einwohnermeldeamt
✉ 64395 Ezyer Str. 5

Wersau (2 km ↘)

✱ Zum Kühlen Grund
Bahnhofstr. 81 an der B 38,
Tel (0 61 61) 9 33 30, Fax 93 33 22, ✉ 64395,
DC ED VA
25 Zi, Ez: 83/41-85/42, Dz: 135/67-142/71, ⌑
WC ℭ, 10 ⟿, Lift, ℙ, 🏠, 3⟲40, Kegeln
🍴 Hauptgericht 23/11, Biergarten ✚

Bretnig-Hauswalde 51 ↑

Sachsen / Kreis Kamenz
EW 3300
🛈 Tel (03 59 52) 5 83 09, Fax 5 68 87
Gemeindeverwaltung
✉ 01900 Am Klinkenplatz 9

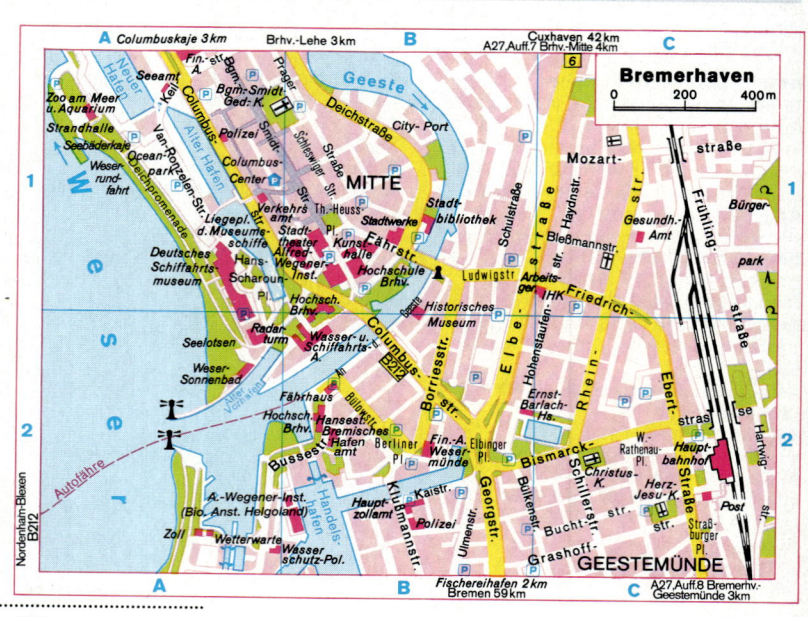

Brietlingen

✱ Zur Klinke
Klinkenplatz 10 a, Tel (03 59 52) 5 68 32,
Fax 5 88 74, ✉ 01900, AX ED VA
27 Zi, Ez: 60/30, Dz: 90/45, 1 Suite, ⇨ WC ⊘,
P, Fitnessraum, Sauna, Solarium, Restaurant

Bretten   61 ↖

Baden-Württemberg
Kreis Karlsruhe
EW 27000
🛈 Tel (0 72 52) 95 76 20, Fax 95 76 22
Stadtinformation
✉ 75015 Marktplatz 1

🍽 Bistro Eulenspiegel
Marktplatz 8, Tel (0 72 52) 9 49 80, ✉ 75015,
ED VA
Hauptgericht 22/11, Terrasse, Gartenlokal
✱✱ 8 Zi, Ez: 110/55-150/75,
Dz: 170/85-200/100, ⇨ WC ⊘ DFÜ, P, Golf
Geschmackvolle Einrichtung mit Antiquitäten.

Diedelsheim

✱ Grüner Hof
Karlsruher Str. 2, Tel (0 72 52) 9 35 10,
Fax 93 51 16, ✉ 75015
28 Zi, Ez: 68/34-88/44, Dz: 110/55-140/70, ⇨
WC ⊘, Lift, garni

🍽🍽 Guy Graessel   ✦
Karlsruher Str. 2, im Hotel Grüner Hof
Tel (0 72 52) 71 38, Fax 95 86 37, ✉ 75015,
AX DC ED VA
Hauptgericht 33/16, Biergarten, P, geschl.: Do,
So abends, Aug

Brettental siehe Freiamt

Bretzfeld   55 ↓

Baden-Württemberg / Hohenlohekreis
EW 11500
🛈 Tel (0 79 46) 77 10, Fax 7 71 14
Rathaus
✉ 74626 Adolzfurter Str. 12

Bitzfeld (1 km ↑)

✱ Gasthof Zur Rose
Weißlensburger Str. 12, Tel (0 79 46) 77 50,
Fax 77 54 00, ✉ 74626, DC ED VA
38 Zi, Ez: 95/47-130/65, Dz: 130/65-190/95,
1 Suite, 2 App, ⇨ WC ⊘ DFÜ, Lift, P, 4⇔42,
☻, Sauna, Solarium
Im Gästehaus Zimmer der Kategorie ✱✱
vorhanden.
🍽 Hauptgericht 14/7-40/20, geschl.: Do

Brettach (9 km ↘)

🍽🍽 Gasthof Rössle
Mainhardter Str. 26, Tel (0 79 45) 9 11 10,
Fax 91 11 30, ✉ 74626, AX ED
Hauptgericht 16/8-40/20, Biergarten, P, So nur
abends, geschl.: Mo abends, Di, 15-31.1.01,
Ende Sep

Breuna   35 □

Hessen / Kreis Kassel
EW 4100
🛈 Tel (0 56 93) 98 98 14, Fax 98 98 30
Heimat- und Verkehrsverein
✉ 34479 Volkmarser Str. 3

**✱ Sonneneck
Flair Hotel**
Stadtpfad 2, Tel (0 56 93) 2 93, Fax 71 44,
✉ 34479, DC ED VA
18 Zi, Ez: 68/34-148/74, Dz: 98/49-178/89,
2 Suiten, ⇨ WC ⊘, 3 ☻, P, ☻, 2⇔30, Sauna,
Solarium, Golf
geschl.: 5.-31.1.01
🍽 Hauptgericht 17/8-30/15, Terrasse,
Biergarten, geschl.: Mo, 5.-31.1.01

Breyell siehe Nettetal

Brielow   29 ←

Brandenburg
Kreis Potsdam Mittelmark
EW 1096
🛈 Tel (03 38 37) 4 02 54
Gemeindeverwaltung
✉ 14778 Hauptstr. 41

Seehof

✱ Parkhotel Seehof
Freiheitsweg, Tel (0 33 81) 75 00, Fax 70 29 10,
✉ 14778, AX DC ED VA, S
♪ ☼, 91 Zi, Ez: 115/57-165/83,
Dz: 165/83-195/98, 1 Suite, ⇨ WC ⊘, 34 ☻,
Lift, P, 11⇔100, Seezugang, Sauna, Restaurant

Brietlingen   18 →

Niedersachsen / Kreis Lüneburg
EW 2300
🛈 Tel (0 41 33) 31 31, Fax 31 13
Gemeindeverwaltung
✉ 21382 Scharnebecker Str. 51

✱ Landhotel Franck
Bundesstr. 31 b, Tel (0 41 33) 4 00 90,
Fax 40 09 33, ✉ 21382, AX DC ED VA

36 Zi, Ez: 85/42-150/75, Dz: 140/70-185/93, 10 Suiten, 1 App, ⌐ WC ⊘, Ⓟ, 6⇔200, 🛏, Fitnessraum, Kegeln, Sauna, Solarium, 1 Tennis
🍴 Hauptgericht 30/15, Terrasse, Biergarten

Brilon 35←

Nordrhein-Westfalen
Hochsauerlandkreis
EW 27500
🛈 Tel (0 29 61) 9 69 90, Fax 5 11 99
Brilon Touristik
✉ 59929, Steinweg 26

✱✱ Rech
Hoppecker Str. 1, Tel (0 29 61) 9 75 40, Fax 97 54 54, ✉ 59929, A̲X̲ D̲C̲ E̲D̲ V̲A̲
26 Zi, Ez: 90/45-105/52, Dz: 160/80-180/90, ⌐ WC ⊘, Lift, Sauna, Solarium
🍴 Hauptgericht 25/12, geschl.: Mo, 2 Wochen im Sommer

✱✱ Zur Post mit Gästehaus
Königstr. 7, Tel (0 29 61) 40 44, Fax 97 35 97, ✉ 59929, A̲X̲ E̲D̲ V̲A̲
31 Zi, Ez: 95/47-100/50, Dz: 170/85-190/95, ⌐ WC ⊘, Lift, Ⓟ, 3⇔40, 🛏, Kegeln, Sauna, Solarium
geschl.: 22-27.12.00
🍴🍴 Postille
Hauptgericht 30/15-50/25, Terrasse, geschl.: Mo, So, 22-28.12.00, 4 Wochen im Sommer

Brilon-Außerhalb

✱ Waldhotel Brilon
Am Hölsterloh 1, Tel (0 29 61) 34 73, Fax 5 04 70, ✉ 59929, A̲X̲ D̲C̲ E̲D̲ V̲A̲
einzeln ♪ ✽, 21 Zi, Ez: 67/33-77/38, Dz: 110/55-150/75, ⌐ WC ⊘, Ⓟ, 🛏, 1⇔40, Sauna, Solarium, Golf, Restaurant

Gudenhagen (4 km ↘)

🍴🍴🍴 Haus Waldsee 🍷
am Waldfreibad, Tel (0 29 61) 9 79 20, ✉ 59929, A̲X̲ E̲D̲ V̲A̲
einzeln, Hauptgericht 35/17
✱ Fax 90 85 69, 5 Zi, Ez: 75/37, Dz: 120/60, ⌐ WC ⊘, Ⓟ, Seezugang

Brodenbach 43↓

Rheinland-Pfalz
Kreis Mayen-Koblenz
EW 700
🛈 Tel (0 26 05) 95 21 53, Fax 96 02 16
Verkehrsverein
✉ 56332 Moselufer 22

Brodenbach-Außerhalb (1 km ↓)

✱ Peifer
Moselufer 43, an der B 49, Tel (0 26 05) 7 56, Fax 8 43 15, ✉ 56332, E̲D̲
✽, 30 Zi, Ez: 60/30-75/37, Dz: 120/60-140/70, ⌐ WC ⊘, Lift, 2⇔80, 🛏, Kegeln, Restaurant

Brodswinden siehe Ansbach

Brotterode 47↖

Thüringen
Kreis Schmalkalden/Meiningen
EW 3200
🛈 Tel (03 68 40) 33 34, Fax 33 35
Gästeinformation Brotterode
✉ 98599 Bad Vilbeler Platz 4

✱ Zur guten Quelle
Schmalkalder Str. 27, Tel (03 68 40) 3 40, Fax 3 41 11, ✉ 98599
39 Zi, Ez: 65/32-85/42, Dz: 96/48-150/75, 4 Suiten, 1 App, ⌐ WC ⊘, 8 ♿, Lift, Ⓟ, 🛏, 5⇔80, Fitnessraum, Kegeln, Sauna, Solarium, Restaurant

Brotterode-Außerhalb (1 km ←)

✱ Waldschlößchen
Im Gehege, Tel (03 68 40) 3 22 63, Fax 3 21 27, ✉ 98599, E̲D̲ V̲A̲
einzeln ♪, 22 Zi, Ez: 75/37-80/40, Dz: 96/48, ⌐ WC ⊘, 15 ♿, Ⓟ, 2⇔60, Sauna, Solarium, Restaurant

Bruchsal 61↖

Baden-Württemberg
Kreis Karlsruhe
EW 41420
🛈 Tel (0 72 51) 7 93 01, Fax 7 27 71
Stadtinformation
✉ 76646 Am Alten Schloß 2

✱✱ Scheffelhöhe
Adolf-Bieringer-Str. 20, Tel (0 72 51) 80 20, Fax 80 21 56, ✉ 76646, A̲X̲ D̲C̲ E̲D̲ V̲A̲

♪ ⚜, 95 Zi, Ez: 145/73-200/100,
Dz: 180/90-240/120, ⌐ WC Ⓒ DFÜ, 57 ⛄, Lift,
🅿, 3◯25, Sauna, Solarium

🍴🍴 **Belvedere**
⚜, Hauptgericht 22/11-60/30, Terrasse

✱ **Wallhall**
Kübelmarkt 8, Tel (0 72 51) 7 21 30,
Fax 72 13 99, ✉ 76646, AX ED VA
13 Zi, Ez: 110/55-130/65, Dz: 150/75-180/90,
2 App, ⌐ WC Ⓒ, Restaurant

🍴 **Zum Bären**
Schönbornstr. 28, Tel (0 72 51) 8 86 27,
Fax 8 86 11, ✉ 76646, AX DC ED VA
Hauptgericht 24/12-35/17, Biergarten

☕ **Café Birk**
Kaiserstr. 86, Tel (0 72 51) 27 83, Fax 1 26 54,
✉ 76646
9-18.30, geschl.: Mo

Bruchsal-Außerhalb (3 km ←)

✱ **Business-Hotel**
Am Mantel 1a, Tel (0 72 51) 93 90,
Fax 93 93 39, ✉ 76646, AX ED VA
100 Zi, Ez: 99/49-170/85, Dz: 120/60-250/125,
3 Suiten, ⌐ WC Ⓒ DFÜ, 37 ⛄, Lift, 🅿, 🐕,
6◯100, Restaurant
Im Gewerbegebiet.

Büchenau (7 km ✓)

✱✱ **Ritter mit Gästehäusern**
Au in den Buchen 73, Tel (0 72 57) 8 80,
Fax 8 81 11, ✉ 76646, AX DC ED VA
94 Zi, Ez: 118/59-150/75, Dz: 150/75-170/85,
4 Suiten, ⌐ WC Ⓒ, 6 ⛄, Lift, 🅿, 🐕, 7◯70,
Sauna, Solarium
Auch Zimmer der Kategorie ✱ vorhanden.
🍴🍴 Hauptgericht 15/7-40/20, Terrasse

Bruckmühl 72 ↘

Bayern / Kreis Rosenheim
EW 15000
🛈 Tel (0 80 62) 14 93, Fax 14 93
Fremdenverkehrsverein
✉ 83052 Oderweg 4

Kirchdorf

🍴 **Großer Wirt**
An der Staatsstr., Tel (0 80 62) 12 49,
Fax 58 88, ✉ 83052, AX ED VA
Hauptgericht 14/7-38/19, geschl.: Do
✱ 11 Zi, Ez: 85/42-90/45,
Dz: 135/67-145/73, ⌐ WC Ⓒ, 🅿, 🐕, ≋

Brückenau, Bad 46 ↓

Bayern / Kreis Bad Kissingen
EW 7500
🛈 Tel (0 97 41) 36 69, Fax 8 04 17
Tourist-Information
✉ 97769 Marktplatz 2

✱ **Gasthof Krone**
Marktplatz 5, Tel (0 97 41) 40 81, Fax 38 51,
✉ 97769, DC ED VA
10 Zi, Ez: 80/40, Dz: 140/70, 1 Suite, ⌐ WC Ⓒ,
🅿, 🐕, Golf, Restaurant

✱ **Zur Mühle**
Ernst-Putz-Str. 17, Tel (0 97 41) 9 16 10,
Fax 91 61 91, ✉ 97769, DC ED VA
♪ 42 Zi, Ez: 58/29-80/40, Dz: 112/56-138/69,
2 Suiten, ⌐ WC Ⓒ DFÜ, 12 ⛄, 🅿, 🐕, 2◯20,
Restaurant

Staatsbad Brückenau (3 km ←)

✱✱✱ **Dorint**
Heinrich-von-Bibra-Str. 13, Tel (0 97 41) 8 50,
Fax 8 54 25, ✉ 97769, AX DC ED VA, Ⓢ
♪ ⚜, 146 Zi, Ez: 175/88-199/100,
Dz: 219/110-269/135, 7 Suiten, 31 App, ⌐ WC
Ⓒ DFÜ, 36 ⛄, Lift, 🅿, 🐕, 16◯300, 🐕, Kegeln,
Sauna, Solarium
🍴🍴 Hauptgericht 39/19, Terrasse,
Biergarten

Brüel 20 ↖

Mecklenburg-Vorpommern
Kreis Parchim
EW 3381
🛈 Tel (03 84 83) 2 03 50, Fax 2 03 50
Stadtverwaltung
✉ 19412 August-Bebel-Str 1

✱✱ **Mecklenburger Hof**
August-Bebel-Str. 12 -14, Tel (03 84 83) 29 00,
Fax 2 90 29, ✉ 19412
13 Zi, Ez: 80/40, Dz: 120/60-130/65, 1 App, ⌐
WC Ⓒ, Restaurant

Brüggen (Niederrhein) 32 ✓

Nordrhein-Westfalen
Kreis Viersen
EW 15570
ℹ Tel (0 21 63) 52 70, Fax 57 01 65
Verkehrsamt
✉ 41379 Klosterstr. 38

✱✱ Akzent-Hotel Brüggener Klimp
Burgwall 15, Tel (0 21 63) 95 50, Fax 79 17,
✉ 41379, AX ED VA
63 Zi, Ez: 100/50-120/60, Dz: 140/70-180/90,
⌐ WC ⌀, ℗, 3⇔200, ⌂, Kegeln, Sauna,
Solarium, Restaurant
Auch Zimmer der Kategorie ✱ vorhanden.

Brühl 42 ↗

Nordrhein-Westfalen / Erftkreis
EW 45000
ℹ Tel (0 22 32) 7 93 45, Fax 7 93 46
Brühl-info
✉ 50321 Uhlstr. 3

Stadt im Erholungspark Kottenforst-Ville;
Sehenswert: Schloß Augustusburg: Treppen-
haus, Park; Jagdschloß Falkenlust; Phantasia-
land; Max-Ernst-Kabinett.

✱✱ Treff Hansa Hotel
Römerstr. 1, Tel (0 22 32) 20 40, Fax 20 45 23,
✉ 50321, AX DC ED VA, Ⓢ
157 Zi, Ez: 145/73-385/193,
Dz: 205/103-445/224, ⌐ WC ⌀, 30 ⇐, Lift, ℗,
⌂, 15⇔350, Sauna, Solarium, Restaurant

✱✱ Am Stern
Uhlstr. 101, Tel (0 22 32) 1 80 00,
Fax 18 00 55, ✉ 50321, AX DC ED VA
41 Zi, Ez: 130/65-200/100, Dz: 190/95-250/125,
2 App, ⌐ WC ⌀ DFÜ, Lift, ℗, garni

🍴🍴 Orangerie im Schloß Augustusburg 🍷
Schlosstr. 6, Tel (0 22 32) 94 41 50,
Fax 9 44 15 34, ✉ 50321, AX DC ED VA
⌘, Hauptgericht 36/18-78/39, Terrasse, ℗, nur
abends, geschl.: So, Mo, über Karneval
Café von 14-17.

🍴🍴 Glaewe's Restaurant
Balthasar-Neumann Platz,
Tel (0 22 32) 1 35 91, Fax 4 43 60, ✉ 50321
Hauptgericht 38/19, nur abends, So auch
mittags, geschl.: Mo, Di, 3 Wochen im Sommer

Buchau, Bad 69 □

Baden-Württemberg / Kreis Biberach
EW 4350
ℹ Tel (0 75 82) 9 33 60, Fax 93 36 20
Kur- und Verkehrsamt
✉ 88422 Marktplatz 6

⛵ Gasthof Kreuz
Hofgartenstr. 1, Ecke Schussenriederstr.,
Tel (0 75 82) 9 31 40, Fax 93 14 20, ✉ 88422,
ED VA
24 Zi, Ez: 59/29-63/31, Dz: 118/59-122/61, ⌐
WC ⌀, 1⇔0, Restaurant

Appartementhotels/Boardinghäuser

Haus in den Torwiesen
Wuhrstr. 26-28, Tel (0 75 82) 9 32 00,
Fax 93 20 50, ✉ 88422, AX DC ED VA
23 App, ⌐ WC ⌀, ℗, 5⇔400, Solarium
Rezeption: 8-17, geschl.: Sa, So
Zimmer der Kategorie ✱.

Buchen (Odenwald) 55 □

Baden-Württemberg
Neckar-Odenwald-Kreis
EW 18300
ℹ Tel (0 62 81) 27 80, Fax 27 32
Verkehrsamt
✉ 74722 Platz am Bild

✱✱ Prinz Carl
Hochstadtstr. 1, Tel (0 62 81) 5 26 90,
Fax 52 69 69, ✉ 74722, AX DC ED VA
21 Zi, Ez: 110/55-145/73, Dz: 145/73-185/93,
1 Suite, ⌐ WC ⌀ DFÜ, Lift, ℗, ⌂, 3⇔30
🍴🍴 Hauptgericht 30/15, Terrasse ✚

✱ Zum Reichsadler mit Gästehaus
Wallduerner Str. 1, Tel (0 62 81) 5 22 60,
Fax 52 26 40, ✉ 74722, AX ED VA
19 Zi, Ez: 75/37-125/62, Dz: 110/55-175/88,
1 App, ⌐ WC ⌀, 3 ⇐, ℗, ⌂, Restaurant
geschl.: Mo, 1.-31.1.01

Hainstadt (2 km ↑)

⛵ Zum Schwanen
Hornbacher Str. 4, Tel (0 62 81) 28 63,
Fax 9 70 98, ✉ 74722
17 Zi, Ez: 60/30, Dz: 95/47, ⌐ WC ⌀, Lift, ℗,
⌂, ⌂, Fitnessraum, Restaurant
geschl.: 6.-19.8.01

Hettigenbeuern (8 km ↘)

✱ Gasthof Löwen
Morretalstr. 8, Tel (0 62 86) 2 75, Fax 13 20,
✉ 74722

⟲, 18 Zi, Ez: 60/30-80/40, Dz: 100/50-140/70, ⊡ WC, **P**, ⌂, Sauna, Solarium, Restaurant
geschl.: Mi

Hollerbach

¶ ▮▮▮▮ Engel
Holunderstr. 7, Tel (0 62 81) 89 46, Fax 10 65, ✉ 74722
Hauptgericht 20/10-40/20, Terrasse, geschl.: Di, Mi

Buchenberg 70 □

Bayern / Kreis Oberallgäu
EW 4000
❶ Tel (0 83 78) 92 02 22, Fax 92 02 23
Verkehrsverein
✉ 87474 Rathaussteige 2

✱ ▮▮▮▮ Landhotel Sommerau
Eschacher Str. 35, Tel (0 83 78) 94 09 30, Fax 9 40 93 60, ✉ 87474, DC VA
⟲, 37 Zi, Ez: 95/47-115/57, Dz: 160/80-186/93, ⊡ WC ⓒ, 6 ⊨, **P**, 3⟲200, Kegeln, Sauna, Restaurant
geschl.: Di

✱ ▮▮▮▮ Schwarzer Bock Silencehotel
Hölzlers 169, Tel (0 83 78) 9 40 50, Fax 94 05 20, ✉ 87474, ED VA
20 Zi, Ez: 95/47-125/62, Dz: 150/75-190/95, ⊡ WC ⓒ, 1 ⊨, **P**, 1⟲30, ⌂, Kegeln, Sauna, Solarium, 2 Tennis

¶¶ ▮▮▮▮ Abele's Restaurant
Hauptgericht 17/8-38/19, Terrasse, geschl.: Mo+Di mittags

Buchenhain 22 ←

Brandenburg / Kreis Uckermark
EW 320
❶ Tel (03 98 89) 6 14 38, Fax 6 14 58
Amt Boitzenburg/Uckermark
✉ 17268 Templiner Str. 17

✱✱ ▮▮▮▮ Landhaus Arnimshain
Dorfstr. 32, Tel (03 98 89) 6 40, Fax 6 41 50, ✉ 17268
einzeln ⟲, 43 Zi, Ez: 80/40-100/50, Dz: 120/60-180/90, 2 App, ⊡ WC ⓒ, 20 ⊨, **P**, 4⟲160, Sauna, Solarium
Im Gästehaus Zimmer der Kategorie **✱** vorhanden.
¶¶ ▮▮▮▮ Hauptgericht 28/14, Terrasse

Buchholz siehe Boppard

Buchholz i.d.Nordheide 18 □

Niedersachsen / Kreis Harburg
EW 34000
❶ Tel (0 41 81) 2 89 60, Fax 28 96 66
Tourist-Information
✉ 21244 Rathausplatz 4

Dibbersen (5 km ↑)

✱ ▮▮▮▮ Frommann
Harburger Str. 8, Tel (0 41 81) 28 70, Fax 28 72 87, ✉ 21244, AX DC ED VA
49 Zi, Ez: 74/37-100/50, Dz: 104/52-160/80, ⊡ WC ⓒ, 12 ⊨, **P**, ⚓, 3⟲50, ⌂, Kegeln, Restaurant

✱ ▮▮▮▮ Gästehaus Ulmenhof
Am Sööl'n 1, Tel (0 41 81) 3 43 40, Fax 9 71 03, ✉ 21244
⟲, 12 Zi, Ez: 68/34, Dz: 92/46, ⊡ WC ⓒ, garni

Seppensen (3 km ↓)

✱ ▮▮▮▮ Heitmann
Buchholzer Landstr. 6, Tel (0 41 81) 9 32 50, Fax 93 25 25, ✉ 21244, AX DC ED VA
⟲, 11 Zi, Ez: 89/44, Dz: 135/67, ⊡ WC ⓒ, **P**, garni
Auch Zimmer der Kategorie **✱✱** vorhanden.

✱ ▮▮▮▮ Seppenser Mühle
Seppenser Mühle 2, Tel (0 41 87) 3 22 30, Fax 32 23 99, ✉ 21244, AX ED VA
einzeln ⟲ ✦, 21 Zi, Ez: 92/46, Dz: 140/70, ⊡ WC ⓒ, Lift
¶ ▮▮▮▮ einzeln, Hauptgericht 13/6-35/17, Biergarten, geschl.: Mi

Trelde (5 km ←)

✱ ▮▮▮▮ Wentzien's Gasthof
an der B 75, Tel (0 41 86) 8 93 30, Fax 89 33 66, ✉ 21244, AX DC ED VA

Buchholz i.d.Nordheide

28 Zi, Ez: 72/36-82/41, Dz: 130/65-140/70, ⊿ WC ⊘ DFÜ, 13 ⤺, **P**, 🕿, Restaurant

Buchloe 70 ↗

Bayern / Kreis Ostallgäu
EW 10940
ℹ Tel (0 82 41) 5 00 10, Fax 50 01 40
Verwaltungsgemeinschaft Buchloe
✉ 86807 Rathausplatz 1

✱✱ Stadthotel
Bahnhofstr. 47, **Tel (0 82 41) 50 60**,
Fax 50 61 35, ✉ 86807, AX ED VA
44 Zi, Ez: 88/44-118/59, Dz: 137/69-177/89, ⊿
WC ⊘, Lift, **P**, 🕿, 3⟳120, Fitnessraum, Sauna, Solarium, Restaurant

Buckow 31 ↖

Brandenburg
Kreis Märkisch Oderland
EW 1800
ℹ Tel (03 34 33) 5 75 00, Fax 6 59 20
Fremdenverkehrsamt
✉ 15377 Wriezener Str. 1 A

✱✱ Stobber-Mühle
Wriezener Str. 2, **Tel (03 34 33) 6 68 66**,
Fax 6 68 44, ✉ 15377, AX ED VA
12 Zi, Ez: 113/56, Dz: 178/89-390/196, ⊿ WC ⊘, **P**, Sauna, Restaurant

✱✱ Bergschlößchen
Königstr. 38, **Tel (03 34 33) 5 73 12**,
Fax 5 74 12, ✉ 15377, AX ED VA
☽ ✦, 21 Zi, Ez: 80/40-110/55,
Dz: 100/50-160/80, 1 Suite, 8 App, ⊿ WC ⊘, **P**, 1⟳28, Sauna, Solarium, Restaurant

✱ Am See
Ringstr. 5-6, **Tel (03 34 33) 63 60**,
Fax 63 61 38, ✉ 15377, ED VA
✦, 22 Zi, Ez: 80/40-90/45, Dz: 130/65-140/70,
⊿ WC ⊘ DFÜ, Lift, **P**, 3⟳25, Fitnessraum, Sauna, Solarium, Restaurant

Büchenbach 57 ↓

Bayern / Kreis Roth
EW 4951
ℹ Tel (0 91 71) 9 79 50
Gemeindeverwaltung
✉ 91186 Rotherstr. 8

Kühedorf (5km ←)

✱ Gasthof Zum Heidenberg mit Gästehaus
Ritterstr. 1 + 4, **Tel (0 91 71) 84 40**,
Fax 8 44 80, ✉ 91186, ED VA
32 Zi, Ez: 83/41-115/57, Dz: 113/56-145/73, ⊿
WC ⊘ DFÜ, **P**, 🕿, 2⟳70, Restaurant
Auch einfachere Zimmer vorhanden.

Büchlberg 66 →

Bayern / Kreis Passau
EW 4000
ℹ Tel (0 85 05) 9 00 80, Fax 90 08 48
Verkehrsamt
✉ 94124 Hauptstr. 5

Erholungsort im Bayerischen Wald.

✱ Binder
Freihofer Str. 6, **Tel (0 85 05) 9 00 70**,
Fax 90 07 99, ✉ 94124, ED VA
✦, 57 Zi, Ez: 58/29-77/38, Dz: 94/47-110/55, ⊿
WC ⊘, Lift, **P**, 🕿, Fitnessraum, Kegeln, Sauna, Solarium, Restaurant
geschl.: 15.1.-9.2.01

✱ Pension Beinbauer
Pangerlbergstr. 5, **Tel (0 85 05) 65 20**,
Fax 64 63, ✉ 94124
☽ ✦, 26 Zi, Ez: 45/22-65/32, Dz: 80/40-90/45,
⊿ WC, **P**, 🕿, Sauna, Solarium, garni
geschl.: 1.11.-15.12.00

Bückeburg 25 ↓

Niedersachsen / Kreis Schaumburg
EW 21500
ℹ Tel (0 57 22) 20 61 81, Fax 20 62 10
Tourist-Information
✉ 31675 Marktplatz 4

Residenzstadt im Weserbergland. Sehenswert: Schloss; Mausoleum; Stadtkirche; Landesmuseum für Schaumburg-Lippische Geschichte; Hubschaubermuseum; Stadtführungen; Aussichtspunkt Idaturm.

✱✱ Ambiente
Herminenstr. 11, **Tel (0 57 22) 96 70**,
Fax 96 74 44, ✉ 31675, AX DC ED VA
34 Zi, Ez: 156/78-256/128, Dz: 186/93-316/159, 3 Suiten, ⊿ WC ⊘ DFÜ, 3 ⤺, Lift, **P**, 🕿, 2⟳35, Sauna, Restaurant

✱✱ Altes Forsthaus
Harrl 2, **Tel (0 57 22) 2 80 40**, Fax 28 04 44, ✉ 31675, AX DC ED VA

♪, 42 Zi, Ez: 155/78, Dz: 195/98, 2 Suiten, ⌐
WC ⌀, 4 ⇥, Lift, **P**, 5⇨120, Kegeln,
Restaurant
Auch Zimmer der Kategorie ✱ vorhanden.

✱ Hotel am Schlosstor
Lange Str. 31, Tel (0 57 22) 9 59 90,
Fax 95 99 50, ✉ 31675, AX ED VA
24 Zi, Ez: 99/49-169/85, Dz: 149/75-209/105,
⌐ WC ⌀, 9 ⇥, **P**, 1⇨25, garni

¶¶ Ratskeller
Bahnhofstr. 2, Tel (0 57 22) 40 96, Fax 2 65 48,
✉ 31675, AX DC ED VA
Hauptgericht 30/15, Terrasse

Röcke (3 km ←)

✱✱ Große Klus
Am Klusbrink 19, Tel (0 57 22) 9 51 20,
Fax 95 12 50, ✉ 31675, AX ED VA
22 Zi, Ez: 95/47-165/83, Dz: 150/75-230/115,
1 Suite, ⌐ WC ⌀, 9 ⇥, **P**, ☎, 2⇨35
Fachwerklandhaus 1794 erbaut von Fürstin
Juliane zu Schaumburg-Lippe.
¶¶ ¶¶ Hauptgericht 35/17-51/25, nur mittags

Bücken 25 ↑

Niedersachsen
Kreis Nienburg (Weser)
EW 2310
❶ Tel (0 42 51) 22 61, Fax 22 61
Flecken Bücken
✉ 27333 Marktstr. 36

Dedendorf (1,5 km ↑)

✱ Thöles Hotel
Hoyaer Str. 33, Tel (0 42 51) 9 30 00,
Fax 93 00 93, ✉ 27333, DC ED VA
25 Zi, Ez: 28/14-80/40, Dz: 85/42-105/52,
1 App, ⌐ WC ⌀, **P**, ☎, 5⇨300, ☎, Kegeln,
Sauna, Solarium, Restaurant

Büdelsdorf 10 □

Schleswig-Holstein
Kreis Rendsburg-Eckernförde
EW 10580
❶ Tel (0 43 31) 35 50, Fax 35 53 77
Stadtverwaltung Büdelsdorf
✉ 24782 Am Markt 1

✱✱ Heidehof
Hollerstr., Tel (0 43 31) 34 30, Fax 34 34 44,
✉ 24782, AX DC ED VA
108 Zi, Ez: 125/62-145/73, Dz: 185/93, 10 App,
⌐ WC ⌀ DFÜ, 36 ⇥, Lift, **P**, Sauna, Solarium,
garni
Auch Zimmer der Kategorie ✱✱✱ vorhanden.

¶¶ Dorfschänke
Alte Dorfstr. 6, Tel (0 43 31) 3 42 50,
Fax 34 25 20, ✉ 24782, AX ED VA
Hauptgericht 20/10-40/20, Terrasse, **P**, ⇥,
geschl.: Sa, 2 Wochen im Jan

Büdingen 45 ✓

Hessen / Wetteraukreis
EW 20000
❶ Tel (0 60 42) 9 63 70, Fax 96 37 10
Fremdenverkehrsamt
✉ 63654 Marktplatz 7

✱ Schloß Büdingen mit Gästehäusern
Schloß-Neuer Bau, Tel (0 60 42) 88 92 05,
Fax 88 92 09, ✉ 63654, AX ED VA
19 Zi, Ez: 138/69-196/98, Dz: 160/80-196/98,
4 Suiten, 3 App, ⌐ WC ⌀, **P**, 2⇨20,
Restaurant
Auch Zimmer der Kategorie ✱✱ vorhanden.

¶¶ Haus Sonnenberg
Sudetenstr. 4-6, Tel (0 60 42) 30 51, Fax 18 23,
✉ 63654, AX DC ED VA
Hauptgericht 30/15
✱ ♪, 13 Zi, Ez: 98/49-130/65,
Dz: 150/75-180/90, ⌐ WC ⌀, **P**, Kegeln,
Sauna, Solarium

Büdlicherbrück siehe Naurath

Bühl 60 □

Baden-Württemberg / Kreis Rastatt
EW 27700
❶ Tel (0 72 23) 93 53 32, Fax 93 53 39
Tourist-Information
✉ 77815 Hauptstr. 41

✱✱ Badischer Hof
Hauptstr. 36, Tel (0 72 23) 9 33 50,
Fax 93 35 50, ✉ 77815, AX DC ED VA
24 Zi, Ez: 80/40-150/75, Dz: 170/85-200/100,
⌐ WC ⌀, Lift, **P**, 1⇨40
¶¶ ¶¶ Hauptgericht 28/14-52/26 ✚
geschl.: im Winter Mo, Sa mittags

¶¶ ¶¶ Die Grüne Bettlad
Blumenstr. 4, Tel (0 72 23) 9 31 30,
Fax 93 13 10, ✉ 77815, ED VA

Bühl

🍴, Hauptgericht 33/16-47/23, Terrasse, **P**,
geschl.: Mo, So, 24.12.00-10.1.01, 2 Wochen in
den Sommerferien
300 Jahre altes Fachwerkhaus mit malerischem
Innenhof.

🍴🍴 Gude Stub
Dreherstr. 9, Tel (0 72 23) 84 80, Fax 90 01 80,
✉ 77815, ED VA
🍴, Hauptgericht 26/13-42/21, geschl.: Di
Beachtenswerte Küche.

☕ Böckeler's Café am Rathaus
Hauptstr. 48, Tel (0 72 23) 9 45 94,
Fax 9 45 90, ✉ 77815
7.30-18.30

Bühl-Außerhalb (15 km ↘)

★★★★★ Schlosshotel Bühlerhöhe ♕♕♕
Schwarzwaldhochstr. 1, Tel (0 72 26) 5 50,
Fax 5 57 77, ✉ 77815, AX DC ED VA
einzeln ♪ 🍴, 90 Zi, Ez: 330/166-520/261,
Dz: 550/277-750/377, 16 Suiten, 🛏 WC ⓒ, 7 ⬅,
Lift, **P**, 🏠, 10⟲150, 🏊, Sauna, Solarium, Golf,
3 Tennis

🍴🍴🍴🍴🍴🍴 Imperial
🍴 einzeln, Hauptgericht 45/22-65/32, Terrasse,
geschl.: Mo, Di, 10.1.-10.2.01, 5-23.8.01

🍴🍴🍴🍴🍴 Schlossrestaurant
🍴 einzeln, Hauptgericht 38/19-58/29, Terrasse

Kappelwindeck (3 km ↘)

★ Burg Windeck ♕
Kappelwindeckstr. 104, Tel (0 72 23) 9 49 20,
Fax 4 00 16, ✉ 77815, AX DC ED VA
einzeln ♪ 🍴, 18 Zi, Ez: 150/75-190/95,
Dz: 220/110-280/141, 3 Suiten, 🛏 WC ⓒ DFÜ,
6 ⬅, **P**, 🏠, 3⟲50, Sauna, Solarium
geschl.: 10-31.1.01
Auch Zimmer der Kategorie ★★ vorhanden.
🍴🍴 🍴, Hauptgericht 32/16-48/24,
geschl.: Mi, 10-31.1.01

🍴 Zum Rebstock
Kappelwindeckstr. 85, Tel (0 72 23) 2 21 09,
Fax 4 01 42, ✉ 77815, ED VA

Hauptgericht 25/12-35/17, Gartenlokal, **P**,
geschl.: Mi, 6.-26.11.00
★ 7 Zi, Ez: 70/35-78/39,
Dz: 110/55-130/65, 🛏 WC ⓒ, 🏠

🍴 Jägersteig
Kappelwindeckstr. 95 a, Tel (0 72 23) 9 85 90,
Fax 98 59 98, ✉ 77815, ED VA
🍴, Hauptgericht 25/12-37/18, Terrasse, **P**,
geschl.: Mo mittags, Do
★ ♪ 🍴, 13 Zi, Ez: 70/35-98/49,
Dz: 130/65-152/76, 🛏 WC ⓒ DFÜ, 🏠, 1⟲25

Oberbruch

🍴 Pospisil's Gasthof Krone
Seestr. 6, Tel (0 72 23) 9 36 00, Fax 93 60 18,
✉ 77815, AX ED VA
Hauptgericht 25/12, **P**, geschl.: Mo
★★ 6 Zi, Ez: 75/37, Dz: 130/65, 🛏 WC ⓒ

Vimbuch (3 km ↖)

★ Kohler's Hotel
Vimbucher Str. 25, Tel (0 72 23) 9 39 90,
Fax 8 32 49, ✉ 77815, AX DC ED VA
23 Zi, Ez: 60/30-88/44, Dz: 110/55-156/78,
1 Suite, 🛏 WC ⓒ, 3 ⬅, Lift, **P**, 🏠, 2⟲40,
Restaurant
Auch Zimmer der Kategorie ★★ vorhanden.

Bühlertal   60 □

Baden-Württemberg / Kreis Rastatt
EW 8400
ℹ Tel (0 72 23) 9 96 70, Fax 7 59 84
Verkehrsverein Bühlertal e.V.
✉ 77830 Hauptstr. 92

★★ Rebstock
Hauptstr. 110, Tel (0 72 23) 9 97 40,
Fax 99 74 99, ✉ 77830, DC ED VA
27 Zi, Ez: 98/49-120/60, Dz: 170/85-190/95, 🛏
WC ⓒ, 9 ⬅, Lift, **P**, 2⟲150, Solarium
🍴🍴 Hauptgericht 25/12, Terrasse,
geschl.: Do, Anfang Nov, Anfang Feb

Untertal

★ Badischer Löwe
Sessgasse 3, Tel (0 72 23) 99 80, Fax 99 82 99,
✉ 77830, AX ED VA
21 Zi, Ez: 85/42-110/55, Dz: 150/75-180/90, 🛏
WC ⓒ, 15 ⬅, **P**, 1⟲80

🍴🍴 Badische Stube
Hauptgericht 25/12, Terrasse, geschl.: Mo,
29.12.00-20.1.01

Adler

Hauptstr. 1, **Tel (0 72 23) 9 98 90**,
Fax 99 98 99, ✉ 77830, ED VA
Hauptgericht 25/12
✱ 8 Zi, Ez: 75/37, Dz: 130/65, ⌐ WC ⊘,
P, ⌂

Bülow 21 ↖

Mecklenburg-Vorpommern
Kreis Güstrow
EW 394
i Tel (0 39 96) 17 20 28, Fax 18 77 95
Tourist-Information Teterow
✉ 17166 Mühlenstr. 1

Schorssow

✱✱✱ Schloß Schorssow
Am Haussee, **Tel (03 99 33) 7 90**, Fax 7 91 00,
✉ 17166, AX DC ED VA
einzeln ♪ ❦ ⊕, 29 Zi, Ez: 190/95-530/266,
Dz: 220/110-550/277, ⌐ WC ⊘, Lift, P, 2⊂⊃60,
⌂, Fitnessraum, Sauna
Renoviertes historisches Gebäude, in
englischem Landschaftspark mit Seelage.

¶¶¶ Hofjägermeister Moltke
Hauptgericht 16/8-44/22, Terrasse
Beachtenswerte Küche.

Bürchau 67 ↓

Baden-Württemberg / Kreis Lörrach
EW 240
i Tel (0 76 29) 6 37, Fax 17 34
Bürgermeisteramt
✉ 79683 Am Bühl 11

✱ Sonnhalde
Sonnhaldenweg 37, **Tel (0 76 29) 2 60**,
Fax 17 37, ✉ 79683
♪ ❦, 20 Zi, Ez: 58/29-78/39, Dz: 110/55-130/65,
4 Suiten, ⌐ WC, 4 ⌫, P, ⌂, ⌂, Fitnessraum,
Sauna, Solarium
geschl.: 20.11.-20.12.01
¶ ❦, Hauptgericht 25/12-48/24,
geschl.: Mo, Di, 20.11.-20.12.01

Bürgel 48 ↗

Thüringen / Kreis Gera
EW 1750
i Tel (03 66 92) 2 22 14
Stadtverwaltung
✉ 07616 Am Markt

⊨ Sonne
Markt 9, **Tel (03 66 92) 2 25 22**, Fax 2 01 16,
✉ 07616, AX ED VA
14 Zi, Ez: 50/25-78/39, Dz: 100/50-119/59,
2 Suiten, ⌐ WC ⊘, 4 ⌫, 1⊂⊃25, Restaurant

Bürgstadt 55 □

Bayern / Kreis Miltenberg
EW 4660
i Tel (0 93 71) 95 96 92, Fax 95 96 91
Fremdenverkehrsverein
✉ 63927 Thomastr. 7

¶ Adler
Hauptstr. 30, **Tel (0 93 71) 9 78 80**,
Fax 97 88 60, ✉ 63927, AX ED VA
Hauptgericht 21/10-39/19, Gartenlokal, P,
geschl.: Mo, Fr mittags
✱ ♪, 21 Zi, Ez: 80/40-110/55,
Dz: 130/65-190/95, ⌐ WC ⊘ DFÜ, 9 ⌫, ⌂,
2⊂⊃30, Sauna, Solarium
Auch Zimmer der Kategorie ✱✱ vorhanden.

¶ Weinhaus Stern
Hauptstr. 23, **Tel (0 93 71) 4 03 50**,
Fax 40 35 40, ✉ 63927, AX ED VA
Hauptgericht 30/15, Gartenlokal, P, geschl.:
Mi, Do
✱ 12 Zi, Ez: 59/29-120/60,
Dz: 110/55-195/98, ⌐ WC ⊘

Büsum 9 ✓

Schleswig-Holstein
Kreis Dithmarschen
EW 4600
i Tel (0 48 34) 90 91 14, Fax 65 30
Kurgast-Zentrum
✉ 25761 Südstrand 11

✱✱ Zur alten Post
Hafenstr. 2-3, **Tel (0 48 34) 9 51 00**, Fax 49 44,
✉ 25761
45 Zi, Ez: 65/32-100/50, Dz: 114/57-180/90,
1 Suite, 4 App, ⌐ WC, 4 ⌫, P, Golf, Restaurant
geschl.: 20-26.12.00
In den Gästehäusern auch Zimmer der
Kategorie ✱ vorhanden.

✱ Friesenhof
Nordseestr. 66, **Tel (0 48 34) 95 51 20**,
Fax 81 08, ✉ 25761, AX DC ED VA
♪ ❦, 44 Zi, Ez: 110/55-190/95,
Dz: 160/80-290/146, ⌐ WC ⊘, 6 ⌫, Lift, P,
2⊂⊃80, Fitnessraum, Sauna, Solarium, Golf,
Restaurant
geschl.: 8.-31.1.01

✱ Zur Alten Apotheke
Hafenstr. 10, **Tel (0 48 34) 20 46**, Fax 93 62 09,
✉ 25761

15 Zi, Ez: 130/65-140/70, Dz: 160/80-180/90,
2 Suiten, ⌐ WC ⊘, Lift, 🅿, 🚗, garni

✱ Windjammer
Dithm. Str. 17, Tel (0 48 34) 66 61, Fax 30 40,
✉ 25761
18 Zi, Ez: 58/29-180/90, Dz: 116/58-182/91,
1 App, ⌐ WC ⊘ DFÜ, 🅿, 🚗, Fitnessraum,
Solarium, Restaurant

✱ Seegarten
Strandstr. 3, Tel (0 48 34) 60 20, Fax 6 02 66,
✉ 25761, DC ED VA
🌙 ≋, 23 Zi, Ez: 80/40-130/65,
Dz: 150/75-230/115, 21 App, ⌐ WC ⊘, Lift, 🅿,
🚗, garni
Rezeption: 7-18.30, geschl.: 22.10.00-24.3.01

¶¶ Kolles Alter Muschelsaal
Hafenstr. 27, Tel (0 48 34) 24 40, Fax 45 55,
✉ 25761
♛, Hauptgericht 25/12, 🅿, 🛏, geschl.: Mo

Büttelborn   54 ↗

Hessen / Kreis Groß-Gerau
EW 13500
🛈 Tel (0 61 52) 1 78 80, Fax 17 88 56
Gemeindeverwaltung
✉ 64572 Mainzer Str. 13

Büttelborn-Außerhalb (1 km ↗)

✱✱ Haus Monika
an der B 42, Tel (0 61 52) 18 10, Fax 1 81 50,
✉ 64572, AX DC ED VA
38 Zi, Ez: 90/45-124/62, Dz: 150/75-170/85, ⌐
WC ⊘, 20 🛏, Lift, 🅿, 2⚯40
¶¶ Hauptgericht 33/16, geschl.: Sa, So
abends, 2 Wochen im Sommer

Bützer   28 →

Brandenburg / Kreis Havelland
EW 588
🛈 Tel (0 33 86) 2 70 90, Fax 27 09 30
Amt Milow
✉ 14715 Friedensstr. 86

✱ Bading
Havelstr. 17 b, Tel (0 33 86) 2 70 40,
Fax 27 04 51, ✉ 14715, ED VA
🌙, 9 Zi, Ez: 97/48, Dz: 142/71, 3 Suiten, ⌐ WC
⊘ DFÜ, 🅿, garni
geschl.: 23.12.00-2.1.01

Bundenbach   53 ↖

Rheinland-Pfalz / Kreis Birkenfeld
EW 1100
🛈 Tel (0 65 44) 18 10, Fax 1 81 43
Verbandsgemeindeverwaltung
✉ 55624 Zum Idar 23

Rudolfshaus (5 km ↘)

✱✱ Forellenhof Reinhartsmühle Silencehotel
Tel (0 65 44) 3 73, Fax 10 80, ✉ 55606,
AX DC ED VA
einzeln 🌙 ≋, 30 Zi, Ez: 81/40-110/55,
Dz: 135/67-180/90, ⌐ WC ⊘, 2 🛏, 🅿, 🚗,
2⚯12, Fitnessraum
geschl.: 2.1.-2.3.01
¶¶ Hauptgericht 28/14, Terrasse,
geschl.: 2.1.-2.3.01

Burbach   44 ↖

Nordrhein-Westfalen
Kreis Siegen-Wittgenstein
EW 14990
🛈 Tel (0 27 36) 55 77, Fax 55 33
Kulturbüro Burbach
✉ 57299 Ginnerbach 2

Holzhausen (8 km ↘)

¶¶ Fiester Hannes   ✚
Flammersbacher Str. 7, Tel (0 27 36) 2 95 90,
Fax 29 59 20, ✉ 57299, AX ED VA
Hauptgericht 28/14-39/19, 🅿, geschl.: So, Mo
mittags, 1.-13.1.01
✱✱ 7 Zi, Ez: 105/52-140/70,
Dz: 180/90-238/119, ⌐ WC ⊘, 🚗, 2⚯40,
Sauna

Burg a. d. Wupper siehe Solingen

Burg b. Magdeburg   28 ↓

Sachsen-Anhalt
EW 26100
🛈 Tel (0 39 21) 68 95, Fax 68 95
Burg-Information
✉ 39288 Schartauer Str. 10

✱ Wittekind
An den Krähenbergen 2, Tel (0 39 21) 9 23 90,
Fax 92 39 39, ✉ 39288, ED VA
26 Zi, Ez: 120/60, Dz: 165/83, ⌐ WC ⊘, 🅿,
2⚯30, Restaurant

✱ Carl von Clausewitz
In der Alten Kaserne 35, Tel (0 39 21) 90 80,
Fax 4 52 15, ✉ 39288, AX ED VA
51 Zi, Ez: 85/42-95/47, Dz: 110/55-130/65, ⊐
WC ⌀, 6 ⌂, Lift, P, 2⇔40, Sauna, Restaurant

Burg (Spreewald) 41 ↖

Brandenburg / Spree-Neiße Kreis
EW 3900
🛈 Tel (03 56 03) 4 17, Fax 4 98
Haus des Gastes
✉ 03096 Am Hafen 6

✱✱ Zum Leineweber
Am Bahndamm 2, Tel (03 56 03) 6 40,
Fax 6 11 29, ✉ 03096, AX DC ED VA
⌀, 41 Zi, Ez: 100/50-120/60,
Dz: 140/70-180/90, ⊐ WC ⌀, P, 1⇔35, Sauna,
Restaurant

✱ Romantik Hotel Zur Bleiche
Bleichestr. 16, Tel (03 56 03) 6 20, Fax 6 02 92,
✉ 03096
⌀, 90 Zi, Ez: 220/110-390/196,
Dz: 370/186-520/261, 6 Suiten, ⊐ WC ⌀, 10 ⌂,
P, 3⇔200, ≋, ⌂, Fitnessraum, Sauna,
Solarium
Auch Zimmer der Kategorie ✱✱ vorhanden.
🍴🍴 Hauptgericht 32/16-55/27, Terrasse,
Biergarten

✱ Am Spreebogen
Ringchaussee 140, Tel (03 56 03) 68 00,
Fax 6 80 20, ✉ 03096
24 Zi, Ez: 110/55, Dz: 140/70-160/80, ⊐ WC ⌀,
P, 1⇔40, Restaurant

✱ Kolonieschänke
Ringchaussee 136, Tel (03 56 03) 68 50,
Fax 6 85 44, ✉ 03096, ED VA
16 Zi, Ez: 70/35-95/47, Dz: 60/30-140/70, ⊐
WC ⌀, P, 1⇔20, Restaurant
Rezeption: 10-24
Auch einfachere Zimmer vorhanden.

Kauper (7 km ↖)

✱✱ Waldhotel Eiche
Eicheweg 1, Tel (03 56 03) 6 70 00,
Fax 6 72 22, ✉ 03096, AX DC ED VA
einzeln ⌀, 62 Zi, Ez: 80/40-140/70,
Dz: 120/60-220/110, ⊐ WC ⌀, Lift, P, 4⇔120,
Sauna, Solarium
🍴🍴 Hauptgericht 14/7-33/16, Terrasse,
Biergarten

✱ Seehotel
Willischzaweg 4, Tel (03 56 03) 6 50,
Fax 6 52 50, ✉ 03096, AX DC ED VA
einzeln ⌀, 35 Zi, Ez: 95/47-130/65,
Dz: 130/65-170/85, 1 App, ⊐ WC ⌀, P, 1⇔20,
garni
Auch Zimmer der Kategorie ✱ vorhanden.

✱ Landhotel Burg
Ringchaussee 125, Tel (03 56 03) 6 46,
Fax 6 48 00, ✉ 03096, AX DC ED VA
49 Zi, Ez: 115/57-150/75, Dz: 155/78-190/95,
2 App, ⊐ WC ⌀ DFÜ, P, 3⇔200, Fitnessraum,
Sauna, Solarium, Restaurant

Burg Stargard 21 ↗

Mecklenburg-Vorpommern
Kreis Mecklenburg-Strelitz
EW 4405
🛈 Tel (03 96 03) 25 30
Stadtverwaltung
✉ 17094

✱ Zur Burg
Markt 10, Tel (03 96 03) 26 50, Fax 2 65 55,
✉ 17094
24 Zi, Ez: 90/45-95/47, Dz: 130/65-140/70, ⊐
WC ⌀, P, Sauna, Solarium, Restaurant
Auch Zimmer der Kategorie ✱✱ vorhanden.

✱ Marienhof
Marie-Hager-Str. 1, Tel (03 96 03) 25 50,
Fax 2 55 31, ✉ 17094, AX DC ED VA
25 Zi, Ez: 95/47-105/52, Dz: 130/65-140/70,
2 Suiten, ⊐ WC ⌀, 10 ⌂, P, 1⇔30, Restaurant

Burgdorf 26 □

Niedersachsen / Kreis Hannover
EW 32000
🛈 Tel (0 51 36) 89 83 00, Fax 89 83 12
Bürgerinformationsbüro
✉ 31303 Marktstraße 55

✱✱ Concorde Sporting Hotel
Tuchmacherweg 20-22, Tel (0 51 36) 8 50 51,
Fax 66 02, ✉ 31303, AX DC ED VA
42 Zi, Ez: 135/67-355/178, Dz: 175/88-395/198,
11 App, ⊐ WC ⌀, 3 ⌂, Lift, P, 2⇔30,
Restaurant
Auch Zimmer der Kategorie ✱ vorhanden.

✱ Schwarzer Herzog
Immenser Str. 43, Tel (0 51 36) 8 84 00,
Fax 89 48 29, ✉ 31303, ED VA
9 Zi, Ez: 95/47-110/55, Dz: 125/62-160/80,
5 App, ⊐ WC ⌀, 1 ⌂, P, Restaurant
Auch Zimmer der Kategorie ✱✱ vorhanden.

✱ Am Försterberg
Immenser Str. 10, Tel (0 51 36) 8 80 80,
Fax 87 33 42, ✉ 31303,

➡

Burgdorf

24 Zi, Ez: 88/44-180/90, Dz: 150/75-280/141, ⌐ WC ⌀, **P**
¶¶ Hauptgericht 35/17, Terrasse

Beinhorn-Außerhalb (2,5 km ↑)

** Moormühle
Oldhorster Moor 4, an der B 3,
Tel **(0 51 36) 8 89 80**, Fax 88 98 55, ✉ 31303,
AX DC ED VA
einzeln, 28 Zi, Ez: 130/65-190/95,
Dz: 190/95-290/146, ⌐ WC ⌀, 2 ⌧, **P**, ⌂,
3◯120
Auch Zimmer der Kategorie * vorhanden.
¶¶ Hauptgericht 19/9-35/17, Terrasse,
geschl.: Sa, So

Burghaslach 56 →

Bayern
Kreis Neustadt a. d. Aisch-Bad Windsheim
EW 2470
ℹ Tel (0 95 52) 10 18, Fax 72 63
Gemeindeverwaltung
✉ 96152 Kirchplatz 12

Oberrimbach (5 km ←)

* Steigerwaldhaus
Oberrimbach 2, Tel **(0 95 52) 9 23 90**,
Fax 92 39 29, ✉ 96152, AX DC ED VA
18 Zi, Ez: 45/22-80/40, Dz: 85/42-120/60,
1 Suite, ⌐ WC ⌀, 5 ⌧, **P**, ⌂, 1◯60,
Fitnessraum, Sauna, Solarium
¶ Hauptgericht 23/11, Terrasse,
geschl.: Di, Ende Jan-Mitte Feb

Burghausen 73 ↗

Bayern / Kreis Altötting
EW 19000
ℹ Tel (0 86 77) 9 67 69 31, Fax 9 67 69 33
Tourist-Information
✉ 84489 Stadtplatz 112

** Lindacher Hof
Mehringer Str. 47, Tel **(0 86 77) 98 60**,
Fax 98 64 00, ✉ 84489, AX DC ED VA
35 Zi, Ez: 125/62-150/75, Dz: 160/80-170/85,
6 Suiten, 4 App, ⌐ WC ⌀ DFÜ, 15 ⌧, Lift, **P**,
⌂, 1◯25, Fitnessraum, Sauna, Solarium, Golf,
garni

* Post mit Gartenhäusern Salzach und Burgblick
Stadtplatz 39, Tel **(0 86 77) 96 50**,
Fax 96 56 66, ✉ 84489, DC ED VA
50 Zi, Ez: 115/57-125/62, Dz: 149/75-165/83,
1 App, ⌐ WC ⌀ DFÜ, 10 ⌧, ⌂, 5◯400, Golf
Auch Zimmer der Kategorie ** vorhanden.
¶ Hauptgericht 19/9-36/18, Biergarten

* Bayerischer Hof
Stadtplatz 45-46, Tel **(0 86 77) 9 78 40**,
Fax 97 84 40, ✉ 84489, AX ED VA
15 Zi, Ez: 95/47, Dz: 135/67, 1 App, ⌐ WC ⌀
DFÜ, 3 ⌧, **P**, ⌂, Restaurant

Marienberg

¶ Zur Einkehr
Marienberg 119, Tel **(0 86 77) 23 03**, ✉ 84489,
ED VA
Hauptgericht 19/9-36/18, Terrasse, **P**, nur
abends, sa+so auch mittags, geschl.: Do
An der Wallfahrtskirche Marienberg gelegen.

Raitenhaslach (5 km ✓)

¶◉¶ Klostergasthof Raitenhaslach
Raitenhaslach 9, Tel **(0 86 77) 97 30**,
Fax 6 61 11, ✉ 84489, AX ED VA
⌘, Hauptgericht 9/4-32/16, Terrasse, Biergarten
Historischer Klostergasthof von 1585.
* ♪, 14 Zi, Ez: 90/45, Dz: 140/70, ⌐ WC
⌀, **P**

Burgkunstadt 48 ✓

Bayern / Kreis Lichtenfels
EW 6800
ℹ Tel (0 95 72) 3 88 17, Fax 3 88 35
Verkehrsamt
✉ 96224 Vogtei 5

Gärtenroth (7 km →)

* Landgasthof Hofmann
Mainrother Str. 11, Tel **(0 92 29) 5 76**,
Fax 61 35, ✉ 96224, ED
♪, 26 Zi, Ez: 55/27, Dz: 90/45, ⌐ WC ⌀, 6 ⌧,
P, 4◯80, Sauna, Restaurant

Burgstädt 50 ↖

Sachsen / Kreis Mittweida
EW 12600
ℹ Tel (0 37 24) 6 30, Fax 6 31 00
Stadtverwaltung
✉ 09217 Brühl 1

*** Alte Spinnerei
Chemnitzer Str. 89, Tel **(0 37 24) 68 80**,
Fax 68 81 00, ✉ 09217, AX DC ED VA
145 Zi, Ez: 105/52-150/75, Dz: 134/67-180/90,
1 Suite, ⌐ WC ⌀, 30 ⌧, Lift, **P**, 23◯500,
Sauna, Solarium, Restaurant
Auch Zimmer der Kategorie ** vorhanden.

Burgthann 58 ✓

Bayern / Kreis Nürnberger Land
EW 11950
ℹ Tel (0 91 83) 40 10, Fax 4 01 18
Tourist-Information
✉ 90559 Rathausplatz 1

** Burghotel
Burgstr. 2, Tel (0 91 83) 9 32 10, Fax 93 21 61,
✉ 90559, ED VA
32 Zi, Ez: 70/35-90/45, Dz: 120/60-150/75, ⌐
WC ⌀, Lift, P, ⛄, 1⌕24, Sauna, Restaurant

Burgwald 45 ↖

Hessen / Kreis Waldeck-Frankenberg
EW 5442
ℹ Tel (0 64 51) 30 61, Fax 2 11 67
Gemeindeverwaltung
✉ 35099 Hauptstr. 73

Ernsthausen

¶¶ Burgwald Stuben 🍷
Marburger Str. 25, an der B 252,
Tel (0 64 57) 80 66, Fax 10 76, ✉ 35099
Hauptgericht 38/19, P, nur abends, so+feiertags
auch mittags, geschl.: Mi

Burgwedel 26 ☐

Niedersachsen / Kreis Hannover
EW 21720
ℹ Tel (0 51 39) 8 97 30, Fax 89 73 55
Gemeindeverwaltung
✉ 30938 Fuhrberger Str. 4

Großburgwedel

** Menge's Hof
Isernhägener Str. 3, Tel (0 51 39) 80 30,
Fax 8 73 55, ✉ 30938, AX DC ED VA
43 Zi, Ez: 155/78-400/201,
Dz: 205/103-400/201, 1 Suite, ⌐ WC ⌀ DFÜ,
5 ⛵, Lift, P, 7⌕120, ⛄, Sauna, Solarium,
Golf, Restaurant

* Marktkieker
Am Markt 7, Tel (0 51 39) 9 99 40,
Fax 99 94 29, ✉ 30938, DC ED VA
☺, 11 Zi, Ez: 109/54-146/73,
Dz: 164/82-219/110, 1 Suite, ⌐ WC ⌀ DFÜ, P,
1⌕20, Restaurant
Denkmalgeschütztes 350 Jahre altes
Fachwerkbauernhaus.

* Ole Deele
Heinrich-Wöhler-Str. 14, Tel (0 51 39) 9 98 30,
Fax 99 83 40, ✉ 30938, ED VA
15 Zi, Ez: 105/52-165/83, Dz: 165/83-225/113,
⌐ WC ⌀, P, ⛄, 2⌕45, garni
Rezeption: 7-20

* Romantico
Im Mitteldorf 17, Tel (0 51 39) 9 96 40,
Fax 89 51 21, ✉ 30938, ED VA
8 Zi, Ez: 100/50-280/141, Dz: 150/75-380/191,
⌐ WC ⌀, 3 ⛵, Restaurant

Kleinburgwedel (3 km ↗)

¶¶ Woltemaths Lüttjen Borwe ✚
Wallstr. 13, Tel (0 51 39) 17 45, Fax 2 74 88,
✉ 30938, AX ED VA
Hauptgericht 30/15-39/19, Terrasse, P,
geschl.: Mo

Thönse (4 km ↗)

¶¶ Gasthaus Lege ✚
Engenser Str. 2, Tel (0 51 39) 82 33, ✉ 30938,
AX ED VA
Hauptgericht 25/12-44/22, Terrasse, P, nur
abends, sa+so auch mittags, geschl.: Di

Burkhardtsgrün siehe Zschorlau

Burkheim siehe Vogtsburg

Burscheid 33 ✓

Nordrhein-Westfalen
Rheinisch-Bergischer Kreis
EW 18000
ℹ Tel (0 21 74) 67 01 04, Fax 67 01 77
Stadt Burscheid
✉ 51399 Höhestr. 7-9

Burscheid-Außerhalb (2 km ←)

¶ Haus Kuckenberg
Kuckenberg 28, an der B 232,
Tel (0 21 74) 50 25, Fax 6 18 39, ✉ 51399,
AX DC ED VA
Hauptgericht 17/8-45/22, Terrasse, Biergarten,
Kegeln, P, geschl.: Mi, 1.-7.1.01

Hilgen (4 km ↗)

* Zur Heide
Heide 21, Tel (0 21 74) 7 86 80, Fax 78 68 68,
✉ 51399, AX DC ED VA
23 Zi, Ez: 92/46-110/55, Dz: 140/70-170/85,
1 App, ⌐ WC ⌀, 4 ⛵, P, Sauna, Solarium,
Restaurant

Buschvitz siehe Rügen

Buseck 45 ←

Hessen / Kreis Gießen
EW 13890
fi Tel (0 64 08) 91 10, Fax 91 11 19
Gemeindeverwaltung
✉ 35418 Ernst-Ludwig-Str 15

✱ Albert
Bismarckstr. 43-45, Tel (0 64 08) 29 80,
Fax 5 41 59, ✉ 35418
10 Zi, Ez: 65/32, Dz: 110/55, ⌐ WC ⓒ, **P**,
1↺25

Butjadingen 16 ↗

Niedersachsen / Kreis Wesermarsch
EW 6000
fi Tel (0 47 33) 9 29 30, Fax 92 93 99
Kur- und Touristik GmbH
✉ 26969 Strandallee 61

Fedderwardersiel

✱ Zur Fischerklause
Sielstr. 16, Tel (0 47 33) 3 62, Fax 18 47,
✉ 26969, AX DC ED VA
♪, 20 Zi, Ez: 72/36-90/45, Dz: 124/62-136/68,
2 Suiten, ⌐ WC ⓒ, **P**, Restaurant
Rezeption: 8-14, 17-21, geschl.: Di,
1.11.-15.12.00

Tossens

✱✱ Holiday Inn Nordsee Tropen Parc
Strandallee 36 a, Tel (0 47 36) 92 80,
Fax 92 84 28, ✉ 26969, AX DC ED VA
✦, 76 Zi, Ez: 135/67-180/90,
Dz: 180/90-250/125, 64 Suiten, 37 App, ⌐ WC
ⓒ, 39 ⌗, Lift, **P**, 4↺280, ⌂, Fitnessraum,
Kegeln, Bowling, Sauna, Solarium, Golf,
Restaurant

Butzbach 44 →

Hessen / Wetteraukreis
EW 24400
fi Tel (0 60 33) 99 51 59, Fax 99 51 65
Amt für Kultur und Fremdenverkehr
✉ 35510 Marktplatz 1

✱ Römer
Limes-Galerie / Jakob-Rumpf-Str. 2,
Tel (0 60 33) 9 80 80, Fax 7 13 43, ✉ 35510,
AX DC ED VA
50 Zi, Ez: 95/47-130/65, Dz: 150/75-190/95,
1 App, ⌐ WC ⓒ, 12 ⌗, Lift, **P**, ⌂, 1↺15,
garni
Auch Zimmer der Kategorie ✱✱ vorhanden.

✱ Hessischer Hof mit Gästehaus
Weiseler Str. 43, Tel (0 60 33) 94 40,
Fax 1 62 82, ✉ 35510, AX DC ED VA
32 Zi, Ez: 98/49-125/62, Dz: 140/70-170/85,
10 App, ⌐ WC ⓒ, 3 ⌗, Lift, Solarium,
Restaurant

Buxtehude 18 ←

Niedersachsen / Kreis Stade
EW 37000
fi Tel (0 41 61) 50 12 97, Fax 5 26 93
Stadtinformation
✉ 21614 Stavenort 2

✱ Zur Mühle
Ritterstr. 16, Tel (0 41 61) 5 06 50,
Fax 50 65 30, ✉ 21614, AX DC ED VA
✦, 37 Zi, Ez: 135/67, Dz: 175/88, 6 Suiten,
4 App, ⌐ WC ⓒ, Lift, **P**, ⌂, 1↺20
Auch Zimmer der Kategorie ✱✱ vorhanden.

♨♨ Fleth-Restaurant
Hauptgericht 27/13-40/20, geschl.: So
Mühle aus dem 18. Jh. in der Altstadt.

✱ An der Linah
Harburger Str. 44, Tel (0 41 61) 6 00 90,
Fax 60 09 10, ✉ 21614, AX DC ED VA
30 Zi, Ez: 105/52-110/55, Dz: 145/73-150/75,
2 App, ⌐ WC ⓒ, 8 ⌗, **P**, 2↺28, garni

✱ Am Stadtpark
Bahnhofstr. 1, Tel (0 41 61) 50 68 10,
Fax 50 68 15, ✉ 21614, AX ED VA
20 Zi, Ez: 120/60-125/62, Dz: 160/80-165/83,
⌐ WC ⓒ, Lift, ⌂, 1↺25, garni

Cadenberge 17 ↑

Niedersachsen / Kreis Cuxhaven
EW 3320
fi Tel (0 47 77) 80 11 31, Fax 83 96
Gemeindeverwaltung
✉ 21781 Am Markt 1

⊨ Eylmanns Hotel
Bergstr. 5, Tel (0 47 77) 18 37, Fax 15 14,
✉ 21781
21 Zi, Ez: 59/29-75/37, Dz: 98/49-130/65, ⌐
WC, Lift, **P**, ⌂, Restaurant

Cadolzburg 57 ✓

Bayern / Kreis Fürth (Land)
EW 9850
🛈 Tel (0 91 03) 5 09 36, Fax 5 09 10
Gemeindeverwaltung
✉ 90556 Rathausplatz 1

🛏 Zum Wasserhaus
Zum Wasserhaus 2, Tel (0 91 03) 25 75,
Fax 77 26, ✉ 90556, AX ED VA
5 Zi, Ez: 70/35-90/45, Dz: 100/50-120/60,
1 Suite, 4 App., ⌐ WC ⌀, P

Egersdorf (3 km →)

✱ Gasthaus Grüner Baum
Dorfstr. 11, Tel (0 91 03) 9 21, Fax 55 39,
✉ 90556, AX DC ED VA
35 Zi, Ez: 40/20-90/45, Dz: 75/37-140/70, ⌐
WC ⌀, 10 ⇆, P, 1⟳130, Restaurant
Im Altbau auch einfachere Zimmer vorhanden.

Cahnsdorf 40 ↗

Brandenburg
Kreis Dahme-Spreewald
EW 484
🛈 Tel (0 35 44) 59 40, Fax 29 48
Stadt-u. Amtsverwaltung
✉ 15926 Am Markt 34

✱ Landhaus am Park
Parkweg 3, Tel (0 35 44) 5 00 90,
Fax 50 09 44, ✉ 15926, AX ED VA
25 Zi, Ez: 90/45-110/55, Dz: 130/65-150/75, ⌐
WC ⌀, 11 ⇆, Lift, P, 1⟳30, Restaurant

Calw 61 ←

Baden-Württemberg
EW 24000
🛈 Tel (0 70 51) 96 88 10, Fax 96 88 77
Stadtinformation
✉ 75365 Marktbrücke 1

✱ Ratsstube
Marktplatz 12, Tel (0 70 51) 9 20 50,
Fax 7 08 26, ✉ 75365, AX DC ED VA
13 Zi, Ez: 85/42-100/50, Dz: 135/67-145/73, ⌐
WC ⌀, 6 ⇆, P, 🏠, 1⟳50
🍴 Hauptgericht 40/20, Terrasse

✱ Rössle
Hermann-Hesse-Platz 2, Tel (0 70 51) 7 90 00,
Fax 79 00 79, ✉ 75365, ED VA
20 Zi, Ez: 88/44-98/49, Dz: 140/70-150/75, ⌐
WC ⌀, P, 🏠, 2⟳60
geschl.: Fr, 15-30.8.01

🍴 Hauptgericht 25/12, Terrasse,
geschl.: Fr, 15-30.8.01

Stammheim (5 km ↘)

🍴🍴 Adler
Hauptstr. 16, Tel (0 70 51) 42 87, Fax 2 03 11,
✉ 75365, AX ED VA
Hauptgericht 19/9-35/17, Terrasse, P, 🛏,
geschl.: Mo, Di, 2 Wochen im Nov

Cambs 19 ↗

Mecklenburg-Vorpommern
Landkreis Parchim
EW 593
🛈 Tel (0 38 66) 2 70
Gemeinde Cambs
✉ 19067 Langen Brützer Weg 2

✱✱ Alago
Cambser Seeweg 5, Tel (0 38 66) 6 60,
Fax 66 55, ✉ 19067, AX ED VA
♪, 27 Zi, Ez: 84/42-99/49, Dz: 118/59-148/74,
⌐ WC ⌀, 6 ⇆, P, 🏠, 3⟳50, Restaurant

Caputh 29 □

Brandenburg / Kreis Potsdam
EW 4447
🛈 Tel (03 32 09) 7 08 86, Fax 7 08 86
FVV Schwielowsee e. V.
✉ 14548 Lindenstr. 56

✱✱ Landhaus Haveltreff
Weinbergstr. 4, Tel (03 32 09) 7 80,
Fax 7 81 00, ✉ 14548, AX ED VA
26 Zi, Ez: 130/65-160/80, Dz: 170/85-190/95,
1 Suite, ⌐ WC ⌀ DFÜ, 5 ⇆, Lift, P, 2⟳35,
Restaurant

✱ Müllerhof
Weberstr. 49, Tel (03 32 09) 7 90, Fax 79 50,
✉ 14548, AX ED VA
32 Zi, Ez: 80/40-105/52, Dz: 140/70, 1 Suite, ⌐
WC ⌀, 2 ⇆, P, 🏠, 2⟳100, Kegeln, Sauna,
Solarium, Restaurant

✱ Akzent-Hotel Märkisches Gildehaus
Schwielowseestr. 58, Tel (03 32 09) 7 02 65,
Fax 7 08 36, ✉ 14548, AX ED VA
♪, 23 Zi, Ez: 90/45-135/67, Dz: 140/70-170/85,
⌐ WC ⌀, P, 8⟳80, Seezugang, Sauna,
Solarium, Restaurant

Caputh

Ferch (4 km ✓)

⊙ Landhaus Ferch
Dorfstr. 41, Tel (03 32 09) 7 03 91, Fax 7 10 12,
✉ 14548, AX ED VA
❊, Hauptgericht 20/10, Terrasse
✱ ❊, 7 Zi, Ez: 85/42-140/70,
Dz: 110/55-180/90, ⌐ WC ✆, P, Seezugang

Castell 56 □

Bayern / Kreis Kitzingen
EW 900
ℹ Tel (0 93 25) 9 99 99, Fax 9 99 05
Heimatverein
✉ 97355 August-Sperl-Str 16

⊙ Weinstall Castell
Schloßplatz 3, Tel (0 93 25) 90 25 61,
Fax 90 26 81, ✉ 97355

Castrop-Rauxel 33 □

Nordrhein-Westfalen
Kreis Recklinghausen
EW 79780
ℹ Tel (0 23 05) 1 06 22 15, Fax 1 84 40
Kommunalbüro - Stadtinformation
✉ 44575 Europaplatz 1

✱✱✱ Mercure Hotel Goldschmieding
Dortmunder Str. 55, Tel (0 23 05) 30 10,
Fax 3 01 45, ✉ 44575, AX DC ED VA, Ⓢ
♪, 84 Zi, Ez: 183/92-203/102,
Dz: 256/128-296/149, 1 Suite, ⌐ WC ✆, 20 ⚭,
P, 5⌬120, Fitnessraum, Sauna, Solarium,
2 Tennis, Restaurant

✱ Haus Selle am Wald
Cottenburgschlucht 41, Tel (0 23 05) 94 10,
Fax 94 12 52, ✉ 44577, AX ED VA
20 Zi, Ez: 78/39-98/49, Dz: 98/49-128/64,
6 App, ⌐ WC ✆ DFÜ, 3 ⚭, P, ☎, garni

⊙ Haus Bladenhorst
Wartburgstr. 5, Tel (0 23 05) 7 79 91,
Fax 1 59 45, ✉ 44579, AX DC ED VA
❊, Hauptgericht 25/12, geschl.: Mo, 2 Wochen
im Sommer

Cavertitz 39 ↘

Sachsen / Kreis Totgau-Oschatz
EW 2800
ℹ Tel (03 43 61) 5 12 29, Fax 5 20 22
Gemeindeverwaltung
✉ 04758 Kirchstr. 7

Reudnitz

✱ Pelzer
Waldstr. 40, Tel (03 43 61) 6 60, Fax 6 61 49,
✉ 04758, ED
einzeln ♪ ❊, 38 Zi, Ez: 90/45-100/50,
Dz: 130/65-140/70, 3 App, ⌐ WC ✆, 10 ⚭, P,
3⌬80, Kegeln, Sauna, Solarium, Restaurant

Celle 26 □

Niedersachsen
EW 74000
ℹ Tel (0 51 41) 12 12, Fax 1 24 59
Touristinformation
✉ 29221 Markt 14-16

✱✱✱ Fürstenhof Celle ♛
Relais & Châteaux
Hannoversche Str. 55 (A 3), Tel (0 51 41) 20 10,
Fax 20 11 20, ✉ 29221, AX DC ED VA
71 Zi, Ez: 200/100-275/138,
Dz: 305/153-330/166, 3 Suiten, ⌐ WC ✆ DFÜ,
Lift, P, ☎, 6⌬80, ♨, Sauna, Solarium, Golf
Ehemaliges herzogliches Landhaus im
Barockstil, Tapetenzimmer mit französischer
Handdrucktapete.

ΨΨΨΨ Endtenfang
Hauptgericht 42/21-60/30, Terrasse

Palio
Hauptgericht 20/10-35/17, Biergarten,
geschl.: Mitte Jan-Mitte Feb

✱✱ Caroline Mathilde
Alter Bremer Weg 37 (A 1),
Tel (0 51 41) 98 07 80, Fax 98 07 85 55,
✉ 29223, AX DC ED VA
♪, 53 Zi, Ez: 125/62-220/110,
Dz: 175/88-270/135, ⌐ WC ✆, 18 ⚭, Lift, P,
3⌬50, ♨, Sauna, Golf, garni
Auch Zimmer der Kategorie ✱ vorhanden.

✱✱ Celler Hof
Stechbahn 11 (B 2), Tel (0 51 41) 91 19 60,
Fax 9 11 96 44, ✉ 29221, AX DC ED VA

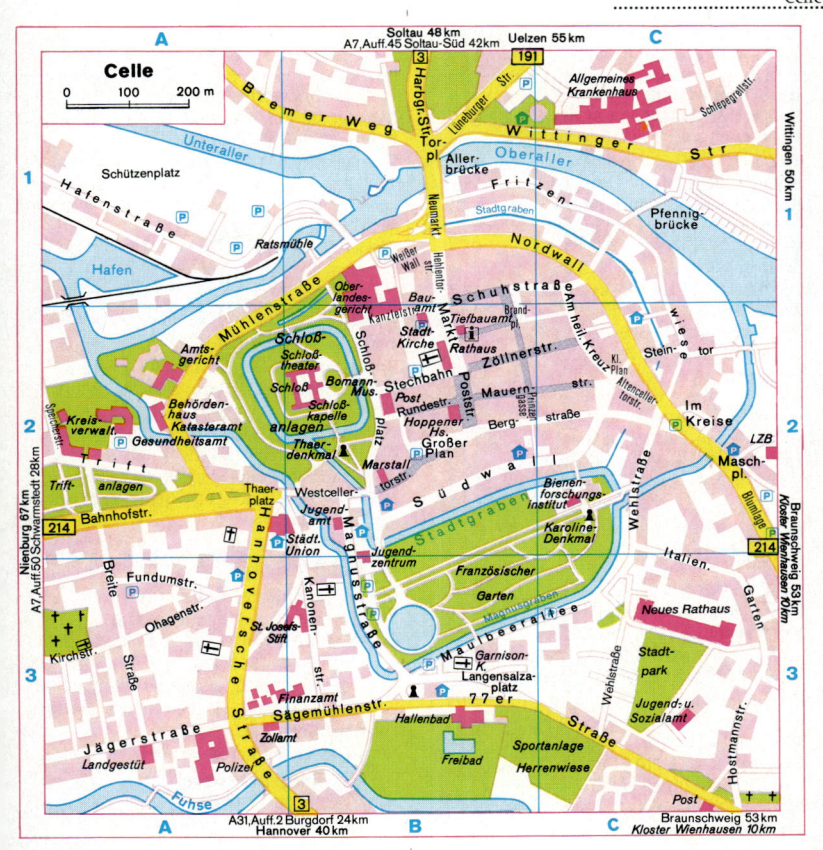

49 Zi, Ez: 115/57-325/163, Dz: 170/85-325/163,
⌐ WC ⌀ DFÜ, Lift, 🏠, Fitnessraum, Sauna,
Golf, garni
Auch Zimmer der Kategorie ✱ vorhanden.

✱ Steigenberger Esprix
Am Nordwall 22, **Tel (0 51 41) 20 00**,
Fax 20 02 00, ✉ 29221, AX DC ED VA, Ⓢ
117 Zi, Ez: 135/67-290/146,
Dz: 150/75-320/161, 4 App, ⌐ WC ⌀ DFÜ,
28 ⇔, Lift, 🅿, 4⇔75, Golf, Restaurant

✱ Sol Inn
Fuhrberger Str. 6 (A 2), **Tel (0 51 41) 97 20**,
Fax 97 24 44, ✉ 29225, AX DC ED VA, Ⓢ
128 Zi, Ez: 131/65-214/107,
Dz: 149/75-232/116, ⌐ WC ⌀ DFÜ, 30 ⇔, Lift,
🅿, 3⇔100, Sauna, Solarium, Golf, Restaurant

✱ Akzent-Hotel Am Braunen Hirsch
Münzstr. 9 c (außerhalb B 1),
Tel (0 51 41) 9 39 30, Fax 93 93 50, ✉ 29223,
AX ED VA
23 Zi, Ez: 110/55-155/78, Dz: 150/75-190/95,
1 Suite, ⌐ WC ⌀ DFÜ, 4 ⇔, 🅿, 🏠, 1⇔0, garni
Rezeption: 6.30-22.30

✱ Am Stadtgraben ♛
Fritzenwiese 20-22 (C 1), **Tel (0 51 41) 10 91**,
Fax 2 40 82, ✉ 29221, AX DC ED VA
♪ 🍴, 8 Zi, Ez: 120/60-140/70,
Dz: 190/95-260/130, ⌐ WC ⌀, 🅿, 1⇔40,
Sauna, garni

✱ Blumlage
Blumlage 87 (C 2), **Tel (0 51 41) 91 19 30**,
Fax 9 11 93 33, ✉ 29221, AX DC ED VA

Celle

32 Zi, Ez: 110/55-325/163, Dz: 165/83-325/163, ⊣ WC ⌀ DFÜ, **P**, Golf, garni

✱ Borchers
Schuhstr. 52 (B 1), Tel (0 51 41) 91 19 20,
Fax 9 11 92 44, ✉ 29221, AX DC ED VA
19 Zi, Ez: 125/62-340/171, Dz: 185/93-340/171,
⊣ WC ⌀ DFÜ, Lift, 🏠, Golf, garni
Auch Zimmer der Kategorie ✱✱ vorhanden.

✱ St. Georg
St.-Georg-Str. 25-27 (außerhalb C 2),
Tel (0 51 41) 21 05 10, Fax 21 77 25, ✉ 29221,
AX DC ED VA
⌀, 15 Zi, Ez: 110/55, Dz: 185/93-215/108, ⊣
WC ⌀ DFÜ, 5 🛏, **P**, 🏠, garni
Rezeption: 8-19

✱ Utspann
Im Kreise 13 (C 2), Tel (0 51 41) 9 27 20,
Fax 92 72 52, ✉ 29221, AX DC ED VA
⌀ ⌀, 24 Zi, Ez: 141/71-260/130,
Dz: 180/90-330/166, 3 Suiten, 3 App, ⊣ WC ⌀,
2 🛏, **P**, 1⌀20, Sauna, Solarium, Restaurant
geschl.: 23-31.12.00

✱ Bacchus
Bremer Weg 132 a (A 1), Tel (0 51 41) 5 20 31,
Fax 5 26 89, ✉ 29223, AX ED VA
42 Zi, Ez: 105/52-185/93, Dz: 158/79-225/113,
⊣ WC ⌀ DFÜ, 2 🛏, **P**, 🏠, 2⌀60, Solarium,
Restaurant

✱ Sattler
Bahnhofstr. 46, Tel (0 51 41) 99 29 10,
Fax 10 77, ✉ 29221, AX DC ED VA
22 Zi, Ez: 72/36-95/47, Dz: 110/55-150/75, ⊣
WC ⌀, 4 🛏, **P**, garni
geschl.: 24.12.00-2.1.01

🍴🍴 Ratskeller
Markt 14, Tel (0 51 41) 2 90 99, Fax 2 90 90,
✉ 29221, AX ED VA
⌀, Hauptgericht 20/10-45/22, Terrasse, **P**,
geschl.: Di
Ältestes Gasthaus in Niedersachsen aus 1378.

🍴🍴 Wintergarten der Congress Union Celle
Thaerplatz 1, Tel (0 51 41) 91 93, Fax 91 94 44,
✉ 29221, AX DC ED VA
Hauptgericht 18/9-40/20, Terrasse

🍴 Schifferkrug
Speicherstr. 9, Tel (0 51 41) 70 15, Fax 63 50,
✉ 29221, ED VA
Hauptgericht 20/10-38/19, Gartenlokal, nur
abends, geschl.: So

🛏 ⌀, 13 Zi, Ez: 80/40-110/55,
Dz: 130/65-170/85, ⊣ WC ⌀, **P**, 🏠

Schweine-Schulze
Neue Str. 36, Tel (0 51 41) 2 29 44,
Fax 21 47 56, ✉ 29221, ED VA
⌀, Hauptgericht 36/18, Terrasse, geschl.: So,
17.7.-13.8.00

🍴 Café Kiess
Großer Plan 16, Tel (0 51 41) 2 25 40, ✉ 29221
Gartenlokal, 8-19, geschl.: So

Altencelle (4 km ↘)

✱✱ Schaperkrug
Braunschweiger Heerstr. 85,
Tel (0 51 41) 9 85 10, Fax 88 19 58, ✉ 29227,
AX DC ED VA
36 Zi, Ez: 95/47-180/90, Dz: 120/60-240/120,
1 Suite, ⊣ WC ⌀, 14 🛏, **P**, 🏠, 3⌀70
Auch Zimmer der Kategorie ✱ vorhanden.
🍴🍴 Hauptgericht 14/7-38/19, Terrasse,
geschl.: So abends

Groß Hehlen (4 km ↖)

✱✱ Ringhotel Celler Tor
Scheuener Str. 2, Tel (0 51 41) 59 00,
Fax 59 04 90, ✉ 29229, AX DC ED VA, Ⓢ
73 Zi, Ez: 167/84-350/176,
Dz: 218/109-600/302, 1 Suite, ⊣ WC ⌀, 10 🛏,
Lift, **P**, 🏠, 14⌀320, 🏠, Fitnessraum, Sauna,
Solarium, Golf
Auch Zimmer der Kategorie ✱✱✱ vorhanden.
🍴🍴 Bürgermeisterei
Hauptgericht 26/13-50/25, Terrasse

Neustadt (1 km ←)

✱ Schaper
Heese 6-7, Tel (0 51 41) 9 48 80, Fax 94 88 30,
✉ 29225, ED VA
14 Zi, Ez: 95/47-140/70, Dz: 140/70-170/85,
1 Suite, ⊣ WC ⌀ DFÜ, **P**, Restaurant
geschl.: Mo

Cham 65 ↗

Bayern
EW 17500
🛈 Tel (0 99 71) 80 34 93, Fax 7 98 42
Cham Info
✉ 93413 Propsteistr. 46

Kreisstadt im Bayerischen Wald mit historischem Stadtkern. Viele Freizeitmöglichkeiten.
13. Juni - 19. August 2001: „Natur in Cham" -
die kleine Landesgartenschau!

Bräu-Pfandl

Lucknerstr. 11, Tel (0 99 71) 2 07 87, ✉ 93413, AX DC ED VA
☺, Hauptgericht 24/12-43/21, Terrasse,
geschl.: Mo, So, 30.7.-20.8.01

Altenmarkt (2 km ↙)

✱ Parkhotel Cham

Prälat-Wolker-Str. 5, Tel (0 99 71) 39 50,
Fax 39 51 20, ✉ 93413, AX DC ED VA
♪, 63 Zi, Ez: 82/41, Dz: 140/70, 4 App., ⌐ WC ✆
DFÜ, 30 🛌, Lift, P, 3⟲45, Sauna, Solarium,
9 Tennis, Restaurant

Chammünster

Berggasthaus Ödenturm

Am Ödenturm 11, Tel (0 99 71) 8 92 70,
Fax 89 27 20, ✉ 93413, DC ED VA
Hauptgericht 13/6-30/15, Terrasse, Gartenlokal,
P, 🚏, geschl.: Mo, 3.10.-30.11.00

Chemnitz 50 □

Sachsen
EW 270000
🅷 Tel (03 71) 69 06 80, Fax 6 90 68 30
Stadtmarketing Chemnitz GmbH
✉ 09111 Bahnhofstraße 6
Cityplan siehe Seite 174

✱✱✱ Günnewig Chemnitzer Hof

Theaterplatz 4 (B 2), Tel (03 71) 68 40,
Fax 6 76 25 87, ✉ 09111, AX DC ED VA, Ⓢ
92 Zi, Ez: 165/83, Dz: 210/105, ⌐ WC ✆ DFÜ,
Lift, 8⟲300, Restaurant
Auch Zimmer der Kategorie ✱✱✱✱ vorhanden.

✱✱✱ Renaissance Chemnitz Hotel

Salzstr. 56, Tel (03 71) 3 34 10, Fax 3 34 17 77,
✉ 09113, AX DC ED VA, Ⓢ
207 Zi, Ez: 150/75-176/88, Dz: 150/75-202/101,
19 Suiten, ⌐ WC ✆, 103 🛌, Lift, P, 🐾,
21⟲500, 🐾, Sauna, Solarium, Restaurant

✱✱✱ Dorint Parkhotel

Deubners Weg 12 (A 4), Tel (03 71) 3 80 70,
Fax 3 80 71 00, ✉ 09112, AX DC ED VA, Ⓢ
186 Zi, Ez: 125/62-180/90, Dz: 147/74-200/100,
1 Suite, ⌐ WC ✆, 120 🛌, Lift, P, 🐾, 17⟲250,
Sauna, Solarium
🍴🍴 Hauptgericht 20/10-38/19, Terrasse

✱✱ Artes

Leipziger Str. 214, Tel (03 71) 3 37 41 00,
Fax 3 37 42 20, ✉ 09112, AX DC ED VA
16 Zi, Ez: 110/55-140/70, Dz: 163/82-172/86, ⌐
WC ✆, 10 🛌, Lift, 🐾, 4⟲200, Restaurant

✱ Seaside Residenz Hotel

Bernsdorfer Str. 2 (B 4), Tel (03 71) 6 01 31,
Fax 6 76 27 81, ✉ 09126, AX DC ED VA
191 Zi, Ez: 99/49-155/78, Dz: 119/59-185/93,
2 Suiten, 98 App., ⌐ WC ✆ DFÜ, 42 🛌, Lift, P,
4⟲100, Sauna, Solarium

✱ Mercure Kongress

Brückenstr. 19 (B 3), Tel (03 71) 68 30,
Fax 68 35 05, ✉ 09111, AX DC ED VA, Ⓢ
♣, 386 Zi, Ez: 149/75-169/85,
Dz: 179/90-199/100, 9 App., ⌐ WC ✆, 144 🛌,
Lift, P, 10⟲220, Sauna, Solarium, Restaurant

✱ Günnewig Hotel Europa

Straße der Nationen 56 (B 2), Tel (03 71) 68 10,
Fax 67 06 06, ✉ 09111, AX DC ED VA, Ⓢ
103 Zi, Ez: 109/54-129/64, Dz: 139/70-159/80,
6 App., ⌐ WC ✆, 21 🛌, Lift, 1⟲24, garni
Auch Zimmer der Kategorie ✱✱ vorhanden.

✱ Avenue Hotel Becker

Dresdner Str. 136, Tel (03 71) 47 19 10,
Fax 4 71 91 47, ✉ 09131, AX DC ED VA
21 Zi, Ez: 98/49-119/59, Dz: 120/60-140/70, ⌐
✆ DFÜ, 6 🛌, Lift, P, Restaurant

✱ Elisenhof

Mühlenstr. 102 (B 1), Tel (03 71) 47 16 90,
Fax 4 71 69 50, ✉ 09111, AX DC ED VA
26 Zi, Ez: 95/47-110/55, Dz: 120/60-150/75,
1 App., ⌐ WC ✆, 3 🛌, Lift, P, garni

🍴🍴 Villa Posthof

Zwickauer Str. 154, Tel (03 71) 3 55 19 00,
Fax 94 49 28, ✉ 09116, AX ED VA
Hauptgericht 17/8-33/16, Terrasse, P,
geschl.: So

Adelsberg (4 km ↘)

✱ Adelsberger Parkhotel Hoyer

Wilhelm-Busch-Str. 61, Tel (03 71) 77 42 00,
Fax 77 33 77, ✉ 09127, AX ED VA, Ⓢ

Chemnitz

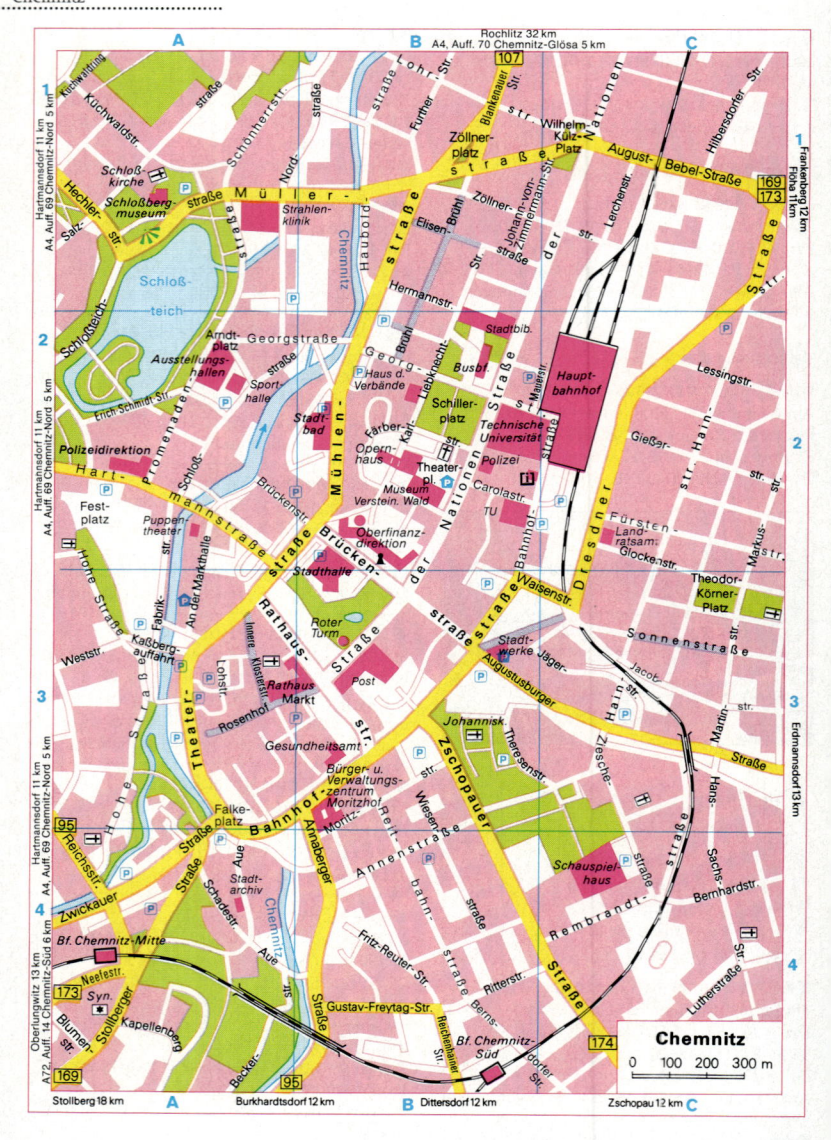

☾, 23 Zi, Ez: 125/62-155/78,
Dz: 155/78-195/98, 3 Suiten, ⌐ WC ℂ DFÜ,
Lift, Ⓟ, 3⌒60, Fitnessraum, Sauna, Solarium,
Restaurant

Helbersdorf

✱ ▬▬▬ Sporthotel Am Stadtpark
Dittersdorfer Str. 83, Tel (03 71) 28 10 00,
Fax 28 10 02 81, ✉ 09120, AX ED VA
44 Zi, Ez: 92/46-100/50, Dz: 134/67-160/80,
4 Suiten, ⌐ WC ℂ, Lift, Ⓟ, ☎, 2⌒60, ☎,

Fitnessraum, Kegeln, Bowling, Sauna, Solarium, 7 Tennis, Restaurant
Im Gesundheits-, Sport- und Freizeitcenter am Stadtpark.

Klaffenbach

✶ Ringhotel Schloßhotel Klaffenbach
Wasserschloßweg 6, Tel **(03 71) 2 61 10**,
Fax 2 61 11 00, ✉ 09123, AX DC ED VA, Ⓢ
♪, 53 Zi, Ez: 120/60-148/74,
Dz: 150/75-188/94, 1 Suite, 2 App, ⇨ WC ⓒ
DFÜ, 10 ⇉, Lift, P, 4⇨45, Restaurant

Mittelbach

✶ Abendroth
Hofer Str. 11 a, Tel **(03 71) 2 39 80**,
Fax 2 39 82 25, ✉ 09224, AX ED VA
♪ ≋, 34 Zi, Ez: 94/47-120/60, Dz: 94/47-150/75,
⇨ WC ⓒ, 7 ⇉, P, 1⇨18, Sauna, Restaurant
geschl.: 27-31.12.00

Schönau (5 km ↙)

✶ Achat
Winkelhoferstr. 14, im Gewerbegebiet,
Tel **(03 71) 8 12 10**, Fax 8 12 19 99, ✉ 09116,
AX ED VA, Ⓢ
101 Zi, Ez: 104/52-133/66, Dz: 137/69-166/83,
11 App, ⇨ WC ⓒ DFÜ, 40 ⇉, Lift, P,
Restaurant
Auch Zimmer der Kategorie ✶✶ vorhanden.
Langzeitvermietung möglich..

Siegmar (5 km ↙)

✶✶ Alte Mühle
An der alten Mühle 10, Tel **(03 71) 8 14 40**,
Fax 8 14 43 33, ✉ 09117, AX DC ED VA
39 Zi, Ez: 99/49-145/73, Dz: 125/62-210/105,
3 Suiten, ⇨ WC ⓒ DFÜ, 26 ⇉, Lift, P, 2⇨55,
Fitnessraum, Sauna, Solarium, Restaurant

Chieming 73 □
Bayern / Kreis Traunstein
EW 4200
🛈 Tel **(0 86 64) 2 45**, Fax 89 98
Verkehrsamt
✉ 83339 Hauptstr. 20 b im Haus des Gastes

Erholungsort am Ostufer des Chiemsees.

Ising (6 km ↖)

✶✶✶ Gut Ising
Kirchberg 3, Tel **(0 86 67) 7 90**, Fax 7 94 32,
✉ 83339, AX DC ED VA
♪, 96 Zi, Ez: 176/88-265/133,
Dz: 251/126-377/189, 9 Suiten, ⇨ WC ⓒ, 1 ⇉,
Lift, P, 🐕, 12⇨320, ⇌, Fitnessraum, Kegeln,
Sauna, Solarium, Golf, 4 Tennis
geschl.: 7.1.-14.2.01
Teils unter Denkmalschutz stehende
Gutshofanlage mit 7 Gästehäusern. Zimmer
unterschiedlicher Kategorien mit Stil- und
Bauernmöbeln. Moderner Wellnessbereich,
Reitschule.

¶¶ Zum Goldenen Pflug
🍷, Hauptgericht 22/11-46/23, Terrasse,
geschl.: 7.1.-14.2.01

Chorin 22 ↓
Brandenburg / Kreis Eberswalde
EW 509
🛈 Tel **(03 33 65) 4 04**
Fremdenverkehrsverein
✉ 16248 Dorfstr. 35

✶ Haus Chorin Verband Christlicher Hotels
Neue Klosterallee 10, Tel **(03 33 66) 5 00**,
Fax 3 26, ✉ 16230, AX ED VA
einzeln ♪ ≋, 63 Zi, Ez: 65/32-130/65,
Dz: 99/49-189/95, ⇨ WC ⓒ, 18 ⇉, Lift, P,
5⇨230, Fitnessraum, Bowling, Sauna,
Solarium, Restaurant

Clausthal-Zellerfeld 37 ↖
Niedersachsen / Kreis Goslar
EW 16000
🛈 Tel **(0 53 23) 8 10 24**, Fax 8 39 62
Kur-/Tourist-Information
✉ 38678 Bahnhofstr. 5 a

Clausthal

✶✶ Goldene Krone
Kronenplatz 3, Tel **(0 53 23) 93 00**,
Fax 93 01 00, ✉ 38678, AX ED VA

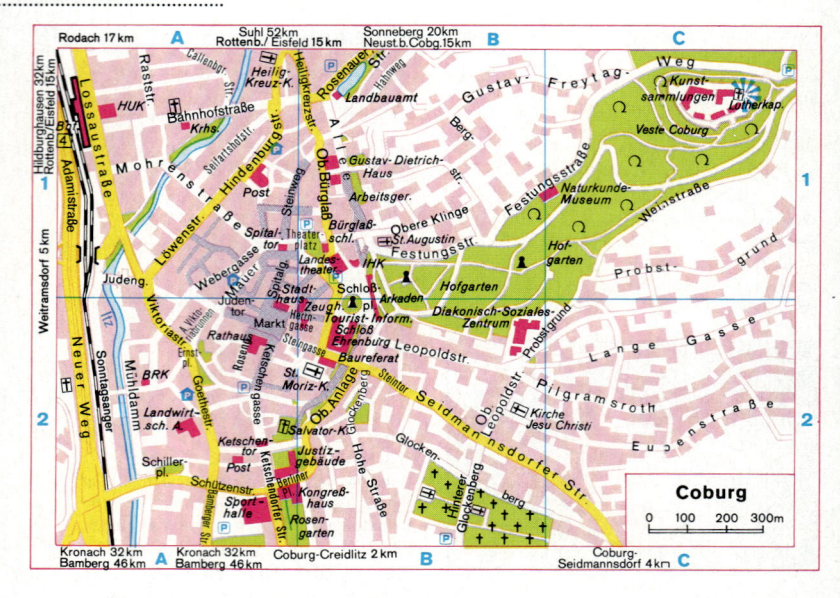

25 Zi, Ez: 115/57-180/90, Dz: 150/75-240/120,
3 Suiten, ⌐ WC ✆, 5 ⇔, Lift, P, 🏠, 1⇔30,
Restaurant

Clausthal-Außerhalb (2 km ↓)

✶ Pixhaier Mühle
An der Pixhaier Mühle 1 (Richtung Fachklinik),
Tel (0 53 23) 22 15, Fax 79 83, ✉ 38678, ED VA
einzeln ♪, 17 Zi, Ez: 85/42, Dz: 150/75, ⌐ WC
✆, Lift, P, 1⇔20, Restaurant

Zellerfeld

✶ Parkhotel Calvör
Treuerstr. 6, Tel (0 53 23) 95 00, Fax 95 02 22,
✉ 38678, AX DC ED VA
34 Zi, Ez: 100/50-145/73, Dz: 145/73-185/93,
1 Suite, ⌐ WC ✆, 15 ⇔, P, 3⇔50, Sauna,
Restaurant

Cloppenburg 24 ↑

Niedersachsen
EW 29290
🛈 Tel (0 44 71) 1 52 56, Fax 93 38 28
Tourist-Information
✉ 49661 Eschstr. 29 (Marktplatz)

✶✶ Park Hotel
Burgstr. 8, Tel (0 44 71) 66 14, Fax 66 17,
✉ 49661, AX ED VA

48 Zi, Ez: 98/49-135/67, Dz: 160/80-195/98,
3 Suiten, ⌐ WC ✆ DFÜ, 12 ⇔, Lift, P, 🏠,
3⇔150, Bowling, Sauna, Golf, Restaurant

✶ Schlömer
Bahnhofstr. 17, Tel (0 44 71) 28 38, Fax 65 24,
✉ 49661, AX DC ED VA
16 Zi, Ez: 80/40-95/47, Dz: 125/62-140/70, ⌐
WC ✆, P, 🏠, Restaurant

⊮⊮ Schäfers Hotel
Lange Str. 66, Tel (0 44 71) 24 84,
Fax 94 77 14, ✉ 49661, AX DC ED VA
Hauptgericht 35/17, Terrasse, Gartenlokal, P,
🛏, geschl.: Mi, 2 Wochen im Sommer

Coburg 48 ✓

Bayern
EW 43000
🛈 Tel (0 95 61) 7 41 80, Fax 74 18 29
Tourismus & Congress Service
✉ 96450 Herrngasse 4

✶✶ Romantik Hotel Goldene Traube
Am Viktoriabrunnen 2 (A 2),
Tel (0 95 61) 87 60, Fax 87 62 22, ✉ 96450,
AX DC ED VA
70 Zi, Ez: 145/73-170/85, Dz: 195/98-260/130,
1 Suite, ⌐ WC ✆ DFÜ, 27 ⇔, Lift, P, 🏠,
4⇔120, Sauna, Solarium, Golf
Auch Zimmer der Kategorie ✶ vorhanden.

Meer & mehr
Hauptgericht 28/14, geschl.: 1.-6.6.01
Beachtenswerte Küche.

** Best Western Hotel Blankenburg
Rosenauer Str. 30 (B 1), Tel (0 95 61) 64 40,
Fax 64 41 99, ✉ 96450, AX DC ED VA
34 Zi, Ez: 135/67-170/85, Dz: 145/73-190/95,
2 Suiten, ⏋ WC Ⓒ DFÜ, 16 ⌇, Lift, P, ⌂,
2⌘50, ≋, ⌂, Fitnessraum
Auch Zimmer der Kategorie * vorhanden.

Kräutergarten
Tel 64 43 00, Fax 64 43 10
Hauptgericht 37/18

** Mercure
Ketschendorfer Str. 86, Tel (0 95 61) 82 10,
Fax 82 14 44, ✉ 96450, AX DC ED VA, Ⓢ
123 Zi, Ez: 139/70-163/82, Dz: 149/70-205/103,
⏋ WC Ⓒ DFÜ, 41 ⌇, Lift, ⌂, 2⌘40, Golf,
garni

* Festungshof
Festungsberg 1 (C 1), Tel (0 95 61) 8 02 90,
Fax 80 29 33, ✉ 96450, AX ED VA
♩ ⚜, 14 Zi, Ez: 115/57-145/73,
Dz: 140/70-240/120, 3 Suiten, ⏋ WC Ⓒ, 4 ⌇,
P, ⌂, 2⌘120, Restaurant

* Goldener Anker
Rosengasse 14, Tel (0 95 61) 5 57 00,
Fax 9 25 60, ✉ 96450, AX DC ED VA
60 Zi, Ez: 98/49-145/73, Dz: 145/73-195/98, ⏋
WC Ⓒ, Lift, ⌂, 2⌘90, ⌂, Sauna, Solarium
Auch Zimmer der Kategorie ** vorhanden.

* Ringhotel Stadt Coburg
Lossaustr. 12 (A 1), Tel (0 95 61) 87 40,
Fax 87 42 22, ✉ 96450, AX DC ED VA, Ⓢ
41 Zi, Ez: 135/67-160/80, Dz: 175/88-190/95,
2 Suiten, ⏋ WC Ⓒ, 21 ⌇, Lift, P, 2⌘40,
Sauna, Solarium, Restaurant

Schaller
Ketschendorfer Str. 22, Tel (0 95 61) 2 50 74,
Fax 2 88 74, ✉ 96450, ED VA
Hauptgericht 46/23, Gartenlokal, P, nur
abends, geschl.: So, 2.-8.1.01, Ende Jul-Anfang
Aug

* Coburger Tor
13 Zi, Ez: 120/60-160/80, Dz: 160/80-250/125,
2 Suiten, ⏋ WC Ⓒ DFÜ, Lift, ⌂

Café Schubart
Mohrenstr. 11, Tel (0 95 61) 86 06 80,
Fax 8 60 68 11, ✉ 96450
P, 8.30-19

Lützelbuch (2 km →)

** Landhaus Fink
Lützelbucher Str. 25, Tel (0 95 61) 2 49 43,
Fax 2 72 40, ✉ 96450
35 Zi, Ez: 55/27-78/39, Dz: 85/42-118/59, ⏋
WC Ⓒ, 7 ⌇, 2⌘85, Restaurant
Im Gasthaus Zimmer der Kategorie * vorhanden.

Scheuerfeld (3 km ←)

* Löhnert
Schustersdamm 28, Tel (0 95 61) 8 33 60,
Fax 83 36 99, ✉ 96450
♩, 52 Zi, Ez: 70/35, Dz: 100/50, ⏋ WC Ⓒ, P,
⌂, Sauna, Restaurant
geschl.: So
Auch einfachere Zimmer vorhanden.

Cochem 43 ✓

Rheinland-Pfalz
Kreis Cochem-Zell
EW 6200
🛈 Tel (0 26 71) 6 00 40, Fax 60 04 44
Tourist-Information
✉ 56812 Enderplatz 1

* Haus Erholung
Moselpromenade 64, Tel (0 26 71) 75 99,
Fax 43 62, ✉ 56812, ED VA
⚜, 18 Zi, Ez: 68/34-95/47, Dz: 98/49-148/74,
2 App, ⏋ WC, 2 ⌇, Lift, ⌂, Sauna, Solarium
geschl.: 15.11.00-15.3.01

Lohspeicher ✤
Obergasse 1, Tel (0 26 71) 39 76, Fax 17 72,
✉ 56812, AX ED VA
Hauptgericht 25/12-40/20, Biergarten,
Gartenlokal, P, geschl.: Mi, 28.1.-1.3.01
*
9 Zi, Ez: 75/37-95/47,
Dz: 150/75-170/85, ⏋ WC Ⓒ, Lift, ⌂

Café Germania
Moselpromenade 1, Tel (0 26 71) 9 77 50,
Fax 97 75 55, ✉ 56812, AX DC ED VA
P
** 18 Zi, Ez: 80/40-110/55,
Dz: 160/80-220/110, ⏋ WC Ⓒ DFÜ, 3 ⌇, Lift,
⌂, Solarium, garni

Cochem-Außerhalb (2 km ↖)

** Silencehotel Weißmühle
Endertal, Tel (0 26 71) 89 55, Fax 82 07,
✉ 56812, DC ED VA
einzeln ♩ ⚜, 36 Zi, Ez: 95/47-130/65,
Dz: 190/95-250/125, 1 Suite, 1 App, ⏋ WC Ⓒ,

Cochem

Lift, P, 🏠, 2⟳50, Fitnessraum, Kegeln, Sauna, Solarium
Auch einfachere Zimmer vorhanden.

ŸŸ Müllerstube
einzeln, Hauptgericht 38/19-45/22, Terrasse

Cond (1 km →)

✱ Thul
Brauselaystr. 27, Tel (0 26 71) 91 41 50,
Fax 91 41 51 44, ✉ 56812, VA
♪ ✦, 23 Zi, Ez: 85/42-170/85,
Dz: 140/70-220/110, ⊐ WC ☯, 3 ⊱, Lift, P, 🏠, Fitnessraum, Sauna, Solarium, Restaurant
geschl.: 1.1.-28.2.01, 1-31.12.01

✱ Am Rosenhügel Flair Hotel
Valwiger Str. 57, Tel (0 26 71) 9 76 30,
Fax 97 63 63, ✉ 56812, ED VA
✦, 23 Zi, Ez: 85/42-140/70, Dz: 120/60-210/105,
⊐ WC ☯ DFÜ, 3 ⊱, Lift, P, 1⟳, Sauna, Solarium, Restaurant
geschl.: 1.12.00-1.2.01

✱ Am Hafen
Uferstr. 3, Tel (0 26 71) 9 77 20, Fax 97 72 27,
✉ 56812, AX DC ED VA
✦, 19 Zi, Ez: 80/40-160/80, Dz: 100/50-200/100,
2 Suiten, ⊐ WC ☯, P, 🏠, Fitnessraum, Solarium, Restaurant

Sehl (2 km ↘)

✱✱ Panorama
Klostergartenstr. 44, Tel (0 26 71) 91 41 40,
Fax 9 14 14 14, ✉ 56812, AX DC ED VA, Ⓢ
✦, 56 Zi, Ez: 98/49-150/75, Dz: 136/68-235/118,
3 Suiten, 2 App, ⊐ WC ☯ DFÜ, 3 ⊱, Lift, P, 🏠,
1⟳25, 🏠, Sauna, Solarium, Restaurant
geschl.: Jan
Auch Zimmer der Kategorie ✱ vorhanden.

✱✱ Keßler-Meyer
Am Reilsbach, Tel (0 26 71) 45 64, Fax 38 58,
✉ 56812
♪ ✦, 30 Zi, Ez: 176/88-208/104, Dz: 335/168,
3 Suiten, 3 App, ⊐ WC ☯, 🏠, Sauna, Solarium, garni

Cölbe 45 ↖

Hessen / Kreis Marburg
EW 6720
🛈 Tel (0 64 21) 98 50 20, Fax 98 50 28
Gemeindeverwaltung Cölbe
✉ 35091 Kasseler Str. 88

✱ Flair Hotel Company
Lahnstr. 6, Tel (0 64 21) 9 86 60, Fax 98 66 66,
✉ 35091, AX DC ED VA

25 Zi, Ez: 111/55-166/83, Dz: 155/78-200/100,
⊐ WC ☯, 2 ⊱, P, 1⟳20, Sauna, Solarium, Restaurant
geschl.: 24.12.00-2.1.01

Coesfeld 33 ↑

Nordrhein-Westfalen
EW 32739
🛈 Tel (0 25 41) 1 51 50, Fax 1 51 01
Verkehrsverein
✉ 48653 Markt 8

✱✱ Haselhoff
Ritterstr. 2, Tel (0 25 41) 9 42 00,
Fax 94 20 30, ✉ 48653, DC ED VA
23 Zi, Ez: 100/50-110/55, Dz: 150/75, ⊐ WC ☯
DFÜ, 3 ⊱, Lift, P, 🏠, 4⟳80
ŸŸ Hauptgericht 25/12-40/20, Terrasse, Biergarten, geschl.: Sa

✱✱ Zur Mühle
Mühlenstr. 23, Tel (0 25 41) 91 30, Fax 65 77,
✉ 48653, AX DC ED VA
♪, 35 Zi, Ez: 105/52-135/67,
Dz: 155/78-195/98, ⊐ WC ☯ DFÜ, P, 🏠,
1⟳50, Golf, garni

Colbitz 28 ↙

Sachsen-Anhalt / Kreis Ohrekreis
🛈 Tel (03 92 07) 85 20
Gemeindeverwaltung
✉ 39326 Teichstr. 2

✱ Ambiente
Wolmirstedter Str. 7, Tel (03 92 07) 85 50,
Fax 8 55 34, ✉ 39326, AX ED VA
18 Zi, Ez: 90/45, Dz: 110/55, ⊐ WC ☯, 1 ⊱, P,
1⟳30, Sauna, Solarium, Restaurant

Colmberg 56 ↘

Bayern / Kreis Ansbach
EW 1640
🛈 Tel (0 98 03) 9 41 55, Fax 9 41 53
Gemeindeverwaltung
✉ 91598 Am Markt 1

✱ Burg Hotel Colmberg
Tel (0 98 03) 9 19 20, Fax 2 62, ✉ 91598,
AX ED
einzeln ♪ ✦ 🍴, 26 Zi, Ez: 75/37-150/75,
Dz: 140/70-240/120, ⊐ WC ☯, P, 2⟳35,
Restaurant
geschl.: Di, 10.1.-15.2.01
1000 jährige Burganlage.

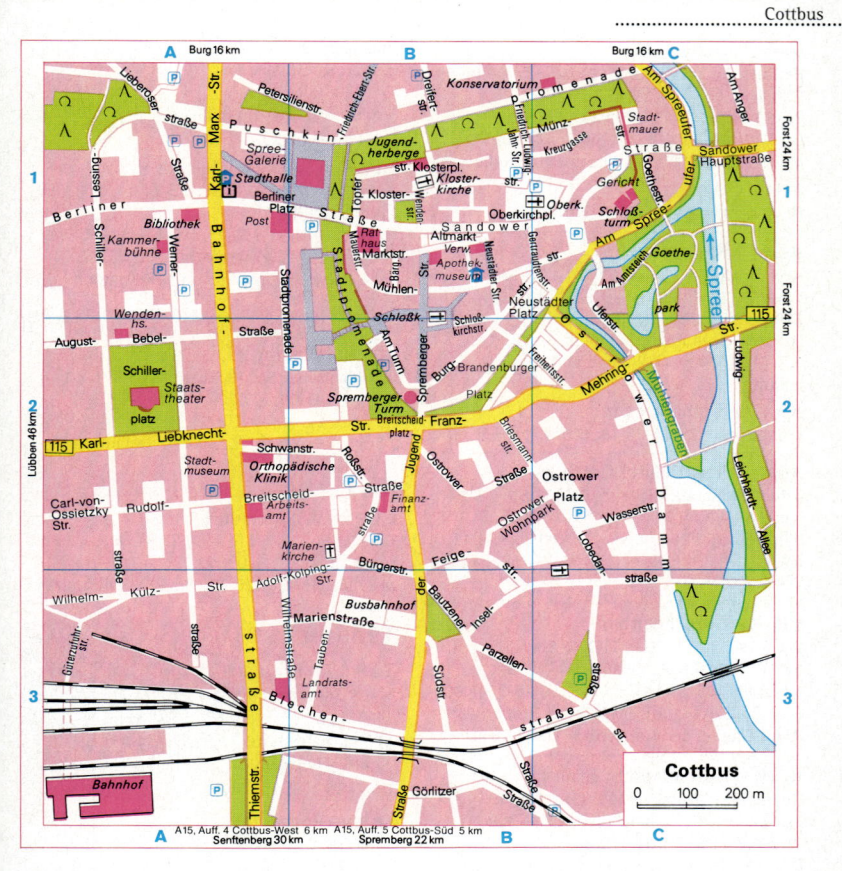

Coswig (Anhalt) 39

Sachsen-Anhalt
Kreis Anhalt-Zerbst
EW 9510
🛈 Tel (03 49 03) 6 71 67, Fax 6 71 67
Stadtinformation
✉ 06869 Friederikenstr. 2

✱ Zur Fichtenbreite
Fichtenbreite 5, Tel **(03 49 03) 3 05 16**,
Fax 3 05 19, ✉ 06869, AX DC ED VA
30 Zi, Ez: 75/37–80/40, Dz: 90/45–100/50, 🛏
WC ⊘, 5 ♿, Ⓟ, 2🐕30, Restaurant

Cottbus 41

Brandenburg
EW 110150
🛈 Tel (03 55) 2 42 54, Fax 79 19 31
Cottbus-Information
✉ 03046 Karl-Marx-Str 68

Cottbus Service, Berliner Platz 6

Cottbus

★★★ Holiday Inn
Berliner Platz, Tel (03 55) 36 60, Fax 36 69 99,
✉ 03046, AX DC ED VA, Ⓢ
🍴, 182 Zi, Ez: 150/75-280/141,
Dz: 240/120-330/166, 11 Suiten, ⊒ WC ⌀,
48 ⌧, Lift, ⌂, 7⇔250, Fitnessraum, Solarium

🍴🍴 Lynaris
Hauptgericht 20/10-31/15, Terrasse

★★★ Radisson SAS
Vetschauer Str. 12, Tel (03 55) 4 76 10,
Fax 4 76 19 00, ✉ 03046, AX DC ED VA
230 Zi, Ez: 135/67-210/105,
Dz: 165/83-240/120, 11 Suiten, ⊒ WC ⌀, 55 ⌧,
Lift, ⌂, 8⇔420, ⌂, Fitnessraum, Sauna,
Solarium

🍴🍴 Bistro Arcade
Hauptgericht 28/14-36/18, Terrasse, 🅿

★★ Sorat Hotel Cottbus
Schloßkirchplatz 2 (B 1-2), Tel (03 55) 7 84 40,
Fax 7 84 42 44, ✉ 03046, AX DC ED VA, Ⓢ
95 Zi, Ez: 150/75-195/98, Dz: 200/100-245/123,
6 App, ⊒ WC ⌀, 49 ⌧, Lift, ⌂, 7⇔50, Sauna,
Restaurant

★★ Dorotheenhof
Waisenstr. 19, Tel (03 55) 7 83 80,
Fax 7 83 84 44, ✉ 03046, AX DC ED VA
62 Zi, Ez: 105/52-145/73, Dz: 150/75-200/100,
⊒ WC ⌀, 20 ⌧, Lift, 🅿, 3⇔100, Restaurant
Auch Zimmer der Kategorie ★ vorhanden.

★ Best Western Branitz
Heinrich-Zille-Str., Tel (03 55) 7 51 00,
Fax 71 31 72, ✉ 03042, AX DC ED VA, Ⓢ
♪, 203 Zi, Ez: 135/67-160/80,
Dz: 155/78-190/95, 2 Suiten, ⊒ WC ⌀, 36 ⌧,
Lift, 🅿, ⌂, 15⇔700, Fitnessraum, Kegeln,
Sauna, Solarium, Restaurant
Im Gästehaus Im grünen Garten auch einfache
Zimmer vorhanden.

★ Friedrich
Friedrich-Ebert-Str. 36, Tel (03 55) 38 07 40,
Fax 79 08 00, ✉ 03046
16 Zi, Ez: 105/52, Dz: 130/65, 2 App, ⊒ WC ⌀,
Lift, 🅿, garni

★ Ahorn
Bautzener Str. 134 / 135, Tel (03 55) 47 80 00,
Fax 4 78 00 40, ✉ 03050, AX DC ED VA
20 Zi, Ez: 85/42-140/70, Dz: 110/55-170/85,
1 Suite, ⊒ WC ⌀ DFÜ, 🅿, ⌂, 1⇔25,
Restaurant

🍴 Mephisto
Karl-Liebknecht-Str. 25, Tel (03 55) 70 38 06,
Fax 70 38 08, ✉ 03046, AX ED VA
Hauptgericht 25/12-38/19, Terrasse, 🅿,
geschl.: Sa mittags, So

Groß Gaglow (3 km ↓)

★ Sol Inn
Am Seegraben, Im Gewerbegebiet,
Tel (03 55) 5 83 70, Fax 5 83 74 44, ✉ 03058,
AX DC ED VA
98 Zi, Ez: 118/59-150/75, Dz: 136/68-168/84,
2 Suiten, ⊒ WC ⌀, 68 ⌧, Lift, 🅿, 3⇔90,
Fitnessraum, Sauna, Solarium, Restaurant

Schmellwitz (3 km ↑)

★ Waldhotel
Drachhausener Str. 70, Tel (03 55) 8 76 40,
Fax 8 76 41 00, ✉ 03044, AX ED VA
♪, 53 Zi, Ez: 80/40-110/55, Dz: 90/45-150/75,
2 Suiten, ⊒ WC ⌀, 🅿, 2⇔80, Restaurant

Willmersdorf

★ Willmersdorf
Mauster Str. 11, Tel (03 55) 87 81 00,
Fax 8 78 10 15, ✉ 03053
24 Zi, Ez: 85/42, Dz: 110/55, ⊒ WC, Restaurant

Crailsheim 62 ↗

Baden-Württemberg
Kreis Schwäbisch Hall
EW 32000
🛈 Tel (0 79 51) 40 32 92, Fax 40 31 59
Stadtverwaltung
✉ 74564 Marktplatz 1

★★ Post-Faber
Lange Str. 2, Tel (0 79 51) 96 50, Fax 96 55 55,
✉ 74564, AX DC ED VA
65 Zi, Ez: 98/49-148/74, Dz: 158/79-188/94,
1 Suite, ⊒ WC ⌀ DFÜ, Lift, 🅿, ⌂, 2⇔30,
Sauna, Solarium
Auch Zimmer der Kategorie ✱ vorhanden.
🍴🍴 Hauptgericht 25/12-34/17, Terrasse,
geschl.: Fr abends, Sa mittags

Westgartshausen

★ Zum Hirsch
Westgartshausener Hauptstr. 16,
Tel (0 79 51) 9 72 00, Fax 97 20 97, ✉ 74564,
ED VA
24 Zi, Ez: 75/37-80/40, Dz: 110/55, ⊒ WC ⌀,
Lift, 🅿, 1⇔50, Restaurant

Creglingen 56 ✓

Baden-Württemberg
Main-Tauber-Kreis
EW 5000
🛈 Tel (0 79 33) 6 31, Fax 20 31 61
Touristinformation
✉ 97993 An der Romantischen Str. 14

🛏 Krone

Hauptstr. 12, Tel (0 79 33) 5 58, Fax 14 44,
✉ 97993
12 Zi, Ez: 60/30-85/42, Dz: 100/50-110/55, ⌐
WC, **P**, Restaurant
geschl.: Mo, 15.12.00-31.1.01

🍴 Zum Schloßbäck

Kirchenstaffel 1, Tel (0 79 33) 4 10, Fax 4 10,
✉ 97993, ED
Hauptgericht 25/12, geschl.: Mi, 4.-15.11.00,
6.1.-5.3.01

Crimmitschau 49 ↑

Sachsen / Kreis Zwickauer Land
EW 23320
🛈 Tel (0 37 62) 90 80 04, Fax 90 99 01
Fremdenverkehrsbüro
✉ 08451 Markt 1

✶ Touric

Bahnhofstr. 8, Tel (0 37 62) 79 90,
Fax 79 92 51, ✉ 08451
33 Zi, Ez: 80/40-110/55, Dz: 120/60-130/65,
10 App, ⌐ WC ⊘, 10 ⇐, Lift, 2⊖70, Bowling,
Solarium, Restaurant
Auch Zimmer der Kategorie ✶✶ vorhanden.
Langzeitvermietung möglich.

🍴 Mauritius

Herrengasse 11, Tel (0 37 62) 9 46 10,
Fax 94 61 99, ✉ 08451, AX DC ED VA
♨, Hauptgericht 25/12, nur abends, geschl.: So
✶✶ 14 Zi, Ez: 85/42, Dz: 110/55, ⌐ WC ⊘,
P, Sauna, Solarium

Crivitz 20 ↖

Mecklenburg-Vorpommern
Kreis Parchim
EW 4701
🛈 Tel (0 38 71) 4 21 30
Amt Parchim
✉ 19370 Walter-Hase-Str 42

Außerhalb (4 km ↖)

✶✶ Waldschlößchen

Schweriner Chaussee 8, Tel (0 38 63) 5 43 00,
Fax 54 30 99, ✉ 19089, ED VA
15 Zi, Ez: 115/57-155/78, Dz: 165/83-185/93,
3 Suiten, 2 App, ⌐ WC ⊘ DFÜ, Lift, 2⊖60,
Sauna, Solarium, Restaurant
geschl.: Di

Crölpa-Löbschütz 38 ↓

Sachsen-Anhalt / Burgenlandkreis
EW 500
🛈 Tel (03 44 63) 2 82 89, Fax 2 82 80
Touristinformation Bad Kösen
✉ 06628 Naumburger Str

Kreipitzsch

✶✶ Rittergut Kreipitzsch

Nr. 65, Tel (03 44 66) 60 00, Fax 6 00 50,
✉ 06628, AX DC ED VA
♨, 20 Zi, Ez: 75/37-87/42, Dz: 130/65, ⌐ WC ⊘
DFÜ, **P**, 1⊖40, Sauna, Restaurant
geschl.: Mo
Gutsanlage mit rustikal-gemütlichem Ambiente.
Auch Zimmer der Kategorie ✶ vorhanden.

Cunewalde 41 ↓

Sachsen / Kreis Bautzen
EW 5800
🛈 Tel (03 58 77) 8 08 88, Fax 8 08 89
Tourist-Information
✉ 02733 Hauptstr. 97

Weigsdorf-Köblitz

✶ Alter Weber

Hauptstr. 13, Tel (03 58 77) 2 52 36,
Fax 2 52 36, ✉ 02733, AX DC ED VA
43 Zi, Ez: 89/44-98/49, Dz: 130/65-148/74, ⌐
WC ⊘, 8 ⇐, Lift, 🏠, 3⊖45, 🐾, Kegeln, Sauna,
2 Tennis
geschl.: 23-25.12.00
🍴 Hauptgericht 25/12, Biergarten, **P**,
geschl.: 22-25.12.00

Cursdorf 47 →

Thüringen
Kreis Saalfeld-Rudolstadt
EW 850
🛈 Tel (03 67 05) 6 20 70, Fax 6 20 70
Fremdenverkehrsamt
✉ 98744 Bahnhofstr. 1

✶ ESTA Hotel

Ortsstr. 29-31, Tel (03 67 05) 2 90, Fax 2 91 66,
✉ 98744, ED VA
38 Zi, Ez: 64/32-80/40, Dz: 104/52-130/65, ⌐
WC ⊘, 22 ⇐, **P**, 🏠, 4⊖80, Restaurant

* **Koch**
Schulstr. 87, Tel (03 67 05) 6 22 65,
Fax 6 07 75, ✉ 98744, AX ED VA
10 Zi, Ez: 55/27–80/40, Dz: 80/40–98/49,
2 Suiten, 2 App, ⌐ WC ⊘, 4 ⌕, P, 1⌐35,
Solarium, Restaurant

Cuxhaven

Niedersachsen
EW 55568
🛈 Tel (0 47 21) 40 41 42, Fax 4 90 80
Kurverwaltung
✉ 27476 Cuxhavener Str. 92

✹✹ Best Western Donner's Hotel
Am Seedeich 2 (B 2), Tel (0 47 21) 50 90,
Fax 50 91 34, ✉ 27472, AX DC ED VA, Ⓢ
♪ ♨, 83 Zi, Ez: 132/66-220/110,
Dz: 245/123-320/161, ⊐ WC ⓒ, 11 ⇋, Lift, P,
☎, 5⭕100, 🏊, Sauna, Solarium, Restaurant
Auch Zimmer der Kategorie ✹ vorhanden.

✹✹ Ringhotel Seepavillon Donner
Bei der Alten Liebe 5 (B 2), Tel (0 47 21) 56 60,
Fax 56 61 30, ✉ 27472, AX DC ED VA, Ⓢ
♪ ♨, 39 Zi, Ez: 105/52-200/100,
Dz: 180/90-210/105, 4 Suiten, 7 App, ⊐ WC ⓒ,
5 ⇋, Lift, P, ☎, 6⭕280, Fitnessraum, Sauna,
Solarium, Restaurant
Auch Zimmer der Kategorie ✶ vorhanden.

🍴 Schloß-Restaurant
Im Schloßgarten 8, Tel (0 47 21) 6 35 60,
✉ 27472, AX ED
♨, Hauptgericht 23/11-46/23, P, nur abends,
geschl.: Mo, Di, 1.-31.1.01

Appartementhotels/Boardinghäuser

Kurpark-Residenz
Nordfeldstr. 26 / Kurparkallee,
Tel (0 47 21) 44 09 00, Fax 44 09 09, ✉ 27476
60 Zi, Ez: 87/43-144/72, Dz: 90/45-175/88
Preise exkl. Frühstück. Zimmer der Kategorien
✹✹ und ✹✹✹.

Altenwalde (6 km ↓)

✶ Messmer
Schmetterlingsweg 6, Tel (0 47 23) 41 69,
Fax 46 65, ✉ 27478
28 Zi, Ez: 70/35-85/42, Dz: 125/62-140/70, ⊐
WC ⓒ, Lift, P, ☎, 1⭕40, Restaurant
Auch einfachere Zimmer vorhanden.

Döse (3 km ↖)

✹✹ Mercure Deichgraf
Nordfeldstr. 16-20, Tel (0 47 21) 40 50,
Fax 40 56 14, ✉ 27476, AX ED VA
♨, 74 Zi, Ez: 109/54-170/85,
Dz: 139/70-199/100, 2 Suiten, ⊐ WC ⓒ DFÜ,
10 ⇋, Lift, P, ☎, 3⭕80, 🏊, Fitnessraum,
Sauna, Solarium, Restaurant
Auch Zimmer der Kategorie ✶ vorhanden.

✹✹ Neue Liebe
Prinzessinnentrift 12-14, Tel (0 47 21) 7 97 40,
Fax 79 74 60, ✉ 27476, AX DC ED VA
37 Zi, Ez: 94/47-160/80, Dz: 140/70-230/115,
2 Suiten, 3 App, ⊐ WC ⓒ, Lift, P, ☎,
Restaurant
geschl.: 1.12.00-31.1.01
Auch Zimmer der Kategorie ✶ vorhanden.

✶ Astrid
Hinter der Kirche 26, Tel (0 47 21) 4 09 70,
Fax 4 85 26, ✉ 27476, ED
♪, 27 Zi, Ez: 80/40-90/45, Dz: 145/73-168/84,
8 Suiten, ⊐ WC ⓒ, Sauna, Solarium, garni
Rezeption: 8-18, geschl.: 5.11.00-1.1.01

🍴🍴 Gambero Rosso ✚
Nordfeldstr. 26 / Kurparkallee,
Tel (0 47 21) 44 08 80, Fax 50 91 34, ✉ 27476,
AX DC ED VA
♨, Hauptgericht 29/14-54/27, P, geschl.: Mo,
Di, 2 Wochen im Herbst
In der 7. Etage der Kurpark-Residenz.

Duhnen (5 km ⬉)

★★★ Badhotel Sternhagen 👑
Cuxhavener Str. 86, Tel (0 47 21) 43 40,
Fax 43 44 44, ✉ 27476
☾ ⚤, 50 Zi, Ez: 275/138-400/201,
Dz: 350/176-450/226, 19 Suiten, ⌐ WC Ⓒ DFÜ,
10 🛏, Lift, Ⓟ, 🐕, ⚓, Fitnessraum, Seezugang,
Sauna, Solarium, Golf
geschl.: 15.11.-20.12.00
Auch Zimmer der Kategorie ★★★★ vorhanden.

🍴🍴🍴 Sterneck
ⒶⓍ ⒹⒸ
⚤, Hauptgericht 50/25-55/27, geschl.: Mo, Di,
Mi, 6.11.-23.12.00, 15.1.-15.2.01

🍴 Ekendöns
ⒶⓍ ⒹⒸ
Hauptgericht 25/12-40/20, nur abends,
geschl.: 15-20.12.00

★★★ Strandperle
Duhner Strandstr. 15, Tel (0 47 21) 4 00 60,
Fax 4 00 61 96, ✉ 27476, ⒹⒸ ⒺⒹ ⓋⒶ
☾ ⚤, 46 Zi, Ez: 145/73-220/110,
Dz: 190/95-280/141, 19 Suiten, 16 App, ⌐ WC
Ⓒ, 6 🛏, Lift, 🐕, 2⭕50, ⚓, Sauna, Solarium,
Golf
Appartements und Ferienwohnungen in den
Gästehäusern Seeschlößchen und Stutzi. Auch
Zimmer der Kategorie ★★ vorhanden.

🍴🍴🍴 Schweizer Stube
Hauptgericht 22/11-55/27, Ⓟ

★★ Strand Hotel Duhnen
Duhner Strandstr. 5-9, Tel (0 47 21) 40 30,
Fax 40 33 33, ✉ 27476, ⒶⓍ ⒹⒸ ⒺⒹ ⓋⒶ
⚤, 62 Zi, Ez: 100/50-225/113,
Dz: 160/80-320/161, 11 Suiten, 2 App, ⌐ WC
Ⓒ, 12 🛏, Lift, Ⓟ, 3⭕80, ⚓, Seezugang, Sauna,
Solarium

🍴 Vier Jahreszeiten
Hauptgericht 25/12-60/30, Terrasse

★★ Seeschwalbe
Cuxhavener Str. 87, Tel (0 47 21) 42 01 00,
Fax 42 01 44, ✉ 27476
47 Zi, Ez: 90/45-205/103, Dz: 130/65-230/115,
2 Suiten, ⌐ WC Ⓒ, 3 🛏, Lift, Ⓟ, 1⭕20, Sauna,
Solarium, garni
geschl.: 19.11.-25.12.00, 7.1.-1.2.01

★ Neptun
Nordstr. 11, Tel (0 47 21) 42 90, Fax 57 99 99,
✉ 27476, ⒶⓍ ⒹⒸ ⒺⒹ ⓋⒶ
☾, 24 Zi, Ez: 89/44-150/75,
Dz: 159/80-220/110, ⌐ WC Ⓒ, Ⓟ, Sauna,
Solarium, garni
Auch Zimmer der Kategorie ★★ vorhanden.

★ Meeresfriede
Wehrbergsweg 11, Tel (0 47 21) 43 50,
Fax 43 52 22, ✉ 27476
29 Zi, Ez: 74/37-129/64, Dz: 178/89-208/104,
2 Suiten, ⌐ WC Ⓒ, Ⓟ, 🐕, ⚓, Solarium, Golf,
Restaurant
geschl.: 5.11.00-28.2.01

★ Wehrburg mit Gästehaus
Wehrbergsweg 53, Tel (0 47 21) 4 00 80,
Fax 4 00 82 76, ✉ 27476, ⒹⒸ ⒺⒹ ⓋⒶ
☾, 69 Zi, Ez: 70/35-145/73, Dz: 130/65-190/95,
5 App, ⌐ WC Ⓒ, 17 🛏, Lift, Ⓟ, 🐕, Sauna,
Solarium, garni
Rezeption: 6.30-22
Auch einfachere Zimmer vorhanden.

Holte-Spangen

🍴 Spanger Buernstuv
Sixtstr. 14, Tel (0 47 21) 2 87 14, Fax 2 87 14,
✉ 27476, ⒶⓍ ⒺⒹ ⓋⒶ
Terrasse, Ⓟ, nur abends, geschl.: Mo,
23.10.-2.11.00, 8-29.1.01

Sahlenburg (5 km ←)

✱✱ Wattenkieker
Sahlenburger Strand 27, Tel (0 47 21) 20 00,
Fax 20 02 00, ✉ 27476, AX ED VA
⑃, 21 Zi, Ez: 115/57-155/78,
Dz: 178/89-260/130, ⊟ WC Ⓒ DFÜ, Lift, P,
Sauna, Solarium, Golf, Restaurant

✱✱ Muschelgrund
Muschelgrund 1, Tel (0 47 21) 20 90,
Fax 20 92 09, ✉ 27476
17 Zi, Ez: 90/45-190/95, Dz: 135/67-205/103,
⊟ WC Ⓒ DFÜ, P, Sauna, Solarium, garni
geschl.: 1.11.00-1.3.01

✱ Itjen
Am Sahlenburger Strand 3,
Tel (0 47 21) 2 03 10, Fax 20 31 19, ✉ 27476
⑃, 21 Zi, Ez: 78/39-92/46, Dz: 115/57-145/73, ⊟
WC Ⓒ, P, garni
geschl.: 1.11.00-1.3.01

Daaden   44 ↖

Rheinland-Pfalz
Kreis Altenkirchen
EW 4760
ℹ Tel (0 27 43) 92 90, Fax 92 94 10
Verbandsgemeinde
✉ 57567 Bahnhofstr. 4

🛏 Gasthof Koch
Mittelstr. 3, Tel (0 27 43) 9 21 50,
Fax 92 15 44, ✉ 57567, ED VA
22 Zi, Ez: 50/25-60/30, Dz: 60/30-100/50,
1 App, ⊟ WC Ⓒ, P, ⌂, Restaurant
Rezeption: 8-14, 17-23, geschl.: Mo

Dachau   71 ↑

Bayern
EW 38000
ℹ Tel (0 81 31) 8 45 66, Fax 8 45 29
Verkehrsverein Dachau
✉ 85221 Konrad-Adenauer-Str 1

Sehenswürdigkeiten: Schloß Dachau und sein
Renaissance-Festsaal, Bezirksmuseum,
Dachauer Gemäldegalerie, Pfarrkirche St. Jakob,
Stadtführungen.
KZ-Gedenkstätte

✱✱ Central
Münchner Str. 46 a, Tel (0 81 31) 56 40,
Fax 56 41 21, ✉ 85221, AX ED VA
44 Zi, Ez: 145/73-195/98, Dz: 195/98-265/133,
⊟ WC Ⓒ, 8 ⇌, Lift, ⌂, 1⟲25, Restaurant
geschl.: 24.12.00-10.1.01

✱✱ Aurora
Roswachtstr. 1, Tel (0 81 31) 5 15 30,
Fax 51 53 32, ✉ 85221, AX DC ED VA
14 Zi, Ez: 130/65-165/83, Dz: 225/113, 1 Suite,
7 App, ⊟ WC Ⓒ, Lift, P, 1⟲60, Sauna,
Solarium
🍴🍴 Hauptgericht 32/16-42/21

✱ Huber
Josef-Seliger-Str. 7, Tel (0 81 31) 5 15 20,
Fax 51 52 50, ✉ 85221, AX DC ED VA
15 Zi, Ez: 110/55-120/60, Dz: 145/73-160/80, ⊟
WC Ⓒ DFÜ, P, ⌂, garni

✱ Fischer
Bahnhofstr. 4, Tel (0 81 31) 7 82 05,
Fax 7 85 08, ✉ 85221, AX DC ED VA
26 Zi, Ez: 115/57, Dz: 150/75, ⊟ WC Ⓒ, 6 ⇌,
Lift, P
🍴 Hauptgericht 25/12, Terrasse,
geschl.: Sa

✱ Hörhammerbräu
Konrad-Adenauer-Str. 12, Tel (0 81 31) 3 62 30,
Fax 36 23 40, ✉ 85221, AX DC ED VA
19 Zi, 1 Suite, ⊟ WC Ⓒ, P, 2⟲60, Kegeln

Dachrieden   37 ↙

Thüringen / Unstrut-Hainich-Kreis
EW 364
ℹ Tel (03 60 23) 5 03 95
Gemeindeverwaltung
✉ 99974 Bahnhofstr. 1

✱ Hotel 68   ♛
Hauptstr. 2, Tel (03 60 23) 5 17 20,
Fax 5 17 21, ✉ 99974
15 Zi, Ez: 115/57-135/67, Dz: 190/95, 1 Suite,
5 App, ⊟ WC Ⓒ DFÜ, 10 ⇌, P, 1⟲60,
Fitnessraum, Sauna, Solarium, Golf
geschl.: 1.-31.1.01
Auch Zimmer der Kategorie ✱✱ vorhanden.

🍴🍴 **Les Fauves**
Hauptgericht 18/9-45/22, Terrasse, Biergarten,
geschl.: 1.-31.1.01

Dahlen   39 ↘

Sachsen / Kreis Oschatz
EW 5400
ℹ Tel (03 43 61) 81 20, Fax 5 15 04
Stadtverwaltung
✉ 04774 Markt 4 (Rathaus)

Börln

✱ Am Schloßpark
Otto-Nuschke-Str. 21, Tel (03 43 61) 82 30,
Fax 8 23 33, ✉ 04774 ➡

14 Zi, Ez: 70/35-80/40, Dz: 140/70-150/75, ⌐
WC ⌀, 8 ⇐, **P**, 1⇔30, Sauna, Solarium,
Restaurant
geschl.: Mo
Hotel mit angeschlossener Reithalle.

Schmannewitz

✱ Wiesenhof
Schulstr. 8, Tel (03 43 61) 82 00, Fax 82 02 99,
✉ 04774, ED VA
32 Zi, Ez: 50/25-75/37, Dz: 80/40-110/55,
4 App, ⌐ WC ⌀, 4 ⇐, **P**, 1⇔20, ⌂, Sauna,
Restaurant

Dahlewitz 30 □

Brandenburg / Kreis Teltow-Fläming
EW 5291
ℹ Tel (03 37 08) 23 60, Fax 2 36 21
Amt Rangsdorf
✉ 15834

✱✱✱ Berliner Ring
Eschenweg 18, Tel (03 37 08) 5 80,
Fax 5 88 88, ✉ 15827, AX DC ED VA
270 Zi, Ez: 125/62-130/65, Dz: 140/70-150/75,
⌐ WC ⌀, 20 ⇐, Lift, **P**, 12⇔120, Fitnessraum,
Sauna, Solarium, Golf, 1 Tennis, Restaurant

Appartementhotels/Boardinghäuser

Dienstleistungszentrum Dahlewitz
Ludwig-Erhard-Ring 4, Tel (3 37 08) 5 67 00,
Fax 5 67 02, ✉ 15827, ED VA
5 Suiten, 28 App, ⌐ WC ⌀ DFÜ, Lift, **P**,
2⇔20, Restaurant
Rezeption: 9-17, geschl.: Sa, So
Zimmer der Kategorie ✱✱.

Dahme 40 ↖

Brandenburg / Kreis Teltow-Fläming
EW 4200
ℹ Tel (03 54 51) 98 10, Fax 9 81 44
Amtsverwaltung
✉ 15936 Hauptstr. 48

🍴 Klostergewölbe
Am Kloster 3, Tel (03 54 51) 9 10 51,
Fax 9 10 51, ✉ 15936, ED
Hauptgericht 21/10-26/13, Terrasse, **P**,
geschl.: Mo, 3 Wochen im Sommer

Dahme 11 □

Schleswig-Holstein
Kreis Ostholstein
EW 1310
ℹ Tel (0 43 64) 4 92 00, Fax 49 20 28
Kurverwaltung
✉ 23747 An der Strandpromenade

Familienfreundlich. www.dahme.com

✱ Matinée
Haakestr. 6, Tel (0 43 64) 4 97 70,
Fax 49 77 98, ✉ 23747, ED
23 Zi, Ez: 95/47-140/70, Dz: 170/85-220/110,
2 Suiten, ⌐ WC ⌀, Lift, **P**, ⌂, Sauna, Solarium,
Restaurant

✱ Thode
Memelstr. 3, Tel (0 43 64) 4 97 10,
Fax 49 71 13, ✉ 23747
₷, 35 Zi, Ez: 82/41-150/75, Dz: 132/66-180/90,
2 App, ⌐ WC ⌀, Lift, **P**, ⌂, Sauna, Solarium,
garni
geschl.: 4.11.00-31.3.01

✱ Holsteinischer Hof
Strandstr. 9, Tel (0 43 64) 10 85, Fax 87 46,
✉ 23747, ED
₷, 36 Zi, Ez: 90/45, Dz: 170/85, ⌐ WC ⌀, Lift,
P, 1⇔50
geschl.: 1.10.00-1.4.01
🍴 Hauptgericht 25/12

Dahn 60 ↖

Rheinland-Pfalz
Kreis Südwestpfalz
EW 5352
ℹ Tel (0 63 91) 58 11, Fax 40 61 99
Tourist-Information
✉ 66994 Schulstr. 29

✱✱ Pfalzblick
Goethestr. 1, Tel (0 63 91) 40 40, Fax 40 45 40,
✉ 66994, AX DC ED VA

einzeln ♪ ⚜, 76 Zi, Ez: 129/64-280/141,
Dz: 210/105-280/141, 1 Suite, ⊖ WC ⊘, 16 ⇔,
Lift, P, 3⇔30, ≋, Sauna, Solarium
Auch einfache Zimmer vorhanden.

¶¶ Schlemmerstübchen
⚜ einzeln, Hauptgericht 30/15

Reichenbach (2 km ↓)

¶ Altes Bahnhöf'l
An der Reichenbach 6, an der B 427,
Tel (0 63 91) 37 55, Fax 99 31 59, ✉ 66994
Hauptgericht 10/5-35/17, Biergarten,
Gartenlokal, P, geschl.: Mo

Dahnsdorf 29 ✓

Brandenburg
Kreis Potsdam-Mittelmark
EW 405
ℹ Tel (03 38 43) 6 27 33, Fax 5 15 29
Gemeindeverwaltung
✉ 14823 Großstr. 6

✱ Landhotel Dahnsdorf
Hauptstr. 9, Tel (03 38 43) 63 40, Fax 6 34 44,
✉ 14806
26 Zi, Ez: 82/41-90/45, Dz: 120/60, ⊖ WC ⊘

Dammbach 55 ↑

Bayern / Kreis Aschaffenburg
EW 2000
ℹ Tel (0 60 92) 70 55, Fax 10 18
Verkehrsverein
✉ 63872 Hauptstr. 59

Krausenbach-Außerhalb (2,5 km ↘)

✱ Waldhotel Heppe
Heppe 1, Tel (0 60 92) 94 10, Fax 94 12 85,
✉ 63874
einzeln ♪ ⚜, 29 Zi, Ez: 65/32-100/50,
Dz: 130/65-140/70, ⊖ WC ⊘ DFÜ, P, ≋,
1⇔26, ≋, Fitnessraum, Sauna, Solarium,
Restaurant
geschl.: 15.12.00-10.2.01

Damme 24 □

Niedersachsen / Kreis Vechta
EW 15100
ℹ Tel (0 54 91) 99 66 67, Fax 99 66 68
Tourist-Information
✉ 49401 Mühlenstr. 18

✱✱ Lindenhof
Osterdammerstr. 51, Tel (0 54 91) 9 71 70,
Fax 97 17 47, ✉ 49401, AX ED VA
♪, 15 Zi, Ez: 110/55-130/65, Dz: 170/85-190/95,
⊖ WC ⊘ DFÜ, P, ≋, 1⇔30
¶¶ Hauptgericht 19/9-45/22, Terrasse,
geschl.: Di mittags

Damnatz 19 ↘

Niedersachsen
Kreis Lüchow-Dannenberg
EW 400
ℹ Tel (0 58 61) 80 81 90, Fax 80 81 89
Gäste-Information
✉ 29451 Am Markt 5

⇌ Steinhagen
Am Elbdeich 6, Tel (0 58 65) 5 54, ✉ 29472, AX
DC ED VA
♪, 8 Zi, Ez: 75/37, Dz: 120/60, ⊖ WC, P,
Restaurant

Dannenberg 19 ↓

Niedersachsen
Kreis Lüchow-Dannenberg
EW 8500
ℹ Tel (0 58 61) 80 81 90, Fax 80 81 89
Gäste-Information
✉ 29451 Am Markt 5

✱ Marschtor
Marschtorstr. 43, Tel (0 58 61) 43 78,
Fax 87 22, ✉ 29451, AX DC ED VA
6 Zi, Ez: 80/40-100/50, Dz: 100/50-140/70, ⊖
WC ⊘, ≋, Sauna, garni

✱ Birkenhof
Marschtorstr. 27, Tel (0 58 61) 24 41,
Fax 22 77, ✉ 29451, ED VA
10 Zi, Ez: 80/40-90/45, Dz: 120/60-130/65, ⊖
WC ⊘, P
¶ Hauptgericht 26/13, Terrasse

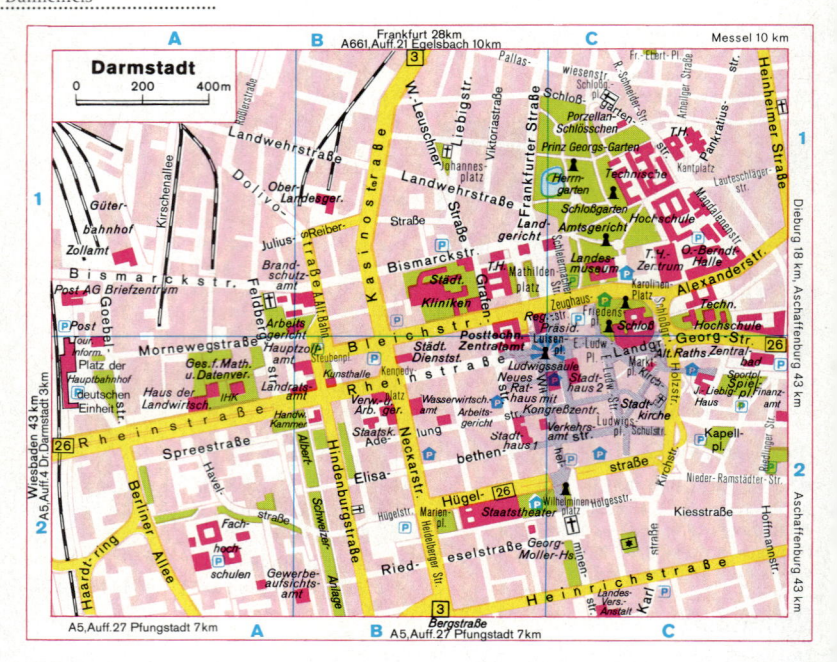

Dannenfels 53 →

Rheinland-Pfalz / Donnersbergkreis
EW 1000
🛈 Tel (0 63 57) 16 14, Fax 16 14
Verkehrsamt
✉ 67814

✱▪▪▪▪ **Landhotel Berg
mit Gästehaus**
Oberstr. 11, Tel (0 63 57) 9 73 50,
Fax 97 35 99, ✉ 67814, ED VA
15 Zi, Ez: 60/30-75/37, Dz: 111/55-118/59, ⊒
WC ⊘, P, 2⇔50, Restaurant

Bastenhaus (2 km ↖)

✱▪▪▪▪ **Bastenhaus**
Haus Nr 1, Tel (0 63 57) 97 59 00,
Fax 97 59 03 00, ✉ 67814, AX ED VA
einzeln ♪, 37 Zi, Ez: 80/40-99/49,
Dz: 128/64-158/79, ⊒ WC ⊘, 25 ⊭, Lift, P, ⊜,
3⇔40, Fitnessraum, Sauna, Solarium, Golf,
Restaurant
geschl.: 2.-23.1.01
Auch Zimmer der Kategorie ✱✱ vorhanden.

Darmstadt 54 ↗

Hessen
EW 137000
🛈 Tel (0 61 51) 13 27 82, Fax 13 27 83
ProRegio Darmstadt
✉ 64283 Platz der deutschen Einheit

✱✱✱▪▪ **Maritim Rhein-Main Hotel**
Am Kavalleriesand 6, Tel (0 61 51) 30 30,
Fax 30 31 11, ✉ 64295, AX DC ED VA, Ⓢ
244 Zi, Ez: 247/124-371/186,
Dz: 310/156-434/218, 4 Suiten, ⊒ WC ⊘, 42 ⊭,
Lift, ⊜, 11⇔300, ⌂, Fitnessraum, Sauna,
Solarium

🍴🍴▪▪▪ **Rôtisserie**
Hauptgericht 35/17
Lunchbuffet.

✱✱▪▪▪ **Weinmichel**
Schleiermacherstr. 10-12 (C 1),
Tel (0 61 51) 60 40 44, Fax 2 35 92, ✉ 64283,
AX DC ED VA, Ⓢ
71 Zi, Ez: 158/79-208/104, Dz: 256/128,
3 Suiten, ⊒ WC ⊘, 37 ⊭, Lift P, ⊜, 2⇔80
🍴🍴▪▪▪ **Weinstuben**
Hauptgericht 34/17-48/24, geschl.: So

🍴 Tavernenstube
Hauptgericht 18/9-24/12

** Treff Page Hotel
Eschollbrücker Str. 16, Tel (0 61 51) 38 50,
Fax 38 51 00, ✉ 64295, AX DC ED VA, Ⓢ
166 Zi, Ez: 175/88-265/133,
Dz: 200/100-315/158, ⊟ WC ℃ DFÜ, 40 ⇐, Lift,
🛎, 5⇨190, Restaurant

** Best Western Parkhaus-Hotel
Grafenstr. 31 (B 2), Tel (0 61 51) 2 81 00,
Fax 29 39 08, ✉ 64283, AX DC ED VA
80 Zi, Ez: 170/85-190/95, Dz: 190/95-240/120,
⊟ WC ℃, 30 ⇐, Lift, 🅿, 🛎, 4⇨100, Restaurant

** Donnersberg
Donnersbergring 38, Tel (0 61 51) 3 10 40,
Fax 3 31 47, ✉ 64295, AX ED VA
18 Zi, Ez: 115/57-155/78, Dz: 150/75-185/93,
3 Suiten, ⊟ WC ℃ DFÜ, 6 ⇐, Lift, 🅿,
Restaurant
Rezeption: 6.30-13, 15-22
Auch Zimmer der Kategorie ✱ vorhanden.

✱ Prinz Heinrich
Bleichstr. 48 (B 2), Tel (0 61 51) 8 13 70,
Fax 81 37 13, ✉ 64283, AX DC ED VA
63 Zi, Ez: 106/53-138/69, Dz: 175/88, ⊟ WC ℃,
Lift, 🅿, 1⇨20, Restaurant
Auch Zimmer der Kategorie ** vorhanden.

✱ An der Mathildenhöhe
Spessartring 53, Tel (0 61 51) 4 98 40,
Fax 49 84 50, ✉ 64287, AX DC ED VA
22 Zi, Ez: 135/67-255/128, Dz: 175/88-255/128,
1 App, ⊟ WC ℃ DFÜ, 8 ⇐, Lift, 🅿, 🛎, 1⇨20,
garni

🍴🍴 Orangerie
Bessungerstr. 44, Tel (0 61 51) 6 26 26,
Fax 6 26 34, ✉ 64285, ED VA
Hauptgericht 25/12-44/22, Terrasse, 🅿,
geschl.: Mo
Italienische Küche.

☕ Café Bormuth
Marktplatz 5, Tel (0 61 51) 17 09 13,
Fax 17 09 50, ✉ 64283
Terrasse

Darmstadt-Außerhalb (8 km ↗)

🍴🍴 Einsiedel
Dieburger Str. 263, Tel (0 61 59) 2 44,
Fax 17 44, ✉ 64287, AX ED
einzeln, Hauptgericht 36/18-48/24, Terrasse,
Gartenlokal, geschl.: Di, Mi, 1.-15.1.01

⊨ Reuterhof
Mainzer Str. 168, am Gewerbegebiet,
Tel (0 61 51) 92 70, Fax 9 27 51, ✉ 64293, AX
ED VA
43 Zi, Ez: 90/45-130/65, Dz: 120/60-140/70,
39 App, ⊟ WC ℃ DFÜ, Lift, 🅿, 🛎, 1⇨120,
Restaurant

Eberstadt (7 km ↓)

⊨ Rehm
Heidelberger Landstr. 306,
Tel (0 61 51) 9 41 30, Fax 94 13 13, ✉ 64297,
ED VA
22 Zi, Ez: 65/32-95/47, Dz: 110/55-135/67, ⊟
WC ℃ DFÜ, 12 ⇐, 🛎, Golf, garni

Kranichstein (3 km ↗)

*** Jagdschloss Kranichstein
Kranichsteiner Str. 261, Tel (0 61 51) 9 77 90,
Fax 97 79 20, ✉ 64289, AX DC ED VA
einzeln ☽, 11 Zi, Ez: 240/120-290/146,
Dz: 280/141-330/166, 4 Suiten, ⊟ WC ℃ DFÜ,
Lift, 🅿, 5⇨250
Rezeption: 7-1

🍴🍴🍴 Der Grill
Hauptgericht 40/20-50/25, Terrasse, nur abends,
geschl.: Mo, So, 22.12.00-9.1.01

🍴🍴 Kavaliersbau
Hauptgericht 27/13-35/17, Terrasse, nur
mittags, geschl.: Mo, 22.12.00-15.1.01

Darscheid 42 ↘

Rheinland-Pfalz / Kreis Daun
EW 800
🛈 Tel (0 65 92) 9 51 30, Fax 95 13 20
Kultur- und Verkehrsamt
✉ 54550 Leopoldstr. 5

🍴🍴 Kucher's Landhotel ✣
Karl-Kaufmann-Str. 2, Tel (0 65 92) 6 29,
Fax 36 77, ✉ 54552, AX ED
Hauptgericht 38/19, Terrasse, Gartenlokal, 🅿,
geschl.: Mo, Di abends, 4.1.-14.2.01
✱ 14 Zi, Dz: 160/80, ⊟ WC ℃, 4 ⇐

Dasing 63 ↘

Bayern / Kreis Aichach-Friedberg
EW 2927
🛈 Tel (0 82 05) 9 60 50, Fax 96 05 30
Verwaltungsgemeinschaft
✉ 86453 Kirchstr. 7

Lindl (2 km ↗)

★★ Highway-Hotel
Robert-Bosch-Str. 1, Tel (0 82 05) 60 90,
Fax 60 92 55, ✉ 86453, AX DC ED VA, Ⓢ
85 Zi, Ez: 90/45-170/85, Dz: 130/65-180/90,
25 ⚲, Lift, P, 3◯25, Sauna, Solarium, garni
Rezeption: 6.30-23

Dassel 36 ↑

Niedersachsen / Kreis Northeim
EW 11500
🛈 Tel (0 55 64) 5 01, Fax 2 02 28
Fremdenverkehrsverein
✉ 37586 Südstr. 1

★ Deutsche Eiche
Obere Str. 14, Tel (0 55 64) 9 60 10,
Fax 96 01 35, ✉ 37586, AX DC ED VA
19 Zi, Ez: 75/37, Dz: 130/65, ⊣ WC ✆, P,
1◯100
🍴 Hauptgericht 24/12, geschl.: Di

Dassow 11 ↓

Mecklenburg-Vorpommern
Kreis Nordwestmecklenburg
EW 3200
🛈 Tel (03 88 26) 8 00 74 75, Fax 8 00 76
Touristik-Information
✉ 23942 Lübecker Str. 4

★★★ Schloß Lütgenhof ♛
Ulmenweg 10, Tel (03 88 26) 82 50,
Fax 8 25 22, ✉ 23942, AX DC ED VA
☽ ❦ ⌘, 23 Zi, Ez: 190/95-210/105,
Dz: 260/130-350/176, ⊣ WC ✆ DFÜ, Lift, P,
☎, 1◯24, Golf

Klassizistisches Landschloß mit großem
Parkgelände. Auch Zimmer der Kategorie
★★★★ vorhanden.

🍴🍴🍴 ❦ ⌘, Hauptgericht 34/17-45/22,
Terrasse, nur abends

Datteln 33 □

Nordrhein-Westfalen
Kreis Recklinghausen
EW 37500
🛈 Tel (0 23 63) 10 72 47, Fax 10 74 44
Pressestelle Stadt Datteln
✉ 45711 Genthiner Str. 8

Ahsen

★★ Landhotel Jammertal
Redder Str. 421, Tel (0 23 63) 37 70,
Fax 37 71 00, ✉ 45711, AX DC ED VA
einzeln ☽, 63 Zi, Ez: 150/75-190/95,
Dz: 180/90-300/151, 4 Suiten, 2 App, ⊣ WC ✆,
30 ⚲, Lift, P, 6◯290, ≋, 🛋 Fitnessraum,
Sauna, Solarium

🍴🍴 **Schnieders Gute Stube**
Hauptgericht 30/15-42/21, Terrasse, Kegeln

Datterode siehe Ringgau

Daufenbach siehe Zemmer

Daun 42

Rheinland-Pfalz
EW 9000
☏ Tel (0 65 92) 9 51 30, Fax 95 13 20
Kur- und Verkehrsamt
✉ 54550 Leopoldstr. 5

★★ Schloßhotel Kurfürstliches Amtshaus
Dauner Burg, Tel (0 65 92) 92 50,
Fax 92 52 55, ✉ 54550, AX ED VA
♪ ♯ ⊕, 30 Zi, Ez: 115/57-155/78,
Dz: 230/115-300/151, 1 Suite, ⊣ WC ⊘, Lift, P,
3⊖55, ≘, Sauna, Solarium
geschl.: 7.1.-1.2.01
Auch Zimmer der Kategorie ★★★ vorhanden.

🍴🍴🍴 Graf Leopold
⊕, Hauptgericht 37/18-59/29, Terrasse, nur
abends, geschl.: Mo, Di, 7.1.-1.2.01

★ Panorama
Rosenbergstr. 26, Tel (0 65 92) 93 40,
Fax 93 42 30, ✉ 54550, ED VA
♪ ♯, 26 Zi, Ez: 93/46-105/52,
Dz: 158/79-188/94, ⊣ WC ⊘, Lift, P, ≘,
Sauna, Solarium
geschl.: Mo, 10.11.-10.12.00, 1.3.-1.4.01

🍴 ♯, Hauptgericht 30/15, Terrasse,
geschl.: Mo, 10.11.-10.12.00, 1.3.-1.4.01

★ Zum Goldenen Fässchen
Rosenbergstr. 5, Tel (0 65 92) 30 97, Fax 86 73,
✉ 54550, AX DC VA
28 Zi, Ez: 80/40-90/45, Dz: 160/80-180/90,
1 App, ⊣ WC ⊘, Lift, P, 🚗, 3⊖80,
Fitnessraum, Kegeln, Sauna, Solarium,
Restaurant

Deggendorf 66

Bayern
EW 32000
☏ Tel (09 91) 2 96 01 69, Fax 3 15 86
Verkehrsamt
✉ 94469 Oberer Stadtplatz

Stadt an der Donau, „Tor zum Bayerischen
Wald"; Sehenswert: Pfarrkirche Mariä Himmel-
fahrt mit Hochaltar, Heilig Grabkirche mit
Barockkirchturm; Altes Rathaus mit historischer
Türmerwohnung.

★★ Astron Parkhotel
Edlmairstr. 4, Tel (09 91) 3 44 60,
Fax 3 44 64 23, ✉ 94469, AX DC ED VA, Ⓢ
124 Zi, Ez: 178/89-233/117,
Dz: 231/116-296/149, 1 Suite, ⊣ WC ⊘, 10 ⟟,
Lift, P, 🚗, 9⊖68, Sauna, Solarium, Golf,
Restaurant

★ Donauhof
Hafenstr. 1, Tel (09 91) 3 89 90, Fax 38 99 66,
✉ 94469, AX DC ED VA
80 Zi, Ez: 90/45, Dz: 130/65, ⊣ WC ⊘, Lift, P,
3⊖50, Sauna, Solarium, Restaurant

★ Kolping Hotel
Östlicher Stadtgraben 13, Tel (09 91) 37 16 40,
Fax 3 71 64 10, ✉ 94469, ED VA
27 Zi, Ez: 75/37-100/50, Dz: 130/65, ⊣ WC ⊘,
9 ⟟, Lift, P, 5⊖350, Fitnessraum, Restaurant

🍴 La Padella
Rosengasse 7, Tel (09 91) 55 41, ✉ 94469, AX
DC ED VA
Hauptgericht 30/15, Terrasse, nur abends,
geschl.: Mo

Natternberg (5 km)

★ Zum Burgwirt
Deggendorfer Str. 7, Tel (09 91) 3 00 45,
Fax 3 12 87, ✉ 94469, ED VA
34 Zi, Ez: 80/40-120/60, Dz: 130/65-150/75,
3 Suiten, ⊣ WC, 10 ⟟, P, 5⊖150, Kegeln,
Sauna, Solarium, Restaurant
Auch Zimmer der Kategorie ★★ vorhanden.

Deggenhausertal 69 ✓

Baden-Württemberg / Bodenseekreis
EW 3900
🛈 Tel (0 75 55) 9 20 00, Fax 92 00 99
Touristinformation
✉ 88693 Badener Str. 16

Limpach

★ Gutsgasthof Mohren Landidyll

Kirchgasse 1, Tel (0 75 55) 93 00,
Fax 93 01 00, ✉ 88693, ED VA
☾ ∫, 38 Zi, Ez: 80/40-90/45, Dz: 125/62-145/73,
2 App, ⊐ WC ⊘, ℙ, 🐾, 3⇔150, Kegeln, Golf,
Restaurant
geschl.: 6.-20.1.01
Auch einfachere Zimmer vorhanden.

Wittenhofen

★ Landhotel Adler

Haus Nr. 17, Tel (0 75 55) 2 02, Fax 52 73,
✉ 88693, VA
20 Zi, Ez: 70/35-90/45, Dz: 120/60, ⊐ WC ⊘,
ℙ, 🐾, Kegeln, Solarium
geschl.: 8.-28.2.01
Auch einfachere Zimmer vorhanden.
🍴 Hauptgericht 25/12, Terrasse,
Biergarten, geschl.: Mi, 8.-28.2.01

Deidesheim 54 ✓

Rheinland-Pfalz
Kreis Bad Dürkheim
EW 4000
🛈 Tel (0 63 26) 9 67 70, Fax 96 77 11
Tourist-Information
✉ 67146 Bahnhofstr. 5

Romantischer Luftkurort an der Dt. Weinstraße.

★★ Steigenberger Maxx

Am Paradiesgarten 1, Tel (0 63 26) 97 00,
Fax 97 03 33, ✉ 67146, AX DC ED VA, Ⓢ
124 Zi, Ez: 129/64-249/125,
Dz: 189/95-299/150, ⊐ WC ⊘, 62 🛏, Lift, ℙ,
🐾, 8⇔110, Sauna, Solarium, Restaurant

★★ Deidesheimer Hof ♛
Relais & Châteaux

Am Marktplatz, Tel (0 63 26) 9 68 70,
Fax 76 85, ✉ 67146, AX DC ED VA
🍷, 18 Zi, Ez: 175/88-210/105,
Dz: 240/120-310/156, 3 Suiten, ⊐ WC ⊘, Lift,
ℙ, 🐾, 4⇔60
Auch Zimmer der Kategorie ★★★ vorhanden.

🍴🍴🍴🍴 Schwarzer Hahn

Hauptgericht 49/24-64/32. Terrasse, nur abends,
geschl.: Mo, So, 4.7.-25.8.01

🍴🍴 Weinstube St. Urban ✚
🍷, Hauptgericht 26/13-39/19, Terrasse

★★ Hatterer's Hotel

Weinstr. 12, Tel (0 63 26) 60 11, Fax 75 39,
✉ 67146, AX DC ED VA
57 Zi, Ez: 155/78-175/88, Dz: 230/115, ⊐ WC
⊘, Lift, ℙ, 🐾, 4⇔80

🍴🍴🍴 Le jardin d'hiver

Hauptgericht 32/16-54/27

★★ Kurpark-Residenz

An der Marlach 20, Tel (0 63 26) 70 80,
Fax 98 92 85, ✉ 67146, AX DC ED VA
Ez: 120/60-150/75, Dz: 150/75-190/95, 25 App,
⊐ WC ⊘ DFÜ, ℙ, 🐾, 1⇔15, Solarium
Langzeitvermietung möglich.

★ Gästehaus Ritter von Böhl

Weinstr. 37, Tel (0 63 26) 97 22 01,
Fax 97 22 00, ✉ 67146, AX DC ED VA
22 Zi, Ez: 85/42, Dz: 140/70, ⊐ WC ⊘, Lift, ℙ,
garni
Auch Zimmer der Kategorie ★★ vorhanden.

★ Gästehaus Hebinger

Bahnhofstr. 71, Tel (0 63 26) 3 87, Fax 74 94,
✉ 67146, ED VA
10 Zi, Ez: 90/45, Dz: 162/81-170/85, ⊐ WC ⊘
DFÜ
Rezeption: 8-12, 15-20,
geschl.: 23.12.00-1.2.01
Eigenbauweine.

Gutsausschank

Schloss Deidesheim, Tel (0 63 26) 9 66 99,
Fax 96 69 20, ✉ 67146
🍷, Hauptgericht 15/7-32/16, Terrasse,
Gartenlokal, nur abends, geschl.: Mi, Do, Mitte
Dez-Mitte Jan
Eigenbauweine.

Gutsausschank Zum Woibauer
Schlossstr. 8, Tel **(0 63 26) 83 80**, ✉ 67146
Hauptgericht 13/6-25/12, Gartenlokal, ab 16,
geschl.: Mo
Eigenbauweine.

Deining 64 ↑

Bayern
Kreis Neumarkt (Oberpfalz)
EW 3900
🛈 Tel **(0 91 84) 8 30 00**, Fax 83 00 99
Gemeindeverwaltung
✉ 92364 Schlossstr. 6

🍴 Zum Hahnenwirt
Hauptstr. 2, Tel **(0 91 84) 16 63**, Fax 21 06,
✉ 92364, [ED]
Hauptgericht 11/5-19/9, Biergarten, geschl.: Mo
✱ 32 Zi, Ez: 55/27-85/42,
Dz: 80/40-120/60, 3 Suiten, ⊟ WC ⓒ, P, 🚗

Delbrück 35 ↖

Nordrhein-Westfalen
Kreis Paderborn
EW 29000
🛈 Tel **(0 52 50) 9 84 10**, Fax 98 41 13
Verkehrsverein
✉ 33129 Boker Str. 6

✱✱ Landgasthaus Waldkrug
Flair Hotel
Graf-Sporck-Str. 34, Tel **(0 52 50) 9 88 80**,
Fax 98 88 77, ✉ 33129, [AX] [ED] [VA]
♪, 40 Zi, Ez: 93/46-158/79, Dz: 93/46-121/60,
⊟ WC ⓒ, 12 ↵, Lift, P, 🚗, 7⟲121, 🛁, Kegeln,
Sauna, Solarium
🍴🍴 [DC], Hauptgericht 25/12-33/16

🍴 Gatrio
Lange Str. 5, Tel **(0 52 50) 71 45**, Fax 5 39 41,
✉ 33129
Hauptgericht 16/8-34/17, geschl.: Mo

Delecke siehe Möhnesee

Delitzsch 39 ←

Sachsen
EW 27000
🛈 Tel **(03 42 02) 5 57 21**, Fax 5 57 22
Tourist-Information
✉ 04509 Im Schloss

✱ Zum weißen Roß
Roßplatz, Tel **(03 42 02) 79 90**, Fax 79 94 44,
✉ 04509, [AX] [DC] [ED] [VA]
57 Zi, Ez: 105/52-125/62, Dz: 145/73, 1 Suite,
⊟ WC ⓒ DFÜ, 27 ↵, Lift, P, 🚗, 3⟲180,
Restaurant

✱ Akzent-Hotel
Grünstr. 43, Tel **(03 42 02) 81 10**, Fax 8 11 99,
✉ 04509, [ED] [VA]
27 Zi, Ez: 99/49-125/62, Dz: 130/65-170/85,
1 App., ⊟ WC ⓒ DFÜ, 10 ↵, P, 2⟲30,
garni

✱ Goldener Adler
Hallesche Str. 13, Tel **(03 42 02) 5 71 68**,
Fax 6 10 33, ✉ 04509, [ED] [VA]
27 Zi, Ez: 80/40-100/50, Dz: 100/50-140/70,
2 Suiten, ⊟ WC ⓒ, 1 ↵, Lift, P, Fitnessraum,
Sauna
geschl.: So
Auch einfachere Zimmer vorhanden.
🍴 [DC], Hauptgericht 20/10, Terrasse,
geschl.: So

Kertitz

✱ Flämingsthaler Hof
Schenkenbergerstr. 3, Tel **(03 42 02) 6 24 85**,
Fax 6 26 29, ✉ 04509, [ED] [VA]
♪, 16 Zi, Ez: 75/37-100/50, Dz: 95/47-130/65,
3 App., ⊟ WC ⓒ DFÜ, 3 ↵, P, Sauna, Solarium,
Restaurant

Schenkenberg (1 km ↖)

✱ Schenkenberger Hof
Hofegasse 3, Tel **(03 42 02) 73 00**, Fax 7 30 73,
✉ 04509, [AX] [ED] [VA]
♪, 27 Zi, Ez: 95/47-105/52, Dz: 105/52-130/65,
⊟ WC ⓒ DFÜ, 6 ↵, P, 1⟲15, 🛁, Restaurant

Delmenhorst 17 ✓

Niedersachsen
EW 80000
🛈 Tel (0 42 21) 99 22 99, Fax 99 22 44
Verkehrsverein
✉ 27749 Rathaus

✱ Goldenstedt
Urselstr. 18, Tel (0 42 21) 96 00, Fax 96 01 00,
✉ 27751, DC ED VA
35 Zi, Ez: 97/48-105/52, Dz: 145/73-160/80, ⌐ WC ⌀ DFÜ, 9 ⋈, P, 🏠, 2⌀75, Kegeln, Restaurant

✱ Thomsen
Bremer Str. 186, Tel (0 42 21) 97 00,
Fax 7 00 01, ✉ 27751, AX DC ED VA
88 Zi, Ez: 60/30-135/67, Dz: 95/47-180/90,
1 Suite, ⌐ WC ⌀, Lift, P, 🏠, 8⌀150, Kegeln, Sauna, Solarium, Restaurant
Auch einfachere Zimmer vorhanden.

🍴🍴 Die Scheune
Bremer Str. 327, Tel (0 42 21) 7 02 15,
Fax 7 02 16, ✉ 27751, AX DC ED VA
Hauptgericht 33/16-44/22, Terrasse, Biergarten, P, geschl.: Mo

Delmenhorst-Außerhalb (5 km ↘)

✱ Gut Hasport
Hasporter Damm 220, Tel (0 42 21) 2 60 81,
Fax 2 60 84, ✉ 27755
♪, 18 Zi, Ez: 75/37, Dz: 120/60, 3 Suiten, ⌐ WC ⌀, P, 🏠, ≋, garni
Auch Zimmer der Kategorie ✱✱ vorhanden.

Hasbergen

🍴 Alt Hasberger Krug
Hasberger Dorfstr. 31, Tel (0 42 21) 4 22 23,
Fax 4 37 13, ✉ 27749, VA
Hauptgericht 18/9-33/16, Terrasse, geschl.: Mo, Di mittags
✱, ♪, 7 Zi, Ez: 90/45-100/50,
Dz: 140/70-160/80, ⌐ WC ⌀, P, 2⌀100

Demmin 13 ↓

Mecklenburg-Vorpommern
EW 14000
🛈 Tel (0 39 98) 22 50 77, Fax 22 50 77
Hansestadt Demmin
✉ 17109 Am Bahnhof / Postfach 1255

✱✱ Trebeltal
Klänhammer Weg 3, Tel (0 39 98) 25 10,
Fax 25 12 51, ✉ 17109
⚤, 42 Zi, Ez: 80/40-99/49, Dz: 125/62-135/67,
⌐ WC ⌀, Lift, 2⌀50, Sauna, Solarium, Restaurant

✱ Am Stadtpark
Kirchhofstr. 1, Tel (0 39 98) 36 23 68,
Fax 36 23 69, ✉ 17109, AX ED VA
15 Zi, Ez: 75/37-95/47, Dz: 100/50-120/60, ⌐ WC ⌀, P, 🏠, Kegeln, Restaurant

Denkendorf 64 □

Bayern / Kreis Eichstätt
EW 4400
🛈 Tel (0 84 66) 94 16 16, Fax 94 16 66
Gemeindeverwaltung
✉ 85095 Wassertal 2

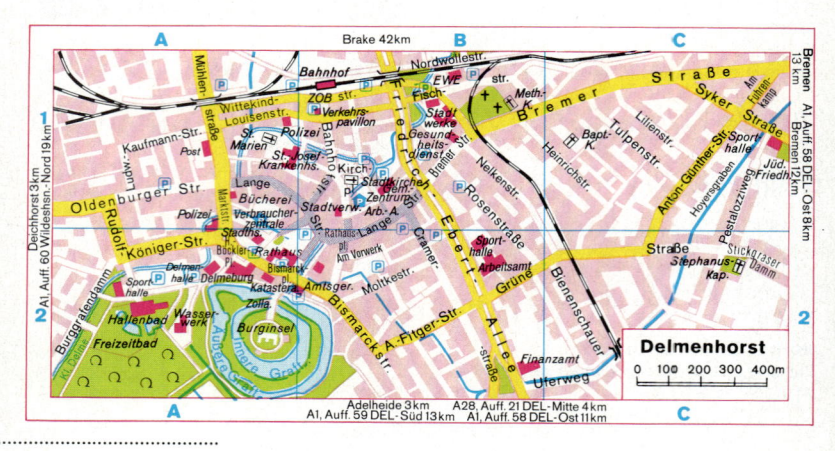

* **Mozartstuben**
Mozartstr. 12, Tel (0 84 66) 10 92, Fax 83 29,
✉ 85095, AX DC ED VA
40 Zi, Ez: 80/40-85/42, Dz: 110/55-120/60, ⌐⌐
WC ⓒ, ℗, 🚗, 2⇌30, Restaurant

Denkingen 68 □

Baden-Württemberg
Kreis Tuttlingen
EW 2300
🛈 Tel (0 74 24) 9 70 60, Fax 13 32
Gemeindeverwaltung
✉ 78588 Hauptstr. 46

Denkingen-Außerhalb (5 km →)

¶ **Klippeneck**
Klippeneck 4, Tel (0 74 24) 98 19 40,
Fax 9 81 94 27, ✉ 78588, AX
§, Hauptgericht 30/15, Terrasse, ℗, geschl.: Mo
* einzeln ♪ §, 8 Zi, Ez: 80/40,
Dz: 140/70, ⌐⌐ WC ⓒ

Denzlingen 67 □

Baden-Württemberg
Kreis Emmendingen
EW 12500
🛈 Tel (0 76 66) 61 11 04, Fax 61 11 25
Bürgermeisteramt
✉ 79211 Hauptstr. 110

¶¶ **Rebstock-Stube**
Hauptstr. 74, Tel (0 76 66) 90 09 90,
Fax 79 42, ✉ 79211, AX DC ED VA
Hauptgericht 40/20, ℗, geschl.: Mo, So,
1.-15.8.01
* 10 Zi, Ez: 65/32-85/42,
Dz: 120/60-160/80, ⌐⌐ WC ⓒ

Dernbach 60 ↑

Rheinland-Pfalz
Kreis Südl. Weinstraße
EW 430
🛈 Tel (0 63 46) 22 00, Fax 79 17
Büro für Tourismus
✉ 76855 Hauptstr. 20

* **Haus Dernbachtal**
Hauptstr. 88, Tel (0 63 45) 83 48,
Fax 95 44 44, ✉ 76857, ED VA
♪, 12 Zi, Ez: 75/37-85/42, Dz: 130/65, 12 App,
⌐⌐ WC ⓒ, 8 ⇐, ℗, Sauna, Solarium

¶ **Schneider** ✚
Hauptstr. 88, Tel (0 63 45) 83 48,
Fax 95 44 44, ✉ 76857, ED VA
Hauptgericht 23/11-38/19, ℗, geschl.: Mo, Di

Dernbach 43 →

Rheinland-Pfalz / Kreis Neuwied
EW 1100
🛈 Tel (0 26 89) 71 77, Fax 18 71
Gemeindeverwaltung Dernbach
✉ 56307 Wiesenstr. 2

** **Country-Hotel**
Hauptstr. 16, Tel (0 26 89) 29 90,
Fax 29 93 22, ✉ 56307, AX DC ED VA
§, 145 Zi, Ez: 110/55-150/75, Dz: 190/95, ⌐⌐ WC
ⓒ, Lift, ⇐, Sauna, Solarium
¶¶ Hauptgericht 27/13-42/21

Dessau 39 ↖

Sachsen-Anhalt
EW 84000
🛈 Tel (03 40) 2 04 14 42, Fax 2 04 11 42
Tourist-Information
✉ 06844 Zerbster Str. 2c
Cityplan siehe Seite 196

siehe auch Wörlitz

*** **Steigenberger
Seminar- und Konferenzhotel**
Friedensplatz (AB 2), Tel (03 40) 2 51 50,
Fax 2 51 51 77, ✉ 06844, AX DC ED VA, Ⓢ
198 Zi, Ez: 140/70-255/128,
Dz: 210/105-325/163, 6 Suiten, ⌐⌐ WC ⓒ DFÜ,
99 ⇐, Lift, ℗, 🚗, 12⇌250, Sauna, Solarium

¶¶ **Fürst Leopold**
Hauptgericht 20/10-30/15, Terrasse

** **Astron**
Zerbster Str. 29 (C 2), Tel (03 40) 2 51 40,
Fax 2 51 41 00, ✉ 06844, AX DC ED VA, Ⓢ
153 Zi, Ez: 130/65-188/94, Dz: 153/77-211/106,
⌐⌐ WC ⓒ DFÜ, 50 ⇐, Lift, ℗, 🚗, 9⇌120,
Sauna, Solarium
¶ Hauptgericht 18/9-42/21

* **City Pension**
Ackerstr. 3 a, Tel (03 40) 8 82 30 76,
Fax 8 82 50 17, ✉ 06842, AX ED VA
24 Zi, Ez: 85/42-95/47, Dz: 120/60-130/65, ⌐⌐
WC ⓒ DFÜ, Lift, 🚗, 1⇌35, Solarium, garni

* **Pension An den 7 Säulen**
Ebertallee 66, Tel (03 40) 61 96 20,
Fax 61 96 22, ✉ 06846, AX VA
23 Zi, Ez: 90/45-115/57, Dz: 120/60-140/70, ⌐⌐
WC ⓒ, 12 ⇐, ℗, Sauna, Solarium, garni

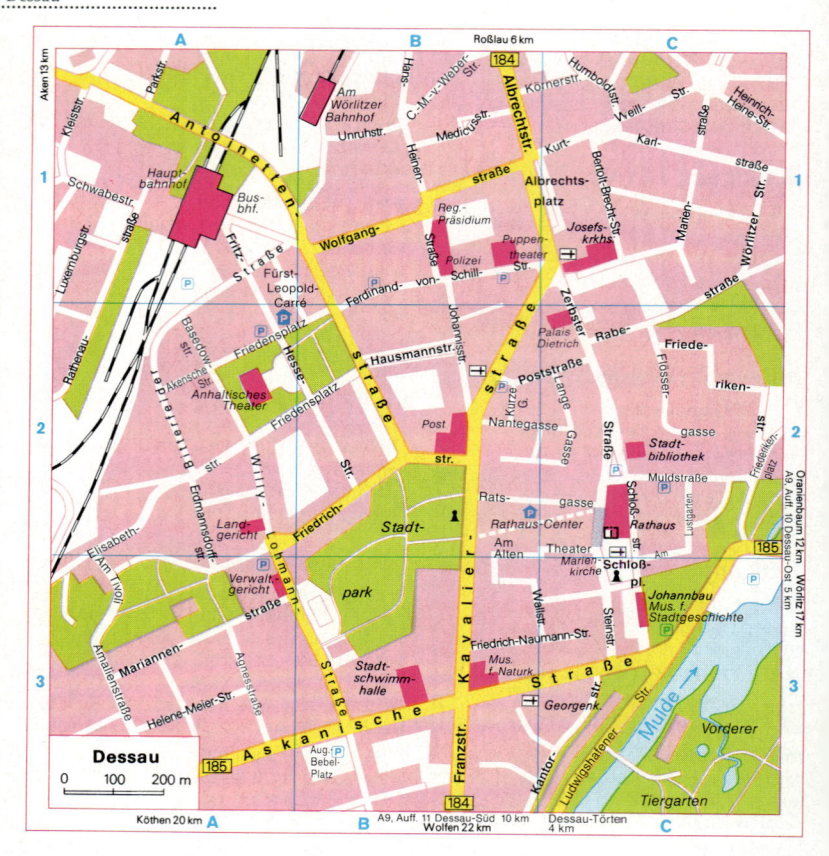

Mildensee

✱ ░░░░░ **Parkhotel**
Sonnenallee 4, Tel (03 40) 2 10 00,
Fax 2 10 02 50, ✉ 06842, AX DC ED VA
101 Zi, Ez: 85/42-109/54, Dz: 125/62-149/75, ⟿
WC ⊘, 35 ⇤, Lift, P, 5⇌55, Sauna, Solarium,
Restaurant

Detmold 35 ↖

Nordrhein-Westfalen / Kreis Lippe
EW 80000
🛈 Tel (0 52 31) 97 73 28, Fax 97 74 47
Tourist Information
✉ 32754 Rathaus am Markt

✱✱✱ ░░░░░ **Best Western Residenz**
Paulinenstr. 19, Tel (0 52 31) 93 70,
Fax 93 73 33, ✉ 32756, AX DC ED VA, Ⓢ
82 Zi, Ez: 136/68-208/104, Dz: 178/89-298/150,
1 Suite, ⟿ WC ⊘ DFÜ, 33 ⇤, Lift, ⌂, 4⇌140,
⌂, Sauna, Restaurant

✱ ░░░░░ **Ringhotel Detmolder Hof mit Gästehaus**
Lange Str. 19 (B 2), Tel (0 52 31) 9 91 20,
Fax 99 12 99, ✉ 32756, AX DC ED VA, Ⓢ
☕, 39 Zi, Ez: 135/67-185/93,
Dz: 175/88-220/110, 1 Suite, ⟿ WC ⊘, Lift,
3⇌50
Auch Zimmer der Kategorie **✱✱** vorhanden.
🍴🍴 ░░░░░ ☕, Hauptgericht 25/12-35/17,
Terrasse, geschl.: Mo
Historisches Haus (1480).

🍴🍴 ░░░░░ **Speisekeller im Rosental** ✢
Am Schloßplatz 7, Tel (0 52 31) 2 22 67,
Fax 3 37 56, ✉ 32756, AX ED VA
Hauptgericht 22/11-36/18, Terrasse,
Gartenlokal, geschl.: Mo

Dettelbach

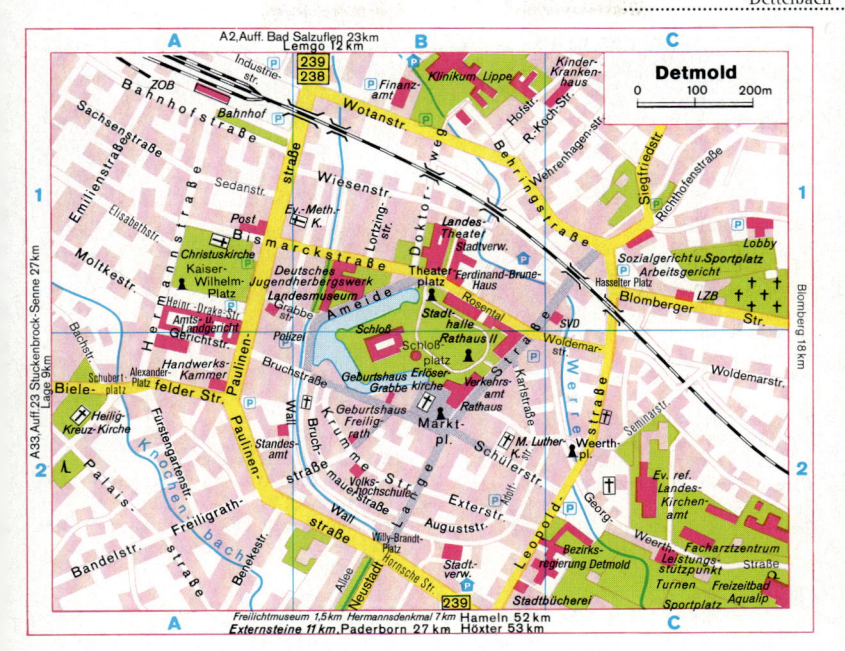

🍴🍴 Krug zum grünen Kranze
Bielefelder Str. 42, Tel **(0 52 31) 2 63 43**,
Fax 30 02 82, ✉ 32756, AX DC ED VA
Hauptgericht 28/14, Biergarten, Kegeln, Ⓟ,
geschl.: 2 Wochen im Sommer

Berlebeck (6 km ↓)

🍴🍴 Hirschsprung
Paderborner Str. 212, Tel **(0 52 31) 49 11**,
Fax 41 72, ✉ 32760, AX DC ED VA
Hauptgericht 32/16, Ⓟ
✱ ⌒, 17 Zi, Ez: 100/50,
Dz: 145/73-190/95, 1 Suite, ⌐ WC ☏, 5 ⇐, 🐕,
1⟶100

Pivitsheide V.H. (6 km ←)

✱ Forellenhof
Gebrüder-Meyer-Str. 50, Tel **(0 52 32) 9 85 00**,
Fax 98 50 40, ✉ 32758, AX DC ED VA
⌒, 12 Zi, Ez: 89/44-99/49, Dz: 135/67-145/73,
⌐ WC ☏ DFÜ, 3 ⇐, Ⓟ, Restaurant

Dettelbach 56 □

Bayern / Kreis Kitzingen
EW 6800
🛈 Tel **(0 93 24) 35 60**, Fax 49 81
Verkehrsamt
✉ 97337 Rathausplatz 1

✱ Akzent-Hotel Am Bach
Eichgasse 5, Tel **(0 93 24) 97 30 00**,
Fax 9 73 01 09, ✉ 97337, AX ED VA
15 Zi, Ez: 60/30-135/67, Dz: 100/50-165/83,
1 Suite, ⌐ WC ☏ DFÜ, 2 ⇐, Ⓟ, 🐕, 1⟶25,
Restaurant

✱ Akzent-Hotel Franziskaner
Wallfahrtsweg 14, Tel **(0 93 24) 97 30 30**,
Fax 97 30 59, ✉ 97337, AX ED VA
⌒, 14 Zi, Ez: 90/45-140/70, Dz: 120/60-180/90,
⌐ WC ☏ DFÜ, 3 ⇐, Ⓟ, 2⟶26, Restaurant

🍴🍴 Himmelstoß 🚩
Bamberger Str. 3, Tel **(0 93 24) 47 76**,
Fax 49 69, ✉ 97337, ED VA
Hauptgericht 25/12-42/21, Gartenlokal,
geschl.: Mo, Di, Ende Jan-Anfang Feb, 3
Wochen im Aug

Dettingen an der Erms 62 ✓

Baden-Württemberg
Kreis Reutlingen
EW 9100
🛈 Tel (0 71 23) 9 78 00, Fax 72 07 63
Bürgermeisteramt
✉ 72581 Rathausplatz 1

✱ Rößle
Uracher Str. 30, Tel (0 71 23) 9 78 00,
Fax 97 80 10, ✉ 72581, DC ED VA
22 Zi, Ez: 65/32-105/52, Dz: 130/65-165/83, ⇁
WC ⊘, 10 ⇐, P, 2↻40
Im Neubau Zimmer der Kategorie ✱✱
vorhanden.
🍴🍴 Hauptgericht 26/13, Terrasse

🍴 Gasthof Löwen
Metzinger Str. 20, Tel (0 71 23) 7 12 86,
Fax 8 83 87, ✉ 72581, ED VA
Hauptgericht 15/7-40/20, Terrasse, Biergarten,
geschl.: Mi
⊨ 19 Zi, Ez: 75/37-85/42, Dz: 115/57-125/62,
⇁ WC ⊘

Dettingen unter Teck 62 ✓

Baden-Württemberg
Kreis Esslingen
EW 5250
🛈 Tel (0 70 21) 5 00 00, Fax 50 00 39
Bürgermeisteramt
✉ 73265 Schulstr. 4

✱ Rößle
Austr. 32, Tel (0 70 21) 9 84 90,
Fax 9 84 91 50, ✉ 73265, ED VA
50 Zi, Ez: 75/37, Dz: 105/52, 5 App, ⇁ WC ⊘,
Lift, P, ⋒, garni

Deudesfeld 52 ↑

Rheinland-Pfalz / Kreis Daun
EW 500
🛈 Tel (0 65 99) 9 20 20, Fax 92 02 22
Tourist-Information
✉ 54570 Blumengasse 1

⊨ Zur Post
Hauptstr. 8, Tel (0 65 99) 8 66, Fax 13 04,
✉ 54570
23 Zi, Ez: 49/24, Dz: 88/44, ⇁ WC ⊘, P, ⋒,
Kegeln, Sauna, Solarium, Restaurant

Dieblich 43 ↓

Rheinland-Pfalz
Kreis Mayen-Koblenz
EW 2500
🛈 Tel (0 26 07) 3 61
Gemeindeverwaltung
✉ 56332 Marktplatz

Erholungsort an der Mosel; Sehenswert: kath.
Kirche; Heesenburg; Weinbrunnen; Fachwerkhäuser; Moseltalbrücke

✱ Pistono
Hauptstr. 30, Tel (0 26 07) 2 18, Fax 10 39,
✉ 56332, ED
84 Zi, Ez: 75/37, Dz: 120/60-140/70, 14 App, ⇁
WC ⊘, Lift, P, ⋒, 3↻100, ⋒, Sauna, Solarium,
Restaurant

🍴🍴 Halferschenke ✚
Hauptstr. 63, Tel (0 26 07) 10 08, Fax 96 02 94,
✉ 56332, ED VA
⊙, Hauptgericht 25/12-45/22, Terrasse, P, ⊨,
nur abends, so+feiertags auch mittags,
geschl.: Mo, 2.-13.10.00

Dieburg 54 ↗

Hessen
EW 15200
🛈 Tel (0 60 71) 2 00 22 50, Fax 2 00 21 00
Stadt- und Kulturamt
✉ 64807 Markt 4

✱ Mainzer-Hof
Markt 22, Tel (0 60 71) 2 50 95, Fax 2 50 90,
✉ 64807, AX DC ED VA
34 Zi, Ez: 98/49-130/65, Dz: 142/71-180/90, ⇁
WC ⊘, P, 1↻18, garni
geschl.: 23.12.00-2.1.01

Diekholzen 26 ↓

Niedersachsen / Kreis Hildesheim
EW 7513
🛈 Tel (0 51 21) 20 20, Fax 2 02 55
Gemeindeverwaltung
✉ 31199 Alfelder Str. 5

✱ Gasthof Jörns
Marienburger Str. 41, Tel (0 51 21) 2 07 00,
Fax 20 70 90, ✉ 31199, ED VA
21 Zi, Ez: 70/35-150/75, Dz: 110/55-200/100, ⇁
WC ⊘, 2 ⇐, P, Kegeln, Restaurant

Diemelstadt 35 □

Hessen / Kreis Waldeck-Frankenberg
EW 6339
ℹ Tel (0 56 42) 84 34, Fax 97 98 26
Verkehrsamt
✉ 34474 Ramser Str. 6

Rhoden

✱ ▪▪▪▪▪ **Montana**
Am Jungfernborn 1, Tel (0 56 94) 9 79 70,
Fax 97 97 97, ✉ 34474, AX ED VA
35 Zi, Ez: 90/45-95/47, Dz: 126/63, 1 App., ⌐⌐
WC ⓒ DFÜ, 12 ⇞, P, 🅟, 2⇔20, Restaurant

Dierhagen 12 →

Mecklenburg-Vorpommern
Kreis Nordvorpommern
EW 1600
ℹ Tel (03 82 26) 2 01, Fax 8 04 66
Kurverwaltung
✉ 18347 Ernst-Moritz-Arndt-Str. 2

✱ ▪▪▪▪▪ **Werth's Hof**
Neue Str. 6, Tel (03 82 26) 50 80, Fax 5 08 40,
✉ 18347
18 Zi, ⌐⌐ WC ⓒ, 5 ⇞, P, Restaurant

Dierhagen Ost (2 km ↑)

✱✱ ▪▪▪▪ **Blinkfüer**
An der Schwedenschanze 20,
Tel (03 82 26) 8 03 84, Fax 8 03 92, ✉ 18347,
ED VA
♪, 23 Zi, Ez: 95/47-125/62, Dz: 155/78-195/98,
5 Suiten, ⌐⌐ WC ⓒ, 5 ⇞, P, 🅟, 2⇔70,
Fitnessraum, Sauna, Solarium

🍴🍴 ▪▪▪▪ Hauptgericht 25/12-34/17, Terrasse

Strand

✱✱✱ ▪▪▪ **Strandhotel Fischland**
Ernst-Moritz-Arndt-Str. 6, Tel (03 82 26) 5 20,
Fax 5 29 99, ✉ 18347, AX ED VA
einzeln ♪ $, 53 Zi, Ez: 180/90-350/176,
Dz: 210/105-240/120, 12 Suiten, 55 App., ⌐⌐ WC
ⓒ, Lift, P, 6⇔100, 🅟, Seezugang, Sauna,
Solarium, Restaurant
Hotelpark mit Ferienhäusern, Appartements und
Maisonetten.

✱ ▪▪▪▪▪ **Am Moor**
Peter-Jahnke-Str. 3, Tel (03 82 26) 2 65,
Fax 8 03 21, ✉ 18347
32 Zi, ⌐⌐ WC ⓒ

Diesbar-Seußlitz 40 ✓

Sachsen / Kreis Riesa-Großenhain
EW 2100
ℹ Tel (03 52 67) 5 02 25, Fax 5 02 49
Touristinformation
✉ 01612 An der Weinstr. 29

🍴 ▪▪▪▪ **Merkers Weinstuben**
Meißner Str. 10, Tel (03 52 67) 5 07 80,
Fax 5 03 17, ✉ 01612, AX DC ED
$, Hauptgericht 19/9-30/15, Terrasse, P, 🛏,
nur abends, geschl.: Mo, 2.1.-10.3.01

Dießen a. Ammersee 71 □

Bayern / Kreis Landsberg am Lech
EW 9000
ℹ Tel (0 88 07) 10 48, Fax 44 59
Verkehrsamt
✉ 86911 Mühlstr. 4 a

✱ ▪▪▪▪▪ **Strandhotel**
Jahnstr. 10, Tel (0 88 07) 9 22 20, Fax 89 58,
✉ 86911, AX DC VA
♪ $, 18 Zi, Ez: 95/47-130/65,
Dz: 145/73-260/130, ⌐⌐ WC ⓒ DFÜ, P,
Restaurant
Rezeption: 8-11, 16-20, geschl.: 18.11.-4.12.00,
10.1.-12.2.01
Auch Zimmer der Kategorie **✱✱** vorhanden.

Dietenhofen 57 ✓

Bayern / Kreis Ansbach
EW 5750
ℹ Tel (0 98 24) 9 20 60, Fax 92 06 30
Gemeindeverwaltung
✉ 90599 Rathausplatz 1

✱✱ ▪▪▪▪ **Moosmühle**
Mühlstr. 12, Tel (0 98 24) 95 90, Fax 9 59 59,
✉ 90599, ED
31 Zi, Ez: 92/46-110/55, Dz: 145/73-180/90,
1 App., ⌐⌐ WC ⓒ, 10 ⇞, Lift, P, 2⇔15,
Fitnessraum, Kegeln, Sauna, 4 Tennis
geschl.: Mo
🍴 ▪▪▪▪ Hauptgericht 25/12, Terrasse,
Biergarten, geschl.: Mo, 1.-12.1.01

Dietersheim 56 →

Bayern
Kreis Neustadt a. d. Aisch
EW 2100
ℹ Tel (0 91 61) 27 73, Fax 71 54
Gemeindeverwaltung
✉ 91463 Hauptstr. 7

Oberroßbach

✱ **Fiedler**
Oberroßbach 28, Tel (0 91 61) 24 25,
Fax 6 12 59, ✉ 91463, ED VA
23 Zi, Ez: 70/35-80/40, Dz: 110/55-120/60,
2 Suiten, 7 App., ⊣ WC ⊘, **P**, 🛏, Fitnessraum,
Sauna, Solarium, Restaurant

Dietfurt 64 ↑

Bayern / Kreis Neumarkt i.d. Opf.
EW 5900
ℹ Tel (0 84 64) 64 00 19, Fax 64 00 33
Tourist-Information
✉ 92345 Hauptstr. 26

🛏 **Zur Post**
Hauptstr. 25, Tel (0 84 64) 3 21, Fax 91 26,
✉ 92345, VA
28 Zi, Ez: 47/23, Dz: 86/43, ⊣ WC, **P**,
Restaurant

Dietmannsried 70 □

Bayern / Kreis Oberallgäu
EW 7800
ℹ Tel (0 83 74) 58 20 23, Fax 5 89 91 53
Verkehrsamt
✉ 87463 Gemeinderied 1

Probstried (3,5 km ↗)

🍴🍴 **Landhaus Henze** 🔴
Wohlmutser Weg 2, Tel (0 83 74) 5 83 20,
Fax 58 32 22, ✉ 87463, ED
Hauptgericht 38/19-42/21, Terrasse, **P**, nur
abends, geschl.: Do, 30.10.-5.11.00
✱✱ 8 Zi, Ez: 60/30-80/40,
Dz: 105/52-130/65, 2 Suiten, ⊣ WC ⊘, 🛏,
1⇌75

Dietzenbach 54 ↗

Hessen / Kreis Offenbach
EW 34000
ℹ Tel (0 60 74) 37 30, Fax 37 32 06
Stadtverwaltung
✉ 63128 Offenbacher Str. 11

Dietzenbach-Außerhalb (2 km →)

✱✱ **Sonnenhof**
Otto-Hahn-Str. 7, Tel (0 60 74) 48 90,
Fax 48 93 33, ✉ 63128, AX ED VA
70 Zi, Ez: 155/78-270/135,
Dz: 207/104-320/161, ⊣ WC ⊘, Lift, **P**, 🛏,
5⇌25, Solarium, Restaurant

Steinberg (2,5 km ↑)

✱ **Winters Hotel Button**
Offenbacher Str. 35, Tel (0 60 74) 80 70,
Fax 80 71 99, ✉ 63128
67 Zi, Ez: 150/75-245/123, Dz: 195/98-295/148,
⊣ WC ⊘, Restaurant

✱ **Steinberg Residenz**
Taunusstr. 15, Tel (0 60 74) 87 58 70,
Fax 8 75 87 20, ✉ 63128, AX DC ED VA
26 Zi, Ez: 135/67-275/138, Dz: 195/98-315/158,
5 Suiten, ⊣ WC ⊘, **P**, 2⇌20, Golf, Restaurant

Diez 44 ✓

Rheinland-Pfalz / Rhein-Lahn-Kreis
EW 11000
ℹ Tel (0 64 32) 50 12 70, Fax 51 36
Verkehrsamt
✉ 65582 Wilhelmstr. 63

✱ **Wilhelm von Nassau Minotel**
Weiherstr. 38, Tel (0 64 32) 10 14, Fax 14 47,
✉ 65582, AX DC ED VA, S
☾, 37 Zi, Ez: 115/57-125/62,
Dz: 160/80-170/85, ⊣ WC ⊘, 6 🛌, Lift, **P**,
3⇌70, 🛏, Kegeln, Sauna, Solarium, Restaurant

Dillenburg 44 ↗

Hessen / Lahn-Dill-Kreis
EW 25000
ℹ Tel (0 27 71) 1 94 33, Fax 80 21 21
Verkehrsamt
✉ 35683 Hauptstr. 19

✱ **Oranien**
Untertor 1-3, Tel (0 27 71) 70 85, Fax 2 29 51,
✉ 35683, AX DC ED VA
25 Zi, Ez: 105/52, Dz: 160/80, ⊣ WC ⊘, 3 🛌,
P, 🛏, garni
geschl.: 23.12.00-7.1.01

Dillingen a. d. Donau 63 ✓

Bayern
EW 18000
ℹ Tel (0 90 71) 5 41 08, Fax 5 41 99
Städtisches Verkehrsamt
✉ 89407 Königstr. 37/38

✱ Convikt
Konviktstr. 9, Tel (0 90 71) 7 91 30,
Fax 79 13 13, ✉ 89407, AX DC ED VA
40 Zi, Ez: 95/47-120/60, Dz: 130/65-180/90, ⌐⌐
WC ⊘ DFÜ, 5 ⌐, Lift, **P**, 🕿, 3⌐100,
Restaurant
Auch Zimmer der Kategorie ✱✱ vorhanden.

✱ Dillinger Hof
Rudolf-Diesel-Str. 8, Tel (0 90 71) 80 61,
Fax 83 23, ✉ 89407, AX DC ED VA
49 Zi, Ez: 88/44-98/49, Dz: 125/62-140/70,
3 App, ⌐⌐ WC ⊘, 8 ⌐, **P**, 🕿, 2⌐40,
Fitnessraum, Kegeln, Sauna, Solarium,
Restaurant

⌐ Trumm
Donauwörther Str. 62, an der B 16,
Tel (0 90 71) 30 72, Fax 41 00, ✉ 89407, AX ED VA
20 Zi, Ez: 68/34-75/37, Dz: 98/49-110/55, ⌐⌐
WC ⊘, 4 ⌐, **P**, 🕿, garni
geschl.: 24.12.00-2.1.01

Dillingen (Saar) 52 ↓

Saarland / Kreis Saarlouis
EW 22000
ℹ Tel (0 68 31) 70 92 40, Fax 70 92 28
Stadtverwaltung
✉ 66763 Merziger Str

✱ Saarland-Hotel König
Goebenstr. 1, Tel (0 68 31) 90 50,
Fax 90 51 23, ✉ 66763, AX DC ED VA
24 Zi, Ez: 85/42-95/47, Dz: 140/70-160/80,
3 App, ⌐⌐ WC ⊘ DFÜ, 2 ⌐, **P**, 🕿, 2⌐100,
Restaurant

✱ Meilchen
Hüttenwerkstr. 31, Ecke Kieferstr.,
Tel (0 68 31) 9 09 82 00, Fax 9 09 82 50,
✉ 66763, AX ED VA
21 Zi, Ez: 85/42-95/47, Dz: 115/57-130/65, ⌐⌐
WC ⊘ DFÜ, 4 ⌐, Lift, 🕿, garni

Diefflen (3 km ↗)

✱✱ Bawelsberger Hof
Dillinger Str. 5 a, Tel (0 68 31) 76 99 90,
Fax 7 69 99 76, ✉ 66763, AX DC ED VA
46 Zi, Ez: 130/65-147/74, Dz: 175/88-210/105,
1 Suite, ⌐⌐ WC ⊘ DFÜ, 15 ⌐, Lift, **P**, 2⌐80,
Fitnessraum, Sauna, Golf
Auch Zimmer der Kategorie ✱ vorhanden.
🍴🍴 Hauptgericht 22/11-49/24, Biergarten

Dillstädt 47 ←

Thüringen / Kreis Suhl
EW 930
ℹ Tel (03 68 46) 2 40
Gemeindeverwaltung
✉ 98530 Dorfstr. 18

✱ Der Distelhof
Dorfstr. 3, Tel (03 68 46) 6 05 47, Fax 6 13 32,
✉ 98530, AX ED VA
☾, 25 Zi, Ez: 60/30-85/42, Dz: 100/50-129/64,
1 Suite, ⌐⌐ WC ⊘, 5 ⌐, **P**, 🕿, 1⌐50,
Restaurant

Dilsberg siehe Neckargemünd

Dingolfing 65 □

Bayern
EW 18500
ℹ Tel (0 87 31) 50 11 23, Fax 50 11 66
Fremdenverkehrsamt
✉ 84130 Dr.-Josef-Hastreiter-Str 2

✱✱ Maximilian
Wollerstr. 2, Tel (0 87 31) 5 06 20,
Fax 50 62 50, ✉ 84130, AX DC ED VA
48 Zi, Ez: 95/47, Dz: 140/70, 2 App, ⌐⌐ WC ⊘,
Lift, **P**, 2⌐37, garni

✱ Gasthof Alte Post
Bruckstr. 7, Tel (0 87 31) 3 14 60,
Fax 31 46 40, ✉ 84130, AX DC ED VA
21 Zi, Ez: 85/42, Dz: 140/70, ⌐⌐ WC ⊘, 6 ⌐, **P**,
🕿, 1⌐80, Restaurant
geschl.: Sa, Mitte Aug

Dinkelsbühl 63 ↖

Bayern / Kreis Ansbach
EW 11500
ℹ Tel (0 98 51) 9 02 40, Fax 9 02 79
Touristik-Service
✉ 91550 Marktplatz
Cityplan siehe Seite 202

✱✱ Ringhotel Blauer Hecht
Schweinemarkt 1 (A 1), Tel (0 98 51) 58 10,
Fax 58 11 70, ✉ 91550, AX DC ED VA, Ⓢ

Dinkelsbühl

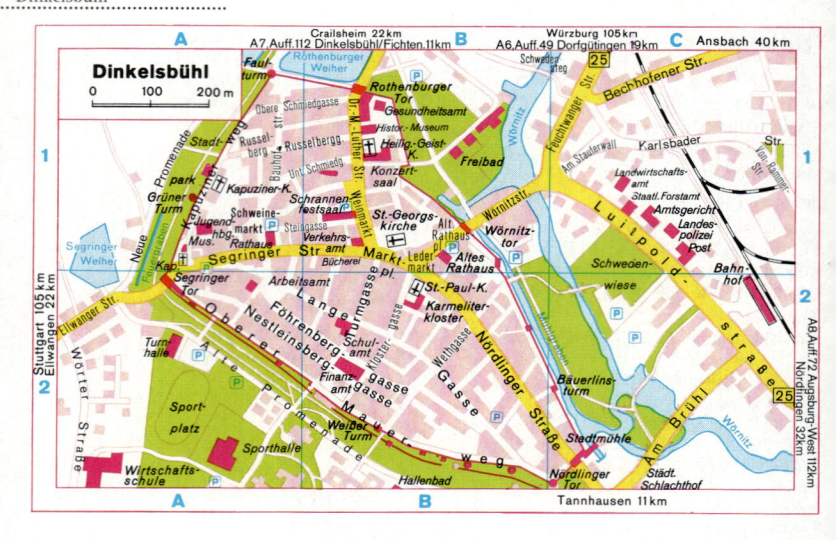

43 Zi, Ez: 99/49-165/83, Dz: 138/69-178/89,
1 Suite, ⌑ WC ⊘, 9 ⛔, 🅿, 🏠, 3⊃60, ⚓,
Fitnessraum, Sauna, Solarium
geschl.: 2.-29.1.01
Auch Zimmer der Kategorie ✱ vorhanden.
🍴🍴 Hauptgericht 25/12, Terrasse,
geschl.: Mo, So, 2.1.-28.2.01

✱ Zum Goldenen Anker
Untere Schmiedsgasse 22 (A 1),
Tel (0 98 51) 5 78 00, Fax 57 80 80, ✉ 91550,
AX DC ED VA
24 Zi, Ez: 80/40-95/47, Dz: 120/60-160/80,
2 App., ⌑ ⊘, 🏠, 1⊃25, Sauna
🍴 Hauptgericht 20/10, Biergarten, 🅿

✱ Akzent-Hotel Goldene Rose
Marktplatz 4 (B 1), **Tel (0 98 51) 5 77 50,
Fax 57 75 75**, ✉ 91550, AX DC ED VA
33 Zi, Ez: 90/45-130/65, Dz: 130/65-220/110,
1 App., ⌑ WC ⊘ DFÜ, 🅿, 🏠, 2⊃80, Golf
Auch Zimmer der Kategorie ✱✱ vorhanden.
🍴 Hauptgericht 20/10, Terrasse

✱ Gästehaus Palmengarten
Untere Schmiedsgasse 14, **Tel (0 98 51) 5 76 70,
Fax 75 48**, ✉ 91550, AX ED VA
22 Zi, Ez: 65/32-85/42, Dz: 110/55-130/65, ⌑
WC ⊘, 🏠, garni
geschl.: 6.-30.11.00
Anmeldung im Gasthaus Sonne, Weinmarkt 11.

✱ Eisenkrug
Dr.-Martin-Luther-Str. 1 (B 1),
Tel (0 98 51) 5 77 00, Fax 57 70 70, ✉ 91550,
AX DC ED VA

13 Zi, Ez: 98/49-130/65, Dz: 140/70-170/85, ⌑
WC ⊘, Lift, Restaurant

Gasthof Zur Goldenen Krone
Nördlinger Str. 24 (B 2), **Tel (0 98 51) 22 93,
Fax 65 20**, ✉ 91550, AX DC ED VA
25 Zi, Ez: 68/34-80/40, Dz: 100/50-120/60, ⌑
WC, Lift, 🅿, 🏠, Restaurant

Dinklage 24 ↗

Niedersachsen / Kreis Vechta
EW 12150
ℹ **Tel (0 44 43) 89 90, Fax 8 99 25**
Stadtverwaltung
✉ 49413 Am Markt 1

✱✱✱ Vila Vita Burghotel Dinklage
Burgallee 1, **Tel (0 44 43) 89 70, Fax 89 74 44**,
✉ 49413, AX DC ED VA
☽, 55 Zi, Ez: 180/90-220/110,
Dz: 230/115-295/148, ⌑ WC ⊘, 24 ⛔, Lift, 🅿,
10⊃100, 🏠, Fitnessraum, Kegeln, Sauna,
Solarium
🍴🍴 Kaminstube
Hauptgericht 28/14, Terrasse, Biergarten

Dinklage-Außerhalb (2 km →)

✱ Wiesengrund
Lohner Str. 17, **Tel (0 44 43) 20 50, Fax 37 98**,
✉ 49413, AX DC ED VA
20 Zi, Ez: 80/40-90/45, Dz: 120/60-130/65, ⌑
WC ⊘, 🅿, 2⊃50, Restaurant

Dinslaken 32 →

Nordrhein-Westfalen / Kreis Wesel
EW 70000
🅘 Tel (0 20 64) 6 62 22, Fax 6 64 35
Stadtinformation
✉ 46535 Friedrich-Ebert-Str 82

✸ Am Park
Althoffstr. 16, Tel (0 20 64) 5 40 54,
Fax 5 40 57, ✉ 46535, AX ED VA
♪ 24 Zi, Ez: 160/80, Dz: 210/105-260/130, ⌐
WC ⓒ, Lift, P, garni

Hiesfeld (2,5 km →)

✸ Landhotel Galland
Im kühlen Grunde
Dickerstr. 346, Tel (0 20 64) 4 95 90,
Fax 49 59 35, ✉ 46539, AX ED VA
20 Zi, Ez: 95/47-105/52, Dz: 140/70-160/80, ⌐
WC ⓒ DFÜ, P, 2⌂60, Kegeln, Restaurant

¶¶ Haus Hiesfeld
Kirchstr. 125, Tel (0 20 64) 9 40 00,
Fax 9 60 09, ✉ 46539, AX DC ED VA
Hauptgericht 35/17-50/25, Terrasse, P,
geschl.: Mo, So

Dippoldiswalde 51 ↖

Sachsen / Kreis Weißeritz
EW 8500
🅘 Tel (0 35 04) 61 48 77, Fax 61 48 78
Tourist-Service Ost-Erzgebirge
✉ 01744 Altenberger Str. 5

✸ Am Schloß
Rosengasse 12, Tel (0 35 04) 61 79 47,
Fax 61 79 48, ✉ 01744, ED VA
12 Zi, Ez: 75/37-95/47, Dz: 100/50-130/65, ⌐
WC ⓒ, P, Restaurant

Dippoldiswalde-Außerhalb (2 km ↑)

✸✸ Heidehof
Hohe Str. 2, Tel (0 35 04) 6 48 70,
Fax 64 87 55, ✉ 01744, AX DC ED VA

einzeln ♪ ⚥, 34 Zi, Ez: 95/47-110/55,
Dz: 145/73-165/83, ⌐ WC ⓒ DFÜ, 6 ⌲, P,
4⌂100, Golf, Restaurant
Auch Zimmer der Kategorie ✳ vorhanden.

Ditzenbach, Bad 62 ✓

Baden-Württemberg
Kreis Göppingen
EW 3600
🅘 Tel (0 73 34) 69 11, Fax 92 04 08
Tourismus- u. Kulturbüro
✉ 73342 Helfensteinstr. 20

✸✸ Kurhotel Sanct Bernhard
Sonnenbühl 1, Tel (0 73 34) 9 64 10,
Fax 96 41 41, ✉ 73342
♪ ⚥, 26 Zi, Ez: 100/50-110/55,
Dz: 150/75-210/105, 2 Suiten, ⌐ WC ⓒ, 26 ⌲,
Lift, Sauna, Solarium, garni
Rezeption: 8-18

¶¶ Lamm
Hauptstr. 30, Tel (0 73 34) 43 21, Fax 50 89,
✉ 73342, AX ED VA
Hauptgericht 30/15-60/30, geschl.: So,
1.-15.3.01, 4.-22.7.01
✸✸ Am Oberberg 1, Tel 50 80, ♪ ⚥, 8 Zi,
2 Suiten, ⌐ WC ⓒ, 3 ⌲, P, 🏠, garni

Gosbach (2 km ✓)

¶¶ Gasthof Hirsch
Unterdorfstr. 2, an der B 466,
Tel (0 73 35) 9 63 00, Fax 96 30 30, ✉ 73342,
AX ED
Hauptgericht 30/15-38/19, Biergarten, Kegeln,
P, geschl.: Mo, 23.10.-5.11.00, 29.1.-11.2.01, 10
Tage im Aug
✸ 8 Zi, Ez: 70/35, Dz: 110/55-115/57, ⌐
WC ⓒ

Ditzingen 61 ☐

Baden-Württemberg
Kreis Ludwigsburg
EW 23230
🅘 Tel (0 71 56) 16 41 56, Fax 16 43 33
Hauptamt
✉ 71254 Richthofenstraße 3

✸✸ Blankenburg
Gerlinger Str. 27, Tel (0 71 56) 93 20,
Fax 93 21 90, ✉ 71254, AX DC ED VA
71 Zi, Ez: 115/57-175/88, Dz: 120/60-205/103,
2 Suiten, ⌐ WC ⓒ DFÜ, 12 ⌲, Lift, 🏠, 3⌂40,
Restaurant

Appartementhotels/Boardinghäuser
Ascott
Stettiner Str. 25, Tel (0 71 56) 96 20,
Fax 96 21 00, ✉ 71254, AX DC ED VA
112 Zi, Ez: 146/73-177/89, Dz: 180/90-234/117,
12 App., ⌐ WC Ⓒ DFÜ, 48 ⇐, Lift, Ⓟ, 🚗,
7↻90, Restaurant
Zimmer der Kategorie ✱✱.

Dobel 60 →

Baden-Württemberg / Kreis Calw
EW 2200
🛈 Tel (0 70 83) 7 45 13, Fax 7 45 35
Kurverwaltung Dobel
✉ 75335 Neue Herrenalber Str. 11

⊨ Rössle
Johann-Peter-Hebel-Str. 7,
Tel (0 70 83) 9 25 30, Fax 92 53 92, ✉ 75335
26 Zi, Ez: 46/23-96/48, Dz: 90/45-140/70,
1 App., ⌐ WC Ⓒ, Lift, Ⓟ, 🚗, 1↻16, Sauna,
Solarium, Restaurant
geschl.: Di, 15.11.-15.12.00

Doberan, Bad 12 ↓

Mecklenburg-Vorpommern
EW 12000
🛈 Tel (03 82 03) 6 21 54, Fax 6 21 54
Tourist-Information
✉ 18209 Goethestr. 1

✱✱ Romantik Hotel Friedrich-Franz-Palais
August-Bebel-Str. 2, Tel (03 82 03) 6 30 36,
Fax 6 21 26, ✉ 18209, AX DC ED VA
45 Zi, Ez: 145/73-165/83, Dz: 200/100-260/130,
3 Suiten, ⌐ WC Ⓒ, 3 ⇐, Lift, Ⓟ, 5↻200,
Sauna, Solarium, Golf, Restaurant
Ehem. Logierhaus des Herzogs von
Mecklenburg. Auch Zimmer der Kategorie ✱
vorhanden.

Doberlug-Kirchhain 40 ☐

Brandenburg
Landkreis Elbe-Elster
EW 8200
🛈 Tel (03 53 22) 22 93, Fax 22 71
Fremdenverkehrsbüro
✉ 03253 Potsdamer Str. 18

Kirchhain
✱ Rose
Am Rosenende 12, Tel (03 53 22) 3 13 14,
Fax 44 64, ✉ 03253, ED

27 Zi, Ez: 65/32-80/40, Dz: 90/45-120/60, ⌐
WC, Lift, Ⓟ, 🚗, 2↻80, Restaurant

Döbeln 39 ↘

Sachsen
EW 24000
🛈 Tel (0 34 31) 71 11 50, Fax 71 11 52
Döbeln-Information
✉ 04720 Am Lutherplatz 4

✱ Döbelner Hof
Bäckerstr. 8-9, Tel (0 34 31) 57 47 91,
Fax 57 47 90, ✉ 04720, AX ED VA
35 Zi, Ez: 85/42-105/52, Dz: 120/60-145/73,
4 App., ⌐ WC Ⓒ, 1 ⇐, Lift, 🚗, 2↻60,
Restaurant

✱ Weiße Taube
Eisenbahnstr. 1, Tel (0 34 31) 61 17 14,
Fax 61 17 14, ✉ 04720, AX DC ED VA
15 Zi, Ez: 85/42-100/50, Dz: 120/60-150/75, ⌐
WC Ⓒ, 7 ⇐, Ⓟ, 🚗, 2↻100, Kegeln, Restaurant

Dölbau 38 →

Sachsen-Anhalt / Saalkreis
EW 835
🛈 Tel (03 45) 5 60 48 22, Fax 5 60 48 22
Gemeindeverwaltung
✉ 06184 Lindenstr. 2

✱✱ Konsul
Hotelstr. 1, an der B 14, Tel (03 46 02) 6 70,
Fax 6 76 70, ✉ 06184, AX DC ED VA
123 Zi, Ez: 105/52-130/65, Dz: 180/90-215/108,
⌐ WC Ⓒ, 82 ⇐, Lift, Ⓟ, 🚗, 6↻70,
Fitnessraum, Sauna, Solarium
🍴 Hauptgericht 20/10, Terrasse

Dörnigheim siehe Maintal

Dörrenbach 60 ↑

Rheinland-Pfalz
Kreis Südliche Weinstraße
EW 1000
🛈 Tel (0 63 43) 48 64
Verkehrsverein
✉ 76889 Im Rödelstal 26

⊨ Keschtehäusel
Hauptstr. 4, Tel (0 63 43) 87 97, Fax 87 97,
✉ 76889
7 Zi, Ez: 65/32, Dz: 95/47, Ⓟ, Restaurant

Dörverden 25 ↗

Niedersachsen / Kreis Verden
EW 9600
🛈 Tel (0 42 34) 39 90, Fax 3 99 45
Gemeindeverwaltung
✉ 27313 Große Str. 80

🍴 Pfeffermühle
Große Str. 70, Tel (0 42 34) 9 31 30,
Fax 93 13 23, ✉ 27313, AX DC ED VA
Hauptgericht 30/15, Terrasse, Biergarten,
Gartenlokal, P
✱ 20 Zi, Ez: 75/37-95/47,
Dz: 110/55-145/73, 1 Suite, 1 App, ⊟ WC ℂ
DFÜ, 4 ⛌, 🐾, 1⟳20
Auch einfachere Zimmer vorhanden.

Dötlingen 24 ↗

Niedersachsen / Kreis Oldenburg
EW 5850
🛈 Tel (0 44 32) 95 01 12, Fax 95 01 00
Gemeinde Dötlingen
✉ 27801 Hauptstr. 26

⚓ Waldhotel Dötlingen
Karkbäk 2, Tel (0 44 33) 9 48 50, Fax 94 85 26,
✉ 27801, AX DC ED VA
9 Zi, Ez: 75/37, Dz: 120/60, ⊟ WC ℂ, P,
Restaurant

Altona

✱ Gut Altona
Wildeshauser Str. 34, Tel (0 44 31) 95 00,
Fax 16 52, ✉ 27801, AX DC ED VA
♪, 53 Zi, Ez: 85/42-115/57, Dz: 110/55-190/95,
⊟ WC ℂ, 20 ⛌, P, 🐾, 7⟳250, Kegeln, Sauna,
Golf, Restaurant
Zimmerkapazität auf mehrere Gästehäuser
verteilt. Auch Zimmer der Kategorie ✱✱
vorhanden.

Dolle 28 ←

Sachsen-Anhalt / Kreis Tangerhütte
EW 550
🛈 Tel (03 93 64) 2 35, Fax 43 85
Gemeindeverwaltung
✉ 39517 Braune-Hirsch-Straße 7

✱ Deutsches Haus
Magdeburger Str. 25, Tel (03 93 64) 93 60,
Fax 9 36 49, ✉ 39517, ED VA
24 Zi, Ez: 75/37-89/44, Dz: 100/50-130/65, ⊟
WC ℂ, 4 ⛌, P, 2⟳80, Restaurant

Dollnstein 63 →

Bayern / Kreis Eichstätt
EW 750
🛈 Tel (0 84 22) 15 02, Fax 98 89 03
Fremdenverkehrsverein
✉ 91795 Papst-Viktor-Str 35

Obereichstätt (4 km ↗)

✱ Zur Hüttenschänke
Allee 15, Tel (0 84 21) 9 79 70, Fax 97 97 97,
✉ 91795, ED VA
18 Zi, Ez: 50/25-65/32, Dz: 100/50-110/55,
4 App, ⊟ WC ℂ, P, 1⟳20, Sauna, Restaurant

Dommitzsch 39 □

Sachsen / Kreis Torgau-Oschatz
EW 3390
🛈 Tel (03 42 23) 43 90, Fax 4 39 16
Stadtverwaltung
✉ 04880 Markt 1

Dommitzsch-Außerhalb (1 km ↗)

⚓ Gasthaus Fährhaus
Elbstr. 15, Tel (03 42 23) 4 03 46, Fax 4 03 46,
✉ 04880, AX ED VA
♣, 9 Zi, Ez: 65/32-75/37, Dz: 85/42-95/47, ⊟
WC, P, 🐾, Restaurant

Donaueschingen 68 ←

Baden-Württemberg
Schwarzwald-Baar-Kreis
EW 21000
🛈 Tel (07 71) 85 72 21, Fax 85 72 28
Fremdenverkehrs- u. Kulturamt
✉ 78166 Karlstr. 58
Cityplan siehe Seite 206

Donauquelle, Schloß mit Parkanlage, Sammlungen mit Gemäldegalerie, CHI Reitturnier, Musiktage (Okt.), Beginn Donauradwanderweg.

✱ Ochsen
Käferstr. 18, Tel (07 71) 8 09 90, Fax 80 99 88,
✉ 78166, AX ED VA
42 Zi, Ez: 45/22-85/42, Dz: 108/54-125/62,
2 App, ⊟ WC ℂ, 10 ⛌, Lift, P, 🐾, 🛏,
Fitnessraum, Kegeln, Bowling, Sauna, Solarium,
Restaurant

✱ Zur Linde
Karlstr. 18 (B 1), Tel (07 71) 8 31 80,
Fax 83 18 40, ✉ 78166, ED VA
22 Zi, Ez: 85/42-95/47, Dz: 140/70-160/80, ⊟
WC ℂ DFÜ, 2 ⛌, Lift, P, Restaurant
geschl.: 20.12.00-10.1.01, 21-27.2.01

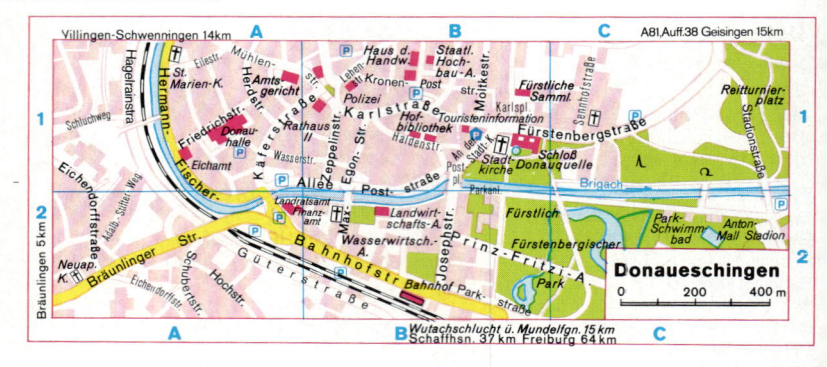

Donaueschingen

* **Zum Schützen**
Josefstr. 2 (B 2), Tel (07 71) 50 85, Fax 1 43 03,
✉ 78166, AX DC ED VA
24 Zi, Ez: 70/35-90/45, Dz: 130/65, ⌐ WC ⊘,
P, 🚗, 2🔄100, Restaurant

🍴 **Fürstenberg-Bräustüble**
Postplatz 1, Tel (07 71) 36 69, Fax 8 63 98,
✉ 78166, AX DC ED VA
Hauptgericht 13/6-38/19, P, geschl.: Mi,
22.10.-16.11.00

Donaueschingen-Außerhalb (3 km ↗)

*** **Öschberghof**
City Line & Country Line Hotels
Golfplatz 1, Tel (07 71) 8 40, Fax 8 46 00,
✉ 78166, AX ED VA
einzeln ♪ ¶, 53 Zi, Ez: 207/104-257/129,
Dz: 298/150-318/160, ⌐ WC ⊘, Lift, P, 🚗,
7🔄200, 🏠, Fitnessraum, Sauna, Solarium, Golf
geschl.: 27.12.-1.3.00

🍴🍴 DC, ¶, Hauptgericht 28/14-42/21,
Terrasse

* **Concorde**
Dürrheimer Str. 82, am Flugplatz,
Tel (07 71) 8 36 30, Fax 8 36 31 20, ✉ 78166,
AX DC ED VA

75 Zi, Ez: 115/57, Dz: 165/83, ⌐ WC ⊘, Lift, P,
6🔄80, Fitnessraum, Sauna, Solarium,
Restaurant

Aufen (2 km ↖)

* **Waldblick**
Am Hinteren Berg 7, Tel (07 71) 83 25 20,
Fax 8 32 52 25, ✉ 78166, AX DC ED VA
♪, 50 Zi, Ez: 90/45-110/55, Dz: 130/65-164/82,
⌐ WC ⊘ DFÜ, Lift, P, 4🔄60, 🏠, Sauna,
Solarium, Restaurant

Donaustauf 65 ↖

Bayern / Kreis Regensburg
EW 3900
🛈 Tel (0 94 03) 9 50 20, Fax 95 02 30
Verwaltungsgemeinschaft
✉ 93093 Wörther Str. 5

** **Forsters Gasthof zur Post**
Maxstr. 43, Tel (0 94 03) 91 00, Fax 91 09 10,
✉ 93093, AX DC ED VA
33 Zi, Ez: 99/49-120/60, Dz: 140/70-180/90,
4 Suiten, 4 App, ⌐ WC ⊘ DFÜ, 3 ✉, Lift, P, 🚗,
6🔄180, Golf

🍴🍴 **Zum Postillion** ✚
Hauptgericht 25/12-38/19, geschl.: Mo

* **Kupferpfanne**
Lessingstr. 48, Tel (0 94 03) 9 50 40,
Fax 43 96, ✉ 93093, AX DC ED VA
♪, 20 Zi, Ez: 89/44-120/60, Dz: 138/69-180/90,
⌐ WC ⊘, P, 1🔄20, Sauna
Auch Zimmer der Kategorie ** vorhanden.
🍴 Hauptgericht 20/10-42/21, geschl.: So
abends, Mo mittags

🛏 **Pension Walhalla**
Ludwigstr. 37, Tel (0 94 03) 9 50 60,
Fax 95 06 13, ✉ 93093, ED VA

♪, 22 Zi, Ez: 60/30-76/38, Dz: 98/49-108/54, ⌐⌐ WC ⊘, 8 ⇃, Lift, **P**, 🏠, 1🍴15, Restaurant
Rezeption: 7-20, geschl.: Do

Donauwörth 63 □

Bayern / Donau-Ries-Kreis
EW 18000
ℹ Tel (09 06) 78 91 51, Fax 78 99 99
Städt. Tourist-Information
✉ 86609 Rathausgasse 1

Parkstadt (1 km →)

✶✶ Parkhotel Landidyll

Sternschanzenstr. 1, Tel (09 06) 70 65 10,
Fax 7 06 51 80, ✉ 86609, ᴬˣ ᴰᶜ ᴱᴰ ⱽᴬ
§, 45 Zi, Ez: 98/49-180/90, Dz: 150/75-220/110,
⌐⌐ WC ⊘ DFÜ, 20 ⇃, **P**, 🏠, 3🍴50, ≋, Kegeln, Golf
Auch Zimmer der Kategorie ✶✶ vorhanden.
🍴 §, Hauptgericht 23/11-35/17, Terrasse

🛏 Parkstadt

Andreas-Mayr-Str. 11, Tel (09 06) 40 39,
Fax 2 39 86, ✉ 86609, ᴬˣ ᴱᴰ ⱽᴬ
♪, 14 Zi, Ez: 64/32-71/35, Dz: 100/50-116/58,
⌐⌐ WC ⊘, 🏠

Donzdorf 62 □

Baden-Württemberg
Kreis Göppingen
EW 11500
ℹ Tel (0 71 62) 92 23 06, Fax 92 23 09
Stadtverwaltung Donzdorf
✉ 73072 Schloß 1-4

✶✶ Becher mit Gästehaus

Schlosstr. 7, Tel (0 71 62) 2 00 50,
Fax 20 05 55, ✉ 73072, ᴬˣ ᴰᶜ ᴱᴰ ⱽᴬ
68 Zi, Ez: 80/40-180/90, Dz: 120/60-200/100,
2 Suiten, ⌐⌐ WC ⊘, Lift, **P**, 🏠, 3🍴100, Kegeln,
Sauna, Solarium, Golf
Im Gästehaus auch Zimmer der Kategorie ✶ vorhanden.

🍴🍴🍴 De Balzac

Hauptgericht 48/24, geschl.: So abends, Mo mittags, 2 Wochen im Sommer

🍴🍴 Bauernstube

Hauptgericht 38/19, Terrasse, geschl.: So abends, Mo mittags, 2 Wochen im Sommer

🍴🍴🍴 Castello 🔻

Schloß 1, Tel (0 71 62) 92 97 00, Fax 92 97 02,
✉ 73072
Hauptgericht 26/13-45/22, Terrasse, **P**,
geschl.: Di, 1.-14.10.00

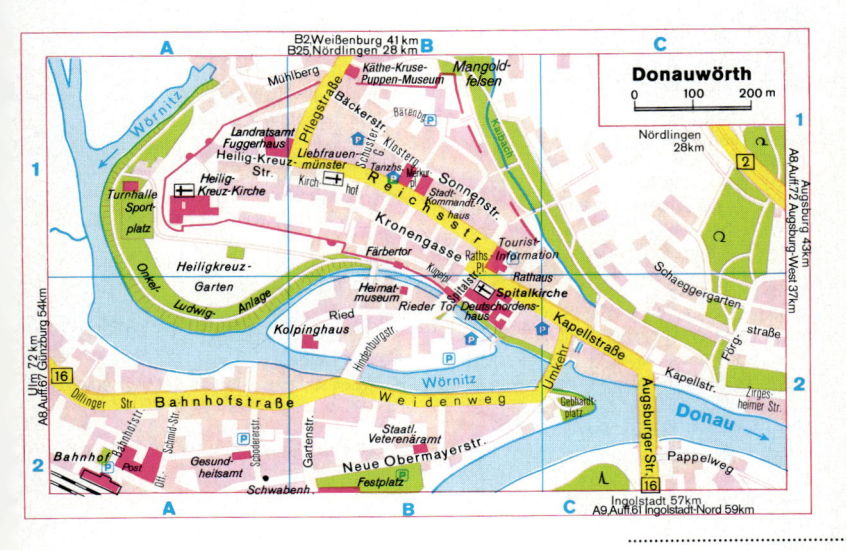

Dorf Mecklenburg 20

Mecklenburg-Vorpommern
Kreis Nordwestmecklenburg
EW 2990
🛈 Tel (0 38 41) 79 80
Gemeindeverwaltung
✉ 23972 Am Wehberg 17

✱ Mecklenburger Mühle
An der Mühle 3, Tel (0 38 41) 39 80,
Fax 39 81 98, ✉ 23972, AX ED VA
34 Zi, Ez: 90/45-95/47, Dz: 130/65-135/67,
6 App., ⊟ WC ⊘ DFÜ, 10 ⌨, P, 2⌕60, Sauna,
Solarium, Restaurant

Dorfen 72 ↗

Bayern / Kreis Erding
EW 12310
🛈 Tel (0 80 81) 41 10, Fax 4 11 40
Gemeindeverwaltung
✉ 84405 Rathausplatz 2

✱ Am Hof - Marienhof
Marienplatz 9, Tel (0 80 81) 9 37 70,
Fax 93 77 77, ✉ 84405, AX ED VA
29 Zi, Ez: 80/40-120/60, Dz: 140/70-170/85,
2 Suiten, 3 App., ⊟ WC ⊘ DFÜ, 17 ⌨, Lift, 🛎,
3⌕40, Fitnessraum, Sauna, Solarium,
Restaurant
Rezeption: 7-12.30, 16.30-21.30

Dormagen 33 ↙

Nordrhein-Westfalen / Kreis Neuss
EW 59500
🛈 Tel (0 21 33) 25 70, Fax 5 34 61
Verkehrsamt
✉ 41541 Schlosstr. 37

✱ Sol Inn
Kurt-Tucholsky-Str. 4,
Tel (0 21 33) 2 46 71 00, Fax 2 46 72 99,
✉ 41539, AX DC ED VA
124 Zi, Ez: 98/49-196/98, Dz: 98/49-232/116,
⊟ WC ⊘ DFÜ, 80 ⌨, Lift, P, 🛎, 3⌕180,
Sauna, Solarium, Restaurant

✱ Ragusa
Marktplatz 7, Tel (0 21 33) 4 35 02,
Fax 4 36 09, ✉ 41539, AX DC ED VA
32 Zi, Ez: 115/57-155/78, Dz: 165/83-215/108,
⊟ WC ⊘, P, Kegeln, Restaurant

St. Peter (6 km ↖)

✱ Stadt Dormagen
Robert-Bosch-Str. 2, Tel (0 21 33) 78 28,
Fax 7 09 40, ✉ 41541, AX DC ED VA
15 Zi, Ez: 95/47-120/60, Dz: 130/65-140/70, ⊟
WC ⊘, P, 1⌕15, Sauna, Solarium, Golf, garni
geschl.: 20.12.00-5.1.01

###Ückerath

¶¶ Holger's
InÜckerath 62, Tel (0 21 33) 29 92 29,
Fax 29 92 28, ✉ 41542, ED VA
Hauptgericht 36/18-47/23, Terrasse, P, 🛏,
geschl.: Mo, Sa mittags, So abends

Zons (5 km ↑)

✱✱ Schloß Friedestrom mit Gästehaus
Parkstr. 2, Tel (0 21 33) 50 30, Fax 50 32 90,
✉ 41541, AX DC ED VA
♪, 38 Zi, Ez: 185/93-340/171,
Dz: 225/113-375/188, 4 Suiten, ⊟ WC ⊘, 4 ⌨,
Lift, P, 🛎, 4⌕80, Fitnessraum, Sauna,
Solarium
Rezeption: 6.30-23
Auch Zimmer der Kategorie ✱✱✱ vorhanden.

¶ Volksgarten
Hauptgericht 30/15, Terrasse, Biergarten,
geschl.: 24.12.00-7.2.01

Dorsten 33 ↖

Nordrhein-Westfalen
Kreis Recklinghausen
EW 82000
🛈 Tel (0 23 62) 66 34 81, Fax 66 57 12
Bürgermeisterbüro, Öffentlichkeitsarbeit
✉ 46284 Halterner Str. 5

¶¶ Henschel
Borkener Str. 47, Tel (0 23 62) 6 26 70,
✉ 46284, AX DC ED VA
Hauptgericht 45/22-48/24, P, Sa+So nur
abends, geschl.: Mo, 15-2€.1.01

Deuten (6,5 km ↑)

🛏 Grewer
Weseler Str. 351, Tel (0 23 69) 80 83,
Fax 83 22, ✉ 46286, DC ED VA
12 Zi, Ez: 65/32, Dz: 116/58, WC, P, 🛎,
1⌕60, Kegeln, Restaurant

Holsterhausen (2 km ↖)

✱✱ Albert
Borkener Str. 199, Tel (0 23 62) 9 47 90,
Fax 94 79 19, ✉ 46284, AX DC ED VA
18 Zi, Ez: 105/52-115/57, Dz: 135/67-145/73,
⊟ WC ⊘ DFÜ, Lift, P, 🛎, 4⌕80, Sauna,
Solarium, Restaurant

Dortmund 33 □

Nordrhein-Westfalen
EW 592000
🛈 Tel (02 31) 5 02 56 66, Fax 16 35 93
Verkehrsverein Dortmund e. V.
✉ 44137 Königswall 18 a
Cityplan siehe Seite 210

✦✦✦ Grand Hotel Mercure
Lindemannstr. 88, Tel (02 31) 9 11 30,
Fax 9 11 39 99, ✉ 44137, AX DC ED VA
219 Zi, Ez: 170/85-275/138,
Dz: 196/98-331/166, 5 Suiten, ⌐ WC ⌀, 51 ⌂,
Lift, P, 🚗, 9⌂250, Sauna, Solarium

¶¶ Michelangelo
Hauptgericht 38/19

✦✦✦ Holiday Inn Crowne Plaza
An der Buschmühle 1 (C 6), Tel (02 31) 1 08 60,
Fax 1 08 67 77, ✉ 44139, AX DC ED VA, Ⓢ
185 Zi, Ez: 165/83-376/189,
Dz: 195/98-376/189, 5 Suiten, ⌐ WC ⌀ DFÜ,
74 ⌂, Lift, P, 🚗, 19⌂350, ⌂, Fitnessraum,
Sauna, Solarium

¶¶ L'Oliva
Hauptgericht 27/13-39/19, Terrasse, nur abends

✦✦✦ Holiday Inn City Centre
Olpe 2 (B 2), Tel (02 31) 54 32 00,
Fax 5 43 24 42, ✉ 44135, AX DC ED VA, Ⓢ
117 Zi, Ez: 292/149-356/182,
Dz: 316/162-376/192, 46 Nichtraucherzimmer
8 Suiten, ⌐ WC ⌀ DFÜ, 21 ⌂, Lift, P, 🚗,
9⌂230, Fitnessraum, Sauna, Solarium

¶¶ Brasserie Bonvivant
Hauptgericht 25/12-45/22, Terrasse

✦✦✦ Astron Suite Hotel
Königswall 1 (B 1), Tel (2 31) 9 05 50,
Fax 9 05 59 00, ✉ 44137, AX DC ED VA, Ⓢ
6 Zi, Ez: 210/105-450/226,
Dz: 210/105-450/226, 185 Suiten, ⌐ WC ⌀
DFÜ, 58 ⌂, Lift, 🚗, 2⌂80, Sauna, Solarium,
garni

✦✦ Steigenberger Maxx
Berswordtstr., Tel (02 31) 9 02 10,
Fax 9 02 19 99, ✉ 44139, AX DC ED VA, Ⓢ
166 Zi, Ez: 125/62-240/120,
Dz: 160/80-280/141, 4 Suiten, ⌐ WC ⌀, 80 ⌂,
Lift, P, 🚗, 5⌂170, Fitnessraum, Sauna,
Solarium, Restaurant

✦✦ Mercure Westfalen Forum
Kampstr. 35, Tel (02 31) 5 89 70,
Fax 5 89 72 22, ✉ 44137

82 Zi, Ez: 178/89-198/99, Dz: 231/116-241/121,
⌐ WC ⌀, Lift, Restaurant, garni

✦✦ Parkhotel Westfalenhallen
Strobelallee 41 (A 6), Tel (02 31) 1 20 42 30,
Fax 1 20 45 55, ✉ 44139, AX DC ED VA
☾, 142 Zi, Ez: 159/80-219/110,
Dz: 219/110-279/140, 2 Suiten, ⌐ WC ⌀, 24 ⌂,
Lift, P, 🚗, 28⌂10000, ⌂, Sauna, Solarium
Auch Zimmer der Kategorie ✱ vorhanden.

¶¶ Rosenterrassen
Hauptgericht 14/7-62/31, Terrasse

✱ Akzent-Hotel Esplanade
Bornstr. 4 (B 1), Tel (02 31) 5 85 30,
Fax 5 85 32 70, ✉ 44135, AX DC ED VA
48 Zi, Ez: 130/65-170/85, Dz: 150/75-180/90,
1 App, ⌐ WC ⌀ DFÜ, 9 ⌂, Lift, P, 1⌂30,
garni
geschl.: 23.12.00-3.1.01

✱ Senator
Münsterstr. 187, Tel (02 31) 8 61 01 20,
Fax 81 36 90, ✉ 44145, AX DC ED VA
32 Zi, Ez: 120/60-160/80, Dz: 160/80-180/90,
⌐ WC ⌀, Lift, P, 🚗, 2⌂25, Sauna, Solarium,
garni

✱ Sol Inn
Emil-Figge-Str. 41, Tel (02 31) 9 70 50,
Fax 9 70 54 44, ✉ 44227, AX DC ED VA, Ⓢ
90 Zi, Ez: 116/58-235/118, Dz: 133/66-250/125,
⌐ WC ⌀ DFÜ, 45 ⌂, Lift, P, 2⌂110, Sauna,
Solarium, Restaurant

✱ City-Hotel
Silberstr. 37 (A 2), Tel (02 31) 14 20 86,
Fax 16 27 65, ✉ 44137, AX DC ED VA
50 Zi, Ez: 135/67-190/95, Dz: 170/85-220/110,
⌐ WC ⌀, 12 ⌂, Lift, P, 1⌂60, garni

✱ Königshof
Königswall 4 (B 1), Tel (02 31) 5 70 41,
Fax 5 70 40, ✉ 44137, AX ED VA
45 Zi, Ez: 130/65-155/78, Dz: 160/80-178/89,
⌐ WC ⌀, Lift, P, 2⌂40, Golf, garni

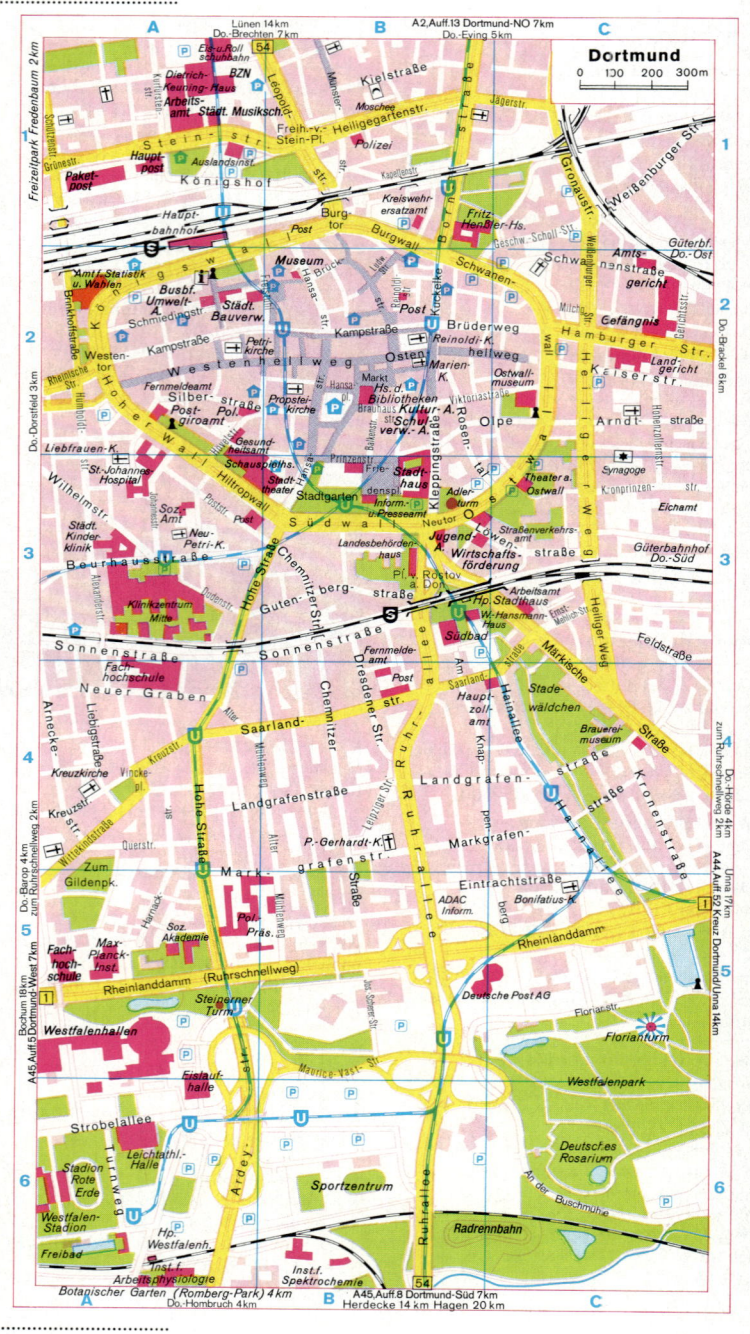

Dortmund

Dortmund

ŸŸ Antica Roma mit Bar Tiberius ✛
Lindemannstr. 77, im Westfalencenter,
Tel (02 31) 9 12 25 94, Fax 9 12 25 96,
✉ 44137

ŸŸ Salute
Winkelriedweg 53, Tel (02 31) 59 88 77,
Fax 5 31 30 17, ✉ 44141, AX ED
Hauptgericht 38/19-42/21, Terrasse, nur abends,
geschl.: So

☕ Café Kleimann
Petrikirchhof, Tel (02 31) 14 49 21,
Fax 1 62 93 32, ✉ 44137
Terrasse, 7-19, Sa 8-17, So 13-18

Aplerbeck

★★ Golden Tulip Airport Hotel
Schleefstr. 2 c, Tel (02 31) 98 98 90,
Fax 98 98 98 00, ✉ 44287, AX ED VA
92 Zi, Ez: 180/90-275/138,
Dz: 230/115-295/148, 2 Suiten, 2 App, ⌐ WC ⊘
DFÜ, 20 ⊨, Lift, P, 🍴, 9⇌180, Restaurant
Auch Zimmer der Kategorie ✱ vorhanden.

🛏 Postkutsche
Postkutschenstr. 20, Tel (02 31) 45 00 80,
Fax 44 10 03, ✉ 44287, AX ED VA
28 Zi, Ez: 88/44-104/52, Dz: 120/60-148/74, ⌐
WC ⊘ DFÜ, 7 ⊨, P, 🍴, garni

Gartenstadt (2 km ↘)

**★★★ Best Western
Parkhotel Wittekindshof**
Westfalendamm 270, Tel (02 31) 5 19 30,
Fax 5 19 31 00, ✉ 44141, AX DC ED VA, Ⓢ
65 Zi, Ez: 147/74-220/110,
Dz: 240/120-260/130, 1 Suite, 1 App, ⌐ WC ⊘
DFÜ, 11 ⊨, Lift, P, 6⇌200, Kegeln, Sauna,
Solarium, Restaurant

Hörde (4 km ↘)

Ÿ Zum Treppchen
Fasstr. 21, Tel (02 31) 43 14 42, Fax 43 00 78,
✉ 44263, AX DC ED VA
🍷, Hauptgericht 20/10-40/20, Gartenlokal, P,
geschl.: So
Gebäude aus dem Jahr 1763.

Huckarde (10 km ↖)

ŸŸ Wi Ka's Alter Bahnhof
Altfriedstr. 16, Tel (02 31) 39 19 30,
Fax 39 19 30, ✉ 44369, AX DC ED VA
Hauptgericht 39/19-52/26, Terrasse,
Gartenlokal, Kegeln

Körne (2 km →)

✱ Körner Hof
Hallesche Str. 102, Tel (02 31) 5 62 08 40,
Fax 56 10 71, ✉ 44143, AX DC ED VA
21 Zi, Ez: 130/65-145/73, Dz: 180/90-195/98,
⌐ WC ⊘, 3 ⊨, Lift, 🍴, 🌊, Sauna, Solarium,
garni
geschl.: 22.12.00-2.1.01

Mengede

✱ Handelshof
Mengeder Str. 666, Tel (02 31) 3 36 60,
Fax 3 36 62 80, ✉ 44369, AX DC ED VA
26 Zi, Ez: 75/37-95/47, Dz: 120/60-140/70, ⌐
WC ⊘, P, 🍴, 2⇌70, Kegeln, Restaurant

Oespel (7 km ↙)

✱ Novotel
Brennaborstr. 2, Tel (02 31) 9 69 50,
Fax 65 09 44, ✉ 44149, AX DC ED VA, Ⓢ
104 Zi, Ez: 169/85, Dz: 207/104, ⌐ WC ⊘,
29 ⊨, Lift, P, 7⇌180, ≋, Sauna, Solarium,
Restaurant

Syburg (10 km ↓)

★★ Mercure
Westhofener Str. 1, Tel (02 31) 7 74 50,
Fax 77 44 21, ✉ 44265, AX DC ED VA, Ⓢ
§, 64 Zi, Ez: 157/79-197/99,
Dz: 177/89-217/109, ⌐ WC ⊘, 11 ⊨, Lift, P,
🍴, 3⇌70, 🌊, Kegeln, Sauna, Solarium
ŸŸ Hauptgericht 30/15-45/22, Terrasse

✱ Dieckmann
Wittbräucker Str. 980, Tel (02 31) 7 74 94 40,
Fax 77 42 71, ✉ 44265, AX DC ED VA
21 Zi, Ez: 100/50-119/59, Dz: 140/70-189/95, ⌐
WC ⊘, Lift, P, 2⇌30, Golf, Restaurant

ŸŸŸŸ La Table 🔖🍷🍷
Hohensyburgstr. 200, im Spielbankgebäude,
Tel (02 31) 7 74 07 37, Fax 77 40 77, ✉ 44265,
AX DC ED VA
Hauptgericht 60/30, P, nur abends, geschl.: Mo,
1.-10.1.01, 3 Wochen im Sommer

Dorum 17 ↖

Niedersachsen / Kreis Cuxhaven
EW 3070
☎ Tel (0 47 42) 96 00, Fax 96 01 41
Kurverwaltung Land Wursten
✉ 27632 Am Kutterhafen

Neufeld (6,5 km ↖)

✱ Cuxland
Sieltrift 37-39, im Ferienpark Cuxland,
Tel (0 47 41) 3 92 22, Fax 33 66, ✉ 27632, ED
♪, 19 Zi, Ez: 78/39-98/49, Dz: 120/60-150/75,
1 Suite, 13 App, ⌐ WC ℗, ℙ, Sauna, Solarium,
Restaurant
Rezeption: 8-20

Dossenheim 54 ↘

Baden-Württemberg
Rhein-Neckar-Kreis
EW 11500
☎ Tel (0 62 21) 8 65 10, Fax 86 51 15
Gemeinde Dossenheim
✉ 69221 Rathausplatz 1

⌂ Goldener Hirsch
Hauptstr. 59, Tel (0 62 21) 86 80 40,
Fax 86 38 35, ✉ 69221, ED VA
26 Zi, Ez: 78/39-85/42, Dz: 110/55-130/65, ⌐
WC ℗, ℙ, ☎, Restaurant

Drachselsried 66 ↖

Bayern / Kreis Regen
EW 2300
☎ Tel (0 99 45) 90 50 33, Fax 90 50 35
Tourist-Information
✉ 94256 Zellertalstr. 8

Oberried (2 km →)

✱ Jagdhotel Zellertal
mit Landhotel Margeritenhof
Leitenfeld 9-11, Tel (0 99 45) 95 20,
Fax 95 24 11, ✉ 94256
♪ ♨, 22 Zi, Ez: 93/46, Dz: 146/73, ⌐ WC ℗,
20 ⇃, Lift, ℙ, 1⌾40, ☎, Sauna, Solarium,
Restaurant

⌂ Berggasthof Hochstein
Hochfallweg 7, Tel (0 99 45) 4 63, Fax 26 21,
✉ 94256
einzeln ♪, 35 Zi, Ez: 50/25-52/26,
Dz: 80/40-84/42, 2 Suiten, ⌐ WC, ℙ, Sauna,
Solarium, Restaurant
geschl.: 1.11.-15.12.00

Oberried-Außerhalb (5 km →)

✱ Riedlberg
Riedlberg 1, Tel (0 99 24) 9 42 60, Fax 72 73,
✉ 94256
einzeln ♪ ♨, 38 Zi, Ez: 85/42-110/55,
Dz: 150/75-260/130, 1 Suite, ⌐ WC ℗, ℙ, ≋,
☎, Sauna, Solarium, Restaurant
geschl.: 6.11.-16.12.00
Auch Zimmer der Kategorie ✱✱ vorhanden.

Unterried (3 km ↘)

✱✱ Lindenwirt
Unterried 9, Tel (0 99 45) 95 10, Fax 95 12 99,
✉ 94256
55 Zi, Ez: 70/35-75/37, Dz: 132/66-180/90, ⌐
WC ℗, Lift, ☎, Sauna, Solarium, Restaurant
geschl.: 26.11.-16.12.00
Auch einfache Zimmer vorhanden.

Drage 18 →

Niedersachsen / Kreis Harburg
EW 2350
☎ Tel (0 41 77) 76 84, Fax 76 84
Gemeindeverwaltung
✉ 21423 Winsener Str. 40

Stove (5 km ↗)

✱ Zur Rennbahn
Stover Strand 4, Tel (0 41 76) 9 13 10,
Fax 91 31 25, ✉ 21423, DC ED VA
einzeln ♪, 10 Zi, Ez: 85/42, Dz: 140/70, ⌐ WC
℗, ℙ, Kegeln, Restaurant

Dreieich 54 ↗

Hessen / Kreis Offenbach am Main
EW 42290
☎ Tel (0 61 03) 60 10, Fax 60 11 40
Stadtverwaltung
✉ 63303 Hauptstr. 15

Dreieichenhain

✱✱ Turmhotel
Kabelstr. 6, Tel (0 61 03) 9 48 60,
Fax 94 86 66, ✉ 63303, AX ED VA
32 Zi, Ez: 150/75-210/105, Dz: 180/90-240/120,
⌐ WC ℗ DFÜ, Lift, ℙ, ☎, Sauna, garni
Langzeitvermietung möglich.

♨♨ Alte Bergmühle
Geißberg 25, Tel (0 61 03) 8 18 58,
Fax 8 89 99, ✉ 63303, AX DC ED VA
♨, Hauptgericht 36/18, Terrasse, Biergarten, ℙ
✱✱ 11 Zi, Ez: 165/83-195/98,
Dz: 245/123, 1 Suite, ⌐ WC ℗ DFÜ, 4 ⇃, Golf

❌❌ Le Maître
Siemensstr. 14, Tel (0 61 03) 8 20 85,
Fax 8 49 66, ✉ 63303, AX DC ED VA
Hauptgericht 40/20, Terrasse, P, geschl.: So

Götzenhain-Außerhalb (3 km ↑)

❌❌ Gutsschänke Neuhof
Tel (0 61 02) 3 00 00, Fax 30 00 55, ✉ 63303,
AX DC ED VA
❂, Hauptgericht 30/15-59/29, Terrasse,
Gartenlokal, P
Die Gebäudegeschichte reicht zurück bis in die
Römersiedlungszeit. Der neue „Hoff" wurde
um 1700 erbaut.

Sprendlingen

★★ Dorint
Eisenbahnstr. 200, Tel (0 61 03) 60 60,
Fax 6 30 19, ✉ 63303, AX DC ED VA, S
88 Zi, Ez: 246/123-416/209,
Dz: 342/172-512/257, 4 Suiten, ⌐ WC ℗,
31 ⤴, Lift, P, 8⟳100, ⌂, Sauna, Solarium

Dreis   52 ↗

Rheinland-Pfalz
Kreis Bernkastel-Wittlich
EW 1300
🛈 Tel (0 65 78) 72 49
Gemeindeverwaltung
✉ 54518

★ Waldhotel Sonnora
Auf dem Eichelfeld, Tel (0 65 78) 9 82 20,
Fax 14 02, ✉ 54518, AX ED VA
einzeln ☾ ✦, 20 Zi, Ez: 100/50-150/75,
Dz: 160/80-300/151, ⌐ WC ℗, P
geschl.: Mo, Di, 1.1.-1.2.01, 2-19.7.01
Landhaus mit parkähnlicher Gartenanlage.
Auch Zimmer der Kategorie ★★ vorhanden.
❌❌❌ Hauptgericht 60/30-65/32   ⌕🍷🍷🍷
geschl.: Mo, Di, 1.1.-1.2.01, 2-19.7.01

Dresden   51 ↖

Sachsen
EW 500000
🛈 Tel (03 51) 49 19 20, Fax 3 10 52 47
Dresden Tourismus GmbH
✉ 01067 Ostra-Allee 11
Cityplan siehe Seite 214

siehe auch Pesterwitz

Zentrum - Altstadt

★★★★★ Kempinski Taschenbergpalais
Taschenberg 3 (B 3), Tel (03 51) 4 91 20,
Fax 4 91 28 12, ✉ 01067, AX DC ED VA, S
☾ ✦ ❂, 188 Zi, Ez: 390/196-490/246,
Dz: 440/221-540/271, 25 Suiten, ⌐ WC ℗ DFÜ,
33 ⤴, Lift, ☎, 8⟳500, ⌂, Sauna, Solarium,
Golf

❌❌❌ Intermezzo
Hauptgericht 39/19

★★★★ Radisson SAS Gewandhaus
Ringstr. 1 (B 3), Tel (03 51) 4 94 90,
Fax 4 94 94 90, ✉ 01067, AX DC ED VA, S
❂, 94 Zi, Ez: 301/151-426/214,
Dz: 332/167-457/230, 3 Suiten, ⌐ WC ℗ DFÜ,
32 ⤴, Lift, P, 5⟳180, ⌂, Fitnessraum, Sauna,
Solarium
Restauriertes Palais nach den Entwürfen aus
dem 18. Jh. von J. F. Knöbel.

❌❌ Brasserie
Hauptgericht 18/9-39/19, Terrasse

★★★ Hilton
An der Frauenkirche 5 (B 3),
Tel (03 51) 8 64 20, Fax 8 64 27 25, ✉ 01067,
AX DC ED VA, S
321 Zi, Ez: 280/141-415/209,
Dz: 280/141-415/209, 12 Suiten, ⌐ WC ℗,
216 ⤴, Lift, P, ☎, 12⟳500, ⌂, Fitnessraum,
Bowling, Sauna, Solarium, Golf

❌❌❌ Rossini
Hauptgericht 19/9-88/44

★★ Dorint
Grunaer Str. 14 (C 3), Tel (03 51) 4 91 50,
Fax 4 91 51 00, ✉ 01069, AX DC ED VA, S
238 Zi, Ez: 205/103-270/135,
Dz: 230/115-295/148, 6 Suiten, ⌐ WC ℗ DFÜ,
103 ⤴, Lift, ☎, 14⟳200, ⌂, Fitnessraum,
Sauna, Solarium

❌❌ Die Brücke
Hauptgericht 24/12-36/18

★★ art'otel dresden
Ostra-Allee 33 (A 2), Tel (03 51) 4 92 20,
Fax 4 92 27 77, ✉ 01067, AX DC ED VA, S
174 Zi, Ez: 245/123-285/143,
Dz: 265/133-315/158, ⌐ WC ℗ DFÜ, 87 ⤴,
Lift, P, ☎, 8⟳500, ⌂, Fitnessraum, Sauna,
Solarium, Golf
Designerausstattung von Denis Santachiara.
Skulpturen und Graphiken von A.R.Penck.

❌❌ Factory
Hauptgericht 23/11-35/17, Biergarten

Dresden

** Elbflorenz
Top International Hotel
Rosenstr. 36, Tel (03 51) 8 64 00,
Fax 8 64 01 00, ✉ 01067, AX DC ED VA, Ⓢ
227 Zi, Ez: 165/83-235/118,
Dz: 195/98-265/133, 29 Suiten, 8 App, ⊐ WC
Ⓒ, 43 ⌥, Lift, Ⓟ, ☎, 10⊂⊃300, Sauna,
Solarium, Restaurant
Auch Zimmer der Kategorie *** vorhanden.

** Am Terrassenufer
Terrassenufer 12 (C 2), Tel (03 51) 4 40 95 00,
Fax 4 40 96 00, ✉ 01069, AX DC ED VA, Ⓢ
§, 196 Zi, Ez: 190/95-335/168,
Dz: 220/110-415/209, 6 Suiten, ⊐ WC Ⓒ DFÜ,
51 ⌥, Lift, 3⊂⊃25, Restaurant

* Kipping
Winckelmannstr. 6 (A 4), Tel (03 51) 47 85 00,
Fax 4 78 50 99, ✉ 01069, AX ED VA
20 Zi, Ez: 140/70-170/85, Dz: 170/85-210/105,
1 Suite, ⊐ WC Ⓒ DFÜ, Lift, Ⓟ, Restaurant
Auch Zimmer der Kategorie ** vorhanden.

* Achat
Budapester Str. 34 (A 4), Tel (03 51) 47 38 00,
Fax 47 38 09 99, ✉ 01069, AX ED VA, Ⓢ
107 Zi, Ez: 124/62-171/86, Dz: 174/87-221/111,
51 App, ⊐ WC Ⓒ DFÜ, 76 ⌥, Lift, Ⓟ, ☎,
3⊂⊃50, garni

* Mercure Newa
St.-Petersburger-Str. 34 (B 4),
Tel (03 51) 4 81 40, Fax 4 95 51 37, ✉ 01069,
AX DC ED VA, Ⓢ
315 Zi, Ez: 128/64-178/89, Dz: 128/64-274/138,
2 Suiten, ⊐ WC Ⓒ DFÜ, 59 ⌥, Lift, Ⓟ, ☎,
6⊂⊃300, Sauna, Solarium, Restaurant

* Andor Hotel Europa
Strehlener Str. 20, Tel (03 51) 4 66 40,
Fax 4 66 41 00, ✉ 01069, AX DC ED VA
95 Zi, Ez: 98/49-135/67, Dz: 120/60-165/83,
1 App, ⊐ WC Ⓒ, 31 ⌥, Lift, Ⓟ, 1⊂⊃12, garni

¶¶ Fischgalerie
Maxstr. 2, Tel (03 51) 4 90 35 06,
Fax 4 90 35 08, ✉ 01067, AX DC ED VA
Hauptgericht 30/15, Terrasse, geschl.: So,
23.12.00-2.1.01

¶¶ Opernrestaurant
Theaterplatz 2, Tel (03 51) 4 91 15 21,
Fax 4 95 60 97, ✉ 01067, AX DC ED VA
§, Hauptgericht 20/10-35/17, Terrasse, Ⓟ

Markthalle
Weiseritzstr., Ecke Jahnstr.,
Tel (03 51) 4 95 51 67, Fax 4 98 16 44,
✉ 01067, AX DC ED VA
Hauptgericht 10/5-25/12, Terrasse, geschl.: Mo

☕ Café Vis-á-Vis
im Hotel Dresden Hilton
An der Frauenkirche 5, Tel (03 51) 8 64 28 35,
Fax 8 64 27 25, ✉ 01067, AX DC ED VA
§, Terrasse, Gartenlokal, Ⓟ, 11-18, im Sommer
10-24

Zentrum - Neustadt

*** Westin Bellevue
Große-Meißner-Str. 15 (B 2), Tel (03 51) 80 50,
Fax 8 05 16 09, ✉ 01097, AX DC ED VA, Ⓢ
§, 339 Zi, Ez: 280/141-550/277,
Dz: 280/141-580/292, 16 Suiten, ⊐ WC Ⓒ DFÜ,
83 ⌥, Lift, Ⓟ, ☎, 6⊂⊃780, ⌂, Fitnessraum,
Sauna, Solarium

¶¶¶ Canaletto
Hauptgericht 25/12-35/17

*** Bülow Residenz ♕♕
Relais & Châteaux
Rähnitzgasse 19 (B 2), Tel (03 51) 8 00 30,
Fax 8 00 31 00, ✉ 01097, AX DC ED VA, Ⓢ
♪, 25 Zi, Ez: 240/120-335/168,
Dz: 350/176-440/221, 5 Suiten, ⊐ WC Ⓒ DFÜ,
7 ⌥, Lift, Ⓟ, 2⊂⊃24, Golf

¶¶¶ Caroussel 🍷
L'Art de Vivre-Restaurant
Hauptgericht 45/22-59/29, Terrasse

*** Park Inn International
Königsbrückerstr. 121a, Tel (03 51) 8 06 30,
Fax 8 06 32 00, ✉ 01099, AX DC ED VA, Ⓢ
146 Zi, Ez: 160/80-220/110,
Dz: 180/90-280/141, 2 Suiten, ⊐ WC Ⓒ DFÜ,
46 ⌥, Lift, ☎, 6⊂⊃400, Sauna, Solarium,
Restaurant
Historischer Ballsaal von 1891, im Jugendstil.

** Bayerischer Hof
Antonstr. 35 (B 1), Tel (03 51) 82 93 70,
Fax 8 01 48 60, ✉ 01097, AX DC ED VA
45 Zi, Ez: 155/78-200/100,
Dz: 200/100-245/123, 5 Suiten, 4 App, ⊐ WC Ⓒ
DFÜ, 17 ⌥, Lift, Ⓟ, ☎, 4⊂⊃70, Golf, Restaurant
Auch Zimmer der Kategorie *** vorhanden.

Dresden

✶✶ Astron
Hansastr. 43 (B 1), Tel (03 51) 8 42 40,
Fax 8 42 42 00, ✉ 01097, AX DC ED VA, Ⓢ
269 Zi, Ez: 145/73-253/127,
Dz: 168/84-276/139, ⬚ WC ✆ DFÜ, 130 🛏,
Lift, 🛎, 10⇨300, Fitnessraum, Sauna,
Solarium, Restaurant

✶✶ Holiday Inn
Stauffenbergallee 25 a (Außerhalb B 1),
Tel (03 51) 8 15 10, Fax 8 15 13 33, ✉ 01099,
AX DC ED VA, Ⓢ
115 Zi, Ez: 145/73-240/120,
Dz: 165/83-280/141, 2 Suiten, 2 App., ⬚ WC ✆
DFÜ, 33 🛏, Lift, Ⓟ, 🛎, 6⇨160, 🏊, Sauna,
Solarium, Golf, Restaurant

✶✶ Mercure Albertbrücke
Melanchthonstr. 2 (C 2), Tel (03 51) 8 06 10,
Fax 8 06 14 44, ✉ 01099, AX DC ED VA
126 Zi, Ez: 139/70-194/97, Dz: 168/84-223/112,
6 Suiten, ⬚ WC ✆ DFÜ, 66 🛏, Lift, 🛎, 2⇨25,
Fitnessraum, Restaurant

✶✶ Comfort Hotel Dresden
Buchenstr. 10, Tel (03 51) 8 15 15 00,
Fax 8 15 15 55, ✉ 01097, AX DC ED VA, Ⓢ
77 Zi, Ez: 130/65-160/80, Dz: 140/70-180/90,
8 Suiten, ⬚ WC ✆ DFÜ, 40 🛏, Lift, Ⓟ, 🛎,
2⇨12, Fitnessraum, Sauna, Solarium,
Restaurant

✶ Martha Hospiz
Nieritzstr. 11 (B 1), Tel (03 51) 8 17 60,
Fax 8 17 62 22, ✉ 01097, AX ED VA
50 Zi, Ez: 140/70-165/83, Dz: 190/95-230/115,
⬚ WC ✆ DFÜ, Lift, Ⓟ, 🛎, 1⇨30, Golf, garni
Auch Zimmer der Kategorie ✶✶ vorhanden.

✶ Tulip Inn
Fritz-Reuter-Str. 21 (außerha),
Tel (03 51) 8 09 50, Fax 8 09 55 55, ✉ 01097,
AX DC ED VA, Ⓢ
75 Zi, Ez: 140/70-195/98, Dz: 160/80-230/115,
4 Suiten, ⬚ WC ✆ DFÜ, 17 🛏, Lift, Ⓟ, 1⇨25,
Sauna, Restaurant
Auch Zimmer der Kategorie ✶✶ vorhanden.

✶ Amadeus
Großenhainer Str. 118, Tel (03 51) 8 41 80,
Fax 8 41 83 33, ✉ 01129, AX DC ED VA
68 Zi, Ez: 99/49-129/64, Dz: 149/75-159/80,
12 App., ⬚ WC ✆, 34 🛏, Lift, Ⓟ, Restaurant

✶ Novalis
Bärnsdorfer Str. 185, Tel (03 51) 8 21 30,
Fax 8 21 31 80, ✉ 01127, AX DC ED VA
83 Zi, Ez: 95/47-160/80, Dz: 130/65-195/98, ⬚
WC ✆, 15 🛏, Lift, Ⓟ, 1⇨70, Sauna, Restaurant

✶ Rothenburger Hof
Rothenburger Str. 15-17 (C 1),
Tel (03 51) 8 12 60, Fax 8 12 62 22, ✉ 01099,
AX DC ED VA
24 Zi, Ez: 125/62-175/88, Dz: 165/83-225/113,
2 Suiten, 13 App., ⬚ WC ✆, 8 🛏, Lift, Ⓟ, 🛎,
1⇨20, Sauna, Solarium, Restaurant

🍴🍴 Am Glacis mit Bistro-Vinothek
Glacisstr. 8, Tel (03 51) 8 03 60 33,
Fax 8 03 60 34, ✉ 01099, AX DC ED VA
Hauptgericht 25/12-40/20, Terrasse, Ⓟ,
geschl.: So

🍴🍴 Drachen
Bautzner Str. 72, Tel (03 51) 8 04 11 88,
Fax 8 03 68 55, ✉ 01099, AX DC ED VA
Hauptgericht 22/11-36/18, Terrasse, Biergarten,
Ⓟ

🍴 Ars Vivendi ✢
Bürgerstr. 14, Tel (03 51) 8 40 09 69,
Fax 8 40 09 69, ✉ 01127, AX ED VA
Hauptgericht 28/14-33/16, Terrasse,
Gartenlokal, nur abends

🍴 König Albert ✢
Königstr. 26, Tel (03 51) 8 04 48 83,
Fax 8 04 29 58, ✉ 01097, AX CD ED VA
Hauptgericht 23/11-35/17, Terrasse, geschl.: So

Appartementhotels/Boardinghäuser

Residence Apart Hotel Artushof
Fetscherstr. 30, Tel (03 51) 44 59 10,
Fax 44 59 11 29, ✉ 01307, AX DC ED VA
24 Zi, Ez: 90/45-140/70, Dz: 140/70, 9 Suiten,
⬚ WC ✆ DFÜ, Lift, Restaurant
Zimmer der Kategorien ✶✶ und ✶✶✶.

A H A Apart Hotel Akzent
Bautzner Str. 53 (C 1), Tel (03 51) 80 08 50,
Fax 80 08 51 14, ✉ 01099, AX ED VA
28 Zi, Ez: 100/50-140/70, Dz: 140/70-165/83,
28 App., ⬚ WC ✆ DFÜ, 2 🛏, Lift, garni
Preise exkl. Frühstück. Zimmer der Kategorie
✶✶.

Blasewitz (3 km →)

★★ Am Blauen Wunder
Loschwitzer Str. 48, Tel (03 51) 3 36 60,
Fax 3 36 62 99, ✉ 01309, AX ED VA
38 Zi, Ez: 145/73-165/83, Dz: 165/83-200/100,
⊟ WC ⌀ DFÜ, 10 ⊱, Lift, 🏠, 1⊃35

¶¶ Il Desco
Hauptgericht 25/12-35/17, Terrasse, P,
geschl.: So

¶ Villa Marie
Fährgäßchen 1, Tel (03 51) 3 11 11 86,
Fax 3 15 44 14, ✉ 01309, AX ED VA
₰, Hauptgericht 25/12-35/17, Gartenlokal
Italienische Küche.

☕ Café Toscana
Schillerplatz 7, Tel (03 51) 3 10 07 44, ✉ 01309
₰, 9-19, so + feiertags ab 11

Briesnitz (4 km ↘)

★★★ Romantik Hotel Pattis ♛
Merbitzer Str. 53 / Am Zschonergrund,
Tel (03 51) 4 25 50, Fax 4 25 52 55, ✉ 01157,
AX DC ED VA
♪, 42 Zi, Ez: 210/105-270/135,
Dz: 280/141-360/181, 5 Suiten, 1 App., ⊟ WC
⌀, Lift, P, 🏠, 2⊃40, Sauna, Solarium
Historisches Mühlenanwesen im Park.

¶¶¶¶ Gourmet Restaurant 🍷
Hauptgericht 48/24-58/29, Terrasse, nur abends,
geschl.: So

¶¶¶ Erholung ✚
Hauptgericht 31/15, Terrasse

★ Zum Nußbaum
Wirtschaftsweg 13, Tel (03 51) 4 27 36 90,
Fax 4 21 03 54, ✉ 01157, AX ED VA
13 Zi, Ez: 90/45-98/49, Dz: 120/60-130/65,
2 App., ⊟ WC ⌀ DFÜ, P, 🏠, Restaurant

Cotta (3 km ←)

★★ Mercure Elbpromenade
Hamburger Str. 64-68, Tel (03 51) 4 25 20,
Fax 4 25 24 20, ✉ 01157, AX DC ED VA, Ⓢ
103 Zi, Ez: 122/61-162/81, Dz: 175/88-205/103,
13 App., ⊟ WC ⌀, 30 ⊱, Lift, P, 🏠, 4⊃80,
Sauna, Solarium, Restaurant
Auch Zimmer der Kategorie ★★★ vorhanden.

★★ Ringhotel Residenz Alt Dresden
Mobschatzer Str. 29, Tel (03 51) 4 28 10,
Fax 4 28 19 88, ✉ 01157, AX DC ED VA, Ⓢ
124 Zi, Ez: 175/88-185/93, Dz: 185/93-210/105,
1 Suite, 90 App., ⊟ WC ⌀, 62 ⊱, Lift, P, 🏠,
8⊃100, Fitnessraum, Sauna, Solarium,
Restaurant
Langzeitvermietung möglich.

Friedrichstadt (2,5 km ←)

★★ Artis Suite Hotel
Berliner Str. 25, Tel (03 51) 8 64 50,
Fax 8 64 59 99, ✉ 01067, AX ED VA
Ez: 135/67-180/90, Dz: 165/83-190/95,
92 Suiten, ⊟ WC ⌀, Lift, Restaurant
Langzeitvermietung möglich. Appartements der
Kategorie ★★★ vorhanden.

★ Wenotel
Schlachthofring 24, Tel (03 51) 4 97 60,
Fax 4 97 61 00, ✉ 01067, AX DC ED VA
82 Zi, Ez: 99/49-124/62, Dz: 110/55-150/75, ⊟
WC ⌀, 21 ⊱, Lift, P, 1⊃30, garni

¶ Fischhaus Alberthafen
Magdeburger Str. 58, Tel (03 51) 4 98 21 10,
Fax 4 98 21 09, ✉ 01067, AX ED VA
Hauptgericht 29/14, Terrasse, P

Gompitz

★★ Kim Hotel
Gompitzer Höhe 2, im Gewerbegebiet,
Tel (03 51) 4 10 20, Fax 4 10 21 60, ✉ 01462,
AX DC ED VA
98 Zi, Ez: 100/50-109/54, Dz: 130/65-160/80,
⊟ WC ⌀, 50 ⊱, Lift, P, 🏠, 3⊃200, Sauna,
Solarium, Restaurant

Dresden

Gruna (3 km →)

★★ Smetana
Schlüterstr. 25, Tel (03 51) 25 60 80,
Fax 2 56 08 88, ✉ 01277, AX ED VA
30 Zi, Ez: 98/49-155/78, Dz: 140/70-195/98,
4 Suiten, 1 App, ⊟ WC ✆, 9 ✎, Lift, P, 🚗,
1⟲34, Sauna, Solarium, Restaurant
Auch Zimmer der Kategorie ★ vorhanden.

Hellerau 10 km ↑

★ Garden Cottage
Hellerstr. 59-61, Tel (03 51) 8 92 20,
Fax 8 92 21 00, ✉ 01109, AX ED VA
67 Zi, Ez: 99/49-145/73, Dz: 129/64-175/88, ⊟
WC ✆, 36 ✎, P, 2⟲40, Restaurant

Klotzsche (8 km ↑)

★★ Best Western Airport Hotel
Karl-Marx-Str. 25, Tel (03 51) 8 83 30,
Fax 8 83 33 33, ✉ 01109, AX DC ED VA, S
93 Zi, Ez: 176/88-226/113,
Dz: 206/103-266/133, 7 Suiten, 3 App, ⊟ WC ✆
DFÜ, 49 ✎, Lift, P, 🚗, 4⟲80, Fitnessraum,
Sauna, Solarium, Restaurant
Auch Zimmer der Kategorie ★ vorhanden.

Laubegast (8 km ↘)

★★ Prinz Eugen
Gustav-Hartmann-Str. 4, Tel (03 51) 25 59 00,
Fax 2 55 90 55, ✉ 01279, AX DC ED VA
☾, 47 Zi, Ez: 120/61-160/82,
Dz: 140/72-190/97, ⊟ WC ✆ DFÜ, 12 ✎, Lift,
P, 7⟲40, garni

★ Treff Resident Hotel
Brünner Str. 11, Tel (03 51) 2 56 20,
Fax 2 56 28 00, ✉ 01279, AX DC ED VA, S
122 Zi, Ez: 116/58-146/73, Dz: 162/81-192/96,
4 Suiten, ⊟ WC ✆, 27 ✎, Lift, P, 🚗, 4⟲64,
Solarium, Restaurant
Langzeitvermietung möglich.

Leubnitz-Neuostra (5 km ↘)

★★ Treff Hotel
Wilhelm-Franke-Str. 90, Tel (03 51) 4 78 20,
Fax 4 78 25 50, ✉ 01219, AX DC ED VA, S
262 Zi, Ez: 129/64-209/105,
Dz: 199/100-273/137, ⊟ WC ✆, 73 ✎, Lift, P,
🚗, 13⟲480, Fitnessraum, Sauna, Solarium,
Restaurant

Lockwitz (11 km ↘)

🍴 Landhaus Lockwitzgrund
Lockwitzgrund 100, Tel (03 51) 2 71 00 10,
Fax 27 10 01 30, ✉ 01257, AX ED VA
Hauptgericht 15/7-31/15, Terrasse, Biergarten,
geschl.: Mo, 1.-28.2.01

★ 12 Zi, Ez: 95/47, Dz: 125/62, 1 App, ⊟
WC ✆, 2 ✎, P, 1⟲35
geschl.: Mo, 1.-28.2.01

Loschwitz (5 km ↗)

★★ Schloß Eckberg mit Kavaliershaus European Castle
Bautzner Str. 134, Tel (03 51) 8 09 90,
Fax 8 09 91 99, ✉ 01099, AX DC ED VA, S
☾ ≋ ⊕, 80 Zi, Ez: 185/93-350/176,
Dz: 220/110-450/226, 4 Suiten, ⊟ WC ✆, 30 ✎,
Lift, P, 6⟲70, Fitnessraum, Sauna, Solarium,
Golf
Traditionsreicher Herrensitz mit 15 ha
Parkgelände. Im neugotischen Schloß Zimmer
der Kategorien ★★★ und ★★★★, im
Kavaliershaus auch Maisonetten der Kategorie
★★★ vorhanden.

🍴🍴🍴 Schloss Restaurant ✢
≋ ⊕, Hauptgericht 29/14-43/21

Marsdorf

★★ Landhaus Marsdorf
Marsdorfer Hauptstr. 15, Tel (03 51) 8 80 81 01,
Fax 8 80 57 60, ✉ 01108, AX ED VA
☾, 23 Zi, Ez: 119/59-145/73,
Dz: 158/79-180/90, ⊟ WC ✆, P, 3⟲90,
Restaurant

Mickten (3 km ↖)

★★ Windsor
Rosmäslerstr. 13, Tel (03 51) 8 49 01 41,
Fax 8 49 01 44, ✉ 01139, AX DC ED VA
☾, 25 Zi, Ez: 130/65-160/80,
Dz: 180/90-210/105, ⊟ WC ✆, 6 ✎, Lift, P,
1⟲40, Restaurant

Niedersedlitz (10 km ↘)

★ Ambiente ♛
Meusegaster Str. 23, Tel (03 51) 20 78 80,
Fax 2 07 88 36, ✉ 01259, ED VA

♫, 20 Zi, Ez: 128/64-190/95,
Dz: 148/74-265/133, ⌐ WC ✆ DFÜ, 10 ⊱, Lift,
🅿, 🚘, Restaurant

Herzlich Willkommen!
Hotel AMBIENTE DRESDEN

Plauen

** **Transmar Leonardo Golden Tulip Hotel**
Bamberger Str. 12 / 14, Tel (03 51) 4 66 00,
Fax 4 66 01 00, ✉ 01187, AX DC ED VA
92 Zi, Ez: 149/75-224/112, Dz: 179/90-274/138,
⌐ WC ✆ DFÜ, 56 ⊱, Lift, 🚘, 4⌖44, Sauna,
Solarium, Restaurant

Reick (4 km ↘)

** **Coventry Top International Hotel**
Hülsestr. 1, Tel (03 51) 2 82 60, Fax 2 81 63 10,
✉ 01237, AX DC ED VA, Ⓢ
49 Zi, Ez: 135/67-145/73, Dz: 165/83-185/93,
1 App, ⌐ WC ✆ DFÜ, 15 ⊱, Lift, 🅿, 🚘, 4⌖80,
Restaurant

Seidnitz (5 km ↘)

* **An der Rennbahn Minotel**
Winterbergstr. 96, Tel (03 51) 21 25 00,
Fax 2 12 50 50, ✉ 01237, AX ED VA
22 Zi, Ez: 130/65-160/80, Dz: 160/80-210/105,
⌐ WC ✆ DFÜ, 🅿, 2⌖100, Fitnessraum,
Restaurant
Zimmer der Kategorie ** vorhanden.

Strehlen (4 km ↘)

*** **Four Points Hotel Königshof**
Kreischaer Str. 3, Wasaplatz,
Tel (03 51) 8 73 10, Fax 8 73 14 99, ✉ 01219,
AX DC ED VA, Ⓢ
84 Zi, Ez: 145/73-375/188,
Dz: 201/101-390/196, 4 Suiten, 6 App, ⌐ WC ✆
DFÜ, Lift, 🚘, 6⌖60, Restaurant

Tolkewitz (5,5 km ↘)

* **Alttolkewitzer Hof**
Alttolkewitz 7, Tel (03 51) 2 51 04 31,
Fax 2 52 65 04, ✉ 01279, AX ED VA
27 Zi, Ez: 125/62-145/73, Dz: 160/80-200/100,
⌐ WC ✆ DFÜ, 10 ⊱, 🅿, Golf, Restaurant

Weißer Hirsch (5 km ↗)

** **Villa Emma Prima Hotel** ♛
Stechgrundstr. 2, Tel (03 51) 26 48 10,
Fax 2 64 81 18, ✉ 01324, AX DC ED VA, Ⓢ
♫, 21 Zi, Ez: 155/78-240/120,
Dz: 255/128-360/181, ⌐ WC ✆ DFÜ, 4 ⊱, 🅿,
Sauna
🍴🍴 Hauptgericht 31/15, Terrasse ✚
nur abends

* **Pension Arcade**
Bautzner Landstr. 58, Tel (03 51) 26 99 50,
Fax 2 69 95 31, ✉ 01324
12 Zi, Ez: 90/45-130/65, Dz: 130/65-170/85,
2 App, ⌐ WC ✆ DFÜ, 🚘, Solarium, garni

Weixdorf

** **Quintessenz**
Hohenbusch Markt 1, Tel (03 51) 88 24 40,
Fax 82 44 44, ✉ 01108, AX DC ED VA
72 Zi, Ez: 95/47-150/75, Dz: 115/57-172/86,
2 Suiten, 3 App, ⌐ WC ✆ DFÜ, 40 ⊱, Lift, 🅿,
🚘, 4⌖100, Restaurant

Driburg, Bad 35 ↑

Nordrhein-Westfalen / Kreis Höxter
EW 19500
🛈 Tel (0 52 53) 9 89 40, Fax 98 94 24
Bad Driburger Touristik GmbH
✉ 33014 Lange Str. 140

*** **Gräfliches Parkhotel City Line & Country Line Hotels**
Im Kurpark, Tel (0 52 53) 95 20, Fax 95 22 04,
✉ 33014, AX DC ED VA, Ⓢ

Driburg, Bad

♪, 184 Zi, Ez: 84/42-173/87,
Dz: 168/84-268/134, 1 Suite, ⊣ WC ⌀, Lift, **P**,
🏠, 10⟳350, ⌂, Kegeln, Sauna, Solarium, Golf,
8 Tennis
Auch Zimmer der Kategorie ** vorhanden.
🍴🍴 Hauptgericht 20/10-40/20, Terrasse

**✱✱ Schwallenhof
Landidyll**
Brunnenstr. 34, Tel (0 52 53) 98 13 00,
Fax 98 13 88, ✉ 33014, AX DC ED VA
♪, 41 Zi, Ez: 77/38-87/43, Dz: 140/70-170/85,
5 App, ⊣ WC ⌀, Lift, **P**, 🏠, 3⟳70, ⌂, Sauna,
Solarium, Golf
Auch Zimmer der Kategorie ✱ vorhanden.
🍴 Hauptgericht 24/12

**✱ Neuhaus
Top International Hotel**
Steinbergstieg 18-20, Tel (0 52 53) 40 80,
Fax 40 86 16, ✉ 33014, AX DC ED VA
♪ §, 66 Zi, Ez: 125/62-130/65,
Dz: 160/80-170/85, 6 App, ⊣ WC ⌀, 12 ⇌, Lift,
P, 🏠, 7⟳120, ⌂, Sauna, Solarium
🍴 §, Hauptgericht 34/17, Terrasse

✱ Böhler
Brunnenstr. 7, Tel (0 52 53) 9 84 20,
Fax 98 42 33, ✉ 33014
20 Zi, Ez: 70/35, Dz: 140/70, ⊣ WC ⌀
🍴 Hauptgericht 20/10-35/17

✱ Am Rosenberg
Hinter dem Rosenberge 22,
Tel (0 52 53) 9 79 70, Fax 97 97 97, ✉ 33014,
DC ED VA
♪ §, 21 Zi, Ez: 70/35-90/45, Dz: 140/70-170/85,
1 Suite, ⊣ WC ⌀, 4 ⇌, **P**, 🏠, ≋, Sauna,
Solarium, Golf, Restaurant
geschl.: Mi

☕ Café Heyse
Lange Str. 123, Tel (0 52 53) 94 00 50,
Fax 94 00 52, ✉ 33014
Terrasse, **P**
Im Springbrunnen des Caféraumes stündl.
Vorführung von Wasserspielen. Spezialität: Bad
Driburger Moortorte.

☕ Café Gruß
Lange Str. 78, Tel (0 52 53) 23 28, ✉ 33014
7-18, geschl.: Mo morgens
Spezialität: Bad Driburger Moor.

Drolshagen 43 ↗

Nordrhein-Westfalen / Kreis Olpe
EW 12500
ℹ Tel (0 27 61) 97 01 80, Fax 97 02 01
Amt für Stadtwerbung
✉ 57489 Klosterhof 2

✱ Zur Brücke
Tel (0 27 61) 75 48, Fax 75 40, ✉ 57489, DC ED VA

12 Zi, Ez: 70/35-75/37, Dz: 130/65-140/70, ⊣
WC ⌀, **P**, 🏠, Kegeln, Restaurant

Dudeldorf 52 ↑

Rheinland-Pfalz
Kreis Bitburg-Prüm
EW 1205
ℹ Tel (0 65 61) 9 43 40, Fax 94 34 20
Tourist-Information
✉ 54634 Im Graben 2

✱ Romantik Hotel ♛
Zum Alten Brauhaus
Herrengasse 2, Tel (0 65 65) 9 27 50,
Fax 9 27 55 55, ✉ 54647, AX DC ED VA
♪, 15 Zi, Ez: 120/60-160/80,
Dz: 160/80-220/110, ⊣ WC ⌀ DFÜ, **P**,
Solarium, Golf
geschl.: Mi, 2.-31.1.01
🍴🍴 ☺, Hauptgericht 18/9-45/22 ✣
Terrasse, geschl.: Mi, 2.-31.1.01

Duderstadt 36 →

Niedersachsen / Kreis Göttingen
EW 24000
ℹ Tel (0 55 27) 84 12 00, Fax 84 12 01
Gästeinformation
✉ 37115 Marktstr. 66

✱✱ Zum Löwen
Marktstr. 30, Tel (0 55 27) 30 72, Fax 7 26 30,
✉ 37115, AX DC ED VA
♪, 41 Zi, Ez: 145/73-175/88,
Dz: 240/120-280/141, 1 Suite, ⊣ WC ⌀, 2 ⇌,
Lift, 🏠, 2⟳80, ⌂, Sauna, Solarium
Auch Zimmer der Kategorie ✱✱✱ vorhanden.
🍴🍴 Hauptgericht 25/12-40/20 ✣
Terrasse, **P**

Brochthausen (13 km →)

✱ Zur Erholung
Brochthauser Str. 65, Tel (0 55 29) 9 62 00,
Fax 3 83, ✉ 37115, ED
25 Zi, Ez: 60/30-70/35, Dz: 110/55-120/60, ⊣
WC ⌀, 10 ⇌, Restaurant

Fuhrbach (6 km ↑)

** Zum Kronprinzen
Fuhrbacher Str. 31, Tel (0 55 27) 91 00,
Fax 91 02 50, ✉ 37115, AX DC ED VA
52 Zi, Ez: 105/52-145/73, Dz: 135/67-180/90,
1 Suite, ⌐ WC ⌀, 5 ↰, Lift, P, 4⇌100, Kegeln,
Sauna, Solarium, Golf, Restaurant
Auch Zimmer der Kategorie ✱ vorhanden.

Gerblingerode

* Hahletal
Teistunger Str. 43, Tel (0 55 27) 14 78,
Fax 7 34 08, ✉ 37115
20 Zi, Ez: 90/45-100/50, Dz: 150/75-170/85, ⌐ WC ⌀, Restaurant

Düben, Bad 39 □

Sachsen / Kreis Delitzsch
EW 9939
ℹ Tel (03 42 43) 5 28 86, Fax 5 28 86
Stadtinformation
✉ 04849 Paradeplatz 19

Heilbad. 1000jährige Burg u. Landschaftsmuseum; Heide Spa - innovatives Gesundheits- und Wellnesszentrum; Dübener Heide mit vielen Freizeitmöglichkeiten.

* Schützenhaus
Schützenstr. 8, Tel (03 42 43) 2 44 56,
Fax 2 44 56, ✉ 04849, AX DC ED VA
28 Zi, Ez: 70/35-95/47, Dz: 120/60-140/70, ⌐ WC ⌀, 5 ↰, Lift, P, 2⇌100, Fitnessraum,
Sauna, Solarium, Restaurant
geschl.: 2.-19.1.01

* Gasthof Kühne
Hüfnermark 10, Tel (03 42 43) 2 30 21,
Fax 2 53 77, ✉ 04849, AX DC ED VA
16 Zi, Ez: 79/39, Dz: 119/59, ⌐ WC ⌀, P,
2⇌50, Restaurant

* National
Ritterstr. 16, Tel (03 42 43) 2 50 71,
Fax 2 36 88, ✉ 04849, DC ED VA

34 Zi, Ez: 95/47-98/49, Dz: 128/64, ⌐ WC ⌀,
5 ↰, Lift, P, 4⇌60, Kegeln, Sauna, Solarium,
Restaurant

Wellaune

* Griep's Heidehotel
an der B 2, Tel (03 42 43) 2 50 77,
Fax 2 48 66, ✉ 04849
☾, 26 Zi, Ez: 70/35-90/45, Dz: 100/50-120/60,
⌐ WC ⌀, P, Restaurant

Dülmen 33 ↑

Nordrhein-Westfalen
Kreis Coesfeld
EW 46000
ℹ Tel (0 25 94) 1 23 45, Fax 1 23 46
Verkehrsbüro/Touristik
✉ 48249 Markt 1-3

** Merfelder Hof
Borkener Str. 60, Tel (0 25 94) 97 00,
Fax 97 01 00, ✉ 48249, AX DC ED VA
55 Zi, Ez: 90/45-110/55, Dz: 120/60-170/85, ⌐ WC ⌀, Lift, P, 3⇌40, Fitnessraum, Sauna,
Solarium
Rezeption: 6.30-23
🍴 Hauptgericht 17/8, Terrasse

* Zum Wildpferd
Münsterstr. 52, Tel (0 25 94) 97 10,
Fax 8 96 30 46, ✉ 48249, AX DC ED VA
32 Zi, Ez: 89/44-135/67, Dz: 125/62-245/123,
⌐ WC ⌀ DFÜ, Lift, P, 2⇌100, ⌂, Sauna,
Solarium, Restaurant

Hausdülmen

* Große Teichsmühle
Borkenbergestr. 78, Tel (0 25 94) 9 43 50,
Fax 94 35 37, ✉ 48249, AX DC ED VA
15 Zi, Ez: 89/44-95/47, Dz: 152/76, 1 Suite, ⌐ WC ⌀, 3 ↰, P, 2⇌70, Kegeln, Restaurant

Dümmer 19 ↗

Mecklenburg-Vorpommern
Kreis Ludwigslust
🛈 Tel (0 38 69) 7 60 00, Fax 76 00 60
Amt Stralendorf
✉ 19073 Dorfstraße 30

✱ Vogelgarten
Welziner Str. 1, Tel (0 38 69) 2 22,
Fax 69 00 62, ✉ 19073
einzeln, 32 Zi, Ez: 85/42-125/62,
Dz: 130/65-150/75, ⊣ WC ⌀, 16 ⌕, P,
2⊂⊃100, Sauna, Solarium, Restaurant

✱ Ossenkopp
Dorfstr. 1 a, Tel (0 38 69) 38 40, Fax 38 40,
✉ 19073, AX ED VA
12 Zi, Ez: 80/40-110/55, Dz: 130/65-175/88, ⊣
WC ⌀, P, Bowling

Düren 42 ↗

Nordrhein-Westfalen
EW 90000
🛈 Tel (0 24 21) 2 50, Fax 25 22 90
Stadtverwaltung
✉ 52349 Kaiserplatz 2

✱✱ Düren's Post Hotel
Josef-Schregel-Str. 36 (B 1),
Tel (0 24 21) 1 70 01, Fax 1 01 38, ✉ 52349, AX DC ED VA
56 Zi, Ez: 135/67-195/98, Dz: 190/95-270/135,
⊣ WC ⌀, Lift, P, ⌂, 3⊂⊃150, Kegeln,
Restaurant

¶¶¶ Hefter's
Kreuzstr. 82, Tel (0 24 21) 1 45 85,
Fax 20 28 89, ✉ 52351
Hauptgericht 48/24-69/34, Terrasse,
geschl.: so+feiertags mittags, Mo, Di, 2 Wochen
im Sommer

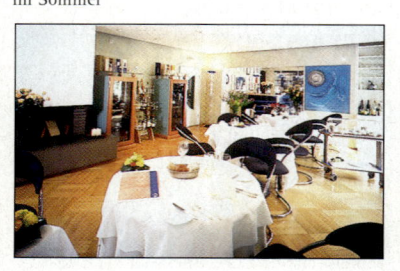

Dürkheim, Bad 54 ✓

Rheinland-Pfalz
EW 19500
🛈 Tel (0 63 22) 93 51 56, Fax 93 51 59
Verkehrsamt
✉ 67098 Mannheimer Str. 24

Mineral-Heilbad am Rande d. Pfälzer Waldes
zur Oberrheinebene; Spielbank. Sehensw.: Ev.
Stadtkirche; ev. Kirche im Stadtteil Seebach;
Pfalzmuseum f. Naturkunde; Klosterruine Limburg Aussicht (3 km ←); Ruine Hardenburg (4 km ←); Gradierbau; Salinenmuseum; Dürkheimer Riesenfass, Röm. Weingut Weilburg.

✱✱ Kurparkhotel
Schloßplatz 1, Tel (0 63 22) 79 70,
Fax 79 71 58, ✉ 67098, AX DC ED VA
₰, 113 Zi, Ez: 210/105, Dz: 270/135, ⊣ WC ⌀,
44 ⌕, Lift, P, 11⊂⊃250, ⌂, Kegeln, Bowling,
Sauna, Solarium
Direkter Zugang zur Spielbank und zum
Wellnesszentrum Vitalis. Auch Zimmer der
Kategorie ✱✱✱ vorhanden.

¶¶ Graf zu Leiningen
₰, Hauptgericht 35/17

✱✱ Dorint
Kurbrunnenstr. 30, Tel (0 63 22) 60 10,
Fax 60 16 03, ✉ 67098, AX DC ED VA, Ⓢ
98 Zi, Ez: 158/79-266/133, Dz: 176/88-266/133,
2 Suiten, ⊣ WC ⌀, 13 ⌕, Lift, P, 13⊂⊃1200,
⩳, ⌂, Kegeln, Sauna, Solarium, Golf
Preise exl. Frühstück. Direkter Zugang zum
Freizeitbad `Salinarium`.

¶¶ Salinen- und Parkrestaurant
Hauptgericht 16/8-41/20, Terrasse

✱✱ Weingarten
Triftweg 11 a, Tel (0 63 22) 9 40 10,
Fax 94 01 55, ✉ 67098, AX ED VA
14 Zi, Ez: 100/50-115/57, Dz: 150/75-165/83,
2 Suiten, 2 App, ⊣ WC ⌀, 5 ⌕, P, 2⊂⊃22,
Sauna, garni
Rezeption: 6-19, geschl.: 21.12.00-21.1.01

Dürren, Bad

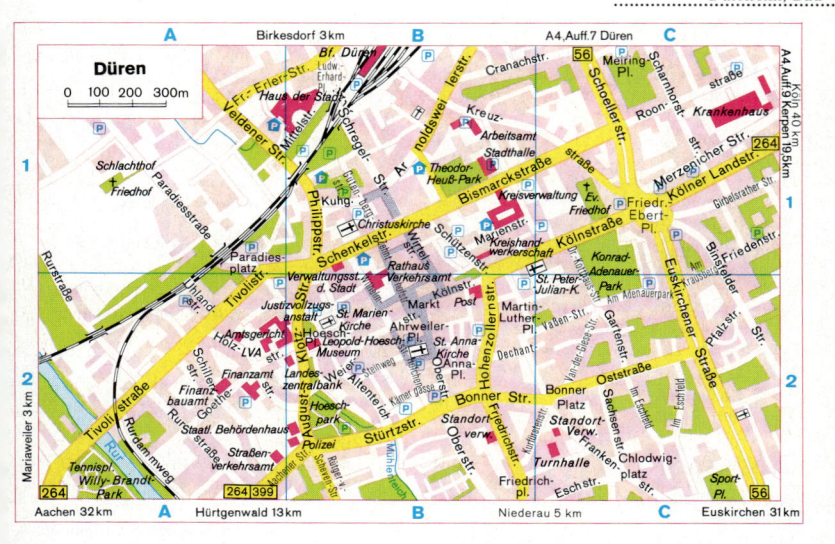

★★ Parkhotel Leininger Hof
Kurgartenstr. 17, Tel (0 63 22) 60 20,
Fax 60 23 00, ✉ 67098, AX DC ED VA
⚡, 85 Zi, Ez: 119/59-189/95,
Dz: 179/90-269/135, 1 App., ⌁ WC ⓒ DFÜ,
16 ⛵, Lift, ☎, 7⃝150, ⌂, Sauna, Solarium,
2 Tennis, Restaurant

★ Fronmühle
Salinenstr. 15, Tel (0 63 22) 9 40 90,
Fax 94 09 40, ✉ 67098, AX DC ED VA
21 Zi, Ez: 110/55-180/90, Dz: 160/80, ⌁ WC ⓒ
DFÜ, Lift, Ⓟ, 3⃝25, ⌂, Sauna, Solarium
geschl.: 3.-16.1.01
🍴🍴 Hauptgericht 19/9-42/21, Terrasse,
Biergarten, geschl.: Mo, 3.-16.1.01

★ An den Salinen
Salinenstr. 40, Tel (0 63 22) 9 40 40,
Fax 94 04 34, ✉ 67098, ED VA
13 Zi, Ez: 80/40-100/50, Dz: 130/65-155/78, ⌁
WC ⓒ DFÜ, Ⓟ, garni
geschl.: 23.12.-7.1.00

Seebach (2 km ✈)

★★ Heusser
Seebacher Str. 50, Tel (0 63 22) 93 00,
Fax 93 04 99, ✉ 67098, AX DC ED VA
♪, 86 Zi, Ez: 145/73-155/78,
Dz: 214/107-240/120, 8 Suiten, ⌁ WC ⓒ DFÜ,
Lift, Ⓟ, ☎, 12⃝120, ≋, ⌂, Sauna, Solarium,
Restaurant

★ Landhaus Fluch
Seebacher Str. 95, Tel (0 63 22) 24 88,
Fax 6 57 29, ✉ 67098
24 Zi, Ez: 80/40-95/47, Dz: 130/65-150/75, ⌁
WC ⓒ, Ⓟ, garni

Dürrenberg, Bad   38 ↘

Sachsen-Anhalt
Kreis Merseburg-Querfurt
EW 12500
🛈 Tel (0 34 62) 1 94 33, Fax 8 39 92
Fremdenverkehrsbüro
✉ 06231 Leipziger Str. 12

Dürrenberg, Bad

★ Parkhotel Buchta
Leipziger Str. 12, Tel (0 34 62) 9 80,
Fax 9 82 50, ✉ 06231, AX DC ED VA
40 Zi, Ez: 98/49-120/60, Dz: 135/67-165/83,
1 Suite, ⌁ WC ⓒ, Lift, ☎, 2⃝80, Restaurant

Dürrheim, Bad   68 □

Baden-Württemberg
Schwarzwald-Baar-Kreis
EW 12960
🛈 Tel (0 77 26) 66 63 33, Fax 66 63 01
Kur- und Bäder GmbH
✉ 78073 Luisenstr. 4

★★ Parkhotel Waldeck Schrenk
Waldstr. 18, Tel (0 77 26) 66 31 00, Fax 80 01,
✉ 78073, DC ED VA

39 Zi, Ez: 160/80-240/120,
Dz: 240/120-320/161, 3 Suiten, 3 App, ⌑ WC
✆ DFÜ, 39 ↳, Lift, 🅿, 🏠, 5⌬160, 🛥, Sauna,
Solarium, Restaurant

Dürrwangen 63 ↖

Bayern / Kreis Ansbach
EW 2600
🛈 Tel (0 98 56) 9 72 00, Fax 97 20 20
Gemeindeverwaltung
✉ 91602 Sulzacher Str. 14

✶ Gasthof Zum Hirschen

Hauptstr. 13, Tel (0 98 56) 2 60, Fax 18 01,
✉ 91602
32 Zi, Ez: 55/27-60/30, Dz: 90/45-100/50, ⌑
WC ✆, Restaurant
geschl.: 30.7.-17.8.01

Düsseldorf 32 ↘

Nordrhein-Westfalen
EW 580000
🛈 Tel (02 11) 17 20 20, Fax 1 72 02 35
Verkehrsverein
✉ 40210 Immermannstr. 65 b
Cityplan siehe Seiten 226-227

✶✶✶✶ Steigenberger Parkhotel

Corneliusplatz 1 (C 4), Tel (02 11) 1 38 10,
Fax 1 38 15 92, ✉ 40213, AX DC ED VA, Ⓢ
122 Zi, Ez: 375/188-510/256,
Dz: 510/256-670/337, 12 Suiten, ⌑ WC ✆,
36 ↳, Lift, 🅿, 9⌬200, Sauna, Golf

𝍖𝍖𝍖 Menuett

Hauptgericht 32/16-52/26, Terrasse

✶✶✶ Nikko

Immermannstr. 41 (D 5), Tel (02 11) 83 40,
Fax 16 12 16, ✉ 40210, AX DC ED VA
283 Zi, Ez: 376/189-680/342,
Dz: 451/227-900/453, 17 Suiten, 1 App, ⌑ WC
✆ DFÜ, 72 ↳, Lift, 🏠, 5⌬350, 🛥,
Fitnessraum, Sauna, Solarium

𝍖 Benkay

Hauptgericht 11/5-73/36

✶✶✶ Queens Hotel

Ludwig-Erhard-Allee 3 (E 6),
Tel (02 11) 7 77 10, Fax 7 77 17 77, ✉ 40227,
AX DC ED VA, Ⓢ
134 Zi, Ez: 322/162-642/323,
Dz: 404/203-754/379, 5 Suiten, 3 App, ⌑ WC
✆ DFÜ, 57 ↳, Lift, 🅿, 🏠, 6⌬120, Sauna,
Solarium, Restaurant

✶✶✶ Holiday Inn

Graf-Adolf-Platz 10 (C 6), Tel (02 11) 3 84 80,
Fax 3 84 83 90, ✉ 40213, AX DC ED VA, Ⓢ
177 Zi, Ez: 355/178-655/329,
Dz: 415/209-725/365, ⌑ WC ✆ DFÜ, 84 ↳,
Lift, 🏠, 6⌬80, 🛥, Sauna, Solarium,
Restaurant

✶✶ Best Western Majestic

Cantadorstr. 4 (D 4), Tel (02 11) 36 70 30,
Fax 3 67 03 99, ✉ 40211, AX DC ED VA, Ⓢ
52 Zi, Ez: 163/82-440/221,
Dz: 208/104-549/276, 6 App, ⌑ WC ✆ DFÜ,
9 ↳, Lift, 🅿, 🏠, 1⌬30, Sauna, Restaurant
geschl.: 22.12.00-2.1.01

✶✶ Astron

Kölner Str. 186-188 (F 6), Tel (02 11) 7 81 10,
Fax 7 81 18 00, ✉ 40227, AX DC ED VA, Ⓢ
320 Zi, Ez: 155/78-573/288,
Dz: 178/89-596/300, 18 App, ⌑ WC ✆ DFÜ,
130 ↳, Lift, 🏠, 17⌬130, Sauna, Solarium,
Restaurant
Auch Zimmer der Kategorie ✶✶✶ vorhanden.

✶✶ Windsor

Grafenberger Allee 36 (E 4),
Tel (02 11) 91 46 80, Fax 9 14 68 40,
✉ 40237, AX DC ED VA
19 Zi, Ez: 190/95-300/151,
Dz: 250/125-450/226, 1 Suite, ⌑ WC ✆ DFÜ,
🏠, Sauna, Solarium, garni

✶✶ Madison I

Graf-Adolf-Str. 94 (D 6), Tel (02 11) 1 68 50,
Fax 1 68 53 28, ✉ 40210, AX DC ED VA, Ⓢ
95 Zi, Ez: 195/98-270/135,
Dz: 240/120-300/151, 5 Suiten, ⌑ WC ✆,
21 ↳, Lift, 🏠, 3⌬100, 🛥, Fitnessraum, Sauna,
Solarium

✶✶ Madison II

Graf-Adolf-Str. 47 (D 6), Tel (02 11) 38 80 30,
Fax 3 88 03 88, ✉ 40210, AX DC ED VA, Ⓢ
☾, 24 Zi, Ez: 170/85-270/135,
Dz: 215/108-370/186, ⌑ WC ✆ DFÜ, 4 ↳, Lift,
🏠, 🛥, Fitnessraum, Sauna, Solarium, garni
Gäste können Sportclub und Schwimmbad im
Madison I kostenlos nutzen.

✶✶ Lessing

Volksgartenstr. 6, Tel (02 11) 9 77 00,
Fax 9 77 01 00, ✉ 40227, AX DC ED VA
☾, 30 Zi, Ez: 140/70-260/130,
Dz: 170/85-320/161, 2 Suiten, ⌑ WC ✆, 5 ↳,
Lift, 🅿, 🏠, 1⌬20, Sauna, Solarium, garni

** Best Western Eden
Adersstr. 29 (C 6), Tel (02 11) 3 89 70,
Fax 3 89 77 77, ✉ 40215, AX DC ED VA, S
114 Zi, Ez: 240/120-500/251,
Dz: 290/146-600/302, 6 Suiten, ⌐ WC ∅ DFÜ,
30 🛏, Lift, P, 2⟳100, Golf, Restaurant

** An der Kö
Talstr. 9 (C 6), Tel (02 11) 37 10 48,
Fax 37 08 35, ✉ 40217, AX DC ED VA
45 Zi, Ez: 122/61-420/211, Dz: 183/92-420/211,
⌐ WC ∅, Lift, P, garni
geschl.: 24-27.12.00, 31.12.00-2.1.01

** Kastens Hotel
Jürgensplatz 52 (B 6), Tel (02 11) 3 02 50,
Fax 3 02 51 10, ✉ 40219, AX DC ED VA
46 Zi, Ez: 160/80-360/181,
Dz: 195/98-380/191, 4 Suiten, 4 App, ⌐ WC ∅
DFÜ, 10 🛏, Lift, 1⟳18, garni
geschl.: 24.12.00-2.1.01, 24.12.01-2.1.02
Einrichtung im Designer-Stil.

** Carat Hotel
Benrather Str. 7 a (C 5), Tel (02 11) 1 30 50,
Fax 32 22 14, ✉ 40213, AX DC ED VA, S
72 Zi, Ez: 180/90-430/216,
Dz: 230/115-490/246, 1 Suite, ⌐ WC ∅ DFÜ,
15 🛏, Lift, ≏, 1⟳25, Sauna, Solarium, Golf,
garni

** Dorint
Stresemannplatz 1 (D 6), Tel (02 11) 3 55 40,
Fax 35 41 20, ✉ 40210, AX DC ED VA, S
143 Zi, Ez: 185/93-475/239,
Dz: 215/108-605/304, 9 Suiten, 15 App, ⌐ WC
∅ DFÜ, 56 🛏, Lift, ≏, 3⟳100

¶¶ Le Bistro L' Orangerie
Hauptgericht 40/20, Terrasse, Biergarten, P,
nur abends

** Terminus
Am Wehrhahn 81 (E 4), Tel (02 11) 1 79 38 40,
Fax 17 93 84 20, ✉ 40211, AX ED VA, S
45 Zi, Ez: 150/75-380/191,
Dz: 180/90-480/241, ⌐ WC ∅, 8 🛏, Lift, ≏,
Sauna, Solarium, garni
geschl.: 23.12.00-2.1.01

** Victoria
Jahnstr. 33 a (C 6), Tel (02 11) 37 80 40,
Fax 37 80 52, ✉ 40215, AX DC ED VA
90 Zi, Ez: 128/64-148/74, Dz: 148/74-195/98,
⌐ WC ∅, Lift, 5⟳250, Sauna, Solarium, garni

** Bellevue
Luisenstr. 98-100 (D 6), Tel (02 11) 38 41 40,
Fax 3 84 14 13, ✉ 40215, AX DC ED VA
48 Zi, Ez: 195/98-395/198,
Dz: 295/148-495/249, 2 Suiten, 11 App, ⌐ WC
∅ DFÜ, 10 🛏, Lift, P, ≏, 4⟳80, Solarium,
Golf, Restaurant

** Günnewig Hotel Esplanade
Fürstenplatz 17 (außerhalb D 6),
Tel (02 11) 38 68 50, Fax 38 68 55 55,
✉ 40215, AX DC ED VA, S
80 Zi, Ez: 179/90-395/198,
Dz: 220/110-498/250, 2 Suiten, ⌐ WC ∅ DFÜ,
14 🛏, Lift, ≏, 2⟳60, ≏, Sauna, Solarium,
garni
Auch Zimmer der Kategorie ✱ vorhanden.

** Günnewig Hotel Uebachs
Leopoldstr. 3-5 (D 4), Tel (02 11) 17 37 10,
Fax 35 80 64, ✉ 40211, AX DC ED VA
82 Zi, Ez: 179/90-395/198,
Dz: 220/110-498/250, ⌐ WC ∅ DFÜ, 16 🛏,
Lift, ≏, 2⟳26, garni
Auch Zimmer der Kategorie ✱ vorhanden.

✱ Astoria
Jahnstr. 72, Tel (02 11) 38 51 30,
Fax 37 20 89, ✉ 40215, AX DC ED VA
25 Zi, Ez: 156/78-250/125,
Dz: 199/100-390/196, 4 Suiten, ⌐ WC ∅ DFÜ,
8 🛏, Lift, P, ≏, garni
geschl.: 18.12.00-7.1.01
Auch Zimmer der Kategorie ** vorhanden.

✱ Akzent-Hotel Prinz Anton
    mit Gästehäusern
Karl-Anton-Str. 11 (E 5), Tel (02 11) 35 20 00,
Fax 36 20 10, ✉ 40211, AX DC ED VA
24 Zi, Ez: 170/85-498/250,
Dz: 220/110-498/250, 12 App, ⌐ WC ∅ DFÜ,
Lift, P, ≏, Fitnessraum, garni

✱ Orangerie am Spee'schen Palais
Bäckergasse 1, Tel (02 11) 86 68 00,
Fax 8 66 80 99, ✉ 40213, AX DC ED VA

Düsseldorf

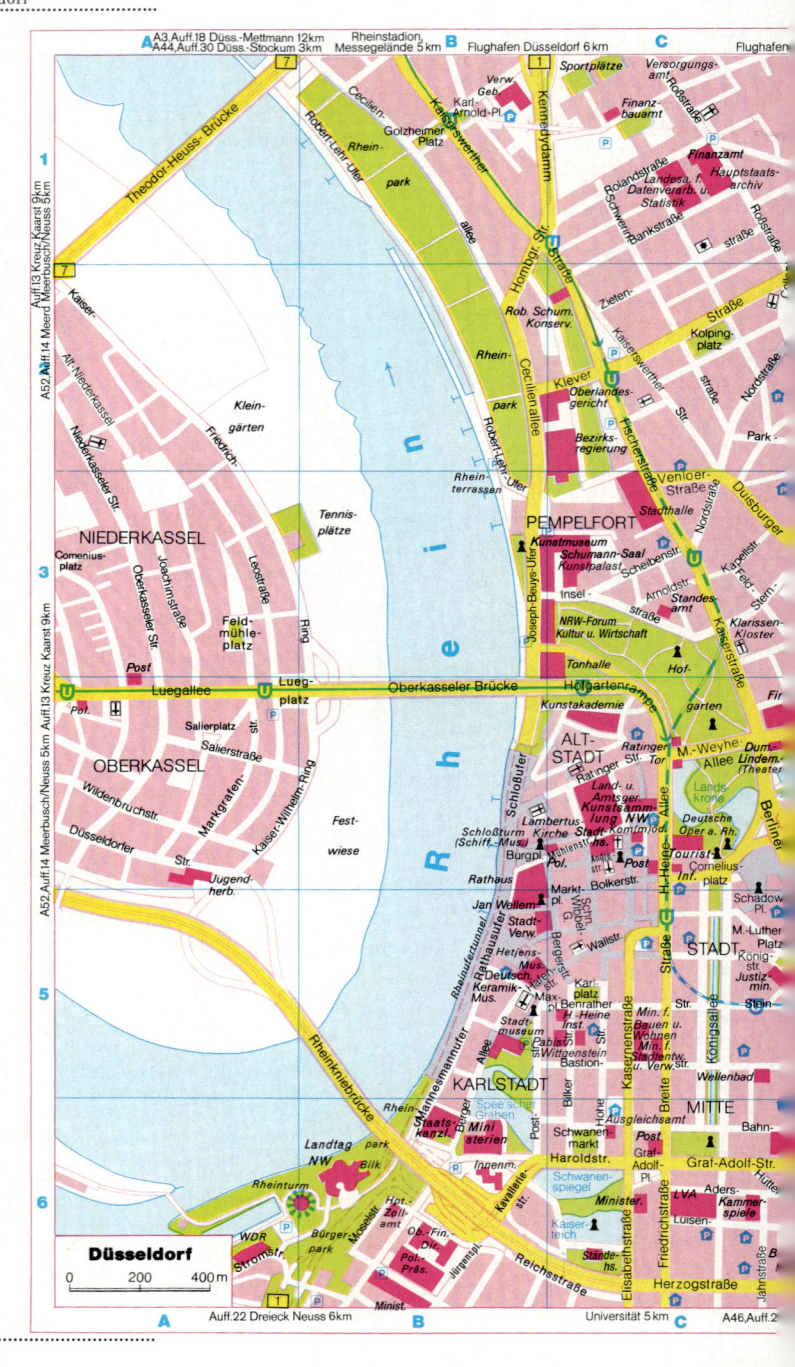

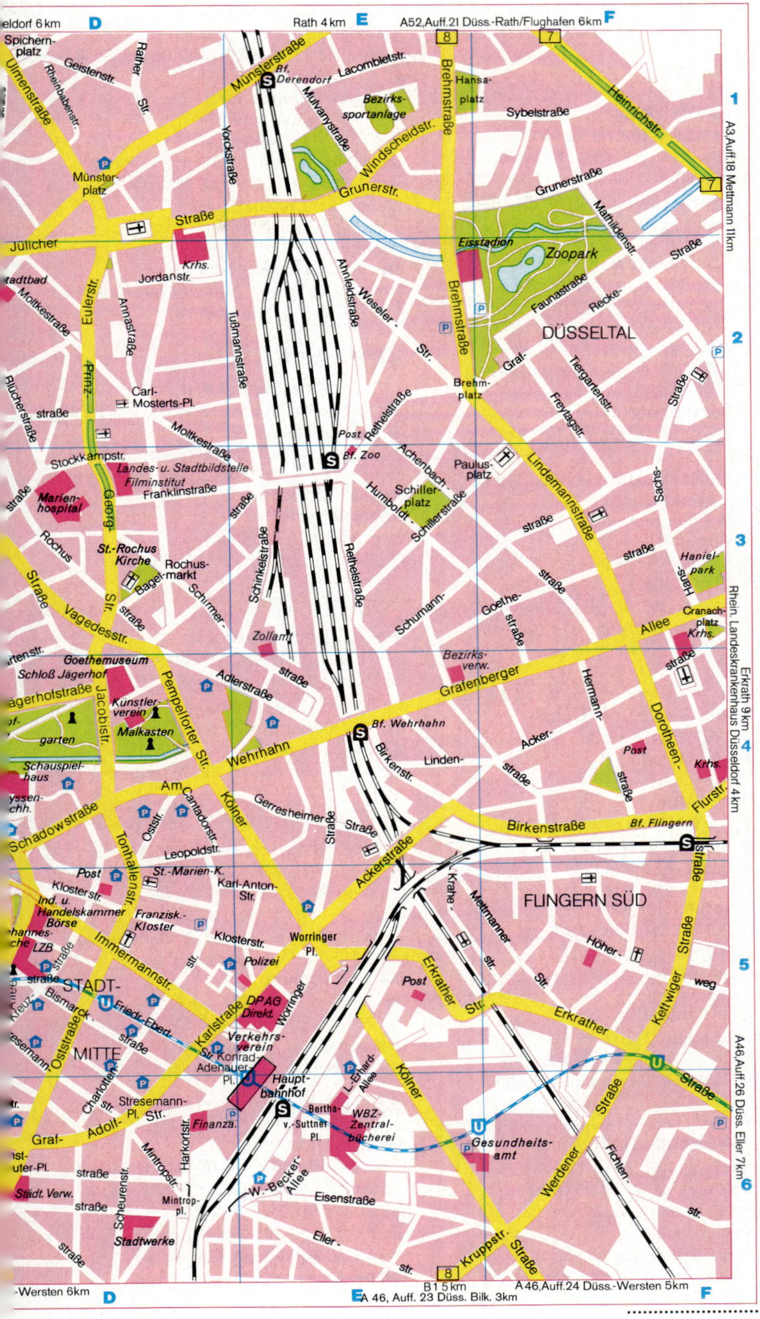
Rath 4 km
A52, Auff. 21 Düss.-Rath/Flughafen 6km
D
E
F
1
2
3
4
5
6
8
7
Spichern-platz
Ulmenstraße
Geistenstr.
Rheinbabenstr.
Rather Str.
Münsterstraße
Bf. Derendorf
Lacombletstr.
Mulvanystraße
Bezirks-sportanlage
Windscheidstr.
Brehmstraße
Hansa-platz
Sybelstraße
Heinrichstr.
A3, Auff.18 Mettmann 11km
Münster-platz
Yorckstraße
Grunerstr.
Grunerstraße
Jülicher Straße
Krhs.
Jordanstr.
Eisstadion
Zoopark
Mathildenstr.
Straße
Stadtbad
Moltkestraße
Eulerstr.
Annastraße
Tußmannstraße
Ahnfeldstraße
Weseler Str.
Faunastraße
Recke-
DÜSSELTAL
Prinz-Georg-Str.
Carl-Mosterts-Pl.
Blücherstraße
Brehm-platz
Graf-
Tiergartenstr.
Freytagstr.
Moltkestraße
Post
Rethelstraße
Bf. Zoo
Achenbach-
Paulus-platz
Lindemannstraße
Sachs-
Stockkampstr.
Landes- u. Stadtbildstelle
Filminstitut
Franklinstraße
Marien-hospital
Schiller-platz
Humboldt-
Schillerstraße
straße
Rochus
Schinkelstraße
Rethelstraße
St.-Rochus Kirche
Rochus-markt
Bagel-
Schirmer-
straße
Haniel-park
Hans-
Schumann-
Goethe-straße
Rhein. Landeskrankenhaus Düsseldorf 4km
Vagedesstr.
Zollamt
Allee
Cranach-platz
Krhs.
Goethemuseum
Schloß Jägerhof
Jägerhofstraße
Jacobistr.
Pempelforter Str.
Adlerstraße
Bezirks-verw.
Grafenberger
Hermann-
Erkrath 9km
Künstler-verein
Malkasten
Hofgarten
Bf. Wehrhahn
Wehrhahn
Birkenstr.
Acker-
Linden-
straße
Post
Dorotheen-
Krhs.
Schauspiel-haus
Am Wehrhahn
Cantadorstr.
Kölner
Gerresheimer
Straße
Flurstr.
Schadowstraße
Oststr.
Birkenstraße
Bf. Flingern
Tonhallenstr.
Leopoldstr.
Ackerstraße
Post
St.-Marien-K.
Klosterstr.
Karl-Anton-Str.
Krahe-
Mettmanner
FLINGERN SÜD
Ind. u. Handelskammer
Börse
Franzisk.-Kloster
Johannes-kirche
LZB
Immermannstr.
Klosterstr.
Worringer Pl.
Höher-weg
Kettwiger Straße
STADT-MITTE
Bismarck-
Polizei
Post
Erkrather Str.
Friedr.-Ebert-straße
Karlstraße
DPAG Direkt.
Worringer
Erkrather Str.
Oststraße
Stresemann-
Verkehrs-verein
Konrad-Adenauer-Pl.
Haupt-bahnhof
L.-Erhard-Allee
Kölner
Straße
A46, Auff.26 Düss. Eller 7km
Charlottenstr.
Stresemann-Pl.
Bertha-v.-Suttner Pl.
WBZ-Zentral-bücherei
Gesundheits-amt
Graf-Adolf-Str.
Finanza.
Harkortstr.
Werdener
Fichten-
Mintropstr.
Städt. Verw.
W.-Becker-Allee
Eisenstraße
Mintrop-pl.
Scheurenstr.
Stadtwerke
Eller-str.
Kruppstr.
Straße
str.
Wersten 6km
B1 5km
A46, Auff.24 Düss.-Wersten 5km
A 46, Auff. 23 Düss. Bilk. 3km

27 Zi, Ez: 195/98-285/143,
Dz: 245/123-345/173, ⌐ WC ⊘, 10 ⊱, Lift,
3⊂⊃30, garni
Designer Einrichtung.

✱ Amber Hotel
Corneliusstr. 82, Tel (02 11) 38 65 60,
Fax 38 20 50, ✉ 40215, AX DC ED VA, Ⓢ
52 Zi, Ez: 159/80-359/180, Dz: 179/90-399/200,
1 Suite, ⌐ WC ⊘ DFÜ, 10 ⊱, Lift, P, 1⊂⊃30,
Sauna, Solarium, garni

✱ Stadt München
Pionierstr. 6 (D 6), Tel (02 11) 38 65 50,
Fax 37 96 95, ✉ 40215, DC ED VA
47 Zi, Ez: 140/70-380/191, Dz: 180/90-480/241,
3 Suiten, ⌐ WC ⊘, Lift, 🏠, 1⊂⊃50, garni
Auch Zimmer der Kategorie ✱✱ vorhanden.

✱ Börsenhotel
Kreuzstr. 19a (D 5), Tel (02 11) 17 37 00,
Fax 36 53 38, ✉ 40210, AX DC ED VA
65 Zi, Ez: 110/55-360/181, Dz: 150/75-390/196,
⌐ WC ⊘, 13 ⊱, Lift, 1⊂⊃80, garni

✱ Wieland
Wielandstr. 8 (E 4), Tel (02 11) 17 30 00,
Fax 1 73 00 40, ✉ 40211, AX DC ED VA
26 Zi, Ez: 95/47-320/161, Dz: 120/60-350/176,
⌐ WC ⊘ DFÜ, 3 ⊱, Lift, P, 1⊂⊃30, garni

✱ Minerva
Cantadorstr. 13 a (D 4), Tel (02 11) 17 24 50,
Fax 35 63 98, ✉ 40211, AX DC ED VA
16 Zi, Ez: 125/62-225/113, Dz: 150/75-295/148,
⌐ WC ⊘, Lift, 🏠, garni

🍴🍴🍴 Victorian
Königstr. 3 a, Tel (02 11) 8 65 50 22,
Fax 8 65 50 13, ✉ 40212, AX DC ED VA
Hauptgericht 62/31, geschl.: So

🍴🍴 Berens am Kai
Kaistr. 16, Tel (02 11) 3 00 67 50,
Fax 30 06 75 15, ✉ 40221, AX ED
Hauptgericht 46/23-69/34, Terrasse, geschl.: So

🍴🍴 La Lampada
Hüttenstr. 9, Tel (02 11) 37 46 92,
Fax 37 77 99, ✉ 40215, AX DC VA
Hauptgericht 32/16, Terrasse, nur abends,
geschl.: So

🍴🍴 Weinhaus Tante Anna
Andreasstr. 2, Tel (02 11) 13 11 63,
Fax 13 29 74, ✉ 40213, AX DC ED VA
⊕, Hauptgericht 34/17-49/24, Terrasse, nur
abends, geschl.: So
Historisches Gebäude von 1590.

🍴🍴 La Terrazza
Königsallee 30, im Kö-Center,
Tel (02 11) 32 75 40, Fax 32 09 75, ✉ 40212,
AX DC ED VA
Hauptgericht 38/19-52/26, Terrasse, geschl.: So

🍴🍴 Tse-Yang
Immermannstr. 65, Tel (02 11) 36 90 20,
Fax 1 64 94 23, ✉ 40210, AX DC ED VA
Hauptgericht 20/10-120/60
Chinesische Küche.

☕ Café Heinemann
Bahnstr. 16, Tel (02 11) 13 13 50, ✉ 40212
8.30-18, Sa 8-17, So 9.30-18

Obergärige Bierstuben

Zum Schiffchen
Hafenstr. 5, Tel (02 11) 13 24 21, Fax 13 45 96,
✉ 40213, AX DC ED VA
⊕, Hauptgericht 27/13, Biergarten, geschl.: So

Uerige
Berger Str. 1, Tel (02 11) 86 69 90,
Fax 13 28 86, ✉ 40213
⊕, Hauptgericht 10/5-25/12, Biergarten

Angermund (15 km ↑)

✱✱ Haus Litzbrück
Bahnhofstr. 33, Tel (02 03) 99 79 60,
Fax 9 97 96 53, ✉ 40489, AX DC ED VA
19 Zi, Ez: 135/67-225/113,
Dz: 215/108-295/148, 3 Suiten, ⌐ WC ⊘, P,
2⊂⊃25, 🏠, Sauna
🍴🍴 Hauptgericht 35/17, Terrasse

Benrath (11 km ↘)

✱ Rheinterrasse Benrath
Benrather Schloßufer 39, Tel (02 11) 99 69 90,
Fax 9 96 99 99, ✉ 40597, AX ED VA
45 Zi, Ez: 147/74-278/140, Dz: 197/99-345/173,
⌐ WC ⊘ DFÜ, 10 ⊱, P, 1⊂⊃30, Restaurant

🍴🍴 Lignano
Hildener Str. 43, Tel (02 11) 7 11 89 36,
Fax 71 89 59, ✉ 40597, AX DC ED VA
Hauptgericht 31/15-43/21, nur abends,
geschl.: So, 3 Wochen im Sommer

Bilk (3 km ↓)

✱✱ Sorat
Volmerswerther Str. 35, Tel (02 11) 3 02 20,
Fax 3 02 25 55, ✉ 40221, AX DC ED VA, Ⓢ
142 Zi, Ez: 220/110-495/249,
Dz: 300/151-630/317, 18 Suiten, ⌐ WC ⊘ DFÜ,
60 ⊱, Lift, 🏠, 3⊂⊃250, Fitnessraum, Sauna,
Solarium

Skult
Tel 60 06 89 30, Fax 3 02 25 07
Hauptgericht 25/12-42/21, Terrasse, **P**,
geschl.: So

** Golden Tulip Grand Hotel
Varnhagenstr. 37, Tel (02 11) 31 08 00,
Fax 31 66 67, ✉ 40225, AX DC ED VA, Ⓢ
70 Zi, Ez: 175/88-495/249, Dz: 175/88-495/249,
1 Suite, ⊐ WC Ⓒ DFÜ, 20 ⇃, Lift, ⌂, 1⇔50,
Sauna, garni

** Garden Hotel
Suitbertusstr. 22, Tel (02 11) 93 40 60,
Fax 9 34 06 86, ✉ 40223, AX DC ED VA
30 Zi, Ez: 119/59-415/209, Dz: 140/70-435/219,
1 Suite, ⊐ WC Ⓒ, 10 ⇃, Lift, ⌂, 1⇔15, garni

* Astra
Ubierstr. 36, Tel (02 11) 1 59 90,
Fax 1 59 91 03, ✉ 40223, AX DC ED VA, Ⓢ
93 Zi, Ez: 140/70-295/148, Dz: 170/85-310/156,
⊐ WC Ⓒ, Lift, 2⇔30, Sauna, Solarium, garni

Guy de Vries Himmel und Erde
Konkordiastr. 89, Tel (02 11) 30 77 70,
Fax 9 30 47 36, ✉ 40219, ED VA
Hauptgericht 39/19-49/24, Terrasse, nur abends,
geschl.: So

Derendorf (2 km ↑)

**** Villa Viktoria
Blumenthalstr. 12 (C 1), Tel (02 11) 46 90 00,
Fax 46 90 06 01, ✉ 40476, AX DC ED VA
♪, 40 Suiten, ⊐ WC Ⓒ DFÜ, 10 ⇃, Lift, **P**, ⌂,
2⇔16, Sauna, Solarium, garni
geschl.: 22.12.00-2.1.01
Nur Suiten.

*** Lindner Hotel Rhein Residence
Kaiserswerther Str. 20 (C 2), Tel (02 11) 4 99 90,
Fax 4 99 94 99, ✉ 40477, AX DC ED VA, Ⓢ
126 Zi, Ez: 288/145-693/349,
Dz: 368/185-723/364, 2 Suiten, 24 App, ⊐ WC
Ⓒ DFÜ, 69 ⇃, Lift, 2⇔25, Sauna, Solarium,
Restaurant
geschl.: 23.12.00-2.1.01

** Gildors Hotel
Collenbachstr. 51 (D 1), Tel (02 11) 5 15 85 00,
Fax 51 58 50 50, ✉ 40476, AX DC ED VA
50 Zi, Ez: 175/88-290/146,
Dz: 300/151-380/191, ⊐ WC Ⓒ DFÜ, Lift, **P**,
⌂, garni
geschl.: 24.12.00-1.1.01

* Michelangelo
Rosstr. 61 (C 1), Tel (02 11) 94 85 30,
Fax 9 48 53 77, ✉ 40476, AX DC ED VA
70 Zi, Ez: 120/60-345/173, Dz: 180/90-395/198,
⊐ WC Ⓒ DFÜ, 30 ⇃, Lift, ⌂, garni
geschl.: 23.12.00-2.1.01

* National
Schwerinstr. 16, Tel (02 11) 5 13 56 10,
Fax 49 45 90, ✉ 40477, AX DC ED VA
31 Zi, Ez: 195/98-298/150,
Dz: 235/118-338/170, ⊐ WC Ⓒ DFÜ, Lift, **P**, ⌂,
1⇔12, Sauna, garni

Golzheim (3 km ↑)

*** Radisson SAS
Karl-Arnold-Platz 5 (B 1), Tel (02 11) 4 55 30,
Fax 4 55 31 10, ✉ 40474, AX DC ED VA, Ⓢ
293 Zi, Ez: 215/108-675/339,
Dz: 215/108-725/365, 16 Suiten, ⊐ WC Ⓒ DFÜ,
120 ⇃, Lift, **P**, 17⇔800, ⌂, Sauna, Solarium,
Restaurant

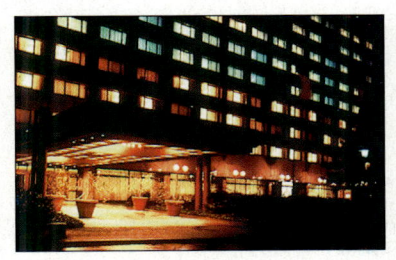

*** Hilton
Georg-Glock-Str. 20, Tel (02 11) 4 37 70,
Fax 4 37 76 50, ✉ 40474, AX DC ED VA, Ⓢ
372 Zi, Ez: 355/178-750/377,
Dz: 375/188-780/392, 9 Suiten, ⊐ WC Ⓒ,
165 ⇃, Lift, **P**, ⌂, 22⇔1500, ⌂, Fitnessraum,
Sauna, Solarium, Golf, Restaurant

Rosati
Felix-Klein-Str. 1, Tel (02 11) 4 36 05 03,
Fax 45 29 63, ✉ 40474, AX DC ED VA
Hauptgericht 25/12-40/20, Terrasse, **P**,
geschl.: Sa mittags, So

Düsseldorf

Holthausen (8 km ↘)

✱ Concorde Hotel Schumann
Bonner Str. 15, Tel (02 11) 79 11 16,
Fax 79 24 39, ✉ 40589, AX DC ED VA
38 Zi, Ez: 145/73-260/130, Dz: 195/98-320/161,
⌐ WC ⊘, 8 ⇤, Lift, garni

Kaiserswerth (9 km ↑)

✱ Ambrosius
Friedrich-von-Spee-Str. 44,
Tel (02 11) 94 00 50, Fax 9 40 05 32, ✉ 40489,
AX DC ED VA
12 Zi, Ez: 150/75-360/181, Dz: 180/90-420/211,
⌐ WC ⊘, ☎, garni

ｲｲｲｲ Im Schiffchen
Kaiserswerther Markt 9, Tel (02 11) 40 10 50,
Fax 40 36 67, ✉ 40489, AX DC ED VA
Hauptgericht 52/26, nur abends, geschl.: Mo, So
Französische und vegetarische Küche.

ｲｲｲ Aalschokker
Tel 40 39 48
Hauptgericht 44/22, nur abends, geschl.: Mo, So

Lörick (5 km ←)

✱✱ Fischerhaus ♛
Bonifatiusstr. 35, Tel (02 11) 59 79 79,
Fax 5 97 97 59, ✉ 40547, AX DC ED VA
☽, 40 Zi, Ez: 169/85-329/165,
Dz: 223/112-350/176, ⌐ WC ⊘, P
geschl.: 23.12.00-2.1.01

ｲｲｲ Hummerstübchen
Hauptgericht 63/31-68/34, nur abends,
geschl.: So, 27.12.00-2.1.01

Lohausen (7 km ↑)

✱✱ ArabellaSheraton
Im Flughafen, Tel (02 11) 4 17 30,
Fax 4 17 37 07, ✉ 40474, AX DC ED VA, S
200 Zi, Ez: 188/94-658/331,
Dz: 247/124-727/366, 16 Suiten, ⌐ WC ⊘ DFÜ,
81 ⇤, Lift, 15⌒230, Restaurant

✱ Medici
Lohauser Dorfstr. 3, Tel (02 11) 47 99 50,
Fax 43 33 40, ✉ 40213, AX DC ED VA
24 Zi, Ez: 95/47-250/125, Dz: 145/73-360/181,
⌐ WC ⊘ DFÜ, Lift, ☎, garni
geschl.: 20.12.00-3.1.01, 1-31.7.01

✱ Villa Fiore
Niederrheinstr. 270, Tel (02 11) 4 08 90 17,
Fax 4 08 90 19, ✉ 40489, AX DC ED VA, S
14 Zi, Ez: 150/75-241/121, Dz: 170/85-271/136,
3 App, ⌐ WC ⊘ DFÜ, 4 ⇤, P, ☎, garni

Mörsenbroich (3 km ↗)

✱✱✱ Renaissance
Nördlicher Zubringer 6, Tel (02 11) 6 21 60,
Fax 6 21 66 66, ✉ 40470, AX DC ED VA, S
236 Zi, Ez: 179/90-760/332,
Dz: 179/90-840/423, 8 Suiten, ⌐ WC ⊘ DFÜ,
110 ⇤, Lift, ☎, 10⌒450, ⌂, Sauna, Solarium,
Golf

ｲｲｲｲ Summertime
Tel 6 21 62 50
Hauptgericht 30/15-45/22, P

✱✱ Haus am Zoo
Sybelstr. 21 (E 1), Tel (02 11) 6 16 96 10,
Fax 61 69 61 69, ✉ 40239, AX DC ED VA
23 Zi, Ez: 190/95-240/120,
Dz: 280/141-400/201, ⌐ WC ⊘ DFÜ, 15 ⇤, Lift,
P, ☎, 1⌒20, ⋙, Sauna, Solarium, garni

✱ Merkur
Mörsenbroicher Weg 49, Tel (02 11) 63 40 31,
Fax 62 25 25, ✉ 40470, AX DC ED VA
26 Zi, Ez: 130/65-170/85, Dz: 170/85-210/105,
1 Suite, 1 App, ⌐ WC ⊘, P, ☎, garni

🛏 Am Vogelsanger Weg
Vogelsanger Weg 36, Tel (02 11) 6 26 75 14,
Fax 61 59 97, ✉ 40470, AX DC ED VA
52 Zi, Ez: 90/45-200/100, Dz: 140/70-260/130,
⌐ WC ⊘, 4 ⇤, Lift, P, ☎, garni

Oberkassel (3 km ←)

✱✱✱ Lindner Hotel Rheinstern
Emanuel-Leutze-Str. 17, Tel (02 11) 5 99 70,
Fax 5 99 73 39, ✉ 40547, AX DC ED VA, S
ℱ, 254 Zi, Ez: 260/130-670/337,
Dz: 285/143-715/360, 2 Suiten, ⌐ WC ⊘ DFÜ,
144 ⇤, Lift, P, ☎, 11⌒450, ⌂, Fitnessraum,
Sauna, Solarium, Restaurant

✱✱✱ Courtyard by Marriott
Am Seestern 16, Tel (02 11) 59 59 59,
Fax 59 35 69, ✉ 40547, AX DC ED VA, S
217 Zi, Ez: 225/113-397/199,
Dz: 252/126-424/213, 2 Suiten, ⌐ WC ⊘, 60 ⇤,
Lift, P, ☎, 11⌒200, ⌂, Sauna, Solarium

✱✱ Mercure Seestern
Fritz-Vomfelde-Str. 38, Tel (02 11) 53 07 60,
Fax 53 07 64 44, ✉ 40547, AX DC ED VA
160 Zi, Ez: 159/80-260/130,
Dz: 198/99-283/142, 2 Suiten, ⌐ WC ⊘ DFÜ,
53 ⇤, Lift, ☎, 5⌒140, Sauna, Solarium,
Restaurant

✱✱ Hanseat

Belsenstr. 6, Tel (02 11) 57 50 60,
Fax 58 96 62, ✉ 40545, AX DC ED VA
37 Zi, Ez: 180/90-300/151,
Dz: 250/125-380/191, ⌐ WC ⌀, garni
Einrichtung mit Stilmöbeln.

Pempelfort (1 km ↑)

✱ Doria

Duisburger Str. 1 a (C 3), Tel (02 11) 49 91 92,
Fax 4 91 04 02, ✉ 40477, AX DC ED VA
41 Zi, Ez: 120/60-245/123, Dz: 160/80-325/163,
7 App, ⌐ WC ⌀ DFÜ, Lift, 🕿, garni
geschl.: 24.12.00-2.1.01

✱ Am Hofgarten

Arnoldstr. 5 (C 3), Tel (02 11) 49 19 90,
Fax 4 91 99 49, ✉ 40479, AX DC ED VA
24 Zi, Ez: 135/67-275/138, Dz: 180/90-299/150,
⌐ WC ⌀ DFÜ, 🕿, garni
Zimmereinrichtung im Designerstil.

Reisholz (8 km ↘)

✱ Novotel

Am Schönenkamp 9, Tel (02 11) 7 40 80,
Fax 74 55 12, ✉ 40599, AX DC ED VA, Ⓢ
118 Zi, Ez: 128/64-400/201,
Dz: 158/79-400/201, ⌐ WC ⌀ DFÜ, 29 ✉, Lift,
🅿, 9⌂400, ≋, Restaurant

Unterbach (10 km →)

✱✱ Am Zault

Gerresheimer Landstr. 40, Tel (02 11) 2 09 40,
Fax 25 47 18, ✉ 40627, AX DC ED VA
57 Zi, Ez: 120/60-290/146, Dz: 170/85-390/196,
2 Suiten, ⌐ WC ⌀ DFÜ, 10 ✉, 🅿, 8⌂150,
Sauna, Solarium
🍴🍴 Hauptgericht 25/12, Terrasse,
Biergarten

Unterrath (7 km ↑)

✱✱✱ Lindner Airport

Unterrather Str. 108, Tel (02 11) 9 51 60,
Fax 9 51 65 16, ✉ 40468, AX DC ED VA, Ⓢ
239 Zi, 11 Suiten, 38 App, ⌐ WC ⌀, 90 ✉, Lift,
🅿, 🕿, 8⌂180, Fitnessraum, Sauna, Solarium,
Restaurant

Wittlaer (11 km ↑)

🍴 Brand's Jupp

Kalkstr. 49, Tel (02 11) 40 40 49,
Fax 4 79 04 03, ✉ 40489, DC ED VA
🍷, Hauptgericht 25/12-45/22, Gartenlokal

Duisburg 32 →

Nordrhein-Westfalen
EW 530000
🛈 Tel (02 03) 28 54 40, Fax 2 85 44 44
Duisburg-Information
✉ 47051 Königstr. 86
Cityplan siehe Seite 232

✱✱ Plaza

Düsseldorfer Str. 54 (B 2), Tel (02 03) 2 82 20,
Fax 2 82 23 00, ✉ 47051, AX DC ED VA
75 Zi, Ez: 149/75-529/266,
Dz: 199/100-629/316, 3 Suiten, 25 App, ⌐ WC
⌀, 45 ✉, Lift, 🅿, 🕿, 2⌂80, ≋, Fitnessraum,
Sauna, Solarium, Restaurant

✱✱ Conti

Düsseldorfer Str. 131-137 (B 2),
Tel (02 03) 28 70 05, Fax 28 81 48, ✉ 47051,
AX DC ED VA, Ⓢ
50 Zi, Ez: 172/86-272/137,
Dz: 212/106-382/192, 1 Suite, ⌐ WC ⌀ DFÜ,
12 ✉, Lift, 🅿, 🕿, 2⌂50, Sauna, Solarium,
garni

✱ Regent

Dellplatz 1 (B 2), Tel (02 03) 29 59 00,
Fax 2 22 88, ✉ 47051, AX DC ED VA
65 Zi, Ez: 119/59-489/246, Dz: 149/75-489/246,
1 Suite, 3 App, ⌐ WC ⌀, 10 ✉, Lift, 🅿, 🕿,
6⌂80, ≋, Sauna, Solarium, Restaurant

✱ Novotel

Landfermannstr. 20 (C 1), Tel (02 03) 30 00 30,
Fax 30 00 35 55, ✉ 47051, AX DC ED VA, Ⓢ
162 Zi, Ez: 124/62-175/88, Dz: 158/79-218/109,
⌐ WC ⌀ DFÜ, 74 ✉, Lift, 5⌂180, ≋, Sauna,
Solarium, Restaurant

✱ Ferrotel

Düsseldorfer Str. 122-124 (B 2),
Tel (02 03) 28 70 85, Fax 28 77 54, ✉ 47051,
AX DC ED VA, Ⓢ
30 Zi, Ez: 153/77-242/121, Dz: 192/96-292/147,
⌐ WC ⌀ DFÜ, 6 ✉, Lift, 🅿, 🕿, 2⌂60, Sauna,
Solarium, Restaurant

✱ Le Mirage

Ulrichstr. 28, Tel (02 03) 28 68 50,
Fax 2 86 85 59, ✉ 47051, AX DC ED
39 Zi, Ez: 89/44-279/140, Dz: 149/75-329/165,
1 Suite, ⌐ WC ⌀ DFÜ, Lift, 🅿
geschl.: 20.12.00-10.1.01

☕ Caféhaus Dobbelstein

Sonnenwall 8, Tel (02 03) 2 02 30,
Fax 28 74 82, ✉ 47051
geschl.: So

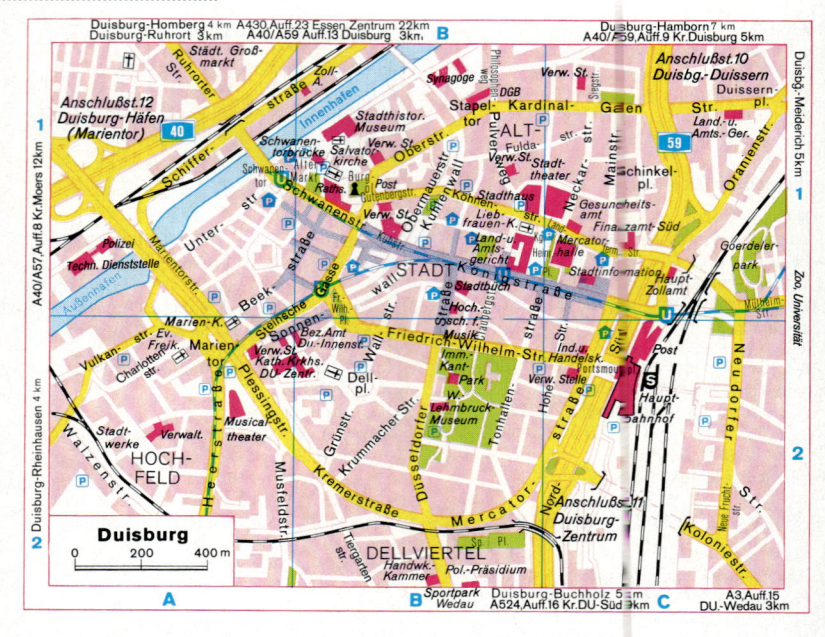

Duisburg

☕ Kö-Café Dobbelstein
Königstr. 23, Tel (02 03) 2 02 30,
Fax 28 74 82, ✉ 47051
Terrasse

Buchholz (6 km ↓)

★★ ▒▒▒▒ Sittardsberg
Sittardsberger Allee 10, Tel (02 03) 70 00 01,
Fax 70 11 25, ✉ 47249, AX DC ED VA, Ⓢ
40 Zi, Ez: 143/72-229/115, Dz: 171/86-257/129,
1 Suite, 2 App, ⊣ WC ⊘, 15 ⚒, Lift, Ⓟ, Kegeln,
Sauna, Solarium

🍴 ▒▒▒▒ La Gioconda
Hauptgericht 30/15

Friemersheim

🍴 ▒▒▒▒ Gasthof Brendel ✚
Kaiserstr. 81, Tel (0 20 65) 4 70 16,
Fax 4 01 92, ✉ 47229
♨, Hauptgericht 35/17, Terrasse, Gartenlokal,
Kegeln, Ⓟ, geschl.: So abends, Mo

Großenbaum (10 km ↓)

★ ▒▒▒▒ Ramor
Angermunder-Str. 37, Tel (02 03) 99 80 60,
Fax 9 98 06 55, ✉ 47269, AX DC ED VA
20 Zi, Ez: 150/75-250/125, Dz: 180/90-280/141,
4 App, ⊣ WC ⊘, Ⓟ, garni

Homberg (5 km ↖)

★ ▒▒▒▒ Akzent-Hotel Rheingarten
Königstr. 78, Tel (0 20 66) 5 50 01,
Fax 5 50 04, ✉ 47198, AX DC ED VA, Ⓢ
♨, 28 Zi, Ez: 135/67-195/98,
Dz: 160/80-230/115, 3 Suiten, ⊣ WC ⊘, Lift, Ⓟ,
🚗, 3⇨160

🍴 ▒▒▒▒ Apfel
♨, Hauptgericht 30/15, Terrasse, geschl.: Sa
mittags

Huckingen

★★★ ▒▒▒▒ Landhaus Milser
Zur Sandmühle, Tel (02 03) 7 58 00,
Fax 7 58 01 99, ✉ 47259, AX DC ED VA
♨, 57 Zi, Ez: 143/72-398/200,
Dz: 201/101-466/234, 3 Suiten, ⊣ WC ⊘ DFÜ,
20 ⚒, Lift, Ⓟ, 🚗, 5⇨110, Fitnessraum, Sauna,
Solarium
Landhaus mit toskanischem Flair. Auch Zimmer
der Kategorie ★★ vorhanden.

🍴🍴 ▒▒▒▒ Da Vinci
Hauptgericht 29/14-49/24, Terrasse, Biergarten

Rheinhausen

🍴 ▒▒▒▒ Mühlenberger Hof
Hohenbudberger Str. 88, Tel (0 20 65) 4 15 65,
Fax 4 13 42, ✉ 47229, ED

Hauptgericht 34/17, Biergarten, P, ⊨, nur abends, geschl.: Mo

Wanheimerort (3 km ↓)

¶¶ **Dettmann's Restaurant**
Kalkweg 26, Tel (02 03) 72 57 90,
Fax 72 92 13, ✉ 47055, AX ED VA
Hauptgericht 40/20, P, geschl.: Mo, Sa mittags, 1.-15.1.01

Durbach 60 ↓

Baden-Württemberg / Ortenaukreis
EW 3900
🛈 Tel (07 81) 4 21 53, Fax 4 39 89
Tourist-Information
✉ 77770 Talstr. 36

✱✱✱ **Ritter**
Talstr. 1, Tel (07 81) 9 32 30, Fax 9 32 31 00,
✉ 77770, AX ED VA
32 Zi, Ez: 85/42-155/78, Dz: 130/65-255/128,
6 Suiten, ⇨ WC ⌀, 8 ⊨, Lift, P, 🏠, 4⇨30, ⌂,
Sauna, Solarium
Auch einfachere Zimmer vorhanden.
¶¶ ¶¶ ⌂, Hauptgericht 28/14-44/22

¶¶ **Ritterkeller**
Hauptgericht 24/12-28/14, Terrasse, nur abends, geschl.: So, 1.1.-15.3.01

✱ **Linde**
Lindenplatz 1, Tel (07 81) 9 36 30,
Fax 93 63 39, ✉ 77770, AX DC ED VA
14 Zi, Ez: 110/55-120/60, Dz: 160/80, 6 Suiten,
6 App, ⇨ WC ⌀, 9 ⊨, P, 2⇨45, ≋
¶¶ ¶¶ Hauptgericht 30/15-42/21, Terrasse

Halbgütle (2 km ↗)

✱✱ **Rebstock**
Halbgütle 30, Tel (07 81) 48 20, Fax 48 21 60,
✉ 77770, ED VA
♪, 35 Zi, Ez: 95/47-160/80,
Dz: 185/93-240/120, 2 Suiten, ⇨ WC ⌀ DFÜ,
15 ⊨, Lift, P, 3⇨40, Sauna, Solarium
¶¶ ¶¶ Hauptgericht 30/15-38/19, Terrasse, Biergarten, geschl.: Mo, 15-28.1.01

Ebelsbach 57 ↖

Bayern / Kreis Haßberge
EW 4030
🛈 Tel (0 95 22) 7 25 21, Fax 7 25 66
Gemeinde Ebelsbach
✉ 97500 Georg-Schäfer-Str 56

Steinbach (3 km ↖)

✱ **Landgasthof Neeb**
Dorfstr. 1, Tel (0 95 22) 9 23 10, Fax 92 31 44,
✉ 97500, AX DC ED VA
16 Zi, Ez: 67/33, Dz: 112/56, ⇨ WC ⌀ DFÜ, P,
Restaurant

Ebendorf 28 ↙

Sachsen-Anhalt / Ohrekreis
EW 1800
🛈 Tel (03 92 03) 6 03 03
Gemeindeverwaltung
✉ 39179 Haldensleber St 9

✱✱ **Astron**
Olvenstedter Str. 2a, Tel (03 92 03) 7 00,
Fax 7 01 00, ✉ 39179, AX DC ED VA, Ⓢ
143 Zi, Ez: 125/62-193/97, Dz: 148/74-216/108,
⇨ WC ⌀ DFÜ, 53 ⊨, Lift, P, 9⇨160,
Fitnessraum, Sauna, Solarium, Restaurant

✱ **Bördehof**
Magdeburger Str. 42, Tel (03 92 03) 53 22,
Fax 6 19 62, ✉ 39179
35 Zi, Ez: 85/42-95/47, Dz: 110/55-130/65, ⇨
WC ⌀ DFÜ, 10 ⊨, P, 🏠, Fitnessraum, Sauna,
Restaurant

Ebensfeld 57 ↖

Bayern / Kreis Lichtenfels
EW 6000
🛈 Tel (0 95 73) 96 08 11, Fax 96 08 30
Fremdenverkehrsamt
✉ 96250 Rinnigstr. 6

✱ **Pension Veitsberg**
Prächtinger Str. 14, Tel (0 95 73) 64 00,
Fax 3 14 30, ✉ 96250
♪, 18 Zi, Ez: 45/22-65/32, Dz: 80/40-100/50,
8 App, ⇨ WC, P, 🏠, Restaurant
geschl.: Di

Prächting (2 km ↘)

✱ **Landgasthof Hummel**
Prächtinger Hauptstr. 6, Tel (0 95 73) 30 33,
Fax 30 34, ✉ 96250, ED
10 Zi, Ez: 45/22, Dz: 80/40, 2 App, ⇨ WC ⌀, P,
Sauna, Solarium, Restaurant

Eberbach 55 ✓

Baden-Württemberg
Rhein-Neckar-Kreis
EW 15600
🛈 Tel (0 62 71) 48 99, Fax 13 19
Touristinformation
✉ 69412 Kellereistr. 36

ERLEBNISSTADT am Neckar; Führungen; Museen.

✱ Zum Karpfen
Alter Markt 1, Tel (0 62 71) 7 10 15,
Fax 7 10 10, ✉ 69412, AX ED VA
58 Zi, Ez: 95/47-125/62, Dz: 140/70-200/100,
1 App, ⌐ WC ⊘, Lift, P, 2⇔50
Auch Zimmer der Kategorie ✱✱ vorhanden.
🍴 Hauptgericht 25/12, geschl.: Di

✱ Krone-Post
Hauptstr. 1, Tel (0 62 71) 20 13, Fax 16 33,
✉ 69412, AX DC ED VA
33 Zi, Ez: 93/46-150/75, Dz: 138/69-270/135,
2 Suiten, 1 App, ⌐ WC ⊘, 10 ⌫, Lift, P, 1⇔20
geschl.: Nov-Apr Sa, 1.-10.1.01
Auch Zimmer der Kategorie ✱✱ vorhanden.
🍴 Hauptgericht 25/12-42/21, Terrasse,
geschl.: Nov-Feb Sa

🍴🍴 Altes Badhaus
Am Lindenplatz 1, Tel (0 62 71) 9 23 00,
Fax 92 30 40, ✉ 69412, AX ED VA
♨, Hauptgericht 24/12-48/24, Terrasse,
Gartenlokal, P, geschl.: Mo

✱ ♨, 7 Zi, Ez: 105/52-125/62,
Dz: 195/98, ⌐ WC ⊘, 🏠
Restautiertes Fachwerkhaus.

🍴🍴 Am Leopoldsplatz
Am Leopoldsplatz 2, Tel (0 62 71) 27 00,
Fax 7 24 76, ✉ 69412, AX DC ED VA
Hauptgericht 16/8-38/19, Terrasse, Kegeln,
geschl.: Mo

☕ Café Viktoria
Friedrichstr. 5, Tel (0 62 71) 20 18, Fax 7 21 92,
✉ 69412, AX DC ED VA
5.30-18.30
Spezialität: Viktoria-Torte.

Ebermannstadt 57 □

Bayern / Kreis Forchheim
EW 6800
🛈 Tel (0 91 94) 5 06 40, Fax 5 06 41
Touristeninformation
✉ 91320 Bahnhofstr. 5

✱ Resengörg mit Gästehäusern
Hauptstr. 36, Tel (0 91 94) 7 39 30,
Fax 73 93 73, ✉ 91320, DC ED VA
31 Zi, Ez: 75/37-76/38, Dz: 115/57-120/60,
3 Suiten, ⌐ WC ⊘ DFL, 6 ⌫, Lift, P, 🏠,
3⇔50, Restaurant
Auch einfachere Zimmer vorhanden.

Ebersberg 72 ↗

Bayern
EW 10000
🛈 Tel (0 80 92) 8 25 50, Fax 82 55 99
Stadtverwaltung
✉ 85560 Marienplatz 1

✱ Hölzerbräu
Sieghartstr. 1, Tel (0 80 92) 2 40 20,
Fax 2 40 31, ✉ 85560, IC ED VA
37 Zi, 5 Suiten, 7 App, ⌐ WC ⊘, Lift, P, 🏠,
2⇔50
Auch Zimmer der Kategorie ✱✱ vorhanden.
🍴 Hauptgericht 25/12, Biergarten

Ebersburg 46 □

Hessen / Kreis Fulda
EW 4500
🛈 Tel (0 66 56) 98 20, Fax 9 82 26
Gemeindeverwaltung
✉ 36157 Schulstr. 3

Weyhers

✱ Rhönhotel Alte Mühle
Alte Mühle 4, Tel (0 66 56) 81 00, Fax 77 48,
✉ 36157
♪ ✦, 35 Zi, Ez: 70/35-90/45, Dz: 115/57-135/67,
2 App, ⌐ WC ⊘, 25 ⌫, P 2⇔40, Sauna,
Solarium, Restaurant

Eberstadt 55 ↓

Baden-Württemberg
Kreis Heilbronn
EW 3000
fi Tel (0 71 34) 9 80 80, Fax 98 08 25
Bürgermeisteramt
✉ 74246 Hauptstr. 39

✱ Landgasthof Krone
Hauptstr. 47, Tel (0 71 34) 9 86 00,
Fax 98 60 30, ✉ 74246, AX DC ED VA
16 Zi, Ez: 80/40, Dz: 130/65, ⊟ WC ✆, P,
2⟳60
🍴🍴 Hauptgericht 25/12

Eberswalde 30 ↗

Brandenburg / Kreis Barnim
EW 46000
fi Tel (0 33 34) 6 45 20, Fax 6 45 21
Tourist-Information
✉ 16225 Steinstraße 3

siehe auch Niederfinow

✱ Am Brunnenberg
Brunnenstr. 7, Tel (0 33 34) 2 58 70,
Fax 2 58 71 05, ✉ 16225, ED VA
18 Zi, Ez: 80/40-90/45, Dz: 130/65-140/70, ⊟
WC ✆ DFÜ, Lift, P, garni

Ebingen siehe Albstadt

Ebnisee siehe Kaisersbach

Ebrach 56 ↗

Bayern / Kreis Bamberg
EW 2000
fi Tel (0 95 53) 9 22 00, Fax 92 20 20
Verkehrsamt
✉ 96157 Rathausplatz 2

✱✱ Klosterbräu Landidyll
Marktplatz 4, Tel (0 95 53) 1 80, Fax 18 88,
✉ 96157, AX DC ED VA
40 Zi, Ez: 94/47-114/57, Dz: 168/84-188/94,
1 Suite, ⊟ WC ✆, Lift, P, 🍴, 5⟳150, Sauna,
Solarium

🍴 Mönchstube
Hauptgericht 12/6-36/18, Terrasse

✱ Zum alten Bahnhof
Bahnhofstr. 4, Tel (0 95 53) 12 41, Fax 14 68,
✉ 96157, ED
15 Zi, Ez: 46/23, Dz: 82/41, 1 App, 2 🛏, P, 🍴,
1⟳25, Fitnessraum, Sauna, Solarium,
Restaurant

Ebsdorfergrund 45 ↖

Hessen / Kreis Marburg-Biedenkopf
EW 8836
fi Tel (0 64 24) 30 40, Fax 48 33
Gemeinde Ebsdorfergrund
✉ 35085 Dreihäuser Str. 17

Frauenberg

✱ Zur Burgruine Frauenberg
Cappeler Str. 10, Tel (0 64 24) 13 79,
Fax 44 72, ✉ 35085, ED VA
34 Zi, Ez: 65/32-130/65, Dz: 130/65-150/75, ⊟
WC ✆, P, 🍴, 1⟳50, Sauna, Solarium,
Restaurant
Auch einfache Zimmer vorhanden.

Rauischholzhausen

🍴 Zum Stern
Zimmerplatz 4, Tel (0 64 24) 9 26 70,
Fax 92 67 67, ✉ 35085
Hauptgericht 20/10-30/15, Terrasse, geschl.: Mi
✱✱ ED VA, 16 Zi, Ez: 70/35-100/50,
Dz: 120/60-140/70, ⊟ WC ✆ DFÜ, Lift, P, 🍴,
1⟳20, Kegeln

Ebstorf 18 ↘

Niedersachsen / Kreis Uelzen
EW 5125
fi Tel (0 58 22) 29 96, Fax 29 96
Fremdenverkehrsverein
✉ 29574 Winkelplatz

Luftkurort in der Lüneburger Heide. Sehenswert: Im ehem. Kloster Nachbildung der Ebstorfer Weltkarte (13. Jh.); Klosterkirche: Kreuzgang; 15 km von Bad Bevensen entfernt. Idealer Urlaubsort, großer Waldreichtum, Freibad, Hallenbad, Sauna und Solarien, Tennisplätze, Reit- und Angelmöglichkeiten.

🍴 Gasthof Zur Tannenworth
Lutherstr. 5, Tel (0 58 22) 39 92, Fax 94 72 13,
✉ 29574, ED VA
Hauptgericht 25/12, Biergarten, P, 🛏,
geschl.: Mi, 1.-14.1.01

🍴 Altes Rauchhaus
Am Winkelplatz 4, Tel (0 58 22) 51 33,
Fax 51 33, ✉ 29574, ED
Hauptgericht 25/12-48/24, Terrasse,
Gartenlokal, P, geschl.: Di, 18.2.-4.3.01

Eching 72 ↗

Bayern / Kreis Landshut
EW 2900
ℹ Tel (0 87 09) 20 74, Fax 32 51
Gemeindeverwaltung
✉ 84174 Hauptstr. 12

Kronwinkl (4 km ←)

* **Schloß Wirtschaft Kronwinkl**
Hofmark 1, Tel (0 87 09) 91 30, Fax 9 13 13,
✉ 84174, AX ED VA
14 Zi, Ez: 78/39-108/54, Dz: 128/64, ⊣ WC ⊘,
P, 2⇔140, Restaurant
geschl.: Mo

Eching 72 ↖

Bayern / Kreis Freising
EW 12000
ℹ Tel (0 89) 31 90 00 33, Fax 31 90 00 81
Gemeinde Eching
✉ 85386 Untere Hauptstr. 3

*** **Olymp**
Golden Tulip Hotel
Wielandstr. 3, Tel (0 89) 32 71 00,
Fax 32 71 01 12, ✉ 85386, AX DC ED VA
69 Zi, Ez: 140/70-580/292,
Dz: 220/110-580/292, 1 Suite, 27 App, ⊣ WC ⊘
DFÜ, 27 ⇌, Lift, **P**, ☎, 8⇔50, ⌂, Seezugang,
Sauna, Solarium, Golf
Auch Zimmer der Kategorie ****** vorhanden.
🍴🍴 Hauptgericht 26/13-46/23, Terrasse

* **Höckmayr**
Obere Hauptstr. 2 a, Tel (0 89) 3 19 74 20,
Fax 31 97 42 34, ✉ 85386, AX DC ED VA
18 Zi, Ez: 100/50-170/85, Dz: 140/70-170/85, ⊣
WC ⊘, Lift, garni
geschl.: 24.12.00-3.1.01
Auch Zimmer der Kategorie ****** vorhanden.

Eckenhagen siehe Reichshof

Eckernförde 10 □

Schleswig-Holstein
Kreis Rendsburg-Eckernförde
EW 23000
ℹ Tel (0 43 51) 7 17 90, Fax 62 82
Touristinformation
✉ 24340 Am Exer 1 / Stadthalle

Ostseebad an der Eckernförder Bucht; Sehenswert: Nikolaikirche: Barockaltar; Altstadt; Hafen.

** **Stadthotel**
Am Exer 3, Tel (0 43 51) 7 27 80,
Fax 7 27 81 78, ✉ 24340, AX ED VA
€, 63 Zi, Ez: 135/67-205/103,
Dz: 175/88-255/128, 2 Suiten, ⊣ WC ⊘, 10 ⇌,
Lift, ☎, 5⇔120, Seezugang, Sauna, Solarium,
garni

** **Seelust**
Preusserstr. 3, Tel (0 43 51) 7 27 90,
Fax 7 27 91 79, ✉ 24340, AX ED VA
€, 30 Zi, Ez: 105/52-175/88,
Dz: 165/83-225/113, 2 Suiten, ⊣ WC ⊘, Lift, **P**,
Seezugang
geschl.: 1.12.00-31.3.01
Auch Zimmer der Kategorie ***** vorhanden.
🍴 Hauptgericht 25/12

🍴🍴 **Ratskeller**
Rathausmarkt 8, Tel (0 43 51) 24 12,
Fax 71 28 24, ✉ 24340, AE DC ED VA
Hauptgericht 33/16-49/24, Terrasse,
Gartenlokal, geschl.: 6.-26.2.01

🍴 **Siegfried Werft**
Vogelsang 12, Tel (0 43 51) 7 57 70,
Fax 75 77 77, ✉ 24340, AE DC ED VA
P
* 10 Zi, Ez: 95/47-105/52,
Dz: 139/70-185/93, ⊣ WC ⊘, ☎

Edelsfeld 58 □

Bayern / Kreis Amberg-Sulzbach
EW 1950
ℹ Tel (0 96 65) 9 13 30, Fax 91 33 22
Gemeindeverwaltung
✉ 92265 Hirschbachstr. 3

* **Goldener Greif**
Sulzbacher Str. 5, Tel (0 96 65) 9 14 90,
Fax 9 14 91 00, ✉ 92265, ⊠ DC ED VA
24 Zi, Ez: 58/29-65/32, Dz: 85/42-95/47, ⊣ WC
⊘ DFÜ, Lift, **P**, 2⇔100, ⌂, Fitnessraum,
Kegeln, Sauna, Solarium, Restaurant
geschl.: Di
Auch einfachere Zimmer vorhanden.

Edenkoben 54 ✓

Rheinland-Pfalz
Kreis Südliche Weinstraße
EW 6000
ℹ Tel (0 63 23) 95 92 22, Fax 95 92 88
Büro für Tourismus
✉ 67480 Poststr. 23

** Park Hotel
Unter dem Kloster 1, **Tel (0 63 23) 95 20**,
Fax 95 22 22, ✉ 67480, ED VA
♪ ♬, 44 Zi, Ez: 109/54, Dz: 178/89-202/101, ⊣
WC ∅, Lift, 🛋, 4⇔50, 🏖, Sauna, Solarium
Auch Zimmer der Kategorie *** vorhanden.
🍴🍴 Hauptgericht 30/15, geschl.: So, Mo

* Gutshof Ziegelhütte
Luitpoldstr. 79, **Tel (0 63 23) 70 51**,
Fax 8 11 08, ✉ 67480, AX DC ED VA
15 Zi, Ez: 80/40-110/55, Dz: 90/45-130/65,
3 Suiten, ⊣ WC ∅, 4⇐, 🅿, 🛋, 1⇔25,
Restaurant

Edesheim 54 ✓

Rheinland-Pfalz
Kreis Südliche Weinstraße
EW 2300
🅘 Tel (0 63 23) 95 92 22, Fax 95 92 88
Verbandsgemeindeverwaltung
✉ 67480 Poststr. 23

* Schloß Edesheim
Luitpoldstr. 9, **Tel (0 63 23) 9 42 40**,
Fax 94 24 11, ✉ 67483, AX DC ED VA
21 Zi, Ez: 140/70-180/90, Dz: 220/110-280/141,
9 Suiten, ⊣ WC ∅, 🅿, 4⇔280, Sauna,
Restaurant
Burganlage mit Freilichtbühne. Zimmer der
Kategorie ** vorhanden.

Edewecht 16 ↓

Niedersachsen / Kreis Westerstede
EW 19000
🅘 Tel (0 44 05) 91 62 22, Fax 93 90 39
Fremdenverkehrsverein
✉ 26188 Rathausstrasse 7

* Ammerländer Hof
Hauptstr. 162, **Tel (0 44 05) 9 28 70**,
Fax 92 87 87, ✉ 26188, AX ED VA
30 Zi, Ez: 75/37, Dz: 130/65, 2 App, ⊣ WC ∅,
🅿, 3⇔250, Sauna, Solarium, Restaurant

Effelder 36 ↘

Thüringen / Kreis Eichsfeld
EW 1480
🅘 Tel (03 60 75) 41 04
Verwaltungsgemeinschaft
✉ 37359 Kirchstr. 11

Effelder-Außerhalb (2 km ↖)

* Waldhotel Klostermühle
Klostermühle 1, **Tel (03 60 75) 39 00**,
Fax 3 90 20, ✉ 37359, ED VA
einzeln ♪, 27 Zi, Ez: 75/37-85/42,
Dz: 130/65-140/70, ⊣ WC ∅, 5⇐, 🅿, 🏖,
Fitnessraum, Kegeln, Sauna, Solarium,
Restaurant
geschl.: 5.-28.1.01

Efringen-Kirchen 67 ✓

Baden-Württemberg / Kreis Lörrach
EW 8020
🅘 Tel (0 76 28) 80 60, Fax 8 06 11
Bürgermeisteramt
✉ 79588 Hauptstr. 26

Blansingen (6 km ↑)

🍴🍴 Gasthof Traube
Alemannenstr. 19, **Tel (0 76 28) 82 90**,
Fax 87 36, ✉ 79588, AX ED VA
🍽, Hauptgericht 45/22-52/26, Terrasse,
Gartenlokal, 🅿, geschl.: Di, Mi mittags, 1
Woche im Feb, 1 Woche im Jul
Restauriertes Bauernhaus von 1811.
** ♪, 7 Zi, Ez: 140/70,
Dz: 180/90-220/110, ⊣ WC ∅, 7⇐,

Egringen (2,5 km ↗)

🍴 Gasthaus Rebstock
Kanderner Str. 21, **Tel (0 76 28) 9 03 70**,
Fax 90 37 37, ✉ 79588, ED VA
Hauptgericht 30/15, Gartenlokal, 🅿,
geschl.: Mo, Di, 2 Wochen im Feb
Eigenbauweine.
* 9 Zi, Ez: 70/35-105/52,
Dz: 105/52-150/75, 1 App, ∅, Golf

Egelsbach 54 ↗

Hessen / Kreis Offenbach
EW 9800
🅘 Tel (0 61 03) 40 51 24, Fax 40 51 10
Gemeindeverwaltung
✉ 63329 Freiherr-vom-Stein-Str 13

** Landhotel Johanneshof
Im Geisbaum 22, **Tel (0 61 03) 40 60**,
Fax 40 62 25, ✉ 63329, AX DC ED VA
88 Zi, Ez: 135/67-226/113, Dz: 195/98-270/135,
⊣ WC ∅, 11⇐, Lift, 🅿, 4⇔40, Restaurant

Egestorf 18 ↓

Niedersachsen / Kreis Harburg
EW 2100
ℹ Tel (0 41 75) 15 16, Fax 80 24 71
Verkehrsverein
✉ 21272 Barkhof 1 b

✱ Acht Linden
Alte Dorfstr. 1, **Tel (0 41 75) 8 43 33**,
Fax 84 33 59, ✉ 21272, AX DC ED VA
28 Zi, Ez: 95/47-105/52, Dz: 145/73-205/103,
1 Suite, 3 App, ⌐ WC ⌀ DFÜ, P, 6⇔80,
Sauna, Solarium, Restaurant

Eggenfelden 73 ↑

Bayern / Kreis Rottal-Inn
EW 13900
ℹ Tel (0 87 21) 7 08 35, Fax 7 08 10
Rathaus
✉ 84307 Rathausplatz 1

¶¶ Bachmeier
Schönauer Str. 2, **Tel (0 87 21) 9 71 00**,
Fax 9 71 01 00, ✉ 84307, AX ED VA
Hauptgericht 28/14-35/17, Terrasse, Biergarten, P
🛏 40 Zi, Ez: 90/45-98/49, Dz: 120/60-140/70,
2 Suiten, ⌐ WC ⌀, 10 ⇌, ⚘, 2⇔30, Sauna,
Solarium, Golf

Eggenstein-Leopoldshafen 60 ↗

Baden-Württemberg
Kreis Karlsruhe
EW 14970
ℹ Tel (07 21) 97 88 60, Fax 9 78 86 23
Gemeindeverwaltung
✉ 76344 Friedrichstr. 32

Eggenstein

¶¶¶ Zum Löwen 🚩
Hauptstr. 51, **Tel (07 21) 78 00 70**,
Fax 7 80 07 99, ✉ 76344, ED VA
Hauptgericht 36/18-45/22, Gartenlokal,
geschl.: 1.-10.1.01
✱ 11 Zi, Ez: 98/49-105/52,
Dz: 160/80-170/85, ⌐ WC ⌀ DFÜ, 11 ⇌, P
Nur Nichtraucherzimmer.

Eggesin 22 ↑

Mecklenburg-Vorpommern
Uecker-Randow-Kreis
EW 7740
ℹ Tel (03 97 79) 26 40, Fax 2 64 42
Stadt Eggesin
✉ 17367 Hans-Fischer-Str 21

✱ Waldidyll
Luckower Str. 11, **Tel (03 97 79) 2 05 31**,
Fax 2 05 31, ✉ 17367, ED VA
♪, 12 Zi, Ez: 75/37, Dz: 95/47, ⌐ WC ⌀,
Solarium, Restaurant

Eggesin-Außerhalb (1 km ↑)

✱✱ Stadt Eggesin
Stettiner Str. 47 b, **Tel (03 97 79) 2 18 00**,
Fax 2 18 05, ✉ 17367, AX DC ED VA
46 Zi, Ez: 95/47, Dz: 150/75, 1 Suite, ⌐ WC ⌀,
5 ⇌, P, 1⇔50, Kegeln, Sauna, Solarium,
Restaurant

Eging a. See 66 □

Bayern / Kreis Passau
EW 3710
ℹ Tel (0 85 44) 96 12 14, Fax 96 12 21
Tourist-Info
✉ 94535 Prof-Reiter Str. 2

Luftkurort im Bayerischen Wald.

Eging a. See

✱ Passauer Hof
Deggendorfer Str. 9-11, **Tel (0 85 44) 97 01 00**,
Fax 97 02 99, ✉ 94535
70 Zi, Ez: 72/36, Dz: 130/65, 3 Suiten, ⌐ WC ⌀,
P, 1⇔50, ⚘, Sauna, Solarium, Restaurant
Rezeption: 8-20, geschl. 15.11.-20.12.00

Egloffstein 58 ←

Bayern / Kreis Forchheim
EW 2200
ℹ Tel (0 91 97) 2 02, Fax 2 02
Tourist-Information
✉ 91349 Felsenkellerstr. 20

✱ Gasthof-Pension Schäfer
Markgrafenstr. 48, **Tel (0 91 97) 2 95**,
Fax 12 00, ✉ 91349, ED
♪, 27 Zi, Ez: 45/22-55/27, Dz: 80/40-90/45,
2 App, ⌐ WC ⌀, Restaurant

Ehingen (Donau) 69 ↗

Baden-Württemberg
Alb-Donau-Kreis
EW 25000
ℹ Tel (0 73 91) 50 32 16, Fax 5 03 42 16
Stadt Ehingen (Donau)
✉ 89584 Marktplatz 1

Ehingen (Donau)

** Adler
Hauptstr. 116, **Tel (0 73 91) 7 06 60**,
Fax 7 06 65 00, ⊠ 89584, AX ED VA
38 Zi, Ez: 85/42-105/52, Dz: 120/60-150/75, ⊣
WC ⊘ DFÜ, Lift, P, 🕿, 3⇨300, Kegeln,
Solarium
Zimmer unterschiedlicher Kategorien
vorhanden.
🍴 Hauptgericht 32/16, geschl.: Mo, So
abends

** Gasthof zum Ochsen
Schulgasse 3, **Tel (0 73 91) 60 47**, Fax 5 28 67,
⊠ 89584, ED VA
20 Zi, Ez: 96/48, Dz: 145/73-153/77, ⊣ WC ⊘,
Lift, 🕿, 1⇨15, Restaurant

Kirchen (8 km ←)

* Zum Hirsch
Osterstr. 3, **Tel (0 73 93) 9 50 10**, Fax 41 01,
⊠ 89584, AX ED VA
17 Zi, Ez: 70/35-90/45, Dz: 95/47-140/70,
2 Suiten, ⊣ WC ⊘, 2 🛏, Lift, P, 1⇨120
🍴 DC, Hauptgericht 15/7-34/17,
geschl.: Mo

Nasgenstadt (2 km →)

** Panorama
Karpfenweg 7, **Tel (0 73 91) 5 45 00**,
Fax 5 44 15, ⊠ 89584, AX ED VA
§, 32 Zi, Ez: 70/35-85/42, Dz: 110/55-140/70, ⊣
WC ⊘ DFÜ, Lift, P, 🕿, Sauna, garni

Ehlscheid 43 □

Rheinland-Pfalz / Kreis Neuwied
EW 1300
🛈 Tel (0 26 34) 22 07, Fax 84 89
Kurverwaltung
⊠ 56581 Parkstr. 2

* Westerwald
Parkstr. 3, **Tel (0 26 34) 65 60**, Fax 65 61 00,
⊠ 56581, AX ED VA
58 Zi, Ez: 95/47, Dz: 149/75, ⊣ WC ⊘, 10 🛏,
Lift, P, 5⇨60, 🕿, Kegeln, Sauna, Solarium,
Restaurant
Auch einfachere Zimmer vorhanden.

* Framke's Park-Hotel
Parkstr. 17, **Tel (0 26 34) 9 68 70**, Fax 24 21,
⊠ 56581
12 Zi, Ez: 65/32-75/37, Dz: 130/65-160/80, ⊣
WC ⊘, P, Restaurant
geschl.: Do, 2.-30.11.00

Ehningen 61 ↓

Baden-Württemberg
Kreis Böblingen
EW 7312
🛈 Tel (0 70 34) 12 10
Gemeindeverwaltung
⊠ 71139 Königstr. 29

Landhaus Feckl
Keltenweg 1, **Tel (0 70 34) 2 37 70**,
Fax 2 37 72 77, ⊠ 71139
21 Zi, Ez: 140/70, Dz: 180/90, ⊣ WC ⊘ DFÜ,
Lift, P, 🕿, 2⇨70, Restaurant
Eröffnung nach Redaktionsschluss.

Ehrenfriedersdorf 50 □

Sachsen / Kreis Annaberg
EW 5700
🛈 Tel (03 73 41) 4 50, Fax 45 80
Gemeindeverwaltung
⊠ 09427 Markt 1

* Rübezahl
Annaberger Str. 30, **Tel (03 73 41) 1 40**,
Fax 1 41 41, ⊠ 09427, AX ED VA
39 Zi, Ez: 88/44-110/55, Dz: 140/70-170/85,
2 Suiten, ⊣ WC ⊘, Lift, P, 1⇨65, ≋, Sauna,
Solarium, Restaurant

Ehrenkirchen 67 □

Baden-Württemberg
Kreis Breisgau-Hochschwarzwald
EW 6300
🛈 Tel (0 76 33) 80 40, Fax 8 04 20
Gemeindeverwaltung
⊠ 79238 Jengerstr. 6

Kirchhofen

🍴 Gasthof Sonne Winzerstuben
Schwendistr. 20, **Tel (0 76 33) 70 70**,
Fax 60 60, ⊠ 79238, AX DC ED VA
Hauptgericht 25/12, Terrasse, Gartenlokal, P,
🛏, geschl.: Fr, 24.12.00-12.1.01

Eibau 41 ↗

Sachsen / Kreis Löbau-Zittau
EW 3650
ℹ Tel (0 35 86) 7 80 40, Fax 78 04 39
Gemeindeamt
✉ 02739 Hauptstr. 62

∗ Landgasthof zum Hirsch
Hauptstr. 118, Tel **(0 35 86) 7 83 70**,
Fax 78 37 11, ✉ 02739, ED VA
14 Zi, Ez: 75/37-80/40, Dz: 98/49-130/65, ⊣
WC ⊘ DFÜ, 2 ⇐, P, ☎, 1⇔35, Kegeln,
Restaurant
geschl.: 3.-4.1.01

Eibenstock 50 ↙

Sachsen / Kreis Aue/Schwarzenberg
EW 7300
ℹ Tel (03 77 52) 22 44, Fax 21 41
Tourist Information
✉ 08309 Postplatz 4

∗∗ Am Bühl
Am Bühl 1, Tel **(03 77 52) 5 60**, Fax 5 68 88,
✉ 08309, AX ED VA
115 Zi, Ez: 95/47-125/62, Dz: 125/62-155/78,
14 App, ⊣ WC ⊘, 21 ⇐, Lift, P, 6⇔120, ☎,
Kegeln, Sauna, Solarium, Restaurant
Direkter Zugang zu den Badegärten Eibenstock.

∗ Bühlhaus
Bühlstr. 16, Tel **(03 77 52) 21 27**, Fax 29 24,
✉ 08309, AX ED VA
♪, 21 Zi, Ez: 70/35-100/50, Dz: 90/45-110/55,
1 Suite, ⊣ WC ⊘, P, Restaurant

∗ Ratskeller
Schönheider Str. 9, Tel **(03 77 52) 6 78 90**,
Fax 67 89 50, ✉ 08309, AX DC ED VA
23 Zi, Ez: 60/30-80/40, Dz: 100/50-160/80, ⊣
WC ⊘, 6 ⇐, 1⇔25, Restaurant

Blauenthal

∗ Parkhotel Forelle
Wasserfallweg 2, Tel **(03 77 52) 63 00**,
Fax 63 29, ✉ 08309
♥, 6 Zi, Ez: 55/25-105/52, Dz: 90/45-134/67,
4 Suiten, ⊣ WC ⊘, 2 ⇐, P, ☎, Restaurant

Eichendorf 65 →

Bayern / Kreis Dingolfing-Landau
EW 5850
ℹ Tel (0 99 52) 3 01
Gemeindeverwaltung
✉ 94428 Marktplatz 5

Exing (6 km ←)

⊨ Zum alten Brauhaus
Haus Nr 7, Tel **(0 99 56) 3 50**, Fax 3 71,
✉ 94428
16 Zi, Ez: 54/27, Dz: 90/45-100/50, ⊣ WC ⊘,
P, ☎, 2⇔200, Restaurant
geschl.: Mi

Eichenzell 46 □

Hessen / Kreis Fulda
EW 10800
ℹ Tel (0 66 59) 9 79 17, Fax 9 79 13
Fremdenverkehrsbüro
✉ 36124 Schloßgasse 4

∗ Kramer
Fuldaer Str. 4, Tel **(0 66 59) 16 91**, Fax 40 91,
✉ 36124, ED VA
34 Zi, Ez: 60/30-70/35, Dz: 120/60-130/65, ⊣
WC ⊘, P, ☎, Restaurant
Rezeption: 8-14, 16-22.30, geschl.: Do

Löschenrod (2,5 km ←)

¶¶ Zur Alten Brauerei
Frankfurter Str. 1, Tel **(0 66 59) 12 08**,
Fax 40 36, ✉ 36124, ED VA
Hauptgericht 28/14-48/24, Biergarten, P

Eichstätt 64 ←

Bayern
EW 12500
ℹ Tel (0 84 21) 9 88 00, Fax 98 80 30
Tourist Information
✉ 85072 Kardinal-Preysing-Platz 14

∗∗ Adler
Marktplatz 22, Tel **(0 84 21) 67 67**, Fax 82 83,
✉ 85072, AX DC ED VA
28 Zi, Ez: 120/60-150/75, Dz: 160/80-210/105,
8 Suiten, ⊣ WC ⊘, 4 ⇐, Lift, ☎, 1⇔20, Sauna,
Solarium, garni
geschl.: So, 1.-6.11., 15.12.00-15.1.01
Barockbau aus dem 17. Jh..

∗ Sonne
Buchtal 17, Tel **(0 84 21) 67 91**, Fax 8 98 36,
✉ 85072
20 Zi, Ez: 65/32-95/47, Dz: 110/55-120/60, ⊣
WC ⊘, P, ☎, Restaurant
geschl.: 1.-8.11.00

∗ Klosterstuben
Pedettistr. 26, Tel **(0 84 21) 35 00**, Fax 39 00,
✉ 85072

22 Zi, Ez: 70/35-110/55, Dz: 95/47-150/75,
4 Suiten, ⌐ WC ⌀, 10 ⌂, ⌂, Restaurant

⁂ **Fuchs**
Ostenstr. 8, Tel **(0 84 21) 67 88**, Fax 8 01 17,
✉ 85072, ED VA
21 Zi, Ez: 65/32-90/45, Dz: 100/50-140/70,
1 Suite, ⌐ WC ⌀, Lift, P, 1↩35, Solarium,
garni
geschl.: 6.-13.1.01

☕ **Café im Hotel Fuchs**
Terrasse, geschl.: 6.-14.1.01

⌂ **Schießstätte**
Schießstättberg 8, Tel **(0 84 21) 9 82 00**,
Fax 98 20 80, ✉ 85072, DC ED VA
26 Zi, Ez: 75/37-110/55, Dz: 120/60-150/75, ⌐
WC ⌀ DFÜ, 10 ⌂, P, ⌂, garni

🍽🍽🍽 **Domherrnhof**
Domplatz 5, Tel **(0 84 21) 61 26**, Fax 8 08 49,
✉ 85072, AX ED VA
Hauptgericht 40/20, geschl.: Mo
Barockhaus von 1715 mit Rokoko-
Stuckarbeiten.

Landershofen (3 km ↘)

⌂ **Haselberg**
Am Haselberg 1, Tel **(0 84 21) 9 88 30**,
Fax 9 98 80, ✉ 85072, ED
26 Zi, Ez: 66/33-101/50, Dz: 98/49-116/58, ⌐
WC ⌀, P, 2↩50, Restaurant
geschl.: Di

Wasserzell (4 km ↙)

⁂ **Gasthof Zum Hirschen mit Gästehaus**
Brückenstr. 9, Tel **(0 84 21) 96 80**,
Fax 96 88 88, ✉ 85072
40 Zi, Ez: 65/32-80/40, Dz: 100/50-110/55, ⌐
WC ⌀ DFÜ, Lift, P, ⌂, 3↩50, Restaurant
geschl.: 27.12.00-31.1.01

Eichstetten 67 □

Baden-Württemberg
Kreis Breisgau-Hochschwarzwald
EW 3200
ℹ Tel **(0 76 63) 93 23 11**, Fax 93 23 32
Gemeindeverwaltung
✉ 79356 Hauptstr. 43

🍽 **Zum Ochsen** ✚
Altweg 2, Tel **(0 76 63) 15 16**, Fax 10 20,
✉ 79356
Hauptgericht 27/13, Gartenlokal, P,
geschl.: Mo, Di mittags, 2 Wochen im Feb

Eichwalde 30 ↘

Brandenburg
Kreis Königs Wusterhausen
EW 5127
ℹ Tel **(0 30) 67 50 20**, Fax 6 75 02 24
Gemeindeamt
✉ 15732 Grünauer Str. 49

🍽🍽 **C + W Gourmet**
Bahnhofstr. 9, Tel **(0 30) 6 75 84 23**,
Fax 6 75 84 23, ✉ 15732
Hauptgericht 26/13-38/19, nur mittags,
geschl.: Mo, Di

Eilenburg 39 □

Sachsen
EW 19800
ℹ Tel **(0 34 23) 75 97 95**, Fax 75 97 96
Fremdenverkehrsverein
✉ 04838 Marktplatz 1

⁂ **Il-Burg**
Puschkinstr. 33, Tel **(0 34 23) 75 95 28**,
Fax 75 94 05, ✉ 04838, AX DC ED VA
♪, 30 Zi, Ez: 115/57-135/67,
Dz: 130/65-150/75, ⌐ WC ⌀, Lift, ⌂, 1↩25,
Restaurant
geschl.: 20.12.00-2.1.01

Eilsen, Bad 25 ↓

Niedersachsen / Kreis Schaumburg
EW 2300
ℹ Tel **(0 57 22) 8 86 50**, Fax 8 86 51
Tourist-Info
✉ 31707 Bückeburger Str. 2, Haus des
Gastes

⁂ **Pension Landhaus Lahmann**
Harrlallee 3, Tel **(0 57 22) 99 24 90**,
Fax 8 11 32, ✉ 31707, AX ED VA

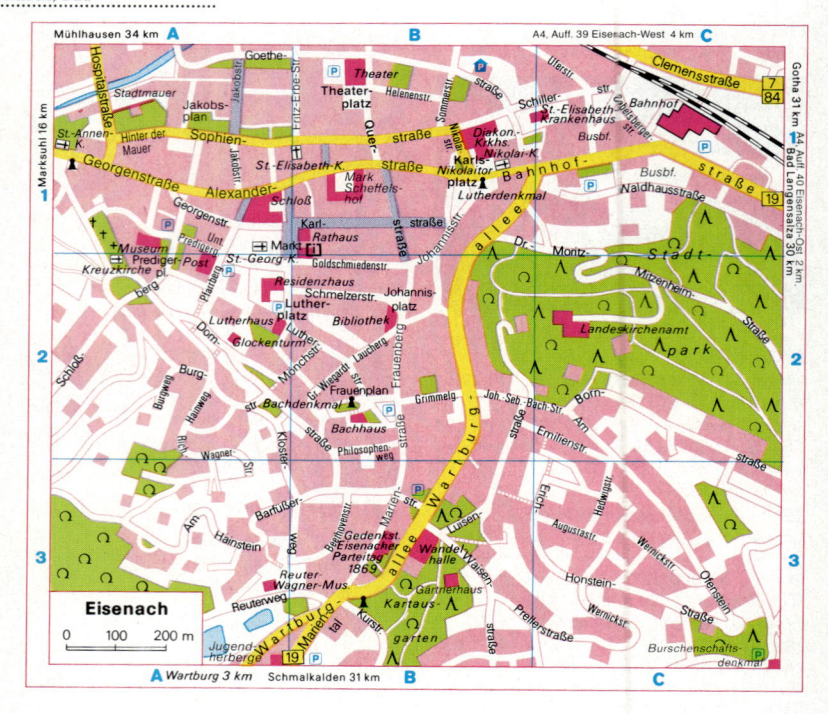

Eilsen, Bad

19 Zi, Ez: 70/35-140/70, Dz: 110/55-180/90,
2 Suiten, 1 App, ⌐ WC ⌀, 14 ⛌, P, 🏠,
Fitnessraum, Sauna, Solarium, garni

Eimke 18 ↘

Niedersachsen / Kreis Uelzen
EW 990
🛈 Tel (0 58 73) 3 29, Fax 14 50
Verkehrsverein Gerdautal
✉ 29578 Dorfstr. 6

✳ Wacholderheide

Dorfstr. 6, Tel (0 58 73) 3 29, Fax 14 50,
✉ 29578, AX ED VA
24 Zi, Ez: 70/35-85/42, Dz: 120/60-145/73, ⌐
WC ⌀, 2 ⛌, P, 1⇌25, Kegeln, Restaurant

Einbeck 36 ↑

Niedersachsen / Kreis Northeim
EW 29600
🛈 Tel (0 55 61) 91 61 21, Fax 91 63 00
Tourist-Information
✉ 37574 Marktplatz 6

✳✳ Akzent-Hotel Panorama

Mozartstr. 2, Tel (0 55 61) 9 37 70, Fax 7 40 11,
✉ 37574, AX DC ED VA
🍴, 40 Zi, Ez: 130/65-180/90,
Dz: 170/85-250/125, 1 App, ⌐ WC ⌀ DFÜ,
11 ⛌, Lift, P, 🏠, 3⇌200, Fitnessraum, Kegeln,
Sauna, Solarium

🍴 Panorama

Hauptgericht 25/12, geschl.: 23-24.12.00

✳ Hasenjäger

Hubeweg 119, Tel (0 55 61) 9 30 20,
Fax 7 36 67, ✉ 37574, AX DC ED VA
einzeln ♪ 🍴, 19 Zi, Ez: 110/55,
Dz: 125/62-170/85, ⌐ WC ⌀ DFÜ, P, 🏠,
2⇌50, Golf
🍴🍴 🍴, Hauptgericht 26/13, Terrasse,
Biergarten

🍴🍴 Der Schwan

Tiedexer Str. 1, Tel (0 55 61) 46 09,
Fax 7 23 66, ✉ 37574, AX CC ED VA
Hauptgericht 29/14-48/24, Terrasse, P
✳ 12 Zi, Ez: 115/57-135/67,
Dz: 135/67-185/93, ⌐ WC ⌀ DFÜ, 6 ⛌, 🏠

Negenborn (6 km ↗)

** Einbecker Sonnenberg
Tel (0 55 61) 79 50, Fax 79 51 00, ✉ 37574, AX ED VA
einzeln ♪ ♣, 29 Zi, Ez: 115/57-170/85,
Dz: 165/83-220/110, ⌐ WC ✆ DFÜ, 14 ↤, P, ≋, Sauna, Solarium, Restaurant
Hotelanlage bestehend aus mehreren Bungalows.

Eisenach 46 ↗

Thüringen / Kreis Wartburgkreis
EW 44500
ℹ Tel (0 36 91) 7 92 30, Fax 79 23 20
Tourismus Eisenach GmbH
✉ 99817 Markt

*** Arkona Hotel Thüringer Hof
Karlsplatz 11 (B 1), Tel (0 36 91) 2 80,
Fax 28 19 00, ✉ 99817, AX DC ED VA, Ⓢ
126 Zi, Ez: 150/75-175/88, Dz: 195/98-235/118,
1 Suite, ⌐ WC ✆ DFÜ, 54 ↤, Lift, P, 🕿,
5⌬200, Fitnessraum, Sauna, Solarium, Restaurant

*** Romantik Hotel Kaiserhof
Wartburgallee 2 (B 1), Tel (0 36 91) 21 35 13,
Fax 20 36 53, ✉ 99817, AX DC ED VA
64 Zi, Ez: 115/57-165/83, Dz: 170/85-220/110,
⌐ WC ✆, 18 ↤, Lift, P, 3⌬150, Sauna, Solarium
Auch Zimmer der Kategorie ****** vorhanden.

🍴🍴 Historisches Weinrestaurant Turmschänke
❦, Hauptgericht 35/17-48/24, nur abends,
geschl.: So

** Schloßhotel Eisenach
Markt 10 (A 1), Tel (0 36 91) 21 42 60,
Fax 21 42 59, ✉ 99817, AX ED VA
41 Zi, Ez: 120/60-160/80, Dz: 165/83-210/105,
2 Suiten, ⌐ WC ✆, Lift, P, 🕿, 3⌬60, Sauna, Solarium, Restaurant
Auch Zimmer der Kategorie ******* vorhanden.

** Villa Anna
Fritz-Koch-Str. 12, Tel (0 36 91) 2 39 50,
Fax 23 95 30, ✉ 99817, AX ED VA
♪ ♣, 14 Zi, Ez: 90/45-140/70,
Dz: 120/60-210/105, 1 App, ⌐ WC ✆ DFÜ, 🕿, garni
Jugendstilvilla mit moderner Einrichtung.

** Flair Hotel Burgfried
Marienstr. 60 (B 3), Tel (0 36 91) 21 42 21,
Fax 21 42 24, ✉ 99817, AX DC ED VA
18 Zi, Ez: 80/40-120/60, Dz: 130/65-150/75,
1 Suite, ⌐ WC ✆, P, garni
Jugendstilvilla.

** Sophien Hotel
Sophienstr. 41 (B 1), Tel (0 36 91) 25 10,
Fax 2 51 11, ✉ 99817, AX DC ED VA, Ⓢ
56 Zi, Ez: 110/55-130/65, Dz: 160/80-185/93,
1 Suite, 2 App, ⌐ WC ✆, 6 ↤, Lift, P, 🕿,
3⌬40, Fitnessraum, Sauna, Solarium, Restaurant

** Glockenhof
Grimmelgasse 4 (B 2), Tel (0 36 91) 23 40,
Fax 23 41 31, ✉ 99817, AX ED VA
38 Zi, Ez: 120/60-140/70, Dz: 140/70-170/85,
2 Suiten, ⌐ WC ✆, 7 ↤, Lift, P, 🕿, 3⌬80,
Kegeln, Restaurant

** Logotel
Karl-Marx-Str. 30, Tel (0 36 91) 23 50,
Fax 23 51 00, ✉ 99817, AX DC ED VA

Eisenach

48 Zi, Ez: 110/55, Dz: 140/70, 2 App, ⌐ WC ⊘
DFÜ, 24 ⇔, Lift, P, ⌂, 2⇨80, Fitnessraum,
Solarium, Restaurant

** Eisenach
Clemensstr. 31-33 (C 1), Tel (0 36 91) 25 50,
Fax 25 53 00, ⌧ 99817, AX ED VA
48 Zi, Ez: 98/49-138/69, Dz: 128/64-168/84, ⌐
WC ⊘, 10 ⇔, Lift, P, ⌂, 5⇨80, Restaurant

* Berghotel
  Am Burschenschaftsdenkmal
  Landidyll
An der Göpelskuppe 1, Tel (0 36 91) 2 26 60,
Fax 22 66 44, ⌧ 99817, AX DC ED VA
einzeln ♪ ⚜, 16 Zi, Ez: 90/45-130/65,
Dz: 140/70-170/85, 2 Suiten, ⌐ WC ⊘ DFÜ,
5 ⇔, Lift, P, 2⇨80, Sauna, Golf, Restaurant

* Haus Hainstein
Am Hainstein 16 (A 3), Tel (0 36 91) 24 20,
Fax 24 21 09, ⌧ 99817, AX DC ED VA
♪ ⚜, 67 Zi, Ez: 70/35-115/57,
Dz: 130/65-150/75, ⌐ WC ⊘ DFÜ, Lift, P,
10⇨100, Restaurant

* Hotel am Bachhaus
Marienstr. 7, Tel (0 36 91) 2 04 70,
Fax 2 04 71 33, ⌧ 99817, ED VA
29 Zi, Ez: 80/40-90/45, Dz: 120/60-130/65, ⌐
WC ⊘, Lift, P, Restaurant

* Hellgrafenhof mit Gästehaus
Katharinenstr. 13, Tel (0 36 91) 2 93 90,
Fax 29 39 26, ⌧ 99817, AX DC ED VA
39 Zi, Ez: 80/40-108/54, Dz: 100/50-144/72,
1 Suite, ⌐ WC ⊘, P, ⌂, 2⇨70, Sauna,
Solarium, Restaurant

Eisenach-Außerhalb (3 km ↙)

*** Auf der Wartburg
Auf der Wartburg, Tel (0 36 91) 79 70,
Fax 79 71 00, ⌧ 99817, AX DC ED VA
einzeln ♪ ⚜, 35 Zi, Ez: 195/98,
Dz: 260/130-380/191, ⌐ WC ⊘, 4 ⇔, P,
2⇨120, Restaurant
Auch Zimmer der Kategorie ** vorhanden.

Stedtfeld (3 km ←)

*** Courtyard by Marriott
Weinbergstr. 5, Tel (0 36 91) 81 50,
Fax 81 51 00, ⌧ 99815, AX DC ED VA, S
138 Zi, ⌐ WC ⊘ DFÜ, 18 ⇔, Lift, P, 5⇨140,
Fitnessraum, Sauna, Solarium, Restaurant
Im Gewerbegebiet gelegen.

Stockhausen (5 km ↗)

* Quality
Am Weinberg 1, Tel (0 36 91) 86 80,
Fax 86 82 00, ⌧ 99817, AX DC ED VA, S
60 Zi, Ez: 99/49-129/64, Dz: 99/49-159/80,
6 App, ⌐ WC ⊘ DFÜ, 15 ⇔, P, ⌂, 3⇨150,
Fitnessraum, Sauna, Solarium, Restaurant
Auch Zimmer der Kategorie ** vorhanden.

* Comfort Hotel Eisenach
Am Grundbach 1, Tel (03 69 20) 8 21 00,
Fax 8 22 99, ⌧ 99819, AX DC ED VA, S
99 Zi, Ez: 69/34, Dz: 94/47, ⌐ WC ⊘, 50 ⇔, P,
garni

Eisenberg 70 ↘

Bayern / Kreis Ostallgäu
EW 1162
🛈 Tel (0 83 64) 12 37, Fax 98 71 54
Touristikbüro
⌧ 87637 Pröbstener Str. 9

Pröbsten (1 km ↗)

** Gockelwirt mit Gästehaus
Pröbstener Str. 23, Tel (0 83 64) 8 30,
Fax 83 20, ⌧ 87637, ED
22 Zi, Ez: 75/37-120/60, Dz: 122/61-174/87,
4 Suiten, ⌐ WC ⊘, P, ⌂, ⌂, Sauna, Solarium,
2 Tennis, Restaurant
geschl.: Do, 13.11.-8.12.00, 12-30.3.01

Unterreuten (3 km ↘)

** Landhotel Magnushof
Unterreuten 51, Tel (0 83 63) 9 11 20,
Fax 91 12 50, ⌧ 87637
♪, 7 Zi, Ez: 75/37-100/50, Dz: 130/65-180/90,
1 Suite, 1 App, ⌐ WC ⊘ P, 1⇨50, ⌂, Sauna,
Restaurant

Eisenberg 54 ←

Rheinland-Pfalz / Donnersbergkreis
EW 8000
🛈 Tel (0 63 51) 4 07 60, Fax 4 07 55
Verbandsgemeindeverwaltung
⌧ 67304 Hauptstr. 86

✱ **Waldhotel**
Martin-Luther-Str. 20, Tel **(0 63 51) 14 30**,
Fax 14 31 00, ✉ 67304, AX DC ED VA
♪, 39 Zi, Ez: 105/52, Dz: 160/80, ⌐ WC DFÜ,
Lift, **P**, Kegeln, Sauna, Solarium

¶¶ **Eisenberger Stuben**
Hauptgericht 30/15, Terrasse

Eisenhüttenstadt 31 ↘

Brandenburg / Oder-Spree-Kreis
EW 45000
ℹ Tel **(0 33 64) 41 36 90**, Fax 41 36 87
Fremdenverkehrsverband
✉ 15890 Lindenallee 2 a

✱ **Fürstenberg**
Gubener Str. 12, Tel **(0 33 64) 7 54 40**,
Fax 75 01 32, ✉ 15890, AX DC ED VA
24 Zi, Ez: 105/52-120/60, Dz: 135/67-150/75,
10 App, ⌐ WC Ⓒ DFÜ, 18 ⇔, Lift, **P**, ≋,
2⇌25, Bowling, Sauna, Solarium, Restaurant

✱ **Berlin**
Beeskower Str. 114, Tel **(0 33 64) 42 60**,
Fax 41 47 50, ✉ 15890, AX DC ED VA
80 Zi, Ez: 109/54-121/60, Dz: 109/54-143/72,
4 Suiten, 20 App, ⌐ WC Ⓒ, 22 ⇔, Lift, **P**,
Sauna, Restaurant

Eisenschmitt 42 ↘

Rheinland-Pfalz
Kreis Bernkastel-Wittlich
EW 540
ℹ Tel **(0 65 72) 92 15 49**, Fax 92 15 51
Kurverwaltung/Tourist-Info
✉ 54531 Grafenstr

Eichelhütte (3 km →)

✱✱ **Molitors Mühle**
Tel **(0 65 67) 96 60**, Fax 96 61 00, ✉ 54533,
ED VA
einzeln ♪ ⚑ ⊕, 27 Zi, Ez: 79/39-125/62,
Dz: 150/75-190/95, 4 Suiten, 6 App, ⌐ WC Ⓒ
DFÜ, 2 ⇔, Lift, **P**, ≋, 3⇌30, ☂, Sauna,
Solarium

¶¶ Hauptgericht 21/10-38/19, Terrasse

Eisfeld 47 □

Thüringen / Kreis Hildburghausen
EW 6240
ℹ Tel **(0 36 86) 30 06 02**, Fax 30 06 02
Tourist-Information
✉ 98671 Justus-Jonas-Str 5

Eisfeld-Außerhalb (2 km ↓)

✱ **Waldhotel Hubertus**
Coburger Str, an der B4, Tel **(0 36 86) 37 00**,
Fax 3 70 40, ✉ 98673
16 Zi, Ez: 70/35-80/40, Dz: 110/55-120/60, ⌐
WC Ⓒ

Hinterrod (8 km ↑)

✱ **Berggasthof Hartung**
Dorfstr. 31, Tel **(0 36 86) 30 05 11**,
Fax 30 07 31, ✉ 98666
♪ ⚑, 17 Zi, Ez: 65/32-70/35, Dz: 90/45-140/70,
⌐ WC Ⓒ, **P**, Sauna, Solarium, Restaurant
geschl.: Mo, 29.10.-26.11.00

Eisleben Lutherstadt 38 □

Sachsen-Anhalt
Kreis Mansfelder Land
EW 21000
ℹ Tel **(0 34 75) 60 21 24**, Fax 60 26 34
Fremdenverkehrsverein
✉ 06295 Bahnhofstr. 36

✱✱ **Graf von Mansfeld**
Markt 56, Tel **(0 34 75) 25 07 22**, Fax 25 07 23,
✉ 06295, ED
50 Zi, Ez: 95/47-185/93, 3 Suiten, ⌐ WC Ⓒ,
45 ⇔, Lift, **P**, 2⇌70, Restaurant

✱ **Mansfelder Hof**
Flair Hotel
Hallesche Str. 33, Tel **(0 34 75) 66 90**,
Fax 66 92 21, ✉ 06295, AX DC ED VA
32 Zi, Ez: 85/42-95/47, Dz: 145/73, ⌐ WC Ⓒ
DFÜ, 2 ⇔, Lift, **P**, 3⇌120, Bowling, Restaurant

✱ **Alter Simpel**
Glockenstr. 7, Tel **(0 34 75) 69 65 07**,
Fax 69 63 20, ✉ 06295, AX DC ED VA
17 Zi, Ez: 65/32-90/45, Dz: 110/55-135/67, ⌐
WC Ⓒ, **P**, Restaurant
Rezeption: 10-1
Auch einfachere Zimmer vorhanden.

Helfta (3 km ↘)

✱ **Zur Lutherstadt**
Goethestr. 46, Tel **(0 34 75) 71 91 40**,
Fax 71 91 42, ✉ 06295, AX DC ED VA
22 Zi, Ez: 45/22-85/42, Dz: 100/50-140/70, ⌐
WC Ⓒ, **P**, 1⇌15, Sauna, Solarium, Restaurant
Auch einfachere Zimmer vorhanden.

Eislingen (Fils) 62 □

Baden-Württemberg
Kreis Göppingen
EW 19820
ℹ Tel (0 71 61) 80 42 66, Fax 80 42 99
Schul- Kutur- und Sportamt
✉ 73054 Ebertstr. 24

✱✱ **Eichenhof**
Leonhardstr. 81, Tel (0 71 61) 85 20,
Fax 85 21 62, ✉ 73054, AX DC ED VA
124 Zi, Ez: 95/47-135/67, Dz: 160/80-190/95,
⊣ WC ⊘ DFÜ, 45 ⌫, Lift, **P**, 🏠, 20⌘400,
Fitnessraum, Kegeln, Restaurant
Auch Zimmer der Kategorie ✱ vorhanden.

🍴🍴 **Schönblick Palmengarten**
Höhenweg 11, Tel (0 71 61) 98 44 30,
Fax 9 84 43 18, ✉ 73054, ED VA
§, Hauptgericht 20/10-40/20, Terrasse, **P**,
geschl.: Mo, Di, 20.2.-1.3.01, 1-18.8.01

Eitorf 43 ↑

Nordrhein-Westfalen
Rhein-Sieg-Kreis
EW 19500
ℹ Tel (0 22 43) 8 92 16, Fax 8 91 79
Fremdenverkehrsverein
✉ 53783 Markt 1

Alzenbach (3 km ↘)

✱ **Schützenhof**
Windecker Str. 2, Tel (0 22 43) 88 70,
Fax 88 73 32, ✉ 53783, ED VA
102 Zi, Ez: 75/37-85/42, Dz: 125/62-145/73, ⊘,
Lift, **P**, 6⌘50, 🏠, Kegeln, Sauna, Solarium,
Restaurant
Auch einfachere Zimmer vorhanden.

Elchingen 62 ↘

Bayern / Kreis Neu-Ulm
EW 9900
ℹ Tel (07 31) 2 06 60, Fax 20 66 34
Gemeindeverwaltung
✉ 89275 Pfarrgäßle 2

Unterelchingen

✱ **Zahn**
Hauptstr. 35, Tel (0 73 08) 30 07, ✉ 89275
16 Zi, Ez: 75/37-90/45, Dz: 125/62, ⊣ WC ⊘,
P, Kegeln
🍴 Hauptgericht 20/10, geschl.: Fr

Elend 37 ↖

Sachsen-Anhalt / Kreis Wernigerode
EW 740
ℹ Tel (03 94 55) 3 75, Fax 3 75
Kurverwaltung
✉ 38875 Hauptstr. 19

✱ **Waldesruh**
Hauptstr. 30, Tel (03 94 55) 3 77, Fax 2 81,
✉ 38875
21 Zi, Ez: 60/30-135/67, Dz: 100/50-170/85,
2 Suiten, ⊣ WC, **P**, 2⌘60, Restaurant

Mandelholz (3 km →)

✱ **Grüne Tanne**
Mandelholz 1, Tel (03 94 54) 4 60, Fax 4 61 55,
✉ 38875
23 Zi, Ez: 70/35-90/45, Dz: 100/50-140/70,
1 App, ⊣ WC ⊘, Lift, **P**, 1⌘15, Fitnessraum,
Sauna, Solarium, Restaurant

Elfershausen 46 ↓

Bayern / Kreis Bad Kissingen
EW 4650
ℹ Tel (0 97 04) 9 11 00, Fax 91 10 44
Verwaltungsgemeinschaft
✉ 97725 Marktstr. 17

✱✱ **Ullrich**
August-Ullrich-Str. 42, Tel (0 97 04) 9 13 00,
Fax 9 13 03 00, ✉ 97725, AX DC ED VA
§, 63 Zi, Ez: 100/50-120/60, Dz: 170/85,
4 Suiten, ⊣ WC ⊘, 10 ⌫, Lift, **P**, 5⌘100, 🏠,
Sauna, Solarium
🍴 Hauptgericht 30/15, Terrasse, Kegeln

🛏 **Landgasthof Zum Stern**
August-Ullrich-Str. 5, Tel (0 97 04) 2 74,
Fax 73 71, ✉ 97725, ED VA
20 Zi, Ez: 50/25, Dz: 85/42, ⊣ WC, Restaurant

Elkenroth 43 ↗

Rheinland-Pfalz
Kreis Altenkirchen / Westerwald
EW 1900
ℹ Tel (0 27 47) 80 90, Fax 8 09 17
Verbandsgemeinde
✉ 57580 Rathausplatz 1

✱✱ **Landhaus Krombach**
Rainstr. 10, Tel (0 27 47) 9 20 60,
Fax 92 06 49, ✉ 57578, AX DC ED VA
21 Zi, Ez: 95/47, Dz: 160/80, ⊣ WC ⊘, 3 ⌫, **P**,
1⌘20, 🏠, Sauna, Solarium, Restaurant

Ellefeld 49 □

Sachsen / Vogtlandkreis
EW 3300
🛈 Tel (0 37 45) 7 81 10, Fax 78 11 21
Gemeindeverwaltung
✉ 08236 Hauptstr. 21

✱ Ellefelder Hof
Marktplatz 1a, Tel (0 37 45) 7 81 50,
Fax 52 40, ✉ 08236, AX DC ED VA
25 Zi, Ez: 65/32-90/45, Dz: 90/45-140/70, ⌐
WC ⓒ, 7 ↙, Lift, 2⟳60, Restaurant

Ellerbek 18 ↖

Schleswig-Holstein
Kreis Pinneberg
EW 4190
🛈 Tel (0 41 01) 3 21 39, Fax 3 12 46
Gemeindeverwaltung
✉ 25474 Rugenbergener Mühlenweg

🍴🍴 Stock's Fischrestaurant ✚
Hauptstr. 1, Tel (0 41 01) 38 35 65,
Fax 38 35 67, ✉ 25474, AX ED VA
Hauptgericht 30/15, Terrasse, geschl.: Mo, Sa
mittags

Ellwangen (Jagst) 62 ↗

Baden-Württemberg / Ostalbkreis
EW 25000
🛈 Tel (0 79 61) 8 43 03, Fax 5 52 67
Tourist-Information
✉ 73479 Spitalstr. 4

✱✱ Roter Ochsen mit Gästehaus
Schmiedstr. 16, Tel (0 79 61) 40 71,
Fax 5 36 13, ✉ 73479, AX ED VA
35 Zi, Ez: 79/39-125/62, Dz: 105/52-185/93, ⌐
WC ⓒ, 4 ↙, Lift, P, ☎, 1⟳
Im Haupthaus auch Zimmer der Kategorie ✱
vorhanden.
🍴🍴 Hauptgericht 25/12, Biergarten,
geschl.: So abends, Mo, 3 Wochen im Sommer

✱ Stadthotel Germania
Wolfgangstr. 4, Tel (0 79 61) 9 88 00,
Fax 98 80 49, ✉ 73479, AX DC ED VA
31 Zi, Ez: 80/40-95/47, Dz: 130/65-150/75,
1 Suite, 1 App, ⌐ WC ⓒ DFÜ, 14 ↙, Lift, P, ☎,
2⟳12, Restaurant

✱ Königin Olga
Karlstr. 2, Tel (0 79 61) 9 80 80, Fax 98 08 50,
✉ 73479, AX ED VA
30 Zi, Ez: 117/58-125/62, Dz: 164/82, ⌐ WC ⓒ,
12 ↙, Lift, P, Sauna

Espachweiler (4 km ⌐)

🍴 Seegasthof
Bussardweg 1, Tel (0 79 61) 77 60,
Fax 5 38 46, ✉ 73479, AX ED VA
Hauptgericht 25/12-32/16, Terrasse, P,
geschl.: Fr, 3 Wochen im Jan
✱ 7 Zi, Ez: 55/27-65/32,
Dz: 95/47-115/57, ⌐ WC ⓒ

Elmshorn 18 ↖

Schleswig-Holstein
Kreis Pinneberg
EW 47000
🛈 Tel (0 41 21) 26 88 32, Fax 2 56 27
Verkehrs-und Bürgerverein
✉ 25336 Probstendamm, Torhaus

✱ Sportlife-Hotel
Hamburger Str. 205, Tel (0 41 21) 40 70,
Fax 40 75 15, ✉ 25337, AX DC ED VA
65 Zi, Ez: 158/79-198/99, Dz: 215/108-255/128,
10 Suiten, ⌐ WC ⓒ DFÜ, 35 ↙, Lift, P,
4⟳100, Fitnessraum, Sauna, Solarium,
Restaurant
Auch Zimmer der Kategorie ✱✱ vorhanden.

✱ Royal
Lönsweg 5, Tel (0 41 21) 4 26 40,
Fax 42 64 94, ✉ 25335, AX DC ED VA
63 Zi, Ez: 85/42-115/57, Dz: 135/67-170/85, ⌐
WC ⓒ DFÜ, P, ☎, 9⟳500, ☎, Kegeln, Sauna,
Solarium, Restaurant

Elsfleth 16 →

Niedersachsen / Kreis Wesermarsch
EW 8900
🛈 Tel (0 44 04) 5 04 16, Fax 5 04 39
Tourist-information
✉ 26931 Rathausplatz 1

✱ Zu Alten Mühle
Mühlenstr. 101 a, Tel (0 44 04) 23 69, ✉ 26931
11 Zi, Ez: 79/39, Dz: 120/60-125/62, ⌐ WC ⓒ,
Restaurant

Elster, Bad 49 ⌐

Sachsen / Vogtlandkreis
EW 4700
🛈 Tel (03 74 37) 7 14 61, Fax 7 12 60
Bad Elster Information
✉ 08645 Badstr. 6

✱✱ Quellenpark
Ascher Str. 20, Tel (03 74 37) 56 00,
Fax 5 60 56, ✉ 08645, ED VA

Elster, Bad

♪, 20 Zi, Ez: 70/35-120/60, Dz: 120/60-170/85,
1 App, ⌐ WC ⌀, P, ☎, 1🕭20, Sauna, garni
Auch Zimmer der Kategorie ✱ vorhanden.

✱✱ Parkhotel Helene
Parkstr. 33, Tel (03 74 37) 5 00, Fax 50 99,
✉ 08645, AX DC ED VA
25 Zi, Ez: 61/30-105/52, Dz: 94/47-180/90, ⌐
WC ⌀ DFÜ, 3 ⇌, Lift, P, ☎, 1🕭32, Sauna,
Solarium, Restaurant
Auch Zimmer der Kategorie ✱ vorhanden.

⇌ Goldner Anker
Walter-Rathenau-Str. 9, Tel (03 74 37) 55 80,
Fax 5 58 66, ✉ 08645, VA
25 Zi, Ez: 65/32-120/60, Dz: 130/65-170/85, ⌐
WC ⌀, Lift, P, 1🕭18, Restaurant

Mühlhausen (2,5 km ↗)

✱ Vogtland
Brambacher Str. 38, Tel (03 74 37) 4 60 24,
Fax 34 84, ✉ 08626, ED VA
30 Zi, Ez: 60/30-90/45, Dz: 90/45-140/70, ⌐
WC ⌀, 6 ⇌, Lift, P, ☎, 1🕭40, Sauna,
Solarium, Restaurant
geschl.: 1.-30.11.00, 5.-30.1.01
Auch Zimmer der Kategorie ✱✱ vorhanden.

Elsterwerda 40 □

Brandenburg / Kreis Elbe-Elster
EW 11000
🛈 Tel (0 35 33) 6 50, Fax 6 51 09
Stadtverwaltung Elsterwerda
✉ 04910 Hauptstr. 12

✱ Arcus
Hauptstr. 14, Tel (0 35 33) 16 23 55,
Fax 16 23 54, ✉ 04910, AX DC ED VA
16 Zi, Ez: 90/45-120/60, Dz: 130/65-150/75,
1 App, ⌐ WC ⌀, 10 ⇌, P, Restaurant

✱ Weißes Roß
Hauptstr. 30, Tel (0 35 33) 31 88, Fax 16 41 10,
✉ 04910, AX DC ED VA
11 Zi, Ez: 90/45-135/67, Dz: 145/73-165/83, ⌐
WC ⌀, 3 ⇌, P, 2🕭60, Restaurant

Elten siehe Emmerich

Eltmann 56 ↗

Bayern / Kreis Haßberge
EW 5800
🛈 Tel (0 95 22) 8 99 31, Fax 8 99 60
Fremdenverkehrsamt
✉ 97483 Marktplatz 1

Stadt am Main; Sehenswert: Ruine Wallburg
Aussicht; Wallfahrtskirche Maria Limbach (4
km ←), Ausgewiesene Rad- und Wanderwege,
Freibad.

✱ Haus Am Wald
Georg-Göpfert-Str. 31, Tel (0 95 22) 2 31,
Fax 7 06 20, ✉ 97483, ED VA
♪ §, 15 Zi, Ez: 55/27-70/35, Dz: 90/45-105/52,
⌐ WC ⌀, 3 ⇌, P, ≋, Restaurant
geschl.: 1.-28.2.01

✱ Wallburg
Wallburgstr. 1, Tel (0 95 22) 60 11, Fax 81 38,
✉ 97483
16 Zi, Ez: 45/22-60/30, Dz: 94/47-100/50, ⌐
WC ⌀, 16 ⇌, P, ☎, Sauna, Solarium,
Restaurant
geschl.: So, 20-31.12.00

Eltville am Rhein 54 ↖

Hessen / Rheingau-Taunus-Kreis
EW 17000
🛈 Tel (0 61 23) 9 09 80, Fax 90 98 90
Kultur- und Gästeamt Eltville
✉ 65343 Schmittstr. 2

✱ Frankenbach Mainzer Hof
Wilhelmstr. 13, Tel (0 61 23) 90 40,
Fax 6 36 02, ✉ 65343, AX DC ED VA
23 Zi, Ez: 120/60-140/70, Dz: 160/80-200/100,
2 Suiten, ⌐ WC ⌀, 15 ⇌, P, 3🕭150,
Restaurant

✱ Sonnenberg
Friedrichstr. 65, Tel (0 61 23) 30 81,
Fax 6 18 29, ✉ 65343, AX ED VA
♪, 30 Zi, Ez: 110/55-125/62,
Dz: 160/80-180/90, 1 Suite, ⌐ WC ⌀, Lift, P,
☎, garni
geschl.: 10.12.00-5.1.01

Eltville-Außerhalb (6 km ↖)

✱✱ Gästehaus Kloster Eberbach
Kloster Eberbach, Tel (0 67 23) 99 30,
Fax 99 31 00, ✉ 65346, AX VA
einzeln ♪, 30 Zi, Ez: 105/52,
Dz: 160/80-185/93, ⌐ WC ⌀, 5 ⇌, P, 2🕭15

🍽 Klosterschänke
Hauptgericht 15/7-30/15

Erbach (2 km ←)

✱✱✱✱ Schloss Reinhartshausen ♛
Hauptstr. 43, Tel (0 61 23) 67 60, Fax 67 64 00,
✉ 65346, AX DC ED VA

♨, 39 Zi, Ez: 362/182-430/216,
Dz: 374/188-508/255, 15 Suiten, 1 App, ⌐ WC
🕉, 8 ⇐, Lift, 🅿, 🏠, 11⏵180, 🏛, Sauna,
Solarium
Eigenbauweine.

🍴🍴🍴🍴🍴🍴 Marcobrunn
Hauptgericht 49/24-79/39, Terrasse,
geschl.: Mo, Di mittags, 8.-31.1.01, 2 Wochen in
den Sommerferien

🍴🍴 Wintergarten
♨, Hauptgericht 39/19-49/24

✳ Tillmanns
Hauptstr. 2, Tel (0 61 23) 9 23 30,
Fax 92 33 66, ✉ 65346, AX ED VA
16 Zi, Ez: 130/65-150/75, Dz: 175/88-205/103,
⌐ WC 🕉, 🅿, 1⏵35, garni
geschl.: 17.12.00-7.1.01

🍴🍴 Pan zu Erbach
Eberbacher Str. 44, Tel (0 61 23) 6 35 38,
Fax 42 09, ✉ 65346, AX DC ED VA
Hauptgericht 28/14, Terrasse, nur abends,
geschl.: Mi
Eigenes Weingut.

Weingut Maximilianshof
Rheinallee 2, Tel (0 61 23) 9 22 40,
Fax 92 24 25, ✉ 65346
Hauptgericht 9/4-16/8, ab 14.30,
sa+so+feiertags ab 11, geschl.: Mo

✳✳ Gästehaus im Weingut Maximilianshof
9 Zi, Ez: 95/47, Dz: 150/75-180/90, ⌐ WC 🕉, 🅿

Hattenheim (4 km ←)

✳✳✳ Kronenschlößchen L'Art de Vivre-Residenz
Rheinallee, Tel (0 67 23) 6 40, Fax 76 63,
✉ 65347, AX DC ED VA
18 Zi, Ez: 240/120-320/161,
Dz: 260/130-320/161, 4 Suiten, ⌐ WC 🕉, 1 ⇐,
🅿, 4⏵80
Auch Zimmer der Kategorie ✳✳✳✳ vorhanden.

🍴🍴🍴🍴 Hauptgericht 54/27, Terrasse
nur abends

🍴🍴 Bistro
Hauptgericht 32/16, Terrasse

🍴 Zum Krug
Hauptstr. 34, Tel (0 67 23) 9 96 80,
Fax 99 68 25, ✉ 65347, AX DC ED VA
🕉, Hauptgericht 36/18, geschl.: Mo,
20.12.00-20.1.01, 15-30.7.01
Eigenbauweine.
✳ 10 Zi, Ez: 120/60, Dz: 200/100,
1 Suite, ⌐ WC 🕉, 10 ⇐, 🅿

Elzach
67 ↗

Baden-Württemberg
Kreis Emmendingen
EW 6700
🛈 Tel (0 76 82) 12 85, Fax 62 96
Touristinformation Elztal
✉ 79215 Schulstr. 8

Luftkurort im Schwarzwald; Sehenswert: Kath.
Kirche; Neunlindenkapelle; Rohrhardsberg,
1150 m Aussicht; Landwassermühl.

Oberprechtal (6 km ↗)

✳ Gasthof Adler
Waldkircher Str. 2, Tel (0 76 82) 8 08 49 10,
Fax 8 08 49 12, ✉ 79215, ED VA
12 Zi, Ez: 60/30-95/47, Dz: 110/55-180/90, ⌐
WC 🕉, 6 ⇐, 🅿
geschl.: 22.1.-13.2.01, 18-26.6.01
Auch Zimmer der Kategorie ✳✳ vorhanden.
🍴 🕉, Hauptgericht 30/15-39/19,
geschl.: Di, 22.1.-13.2.01, 18-26.6.01

✳ Hirschen
Triberger Str. 8, Tel (0 76 82) 80 56 00,
Fax 80 56 99, ✉ 79215, ED VA
37 Zi, Ez: 68/34, Dz: 118/59, ⌐ WC 🕉, 🅿,
1⏵30, Restaurant
geschl.: 2 Wochen im Nov, 2 Wochen im Jan

Elze
26 ↙

Niedersachsen / Kreis Hildesheim
EW 10000
🛈 Tel (0 50 68) 46 40, Fax 4 64 77
Stadtverwaltung
✉ 31008 Hauptstr. 61

✳ Papenhof
Papendahlweg 14, Tel (0 50 68) 40 45,
Fax 22 60, ✉ 31008, AX ED VA
♪, 18 Zi, Ez: 90/45-120/60, Dz: 160/80-180/90,
⌐ WC 🕉, 🅿, 1⏵20, Sauna, Restaurant

Emden 15 □

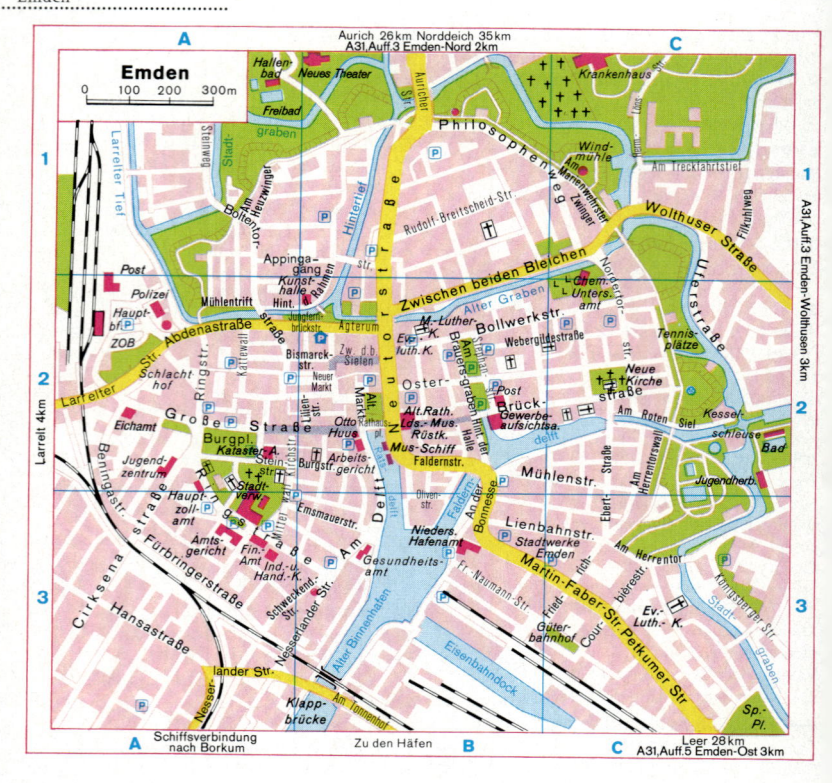

Niedersachsen
EW 52000
🛈 Tel (0 49 21) 9 74 00, Fax 9 74 09
Verkehrsverein
✉ 26723 Alter Markt 2 a

★★ Parkhotel Upstalsboom
Friedrich-Ebert-Str. 73 (C 3),
Tel **(0 49 21) 82 80**, Fax 82 85 99, ✉ 26725, AX DC ED VA
94 Zi, Ez: 170/85-230/115,
Dz: 230/115-250/125, 1 Suite, ⌐ WC Ⓞ, 26 ⇃,
Lift, Ⓟ, 🕿, 5⇨70, Fitnessraum, Sauna, Solarium
Auch Zimmer der Kategorie ★★★ vorhanden.

🍴🍴 Park-Bistro
Hauptgericht 18/9-34/17, Terrasse, geschl.: Sa mittags

★ Faldernpoort mit Gästehaus
Courbièrestr. 6 (C 3), Tel **(0 49 21) 9 75 20**,
Fax 2 87 61, ✉ 26725, AX DC ED VA
41 Zi, Ez: 120/60-140/70, Dz: 170/85-220/110,
⌐ WC Ⓞ, 14 ⇃, Ⓟ, 3⇨200, Kegeln, Restaurant
Auch Zimmer der Kategorie ★★ vorhanden.

★ Heerens-Hotel
Friedrich-Ebert-Str. 67 (C 3),
Tel **(0 49 21) 2 30 36**, Fax 2 31 58, ✉ 26725,
AX DC ED VA
21 Zi, Ez: 100/50-160/80, Dz: 135/67-200/100,
1 Suite, ⌐ WC Ⓞ, Ⓟ, 🕿, 1⇨30
Auch einfachere Zimmer vorhanden.

🍴 Hauptgericht 21/10-39/19, nur abends, So auch mittags, geschl.: Sa, 3 Wochen im Sommer

★ Am Boltentor
Hinter dem Rahmen 10 (A 2),
Tel **(0 49 21) 9 72 70**, Fax 97 27 33, ✉ 26721,
ED

19 Zi, Ez: 115/57, Dz: 165/83, 2 Suiten, ⇥ WC ⓒ, garni
Auch Zimmer der Kategorie ✱✱ vorhanden.

✱ Goldener Adler
Neutorstr. 5 (B 2), **Tel (0 49 21) 9 27 30**,
Fax 92 73 39, ✉ 26721, AX DC ED VA
17 Zi, Ez: 130/65-140/70, Dz: 160/80-180/90,
1 Suite, ⇥ WC ⓒ

🍴🍴 Hauptgericht 50/25

✱ Deutsches Haus
Neuer Markt 7 (B 2), **Tel (0 49 21) 9 27 60**,
Fax 92 76 40, ✉ 26721, AX DC ED VA
26 Zi, Ez: 120/60-160/80, Dz: 160/80-180/90,
⇥ WC ⓒ, P

✱ Prinz Heinrich
Wolthuser Str. 17 (C 1), **Tel (0 49 21) 9 31 80**,
Fax 4 25 59, ✉ 26725
10 Zi, Ez: 85/42-90/45, Dz: 110/55-120/60, ⇥
WC ⓒ, P, 🅿, garni
Rezeption: 8-13, 16-22, geschl.: So

✱ Großer Kurfürst
Neutorstr. 41 (B 2), **Tel (0 49 21) 2 03 03**,
Fax 3 28 24, ✉ 26721, AX DC ED VA
20 Zi, Ez: 95/47-110/55, Dz: 110/55-145/73, ⇥
WC ⓒ, garni
Auch einfachere Zimmer vorhanden.

🍴 Alt-Emder Bürgerhaus
Friedrich-Ebert-Str. 33, **Tel (0 49 21) 97 61 00**,
Fax 2 42 49, ✉ 26725, AX DC ED VA
Hauptgericht 38/19, P, 🛏

Emmelshausen 43 ↓

Rheinland-Pfalz
Rhein-Hunsrück-Kreis
EW 5500
ℹ Tel (0 67 47) 9 32 20, Fax 93 22 22
Tourist-Information
✉ 56281 Rhein-Mosel-Str 45

✱ Union-Hotel
Rhein-Mosel-Str. 71, **Tel (0 67 47) 15 67**,
Fax 10 12, ✉ 56281, AX ED VA
35 Zi, Ez: 74/37, Dz: 120/60, ⇥ WC ⓒ, 2 ♿,
Lift, 🅿, 3⇆60, Kegeln, Restaurant
geschl.: Mi

✱ Münster
Waldstr. 3 a, **Tel (0 67 47) 9 39 40**,
Fax 93 94 13, ✉ 56281, ED VA
18 Zi, Ez: 65/32-80/40, Dz: 110/55-120/60, ⇥
WC ⓒ DFÜ, P, 🅿, Sauna, Restaurant

Emmendingen 67 □

Baden-Württemberg
EW 25000
ℹ Tel (0 76 41) 1 94 33, Fax 93 52 35
Bürgermeisteramt Emmendingen
✉ 79312 Bahnhofstraße 5

✱ Markgraf
Markgrafenstr. 53, **Tel (0 76 41) 93 06 80**,
Fax 9 30 68 68, ✉ 79312, ED VA
16 Zi, Ez: 95/47-105/52, Dz: 135/67-145/73, ⇥
WC ⓒ DFÜ, 8 ♿, Lift, P, 🅿, 1⇆25,
Fitnessraum, Sauna, garni

Maleck (4 km ↗)

✱✱ Park-Hotel Krone
Brandelweg 1, **Tel (0 76 41) 9 30 96 90**,
Fax 5 25 76, ✉ 79312, AX DC ED VA
27 Zi, Ez: 85/42-100/50, Dz: 140/70-180/90, ⇥
WC ⓒ, Lift, P, 2⇆20, Sauna
geschl.: 2 Wochen im Feb
🍴🍴🍴 §, Hauptgericht 40/20, Terrasse,
geschl.: Mo, 2 Wochen im Feb

Windenreute (2 km →)

✱✱ Windenreuter Hof
Rathausweg 19, **Tel (0 76 41) 93 08 30**,
Fax 93 08 34 44, ✉ 79312, AX DC ED VA
♪ §, 67 Zi, Ez: 95/47-150/75,
Dz: 178/89-198/99, 3 Suiten, 15 App, ⇥ WC ⓒ
DFÜ, 15 ♿, P, 🅿, 3⇆100, Sauna
Auch Zimmer der Kategorie ✱ vorhanden.

🍴🍴 Panorama Restaurant
§, Hauptgericht 38/19, Terrasse

Emmerich am Rhein 32 ↑

Nordrhein-Westfalen / Kreis Kleve
EW 30000
ℹ Tel (0 28 22) 9 41 40, Fax 98 94 34
Stadtwerbung/Gästebetreuung
✉ 46446 Rheinpromenade 26

🍽 Köpping
Rheinpromenade 2, **Tel (0 28 22) 38 59**,
Fax 79 18 50, ✉ 46446, AX ED
§, Hauptgericht 15/7-45/22, Terrasse, P

Elten (Erholungsort - 7 km N↔)

✱ Auf der Heide
Luitgardisstr. 8, Tel (0 28 28) 9 14 20,
Fax 73 36, ✉ 46446, DC ED VA
22 Zi, Ez: 99/49-125/62, Dz: 140/70-160/80, ⊇
WC ⌀ DFÜ, 3 ⛌, P, 3⬤45, Sauna, Solarium,
Golf, Restaurant
Auch Zimmer der Kategorie ✱✱ vorhanden.

Empfingen 61 ✓

Baden-Württemberg
Kreis Freudenstadt
EW 3700
🛈 Tel (0 74 85) 9 98 80, Fax 99 88 30
Bürgermeisteramt
✉ 72186 Mühlheimer Str. 2

✱✱ Ammann
Haigerlocher Str. 110, Tel (0 74 85) 9 98 30,
Fax 14 72, ✉ 72186, AX DC ED VA
36 Zi, Ez: 119/59-145/73, Dz: 170/85-180/90, ⊇
WC ⌀, P, ☎, 5⬤150, Fitnessraum, Sauna,
Solarium, Restaurant

Ems, Bad 43 ↘

Rheinland-Pfalz / Rhein-Lahn-Kreis
EW 18220
🛈 Tel (0 26 03) 9 41 50, Fax 9 41 50
Bad Ems Touristik e.V.
✉ 56130 Römerstr. 1

✱✱✱ Best Western Kurhotel
Römerstr. 1-3, Tel (0 26 03) 79 90,
Fax 79 92 52, ✉ 56130, AX DC ED VA, Ⓢ
⚜, 107 Zi, Ez: 145/73-210/105,
Dz: 260/130-320/161, 4 Suiten, ⊇ WC ⌀, 20 ⛌,
Lift, 7⬤400, ☎, Sauna, Solarium

🍴🍴 Benedetti
Hauptgericht 25/12-38/19

☕ Cafe Maxeiner
Römerstr. 37, Tel (0 26 03) 25 90,
Fax 91 93 18, ✉ 56130
Terrasse, 7-18, So ab 8

Emsbüren 23 □

Niedersachsen / Kreis Emsland
EW 9500
🛈 Tel (0 59 03) 93 39 45, Fax 93 39 49
VVV Emsbüren e. V.
✉ 48488 Schulstr. 6-7

✱ Kamphues
Lange Str. 5, Tel (0 59 03) 3 62, Fax 10 52,
✉ 48488, AX DC ED VA
11 Zi, Ez: 65/32-75/37, Dz: 110/55, ⊇ WC ⌀, P,
1⬤100, Kegeln, Restaurant

Emsdetten 23 ↘

Nordrhein-Westfalen
Kreis Steinfurt
EW 35000
🛈 Tel (0 25 72) 9 30 70, Fax 93 07 50
Verkehrsverein
✉ 48282 Friedrichstr. 1-2

✱✱ Kloppenborg
Frauenstr. 15, Tel (0 25 72) 92 10,
Fax 92 11 50, ✉ 48282, ED VA
24 Zi, Ez: 97/48-110/55, Dz: 155/78-165/83, ⊇
WC ⌀ DFÜ, Lift, P, ☎, 2⬤20, Kegeln
geschl.: So, 24.12.00-2.1.01

🍴 Hauptgericht 25/12, nur abends,
geschl.: So, 24.12.00-2.1.01, 10.7.-4.8.01

✱✱ Lindenhof
Alte Emsstr. 7, Tel (0 25 72) 92 60,
Fax 92 62 00, ✉ 48282, AX VA
27 Zi, Ez: 95/47-98/49, Dz: 155/78-160/80,
1 App, ⊇ WC ⌀ DFÜ, Lift, P, ☎, Sauna,
Restaurant
Auch Zimmer der Kategorie ✱ vorhanden.

✱ Wefer's Hotel
Emsstr. 19, Tel (0 25 72) 9 36 10, Fax 93 61 20,
✉ 48282, ED VA
12 Zi, Ez: 90/45, Dz: 135/67, ⊇ WC ⌀, P,
1⬤100, Restaurant

Hembergen (6 km ↘)

✱✱ Altes Gasthaus Lanvers
Dorfstr. 11, Tel (0 25 72) 1 50 90,
Fax 15 09 90, ✉ 48282, AX ED VA
♪, 30 Zi, Ez: 90/45-120/60, Dz: 150/75-190/95,
3 App, ⊇ WC ⌀, Lift, P, ☎, 3⬤100,
Fitnessraum, Kegeln, Sauna, Solarium, Golf
🍴 Hauptgericht 30/15, Terrasse,
Biergarten

Emstal, Bad 35 ↘

Hessen / Kreis Kassel
EW 6500
ℹ Tel (0 56 24) 99 97 26, Fax 22 78
Kurverwaltung
✉ 34308 Karlsbader Str. 4

Sand

** **Parkhotel Emstaler Höhe**
Kissinger Str. 2, **Tel (0 56 24) 50 90**,
Fax 50 92 00, ✉ 34308, AX DC ED VA
♪ ⚥, 48 Zi, Ez: 89/44-125/62,
Dz: 150/75-190/95, 4 Suiten, ⌐ WC ⊘, 5 ⇔,
Lift, 8⇔200, Kegeln, Sauna, Solarium,
Restaurant

Emstek 24 ↑

Niedersachsen / Kreis Cloppenburg
EW 10260
ℹ Tel (0 44 73) 9 48 40, Fax 94 84 25
Gemeindeverwaltung
✉ 49685 Am Markt 1

Hoheging

* **Waldesruh**
Am Baumweg 2, **Tel (0 44 71) 9 48 50**,
Fax 94 85 16, ✉ 49685, AX DC ED VA
23 Zi, Ez: 79/39, Dz: 120/60-135/67, ⌐ WC, **P**,
2⇔100, 2 Tennis, Restaurant

Endbach, Bad 44 ↗

Hessen / Kreis Marburg-Biedenkopf
EW 8800
ℹ Tel (0 27 76) 8 01 13, Fax 10 42
Kurverwaltung Bad Endbach
✉ 35080 Herborner Str. 1

🛏 **Minerva**
Sebastian-Kneipp-Str. 11, **Tel (0 27 76) 13 48**,
Fax 60 01, ✉ 35080, ED VA
20 Zi, Ez: 53/26-57/28, Dz: 94/47-102/51, ⌐
WC ⊘, **P**, ☎, ≋, Solarium, Restaurant
geschl.: Di, 15.12.00-8.2.01

Endersbach siehe Weinstadt

Endingen 67 ↖

Baden-Württemberg
Kreis Emmendingen
EW 8600
ℹ Tel (0 76 42) 68 99 90, Fax 68 99 99
Kaiserstühler Verkehrsbüro
✉ 79346 Adelshof 20

* **Kaiserstuhl**
Alfred-Herr-Str. 1, **Tel (0 76 42) 91 90**,
Fax 91 91 09, ✉ 79346, AX ED VA
34 Zi, Ez: 98/49-110/55, Dz: 150/75-160/80, ⌐
WC ⊘, 1 ⇔, Lift, 1⇔40, Sauna
geschl.: 7.-31.1.01
🍴 Hauptgericht 25/12-35/17, Terrasse

* **Pfauen mit Gästehaus Barbara**
Hauptstr. 78, **Tel (0 76 42) 9 02 30**,
Fax 90 23 40, ✉ 79346, VA
35 Zi, Ez: 70/35-120/60, Dz: 110/55-180/90, ⌐
WC ⊘, Lift, 1⇔20, garni

🍴🍴 **Schindlers Ratsstube**
Marktplatz 10, **Tel (0 76 42) 34 58**,
Fax 92 32 73, ✉ 79346, AX ED
Hauptgericht 25/12-40/20, **P**, geschl.: So
abends, Mo

Kiechlinsbergen (6 km ↙)

🍴🍴 **Dutters Stube** ✚
Winterstr. 28, **Tel (0 76 42) 17 86**, Fax 42 86,
✉ 79346, ED VA
Hauptgericht 28/14-40/20, 🛏, geschl.: Mo, So
abends
Restauriertes Fachwerkhaus aus dem 16.Jh.

Endorf, Bad 73 ←

Bayern / Kreis Rosenheim
EW 7600
ℹ Tel (0 80 53) 30 08 22, Fax 30 08 30
Kurverwaltung
✉ 83093 Bahnhofstr. 6

Urlaubsdorf, Heilbad m. Jod-Thermalsolebädern
34 Grad.

* **Elisabeth**
Kirchplatz 2, **Tel (0 80 53) 8 37**, Fax 28 02,
✉ 83093
30 Zi, Ez: 75/37-90/45, Dz: 108/54-140/70, ⌐
WC ⊘, Lift, **P**, ☎, Sauna, Solarium, Golf, garni

Kurf (1 km ↓)

** **Kurfer Hof**
Kurf 1, **Tel (0 80 53) 20 50**, Fax 20 52 19,
✉ 83093, AX ED VA

♪, 31 Zi, Ez: 90/45-130/65, Dz: 160/80-220/110,
2 Suiten, ⇌ WC ⊘, Lift, **P**, 🕿, 1⇨18, 🛋,
Sauna, Solarium, Golf, Restaurant
Kurmittelabteilung.

Pelham (5 km ↗)

✱ Seeblick
Pelham 4, Tel (0 80 53) 30 90, Fax 30 95 00,
✉ 83093
§, 78 Zi, Ez: 55/27-110/55, Dz: 110/55-200/100,
⇌ WC ⊘, Lift, **P**, 🕿, 1⇨40, Fitnessraum,
Sauna, Solarium, Golf, Restaurant
Rezeption: 8-20, geschl.: 15.11.-16.12.00,
15.1-15.2.01

Enge-Sande 9 ↖

Schleswig-Holstein
Kreis Nordfriesland
EW 1050
i Tel (0 46 62) 34 64
Gemeindeverwaltung
✉ 25917 Dorfstr. 37

Enge

¶¶ De ole Stuuv
Dorfstr. 28, Tel (0 46 62) 31 90, Fax 31 95,
✉ 25917, ED VA
Hauptgericht 20/10-36/18, Kegeln, 🛏,
geschl.: Mo

Engelskirchen 43 ↑

Nordrhein-Westfalen
Oberbergischer Kreis
EW 21130
i Tel (0 22 63) 8 31 37, Fax 16 10
Verkehrsamt/Rathaus
✉ 51766 Engels-Platz 4

¶¶ Alte Schlosserei
Engelsplatz 7, Tel (0 22 63) 2 02 12, Fax 22 25,
✉ 51766, AX DC ED VA
Hauptgericht 30/15-40/20, Biergarten,
geschl.: Mo, Sa mittags

Bickenbach

✱ Zur Post
Bickenbach, Tel (0 22 63) 37 04, Fax 39 03,
✉ 51766, AX DC ED VA
18 Zi, Ez: 100/50, Dz: 140/70, ⇌ WC ⊘, **P**,
1⇨25, 🛋, Kegeln, Sauna, Restaurant
geschl.: Do

Engelthal 57 ↘

Bayern / Kreis Nürnberger Land
EW 1153
i Tel (0 91 58) 8 69 40, Fax 86 94 24
Gemeindeverwaltung
✉ 91238 Hauptstr. 41

🛏 Weißes Lamm
Hauptstr. 24, Tel (0 91 58) 92 99 90,
Fax 9 29 99 92, ✉ 91238
25 Zi, Ez: 45/22-80/40, Dz: 80/40-150/75,
2 Suiten, ⇌ WC ⊘, Lift, **P**, 2⇨150, Restaurant
Auch Zimmer der Kategorie ✱ vorhanden.

¶¶ Grüner Baum ✚
Hauptstr. 9, Tel (0 91 58) 2 62, Fax 16 15,
✉ 91238, AX ED
Hauptgericht 13/6-35/17, Terrasse, **P**, 🛏,
geschl.: Mo, Di

Enger 24 ↘

Nordrhein-Westfalen
Kreis Herford
EW 20052
i Tel (0 52 24) 98 00 40, Fax 98 00 66
Stadtverwaltung
✉ 32130 Bahnhofstr. 44

¶ Brünger in der Wörde
Herforder Str. 14, Tel (0 52 24) 23 24,
Fax 57 27, ✉ 32130, AX DC ED VA
Hauptgericht 14/7-34/17, Biergarten, Kegeln,
geschl.: Mo

Enkenbach-Alsenborn 53 ↘

Rheinland-Pfalz
Kreis Kaiserslautern
EW 7462
i Tel (0 63 03) 60 66, Fax 55 07
Verkehrsverein
✉ 67677 Burgstr. 33

Enkenbach

¶¶ Schläfer ✚
Hauptstr. 3, Tel (0 63 03) 30 71, Fax 44 85,
✉ 67677, AX DC ED VA
Hauptgericht 35/17
✱✱ 16 Zi, Ez: 85/42, Dz: 130/65, ⇌ WC ⊘

Enkirch an der Mosel 53

Rheinland-Pfalz
Kreis Bernkastel-Wittlich
EW 1850
ℹ Tel (0 65 41) 92 65, Fax 52 69
Verkehrsbüro
✉ 56850 Brunnenplatz 2

✶ Gästehaus Hotel Anker
Zum Herrenberg 2, **Tel (0 65 41) 62 04**,
Fax 51 95, ✉ 56850, DC ED VA
24 Zi, Ez: 50/25-85/42, Dz: 100/50-140/70, ⊣
WC ⊘, 10 ⚭, **P**, ≜, Restaurant
Anmeldung im Hotel Steffensberg,
Brunnenplatz 1.

⊨ Dampfmühle Minotel
Am Steffensberg 80, **Tel (0 65 41) 81 39 50**,
Fax 49 04, ✉ 56850, AX ED VA, ⓢ
17 Zi, Ez: 65/32-80/40, Dz: 110/55-140/70, ⊣
WC, 6 ⚭, **P**, 1⟳25, ⚏, Restaurant
geschl.: 15-30.11.00, 15-31.1.01

Enkirch-Außerhalb (2 km ↘)

✶ Neumühle
Großbachtal 17, **Tel (0 65 41) 15 50, Fax 37 35**,
✉ 56850
♪, 52 Zi, Ez: 60/30-85/42, Dz: 90/45-140/70, ⊣
WC, 6 ⚭, Lift, **P**, 1⟳45, Kegeln, Sauna,
Solarium, Restaurant
geschl.: 10.11.00-1.4.01

Ennigerloh 34 ↑

Nordrhein-Westfalen
Kreis Warendorf
EW 20600
ℹ Tel (0 25 24) 83 00, Fax 44 13
Verkehrsamt
✉ 59320 Marktplatz 1 / Dorfstr. 20

✶ Haus Hubertus
Enniger Str. 4, **Tel (0 25 24) 9 30 80**,
Fax 93 08 40, ✉ 59320, AX DC ED VA
19 Zi, Ez: 85/42-95/47, Dz: 130/65-140/70, ⊣
WC ⊘, **P**, ≜, 2⟳50, Kegeln, Sauna, Solarium
Rezeption: 6.30-22
🍴🍴 Hauptgericht 30/15, Biergarten,
geschl.: Do

Ostenfelde (5 km ↗)

✶ Kröger
Hessenknapp 17, **Tel (0 25 24) 9 31 90**,
Fax 93 19 10, ✉ 59320, ED VA

14 Zi, Ez: 75/37, Dz: 120/60, 1 Suite, ⊣ WC ⊘,
P, ≜, 2⟳160, Kegeln, Golf, Restaurant
geschl.: 1.-14.10.00, 18.7.-5.8.01

Enzklösterle 60 →

Baden-Württemberg / Kreis Calw
EW 1400
ℹ Tel (0 70 85) 75 16, Fax 13 98
Kurverwaltung
✉ 75337 Friedenstr. 16

✶✶✶ Enztalhotel
Freudenstädter Str. 67, **Tel (0 70 85) 1 80**,
Fax 16 42, ✉ 75337
✥, 47 Zi, Ez: 130/65-160/80,
Dz: 200/100-260/130, 2 Suiten, ⊣ WC ⊘, Lift,
P, ≜, ⚏, Bowling, Sauna, Solarium
🍴🍴 ED VA, Hauptgericht 30/15-50/25,
Terrasse
Beachtenswerte Küche.

✶ Schwarzwaldschäfer
Am Dietersberg 2, **Tel (0 70 85) 9 23 70**,
Fax 92 37 37, ✉ 75337
♪, 24 Zi, Ez: 80/40-120/60, Dz: 150/75-160/80,
2 Suiten, 2 App, ⊣ WC ⊘, **P**, ≜, 2⟳30, ⚏,
Sauna, Solarium, Restaurant

✶ Wiesengrund
Friedenstr. 1, **Tel (0 70 85) 9 23 20**,
Fax 92 32 43, ✉ 75337
♪, 24 Zi, Ez: 70/35-90/45, Dz: 120/60-144/72,
⊣ WC ⊘, Lift, **P**, ≜, 2⟳50
geschl.: 10.11.-18.12.00
🍴 Hauptgericht 18/9-26/13, Terrasse,
Biergarten, geschl.: Mo, 10.11.-18.12.00

Eppelborn 52 ↘

Saarland / Kreis Neunkirchen
EW 19500
ℹ Tel (0 68 81) 96 91 00, Fax 96 92 22
Bürgerinformation
✉ 66571 Rathausstr. 27

✶✶ Eppelborner Hof
Rathausstr. 1, **Tel (0 68 81) 89 50**,
Fax 89 52 00, ✉ 66571, AX ED VA
51 Zi, Ez: 105/52-115/57, Dz: 160/80, 3 Suiten,
⊣ WC ⊘ DFÜ, Lift, **P**, 6⟳100, Fitnessraum,
Sauna, Solarium
🍴🍴 ✥, Hauptgericht 28/14-38/19 ✚
Terrasse

Eppelheim 54 ↘

Baden-Württemberg
Rhein-Neckar-Kreis
EW 14090
🛈 Tel (0 62 21) 79 40, Fax 76 40 11
Gemeindeverwaltung
✉ 69214 Schulstr. 2

🛏 Birkenhof
Birkig-Hof 6, Tel (0 62 21) 7 91 80,
Fax 7 91 82 09, ✉ 69214, AX ED VA
20 Zi, Ez: 70/35-85/42, Dz: 120/60-130/65,
4 App, ⌐ WC ✆, P, garni

Eppenbrunn 60 ↖

Rheinland-Pfalz / Kreis Pirmasens
EW 1700
🛈 Tel (0 63 35) 51 55, Fax 59 55
Verkehrsamt, Haus des Gastes
✉ 66957 Im Freizeitpark

🛏 Kupper
Himbaumstr. 22, Tel (0 63 35) 91 30,
Fax 91 31 13, ✉ 66957, ED VA
♪, 24 Zi, Ez: 65/32-75/37, Dz: 116/58-125/62,
⌐ WC ✆, P, 2⌂150, ≘, Kegeln, Sauna,
Solarium, Restaurant
geschl.: Mi, 2.-25.1.01

Eppertshausen 54 ↗

Hessen / Kreis Darmstadt-Dieburg
EW 6000
🛈 Tel (0 60 71) 3 00 90, Fax 30 09 55
Gemeindeverwaltung
✉ 64859 Franz-Gruber-Platz 14

✱ Am Rotkäppchenwald
Jahnstr. 22, am Gewerbegebiet,
Tel (0 60 71) 3 90 40, Fax 39 04 44, ✉ 64859,
ED VA
♪, 18 Zi, Ez: 75/37-110/55, Dz: 110/55-130/65,
⌐ WC ✆, 11 ⛌, Lift, P, ≘, garni

Eppingen 61 ↑

Baden-Württemberg
Kreis Heilbronn
EW 19800
🛈 Tel (0 72 62) 92 20, Fax 92 21 77
Bürgermeisteramt
✉ 75031 Rathausstr. 14

✱ Altstadthotel Wilde Rose
Kirchgasse 29, Tel (0 72 62) 9 14 00,
Fax 91 40 97, ✉ 75031, AX ED VA
♪, 10 Zi, Ez: 133/66, Dz: 180/90, ⌐ WC ✆,
Restaurant

✱ Villa Waldeck
Waldstr. 80, Tel (0 72 62) 6 18 00, Fax 33 66,
✉ 75031, AX DC ED VA
♪, 18 Zi, Ez: 70/35-90/45, Dz: 150/75, ⌐ WC ✆
DFÜ, 3 ⛌, P, ≘, 3⌂100, Kegeln, Restaurant
geschl.: Mo, 1.-8.1.01

🍴 Palmbräuhaus
Rappenauer Str. 5, Tel (0 72 62) 84 22,
Fax 84 22, ✉ 75031, ED
Hauptgericht 18/9-38/19, geschl.: Mo abends,
Di

Eppstein 44 ↘

Hessen / Main-Taunus-Kreis
EW 13200
🛈 Tel (0 61 98) 28 63, Fax 70 02
Tourist Info Südlicher Taunus
✉ 65817 Bezirksstr. 2

Vockenhausen (1 km ↖)

✱ Nassauer Hof
Hauptstr. 104, Tel (0 61 98) 14 44,
Fax 59 02 22, ✉ 65817, DC ED VA
12 Zi, ⌐ WC ✆, P, ≘, Restaurant

Erbach 69 ↗

Baden-Württemberg
Alb-Donau-Kreis
EW 12700
🛈 Tel (0 73 05) 9 67 60, Fax 96 76 76
Gemeinde Erbach
✉ 89155 Erlenbachstr. 50

✱ Kögel
Ehinger Str. 44, Tel (0 73 05) 80 21, Fax 50 84,
✉ 89155, DC ED VA
18 Zi, Ez: 80/40-90/45, Dz: 110/55-120/60,
1 Suite, ⌐ WC ✆, 12 ⛌, P, ≘, 3⌂20
geschl.: 27.12.00-15.1.01, 1-15.8.01

🍴🍴 Trüffel
Hauptgericht 27/13-42/21, Terrasse, geschl.: So,
27.12.00-15.1.01, 1-15.8.01

✱ Zur Linde
Bahnhofstr. 8, Tel (0 73 05) 93 11 00,
Fax 9 31 10 20, ✉ 89155, ED VA
12 Zi, Ez: 80/40-90/45, Dz: 110/55-120/60, ⌐
WC ✆, 5 ⛌, P, ≘, 1⌂40, Restaurant

🍴🍴 Schloßrestaurant
Am Schloßberg 1, Tel (0 73 05) 69 54,
Fax 69 63, ✉ 89155, AX ED VA
Hauptgericht 36/18, Terrasse, P, geschl.: Mo, Di
mittags, 1.-23.1.01, 30.7.-14.8.01

Dellmensingen (3 km ↘)

🛏 Brauerei-Gasthof Adler
Adlergasse 2, Tel (0 73 05) 73 42, Fax 73 74,
✉ 89155, VA
13 Zi, Ez: 59/29, Dz: 94/47-102/51, ⊣ WC ✆,
P, Restaurant

Erbach (Odenwaldkreis) 55←

Hessen
EW 13000
ℹ Tel (0 60 62) 9 43 30, Fax 94 33 22
Touristik-Information
✉ 64711 Marktplatz 1

✳ Odenwälder Wappenstube
Am Schloßgraben 30, Tel (0 60 62) 22 36,
Fax 47 89, ✉ 64711, AX DC ED VA
14 Zi, Ez: 80/40-110/55, Dz: 120/60-180/90, ⊣
WC ✆, 1 ⛌, **P**, Restaurant
geschl.: Mo, 1.-28.2.01

Erlenbach (2 km ↘)

✳ Erlenhof
Bullauer Str. 10, Tel (0 60 62) 31 74,
Fax 6 26 66, ✉ 64711, VA
§, 26 Zi, Ez: 86/43-98/49, Dz: 138/69-142/71, ⊣
WC ✆, **P**, 3↻70, Kegeln, Sauna, Solarium
🍴 Hauptgericht 16/8-36/18, Terrasse,
geschl.: Mo+Di mittags

Erbendorf 58 ↗

Bayern / Kreis Tirschenreuth
EW 5400
ℹ Tel (0 96 82) 92 10 22, Fax 92 10 23
Tourist-Info
✉ 92681 Bräugasse 2

Pfaben (6 km ↑)

✳ Steinwaldhaus
Pfaben 18, Tel (0 96 82) 93 30, Fax 93 31 99,
✉ 92681, AX DC ED VA
59 Zi, Ez: 67/33-85/42, Dz: 117/58-145/73,
1 Suite, 31 App, ⊣ WC ✆ DFÜ, Lift, **P**, 🏠,
3↻40, 🏊, Kegeln, Restaurant
geschl.: 7.1.-23.2.01

Erbenhausen 46 →

Thüringen / Kreis Meiningen
EW 752
ℹ Tel (03 69 46) 21 60, Fax 2 16 19
Fremdenverkehrsinformation
✉ 98634 Gerthäuser Str. 8

Erbenhausen-Außerhalb (6 km ←)

✳ Eisenacher Haus Landidyll
Frankenheimer Str. 84, Tel (03 69 46) 3 02 31,
Fax 3 02 33, ✉ 98634, AX DC ED VA
einzeln ♪ §, 44 Zi, Ez: 65/32-100/50,
Dz: 98/49-140/70, ⊣ WC ✆, 4 ⛌, **P**, 🏠, 4↻50,
Sauna, Solarium
Auf dem Ellenbogen, dem mit 814 m höchsten
Berg der Thüringischen Rhön gelegen. Zimmer
der Kategorie ✱✱ vorhanden.
🍴 Hauptgericht 23/11, Biergarten,
geschl.: Mo, Di

Erding 72 ↗

Bayern
EW 30000
ℹ Tel (0 81 22) 40 80, Fax 40 82 50
Stadtverwaltung
✉ 85435 Landshuter Str. 1

✳✳ Best Western Parkhotel
Am Bahnhof 3, Tel (0 81 22) 49 90,
Fax 49 94 99, ✉ 85435, AX DC ED VA, Ⓢ
64 Zi, Ez: 175/88-205/103,
Dz: 205/103-245/123, ⊣ WC ✆ DFÜ, 33 ⛌, Lift,
P, 🏠, 5↻90
🍴 Hauptgericht 20/10-38/19, Terrasse,
geschl.: So, 6.-25.8.01

✳✳ Kastanienhof Golden Tulip Hotel
Am Bahnhof 7, Tel (0 81 22) 98 00,
Fax 4 24 77, ✉ 85435, AX DC ED VA, Ⓢ
88 Zi, Ez: 109/54-315/158, Dz: 154/77-335/168,
3 Suiten, ⊣ WC ✆ DFÜ, 35 ⛌, Lift, 🏠, 6↻120,
Fitnessraum, Sauna, Solarium, Restaurant

Aufhausen (3 km ↓)

✳✳ Am Schloßberg
Schloßallee 26, Tel (0 81 22) 96 20,
Fax 96 22 22, ✉ 85435, AX DC ED VA
35 Zi, Ez: 100/50-195/98, Dz: 120/60-280/141,
⊣ WC ✆ DFÜ, Lift, **P**, 1↻20, Sauna, Solarium

🍴 Le Brace
Hauptgericht 11/5-36/18

Flughafen (8 km ↖)

✳✳✳✳ Kempinski Hotel Airport München
Terminalstr. / Mitte 20, Tel (0 89) 9 78 20,
Fax 97 82 26 10, ✉ 85356, AX DC ED VA, Ⓢ
§, 343 Zi, Ez: 410/206-530/266,
Dz: 450/226-580/292, 46 Suiten, ⊣ WC ✆ DFÜ,
150 ⛌, Lift, 🏠, 30↻500, 🏊, Sauna, Solarium

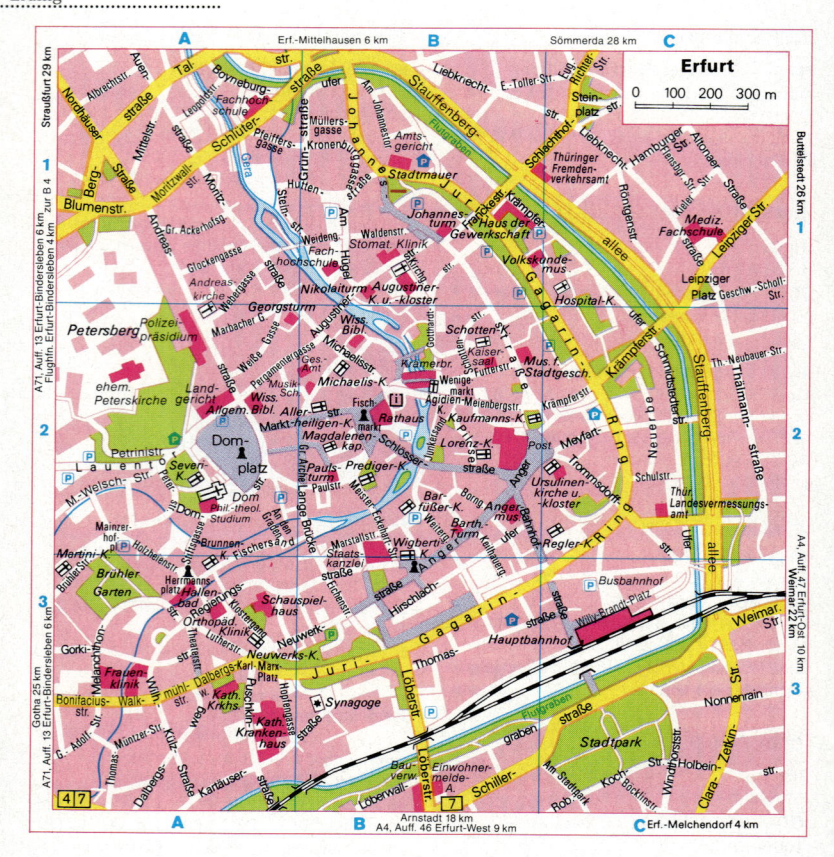

Erding

¶¶ Charles Lindbergh
Hauptgericht 39/19, Terrasse, Biergarten

¶¶ Il Mondo
Terminal B, Ebene 6, Tel (0 89) 97 59 32 22,
Fax 97 59 32 26, ✉ 85356, AX DC ED VA
Hauptgericht 35/17

Erftstadt 42 ↗

Nordrhein-Westfalen / Erftkreis
EW 48500
🛈 Tel (0 22 35) 40 93 06, Fax 40 93 00
Stadtverwaltung
✉ 50374 Holzdamm 10

Lechenich

¶¶¶ Husarenquartier
Schlossstr. 10, Tel (0 22 35) 50 96,
Fax 69 11 43, ✉ 50374, AX DC ED VA
Hauptgericht 34/17-56/28, Terrasse, **P**,
geschl.: Mo, Di
✱ 5 Zi, Ez: 110/55, Dz: 185/93, ⌐ WC ℂ

Erfurt 47 ↗

Thüringen
EW 205000
🛈 Tel (03 61) 6 64 00, Fax 6 64 02 90
Tourist-Information
✉ 99084 Benediktsplatz 1

✱✱ Dorint
Meienbergstr. 26-27 (B 2), **Tel** (03 61) 5 94 90,
Fax 5 94 91 00, ✉ 99084, AX DC ED VA, Ⓢ
139 Zi, Ez: 220/110-280/141,
Dz: 265/133-325/163, 3 Suiten, ⌐ WC ℂ DFÜ,
83 ⟵, Lift, **P**, 🚗, 9⟶180, Sauna, Solarium

¶¶ Zum Rebstock
🍴, Hauptgericht 18/9-36/18

Erfurt

★★ Zumnorde
Anger 50 (B 2), Tel (03 61) 5 68 00,
Fax 5 68 04 00, ✉ 99084, AX DC ED VA
46 Zi, Ez: 170/85-210/105,
Dz: 230/115-250/125, 3 Suiten, 1 App, ⌐ WC ⊘
DFÜ, 14 ⌲, 🐾, 4⇨50, Sauna, Solarium
Auch Zimmer der Kategorie ★★★ vorhanden.
🍴🍴 Tel 5 66 21 27 Fax 5 66 21 28,
Hauptgericht 15/7-32/16, Terrasse, Biergarten

★★ Best Western Hotel Exelsior
Bahnhofstr. 35 (C 3), Tel (03 61) 5 67 00,
Fax 5 67 01 00, ✉ 99084, AX DC ED VA, Ⓢ
74 Zi, Ez: 130/65-210/105, Dz: 170/85-275/138,
3 Suiten, ⌐ WC ⊘ DFÜ, 24 ⌲, Lift, 🅿, 2⇨40,
Sauna, Solarium, Restaurant
Auch Zimmer der Kategorie ★★★ vorhanden.

★★ Sorat Hotel Erfurt
Gotthardtstr. 27 (B 2), Tel (03 61) 6 74 00,
Fax 6 74 04 44, ✉ 99084, AX DC ED VA, Ⓢ
85 Zi, Ez: 165/83, Dz: 205/103, ⌐ WC ⊘ DFÜ,
25 ⌲, Lift, 🅿, 🐾, 3⇨100, Sauna, Solarium
🍴🍴 Zum alten Schwan ✚
Hauptgericht 20/10-45/22, Terrasse,
geschl.: jeweils So + Mo abends

★★ Carat
Hans-Grundig-Str. 40 (außerhalb C 3),
Tel (03 61) 3 43 00, Fax 3 43 01 00, ✉ 99099,
AX DC ED VA
☾ ⚹, 60 Zi, Ez: 117/58-170/85,
Dz: 147/74-220/110, ⌐ WC ⊘ DFÜ, 20 ⌲, Lift,
🅿, 🐾, 4⇨60, Sauna, Solarium, Restaurant

★★ Radisson SAS
Juri-Gagarin-Ring 127 (C 2),
Tel (03 61) 5 51 00, Fax 5 51 02 10, ✉ 99084,
AX DC ED VA, Ⓢ
⚹, 16 Zi, Ez: 179/90-209/105,
Dz: 219/110-249/125, 3 Suiten, ⌐ WC ⊘, 69 ⌲,
Lift, 🅿, 11⇨380, Restaurant

★ InterCityHotel
Willy-Brandt-Platz 11 (C 3),
Tel (03 61) 5 60 00, Fax 5 60 09 99, ✉ 99084,
AX DC ED VA
161 Zi, Ez: 180/90, Dz: 220/110, 1 Suite, ⌐ WC
⊘ DFÜ, 44 ⌲, Lift, 🅿, 🐾, 5⇨100, Restaurant

★ Erfurtblick
Nibelungenweg 20, Tel (03 61) 22 06 60,
Fax 2 20 66 22, ✉ 99092, AX ED VA
☾ ⚹, 11 Zi, Ez: 90/45-110/55, Dz: 130/65, 1 App,
⌐ WC ⊘, 🅿, garni

★ Gartenstadt
Binderslebener Landstr. 212,
Tel (03 61) 2 10 45 12, Fax 2 10 45 13,
✉ 99092, AX DC ED VA
13 Zi, Ez: 95/47, Dz: 125/62, 2 Suiten, ⌐ WC ⊘,
13 ⌲, 🅿, 1⇨20, Sauna, Solarium, Restaurant

🍴🍴 Alboth's ✚
Futterstr. 15 / 16, Tel (03 61) 5 68 82 07,
Fax 5 68 81 81, ✉ 99084, AX ED VA
Hauptgericht 25/12-45/22, geschl.: Sa mittags,
So

🍴🍴 Castell
Kleine Arche 4, Tel (03 61) 6 44 22 22,
Fax 6 44 22 22, ✉ 99084, AX DC ED VA
Hauptgericht 33/16-40/20, Gartenlokal

Appartementhotels/Boardinghäuser

Apartmenthotel Lindeneck
Triftstr. 36, Tel (03 61) 7 39 56,
Fax 7 39 58 88, ✉ 99086, AX DC ED VA
32 Zi, Ez: 118/59-198/99, Dz: 138/69-198/99,
12 Suiten, 29 App, ⌐ WC ⊘ DFÜ, 6 ⌲, 🅿,
1⇨20, 🐾, Sauna, Solarium, Restaurant
Zimmer der Kategorie ★★.

Bindersleben (3 km ←)

★★ Airport Hotel Erfurt
Binderslebener Landstr. 100,
Tel (03 61) 6 56 11 11, Fax 6 56 10 60,
✉ 99092, AX DC ED VA, Ⓢ
72 Zi, Ez: 169/86-188/94, Dz: 158/79-188/94,
⌐ WC ⊘ DFÜ, 36 ⌲, 🅿, 🐾, 6⇨180, Sauna,
Solarium, Restaurant

Kerspleben (5,5 km ↗)

★ Weißer Schwan
Erfurter Str. 179, Tel (03 62 03) 5 80,
Fax 5 81 00, ✉ 99198, AX DC ED VA
44 Zi, Ez: 85/42-125/62, Dz: 110/55-150/75, ⌐
WC ⊘ DFÜ, Lift, 🅿, 🐾, 2⇨50, Kegeln, Sauna,
Solarium, Restaurant

Linderbach (4 km →)

★★ LinderHof Landidyll
Straße des Friedens 12, Tel (03 61) 4 41 80,
Fax 41 63 33, ✉ 99198, AX DC ED VA
52 Zi, Ez: 176/88-236/118, Dz: 196/98-316/159,
1 App, ⌐ WC ⊘ DFÜ, 26 ⌲, Lift, 🅿, 🐾, 3⇨80,
Sauna, Solarium
🍴🍴 Hauptgericht 27/13, Terrasse,
Biergarten

Erfurt

** Top Sleep & Meet Hotel
Auf der großen Mühle 4, Tel (03 61) 4 38 30,
Fax 4 38 34 00, ✉ 99198, AX DC ED VA
93 Zi, Ez: 90/45-130/65, Dz: 125/62-168/84, ⌐
WC ⊘, 54 ⇟, Lift, P, ≘, 6⇌90, Restaurant

* Comfort-Hotel
Über den Feldgarten 9, Tel (03 61) 4 41 21 00,
Fax 4 41 22 99, ✉ 99198, AX DC ED VA, S
100 Zi, Ez: 89/44, Dz: 108/54, ⌐ WC ⊘, 50 ⇟,
Lift, P

Molsdorf (6 km ✓)

* Landhotel Burgenblick
Am Zwetschgenberg 1, Tel (03 62 02) 8 11 11,
Fax 8 11 12, ✉ 99192, AX DC ED VA
23 Zi, Ez: 118/59-138/69, Dz: 158/79-178/89,
1 Suite, ⌐ WC ⊘, P, 1⇌20, Sauna, Solarium,
Restaurant

Erfweiler 60 ↖

Rheinland-Pfalz
Kreis Südwestpfalz
EW 1263
🛈 Tel (0 63 91) 58 11, Fax 40 61 99
Tourist-Information
✉ 66994 Schulstr. 29

* Die kleine Blume
Winterbergstr. 106, Tel (0 63 91) 9 23 00,
Fax 92 30 30, ✉ 66996
♪, 27 Zi, Ez: 110/55, Dz: 190/95, ⌐ WC ⊘, Lift,
P, ≘, Sauna, Solarium, Restaurant
Auch einfachere Zimmer vorhanden.

Erkelenz 32 ↓

Nordrhein-Westfalen
Kreis Heinsberg
EW 43500
🛈 Tel (0 24 31) 8 50, Fax 8 53 07
Stadtverwaltung
✉ 41812 H.-J.-Gormanns-Str 14

** Am Weiher
Nordpromenade 7, Tel (0 24 31) 9 69 30,
Fax 9 69 32 09, ✉ 41812, ED VA
28 Zi, Ez: 145/73, Dz: 200/100, 4 Suiten, ⌐ WC
⊘ DFÜ, Lift, P, Restaurant
geschl.: So

** Rheinischer Hof
Kölner Str. 18, Tel (0 24 31) 22 94,
Fax 7 46 66, ✉ 41812, AX DC ED VA
15 Zi, Ez: 95/47-160/80, Dz: 160/80-220/110,
2 Suiten, 3 App, ⌐ WC ⊘ DFÜ, 1 ⇟, Sauna,
Solarium, garni
Auch Zimmer der Kategorie * vorhanden.

¶ Oerather Mühle
Roermonder Str. 36, Tel (0 24 31) 24 02,
Fax 7 28 57, ✉ 41812, AX DC ED VA
Hauptgericht 16/8-36/18, geschl.: Mo

Erkner 30 →

Brandenburg / Landkreis Oder-Spree
EW 12200
🛈 Tel (0 33 62) 79 51 26, Fax 32 92
Stadtverwaltung Erkner
✉ 15537 Friedrichstr. 6-8

Hohenbinde

⇌ Waldhotel
Albert-Kiekebusch-Str. 16,
Tel (0 33 62) 2 82 20, Fax 33 49, ✉ 15537, ED
20 Zi, Ez: 70/35-85/42, Dz: 100/50-120/60,
4 App, ⌐ WC, P, 1⇌35, Restaurant

Erkrath 33 ✓

Nordrhein-Westfalen
Kreis Mettmann
EW 50000
🛈 Tel (02 11) 2 40 70, Fax 24 07 10 33
Stadtverwaltung Erkrath
✉ 40699 Bahnstr. 16

** Mercure
Neanderstr. 2, Tel (02 11) 9 27 50,
Fax 9 27 56 66, ✉ 40699, AX DC ED VA, S
81 Zi, Ez: 185/93-426/214,
Dz: 235/118-500/251, ⌐ WC ⊘ DFÜ, Lift, P, ≘,
4⇌130, Fitnessraum, Sauna, Golf, Restaurant

Hochdahl (2 km →)

* Akzent-Hotel Schildsheide
Schildsheider Str. 47, Tel (0 21 04) 4 60 81,
Fax 4 60 83, ✉ 40699, AX DC ED VA, S
♪, 37 Zi, Ez: 135/67-208/104,
Dz: 190/95-318/160, 1 Suite, 1 App, ⌐ WC ⊘
DFÜ, 18 ⇟, P, 2⇌35, ≘, Fitnessraum, Sauna,
Solarium, Restaurant

Erlabrunn 56 ↖

Bayern / Kreis Würzburg
EW 1600
🛈 Tel (09 31) 46 86 20, Fax 46 29 28
Verwaltungsgemeinschaft
✉ 97276 Mainstr. 15

* Weinhaus Flach mit Gästehaus
Würzburger Str. 14, Tel (0 93 64) 53 19,
Fax 53 10, ✉ 97250, ED VA

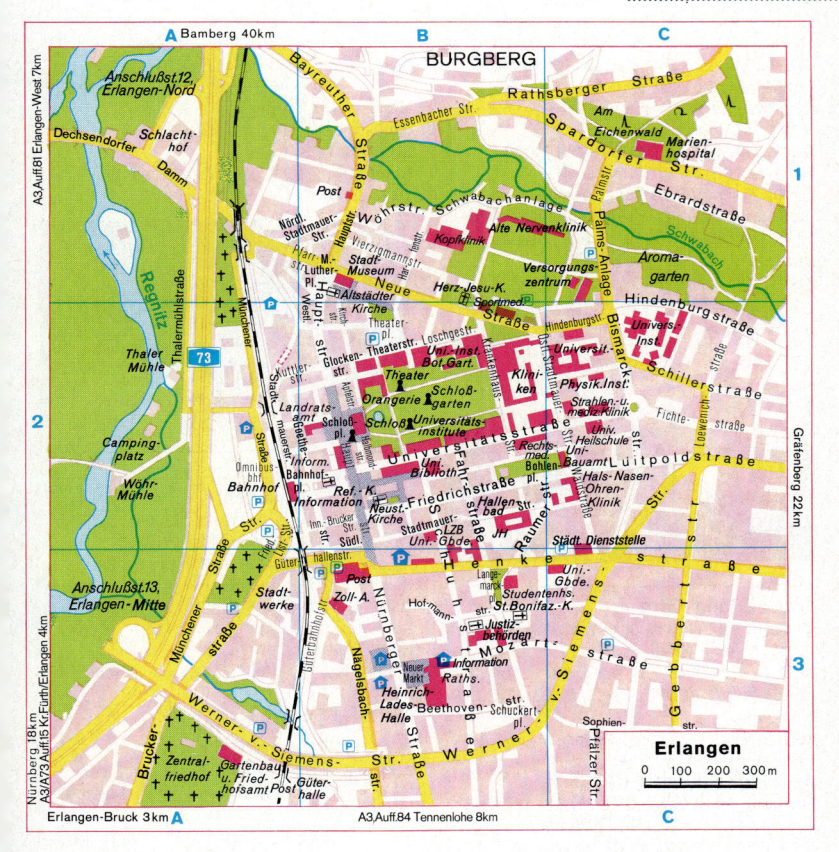

37 Zi, Ez: 80/40-100/50, Dz: 120/60-150/75,
2 Suiten, ⌐ WC ⌀, Lift, **P**, 1⇆50, Restaurant
geschl.: 22.1.-10.2., 22.-30.8.01
Auch Zimmer der Kategorie ** vorhanden.

Erlangen 57 □

Bayern
EW 101000
🛈 Tel (0 91 31) 8 95 10, Fax 89 51 51
Verkehrsverein Erlangen e.V.
✉ 91052 Rathausplatz 1

** Bayerischer Hof

Schuhstr. 31 (B 3), Tel **(0 91 31) 78 50**,
Fax 2 58 00, ✉ 91052, AX DC ED VA
♪, 153 Zi, Ez: 160/80-225/113, Dz: 255/128,
5 Suiten, ⌐ WC ⌀ DFÜ, 55 ⛌, Lift, 🏠, 5⇆250,
Sauna, Solarium

🍴🍴 Hauptgericht 38/19, Terrasse, **P**

** Astron Kongreß Hotel

Beethovenstr. 3 (B 3), Tel **(0 91 31) 8 91 20**,
Fax 8 91 21 07, ✉ 91052, AX DC ED VA, Ⓢ
138 Zi, Ez: 173/87-303/152,
Dz: 186/93-326/164, ⌐ WC ⌀, Lift, **P**, 🏠,
5⇆120, Fitnessraum, Sauna, Solarium,
Restaurant
Preise exkl. Frühstück.

** Rokokohaus

Theaterplatz 13 (B 2), Tel **(0 91 31) 78 30**,
Fax 78 31 99, ✉ 91054, AX DC ED VA
♪, 37 Zi, Ez: 120/60-150/75, Dz: 190/95, ⌐ WC
⌀, Lift, 🏠, Solarium, garni
Haus von 1760. Dreiachsiger Quaderbau. Auch
Zimmer der Kategorie * vorhanden.

* Residenz Erlangen

Bayreuther Str. 53, Tel **(0 91 31) 87 60**,
Fax 87 65 50, ✉ 91054, AX DC ED VA

→

Erlangen

95 Zi, Ez: 110/55-190/95, Dz: 151/76-207/104,
11 Suiten, 26 App, ⊐ WC ⊘ DFÜ, 40 ⊭, Lift, 🏠,
6⇔30, Fitnessraum, Solarium, Restaurant
Langzeitvermietung möglich.

✱ Luise
Sophienstr. 10 (C 3), **Tel (0 91 31) 12 20**,
Fax 12 21 00, ✉ 91052, AX DC ED VA
♪, 100 Zi, Ez: 139/70-189/95,
Dz: 185/93-209/105, 2 Suiten, ⊐ WC ⊘ DFÜ,
60 ⊭, Lift, 🅿, 🏠, 1⇔12, Sauna, Solarium,
garni
geschl.: 23.12.00-2.1.01
Auch Zimmer der Kategorie ✱✱ vorhanden.

✱ König Otto
Henkestr. 56, **Tel (0 91 31) 87 80**, **Fax 87 85 03**,
✉ 91054, AX DC ED VA
60 Zi, Ez: 95/47-185/93, Dz: 120/60-220/110,
10 App, ⊐ WC ⊘ DFÜ, 6 ⊭, Lift, 🅿, 1⇔25,
Restaurant
Auch Zimmer der Kategorie ✱✱ vorhanden.

✱ Fränkischer Hof
Goethestr. 34 (B2), **Tel (0 91 31) 87 20**,
Fax 2 37 98, ✉ 91054, AX DC ED VA
40 Zi, Ez: 98/49-140/70, Dz: 150/75-180/90, ⊐
WC ⊘, 15 ⊭, Lift, 🏠

✱ Grauer Wolf
Hauptstr. 80 (B 1-2), **Tel (0 91 31) 8 10 60**,
Fax 81 06 47, ✉ 91054, AX DC ED VA
25 Zi, Ez: 75/37-135/67, Dz: 130/65-175/88,
8 App, WC ⊘, 10 ⊭, Lift, 🅿, 🏠, Sauna,
Restaurant
Auch einfachere Zimmer vorhanden.

🍴🍴 Casa Nova Restaurant, Bar & Bistro
Theaterplatz 22, **Tel (0 91 31) 81 60 00**,
Fax 81 60 03, ✉ 91054, AX DC ED VA
Hauptgericht 33/16-41/20, Terrasse

🍴🍴 Altmann's Stube
Theaterplatz 9, **Tel (0 91 31) 8 91 60**,
Fax 89 16 66, ✉ 91054, AX DC ED VA

Hauptgericht 28/14-48/24, Gartenlokal, 🛏,
geschl.: so+feiertags, 1.-6.1.01, Ende
Aug.-Anfang Sep

🍴🍴 Da Pippo
Paulistr. 12, **Tel (0 91 31) 20 73 94**, **Fax 98 43**,
✉ 91054, AX ED VA
Hauptgericht 35/17, nur abends, geschl.: So,
19.8.-2.9.01

🍴 Bärengarten ✚
Rathsberger Str. 2, **Tel (0 91 31) 2 50 25**,
Fax 2 50 27, ✉ 91054, AX DC ED VA
Hauptgericht 19/9-32/16, Biergarten, 🅿

🍴 Weinhaus Kach
Kirchenstr. 2, **Tel (0 91 31) 20 31 91**,
Fax 82 95 65, ✉ 91054, AX ED
Hauptgericht 19/9-28/14, Terrasse, geschl.: Mo

Bruck (3 km ↓)

✱ Art Hotel Erlangen
Äußere Brucker Str. 90 (Außerhalb A3),
Tel (0 91 31) 7 14 00, **Fax 71 40 13**, ✉ 91052,
AX DC ED VA
36 Zi, Ez: 115/57-145/73, Dz: 152/76-182/91, ⊐
WC ⊘, 2 ⊭, 🅿, 🏠, 1⇔30, Fitnessraum, Sauna,
Restaurant

🛏 Ritter St. Georg
Leipziger Str. 8+17, **Tel (0 91 31) 7 66 50**,
Fax 76 65 40, ✉ 91058
19 Zi, Ez: 75/37-79/39, Dz: 107/53-112/56, ⊐
WC ⊘, 🅿, Restaurant

Eltersdorf (4 km ↓)

✱ Rotes Roß
Eltersdorfer Str. 15 a, **Tel (0 91 31) 69 08 10**,
Fax 6 90 81 57, ✉ 91058, AX DC ED VA
23 Zi, Ez: 95/47-110/55, Dz: 128/64-160/80, ⊐
WC ⊘ DFÜ, 9 ⊭, 🅿, 🏠, Sauna, Solarium

Kosbach (4 km ←)

₦₦₦ Gasthaus Polster
Am Deckersweiher 26, **Tel (0 91 31) 7 55 40**,
Fax **75 54 45**, ✉ 91056, AX DC ED VA
Hauptgericht 15/7-28/14, P

₦₦ Polster-Stube ✢
Hauptgericht 28/14-45/22, Terrasse

✱✱ Polster
Am Deckersweiher 28
12 Zi, Ez: 138/69, Dz: 168/84-188/94, ⊐ WC ⌀,
Lift, 3⟳70

Tennenlohe (6 km ↓)

✱✱ Albertinum
Am Wolfsmantel 14, **Tel (0 91 31) 60 70**,
Fax **60 72 00**, ✉ 91058
Ez: 125/62, Dz: 180/90
Langzeitvermietung möglich.

✱ Transmar Event Hotel Golden Tulip Hotel
Wetterkreuzstr. 7, **Tel (0 91 31) 60 80**,
Fax **60 81 00**, ✉ 91058, AX DC ED VA
124 Zi, Ez: 189/95-344/173,
Dz: 224/112-394/198, 1 Suite, ⊐ WC ⌀ DFÜ,
31 ⇌, Lift, P, 6⟳250, Sauna, Solarium,
Restaurant

✱ Lachnerhof
Märterleinsweg 2, **Tel (0 91 31) 7 70 70**,
Fax **77 07 47**, ✉ 91058, AX DC ED VA
28 Zi, Ez: 95/47-120/60, Dz: 130/65-155/78, ⊐
WC ⌀ DFÜ, 5 ⇌, Lift, P, ⌂, 3⟳35

Erlbach   49 ↓

Sachsen / Vogtlandkreis
EW 2050
🛈 Tel (03 74 22) 62 25, Fax 62 25
Fremdenverkehrsamt
✉ 08265 Klingenthaler Str. 1

✱ Landhotel Lindenhöhe
Hetzschen 10, **Tel (03 74 22) 60 66**, Fax **61 65**,
✉ 08265, ED
♪ ⚡, 25 Zi, Ez: 75/37-85/42, Dz: 120/60, ⊐ WC
⌀, 3 ⇌, P, 1⟳25, Sauna, Solarium, Restaurant
Auch Zimmer der Kategorie ✱✱ vorhanden.

Erlenbach am Main   55 ↖

Bayern / Kreis Miltenberg
EW 9960
🛈 Tel (0 93 72) 7 04 31, Fax 7 04 20
Stadtverwaltung
✉ 63906 Bahnstr. 26

✱ City Hotel Balonier
Elsenfelder Str. 30a, **Tel (0 93 72) 94 47 60**,
Fax **94 47 62**, ✉ 63906, ED VA
12 Zi, Ez: 75/37-90/45, Dz: 120/60-130/65, ⊐
WC ⌀, P, Restaurant

✱ Fränkische Weinstuben
Mechenharder Str. 5, **Tel (0 93 72) 9 45 40**,
Fax **94 54 44**, ✉ 63906, ED VA
17 Zi, Ez: 80/40-98/49, Dz: 115/57-140/70, ⊐
WC ⌀, P, 2⟳60, Restaurant

₦ Zum Unkelbach
Klingenberger Str. 13, **Tel (0 93 72) 42 01**,
✉ 63906, AX DC ED VA
Hauptgericht 23/11-35/17, Biergarten, P,
geschl.: Di, Sa mittags, 28.10.-7.11.00, 5-19.6.01

Erlensee   45 ✓

Hessen / Main-Kinzig-Kreis
EW 12450
🛈 Tel (0 61 83) 91 51 33, Fax 91 51 77
Ordnungsamt
✉ 63526 Am Rathaus 3

Rückingen

✱ New City
Langendiebacher Str. 47-51,
Tel (0 61 83) 9 20 30, Fax **92 03 20**, ✉ 63526,
AX ED VA
29 Zi, Ez: 80/40-150/75, Dz: 150/75-200/100,
⊐ WC ⌀, 29 ⇌, P, ⌂, 1⟳30, garni
Auch Zimmer der Kategorie ✱✱ vorhanden.

Erndtebrück   44 ↑

Nordrhein-Westfalen
Kreis Siegen-Wittgenstein
EW 8128
🛈 Tel (0 27 53) 60 50, Fax 60 51 00
Gemeindeverwaltung
✉ 57339 Talstr. 27

✱ Edermühle
Mühlenweg 5, **Tel (0 27 53) 59 83 70**,
Fax **59 83 72**, ✉ 57339, ED VA
8 Zi, Ez: 110/55-150/75, Dz: 170/85-210/105, ⊐
WC ⌀, Lift, P, ⌂, Restaurant
geschl.: Mi, 1.-15.1.01

Ernst 43 ✓

Rheinland-Pfalz
Kreis Cochem-Zell
EW 625
i Tel (0 26 71) 55 16, Fax 73 34
Verkehrsverein
✉ 56814 Weingartenstr. 67

✱ Haus Pollmanns
Moselstr. 54, Tel (0 26 71) 86 83, Fax 56 46,
✉ 56814, ED VA
✸, 89 Zi, Ez: 83/41-88/44, Dz: 120/60-130/65,
2 Suiten, 2 App, ⌐ WC, Lift, **P**, 1⇔50, Kegeln,
Restaurant
Auch einfachere Zimmer vorhanden.

Erolzheim 70 ↖

Baden-Württemberg / Kreis Biberach
EW 2950
i Tel (0 73 54) 9 31 80, Fax 93 18 34
Bürgermeisteramt
✉ 88453 Marktplatz 7

✱✱ Schloß Erolzheim
Schlosstr. 6, Tel (0 73 54) 9 30 50,
Fax 93 05 40, ✉ 88453, AX ED VA
✸, 12 Zi, Ez: 150/75-190/95,
Dz: 250/125-320/161, ⌐ WC ⊘, **P**, 1⇔40,
Restaurant
geschl.: Do, 8.-28.1.01

✱ Gästehaus Marktschmiede
Marktplatz 8, Tel (0 73 54) 4 05, Fax 25 05,
✉ 88453, DC ED VA
13 Zi, Ez: 74/37-89/44, Dz: 115/57-122/61, ⌐
WC ⊘, 9 ⇌, **P**, ⌂, Restaurant
geschl.: So

Erpfingen siehe Sonnenbühl

Erwitte 34 →

Nordrhein-Westfalen / Kreis Soest
EW 16000
i Tel (0 29 43) 89 60, Fax 89 63 70
Stadtverwaltung Erwitte
✉ 59597 Am Markt 12

✱ Schloss Hotel Erwitte
Schloßallee 14, Tel (0 29 43) 9 76 00,
Fax 48 64 45, ✉ 59597, ED VA
15 Zi, Ez: 110/55-135/67, Dz: 175/88-195/98,
6 Suiten, ⌐ WC ⊘, Lift, **P**, 3⇔140, Restaurant

✱ Büker
Am Markt 14, Tel (0 29 43) 23 36, Fax 41 68,
✉ 59597, AX DC ED VA
19 Zi, Ez: 75/37-90/45, Dz: 120/60-150/75, ⌐
WC ⊘ DFÜ, **P**, ⌂, 4⇔170, Restaurant

Westernkotten, Bad (Heilbad, 3 km ↗)

✱✱ Kurpension Grüttner
Salzstr. 15, Tel (0 29 43) 80 70, Fax 80 72 90,
✉ 59597, ED
♪, 54 Zi, Ez: 79/39, Dz: 158/79, ⌐ WC ⊘,
54 ⇌, Lift, **P**, ⌂, Fitnessraum, Sauna,
Solarium, Restaurant

✱ Kurpension Haus am Park
Griesestr. 4, Tel (0 29 43) 9 70 10,
Fax 97 01 50, ✉ 59597, ED
♪, 28 Zi, Ez: 70/35-90/45, Dz: 130/65-150/75,
5 Suiten, 5 App, ⌐ WC ⊘, 28 ⇌, Lift, **P**, ⌂, ⌂,
Sauna, Solarium, garni
geschl.: 1.1.-20.2.01

Erzhausen 54 ↗

Hessen / Kreis Darmstadt-Dieburg
EW 6480
i Tel (0 61 50) 9 76 70, Fax 8 48 75
Gemeindeamt/Tourist-Info
✉ 64390 Rodenseestr. 3

✱✱ Landhotel Margaretenhof
Am Dornbusch 8, im Gewerbegebiet,
Tel (0 61 50) 80 80, Fax 8 49 20, ✉ 64390, AX
ED VA
♪, 33 Zi, Ez: 93/46, Dz: 158/79, ⌐ WC ⊘, Lift,
P, 3⇔25, Restaurant

Eschbach 43 ↘

Rheinland-Pfalz / Rhein-Lahn-Kreis
EW 220
i Tel (0 67 72) 32 10
Verbandsgemeindeverwaltung
✉ 56355 Bahnhofstr. 1

✱ Zur Suhle
Talstr. 2, Tel (0 67 71) 80 94 00, Fax 80 94 06,
✉ 56357, DC ED VA
♪ ✸, 19 Zi, Ez: 75/37-90/45, Dz: 150/75-180/90,
1 Suite, ⌐ WC ⊘, Lift, **P**, 1⇔20, ⌂, Kegeln,
Sauna, Restaurant

Eschborn 44 ↘

Hessen / Main-Taunus-Kreis
EW 19320
i Tel (0 61 96) 49 00, Fax 49 03 00
Stadtverwaltung
✉ 65760 Rathausplatz 36

Niederhöchstadt (2 km ↖)

** **Bommersheim**
Hauptstr. 418, **Tel (0 61 73)** 60 08 00,
Fax 60 08 40, ✉ 65760, AX ED VA
35 Zi, Ez: 175/88-230/115,
Dz: 210/105-290/146, ⊒ WC ⌀ DFÜ, Lift, ℗
geschl.: 22.12.00-2.1.01

¶¶ Hauptgericht 17/8-36/18, nur abends,
geschl.: So, Mai-Jun

Eschede 26 ↗

Niedersachsen / Kreis Celle
EW 6300
🛈 **Tel (0 51 42)** 41 64 15, Fax 41 64 14
Tourist-Information
✉ 29348 An der Bahn 1

* **Deutsches Haus**
Albert-König-Str. 8, **Tel (0 51 42)** 22 36,
Fax 25 05, ✉ 29348, ED VA
11 Zi, Ez: 85/42, Dz: 130/65, ⊒ WC ⌀, ℗, 🛋,
Kegeln, Restaurant
geschl.: Mo, 15.2.-15.3.01, 12-26.7.01

Eschenbach i. d. OPf. 58 ↗

Bayern
Kreis Neustadt a. d. Waldnaab
EW 3735
🛈 **Tel (0 96 45)** 2 24
Stadtverwaltung
✉ 92676 Marienplatz 42

Kleinkotzenreuth (3 km ↖)

🛌 **Obersee**
Obersee 1, **Tel (0 96 45)** 60 00, Fax 61 54,
✉ 92676, AX ED VA
18 Zi, Ez: 60/30-70/35, Dz: 120/60, ⊒ WC ⌀, ℗

🍽 Hauptgericht 12/6-26/13, geschl.: Mo

Eschenlohe 71 ↓

Bayern
Kreis Garmisch-Partenkirchen
EW 1620
🛈 **Tel (0 88 24)** 82 28, Fax 89 56
Verkehrsamt
✉ 82438 Murnauer Str. 1

¶¶ **Tonihof** ✣
Walchenseestr. 42, **Tel (0 88 24)** 9 29 30,
Fax 92 93 99, ✉ 82438, DC ED VA
🥂, Hauptgericht 30/15-49/24, Terrasse, ℗,
geschl.: Mi

** ♪ 🥂, 25 Zi, Ez: 103/51-129/64,
Dz: 204/102-248/124, ⊒ WC ⌀, 🛋, 1⟲20,
Sauna, Solarium

🛌 **Zur Brücke**
Loisachstr. 1, **Tel (0 88 24)** 2 10, Fax 2 32,
✉ 82438
🥂, 18 Zi, Ez: 60/30-68/34, Dz: 100/50-120/60,
4 Suiten, ⊒ WC ⌀, 4 🛏, ℗, 🛋, 2⟲170,
Restaurant
Rezeption: 7-1, geschl.: Di, 22.11.-15.12.00,
22.11.-15.12.01

Wengen (1 km ↓)

🛌 **Wengererhof**
Haus Nr 1, **Tel (0 88 24)** 9 20 30, Fax 92 03 45,
✉ 82438
♪ 🥂, 23 Zi, Ez: 80/40-90/45, Dz: 115/57-145/73,
⊒ WC ⌀, garni

Eschwege 36 ↘

Hessen / Werra-Meißner-Kreis
EW 24000
🛈 **Tel (0 56 51)** 33 19 85, Fax 5 02 91
Tourist-Information
✉ 37269 Hospitalplatz 16

** **Ringhotel Dölle's Nr. 1**
Friedrich-Wilhelm-Str. 2, **Tel (0 56 51)** 7 44 40,
Fax 74 44 77, ✉ 37269, AX DC ED VA, Ⓢ
38 Zi, Ez: 85/42-150/75, Dz: 130/65-195/98, ⊒
WC ⌀, 9 🛏, Lift, ℗, 🛋, 2⟲120, Kegeln, Sauna,
Solarium
Auch Zimmer der Kategorie ***** vorhanden.

¶¶¶ **Dölle's Nr. 1**
Hauptgericht 18/9-48/24, geschl.: So

* **Zur Struth**
Struthstr. 7 a, **Tel (0 56 51)** 92 28 13,
Fax 27 88, ✉ 37269, DC ED VA
37 Zi, Ez: 65/32-85/42, Dz: 110/55-130/65, ⊒
WC ⌀, ℗, 🛋, Restaurant

* **Gasthaus Zur Krone**
Stad 9, **Tel (0 56 51)** 3 00 66, Fax 62 52,
✉ 37269, AX DC ED VA
13 Zi, Ez: 75/37, Dz: 110/55, 1 Suite, 3 App, ⊒
WC ⌀, 🛋, Kegeln, Restaurant

Eschweiler 42 ↖

Nordrhein-Westfalen / Kreis Aachen
EW 56060
🛈 Tel (0 24 03) 7 12 95, Fax 7 13 84
Stadtverwaltung
✉ 52249 Rathausplatz 1

✶✶ Günnewig Hotel de Ville
Dürener Str. 5, Tel (0 24 03) 86 10,
Fax 86 11 50, ✉ 52249, AX DC ED VA
66 Zi, Ez: 120/60-170/85, Dz: 180/90-220/110,
⇨ WC ⊘ DFÜ, 23 ⇔, Lift, ⌂, 4⇔100, Golf

Esens-Bensersiel 16 ↖

Niedersachsen / Kreis Wittmund
EW 6560
🛈 Tel (0 49 71) 91 50, Fax 49 88
Kurverwaltung
✉ 26427 Kirchplatz

Bensersiel

✶ Hörn van Diek
Lammertshörn 1, Tel (0 49 71) 24 29,
Fax 24 29, ✉ 26427
Ez: 88/44, Dz: 150/75-170/85, 20 App, ⇨ WC,
P, ⌂, Solarium, garni

✶ Röttgers
Am Wattenmeer 6, Tel (0 49 71) 30 18,
Fax 38 67, ✉ 26427
♪, 20 Zi, Ez: 60/30-90/45, Dz: 90/45-150/75, ⇨
WC ⊘ DFÜ, P, garni
geschl.: 1.11.00-1.3.01

✶ Störtebeker
Am Wattenmeer 4, Tel (0 49 71) 9 19 00,
Fax 91 90 55, ✉ 26427
♪, 32 Zi, Ez: 45/22-60/30, Dz: 90/45-140/70, ⇨
WC ⊘, 8 ⇔, P, Sauna, Solarium, garni
geschl.: 10.1.-15.2.01

Esens

✶✶ Krögers Hotel
Bahnhofstr. 18, Tel (0 49 71) 30 65 68,
Fax 42 65, ✉ 26427, AX DC ED VA
44 Zi, Ez: 108/54-128/64, Dz: 188/94-228/114,
1 Suite, ⇨ WC ⊘, 12 ⇔, Lift, P, 3⇔150,
Kegeln, Sauna, Solarium, Restaurant
Auch Zimmer der Kategorie ✶ vorhanden.

⇌ Wietings Hotel
Am Markt 7, Tel (0 49 71) 45 68, Fax 41 51,
✉ 26427, DC ED VA
26 Zi, Ez: 80/40-120/60, Dz: 130/65-190/95, ⇨
WC, Sauna, Solarium, Restaurant

Eslohe 34 ↘

Nordrhein-Westfalen
Hochsauerlandkreis
EW 9000
🛈 Tel (0 29 73) 4 42, Fax 25 10
Kur- und Verkehrsverein
✉ 59889 Kupferstr. 30

✶ Forellenhof Poggel
Homerstr. 21, Tel (0 29 73) 9 71 80,
Fax 97 18 78, ✉ 59889, ED VA
25 Zi, Ez: 65/32-110/55, Dz: 110/55-170/85, ⇨
WC ⊘ DFÜ, Lift, P, ⌂, 2⇔45
🍴 Hauptgericht 18/9-40/20, Terrasse

Cobbenrode (8 km ↓)

✶✶ Hennemann
Olper Str. 28, Tel (0 29 73) 37 01, Fax 37 03,
✉ 59889, AX DC ED VA
24 Zi, Ez: 95/47, Dz: 180/90, 2 Suiten, ⇨ WC ⊘,
2 ⇔, Lift, P, ⌂, 2⇔25, ⌂, Kegeln, Sauna,
Solarium, 6 Tennis
🍴🍴 Tel 37 02, Hauptgericht 28/14-38/19,
Terrasse, geschl.: Mo

Wenholthausen (5 km ↑)

✶ Sauerländer Hof
Südstr. 35, Tel (0 29 73) 9 79 60, Fax 97 96 66,
✉ 59889, AX DC ED VA
18 Zi, Ez: 72/36-86/43, Dz: 150/75-196/98,
3 Suiten, ⇨ WC ⊘, P, ⌂, ⌂, Sauna, Solarium,
Golf
🍴 Hauptgericht 25/12, Terrasse,
Biergarten, geschl.: Mo

Espelkamp 25←

Nordrhein-Westfalen
Kreis Minden-Lübbecke
EW 27200
ℹ Tel (0 57 72) 56 20, Fax 80 11
Stadtverwaltung
✉ 32339 Wilhelm-Kern-Platz 1

✱ Mittwald-Hotel
Ostlandstr. 23, Tel (0 57 72) 9 77 80,
Fax 97 78 22, ✉ 32339, AX DC ED VA
46 Zi, Ez: 95/47-125/62, Dz: 135/67-185/93, ⌐
WC ⌀ DFÜ, 11 ⛌, Lift, P, 🏠, 3⟳50,
Fitnessraum, Sauna, Solarium
Auch Zimmer der Kategorie ✱✱ vorhanden.

¶¶ MCM
Hauptgericht 25/12, Terrasse

Frotheim (4 km ↘)

✱ Im Loh
Diepenauer Str. 53, Tel (0 57 43) 40 90,
Fax 4 09 30, ✉ 32339, ED VA
19 Zi, Ez: 80/40, Dz: 130/65, ⌐ WC ⌀ DFÜ, P,
1⟳150, Restaurant

✱ Birkenhof
Schmiedestr. 4, Tel (0 57 43) 25 00, Fax 45 00,
✉ 32339, AX DC ED VA
22 Zi, Ez: 65/32-75/37, Dz: 110/55-120/60,
2 App, ⌐ WC ⌀, P, Kegeln, Bowling,
Restaurant

Espenau 36 ↙

Hessen / Kreis Kassel
EW 5030
ℹ Tel (0 56 73) 9 99 30, Fax 99 93 31
Gemeindeverwaltung
✉ 34314 Im Ort 1

Schäferberg

✱✱ Ringhotel Waldhotel Schäferberg
Wilhelmsthaler Str. 14, Tel (0 56 73) 99 60,
Fax 99 65 55, ✉ 34314, AX DC ED VA, Ⓢ
92 Zi, Ez: 165/83-190/95, Dz: 195/98-250/125,
6 Suiten, ⌐ WC ⌀ DFÜ, 30 ⛌, Lift, P, 🏠,
20⟳200, Kegeln, Sauna, Solarium

¶¶ Blaue Ente
Hauptgericht 30/15, Terrasse

Essel 26 ↖

Niedersachsen
Kreis Soltau-Fallingbostel
EW 560
ℹ Tel (0 50 71) 86 88, Fax 86 89
Tourist Information
✉ 29690 Bahnhofstr. 15

Ostenholzer Moor

✱✱✱ Heide-Kröpke
Esseler Damm 1, Tel (0 51 67) 97 90,
Fax 97 92 91, ✉ 29690, AX DC ED VA
einzeln ♪, 53 Zi, Ez: 85/42-240/120,
Dz: 198/99-295/148, 9 Suiten, ⌐ WC ⌀, 9 ⛌,
Lift, P, 🏠, 6⟳100, 🏊, Kegeln, Sauna,
Solarium, Golf, 1 Tennis

¶¶ ¶¶ einzeln, Hauptgericht 35/17, Terrasse

Essen 33←

Nordrhein-Westfalen
EW 613000
ℹ Tel (02 01) 1 94 33, Fax 8 87 20 44
Touristikzentrale Essen
✉ 45127 Am Hauptbahnhof 2
Cityplan siehe Seite 268

✱✱✱ Sheraton
Huyssenallee 55 (B 4), Tel (02 01) 1 00 70,
Fax 1 00 77 77, ✉ 45128, AX DC ED VA
205 Zi, Ez: 255/128-425/214,
Dz: 280/141-440/221, 12 Suiten, ⌐ WC ⌀,
90 ⛌, Lift, 🏠, 4⟳100, 🏊, Fitnessraum, Sauna,
Solarium, Golf, Restaurant

✱✱✱ Mövenpick Hotel Essen
Am Hauptbahnhof 2 (C 2), Tel (2 01) 1 70 80,
Fax 1 70 81 73, ✉ 45127, AX DC ED VA, Ⓢ
202 Zi, Ez: 136/68-318/160,
Dz: 199/100-371/186, 1 Suite, ⌐ WC ⌀ DFÜ,
151 ⛌, Lift, P, 5⟳60, Fitnessraum, Sauna,
Solarium, Restaurant

✱✱ Holiday Inn City Centre
Frohnhauser Str. 6 (B2), Tel (02 01) 2 40 70,
Fax 2 40 72 40, ✉ 45127, AX DC ED VA
168 Zi, Ez: 231/116-377/189,
Dz: 256/128-402/202, 15 Suiten, 5 App, ⌐ WC
⌀ DFÜ, 87 ⛌, Lift, 🏠, 5⟳120, Sauna,
Solarium, Restaurant
Auch Zimmer der Kategorie ✱✱✱ vorhanden.

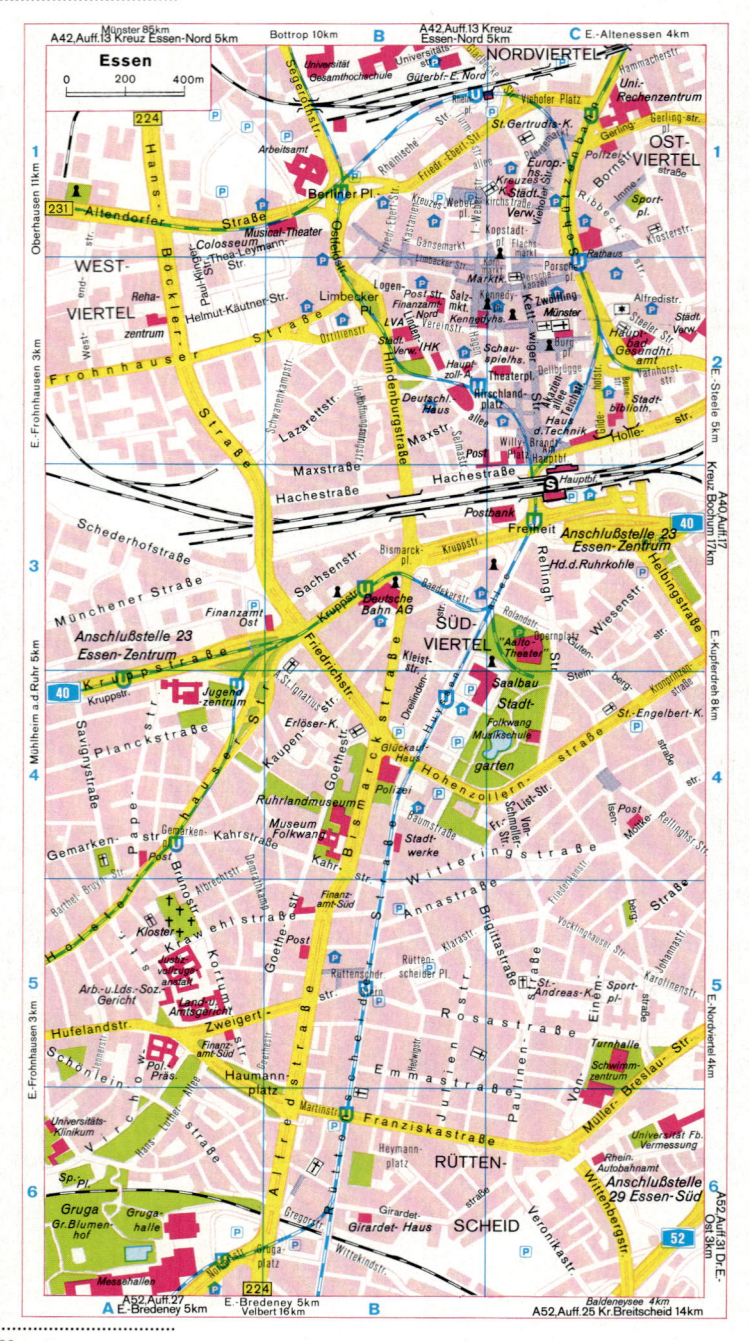

Essen

★★ Essener Hof
Top International Hotel
Teichstr. 2 (C 2), **Tel (02 01) 2 42 50**,
Fax 2 42 57 51, ✉ 45127, AX DC ED VA, Ⓢ
130 Zi, Ez: 140/70-250/125,
Dz: 235/118-295/148, 3 Suiten, 3 App, ⌐ WC ✆
DFÜ, 17 ⇌, Lift, 5⇨100
geschl.: 24.12.00-6.1.01
Auch Zimmer der Kategorie ✱ vorhanden.

🍴 Treff Langeoog
Hauptgericht 17/8, nur abends, geschl.: Sa, So,
14-30.7.01

★ Atelier
Niederstr. 13 (A 1), **Tel (02 01) 83 21 90**,
Fax 8 32 19 66, ✉ 45141, AX DC ED VA
24 Zi, Ez: 125/62-135/67, Dz: 165/83, ⌐ WC ✆
DFÜ, Lift, P, garni
Rezeption: 6-12, 15-22, geschl.: 3 Wochen im
Sommer

★ Korn
Hoffnungstr. 19, **Tel (02 01) 22 14 14**,
Fax 22 14 00, ✉ 45127, AX ED VA
64 Zi, Ez: 165/83-195/98, Dz: 170/85-220/110,
1 Suite, ⌐ WC ✆ DFÜ, Lift, P, 1⇨25,
Restaurant
geschl.: 23.12.00-2.1.01

★ Luise
Dreilindenstr. 96 (B 3), **Tel (02 01) 23 92 53**,
Fax 20 02 19, ✉ 45128, AX DC ED VA
29 Zi, Ez: 110/55, Dz: 160/80, ⌐ WC ✆, Lift, 🍴,
garni

🍴🍴 L'Opera
Theaterpassage, Eingang Hirschlandplatz,
Tel (02 01) 23 91 24, **Fax 23 91 26**, ✉ 45127,
AX DC ED VA
Hauptgericht 17/8-45/22, Terrasse

🍴🍴 La Grappa
Rellinghauser Str. 4, **Tel (02 01) 23 17 66**,
Fax 22 91 46, ✉ 45128, AX DC ED VA
Hauptgericht 38/19-55/27, geschl.: Sa mittags,
So

🍴🍴 Bonne Auberge
Witteringstr. 92, **Tel (02 01) 78 39 99**,
Fax 78 39 99, ✉ 45130, AX DC ED VA
Hauptgericht 31/15-45/22, geschl.: So

🍴 Rôtisserie im Saalbau
Huyssenallee 53, **Tel (02 01) 24 70 40**,
Fax 2 47 04 99, ✉ 45128, AX DC ED VA
Hauptgericht 32/16, Terrasse, P

☕ Café Overbeck
Kettwiger Str. 15, **Tel (02 01) 23 71 71**,
Fax 23 27 07, ✉ 45127
Terrasse

Altenessen (4 km ↑)

★★ Astoria Classic
Wilhelm-Nieswand-Allee 175,
Tel (02 01) 8 35 84, **Fax 8 35 80 40**, ✉ 45326,
AX DC ED VA
112 Zi, Ez: 185/93-295/148,
Dz: 200/100-380/191, 3 Suiten, 4 App, ⌐ ✆
DFÜ, 8 ⇌, Lift, P, 4⇨100, Fitnessraum, Sauna,
Solarium, Restaurant
Im Stammhaus Astoria und im Gästehaus auch
Zimmer der Kategorie ✱ vorhanden.

Borbeck (5 km ←)

★ Am Schloßpark
Borbecker Str. 183, **Tel (02 01) 67 50 01**,
Fax 68 77 62, ✉ 45355, AX ED VA
16 Zi, Ez: 105/52-175/88, Dz: 140/70-195/98,
⌐ WC ✆, P, 🍴, Kegeln, Restaurant

★ Gimken
Schlosstr. 182, **Tel (02 01) 86 70 80**,
Fax 8 67 08 88, ✉ 45355, AX DC ED VA
25 Zi, Ez: 140/70-190/95, Dz: 175/88-220/110,
⌐ WC ✆ DFÜ, P, 🍴, 1⇨30, Fitnessraum,
Sauna, Solarium, Restaurant

Bredeney (5 km ↓)

★★ Holiday Inn
Theodor-Althoff-Str. 5, **Tel (02 01) 76 90**,
Fax 7 69 31 43, ✉ 45133, AX DC ED VA, Ⓢ
287 Zi, Ez: 164/82-328/165,
Dz: 194/97-406/204, 6 Suiten, ⌐ WC ✆, 151 ⇌,
Lift, P, 🍴, 15⇨400, 🍴, Kegeln, Sauna,
Solarium, Restaurant

★★ Waldhaus Langenbrahm
Wiedfeldtstr. 23, **Tel (02 01) 4 50 40**,
Fax 4 50 42 99, ✉ 45133, AX ED VA
♪, 30 Zi, Ez: 180/90-200/100,
Dz: 240/120-280/141, 1⇨60, garni

Burgaltendorf (11 km ↘)

★★ Mintrops Burghotel
City Line & Country Line Hotels
Schwarzensteinweg 79-83,
Tel (02 01) 57 17 10, **Fax 5 71 71 47**, ✉ 45289,
AX DC ED VA

Essen

⤴, 60 Zi, Ez: 160/80-250/125,
Dz: 215/108-310/156, ⌐ WC ⓒ DFÜ, 12 ⛌, Lift,
Ⓟ, 5⇌40, ⌂, Sauna, Solarium

🍴🍴 Mumm zu Schwarzenstein
Hauptgericht 18/9-44/22, Terrasse

Frintrop (6 km ←)

✳ Wilhelmshöhe
Im Wulve 2-4, Tel (02 01) 60 64 04,
Fax 69 07 51, ✉ 45359, AX DC ED VA
30 Zi, Ez: 95/47-180/90, Dz: 140/70-210/105,
3 App, ⌐ WC ⓒ, Ⓟ, Fitnessraum, Sauna,
Solarium, garni

Frohnhausen (3 km ✓)

🍴🍴 Kölner Hof
Duisburger Str. 20, Tel (02 01) 76 34 30,
Fax 8 76 14 95, ✉ 45145, AX DC
Hauptgericht 40/20, Gartenlokal, Kegeln,
geschl.: Mo, Di

Horst

🍴 Hannappel ✢
Dahlhauser Str. 173, Tel (02 01) 53 45 06,
Fax 53 45 06, ✉ 45279, AX ED VA
Hauptgericht 15/7-35/17, nur abends,
geschl.: Di, 4 Wochen im Sommer

Kettwig (11 km ✓)

✳✳ Residence ♛
Auf der Forst 1, Tel (0 20 54) 9 55 90,
Fax 8 25 01, ✉ 45219, AX DC ED VA, Ⓢ
16 Zi, Ez: 194/97-318/160,
Dz: 263/132-367/184, 2 Suiten, ⌐ WC ⓒ, Ⓟ, ⌂
geschl.: 1.-10.1.01, 3 Wochen im Sommer
🍴🍴🍴 Hauptgericht 65/32, Terrasse 🍴🍴🍴
Biergarten, nur abends, geschl.: Mo
So,1.-10.1.01, 3 Wochen im Sommer

🍴 Püree ✢
Hauptgericht 29/14-40/20, Biergarten, nur
abends, geschl.: Sa, So, Mo, 1.-10.1.01, 3
Wochen im Sommer

✳ Landhaus Knappmann
Ringstr. 198, Tel (0 20 54) 78 09, Fax 67 89,
✉ 45219, AX ED VA
12 Zi, Ez: 120/60-160/80, Dz: 160/80-185/93,
3 Suiten, ⌐ WC ⓒ DFÜ, 2 ⛌, Ⓟ, ⌂, Restaurant
geschl.: Do, 23.12.00-3.1.01

✳ Schmachtenberghof
Schmachtenbergstr. 157, Tel (0 20 54) 1 21 30,
Fax 12 13 13, ✉ 45219, ED VA
22 Zi, Ez: 120/60-170/85, Dz: 175/88-185/93,
1 Suite, ⌐ WC ⓒ DFÜ, Ⓟ, ⌂, 2⇌70, Kegeln,
Restaurant

🍴🍴 Jägerhof
Hauptstr. 23, Tel (0 20 54) 8 40 11,
Fax 8 09 84, ✉ 45219, AX ED VA
Hauptgericht 35/17-45/22, Terrasse, geschl.: So

🍴🍴 Le petit restaurant
Ruhrtalstr. 417, Tel (0 20 54) 1 85 78, ✉ 45219
Hauptgericht 35/17-45/22, Biergarten,
geschl.: Mo, Di, 3 Wochen im Sommer

🍴 Ange d'Or Junior
Ruhrtalstr. 326, Tel (0 20 54) 23 07, Fax 63 43,
✉ 45219, AX ED VA
Hauptgericht 30/15, Terrasse, Ⓟ, geschl.: Mo,
Di, 20.12.00-6.1.01
Restaurant-Bistro mit originellem Konzept.

Kettwig-Außerhalb (2 km ←)

✳✳✳✳ Schloß Hugenpoet ♛
Relais & Châteaux
August-Thyssen-Str. 51, Tel (0 20 54) 1 20 40,
Fax 12 04 50, ✉ 45219, AX DC ED VA

𝄞 ⌘, 25 Zi, Ez: 340/171-380/191,
Dz: 410/206-620/312, 1 Suite, ⊣ WC ⊘ DFÜ,
Lift, 🅿, 🏠, 5⇔60, Golf, 1 Tennis
Auch Zimmer der Kategorie **✻✻✻** vorhanden.

🍴🍴🍴 ⌘, Hauptgericht 48/24-65/32, Terrasse
300 Jahre altes Wasserschloß aus der
Spätrenaissance. Alte Gemälde. Hist. wertvolle
Sandsteinkamine in der Halle.

Rellinghausen

Gnau im Alten Stiftshaus
Stiftsplatz 3, **Tel (02 01) 47 27 36**,
Fax 47 27 98, ✉ 45134, AX ED
Hauptgericht 18/9-38/19, Biergarten, nur
abends

Rüttenscheid (2 km ↓)

✻✻ **Best Western Ypsilon**
Müller-Breslau-Str. 18-20 (C 6),
Tel (02 01) 8 96 90, **Fax 8 96 91 00**, ✉ 45130,
AX DC ED VA, Ⓢ
93 Zi, Ez: 150/75-220/110, Dz: 170/85-275/138,
2 Suiten, 6 App., ⊣ WC ⊘, 28 🛏, Lift, 🅿, 🏠,
2⇔80, Solarium, Golf, Restaurant
Auch Zimmer der Kategorie **✻** vorhanden.

✻✻ **Hotel Im Girardet-Haus**
Girardetstr. 2-38 / Eingang 5 (B 6),
Tel (02 01) 87 88 00, **Fax 8 78 80 88**, ✉ 45131,
AX DC ED VA
42 Zi, Ez: 205/103-255/128,
Dz: 250/125-310/156, 1 Suite, 42 App., ⊣ WC ⊘
DFÜ, 11 🛏, Lift, 4⇔100, garni

✻✻ **An der Gruga**
Eduard-Lucas-Str. 17, **Tel (02 01) 84 11 80**,
Fax 8 41 18 69, ✉ 45131, AX DC ED VA
40 Zi, Ez: 130/65-230/115, Dz: 150/75-330/166,
⊣ WC ⊘ DFÜ, 5 🛏, Lift, 🅿, 🏠, 1⇔25,
Restaurant

✻ **Ruhr-Hotel**
Krawehlstr. 42 (A 5), **Tel (02 01) 77 80 53**,
Fax 78 02 83, ✉ 45130, AX ED VA

29 Zi, Ez: 130/65-180/90, Dz: 180/90-250/125,
⊣ WC ⊘, 4 🛏, Lift, garni
geschl.: 22.12.00-2.1.01

✻ **Maximilian**
Manfredstr. 10, **Tel (02 01) 45 01 70**,
Fax 4 50 17 99, ✉ 45131, AX DC ED VA
31 Zi, Ez: 150/75-180/90, Dz: 200/100-240/120,
⊣ WC ⊘, Lift, 🅿, garni

✻ **Alma**
Almastr. 7 (B 5), **Tel (02 01) 7 24 00**,
Fax 7 24 01 06, ✉ 45130, AX DC ED VA
41 Zi, Ez: 170/85-250/125,
Dz: 210/105-300/151, ⊣ WC ⊘ DFÜ, Lift, 🏠,
garni
Rezeption: 6.30-6.30

✻ **Arosa**
Rüttenscheider Str. 149 (B 6),
Tel (02 01) 7 22 60, **Fax 7 22 61 00**, ✉ 45130,
AX DC ED VA
88 Zi, Ez: 148/74-250/125, Dz: 178/89-350/176,
1 Suite, ⊣ WC ⊘ DFÜ, 34 🛏, Lift, 🅿, 2⇔60,
Kegeln, Restaurant

🍴 **Emile** ✢
Emilienstr. 2, **Tel (02 01) 79 13 18**,
Fax 79 13 31, ✉ 45128
Hauptgericht 25/12, geschl.: So
Tischreservierung empfehlenswert.

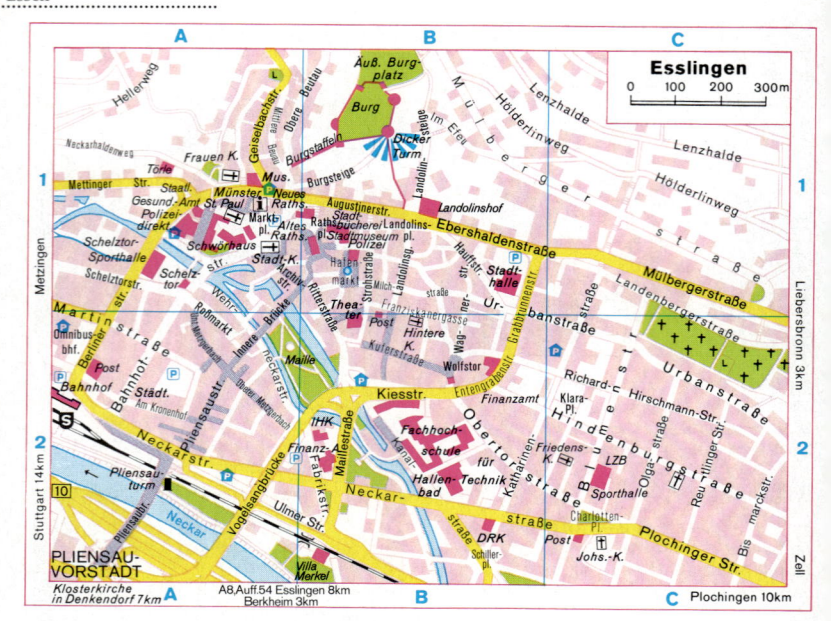

Werden (8 km ↓)

✱ ▮▮▮▮ Gastgeb ♛
Hammerstr. 17, **Tel** (02 01) 4 00 35,
Fax 40 11 14, ✉ 45239, AX DC ED VA
14 Zi, Ez: 130/65, Dz: 180/90, ⊣ WC ⊘, **P**,
garni

Werden-Außerhalb

␡ ▮▮▮▮ Landhaus Rutherbach
Ruhrtalstr. 221, **Tel** (02 01) 49 52 46,
Fax 49 52 46, ✉ 45219
einzeln, Hauptgericht 17/8-38/19, Terrasse, **P**,
geschl.: Mo

Essen, Bad 24 ↘

Niedersachsen / Kreis Osnabrück
EW 3800
ℹ Tel (0 54 72) 9 41 90, Fax 94 19 51
Kur- und Verkehrsverein
✉ 49152 Ludwigsweg 6

Thermalsole-Heilbad. Historischer Ortskern,
Saurier.

✱✱ ▮▮▮▮ Landhotel Buchenhof ♛
Bergstr. 22 / 26, **Tel** (0 54 72) 93 90,
Fax 93 92 00, ✉ 49152, AX DC ED VA
⊕, 25 Zi, Ez: 105/52-155/78,
Dz: 165/83-230/115, 4 App, ⊣ WC ⊘ DFÜ, 9 ⬓,
P, 🐾, 1⌘26, Sauna, Solarium, Golf
Rezeption: 7-20
Restaurierte Fachwerkhäuser im Landhausstil
eingerichtet.

Essenheim 54 ↖

Rheinland-Pfalz
Kreis Mainz-Bingen
EW 2610
ℹ Tel (0 61 36) 8 82 25
Ortsgemeinde Essenheim
✉ 55270

␡ ▮▮▮▮ Domherrenhof
Straße der Champagne 1, **Tel** (0 61 36) 8 73 27,
Fax 8 11 56, ✉ 55270, AX ED VA
⊕, Hauptgericht 14/7-35/17, Biergarten, **P**, nur
abends, So nur mittags, geschl.: Mo

Essing 64 ↗

Bayern / Kreis Kelheim
EW 1000
ℹ Tel (0 94 47) 92 00 93, Fax 92 00 92
Gemeindeverwaltung
✉ 93343 Marktplatz 1

🍽 **Schneider's Kleines Brauhaus**
Altmühlgasse 10, Tel **(0 94 47) 9 18 00**,
Fax **91 80 20**, ✉ 93343
Hauptgericht 10/5-32/16, 🛏,
geschl.: Nov-Mär Mo+Di

Esslingen am Neckar 61 →

Baden-Württemberg
EW 90000
ℹ Tel **(07 11) 39 69 39 69**, Fax **39 69 39 39**
Stadtmarketing & Tourismus GmbH
✉ 73728 Marktplatz 2

★★ Am Schelztor
Schelztorstr. 5 (A 1), Tel **(07 11) 3 96 96 40**,
Fax **35 98 87**, ✉ 73728, AX DC ED VA
33 Zi, Ez: 120/60-130/65, Dz: 180/90-190/95,
⌐ WC, Lift, **P**, 🐕, 1⟿25, Sauna, garni

★★ Am Schillerpark
Neckarstr. 60 (B 2), Tel **(07 11) 93 13 30**,
Fax **93 13 31 00**, ✉ 73728, AX DC ED VA
49 Zi, Ez: 105/52-158/79, Dz: 155/78-195/98,
2 Suiten, ⌐ WC ⊘, 12 🛏, Lift, 🐕, Restaurant
geschl.: 22.12.00-2.1.01

★ Rosenau
Plochinger Str. 65 (C 2), Tel **(07 11) 3 15 45 60**,
Fax **3 16 13 44**, ✉ 73730, AX ED VA
57 Zi, Ez: 110/55-165/83, Dz: 180/90-210/105,
⌐ WC ⊘ DFÜ, 24 🛏, Lift, **P**, 🐕, Sauna,
Solarium, Restaurant
Auch Zimmer der Kategorie **★★** vorhanden.

🍽🍽 **Dicker Turm**
Auf der Burg, Tel **(07 11) 35 50 35**,
Fax **3 50 85 96**, ✉ 73728, DC ED VA
🍷, Hauptgericht 35/17, geschl.: So, 21.7.-7.8.00

Berkheim (3 km ↓)

★★ Linde
Ruiter Str. 2, Tel **(07 11) 34 53 05**,
Fax **3 45 41 25**, ✉ 73734, AX DC ED VA
85 Zi, Ez: 90/45-180/90, Dz: 130/65-215/108,
⌐ WC ⊘, 7 🛏, Lift, **P**, 🐕, 3⟿90, 🐕, Sauna,
Solarium
geschl.: 20.12.00-10.1.01
Im Stammhaus auch Zimmer der Kategorie **★**
vorhanden.
🍽🍽 Hauptgericht 25/12, Terrasse,
Biergarten, geschl.: Sa, 20.12.00-10.1.01

Liebersbronn (2 km ↗)

★ Traube
Im Gehren 6, Tel **(07 11) 37 03 10**,
Fax **3 70 31 30**, ✉ 73732, ED VA

52 Zi, Ez: 85/42-110/55, Dz: 130/65-150/75, ⌐
WC ⊘, 5 🛏, Lift, **P**, 🐕, 2⟿90, 🐕, Kegeln,
Sauna, Restaurant
geschl.: 15-30.8.01
Auch einfachere Zimmer vorhanden.

Neckarhalde (2 km ↘)

🍽 **Kelter**
Kelterstr. 104, Tel **(07 11) 9 18 90 60**,
Fax **91 89 06 28**, ✉ 73733, ED VA
🍷, Hauptgericht 29/14, **P**, geschl.: Mo
★ ♩ 🍷, 12 Zi, Ez: 75/37-85/42,
Dz: 135/67-155/78, ⌐ WC ⊘, 3 🛏, Lift

Zell (5 km ↘)

★★ Zeller Zehnt
Hauptstr. 97, Tel **(07 11) 9 30 81 00**,
Fax **36 75 45**, ✉ 73730, AX DC ED VA
29 Zi, Ez: 120/60-130/65, Dz: 190/95-210/105,
1 App, ⌐ WC ⊘ DFÜ, Lift, **P**, 🐕, Sauna,
Restaurant

Ettal 71 ✓

Bayern
Kreis Garmisch-Partenkirchen
EW 1000
ℹ Tel **(0 88 22) 35 34**, Fax **63 99**
Gemeindeverwaltung
✉ 82488 Ammergauer Str. 8

★ Blaue Gams
Vogelherdweg 12, Tel **(0 88 22) 64 49**,
Fax **8 69**, ✉ 82488
♩ 🍷, 52 Zi, Ez: 55/27-90/45, Dz: 95/47-180/90,
⌐ WC ⊘, Lift, **P**, Restaurant
Im Gasthof einfachere Zmmer vorhanden.

Linderhof (10 km ←)

★★ Schloßhotel Linderhof
Haus Nr 14, Tel **(0 88 22) 7 90**, Fax **43 47**,
✉ 82488, AX DC ED VA
29 Zi, ⌐ WC ⊘, Lift, **P**, 1⟿50, Restaurant
Auch Zimmer der Kategorie **★** vorhanden.

Ettlingen 60 ↗

Baden-Württemberg
Kreis Karlsruhe
EW 40000
🛈 Tel (0 72 43) 10 12 21, Fax 10 14 30
Stadtinformation
✉ 76275 Schillerstr. 7-9

*** Erbprinz
Rheinstr. 1, Tel (0 72 43) 32 20, Fax 1 64 71,
✉ 76275, AX DC ED VA
49 Zi, Ez: 195/98-198/99, Dz: 295/148,
7 Suiten, ⊣ WC ⊘, Lift, P, 🏠, 3⇌500
🍴🍴🍴🍴 Hauptgericht 40/20-58/29, Terrasse

** Stadthotel Engel
Kronenstr. 13, Tel (0 72 43) 33 00,
Fax 33 01 99, ✉ 76275, AX DC ED VA
90 Zi, Ez: 125/62-170/85, Dz: 170/85-200/100,
6 App, ⊣ WC ⊘, 20 ⇌, Lift, 🏠, 4⇌40, Sauna,
Solarium, garni
geschl.: 22.12.00-2.1.01

* Watthalden
Am Watthaldenpark, Pforzheimer Str. 67 a,
Tel (0 72 43) 71 40, Fax 7 14 33 33, ✉ 76275,
AX DC ED VA
79 Zi, Ez: 141/71-181/91, Dz: 170/85-200/100,
4 App, ⊣ WC ⊘ DFÜ, 40 ⇌, Lift, P, 🏠, 8⇌45,
Fitnessraum, Solarium, Restaurant
Designer Hotel.

* Holder
Lindenweg 16, Tel (0 72 43) 1 60 08,
Fax 7 95 95, ✉ 76275, AX ED VA
29 Zi, Ez: 106/53-148/74, Dz: 146/73-172/86,
⊣ WC ⊘, P, Sauna, Solarium, Golf, Restaurant
Auch Zimmer der Kategorie ** vorhanden.

🍴🍴 Hartmaier's Villa mit Bistro Engele
Pforzheimer Str. 67 A, Tel (0 72 43) 76 17 20,
Fax 46 73, ✉ 76275, AX DC ED VA
Hauptgericht 40/20-55/27, Terrasse, P,
geschl.: So
Restauriert Stadtvilla mit modernem Interieur.
Beachtenswerte Küche.

🍴🍴 Ratsstuben
Kirchenplatz 1, Tel (0 72 43) 7 61 30,
Fax 76 13 20, ✉ 76275, AX DC ED VA
Hauptgericht 28/14, Terrasse

Ettlingen-Außerhalb (5 km ↖)

*** Holiday Inn
Beim Runden Plom, Tel (0 72 43) 38 00,
Fax 38 06 66, ✉ 76275, AX DC ED VA, Ⓢ
199 Zi, Ez: 196/98-250/125,
Dz: 196/98-350/176, 4 Suiten, ⊣ WC ⊘ DFÜ,
80 ⇌, Lift, P, 19⇌300, 🏠, Kegeln, Sauna,
Solarium, Golf

🍴🍴 Rhapsody
Hauptgericht 31/15-39/19, Terrasse

Ettringen 43 ✓

Rheinland-Pfalz
Kreis Mayen-Koblenz
EW 2900
🛈 Tel (0 26 51) 23 62, Fax 7 36 00
Gemeindeverwaltung Ettringen
✉ 56729 Kreuzstraße 8

*** Parkhotel am Schloß
Im Nettetal, Tel (0 26 51) 80 84 04,
Fax 80 84 00, ✉ 56729, ED VA
♪ ✴, 18 Zi, Ez: 125/62-285/143,
Dz: 300/151-330/166, 4 Suiten, ⊣ WC ⊘ DFÜ,
P, 🏠, 1⇌16
geschl.: Mo

🍴🍴 Hauptgericht 28/14-42/21, Terrasse,
geschl.: Mo

Eurasburg 71 →

Bayern
Kreis Bad Tölz-Wolfratshausen
EW 4000
🛈 Tel (0 81 79) 7 01, Fax 10 64
Gemeindeverwaltung
✉ 82547 Beuerberger Straße 10

Beuerberg-Außerhalb (3 km ↓)

🍴🍴 Gut Faistenberg 🍷
Tel (0 81 79) 16 16, Fax 4 33, ✉ 82547, AX DC
ED VA
einzeln ⊕, Hauptgericht 39/19-65/32,
Gartenlokal, P, geschl.: Di, Mi
Beeindruckende Weinkarte mit über 1500
Positionen.

🍴 Weinstube Gut Faistenberg
Hauptgericht 20/10-30/15

*** einzeln ♪ ✴, 8 Zi 👑
Ez: 182/91-249/125, Dz: 234/117-389/195,
2 Suiten, ⊣ WC ⊘ DFÜ, 1⇌60, Golf

Eutin 11 ✓

Schleswig-Holstein
Kreis Ostholstein
EW 18000
🛈 Tel (0 45 21) 7 09 70, Fax 70 97 20
Kur & Touristik Eutin GmbH
✉ 23701 Bleekergang 6

🍴🍴 **L' Etoile** 🛎
Lübecker Landstr. 36, Tel (0 45 21) 70 28 60,
Fax 70 28 61, ✉ 23701, AX DC ED VA
Hauptgericht 37/18-42/21, Terrasse, P,
geschl.: Mo,di, 1.1.-1.2.01

Le Bistro
Tel 70 28 61
Hauptgericht 30/15-36/18, geschl.: Mo,di,
1.1.-1.2.01

Fissau (2 km ↑)

✳ **Landhaus Holsteinische Schweiz**
Sielbecker Landstr. 11, Tel (0 45 21) 7 99 00,
Fax 79 90 30, ✉ 23701
6 Zi, Ez: 80/40-90/45, Dz: 65/32-75/37, 6 App,
⊒ WC ⊘, 12 ⛄, P, ⌂

🍴 **Fissauer Fährhaus**
Leonhard-Boldt Str. 8, Tel (0 45 21) 23 83,
Fax 7 38 81, ✉ 23701
$, Hauptgericht 22/11-40/20, Terrasse, P,
geschl.: Di, 30.10.-1.12.00, 29.1.-10.3.01

Extertal 25 ↓

Nordrhein-Westfalen / Kreis Lippe
EW 14440
ℹ Tel (0 52 62) 4 02 23, Fax 4 02 58
Gemeindeverwaltung
✉ 32699 Mittelstr. 33

Linderhofe

✳ **Burg Sternberg**
Sternberger Str. 37, Tel (0 52 62) 94 40,
Fax 94 41 44, ✉ 32699, ED VA
40 Zi, Ez: 85/42-140/70, Dz: 140/70-220/110,
1 Suite, 1 App, ⊒ WC ⊘ DFÜ, 20 ⛄, Lift, P, ⌂,
4⌘60, ≋, Sauna, Solarium, Restaurant
Auch Zimmer der Kategorie ✳✳ vorhanden.

Fahrdorf 9 ↗

Schleswig-Holstein
Kreis Schleswig-Flensburg
EW 2163
ℹ Tel (0 46 21) 3 24 91
Gemeinde Amt Haddeby
✉ 24866 Rendsburger Str. 54c

✳ **An der Schlei**
Dorfstr. 44, Tel (0 46 21) 3 80 00,
Fax 38 00 38, ✉ 24857, ED VA
29 Zi, Ez: 87/43-93/46, Dz: 129/64-139/70, ⊒
WC ⊘, 11 ⛄, P, 1⌘60, garni

Falkenau 50 □

Sachsen / Kreis Freiberg
EW 2200
ℹ Tel (0 37 26) 7 28 40, Fax 72 84 13
Gemeindeverwaltung
✉ 09569 Ernst-Thälmann-Str 18

✳ **Falkenhöhe**
Dresdner Str. 4, Tel (0 37 26) 62 62, Fax 62 63,
✉ 09569, AX DC ED VA
$, 15 Zi, Ez: 59/29, Dz: 89/44, ⊒ WC ⊘, 5 ⛄,
Lift, P, 1⌘35, Restaurant

Falkenberg (Elster) 40 ←

Brandenburg / Kreis Herzberg
EW 6797
ℹ Tel (03 53 65) 26 01
Stadtverwaltung
✉ 04895 Lindenstr. 7 a

⛱ **Lindenstraße**
Lindenstr. 55 b, Tel (03 53 65) 40 10,
Fax 4 01 24, ✉ 04895
11 Zi, Ez: 45/22-65/32, Dz: 70/35-90/45,
1 Suite, 1 App, ⊒ WC ⊘, P, ≋, Sauna

Falkenhagen 31 □

Brandenburg
Kreis Märkisch-Oderland
EW 860
ℹ Tel (03 36 03) 2 38
Gemeinde Falkenhagen
✉ 15306 Bahnhofstr. 7

Falkenhagen-Außerhalb (2 km ↓)

✳✳ **Seehotel Luisenhof**
Am Gabelsee, Tel (03 36 03) 4 00, Fax 4 04 00,
✉ 15306, AX ED VA
einzeln ♪ $, 28 Zi, Ez: 95/47-115/57,
Dz: 139/70-155/78, 4 Suiten, ⊒ WC ⊘ DFÜ, P,
2⌘40, Kegeln, Sauna, Solarium, Restaurant

Falkenhagen 20 ↘

Brandenburg / Kreis Prignitz
EW 425
ℹ Tel (03 39 86) 2 67
Gemeindeverwaltung
✉ 16928 Hauptstr. 48

✱ Falkenhagen
Rapshagener Str. 10, Tel (03 39 86) 8 21 23,
Fax 8 21 25, ✉ 16928, AX DC ED VA
45 Zi, Ez: 85/42-95/47, Dz: 99/49-130/65, ⌐
WC ⌀, **P**, 2⇔45, Restaurant
Im Altbau einfachere Zimmer vorhanden.

Falkensee 30 ↖

Brandenburg / Kreis Havelland
EW 28607
ℹ Tel (0 33 21) 40 31 43, Fax 40 35 55
Fremdenverkehrsverband Havelland
✉ 14641 Goethestr. 59-60

✱ Falkensee
Spandauer Str. 6, Tel (0 33 22) 2 50 10,
Fax 25 01 55, ✉ 14612, AX ED VA
26 Zi, Ez: 100/50-130/65, Dz: 150/75-175/88,
⌐ WC ⌀, Lift, **P**, 1⇔25, Restaurant

Falkenstein 65 ↑

Bayern / Kreis Cham
EW 3300
ℹ Tel (0 94 62) 2 44, Fax 91 04 14
Tourismus-Büro
✉ 93167 Marktplatz 1

✱ Am Schloßpark
Rodinger Str. 5, Tel (0 94 62) 9 40 40,
Fax 16 64, ✉ 93167, AX DC ED VA
17 Zi, Ez: 78/39, Dz: 120/60-136/68, 2 Suiten,
⌐ WC ⌀, Lift, **P**, 🕿, 1⇔35, Sauna, Solarium,
Restaurant

Falkenstein (Vogtl.) 49 □

Sachsen / Vogtlandkreis
EW 10000
ℹ Tel (0 37 45) 60 76, Fax 60 76
Museum und Fremdenverkehrsamt
✉ 08223 Schlossplatz 1

✱✱ Falkenstein
Amtsstr. 1, Tel (0 37 45) 74 20, Fax 74 24 44,
✉ 08223, AX DC ED VA
♪, 50 Zi, Ez: 120/60-175/88,
Dz: 145/73-175/88, ⌐ WC ⌀ DFÜ, 12 ⛌, Lift,
P, 🕿, 3⇔100, Sauna, Restaurant
Rezeption: 6.30-23.30

Fallersleben siehe Wolfsburg

Fallingbostel 26 ↖

Niedersachsen
Kreis Soltau-Fallingbostel
EW 11500
ℹ Tel (0 51 62) 40 00, Fax 40 05 00
Kurverwaltung
✉ 29683 Sebastian-Kneipp-Platz 1

✱✱ Berlin
Düshorner Str. 7, Tel (0 51 62) 30 66,
Fax 16 36, ✉ 29683, AX DC ED VA
20 Zi, Ez: 95/47-110/55, Dz: 120/60-150/75, ⌐
WC ⌀, 10 ⛌, **P**, 🕿, 2⇔35
Rezeption: 6.30-23
🍴🍴 Hauptgericht 23/11-35/17, Terrasse,
geschl.: Mo

✱ Haus am Walde
Soltauer Str. 4-16, Tel (0 51 62) 9 74 80,
Fax 97 48 34, ✉ 29683, AX DC ED VA
30 Zi, Ez: 85/42-130/65, Dz: 130/65-160/80, ⌐
WC ⌀, **P**, 🕿, Sauna, Solarium, Restaurant

✱ Karpinski
Kirchplatz 1, Tel (0 51 62) 9 60 50, Fax 64 05,
✉ 29683, AX ED VA
22 Zi, Ez: 75/37-95/47, Dz: 125/62-135/67, ⌐
WC ⌀, Lift, **P**, garni

Farchant 71 ↙

Bayern
Kreis Garmisch-Partenkirchen
EW 3900
ℹ Tel (0 88 21) 96 16 96, Fax 96 16 22
Verkehrsamt
✉ 82490 Am Gern 1

🍽 Kirchmayer
Hauptstr. 14, Tel (0 88 21) 6 87 33, Fax 63 45,
✉ 82490, AX ED VA
Hauptgericht 17/8-30/15, Biergarten, **P**,
geschl.: 2.11.-15.12.00

✱ Alter Wirt
Bahnhofstr. 1, Tel (0 88 21) 62 38, Fax 6 14 55,
✉ 82490, AX DC ED VA
35 Zi, Ez: 60/30-80/40, Dz: 90/45-130/65, ⌐
WC ⌀, 16 ⛌, **P**, 3⇔350, Kegeln, Restaurant
Auch einfachere Zimmer vorhanden.

Faßberg 26 ↗

Niedersachsen / Kreis Celle
EW 6580
🛈 Tel (0 50 53) 9 89 22 22, Fax 98 92 23
Tourist-Information
✉ 29328 Unterlüßer Str. 5

Müden (Erholungsort, 5 km ⚓)

★★ Niemeyer's Posthotel
Hauptstr. 7, Tel (0 50 53) 9 89 00,
Fax 98 90 64, ✉ 29328, ED VA
29 Zi, Ez: 120/60-160/80, Dz: 160/80-220/110,
7 Suiten, ⊣ WC ⊘ DFÜ, 12 ⚐, 🅿, 🐕, 3⬚45,
Sauna, Solarium
Auch Zimmer der Kategorie ★★★ vorhanden.

🍴🍴 Schäferstuben
Hauptgericht 25/12-44/22, Terrasse, geschl.: So abends

★★ Landhotel Bauernwald
Alte Dorfstr. 8, Tel (0 50 53) 9 89 90,
Fax 15 56, ✉ 29328, ED VA
♪, 37 Zi, Ez: 115/57-135/67,
Dz: 160/80-190/95, 1 App, ⊣ WC ⊘, 14 ⚐, 🅿,
🐕, 3⬚50, Sauna
geschl.: 23.12.00-10.1.01

🍴🍴 Tel 5 88, Hauptgericht 27/13, Terrasse,
geschl.: 23.12.00-10.1.01

Örtze

★ Eichhornkobel
Eichhornkobel 1, Tel (0 50 53) 15 58,
Fax 15 58, ✉ 29328
9 Zi, Ez: 83/41, Dz: 125/62, ⊣ WC, 🅿, garni

Faulbach 55 □

Bayern / Kreis Miltenberg
EW 2721
🛈 Tel (0 93 92) 9 28 20, Fax 92 82 22
Gemeindeverwaltung
✉ 97906 Hauptstr. 121

🍴🍴 Goldener Engel
Hauptstr. 128, Tel (0 93 92) 25 15, Fax 25 16,
✉ 97906, ED VA
Hauptgericht 25/12-30/15, 🅿, nur abends, So
nur mittags, geschl.: Mo, Di, Mi, 20-30.1.01,
1-31.8.01

Fehmarn 11 →

Burg auf Fehmarn
Schleswig-Holstein
Kreis Ostholstein
EW 12300
🛈 Tel (0 43 71) 86 86 86, Fax 86 86 42
Insel-Information
✉ 23769 Landkirchener Weg 2

🍴🍴 Der Lachs
Landkirchner Weg 1a, Tel (0 43 71) 8 72 00,
Fax 8 72 00, ✉ 23769
Hauptgericht 23/11-42/21, Terrasse, 🅿, nur abends, geschl.: Di, 1.1.-1.3.01

Appartementhotels/Boardinghäuser

Glaeßer Appartements
Ahornweg 3, Tel (0 43 71) 92 22, Fax 18 15,
✉ 23769
Ez: 80/40-160/80, Dz: 160/80-200/100,
3 Suiten, 5 App, ⊣ WC ⊘, 🅿, Fitnessraum,
Sauna, Solarium, Golf, garni
geschl.: 1.11.-20.12.00, 15.1.-28.2.01
Eelgante Ferienwohnungen, auch
Einzelübernachtung möglich.

Burgstaaken

★ Schützenhof
Menzelweg 2, Tel (0 43 71) 5 00 80,
Fax 50 08 14, ✉ 23769, ED
32 Zi, Ez: 75/37-85/42, Dz: 130/65-150/75, ⊣
WC ⊘, 🅿, 1⬚120, Restaurant
Rezeption: 7-14, 16-23, geschl.: Di, 2.1.-7.2.01

Burgtiefe (3 km ⚓)

★★ Intersol
Südstrandpromenade, Tel (0 43 71) 86 53,
Fax 37 65, ✉ 23769
♣, 40 Zi, Ez: 109/54-269/135,
Dz: 149/75-288/145, 4 Suiten, 1 App, ⊣ WC ⊘,
Lift, 🅿, 🐕, 3⬚100, Solarium, Restaurant
geschl.: 4.1.-6.3.01

Neue Tiefe

★ Strand-Hotel
Am Binnensee 2, Tel (0 43 71) 31 42,
Fax 69 50, ✉ 23769, ED
♣, 9 Zi, Ez: 69/34-79/39, Dz: 118/59-138/69,
13 App, ⊣ WC ⊘, 🅿, garni
Rezeption: 7-11

Fehmarn

Westfehmarn
Schleswig-Holstein
Kreis Ostholstein
Gemeindeverwaltung Wetfehmarn
✉ 23769 Bahnhofstr. 5

Petersdorf

Südermühle
Mühlenweg 2, Tel (0 43 72) 6 36, Fax 12 91,
✉ 23769, AX DC ED VA
🍴, Hauptgericht 15/7-34/17, Terrasse,
Gartenlokal, geschl.: 1.11.-1.4.00

Fehrbellin 29 ↖

Brandenburg
Kreis Ostprignitz-Ruppin
EW 9670
🛈 Tel (03 39 32) 59 50, Fax 7 03 14
Amt Fehrbellin
✉ 16833 Johann-Sebastian-Bach-Str 6

✱ **Am Rhin**
Johann-Sebastian-Bach-Str. 9,
Tel (03 39 32) 99 30, Fax 9 93 50, ✉ 16833, ED VA
24 Zi, Ez: 70/35-90/45, Dz: 110/55-130/65, ⌐
WC ⊘, 4 ⇌, 🅿, 🏠, 1♨30, Restaurant

Feilnbach, Bad 72 ↘

Bayern / Kreis Rosenheim
EW 7000
🛈 Tel (0 80 66) 14 44, Fax 90 68 44
Kur-und GästeInformation
✉ 83075 Bahnhofstr. 5

Moorheilbad am Wendelstein; Sehenswert:
Kath. Kirche im Ortsteil Lippertskirchen (1 km
N→); Industriedenkmal „Alte Zementfabrik"
Litzldorf (4 km →).

✱✱ **Kur- und Sporthotel
mit Kurmittelhaus**
Am Heilholz 3, Tel (0 80 66) 88 80,
Fax 8 88 55, ✉ 83075, AX DC ED VA
♪, 24 Zi, Ez: 82/41-113/56, Dz: 164/82-196/98,
3 App, ⌐ WC ⊘, 6 ⇌, 🅿, 🏠, 🏊, Fitnessraum,
Kegeln, Sauna, Solarium, garni
geschl.: 1.12.00-30.1.01

✱ **Gästehaus Funk**
Nordweg 21, Tel (0 80 66) 80 15, Fax 84 42,
✉ 83075
♪, 12 Zi, Ez: 55/27-75/37, Dz: 90/45-110/55, ⌐
WC ⊘, 🅿, Sauna, Solarium, garni

Au bei Bad Aibling (5 km ↖)

🍴🍴 **Zur Post**
Hauptstr. 48, Tel (0 80 64) 7 42, ✉ 83075
Hauptgericht 45/22, Terrasse, 🅿, 🛏, nur
abends, So nur mittags, geschl.: Mo, Di, Ende
Aug-Mitte Sep
Nur Menüs.

Felchow 22 ↘

Brandenburg / Kreis Uckermark
EW 331
🛈 Tel (03 33 35) 71 90, Fax 7 19 40
Amt Oder-Welse
✉ 16278 Bahnhofstr. 8

✱ **Landhotel Felchow**
Angermünder Str. 23, Tel (03 33 35) 76 00,
Fax 76 02 00, ✉ 16278
24 Zi, Ez: 80/40, Dz: 120/60, 1♨30

Feldafing 71 □

Bayern / Kreis Starnberg
EW 4093
🛈 Tel (0 81 57) 9 31 10, Fax 10 52
Gemeindeverwaltung
✉ 82340 Possenhofener Str. 5

Wieling (3 km ↖)

✱✱ **Zur Linde
Landidyll**
Wieling 5, Tel (0 81 57) 93 31 80,
Fax 93 31 89, ✉ 82340, AX DC ED VA
35 Zi, Ez: 95/47-135/67, Dz: 115/57-175/88, ⌐
WC ⊘, 19 ⇌, Lift, 🅿, 1♨25, Restaurant
Auch Zimmer der Kategorie ✱✱✱ vorhanden.

Feldberg 21 →

Mecklenburg-Vorpommern
Kreis Mecklenburg-Strelitz
EW 5000
🛈 Tel (03 98 31) 2 03 43, Fax 2 08 59
Tourist-Information Feldberg
✉ 17258 Strelitzer Str. 15 a

✱ **Seehotel**
Hinnenöver 10, Tel (03 98 31) 5 55,
Fax 5 56 00, ✉ 17258, AX ED VA
53 Zi, Ez: 90/45-120/60, Dz: 120/60-160/80,
1 Suite, ⌐ WC ⊘, 18 ⇌, Lift, 🅿, 5♨120, 🏊,
Fitnessraum, Kegeln, Sauna, Solarium,
Restaurant

Feldberg-Außerhalb (3km →)

✽ Altes Zollhaus Am Luzin See
Am Erddamm 6, Tel (03 98 31) 2 02 59,
Fax 2 02 69, ✉ 17258, ED
35 Zi, Ez: 65/32-105/52, Dz: 99/49-170/85,
1 Suite, 7 App, ⊐ WC ⊘, 12 ⇐, P, Sauna,
Restaurant
geschl.: 1.-30.11.00
Im Gästehaus auch einfachere Zimmer
vorhanden.

Feldberg (Schwarzwald) 67 □

Baden-Württemberg
Kreis Breisgau-Hochschwarzwald
EW 1700
🛈 Tel (0 76 55) 80 19, Fax 8 01 43
Tourist-Information
✉ 79868 Kirchgasse 1

Altglashütten (8 km →)

✽ Schwarzwälder Hof
Windfällstr. 4, Tel (0 76 55) 9 10 60,
Fax 91 06 66, ✉ 79868, ED VA
20 Zi, Ez: 75/37-135/67, Dz: 120/60-180/90, ⊐
WC ⊘, 20 ⇐, Lift, P, 🏠, 🏊, Sauna, Solarium,
Restaurant

✽ Pension Schlehdorn
Am Sommerberg 1, Tel (0 76 55) 9 10 50,
Fax 91 05 43, ✉ 79868
🍴, 16 Zi, Ez: 70/35-100/50, Dz: 120/60-160/80,
1 Suite, 1 App, ⊐ WC ⊘, P, 🏠, Sauna,
Solarium, Restaurant
geschl.: Di, 5.11.-16.12.00, 25.3.-1.4.01
Auch Zimmer der Kategorie ✽✽ vorhanden.

✽ Waldeck
mit Gästehaus
Windfällstr. 19, Tel (0 76 55) 3 64, Fax 2 31,
✉ 79868, DC VA
30 Zi, Ez: 62/31-80/40, Dz: 92/46-148/74, ⊐
WC ⊘, 3 ⇐, P, 🏠, Sauna, Solarium
geschl.: 15.11.-15.12.00
🍴 Hauptgericht 30/15, Terrasse,
geschl.: Mi, 15.11.-15.12.00

🍴 Haus Sommerberg ✤
Am Sommerberg 14, Tel (0 76 55) 14 11,
Fax 16 40, ✉ 79868, ED VA
Hauptgericht 24/12-45/22, P, geschl.: Mo, Di
mittags, 13.11.-7.12.00, 18-27.6.01

Bärental (5 km →)

✽ Akzent-Hotel Adler
Feldbergstr. 4, Tel (0 76 55) 2 30, Fax 12 28,
✉ 79868, AX DC ED VA
🍴 🍺, 16 Zi, Ez: 99/49-140/70,
Dz: 150/75-220/110, 7 App, ⊐ WC ⊘, 2 ⇐, P,
🏠
Historischer Schwarzwaldgasthof.
🍴 Hauptgericht 25/12-38/19, Terrasse

✽ Diana
Panoramaweg 11, Tel (0 76 55) 9 39 60,
Fax 93 96 18, ✉ 79868, AX ED
🍴, 24 Zi, Ez: 110/55-140/70,
Dz: 190/95-240/120, 1 Suite, 1 App, ⊐ WC ⊘,
Lift, P, 🏠, 1⟳20, 🏊, Kegeln, Sauna, Golf
geschl.: 1.11.-15.12.00

🍴 Bärentalstuben
🍴, Hauptgericht 35/17, Terrasse, nur abends,
geschl.: 1.11.-15.12.00

Falkau (10 km →)

✽ Peterle
Schuppenhörnlestr. 18, Tel (0 76 55) 6 77,
Fax 17 71, ✉ 79868, ED VA
🍷 🍴, 14 Zi, Ez: 44/22-58/29, Dz: 104/52-110/55,
⊐ WC ⊘, 14 ⇐, P, 🏠, Sauna, Restaurant
geschl.: Do, 15.11.-15.12.00, 23.4.-6.5.01

✽ Sporthotel Falkau
Skiclub Bayer Ürdingen
Haslachstr. 12, Tel (0 76 55) 90 81 20,
Fax 9 08 12 20, ✉ 79868
🍷, 25 Zi, Ez: 65/32-75/37, Dz: 106/53-126/63,
⊐ WC, 🏠, 1⟳40, Bowling, Sauna, Restaurant

Feldkirchen 72 □

Bayern / Kreis München
EW 4090
🛈 Tel (0 89) 90 99 74 39, Fax 90 99 74 36
Gemeinde Feldkirchen
✉ 85622 Münchner Str. 1

✽✽ Bauer
Münchner Str. 6, Tel (0 89) 9 09 80,
Fax 9 09 84 14, ✉ 85622, AX DC ED VA
100 Zi, Ez: 210/105-395/198,
Dz: 265/133-465/234, 2 Suiten, 1 App, ⊐ WC ⊘
DFÜ, 20 ⇐, Lift, P, 🏠, 7⟳350, 🏊, Sauna,
Solarium
🍴🍴 Hauptgericht 30/15, Terrasse

Feldkirchen-Westerham 72 □

Bayern / Kreis Rosenheim
EW 9800
🛈 Tel (0 80 63) 97 03 37, Fax 97 03 44
Gemeindeverwaltung
✉ 83620 Ollinger Str. 10

Aschbach (3 km ↖)

✱ Berggasthof Aschbach
Haus Nr 3, Tel (0 80 63) 8 06 60, Fax 80 66 20,
✉ 83620, ED VA
🍴, 18 Zi, Ez: 120/60-150/75,
Dz: 145/73-200/100, ⌐ WC ⓒ, 5 🛏, Lift, Ⓟ,
2⇌20

🍴🍴 AX, 🍴, Hauptgericht 17/8-34/17,
Terrasse, geschl.: 3 Wochen im Feb

Fellbach 61 →

Baden-Württemberg
Rems-Murr-Kreis
EW 42000
🛈 Tel (07 11) 5 85 14 16, Fax 5 85 12 60
Pressereferat
✉ 70734 Marktplatz 3

✱✱ Classic Congress Hotel
Tainerstr. 7, in der Schwabenlandhalle,
Tel (07 11) 5 85 90, Fax 5 85 93 04, ✉ 70734,
AX DC ED VA
149 Zi, Dz: 214/107-495/249, 1 Suite, ⌐ WC ⓒ,
50 🛏, Lift, Ⓟ, 🏠, 18⇌1400, Kegeln, Sauna,
Solarium

🍴🍴 **Eduard M.**
Tel 5 85 94 11, Fax 5 85 94 27
Hauptgericht 27/13-45/22, Terrasse

🍴🍴 **Zum Hirschen** 📞
Hirschstr., Tel (07 11) 9 57 93 70,
Fax 95 79 37 10, ✉ 70734
Hauptgericht 42/21-52/26, Terrasse, Ⓟ,
geschl.: Mo, So
✱ Hirschstr. 1, 9 Zi, Ez: 120/60,
Dz: 180/90, ⌐ WC ⓒ, 1⇌40

🍴 **Weinstube Germania** ✚
Schmerstr. 6, Tel (07 11) 58 20 37,
Fax 58 20 77, ✉ 70734
Hauptgericht 35/17-52/26, Terrasse,
geschl.: Mo, So, 2 Wochen im Feb, 2 Wochen im Aug

🛏 **Aldinger's Germania**
7 Zi, Ez: 80/40-85/42, Dz: 140/70, ⌐ WC ⓒ
geschl.: 2 Wochen im Feb, 3 Wochen im Aug

Oeffingen

🛏 **Gasthof Traube**
Hofener Str. 12, Tel (07 11) 5 18 05 56,
Fax 5 18 11 03, ✉ 70736, ED VA
29 Zi, Ez: 70/35-110/55, Dz: 120/60-160/80, ⌐
ⓒ, 🏠, 2⇌40

Schmiden (2 km ↑)

✱✱ Hirsch
Fellbacher Str. 2-6, Tel (07 11) 9 51 30,
Fax 5 18 10 65, ✉ 70736, AX DC ED VA
107 Zi, Ez: 105/52-140/70, Dz: 150/75-190/95,
5 Suiten, 3 App, ⌐ WC ⓒ, 22 🛏, Lift, Ⓟ, 🏠,
1⇌25, 🏠, Sauna, Solarium
🍴 Hauptgericht 25/12, Biergarten,
geschl.: Fr, So

✱ Alte Post
Remstalstr. 4, Tel (07 11) 9 51 94 90,
Fax 95 19 49 30, ✉ 70736, AX ED VA
11 Zi, Ez: 80/40-115/57, Dz: 130/65-150/75, ⌐
WC ⓒ, 11 🛏, Ⓟ

Fensterbach 58 ↘

Bayern / Kreis Schwandorf
EW 2406
🛈 Tel (0 94 38) 90 11 13, Fax 90 11 14
Rathaus Wolfring
✉ 92269 Knöllinger Str. 5

Wolfringmühle

✱ Gasthof Wolfringmühle mit Ponyhof
Tel (0 94 38) 9 40 20, Fax 94 02 80, ✉ 92269,
ED VA
54 Zi, Ez: 74/37-79/39, Dz: 118/59, 2 Suiten, ⌐
WC ⓒ DFÜ, 8 🛏, Lift, Ⓟ, 3⇌100, 🏠,
Fitnessraum, Kegeln, Sauna, Solarium, 1 Tennis,
Restaurant

Fernwald 45 ←

Hessen / Kreis Gießen
EW 6930
ℹ Tel (0 64 04) 9 12 90, Fax 91 29 12
Gemeindeverwaltung
✉ 35463 Oppenröder Str. 1

Annerod

🍴🍴 Anneröder Mühlchen
Tiefenweg 61, Tel (06 41) 4 47 63, Fax 4 52 69,
✉ 35463, AX ED VA
🍷, Hauptgericht 25/12-42/21, Terrasse,
Biergarten, P

Feucht 57 ↓

Bayern / Kreis Nürnberger Land
EW 14145
ℹ Tel (0 91 28) 91 67 13, Fax 91 67 61
Tourist-Information
✉ 90537 Hauptstr. 33

✱ Waldhof
Waldstr. 12, an der Sportplatzanlage SC Feucht,
Tel (0 91 28) 9 19 30, Fax 91 93 33, ✉ 90537,
AX ED VA
13 Zi, Ez: 90/45, Dz: 120/60, ⌐ WC ⊘, 2 ⊷,
Kegeln, 10 Tennis, Restaurant

Feuchtwangen 63 ↖

Bayern / Kreis Ansbach
EW 11000
ℹ Tel (0 98 52) 9 04 44, Fax 90 42 60
Verkehrsamt
✉ 91555 Marktplatz 1

✱✱ Romantik Hotel Greifen-Post
Marktplatz 8, Tel (0 98 52) 68 00, Fax 6 80 68,
✉ 91555, AX DC ED VA
🍷, 38 Zi, Ez: 140/70-160/80,
Dz: 199/100-269/135, 3 Suiten, ⌐ WC ⊘ DFÜ,
6 ⊷, Lift, 🏠, 4⌬30, ⌬, Sauna, Solarium, Golf
Auch Zimmer der Kategorie ✱ vorhanden.

🍴🍴 Hauptgericht 32/16, geschl.: Mo, So
abends

✱ Ambiente
Dinkelsbühler Str. 2, Tel (0 98 52) 6 76 40,
Fax 67 64 64, ✉ 91555
30 Zi, Ez: 85/42-100/50, Dz: 125/62-142/71,
garni

🍴 Ballheimer
Ringstr. 57, Tel (0 98 52) 91 82, Fax 37 38,
✉ 91555, ED VA
Hauptgericht 18/9, Gartenlokal, P,
geschl.: Okt-Apr Mo
⊷ 12 Zi, Ez: 70/35-85/42, Dz: 120/60-140/70,
⌐ WC ⊘ DFÜ

Fichtelberg 58 ↗

Bayern / Kreis Bayreuth
EW 2900
ℹ Tel (0 92 72) 9 70 33, Fax 9 70 44
Gästeinformation
✉ 95686 Bayreuther Str. 4

✱✱ Schönblick
Gustav-Leutelt-Str. 18, Tel (0 92 72) 9 78 00,
Fax 9 78 02 00, ✉ 95686
♪ 🍷, 40 Zi, Ez: 70/35-120/60,
Dz: 110/55-170/85, 4 App, ⌐ WC ⊘, 4 ⊷, Lift,
P, 🏠, 4⌬60, ⌬, Sauna, Solarium
Auch Zimmer der Kategorie ✱ vorhanden.

🍴🍴 Restaurant bei Heusingers
Hauptgericht 22/11-36/18, Biergarten

Neubau (2 km ↑)

✱ Gasthof-Pension Specht
Fichtelberger Str. 41, Tel (0 92 72) 97 30,
Fax 9 73 20, ✉ 95686
♪, 24 Zi, Ez: 40/20-60/30, Dz: 75/37-100/50, ⌐
WC, P, 🏠, 1⌬40, Restaurant

Fichtenau 62 ↗

Baden-Württemberg
Kreis Schwäbisch Hall
EW 4800
ℹ Tel (0 79 62) 89 20, Fax 8 92 60
Gemeindeverwaltung
✉ 74579 Hauptstr. 2

Erholungsort; Sehenswert: in Wildenstein
Schloß; in Matzenbach: Läuteturm; Bildkapelle;
in Bernhardsweiler: St.-Anna-Kirche; wechselnde Ausstellungen im Rathaus.

Lautenbach (2 km ↑)

✱ Storchenmühle
Buckenweilerstr. 42, Tel (0 79 62) 5 66,
Fax 12 34, ✉ 74579, AX DC ED VA

♪ ≋, 10 Zi, Ez: 75/37, Dz: 115/57, ⊐ WC ⓒ,
Fitnessraum, Sauna, Solarium, Restaurant

Fiefbergen 10 →

Schleswig-Holstein / Kreis Plön
EW 6000
ℹ Tel (0 48 44) 4 14 10, Fax 41 41 14
Touristservice Schönberg
✉ 24217 Am Schierbek 6

🍴 Sommerhof 🛑

Am Dorfteich 11, Tel (0 43 44) 66 85,
Fax 41 57 48, ✉ 24217, ED VA
Hauptgericht 34/17-39/19, Terrasse, **P**, nur abends, geschl.: Mo, Di, 3 Wochen im Herbst, 2 Wochen im Feb

Filderstadt 61 ↘

Baden-Württemberg
Kreis Esslingen
EW 41746
ℹ Tel (07 11) 7 09 76 14, Fax 7 08 94 93
i-Punkt
✉ 70794 Tübinger Str. 40

Bernhausen

★★ Ascot

Karl-Benz-Str. 25, Tel (07 11) 7 09 00,
Fax 7 09 01 00, ✉ 70794, AX DC ED VA
112 Zi, Ez: 149/75-177/89, Dz: 169/85-197/99,
⊐ WC ⓒ, 15 ⇌, Lift, **P**, 🏠, 1⟳15, Restaurant

★ Schwanen

Obere Bachstr. 5, Tel (07 11) 7 08 20,
Fax 7 08 24 11, ✉ 70794, AX DC ED VA
84 Zi, Ez: 140/70-175/88, Dz: 180/90-200/100,
⊐ WC ⓒ, Lift, **P**, 🏠, 1⟳27, Restaurant

★ Schumacher

Volmarstr. 19, Tel (07 11) 70 02 63 40,
Fax 7 00 26 34 59, ✉ 70794, ED VA
25 Zi, Ez: 105/52, Dz: 125/62-160/80, ⊐ WC ⓒ
DFÜ, Lift, **P**, garni

Bonlanden

★ Best Western Stuttgart Airport

Rainäckerstr. 61, Tel (07 11) 7 78 30,
Fax 7 78 33 87, ✉ 70794, AX DC ED VA, Ⓢ
61 Zi, Ez: 140/70-185/93, Dz: 170/85-190/95, ⊐
WC ⓒ DFÜ, Lift, **P**, 🏠, 1⟳35, Sauna, Restaurant

Plattenhardt

★ Crystal

Uhlbergstr. 54, Tel (07 11) 77 88 90,
Fax 7 78 89 50, ✉ 70794, AX DC ED VA
18 Zi, Ez: 115/57-125/62, Dz: 150/75-175/88,
⊐ WC ⓒ, Lift, **P**, 🏠, Restaurant

Sielmingen

★ Zimmermann

Wieland- / Brühlstr., Tel (0 71 58) 93 30,
Fax 93 32 75, ✉ 70794, AX DC ED VA
36 Zi, Ez: 99/49-122/61, Dz: 170/85, ⊐ WC ⓒ,
16 ⇌, Lift, **P**, 🏠, 1⟳20
Auch Zimmer der Kategorie ★★ vorhanden.

Finning 71 ↖

Bayern / Kreis Landsberg am Lech
EW 1508
ℹ Tel (0 88 06) 75 79
Gemeindeverwaltung
✉ 86923 Findingstr. 4

Oberfinning

🛏 Zum Staudenwirt

Staudenweg 6, Tel (0 88 06) 9 20 00,
Fax 92 00 20, ✉ 86923, VA
♪, 7 Zi, Ez: 40/20-44/22, Dz: 70/35-77/38, ⊐
WC ⓒ, **P**, Restaurant

Finsterwalde 40 □

Brandenburg
Landkreis Elbe-Elster
EW 21000
ℹ Tel (0 35 31) 70 30 79, Fax 70 30 79
Touristinformation
✉ 03238 Markt 1

★ Zum Vetter

Lange Str. 15, Tel (0 35 31) 22 69, Fax 32 05,
✉ 03238, ED VA
♪, 20 Zi, Ez: 55/27-99/49, Dz: 90/45-139/70,
1 Suite, ⊐ WC ⓒ, 5 ⇌, **P**, 🏠, garni

Fischach 63 ↓

Bayern / Kreis Augsburg
EW 4560
ℹ Tel (08 20) 5 02 07 37, Fax 5 02 07 46
VV Regio Augsburg Tourismus GmbH
✉ 86150 Bahnhofstr. 7

🍴 Lehner's Landgasthof

Werner-von-Siemens-Str. 12,
Tel (0 82 36) 9 60 20, Fax 17 75, ✉ 86850
Hauptgericht 18/9-35/17, 🛏, geschl.: Mo

Fischbachau 72 ↘

Bayern / Kreis Miesbach
EW 5300
ℹ Tel (0 80 28) 8 76, Fax 20 40
Tourist-Information
✉ 83730 Kirchplatz 10

Winkl (3 km ↑)

☕ **Café Winkelstüberl**
Tel (0 80 28) 7 42, Fax 15 86, ✉ 83730
P

Fischbachtal 54 →

Hessen / Kreis Darmstadt-Dieburg
EW 2900
ℹ Tel (0 61 66) 9 30 00, Fax 88 88
Gemeindeverwaltung
✉ 64405 Darmstädter Str. 8

Sehenswert: Schloß in Lichtenberg und Adventmarkt am 1. Adventswochenende.

Lichtenberg

🕎🕎🕎 **Landhaus Baur**
Lippmannweg 15, Tel (0 61 66) 83 13,
Fax 88 41, ✉ 64405, AX ED
Hauptgericht 52/26-60/30, Terrasse, **P**,
geschl.: Mo, Di, Anfang Jan
** 🌙 ⚡, 5 Zi, Ez: 120/60-195/98 ♛
Dz: 160/80-260/130, ⊣ WC ⊘, ⌂

Fischen i. Allgäu 70 ↓

Bayern
EW 2870
ℹ Tel (0 83 26) 3 64 60, Fax 36 46 56
Kurverwaltung
✉ 87538 Am Anger 15

** **Parkhotel Burgmühle**
Auf der Insel 2-4, Tel (0 83 26) 99 50,
Fax 73 52, ✉ 87538
⚡, 43 Zi, Ez: 89/44-130/65, Dz: 172/86-280/141,
2 Suiten, 3 App, ⊣ WC ⊘, 24 ⛌, Lift, **P**, 🏊, ⌂,
Fitnessraum, Sauna, Solarium, Restaurant
geschl.: 6.11.-18.12.00

Auch Zimmer der Kategorie *** vorhanden.

** **Rosenstock**
Berger Weg 14, Tel (0 83 26) 36 45 60,
Fax 3 64 56 99, ✉ 87538
🌙 ⚡, 43 Zi, Ez: 83/41-115/57,
Dz: 132/66-224/112, ⊣ WC ⊘, 43 ⛌, Lift, **P**,
⌂, Sauna, Solarium, Restaurant
geschl.: 2.11.-16.12.00

* **Pension Haus Alpenblick**
Maderhalmer Weg 10, Tel (0 83 26) 97 91,
Fax 97 94, ✉ 87538
🌙 ⚡, 20 Zi, Ez: 80/40-90/45,
Dz: 150/75-210/105, 1 Suite, ⊣ WC ⊘, **P**, 🏊,
Sauna, Solarium, Restaurant
geschl.: Mi, 28.10.-18.12.00

🕎 **Zur Krone** ✚
Auf der Insel 1, Tel (0 83 26) 2 87, Fax 93 51,
✉ 87538
Hauptgericht 22/11-32/16, geschl.: Mo
* 10 Zi, Ez: 65/32-90/45,
Dz: 60/30-70/35, ⊣ WC, **P**

Langenwang (3 km ↓)

** **Sonnenbichl Am Rotfischbach**
Sägestr. 19, Tel (0 83 26) 99 40, Fax 99 41 80,
✉ 87538
🌙 ⚡, 51 Zi, Ez: 103/51-200/100,
Dz: 161/81-290/146, 2 Suiten, ⊣ WC ⊘, Lift, **P**,
🏊, 1⊙30, ⌂, Sauna, Solarium, Golf, 1 Tennis,
Restaurant
geschl.: 5.11.-14.12.00

* **Frohsinn**
Wiesenweg 4, Tel (0 83 26) 18 48, Fax 18 40,
✉ 87538
🌙 ⚡, 54 Zi, Ez: 92/46-102/51,
Dz: 152/76-230/115, 6 App, ⊣ WC ⊘, Lift, **P**,
⌂, Kegeln, Sauna, Solarium, Restaurant
geschl.: Mo, 5.11.-19.12.00

Fischen i. Allgäu

Maderhalm (1 km ↓)

*** Kur- und Sporthotel Tanneck
Haus Nr 20, Tel (0 83 26) 99 90, Fax 99 91 33,
✉ 87538
⌘, 57 Zi, Ez: 121/60-295/148,
Dz: 198/99-358/180, 3 Suiten, 3 App, ⌐ WC ⊘,
10 ⇐, Lift, 🅿, 🏠, 2⇨40, ⇐, Fitnessraum,
Sauna, Solarium, 1 Tennis
geschl.: 4.11.-18.12.01
🍴🍴 ⌘, Hauptgericht 25/12-35/17, Terrasse

* Café-Pension Maderhalm
Haus Nr 19, Tel (0 83 26) 3 60 50, Fax 74 92,
✉ 87538
⌒ ⌘, 13 Zi, Ez: 65/32-90/45, Dz: 122/61-145/73,
⌐ WC ⊘, 🅿, 🏠, Restaurant

Fischingen 67 ⌐

Baden-Württemberg / Kreis Lörrach
EW 590
🛈 Tel (0 76 28) 18 70, Fax 82 23
Gemeindeverwaltung
✉ 79592 Kirchplatz 6

* Zur Tanne
Dorfstr. 31, Tel (0 76 28) 3 63, Fax 9 53 21,
✉ 79592, AX ED VA
21 Zi, ⌐ WC ⊘, 🅿, 2⇨80
🍴 Hauptgericht 20/10-37/18

Fladungen 46 →

Bayern / Rhön-Grabfeld-Kreis
EW 2470
🛈 Tel (0 97 78) 91 91 20, Fax 91 91 33
Verkehrsamt
✉ 97650 Rathaus 1

** Sonnentau
Wurmberg 1-3, Tel (0 97 78) 9 12 20,
Fax 91 22 55, ✉ 97650
⌒ ⌘, 50 Zi, Ez: 53/26-87/43, Dz: 86/43-150/75,
⌐ WC ⊘, Lift, 🅿, 🏠, 3⇨40, ⇐, Sauna,
Solarium, Restaurant
Im Haupthaus einfachere Zimmer vorhanden.

Fladungen-Außerhalb (4 km ←)

🚩 Berggasthof Sennhütte
an der Hochrhönstr., Tel (0 97 78) 9 10 10,
Fax 9 10 11 00, ✉ 97650
einzeln ⌒ ⌘, 28 Zi, Ez: 50/25-65/32,
Dz: 86/43-100/50, ⌐ WC ⊘ DFÜ, Lift, 🅿, 🏠,
Sauna, Solarium, Restaurant

Fleckenberg siehe Schmallenberg

Flein 61 ⌐

Baden-Württemberg
Kreis Heilbronn
EW 5831
🛈 Tel (0 71 31) 5 00 70, Fax 50 07 69
Gemeindeverwaltung
✉ 74223 Kellergasse 1

** Wo der Hahn kräht
Altenbergweg 11, Tel (0 71 31) 5 08 10,
Fax 50 81 66, ✉ 74223, ED VA
⌒ ⌘, 50 Zi, Ez: 125/62-145/73,
Dz: 160/80-180/90, 10 App, ⌐ WC ⊘, 🅿,
3⇨110, Kegeln, Restaurant

Flensburg 9 ⌐

Schleswig-Holstein
EW 85000
🛈 Tel (04 61) 9 09 09 20, Fax 9 09 09 36
Tourist-Information
✉ 24937 Speicherlinie 40

siehe auch Harrislee

** Mercure
Norderhofenden 6 (B 3), Tel (04 61) 8 41 10,
Fax 8 41 12 99, ✉ 24937, AX DC ED VA, Ⓢ
⌘, 91 Zi, Ez: 158/79, Dz: 206/103, 4 Suiten, ⌐
WC ⊘, 29 ⇐, Lift, 4⇨100, Sauna, garni

** Central
Neumarkt 1 (B 4), Tel (04 61) 8 60 00,
Fax 2 25 99, ✉ 24937, AX DC ED VA
52 Zi, Ez: 100/50-150/75, Dz: 170/85-190/95,
1 Suite, ⌐ WC ⊘, 4 ⇐, Lift, 🅿, 🏠, 1⇨30,
Restaurant

* Flensburger Hof
Süderhofenden 38 (B 3), Tel (04 61) 14 19 90,
Fax 1 41 99 99, ✉ 24937, AX DC ED VA, Ⓢ
28 Zi, Ez: 120/60-155/78, Dz: 190/95-200/100,
⌐ WC ⊘ DFÜ, 14 ⇐, Lift, 1⇨16, Golf,
Restaurant

🍴 Piet Henningsen
Schiffbrücke 20, Tel (04 61) 2 45 76,
Fax 2 87 77, ✉ 24939, AX DC ED VA
⌘, Hauptgericht 25/12-55/27, Terrasse,
Biergarten

… Flensburg

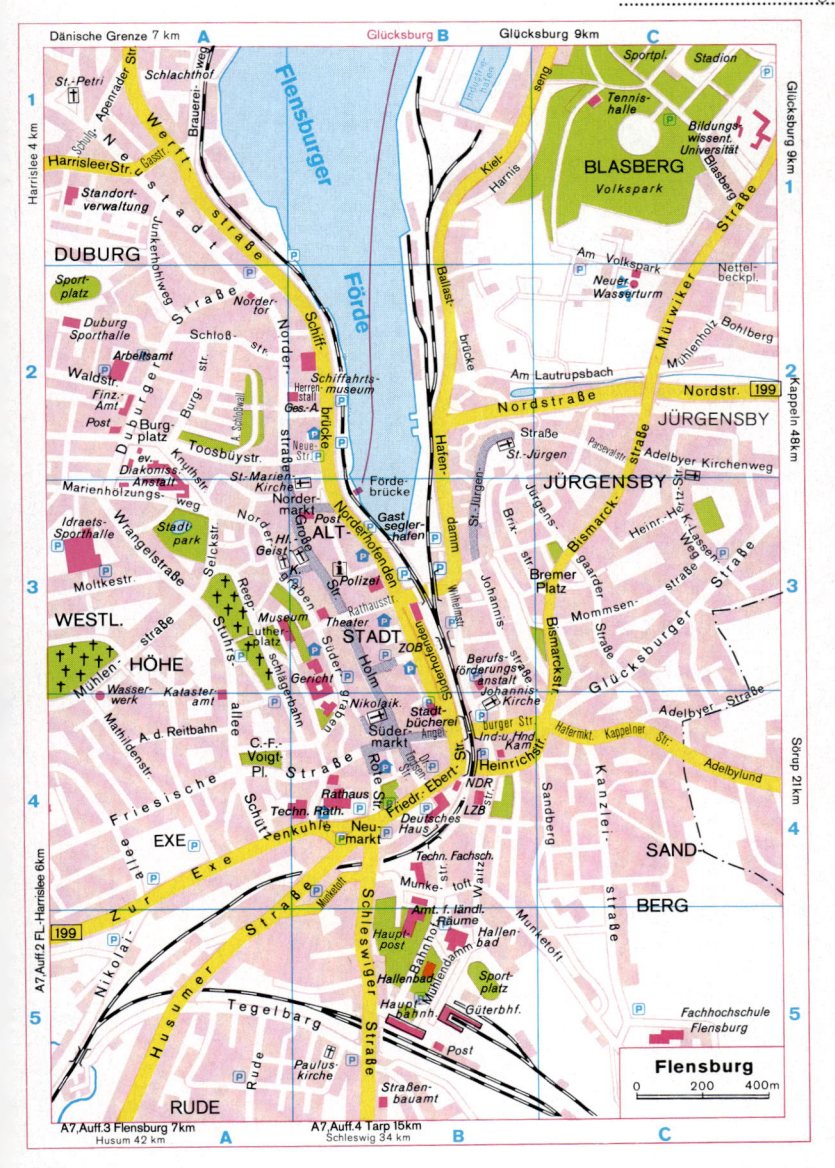

Borgerforeningen

Holm 17, Tel (04 61) 2 33 85, Fax 2 30 85, ✉ 24937, AX DC ED VA
Hauptgericht 20/10-30/15, Gartenlokal, P, geschl.: So

Flensburg–Außerhalb (3 km ←)

Marienhölzung

Marienhölzungsweg 150, Tel (04 61) 58 22 94, Fax 5 00 80 99, ✉ 24939, ED

285

Hauptgericht 25/12-35/17, Biergarten,
geschl.: Mo, 1.-28.2.01

Mürwik (3,5 km ↗)

* **Am Wasserturm**
Blasberg 13 (C 1), Tel (04 61) 3 15 06 00,
Fax 31 22 87, ✉ 24943, AX DC ED VA
☾, 34 Zi, Ez: 95/47-130/65, Dz: 160/80-185/93,
2 Suiten, ⌐ WC ☏, 5 ⛌, P, 🅿, 🛌, Sauna,
Restaurant

Flintsbach a. Inn 72 ↘

Bayern / Kreis Rosenheim
EW 2400
🛈 Tel (0 80 34) 30 66 20, Fax 30 66 10
Verkehrsamt
✉ 83126 Kirchstr. 9

* **Gasthof Dannerwirt**
Kirchplatz 4, Tel (0 80 34) 9 06 00,
Fax 90 60 50, ✉ 83126, ED VA
26 Zi, Ez: 70/35-75/37, Dz: 100/50-110/55,
1 Suite, ⌐ WC ☏, 1⟳20, Fitnessraum
geschl.: Do, 6.-24.11.00
🍴 Hauptgericht 20/10-35/17, Biergarten,
P, geschl.: Do, 6.-24.11.00

Flörsheim am Main 54 ↑

Hessen / Main-Taunus-Kreis
EW 18800
🛈 Tel (0 61 45) 95 50, Fax 95 52 99
Stadtverwaltung
✉ 65439 Bahnhofstr. 12

* **Herrnberg**
Bürgermeister-Lauck-Str, Tel (0 61 45) 95 30,
Fax 95 32 22, ✉ 65439, AX DC ED VA
36 Zi, Ez: 90/45-145/73, Dz: 125/62-195/98, ⌐
WC ☏, Lift, P, 🅿, 1⟳16, Restaurant

Weilbach, Bad

** **Airport Country Hotel**
Alleestr. 18, Tel (0 61 45) 93 00, Fax 93 02 30,
✉ 65439, AX DC ED VA

55 Zi, Ez: 199/100-310/156,
Dz: 300/151-390/196, 1 Suite, ⌐ WC ☏ DFÜ,
Lift, P, 4⟳90, Restaurant

Flöthe 26 ↘

Niedersachsen / Kreis Wolfenbüttel
EW 980
🛈 Tel (0 53 31) 8 42 60, Fax 8 43 60
Fremdenverkehrsverband
✉ 38300 Bahnhofstr. 11

Klein-Flöthe

* **Kutscherstuben**
Lindenstr. 5, Tel (0 53 39) 7 00, Fax 7 09,
✉ 38312, ED VA
20 Zi, Ez: 80/40, Dz: 110/55-140/70, ⌐ WC ☏,
P, 4⟳120, Kegeln, Restaurant

Floh-Seligenthal 47 ↖

Thüringen
Kreis Schmalkalden-Meiningen
EW 5502
🛈 Tel (0 36 83) 7 91 90, Fax 79 19 99
Tourist-Information
✉ 98593 Kronsteinstr. 3

Struth-Helmershof

* **Thüringer Hof**
Kronsteinstr. 3, Tel (0 36 83) 7 91 90,
Fax 79 19 99, ✉ 98593, AX DC ED VA
20 Zi, Ez: 69/34-89/44, Dz: 118/59-138/69, ⌐
WC ☏, Lift, P, 2⟳150, Sauna, Solarium,
Restaurant
geschl.: Mi

* **Zum Rennsteig**
Heidenstein 51, Tel (0 36 83) 78 31 24,
Fax 78 31 33, ✉ 98593, ED VA
23 Zi, Ez: 65/32-70/35, Dz: 110/55-120/60, ⌐
WC ☏, P

Floß 59 ←

Bayern
Kreis Neustadt a. d. Waldnaab
EW 3744
🛈 Tel (0 96 03) 9 21 10, Fax 92 11 50
Verkehrsamt
✉ 92685 Rathausplatz 3

* **Goldener Löwe**
Marktplatz 2, Tel (0 96 03) 10 74, Fax 10 76,
✉ 92685, AX DC ED VA

Föhr

25 Zi, Ez: 68/34-98/49, Dz: 108/54-148/74,
1 Suite, 1 App, ⌐ WC ⊘, 3 ⊵, Lift, 2⇔150,
Sauna, Solarium, Restaurant

Fockbek 10←

Schleswig-Holstein
Kreis Rendsburg-Eckernförde
EW 6160
🛈 Tel (0 43 31) 6 67 70, Fax 66 77 66
Gemeindeverwaltung
✉ 24787 Rendsburger Str. 42

✱ Schützenhaus
an der B 202, Tel **(0 43 31) 6 12 30**,
Fax 6 19 12, ✉ 24787, AX DC ED VA
22 Zi, Ez: 70/35-90/45, Dz: 105/52-140/70, ⌐
WC ⊘, 2 ⊵, **P**, 4⇔88, Restaurant
Im Gästehaus Zimmer der Kategorie ✱✱
vorhanden.

Föhr 8 ↗

Nieblum
Schleswig-Holstein
Kreis Nordfriesland
EW 800
🛈 Tel (0 46 81) 25 59, Fax 34 11
Kurverwaltung
✉ 25938 Poststraat 2

✱✱ Landhotel Witt
Alkersumstieg 4, Tel **(0 46 81) 5 87 70**,
Fax 58 77 58, ✉ 25938
16 Zi, Ez: 125/62-185/93, Dz: 180/90-250/125,
1 Suite, ⌐ WC ⊘, 10 ⊵, **P**, 1⇔35, Sauna,
Solarium, Golf
geschl.: 8.1.-15.2.01, 15-25.11.01
¶¶ 🜚, Hauptgericht 24/12-44/22 ✚
Terrasse, Biergarten, geschl.: im Winter Mo,
8.1.-15.2.01, 15-22.11.01

✱ Friesenhof
Jens-Jacob-Eschel-Str. 1, Tel **(0 46 81) 5 92 10**,
Fax 59 21 59, ✉ 25938
♩, 7 Zi, Ez: 75/37-125/62, Dz: 140/70-190/95,
1 App, ⌐ WC ⊘, **P**, Golf, Restaurant

Oevenum
Schleswig-Holstein
Kreis Nordfriesland
🛈 Tel (0 46 81) 25 90
Gemeindeverwaltung
✉ 25938

✱ Landhaus Laura
Buurnstrat 49, Tel **(0 46 81) 5 97 90**,
Fax 59 79 35, ✉ 25938, AX DC ED VA

♩ 🜚, 12 Zi, Ez: 95/47-210/105,
Dz: 170/85-290/146, 5 Suiten, ⌐ WC ⊘ DFÜ,
2 ⊵, **P**, 1⇔16, Fitnessraum, Sauna, Solarium,
Golf
geschl.: Di, 15.11.-15.12.00
Reetgedecktes Friesenhaus mit antikem
Mobiliar.
¶ 🜚, Hauptgericht 20/10-36/18,
Terrasse, nur abends, Fr-So auch mittags,
geschl.: Di, 15.11.-15.12.00

Wyk
Schleswig-Holstein
Kreis Nordfriesland
EW 4600
🛈 Tel (0 46 81) 30 40, Fax 30 68
Kurbetrieb
✉ 25938 Hafenstr. 23

Nordseeheilbad; Sehenswert: Dr.-Carl-Häberlin-
Friesenmuseum, Naturkundliches Informationszentrum des Nationalparkamtes; Wattenmeer-
raum mit Diorama im Umweltzentrum.

✱✱ Kurhaus Hotel
Sandwall 40, Tel **(0 46 81) 7 92**, Fax 15 91,
✉ 25938
♩ ⚘, 35 Zi, Ez: 89/44-199/100,
Dz: 134/67-249/125, 1 Suite, ⌐ WC ⊘, Lift, **P**,
Fitnessraum, Seezugang, Kegeln, Sauna, garni
Rezeption: 8-20, geschl.: 5.11.00-15.3.01

✱ Atlantis Hotel am Meer
Sandwall 29, Tel **(0 46 81) 59 91 00**,
Fax 59 94 44, ✉ 25938
⚘, 45 Zi, Ez: 130/65-160/80,
Dz: 175/88-215/108, ⌐ WC ⊘ DFÜ, 5 ⊵, Lift,
P, 🜚, 2⇔40, Seezugang, Sauna, Solarium,
Golf, Restaurant
Rezeption: 8-19

✱ Duus
Hafenstr. 40, Tel **(0 46 81) 5 98 10**,
Fax 59 81 40, ✉ 25938, AX DC ED VA
⚘, 22 Zi, Ez: 90/45-140/70, Dz: 110/55-190/95,
1 App, ⌐ WC ⊘
geschl.: Do
Auch Zimmer der Kategorie ✱✱ vorhanden.

¶ Austernfischer
Hauptgericht 28/14, geschl.: Do

¶¶ Alt Wyk ✚
Große Str. 4, Tel **(0 46 81) 32 12**, Fax 5 91 72,
✉ 25938
Hauptgericht 25/12-42/21, nur abends,
geschl.: Di

Südstrand

★★ Schloss am Meer
Badestr. 112, Tel (0 46 81) 5 86 70,
Fax 50 18 66, ✉ 25938, ED VA
♪ ✦, 30 Zi, Ez: 110/55-180/90,
Dz: 150/75-270/135, 2 App, ⊐ WC ⊘, 5 ⇐, P,
2⊂30, Seezugang, Sauna, Solarium,
Restaurant

Forchheim 57 □

Bayern
EW 31000
🛈 Tel (0 91 91) 71 43 38, Fax 71 42 06
Tourist-Information
✉ 91301 Hauptstr. 24

★ Das kleine Hotel garni
Dreikirchenstr. 13, Tel (0 91 91) 7 07 90,
Fax 70 79 30, ✉ 91301, AX DC ED VA
12 Zi, Ez: 125/62-175/88, Dz: 205/103, 2 App,
⊐ WC ⊘, 4 ⇐, P

★ Am Kronengarten
Bamberger Str. 6 a, Tel (0 91 91) 7 25 00,
Fax 6 63 31, ✉ 91301, AX ED VA
25 Zi, Ez: 90/45, Dz: 120/60, ⊐ WC ⊘ DFÜ,
Lift, P, 🏠, 1⊂40, garni
Rezeption: 6-12, 16-20

★ Franken
Ziegeleistr. 17, Tel (0 91 91) 62 40,
Fax 6 24 80, ✉ 91301, AX DC ED VA
♪, 40 Zi, Ez: 79/39-99/49, Dz: 119/59-139/70,
⊐ WC ⊘ DFÜ, P, 🏠, 1⊂50, Restaurant

Burk (1 km ✓)

★ Schweizergrom
Röthenstr. 5, Tel (0 91 91) 39 55, Fax 39 55,
✉ 91301, AX ED VA
30 Zi, Ez: 70/35-85/42, Dz: 100/50-120/60, ⊐
WC ⊘, P, 2⊂40, Restaurant

Forchtenberg 62 ↖

Baden-Württemberg / Hohenlohekreis
EW 5000
🛈 Tel (0 79 47) 91 11 21, Fax 91 11 35
Bürgermeisteramt
✉ 74670 Hauptstr. 14

Sindringen (7 km ←)

★ Krone
Untere Str. 2, Tel (0 79 48) 9 10 00, Fax 24 92,
✉ 74670, ED VA
27 Zi, Ez: 75/37-85/42, Dz: 120/60-140/70,
2 App, ⊐ WC ⊘, P, 🏠, 1⊂40, Sauna,
Restaurant
geschl.: 10.-31.1.00

Forst (Lausitz) 41 ↑

Brandenburg / Spree-Neiße-Kreis
EW 25500
🛈 Tel (0 35 62) 66 90 66, Fax 66 90 67
Fremdenverkehrsverein
✉ 03149 Promenade 9

★ Haufe
Cottbuser Str. 123, Tel (0 35 62) 28 44,
Fax 28 45, ✉ 03149, ED VA
27 Zi, Ez: 60/30-80/40, Dz: 100/50-120/60, ⊐
WC ⊘, 7 ⇐, P, 🏠, Sauna, Solarium, Restaurant

Domsdorf

★★ Wiwo
Domsdorfer Kirchweg 14, im Gewerbegebiet,
Tel (0 35 62) 95 10, Fax 98 43 79, ✉ 03149, AX
ED VA
76 Zi, Ez: 85/42-110/55, Dz: 110/55-125/62,
1 Suite, ⊐ WC ⊘, 16 ⇐, Lift, P, 🏠, 3⊂30,
Restaurant

Frammersbach 55 ↑

Bayern / Kreis Main-Spessart
EW 5110
🛈 Tel (0 93 55) 48 00, Fax 97 56 25
Verkehrsverein e. V.
✉ 97833 Marktplatz 3

★ Landgasthof Kessler
Orber Str. 23, Tel (0 93 55) 12 36, Fax 9 97 41,
✉ 97833
14 Zi, Ez: 59/29-78/39, Dz: 99/49-140/70, ⊐
WC ⊘, 10 ⇐, P, 🏠, 1⊂30, Solarium
geschl.: 15.1.-15.2.01
🍴 Hauptgericht 20/10-40/20, Terrasse,
geschl.: Mi abends, 15.1.-15.2.01

Schwarzkopf
Loherstr. 80, Tel (0 93 55) 3 07, Fax 44 12,
✉ 97833, ED VA
Hauptgericht 15/7-35/17, Gartenlokal, P,
geschl.: Mo, 5.-25.3.01
★★ 6 Zi, Ez: 50/25-75/37,
Dz: 100/50-130/65, ⌐ WC, ☎, 1◯25

Frankenberg 50 ↑
Sachsen / Kreis Mittweida
EW 18300
🛈 Tel (03 72 06) 7 22 67, Fax 7 22 37
Tourist-Information
✉ 09669 Schlossstr. 5

★ Landhotel Frankenberg
Am Dammplatz, Tel (03 72 06) 7 73,
Fax 7 75 99, ✉ 09669, AX DC ED VA
68 Zi, Ez: 98/49-135/67, Dz: 140/70-189/95, ⌐
WC ⓒ, 34 ⌂, Lift, P, 6◯120, Sauna,
Restaurant

★ Lützelhöhe
Dr.-Wilhelm-Klütz-Str. 53,
Tel (03 72 06) 53 20, Fax 53 00, ✉ 09669, ED
VA
♩, 17 Zi, Ez: 90/45, Dz: 130/65, ⌐ WC ⓒ, 6 ⌂,
1◯25

Frankenberg (Eder) 35 ✓
Hessen / Kreis Waldeck-Frankenberg
EW 19130
🛈 Tel (0 64 51) 50 51 13, Fax 50 51 00
Tourist-Information
✉ 35066 Obermarkt 7-13

★★ Sonne
Marktplatz 2, Tel (0 64 51) 75 00, Fax 2 21 47,
✉ 35066, AX DC ED VA
41 Zi, Ez: 98/49-180/90, Dz: 160/80-250/125,
1 Suite, ⌐ WC ⓒ DFÜ, 5 ⌂, Lift, ☎, 4◯160,
Sauna, Solarium
Rezeption: 6.30-22
🍴🍴 Hauptgericht 21/10-39/19, Terrasse,
geschl.: So abends

★ Rats-Schänke
Marktplatz 7, Tel (0 64 51) 7 26 60,
Fax 72 66 55, ✉ 35066, AX DC ED VA
32 Zi, Ez: 95/47-145/73, Dz: 165/83-200/100,
3 Suiten, ⌐ WC ⓒ DFÜ, Lift, Restaurant
geschl.: 2.-18.1.01
Auch Zimmer der Kategorie ★★ vorhanden.

Schreufa

🍴🍴 Lößners Landhaus Il Giardino ✚
Ginsterweg 29, Tel (0 64 51) 71 54 24,
Fax 71 54 25, ✉ 35066, ED VA
Hauptgericht 30/15-35/17, Gartenlokal, 🛏,
nur abends, geschl.: Mo

Frankenhain 47 ↑
Thüringen / Ilm-Kreis
EW 984
🛈 Tel (03 62 05) 7 63 66, Fax 7 63 66
Gemeindeverwaltung
✉ 99330 Hauptstr. 7

★ Am Gisselgrund
Ohrdrufer Str. 9, Tel (03 62 05) 74 30,
Fax 7 43 34, ✉ 99330, AX DC ED VA
17 Zi, Ez: 70/35-75/37, Dz: 110/55-120/60, ⌐
WC ⓒ, P, Fitnessraum, Sauna, Solarium,
Restaurant

Frankenhausen, Bad 37 ↘
Thüringen / Kyffhäuserkreis
EW 10000
🛈 Tel (03 46 71) 7 17 16, Fax 7 17 19
Kyffhäuser-Information
✉ 06567 Anger 14

★★★ Residenz
Am Schlachtberg, Tel (03 46 71) 7 50,
Fax 7 53 00, ✉ 06567, AX DC ED VA
♩ ⚭, 85 Zi, Ez: 98/49-115/57,
Dz: 150/75-170/85, ⌐ WC ⓒ, 8 ⌂, Lift, P,
2◯40, ☎, Sauna, Solarium
🍴🍴 ⚭, Hauptgericht 13/6-35/17

★★ Reichental
Rottleber Str. 4, Tel (03 46 71) 6 80,
Fax 6 81 00, ✉ 06567, AX DC ED VA
48 Zi, Ez: 89/44-140/70, Dz: 129/64-180/90,
1 Suite, 3 App, ⌐ WC ⓒ, 9 ⌂, Lift, P, 3◯120,
☎, Kegeln, Sauna, Solarium
🍴🍴 Hauptgericht 14/7-48/24

★ Thüringer Hof
Am Anger 15, Tel (03 46 71) 5 10 10,
Fax 5 10 62, ✉ 06567, ED VA
22 Zi, Ez: 60/30-70/35, Dz: 110/55-130/65, ⌐
WC ⓒ, Lift, P, Restaurant

🛏 Grabenmühle
Am Wallgraben 1, Tel (03 46 71) 6 24 75,
Fax 7 98 83, ✉ 06567, ED VA
14 Zi, Ez: 60/30-80/40, Dz: 100/50-120/60, ⌐
WC ⓒ, Restaurant
geschl.: So

Frankenstein 50 ↗

Sachsen / Kreis Freiberg
EW 1150
🛈 Tel (03 73 21) 2 29
Gemeindeverwaltung
✉ 09569 Dorfweg 7

Memmendorf (2 km ✓)

✱ Goldener Stern
Dorfstr. 52 a / An der B 173,
Tel (03 72 92) 2 19 51, Fax 2 19 52, ✉ 09569,
AX ED VA
20 Zi, Ez: 68/34, Dz: 90/45, 2 App, ⌐ WC ⊘,
🅿, ☎, 2🔄40, Restaurant

Frankenthal 54 □

Rheinland-Pfalz
EW 49790
🛈 Tel (0 62 33) 8 93 95, Fax 8 94 00
Stadtverwaltung
✉ 67227 Rathausplatz 2-7

✱✱ Best Western Victor's Residenz-Hotel
Mina-Karcher-Platz, Tel (0 62 33) 34 30,
Fax 34 34 34, ✉ 67227, AX DC ED VA, Ⓢ
104 Zi, Ez: 95/47-190/95, Dz: 140/70-250/125,
8 Suiten, ⌐ WC ⊘ DFÜ, 28 ⊱, Lift, 🅿,
11🔄1000, Sauna, Solarium, garni

✱✱ Central
Karolinenstr. 6, Tel (0 62 33) 87 80,
Fax 2 21 51, ✉ 67227, AX DC ED VA, Ⓢ
65 Zi, Ez: 99/49-169/85, Dz: 139/70-189/95,
4 Suiten, 1 App, ⌐ WC ⊘, 25 ⊱, Lift, 🅿, ☎,
3🔄80, Fitnessraum, Kegeln, Bowling, Sauna,
Solarium
geschl.: 24-27.12.00, 24-27.12.01
Auch Zimmer der Kategorie ✱ vorhanden.

¶¶ Rôtisserie Zum Winzer
Hauptgericht 28/14-39/19, Biergarten,
geschl.: So

✱ Achat
Mahlastr. 18, Tel (0 62 33) 49 20,
Fax 49 29 99, ✉ 67227, AX ED VA, Ⓢ
126 Zi, Ez: 128/64-158/79,
Dz: 178/89-208/104, 126 App, ⌐ WC ⊘ DFÜ,
48 ⊱, Lift, 🅿, ☎, 1🔄12, garni
Rezeption: 6.30-22.30
Langzeitvermietung möglich.

¶¶ Adamslust
An der Adamslust 10, Tel (0 62 33) 6 17 16,
Fax 6 82 49, ✉ 67227, DC ED VA
Hauptgericht 34/17-46/23, Terrasse,
Gartenlokal, geschl.: Mo, Sa mittags,
1.-31.1.01, 15.9.-1.10.01

Frankfurt am Main 44 ↘

Hessen
EW 650000
🛈 Tel (0 69) 21 23 88 00, Fax 21 23 78 80
Tourismus+Congress GmbH
✉ 60329 Kaiserstr. 56
Cityplan siehe Seiten 292-293

siehe auch Neu-Isenburg

✱✱✱✱ Steigenberger Frankfurter Hof
Kaiserplatz (D 4), Tel (0 69) 2 15 02,
Fax 21 59 00, ✉ 60311, AX DC ED VA, Ⓢ
◔, 299 Zi, Ez: 415/209-615/309,
Dz: 470/236-670/337, 33 Suiten, ⌐ WC ⊘
DFÜ, 74 ⊱, Lift, 16🔄500, Sauna, Solarium
Auch Zimmer der Kategorie ✱✱✱ vorhanden.

¶¶¶¶ Francais
Hauptgericht 49/24-62/31, geschl.: So, Mo, Sa
mittags, 25.12.00-10.1.01, Jul-Aug

Oscar's
Hauptgericht 24/12-39/19, Terrasse

✱✱✱✱ ArabellaSheraton Grand Hotel
Konrad-Adenauer-Str. 7 (E 3),
Tel (0 69) 2 98 10, Fax 2 98 18 10, ✉ 60313,
AX DC ED VA
366 Zi, Dz: 525/264-840/423, 12 Suiten, ⌐ WC
⊘ DFÜ, 189 ⊱, Lift, ☎, 13🔄500, ⌂,
Fitnessraum, Sauna, Solarium, Restaurant

✱✱✱✱ Hessischer Hof ♛
The Leading Hotels of the World
Friedrich-Ebert-Anlage 40 (B 4),
Tel (0 69) 7 54 00, Fax 75 40 29 24, ✉ 60325,
AX DC ED VA, Ⓢ
106 Zi, Ez: 375/188-650/327,
Dz: 455/229-650/327, 11 Suiten, ⌐ WC ⊘
DFÜ, 52 ⊱, Lift, 🅿, ☎, 9🔄200
Auch Zimmer der Kategorie ✱✱✱ vorhanden.

¶¶¶ Sèvres
Hauptgericht 40/20-55/27

★★★★ Intercontinental
Wilhelm-Leuschner-Str. 43 (C 5),
Tel (0 69) 2 60 50, Fax 25 24 67, ✉ 60329, AX DC ED VA, Ⓢ
🍴, 434 Zi, Ez: 395/198-725/365,
Dz: 445/224-775/390, 35 Suiten, 🛏 WC ℂ
DFÜ, 40 ♿, Lift, 🅿, 16⟳800, 🛁, Sauna, Solarium
Auch Zimmer der Kategorie ★★★ vorhanden.
Preise exkl. Frühstück.

¶¶ Signatures
Hauptgericht 31/15-52/26
Beachtenswerte euro-asiatische und kalifornische Küche.

★★★★ Hilton
Hochstr. 4 (D 3), Tel (0 69) 1 33 80 00,
Fax 13 38 13 38, ✉ 60313, AX DC ED VA, Ⓢ
328 Zi, Ez: 420/211-720/362,
Dz: 420/211-720/362, 14 Suiten, 🛏 WC ℂ DFÜ,
60 ♿, Lift, 🅿, 16⟳600, 🛁, Sauna, Solarium
Preise exkl. Frühstück. 2000 qm großer Wave Health & Fitness Club mit 25 m langem Schwimmbecken.

¶¶ Pacific Colors
Hauptgericht 20/10-49/24, Terrasse, 🅿

★★★★ Maritim
Theodor-Heuss-Allee 3, Tel (0 69) 7 57 80,
Fax 75 78 10 00, ✉ 60327, AX DC ED VA, Ⓢ
♪ 🍴, 543 Zi, Ez: 370/186-750/377,
Dz: 370/186-750/377, 24 Suiten, 🛏 WC ℂ
DFÜ, Lift, 🅿, 24⟳2207, 🛁, Fitnessraum, Sauna, Solarium, Golf, Restaurant

★★★ Le Meridien Parkhotel
Wiesenhüttenplatz 28-38 (C 5),
Tel (0 69) 2 69 70, Fax 2 69 78 84, ✉ 60329,
AX DC ED VA, Ⓢ
296 Zi, Ez: 235/118-704/354,
Dz: 285/143-704/354, 16 Suiten, 🛏 WC ℂ
DFÜ, 170 ♿, Lift, 🅿, 🅿, 14⟳250, Sauna, Solarium

¶¶ Le Parc
Tel 2 69 78 88
Hauptgericht 35/17, Terrasse
Teile der Fassade stehen unter Denkmalschutz und stammen aus der Zeit der Jahrhundertwende.

★★★ Marriott
Hamburger Allee 2 (A 3-4), Tel (0 69) 7 95 50,
Fax 79 55 24 32, ✉ 60486, AX DC ED VA, Ⓢ
♪ 🍴, 564 Zi, Ez: 235/118-695/350,
Dz: 235/118-695/350, 24 Suiten, 🛏 WC ℂ
DFÜ, 317 ♿, Lift, 🅿, 10⟳1000, Sauna, Solarium, Restaurant

★★★ Sofitel
Savignystr. 14-16 (B 4), Tel (0 69) 7 53 30,
Fax 7 53 31 75, ✉ 60325, AX DC ED VA, Ⓢ
155 Zi, Ez: 365/183-505/254,
Dz: 425/214-555/279, 8 Suiten, 🛏 WC ℂ DFÜ,
52 ♿, Lift, 3⟳120

¶¶ Savigny's
Hauptgericht 35/17

★★ Best Western Alexander am Zoo
Waldschmidtstr. 59-61 (F 3),
Tel (0 69) 94 96 00, Fax 94 96 07 20,
✉ 60316, AX DC ED VA, Ⓢ
50 Zi, Ez: 147/74-345/173,
Dz: 182/91-395/198, 9 App, 🛏 WC ℂ DFÜ,
20 ♿, Lift, 🅿, 3⟳35, Sauna, garni
Auch Zimmer der Kategorie ★★★ vorhanden.

★★ An der Messe
Westendstr. 104 (B 3), Tel (0 69) 74 79 79,
Fax 74 83 49, ✉ 60325, AX DC ED VA, Ⓢ
46 Zi, Ez: 230/115-420/211,
Dz: 280/141-510/256, 2 Suiten, 🛏 WC ℂ, Lift, 🅿, garni
Auch Zimmer der Kategorie ★★★ vorhanden.

★★ Palmenhof
Bockenheimer Landstr. 89-91 (B 3),
Tel (0 69) 7 53 00 60, Fax 75 30 06 66,
✉ 60325, AX DC ED VA

Frankfurt am Main

Frankfurt am Main

46 Zi, Ez: 125/62-360/181, Dz: 180/90-425/214,
2 Suiten, 37 App, ⇨ WC ⊘ DFÜ, Lift, 🅿, 🏠,
Restaurant
geschl.: 23.12.00-2.1.01

✶✶ Frankfurt Savoy Hotel
Wiesenhüttenstr. 42 (C 5), Tel (0 69) 27 39 60,
Fax 27 39 67 95, ✉ 60329, AX DC ED VA, Ⓢ
144 Zi, Ez: 165/83-325/163,
Dz: 185/93-395/198, ⇨ WC ⊘, 63 ⇖, Lift,
7⇔120, 🏠, Sauna, Restaurant

✶✶ Mercure & Residenz
Voltastr. 29 (A 3), Tel (0 69) 7 92 60,
Fax 79 26 16 06, ✉ 60486, AX DC ED VA, Ⓢ
324 Zi, Ez: 224/112-392/197,
Dz: 290/146-458/230, 12 Suiten, 88 App, ⇨ WC
⊘ DFÜ, 78 ⇖, Lift, 🏠, 4⇔100, Sauna,
Solarium

🍴🍴 L'Arc en Ciel
Hauptgericht 30/15, Terrasse, 🅿

✶✶ Villa Orange
Hebelstr. 1, Tel (0 69) 40 58 40,
Fax 40 58 41 00, ✉ 60318, AX DC ED VA
38 Zi, Ez: 185/93-450/226,
Dz: 200/100-450/226, ⇨ WC ⊘ DFÜ, 9 ⇖, Lift,
🅿, garni

✶✶ Best Western Imperial
Sophienstr. 40 (A 2), Tel (0 69) 7 93 00 30,
Fax 79 30 03 88, ✉ 60487, AX DC ED VA, Ⓢ
60 Zi, Ez: 120/60-455/229, Dz: 160/80-485/244,
⇨ WC ⊘ DFÜ, 10 ⇖, Lift, 🅿, 🏠, 1⇔25

🍴 La Provence
Hauptgericht 20/10-35/17, Terrasse, nur abends

✶✶ Astron Hotel Die Villa
Emil-Sulzbach-Str. 14-16 (A 3),
Tel (0 69) 9 79 90 70, Fax 97 99 07 11,
✉ 60486, AX DC ED VA, Ⓢ
20 Zi, Ez: 149/76-575/294, Dz: 199/102-830/424, 2 Suiten, ⇨ WC ⊘, 🅿, Fitnessraum,
garni

✶ Novotel City West
Lise-Meitner-Str. 2 (A 3), Tel (0 69) 79 30 30,
Fax 79 30 39 30, ✉ 60486, AX DC ED VA, Ⓢ
235 Zi, Ez: 213/107-303/152,
Dz: 286/144-350/176, ⇨ WC ⊘, 70 ⇖, Lift, 🅿,
🏠, 12⇔250, Sauna, Solarium, Restaurant

✶ Victoria
Elbestr. 24 (C 4), Tel (0 69) 27 30 60,
Fax 27 30 61 00, ✉ 60329, AX DC ED VA
73 Zi, Ez: 160/80, Dz: 190/95, 2 Suiten, ⇨ WC
⊘, Lift, garni

✶ Manhattan
Düsseldorfer Str. 10 (C4), Tel (0 69) 23 47 48,
Fax 23 45 32, ✉ 60329, AX DC ED VA
59 Zi, Ez: 150/75-490/246, Dz: 185/93-550/277,
1 Suite, 1 App, ⇨ WC ⊘, 5 ⇖, Lift, 1⇔20,
garni

✶ Metropolitan
Münchener Str. 15 (C 5), Tel (0 69) 2 42 60 90,
Fax 24 26 09 99, ✉ 60329, AX DC ED VA
42 Zi, Ez: 140/70-430/216, Dz: 170/85-460/231,
⇨ WC ⊘, Lift, 🅿, garni

✶ Liebig
Liebigstr. 45 (C 3), Tel (0 69) 72 75 51,
Fax 72 75 55, ✉ 60323, AX DC ED VA
19 Zi, Ez: 185/93-290/146,
Dz: 235/118-330/166, ⇨ WC ⊘ DFÜ, 5 ⇖, 🏠,
garni
geschl.: 24.12.00-1.1.01
Auch Zimmer der Kategorie ✶✶ vorhanden.

✶ Premier
Ludwigstr. 27 (B 4), Tel (0 69) 9 74 04 10,
Fax 97 40 41 40, ✉ 60327, AX DC ED VA
60 Zi, Ez: 120/60-490/246, Dz: 150/75-510/256,
3 Suiten, 4 App, ⇨ WC ⊘, 15 ⇖, Lift, 🅿, garni

✶ Miramar
Berlinerstr. 31, Tel (0 69) 9 20 39 70,
Fax 92 03 97 69, ✉ 60311, AX DC ED VA, Ⓢ
39 Zi, Ez: 160/80-498/250,
Dz: 200/100-498/250, ⇨ WC ⊘ DFÜ, 7 ⇖, Lift,
1⇔40, garni
geschl.: 24-31.12.00

✶ Best Western Domicil
Karlstr. 14 (C 4), Tel (0 69) 27 11 10,
Fax 25 32 66, ✉ 60329, AX DC ED VA, Ⓢ
70 Zi, Ez: 120/60-294/148, Dz: 150/75-319/160,
⇨ WC ⊘, 20 ⇖, Lift, garni
geschl.: 22.12.00-2.1.01
Auch Zimmer der Kategorie ✶✶ vorhanden.

✶ Concorde
Karlstr. 9 (C 4), Tel (0 69) 2 42 42 20,
Fax 24 24 22 88, ✉ 60329, AX DC ED VA

45 Zi, Ez: 90/45-495/249, Dz: 120/60-495/249,
⌐ WC ⌀, Lift, 🏠, 2⇄12, garni
Auch Zimmer der Kategorie ★★ vorhanden.

★ Cosmos
Weserstr. 17 (C 5), **Tel (0 69) 31 08 10**,
Fax 31 08 15 55, ✉ 60329, AX DC ED VA
54 Zi, Ez: 170/85-350/176,
Dz: 200/100-475/239, ⌐ WC ⌀ DFÜ

★ Ambassador Top International Hotel
Moselstr. 12 (C 5), **Tel (0 69) 25 61 10**,
Fax 23 59 87, ✉ 60329, ED VA, Ⓢ
94 Zi, Ez: 120/60-180/90, Dz: 135/67-220/110,
⌐ WC ⌀, Lift, garni

★ Best Western Hotel Scala
Schäfergasse 31 (D 3), **Tel (0 69) 1 38 11 10**,
Fax 28 42 34, ✉ 60313, AX DC ED VA
40 Zi, Ez: 120/60-269/135, Dz: 160/80-319/160,
⌐ WC ⌀, 10 🛏, Lift, garni
geschl.: 23.12.00-2.1.01

★ Atlantic
Düsseldorfer Str. 20 (B 4), **Tel (0 69) 27 21 20**,
Fax 27 21 21 00, ✉ 60329, AX ED VA
60 Zi, Ez: 210/105-370/186,
Dz: 270/135-470/236, ⌐ WC ⌀, 14 🛏, Lift, 🏠, garni

★ Florentina
Westendstr. 23 (C 4), **Tel (0 69) 9 74 03 70**,
Fax 97 40 37 99, ✉ 60325, AX DC ED VA
35 Zi, Ez: 110/55-360/181, Dz: 160/80-360/181,
⌐ WC ⌀, 5 🛏, Lift, 🅿, 🏠, garni
geschl.: 22.12.00-2.1.01

★ Astoria
Rheinstr. 25 (B 4), **Tel (0 69) 97 56 00**,
Fax 97 56 01 40, ✉ 60325, AX DC ED VA
50 Zi, Ez: 99/49-180/90, Dz: 140/70-240/120,
⌐ WC ⌀, 🅿, 1⇄15, Fitnessraum, Sauna,
Solarium, garni
geschl.: 23.12.00-2.1.01

★ Atrium
Beethovenstr. 30 (B 4), **Tel (0 69) 97 56 70**,
Fax 97 56 71 00, ✉ 60325, AX ED VA
45 Zi, Ez: 135/67-380/191, Dz: 195/98-480/241,
⌐ WC ⌀ DFÜ, Lift, garni

★ Mondial
Heinestr. 13 (D 2), **Tel (0 69) 59 04 22**,
Fax 59 04 24, ✉ 60322, AX DC ED VA
20 Zi, Ez: 150/75-170/85, Dz: 180/90-220/110,
⌐ WC ⌀ DFÜ, Lift, garni

★ Robert Mayer
Robert-Mayer-Str. 44 (A 3),
Tel (0 69) 9 70 91 00, Fax 97 09 10 10,
✉ 60486, AX DC ED VA
11 Zi, Ez: 210/105-390/196,
Dz: 290/146-390/196, ⌐ WC ⌀ DFÜ, 🅿, 🏠,
Solarium, Golf, garni
Gründerzeitvilla, Zimmergestaltung durch
bildende Künstler aus Frankfurt.

★ Am Dom
Kannengießergasse 3 (E 4),
Tel (0 69) 1 38 10 30, Fax 28 32 37, ✉ 60311,
AX ED VA
22 Zi, Ez: 160/80-200/100, Dz: 195/98-280/141,
4 Suiten, 4 App, ⌐ WC ⌀, Lift, garni

★ Mozart
Parkstr. 17 (C 2), **Tel (0 69) 1 56 80 60**,
Fax 1 56 80 61, ✉ 60322, AX DC ED VA
35 Zi, Ez: 165/83, Dz: 220/110, ⌐ WC ⌀, Lift,
🅿, garni

🍴🍴🍴 Tigerpalast
Heiligenkreuzgasse 16-20,
Tel (0 69) 92 00 22 25, Fax 92 00 22 17,
✉ 60313, AX DC ED VA
Hauptgericht 50/25-60/30, nur abends,
geschl.: Mo, So

🍴🍴 Opéra
Opernplatz, in der „Alten Oper",
Tel (0 69) 1 34 02 15, Fax 1 34 02 39,
✉ 60313, AX DC ED VA
🌀, Hauptgericht 28/14-50/25, Terrasse

🍴🍴 Alte Kanzlei
Niedenau 50, **Tel (0 69) 72 14 24**,
Fax 17 38 54, ✉ 60325, AX DC ED VA
Hauptgericht 16/8-40/20, geschl.: Sa mittags, So

🍴🍴 Aubergine
Alte Gasse 14, **Tel (0 69) 9 20 07 80**,
Fax 9 20 07 86, ✉ 60313, AX DC ED VA
Hauptgericht 42/21-52/26, geschl.: Sa mittags, So

Frankfurt am Main

¶¶ Weinhaus Brückenkeller
Schützenstr. 4-6, Tel (0 69) 2 98 00 70,
Fax 29 60 68, ✉ 60311, AX DC ED VA
☉, Hauptgericht 38/19-58/29, nur abends,
geschl.: So
Traditionsreiches Weinlokal.

¶ Erno's Bistro 🍷
Liebigstr. 15, Tel (0 69) 72 19 97,
Fax 17 38 38, ✉ 60323, AX ED VA
Hauptgericht 52/26, Terrasse, geschl.: Sa, So,
23.12.00-8.1.01, 7.-16.4., 30.6.-22.7.01

¶ Gargantua
Liebigstr. 47, Tel (0 69) 72 07 18,
Fax 71 03 46 95, ✉ 60323, AX DC ED VA
Hauptgericht 49/24-59/29, Terrasse,
Gartenlokal, geschl.: Sa mittags, So,
22.12.00-4.1.01

☕ Altes Café Schneider
Kaiserstr. 12, Tel (0 69) 28 14 47,
Fax 28 14 47, ✉ 60311, AX DC ED VA
Terrasse, 7-19, geschl.: So

☕ Café Laumer
Bockenheimer Landstr. 67, Tel (0 69) 72 79 12,
Fax 72 61 42, ✉ 60325, AX ED VA
Terrasse, Gartenlokal, P

Apfelweinstuben i. Sachsenhausen

Adolf Wagner
Schweizer Str. 71, Tel (0 69) 61 25 65,
Fax 61 14 45, ✉ 60594
☉, Hauptgericht 13/6-28/14, Gartenlokal,
geschl.: 25-25.12.00

Zum Gemalten Haus
Schweizer Str. 67, Tel (0 69) 61 45 59,
Fax 6 03 14 57, ✉ 60594
☉, Hauptgericht 25/12

Zum Eichkatzerl
Dreieichstr. 29, Tel (0 69) 61 74 80,
Fax 62 89 74, ✉ 60594
☉, Hauptgericht 8/4-30/15
Eigene Kelterei.

Kanonensteppel
Textorstr. 20, Tel (0 69) 61 18 91, Fax 61 17 06,
✉ 60594
Hauptgericht 12/6-27/13, Gartenlokal,
geschl.: So

Zur Buchscheer
Schwarzsteinkautweg 17, Tel (0 69) 63 51 21,
Fax 63 19 95 16, ✉ 60598
☉, Hauptgericht 7/3-32/16, Gartenlokal, ab 15,
sa+so+feiertags ab 11, geschl.: Di

Appartementhotels/Boardinghäuser

Blattl's Comfort Aparthotel
Launhardtstr. 2-4, Tel (0 89) 94 99 00,
Fax 94 99 08 00, ✉ 60314, AX DC ED VA, Ⓢ
170 Zi, Ez: 99/49-300/151, Dz: 140/70-360/181,
⊐ WC ⌀ DFÜ, Lift, 🎧, 1↻30, Sauna,
Restaurant
Zimmer der Kategorie ★★ vorhanden.

Bergen-Enkheim (7 km ↗)

★★★ Avalon Hotel
Röntgenstr. 5, Tel (0 61 09) 37 00,
Fax 37 07 20, ✉ 60388, AX DC ED VA
156 Zi, Ez: 229/115-339/170,
Dz: 249/125-359/180, 4 Suiten, 4 App, ⊐ WC ⌀
DFÜ, 82 ⊭, Lift, P, 🎧, 4↻120, Restaurant
Auch Zimmer der Kategorie ★★ vorhanden.

★ Borger
Triebstr. 51, Tel (0 61 09) 3 09 00,
Fax 30 90 30, ✉ 60388, AX DC ED VA
33 Zi, Ez: 110/55-190/95, Dz: 140/70-260/130,
1 App, ⊐ WC ⌀, P, 🎧, 1↻50, Kegeln,
Solarium, garni
geschl.: 23.12.00-2.1.01
Auch Zimmer der Kategorie ★★ vorhanden.

★ Schöne Aussicht
Im Sperber 24, Tel (0 61 09) 28 13,
Fax 2 17 85, ✉ 60388, AX DC ED VA
₴, 39 Zi, Ez: 120/60-280/141,
Dz: 150/75-340/171, ⊐ WC ⌀ DFÜ, 13 ⊭, Lift,
P, 3↻50, Kegeln, Restaurant

★ Klein
Vilbeler Landstr. 55, Tel (0 61 09) 7 34 60,
Fax 7 34 64 21, ✉ 60388, AX DC ED VA, Ⓢ
57 Zi, Ez: 129/64-280/141, Dz: 170/85-310/156,
2 Suiten, ⊐ WC ⌀, Lift, P, 4↻40, Restaurant

Flughafen (12 km ✓)

★★★ Sheraton
Hugo-Eckener-Ring 15, Tel (0 69) 6 97 70,
Fax 69 77 22 09, ✉ 60549, AX DC ED VA, Ⓢ
978 Zi, Ez: 310/156-710/357,
Dz: 310/156-740/372, 28 Suiten, ⊐ WC ⌀,
497 ⊭, Lift, 40↻1400, 🎧, Sauna, Solarium

¶ Maxwell's Bistro
Tel 69 77 12 46
Hauptgericht 29/14-49/24, P

★★★ Steigenberger Airport Hotel
Unterschweinstiege 16, Tel (0 69) 6 97 50,
Fax 69 75 25 05, ✉ 60549, AX DC ED VA, Ⓢ
⌔ ₴, 420 Zi, 28 Suiten, ⊐ WC ⌀ DFÜ, 220 ⊭,
Lift, 🎧, 35↻350, 🎧, Fitnessraum, Sauna,
Solarium

Frankfurt am Main

¶¶ Waldrestaurant Unterschweinstiege
Tel 69 75 25 00
Hauptgericht 40/20

✱ Esprix Hotel am Airport
Cargo-City-Süd, Tel **(0 69) 69 70 99**,
Fax 69 70 94 44, ✉ 60549, AX DC ED VA, Ⓢ
363 Zi, Ez: 166/83-369/185,
Dz: 166/83-369/185, ⌐ WC ⓒ DFÜ, 200 🛏, Lift, **P**, 6⌬70, Sauna, Solarium, Restaurant

Harheim (10 km ↑)

✱✱ Harheimer Hof
Alt Harheim 11, Tel **(0 61 01) 40 50**,
Fax 40 54 11, ✉ 60437, AX DC ED VA, Ⓢ
♪, 46 Zi, Ez: 130/65-460/231,
Dz: 190/95-510/256, 5 Suiten, ⌐ WC DFÜ,
12 🛏, Lift, **P**, ☎, 6⌬100

¶¶ Einhornstube
Hauptgericht 13/6-30/15, Terrasse, geschl.: So abends, in den Sommerferien

Höchst (10 km ←)

✱✱ Lindner Congress Hotel
Bolongarostr. 100, Tel **(0 69) 3 30 02 00**,
Fax 33 00 29 99, ✉ 65929, AX DC ED VA, Ⓢ
281 Zi, Ez: 199/100-491/247,
Dz: 250/125-552/278, 4 Suiten, 9 App, ⌐ WC ⓒ, 82 🛏, Lift, ☎, 13⌬320, Sauna, Solarium, Restaurant
Multimedia-Hotel. Auch Zimmer der Kategorie ✱✱✱ vorhanden.

✱✱ Avalon Hotel Höchster Hof
Mainberg 3-11, Tel **(0 69) 3 00 40**,
Fax 3 00 46 80, ✉ 65929, AX DC ED VA
♪ ⚑, 137 Zi, Ez: 160/80-210/105,
Dz: 200/100-250/125, 1 Suite, 6 App, ⌐ WC ⓒ, 28 🛏, Lift, **P**, 7⌬100, Sauna, Solarium, Restaurant
Auch Zimmer der Kategorie ✱ vorhanden.

Mertonviertel 7 km ↑

✱✱ Relexa
Lurgiallee 2, Tel **(0 69) 95 77 80**,
Fax 95 77 88 95, ✉ 60439, AX DC ED VA, Ⓢ
152 Zi, Ez: 170/85-630/317,
Dz: 196/98-690/347, 5 Suiten, 6 App, ⌐ WC ⓒ, 76 🛏, Lift, **P**, ☎, 14⌬240, Fitnessraum, Sauna, Solarium, Restaurant

Nied (8 km ←)

✱✱✱ Courtyard By Marriott Frankfurt Messe
Oeserstr. 180, Tel **(0 69) 3 90 50**,
Fax 3 80 82 18, ✉ 65933, AX DC ED VA, Ⓢ
⚑, 236 Zi, Ez: 145/73-450/226,
Dz: 171/86-475/239, ⌐ WC ⓒ DFÜ, 44 🛏, Lift, **P**, 9⌬350, ☎, Sauna, Solarium, Restaurant

Nieder-Erlenbach (14 km ↑)

✱ Alte Scheune
Alt-Erlenbach 44, Tel **(0 61 01) 54 40 00**,
Fax 8 96 50, ✉ 60437, AX ED VA
25 Zi, Ez: 165/83-275/138,
Dz: 235/118-275/138, 8 App, ⌐ WC ⓒ DFÜ,
8 🛏, **P**, ☎, 1⌬40
geschl.: 23.12.00-7.1.01
¶¶ Hauptgericht 35/17-42/21, nur abends, geschl.: Sa, So, 23.12.00-7.1.01

Nieder-Eschbach (12 km ↑)

✱ Markgraf
Deuil-la-Barre-Str. 103, Tel **(0 69) 9 50 76 30**,
Fax 95 07 63 15, ✉ 60437, AX DC ED VA
22 Zi, Ez: 95/47-140/70, Dz: 140/70-200/100, ⌐ WC ⓒ, 8 🛏, **P**, ☎, Restaurant

Niederrad (3 km ↙)

✱✱✱ Dorint
Hahnstr. 9, Tel **(0 69) 66 30 60**,
Fax 66 30 66 00, ✉ 60528, AX DC ED VA, Ⓢ
183 Zi, Ez: 280/141-405/203,
Dz: 360/181-485/244, 8 Suiten, ⌐ WC ⓒ, 28 🛏, Lift, **P**, ☎, 5⌬250, ☎, Sauna, Solarium, Golf, Restaurant

✱✱ ArabellaSheraton Congress Hotel
Lyoner Str. 44-48, Tel **(0 69) 6 63 30**,
Fax 6 63 36 66, ✉ 60528, AX DC ED VA
392 Zi, Ez: 175/88-545/274,
Dz: 200/100-590/297, 4 Suiten, ⌐ WC ⓒ,
155 🛏, Lift, **P**, ☎, 13⌬520, ☎, Sauna, Solarium, Restaurant

¶¶¶ Weidemann
Kelsterbacher Str. 66, Tel **(0 69) 67 59 96**,
Fax 67 39 28, ✉ 60528, AX DC ED VA
Hauptgericht 36/18-54/27, Gartenlokal, **P**, geschl.: Sa mittags, So, feiertags

Niederrad-Außerhalb (3 km ↙)

✱✱✱ Queens Hotel Frankfurt
Isenburger Schneise 40, Tel **(0 69) 6 78 40**,
Fax 6 78 41 90, ✉ 60528, AX DC ED VA, Ⓢ
295 Zi, Ez: 255/128-575/289,
Dz: 310/156-575/289, 3 Suiten, ⌐ WC ⓒ DFÜ,
62 🛏, Lift, **P**, 12⌬450, Fitnessraum, Sauna, Solarium
Auch Zimmer der Kategorie ✱✱ vorhanden.

Frankfurt am Main

¶¶ Brasserie Brentano
Tel 6 78 42 00
Hauptgericht 20/10-39/19, Terrasse

Fax 58 24 47, ✉ 60439, AX DC ED VA, S
93 Zi, Ez: 100/50-350/176, Dz: 121/60-350/176,
⌐ WC ⊘, 49 ⇌, Lift, P, 1⊙18, garni

Niederursel (8 km ↖)

** **Courtyard by Marriott Nordwest Zentrum**
Walter-Möller-Platz, Tel (0 69) 58 09 30,

Sachsenhausen (1 km ↓)

*** **Holiday Inn Conference Centre**
Mailänder Str. 1, Tel (0 69) 6 80 20,
Fax 6 80 23 33, ✉ 60598, AX DC ED VA, S

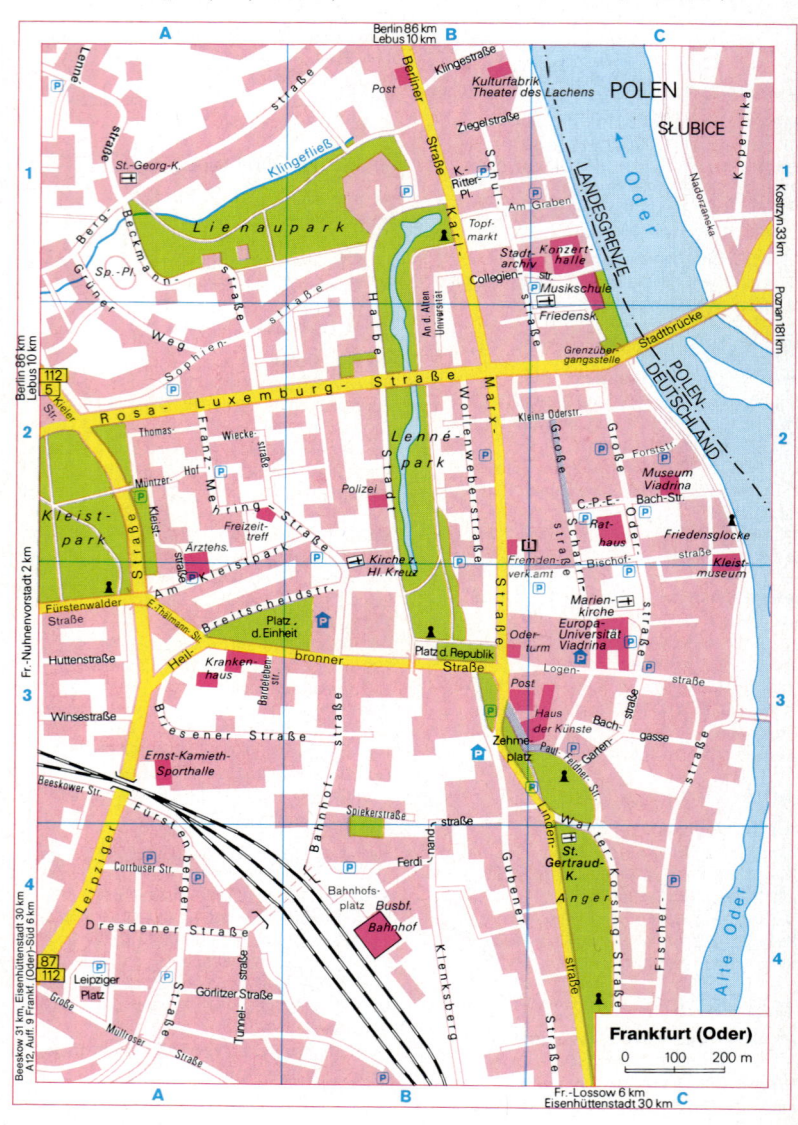

≋, 436 Zi, Ez: 169/85-617/310,
Dz: 199/100-809/407, 3 Suiten, ⌐ WC ⌀ DFÜ,
163 ↳, Lift, P, 🚗, 19⟲400, Sauna, Solarium,
Golf

¶¶ Le Chef
Hauptgericht 16/8-58/29, Terrasse

∗ Kautz
Gartenstr. 17, Tel (0 69) 61 80 61,
Fax 61 32 36, ✉ 60594, DC ED VA
16 Zi, Ez: 160/80-270/135, Dz: 195/98-285/143,
⌐ WC ⌀ DFÜ, 1⟲20, Restaurant, garni
geschl.: 23.12.00-3.1.01

¶¶ Maingau
Schifferstr. 38, Tel (0 69) 61 07 52,
Fax 61 99 53 72, ✉ 60594, AX DC ED VA
Hauptgericht 35/17-60/30, geschl.: So abends,
Mo, Sa mittags, 20.7.-10.8.01
Preisgünstigere Mittagskarte. Beachtenswerte
Küche.

¶¶ Bistrot 77
Ziegelhüttenweg 1, über Mörfelder Landstr.,
Tel (0 69) 61 40 40, Fax 61 59 98, ✉ 60598, AX ED VA
Hauptgericht 42/21-55/27, Terrasse, geschl.: Sa
mittags, So

¶¶ Die Gans
Schweizer Str. 76, Tel (0 69) 61 50 75,
Fax 62 26 25, ✉ 60594, AX DC ED VA
Hauptgericht 24/12-38/19, Terrasse

Sindlingen (13 km ←)

∗∗ Post Airport Top International Hotel
Sindlinger Bahnstr. 12, Tel (0 69) 3 70 10,
Fax 3 70 15 02, ✉ 65931, AX DC ED VA, S
103 Zi, Ez: 120/60-140/70, Dz: 190/95-210/105,
5 App, ⌐ WC ⌀, 20 ↳, Lift, P, 🚗, 5⟲40, ⌂,
Fitnessraum, Kegeln, Sauna, Solarium,
Restaurant

Frankfurt (Oder) 31 →

Brandenburg
EW 75000
🛈 Tel (03 35) 32 52 16, Fax 2 25 65
Tourist-Information
✉ 15230 Karl-Marx-Str 8 a

∗ City Park Hotel
Lindenstr. 12 (C 4), Tel (03 35) 5 53 20,
Fax 5 53 26 05, ✉ 15230, AX DC ED VA, S
90 Zi, Ez: 108/54-211/106, Dz: 153/77-246/123,
⌐ WC ⌀ DFÜ, 18 ↳, Lift, P, 🚗, 5⟲180,
Restaurant

Gubener Vorstadt

∗ Zur Alten Oder
Fischerstr. 32 (C 4), Tel (03 35) 55 62 20,
Fax 5 56 22 28, ✉ 15230, AX DC ED VA
29 Zi, Ez: 110/55-125/62, Dz: 135/67-150/75, ⌐
WC ⌀, Sauna

Lichtenberg (8 km ✓)

∗∗ Holiday Inn
Turmstr. 1, Tel (03 35) 5 56 50, Fax 5 56 51 00,
✉ 15234, AX DC ED VA
einzeln, 167 Zi, Ez: 130/65-170/85,
Dz: 130/65-170/85, 17 Suiten, 8 App, ⌐ WC ⌀,
65 ↳, Lift, P, 10⟲600, Sauna, Solarium
¶ Hauptgericht 30/15, Terrasse,
Biergarten

Nuhnen-Vorstadt

∗∗ Messehotel
Nuhnenstr. 47, Tel (03 35) 41 47 00,
Fax 41 47 47, ✉ 15234, AX DC ED VA, S
65 Zi, Ez: 100/50-130/65, Dz: 120/60-150/75,
8 Suiten, ⌐ WC ⌀ DFÜ, 15 ↳, Lift, P, 3⟲40,
Solarium, Restaurant

Pagram (7 km ✓)

🛏 Landhotel Pagram
Bodenreformstr. 21, Tel (03 35) 41 30 00,
Fax 4 13 00 35, ✉ 15234, ED
14 Zi, Ez: 70/35, Dz: 90/45, ⌐ WC ⌀ DFÜ, 2 ↳,
P, 1⟲60, Restaurant

Frankweiler 54 ✓

Rheinland-Pfalz
Kreis Südliche Weinstraße
EW 990
🛈 Tel (0 63 45) 35 31, Fax 24 57
Büro für Tourismus Landau-Land
✉ 76829 Rathaus

¶¶ Robichon
Orensfelsstr. 31, Tel (0 63 45) 32 68, Fax 85 29,
✉ 76833
Hauptgericht 28/14-38/19, Terrasse,
Gartenlokal, P, geschl.: Mo abends, Di,
1.-10.1.01, 1.-15.8.01

Frasdorf 73

Bayern / Kreis Rosenheim
EW 2800
🛈 Tel (0 80 52) 17 96 25, Fax 17 96 18
Verkehrsbüro
✉ 83112 Schulstr. 7

✱ Landgasthof Karner Flair Hotel

Nusbaumstr. 6, Tel (0 80 52) 40 71, Fax 47 11,
✉ 83112, AX DC ED VA
🌙 26 Zi, Ez: 110/55-150/75,
Dz: 175/88-205/103, 1 Suite, 1 App., ⌐ WC ⌀
DFÜ, P, 2⌒60, ≋, Sauna
Auch Zimmer der Kategorie ✱✱ vorhanden.

🍴🍴 Hauptgericht 29/14-45/22, Terrasse
Restaurierter Gasthof unter Denkmalschutz.
Beachtenswerte Küche.

🍴 Der Alpenhof ✚

Hauptstr. 31, Tel (0 80 52) 22 95, Fax 51 18,
✉ 83112
Hauptgericht 30/15, Gartenlokal, P

Umrathshausen (2 km ↗)

✱ Goldener Pflug

Humprehtstr. 1, Tel (0 80 52) 9 07 80,
Fax 46 84, ✉ 83112, AX ED VA
🌙 ✸, 29 Zi, Ez: 100/50, Dz: 160/80, ⌐ WC ⌀, P,
2⌒35, Sauna, Solarium

Frauenau 66 ↑

Bayern / Kreis Regen
EW 3200
🛈 Tel (0 99 26) 9 41 00, Fax 17 99
Tourist-Information
✉ 94258 Hauptstr. 12

✱✱ St. Florian

Althüttenstr. 22, Tel (0 99 26) 95 20,
Fax 82 66, ✉ 94258
21 Zi, Ez: 49/24-78/39, Dz: 130/65-136/68,
5 Suiten, ⌐ WC ⌀, 4⌨, Lift, P, 1⌒12, ≋,
Sauna, Solarium, Restaurant

geschl.: 5.11.-16.12.00
Im Stammhaus auch einfache Zimmer
vorhanden.

✱✱ Eibl-Brunner

Hauptstr. 18, Tel (0 99 26) 95 10, Fax 95 11 60,
✉ 94258, ED VA
54 Zi, Ez: 48/24-79/39, Dz: 114/57-150/75,
2 Suiten, ⌐ WC ⌀, Lift, P, ⌂, ≋, Sauna,
Solarium
geschl.: 5.11.-20.12.00
Auch Zimmer der Kategorie ✱ vorhanden.
🍴 Hauptgericht 18/9-28/14

✱ Landgasthof Hubertus

Loderbauerweg 2, Tel (0 99 26) 95 00,
Fax 81 87, ✉ 94258, AX ED VA
🌙 41 Zi, Ez: 53/26, Dz: 96/48, 4 Suiten, 6 App,
⌐ WC ⌀, Lift, P, ⌂, 2⌒80, Sauna, Solarium,
Restaurant

Frauenwald 47 □

Thüringen / Ilmkreis
EW 1370
🛈 Tel (03 67 82) 6 19 25, Fax 6 12 39
Fremdenverkehrsamt
✉ 98711 Nordstr. 96

✱ Drei Kronen

Südstr. 18, Tel (03 67 82) 68 00, Fax 6 80 68,
✉ 98711
20 Zi, Ez: 65/32-68/34, Dz: 90/45-96/48,
1 Suite, ⌐ WC ⌀ DFÜ, P, ⌂, Fitnessraum,
Sauna, Solarium, Restaurant

Frechen 42 ↗

Nordrhein-Westfalen / Erftkreis
EW 46000
🛈 Tel (0 22 34) 50 11, Fax 50 12 19
Stadtverwaltung
✉ 50226 Johann-Schmitz-Platz 1

✱✱ Halm Schützenhaus

Johann-Schmitz-Platz 22,
Tel (0 22 34) 95 70 00, Fax 5 22 32, ✉ 50226,
AX DC ED VA
39 Zi, Ez: 150/75-200/100,
Dz: 230/115-300/151, ⌐ WC ⌀ DFÜ, 2⌨, Lift,
P, ⌂, 4⌒220
🍴 Hauptgericht 25/12, Terrasse,
Biergarten, nur abends

Königsdorf

✱✱ Königsdorfer Hof

Augustinusstr. 15, Tel (0 22 34) 6 00 70,
Fax 60 07 70, ✉ 50226, AX DC ED VA

37 Zi, Ez: 168/84-270/135,
Dz: 226/113-330/166, 3 Suiten, ⌐ WC ℗ DFÜ,
9 ⌫, ℙ, 1⇔30, Sauna, Solarium
🍴🍴 Tel 69 11 94,
Hauptgericht 28/14-39/19, Terrasse, geschl.: So,
Mo mittags, Sa mittags

Fredeburg 19 ↖

Schleswig-Holstein
Kreis Herzogtum Lauenburg
EW 48
🛈 Tel (0 45 41) 8 00 20, Fax 80 02 40
Amt Ratzeburg-Land
✉ 23909 Fünfhausen 1

✱ Fredenkrug
Am Wildpark 5, Tel (0 45 41) 35 55, Fax 45 55,
✉ 23909, 🆔 🆅🅰
15 Zi, Ez: 80/40-90/45, Dz: 125/62-130/65, ⌐
WC ℗, 2 ⌫, ℙ, 🕿, 2⇔90, Restaurant

Fredersdorf-Vogelsdorf 30 →

Brandenburg
Kreis Märkisch Oderland
EW 10600
🛈 Tel (03 34 39) 83 50, Fax 8 35 30
Gemeindeverwaltung
✉ 15370 Lindenallee 3

✱ Flora
Mittelstraße 13 a, Tel (03 34 39) 8 30,
Fax 8 31 13, ✉ 15370, 🅰🆇 🅳🅲 🅴🅳 🆅🅰
♪, 55 Zi, Ez: 130/65-140/70,
Dz: 130/65-160/80, 14 App, ⌐ WC ℗ DFÜ,
7 ⌫, ℙ, 3⇔150, 🚂, Fitnessraum, Kegeln,
Sauna, Solarium, Golf, Restaurant

Freiamt 67 ↑

Baden-Württemberg
Kreis Emmendingen
EW 4100
🛈 Tel (0 76 45) 9 10 30, Fax 91 03 99
Verkehrsbüro
✉ 79348 Badstr. 1

Brettental

✱✱ Ludinmühle mit Gästehaus ♛
Brettental 31, Tel (0 76 45) 9 11 90,
Fax 91 19 99, ✉ 79348, 🅰🆇 🅳🅲 🅴🅳 🆅🅰
♪, 47 Zi, Ez: 102/51-190/95,
Dz: 184/92-312/157, 2 Suiten, ⌐ WC ℗ DFÜ,
20 ⌫, Lift, ℙ, 🕿, 2⇔25, 🏊, Sauna, Solarium
geschl.: 15-25.1.01
Auch Zimmer der Kategorie ✱ vorhanden.
Moderner Bade- und Saunagarten.

🍴🍴 Ludinmühle
Hauptgericht 30/15, geschl.: 15-25.1.01

Mussbach

🍴 Zur Krone
Tel (0 76 45) 2 27, Fax 2 27, ✉ 79348
Hauptgericht 28/14-37/18, Terrasse, nur abends,
geschl.: Mi

Freiberg 50 ↗

Sachsen
EW 48000
🛈 Tel (0 37 31) 27 32 65, Fax 27 32 63
Fremdenverkehrsamt Freiberg
✉ 09599 Burgstr. 1

✱✱ Alekto
Am Bahnhof 3, Tel (0 37 31) 79 40,
Fax 79 41 00, ✉ 09599, 🅰🆇 🅳🅲 🅴🅳 🆅🅰
52 Zi, Ez: 95/47-145/73, Dz: 175/88-225/113,
17 App, ⌐ WC ℗ DFÜ, 16 ⌫, Lift, ℙ, 5⇔40,
Restaurant
Auch Langzeitvermietung möglich.

✱✱ Silberhof
Silberhofstr. 1, Tel (0 37 31) 2 68 80,
Fax 26 88 78, ✉ 09599, 🅰🆇 🅴🅳 🆅🅰
27 Zi, Ez: 90/45-145/73, Dz: 130/65-185/93,
3 Suiten, ⌐ WC ℗ DFÜ, Lift, ℙ, Restaurant

✱ Kreller
Fischerstr. 5, Tel (0 37 31) 3 59 00,
Fax 2 32 19, ✉ 09599, 🅰🆇 🅳🅲 🅴🅳 🆅🅰
36 Zi, Ez: 85/42-125/62, Dz: 130/65-170/85,
1 Suite, ⌐ WC ℗, 2 ⌫, Lift, ℙ, 2⇔60,
Restaurant
Auch Zimmer der Kategorie ✱✱ vorhanden.

✱ Am Obermarkt
Waisenhausstr. 2, Tel (0 37 31) 2 63 70,
Fax 2 63 73 30, ✉ 09599, 🅰🆇 🅳🅲 🅴🅳 🆅🅰
33 Zi, Ez: 89/44-130/65, Dz: 140/70-180/90, ⌐
WC ℗, 5 ⌫, ℙ, 1⇔50, Restaurant

✱ Kronprinz
Bahnhofstr. 19, Tel (0 37 31) 35 52 50,
Fax 35 52 16, ✉ 09599, 🅰🆇 🅴🅳 🆅🅰
20 Zi, Ez: 79/39-95/47, Dz: 135/67-150/75, ⌐
WC ℗, Lift, ℙ, 🕿, Restaurant

✱ Mauck'sches Gut
Hornstr. 20, Tel (0 37 31) 3 39 78, Fax 3 39 78,
✉ 09599, 🅰🆇 🅴🅳 🆅🅰
19 Zi, Ez: 75/37-100/50, Dz: 100/50-135/67, ⌐
WC ℗, ℙ, garni

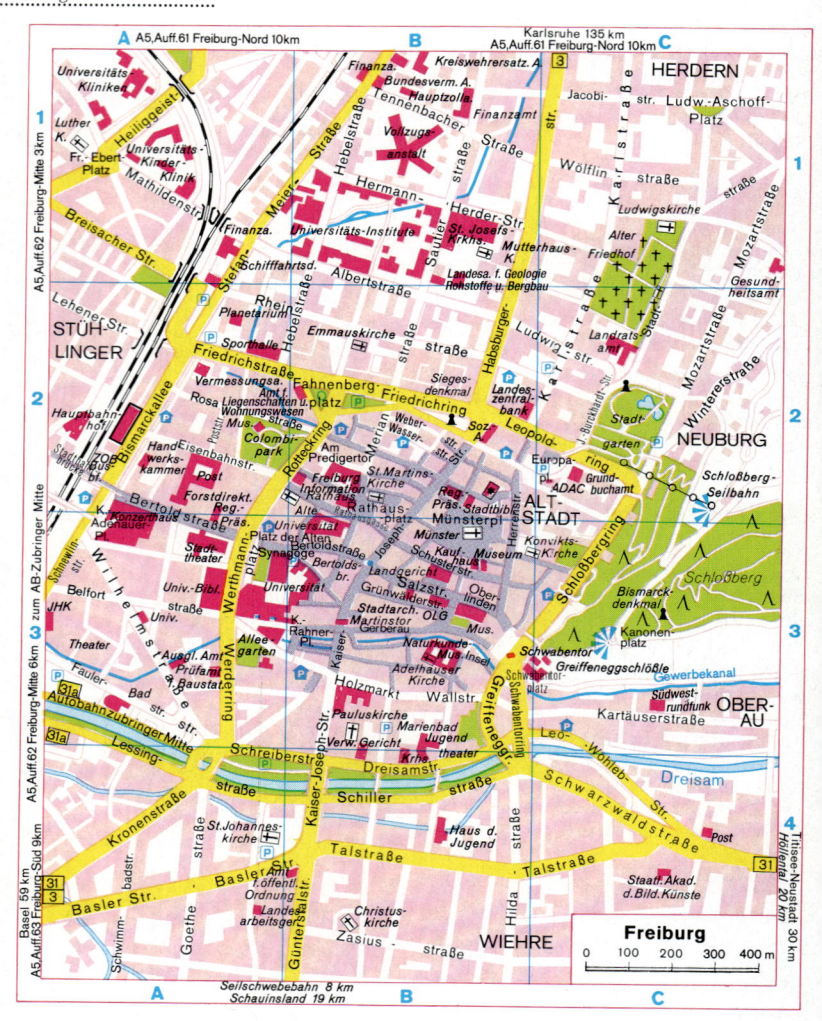

Freiberg

Le Bambou

Obergasse 1, Tel (0 37 31) 35 39 70,
Fax 3 40 92, ⌧ 09599, AX ED VA
Hauptgericht 24/12–39/19, P

Weinhaus Blasius

Burgstr. 26, Tel (0 37 31) 2 22 35, ⌧ 09599, AX
DC ED VA
♨, Hauptgericht 20/10, Terrasse
Renaissance-Gebäude von 1537.

Freiberg am Neckar 61 ↗

Baden-Württemberg
Kreis Ludwigsburg
EW 15110
🛈 Tel (0 71 41) 27 80, Fax 27 81 37
Stadtverwaltung
⌧ 71691 Marktplatz 2

Am Wasen

Wasenstr. 7, Tel (0 71 41) 2 74 70,
Fax 27 47 67, ⌧ 71691, AX DC ED VA

25 Zi, Ez: 90/45-107/53, Dz: 140/70-160/80, ⊟
WC ⓒ, 1 ⇘, 🖃, 1⊖15, Restaurant
Auch Zimmer der Kategorie ** vorhanden.

✱ Schober
Bahnhofstr. 63, **Tel (0 71 41) 2 76 70**,
Fax 2 76 74 44, ✉ 71691, AX ED VA
47 Zi, Ez: 118/59-138/69, Dz: 168/84-188/94,
⊟ WC ⓒ, 3 ⇘, Lift, **P**, 🖃, Fitnessraum,
Restaurant
Rezeption: 6.30-22.30
Auch Zimmer der Kategorie ** vorhanden.

✱ Baumann
Ruitstr. 67, **Tel (0 71 41) 7 81 50, Fax 78 15 50**,
✉ 71691, ED VA
24 Zi, Ez: 75/37-80/40, Dz: 110/55-120/60, ⊟
WC ⓒ, 2 ⇘, Lift, **P**, 🖃, Solarium, Restaurant

🍴🍴 Schwabenstuben
Marktplatz 5, **Tel (0 71 41) 7 50 37**,
Fax 7 50 38, ✉ 71691, AX DC ED VA
Hauptgericht 25/12-53/26, Terrasse, Kegeln, **P**,
geschl.: Mo, 3 Wochen Im Sommer

Freiburg (Elbe) 17 ↗

Niedersachsen / Kreis Stade
EW 8200
🛈 **Tel (0 47 79) 9 23 10, Fax 92 31 34**
Samtgemeindeverwaltung
✉ 21729 Hauptstr. 31

✱ Gut Schöneworth
    Landidyll
Landesbrücker Str. 42, **Tel (0 47 79) 9 23 50**,
Fax 82 03, ✉ 21729, AX DC ED VA
♪, 15 Zi, Ez: 85/42-148/74, Dz: 128/64-198/99,
2 Suiten, 1 App, ⊟ WC ⓒ, 4 ⇘, **P**, 🖃, 3⊖24,
Fitnessraum, Solarium, Restaurant
Auch Zimmer der Kategorie ** vorhanden.

Freiburg im Breisgau 67 □

Baden-Württemberg
EW 200000
🛈 **Tel (07 61) 3 88 18 80, Fax 3 70 03**
Wirtschaft und Touristik GmbH
✉ 79098 Rotteckring 14

**** Colombi-Hotel 👑
       L'Art de Vivre-Residenz
Am Colombi-Park 16 (B 2), **Tel (07 61) 2 10 60**,
Fax 3 14 10, ✉ 79098, AX DC ED VA, Ⓢ
112 Zi, Ez: 337/169-464/233,
Dz: 464/233-504/253, 6 Suiten, ⊟ WC ⓒ, 80 ⇘,
Lift, **P**, 🖃, 5⊖300, ≋, Sauna, Solarium, Golf
Auch Zimmer der Kategorie *** vorhanden.

🍴🍴🍴🍴 Zirbelstube 🍷
           L'Art de Vivre-Restaurant
Hauptgericht 48/24-59/29

*** Dorint Kongress-Hotel
Konrad-Adenauer-Platz 2 (A 3),
Tel (07 61) 3 88 90, Fax 3 88 91 00, ✉ 79098,
AX DC ED VA, Ⓢ
210 Zi, Ez: 256/128-381/191,
Dz: 311/156-406/204, 9 Suiten, ⊟ WC ⓒ DFÜ,
63 ⇘, Lift, **P**, 🖃, 9⊖230, ≋, Sauna, Solarium

🍴🍴 La Rotonde
Hauptgericht 27/13-38/19, Terrasse

** Rheingold
Eisenbahnstr. 47 (A 2), **Tel (07 61) 2 82 10**,
Fax 2 82 11 11, ✉ 79098, AX DC ED VA
49 Zi, Ez: 158/79-198/99, Dz: 180/90-269/135,
⊟ WC ⓒ, 13 ⇘, Lift, 🖃, 4⊖250, Restaurant

** Park-Hotel Post
Eisenbahnstr. 35 (A 2), **Tel (07 61) 38 54 80**,
Fax 3 16 80, ✉ 79098, AX ED VA
44 Zi, Ez: 179/90-259/130,
Dz: 229/115-299/150, 1 App, ⊟ WC ⓒ DFÜ,
Lift, 🖃, Golf, garni

** Ringhotel Zum Roten Bären
Oberlinden 12 (B 3), **Tel (07 61) 38 78 70**,
Fax 3 87 87 17, ✉ 79098, AX DC ED VA, Ⓢ
22 Zi, Ez: 198/99-208/104,
Dz: 257/129-285/143, 3 Suiten, ⊟ WC ⓒ, Lift,
🖃, 3⊖60, Sauna, Golf
Ältestes Gasthaus Deutschlands (12. Jh.).

🍴🍴 Zum Roten Bären
🍷, Hauptgericht 26/13-44/22, Terrasse, **P**,
geschl.: Mo, So abends

** Oberkirch
Münsterplatz 22 (B 3), **Tel (07 61) 2 02 68 68**,
Fax 2 02 68 69, ✉ 79098, AX ED
23 Zi, Ez: 105/52-195/98, Dz: 245/123-275/138,
3 Suiten, ⊟ WC ⓒ, Lift, 🖃
geschl.: 30.12.00-2.2.01
Auch Zimmer der Kategorie * vorhanden.

🍴 Oberkirchs Weinstuben
🍷, Hauptgericht 35/17, Terrasse, geschl.: So,
30.12.00-2.2.01

** InterCityHotel
Bismarckallee 3 (A 2), **Tel (07 61) 3 80 00**,
Fax 3 80 09 99, ✉ 79098, AX DC ED VA, Ⓢ
152 Zi, Ez: 190/95-220/110,
Dz: 230/115-250/125, ⊟ WC ⓒ DFÜ, 68 ⇘, Lift,
8⊖75, Golf, Restaurant

** Victoria
Eisenbahnstr. 54 (A 2), **Tel (07 61) 20 73 40**,
Fax 20 73 44 44, ✉ 79098, AX DC ED VA

Freiburg im Breisgau

63 Zi, Ez: 179/90-220/110,
Dz: 220/110-290/146, 1 Suite, ⊇ WC ⊘ DFÜ,
12 ⇐, Lift, **P**, ⇐, 1⇨, garni

✱ Novotel
Am Europaplatz (B 2), Tel (07 61) 3 85 10,
Fax 3 07 67, ⊠ 79098, AX DC ED VA, Ⓢ
114 Zi, Ez: 183/92-242/121,
Dz: 226/113-242/121, ⊇ WC ⊘ DFÜ, 47 ⇐, Lift,
⇐, 4⇨80, Restaurant

✱ Schiller
Hildastr. 2 (B 4), Tel (07 61) 70 33 70,
Fax 7 03 37 77, ⊠ 79102, AX ED VA
22 Zi, Ez: 140/70-150/75, Dz: 180/90-190/95,
1 Suite, ⊇ WC ⊘, Lift, ⇐
¶¶ Hauptgericht 18/9-42/21, Terrasse, **P**,
geschl.: Di
Französisches Jugendstilbistro.

✱ City Hotel
Weberstr. 3 (B 2), Tel (07 61) 38 80 70,
Fax 3 88 07 65, ⊠ 79098, AX DC ED VA
42 Zi, Ez: 130/65-150/75, Dz: 185/93-198/99,
1 Suite, ⊇ WC ⊘, Lift, ⇐, garni

✱ Best Western Hotel & Boardinghaus
Breisacher Str. 84 (A 1), Tel (07 61) 8 96 80,
Fax 8 09 50 30, ⊠ 79110, AX DC ED VA, Ⓢ
123 Zi, Ez: 135/67-215/108,
Dz: 160/80-230/115, 44 App, ⊇ WC ⊘, 90 ⇐,
Lift, **P**, ⇐, Restaurant

✱ Atlanta
Rheinstr. 29 (A 2), Tel (07 61) 27 20 06,
Fax 28 90 90, ⊠ 79104, AX DC ED VA
45 Zi, Ez: 110/55-150/75, Dz: 140/70-170/85, ⊇
WC ⊘, 15 ⇐, Lift, ⇐, garni

✱ Stadthotel Kolping
Karlstr. 7 (C 2), Tel (07 61) 3 19 30,
Fax 3 19 32 02, ⊠ 79104, AX DC ED VA
94 Zi, Ez: 110/55-122/61, Dz: 154/77, ⊇ WC ⊘,
Lift, **P**, 6⇨200, Restaurant
Auch Zimmer der Kategorie ✱✱ vorhanden.

✱ Am Rathaus
Rathausgasse 4 (B 2), Tel (07 61) 29 61 60,
Fax 2 96 16 66, ⊠ 79098, AX DC ED VA
39 Zi, Ez: 130/65-175/88, Dz: 195/98-260/130,
⊇ WC ⊘, 10 ⇐, Lift, ⇐, Golf, garni
geschl.: 23.12.00-2.1.01

⇐ Schwarzwälder Hof
Herrenstr. 43, Tel (07 61) 3 80 30,
Fax 3 80 31 35, ⊠ 79098, AX DC ED VA
46 Zi, Ez: 75/37-125/62, Dz: 128/64-175/88, ⊘,
Lift, **P**, Restaurant

¶¶¶ Wolfshöhle ✚
Konviktstr. 8, Tel (07 61) 3 03 03,
Fax 28 88 84, ⊠ 79098, AX DC ED VA
Hauptgericht 30/15-41/20, Terrasse, geschl.: So

¶¶ Markgräfler Hof
Gerberau 22, Tel (07 61) 3 25 40,
Fax 2 96 49 49, ⊠ 79098, AX DC ED VA
Hauptgericht 16/8-45/22, geschl.: Mo, So,
1.-28.8.01
✱ Ⓢ, 17 Zi, Ez: 160/80-220/110,
Dz: 195/98-255/128, ⊇ WC ⊘, 11 ⇐, Sauna,
Solarium
Auch Zimmer der Kategorie ✱✱ vorhanden.

¶¶ Enoteca
Gerberau 21, Tel (07 61) 3 89 91 30,
Fax 38 99 13 24, ⊠ 79098, AX DC ED VA
Hauptgericht 44/22, geschl.: so+feiertags

Enoteca Trattoria
Schwabentorplatz 6
Hauptgericht 20/10

¶¶ Alte Weinstube Zur Traube
Schusterstr. 17, Tel (07 61) 3 21 90,
Fax 2 63 13, ⊠ 79098, AX VA
Hauptgericht 42/21, geschl.: So, Mo mittags

¶ Kleiner Meyerhof
Rathausgasse 27, Tel (07 61) 2 69 41,
Fax 28 60 52, ⊠ 79098, ED VA
Hauptgericht 28/14, geschl.: Jul-Aug So

☕ Café und Confiserie Graf Anton
Am Colombi-Park 16, im Colombi-Hotel,
Tel (07 61) 2 10 60, Fax 3 14 10, ⊠ 79098, AX
DC ED VA
Gartenlokal, **P**

☕ Café Steinmetz
Kaiser-Joseph-Str. 193, Tel (07 61) 3 66 66,
⊠ 79098
P, geschl.: So

Freiburg im Breisgau-Außerhalb

¶¶ Schloßberg-Restaurant Dattler
Am Schloßberg 1, Tel (07 61) 3 17 29,
Fax 2 62 43, ⊠ 79104, AX DC ED VA
⚜, Hauptgericht 35/17-42/21, Terrasse, Kegeln,
P, geschl.: Di, 1.-15.2.01

Herdern (1 km ↗)

✱✱ Panorama Hotel Mercure
Wintererstr. 89 (C 2), Tel (07 61) 5 10 30,
Fax 5 10 33 00, ⊠ 79104, AX DC ED VA, Ⓢ

⌀ ≡, 84 Zi, Ez: 178/89-228/114,
Dz: 196/98-296/149, ⊟ WC ⊘, 28 ⇌, Lift, **P**,
🏠, 7⇨160, ⚲, Sauna, Solarium, 2 Tennis
🍴🍴 ≡, Hauptgericht 20/10-46/23

🍴🍴 **Eichhalde** 🚩
Stadtstr. 91, **Tel (07 61) 5 48 17**, **Fax 5 43 86**,
✉ 79104, ED
Hauptgericht 45/22-52/26, Gartenlokal,
geschl.: Di, Sa mittags

Kappel (7 km ↘)

✱ **Gasthaus Zum Kreuz**
Kleintalstr. 6, **Tel (07 61) 62 05 50**,
Fax 6 20 55 40, ✉ 79117, ED VA
⌀, 19 Zi, Ez: 95/47-100/50, Dz: 140/70-180/90,
1 App, ⊟ WC ⊘, 2 ⇌, **P**, 🏠, 1⇨25,
Fitnessraum, Sauna, Solarium
🍴 Hauptgericht 28/14, geschl.: Mo, Di

Lehen (2,5 km ↖)

✱ **Hirschengarten**
Breisgauer Str. 51, **Tel (07 61) 8 03 03**,
Fax 8 83 33 39, ✉ 79110, AX ED VA
20 Zi, Ez: 85/42-95/47, Dz: 120/60-130/65, ⊟
WC ⊘, 8 ⇌, Lift, **P**, 🏠, garni
geschl.: 22.12.00-6.1.01
Auch Zimmer der Kategorie ✱✱ vorhanden.

🍴 **Gasthaus Hirschen** ✚
Breisgauer Str. 47, **Tel (07 61) 8 21 18**,
Fax 8 79 94, ✉ 79110
Hauptgericht 22/11-48/24, Biergarten, **P**,
geschl.: Do

Littenweiler (4 km ↘)

✱✱ **Schwärs Hotel Löwen Minotel**
Kappler Str. 120, **Tel (07 61) 6 30 41**,
Fax 6 06 90, ✉ 79117, AX DC ED VA, Ⓢ
65 Zi, Ez: 70/35-170/85, Dz: 100/50-220/110,
3 Suiten, ⊟ WC ⊘ DFÜ, Lift, **P**, 🏠, 6⇨120,
Golf
Im Stammhaus auch einfache Zimmer
vorhanden.
🍴 Hauptgericht 18/9-42/21, Terrasse

Munzingen (13 km ↙)

✱✱ **Schloß Reinach**
St.-Erentrudis-Str. 12, **Tel (0 76 64) 40 70**,
Fax 40 71 55, ✉ 79112, AX ED VA
75 Zi, Ez: 110/55-160/80, Dz: 180/90-220/110,
⊟ WC ⊘, Lift, **P**, 🏠, 4⇨400, Solarium,
Restaurant
Auch Zimmer der Kategorie ✱ vorhanden.

St. Georgen (4 km ↙)

✱✱✱ **Dorint Hotel An den Thermen**
An den Heilquellen 8, **Tel (07 61) 4 90 80**,
Fax 4 90 81 00, ✉ 79111, AX DC ED VA, Ⓢ
⌀, 82 Zi, Ez: 195/98-230/115,
Dz: 245/123-290/146, ⊟ WC ⊘ DFÜ, 22 ⇌,
Lift, **P**, 🏠, 6⇨130, ≋, ⚲, Sauna, Golf
Direkter Zugang zum Mineral-Thermal-Bad.

🍴🍴 **Goguette**
Hauptgericht 30/15, Terrasse

✱✱ **Zum Schiff**
Basler Landstr. 37, **Tel (07 61) 40 07 50**,
Fax 40 07 55 55, ✉ 79111, AX DC ED VA, Ⓢ
65 Zi, Ez: 120/60-195/98, Dz: 160/80-240/120,
1 Suite, ⊟ WC ⊘ DFÜ, Lift, **P**, 🏠, Sauna,
Solarium
🍴 Hauptgericht 16/8-42/21

✱ **Ritter St. Georg**
Basler Landstr. 82, **Tel (07 61) 4 35 93**,
Fax 4 49 46, ✉ 79111, ED VA
13 Zi, Ez: 95/47-99/49, Dz: 145/73-150/75, ⊟
WC ⊘, 4 ⇌, **P**, garni
geschl.: 23.12.00-7.1.01, 1-15.8.01

Wiehre (2 km ↘)

🍴🍴 **Klösterle**
Dreikönigstr. 8, **Tel (07 61) 7 57 84**,
Fax 7 37 88, ✉ 79102
Hauptgericht 35/17, Gartenlokal, nur abends,
geschl.: Mo, So, 25.1.-25.2.01, 1-15.9.00

Freiensteinau 45 ↘

Hessen / Vogelsbergkreis
EW 400
🛈 Tel (0 66 44) 72 38, Fax 4 80
Verkehrsverein
✉ 36399 Moosbachstr. 9

Nieder-Moos (6 km ↑)

✱✱ **Gästehaus Jöckel**
Zum See 5, **Tel (0 66 44) 3 43**, **Fax 18 86**,
✉ 36399, ED VA
30 Zi, Ez: 55/27-65/32, Dz: 110/55-130/65, ⊟
WC ⊘, Lift, **P**, 🏠, 1⇨50, ⚲, Kegeln, Sauna,
Solarium, Restaurant
Anmeldung im Gasthof gegenüber. Dort sind
auch einfachere Zimmer vorhanden.

Freienwalde, Bad 31 ↖

Brandenburg
Kreis Märkisch-Oderland
EW 10500
i Tel (0 33 44) 34 02, Fax 34 02
Touristeninformation/Kurverwaltung
✉ 16259 Karl-Marx-Str. 25

✱✱ Akzent-Hotel Eduardshof
Eduardshof 8, **Tel (0 33 44) 41 30,
Fax 41 31 80**, ✉ 16259, AX DC ED VA
57 Zi, Ez: 115/57-155/78, Dz: 145/73-185/93,
2 App, ⌐ WC ⊘ DFÜ, 38 ⚭, Lift, **P**, 4⌒250,
Kegeln, Bowling, Sauna, Solarium, Restaurant

Falkenberg

✱ Villa Fontane
Fontaneweg 4, **Tel (03 34 58) 3 03 80,
Fax 3 03 81**, ✉ 16259, ED VA
8 Zi, Ez: 70/35, Dz: 100/50, ⌐ WC ⊘, **P**, ⌂,
1⌒20, garni
geschl.: 1.12.00-31.1.01

Freigericht 45 ↓

Hessen / Main-Kinzig-Kreis
EW 14500
i Tel (0 60 55) 91 60, Fax 91 62 22
Gemeindeverwaltung
✉ 63579 Bahnhofstr. 13

Somborn

✱ Vorspessart
Geiselbacher Str. 11, **Tel (0 60 55) 8 30 74,
Fax 8 34 90**, ✉ 63579, AX ED VA
16 Zi, Ez: 70/35-90/45, Dz: 120/60-140/70, ⌐
WC ⊘, Lift, **P**, 1⌒15, ⌂, Solarium, Golf,
Restaurant
geschl.: 24.12.00-7.1.01

Freilassing 73 →

Bayern
Kreis Berchtesgadener Land
EW 15200
i Tel (0 86 54) 2 31 23, Fax 17 95
Verkehrsverein
✉ 83395 Bahnhofstr. 2

Erholungsort, Entspannung u.Erholung in reizv.
Landschaft. Gut ausgeb. Radwegenetz, mod.
Sportpark, 18-Loch Golfpl, auch für Tagungen/Seminare. Gute Bahnanb. Ausflüge ins
Berchtesgadener Land o. Salzkammergut.
Halbstündige Busverb. zur berühmten Mozartstadt Salzburg. Günst. Anb. z. Airport Salzburg

✱ Krone
Hauptstr. 26, **Tel (0 86 54) 6 01 70,
Fax 60 17 17**, ✉ 83395, AX DC ED VA
32 Zi, Ez: 98/49-105/52, Dz: 160/80, ⌐ WC ⊘
DFÜ, 5 ⚭, Lift, **P**, ⌂, Golf, garni

✱ Post
Hauptstr. 30, **Tel (0 86 54) 97 68, Fax 6 11 01**,
✉ 83395
12 Zi, Ez: 90/45, Dz: 150/75, ⌐ WC ⊘, 5 ⚭, **P**,
⌂, garni

Brodhausen (3 km ←)

✱✱ Gasthof Moosleitner
Wasserburger Str. 52, **Tel (0 86 54) 6 30 60,
Fax 63 06 99**, ✉ 83395, AX DC ED VA
50 Zi, Ez: 99/49-140/70, Dz: 185/93-235/118,
1 Suite, 2 App, ⌐ WC ⊘, 10 ⚭, Lift, **P**, ⌂,
2⌒40, Sauna, Solarium, 3 Tennis
🍴🍴 Hauptgericht 25/12-39/19, Terrasse,
geschl.: Sa, 3.-9.1.01

Freinsheim 54 ✓

Rheinland-Pfalz
Kreis Bad Dürkheim
EW 4920
i Tel (0 63 22) 66 78 38, Fax 66 78 40
i-Punkt
✉ 67169 Weinstr. 111

✱✱ Luther
Hauptstr. 29, **Tel (0 63 53) 9 34 80,
Fax 93 48 45**, ✉ 67251, AX ED VA
♪, 23 Zi, Ez: 120/60-150/75,
Dz: 180/90-250/125, ⌐ WC ⊘ DFÜ, 7 ⚭, **P**,
3⌒25, Sauna
geschl.: 1.-28.2.01
🍴🍴🍴 Hauptgericht 45/22, Terrasse
nur abends, geschl.: So, 1.-28.2.01

✱✱ Landhotel Altes Wasserwerk
Burgstr. 9, **Tel (0 63 53) 93 25 20,
Fax 9 32 52 52**, ✉ 67251, ED VA
18 Zi, Ez: 100/50, Dz: 140/70-180/90, 1 App, ⌐
WC ⊘ DFÜ, 7 ⚭, **P**, 1⌒20, garni

✱ Hornung
Hauptstr. 18, **Tel (0 63 53) 9 59 60,
Fax 95 96 60**, ✉ 67251, ED VA
13 Zi, Ez: 90/45-105/52, Dz: 135/67-155/78, ⌐
WC ⊘ DFÜ, **P**, ⌂, Golf, Restaurant
Auch Zimmer der Kategorie ✱✱ vorhanden.

🍴🍴 Von-Busch-Hof
Buschhof 5, **Tel (0 63 53) 77 05, Fax 37 41**,
✉ 67251, ED VA
Hauptgericht 30/15, Terrasse, Gartenlokal

Freising 72 ↑

Bayern
EW 45000
🛈 Tel (0 81 61) 5 41 22, Fax 5 42 31
Touristinformation
✉ 85354 Marienplatz 7

✱✱✱ Marriott München Airport
Alois-Steinecker-Str. 20, Tel (0 81 61) 96 60,
Fax 9 66 62 81, ✉ 85354, AX DC ED VA, Ⓢ
252 Zi, Ez: 199/100-399/200,
Dz: 199/100-399/200, 17 Suiten, ⌐ WC ∅ DFÜ,
41 ↳, Lift, Ⓟ, ☎, 16⤴350, ⌂, Fitnessraum,
Sauna, Solarium

🍽 Asamstube
Hauptgericht 20/10, nur abends

✱✱ Dorint Airport-Hotel
Dr-von-Daller-Str. 1-3, Tel (0 81 61) 53 20,
Fax 53 21 00, ✉ 85356, AX DC ED VA, Ⓢ
137 Zi, Ez: 255/128-405/203,
Dz: 315/158-415/209, 14 Suiten, ⌐ WC ∅ DFÜ,
42 ↳, Lift, Ⓟ, ☎, 8⤴120, Sauna, Solarium
Auch Zimmer der Kategorie ✱✱✱ vorhanden.

🍽🍽 Zur alten Schießstätte
Hauptgericht 30/15-50/25, Biergarten

✱✱ Isar-Hotel
Isarstr. 4, Tel (0 81 61) 86 50, Fax 86 55 55,
✉ 85356, AX DC ED VA
52 Zi, Ez: 100/50-185/93, Dz: 140/70-215/108,
2 App, ⌐ WC ∅, 18 ↳, Lift, Ⓟ, ☎

✱ Bayerischer Hof
Untere Hauptstr. 3, Tel (0 81 61) 53 83 00,
Fax 53 83 39, ✉ 85354, AX ED VA
68 Zi, Ez: 99/49, Dz: 134/67-140/70, ⌐ WC ∅
DFÜ, Lift, Ⓟ, ☎, Restaurant

Bräustüberl Weihenstephan
Weihenstephan 1, Tel (0 81 61) 1 30 04,
Fax 4 10 66, ✉ 85354, AX DC ED VA
Hauptgericht 15/7-25/12, Biergarten, Ⓟ

Haindlfing (6 km ↖)

🍽 Gasthaus Landbrecht
Freisinger Str. 1, Tel (0 81 67) 89 26,
Fax 86 47, ✉ 85354
Hauptgericht 20/10

Freital 51 ↖

Sachsen / Weisseritzkreis
EW 39000
🛈 Tel (03 51) 6 47 61 08, Fax 64 76 48 57
Fremdenverkehrsbüro Freital
✉ 01705 Dresdner Str. 56

Pesterwitz

✱✱ Pesterwitzer Siegel
Dresdner Str. 23, Tel (03 51) 6 50 63 67,
Fax 6 50 63 69, ✉ 01705, AX DC ED VA
26 Zi, Ez: 98/49-115/57, Dz: 128/64-148/74, ⌐
WC ∅ DFÜ, Lift, Ⓟ, 1⤴50, Sauna, Golf

🍽 Albertheim
Hauptgericht 14/7-28/14, Biergarten

Wurgwitz (5 km ↖)

✱✱ Best Western Solar Parkhotel
Pesterwitzer Str. 8, Tel (03 51) 6 56 60,
Fax 6 50 29 51, ✉ 01705, AX DC ED VA, Ⓢ
♪ ✿, 69 Zi, Ez: 116/58-169/85,
Dz: 132/66-188/94, ⌐ WC ∅, Lift, Ⓟ, 5⤴120,
Sauna, Solarium, Restaurant

Fremdingen 63 ↖

Bayern / Donau-Ries-Kreis
EW 2300
🛈 Tel (0 90 86) 9 00 91, Fax 8 56
Gemeindeverwaltung
✉ 86742 Kirchberg 1, Rathaus

Raustetten (2 km ←)

🛏 Gasthof Waldeck
Haus Nr 12, Tel (0 90 86) 2 30, Fax 14 00,
✉ 86742
30 Zi, Ez: 40/20, Dz: 68/34-76/38, ⌐ WC, Ⓟ,
☎, ⌂, Restaurant
geschl.: 18.12.00-3.3.01

Freren 23 →

Niedersachsen / Kreis Emsland
EW 10480
🛈 Tel (0 59 02) 94 08 00, Fax 94 08 02
Touristikverein
✉ 49832 Mühlenstr. 9

Freren-Außerhalb (5 km ↑)

✱✱ Hotel für Tagung & Erholung
Am Saller See 3, Tel (0 59 04) 9 33 00,
Fax 9 33 02 22, ✉ 49832, AX DC ED VA

♪ ⚄, 34 Zi, Ez: 98/49-148/74,
Dz: 150/75-185/93, 8 Suiten, 2 App, ⊣ WC ✆,
1 ⇔, Lift, ℙ, 6⌒250, Sauna, Solarium
geschl.: Mo

¶¶ ▬▬ **Panorama**
⚄, Hauptgericht 20/10-46/23, Terrasse,
geschl.: Mo

Freudenberg (Main) 55 □

Baden-Württemberg
Main-Tauber-Kreis
EW 4200
ℹ Tel (0 93 75) 9 20 00, Fax 92 00 50
Stadtverwaltung
✉ 97896 Hauptstr. 152

Erholungsort am Main; Sehenswert: hist. Stadtkern; Burgruine; Burgschauspiele.

✱ ▬▬ **Goldenes Faß**
Faßgasse 3, Tel (0 93 75) 9 21 20,
Fax 92 12 39, ✉ 97896, Ⓔ
⚄, 14 Zi, Ez: 90/45-100/50, Dz: 140/70-160/80
¶ ▬▬ Hauptgericht 16/8-37/18, geschl.: im
Winter Mo + So abends

Boxtal (9 km ↗)

🛏 ▬▬ **Gasthof Rose**
Kirchstr. 15, Tel (0 93 77) 12 12, Fax 14 27,
✉ 97896
22 Zi, Ez: 36/18-65/32, Dz: 35/17-110/55, ⊣ ✆,
ℙ, Restaurant
geschl.: 1.-28.2.01

Freudenberg (Westfalen) 44 ↖

Nordrhein-Westfalen
Kreis Siegen-Wittgenstein
EW 18000
ℹ Tel (0 27 34) 4 31 20, Fax 4 31 15
Kultur-und Touristikamt
✉ 57258 Krottorfer Str. 25

✱✱ ▬▬ **Zur Altstadt**
Oranienstr. 41, Tel (0 27 34) 49 60,
Fax 4 96 49, ✉ 57258, Ⓐ Ⓔ Ⓥ

26 Zi, Ez: 129/64, Dz: 180/90, 2 Suiten, ⊣ WC
✆, Lift, ℙ, ⌂, 3⌒120, Sauna, Solarium, Golf
Auch Zimmer der Kategorie ✱ vorhanden.
¶¶ ▬▬ Hauptgericht 21/10-42/21

Freudenberg-Außerhalb (1 km ↓)

✱ ▬▬ **Siegerland Haus im Walde**
Schützenstr. 31, Tel (0 27 34) 46 70,
Fax 46 72 51, ✉ 57258, Ⓐ Ⓓ Ⓔ Ⓥ
♪, 50 Zi, Ez: 90/45-155/78,
Dz: 120/60-240/120, 4 Suiten, ⊣ WC ✆, 20 ⇔,
Lift, ℙ, ⌂, 8⌒60, ⌬, Fitnessraum, Sauna,
Solarium
¶ ▬▬ Hauptgericht 19/9-39/19, Terrasse

✱ ▬▬ **Waldhotel Wilhelmshöhe**
Krumme Birke 7, Tel (0 27 34) 27 80,
Fax 27 81 00, ✉ 57258, Ⓐ Ⓓ Ⓔ Ⓥ
23 Zi, Ez: 120/60, Dz: 155/78, 2 Suiten, ⊣ WC
✆, 2⌒30, Sauna, Solarium, Restaurant

Freudenstadt 60 ↘

Baden-Württemberg
EW 23000
ℹ Tel (0 74 41) 86 40, Fax 8 51 76
Gäste-Büro/Kongresse-Touristik
✉ 72250 Am Promenadeplatz 1

Heilklimatischer und Kneipp-Kurort, Wintersportplatz im Schwarzwald; Sehensw.: Ev.
Stadtkirche, Taufbecken, Lesepult, Deutschlands
größter Marktplatz mit Laubengängen und
Wasserfontänen.

✱✱ ▬▬ **Palmenwald**
Lauterbadstr. 56 (B 2), Tel (0 74 41) 80 70,
Fax 80 74 00, ✉ 72250, Ⓐ Ⓓ Ⓔ Ⓥ, Ⓢ
82 Zi, Ez: 129/64-165/83, Dz: 224/112-246/123,
11 Suiten, ⊣ WC ✆, 5 ⇔, Lift, ℙ, ⌂, 5⌒100,
⌬, Sauna, Solarium, Golf, 12 Tennis, Restaurant
Auch Zimmer der Kategorie ✱✱✱ vorhanden.

✱✱ ▬▬ **Chateau Marquette**
Lauterbadstr. 92 (B 2), Tel (0 74 41) 89 30,
Fax 89 36 66, ✉ 72250, Ⓐ Ⓓ Ⓔ Ⓥ
65 Zi, Ez: 120/60-165/83, Dz: 160/80-195/98,
7 Suiten, ⊣ WC ✆, Lift, ℙ, 6⌒180,
Fitnessraum, Sauna, Solarium, Restaurant

✱✱ ▬▬ **Refugium Schwarzwaldhotel Birkenhof**
Wildbader Str. 95 (A 1), Tel (0 74 41) 89 20,
Fax 47 63, ✉ 72250, Ⓐ Ⓓ Ⓔ Ⓥ

Freudenstadt

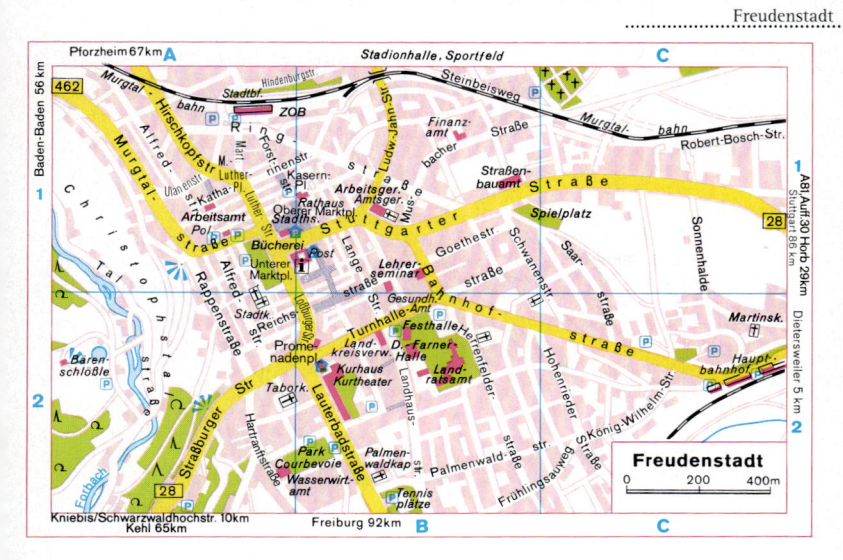

62 Zi, Ez: 118/59-194/97, Dz: 222/111-246/123, ⌐ WC ⊘, 19 ⌐, Lift, Ⓟ, 🚗, 3⌐100, ⌐, Kegeln, Sauna, Solarium, Golf, Restaurant

★★ Hohenried
Zeppelinstr. 5 (B 2), **Tel (0 74 41) 24 14**, **Fax 25 59**, ✉ 72250, AX DC ED VA
27 Zi, Ez: 100/50-140/70, Dz: 180/90-190/95, 1 Suite, ⌐ WC ⊘, Lift, Ⓟ, 🚗, 3⌐65, ⌐, Sauna, Solarium, Golf, Restaurant

★ Schwanen
Flair Hotel
Forststr. 6 (A 1), **Tel (0 74 41) 9 15 50**, **Fax 91 55 44**, ✉ 72250, ED VA
17 Zi, Ez: 64/32-90/45, Dz: 130/65-180/90, ⌐ WC ⊘, Ⓟ, 🚗
🍴 Hauptgericht 16/8-30/15, Terrasse

★ Bären
Lange Str. 33 (B 1-2), **Tel (0 74 41) 27 29**, **Fax 28 87**, ✉ 72250, DC ED VA

26 Zi, Ez: 75/37-90/45, Dz: 150/75-170/85, ⌐ WC ⊘, 6 ⌐, Ⓟ, 🚗
🍴 Hauptgericht 32/16, Terrasse, nur abends, geschl.: Fr

🍴🍴 Warteck
Stuttgarter Str. 14, **Tel (0 74 41) 9 19 20**, **Fax 91 92 93**, ✉ 72250, DC VA
Hauptgericht 28/14-48/24, geschl.: Di
Beachtenswerte Küche.

★★ 13 Zi, Ez: 78/39, Dz: 130/65-150/75, ⌐ WC ⊘, 4 ⌐

Freudenstadt-Außerhalb (2 km)

★★ Langenwaldsee
Straßburger Str. 99, **Tel (0 74 41) 8 89 30**, **Fax 8 89 36**, ✉ 72250, AX DC ED VA
einzeln ⚡, 43 Zi, Ez: 70/35-160/80, Dz: 130/65-250/125, 3 Suiten, ⌐ WC ⊘, Ⓟ, 🚗, 2⌐70, ⌐, ⌐, Seezugang, Sauna, Solarium geschl.: 3.11.-20.12.00
Auch Zimmer der Kategorie ★ vorhanden.

309

Freudenstadt

🍴🍴 ⑀, Hauptgericht 30/15, Terrasse,
geschl.: 3.11.-20.12.00

Kniebis (10 km ←)

✱✱ Waldblick
Eichelbachstr. 47, Tel (0 74 42) 83 40,
Fax 30 11, ✉ 72250, ⟦ED⟧ ⟦VA⟧
⌓, 32 Zi, Ez: 105/52-158/79,
Dz: 160/80-264/132, ⌐ WC ⌀, Lift, ⟦P⟧, 🚗,
2⇔80, ⌂, Sauna, Solarium
Auch Zimmer der Kategorie ✱ und ✱✱✱
vorhanden.
🍴🍴 Hauptgericht 25/12-42/21, Biergarten,
geschl.: Di

✱ Kniebishöhe
Alter Weg 42, Tel (0 74 42) 23 97, Fax 5 02 76,
✉ 72250
⌓, 14 Zi, Ez: 57/28-65/32, Dz: 48/24-144/72, ⌐
WC ⌀, Lift, ⟦P⟧, Sauna, Solarium
geschl.: Di, 6.11.-20.12.00, 26.3.-8.4.01
🍴 Hauptgericht 20/10, geschl.: Di,
6.11.-20.12.00, 26.3.-8.4.01

Lauterbad (3 km ↓)

✱✱ Kur & Sporthotel Lauterbad
Amselweg 5, Tel (0 74 41) 86 01 70,
Fax 8 60 17 10, ✉ 72250, ⟦AX⟧ ⟦DC⟧ ⟦ED⟧ ⟦VA⟧
⌓ ⑀, 37 Zi, Ez: 99/49-159/80,
Dz: 198/99-280/141, 2 Suiten, ⌐ WC ⌀, ⟦P⟧,
2⇔30, ⌂, Sauna, Solarium, Golf,
Kinderbetreuung
Auch Zimmer der Kategorie ✱✱✱ vorhanden.

🍴🍴 Hauptgericht 18/9-45/22, Terrasse

✱✱ Grüner Wald
Minotel
Kinzigtalstr. 23, Tel (0 74 41) 86 05 40,
Fax 8 60 54 25, ✉ 72250, ⟦ED⟧ ⟦VA⟧
⌓ ⑀, 35 Zi, Ez: 98/49-185/93,
Dz: 176/88-254/127, 5 Suiten, ⌐ WC ⌀, 10 ⇚,
⟦P⟧, 🚗, 3⇔70, ⌂, Sauna, Solarium, Golf
Auch Zimmer der Kategorie ✱✱✱ vorhanden.
🍴🍴 Tel 8 65 40, Hauptgericht 18/9-36/18,
Terrasse

Freyburg (Unstrut) 38 ↓

Sachsen-Anhalt / Burgenlandkreis
EW 4400
❶ Tel (03 44 64) 2 72 60, Fax 2 73 76
Fremdenverkehrsverein
✉ 06632 Markt 2

✱ Unstruttal
Markt 11, Tel (03 44 64) 70 70, Fax 7 07 40,
✉ 06632, ⟦ED⟧ ⟦VA⟧
17 Zi, Ez: 95/47-115/57, Dz: 150/75, ⌐ WC ⌀,
Lift, ⟦P⟧, 1⇔60, Restaurant

✱ Zum Künstlerkeller
Breite Str. 14, Tel (03 44 64) 7 07 50,
Fax 7 07 99, ✉ 06632, ⟦ED⟧ ⟦VA⟧
32 Zi, Ez: 85/42-180/90, Dz: 135/67-210/105,
2 Suiten, ⌐ WC ⌀, 2⇔80, Restaurant

Freyburg-Außerhalb (3 km ↘)

✱✱ Berghotel zum Edelacker
Schloß 25, Tel (03 44 64) 3 50, Fax 3 53 33,
✉ 06632, ⟦AX⟧ ⟦DC⟧ ⟦ED⟧ ⟦VA⟧
einzeln ⌓ ⑀, 80 Zi, Ez: 125/62-155/78,
Dz: 175/88, ⌐ WC ⌀, 12 ⇚, Lift, ⟦P⟧, 4⇔100,
Sauna, Solarium, Restaurant

Freyung 66 ↗

Bayern / Kreis Freyung-Grafenau
EW 7500
❶ Tel (0 85 51) 5 88 50, Fax 5 88 55
Touristinformation/Kurverwaltung
✉ 94078 Rathausplatz 2

Luftkur- und Wintersportort an der Glasstraße
Bayerischer Wald. Sehenswert: Schloß Wolfstein
mit Jagd- und Fischereimuseum und Galerie,
Heimatmuseum, Wildbachklamm „Buchberger
Leite", Nationalpark Bayer. Wald.

✱ Zur Post
Stadtplatz 2, Tel (0 85 51) 5 79 60,
Fax 57 96 20, ✉ 94078, ⟦ED⟧ ⟦VA⟧
40 Zi, Ez: 38/19-72/36, Dz: 76/38-144/72, ⌐
WC ⌀, Lift, ⟦P⟧, 🚗, Sauna, Solarium, Restaurant
geschl.: Mo, 30.10.-19.11.00
Auch Zimmer der Kategorie ✱✱ vorhanden.

✱ Brodinger
Zuppingerstr. 3, Tel (0 85 51) 43 42, Fax 79 73,
✉ 94078, ⟦ED⟧ ⟦VA⟧
23 Zi, Ez: 55/27-85/42, Dz: 110/55-150/75,
1 Suite, ⌐ WC ⌀, Lift, ⟦P⟧, 1⇔100, ≋, ⌂,
Kegeln, Sauna, Solarium, Restaurant

Ort (1,5 km ←)

🍴🍴 **Landgasthaus Schuster** ✤
Haus Nr 19, Tel **(0 85 51) 71 84**, Fax 91 19 20,
✉ 94078
Hauptgericht 30/15-39/19, Ⓟ, geschl.: Mo, Di mittags

Frickenhausen 56 □

Bayern / Kreis Würzburg
EW 1399
🛈 Tel **(0 93 31) 27 26**
Gemeindeverwaltung
✉ 97252 Babenbergplatz 6

✱▬▬▬ **Meintzinger**
Babenbergplatz 2-4, Tel **(0 93 31) 8 72 10**,
Fax 75 78, ✉ 97252, AX ED VA
22 Zi, Ez: 95/47-145/73, Dz: 135/67-240/120,
2 Suiten, 1 App., ⌐ WC ☾, 🏠, 1⟳25, garni
Eigenbauweine.

🍴▬▬▬ **Ehrbar's Fränkische Weinstube**
Hauptstr. 19, Tel **(0 93 31) 6 51**, Fax 52 07,
✉ 97252
♨, Hauptgericht 25/12-37/18, Biergarten,
Gartenlokal, geschl.: Mo, Di, 1.-23.1.01,
25.6.-10.7.01

Fridingen an der Donau 68 →

Baden-Württemberg
Kreis Tuttlingen
EW 3360
🛈 Tel **(0 74 63) 83 70**, Fax 8 37 50
Verkehrsamt
✉ 78567 Kirchplatz 2

Bergsteig (2,5 km ✓)

🍴▬▬▬ **Landhaus Donautal**
Bergsteig 1, Tel **(0 74 63) 4 69**, Fax 50 99,
✉ 78567, ED VA
♨, Hauptgericht 20/10, Terrasse, Gartenlokal, Ⓟ,
geschl.: Mo, Fr, 30.10.-6.11.00, 24.12.00-15.1.01
✱▬▬▬ Haus Nr 1, 7 Zi, Ez: 99/49, Dz: 146/73,
1 App., ⌐ WC ☾, 🏠

Friedberg 63 ↘

Bayern / Kreis Aichbach-Friedberg
EW 29890
🛈 Tel **(08 21) 6 00 22 15**, Fax 6 00 21 90
Fremdenverkehrsbüro
✉ 86316 Marienplatz 14

✱▬▬▬ **Kussmühle**
Pappelweg 14, Tel **(08 21) 26 75 80**,
Fax 2 67 58 88, ✉ 86316, DC ED VA
27 Zi, Ez: 89/44, Dz: 138/69, ⌐ WC ☾, Ⓟ,
Restaurant

🛏▬▬▬ **Gästehaus Café Frey**
Münchner Str. 11, Tel **(08 21) 60 50 61**,
Fax 60 50 62, ✉ 86316
8 Zi, Ez: 75/37, Dz: 125/62, ⌐ WC ☾, Ⓟ, 🏠

🍴🍴▬▬▬ **Herzog Ludwig**
Bauernbräustr. 15, Tel **(08 21) 60 71 27**,
Fax 60 71 26, ✉ 86316, AX DC ED VA
Hauptgericht 33/16, nur abends, geschl.: Mo, Di

Friedberg 45 ✓

Hessen / Wetteraukreis
EW 25000
🛈 Tel **(0 60 31) 8 82 05**, Fax 6 12 70
Fremdenverkehrsamt
✉ 61169 Am Seebach 2

✱✱▬▬▬ **Stadt Friedberg**
Am Seebach 2, Tel **(0 60 31) 60 70**,
Fax 60 71 00, ✉ 61169, AX ED VA
♪, 85 Zi, Ez: 132/66-145/73, Dz: 198/99, ⌐ WC
☾ DFÜ, Lift, Ⓟ, 🏠, 10⟳1000, Kegeln, Sauna,
Restaurant
Rezeption: 6.30-23

Dorheim (5 km ↗)

✶ Dorheimer Hof
Wetteraustr. 70, Tel (0 60 31) 7 37 00,
Fax 73 70 40, ✉ 61169, AX DC ED VA
19 Zi, Ez: 92/46, Dz: 120/60-148/74, ⊣ WC ✆
DFÜ, 2 ⊨, P, 1⟳30, Restaurant
Rezeption: 6-12, 16-24

Friedeburg 16 □

Niedersachsen / Kreis Wittmund
EW 10300
🛈 Tel (0 44 65) 14 15, Fax 14 16
Tourist Information
✉ 26446 Hauptstr. 60

✶ Bio-Hotel Eichenhorst
Margaretenstr. 19, Tel (0 44 65) 14 82,
Fax 82 31, ✉ 26446
♪, 16 Zi, Ez: 72/36-105/52, Dz: 130/65-180/90,
1 App, ⊣ WC ✆, 16 ⊨, P, Sauna, Restaurant
geschl.: 1.11.-25.12.00, 6.1.-1.3.01
Nichtraucherpension.

Marx (3,5 km ↓)

✶ Landhaus Rippen
Hauptstr. 33, Tel (0 44 65) 2 32, Fax 86 03,
✉ 26446, AX ED VA
14 Zi, Ez: 80/40, Dz: 110/55-130/65, ⊣ WC ✆,
4 ⊨, P, 🕭, 2⟳150, Kegeln
🍴 Hauptgericht 13/6-33/16, Terrasse,
nur abends, geschl.: So

Friedenweiler 67 →

Baden-Württemberg
Kreis Breisgau-Hochschwarzwald
EW 2000
🛈 Tel (0 76 51) 50 34, Fax 41 30
Kurverwaltung
✉ 79877 Rathausstr. 16

Rötenbach (4 km ↘)

✶ Gasthaus zum Rössle mit Gästehaus
Hauptstr. 14, Tel (0 76 54) 70 42, Fax 70 41,
✉ 79877, ED VA
29 Zi, Ez: 45/22-60/30, Dz: 90/45-120/60, ⊣
WC ✆, Lift, P, Kegeln, Sauna, Solarium,
Restaurant
geschl.: 22.11.-19.12.00
Im Gasthaus einfachere Zimmer vorhanden.

Friedewald 46 ↑

Hessen / Kreis Hersfeld-Rotenburg
EW 2510
🛈 Tel (0 66 74) 9 21 00, Fax 92 10 50
Gemeindeverwaltung
✉ 36289 Motzfelder Str. 12

✶✶✶✶ Meirotels Schloßhotel Prinz von Hessen
Schlossplatz 1, Tel (0 66 74) 9 22 40,
Fax 9 22 42 50, ✉ 36289, AX DC ED VA
71 Zi, Ez: 195/98-245/123,
Dz: 340/171-450/226, 9 Suiten, ⊣ WC ✆ DFÜ,
20 ⊨, Lift, P, 🕭, 6⟳150, 🕭, Sauna, Solarium

🍴🍴🍴 Prinzenstube 🚩
Hauptgericht 46/23-58/29, Terrasse, Biergarten,
geschl.: Mo, Di, 2.-16.1.01

🍴🍴 Schloßgarten
Hauptgericht 28/14, Terrasse, Biergarten

✶✶ Zum Löwen Minotel
Hauptstr. 17, Tel (0 66 74) 9 22 20,
Fax 92 22 59, ✉ 36289, AX DC ED VA, Ⓢ
32 Zi, Ez: 120/60-190/95, Dz: 160/80-290/146,
⊣ WC ✆ DFÜ, 15 ⊨, Lift, P, 🕭, 2⟳100
🍴🍴 Hauptgericht 25/12-42/21 ✚
Biergarten

Friedland 36 □

Niedersachsen / Kreis Göttingen
EW 7700
🛈 Tel (0 55 04) 80 20, Fax 8 02 39
Gemeindeverwaltung
✉ 37133

Groß Schneen (2 km ↗)

🍴🍴 Schillingshof
Lappstr. 14, Tel (0 55 04) 2 28, Fax 4 27,
✉ 37133, DC ED VA
Hauptgericht 35/17, Gartenlokal, P, 🛏,
geschl.: Mo. Di, 1.-14.1.01, 3 Wochen im
Sommer

Friedland
Kr. Mecklenburg-Strelitz 22 ↖

Mecklenburg-Vorpommern
Kreis Mecklenburg-Strelitz
EW 8079
🛈 Tel (03 96 01) 27 70, Fax 2 77 50
Stadtverwaltung
✉ 17098 Carl-Leuschner-Str 1

✱▭▬▬ Vredeland
Mühlstr. 87, Tel (03 96 01) 27 10, Fax 2 71 30,
✉ 17098, AX ED VA
15 Zi, Ez: 75/37-85/42, Dz: 98/49-120/60, ⌐
WC ⊘, 5 ⊱, ℗, 🚗, 1⊂⊃35, Restaurant

Friedrichroda 47 ↖

Thüringen / Kreis Gotha
EW 6000
🛈 Tel (0 36 23) 3 32 00, Fax 33 20 29
Kur- und Tourismus GmbH
✉ 99894 Marktstr. 13/15

✱✱▭▬ Treff Hotel Thüringer Wald
Burchardtsweg 1, Tel (0 36 23) 35 20,
Fax 35 25 00, ✉ 99894, AX DC ED VA, Ⓢ
142 Zi, Ez: 155/78, Dz: 210/105, 12 App, ⌐ WC
⊘, Lift, ℗, 8⊂⊃300, 🚗, Fitnessraum, Sauna,
Solarium, Restaurant

Friedrichroda-Außerhalb (6 km ✓)

✱✱▭▬ Kavaliershaus im Schloßpark Reinhardsbrunn Travel Charme Hotel
Tel (0 36 23) 30 42 53, Fax 30 42 51, ✉ 99894,
AX DC ED VA
einzeln ☽ ☼, 19 Zi, Ez: 120/60-170/85,
Dz: 155/78-240/120, ⌐ WC ⊘, 2 ⊱, ℗, 1⊂⊃15,
Sauna, Solarium, Restaurant
geschl.: 1.11.-1.12.00

Friedrichsbrunn 37 ↗

Sachsen-Anhalt / Kreis Quedlinburg
EW 1150
🛈 Tel (03 94 87) 2 88, Fax 2 88
Tourist-Information
✉ 06507 Hauptstr. 33a

✱✱▭▬ Promenaden-Kurhotel
Hauptstr. 118, Tel (03 94 87) 3 72, Fax 5 34,
✉ 06507
28 Zi, Ez: 90/45, Dz: 120/60, 1 Suite, ⌐ WC ⊘,
28 ⊱, Lift, ℗, 2⊂⊃40, Sauna, Solarium,
Restaurant

✱▭▬▬ Harzresidenz
Infang 4, Tel (03 94 87) 75 20, Fax 7 52 12,
✉ 06507
21 Zi, Ez: 63/31, Dz: 115/57, ⌐ WC ⊘ DFÜ, ℗,
🚗, 1⊂⊃20, Sauna, Solarium, Restaurant

Friedrichsdorf 44 ↘

Hessen / Hochtaunuskreis
EW 25000
🛈 Tel (0 61 72) 73 12 63, Fax 73 12 82
Sport- und Kulturamt
✉ 61381 Hugenottenstr. 55

✱✱▭▬ Mercure
Im Dammwald 1, Tel (0 61 72) 73 90,
Fax 73 98 52, ✉ 61381, AX DC ED VA, Ⓢ
124 Zi, Ez: 122/61-194/97, Dz: 175/88-247/124,
1 Suite, ⌐ WC ⊘, 18 ⊱, Lift, ℗, 🚗, 10⊂⊃120,
🏊, Kegeln, Sauna, Solarium, Restaurant
Auch Zimmer der Kategorie ✱ vorhanden.

✱▭▬▬ Lindenhof
Hugenottenstr. 47, Tel (0 61 72) 76 60,
Fax 7 66 66, ✉ 61381, AX ED VA
40 Zi, Ez: 135/67-250/125, Dz: 160/80-290/146,
⌐ WC ⊘ DFÜ, 3 ⊱, Lift, ℗, 🚗, 1⊂⊃, Golf,
Restaurant
Auch einfachere Zimmer vorhanden.

Appartementhotels/Boardinghäuser

Arkadia
Am Houiller Platz 2, Tel (0 61 72) 76 20,
Fax 76 24 44, ✉ 61381, AX ED ED VA
51 Zi, Ez: 116/58-254/127, Dz: 146/73-254/127,
3 Suiten, 15 App, ⌐ WC ⊘ DFÜ, Lift, 🚗, 1⊂⊃,
Sauna, garni
Zimmer der Kategorie ✱✱ und ✱✱✱
vorhanden.

Friedrichshafen 69 ↓

Baden-Württemberg / Bodenseekreis
EW 56430
🛈 Tel (0 75 41) 3 00 10, Fax 7 25 88
Tourist-Information
✉ 88045 Bahnhofplatz 2
Cityplan siehe Seite 314

✱✱✱▭ Ringhotel Buchhorner Hof
Friedrichstr. 33 (B 2), Tel (0 75 41) 20 50,
Fax 3 26 63, ✉ 88045, AX DC ED VA, Ⓢ
95 Zi, Ez: 119/59-220/110, Dz: 170/85-300/151,
⌐ WC ⊘, Lift, ℗, 🚗, 6⊂⊃160, Fitnessraum,
Sauna, Solarium, Golf
Auch Zimmer der Kategorie ✱✱ vorhanden.

🍴🍴▭▬ Buchhorner Hof
Hauptgericht 28/14-45/22

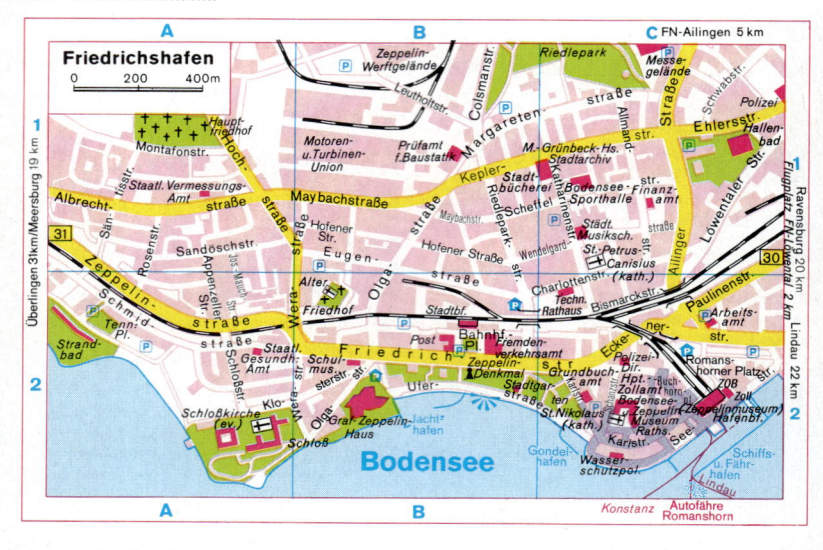

Friedrichshafen

✱✱✱ Seehotel
Bahnhofplatz 2 (B 2), Tel **(0 75 41)** 30 30,
Fax 30 31 00, ✉ 88045, AX DC ED VA
⚹, 132 Zi, Ez: 150/75-200/100,
Dz: 200/100-335/168, ⌐ WC ☎ DFÜ, 66 ✆, Lift,
P, 🏠, 3⌘120, Sauna, Solarium, Restaurant
Moderne Architektur und moderne Einrichtung.

✱✱ City-Krone
Schanzstr. 7 (C 2), Tel **(0 75 41)** 70 50,
Fax 70 51 00, ✉ 88045, AX DC ED VA
85 Zi, Ez: 145/73-299/150,
Dz: 199/100-299/150, ⌐ WC ☎ DFÜ, Lift, **P**,
2⌘70, 🏠, Sauna, Solarium, Restaurant

✱✱ Föhr
Albrechtstr. 73 (A 1), Tel **(0 75 41)** 30 50,
Fax 2 72 73, ✉ 88045, AX DC ED VA
65 Zi, Ez: 85/42-180/90, Dz: 119/59-220/110,
2 App, ⌐ WC ☎, 20 ✆, Lift, **P**, 🏠, Restaurant

Ailingen (5 km ↑)

✱✱ Gerbe
Hirschlatter Str. 14, Tel **(0 75 41)** 50 90,
Fax 5 51 08, ✉ 88048, ED VA
70 Zi, Ez: 65/32-150/75, Dz: 105/52-230/115, ⌐
WC ☎ DFÜ, 10 ✆, Lift, **P**, 1⌘35, 🏠,
Fitnessraum, Sauna, Solarium, 2 Tennis
geschl.: 22-25.12.00, 2-14.1.01
Auch Zimmer der Kategorie ✱ vorhanden.
🍴 Hauptgericht 20/10-33/16, geschl.: im Winter Fr, 22-25.12.00, 2-14.1.01

Fischbach (6 km ←)

✱✱✱ Traube am See
Meersburger Str. 13, Tel **(0 75 41)** 95 80,
Fax 95 88 88, ✉ 88048, AX DC ED VA
91 Zi, Ez: 100/50-200/100, Dz: 170/85-260/130,
3 Suiten, ⌐ WC ☎, Lift, **P**, 🏠, 4⌘80, 🏠,
Sauna, Solarium
Auch Zimmer der Kategorie ✱✱ vorhanden.
🍴 Hauptgericht 20/10-45/22, Terrasse

✱✱ Maier
Poststr. 1-3, Tel **(0 75 41)** 40 40, Fax 40 41 00,
✉ 88048, AX DC ED VA
50 Zi, Ez: 95/47-165/83, Dz: 160/80-240/120,
⌐ WC ☎ DFÜ, 10 ✆, Lift, **P**, 🏠, 1⌘40, Sauna,
Solarium
Auch Zimmer der Kategorie ✱ vorhanden.

🍴🍴 Hauptgericht 18/9-36/18

Friedrichstadt

Manzell (4 km ←)

★★ Waldhorn
Dornierstr. 2, **Tel (0 75 41) 95 70**,
Fax 95 73 33, ✉ 88048, AX DC ED VA
40 Zi, Ez: 80/40-130/65, Dz: 120/60-230/115,
5 🛏, Lift, 3🍴70, Sauna, Solarium, Restaurant
Auch Zimmer der Kategorie ★ vorhanden.

Schnetzenhausen (4 km ↖)

★★★ Ringhotel Krone
Untere Mühlbachstr. 1, **Tel (0 75 41) 40 80**,
Fax 4 36 01, ✉ 88045, AX DC ED VA, Ⓢ
120 Zi, Ez: 140/70-210/105,
Dz: 190/95-310/156, 2 Suiten, ⇨ WC ⊘, 25 🛏,
Lift, Ⓟ, 🏠, 5🍴60, ≋, ⌂, Fitnessraum, Kegeln,
Sauna, Solarium, 4 Tennis
geschl.: 21-25.12.00
Auch Zimmer der Kategorie ★★ vorhanden.

🍴🍴 Hauptgericht 30/15, Terrasse,
Biergarten, geschl.: 21-25.12.00

🍴🍴 **Kachlofe & Ofestüble**
Manzeller Str. 30, **Tel (0 75 41) 4 16 92**,
Fax 4 38 15, ✉ 88045, DC ED VA
Hauptgericht 25/12, Terrasse, Biergarten,
Gartenlokal, nur abends

Waggershausen (2 km ↖)

★ Traube
Sonnenbergstr. 12, **Tel (0 75 41) 60 60**,
Fax 60 61 69, ✉ 88045, AX DC ED VA
47 Zi, Ez: 90/45-135/67, Dz: 135/67-180/90,
1 Suite, 2 App, ⇨ WC, Lift, Ⓟ, 🏠, 1🍴20,
Kegeln, Sauna, Solarium
Auch einfachere Zimmer vorhanden.
🍴 Hauptgericht 15/7-35/17, Terrasse,
geschl.: Mo mittags

Friedrichshall, Bad   61 ↗

Baden-Württemberg
Kreis Heilbronn
EW 16000
🛈 Tel (0 71 36) 83 20, Fax 8 32 88
Stadtverwaltung
✉ 74177 Friedrichshaller Str. 35

Jagstfeld (2,5 km ↑)

🍴🍴 **Zur Sonne**   ✚
Deutschordenstr. 16, **Tel (0 71 36) 9 56 10**,
Fax 95 61 11, ✉ 74177, AX ED VA
Hauptgericht 28/14, Terrasse, Ⓟ

★ ▪▪▪▪▪ §, 13 Zi, Ez: 98/49, Dz: 162/81, ⇨ WC
⊘, 2 🛏, 🏠, 2🍴60, Golf

Kochendorf (1 km ↓)

★★ Schloß Lehen   ♛
    European Castle
Hauptstr. 2, **Tel (0 71 36) 9 89 70**,
Fax 98 97 20, ✉ 74177, AX ED VA
25 Zi, Ez: 90/45-180/90, Dz: 165/83-280/141,
⇨ WC ⊘, Lift, Ⓟ, 3🍴10

🍴🍴🍴 **Lehenstube**   🍷
Hauptgericht 42/21, geschl.: so+feiertags, Mo

🍴🍴 **Rittersaal**
Hauptgericht 30/15, Terrasse

Friedrichstadt   9 ▫

Schleswig-Holstein
Kreis Nordfriesland
EW 2600
🛈 Tel (0 48 81) 9 39 30, Fax 70 93
Tourist-Information
✉ 25840 Am Markt 9

★★ Ringhotel Aquarium
Am Mittelburgwall 4, **Tel (0 48 81) 9 30 50**,
Fax 70 64, ✉ 25840, AX DC ED VA, Ⓢ
38 Zi, Ez: 125/62-140/70, Dz: 175/88-216/108,
⇨ WC ⊘, 3 🛏, Ⓟ, 5🍴170, ⌂, Sauna, Solarium

315

Friedrichstadt

¶ **Aquarium**
Hauptgericht 30/15, Terrasse

Friesenheim 67 ↑

Baden-Württemberg / Ortenaukreis
EW 12380
ℹ Tel (0 78 21) 6 33 70, Fax 63 37 59
Bürgermeisteramt
✉ 77948 Friesenheimer Hauptstr. 71-73

Weinbauort am Schwarzwald. Sehenswert: Freilichtmuseum: römische Straßenstation.

⊨ **Krone**
Kronenstr. 2, Tel (0 78 21) 92 28 30,
Fax 92 28 59, ✉ 77948, ED VA
31 Zi, Ez: 65/32-75/37, Dz: 106/53-120/60, ⌐
WC ⊘, **P**, 2⇨80, Kegeln, Restaurant

Oberweier (1 km →)

** **Mühlenhof**
Hauptstr. 33, Tel (0 78 21) 63 20, Fax 63 21 53,
✉ 77948, AX ED VA
32 Zi, Ez: 60/30-80/40, Dz: 100/50-140/70, ⌐
WC ⊘, Lift, **P**, 🈁
Auch Zimmer der Kategorie ✱ vorhanden.
¶ ¶ Hauptgericht 25/12, Terrasse ✢
geschl.: Di, 8.-30.1.01, 6.-28.8.01

Friesoythe 16 ✓

Niedersachsen / Kreis Cloppenburg
EW 19600
ℹ Tel (0 44 91) 9 29 30, Fax 92 93 22
Stadt Friesoythe
✉ 26169

Sehenswert: Tierpark Thüle (9 km ↓); Thülsfelder Stausee (12 km ↓); St. Vitus-Kirche; Altenoythe (1 km ↑); Postgeschichtliches Museum.

✱ **Stadt Friesoythe**
Willohstr. 12, Tel (0 44 91) 39 85, Fax 14 65,
✉ 26169
♪, 11 Zi, Ez: 85/42-120/60, Dz: 140/70-160/80,
1 Suite, ⌐ WC ⊘, 2 ⌧, **P**, 🈁, Sauna, garni

Fritzlar 35 ↘

Hessen / Schwalm-Eder-Kreis
EW 15520
ℹ Tel (0 56 22) 98 86 43, Fax 98 86 26
Touristinformation
✉ 34560 Zwischen den Krämen 5

Ungedanken (4,5 km ←)

✱ **Zum Büraberg**
Bahnhofstr. 5, Tel (0 56 22) 99 80,
Fax 99 81 60, ✉ 34560, AX DC ED VA
34 Zi, Ez: 80/40-95/47, Dz: 120/60-140/70, ⌐
WC ⊘ DFÜ, 2 ⌧, **P**, 🈁, 6⇨180, Kegeln,
Restaurant

Fünfstetten 63 □

Bayern / Donau-Ries-Kreis
EW 1390
ℹ Tel (0 90 91) 4 36, Fax 28 16
Gemeindeverwaltung
✉ 86681 Schulberg 6

¶ **Landgasthof zur Sonne**
Marktplatz 13, Tel (0 90 91) 10 14, Fax 38 00,
✉ 86681, ED
Hauptgericht 15/7, **P**, geschl.: Di
⊨ 6 Zi, Ez: 60/30-75/37, Dz: 90/45-110/55,
1 Suite, 1 App, ⌐ WC ⊘, 2 ⌧, 🈁, 2⇨130

Fürstenau 24 ←

Niedersachsen / Kreis Osnabrück
EW 9930
ℹ Tel (0 59 01) 9 32 00, Fax 9 32 12
Stadt Fürstenau
✉ 49584 Schloßplatz 1

✱ **Gasthof Wübbel**
Osnabrücker Str. 56, Tel (0 59 01) 27 89,
Fax 41 55, ✉ 49584, ED
10 Zi, Ez: 60/30, Dz: 120/60, ⌐ WC ⊘, **P**,
1⇨30, Kegeln, Restaurant
geschl.: 10.-31.8.01

⊨ **Stratmann**
Große Str. 29, Tel (0 59 01) 9 39 90,
Fax 93 99 33, ✉ 49584, ED
12 Zi, Ez: 55/27-60/30, Dz: 110/55-120/60, ⌐
WC ⊘, **P**, 🈁, 1⇨50, Restaurant
geschl.: 1.-21.1.01

Fürstenberg 35 ↗

Niedersachsen / Kreis Holzminden
EW 1330
ℹ Tel (0 52 71) 95 69 20, Fax 4 92 74
Tourist-Information
✉ 37699 Am Schloss

✱ **Hubertus**
Derentaler Str. 58, Tel (0 52 71) 59 11,
Fax 56 52, ✉ 37699, AX DC ED VA
♪ ⚑, 24 Zi, Ez: 75/37-85/42, Dz: 140/70, 1 Suite,
⌐ WC ⊘, **P**, Kegeln, Restaurant

Fürstenberg siehe Lichtenfels/Hessen

Fürstenfeldbruck 71 ↑

Bayern
EW 32000
ℹ Tel (0 81 41) 2 81 07, Fax 2 83 44
Verkehrsamt
✉ 82256 Hauptstr. 31

✱ Post
Hauptstr. 7, Tel (0 81 41) 3 14 20, Fax 1 67 55,
✉ 82256, AX DC ED VA
⊕, 40 Zi, Ez: 130/65, Dz: 150/75-200/100, ⌐
WC ⊘, 14 ⇖, Lift, **P**, 🛆, 1⥁50, Restaurant
geschl.: 23.12.00-6.1.01

Fürstenwalde 31 ←

Brandenburg / Landkreis Oder-Spree
EW 34000
ℹ Tel (0 33 61) 55 70, Fax 55 71 89
Stadtverwaltung
✉ 15517 Am Markt 4-6

✱✱ Kaiserhof
Eisenbahnstr. 144 / Friedrich Engels Str. 1 A,
Tel (0 33 61) 55 00, Fax 55 01 75, ✉ 15517, AX
DC ED VA
71 Zi, Ez: 140/70, Dz: 170/85-190/95, ⌐ WC ⊘
DFÜ, Lift, 🛆, 5⥁100

🍴🍴 Voltaire
Hauptgericht 32/16, Biergarten, **P**

✱ Zille-Stuben
Schlosstr. 26, Tel (0 33 61) 5 77 25,
Fax 5 77 26, ✉ 15517, AX
13 Zi, Ez: 80/40-110/55, Dz: 130/65-145/73, ⌐
WC ⊘, 1⥁0, Restaurant

Fürstenzell 66 ↓

Bayern / Kreis Passau (Land)
EW 7498
ℹ Tel (0 85 02) 80 20
Gemeindeverwaltung
✉ 94081 Marienplatz 7

Altenmarkt (5 km ↗)

✱ Platte
Altenmarkt 69-1 / 2, Tel (0 85 02) 2 00,
Fax 52 00, ✉ 94081
♪ ⚡, 17 Zi, Ez: 60/30-70/35, Dz: 95/47-105/52,
⌐ WC ⊘, **P**, 🛆, 1⥁40, Restaurant
geschl.: Di, Mitte Jan-Mitte Feb

Fürth 57 ✓

Bayern
EW 110000
ℹ Tel (09 11) 7 40 66 15, Fax 7 40 66 17
Tourist-Information
✉ 90762 Maxstr. 42
Cityplan siehe Seite 318

✱✱✱ Pyramide
Europaallee 1, Tel (09 11) 9 71 00,
Fax 9 71 01 11, ✉ 90763, AX DC ED VA
92 Zi, Ez: 197/99-257/129,
Dz: 219/110-279/140, 9 Suiten, ⌐ WC ⊘, 16 ⇖,
Lift, **P**, 🛆, 8⥁550, Fitnessraum, Sauna,
Solarium, Golf
41 Meter hoher Glaspyramidenbau. Auch
Zimmer der Kategorie ✱✱ vorhanden.
🍴🍴 Hauptgericht 11/5, Terrasse

✱✱✱ Astron Suite-Hotel
Königstr. 140 (C3), Tel (09 11) 7 40 40,
Fax 7 40 44 00, ✉ 90762, AX DC ED VA, Ⓢ
118 Zi, Ez: 163/82-303/152,
Dz: 188/94-357/179, 118 Suiten, ⌐ WC ⊘ DFÜ,
32 ⇖, Lift, 🛆, Sauna, Solarium

✱✱ Hotel am Forum
Förstermühle 2, Tel (09 11) 7 59 99 99,
Fax 7 59 99 91, ✉ 90762, AX DC ED VA
48 Zi, Ez: 130/65, Dz: 185/93, 2 Suiten, 11 App,
⌐ WC ⊘, 24 ⇖, Lift, **P**, 🛆, 3⥁40, Sauna,
Solarium, Restaurant
Langzeitvermietung möglich.

✱✱ Park-Hotel
Rudolf-Breitscheid-Str. 15 (B 3),
Tel (09 11) 77 66 66, Fax 7 49 90 64, ✉ 90762,
AX DC ED VA
70 Zi, Ez: 128/64-178/89, Dz: 158/79-248/124,
6 Suiten, ⌐ WC ⊘, 20 ⇖, Lift, **P**, 🛆, 5⥁80

✱ Bavaria mit Gästehaus
Nürnberger Str. 54 (C 3), Tel (09 11) 77 49 41,
Fax 74 80 15, ✉ 90762, AX DC ED VA
52 Zi, Ez: 80/40-155/78, Dz: 120/60-195/98,
2 Suiten, 2 App, ⌐ WC ⊘ DFÜ, 8 ⇖, Lift, **P**,
1⥁20, 🛆, Sauna, Solarium, Restaurant
Auch Zimmer der Kategorie ✱✱ vorhanden.

🍴🍴 Kupferpfanne
Königstr. 85, Tel (09 11) 77 12 77,
Fax 77 76 37, ✉ 90762, AX ED VA
Hauptgericht 40/20, geschl.: so+feiertags

🍴🍴 Restaurant-Brasserie Baumann
Schwabacher Str. 131, Tel (09 11) 77 76 50,
Fax 74 68 59, ✉ 90763, AX DC ED VA
Hauptgericht 24/12-45/22, Terrasse, **P**, 🛏,
geschl.: Sa mittags, So, Mo, 25.7.-25.8.01

Fürth

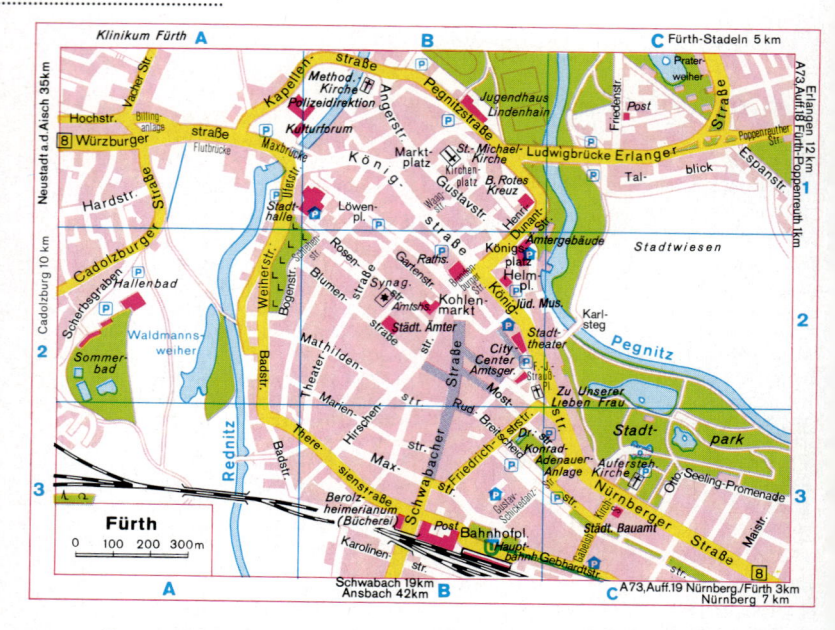

🍴🍴 Taverna Romana
Schwabacher Str. 113, Tel **(09 11) 77 21 26**,
Fax **77 21 26**, ✉ 90763, AX ED VA
Hauptgericht 36/18, Terrasse, geschl.: So,
13.-26.8.01

🍴 Minneci Ristorante La Palma
Karlstr. 22-24, Tel **(09 11) 74 75 00**,
Fax **7 41 88 30**, ✉ 90763, AX DC ED VA
Hauptgericht 24/12-35/17, P, geschl.: Mo

Appartementhotels/Boardinghäuser

O'Haras Family Lodge
Kaiserstr. 120, Tel **(09 11) 7 87 02 75**,
Fax **70 68 82**, ✉ 90763, AX ED VA
30 Zi, Ez: 95/47-285/143, Dz: 130/65-300/151,
⌐ WC ⊘, Lift, P, 🛎, Restaurant
Zimmer der Kategorie ⋆⋆ vorhanden.

Werners Appartement Hotel
Friedrichstr. 20-22 (B 3), Tel **(09 11) 74 05 60**,
Fax **7 40 56 30**, ✉ 90762, AX DC ED VA
30 Zi, Ez: 99/49-148/74, Dz: 150/75-159/80,
2 Suiten, ⌐ WC ⊘, 🛎
Zimmer der Kategorie ⋆ vorhanden.

Werners Bistro
Hauptgericht 10/5-33/16, P, nur abends,
geschl.: So

Dambach (2 km ↗)

⋆⋆⋆ Astron Hotel Forsthaus
Zum Vogelsang 20, Tel **(09 11) 77 98 80**,
Fax **72 08 85**, ✉ 90768, AX DC ED VA, S
113 Zi, Ez: 233/117-418/210,
Dz: 256/128-411/207, ⌐ WC ⊘, Lift, P,
8⊃250, 🛎, Sauna, Solarium, Golf
Auch Zimmer der Kategorie ⋆⋆ vorhanden.
🍴🍴🍴 Hauptgericht 30/15-50/25

Unterfarrnbach

⋆ Am Europakanal
Unterfarrnbacher Str. 222, Tel **(09 11) 97 37 20**,
Fax **9 73 72 15**, ✉ 90766
35 Zi, Ez: 115/57-135/67, Dz: 145/73-185/93,
⌐ WC ⊘
Im Gästehaus individuelle Zimmer der
Kategorie ⋆⋆ vorhanden. Langzeitvermietung
möglich.

Füssen   70 ↘
Bayern / Kreis Allgäu
EW 16400
ℹ Tel (0 83 62) 9 38 50, Fax 93 85 20
Füssen Tourismus
✉ 87629 Kaiser-Maximilian-Platz 1

Füssen

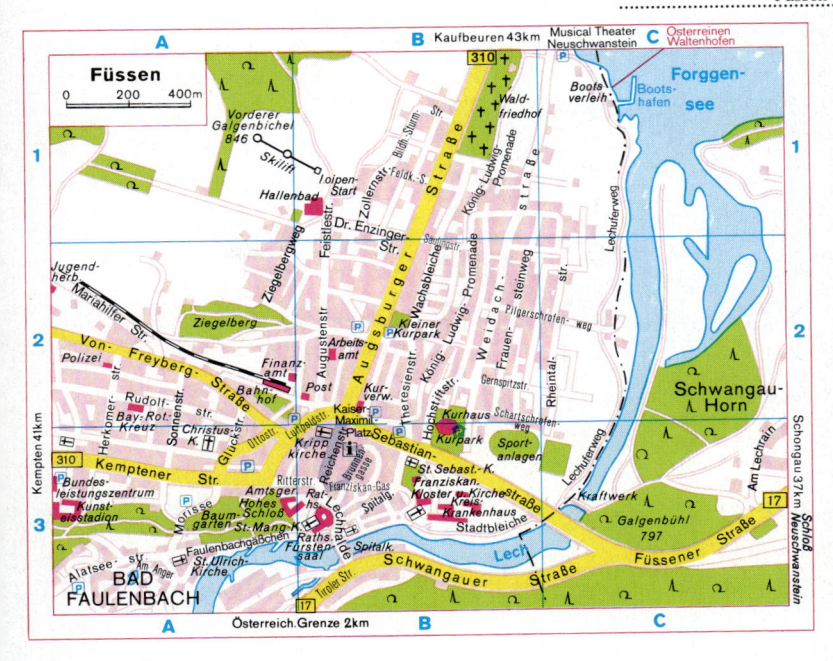

Heilbad; sehenswert: Kirche und ehem. Kloster St. Mang, Stadtmuseum, Staatsgalerie, hist. Altstadt; Neuschwanstein 5 km entfernt; Musical Ludwig II..

⭑⭑⭑ Treff Hotel Luitpoldpark
Luitpoldstr., Tel (0 83 62) 90 40, Fax 90 46 78, ✉ 87629, AX DC ED VA, Ⓢ
131 Zi, Ez: 169/85-234/117,
Dz: 278/140-358/180, ⌐ WC Ⓒ, Lift, 🕿,
5⌂154, Sauna, Solarium

🍴🍴 Kurfürst von Bayern
Hauptgericht 33/16, Terrasse, Ⓟ

⭑⭑ Landhaus Sommer Minotel
Weidachstr. 74, Tel (0 83 62) 9 14 70, Fax 91 47 14, ✉ 87629, ED VA, Ⓢ
🛏, 60 Zi, Ez: 130/65-189/95,
Dz: 218/109-290/146, 10 Suiten, ⌐ WC Ⓒ DFÜ, Lift, Ⓟ, 🕿, 1⌂25, ≋, 🏊, Sauna, Solarium, Restaurant

⭑ Kur-Café Hotel Allgäu
Bahnhofstr. 4, Tel (0 83 62) 63 69, Fax 3 94 24, ✉ 87629, AX ED VA
18 Zi, Ez: 99/49-229/115, Dz: 145/73-229/115,
1 Suite, 5 App., ⌐ WC Ⓒ, 4 🚭, Ⓟ, 🕿, 1⌂20, Sauna, Solarium
geschl.: 8.-28.1.01
Auch Zimmer der Kategorie ⭑⭑ vorhanden.
☕ Terrasse, geschl.: 8.-28.1.01

⭑ Hirsch
Kaiser-Maximilian-Platz 7 (B 2-3),
Tel (0 83 62) 9 39 80, Fax 93 98 77, ✉ 87629, AX DC ED VA

Füssen

48 Zi, Ez: 95/47-150/75, Dz: 140/70-220/110, ⌂ WC ⌀, 10 ⌁, **P**, ⌂, 1⌂35, Restaurant
Rezeption: 6.30-22

* **Christine**
Weidachstr. 31 (B 2), **Tel (0 83 62) 72 29**,
Fax 94 05 54, ⌧ 87629
⌁, 13 Zi, Ez: 130/65-180/90,
Dz: 170/85-250/125, ⌂ WC ⌀, **P**, ⌂,
Restaurant
geschl.: 15.1.-15.2.01

* **Fürstenhof**
Kemptener Str. 23 (A 3), **Tel (0 83 62) 9 14 80**,
Fax 3 90 48, AX ED VA
15 Zi, Ez: 68/34-85/42, Dz: 110/55-130/65, ⌂
WC ⌀, **P**, garni

Faulenbach, Bad (1 km ⌁)

** **Parkhotel**
Fischhausweg 5 (A 3), **Tel (0 83 62) 9 19 80**,
Fax 91 98 49, ⌧ 87629, DC ED VA
⌁, 21 Zi, Ez: 98/49, Dz: 158/79-190/95,
2 Suiten, 2 App., ⌂ WC ⌀, Lift, **P**, 1⌂40,
Sauna, Solarium, Restaurant

* **Kur- und Ferienhotel Berger**
Alatseestr. 26 (A 3), **Tel (0 83 62) 9 13 30**,
Fax 91 33 99, ⌧ 87629, AX DC ED VA
⌁ ⌁, 35 Zi, Ez: 56/28-130/65,
Dz: 112/56-170/85, ⌂ WC ⌀, Lift, **P**, ⌂, Sauna,
Solarium, Restaurant
geschl.: 1.11.-19.12.00

⫶⫶ **Alpen-Schlößle** ✚
Alatseestr. 28, **Tel (0 83 62) 40 17**, Fax 3 98 47,
⌧ 87629, ED
Hauptgericht 29/14, Terrasse, **P**, geschl.: Di
** ⌁, 11 Zi, Ez: 75/37-98/49,
Dz: 160/80-170/85, ⌂ WC ⌀

Hopfen am See (5 km ↑)

** **Alpenblick Hotel**
Uferstr. 10, **Tel (0 83 62) 5 05 70**, Fax 50 57 73,
⌧ 87629, AX DC ED VA

⌁, 60 Zi, Ez: 99/49-220/110,
Dz: 150/75-260/130, 6 Suiten, 18 App., ⌂ WC,
1 ⌁, Lift, **P**, ⌂, Seezugang, Sauna, Solarium,
Restaurant
Auch Zimmer der Kategorie *** vorhanden.

** **Geiger**
Uferstr. 18, **Tel (0 83 62) 70 74**, Fax 3 88 38,
⌧ 87629, ED VA
⌁, 23 Zi, Ez: 60/30-120/60, Dz: 130/65-210/105,
13 Suiten, ⌂ WC ⌀, **P**, Restaurant
geschl.: 6.11.-15.12.00

Weißensee (6 km ←)

** **Bergruh**
Alte Steige 16, **Tel (0 83 62) 90 20**,
Fax 9 02 12, ⌧ 87629, ED VA
⌁, 29 Zi, Ez: 74/37-98/49, Dz: 156/78-220/110,
5 Suiten, ⌂ WC ⌀, Lift, **P**, ⌂, Fitnessraum,
Sauna, Solarium, Restaurant

Füssing, Bad 66 ↓

Bayern / Kreis Passau
EW 7500
H Tel (0 85 31) 97 55 44, Fax 2 13 67
Kurverwaltung
⌧ 94072 Rathausstr. 8

Thermal-Mineralheilbad; Sehenswert: Wallfahrtskirche in Aigen (7 km ⌁).

*** **Kurhotel Wittelsbach**
Beethovenstr. 8, **Tel (0 85 31) 9 52 01**,
Fax 2 22 56, ⌧ 94072, AX ED VA
66 Zi, Ez: 150/75-180/90, Dz: 260/130,
3 Suiten, ⌂ WC ⌀, Lift, **P**, ⌂, ⌁, ⌂,
Fitnessraum, Sauna, Solarium, Golf, Restaurant
geschl.: 2.-26.12.00

*** **Kurhotel Holzapfel**
Thermalbadstr. 5, **Tel (0 85 31) 95 70**,
Fax 95 72 80, ⌧ 94072, ED
76 Zi, Ez: 124/62-150/75, Dz: 224/112-252/126,
3 Suiten, ⌂ WC ⌀, Lift, **P**, 1⌂30, ⌁, ⌂,
Fitnessraum, Sauna, Solarium
geschl.: 1.-20.12.00, 10.-31.1.01
Auch Zimmer der Kategorie ** vorhanden.
Direkter Zugang zur Therme 1.
⫶⫶ Hauptgericht 13/6-46/23, Terrasse,
geschl.: 1.-20.12.00, 10.-31.1.01

** **Mürz**
Birkenallee 9, **Tel (0 85 31) 95 80**, Fax 2 98 76,
⌧ 94072, AX ED VA
⌁, 60 Zi, Ez: 115/57-185/93,
Dz: 240/120-320/161, 5 Suiten, ⌂ WC ⌀, Lift,
P, ⌂, Sauna, Solarium, Restaurant
geschl.: 6.11.-25.12.00

★★ Park-Hotel
Waldstr. 16, Tel (0 85 31) 92 80, Fax 20 61, ✉ 94072
♪, 95 Zi, Ez: 98/49-150/75,
Dz: 210/105-300/151, ⊣ WC ⊘, Lift, 🅿, 1⇨80,
≋, ≙, Fitnessraum, Solarium
Auch Zimmer der Kategorie ★★★ vorhanden.

¶¶ Toskana
Hauptgericht 11/5-26/13

★★ Kurhotel Zink
Thermalbadstr. 1, Tel (0 85 31) 92 70,
Fax 92 76 99, ✉ 94072
103 Zi, Dz: 260/130-330/166, 12 Suiten, ⊣ WC
⊘ DFÜ, Lift, 🅿, ☎, 3⇨15, ≋, ≙, Solarium,
Restaurant
Preise inkl. Vollpension.

★★ Promenade
Kurallee 20, Tel (0 85 31) 94 40, Fax 29 58 00,
✉ 94072
22 Zi, Ez: 82/41-120/60, Dz: 164/82, ⊣ WC ⊘,
Lift, ☎, garni
Auch Zimmer der Kategorie ★★★ vorhanden.

★★ Kurhotel Sonnenhof
Schillerstr. 4, Tel (0 85 31) 2 26 40,
Fax 2 26 42 07, ✉ 94072, ED VA
96 Zi, Ez: 120/60-142/71, Dz: 216/108-222/111,
3 Suiten, ⊣ WC ⊘, 10 ⇐, Lift, 🅿, ☎, ≋, ≙,
Fitnessraum, Sauna, Solarium, Restaurant
geschl.: 22.11.00-11.1.01

★ Thermen- u. Casinohotel Frechdachs
Paracelsusstr. 5, Tel (0 85 31) 94 20,
Fax 94 25 00, ✉ 94072
122 Zi, Ez: 79/39-94/47, Dz: 158/79-178/89,
2 App, ⊣ WC ⊘, 4 ⇐, Lift, 🅿, ☎, 1⇨180,
Fitnessraum, Restaurant
Auch Zimmer der Kategorie ★★ vorhanden.
Direkter Zugang zur Europa Therme.

★ Bayerischer Hof
Kurallee 18, Tel (0 85 31) 95 66, Fax 95 68 00,
✉ 94072, AX DC ED VA
59 Zi, Ez: 113/56-139/70, Dz: 190/95-218/109,
⊣ WC ⊘, Lift, 🅿, ☎, 1⇨20, ≙, Restaurant
geschl.: 1.12.00-31.1.01

★ Vogelsang
Ludwig-Thoma-Weg 13, Tel (0 85 31) 9 50 50,
Fax 95 05 55, ✉ 94072
21 Zi, Ez: 80/40, Dz: 126/63, 2 App, ⊣ ⊘, Lift,
☎, garni

Appartementhotels/Boardinghäuser

Apollo
Mozartstr. 1, Tel (0 85 31) 95 10, Fax 95 12 32,
✉ 94072, AX ED VA
23 Zi, Ez: 135/67-180/90, Dz: 212/106-290/146,
1 Suite, 81 App, ⊣ WC ⊘, 20 ⇐, Lift, 🅿, ☎, ≋,
≙, Sauna, Solarium, Restaurant
Zimmer der Kategorie ★★.

Kur- und Badehotel Ludwig Thoma
Ludwig-Thoma-Weg 23, Tel (0 85 31) 22 80,
Fax 22 81 07, ✉ 94072, AX ED VA
15 Suiten, 77 App, ⊣ WC ⊘, Lift, 🅿, ☎, ≙,
Fitnessraum, Sauna, Solarium, Restaurant
Zimmer der Kategorie ★★.

Riedenburg (1 km ↘)

★ Zur Post
Inntalstr. 36, Tel (0 85 31) 2 90 90,
Fax 2 90 92 27, ✉ 94072
56 Zi, Ez: 67/33-71/35, Dz: 108/54-154/77, ⊣
WC ⊘, 30 ⇐, Lift, 🅿, Restaurant
geschl.: Do, 20.11.-26.12.00
Auch Zimmer der Kategorie ★★ vorhanden.

Safferstetten (1,5 km ↓)

★★ Kurhotel Am Mühlbach
Bachstr. 15, Tel (0 85 31) 27 80, Fax 27 84 27,
✉ 94072
61 Zi, Ez: 70/35-155/78, Dz: 170/85-290/146,
2 Suiten, ⊣ WC ⊘, Lift, 🅿, ☎, 1⇨60, ≋, ≙,
Sauna, Solarium, Restaurant
geschl.: 26.11.-22.12.00
Auch Zimmer der Kategorie ★★★ vorhanden.

Fulda 46 ◻

Hessen
EW 62760
🛈 Tel (06 61) 1 02 18 13, Fax 1 02 28 11
Tourismusverband
✉ 36037 Schlosstr. 1
Cityplan siehe Seite 322

Sehenswert: Barockviertel; Altstadt; Fußgängerzone; Dom; Stadtschloss; Orangerie; Michaelskirche; Dommuseum; Feuerwehr-Museum; Vonderau Museum; Umweltzentrum; Museum Schloss Fasanerie.

★★★ Romantik Hotel Goldener Karpfen
Simpliziusbrunnen 1 (B 4), Tel (06 61) 8 68 00,
Fax 8 68 01 00, ✉ 36037, AX DC ED VA

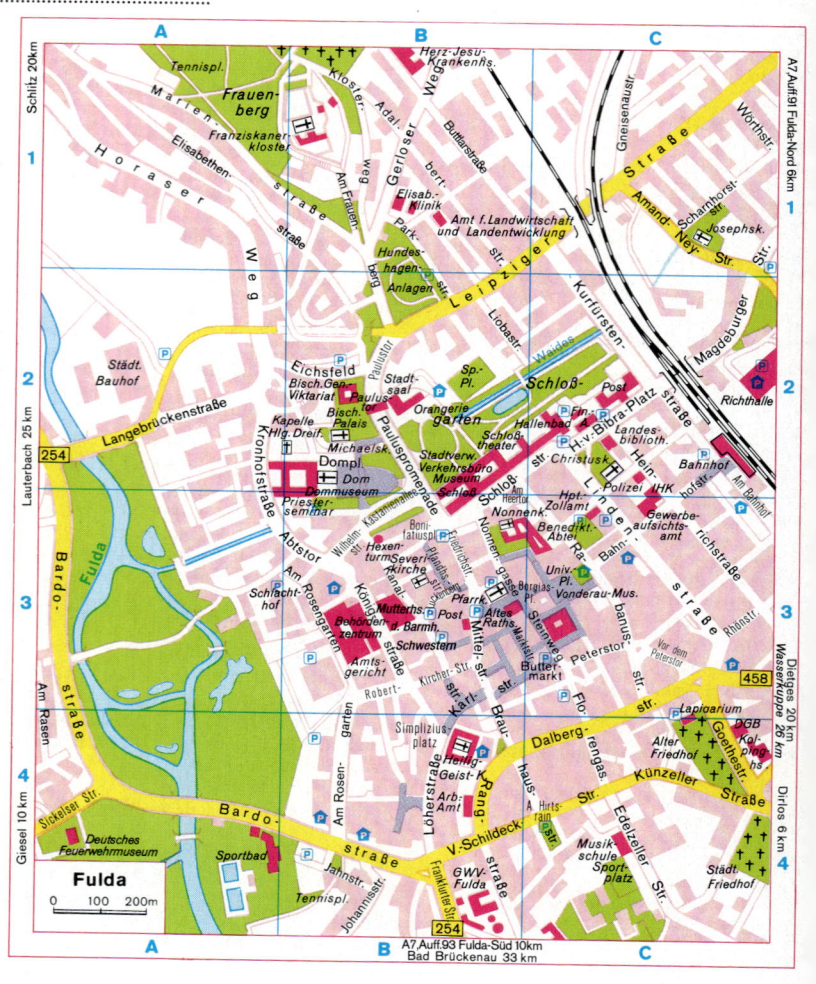

45 Zi, Ez: 180/90-300/151,
Dz: 280/141-350/176, 5 Suiten, ⌐ WC Ⓒ DFÜ,
20 ⇔, Lift, Ⓟ, ☎, 5⇔80, Sauna, Solarium
Auch Zimmer der Kategorie ** vorhanden.
🍴🍴 ▓▓▓▓ Hauptgericht 29/14, Terrasse

*** ▓▓▓▓ Holiday Inn
Lindenstr. 45 (C 3), Tel (06 61) 8 33 00,
Fax 8 33 05 55, ✉ 36037, AX DC ED VA
134 Zi, Ez: 170/85-198/99, Dz: 160/80-240/120,
4 Suiten, ⌐ WC Ⓒ, 67 ⇔, Lift, ☎, 14⇔160,
Sauna, Solarium, Restaurant

*** ▓▓▓▓ Maritim Am Schloßgarten
Pauluspromenade 2 (B 2), Tel (06 61) 28 20,
Fax 28 24 99, ✉ 36037, AX DC ED VA, Ⓢ
☾, 113 Zi, Ez: 205/103-271/136,
Dz: 280/141-340/171, 2 Suiten, ⌐ WC Ⓒ DFÜ,
11 ⇔, Lift, ☎, 13⇔756, ☎, Sauna, Solarium
🍴🍴 ▓▓▓▓ Dianakeller
Tel 28 22 19
Hauptgericht 26/13, Terrasse, Kegeln

** ▓▓▓▓ Kurfürst
Schlosstr. 2, Tel (06 61) 8 33 90,
Fax 8 33 93 39, ✉ 36037, AX DC ED VA

22 Zi, Ez: 150/75-195/98, Dz: 260/130, ⌐ WC ⌀ DFÜ, 14 🛏, Lift, **P**, 5🍴70
🍴🍴 Hauptgericht 25/12-45/22, Terrasse

** Zum Ritter
Kanalstr. 18 (B 3), Tel (06 61) 25 08 00,
Fax 7 14 31, ✉ 36037, AX DC ED VA
33 Zi, Ez: 149/75-179/90, Dz: 189/95-249/125,
2 Suiten, ⌐ WC ⌀, 17 🛏, Lift, **P**, 🐕, 4🍴50
🍴🍴 ✦, Hauptgericht 25/12, Terrasse

** Am Dom
Wiesenmühlenstr. 6 (A 3), Tel (06 61) 9 79 80,
Fax 9 79 85 00, ✉ 36037, AX ED VA
45 Zi, Ez: 120/60-140/70, Dz: 170/85-180/90,
⌐ WC ⌀ DFÜ, 15 🛏, Lift, **P**, 2🍴2, garni
geschl.: 23.12.00-2.1.01

** Bachmühle
Künzeller Str. 133, Tel (06 61) 9 37 90,
Fax 9 37 93 79, ✉ 36043, AX DC ED VA
50 Zi, Ez: 80/40-170/85, Dz: 140/70-170/85, ⌐
WC ⌀, Lift, **P**, 2🍴120
Im Stammhaus Zimmer der Kategorie ✱ vorhanden.
🍴🍴 Hauptgericht 19/9-50/25

** Lenz
Leipziger Str. 122 (C 1), Tel (06 61) 6 20 40,
Fax 6 20 44 00, ✉ 36037, AX DC ED VA
51 Zi, Ez: 124/62-140/70, Dz: 190/95-240/120,
1 App, ⌐ WC ⌀ DFÜ, 7 🛏, Lift, **P**, 3🍴40,
Sauna, Solarium, Golf, Restaurant
Auch Zimmer der Kategorie ✱ vorhanden.

✱ Am Rosenbad
Johannisstr. 5 (B4), Tel (06 61) 92 82 60,
Fax 9 28 26 48, ✉ 36041, DC ED VA
18 Zi, Ez: 115/57-135/67, Dz: 166/83-188/94,
2 App, ⌐ WC ⌀, **P**, 1🍴14, Restaurant
geschl.: 22.12.00-2.1.01

✱ Wiesen-Mühle
Wiesenmühlenstr. 13 (A 3),
Tel (06 61) 92 86 80, Fax 9 28 68 39, ✉ 36037,
AX ED VA
♪, 26 Zi, Ez: 55/27-110/55, Dz: 145/73-165/83,
⌐ WC ⌀ DFÜ, 2 🛏, **P**, 3🍴80, Restaurant

✱ Hessischer Hof
Nikolausstr. 22 (C 3), Tel (06 61) 7 80 11,
Fax 7 22 89, ✉ 36037, AX ED VA
27 Zi, Ez: 90/45-115/57, Dz: 125/62-150/75, ⌐
WC ⌀, 6 🛏, 🐕, garni

✱ Kolpinghaus
Goethestr. 13 (C 4), Tel (06 61) 8 65 00,
Fax 8 65 01 11, ✉ 36043, AX DC ED VA

55 Zi, Ez: 109/54-125/62, Dz: 170/85-195/98,
⌐ WC ⌀, 6 🛏, Lift, **P**, 8🍴350, Fitnessraum, Kegeln

🍴 Prälat
Hauptgericht 25/12-40/20, Terrasse

✱ Peterchens Mondfahrt
Rabanusstr. 7 (C 3), Tel (06 61) 90 23 50,
Fax 9 02 35 44, ✉ 36037, AX DC ED VA
26 Zi, Ez: 89/44-125/62, Dz: 116/58-180/90, ⌐
WC ⌀ DFÜ, 12 🛏, Lift, **P**, 2🍴20, garni

Weinstube Dachsbau ✝
Pfandhausstr. 8, Tel (06 61) 7 41 12,
Fax 7 41 10, ✉ 36037, ED VA
✦, Hauptgericht 40/20, Terrasse, geschl.: Mo
Älteste Weinstube Fuldas.

☕ Café Thiele
Mittelstr. 2, Tel (06 61) 7 27 74, Fax 7 27 74,
✉ 36037
Terrasse
Spezialität: Creme Giovanni.

Kämmerzell (6 km ↖)

🍴 Zum Stiftskämmerer
Kämmerzeller Str. 10, Tel (06 61) 5 23 69,
Fax 5 95 45, ✉ 36041, AX DC ED VA
Hauptgericht 30/15, **P**, geschl.: Di, 2 Wochen im Sommer

Trätzhof (3 km ↖)

✱ Am Trätzhof
Trätzhofstr. 23, Tel (06 61) 95 32 20,
Fax 95 32 21 44, ✉ 36041, ED VA
37 Zi, Ez: 65/32-95/47, Dz: 105/52, ⌐ WC ⌀,
P, 🐕, 2🍴90, Restaurant
geschl.: So, 23.12.00-14.1.01

Furth 65 ✓

Bayern / Kreis Landshut
EW 3000
🛈 Tel (0 87 04) 9 11 90, Fax 82 40
Gemeinde Furth
✉ 84095 Landshuter Str. 12

Linden (2km ↘)

✱ Landgasthof Linden
Linden 8, über B 299, Tel (0 87 04) 9 21 20,
Fax 92 12 60, ✉ 84095, ED VA
♪ ✦, 46 Zi, Ez: 78/39-88/44, Dz: 135/67, ⌐ WC ⌀ DFÜ, 7 🛏, **P**, 2🍴60, Restaurant
geschl.: Fr

Furth i. Wald 59 ↘

Bayern / Kreis Cham
EW 9500
🛈 Tel (0 99 73) 5 09 80, Fax 5 09 85
Tourist-Information
✉ 93437 Schloßplatz 1

Erholungsort im Bayerischen Wald, Grenzübergang zu Tschechien. Sehenswert: Leonhardi-Ritt (Ostermontag); Drachenstich (August); mod. Tagungszentrum; Further Musiksommer; Freilicht-Theater f. Kinder.

✱ Hohenbogen
Bahnhofstr. 25, Tel **(0 99 73)** 15 09, Fax 15 02, ✉ 93437
38 Zi, Ez: 54/27-59/29, Dz: 108/54-118/59, 1 Suite, 1 App, ⌐ WC ⦵, Lift, **P**, 3↻180, Restaurant

Furtwangen 67 →

Baden-Württemberg
Schwarzwald-Baar-Kreis
EW 10000
🛈 Tel (0 77 23) 93 91 11, Fax 93 91 99
Tourist-Information
✉ 78120 Marktplatz 4

✱ Zum Ochsen
Marktplatz 9, Tel **(0 77 23)** 9 31 16, Fax 93 11 55, ✉ 78120, ED VA
34 Zi, Ez: 72/36-82/41, Dz: 112/56-135/67, ⌐ WC ⦵, **P**, 🍴, Sauna
Auch Zimmer der Kategorie ✱✱ vorhanden.
🍴 Hauptgericht 25/12, Terrasse, geschl.: Fr, 10-25.11.00

Gädebehn 20 ↖

Mecklenburg-Vorpommern
Kreis Parchim
EW 240
🛈 Tel (0 38 63) 5 45 40, Fax 33 35 77
Amt Crivitz
✉ 19089 Amtsstr. 5

Basthorst (3 km ↗)

✱ Schloß Basthorst
Tel (0 38 63) 22 22 02, Fax 52 55 55, ✉ 19089
einzeln ♩ 🕑, 48 Zi, Ez: 130/65-190/95, Dz: 160/80-190/95, 1 Suite, 1 App, ⌐ WC ⦵ DFÜ, 5 ♿, **P**, 6↻45, Restaurant
Denkmalgeschütztes Ensemble, um 1850 erbaut, 12 ha Park mit Biotop und See.

Gägelow 12 ✓

Mecklenburg-Vorpommern
Kreis Nordwestmecklenburg
EW 2417
🛈 Tel (0 38 41) 6 51 00
Amt Gägelow
✉ 23968 Dorfstraße 10

✱✱ Treff-Hotel Wismar
Bellevuestr. 15, Tel **(0 38 41)** 66 00, Fax 66 05 00, ✉ 23968, AX DC ED VA, Ⓢ
♩, 180 Zi, Ez: 105/52-160/80, Dz: 150/75-180/90, ⌐ WC ⦵, 30 ♿, Lift, **P**, 9↻350, 🍴, Sauna, Solarium, Golf, 2 Tennis, Restaurant

Gärtringen 61 □

Baden-Württemberg
Kreis Böblingen
EW 11062
🛈 Tel (0 70 34) 92 30, Fax 92 32 00
Gemeindeverwaltung
✉ 71116 Rohrweg 2

✱ Kerzenstüble
an der B 14, Tel **(0 70 34)** 9 24 00, Fax 92 40 40, ✉ 71116, AX DC ED VA
28 Zi, Ez: 85/42-125/62, Dz: 115/57-165/83, ⌐ WC ⦵, Lift, **P**, 🍴, 1↻30, Kegeln, Restaurant
geschl.: Mo

✱ Bären
Daimlerstr. 11, Tel **(0 70 34)** 27 60, Fax 27 62 22, ✉ 71116, AX DC ED VA
31 Zi, Ez: 98/49-118/59, Dz: 128/64-168/84, 2 App, ⌐ WC ⦵, 9 ♿, **P**, 🍴, 2↻20, Kegeln, Restaurant
geschl.: 24.12.01-2.1.02

Gäufelden 61 ✓

Baden-Württemberg
Kreis Böblingen
EW 8807
🛈 Tel (0 70 32) 7 80 20, Fax 78 02 11
Gemeindeverwaltung
✉ 71126 Mozartstr. 14

Nebringen (1 km ↑)

✱✱ Tagungs- u. Sporthotel Aramis mit Haus Gäufelden
Siedlerstr. 40-44, Tel **(0 70 32)** 78 10, Fax 78 15 55, ✉ 71126, AX DC ED VA
86 Zi, Ez: 98/49-198/99, Dz: 148/74-198/99, 1 App, ⌐ WC ⦵, 22 ♿, Lift, **P**, 8↻200, Kegeln, Sauna, Solarium

Gammertingen

¶¶ Aramis
Hauptgericht 18/9-40/20, Terrasse,
geschl.: 23.12.00-7.1.01

Gaggenau 60 →

Baden-Württemberg / Kreis Rastatt
EW 30000
🛈 Tel (0 72 25) 7 96 69, Fax 7 96 69
Tourist-Info
✉ 76571 Rathausstr. 11

✱✱✱ Parkhotel
Konrad-Adenauer-Str. 1, Tel (0 72 25) 6 70,
Fax 7 62 05, ✉ 76571, AX DC ED VA
63 Zi, Ez: 140/70-185/93, Dz: 180/90-280/141,
9 Suiten, ⌐ WC ⊘, 6 ⇝, Lift, P, 6⌬220
Auch Zimmer der Kategorie ✱✱ vorhanden.
¶¶ ¶¶ Hauptgericht 16/8-40/20

Michelbach (3 km ↗)

¶¶ ¶¶ Traube
Lindenstr. 10, Tel (0 72 25) 7 62 63,
Fax 7 02 13, ✉ 76571, AX ED VA
⊕, Hauptgericht 32/16-45/22, Terrasse,
Gartenlokal, P

Ottenau (2 km ↘)

¶¶ ¶¶ Gasthaus Adler
Hauptstr. 255, Tel (0 72 25) 91 91 49,
Fax 91 91 49, ✉ 76571
Hauptgericht 20/10-38/19, Terrasse, P,
geschl.: Mo, 3 Wochen im Sommer

Rotenfels, Bad (Heilbad, 2 km ↑)

✱ Ochsen
Murgtalstr. 22, Tel (0 72 25) 9 69 90,
Fax 96 99 50, ✉ 76571, AX ED VA
25 Zi, Ez: 90/45-110/55, Dz: 140/70-160/80, ⌐
WC ⊘ DFÜ, P, ⌂, 1⌬60, Restaurant
geschl.: So

Gaildorf 62 ↑

Baden-Württemberg
Kreis Schwäbisch Hall
EW 12200
🛈 Tel (0 79 71) 25 31 44, Fax 25 31 88
Stadtverwaltung
✉ 74405 Schloss-Str 20

Unterrot (2 km ↓)

¶¶ ¶¶ Gasthof Kocherbähnle
Schönberger Str. 8, Tel (0 79 71) 70 54,
Fax 2 10 88, ✉ 74405, AX DC ED VA
Hauptgericht 12/6-32/16, Terrasse, P,
geschl.: Mo, 3 Wochen im Sommer
✱ 16 Zi, Ez: 70/35-79/39,
Dz: 130/65-150/75, ⌐ WC ⊘, 3 ⇝, ⌂

Gaimersheim 64 □

Bayern / Kreis Eichstätt
EW 10000
🛈 Tel (0 84 58) 3 24 40, Fax 32 44 13
Marktverwaltung
✉ 85080 Marktplatz 3

Gaimersheim-Außerhalb (3 km ↓)

✱✱ Parkhotel Heidehof
Ingolstädter Str. 121, Tel (0 84 58) 6 40,
Fax 6 42 30, ✉ 85080, AX DC ED VA
115 Zi, Ez: 159/80-195/98,
Dz: 205/103-245/123, 5 Suiten, ⌐ WC ⊘, Lift,
P, ⌂, 7⌬150, ▬, ⌒, Fitnessraum, Bowling,
Sauna, Solarium
¶¶ ¶¶ Hauptgericht 18/9-35/17, Terrasse

Gallmersgarten 56 ↘

Bayern
Kreis Neustadt/Aisch-Bad Windsheim
EW 830
🛈 Tel (0 98 43) 9 79 99, Fax 9 79 98
Gemeindeverwaltung
✉ 91605 Brechhausstr. 9, Steinach/Ens

Steinach a.d.Enz

✱ Landgasthof Sämann
Bahnhofstr. 18, Tel (0 98 43) 93 70,
Fax 93 72 22, ✉ 91605, AX ED VA
23 Zi, Ez: 70/35, Dz: 88/44-98/49, 1 Suite, ⌐
WC ⊘ DFÜ, 4 ⇝, Lift, P, ⌂, 3⌬80, Kegeln,
Sauna, Solarium, Restaurant
Auch Zimmer der Kategorie ✱✱ vorhanden.

Gammertingen 69 ↖

Baden-Württemberg
Kreis Sigmaringen
EW 6819
🛈 Tel (0 75 74) 40 60, Fax 4 06 23
Bürgermeisteramt
✉ 72501 Hohenzollernstr. 5

✱ Gästehaus Kreuz
Marktstr. 6, Tel (0 75 74) 9 32 90,
Fax 93 29 20, ✉ 72501, ED VA
20 Zi, Ez: 90/45, Dz: 130/65, ⌐ WC ⊘, P, ⌂,
2⌬200, Kegeln, Restaurant

Ganderkesee 16 ↘

Niedersachsen / Kreis Oldenburg
EW 31400
🛈 Tel (0 42 22) 4 44 12, Fax 4 44 30
Tourist-Information
✉ 27777 Rathausstr. 24

∗ Akzent-Hotel Jägerklause

Neddenhüsen 16, Tel **(0 42 22) 9 30 20**,
Fax 93 02 50, ✉ 27777, AX ED VA
☽, 25 Zi, Ez: 85/42-125/62, Dz: 125/62-170/85,
1 Suite, ⌐ WC ⊘ DFÜ, 8 ↜, **P**, 🚗, 2⟳25,
Restaurant
geschl.: 27.12.00-8.1.01

Hoyerswege (4 km ↘)

¶ Menkens' Restaurant

Wildeshauser Landstr. 66, Tel **(0 42 22) 9 31 00**,
Fax 93 10 55, ✉ 27777, AX DC ED VA
Hauptgericht 19/9-50/25, Gartenlokal, Kegeln,
P, geschl.: Mo mittags

Stenum (6 km ↗)

∗ Backenköhler Landidyll

Dorfring 40, Tel **(0 42 23) 7 30**, Fax 86 04,
✉ 27777, AX ED VA
☽, 48 Zi, Ez: 92/46-120/60, Dz: 140/70-157/79,
⌐ WC ⊘, **P**, 🚗, 6⟳800, Kegeln, Sauna,
Solarium, Restaurant

Gandersheim, Bad 36 ↗

Niedersachsen / Kreis Northeim
EW 12500
🛈 Tel (0 53 82) 7 34 79, Fax 7 34 40
Tourist-Information
✉ 37581 Stiftsfreiheit 12

Heilbad. Sehenswert: Ev. ehem. Stiftskirche und
Abtei; St.-Georgs-Kirche; Rathaus; Burg;
Marktplatz; Klosterkirchen; Kaisersaal; Domfestspiele im Sommer, 🛈 ⊘ (0 53 82) 73448.

∗∗ Kurpark-Hotel Bartels

Dr.-Heinrich-Jasper-Str. 2, Tel **(0 53 82) 7 50**,
Fax 7 51 47, ✉ 37581, ED VA
110 Zi, Ez: 65/32-130/65, Dz: 120/60-180/90, ⌐
WC ⊘, 10 ↜, Lift, **P**, 6⟳80, 🚗, Fitnessraum,
Sauna, Solarium, Restaurant
geschl.: 22.12.00-14.1.01

Ackenhausen (5 km ↗)

∗ Alte Mühle

Am Mühlenteich 1, Tel **(0 53 82) 59 90**,
Fax 55 60, ✉ 37581, ED VA
einzeln, 32 Zi, Ez: 80/40-120/60,
Dz: 120/60-160/80, 1 Suite, ⌐ WC ⊘, **P**,
4⟳30
Einzelreservierungen nur auf Anfrage.

Brunshausen

¶ Klosterkeller

Tel **(0 53 82) 18 22**, Fax 80 69, ✉ 37581
Hauptgericht 19/9-36/18, geschl.: Mi
Restaurant im Gewölbekeller des ehemaligen
Benediktinerklosters Brunshausen aus dem 8.
Jh..

Garbsen 26 ←

Niedersachsen / Kreis Hannover
EW 60910
🛈 Tel (0 51 31) 70 70, Fax 70 77 77
Stadtverwaltung
✉ 30823 Rathausplatz 1

∗ Waldhotel Garbsener Schweiz

Garbsener Schweiz 1-5, Tel **(0 51 37) 8 98 10**,
Fax 1 36 20, ✉ 30823, AX ED VA
58 Zi, Ez: 98/49-245/123, Dz: 150/75-260/130,
1 Suite, ⌐ WC ⊘, 10 ↜, **P**, 🚗, 5⟳90, 🚗,
Kegeln, Sauna, Restaurant
geschl.: 23.12.00-8.1.01
Auch Zimmer der Kategorie ∗∗ vorhanden.

Berenbostel (2 km ↑)

∗∗ Landhaus am See

Seeweg 27, Tel **(0 51 31) 4 68 60**,
Fax 46 86 66, ✉ 30827, AX DC ED VA
einzeln ☽ 🛉, 38 Zi, Ez: 145/73-165/83,
Dz: 165/83-220/110, 1 Suite, ⌐ WC ⊘, **P**,
4⟳0, 🚗, Fitnessraum, Sauna, Solarium
Auch Zimmer der Kategorie ∗ vorhanden.
¶¶ Hauptgericht 26/13-45/22 ✚
Terrasse, Biergarten, geschl.: So

⌂ Abseits

Siemensstr. 19, Tel **(0 51 31) 80 01**,
Fax 46 51 53, ✉ 30827, ED VA
13 Zi, Ez: 70/35-140/70, Dz: 140/70-180/90, ⌐
WC ⊘, **P**, 1⟳60, Restaurant

Frielingen (8 km ↖)

∗∗ Bullerdieck

Bürgermeister-Wehrmann-Str. 21,
Tel **(0 51 31) 45 80**, Fax 45 82 22, ✉ 30826, DC ED VA
54 Zi, Ez: 99/49-160/80, Dz: 140/70-220/110,
3 Suiten, 3 App., ⌐ WC ⊘ DFÜ, 8 ↜, Lift, **P**, 🚗,
3⟳35, Sauna, Solarium
Rezeption: 6.30-22.30
Auch Zimmer der Kategorie ∗∗∗ vorhanden.
¶ Hauptgericht 17/8-37/18, Biergarten

Havelse (2 km ↘)

✶ Wildhage
Hannoversche Str. 45, Tel (0 51 37) 7 03 70,
Fax 70 37 30, ✉ 30823, AX DC ED VA
25 Zi, Ez: 118/59-180/90, Dz: 166/83-240/120,
⌐ WC ✆, P, 🏠, 2⇨80, Kegeln, Sauna,
Solarium

¶¶ Tradition
Hauptgericht 30/15, geschl.: So

Stelingen (6 km ↗)

✶ Hof Münkel
Engelbosteler Str. 51, Tel (0 51 31) 4 69 50,
Fax 46 95 46, ✉ 30827, AX ED VA
♪, 50 Zi, Ez: 100/50-180/90,
Dz: 160/80-250/125, ⌐ WC ✆ DFÜ, P, garni

Garching bei München 72 ↖

Bayern
EW 15560
🛈 Tel (0 89) 32 08 90, Fax 32 08 92 98
Stadtverwaltung
✉ 85748 Rathausplatz 3

Garching

✶✶ Hoyacker Hof
Freisinger Landstr. 9 a, Tel (0 89) 3 26 99 00,
Fax 3 20 72 43, ✉ 85748, ED VA
62 Zi, Ez: 130/65-150/75, Dz: 180/90-220/110,
⌐ WC ✆ DFÜ, 19 🛏, Lift, P, 🏠, garni

✶ Coro
Heideweg 1, Tel (0 89) 3 26 81 60,
Fax 32 68 16 40, ✉ 85748, AX DC ED VA
22 Zi, Ez: 90/45-130/65, Dz: 175/88, ⌐ WC ✆,
Lift, P, garni

✶ König Ludwig II.
Bürgerplatz 3, Tel (0 89) 3 20 50 46,
Fax 3 29 15 10, ✉ 85748, AX DC ED VA
24 Zi, Ez: 115/57-175/88, Dz: 160/80-215/108,
⌐ WC ✆ DFÜ, 2 🛏, Lift, 🏠, 1⇨20, Restaurant
geschl.: 23.12.00-6.1.01

Gardelegen 27 →

Sachsen-Anhalt
Altmarkkreis Salzwedel
EW 13000
🛈 Tel (0 39 07) 4 22 66, Fax 4 22 66
Tourist-Information
✉ 39638 Im Salzwedeler Tor

✶ Reutterhaus
Sandstr. 80, Tel (0 39 07) 8 07 60,
Fax 80 76 46, ✉ 39638, AX ED VA
23 Zi, Ez: 89/44, Dz: 107/53-135/67, ⌐ ✆,
13 🛏, P, 1⇨25, Sauna, Restaurant

Zienau (1 km ↘)

✶ Heide-Hotel
Am Wald 1, Tel (0 39 07) 71 25 94,
Fax 71 25 94, ✉ 39638
15 Zi, Ez: 85/42, Dz: 110/55, 2 Suiten, ⌐ WC ✆,
Restaurant

Garlstorf 18 □

Niedersachsen / Kreis Harburg
EW 950
🛈 Tel (0 41 72) 70 44, Fax 98 02 53
Verkehrsverein
✉ 21376 Egestorfer Landstr. 24

**✶ Niemeyers Heidehof
Flair Hotel**
Winsener Landstr. 4, Tel (0 41 72) 71 27,
Fax 79 31, ✉ 21376, DC ED VA
12 Zi, Ez: 95/47, Dz: 128/64-148/74, 2 Suiten,
1 App, ⌐ WC ✆, 3 🛏, P, 🏠, 1⇨12
geschl.: Do
¶ Hauptgericht 26/13, Terrasse,
geschl.: Do

Garmisch-Partenkirchen 71 ✓

Bayern
EW 26800
🛈 Tel (0 88 21) 18 07 00, Fax 18 07 55
Tourist Information
✉ 82467 Richard-Strauss-Platz 2
Cityplan siehe Seite 328-329

Garmisch

✶✶✶ Grand-Hotel Sonnenbichl
Burgstr. 97 (C 1), Tel (0 88 21) 70 20,
Fax 70 21 31, ✉ 82467, AX DC ED VA, Ⓢ
§, 93 Zi, Ez: 195/98-280/141,
Dz: 250/125-350/176, 3 Suiten, ⌐ WC ✆ DFÜ,
8 🛏, Lift, P, 4⇨120, 🏠, Fitnessraum, Sauna,
Solarium, Golf
Auch Zimmer der Kategorie ✶✶ vorhanden.

¶¶¶ Blauer Salon
Hauptgericht 35/17-45/22, nur abends

✶✶ Zugspitze ♛
Klammstr. 19 (C 1), Tel (0 88 21) 90 10,
Fax 90 13 33, ✉ 82467, AX DC ED VA
§, 48 Zi, Ez: 132/66-222/111,
Dz: 180/90-282/142, 3 Suiten, 3 App, ⌐ WC ✆,

Garmisch-Partenkirchen

14 🎿, Lift, 🏠, 1🛏15, 🧖, Sauna, Solarium, Restaurant
Auch Zimmer der Kategorie ★★★ vorhanden.

★★ Staudacherhof
Höllentalstr. 48 (C 2), Tel **(0 88 21) 92 90**,
Fax 92 93 33, ✉ 82467, [ED] [VA]
🌙 ⚡, 37 Zi, Ez: 85/42-270/135,
Dz: 210/105-320/161, 1 Suite, 1 App, 🚻 ⊘

DFÜ, 2 🎿, Lift, 🅿, 🏠, ≋, 🧖, Sauna, Solarium, Restaurant
geschl.: 13.11.-15.12.00, 19.4.01-5.5.00

★★ Alpina
Alpspitzstr. 12 (C 2), Tel **(0 88 21) 78 30**,
Fax 7 13 74, ✉ 82467, [AX] [DC] [ED] [VA]
69 Zi, Ez: 120/60-190/95, Dz: 150/75-330/166,
1 Suite, 🚻 ⊘, 15 🎿, Lift, 🅿, 🏠, 2🛏28, 🧖,
Sauna, Solarium
🍽🍽 Hauptgericht 30/15

★★ Clausings Posthotel
Marienplatz 12 (C 1), Tel **(0 88 21) 70 90**,
Fax 70 92 05, ✉ 82467, [ED] [VA]
43 Zi, Ez: 100/50-180/90, Dz: 160/80-280/141,
1 Suite, 🚻 ⊘, Lift, 🅿, 2🛏30, Golf
Auch einfachere Zimmer vorhanden.

🍽🍽 Stüberl
🍷, Hauptgericht 25/12-32/16, Terrasse, Biergarten

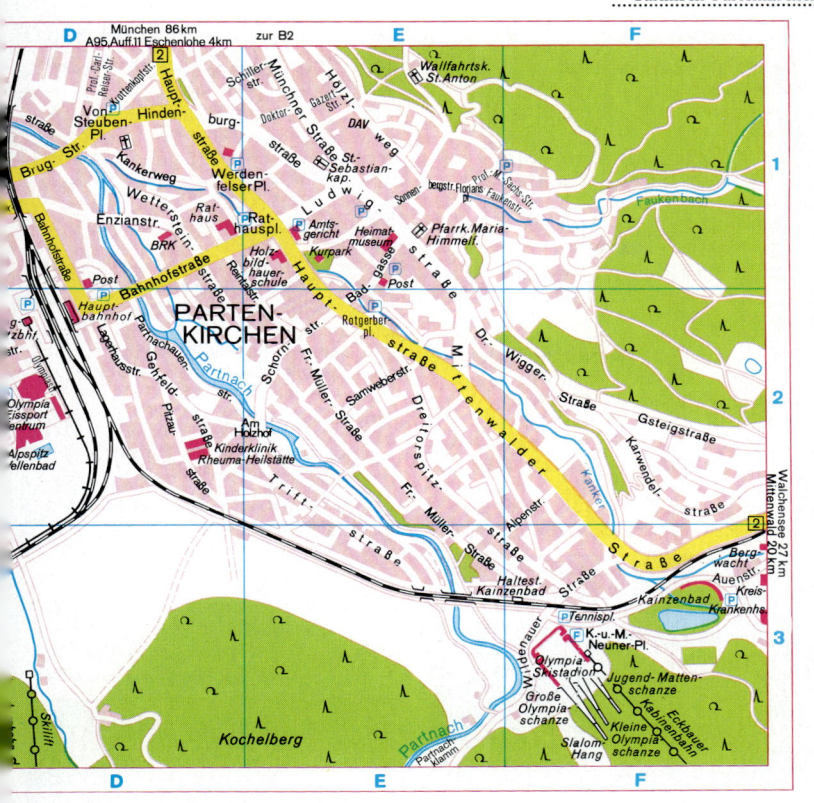

Garmisch-Partenkirchen

★★ ▇▇▇ Edelweiß
Martinswinkelstr. 17, Tel (0 88 21) 24 54,
Fax 48 49, ✉ 82467, ED VA
24 Zi, Ez: 130/65, Dz: 150/75-220/110, 2 Suiten,
⌐ WC ✆, P, 🕿, 1⟶20, Restaurant

★★ ▇▇▇ Obermühle
Mühlstr. 22 (B 2), Tel (0 88 21) 70 40,
Fax 70 41 12, ✉ 82467, AX DC ED VA, ⓢ
87 Zi, Ez: 165/83-270/135,
Dz: 220/110-350/176, 4 Suiten, ⌐ WC ✆, Lift,
🕿, Sauna, Solarium, Restaurant
Auch Zimmer der Kategorie ★ vorhanden.

★ ▇▇▇ Wittelsbacher Hof
Top International Hotel
Von-Brug-Str. 24 (D 1), Tel (0 88 21) 5 30 96,
Fax 5 73 12, ✉ 82467, AX DC ED VA, ⓢ
≋, 60 Zi, Ez: 135/67-235/118,
Dz: 230/115-290/146, ⌐ WC ✆ DFÜ, 30 ⛷, Lift,
P, 🕿, 1⟶40, 🕿, Sauna, Solarium
geschl.: 10.11.-20.12.00

🍴🍴 ▇▇▇ Hauptgericht 34/17-45/22, Terrasse,
geschl.: 10.11.-20.12.00

★ ▇▇▇ Rheinischer Hof
mit Gästehaus Windrose
Zugspitzstr. 76 (A 2), Tel (0 88 21) 91 20,
Fax 5 91 36, ✉ 82467, ED VA
32 Zi, Ez: 120/60-155/78, Dz: 184/92-210/105,
8 Suiten, ⌐ WC ✆ DFÜ, 5 ⛷, Lift, P, 🕿, ≋,
Sauna, Solarium, Golf, Restaurant
Auch Zimmer der Kategorie ★★ vorhanden.

★ ▇▇▇ Aschenbrenner
Loisachstr. 46 (C 1), Tel (0 88 21) 9 59 70,
Fax 95 97 95, ✉ 82467, AX DC ED VA
23 Zi, Ez: 99/49-150/75, Dz: 160/80-220/110, ⌐
WC ✆, 7 ⛷, Lift, P, 🕿, 1⟶14, garni

☕ ▇▇▇ Café Krönner
Achenfeldstr. 1, Tel (0 88 21) 30 07,
Fax 7 46 48, ✉ 82467, AX ED VA
8-19
Spezialität: Agnes-Bernauer-Torte.

Partenkirchen

★★★ Dorint Sporthotel
Mittenwalder Str. 59 (F 3), **Tel (0 88 21) 70 60**,
Fax 70 66 18, ✉ 82467, AX DC ED VA, Ⓢ
☽ ✱, 78 Zi, Ez: 250/125-310/156,
Dz: 170/85-210/105, 12 Suiten, 64 App, ⊒ WC
Ⓒ, Lift, **P**, 🍴, 6⊃300, ≋, Sauna, Solarium,
Golf, 6 Tennis

Dorivita - großes Sport- und Fitness-Zentrum.
Nur Studios und Appartements.

¶¶ Zirbelstube/Bayernland
Hauptgericht 30/15, Terrasse, Biergarten,
geschl.: Mo, So

★★ Reindl's Partenkirchner Hof
Bahnhofstr. 15 (D 1), **Tel (0 88 21) 5 80 25**,
Fax 7 34 01, ✉ 82467, AX DC ED VA
🍷, 42 Zi, Ez: 110/55-200/100,
Dz: 200/100-310/156, 9 Suiten, 14 App, ⊒ WC
Ⓒ, Lift, 🍴, 3⊃40, ≋, Fitnessraum, Sauna,
Solarium, Golf
geschl.: 10.11.-15.12.01
Auch Zimmer der Kategorie ★★★ vorhanden.

¶¶ Reindl's Restaurant
Hauptgericht 25/12-50/25, Terrasse, **P**,
geschl.: 10.11.-15.12.01

✻ Leiner Landidyll
Wildenauer Str. 20 (F 3), **Tel (0 88 21) 9 52 80**,
Fax 9 52 81 00, ✉ 82467, AX DC ED VA
✱, 49 Zi, Ez: 90/45-120/60, Dz: 168/84-186/93,
2 App, ⊒ WC Ⓒ DFÜ, Lift, **P**, 1⊃50, ≋,
Sauna, Solarium, Restaurant
geschl.: 1.11.-18.12.00, 1.11.-18.12.01
Auch einfachere Zimmer vorhanden.

✻ Boddenberg
Wildenauer Str. 21 (F 3), **Tel (0 88 21) 9 32 60**,
Fax 5 29 11, ✉ 82467, AX DC ED VA
☽ ✱, 24 Zi, Ez: 82/41-115/57,
Dz: 154/77-190/95, 1 Suite, ⊒ WC Ⓒ DFÜ, 6 ⇆,
P, 🍴, ≋, Solarium, garni

Rieß (1 km ↓)

★★★ Renaissance-Riessersee Hotel
Am Rieß 5 (B 3), **Tel (0 88 21) 75 80**,
Fax 38 11, ✉ 82467, AX DC ED VA
☽ ✱, 155 Zi, Ez: 155/78-280/141,
Dz: 180/90-380/191, 53 Suiten, ⊒ WC Ⓒ DFÜ,
23 ⇆, Lift, **P**, 🍴, 12⊃200, ≋, Seezugang,
Sauna, Solarium, Golf

¶¶
Hauptgericht 25/12, Terrasse, Biergarten

🍴 Seecafé-Riessersee
Rieß 6, **Tel (0 88 21) 9 54 40**, **Fax** 7 25 89,
✉ 82467, AX ED VA
✱, Hauptgericht 10/5-38/19, Terrasse,
Gartenlokal, **P**, ⇌, geschl.: 15.11.-15.12.00

Garrel 24 ↑

Niedersachsen / Kreis Cloppenburg
EW 11560
ℹ **Tel (0 44 74) 89 90**, **Fax** 8 99 30
Gemeindeverwaltung
✉ 49681 Hauptstr. 15

✻ Zur Post
Hauptstr. 34, **Tel (0 44 74) 80 00**, **Fax** 78 47,
✉ 49681, AX DC ED VA
22 Zi, Ez: 78/39-85/42, Dz: 128/64-145/73, ⊒
WC Ⓒ, **P**, 2⊃80, Solarium, Golf, Restaurant

Garrel-Außerhalb

★★ Auehof
Nikolausdorfer Str. 21, **Tel (0 44 74) 9 48 40**,
Fax 94 84 30, ✉ 49681, ED VA
20 Zi, Ez: 75/37-85/42, Dz: 125/62-135/67, ⊒
WC Ⓒ DFÜ, 15 ⇆, Lift, **P**, 3⊃100, Kegeln,
Restaurant

Petersfeld

★★ Sport- u. Tagungshotel Dreibrücken City Line & Country Line Hotels
Dreibrückenweg 10, **Tel (0 44 95) 8 90**,
Fax 8 91 00, ✉ 49681, AX ED VA, Ⓢ

54 Zi, Ez: 125/62-147/74, Dz: 178/89-247/124,
7 Suiten, ⌐ WC ⌀, 10 ⌷, Lift, **P**, 7⌒200, ⌂,
Kegeln, Sauna, Solarium, Golf, Restaurant

Gartow 19 ↘

Niedersachsen
Kreis Lüchow-Dannenberg
EW 1400
i Tel (0 58 46) 3 33, Fax 22 88
Kurverwaltung
✉ 29471 Nienwalder Weg 1

Luftkurort in der Elbtalaue.

★★ ▪ Seeblick
Hauptstr. 36, Tel (0 58 46) 96 00, Fax 9 60 60,
✉ 29471, AX ED VA
♨, 25 Zi, Ez: 95/47, Dz: 140/70, ⌐ WC ⌀, **P**

¶ ▪ Gartower Hof
Springstr. 2, Tel (0 58 46) 3 95, ✉ 29471
Hauptgericht 23/11, Terrasse, Gartenlokal, **P**,
geschl.: Mo, Di, 6.1.-10.2.00

Gattendorf 49 ✓

Bayern / Kreis Hof
EW 1000
i Tel (0 92 81) 4 07 30, Fax 4 50 01
Gemeinde Gattendorf
✉ 95185 Kirchstr. 24

★★ ▪ Schloßhotel Gattendorf
Schloßplatz 6, Tel (0 92 81) 4 12 54,
Fax 4 50 59, ✉ 95185, ED
♪ ♨, 31 Zi, Ez: 80/40-95/47, Dz: 130/65-180/90,
⌐ WC ⌀, 3 ⌷, **P**, 1⌒40, ⌂, 1 Tennis
Rezeption: 16-22, geschl.: Fr, 24.12.00-6.1.01
¶ ▪ VA, Hauptgericht 25/12-35/17,
Terrasse, nur abends, geschl.: Fr,
24.12.00-6.1.01

Gau-Algesheim 54 ↖

Rheinland-Pfalz
Kreis Mainz-Bingen
EW 6502
i Tel (0 67 25) 91 00, Fax 91 01 10
Verbandsgemeindeverwaltung
✉ 55435 Hospitalstr. 22

✱ ▪ Am Heljerhaisje
Appenheimer Str. 36, Tel (0 67 25) 30 60,
Fax 30 64 44, ✉ 55435, ED VA
28 Zi, Ez: 95/47-155/78, Dz: 155/78-245/123,
7 App, ⌐ WC ⌀ DFÜ, 6 ⌷, **P**, Solarium, garni

Gau-Bischofsheim 54 ↖

Rheinland-Pfalz
Kreis Mainz-Bingen
EW 2100
i Tel (0 61 35) 28 80, Fax 28 80
Gemeindeverwaltung
✉ 55296 Unterhofstr. 10

¶¶¶ ▪ Weingut Nack
Pfarrstr. 13, Tel (0 61 35) 30 43, Fax 83 82,
✉ 55296, AX DC ED VA
Hauptgericht 29/14-46/23, Terrasse, **P**, nur
abends, so+feiertags auch mittags, geschl.: Di

Gauangelloch siehe Leimen

Gauting 72 ←

Bayern / Kreis Starnberg
EW 18570
i Tel (0 89) 89 33 70, Fax 8 50 48 61
Gemeindeverwaltung
✉ 82131 Bahnhofstr. 7

✱ ▪ Zum Bären
Pippinstr. 1, Tel (0 89) 89 32 58 00,
Fax 8 50 89 25, ✉ 82131, AX DC ED VA
22 Zi, Ez: 150/75, Dz: 180/90-210/105, ⌐ WC ⌀
DFÜ, 10 ⌷, Lift, **P**, ⌂, 1⌒20, Restaurant

Geesthacht 18 →

Schleswig-Holstein
Kreis Herzogtum Lauenburg
EW 30000
i Tel (0 41 52) 83 62 58, Fax 7 89 67
Tourist-Information
✉ 21502 Bergedorfer Str. 28

Sehenswert: St.-Salvatoris-Kirche; Krügersches
Haus (Museum); Elbe-Staustufe mit Schleusen-
anlagen + Wehr, Energiepark Pumpspeicher-
werk, Aussicht; (Dialogicum); Alte Dampfzüge;
bronzezeitliches Totenhaus in Tesperhude; Die
Kapelle auf dem „Alten Friedhof", Fischtreppe.

✱ ▪ Kleines Theaterhotel
Schillerstr. 33, Tel (0 41 52) 88 08 80,
Fax 88 08 81, ✉ 21502, ED VA
25 Zi, Ez: 120/60, Dz: 145/73, ⌐ WC ⌀, 17 ⌷,
Lift, **P**, 3⌒30, Sauna, Solarium
Auch Zimmer der Kategorie ★★ vorhanden.

Gehlberg 47 □

Thüringen / Ilmkreis
EW 830
❏ Tel (03 68 45) 5 05 00, Fax 5 05 00
Fremdenverkehrsbüro
✉ 98559 Hauptstr. 41

✱ **Gasthof Beerberg**
Hauptstr. 17, Tel (03 68 45) 58 10, Fax 5 81 13,
✉ 98559
23 Zi, Ez: 72/36-85/42, Dz: 114/57-124/62, ⌐
WC ∅, Restaurant

✱ **Gasthof Daheim**
Ritterstr. 16, Tel (03 68 45) 5 02 39,
Fax 5 10 91, ✉ 98559, ED VA
24 Zi, Ez: 65/32-75/37, Dz: 100/50-120/60, ⌐
WC ∅, Lift, **P**, 2⇔100, ⌂, Sauna, Solarium,
Restaurant
geschl.: 13-26.11.00

Gehrden 26 ✓

Niedersachsen / Kreis Hannover
EW 15000
❏ Tel (0 51 08) 64 04 19, Fax 64 04 13
Stadtverwaltung Gehrden
✉ 30989 Kirchstr. 1-3

✱ **Stadt Gehrden**
Schulstr. 18, Tel (0 51 08) 92 20, Fax 9 22 10,
✉ 30989, AX DC ED VA
44 Zi, Ez: 98/49-160/80, Dz: 150/75-200/100,
⌐ WC ∅ DFÜ, 12 ⇥, Lift, **P**
geschl.: 15.12.00-15.1.01

✱ **Ratskeller**
Am Markt 6, Tel (0 51 08) 20 98, Fax 20 08,
✉ 30989, AX DC ED VA
17 Zi, Ez: 160/80-200/100,
Dz: 220/110-280/141, 1 App, ⌐ WC ∅, 3 ⇥,
Lift, 2⇔50, Restaurant
geschl.: 26.12.00-5.1.01

Gehrden-Außerhalb (3 km ↓)

🍴🍴 **Berggasthaus Niedersachsen** ✙
Köthnerberg 4, Tel (0 51 08) 31 01, Fax 20 31,
✉ 30989, VA
einzeln, Hauptgericht 24/12-39/19, Terrasse,
Biergarten, Gartenlokal, **P**, geschl.: Mo. Di

Geilenkirchen 42 ↖

Nordrhein-Westfalen
Kreis Heinsberg
EW 24307
❏ Tel (0 24 51) 62 90, Fax 62 92 00
Stadtverwaltung Geilenkirchen
✉ 52511 Markt 9

✱ **City Hotel**
Theodor-Heuss-Ring 15, Tel (0 24 51) 62 70,
Fax 62 73 00, ✉ 52511, AX DC ED VA
56 Zi, Ez: 108/54-124/62, Dz: 158/79-168/84,
5 Suiten, 18 App, ⌐ WC ∅ DFÜ, Lift, ⌂,
1⇔40, Sauna, Restaurant

Geiselwind 56 ↗

Bayern / Kreis Kitzingen
EW 2320
❏ Tel (0 95 56) 12 28, Fax 12 28
Fremdenverkehrsverein
✉ 96160 Beckerschlag 24

✱✱ **Landhotel Krone**
Friedrichstr. 10, Tel (0 95 56) 9 22 50,
Fax 92 25 50, ✉ 96160, AX DC ED VA
♪, 30 Zi, Ez: 83/41-95/47, Dz: 130/65-155/78,
4 App, ⌐ WC ∅ DFÜ, 5 ⇥, Lift, **P**, 3⇔60,
Fitnessraum, Sauna, Golf, Restaurant

✱ **Gasthof Krone
mit Gästehaus**
Kirchplatz 2, Tel (0 95 56) 9 22 40,
Fax 92 24 11, ✉ 96160, AX DC ED VA
65 Zi, Ez: 65/32-77/38, Dz: 88/44-98/49,
1 Suite, 1 App, ⌐ WC ∅, Lift, **P**, ⌂, 3⇔120,
Restaurant

Geisenheim 53 ↗

Hessen / Rheingau-Taunus-Kreis
EW 12000
❏ Tel (0 67 22) 70 10, Fax 70 11 20
Verkehrsamt
✉ 65366 Rüdesheimer Str. 48

Johannisberg (2 km ↑)

🍴🍴 **Burg Schwarzenstein**
Haus Nr. 5, Tel (0 67 22) 9 95 00,
Fax 99 50 99, ✉ 65366, VA
§, Hauptgericht 35/17, Terrasse
✱✱✱ Haus Nr 5, ♪ §, 5 Zi, Ez: 150/75,
Dz: 220/110-390/196, ⌐ WC ∅ DFÜ

Gutsschänke Schloß Johannisberg
Tel (0 67 22) 9 60 90, Fax 73 92, ✉ 65366, DC ED VA
⑂, Hauptgericht 20/10-40/20, Terrasse, Gartenlokal, P

Johannisberg-Außerhalb (2 km ↖)

✱ Haus Neugebauer
Tel (0 67 22) 9 60 50, Fax 74 43, ✉ 65366, ED VA
einzeln ☾ ⑂, 20 Zi, Ez: 105/52-130/65,
Dz: 155/78-170/85, WC ⌀, 1⟲20, Restaurant

Marienthal (7 km ↑)

✱✱ Akzent-Hotel Waldhotel Gietz
Marienthaler Str. 20, Tel (0 67 22) 99 60 26,
Fax 99 60 99, ✉ 65366, AX DC ED VA
☾, 44 Zi, Ez: 145/73-195/98,
Dz: 195/98-260/130, 1 Suite, ⌑ WC ⌀, 17 ⌇,
Lift, P, 4⟲55, ⌂, Fitnessraum, Sauna,
Restaurant
Auch Zimmer der Kategorie ✱ vorhanden.

Geising 51 □
Sachsen / Weißeritzkreis
EW 3550
🛈 Tel (03 50 56) 3 89 12, Fax 3 89 13
Fremdenverkehrsamt
✉ 01778 Hauptstr. 25

✱ Schellhaus Baude
Altenberger Str. 14, Tel (03 50 56) 34 60,
Fax 34 61 11, ✉ 01778, AX ED VA
☾, 24 Zi, Ez: 80/40-90/45, Dz: 98/49

🛏 Ratskeller
Hauptstr. 31, Tel (03 50 56) 38 00, Fax 3 80 20,
✉ 01778, AX ED VA
17 Zi, Ez: 65/32-68/34, Dz: 82/41-98/49,
1 Suite, ⌑ WC ⌀ DFÜ, P, 1⟲45, Restaurant

Geisingen 68 □
Baden-Württemberg
Kreis Tuttlingen
EW 6300
🛈 Tel (0 77 04) 80 70, Fax 8 07 32
Stadtverwaltung
✉ 78187 Hauptstr. 36

Kirchen-Hausen (2 km ↘)

✱ Sternen mit Gästehäusern
Ringstr. 2, Tel (0 77 04) 80 39, Fax 80 38 88,
✉ 78187, AX DC ED VA
90 Zi, Ez: 88/44-130/65, Dz: 90/45-160/80,
2 App., ⌑ WC ⌀, 4 ⌇, P, ⌂, 6⟲150, ⌂,
Kegeln, Sauna, Solarium
Im Haus Kirchberg Zimmer der Kategorie ✱✱
vorhanden.

🍴 Hauptgericht 16/8, Biergarten

Geislingen a. d. Steige 62 □
Baden-Württemberg
Kreis Göppingen
EW 28000
🛈 Tel (0 73 31) 2 42 66, Fax 2 43 76
Touristik- und Kulturbüro
✉ 73312 Schillerstr. 2

✱ Krone
Stuttgarter Str. 148, Tel (0 73 31) 6 10 71,
Fax 6 10 75, ✉ 73312, ED VA
34 Zi, Ez: 76/38-95/47, Dz: 115/57-153/77, ⌑
WC ⌀, Lift, P, 2⟲200, Restaurant

🍴🍴 Götz-Stube
Ostmarkstr. 95, Tel (0 73 31) 4 22 25,
Fax 4 22 25, ✉ 73312, DC VA
Hauptgericht 25/12, geschl.: Di

Eybach (5 km ↗)

✱ Landgasthof Ochsen
von-Degenfelder-Str. 23, Tel (0 73 31) 6 20 51,
Fax 6 20 51, ✉ 73312
33 Zi, Ez: 85/42-100/50, Dz: 150/75-180/90, ⌑
WC ⌀, Lift, P, ⌂, 1⟲35
geschl.: Fr
🍴 Hauptgericht 22/11, geschl.: Fr

Weiler ob Helfenstein (3 km →)

✱✱ Burghotel ♛
Burggasse 41, Tel (0 73 31) 9 32 60,
Fax 93 26 36, ✉ 73312, ED VA

Geislingen a. d. Steige

⌂, 23 Zi, Ez: 115/57-150/75,
Dz: 175/88-220/110, ⌐ WC ⌀ DFÜ, 5 ⊨, ℙ, ☎,
1⌂15, ⌂, Sauna, Golf, garni
geschl.: 24.12.00-7.1.01

¶¶ Burgstüble ✢
Dorfstr. 12, Tel (0 73 31) 4 21 62, Fax 94 17 51,
✉ 73312, AX DC ED VA
Hauptgericht 20/10-35/17, Gartenlokal, ℙ,
▬, nur abends, geschl.: So

Geithain 39 ↓

Sachsen / Kreis Leipziger Land
EW 7200
☎ Tel (03 43 41) 4 46 02, Fax 4 59 95
Fremdenverkehrsamt
✉ 04643 Altenburger Str. 2

✱ Andersen
Bahnhofstr. 11 a, Tel (03 43 41) 4 43 17,
Fax 4 43 16, ✉ 04643, AX DC ED VA
23 Zi, Ez: 110/55, Dz: 145/73, ⌐ WC ⌀ DFÜ,
5 ⊨, Lift, 1⌂35, garni

Geldern 32 □

Nordrhein-Westfalen / Kreis Kleve
EW 32000
☎ Tel (0 28 31) 39 80, Fax 39 81 30
Stadtverwaltung
✉ 47608 Issumer Tor 36

✱ See Hotel
Danziger Str. 5, Tel (0 28 31) 92 90,
Fax 92 92 99, ✉ 47608, AX DC ED VA
⌂, 62 Zi, Ez: 93/46-165/83,
Dz: 146/73-275/138, 2 Suiten, ⌐ WC ⌀, 34 ⊨,
Lift, ℙ, 5⌂700, ▬, Kegeln, Bowling, Sauna,
Solarium, Golf
¶ Hauptgericht 20/10-46/23

▬ Rheinischer Hof
Bahnhofstr. 40, Tel (0 28 31) 55 22,
Fax 98 08 11, ✉ 47608, AX DC ED VA
26 Zi, Ez: 58/29-68/34, Dz: 96/48-106/53, ⌐
WC ⌀, 4 ⊨, Restaurant

Walbeck (6 km ←)

¶¶ Alte Bürgermeisterei
Walbeckerstr. 2, Tel (0 28 31) 8 99 33,
Fax 98 01 72, ✉ 47608
Hauptgericht 42/21, Biergarten, Gartenlokal, ℙ,
geschl.: Mo, 3 Wochen im Jul

Gelnhausen 45 ↓

Hessen / Main-Kinzig-Kreis
EW 22000
☎ Tel (0 60 51) 83 03 00, Fax 83 03 03
Fremdenverkehrsamt
✉ 63571 Am Obermarkt

siehe auch Linsengericht

✱✱ Burg-Mühle
Burgstr. 2, Tel (0 60 51) 8 20 50, Fax 82 05 54,
✉ 63571, DC ED VA
42 Zi, Ez: 98/49-138/69, Dz: 148/74-188/94, ⌐
WC ⌀, ℙ, 3⌂40, Fitnessraum, Sauna,
Solarium
Auch Zimmer der Kategorie ✱ vorhanden.
¶¶ Hauptgericht 28/14, Terrasse,
geschl.: So abends
Die Gebäudegeschichte reicht zurück bis in die
Zeit Barbarossas. Im Restaurant dreht sich noch
am Originalplatz ein Mühlrad.

✱ Stadt-Schänke
Fürstenhofstr. 1, Tel (0 60 51) 1 60 51,
Fax 1 60 53, ✉ 63571, AX DC ED VA
13 Zi, Ez: 110/55-150/75, Dz: 160/80-200/100,
⌐ WC ⌀ DFÜ, ℙ, Restaurant
Rezeption: 7-14, 17-24
Auch Zimmer der Kategorie ✱✱ vorhanden.

✱ Grimmelshausen-Hotel
Schmidtgasse 12, Tel (0 60 51) 9 24 20,
Fax 92 42 42, ✉ 63571, AX DC ED VA
28 Zi, Ez: 85/42-100/50, Dz: 125/62-140/70, ⌐
WC ⌀, 2 ⊨, ☎, garni

¶¶ Altes Weinkellerchen
Untermarkt 17, Tel (0 60 51) 31 80, Fax 35 81,
✉ 63571, AX ED VA
Hauptgericht 21/10-39/19, nur abends,
geschl.: So

Meerholz (6 km ↙)

¶¶ Schießhaus ✢
Schieshausstr. 10, Tel (0 60 51) 6 69 29,
Fax 6 60 97, ✉ 63571, DC ED VA
Hauptgericht 27/13-33/16, Gartenlokal, ℙ,
geschl.: Mo, Di, 1.-18.1.01, 2 Wochen im
Sommer

Gelsenkirchen 33 ←

Nordrhein-Westfalen
EW 287000
☎ Tel (02 09) 1 47 40 22, Fax 2 96 98
Verkehrsverein
✉ 45879 Ebertstr. 15

Gelsenkirchen

✱ InterCityHotel
Ringstr. 1-5 (B 2), **Tel** (02 09) 9 25 50,
Fax 9 25 59 99, ✉ 45879, AX DC ED VA, Ⓢ
135 Zi, Ez: 119/59-190/95, Dz: 139/70-230/115,
🚻 WC Ⓒ DFÜ, 45 🛏, Lift, Ⓟ, 🐕, 4🍴70,
Restaurant
Designer Ausstattung.

🛏 Ibis
Bahnhofsvorplatz 12 (B 2), **Tel** (02 09) 1 70 20,
Fax 20 98 82, ✉ 45879, AX DC ED VA
104 Zi, Ez: 105/52-120/60, Dz: 120/60, 🚻 WC
Ⓒ DFÜ, 52 🛏, Lift, 6🍴80, Restaurant

Buer (9 km ↑)

✱✱ Buerer Hof
Hagenstr. 4, **Tel** (02 09) 9 33 43 00,
Fax 9 33 43 50, ✉ 45894, AX DC ED VA
24 Zi, Ez: 119/59-146/73, Dz: 159/80-216/108,
🚻 WC Ⓒ DFÜ, 10 🛏, Lift, Ⓟ, 🐕, garni
Auch Zimmer der Kategorie ✱ vorhanden.

✱ Residenz-Hotel Zum Schwan
Urbanusstr. 40, **Tel** (02 09) 31 83 30,
Fax 3 18 33 10, ✉ 45894, AX ED VA
14 Zi, Ez: 115/57-190/95, Dz: 170/85, 1 Suite,
🚻 WC Ⓒ, 2 🛏, Lift, Ⓟ, Restaurant

Geltow 29 □

Brandenburg
Kreis Potsdam-Mittelmark
EW 3314
🛈 Tel (0 33 27) 56 82 89, Fax 56 82 89
Fremdenverkehrsverein
✉ 14542 Caputher Chaussee 3

✱ Landhaus Geliti
Wentorfstr. 2, Tel (0 33 27) 59 70,
Fax 59 71 00, ✉ 14542, AX DC ED VA
♪, 40 Zi, Ez: 90/45-95/47, Dz: 135/67-140/70,
1 Suite, ⊣ WC ⌀ DFÜ, 5 ⊱, P, 2⌬50, Golf,
Restaurant

Gemmingen 61 ↑

Baden-Württemberg
Kreis Heilbronn
EW 4980
🛈 Tel (0 72 67) 8 08 23, Fax 8 08 43
Bürgermeisteramt
✉ 75050 Hausener Str. 1

¶¶ Restaurant am Park Krone
Richener Str. 3, Tel (0 72 67) 2 56, Fax 83 06,
✉ 75050, AX ED
Hauptgericht 14/7-48/24, Kegeln, P, ⊨,
geschl.: Di, 1.-14.1.01

Gemünden a. Main 55 ↗

Bayern / Kreis Main-Spessart
EW 12000
🛈 Tel (0 93 51) 38 30, Fax 48 54
Tourist Information
✉ 97737 Hofweg 9

✱ Schäffer
Bahnhofstr. 28, Tel (0 93 51) 20 81, Fax 46 09,
✉ 97737, AX DC ED VA
28 Zi, Ez: 85/42, Dz: 110/55-125/62, ⊣ WC ⌀,
P, ⊜, 2⌬80
¶ Hauptgericht 15/7-32/16, Biergarten,
geschl.: So abends

Langenprozelten

✱ Imhof
Frankenstr. 1, Tel (0 93 51) 9 71 10,
Fax 97 11 33, ✉ 97737, ED VA
33 Zi, Ez: 56/28-66/33, Dz: 98/49-118/59, ⊣
WC ⌀ DFÜ, 4 ⊱, Lift, P, 3⌬60, Kegeln,
Sauna, Solarium, 1 Tennis, Restaurant
Auch Zimmer der Kategorie ✱✱ vorhanden.

Gengenbach 60 ↓

Baden-Württemberg / Ortenaukreis
EW 11000
🛈 Tel (0 78 03) 93 01 43, Fax 93 01 42
Tourist-Information
✉ 77723 Im Winzerhof

✱ Gästehaus Pfeffermühle
Oberdorfstr. 24a, Tel (0 78 03) 9 33 50,
Fax 66 28, ✉ 77723, AX DC ED VA
24 Zi, Ez: 68/34-75/37, Dz: 96/48-120/60,
1 Suite, ⊣ WC ⌀, 4 ⊱, P, ⊜, 1⌬35,
Restaurant
Auch Zimmer der Kategorie ✱✱ vorhanden.

¶ Pfeffermühle
Victor-Kretz-Str. 17, Tel (0 78 03) 9 33 50,
Fax 66 28, ✉ 77723, AX DC ED VA
Hauptgericht 16/8-35/17, Terrasse, Gartenlokal,
geschl.: Do, 20.1.-12.2.01

Gengenbach-Außerhalb

✱✱ Schwarzwald Hotel
Berghauptener Str, Tel (0 78 03) 9 39 00,
Fax 93 90 99, ✉ 77723, AX DC ED VA
52 Zi, Ez: 130/65-160/80, Dz: 160/80-195/98,
3 Suiten, 4 App, ⊣ WC ⌀ DFÜ, 20 ⊱, Lift, P,
3⌬25, ⊜, Sauna, Solarium

¶¶ Zur Kirsche
Hauptgericht 30/15-50/25, Terrasse

Haigerach

¶¶ Benz
Mattenhofweg 3, Tel (0 78 03) 9 34 80,
Fax 93 48 40, ✉ 77723, ED VA
Hauptgericht 15/7-45/22, Terrasse, P, ⊨,
geschl.: Mo, Di mittags

Genthin 28 →

Sachsen-Anhalt
Kreis Jerochower Land
EW 14900
ℹ Tel (0 39 33) 80 22 25, Fax 80 22 25
Tourist-Information
✉ 39307 Bahnhofstr. 8

✱ Müller
Ziegeleistr. 1, Tel (0 39 33) 9 69 00,
Fax 9 69 01 45, ✉ 39307, AX ED VA
33 Zi, Ez: 95/47-115/57, Dz: 150/75-180/90, ⊟
WC ✆ DFÜ, 2 ⚭, **P**, 🏠, 3⟳150, Sauna,
Solarium, Restaurant

✱ Stadt Genthin
Mühlenstr. 3, Tel (0 39 33) 9 00 90,
Fax 90 09 10, ✉ 39307, AX DC ED VA
25 Zi, Ez: 52/26-85/42, Dz: 90/45-120/60,
1 Suite, ⊟ WC ✆, 8 ⚭, **P**, 2⟳50, Restaurant

Brettin (6 km ↗)

✱ Grüner Baum
Stremmestr. 14, Tel (0 39 33) 97 70,
Fax 97 71 22, ✉ 39307, ED VA
15 Zi, Ez: 85/42-115/57, Dz: 115/57-145/73,
4 App, ⊟ WC ✆, **P**, 1⟳30, Restaurant
Auch Zimmer der Kategorie ✱✱ vorhanden.

Dunkelforth

✱✱ Rasthof Dunkelforth
An der B1, Tel (0 39 33) 80 21 06, Fax 22 67,
✉ 39307, AX ED VA
21 Zi, Ez: 80/40-110/55, Dz: 120/60-140/70, ⊟
WC ✆ DFÜ, **P**, 1⟳24, 🍴, Restaurant

Georgenthal 47 ↖

Thüringen / Kreis Gotha
EW 3000
ℹ Tel (0 62 53) 3 81 08, Fax 3 81 02
Verwaltungsgemeinschaft
✉ 99887 Tambacher Straße 2

✱ Deutscher Hof
St. Georgstr. 2, Tel (0 36 53) 32 50,
Fax 3 25 51, ✉ 99887, AX ED VA
30 Zi, Ez: 85/42-99/49, Dz: 125/62-145/73, ⊟
WC ✆, Lift, **P**, 2⟳80, Restaurant

Georgenthal-Außerhalb

✱ Rodebachmühle
Tel (03 62 53) 3 40, Fax 3 45 11, ✉ 99887, AX ED VA
einzeln ☾, 61 Zi, Ez: 85/42-105/52,
Dz: 140/70-190/95, 4 Suiten, ⊟ WC ✆, **P**,
3⟳40, Sauna, Solarium, Restaurant

Gera 49 ↖

Thüringen
EW 121160
ℹ Tel (03 65) 8 00 70 30, Fax 8 00 70 31
Gera-Information
✉ 07545 Ernst-Toller-Str 14
Cityplan siehe Seite 338

siehe auch Großebersdorf

✱✱✱ Courtyard by Marriott
Gutenbergstr. 2 a, Tel (03 65) 2 90 90,
Fax 2 90 91 00, ✉ 07548, AX DC ED VA, Ⓢ
165 Zi, Ez: 99/49-162/81, Dz: 99/49-162/81,
1 Suite, ⊟ WC ✆ DFÜ, 82 ⚭, Lift, 🏠, 10⟳350,
Fitnessraum, Sauna, Solarium, Restaurant

✱✱✱ Dorint
Berliner Str. 38 (B 1), Tel (03 65) 4 34 40,
Fax 4 34 41 00, ✉ 07545, AX DC ED VA, Ⓢ
280 Zi, Ez: 148/74-199/100,
Dz: 169/85-245/123, 3 Suiten, 8 App, ⊟ WC ✆,
74 ⚭, Lift, **P**, 11⟳310, 🏊, Fitnessraum,
Sauna, Solarium

🍴 Wintergarten
Hauptgericht 17/8-38/19

✱✱ Best Western Regent
Schülerstr. 22, Tel (03 65) 9 18 10,
Fax 9 18 11 00, ✉ 07545, AX DC ED VA, Ⓢ
70 Zi, Ez: 100/50-149/75, Dz: 140/70-189/95,
15 Suiten, 17 App, ⊟ WC ✆ DFÜ, 31 ⚭, Lift, **P**,
6⟳100, Sauna, Solarium, Restaurant

✱✱ Stadt Hotel
Gagarinstr. 81, Tel (03 65) 43 44 50,
Fax 4 34 45 11, ✉ 07545, AX DC ED VA
112 Zi, Ez: 94/47-99/49, Dz: 128/64-140/70,
4 App, ⊟ WC ✆, 40 ⚭, Lift, **P**, 1⟳45, garni

Debschwitz

✱ An der Elster
Südstr. 12, Tel (03 65) 7 10 61 61,
Fax 7 10 61 71, ✉ 07548, AX ED VA
17 Zi, Ez: 95/47, Dz: 135/67, 6 App, 12 ⚭, garni

Dürrenebersdorf (7 km ✓)

✱ Comfort Inn
Hofer Str. 12 d, Tel (03 65) 8 21 50,
Fax 8 21 52 00, ⌧ 07548, AX DC ED VA
69 Zi, Ez: 79/39-109/54, Dz: 89/44-119/59,
10 Suiten, 59 App, ⌐ WC ⊘ DFÜ, 5 ⇌, Lift, P,
3⇌50, Restaurant

Frankenthal (6 km ←)

✱ Pension Frankenthal
Frankenthaler Str. 74, Tel (03 65) 82 66 60,
Fax 8 26 66 34, ⌧ ED VA
⌒, 20 Zi, Ez: 72/36, Dz: 99/49, ⌐ WC ⊘, 5 ⇌,
Restaurant

Untermhaus

✱ Galerie-Hotel
Leibnizstr. 21, Tel (03 65) 2 01 50,
Fax 20 15 22, ⌧ 07548, AX DC ED VA
17 Zi, Ez: 78/39, Dz: 107/53, ⌐ WC ⊘, 5 ⇌,
garni
Ausstellungen zeitgemäßer Künstler.

Geretsried 71 →

Bayern
Kreis Bad Tölz-Wolfratshausen
EW 22900
🛈 Tel (0 81 71) 62 98 26, Fax 62 98 69
Stadtverwaltung
⌧ 82538 Karl-Lederer-Platz 1

Gelting (2 km ↖)

✱ Zum Alten Wirth
Buchberger Str. 4, Tel (0 81 71) 71 94,
Fax 7 67 58, ⌧ 82538, AX DC ED VA

♪, 40 Zi, Ez: 100/50-120/60,
Dz: 165/83-175/88, ⊣ WC ⌀, 1⇔30, Sauna,
Solarium
🍴 Hauptgericht 25/12, Biergarten, **P**,
geschl.: Di

✱ Neu Wirt

Wolfratshauser Str. 24, Tel (0 81 71) 4 25 20,
Fax 4 25 21 52, ✉ 82538, AX DC ED VA
29 Zi, Ez: 110/55-130/65, Dz: 170/85-180/90, ⊣
WC, **P**, 🔔, 2⇔25, Sauna, Restaurant
geschl.: 27.12.00-8.1.01

Gerlingen 61 □

Baden-Württemberg
Kreis Ludwigsburg
EW 18500
i Tel (0 71 56) 20 50, Fax 2 04 10
Stadtverwaltung
✉ 70839 Hauptstr. 42

✱✱ Krone
mit Gästehaus

Hauptstr. 28, Tel (0 71 56) 4 31 10,
Fax 4 31 11 00, ✉ 70839, AX DC ED VA
49 Zi, Ez: 144/72-165/83, Dz: 194/97-265/133,
6 Suiten, 6 App, ⊣ WC ⌀, 6 ⇔, **P**, 🔔,
4⇔100, Kegeln, Sauna, Solarium, Restaurant

✱✱ Mercure

Dieselstr. 2, Tel (0 71 56) 43 13 00,
Fax 43 13 43, ✉ 70839, AX DC ED VA, Ⓢ
96 Zi, Ez: 129/64-147/74, Dz: 159/80-192/96,
⊣ WC ⌀, 48 ⇔, Lift, **P**, 🔔, 4⇔150, Sauna,
Solarium, garni

✱ Artemis

Dieselstr. 31, Tel (0 71 56) 94 20, Fax 94 22 99,
✉ 70839, AX DC ED VA
153 Zi, Ez: 85/42-157/79, Dz: 99/49-190/95,
14 App, ⊣ WC ⌀, 14 ⇔, Lift, **P**, 🔔, 5⇔40,
garni
Auch Zimmer der Kategorie ✱✱ vorhanden.
Langzeitvermietung möglich.

✱ Bonjour Hotel

Weilimdorfer Str. 70, Tel (0 71 56) 4 31 80,
Fax 4 31 84 00, ✉ 70839, AX DC ED VA
120 Zi, Ez: 99/49-150/75, Dz: 99/49-180/90, ⊣
WC ⌀ DFÜ, 60 ⇔, Lift, **P**, 13⇔200, Sauna,
Solarium, Restaurant
Modernes Design.

✱ Toy

Raiffeisenstr. 5, Tel (0 71 56) 9 44 10,
Fax 94 41 41, ✉ 70839, AX DC ED VA
23 Zi, Ez: 99/49-115/57, Dz: 118/59-140/70,
2 Suiten, ⊣ WC ⌀ DFÜ, 6 ⇔, **P**, 🔔, 1⇔25,
garni

🍴🍴 Gasthof Krone

Hauptstr. 28, Tel (0 71 56) 43 60 50, ✉ 70839,
AX DC ED VA
Hauptgericht 25/12-35/17, Kegeln, **P**,
geschl.: So, Mo

🍴 Lamm

Leonberger Str. 2, Tel (0 71 56) 2 22 51,
Fax 4 88 15, ✉ 70839, DC ED VA
Hauptgericht 20/10-38/19, **P**, geschl.: Di

Germering 71 ↑

Bayern / Kreis Fürstenfeldbruck
EW 36000
i Tel (0 89) 89 41 90, Fax 8 41 56 89
Stadtverwaltung
✉ 82110 Rathausplatz 1

✱✱ Mayer

Augsburger Str. 45, Tel (0 89) 84 40 71,
Fax 84 40 94, ✉ 82110, AX DC ED VA
64 Zi, Ez: 99/49-175/88, Dz: 165/83-230/115,
⊣ WC ⌀, 10 ⇔, Lift, 🔔, 5⇔250, ⌂, Kegeln,
Solarium, Restaurant
Auch Zimmer der Kategorie ✱ vorhanden.

Germersheim 60 ↗

Rheinland-Pfalz
EW 21000
i Tel (0 72 74) 96 02 18, Fax 96 02 47
Stadtverwaltung
✉ 76726 Kolpingplatz 3

✱✱ Germersheimer Hof

Josef-Probst-Str. 15 a, Tel (0 72 74) 50 50,
Fax 50 51 11, ✉ 76726, AX DC ED VA
21 Zi, Ez: 110/55, Dz: 140/70, 6 Suiten, WC ⌀,
Lift, **P**, 🔔, 2⇔40, Restaurant

✱ Post

Sandstr. 8, Tel (0 72 74) 7 01 60, Fax 70 16 66,
✉ 76726, AX ED
♪, 17 Zi, Ez: 70/35-90/45, Dz: 120/60-135/67,
⊣ WC ⌀, garni

Gernrode Kreis Quedlinburg 37 ↗

Sachsen-Anhalt / Kreis Quedlinburg
EW 3833
i Tel (03 94 85) 2 87, Fax 2 41
Stadt Gernrode
✉ 06507 Marktstr. 20

Gernrode

✱ Stubenberg

Stubenberg 1, Tel (03 94 85) 6 11 86,
Fax 6 11 87, ✉ 06507

Gernrode Kreis Quedlinburg

§, 17 Zi, Ez: 90/45-120/60, Dz: 130/65-140/70,
2 Suiten, ⌐ WC ⌀, 2 ⌘, **P**, 2⌂50, Sauna,
Solarium, Restaurant
Auch Zimmer der Kategorie **✱✱** vorhanden.

⊨ Gasthof Zum Bären
Marktstr. 21, **Tel (03 94 85) 54 50**, **Fax 5 45 40**,
⌧ 06507
27 Zi, Ez: 49/24-85/42, Dz: 100/50-135/67, ⌐
WC ⌀, **P**, Bowling, Restaurant

Gernsbach 60 →

Baden-Württemberg / Kreis Rastatt
EW 15000
i Tel (0 72 24) 6 44 44, Fax 6 44 64
Kultur- und Verkehrsamt
⌧ 76593 Igelbachstr. 11

Luftkurort an der Murg, im nördlichen
Schwarzwald. Sehenswert: Hist. Altstadt; altes
Rathaus; Kirchen; Schloß Eberstein; Kurpark.

✱✱ Sonnenhof
Loffenauer Str. 33, **Tel (0 72 24) 64 80**,
Fax 6 48 60, ⌧ 76593, AX DC ED VA
§, 42 Zi, Ez: 95/47-120/60, Dz: 115/57-145/73,
2 Suiten, ⌐ WC ⌀, Lift, **P**, 2⌂40, ⌘, Sauna,
Restaurant

Gernsbach-Außerhalb (4 km ✓)

✱ Nachtigall
Müllenbild 1, **Tel (0 72 24) 21 29**, **Fax 6 96 26**,
⌧ 76593, AX DC ED VA
einzeln, 16 Zi, Ez: 60/30-75/37,
Dz: 110/55-150/75, ⌐ WC ⌀, 6 ⌘, **P**, ⌘,
1⌂20, Restaurant
geschl.: Mo

Kaltenbronn (16 km ↘)

✱ Sarbacher
Kaltenbronner Str. 598, **Tel (0 72 24) 9 33 90**,
Fax 93 39 93, ⌧ 76593, AX DC ED VA
☽ §, 15 Zi, Ez: 80/40-120/60,
Dz: 160/80-250/125, 1 Suite, ⌐ WC ⌀ DFÜ, **P**,
⌘, 2⌂25, Fitnessraum, Sauna, Solarium,
Restaurant
Rezeption: 10-21, geschl.: Mo

Gernsheim 54 □

Hessen / Kreis Groß-Gerau
EW 9780
i Tel (0 62 58) 10 80, Fax 30 27
Stadtverwaltung-Hauptamt
⌧ 64579 Stadthausplatz 1

✱ Hubertus
Am Waldfrieden, **Tel (0 62 58) 22 57**,
Fax 5 22 29, ⌧ 64579, AX DC ED VA
40 Zi, Ez: 65/32-110/55, Dz: 98/49-150/75,
1 Suite, 1 App, ⌐ WC ⌀ DFÜ, 5 ⌘, **P**, ⌘,
2⌂80, Sauna, Solarium, Restaurant

Gerolsbach 64 ✓

Bayern
Kreis Pfaffenhofen a.d. Ilm
EW 3090
i Tel (0 84 45) 10 84, Fax 12 60
Gemeindeverwaltung
⌧ 85302 St.-Andreas-Str 19

¶¶ Zur Post
St.-Andreas-Str. 3, **Tel (0 84 45) 5 02**, **Fax 5 02**,
⌧ 85302, AX DC ED VA
Hauptgericht 35/17-48/24, Terrasse, **P**,
geschl.: Mo, Di

Gerolstein 42 ↘

Rheinland-Pfalz / Kreis Daun
EW 5260
i Tel (0 65 91) 1 31 82, Fax 1 31 83
TW Gerolsteiner Land GmbH
⌧ 54568 Kyllweg 1

⊨ Seehotel
Am Stausee, **Tel (0 65 91) 2 22**, **Fax 8 11 14**,
⌧ 54568
50 Zi, Ez: 60/30-80/40, Dz: 110/55-126/63, ⌐
WC, **P**, ⌘, ⌘, Sauna, Solarium, Restaurant
geschl.: 15.11.-22.12.00

Müllenborn (4 km ↖)

✱✱ Landhaus Müllenborn
Auf dem Sand 45, **Tel (0 65 91) 9 58 80**,
Fax 95 88 77, ⌧ 54568, AX DC ED VA
einzeln ☽ §, 17 Zi, Ez: 95/47-145/73,
Dz: 198/99-248/124, 2 App, ⌐ WC ⌀ DFÜ, **P**,
⌘, 2⌂30, Sauna, Solarium

¶¶ Zwölfender
§, Hauptgericht 26/13-45/22

Gerolzhofen 56 ↗

Bayern / Kreis Schweinfurt
EW 7000
i Tel (0 93 82) 90 35 12, Fax 90 35 13
Verkehrsamt
⌧ 97447 Marktplatz 20

✱ Weinstube am Markt
Marktplatz 5-7, **Tel (0 93 82) 90 09 10**,
Fax 90 09 19, ⌧ 97447, AX ED VA

8 Zi, Ez: 85/42, Dz: 130/65, 2 Suiten, ⌐ WC ✆
DFÜ, Ⓟ, Restaurant
geschl.: Sa
Auch Zimmer der Kategorie ✱✱ vorhanden.

Gersfeld 46 □

Hessen / Kreis Fulda
EW 6000
🛈 Tel (0 66 54) 17 80, Fax 17 88
Tourist-Information
✉ 36129 Brückenstr. 1

✱✱ Gersfelder Hof
Auf der Wacht 14, Tel (0 66 54) 18 90,
Fax 74 66, ✉ 36129, A̲X̲ E̲D̲ V̲A̲
65 Zi, Ez: 115/57-140/70, Dz: 176/88-210/105,
⌐ WC ✆, Lift, Ⓟ, 🚗, 7⟳80, 🐕, Kegeln, Sauna,
Solarium
Im gegenüberliegenden Apart-Hotel Sternkuppe
anspruchsvolle Ferienwohnungen.
🍴🍴 Hauptgericht 28/14, Terrasse

✱ Sonne
Amelungstr. 1, Tel (0 66 54) 9 62 70,
Fax 76 49, ✉ 36129
20 Zi, Ez: 49/24-58/29, Dz: 88/44-98/49,
12 App, ⌐ WC ✆ DFÜ, Ⓟ, 🚗, 1⟳25, Sauna,
Solarium, Restaurant
geschl.: 15.1.-1.2.01
Auch einfache Zimmer vorhanden.

Gerswalde 22 ✓

Brandenburg / Kreis Uckermark
EW 1080
🛈 Tel (03 98 87) 2 89, Fax 2 89
Tourismusverein
✉ 17268 Kaakstedter Str. 25

Herrenstein

✱✱ Ringhotel Schloß Herrenstein
Tel (03 98 87) 7 10, Fax 7 12 00, ✉ 17268, A̲X̲
E̲D̲ V̲A̲
einzeln, 53 Zi, Ez: 125/62-145/73,
Dz: 150/75-190/95, ⌐ WC ✆, Lift, Ⓟ, 4⟳80,
🐕, Fitnessraum, Sauna, Solarium, 5 Tennis,
Restaurant
Historisches Haus, eingerichtet im Landhausstil,
umgeben von parkähnlicher Sport- und
Freizeitanlage. Auch Zimmer der Kategorie ✱
vorhanden.

Gescher 33 ↖

Nordrhein-Westfalen / Kreis Borken
EW 16500
🛈 Tel (0 25 42) 9 80 11, Fax 9 80 12
Stadtinformation
✉ 48712 Lindenstr. 2

✱ Domhotel
Flair Hotel
Kirchplatz 6, Tel (0 25 42) 9 30 10, Fax 76 58,
✉ 48712, A̲X̲ D̲C̲ E̲D̲ V̲A̲
19 Zi, Ez: 85/42-125/62, Dz: 135/67-180/90, ⌐
WC ✆ DFÜ, 4 🛏, Ⓟ, 2⟳40
Auch Zimmer der Kategorie ✱✱ vorhanden.

🍴🍴 Elsässer Stuben
Hauptgericht 29/14, Biergarten, geschl.: Mo

⌂ Tenbrock
Hauskampstr. 12, Tel (0 25 42) 78 18,
Fax 50 67, ✉ 48712, E̲D̲
10 Zi, Ez: 70/35-120/60, Dz: 130/65, ⌐ WC ✆,
Ⓟ, 🚗, Kegeln, Restaurant

Geseke 34 →

Nordrhein-Westfalen / Kreis Soest
EW 20000
🛈 Tel (0 29 42) 50 00, Fax 5 00 25
Stadtverwaltung
✉ 59590 Martinsgasse 2

✱✱ Feldschlößchen
Salzkotter Str. 42, an der B 1,
Tel (0 29 42) 98 90, Fax 98 93 99, ✉ 59590, A̲X̲
D̲C̲ E̲D̲ V̲A̲
62 Zi, Ez: 95/47, Dz: 160/80, ⌐ WC ✆ DFÜ,
15 🛏, Lift, Ⓟ, 🚗, 4⟳60, Fitnessraum, Kegeln,
Sauna, Solarium, Restaurant

Gettorf 10 □

Schleswig-Holstein
Kreis Rendsburg-Eckernförde
EW 6100
🛈 Tel (0 43 46) 9 11 12, Fax 9 11 15
Gemeindeverwaltung
✉ 24214 Karl-Kolbe-Platz 1

✱ Stadt Hamburg
Süderstr. 1, Tel (0 43 46) 4 16 60,
Fax 41 66 41, ✉ 24214, D̲C̲ E̲D̲ V̲A̲
18 Zi, Ez: 85/42-95/47, Dz: 120/60-150/75, ⌐
WC ✆, Ⓟ, 🚗, 3⟳200, Kegeln, Restaurant
geschl.: So, 1.-17.1.01

Gevelsberg 33 ↓

Nordrhein-Westfalen
Ennepe-Ruhr-Kreis
EW 32861
ℹ Tel (0 23 32) 7 10, Fax 7 12 30
Stadtverwaltung
✉ 58285 Rathausplatz 1

✱ Alte Redaktion
Hochstr. 10, Tel (0 23 32) 7 09 70,
Fax 70 97 50, ✉ 58285, AX DC ED VA
43 Zi, Ez: 95/47-145/73, Dz: 149/75-195/98,
1 Suite, ⌐ WC ∅, 10 ⇔, **P**, 3⇔100, Restaurant

Giengen a. d. Brenz 62 →

Baden-Württemberg
Kreis Heidenheim
EW 20100
ℹ Tel (0 73 22) 95 20, Fax 95 22 64
Touristinformation
✉ 89537 Im Schlössle 11

✱ Salzburger Hof
Richard-Wagner-Str. 5, Tel (0 73 22) 9 68 80,
Fax 96 88 88, ✉ 89537, AX DC ED VA
31 Zi, Ez: 90/45-98/49, Dz: 130/65, ⌐ WC ∅,
5 ⇔, Lift, **P**, ≏, 3⇔30, Restaurant

✱ Lamm
Marktstr. 17-19, Tel (0 73 22) 9 67 80,
Fax 9 67 81 50, ✉ 89537, AX DC ED VA
38 Zi, Ez: 89/44-105/52, Dz: 130/65-160/80,
3 Suiten, ⌐ WC ∅ DFÜ, 14 ⇔, Lift, **P**, 2⇔80,
Bowling, Restaurant
Gästehaus City Hotel in der Lange Str. 37.

Gießen 44 →

Hessen
EW 73000
ℹ Tel (06 41) 1 94 33, Fax 7 69 57
Stadt- und Touristikinformation
✉ 35390 Berliner Platz 2

✱✱ Tandreas
Licher Str. 55, Tel (06 41) 9 40 70,
Fax 9 40 74 99, ✉ 35394, AX ED VA
32 Zi, Ez: 165/83-175/88, Dz: 199/100, ⌐ WC
∅ DFÜ, Lift, **P**, ≏
geschl.: 1.-7.1.01
🍴🍴 Hauptgericht 42/21-48/24, Terrasse,
geschl.: Sa mittags, So, 1.-7.1.01, 2 Wochen im Sommer
Beachtenswerte Küche.

✱✱ Best Western Steinsgarten
Hein-Heckroth-Str. 20 (B 2),
Tel (06 41) 3 89 90, Fax 3 89 92 00, ✉ 35390,
AX DC ED VA
126 Zi, Ez: 135/67-235/118,
Dz: 190/95-285/143, 4 Suiten, ⌐ WC ∅ DFÜ,
21 ⇔, Lift, **P**, ≏, 10⇔200, ≘, Sauna, Solarium
🍴🍴 **Best Western Steinsgarten**
Hauptgericht 32/16-35/17, Terrasse

✱✱ Köhler
Westanlage 33-35 (A 2), Tel (06 41) 97 99 90,
Fax 9 79 99 77, ✉ 35390, AX DC ED VA
45 Zi, Ez: 120/60-180/90, Dz: 160/80-200/100,
⌐ WC ∅ DFÜ, 10 ⇔, Lift, **P**, ≏, 14⇔90,
Fitnessraum, Restaurant
Überwiegend Zimmer der Kategorie ✱
vorhanden.

✱ Residenz
Wiesecker Weg 12 (außerhalb B1),
Tel (06 41) 3 99 80, Fax 39 98 88, ✉ 35396, AX ED VA
29 Zi, Ez: 127/63-159/80, Dz: 175/88-190/95,
2 Suiten, 33 App, ⌐ WC ∅ DFÜ, Lift, **P**, ≏,
garni
Langzeitvermietung möglich.

✱ Kübel
Bahnhofstr. 47, Tel (06 41) 77 07 00,
Fax 7 70 70 70, ✉ 35390, DC ED VA
50 Zi, Ez: 125/62-150/75, Dz: 180/90-220/110,
5 App, ⌐ WC ∅, 45 ⇔, **P**, 2⇔50, Restaurant
geschl.: 24.12.00-2.1.01

✱ Parkhotel Sletz
Wolfstr. 26 (C 2), Tel (06 41) 40 10 40,
Fax 40 10 41 40, ✉ 35394, AX ED VA
20 Zi, Ez: 115/57, Dz: 149/75, ⌐ WC ∅ DFÜ,
11 ⇔, **P**, ≏, Sauna, Solarium, garni

✱ Am Ludwigsplatz
Ludwigsplatz 8 (B 2), Tel (06 41) 93 11 30,
Fax 39 04 99, ✉ 35390, AX DC ED VA
27 Zi, Ez: 120/60-140/70, Dz: 140/70-180/90,
3 Suiten, 3 App, ⌐ WC ∅, 9 ⇔, Lift, **P**, ≏,
Restaurant
Auch Zimmer der Kategorie ✱✱ und einfache
Zimmer vorhanden.

🍴🍴 Da Michele
Grünberger Str. 4, Tel (06 41) 3 23 26,
Fax 3 23 26, ✉ 35390, AX ED VA
Hauptgericht 35/17, geschl.: Mo mittags, So

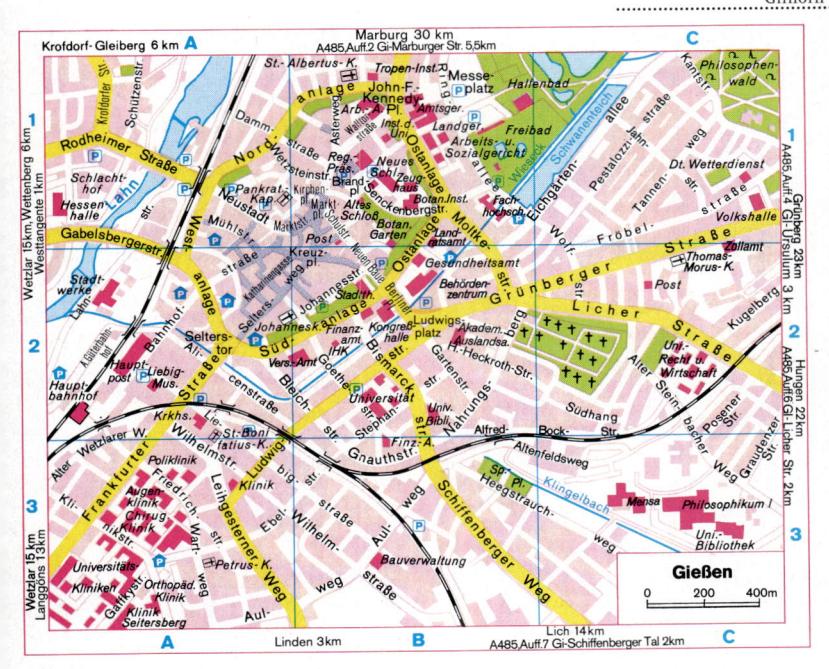

Gifhorn

Gifhorn 27 ←

Niedersachsen
EW 43500
🛈 Tel (0 53 71) 8 81 75, Fax 8 83 11
Tourismus GmbH
✉ 38518 Marktplatz 1

** Morada Hotel Skan-Tours
Isenbütteler Weg 56, Tel (0 53 71) 93 00,
Fax 93 04 99, ✉ 38518, AX DC ED VA
63 Zi, Ez: 98/49-149/75, Dz: 155/78-199/100,
⌐ WC ⊘, 20 ⌧, Lift, P, 5⊃80, Sauna,
Solarium, Restaurant

* Deutsches Haus Landidyll
Torstr. 11, Tel (0 53 71) 81 80, Fax 5 46 72,
✉ 38518, AX DC ED VA
46 Zi, Ez: 88/44-140/70, Dz: 125/62-180/90, ⌐
WC ⊘, P, 3⊃100
Im Gästehaus einfachere Zimmer vorhanden.
🍴 Hauptgericht 17/8-34/17, Biergarten,
geschl.: So abends

* Grasshoff
Weißdornbusch 4, Tel (0 53 71) 9 46 30,
Fax 94 63 40, ✉ 38518, AX ED VA
19 Zi, Ez: 98/49-118/59, Dz: 150/75-190/95, ⌐
WC ⊘, P, ⌂, garni

🍴🍴 Ratsweinkeller ✚
Cardenap 1, Tel (0 53 71) 5 91 11, Fax 38 28,
✉ 38518, AX ED VA
⌂, Hauptgericht 32/16-42/21, Terrasse,
geschl.: Mo, 1.-10.1.01

Gifhorn-Außerhalb (2 km ←)

** Ringhotel Heidesee
Celler Str. 159-163, Tel (0 53 71) 95 10,
Fax 5 64 82, ✉ 38518, AX DC ED VA, Ⓢ
einzeln ♪, 45 Zi, Ez: 132/66-220/110,
Dz: 187/94-265/133, ⌐ WC ⊘, 5 ⌧, Lift, P,
2⊃60, ⌂, Sauna, Solarium
geschl.: 23-27.12.00

Gifhorn

🍴 ▪▪▪▪ Tel 43 48, einzeln,
Hauptgericht 22/11-35/17, Terrasse,
geschl.: 6.1.-15.2.01

Gilching 71 ↑

Bayern / Kreis Starnberg
EW 16950
ℹ Tel (0 81 05) 38 66 33, Fax 38 66 59
Gemeindeverwaltung
✉ 82205 Rathausstr. 2

Geisenbrunn (3 km ↘)

✱ ▪▪▪▪ Am Waldhang
Am Waldhang 22, Tel (0 81 05) 3 72 40,
Fax 37 24 37, ✉ 82205, AX DC ED VA
12 Zi, Ez: 105/52-130/65, Dz: 140/70-170/85, ⌐
WC ☾, 3 ⇐, **P**, 🏠

Gillenfeld 52 ↗

Rheinland-Pfalz / Kreis Daun
EW 1500
ℹ Tel (0 65 73) 7 20, Fax 7 20
Tourist-Information
✉ 54558 Brunnenstr. 13

**✱✱ ▪▪▪▪ Sport-und Erholungshotel
Gillenfelder Hof**
Pulvermaarstr. 8, Tel (0 65 73) 9 92 50,
Fax 9 92 51 00, ✉ 54558, ED VA
58 Zi, Ez: 80/40-100/50, Dz: 100/50-180/90,
1 Suite, 2 App, ⌐ WC ☾, 15 ⇐, Lift, **P**, 3⇌40,
≋, 🏠, Kegeln, Sauna, Solarium, Restaurant
Im Gästehaus einfache Zimmer vorhanden.

Gingst siehe Rügen

Ginsheim-Gustavsburg 54 ↑

Hessen / Kreis Groß-Gerau
EW 16000
ℹ Tel (0 61 34) 58 50, Fax 55 76 40
Gemeindeverwaltung
✉ 65462 Mozartstr. 3

Ginsheim

✱✱ ▪▪▪▪ Schäfer's Landhaus
Bouguenais-Allee 1-5, Tel (0 61 44) 9 35 30,
Fax 93 53 53, ✉ 65462, ED VA
20 Zi, Ez: 163/82, Dz: 205/103, 5 App, ⌐ WC ☾
DFÜ, Lift, **P**, 🏠, Restaurant
Rezeption: 7-12, 16-22,
geschl.: 22.12.00-8.1.01

**✱ ▪▪▪▪ Rheinischer Hof
mit Gästehäusern**
Hauptstr. 51, Tel (0 61 44) 21 48, Fax 3 17 65,
✉ 65462, AX ED VA
30 Zi, Ez: 110/55-135/57, Dz: 155/78-180/90,
10 Suiten, 7 App, ⌐ WC ☾, 5 ⇐, **P**, 2⇌100
Auch Zimmer der Kategorie ✱✱ vorhanden.
🍴 ▪▪▪▪ ☾, Hauptgericht 15/7-42/21, Terrasse,
nur abends, Sa+So auch mittags

✱ ▪▪▪▪ Weinhaus Wiedemann
Frankfurter Str. 31, Tel (0 61 44) 9 35 50,
Fax 93 55 25, ✉ 65462
12 Zi, Ez: 90/45-100/50, Dz: 110/55-160/80,
1 App, ⌐ WC ☾, 3 ⇐, **P**, 1⇌30, Restaurant

Gustavsburg

✱ ▪▪▪▪ Alte Post
Dr.-Herrmann-Str. 28, Tel (0 61 34) 7 55 50,
Fax 5 26 45, ✉ 65462, AX ED VA
38 Zi, Ez: 90/45-160/80, Dz: 130/65-180/90, ⌐
WC ☾, Lift, **P**, 🏠, Sauna, garni
Zimmer der Kategorie ✱✱ vorhanden.

Girbigsdorf 41 ↘

Sachsen / Kreis Görlitz
Gemeindeverwaltung
✉ 02829 Aueweg 2

Schöpstal

✱ ▪▪▪▪ Mühlenhotel
Kleine Seite 47, Tel (0 35 81) 31 40 49,
Fax 31 50 37, ✉ 02829, AX ED VA
☾, 22 Zi, Ez: 75/37-85/42, Dz: 110/55, 1 Suite,
1 App, ⌐ WC ☾, **P**, 🏠, ≋, Restaurant

Gisselberg siehe Marburg

Gladbeck 33 ←

Nordrhein-Westfalen
Kreis Recklinghausen
EW 80073
ℹ Tel (0 20 43) 99 23 83, Fax 99 11 30
Stadtverwaltung
✉ 45964 Willy-Brandt-Platz 2

Familienfreundliche Stadt im Grünen zwischen
Münsterland und Ruhrgebiet. Freizeitstätte
Wittringen mit Wasserschloss, Maschinenhalle
Zweckel. Appeltatenfest an jedem 1. September-
wochenende.

✱ ▪▪▪▪ Schultenhof
Schultenstr. 10, Tel (0 20 43) 5 12 70,
Fax 98 32 40, ✉ 45966, AX DC ED VA

23 Zi, Ez: 90/45-110/55, Dz: 110/55-120/60, ⊰ WC ⌀ DFÜ, Ⓟ, 🐾, 2⌬120, Kegeln, Restaurant

🍴🍴 Wasserschloß Wittringen
Burgstr. 64, Tel (0 20 43) 2 23 23, Fax 6 74 51, ✉ 45964, AX DC ED VA
🌿 ⌄, Hauptgericht 17/8-45/22

Ellinghorst (4 km ↙)

✱✱✱ Gladbeck
Bohmertstr. 333, Tel (0 20 43) 69 80, Fax 68 15 17, ✉ 45964, AX DC ED VA
139 Zi, Ez: 133/66-173/87, Dz: 148/74-188/94, 41 Suiten, ⊰ WC ⌀, Lift, Ⓟ, 12⌬800, Restaurant

Gladenbach 44 ↗

Hessen / Kreis Marburg-Biedenkopf
EW 13000
🛈 Tel (0 64 62) 20 12 11, Fax 20 12 22
Kur- und Freizeit-Gesellschaft
✉ 35075 Karl-Waldschmidt-Str 5

✱ Gästehaus Mondie
Hoherainstr. 47, Tel (0 64 62) 9 39 40, Fax 34 66, ✉ 35075, AX DC ED VA
⌂, 5 Zi, Ez: 65/32-85/42, Dz: 120/60-130/65, ⊰ WC ⌀, Ⓟ, Sauna, Solarium, Restaurant

✱ Gladenbacher Hof
Bahnhofstr. 72, Tel (0 64 62) 60 36, Fax 52 36, ✉ 35075, AX ED VA
34 Zi, Ez: 65/32-95/47, Dz: 110/55-170/85, ⊰ WC ⌀, 5 🛏, Ⓟ, 5⌬45, 🐾, Kegeln, Sauna, Solarium, Restaurant

Glashütten 44 ↘

Hessen / Hochtaunuskreis
EW 5302
🛈 Tel (0 61 74) 29 20, Fax 68 03
Gemeindeverwaltung
✉ 61479 Schloßborner Weg 2

🍴 Glashüttener Hof
Limburger Str. 84, Tel (0 61 74) 69 22, Fax 69 46, ✉ 61479, AX VA
Hauptgericht 23/11-48/24, Terrasse, Ⓟ, geschl.: Mo
✱ 9 Zi, Ez: 90/45, Dz: 180/90, ⊰ WC ⌀

Schloßborn (4 km ↙)

🍴🍴 Schützenhof
Langstr. 13, Tel (0 61 74) 6 10 74, Fax 96 40 12, ✉ 61479
Hauptgericht 46/23-56/28, Terrasse, Ⓟ, geschl.: Mo, 4 Wochen im Sommer

Glatten 61 ↙

Baden-Württemberg
Kreis Freudenstadt
EW 2500
🛈 Tel (0 74 43) 9 60 70, Fax 96 07 20
Gäste-Information Glatten
✉ 72293 Lombacher Str. 27

✱ Waldhorn
Dietersweiler Str. 3, Tel (0 74 43) 86 01, Fax 2 01 03, ✉ 72293, ED VA
8 Zi, Ez: 70/35-78/39, Dz: 120/60-140/70, ⊰ WC ⌀, 2 🛏, Ⓟ, 🐾, Restaurant
geschl.: 20.10.-10.11.00

Glauchau 49 ↗

Sachsen / Kreis Chemnitzer Land
EW 27900
🛈 Tel (0 37 63) 25 55, Fax 25 55
Glauchau-Information
✉ 08371 Markt 1

✱ Wettiner Hof
Wettinerstr. 13, Tel (0 37 63) 50 20, Fax 50 22 99, ✉ 08371, AX DC ED VA
⌂, 48 Zi, Ez: 90/45-99/49, Dz: 125/62-140/70, ⊰ WC ⌀, Lift, 🐾, 4⌬85, Restaurant

✱ Meyer
Agricolastr. 6, Tel (0 37 63) 24 55, Fax 1 50 38, ✉ 08371, AX DC ED VA
⌂, 19 Zi, Ez: 90/45-99/49, Dz: 128/64-150/75, 1 App, ⊰ WC ⌀, Ⓟ, 1⌬40, Restaurant
Auch Zimmer der Kategorie ✱✱ vorhanden.

Weidensdorf

✱ Top Motel
Hauptstr. 2, Tel (0 37 63) 1 70 80, Fax 1 70 81 00, ✉ 08373
80 Zi, Ez: 96/48, Dz: 131/65, ⊰ WC ⌀

Glees 43 ↙

Rheinland-Pfalz / Kreis Ahrweiler
EW 590
🛈 Tel (0 26 36) 1 94 33, Fax 8 01 46
Touristinformation
✉ 56651 Kapellnstr. 12

Maria Laach (5 km ↘)

✱✱ Seehotel Maria Laach
Tel (0 26 52) 58 40, Fax 58 45 22, ✉ 56653, AX ED VA
⌂ 🌿, 65 Zi, Ez: 150/75-205/103, Dz: 240/120-320/161, 1 Suite, ⊰ WC ⌀, 10 🛏,

Lift, P, ☎, 10⌂155, ⌂, Fitnessraum, Sauna, Solarium
🍴🍴 Hauptgericht 26/13-44/22, Terrasse

Gleiszellen-Gleishorbach 60 ↑

Rheinland-Pfalz
Kreis Südliche Weinstraße
EW 850
🛈 Tel (0 63 43) 47 11
Bürgermeisteramt
✉ 76889 Winzergasse 55

Gleiszellen

✱✱ Südpfalz-Terrassen
Winzergasse 42, Tel (0 63 43) 7 00 00,
Fax 59 52, ✉ 76889, AX ED VA
☾ ⚜, 56 Zi, Ez: 90/45-140/70,
Dz: 140/70-250/125, 5 App, ⊐ WC ⊘ DFÜ, Lift,
P, ☎, 3⌂50, ⌂, Sauna, Solarium, Restaurant
geschl.: Mo, 18-25.12.00, 3-30.1.01
Auch Zimmer der Kategorie ✱ vorhanden.

✱ Gasthof Zum Lamm
Winzergasse 37, Tel (0 63 43) 93 92 12,
Fax 93 92 13, ✉ 76889
11 Zi, Ez: 85/42-100/50, Dz: 120/60-160/80,
1 App, ⊐ WC ⊘, P, Restaurant
geschl.: 2.-30.1.01

Glesien 39 ←

Sachsen / Kreis Delitzsch
EW 1500
🛈 Tel (03 42 07) 21 13, Fax 4 12 19
Gemeindeverwaltung
✉ 04509 Kolsaerstr. 1

✱ Airporthotel Arriva
Lilienthalstr., Tel (03 42 07) 4 80, Fax 4 82 00,
✉ 04509, AX DC ED VA
78 Zi, Ez: 70/35-84/42, Dz: 110/55-120/60, ⊐
WC ⊘, 48 ⊱, P, 4⌂30, Restaurant

Glienicke (Nordbahn) 30 ↑

Brandenburg / Kreis Oranienburg
EW 4958
🛈 Tel (03 30 56) 8 03 70, Fax 8 03 69
Gemeindeverwaltung
✉ 16548 Hauptstr. 19

✱ Waldschlößchen
Karl-Liebknecht-Str. 55, Tel (03 30 56) 8 20 00,
Fax 8 24 06, ✉ 16548, ED VA
23 Zi, Ez: 79/39-89/44, Dz: 99/49, ⊐ WC ⊘,
Restaurant

Glindenberg 28 ✓

Sachsen-Anhalt / Kreis Wolmirstedt
EW 1231
🛈 Tel (03 92 01) 2 16 04, Fax 2 16 04
Gemeindeverwaltung
✉ 39326 Breite Str. 25

✱ Haus Retter
Wolmirstedter Str. 3, Tel (03 92 01) 70 40,
Fax 7 04 29, ✉ 39326, VA
23 Zi, Ez: 95/47, Dz: 145/73, ⊐ WC ⊘, 3⌂120,
1 Tennis, Restaurant

Glonn 72 □

Bayern / Kreis Ebersberg
EW 4000
🛈 Tel (0 80 93) 9 09 70, Fax 23 20
Verwaltungsgemeinschaft
✉ 85625 Marktplatz 1

✱ Schwaiger
Feldkirchner Str. 3, Tel (0 80 93) 9 08 80,
Fax 90 88 20, ✉ 85625, AX DC ED VA
54 Zi, Ez: 75/37-110/55, Dz: 130/65-170/85,
2 App, ⊐ WC ⊘ DFÜ, 34 ⊱, Lift, P, ☎, 1⌂40,
Restaurant
Rezeption: 6.30-22

🍴 Wirtshaus zum Schweinsbräu ✛
Herrmannsdorf 7, Tel (0 80 93) 90 94 45,
Fax 90 94 10, ✉ 85625, ED VA
Gartenlokal, P, geschl.: Mo, Di,
27.12.00-15.1.01
In den ökologischen Herrmannsdorfer
Landwerkstätten gelegen.

Glottertal 67 □

Baden-Württemberg
Kreis Breisgau-Hochschwarzwald
EW 3000
🛈 Tel (0 76 84) 9 10 40, Fax 91 04 13
Verkehrsamt
✉ 79286 Rathausweg 12

★★★ Silencehotel Hirschen mit Gästehaus
Rathausweg 2, Tel (0 76 84) 8 10, Fax 17 13,
✉ 79286, AX ED VA
♪, 49 Zi, Ez: 100/50-160/80,
Dz: 200/100-300/151, ⌐ WC ⊘ DFÜ, Lift, P,
3⇨50, ≘, Sauna, Solarium
Auch Zimmer der Kategorien ★★ vorhanden.
🍴🍴 Hauptgericht 38/19-56/28, Terrasse,
geschl.: Mo

★★ Gasthof zum Kreuz Landidyll
Landstr. 14, Tel (0 76 84) 8 00 80,
Fax 80 08 39, ✉ 79286, AX DC ED VA
♪, 36 Zi, Ez: 80/40-135/67,
Dz: 150/75-200/100, ⌐ WC ⊘ DFÜ, 10 ⇥, Lift,
P, 1⇨25, Sauna, Solarium
Auch Zimmer der Kategorie ★ vorhanden.
🍴 Hauptgericht 19/9-55/27, Terrasse

★★ Schwarzenberg's Traube
Kirchstr. 25, Tel (0 76 84) 13 13, Fax 7 38,
✉ 79286, AX ED VA
12 Zi, Ez: 98/49-150/75, Dz: 150/75-260/130,
⌐ WC ⊘, Lift, P, 2⇨25
🍴🍴 Hauptgericht 28/14-45/22, Terrasse,
geschl.: Mo

★★ Schloßmühle
Talstr. 22, Tel (0 76 84) 2 29, Fax 14 85,
✉ 79286, AX DC ED VA
12 Zi, Ez: 88/44-95/47, Dz: 145/73-155/78, ⌐
WC ⊘, 2 ⇥, Lift, P
🍴🍴 ⊕, Hauptgericht 18/9-38/19,
geschl.: Mi

★★ Tobererhof
Kandelstr. 34, Tel (0 76 84) 9 10 50, Fax 10 13,
✉ 79286, ED VA
♪ ⚜, 16 Zi, Ez: 95/47-125/62,
Dz: 136/68-190/95, ⌐ WC ⊘, 4 ⇥, P, ≘, garni
Auch Zimmer der Kategorie ★ vorhanden.

★ Pension Faller
Talstr. 9, Tel (0 76 84) 2 26, Fax 14 53,
✉ 79286, ED VA
♪ ⚜, 11 Zi, Ez: 65/32-90/45, Dz: 95/47-140/70,
⌐ WC ⊘, 5 ⇥, P, ≘, garni

★ Wisser's Sonnenhof
Schurhammerweg 7, Tel (0 76 84) 2 64,
Fax 10 93, ✉ 79286, VA
♪ ⚜, 17 Zi, Ez: 60/30-90/45, Dz: 100/50-160/80,
⌐ WC ⊘, P, Restaurant
geschl.: 2 Wochen im Nov
Auch Zimmer der Kategorie ★★ vorhanden.

★ Schwarzenberg
Talstr. 24, Tel (0 76 84) 13 24, Fax 17 91,
✉ 79286, AX DC ED VA
20 Zi, Ez: 90/45-110/55, Dz: 160/80-180/90, ⌐
WC ⊘, Lift, P, ≘, ≋, Sauna, Solarium,
Restaurant

🍴🍴 Zum Adler ✚
Talstr. 11, Tel (0 76 84) 10 81, Fax 10 83,
✉ 79286, AX ED VA
⊕, Hauptgericht 39/19, Gartenlokal, P
Schwarzwaldgasthaus mit rustikaler
Einrichtung.
🛏 12 Zi, Ez: 40/20-100/50,
Dz: 100/50-180/90, 1 Suite, ⌐ ⊘, 1⇨30

Glowe siehe Rügen

Glücksburg 10 ↖

Schleswig-Holstein
Kreis Schleswig-Flensburg
EW 6500
ℹ Tel (0 46 31) 6 00 70, Fax 33 01
Kurverwaltung
✉ 24960 Sandwigstr. 1a

Glücksburg-Außerhalb (5 km ✓)

★★★ Alter Meierhof Vitalhotel ♛
Uferstr. 1, Tel (0 46 31) 6 19 90, Fax 61 99 89,
✉ 24960, AX DC ED VA
⚜, 48 Zi, Ez: 224/112-294/148,
Dz: 323/162-403/202, 6 Suiten, ⌐ WC ⊘, 28 ⇥,
Lift, P, ≘, 5⇨250, ≋, Fitnessraum,
Seezugang, Sauna, Solarium, Golf
Auch Zimmer der Kategorie ★★ vorhanden.
Wellnesslandschaft auf 1000 qm in der
Hoftherme.

🍴🍴🍴 Meierei
⚜, Hauptgericht 30/15-50/25, Terrasse

🍴🍴 Brasserie
Hauptgericht 26/13-49/24, Terrasse

Sandwig (1 km ↑)

★★ Intermar
Förderstr. 2, Tel (0 46 31) 4 90, Fax 4 95 25,
✉ 24960, AX DC ED VA
♪ ⚜, 80 Zi, Ez: 149/75-159/80,
Dz: 199/100-210/105, 3 Suiten, 5 ⇥, Lift, P, ≘,
8⇨210, ≋, Seezugang, Sauna, Solarium
Preise exkl. Frühstück.

🍴🍴 König von Dänemark
Hauptgericht 35/17

Glückstadt 17 ↗

Schleswig-Holstein
Kreis Steinburg
EW 12400
🛈 Tel (0 41 24) 93 75 85, Fax 93 75 86
Tourist-Information
✉ 25348 Grose Nübelstr. 31

Stadtdenkmal an der Unterelbe.

¶¶ ▮▮▮▮ Ratskeller Glückstadt ✛
Am Markt 4, Tel (0 41 24) 24 64, Fax 41 54,
✉ 25348, AX ED VA
Hauptgericht 30/15, Terrasse

Der kleine Heinrich
Am Markt 2, Tel (0 41 24) 36 36, Fax 36 16,
✉ 25348, AX DC ED VA
☺, Hauptgericht 15/7-33/16, Terrasse

Gmund a. Tegernsee 72 ↓

Bayern / Kreis Miesbach
EW 6349
🛈 Tel (0 80 22) 75 05 27, Fax 75 05 45
Verkehrsamt
✉ 83703 Kirchenweg 6

Finsterwald (1 km ↖)

¶ ▮▮▮▮ Feichtner Hof
Kaltenbrunner Str. 2, Tel (0 80 22) 9 68 40,
Fax 96 84 33, ✉ 83703, AX ED VA
Hauptgericht 13/6-35/17, Terrasse, 🅿
** ▮▮▮▮ 12 Zi, Ez: 95/47-130/65,
Dz: 150/75-220/110, 6 App, ⌐ WC ☾

Gut Steinberg (8 km W, über Marienstein)

*** ▮▮▮▮ **Margarethenhof
Golf und Country Club Hotel**
Tel (0 80 22) 7 50 60, Fax 7 48 18, ✉ 83703,
AX DC ED VA
einzeln ♪ ₴, 38 Zi, Ez: 168/84-230/115,
Dz: 240/120-395/198, 15 Suiten, ⌐ WC ☾ DFÜ,
5 ⛄, 🅿, 8⟳150, Sauna, Solarium, Golf
geschl.: 16.12.00-25.3.01
Zufahrt über Waakirchen / Marienstein.
¶ ▮▮▮▮ ₴, Hauptgericht 25/12, Terrasse,
geschl.: 16.12.00-25.3.01

Kaltenbrunn (3 km ↙)

⊚ ▮▮▮▮ Gut Kaltenbrunn
Tel (0 80 22) 79 69, Fax 7 45 36, ✉ 83703, AX ED

₴, Hauptgericht 18/9-42/21, 🅿, geschl.: im Winter Mo

Gnarrenburg 17 □

Niedersachsen
Kreis Rotburg (Wümme)
EW 10000
🛈 Tel (0 47 64) 5 16, Fax 92 12 00
Verkehrsverein
✉ 27442 Bahnhofstr. 1

Kuhstedt

* ▮▮▮▮ Kuhstedter Landhaus
Giehler Str. 2, Tel (0 47 63) 9 49 50,
Fax 94 95 96, ✉ 27442, ED VA
32 Zi, Ez: 75/37, Dz: 130/65, ⌐ WC ☾ DFÜ,
8 ⛄, 🅿, 1⟳100, Restaurant

Gnaschwitz-Doberschau 41 ↙

Sachsen / Kreis Bautzen
EW 2455
🛈 Tel (03 59 30) 5 09 10, Fax 5 09 14
Gemeindeverwaltung
✉ 02692 Hauptstr. 13

Grubschütz (2 km ↖)

* ▮▮▮▮ Zur guten Einkehr und Spreetal
Hs.Nr. 1, Tel (0 35 91) 30 39 30, Fax 30 39 19,
✉ 02692, AX ED VA
16 Zi, Ez: 85/42-95/47, Dz: 110/55-130/65,
1 Suite, 1 App, ⌐ WC ☾, 🅿, 2⟳300,
Restaurant

Goch 32 ↖

Nordrhein-Westfalen / Kreis Kleve
EW 30500
🛈 Tel (0 28 23) 32 02 02, Fax 32 02 51
Kultourbühne Goch
✉ 47574 Markt 15

** ▮▮▮▮ De Poort
Jahnstr. 6, Tel (0 28 23) 96 00, Fax 8 07 86,
✉ 47574, AX DC ED VA, ⓢ
75 Zi, Ez: 95/47-195/98, Dz: 125/62-245/123,
⌐ WC ☾ DFÜ, 6 ⛄, Lift, 🅿, 7⟳140, 🝔,
Fitnessraum, Kegeln, Bowling, Sauna, Solarium,
6 Tennis
Auch Zimmer der Kategorie ✱ vorhanden.
¶ ▮▮▮▮ Hauptgericht 15/7-38/19, Terrasse

* ▮▮▮▮ Am Kastell
Kastellstr. 6-8, Tel (0 28 23) 96 20,
Fax 9 62 44, ✉ 47574, ED VA
16 Zi, Ez: 90/45, Dz: 145/73, ⌐ WC ☾ DFÜ,
4 ⛄, Lift, 🅿, 🝔, 1⟳30, garni

✱ Litjes
Pfalzdorfer Str. 2, Tel (0 28 23) 9 49 90,
Fax 94 99 49, ✉ 47574, AX ED VA
17 Zi, Ez: 78/39-82/41, Dz: 125/62-135/67, ⊋
WC ⌀ DFÜ, Ⓟ, Kegeln, Restaurant

Gögging, Bad siehe Neustadt
a. d. Donau

Göhren siehe Rügen

Göhren-Lebbin 21 ←
Mecklenburg-Vorpommern
Landkreis Müritz
EW 750
🛈 Tel (03 99 32) 2 35
Gemeindeverwaltung
✉ 17213

✱✱✱✱ SAS Radisson Fleesensee
Schlosstr. 1, Tel (03 99 32) 8 01 00,
Fax 80 10 80 10, ✉ 17213, AX DC ED VA
♪ ⚐ ⛶, 184 Zi, Ez: 135/67-305/153,
Dz: 190/95-360/181, 14 Suiten, ⊋ WC ⌀ DFÜ,
Lift, ☎, 4⇔120, ⌂, Fitnessraum, Sauna,
Solarium

¶¶¶ Fréderic
⛶, Hauptgericht 34/17-38/19, Terrasse, nur
abends, geschl.: Mo
Barocksaal mit bleiverglaster Kuppeldecke.
Beachtenswerte Küche.

Göppingen 62 □
Baden-Württemberg
EW 57000
🛈 Tel (0 71 61) 65 02 92, Fax 65 02 99
Tourist Information
✉ 73033 Marktstr. 2
Cityplan siehe Seite 350

✱✱ Ringhotel Hohenstaufen
Freihofstr. 64 (B 1), Tel (0 71 61) 67 00,
Fax 7 00 70, ✉ 73033, AX DC ED VA, Ⓢ
50 Zi, Ez: 135/67-185/93, Dz: 180/90-230/115,
1 App, ⊋ WC ⌀ DFÜ, 12 ⚒, Ⓟ, ☎, 2⇔40

¶¶ Hohenstaufen
Hauptgericht 28/14, geschl.: 24.12.00-6.1.01

✱ Alte Kellerei
Kellereistr. 16 (A 2), Tel (0 71 61) 97 80 60,
Fax 9 78 06 13, ✉ 73033, AX DC ED VA
19 Zi, Ez: 125/62-145/73, Dz: 200/100, ⊋ WC
⌀ DFÜ, Lift, Ⓟ, ☎, Restaurant

Görlitz 41 ↘
Sachsen
EW 65000
🛈 Tel (0 35 81) 4 75 70, Fax 47 57 27
Euro-Tour-Zentrum
✉ 02826 Obermarkt 29
Cityplan siehe Seite 351

siehe auch Girbigsdorf

✱✱✱ Mercure Parkhotel
Uferstr. 17 f, Tel (0 35 81) 66 20, Fax 66 26 62,
✉ 02826, AX DC ED VA, Ⓢ
186 Zi, Ez: 130/65-214/107,
Dz: 180/90-266/133, ⊋ WC ⌀, 38 ⚒, Lift, Ⓟ,
☎, 9⇔200, Fitnessraum, Sauna, Solarium,
Restaurant

✱✱✱ Tuchmacher
Peterstr. 8, Tel (0 35 81) 4 73 10, Fax 47 31 61,
✉ 02826, AX DC ED VA
⛶, 42 Zi, Ez: 149/75-220/110,
Dz: 199/100-220/110, 1 Suite, 1 App, ⊋ WC ⌀
DFÜ, 12 ⚒, Lift, Ⓟ, 5⇔50, Sauna, Solarium
geschl.: 1.-15.1.01
Restauriertes Renaissance-Bürgerhaus. Auch
Zimmer der Kategorie ✱✱ vorhanden.

¶¶ Schneider-Stube
Hauptgericht 22/11-35/17, geschl.: 17.-24.12.00,
27.12.-14.1.01

✱✱ Sorat Hotel Görlitz
Struvestr. 1 (C 2), Tel (0 35 81) 40 65 77,
Fax 40 65 79, ✉ 02826, AX DC ED VA, Ⓢ
46 Zi, Ez: 126/63-190/95, Dz: 166/83-230/115,
⊋ WC ⌀, 6 ⚒, Lift, Ⓟ, 2⇔130, Restaurant
Auch Zimmer der Kategorie ✱✱✱ vorhanden.

✱✱ Bon-Apart-Hotel
Elisabethstr. 41, Tel (0 35 81) 4 80 80,
Fax 48 08 11, ✉ 02826, AX ED VA
⛶, 30 Zi, Ez: 100/50-180/90,
Dz: 130/65-210/105, 11 Suiten, 11 App, ⊋ WC
⌀, 10 ⚒, Ⓟ, ☎, 2⇔60, Restaurant

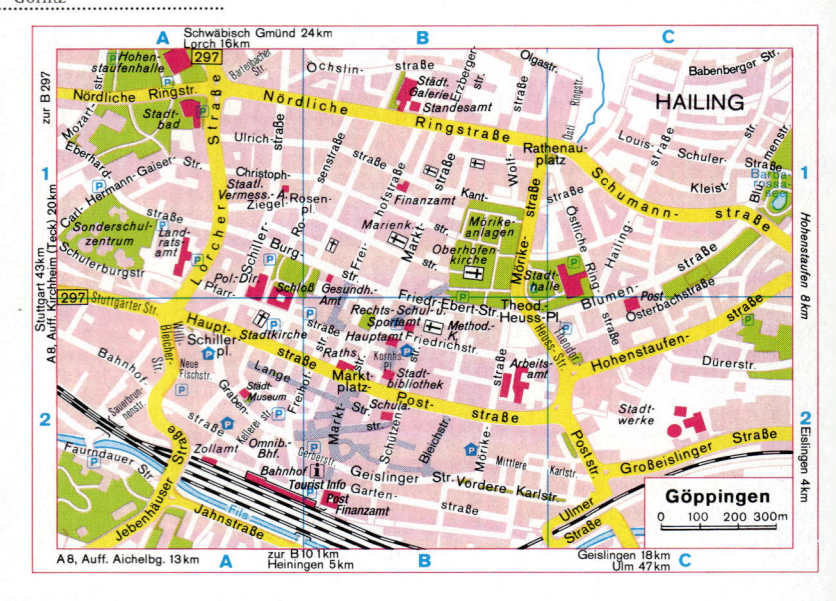

Appartements ausgestattet mit indischen
Antiquitäten, Bonapart-Stilmöbeln und
modernen Stahl-Glasmöbeln. Auch Zimmer der
Kategorie ✸✸✸ vorhanden.

✸ Europa
Berliner Str. 2 (B 3), Tel (0 35 81) 4 23 50,
Fax 42 35 30, ✉ 02826, AX ED VA
17 Zi, Ez: 85/42-130/65, Dz: 160/80-210/105, ⊟
WC ✆, 3 ⚐, ☎, garni
Zufahrt zum Hotelparkplatz über Jakobstr.

✸ Zum Klötzelmönch
Fleischerstr. 3, Tel (0 35 81) 4 75 80,
Fax 40 04 47, ✉ 02826, ED VA
9 Zi, Ez: 130/65-170/85, Dz: 160/80-240/120,
4 Suiten, 3 App, ⊟ WC ✆, 1 ⚐, P, Restaurant

✸ Silesia
Biesnitzer Str. 11, Tel (0 35 81) 4 81 00,
Fax 48 10 10, ✉ 02826, AX ED VA
22 Zi, Ez: 95/47, Dz: 130/65, ⊟ WC ✆, Lift, P,
2⟲60, garni

✸ Schellergrund
Martin-Opitz-Str. 2, Tel (0 35 81) 40 16 87,
Fax 40 16 87, ✉ 02826, AX ED VA
13 Zi, Ez: 95/47-125/62, Dz: 110/55-135/67, ⊟
WC ✆, Lift, P, ☎, Sauna, Restaurant
Auch einfachere Zimmer vorhanden.

Dreibeiniger Hund
Büttnerstr. 13, Tel (0 35 81) 42 39 80,
Fax 42 39 79, ✉ 02826, AX ED VA
♿, Hauptgericht 9/4-20/10, Terrasse, Biergarten,
Gartenlokal, 🛏

☕ Café Freudenberg
Jacobstr. 34, Tel (0 35 81) 41 75 09,
Fax 41 75 10, ✉ 02826

Biesnitz

🍴 Kulmbacher Postillion
Aufgangstr. 6, Tel (0 35 81) 74 09 66,
Fax 74 09 48, ✉ 02827, AX ED VA
Hauptgericht 8/4-25/12, Gartenlokal, P,
geschl.: Mo, So abends
✸ 4 Zi, Ez: 80/40-90/45,
Dz: 100/50-120/60, ⊟ WC ✆, 2⟲60

Holtendorf

✸✸ Zum Marschall Duroc
Girbigsdorfer Str. 3, Tel (0 35 81) 73 44,
Fax 73 42 22, ✉ 02829, AX DC ED VA
52 Zi, Ez: 100/50-125/62, Dz: 140/70-165/83,
⊟ WC ✆, 12 ⚐, Lift, P, ☎, 1⟲60, Sauna,
Restaurant

Ludwigsdorf

🍴🍴🍴 Gewölberestaurant
Neisetalstr. 53 b, Tel (0 35 81) 3 80 00,
Fax 38 00 20, ✉ 02828, AX ED VA

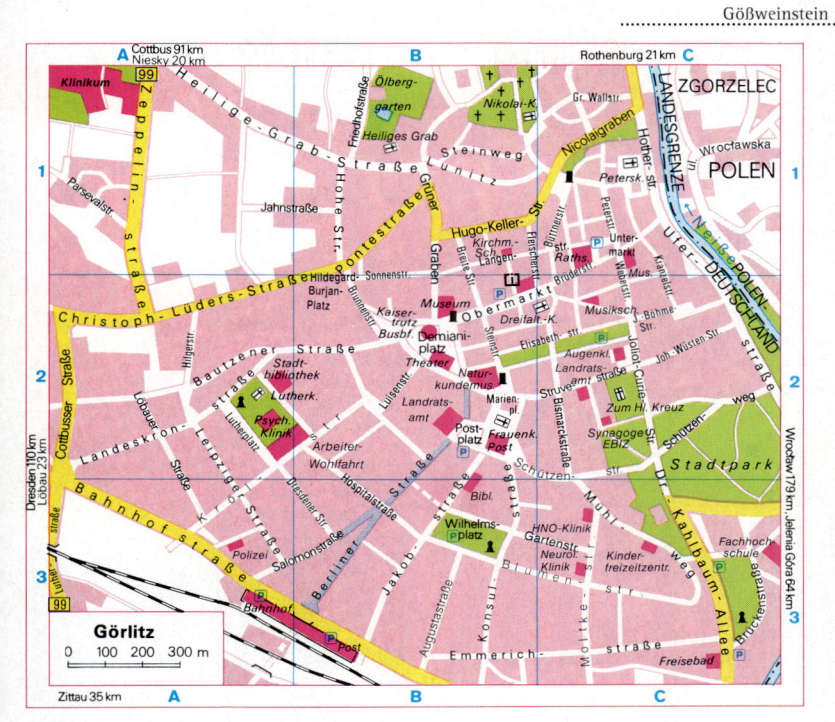

Hauptgericht 38/19, Terrasse, 🅿,
geschl.: 2.-16.1.01

** Gutshof Hedicke
☽, 12 Zi, Ez: 109/54-124/62,
Dz: 149/75-179/90, 2 Suiten, ⌐ WC ⌀ DFÜ,
2 🛏, 4🚗450

Gößweinstein 57 ↗

Bayern / Kreis Forchheim
EW 4400
🛈 Tel (0 92 42) 4 56, Fax 18 63
Verkehrsamt
✉ 91327 Burgstr. 6

Zur Post
Balthasar-Neumann-Str. 10, Tel (0 92 42) 2 78,
Fax 5 78, ✉ 91327
14 Zi, Ez: 48/24-53/26, Dz: 84/42-94/47, ⌐
WC, 🅿, 🚗, Restaurant
geschl.: Mo, 1.11.-10.12.00

Fränkischer Hahn
Badanger Str. 35, Tel (0 92 42) 4 02, Fax 73 29,
✉ 91327, ED
11 Zi, Ez: 70/35, Dz: 90/45-110/55, ⌐ WC ⌀, 🅿,
garni

Regina
Sachsenmühler Str. 1, Tel (0 92 42) 2 50,
Fax 73 62, ✉ 91327
⚑, 16 Zi, Ez: 50/25-66/33, Dz: 80/40-110/55, ⌐
WC, 🅿, 🚗, Solarium, garni

Gößweinstein-Außerhalb

Schönblick
August-Sieghardt-Str, Tel (0 92 42) 3 77,
Fax 8 47, ✉ 91327
Hauptgericht 20/10, Terrasse, 🅿, nur abends,
geschl.: Di, 30.10.-17.12.00

Behringersmühle (2 km ↑)

** Das Schulhaus
Tel (0 92 42) 98 40, Fax 98 41 00, ✉ 91327, AX
ED VA
38 Zi, Ez: 85/42, Dz: 130/65, ⌐ WC ⌀, 8 🛏,
Lift, 🅿, 4🚗150, Sauna, 2 Tennis
Rezeption: 7-20
Multimedia-Tagungshotel, Zimmer mit PC
ausgestattet. Auch Zimmer der Kategorie ✱
vorhanden.

Das Wirtshaus
Hauptgericht 10/5-25/12, Biergarten

Gößweinstein

⊨ Frankengold
Behringersmühle 29, Tel (0 92 42) 15 05,
Fax 71 14, ✉ 91327, AX ED VA
17 Zi, Ez: 60/30-85/42, Dz: 110/55-140/70, ⊣
WC ⊘, Lift, P, ⌂, 1⇨20, Restaurant
geschl.: Do
Auch Zimmer der Kategorie ✶ vorhanden.

Göttingen 36 ☐

Niedersachsen
EW 131600
🛈 Tel (05 51) 5 40 00, Fax 4 00 29 98
Tourist-Information
✉ 37073 Altes Rathaus, Markt 9

✶✶✶ Gebhards Hotel
Goetheallee 22 (A 1), Tel (05 51) 4 96 80,
Fax 4 96 81 10, ✉ 37073, AX DC ED VA
61 Zi, Ez: 175/88-300/151,
Dz: 220/110-295/148, 3 Suiten, ⊣ WC ⊘, 2 ⌑,
Lift, P, ⌂, 4⇨120, ⌂, Sauna
Auch Zimmer der Katergorie ✶✶ vorhanden.

¶¶ Georgia-Augusta Stuben ✚
Hauptgericht 29/14, Terrasse

✶✶ Eden
Reinhäuser Landstr. 22 a (B 2),
Tel (05 51) 7 60 07, Fax 7 67 61, ✉ 37083, AX
DC ED VA
99 Zi, Ez: 125/62-295/148, Dz: 179/90-367/184,
1 App, ⊣ WC ⊘ DFÜ, 10 ⌑, Lift, P, ⌂,
8⇨180, ⌂, Sauna, Solarium, Restaurant
Auch Zimmer der Katergorie ✶✶✶ vorhanden.

✶ InterCity Hotel
Bahnhofsallee 1a, Tel (05 51) 5 21 10,
Fax 3 79 61 30, ✉ 37081, AX ED VA
145 Zi, Ez: 180/90-275/138,
Dz: 240/120-335/168, 8 Suiten, ⊣ WC ⊘ DFÜ,
34 ⌑, Lift, P, 7⇨10, Sauna, Solarium,
Restaurant

✶ Leine Hotel-Boarding House
Groner Landstr. 55, Tel (05 51) 5 05 10,
Fax 5 05 11 70, ✉ 37081, AX ED VA
101 Zi, Ez: 104/52-140/70, Dz: 165/83-220/110,
⊣ WC ⊘, 20 ⌑, Lift, ⌂, garni
Langzeitvermietung möglich.

✶ Stadt Hannover
Goetheallee 21 (A 1), Tel (05 51) 54 79 60,
Fax 4 54 70, ✉ 37073, AX DC ED VA
30 Zi, Ez: 120/60-195/103, Dz: 175/88-205/103,
⊣ WC ⊘ DFÜ, 15 ⌑, Lift, P, ⌂, garni
geschl.: 22.12.00-9.1.01

¶ Schwarzer Bär
Kurze Str. 12, Tel (05 51) 5 82 84, Fax 5 82 84,
✉ 37073, AX DC ED VA

⌬, Hauptgericht 30/15, geschl.: Mo, So abends

Ratskeller
Am Markt 4, Tel (05 51) 5 64 33, Fax 4 57 33,
✉ 37073, AX DC ED VA
Hauptgericht 12/6-38/19

☕ Café Cron und Lanz
Weender Str. 25, Tel (05 51) 5 60 22,
Fax 5 60 24, ✉ 37073, ED
Terrasse, Gartenlokal

Grone (3 km ←)

✶✶✶ Clarion
Kasseler Landstr. 45, Tel (05 51) 90 20,
Fax 90 21 66, ✉ 37081, AX DC ED VA, Ⓢ
146 Zi, Ez: 110/55-290/146,
Dz: 160/80-325/163, 3 Suiten, 9 App, ⊣ WC ⊘,
18 ⌑, Lift, P, 13⇨300, ⌂, Kegeln, Sauna,
Solarium
Auch Zimmer der Kategorie ✶✶ vorhanden.

¶¶¶ Hauptgericht 20/10-40/20, Terrasse,
Biergarten, nur abends

✶✶ Schweizer Hof
Kasseler Landstr. 118-120, Tel (05 51) 5 09 60,
Fax 5 09 61 00, ✉ 37081, AX DC ED VA
50 Zi, Ez: 128/64-198/99, Dz: 178/89-298/150,
⊣ WC ⊘ DFÜ, 30 ⌑, Lift, P, ⌂, 5⇨40, Sauna,
Solarium, Restaurant
geschl.: 22.12.00-6.1.01

✶ Astron
Kasseler Landstr. 25 c, Tel (05 51) 9 00 50,
Fax 9 00 54 00, ✉ 37081, AX DC ED VA, Ⓢ
82 Zi, Ez: 140/70-320/161, Dz: 160/80-340/171,
16 Suiten, 16 App, ⊣ WC ⊘ DFÜ, 44 ⌑, Lift,
P, ⌂, 2⇨30, Sauna, Solarium, Restaurant

✶ Novostar
Kasseler Landstr. 25 d, Tel (05 51) 9 97 70,
Fax 9 97 74 00, ✉ 37081, AX DC ED VA
72 Zi, Ez: 120/60-275/138, Dz: 180/90-295/148,
2 App, ⊣ WC ⊘ DFÜ, 8 ⌑, Lift, P, 4⇨20,
garni

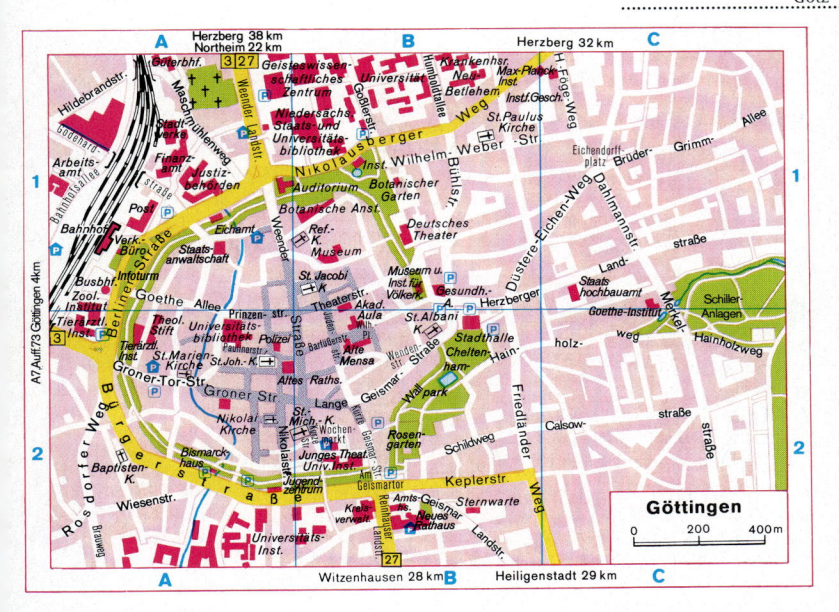

✱ Rennschuh

Kasseler Landstr. 93, Tel (05 51) 9 00 90,
Fax 9 00 91 99, ✉ 37081, AX DC ED VA
104 Zi, Ez: 75/37-90/45, Dz: 110/55-130/65,
1 Suite, ⌐ WC ⌀, Lift, P, 🅿, 3⊃100, 🚻,
Kegeln, Sauna, Solarium, Restaurant
geschl.: 22.12.00-1.1.01

Groß Ellershausen (5 km ←)

✱✱ Freizeit In

Dransfelder Str. 3, Tel (05 51) 9 00 10,
Fax 9 00 11 00, ✉ 37079, AX DC ED VA
206 Zi, Ez: 159/80-299/150,
Dz: 199/100-359/180, 4 Suiten, ⌐ WC ⌀ DFÜ,
72 ⇄, Lift, P, 🅿, 38⊃1200, 🚻, 🚻,
Fitnessraum, Kegeln, Sauna, Solarium, 6 Tennis
Auch Zimmer der Kategorie ✱✱✱ vorhanden.

🍴 Hauptgericht 27/13, Terrasse, Biergarten

Weende

✱✱ Best Western Hotel Am Papenberg

Hermann-Rein-Str, Tel (05 51) 3 05 50,
Fax 3 05 54 00, ✉ 37075, AX DC ED VA, Ⓢ
78 Zi, Ez: 155/78-240/120,
Dz: 220/110-255/128, ⌐ WC ⌀ DFÜ, 26 ⇄, Lift,
P, 🅿, 6⊃90, Golf, Restaurant
Auch Zimmer der Kategorie ✱✱✱ vorhanden.

✱✱ Astoria

Hannoversche Str. 51, Tel (05 51) 3 05 00,
Fax 3 05 01 00, ✉ 37075, AX ED VA
157 Zi, Ez: 105/52-145/73, Dz: 175/88-195/98,
⌐ WC ⌀, Lift, P, 🅿, 14⊃220, Sauna,
Solarium, Restaurant
Auch Zimmer der Katergorie ✱ vorhanden.
Langzeitvermietung möglich.

Götz 29 ←

Brandenburg
Kreis Potsdam-Mittelmark
EW 950
📞 Tel (03 32 07) 3 26 60
Gemeindeverwaltung
✉ 14778 Dorfstr. 51

✱ Götz

Ringstr. 7, Tel (03 32 07) 6 90 00, Fax 6 91 00,
✉ 14778, ED VA

39 Zi, Ez: 95/47-115/57, Dz: 145/73-165/83, ⌐ WC ⊘, 8 ⇔, ℙ, 1⇔20, garni
Rezeption: 6.30-22.30, geschl.: 22.12.00-6.1.01

Götzer Berge (5km ↑)

✱ Havel-Hotel Götzer Berge
Bergstr. 2, Tel (03 32 07) 53 40, Fax 5 34 52, ✉ 14778, ED VA
20 Zi, Ez: 100/50-120/60, Dz: 140/70-200/100, 1 App, ⌐ WC ⊘, 6 ⇔, ℙ, 2⇔60, Solarium, Restaurant

Gohrisch 51 ↗

Sachsen
Landkreis Sächsische Schweiz
EW 2200
☐ Tel (03 50 21) 7 66 13, Fax 7 66 30
Fremdenverkehrsamt Gohrisch
✉ 01824 Königsteiner Str. 14

✱ Parkhotel Margaretenhof
Pfaffendorfer Str. 89, Tel (03 50 21) 62 30, Fax 6 25 99, ✉ 01824, AX DC ED VA
♪, 45 Zi, Ez: 80/40-120/60, Dz: 120/60-160/80, 1 Suite, ⌐ WC ⊘, Lift, ℙ, ☏, 2⇔40, Kegeln, Sauna, Solarium, Restaurant

Cunnersdorf

▭ Deutsches Haus
Cunnersdorfer Str. 20, Tel (03 50 21) 6 89 37, Fax 6 76 84, ✉ 01824
29 Zi, Ez: 60/30-70/35, Dz: 90/45-100/50, ⌐ WC ⊘, ℙ, ☏, Restaurant
geschl.: 1.-28.2.01

Papstdorf

▭ Erblehngericht
Alte Hauptstr. 42, Tel (03 50 21) 6 64 10, Fax 6 64 30, ✉ 01824, ED
26 Zi, Ez: 65/32, Dz: 98/49, ⌐ WC ⊘, ℙ, 2⇔25, Sauna, Solarium, Restaurant

Goldbach 55 ↖

Bayern / Kreis Aschaffenburg
EW 10100
☐ Tel (0 60 21) 5 00 60, Fax 50 06 45
Gemeindeverwaltung
✉ 63773 Sachsenhausen 19

✱ Rußmann
Aschaffenburger Str. 96, Tel (0 60 21) 5 16 50, Fax 54 05 68, ✉ 63773, AX DC ED VA
24 Zi, Ez: 95/47-110/55, Dz: 140/70-160/80, ⌐ WC ⊘, ℙ, ☏
🍴 Hauptgericht 30/15, geschl.: So, Mo

Goldberg 20 ↗

Mecklenburg-Vorpommern
Kreis Parchim
EW 5000
☐ Tel (03 87 36) 4 04 42
Fremdenverkehrsamt
✉ 19399 Lange Str. 66

Goldberg-Außerhalb (2 km ↑)

✱ Seelust
am Goldberger See, Tel (03 87 36) 82 30, Fax 8 23 58, ✉ 19399, AX ED VA
27 Zi, Ez: 90/45-125/62, Dz: 125/62-145/73, 1 Suite, 3 App, ⌐ WC ⊘ DFÜ, 4 ⇔, ℙ, ☏, 2⇔85, Seezugang, Sauna, Solarium, Restaurant

Goldkronach 58 ↑

Bayern / Kreis Bayreuth
EW 3800
☐ Tel (0 92 73) 98 40, Fax 9 63 80
Stadtverwaltung
✉ 95497 Marktplatz 2

**✱ Alexander von Humboldt
Meister Bär's Privat Hotels**
Bernecker Str. 4, Tel (0 92 73) 97 90, Fax 83 95, ✉ 95497, AX DC ED VA
40 Zi, Ez: 88/44-198/99, Dz: 128/64-198/99, 1 Suite, 6 App, ⌐ WC ⊘, 10 ⇔, Lift, ℙ, ☏, 5⇔100, ⌂, Sauna, Solarium
🍴 ☺, Hauptgericht 25/12

Golßen 30 ↘

Brandenburg
Kreis Dahme-Spreewald
EW 2400
☐ Tel (0 35 44) 30 50, Fax 50 82 76
Tourist-Information
✉ 15926 Nordpromenade 19

✱ Motel Zur Spreewälderin
Luckauerstr. 18, Tel (03 54 52) 38 70, Fax 3 87 99, ✉ 15938, ED VA
42 Zi, Ez: 89/44-99/49, Dz: 134/67-144/72, 4 Suiten, ⌐ WC ⊘, ℙ, 1⇔50, Golf, Restaurant

Gomadingen 62 ↙

Baden-Württemberg
Kreis Reutlingen
EW 2100
☐ Tel (0 73 85) 96 96 33, Fax 96 96 22
Tourist-Information
✉ 72532 Marktplatz 2

Offenhausen (2 km ←)

✱✱ Gulewitsch
Ziegelbergstr. 24, Tel (0 73 85) 9 67 90,
Fax 96 79 96, ✉ 72532
22 Zi, Ez: 72/36-92/46, Dz: 138/69-155/78,
2 App, ⌐ WC ⊘, 4 ⊭, Lift, 🅿, 🐕, 2⊂⊃30,
Sauna, Solarium, Restaurant
Restauration im Gestüt.

Gomaringen 61 ↓

Baden-Württemberg / Kreis Tübingen
EW 7850
🇮 Tel (0 70 72) 9 15 50, Fax 91 55 40
Bürgermeisteramt
✉ 72810 Rathausstr. 4

✱✱ Arcis
Bahnhofstr. 10, Tel (0 70 72) 91 80,
Fax 91 81 91, ✉ 72810, AX DC ED VA
39 Zi, Ez: 65/32-115/57, Dz: 118/59-138/69,
3 App, ⌐ WC ⊘ DFÜ, 10 ⊭, Lift, 🅿, 🐕, 2⊂⊃35,
garni

Gommern 28 ↓

Sachsen-Anhalt
Landkreis Jerichower Land
EW 6420
🇮 Tel (03 92 00) 5 13 61, Fax 5 14 18
Gommern-Information
✉ 39245 Platz des Friedens 10

✱✱✱ Wasserburg zu Gommern
Walther-Rathenau-Str. 9-10,
Tel (03 92 00) 76 60, Fax 76 67 66, ✉ 39245,
AX ED VA
♪ ♨, 40 Zi, Ez: 140/70-170/85,
Dz: 160/80-190/95, 4 Suiten, 4 App, ⌐ WC ⊘
DFÜ, 17 ⊭, Lift, 🅿, 5⊂⊃120, Fitnessraum,
Restaurant
Burg mittelalterlichen Ursprungs mit eigenem
Öko- Brauhauskomplex.

✱ Robinien-Hof
Salzstr. 49, Tel (03 92 00) 6 40, Fax 6 43 17,
✉ 39245, AX ED VA
♨, 45 Zi, Ez: 88/44-110/55, Dz: 112/56-140/70,
⌐ WC ⊘, Lift, 2⊂⊃50, 🐕, Sauna, Solarium,
Restaurant

✱ Drei Linden
Am Walde 1, Tel (03 92 00) 5 13 28,
Fax 5 01 80, ✉ 39245, AX ED VA
32 Zi, Ez: 85/42, Dz: 118/59, 1 Suite, 1 App, ⌐
WC ⊘, 10 ⊭, 🅿, 🐕, Restaurant

Gondorf 52 ↑

Rheinland-Pfalz
Kreis Bitburg-Prüm
EW 368
🇮 Tel (0 65 61) 9 43 40, Fax 94 34 20
Tourist-Information
✉ 54634 Im Graben 2

✱ Silencehotel Waldhaus Eifel
Am Eifelpark, Tel (0 65 65) 92 40,
Fax 92 41 23, ✉ 54647, AX DC ED VA
♪, 52 Zi, Ez: 94/47-105/52, Dz: 158/79-168/84,
⌐ WC ⊘, Lift, 🅿, 1⊂⊃30, 🐕, Kegeln, Sauna,
Solarium, Restaurant

✱ Eifel-Sport-Hotel Minotel
Philippsheimer Str. 8, Tel (0 65 65) 92 50,
Fax 92 51 04, ✉ 54647, AX DC ED VA, Ⓢ
♨, 65 Zi, Ez: 96/48-128/64, Dz: 154/77-216/108,
⌐ WC ⊘, Lift, 5⊂⊃150, 🐕, Kegeln, Bowling,
Sauna, Solarium, Restaurant
Erlebnisbad mit 42 m Rutsche.

Goslar 37 ↖

Niedersachsen
EW 46000
🇮 Tel (0 53 21) 7 80 60, Fax 78 06 44
Kur- und Fremdenverkehrsgesellschaft
✉ 38640 Markt 7
Cityplan siehe Seite 356

✱✱ Der Achtermann
Rosentorstr. 20 (B 1), Tel (0 53 21) 7 00 00,
Fax 7 00 09 99, ✉ 38640, AX DC ED VA
152 Zi, Ez: 149/75-239/120,
Dz: 229/115-339/170, ⌐ WC ⊘ DFÜ, Lift, 🐕,
12⊂⊃1000, 🐕, Sauna, Solarium
Auch Zimmer der Kategorie ✱✱✱ vorhanden.

🍴🍴 Altdeutsche Stube
♨, Hauptgericht 27/13, Terrasse

✱✱ Niedersächsischer Hof
Klubgartenstr. 1 (A 1), Tel (0 53 21) 31 60,
Fax 31 64 44, ✉ 38640, AX DC ED VA
63 Zi, Ez: 145/73-260/130,
Dz: 199/100-260/130, ⌐ WC ⊘ DFÜ, 21 ⊭, Lift,
🅿, 3⊂⊃120, Restaurant
Auch Zimmer der Kategorie ✱✱✱ vorhanden.

✱✱ Kaiserworth
Markt 3, Tel (0 53 21) 70 90, Fax 70 93 45,
✉ 38640, AX DC ED VA
♨, 65 Zi, Ez: 109/54-179/90,
Dz: 189/95-269/135, ⌐ WC ⊘, 12 ⊭, Lift, 🅿,
3⊂⊃120, Restaurant
Über 500 Jahre altes Arkadengebäude am
mittelalterlichen Markt.

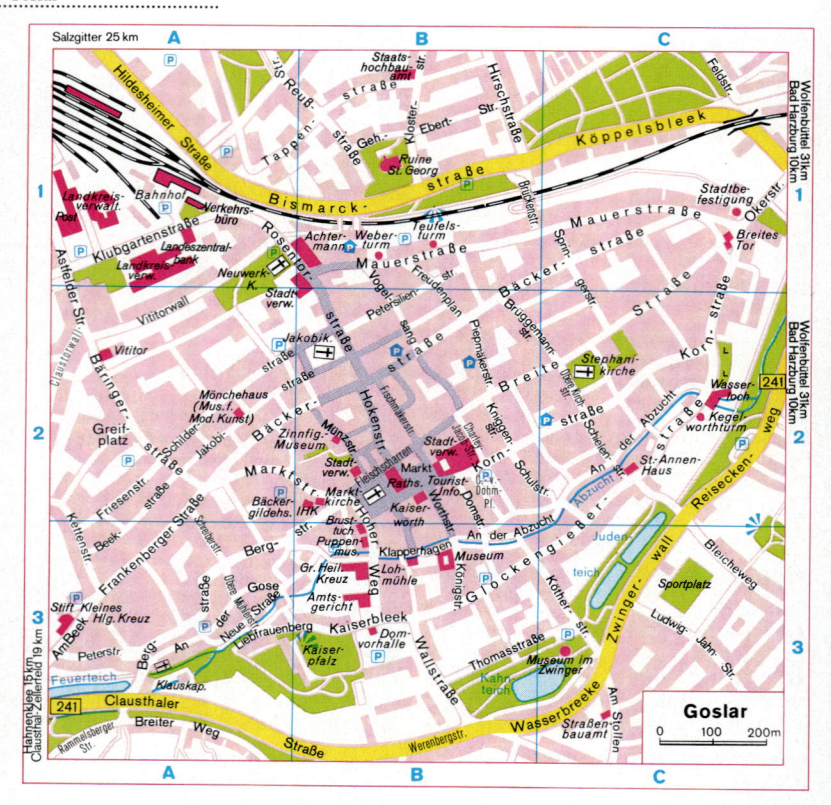

⭑ Treff Hotel Das Brusttuch

Hoher Weg 1 (B 2), **Tel (0 53 21) 3 46 00**,
Fax 34 60 99, ✉ 38640, AX DC ED VA, Ⓢ
13 Zi, Ez: 134/67-204/102,
Dz: 209/105-289/145, ⌑ WC ⓒ, Lift, Ⓟ, 1⌘30,
⌂, Restaurant
Patrizierhaus von 1521.

⭑ Goldene Krone

Breite Str. 6, **Tel (0 53 21) 3 44 90**,
Fax 34 49 50, ✉ 38640, AX DC ED VA
18 Zi, Ez: 95/47-125/62, Dz: 165/83-195/98,
1 App, ⌑ WC ⓒ, Ⓟ, Restaurant
Fachwerkfassade von 1733.

⫽ Aubergine

Marktstr. 4, **Tel (0 53 21) 4 21 36**, Fax 4 21 36,
✉ 38640, AX ED VA
Terrasse

Hahnenklee (17 km ✓)

⭑⭑ Hotels Am Kranichsee

Parkstr. 4-6, **Tel (0 53 25) 70 30**, Fax 70 31 00,
✉ 38644, AX DC ED VA
27 Zi, Ez: 100/50-145/73, Dz: 180/90-210/105,
2 Suiten, 19 App, ⌑ WC ⓒ, Lift, ⌂, 1⌘50, ⌂,
Fitnessraum, Sauna, Solarium, Restaurant
Im Jagdhof Appartements der Kategorie ⭑⭑⭑
vorhanden.

⭑⭑ Hahnenkleer Hof

Parkstr. 24 a, **Tel (0 53 25) 5 11 10**,
Fax 51 11 99, ✉ 38644, AX DC ED VA
☾ ⚜, 54 Zi, Ez: 110/55-260/130,
Dz: 200/100-260/130, 3 Suiten, 4 App, ⌑ WC ⓒ

DFÜ, 10 🛌, Lift, 🅿, 🚗, 4⟲100, ♨, Sauna, Solarium, Restaurant

✱ Der Harz Treff
Kur- und Sporthotel
Triftstr. 25, Tel (0 53 25) 7 20, Fax 7 21 35,
✉ 38644, AX DC ED VA, Ⓢ
♪, 208 Zi, Ez: 120/60-170/85,
Dz: 160/80-250/125, 4 Suiten, 🍴 WC Ⓒ, 40 🛌,
Lift, 🅿, 10⟲300, ♨, Sauna, Solarium,
2 Tennis, Restaurant
Auch Zimmer der Kategorie ✱✱ vorhanden.

Jürgenohl (3 km ↗)

✱ Treff Hotel Bären
Krugwiese 11 a, Tel (0 53 21) 78 20,
Fax 78 23 04, ✉ 38640, AX DC ED VA, Ⓢ
165 Zi, Ez: 149/75-189/95,
Dz: 199/100-259/130, 🍴 WC Ⓒ, 5 🛌, Lift, 🅿,
🚗, 10⟲350, ♨, Sauna, Solarium, Restaurant

Goßwitz 48 □
Thüringen
Kreis Saalfeld-Rudolstadt
🛈 Tel (0 36 71) 64 53 15
Gemeindeverwaltung
✉ 07334 Am Anger 1

Goßwitz-Außerhalb (3 km ↓)

✱ Waldhotel am Stausee
Tel (03 67 32) 3 63, Fax 3 64 03, ✉ 07334, VA
einzeln 🍴, 32 Zi, Ez: 60/30-80/40,
Dz: 98/49-110/55, 🍴 WC Ⓒ, 8 🛌, 🅿, 2⟲35,
Restaurant
Rezeption: 11-20
Ferienanlage mit Chalets.

Gotha 47 ↑
Thüringen
EW 48000
🛈 Tel (0 36 21) 22 21 38, Fax 22 21 34
Gotha-Information
✉ 99867 Blumenbachstr. 1-3
Cityplan siehe Seite 358

✱✱✱ Am Schlosspark
Lindenauallee 20, Tel (0 36 21) 44 20,
Fax 44 24 52, ✉ 99867, AX DC ED VA, Ⓢ
80 Zi, Ez: 140/70-195/98, Dz: 190/95-220/110,
16 Suiten, 🍴 WC Ⓒ, 12 🛌, Lift, 🅿, 🚗, 9⟲40,
Fitnessraum, Sauna, Solarium, Restaurant

✱✱ Best Western Der Lindenhof
Schöne Aussicht 5, Tel (0 36 21) 77 20,
Fax 77 24 10, ✉ 99867, AX DC ED VA, Ⓢ
90 Zi, Ez: 90/45-135/67, Dz: 135/67-175/88, 🍴
WC Ⓒ DFÜ, 49 🛌, Lift, 🅿, 🚗, 5⟲120, Sauna,
Solarium

🍴🍴 Il Giardino
Hauptgericht 17/8-26/13

✱✱ Turmhotel
Am Luftschiffhafen 2, Tel (0 36 21) 71 60,
Fax 71 64 30, ✉ 99867, AX DC ED VA
104 Zi, Ez: 125/62-195/98, Dz: 135/67-190/95,
2 App., 🍴 WC Ⓒ DFÜ, 20 🛌, Lift, 🅿, 🚗,
6⟲150
im Gewerbegebiet.

🍴🍴 Hauptgericht 19/9-34/17, Terrasse

✱✱ Waldbahn Hotel
Bahnhofstr. 16, Tel (0 36 21) 23 40,
Fax 23 41 30, ✉ 99867, AX DC ED VA
53 Zi, Ez: 85/42-132/66, Dz: 140/70-160/80,
3 App., 🍴 WC Ⓒ DFÜ, Lift, 🅿, 3⟲60, Bowling,
Sauna, Solarium, Restaurant

✱ Quality Hotel
Ohrdrufer Str. 2 b, Tel (0 36 21) 71 70,
Fax 71 75 00, ✉ 99867, AX DC ED VA

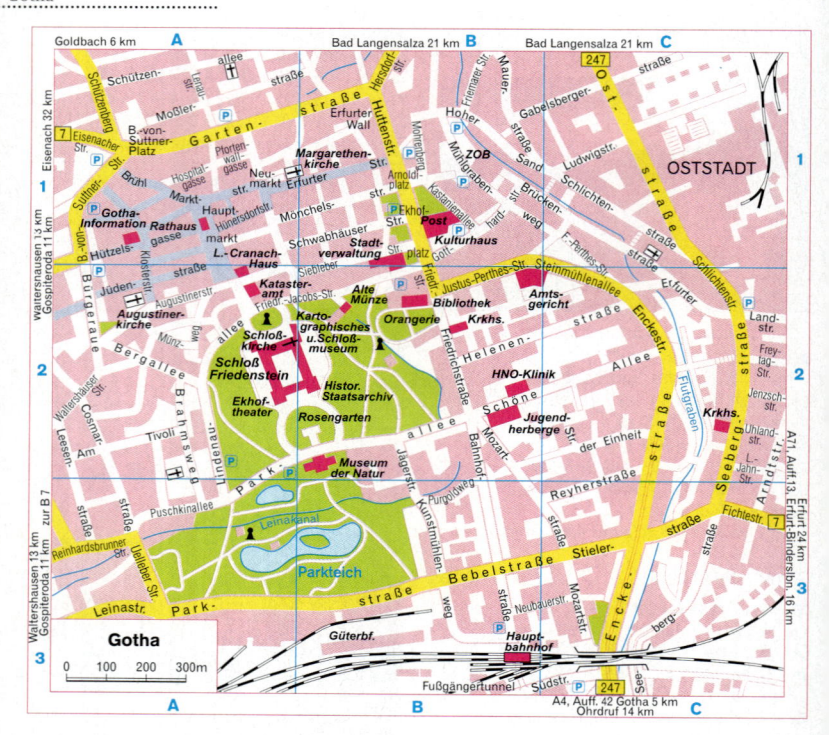

120 Zi, Ez: 99/49, Dz: 129/64, ⌐ WC ⊘, 30 ≤,
Lift, P, 4⊙80, Sauna, Solarium, Restaurant

Gotha-Außerhalb (3 km ↘)

¶¶ Alte Sternwarte
Florschützenstr. 10 (Am Seeberg),
Tel (0 36 21) 7 23 90, Fax 72 39 39, ✉ 99867,
AX DC ED VA
Hauptgericht 33/16-37/18, Terrasse, Biergarten,
P

✶ einzeln, 9 Zi, Ez: 125/62-140/70,
Dz: 160/80-240/120, 2 Suiten, ⌐ WC ⊘, 9 ≤

Gospiteroda (11 km ↙)

✶ Thüringer Waldblick
Am Boxberg 86, Tel (0 36 22) 90 02 34,
Fax 90 02 34, ✉ 99880, AX ED VA
einzeln ♪ ✤, 21 Zi, Ez: 70/35-100/50,
Dz: 125/62-130/65, 5 Suiten, ⌐ WC ⊘, P,
2⊙130, Sauna, Solarium, Restaurant

Siebleben (2 km →)

✶ Gothaer Hof
Weimarer Str. 18, Tel (0 36 21) 22 40,
Fax 22 47 44, ✉ 99867, AX DC ED VA
104 Zi, Ez: 140/70, Dz: 180/90, ⌐ WC ⊘, 21 ≤,
Lift, P, ♞, 6⊙130, ☕, Sauna, Solarium
Auch Zimmer der Kategorie ✶✶ vorhanden.

✶ Landhaus
Salzgitterstr. 76, Tel (0 36 21) 3 64 90,
Fax 36 49 49, ✉ 99867, AX ED VA
14 Zi, Ez: 95/47-110/55, Dz: 130/65-150/75,
1 Suite, ⌐ WC ⊘, 3 ≤, P, ♞, 1⊙15,
Restaurant

Gottleuba, Bad   51 ☐

Sachsen / Kreis Sächsische Schweiz
EW 6570
ℹ Tel (03 50 23) 64 66 66, Fax 64 66 67
Kurverwaltung
✉ 01816 Hauptstr. 5

Gottleuba, Bad-Außerhalb (3 km →)

** **Berghotel Augustusberg**
Augustusberg 15, Tel (03 50 23) 6 25 04,
Fax 6 24 80, ✉ 01816, AX ED VA
einzeln ♪ ₷, 24 Zi, Ez: 85/42-95/47,
Dz: 98/49-140/70, ⌐ WC ⌀, Ⓟ, 2⟳35, Sauna,
Solarium, Restaurant

Gottmadingen 68 ↘

Baden-Württemberg / Kreis Konstanz
EW 9830
☎ Tel (0 77 31) 90 80, Fax 90 81 00
Bürgermeisteramt
✉ 78244 Johann-Georg-Fahr-Str 10

** **Sonne**
Hauptstr. 61, Tel (0 77 31) 9 71 80,
Fax 7 37 51, ✉ 78244, AX DC ED VA
38 Zi, Ez: 60/30-95/47, Dz: 100/50-150/75, ⌐
WC ⌀, Lift, Ⓟ, Restaurant
Auch Zimmer der Kategorie ***** vorhanden.

** **Kranz**
Hauptstr. 37, Tel (0 77 31) 70 61, Fax 7 39 94,
✉ 78244, AX ED VA
32 Zi, Ez: 90/45, Dz: 150/75, ⌐ WC ⌀, Lift, Ⓟ,
🏠, 1⟳20, Restaurant

Bietingen (3 km ←)

* **Landgasthof Wider**
Ebringer Str. 11, Tel (0 77 34) 9 40 00,
Fax 94 00 99, ✉ 78244, ED VA
24 Zi, Ez: 70/35-85/42, Dz: 110/55-130/65, ⌐
WC ⌀, 7 ⛷, Lift, Ⓟ, 🏠, Kegeln, Restaurant

Graal-Müritz 12 →

Mecklenburg-Vorpommern
Kreis Bad Doberan
EW 3800
☎ Tel (03 82 06) 70 30, Fax 7 03 20
Tourismus- u. Kur GmbH
✉ 18181 Rostocker Str. 3

Erholungs- und Luftkurort, Ostseeheilbad mit
fünf Kilometer langem Sandstrand.

Graal

*** **IFA Grand-Hotel**
Waldstr. 1, Tel (03 82 06) 7 30, Fax 7 32 27,
✉ 18181, AX ED VA
₷, 78 Zi, Ez: 125/62-145/73,
Dz: 156/78-290/146, 18 Suiten, ⌐ WC ⌀, Lift,
Ⓟ, 🏠, 5⟳80, ⌂, Sauna, Solarium, Restaurant
Auch Zimmer der Kategorie ****** vorhanden.

** **Residenz an der Seebrücke**
Zur Seebrücke 34, Tel (03 82 06) 7 72 07,
Fax 7 92 46, ✉ 18181, AX ED VA
67 Zi, Ez: 88/44-140/70, Dz: 120/60-180/90,
1 Suite, 12 App., ⌐ WC ⌀, Ⓟ, 1⟳16, Sauna,
Solarium, Restaurant

* **Haus am Meer**
Zur Seebrücke 36, Tel (03 82 06) 73 90,
Fax 7 39 39, ✉ 18181, AX ED VA
₷, 32 Zi, Ez: 80/40-120/60, Dz: 120/60-160/80,
7 App., ⌐ WC ⌀, Ⓟ, 1⟳25, Sauna, Restaurant

Müritz

** **Ostseewoge**
An der Seebrücke 35, Tel (03 82 06) 7 10,
Fax 7 17 77, ✉ 18181, AX DC ED VA
₷, 39 Zi, Ez: 140/70-160/80, Dz: 210/105, ⌐ WC
⌀, Lift, Ⓟ, 1⟳35, Sauna, Solarium, Restaurant
geschl.: 3.11.-4.12.00

* **Kähler**
Zur Seebrücke 18, Tel (03 82 06) 7 98 06,
Fax 7 74 12, ✉ 18181, AX DC ED VA
10 Zi, Ez: 70/35-90/45, Dz: 120/60-130/65,
1 Suite, 2 App., ⌐ WC ⌀, Ⓟ, 🏠, Restaurant
geschl.: 5.1.-25.2.01

Gräfelfing 71 ↗

Bayern / Kreis München
EW 13500
☎ Tel (0 89) 8 58 20
Gemeindeverwaltung
✉ 82166 Ruffiniallee 2

Lochham (1 km ↗)

🍴 **Lochhamer Einkehr**
Lochhamer Str. 4, Tel (0 89) 85 54 22,
Fax 8 54 17 61, ✉ 82166, AX ED VA
Hauptgericht 20/10-30/15, geschl.: Mo

Grafenau 66 □

Bayern / Kreis Freyung-Grafenau
EW 9200
☎ Tel (0 85 52) 96 23 43, Fax 46 90
Verkehrsamt
✉ 94481 Rathausgasse 1

Luftkurort und Wintersportplatz im Bayerischen
Wald.

*** **Europa Congresshotel**
Sonnenstr. 12, Tel (0 85 52) 44 80, Fax 46 80,
✉ 94481, AX DC ED VA
♪ ₷, 183 Zi, Ez: 128/64-148/74,
Dz: 226/113-266/133, 3 Suiten, ⌐ WC ⌀, 48 ⛷,

→

Grafenau

Lift, P, 🅰, 7⌾180, ≋, ≙, Fitnessraum, Kegeln, Sauna, Solarium, Golf, 7 Tennis
Auch Zimmer der Kategorie ★★ vorhanden.

 Hauptgericht 20/10-32/16, Terrasse

★ Parkhotel
Freyunger Str. 51, Tel (0 85 52) 44 90,
Fax 44 91 61, ⊠ 94481, AX DC ED VA
⌾ ⁑, 42 Zi, Ez: 90/45, Dz: 160/80, ⊣ WC ⊘,
Lift, P, ≙, Sauna, Solarium
Auch Zimmer der Kategorie ★★ vorhanden.

¶¶ Zum Postillion
⁑, Hauptgericht 18/9-25/12

¶¶ Säumerhof
Steinberg 32, Tel (0 85 52) 40 89 90,
Fax 4 08 99 50, ⊠ 94481, AX DC ED VA
⁑, Hauptgericht 38/19-42/21, Terrasse, P
Beachtenswerte Küche.
★ ⁑, 9 Zi, Ez: 80/40-120/60 ♛
Dz: 160/80-200/100, 1 Suite, ⊣ WC ⊘, 1 ⇌, 🅰,
1⌾20, Sauna, Solarium

Grüb (1 km ↑)

★ Hubertus
Grüb 20, Tel (0 85 52) 9 64 90, Fax 52 65,
⊠ 94481, ED VA
⌾ ⁑, 35 Zi, Ez: 78/39-88/44, Dz: 145/73-175/88,
⊣ WC ⊘ DFÜ, 6 ⇌, Lift, P, 🅰, 1⌾30, ≙,
Fitnessraum, Sauna, Solarium, Restaurant

Grafenhausen 67 ↘

Baden-Württemberg / Kreis Waldshut
EW 2300
🛈 Tel (0 77 48) 5 20 41, Fax 5 20 42
Kurverwaltung
⊠ 79865 Schulstr. 1

Rothaus (4 km ↖)

★ Schwarzwaldhotel Rothaus mit Gästehaus
Rothaus 2, Tel (0 77 48) 9 20 90,
Fax 9 20 91 99, ⊠ 79865, ED VA
35 Zi, Ez: 78/39-115/57, Dz: 145/73-220/110,
6 Suiten, ⊣ WC ⊘, 1⌾35, Sauna
¶ Fax 55 42, Hauptgericht 11/5-38/19,
P

Grafenwiesen 65 ↗

Bayern / Kreis Cham
EW 1660
🛈 Tel (0 99 41) 16 97, Fax 47 83
Verkehrsamt/Tourist-Info
⊠ 93479 Rathausplatz 6

★★ Birkenhof
Auf der Rast 7, Tel (0 99 41) 15 82, Fax 49 61,
⊠ 93479
⌾ ⁑, 50 Zi, Ez: 80/40-100/50,
Dz: 130/65-180/90, ⊣ WC, Lift, P, 🅰, ≙,
Sauna, Solarium, Restaurant

Grafenwöhr 58 →

Bayern
Kreis Neustadt a. d. Waldnaab
EW 6912
🛈 Tel (0 96 41) 9 22 00, Fax 92 20 49
Stadtverwaltung
⊠ 92655 Marktplatz 1

★ Hößl
Neue Amberger Str. 27, Tel (0 96 41) 9 22 70,
Fax 92 27 27, ⊠ 92655, ED VA
16 Zi, Ez: 65/32-90/45, Dz: 100/50-120/60, ⊣
WC ⊘ DFÜ, 10 ⇌, P, Restaurant
geschl.: Mi, 29.7.-29.8.00
Auch einfachere Zimmer vorhanden.

Grainau 71 ✓

Bayern
Kreis Garmisch-Partenkirchen
EW 3700
🛈 Tel (0 88 21) 98 18 50, Fax 98 18 55
Kurverwaltung
⊠ 82491 Parkweg 8

★★★ Alpenhof Grainau ♛
Alpspitzstr. 34, Tel (0 88 21) 98 70,
Fax 9 87 77, ⊠ 82491, DC ED VA
⌾ ⁑, 36 Zi, Ez: 110/55-175/88,
Dz: 250/125-360/181, ⊣ WC ⊘ DFÜ, 25 ⇌, Lift,
P, 🅰, ≙, Fitnessraum, Sauna, Solarium, Golf

¶¶ Alpenhof
Hauptgericht 28/14

★★ Waxenstein Kur- und Sporthotel
Höhenrainweg 3, Tel (0 88 21) 98 40,
Fax 84 01, ⊠ 82491, AX DC ED VA
⌾ ⁑, 48 Zi, Ez: 125/62-200/100,
Dz: 200/100-290/146, 3 Suiten, ⊣ WC ⊘, 6 ⇌,
Lift, P, 🅰, 3⌾80, ≙, Fitnessraum, Sauna,
Solarium, Golf

¶¶¶ Kupferkessel
⁑, Hauptgericht 30/15, Terrasse, geschl.: Mo+Di mittags

★★ Am Badersee
Am Badersee 1-5, Tel (0 88 21) 82 10,
Fax 82 12 92, ⊠ 82491, AX ED VA
149 Zi, Ez: 130/65-200/100,
Dz: 155/78-220/110, 1 Suite, ⊣ WC ⊘ DFÜ
Auch Zimmer der Kategorie ★★★ vorhanden.

Bergland
Alpspitzstr. 14, Tel **(0 88 21) 9 88 90**,
Fax 98 89 99, ✉ 82491, AX DC ED VA
♪ ✵, 11 Zi, Ez: 75/37-110/55,
Dz: 110/55-160/80, 3 Suiten, ⌐ WC ⊘, 4 ⇔, **P**,
🏠, Fitnessraum, Golf, Restaurant

Wetterstein
Waxensteinstr. 26, Tel **(0 88 21) 98 58 00**,
Fax 9 85 80 38, ✉ 82491
✵, 15 Zi, Ez: 70/35-76/38, Dz: 120/60-160/80,
⌐ WC ⊘, **P**, 🏠, Fitnessraum, Sauna, Solarium,
garni

Alpspitz
Loisachstr. 56, Tel **(0 88 21) 9 82 10**,
Fax 98 21 13, ✉ 82491, ED VA
22 Zi, Ez: 45/22-75/37, Dz: 130/65-160/80, ⌐
WC ⊘, Sauna, Solarium, Restaurant
geschl.: 1.11.-20.12.00, Mitte Apr-Anfang Mai
Auch Zimmer der Kategorie ** vorhanden.

Sonneneck
Waxensteinstr. 23, Tel **(0 88 21) 98 58 90**,
Fax 9 85 89 16, ✉ 82491, ED
✵, 17 Zi, Ez: 75/37-100/50, Dz: 130/65-180/90,
⌐ WC ⊘, **P**, garni

Grainau-Außerhalb (4 km ✓)

*** Eibsee Hotel
Am Eibsee 1, Tel **(0 88 21) 9 88 10**,
Fax 8 25 85, ✉ 82491, AX DC ED VA
einzeln ♪ ✵, 115 Zi, Ez: 115/57-190/95,
Dz: 170/85-310/156, 3 Suiten, 1 App, ⌐ WC ⊘,
20 ⇔, Lift, **P**, 7⌒180, 🏠, Fitnessraum,
Seezugang, Sauna, Solarium, 3 Tennis
Auch Zimmer der Kategorie ** vorhanden.

🍴🍴 ✵, Hauptgericht 22/11-43/21, Terrasse

Grainet 66 →
Bayern / Kreis Freyung-Grafenau
EW 2500
🛈 Tel (0 85 85) 96 00 30, Fax 96 00 96
Tourist-Information
✉ 94143 Obere Hauptstr. 21

Hobelsberg (2 km →)

Ferienhotel Hüttenhof
Hobelsberg 23, Tel **(0 85 85) 9 60 50**,
Fax 96 05 50, ✉ 94143
♪ ✵, 37 Zi, Ez: 50/25-55/27, Dz: 90/45-96/48,
8 Suiten, ⌐ WC ⊘, 🏠, Kegeln, Sauna, Solarium
geschl.: Mi, 1.-30.11.00

Gramkow 11 ↘
Mecklenburg-Vorpommern
Kreis Nordwestmecklenburg
EW 1000
🛈 Tel (03 84 28) 3 20, Fax 3 20
Gemeindeverwaltung
✉ 23968 Dorfstraße 17

Hohen Wieschendorf

** Golf Hotel
Am Golfplatz 1, Tel **(03 84 28) 6 60**, Fax 66 66,
✉ 23968, AX DC ED VA
einzeln ♪ ✵, 48 Zi, Ez: 90/45-190/95,
Dz: 130/65-265/133, ⌐ WC ⊘, **P**, 🏠, Golf,
Restaurant
Auch Appartements der Kategorie ***
vorhanden.

Gransee 21 ↘
Brandenburg / Kreis Oberhavel
EW 4900
🛈 Tel (0 33 06) 2 16 06, Fax 2 16 12
Tourist Information
✉ 16775 Rudolf-Breitscheid-Str 44

Seilershof

Am Wentowsee Landidyll
Hauptstr. 40, Tel **(03 30 85) 7 02 16**,
Fax 7 02 16, ✉ 16775, AX DC ED VA
♪, 30 Zi, Ez: 85/42-95/47, Dz: 135/67-155/78,
⌐ WC ⊘, **P**, 2⌒120, Restaurant

Grasberg 17 ✓
Niedersachsen / Kreis Osterholz
EW 7200
🛈 Tel (0 42 08) 9 17 50, Fax 91 75 75
Gemeindeverwaltung
✉ 28879 Speckmannstr. 30

Grasberger Hof
Speckmannstr. 58, Tel **(0 42 08) 9 17 20**,
Fax 91 72 66, ✉ 28879, ED VA
35 Zi, Ez: 88/44, Dz: 128/64-138/69, ⌐ WC ⊘,
2⌒30, Kegeln, Restaurant
Auch Zimmer der Kategorie ** vorhanden.

Grasberg

🛏 **Schützenhof Wörpedorf**
Wörpedorfer Str. 18, **Tel (0 42 08) 17 14**,
Fax 38 29, ✉ 28879
16 Zi, Ez: 80/40, Dz: 110/55, ⊣ WC ⊘, Kegeln,
Restaurant

Grasbrunn 72 □

Bayern / Kreis München
EW 4880
ℹ Tel (0 89) 46 10 02 29, Fax 46 10 02 33
Gewerbeamt
✉ 85630 Lerchenstr. 1

Harthausen (4 km ↘)

✱ **Landgasthof Forstwirt**
Beim Forstwirt 1, **Tel (0 81 06) 3 63 80**,
Fax 36 38 11, ✉ 85630, AX DC ED VA
41 Zi, Ez: 113/56-153/77, Dz: 153/77-183/92,
2 Suiten, 6 App, ⊣ WC ⊘, Restaurant
Im Gästehaus Zimmer der Kategorie ✱✱
vorhanden.

Keferloh (3 km ↑)

🍴 **Gasthof Kreitmair**
Haus Nr 2, **Tel (0 89) 46 46 57**, Fax 4 60 37 68,
✉ 85630, DC ED VA
einzeln, Hauptgericht 30/15

Grasellenbach 54 →

Hessen / Kreis Bergstraße
EW 690
ℹ Tel (0 62 07) 25 54, Fax 8 23 33
Kurverwaltung
✉ 64689 Am Kurpark 1

Kneippheilbad im Odenwald. Sehenswert: Siegfriedbrunnen; Walburgiskapelle; Hirtenhäuschen; Nibelungenhalle.

✱✱ **Ringhotel Siegfriedbrunnen**
Hammelbacher Str. 7, **Tel (0 62 07) 60 80**,
Fax 15 77, ✉ 64689, AX ED VA, Ⓢ
♪, 58 Zi, Ez: 140/70-198/99,
Dz: 218/109-240/120, 2 Suiten, ⊣ WC ⊘ DFÜ,
Lift, 🅿, 🏡, 8⟲80, ≋, ≘, Sauna, Solarium,
1 Tennis, Restaurant

✱ **Gassbachtal**
Hammelbacher Str. 16, **Tel (0 62 07) 9 40 00**,
Fax 94 00 13, ✉ 64689, ED
♪, 22 Zi, Ez: 75/37-92/46, Dz: 158/79-184/92,
⊣ WC ⊘, Lift, 🅿, 🏡, Sauna, Solarium
geschl.: Mo, 15.1.-15.2.01
Auch Zimmer der Kategorie ✱✱ vorhanden.

☕ **Nibelungen - Café**
Terrasse, geschl.: Mo, 15.1.-15.2.01
Spezialität: Nibelungen-Torte, Krimhildes-Früchtetraum.

✱ **Landhaus Muhn**
Im Erzfeld 10, **Tel (0 62 07) 9 40 20**,
Fax 94 02 19, ✉ 64689
♪ 🍴, 15 Zi, Ez: 73/36, Dz: 138/69, ⊣ WC ⊘, 🅿,
🏡, Sauna, Solarium, Restaurant
Auch Zimmer der Kategorie ✱✱ vorhanden.

Wahlen

✱✱ **Burg Waldau**
Volkerstr. 1, **Tel (0 62 07) 94 50**, Fax 94 51 26,
✉ 64689, AX DC ED VA
31 Zi, Ez: 105/52-120/60, Dz: 160/80-170/85,
1 Suite, ⊣ WC ⊘, 10 ⛌, Lift, 🅿, 2⟲40, Sauna,
Restaurant

Grassau Kr. Traunstein 73 ✓

Bayern
EW 6000
ℹ Tel (0 86 41) 23 40, Fax 40 08 41
Verkehrsamt
✉ 83224 Kirchplatz 3

✱✱✱ **Astron Sporthotel Achental**
Mietenkamer Str. 65, **Tel (0 86 41) 40 10**,
Fax 17 58, ✉ 83224, AX DC ED VA, Ⓢ
200 Zi, Ez: 218/109-240/120,
Dz: 266/133-340/171, ⊣ WC ⊘, 52 ⛌, Lift, 🅿,
17⟲250, ≋, ≘, Kegeln, Sauna, Solarium,
2 Tennis, Restaurant
Auch Zimmer der Kategorie ✱✱ vorhanden.

✱ **Hansbäck**
Kirchplatz 18, **Tel (0 86 41) 40 50**, Fax 4 05 80,
✉ 83224, AX DC ED VA
33 Zi, Ez: 90/45-98/49, Dz: 124/62-158/79,
8 App, ⊣ WC ⊘, Lift, 🅿, 2⟲50, Fitnessraum,
Kegeln, Sauna, Solarium, Restaurant

Grassau-Außerhalb (6 km ↖)

✱ **Berggasthof Adersberg**
Tel (0 86 41) 30 11, Fax 59 84 12, ✉ 83224
30 Zi, Ez: 65/32-68/34, Dz: 120/60-140/70, WC
⊘, ≋, Sauna, Solarium, Restaurant
Auch einfachere Zimmer vohanden.

Grebenhain 45 □

Hessen / Vogelsbergkreis
EW 5350
ℹ Tel (0 66 44) 96 27 17, Fax 96 27 37
Tourist-Information
✉ 36355 Hauptstr. 51

Bermutshain (4 km ✓)

✶ Deutsches Haus
Fuldaer Str. 5, **Tel (0 66 44) 12 34**, Fax 17 13,
✉ 36355, ED VA
23 Zi, Ez: 60/30-80/40, Dz: 100/50-130/65, ⇨
WC ⓒ, 𝐏, 🅐, 3⇨70, Sauna, Solarium, Golf,
Restaurant

Greding 64 ↖

Bayern / Kreis Roth
EW 7322
🛈 Tel (0 84 63) 9 04 20, Fax 9 04 50
Kultur- und Verkehrsamt
✉ 91171 Marktplatz 13

🛏 Am Markt
Marktplatz 2, **Tel (0 84 63) 6 42 70**,
Fax 6 42 72 00, ✉ 91171, AX DC ED VA
29 Zi, Ez: 68/34-78/39, Dz: 95/47-108/54, ⇨
WC ⓒ, 𝐏, Restaurant
Im Gästehaus Zimmer der Kategorie ✶
vorhanden.

Greetsiel siehe Krummhörn

Grefrath 32 □

Nordrhein-Westfalen
Kreis Viersen
EW 16000
🛈 Tel (0 21 58) 91 81 23, Fax 91 81 08
Gemeindeverwaltung
✉ 47929 Rathausplatz 3

Sehenswert: Laurentius-Kirche; Freilichtmuseum Dorenburg; Haus Niershoff; in Oedt: Kirche und Burgruine Uda; Eissportzentrum (8.000 qm Eisflächen).

✶ Akzent-Hotel Grefrather Hof
Am Waldrand 1, **Tel (0 21 58) 40 70**,
Fax 40 72 00, ✉ 47929, AX DC ED VA
80 Zi, Ez: 140/70, Dz: 190/95, ⇨ WC ⓒ, Lift, 𝐏,
10⇨80, 🅐, Fitnessraum, Kegeln, Sauna,
Solarium, 3 Tennis, Restaurant

Greifswald 13 ↘

Mecklenburg-Vorpommern
EW 55000
🛈 Tel (0 38 34) 34 60, Fax 37 88
Greifswald Information
✉ 17489 Schuhhagen 22

siehe auch Neuenkirchen

✶✶ Best Western Hotel Greifswald
Hans-Beimler-Str. 1, **Tel (0 38 34) 80 10**,
Fax 80 11 00, ✉ 17491, AX DC ED VA
51 Zi, Dz: 190/95, 4 App, ⇨ WC ⓒ, 16 🛏, Lift,
𝐏, 3⇨0, Sauna, Solarium, Restaurant

✶✶ Dorint
Am Gorzberg, an der B 96, **Tel (0 38 34) 54 40**,
Fax 54 44 44, ✉ 17489, AX DC ED VA, Ⓢ
113 Zi, Ez: 148/74-172/86, Dz: 186/93-210/105,
⇨ WC ⓒ DFÜ, Lift, 𝐏, 3⇨200, Sauna,
Solarium, Restaurant

✶ Parkhotel
Pappelallee 1, **Tel (0 38 34) 87 40**,
Fax 87 45 55, ✉ 17489, AX ED VA
71 Zi, Ez: 99/49-135/67, Dz: 120/60-160/80, ⇨
ⓒ, 10 🛏, Lift, 𝐏, 3⇨200

✶ Kronprinz
Lange Str. 22, **Tel (0 38 34) 79 00**,
Fax 79 01 11, ✉ 17489, AX ED VA
29 Zi, Ez: 130/65-140/70, Dz: 170/85-186/93,
2 Suiten, ⇨ WC ⓒ DFÜ, 9 🛏, Lift, 𝐏, 2⇨80,
Restaurant

✶ Am Dom
Lange Str. 44, **Tel (0 38 34) 7 97 50**,
Fax 79 75 11, ✉ 17493
16 Zi, Ez: 110/55, Dz: 150/75, ⇨ WC ⓒ

Wieck (6 km →)

✶✶ Ryck-Hotel
Rosenstr. 17 b, **Tel (0 38 34) 8 33 00**,
Fax 83 30 32, ✉ 17493, AX ED VA
♩, 23 Zi, Ez: 100/50-140/70,
Dz: 150/75-170/85, 2 Suiten, ⇨ WC ⓒ, 𝐏,
1⇨20, 🅐, Sauna, Solarium, Restaurant
Rezeption: 7-10, 17-23

✶ Maria
Dorfstr. 45 a, **Tel (0 38 34) 84 14 26**,
Fax 84 01 36, ✉ 17493, VA
♩, 10 Zi, Ez: 80/40-105/52, Dz: 120/60-130/65,
1 Suite, 1 App, ⇨ WC ⓒ, 𝐏, Restaurant

Greiz 49 ↖

Thüringen
EW 28300
🛈 Tel (0 36 61) 68 98 15 17, Fax 70 32 91
Greiz-Information
✉ 07973 Burgplatz, Unteres Schloß

✶✶ Schloßberg Hotel
Marienstr. 1-5, **Tel (0 36 61) 62 21 23**,
Fax 62 21 66, ✉ 07973, AX ED VA

26 Zi, Ez: 80/40-90/45, Dz: 120/60-185/93,
6 Suiten, ⊒ WC ⌀ DFÜ, 8 ⇔, Lift, ⌂, 2⇔110,
Sauna, Solarium, garni
Rezeption: 7-20

Sachswitz

✱ Landgasthof Petzold
Ökonomenweg 1, Tel (0 36 21) 2 10 12,
Fax 2 10 12, ✉ 07973, AX ED
✻, 12 Zi, Ez: 65/32-75/37, Dz: 100/50-110/55, ⊒
WC ⌀, 5 ⇔, P, Restaurant

Gremsdorf 57 ←

Bayern / Kreis Erlangen-Höchstadt
EW 1463
🛈 Tel (0 91 93) 83 43, Fax 69 85 88
Gemeindeverwaltung
✉ 91350 Hauptstr. 12

✱ Gasthof Scheubel
Hauptstr. 1, Tel (0 91 93) 6 39 80,
Fax 63 98 55, ✉ 91350, ED VA
33 Zi, Ez: 48/24-84/42, Dz: 82/41-124/62, ⊒
WC ⌀ DFÜ, Lift, ⌂, 3⇔90, Restaurant
geschl.: So
Auch einfachere Zimmer vorhanden.

Grenzach-Wyhlen 67 ✓

Baden-Württemberg / Kreis Lörrach
EW 13530
🛈 Tel (0 76 24) 3 22 07, Fax 3 22 11
Bürgermeisteramt
✉ 79639 Hauptstr. 10

Grenzach

✱ Eckert
Basler Str. 20, Tel (0 76 24) 9 17 20, Fax 24 14,
✉ 79639, ED VA
27 Zi, Ez: 105/52-110/55, Dz: 160/80-180/90,
2 Suiten, ⊒ WC ⌀, Lift, P
geschl.: 27.12.00-6.1.01
🍴 Hauptgericht 38/19, geschl.: Do, Fr,
27.12.00-6.1.01

Greven 23 ↘

Nordrhein-Westfalen
Kreis Steinfurt
EW 33000
🛈 Tel (0 25 71) 13 00, Fax 5 52 34
Verkehrsverein
✉ 48268 Alte Münsterstr. 23

✱✱ Zur Kroner Heide
Kronerheide 5, Tel (0 25 71) 9 39 60,
Fax 93 96 66, ✉ 48268
35 Zi, Ez: 110/55-130/65, Dz: 160/80-200/100,
⊒ WC ⌀, 4⇔30, Restaurant

✱✱ Eichenhof
Hansaring 70, Tel (0 25 71) 5 20 07,
Fax 5 20 00, ✉ 48268, AX DC ED VA
27 Zi, Ez: 120/60, Dz: 170/85, ⊒ WC ⌀, P,
2⇔25, Golf
🍴🍴 Hauptgericht 20/10

✱ Hoeker Hof
Münsterstr. 44, Tel (0 25 71) 9 36 40,
Fax 93 64 40, ✉ 48268, ED VA
22 Zi, Ez: 100/50, Dz: 155/78, ⊒ WC ⌀, Lift, P,
⌂, 1⇔20, Restaurant
Zimmereinrichtung im Designer-Stil.

Greven-Außerhalb (3,5 km ←)

✱ Wermelt
Nordwalder Str. 160, Tel (0 25 71) 92 70,
Fax 92 71 52, ✉ 48268, AX DC ED VA
16 Zi, Ez: 80/40, Dz: 120/60, 13 App, ⊒ WC ⌀,
Restaurant

Gimbte (5 km ↘)

✱ Schraeder mit Gästehaus
Dorfstr. 29, Tel (0 25 71) 92 20, Fax 9 22 57,
✉ 48268, ED VA
32 Zi, Ez: 83/41-88/44, Dz: 135/67-145/73, ⊒
WC ⌀, 4⇔40, Kegeln, Restaurant

✱ Altes Wirtshaus mit Gästehaus
Alter Fährweg 6, Tel (0 25 71) 9 54 20,
Fax 95 42 10, ✉ 48268, AX ED VA
16 Zi, Ez: 75/37-85/42, Dz: 130/65-140/70, ⊒
WC ⌀, 6 ⇔, P, 2⇔30, Restaurant

🍴🍴 Altdeutsche Schänke
Dorfstr. 18, Tel (0 25 71) 22 61, Fax 80 00 28,
✉ 48268, AX ED VA
Hauptgericht 28/14-46/23, P, geschl.: Di,
15-31.8.01

Grevenbroich 32 ↘

Nordrhein-Westfalen / Kreis Neuss
EW 63633
🛈 Tel (0 21 81) 60 82 11, Fax 60 82 12
Stadtverwaltung
✉ 41515 Am Markt 1

✱✱ Montanushof
Montanusstr. 100, Tel (0 21 81) 60 90,
Fax 60 96 00, ✉ 41515, AX DC ED VA
114 Zi, Ez: 180/90-520/261,
Dz: 260/130-650/327, 2 Suiten, ⊒ WC ⌀ DFÜ,

39 🛏, Lift, 🅿, 🐕, 9🍴180, Kegeln, Bowling, Solarium, Restaurant

✱ Sonderfeld
Bahnhofsplatz 6, Tel (0 21 81) 2 27 20,
Fax 22 72 60, ✉ 41515, AX ED VA
46 Zi, Ez: 93/46-165/83, Dz: 174/87-235/118,
⌐ WC, 7 🛏, Lift, 🅿, 🐕, 1🍴80, garni
geschl.: 22.12.00-8.1.01

🍴🍴🍴🍴🍴 Zur Traube
L'Art de Vivre-Restaurant
Bahnstr. 47, Tel (0 21 81) 6 87 67, Fax 6 11 22,
✉ 41515, DC ED VA
Hauptgericht 60/30, geschl.: Mo, So,
23.12.00-15.1.01
✱✱✱ 4 Zi, Ez: 220/110-360/181
Dz: 320/161-360/181, 2 Suiten, ⌐ WC, 🅿, 🐕,
2🍴24

🍴🍴 Harlekin
Lilienthalstr. 16, Tel (0 21 81) 6 53 34,
Fax 6 48 32, ✉ 41515, AX ED VA
Hauptgericht 44/22, 🅿, geschl.: So + Mo abends

Kapellen (7 km ↗)

🍴🍴 Drei Könige
Neusser Str. 49, Tel (0 21 82) 27 84, Fax 27 84,
✉ 41516, AX ED VA
Hauptgericht 38/19-46/23, Gartenlokal, 🅿,
🛏, geschl.: Mo, Sa mittags, 3 Wochen in den Sommerferien

Grevenstein siehe Meschede

Grevesmühlen 19 ↑

Mecklenburg-Vorpommern
🅸 Tel (0 38 81) 71 12 58
Stadtinformation
✉ 23936 Gr Seestr

✱✱ Ringhotel am See
Klützer Str. 17, Tel (0 38 81) 72 70,
Fax 72 71 00, ✉ 23936, AX DC ED VA, Ⓢ
28 Zi, Ez: 105/52, Dz: 155/78, ⌐ WC, 5 🛏,
Lift, 🅿, 1🍴12, Restaurant

✱ Alte Bäckerei
Grose Alleestr. 51, Tel (0 38 81) 7 83 00,
Fax 7 90 69, ✉ 23936, ED
12 Zi, Ez: 80/40-100/50, Dz: 120/60-160/80, ⌐
WC DFÜ, 🅿, Restaurant

Griesbach i. Rottal 66 ✓

Bayern / Kreis Passau
EW 9000
🅸 Tel (0 85 32) 7 92 40, Fax 76 14
Kurverwaltung
✉ 94086 Stadtplatz 1

✱✱✱ Columbia Hotel
Passauer Str. 39 a, Tel (0 85 32) 30 90,
Fax 30 91 54, ✉ 94086, AX ED VA
🍴, 110 Zi, Ez: 145/73-190/95,
Dz: 260/130-290/146, 1 Suite, ⌐ WC, 15 🛏,
Lift, 🅿, 🐕, 3🍴110, 🏊, ♨, Sauna, Solarium,
Golf
🍴🍴 Hauptgericht 30/15, Terrasse

Griesbach, Bad (4 km ↓)

✱✱✱✱ Golfhotel Maximilian
Kurallee 1, Tel (0 85 32) 79 50, Fax 79 51 51,
✉ 94086, AX DC ED VA
🌙, 207 Zi, Ez: 200/100-230/115,
Dz: 340/171-400/201, 22 Suiten, ⌐ WC,
50 🛏, Lift, 🅿, 15🍴140, 🏊, ♨, Sauna,
Solarium, Golf

🍴🍴 Ferrara
Hauptgericht 36/18-42/21

✱✱✱ Hartl's KL
Am Kurwald 2, Tel (0 85 32) 79 90,
Fax 79 97 99, ✉ 94086, AX DC ED VA
🌙 🍴, 184 Zi, Ez: 195/98-216/108,
Dz: 386/194-426/214, 10 Suiten, ⌐ WC,
28 🛏, Lift, 🅿, 🐕, 1🍴280, 🏊, ♨, Sauna,
Solarium, Golf
🍴🍴 Hauptgericht 30/15-45/22, Kegeln

✱✱✱ Parkhotel
Thermen-Vitalzentrum
Am Kurwald 10, Tel (0 85 32) 2 80,
Fax 2 82 04, ✉ 94086, AX DC ED VA
🌙 🍴, 157 Zi, Ez: 197/99-234/117,
Dz: 334/168-404/203, 5 Suiten, ⌐ WC, 35 🛏,
Lift, 🐕, 1🍴, 🏊, ♨, Sauna, Solarium, Golf,
7 Tennis

🍴🍴 Classico
Hauptgericht 36/18-43/21, Terrasse, nur abends

✱✱✱ St. Wolfgang
Ludwigpromenade 6, Tel (0 85 32) 98 00,
Fax 98 06 35, ✉ 94086, AX DC ED VA
171 Zi, Ez: 135/67-195/98,
Dz: 260/130-320/161, 10 Suiten, ⌐ WC,

Griesbach i. Rottal

105 ⛄, Lift, 🐕, 4🛏100, ⚨, ♨, Fitnessraum, Sauna, Solarium, Golf

🍴🍴 Asia
Hauptgericht 14/7-24/12, Terrasse, 🅿, nur abends

✱✱ Fürstenhof
Thermalbadstr. 28, Tel (0 85 32) 98 10,
Fax 98 11 35, ✉ 94086, AX DC ED VA
♪ ⚜, 148 Zi, Ez: 140/70-160/80,
Dz: 206/103-260/130, 8 Suiten, ⌐ WC ⊘, 25 ⛄,
Lift, 🐕, ⚨, ♨, Sauna, Solarium
🍴🍴 ⚜, Hauptgericht 30/15-38/19, Terrasse, 🅿

✱✱ Drei Quellen Therme
Thermalbadstr. 3, Tel (0 85 32) 79 80,
Fax 75 47, ✉ 94086, AX DC ED VA
♪ 96 Zi, Ez: 115/57-159/80,
Dz: 210/105-244/122, 5 Suiten, ⌐ WC ⊘, Lift,
🐕, Sauna, Solarium, Golf, 9 Tennis
Auch Zimmer der Kategorie ✱✱✱ vorhanden.
🍴🍴 Hauptgericht 22/11-30/15, Terrasse, 🅿

✱✱ Konradshof
Thermalbadstr. 30, Tel (0 85 32) 70 20,
Fax 70 21 98, ✉ 94086
♪ ⚜, 71 Zi, Ez: 87/43-105/52, Dz: 90/45-96/48,
⌐ WC ⊘, Lift, 🐕, ⚨, ♨, Fitnessraum, Sauna,
Solarium, Restaurant
geschl.: 11-22.12.00

✱ Glockenspiel
Thermalbadstr. 21, Tel (0 85 32) 70 60,
Fax 7 06 53, ✉ 94086, AX ED
♪ ⚜, 52 Zi, Ez: 80/40-90/45, Dz: 136/68-150/75,
9 App, ⌐ WC ⊘, Lift, 🐕, ⚨, ♨, Sauna,
Solarium, garni

Schwaim (5 km ↓)

✱✱ Gutshof Sagmühle
Golfplatz Sagmühle 1, Tel (0 85 32) 9 61 40,
Fax 34 35, ✉ 94086, AX DC ED VA
♪ ⚜, 22 Zi, Ez: 115/57, Dz: 190/95, ⌐ WC ⊘,
22 ⛄, 🅿, 1🛏40, Golf
geschl.: 15.11.-15.12.00, 6.1.-10.2.01

🍴🍴 Sonne
⚜, Hauptgericht 27/13, Terrasse,
geschl.: 15.11.-15.12.00, 6.1.-10.2.01

Griesheim 54 ↗

Hessen / Kreis Darmstadt-Dieburg
EW 25440
🛈 Tel (0 61 55) 70 10, Fax 70 12 16
Stadtverwaltung
✉ 64347 Wilhelm-Leuschner-Str 75

✱✱ Prinz Heinrich
Am Schwimmbad 12, Tel (0 61 55) 6 00 90,
Fax 6 00 92 88, ✉ 64347, AX DC ED VA
♪, 79 Zi, Ez: 105/52-133/66, Dz: 158/79,
1 Suite, 32 App, ⌐ WC ⊘, 45 ⛄, Lift, 🅿, 🐕,
2🛏30, Sauna, Solarium, Restaurant
Auch Zimmer der Kategorie ✱ vorhanden.

✱ Achat
Flughafenstr. 2, Tel (0 61 55) 88 20,
Fax 88 29 99, ✉ 64347, AX ED VA, Ⓢ
101 Zi, Ez: 131/65-197/99, Dz: 170/85-213/107,
5 Suiten, 66 App, ⌐ WC ⊘ DFÜ, 38 ⛄, Lift, 🅿,
🐕, 2🛏25, Restaurant
geschl.: 24.12.00-2.1.01

✱ Nothnagel
Wilhelm-Leuschner-Str. 67,
Tel (0 61 55) 8 37 00, Fax 40 34, ✉ 64347,
AX ED
31 Zi, Ez: 100/50-130/65, Dz: 130/65-170/85, ⌐
WC ⊘, 10 ⛄, Lift, 🅿, 2🛏60, ♨, Sauna,
Solarium, garni
Auch Zimmer der Kategorie ✱✱ vorhanden.

✱ Aron
Bunsenstr. 3, Tel (0 61 55) 20 54, Fax 7 68 95,
✉ 64347, AX DC ED VA
52 Zi, Ez: 125/62-280/141, Dz: 125/62-320/161,
⌐ WC ⊘, 10 ⛄, 🅿, 2🛏70, Restaurant
Im Gerwerbegebiet.

Grießen siehe Klettgau

Grillenberg 38 ←

Sachsen-Anhalt
Kreis Sangerhausen
EW 320
🛈 Tel (0 34 64) 58 20 36
Gemeindeverwaltung
✉ 06528 Hauptstr. 12e

✱ Berghotel Grillenberg
Hühnerweg 47, Tel (0 34 64) 58 00,
Fax 58 01 00, ✉ 06528, ED VA

einzeln ♪, 22 Zi, Ez: 60/30-75/37,
Dz: 90/45-120/60, ⌐ WC ⌀, P, Restaurant
Teils Zimmer in Blockhäusern.

Grimma 39 ↓

Sachsen
EW 18200
🛈 Tel (0 34 37) 91 98 53, Fax 94 57 22
Fremdenverkehrsamt
✉ 04668 Markt 23

✶ Kloster Nimbschen
Nimbschener Landstr. 1, Tel (0 34 37) 99 50,
Fax 99 52 99, ✉ 04668, ED VA
einzeln, 45 Zi, Ez: 79/39-115/57,
Dz: 95/47-150/75, 3 Suiten, ⌐ WC ⌀, P,
4⌬250, Fitnessraum, Bowling, Sauna,
Solarium, Restaurant
Auch einfache Zimmer vorhanden.

Höfgen (5 km ↘)

✶ Zur Schiffsmühle
Zur Schiffsmühle Nr 1, Tel (0 34 37) 91 02 86,
Fax 91 02 87, ✉ 04668, AX ED VA
einzeln ♪ $, 30 Zi, Ez: 68/34-120/60,
Dz: 150/75-200/100, 1 Suite, ⌐ WC ⌀, P,
3⌬200, Sauna, Solarium, Restaurant

Grimmen 13 ↘

Mecklenburg-Vorpommern
Kreis Nordvorpommern
EW 11639
🛈 Tel (03 83 26) 4 72 09, Fax 4 72 55
Stadtinformation
✉ 18507 Markt 1

✶ Grimmener Hof
Friedrichstr. 50, Tel (03 83 26) 5 50,
Fax 5 54 00, ✉ 18507, AX DC ED VA
38 Zi, Ez: 130/65-150/75, Dz: 160/80-180/90,
⌐ WC ⌀, 15 ⌬, Lift, P, Restaurant

Gröditz 40 □

Sachsen / Kreis Riesa-Großenhain
EW 9000
🛈 Tel (03 52 63) 32 80, Fax 3 28 68
Stadtverwaltung Gröditz
✉ 01609 Reppiser Str. 10

✶✶✶ Spanischer Hof
Hauptstr. 15, Tel (03 52 63) 4 40, Fax 4 44 44,
✉ 01609, AX DC ED VA
46 Zi, Ez: 98/49-148/74, Dz: 158/79-278/140,
6 Suiten, 1 App, ⌐ WC ⌀, 16 ⌬, Lift, P,
4⌬150, Sauna, Solarium

Landhaus im spanischen Stil, handbemalte
Fliesen und Terrakotta kennzeichnen die
Innenausstattung.

🍴🍴 Orangerie
Hauptgericht 20/10-40/20, Terrasse

Grömitz 11 ↓

Schleswig-Holstein
Kreis Ostholstein
EW 7400
🛈 Tel (0 45 62) 25 60, Fax 25 62 46
Tourismus-Service
✉ 23743 Kurpromenade 58

✶✶✶ Carat Golf- und Sporthotel
Strandallee 4, Tel (0 45 62) 39 10,
Fax 39 12 55, ✉ 23743, AX DC VA
$, 154 Zi, Ez: 143/72-184/92,
Dz: 226/113-348/175, 2 Suiten, ⌐ WC ⌀, Lift,
P, ⌂, 10⌬250, ⌂, Kegeln, Sauna, Solarium,
Golf
geschl.: 2.1.-25.2.01

🍴🍴 Zur Pinie
Hauptgericht 20/10-48/24

✶✶ Landhaus Langbehn
Neustädter Str. 43, Tel (0 45 62) 18 50,
Fax 1 85 99, ✉ 23743, ED VA
40 Zi, Ez: 110/55-165/83, Dz: 180/90-250/125,
⌐ WC ⌀, 20 ⌬, P, Sauna, Restaurant

✶✶ Strandidyll
Uferstr. 26, Tel (0 45 62) 18 90, Fax 1 89 89,
✉ 23743, ED VA
♪ $, 26 Zi, Ez: 105/52-195/98,
Dz: 154/77-250/125, 5 Suiten, ⌐ WC ⌀, Lift,
P, 2⌬25, ⌂, Seezugang, Sauna, Solarium,
Golf
geschl.: 30.10.-9.12.00
🍴🍴 $, Hauptgericht 18/9-39/19, Terrasse,
geschl.: 30.10.-9.12.00

✶✶ Villa am Meer
Seeweg 6, Tel (0 45 62) 25 50, Fax 25 52 99,
✉ 23743

Grömitz

𝄞, 36 Zi, Ez: 90/45-169/85, Dz: 168/84-208/104, 3 Suiten, ⊒ WC ⊘, Lift, P, Sauna, Restaurant geschl.: 10.10.00-6.4.01

✱ Pinguin
Christian-Westphal-Str. 52,
Tel (0 45 62) 2 20 70, Fax 22 07 33, ✉ 23743
21 Zi, Ez: 85/42-160/80, Dz: 160/80-210/105, ⊒ WC ⊘, P, 🏠, Sauna, Solarium
geschl.: 2 Wochen im Nov, 6.1.-8.3.01

🍴🍴🍴 La Marée
Hauptgericht 35/17, nur abends, So auch mittags, geschl.: Mo, 6.1.-8.3.01, 2 Wochen im Nov

✱ Seedeich
Blankwasserweg 6, Tel (0 45 62) 26 80, Fax 26 82 00, ✉ 23743
25 Zi, Ez: 75/37-95/47, Dz: 130/65-180/90, ⊒ WC ⊘, P, 🏠
🍴 Hauptgericht 30/15, Terrasse,
geschl.: Di, 10.1.-15.2.01

✱ Hof Krähenberg
Nienhagener Weg, Tel (0 45 62) 2 27 22, Fax 22 72 50, ✉ 23743
einzeln ♪, Ez: 80/40-130/65,
Dz: 130/65-210/105, 3 Suiten, 12 App, ⊒ WC ⊘, 3 ⛵, P, 2⊂⊃30, 🏠, Fitnessraum, Sauna, Solarium, 3 Tennis, Restaurant
geschl.: 26.11.00-2.2.01

Grönenbach, Bad 70 □

Bayern / Kreis Unterallgäu
EW 5035
🛈 Tel (0 83 34) 6 05 31, Fax 61 33
Kurverwaltung
✉ 87730 Marktplatz 5

✱✱✱ Allgäuer Tor
Sebastian-Kneipp-Allee 7, Tel (0 83 34) 60 80, Fax 60 81 99, ✉ 87730, AX DC ED VA
♪ 𝄞, 143 Zi, Ez: 160/80-210/105, Dz: 290/146, 10 Suiten, ⊒ WC ⊘, Lift, P, 🏠, 3⊂⊃100, 🏠, Sauna, Solarium, Restaurant

✱ Landhotel Grönenbach
Ziegelbergerstr. 1, Tel (0 83 34) 9 84 80, Fax 98 48 58, ✉ 87730, AX DC ED VA
21 Zi, Ez: 110/55-140/70, Dz: 170/85, 2 Suiten, 10 ⛵, 2⊂⊃25

🍴🍴 Badische Weinstube ✚
Marktplatz 8, Tel (0 83 34) 5 05, Fax 63 90, ✉ 87730, DC ED VA
Hauptgericht 17/8-44/22, Terrasse, Gartenlokal, P, geschl.: Mo

Gronau (Leine) 26 ✓

Niedersachsen / Kreis Hildesheim
EW 5650
🛈 Tel (0 51 82) 90 20, Fax 90 21 99
Samtgemeindeverwaltung
✉ 31028 Blankerstr. 16

🍴 Gasthof Zur Grünen Aue
Leintor 19, Tel (0 51 82) 24 72, Fax 24 52, ✉ 31028
Hauptgericht 27/13, Biergarten, P, 🛏,
geschl.: Mi

Gronau (Westf.) 23 ✓

Nordrhein-Westfalen / Kreis Borken
EW 42000
🛈 Tel (0 25 62) 9 90 06, Fax 9 90 08
Touristik-Service
✉ 48599 Konrad-Adenauer-Str 45

✱ Gronauer Sporthotel
Jöbkesweg 5, Tel (0 25 62) 70 40, Fax 7 04 99, ✉ 48599, AX DC ED VA
48 Zi, Ez: 85/42-95/47, Dz: 140/70, 10 Suiten, 12 App, ⊒ WC ⊘, 6 ⛵, Sauna, Solarium, Restaurant

Gronau-Außerhalb (4,5 km ↗)

🍴🍴 Driland
Gildehauser Str. 350, Tel (0 25 62) 36 00, Fax 41 47, ✉ 48599, AX DC ED VA
einzeln, Hauptgericht 17/8-50/25, Terrasse, P, geschl.: Di

Epe (4 km ✓)

✱✱ Schepers
Ahauser Str. 1, Tel (0 25 65) 9 33 20, Fax 9 33 25, ✉ 48599, AX DC ED VA
24 Zi, Ez: 105/52-140/70, Dz: 160/80-195/98, 1 Suite, ⊒ WC ⊘, 12 ⛵, Lift, P, 🏠, 2⊂⊃40
geschl.: 23.12.00-4.1.01
Auch Zimmer der Kategorie ✱ vorhanden.
🍴🍴 Hauptgericht 30/15-42/21, Terrasse, geschl.: So, 23.12.00-4.1.01

✱ Ammertmann
Nienborger Str. 23, Tel (0 25 65) 9 33 70,
Fax 93 37 55, ✉ 48599, AX DC ED VA
23 Zi, Ez: 75/37-95/47, Dz: 130/65-150/75,
1 Suite, 1 App, ⌐ WC ✆, 3 ⇔, **P**, 🕿, 3⇨60
🍴 Hauptgericht 25/12-36/18, Terrasse

Epe-Außerhalb (4 km ←)

✱ Moorhof
Amtsvennweg 60, Tel (0 25 62) 9 39 20,
Fax 8 02 00, ✉ 48599, AX DC ED VA
einzeln ☾, 24 Zi, Ez: 107/53, Dz: 162/81, ⌐ WC
✆, 3 ⇔, **P**, 1⇨40, Restaurant

🍴🍴🍴 Heidehof
Amtsvenn 1, Tel (0 25 65) 13 30, Fax 30 73,
✉ 48599, AX DC ED VA
einzeln, Hauptgericht 40/20, Terrasse,
Biergarten, **P**, geschl.: Mo, 1.-15.7.01

Groß Beuchow 40 ↗
Brandenburg / Kreis Calau
EW 377
i Tel (0 35 42) 24 82
Gemeindeverwaltung
✉ 03222 Hauptstr. 15

✱ Treff Landhaus-Hotel
LPG-Str, Tel (0 35 42) 87 50, Fax 87 51 25,
✉ 03222, AX ED VA
86 Zi, Ez: 99/49-135/67, Dz: 135/67-170/85,
2 Suiten, 2 App, ⌐ WC ✆, 43 ⇔, Lift, **P**,
3⇨150, Golf, Restaurant

Groß Dölln 22 ✓
Brandenburg / Kreis Uckermark
EW 428
i Tel (0 39 87) 2 06 00
Amt Templin Land
✉ 17268 Puschkinstr. 15

Groß Dölln-Außerhalb

✱✱ Döllnsee-Schorfheide
Döllnkrug 2, Tel (03 98 82) 6 30, Fax 6 34 02,
✉ 17268, AX DC ED VA
einzeln ☾ ⚜, 101 Zi, Ez: 180/90, Dz: 235/118,
6 Suiten, ⌐ WC ✆ DFÜ, 20 ⇔, Lift, **P**, 🕿,
8⇨130, ⚓, Sauna, Solarium, 1 Tennis,
Restaurant

Groß Grönau 19 ↖
Schleswig-Holstein
Kreis Herzogtum Lauenburg
EW 4000
i Tel (0 45 09) 87 44 01, Fax 87 44 24
Gemeindeverwaltung
✉ 23627 Am Torfmoor 2

St. Hubertus (2 km ↑)

✱ Forsthaus St. Hubertus Minotel
St. Hubertus 1, Tel (0 45 09) 87 78 77,
Fax 24 61, ✉ 23627, AX DC ED VA
20 Zi, Ez: 95/47-105/52, Dz: 150/75-160/80, ⌐
WC ✆ DFÜ, 3 ⇔, **P**, 1⇨15
🍴🍴 Hauptgericht 28/14-40/20, Terrasse,
geschl.: Di

Groß Köris 30 ↘
Brandenburg
Kreis Königs Wusterhausen
EW 1769
i Tel (03 37 62) 43 90
Gemeindeverwaltung
✉ 15746 Berliner Str. 1

✱ Seenot
Lindenstr. 75, Tel (03 37 66) 4 15 52,
Fax 4 20 54, ✉ 15746
14 Zi, Ez: 79/39-90/45, Dz: 99/49-150/75,
2 Suiten, ⌐ WC ✆ DFÜ, Sauna, Solarium, garni

Klein Köris

✱ Lindengarten
Chausseestr. 57, Tel (03 37 66) 4 20 63,
Fax 4 20 62, ✉ 15746
☾ ⚜, 29 Zi, Dz: 150/75, 4 Suiten, 4 App, ⌐ WC
✆, Lift, **P**, 2⇨87, Restaurant

Groß Mohrdorf 13 □
Mecklenburg-Vorpommern
Kreis Nordvorpommern
EW 623
i Tel (03 83 23) 8 14 42, Fax 8 14 42
Freizeitinformation
✉ 18445 Inspektorengang 3

Hohendorf b. Stralsund (2 km ↗)

✱✱ Schloßpark-Hotel Hohendorf
Tel (03 83 23) 25 00, Fax 2 50 61, ✉ 18445,
AX DC ED VA

einzeln ♪ ⓣ, 42 Zi, Ez: 135/67,
Dz: 145/73-165/83, 9 Suiten, ⊣ WC Ⓒ, Ⓟ,
2⊂⊃100, 2 Tennis, Restaurant
Klassizistischer Bau umgeben von einem 10 ha
großen Parkgelände. Auch Zimmer der
Kategorie ★★★ vorhanden.

Groß Nemerow 21 ↗

Mecklenburg-Vorpommern
Kreis Neubrandenburg
EW 868
🅸 Tel (03 96 05) 2 06
Gemeindeverwaltung
✉ 17094 Dorfstr. 17

Groß Nemerow-Außerhalb (2 km ✓)

★★ Bornmühle
Bornmühle 35, Tel (03 96 05) 6 00,
Fax 6 03 99, ✉ 17094, 🆇 🆇 🆇 🆇, Ⓢ
einzeln ♪ ⚥, 63 Zi, Ez: 140/70-155/78,
Dz: 180/90-198/99, 2 Suiten, ⊣ WC Ⓒ, 10 ⛌,
Lift, Ⓟ, 4⊂⊃55, ⌂, Fitnessraum, Seezugang,
Sauna, Solarium

🍴🍴 Hauptgericht 28/14, Terrasse

Groß Schauen 31 ✓

Brandenburg / Kreis Oder/Spree
EW 190
🅸 Tel (03 36 78) 7 37 77, Fax 7 36 42
Tourismus Storkow
✉ 15859 Schloss Str. 6

Groß Schauen-Außerhalb

★ Köllnitzer Hof
Hauptstr. 19, Tel (03 36 78) 69 60,
Fax 6 96 32, ✉ 15859, 🆇 🆇
11 Zi, Ez: 85/42-100/50, Dz: 99/49-125/62, ⊣
WC Ⓒ, Ⓟ, 1⊂⊃70, Sauna

Köllnitzer Fischerstuben
Tel 6 10 84, Fax 6 20 06
⚥, Hauptgericht 20/10-24/12, Terrasse

Groß Wittensee 10 □

Schleswig-Holstein
Kreis Rendsburg-Eckernförde
EW 1000
🅸 Tel (0 43 56) 4 42, Fax 99 58 99
Fremdenverkehrsverein
✉ 24361 Dorfstr. 54

★ Schützenhof mit Gästehäusern Minotel
Rendsburger Str. 2, Tel (0 43 56) 1 70,
Fax 17 66, ✉ 24361, 🆇 🆇 🆇 🆇, Ⓢ
49 Zi, Ez: 98/49-168/84, Dz: 148/74-218/109,
3 Suiten, 13 App, ⊣ WC Ⓒ, 5 ⛌, ⌂,
4⊂⊃150, Seezugang, Sauna, Solarium,
Restaurant
geschl.: 20-29.12.00, 3-15.1.01

Groß-Gerau 54 ↗

Hessen
EW 22670
🅸 Tel (0 61 52) 71 60, Fax 71 63 09
Stadtverwaltung
✉ 64521 Am Marktplatz 1

★★ Adler
Frankfurter Str. 11, Tel (0 61 52) 80 90,
Fax 80 95 03, ✉ 64521, 🆇 🆇 🆇 🆇
76 Zi, Ez: 98/49-155/78, Dz: 210/105-250/125,
5 Suiten, ⊣ WC Ⓒ, 9 ⛌, Lift, ⌂, 3⊂⊃280, ⌂,
Kegeln, Sauna, Solarium
🍴🍴 Hauptgericht 25/12, geschl.: So abends

Groß-Umstadt 55 ↖

Hessen / Kreis Darmstadt-Dieburg
EW 21720
🅸 Tel (0 60 78) 78 12 64, Fax 78 12 26
Kulturamt
✉ 64823 Markt 1

★ Jakob
Zimmerstr. 43, Tel (0 60 78) 7 80 00,
Fax 7 41 56, ✉ 64823, 🆇 🆇 🆇 🆇
♪ ⚥, 36 Zi, Ez: 88/44-120/60,
Dz: 125/62-140/70, 1 Suite, ⊣ WC Ⓒ, 12 ⛌, Ⓟ,
⌂, 1⊂⊃14, garni
Auch Zimmer der Kategorie ★★ vorhanden.

🍴🍴 La Villetta
Zimmerstr. 34, Tel (0 60 78) 7 22 56,
Fax 7 54 65, ✉ 64823, 🆇 🆇 🆇

Hauptgericht 28/14-45/22, Terrasse, geschl.: Mo

Groß-Ziethen Kr. Oberhavel 30 ↖

Brandenburg / Kreis Oberhavel
EW 220
ℹ Tel (03 30 55) 7 15 00, Fax 7 15 01
Amt Kremmen
✉ 16766 Scheunenweg 49

** Schloss Ziethen
Tel (03 30 55) 9 50, Fax 95 59, ✉ 16766,
AX ED VA
♪ ⓣ, 30 Zi, Ez: 145/73-220/110,
Dz: 190/95-260/130, 5 Suiten, 9 App, ⌐ WC ⓒ
DFÜ, 18 ⌂, Lift, **P**, 🞽, 3⌘90, Sauna,
Solarium, Golf
Klassizistischer Schloßbau mit großer
Parkanlage, Orangerie und alter Bibliothek.
Auch Zimmer der Kategorie *** vorhanden.

¶¶ Die Orangerie
Hauptgericht 24/12-30/15, Terrasse

Groß-Zimmern 54 ↗

Hessen / Kreis Darmstadt-Dieburg
EW 13400
ℹ Tel (0 60 71) 97 02 29, Fax 7 19 76
Gemeindeverwaltung
✉ 64846 Rathausplatz

* An der Waldstraße
Waldstr. 42, Tel (0 60 71) 9 70 00,
Fax 97 00 11, ✉ 64846, AX DC ED VA
36 Zi, Ez: 90/45-115/57, Dz: 130/65-160/80, ⌐
WC ⓒ, Lift, **P**, 1⌘30, garni

¶¶ Richter's Restaurant Georgi
Bahnhofstr. 7, Tel (0 60 71) 4 12 79,
Fax 4 41 25, ✉ 64846, AX DC ED VA
Hauptgericht 28/14-36/18, Gartenlokal, **P**,
geschl.: So abends

Großalmerode 36 ↓

Hessen / Werra-Meißner-Kreis
EW 8500
ℹ Tel (0 56 04) 12 55, Fax 86 16
Verkehrsverein
✉ 37247 Marktplatz 9

⚑ Zur Krone
Am Marktplatz 1, Tel (0 56 04) 79 52,
Fax 86 16, ✉ 37247
24 Zi, Ez: 20/10-80/40, Dz: 70/35-120/60, ⌐
WC ⓒ DFÜ, **P**, 1⌘80, Restaurant
geschl.: 13-23.11.00

Großaspach siehe Aspach

Großbeeren 29 →

Brandenburg / Kreis Teltow-Fläming
EW 2498
ℹ Tel (03 37 01) 5 53 05
Gemeindeverwaltung
✉ 14979 Dorfaue 4

* Ringhotel Großbeeren
Dorfaue 9, Tel (03 37 01) 7 70, Fax 7 71 00,
✉ 14979, AX DC ED VA, Ⓢ
43 Zi, Ez: 115/57-135/67, Dz: 140/70-170/85,
3 Suiten, ⌐ WC ⓒ DFÜ, 7 ⌂, Lift, **P**, 3⌘80,
Restaurant

* Comfort Hotel Berlin-Süd
Berliner Str. 121, Tel (03 37 01) 7 00,
Fax 5 76 04, ✉ 14979, AX DC ED VA
54 Zi, Ez: 88/44-138/69, Dz: 115/57-165/83,
1 Suite, ⌐ WC ⓒ, 39 ⌂, **P**, 2⌘50, Restaurant

Großbettlingen 61 ↘

Baden-Württemberg
Kreis Esslingen
EW 4010
ℹ Tel (0 70 22) 94 34 50, Fax 9 43 45 40
Bürgermeisteramt
✉ 72663 Schweizerhof 2

** U-No 1
Nürtinger Str. 92, Tel (0 70 22) 94 32 10,
Fax 9 43 21 44, ✉ 72663, AX DC ED VA

50 Zi, Ez: 89/44-119/59, Dz: 150/75-169/85, ⊣ WC ⌀ DFÜ, 23 ⇥, Lift, P, 🚗, 3⇨80, Fitnessraum, Restaurant
geschl.: 23.12.00-4.1.01
Designereinrichtung.

✱ Café Bauer
Nürtinger Str. 41, Tel (0 70 22) 9 44 10,
Fax 4 57 29, ✉ 72663, ED VA
15 Zi, Ez: 85/42, Dz: 130/65, 1 Suite, 2 App, ⊣ WC ⌀, P, 2⇨23, Restaurant

Großbottwar 61 ↗

Baden-Württemberg
Kreis Ludwigsburg
EW 8000
🛈 Tel (0 71 48) 3 10, Fax 31 77
Stadtverwaltung
✉ 71723 Marktplatz 1

✱ Bruker
Kleinaspacher Str. 18, Tel (0 71 48) 80 63,
Fax 61 90, ✉ 71723, ED VA
27 Zi, Ez: 58/29-65/32, Dz: 90/45-120/60,
2 App, ⊣ WC ⌀, 15 ⇥, Lift, P, 1⇨15, Sauna, Solarium, garni
Im Gästehaus auch Zimmer der Kategorie ✱✱ vorhanden. Eigenbauweine, Straußwirtschaft.

🍴🍴 Stadtschänke Johannespfründe
Hauptstr. 36, Tel (0 71 48) 80 24, Fax 49 77,
✉ 71723, AX DC ED VA
♿, Hauptgericht 25/12-37/18, Terrasse,
geschl.: Mi
✱ 5 Zi, Ez: 70/35, Dz: 120/60, ⊣ WC ⌀

Großburgwedel siehe Burgwedel

Großefehn 16 ←

Niedersachsen / Kreis Aurich
EW 11000
🛈 Tel (0 49 43) 92 02 91, Fax 92 02 94
Touristik-Information Mühlenhof
✉ 26629 Kanalstraße Nord 82

Mittegroßefehn

✱ Landhaus Feyen
Auricher Landstr. 8, Tel (0 49 43) 9 19 00,
Fax 91 90 55, ✉ 26629, AX DC ED VA
26 Zi, Ez: 70/35, Dz: 120/60, ⊣ WC ⌀, P,
5⇨60, Restaurant
Auch einfachere Zimmer vorhanden.

Großenaspe 10 ↘

Schleswig-Holstein
Kreis Segeberg
EW 2056
🛈 Tel (0 43 27) 3 30
Gemeindeverwaltung
✉ 24623

Brokenlande (5 km ↑)

✱✱ Rosengarten
Hamburger Chaussee 16, Tel (0 43 27) 9 97 90,
Fax 99 79 32, ✉ 24623, AX ED VA
10 Zi, Ez: 97/48, Dz: 137/69, ⊣ WC ⌀, P,
2⇨40, Restaurant

Großenbrode 11 □

Schleswig-Holstein
Kreis Ostholstein
EW 1900
🛈 Tel (0 43 67) 99 71 13, Fax 99 71 26
Kurverwaltung
✉ 23775 Teichstr. 12

✱✱ Ostsee-Hotel
Am Südstrand, Tel (0 43 67) 71 90,
Fax 7 19 50, ✉ 23775, AX DC ED VA
☾ ✴, 25 Zi, Ez: 120/60-160/80,
Dz: 240/120-250/125, ⊣ WC ⌀, Lift, P, 1⇨30, Restaurant
Auch Zimmer der Kategorie ✱✱✱ vorhanden.

Großendrescheid siehe Altena

Großenhain 40 ↓

Sachsen / Kreis Riesa-Großenhain
EW 17870
🛈 Tel (0 35 22) 30 40, Fax 30 42 22
Stadtverwaltung
✉ 01558 Hauptmarkt 1

Großenhain

✱ Stadt Dresden

Kupferbergstr. 3c, Tel (0 35 22) 55 00 30,
Fax 55 00 33, ✉ 01558
30 Zi, Ez: 95/47, Dz: 125/62, ⌐ WC ✆, ℗,
Restaurant

Großenkneten 16 ↘

Niedersachsen / Kreis Oldenburg
EW 12390
🛈 Tel (0 44 35) 6 00 49, Fax 6 00 40
Tourist-Information
✉ 26197 Markt 3

🛏 Kempermann

Hauptstr. 59, Tel (0 44 35) 9 70 00, Fax 56 63,
✉ 26197
24 Zi, Ez: 58/29-65/32, Dz: 98/49-110/55,
1 App, ⌐ WC ✆, ℗, 🐾, 8↻350, Kegeln,
Restaurant

Moorbeck (6 km →)

✱ Zur Wassermühle

Amelhauser Str. 56-58, Tel (0 44 33) 2 55,
Fax 96 96 29, ✉ 26197, ED VA
♪, 14 Zi, Ez: 110/55-120/60,
Dz: 165/83-175/88, ⌐ WC ✆ DFÜ, ℗, 4↻150,
Sauna, Solarium
geschl.: 27-30.12.00, 1-12.1.01

🍴 Gut Moorbeck

🍷, Hauptgericht 20/10, geschl.: 27-30.12.00,
1-12.1.01

Großenlüder 46 ←

Hessen / Kreis Fulda
EW 8653
🛈 Tel (0 66 48) 95 00 22, Fax 95 00 95
Gemeindeverwaltung
✉ 36137 St.-Georg-Str 2

✱✱ Landhotel Kleine Mühle

St.-Georg-Str. 21, Tel (0 66 48) 9 51 00,
Fax 6 11 23, ✉ 36137, AX DC ED VA
16 Zi, Ez: 115/57-135/67, Dz: 175/88-195/98,
2 Suiten, ⌐ WC ✆ DFÜ, ℗, 1↻20, Restaurant

✱ Weinhaus Schmitt

Am Bahnhof 2, Tel (0 66 48) 74 86, Fax 87 62,
✉ 36137, ED
8 Zi, Ez: 55/27, Dz: 95/47, ⌐ WC, Kegeln,
Restaurant

Kleinlüder-Außerhalb (3 km ↘)

✱ Hessenmühle

Tel (0 66 50) 9 88 00, Fax 9 88 88, ✉ 36137,
ED VA
einzeln ♪, 63 Zi, Ez: 80/40-100/50, Dz: 130/65,
2 App, ⌐ WC ✆ DFÜ, ℗, 5↻60, Kegeln,
Restaurant

Großenseebach 57 ←

Bayern / Kreis Erlangen-Höchstadt
EW 2300
🛈 Tel (0 91 35) 73 73 90, Fax 7 37 39 10
Verwaltungsgemeinschaft Heßdorf
✉ 91093 Hannberger Str. 5

✱ Seebach

Hauptstr. 2, Tel (0 91 35) 71 60, Fax 71 61 05,
✉ 91074, AX DC ED VA
22 Zi, Ez: 98/49-115/57, Dz: 130/65-180/90,
1 App, ⌐ WC ✆ DFÜ, 5 ⊭, ℗, 🐾, 2↻25,
Restaurant
geschl.: Fr

Großharthau 41 ✓

Sachsen / Kreis Bautzen
EW 3047
🛈 Tel (0 35 94) 5 33 17, Fax 5 36 05
Gemeindeverwaltung
✉ 01909 Wesenitzweg 6

✱ Kyffhäuser

Dresdner Str. 3, Tel (03 59 54) 58 00,
Fax 5 80 15, ✉ 01909, ED
26 Zi, Ez: 70/35-98/49, Dz: 120/60, ⌐ WC ✆,
℗, 2↻35, Restaurant

Großheirath 47 ↘

Bayern / Kreis Coburg
EW 2350
🛈 Tel (0 95 65) 70 80, Fax 70 93
Gemeindeverwaltung
✉ 96269 Schulstr. 34

✱✱ Steiner

Hauptstr. 5, Tel (0 95 65) 79 40, Fax 7 94 97,
✉ 96269, AX ED VA
70 Zi, Ez: 42/21-98/49, Dz: 76/38-146/73,
4 Suiten, ⌐ WC ✆, 5 ⊭, Lift, ℗, 🐾, 5↻350,

Großheirath

⌂, Fitnessraum, Kegeln, Sauna, Solarium, Restaurant
Im Altbau einfachere Zimmer vorhanden.

Großheubach 55 □

Bayern / Kreis Miltenberg
EW 5040
🛈 Tel (0 93 71) 40 99 43, Fax 40 99 88
Tourist-Information
✉ 63920 Kirchstr. 6, Abendanzsches Haus

✱ Weinklause Rosenbusch
Engelbergweg 6, Tel (0 93 71) 81 42,
Fax 6 98 38, ✉ 63920, ED VA
20 Zi, Ez: 75/37-95/47, Dz: 116/58-150/75,
1 Suite, ⊟ WC ⊘, 6 ⚭, ℗, ⌂, Sauna, Solarium, Restaurant
geschl.: Do, 5.11.-1.12.00, 1-25.3.01

¶¶ Zur Krone
Miltenberger Str.1, Tel (0 93 71) 26 63,
Fax 6 53 62, ✉ 63920, ED
Hauptgericht 26/13-42/21, Gartenlokal, ℗
▬ 8 Zi, Ez: 70/35, Dz: 115/57-130/65, ⊟ WC ⊘, ⌂

Großkarlbach 54 ✓

Rheinland-Pfalz
Kreis Bad Dürkheim
EW 1160
🛈 Tel (0 62 38) 6 95, Fax 8 58 06
Gemeindeverwaltung
✉ 67229 Kändelgasse 4

▬ Winzergarten
Hauptstr. 17, Tel (0 62 38) 92 68 00,
Fax 9 26 80 90, ✉ 67229, ED VA
58 Zi, Ez: 74/37-90/45, Dz: 106/53-140/70, ⊟ WC ⊘ DFÜ, Lift, ℗, 1⊃90, Golf, Restaurant
geschl.: 27.12.00-12.1.01

¶¶ Gebr. Meurer
Hauptstr. 67, Tel (0 62 38) 6 78, Fax 10 07,
✉ 67229, AX ED
Hauptgericht 28/14-42/21, Terrasse, ℗, nur abends
✱✱ 12 Zi, Ez: 160/80-180/90,
Dz: 180/90-220/110, ⊟ WC ⊘, 12 ⚭

¶¶ Historische Gaststätte Karlbacher
Hauptstr. 57, Tel (0 62 38) 37 37, Fax 45 35,
✉ 67229, ED VA
♕, Hauptgericht 36/18-42/21, Terrasse, Gartenlokal, ℗, nur abends, Sa + So auch mittags, geschl.: Di

Großostheim 55 ↖

Bayern / Kreis Aschaffenburg
EW 14330
🛈 Tel (0 60 26) 5 00 40, Fax 50 04 43
Gemeindeverwaltung
✉ 63762 Schaafheimer Str. 33

Ringheim (3 km ↖)

✱ Landhaus Hotel
Ostring 8 b, Tel (0 60 26) 60 81, Fax 22 12,
✉ 63762, AX DC ED VA
♪, 20 Zi, Ez: 82/41-92/46, Dz: 126/63-136/68,
⊟ WC ⊘, ℗

Weinstube Zimmermann
Hauptgericht 20/10-32/16, nur abends

Großrosseln 52 ↘

Saarland / Kreis Saarbrücken
EW 9800
🛈 Tel (0 68 98) 44 91 29, Fax 44 91 30
Gemeindeverwaltung
✉ 66352 Klosterplatz 2

¶¶ Seimetz
Ludweiler Str. 34, am Deutsch-Französischen Platz, Tel (0 68 98) 46 12, Fax 40 01 27,
✉ 66352, ED VA
Hauptgericht 32/16-48/24, ℗, geschl.: Mo, Sa mittags

Großzöberitz 38 →

Sachsen-Anhalt / Kreis Bitterfeld
EW 536
🛈 Tel (03 49 56) 2 02 76
Gemeindeverwaltung
✉ 06780 Schmiedeweg 2

Appartementhotels/Boardinghäuser

Gut Tannepöls
Bitterfelder Str. 7, Tel (03 49 56) 6 48 80,
Fax 2 22 88, ✉ 06780
11 Zi, Ez: 60/30-120/60, Dz: 100/50-130/65,
4 Suiten, ⊟ WC ⊘, ℗, garni
geschl.: 24.12.00-1.1.01
Zimmer der Kategorie ✱ und ✱✱.

Grünberg 45 ←

Hessen / Kreis Gießen
EW 14290
🛈 Tel (0 64 01) 80 41 14, Fax 80 41 03
Städtisches Verkehrsamt
✉ 35305 Rabegasse 1

Grünberg-Außerhalb (2 km →)

✱✱ Sporthotel
Am Tannenkopf 1, Tel (0 64 01) 80 20,
Fax 80 21 66, ✉ 35305, ED VA
♪, 51 Zi, Ez: 92/46-98/49, Dz: 166/83, 1 Suite,
⌐ WC ⌀ DFÜ, Lift, P, 13⇔100, ≋, ⌂,
Fitnessraum, Kegeln, Sauna, Solarium, Golf
🍴🍴 Hauptgericht 33/16, Terrasse,
geschl.: So abends

Grünenplan 36 ↑

Niedersachsen / Kreis Holzminden
EW 3000
🛈 Tel (0 51 87) 72 08, Fax 72 08
Verkehrsamt
✉ 31073 Am Park 2

✱ Lampes Posthotel
Obere Hilsstr. 1, Tel (0 51 87) 9 44 40,
Fax 94 44 44, ✉ 31073, AX DC ED VA
25 Zi, Ez: 98/49-145/73, Dz: 150/75-190/95, ⌐
WC ⌀, Lift, P, ⌂, 1⇔80, Kegeln, Restaurant
geschl.: 2.-7.1.01

Grünheide (Mark) 31 ←

Brandenburg / Kreis Fürstenwalde
EW 2500
🛈 Tel (0 33 62) 7 59 33
Fremdenverkehrsverein
✉ 15537 Fangschleusenstr. 1 b

✱ Seegarten
Am Schlangenluch 12, Tel (0 33 62) 7 96 00,
Fax 61 29, ✉ 15537, AX ED VA
♪, 42 Zi, Ez: 95/47-150/75, Dz: 130/65-170/85,
⌐ WC ⌀, P, 3⇔80, Kegeln, Sauna, Restaurant
Auch einfachere Zimmer vorhanden.

Grünstadt 54 ←

Rheinland-Pfalz
Kreis Bad Dürkheim
EW 13910
🛈 Tel (0 63 59) 93 73 20, Fax 93 73 25
Toursit-Information
✉ 67269 Turnstr. 7

✱✱ Villa Roos
Poststr. 19, Tel (0 63 59) 9 34 10, Fax 93 41 41,
✉ 67269, AX DC ED VA
13 Zi, Ez: 98/49-130/65, Dz: 195/98-240/120,
⌐ WC ⌀, 3 ⚑, P, 1⇔20

Bistro Babette
Hauptgericht 20/10-45/22, Biergarten, nur
abends, geschl.: So

Asselheim (2 km ↑)

✱✱ Pfalzhotel Asselheim Landidyll
Holzweg 6, Tel (0 63 59) 8 00 30,
Fax 80 03 99, ✉ 67269, AX DC ED VA
40 Zi, Ez: 95/47-135/67, Dz: 125/62-198/99,
3 App, ⌐ WC ⌀, 8 ⚑, Lift, P, ⌂, 6⇔100, ⌂,
Kegeln, Sauna
Auch Zimmer der Kategorie ✱ vorhanden.

🍴🍴 **Scharfes Eck**
Hauptgericht 25/12

Grünwald 71 ↗

Bayern / Kreis München
EW 10180
🛈 Tel (0 89) 64 16 21 63, Fax 64 16 21 66
Gemeindeverwaltung
✉ 82031 Rathausstr. 3

✱✱ Gasthof Alter Wirt Landidyll
Marktplatz 1, Tel (0 89) 6 41 93 40,
Fax 64 19 34 99, ✉ 82031, AX ED VA
50 Zi, Ez: 120/60-210/105, Dz: 180/90-230/115,
2 App, ⌐ WC ⌀, 12 ⚑, Lift, P, ⌂, 3⇔100
🍴🍴 Hauptgericht 28/14, Biergarten

✱ Tannenhof ♛
Marktplatz 3, Tel (0 89) 6 41 89 60,
Fax 6 41 56 08, ✉ 82031, AX DC ED VA
19 Zi, Ez: 160/80-190/95, Dz: 190/95-220/110,
2 Suiten, ⌐ WC ⌀, 6 ⚑, garni
geschl.: 20.12.00-6.1.01

Brasserie Bunuel
Am Marktplatz 9, Tel (0 89) 6 41 18 57,
Fax 69 58 19, ✉ 82031, AX DC ED VA
Hauptgericht 35/17, nur abends, geschl.: So

Geiselgasteig (2 km ↗)

✱ Ritterhof
Nördliche Münchner Str. 6,
Tel (0 89) 6 49 00 90, Fax 6 49 30 12,
✉ 82031, AX ED VA
♪, 12 Zi, Ez: 135/67-145/73,
Dz: 170/85-210/105, 1 Suite, ⌐ WC ⌀, P, ≋,
Solarium, garni

Grund, Bad 36 ↗

Niedersachsen
Kreis Osterode am Harz
EW 3000
? Tel (0 53 27) 70 07 10, Fax 70 07 77
Bad Grund Touristik GmbH
✉ 37539 Elisabethstr. 1

Sehenswert: Iberger Tropfsteinhöhle, Uhrenmuseum, Bergbaumuseum, Exotenwald.

✱ Berlin
von-Eichendorff-Str. 18, Tel (0 53 27) 20 72,
Fax 26 18, ✉ 37539, AX DC ED VA
16 Zi, Ez: 69/34-89/44, Dz: 122/61-144/72,
2 Suiten, ⊒ WC ⊘ DFÜ, ℗, ☎, 1⇔30, ⌂,
Fitnessraum, Sauna, Solarium, Restaurant

Gschwend 62 □

Baden-Württemberg / Ostalbkreis
EW 5000
? Tel (0 79 72) 6 81 10, Fax 6 81 85
Gemeindeverwaltung
✉ 74417 Gmünder Str. 2

Erholungsort im Schwäbischen Wald.

¶¶ Herrengass mit Bistro ✚
Welzheimer Str. 11, Tel (0 79 72) 4 50,
Fax 64 34, ✉ 74417, AX DC ED VA
Hauptgericht 30/15, Terrasse, ℗, geschl.: Mo, 2 Wochen im Aug

Gstadt a. Chiemsee 73 ←

Bayern / Kreis Rosenheim
EW 1070
? Tel (0 80 54) 4 42, Fax 79 97
Verkehrsamt
✉ 83257 Seeplatz 5

✱ Gästehaus Jägerhof
Breitbrunner Str. 5, Tel (0 80 54) 2 42,
Fax 90 97 65, ✉ 83257
27 Zi, Ez: 68/34-80/40, Dz: 116/58-144/72, ⊒
WC ⊘, ℗, ☎, Sauna, Solarium, garni
geschl.: 30.10.00-15.3.01

✱ Gästehaus Grünäugl am See
Seeplatz 7, Tel (0 80 54) 5 35, Fax 77 43,
✉ 83257
⏾ ⚡, 15 Zi, Ez: 68/34-122/61,
Dz: 105/52-155/78, 2 Suiten, 2 App, ⊒ WC ⊘,
10 ⚑, ℗, ☎, Sauna, Solarium, garni
Rezeption: 8-20, geschl.: 22.12.00-6.1.01

🛏 Gästehaus Heistracher
Seeplatz 1, Tel (0 80 54) 2 51, Fax 5 62,
✉ 83257
⚡, 28 Zi, Ez: 51/25-86/43, Dz: 92/46-142/71, ⊒
WC, ℗, ☎

Guben 41 ↑

Brandenburg / Spree-Neiße-Kreis
EW 28950
? Tel (0 35 61) 38 67, Fax 39 10
Fremdenverkehrsverein
✉ 03172 Berliner Str. 30a

Groß Breesen

✱ Waldow
Hinter der Bahn 20, Tel (0 35 61) 40 60,
Fax 21 71, ✉ 03172, ED VA
⏾, 62 Zi, Ez: 80/40, Dz: 120/60, ⊒ WC ⊘,
3⇔140, ⌂, Fitnessraum, Kegeln, Bowling,
Sauna, Solarium, Restaurant

Güglingen 61 ↑

Baden-Württemberg
Kreis Heilbronn/Franken
EW 6200
? Tel (0 71 35) 1 08 24, Fax 1 08 57
Stadt Güglingen
✉ 74363 Marktstr. 19-21

Frauenzimmern (2 km →)

✱ Zum Löwen
Brackenheimer Str. 23, Tel (0 71 35) 9 83 40,
Fax 98 34 40, ✉ 74363, ED VA
14 Zi, Ez: 75/37-85/42, Dz: 125/62-135/67, ⊒
WC ⊘, ℗, Restaurant
geschl.: 15.12.00-10.1.01

Güntersberge 37 □

Sachsen-Anhalt / Kreis Quedlinburg
EW 1030
? Tel (03 94 88) 7 93 73, Fax 7 93 74
Touristinformation
✉ 06507 Marktstr. 52

✱ Zur Güntersburg
Marktstr. 24, Tel (03 94 88) 3 30, Fax 7 10 13,
✉ 06507

24 Zi, Ez: 75/37, Dz: 110/55-120/60, 1 Suite, ⌐⌐ WC ⌀, P, 3⌒40, Restaurant

Günzburg 63 ✓

Bayern
EW 20000
🛈 Tel (0 82 21) 36 63 36, Fax 36 63 37
Tourist Information
✉ 89312 Lannionplatz

Sehenswert: histor. Altstadt, Marktplatz; Liebfrauenkirche; ehem. Schloß, Hofkirche; Römerfunde.

★★ Zettlers City Line & Country Line Hotels

Ichenhauser Str. 26 a, Tel (0 82 21) 3 64 80, Fax 67 14, ✉ 89312, AX DC ED VA
⌁, 47 Zi, Ez: 140/70-160/80,
Dz: 190/95-210/105, 2 Suiten, ⌐⌐ WC ⌀, 11 ⌘, Lift, P, 🕭, 5⌒80, Sauna
geschl.: 1.-7.1.01, 13.-20.8.01

🍴🍴 Hauptgericht 39/19, Terrasse, geschl.: so+feiertags abends., 1.-7.1.01, 13.-20.8.01

★★ Mercure

Am Hofgarten, Tel (0 82 21) 35 10,
Fax 35 13 33, ✉ 89312, AX DC ED VA, Ⓢ
100 Zi, Ez: 111/55-157/79, Dz: 111/55-202/101,
⌐⌐ WC ⌀ DFÜ, 43 ⌘, Lift, 🕭, 4⌒40, Golf, garni

★ Bettina

Augsburger Str. 68, Tel (0 82 21) 3 20 39,
Fax 36 22 36, ✉ 89312, AX ED VA
11 Zi, Ez: 85/42-100/50, Dz: 130/65-140/70, ⌐⌐ WC ⌀ DFÜ, 2 ⌘, P, garni

Güsten 38 ↖

Sachsen-Anhalt / Kreis Bernburg
EW 4650
🛈 Tel (03 92 62) 87 70, Fax 8 77 33
Verwaltungsgemeinschaft Wipperaue
✉ 39439 Platz der Freundschaft 1

★ Bürgerhaus

Am Ratsteich 8, Tel (03 92 62) 93 10,
Fax 9 31 33, ✉ 39439, AX ED VA
11 Zi, Ez: 55/27-70/35, Dz: 80/40-105/52, ⌐⌐ WC ⌀, P, 2⌒110, Kegeln, Restaurant

Güstrow 20 ↗

Mecklenburg-Vorpommern
EW 35000
🛈 Tel (0 38 43) 68 10 23, Fax 68 20 79
Güstrow-Information
✉ 18273 Domstr. 9

★★ Best Western Hotel Stadt Güstrow

Pferdemarkt 58, Tel (0 38 43) 78 00,
Fax 78 01 00, ✉ 18273, AX DC ED VA, Ⓢ
⌁, 70 Zi, Ez: 130/65-140/70, Dz: 150/75, ⌐⌐ WC ⌀ DFÜ, 15 ⌘, Lift, P, 3⌒60, Sauna, Solarium, Restaurant
Auch Zimmer der Kategorie ★★★ vorhanden.

★★ Am Güstrower Schloss

Schloßberg 1, Tel (0 38 43) 76 70,
Fax 76 71 00, ✉ 18273, AX ED VA
45 Zi, Ez: 115/57-150/75, Dz: 150/75-175/88,
2 Suiten, ⌐⌐ WC ⌀ DFÜ, 10 ⌘, Lift, P, 🕭,
2⌒80, Sauna, Solarium, Restaurant

★ Weinberg

Bölkower Str, Tel (0 38 43) 8 33 30,
Fax 83 33 44, ✉ 18273, ED VA
28 Zi, Ez: 95/47-115/57, Dz: 125/62-145/73, ⌐⌐ WC ⌀, P, 🕭, Sauna, Solarium, Restaurant

★ Altstadt

Baustr. 10, Tel (0 38 43) 4 65 50,
Fax 4 65 52 22, ✉ 18273, AX DC ED VA
43 Zi, Ez: 108/54-118/59, Dz: 146/73-160/80, ⌐⌐ WC ⌀, Lift, P, garni
Rezeption: 6-12, 17-23,
geschl.: 29.12.00-1.1.01

★ Am Tierpark Minotel

Verbindungschaussee 7, Tel (0 38 43) 2 46 40,
Fax 2 46 42 34, ✉ 18273, AX DC ED VA
60 Zi, Ez: 98/49-118/59, Dz: 129/64-160/80, ⌐⌐ WC ⌀ DFÜ, P, 🕭, 1⌒60, Restaurant
Rezeption: 6-12, 17-23,
geschl.: 22.12.00-28.1.01

★ Rubis

Schweriner Str. 89, Tel (0 38 43) 6 93 80,
Fax 69 38 50, ✉ 18273, ED VA
18 Zi, Ez: 75/37-95/47, Dz: 110/55-128/64,
1 App, ⌐⌐ WC ⌀, P, 🕭, Restaurant

Güstrow

✱ Villa Camenz
Lange Stege 13, Tel **(0 38 43) 2 45 50**,
Fax 24 55 45, ✉ 18273
15 Zi, Ez: 60/30-75/37, Dz: 80/40-98/49, ⌐ WC
✆, **P**, garni

Heidberg (3 km ↘)

✱✱ Kurhaus am Inselsee
Haus Nr 1, Tel **(0 38 43) 85 00**, Fax 85 01 00,
✉ 18273, AX ED VA
♪, 24 Zi, Ez: 130/65-160/80,
Dz: 160/80-225/113, ⌐ WC ✆ DFÜ, 6 🛏, Lift,
P, 🍴, 1⟳30, Restaurant

Gütersloh 34 ↗

Nordrhein-Westfalen
EW 96000
ℹ Tel **(0 52 41) 82 27 49**, Fax 82 35 37
Verkehrsverein
✉ 33330 Berliner Str. 70

Sehenswert: Botanischer Garten; Mohn's Park;
Veerhoff-Haus; alter Kirchplatz; Freilichtbühne;
Stadtmuseum.

✱✱✱ Parkhotel
Kirchstr. 27 (B 2), Tel **(0 52 41) 87 70**,
Fax 87 74 00, ✉ 33330, AX DC ED VA
98 Zi, Ez: 250/125-310/156,
Dz: 280/141-340/171, 5 Suiten, ⌐ WC ✆ DFÜ,
12 🛏, Lift, **P**, 🍴, 8⟳170, Sauna, Solarium,
Golf
Auch Zimmer der Kategorie ✱✱✱✱ vorhanden.

🍴🍴🍴🍴 Parkrestaurant
Hauptgericht 24/12-42/21, Terrasse, geschl.: Sa

🍴🍴 Brasserie
Hauptgericht 19/9-32/16, Terrasse, nur abends,
Sa auch mittags, geschl.: So, 6 Wochen im
Sommer

✱✱ Stadt Gütersloh
Kökerstr. 23 (B 1), Tel **(0 52 41) 10 50**,
Fax 10 51 00, ✉ 33330, ED VA
55 Zi, Ez: 150/75-199/100, Dz: 180/90-270/135,
2 Suiten, ⌐ WC ✆, 10 🛏, Lift, **P**, 🍴, 4⟳60,
Sauna, Golf

🍴🍴🍴 Schiffchen
AX DC
Hauptgericht 32/16-49/24, Terrasse, geschl.:
3 Wochen im Sommer
Elegant-rustikal eingerichtetes Restaurant.
Beachtenswerte Küche.

🍴🍴 Sinfonie
in der Stadthalle
Friedrichstr. 10, Tel **(0 52 41) 1 40 17**,
Fax 86 42 68, ✉ 33330, AX DC ED VA
Hauptgericht 20/10-48/24, Terrasse, Biergarten,
Kegeln, geschl.: Mo, Sa mittags

☕ Stadt-Café
Hohenzollernstr. 14, Tel **(0 52 41) 2 09 07**,
Fax 1 36 35, ✉ 33330
9-18.30, So 11-18

Guldental 53 ↗

Rheinland-Pfalz
Kreis Bad Kreuznach
EW 2790
ℹ Tel **(0 67 04) 9 29 43**, Fax 9 29 45
Tourist-Information
✉ 55450 Naheweinstr. 80

✱✱ Der Kaiserhof
Hauptstr. 2, Tel **(0 67 07) 9 44 40**,
Fax 94 44 15, ✉ 55452, ED VA
10 Zi, Ez: 90/45-115/57, Dz: 145/73-175/88, ⌐
WC ✆, **P**, 🍴
geschl.: Di

🍴🍴 Hauptgericht 28/14, Terrasse,
geschl.: Di

✱ Enk
Das Hotel im Weingut
Naheweinstr. 36, Tel **(0 67 07) 91 20**,
Fax 9 12 41, ✉ 55452
15 Zi, Ez: 65/32-75/37, Dz: 110/55-120/60, ⌐
WC ✆, 15 🛏, **P**, garni
geschl.: 18.12.00-15.1.01

Gummersbach 43 ↗

Nordrhein-Westfalen
Oberbergischer Kreis
EW 54000
ℹ Tel **(0 22 61) 8 70**, Fax 8 76 00
Fremdenverkehrsamt
✉ 51643 Rathausplatz 1

✱✱ Victor's Residenz Hotel
Brückenstr. 52, Tel **(0 22 61) 8 01 09**,
Fax 80 15 99, ✉ 51643, AX DC ED VA
82 Zi, Ez: 145/73-305/153, Dz: 185/93-305/153,
20 Suiten, 2 App, ⌐ WC ✆ DFÜ, 60 🛏, Lift, **P**,
5⟳200, Restaurant

☕ Café Rebhan
Moltkestr. 1, Tel **(0 22 61) 2 23 77**, Fax 2 47 41,
✉ 51643
Gartenlokal
Spezialität: Oberbergische Tannenzapfen.

Gundelsheim

Map of Gütersloh

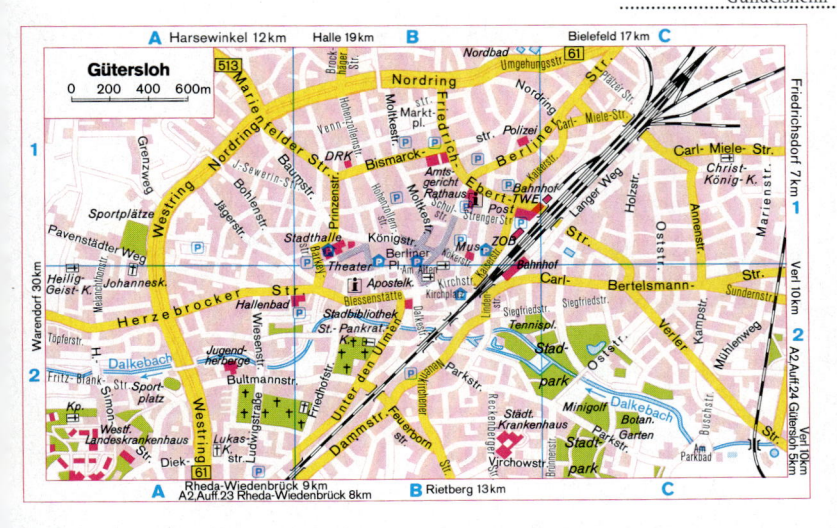

Becke (3 km ↗)

✱ Gästehaus Stremme
Beckestr. 55, Tel **(0 22 61) 9 26 40**,
Fax 2 95 21, ✉ 51647, AX DC ED VA
♪, 19 Zi, Ez: 90/45-99/49, Dz: 130/65-160/80,
⌐ WC ⊘, P, 1⚭45, Kegeln, Restaurant
Anmeldung im Gasthof. Auch Zimmer der
Kategorie ✱✱ vorhanden.

Dieringhausen (9 km ↙)

🛏 Aggertal
Vollmerhauser Str. 127, Tel **(0 22 61) 9 68 20**,
Fax 96 82 60, ✉ 51645, AX ED VA
46 Zi, Ez: 83/41, Dz: 120/60, ⌐ WC ⊘, 22 🛏,
P, 🚗, garni

🍴🍴🍴 Die Mühlenhelle
Hohler Str. 1, Tel **(0 22 61) 7 50 97**,
Fax 7 24 01, ✉ 51645, AX DC ED VA
Hauptgericht 45/22, P, geschl.: So abends, Mo,
3 Wochen im Sep
✱✱ 6 Zi, Ez: 85/42-120/60, Dz: 170/85,
1 Suite, ⌐ WC ⊘

Hülsenbusch (6 km ←)

🍴🍴 Schwarzenberger Hof
Schwarzenberger Str. 48, Tel **(0 22 61) 2 21 75**,
Fax 2 19 07, ✉ 51647, ED VA
Hauptgericht 23/11-50/25, Terrasse,
Gartenlokal, P, geschl.: Mo, 2.-15.1.01

Windhagen (3 km ↑)

✱✱ Heedt
Hückeswagenerstr. 4, Tel **(0 22 61) 8 02 60**,
Fax 8 02 69 98, ✉ 51647, AX DC ED VA
♪, 95 Zi, Ez: 110/55-180/90,
Dz: 195/98-265/133, 6 Suiten, 4 App, ⌐ WC ⊘,
Lift, P, 🚗, 10⚭400, 🏠, Fitnessraum, Sauna,
Solarium
Auch Zimmer der Kategorie ✱ vorhanden.

Photograph of the hotel at night

🍴🍴 Hauptgericht 40/20, Terrasse

Gundelsheim 55 ↙

Baden-Württemberg
Kreis Heilbronn
EW 7400
ℹ Tel **(0 62 69) 96 12**, Fax 96 96
Stadtverwaltung
✉ 74831 Tiefenbacher Str. 16

✱ Zum Lamm mit Gästehaus
Schlosstr. 25, Tel **(0 62 69) 4 20 20**,
Fax 42 02 99, ✉ 74831, AX DC ED VA →

Gundelsheim

33 Zi, Ez: 70/35-130/65, Dz: 100/50-180/90, ⊖ WC ⌀, 16 ⇋, **P**, ☎, 4⟲40

🍴 Hauptgericht 30/15, Terrasse, geschl.: Do

Gunzenhausen 63 ↑

Bayern
Kreis Weißenburg-Gunzenhausen
EW 17000
i Tel (0 98 31) 50 83 00, Fax 50 81 79
Tourist Information
✉ 91710 Marktplatz 25

Altmühlsee mit Vogelinsel + Schiffahrtslinie.

✲✲✲ Parkhotel Altmühltal
Zum Schießwasen 15, Tel (0 98 31) 50 40,
Fax 8 94 22, ✉ 91710, AX ED VA, Ⓢ
♪, 62 Zi, Ez: 130/65-180/90,
Dz: 180/90-270/135, 5 Suiten, 1 App, ⊖ WC ⌀
DFÜ, 14 ⇋, Lift, **P**, ☎, 8⟲850, ☂,
Fitnessraum, Kegeln, Sauna, Solarium, Golf
Auch Zimmer der Kategorie ✲✲ vorhanden.

🍴🍴 Chicorée
Hauptgericht 19/9-42/21, Terrasse

✲✲ Zur Post
Bahnhofstr. 7, Tel (0 98 31) 6 74 70,
Fax 6 74 72 22, ✉ 91710, AX ED VA
26 Zi, Ez: 90/45-98/49, Dz: 160/80-175/88, ⊖
WC ⌀, 5 ⇋, **P**, ☎, 1⟲30, Restaurant

🛏 Grauer Wolf
Marktplatz 9, Tel (0 98 31) 90 58, Fax 90 58,
✉ 91710, DC ED VA
15 Zi, Ez: 70/35-80/40, Dz: 100/50-110/55,
3 App, ⊖ WC ⌀
Auch Zimmer der Kategorie ✲ vorhanden.

Gustow siehe Rügen

Gutach im Breisgau 67 □

Baden-Württemberg
Kreis Emmendingen
EW 4200
i Tel (0 76 85) 1 94 33, Fax 91 01 27
Tourismus Gesellschaft
✉ 79261 Im Bahnhof Bleibach

Bleibach-Außerhalb

✲✲ Ringhotel Der Silberkönig
Am Silberwald 24, Tel (0 76 85) 70 10,
Fax 70 11 00, ✉ 79261, AX DC ED VA
einzeln ♪ §, 41 Zi, Ez: 117/58-133/66,
Dz: 190/95-210/105, 2 Suiten, ⊖ WC ⌀ DFÜ,
7 ⇋, Lift, **P**, 5⟲160, Kegeln, Sauna, Solarium,
1 Tennis

🍴🍴 Vier Jahreszeiten
Hauptgericht 22/11-38/19, Terrasse

Stollen

🍴🍴 Romantik Hotel Stollen
Am Stollen 2, Tel (0 76 85) 9 10 50, Fax 15 50,
✉ 79261, AX ED VA
Hauptgericht 29/14-44/22, Terrasse,
Gartenlokal, geschl.: Di, Mi mittags, 2 Wochen
im Jan
✲✲ 9 Zi, Ez: 120/60-140/70,
Dz: 180/90-250/125, 1 Suite, ⊖ WC ⌀, 2 ⇋, **P**,
☎, 1⟲25, Golf

Gutach (Schwarzwaldbahn) 67 ↗

Baden-Württemberg / Ortenaukreis
EW 2200
i Tel (0 78 33) 93 88 50, Fax 93 88 11
Verkehrsamt
✉ 77793 Hauptstr. 38

✲ Linde
Ramsbachweg 2, Tel (0 78 33) 3 08, Fax 81 26,
✉ 77793, AX ED VA
♪, 23 Zi, Ez: 75/37, Dz: 130/65, ⊖ WC, Lift,
2⟲130, ☂, Sauna, Solarium, Restaurant

Gutenzell-Hürbel 70 ↖

Baden-Württemberg
Kreis Biberach an der Riß
EW 1850
i Tel (0 73 52) 9 23 50, Fax 92 35 22
Bürgermeisteramt
✉ 88484 Kirchberger Str. 8

Gutenzell

🍴 Klosterhof
Schloßbezirk 2, Tel (0 73 52) 9 23 30,
Fax 77 79, ✉ 88484
Hauptgericht 30/15, Biergarten, **P**, geschl.: Mo
🛏 ♪, 18 Zi, Ez: 45/22-65/32, Dz: 120/60,
⊖ WC ⌀, 1⟲25

Guxhagen 36 ✓

Hessen / Schwalm-Eder-Kreis
EW 5408
i Tel (0 56 65) 9 49 90, Fax 94 99 99
Gemeindeverwaltung
✉ 34302 Zum Ehrenhain 2

✲ Montana
Ellenberger Str. 12, Tel (0 56 65) 9 46 50,
Fax 9 46 51 00, ✉ 34302, ED VA

40 Zi, Ez: 84/42-114/57, Dz: 104/52-134/67,
1 Suite, 4 App, ⌐ WC ⌀ DFÜ, 25 ⌑, Lift, **P**, 🛌,
2⌬50, Fitnessraum, Sauna, Solarium,
Restaurant

Gyhum 17 ↘

Niedersachsen
Kreis Rotenburg (Wümme)
EW 2089
ℹ Tel (0 42 81) 71 60, Fax 71 61 26
Samtgemeinde Zeven
✉ 27404 Am Markt 4

✱✱ Landhaus Gyhum
Bergstr. 21, **Tel (0 42 86) 9 30 50**,
Fax 93 05 13, ✉ 27404, AX DC ED VA
18 Zi, Ez: 85/42, Dz: 135/67-150/75, ⌐ WC ⌀
DFÜ, 2 ⌑, Lift, **P**, 3⌬200, Solarium
🍴 Hauptgericht 28/14-40/20, Terrasse

Sick

✱✱ Niedersachsenhof
Sick 13, **Tel (0 42 86) 94 00**, Fax 14 00,
✉ 27404, DC ED VA
37 Zi, Ez: 70/35-100/50, Dz: 115/57-150/75, ⌐
WC ⌀, 5 ⌑, **P**, 🛌, 2⌬35, Sauna, Solarium
Im Stammhaus Zimmer der Kategorie ✱
vorhanden.
🍴 Hauptgericht 25/12, Biergarten,
geschl.: Fr, Jan

Haan 33 ↙

Nordrhein-Westfalen
Kreis Mettmann
EW 30500
ℹ Tel (0 21 29) 91 14 20, Fax 91 15 91
Stadtverwaltung
✉ 42781 Kaiserstr. 85

✱✱ CM CityClass Hotel Savoy
Neuer Markt 23, **Tel (0 21 29) 92 20**,
Fax 92 22 99, ✉ 42781, AX DC ED VA
86 Zi, Ez: 115/57-375/188, Dz: 155/78-485/244,
1 Suite, ⌐ WC ⌀ DFÜ, 21 ⌑, Lift, **P**, 🛌,
3⌬55, 🛌, Sauna, Solarium, garni

✱ Im Park
Nordstr. 28, **Tel (0 21 29) 5 00 71**,
Fax 91 41 58, ✉ 42781, AX ED VA
34 Zi, Ez: 110/55-175/88, Dz: 140/70-280/141,
⌐ WC ⌀, Restaurant

Haan-Außerhalb (4 km ↗)

✱ Dom Business Hotel
Schallbruch 15, im Gewerbegebiet, Nähe B 228,
Tel (0 21 29) 92 00, Fax 92 01 11, ✉ 42781,
AX DC ED VA
46 Zi, Ez: 100/50-230/115, Dz: 150/75-310/156,
2 Suiten, 1 App, ⌐ WC ⌀, 5 ⌑, Lift, **P**, 🛌,
1⌬, 🛌, Sauna, Solarium, Restaurant
Auch Zimmer der Kategorie ✱✱ vorhanden.

🍴 Gut Hahn
Rheinische Str. 13, **Tel (0 21 29) 3 40 08**,
Fax 5 92 30, ✉ 42781, AX DC ED VA
🍷, Hauptgericht 22/11-40/20, 🍴, nur abends,
So auch mittags
Fachwerkgutshof von 1700.

Haar 72 □

Bayern / Kreis München
EW 18060
ℹ Tel (0 89) 46 00 20, Fax 46 00 21 11
Gemeinde Haar
✉ 85540 Bahnhofstr. 7

✱ Wiesbacher
Waldluststr. 25, **Tel (0 89) 4 56 04 40**,
Fax 45 60 44 60, ✉ 85540, AX ED VA
32 Zi, Ez: 145/73-188/94, Dz: 165/83-210/105,
⌐ WC ⌀ DFÜ, 8 ⌑, Lift, **P**, 1⌬0, 🛌, Kegeln,
Sauna, Restaurant
geschl.: So, 23.12.00-7.1.01

Hachenburg 44 ←

Rheinland-Pfalz / Westerwaldkreis
EW 6000
ℹ Tel (0 26 62) 80 11 17, Fax 80 12 60
Tourist-Information
✉ 57627 Gartenstr. 11

✱ Landhotel Am Rothenberg
Lessingstr. 20, **Tel (0 26 62) 67 55**,
Fax 93 92 52, ✉ 57627, ED VA
8 Zi, Ez: 85/42-105/52, Dz: 140/70-160/80,
1 Suite, ⌐ WC ⌀, 8 ⌑, **P**, Sauna, Restaurant
geschl.: Mo

Hackenheim 53 ↗

Rheinland-Pfalz
Kreis Bad Kreuznach
EW 1800
ℹ Tel (06 71) 6 34 43, Fax 91 39
Gemeindeverwaltung
✉ 55546 Ringstr. 33

🍴🍴 Metzlers Gasthof 🚫
Hauptstr. 69, **Tel (06 71) 6 53 12**, Fax 6 53 10,
✉ 55546, AX ED
Hauptgericht 35/17, Gartenlokal, **P**, nur
abends, geschl.: So abends, Mo

Hackenheim

¶¶ Weinstube
Hauptgericht 26/13, geschl.: Mo, Di mittags

Hadamar 44 ↙

Hessen / Kreis Limburg-Weilburg
EW 12790
🛈 Tel (0 64 33) 89 15 70, Fax 8 91 35
Fremdenverkehrsamt
✉ 65589 Untermarkt 1

Erholungsort im Westerwald. Sehenswert: Spätgotische Liebfrauenkirche; Renaissance-Schloß; Rathaus; Fachwerkhäuser; Scherenschnitt-Museum.

✱✱ Nassau-Oranien
Borngasse 21, Tel (0 64 33) 91 90,
Fax 91 91 00, ✉ 65589, AX DC ED VA
61 Zi, Ez: 129/64-149/75, Dz: 180/90-220/110,
1 Suite, ⇨ WC Ⓒ DFÜ, 21 ↤, Lift, **P**, ⌂,
6⇌80, ⌂, Kegeln, Sauna, Solarium
Auch Zimmer der Kategorie ✱ vorhanden.

¶¶ Hauptgericht 25/12

Häusern 67 ↘

Baden-Württemberg / Kreis Waldshut
EW 1300
🛈 Tel (0 76 72) 93 14 15, Fax 93 14 22
Tourist-Information
✉ 79837 Spitzacker 1

✱✱✱ Schwarzwald-Hotel Adler ♛
St.-Fridolin-Str. 15, Tel (0 76 72) 41 70,
Fax 41 71 50, ✉ 79837, ED VA
♪ ♨, 31 Zi, Ez: 135/67-178/89,
Dz: 184/92-306/154, 16 Suiten, ⇨ WC Ⓒ, Lift,
P, ⌂, 2⇌20, ⌂, Fitnessraum, Sauna,
Solarium, 5 Tennis
geschl.: 12.11.-18.12.00
Auch Zimmer der Kategorie ✱✱ vorhanden.
Hallenbad mit großzügigem Saunabereich und Kneipp-Anlage.
¶¶¶¶ §, Hauptgericht 38/19-56/28 🍷
Terrasse, geschl.: Mo, Di, 12.11.-18.12.00

✱✱ Albtalblick
   Landidyll
St. Blasier Str. 9, Tel (0 76 72) 9 30 00,
Fax 93 00 90, ✉ 79837, AX ED VA
§, 29 Zi, Ez: 68/34-135/67, Dz: 126/63-184/92,
3 Suiten, 1 App, ⇨ WC Ⓒ, 2 ↤, Lift, **P**, ⌂,
2⇌30, Sauna, Solarium
¶¶ ¶¶ §, Hauptgericht 36/18, Terrasse

✱ Gasthof Schöpperle
Klemme 3, Tel (0 76 72) 21 61, Fax 96 01,
✉ 79837
11 Zi, Ez: 60/30-75/37, Dz: 130/65-140/70, ⇨
WC Ⓒ, **P**, ⌂, Restaurant
geschl.: Mi, 6.11.-16.12.00

Hagen 33 ↘

Nordrhein-Westfalen
EW 209000
🛈 Tel (0 23 31) 33 83, Fax 24 74
Hagen Information
✉ 58095 Friedrich-Ebert-Platz

✱✱ Mercure
Wasserloses Tal 4 (C 2), Tel (0 23 31) 39 10,
Fax 39 11 53, ✉ 58093, AX DC ED VA, Ⓢ
♪, 146 Zi, Ez: 160/80-205/103,
Dz: 190/95-255/128, 1 Suite, ⇨ WC Ⓒ, 40 ↤,
Lift, **P**, 7⇌300, ⌂, Kegeln, Sauna, Solarium
Auch Zimmer der Kategorie ✱✱✱ vorhanden.

¶¶ ¶¶ Felsengarten
Hauptgericht 37/18, Terrasse

✱ Deutsches Haus
Bahnhofstr. 35 (B 1), Tel (0 23 31) 2 10 52,
Fax 2 15 68, ✉ 58095, AX DC ED VA, Ⓢ
40 Zi, Ez: 105/52-195/98, Dz: 160/80-290/146,
6 App, ⇨ WC Ⓒ DFÜ, 6 ↤, Lift, **P**, ⌂, 2⇌40,
garni
geschl.: 23.12.00-2.1.01

Dahl (10 km ↘)

¶¶ ¶¶ Rossini
Am Hemker Bach 12, Tel (0 23 37) 10 84,
Fax 10 87, ✉ 58091, AX DC ED VA

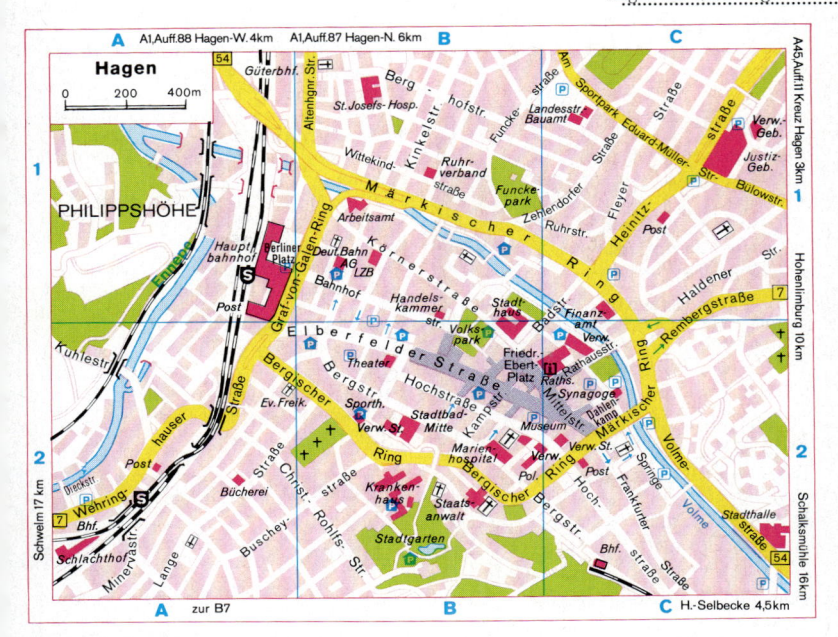

Hauptgericht 16/8-45/22, P, geschl.: Mo, Sa mittags

* ✱▪▪▪▪▪ **Dahler Schweiz**
Ⓢ
♪, 15 Zi, Ez: 95/47, Dz: 140/70, 1 Suite, ⊟ WC Ⓒ, 8 ⚞, 🅐, 2⟳80

Halden (4 km →)

✱✱▪▪▪▪▪ **Arcadeon**
Haus der Wissenschaft und Weiterbildung
Lennestr. 91, **Tel (0 23 31) 3 57 50**,
Fax 3 57 52 00, ✉ 58093, AX DC ED VA
78 Zi, Ez: 155/78-175/88, Dz: 185/93-205/103,
2 Suiten, ⊟ WC Ⓒ DFÜ, 34 ⚞, Lift, P,
12⟳250, Restaurant
geschl.: 23.12.00-2.1.01

Hohenlimburg (8 km →)

✱▪▪▪▪▪ **Reher Hof**
Alter Reher Weg 13, Tel (0 23 34) 5 11 83,
Fax 5 18 81, ✉ 58119, AX DC ED VA
22 Zi, Ez: 96/48-126/63, Dz: 150/75-180/90,
1 App, ⊟ WC Ⓒ, 4 ⚞, P, 🅐, 1⟳50, Kegeln, Restaurant

Selbecke (3 km ↓)

✱▪▪▪▪▪ **Schmidt**
Selbecker Str. 220, **Tel (0 23 31) 97 83 00**,
Fax 97 83 30, ✉ 58091, AX DC ED VA
28 Zi, Ez: 98/49-115/57, Dz: 140/70-160/80,
8 App, ⊟ WC Ⓒ, 6 ⚞, P, 🅐, Sauna, Solarium, Restaurant
Auch Zimmer der Kategorie ✱✱ vorhanden.

Hagen am Teutoburger Wald   24 ✓

Niedersachsen / Kreis Osnabrück
EW 14200
🛈 Tel (0 54 01) 9 77 40, Fax 9 77 60
Tourist-Information
✉ 49170 Schulstr. 7

✱✱▪▪▪▪▪ **Landhotel Buller**
Iburger Str. 35, Tel (0 54 01) 88 40,
Fax 88 42 00, ✉ 49170, ED VA

43 Zi, Ez: 85/42-125/62, Dz: 135/67-225/113, ⊣ WC ⌀, Lift, 🕿, 🛏, Sauna, Solarium, Restaurant

Hagenow 19 □

Mecklenburg-Vorpommern
Kreis Ludwigslust
EW 13600
🛈 Tel (0 38 83) 72 90 96, Fax 72 90 96
Hagenow-Information
✉ 19230 Lange Str. 97

✱ Zum Maiwirth
Teichstr. 7, Tel (38 83) 72 91 02, Fax 61 41 17, ✉ 19230, ED
10 Zi, Ez: 90/45, Dz: 120/60, 1 Suite, 2 App, ⊣ WC ⌀, P, Restaurant

Hagnau 69 ✓

Baden-Württemberg / Bodenseekreis
EW 1450
🛈 Tel (0 75 32) 43 43 43, Fax 43 43 30
Tourist-Information
✉ 88709 Seestr. 16

✱✱ Erbguths Villa am See
Meersburger Str. 4, Tel (0 75 32) 4 31 30, Fax 69 97, ✉ 88709
♩, 6 Zi, Ez: 130/65-250/125, Dz: 198/99-400/201, 1 Suite, 2 App, ⊣ WC ⌀, 6 🛏, P, 🕿, Seezugang, Sauna, Solarium, Golf, garni
geschl.: 1.11.00-1.4.01
Nichtraucherhaus.

✱✱ Alpina
Höhenweg 10, Tel (0 75 32) 4 50 90, Fax 45 09 45, ✉ 88709, ED VA
18 Zi, Ez: 120/60-130/65, Dz: 160/80-190/95, 2 Suiten, 3 App, ⊣ WC ⌀, P, 🕿, Restaurant
geschl.: 20.12.00-20.1.01

✱ Hansjakob
Hansjakobstr. 17, Tel (0 75 32) 4 30 60, Fax 43 06 66, ✉ 88709

♩ §, 24 Zi, Ez: 85/42-138/69, Dz: 148/74-168/84, ⊣ WC ⌀ DFÜ, P, 🕿, Restaurant
geschl.: 1.11.00-15.3.01

✱ Der Löwen
Hansjakobstr. 2, Tel (0 75 32) 62 41, Fax 90 48, ✉ 88709
16 Zi, Ez: 70/35-129/64, Dz: 140/70-200/100, 1 App, ⊣ WC, 5 🛏, P, 🕿
geschl.: Mi, 1.11.00-24.3.01
🍴 Hauptgericht 18/9-35/17, ab 14, so+feiertags ab 11, geschl.: Mi, 1.11.00-24.3.01

🍴 Seeblick
Seestr. 11, Tel (0 75 32) 62 82, Fax 58 01, ✉ 88709
§, Hauptgericht 25/12-35/17, Terrasse, Gartenlokal, P, ⊨, geschl.: Mi, 1.11.00-15.3.01

Hahnenklee siehe Goslar

Haibach 55 ↑

Bayern / Kreis Aschaffenburg
EW 8344
🛈 Tel (0 60 21) 64 80, Fax 6 48 50
Gemeindeverwaltung
✉ 63808 Hauptstr. 6

✱ Zur Post
Industriestr. Ost 19, Tel (0 60 21) 6 30 40, Fax 63 04 13, ✉ 63808, AX DC ED VA
18 Zi, Ez: 95/47-120/60, Dz: 138/69, ⊣ WC ⌀, 5 🛏, 🕿, Solarium, garni

✱ Frankenhof
Würzburger Str, Tel (0 60 21) 6 36 00, Fax 63 60 10, ✉ 63808, ED
9 Zi, Ez: 80/40, Dz: 135/67, 1 App, ⊣ WC ⌀, P, Restaurant
Auch einfachere Zimmer vorhanden.

⊨ Edel
Zum Stadion 17, Tel (0 60 21) 6 30 30, Fax 6 60 70, ✉ 63808, AX DC ED VA
10 Zi, Ez: 60/30-95/47, Dz: 110/55-140/70, ⊣ WC ⌀, 4 🛏, P, 🕿, garni
Auch Zimmer der Kategorie ✱ vorhanden.

🍴 Spessartstuben
Jahnstr. 7, Tel (0 60 21) 6 36 60, Fax 63 66 66, ✉ 63808, ED VA
Hauptgericht 15/7-43/21, Terrasse, P, ⊨, geschl.: Sa, Mitte Feb, 3 Wochen im Aug

Haidmühle 66 →

Bayern / Kreis Freyung-Grafenau
EW 1600
🛈 Tel (0 85 56) 1 94 33, Fax 10 32
Tourist-Information
✉ 94145 Schulstr. 39

** Haidmühler Hof
Flair Hotel
Max-Pangerl-Str. 11, Tel (0 85 56) 97 00,
Fax 10 28, ✉ 94145, AX DC ED VA
46 Zi, Ez: 83/41-93/46, Dz: 134/67-174/87, ⌐
WC ⊘, 10 ⇔, Lift, P, ⌂, Sauna, Solarium,
Restaurant
Auch einfache Zimmer vorhanden.

Auersbergsreut (3 km ↖)

* Haus Auersperg
Tel (0 85 56) 9 60 60, Fax 9 60 69, ✉ 94145,
ED
♪ ⚑, 15 Zi, Ez: 59/29-79/39, Dz: 95/47-114/57,
1 Suite, ⌐ WC ⊘, P, ⌂, Sauna, Restaurant
geschl.: Di, 19.3.-1.4.01, 2.11.-6.12.00
Auch einfache Zimmer vorhanden.

Bischofsreut (6 km ↖)

* Haus Märchenwald
Langreut 42, Tel (0 85 50) 2 25, Fax 6 48,
✉ 94145
einzeln ♪ ⚑, 18 Zi, Ez: 53/26-68/34,
Dz: 96/48-136/68, 3 Suiten, 13 App, ⌐ WC ⊘,
5 ⇔, P, ⌂, Sauna, Solarium, Restaurant
Auch Zimmer der Kategorie ** vorhanden.

Haiger 44 ↑

Hessen / Lahn-Dill-Kreis
EW 20330
🛈 Tel (0 27 73) 81 10, Fax 81 13 11
Stadtverwaltung
✉ 35708 Marktplatz 7

Flammersbach

* Tannenhof
Am Schimberg 1, Tel (0 27 73) 50 11,
Fax 7 13 17, ✉ 35708, AX DC ED VA
58 Zi, Ez: 120/60, Dz: 160/80, ⌐ WC ⊘, Lift, P,
⌂, 8⌬120, ⌂, Kegeln, Sauna, Solarium,
Restaurant

Haigerloch 61 ✓

Baden-Württemberg
Zollernalbkreis
EW 10800
🛈 Tel (0 74 74) 6 97 27, Fax 60 68
Verkehrsamt
✉ 72401 Oberstadtstr. 11

Sehenswert: Altstadt; Wallfahrtskirche St.
Anna; Schloß; Schloßkirche; Atomkeller-Museum; Weilerkapelle im Stadtteil Owingen.

Haigerloch-Außerhalb (1 km ↑)

** Gastschloß Haigerloch
Gast im Schloß
Schlosstr. 3, Tel (0 74 74) 69 30, Fax 6 93 82,
✉ 72401, AX DC ED VA
♪ ⚑, 30 Zi, Ez: 140/70-170/85,
Dz: 240/120-270/135, ⌐ WC ⊘, P, 5⌬90
geschl.: So, 2 Wochen im Jan
🍴🍴 Hauptgericht 40/20, Terrasse,
geschl.: So, Anfang Jan, 3 Wochen im Sommer

Hainburg 55 ↖

Hessen / Kreis Offenbach
EW 15672
🛈 Tel (0 61 82) 7 80 90, Fax 6 69 66
Gemeindeverwaltung
✉ 63512 Hauptstr. 44

Hainstadt (1 km ↗)

* Hessischer Hof
Hauptstr. 56, Tel (0 61 82) 44 11, Fax 75 47,
✉ 63512, AX ED VA
11 Zi, Ez: 90/45-140/70, Dz: 170/85-220/110,
1 Suite, ⌐ WC ⊘, Lift, P, 2⌬80, Sauna,
Solarium, Restaurant
geschl.: Mo

Halberstadt 37 ↗

Sachsen-Anhalt
EW 43500
🛈 Tel (0 39 41) 55 18 15, Fax 55 10 89
Halberstadt-Information
✉ 38820 Hinter dem Rathause 6

*** Parkhotel Unter den Linden
Klamrothstr. 2, Tel (0 39 41) 60 00 77,
Fax 60 00 78, ✉ 38820, AX DC ED VA
43 Zi, Ez: 130/65-165/83, Dz: 180/90-210/105,
⌐ WC ⊘ DFÜ, Lift, P, ⌂, 2⌬40, Sauna
🍴🍴 Hauptgericht 27/13-35/17, Terrasse ✢

Halberstadt

*** Heine
Große Ringstr., Tel (0 39 41) 3 14 00,
Fax 3 15 00, ✉ 38820, AX ED VA
23 Zi, Ez: 95/47-125/62, Dz: 150/75-200/100,
1 Suite, ⇃ WC ⊘ DFÜ, 10 ⇃, Lift, P,
Restaurant
Auch Zimmer der Kategorie ** vorhanden.

** Antares
Sternstr. 6, Tel (0 39 41) 60 02 50,
Fax 60 02 49, ✉ 38820, AX ED VA
24 Zi, Ez: 98/49-110/55, Dz: 140/70-175/88, ⇃
WC ⊘, 2 ⇃, Lift, P, 1⇄20
Auch Zimmer der Kategorie *** vorhanden.
🍴 Hauptgericht 23/11, Terrasse

** Halberstädter Hof
Trillgasse 10, Tel (0 39 41) 2 70 80,
Fax 2 61 89, ✉ 38820, AX ED VA
23 Zi, Ez: 95/47-130/65, Dz: 170/85-200/100,
⇃ WC ⊘ DFÜ, P, Restaurant

** Am Grudenberg
Grudenberg 10, Tel (0 39 41) 6 91 20,
Fax 69 12 69, ✉ 38820, ED VA
21 Zi, Ez: 85/42-120/60, Dz: 120/60-155/78,
1 App, ⇃ WC ⊘, 5 ⇃, P, Sauna, Solarium,
garni
geschl.: 22.12.00-7.1.01
Auch Zimmer der Kategorie * vorhanden.

* Gästehaus Abtshof
Abtshof 27a, Tel (0 39 41) 6 88 30,
Fax 68 83 68, ✉ 38820, ED VA
25 Zi, Ez: 80/40-90/45, Dz: 110/55-140/70,
1 App, ⇃ WC ⊘, P, garni

* Wehrstedter Hof
Schulstr. 1-1a, Tel (0 39 41) 6 96 10,
Fax 69 61 69, ✉ 38820, AX ED VA
18 Zi, Ez: 75/37-120/60, Dz: 100/50-165/83, ⇃
WC ⊘, 4 ⇃, P, 1⇄30, Fitnessraum, Restaurant

Halblech 71 ✓

Bayern / Kreis Ostallgäu
EW 3400
ℹ Tel (0 83 68) 2 85, Fax 72 21
Verkehrsamt
✉ 87642 Bergstr. 2

Buching

** Bannwaldsee
Sesselbahnstr. 10, Tel (0 83 68) 90 00,
Fax 90 01 50, ✉ 87642, AX DC ED VA

63 Zi, Ez: 100/50-120/60, Dz: 140/70-180/90,
2 App, ⇃ WC ⊘, Lift, P, 3⇄40, ⌂, Kegeln,
Sauna, Restaurant
geschl.: 5.11.-21.12.00
Auch Zimmer der Kategorie * vorhanden.

Trauchgau

Sonnenbichl
Sonnenbichl 1, Tel (0 83 68) 9 13 30,
Fax 72 39, ✉ 87642
einzeln ♪ ⚜, 23 Zi, Ez: 65/32-95/47,
Dz: 130/65-190/95, ⇃ WC ⊘, P, ⌂, ⌂, Sauna,
Solarium, 3 Tennis, Restaurant

Haldem siehe Stemwede

Haldensleben 28 ✓

Sachsen-Anhalt / Ohrekreis
EW 21990
ℹ Tel (0 39 04) 4 04 11, Fax 7 17 70
Haldensleben-Information
✉ 39340 Stendaler Tor

* Behrens
Bahnhofstr. 28, Tel (0 39 04) 34 21, Fax 34 21,
✉ 39340, AX ED VA
19 Zi, Ez: 98/49-130/65, Dz: 160/80, ⇃ WC ⊘
DFÜ, 8 ⇃, P, ⌂, 2⇄35, Restaurant
Auch Zimmer der Kategorie ** vorhanden.

Halfing 73 ←

Bayern / Kreis Rosenheim
EW 2590
ℹ Tel (0 80 55) 9 05 30, Fax 90 53 33
Gemeindeverwaltung
✉ 83128 Wasserburger Str. 1

🛏 Gasthof Schildhauer
Chiemseestr. 3, Tel (0 80 55) 94 13, Fax 94 14,
✉ 83128
32 Zi, Ez: 60/30-80/40, Dz: 110/55-130/65,
4 App, ⇃ WC, P, 1⇄30, ⌂, Sauna, Solarium
🍴 Hauptgericht 10/5-35/17, Terrasse,
geschl.: Di

Hallbergmoos 72 ↑

Bayern / Kreis Freising
EW 5738
ℹ Tel (08 11) 5 52 20, Fax 5 52 24
Gemeindeverwaltung
✉ 85399 Theresienstr. 7

** Mövenpick München-Airport
Ludwigstr. 43, Tel (08 11) 88 80, Fax 88 84 44,
✉ 85399, AX DC ED VA, Ⓢ

165 Zi, Ez: 125/62-421/212,
Dz: 151/76-447/225, 1 Suite, 9 App., ⌐ WC ℗
DFÜ, 82 ⇥, Lift, ℗, 4⇨50, Fitnessraum, Sauna,
Solarium, Restaurant

Goldach (2 km ↓)

** Daniel's ♕
Hauptstr. 11, Tel (08 11) 5 51 20, Fax 55 12 13,
⌧ 85399, AX DC ED VA
26 Zi, Ez: 130/65-250/125, Dz: 190/95-260/130,
13 App., ⌐ WC ℗ DFÜ, 6 ⇥, ℗, 2⇨20, garni
geschl.: 23.12.00-7.1.01

** Gästehaus Alter Wirt
Hauptstr. 66, Tel (08 11) 5 51 40, Fax 9 50 50,
⌧ 85399, ED VA
14 Zi, Ez: 99/49-110/55, Dz: 149/75-170/85, ⌐
WC ℗, 6 ⇥, ℗, Restaurant

Halle 24 ↘

Nordrhein-Westfalen
Kreis Gütersloh
EW 20500
🛈 Tel (0 52 01) 18 31 22, Fax 18 31 10
Stadtmarketing
⌧ 33790 Ravensberger Str. 1

*** Sportpark
Weststr. 16, Tel (0 52 01) 89 90, Fax 89 94 40,
⌧ 33790, AX DC ED VA
96 Zi, Ez: 178/89-198/99, Dz: 236/118-266/133,
5 Suiten, ⌐ WC ℗, 36 ⇥, Lift, ℗, 3⇨120,
Sauna, Solarium, Golf, 19 Tennis

¶¶ La Fontana
Hauptgericht 35/17, Terrasse

** Gästehaus Schmedtmann
Bismarck-Str. 2-4, Tel (0 52 01) 8 10 50,
Fax 81 05 26, ⌧ 33790, AX DC ED VA
♪, 12 Zi, Ez: 120/60, Dz: 160/80, ⌐ WC ℗, ℗,
🛎, Sauna, Solarium, Golf
Auch Zimmer der Kategorie *** vorhanden.
¶¶ Hauptgericht 30/15-55/27, Terrasse,
geschl.: Sa, So, 7.-14.7.01

* St. Georg
Winnebrockstr. 2, Tel (0 52 01) 8 10 40,
Fax 8 10 41 32, ⌧ 33790, ED VA
♪, 27 Zi, Ez: 76/38, Dz: 120/60, ⌐ WC ℗ DFÜ,
12 ⇥, ℗, garni
Rezeption: 6-12, 15.30-21,
geschl.: 22.12.00-7.1.01

Halle (Saale) 38 →

Sachsen-Anhalt / Kreis Halle
EW 285000
🛈 Tel (03 45) 2 02 33 40
Halle-Tourist e.V.
⌧ 06108 Marktplatz 1
Cityplan siehe Seite 388

*** Dorint Hotel Charlottenhof
Dorotheenstr. 12 (C 3), Tel (03 45) 2 92 30,
Fax 2 92 31 00, ⌧ 06108, AX DC ED VA, Ⓢ
166 Zi, Ez: 222/111-247/124,
Dz: 235/118-270/135, 4 Suiten, ⌐ WC ℗ DFÜ,
84 ⇥, Lift, 🛎, 11⇨140, Fitnessraum, Sauna,
Solarium, Restaurant

** Maritim
Riebeckplatz 4 (C 3), Tel (03 45) 5 10 10,
Fax 5 10 17 77, ⌧ 06110, AX DC ED VA, Ⓢ
298 Zi, Ez: 155/78-210/105,
Dz: 198/99-258/129, 2 Suiten, ⌐ WC ℗, 36 ⇥,
Lift, ℗, 🛎, 16⇨900, 🛎, Sauna, Solarium
Auch Zimmer der Kategorie *** vorhanden.

¶¶ Le Grand
Hauptgericht 30/15

** Ankerhof
Ankerstr. 2 a, Tel (03 45) 2 32 32 00,
Fax 2 32 32 19, ⌧ 06108, AX DC ED VA
50 Zi, Ez: 165/83-189/95, Dz: 195/98-230/115,
⌐ WC ℗ DFÜ, 15 ⇥, Lift, ℗, 7⇨130,
Fitnessraum, Bowling, Sauna, Solarium,
Restaurant
Auch Zimmer der Kategorie *** vorhanden.

** Kempinski Hotel Rotes Ross
Leipziger Str. 76 (BC 3), Tel (03 45) 2 92 20,
Fax 2 92 22 22, ⌧ 06108, AX DC ED VA, Ⓢ
74 Zi, Ez: 220/110-260/130,
Dz: 270/135-310/156, 15 Suiten, ⌐ WC ℗,
13 ⇥, Lift, 🛎, 7⇨600, Fitnessraum, Sauna,
Solarium, Restaurant

** Best Western Europa
Delitzscher Str. 17 (C 3), Tel (03 45) 5 71 20,
Fax 5 71 21 61, ⌧ 06112, AX DC ED VA, Ⓢ
103 Zi, Ez: 80/40-225/113, Dz: 120/60-195/98,
1 Suite, ⌐ WC ℗, 30 ⇥, Lift, ℗, 🛎, 3⇨40,
Sauna, Solarium

¶¶ Saale-Restaurant
Hauptgericht 17/8-35/17, Biergarten

** Martha-Haus
Adam-Kuckhoff-Str. 5 (B 1),
Tel (03 45) 5 10 80, Fax 5 10 85 15, ⌧ 06108,
DC ED VA
20 Zi, Ez: 85/42-155/78, Dz: 120/60-190/95, ⌐
WC ℗, Lift, ℗, 1⇨30, Sauna, garni

Halle (Saale)

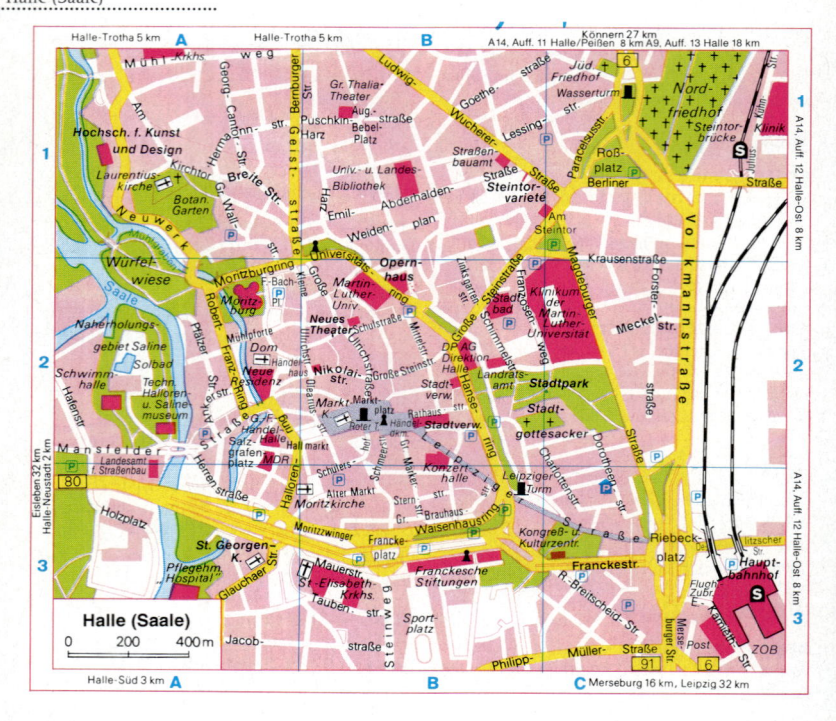

⁂⁂ Schweizer Hof
Waisenhausring 15 (B 3),
Tel (03 45) 2 02 63 92, Fax 50 30 68, ✉ 06108,
AX ED VA
18 Zi, Ez: 125/62-168/84, Dz: 135/67-185/93,
⌐ WC ⌀ DFÜ, 5 ⚹, Lift, P, 2⌘40, Restaurant

⁂⁂ Am Steintor
Krukenbergstr. 29 (C 2), **Tel (03 45) 50 09 60**,
Fax 5 00 96 13, ✉ 06112, AX DC ED VA
49 Zi, Ez: 80/40, Dz: 115/57, ⌐ WC ⌀, Lift, P,
2⌘30, garni

⁂⁂ Apart
Kohlschütter Str. 5 (außerhalb A/B 1),
Tel (03 45) 5 25 90, Fax 5 25 92 00, ✉ 06114,
AX DC ED VA
50 Zi, Ez: 102/51-135/67, Dz: 124/62-165/83,
1 App, ⌐ WC ⌀, 12 ⚹, Lift, P, 2⌘60, Sauna,
Solarium, garni

Auch Zimmer der Kategorie ⁂ vorhanden.

⁂ City Hotel Am Wasserturm
Lessingstr. 8 (C 1), **Tel (03 45) 2 98 20**,
Fax 5 12 65 43, ✉ 06114, AX DC ED VA, Ⓢ
52 Zi, Ez: 99/49-110/55, Dz: 119/59-140/70,
2 Suiten, 28 App, ⌐ WC ⌀ DFÜ, 8 ⚹, Lift, P,
1⌘35, Sauna, Solarium, Restaurant

⁂ Westfalia
Grenzstr. 35 (außerhalb C 3),
Tel (03 45) 5 60 62 91, Fax 5 60 62 96,
✉ 06112, AX DC ED VA

36 Zi, Ez: 70/35-99/49, Dz: 100/50-150/75,
2 Suiten, ⌐ WC ⌀, 14 ⌂, Lift, 🅿, 🏠, 1🔗40,
Restaurant
geschl.: So, 27.7.-6.8.00, 23.12.00-2.1.01

✱ Kröllwitzer Hof
Schinkelstr. 7 (außerhalb A 1),
Tel (03 45) 5 51 14 37, Fax 5 51 14 35,
✉ 06120
12 Zi, Ez: 70/35-80/40, Dz: 110/55, ⌐ WC ⌀, 🅿,
🏠, 1🔗40, ≋, Restaurant
geschl.: So

🍴🍴 Dolce Vita ✚
Robert-Franz-Ring 8, **Tel (03 45) 2 03 06 99,**
Fax 2 03 06 98, ✉ 06108, AX DC ED VA
Hauptgericht 13/6-42/21, geschl.: So

Appartementhotels/Boardinghäuser

Solitaire
Streiberstr. 38 (außerhalb B 3),
Tel (03 45) 51 50 60, Fax 5 15 06 53, ✉ 06110,
AX DC ED VA, Ⓢ
45 Zi, Ez: 75/37-110/55, Dz: 95/47-140/70,
9 Suiten, 11 App, ⌐ WC ⌀ DFÜ, Lift, 🅿,
Restaurant
Rezeption: 6-12, 16-22
Zimmer der Kategorie ✱ und ✱✱ vorhanden.

Neustadt

✱ Steigenberger Esprix
Neustädter Passage 5, **Tel (03 45) 6 93 10,**
Fax 6 93 16 26, ✉ 06122, AX DC ED VA, Ⓢ
186 Zi, Ez: 132/66-171/86, Dz: 162/81-222/111,
⌐ WC ⌀, 45 ⌂, Lift, 🏠, 5🔗, Solarium
🍴 Hauptgericht 25/12, Terrasse, 🅿

Trotha (3 km ↑)

✱ Pension Am Krähenberg
Am Krähenberg 1, **Tel (03 45) 5 22 55 06,**
Fax 5 22 55 59, ✉ 06118, AX ED VA
16 Zi, Ez: 90/45-118/59, Dz: 120/60-158/79, ⌐
WC ⌀, 🅿, Sauna, garni

Hallenberg 35 ↙

Nordrhein-Westfalen
Hochsauerlandkreis
EW 2980
ℹ Tel (0 29 84) 82 03, Fax 3 19 37
Touristikverband
✉ 59969 Merklinghauser Str. 1

✱✱ Diedrich
Nuhnestr. 2, **Tel (0 29 84) 9 33 00,**
Fax 93 32 44, ✉ 59969, ED

48 Zi, Ez: 90/45-100/50, Dz: 140/70-170/85,
4 App, ⌐ WC ⌀, Lift, 🅿, 3🔗40, Sauna,
Solarium, Restaurant

Hesborn (4 km ↑)

✱ Zum Hesborner Kuckuck
Ölfestr. 22, **Tel (0 29 84) 4 75, Fax 5 73,**
✉ 59969, AX DC ED VA
♪, 53 Zi, Ez: 106/53-113/56,
Dz: 172/86-186/93, ⌐ WC ⌀, Lift, 🅿, 3🔗60,
🏠, Kegeln, Sauna, Solarium, Restaurant

Hallstadt 57 ↖

Bayern / Kreis Bamberg
EW 8500
ℹ Tel (09 51) 75 00, Fax 7 50 39
Stadtverwaltung
✉ 96103 Marktplatz 2

✱✱ Holiday Inn Garden Court
Lichtenfelser Str. 35, **Tel (09 51) 9 72 70,**
Fax 97 27 90, ✉ 96103, AX DC ED VA, Ⓢ
57 Zi, Ez: 135/67-165/83, Dz: 135/67-185/93,
4 App, ⌐ WC ⌀, 23 ⌂, 🅿, 🏠, 2🔗30, Sauna,
Restaurant

✱ Frankenland
Bamberger Str. 76, **Tel (09 51) 7 12 22,**
Fax 7 36 85, ✉ 96103, AX ED VA
38 Zi, Ez: 74/37-78/39, Dz: 108/54-115/57,
1 Suite, ⌐ WC ⌀, 5 ⌂, Lift, 🅿, 🏠, 2🔗60,
Restaurant

Haltern 33 ↑

Nordrhein-Westfalen
Kreis Recklinghausen
EW 36200
ℹ Tel (0 23 64) 93 33 66, Fax 93 33 64
Stadtagentur
✉ 45721 Altes Rathaus, Markt 1

🛏 Jägerhof
Flaesheimer Str. 360, **Tel (0 23 64) 23 27,**
Fax 16 75 23, ✉ 45721, AX ED
11 Zi, Ez: 60/30-75/37, Dz: 120/60-140/70, ⌐
WC ⌀, 🅿, 🏠, Kegeln, Restaurant
geschl.: Di

Sythen (4 km ↗)

🍴 Sythener Flora
Am Wehr 71, **Tel (0 23 64) 9 62 20,**
Fax 96 22 96, ✉ 45721, AX DC ED VA
Hauptgericht 20/10-40/20, Terrasse, 🅿,
geschl.: Do, 2.-28.7.01

✱ Pfeiffer
11 Zi, Ez: 75/37-80/40, Dz: 130/65-140/70, ⊟ WC ⓒ, Lift, 🏠
geschl.: 2.-28.7.01

Halver 33 ↘

Nordrhein-Westfalen
Märkischer Kreis
EW 17900
🅷 Tel (0 23 53) 7 31 41, Fax 7 31 16
Verkehrsamt
✉ 58553 Thomasstr. 18

Carthausen (4 km ↗)

✱ Haus Frommann
Carthausen 14, Tel (0 23 53) 9 14 55,
Fax 91 45 66, ✉ 58553, AX DC ED VA
22 Zi, Ez: 94/47-105/52, Dz: 134/67-153/77, ⊟ WC ⓒ, P, 🏠, 1○30, Kegeln, 6 Tennis

🍴🍴 Hauptgericht 24/12-38/19, Terrasse, Biergarten

Hamburg 18 ↑

Hamburg
EW 1680000
🅷 Tel (0 40) 30 05 13 00, Fax 30 05 13 33
Tourismus-Zentrale Hamburg GmbH
✉ 20095 Hauptbahnhof/Wandelhalle
Cityplan siehe Seiten 392-393

Dorint
Alter Wall 38-46, Tel (0 40) 36 95 00,
Fax 36 95 01 18, ✉ 20457, AX DC ED VA
216 Zi, Ez: 295/148-415/209,
Dz: 335/168-455/229, 18 Suiten, ⊟ WC ⓒ
DFÜ, 89 🛏, Lift, 🏠, 19○220, ☯, Sauna, Solarium, Restaurant
Eröffnung voraussichtlich Herbst 2000.

✱✱✱✱✱ Vier Jahreszeiten 👑
Neuer Jungfernstieg 9-14 (D 3),
Tel (0 40) 3 49 40, Fax 34 94 26 00, ✉ 20354,
AX DC ED VA, Ⓢ
☽ ✦ 🍷, 129 Zi, Ez: 395/198-525/264,
Dz: 495/249-625/314, 29 Suiten, ⊟ WC ⓒ
DFÜ, 14 🛏, Lift, 🏠, 5○180, Fitnessraum, Sauna, Solarium
Zimmerpreise exkl. Frühstück.

🍴🍴🍴🍴 Haerlin
✦, Hauptgericht 56/28-69/34, P, geschl.: Mo, So

🍴🍴🍴 Jahreszeiten Grill
Hauptgericht 33/16-58/29, P
Historische Ausstattung im Art-Deko-Stil.

🍴🍴 Doc Cheng's ✚
Hauptgericht 19/9-39/19, P, nur abends, geschl.: Mo
Euro-Asiatische Küche.

✱✱✱✱✱ Kempinski Hotel Atlantic
An der Alster 72 (E 3), Tel (0 40) 2 88 80,
Fax 24 71 29, ✉ 20099, AX DC ED VA, Ⓢ
☽ ✦, 241 Zi, Ez: 385/193-495/249,
Dz: 435/219-545/274, 13 Suiten, 1 App, ⊟ WC
ⓒ DFÜ, 15 🛏, Lift, P, 🏠, 12○450, ☯, Sauna, Solarium
Auch Zimmer anderer Kategorien vorhanden.

🍴🍴🍴 Atlantic-Restaurant
Hauptgericht 49/24

🍴🍴 Atlantic-Mühle
Hauptgericht 41/20-76/38

✱✱✱✱ Park Hyatt
Bugenhagenstr. 8-10, Tel (0 40) 33 32 12 34,
Fax 33 32 12 35, ✉ 20095, AX DC ED VA, Ⓢ
☽, 252 Zi, Ez: 405/203-545/274, Dz: 465/234,
34 Suiten, 31 App, ⊟ WC ⓒ DFÜ, 108 🛏, Lift,
9○250, ☯, Sauna, Solarium
Langzeitvermietung möglich.

🍴🍴 Apples
Hauptgericht 30/15-46/23, Terrasse

✱✱✱✱ Steigenberger
Heiligengeistbrücke 4 (C 5),
Tel (0 40) 36 80 60, Fax 36 80 67 77,
✉ 20459, AX DC ED VA, Ⓢ
222 Zi, Ez: 295/148-355/178,
Dz: 345/173-405/203, 12 Suiten, ⊟ WC ⓒ,
144 🛏, Lift, 🏠, 10○265

Hamburg

ⵖⵖⵖ Calla
Hauptgericht 40/20, Terrasse, **P**, nur abends,
geschl.: Mo, So, 17.12.00-8.1.01, Jul-Aug
Euroasiatische Küche. Hervorragende Desserts.

Bistro am Fleet
Hauptgericht 16/8-29/14, Terrasse, **P**

✱✱✱✱ Elysee ♕
Rothenbaumchaussee 10 (C 2),
Tel (0 40) 41 41 20, Fax 41 41 27 33,
✉ 20148, AX DC ED VA
♩, 305 Zi, Ez: 287/144-362/182,
Dz: 349/175-424/213, 6 Suiten, ⌐ WC ⊘,
45 ⌨, Lift, 🕻, 10⇔450, ⌂, Sauna, Solarium

ⵖⵖ Piazza Romana
Hauptgericht 35/17

ⵖ Brasserie
Hauptgericht 30/15

✱✱✱✱ Marriott
ABC-Str. 52 (C 4), Tel (0 40) 3 50 50,
Fax 35 05 17 77, ✉ 20354, AX DC ED VA, Ⓢ
♩, 277 Zi, 5 Suiten, ⌐ WC ⊘ DFÜ, 150 ⌨, Lift,
🕻, 7⇔280, ⌂, Fitnessraum, Sauna, Solarium,
Restaurant

✱✱✱✱ Inter-Continental
Fontenay 10 (D 1), Tel (0 40) 4 14 20,
Fax 41 42 22 99, ✉ 20354, AX DC ED VA
♩ ⚑, 270 Zi, Ez: 295/148-395/198,
Dz: 285/148-395/198, 16 Suiten, ⌐ WC ⊘,
81 ⌨, Lift, **P**, 🕻, 6⇔80, ⌂, Sauna, Solarium

ⵖⵖⵖ Windows im Fontenay-Grill
⚑, Hauptgericht 42/21-55/27

✱✱✱ Renaissance
Große Bleichen (C 4), Tel (0 40) 34 91 80,
Fax 34 91 89 19, ✉ 20354, AX DC ED VA, Ⓢ
205 Zi, Ez: 255/128-465/234,
Dz: 255/128-465/234, 1 Suite, ⌐ WC ⊘ DFÜ,
103 ⌨, Lift, **P**, 8⇔150, Fitnessraum, Sauna,
Solarium, Restaurant

✱✱✱ Crowne Plaza
Graumannsweg 10, Tel (0 40) 22 80 60,
Fax 2 20 87 04, ✉ 22087, AX DC ED VA, Ⓢ
278 Zi, Ez: 275/138-400/201,
Dz: 305/153-400/201, 7 Suiten, ⌐ WC ⊘ DFÜ,
169 ⌨, Lift, **P**, 🕻, 9⇔200, ⌂, Fitnessraum,
Sauna, Solarium
Auch Zimmer der Kategorie **✱✱** vorhanden.

ⵖⵖⵖ Blue Marlin

✱✱✱ Radisson SAS Hamburg
Marseiller Str. 2 (C 2), Tel (0 40) 3 50 20,
Fax 35 02 35 30, ✉ 20355, AX DC ED VA, Ⓢ
⚑, Ez: 280/141-460/231, Dz: 280/141-490/246,
26 Suiten, ⌐ WC ⊘, 125 ⌨, Lift, 🕻, 11⇔230,
⌂, Sauna, Solarium, Restaurant

✱✱✱ Madison Residenz Hotel
Schaarsteinweg 4 (B 5), Tel (0 40) 37 66 60,
Fax 37 66 61 37, ✉ 20459, AX DC ED VA
♩, 147 Zi, Ez: 241/121-346/174,
Dz: 322/162-397/199, 19 Suiten, 147 App, ⌐
WC ⊘ DFÜ, 73 ⌨, Lift, 🕻, 5⇔110, ⌂, Sauna,
Solarium, Restaurant
Langzeitvermietung möglich.

✱✱✱ Europäischer Hof
Kirchenallee 45 (E 4), Tel (0 40) 24 82 48,
Fax 24 82 47 99, ✉ 20099, AX DC ED VA, Ⓢ
320 Zi, Ez: 190/95-350/176,
Dz: 250/125-430/216, ⌐ WC ⊘, 120 ⌨, Lift,
🕻, 5⇔200, ⌂, Sauna, Solarium, Restaurant
Auch Zimmer der Kategorie **✱✱** vorhanden.
Freizeit- und Badespaß auf 7 Etagen (2.100
qm) in der Euro Therme mit einer 150 m
Wasserrutsche.

✱✱✱ Residenz Hafen
Seewartenstr. 9 (A 5), Tel (0 40) 31 11 90,
Fax 31 45 05, ✉ 20459, AX DC ED VA
125 Zi, Ez: 210/105-260/130,
Dz: 240/120-290/146, ⌐ WC ⊘, 50 ⌨, Lift, **P**,
🕻, 5⇔250, Sauna

✱✱ Prem ♕
An der Alster 9 (F 2), Tel (0 40) 24 83 40 40,
Fax 2 80 38 51, ✉ 20099, AX DC ED VA
54 Zi, Ez: 220/110-370/186,
Dz: 279/140-454/228, 3 Suiten, ⌐ WC ⊘, Lift,
P, 1⇔30, Sauna
Auch Zimmer der Kategorie **✱✱✱** vorhanden.

ⵖⵖⵖ La Mer
Hauptgericht 39/19-58/29, Terrasse, geschl.: Sa
mittags, So

✱✱ Bellevue
Travel Charme Hotel
An der Alster 14 (F2), Tel (0 40) 28 44 40,
Fax 28 44 42 22, ✉ 20099, AX DC ED VA, Ⓢ
⚑, 92 Zi, Ez: 175/88-255/128,
Dz: 255/128-295/148, 1 Suite, ⌐ WC ⊘, 28 ⌨,
Lift, **P**, 🕻, 3⇔60, Restaurant

✱✱ Continental
Kirchenallee 37 (E 4), Tel (0 40) 28 44 30,
Fax 2 80 31 74, ✉ 20099, AX DC ED VA
35 Zi, Ez: 130/65-250/125,
Dz: 190/95-350/176, 4 Suiten, ⌐ WC ⊘ DFÜ,
6 ⌨, Lift, 🕻, garni
Auch Zimmer der Kategorie **✱✱✱** vorhanden.

Hamburg

Hamburg

Hamburg

★★ Best Western St. Raphael
Adenauerallee 41 (F 4), Tel (0 40) 24 82 00,
Fax 24 82 03 33, ✉ 20097, AX DC ED VA, Ⓢ
125 Zi, Ez: 208/104-268/134,
Dz: 258/129-318/160, 1 Suite, ⌐ WC ⌀, 30 🛏,
Lift, Ⓟ, 3🍴65, Sauna, Solarium, Restaurant
Auch Zimmer der Kategorie ★ vorhanden.

★★ Hafen Hamburg
Seewartenstr. 9 (A 5), Tel (0 40) 31 11 30,
Fax 31 11 37 55, ✉ 20459, AX DC ED VA
§, 230 Zi, Ez: 165/83-205/103,
Dz: 170/85-205/103, ⌐ WC ⌀, 48 🛏, Lift, Ⓟ,
🏠, 5🍴250, Restaurant
Auch Zimmer der Kategorie ★ vorhanden.

★★ Senator
Lange Reihe 18 (F 3), Tel (0 40) 24 12 03,
Fax 2 80 37 17, ✉ 20099, AX DC ED VA, Ⓢ
56 Zi, Ez: 195/98-345/173,
Dz: 210/105-345/173, ⌐ WC ⌀ DFÜ, 37 🛏, Lift,
🏠, 4🍴40, Restaurant
Auch Zimmer der Kategorie ★ vorhanden.

★ Baseler Hof
Esplanade 11 (C 3), Tel (0 40) 35 90 60,
Fax 35 90 69 18, ✉ 20354, AX DC ED VA
153 Zi, Ez: 150/75-195/98,
Dz: 200/100-230/115, 2 Suiten, ⌐ WC ⌀, 24 🛏,
Lift, 🏠, 6🍴60

🍴 Kleinhuis
Tel 35 33 99, Fax 35 90 67 07
Hauptgericht 28/14

★ Am Holstenwall
Holstenwall 19 (B4), Tel (0 40) 31 80 80,
Fax 31 80 82 22, ✉ 20355, AX DC ED VA, Ⓢ
49 Zi, Ez: 174/87-284/143,
Dz: 232/116-352/177, ⌐ WC ⌀ DFÜ, Lift, 🏠,
Kegeln
Auch Zimmer der Kategorie ★★ vorhanden.

🍴🍴 Wildgänse
Hauptgericht 23/11-55/27

★ Wedina
Gurlittstr. 23 (F 3), Tel (0 40) 24 30 11,
Fax 2 80 38 94, ✉ 20099, AX DC ED VA, Ⓢ
38 Zi, Ez: 145/73-195/98, Dz: 180/90-260/130,
5 App., ⌐ WC ⌀, Ⓟ, garni
Auch Zimmer der Kategorie ★★ vorhanden.

★ Aussen Alster
Schmilinskystr. 11 (F 3), Tel (0 40) 24 15 57,
Fax 2 80 32 31, ✉ 20099, AX DC ED VA
⌐, 27 Zi, Ez: 175/88-195/98,
Dz: 270/135-295/148, ⌐ WC ⌀, Lift, 🏠, Sauna,
Solarium, Restaurant

★ Fürst Bismarck
Kirchenallee 49 (E4), Tel (0 40) 2 80 10 91,
Fax 2 80 10 96, ✉ 20099, AX DC ED VA
100 Zi, Ez: 134/67-136/68, Dz: 173/87-205/103,
⌐ WC ⌀, 10 🛏, Lift, 🏠, garni
geschl.: 22-26.12.00

🍴🍴🍴 Wollenberg 🍷
Alsterufer 35, Tel (0 40) 4 50 18 50,
Fax 45 01 85 11, ✉ 20354, AX DC ED VA
§, Hauptgericht 40/20, geschl.: So

🍴🍴🍴 Cölln's Austernstuben
Brodschrangen 1, Tel (0 40) 32 60 59,
✉ 20457, AX DC ED
Hauptgericht 48/24, geschl.: im Sommer Sa+So

🍴🍴 Il Ristorante
Große Bleichen 16, Tel (0 40) 34 33 35,
Fax 34 57 48, ✉ 20354, AX DC ED
Hauptgericht 40/20

🍴🍴 Zippelhaus
Zippelhaus 3, Tel (0 40) 30 38 02 80,
Fax 32 17 17, ✉ 20457, AX ED VA
⌐, geschl.: So

🍴🍴 Ratsweinkeller
Grose Johannisstr. 2, Tel (0 40) 36 41 53,
Fax 37 22 01, ✉ 20457, AX DC ED VA
⌐, Hauptgericht 20/10-60/30, Gartenlokal

🍴🍴 Anna
Bleichenbrücke 2, Tel (0 40) 36 70 14,
Fax 37 50 07 36, ✉ 20354, AX ED VA
Hauptgericht 38/19-45/22, Terrasse, geschl.: So

🍴 Vero ✚
Domstr. 17-19, Tel (0 40) 33 90 51,
Fax 33 90 52, ✉ 20095, AX ED VA
Hauptgericht 32/16-42/21, Terrasse, geschl.: Mo,
Sa mittags

Hamburg

¶ Bistro Rive
Van der Smissen Str. 1, Tel (0 40) 3 80 59 19,
Fax 3 89 47 75, ✉ 22767, AX
₴ ☏, Hauptgericht 32/16-49/24, Terrasse

¶ Jena Paradies
Klosterwall 23, Tel (0 40) 32 70 08,
Fax 32 75 98, ✉ 20095
☏, Hauptgericht 30/15, Terrasse

¶ Dominique
Karl-Muck-Platz 11, Tel (0 40) 34 45 11,
Fax 34 45 11, ✉ 20355
Hauptgericht 36/18-42/21, Terrasse, Kegeln,
Bowling, geschl.: So, 24.12.00-7.1.01, 6 Wochen
im Sommer

Matsumi
Colonaden 96, Tel (0 40) 34 31 25,
Fax 34 42 19, ✉ 20354, AX DC ED VA
Hauptgericht 25/12-46/23, geschl.: So,
23.12.00-5.1.01
Japanische Küche.

Le Plat du Jour
Dornbuschstr. 4, Tel (0 40) 32 14 14,
Fax 4 10 58 57, ✉ 20095, AX DC ED VA
Hauptgericht 20/10-30/15, geschl.: So, Jul+Aug
auch Sa

Zur Schlachterbörse
Kampstr. 42, Tel (0 40) 43 65 43,
Fax 4 39 96 56, ✉ 20357, AX ED VA
☏, Hauptgericht 29/14-78/39, geschl.: Sa
mittags, So
Traditionelle Gaststätte am Schlachthof.

☕ Café Condi
Neuer Jungfernstieg 9-14, im Vier
Jahreszeiten, Tel (0 40) 3 49 46 42,
Fax 34 94 26 00, ✉ 20354, AX DC ED VA
Terrasse, 6.15-18.30, geschl.: So

☕ Café Andersen
Jungfernstieg 26, Tel (0 40) 6 89 46 40,
Fax 68 94 64 40, ✉ 20354, AX ED VA
Terrasse, 8-20

Allermöhe (13 km ↘; BAB 25, Abfahrt HH-Nettelnburg)

✱ Am Deich
Allermöher Werftstegel 3, Tel (0 40) 7 23 73 70,
Fax 7 23 24 24, ✉ 21037
♪, 13 Zi, Ez: 95/47-99/49, Dz: 140/70-148/74,
�️ WC ✆ DFÜ, P, 1↔16, Restaurant
Auch einfachere Zimmer vorhanden.

Alsterdorf (6 km ↑)

✱✱ Best Western Alsterkrug
Alsterkrugchaussee 277, Tel (0 40) 51 30 30,
Fax 51 30 34 03, ✉ 22297, AX DC ED VA, Ⓢ
105 Zi, Ez: 220/110-270/135,
Dz: 260/130-310/156, 2 App, �️ WC ✆ DFÜ,
66 ↔, Lift, P, 🏠, 6↔50, Kegeln, Sauna,
Solarium, Restaurant
Auch Zimmer der Kategorie ✱✱✱ vorhanden.

Altona (4 km ←)

✱✱ Best Western Raphael
Präsident-Krahn-Str. 13, Tel (00 49) 38 02 40,
Fax 38 02 44 44, ✉ 22765, AX DC ED VA, Ⓢ
39 Zi, Ez: 150/75-190/95, Dz: 180/90-220/110,
⏷ WC ✆, 8 ↔, Lift, P, Sauna, Solarium
geschl.: 23.12.00-2.1.01
Auch Zimmer der Kategorie ✱ vorhanden.

✱ Cabo
Holstenstr. 119, Tel (0 40) 4 30 60 35,
Fax 4 30 59 88, ✉ 22767, AX DC ED VA
13 Zi, Ez: 135/67-150/75, Dz: 170/85-190/95,
⏷ WC ✆, 7 ↔, Lift, 🏠, garni

✱ InterCityHotel
Paul-Nevermann-Platz 17, Tel (0 40) 38 03 40,
Fax 38 03 49 99, ✉ 22765, AX DC ED VA, Ⓢ
133 Zi, Ez: 199/100-229/115,
Dz: 254/127-284/143, ⏷ WC ✆ DFÜ, 54 ↔,
Lift, 5↔100, Restaurant

¶¶¶ Fischereihafen-Restaurant
Grose Elbstr. 143, Tel (0 40) 38 18 16,
Fax 3 89 30 21, ✉ 22767, AX DC ED VA
₴, Hauptgericht 28/14-69/34

¶¶ Stocker ✤
Max-Brauer-Allee 80, Tel (0 40) 38 61 50 56,
Fax 38 61 50 58, ✉ 22765, AX DC ED VA
Hauptgericht 28/14-37/18, Terrasse,
Gartenlokal, geschl.: Mo, So mittags, 1.-15.1.01

¶ Das Weisse Haus
Neumühlen 50, Tel (0 40) 3 90 90 16,
Fax 3 90 87 99, ✉ 22763
Hauptgericht 27/13-39/19, nur abends

Bahrenfeld (4 km ↖)

✱✱✱ Gastwerk Design Hotel
Gasstr. 2, Tel (0 40) 89 06 20, Fax 8 90 62 20,
✉ 22761, AX DC ED VA
90 Zi, Ez: 195/98-240/120, Dz: 195/98-240/120,
1 Suite, ⏷ WC ✆ DFÜ, 41 ↔, Lift, P, 5↔0,
Fitnessraum, Sauna, Solarium, Restaurant

Hamburg

✱ Novotel West
Albert-Einstein-Ring 2, Tel (0 40) 89 95 20,
Fax 89 95 23 33, ✉ 22761, AX DC ED VA, Ⓢ
127 Zi, Ez: 124/62-195/98, Dz: 158/79-235/118,
10 Suiten, ⌐ WC ⌀, 65 ⌘, Lift, Ⓟ, 🚗, 6⌬100,
🛶, Sauna, Solarium, Restaurant

🍴🍴 Tafelhaus
Holstenkamp 71, Tel (0 40) 89 27 60,
Fax 8 99 33 24, ✉ 22525
Hauptgericht 40/20, Terrasse, Ⓟ, geschl.: Sa
mittags, So, Mo, 3 Wochen im Sommer

Saliba
Leverkusenstr. 54, Tel (0 40) 85 80 71,
Fax 85 80 82, ✉ 22761
🛋, Hauptgericht 35/17, Ⓟ, geschl.: So
Syrische Küche.

Bergedorf (16 km ↘)

✱✱ Treff Hotel
Holzhude 2, Tel (0 40) 72 59 50,
Fax 72 59 51 87, ✉ 21029, AX DC ED VA, Ⓢ
205 Zi, Ez: 197/99-260/130,
Dz: 247/124-400/201, 2 App, ⌐ WC ⌀ DFÜ,
56 ⌘, Lift, 🚗, 16⌬1000, Fitnessraum, Sauna,
Solarium, Restaurant
Auch Zimmer der Kategorie ✱✱✱ vorhanden.

✱ Alt Lohbrügger Hof
Leuschnerstr. 76, Tel (0 40) 7 39 60 00,
Fax 7 39 00 10, ✉ 21031, AX DC ED VA
66 Zi, Ez: 130/65-174/87, Dz: 175/88-219/110,
1 Suite, ⌐ WC ⌀, 22 ⌘, Ⓟ, 8⌬300, Kegeln
Auch einfachere Zimmer vorhanden.
🍴 Hauptgericht 17/8-40/20

✱ Forsthaus Bergedorf
Reinbeker Weg 77, Tel (0 40) 7 25 88 90,
Fax 72 58 89 25, ✉ 21029, AX ED VA
17 Zi, Ez: 145/73-170/85, Dz: 195/98-220/110,
⌐ WC ⌀ DFÜ, 6 ⌘, Ⓟ, 1⌬20, Golf, 4 Tennis,
Restaurant

🍴🍴 Laxy's Restaurant
Bergedorfer Str. 138, Tel (0 40) 7 24 76 40,
✉ 21029, AX DC ED VA
Hauptgericht 40/20, nur abends, geschl.: So

Billbrook (10 km ↘)

✱✱✱ Böttcherhof
Top International Hotel
Wöhlerstr. 2, Tel (0 40) 73 18 70,
Fax 73 18 78 99, ✉ 22113, AX ED VA, Ⓢ
🌙, 138 Zi, Ez: 167/84-272/137,
Dz: 189/95-334/168, 9 Suiten, 8 App, ⌐ WC ⌀
DFÜ, 69 ⌘, Lift, Ⓟ, 🚗, 13⌬270, Sauna,
Solarium

🍴🍴 Hauptgericht 29/14, Terrasse

Billstedt

✱✱ Panorama
Billstedter Hauptstr. 44, Tel (0 40) 73 35 90,
Fax 73 35 99 50, ✉ 22111, AX DC ED VA
104 Zi, Ez: 175/88-195/98,
Dz: 205/103-225/113, 7 Suiten, ⌐ WC ⌀ DFÜ,
18 ⌘, Lift, Ⓟ, 🚗, 7⌬200, 🛶, garni
geschl.: 23-26.12.00

Blankenese (14 km ←)

✱ Blankenese mit Gästehäusern
Schenefelder Landstr. 164, Tel (0 40) 87 47 42,
Fax 8 70 32 33, ✉ 22589, AX DC ED VA
63 Zi, Ez: 80/40-130/65, Dz: 130/65-180/90,
1 Suite, 2 App, ⌐ WC ⌀, 10 ⌘, Ⓟ, 🚗, garni

Borgfelde (3 km →)

✱✱ Berlin
Top International Hotel
Borgfelder Str. 1, Tel (0 40) 25 16 40,
Fax 25 16 44 13, ✉ 20537, AX DC ED VA, Ⓢ
93 Zi, Ez: 190/95-205/103,
Dz: 220/110-235/118, ⌐ WC ⌀, Lift, Ⓟ, 🚗,
3⌬30, Restaurant
Auch Zimmer der Kategorie ✱ vorhanden.

Hamburg

City-Nord (6 km ↗)

** Queens Hotel
Mexikoring 1, Tel (0 40) 63 29 40,
Fax 6 32 24 72, ✉ 22297, AX DC ED VA, Ⓢ
182 Zi, Ez: 165/83-265/133,
Dz: 210/105-340/171, 1 Suite, ⌐ WC ⌀, 82 ⇤,
Lift, Ⓟ, ≘, 7⌒200, Sauna, Solarium

¶¶ Windsor
Hauptgericht 25/12-40/20, Terrasse, Biergarten

Duvenstedt (20 km ↗)

* Zur Kastanie
Specksaalredder 14, Tel (0 40) 6 07 08 73,
Fax 6 07 18 89, ✉ 22397, AX ED VA
♪, 23 Zi, Ez: 95/47, Dz: 150/75, ⌐ WC ⌀, 5 ⇤,
Ⓟ, Restaurant

¶¶ Le Relais de France
Poppenbütteler Chaussee 3,
Tel (0 40) 6 07 07 50, Fax 6 07 26 73, ✉ 22397
Hauptgericht 29/14-39/19, Terrasse, Ⓟ,
geschl.: Mo, So
Bistro auch mittags geöffnet.

Eimsbüttel (4 km ↖)

** Golden Tulip Hotel Norge
Schäferkampsallee 49, Tel (0 40) 44 11 50,
Fax 44 11 55 77, ✉ 20357, AX DC ED VA, Ⓢ
128 Zi, Ez: 198/99-273/137,
Dz: 265/133-355/178, 2 Suiten, ⌐ WC ⌀, 27 ⇤,
Lift, Ⓟ, 5⌒200, ≘, Sauna, Restaurant
Auch Zimmer der Kategorie ✱ vorhanden.

Eppendorf (4 km ↑)

¶¶ Sellmer
Ludolfstr. 50, Tel (0 40) 47 30 57,
Fax 4 60 15 69, ✉ 20249, AX ED VA
Hauptgericht 35/17
Vorwiegend Fischgerichte.

¶¶ Il Gabbiano
Eppendorfer Landstr. 145,
Tel (0 40) 4 80 21 59, Fax 2 71 90 80,
✉ 20251, VA
Hauptgericht 36/18, Terrasse, nur abends,
geschl.: So

Fuhlsbüttel/Flughafen (10 km ↑)

*** Airport Hotel
Flughafenstr. 47, Tel (0 40) 53 10 20,
Fax 53 10 22 22, ✉ 22415, AX DC ED VA, Ⓢ
159 Zi, Ez: 250/125-375/188,
Dz: 295/148-420/211, 14 Suiten, ⌐ WC ⌀ DFÜ,
30 ⇤, Lift, ≘, 12⌒280, ≘, Sauna

¶¶ Concorde
Hauptgericht 28/14-39/19, Terrasse, Ⓟ

¶¶ Top Air
Airport Hamburg - Terminal 4,
Tel (0 40) 50 75 33 24, Fax 50 75 18 42,
✉ 22335, AX DC ED VA
Hauptgericht 40/20, geschl.: Sa

Groß-Borstel

** Entrée Residenz Hotel
Borsteler Chaussee 168, Tel (0 40) 5 57 78 80,
Fax 55 77 88 10, ✉ 22453, AX ED VA
20 Zi, Ez: 157/79-187/94, Dz: 194/97-224/112,
⌐ WC ⌀ DFÜ, 7 ⇤, Lift, ≘, garni

Groß-Flottbek (8 km ←)

** Landhaus Flottbek
Baron-Voght-Str. 179, Tel (0 40) 8 22 74 10,
Fax 82 27 41 51, ✉ 22607, AX DC ED VA
24 Zi, Ez: 195/98-235/118,
Dz: 255/128-295/148, 1 Suite, ⌐ WC ⌀ DFÜ,
24 ⇤, Ⓟ, 3⌒20

¶¶ Hauptgericht 25/12-48/24, Terrasse, geschl.: So

Harburg (15 km ↓)

*** Lindtner
Heimfelder Str. 123, Tel (0 40) 79 00 90,
Fax 79 00 94 82, ✉ 21075, AX DC ED VA, Ⓢ
105 Zi, Ez: 225/113, Dz: 265/133, 10 Suiten, ⌐
WC ⌀ DFÜ, 30 ⇤, Lift, Ⓟ, 15⌒750, Golf,
9 Tennis, Restaurant

Hamburg

🍴🍴 Lilium
Hauptgericht 36/18-42/21, Terrasse, **P**

🍴 Diele
Hauptgericht 25/12-50/25, Terrasse, **P**

✱✱ Panorama
Harburger Ring 8-10, Tel (0 40) 76 69 50,
Fax 76 69 51 83, ✉ 21073, AX DC ED VA
87 Zi, Ez: 110/55-180/90, Dz: 150/75-210/105,
3 Suiten, 8 App., ⊿ WC ⌀, 32 🛏, Lift, **P**, 🏠,
6⟳150
🍴 Hauptgericht 17/8-42/21, Terrasse,
geschl.: So abends

🍴🍴 Marinas ✠
Schellerdamm 26, Tel (0 40) 7 65 38 28,
Fax 7 65 14 91, ✉ 21079, AX DC ED VA
Hauptgericht 24/12-69/34, Terrasse, geschl.: Sa
mittags, So

Harvestehude (3 km ↑)

✱✱ Abtei 👑👑
Relais & Châteaux
Abteistr. 14, Tel (0 40) 44 29 05, Fax 44 98 20,
✉ 20149, AX ED VA
♪, 10 Zi, Ez: 260/130-350/176,
Dz: 350/176-450/226, 1 Suite, ⊿ WC ⌀, 🏠
Elegante Stadtvilla mit Antiquitäten.
🍴🍴🍴 DC, Hauptgericht 48/24-60/30 🍷
Terrasse, nur abends, geschl.: So, Mo

✱ Mittelweg
Mittelweg 59 (D 1), Tel (0 40) 4 14 10 10,
Fax 41 41 01 20, ✉ 20149, AX DC ED VA
30 Zi, Ez: 155/78-185/93, Dz: 210/105-300/151,
1 App., ⊿ WC ⌀, 4 🛏, garni

Kirchwerder

🍴🍴 Zollenspieker Fährhaus
Zollenspieker Hauptdeich 143,
Tel (0 40) 7 93 13 30, Fax 79 31 33 88,
✉ 21037, AX DC ED VA
🌫, Hauptgericht 22/11-31/15, Terrasse, **P**
✱✱ 9 Zi, Ez: 165/83-195/98,
Dz: 225/113-255/128, ⊿ WC ⌀, 2⟳40

Langenhorn (12 km ↑)

✱✱ Dorint Hamburg-Airport
Langenhorner Chaussee 183,
Tel (0 40) 53 20 90, Fax 53 20 96 00, ✉ 22415,
AX DC ED VA, Ⓢ
146 Zi, Ez: 245/123-295/148,
Dz: 285/143-335/168, 2 Suiten, ⊿ WC ⌀ DFÜ,
80 🛏, Lift, 🏠, 8⟳110, 🏊, Sauna, Solarium,
Restaurant

✱ Kock's
Langenhorner Chaussee 79,
Tel (0 40) 5 32 88 10, Fax 53 28 81 11,
✉ 22415, AX ED VA
29 Zi, Ez: 133/66-139/70, Dz: 177/89-188/94,
⊿ WC ⌀, 14 🛏, **P**, 🏠, garni
geschl.: 24-27.12.00, 31.12.00-1.1.01

✱ Schümann
Langenhorner Chaussee 157,
Tel (0 40) 5 31 00 20, Fax 53 10 02 10,
✉ 22415, AX ED VA
45 Zi, Ez: 138/69-178/89, Dz: 160/80-210/105,
⊿ WC ⌀, 14 🛏, **P**, 🏠, garni

🍴🍴 Zum Wattkorn
Tangstedter Landstr. 230, Tel (0 40) 5 20 37 97,
Fax 5 20 90 44, ✉ 22417
🌫, Hauptgericht 42/21, Gartenlokal, **P**, 🛏,
geschl.: Mo

Lemsahl-Mellingstedt (17 km ↗)

✱✱✱ Marriott Hotel Treudelberg
Lemsahler Landstr. 45, Tel (0 40) 60 82 20,
Fax 60 82 24 44, ✉ 22397, AX DC ED VA, Ⓢ
133 Zi, Ez: 230/115-290/146,
Dz: 230/115-290/146, 2 Suiten, ⊿ WC ⌀ DFÜ,
27 🛏, Lift, **P**, 14⟳200, 🏊, Sauna, Solarium,
Golf, Restaurant
Auch Zimmer der Kategorie ✱✱✱✱ vorhanden.

Lokstedt (6 km ↑)

✱✱ Engel
Niendorfer Str. 59, Tel (0 40) 55 42 60,
Fax 55 42 65 00, ✉ 22529, AX DC ED VA
95 Zi, Ez: 165/83-195/98, Dz: 233/117-243/122,
4 Suiten, ⊿ WC ⌀, Lift, **P**, 🏠, 4⟳45,
Fitnessraum, Sauna, Restaurant
Auch Zimmer der Kategorie ✱ vorhanden.

Neugraben (14 km ↙)

✱ Scheideholzer Hof
Bauernweide 11, Tel (0 40) 70 20 40,
Fax 7 01 23 68, ✉ 21149, AX ED VA
29 Zi, Ez: 130/65-150/75, Dz: 190/95-210/105,
⊿ WC ⌀ DFÜ, 20 🛏, Lift, **P**, 🏠

Niendorf

🍴🍴 Lutz & König ✠
König-Heinrich-Weg 200,
Tel (0 40) 55 59 95 53, Fax 55 59 95 54,
✉ 22455, AX DC ED VA

Hauptgericht 30/15-40/20, Gartenlokal, P, nur abends, geschl.: Mo

Nienstedten (10 km ←)

★★★★ Louis C. Jacob
Elbchaussee 401-403, Tel (0 40) 82 25 50,
Fax 82 25 54 44, ⌧ 22609, AX DC ED VA, S
♪ ❀ ⚇, 75 Zi, Ez: 367/184-619/311,
Dz: 459/231-649/326, 11 Suiten, ⌐ WC Ⓒ DFÜ,
6 ⌤, Lift, ☎, 7⬬240, Sauna, Solarium, Golf

¶¶¶¶ Jacobs Restaurant
❀, Hauptgericht 50/25-72/36, Terrasse, P

¶ Weinwirtschaft Kleines Jacob
Elbchaussee 404,
Hauptgericht 29/14, Biergarten, nur abends, So auch mittags, geschl.: Di, Jul

¶¶ Marktplatz
Nienstedtener Marktplatz 21,
Tel (0 40) 82 98 48, Fax 82 84 43, ⌧ 22609
⚇, Hauptgericht 22/11-35/17, Gartenlokal, P, geschl.: Mo

Osdorf

¶ Lambert
Osdorfer Landstr. 239, Tel (0 40) 80 77 91 66,
Fax 80 77 91 64, ⌧ 22549, AX
Hauptgericht 25/12-40/20, Gartenlokal, nur abends, geschl.: Mo

Ottensen (5 km ←)

¶¶¶¶ Landhaus Scherrer
Relais & Châteaux
Elbchaussee 130, Tel (0 40) 8 80 13 25,
Fax 8 80 62 60, ⌧ 22763, AX DC ED VA
Hauptgericht 42/21-72/36, P, geschl.: So

¶¶ Bistro
Hauptgericht 42/21-78/39, geschl.: So

¶¶¶ Le Canard
Elbchaussee 139, Tel (0 40) 8 80 50 57,
Fax 31 77 74 30, ⌧ 22763, AX DC ED VA
❀, Hauptgericht 58/29-69/34, Terrasse, P, geschl.: So

¶¶ Landhaus Dill
Elbchaussee 94, Tel (0 40) 3 90 50 77,
Fax 3 90 09 75, ⌧ 22763, AX DC ED VA
Hauptgericht 28/14-45/22, Terrasse, P, geschl.: Mo

Poppenbüttel (13 km ↗)

★★ Poppenbütteler Hof
Poppenbütteler Weg 236, Tel (0 40) 60 87 80,
Fax 60 87 81 78, ⌧ 22339, AX DC ED VA
31 Zi, Ez: 170/85, Dz: 240/120, 1 Suite, ⌐ WC
Ⓒ, 4 ⌤, Lift, P, 3⬬80, Restaurant

★ Rosengarten
Poppenbütteler Landstr. 10 b,
Tel (0 40) 6 08 71 40, Fax 60 87 14 37,
⌧ 22391, AX ED VA
10 Zi, Ez: 128/64-158/79, Dz: 198/99, 1 Suite,
2 App, ⌐ WC Ⓒ, 3 ⌤, Sauna, garni
Rezeption: 7-20

Rahlstedt (11 km ↗)

** Eggers
City Line & Country Line Hotels
Rahlstedter Str. 78, Tel (0 40) 67 57 80,
Fax 67 57 84 44, ✉ 22149, AX ED VA, Ⓢ
102 Zi, Ez: 195/98-265/133,
Dz: 265/133-355/178, ⊿ WC Ⓒ DFÜ, 60 ⇖,
Lift, Ⓟ, ⌂, 7⇔140, ⌂, Fitnessraum, Kegeln,
Sauna, Solarium
Auch Zimmer der Kategorie ✱ vorhanden.

🍴 Terrasse, Biergarten

Rothenburgsort

*** Forum
Billwerder Neuer Deich 14, Tel (0 40) 7 88 40,
Fax 78 84 10 00, ✉ 20539, AX DC ED VA
₴, 372 Zi, Ez: 215/108-275/138,
Dz: 260/130-320/161, 12 Suiten, 104 App, ⊿
WC Ⓒ DFÜ, 130 ⇖, Lift, Ⓟ, ⌂, 14⇔160, ⌂,
Fitnessraum, Sauna, Solarium, Restaurant

Rotherbaum (2 km ↑)

** Garden Hotels Pöseldorf ♛
Magdalenenstr. 60 (D 1), Tel (0 40) 41 40 40,
Fax 4 14 04 20, ✉ 20148, AX DC ED VA
60 Zi, Ez: 200/100-300/151,
Dz: 280/141-400/201, 2 Suiten, ⊿ WC Ⓒ DFÜ,
10 ⇖, Lift, Ⓟ, ⌂, 2⇔20, garni
Hotelkomplex bestehend aus drei Patriziervillen
mit moderner Zimmereinrichtung. Auch
Zimmer der Kategorie *** vorhanden. Preise
exkl. Frühstück.

** Vorbach
Johnsallee 63-67, Tel (0 40) 44 18 20,
Fax 44 18 28 88, ✉ 20146, AX ED VA
101 Zi, Ez: 160/80-250/125,
Dz: 200/100-280/141, 5 Suiten, 10 App, ⊿ WC
Ⓒ, 25 ⇖, Lift, ⌂, 3⇔20, garni

✱ Heimhude
Heimhuder Str. 16 (D 1), Tel (0 40) 4 13 33 00,
Fax 41 33 30 40, ✉ 20148, AX DC ED VA
24 Zi, Ez: 125/62-180/90, Dz: 175/88-250/125,
⊿ WC Ⓒ, Lift, Ⓟ, 1⇔12, garni

🍴🍴 Ventana
Grindelhof 77, Tel (0 40) 45 65 88,
Fax 45 58 82, ✉ 20146, AX DC
Hauptgericht 36/18-42/21

🍴🍴 L'Auberge Francaise
Rutschbahn 34, Tel (0 40) 4 10 25 32,
Fax 4 50 50 15, ✉ 20146, AX DC ED VA
Hauptgericht 38/19, geschl.: So

🍴🍴 La Vite
Heimhuder Str. 5, Tel (0 40) 45 84 01,
Fax 45 42 53, ✉ 20148, AX DC ED VA
Hauptgericht 40/20, geschl.: So

🍴🍴 Osteria Due
Badestr. 4, Tel (0 40) 4 10 16 51,
Fax 4 10 16 58, ✉ 20148, AX
Hauptgericht 35/17-46/23, Terrasse

Zeik ✤
Oberstr. 14 a, Tel (0 40) 4 20 40 14,
Fax 4 20 40 16, ✉ 20144, AX
Hauptgericht 30/15-45/22, Terrasse, Ⓟ

Sasel (14 km ↗)

✱ Ringhotel Mellingburger Schleuse
Mellingburgredder 1, Tel (0 40) 6 02 40 01,
Fax 6 02 79 12, ✉ 22395, AX DC ED VA, Ⓢ
einzeln, 40 Zi, Ez: 150/75-210/105,
Dz: 190/95-245/123, ⊿ WC Ⓒ, Ⓟ, ⌂, 9⇔250,
⌂, Kegeln, Restaurant

Hamburg

Schnelsen (11 km ↖)

✱ Novotel Airport
Oldesloer Str. 166, Tel (0 40) 55 99 30,
Fax 5 59 20 20, ✉ 22457, AX DC ED VA, Ⓢ
116 Zi, Ez: 124/62-211/106,
Dz: 158/79-271/136, ⊟ WC ⌀, 30 ⇌, Lift, Ⓟ,
9⊙200, ≋, Restaurant

✱ Ausspann
Holsteiner Chaussee 428, Tel (0 40) 5 59 87 00,
Fax 55 98 70 60, ✉ 22457, AX DC ED VA
28 Zi, Ez: 118/59-125/62, Dz: 150/75-165/83,
⊟ WC ⌀ DFÜ, 7 ⇌, Ⓟ, 1⊙20, Restaurant
Auch Zimmer der Kategorie ✱✱ vorhanden.

✱ Ökotel
Holsteiner Chaussee 347, Tel (0 40) 5 59 73 00,
Fax 55 97 30 99, ✉ 22457, AX VA
17 Zi, Ez: 99/49-185/93, Dz: 149/75-210/105,
3 Suiten, 3 App, ⊟ WC ⌀ DFÜ, 14 ⇌, Lift, Ⓟ,
☗, 1⊙20, garni
Auch Zimmer der Kategorie ✱✱ vohanden.

St. Pauli (2 km ←)

✱✱✱ Astron Suite Hotel
Feldstr. 53-58, Tel (0 40) 43 23 20,
Fax 43 23 23 00, ✉ 20357, AX DC ED VA, Ⓢ
119 Zi, Ez: 255/128-430/216,
Dz: 255/128-430/216, 119 Suiten, 3 App, ⊟ WC
⌀ DFÜ, 44 ⇌, Lift, ☗, 1⊙12, Sauna, Solarium,
garni

¶¶ Bavaria Blick
Bernhard-Nocht-Str. 99, Tel (0 40) 31 16 31 16,
Fax 31 16 31 99, ✉ 20359, AX DC ED VA
§, Hauptgericht 36/18

¶ Erich Restaurant & Bar
Erichstr. 19, Tel (0 40) 31 78 49 99,
Fax 31 78 06 32, ✉ 20359, ED VA
Hauptgericht 32/16, Gartenlokal, nur abends,
geschl.: Mo, So abends
Beim Erotic Art Museum gelegen.

Stellingen (6 km ↖)

✱✱ Holiday Inn
Kieler Str. 333, Tel (0 40) 54 74 00,
Fax 54 74 01 00, ✉ 22525, AX DC ED VA, Ⓢ
105 Zi, Ez: 188/94-284/143,
Dz: 188/94-308/155, ⊟ WC ⌀ DFÜ, 45 ⇌, Lift,
Ⓟ, ☗, 2⊙25, Sauna, Solarium, Restaurant

✱✱ Helgoland
Kieler Str. 177, Tel (0 40) 85 70 01,
Fax 8 51 14 45, ✉ 22525, AX DC ED VA, Ⓢ
107 Zi, Ez: 140/70-180/90, Dz: 170/85-250/125,
2 Suiten, 1 App, ⊟ WC ⌀ DFÜ, 5 ⇌, Lift, Ⓟ, ☗,
2⊙150, Restaurant
Auch Zimmer der Kategorie ✱ vorhanden.

Stillhorn

✱✱✱ Le Meridien
Stillhorner Weg 40, Tel (0 40) 75 01 50,
Fax 75 01 54 44, ✉ 21109, AX DC ED VA, Ⓢ
146 Zi, Ez: 209/105-279/140,
Dz: 259/130-349/175, ⊟ WC ⌀, 43 ⇌, Lift, Ⓟ,
14⊙200, ☗, Sauna, Solarium

¶¶ Le Journal + Senator
Hauptgericht 30/15, Terrasse

Uhlenhorst (3 km ↑)

✱✱ Parkhotel Alster-Ruh
Am Langenzug 6, Tel (0 40) 22 45 77,
Fax 2 27 89 66, ✉ 22085, AX ED VA
♪, 26 Zi, Ez: 154/77-214/107,
Dz: 220/110-325/163, ⊟ WC ⌀ DFÜ, Lift, ☗,
garni
Auch Zimmer der Kategorie ✱ vorhanden.

¶¶ La Fayette
Zimmerstr. 30, Tel (0 40) 22 56 30,
Fax 22 56 30, ✉ 22085, AX
Hauptgericht 30/15-42/21, Terrasse, Ⓟ, nur
abends, geschl.: So

¶¶ Ristorante Roma
Hofweg 7, Tel (0 40) 2 20 25 54,
Fax 2 27 92 25, ✉ 22085, AX DC VA
Hauptgericht 36/18, nur abends, geschl.: So

¶ Made in Italy
Hofweg 25, Tel (0 40) 22 27 01, ✉ 22085, AX
DC ED VA
Hauptgericht 40/20, Terrasse, nur abends

Veddel (8 km ↓)

✱✱ Ryan Carat Hotel
Sieldeich 5-7, Tel (0 40) 78 96 60,
Fax 78 61 96, ✉ 20539, AX DC ED VA, Ⓢ
90 Zi, Ez: 208/104-248/124,
Dz: 246/123-326/164, ⊟ WC ⌀, 22 ⇌, Lift, Ⓟ,
☗, 5⊙40, Sauna, Solarium, Restaurant

Wandsbek (5 km ↗)

✱ Kröger
Ahrensburger Str. 107, Tel (0 40) 6 56 69 94,
Fax 6 56 74 23, ✉ 22045, AX DC ED VA
34 Zi, Ez: 149/75-159/80, Dz: 185/93-205/103,
2 Suiten, 2 App, ⊟ WC ⌀, 10 ⇌, Ⓟ, ☗, 1⊙25,
garni

Hamburg

Winterhude (4 km ↑)

★★ Hanseatic ♛
Sierichstr. 150, Tel (0 40) 48 57 72,
Fax 48 57 73, ✉ 22299, AX ED VA
♪, 12 Zi, Ez: 260/130-280/141,
Dz: 310/156-380/191, 1 Suite, ⌐ WC ✆ DFÜ,
4 ⇌, garni
Klassizistische Villa.

★ Am Stadtpark
Flüggestr. 6, Tel (0 40) 27 84 00,
Fax 27 84 01 10, ✉ 22303, DC ED VA
48 Zi, Ez: 124/62-148/74, Dz: 158/79-178/89,
1 App, ⌐ WC ✆ DFÜ, 19 ⇌, Lift, P, ≋, 1⤺20,
garni

🍴🍴 Allegria ✢
Hudtwalckerstr. 13, Tel (0 40) 46 07 28 28,
Fax 46 07 26 07, ✉ 22299
Hauptgericht 23/11-39/19, Terrasse, P, nur
abends, So nur mittags, geschl.: Mo

Hameln 25 ↘

Niedersachsen
EW 60000
ℹ Tel (0 51 51) 95 78 23, Fax 95 78 40
Marketing und Tourismus GmbH
✉ 31785 Deisterallee 3

★★★ Best Western Stadt Hameln
Münsterwall 2 (A 2), Tel (0 51 51) 90 10,
Fax 90 13 33, ✉ 31787, AX DC ED VA, Ⓢ
♪ ⛀, 85 Zi, Ez: 152/76-389/195,
Dz: 202/101-389/195, ⌐ WC ✆ DFÜ, Lift, P,
≋, 6⤺150, ⌂, Sauna
Diese ehemalige Gefängnisanlage am Weserufer
wurde in einen schloßartigen Hotelkomplex mit
schön angelegtem Innenhofgarten gewandelt.

🍴🍴 ⛀, Hauptgericht 20/10-35/17, Terrasse,
Biergarten

★★ Dorint
164er Ring 3 (B 1), Tel (0 51 51) 79 20,
Fax 79 21 91, ✉ 31785, AX DC ED VA, Ⓢ
105 Zi, Ez: 185/93-499/251,
Dz: 255/128-525/264, ⌐ WC ✆ DFÜ, 37 ⇌,
Lift, P, ≋, 13⤺500, ⌂, Sauna, Solarium

🍴🍴 Safran
Hauptgericht 27/13, Terrasse

★★ Akzent-Hotel Jugendstil ♛
Wettorstr. 15 (Außerhalb B 1),
Tel (0 51 51) 9 55 80, Fax 95 58 66, ✉ 31785,
AX ED VA
21 Zi, Ez: 140/70-309/155, Dz: 175/88-369/185,
1 Suite, ⌐ WC ✆ DFÜ, 7 ⇌, Lift, P, ≋, 1⤺20,
Sauna, Solarium, garni

Rezeption: 6.30-22, geschl.: 18.12.00-2.1.01
Renoviertes Großbürgerhaus aus der
Gründerzeit.

★★ Christinenhof
Alte Marktstr. 18 (B 2), Tel (0 51 51) 9 50 80,
Fax 4 36 11, ✉ 31785, AX ED VA
♪, 30 Zi, Ez: 150/75, Dz: 185/93-220/110, ⌐
WC ✆, P, ≋, 1⤺12, ⌂, Sauna, Solarium,
garni
geschl.: 22.12.00-6.1.01
Hinter der äußeren alten Fachwerkfassade
verbirgt sich ein Hotel, das mit modernstem
Komfort ausgestattet ist.

★ Zur Krone
Osterstr. 30 (B 1), Tel (0 51 51) 90 70,
Fax 90 72 17, ✉ 31785, AX DC ED VA
31 Zi, Ez: 115/57-260/130, Dz: 170/85-290/146,
2 Suiten, ⌐ WC ✆ DFÜ, 7 ⇌, Lift, ≋, 3⤺100,
Restaurant
Auch Zimmer der Kategorie ★★ vorhanden.

★ Zur Post
Am Posthof 6 (B 1), Tel (0 51 51) 76 30,
Fax 76 41, ✉ 31785, AX ED VA
34 Zi, Ez: 95/47-198/99, Dz: 159/80-289/145,
⌐ WC ✆, Lift, P, ≋, garni

★ Bellevue
Klütstr. 34, Tel (0 51 51) 9 89 10, Fax 98 91 99,
✉ 31787, AX DC ED VA
18 Zi, Ez: 98/49-198/99, Dz: 148/74-300/151,
⌐ WC ✆ DFÜ, 4 ⇌, P, ≋, garni
Guterhaltene Villa aus der Jugendstil-Zeit.

★ An der Altstadt
Deisterallee 16, Tel (0 51 51) 4 02 40,
Fax 40 24 44, ✉ 31785, ED VA
13 Zi, Ez: 90/45-210/105, Dz: 130/65-245/123,
⌐ WC ✆, 5 ⇌, P, garni
geschl.: 20.12.00-15.1.01
Renoviertes Jugendstilgebäude.

🛏 Birkenhof
Hugenottenstr. 1a, Tel (0 51 51) 2 87 52,
Fax 4 30 14, ✉ 31785, AX DC ED VA
17 Zi, Ez: 75/37-120/60, Dz: 130/65-180/90, ⌐
WC ✆ DFÜ, 2 ⇌, P, garni

Rattenfängerhaus
Osterstr. 28, Tel (0 51 51) 38 88, Fax 2 67 42,
✉ 31785, AX DC ED VA
⛊, Hauptgericht 22/11
Historisches, 1602 erbautes Fachwerkgebäude,
rustikal mit individuellem Ambiente.
Spezialitäten:" Rattenschwänze",
"Rattenfängerschmaus".

Museumscafé
Osterstr. 8, **Tel (0 51 51) 2 15 53, Fax 2 43 30**,
✉ 31785, ED VA
☕, Terrasse, geschl.: 24-26.12.00,
31.12.00-1.1.01
Im 15. Jh. erbautes Stiftsherrenhaus im
Fachwerkstil, reich ausgestattet mit
Schnitzereien und nostalgischem Ambiente.
Spezialität: Rattenfängertorte.

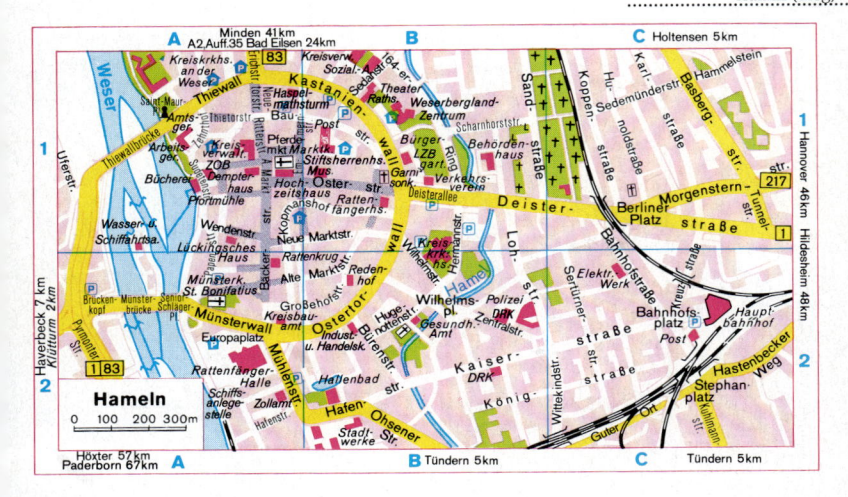

Hameln-Außerhalb (2 km ←)

🍴🍴 Klütturm
Auf dem Klüt, **Tel (0 51 51) 6 16 44**,
Fax 96 30 71, ✉ 31787, AX ED VA
💰, Hauptgericht 30/15-56/28, Terrasse,
geschl.: Di

Klein Berkel (4 km ↓)

✱✱ Berkeler Warte
an der B 1 / Berkeler-Blick 3,
Tel (0 51 51) 99 00, Fax 99 02 22, ✉ 31789, AX ED VA
106 Zi, Ez: 110/55-280/141,
Dz: 160/80-280/141, ⌐ WC © DFÜ, 10 ⛌, Lift,
P, 9 ⌒ 100, Kegeln
geschl.: 5.-18.1.01
Auch Zimmer der Kategorie ✱ vorhanden.
🍴 Hauptgericht 25/12, Terrasse,
Biergarten, geschl.: 5.-18.1.01

✱ Ohrberg
Schulstr. / Margeritenweg 1,
Tel (0 51 51) 6 50 55, Fax 6 59 79, ✉ 31789,
AX DC ED VA

🎵, 17 Zi, Ez: 98/49-150/75,
Dz: 168/84-250/125, ⌐ WC ©, P, 🏠, garni

Hamfelde 18 ↗

Schleswig-Holstein
Kreis Herzogtum Lauenburg
EW 535
ℹ Tel (0 41 54) 44 36
Gemeindeverwaltung
✉ 22929 Mühlenredder 1

✱ Pirsch-Mühle
Möllner Str. 2, **Tel (0 41 54) 23 00, Fax 42 03**,
✉ 22929, AX ED VA
🎵, 1 Zi, Ez: 80/40-88/44, Dz: 128/64-138/69, ⌐
WC ©, Sauna, garni

Hamm (Sieg) 43 ↗

Rheinland-Pfalz
Kreis Altenkirchen
EW 3300
ℹ Tel (0 26 82) 60 25
Verbandsgemeindeverwaltung
✉ 57577 Lindenallee 2

🍴 Romantik Hotel Alte Vogtei
Lindenallee 3, **Tel (0 26 82) 2 59, Fax 89 56**,
✉ 57577, AX DC ED VA
☕, Hauptgericht 20/10-41/20, Gartenlokal,
Kegeln, P, geschl.: Mi, Do mittags, 18.7.-9.8.01,
1-12.10.01
✱✱ 15 Zi, Ez: 85/42-125/62,
Dz: 160/80-220/110, ⌐ WC ©, 2 ⛌, 🏠, 2 ⌒ 30
Geburtshaus Friedrich Wilhelm Raiffeisens.

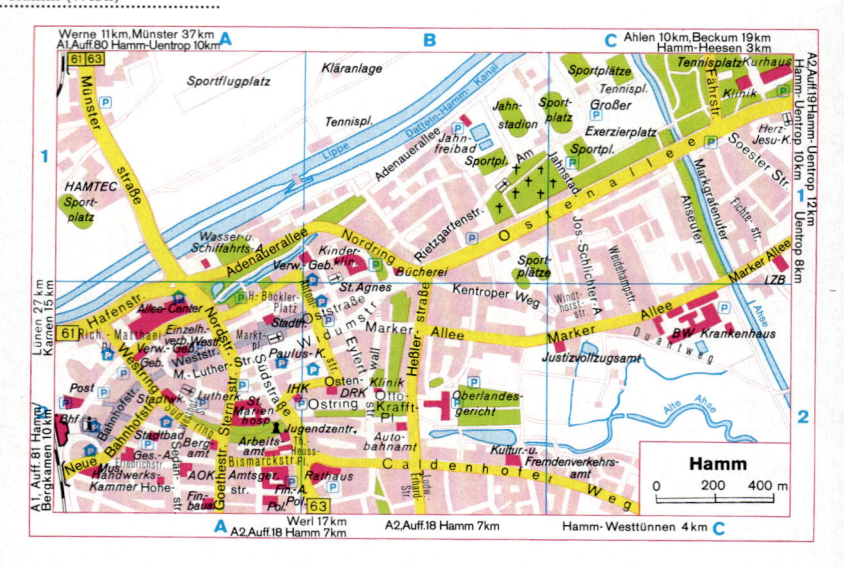

Hamm (Westf)

Hamm (Westf) 34

Nordrhein-Westfalen
EW 189000
🛈 Tel (0 23 81) 17 55 11, Fax 17 29 01
Kultur- und Touristikbüro
✉ 59063 Caldenhofer Weg 159

*** Mercure
Neue Bahnhofstr. 3 (A 2), **Tel (0 23 81) 9 19 20**,
Fax 9 19 28 33, ✉ 59065, AX DC ED VA, Ⓢ
142 Zi, Ez: 197/99-217/109,
Dz: 252/126-272/137, 8 Suiten, ⌐ WC ⊘, 28 ⇐,
Lift, 🐾, 11⇔450, 🐾, Kegeln, Sauna, Solarium,
Restaurant

** Stadt Hamm
Südstr. 9 (A 2), **Tel (0 23 81) 2 90 91**,
Fax 1 52 10, ✉ 59065, AX DC ED VA
27 Zi, Ez: 95/47-180/90, Dz: 190/95-210/105, ⌐
WC ⊘, Lift, 1⇔30

¶¶ Harvey's Restaurant
Hauptgericht 12/6-31/15, geschl.: So
Italienische Küche.

Rhynern (7 km)

¶¶ Haus Helm
Reginenstr. 5, Tel (0 23 85) 80 61,
Fax 70 60 97, ✉ 59069, AX ED VA
Hauptgericht 24/12-42/21, Terrasse, **P**, nur
abends, geschl.: So

Hammelburg 56

Bayern / Kreis Bad Kissingen
EW 12300
🛈 Tel (0 97 32) 90 21 49, Fax 90 21 84
Tourist-Info
✉ 97762 Kirchgasse 4

siehe auch Wartmannsrot

* Stadtcafé
Am Marktplatz 8, **Tel (0 97 32) 9 11 90**,
Fax 16 79, ✉ 97762, ED
17 Zi, Ez: 65/32, Dz: 110/55, 2 App, ⌐ WC ⊘
DFÜ, Lift, **P**, 🐾, garni

* Kaiser
An der Walkmühle 11, **Tel (0 97 32) 9 11 30**,
Fax 11 33 00, ✉ 97762, ED VA
16 Zi, Ez: 65/32, Dz: 110/55, ⌐ WC ⊘, **P**, 🐾,
Restaurant
geschl.: Mo

Hamminkeln 32

Nordrhein-Westfalen / Kreis Wesel
EW 27800
🛈 Tel (0 28 52) 8 80, Fax 8 81 30
Stadtverwaltung
✉ 46499 Brüner Str. 9

Marienthal (7 km →)

★★ Romantik Hotel Haus Elmer
An der Klosterkirche 12, **Tel (0 28 56) 91 10**,
Fax **9 11 70**, ⊠ 46499, AX DC ED VA
♪, 30 Zi, Ez: 160/80-180/90,
Dz: 198/99-300/151, 6 App, ⌐ WC ⌀ DFÜ, Ⓟ,
5⊖80, Kegeln, Sauna, Golf
Auch Zimmer der Kategorie **★★★** vorhanden.
🍴🍴 Hauptgericht 22/11-50/25, Terrasse

Hanau 45 ✓

Hessen / Main-Kinzig-Kreis
EW 92000
🛈 Tel (0 61 81) 25 24 00, Fax 9 23 42 12
Verkehrsbüro
⊠ 63450 Am Markt 14
Cityplan siehe Seite 406

★★ Mercure
Kurt-Blaum-Platz 6 (B 2), **Tel (0 61 81) 3 05 50**,
Fax **3 05 54 44**, ⊠ 63450, Ⓢ
♪, 137 Zi, Ez: 198/99-235/118,
Dz: 248/124-258/129, ⌐ WC ⌀, Lift, Ⓟ, 🛎,
6⊖200, Restaurant

★ Zum Riesen
Heumarkt 8 (A 2), **Tel (0 61 81) 25 02 50**,
Fax **25 02 59**, ⊠ 63450, ED VA
36 Zi, Ez: 115/57-200/100, Dz: 150/75-220/110,
1 Suite, ⌐ WC ⌀ DFÜ, 20 🛏, Lift, Ⓟ, 2⊖40,
garni
geschl.: 22-31.12.00
Auch Zimmer der Kategorie **★★** vorhanden.

Steinheim (1 km ↓)

★★★ Best Western Villa Stokkum
Steinheimer Vorstadt 70, **Tel (0 61 81) 66 40**,
Fax **66 15 80**, ⊠ 63456, AX DC ED VA, Ⓢ
136 Zi, Ez: 189/95-248/124,
Dz: 248/124-268/134, 2 Suiten, ⌐ WC ⌀, 31 🛏,
Lift, Ⓟ, 🛎, 4⊖120, Restaurant

★ Zur Linde
mit Gästehäusern
Steinheimer Vorstadt 31, **Tel (0 61 81) 96 43 20**,
Fax **65 90 74**, ⊠ 63456, ED VA
30 Zi, Ez: 110/55-140/70, Dz: 130/65-180/90,
1 Suite, ⌐ WC ⌀, 6 🛏, Ⓟ, Restaurant, garni
geschl.: 22.12.00-4.1.01
Auch Zimmer der Kategorie **★★** vorhanden.

★ Birkenhof
mit Gästehaus
Von-Eiff-Str. 37, **Tel (0 61 81) 6 48 80**,
Fax **64 88 39**, ⊠ 63456, AX ED VA
23 Zi, Ez: 140/70-150/75, Dz: 180/90-200/100,
3 Suiten, ⌐, Ⓟ, 🛎, Fitnessraum

geschl.: 22.12.00-7.1.01
Auch Zimmer der Kategorie **★★** vorhanden.

Wilhelmsbad (2 km ↖)

🍴🍴 **Da Enzo**
Wilhelmsbader Allee 32, **Tel (0 61 81) 8 32 19**,
Fax **8 77 22**, ⊠ 63454, AX ED
einzeln, Hauptgericht 30/15-45/22, Terrasse,
🛏, geschl.: Mo
Beachtenswerte italienische Küche.

Hanerau-Hademarschen 9 ↘

Schleswig-Holstein
Kreis Rendsburg-Eckernförde
EW 3100
🛈 Tel (0 48 72) 91 91, Fax 27 81
Tourist-Information
⊠ 25557 Bergstr. 8

🍴 **Landgasthof Köhlbarg**
Kaiserstr. 33, **Tel (0 48 72) 33 33**, Fax **91 19**,
⊠ 25557, ED VA
Hauptgericht 25/12, Terrasse, Ⓟ, nur abends,
geschl.: Di, 15.2.-3.3.01

Hankensbüttel 27 ↖

Niedersachsen / Kreis Gifhorn
EW 4710
🛈 Tel (0 58 32) 70 66, Fax 70 68
Urlaubsregion Heidmark
⊠ 29386 Bahnhofstr. 29 A

★ Deutsches Haus
Hindenburgstr. 1, **Tel (0 58 32) 17 01**,
Fax **16 55**, ⊠ 29386
22 Zi, Ez: 72/36-72/36, Dz: 110/55, ⌐ WC, Ⓟ,
3⊖400, Kegeln, Sauna, Solarium, Restaurant
Rezeption: 7-14, 17-24

Repke

★ Dierks
Celler Str. 6, **Tel (0 58 32) 60 82**, Fax **60 84**,
⊠ 29386, AX ED VA
17 Zi, Ez: 68/34, Dz: 115/57-120/60, ⌐ WC ⌀
DFÜ, Ⓟ, 🛎, 2⊖80, Restaurant

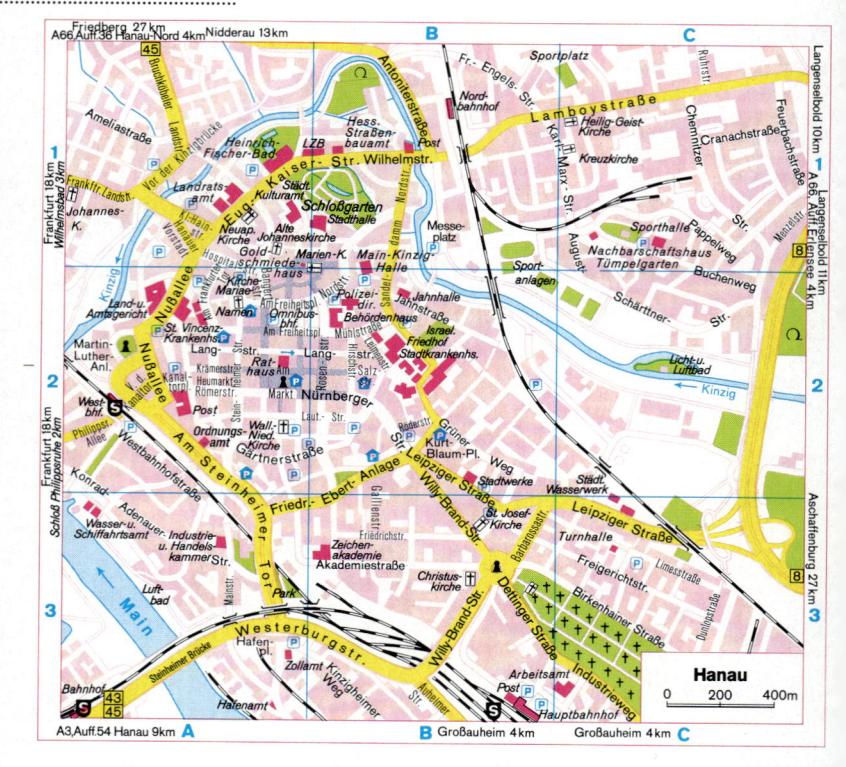

Hann. Münden 36 □

Niedersachsen / Kreis Göttingen
EW 27400
🛈 Tel (0 55 41) 7 53 13, Fax 7 54 04
Touristik Naturpark Münden e. V.
✉ 34346 Lotzestr. 2, im Rathaus

★★ Hotel-Café Alter Packhof
Bremer Schlagd 10-12, **Tel (0 55 41) 9 88 90**,
Fax 98 89 99, ✉ 34346, AX ED VA
24 Zi, Ez: 120/60-135/67, Dz: 180/90-200/100,
1 Suite, ⌐ WC ⊘ DFÜ, 8 ⊾, Lift, 🅿, 🚬,
Restaurant

Hann. Münden-Außerhalb (4,5 km →)

🍴 Letzter Heller
Letzter Heller 7, an der B 80,
Tel (0 55 41) 64 46, Fax 60 71, ✉ 34346, AX DC ED VA
Hauptgericht 26/13-36/18, Terrasse, 🅿, 🛏,
nur abends, geschl.: Do, 1.-28.2.01

Gimte

★★ Freizeit Auefeld
Hallenbadstr. 33, **Tel (0 55 41) 70 50**,
Fax 10 10, ✉ 34346, AX DC ED VA
55 Zi, Ez: 120/60-160/80, Dz: 158/79-180/90,
2 Suiten, ⌐ WC ⊘, 10 ⊾, Lift, 🅿, 🚬, 7↺850,
Fitnessraum, Kegeln, Bowling, Sauna, Solarium,
6 Tennis, Restaurant

Laubach (4 km ↘)

★ Werrental-Hotels
Buschweg 40, **Tel (0 55 41) 99 80**,
Fax 99 81 40, ✉ 34346, AX DC ED VA
39 Zi, Ez: 95/47-115/57, Dz: 136/68-166/83,
1 Suite, ⌐ WC ⊘, 8 ⊾, 🅿, 🚬, 2↺60, Sauna
Hotelanlage bestehend aus drei Häusern.

🍴 Hauptgericht 22/11-38/19, Terrasse, Biergarten

Hannover 26 ←

Niedersachsen
EW 526300
🛈 Tel (05 11) 30 14 22, Fax 30 14 14
Hannover Tourist Information
✉ 30159 Ernst-August-Platz 2
Cityplan siehe Seite 408-409

siehe auch Langenhagen

★★★ Kastens Hotel Luisenhof
Luisenstr. 1-3 (D 3), Tel (05 11) 3 04 40,
Fax 3 04 48 07, ✉ 30159, AX DC ED VA, Ⓢ
152 Zi, Ez: 219/110-525/264,
Dz: 268/134-680/342, 5 Suiten, ⌐ WC ⊘, 21 ⇌,
Lift, Ⓟ, 🚗, 10⇌180
Auch Zimmer der Kategorie ★★★★ vorhanden.

🍴🍴 Luise
Hauptgericht 39/19-54/27, geschl.: im Sommer So

★★★ Maritim Grand Hotel
Friedrichswall 11 (D 4), Tel (05 11) 3 67 70,
Fax 32 51 95, ✉ 30159, AX DC ED VA, Ⓢ
260 Zi, Ez: 232/116-659/331,
Dz: 274/138-710/357, 13 Suiten, ⌐ WC ⊘,
80 ⇌, Lift, 9⇌500
🍴🍴🍴 Hauptgericht 30/15-49/24, Terrasse

★★★ Forum Hotel Schweizerhof
Hinüberstr. 6 (E 3), Tel (05 11) 3 49 50,
Fax 3 49 51 23, ✉ 30175, AX DC ED VA
201 Zi, Ez: 220/110-595/299,
Dz: 250/125-675/339, 4 Suiten, ⌐ WC ⊘, 89 ⇌,
Lift, 🚗, 7⇌350, Kegeln
Auch Zimmer der Kategorie ★★★★ vorhanden.
Preise exkl. Frühstück.

🍴🍴 Schweizer Stuben
Hauptgericht 37/18-43/21, Terrasse, Ⓟ, nur abends, geschl.: Sa, So

🍴 Gourmet's Büffet
Hauptgericht 34/17-42/21, Terrasse, Ⓟ

★★★ Courtyard by Marriott
Arthur-Menge-Ufer 3, Tel (05 11) 36 60 00,
Fax 36 60 05 55, ✉ 30169, AX DC ED VA, Ⓢ
144 Zi, Ez: 214/107-500/251,
Dz: 239/120-575/289, 5 Suiten, ⌐ WC ⊘ DFÜ,
30 ⇌, Lift, Ⓟ, 6⇌510, Fitnessraum, Sauna, Solarium, Restaurant

★★★ Maritim Stadthotel
Hildesheimer Str. 34 (E 5), Tel (05 11) 9 89 40,
Fax 9 89 49 00, ✉ 30169, AX DC ED VA, Ⓢ

→

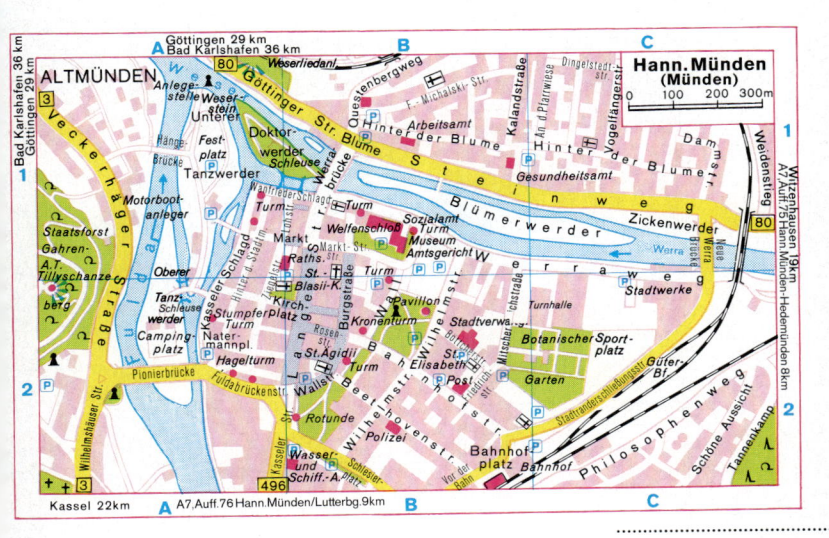

Hannover

Hannover
0
200
400
600m
D
E
F
1
2
4
5
6
Flughafen 13 km
A 44 Han.-Langenhagen 7 km
A7, Ausf. 58 Hannover-Anderten 9 km
Messeschnellweg 3 km
Südschnellweg 4 km
Messegelände 8 km
LIST
OSTSTADT
MITTE
ZOO
SÜDSTADT
Eilenriede
Maschsee
Leine
Schneller Graben
Husaren
Moltke-platz
Wald
De-Haen-Pl.
Podbielskistraße
Straßenbauamt
Freizeitheim
Waldersee-
Ev. Freik.
Lister Platz
Lister Meile
Markuskirche
Bernadotte-Allee
Hohenzollernstr.
Bödekerstraße
Jakobistr.
Kriegerstr.
Vahrenwalder Straße
Voßstraße
Isernhagener Str.
Lukas-K.
Boni-fatius-pl.
DRK-Clementinenhaus
Lds.-Kriminal-amt
Polizei
Am Weifenplatz
Haupt-Zollamt
Raffeisenstr.
Apostelk.
Wedekindstr.
Flüggestr.
Hamburger Allee
Celler Straße
Haller-straße
Sedanstr.
Bergamt
Friesenstr.
Dreifaltigkeitskirche
Lärchenstr.
Akademie f. Raumf. u. Landesplanung
Zoolog. Garten
Adenauerallee
Behrens-
Hs. d. Nds. Landesreg.
Archit.-Kammer
Hindenburg-
Post
Zeppelinstr.
Theod.-Heuss-Pl.
Gneisenaustr.
Fernmelde-turm
Raschplatzhochstr.
Zentr. Omnibus-Bf.
Nikolaistr.
Celler Str.
Berliner Allee
Handw.-Kammer
Staatl. Hochsch. f. Musik u. Theater
Emmich-pl.
Fritz-
Plathnerstr.
Stadthalle
Congress-zentrum
Polizei
Kurt-Schumacher-Str.
Hauptbf.
Land- u. Amts gericht
DB AG Regionalb. Hannover
Königstr.
IHK
Schiffgraben
Gellert-straße
Schackstr.
Niedersachsen-halle
Eilenriede-halle
Steintor
Georgstr.
Kröpcke
Verk. büro
Vers.-A.
Ärzte-kammer
St.-Elisabeth-K.
Leisewitzstr.
Arb.-Ger.
Krkhs. Nordstadt -HNO
Friedensk.
Verw. Gericht
Rathe-
Theater-pl.
Thielen-pl.
Laves-
Opernhaus
Schauspiel-hs.
Künstler-hs.
Amt f. Agrarstruktur
Landw.-Kammer
Kult.Min.
Immanuel-K.
Bertaklinik
Lds.-Verm.-A.
Kleefelder Straße
Kestnerstraße
Amt f. Umweltschutz
Schmiedestr.
Osterstr.
Ballhof
Marktk.
Am Markte
Altes Raths.
Soz.Min.
Schloß Landtag
Marktstr.
Karmarschstraße
Hochbau-amt
Schul-amt
Neues Theater
Börse
Finanz-min.
Georgs-pl.
Georgstraße
LZB
Post
Aeg.
Ordn.-Amt
Min. f. Wirtsch.
Verk.
Volks-K.
hoch-Sch.
Aegidientor-platz
Verb. Großraum Hannover
Unfallklin.
Garten-K.
Marienstraße
Sophien-klin.
Henrietten-stift
Hans-Böckler-Allee
Braunschw. Platz
Tierärztliche Hochschule
Bischofsholer Damm
Am Südbahnhof
Güterbf. H.-Süd
Friedrichswall
Bau-verw.
Kestner-mus.
Ober-finanz-dir.
Culemannstr.
Rathaus
Soz.-A.
Theater a. Aegi
Bibliothek
Altes Kreishs.
Amt f. Wohnungsw.
Sallstraße
Polizei-direktion
Maschteich
Maschpark
Nds. Landes-museum
Willy-Brandt-Allee
Neues Kreis-haus
Maschstr.
Gesundh.-A.
Lutherstraße
Bethleh. Kap.
Staats-kanzlei
Herz-Jesu-Kap.
Schlägerstraße
Stolzestraße
Nazarethk.
Brehmstraße
Kurt-Schwitters-Pl.
Sprengel-Museum
Ufer
Casino am Maschsee
Meterstr.
Paulus-K.
Krausenstr.
Post
Polizei
St. Heinrich K.
Geibel-platz
Sp.-Pl.
An der Weide
NDR-Funkhaus Nieder-sachs.
Bürgerm.-Fink-Str.
Hildesheimer Straße
Stephans-platz
Geibelstr.
Jordanstr.
Wiesenstraße
Ordn.-A.
Bertha-von-Suttner-Platz
Rudolf-von-Bennigsen-Ufer
Stadionbad
Sportpark
Bds.-Leistungs-zentrum Nord
Sport-plätze
ZDF-Landesstudio
Psychotherap. Inst.
Geibelstr.
Döhrener Str.
Athanasiusk.
An der Tiefenriede
Stresemannallee
Heinrich-Heine-Straße
Bhf.H.-Bismarckstr.
Landesarbeits-gericht
Landesarbeits-amt
Altenbekener Damm
Landw. Berufsgen.
Uni.-Fachb. Erziehungsw.
Bugenhagen K.
Tennisstadion
Seufzerallee

291 Zi, Ez: 219/110-500/251,
Dz: 259/130-628/316, 2 Suiten, ⌐ WC ⊘, 83 ⇐,
Lift, 🅿, 🏠, 9🔄650, 🔒, Sauna, Solarium

🍴🍴🍴 Le Cordon Rouge
Hauptgericht 26/13

⁑⁑ Mercure
Willy-Brandt-Allee 3 (D 4), Tel (05 11) 8 00 80,
Fax 8 09 37 04, ✉ 30169, AX DC ED VA, Ⓢ
145 Zi, Ez: 232/116-419/211,
Dz: 285/143-496/249, ⌐ WC ⊘, 48 ⇐, Lift, 🏠,
5🔄150, Sauna, Solarium, Restaurant

⁑⁑ Grand Hotel Mussmann
Ernst-August-Platz 7 (D 3), Tel (05 11) 3 65 60,
Fax 3 65 61 45, ✉ 30159, AX DC ED VA, Ⓢ
140 Zi, Ez: 178/89-518/260,
Dz: 328/165-618/311, ⌐ WC ⊘, 60 ⇐, Lift, 🏠,
4🔄50, Sauna, garni
Auch einfachere Zimmer und Zimmer der
Kategorie ⁑⁑⁑ vorhanden.

⁑⁑ Loccumer Hof
Kurt-Schumacher-Str. 16 (D 3),
Tel (05 11) 1 26 40, Fax 13 11 92, ✉ 30159,
AX DC ED VA
87 Zi, Ez: 175/88-390/196,
Dz: 200/100-480/241, ⌐ WC ⊘ DFÜ, Lift, 🅿,
🏠, 4🔄45, Restaurant

⁑⁑ Andor Hotel Plaza Team Hotel
Fernroder Str. 9 (D 3), Tel (05 11) 3 38 80,
Fax 3 38 84 88, ✉ 30161, AX DC ED VA
140 Zi, Ez: 145/73-535/269,
Dz: 185/93-555/279, ⌐ WC ⊘ DFÜ, 65 ⇐, Lift,
🏠, 7🔄130, Fitnessraum, Sauna, Solarium,
Restaurant

⁑⁑ Concorde Hotel Am Leineschloß
Am Markte 12 (D 4), Tel (05 11) 35 79 10,
Fax 32 55 02, ✉ 30159, AX DC ED VA
81 Zi, Ez: 196/98-430/216,
Dz: 265/133-430/216, ⌐ WC ⊘ DFÜ, 26 ⇐, Lift,
🏠

⁑⁑ Congress Hotel am Stadtpark
Clausewitzstr. 6 (F 3), Tel (05 11) 2 80 50,
Fax 81 46 52, ✉ 30175, AX DC ED VA, Ⓢ
ⓕ, 248 Zi, Ez: 190/95-445/224,
Dz: 298/150-498/250, 4 Suiten, ⌐ WC ⊘, 54 ⇐,
Lift, 🅿, 🏠, 42🔄4000, 🔒, Sauna, Solarium,
Restaurant
Auch Zimmer der Kategorie ⁑ vorhanden.

⁑⁑ Königshof
Königstr. 12 (E 3), Tel (05 11) 31 20 71,
Fax 31 20 79, ✉ 30175, AX DC ED VA
80 Zi, Ez: 138/69-398/200, Dz: 168/84-398/200,
⌐ WC ⊘ DFÜ, Lift, 🏠, 3🔄40, garni

⁑ Thüringer Hof
Osterstr. 37 (D 4), Tel (05 11) 3 60 60,
Fax 3 60 62 77, ✉ 30159, AX DC ED VA
46 Zi, Ez: 165/83-300/151,
Dz: 225/113-375/188, ⌐ WC ⊘, 12 ⇐, Lift,
Restaurant
geschl.: 22.12.00-2.1.01

⁑ Atlanta
Hinüberstr. 1 (E 3), Tel (05 11) 3 38 60,
Fax 34 59 28, ✉ 30175, AX ED VA
36 Zi, Ez: 155/78-250/125,
Dz: 215/108-380/191, 1 App, ⌐ WC ⊘, 14 ⇐,
Lift, 🅿, 🏠, garni
Rezeption: 6.30-22, geschl.: 20.12.00-8.1.01

⁑ Alpha
Friesenstr. 19 (E 2), Tel (05 11) 34 15 35,
Fax 34 15 88, ✉ 30161, AX DC ED VA
70 Zi, Ez: 138/69-398/200, Dz: 190/95-498/250,
2 Suiten, 8 App, ⌐ WC ⊘ DFÜ, 6 ⇐, Lift, 🅿, 🏠,
Fitnessraum, Solarium, garni

🛏 Flora
Heinrichstr. 36, Tel (05 11) 38 39 10,
Fax 3 83 91 91, ✉ 30175, ED VA
26 Zi, Ez: 70/35-150/75, Dz: 120/60-250/125,
⊘, garni

🍴🍴🍴 Feuchter's Lila Kranz
Berliner Allee 33, Tel (05 11) 85 89 21,
Fax 85 43 83, ✉ 30175, AX DC VA
Hauptgericht 42/21, Gartenlokal, 🅿
⁑⁑ 5 Zi, Ez: 160/80-350/176,
Dz: 180/90-370/186, ⌐ WC ⊘

🍴🍴🍴 Clichy
Weisekreuzstr. 31, Tel (05 11) 31 24 47,
Fax 31 82 83, ✉ 30161, AX ED VA
Hauptgericht 38/19-65/32, nur abends,
geschl.: So

Hannover

ŸŸ Gattopardo ✚
Hainhölzer Str. 1, Tel (05 11) 1 43 75,
Fax 31 82 83, ⊠ 30159, AX ED VA
Hauptgericht 32/16-36/18, Terrasse, nur abends

**ŸŸ Opus 1
im Mövenpick – Café Kröpcke**
Georgstr. 35, Tel (05 11) 32 62 84 56,
Fax 32 43 43, ⊠ 30159, AX DC ED VA

Ÿ Neue Zeiten ✚
Jakobistr. 24, Tel (05 11) 39 24 47, Fax 34 78,
⊠ 30163, ED VA
Hauptgericht 32/16-39/19, Terrasse, nur abends,
geschl.: Mo, So, 1.-15.1.01, 1.-20.8.01

Ÿ Biesler Weinstube
Sophienstr. 6, Tel (05 11) 32 10 33,
Fax 32 10 34, ⊠ 30159, ED
Hauptgericht 28/14, geschl.: Sa abends, So, Mo

Ÿ Enrico Leone
Königstr. 46, Tel (05 11) 3 88 53 45,
Fax 85 43 83, ⊠ 30175, AX DC ED VA
Hauptgericht 34/17, Terrasse, geschl.: So

Ÿ Sempre
Karmarschstr. 50, Tel (05 11) 3 06 80 80,
Fax 3 06 96 45, ⊠ 30159, AX DC ED VA
Hauptgericht 14/7-36/18

Ÿ Goldene Kartoffel
Alemannstr. 11, Tel (05 11) 3 50 00 02,
Fax 35 16 00, ⊠ 30165, AX ED VA
Hauptgericht 25/12, Terrasse, nur abends,
geschl.: 1.-11.1.01

Ÿ Leineschloß
Hinrich-Wilhelm-Kopf-Platz 1,
Tel (05 11) 32 03 32, Fax 32 03 72, ⊠ 30159,
AX DC ED VA
Hauptgericht 22/11-32/16, Terrasse, geschl.: So

Ÿ Broyhan-Haus
Kramerstr. 24, Tel (05 11) 32 39 19,
Fax 2 10 80 82, ⊠ 30159, AX DC ED VA
🍺, Hauptgericht 20/10-40/20, Terrasse
Historisches Bürgerhaus aus dem 14. Jh..

Brauhaus Ernst August
Schmiedestr. 13, Tel (05 11) 36 59 50,
Fax 32 57 41, ⊠ 30159, ED VA
Hauptgericht 30/15, Biergarten

☕ Holländische Kakao-Stube
Ständehausstr. 2, Tel (05 11) 30 41 00,
Fax 32 69 01, ⊠ 30159
Terrasse, 9-19.30, geschl.: So
Spezialität: Rheinische Baisertorte.

☕ Café an der Marktkirche
Am Markte 9, Tel (05 11) 32 68 49,
Fax 32 68 40, ⊠ 30159
Terrasse
Spezialität: Kanzler-Torte.

Ahlem

Ÿ Lukullus
Wunstorfer Landstr. 47, Tel (05 11) 48 24 71,
Fax 48 06 51, ⊠ 30453, AX DC ED VA
Hauptgericht 14/7-28/14, Gartenlokal, P
Griechische Küche.

Bemerode (10 km ↘)

**✱✱ Best Western Parkhotel
Kronsberg**
Gut Kronsberg 1, Tel (05 11) 8 74 00,
Fax 86 71 12, ⊠ 30539, AX DC ED VA
194 Zi, Ez: 160/80-295/148,
Dz: 250/125-345/173, 6 Suiten, ⊣ WC ✆, 42 ♿,
Lift, P, 🏓, 14⟳250, 🏊, Kegeln, Sauna,
Solarium
Auch Zimmer der Kategorie ✱✱✱ und
einfachere Zimmer vorhanden.
ŸŸ Hauptgericht 20/10-40/20, Terrasse,
Biergarten

✱✱ Treff Hotel Europa
Bergstr. 2, Tel (05 11) 9 52 80, Fax 9 52 84 88,
⊠ 30539, AX DC ED VA, Ⓢ
182 Zi, Ez: 139/70-560/282,
Dz: 168/84-630/317, 1 Suite, ⊣ WC ✆ DFÜ,
55 ♿, Lift, P, 9⟳400, Fitnessraum, Sauna,
Solarium

ŸŸ Ländertreff
Hauptgericht 10/5-30/15

✱ Kronsberger Hof
Wasseler Str. 1, Tel (05 11) 95 39 90,
Fax 52 50 25, ⊠ 30539, AX DC ED VA
einzeln ☾, 25 Zi, Ez: 135/67-260/130,
Dz: 200/100-380/191, ⊣ WC ✆, P, 4⟳150,
Fitnessraum, Kegeln, Sauna, Solarium
Auch Zimmer der Kategorie ✱✱ vorhanden.
ŸŸ Hauptgericht 13/6-45/22, Terrasse,
Biergarten

Hannover

Bothfeld (7 km ↗)

** Residenz Minotel
Im Heidkampe 80, Tel (05 11) 64 75 50,
Fax 6 47 55 15, ✉ 30659, AX ED VA, Ⓢ
⌯, 44 Zi, Ez: 150/75-320/161,
Dz: 180/90-430/216, ⌐ WC Ⓒ DFÜ, 10 ⌁, P,
🚗, Sauna, Solarium, Golf, garni
Auch Zimmer der Kategorie * vorhanden.

¶¶ Landgasthof Witten's Hop
Gernsstr. 4, Tel (05 11) 64 88 44, Fax 64 88 13,
✉ 30659, AX DC ED VA
🍷, Hauptgericht 21/10-28/14, P

Döhren (4 km ↘)

¶¶ Gastwirtschaft Wichmann
Hildesheimer Str. 230, Tel (05 11) 83 16 71,
Fax 8 37 98 11, ✉ 30519, AX ED VA
🍷, Hauptgericht 38/19-56/28, Terrasse,
Gartenlokal, P

¶¶ Titus ✤
Wiehbergstr. 98, Tel (05 11) 83 55 24,
Fax 8 38 65 38, ✉ 30519, AX DC ED VA
Hauptgericht 32/16-44/22, Terrasse

Groß Buchholz (6 km ↗)

*** Pannonia Atrium & Apartments
Karl-Wiechert-Allee 68, Tel (05 11) 5 40 70,
Fax 5 40 78 26, ✉ 30625, AX DC ED VA, Ⓢ
184 Zi, Ez: 125/62-445/224,
Dz: 180/90-585/294, 7 Suiten, 32 App, ⌐ WC
Ⓒ, 30 ⌁, Lift, P, 🚗, 8⌬300, Sauna, Solarium,
Restaurant

* Novotel
Feodor-Lynen-Str. 1, Tel (05 11) 9 56 60,
Fax 9 56 63 33, ✉ 30625, AX DC ED VA, Ⓢ
112 Zi, Ez: 303/152, Dz: 356/179, ⌐ WC Ⓒ,
28 ⌁, Lift, P, 6⌬140, ≋, Sauna, Solarium,
Restaurant

¶¶ Gallo Nero
Groß Buchholzer Kirchweg 72 b,
Tel (05 11) 5 46 34 34, Fax 54 82 83, ✉ 30655,
AX ED VA
Hauptgericht 45/22, Terrasse, P, geschl.: So

¶¶ Buchholzer Windmühle
Pasteurallee 30, Tel (05 11) 64 91 38,
Fax 6 47 89 30, ✉ 30655, AX DC ED VA
🍷, Hauptgericht 25/12, Terrasse, Gartenlokal,
P, nur abends, geschl.: So, Mo

Herrenhausen (4 km ↖)

* Hotel in Herrenhausen
Markgrafenstr. 5, Tel (05 11) 79 07 60,
Fax 7 90 76 98, ✉ 30419, AX ED VA
⌯, 42 Zi, Ez: 125/62-420/211,
Dz: 180/90-420/211, ⌐ WC Ⓒ, 6 ⌁, Lift, P, 🚗,
5⌬60, garni

¶¶¶ Stern's Restaurant
Herrenhäuser Kirchweg 20,
Tel (05 11) 70 22 44, Fax 70 85 59, ✉ 30167,
AX DC ED VA
Hauptgericht 65/32, Terrasse, Biergarten, P,
🛏

Isernhagen Süd (9 km ↗)

* Akzent Parkhotel Welfenhof
Prüßentrift 85, Tel (05 11) 6 56 59 70,
Fax 6 56 59 72 22, ✉ 30657, AX DC ED VA, Ⓢ
117 Zi, Ez: 135/67-300/151,
Dz: 195/98-400/201, ⌐ WC Ⓒ DFÜ, 8 ⌁, Lift,
P, 🚗, 7⌬80

¶ Welfenstube
Hauptgericht 28/14, Terrasse

Kirchrode (7 km →)

** Queens Hotel
Tiergartenstr. 117, Tel (05 11) 5 10 30,
Fax 5 10 35 10, ✉ 30559, AX DC ED VA, Ⓢ
⌯, 178 Zi, Ez: 150/75-495/249,
Dz: 180/90-595/299, 3 Suiten, ⌐ WC Ⓒ DFÜ,
42 ⌁, Lift, 🚗, 9⌬350, Fitnessraum, Sauna,
Solarium
Auf der „Belle Etage" auch Zimmer der
Kategorie *** vorhanden.

¶¶ Tiergarten Restaurant
Hauptgericht 20/10-50/25, P
Mittags nur Lunchbuffet.

¶¶ Alte Mühle
Hermann-Löns-Park 3, Tel (05 11) 55 94 80,
Fax 55 26 80, ✉ 30559, AX ED VA
🍷, Hauptgericht 28/14-52/26, Terrasse,
Gartenlokal, geschl.: Di, Feb

Kleefeld (5 km →)

** Kleefelder Hof Top International Hotel
Kleestr. 3 a, Tel (05 11) 5 30 80,
Fax 5 30 83 33, ✉ 30625, AX DC ED VA, Ⓢ
86 Zi, Ez: 140/70-200/100, Dz: 170/85-230/115,
⌐ WC Ⓒ, 20 ⌁, Lift, P, 🚗, 1⌬20, garni
Auch Zimmer der Kategorie * vorhanden.

Lahe (8 km ↗)

★★ Holiday Inn
Oldenburger Allee 1, Tel (05 11) 6 15 50,
Fax 6 15 55 55, ✉ 30659, AX DC ED VA, Ⓢ
150 Zi, Ez: 135/67-520/261,
Dz: 165/83-520/261, ⊣ WC ✆ DFÜ, 81 ⇃, Lift,
🅿, 🈴, 11🔄450, Sauna, Solarium, Restaurant

★★ Best Western Föhrenhof
Kirchhorster Str. 22, Tel (05 11) 6 15 40,
Fax 61 97 19, ✉ 30659, AX DC ED VA, Ⓢ
78 Zi, Ez: 185/93-220/110, Dz: 250/125, 1 Suite,
⊣ WC ✆, 8 ⇃, Lift, 🅿, 🈴, 6🔄100

¶¶ Best Western Hotel Föhrenhof
Hauptgericht 19/9-40/20, Terrasse, Biergarten

Linden

★★ Classic Hotel Amadeus
Fössestr. 83, Tel (05 11) 21 97 60,
Fax 21 97 62 00, ✉ 30451, AX DC ED VA
125 Zi, Ez: 110/55-430/216,
Dz: 145/73-510/256, 4 App, ⊣ WC ✆ DFÜ,
48 ⇃, Lift, 🅿, 3🔄120, Restaurant

List (2 km ↗)

★★★ ArabellaSheraton Pelikan Hotel
Podbielskistr. 145 (F 1), Tel (05 11) 9 09 30,
Fax 9 09 35 55, ✉ 30177, AX DC ED VA
146 Zi, Ez: 350/176-690/347,
Dz: 350/176-740/372, 23 Suiten, ⊣ WC ✆ DFÜ,
29 ⇃, Lift, 🅿, 🈴, 6🔄220, Sauna, Solarium

¶¶ 5th Avenue
Hauptgericht 30/15, Terrasse

★★ Dorint
Podbielskistr. 21-23 (E 1), Tel (05 11) 3 90 40,
Fax 3 90 41 00, ✉ 30163, AX DC ED VA, Ⓢ
206 Zi, Ez: 239/120-615/309,
Dz: 299/150-998/502, 4 Suiten, ⊣ WC ✆ DFÜ,
99 ⇃, Lift, 🈴, 11🔄300, Sauna, Solarium

¶¶ Intermezzo
Hauptgericht 22/11-38/19, Terrasse

★ Martens
Waldstr. 8 A (E 1), Tel (05 11) 96 57 70,
Fax 9 65 77 77, ✉ 30163, AX DC ED VA
37 Zi, Ez: 148/74-225/113, Dz: 198/99-298/150,
2 Suiten, ⊣ WC ✆, 4 ⇃, Lift, 🅿, garni

★ Waldersee
Walderseestr. 39, Tel (05 11) 90 99 10,
Fax 9 09 91 49, ✉ 30177, AX DC ED VA
♪, 29 Zi, Ez: 120/60-360/181,
Dz: 170/85-400/201, 1 App, ⊣ WC ✆ DFÜ, Lift,
🅿, 🈴, 🈶, Fitnessraum, Sauna, Solarium, garni
Rezeption: 6.30-22

Mittelfeld (9 km ↘, an der Messe)

★★★ Radisson SAS
Expo Plaza 5, Tel (05 11) 38 38 30,
Fax 3 83 83 80 00, ✉ 30521, AX DC ED VA
237 Zi, Ez: 230/115-270/135,
Dz: 260/130-360/181, 13 Suiten, ⊣ WC ✆ DFÜ,
80 ⇃, Lift, 🅿, 15🔄180, Fitnessraum, Sauna,
Restaurant

★ Holiday Inn Express
Karlsruher Str. 8, Tel (05 11) 82 00 30,
Fax 82 00 31 00, ✉ 30519, AX DC ED VA
132 Zi, Ez: 110/55-359/180,
Dz: 110/55-359/180, ⊣ WC ✆ DFÜ, 65 ⇃, Lift,
🅿, 1🔄50, garni

Ricklingen (3 km ↙)

¶ La Provence
Beekestr. 95, Tel (05 11) 41 33 77,
Fax 42 73 47, ✉ 30459, AX DC ED VA
🍷, Hauptgericht 38/19, nur abends,
geschl.: So-Do

Stöcken (6 km ↖)

★★ Relais Mercure Am Entenfang
Eichsfelder Str. 4, Tel (05 11) 9 79 50,
Fax 9 79 52 99, ✉ 30419, AX DC ED VA, Ⓢ
♪, 83 Zi, Ez: 156/78-288/145,
Dz: 178/89-306/154, 4 App, ⊣ WC ✆ DFÜ,
29 ⇃, Lift, 🅿, 🈴, 4🔄80, Sauna, Solarium,
Restaurant

Hannover

Vahrenwald (2 km ↑)

** Fora
Großer Kolonnenweg 19, Tel (05 11) 6 70 60,
Fax 6 70 61 11, ✉ 30163, AX DC ED VA
104 Zi, Ez: 138/69-560/282,
Dz: 168/84-660/332, 2 Suiten, 36 App, ⊣ WC ⊘
DFÜ, 48 🛌, Lift, **P**, 🚗, 13⊖170, Sauna, Solarium

🍴🍴 Hauptgericht 30/15, Terrasse

🍴🍴 Basil ✚
Dragoner Str. 30 a, Tel (05 11) 62 26 36,
Fax 3 94 14 34, ✉ 30163, AX DC ED
Hauptgericht 30/15, Terrasse, Gartenlokal, nur abends, geschl.: So, 23.12.00-5.1.01

Vinnhorst (9 km ↖)

* Mecklenheide
Schulenburger Landstr. 262,
Tel (05 11) 74 09 50, Fax 7 40 95 32, ✉ 30419, AX ED VA
42 Zi, Ez: 135/67, Dz: 180/90, ⊣ WC ⊘, Lift, **P**, 🚗, Restaurant

Waldhausen (3 km ↘)

*** Landhaus Ammann ♛
Relais & Châteaux
Hildesheimer Str. 185, Tel (05 11) 83 08 18,
Fax 8 43 77 49, ✉ 30173, AX DC ED VA
13 Zi, Ez: 295/148-410/206,
Dz: 355/178-410/206, 1 Suite, ⊣ WC ⊘, Lift, **P**, 🚗, 5⊖150

🍴🍴🍴 Hauptgericht 42/21-64/32, Terrasse

* Hubertus
Adolf-Ey-Str. 11, Tel (05 11) 98 49 70,
Fax 83 06 81, ✉ 30519, AX ED VA
25 Zi, Ez: 98/49-120/60, Dz: 130/65-160/80, ⊣ WC ⊘ DFÜ, **P**, Restaurant

🍴🍴 Die Insel ✚
Rudolf-von-Bennigsen-Ufer 81,
Tel (05 11) 83 12 14, Fax 83 13 22, ✉ 30519, AX ED VA
🍴, Hauptgericht 29/14-42/21, Terrasse, Biergarten, **P**

Wülfel (6 km ↘)

** Wienecke XI
Hildesheimer Str. 380, Tel (05 11) 86 50 86,
Fax 87 60 09, ✉ 30519, DC ED VA
140 Zi, Ez: 145/73-535/269,
Dz: 185/93-595/299, ⊣ WC ⊘ DFÜ, 70 🛌, Lift, **P**, 🚗, 5⊖85, Kegeln, Sauna, Solarium, Restaurant
Auch Zimmer der Kategorie * vorhanden.

** Am Park-Wiehbergers Hotel
Wiehbergstr. 55 a, Tel (05 11) 87 99 90,
Fax 8 79 99 99, ✉ 30519, AX ED VA
🌙, 18 Zi, Ez: 149/75-450/226,
Dz: 169/85-475/239, ⊣ WC ⊘ DFÜ, 7 🛌, **P**,
1 Tennis, garni
Futuristische Designerausstattung.

Hanstedt 18 □

Niedersachsen / Kreis Harburg
EW 4600
ℹ Tel (0 41 84) 1 94 33, Fax 5 25
Verkehrsverein
✉ 21271 Am Steinberg 2

Erholungsort in der Lüneburger Heide; Sehenswert: Rathaus; St.-Jakobi-Kirche; Hanstedter Platz; Kulturzentrum Alter Geidenhof; Wildpark.

** Ringhotel Sellhorn
Winsener Str. 23, Tel (0 41 84) 80 10,
Fax 80 13 33, ✉ 21271, AX DC ED VA, Ⓢ
56 Zi, Ez: 139/70-171/86, Dz: 182/91-226/113,
4 Suiten, 6 App, ⊣ WC ⊘, 15 🛌, Lift, **P**, 🚗, 4⊖50, 🏊, Sauna, Solarium

🍴🍴 Hauptgericht 35/17, Terrasse

Hanstedt-Außerhalb (2 km ↓)

🍴 Hanstedter Heideforelle
Ollsener Str. 63, Tel (0 41 84) 78 62, Fax 18 75,
✉ 21271, ED
Hauptgericht 28/14, Terrasse, Gartenlokal, **P**

Happurg 58 □

Bayern / Kreis Nürnberger Land
EW 4000
ℹ Tel (0 91 51) 8 38 30, Fax 83 83 83
Gemeindeverwaltung
✉ 91230 Hersbrucker Str. 6

Kainsbach (3 km ↓)

** Kainsbacher Mühle
Flair Hotel
Mühlgasse 1, Tel (0 91 51) 72 80, Fax 72 81 62,
✉ 91230, DC ED VA
🌙, 35 Zi, Ez: 120/60-160/80,
Dz: 210/105-230/115, 1 Suite, 23 App, ⊣ WC ⊘,
6 🛌, Lift, **P**, 3⊖38, 🏊, Sauna, Solarium, Golf

🍴 Hauptgericht 23/11-45/22, Terrasse

Hardegsen 36 □

Niedersachsen / Kreis Northeim
EW 8000
ℹ Tel (0 55 05) 5 03 17, Fax 5 03 33
Fremdenverkehrs-GmbH
✉ 37181 Vor dem Tore 1

Goseplack (6 km ←)

✱ Altes Forsthaus
Goseplack 8, Tel (0 55 05) 94 00, Fax 94 04 44,
✉ 37181, AX DC ED VA
16 Zi, Ez: 88/44-140/70, Dz: 165/83-185/93,
3 Suiten, ⊣ WC ⊘, Lift, **P**, 3⊂⊃45, Sauna,
Solarium, Restaurant
geschl.: 15.1.-15.2.01

Hardheim 55 □

Baden-Württemberg
Neckar-Odenwald-Kreis
EW 7500
ℹ Tel (0 62 83) 58 26, Fax 58 55
Verkehrsamt-Bürgermeisteramt
✉ 74736 Schloßplatz 6

Hardheim-Außerhalb (2 km ↖)

¶¶ Wohlfahrtsmühle
Wohlfahrtsmühle 1, Tel (0 62 83) 2 22 20,
Fax 22 22 40, ✉ 74736
einzeln, Hauptgericht 25/12, geschl.: Mo, Di
✱ einzeln ♪, 16 Zi, Ez: 70/35,
Dz: 105/52, ⊣ WC ⊘, **P**, 1⊂⊃35

Schweinberg (3 km →)

✱ Gasthof zum Ross
Königheimer Str. 23, Tel (0 62 83) 10 51,
Fax 5 03 22, ✉ 74736
25 Zi, Ez: 60/30, Dz: 100/50, ⊣ WC ⊘, Lift, **P**,
1⊂⊃30
geschl.: 1.-23.8.00
¶¶ Hauptgericht 35/17

✱ Grüner Baum
Königheimer Str. 19, Tel (0 62 83) 62 03,
Fax 5 03 16, ✉ 74736
9 Zi, Ez: 55/27-90/45, Dz: 90/45, ⊣ WC ⊘, **P**,
Restaurant

Haren (Ems) 23 ↑

Niedersachsen
EW 22000
ℹ Tel (0 59 32) 7 13 13, Fax 7 13 15
Tourist-Information
✉ 49733 Rathaus/Neuer Markt 1

✱ Greive mit Gästehaus
Nordstr. 10, Tel (0 59 32) 7 27 70,
Fax 72 77 50, ✉ 49733, ED VA
23 Zi, Ez: 73/36-90/45, Dz: 115/57-140/70, ⊣
WC ⊘, 8 ⇆, **P**, ☎, 2⊂⊃30, Fitnessraum, Kegeln,
Sauna, Solarium, Restaurant
Rezeption: 18-22

Harpstedt 25 ↖

Niedersachsen / Kreis Oldenburg
ℹ Tel (0 42 44) 10 08, Fax 80 94
V V V Harpstedt
✉ 27243 Amtsfreiheit 4

✱ Akzent-Hotel Zur Wasserburg
Amtsfreiheit 4, Tel (0 42 44) 9 38 20,
Fax 93 82 77, ✉ 27243, AX DC ED VA
30 Zi, Ez: 100/50-120/60, Dz: 150/75-180/90,
⊣ WC ⊘ DFÜ, 12 ⇆, **P**, ☎, 3⊂⊃85, Kegeln,
Restaurant
geschl.: 2.-16.1.01
Im Gästehaus Zimmer der Kategorie ✱✱
vorhanden.

Harrislee 9 ↑

Schleswig-Holstein
Kreis Schleswig-Flensburg
EW 10700
ℹ Tel (04 61) 70 60, Fax 7 06 53
Gemeindeverwaltung
✉ 24955 Süderstr. 101

Wassersleben (4 km ↑)

**✱ Wassersleben
City Line & Country Line Hotels**
Haus Nr 4, Tel (04 61) 7 74 20, Fax 7 74 21 33,
✉ 24955, AX DC ED VA
§, 25 Zi, Ez: 105/52-165/83,
Dz: 190/95-225/113, ⊣ WC ⊘, 3 ⇆, **P**, 4⊂⊃,
Seezugang, Golf
¶¶ §, Hauptgericht 35/17, Terrasse

Harsefeld 17 →

Niedersachsen / Kreis Stade
EW 11500
ℹ Tel (0 41 64) 88 70, Fax 88 72 01
Gemeindeverwaltung
✉ 21698 Herrenstr. 25

✱ Meyers Gasthof
Marktstr. 17-21, Tel (0 41 64) 8 14 60,
Fax 30 22, ✉ 21698, AX DC ED VA
25 Zi, Ez: 83/41-108/54, Dz: 130/65-180/90, ⊣
WC ⊘, 6 ⇆, **P**, ☎, 1⊂⊃50, Restaurant
Auch einfachere Zimmer vorhanden.

Harsewinkel 34 ↗

Nordrhein-Westfalen
Kreis Gütersloh
EW 23217
🛈 Tel (0 52 47) 93 51 82, Fax 93 51 15
Bürgerbüro
✉ 33428 Münsterstr. 14

🍴🍴🍴 Poppenborg
Brockhäger Str. 9, Tel (0 52 47) 22 41,
Fax 17 21, ✉ 33428, AX DC ED VA
Hauptgericht 34/17-49/24, Gartenlokal, **P**,
🚭, geschl.: Mi

Greffen (6 km ↘)

✶ Zur Brücke
Hauptstr. 38, Tel (0 25 88) 8 90, Fax 89 89,
✉ 33428, AX DC ED VA
45 Zi, Ez: 98/49-140/70, Dz: 140/70-210/105, ⊏⊐
WC ⊘ DFÜ, Lift, **P**, 🛎, 3⟳140, ⌒, Kegeln,
Sauna, Solarium, Restaurant

Marienfeld (4 km ↘)

✶✶ Klosterpforte
Klosterhof 2, Tel (0 52 47) 70 80, Fax 8 04 84,
✉ 33428, AX ED VA
⊘, 106 Zi, Ez: 125/62-250/125,
Dz: 175/88-290/146, 4 Suiten, ⊏⊐ WC ⊘ DFÜ,
Lift, **P**, 5⟳270, ⌒, Fitnessraum, Kegeln,
Sauna, Solarium, Golf
🍴🍴 Hauptgericht 20/10-39/19, Terrasse,
nur abends

Hartenstein 50 ✓

Sachsen / Kreis Zwickauer Land
EW 3774
🛈 Tel (03 76 05) 2 51
Stadtverwaltung
✉ 08118 Marktplatz 9

✶✶✶ Schloß Wolfsbrunn ♛
Stein 8, Tel (03 76 05) 7 60, Fax 7 62 99,
✉ 08118, AX DC ED VA
⊘, 21 Zi, Ez: 150/75-200/100,
Dz: 240/120-280/141, 3 Suiten, ⊏⊐ WC ⊘, 11 🛏,
Lift, **P**, 2⟳70, ⌒, Fitnessraum, Sauna,
Solarium
Im Jugenstil erbautes Schloß inmitten eines
50.000 qm großen Parks.
🍴🍴🍴🍴 Hauptgericht 26/13-52/26, Terrasse 🍷

🍴 Georg Wolf
Hauptgericht 9/4-29/14

✶✶ Romantik Hotel ♛
Jagdhaus Waldidyll
Talstr. 1, Tel (03 76 05) 8 40, Fax 8 44 44,
✉ 08118, AX DC ED VA
einzeln ⊘, 24 Zi, Ez: 120/60-165/83,
Dz: 220/110-240/120, 4 Suiten, ⊏⊐ WC ⊘, 7 🛏,
Lift, **P**, 🛎, 3⟳40, Fitnessraum, Sauna,
Solarium
🍴🍴 Hauptgericht 17/8-42/21, Terrasse ✤

Harth-Pöllnitz 49 ↖

Thüringen / Kreis Greiz
EW 3600
🛈 Tel (03 66 07) 23 68, Fax 25 64
Gemeindeverwaltung
✉ 07570 Am Porstendorfer Weg 1
in Niederpöllnitz

Großebersdorf

✶✶ Adler
Landidyll
Hauptstr. 22, Tel (03 66 07) 50 00, Fax 5 01 00,
✉ 07589, AX DC ED VA
42 Zi, Ez: 110/55-130/65, Dz: 160/80-180/90,
2 Suiten, ⊏⊐ WC ⊘, 13 🛏, **P**, 🛎, 4⟳80, Sauna,
Solarium
Auch Zimmer der Kategorie ✶ vorhanden.
🍴 Hauptgericht 18/9-32/16, Biergarten

Hartha 39 ↘

Sachsen / Kreis Döbeln
EW 7970
🛈 Tel (03 43 28) 3 83 31, Fax 6 68 53
Stadtinformation Hartha
✉ 04746 Markt 2 a

✶ Flemmingener Hof
Leipziger Str. 1, Tel (03 43 28) 5 30,
Fax 5 34 44, ✉ 04746, AX DC ED VA
40 Zi, Ez: 80/40-140/70, Dz: 110/55-150/75, ⊏⊐
WC ⊘ DFÜ, 24 🛏, Lift, **P**, 2⟳35, Fitnessraum,
Sauna, Solarium, Restaurant

Hartha 51 ↖

Sachsen / Kreis Freital
EW 2562
🛈 Tel (03 52 03) 3 76 16, Fax 3 76 17
Touristinformation
✉ 01737 Talmühlenstr. 11

✶✶ Parkhotel Forsthaus
Am Kurplatz 13, Tel (03 52 03) 3 40,
Fax 3 41 50, ✉ 01737, AX ED VA

37 Zi, Ez: 95/47-105/52, Dz: 130/65, 1 Suite, ⌐ WC ⊘, 14 ⇌, Lift, P, 3⇔100, Kegeln, Sauna, Solarium, Restaurant

✱ Kirchner
Talmühlenstr. 14, Tel (03 52 03) 24 48, Fax 24 47, ✉ 01737, ED VA
26 Zi, Ez: 80/40-90/45, Dz: 110/55-130/65, 2 Suiten, ⌐ WC ⊘, P, 1⇔15, Fitnessraum, Sauna, Solarium, Restaurant

Hartmannsdorf 50 ↖

Sachsen / Kreis Mittweida
EW 4600
🛈 Tel (0 37 22) 9 30 45, Fax 9 23 33
Gemeindeverwaltung
✉ 09232 Untere Hauptstr. 111

✱ Country Inn By Carlson
Am Berg 3, an der B 95, Tel (0 37 22) 40 50, Fax 40 54 05, ✉ 09232, AX DC ED VA
87 Zi, Ez: 109/54-149/75, Dz: 109/54-149/75, 1 Suite, ⌐ WC ⊘ DFÜ, 33 ⇌, Lift, P, 🐕, 4⇔80, Sauna, Solarium

🍴 Country Terrace
Hauptgericht 16/8-30/15, Terrasse

Harzburg, Bad 37 ↖

Niedersachsen / Kreis Goslar
EW 25000
🛈 Tel (0 53 22) 7 53 30, Fax 7 53 29
Tourist Information
✉ 38667 Herzog-Wilhelm-Str 86
Cityplan siehe Seite 418

Sole-Heilbad am Nordharz; Spielbank; Sehenswert: Großer Burgberg (Seilbahn), 483 m Aussicht; Reste der Harzburg.

✱✱✱ Ringhotel Braunschweiger Hof
Herzog-Wilhelm-Str. 54 (B 1-2), Tel (0 53 22) 78 80, Fax 78 84 99, ✉ 38667, AX DC ED VA, Ⓢ
84 Zi, Ez: 159/80-209/105, Dz: 248/124-288/145, 4 Suiten, ⌐ WC ⊘ DFÜ, 10 ⇌, Lift, P, 🐕, 10⇔120, ⌂, Kegeln, Sauna, Solarium, Golf
Auch Zimmer der Kategorie ✱✱ vorhanden.
🍴🍴 Hauptgericht 25/12-56/28, Terrasse

✱✱ Germania 👑
 Minotel
Berliner Platz 2 (B 3), Tel (0 53 22) 95 00, Fax 95 01 95, ✉ 38667, AX DC ED VA, Ⓢ
♪, 34 Zi, Ez: 130/65-200/100, Dz: 200/100-270/135, 1 Suite, ⌐ WC ⊘ DFÜ, 1 ⇌, Lift, P, 1⇔10, Sauna, Solarium, Golf, garni

✱✱ Seela
Nordhäuser Str. 5 (B 3), Tel (0 53 22) 79 60, Fax 79 61 99, ✉ 38667, AX DC ED VA
120 Zi, Ez: 125/62-225/113, Dz: 230/115-340/171, 8 Suiten, ⌐ WC ⊘, 9 ⇌, Lift, P, 🐕, 10⇔100, ⌂, Kegeln, Sauna, Solarium

🍴🍴 Schlemmerstube
Hauptgericht 15/7-37/18, Terrasse

✱ Tannenhof
Nordhäuser Str. 6 (B 3), Tel (0 53 22) 9 68 80, Fax 96 88 99, ✉ 38667, AX DC ED VA
16 Zi, Ez: 89/44-115/57, Dz: 130/65-170/85, ⌐ WC ⊘ DFÜ, Lift, P, 1⇔25, Restaurant
Auch Zimmer der Kategorie ✱✱ vorhanden.

✱ Parkhotel
Hindenburgring 12 a (A 2), Tel (0 53 22) 78 60, Fax 78 62 28, ✉ 38667, AX DC ED VA
♪, 37 Zi, Ez: 145/73-170/85, Dz: 188/94-210/105, 3 Suiten, ⌐ WC ⊘, 9 ⇌, Lift, P, 7⇔60, ≋, Fitnessraum, Sauna, Solarium, Golf, Restaurant

☕ Café Peters
Herzog-Wilhelm-Str. 106, Tel (0 53 22) 28 27, Fax 5 45 18, ✉ 38667
Terrasse, 7.30-18, So ab 10
Spezialität: Sponblätter.

☕ Café Winuwuk
Waldstr. 9, Tel (0 53 22) 14 59, Fax 5 40 68, ✉ 38667
🍷, Terrasse, P, geschl.: Mo
1922 von Worpsweder Künstlern erbaut.

Westerode (3 km ↗)

✱ Tennispark Bad Harzburg
Tennisweg 46, Tel (0 53 22) 90 70, Fax 90 71 99, ✉ 38667, AX DC ED VA
20 Zi, Ez: 68/34-78/39, Dz: 116/58-136/68, ⌐ WC ⊘, 10 ⇌, P, Kegeln, Golf, 8 Tennis, Restaurant

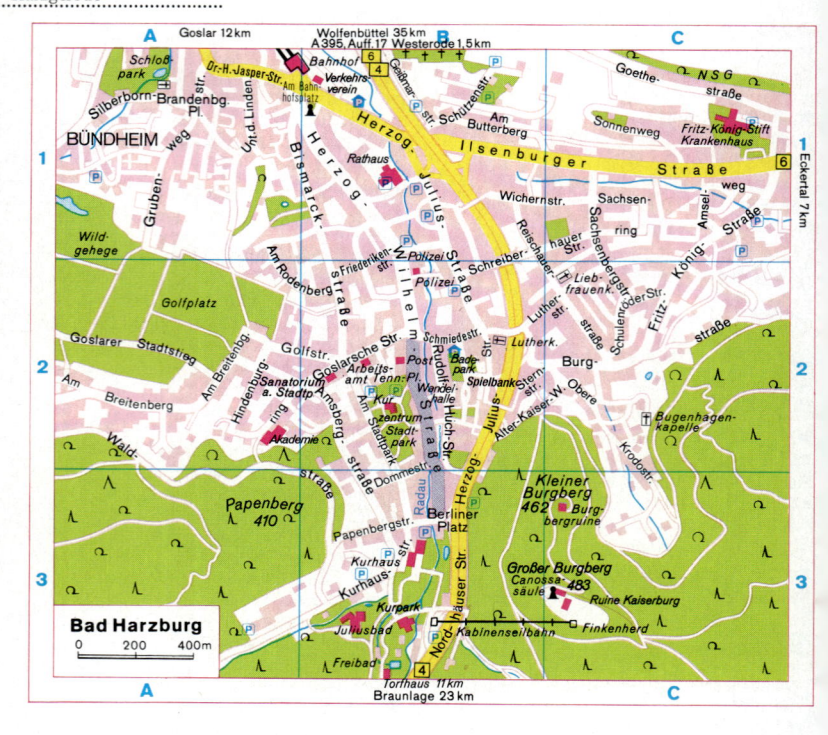

Harzgerode

37 →

Sachsen-Anhalt / Kreis Quedlinburg
EW 5000
🛈 Tel (03 94 84) 3 24 21, Fax 3 24 21
Stadtinformation
✉ 06493 Markt 7

Alexisbad (4 km ←)

✱✱ Habichtstein

Kreisstr. 4, Tel (03 94 84) 7 80, Fax 7 83 80,
✉ 06493, AX DC ED VA
69 Zi, Ez: 100/50-130/65, Dz: 150/75-190/95,
3 Suiten, ⌐ WC ⌀ DFÜ, 10 ⇠, Lift, P, 5⇔150,
Sauna, Solarium, Restaurant
Auch Zimmer der Kategorie ✱ vorhanden.

Hasel

67 ↓

Baden-Württemberg / Kreis Lörrach
EW 1120
🛈 Tel (0 77 62) 93 07, Fax 73 94
Gemeindeverwaltung
✉ 79686 Hofstr. 2

🍴 Landgasthof Erdmannshöhle

Hauptstr. 14, Tel (0 77 62) 5 21 80,
Fax 52 18 14, ✉ 79686, AX DC ED VA
Hauptgericht 40/20, Terrasse, P
✱ 18 Zi, Ez: 70/35-100/50,
Dz: 80/40-160/80, 1 App., ⌐ WC ⌀ DFÜ, 🏠,
1⇔60

Haselmühl siehe Kümmersbruck

Haselünne

23 ↗

Niedersachsen / Kreis Emsland
EW 12220
🛈 Tel (0 59 61) 50 90, Fax 5 09 50
Touristinformation
✉ 49740 Krummer Dreh 18/9

✱✱ Burghotel

Steintorstr. 7, Tel (0 59 61) 9 43 30,
Fax 94 33 40, ✉ 49740, ED VA
🕒, 31 Zi, Ez: 109/54-144/72,
Dz: 159/80-218/109, 3 Suiten, ⌐ WC ⌀ DFÜ,
Lift, P, 3⇔50, Sauna, Solarium, garni
Historisches Stadtpalais.

✱ Parkhotel am See
Am See 2, Tel **(0 59 61) 9 42 50**, Fax 94 25 25,
✉ 49740, DC VA
einzeln ♪ ⚡, 12 Zi, Ez: 80/40-95/47, Dz: 135/67,
⊐ WC ⌀, 4 🛏, **P**, Seezugang
¶ Hauptgericht 20/10-35/17, Terrasse,
Biergarten

¶¶ Jagdhaus Wiedehage
Steintorstr. 9, Tel **(0 59 61) 79 22**, Fax 41 41,
✉ 49740
⊕, Hauptgericht 20/10-40/20, Terrasse, **P**,
geschl.: Di
Historisches Ackerbürgerhaus aus dem 18. Jh..

Hasselfelde 37 □

Sachsen-Anhalt / Kreis Wernigerode
EW 2710
❶ Tel **(03 94 59) 7 13 69**, Fax 7 60 55
Kurverwaltung Hasselfelde
✉ 38899 Lindenstr. 3a

⛵ Hagenmühle
Hagenstr. 6, Tel **(03 94 59) 7 13 39**,
Fax 7 13 36, ✉ 38899
♪ ⚡, 17 Zi, Ez: 66/33-76/38, Dz: 116/58-136/68,
⊐ WC ⌀, **P**, 2⟳55, Restaurant
geschl.: 11-26.11.00

Haßfurt 56 ↗

Bayern / Kreis Haßberge
EW 13500
❶ Tel **(0 95 21) 68 82 27**, Fax 68 82 80
Verkehrsamt
✉ 97437 Hauptstr. 5

✱✱ Das Altstadthotel
Pfarrgasse 2, Tel **(0 95 21) 92 80**, Fax 92 83 01,
✉ 97437, AX DC VA
36 Zi, Ez: 55/27-74/37, Dz: 72/36-109/54, ⊐
WC ⌀, 6 🛏, Lift, **P**, 2⟳5, Fitnessraum, Sauna,
Solarium, Restaurant

Augsfeld (5 km ↘)

✱ Goger
Bamberger Str. 22, Tel **(0 95 21) 92 50**,
Fax 53 39, ✉ 97437, AX DC ED VA
45 Zi, Ez: 65/32-75/37, Dz: 110/55-120/60, ⌀,
Lift, **P**, 5⟳180, Fitnessraum, Sauna, Solarium,
Restaurant

Haßloch 54 ✓

Rheinland-Pfalz
Kreis Bad Dürkheim
EW 20038
❶ Tel **(0 63 24) 93 52 25**, Fax 93 53 00
Tourist Information
✉ 67454 Rathausplatz 1

✱✱ Silencehotel Sägmühle
Sägmühlweg 140, Tel **(0 63 24) 9 29 10**,
Fax 92 91 60, ✉ 67454, AX DC ED VA
27 Zi, Ez: 85/42-115/57, Dz: 135/67-170/85, ⊐
WC ⌀ DFÜ, Lift, **P**, 🐕, 1⟳20, Restaurant

✱✱ Pfalz Hotel
Minotel
Lindenstr. 50, Tel **(0 63 24) 40 47**, Fax 8 25 03,
✉ 67454, AX DC ED VA
38 Zi, Ez: 86/43-150/75, Dz: 130/65-195/98, ⊐
WC ⌀, 7 🛏, Lift, **P**, 🐕, 1⟳30, Sauna,
Solarium, Restaurant
geschl.: 23.12.00-2.1.01

¶¶ Sägmühle ✚
Sägmühlweg 140, im Silencehotel,
Tel **(0 63 24) 13 66**, Fax 98 04 43, ✉ 67454, AX
ED VA
Hauptgericht 18/9-38/19, Gartenlokal, **P**

Hattersheim 54 ↑

Hessen / Main-Taunus-Kreis
EW 25560
❶ Tel **(0 61 90) 97 01 31**, Fax 97 01 34
Stadtverwaltung
✉ 65795 Rathausstr. 10

✱✱ Parkhotel am Posthof
Am Markt 17, Tel **(0 61 90) 8 99 90**,
Fax 89 99 99, ✉ 65795, AX DC ED VA
58 Zi, Ez: 125/62-285/143, Dz: 165/83-298/150,
⊐ WC ⌀, 2 🛏, Lift, **P**, 3⟳50, Sauna,
Restaurant
geschl.: 22.12.00-5.1.01

✱ Am Schwimmbad
Staufenstr. 35, Tel **(0 61 90) 9 90 50**,
Fax 9 90 51 55, ✉ 65795, DC ED VA

◗, 22 Zi, Ez: 125/62-185/93, Dz: 160/80-215/108, 1 App, ⌐ WC ✆ DFÜ, 11 ↤, 🅿, 🏠, Restaurant

Eddersheim

✱▬▬ Steinbrech
Bahnhofstr. 44 a, Tel (0 61 45) 9 34 10,
Fax 93 41 99, ✉ 65795, AX ED VA
18 Zi, Ez: 110/55, Dz: 140/70, ⌐ WC ✆, 10 ↤,
Lift, 🅿, 🏠, garni

Hattingen 33 □

Nordrhein-Westfalen
Ennepe-Ruhr-Kreis
EW 61151
🛈 Tel (0 23 24) 20 12 28, Fax 2 50 56
Verkehrsverein
✉ 45525 Bahnhofstr. 5

✱▬▬ Avantgarde
Welperstr. 49, Tel (0 23 24) 5 09 70,
Fax 2 38 27, ✉ 45525, AX DC ED VA
29 Zi, Ez: 99/49-150/75, Dz: 129/64-190/95,
1 Suite, 11 App, ⌐ WC ✆, 14 ↤, Lift, 🅿, 🏠,
2⌬80, Fitnessraum, Sauna, Solarium,
Restaurant
geschl.: 22.12.00-2.1.01

Blankenstein (6 km →)

¶▬▬ Burgstube Haus Kemnade
An der Kemnade 10, Tel (0 23 24) 9 33 10,
Fax 93 31 99, ✉ 45527, AX ED VA
⬩, Hauptgericht 20/10-40/20, Terrasse, 🅿,
geschl.: Mo

Holthausen (3 km ↘)

✱▬▬ An de Krüpe
Dorfstr. 27, Tel (0 23 24) 9 33 50,
Fax 93 35 55, ✉ 45527, ED VA
20 Zi, Ez: 95/47-100/50, Dz: 150/75-170/85,
1 App, ⌐ WC ✆, 4 ↤, 🅿, 🏠, 2⌬50, Kegeln,
Restaurant

Niederelfringhausen (9 km ↓)

¶¶¶▬▬ Landhaus Huxel
Felderbachstr. 9, Tel (0 20 52) 64 15, ✉ 45529,
AX DC ED VA
⬩, Hauptgericht 35/17, Terrasse, 🅿, geschl.: Mo,
Di, 2 Wochen im Jan

Oberelfringhausen (12 km ↓)

¶¶▬▬ Landhaus Felderbachtal
Felderbachstr. 133, Tel (02 02) 52 20 11,
Fax 52 67 02, ✉ 45529, AX DC ED VA
§, Hauptgericht 38/19-46/23, Terrasse,
geschl.: Mo

Oberstüter (8 km ↓)

✱✱▬▬ Ringhotel Zum Hackstück
Hackstückstr. 123, Tel (0 23 24) 9 06 60,
Fax 90 66 55, ✉ 45527, AX ED VA
◗, 23 Zi, Ez: 127/63-145/73,
Dz: 198/99-208/104, 1 Suite, 1 App, ⌐ WC ✆
DFÜ, 🅿, 🏠, 4⌬30
geschl.: 9.-27.7.00

¶¶▬▬ Hauptgericht 30/15-45/22, Terrasse,
geschl.: Di, 9.-27.7.00

Welper (3 km ↗)

¶¶▬▬ Diergardts Kühler Grund
Am Büchsenschütz 15, Tel (0 23 24) 9 60 30,
Fax 96 03 33, ✉ 45527, DC ED VA
Hauptgericht 30/15, Terrasse, Kegeln,
geschl.: Do, 15.7.-5.8.01

Hattorf am Harz 36 →

Niedersachsen
Kreis Osterode am Harz
EW 4420
🛈 Tel (0 55 84) 20 90, Fax 2 09 30
Gemeindeverwaltung
✉ 37197 Otto-Escher-Str 12

▬▬ Harzer Landhaus
Gerhart-Hauptmann-Weg,
Tel (0 55 84) 9 58 60, Fax 95 86 44, ✉ 37197,
AX ED VA
10 Zi, Ez: 60/30, Dz: 100/50, ⌐ WC ✆, 🅿,
1⌬40, Restaurant

Hauenstein 60 ↖

Rheinland-Pfalz
Kreis Südwestpfalz
EW 4400
🛈 Tel (0 63 92) 91 51 10, Fax 91 51 60
Fremdenverkehrsbüro
✉ 76846 Schulstr. 4

** Ringhotel Felsentor
Bahnhofstr. 88, Tel (0 63 92) 40 50,
Fax 40 51 45, ✉ 76846, AX ED VA, Ⓢ
21 Zi, Ez: 117/58-127/63, Dz: 188/94-198/99, ⌁
WC ⊘, 21 ⇔, Ⓟ, 3⇔85, Sauna, Solarium
geschl.: Mo

¶ Hauptgericht 17/8-37/18, Terrasse

* Zum Ochsen
Marktplatz 15, Tel (0 63 92) 5 71, Fax 72 35,
✉ 76846, ED
20 Zi, Ez: 75/37-95/47, Dz: 120/60-160/80, ⌁
WC, Ⓟ, 1⇔115, Sauna, Solarium
¶○¶ Hauptgericht 25/12, Terrasse,
Biergarten

Haundorf 63 ↑
Bayern
Kreis Weißenburg-Gunzenhausen
EW 2555
🛈 Tel (0 98 37) 9 59 40, Fax 9 59 42
Haus des Gastes
✉ 91729 Georgentalweg 4a

* Falkenhof
Gartenweg 2, Tel (0 98 37) 10 01, Fax 10 01,
✉ 91729
38 Zi, Ez: 75/37, Dz: 130/65, ⌁ WC

Haunstetten siehe Augsburg

Hausberge siehe Porta Westfalica

Hausen 46 →
Bayern / Kreis Rhön-Grabfeld
EW 830
🛈 Tel (0 97 78) 16 31, Fax 16 31
Gemeinde Hausen
✉ 97647 Fladunger Str. 1

Erholungsort. Im Nordosten des Naturparks
Bayer. Rhön am Fuße der Hohen Rhön liegt die
Fremdenverkehrsgemeinde Hausen. Sehenswürdigkeiten: Schwarzes Moor, historische Pfarrkirche St. Georg in Hausen, Eisgraben im Naturschutzgebiet mit Wasserfall, Sillbersee. Viele
Freizeitmöglichkeiten.

Roth

* Landhaus König
Rhönweg 7, Tel (0 97 79) 8 11 80,
Fax 81 18 18, ✉ 97647, ED VA
⌁ ✼, 17 Zi, Ez: 65/32, Dz: 110/55, ⌁ WC ⊘, Ⓟ,
1⇔20, Sauna, Solarium, Restaurant

Hausen ob Verena 68 □
Baden-Württemberg
Kreis Tuttlingen
EW 695
🛈 Tel (0 74 24) 9 40 00 80, Fax 9 40 00 89
Gemeindeverwaltung
✉ 78595 Hauptstr. 34

Hausen ob Verena-Außerhalb (2 km ↓)

** Hofgut Hohenkarpfen
Am Hohen Karpfen, Tel (0 74 24) 94 50,
Fax 94 52 45, ✉ 78595, AX DC ED VA
einzeln ⌁ ✼ ⊕, 21 Zi, Ez: 120/60, Dz: 190/95,
2 Suiten, ⌁ WC ⊘ DFÜ, 10 ⇔, Ⓟ, 2⇔40
Restaurierter Gutshof mit moderner Einrichtung.
Kunststiftung Hohenkarpfen mit wechselnden
Ausstellungen.
¶¶ Hauptgericht 28/14-40/20 ✢

Hauzenberg 66 →
Bayern / Kreis Passau
EW 12500
🛈 Tel (0 85 86) 30 30, Fax 30 58
Tourismusbüro
✉ 94051 Schulstr. 2-4

¶ Landgasthaus Gidibauer Hof ✢
Grub 7, Tel (0 85 86) 9 64 40, Fax 96 44 44,
✉ 94051
⊕, Hauptgericht 12/6-34/17, geschl.: Mo,
1.2.-1.3.01
** 12 Zi, Ez: 35/17-60/30,
Dz: 70/35-130/65, 4 App, ⌁ WC ⊘, Ⓟ, 2⇔70,
Sauna, Golf
geschl.: 1.2.-1.3.01

Penzenstadl (4 km ↗)

* Landhotel Rosenberger
Prenzenstadl 31, Tel (0 85 86) 97 00,
Fax 55 63, ✉ 94051, AX ED VA
einzeln ✼, 50 Zi, Ez: 49/24-66/33,
Dz: 96/48-132/66, 10 Suiten, 20 App, ⌁ WC ⊘,
Ⓟ, ⌂, Kegeln, Sauna, Solarium, Restaurant

Havelberg 28 ↗
Sachsen-Anhalt
EW 7600
🛈 Tel (03 93 87) 8 82 24, Fax 8 82 24
Tourist Information
✉ 39539 Salzmarkt 1

Sehenswert: Dom St. Marien; Stiftsgebäude;
Prignitz-Museum; Wassertouristikzentrum;
Inselstadt.

Havelberg

* **Am Schmokenberg**
Schonberger Weg 6, Tel **(03 93 87) 8 91 77**,
Fax 2 14 44, ✉ 39539, AX ED VA
♨, 28 Zi, Ez: 75/37-90/45, Dz: 110/55-130/65,
1 Suite, 2 App, ⊣ WC ⌀, 2 ⤓, **P**, 🔔, 4⟳200,
Sauna, Solarium, Restaurant

Haverlah 26 ↘

Niedersachsen / Kreis Wolfenbüttel
EW 1600
i Tel (0 53 45) 4 98 25, Fax 4 98 10
Samtgemeinde Baddeckenstedt
✉ 38271 Heerer Straße 28

Steinlah (2 km ↑)

** **Gutshof Steinlah**
Lindenstr. 5, Tel **(0 53 41) 33 84 41**,
Fax 33 84 42, ✉ 38275, AX DC ED VA
♩ ⊙, 21 Zi, Ez: 98/49-158/79,
Dz: 148/74-198/99, 2 Suiten, ⊣ WC ⌀, 1 ⤓, **P**,
4⟳30

¶¶ ⊙, Hauptgericht 24/12-40/20, nur abends

* **Reiterhof Steinlah**
Weststr. 6, Tel **(0 53 41) 33 13 33**,
Fax 33 81 50, ✉ 38275, ED
18 Zi, Ez: 85/42-160/80, Dz: 110/55-190/95, ⊣
WC ⌀, 4 ⤓, **P**, garni

Havixbeck 23 ↘

Nordrhein-Westfalen
Kreis Coesfeld
EW 10740
i Tel (0 25 07) 75 10, Fax 41 34
Verkehrsverein Havixbeck
✉ 48329 Schulstr. 10

* **Akzent-Hotel Kemper**
Altenberger Str. 14, Tel **(0 25 07) 12 40**,
Fax 92 62, ✉ 48329, AX ED VA
16 Zi, Ez: 93/46-125/62, Dz: 145/73-175/88,
3 App, ⊣ WC ⌀, **P**, 🔔, 1⟳20, Kegeln,
Restaurant
Rezeption: 7-1

* **Beumer**
Hauptstr. 46, Tel **(0 25 07) 9 85 40**, Fax 91 81,
✉ 48329, AX DC ED VA
21 Zi, Ez: 85/42-95/47, Dz: 140/70-170/85, ⊣
WC ⌀, 2 ⤓, **P**, 🔔, Kegeln, Sauna
¶ Hauptgericht 19/9-33/16, Terrasse,
geschl.: Mo

Hawangen 70 □

Bayern / Kreis Unterallgäu
EW 1213
i Tel (0 83 32) 2 23
Gemeindeverwaltung
✉ 87749 Ringstr. 28

¶¶ **D'Rescht**
Bahnhofstr. 63, Tel **(0 83 32) 2 69**, Fax 53 83,
✉ 87749
Hauptgericht 45/22, Gartenlokal, Kegeln, **P**, nur
abends, geschl.: Mo, Di

Hayingen 69 ↖

Baden-Württemberg
Kreis Reutlingen
EW 2150
i Tel (0 73 86) 97 77 23, Fax 97 77 33
Gäste-Information
✉ 72534 Kirchstr. 15

Indelhausen (3 km ↑)

* **Gasthof Hirsch
Flair Hotel**
Wannenweg 2, Tel **(0 73 86) 9 77 80**,
Fax 97 78 99, ✉ 72534
35 Zi, Ez: 65/32-87/43, Dz: 88/44-150/75,
1 Suite, ⊣ WC ⌀, Lift, **P**, 🔔, 2⟳100, Sauna,
Solarium, Restaurant
geschl.: Mo, 15.11.-15.12.00, 15.-30.1.01
Im Gästehaus Kloker Zimmer der Kategorie **
vorhanden.

Hebsack siehe Remshalden

Hechingen 61 ↓

Baden-Württemberg
Zollernalbkreis
EW 19000
i Tel (0 74 71) 94 01 14, Fax 94 01 08
Kultur- und Verkehrsamt
✉ 72379 Marktplatz 1

* **Klaiber**
Obertorplatz 11, Tel **(0 74 71) 22 57**,
Fax 1 39 18, ✉ 72379, ED VA
27 Zi, Ez: 80/40-90/45, Dz: 140/70, ⊣ WC ⌀,
🔔, Restaurant
geschl.: Sa

Hechingen-Außerhalb (2 km ↓)

** **Brielhof**
an der B 27, Tel **(0 74 71) 23 24**, Fax 1 69 08,
✉ 72379, AX DC ED VA

24 Zi, Ez: 90/45-140/70, Dz: 180/90-220/110,
1 App, ⌐ WC ⊘, ℙ, ☎, 3⬤50
Rezeption: 6.30-23
Auch Zimmer der Kategorie ✱✱✱ vorhanden.

🍴🍴 ▬▬▬ Hauptgericht 23/11-40/20, Terrasse

Heede 15 ↘

Niedersachsen / Kreis Emsland
EW 2317
ℹ Tel (0 49 63) 40 20, Fax 4 02 30
Samtgemeinde
✉ 26892 Hauptstr. 25

▬▬ **Zur Linde**
Dörpener Str. 1, Tel (0 49 63) 81 78, Fax 16 53,
✉ 26892, AX DC ED VA
28 Zi, Ez: 55/27-60/30, Dz: 95/47-110/55,
1 App, ⌐ WC ⊘, ℙ, 1⬤50, Restaurant

Heide 9 ✓

Schleswig-Holstein
Kreis Dithmarschen
EW 20900
ℹ Tel (04 81) 6 85 01 17, Fax 6 77 67
Tourist-Information
✉ 25746 Postelweg 1

✱✱ ▬▬▬ **Berlin**
Österstr. 18, Tel (04 81) 8 54 50,
Fax 8 54 53 00, ✉ 25746, AX DC ED VA
♪, 70 Zi, Ez: 112/56-225/113,
Dz: 186/93-301/151, ⌐ WC ⊘, 12 ⚑, ℙ, ☎,
5⬤110, Sauna, Solarium, Golf, Restaurant
Auch Zimmer der Kategorie ✱✱✱ vorhanden.

🍴🍴 ▬▬▬ **Am Kamin**
Rüsdorfer Str. 3, Tel (04 81) 85 09 80,
Fax 8 50 98 45, ✉ 25746, AX ED VA
Hauptgericht 30/15-50/25, ▬▬

Heidelberg 54 ↘

Baden-Württemberg
Rhein-Neckar-Kreis
EW 140000
ℹ Tel (0 62 21) 1 94 33, Fax 1 38 81 11
Tourist Information
✉ 69115 Willy-Brandt-Platz 1
Cityplan siehe Seite 424-425

✱✱✱✱ ▬▬▬ **Der Europäische Hof**
Hotel Europa
Friedrich-Ebert-Anlage 1 (D 3),
Tel (0 62 21) 51 50, Fax 51 55 06, ✉ 69117,
AX DC ED VA, Ⓢ
102 Zi, Ez: 332/167-605/304,
Dz: 446/224-636/320, 13 Suiten, 3 App, ⌐ WC
⊘ DFÜ, 36 ⚑, Lift, ☎, 10⬤350, ⌂,
Fitnessraum, Sauna, Solarium
Auch Zimmer der Kategorie ✱✱✱ vorhanden.

🍴🍴🍴🍴 ▬▬▬ **Die Kurfürstenstube**
⊕, Hauptgericht 48/24-58/29, Terrasse, ℙ

✱✱✱ ▬▬▬ **Crowne Plaza**
Kurfürstenanlage 1 (D 3), Tel (0 62 21) 91 70,
Fax 2 10 07, ✉ 69115, AX DC ED VA, Ⓢ
232 Zi, Ez: 274/138-369/185,
Dz: 343/172-398/200, 4 Suiten, ⌐ WC ⊘ DFÜ,
146 ⚑, Lift, ☎, 8⬤300, ⌂, Sauna, Solarium

🍴🍴 ▬▬▬ **Atrium**
Hauptgericht 10/5, ℙ, nur abends

✱✱✱ ▬▬▬ **Marriott**
Vangerowstr. 16 (B 3), Tel (0 62 21) 90 80,
Fax 90 86 89, ✉ 69115, AX DC ED VA, Ⓢ
♣, 48 Zi, Ez: 225/113-490/246,
Dz: 225/113-490/246, 3 Suiten, ⌐ WC ⊘ DFÜ,
134 ⚑, Lift, ☎, 8⬤220, ⌂, Sauna, Solarium

🍴🍴 ▬▬▬ **Globetrotter**
Hauptgericht 24/12-44/22, ℙ

✱✱ ▬▬▬ **Best Western Rega**
Bergheimer Str. 63 (C 3), Tel (0 62 21) 50 80,
Fax 50 85 00, ✉ 69115, AX DC ED VA, Ⓢ
124 Zi, Ez: 245/123-265/133,
Dz: 290/146-310/156, ⌐ WC ⊘, 39 ⚑, Lift, ☎,
3⬤80, Restaurant

✱✱ ▬▬▬ **Romantik Hotel Zum Ritter**
St. Georg
Hauptstr. 178 (EF 2), Tel (0 62 21) 13 50,
Fax 13 52 30, ✉ 69117, AX DC ED VA
37 Zi, Ez: 185/93-265/133,
Dz: 285/143-385/193, 2 Suiten, ⌐ WC ⊘, Lift
Auch Zimmer der Kategorie ✱ vorhanden.
🍴🍴 ▬▬▬ ⊕, Hauptgericht 40/20
Renaissance-Haus.

✴✴ Holländer Hof

Neckarstaden 66 (E2), Tel (0 62 21) 6 05 00,
Fax 60 50 60, ✉ 69117, AX DC ED VA, Ⓢ
38 Zi, Ez: 160/80-230/115,
Dz: 220/110-290/146, 1 Suite, 🚻 WC ⌀, 17 ⚔,
Lift, 1🍴18, garni

✴ Nassauer Hof

Plöck 1 (D 3), Tel (0 62 21) 90 57 00,
Fax 9 05 70 44, ✉ 69117, AX ED VA
23 Zi, Ez: 148/74-188/94, Dz: 198/99-228/114,
🚻 WC ⌀ DFÜ, 6 ⚔, Lift, Ⓟ, 1🍴14, garni

✴ Gasthaus Backmulde

Schiffgasse 11 (E 2), Tel (0 62 21) 5 36 60,
Fax 53 66 60, ✉ 69117, AX DC ED VA
13 Zi, Ez: 105/52-130/65, Dz: 180/90, 🚻 WC ⌀
DFÜ, Ⓟ

Fußgängerzone: Hotelzufahrt möglich.
🍴🍴 ⓥ, Hauptgericht 35/17, Terrasse,
geschl.: Mo mittags

✴ Am Rathaus

Heiliggeiststr. 1 (F 2), Tel (0 62 21) 1 47 30,
Fax 14 73 37, ✉ 69117, AX DC ED VA
17 Zi, Ez: 170/85-200/100,
Dz: 215/108-275/138, 🚻 WC ⌀, garni

✴ Perkeo

Hauptstr. 75 (E 2), Tel (0 62 21) 1 41 30,
Fax 14 13 37, ✉ 69117, AX DC ED VA
24 Zi, Ez: 150/75-170/85, Dz: 190/95-215/108,
🚻 WC ⌀, garni

✴ Goldene Rose

St.-Anna-Gasse 7, Tel (0 62 21) 90 54 90,
Fax 18 20 40, ✉ 69117, AX ED VA

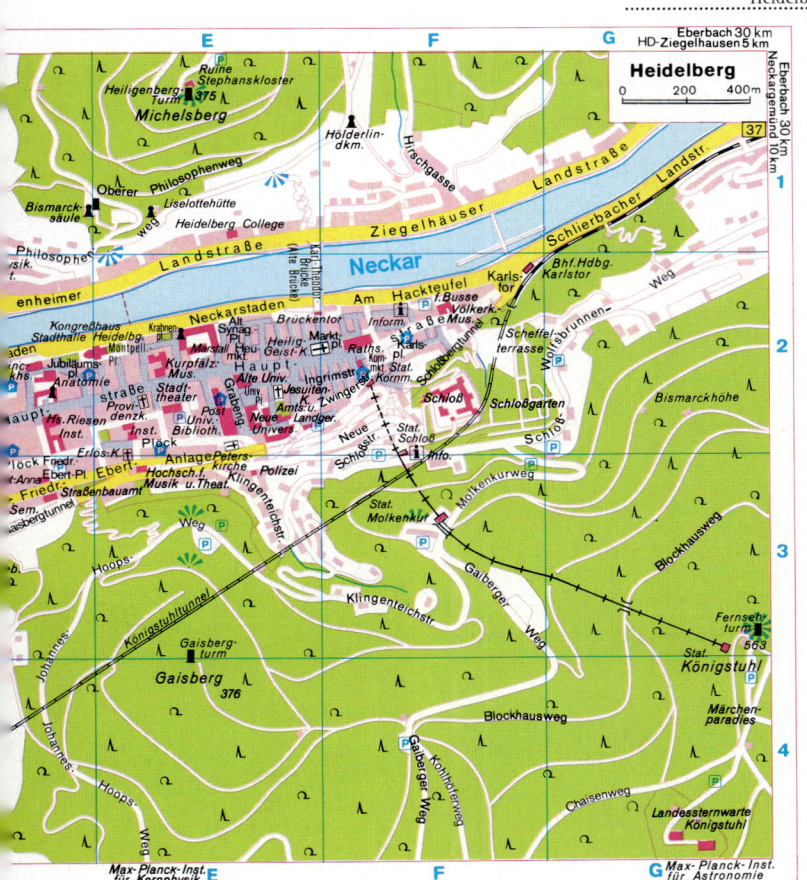

33 Zi, Ez: 140/70-185/93, Dz: 170/85-260/130, 3 App, ⌂ WC ⊘, Lift, P, 🕿, Solarium, garni

✱▭▭▭ Goldener Hecht
Steingasse 2 (E2), **Tel (0 62 21) 16 60 25**, **Fax 53 68 99**, ✉ 69117, AX DC ED VA
14 Zi, Ez: 125/62-155/78, Dz: 180/90-210/105, ⌂ WC ⊘, Restaurant

✱▭▭▭ Goldener Falke
Hauptstr. 204, Tel (0 62 21) 1 43 30, Fax 14 33 66, ✉ 69117, ED VA
22 Zi, Ez: 110/55-195/98, Dz: 220/110-495/249, ⌂ WC ⊘ DFÜ, Lift, garni
Zimmereinrichtung im Designer-Stil.

✱▭▭▭ Acor
Friedrich-Ebert-Anlage 55 (E 3),
Tel (0 62 21) 2 20 44, Fax 2 86 09, ✉ 69117, AX ED VA
18 Zi, Ez: 155/78-165/83, Dz: 195/98-235/118, ⌂ WC ⊘, Lift, P, 🕿, garni
geschl.: 23.12.00-6.1.01

Heidelberg

✳ Central
Kaiserstr. 75, Tel (0 62 21) 2 06 41,
Fax 2 06 42, ✉ 69115, AX ED VA
44 Zi, Ez: 145/73-180/90, Dz: 170/85-230/115,
4 App, ⌐ WC ⌀ DFÜ, 8 ⚲, Lift, 🚗, 2⌀40,
garni

✳ Am Schloß
Zwingerstr. 20 (F 2), Tel (0 62 21) 1 41 70,
Fax 14 17 37, ✉ 69117, AX DC ED VA
⚘, 21 Zi, Ez: 170/85-230/115,
Dz: 215/108-265/133, 1 Suite, 1 App, ⌐ WC ⌀,
Lift, garni

✳ Krokodil
Kleinschmidtstr. 12 (C 3),
Tel (0 62 21) 16 64 72, Fax 60 22 21, ✉ 69115,
AX ED VA
16 Zi, Ez: 130/65-150/75, Dz: 160/80-195/98,
⌐ WC ⌀
🍴 Hauptgericht 14/7-29/14, Terrasse

🍴🍴🍴 Zur Herrenmühle
Hauptstr. 237, Tel (0 62 21) 60 29 09,
Fax 2 20 33, ✉ 69117, AX DC ED VA
⚘, Hauptgericht 42/21-52/26, Gartenlokal, P,
nur abends, geschl.: So

🍴🍴 Schloßweinstube Schönmehl
Schloßhof, Tel (0 62 21) 9 79 70, Fax 16 79 69,
✉ 69117, AX DC ED VA
Hauptgericht 45/22-59/29, Terrasse, Biergarten,
Gartenlokal, nur abends, geschl.: Mi, 1.-31.1.01
Modern elegantes Restaurant. Beachtenswerte
Küche.

🍴🍴 Weißer Bock
Große Mantelgasse 24, Tel (0 62 21) 9 00 00,
Fax 90 00 99, ✉ 69117, AX DC ED VA
Hauptgericht 30/15, Terrasse
✳✳ 23 Zi, Ez: 150/75-220/110 ♛
Dz: 190/95-220/110, 2 Suiten, ⌐ WC ⌀, 23 ⚲,
Lift, 2⌀30

🍴🍴 Graimberg
im Hotel Alt Heidelberg
Rohrbacher Str. 29, Tel (0 62 21) 91 51 00,
Fax 16 42 72, ✉ 69115, AX DC ED VA

Hauptgericht 23/11-35/17, geschl.: so+feiertags,
23.12.00-7.1.01

🍴 Plöck-Stube
Friedrichstr. 15, Tel (0 62 21) 2 02 45,
Fax 18 43 98, ✉ 69117, AX ED
⚘, Hauptgericht 28/14-44/22, nur abends,
geschl.: So, 24.12.00-6.1.01

Zum Roten Ochsen
Hauptstr. 217, Tel (0 62 21) 2 09 77,
Fax 16 43 83, ✉ 69117
⚘, Hauptgericht 15/7-35/17,
geschl.: so+feiertags, Ende Dez-Anfang Jan
Hist. Studentenlokal von 1703.

☕ Café Schafheutle
Hauptstr. 94, Tel (0 62 21) 1 46 80,
Fax 14 68 50, ✉ 69117, ED VA
Terrasse, Gartenlokal, 9.30-19,
geschl.: so+feiertags

Grenzhof (7 km ←)

✳✳ Landhaus Grenzhof
Haus Nr 9, Tel (0 62 02) 94 30, Fax 94 31 00,
✉ 69123, AX ED VA
⚘, 26 Zi, Ez: 150/75-190/95,
Dz: 220/110-250/125, 2 Suiten, ⌐ WC ⌀ DFÜ,
Lift, P, 1⌀30
geschl.: So

🍴🍴 Hauptgericht 28/14-46/23, Biergarten,
nur abends

Heidenau

Handschuhsheim

✱ Elen
Dossenheimer Landstr. 61,
Tel (0 62 21) 4 59 10, Fax 45 91 45, ✉ 69121,
VA
27 Zi, Ez: 110/55-128/64, Dz: 140/70-160/80, ⊣
WC ⊘, 10 ⊱, **P**
geschl.: 22.12.00-22.1.01

¶ Gasthof Lamm
Pfarrgasse 3, **Tel (0 62 21) 4 79 30,
Fax 47 93 33**, ✉ 69121
Hauptgericht 20/10-30/15, nur abends
✱✱ 11 Zi, Ez: 155/78, Dz: 195/98,
⊣ WC ⊘

Kirchheim (4 km ↓)

✱✱✱ Queens Hotel
Pleikartsförsterstr. 101, **Tel (0 62 21) 78 80,
Fax 78 84 99**, ✉ 69124, AX DC ED VA, Ⓢ
167 Zi, Ez: 161/81-360/181,
Dz: 232/116-400/201, 2 Suiten, ⊣ WC ⊘ DFÜ,
64 ⊱, Lift, **P**, 5⇔360, Sauna, Solarium,
Restaurant

Neuenheim (1 km ↑)

✱✱✱ Die Hirschgasse
Hirschgasse 3 (F 1), **Tel (0 62 21) 45 40,
Fax 45 41 11**, ✉ 69120, AX DC ED VA
♪, 20 Zi, Ez: 295/148-350/176,
Dz: 350/176-450/226, 19 Suiten, ⊣ WC ⊘ DFÜ,
Lift, **P**, 1⇔35
Ehemaliges Gasthaus von 1472, individuelle
und aufwendige Zimmerausstattung.

¶¶¶ Le Gourmet   ⚑
Hauptgericht 39/19-65/32, Terrasse, nur abends,
geschl.: Mo, So

¶¶ Mensurstube
Hauptgericht 32/16

¶ Le coq
Brückenstr. 17, **Tel (0 62 21) 41 11 33**, ✉ 69120
Hauptgericht 17/8-32/16

Pfaffengrund (3 km ↙)

✱ Neu Heidelberg
Kranichweg 15, **Tel (0 62 21) 70 70 05,
Fax 70 03 81**, ✉ 69123, AX ED VA
22 Zi, Ez: 118/59-158/79, Dz: 168/84-198/99,
⊣ WC ⊘ DFÜ, 5 ⊱, **P**, Sauna, Restaurant

Rohrbach (3 km ↓)

¶¶ Ristorante Italia
Karlsruherstr. 82, **Tel (0 62 21) 31 48 61,
Fax 33 71 98**, ✉ 69126, AX ED VA
Hauptgericht 28/14-48/24, geschl.: Mi, Sa
mittags, 1.-22.7.01

Ziegelhausen (3 km →)

✱ Ambiente
In der Neckarhelle 33-35, **Tel (0 62 21) 8 99 20,
Fax 89 92 42**, ✉ 69118, AX DC ED VA
§, 27 Zi, Ez: 100/50-140/70, Dz: 160/80-180/90,
⊣ WC ⊘, 8 ⊱, **P**, garni

Heidenau   18 ←

Niedersachsen / Kreis Harburg
EW 1990
ℹ Tel (0 41 82) 42 42, Fax 40 11 24
Bürgermeister
✉ 21258 Hauptstr. 6

✱ Heidenauer Hof
Hauptstr. 23, **Tel (0 41 82) 41 44, Fax 47 44**,
✉ 21258, ED VA
32 Zi, Ez: 70/35-95/47, Dz: 110/55-160/80, ⊣
WC ⊘ DFÜ, 10 ⊱, **P**, 🏠, 3⇔60, Kegeln,
Restaurant
Im Gästehaus Zimmer der Kategorie **✱✱**
vorhanden.

Heidenau   51 ↖

Sachsen / Kreis Pirna/Sebnitz
EW 18646
ℹ Tel (0 35 29) 51 10 15, Fax 52 26 19
Tourismusverein
✉ 01809 Güterbahnhofstr. 10

✱ Mühlenhof
Mühlenstr. 4 / 6, **Tel (0 35 29) 51 76 00,
Fax 51 36 38**, ✉ 01809, AX ED
27 Zi, Ez: 80/40-100/50, Dz: 100/50-120/60, ⊣
WC ⊘, 5 ⊱, **P**, 🏠, garni

Heidenheim a. d. Brenz 62 →

Baden-Württemberg
EW 51000
🛈 Tel (0 73 21) 32 73 40, Fax 32 76 87
Tourist-Information
✉ 89522 Hauptstr. 34

siehe auch Steinheim am Albuch

✶✶ Astron Hotel Aquarena
Friedrich-Pfenning-Str. 30 (A 1),
Tel **(0 73 21) 98 00**, Fax 98 01 00, ✉ 89518, AX DC ED VA, Ⓢ
83 Zi, Ez: 130/65-220/110, Dz: 150/75-250/125,
7 App, ⏤ WC ✆ DFÜ, 30 ⛔, Lift, 🅿, 5⊖288,
≋, ☂, Sauna, Solarium
Kostenloser Zugang für Hotelgäste ins angrenzende Freizeitbad Aquarena.

🍴🍴 Barbarossa
Hauptgericht 25/12-50/25, Terrasse

🍴🍴 Weinstube zum Pfauen ✚
Schlosstr. 26, Tel **(0 73 21)** 4 52 95,
Fax 4 52 95, ✉ 89518, ED VA
Hauptgericht 38/19, geschl.: Sa mittags, im Sommer So, Mo mittags

Mergelstetten (3 km ↓)

✶✶ Hirsch
Buchhofsteige 3, Tel **(0 73 21) 95 40**,
Fax 95 43 30, ✉ 89522, AX DC ED VA
40 Zi, Ez: 100/50-150/75, Dz: 150/75-185/93,
⏤ WC ✆, 15 ⛔, Lift, 🅿, 🐕, garni

Heidesheim 54 ↖

Rheinland-Pfalz
Kreis Mainz-Bingen
EW 6500
🛈 Tel (0 61 32) 95 30 95, Fax 95 30 96
Verkehrsverein
✉ 55262 Mainzer Str. 64

✶ Mainzer Hof
Binger Str. 41, Tel **(0 61 32) 51 31**, Fax 51 33,
✉ 55262, AX DC ED VA
16 Zi, Ez: 80/40, Dz: 120/60, ⏤ WC ✆, 🅿,
2⊖60, Restaurant
Rezeption: 6-11, 17-23, geschl.: So,
21.2.-8.3.01, 1-15.7.01

Heigenbrücken 55 ↑

Bayern / Kreis Aschaffenburg
EW 2500
🛈 Tel (0 60 20) 97 10 14, Fax 97 10 50
Verkehrsamt
✉ 63869 Hauptstr. 7

✶ Landgasthof Hochspessart Flair Hotel
Lindenallee 40-42, Tel **(0 60 20) 9 72 00**,
Fax 26 30, ✉ 63869, ED VA
34 Zi, Ez: 69/34-89/44, Dz: 118/59-138/69,
1 App, ⏤ WC ✆, 12 ⛔, 🅿, 🐕, 4⊖80, ≋,
Fitnessraum, Sauna, Solarium

🍴 Hauptgericht 23/11-37/18, Terrasse

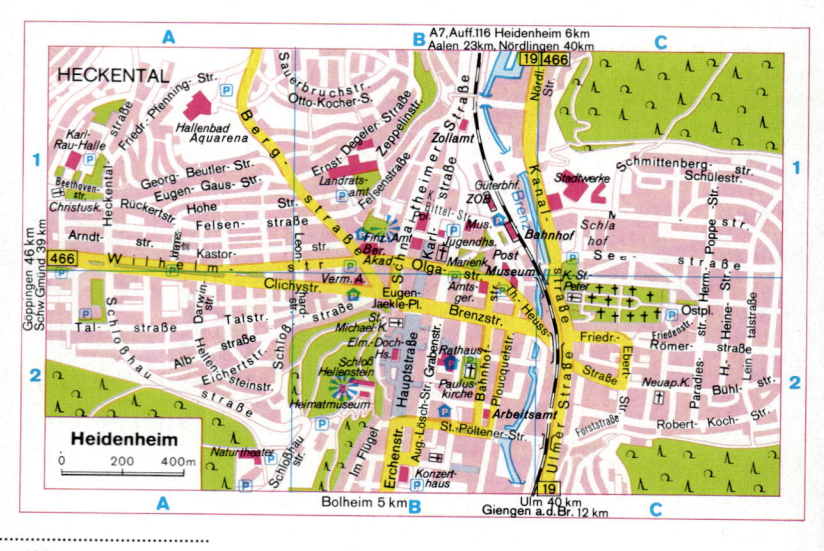

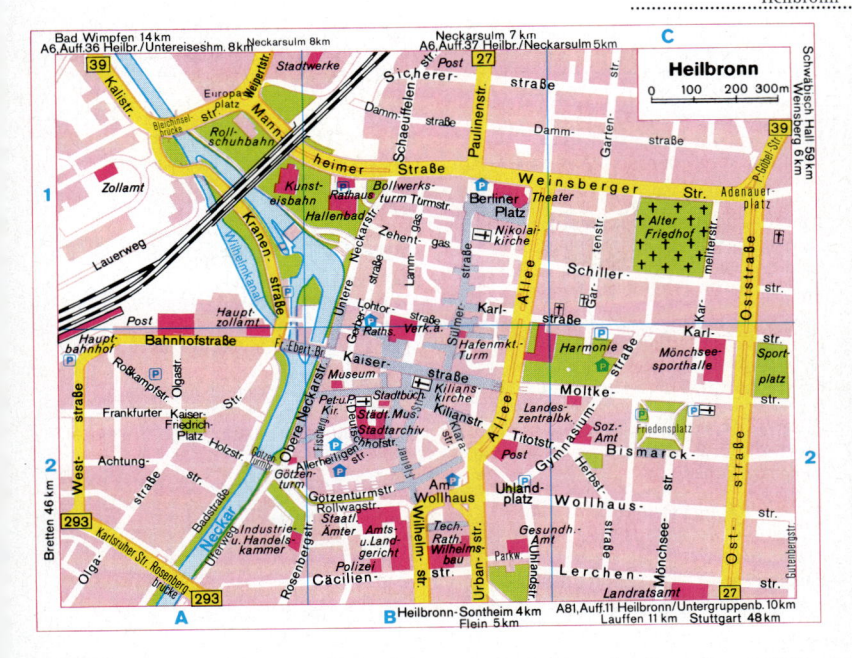

Heilbronn

Heilbronn 61 ↗

Baden-Württemberg
EW 119880
☏ Tel (0 71 31) 56 22 70, Fax 56 33 49
Heilbronn Marketing GmbH
✉ 74072 Marktplatz 7

★★★ Insel-Hotel
Friedrich-Ebert-Brücke, Anfahrt über Kranenstr.
(AB 2), Tel (0 71 31) 63 00, Fax 62 60 60,
✉ 74072, AX DC ED VA
120 Zi, Ez: 158/79-228/114,
Dz: 228/114-268/134, 4 Suiten, ⌐ WC ⊘, 35 ≼,
Lift, 🅿, 🏠, 10⇨120, ≋, Sauna, Solarium

¶¶ Schwäbisches Restaurant
Hauptgericht 30/15, Terrasse

★★ Park-Villa mit Gästehaus
Gutenbergstr. 30 (C 2), Tel (0 71 31) 9 57 00,
Fax 95 70 20, ✉ 74074, AX DC ED VA
♪, 25 Zi, Ez: 158/79-168/84,
Dz: 210/105-245/123, ⌐ WC ⊘, 10 ≼, 🅿, 🏠,
garni

★★ Ringhotel Burkhardt
Lohtorstr. 7 (B 1), Tel (0 71 31) 6 22 40,
Fax 62 78 28, ✉ 74072, AX DC ED VA, S
82 Zi, Ez: 155/78-175/88, Dz: 210/105-250/125,
⌐ WC ⊘, Lift, 🅿, 🏠, 7⇨100
Auch Zimmer der Kategorie ✱ vorhanden.

¶¶ Hauptgericht 35/17

✱ Nestor
Jakobgasse 9 (B 1), Tel (0 71 31) 65 60,
Fax 65 61 13, ✉ 74072, AX DC ED VA, S
42 Zi, Ez: 119/59-160/80, Dz: 139/70-185/93, ⌐
WC ⊘ DFÜ, 14 ≼, Lift, 🅿, 🏠, 1⇨30, garni

✱ Stadthotel
Neckarsulmer Str. 36, Tel (0 71 31) 9 52 20,
Fax 95 22 70, ✉ 74076, AX DC ED VA
44 Zi, Ez: 108/54-125/62, Dz: 148/74-160/80,
⌐ WC ⊘ DFÜ, Lift, 1⇨25, garni

✱ City-Hotel
Allee 40, Tel (0 71 31) 9 35 30, Fax 93 53 53,
✉ 74072, AX DC ED VA
16 Zi, Ez: 105/52-130/65, Dz: 145/73-160/80,
1 App, ⌐ WC ⊘ DFÜ, 4 ≼, Lift, 🏠, garni
geschl.: 22.12.00-7.1.01

✱ Grüner Kranz
Lohtorstr. 9 (B 1), Tel (0 71 31) 9 61 70,
Fax 96 17 55, ✉ 74072, ED VA
17 Zi, Ez: 98/49-118/59, Dz: 148/74-156/78, ⌐
WC ⊘ DFÜ, 🅿, 🏠

Heilbronn

🍴🍴 Hauptgericht 16/8-38/19, geschl.: Mo, 3 Wochen im Aug

🍴🍴 **Ratskeller**
Marktplatz 7, Tel (0 71 31) 8 46 28,
Fax 96 30 15, ✉ 74072, AX DC ED VA
Hauptgericht 15/7-35/17, Terrasse, geschl.: So, 1.-17.1.01

🍴🍴 **Zum Gaumenschmaus**
Fischergasse 9, Tel (0 71 31) 8 95 86,
Fax 62 73 94, ✉ 74072, AX ED VA
♉, Hauptgericht 25/12-40/20, Terrasse

Böckingen (4 km ←)

✱ **Kastell**
Kastellstr. 64, Tel (0 71 31) 91 33 10,
Fax 91 33 12 99, ✉ 74080, AX DC ED VA
60 Zi, Ez: 118/59-160/80, Dz: 125/62-160/80,
⇨ WC ⊘, Lift, 🅿, 🐕, 3⭘40, Sauna, Restaurant im Industriegebiet.

🍴 **Reiners Rebstock** ✚
Eppinger Str. 43, Tel (0 71 31) 3 09 09,
Fax 2 03 71 64, ✉ 74080
Hauptgericht 30/15, Terrasse, Gartenlokal, geschl.: So abends, Mo, 27.12.00-9.1.01

Neckargartach (2 km ↗)

🛏 **Leintal**
Obereisenheimerstr. 3, Tel (0 71 31) 7 21 80,
Fax 72 18 29, ✉ 74078, AX DC ED VA
20 Zi, Ez: 75/37-90/45, Dz: 110/55-120/60, ⇨
WC ⊘ DFÜ, 🅿, garni

Sontheim (4 km ↙)

✱✱ **Altes Theater**
Lauffener Str. 2, Tel (0 71 31) 5 92 20,
Fax 59 22 44, ✉ 74081, AX DC ED VA
14 Zi, Ez: 110/55-128/64, Dz: 140/70-164/82, ⇨
WC ⊘ DFÜ, 7 🛏, 🅿, 2⭘180, Restaurant
Rezeption: 7-1, geschl.: 1.-10.1.01
Designerhotel im alten Stadttheater mit regelmäßig stattfindenen kulturellen Veranstaltungen.

Heiligenberg 69 ✓

Baden-Württemberg / Bodenseekreis
EW 3200
ℹ Tel (0 75 54) 99 83 12, Fax 99 83 29
Fremdenverkehrsamt
✉ 88633 Schulstr. 5

✱✱ **Silence-Berghotel Baader**
Salemer Str. 5, Tel (0 75 54) 80 20,
Fax 80 21 00, ✉ 88633, ED VA

17 Zi, Ez: 85/42-135/67, Dz: 150/75-210/105, ⇨
WC ⊘, 11 🛏, 🅿, 🐕, 1⭘70, 🛁, Sauna, Solarium
🍴🍴🍴 AX DC, Hauptgericht 24/12-48/24,
geschl.: Di

☕ **Schloß-Café**
Postplatz 6, Tel (0 75 54) 2 04, Fax 2 04,
✉ 88633
Gartenlokal, geschl.: Mo

Steigen (1 km ←)

🛏 **Gasthof Hack**
Am Bühl 11, Tel (0 75 54) 86 86, Fax 83 69,
✉ 88633
11 Zi, Ez: 70/35-90/45, Dz: 116/58-130/65, ⇨
WC ⊘, 🅿
geschl.: 25.10.-14.11.00, 15.1.-13.2.01
🍴 Hauptgericht 14/7-35/17, Terrasse,
geschl.: Mo, Di, 25.10.-14.11.00, 15.1.-13.2.01

Heiligenhafen 11 □

Schleswig-Holstein
Kreis Ostholstein
EW 9100
ℹ Tel (0 43 62) 9 07 20, Fax 39 38
Kurverwaltung
✉ 23774 Bergstr. 43

✱✱ **Stadt Hamburg**
Hafenstr. 17, Tel (0 43 62) 9 02 70, Fax 58 36,
✉ 23774, ED VA
11 Zi, Ez: 110/55-130/65, Dz: 140/70-180/90, ⇨
WC ⊘, 5 🛏, 2⭘50
geschl.: Jan
Auch Zimmer der Kategorie ✱ vorhanden.

🍴🍴 **Camerini**
Hauptgericht 27/13, Terrasse

🍴🍴 **Weberhaus**
Kirchenstr. 4, Tel (0 43 62) 28 40,
Fax 90 01 80, ✉ 23774, AX DC ED VA
Hauptgericht 22/11-34/17, geschl.: Mo,
1.2.-15.3.01

Heiligenhaus 33 ✓

Nordrhein-Westfalen
Kreis Mettmann
EW 29010
ℹ Tel (0 20 56) 1 30, Fax 1 33 95
Stadtverwaltung
✉ 42579 Hauptstr. 157

✱✱ **Ringhotel Waldhotel Heiligenhaus**
Parkstr. 38, Tel (0 20 56) 59 70, Fax 59 72 60,
✉ 42579, AX DC ED VA, Ⓢ

♪, 69 Zi, Ez: 170/85-230/115,
Dz: 270/135-310/156, 3 Suiten, 6 App., ⌐ WC ⌀
DFÜ, 16 ⚲, Lift, **P**, 🕿, 8⊖60, Sauna,
Solarium, Golf

¶¶ **Parkrestaurant**
Hauptgericht 24/12-54/27, Terrasse

Heiligenrode siehe Niestetal

Heiligenstadt 57 ↑

Bayern / Kreis Bamberg
EW 3700
ℹ Tel (0 91 98) 92 99 24, Fax 99 79 66
Verkehrsamt
✉ 91332 Marktplatz 20

** **Heiligenstadter Hof**
Marktplatz 9, Tel (0 91 98) 7 81, Fax 81 00,
✉ 91332, ED VA
24 Zi, Ez: 60/30-70/35, Dz: 80/40-105/52,
2 Suiten, ⌐ WC ⌀, Lift, **P**, 2⊖35, Restaurant

Veilbronn (4 km ↓)

* **Landhaus Sponsel-Regus**
Haus Nr 9, Tel (0 91 98) 9 29 70, Fax 14 83,
✉ 91332
♪, 42 Zi, Ez: 50/25-85/42, Dz: 108/54-112/56,
2 Suiten, ⌐ WC ⌀ DFÜ, Lift, **P**, 🕿, 1⊖80, 🕿,
Sauna, Solarium, Restaurant
geschl.: 10.1.-20.2.01
Auch einfachere Zimmer vorhanden.

Heiligenstadt, Heilbad 36 ↘

Thüringen / Landkreis Eichsfeld
EW 17090
ℹ Tel (0 36 06) 67 71 41 42, Fax 67 71 40
Tourist-Information
✉ 37308 Wilhelmstr. 50 (Rathaus)

* **Eichsfelder Hof**
Wilhelmstr. 56, Tel (0 36 06) 6 60 30,
Fax 66 03 83, ✉ 37308, AX DC ED VA
33 Zi, Ez: 71/35-95/47, Dz: 103/51-123/61

* **Stadthotel**
Dingelstädter Str. 43, Tel (0 36 06) 66 60,
Fax 66 62 22, ✉ 37308, AX ED VA
25 Zi, Ez: 98/49, Dz: 140/70, ⌐ WC ⌀, 10 ⚲,
P, 1⊖40, 🕿, Fitnessraum, Kegeln, Bowling,
Sauna, Solarium
¶ Hauptgericht 25/12, Biergarten

* **Norddeutscher Bund**
Göttinger Str. 25, Tel (0 36 06) 5 53 00,
Fax 55 30 30, ✉ 37308, AX DC ED VA
12 Zi, Ez: 75/37-85/42, Dz: 110/55-125/62, ⌐
WC ⌀ DFÜ, 4 ⚲, **P**, 🕿, 2⊖60, Sauna,
Solarium, Restaurant

Am Jüdenhof
Jüdenhof 5-7, Tel (0 36 06) 6 70 80,
Fax 67 08 43, ✉ 37308
23 Zi, Ez: 70/35-80/40, Dz: 60/30-70/35, ⌐ WC
⌀, **P**, Sauna, Restaurant
Rezeption: 11-23

Heiligkreuzsteinach 54 ↘

Baden-Württemberg
Rhein-Neckar-Kreis
EW 2888
ℹ Tel (0 62 20) 65 55, Fax 74 04
Verkehrsamt
✉ 69253 Silberne Bergstr. 3

Eiterbach (3 km ↑)

¶¶ **Goldener Pflug**
Ortsstr. 40, Tel (0 62 20) 85 09, Fax 74 80,
✉ 69253, AX DC ED VA
Hauptgericht 47/23-53/26, Terrasse, **P**, nur
abends, Sa + So auch mittags, geschl.: Mo, Di

Heimbach 42 □

Nordrhein-Westfalen / Kreis Düren
EW 4600
ℹ Tel (0 24 46) 8 08 18, Fax 8 08 88
Verkehrsamt
✉ 52396 Seerandweg 3

** **Klostermühle**
Hengebachstr. 106 a, Tel (0 24 46) 8 06 00,
Fax 80 65 00, ✉ 52396, ED
33 Zi, Ez: 85/42-125/62, Dz: 120/60-145/73,
15 Suiten, 13 App., ⌐ WC ⌀, Lift, **P**, 3⊖30,
Sauna, Solarium, Restaurant

¶ **Eifeler Hof**
Hengebachstr. 43, Tel (0 24 46) 4 42,
Fax 13 54, ✉ 52396, AX DC ED VA

Hauptgericht 40/20, Terrasse, Biergarten, Kegeln, geschl.: Mo, Di, 7.-30.1.01

Hasenfeld (3 km ←)

🛏 Pension Diefenbach
Brementhaler Str. 44, Tel (0 24 46) 31 00, Fax 38 25, ✉ 52396
♪ §, 14 Zi, Ez: 62/31-78/39, Dz: 114/57-136/68, ⌐ WC, 🅿, 🏠, 1⟲35, 🏠, Sauna, Solarium
Rezeption: 9-20, geschl.: 1.11.-27.12.00

🍴🍴 Landhaus Weber ✚
Schwammenaueler Str. 8, Tel (0 24 46) 2 22, Fax 38 50, ✉ 52396
Hauptgericht 36/18-44/22, Terrasse, 🅿, nur abends, So auch mittags, geschl.: Di, Mi, 2.-15.10.00
✱ ♪, 11 Zi, Ez: 65/32-75/37, Dz: 105/52-135/67, ⌐ WC, 1 ⛷, 🏠, Sauna

Heimbuchenthal 55 ↑

Bayern / Kreis Aschaffenburg
EW 2040
ℹ Tel (0 60 92) 15 15, Fax 55 11
Verkehrsverein e.V.
✉ 63872 Hauptstr. 190

✱✱ Lamm
St.-Martinus-Str. 1, Tel (0 60 92) 94 40, Fax 94 41 00, ✉ 63872
66 Zi, Ez: 95/47-105/52, Dz: 158/79-178/89, ⌐ WC Ⓓ, Lift, 🅿, 🏠, 6⟲80, 🏠, Kegeln, Sauna, Solarium
In Gästehaus auch Zimmer der Kategorie ✱ vorhanden.
🍴🍴 ED VA, Hauptgericht 25/12-36/18, Terrasse

✱ Christel
Hauptstr. 3, Tel (0 60 92) 9 71 40, Fax 97 14 99, ✉ 63872
58 Zi, Ez: 64/32-81/40, Dz: 114/57-140/70, ⌐ WC Ⓓ, Lift, 🅿, 🏠, 2⟲50, Fitnessraum, Sauna, Solarium, Restaurant

✱ Zum Wiesengrund
Elsavastr. 9, Tel (0 60 92) 15 64, Fax 69 77, ✉ 63872
♪, 25 Zi, Ez: 65/32-75/37, Dz: 138/69, ⌐ WC Ⓓ, 🅿, 2⟲40, Sauna, Solarium, Restaurant

Außerhalb

✱✱ Panorama Hotel Heimbuchenthaler Hof
Am Eichenberg 1, Tel (0 60 92) 60 70, Fax 68 02, ✉ 63872, AX DC ED VA
♪ §, 35 Zi, Ez: 90/45-135/67, Dz: 165/83-175/88, ⌐ WC Ⓓ, Lift, 🅿, 🏠, 5⟲0, 🏠, Kegeln, Sauna, Solarium, 1 Tennis, Restaurant

Heimsheim 61 □

Baden-Württemberg / Enz-Kreis
EW 5100
ℹ Tel (0 70 33) 5 35 70, Fax 1 34 78
Stadtverwaltung Heimsheim
✉ 71296 Schloßhof 5

🍴 Gasthof Hirsch
Hirschgasse 1, Tel (0 70 33) 5 39 90, Fax 53 99 29, ✉ 71296, ED VA
Hauptgericht 25/12-35/17, 🅿, 🛏, geschl.: 27.12.00-15.1.01

Heinsberg 32 ✓

Nordrhein-Westfalen
EW 41000
ℹ Tel (0 24 52) 1 40, Fax 1 42 60
Stadtverwaltung
✉ 52525 Apfelstr. 60

Randerath (9 km ↘)

🍴🍴 Burgstuben Residenz
Feldstr. 50, Tel (0 24 53) 8 02, Fax 35 26, ✉ 52525, DC ED VA
Hauptgericht 46/23, Terrasse, 🅿, nur abends, geschl.: Mo, Di, 4 Wochen im Sommer

Unterbruch (3 km ↗)

🍴🍴 Altes Brauhaus
Wurmstr. 4, Tel (0 24 52) 6 10 35, Fax 6 74 86, ✉ 52525, AX DC ED VA
Hauptgericht 40/20, Biergarten, geschl.: Mo

Heitersheim 67 ✓

Baden-Württemberg
Kreis Breisgau-Hochschwarzwald
EW 5500
ℹ Tel (0 76 34) 4 02 12, Fax 4 02 34
Tourist-Info/Rathaus
✉ 79423 Hauptstr. 9

✱✱ Landhotel Krone
Hauptstr. 7, Tel (0 76 34) 5 10 70, Fax 51 07 66, ✉ 79423
24 Zi, Ez: 98/49-145/73, Dz: 148/74-200/100, 3 Suiten, ⌐ WC Ⓓ DFÜ, 16 ⛷, 🅿, 🏠, 1⟲30

🍴🍴 Die guten Stuben
Hauptgericht 35/17

* **Gasthof Ochsen Flair Hotel**
Am Ochsenplatz 9, Tel (0 76 34) 22 18,
Fax 30 25, ✉ 79423, ED VA
30 Zi, Ez: 90/45-110/55, Dz: 120/60-180/90,
2 App, ⌐ WC Ⓒ, 6 ⌂, Ⓟ, 🍽
geschl.: 22.12.00-22.1.01
🍴 Hauptgericht 30/15, geschl.: Mo,
22.12.00-22.1.01

* **Löwen mit Gästehaus**
Hauptstr. 3, Tel (0 76 34) 55 04 90,
Fax 5 50 49 49, ✉ 79423, AX DC ED VA
23 Zi, Ez: 40/20-100/50, Dz: 100/50-140/70,
2 Suiten, ⌐ WC Ⓒ, Ⓟ, 🍽, Restaurant

Heldenbergen siehe Nidderau

Helgoland 8 ✓

Schleswig-Holstein
Kreis Pinneberg
EW 1750
🅘 Tel (0 47 25) 8 14 30, Fax 81 43 25
Kurverwaltung
✉ 27498 Lung Wai 28

Unterland

** **Atoll**
Kurpromenade, Tel (0 47 25) 80 00,
Fax 80 04 44, ✉ 27498, AX ED VA
49 Zi, Ez: 180/90-250/125,
Dz: 230/115-340/171, 2 Suiten, 1 App, ⌐ WC Ⓒ
DFÜ, 20 ⌂, Lift, 2⊃70, ⌂, Sauna, Solarium
Designer Einrichtung.
🍴🍴 Lung Wai 27, Hauptgericht 35/17

** **Insulaner City Line & Country Line Hotels**
Am Südstrand 2, Tel (0 47 25) 8 14 10,
Fax 81 41 81, ✉ 27498, Ⓢ
♪ ⚘, 29 Zi, Ez: 98/49-180/90,
Dz: 196/98-260/130, 3 Suiten, ⌐ WC Ⓒ, 3 ⌂,
Fitnessraum, Sauna, Solarium, Restaurant
Auch Zimmer der Kategorie * vorhanden.

* **Haus Hanseat**
Am Südstrand 21, Tel (0 47 25) 6 63,
Fax 74 04, ✉ 27498
♪ ⚘, 21 Zi, Ez: 88/44-130/65,
Dz: 165/83-198/99, 3 App, ⌐ WC Ⓒ DFÜ, garni

Hellenthal 42 □

Nordrhein-Westfalen
Kreis Euskirchen
EW 8900
🅘 Tel (0 24 82) 8 51 15, Fax 8 51 14
Verkehrsamt
✉ 53940 Rathausstr. 2

Hollerath (6 km ✓)

* **Hollerather Hof**
Luxemburger Str. 44, Tel (0 24 82) 71 17,
Fax 78 34, ✉ 53940, DC ED VA
⚘, 12 Zi, Ez: 60/30-70/35, Dz: 95/47-140/70,
1 Suite, ⌐ WC Ⓒ, Ⓟ, 🍽, ⌂, Sauna, Solarium,
Restaurant
geschl.: 5.-28.11.00

Hellwege 17 ↘

Niedersachsen
Kreis Rotenburg (Wümme)
EW 987
🅘 Tel (0 42 64) 8 32 00
Samtgemeinde Sottrum
✉ 27367 Am Eichkamp 12

* **Prüser's Gasthof**
Dorfstr. 5, Tel (0 42 64) 99 90, Fax 9 99 45,
✉ 27367, DC ED VA
56 Zi, Ez: 76/38-86/43, Dz: 125/62-145/73, ⌐
WC Ⓒ, 15 ⌂, Lift, Ⓟ, 🍽, 3⊃200, ⌂, Kegeln,
Sauna, Solarium, 1 Tennis, Restaurant
geschl.: 3.-10.1.01

Helmbrechts 48 ↘

Bayern / Kreis Hof
EW 10000
🅘 Tel (0 92 52) 7 01 50, Fax 7 01 11
Städtisches Verkehrsamt
✉ 95233 Luitpoldstr. 21

* **Deutsches Haus**
Friedrichstr. 6, Tel (0 92 52) 10 68, Fax 60 11,
✉ 95233, ED VA
15 Zi, Ez: 75/37, Dz: 128/64, 1 Suite, ⌐ WC Ⓒ,
Ⓟ, Restaurant
geschl.: Do, 15.1.-15.2.01

* **Zeitler**
Kulmbacher Str. 15, Tel (0 92 52) 96 20,
Fax 96 21 13, ✉ 95233, ED
24 Zi, Ez: 80/40-95/47, Dz: 118/59-150/75, ⌐
WC Ⓒ DFÜ, Ⓟ, 🍽
🍴 Hauptgericht 16/8-30/15, Terrasse

Helmstadt 55 →

Bayern / Kreis Würzburg
EW 2670
🛈 Tel (0 93 69) 90 79 17, Fax 90 79 90
Verwaltungsgemeinschaft
✉ 97264 Im Kies 8

✱ Akzent-Hotel Krone
Würzburgerstr. 23, Tel (0 93 69) 9 06 40,
Fax 90 64 40, ✉ 97264, AX ED VA
26 Zi, Ez: 90/45-115/57, Dz: 130/65-150/75, ⊟
WC ⊘ DFÜ, 7 ⮂, P, 1⟳20, Kegeln, Restaurant
geschl.: 9.-14.4.01
Auch Zimmer der Kategorie ✱✱ vorhanden.

Helmstedt 27 ↓

Niedersachsen
EW 26470
🛈 Tel (0 53 51) 1 73 33, Fax 1 71 02
Stadt-Information
✉ 38350 Markt 1

✱✱ Holiday Inn Garden Court
Chardstr. 2, Tel (0 53 51) 12 80, Fax 12 81 28,
✉ 38350, AX DC ED VA, Ⓢ
63 Zi, Ez: 145/73-220/110, Dz: 155/78-220/110,
2 Suiten, ⊟ WC ⊘ DFÜ, 22 ⮂, Lift, P, ⌂,
3⟳100, Fitnessraum, Sauna, Solarium, Golf,
Restaurant

Hemer 34 ↙

Nordrhein-Westfalen
Märkischer Kreis
EW 35000
🛈 Tel (0 23 72) 1 08 68, Fax 43 60
Kulturamt + Verkehrsverein
✉ 58675 Hauptstr. 185+209

Becke (1 km ↗)

🍴🍴 Zum Bären
Urbecker Str. 110, Tel (0 23 72) 1 07 65,
Fax 18 15, ✉ 58675, AX DC ED VA
Hauptgericht 35/17-48/24, Gartenlokal, P,
geschl.: Mo, 2 Wochen im Sommer

Fönsberg

🍴🍴 Haus Winterhof
Stephanopel 30, Tel (0 23 72) 89 81,
Fax 8 19 25, ✉ 58675, AX ED

Hauptgericht 33/16-46/23, Terrasse,
Gartenlokal, P, geschl.: Di, 2 Wochen im
Sommer

Hemmingen 26 ↙

Niedersachsen / Kreis Hannover
EW 19000
🛈 Tel (05 11) 4 10 31 35, Fax 4 10 31 30
Stadtverwaltung
✉ 30966 Rathausplatz 1

🍴🍴 Landhaus Artischocke
Dorfstr. 30, Tel (05 11) 94 26 46 30,
Fax 94 26 46 59, ✉ 30966, AX ED VA
Hauptgericht 26/13-38/19, Terrasse, P, nur
abends, So auch mittags

Westerfeld (2 km ↖)

✱ Concorde Hotel Berlin
Berliner Str. 4, Tel (05 11) 4 10 28 00,
Fax 41 02 80 13, ✉ 30966, AX DC ED VA
39 Zi, Ez: 99/49-310/156, Dz: 160/80-370/186,
23 App, ⊟ WC ⊘, 7 ⮂, Lift, P, Sauna,
Solarium, garni
Auch Zimmer der Kategorie ✱✱ vorhanden.

Hemsbach 54 →

Baden-Württemberg
Rhein-Neckar-Kreis
EW 12600
🛈 Tel (0 62 01) 7 07 26, Fax 7 07 77
Hermsbach Information
✉ 69502 Schloßgasse 41

Balzenbach (4 km →)

✱✱ Silencehotel Der Watzenhof
Tel (0 62 01) 7 00 50, Fax 70 05 20, ✉ 69502,
AX DC ED VA
♪, 13 Zi, Ez: 125/62, Dz: 165/83, 2 Suiten, ⊟
WC ⊘ DFÜ, 2 ⮂, P, ⌂, 1⟳50
geschl.: 1.1.-1.2.01
🍴🍴 Hauptgericht 25/12, Biergarten,
geschl.: So abends, Mo mittags, 1.1.-1.2.01

Hengersberg 66 ←

Bayern / Kreis Deggendorf
EW 7350
🛈 Tel (0 99 01) 9 30 70, Fax 93 07 40
Touristinformation
✉ 94491 Mimminger Str. 2

✱ Erika
Am Ohewehr, **Tel (0 99 01) 60 01**, Fax 67 62,
✉ 94491, AX DC ED VA
26 Zi, Ez: 55/27-68/34, Dz: 98/49-110/55, ⌐
WC ⌾, P, 2⟲120, Kegeln, Sauna, Solarium,
Restaurant

✱ Niederalteicher Hof
Marktplatz 9, **Tel (0 99 01) 30 11**, Fax 38 11,
✉ 94491
29 Zi, Ez: 45/22-50/25, Dz: 90/45-100/50, ⌐
WC ⌾, Lift, P, 2⟲250, Restaurant

Hennef 43 ↖

Nordrhein-Westfalen
Rhein-Sieg-Kreis
EW 41000
🛈 Tel (0 22 42) 88 82 88, Fax 88 81 57
Verkehrsamt
✉ 53773 Frankfurter Str. 97

siehe auch Ruppichteroth

✱✱ Euro Park Hotel
Reutherstr. 1 a-c, **Tel (0 22 42) 87 60**,
Fax 87 61 99, ✉ 53773, AX DC ED VA
76 Zi, Ez: 108/54-298/150, Dz: 128/64-389/195,
1 Suite, ⌐ WC ⌾, 25 ⌫, Lift, P, 13⟲300,
Fitnessraum, Sauna, Solarium, Restaurant

￭￭ Rôtisserie Christine
Frankfurter Str. 55, **Tel (0 22 42) 29 07**,
Fax 86 69 04, ✉ 53773, AX DC ED VA
🍷, Hauptgericht 37/18-47/23, P, ⌂, nur
abends, geschl.: So

Stadt Blankenberg (7 km ↘)

✱ Galerie Hotel
Mechtildisstr. 13, **Tel (0 22 48) 92 00**,
Fax 9 20 17, ✉ 53773, AX DC ED VA
♪ 🍷, 13 Zi, Ez: 110/55, Dz: 149/75, ⌐ WC ⌾,
Lift, P, 1⟲30, Kegeln, Restaurant

Hennigsdorf 30 ↖

Brandenburg / Kreis Oberhavel
EW 26070
🛈 Tel (0 33 02) 27 22 45, Fax 27 22 49
Stadtinformation
✉ 16761 Postplatz 3a

✱✱ Pannonia
Fontanestr. 110, **Tel (0 33 02) 87 50**,
Fax 87 54 45, ✉ 16761, AX DC ED VA, S
112 Zi, Ez: 153/77-213/107,
Dz: 176/88-236/118, ⌐ WC ⌾, 48 ⌫, Lift, P,
4⟲100, Fitnessraum, Sauna, Solarium
Auch Zimmer der Kategorie ✱✱✱ vorhanden.
￭￭ Hauptgericht 25/12

Hennstedt 10 ✓

Schleswig-Holstein
Kreis Steinburg
EW 535
Bürgermeisteramt
✉ 25581 Tönsheider Str. 8

Seelust (1 km ↓)

✱ Landhotel Seelust
Seelust 6, **Tel (0 48 77) 6 77**, Fax 7 66,
✉ 25581, ED VA
♪, 13 Zi, Ez: 90/45, Dz: 130/65, ⌐ WC, P, ⌂,
Seezugang, Sauna, Solarium, Golf
￭ Hauptgericht 25/12-30/15, Terrasse,
nur abends, geschl.: Di, 15.2.-15.3.01

Heppenheim 54 →

Hessen / Kreis Bergstraße
EW 27000
🛈 Tel (0 62 52) 1 31 71, Fax 1 31 23
Fremdenverkehrsbüro
✉ 64646 Großer Markt 3

✱✱ Am Bruchsee
Am Bruchsee 1, **Tel (0 62 52) 96 00**,
Fax 96 02 50, ✉ 64646, AX DC ED VA, S
🍴, 70 Zi, Ez: 137/69-165/83,
Dz: 170/85-225/113, 1 Suite, ⌐ WC ⌾ DFÜ,
23 ⌫, Lift, P, ⌂, 8⟲200, Fitnessraum,
Seezugang, Sauna, Solarium
￭￭ 🍴, Hauptgericht 30/15-46/23, Terrasse

✱✱ Mercure
Siegfriedstr. 1, **Tel (0 62 52) 12 90**,
Fax 12 91 00, ✉ 64646, AX DC ED VA
112 Zi, Ez: 168/84-183/92,
Dz: 199/100-214/107, ⌐ WC ⌾ DFÜ, 45 ⌫, Lift,
⌂, 3⟲100, garni

Herbertingen 69 □

Baden-Württemberg
Kreis Sigmaringen
EW 4790
ℹ Tel (0 75 86) 9 20 80, Fax 92 08 60
Gemeindeverwaltung
✉ 88518 Hauptstr. 12

✱ Gasthaus Engel
Bahnhofstr. 1, Tel (0 75 86) 9 21 10,
Fax 92 11 40, ✉ 88518, AX DC ED VA
24 Zi, Ez: 70/35-80/40, Dz: 120/60, 3 App, WC
⊘, Lift, P, 🐕, 1↔180

Herbolzheim 67 ↖

Baden-Württemberg
Kreis Emmendingen
EW 9138
ℹ Tel (0 76 43) 91 77 87, Fax 91 77 88
Tourismusbüro
✉ 79336 Hauptstraße 28

✱✱ Highway Hotel
Breisgauallee, Ausfahrt A5 Herbolzheim,
Tel (0 76 43) 4 00 31, Fax 4 00 38, ✉ 79336,
AX DC ED VA
76 Zi, Ez: 95/47-180/90, Dz: 150/75-180/90, ⊣
WC ⊘, 12 🛏, Lift, P, 3↔80, Sauna, Solarium,
garni

Herborn 44 □

Hessen / Lahn-Dill-Kreis
EW 22500
ℹ Tel (0 27 72) 70 82 23, Fax 70 84 00
Fremdenverkehrsamt
✉ 35745 Hauptstr. 39

✱✱ Schloß-Hotel
Schlosstr. 4, Tel (0 27 72) 70 60, Fax 70 66 30,
✉ 35745, AX DC ED VA
70 Zi, Ez: 139/70-177/89, Dz: 218/109-253/127,
2 Suiten, ⊣ WC ⊘, 19 🛏, Lift, P, 🐕, 6↔100,
Fitnessraum, Sauna, Golf
Auch Zimmer der Kategorie ✱ vorhanden.

🍴🍴 Le Bistro
Hauptgericht 32/16, Terrasse

🍴 Hohe Schule
Schulhofstr. 5, Tel (0 27 72) 28 15,
Fax 92 79 21, ✉ 35745, AX DC ED VA
Hauptgericht 21/10-42/21, geschl.: Di
✱✱ 🛏, 9 Zi, Ez: 115/57-138/69,
Dz: 180/90, 1 Suite, ⊣ WC ⊘, P, 🐕, 2↔50

Herbrechtingen 62 ↘

Baden-Württemberg
Kreis Heidenheim an der Brenz
ℹ Tel (0 73 24) 95 50, Fax 95 51 40
Stadtverwaltung
✉ 89542 Lange Str. 58

✱ Grüner Baum
Lange Str. 46, Tel (0 73 24) 95 40,
Fax 95 44 00, ✉ 89542, AX DC ED VA
40 Zi, Ez: 85/42-95/47, Dz: 140/70-150/75, ⊣
WC ⊘ DFÜ, P
🍴 Hauptgericht 14/7-40/20, geschl.: Mo
mittags, So

Herbstein 45 □

Hessen / Vogelsbergkreis
EW 5250
ℹ Tel (0 66 43) 96 00 19, Fax 96 00 20
Kurbetriebsgesellschaft
✉ 36358 Marktplatz 7

✱ Landhotel Weismüller
Blücherstr. 4, Tel (0 66 43) 9 62 30, Fax 75 18,
✉ 36358, ED VA
♪, 24 Zi, Ez: 77/38, Dz: 124/62-134/67, ⊣ WC
⊘, 4 🛏, P, 🐕, 3↔100, Sauna, Solarium,
Restaurant
geschl.: Di
Auch Zimmer der Kategorie ✱✱ vorhanden.

Herdecke 33 □

Nordrhein-Westfalen
Ennepe-Ruhr-Kreis
EW 25950
ℹ Tel (0 23 30) 61 13 25, Fax 1 26 14
Stadtverwaltung
✉ 58313 Kirchplatz 3

✱✱ Ringhotel Zweibrücker Hof
Zweibrücker-Hof-Str. 4, Tel (0 23 30) 60 50,
Fax 60 55 55, ✉ 58313, AX DC ED VA, Ⓢ
71 Zi, Ez: 158/79-175/88, Dz: 189/95-210/105,
8 App, ⊣ WC ⊘, 32 🛏, Lift, P, 6↔350, 🐕,
Kegeln, Sauna, Solarium

🍴🍴 Hauptgericht 30/15, Terrasse,
Biergarten

🍴🍴🍴 Schiffswinkel
Im Schiffswinkel 35, Tel (0 23 30) 21 55,
Fax 12 95 77, ✉ 58313, AX DC ED VA
Hauptgericht 68/34, Terrasse, Biergarten, P,
geschl.: Mo

Herford

25 ✓

Nordrhein-Westfalen
EW 65320
i Tel (0 52 21) 18 96 66, Fax 18 96 94
Info-Center Herford
✉ 32052 Hämelinger Str. 4

★★ Dohm-Hotel
Löhrstr. 4-6 (B 2), Tel (0 52 21) 1 02 50,
Fax 10 25 50, ✉ 32052, AX DC ED VA
36 Zi, Ez: 125/62-145/73, Dz: 170/85-205/103,
⌐ WC ⌀, 7 ⌂, Lift, 🚗, 3⌾80
Auch Zimmer der Kategorie ★ vorhanden.
🍴🍴 Hauptgericht 25/12, Biergarten, 🅿, geschl.: Sa

★★ Fürstabtei
Elisabethstr. 9 (B 2), Tel (0 52 21) 2 75 50,
Fax 27 55 15, ✉ 32052, AX DC ED VA
21 Zi, Ez: 160/80, Dz: 210/105, ⌐ WC ⌀ DFÜ,
Lift, 🅿, garni
Restauriertes Fachwerkhaus aus dem 17. Jh..

★★ Stadthotel Pohlmann
Mindener Str. 1 (C 1), Tel (0 52 21) 98 00,
Fax 98 01 62, ✉ 32049, AX DC ED VA
36 Zi, Ez: 105/52-130/65, Dz: 150/75-190/95,
1 Suite, ⌐ WC ⌀, 12 ⌂, Lift, 🅿, 3⌾80, Sauna,
Restaurant
Auch Zimmer der Kategorie ★ vorhanden.

★ Münchner Hof
Berliner Str. 29, Tel (0 52 21) 1 05 80,
Fax 52 91 02, ✉ 32052, AX DC ED VA
17 Zi, Ez: 115/57-135/67, Dz: 160/80-175/88,
2 Suiten, 1 App, ⌐ WC ⌀, 4 ⌂, Lift, 🅿, 1⌾95,
Restaurant

★ Hansa
Brüderstr. 40 (B 2), Tel (0 52 21) 5 97 20,
Fax 59 72 59, ✉ 32052, AX ED VA
16 Zi, Ez: 60/30-95/47, Dz: 130/65-140/70, ⌐
WC ⌀, Lift, 🅿, 🚗, garni
Rezeption: 7-20, geschl.: So, 16.7.-12.8.01

Herford-Außerhalb (4 km →)

★ Waldesrand
Zum Forst 4, Tel (0 52 21) 9 23 20,
Fax 9 23 24 29, ✉ 32049, AX DC ED VA
♪, 51 Zi, Ez: 75/37-125/62, Dz: 120/60-170/85,
1 Suite, ⌐ WC ⌀ DFÜ, 4 ⌂, Lift, 🅿, 3⌾50,
Sauna, Solarium, Restaurant
Auch Zimmer der Kategorie ★★ vorhanden.

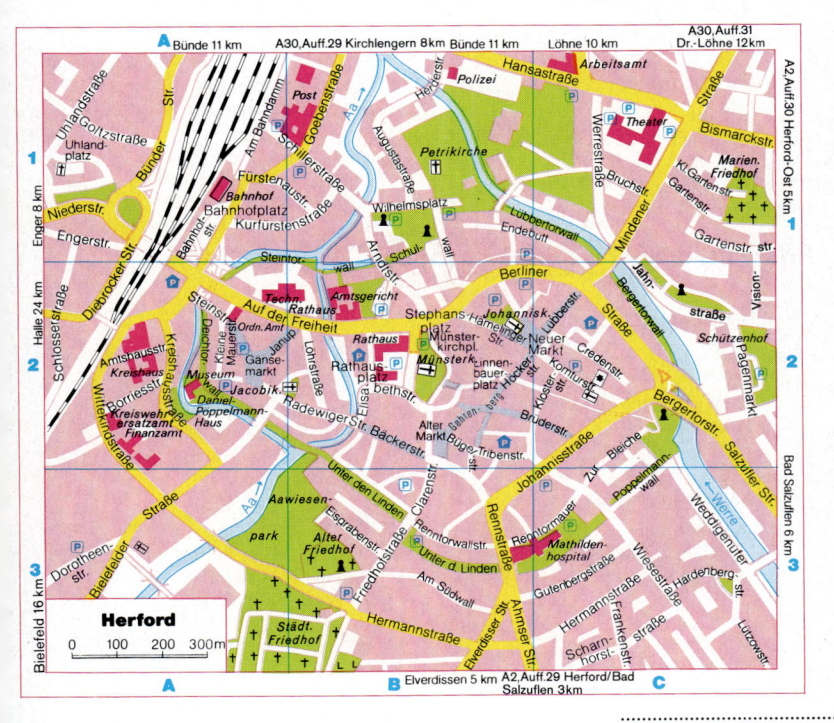

✱ Schinkenkrug
Paracelsusstr. 14, Tel (0 52 21) 92 00,
Fax 92 00 00, ✉ 32049, AX ED VA
23 Zi, Ez: 80/40-110/55, Dz: 120/60-150/75, ⊣
WC ⊘, P, 3⊖100, Restaurant

Eickum (3 km ←)

¶¶ Tönsings Kohlenkrug
Diebrocker Str. 316, Tel (0 52 21) 3 28 36,
Fax 3 38 83, ✉ 32051, AX
Hauptgericht 35/17-44/22, Biergarten, P, nur abends, geschl.: Mo, Di, 2 Wochen im Sommer

Falkendiek (4 km ↑)

✱ Stille
Löhner Str. 157, Tel (0 52 21) 96 70 00,
Fax 6 75 83, ✉ 32049, ED VA
19 Zi, Ez: 90/45-100/50, Dz: 140/70-165/83, ⊣
WC ⊘, P, 3⊖150, Kegeln, Restaurant
Rezeption: 8-13, 16-23

Hergensweiler 69 ↘

Bayern / Kreis Lindau
EW 1700
ℹ Tel (0 83 88) 2 17, Fax 7 24
Gemeindeverwaltung
✉ 88138 Friedhofweg 7

Stockenweiler (1,5 km ↗)

¶¶ Lanz
Haus Nr 32 an der B 12, Tel (0 83 88) 9 90 35,
Fax 2 43, ✉ 88138, AX ED
Hauptgericht 48/24-51/25, P, nur abends,
geschl.: Mi, Do

Heringsdorf siehe Usedom

Herleshausen 46 ↗

Hessen / Werra-Meißner-Kreis
EW 3021
ℹ Tel (0 56 54) 9 89 50, Fax 98 95 33
Gemeindeverwaltung
✉ 37293 Bahnhofstr. 15

Hohenhaus-Holzhausen (6 km ↘)

✱✱✱ Hohenhaus ♛
Relais & Châteaux
Tel (0 56 54) 98 70, Fax 13 03, ✉ 37293, AX DC ED VA

einzeln ♪ ♨, 26 Zi, Ez: 210/105-285/143,
Dz: 310/156-400/201, ⊣ WC ⊘ DFÜ, Lift, P, 🏠,
2⊖40, 🏊, Sauna, Solarium

¶¶¶ Hauptgericht 45/22, Terrasse
geschl.: So abends, Mo, Di mittags

Hermannsburg 26 ↗

Niedersachsen / Kreis Celle
EW 8000
ℹ Tel (0 50 52) 80 55, Fax 84 23
Verkehrsverein
✉ 29320 Harmsstr. 3 a

✱✱ Heidehof
Billingstr. 29, Tel (0 50 52) 97 00, Fax 33 32,
✉ 29320, AX DC ED VA
104 Zi, Ez: 130/65-180/90,
Dz: 200/100-235/118, ⊣ WC ⊘, 27 🛏, Lift, P,
🏠, 12⊖220, 🏊, Kegeln, Sauna, Solarium
Auch Zimmer der Kategorie ✱ vorhanden.

¶¶ Atrium
Hauptgericht 18/9-38/19, Terrasse

✱ Völkers Hotel
Billingstr. 7, Tel (0 50 52) 9 87 40,
Fax 98 74 74, ✉ 29320, AX DC ED VA
18 Zi, Ez: 98/49-125/62, Dz: 138/69-180/90, ⊣
WC ⊘, 5 🛏, P, 🏠, 3⊖30
¶ Hauptgericht 26/13-40/20, Biergarten

Baven (2 km ↖)

✱ Drei Linden
Billingstr. 102, Tel (0 50 52) 9 88 70,
Fax 98 87 34, ✉ 29320, ED VA
14 Zi, Ez: 75/37, Dz: 136/68, 1 Suite, ⊣ WC ⊘,
P, 🏠, Restaurant

Oldendorf-Außerhalb (7 km ↘)

✱ Zur Alten Fuhrmanns Schänke
Dehningshof 1, Tel (0 50 54) 9 89 70,
Fax 98 97 98, ✉ 29320, ED VA
einzeln ♪, 19 Zi, Ez: 70/35-90/45,
Dz: 90/45-140/70, 4 Suiten, ⊣ WC ⊘, P,
Kegeln

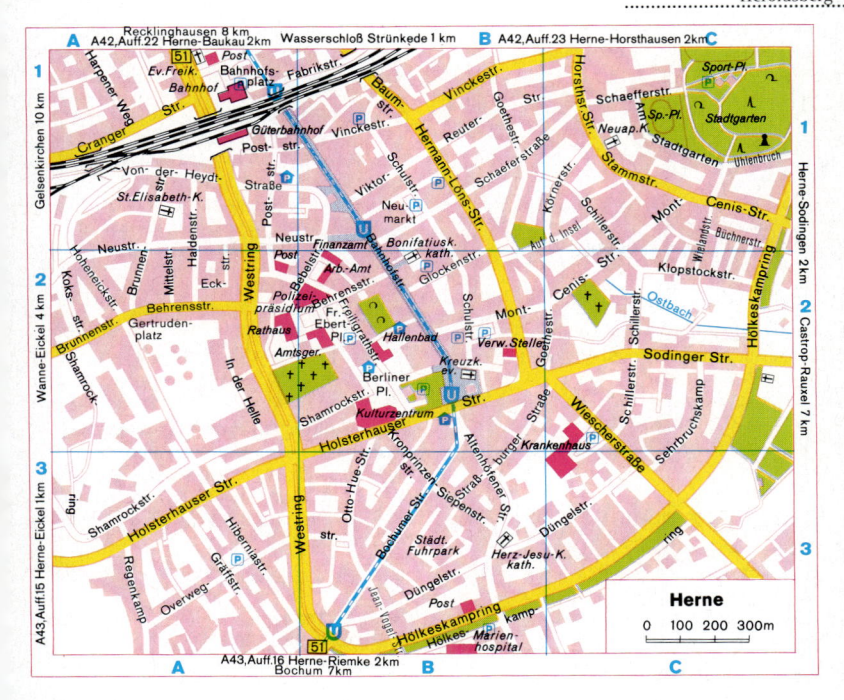

🍴🍴 ⌂, Hauptgericht 11/5-35/17, Terrasse,
geschl.: Nov-Ostern dienstags

Hermsdorf/Erzgebirge 51 ←

Sachsen / Weißeritzkreis
EW 1130
ℹ Tel (03 50 57) 5 12 10, Fax 5 12 10
Gemeindeverwaltung
✉ 01776 Kirchplatz 2

Neuhermsdorf (4 km ↓)

** Altes Zollhaus
Altenberger Str. 7, Tel (03 50 57) 5 40,
Fax 5 12 64, ✉ 01776, AX DC ED VA
⌒, 41 Zi, Ez: 105/52-122/61,
Dz: 130/65-160/80, 3 Suiten, ⊐ WC ⊘, 3 ⚐,
Lift, **P**, 3⌒100, Sauna, Solarium
Auch Zimmer der Kategorie *** vorhanden.
🍴 ⌂, Hauptgericht 16/8-30/15, Terrasse

⊨ Wettin
Altenberger Str. 24, Tel (03 50 57) 5 12 17,
Fax 5 12 18, ✉ 01776, AX ED VA
29 Zi, Ez: 65/32-75/37, Dz: 98/49, ⊐ WC ⊘, **P**,
🐕, Solarium, Restaurant

Herne 33 □

Nordrhein-Westfalen
EW 177500
ℹ Tel (0 23 23) 16 28 12, Fax 16 29 77
Verkehrsverein
✉ 44623 Berliner Platz 11

** Parkhotel
Schaeferstr. 103 (C 1), Tel (0 23 23) 95 50,
Fax 95 52 22, ✉ 44623, AX DC ED VA
⌒, 62 Zi, Ez: 95/47-125/62, Dz: 170/85-180/90,
⊐ WC ⊘, 1⌒45, Sauna, Solarium

🍴 Parkrestaurant
Hauptgericht 30/15

Heroldsberg 57 □

Bayern / Kreis Erlangen-Höchstadt
EW 7400
ℹ Tel (09 11) 51 85 70, Fax 5 18 57 40
Gemeindeverwaltung
✉ 90562 Kirchenweg 4

🍴🍴 Schwarzer Adler
Hauptstr. 19, Tel (09 11) 5 18 17 02,
Fax 5 18 17 03, ✉ 90562, AX DC ED VA

Hauptgericht 26/13-34/17, Terrasse, ℙ,
geschl.: Mo, Di mittags, Ende Aug

Heroldstatt 62 ↓

Baden-Württemberg
Kreis Alb-Donau
EW 2200
🛈 Tel (0 73 89) 9 09 00, Fax 90 90 90
Touristinformation
✉ 72535 Am Berg 1

Sontheim

✱ Landhotel Wiesenhof
Lange Str. 35, Tel (0 73 89) 9 09 50, Fax 15 01,
✉ 72535, ED
16 Zi, Dz: 120/60-150/75, ⌐ WC ⌀ DFÜ, 2 ⇥,
ℙ, ⌂, 2⟳15, Sauna, Solarium
🍴 Hauptgericht 25/12-48/24, Terrasse,
geschl.: Di

Herrenalb, Bad 60 →

Baden-Württemberg / Kreis Calw
EW 7500
🛈 Tel (0 70 83) 50 05 55, Fax 50 05 44
Tourismusbüro
✉ 76332 Bahnhofsplatz 1

✱✱✱ Thermenhotel Falkenburg
Falkenburgstr., Tel (0 70 83) 92 70,
Fax 92 75 55, ✉ 76332, AX ED VA
⌘ ❀, 88 Zi, Ez: 179/90-230/115,
Dz: 258/129-330/166, 9 Suiten, ⌐ WC ⌀, Lift,
ℙ, ⌂, 4⟳200, ⌒, Fitnessraum, Sauna,
Solarium, Golf
🍴 Hauptgericht 28/14-42/21, Terrasse

✱✱✱ Mönchs Posthotel ♛
Relais & Châteaux
Dobler Str. 2, Tel (0 70 83) 74 40,
Fax 74 41 22, ✉ 76332, AX DC ED VA
⌘ ☻, 24 Zi, Ez: 150/75-336/169,
Dz: 250/125-420/211, ⌐ WC ⌀, Lift, ℙ, ⌂,
2⟳40, ≋, Golf

🍴🍴🍴 Klosterschänke
Hauptgericht 30/15, Terrasse
Beachtenswerte Küche.

🍴🍴 Locanda
Hauptgericht 25/12-35/17, Terrasse,
geschl.: Mo. Di, 15.10.00-1.3.01

✱✱ Landhaus Marion
Bleichweg 31, Tel (0 70 83) 74 00,
Fax 74 06 02, ✉ 76332, AX DC ED VA
⌘ ❀, 55 Zi, Ez: 80/40-150/75,
Dz: 150/75-270/135, 7 Suiten, ⌐ WC ⌀ DFÜ,
10 ⇥, Lift, ℙ, ⌂, 4⟳70, ⌒, Kegeln, Sauna,
Solarium, Golf, Restaurant
Auch Zimmer der Kategorie ✱ vorhanden.

✱ Höfer's Hotel
Harzer am Kurpark
Kurpromenade 1, Tel (0 70 83) 9 25 60,
Fax 92 56 99, ✉ 76332, AX ED VA
27 Zi, Ez: 68/34-145/73, Dz: 112/56-180/90, ⌐
WC ⌀, Lift, ⌂, ⌒, Sauna, Golf, Restaurant
geschl.: 20.11.-15.12.00

☕ Café Zoller
Ettlinger Str. 16, Tel (0 70 83) 31 06,
Fax 5 18 12, ✉ 76332
Terrasse, ℙ, geschl.: Mo, 15.1.-10.2.01

Gaistal (2 km ↓)

✱✱ Äolus Parkhotel Gaistaler Hof
Gaistalstr. 143 / I, Tel (0 70 83) 5 00 90,
Fax 5 00 91 40, ✉ 76332, AX ED VA
☻, 35 Zi, Ez: 70/35-140/70, Dz: 100/50-180/90,
⌐ WC ⌀, 2 ⇥, Lift, ℙ, 3⟳50, Fitnessraum,
Golf, Restaurant

Rotensol (5 km ↗)

✱✱ Lamm
Mönchstr. 31, Tel (0 70 83) 9 24 40,
Fax 92 44 44, ✉ 76332, AX ED VA
⌘ ❀, 22 Zi, Ez: 90/45-100/50,
Dz: 160/80-175/88, 1 Suite, ⌐ WC ⌀, 8 ⇥, ℙ,
⌂, 3⟳35, Golf
🍴🍴 Hauptgericht 25/12-45/22 ✚
Terrasse, geschl.: Mo

Herrenberg 61 ↙

Baden-Württemberg
Kreis Böblingen
EW 29350
🛈 Tel (0 70 32) 92 42 24, Fax 92 43 33
Haupt- und Kulturamt
✉ 71083 Marktplatz 5

Sehenswert: 700 Jahre alte Stiftskirche auf dem
Schloßberg mit Chorgestühl, Glockenmuseum
im Turm; Mittelalterliche Innenstadt; Marktplatz, Fachwerkhäuser, Marktbrunnen; Naturpark Schönbuch.

✱✱ Residence
Daimlerstr. 1, Tel (0 70 32) 27 10,
Fax 27 11 00, ✉ 71083, AX DC ED VA
159 Zi, Ez: 165/83-215/108,
Dz: 190/95-240/120, 24 Suiten, ⌐ WC ⌀ DFÜ,
50 ⇥, Lift, ℙ, 9⟳180, Fitnessraum, Sauna,
Solarium, Golf
🍴🍴 Hauptgericht 18/9-45/22, Terrasse

Ringhotel Gasthof Hasen
**
Hasenplatz 6, Tel (0 70 32) 20 40,
Fax 20 41 00, ⊠ 71083, AX DC ED VA
65 Zi, Ez: 102/51-148/74, Dz: 150/75-180/90,
1 Suite, 3 App, ⊣ WC ⊘ DFÜ, 32 ⇐, Lift, P, ⌂,
5⟲120, Sauna, Solarium, Golf
¶¶ Hauptgericht 15/7-40/20, Biergarten

Historischer Weinkeller Alt Herrenberg
¶¶
Schuhgasse 23, Tel (0 70 32) 2 33 44, ⊠ 71083,
ED VA
☉, Hauptgericht 26/13, nur abends,
geschl.: so+feiertags
Original erhaltener Gewölbekeller aus dem Jahre 1460.

Café Neumann
☕
Reinhold-Schick-Platz 2, Tel (0 70 32) 51 39,
Fax 28 74 61, ⊠ 71083, ED
P, ⇐, geschl.: 25.6.-15.7.01

Mönchberg (3 km ⇘)

Euro Ring Hotel Kaiser
*
Kirchstr. 10, Tel (0 70 32) 9 78 80,
Fax 97 88 30, ⊠ 71083, AX DC ED VA
♪ ⚘, 30 Zi, Ez: 95/47-145/73,
Dz: 150/75-195/98, 1 App, ⊣ WC ⊘ DFÜ,
10 ⇐, P, ⌂, 1⟲25, Fitnessraum, Sauna,
Solarium, Golf
geschl.: 27.12.00-7.1.01
¶ Hauptgericht 25/12, Terrasse,
geschl.: 27.12.00-7.1.01

Herrieden 56 ⇘

Bayern / Kreis Ansbach
EW 7500
🛈 Tel (0 98 25) 80 80, Fax 8 08 30
Stadtverwaltung
⊠ 91567 Herrnhof 10

Gasthaus Limbacher ✝
¶
Vordere Gasse 34, Tel (0 98 25) 53 73, ⊠ 91567
Hauptgericht 33/16, Gartenlokal, geschl.: Mo,
Di, Mi, 2 Wochen im Feb, Ende Sep

Schernberg (1 km ↑)

Gasthof zum Bergwirt
*
Haus Nr 1, Tel (0 98 25) 84 69, Fax 49 25,
⊠ 91567
64 Zi, Ez: 65/32-75/37, Dz: 85/42-140/70,
1 Suite, ⊣ WC ⊘ DFÜ, 30 ⇐, P, Fitnessraum,
Kegeln, Sauna, Solarium, Restaurant
Auch einfachere Zimmer vorhanden.

Herrischried 67 ⇘

Baden-Württemberg / Kreis Waldshut
EW 2620
🛈 Tel (0 77 64) 92 00 40, Fax 92 00 42
Gäste-Information
⊠ 79737 Hauptstr. 28

Kleinherrischwand (2 km ↑)

Pension Waldheim
⇐
Haus Nr 26, Tel (0 77 64) 2 42, Fax 13 29,
⊠ 79737
♪ ⚘, 16 Zi, Ez: 50/25-55/27, Dz: 94/47-108/54,
12 App, ⊣ WC ⊘, P, ⌂, Fitnessraum,
Restaurant
geschl.: 1.-30.11.00

Herrsching 71 ⇖

Bayern / Kreis Starnberg
EW 9228
🛈 Tel (0 81 52) 52 27, Fax 4 05 19
Verkehrsbüro
⊠ 82211 Bahnhofplatz 3

Ammersee
*
Summerstr. 32, Tel (0 81 52) 9 68 70,
Fax 53 74, ⊠ 82211, AX DC ED VA
⚘, 40 Zi, Ez: 95/47-170/85, Dz: 195/98-235/118,
⊣ WC ⊘, Lift, P, 4⟲80, Sauna, Solarium,
Restaurant

Piushof
*
Schönbichlstr. 18, Tel (0 81 52) 9 68 20,
Fax 96 82 70, ⊠ 82211, AX DC ED VA
♪ ⚘, 21 Zi, Ez: 120/60-150/75, Dz: 220/110,
2 Suiten, ⊣ WC ⊘, 6 ⇐, P, ⌂, 1⟲30,
Restaurant

Andechser Hof
*
Zum Landungssteg 1, Tel (0 81 52) 9 68 10,
Fax 96 81 44, ⊠ 82211, AX DC ED VA
23 Zi, Ez: 110/55-135/67, Dz: 170/85-180/90,
1 Suite, ⊣ WC ⊘, Lift, P

Seehof Herrsching
*
Seestr. 58, Tel (0 81 52) 93 50, Fax 93 51 00,
⊠ 82211, ED VA
♪ ⚘, 39 Zi, Ez: 103/51-115/57,
Dz: 150/75-155/78, ⊣ WC ⊘, 5 ⇐, Lift, P,
2⟲30, Seezugang
🍽 Hauptgericht 11/5-30/15, Terrasse,
Biergarten

Landgasthaus Mühlfeld-Bräu
¶
Mühlfeld 13, Tel (0 81 52) 55 78, Fax 80 18,
⊠ 82211, ED VA
☉, Hauptgericht 13/6-29/14, Biergarten, P
Hausbrauerei

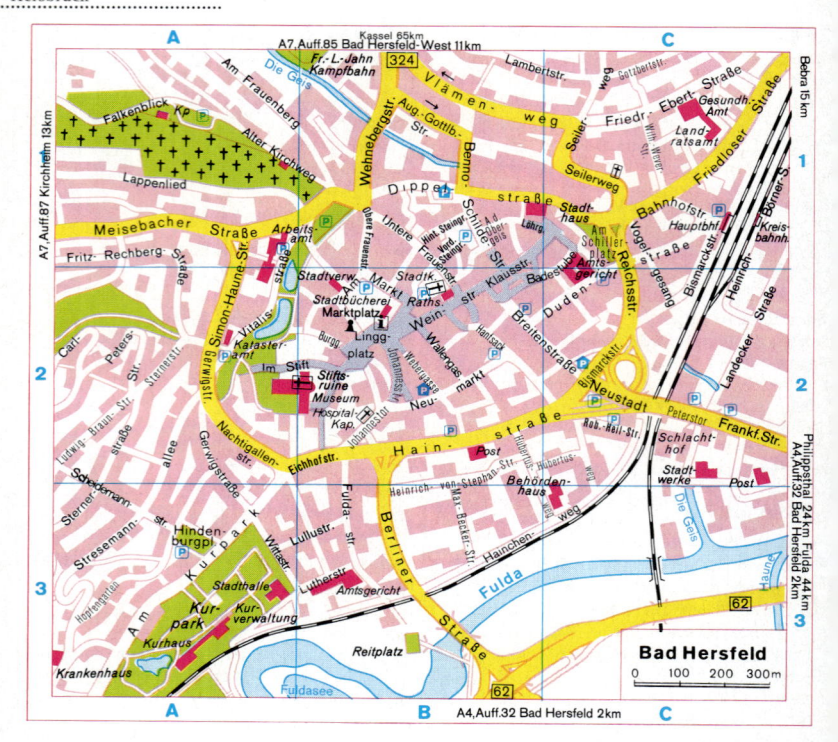

Hersbruck 58

Bayern / Kreis Nürnberger Land
EW 12160
🛈 Tel (0 91 51) 47 55, Fax 44 73
Fremdenverkehrsamt
✉ 91217 Stadthaus am Schloßplatz

✱ Petit Hotel Panorama
Höhenweg 10, Tel (0 91 51) 38 04, Fax 45 60,
✉ 91217, ED VA
☾ ₴, 9 Zi, Ez: 87/43-145/73,
Dz: 140/70-240/120, 1 Suite, 1 App, ⌐ WC ⊘,
P, 🚗, 1⟳8, ⟳, Sauna, garni
Auch Zimmer der Kategorie ✱✱ vorhanden.

🛏 Gasthof Schwarzer Adler
Martin-Luther-Str. 26, Tel (0 91 51) 22 31,
Fax 22 36, ✉ 91217, ED VA
18 Zi, Ez: 50/25-65/32, Dz: 80/40-110/55, ⌐
WC ⊘, P, 🚗, 1⟳32, Restaurant

Herscheid 33

Nordrhein-Westfalen
Märkischer Kreis
EW 7000
🛈 Tel (0 23 57) 24 58
Verkehrsverein
✉ 58849 Nieder-Holte 1

Reblin (3 km ↓)

✱ Jagdhaus Weber
Reblin 11, Tel (0 23 57) 9 09 00, Fax 90 90 90,
✉ 58849, AX DC ED VA
₴, 14 Zi, Ez: 90/45-120/60, Dz: 150/75-180/90,
⌐ WC ⊘, P, 🚗, 1⟳30
geschl.: 19-26.12.00
🍴 Hauptgericht 30/15, Biergarten,
geschl.: Di, 19-26.12.00

Wellin (5 km ↗)

✱ Waldhotel Schröder
Haus Nr 4, Tel (0 23 57) 41 88, Fax 10 78,
✉ 58849, DC ED VA

einzeln ♪, 13 Zi, Ez: 79/39, Dz: 140/70, ⌐ WC
Ⓒ, 2♻30
🍴 Hauptgericht 22/11, Terrasse,
geschl.: Mo

Hersfeld, Bad 46 ↖

Hessen
EW 33000
🛈 Tel (0 66 21) 20 12 74, Fax 20 12 44
Tourist-Information
✉ 36251 Am Markt 1

★★ Meirotels am Kurpark
Am Kurpark 19 (A 3), Tel (0 66 21) 16 40,
Fax 16 47 10, ✉ 36251, AX DC ED VA
♪, 83 Zi, Ez: 175/88-205/103, Dz: 265/133,
10 Suiten, ⌐ WC Ⓒ, 28 ⇋, Lift, Ⓟ, ♨, 8♻350,
⌂, Kegeln, Sauna, Solarium, Golf
Direktzugang zum Erlebnisbad „Römer-
Therme".

🍴🍴 **Lukullus**
Hauptgericht 38/19, Terrasse

★★ Romantik Hotel Zum Stern
Linggplatz 11 (B 2), Tel (0 66 21) 18 90,
Fax 18 92 60, ✉ 36251, AX DC ED VA
♪, 45 Zi, Ez: 100/50-180/90,
Dz: 180/90-270/135, ⌐ WC Ⓒ DFÜ, 9 ⇋, Lift,
Ⓟ, ♨, 4♻120, ⌂, Sauna, Solarium
Zimmer unterschiedlicher Kategorien
vorhanden.

🍴🍴 Hauptgericht 30/15, Terrasse

★★ Vitalis
Lüderitzstr. 37 (außerhalb A 2),
Tel (0 66 21) 9 29 20, Fax 92 92 15, ✉ 36251
♪, 9 Zi, Ez: 85/42-105/52, Dz: 130/65-150/75,
⌐ WC Ⓒ DFÜ, 3 ⇋, Ⓟ, ♨, garni

★★ Haus am Park
Am Hopfengarten 2 (A 3),
Tel (0 66 21) 9 26 20, Fax 92 62 30, ✉ 36251,
AX ED VA
♪, 21 Zi, Ez: 89/44-139/70,
Dz: 120/60-205/103, 1 Suite, 3 App, ⌐ WC Ⓒ,
8 ⇋, Ⓟ, ♨, 1♻25, garni

★ Allee-Hotel Schönewolf
Brückenmüllerstr. 5, Tel (0 66 21) 9 23 30,
Fax 9 23 31 11, ✉ 36251, AX DC ED VA
23 Zi, Ez: 95/47-145/73, Dz: 140/70-220/110, ⌐
WC Ⓒ DFÜ, 6 ⇋, Ⓟ, ♨, 1♻20, ≋, Restaurant

Herten 33 ↖

Nordrhein-Westfalen
Kreis Recklinghausen
EW 70000
🛈 Tel (0 23 66) 3 52 56
Verkehrsverein
✉ 45699 Antoniusstr. 26

Westerholt (7 km ←)

★★ Schloß Westerholt
Schlosstr. 1, Tel (02 09) 96 19 80,
Fax 96 19 82 22, ✉ 45701, AX DC ED VA
24 Zi, Ez: 160/80-210/105, Dz: 190/95-290/146,
3 Suiten, ⌐ WC Ⓒ, Ⓟ, ♨, 2♻60
Auch Zimmer der Kategorie ★★★ vorhanden.

🍴🍴 Hauptgericht 30/15

Herxheim bei Landau 60 ↗

Rheinland-Pfalz
Kreis Südliche Weinstraße
EW 10000
🛈 Tel (0 72 76) 5 01 19, Fax 5 01 66
Verbandsgemeindeverwaltung
✉ 76863 Obere Hauptstr. 2

Hayna (3 km ↓)

★★ Zur Krone 👑👑
Hauptstr. 62, Tel (0 72 76) 50 80, Fax 5 08 14,
✉ 76863, AX ED VA
50 Zi, Ez: 150/75-198/99, Dz: 200/100-265/133,
3 Suiten, ⌐ WC Ⓒ DFÜ, 20 ⇋, Lift, Ⓟ, ♨,
3♻50, ⌂, Sauna, Solarium
Im Haus Katharina auch Zimmer der Kategorie
★★★ vorhanden.

🍴🍴🍴 **Kronen-Restaurant** 🍷🍷
Hauptgericht 50/25, nur abends, geschl.: Mo, Di,
2 Wochen im Jan, 2 Wochen im Sommer

🍴🍴 **Pfälzer Stube** ✤
Hauptgericht 35/17, Terrasse, geschl.: Di

Herzberg am Harz 37 ←

Niedersachsen / Kreis Osterode
EW 17700
🛈 Tel (0 55 21) 85 21 10, Fax 85 21 20
Touristik- und Kulturinformation
✉ 37412 Marktplatz 30/32

✱ Gasthof zum Schloß
Osteroder Str. 7, Tel (0 55 21) 8 99 40,
Fax 89 94 38, ✉ 37412, AX DC ED VA
20 Zi, Ez: 85/42-125/62, Dz: 125/62-165/83, ⊟ WC ⌀, P
geschl.: 2.-7.1.01, in den Sommerferien
Auch Zimmer der Kategorie ✱✱ vorhanden.
🍴🍴 Hauptgericht 19/9-40/20, geschl.: So abends, Mo mittags, 2.-7.1.01, 1.-15.7.01

✱ Englischer Hof
Vorstadt 10, Tel (0 55 21) 8 96 90,
Fax 89 69 14, ✉ 37412, AX DC ED VA
32 Zi, Ez: 80/40-92/46, Dz: 110/55-140/70, ⊟ WC ⌀ DFÜ, 9 ⛌, 🏠, 3⟲20, Restaurant
Auch einfache Zimmer vorhanden.

Herzberg Kr. Oder-Spree 31 ✓

Brandenburg
EW 650
🛈 Tel (0 33 66) 2 29 49, Fax 25 36 54
Tourismuszentrale Beeskow e.V.
✉ 15864 Berlinger Str. 30

🛏 Gasthof Pension Simke
Dorfstr. 38, Tel (03 36 77) 57 42, Fax 57 42,
✉ 15864
18 Zi, Ez: 45/22-55/27, Dz: 70/35-80/40, 1 App, ⊟ WC ⌀, 3 ⛌, P, Restaurant

Herzlake 24 ↖

Niedersachsen / Kreis Emsland
EW 9300
🛈 Tel (0 59 62) 8 80, Fax 21 30
Samtgemeinde Herzlake
✉ 49770 Neuer Markt 4

✱✱ Flora
Zuckerstr. 43, Tel (0 59 62) 20 15, Fax 20 97,
✉ 49770, ED VA
13 Zi, Ez: 78/39-138/69, Dz: 138/69, 2 Suiten, ⊟ WC ⌀ DFÜ, 3 ⛌, P, 1⟲10, Sauna, Solarium, garni

Aselage (5 km →)

✱✱✱ Romantik Hotel Aselager Mühle
Zur alten Mühle 12, Tel (0 59 62) 9 34 80,
Fax 9 34 81 60, ✉ 49770, AX DC ED VA
einzeln ⌀, 65 Zi, Ez: 150/75-200/100,
Dz: 200/100-295/148, 6 Suiten, ⊟ WC ⌀, Lift,
P, 6⟲200, 🏠, Sauna, Solarium, Golf, 5 Tennis
🍴🍴 Hauptgericht 28/14-42/21, Terrasse

Herzogenaurach 57 ←

Bayern / Kreis Erlangen-Höchstadt
EW 23000
🛈 Tel (0 91 32) 90 11 20, Fax 90 11 19
Kulturamt
✉ 91074 Marktplatz 11

siehe auch Großenseebach

✱✱✱ Herzogspark
Beethovenstr. 6, Tel (0 91 32) 77 80,
Fax 4 04 30, ✉ 91074, AX DC ED VA
98 Zi, Ez: 195/98-240/120,
Dz: 240/120-285/143, 5 Suiten, 18 App, ⊟ WC ⌀ DFÜ, Lift ⛌, P, 🏠, 8⟲300, 🏠,
Fitnessraum, Sauna, Solarium
Auch Zimmer der Kategorie ✱✱ vorhanden.

🍴🍴🍴 **Mondial**
Hauptgericht 45/22, Terrasse

🍴🍴 **Stüberl**
Hauptgericht 30/15-50/25, Terrasse
Beachtenswerte Küche.

✱ Akazienhaus
Beethovenstr. 16-18, Tel (0 91 32) 7 84 50,
Fax 4 04 30, ✉ 91074, AX DC ED VA
25 Zi, Ez: 125/62, Dz: 165/83, 2 App, ⊟ WC ⌀, garni

Hesel 15 →

Niedersachsen / Kreis Leer
EW 9213
🛈 Tel (0 49 50) 93 70 80, Fax 93 70 81
Tourist-Information
✉ 26835 Leeraner Str. 1

🛏 Jagdhaus Kloster-Barthe
Stiekelkamper Str. 19, Tel (0 49 50) 9 39 60,
Fax 93 96 96, ✉ 26835, AX DC ED VA
38 Zi, Ez: 63/31, Dz: 108/54, 2 App, ⊟ WC ⌀,
P, 🏠, Kegeln, Restaurant

Heselbach siehe Baiersbronn

Hessisch Oldendorf 25 ↘

Niedersachsen
Kreis Hameln-Pyrmont
EW 20000
? Tel (0 51 52) 25 73, Fax 14 05
Tourist-Information
✉ 31840 Lange Str. 63

✶✶ Baxmann
Segelhorster Str. 3, Tel (0 51 52) 9 41 00,
Fax 94 10 99, ✉ 31840, AX ED VA
29 Zi, Ez: 90/45-100/50, Dz: 140/70-170/85, ⊒
WC ☾, 2 ⇌, Kegeln, Bowling, Sauna, garni

🛏 Lichtsinn
Bahnhofsallee 2, Tel (0 51 52) 24 62,
Fax 5 10 71, ✉ 31840, ED
12 Zi, Ez: 70/35-90/45, Dz: 120/60, ⊒ WC, P,
Restaurant

🍴 Baxmann
Barksener Weg 16, Tel (0 51 52) 16 14,
Fax 94 10 99, ✉ 31840, ED VA
Hauptgericht 25/12, Gartenlokal, Kegeln,
Bowling, geschl.: Mo

Fuhlen (2 km ↓)

🛏 Weserterrasse
Brüggenanger 14, Tel (0 51 52) 9 43 00,
Fax 94 30 33, ✉ 31840, ED
☾, 15 Zi, Ez: 85/42-135/67, Dz: 135/67-175/88,
1 Suite, ⊒ WC ☾, 8 ⇌, P, 🏠, 1◯80,
Restaurant
geschl.: Mi

Zersen

🛏 Papp Mühle
Pappmühle 1, Tel (0 51 52) 94 66 66,
Fax 94 66 88, ✉ 31840, AX DC ED VA
einzeln, 15 Zi, Ez: 95/47-115/57,
Dz: 140/70-170/85, 1 Suite, ⊒ WC ☾, 2 ⇌, P,
2◯30, Restaurant

Hettigenbeuern siehe Buchen

Hetzdorf 50 ↗

Sachsen / Kreis Freiberg
EW 2000
? Tel (03 52 09) 2 04 25, Fax 2 04 25
Tharandter Wald-Tourist GmbH
✉ 09600 Herrndorfer Straße 3

✶ Bergschlößchen
Am Bergschlößchen 14, Tel (03 52 09) 23 80,
Fax 2 38 19, ✉ 09600, AX ED VA
☾, 18 Zi, Ez: 69/34-95/47, Dz: 99/49-148/74,
⊒ WC ☾ DFÜ, P, 2◯50, Restaurant

Heubach 62 →

Baden-Württemberg / Ostalbkreis
EW 9700
? Tel (0 71 73) 18 10, Fax 1 81 49
Stadtverwaltung
✉ 73540 Hauptstr. 53

🍴 Ratsstube
Hauptstr. 42, Tel (0 71 73) 87 08, Fax 80 89,
✉ 73540, AX DC ED VA
Hauptgericht 14/7-35/17, Biergarten, nur
mittags, geschl.: Mi

✶✶ Deutscher Kaiser
13 Zi, Ez: 80/40, Dz: 120/60, ⊒ WC ☾, 3 ⇌

Heusenstamm 54 ↗

Hessen / Kreis Offenbach am Main
EW 19500
? Tel (0 61 04) 60 70, Fax 60 72 78
Stadtverwaltung
✉ 63150 Im Herrngarten 1

✶✶ Rainbow
Seligenstädter Grund 15, Tel (0 61 04) 93 30,
Fax 93 31 20, ✉ 63150, AX ED VA
68 Zi, Ez: 145/73-195/98, Dz: 190/95-248/124,
4 Suiten, ⊒ WC ☾, 12 ⇌, Lift, P, 🏠,
Restaurant
Auch Zimmer der Kategorie ✶ vorhanden.

Hiddenhausen 25 ↙

Nordrhein-Westfalen
Kreis Herford
EW 20000
? Tel (0 52 21) 96 40, Fax 96 44 86
Kulturamt
✉ 32120 Rathausstr. 1

Schweicheln-Bermbeck (6 km ↘)

✶ Freihof
Herforder Str. 118 / B 239,
Tel (0 52 21) 6 12 75, Fax 6 76 43, ✉ 32120,
DC ED VA
☾, 35 Zi, Ez: 105/52-135/67,
Dz: 150/75-170/85, ⊒ WC ☾, P, 🏠, 3◯80,
Sauna, Solarium, Restaurant

Sundern (5 km ↓)

🍴🍴 Am Felsenkeller
Bünder Str. 38, Tel (0 52 21) 6 22 24,
Fax 69 08 14, ✉ 32120, AX ED VA

Hauptgericht 21/10-40/20, Terrasse, Biergarten, Gartenlokal, Kegeln, P, geschl.: Di + Mi abends

Hiddensee siehe Rügen

Hilchenbach 44 ↑

Nordrhein-Westfalen
Kreis Siegen-Wittgenstein
EW 17200
Tel (0 27 33) 28 81 33, Fax 28 82 88
Verkehrsbüro
✉ 57271 Markt 13

* Haus am Sonnenhang
Wilhelm-Münker-Str. 21, Tel (0 27 33) 70 04,
Fax 42 60, ✉ 57271, AX DC ED VA
einzeln ☽ ៛, 21 Zi, Ez: 99/49-138/69,
Dz: 142/71-182/91, 3 Suiten, ⊿ WC ⌀, P, 🐾,
1⤸20
¶¶ ៛, Hauptgericht 25/12, Terrasse, nur abends, geschl.: Fr

Müsen (5 km ←)

¶¶ Gasthof Stahlberg
Hauptstr. 85, Tel (0 27 33) 62 97, Fax 6 03 29,
✉ 57271, AX DC ED VA
Hauptgericht 15/7-40/20, geschl.: Mo, 3.-17.7.00
* 12 Zi, Ez: 85/42-115/57,
Dz: 130/65-175/88, ⊿ WC ⌀ DFÜ, P, 🐾

Vormwald (2 km ↘)

** Steubers Siebelnhof mit Gästehaus
Siebelhofstr. 54, Tel (0 27 33) 8 94 30,
Fax 70 06, ✉ 57271, AX DC ED VA
☽, 30 Zi, Ez: 150/75-220/110,
Dz: 220/110-380/191, 2 Suiten, ⊿ WC ⌀ DFÜ,
P, 🐾, 2⤸40, 🐾, Sauna, Solarium, Golf
Auch Zimmer der Kategorie *** vorhanden.
Im Gästehaus Zimmer der Kategorie *.

¶¶ Hauptgricht 24/12-49/24

Hildburghausen 47 □

Thüringen
EW 12500
Tel (0 36 85) 40 36 89, Fax 40 36 89
Stadtinformation
✉ 98646 Apothekergasse 11

Sehenswert: Rathaus (Renaissancebau); Stadtmuseum Alte Post; Stadtberg mit Bismarckturm; Schloßpark; Kirchen.

* Eschenbach
Häselriether Str. 19, Tel (0 36 85) 7 94 30,
Fax 7 94 34 34, ✉ 98646, AX DC ED VA
26 Zi, Ez: 65/32-105/52, Dz: 120/60-150/75,
1 Suite, ⊿ WC ⌀, 3 ⛵, Lift, P, 1⤸20, Sauna
Rezeption: 6.30-23, geschl.: Sa, 3.-10.1.01

Gerhardtsgereuth (5 km ↑)

* Am Schwanenteich
Tel (0 36 85) 44 66 90, Fax 44 66 99 10,
✉ 98646, AX DC ED VA
☽, 23 Zi, Ez: 85/42-115/57, Dz: 120/60-150/75,
3 Suiten, 3 App, ⊿ WC ⌀ DFÜ, 5 ⛵, Lift, P,
2⤸30, Sauna, Solarium, Restaurant

Hilden 33 ↙

Nordrhein-Westfalen
Kreis Mettmann
EW 55950
Tel (0 21 03) 7 20, Fax 7 26 11
Stadtverwaltung
✉ 40721 Am Rathaus 1

*** Am Stadtpark
Klotzstr. 22, Tel (0 21 03) 57 90, Fax 57 91 02,
✉ 40721, AX DC ED VA
110 Zi, Ez: 139/70-205/103,
Dz: 215/108-395/198, ⊿ WC ⌀ DFÜ, Lift, 🐾,
4⤸50, 🐾, Fitnessraum, Kegeln, Sauna
Auch Zimmer der Kategorie ** vorhanden.

¶¶ ¶¶ Voyage/Römertopf
Hauptgericht 28/14, Terrasse, P

** Amber Hotel Bellevue
Schwanenstr. 27, Tel (0 21 03) 50 30,
Fax 50 34 44, ✉ 40721, AX DC ED VA, Ⓢ
92 Zi, Ez: 179/90-369/185,
Dz: 209/105-399/200, 1 Suite, ⊿ WC ⌀, 27 ⛵,
Lift, P, 🐾, 8⤸175, Restaurant

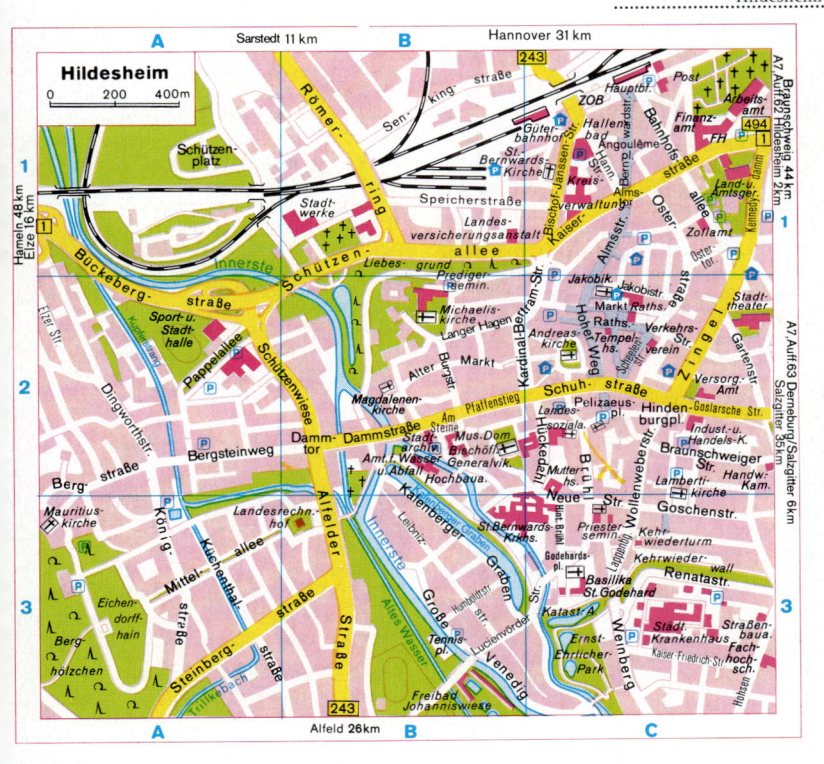

Hilders 46 □

Hessen / Kreis Fulda
EW 5300
🛈 Tel (0 66 81) 76 12, Fax 76 13
Verkehrsamt
✉ 36115 Schulstr. 2

Luftkurort in der Rhön; Sehenswert: Barockkirchen, Burgruinen, viele Freizeitmöglichkeiten, Allwetterbad, preiswerte Unterkünfte, 1800 Gästebetten.

∗ Engel
Marktstr. 12, **Tel (0 66 81) 97 70**, Fax 97 73 00,
✉ 36115, AX DC ED VA
26 Zi, Ez: 72/36-82/41, Dz: 98/49-108/54,
1 Suite, ⌐ WC ⊘, 8 ⇌, 2⌂100, Sauna, Solarium, Restaurant
Auch Zimmer der Kategorie ∗∗ vorhanden.

Hildesheim 26 ↓

Niedersachsen
EW 111370
🛈 Tel (0 51 21) 1 79 80, Fax 17 98 88
Tourist-Information
✉ 31134 Rathausstr. 18-20

∗∗∗ Le Méridien
Markt 4 (C 2), **Tel (0 51 21) 30 00**,
Fax 30 04 44, ✉ 31134, AX DC ED VA, Ⓢ
☾, 109 Zi, Ez: 188/94-630/317,
Dz: 188/94-630/317, ⌐ WC ⊘ DFÜ, 31 ⇌, Lift,
⌂, ⌂, Sauna, Solarium, Golf

¶¶ Gildehaus
Hauptgericht 26/13, Terrasse

∗∗∗ Dorint Budget Hotel
Bahnhofsallee 38, **Tel (0 51 21) 1 71 70**,
Fax 1 71 71 00, ✉ 31134, AX DC ED VA
117 Zi, Ez: 150/75-435/219,
Dz: 180/90-505/254, 3 Suiten, ⌐ WC ⊘ DFÜ,
Lift, Ⓟ, 8⌂1000, Restaurant
Auch Zimmer der Kategorie ∗∗ vorhanden.

Hildesheim

★★ Parkhotel Berghölzchen
Am Berghölzchen 1 (A 3), Tel (0 51 21) 97 90,
Fax 97 94 00, ⊠ 31139, AX DC ED VA
♪, 80 Zi, Ez: 160/80-315/158,
Dz: 205/103-425/214, ⊣ WC ⊘, 19 ⊵, Lift, P,
6⊖636, Solarium
Auch Zimmer der Kategorie ★★★ vorhanden.
🍴🍴 Hauptgericht 22/11-44/22, Terrasse,
Biergarten

★★ Gollart's Hotel Deutsches Haus
Bischof-Janssen-Str. 5, Tel (0 51 21) 1 58 90,
Fax 3 40 64, ⊠ 31134, AX ED VA
47 Zi, Ez: 98/49-125/62, Dz: 160/80-180/90,
3 Suiten, ⊣ WC ⊘ DFÜ, Lift, P, ≋, 2⊖25, ⌂,
Sauna, Solarium, garni

★ Concorde Hotel Schweizer Hof
Hindenburgplatz 6 (C 2), Tel (0 51 21) 3 90 81,
Fax 3 87 57, ⊠ 31134, AX DC ED VA
50 Zi, Ez: 165/83-390/196,
Dz: 230/115-390/196, 1 Suite, ⊣ WC ⊘, 8 ⊵,
Lift, P, garni
Auch Zimmer der Kategorie ★★ vorhanden.

★ Bürgermeisterkapelle
Rathausstr. 8 (C 2), Tel (0 51 21) 17 92 90,
Fax 1 79 29 99, ⊠ 31134, AX DC ED VA
40 Zi, Ez: 110/55-150/75, Dz: 160/80-210/105,
⊣ WC ⊘ DFÜ, Lift, ≋, 1⊖30
🍴🍴 Hauptgericht 35/17, P

★ Gästehaus Klocke
Humboldtstr. 11 (B 3), Tel (0 51 21) 17 92 13,
Fax 1 79 21 40, ⊠ 31134, AX ED VA
♪, 21 Zi, Ez: 105/52-130/65,
Dz: 160/80-220/110, ⊣ WC ⊘, P, ≋, garni

🍴 Der Ratskeller
Markt 1, Tel (0 51 21) 1 44 41, Fax 1 23 72,
⊠ 31134, AX ED VA
☯, Hauptgericht 25/12-35/17, Terrasse

☕ Café am Dom
Schuhstr. 2, Tel (0 51 21) 3 77 80, Fax 3 46 82,
⊠ 31134
Terrasse

Itzum

★ Itzumer Pass
Hauptstr. 15, Tel (0 50 64) 9 39 60,
Fax 93 96 13, ⊠ 31141, ED VA
26 Zi, Ez: 65/32-105/52, Dz: 110/55-160/80,
4 App, ⊣ WC ⊘, 7 ⊵, P, 3⊖60, Kegeln,
Restaurant
geschl.: Do, 15-30.8.01

Ochtersum (3 km ↓)

★ Am Steinberg
Adolf-Kolping-Str. 6, Tel (0 51 21) 80 90 30,
Fax 26 77 55, ⊠ 31139, AX DC ED VA
28 Zi, Ez: 98/49-190/95, Dz: 135/67-190/95, ⊣
WC ⊘, 8 ⊵, P, ≋, garni
geschl.: 20.12.00-1.1.01

🍴🍴🍴 Kupferschmiede 🍷
Steinberg 6, Tel (0 51 21) 26 30 25,
Fax 26 30 70, ⊠ 31139, AX DC ED VA
einzeln, Hauptgericht 30/15-43/21, Terrasse, P,
geschl.: So, Mo
Jugendstilhaus in ruhiger Waldlage.

Hildfeld siehe Winterberg

Hillegossen siehe Bielefeld

Hillesheim 42 ↘

Rheinland-Pfalz / Kreis Daun
EW 3300
ℹ Tel (0 65 93) 80 92 00, Fax 80 92 01
Tourist-Information
⊠ 54576 Graf-Mirbach-Str. 2

★★ Golf- und Sporthotel Augustiner Kloster
Augustiner Str. 2, Tel (0 65 93) 98 10,
Fax 98 14 50, ⊠ 54576, AX DC ED VA
53 Zi, Ez: 120/60-165/83, Dz: 180/90-260/130,
⊣ WC ⊘, 4 ⊵, Lift, P, ≋, 7⊖350, ⌂, Sauna,
Solarium, Restaurant
Auch Zimmer der Kategorie ★★★ vorhanden.

Hilpoltstein 57 ↙

Bayern / Kreis Roth
EW 12500
ℹ Tel (0 91 74) 90 42, Fax 90 44
Haus des Gastes
⊠ 91161 Maria-Dorothea-Str 8

Sindersdorf

🛏 Sindersdorfer Hof
Sindersdorf 26, Tel (0 91 79) 63 09, Fax 65 49,
⊠ 91161, AX DC ED VA
19 Zi, Ez: 68/34-80/40, Dz: 102/51-120/60, ⊣
WC ⊘ DFÜ, P, ≋, 1⊖20, Restaurant
geschl.: Mo, 18.11.-6.12.00, 5-21.6.01

Hindelang

Hiltrup siehe Münster

Hindelang 70 ↓
Bayern / Kreis Oberallgäu
EW 5000
🛈 Tel (0 83 24) 89 20, Fax 80 55
Gästeinformation
✉ 87541 Marktstr. 9

✱✱ Romantik Hotel Bad-Hotel Sonne
Marktstr. 15, Tel (0 83 24) 89 70, Fax 89 74 99,
✉ 87541, AX DC ED VA
57 Zi, Ez: 95/47-127/63, Dz: 190/95-236/118,
46 App, ⇥ WC ⌀ DFÜ, Lift, P, 🚗, 1⇔45, 🛋,
Kegeln, Sauna, Solarium
geschl.: 19.11.-16.12.00, 19.3.-1.4.01

¶¶ Chesa Schneider
Hauptgericht 29/14, Terrasse,
geschl.: 19.3.-1.4.01

✱✱ Sonneck
Rosengasse 10, Tel (0 83 24) 9 31 10,
Fax 87 98, ✉ 87541
♩ ∮, 23 Zi, Ez: 90/45-140/70,
Dz: 196/98-250/125, 1 Suite, 1 App, ⇥ WC ⌀,
Lift, P, 🛋, Solarium, Restaurant
geschl.: Mo, 7.11.-20.12.00

Oberdorf, Bad (1 km →)

✱✱✱ Prinz-Luitpold-Bad
Andreas-Groß-Str, Tel (0 83 24) 89 00,
Fax 89 03 79, ✉ 87541, ED VA
♩ ∮, 115 Zi, Ez: 140/70-160/80,
Dz: 274/138-328/165, 2 Suiten, ⇥ WC ⌀, Lift,
P, 🚗, 1⇔, ≋, 🛋, Sauna, Solarium, 1 Tennis,
Restaurant
Auch Zimmer der Kategorie ✱✱ vorhanden

✱ Bären
Bärengasse 1, Tel (0 83 24) 9 30 40,
Fax 93 04 32, ✉ 87541, ED
♩, 35 Zi, Ez: 85/42-145/73, Dz: 170/85-210/105,
⇥ WC ⌀, Lift, P, Sauna, Solarium, Restaurant

✱ Haus Helgard
Luitpoldstr. 20, Tel (0 83 24) 20 64, Fax 15 30,
✉ 87541
♩ ∮, 18 Zi, Ez: 55/27-73/36, Dz: 100/50-140/70,
3 App, ⇥ WC ⌀, P, 🚗, garni
Rezeption: 8-20, geschl.: 1.11.-20.12.00,
17.4.-5.5.01

Oberjoch (7 km ↗)

✱✱✱✱ Alpenhotel
Am Prinzenwald 3, Tel (0 83 24) 70 90,
Fax 70 92 00, ✉ 87541, AX DC ED VA
♩ ∮, 174 Zi, Ez: 138/69-198/99,
Dz: 216/108-296/149, 12 Suiten, ⇥ WC ⌀,
85 🛌, Lift, 2⇔25, 🛋, Fitnessraum, Kegeln,
Sauna, Solarium
¶¶ Hauptgericht 19/9-60/30, Terrasse, P

✱✱ Alpengasthof Löwen
Passtr. 17, Tel (0 83 24) 97 30, Fax 75 15,
✉ 87541
♩, 37 Zi, Ez: 70/35-125/62, Dz: 130/65-210/105,
2 App, ⇥ WC ⌀, 20 🛌, Lift, P, 🚗, 1⇔50,
Sauna, Solarium, Restaurant
geschl.: 6.11.-22.12.00, 23.4.-12.5.01
Auch Zimmer der Kategorie ✱ vorhanden.

✱✱ Lanig
Ornachstr. 11, Tel (0 83 24) 70 80,
Fax 70 82 00, ✉ 87541, AX ED VA
♩ ∮, 40 Zi, Ez: 145/73-240/120,
Dz: 290/146-480/241, 4 Suiten, ⇥ WC ⌀, Lift,
P, ≋, 🛋, Sauna, Solarium, Restaurant
geschl.: 1.11.-21.12.00

✱ Heckelmiller
Ornachstr. 8, Tel (0 83 24) 98 20 30,
Fax 9 82 03 30, ✉ 87541
♩ ∮, 18 Zi, Ez: 60/30-80/40, Dz: 120/60-170/85,
5 App, ⇥ WC ⌀, P, Sauna, Solarium, Golf,
garni

Unterjoch

✱ Edelsberg
Am Edelsberg 10, Tel (0 83 24) 98 00 00,
Fax 98 00 50, ✉ 87541
♩ ∮, 26 Zi, Ez: 83/41-108/54,
Dz: 166/83-200/100, 2 Suiten, ⇥ WC ⌀, 14 🛌,
Lift, P, 🛋, Sauna, Solarium, Restaurant
geschl.: 15.11.-18.12.00

Hinsbeck siehe Nettetal

Hinte 15 □

Niedersachsen / Kreis Aurich
EW 7681
🛈 Tel (0 49 25) 99 01 06, Fax 99 01 07
Tourist-Information
✉ 26759 Brückstr. 11

✶✶ Novum
Am Tennis Treff 1, Tel (0 49 25) 9 21 80,
Fax 92 18 77, ✉ 26759, ED VA
31 Zi, Ez: 130/65-170/85, Dz: 160/80-300/151,
2 Suiten, ⌐ WC ⌀ DFÜ, Lift, P, 🛎, 4🚗120, 🏊,
Kegeln, Sauna, Solarium, 7 Tennis, Restaurant
Auch Zimmer der Kategorie ✶✶✶ vorhanden.

Hinterriss 71 ↘

Tirol
EW 4500
🛈 Tel (0 52 42) 6 26 16, Fax 62 61 65
Tourismusverband
✉ 6134 Dorf 69

🛏 Zur Post
Haus Nr 10, Tel (0 52 45) 2 06, Fax 20 64,
✉ 6215
einzeln ♪ ⚜, 34 Zi, Ez: 385/193-415/209,
Dz: 626/315-680/342, ⌐ WC, 1 🛏, Lift, P,
Sauna, 1 Tennis, Restaurant
geschl.: 15.11.-25.12.00, 15.1.-3.2.01

Hinterriss-Außerhalb (2 km ↘)

✶ Herzoglicher Alpenhof
Haus Nr 11, Tel (0 52 45) 2 07, Fax 20 78,
✉ 6215
einzeln ♪ ⚜, 52 Zi, Ez: 75/37-78/39,
Dz: 130/65-136/68, ⌐ WC ⌀, 15 🛏, P, 🛎,
1🚗30, Sauna, Solarium, Restaurant
Rezeption: 8-12, 16-1, geschl.: 25.10.-20.12.00,
20.3.-20.5.01

Eng (15 km ↘)

🛏 Alpengasthof Eng
Eng 1, Tel (0 52 45) 23 12 28, Fax 2 31 80,
✉ 6215
einzeln ⚜, 50 Zi, Ez: 68/34, Dz: 110/55, 1 Suite,
⌐ WC, P, 🛎, 1🚗60, Restaurant
Wanderhotel im Naturschutzgebiet Großer
Ahornboden.

Hinterzarten 67 →

Baden-Württemberg
Kreis Breisgau-Hochschwarzwald
EW 2480
🛈 Tel (0 76 52) 12 06 42, Fax 12 06 49
Hinterzarten Tourismus GmbH
✉ 79856 Freiburger Str. 1

✶✶✶✶ Parkhotel Adler
Adlerplatz 3, Tel (0 76 52) 12 70, Fax 12 77 17,
✉ 79856, AX DC ED VA
♪, 45 Zi, Ez: 310/156-405/203,
Dz: 420/211-450/226, 7 Suiten, ⌐ WC ⌀, 5 🛏,
Lift, P, 🛎, 4🚗120, 🏊, Fitnessraum, Sauna,
Solarium

🍴🍴🍴 🅣, Hauptgericht 32/16-49/24, Terrasse

✶✶✶ Reppert ♛
Adlerweg 23, Tel (0 76 52) 1 20 80,
Fax 12 08 11, ✉ 79856, AX DC ED VA
♪ ⚜, 38 Zi, Ez: 140/70-230/115,
Dz: 290/146-410/206, 5 Suiten, ⌐ WC ⌀ DFÜ,
10 🛏, Lift, P, 🛎, 1🚗15, 🚲, 🏊, Sauna,
Solarium, Golf, Restaurant
geschl.: 5.11.-8.12.00
Erlebnisbad mit Solebad. Auch Zimmer der
Kategorie ✶✶ vorhanden.

✶✶ Kesslermühle ♛
Erlenbrucker Str. 45, Tel (0 76 52) 12 90,
Fax 12 91 59, ✉ 79856, ED VA
♪, 35 Zi, Ez: 100/50-200/100,
Dz: 220/110-290/146, ⌐ WC ⌀, Lift, P, 🏊,
Sauna, Solarium, Golf, Restaurant
geschl.: 12.11.-17.12.00
Erlebnisbad.

Thomahof ★★

Erlenbrucker Str. 16, Tel (0 76 52) 12 30,
Fax 12 32 39, ✉ 79856, DC ED VA
♪ ₰, 43 Zi, Ez: 115/57-160/80,
Dz: 168/84-364/183, 1 Suite, ⌐ WC ⊘, Lift, P,
☎, ⌂, Fitnessraum, Sauna, Solarium, Golf
Auch Zimmer der Kategorie ★★★ vorhanden.
🍴🍴 Hauptgericht 35/17, Terrasse

Bergfried ★★

Sickingerstr. 28, Tel (0 76 52) 12 80,
Fax 1 28 88, ✉ 79856
♪ ₰, 36 Zi, Ez: 129/64-165/83,
Dz: 258/129-358/180, 2 Suiten, 8 App, ⌐ WC ⊘
DFÜ, 3 ⊨, Lift, P, ☎, 1⌬18, ⌂, Fitnessraum,
Sauna, Solarium, Restaurant
geschl.: 20.11.-13.12.00

Sassenhof ★

Adlerweg 17, Tel (0 76 52) 15 15, Fax 4 84,
✉ 79856
♪, 17 Zi, Ez: 104/52-128/64,
Dz: 186/93-194/97, 6 Suiten, 4 App, ⌐ WC ⊘,
Lift, P, ☎, ⌂, Sauna, Solarium, garni
geschl.: 12.11.-17.12.00

Alpersbach (6 km ←)

Esche 🍴 ✚

Haus Nr 9, Tel (0 76 52) 2 11, Fax 17 20,
✉ 79856, ED VA
Hauptgericht 20/10-44/22, Gartenlokal, P,
geschl.: Mi, 13.11.-15.12.00
★★ ♪ ₰, 15 Zi, Ez: 75/37-100/50,
Dz: 140/70-190/95, 2 App, ⌐ WC ⊘, 3 ⊨, ☎,
Sauna

Bruderhalde (5 km ↘)

Alemannenhof ★★

Bruderhalde 21, Tel (0 76 52) 9 11 80,
Fax 7 05, ✉ 79856, AX DC ED VA
einzeln ♪ ₰, 22 Zi, Ez: 98/49-160/80,
Dz: 196/98-270/135, 11 App, ⌐ WC ⊘, 1 ⊨,
Lift, P, ☎, 1⌬20, ⌂, Seezugang, Sauna,
Solarium
🍴🍴 ₰, Hauptgericht 25/12, Terrasse

Oberzarten

Sonnenberg ★★

Am Kesslerberg 9, Tel (0 76 52) 1 20 70,
Fax 12 07 91, ✉ 79856, AX ED VA
♪ ₰, 20 Zi, Ez: 115/57-175/88,
Dz: 180/90-245/123, ⌐ WC ⊘, 10 ⊨, Lift, P,
☎, 1⌬12, ⌂, Sauna, garni

Hirschaid 57 ☐

Bayern / Kreis Bamberg
EW 9500
ℹ Tel (0 95 43) 8 22 50, Fax 56 20
Gemeindeverwaltung
✉ 96114 Rathausstr. 13

Göller ★★

Nürnberger Str. 96, Tel (0 95 43) 82 40,
Fax 82 44 28, ✉ 96114, AX DC ED VA
63 Zi, Ez: 75/37-120/60, Dz: 110/55-150/75, ⌐
WC ⊘, 5 ⊨, Lift, P, ☎, 4⌬100, ⌂, Sauna,
Solarium
geschl.: 2.-8.1.01
Auch Zimmer der Kategorie ★ vorhanden.
🍴🍴 Hauptgericht 20/10, Terrasse,
geschl.: 2.-8.1.01

Brauereigasthof Kraus ★

Luitpoldstr. 11, Tel (0 95 43) 91 82, Fax 62 75,
✉ 96114
20 Zi, Ez: 50/25-60/30, Dz: 80/40-100/50, ⌐
WC ⊘, Restaurant

Friesen (6 km ↗)

Landhaus Friesen ★

Ahornstr. 17, Tel (0 95 45) 5 04 14,
Fax 5 02 93, ✉ 96114, ED
♪, 11 Zi, Ez: 40/20-55/27, Dz: 60/40-90/45,
1 App, ⌐ WC ⊘, P, garni

Hirschau 58 →

Bayern / Kreis Amberg-Sulzbach
EW 6500
ℹ Tel (0 96 22) 8 10, Fax 81 81
Stadtverwaltung
✉ 92242 Rathausplatz 1

Schloß-Hotel ★

Hauptstr. 1, Tel (0 96 22) 7 01 00,
Fax 70 10 40, ✉ 92242, AX DC ED VA
13 Zi, Ez: 90/45-115/57, Dz: 140/70-165/83,
1 App, ⌐ WC ⊘, P, ☎, Restaurant

Hirschberg a. d. Bergstraße 54 ↘

Baden-Württemberg
Rhein-Neckar-Kreis
EW 9700
ℹ Tel (0 62 01) 5 98 27, Fax 5 98 50
Bürgermeisteramt
✉ 69493 Großsachsener Str. 14

Sehenswert: Schloß und Wallfahrtskirche in
Leutershausen; römische Ausgrabungsstätte
Villa rustica.

Großsachsen

✵ Krone
Landstr. 9, Tel (0 62 01) 50 50, Fax 50 54 00,
✉ 69493, DC ED VA
95 Zi, Ez: 100/50-150/75, Dz: 140/70-200/100,
⌐ WC ⌀, Lift, P, 7⇌100, 🛁, Sauna, Solarium
🍴🍴 Hauptgericht 32/16, Terrasse

Leutershausen

✵✵ Astron
Brandenburger Str. 30, Tel (0 62 01) 50 20,
Fax 5 71 76, ✉ 69493, AX DC ED VA, Ⓢ
114 Zi, Ez: 208/104-228/114,
Dz: 231/116-251/126, ⌐ WC DFÜ, 20 ⌂, Lift,
P, 7⇌100, Fitnessraum, Sauna, Solarium,
Restaurant

✵ Hirschberg
Goethestr. 2, Tel (0 62 01) 5 96 70, Fax 5 81 37,
✉ 69493, AX ED VA
32 Zi, Ez: 90/45-100/50, Dz: 130/65, ⌐ WC ⌀,
P, 🛁, 1⇌20, Restaurant
geschl.: So, 15.12.00-10.1.01

Hirschegg siehe Kleinwalsertal

Hirschhorn (Neckar) 55 ✓

Hessen / Kreis Bergstraße
EW 3900
🛈 Tel (0 62 72) 17 42, Fax 91 23 51
Tourist-Information
✉ 69434 Alleeweg 2

✵✵ Schloßhotel
Auf der Burg, Tel (0 62 72) 13 73, Fax 32 67,
✉ 69434, AX ED VA
einzeln ♩ ♫, 23 Zi, Ez: 120/60-160/80,
Dz: 190/95-250/125, 2 Suiten, ⌐ WC ⌀, Lift, P
Rezeption: 8-12, 18-20,
geschl.: 17.12.00-1.2.01
🍴🍴 ♫, Hauptgericht 23/11-45/22,
geschl.: Mo

Hittfeld siehe Seevetal

Hitzacker 19 ↓

Niedersachsen
Kreis Lüchow-Dannenberg
EW 7350
🛈 Tel (0 58 62) 9 69 70, Fax 96 97 24
Gästeinformation
✉ 29456 Weinbergsweg 2

✵✵ Parkhotel
Am Kurpark 3, Tel (0 58 62) 97 70,
Fax 97 73 50, ✉ 29456, AX DC ED VA
90 Zi, Ez: 100/50-165/83, Dz: 150/75-210/105,
4 Suiten, 2 App, ⌐ WC ⌀, 14 ⌂, Lift, P,
7⇌120, 🛁, Sauna, Solarium, Golf, 2 Tennis
Auch Zimmer der Kategorie ✵ vorhanden.

🍴 Pavillon
Hauptgericht 26/13-37/18, Terrasse

✵ Waldfrieden
Weinbergsweg 25, Tel (0 58 62) 9 67 20,
Fax 96 72 72, ✉ 29456, AX ED VA
♩ ♫, 22 Zi, Ez: 75/37-95/47, Dz: 125/62, ⌐ WC
⌀ DFÜ, 2 ⌂, P, 2⇌200, Kegeln
🍴 Hauptgericht 30/15

✵ Zur Linde
Drawehnertorstr. 22-24, Tel (0 58 62) 3 47,
Fax 3 45, ✉ 29456, VA
10 Zi, Ez: 65/32-80/40, Dz: 115/57-120/60, ⌐
WC ⌀, P, 🛁, Restaurant
geschl.: Do, 1.3.00-28.3.01

Hochheim am Main 54 ↑

Hessen / Main-Taunus-Kreis
EW 17500
🛈 Tel (0 61 46) 90 00, Fax 90 01 99
Stadtverwaltung
✉ 65239 Burgeffstr. 30/Le Pontet-Platz

✵ Rheingauer Tor
Taunusstr. 9, Tel (0 61 46) 8 26 20, Fax 40 00,
✉ 65239, AX ED VA
25 Zi, Ez: 105/52-125/62, Dz: 155/78, ⌐ WC ⌀,
6 ⌂, Lift, P, garni
Rezeption: 6-12, 17-20,
geschl.: 23.12.00-7.1.01

Hockenheim 54 ↘

Baden-Württemberg
Rhein-Neckar-Kreis
EW 20000
🛈 Tel (0 62 05) 2 10, Fax 2 19 90
Stadtverwaltung Hockenheim
✉ 68766 Rathausstr. 1

✵✵ Treff Page Hotel
Heidelberger Str. 8, Tel (0 62 05) 29 40,
Fax 29 41 50, ✉ 68766, AX DC ED VA, Ⓢ
80 Zi, Ez: 137/69-180/90, Dz: 179/90-230/115,
9 App, ⌐ WC ⌀, 27 ⌂, Lift, 🛁, 7⇌1000,
Kegeln, garni
Restaurant und Konferenzräume in der
angrenzenden Stadthalle.

✱ **Kanne**
Karlsruher Str. 3, Tel (0 62 05) 9 46 46,
Fax 94 64 44, ✉ 68766, ED VA
27 Zi, Ez: 115/57-145/73, Dz: 180/90-220/110,
⌐ WC ⌀ DFÜ, 4 ⌂, Lift, P, ☎, Restaurant

Hockenheim-Außerhalb (2 km ↗)

✱✱ **Best Western Hotel am Hockenheimring**
Am Hockenheimring, Tel (0 62 05) 29 80,
Fax 29 82 22, ✉ 68766, AX ED VA
54 Zi, Ez: 125/62-145/73, Dz: 190/95-210/105,
2 Suiten, ⌐ WC ⌀, 20 ⌂, Lift, P, 5⌕100,
Kegeln, Sauna, Solarium, Restaurant
geschl.: 27.12.00-15.1.01
Auch Zimmer der Kategorie ✱ vorhanden.

✱ **Rheinhotel Luxhof Top International Hotel**
An der Speyerer Rheinbrücke,
Tel (0 62 05) 30 30, Fax 3 03 25, ✉ 68766, AX DC ED VA, S
44 Zi, Ez: 100/50-150/75, Dz: 150/75-220/110,
2 Suiten, ⌐ WC ⌀ DFÜ, 10 ⌂, P, ☎, 2⌕60, Sauna
🍴 Hauptgericht 25/12, Terrasse

Talhaus

✱✱ **Achat**
Gleisstr. 8 / 1, Tel (0 62 05) 29 70,
Fax 29 79 99, ✉ 68766, AX ED VA, S
72 Zi, Ez: 131/65-162/81, Dz: 181/91-212/106,
⌐ WC ⌀ DFÜ, Lift, P, 2⌕20, garni
Im Gewerbegebiet gelegen. Langzeitvermietung möglich.

Hodenhagen 26 ↖

Niedersachsen
Kreis Soltau-Fallingbostel
EW 2780
🛈 Tel (0 51 64) 6 59, Fax 3 23
Gemeindeverwaltung
✉ 29693 Bahnhofstr. 30

✱✱ **Domicil-Hotel Hudemühle**
Hudemühlenburg 18, Tel (0 51 64) 80 90,
Fax 80 91 99, ✉ 29693, AX DC ED VA
122 Zi, Ez: 150/75-350/176,
Dz: 200/100-350/176, 4 Suiten, 4 App, ⌐ WC ⌀, 61 ⌂, Lift, P, 10⌕300, ☎, Fitnessraum, Sauna, Solarium, Golf, Restaurant

Höchberg 56 ↖

Bayern / Kreis Würzburg
EW 9500
🛈 Tel (09 31) 49 70 70, Fax 4 97 07 98
Markt Höchberg
✉ 97204 Hauptstr. 58

✱ **Zum Lamm Minotel**
Hauptstr. 76, Tel (09 31) 40 90 94,
Fax 40 89 73, ✉ 97204, ED VA
37 Zi, Ez: 90/45-140/70, Dz: 130/65-190/95, ⌐ WC ⌀ DFÜ, 17 ⌂, Lift, ☎, 2⌕80
geschl.: Mi, 23.12.00-10.1.01
🍴 Hauptgericht 14/7-30/15, Terrasse, P, geschl.: Mi

Höchenschwand 67 ↘

Baden-Württemberg / Kreis Waldshut
EW 2200
🛈 Tel (0 76 72) 4 81 80, Fax 48 18 10
Tourist-Information
✉ 79862 Dr.-Rudolf-Eberle-Str 3

✱✱ **Alpenblick**
St.-Georg-Str. 9, Tel (0 76 72) 41 80,
Fax 41 84 44, ✉ 79862
23 Zi, Ez: 123/61-133/66, Dz: 225/113-245/123,
3 Suiten, ⌐ WC ⌀, Lift, P, ☎, 1⌕30
🍴🍴 ED VA, Hauptgericht 25/12-45/22

✱ **Steffi**
Panoramastr. 22, Tel (0 76 72) 8 55, Fax 95 57,
✉ 79862
☽ ✴, 16 Zi, Ez: 80/40-110/55, Dz: 140/70,
1 Suite, 1 App, ⌐ WC ⌀, 16 ⌂, P, Restaurant

✱ **Nägele**
Bürgermeister-Huber-Str. 11,
Tel (0 76 72) 9 30 30, Fax 9 30 31 54,
✉ 79862, DC ED VA
34 Zi, Ez: 56/28-64/29, Dz: 112/56-124/62,
3 Suiten, 3 App, ⌐ WC ⌀, Lift, P, ☎, 1⌕18,
Sauna, Solarium, Restaurant
geschl.: 15.11.-15.12.00

🍴🍴🍴 **Hubertusstuben** ✚
Kurhausplatz 1, Tel (0 76 72) 41 10,
Fax 41 12 40, ✉ 79862, AX DC ED VA
Hauptgericht 30/15, Terrasse, Kegeln, P,
geschl.: Di, Mitte Jan

Höchst i. Odw. 55 ↖

Hessen / Odenwaldkreis
EW 10000
🛈 Tel (0 61 63) 7 08 23, Fax 7 08 32
Fremdenverkehrsamt
✉ 64739 Montmelianer Platz 4

✱ Burg Breuberg
Aschaffenburger Str. 4, **Tel (0 61 63) 51 33,
Fax 51 38**, ✉ 64739, AX VA
23 Zi, Ez: 90/45, Dz: 144/72, ⌐ WC ⓒ, 1 ⇥, 🅿,
1🔄40

🍴 Hauptgericht 30/15

Hetschbach (2 km ↖)

✱ Zur Krone
Rondellstr. 20, Tel (0 61 63) 93 10 00,
Fax 8 15 72, ✉ 64739, AX DC ED VA
20 Zi, Ez: 80/40, Dz: 150/75-160/80, ⌐ WC ⓒ,
🅿, 2🔄30, Sauna, Solarium
geschl.: 2 Wochen im Aug
🍴🍴 Hauptgericht 32/16-45/22,
geschl.: Mo, Do mittags, 2 Wochen im Aug
Beachtenswerte Küche.

Höckendorf 51 ↖

Sachsen / Weißeritzkreis
EW 3250
🛈 Tel (03 50 55) 68 00, Fax 6 80 50
Gemeindeverwaltung
✉ 01774 Tharandter Str. 24

✱ Zum Erbgericht mit Gästehaus
Schenkberg 1, Tel (03 50 55) 65 30,
Fax 6 53 99, ✉ 01774, AX DC ED VA
44 Zi, Ez: 85/42-105/52, Dz: 150/75, 8 App, ⌐
WC ⓒ DFÜ, 10 ⇥, Lift, 🅿, 3🔄300, 🏊,
Fitnessraum, Kegeln, Sauna, Solarium, 2 Tennis,
Restaurant
Auch Zimmer der Kategorie ✱✱ vorhanden.

Höfen an der Enz 61 ←

Baden-Württemberg / Kreis Calw
EW 1600
🛈 Tel (0 70 81) 7 84 23, Fax 7 84 50
Verkehrsamt
✉ 75339 Wildbader Str. 1

✱✱ Ochsen
Bahnhofstr. 2, Tel (0 70 81) 79 10,
Fax 79 11 00, ✉ 75339, AX DC ED VA
58 Zi, Ez: 79/39-100/50, Dz: 112/56-160/80,
3 Suiten, ⌐ WC ⓒ DFÜ, 5 ⇥, Lift, 🅿, 🏊,
3🔄40, 🏊, Kegeln, Sauna, Solarium, Restaurant

Höhbeck 19 ↘

Niedersachsen
Kreis Lüchow-Dannenberg
EW 650
🛈 Tel (0 58 46) 3 33, Fax 22 88
Kurverwaltung
✉ 29471 Nienwalder Weg 1

Pevestorf

━ Gästehaus Lindenhof
Haus Nr 7 a, Tel (0 58 46) 6 25, ✉ 29478
♪ ✵, 10 Zi, Ez: 45/22-75/37, Dz: 90/45-120/60,
⌐ WC, 10 ⇥, 🅿, garni
geschl.: 15.1.-1.3.01

🍽 Landgasthof Lindenkrug
Fährstr. 30, Tel (0 58 46) 15 05, Fax 15 05,
✉ 29478
Hauptgericht 10/5-35/17, Terrasse, Biergarten,
🅿, ━, geschl.: Mi, 15.1.-1.3.01

Höhr-Grenzhausen 43 ↘

Rheinland-Pfalz / Westerwaldkreis
EW 14800
🛈 Tel (0 26 24) 1 94 33, Fax 95 23 56
Tourist-Information
✉ 56203 Lindenstr.

Grenzau (2 km ↑)

✱✱ Sporthotel Zugbrücke
Brexbachstr. 11-17, Tel (0 26 24) 10 50,
Fax 10 54 62, ✉ 56203, AX DC ED VA
♪, 138 Zi, Ez: 99/49-189/95,
Dz: 139/70-269/135, 2 Suiten, ⌐ WC ⓒ DFÜ,
33 ⇥, Lift, 🅿, 16🔄250, 🏊, Kegeln, Sauna,
Solarium
Auch Zimmer anderer Kategorien vorhanden.

🍴🍴 Elysée
Hauptgericht 29/14, Terrasse

Höhr

✱✱ Heinz
Bergstr. 77, Tel (0 26 24) 30 33, Fax 59 74,
✉ 56203, AX DC ED VA
♪ ✵, 64 Zi, Ez: 98/49-179/90,
Dz: 163/82-279/140, ⌐ WC ⓒ, Lift, 🅿, 5🔄50,
🏊, Sauna, Solarium
geschl.: 22-26.12.00
Auch Zimmer anderer Kategorien vorhanden.

🍴🍴 Kannenbäcker
Hauptgericht 20/10-39/19, Terrasse,
geschl.: 22-26.12.00

Hönningen, Bad 43 □

Rheinland-Pfalz / Kreis Neuwied
EW 5700
i Tel (0 26 35) 22 73, Fax 27 36
Kurverwaltung
✉ 53557 Neustr. 2 a

✶ St. Pierre
Hauptstr. 138, Tel (0 26 35) 20 91, Fax 20 93,
✉ 53557, AX DC ED VA
20 Zi, Ez: 75/37-95/47, Dz: 140/70-180/90, ⌐
WC ⊘, ℗, 🕭, garni

Hönow 30 ↗

Brandenburg
Kreis Märkisch Oderland
EW 2203
i Tel (0 33 42) 8 03 00, Fax 20 04 98
Gemeindeverwaltung
✉ 15366 Mahlsdorfer Str. 56

✶ Hönow
Mahlsdorfer Str. 61 a, Tel (0 30) 99 23 20,
Fax 99 23 23 00, ✉ 15366, AX DC ED VA
50 Zi, Ez: 119/59-148/74, Dz: 139/70-178/89, ⌐
WC ⊘ DFÜ, 25 ⇌, Lift, ℗, 1◯25, garni

✶ Landhaus Hönow
Dorfstr. 23, Tel (0 33 42) 8 32 16,
Fax 30 09 38, ✉ 15366, ED VA
♪, 19 Zi, Ez: 91/45-105/52, Dz: 140/70-160/80,
⌐ WC ⊘ DFÜ, 1 ⇌, ℗, Restaurant

Hörstel 23 ↘

Nordrhein-Westfalen
Kreis Steinfurt
EW 19500
i Tel (0 54 54) 91 10, Fax 91 11 02
Touristinformation
✉ 48477 Kalixtusstr. 6

Bevergern

🍴🍴 Akzent-Hotel Saltenhof
Kreimershoek 71, Tel (0 54 59) 40 51,
Fax 12 51, ✉ 48477, AX DC ED VA
Hauptgericht 25/12-40/20, ℗, geschl.: Do
mittags
✶ ♪, 12 Zi, Ez: 95/47-105/52,
Dz: 140/70-180/90, ⌐ WC ⊘

Dreierwalde

🛏 Landgasthaus Hotel Wennighoff
Hauptstr. 13, Tel (0 59 78) 2 33, Fax 14 41,
✉ 48477

10 Zi, Ez: 60/30-65/32, Dz: 100/50-105/52, ⌐
WC ⊘, 5 ⇌, ℗, Restaurant
geschl.: Di

Hösbach 55 ↖

Bayern / Kreis Aschaffenburg
EW 14000
i Tel (0 60 21) 5 00 30, Fax 50 03 59
Gemeindeverwaltung
✉ 63768 Rathausstr. 3

Hösbach-Bahnhof (1 km ↘)

✶✶ Gerber
Aschaffenburger Str. 12-14,
Tel (0 60 21) 59 40, Fax 59 41 00, ✉ 63768, AX
DC ED VA
46 Zi, Ez: 104/52-134/67, Dz: 159/80-186/93,
4 App, ⌐ WC ⊘ DFÜ, 12 ⇌, Lift, ℗, 🕭,
7◯100, Restaurant

Winzenhohl-Außerhalb (2,5 km ↓)

✶ Klingerhof
Am Hügel 7, Tel (0 60 21) 64 60, Fax 64 61 80,
✉ 63768, AX DC ED VA
einzeln ♪ ✦, 50 Zi, Ez: 115/57-125/62,
Dz: 150/75-190/95, ⌐ WC ⊘, 2 ⇌, Lift, ℗,
5◯120, 🕭, Kegeln, Sauna, Solarium
Auch Zimmer der Kategorie ✶✶ vorhanden.

🍴 Galerie
✦, Hauptgericht 18/9, Terrasse, Biergarten

Hövelhof 35 ↖

Nordrhein-Westfalen
Kreis Paderborn
EW 15300
i Tel (0 52 57) 50 09 57, Fax 50 09 31
Verkehrsverein Hövelhof e.V.
✉ 33161 Schlosstr. 14

✶✶ Gasthof Förster/Hotel Victoria
Bahnhofstr. 35, Tel (0 52 57) 30 18, Fax 65 78,
✉ 33161, AX ED VA
♪, 24 Zi, Ez: 85/42-130/65, Dz: 145/73-175/88,
⌐ WC ⊘, Lift, ℗, 🕭, 3◯250
Auch Zimmer der Kategorie ✶ vorhanden.
🍴 Hauptgericht 28/14-37/18, Terrasse,
geschl.: Sa mittags, 3 Wochen im Jul

🍴🍴 Gasthof Brink ✠
Allee 38, Tel (0 52 57) 32 23, Fax 93 29 37,
✉ 33161
Hauptgericht 38/19, ℗, nur abends, geschl.: Mo,
1.-15.1.01, 1.-30.7.01
✶ 9 Zi, Ez: 80/40-110/55 ♛
Dz: 140/70-165/83, ⌐ WC ⊘ DFÜ, 1 ⇌, 🕭

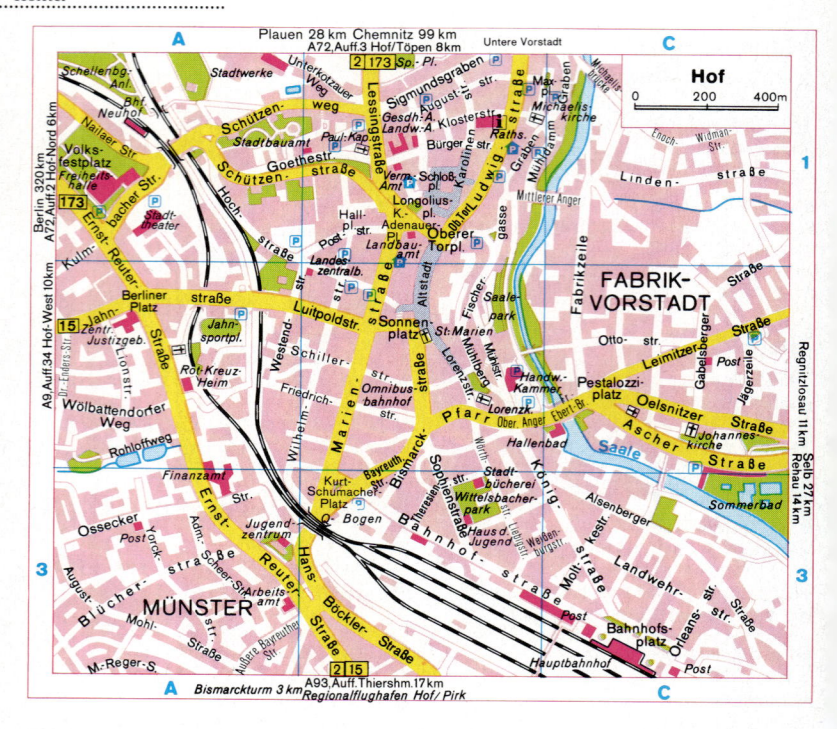

Höxter

Höxter 35 ↗

Nordrhein-Westfalen
EW 16000
Tel (0 52 71) 96 34 32, Fax 96 34 35
Verkehrsamt
37671 Historisches Rathaus

Stadt an der Weser; Sehenswert: Ev. Kilianikirche; Dechanei; Rathaus; Renaissancehäuser; ehem. Kloster Corvey: Westwerk der Schloßkirche, Kreuzgang (2 km →); Höxteraner Sommerakademie; Hänsel und Gretel-Märchenspiel; Corveyer Musikwochen.

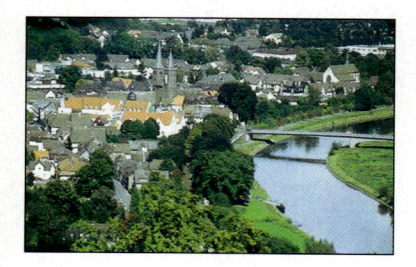

** Ringhotel Niedersachsen
Möllinger Str. 4, Tel (0 52 71) 68 80,
Fax 68 84 44, ⌫ 37671, AX DC ED VA, Ⓢ
80 Zi, Ez: 125/62-195/98, Dz: 188/94-268/134,
2 Suiten, ⌷ WC ⌀, 36 ⌫, Lift, ⌫, 3⌫80, ⌫,
Kegeln, Sauna, Solarium, Golf
Auch Zimmer der Kategorie ✱ vorhanden.

🍴🍴 Huxori Stube
Hauptgericht 35/17, Terrasse

✱ Stadt Höxter
Uferstr. 4, Tel (0 52 71) 6 97 90, Fax 69 79 79,
⌫ 37671, AX DC ED VA

39 Zi, Ez: 90/45-130/65, Dz: 140/70-150/75,
1 App, ⌐ WC ⌀, 17 ⇔, Lift, **P**, Restaurant

Wirtshaus Strullenkrug
Hennekenstr. 10, **Tel (0 52 71) 77 75**,
Fax 3 78 69, ⊠ 37671, 🆅🅰
♨, Hauptgericht 10/5-30/15, Biergarten

🚬 Café Pammel
Marktstr. 10, **Tel (0 52 71) 79 30**, Fax 3 77 23,
⊠ 37671
Terrasse, 8.30-18.30, so+feiertags 10-18

Hof 49 ✓
Bayern
EW 51400
ℹ Tel (0 92 81) 81 56 66, Fax 8 19 48 20
Tourist-Information
⊠ 95028 Ludwigstraße 24

✱✱✱ Central
Kulmbacher Str. 4 (A 1), **Tel (0 92 81) 60 50**,
Fax 6 24 40, ⊠ 95030, 🅰🆇 🅳🅲 🅴🅳 🆅🅰
105 Zi, Ez: 120/60-189/95, Dz: 165/83-230/115,
2 Suiten, ⌐ WC ⌀, 50 ⇔, Lift, **P**, 5⌒580,
Kegeln, Sauna, Solarium, Golf

🍴🍴 **Kastaniengarten**
Hauptgericht 30/15-45/22, Terrasse, Biergarten,
geschl.: So

✱ Quality Hotel
Ernst-Reuter-Str. 137, **Tel (0 92 81) 70 30**,
Fax 70 31 13, ⊠ 95030, 🅰🆇 🅳🅲 🅴🅳 🆅🅰, Ⓢ
111 Zi, Ez: 119/59, Dz: 139/70, ⌐ WC ⌀ DFÜ,
73 ⇔, Lift, **P**, 5⌒100, Sauna, Solarium,
Restaurant

✱ Strauß
Bismarckstr. 31 (B 2), **Tel (0 92 81) 20 66**,
Fax 8 44 74, ⊠ 95028, 🅴🅳 🆅🅰
49 Zi, Ez: 82/41-105/52, Dz: 100/50-145/73,
5 App, ⌐ WC ⌀, 9 ⇔, Lift, **P**, ☎, 2⌒55
🍴 Hauptgericht 25/12, Biergarten,
geschl.: 1.-15.8.01

✱ Am Maxplatz
Maxplatz 7 (B 1), **Tel (0 92 81) 17 39**,
Fax 8 79 13, ⊠ 95028, 🅰🆇 🅴🅳 🆅🅰
♪, 18 Zi, Ez: 95/47-110/55, Dz: 140/70-165/83,
⌐ WC ⌀, **P**, ☎, garni

Haidt (4 km ↗)

✱✱ Gut Haidt ♛
Plauener Str. 123, **Tel (0 92 81) 73 10**,
Fax 73 11 00, ⊠ 95028, 🅰🆇 🅳🅲 🅴🅳 🆅🅰
$, 46 Zi, Ez: 120/60, Dz: 160/80, 4 Suiten, ⌐
WC ⌀ DFÜ, 7 ⇔, Lift, **P**, ☎, 4⌒50, Sauna,
Solarium, Golf

🍴 Reiterstuben
♨, Hauptgericht 10/5-25/12, Terrasse,
Biergarten

Unterkotzau (1 km ↑)

✱ Brauereigasthof Falter
Hirschberger Str. 6, **Tel (0 92 81) 7 67 50**,
Fax 7 67 51 90, ⊠ 95030, 🅴🅳 🆅🅰
♪, 26 Zi, Ez: 85/42-110/56 Dz: 155/78-170/85,
⌐ WC ⌀ DFÜ, 10 ⇔, **P**, 3⌒100
🍴🍴 Hauptgericht 15/7-25/12, Terrasse

Hofbieber 46 □
Hessen / Kreis Fulda
EW 6000
ℹ Tel (0 66 57) 9 87 20, Fax 91 90 07
Tourist-Information
⊠ 36145 Schulweg 5

Luftkurort in der Rhön; Sehenswert: Schloß
Bieberstein; Milseburg, 835 m Aussicht (4 km +
30 Min S↗); Naturlehrgarten Fohlenweide;
Kunststation Kleinsassen.

Hofbieber-Außerhalb (1 km ↓)

✱✱ Fohlenweide
Tel (0 66 57) 98 80, Fax 98 81 00, ⊠ 36145
einzeln ♪ $, 27 Zi, Ez: 115/57,
Dz: 154/77-202/101, 1 Suite, 9 App, ⌐ WC ⌀,
P, 2⌒35, Golf, 1 Tennis
🍴🍴 Hauptgericht 11/5-33/16

Hofgeismar 35 →
Hessen / Kreis Kassel
EW 17000
ℹ Tel (0 56 71) 99 90 06, Fax 99 92 00
Touristinformation
⊠ 34369 Markt 1

✱ Zum Alten Brauhaus
Marktstr. 12, **Tel (0 56 71) 30 81**, Fax 30 83,
⊠ 34369, 🅰🆇 🅳🅲 🅴🅳 🆅🅰
21 Zi, Ez: 62/31-85/42, Dz: 105/52-130/65, ⌐
WC ⌀, 7 ⇔, Lift, Restaurant
geschl.: 27.12.00-8.1.01

Sababurg (13 km ↗)

✱✱ Dornröschenschloß Sababurg
European Castle
Tel (0 56 71) 80 80, Fax 80 82 00, ⊠ 34369, 🅰🆇
🅳🅲 🅴🅳 🆅🅰
einzeln ♪ $, 17 Zi, Ez: 150/75-270/135,
Dz: 280/141-380/191, ⌐ WC ⌀, **P**, 2⌒40,
Restaurant

Burganlage von 1334. Märchenschloß der Brüder Grimm inmitten des Reinhardswaldes. Die Burg liegt über dem Tierpark Sababurg, einem der ältesten Tiergärten Europas (1571).

Schöneberg

⛌ Reitz
Bremer Str. 17, Tel (0 56 71) 55 91,
Fax 4 06 99, ✉ 34369, ED VA
9 Zi, Ez: 55/27-65/32, Dz: 85/42-95/47, ⌐ WC
℃, P, 1⇨50, Restaurant
geschl.: Mo, 15-31.8.01

Hofheim am Taunus 44 ↘

Hessen / Main-Taunus-Kreis
EW 39490
🛈 Tel (0 61 92) 20 23 94, Fax 90 03 31
Stadtverwaltung
✉ 65719 Chinonplatz 2

✱✱ Burkartsmühle
Kurhausstr. 71, Tel (0 61 92) 96 80,
Fax 96 82 61, ✉ 65719, AX DC ED VA
♪, 26 Zi, Ez: 188/94-228/114,
Dz: 208/104-263/132, 2 Suiten, ⌐ WC ℃ DFÜ,
Lift, P, 2⇨30, ≋, Sauna, Solarium, 7 Tennis
🍴🍴 Hauptgericht 40/20, geschl.: So

✱ Dreispitz
In der Dreispitz 6, Tel (0 61 92) 9 65 20,
Fax 2 69 10, ✉ 65719, ED VA
24 Zi, Ez: 160/80-180/90, Dz: 195/98-210/105,
⌐ WC ℃, P, Restaurant
geschl.: Do, Fr

🍴🍴 Die Scheuer
Burgstr. 12, Tel (0 61 92) 2 77 74, Fax 18 92,
✉ 65719, AX DC ED VA
♔, Hauptgericht 38/19-48/24, Gartenlokal,
geschl.: Mo
Historisches Fachwerkgebäude aus dem 17. Jh..

☕ Café Altes Rathaus
Hauptstr. 40, Tel (0 61 92) 67 33, Fax 67 94,
✉ 65719
Gartenlokal, geschl.: Mo

Diedenbergen (4 km ↙)

✱✱ Treff Hansa Hotel Rhein-Main
Casteller Str. 106, Tel (0 61 92) 95 00,
Fax 30 00, ✉ 65719, AX DC ED VA, Ⓢ
✯, 157 Zi, Ez: 145/73-275/138,
Dz: 195/98-325/163, ⌐ WC ℃ DFÜ, 46 ⛌, Lift,
P, ☎, 7⇨300, Fitnessraum, Sauna, Solarium,
Restaurant

🍴🍴 Völker's
Marxheimer Str. 4, Tel (0 61 92) 30 65,
Fax 3 90 60, ✉ 65719, AX DC ED VA
Hauptgericht 38/19-52/26, P, geschl.: Mi, Sa mittags
✱ 12 Zi, Ez: 95/47-160/80,
Dz: 150/75-190/95, ⌐ WC ℃

🍴 Romano
Casteller Str. 68, Tel (0 61 92) 3 71 08,
Fax 3 15 76, ✉ 65719, AX DC ED VA
Hauptgericht 22/11-45/22, Gartenlokal,
geschl.: Mo, 23.12.00-2.1.01
Beachtenswerte italienische Küche.

Marxheim (2 km ↓)

✱ Löwenhof
Schulstr. 5, Tel (0 61 92) 9 93 00,
Fax 99 30 99, ✉ 65719, AX DC ED VA
21 Zi, Ez: 110/55-200/100, Dz: 145/73-260/130,
⌐ WC ℃, ☎, 2⇨30, Restaurant

Hofheim in Unterfranken 56 ↗

Bayern / Kreis Haßberge
EW 5300
🛈 Tel (0 95 32) 9 22 90, Fax 2 67
Verwaltungsgemeinschaft
✉ 97461 Obere Sennigstr. 4

Rügheim (4 km ↓)

✱✱ Landhotel Hassberge
Schloßweg 1, Tel (0 95 23) 92 40,
Fax 92 41 00, ✉ 97461, AX DC ED VA
♪, 55 Zi, Ez: 75/37-92/46, Dz: 99/49-135/67,
1 Suite, ⌐ WC ℃ DFÜ, Lift, P, 3⇨75, Sauna,
Solarium, Golf, Restaurant

Hohegeiß siehe Braunlage

Hohen Demzin 21 ↖

Mecklenburg-Vorpommern
Kreis Teterow-Land
EW 548
🛈 Tel (0 39 96) 17 27 23
Gemeindeamt Teterow-Land
✉ 17166 von-Pentz-Allee 7

Burg Schlitz

✱✱✱✱ Schloßhotel Burg Schlitz ♛
Tel (0 39 96) 1 27 00, Fax 12 70 70, ✉ 17166,
AX DC ED VA

einzeln ♪ 😊, 14 Zi, Ez: 280/141-360/181,
Dz: 360/181-440/221, 6 Suiten, ⊣ WC Ⓒ DFÜ,
Lift, 🅿, 🏠, 9🔄60
Klassizistische Schloßanlage mit 80 ha großem
Landschaftspark und Karolinenkapelle.

🍴🍴🍴🍴 **Schloßrestaurant
im Rittersaal**
😊, Hauptgericht 46/23-56/28, Terrasse, nur
abends, geschl.: Mo

Hohen Neuendorf 30 ↑

Brandenburg / Kreis Oberhavel
EW 17383
ℹ Tel (0 33 03) 52 80, Fax 50 07 51
Gemeindeverwaltung
✉ 16540 Oranienburger Str. 2

✱ **Am Lunik Park**
Stolper Str. 8, Tel (0 33 03) 29 10,
Fax 29 14 44, ✉ 16540, AX DC ED VA
57 Zi, Ez: 130/65-165/83, Dz: 160/80-195/98,
⊣ WC Ⓒ, 10 🛏, Lift, 🅿, 2🔄40, Sauna,
Solarium, Restaurant

✱ **Zum grünen Turm**
Oranienburger Str. 58, Tel (0 33 03) 50 16 69,
Fax 50 16 24, ✉ 16540, ED VA
29 Zi, Ez: 85/42-110/55, Dz: 120/60-220/110, ⊣
WC Ⓒ, 10 🛏, Lift, 🅿, 1🔄40, Restaurant

Bergfelde

✱ **Am Hofjagdrevier**
Hohen Neuendorferstr. 48,
Tel (0 33 03) 5 31 20, Fax 5 31 22 60,
✉ 16562, ED VA
34 Zi, Ez: 90/45-100/50, Dz: 130/65-160/80,
2 Suiten, ⊣ WC Ⓒ, 20 🛏, Lift, 🅿, 2🔄30,
Bowling, Sauna, Solarium, Restaurant

✱ **Am Stadtrand**
Birkenwerderstr. 14, Tel (0 33 03) 5 31 50,
Fax 53 15 55, ✉ 16562, ED VA
18 Zi, Ez: 85/42-100/50, Dz: 135/67-170/85, ⊣
WC Ⓒ DFÜ, 3 🛏, 🅿, 2🔄30, Sauna, Restaurant
geschl.: So

Hohenau 66 □

Bayern / Kreis Freyung-Grafenau
EW 3600
ℹ Tel (0 85 58) 96 04 44, Fax 96 04 40
Gemeinde Hohenau
✉ 94545 Dorfplatz 22

🛏 **Gasthof Schreiner**
Dorfplatz 17, Tel (0 85 58) 10 62, Fax 27 17,
✉ 94545
♪ 🍴, 44 Zi, Ez: 43/21-46/23, Dz: 74/37-80/40,
2 Suiten, ⊣ WC, Lift, 🅿, Restaurant

🛏 **Gasthof Hohenauer Hof**
Dorfplatz 18, Tel (0 85 58) 10 56, Fax 28 56,
✉ 94545, ED
♪ 🍴, 55 Zi, Ez: 48/24-50/25, Dz: 80/40-90/45,
2 Suiten, ⊣ WC, Lift, 🅿, 🏠, Kegeln, Sauna,
Solarium, Restaurant
Im Gästehaus auch Zimmer der Kategorie ✱
vorhanden.

Bierhütte (2 km ↘)

✱✱ **Romantik Hotel Die Bierhütte**
Bierhütte 10, Tel (0 85 58) 9 61 20,
Fax 96 12 70, ✉ 94545, AX DC ED VA
37 Zi, Ez: 99/49-139/70, Dz: 150/75-220/110,
6 Suiten, 3 App, ⊣ WC Ⓒ, 6 🛏, 🅿, 🏠, 2🔄40,
Sauna, Solarium
Im Landhaus Zimmer der Kategorie ✱✱✱
vorhanden.
🍴🍴 Hauptgericht 29/14-38/19 ✝
Barockbau aus dem 16. Jh. unter
Denkmalschutz.

Hohenlimburg siehe Hagen

Hohenroda 46 ↑

Hessen / Kreis Hersfeld-Rotenburg
EW 3500
ℹ Tel (0 66 76) 9 20 00, Fax 92 00 40
Gemeindeverwaltung
✉ 36284 Schlosstr. 45

Schwarzengrund

✱✱ **Hessen Hotelpark Hohenroda**
Im Schwarzengrund 9, Tel (0 66 76) 1 81,
Fax 14 87, ✉ 36284, AX DC ED VA
einzeln ♪ 🍴, 207 Zi, Ez: 115/57-125/62,
Dz: 180/90, ⊣ WC Ⓒ DFÜ, 140 🛏, Lift, 🅿,
15🔄300, 🏠, Seezugang, Kegeln, Sauna,
Solarium, Restaurant

Hohenstein 44 ✓

Hessen / Rheingau-Taunus-Kreis
EW 6720
🛈 Tel (0 61 20) 2 90, Fax 29 40
Gemeindeverwaltung
✉ 65329 Schwalbacher Str. 1

Steckroth

Hofgut Georgenthal
Tel (0 61 28) 94 30, Fax 94 33 33, ✉ 65329
40 Zi, Ez: 225/113, Dz: 375/188, ⇨ WC ☾
Eröffnung nach Redaktionsschluß.

Hohenwarth 66 ↖

Bayern / Kreis Cham
EW 2200
🛈 Tel (0 99 46) 2 29, Fax 2 29
Gemeindeverwaltung
✉ 93480 Hauptstr. 1

∗∗ Ferien- und Aparthotel Zum Gutshof
Gutshofweg 2, Tel (0 99 46) 95 00, Fax 15 13, ✉ 93480
☽ ✸, 57 Zi, Ez: 70/35-120/60,
Dz: 110/55-240/120, 16 Suiten, 16 App, ⇨ WC
☾, Lift, 🅿, 1⇔50, Sauna, Solarium, Restaurant
Rezeption: 8-19, geschl.: 5.-30.11.00
Auch Zimmer der Kategorie ∗∗∗ vorhanden.

Hohenwestedt 10 ✓

Schleswig-Holstein
Kreis Rendsburg-Eckernförde
EW 4900
🛈 Tel (0 48 71) 3 60, Fax 36 36
Touristik-Information
✉ 24594 Am Markt 15

∗ Landhaus
Itzehoer Str. 39, Tel (0 48 71) 76 11 40,
Fax 76 11 17, ✉ 24594, AX DC ED VA
26 Zi, Ez: 94/47-119/59, Dz: 139/70-149/75,
4 App, ⇨ WC ☾, 🅿, 🍴, 4⇔100, Kegeln, Golf
🍴🍴 Hauptgericht 20/10-38/19, geschl.: Di

Hohenwutzen 22 ↘

Brandenburg
Kreis Märkisch Oberland
EW 830
🛈 Tel (03 33 68) 2 26
Gemeindeverwaltung
✉ 16259 Chausseestr. 29

∗ Zur Fährbuhne
Fährweg 17, Tel (03 33 68) 50 50, Fax 5 05 11,
✉ 16259
18 Zi, Ez: 90/45-95/47, Dz: 125/62-145/73, ⇨
WC ☾, 🅿, Restaurant
Rezeption: 11-22

Hohenzieritz 21 □

Mecklenburg-Vorpommern
Kreis Mecklenburg-Strelitz
EW 612
🛈 Tel (0 39 81) 48 12 70, Fax 48 14 00
Landratsamt
✉ 17235 Woldecker Chaussee 35

Prillwitz (7 km ↗)

∗ Jagdschloß Prillwitz
Tel (03 98 24) 2 03 45, Fax 2 03 46, ✉ 17237
☽ ✸, 11 Zi, Ez: 90/45, Dz: 140/70, 2 Suiten, ⇨
WC ☾, 🅿, 1⇔50, Restaurant

Hohnhorst 25 ↘

Niedersachsen / Kreis Bad Nenndorf
EW 2000
🛈 Tel (0 57 23) 70 40, Fax 7 04 55
Samtgemeinde Bad Nenndorf
✉ 31542 Rodenberger Allee 13

🍴🍴 Gasthaus Wille
Hauptstr. 37, Tel (0 57 23) 8 15 34,
Fax 98 12 99, ✉ 31559, ED VA
Hauptgericht 26/13-28/14, Biergarten, 🅿, nur
abends, geschl.: Di, Mi, 1.-15.1.01

Hohnstein 51 ↗

Sachsen
Landkreis Sächsische Schweiz
EW 4020
🛈 Tel (03 59 75) 8 68 13, Fax 8 68 10
Touristinformation Hohnstein
✉ 01848 Rathausstr. 10

∗ Zur Aussicht
Am Bergborn 7, Tel (03 59 75) 8 70 00,
Fax 87 00 44, ✉ 01848, AX ED VA
☽ ✸, 12 Zi, Ez: 85/42-90/45, Dz: 130/65-150/75,
3 Suiten, ⇨ WC ☾, 🅿, 1⇔20, Restaurant
geschl.: Jan

Rathewalde

∗∗ Luk ♛
Das kleine Landhotel
Basteiweg 12, Tel (0 35 97) 8 00 13,
Fax 8 00 14, ✉ 01848
☽ 8 Zi, Ez: 98/49-120/60, Dz: 140/70-160/80,
⇨ WC ☾, 8 ⇌, 🅿, Restaurant

Hohwacht 11 ←

Schleswig-Holstein / Kreis Plön
EW 911
🛈 Tel (0 43 81) 9 05 50, Fax 90 55 55
Touristik-Information
✉ 24321 Berliner Platz

🍴 Hohwachter Hof
Strandstr. 6, Tel (0 43 81) 4 02 80,
Fax 40 28 30, ✉ 24321, ED
Hauptgericht 35/17, P

✱✱✱ Ringhotel Hohe Wacht
Ostseering, Am Kurpark, Tel (0 43 81) 9 00 80,
Fax 90 08 88, ✉ 24321, AX DC ED VA
☾, 21 Zi, Ez: 160/80-280/141,
Dz: 200/100-300/151, 2 Suiten, 30 App, ⌐ WC
Ⓒ, 2 ⌕, Lift, P, 6⟲160, ⌂, Fitnessraum,
Sauna, Solarium, Golf
geschl.: 8.-24.1.01
🍴🍴 Hauptgericht 26/13-38/19, Terrasse,
Bowling

✱✱ Seeschlößchen
Dünenweg 4, Tel (0 43 81) 4 07 60,
Fax 40 76 50, ✉ 24321, ED
☾ ⚜, 34 Zi, Ez: 123/61-172/86,
Dz: 230/115-336/169, 5 Suiten, 16 App, ⌐ WC
Ⓒ, Lift, P, 2⟲48, ⌂, Fitnessraum, Sauna,
Solarium, Restaurant

✱ Haus am Meer
Dünenweg 1, Tel (0 43 81) 4 07 40,
Fax 40 74 74, ✉ 24321, ED VA
☾ ⚜, 14 Zi, Ez: 150/75, Dz: 150/75-260/130,
2 Suiten, 7 App, ⌐ WC Ⓒ, P, 1⟲22, ⌂,
Sauna, Solarium, Golf
geschl.: Do, 1.11.-15.12.00, 10-31.1.01
🍴 ⚜, Hauptgericht 25/12, Terrasse,
geschl.: im Winter Do, 1.11.-15.12.00,
10-31.1.01

🍴🍴 Genueser Schiff
Seestr. 18, Tel (0 43 81) 75 33, Fax 58 02,
✉ 24321, AX ED VA
⚜, Hauptgericht 42/21-54/27, nur abends,
geschl.: Di, Mi, 15.11.-24.12.00, 15.1.-15.3.01

Hollenstedt 18 ←

Niedersachsen / Kreis Harburg
EW 3000
🛈 Tel (0 41 65) 8 00 44, Fax 8 04 81
Gemeinde Hollenstedt
✉ 21279 Am Markt 10

✱ Hollenstedter Hof
Minotel
Am Markt 1, Tel (0 41 65) 2 13 70, Fax 83 82,
✉ 21279, AX DC ED VA, Ⓢ
32 Zi, Ez: 95/47-105/52, Dz: 145/73-155/78, ⌐
WC Ⓒ DFÜ, 10 ⌕, 4⟲50, Kegeln
🍴 Hauptgericht 29/14-37/18, Terrasse, P

Hollfeld 58 ↖

Bayern / Kreis Bayreuth
EW 5400
🛈 Tel (0 92 74) 98 00, Fax 9 80 29
Tourist-Information
✉ 96142 Marienplatz 18

🍴 Wittelsbacher Hof
Langgasse 8, Tel (0 92 74) 6 11, Fax 8 05 16,
✉ 96142, ED VA
Hauptgericht 30/15, Terrasse, P, geschl.: Mo,
27.10.-3.11.00
✱ 14 Zi, Ez: 70/35-85/42,
Dz: 110/55-120/60, ⌐ WC Ⓒ, 1⟲30

Treppendorf (2 km ↓)

✱ Bettina
Treppendorf 22, Tel (0 92 74) 7 47, Fax 14 08,
✉ 96142, AX ED VA
⚜, 23 Zi, Ez: 70/35-85/42, Dz: 110/55-130/65,
1 App, ⌐ WC Ⓒ DFÜ, 6 ⌕, P, 3⟲50, Sauna,
Solarium, 2 Tennis, Restaurant
geschl.: Mo

Holzgerlingen 61 □

Baden-Württemberg
Kreis Böblingen
EW 11450
🛈 Tel (0 70 31) 6 80 80, Fax 68 08 17
Stadtverwaltung
✉ 71088 Böblinger Str. 5

✱✱ Gärtner
Römerstr. 29, Tel (0 70 31) 74 56,
Fax 74 57 00, ✉ 71088, AX DC ED VA
47 Zi, Ez: 100/50-115/57, Dz: 160/80-175/88,
4 App, ⌐ WC Ⓒ, Lift, P, ⌂, 3⟲100,
Restaurant

Holzgerlingen

* Bühleneck
Bühlenstr. 81, Tel **(0 70 31) 7 47 50**,
Fax **74 75 30**, ✉ 71088, AX DC ED VA
15 Zi, Ez: 98/49, Dz: 145/73, 3 Suiten, 2 App., ⌐
WC ✆ DFÜ, 5 ⇐, **P**, Fitnessraum, Sauna,
Solarium, Golf, garni

Holzhau 51←

Sachsen / Kreis Freiberg
EW 500
i Tel **(03 73 27) 15 04**, Fax **16 19**
Fremdenverkehrsamt
✉ 09623 Bergstr. 9

* Lindenhof
Bergstr. 4, Tel **(03 73 27) 14 57**, Fax **73 95**,
✉ 09623, AX ED VA
♩, 61 Zi, Ez: 70/35-140/70, Dz: 144/72-160/80,
⌐ WC ✆, Lift, **P**, 6⌗120, Kegeln, Sauna,
Solarium
¶ Hauptgericht 20/10

Rechenberg-Bienenmühle

* Berghotel Talblick
Flair Hotel
Alte Str. 144, Tel **(03 73 27) 74 16**, Fax **74 29**,
✉ 09623, AX ED VA
♩ ≬, 26 Zi, Ez: 90/45-97/48, Dz: 126/63-140/70,
⌐ WC ✆, **P**, 2⌗50, Sauna, Solarium,
Restaurant

Holzhausen siehe Burbach

Holzkirchen / Oberbayern 72 ☐

Bayern / Kreis Miesbach
EW 14000
Gemeindeverwaltung
✉ 83607 Marktplatz 1

** Alte Post
Marktplatz 10 a, Tel **(0 80 24) 3 00 50**,
Fax **3 00 55 55**, ✉ 83607
44 Zi, Ez: 145/73, Dz: 185/93, ⌐ WC ✆, Lift, **P**,
☎, 1⌗40
Auch Zimmer der Kategorie * vorhanden.
¶ Hauptgericht 15/7-35/17, geschl.: Di

** H'Otello
Rosenheimer Str. 16, Tel **(0 80 24) 90 50**,
Fax **90 52 15**, ✉ 83607, AX ED VA
36 Zi, Ez: 130/65-170/85, Dz: 170/85-190/95,
⌐ WC ✆, 8 ⇐, Lift, **P**, ☎

Holzminden 36 ↖

Niedersachsen
EW 22000
i Tel **(0 55 31) 93 64 12**, Fax **93 64 10**
Stadtinformation
✉ 37603 Obere Str. 30

* Parkhotel Interopa
Altendorferstr. 9, Tel **(0 55 31) 20 01**,
Fax **6 12 66**, ✉ 37603, AX DC ED VA
38 Zi, Ez: 80/40-120/60, Dz: 130/65-180/90, ⌐
WC ✆, 2 ⇐, **P**, Restaurant

* Schleifmühle
Schleifmühle 3, Tel **(0 55 31) 50 98**,
Fax **12 06 60**, ✉ 37603
♩, 17 Zi, Ez: 90/45, Dz: 130/65, ⌐ WC ✆ DFÜ,
P, ☎, ≋, Solarium, Restaurant

Holzminden-Silberborn
Außerhalb (14 km ↘)

* Sollingshöhe
Dasseler Str. 15, Tel **(0 55 36) 9 50 80**,
Fax **14 22**, ✉ 37603, ED VA
♩ ≬, 22 Zi, Ez: 65/32-80/40, Dz: 116/58-140/70,
2 Suiten, 1 App., ⌐ WC ✆, **P**, 1⌗20, ≋,
Sauna, Solarium
¶Ⓞ Hauptgericht 19/9-34/17, Terrasse

Neuhaus im Solling (16 km ↘)

* Schatte
Am Wildenkiel 15, Tel **(0 55 36) 10 55**,
Fax **15 60**, ✉ 37603, AX DC ED VA
38 Zi, Ez: 75/37-86/43, Dz: 142/71-172/86, ⌐
WC ✆, Lift, **P**, ☎, ≋, Sauna, Solarium,
Restaurant
geschl.: 20-1.12.00, 7.1.-20.2.01
Auch einfache Zimmer vorhanden.

Holzschlag siehe Bonndorf

Homberg siehe Duisburg

Homburg 53 ✓

Saarland / Saarpfalz-Kreis
EW 46000
i Tel **(0 68 41) 10 11 66**, Fax **12 08 99**
Kultur- und Verkehrsamt
✉ 66424 Am Forum

** Schweizerstuben
Kaiserstr. 72, Tel **(0 68 41) 9 24 00**,
Fax **9 24 02 20**, ✉ 66424, AX DC ED VA

25 Zi, Ez: 125/62-168/84, Dz: 212/106-264/132,
3 Suiten, ⇨ WC ⌀, 4 ⊱, Lift, **P**, 1⇔120, ⌂,
Sauna, Solarium
Auch Zimmer der Kategorie ******* vorhanden.
¶¶¶ Hauptgericht 28/14-42/21, Terrasse,
nur abends, geschl.: Sa, So

****** Schloßberghotel Sympathie Hotel

Schloßberghöhenstr., **Tel (0 68 41) 66 60**,
Fax 6 20 18, ⊠ 66424, AX DC ED VA
einzeln ♪ ≋, 73 Zi, Ez: 155/78-185/93,
Dz: 220/110-300/151, WC ⌀, Lift, **P**, 8⇔450,
⌂, Sauna, Solarium, Restaurant

***** Stadt Homburg

Ringstr. 80, **Tel (0 68 41) 13 31**, Fax 6 49 94,
⊠ 66424, DC ED VA
40 Zi, Ez: 114/57-160/80, Dz: 170/85-230/115,
1 Suite, 1 App, ⇨ WC ⌀, 12 ⊱, Lift, **P**, ⌂,
3⇔150, ⌂, Sauna, Solarium

¶¶ **Le Connaisseur**
Hauptgericht 15/7-50/25, Terrasse, geschl.: Sa
mittags

***** Euler

Talstr. 40, **Tel (0 68 41) 9 33 30**,
Fax 9 33 32 22, ⊠ 66424, AX DC ED VA
50 Zi, Ez: 95/47, Dz: 140/70-145/73, ⇨ WC ⌀,
⌂, garni
geschl.: 24.12.00-1.1.01

Homburg v. d. Höhe, Bad 44 ↘

Hessen / Hochtaunuskreis
EW 52000
ℹ Tel (0 61 72) 17 80, Fax 17 81 18
Verkehrsbüro
⊠ 61348 Louisenstr. 58
Cityplan siehe Seite 464

******** Steigenberger

Kaiser-Friedrich-Promenade 69 (B 2),
Tel (0 61 72) 18 10, Fax 18 16 30, ⊠ 61348, AX
DC ED VA, Ⓢ
♪, 152 Zi, Ez: 275/138-405/203,
Dz: 316/159-446/224, 17 Suiten, ⇨ WC ⌀ DFÜ,
52 ⊱, Lift, ⌂, 8⇔300, Sauna, Solarium, Golf
Auch Zimmer der Kategorie ******* vorhanden.
¶¶¶ Hauptgericht 30/15-45/22, Terrasse, **P**

******* Maritim Kurhaushotel

Ludwigstr. (B 2), **Tel (0 61 72) 66 00**,
Fax 66 01 00, ⊠ 61348, AX DC ED VA, Ⓢ
148 Zi, Ez: 269/135-386/194,
Dz: 316/159-426/214, ⇨ WC ⌀ DFÜ, 63 ⊱, Lift,
⌂, 11⇔800, ⌂, Sauna, Solarium, Restaurant

****** Parkhotel

Kaiser-Friedrich-Promenade 53 (B 2),
Tel (0 61 72) 80 10, Fax 80 14 00, ⊠ 61348, AX
DC ED VA
♪, 110 Zi, Ez: 148/74-318/160,
Dz: 188/94-358/180, 8 Suiten, 12 App, ⇨ WC ⌀
DFÜ, 25 ⊱, Lift, **P**, ⌂, 2⇔60, Fitnessraum,
Sauna, Solarium, Restaurant
Auch Zimmer der Kategorie ***** vorhanden.

****** Villa am Kurpark

Kaiser-Friedrich-Promenade 57 (B 2),
Tel (0 61 72) 1 80 00, Fax 18 00 20, ⊠ 61348,
AX ED VA
♪, 24 Zi, Ez: 110/55-230/115,
Dz: 170/85-310/156, ⇨ WC ⌀, Lift, **P**, 1⇔20,
garni

****** Hardtwald

Philosophenweg 31, **Tel (0 61 72) 98 80**,
Fax 8 25 12, ⊠ 61350, AX DC ED VA
einzeln ♪, 43 Zi, Ez: 145/73-275/138,
Dz: 195/98-355/178, ⇨ WC ⌀ DFÜ, 7 ⊱, **P**,
3⇔30
Auch Zimmer der Kategorie ***** vorhanden.

¶ Hauptgericht 28/14-45/22,
geschl.: Mo, 20.12.00-10.1.01

****** Comfort Hotel Am Kurpark

Ferdinandstr. 2-4, **Tel (0 61 72) 92 63 00**,
Fax 92 63 99, ⊠ 61348, AX DC ED VA
41 Zi, Ez: 139/70-239/120, Dz: 179/90-350/176,
2 App, ⇨ WC ⌀ DFÜ, 9 ⊱, Lift, **P**, ⌂, 4⇔18,
garni
Auch Zimmmer der Kategorie ***** vorhanden.

¶¶¶ **Oberle's**
Obergasse 1, **Tel (0 61 72) 2 46 62**,
Fax 2 46 62, ⊠ 61348, AX ED VA
Hauptgericht 40/20-47/23, **P**, nur abends,
geschl.: Mo, So
Beachtenswerte Küche.

¶¶¶ **Sängers Restaurant**
Kaiser-Friedrich-Promenade 85,
Tel (0 61 72) 92 88 39, Fax 92 88 59, ⊠ 61348,
AX ED VA

Homburg v. d. Höhe, Bad

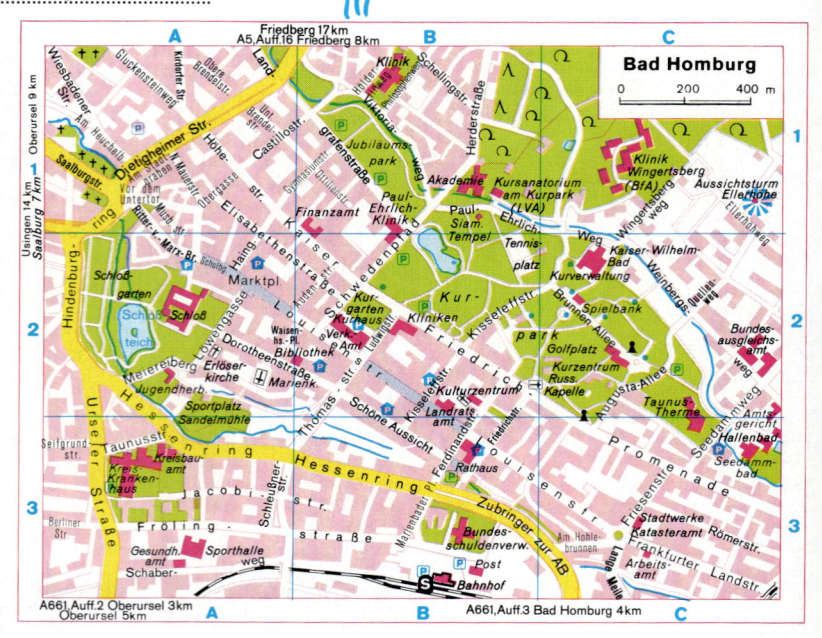

Hauptgericht 52/26, Terrasse, nur abends, geschl.: So

Da Alfonso
Louisenstr. 109 a, Tel (0 61 72) 2 97 35,
Fax 45 73 63, ⌧ 61348, AX DC ED VA
Hauptgericht 35/17-45/22, Terrasse, P

Stang's Restaurant
Louisenstr. 84 b, Tel (0 61 72) 68 34 44,
Fax 68 34 45, ⌧ 61348
Hauptgericht 24/12-40/20, geschl.: Mo

Bistro im Korkenzieher
Rathausstr. 1, Tel (0 61 72) 2 24 11,
Fax 8 62 74, ⌧ 61348
ab 17, geschl.: So

Gasthaus zum Wasserweibchen
Am Mühlberg 57, Tel (0 61 72) 2 98 78,
Fax 30 50 93, ⌧ 61348, AX DC ED VA
Hauptgericht 25/12, Terrasse, nur abends,
geschl.: 24.12.00-6.1.01, 20.7.-15.8.01

Café Peter Kofler
Audenstr. 2-4, Tel (0 61 72) 9 24 40,
Fax 92 44 44, ⌧ 61348, AX ED
Terrasse, Biergarten, P
Spezialität: Papageno-Torte.

Ober-Erlenbach (5 km →)

** Katharinenhof
Ober-Erlenbacher Str. 16, Tel (0 61 72) 40 00,
Fax 40 03 00, ⌧ 61352, AX DC ED VA

♪, 31 Zi, Ez: 120/60-195/98,
Dz: 215/108-280/141, ⊟ WC Ⓒ DFÜ, 11 ⇐, **P**,
🛏, garni
Rezeption: 7-20, geschl.: 22.12.00-5.1.01
Auch Zimmer der Kategorie ✱ vorhanden.

Honau siehe Lichtenstein (Württ)

Honnef, Bad 43 ↖

Nordrhein-Westfalen
Rhein-Sieg-Kreis
EW 26059
ℹ Tel (0 22 24) 90 06 36, Fax 7 96 87
Tourismus Siebengebirge GmbH
✉ 53604 Hauptstr. 30

✱✱✱ Avendi
Hauptstr. 22, Tel (0 22 24) 18 90, Fax 18 91 89,
✉ 53604, AX DC ED VA
100 Zi, Ez: 135/67-215/108,
Dz: 220/110-280/141, 4 Suiten, ⊟ WC Ⓒ DFÜ,
40 ⇐, Lift, **P**, 🛏, 13⇨340, ⌂, Fitnessraum,
Sauna, Solarium, Restaurant

✱✱ Seminaris
Alexander-von-Humboldt-Str. 20,
Tel (0 22 24) 77 10, Fax 77 15 55, ✉ 53604, AX DC ED VA
194 Zi, Ez: 162/81-170/85, Dz: 230/115,
19 Suiten, ⊟ WC Ⓒ DFÜ, 72 ⇐, Lift, **P**, 🛏,
24⇨350, ⌂, Kegeln, Sauna, Solarium,
Restaurant

¶¶ Markt 3
Am Markt 3, Tel (0 22 24) 9 33 20,
Fax 93 32 32, ✉ 53604, AX ED VA
Hauptgericht 30/15-45/22, Terrasse,
Gartenlokal, 🛏, geschl.: So

Rhöndorf (1 km ↑)

✱ Hoff
Löwenburgstr. 35, Tel (0 22 24) 23 42,
Fax 7 50 91, ✉ 53604, AX ED VA
23 Zi, Ez: 75/37-95/47, Dz: 140/70-160/80,
1 Suite, 1 App, ⊟ WC Ⓒ, garni
Rezeption: 7-13, 17-20

Hopsten 24 ←

Nordrhein-Westfalen
Kreis Steinfurt
EW 7050
ℹ Tel (0 54 58) 9 32 50, Fax 93 25 93
Gemeindeverwaltung
✉ 48496 Bunte Str. 35

✱ Kiepenkerl
Ibbenbürener Str. 2, Tel (0 54 58) 9 31 10,
Fax 93 11 11, ✉ 48496
19 Zi, Ez: 45/22-55/27, Dz: 90/45-110/55, ⊟
WC, 2 ⇐, Lift, **P**, 4⇨200, Solarium
¶ Hauptgericht 25/12-32/16, Terrasse

Horb am Neckar 61 ✓

Baden-Württemberg
Kreis Freudenstadt
EW 24000
ℹ Tel (0 74 51) 36 11, Fax 90 12 90
Stadtinformation
✉ 72160 Marktplatz 12

🛏 Steiglehof
Hohenberg, Tel (0 74 51) 5 55 00,
Fax 55 50 15, ✉ 72160
13 Zi, Ez: 70/35, Dz: 110/55, ⊟ WC Ⓒ, **P**,
Restaurant
Ehemaliger Bauernhof.

Isenburg (2 km ✓)

✱ Forellengasthof Waldeck
Mühlsteige 33, Tel (0 74 51) 38 80, Fax 49 50,
✉ 72160, DC ED VA
♪, 20 Zi, Ez: 75/37-95/47, Dz: 105/52-145/73,
⊟ WC Ⓒ, Lift, **P**, 1⇨80, Sauna, Solarium,
Restaurant
geschl.: Mo, 22.12.00-9.1.01
Auch Zimmer der Kategorie ✱✱ vorhanden.

Horben 67 □

Baden-Württemberg
Kreis Breisgau-Hochschwarzwald
EW 980
ℹ Tel (07 61) 2 94 11, Fax 29 06 11
Rathaus Horben
✉ 79289 Im Dorf 1

Langackern (1 km ↑)

✱✱ Luisenhöhe
Langackern 45, Tel (07 61) 2 96 90,
Fax 29 04 48, ✉ 79289, AX DC ED VA

Horben

einzeln ♪ §, 41 Zi, Ez: 105/52-160/80,
Dz: 190/95-230/115, 4 Suiten, ⊒ WC ⌀, Lift, **P**,
🏠, 2⊂⊃25, 🛁, Sauna, Solarium, 1 Tennis
🍴🍴 §, Hauptgericht 15/7-45/22, Terrasse,
Biergarten

✱ Engel
Langackern 14, Tel (07 61) 29 29 90,
Fax 29 06 27, ✉ 79289, AX ED VA
♪ §, 28 Zi, Ez: 70/35-90/45, Dz: 120/60-150/75,
3 Suiten, ⊒ WC ⌀, **P**, 🏠, 2⊂⊃30
🍴 §, Hauptgericht 30/15

Horbruch   53 ↖

Rheinland-Pfalz / Kreis Birkenfeld
EW 360
ℹ Tel (0 65 43) 22 10
Gemeindeverwaltung
✉ 55483 Unterdorf 4 a

Horbruch-Außerhalb (1 km ↓)

✱✱ Historische Schloßmühle   ♛
     European Castle
An der L190, Tel (0 65 43) 40 41, Fax 31 78,
✉ 55483
einzeln §, 17 Zi, Ez: 120/60-175/88,
Dz: 190/95-285/143, 1 Suite, ⊒ WC ⌀, **P**,
1⊂⊃65
Auch Zimmer der Kategorie ✱ vorhanden.
🍴🍴 ☺, Hauptgericht 38/19-45/22,
Terrasse, nur abends, geschl.: Mo

Horgau   63 ↓

Bayern / Kreis Augsburg
EW 2500
ℹ Tel (0 82 94) 14 41, Fax 25 61
Gemeindeverwaltung
✉ 86497 Martinsplatz 7

✱ Zum Schwarzen Reiter
   Flair Hotel
Hauptstr. 1, Tel (0 82 94) 8 60 80,
Fax 86 08 77, ✉ 86497, AX ED VA
40 Zi, Ez: 90/45-150/75, Dz: 140/70-190/95,
1 Suite, 1 App, ⊒ WC ⌀, 15 🛏, Lift, **P**, 🏠,
10⊂⊃120, Sauna, Restaurant
geschl.: 23.12.00-3.1.01
Im Gasthof Platzer einfache Zimmer vorhanden.

Horn-Bad Meinberg   35 ↑

Nordrhein-Westfalen / Kreis Lippe
EW 19140
ℹ Tel (0 52 34) 20 13 01, Fax 20 12 44
Bürger + Tourist-Service
✉ 32805 Marktplatz 2

Billerbeck (4 km →)

✱ Zur Linde
Steinheimer Str. 219, Tel (0 52 33) 94 40,
Fax 64 04, ✉ 32805, ED VA
♪, 53 Zi, Ez: 84/42-99/49, Dz: 143/72-166/83,
⊒ WC ⌀, Lift, **P**, 🏠, 5⊂⊃200, 🛁, Kegeln,
Sauna, Solarium, Restaurant

Holzhausen-Externsteine (3 km ←)

✱✱ Kurhotel Bärenstein
Am Bärenstein 44, Tel (0 52 34) 20 90,
Fax 20 92 69, ✉ 32805, ED
♪ §, 74 Zi, Ez: 72/36-118/59,
Dz: 150/75-170/85, 2 Suiten, ⊒ WC ⌀, Lift, **P**,
1⊂⊃24, 🛁, Sauna, Solarium, 1 Tennis,
Restaurant
geschl.: Mo

Leopoldstal (5 km ↓)

✱ Gut Rothensiek
Rothensieker Weg 50, Tel (0 52 34) 2 00 70,
Fax 20 07 66, ✉ 32805, ED VA
einzeln ♪, 38 Zi, Ez: 103/51-113/56,
Dz: 182/91-216/108, 1 Suite, ⊒ WC ⌀ DFÜ,
10 🛏, **P**, 3⊂⊃90, garni
Auch einfachere Zimmer vorhanden.

Meinberg, Bad

✱✱ Kurhotel Parkblick
Parkstr. 63, Tel (0 52 34) 90 90, Fax 90 91 50,
✉ 32805, AX DC ED VA
♪, 74 Zi, Ez: 110/55-140/70, Dz: 160/80-180/90,
4 Suiten, ⊒ WC ⌀, Lift, 🏠, 3⊂⊃90, 🛁,
Fitnessraum, Sauna, Solarium
Auch Zimmer der Kategorie ✱✱✱ vorhanden.

🍴🍴 Parkstube
Hauptgericht 16/8-38/19, Terrasse

✱✱ Zum Stern
Brunnenstr. 84, Tel (0 52 34) 90 50,
Fax 90 53 00, ✉ 32805, AX ED VA
♪, 129 Zi, Ez: 150/75-170/85,
Dz: 195/98-215/108, 5 Suiten, ⊒ WC ⌀, 10 🛏,
Lift, **P**, 🏠, 10⊂⊃250, 🛁, Kegeln, Sauna,
Solarium
🍴🍴 Hauptgericht 30/15-38/19, Terrasse,
Biergarten

Hornberg   67 ↗

Baden-Württemberg / Ortenaukreis
EW 4750
ℹ Tel (0 78 33) 7 93 44, Fax 7 93 29
Tourist-Information
✉ 78132 Bahnhofstr. 3

** Adler
Hauptstr. 66, Tel (0 78 33) 93 59 90,
Fax 93 59 95 06, ✉ 78132, AX ED VA
19 Zi, Ez: 70/35, Dz: 110/55-140/70, ⊟ WC ⊘,
5 ⛷, Lift, P
geschl.: Fr, 2.-8.1.01
🍴🍴 Hauptgericht 20/10-37/18, geschl.: Fr,
3.-10.1.01, 2.-8.1.01

Fohrenbühl (5 km ↗)

* Café-Pension Lauble
Haus Nr 65, Tel (0 78 33) 9 36 60,
Fax 93 66 66, ✉ 78132, ED VA
♪, 23 Zi, Ez: 50/25-65/32, Dz: 85/42-110/55, ⊟
WC ⊘, P, ⌂, Restaurant
geschl.: Mo, 20.11.-24.12.00

Niederwasser (9 km ↙)

* Schöne Aussicht
Am Karlstein, Tel (0 78 33) 14 90, Fax 16 03,
✉ 78132, AX DC ED VA
einzeln ♪ ♣, 47 Zi, Ez: 85/42-125/62,
Dz: 166/83-240/120, 1 App, ⊟ WC ⊘ DFÜ,
2 ⛷, Lift, P, ⌂, 3⟳100, ⌂, Sauna, Solarium,
1 Tennis, Restaurant
Gasthof und Sporthotel auf 971 m Höhe.

Hoya 25 ↑
Niedersachsen
Kreis Nienburg/Weser
EW 10800
🅷 Tel (0 42 51) 81 50, Fax 8 15 50
Samtgemeinde Grafschaft Hoya
✉ 27318 Schloßplatz 2

** Graf von Hoya
Von-Kronenfeld-Str. 13, Tel (0 42 51) 4 05,
Fax 4 07, ✉ 27318, AX ED VA
26 Zi, Ez: 100/50, Dz: 150/75, 1 App, ⊟ WC ⊘
DFÜ, 10 ⛷, P, ⌂, 1⟳30, Restaurant

Hoyerswerda 41 ←
Sachsen
EW 53360
🅷 Tel (0 35 71) 45 69 20, Fax 45 69 25
Tourist- und Stadtinformation
✉ 02977 Schlossergasse 1

Hoyerswerda, im Herzen der Lausitz: Historisches, Modernes, Natur pur in reizvoller Umgebung. Wandern, Fahrradtouren, Angeln, Wassersport, Badespaß. Sehenswert: Marktplatz, Rathaus, Postmeilensäule, Schloss/Museum, Zoo, Lausitzbad, Computer- und Bergbaumuseum, Grubenbahn, Dubringer Moor.

** Akzent-Hotel Congresshotel Lausitz
Dr.-Wilhelm-Külz-Str. 1, Tel (0 35 71) 46 30,
Fax 46 34 44, ✉ 02977, AX DC ED VA
134 Zi, Ez: 125/62-160/80, Dz: 140/70-200/100,
4 App, ⊟ WC ⊘ DFÜ, 32 ⛷, Lift, P, ⌂,
9⟳820, Fitnessraum, Sauna, Solarium,
Restaurant

** Zur Mühle
An der Mühle 4, Tel (0 35 71) 47 70,
Fax 47 72 00, ✉ 02977, AX ED VA
20 Zi, ⊟ WC ⊘, P, 1⟳24, Bowling, Restaurant

* Achat
Bautzener Allee 1a, Tel (0 35 71) 47 00,
Fax 47 09 99, ✉ 02977, AX ED VA, Ⓢ
76 Zi, Ez: 77/38-136/68, Dz: 88/44-186/93,
13 App, ⊟ WC ⊘ DFÜ, 17 ⛷, Lift, P, 2⟳60,
Restaurant
geschl.: 22.12.00-2.1.01
Langzeitvermietung möglich.

Hubertusstock siehe Joachimsthal

Hude 16 ↘
Niedersachsen / Kreis Oldenburg
EW 14600
🅷 Tel (0 44 08) 9 21 30, Fax 92 13 99
Bürger Service Büro
✉ 27798 Parkstr. 53

🍴 Klosterschänke
Hurreler Str. 3, Tel (0 44 08) 77 77, Fax 22 11,
✉ 27798, AX DC ED VA
Hauptgericht 22/11-37/18, Kegeln, P

Hückelhoven 32 ↓

Nordrhein-Westfalen
Kreis Heinsberg
EW 40000
🛈 Tel (0 24 33) 8 21 05, Fax 8 22 64
Stadtverwaltung
✉ 41836 Parkhofstr. 76

✱✱ Europa Haus
Dr.-Ruben-Str, Tel (0 24 33) 83 70,
Fax 83 71 01, ✉ 41836, AX DC ED VA
58 Zi, Ez: 100/50-120/60, Dz: 120/60-190/95,
5 App, ⇁ WC ⌀ DFÜ, Lift, 🅿, Fitnessraum,
Sauna, Solarium, garni

Hückeswagen 33 ↓

Nordrhein-Westfalen
Oberbergischer Kreis
EW 16100
🛈 Tel (0 21 92) 8 81 45, Fax 8 81 09
Stadtverwaltung
✉ 42499 Auf'm Schloß 1

✱ Kniep
Bahnhofstr. 4, Tel (0 21 92) 91 50,
Fax 91 53 99, ✉ 42499, AX ED VA
30 Zi, Ez: 75/37-110/55, Dz: 120/60-160/80, ⇁
WC ⌀ DFÜ, Lift, 🅿, 🏠, 2⟳25, Restaurant

Hüfingen 68 ←

Baden-Württemberg
Schwarzwald-Baar-Kreis
EW 7600
🛈 Tel (07 71) 60 09 24, Fax 60 09 22
Informationsamt
✉ 78183 Hauptstr. 18

Behla (4 km ↘)

✱ Kranz mit Gästehaus
Römerstr. 18, Tel (07 71) 9 22 80,
Fax 92 28 82, ✉ 78183, ED
30 Zi, Ez: 62/31, Dz: 104/52, 1 App, ⇁ WC ⌀,
🅿, 2⟳80, Sauna, Solarium, Restaurant

Fürstenberg (6 km ↘)

🛏 Zum Rößle
Zähringerstr. 12, Tel (07 71) 6 00 10,
Fax 60 01 22, ✉ 78183, AX ED VA
36 Zi, Ez: 65/32-100/50, Dz: 100/50-130/65, ⇁
WC, 🅿, 🏠, Restaurant
geschl.: Do
Im Gästehaus Zimmer der Kategorie ✱✱ vorhanden.

Hügelsheim 60 □

Baden-Württemberg / Kreis Rastatt
EW 4808
🛈 Tel (0 72 29) 3 04 40, Fax 30 44 10
Rathaus
✉ 76549 Hauptstr. 34

✱ Hirsch
Hauptstr. 28, Tel (0 72 29) 22 55, Fax 22 29,
✉ 76549, AX ED VA
25 Zi, Ez: 90/45-110/55, Dz: 130/65-180/90,
4 Suiten, ⇁ WC ⌀, Lift, 🏠, Sauna
🍴 Hauptgericht 14/7-37/18, Terrasse, 🅿,
geschl.: Mi, 2 Wochen im Aug

✱ Waldhaus
Am Hecklehamm 20, Tel (0 72 29) 3 04 30,
Fax 30 43 43, ✉ 76549, ED VA
♪, 13 Zi, Ez: 99/49-110/55, Dz: 140/70-160/80,
1 Suite, ⇁ WC ⌀, 8 ⇔, 🅿, Sauna, Solarium,
garni

✱ Zum Schwan
Hauptstr. 45, Tel (0 72 29) 3 06 90,
Fax 30 69 69, ✉ 76549, AX ED VA
21 Zi, Ez: 72/36-75/37, Dz: 115/57-120/60, ⇁
WC ⌀, 🅿, 🏠, 2⟳25
🍴 Hauptgericht 32/16, Biergarten,
geschl.: Mo

Hüllhorst 25 ✓

Nordrhein-Westfalen
Kreis Minden-Lübbecke
EW 13900
🛈 Tel (0 57 44) 9 31 50, Fax 93 15 70
Gemeinde Hüllhorst
✉ 32609 Löhner Str. 1

Oberbauerschaft (6 km ←)

✱ Kahle Wart
Oberbauerschafter Str. 220, Tel (0 57 41) 85 25,
Fax 1 28 71, ✉ 32609, ED VA
11 Zi, Ez: 85/42, Dz: 150/75, ⇁ WC ⌀, 🅿, 🏠,
Restaurant
geschl.: Mo, 1.-29.10.00
Auch Zimmer der Kategorie ✱✱ vorhanden.

✱ Struckmeyer (Wiehen-Therme)
Ginsterweg 4, Tel (0 57 41) 3 44 66,
Fax 34 46 44, ✉ 32609, ED VA
16 Zi, Ez: 80/40-100/50, Dz: 120/60-140/70,
1 Suite, ⇁ WC ⌀, 🅿, 🏠, 3⟳130, ▨, 🏠,
Fitnessraum, Sauna, Solarium, Restaurant

Hünfeld 46 □

Hessen / Kreis Fulda
EW 14700
i Tel (0 66 52) 18 00, Fax 18 01 88
Stadtverwaltung
✉ 36088 Konrad-Adenauer-Platz 1

Michelsrombach (10 km ✓)

⚓ Zum Stern
Biebergasse 2, Tel (0 66 52) 25 75, Fax 7 28 51,
✉ 36088, ED
31 Zi, Ez: 54/27-60/30, Dz: 84/42-92/46, 5 App,
⊣ WC, P, ⌂, 2⊙40, Restaurant

Hünstetten 44 ↓

Hessen / Rheingau-Taunus Kreis
EW 9298
i Tel (0 61 26) 9 95 50, Fax 99 55 40
Gemeindeverwaltung
✉ 65510 Im Lagersboden 5

Bechtheim

¥ Rosi's Restaurant
Am Birnbusch 17, Tel (0 64 38) 21 26,
Fax 7 24 23, ✉ 65510
Hauptgericht 18/9-40/20, Terrasse, Kegeln, P,
geschl.: Di, Mi, 27.12.00-10.1.01

Hürtgenwald 42 ↑

Nordrhein-Westfalen / Kreis Düren
EW 8500
i Tel (0 24 29) 3 09 40, Fax 3 09 70
Verkehrsamt
✉ 52393 August-Scholl-Str 5

Simonskall (7 km ↓)

✻✻ Silence Landhotel Kallbach
Haus Nr. 24-26, Tel (0 24 29) 9 44 40,
Fax 20 69, ✉ 52393, DC ED VA
♪, 44 Zi, Ez: 115/57-125/62,
Dz: 170/85-190/95, 1 Suite, ⊣ WC ⊘, 2 ⇌, Lift,
6⊙120, ⌂, Sauna, Solarium, Golf

¥¥ Hauptgericht 19/9-39/19, Terrasse

Vossenack

✻✻ Zum Alten Forsthaus
   Landidyll
Germeter Str. 49, Tel (0 24 29) 78 22,
Fax 21 04, ✉ 52393, DC ED VA
50 Zi, Ez: 110/55-140/70, Dz: 165/83-235/118,
4 Suiten, ⊣ WC ⊘ DFÜ, 2 ⇌, Lift, P, 4⊙100,
⌂, Kegeln, Sauna, Solarium, 3 Tennis,
Restaurant
Auch Zimmer der Kategorie ✻ vorhanden.

Hürth 42 ↗

Nordrhein-Westfalen / Erftkreis
EW 53000
i Tel (0 22 33) 5 31 05, Fax 5 31 42
Pressereferat
✉ 50354 Rathaus

Sehenswert: Wasserburgen Kendenich und
Gleuel (mit Oldtimer-Museum); Burg Efferen;
Burgruine Fischenich; Römerkanal - Wanderweg und Reste der 100 km langen Eifelwasser-
leitung nach Köln; über 30 Fernsehstudios.

✻✻ Hansa-Hotel
   Treff Hotel
Theresienhöhe / Ecke Friedrich-Ebert-Str,
Tel (0 22 33) 9 44 00, Fax 9 44 01 50,
✉ 50354, AX DC ED VA, Ⓢ
163 Zi, Ez: 145/73-435/219,
Dz: 205/103-445/224, 9 Suiten, 14 App, ⊣ WC
⊘, 50 ⇌, Lift, P, ⌂, 8⊙250, Sauna, Solarium,
Golf, Restaurant

Fischenich (2 km ↘)

✻✻ Breitenbacher Hof
Raiffeisenstr. 64, Tel (0 22 33) 4 70 10,
Fax 47 01 11, ✉ 50354, AX DC ED VA
36 Zi, Ez: 110/55-210/105, Dz: 180/90-280/141,
⊣ WC ⊘, P, 2⊙60
geschl.: 23-24.12.00
¥¥ Hauptgericht 40/20, Biergarten,
geschl.: 23-24.12.00

Gleuel

✻ Am Freischütz
Zunftweg 1, im Gewerbegebiet,
Tel (0 22 33) 93 23 30, Fax 93 23 31 00,
✉ 50354, DC ED VA
43 Zi, Ez: 125/62-145/73, Dz: 180/90-205/103,
⊣ WC ⊘, Lift, P, garni

Hürth

Kalscheuren (2 km →)

**   Euro Media
Ursulastr. 29, Tel (0 22 33) 97 40 20,
Fax 9 74 02 99, ⊠ 50354, AX DC ED VA
♪, 50 Zi, Ez: 105/52-289/145,
Dz: 155/78-339/170, 7 Suiten, ⇥ WC ⌀ DFÜ,
16 ⇤, Lift, P, 3⇨120, Restaurant

Hüttgeswasen siehe Allenbach

Hunderdorf 65 ↖

Bayern / Kreis Straubing-Bogen
EW 3430
i Tel (0 94 22) 8 57 00, Fax 85 70 30
Gemeinde Hunderdorf
⊠ 94336 Sollacher Str. 4

Steinburg

*   Bergerbräu
Hauptstr. 32, Tel (0 99 61) 3 46 12 14,
Fax 5 57, ⊠ 94336, AX DC ED VA
17 Zi, Ez: 78/39-88/44, Dz: 120/60-145/73, ⇥
WC ⌀, 4 ⇤, P, 2⇨250, Sauna, Solarium
geschl.: Mo
Zimmer der Kategorie ** vorhanden.
¶   Hauptgericht 15/7-35/17, Terrasse,
geschl.: Mo

Husum 9 ↖

Schleswig-Holstein
Kreis Nordfriesland
EW 21000
i Tel (0 48 41) 8 98 70, Fax 47 28
Tourist-Information
⊠ 25813 Asmussenstr. 10

****   Romantik Hotel ♕
Altes Gymnasium
Süderstr. 6, Tel (0 48 41) 83 30, Fax 8 33 12,
⊠ 25813, AX DC ED VA
72 Zi, Ez: 180/90-235/118,
Dz: 250/125-330/166, ⇥ WC ⌀ DFÜ, 20 ⇤,
Lift, P, 5⇨160, ⌂, Sauna, Solarium, Golf
Bade und Fitnessbereich 'Club Balnea'. Unter
Denkmalschutz stehendes Gebäude von 1867
im neugotischen Stil.

¶¶¶   Eucken
Hauptgericht 36/18, geschl.: Mo, Di

¶¶   Wintergarten ✚
Hauptgericht 18/9-37/18, Terrasse

**   Theodor Storm
Neustadt 60-68, Tel (0 48 41) 8 96 60,
Fax 8 19 33, ⊠ 25813, DC ED VA
56 Zi, Ez: 105/52-180/90, Dz: 180/90-210/105,
⇥ WC ⌀ DFÜ, 8 ⇤, Lift, P, ⌂, 4⇨100, Golf

Husums Brauhaus
☺, Hauptgericht 11/5-29/14, Biergarten, im
Winter nur abends

*   Hinrichsen
mit mehreren Gästehäusern
Süderstr. 35, Tel (0 48 41) 8 90 70, Fax 28 01,
⊠ 25813, ED VA
43 Zi, Ez: 69/34-110/55, Dz: 110/55-150/75,
3 App, ⇥ WC ⌀, P, ⌂, Sauna, garni
Auch einfachere Zimmer vorhanden.

Ibach 67 ↘

Baden-Württemberg / Kreis Waldshut
EW 430
i Tel (0 76 72) 8 42, Fax 24 97
Bürgermeisteramt
⊠ 79837 Ober-Ibach 6

Mutterslehen (6 km ↑)

*   Schwarzwaldgasthof Hirschen
Tel (0 76 72) 8 66, Fax 94 12, ⊠ 79837, AX ED VA
♪ ⚘, 15 Zi, Ez: 80/40-85/42, Dz: 138/69-146/73,
⇥ WC ⌀, 5 ⇤, P, Sauna, Solarium
geschl.: Di
¶   Hauptgericht 14/7-44/22, geschl.: Di

Ibbenbüren 24 ↙

Nordrhein-Westfalen
Kreis Steinfurt
EW 50410
i Tel (0 54 51) 93 17 77, Fax 93 11 98
Tourist-Information
⊠ 49477 Alte Münster Str. 16 (Rathaus)

**   Leugermann
Osnabrücker Str. 33, Tel (0 54 51) 93 50,
Fax 93 59 35, ⊠ 49477, AX ED VA
46 Zi, Ez: 80/40-125/62, Dz: 130/65-165/83,
2 Suiten, ⇥ WC ⌀, 9 ⇤, Lift, P, 5⇨35,
Kegeln, Sauna, Solarium, Restaurant
geschl.: Di
Auch einfache Zimmer vorhanden.

*   Brügge
Münsterstr. 201, Tel (0 54 51) 9 40 50,
Fax 94 05 32, ⊠ 49479, ED VA
34 Zi, Ez: 84/42-130/65, Dz: 130/65-180/90, ⇥
WC ⌀, 10 ⇤, P, ⌂, 1⇨25, Kegeln, Restaurant

Lehen (3 km ↓)

✶✶ Residence Hubertushof
Münsterstr. 222, Tel (0 54 51) 9 41 00,
Fax 94 10 90, ✉ 49479, AX DC ED VA
21 Zi, Ez: 90/45-135/67, Dz: 140/70-180/90,
2 Suiten, 2 App, ⌐ WC ⊘ DFÜ, P, 🏠, 2🔄40
Auch Zimmer der Kategorie ✶✶✶ vorhanden.
🍴 Hauptgericht 20/10-40/20, Terrasse,
geschl.: Di, 27.12.00-31.1.01

Iburg, Bad 24 ↓

Niedersachsen / Kreis Osnabrück
EW 11440
☎ Tel (0 54 03) 40 16 12, Fax 60 25
Amt für Stadtmarketing
✉ 49186 Schlosstr. 20

**✶✶ Zum Freden
Landidyll**
Zum Freden 41, Tel (0 54 03) 40 50, Fax 17 06,
✉ 49186, AX ED VA
39 Zi, Ez: 80/40-90/45, Dz: 120/60-150/75, ⌐
WC ⊘, 5 🛏, Lift, P, 🏠, 3🔄120, Sauna,
Solarium
🍴🍴 Hauptgericht 18/9-40/20, Terrasse,
Biergarten, geschl.: Do

Iburg, Bad-Außerhalb (2 km ↑)

✶ Zum Dörenberg
Osnabrücker Str. 145, Tel (0 54 03) 7 32 40,
Fax 73 24 66, ✉ 49186, ED VA
⚜, 21 Zi, Ez: 66/33-70/35, Dz: 132/66-140/70, ⌐
WC ⊘, Lift, P, 🏠, 2🔄20, Sauna, Restaurant

Ichenhausen 63 ↙

Bayern / Kreis Günzburg
EW 8600
☎ Tel (0 82 23) 4 00 50, Fax 40 05 43
Stadtverwaltung
✉ 89335 Heinrich-Sinz-Str 14

✶ Zum Hirsch
Heinrich-Sinz-Str. 1, Tel (0 82 23) 9 68 70,
Fax 9 68 72 35, ✉ 89335, ED VA
25 Zi, Ez: 55/27-62/31, Dz: 99/49-110/55,
1 Suite, ⌐ WC ⊘, P, 🏠, 3🔄60, Golf,
Restaurant
geschl.: 13-23.8.01

Ichtershausen 47 ↗

Thüringen / Kreis Arnstadt
EW 4000
☎ Tel (0 36 28) 6 12 00, Fax 7 61 65
Gemeindeverwaltung
✉ 99334

✶ Residenz
Erfurter Str. 31, Tel (0 36 28) 91 00,
Fax 91 01 77, ✉ 99334, AX
31 Zi, Ez: 80/40, Dz: 100/50, 1 Suite, ⌐ WC ⊘,
Restaurant

Idar-Oberstein 53 ↖

Rheinland-Pfalz / Kreis Birkenfeld
EW 36000
☎ Tel (0 67 81) 6 44 21, Fax 6 44 25
Fremdenverkehrsamt
✉ 55743 Georg-Maus-Str 2

Idar

✶ Berghotel Kristall
Wiesenstr. 50, Tel (0 67 81) 9 69 60,
Fax 96 96 49, ✉ 55743, AX DC ED VA
♪ ⚜, 27 Zi, Ez: 99/49-160/80,
Dz: 148/74-240/120, ⌐ WC ⊘ DFÜ, 1 🛏, P,
1🔄100, Sauna, Restaurant

Idstein 44 ↓

Hessen / Rheingau-Taunus-Kreis
EW 24500   •
☎ Tel (0 61 26) 7 82 15, Fax 7 82 80
Fremdenverkehrsamt
✉ 65510 König-Adolf-Platz 2

✶✶ Höerhof
Obergasse 26, Tel (0 61 26) 5 00 26,
Fax 50 02 26, ✉ 65510, AX DC ED VA
♪ ⚜, 10 Zi, Ez: 190/95-290/146,
Dz: 290/146-340/171, 4 Suiten, ⌐ ⊘, 6 🛏, P,
4🔄45, Golf
geschl.: 9.-13.4.01
Hist. Fachwerkhaus - Inneneinrichtung in
modernem Design.
🍴 ⚜, Hauptgericht 45/22   ✝
geschl.: Di, 9.-13.4.01

✶ Zur Ziegelhütte
Am Bahnhof 6A, Tel (0 61 26) 7 02 77,
Fax 7 11 45, ✉ 65510
10 Zi, Ez: 113/56, Dz: 167/84, ⌐ WC, P, 🏠,
Restaurant

**✶ Goldenes Lamm
mit Gästehaus**
Himmelgasse 7, Tel (0 61 26) 13 81, Fax 13 66,
✉ 65510, AX DC ED VA
30 Zi, Ez: 80/40-120/60, Dz: 150/75, 1 Suite, ⌐
WC ⊘ DFÜ, 1 🛏, 1🔄100, garni

🍴 Gasthof Zur Peif
Himmelsgasse 2, Tel (0 61 26) 5 73 57,
✉ 65510, ED VA

Hauptgericht 20/10-35/17, Terrasse, nur abends, geschl.: Mi, 4.-25.10.00, 1.-11.1.01

Iffeldorf 71 □

Bayern / Kreis Weilheim-Schongau
EW 2490
🛈 Tel (0 88 56) 37 46, Fax 8 22 22
Verkehrsamt Iffeldorf
✉ 82393 Hofmark 9

✱ **Landgasthof Osterseen**
Hofmark 9, Tel (0 88 56) 9 28 60,
Fax 92 86 45, ✉ 82393, AX DC ED VA
♪ ⚥, 24 Zi, Ez: 124/62-140/70,
Dz: 182/91-212/106, ⇨ WC ⌀, 1⇨20, Kegeln, Sauna
geschl.: 16.1.-15.2.01

¶¶ ⚥, Hauptgericht 30/15, Terrasse, **P**,
geschl.: Di, 16.1.-15.2.00

Ihringen 67 ←

Baden-Württemberg
Kreis Breisgau-Hochschwarzwald
EW 5600
🛈 Tel (0 76 68) 93 43, Fax 71 08 50
Fremdenverkehrsbüro
✉ 79241 Bachenstr. 38

✱✱ **Bräutigam**
mit Gästehaus Hotel Luise
Bahnhofstr. 1, Tel (0 76 68) 9 03 50,
Fax 90 35 69, ✉ 79241, AX ED VA
41 Zi, Ez: 90/45-200/100, Dz: 160/80-200/100,
1 Suite, ⇨ WC ⌀ DFÜ, 5 ⇥, **P**, Solarium
Rezeption: 11-14, 18-23, geschl.: Mi,
10-30.1.01

¶¶ **Bräutigam's Weinstuben**
Hauptgericht 29/14-55/27, geschl.: Mi

¶¶ **Winzerstube** ✝
Wasenweiler Str. 36, Tel (0 76 68) 50 51,
Fax 93 79, ✉ 79241, AX ED VA
Hauptgericht 26/13-46/23, Gartenlokal, **P**,
🛏, geschl.: Mo, Di mittags, Feb

Illertissen 70 ↖

Bayern / Kreis Neu-Ulm
EW 15200
🛈 Tel (0 73 03) 1 72 11, Fax 1 72 28
Stadtverwaltung
✉ 89257 Hauptstr. 4

✱ **Illertisser Hof**
Carnac-Platz 9, Tel (0 73 03) 95 00,
Fax 95 05 00, ✉ 89257, ED VA
26 Zi, Ez: 105/52-112/56, Dz: 142/71-182/91, ⇨
WC ⌀, 4 ⇥, **P**, 🏠, Restaurant

¶¶ **Gasthof Krone** ✝
Auf der Spöck 2, Tel (0 73 03) 34 01,
Fax 4 25 94, ✉ 89257, ED VA
Hauptgericht 18/9-39/19, Gartenlokal, **P**,
geschl.: Mi

☕ **Café Rau**
Hauptstr. 17, Tel (0 73 03) 34 94, Fax 29 79,
✉ 89257
8.30-18, So ab 10, geschl.: Mo

Dornweiler

✱ **Dornweiler Hof** ♛
Dietenheimer Str. 93, Tel (0 73 03) 95 91 40,
Fax 78 11, ✉ 89257, AX DC ED VA
18 Zi, Ez: 125/62, Dz: 168/84, ⇨ WC ⌀ DFÜ,
6 ⇥, Lift, **P**, 2⇨25
Auch Zimmer der Kategorie ✱✱ vorhanden.
¶¶ Hauptgericht 18/9-39/19 ✝

Illingen 61 ↖

Baden-Württemberg / Enzkreis
EW 7174
🛈 Tel (0 70 42) 8 24 20, Fax 82 42 39
Tourist-Information
✉ 75428 Ortszentrum 8

✱ **Lamm**
Vaihinger Str. 19, Tel (0 70 42) 8 25 35,
Fax 82 53 63, ✉ 75428, ED VA
33 Zi, Ez: 80/40-85/42, Dz: 125/62-135/67, ⇨
WC ⌀ DFÜ, **P**, 🏠, Restaurant

Illingen Kr. Neunkirchen 52 ↘

Saarland
EW 19150
🛈 Tel (0 68 25) 40 91 47, Fax 40 91 09
ST 2 Abt. Fremdenverkehr
✉ 66557 Hauptstr. 86

✱✱ **Burg Kerpen**
Tel (0 68 25) 94 29 00, Fax 9 42 90 10,
✉ 66557, AX ED VA

11 Zi, Ez: 100/50-110/55, Dz: 150/75-210/105,
1 Suite, ⌐ WC ✆, **P**, 2⇨30, Restaurant
geschl.: 1.-20.1.01

Illschwang 58 ↓

Bayern / Kreis Amberg Sulzbach
EW 1530
ℹ Tel (0 96 66) 9 13 10, Fax 91 31 25
Fremdenverkehrsamt
✉ 92278 Am Dorfplatz 2

✱ Weißes Roß
Am Kirchberg 1, Tel **(0 96 66) 13 34**, Fax 2 84,
✉ 92278, AX DC ED VA
31 Zi, Ez: 65/32-75/37, Dz: 100/50-130/65,
1 Suite, ⌐ WC ✆, Lift, **P**, 🞴, 3⇨150
Auch einfachere Zimmer vorhanden.
🍴 Hauptgericht 22/11, Biergarten   ✚
geschl.: Mo

Ilmenau 47 □

Thüringen / Ilmkreis
EW 31790
ℹ Tel (0 36 77) 6 21 32, Fax 20 25 02
Ilmenau-Information
✉ 98693 Lindenstr. 12

Stadt an der Klassikerstraße Thüringen; Sehenswert: Goethestadt mit Goethe-Gedenkstätten; Amtshaus; Stadtkirche; Jagdhaus Gabelbach; Goethe Wanderweg.

✱✱ Lindenhof
Lindenstr. 5-11, Tel **(0 36 77) 6 80 00**,
Fax 68 00 88, ✉ 98693, AX DC ED VA
45 Zi, Ez: 90/45-130/65, Dz: 125/62-160/80, ⌐
WC ✆ DFÜ, 15 🛌, Lift, **P**, 🞴, 2⇨80, Sauna,
Solarium, Restaurant
Auch Zimmer der Kategorie ✱ vorhanden.

✱✱ Die Tanne
Lindenstr. 38, Tel **(0 36 77) 65 90**,
Fax 65 95 03, ✉ 98693, ED
99 Zi, Ez: 99/49-125/62, Dz: 140/70-160/80,
12 Suiten, 4 App., ⌐ WC ✆, 90 🛌, Lift, 🞴,
4⇨130, Sauna, Solarium

Ilmenau-Außerhalb (4,5 km S,
Richtung ↑euhaus am Rennsteig)

✱✱ Romantik Berg- und   ♛
Jagdhotel Gabelbach
Waldstr. 23 a, Tel **(0 36 77) 86 00**,
Fax 86 02 22, ✉ 98693, AX ED VA
einzeln ♪ ﾟ, 49 Zi, Ez: 120/60-240/120,
Dz: 170/85-300/151, 28 Suiten, 10 App., ⌐ WC

✆, 19 🛌, Lift, **P**, 5⇨120, 🞴, Fitnessraum,
Bowling, Sauna, Solarium

🍴🍴 La Cheminée
Hauptgericht 40/20-50/25
🍴 Hauptgericht 25/12, Terrasse

Manebach (6 km ↗)

✱ Moosbach
Schmücker-Str. 112, Tel **(0 36 77) 84 98 80**,
Fax 89 42 72, ✉ 98693,
♪, 27 Zi, Ez: 89/44-129/64, Dz: 128/64-158/79,
1 App., ⌐ WC ✆, 3 🛌, Lift, **P**, 🞴, Sauna,
Solarium, Restaurant
Auch Zimmer der Kategorie ✱✱ vorhanden.

Ilsenburg 37 ↖

Sachsen-Anhalt / Kreis Wernigerode
EW 7200
ℹ Tel (03 94 52) 1 94 33, Fax 9 90 67
Tourismus GmbH
✉ 38871 Marktplatz 1

✱✱✱ Zu den Rothen Forellen   ♛
Marktplatz 2, Tel **(03 94 52) 93 93**, Fax 93 99,
✉ 38871, AX DC ED VA
51 Zi, Ez: 220/110-260/130,
Dz: 290/146-350/176, 1 Suite, ⌐ WC ✆ DFÜ,
17 🛌, Lift, **P**, 6⇨120, 🞴, Sauna

🍴🍴🍴 Hauptgericht 29/14-49/24, Terrasse

✱ Stadt Stolberg
Faktoreistr. 5, Tel **(03 94 52) 95 10**,
Fax 9 51 55, ✉ 38871, ED VA

Ilsenburg

28 Zi, Ez: 85/42-90/45, Dz: 130/65-145/73, ⌐
WC ⌀, 🅿, 🍴, 4⌘60, Restaurant
Auch Zimmer der Kategorie ✱✱ vorhanden.

✱ **Kurpark-Hotel Im Ilsetal Flair Hotel**
Ilsetal 16, Tel (03 94 52) 95 60, Fax 9 56 66,
✉ 38871, AX ED VA
25 Zi, Ez: 90/45-105/52, Dz: 150/75, 7 Suiten,
⌐ WC ⌀, 3 ⛌, 🅿, 🍴, 2⌘40, Fitnessraum,
Sauna, Solarium, 1 Tennis, Restaurant

Ilsenburg-Außerhalb (2 km ↙)

✱ **Welcome Berghotel**
Suental 5, Tel (03 94 52) 9 00, Fax 9 01 99,
✉ 38871, AX ED VA
35 Zi, Ez: 95/47-105/52, Dz: 160/80-180/90,
2 Suiten, ⌐ WC ⌀ DFÜ, 5 ⛌, 🅿, 🍴, 2⌘80,
Sauna, Solarium, Restaurant

Ilsfeld 61 ↗

Baden-Württemberg
Kreis Heilbronn
EW 7900
🛈 Tel (0 70 62) 90 42 21, Fax 90 42 19
Bürgermeisteramt
✉ 74360 Rathausstr. 8

✱ **Ochsen**
König-Wilhelm-Str. 31, Tel (0 70 62) 68 01,
Fax 6 49 96, ✉ 74360, ED
30 Zi, Ez: 78/39-90/45, Dz: 110/55-114/57, ⌐
WC ⌀, Lift, 🅿, 🍴, 2⌘32, Kegeln, Restaurant
geschl.: 2 Wochen im Jan, 2 Wochen im Jul

✱ **Zum Lamm**
Auensteiner Str. 8, Tel (0 70 62) 9 56 70,
Fax 9 56 71 50, ✉ 74360, ED VA
36 Zi, Ez: 95/47-130/65, Dz: 140/70-180/90,
1 Suite, ⌐ WC ⌀ DFÜ, 10 ⛌, Lift, 🅿, 🍴,
2⌘20, ≋, Fitnessraum, Kegeln, Bowling,
Sauna, Restaurant
Rezeption: 6.30-23

Ilshofen 62 ↗

Baden-Württemberg
Kreis Schwäbisch Hall
EW 5900
🛈 Tel (0 79 04) 70 20, Fax 7 02 12
Stadtverwaltung
✉ 74532 Haller Str. 1

✱✱ **Parkhotel**
Parkstr. 2, Tel (0 79 04) 70 30, Fax 70 32 22,
✉ 74532, AX DC ED VA
§, 58 Zi, Ez: 152/76-175/88,
Dz: 198/99-225/113, 6 Suiten, ⌐ WC ⌀, 6 ⛌,
Lift, 🅿, 🍴, 8⌘250, ⌂, Kegeln, Sauna,
Solarium
🍴🍴 **Panorama-Restaurant**
Hauptgericht 32/16, Terrasse, Biergarten

Immenstaad 69 ↙

Baden-Württemberg / Bodenseekreis
EW 5800
🛈 Tel (0 75 45) 20 11 10, Fax 20 12 08
Tourist-Information
✉ 88090 Dr.-Zimmermann-Str 1

✱✱ **Heinzler**
Am Strandbad, Tel (0 75 45) 9 31 90,
Fax 32 61, ✉ 88090, AX ED VA
♪ §, 28 Zi, Ez: 100/50-130/65,
Dz: 185/93-195/98, 5 Suiten, 3 App, ⌐ WC ⌀,
Lift, 🅿, 1⌘20, ≋, Seezugang, Sauna, Solarium
geschl.: Mitte Feb
🍴🍴 §, Hauptgericht 27/13-48/24 ✚
geschl.: Mitte Feb

✱ **Seehof**
Am Yachthafen, Tel (0 75 45) 93 60,
Fax 93 61 33, ✉ 88090, AX ED VA
♪ §, 36 Zi, Ez: 99/49-145/73,
Dz: 165/83-215/108, ⌐ WC ⌀, 🅿, 🍴,
Seezugang
🍴🍴 Hauptgericht 33/16-40/20, Terrasse

✱ **Appartement Hotel Seerose**
St. Jodokusweg 15, Tel (0 75 45) 9 32 10,
Fax 66 31, ✉ 88090, VA
10 Zi, Ez: 80/40-135/67, Dz: 100/50-140/70,
6 Suiten, 6 App, ⌐ WC ⌀, 🅿, Fitnessraum,
Sauna, Solarium, garni
geschl.: 10.11.-3.12.00, 21-28.2.01

Immenstadt i. Allgäu 70 ↙

Bayern / Kreis Oberallgäu
EW 14000
🛈 Tel (0 83 23) 91 41 76, Fax 91 41 95
Gästeamt
✉ 87509 Marienplatz 3

✱ **Lamm**
Kirchplatz 2, Tel (0 83 23) 61 92, Fax 5 12 17,
✉ 87509
28 Zi, Ez: 50/25-75/37, Dz: 100/50-140/70, ⌐
WC ⌀, Lift, 🅿, 🍴, Restaurant
Auch Zimmer der Kategorie ✱✱ vorhanden.

✱ **Steineberg**
Edmund-Probst-Str. 1, Tel (0 83 23) 9 64 60,
Fax 96 46 99, ✉ 87509, ED VA
16 Zi, Ez: 68/34, Dz: 116/58, 15 App, ⌐ WC ⌀,
Lift, 🅿, 🍴, 1⌘30, Restaurant

Deutsches Haus
Färberstr. 10, Tel (0 83 23) 89 94, ⊠ 87509, 🅿
Hauptgericht 20/10, Terrasse, 🅿, geschl.: Mi

Park-Café
Hofgartenstr. 12, Tel (0 83 23) 63 15,
Fax 63 18, ⊠ 87509
Terrasse, geschl.: Sa

Bühl (3 km ↖)

* Rothenfels
Missener Str. 60, Tel (0 83 23) 91 90,
Fax 91 91 91, ⊠ 87509, AX DC ED VA
≴, 32 Zi, Ez: 86/43-130/65, Dz: 157/79-218/109,
⌐ WC ⊘, Lift, 🅿, 🏠, 1⟳20, ⌂, Sauna,
Solarium, Restaurant
Auch Zimmer der Kategorie ** vorhanden.

Knottenried (7 km ↖)

** Bergstätter Hof
Knottenried 17, Tel (0 83 20) 92 30,
Fax 9 23 46, ⊠ 87509
☽ ≴, 21 Zi, Ez: 90/45-116/58,
Dz: 120/60-172/86, ⌐ WC ⊘, 🅿, 🏠, ⌂, Sauna,
Solarium
geschl.: 5.11.-15.12.00
🍴🍴 ≴, Hauptgericht 25/12-32/16, Terrasse,
geschl.: Mo, 5.11.-15.12.00

Stein (2,5 km ↗)

* Krone
Rottachbergstr. 1, Tel (0 83 23) 9 66 10,
Fax 96 61 50, ⊠ 87509, AX ED VA
38 Zi, Ez: 75/37-120/60, Dz: 140/70-180/90,
1 Suite, 1 App, ⌐ WC ⊘ DFÜ, 15 ⇌, Lift, 🅿, 🏠,
2⟳55, Fitnessraum, Sauna, Solarium,
Restaurant
Auch Zimmer der Kategorie ** vorhanden.

* Eß
Daumenweg 9, Tel (0 83 23) 81 04,
Fax 96 21 20, ⊠ 87509
☽, 16 Zi, Ez: 53/26-85/42, Dz: 125/62-135/67,
⌐ WC ⊘, 🅿, Sauna, Solarium, garni

Ingelfingen 55 ↘

Baden-Württemberg / Hohenlohekreis
EW 5800
🛈 Tel (0 79 40) 13 09 22, Fax 67 16
Stadtverwaltung
⊠ 74653 Schlosstr. 12

** Schloß-Hotel
Schlosstr. 14, Tel (0 79 40) 60 77, Fax 5 75 78,
⊠ 74653, AX DC ED VA
20 Zi, Ez: 110/55, Dz: 150/75, ⌐ WC ⊘, 🅿,
1⟳20, Restaurant
geschl.: 3 Wochen im Aug

* Haus Nicklass
Mariannenstr. 47, Tel (0 79 40) 9 10 10,
Fax 91 01 99, ⊠ 74653, AX DC ED VA
60 Zi, Ez: 85/42-100/50, Dz: 130/65-150/75,
2 App, ⌐ WC ⊘ DFÜ, 10 ⇌, Lift, 🅿, 🏠,
3⟳150, Sauna, Solarium
Im 100 m entfernten Gästehaus auch Zimmer
der Kategorie ** vorhanden.
🍴 Hauptgericht 12/6-40/20, Terrasse

Ingelheim 54 ↖

Rheinland-Pfalz
Kreis Mainz-Bingen
EW 23000
🛈 Tel (0 61 32) 78 22 16, Fax 78 21 34
Stadtinformation
⊠ 55218 Neuer Markt 1

Ingelheim

** Rheinkrone
Dammstr. 14, Tel (0 61 32) 98 21 10,
Fax 9 82 11 33, ⊠ 55218, AX DC ED VA
22 Zi, Ez: 120/60-140/70, Dz: 160/80-198/99,
1 App, ⌐ WC ⊘, 🅿, 1⟳20, garni

* Erholung
Binger Str. 92, Tel (0 61 32) 7 30 63,
Fax 7 31 59, ⊠ 55218, AX DC ED VA
13 Zi, Ez: 105/52, Dz: 125/62-145/73, ⌐ WC ⊘,
🅿, garni
Rezeption: 6.30-21

Sporkenheim (3 km ↖)

* Landhotel Fetzer
Gaulsheimer Str. 19, Tel (0 67 25) 3 01 30,
Fax 30 13 26, ⊠ 55218, ED VA
14 Zi, Dz: 180/90, ⌐ WC ⊘ DFÜ, 5 ⇌, 🅿,
1⟳50, Sauna, Solarium, Restaurant

Ingolstadt 64 □

Bayern
EW 114830
🛈 Tel (08 41) 3 05 10 98, Fax 3 05 10 99
Städtisches Fremdenverkehrsamt
⊠ 85049 Rathausplatz 2
Cityplan siehe Seite 476

*** Ambassador
Goethestr. 153 (außerhalb C 1),
Tel (08 41) 50 30, Fax 50 37, ⊠ 85055, AX ED VA

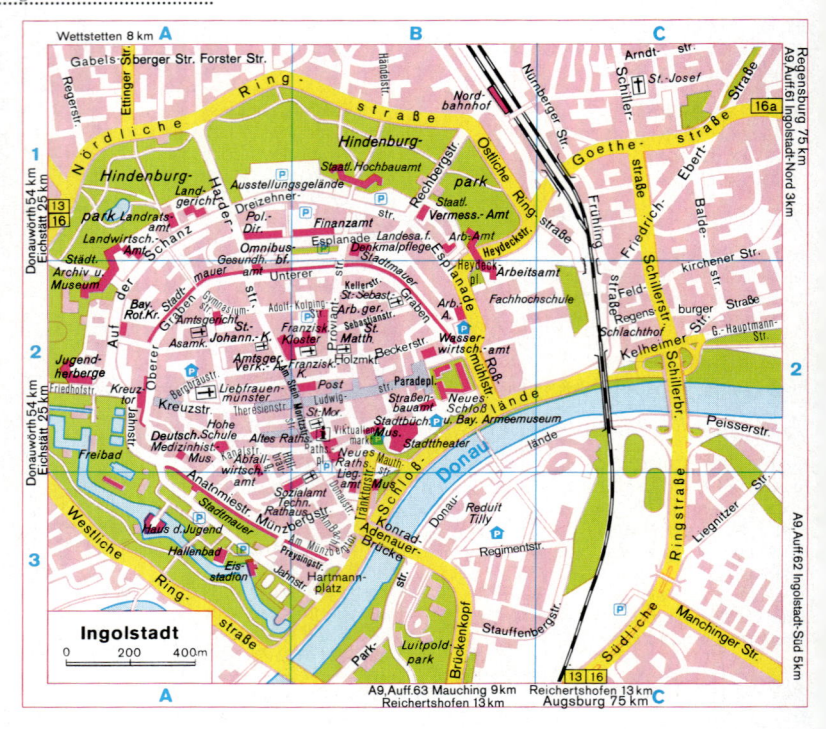

119 Zi, Ez: 140/70-265/133,
Dz: 170/85-320/161, 2 Suiten, ⌐ WC ⌀, 53 ⇐,
Lift, Ⓟ, 10⇔160, Fitnessraum, Sauna

¶¶ Maximilian
Hauptgericht 17/8-45/22, Terrasse

✱✱ Domizil Hummel
Feldkirchener Str. 69 (außerhalb C 1),
Tel (08 41) 95 45 30, Fax 5 92 11, ✉ 85055, AX
DC ED VA

♪, 39 Zi, Ez: 115/57-135/67,
Dz: 145/73-170/85, 3 Suiten, 2 App, ⌐ WC ⌀
DFÜ, 6 ⇐, Ⓟ, ☎, 5⇔150, Sauna, Solarium,
Restaurant

✱ Pius Hof Minotel
Gundekarstr. 4 (außerhalb A 1),
Tel (08 41) 4 30 11, Fax 4 45 33, ✉ 85057, AX
DC ED VA, Ⓢ

60 Zi, Ez: 99/49-168/84, Dz: 136/68-205/103,
⌐ WC ⌀, Lift, Ⓟ, 6⇔50, Kegeln, Sauna,
Solarium

¶¶ Thomas Stub'n
Hauptgericht 12/6-38/19, Terrasse, geschl.: So

✱ Bavaria
Feldkirchener Str. 67 (außerhalb C 1),
Tel (08 41) 9 53 40, Fax 5 88 02, ✉ 85055, AX
DC ED VA

♪, 40 Zi, Ez: 75/37-120/60, Dz: 135/67-145/73,
1 App, ⌐ WC ⌀ DFÜ, 10 ⇐, Lift, Ⓟ, ☎, ☁,
Sauna, Solarium, garni

Inzlingen

* **Donau Hotel**
Münchener Str. 10 (außerhalb B 3),
Tel (08 41) 96 51 50, Fax 6 87 44, ✉ 85051, AX DC ED VA
52 Zi, Ez: 100/50, Dz: 140/70-160/80, 2 Suiten,
⇨ WC ⌀ DFÜ, Lift, P, 🏠, 2⇨110, Sauna
geschl.: 1.-8.1.01

⁑⁑ **Wilder Wein** ✤
Hauptgericht 28/14, geschl.: Sa, So abends,
1.-7.1.01, 1.-31.8.01

* **Pfeffermühle**
Manchinger Str. 68, Tel (08 41) 96 50 20,
Fax 6 61 42, ✉ 85053, AX DC ED VA
33 Zi, Ez: 108/54-160/80, Dz: 140/70-160/80,
⇨ WC ⌀ DFÜ, P, Sauna, Solarium, Restaurant

* **Ammerland**
Ziegeleistr 64 (außerhalb C 1),
Tel (08 41) 95 34 50, Fax 9 53 45 45, ✉ 85055, AX ED VA
28 Zi, Ez: 105/52-115/57, Dz: 150/75-160/80, ⇨ WC ⌀ DFÜ, 2 ⛌, P, 🏠, garni
geschl.: 23.12.00-7.1.01

⁑⁑ **Restaurant im Stadttheater**
Schloßlände 1, Tel (08 41) 93 51 50,
Fax 9 35 15 20, ✉ 85049, DC ED VA
✦, Hauptgericht 30/15, Terrasse, geschl.: Mo, So abends, 1.8.-10.9.01

Spitalhof (2km ↓)

** **Mercure**
Hans-Denck-Str. 21, Tel (0 84 50) 92 20,
Fax 92 21 00, ✉ 85051, AX DC ED VA, Ⓢ
70 Zi, Ez: 138/69-194/97, Dz: 160/80-229/115,
⇨ WC ⌀ DFÜ, 18 ⛌, Lift, P, 🏠, 2⇨60, Sauna, Solarium

⁑⁑ **Gasthof Widmann**
Hauptgericht 23/11-39/19

Unsernherrn (2 km ↓)

🛏 **Pension Eisinger**
Dorfstr. 17 a, Tel (08 41) 97 36 60,
Fax 9 73 66 24, ✉ 85051
♪, 19 Zi, Ez: 63/31, Dz: 100/50, ⇨ WC ⌀, 🏠, garni
geschl.: 24.12.00-7.1.01

Inning a. Ammersee 71 ↖

Bayern / Kreis Starnberg
EW 4110
ℹ Tel (0 81 43) 70 22, Fax 84 82
Verkehrsverein
✉ 82266 Marktplatz 1

Stegen (2 km ←)

⁑⁑ **Seerestaurant**
Landsberger Str. 78, Tel (0 81 43) 70 04,
Fax 73 70, ✉ 82266
✦ ☯, Hauptgericht 35/17, Gartenlokal, P, 🛏,
geschl.: Jan-Feb

Insel Poel 12 ✓

Mecklenburg-Vorpommern
Kreis Nordwestmecklenburg
EW 2807
ℹ Tel (03 84 25) 2 02 29, Fax 2 02 30
Touristinformation
✉ 23999 Verbindungsstr. 2

Gollwitz

** **Inselhotel Poel**
Haus Nr. 6, Tel (03 84 25) 2 40, Fax 2 42 22,
✉ 23999, AX ED VA
48 Zi, Ez: 110/55-135/67, Dz: 160/80-210/105,
2 Suiten, ⇨ WC ⌀, P, 1⇨90, 🏠, Fitnessraum,
Sauna, Restaurant
Bocciabahn und Bogenschußanlage vorhanden.

Inzell 73 ↘

Bayern / Kreis Traunstein
EW 4200
ℹ Tel (0 86 65) 9 88 50, Fax 98 85 30
Inzeller Touristik GmbH
✉ 83334 Rathausplatz 5

Luftkur- und Wintersportort, Leistungszentrum
im Eisschnellauf und Familien-Urlaubsparadies.

** **Zur Post**
Reichenhaller Str. 2, Tel (0 86 65) 98 50,
Fax 98 51 00, ✉ 83334, ED VA
47 Zi, Ez: 90/45-155/78, Dz: 170/85-220/110,
2 Suiten, 16 App, ⇨ WC ⌀, 5 ⛌, Lift, P, 🏠,
2⇨100, 🏠, Sauna, Solarium
⁑ Hauptgericht 21/10, Terrasse,
Biergarten

Inzlingen 67 ✓

Baden-Württemberg / Kreis Lörrach
EW 2700
ℹ Tel (0 76 21) 40 55 16, Fax 40 55 33
Gemeindeverwaltung Inzlingen
✉ 79594 Riehenstr. 5 (Wasserschloss)

* **Krone**
Riehenstr. 92, Tel (0 76 21) 22 26, Fax 22 45,
✉ 79594, ED VA
23 Zi, Ez: 90/45-200/100, Dz: 140/70-240/120,
⇨ WC ⌀ DFÜ, 9 ⛌, P, 1⇨60, Restaurant

Inzlingen

¶¶¶ Inzlinger Wasserschloß
Riehenstr. 5, Tel **(0 76 21) 4 70 57**, Fax 1 35 55, ✉ 79594, ED VA
☉, Hauptgericht 58/29, Gartenlokal, P

✱✱ Gästehaus am Wasserschloß
Im Baumgarten 6, Tel 20 64
12 Zi, Ez: 110/55, Dz: 180/90, ⌐ WC ◎, garni

Inzlingen-Außerhalb (1 km ↗)

¶¶ Landgasthaus Waidhof
an der B 316, Tel **(0 76 21) 26 29**,
Fax 12 22 65, ✉ 79594
☉, Hauptgericht 40/20, Gartenlokal, P,
geschl.: Mo, So, 1.-15.2.01, 30.7.-15.8.01

Iphofen 56 □

Bayern / Kreis Kitzingen
EW 5300
🛈 Tel **(0 93 23) 87 15 44**, Fax 87 15 55
Tourist Information
✉ 97346 Marktplatz 26

✱✱ Romantik Hotel Zehntkeller
Bahnhofstr. 12, Tel **(0 93 23) 84 40**,
Fax 84 41 23, ✉ 97346, AX DC ED VA
50 Zi, Ez: 120/60-160/80, Dz: 180/90-240/120, 4 Suiten, ⌐ WC ◎, P, 🛏, 5⟿38
Auch Zimmer der Kategorie ✱ vorhanden.

¶¶ ☉, Hauptgericht 25/12-45/22 ✤
Terrasse

✱ Goldene Krone
Marktplatz 2, Tel **(0 93 23) 8 72 40**,
Fax 87 24 24, ✉ 97346, ED
24 Zi, Ez: 75/37-85/42, Dz: 100/50-130/65, ⌐ WC ◎, P, 🛏, 1⟿40

🍴 Hauptgericht 16/8-32/16, Terrasse, geschl.: Di, 1.-28.2.01
Eigenbauweine.

✱ Huhn Das kleine Hotel 👑
Mainbernheimer Str. 10, Tel **(0 93 23) 12 46**, Fax 10 76, ✉ 97346, ED VA
7 Zi, Ez: 60/30-90/45, Dz: 135/67, 1 App, ⌐ WC ◎, 6 ⛌, 2⟿12, garni

¶¶ Deutscher Hof
Ludwigstr. 10, Tel **(0 93 23) 33 48**, Fax 33 48, ✉ 97346, ED VA
Hauptgericht 22/11-34/17, Terrasse,
Gartenlokal, 🛏, geschl.: Mi, 1.-18.1.01, 22.8.-6.9.01

Zur Iphöfer Kammer
Marktplatz 24, Tel **(0 93 23) 80 43 26**,
Fax 80 42 50, ✉ 97346
Hauptgericht 23/11-32/16, Terrasse, 🛏,
geschl.: Mo, 29.1.-5.3.01

Ipsheim 56 ↘

Bayern
Kreis Neustadt-Bad Windsheim
EW 2030
🛈 Tel **(0 98 46) 9 79 70**, Fax 97 97 17
Tourist-Information
✉ 91472 Marktplatz 2

🛏 Goldener Hirsch
Kirchplatz 4, Tel **(0 98 46) 3 17**, ✉ 91472
14 Zi, Ez: 40/20, Dz: 70/35, ⌐ WC

Irrel 52 ↖

Rheinland-Pfalz
Kreis Bitburg-Prüm
EW 1400
🛈 Tel **(0 65 25) 5 00**, Fax 5 00
Tourist-Information
✉ 54666 Hauptstr. 4

Luftkurort, 4 km von der luxemburgischen Grenze; Sehenswert: Wasserfälle, Felsschluchten, Waldmuseum, Westwallmuseum.

✱ Koch-Schilt
Prümzurlayer Str. 1, Tel **(0 65 25) 92 50**,
Fax 92 52 22, ✉ 54666, ED VA
45 Zi, Ez: 75/37-95/47, Dz: 120/60-140/70, ⌐ WC ◎, 2 ⛌, Lift, P, 🛏, 1⟿20, Solarium, Restaurant

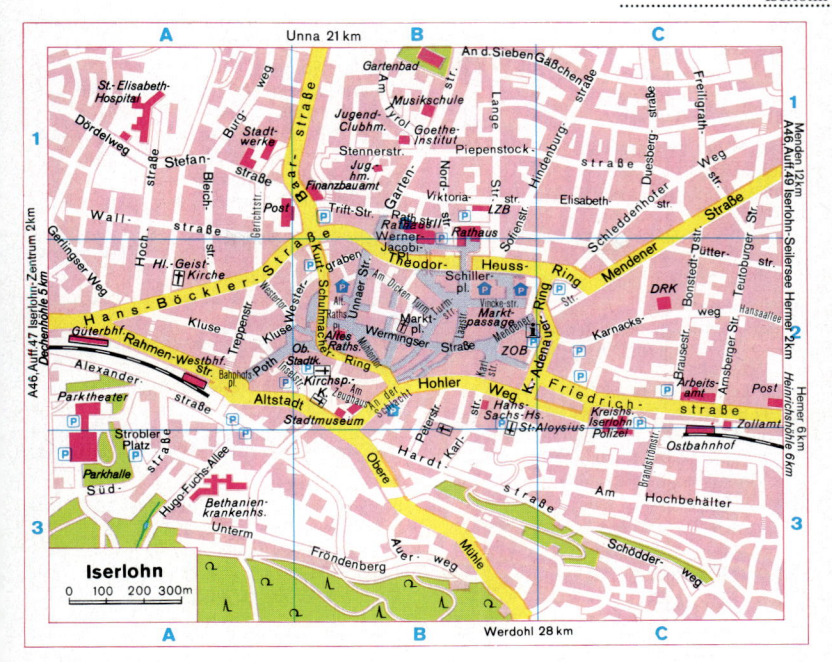

Iserlohn

Irsee 70 ↗

Bayern / Kreis Ostallgäu
EW 1300
ℹ Tel (0 83 46) 9 20 90
Gemeindeverwaltung
✉ 87666 Meinrad-Spieß-Platz 1

✶✶ Klosterbräu

Klosterring 1, Tel (0 83 41) 43 22 00,
Fax 43 22 69, ✉ 87660
55 Zi, Ez: 92/46-108/54, Dz: 144/72-158/79, ⌐
WC ⊘, 🚗, 2⟳40, Restaurant
geschl.: Mitte Jan-Mitte Feb

Isenbüttel 27 ←

Niedersachsen / Kreis Gifhorn
EW 6000
ℹ Tel (0 53 74) 8 80, Fax 88 88
Samtgemeindeverwaltung
✉ 38550 Gutsstr. 11

Isenbüttel-Außerhalb (3 km ↗)

✶✶ Seehotel am Tankumsee

Eichenpfad 2, Tel (0 53 74) 91 00, Fax 9 10 91,
✉ 38550, AX DC ED VA
einzeln ♪ ⚡, 48 Zi, Ez: 160/80-200/100,
Dz: 210/105-240/120, ⌐ WC ⊘ DFÜ, 8 ⌕, 🅿,
🚗, 6⟳250, ⌂, Seezugang, Kegeln, Sauna,
Solarium
Auch Zimmer der Kategorie ✶✶✶ vorhanden.

¶¶ Seerose

⚡, Hauptgericht 31/15-46/23, Terrasse

Iserlohn 33 ↘

Nordrhein-Westfalen
Märkischer Kreis
EW 100000
ℹ Tel (0 23 71) 2 17 18 20, Fax 2 17 18 22
Stadtinformation
✉ 58636 Theodor-Heuss-Ring 24

✶✶ An der Isenburg

Theodor-Heuss-Ring 54 (B 2),
Tel (0 23 71) 2 64 51, Fax 2 64 54, ✉ 58636,
AX DC ED VA
36 Zi, Ez: 135/67-180/90, Dz: 175/88-235/118,
2 Suiten, ⌐ WC ⊘, 6 ⌕, Lift, 🅿, 🚗, 3⟳40,
Restaurant

✶✶ Engelbert

Poth 4 (A 2), Tel (0 23 71) 1 23 45,
Fax 2 21 58, ✉ 58638, AX DC ED VA

→

Iserlohn

30 Zi, Ez: 135/67-170/85, Dz: 198/99-230/115,
⌐ WC ⌀ DFÜ, Lift, 🅿, 1⟳25, Sauna, Solarium, garni

Iserlohn-Außerhalb

✱✱✱ Vier Jahreszeiten
Seilerwaldstr. 10, am Seilersee,
Tel (0 23 71) 97 20, Fax 97 21 11, ✉ 58636, AX DC ED VA
einzeln ♩ ⚡, 72 Zi, Ez: 167/84-189/95,
Dz: 278/140, 3 Suiten, ⌐ WC ⌀ DFÜ, 15 ⇃,
Lift, 🅿, 📞, 7⟳200, Sauna, Solarium

🍴🍴🍴 Seeblick
Hauptgericht 40/20-48/24, Terrasse

✱ Korth
In der Calle 4-7, Tel (0 23 71) 9 78 70,
Fax 97 87 67, ✉ 58636, AX DC ED VA
einzeln ♩, 21 Zi, Ez: 120/60-145/73,
Dz: 195/98-205/103, 1 App, ⌐ WC ⌀ DFÜ,
5 ⇃, 🅿, 2⟳80, 📞, Sauna, Solarium

🍴🍴 Puntino
Hauptgericht 35/17, Terrasse, geschl.: Mo, So

Kesbern (5 km ↓)

🍴 Zur Mühle
Grüner Talstr. 400, Tel (0 23 52) 9 19 60,
Fax 2 16 09, ✉ 58644, AX DC ED VA
Hauptgericht 17/8-39/19, Terrasse, Biergarten,
Kegeln, geschl.: Mo
🛏 einzeln ♩, 18 Zi, Ez: 75/37-115/57,
Dz: 155/78-185/93, 1 App, ⌐ WC ⌀, 🅿, 📞,
2⟳40
Auch Zimmer der Kategorie ✱ vorhanden.

Lössel (5 km ✓)

🍴🍴 Neuhaus
Lösseler Str. 149, Tel (0 23 74) 9 78 00,
Fax 76 64, ✉ 58644, AX DC ED VA
Hauptgericht 24/12-44/22, Terrasse, Biergarten,
Gartenlokal, Kegeln, 🅿, nur abends, Sa+So
auch mittags
✱ 20 Zi, Ez: 90/45-140/70,
Dz: 130/65-190/95, 2 Suiten, 3 App, ⌐ WC ⌀,
3 ⇃, 📞, 4⟳80, Sauna, Solarium

Isernhagen 26 □

Niedersachsen / Kreis Hannover
EW 22050
🛈 Tel (05 11) 6 15 30, Fax 6 15 34 80
Gemeinde Isernhagen
✉ 30916 Bothfelder Str. 29

Altwarmbüchen

✱ Hennies
Hannoversche Str. 40, Tel (05 11) 9 01 80,
Fax 9 01 82 99, ✉ 30916, AX DC ED VA
170 Zi, Ez: 180/90, Dz: 240/120, 10 App, ⌐ WC
⌀ DFÜ, Lift, 🅿, 📞, 9⟳150, Fitnessraum,
Kegeln, Sauna, Solarium, Restaurant
Auch einfachere Zimmer vorhanden.

Farster Bauerschaft

🍴 Grapenkieker
Hauptstr. 56, Tel (0 51 39) 8 80 68, Fax 20 72,
✉ 30916, AX DC ED VA
⚘, Hauptgericht 20/10, nur abends, geschl.: Mo, So
Auf Bestellung: rustikales mittelalterliches Bauernessen.

Horster Bauerschaft

✱ Engel
Burgwedeler Str. 151, Tel (05 11) 97 25 60,
Fax 9 72 56 46, ✉ 30916, AX DC ED VA
28 Zi, Ez: 95/47-190/95, Dz: 140/70-280/141,
1 App, ⌐ WC ⌀, 🅿, 1⟳20, Golf, garni
geschl.: 24.12.00-2.1.01

🍴🍴 Leonardo da Vinci
Weizenkamp 4, Tel (05 11) 77 57 64, ✉ 30916, ED
Hauptgericht 46/23, 🅿, geschl.: Mo

Kircher Bauerschaft

🍴🍴 Hopfenspeicher
Dorfstr. 16, Tel (0 51 39) 89 29 15,
Fax 89 29 13, ✉ 30916, ED
⚘, Hauptgericht 42/21, Gartenlokal, 🅿, nur
abends, geschl.: So, 2 Wochen im Jan, 2
Wochen in den Sommerferien

Niederhägener Bauerschaft

✱ Comfort Hotel
Dieselstr. 3 a, Tel (05 11) 97 28 40,
Fax 9 72 84 10, ✉ 30916, AX DC ED VA
42 Zi, Ez: 135/67-360/181, Dz: 198/99-450/226,
2 Suiten, ⌐ WC ⌀ DFÜ, 10 ⇃, Lift, 🅿, 📞,
3⟳80, Sauna, Solarium, 6 Tennis, Restaurant

Ising siehe Chieming

Ismaning 72 ↖

Bayern / Kreis München
EW 14010
H Tel (0 89) 9 60 90 00, Fax 96 34 68
Gemeinde Ismaning
✉ 85737 Schlosstr. 2

✻✻✻ Am Schloßpark mit Gasthof Neuwirt und Gästehäuser
Schlostr. 7 a, Tel (0 89) 96 10 20,
Fax 9 61 26 81, ✉ 85737, AX ED VA
72 Zi, Ez: 170/85-210/105, Dz: 260/130,
4 Suiten, 20 App, ⊐ WC ⌀, 12 ⊱, Lift, **P**, ⌂,
3↻200, Sauna, Solarium
Zimmer unterschiedlicher Kategorien vorhanden.

¶ Neuwirt
Hauptgericht 17/8, Terrasse

✻✻ Zur Mühle
Kirchplatz 5, Tel (0 89) 96 09 30,
Fax 96 09 31 10, ✉ 85737, AX DC ED VA
110 Zi, Ez: 135/67-215/108,
Dz: 175/88-290/146, 3 Suiten, ⊐ WC ⌀, Lift,
P, ⌂, 4↻30, ⌂, Sauna, Solarium
¶ Hauptgericht 20/10

✻✻ Fischerwirt
Schlostr. 17, Tel (0 89) 9 62 62 60,
Fax 96 26 26 10, ✉ 85737, AX ED VA
41 Zi, Ez: 110/55-200/100, Dz: 160/80-330/166,
⊐ WC ⌀ DFÜ, Lift, **P**, ⌂, 1↻40, Restaurant
geschl.: 22.12.00-8.1.01
Auch Zimmer der Kategorie ✻ vorhanden.

✻✻ Gasthof zur Post
Hauptstr. 7, Tel (0 89) 9 61 20 01,
Fax 9 61 25 31, ✉ 85737
70 Zi, Ez: 140/70-160/80, Dz: 160/80-200/100,
⊐ WC ⌀, Lift, Restaurant
Auch einfache Zimmer vorhanden.

✻ Frey
Hauptstr. 15, Tel (0 89) 9 62 42 30,
Fax 96 24 23 40, ✉ 85737, AX DC ED VA
23 Zi, Ez: 140/70-180/90, Dz: 180/90-250/125,
⊐ WC ⌀ DFÜ, **P**, Sauna, Solarium, garni

✻ Sternhotel Soller
Münchner Str. 54, Tel (0 89) 9 61 20 31,
Fax 96 44 74, ✉ 85737, AX ED VA
59 Zi, Ez: 135/67-220/110, Dz: 160/80-260/130,
⊐ WC ⌀, Lift, **P**, Sauna

Isny im Allgäu 70 ✓

Baden-Württemberg
Kreis Ravensburg
EW 13800
H Tel (0 75 62) 98 41 10, Fax 98 41 72
Kurverwaltung
✉ 88316 Unterer Grabenweg 18

Heilklimatischer Kurort und Wintersportplatz im Allgäu; Sehenswert: St.-Georg-Kirche; Nikolaikirche; Rathaus; Stadtmauer (13. Jh.); Naturschutzgebiet Eistobel, Urseen.

✻✻ Hohe Linde
Lindauer Str. 75, Tel (0 75 62) 9 75 97,
Fax 97 59 69, ✉ 88316, AX DC ED VA
31 Zi, Ez: 90/45-120/60, Dz: 160/80-200/100,
3 Suiten, ⊐ WC ⌀ DFÜ, **P**, ⌂, 1↻20, ⌂,
Solarium, Restaurant

✻ Am Roßmarkt
Am Roßmarkt 8, Tel (0 75 62) 40 51,
Fax 40 52, ✉ 88316, ED VA
14 Zi, Ez: 65/32-95/47, Dz: 110/55-150/75,
14 App, ⊐ WC ⌀, **P**, ⌂, Fitnessraum, Sauna,
Solarium, garni
geschl.: 2.-16.11.00

Isny-Außerhalb (7 km ←)

✻✻✻ Berghotel Jägerhof
Tel (0 75 62) 7 70, Fax 7 72 02, ✉ 88316, AX DC ED VA
einzeln ♪ ⚥, 87 Zi, Ez: 209/105-366/184,
Dz: 292/147-448/225, ⊐ WC ⌀, Lift, **P**,
4↻100, ⌂, Sauna, Solarium, 1 Tennis
Auch Zimmer der Kategorie ✻✻ und einfache Zimmer vorhanden.
¶ ¶ ⚥, Hauptgericht 25/12-42/21

Neutrauchburg (1 km ↑)

✻ Terrassenhotel Isnyland Landidyll
Dengeltshofen 290, Tel (0 75 62) 9 71 00,
Fax 97 10 60, ✉ 88316, AX DC ED VA
⚥, 24 Zi, Ez: 98/49-138/69, Dz: 176/88-216/108,
2 App, ⊐ WC ⌀ DFÜ, 9 ⊱, **P**, ⌂, 1↻140,
Kegeln, Sauna, Solarium, Restaurant

Isselburg 32 ↗

Nordrhein-Westfalen / Kreis Borken
EW 10600
ℹ Tel (0 28 74) 9 11 46, Fax 40 81
Stadtverwaltung
✉ 46419 Markt 14-16

Anholt (4 km ↖)

★★ **Parkhotel Wasserburg Anholt European Castle**
Klever Str. 2, Tel (0 28 74) 45 90, Fax 40 35,
✉ 46419, AX DC ED VA
♪ ¢, 28 Zi, Ez: 110/55-250/125,
Dz: 220/110-300/151, 2 Suiten, ⊣ WC ✆, Lift,
P, 3⟳120, Golf

¶¶¶¶ **Schloßrestaurant**
Hauptgericht 44/22-48/24, Terrasse, nur abends,
geschl.: Mo, So abends

¶ **Treppchen**
Hauptgericht 24/12-35/17, Terrasse

Itzehoe 10 ↙

Schleswig-Holstein
Kreis Steinburg
EW 33980
ℹ Tel (0 48 21) 58 00, Fax 6 72 06
Touristikinformation
✉ 25524 Kirchenstr. 2

siehe auch Oelixdorf

¶ **Adler**
Lindenstr. 72, Tel (0 48 21) 1 34 20,
Fax 7 20 33, ✉ 25524, AX ED VA
Hauptgericht 27/13, Biergarten, P

Klosterforst

★★ **Mercure Klosterforst**
Hanseatenplatz 2, Tel (0 48 21) 1 52 00,
Fax 15 20 99, ✉ 25524, AX DC ED VA, Ⓢ
78 Zi, Ez: 110/55-160/80, Dz: 140/70-210/105,
10 App, ⊣ WC ✆ DFÜ, 30 ⊨, Lift, P, ⌘,
4⟳200
Auch Zimmer der Kategorie ★★★ vorhanden.

¶¶ **Vis-á-vis**
Hauptgericht 17/8-33/16, Terrasse, nur abends

Jagsthausen 55 ↘

Baden-Württemberg
Kreis Heilbronn
EW 1400
ℹ Tel (0 79 43) 91 23 45, Fax 91 24 40
Verkehrsverein
✉ 74249 Schlosstr. 12

¶¶ **Burghotel Götzenburg**
Schlosstr. 20, Tel (0 79 43) 22 22, Fax 82 00,
✉ 74249, AX DC ED VA
¢ ⌘, Hauptgericht 25/12-40/20, P, ⊨,
geschl.: 15.11.00-8.3.01

Jena 48 ↗

Thüringen
EW 100000
ℹ Tel (0 36 41) 80 64 00, Fax 80 64 09
Tourist-Information
✉ 07743 Johannisstr. 23

★★★ **Steigenberger Esplanade**
Carl-Zeiss-Platz 4 (A 2), Tel (0 36 41) 80 00,
Fax 80 01 50, ✉ 07743, AX DC ED VA, Ⓢ
179 Zi, Ez: 160/80-245/123,
Dz: 190/95-275/138, 7 Suiten, 26 App, ⊣ WC ✆
DFÜ, 58 ⊨, Lift, ⌘, 9⟳420, Fitnessraum,
Sauna, Solarium, Restaurant
Auch Zimmer der Kategorie ★★★★ vorhanden.

★★ **Schwarzer Bär**
Lutherplatz 2 (C 1), Tel (0 36 41) 40 60,
Fax 40 61 13, ✉ 07743, AX ED VA
69 Zi, Ez: 95/47-140/70, Dz: 150/75-200/100,
2 Suiten, ⊣ WC ✆, 6 ⊨, Lift, P, 3⟳120,
Solarium
Auch Zimmer der Kategorie ★ vorhanden.
¶ Hauptgericht 18/9

★★ **Papiermühle**
Erfurter Str. 102, Tel (0 36 41) 4 59 80,
Fax 45 98 45, ✉ 07743, AX DC ED VA
18 Zi, Ez: 90/45, Dz: 140/70, 4 App, ⊣ WC ✆,
P

⦿ ⌘, Hauptgericht 9/4-34/17

★ **Zur Schweiz**
Quergasse 15 (A 1), Tel (0 36 41) 5 20 50,
Fax 5 20 51 11, ✉ 07743
19 Zi, Ez: 85/42-110/55, Dz: 120/60-140/70,
4 Suiten, ⊣ WC ✆, P, Restaurant

☕ **Café Jenaer Hof**
Bachstr. 24, Tel (0 36 41) 44 38 55,
Fax 44 38 66, ✉ 07743, AX DC ED VA
P
★ 13 Zi, Ez: 95/47, Dz: 135/67, ⊣ WC
✆, garni

Göschwitz

★ **Motel Jembo-Park**
Rudolstädter Str. 93, Tel (0 36 41) 68 50,
Fax 68 52 99, ✉ 07743, AX DC ED VA
48 Zi, Ez: 94/47-114/57, Dz: 129/64, 1 Suite, ⊣
WC ✆, 23 ⊨, Lift, P, 2⟳60, Fitnessraum,
Bowling, Sauna, Restaurant

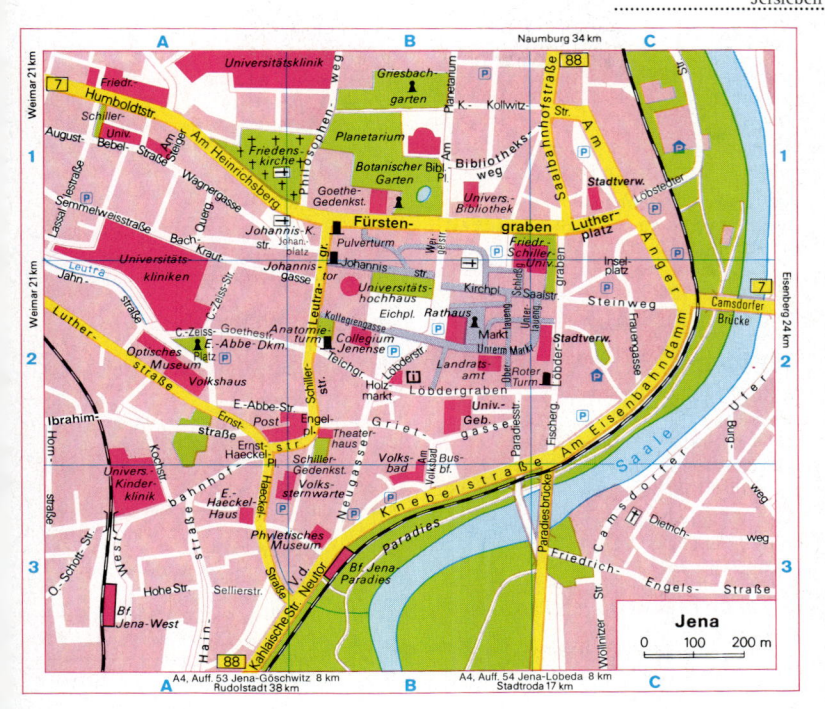

Lobeda (6 km ↓)

★★★ Holiday Inn
Otto-Militzer-Str. 1, Tel (0 36 41) 30 10,
Fax 33 45 75, ✉ 07747, AX ED VA, ⓢ
$, 162 Zi, Ez: 95/47-155/78, Dz: 125/62-185/93,
11 Suiten, ⏀ WC ⓓ DFÜ, 86 ⏀, Lift, P,
5⏀120, Sauna, Solarium, Restaurant

★★ Steigenberger Maxx
Stauffenbergstr. 59, Tel (0 36 41) 30 00,
Fax 30 08 88, ✉ 07747, AX DC ED VA, ⓢ
$, 207 Zi, Ez: 131/65-170/85,
Dz: 162/81-200/100, 12 Suiten, ⏀ WC ⓓ, 76 ⏀,
Lift, ⏀, 8⏀160, Fitnessraum, Sauna, Solarium
Geschäftshotel im amerikanischen Stil der 30er,
40er und 50er Jahre.
🍴 Hauptgericht 20/10, Terrasse, P

Winzerla (2,5 km ↓)

★★ Best Western
Rudolstädter Str. 82, Tel (0 36 41) 6 60,
Fax 66 10 10, ✉ 07745, AX DC ED VA, ⓢ
$, 160 Zi, Ez: 129/64-179/90,
Dz: 149/75-199/100, 12 App, ⏀ WC ⓓ, 50 ⏀,
Lift, P, 4⏀300, Restaurant

★ Zur Weintraube
Rudolstädter Str. 76, Tel (0 36 41) 60 57 70,
Fax 60 65 83, ✉ 07745, AX ED VA
18 Zi, Ez: 100/50-130/65, Dz: 140/70-150/75,
1 Suite, ⏀ WC ⓓ DFÜ, P, ⏀, 3⏀35,
Restaurant

Ziegenhain (4 km →)

★★ Ziegenhainer Tal
Ziegenhainer Str. 107, Tel (0 36 41) 39 58 40,
Fax 39 58 42, ✉ 07749, AX ED VA
⏀, 19 Zi, Ez: 81/40-90/45, Dz: 126/63-140/70,
1 App, ⏀ WC ⓓ, P, Sauna, Solarium

Jersleben 28 ✓

Sachsen-Anhalt / Kreis Ohrekreis
EW 415
ℹ Tel (03 92 02) 8 83 00, Fax 8 83 88
Verwaltungsgemeinschaft Niedere Börde
✉ 39326 Große Str. 9/10

★ Landhof Jersleben
Alte Dorfstr. 3, Tel (03 92 01) 2 54 73,
Fax 2 62 65, ✉ 39326, ED VA
14 Zi, Ez: 85/42-110/55, Dz: 130/65, ⏀ WC, P,
Restaurant

Jessen 39 ↗

Sachsen-Anhalt / Kreis Wittenberg
EW 11400
ℹ Tel (0 35 37) 26 23 22
Fremdenverkehrsverein
✉ 06917 Robert-Koch-Str 18

✱✱ Schwarzenbach
Rosa-Luxemburg-Str. 36, **Tel (0 35 37) 27 60**,
Fax 21 22 31, ✉ 06917, AX ED VA
34 Zi, Ez: 115/57-145/73, Dz: 168/84-190/95,
2 Suiten, ⌐ WC ⌀ DFÜ, 3 ⇌, Lift, **P**, 2⟲70,
Sauna, Solarium, Restaurant

Jesteburg 18 □

Niedersachsen / Kreis Harburg
EW 6500
ℹ Tel (0 41 83) 53 63, Fax 53 40
Verkehrsverein
✉ 21266 Schierhorner Weg 2

✱ Haus Deutscher Ring
Itzenbütteler Str. 35, **Tel (0 41 83) 93 90**,
Fax 93 91 00, ✉ 21266
einzeln ♪, 125 Zi, Ez: 75/37-160/80,
Dz: 110/55-180/90, ⌐ WC ⌀ DFÜ, 2 ⇌, **P**,
10⟲200, Restaurant

✱ Niedersachsen
Hauptstr. 60, **Tel (0 41 83) 9 30 30**,
Fax 93 03 11, ✉ 21266, AX DC ED VA
44 Zi, Ez: 99/49-120/60, Dz: 174/87-188/94,
1 Suite, ⌐ WC ⌀ DFÜ, 5 ⇌, Lift, **P**, ☎, 2⟲50,
⌂, Sauna, Restaurant

Jestetten 68 ↓

Baden-Württemberg / Kreis Waldshut
EW 5200
ℹ Tel (0 77 45) 9 20 90, Fax 92 09 40
Gemeindeverwaltung
✉ 79798 Hombergstr. 2

✱ Zum Löwen
Hauptstr. 20, **Tel (0 77 45) 9 21 10**,
Fax 92 11 88, ✉ 79798, AX ED VA
15 Zi, Ez: 80/40-90/45, Dz: 140/70, ⌐ WC ⌀,
Lift, **P**, ☎, 2⟲100, Restaurant
Im 200 Jahre alten Gasthof auch einfache
Zimmer vorhanden.

Jettingen-Scheppach 63 ✓

Bayern / Kreis Günzburg
EW 6800
ℹ Tel (0 82 25) 30 60, Fax 3 06 32
Markt Jettingen-Scheppach
✉ 89343 Hauptstr. 55

✱✱ Best Hotel Mindeltal
Robert Bosch Str. 3, an der BAB 8,
Gewerbegebiet, **Tel (0 82 25) 99 70**,
Fax 99 71 00, ✉ 89343, DC ED VA
74 Zi, Ez: 89/44-129/64, Dz: 109/54-159/80,
4 Suiten, 4 App, ⌐ WC ⌀ DFÜ, 37 ⇌, Lift, **P**,
☎, 6⟲60, Golf, garni
Ab 23 Uhr Check- In am Automaten.

Jever 16 ↖

Niedersachsen / Kreis Friesland
EW 13000
ℹ Tel (0 44 61) 7 10 10, Fax 93 92 99
Verkehrsbüro
✉ 26441 Alter Markt 18

✱ Friesen
Harlinger Weg 1, **Tel (0 44 61) 93 40**,
Fax 93 41 11, ✉ 26441, AX DC ED VA
♪, 37 Zi, Ez: 79/39-110/55, Dz: 140/70-169/85,
⌐ WC ⌀, 4 ⇌, **P**, ☎, 2⟲25, garni
Auch einfachere Zimmer vorhanden.

✱ Marienstadt
Schützenhofstr. 47, **Tel (0 44 61) 93 70**,
Fax 93 72 99, ✉ 26441, ED
26 Zi, Ez: 85/42, Dz: 140/70, 6 Suiten, ⌐ WC ⌀,
4 ⇌, **P**, ☎, 4⟲300, Kegeln, Restaurant

✱ Pellmühle
Mühlenstr. 55, **Tel (0 44 61) 9 30 00**,
Fax 93 00 93, ✉ 26441, AX DC ED VA
19 Zi, Ez: 60/30-86/43, Dz: 100/50-160/80, ⌐
WC ⌀, **P**, ☎, garni
Auch einfachere Zimmer vorhanden.

¶¶ Alte Apotheke ✚
Apothekerstr. 1, **Tel (0 44 61) 40 88**,
Fax 7 38 57, ✉ 26441, AX DC ED VA
♨, Hauptgericht 22/11-37/18, Biergarten, **P**,
geschl.: Mo, Di mittags
1540 erbaut, über Jahrhunderte hinweg als
Apotheke betrieben. Gut erhaltene alte
Einrichtung. Weinkeller.

¶ Haus der Getreuen
Schlachtstr. 1, **Tel (0 44 61) 30 10**, Fax 7 23 73,
✉ 26441, AX DC ED VA
♨, Hauptgericht 15/7-48/24, Terrasse, Kegeln

Joachimsthal 22 ↙

Brandenburg / Kreis Barnim
EW 3480
ℹ Tel (03 33 61) 6 46, Fax 2 82
Amtsverwaltung
✉ 16247 Joachimsplatz 1-3

Hubertusstock

** ▬▬ **Jagdschloß Hubertusstock**
Seerandstr., Tel (03 33 63) 5 00, Fax 5 02 55,
✉ 16247, AX DC ED VA
einzeln ♪ ≶, 79 Zi, Ez: 150/75, Dz: 180/90,
2 Suiten, ⊣ WC ⌀, ℙ, 25⇔320, Fitnessraum,
Seezugang, Kegeln, Sauna
1847 ließ Friedrich Wilhelm IV eine Herberge
für Jäger und Wanderer erbauen. Heute
befinden sich inmitten des 5 ha großen
Biosphärenreservats die Zimmer im modernen
Kommunikationszentrum und in Waldvillen
verteilt.

¶¶ ▬▬ Hauptgericht 15/7-34/17, Terrasse,
geschl.: Nov-Mär Mo+Di

Jöhstadt 50 ↘

Sachsen / Kreis Annaberg
EW 1700
🛈 Tel (03 73 43) 8 05 10, Fax 8 05 22
Fremdenverkehrsverein
✉ 09477 Markt 185

* ▬▬ **Schlösselmühle**
Schlösselstr. 6, Tel (03 73 43) 26 66, Fax 26 65,
✉ 09477, ED VA
12 Zi, Ez: 40/20-52/26, Dz: 60/30-84/42,
2 Suiten, ⊣ WC ⌀, ℙ, Restaurant

* ▬▬ **Rathaus-Hotel**
Markt 177, Tel (03 73 43) 26 05, Fax 26 07,
✉ 09477, AX ED VA
18 Zi, Ez: 79/39, Dz: 118/59-158/79, ⊣ WC ⌀,
Restaurant

Johannesberg 55 ↖

Bayern / Kreis Aschaffenburg
EW 4000
🛈 Tel (0 60 21) 3 48 50, Fax 34 85 20
Gemeinde Johannesberg
✉ 63867 Oberafferbacher Str. 12

Ort im Spessart.

¶¶ ¶¶ ▬▬ **Meier's Restaurant**
Hauptstr. 2, Tel (0 60 21) 47 00 77,
Fax 41 39 64, ✉ 63867, AX DC ED VA
Hauptgericht 34/17-55/27, Gartenlokal, ℙ,
geschl.: Mo mittags, Ende Aug-Mitte Sep

* ▬▬ **Sonne**
7 Zi, Ez: 78/39-88/44, Dz: 123/61, 1 Suite, ⊣
WC ⌀, 🚘
geschl.: Ende Aug-Mitte Sep

Rückersbach (2 km ↖)

▬ **Rückersbacher Schlucht**
Hörsteiner Str. 33, Tel (0 60 29) 14 41,
Fax 77 98, ✉ 63867
15 Zi, Ez: 55/27-78/39, Dz: 90/45-128/64, ⊣
WC ⌀, ℙ, 1⇔0
Rezeption: 8-14, 17-24, geschl.: Mo
¶¶ ▬▬ Hauptgericht 27/13, Terrasse,
geschl.: Mo

Johanngeorgenstadt 49 →

Sachsen
Landkreis Aue-Schwarzenberg
EW 7000
🛈 Tel (0 37 73) 88 82 22, Fax 88 82 80
Fremdenverkehrsamt
✉ 08349 Eibenstocker Str. 67

* ▬▬ **An der Kammloipe**
Schwefelwerkstr. 28, Tel (0 37 73) 88 29 59,
Fax 88 29 59, ✉ 08349
≶, 23 Zi, Ez: 45/22-55/27, Dz: 90/45, ⊣ WC ⌀,
Restaurant

Johannisberg siehe Geisenheim

Jonsdorf 41 ↙

Sachsen / Kreis Löbau-Zittau
EW 2000
🛈 Tel (03 58 44) 7 06 16, Fax 7 00 64
Tourist-Information
✉ 02796 Auf der Heide 11

* ▬▬ **Gondelfahrt**
Großschönauer Str. 38, Tel (03 58 44) 73 60,
Fax 7 36 59, ✉ 02796, AX DC ED VA
35 Zi, Ez: 66/33-95/47, Dz: 98/49-190/95,
3 Suiten, ⊣ WC ⌀, 2 ⛌, ℙ, 🚘, 2⇔120, ⌂,
Sauna, Solarium, Restaurant

▬ **Jonashof**
Zittauer Str. 9, Tel (03 58 44) 73 70,
Fax 73 71 00, ✉ 02796, AX DC ED VA
26 Zi, Ez: 56/28-74/37, Dz: 80/40-116/58,
2 Suiten, ⊣ WC ⌀, 15 ⛌, Lift, ℙ, 🚘, 3⇔100,
Restaurant
geschl.: 2.1.-31.3.01

Jork 18 ↖

Niedersachsen / Kreis Stade
EW 11600
i Tel (0 41 62) 9 14 70, Fax 54 61
Gemeindeverwaltung
✉ 21635 Am Gräfengericht 2

* Zum Schützenhof
Schützenhofstr. 16, Tel (0 41 62) 9 14 60,
Fax 91 46 91, ✉ 21635, AX DC ED VA
♪, 15 Zi, Ez: 90/45, Dz: 132/66-142/71, 1 Suite,
⇒ WC ⊘, P, 2⇔30, Kegeln, 4 Tennis
Rezeption: 6.30-23

¶¶ Ollanner Buurhuus
Hauptgericht 20/10-35/17, Biergarten,
geschl.: 31.12.00-7.1.01

¶¶ ¶¶ Herbstprinz
Osterjork 76, Tel (0 41 62) 74 03, Fax 57 29,
✉ 21635
❂, Hauptgericht 21/10-39/19, Terrasse,
Gartenlokal, P, geschl.: Mo
300jährige reetgedeckte Altländer Bauernkate.

Jübek 9 ↗

Schleswig-Holstein
Kreis Schleswig-Flensburg
EW 2273
i Tel (0 46 26) 9 60, Fax 96 96
Amtsverwaltung
✉ 24887 Hauptstr. 41

* Goos
Große Str. 92, Tel (0 46 25) 8 22 20, Fax 10 84,
✉ 24855, ED VA
27 Zi, Ez: 70/35, Dz: 120/60, 1 Suite, ⇒ WC ⊘,
P, ❂, 4⇔200, Restaurant
geschl.: 24-27.12.00

Jüchen 32 ↘

Nordrhein-Westfalen / Kreis Neuss
EW 22080
i Tel (0 21 65) 91 50, Fax 91 51 18
Gemeindeverwaltung
✉ 41363 Odenkirchner Str. 24

Damm (10 km ↗)

Dycker Weinhaus
Klosterstr. 1, Tel (0 21 82) 8 50 50,
Fax 5 00 57, ✉ 41363, AX DC ED VA
❂, Hauptgericht 30/15, Biergarten, P,
geschl.: 27.12.00-25.1.01
* 14 Zi, Ez: 150/75-185/93,
Dz: 165/83-235/118, ⇒ WC ⊘, 4⇔200

Jügesheim siehe Rodgau

Jürgenstorf 21 ↖

Mecklenburg-Vorpommern
Kreis Demmin
EW 1000
i Tel (03 99 55) 2 02 19
Gemeindeverwaltung
✉ 17153 Warener Str. 37 a

* Unkel Bräsig Minotel
Warener Str. 1 a, Tel (03 99 55) 3 80,
Fax 3 82 22, ✉ 17153, AX DC ED VA, S
18 Zi, Ez: 85/42-90/45, Dz: 120/60-130/65, ⇒
WC ⊘, 12 ↵, P, ❂, 2⇔100, Restaurant
geschl.: 3.-14.1.01

Jüterbog 30 ↙

Brandenburg / Kreis Luckenwalde
EW 14100
i Tel (0 33 72) 46 31 13, Fax 46 31 13
Stadtinformation
✉ 14913 Markt 21

* Zum Goldenen Stern
Markt 14, Tel (0 33 72) 40 14 76,
Fax 40 16 14, ✉ 14913, ED VA
25 Zi, Ez: 79/39-94/47, Dz: 108/54-148/74, ⇒
WC ⊘ DFÜ, 13 ↵, P, 2⇔40, Bowling,
Restaurant
Auch einfachere Zimmer vorhanden.

Kloster Zinna

* Romantik Hotel Alte Försterei
Markt 7, an der B 101, Tel (0 33 72) 46 50,
Fax 46 52 22, ✉ 14913, AX ED VA
❂, 18 Zi, Ez: 108/54-148/74,
Dz: 188/94-198/99, 2 Suiten, ⇒ WC ⊘ DFÜ,
2 ↵, P, 3⇔140
¶¶ ¶¶ ❂, Hauptgericht 25/12, Terrasse
Hist. Försterei aus dem 18. Jh..

Juist 15 ↑

Niedersachsen / Kreis Aurich
EW 1626
i Tel (0 49 35) 80 92 22, Fax 80 92 23
Kurverwaltung
✉ 26571 Postfach 1464

*** Historisches Kurhaus
Strandpromenade 1, Tel (0 49 35) 91 60,
Fax 91 62 22, ✉ 26571, AX DC ED VA
♪ ⚜, 75 Suiten, ⇒ WC ⊘, Lift, 5⇔150,
Fitnessraum, Sauna, Solarium

Kaarst

¶¶ **Strandpromenade**
Hauptgericht 23/11-45/22, Terrasse

★★★ **Romantik Hotel Achterdiek**
Wilhelmstr. 36, Tel (0 49 35) 80 40, Fax 17 54,
✉ 26571
⌒, 34 Zi, Ez: 150/75-250/125,
Dz: 250/125-500/251, 3 Suiten, 14 App, ⌐ WC
✆, Lift, 4⌂30, 🅰, Sauna, Solarium
geschl.: 12.11.-22.12.00
Auch Zimmer der Kategorie **★★** vorhanden.

¶¶¶ **Die gute Stube**
Hauptgericht 43/21-66/33, Terrasse, nur abends,
geschl.: Mo

★★★ **Ringhotel Pabst**
Strandstr. 15, Tel (0 49 35) 80 54 20,
Fax 80 51 55, ✉ 26571, AX DC ED VA, Ⓢ
⌒, 52 Zi, 8 Suiten, 6 App, ⌐ WC ✆, Lift,
2⌂40, 🅰, Sauna, Solarium
Auch Zimmer der Kategorie **★★** vorhanden.

¶¶ **Brasserie**
Hauptgericht 25/12-45/22, Terrasse,
geschl.: So+Mo abends (außer in den
Sommerferien)

★ **Nordseehotel Freese**
Wilhelmstr. 60, Tel (0 49 35) 80 10, Fax 18 03,
✉ 26571
68 Zi, Ez: 150/75-300/151,
Dz: 240/120-330/166, 10 Suiten, 5 App, ⌐ WC
✆ DFÜ, Lift, 🅰, Fitnessraum, Sauna, Solarium,
Restaurant

★ **Friesenhof**
Strandstr. 21, Tel (0 49 35) 80 60, Fax 18 12,
✉ 26571
⌒, 76 Zi, Ez: 120/60-168/84,
Dz: 192/96-280/141, ⌐ WC ✆, Lift, 1⌂18
geschl.: 16.10.-25.12.00, 6.1.-29.3.01
Auch einfache Zimmer vorhanden.
¶ Hauptgericht 30/15,
geschl.: 16.10.00-29.3.01

★ **Westfalenhof**
Friesenstr. 24, Tel (0 49 35) 9 12 20,
Fax 91 22 50, ✉ 26571
⌒, 23 Zi, Ez: 129/64-154/77,
Dz: 188/94-276/139, 2 Suiten, 2 App, ⌐ WC ✆
DFÜ, Restaurant
geschl.: 22.10.-26.12.00, 7.1.-15.3.01
Auch Zimmer der Kategorie **★★** vorhanden.

Jungholz/Tirol 70 ↘

Tirol
EW 380
🛈 Tel (0 83 65) 81 20, Fax 82 87
Verkehrsamt
✉ 87491 Haus Nr 55

★★★ **Vital-Hotel Tirol**
Haus Nr 48, Tel (0 83 65) 81 61, Fax 82 10,
✉ 87491, AX DC ED VA
⌒ ⚥, 84 Zi, Ez: 65/32-105/52,
Dz: 120/60-250/125, 3 Suiten, ⌐ WC ✆, 34 🛏,
Lift, 🅿, 🅰, 4⌂100, 🅰, Fitnessraum, Kegeln,
Sauna, Solarium, Restaurant
geschl.: 5.11.-16.12.00, 22.4.-11.5.01

★★ **Waldhorn**
Haus Nr 78, Tel (0 83 65) 81 35, Fax 82 65,
✉ 87491, DC ED
⌒ ⚥, 32 Zi, Ez: 85/42-125/62,
Dz: 170/85-220/110, 2 Suiten, ⌐ WC ✆, 🅿, 🅰,
1⌂20, 🅰, Sauna, Solarium, Restaurant
geschl.: 1.11.-15.12.00

★ **Alpenhof**
Hauptstr. 23, Tel (0 83 65) 8 11 40,
Fax 82 01 50, ✉ 87491, AX ED VA
⚥, 28 Zi, Ez: 76/38-133/66, Dz: 116/58-190/95,
10 Suiten, 3 App, ⌐ WC ✆, 🅿, 🅰, 1⌂25,
Sauna, Solarium, Restaurant
geschl.: 30.10.-15.12.00, 17.4.-11.5.01

Kaarst 32 ↘

Nordrhein-Westfalen / Kreis Neuss
EW 41800
🛈 Tel (0 21 31) 98 72 00, Fax 98 75 00
Rathaus
✉ 41564 Am Neumarkt 2

★★★ **Holiday Inn**
Königsberger Str. 20, Tel (0 21 31) 96 90,
Fax 96 94 45, ✉ 41564, AX DC ED VA, Ⓢ
192 Zi, Ez: 155/78-420/211,
Dz: 185/93-465/234, 6 Suiten, 3 App, ⌐ WC ✆
DFÜ, 59 🛏, Lift, 🅿, 🅰, 12⌂450, 🅰, Sauna,
Solarium, Restaurant

★★ **Classic Hotel**
Friedensstr. 12, Tel (0 21 31) 12 88 80,
Fax 60 18 33, ✉ 41564, AX DC ED VA
⌒, 22 Zi, Ez: 159/80-219/110,
Dz: 219/110-279/140, ⌐ WC ✆ DFÜ, 6 🛏, Lift,
🅿, 🅰, 1⌂40, garni

★ **Landhaus Michels**
Kaiser-Karl-Str. 10, Tel (0 21 31) 7 67 80,
Fax 76 78 19, ✉ 41564, AX DC ED VA

20 Zi, Ez: 105/52-160/80, Dz: 130/65-190/95, ⊣ WC ⌀ DFÜ, 3 ⇐, **P**, 🐕, Golf, garni
geschl.: 22.12.00-7.1.01

Büttgen (3,5 km ↓)

* Jan van Werth
Rathausplatz 20, **Tel (0 21 31) 7 58 80**,
Fax 51 14 33, ✉ 41564, ⟦DC⟧ ⟦ED⟧ ⟦VA⟧
28 Zi, Ez: 99/49-130/65, Dz: 155/78-185/93, ⊣ WC ⌀, Lift, **P**, 🐕, 2↻30, Kegeln, Restaurant
geschl.: 22.12.00-3.1.01
Auch einfachere Zimmer vorhanden.

Kälberbronn siehe Pfalzgrafenweiler

Kämpfelbach 61 ↖

Baden-Württemberg / Enzkreis
EW 6000
ℹ Tel (0 72 31) 8 86 60, Fax 8 10 88
Gemeindeverwaltung
✉ 75236 Kelterstr. 1

Bilfingen

* Langer
Talstr. 9, **Tel (0 72 32) 40 40**, **Fax** 4 04 20,
✉ 75236, ⟦AX⟧ ⟦DC⟧ ⟦ED⟧ ⟦VA⟧
♪, 22 Zi, Ez: 96/48, Dz: 145/73-165/83, 2 App,
⊣ WC ⌀ DFÜ, 1 ⇐, Lift, **P**, 🐕, 2↻40, Kegeln
🍴🍴 Hauptgericht 18/9-45/22

Kahl a. Main 55 ↖

Bayern / Kreis Aschaffenburg
EW 7280
ℹ Tel (0 61 88) 94 40, Fax 9 44 29
Gemeindeverwaltung
✉ 63796 Aschaffenburger Landstr. 1

** Zeller
Aschaffenburger Str. 2, **Tel (0 61 88) 91 80**,
Fax 91 81 00, ✉ 63796, ⟦AX⟧ ⟦ED⟧ ⟦VA⟧
60 Zi, Ez: 128/64-158/79, Dz: 174/87-200/100,
⊣ WC ⌀ DFÜ, 25 ⇐, Lift, **P**, 5↻25, Sauna, Solarium
geschl.: 22.12.00-9.1.01
Auch Zimmer der Kategorie ***** vorhanden.
🍴 Hauptgericht 30/15-40/20, Terrasse,
geschl.: So, 22-9.12.00

* Dörfler
Westring 10, **Tel (0 61 88) 9 10 10**,
Fax 91 01 33, ✉ 63796, ⟦AX⟧ ⟦DC⟧ ⟦ED⟧ ⟦VA⟧
19 Zi, Ez: 90/45-100/50, Dz: 144/72-160/80, ⊣ WC ⌀ DFÜ, 9 ⇐, **P**, Restaurant

geschl.: 25.12.00-10.1.01
Auch einfachere Zimmer vorhanden.

Mainfeld

* Am Leinritt
Leinrittstr. 2, **Tel (0 61 88) 91 18 80**,
Fax 9 11 88 88, ✉ 63796, ⟦AX⟧ ⟦ED⟧
23 Zi, Ez: 105/52-120/60, Dz: 155/78, 1 App, ⊣ WC ⌀ DFÜ, 6 ⇐, **P**, ≋, Fitnessraum, garni

Kahla 48 ↗

Thüringen / Saale-Holzlandkreis
EW 7700
ℹ Tel (03 64 24) 7 71 40, Fax 7 71 04
Touristen-Information
✉ 07768 Markt 10

** Zum Stadttor
Jenaische Str. 24, **Tel (03 64 24) 83 80**,
Fax 8 38 33, ✉ 07768, ⟦AX⟧ ⟦DC⟧ ⟦ED⟧ ⟦VA⟧
11 Zi, Ez: 85/42-100/50, Dz: 120/60-130/65,
2 App, ⊣ WC ⌀ DFÜ, 8 ⇐, **P**, Sauna, Restaurant

* Saalehotel
Neustädter Str. 18 a, **Tel (03 64 24) 2 24 79**,
Fax 2 24 69, ✉ 07768, ⟦AX⟧ ⟦ED⟧ ⟦VA⟧
14 Zi, Ez: 70/35-80/40, Dz: 100/50-110/55, ⊣ WC ⌀ DFÜ, **P**, Restaurant

Leubengrund (5 km ↘)

*** Waldhotel Linzmühle
Flair Hotel**
Im Leubengrund, **Tel (03 64 24) 8 40**,
Fax 8 42 20, ✉ 07768, ⟦AX⟧ ⟦DC⟧ ⟦ED⟧ ⟦VA⟧
einzeln ♪, 46 Zi, Ez: 80/40, Dz: 120/60, ⊣ WC ⌀, 10 ⇐, **P**, 3↻25, Restaurant

Kaisersbach 62 □

Baden-Württemberg
Rems-Murr-Kreis
EW 2600
ℹ Tel (0 71 84) 93 83 80, Fax 9 38 38 21
Bürgermeisteramt
✉ 73667 Dorfstr. 5

Ebnisee (3 km ←)

***** Schassbergers
Kur-und Sporthotel**
Winnender Str. 10, **Tel (0 71 84) 29 20**,
Fax 29 22 04, ✉ 73667, ⟦AX⟧ ⟦ED⟧ ⟦VA⟧

♪, 47 Zi, Ez: 125/62-265/133,
Dz: 180/90-360/181, 3 Suiten, 1 App, ⌐ WC ℂ,
Lift, 🅿, 🏠, 4⌒150, ≋, ⌂, Fitnessraum,
Seezugang, Sauna, Solarium, Golf, 3 Tennis
Auch Zimmer der Kategorie ✱✱ vorhanden.

🍴🍴🍴 Hirschstube
Hauptgericht 39/19-49/24, Terrasse,
geschl.: Mo, So, 7.1.-22.3.01
Nur Menüs.

🍴🍴 Flößerstube
Hauptgericht 18/9-38/19, Terrasse

Kaisersesch 43 ✓

Rheinland-Pfalz
Kreis Cochem-Zell
EW 3010
🛈 Tel **(0 26 53)** 99 96 15, Fax 9 99 69 18
Tourist-Infomation
✉ 56759 Bahnhofstr. 47

✱ Waldhotel-Kurfürst
Auf der Wacht 21, Tel **(0 26 53)** 9 89 10,
Fax 98 91 19, ✉ 56759, 🆅🅰
♪, 25 Zi, Ez: 70/35-100/50, Dz: 100/50-140/70,
⌐ WC ℂ, 14 ⌂, Lift, 🅿, 🏠, Restaurant

Kaiserslautern 53 ↘

Rheinland-Pfalz
EW 100000
🛈 Tel **(06 31)** 3 65 23 17, Fax 3 65 27 23
Tourist-Information
✉ 67653 Willy-Brandt-Platz 1

✱✱ Dorint
St.-Quentin-Ring 1 (außerhalb C 3),
Tel **(06 31)** 2 01 50, Fax 1 49 08, ✉ 67663, 🅰🆇
🅳🅲 🅴🅳 🆅🅰, Ⓢ
149 Zi, Ez: 225/113-240/120,
Dz: 295/148-310/156, 1 Suite, 3 App, ⌐ WC ℂ

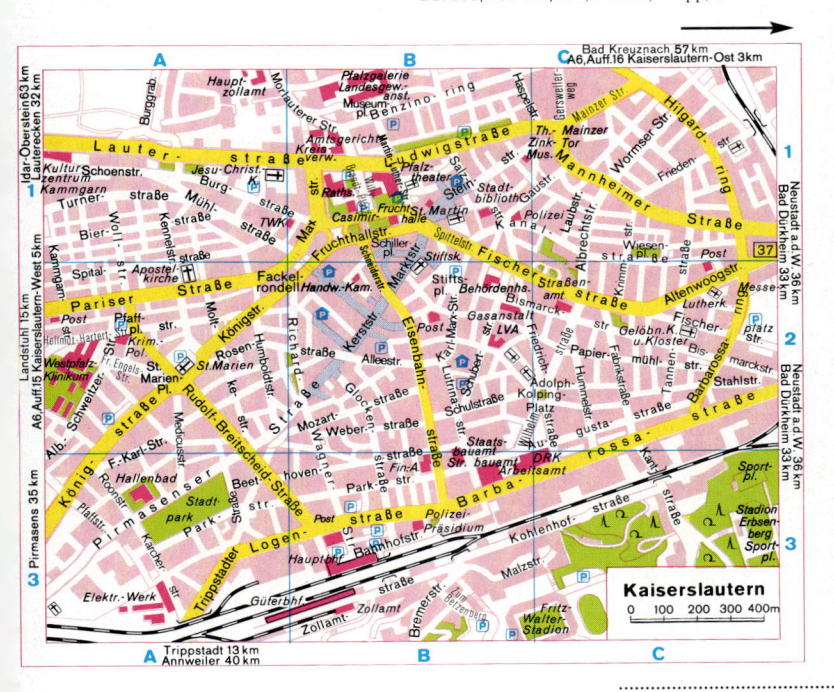

Kaiserslautern

DFÜ, 66 ⇥, Lift, **P**, 🏠, 19⟳225, ≋, 🛁, Sauna, Solarium

🍴🍴 Dorado
Hauptgericht 18/9-42/21, Terrasse

✱✱ Schulte Minotel
Malzstr. 7 (B 3), Tel (06 31) 20 16 90,
Fax 2 01 69 19, ✉ 67663, AX DC ED VA, Ⓢ
Dz: 220/110-350/176, 17 Suiten, ⇥ WC ⌀,
11 ⇥, Lift, **P**, 1⟳30, Sauna, Restaurant
geschl.: 22.12.00-6.1.01
Auch Zimmer der Kategorie ✱✱✱ vorhanden.

✱ Zollamt
Buchenlochstr. 1 (außerhalb A 3),
Tel (06 31) 3 16 66 00, Fax 3 16 66 66,
✉ 67663, AX DC ED VA
20 Zi, Ez: 119/59-179/90, Dz: 155/78-210/105,
⇥ WC ⌀ DFÜ, 6 ⇥, 1⟳22, garni
geschl.: 23.12.00-8.1.01

✱ Stadthotel
Friedrichstr. 39, Tel (06 31) 36 26 30,
Fax 3 62 63 50, ✉ 67655, AX ED VA
21 Zi, Ez: 100/50-140/70, Dz: 140/70-180/90, ⇥
WC ⌀ DFÜ, 12 ⇥, **P**, garni

🍴🍴 Uwe's Tomate
Schillerplatz 4, Tel (06 31) 9 34 06,
Fax 69 61 87, ✉ 67655, ED
Hauptgericht 35/17-49/24, Terrasse,
geschl.: Mo, So
Beachtenswerte Küche.

Kaiserslautern-Außerhalb (3 km ←)

✱ Blechhammer
Am Hammerweiher 1, Tel (06 31) 3 72 50,
Fax 3 72 51 00, ✉ 67659, AX DC ED VA
einzeln ♪, 30 Zi, Ez: 115/57-128/64,
Dz: 162/81-188/94, ⇥ WC ⌀, 2⟳35,
Restaurant

Dansenberg (7 km ↙)

🍴 Landhaus Woll
Dansenberger Str. 64, Tel (06 31) 5 16 02,
Fax 9 10 61, ✉ 67661, AX ED VA
⌀, Restaurant
Hauptgericht 15/7-65/32, Biergarten,
Gartenlokal, **P**, 🛏, geschl.: Di

Kaiserstuhl siehe Vogtsburg

Kaiserswerth siehe Düsseldorf

Kalbach 46 □

Hessen / Kreis Fulda
EW 6300
ℹ Tel (0 66 55) 9 65 40, Fax 96 54 33
Verkehrsamt
✉ 36148 Hauptstr. 12

Grashof (5 km ↗)

✱ Landhotel Grashof
Grashof 4, Tel (0 66 55) 97 70, Fax 9 77 55,
✉ 36148, AX ED VA
♪ ⚘, 21 Zi, Ez: 84/42-89/44, Dz: 129/64-139/70,
⇥ WC ⌀, **P**, 3⟳60, Kegeln
🍴 Hauptgericht 12/6-35/17

Kalbe (Milde) 27 ↗

Sachsen-Anhalt
Altmarkkreis Salzwedel
EW 3500
ℹ Tel (03 90 80) 1 94 33, Fax 9 71 53
Touristinformation
✉ 39624 Schulstr. 11

Kalbe

✱ Altmark Hotel
Ernst-Thälmann-Str. 6, Tel (03 90 80) 30 77,
Fax 20 77, ✉ 39624, AX ED VA
39 Zi, Ez: 75/37-95/47, Dz: 110/55-135/67,
3 App, ⇥ WC ⌀, 10 ⇥, Lift, **P**, 2⟳70,
Restaurant
Auch Zimmer der Kategorie ✱✱ vorhanden.

Kalkar 32 ↑

Nordrhein-Westfalen / Kreis Kleve
EW 13500
ℹ Tel (0 28 24) 1 31 20, Fax 1 32 34
Verkehrsamt
✉ 47546 Markt 20

🍴🍴 Ratskeller ✚
Markt 25, Tel (0 28 24) 24 60, Fax 20 92,
✉ 47546, DC VA
Hauptgericht 32/16, **P**, geschl.: Mo, 27.7.-8.8.01

Hönnepel (2km ←)

✱ Kernwasser-Wunderland-Hotel
Griether Str. 110-120, Tel (0 28 24) 91 00,
Fax 91 02 98, ✉ 47546, AX ED VA
61 Zi, Ez: 100/50, Dz: 200/100, 5 Suiten, ⌐ WC
Ⓒ, Lift, Ⓟ, 15⇨300, Kegeln, Bowling, Golf,
Restaurant
Preise inkl. Frühstück, Mittagsbuffet und
Abendessen.

Kehrum (5 km ↘)

✱ Landhaus Beckmann
Römerstr. 1, Tel (0 28 24) 20 86, Fax 23 92,
✉ 47546, AX DC ED VA
22 Zi, Ez: 95/47-105/52, Dz: 160/80-180/90, ⌐
WC Ⓒ, 2 ⇔, Ⓟ, 🕿

Kalkhorst 11 ↓

Mecklenburg-Vorpommern
Kreis Nordwestmecklenburg
EW 1389
🛈 Tel (03 88 26) 82 40, Fax 8 24 17
Amt Ostseestrand Sitz Dassow
✉ 23942 Grevesmühlener Str. 17 b

Hohen Schönberg

✱ Landhotel Leonorenwald
Kalkhorster Str. 5, Tel (03 88 27) 88 70,
Fax 8 87 77, ✉ 23948
♪, 13 Zi, Ez: 95/47, Dz: 145/73, 3 Suiten,
1 App, ⌐ WC Ⓒ, Ⓟ, 2⇨35, Restaurant

Kalletal 25 ↓

Nordrhein-Westfalen / Kreis Lippe
EW 15600
🛈 Tel (0 52 64) 14 95, Fax 6 51 22
Verkehrsbüro Corves Mühle
✉ 32689 Küsterweg 2

Henstorf

✱ Tannenhof
Tannenhofstr. 1, Tel (0 52 64) 6 47 00,
Fax 64 70 22, ✉ 32689, AX ED
10 Zi, Ez: 80/40, Dz: 130/65, ⌐ WC Ⓒ, Ⓟ,
2⇨200, Kegeln, Restaurant

Hohenhausen

✱ Lindenkrug
Lemgoer Str. 64, an der B 238,
Tel (0 52 64) 6 49 00, Fax 64 90 22, ✉ 32689,
AX ED

10 Zi, Ez: 80/40, Dz: 130/65, ⌐ WC Ⓒ, Ⓟ,
1⇨60, Kegeln, Sauna, Solarium, Restaurant

Kalldorf

✱ Kalldorfer-Brunnen
Meyra-Ring 6, Tel (0 57 33) 91 41 30,
Fax 91 41 39, ✉ 32689
10 Zi, Ez: 60/30-75/37, Dz: 105/52, ⌐ WC Ⓒ,
Ⓟ, 🕿, Kegeln, Restaurant
geschl.: Mo

Kallmünz 64 ↗

Bayern / Kreis Regensburg
EW 2974
🛈 Tel (0 94 73) 91 00 58, Fax 91 00 51
Tourist-Information
✉ 93183 Am Graben 14

🍴 Zum Goldenen Löwen ✚
Alte Regensburger Str. 18, Tel (0 94 73) 3 80,
Fax 9 00 90, ✉ 93183, AX DC ED VA
Hauptgericht 22/11-30/15, 🛏, geschl.: Mo

Kallstadt 54 ✓

Rheinland-Pfalz
Kreis Bad Dürkheim
EW 1180
🛈 Tel (0 63 22) 66 78 38, Fax 66 78 40
i-Punkt
✉ 67169 Weinstr. 111

🍴 Kallstadter Hof
Weinstr. 102, Tel (0 63 22) 89 49, Fax 6 60 40,
✉ 67169, AX ED VA
Hauptgericht 15/7-35/17, Terrasse, Gartenlokal,
Ⓟ, geschl.: Mi
✱ 13 Zi, Ez: 90/45-120/60,
Dz: 110/55-190/95, ⌐ WC Ⓒ DFÜ, 1⇨30

✱ Weinkastell Zum Weißen Roß
Weinstr. 80, Tel (0 63 22) 50 33, Fax 6 60 91,
✉ 67169, AX ED
13 Zi, Ez: 110/55-150/75, Dz: 170/85-190/95,
1 Suite, ⌐ WC Ⓒ
geschl.: Jan
🍴🍴 Hauptgericht 38/19-48/24,
geschl.: Mo, Di, Jan
Eigenbauweine.

Kaltenengers 43 □

Rheinland-Pfalz
Kreis Mayen-Koblenz
EW 1816
🛈 Tel (0 26 30) 63 54
Gemeindeverwaltung
✉ 56220 Hauptstr. 77

✱✱ Rheinhotel Larus
In der Obermark 7, Tel (0 26 30) 9 89 80,
Fax 98 98 98, ✉ 56220, AX DC ED VA
§, 32 Zi, Ez: 115/57-170/85,
Dz: 160/80-250/125, 8 App, ⊐ WC ⌀ DFÜ,
16 ⌫, Lift, **P**, ✿, 2⊃70

🍴🍴 Larus Pavillon
§, Hauptgericht 25/12, Terrasse

Kaltenkirchen 18 ↑

Schleswig-Holstein
Kreis Segeberg
EW 18000
🛈 Tel (0 41 91) 93 90, Fax 93 91 00
Stadtverwaltung
✉ 24568 Holstenstr. 14

✱✱ Landhotel Dreiklang
Norderstr. 6, Tel (0 41 91) 92 10, Fax 92 11 00,
✉ 24568, AX DC ED VA
60 Zi, Ez: 189/95-225/113,
Dz: 225/113-235/118, 5 Suiten, ⊐ WC ⌀, 10 ⌫,
Lift, **P**, 4⊃60, ⚒, ✿, Sauna, Solarium,
Kinderbetreuung
Mit Zugang zur Holstentherme.

🍴🍴 Lorbeer
Hauptgericht 28/14-45/22, Terrasse

✱ Kaltenkirchener Hof Minotel
Alvesloher Str. 2, Tel (0 41 91) 78 61,
Fax 69 10, ✉ 24568, AX DC ED VA, S
28 Zi, Ez: 90/45, Dz: 130/65, ⊐ WC ⌀, 5 ⌫, **P**,
✿, 2⊃90, Kegeln, Restaurant

✱ Kleiner Markt
Königstr. 7, Tel (0 41 91) 9 99 20, Fax 8 97 85,
✉ 24568, AX DC ED VA
9 Zi, Ez: 90/45, Dz: 130/65, ⊐ WC ⌀, **P**,
Restaurant

Kaltensundheim 46 →

Thüringen
Kreis Schmalkalden/Meiningen
EW 6172
🛈 Tel (03 69 46) 21 60, Fax 2 16 19
Verwaltungsgemeinschaft
✉ 98634 Gerthäuser Str. 8

✱ Zur guten Quelle
Hauptstr. 7, Tel (03 69 46) 38 50, Fax 3 85 38,
✉ 98634, ED
8 Zi, Ez: 49/24-59/29, Dz: 67/33-97/48, 1 App,
⊐ WC ⌀, 4 ⌫, **P**, 2⊃50, Kegeln, Restaurant

Kamen 34 ←

Nordrhein-Westfalen / Kreis Unna
EW 48500
🛈 Tel (0 23 07) 14 81 05, Fax 14 81 02
Stadtverwaltung
✉ 59174 Rathausplatz 1

✱✱ Holiday Inn
Kamen Karrée 2 / 3, Tel (0 23 07) 96 90,
Fax 96 96 66, ✉ 59174, AX DC ED VA, S
93 Zi, Ez: 147/74-221/111, Dz: 169/85-243/122,
⊐ WC ⌀ DFÜ, 47 ⌫, Lift, **P**, 20⊃250, Sauna,
Solarium, Restaurant

✱ Stadt Kamen
Markt 11, Tel (0 23 07) 97 29 00,
Fax 9 72 90 10, ✉ 59174, DC ED VA
35 Zi, Ez: 115/57-125/62, Dz: 165/83, ⊐ WC ⌀
DFÜ, 3⊃60, Restaurant

✱ Kautz
Ängelholmer Str. 16, Tel (0 23 07) 26 11 10,
Fax 2 61 11 29, ✉ 59174, AX ED VA
10 Zi, Ez: 90/45-95/47, Dz: 150/75-165/83, ⊐
WC ⌀, **P**, ✿, 2⊃80, Kegeln, Restaurant

☕ Café Ebbinghaus
Weststr. 18, Tel (0 23 07) 1 02 21, ✉ 59174
Terrasse, geschl.: Mi

Kamenz 41 ✓

Sachsen
EW 17000
🛈 Tel (0 35 78) 7 00 01 11, Fax 7 00 01 19
Kamenz-Information
✉ 01917 Pulsnitzer Str. 11

✱✱✱ Goldner Hirsch ♛
Markt 10, Tel (0 35 78) 30 12 21, Fax 30 44 97,
✉ 01917, AX DC ED VA

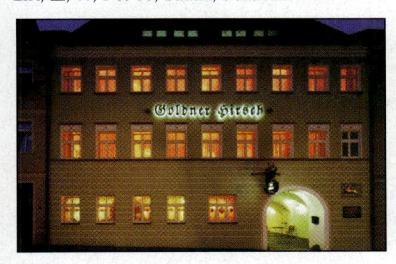

40 Zi, Ez: 160/80-240/120,
Dz: 235/118-275/138, 1 Suite, 2 App, ⌐ WC ⌀,
Lift, ℗, ☎, 3⇔60, Sauna, Solarium

🍴🍴🍴 Hauptgericht 25/12-35/17, Biergarten
Beachtenswerte Küche.

✱ Villa Weiße
Poststr. 17, Tel (0 35 78) 37 84 70,
Fax 3 78 47 30, ✉ 01917, ED VA
14 Zi, Ez: 80/40-100/50, Dz: 120/60-140/70, ⌐
WC ⌀, 4 ⇚, ℗, 1⇔30, garni

Kammerstein 57 ✓

Bayern / Kreis Roth
EW 2657
ℹ Tel (0 91 22) 9 25 50, Fax 92 55 40
Gemeindeverwaltung
✉ 91126 Dorfstr. 10

Haag (2 km ↗)

✱ Meyerle
Schwabacher Str. 30, Tel (0 91 22) 51 58,
Fax 1 58 58, ✉ 91126, ED VA
23 Zi, Ez: 85/42-90/45, Dz: 120/60-125/62, ⌐
WC ⌀, ℗, ☎, 1⇔25, Restaurant
geschl.: 23.12.00-6.1.01

Kamp-Lintfort 32 →

Nordrhein-Westfalen / Kreis Wesel
EW 40000
ℹ Tel (0 28 42) 91 24 44, Fax 91 24 33
Stadtinformation
✉ 47475 Am Rathaus 2

✱✱ Parkhotel Niederrhein
Neuendickstr. 96, Tel (0 28 42) 2 10 40,
Fax 21 09, ✉ 47475, AX DC ED VA
64 Zi, Ez: 150/75-290/146,
Dz: 250/125-350/176, 1 Suite, ⌐ WC ⌀, 10 ⇚,
Lift, ℗, ☎, 8⇔200, ≋, ⌂, Kegeln, Sauna,
Solarium
Auch Zimmer der Kategorie ✱ vorhanden.

🍴🍴 Hauptgericht 33/16-49/24, Terrasse

Kampen siehe Sylt

Kandel 60 ↗

Rheinland-Pfalz
Kreis Germersheim
EW 8595
ℹ Tel (0 72 75) 96 00, Fax 96 01 01
Verbandsgemeindeverwaltung
✉ 76870 Gartenstr. 8

✱ Zur Pfalz
Marktstr. 57, Tel (0 72 75) 9 85 50,
Fax 9 85 54 96, ✉ 76870, AX DC ED VA
44 Zi, Ez: 105/52-125/62, Dz: 150/75-165/83,
⌐ WC ⌀, Lift, ℗, 2⇔25, Sauna, Solarium
geschl.: 2 Wochen im Jul
🍴 Hauptgericht 27/13, geschl.: Mo
mittags, 2 Wochen im Sommer

Kandern 67 ✓

Baden-Württemberg / Kreis Lörrach
EW 3600
ℹ Tel (0 76 26) 8 99 60, Fax 8 99 60
Verkehrsamt
✉ 79400 Hauptstr. 18

Erholungsort im südlichen Schwarzwald.
Sehenswert: Schloß Bürgeln, 665 m Aussicht (5
km ↑); Blauen, 1165 m Aussicht (16 km N→);
Hist. Dampfeisenbahn.

✱✱ Zur Weserei
Hauptstr. 70, Tel (0 76 26) 70 00, Fax 65 81,
✉ 79400, ED VA
♪, 24 Zi, Ez: 62/31-100/50, Dz: 92/46-250/125,
1 Suite, ⌐ WC ⌀, Lift, ℗, ☎, 1⇔20, Sauna,
Solarium, Golf
Rezeption: 6.30-21
Im Gasthof einfache Zimmer vorhanden.

Kandern

🍴🍴 Tel 4 45, Hauptgericht 40/20, geschl.: Mo, Di mittags, 18-27.2.01

🍴🍴🍴 **Villa Umbach**
Am Golfplatz 1, Tel (0 76 26) 91 41 30, Fax 9 14 13 23, ✉ 79400, ED VA
Hauptgericht 40/20-48/24, Terrasse, Gartenlokal, P, 🛏, geschl.: Di
Italienische Küche.

Kappel-Grafenhausen 67 ↖

Baden-Württemberg / Ortenaukreis
EW 4600
🛈 Tel (0 78 22) 86 30, Fax 8 63 29
Bürgermeisteramt
✉ 77966 Rathausstr. 2

Grafenhausen

✱ **Gästehaus Engel**
Hauptstr. 92, Tel (0 78 22) 6 10 51, Fax 6 10 56, ✉ 77966, ED VA
16 Zi, Ez: 80/40-110/55, Dz: 120/60, ⊐ WC ©, Restaurant

Kappeln 10 ↗

Schleswig-Holstein
Kreis Schleswig-Flensburg
EW 10250
🛈 Tel (0 46 42) 40 27, Fax 54 41
Tourist-Information
✉ 24376 Schleswiger Str. 1

Fischerstädtchen an der Schlei, Erholungsort. Sehenswert: Kirche; einige funktionstüchtige Heringszäune Europas; Holländer Windmühle.

✱ **Thomsen's Motel**
Theodor-Storm-Str. 2, Tel (0 46 42) 10 52, Fax 71 54, ✉ 24376, ED
26 Zi, Ez: 80/40-100/50, Dz: 140/70-160/80, 10 App, ⊐ WC ©, 13 ⇌, P, garni
geschl.: 20.12.00-12.1.01

🍴🍴 **Stadt Kappeln**
Schmiedestr. 36, Tel (0 46 42) 40 21, Fax 55 55, ✉ 24376, AX DC ED VA
Hauptgericht 30/15, P
✱✱ 8 Zi, Ez: 85/42-100/50, Dz: 140/70-145/73, ⊐ WC ©, 3⇌200

Kappelrodeck 60 ↘

Baden-Württemberg / Ortenaukreis
EW 5900
🛈 Tel (0 78 42) 8 02 10, Fax 8 02 75
Verkehrsamt
✉ 77876 Hauptstr. 65

✱ **Zum Prinzen**
Hauptstr. 86, Tel (0 78 42) 9 47 50, Fax 94 75 30, ✉ 77876, AX ED VA
14 Zi, Ez: 85/42-90/45, Dz: 130/65-135/67, ⊐ WC ©, Lift, P, 2⇌30, Kegeln, Restaurant
geschl.: 8.1.00-25.1.01

✱ **Hirsch**
Grüner Winkel 24, Tel (0 78 42) 99 39 30, Fax 99 39 55, ✉ 77876, AX ED VA
15 Zi, Ez: 64/32-80/40, Dz: 128/64-130/65, ⊐ WC ©, P, 🏠, Restaurant
geschl.: Mo, Mitte Nov-Mitte Dez, 1 Woche im Mär

Waldulm

🍴🍴 **Rebstock** ✢
Kutzendorf 1, Tel (0 78 42) 94 80, Fax 9 48 20, ✉ 77876
♨, Hauptgericht 25/12, Terrasse, Gartenlokal, P, geschl.: Mo, 1 Woche im Feb, 2 Wochen im Aug
✱ ♪, 11 Zi, Ez: 59/29-85/42, Dz: 108/54-148/74, ⊐ WC ©

Karben 45 ↙

Hessen / Wetteraukreis
EW 20300
🛈 Tel (0 60 39) 48 10, Fax 4 81 30
Stadtverwaltung
✉ 61184 Rathausplatz 1

✱ **Comfort Hotel Stadt Karben**
St.-Egrévé-Str. 25, Tel (0 60 39) 80 10, Fax 80 12 22, ✉ 61184, AX DC ED VA
36 Zi, Ez: 95/47-195/98, Dz: 135/67-255/128, ⊐ WC ©, Lift, P, 🏠, 1⇌25, Solarium, Restaurant

Groß-Karben

✱✱ **Quellenhof**
Brunnenstr. 7, Tel (0 60 39) 33 04, Fax 4 32 72, ✉ 61184, VA
19 Zi, Ez: 168/84-199/100, Dz: 238/119-278/140, ⊐ WC, Lift, P, 2⇌70, Fitnessraum, Sauna, Solarium, 10 Tennis
geschl.: So, 1.-10.1.01, 11.-20.6.01
🍴🍴🍴 Hauptgericht 32/16-49/24, geschl.: So, 1.-10.1.01
Beachtenswerte Küche.

Karlsdorf-Neuthard 61 ↖

Baden-Württemberg
Kreis Karlsruhe
EW 9100
🛈 Tel (0 72 51) 44 30, Fax 4 06 12
Gemeindeverwaltung
✉ 76689 Amalienstr. 1

Karlsdorf

✱ Karlshof
Bruchsaler Str. 1, Tel (0 72 51) 9 44 10,
Fax 94 41 32, ✉ 76689, AX ED VA
54 Zi, Ez: 95/47, Dz: 135/67, ⊣ WC ⌀, 10 ⇋,
Lift, ℗, ☎, garni
Rezeption: 6-11, 17-22,
geschl.: 22.12.00-5.1.01

Karlsfeld 71 ↗

Bayern / Kreis Dachau
EW 18000
🛈 Tel (0 81 31) 9 90, Fax 9 91 03
Gemeindeverwaltung
✉ 85757 Gartenstr. 7

✱ Schwertfirm
Adalbert-Stifter-Str. 5, Tel (0 81 31) 9 00 50,
Fax 90 05 70, ✉ 85757, AX ED VA
50 Zi, Ez: 110/55-150/75, Dz: 150/75-200/100,
⊣ WC ⌀, 10 ⇋, Lift, ☎, garni
geschl.: 22.12.00-8.1.01
Auch Zimmer der Kategorie ✱✱ vorhanden.

Karlshafen, Bad 36 ↖

Hessen / Kreis Kassel
EW 4730
🛈 Tel (0 56 72) 99 99 24, Fax 99 99 25
Kurverwaltung
✉ 34385 Hafenplatz 8

✱✱ Zum Schwan
Conradistr. 3, Tel (0 56 72) 10 44, Fax 10 46,
✉ 34385, AX DC ED VA
31 Zi, Ez: 100/50-130/65, Dz: 200/100-210/105,
⊣ WC ⌀, Lift, ☎, 2⟳30
🍴🍴 ⌘, Hauptgericht 35/17

✱ Hessischer Hof
Carlstr. 13, Tel (0 56 72) 10 59, Fax 25 15,
✉ 34385, AX ED VA
18 Zi, Ez: 75/37-100/50, Dz: 65/32, ⊣ WC ⌀,
2⟳80
🍴 Hauptgericht 23/11, Terrasse,
Biergarten

Karlshagen 14 ↓

Mecklenburg-Vorpommern
Kreis Ostvorpommern
EW 3122
🛈 Tel (03 83 71) 23 20, Fax 2 32 19
Amt An der Peenemündung
✉ 17449 Hauptstr. 36

✱✱ Flair Hotel Nordkap
Strandstraße 8, Tel (03 83 71) 5 50,
Fax 5 51 00, ✉ 17449
36 Zi, Ez: 70/35-120/60, Dz: 130/65-180/90,
2 App, ⊣ WC ⌀, Lift, ℗, 1⟳45, Kegeln,
Sauna, Solarium, Restaurant

Karlsruhe 60 ↗

Baden-Württemberg
EW 270000
🛈 Tel (07 21) 3 55 30, Fax 35 53 43 99
Verkehrsverein
✉ 76137 Bahnhofplatz 6
Cityplan siehe Seite 496

✱✱✱ Renaissance
Mendelssohnplatz (C 3), Tel (07 21) 3 71 70,
Fax 37 71 56, ✉ 76131, AX DC ED VA, Ⓢ
215 Zi, Ez: 199/100, Dz: 249/125, 8 Suiten, ⊣
WC ⌀, 74 ⇋, Lift, ☎, 7⟳250, Golf, Restaurant
Preise exkl. Frühstück.

✱✱✱ Schlosshotel
Bahnhofplatz 2 (B 6), Tel (07 21) 3 83 20,
Fax 3 83 23 33, ✉ 76137, AX DC ED VA, Ⓢ
93 Zi, Ez: 160/80-300/151,
Dz: 200/100-310/156, 3 Suiten, ⊣ WC ⌀ DFÜ,
26 ⇋, Lift, ℗, 4⟳140, Fitnessraum, Sauna,
Solarium, Golf
Auch Zimmer der Kategorie ✱✱ vorhanden.
🍴🍴🍴 **Zum Großherzog**
Hauptgericht 39/19-59/29, geschl.: So abends
🍴 **Schwarzwaldstube**
Hauptgericht 28/14-54/27

✱✱ Queens Hotel
Ettlinger Str. 23 (B 4), Tel (07 21) 3 72 70,
Fax 3 72 71 70, ✉ 76137, AX DC ED VA, Ⓢ
147 Zi, Ez: 165/83-275/138,
Dz: 190/95-350/176, 5 Suiten, 1 App, ⊣ WC ⌀
DFÜ, 74 ⇋, Lift, ℗, ☎, 7⟳360, Restaurant

✱✱ Ringhotel Residenz
Bahnhofplatz 14 (B 6), Tel (07 21) 3 71 50,
Fax 3 71 51 13, ✉ 76137, AX DC ED VA, Ⓢ
103 Zi, Ez: 187/94-207/104,
Dz: 218/109-258/129, 1 Suite, ⊣ WC ⌀ DFÜ,
20 ⇋, Lift, ℗, ☎, 9⟳120

Karlsruhe

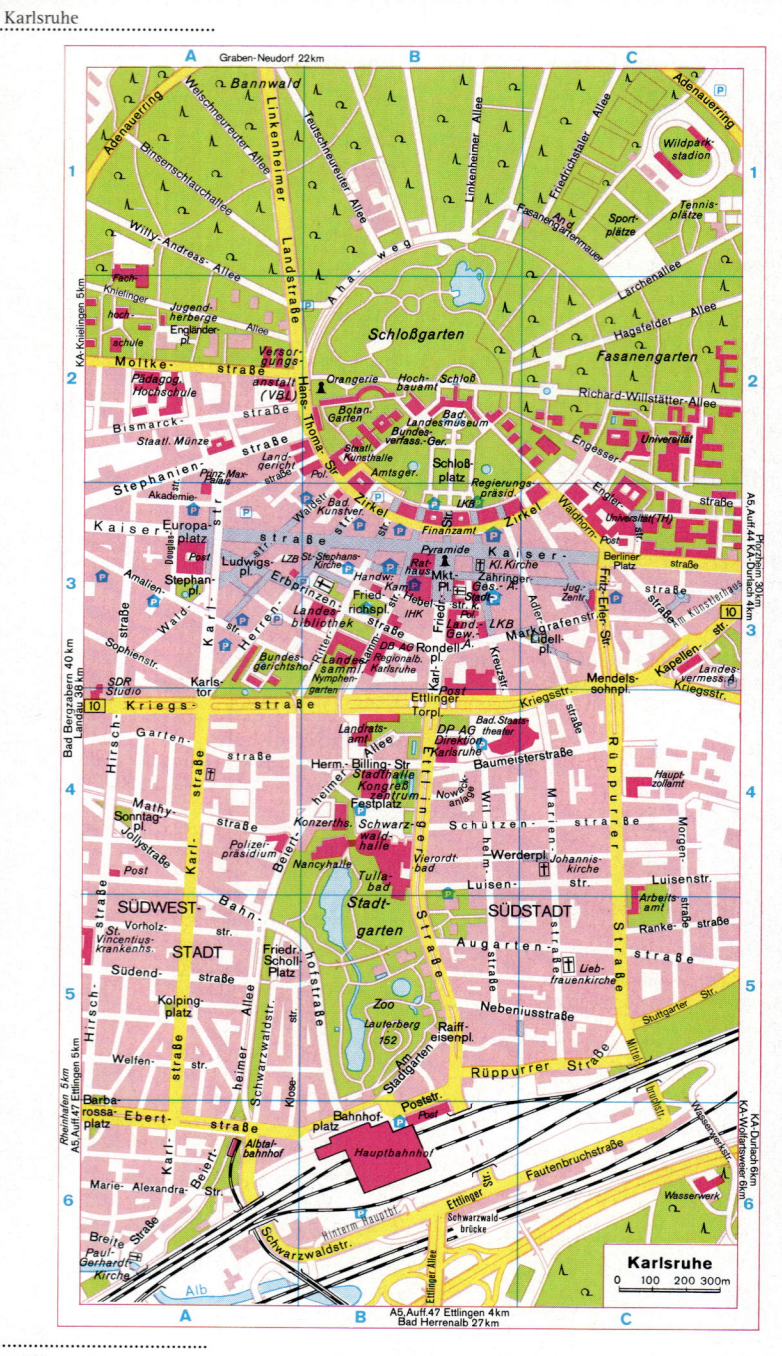

Karlsruhe

¶¶ Ketterer
Hauptgericht 35/17, Terrasse

✱✱ Allee-Hotel
Kaiserallee 91 (außerha), Tel (07 21) 98 56 10,
Fax 9 85 61 11, ✉ 76185, AX ED VA
27 Zi, Ez: 125/62-168/84, Dz: 160/80-230/115,
⌐ WC ⌀, Lift, ≙, 2⇔60

Maier's Bistro
Hauptgericht 20/10, ℗

✱✱ Alfa
Bürgerstr. 4 / Ludwigsplatz (A 3),
Tel (07 21) 2 99 26, Fax 2 99 29, ✉ 76133, AX ED VA
38 Zi, Ez: 180/90-210/105,
Dz: 240/120-260/130, 1 Suite, ⌐ WC ⌀, Lift,
≙, garni

✱✱ Ambassador mit Gästehaus
Hirschstr. 34 (A 3), Tel (07 21) 1 80 20,
Fax 1 80 21 70, ✉ 76133, AX ED VA
72 Zi, Ez: 100/50-205/103, Dz: 160/80-270/135,
⌐ WC ⌀ DFÜ, 10 ⇃, Lift, ℗, ≙, garni
Im Gästehaus Alte Münze, Sophienstr 24, auch
Zimmer der Kategorie ✱ vorhanden.

✱✱ Avisa
Am Stadtgarten 5 (B 5), Tel (07 21) 3 49 77,
Fax 3 49 79, ✉ 76137, AX ED VA
27 Zi, Ez: 150/75-180/90, Dz: 200/100-240/120,
⌐ WC ⌀, 2 ⇃, Lift, garni

✱✱ Rio
Hans-Sachs-Str. 2 (außerha),
Tel (07 21) 8 40 80, Fax 8 40 81 00, ✉ 76133,
AX DC ED VA
119 Zi, Ez: 125/62-188/94, Dz: 145/73-220/110,
⌐ WC ⌀, 18 ⇃, Lift, ≙, 1⇔15, Restaurant
Im Gästehaus Zimmer der Kategorie ✱
vorhanden.

✱✱ Kübler
Bismarckstr. 39 (A 2), Tel (07 21) 14 40,
Fax 14 44 41, ✉ 76133, AX ED VA
120 Zi, Ez: 128/64-178/89, Dz: 160/80-250/125,
2 Suiten, 16 App, ⌐ WC ⌀, 10 ⇃, Lift, ℗, ≙,
Sauna, Solarium, Restaurant
Zimmer unterschiedlicher Kategorien in
mehreren Gebäuden vorhanden.

✱ Santo
Karlstr. 69 (A 4), Tel (07 21) 3 83 70,
Fax 3 83 72 50, ✉ 76137, AX ED VA
52 Zi, Ez: 165/83-210/105, Dz: 195/98-250/125,
⌐ WC ⌀ DFÜ, Lift, ℗, ≙, 2⇔60, Fitnessraum,
Sauna, Solarium, Golf, Restaurant

✱ Kaiserhof
Karl-Friedrich-Str. 12 (B 3), Tel (07 21) 9 17 00,
Fax 9 17 01 50, ✉ 76133, AX ED VA
50 Zi, Ez: 170/85-190/95, Dz: 220/110-240/120,
3 Suiten, 2 App, ⌐ WC ⌀, 8 ⇃, Lift, ℗, 2⇔90,
Sauna, Solarium
¶¶ Hauptgericht 15/7-40/20, Terrasse

✱ Hasen
Gerwigstr. 47, Tel (07 21) 9 63 70,
Fax 9 63 71 23, ✉ 76131, AX ED VA
38 Zi, Ez: 110/55-170/85, Dz: 185/93-245/123,
⌐ WC ⌀, Lift, 2⇔50
geschl.: 23.12.00-6.1.01, 31.7.-30.8.01
Auch einfachere Zimmer vorhanden.

¶¶ Hugo's
Hauptgericht 18/9-43/21, nur abends,
geschl.: Sa, So, 23.12.00-6.1.01, 31.7.-30.8.01

✱ Berliner Hof
Douglasstr. 7 (A 3), Tel (07 21) 1 82 80,
Fax 1 82 81 00, ✉ 76133, AX ED VA, Ⓢ
55 Zi, Ez: 110/55-190/95, Dz: 155/78-190/95, ⌐
WC ⌀, 8 ⇃, Lift, ℗, Sauna, Solarium, garni
geschl.: 23-26.12.00

✱ Acora
Sophienstr. 69-71 (außerha),
Tel (07 21) 8 50 90, Fax 84 85 51, ✉ 76133, AX
DC ED VA
158 Zi, Ez: 87/43-192/96, Dz: 112/56-192/96,
158 App, ⌐ WC ⌀ DFÜ, 50 ⇃, Lift, ≙, 1⇔35,
garni
In der Dependance Appartements für
Langzeitvermietung.

¶¶ Oberländer Weinstube 🍷
Akademiestr. 7, Tel (07 21) 2 50 66,
Fax 2 11 57, ✉ 76133, AX DC ED VA
🍷, Hauptgericht 39/19-55/27, geschl.: So

¶¶ La Gioconda
Akademiestr. 26, Tel (07 21) 2 55 40, ✉ 76133,
AX DC ED VA
Hauptgericht 39/19-58/29, geschl.: so+feiertags

¶ Dudelsack ✠
Waldstr. 79, Tel (07 21) 20 50 00,
Fax 20 50 56, ✉ 76133, AX DC ED VA
🍷, Hauptgericht 35/17, Terrasse, Gartenlokal,
nur abends

🍽 Hoepfner Burghof
Haid-und-Neu-Str. 18, Tel (07 21) 6 18 34 00,
Fax 6 18 34 03, ✉ 76131, AX ED VA
Hauptgericht 20/10
✱✱ 12 Zi, Ez: 140/70-130/65,
Dz: 170/85-160/80, 4 Suiten, ⌐ WC ⌀ DFÜ,
6 ⇃, ℗, ≙

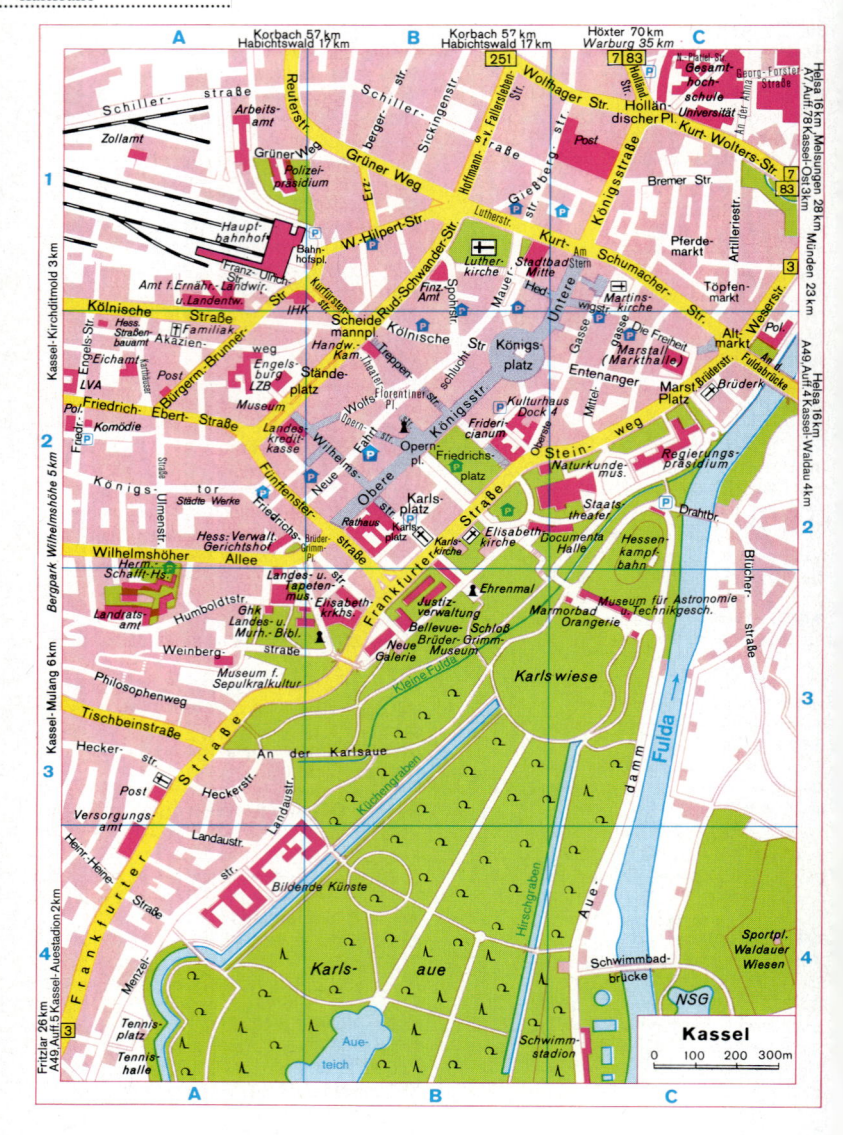

Blüthner's
Weinbar & Restaurant

Gutenbergstr. 5, Tel (07 21) 84 22 28, ✉ 76135
Hauptgericht 27/13-42/21, Terrasse, nur abends,
geschl.: Mo
Einrichtung im französischen Bistrostil
gehalten.

Hansjakob Stube

Ständehausstr. 4, Tel (07 21) 2 71 66, ✉ 76133,
ED VA
Hauptgericht 25/12-35/17, Kegeln, geschl.: Mi,
1.-15.1.01, 30.8.-15.9.01

Café Endle
Kaiserstr. 241 a, Tel (07 21) 2 46 78,
Fax 2 58 51, ✉ 76133, AX DC ED VA

Café Am Tiergarten
Bahnhofplatz 6, Tel (07 21) 93 22 20,
Fax 9 32 22 44, ✉ 76137, VA

* 14 Zi, Ez: 130/65-160/80,
Dz: 190/95-230/115, 5 App, ⌐ WC ✆, Lift

Daxlanden (5 km ←)

** **Steuermann**
Hansastr. 13, Tel (07 21) 95 09 00,
Fax 9 50 90 50, ✉ 76189, AX ED VA
18 Zi, Ez: 145/73-160/80, Dz: 190/95, ⌐ WC ✆
DFÜ, 5 ⚑, P, Golf
geschl.: So, 1.-7.1.01
¶¶ Hauptgericht 30/15, Terrasse,
geschl.: Sa mittags, So, 1.-7.1.01

Durlach (6 km →)

¶¶¶ **Zum Ochsen**
Pfinzstr. 64, Tel (07 21) 94 38 60,
Fax 9 43 86 43, ✉ 76227, AX DC ED VA
Hauptgericht 45/22, Gartenlokal, P,
geschl.: Mo, Di, 18-28.2.01, 26.8.-11.9.01
*** ♛, 6 Zi, Ez: 230/115-250/125,
Dz: 340/171, ⌐ WC ✆

Knielingen (8 km ↖)

* **Burgau**
Neufeldstr. 10, Tel (07 21) 56 51 00,
Fax 5 65 10 35, ✉ 76187, AX DC ED VA
24 Zi, Ez: 110/55-176/88, Dz: 140/70-230/115,
⌐ WC ✆, 12 ⚑, P, 1⟳16

¶ **Besoldstube**
Hauptgericht 26/13-34/17, Biergarten,
geschl.: Sa, So, 24.12.00-7.1.01

Neureut (6 km ↑)

* **Achat**
An der Vogelhardt 10, Tel (07 21) 7 83 50,
Fax 7 83 53 33, ✉ 76149, AX ED VA, Ⓢ
82 Zi, Ez: 127/63-161/81, Dz: 177/89-211/106,
82 App, ⌐ WC ✆ DFÜ, 42 ⚑, Lift, P, 🚗,
Restaurant
geschl.: 24.12.00-2.1.01

¶¶ **Nagel's Kranz**
Neureuter Hauptstr. 210, Tel (07 21) 70 57 42,
Fax 7 83 62 54, ✉ 76149
Hauptgericht 28/14-45/22, Gartenlokal, nur
abends, geschl.: So, 1.-7.1.01, 12.-19.4.01

Karoxbostel siehe Seevetal

Karsdorf 38 ↓

Sachsen-Anhalt / Burgenlandkreis
EW 2900
🛈 Tel (03 44 61) 3 54 57, Fax 3 54 22
Gemeindeverwaltung
✉ 06642 Schloßhof 5

* **Trias**
Straße der Einheit 29, Tel (03 44 61) 7 00,
Fax 7 01 04, ✉ 06638, AX ED VA
53 Zi, Ez: 75/37-96/48, Dz: 80/40-120/60,
3 Suiten, ⌐ WC ✆, 2 ⚑, Lift, P, 3⟳60,
Restaurant
Auch Zimmer der Kategorie ****** vorhanden.

Kassel 36 ✓

Hessen
EW 200000
🛈 Tel (05 61) 70 77 07, Fax 7 07 72 00
Ges. f. Tourismus u. Marketing mbH
✉ 34117 Königsplatz 53

Die Kultur- und Kongressstadt mitten in
Deutschland, größter Bergpark Europas, mehr
als 20 Museen.

*** **La Strada**
Top International Hotel
Raiffeisenstr. 10, Tel (05 61) 2 09 00,
Fax 2 09 05 00, ✉ 34121, AX DC ED VA, Ⓢ
300 Zi, Ez: 119/59-169/85, Dz: 170/85-220/110,
4 Suiten, 15 App, ⌐ WC ✆ DFÜ, 57 ⚑, Lift, 🚗,
17⟳500, ☌, Sauna, Solarium, Restaurant

*** **Mövenpick**
Spohrstr. 4 (B 1), Tel (05 61) 7 28 50,
Fax 7 28 51 18, ✉ 34117, AX DC ED VA, Ⓢ
128 Zi, Ez: 135/67-295/148,
Dz: 195/98-295/148, 2 Suiten, ⌐ WC ✆, 55 ⚑,
Lift, P, 🚗, 5⟳300, Restaurant

Kassel

✱✱✱ Treff Hotel
Baumbachstr. 2, Tel (05 61) 7 81 00,
Fax 7 81 01 00, ✉ 34119, AX DC ED VA
169 Zi, Ez: 160/80-225/113,
Dz: 210/105-275/138, 5 Suiten, ⌐ WC ✆ DFÜ,
64 ↤, Lift, Ⓟ, ☎, 6⟳320, Sauna, Solarium,
Restaurant

✱✱ Mercure Hotel Hessenland
Obere Königsstr. 2 (B 2), Tel (05 61) 9 18 10,
Fax 9 18 11 60, ✉ 34117, AX DC ED VA, Ⓢ
48 Zi, Ez: 169/85-219/110,
Dz: 199/100-259/130, ⌐ WC ✆, 13 ↤, Lift,
garni

✱✱ Quality Hotel
Erzberger Str. 1-5 (B 1), Tel (05 61) 7 29 60,
Fax 7 29 64 98, ✉ 34117, AX DC ED VA
55 Zi, Ez: 130/65-170/85, Dz: 170/85-245/123,
⌐ WC ✆, 13 ↤, Lift, Ⓟ, 4⟳60, Golf,
Restaurant
Auch Zimmer der Kategorie ✱ vorhanden.

✱ City Hotel
Wilhelmshöher Allee 38-42,
Tel (05 61) 7 28 10, Fax 7 28 11 99, ✉ 34119,
AX DC ED VA
63 Zi, Ez: 108/54-198/99, Dz: 158/79-268/134,
4 Suiten, ⌐ WC ✆ DFÜ, 28 ↤, Lift, Ⓟ, ☎,
6⟳50, Sauna, Solarium, Restaurant
Auch Zimmer der Kategorie ✱✱ vorhanden.

✱ Astoria
Friedrich-Ebertstr. 135, Tel (05 61) 7 28 30,
Fax 7 28 31 99, ✉ 34119, AX DC ED VA
50 Zi, Ez: 128/64-198/99, Dz: 188/94-298/150,
⌐ WC ✆ DFÜ, 30 ↤, Lift, Ⓟ, 5⟳40, Sauna,
Solarium, garni
geschl.: 22.12.00-6.1.01
Auch Zimmer der Kategorie ✱✱ vorhanden.

✱ Chassalla
Wilhelmshöher Allee 99, Tel (05 61) 9 27 90,
Fax 9 27 91 01, ✉ 34121, AX DC ED VA
44 Zi, Ez: 120/60-160/80, Dz: 160/80-190/95,
⌐ WC ✆ DFÜ, 11 ↤, Lift, Ⓟ, ☎, 2⟳60,
Fitnessraum, garni

🍴🍴 Park Schönfeld
Bosestr. 13, Tel (05 61) 2 20 50, Fax 2 75 51,
✉ 34121, AX ED
Hauptgericht 33/16-45/22, Terrasse, Ⓟ,
geschl.: So

🍴🍴 La Frasca
Jordanstr. 11, Tel (05 61) 1 44 94, Fax 1 44 94,
✉ 34117, VA
Hauptgericht 36/18, Ⓟ, geschl.: Sa mittags, So

Bettenhausen (5 km →)

✱✱ Queens Hotel
Heiligenröder Str. 61, Tel (05 61) 5 20 50,
Fax 52 74 00, ✉ 34123, AX DC ED VA, Ⓢ
142 Zi, Ez: 215/108-265/133,
Dz: 255/128-305/153, ⌐ WC ✆, 39 ↤, Lift, Ⓟ,
10⟳200, ☎, Sauna, Solarium, Restaurant

Niederzwehren (6 km ↓)

✱✱ Gude
Frankfurter Str. 299, Tel (05 61) 4 80 50,
Fax 4 80 51 01, ✉ 34134, AX DC ED VA
87 Zi, Ez: 145/73-200/100, Dz: 180/90-260/130,
3 Suiten, ⌐ WC ✆ DFÜ, 12 ↤, Lift, Ⓟ, ☎,
6⟳200, ☎, Fitnessraum, Sauna, Solarium,
Restaurant
Auch Zimmer der Kategorie ✱✱✱ vorhanden.

Wilhelmshöhe (5 km W; Kneippheilbad)

✱✱ Ramada
Bertha-von-Suttner-Str. 15, Tel (05 61) 9 33 90,
Fax 9 33 91 00, ✉ 34131, AX DC ED VA, Ⓢ
137 Zi, Ez: 139/70-245/123,
Dz: 139/70-265/133, ⌐ WC ✆ DFÜ, 73 ↤, Lift,
☎, 8⟳70, Sauna, Solarium, Restaurant

✱✱ Schlosshotel Wilhelmshöhe
Schloßpark 8, Tel (05 61) 3 08 80,
Fax 3 08 84 28, ✉ 34131, AX DC ED VA
♿, 106 Zi, Ez: 150/75-195/98,
Dz: 200/100-270/135, 9 Suiten, 4 App, ⌐ WC ✆
DFÜ, Lift, Ⓟ, 8⟳150, ☎, Sauna, Solarium,
Restaurant

✱✱ Kurparkhotel
Wilhelmshöher Allee 336, Tel (05 61) 3 18 90,
Fax 3 18 91 24, ✉ 34131, AX ED VA
87 Zi, Ez: 160/80-190/95, Dz: 220/110-280/141,
7 Suiten, ⌐ WC ✆, 13 ↤, Lift, Ⓟ, ☎, 5⟳50,
☎, Sauna, Solarium

🍴🍴 Conrads
Hauptgericht 25/12-42/21, Terrasse, geschl.: So
abends

✱ Best Western Kurfürst Wilhelm I
Wilhelmshöher Allee 257, Tel (05 61) 3 18 70,
Fax 31 87 77, ✉ 34131, AX DC ED VA, Ⓢ
42 Zi, Ez: 148/74-168/84, Dz: 198/99-218/109,
1 Suite, ⌐ WC ✆, 9 ↤, Lift, 5⟳15, Restaurant
Auch Zimmer der Kategorie ✱✱ vorhanden.

✱ InterCityHotel
Wilhelmshöher Allee 241, Tel (05 61) 9 38 80,
Fax 9 38 89 99, ✉ 34121, AX DC ED VA, Ⓢ
147 Zi, ⌐ WC ✆, 40 ↤, Lift, Ⓟ, 5⟳130,
Restaurant

✱ **Zum Steinernen Schweinchen**
Konrad-Adenauer-Str. 117,
Tel (05 61) 94 04 80, Fax 94 04 85 55,
✉ 34132, AX ED VA
₰, 45 Zi, Ez: 110/55-125/62, Dz: 150/75-170/85,
1 Suite, ⌐ WC ⊘ DFÜ, 9 ⤺, Lift, P, 6⟳60,
Sauna, Solarium, Golf

🍴🍴 Hauptgericht 31/15-42/21, Terrasse,
Biergarten
Beachtenswerte Küche.

✱ **Schweizer Hof**
Wilhelmshöher Allee 288, **Tel (05 61) 9 36 90,**
Fax 9 36 99, ✉ 34131, AX DC ED VA, Ⓢ
63 Zi, Ez: 125/62-215/108, Dz: 165/83-225/113,
3 Suiten, 35 App., ⌐ WC ⊘, 10 ⤺, Lift, P, ⌂,
3⟳80, Kegeln, Restaurant

✱ **Wilhelmshöher Tor**
Heinrich-Schütz-Allee 24, **Tel (05 61) 9 38 90,**
Fax 9 38 91 11, ✉ 34131, AX DC ED VA
30 Zi, Ez: 110/55-130/65, Dz: 145/73-160/80, ⌐
WC ⊘ DFÜ, 15 ⤺, Lift, P, ⌂, 5⟳100, garni

🍴 **Haus Rothstein**
Heinrich-Schütz-Allee 56, **Tel (05 61) 3 37 84,**
Fax 3 37 84, ✉ 34131, AX DC ED VA
Hauptgericht 22/11-34/17, Terrasse, P

Wolfsanger (3 km ↗)

🍴🍴 **Landhaus Meister**
Fuldatalstr. 140, **Tel (05 61) 9 87 99 87,**
Fax 9 78 99 33, ✉ 34125, AX DC ED VA
Hauptgericht 25/12, Terrasse, Biergarten,
Gartenlokal, Kegeln, P, nur abends,
geschl.: Mo, So abends, 27.12.00-15.1.01

Kastellaun 53 ↑

Rheinland-Pfalz
Rhein-Hunsrück-Kreis
EW 5000
🅸 Tel (0 67 62) 4 03 20, Fax 4 03 40
Tourist-Information
✉ 56288 Kirchstr. 1

✱ **Zum Rehberg**
Mühlenweg 1, **Tel (0 67 62) 13 31, Fax 26 40,**
✉ 56288, ED VA
⌕, 35 Zi, Ez: 75/37-100/50, Dz: 110/55-200/100,
7 Suiten, 6 App., ⌐ WC ⊘, 3 ⤺, P, ⌂, 1⟳60,
Sauna, Solarium, Restaurant

Kastl 58 ↓

Bayern / Kreis Amberg-Sulzbach
EW 2700
🅸 Tel (0 96 25) 9 20 40, Fax 92 04 19
Tourist-Information
✉ 92280 Marktplatz 1

🛏 **Forsthof**
Amberger Str. 2, **Tel (0 96 25) 9 20 30,**
Fax 92 03 44, ✉ 92280, AX DC ED VA
18 Zi, Ez: 65/32-70/35, Dz: 100/50-120/60, ⌐
WC ⊘, P, ⌂, 2⟳50, Fitnessraum, Sauna,
Restaurant
geschl.: Di

Katlenburg 36 ↗

Niedersachsen / Kreis Northeim
EW 7750
🅸 Tel (0 55 52) 9 93 70, Fax 99 37 50
Gemeindeverwaltung
✉ 37191 Bahnhofstr. 6

Lindau

🛏 **Rosenhof**
Marienstr. 72, **Tel (0 55 56) 8 66, Fax 50 76,**
✉ 37191, AX ED VA
19 Zi, Ez: 50/25-80/40, Dz: 95/47-110/55, ⌐ ⊘,
P, ⌂, 1⟳40, Kegeln, Sauna, Solarium,
Restaurant

Katzenelnbogen 44 ↙

Rheinland-Pfalz / Rhein-Lahn-Kreis
EW 9300
🅸 Tel (0 64 86) 9 17 90, Fax 91 79 21
Verbandsgemeindeverwaltung
✉ 56368 Burgstr. 1

Berghausen (3 km →)

✱ **Berghof**
Bergstr. 3, **Tel (0 64 86) 9 12 10, Fax 18 37,**
✉ 56368, ED
37 Zi, Ez: 54/27-61/30, Dz: 88/44-102/51,
4 App., ⌐ WC ⊘, Lift, P, ⌂, 2⟳50, Kegeln,
Restaurant

Katzhütte-Oelze 48 ←

Thüringen / Kreis Rudolstadt
EW 2152
ℹ Tel (03 67 05) 6 70, Fax 6 71 10
Verwaltungsgemeinschaft
✉ 98744 Markt 5

Oelze-Außerhalb (3 km ↑)

✱ Massermühle mit Gästehaus
Masserberger Str. 25, Tel (03 68 70) 5 19 62,
Fax 5 19 64, ✉ 98746, ED VA
einzeln ♪, 18 Zi, Ez: 65/32, Dz: 105/52,
2 Suiten, ⌐ WC ⌀, ℙ, 1⌬30, ⌂, Sauna,
Solarium, Restaurant

Oelze

✱ Zum Ritter
Eisfelder Str. 22, Tel (03 67 81) 32 20,
Fax 3 22 55, ✉ 98746, VA
♪, 14 Zi, Ez: 60/30-70/35, Dz: 98/49-120/60, ⌐
WC ⌀, 2 ⇆, ℙ, ⌂, Sauna, Restaurant

Kaub 53 ↗

Rheinland-Pfalz / Rhein-Lahn-Kreis
EW 1150
ℹ Tel (0 67 74) 2 22, Fax 82 30
Verkehrsamt
✉ 56349 Metzgergasse 26

✱ Haus Berlin
Hochstr. 44, Tel (0 67 74) 91 00, Fax 9 10 30,
✉ 56349, ED VA
10 Zi, Ez: 120/60-185/93, Dz: 165/83-185/93,
1 Suite, ⌐ WC ⌀, 7 ⇆, garni
geschl.: Mi, 10.1.-15.2.01

🍴 Zum Turm
Zollstr. 50, Tel (0 67 74) 9 22 00, Fax 92 20 11,
✉ 56349, DC ED VA
Hauptgericht 17/8-49/24, Terrasse, geschl.: Di,
15.11.-1.12.00, 13-28.2.01

Kaufbeuren 70 →

Bayern
EW 44000
ℹ Tel (0 83 41) 4 04 05, Fax 7 39 62
Tourist-Information
✉ 87600 Kaiser-Max-Str 1

Ehemalige Reichsstadt an der Wertach; Sehenswert: St.-Blasius-Kirche mit Jörg-Lederer-Altar
(1518); Stadtmauer, histor. Altstadt, Museen:
Stadtmuseum mit Ganghofer-Gedenkstätte, Crescentia-Gedenkstätte, Puppentheater-Museum.
Gablonzer Heimatmuseum, Industrie- und
Schmuckmuseum bis 2001 geschlossen.

✱✱ Goldener Hirsch
Kaiser-Max-Str. 39-41, Tel (0 83 41) 4 30 30,
Fax 43 03 75, ✉ 87600, AX ED VA
42 Zi, Ez: 70/35-118/59, Dz: 120/60-167/84, ⌐
WC ⌀, 10 ⇆, Lift, ⌂, 4⌬150, Fitnessraum,
Sauna, Restaurant

✱✱ Flair Hotel Am Kamin
Füssener Str. 62, Tel (0 83 41) 93 50,
Fax 93 52 22, ✉ 87600, AX ED VA
32 Zi, Ez: 90/45-120/60, Dz: 130/65-149/75, ⌐
WC ⌀ DFÜ, Lift, ℙ, ⌂, 3⌬40, Kegeln,
Restaurant

✱ Hasen
Ganghoferstr. 7, Tel (0 83 41) 96 61 90,
Fax 7 44 51, ✉ 87600, AX ED VA
62 Zi, Ez: 60/30-105/52, Dz: 92/46-156/78, ⌐
WC, Lift, ℙ, ⌂, 3⌬60, Restaurant

☕ Rathauscafe
Kaiser-Max-Str, Tel (0 83 41) 23 46,
Fax 1 65 81, ✉ 87600, AX DC ED VA
Terrasse, ℙ, geschl.: So

Kayhude 18 ↑

Schleswig-Holstein
Kreis Segeberg
EW 967
ℹ Tel (0 45 35) 50 90, Fax 5 09 99
Amtsverwaltung
✉ 23845 Segeberger Str. 41

🍴 Alter Heidkrug
Segeberger Str. 10, Tel (0 40) 6 07 02 52,
✉ 23863
Hauptgericht 25/12, Terrasse, ℙ, geschl.: Do

Kehl 60 ↙

Baden-Württemberg / Ortenaukreis
EW 33500
ℹ Tel (0 78 51) 8 82 26, Fax 48 02 48
Kultur- und Verkehrsamt
✉ 77694 Großherzog-Friedrich-Str 19

Die deutsche Nachbarstadt von Straßburg.

✱ Grieshaber's Rebstock mit Gästehaus
Hauptstr. 183, Tel (0 78 51) 9 10 40,
Fax 7 85 68, ✉ 77694, ED VA
31 Zi, Ez: 75/37-99/49, Dz: 110/55-150/75, ⌐
WC ⌀, ℙ, ⌂
🍴🍴 Hauptgericht 30/15-39/19, nur
abends, So auch mittags, geschl.: Mo, 2 Wochen
im Feb + Jul

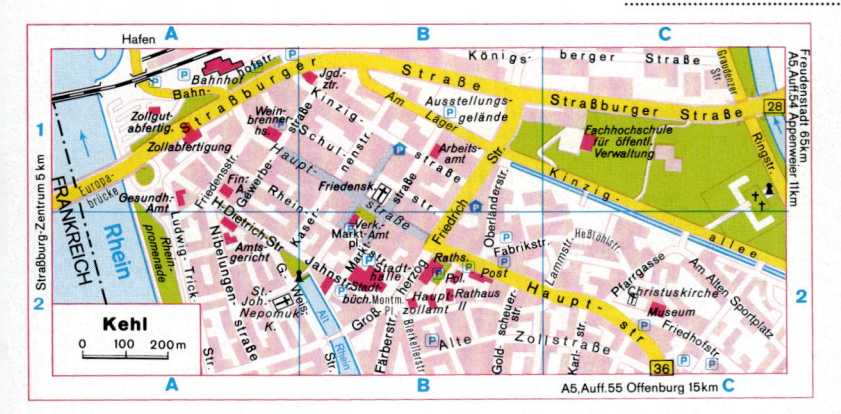

Schwanen

Hauptstr. 20, **Tel (0 78 51) 27 35**, Fax 48 01 23,
✉ 77694, ED VA
10 Zi, Ez: 65/32-70/35, Dz: 100/50, 1 App., ⌐⌐
WC, **P**, 🚗, Restaurant
geschl.: 23.12.00-15.1.01

¶¶ Milchkutsch

Hauptstr. 147 a, **Tel (0 78 51) 7 61 61**, Fax 6 21,
✉ 77694, AX ED VA
Hauptgericht 27/13-40/20, Terrasse,
Gartenlokal, **P**, geschl.: Sa, So, 25.8.-13.9.00

Appartementhotels/Boardinghäuser

First Apparthotel

Fabrikstr. 1, Fußgängerzone,
Tel (0 78 51) 7 90 30, Fax 7 90 34 44,
✉ 77694, AX DC ED VA
Ez: 119/59-164/82, Dz: 159/80-199/100,
3 Suiten, 26 App., ⌐⌐ WC ⓒ DFÜ, Lift, **P**, 🚗
Zimmer der Kategorie ******.

Kork (5 km →)

** Hirsch mit Gästehaus

Gerbereistr. 20, Ecke Gottlieb-Fecht-Str.,
Tel (0 78 51) 9 91 60, Fax 7 30 59, ✉ 77694,
AX ED VA
65 Zi, Ez: 80/40-170/85, Dz: 100/50-240/120,
⌐⌐ WC, Lift, **P**
geschl.: 22.12.00-15.1.01
¶¶ Hauptgericht 28/14, Terrasse, nur
abends, geschl.: So, 22.12.00-30.1.01,
13-28.8.01

* Landgasthof Schwanen

Landstr. 3, **Tel (0 78 51) 79 60**, Fax 79 62 22,
✉ 77694, ED VA
39 Zi, Ez: 68/34-95/47, Dz: 98/49-117/58, ⌐⌐
WC ⓒ, 7 🛏, Lift, **P**, 🚗

Im Gästehaus auch Zimmer der Kategorie ******
vorhanden.
¶¶ Hauptgericht 10/5-35/17, geschl.: Mo,
26.2.-5.3.01, 2-22.8.01

Marlen (6 km ↓)

¶¶ Landgasthof Wilder Mann

Schlossergasse 28, **Tel (0 78 54) 9 69 90**,
Fax 96 77 77, ✉ 77694, ED VA
Hauptgericht 30/15, Gartenlokal, Kegeln, nur
abends, geschl.: Mi
** 12 Zi, Ez: 128/64-148/74,
Dz: 178/89-210/105, ⌐⌐ WC ⓒ DFÜ, 6 🛏, **P**
Zimmer in zwei Gästehäusern auf der
gegenüberliegenden Straßenseite.

Sundheim

* Schwanen

Hauptstr. 329, **Tel (0 78 51) 34 62**, Fax 7 34 78,
✉ 77694, AX DC ED VA
23 Zi, Ez: 85/42-105/52, Dz: 125/62-155/78, ⌐⌐
WC ⓒ, **P**
geschl.: So

Keitum siehe Sylt

Kelbra 37 ↘

Sachsen-Anhalt
Kreis Sangerhausen
EW 3200
ℹ **Tel (03 46 51) 65 28**, Fax 3 83 22
Stadtinformation
✉ 06537 Lange Str. 10

** Kaiserhof

Frankenhäuser Str. 1, **Tel (03 46 51) 65 31**,
Fax 62 15, ✉ 06537, DC ED VA

→

Kelbra

38 Zi, Ez: 80/40-110/55, Dz: 130/65-190/95, ⊒ WC ⌀, 2⊖90, 😊, Sauna, Solarium, Restaurant
Im Altbau einfache Zimmer vorhanden.

✱ Sachsenhof
Marktstr. 38, **Tel (03 46 51) 41 40**, Fax 62 89,
✉ 06537, AX DC ED VA
18 Zi, Ez: 65/32-75/37, Dz: 95/47-115/57, ⊒ WC ⌀ DFÜ, **P**, 2⊖30, Restaurant

✱ Heinicke
Langenstr. / Jochstr., **Tel (03 46 51) 9 82 52**,
Fax 63 83, ✉ 06537, DC ED VA
16 Zi, Ez: 65/32-90/45, Dz: 90/45-110/55, ⊒ WC ⌀, **P**, 2⊖40, Kegeln, Sauna, Restaurant

🛏 Pension Weidemühle
Nordhäuser Str. 3, **Tel (03 46 51) 37 40**,
Fax 3 74 99, ✉ 06537, DC ED VA
20 Zi, Ez: 68/34, Dz: 96/48, 1 Suite, ⊒ WC ⌀,
P, 1⊖25, Restaurant

Kelheim 64 ↗

Bayern
EW 15800
ℹ Tel (0 94 41) 70 12 34, Fax 70 12 07
Verkehrsbüro
✉ 93309 Ludwigsplatz 14

🍴 Gasthof Stockhammer Ratskeller
Am Oberen Zweck 2, **Tel (0 94 41) 7 00 40**,
Fax 70 04 31, ✉ 93309, AX ED VA
Hauptgericht 30/15, Biergarten, geschl.: Mo,
6.-26.8.01
✱ 13 Zi, Ez: 70/35-100/50,
Dz: 130/65-160/80, ⊒ WC ⌀, 1 🛏, **P**

Kelkheim 54 ↑

Hessen / Main-Taunus-Kreis
EW 26300
ℹ Tel (0 61 98) 28 63, Fax 70 02
Tourist-Information
✉ 65817 Bezirksstr. 2

✱ Arkadenhotel
Frankenallee 12, **Tel (0 61 95) 9 78 10**,
Fax 97 81 50, ✉ 65779, AX DC ED VA
38 Zi, Ez: 139/70-210/105,
Dz: 199/100-310/156, 1 Suite, ⊒ WC ⌀, 3 🛏,
Lift, 😊, 2⊖25, Sauna, Solarium, Restaurant

✱ Post
Breslauer Str. 42, **Tel (0 61 95) 20 58**,
Fax 20 55, ✉ 65779, AX DC ED VA
18 Zi, Ez: 115/57-190/95, Dz: 160/80-250/125,
⊒ WC ⌀, Lift, Restaurant

✱ Becker's Waldhotel
Unter den Birken 19, **Tel (0 61 95) 9 90 40**,
Fax 99 04 44, ✉ 65779, DC ED VA
♪, 20 Zi, Ez: 98/49-135/67, Dz: 140/70-165/83,
⊒ WC ⌀, **P**, 😊, 2⊖48, Sauna, Solarium,
Restaurant

✱ Kelkheimer Hof
Großer Haingraben 7, **Tel (0 61 95) 9 93 20**,
Fax 40 31, ✉ 65779, AX ED VA
20 Zi, Ez: 118/59-170/85, Dz: 160/80-220/110,
4 Suiten, ⊒ WC ⌀ DFÜ, **P**, 1⊖15, Restaurant

🍴 La Strada
Altkönigsstr. 32, **Tel (0 61 95) 56 52**, ✉ 65779
Hauptgericht 30/15-35/17, Terrasse, geschl.: So,
1.-10.1.01, 25.6.-5.7.01

☕ Central Café
Frankenallee 28, **Tel (0 61 95) 90 25 60**,
Fax 90 25 70, ✉ 65779
Terrasse, Gartenlokal

Fischbach (5 km ↖)

✱✱ Schloßhotel Rettershof
an der B 455, **Tel (0 61 74) 2 90 90**,
Fax 2 53 52, ✉ 65779, AX DC ED VA
einzeln ♪, 35 Zi, Ez: 150/75-210/105,
Dz: 245/123-320/161, ⊒ WC ⌀, **P**, 😊, 5⊖35,
Kegeln, Sauna, Solarium, 1 Tennis
Rezeption: 6.30-23.30

🍴🍴 Le Duc
✦, Hauptgericht 42/21, Terrasse, geschl.: So

Münster (2 km ↘)

✱ Zum Goldenen Löwen
Alte Königsteiner Str. 1, **Tel (0 61 95) 9 90 70**,
Fax 7 39 17, ✉ 65779, AX DC ED VA
31 Zi, Ez: 97/48-103/51, Dz: 138/69-148/74, ⊒ WC ⌀, **P**, 2⊖100, Kegeln, Restaurant

Kell 52 →

Rheinland-Pfalz
Kreis Trier-Saarburg
EW 1830
ℹ Tel (0 65 89) 10 44, Fax 10 02
Tourist-Information
✉ 54427 Alte Mühle

✱ St. Michael
Kirchstr. 3, **Tel (0 65 89) 9 15 50**, Fax 91 55 50,
✉ 54427
41 Zi, Ez: 65/32-80/40, Dz: 130/65-160/80,
1 Suite, 1 App., ⊒ WC ⌀, 12 🛏, Lift, **P**, 😊,
4⊖210, Sauna, Solarium, Restaurant

Haus Doris
Nagelstr. 8, Tel (0 65 89) 71 10, Fax 14 16,
✉ 54427, ED VA
♪, 16 Zi, Ez: 60/30, Dz: 105/52, ⌐ WC ⊘, 8 ⇐,
P, 2⊖50, Fitnessraum, Kegeln, Sauna,
Solarium, Restaurant

Kellenhusen 11 ↘

Schleswig-Holstein
Kreis Ostholstein
EW 1050
🛈 Tel (0 43 64) 4 97 50, Fax 49 75 22
Gäste-Service-Center
✉ 23746 Strandpromenade

✱ Erholung
Am Ring 31, Tel (0 43 64) 2 36, Fax 17 05,
✉ 23746, ED VA
38 Zi, Ez: 65/32-115/57, Dz: 136/68-150/75,
7 App, ⌐ WC ⊘, 4 ⇐, Lift, P, Restaurant
geschl.: 1.11.-15.3.00

Kelsterbach 54 ↗

Hessen / Kreis Groß-Gerau
EW 15500
🛈 Tel (0 61 07) 77 33 41, Fax 13 82
Stadtverwaltung
✉ 65451 Mörfelder Str. 33

✱✱ Astron Frankfurt Airport
Mörfelder Str. 113, Tel (0 61 07) 93 80,
Fax 93 81 00, ✉ 65451, AX DC ED VA, Ⓢ
154 Zi, Ez: 145/73-500/251,
Dz: 170/85-525/264, ⌐ WC ⊘ DFÜ, 38 ⇐, Lift,
P, ⛟, 4⊖20, Sauna, Solarium, Restaurant

✱ Novotel Frankfurt Airport
Am Weiher 20, Tel (0 61 07) 76 80, Fax 80 60,
✉ 65451, AX DC ED VA, Ⓢ
150 Zi, Ez: 124/62-360/181,
Dz: 158/79-380/191, 2 Suiten, ⌐ WC ⊘ DFÜ,
90 ⇐, Lift, P, 7⊖250, ⛟, Sauna, Solarium,
Restaurant

✱ Ibis Frankfurt-Airport
Langer Kornweg 9a-11, Tel (0 61 07) 98 70,
✉ 65451, AX DC ED VA
132 Zi, Ez: 140/70-190/95, Dz: 155/78-205/103,
⌐ WC ⊘ DFÜ, 98 ⇐, Lift, P, ⛟, Restaurant

✱ Airport-Hotel-Tanne
Tannenstr. 2, Tel (0 61 07) 93 40, Fax 54 84,
✉ 65451, AX DC ED VA
36 Zi, Ez: 124/62-217/109, Dz: 174/87-234/117,
⌐ WC ⊘, 8 ⇐, P, ⛟, Restaurant

Lindenhof
An der Siedlung 1, Tel (0 61 07) 93 30,
Fax 6 26 55, ✉ 65451, AX DC ED VA
58 Zi, Ez: 103/51-145/73, Dz: 200/100, ⌐ WC
⊘, Lift, P, 3⊖100, Restaurant
Zimmer der Kategorie ✱ vorhanden.

🍴🍴 Alte Oberförsterei
Staufenstr. 16, Tel (0 61 07) 6 16 73,
Fax 6 46 27, ✉ 65451, AX DC ED VA
Hauptgericht 37/18, Terrasse, geschl.: Mo, Sa
mittags, 1.-8.1.01, 17.7.-5.8.01

Keltern 61 ←

Baden-Württemberg / Enzkreis
EW 8800
🛈 Tel (0 72 36) 70 30, Fax 7 03 35
Bürgermeisteramt
✉ 75210 Lindenstr. 7

Ellmendingen

🍴🍴 Goldener Ochsen
Durlacher Str. 8, Tel (0 72 36) 81 42, Fax 71 08,
✉ 75210
Hauptgericht 18/9, geschl.: Fr, 20.8.-5.9.00
✱ ED, 13 Zi, Ez: 75/37-95/47,
Dz: 130/65-160/80, 1 Suite, ⌐ WC ⊘, 4 ⇐, P,
⛟, 1⊖18

Kemmenau 43 ↘

Rheinland-Pfalz / Rhein-Lahn-Kreis
EW 520
🛈 Tel (0 26 03) 50 53 88, Fax 50 53 99
Gemeindeverwaltung
✉ 56132 Zur First 1

🍴🍴 Kupferpfanne ✚
Hauptstr. 17, Tel (0 26 03) 9 61 30,
Fax 1 41 98, ✉ 56132, AX DC ED VA
Hauptgericht 39/19, Terrasse, P, geschl.: Di
✱ ♪ ℱ, 12 Zi, Ez: 80/40-90/45,
Dz: 160/80-180/90, ⌐ WC ⊘, ⛟, 2⊖50

Kemmern 57

Bayern / Kreis Bamberg
EW 2600
🛈 Tel (0 95 44) 9 43 20, Fax 94 32 29
Gemeinde Kemmern
✉ 96164 Hauptstr. 2

✹✹ Rosenhof
Hauptstr. 68, Tel (0 95 44) 92 40,
Fax 92 42 40, ✉ 96164, ED VA
36 Zi, Ez: 95/47, Dz: 145/73, ⌐ WC ⊘ DFÜ,
5 ⇌, Lift, ℙ, 3⇌80, Restaurant

Kemnat siehe Ostfildern

Kemnitz 30

Brandenburg / Kreis Potsdam
EW 420
🛈 Tel (0 33 27) 78 33 74, Fax 78 33 22
Amt Werder
✉ 14542 Eisenbahnstr. 13-14

✹ Zum Rittmeister Minotel
Seestr. 9, Tel (0 33 27) 46 46, Fax 46 47 47,
✉ 14542, AX DC ED VA
♪, 28 Zi, Ez: 95/47-129/64, Dz: 140/70-166/83,
⌐ WC ⊘, ℙ, 1⇌100, Restaurant

Kempen 32

Nordrhein-Westfalen
Kreis Viersen
EW 34010
🛈 Tel (0 21 52) 49 46, Fax 34 05
Reisebüro und Verkehrsamt
✉ 47906 Engerstr. 3

Sehenswert: Kath. Kirche St. Maria: Hochaltar,
Chorgestühl; Kramermuseum.

✹ Decker
Thomasstr. 9, Tel (0 21 52) 1 41 50,
Fax 14 15 90, ✉ 47906
25 Zi, Ez: 105/52-140/70, Dz: 170/85-200/100,
⌐ WC ⊘
Auch einfachere Zimmer vorhanden.

🍴 et kemp'sche huus ✚
Neustr. 31, Tel (0 21 52) 5 44 65, Fax 55 89 23,
✉ 47906, AX DC ED VA
♨, Hauptgericht 20/10-40/20, Terrasse, ℙ,
geschl.: Mo

Kempfeld 53

Rheinland-Pfalz / Kreis Birkenfeld
EW 1000
🛈 Tel (0 67 86) 70 34, Fax 95 11 22
Bürgermeisteramt
✉ 55758 Wildenburgstr. 17

✹✹ Silencehotel Hunsrücker Faß
Hauptstr. 70, Tel (0 67 86) 97 00, Fax 97 01 00,
✉ 55758, AX DC ED VA
20 Zi, Ez: 95/47-140/70, Dz: 150/75-240/120,
⌐ WC ⊘ DFÜ, 12 ⇌, ℙ, 2⇌30, Sauna,
Solarium
Auch Zimmer der Kategorie ✷ vorhanden.
🍴🍴 Hauptgericht 25/12-50/25

Kempten (Allgäu) 70

Bayern
EW 62000
🛈 Tel (08 31) 2 52 52 37, Fax 2 52 54 27
Amt für Toourismus
✉ 87435 Rathausplatz 24

siehe auch Lauben

✹✹ Der Fürstenhof
Rathausplatz 8 (B 1), Tel (08 31) 2 53 60,
Fax 2 53 61 20, ✉ 87435, AX ED VA
57 Zi, Ez: 99/49-127/63, Dz: 128/64-148/74,
3 Suiten, 1 App, ⌐ WC ⊘, 8 ⇌, Lift, ℙ, 🎾,
2⇌8, Restaurant

✹✹ Bayerischer Hof
Füssener Str. 96 (C 2), Tel (08 31) 5 71 80,
Fax 5 71 81 00, ✉ 87437, AX DC ED VA
51 Zi, Ez: 108/54-149/75, Dz: 169/85-200/100,
1 Suite, ⌐ WC ⊘, Lift, ℙ, 🎾, Sauna, Solarium,
garni

✹✹ Park Hotel Kempten
Bahnhofstr. 1 (B 2), Tel (08 31) 2 52 75,
Fax 2 52 77 77, ✉ 87435, AX DC ED VA
42 Zi, Ez: 105/52-135/67, Dz: 160/80-195/98,
3 Suiten, ⌐ WC ⊘, 18 ⇌, Lift, ℙ, 🎾, 3⇌150,
Golf

🍴 Skyline
Tel 2 52 79 99
♨, Hauptgericht 15/7-38/19, Terrasse, geschl.: So
abends

✹ Peterhof
Salzstr. 1 (A 1), Tel (08 31) 5 24 40,
Fax 52 44 20, ✉ 87435, AX DC ED VA
51 Zi, Ez: 99/49-119/59, Dz: 129/64-169/85, ⌐
WC ⊘, 10 ⇌, Lift, 🎾, 3⇌100, Restaurant

Graf

Kotterner Str. 72, **Tel (08 31) 52 18 70**,
Fax 5 21 87 55, ✉ 87435, AX ED VA
23 Zi, Ez: 95/47-140/70, Dz: 140/70-220/110, 🛏
WC Ⓒ DFÜ, **P**, 🏠, garni

Gasthof Waldhorn

Steufzger Str. 80, **Tel (08 31) 58 05 80**,
Fax 5 80 58 99, ✉ 87435
☾, 56 Zi, Ez: 65/32-75/37, Dz: 95/47-110/55, 🛏
WC Ⓒ DFÜ, Lift, **P**, 🏠, 1⇔100, Fitnessraum,
Sauna, Solarium, Restaurant
geschl.: 20.8.-9.9.01

M&M Restaurant ✣

Mozartstr. 8, **Tel (08 31) 2 63 69, Fax** 2 63 69,
✉ 87435, ED VA
Hauptgericht 26/13-43/21, Terrasse, geschl.: Mo,
So, 5.-22.6.01

Café Haubenschloss

Haubenschlosstr. 37, **Tel (08 31) 2 35 10**,
Fax 1 60 82, ✉ 87435, AX DC ED VA
Gartenlokal, **P**, geschl.: Mo

Café Hummel

Immenstädter Str. 2, **Tel (08 31) 2 22 86**,
Fax 1 30 69, ✉ 87435, AX DC ED VA
Gartenlokal, **P**, geschl.: Mo

Lenzfried (2 km →)

Landhotel Hirsch

Lenzfrieder Str. 55, **Tel (08 31) 57 40 00**,
Fax 5 74 00 41, ✉ 87437, ED VA
25 Zi, Ez: 95/47, Dz: 126/63, 🛏 WC Ⓒ, **P**,
Restaurant

Kenzingen 67 ↖

Baden-Württemberg
Kreis Emmendingen
EW 9000
ℹ Tel (0 76 44) 90 01 13, Fax 90 01 60
Verkehrsamt
✉ 79341 Hauptstr. 15

Gasthof Schieble

Offenburger Str. 6, **Tel (0 76 44) 84 13**,
Fax 43 30, ✉ 79341, AX ED VA
27 Zi, Ez: 75/37-85/42, Dz: 120/60-140/70, 🛏
WC Ⓒ, 4 ♿, **P**, Sauna
geschl.: je 2 Wochen im Feb, Jul
  Hauptgericht 22/11-38/19, Terrasse,
geschl.: So abends, Mo, 2 Wochen im Feb,
2 Wochen im Jul

Sport- und Tagungshotel

Breitenfelderstr. 51, **Tel (0 76 44) 80 90**,
Fax 8 09 94, ✉ 79341, ED VA
43 Zi, Ez: 96/48, Dz: 159/80, 🛏 WC Ⓒ, 6 ♿,
Lift, **P**, 🏠, 3⇔80, 〰, 🏊, Kegeln, 6 Tennis

Beller

Hauptstr. 41, **Tel (0 76 44) 5 26, Fax** 45 39,
✉ 79341, ED VA
14 Zi, Ez: 80/40, Dz: 125/62, 🛏 WC Ⓒ, **P**,
Restaurant

Scheidels Restaurant ✣
zum Kranz

Offenburger Str. 18, an der B 3,
Tel (0 76 44) 68 55, Fax 93 10 77, ✉ 79341,
AX ED VA

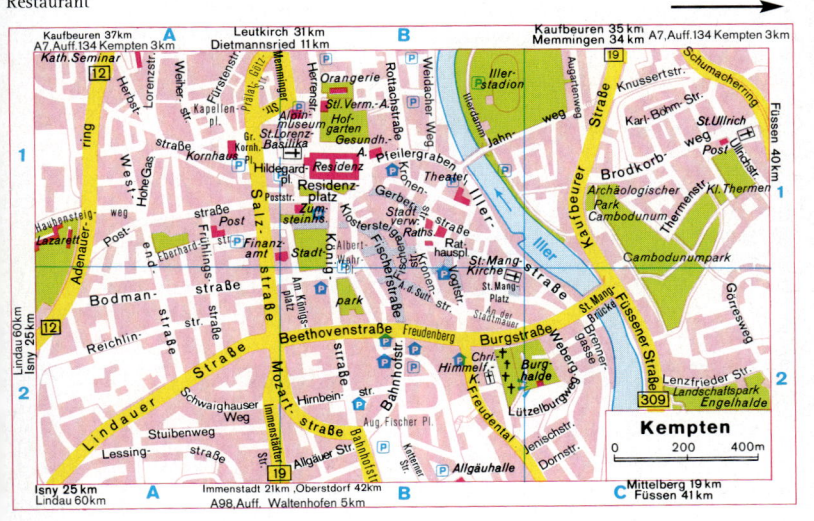

Hauptgericht 36/18-39/19, Biergarten, P, ⌷,
geschl.: Mo abends, Di, 2 Wochen im Nov,
2 Wochen über Fastnacht

Kerken 32 □

Nordrhein-Westfalen / Kreis Kleve
EW 12700
i Tel (0 28 33) 92 21 70, Fax 92 21 23
Wirtschaftsförderung
✉ 47647 Dionysiusplatz 4

Aldekerk

✱ Haus Thoeren
Marktstr. 14, Tel (0 28 33) 44 31, Fax 49 87,
✉ 47647, ED VA
11 Zi, Ez: 95/47-130/65, Dz: 140/70-150/75, ⌐
WC ⊘
🍴 Hauptgericht 30/15, Biergarten

Nieukerk

✱ Landgasthaus Wolters
Sevelener Str. 15, Tel (0 28 33) 22 06,
Fax 51 54, ✉ 47647, AX DC ED VA
16 Zi, Ez: 70/35-118/59, Dz: 100/50-168/84, ⌐
WC ⊘, 4 ⌷, P, 🐕, 1⌂80
🍴 Hauptgericht 19/9, Terrasse,
geschl.: Sa

Stenden

✱✱ Via Stenden
St.-Huberter-Str. 11, Tel (0 28 33) 1 80,
Fax 1 81 50, ✉ 47647, AX ED VA
einzeln ♪, 210 Zi, Ez: 90/45-140/70,
Dz: 110/55-170/85, ⌐ WC ⊘ DFÜ, 10 ⌷, Lift,
P, 6⌂200, Fitnessraum, Sauna, Solarium,
Restaurant
Auch einfache Zimmer vorhanden.

Kernen im Remstal 61 →

Baden-Württemberg
Rems-Murr-Kreis
EW 14400
i Tel (0 71 51) 4 01 41 37, Fax 4 01 41 25
Bürgermeisteramt
✉ 71394 Stettener Str. 12-14

Stetten

🍴🍴 Romantik Restaurant Zum Ochsen
Kirchstr. 15, Tel (0 71 51) 9 43 60,
Fax 94 36 19, ✉ 71394, AX DC ED VA
☻, Hauptgericht 31/15-49/24, geschl.: Mi

✱ Romantik Hotel Zum Ochsen mit Gästehaus
Tannäckerstr. 13, Tel 94 36 20, Fax 9 43 63 80
♪, 28 Zi, Ez: 75/37-110/55, Dz: 130/65-200/100,
⌐ WC ⊘

🍴🍴 Weinstube Bayer ✚
Gartenstr. 5, Tel (0 71 51) 4 52 52, Fax 4 33 80,
✉ 71394
Hauptgericht 30/15-40/20, Terrasse, P,
geschl.: So abends, Mo

Kerpen 42 ↗

Nordrhein-Westfalen / Erftkreis
EW 62610
i Tel (0 22 37) 5 80, Fax 5 83 50
Stadt Kerpen
✉ 50171 Jahnplatz 1

✱✱ St. Vinzenz
Stiftsstr. 65, Tel (0 22 37) 92 31 40,
Fax 9 23 14 14, ✉ 50171, AX DC ED VA
20 Zi, Ez: 110/55-130/65, Dz: 160/80-180/90, ⌐
WC ⊘, P, 🐕, 1⌂20
🍴 Tel 5 22 85, ☻, Hauptgericht 30/15,
Biergarten, nur abends

Kerpen-Außerhalb (1 km →)

🍴🍴🍴 Schloß Loersfeld
Tel (0 22 73) 5 77 55, Fax 5 74 66, ✉ 50171
einzeln ☻, Hauptgericht 47/23-49/24, Terrasse,
P, geschl.: Mo, So, 3 Wochen im Sommer

Horrem (6 km ↗)

✱ Rosenhof
Hauptstr. 119, Tel (0 22 73) 9 34 40,
Fax 93 44 49, ✉ 50169
20 Zi, Ez: 84/42-110/55, Dz: 129/64-160/80, ⌐
WC ⊘ DFÜ, 2 ⌷, P, 🐕, 2⌂80, Kegeln,
Restaurant
geschl.: 20.12.00-6.1.01

Sindorf (3 km ↑)

✱ Zum Alten Brauhaus
Herrenstr. 76, Tel (0 22 73) 9 86 50,
Fax 5 45 70, ✉ 50170, AX DC ED VA
53 Zi, Ez: 98/49-128/64, Dz: 128/64-178/89, ⌐
WC ⊘ DFÜ, 11 ⌷, Lift, P, 🐕, 2⌂40, Kegeln,
Restaurant

Kesselsdorf 40 ↓

Sachsen / Weißeritzkreis
EW 1000
i Tel (03 52 04) 99 20, Fax 9 92 99
Gemeindeverwaltung
✉ 01723 Am Markt 1

✱✱ Astron
Zschoner Ring 6, im Gewerbegebiet,
Tel (03 52 04) 45 90, Fax 45 91 13, ✉ 01723, ⓐ🅓🅔🆅
122 Zi, Ez: 123/61-163/82, Dz: 146/73-186/93,
4 Suiten, ⌐ WC ⊘ DFÜ, 34 ⇔, Lift, 🅿, 🄯,
7⇔200, Sauna, Solarium, Restaurant

Kestert 43 ↘

Rheinland-Pfalz / Rhein-Lahn-Kreis
EW 850
🛈 Tel (0 67 73) 71 42, Fax 71 24
Verkehrsverein
✉ 56348 Rheinstr. 37

✱ Krone
Rheinstr. 37, an der B 42, **Tel (0 67 73) 71 42, Fax 71 24**, ✉ 56348, ⓐ🅓🅔🆅
₴, 24 Zi, Ez: 55/27-65/32, Dz: 80/40-120/60,
2 Suiten, 1 App, ⌐ WC ⊘, 2 ⇔, 🅿, 🄯, 2⇔100,
Fitnessraum, Sauna, Solarium
geschl.: Mo, 13-24.11.00, 1-30.3.01
Auch Zimmer der Kategorie ✱✱ vorhanden.
🍴 Hauptgericht 20/10-30/15, Terrasse,
geschl.: Mo, 13-24.11.00, 1-30.3.01

⊨ Goldener Stern
Rheinstr. 38, **Tel (0 67 73) 71 02, Fax 71 04**, ✉ 56348, 🅔
₴, 12 Zi, Ez: 60/30-75/37, Dz: 90/45-120/60, ⌐ WC ⊘, 🄯, 2⇔80, Kegeln, Restaurant
geschl.: 30.10.-10.11.00, 10.1.-10.2.01

Ketsch 54 ↘

Baden-Württemberg
Rhein-Neckar-Kreis
EW 12500
🛈 Tel (0 62 02) 60 60, Fax 6 06 16
Gemeindeverwaltung
✉ 68775 Hockenheimer Str. 5

✱ Seehotel
Kreuzwiesenweg 2, **Tel (0 62 02) 69 70, Fax 69 71 99**, ✉ 68775, ⓐ🅔🆅
♪, 41 Zi, Ez: 115/57-145/73,
Dz: 165/83-225/113, ⌐ WC ⊘ DFÜ, 17 ⇔, 🅿, 3⇔60

🍴🍴 Die Ente
Hauptgericht 31/15-42/21, Terrasse,
geschl.: 24.12.00-
Modern elegantes Landhausambiente.
Beachtenswerte Küche.

🍴🍴 Adler
Schwetzinger Str. 21, **Tel (0 62 02) 60 90 04, Fax 60 91 48**, ✉ 68775, ⓐ🅔🆅
Hauptgericht 38/19, Gartenlokal, geschl.: So abends, Mo

🍴🍴 Hirsch
Hockenheimer Str. 47, **Tel (0 62 02) 6 14 39, Fax 60 90 26**, ✉ 68775, ⓐ🅔🆅
Hauptgericht 35/17-39/19, geschl.: Di

Kettwig siehe Essen

Kevelaer 32 □

Nordrhein-Westfalen / Kreis Kleve
EW 28000
🛈 Tel (0 28 32) 12 21 51, Fax 43 87
Verkehrsbüro
✉ 47623 Peter-Plümpe-Platz 12

✱ Parkhotel Kevelaer
Neustr. 3, **Tel (0 28 32) 9 53 30, Fax 79 93 79**, ✉ 47623, ⓐ🅓🅔🆅
47 Zi, Ez: 100/50-115/57, Dz: 150/75-160/80, ⌐ WC ⊘, Lift, 🅿, 🄯, 8⇔70, 🄯, Sauna, Solarium, Restaurant

✱ Am Bühnenhaus
Bury-St.-Edmunds-Str. 13, **Tel (0 28 32) 44 67, Fax 40 42 39**, ✉ 47623, ⓐ🅔🆅
27 Zi, Ez: 80/40, Dz: 130/65, 1 App, ⌐ WC ⊘, 🅿, 🄯, 1⇔15, garni

🍴🍴 Zur Brücke
Bahnstr. 44, **Tel (0 28 32) 23 89, Fax 23 88**, ✉ 47623, ⓐ🅓🅔🆅
Hauptgericht 38/19-45/22, Terrasse,
Gartenlokal, 🅿, nur abends, geschl.: Di,
1.-28.1.01
✱ 10 Zi, Ez: 110/55-120/60,
Dz: 168/84-175/88, ⌐ WC ⊘ DFÜ, 🄯

Kiefersfelden 72 ↘

Bayern / Kreis Rosenheim
EW 6600
🛈 Tel (0 80 33) 97 65 27, Fax 97 65 44
Kur- und Verkehrsamt
✉ 83088 Dorfstr. 23

✱ Gruberhof
König-Otto-Str. 2, **Tel (0 80 33) 70 40, Fax 75 50**, ✉ 83088, ⓐ🅓🅔🆅
32 Zi, Ez: 80/40-95/47, Dz: 136/68-156/78,
1 Suite, 3 App, ⌐ WC ⊘, 🅿, 🄯, 2⇔150, ≋, Sauna, Restaurant

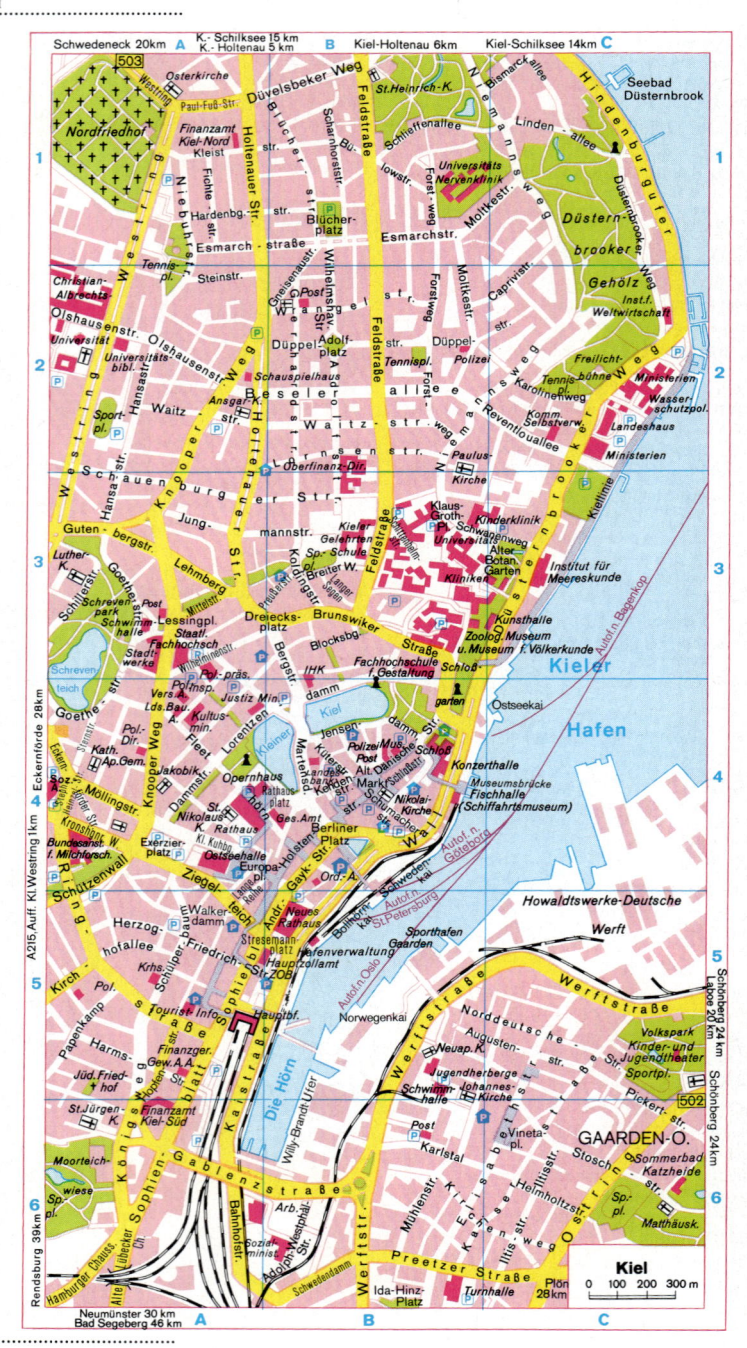

Kiel

Kiel

10 →

Schleswig-Holstein
EW 240000
🛈 Tel (04 31) 67 91 00, Fax 6 79 10 99
Tourist-Information
✉ 24103 Andreas-Gayk-Str. 31

siehe auch Molfsee

★★ **Ringhotel Parkhotel Kieler Kaufmann**
Niemannsweg 102 (C 1), Tel (04 31) 8 81 10,
Fax 8 81 11 35, ✉ 24105, AX DC ED VA, Ⓢ
♪, 46 Zi, Ez: 185/93-225/113,
Dz: 240/120-320/161, ⊐ WC ⓒ, 7 ⛌, 🅿,
3⇔80, ≙, Sauna, Golf
Auch Zimmer der Kategorie ★★★ vorhanden.

⑪⑪ **Im Park**
Hauptgericht 35/17-47/23, Terrasse

★★ **Best Western Kieler Yacht-Club**
Hindenburgufer 70 (C 1), Tel (04 31) 8 81 30,
Fax 8 81 34 44, ✉ 24105, AX DC ED VA, Ⓢ
§, 58 Zi, Ez: 195/98-270/135,
Dz: 255/128-335/168, 3 Suiten, ⊐ WC ⓒ, 10 ⛌,
Lift, 🅿, ≙, 5⇔250, Restaurant
Auch Zimmer der Kategorie ★★★ vorhanden.

★ **InterCityHotel**
Kaistr. 54-56 (A 5), Tel (04 31) 6 64 30,
Fax 6 64 34 99, ✉ 24114, AX DC ED VA, Ⓢ
124 Zi, Ez: 190/95-220/110,
Dz: 230/115-260/130, ⊐ WC ⓒ DFÜ, 40 ⛌, Lift,
🅿, 3⇔100, Restaurant

★ **Berliner Hof**
Ringstr. 6 (A 5), Tel (04 31) 6 63 40,
Fax 6 63 43 45, ✉ 24103, AX DC ED VA
103 Zi, Ez: 110/55-130/65, Dz: 160/80-180/90,
⊐ WC ⓒ, 26 ⛌, Lift, 🅿, ≙, garni

★ **Astor**
Am Holstenplatz 1- 2 (B 4), Tel (04 31) 9 30 17,
Fax 9 63 78, ✉ 24103, AX DC ED VA
§, 59 Zi, Ez: 120/60-140/70, Dz: 180/90, ⊐ WC
ⓒ, Lift, ≙, 3⇔60, garni
Auch einfache Zimmer vorhanden.

🛏 **Rabe's Hotel Minotel**
Ringstr. 30, Tel (04 31) 66 30 70,
Fax 6 63 07 10, ✉ 24103, AX DC ED VA, Ⓢ
26 Zi, Ez: 75/37-165/83, Dz: 125/62-225/113,
1 Suite, ⓒ, ≙, garni

⑪⑪ **Restaurant im Schloß**
Am Wall 74, Tel (04 31) 9 11 55, Fax 9 11 57,
✉ 24103, AX ED VA
§, Hauptgericht 35/17-48/24, 🅿, geschl.: Sa
mittags, So abends, Mo

☕ **Café Fiedler**
Holstenstr. 92, Tel (04 31) 99 71 90,
Fax 9 97 19 21, ✉ 24103, ED
Terrasse

Hasseldieksdamm (5 km ←)

★★ **Ringhotel Birke**
Martenshofweg 8, Tel (04 31) 5 33 10,
Fax 5 33 13 33, ✉ 24109, AX DC ED VA, Ⓢ
59 Zi, Ez: 112/56-258/129, Dz: 168/84-278/140,
1 Suite, 3 App, ⊐ WC ⓒ DFÜ, 10 ⛌, Lift, 🅿, ≙,
4⇔100, Sauna, Solarium, Golf, Restaurant

⑪ **Waldesruh**
Martenshofweg 2, Tel (04 31) 52 00 01,
Fax 52 00 02, ✉ 24109, ED VA
Hauptgericht 24/12-35/17, Biergarten, 🅿, nur
abends, geschl.: So

Holtenau (5 km ↑)

★ **Waffenschmiede**
Friedrich-Voß-Ufer 4, Tel (04 31) 36 96 90,
Fax 36 39 94, ✉ 24159, ED VA
♪ §, 12 Zi, Ez: 98/49-150/75,
Dz: 145/73-200/100, ⊐ WC ⓒ, 1 ⛌, 🅿
geschl.: 20.12.00-14.1.01
⑪ §, Hauptgericht 30/15, Terrasse,
geschl.: 20.12.00-14.1.01

Wellsee (4 km ↘)

★ **Sporthotel Avantage**
Braunstr. 40, Tel (04 31) 71 79 80,
Fax 7 17 98 20, ✉ 24145, AX DC ED VA
20 Zi, Ez: 125/62-130/65, Dz: 165/83-175/88,
⊐ WC ⓒ DFÜ, 🅿, Sauna, Solarium, Golf,
16 Tennis, Restaurant
Rezeption: 6.45-23

Kinding 64 ↖

Bayern / Kreis Eichstätt
EW 2790
ℹ Tel (0 84 67) 8 40 10, Fax 84 01 20
Gemeindeverwaltung
✉ 85125 Kipfenberger Str. 4

🛏 Gästehaus Biedermann
Kipfenberger Str. 10, Tel (0 84 67) 2 82,
Fax 2 82, ✉ 85125
22 Zi, Ez: 38/19-55/27, Dz: 70/35-90/45,
2 Suiten, 4 App, ⊟ WC, **P**, 🅿, garni

🛏 Gasthof Zum Krebs
Marktplatz 1, Tel (0 84 67) 3 39, Fax 2 07,
✉ 85125
40 Zi, Ez: 60/30-66/33, Dz: 92/46-98/49, ⊟
WC, **P**, 🅿, Restaurant
geschl.: 6.-30.11.00

Enkering (2 km ↙)

✱✱ Gasthof zum Bräu
Rumburgstr. 1a, Tel (0 84 67) 85 00,
Fax 8 50 57, ✉ 85125, ED VA
17 Zi, Ez: 77/38-80/40, Dz: 117/58-127/63, ⊟
WC ⓒ, 1 ⛄, Lift, **P**, 2⊂⊃50, Restaurant
geschl.: 19-25.12.00

Kipfenberg 64 ↖

Bayern / Kreis Eichstätt
EW 5550
ℹ Tel (0 84 65) 94 10 41, Fax 94 10 43
Tourist-Information
✉ 85110 Marktplatz 2

Pfahldorf (5 km ↖)

🛏 Landhotel Geyer
Alte Hauptstr. 10, Tel (0 84 65) 90 50 11,
Fax 33 96, ✉ 85110, ED VA
43 Zi, Ez: 60/30-68/34, Dz: 94/47-104/52,
1 Suite, 5 App, ⊟ WC, 10 ⛄, Lift, **P**, 🅿, 2⊂⊃80,
Sauna, Restaurant
geschl.: Do

Kirchberg an der Jagst 62 ↗

Baden-Württemberg
Kreis Schwäbisch Hall
EW 4480
ℹ Tel (0 79 54) 9 80 10, Fax 98 01 19
Tourist-Information
✉ 74592 Schlossstr. 10

✱ Landhotel Kirchberg
Eichenweg 2, Tel (0 79 54) 9 88 80,
Fax 98 88 88, ✉ 74592, ED VA

17 Zi, Ez: 90/45-110/55, Dz: 120/60-140/70, ⊟
WC ⓒ, 7 ⛄, **P**, 🅿, 3⊂⊃80, Restaurant

Kirchdorf 72 ↗

Bayern / Kreis Mühldorf a. Inn
EW 1230
Gemeindeverwaltung
✉ 83527

🍴 Gasthof Grainer 🚩
Dorfstr. 1, Tel (0 80 72) 85 10, Fax 33 04,
✉ 83527
P, nur abends, geschl.: Mo, Di

Kirchen 44 ↖

Rheinland-Pfalz
Kreis Altenkirchen
EW 9930
ℹ Tel (0 27 41) 9 57 21, Fax 6 21 03
Ortsgemeinde Kirchen
✉ 57548 Lindenstr. 7

Katzenbach (2 km →)

✱✱ Zum Weißen Stein
Dorfstr. 50, Tel (0 27 41) 9 59 50, Fax 6 25 81,
✉ 57548, AX DC ED VA
💲, 40 Zi, Ez: 99/49-125/62, Dz: 159/80-190/95,
⊟ WC ⓒ DFÜ, 3 ⛄, **P**, 🅿, 3⊂⊃50
Auch Zimmer der Kategorie ✱ vorhanden.
🍴🍴 Hauptgericht 20/10-45/22, Biergarten

Kirchenlamitz 49 ↙

Bayern / Kreis Wunsiedel
EW 4400
ℹ Tel (0 92 85) 9 59 15, Fax 9 59 59
Stadtverwaltung
✉ 95158 Marktplatz 3

🍴 Gasthof Deutsches Haus
Hofer Str. 23, Tel (0 92 85) 3 76, Fax 58 11,
✉ 95158, AX DC ED VA
Hauptgericht 20/10, 🛏, geschl.: Fr

Kirchenlamitz-Außerhalb (6 km ↗)

✱ Jagdschloß Fahrenbühl
Fahrenbühl 13, Tel (0 92 84) 3 64, Fax 3 58,
✉ 95158, AX ED VA
einzeln ♪, 14 Zi, Ez: 68/34-74/37,
Dz: 106/53-118/59, ⊟ WC ⓒ, **P**, 🅿, Sauna,
Solarium, Restaurant
geschl.: 15.11.-15.12.00
Auch Zimmer anderer Kategorien vorhanden.

Kirchensittenbach 57 →

Bayern / Kreis Nürnberger Land
EW 2150
ℹ Tel (0 91 51) 8 64 00, Fax 86 40 40
Gemeindeverwaltung
✉ 91241 Rathausgasse 1

Kleedorf (3 km ↘)

✱✱ **Zum Alten Schloss Landidyll**
Haus Nr 5, Tel (0 91 51) 86 00, Fax 86 01 46,
✉ 91241, AX DC ED VA
♪, 58 Zi, Ez: 100/50-115/57,
Dz: 145/73-160/80, 2 Suiten, 1 App, ⌐ WC ⌀,
20 🛏, Lift, 🏠, 8⌇50, Sauna, Solarium,
Restaurant
Auch Zimmer der Kategorie ✱ vorhanden.

Kirchham 66 ↓

Bayern / Kreis Passau
EW 2300
ℹ Tel (0 85 33) 96 48 16, Fax 96 48 25
Gästeinformation
✉ 94148 Kirchplatz 3

✱✱ **Haslinger Hof**
Ed 1, Tel (0 85 31) 29 50, Fax 29 52 00,
✉ 94148
einzeln ♪, 143 Zi, Ez: 78/39-117/58,
Dz: 98/49-158/79, ⌐ WC ⌀, Lift, 🅿, 🏠, 1⌇40,
Sauna, Solarium, Restaurant

Kirchheim am Ries 63 ←

Baden-Württemberg / Ostalbkreis
EW 2000
ℹ Tel (0 73 62) 30 28, Fax 30 69
Bürgermeisteramt
✉ 73467 Auf dem Wörth 7

Sehenswert: Keltenschanze; römische Gutshöfe;
alemannisches Gräberfeld; Klosteranlage; Wallfahrtskirche in Jagstheim.

✱ **Landhotel Engelhard**
Schulgasse 1, Tel (0 73 62) 31 18, Fax 31 36,
✉ 73467, AX ED VA
10 Zi, Ez: 55/27-85/42, Dz: 95/47-125/62,
2 Suiten, 3 App, ⌐ WC ⌀, 3 🛏, 🅿, 🏠, garni

Kirchheim 72 ↑

Bayern / Kreis München (Land)
EW 13000
ℹ Tel (0 89) 9 09 09 10, Fax 9 09 09 31
Fremdenverkehrsamt
✉ 85551 Münchener Str. 6, Rathaus

Heimstetten (2 km ↓)

✱✱ **Räter-Park Hotel mit Gästehaus**
Räterstr. 9, Tel (0 89) 90 50 40, Fax 9 04 46 42,
✉ 85551, AX DC ED VA
150 Zi, Ez: 150/75-420/211,
Dz: 190/95-420/211, 5 App, ⌐ WC ⌀ DFÜ,
44 🛏, Lift, 🅿, 🏠, 13⌇150, Fitnessraum,
Sauna, Solarium, Restaurant
geschl.: 23.12.00-3.1.01

✱ **Eschenhof**
Hauptstr. 14, Tel (0 89) 9 91 56 50,
Fax 99 15 65 65, ✉ 85551
17 Zi, Ez: 140/70, Dz: 195/98, ⌐ WC ⌀

Kirchheim unter Teck 62 ✓

Baden-Württemberg
Kreis Esslingen
EW 38000
ℹ Tel (0 70 21) 30 27, Fax 48 05 38
Verkehrsamt
✉ 73230 Max-Eyth-Str 15

✱✱ **Zum Fuchsen**
Schlierbacher Str. 28, Tel (0 70 21) 57 80,
Fax 57 84 44, ✉ 73230, AX DC ED VA
80 Zi, Ez: 148/74-185/93, Dz: 180/90-250/125,
1 Suite, 1 App, ⌐ WC ⌀, 21 🛏, Lift, 🅿, 🏠,
6⌇80, Sauna, Solarium, Golf, Restaurant

✱✱ **Ateck**
Eichendorffstr. 99, Tel (0 70 21) 8 00 80,
Fax 80 08 88, ✉ 73230, AX DC ED VA, Ⓢ
52 Zi, Ez: 128/64-169/85, Dz: 160/80-215/108,
⌐ WC ⌀ DFÜ, 17 🛏, Lift, 🅿, 🏠, 5⌇50, Sauna,
Solarium, Golf, Restaurant

✱ **Stadthotel Waldhorn**
Marktplatz 8, Tel (0 70 21) 9 22 40,
Fax 92 24 50, ✉ 73230, AX DC ED VA
♪, 14 Zi, Ez: 140/70-155/78,
Dz: 170/85-190/95, 1 Suite, ⌐ WC ⌀ DFÜ, 6 🛏,
Lift, Golf

🍴 **Waldhorn**
Hauptgericht 20/10, 🅿, geschl.: Fr

Nabern (5 km ↘)

✱ **Arthotel Billie Strauss**
Weilheimer Str. 18-20, Tel (0 70 21) 95 05 90,
Fax 5 32 42, ✉ 73230, AX ED VA
8 Zi, Ez: 170/85-200/100, Dz: 200/100-250/125,
1 Suite, 4 App, ⌐ WC ⌀, 🅿, 3⌇20, Golf,
Restaurant
Rezeption: 8-20, geschl.: 23.12.00-15.1.01
Designerausstattung.

Kirchheim 46

Hessen / Kreis Hersfeld-Rotenburg
EW 4200
🛈 Tel (0 66 25) 91 95 95, Fax 91 95 96
Touristik-Service Kirchheim
✉ 36275 Hauptstr. 20

✱✱ Hattenberg
Am Hattenberg 1, Tel (0 66 25) 9 22 60,
Fax 83 11, ✉ 36275, AX ED VA
45 Zi, Ez: 112/56-121/60, Dz: 163/82-172/86, ⊡
WC ⊘ DFÜ, 6 ⊷, Lift, P, 2⊙50, garni

✱ Eydt
Hauptstr. 21, Tel (0 66 25) 9 22 50,
Fax 92 25 70, ✉ 36275, ED VA
60 Zi, Ez: 75/37-95/47, Dz: 109/54-145/73, ⊡
WC ⊘, Lift, P, 3⊙120, Restaurant

In der Freizeitanlage Seepark

✱✱ Meirotels Seepark
Tel (0 66 28) 8 80, Fax 8 81 19, ✉ 36275, AX DC ED VA
einzeln ⚥, 106 Zi, Ez: 150/75-179/90,
Dz: 195/98-235/118, 2 Suiten, 30 App, ⊡ WC ⊘
DFÜ, 8 ⊷, Lift, P, 17⊙1500, ⌂, Seezugang,
Kegeln, Sauna, Solarium, Golf, 6 Tennis,
Restaurant

Kirchheimbolanden 53 →

Rheinland-Pfalz / Donnersbergkreis
EW 7500
🛈 Tel (0 63 52) 17 12, Fax 71 02 62
Touristik-Verband
✉ 67292 Uhlandstr. 2

Schillerhain (1 km ←)

✱ Parkhotel Schillerhain
Schillerhain 1, Tel (0 63 52) 71 20,
Fax 71 21 00, ✉ 67292, DC ED VA
♪ ⚥, 22 Zi, Ez: 95/47, Dz: 140/70, 2 Suiten, ⊡
WC ⊘, 12 ⊷, Lift, P, ⌂, 3⊙50, Restaurant
geschl.: Mo, 2.-20.1.01

Kirchhofen siehe Ehrenkirchen

Kirchhundem 34 ↓

Nordrhein-Westfalen / Kreis Olpe
EW 13300
🛈 Tel (0 27 23) 40 90, Fax 9 25 01 71
Verkehrsamt
✉ 57399 Hundemstr. 35

Heinsberg (11 km ↘)

🍴🍴 Schwermer
Talstr. 60, Tel (0 27 23) 76 38, Fax 7 33 00,
✉ 57399, ED VA
Hauptgericht 15/7-40/20, Biergarten, Kegeln,
P, ⊷

Kirchlinteln 25 ↗

Niedersachsen / Kreis Verden
EW 10500
🛈 Tel (0 42 36) 8 70, Fax 87 26
Gemeindeverwaltung
✉ 27308 Am Rathaus 1

Schafwinkel (10 km ↗)

✱ Landhaus Badenhoop
Zum Keenmoor 13, Tel (0 42 37) 93 90,
Fax 93 93 00, ✉ 27308, AX ED VA
♪, 18 Zi, Ez: 96/48, Dz: 145/73, ⊡ WC ⊘, Lift,
P, 3⊙200, ⌂, Kegeln, Sauna, Solarium,
Restaurant

Kirchzarten 67 □

Baden-Württemberg
Kreis Breisgau-Hochschwarzwald
EW 9400
🛈 Tel (0 76 61) 39 39, Fax 3 93 45
Verkehrsamt
✉ 79199 Hauptstr. 24

Luftkurort; Sehenswert: Kath. Kirche St. Gallus:
Grabmal; Talvogtei; Kapelle auf dem Giersberg,
486 m (1 km S→).

✱ Sonne
Hauptstr. 28, Tel (0 76 61) 90 19 90, Fax 75 35,
✉ 79199, AX DC ED VA
24 Zi, Ez: 85/42-110/55, Dz: 120/60-160/80,
1 Suite, ⊡ WC ⊘, 7 ⊷, P, ⌂, 1⊙30, Golf
geschl.: Fr, 4.-23.11.00, 7.-12.1.01
🍴 Hauptgericht 28/14-38/19, Terrasse,
geschl.: Fr, Sa mittgas, 4.-23.11.00, 7.-12.1.01

Dietenbach (1 km ↓)

🍴 Landgasthof Zum Rössle
Dietenbach 1, Tel (0 76 61) 22 40,
Fax 98 00 22, ✉ 79199, ED VA
♫, Hauptgericht 32/16-45/22, Gartenlokal, P,
⊷, geschl.: Mo, Di
Historisches Gasthaus seit 1750.

Kirkel 53 ✓

Saarland / Saarpfalz-Kreis
EW 10100
🛈 Tel (0 68 41) 8 09 80, Fax 80 98 10
Verkehrsamt
✉ 66459 Hauptstr. 10

Neuhäusel (1 km ←)

★★ **Ressmann's Residence**
Kaiserstr. 87, Tel (0 68 49) 9 00 00,
Fax 90 00 12, ✉ 66459, ED VA
20 Zi, Ez: 110/55-130/65, Dz: 150/75-180/90,
1 Suite, ⊒ WC ⌀ DFÜ, 2 ✉, P, 1⊖40
Auch Zimmer der Kategorie ★ vorhanden.
¶¶¶ Hauptgericht 38/19-48/24, geschl.: Sa
mittags, So abends, Di, 1 Woche im Fasching
Beachtenswerte Küche.

¶¶ **Rützelerie Geiß**
Blieskasteler Str. 25, Tel (0 68 49) 13 81,
Fax 9 13 71, ✉ 66459, ED VA
Hauptgericht 34/17-49/24, P, nur abends,
geschl.: Mo, So, 2 Wochen im Mär, 4 Wochen
im Jul

Kirn 53 □

Rheinland-Pfalz
Kreis Bad Kreuznach
EW 9500
🛈 Tel (0 67 52) 9 34 00, Fax 93 40 30
Reise- und Verkehrsbüro
✉ 55606 Am Bahnhof

★ **Das Parkhotel Kirn**
Kallenfelser Str. 40, Tel (0 67 52) 9 50 90,
Fax 95 09 11, ✉ 55606, ED VA
16 Zi, Ez: 85/42-95/47, Dz: 130/65-160/80, ⊒
WC ⌀ DFÜ, 2 ✉, P, ☏, 2⊖35, Kegeln,
Restaurant

Kirnitzschtal 51 ↗

Sachsen / Kreis Sächsische Schweiz
EW 2000
🛈 Tel (03 59 71) 5 20 59
Gemeindeverwaltung
✉ 01855 Schulstr. 4

Mittelndorf

★ **Forsthaus**
Kirnitzschtalstr. 5, Tel (03 50 22) 58 40,
Fax 58 41 88, ✉ 01814, AX ED VA
einzeln, 28 Zi, Ez: 65/32-95/47,
Dz: 130/65-150/75, 1 Suite, ⊒ WC ⌀, 2 ✉, P,
Restaurant

Kirschau 41 ↓

Sachsen / Kreis Bautzen
EW 2720
🛈 Tel (0 35 92) 38 78 22, Fax 38 78 99
Tourist-Information
✉ 02681 Zittauer Str. 5

Kirschau

★★★ **Romantik Hotel Zum Weber**
Bautzener Str. 20, Tel (0 35 92) 52 00,
Fax 52 05 99, ✉ 02681, AX DC ED VA
37 Zi, Ez: 125/62, Dz: 145/73-190/95, 5 Suiten,
5 App, ⊒ WC ⌀, 13 ✉, Lift, P, ☏, 4⊖60,
Sauna, Solarium
Auch Zimmer der Kategorie ★★ vorhanden.

¶¶¶ **Schlemmerzimmer**
Hauptgericht 35/17-56/28, Terrasse, Biergarten,
nur abends, geschl.: Mo, So
Beachtenswerte Küche.

¶¶ **Weberstube** ✢
Hauptgericht 15/7-28/14, Terrasse, Biergarten

Kissing 71 ↖

Bayern / Kreis Aichach-Friedberg
EW 11000
🛈 Tel (0 82 33) 7 90 70, Fax 52 90
Gemeindeverwaltung
✉ 86438 Pestalozzistr. 5

★ **Hubertus**
Gewerbering 5, Tel (0 82 33) 7 90 20,
Fax 2 64 83, ✉ 86438, ED VA
11 Zi, Ez: 90/45, Dz: 135/67, ⊒ WC ⌀ DFÜ,
10 ✉, P, Restaurant

¶ **Kühner's Landhaus**
Gewerbering 3, Tel (0 82 33) 2 00 05,
Fax 2 09 82, ✉ 86438
Hauptgericht 18/9-39/19, Terrasse, P,
geschl.: Mo

Kissingen, Bad 46 ↘

Bayern
EW 23200
🛈 Tel (09 71) 8 04 80, Fax 8 04 81 19
Bayerisches Staatsbad
✉ 97688 Am Kurgarten 1
Cityplan siehe Seite 517

★★★ **Steigenberger Kurhaushotel**
Kurgarten 3 (B 1), Tel (09 71) 8 04 10,
Fax 8 04 15 97, ✉ 97688, AX DC ED VA, Ⓢ

◯, 99 Zi, Ez: 155/78-402/202,
Dz: 250/125-430/216, 1 Suite, ⇁ WC ⓒ, 40 ⛌,
Lift, 🏠, 5⇨80, ⌂, Sauna, Solarium, Golf
Auch Zimmer der Kategorie **** vorhanden.

🍴🍴🍴 Kurhaus Restaurant
Hauptgericht 29/14-42/21, Terrasse, Biergarten, Ⓟ

🍴 Kissinger Stüble
Hauptgericht 15/7-32/16, Terrasse, Ⓟ

*** Landhaus Baunach
Bismarckstr. 44, Tel (09 71) 91 64 00,
Fax 91 64 30, ✉ 97688, ⒶⓍ ⒺⒹ ⓋⒶ
◯, 51 Zi, Ez: 158/79-198/99,
Dz: 268/134-298/150, 3 Suiten, ⇁ WC ⓒ, 14 ⛌,
Lift, Ⓟ, 3⇨35, ⌂, Sauna, Solarium, Golf
🍴🍴 Hauptgericht 19/9-30/15, Terrasse

*** Frankenland
Frühlingstr. 11 (C 1), Tel (09 71) 8 10,
Fax 81 28 10, ✉ 97688, ⒶⓍ ⒺⒹ ⓋⒶ
◯, 433 Zi, Ez: 104/52-178/89,
Dz: 174/87-248/124, 2 Suiten, 63 App, ⇁ WC ⓒ
DFÜ, 200 ⛌, Lift, 🏠, 15⇨500, ≋, ⌂, Sauna,
Solarium, Golf

🍴🍴 Rôtisserie
Hauptgericht 29/14

** Bristol ♛
Bismarckstr. 8 (B 1), Tel (09 71) 82 40,
Fax 8 24 58 24, ✉ 97688, ⒶⓍ ⒺⒹ ⓋⒶ
◯, 76 Zi, Ez: 155/78-200/100,
Dz: 250/125-290/146, 10 Suiten, ⇁ WC ⓒ,
13 ⛌, Lift, Ⓟ, 6⇨100, ⌂, Sauna, Golf
Auch Zimmer der Kategorie *** vorhanden.

🍴🍴 Hauptgericht 25/12, Terrasse

** Laudensacks Parkhotel ♛
Kurhausstr. 28 (B 2), Tel (09 71) 7 22 40,
Fax 72 24 44, ✉ 97688, ⒶⓍ ⒹⒸ ⒺⒹ ⓋⒶ
◯, 21 Zi, Ez: 125/62-150/75,
Dz: 220/110-260/130, 1 Suite, ⇁ WC ⓒ, Lift, Ⓟ,
🏠, Sauna, Solarium, Golf, 13 Tennis
geschl.: 15.12.00-31.1.01
🍴🍴🍴 Hauptgericht 38/19, Terrasse,
geschl.: Mo, Di, 15.12.00-31.1.01

** Kissinger Hof
Bismarckstr. 14-16 (B 1), Tel (09 71) 92 70,
Fax 92 75 55, ✉ 97688, ⒶⓍ ⒹⒸ ⒺⒹ ⓋⒶ
◯, 99 Zi, Ez: 98/49-148/74, Dz: 156/78-196/98,
⇁ WC ⓒ, Lift, Ⓟ, 🏠, 5⇨40, Fitnessraum,
Sauna, Solarium, Restaurant

** Rixen
Frühlingstr. 18 (C 1), Tel (09 71) 82 30,
Fax 82 36 00, ✉ 97688, ⒶⓍ ⒹⒸ ⒺⒹ ⓋⒶ, Ⓢ
94 Zi, Ez: 135/67-145/73, Dz: 225/113-235/118,
⇁ WC ⓒ, 11 ⛌, Lift, Ⓟ, 8⇨100, Sauna,
Solarium, Restaurant

** Das weiße Haus
Kurhausstr. 11a, Tel (09 71) 7 27 30,
Fax 72 73 74, ✉ 97688, ⒺⒹ ⓋⒶ
20 Zi, Ez: 79/39-125/62, Dz: 150/75-180/90,
4 Suiten, ⇁ WC ⓒ, Lift, Ⓟ, 1⇨28, Golf,
Restaurant
geschl.: 15-30.1.01

* Vier Jahreszeiten
Bismarckstr. 23 (B 2), Tel (09 71) 92 60,
Fax 9 26 90, ✉ 97688, ⒺⒹ ⓋⒶ
◯, 71 Zi, Ez: 80/40-120/60, Dz: 160/80-220/110,
1 Suite, ⇁ WC ⓒ, Lift, Ⓟ, ⌂, Restaurant
geschl.: 1.11.-1.12.00, 1-28.2.01

* Das Kleinod
Kurhausstr. 18, Tel (09 71) 7 23 20,
Fax 7 23 24 00, ✉ 97688
11 Zi, Ez: 65/32-90/45, Dz: 105/52-180/90, ⇁
WC ⓒ, Lift, Ⓟ, Restaurant

* Kurhaus Tanneck
Altenbergweg 6, Tel (09 71) 7 16 00,
Fax 6 86 14, ✉ 97688
◯, 46 Zi, Ez: 85/42-135/67,
Dz: 210/105-250/125, 2 Suiten, 2 App, ⇁ ⓒ,
Lift, Ⓟ, 🏠, ⌂, Sauna, Solarium, Restaurant
geschl.: 1.11.00-15.2.01
Auch Zimmer der Kategorie ** vorhanden.

* Kurhotel Sonneneck
Rosenstr. 18, Tel (09 71) 7 11 70, Fax 6 60 65,
✉ 97688

Kißlegg

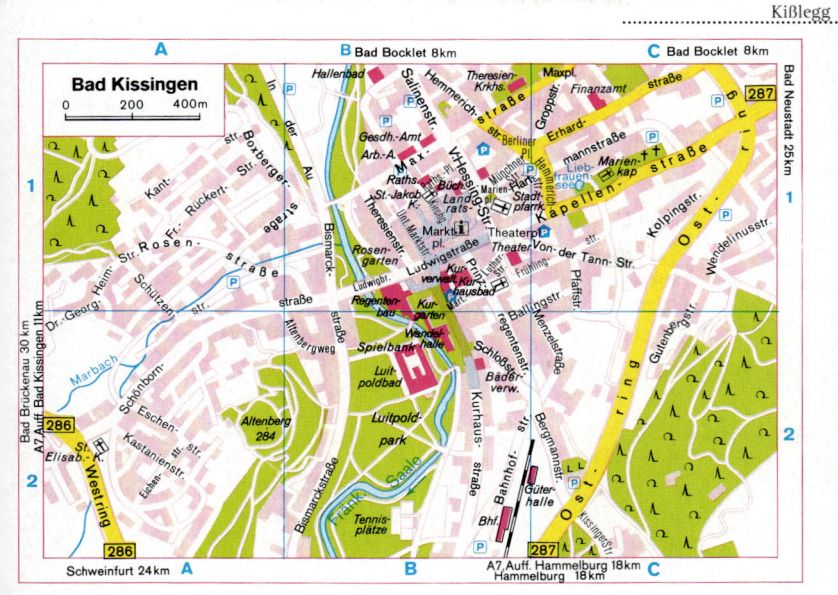

[Map of Bad Kissingen]

48 Zi, Ez: 68/34-98/49, Dz: 140/70-160/80, 🍴
WC Ⓓ, Lift, P, 🏠, 1🛏16, Solarium

✱ **Dösch–Bayerischer Hof**
Maxstr. 9-11, **Tel (09 71) 8 04 50**,
Fax 8 04 51 33, ✉ 97688, AX ED
60 Zi, Ez: 88/44-99/49, Dz: 124/62-160/80, 🍴
WC Ⓓ, Lift, P, 🏠, Fitnessraum, Solarium, Golf,
Restaurant
Rezeption: 7.15-22

Weinstube Hofmann
Weingasse 4, **Tel (09 71) 26 19**, ✉ 97688
Hauptgericht 15/7-40/20, geschl.: Mi, Do
mittags

Appartementhotels/Boardinghäuser

Residenz am Rosengarten
Theresienstr. 8, **Tel (09 71) 7 12 60**,
Fax 6 60 49, ✉ 97688
🎵, Ez: 150/75-220/110, Dz: 162/81-232/116,
25 App, 🍴 WC Ⓓ DFÜ, Lift, P, 🏠, Fitnessraum,
garni
Rezeption: 9-12
Zimmer der Kategorie ✱✱✱ und ✱✱✱✱
vorhanden.

Kißlegg 69 ↘

Baden-Württemberg
Kreis Ravensburg
EW 8700
🛈 **Tel (0 75 63) 14 11 43**, Fax 1 99
Gäste- u. Kulturamt
✉ 88353 Neues Schloß

✱ **Gasthof Ochsen**
Herrenstr. 21, **Tel (0 75 63) 9 10 90**,
Fax 91 09 50, ✉ 88353, ED VA
35 Zi, Ez: 60/30-80/40, Dz: 90/45-110/55, 🍴
WC Ⓓ, 5 🛏, Lift, P, 🏠, 3🛏100, Sauna,
Solarium
🍴 DC, Hauptgericht 25/12

Eggen (5 km ↓)

✱✱ **Hof Eggen**
Eggen 1, **Tel (0 75 63) 1 80 90**, Fax 18 09 29,
✉ 88353, ED VA
einzeln 🎵, 12 Zi, Ez: 70/35-90/45,
Dz: 100/50-140/70, 🍴 WC Ⓓ DFÜ, 12 🛏, 🏠, 〰,
Fitnessraum, Sauna, Solarium, garni

517

Kitzingen 56 □

Bayern
EW 21500
☎ Tel (0 93 21) 92 00 19, Fax 2 11 46
Verkehrsamt
✉ 97318 Schrannenstr. 1

* Esbach-Hof
Repperndorfer Str. 3, Tel (0 93 21) 22 09 00,
Fax 2 20 90 91, ✉ 97318, AX DC ED VA
32 Zi, Ez: 98/49-125/62, Dz: 130/65-165/83, ⌐
WC ⌀ DFÜ, 10 ⊷, Lift, P, 1⊃35, Restaurant
geschl.: 23-25.12.00

Klaffenbach siehe Chemnitz

Klausdorf 30 ↘

Brandenburg / Kreis Zossen
EW 1470
☎ Tel (03 83 23) 8 14 42
Freizeitinformation
✉ 18445 Inspektorengang 3

** Strandhotel Imperator
Zossener Str. 76, Tel (03 37 03) 9 90,
Fax 9 91 17, ✉ 15838, AX ED VA
♪ ⁊, 60 Zi, Ez: 80/40-90/45, Dz: 110/55-130/65,
4 Suiten, ⌐ WC ⌀, 3 ⊷, P, 3⊃70, Golf,
Restaurant

Klein Wittensee 10 □

Schleswig-Holstein
Kreis Rendsburg-Eckernförde
EW 170
☎ Tel (0 43 56) 4 42
Fremdenverkehrsverein
✉ 24361 Dorfstr. 54

¶¶ Landhaus Wolfskrug
Dorfstr. 11, Tel (0 43 56) 3 54, Fax 3 54,
✉ 24361, AX ED VA
Hauptgericht 24/12-38/19, Terrasse,
Gartenlokal, P, geschl.: Di

Kleinbartloff 37 ✓

Thüringen / Kreis Worbis
EW 500
☎ Tel (03 60 76) 2 22
Gemeindeverwaltung
✉ 37355 Hinter den Höfen 11

Reifenstein (2 km ↩)

** Reifenstein
Am Sonder, Tel (03 60 76) 4 70, Fax 4 72 02,
✉ 37355, AX DC ED VA
einzeln ♪ ⁊, 41 Zi, Ez: 70/35-100/50,
Dz: 120/60-140/70, 2 Suiten, ⌐ WC ⌀ DFÜ,
5 ⊷, Lift, P, ≋, 4⊃160, Fitnessraum, Kegeln,
Sauna, Solarium, Restaurant

Kleinburgwedel siehe Burgwedel

Kleinmachnow 30 □

Brandenburg
Kreis Potsdam Mittelmark
EW 15350
☎ Tel (0 33 28) 30 32 01, Fax 30 32 01
Märkischer Fremdenverkehrsverein
✉ 14513 Potsdamer Str. 47/49

** Astron
Zehlendorfer Damm 190, Tel (03 32 03) 4 90,
Fax 4 99 00, ✉ 14532, AX DC ED VA, S
♪, 243 Zi, Ez: 133/66-288/145,
Dz: 156/78-311/156, ⌐ WC ⌀ DFÜ, 42 ⊷, Lift,
P, ≋, 19⊃250, Fitnessraum, Sauna, Solarium,
Restaurant

Kleinwalsertal 70 ✓

Hirschegg
Vorarlberg / Kreis Bregenz
EW 1500
☎ Tel (0 83 29) 5 11 40, Fax 51 14 21
Kleinwalsertal Tourismus
✉ 87568 Im Walserhaus

*** Ifen-Hotel
Oberseitestr. 6, Tel (0 83 29) 5 07 10,
Fax 34 75, ✉ 87568, AX DC ED VA
⁊, 54 Zi, Ez: 159/80-239/120,
Dz: 298/150-498/250, 5 Suiten, 2 App, ⌐ WC ⌀
DFÜ, Lift, P, ≋, 2⊃80, ⌂, Sauna, Solarium
Auch Zimmer der Kategorie ** vorhanden.
¶¶¶ ⁊, Hauptgericht 36/18-42/21, Terrasse

** Walserhof
Walserstr. 11, Tel (0 83 29) 56 84, Fax 59 38,
✉ 87568
♪ ⁊, 39 Zi, Ez: 85/42-135/67,
Dz: 170/85-276/139, 3 Suiten, 10 App, ⌐ WC
⌀, Lift, P, ≋, ⌂, Sauna, Solarium
geschl.: 2.10.-16.12.00
¶¶ Hauptgericht 15/7, Terrasse,
geschl.: 2.10.-16.12.00

Kleinwalsertal

** Gemma
Schwarzwassertalstr. 21, Tel (0 55 17) 53 60,
Fax 5 36 03 00, ✉ 87568, ED VA
🌙 ✤, 26 Zi, Ez: 102/51-180/90,
Dz: 186/93-304/153, 2 Suiten, 2 App, ⌐ WC ⓒ
DFÜ, Lift, 🅿, 🏠, 🏊, Sauna, Solarium,
Restaurant
geschl.: 5.11.-8.12.00

* Der Sonnenberg
Am Berg 26, Tel (0 83 29) 54 33, Fax 54 33 33,
✉ 87568
🌙 ✤ ♨, 17 Zi, Ez: 100/50-155/78,
Dz: 190/95-268/134, 1 App, ⌐ WC ⓒ, 🅿, 🏠, 🏊,
Sauna, Solarium, garni
geschl.: Mi, 20.10.-20.12.00, 15.4.-25.5.01
Renoviertes 400 Jahre altes Bauernhaus.

* Adler
mit Gästehaus
Walserstr. 51, Tel (0 83 29) 5 42 40, Fax 36 21,
✉ 87568, ED VA
19 Zi, Ez: 66/33-140/70, Dz: 48/24-140/70, ⌐
WC ⓒ, 🅿, 🏠, Sauna, Solarium
geschl.: Mi, 1.11.-15.12.00, 15.4.-1.6.01
🍴 ✤, Hauptgericht 25/12,
geschl.: 1.11.-15.12.00, 15.4.-1.6.01

Mittelberg
Vorarlberg / Kreis Bregenz
EW 1580
ℹ Tel (0 83 29) 5 11 40, Fax 51 14 21
Kleinwalsertal Tourismus
✉ 87568 Im Walserhaus

*** Alpenhof Wildental
Höfle 8, Tel (0 83 29) 6 54 40, Fax 6 54 48,
✉ 87569
einzeln 🌙 ✤, 58 Zi, Ez: 135/67-299/150,
Dz: 224/112-350/176, 31 App, ⌐ WC ⓒ, 3 🛏,
Lift, 🅿, 🏠, 1⟲10, 🏊, Fitnessraum, Sauna,
Solarium, Restaurant
geschl.: 11.11.-18.12.00
Auch Zimmer der Kategorie ** vorhanden.
Preise inkl. Halbpension.

** IFA Hotel Alpenrose
Walserstr. 46, Tel (0 83 29) 3 36 40,
Fax 3 36 48 88, ✉ 87569
🌙 ✤, 99 Zi, Ez: 106/53-199/100,
Dz: 176/88-318/160, ⌐ WC ⓒ, 4 🛏, Lift, 🅿, 🏠,
🏊, Fitnessraum, Sauna, Solarium, Restaurant
geschl.: 20.11.-20.12.00

** Naturhotel Lärchenhof
Schützabühl 2, Tel (0 83 29) 65 56, Fax 65 00,
✉ 87569
🌙 ✤, 14 Zi, Ez: 86/43-150/75,
Dz: 156/78-240/120, 3 Suiten, 8 App, ⌐ WC ⓒ,
4 🛏, 🅿, 🏠, Sauna, Solarium, Restaurant

** Bergkräuterhof Steinbock
Bödmerstr. 46, Tel (0 83 29) 50 33, Fax 31 64,
✉ 87569, ED
✤, 15 Zi, Ez: 100/50-130/65, Dz: 90/45-160/80,
7 Suiten, ⌐ WC ⓒ, 🅿, 🏠, 1⟲20, Sauna,
Solarium, Golf, Restaurant
geschl.: Mi, Do, 4.11.-18.12.00, 3-18.5.01

** R. Leitner
Walserstr. 55, Tel (0 83 29) 57 88,
Fax 57 88 39, ✉ 87569
✤, 26 Zi, Ez: 100/50-195/98,
Dz: 168/84-360/181, 4 Suiten, 4 App, ⌐ WC ⓒ,
Lift, 🅿, 🏠, 🏊, Fitnessraum, Sauna, Solarium,
Restaurant

** Rosenhof
Flair Hotel
An der Halde 15, Tel (0 83 29) 51 94,
Fax 65 85 40, ✉ 87569
🌙 ✤, 12 Zi, Ez: 144/72-155/78,
Dz: 240/120-260/130, 28 Suiten, 28 App, ⌐ WC
ⓒ DFÜ, 12 🛏, Lift, 🅿, 🏠, 3⟲60, 🏊, Sauna,
Solarium, Kinderbetreuung, Restaurant
Ferienhotel mit Gästehäusern.

Appartementhotels/Boardinghäuser

Happy Austria
von Klenzeweg 5, Tel (0 83 29) 55 51,
Fax 38 00, ✉ 87569
🌙 ✤, 55 Zi, Ez: 124/62-280/141,
Dz: 174/87-380/191, 33 Suiten, 11 App, ⌐ WC
ⓒ, Lift, 🅿, 🏠, 1⟲25, 🏊, Fitnessraum, Kegeln,
Sauna, Solarium, 11 Tennis, Restaurant
geschl.: 10.11.-8.12.00
Zimmer der Kategorie **.

Riezlern
Vorarlberg / Kreis Bregenz
EW 2080
ℹ Tel (0 83 29) 5 11 40, Fax 51 14 21
Kleinwalsertal Tourismus
✉ 87568 Im Walserhaus

** Jagdhof
Walserstr. 27, Tel (0 83 29) 56 03, Fax 33 48,
✉ 87567, ED
45 Zi, Ez: 105/52-169/85, Dz: 180/90-260/130,
19 Suiten, 4 App, ⌐ WC ⓒ, 12 🛏, Lift, 🅿, 🏠,
1⟲40, ≋, 🏊, Sauna, Solarium, Golf, 1 Tennis,
Restaurant

Kleinwalsertal

✷✷ Almhof Rupp
Walserstr. 83, Tel (0 83 29) 50 04, Fax 32 73,
✉ 87567
29 Zi, Ez: 119/59-220/110, Dz: 168/84-350/176,
⇃ WC ⊘, Lift, Ⓟ, 🚗, ⇌, Sauna, Solarium
Auch Zimmer der Kategorie ✷✷✷ vorhanden.
🍴🍴 ⚜, Hauptgericht 28/14-42/21 ✚
Terrasse, geschl.: 16.4.-18.5.01

✷✷ Erlebach
Eggstr. 21, Tel (0 83 29) 5 16 90, Fax 34 44,
✉ 87567
♪ ⚜, 42 Zi, Ez: 123/61, Dz: 232/116-278/140,
5 Suiten, ⇃ WC ⊘, Lift, Ⓟ, 🚗, 1⊃, ⇌,
Fitnessraum, Sauna, Solarium, Restaurant
geschl.: 19.11.-16.12.00, 20.4.-20.5.01

✷✷ Riezler Hof
Walserstr. 57, Tel (0 83 29) 5 37 70,
Fax 53 77 50, ✉ 87567, 🆎 🆑 🆔 🆅
⚜, 27 Zi, Ez: 94/47-148/74, Dz: 148/74-276/139,
⇃ WC ⊘, Lift, Ⓟ, 1⊃30, Sauna, Solarium
geschl.: 3.11.-15.12.00, 20.4.-10.5.01
🍴 Hauptgericht 15/7-35/17, Terrasse,
geschl.: 3.11.-15.12.00, 20.4.-10.5.01

🍴 Kirsch's Gute Stube
Zwerwaldstr. 28, Tel (0 83 29) 52 76,
Fax 5 27 63, ✉ 87567
⚜, Hauptgericht 25/12, Terrasse, Ⓟ, geschl.: Mi,
Do mittags, 6.11.-7.12.00

✷ Alpenhof Kirsch
♪, 5 Zi, Ez: 67/33-114/57, Dz: 108/54-232/116,
⇃ WC ⊘, 5 ⇌
geschl.: 6.11.-7.12.00

Kleinzerlang 21 ✓

Brandenburg
Kreis Ostprignitz-Ruppin
EW 240
ℹ Tel (03 39 31) 20 59, Fax 20 59
Tourist-Information Rheinsberg
✉ 16831 Markt-Kavalierhaus

✷✷✷ Steigenberger Marina
Im Wolfsbruch, Tel (03 39 21) 87, Fax 8 88 45,
✉ 16831
einzeln ⚜, Ez: 139/70, Dz: 198/99, ⇃ WC ⊘
Feriendorf mit eigenem Yachthafen,
Charterstation, Ferienhäusern und Hotelanlage,
1000 qm Badelandschaft, Kinderdorf.

Kleve 32 ↖

Nordrhein-Westfalen
EW 50000
ℹ Tel (0 28 21) 8 44 22, Fax 8 45 11
Verkehrsamt
✉ 47533 Kavarinerstr. 20-22

✷✷ Cleve
Tichelstr. 11, Tel (0 28 21) 71 70, Fax 71 71 00,
✉ 47533, 🆎 🆑 🆔 🆅
110 Zi, Ez: 155/78, Dz: 210/105, 7 Suiten, ⇃ WC
⊘, 48 ⇌, Lift, Ⓟ, 🚗, 6⊃150, ⇌, Bowling,
Sauna, Solarium

🍴 Bistro
Hauptgericht 22/11

✷✷ Parkhotel Schweizerhaus
Materborner Allee 3, Tel (0 28 21) 80 70,
Fax 80 71 00, ✉ 47533, 🆎 🆑 🆔 🆅
136 Zi, Ez: 95/47-140/70, Dz: 130/65-175/88,
⇃ WC ⊘, 5 ⇌, Lift, Ⓟ, 🚗, 8⊃300, Kegeln
Auch Zimmer der Kategorie ✷ vorhanden.

🍴 Schweizer Stube
Hauptgericht 35/17, Terrasse, Biergarten

✷ Heek
Lindenallee 37, Tel (0 28 21) 7 26 30,
Fax 1 21 98, ✉ 47533, 🆎 🆔 🆅
33 Zi, Ez: 95/47-102/51, Dz: 140/70-160/80, ⇃
WC ⊘, 7 ⇌, Lift, Ⓟ, 🚗, garni

Kleve 9 ↓

Schleswig-Holstein
Kreis Steinburg
EW 600
🛈 Tel (0 48 21) 6 94 72
Touristverein Süd-West
✉ 25524 Victoriastraße 20

⑪⑪ Gut Kleve

Hauptstr. 34, an der B 431, Tel (0 48 23) 86 85,
Fax 68 48, ✉ 25554, AX ED
Hauptgericht 28/14-40/20, Terrasse, P, ⇌,
geschl.: Mo, Di, 25.10.-1.11.00, 1-20.1.01

Klieken 39 ↖

Sachsen-Anhalt
Kreis Anhalt-Zerbst
EW 1200
🛈 Tel (03 49 03) 6 71 67, Fax 6 71 67
Stadtinformation
✉ 06869 Friederikenstr. 2

✱ Waldschlößchen

Hauptstr. 10, Tel (03 49 03) 6 84 80,
Fax 6 25 02, ✉ 06869, AX ED VA
35 Zi, Ez: 85/42-95/47, Dz: 110/55, ⇌ WC ⌀,
6 ↵, P, 2⇨60, Sauna, Solarium, Restaurant

Klingenberg a. Main 55 □

Bayern / Kreis Miltenberg
EW 6300
🛈 Tel (0 93 72) 92 12 59, Fax 1 23 54
Kultur- und Verkehrsbüro
✉ 63911 Bahnhofstr. 3

✱ Fränkischer Hof

Lindenstr. 13, Tel (0 93 72) 23 55, Fax 1 26 47,
✉ 63911, AX ED VA
☾, 17 Zi, Ez: 80/40-100/50, Dz: 130/65-150/75,
⇌ WC ⌀, P, ⌂, 1⇨30, Restaurant
Auch einfachere Zimmer vorhanden.

⑪⑪⑪ Zum Alten Rentamt 🍷

Hauptstr. 25 a, Tel (0 93 72) 26 50, Fax 29 77,
✉ 63911, AX DC ED VA
Hauptgericht 50/25-69/34, Terrasse, nur abends,
geschl.: Mo, Di

Röllfeld-Außerhalb (2 km →)

✱✱ Paradeismühle

Paradeismühle 1, Tel (0 93 72) 25 87,
Fax 15 87, ✉ 63911, AX DC ED VA

einzeln ☾, 41 Zi, Ez: 80/40-95/47,
Dz: 136/68-166/83, ⇌ WC ⌀, P, ⌂, 3⇨55, ≋,
Fitnessraum, Sauna, Solarium
Auch Zimmer der Kategorie ✱ vorhanden.
⑪ Hauptgericht 14/7-35/17, Terrasse

Trennfurt (1 km ←)

✱ Schöne Aussicht

Bahnhofstr. 18, Tel (0 93 72) 93 03 00,
Fax 9 30 30 90, ✉ 63911, AX ED VA
28 Zi, Ez: 85/42-95/47, Dz: 135/67-150/75,
2 App, ⇌ WC ⌀, Lift, P, ⌂, 1⇨25
geschl.: 20-31.12.00, 1-15.1.01
⑪ Hauptgericht 25/12, Terrasse,
geschl.: 20-31.12.00, 1-15.1.01

Klingenbrunn siehe Spiegelau

Klingenthal 49 ↓

Sachsen / Vogtlandkreis
EW 11000
🛈 Tel (03 74 67) 6 48 32, Fax 6 48 25
Tourist-Information
✉ 08248 Schlosstr. 3

⇌ Gasthof zum Döhlerwald

Markneukirchner Str. 80,
Tel (03 74 67) 2 21 09, Fax 2 21 09, ✉ 08248,
AX ED VA
12 Zi, Ez: 56/28-75/37, Dz: 95/47, ⇌ WC ⌀, P,
Restaurant
geschl.: Mi

Klink 21 ←

Mecklenburg-Vorpommern
Landkreis Müritz
EW 1200
🛈 Tel (0 39 91) 29 22
Gemeindeverwaltung
✉ 17192 Gemeindeweg 16

✱✱✱ Schloßhotel Klink

Schlosstr. 6, Tel (0 39 91) 74 70, Fax 74 72 99,
✉ 17192, AX ED VA
♣ ⌂, 101 Zi, Ez: 100/50-150/75,
Dz: 140/70-250/125, 6 Suiten, ⇌ WC ⌀, 10 ↵,
Lift, P, 4⇨120, ⌂, Fitnessraum, Seezugang,
Bowling, Sauna, Solarium, Restaurant
Restauriertes Schloß im Neo-Renaissance-Stil,
Zimmerausstattung mit Stilmöbel. Auch
Zimmer der Kategorie ✱✱ vorhanden.

Klipphausen 40 ↓

Sachsen / Kreis Meißen
EW 6000
🛈 Tel (03 52 04) 21 70, Fax 2 17 29
Gemeindeverwaltung
✉ 01665 Talstr. 3

Sora (1,5 km ←)

✶✶ Zur Ausspanne
An der Silberstr. 2, Tel (03 52 04) 46 60,
Fax 4 66 60, ✉ 01665, ⛿ ⛿ ⛿
32 Zi, Ez: 99/49-110/55, Dz: 130/65, 1 Suite, ⌐
WC ⌀, 10 ⛰, Lift, 🅿, 5⛿100
🍴 Hauptgericht 10/5-28/14, Terrasse

Klötze 27 ↗

Sachsen-Anhalt
Altmarkkreis Salzwedel
EW 6000
🛈 Tel (0 39 09) 40 30, Fax 40 32 11
Stadtverwaltung-Rathaus
✉ 38486 Schulplatz 1

✶ Braunschweiger Hof
Neustädter Str. 49, Tel (0 39 09) 23 51,
Fax 4 11 14, ✉ 38486, ⛿ ⛿ ⛿ ⛿
14 Zi, Ez: 65/32-75/37, Dz: 115/57, ⌐ WC ⌀
DFÜ, 3 ⛰, 🅿, 2⛿100, Bowling, Restaurant

Klosterlausnitz, Bad 48 ↗

Thüringen / Saal-Holzland-Kreis
EW 3200
🛈 Tel (03 66 01) 8 00 50, Fax 8 00 51
Kurbetriebsgesellschaft mbH
✉ 07639 Hermann-Sachse-Str 44

siehe auch Tautenhain

✶ Zu den drei Schwänen
Köstritzer Str. 13, Tel (03 66 01) 4 11 22,
Fax 8 01 58, ✉ 07639, ⛿ ⛿ ⛿
13 Zi, Ez: 93/46-100/50, Dz: 136/68-150/75, ⌐
WC ⌀, 5 ⛰, 🅿, Restaurant

✶ Haus am Park
Eisenberger Str. 9, Tel (03 66 01) 4 20 81,
Fax 4 20 84, ✉ 07639, ⛿ ⛿ ⛿ ⛿
18 Zi, Ez: 50/25-80/40, Dz: 100/50-120/60, ⌐
WC ⌀ DFÜ, 6 ⛰, 🅿, Sauna, Solarium, garni

Klostermansfeld 38 ←

Sachsen-Anhalt / Kreis Eisleben
EW 3418
🛈 Tel (03 47 72) 2 52 07
Verwaltungsgemeinschaft
✉ 06308 Kirchstr. 1

✶ Am Park
Siebigeröder Str. 3, Tel (03 47 72) 5 40,
Fax 2 53 19, ✉ 06308, ⛿ ⛿ ⛿ ⛿
30 Zi, Ez: 80/40-95/47, Dz: 120/60-140/70,
1 Suite, ⌐ WC ⌀, 2 ⛰, Lift, 🅿, 2⛿40, Sauna,
Solarium, Restaurant
geschl.: 24-31.12.00

Klosterreichenbach

siehe Baiersbronn

Klotten 43 ↙

Rheinland-Pfalz
Kreis Cochem-Zell
EW 1600
🛈 Tel (0 26 71) 51 99, Fax 89 10
Verkehrsverein
✉ 56818 Am Kapellenberg 10

✶ Zur Post
Bahnhofstr. 24, Tel (0 26 71) 71 16, Fax 13 11,
✉ 56818, ⛿ ⛿
⚤, 14 Zi, Ez: 65/32-100/50, Dz: 106/53-150/75,
⌐ WC ⌀, 7 ⛰, 🅿, 🏠, Kegeln
geschl.: 2.1.-18.2.01
🍴 Hauptgericht 19/9-40/20, Terrasse,
nur abends, so+feiertags auch mittags,
geschl.: Do, 2.1.-18.2.01

Klütz 11 ↘

Mecklenburg-Vorpommern
Kreis Nordwestmecklenburg
EW 3300
🛈 Tel (03 88 25) 2 22 95, Fax 2 23 88
Fremdenverkehrszentrum
✉ 23948 Schlosstr. 34

Sehenswert: Pfarrkirche St. Marien; Schloß
Bothmer (Barock); Klützer Mühle.

Stellshagen

✶ Gutshaus Stellshagen
Lindenstr. 1, Tel (03 88 25) 4 41 00,
Fax 4 43 33, ✉ 23948, ⛿

einzeln, 42 Zi, Ez: 99/49-160/80,
Dz: 110/55-210/105, 1 Suite, ⌐ WC ⌀, 42 ⌘, P,
2⌗150, Sauna, Restaurant
Rezeption: 9-20
Bio-und Gesundheitshotel, Nichtraucher-Haus.

Kniebis siehe Freudenstadt

Knittelsheim 60 ↗

Rheinland-Pfalz
Kreis Germersheim
EW 920
🛈 Tel (0 72 72) 70 08 23, Fax 70 08 55
Verbandsgemeindeverwaltung
✉ 76756 Schubertstr. 18

¶¶ Steverding's Isenhof

Hauptstr. 15 a, Tel (0 63 48) 57 00, Fax 59 17,
✉ 76879
Hauptgericht 40/20-48/24, P, nur abends,
geschl.: So, Mo, 3 Wochen im Sommer

Knüllwald 46 ↖

Hessen / Schwalm-Eder-Kreis
EW 6000
🛈 Tel (0 56 81) 93 08 08, Fax 93 08 07
Knüllwald Touristik Service
✉ 34593 Hauptstr. 34

Rengshausen

✶ Sonneck

Zu den einzelnen Bäumen 13,
Tel (0 56 85) 9 99 57, Fax 9 99 56 01,
✉ 34593, AX ED VA
einzeln §, 62 Zi, Ez: 70/35-115/57,
Dz: 95/47-150/75, 1 Suite, ⌐ WC ⌀ DFÜ, 16 ⌘,
Lift, P, ☎, 6⌗70, ⌂, Sauna, Solarium,
Restaurant
geschl.: 6.-24.1.01

Koblenz 43 ↘

Rheinland-Pfalz
EW 109000
🛈 Tel (02 61) 3 13 04, Fax 1 00 43 88
Koblenz-Touristik
✉ 56068 Löhrstr. 141
Cityplan siehe Seite 524

✶✶✶ Mercure

Julius-Wegeler-Str. 6 (B 3), Tel (02 61) 13 60,
Fax 1 36 11 99, ✉ 56068, AX DC ED VA, S
§, 167 Zi, Ez: 179/90-263/132,
Dz: 199/100-363/182, 1 Suite, ⌐ WC ⌀ DFÜ,
80 ⌘, Lift, 12⌗120, Fitnessraum, Sauna,
Solarium

¶¶ Rhapsody

§, Hauptgericht 20/10-40/20, Terrasse

✶✶ Im Stüffje

Hohenzollernstr. 5-7, Tel (02 61) 91 52 20,
Fax 9 15 22 44, ✉ 56068, ED VA
10 Zi, Ez: 110/55-160/80, Dz: 160/80-180/90, ⌐
WC ⌀, Lift, P, ☎, 1⌗30, Restaurant
Das gesamte Haus ist rollstuhlgerecht
ausgestattet.

✶✶ Brenner

Rizzastr. 20-22 (A 3), Tel (02 61) 91 57 80,
Fax 3 62 78, ✉ 56068, AX DC ED VA, S
24 Zi, Ez: 120/60-150/75, Dz: 165/83-230/115,
⌐ WC ⌀, 4 ⌘, Lift, ☎, 1⌗20, garni

✶ Hohenstaufen
Top International Hotel

Emil-Schüller-Str. 41 (A 3), Tel (02 61) 3 01 40,
Fax 3 01 44 44, ✉ 56068, AX DC ED VA, S
53 Zi, Ez: 120/60-149/75, Dz: 165/83-235/118,
1 App, ⌐ WC ⌀, Lift, P, 2⌗20, garni

✶ Top Hotel Krämer

Kardinal-Krementz-Str. 12 (A 3),
Tel (02 61) 40 62 00, Fax 4 13 40, ✉ 56073, AX
ED VA, S
22 Zi, Ez: 110/55-150/75, Dz: 150/75-230/115,
⌐ WC ⌀ DFÜ, 3 ⌘, Lift, P, ☎, 1⌗20, garni
Auch Zimmer der Kategorie ✶✶ vorhanden.

✶ Kleiner Riesen

Kaiserin-Augusta-Anlagen 18 (B 4),
Tel (02 61) 30 34 60, Fax 16 07 25, ✉ 56068,
AX DC ED VA
§, 28 Zi, Ez: 100/50-150/75,
Dz: 150/75-220/110, ⌐ WC ⌀, 8 ⌘, Lift, P, ☎,
garni

✶ Trierer Hof

Clemensstr. 1 (B 2), Tel (02 61) 1 00 60,
Fax 1 00 61 00, ✉ 56068, AX DC ED VA
36 Zi, Ez: 105/52-125/62, Dz: 145/73-165/83,
⌐ WC ⌀, Lift, 1⌗20, garni

✶ Continental Pfälzer Hof

Bahnhofsplatz 1 (A 3), Tel (02 61) 3 01 60,
Fax 30 16 10, ✉ 56068, AX DC ED VA
36 Zi, Ez: 90/45-150/75, Dz: 140/70-250/125,
1 App, ⌐ WC ⌀ DFÜ, 2 ⌘, Lift, ☎, 2⌗30,
Sauna, Restaurant
geschl.: 20.12.00-20.1.01

¶¶ Wacht am Rhein

Rheinzollstr. 8, Adenauer-Ufer,
Tel (02 61) 1 53 13, Fax 70 24 84, ✉ 56068,
AX ED VA
Hauptgericht 15/7-36/18, Terrasse

Koblenz

🍴 Gigis Ristorante
Rheinstr. 2a, Tel (02 61) 16 05 16, ✉ 56068, AX
Hauptgericht 36/18, Terrasse

🍴🍴 Loup de mer
Neustadt 12, Schlossrondell,
Tel (02 61) 1 61 38, Fax 9 11 45 46, ✉ 56068,
AX DC ED VA
Hauptgericht 36/18, Gartenlokal, nur abends,
geschl.: Jun-Sep So
Fischrestaurant.

☕ Café Baumann
Löhrstr. 93, Tel (02 61) 3 14 33, Fax 3 39 29,
✉ 56068
Terrasse, 7-18.30, Sa 7-18, So 10-18

Ehrenbreitstein (2 km →)

** Diehls Hotel
City & Country Line Hotels
Am Pfaffendorfer Tor 10 (C 2),
Tel (02 61) 9 70 70, Fax 9 70 72 13, ✉ 56077,
AX DC ED VA, Ⓢ

⚜, 60 Zi, Ez: 138/69-298/150,
Dz: 180/90-260/130, 3 Suiten, ⊣ WC ⊘, 10 ⊨,
Lift, **P**, 🕾, 10⇔5, 🏊, Sauna, Solarium
Auch Zimmer der Kategorie ******* vorhanden.

¶¶ Rheinterrasse
⚜, Hauptgericht 35/17, Terrasse, Biergarten

* Hoegg
Hofstr. 281 (C 1), **Tel (02 61) 97 43 30**,
Fax 97 43 31 16, ✉ 56077, AX ED VA
24 Zi, Ez: 80/40-90/45, Dz: 120/60-130/65, ⊣
WC ⊘, 1⇔20, Restaurant

Güls (5 km ✓)

* Gülser Weinstube
Moselweinstr. 3, **Tel (02 61) 40 15 88**,
Fax 4 27 32, ✉ 56072, AX ED VA
13 Zi, Ez: 70/35-95/47, Dz: 130/65-170/85,
2 Suiten, 1 App, ⊣ WC ⊘ DFÜ, **P**, 🕾, 1⇔60,
Kegeln, Restaurant

Metternich (2 km ←)

** Fährhaus am Stausee
an der Fähre 3, **Tel (02 61) 92 72 90**,
Fax 9 27 29 90, ✉ 56072, AX DC ED VA
⊘ ⚜, 20 Zi, Ez: 90/45-115/57,
Dz: 130/65-180/90, ⊣ WC ⊘ DFÜ, **P**, 2⇔60
¶¶ ⚜, Hauptgericht 30/15, geschl.: Mo

Moselweiß (2 km ←)

* Zum Schwarzen Bären
Koblenzer Str. 35, **Tel (02 61) 4 60 27 00**,
Fax 4 60 27 13, ✉ 56073, AX ED VA
23 Zi, Ez: 85/42-98/49, Dz: 130/65-150/75, ⊣
WC ⊘ DFÜ, 8 ⊨, **P**, 2⇔40, Restaurant
geschl.: 1.-24.7.01, 1.-8.1.01

* Oronto
Ferdinand-Sauerbruch-Str. 27,
Tel (02 61) 94 74 80, **Fax 40 31 92**, ✉ 56073,
AX ED VA
41 Zi, Ez: 98/49-145/73, Dz: 132/66-195/98, ⊣
WC ⊘, Lift, 🕾, 1⇔15, garni

Rauental (1 km ←)

* Scholz
Moselweißer Str. 121, **Tel (02 61) 9 42 60**,
Fax 40 80 26, ✉ 56073, AX DC ED VA
65 Zi, Ez: 95/47, Dz: 145/73, ⊣ WC ⊘, Lift, **P**,
🕾, 2⇔60, Kegeln, Restaurant
geschl.: 20.12.00-7.1.01

Kochel a. See 71 □

Bayern
Kreis Bad Tölz-Wolfratshausen
EW 4500
ℹ Tel (0 88 51) 3 38, Fax 55 88
Tourist-Info
✉ 82431 Kalmbachstr. 11

* Zur Post
Schmied-v.-Kochel-Platz 6,
Tel (0 88 51) 9 24 10, Fax 92 41 50, ✉ 82431,
AX ED
25 Zi, Ez: 85/42-100/50, Dz: 140/70-170/85,
2 App, ⊣ WC ⊘ DFÜ, 10 ⊨, Lift, **P**, 🕾, 2⇔50,
Sauna, Solarium, Golf, Restaurant

Ried (5 km ↗)

¶ Zum Rabenkopf
Kocheler Str. 23, **Tel (0 88 57) 2 08**, Fax 91 67,
✉ 82431, AX DC ED VA
Hauptgericht 19/9-25/12, Gartenlokal, **P**,
geschl.: Do, 16-26.10.00, 15.2.-10.3.01

Köln 43 ↖

Nordrhein-Westfalen
EW 1014910
ℹ Tel (02 21) 22 12 33 45, Fax 22 12 33 20
Köln Tourismus Infohalle
✉ 50667 Unter Fettenhennen 19
Cityplan siehe Seite 530-531

**** Excelsior Hotel Ernst ♛
The Leading Hotels of the World
Trankgasse 1-5 (D 2), **Tel (02 21) 27 01**,
Fax 13 51 50, ✉ 50667, AX DC ED VA, Ⓢ
160 Zi, Ez: 365/183-515/259,
Dz: 500/251-715/360, 20 Suiten, 20 App, ⊣ WC
⊘ DFÜ, Lift, 13⇔300, Sauna
Auch einfachere Zimmer vorhanden.

¶¶¶¶ Hanse-Stube ⚶
Hauptgericht 68/34, Terrasse

Köln

★★★★ Hyatt Regency
Kennedy-Ufer 2 a (E 2), **Tel (02 21) 8 28 12 34**,
Fax 8 28 13 70, ✉ 50679, AX DC ED VA, Ⓢ
⑤, 288 Zi, Ez: 270/135-645/324,
Dz: 310/156-685/345, 17 Suiten, ⇌ WC Ⓒ DFÜ,
58 🛏, Lift, **P**, 🚗, 🏊, Sauna, Solarium

🍴🍴🍴 Graugans
⑤, Hauptgericht 45/22, nur abends

🍴🍴 Glashaus
⑤, Hauptgericht 25/12-45/22

★★★★ Dom-Hotel
Domkloster 2 a (D 2), **Tel (02 21) 2 02 40**,
Fax 2 02 44 44, ✉ 50667, AX DC ED VA, Ⓢ
⑤, 123 Zi, Ez: 340/171-590/297,
Dz: 480/241-830/418, 2 Suiten, ⇌ WC Ⓒ, Lift,
🚗, 4⇌35
Eingang von der Domplatte. PKW-Anfahrt
möglich. Auch Zimmer der Kategorie **★★★**
vorhanden.

🍴🍴 Atelier
⑤, Hauptgericht 36/18-52/26, Terrasse, **P**, nur
abends, geschl.: Mo, So

★★★★ Maritim
Heumarkt 20 (E 3), **Tel (02 21) 2 02 70**,
Fax 2 02 78 26, ✉ 50667, AX DC ED VA, Ⓢ
⑤, 426 Zi, Ez: 245/123-617/310,
Dz: 308/155-628/316, 24 Suiten, 4 App, ⇌ WC
Ⓒ DFÜ, 120 🛏, Lift, 🚗, 23⇌1600, 🏊, Sauna,
Solarium

🍴🍴🍴 Bellevue
⑤, Hauptgericht 46/23-50/25, Terrasse, **P**

Bistro La Galerie
Hauptgericht 26/13-45/22, **P**, nur abends,
geschl.: So, Mo

★★★ Im Wasserturm   ♛
Design Hotel
Kaygasse 2 (C 4), **Tel (02 21) 2 00 80**,
Fax 2 00 88 88, ✉ 50676, AX DC ED VA
⑤, 48 Zi, Ez: 320/161-590/297,
Dz: 390/196-590/297, 40 Suiten, ⇌ WC Ⓒ DFÜ,
18 🛏, Lift, **P**, 🚗, 4⇌70, Sauna, Solarium
Denkmalgeschützter hundertjähriger
Wasserturm. Innenausstattung von Designerin
Andrée Putman. Auch Maisonnetten der
Kategorie **★★★★** vorhanden.

🍴🍴🍴 ⑤, Hauptgericht 40/20-60/30   🚮
Terrasse

★★★ Crowne Plaza
Habsburgerring 9 (A 3), **Tel (02 21) 22 80**,
Fax 25 12 06, ✉ 50674, AX DC ED VA, Ⓢ
301 Zi, Ez: 315/158-640/322,
Dz: 365/183-640/322, 6 Suiten, ⇌ WC Ⓒ DFÜ,
155 🛏, Lift, **P**, 🚗, 7⇌400, 🏊, Fitnessraum,
Sauna, Solarium

🍴🍴 Le Bouquet
Hauptgericht 35/17

★★★ Renaissance
Magnusstr. 20 (B 2), **Tel (02 21) 2 03 40**,
Fax 2 03 47 77, ✉ 50672, AX DC ED VA, Ⓢ
☽, 227 Zi, Ez: 265/133-595/299,
Dz: 305/153-635/319, 8 Suiten, 1 App, ⇌ WC Ⓒ
DFÜ, 72 🛏, Lift, 🚗, 10⇌350, 🏊, Sauna,
Solarium

🍴🍴 Raffael
Hauptgericht 24/12-42/21, Terrasse
geschl.: 27.12.00-15.1.01

★★★ Dorint Kongress-Hotel
Helenenstr. 14 (B 2), **Tel (02 21) 27 50**,
Fax 2 75 13 01, ✉ 50667, AX DC ED VA, Ⓢ
226 Zi, Ez: 310/156-595/299,
Dz: 310/156-635/319, 29 Suiten, ⇌ WC Ⓒ DFÜ,
100 🛏, Lift, 🚗, 15⇌1000, 🏊, Sauna, Solarium

🍴🍴 Bergische Stube
Hauptgericht 38/19, Terrasse

★★ Savoy   ♛
Turiner Str. 9 (D 1), **Tel (02 21) 1 62 30**,
Fax 1 62 32 00, ✉ 50668, AX DC ED VA
95 Zi, Ez: 175/88-650/327,
Dz: 305/153-650/327, 8 App, ⇌ WC Ⓒ, 42 🛏,
Lift, **P**, 🚗, 5⇌110, Fitnessraum, Sauna,
Solarium
Auch Zimmer der Kategorie **★★★** vorhanden.
🍴🍴 Hauptgericht 25/12-35/17, Terrasse

★★ Euro Plaza
Breslauer Platz 2 (D 1), **Tel (02 21) 1 65 10**,
Fax 1 65 13 33, ✉ 50668, AX DC ED VA
110 Zi, Ez: 140/70-455/229,
Dz: 185/93-555/279, 6 Suiten, 6 App, ⇌ WC Ⓒ,
28 🛏, Lift, 3⇌60, Restaurant

Köln

** Best Western Ascot
Hohenzollernring 95 (A 2),
Tel (02 21) 9 52 96 50, Fax 9 52 96 51 00,
✉ 50672, AX DC ED VA, Ⓢ
46 Zi, Ez: 180/90-398/200,
Dz: 259/130-422/212, ⌐ WC ⌀ DFÜ, 12 ⇐, Lift,
Sauna, Solarium, Restaurant
geschl.: 22.12.00-1.1.01
Auch Zimmer der Kategorie **★** vorhanden.

** Dorint
Friesenstr. 44-48 (B 2), Tel (02 21) 1 61 40,
Fax 1 61 41 00, ✉ 50670, AX DC ED VA, Ⓢ
103 Zi, Ez: 272/137-424/213,
Dz: 289/145-449/226, 6 Suiten, ⌐ WC ⌀ DFÜ,
55 ⇐, Lift, P, ☎, 4⊃250
🍴🍴 Hauptgericht 25/12, Terrasse

** Senats-Hotel
Unter Goldschmied 9 (D 3), Tel (02 21) 2 06 20,
Fax 2 06 22 00, ✉ 50667, AX ED VA
59 Zi, Ez: 148/74-390/196,
Dz: 205/103-480/241, 6 Suiten, ⌐ WC ⌀, 19 ⇐,
Lift, P, 5⊃450, Restaurant
geschl.: 23.12.00-1.1.01

** Euro Garden
Domstr. 10-16 (D 1), Tel (02 21) 1 64 90,
Fax 1 64 93 33, ✉ 50668, AX DC ED VA, Ⓢ
85 Zi, Ez: 140/70-455/229, Dz: 185/93-555/279,
⌐ WC ⌀, 16 ⇐, Lift, ☎, 2⊃70, Sauna, garni

** Mercure Severinshof
Severinstr. 199 (D 5), Tel (02 21) 2 01 30,
Fax 2 01 36 66, ✉ 50676, AX DC ED VA, Ⓢ
189 Zi, Ez: 223/112-451/227,
Dz: 298/150-504/253, 23 Suiten, 40 App., ⌐ WC
⌀, 30 ⇐, Lift, P, ☎, 6⊃240, Fitnessraum,
Sauna, Solarium

🍴🍴 **Severinshöfchen**
Hauptgericht 29/14, Biergarten

** Coellner Hof
Hansaring 100 (außerhalb), Tel (02 21) 1 66 60,
Fax 1 66 61 66, ✉ 50670, AX DC ED VA
70 Zi, Ez: 150/75-280/141, Dz: 190/95-360/181,
⌐ WC ⌀, 35 ⇐, Lift, ☎, 2⊃35, Sauna

🍴🍴 **Coellner Stube**
Hauptgericht 30/15, nur abends, geschl.: Fr, Sa

** Mondial am Dom
Kurt-Hackenberg-Platz 1 (D 2),
Tel (02 21) 2 06 30, Fax 2 06 35 22, ✉ 50667,
AX DC ED VA, Ⓢ
205 Zi, Ez: 240/120-470/236,
Dz: 270/135-470/236, 1 Suite, ⌐ WC ⌀ DFÜ,
40 ⇐, Lift, ☎, 7⊃500

🍴🍴 **Symphonie**
Hauptgericht 21/10-46/23, Terrasse

** Mado
Moselstr. 36, Tel (02 21) 92 41 90,
Fax 92 41 91 01, ✉ 50674, AX DC ED VA
51 Zi, Ez: 158/79-198/99, Dz: 198/99-218/109,
⌐ WC ⌀ DFÜ, Lift, P, 2⊃44, Sauna, Solarium

** Insel Hotel
Constantinstr. 96, Tel (02 21) 8 80 34 50,
Fax 8 80 34 90, ✉ 50679, AX DC ED VA
42 Zi, Ez: 150/75-330/166,
Dz: 210/105-360/181, ⌐ WC ⌀ DFÜ, 10 ⇐, Lift

** Viktoria Select Marketing Hotels
Worringer Str. 23, Tel (02 21) 9 73 17 20,
Fax 72 70 67, ✉ 50668, AX DC ED VA, Ⓢ
♪, 47 Zi, Ez: 175/88-320/161,
Dz: 220/110-485/244, ⌐ WC ⌀ DFÜ, 5 ⇐, Lift,
P, garni
geschl.: 22.12.00-2.1.01
Haus der Jahrhundertwende mit moderner
Einrichtung. Auch Zimmer der Kategorie ★
vorhanden.

** CM CityClass Hotel Europa am Dom
Am Hof 38-46 (D 2), Tel (02 21) 2 05 80,
Fax 2 58 20 32, ✉ 50667, AX DC ED VA, Ⓢ
91 Zi, Ez: 155/78-375/188,
Dz: 215/108-485/244, 1 Suite, ⌐ WC ⌀ DFÜ,
12 ⇐, Lift, garni

** CM CityClass Hotel Residence
Alter Markt 55 (D 3), Tel (02 21) 9 20 19 80,
Fax 92 01 98 99, ✉ 50667, AX DC ED VA, Ⓢ
56 Zi, Dz: 215/108-485/244, 6 Suiten, ⌐ WC ⌀
DFÜ, 14 ⇐, Lift, 1⊃12, garni

** Best Western Hotel Lyskirchen
Filzengraben 26 (E 4), Tel (02 21) 2 09 70,
Fax 2 09 77 18, ✉ 50676, AX DC ED VA, Ⓢ
94 Zi, Ez: 190/95-330/166,
Dz: 260/130-455/229, 8 App, ⌐ WC ⌀, 14 ⇐,
Lift, ☎, 3⊃0, ⇐, Kegeln, Sauna, Solarium
geschl.: 22.12.00-2.1.01

🍴 **Pratolino**
Hauptgericht 35/17, P, geschl.: Sa, so+feiertags,
9.-21.4.01, 9.-29.7.01

** Allegro
Thurmmarkt 1-7 (E 4), Tel (02 21) 2 40 82 60,
Fax 2 40 70 40, ✉ 50676, AX DC ED VA
40 Zi, Ez: 130/65-300/151, Dz: 170/85-330/166,
⌐ WC ⌀, 25 ⇐, Lift, P, ☎, 1⊃20, Restaurant
geschl.: 16.12.00-10.1.01
Auch Zimmer der Kategorie ✱ vorhanden.

Köln

✷✷ Ambassador
Barbarossaplatz 4 a (B 5),
Tel (02 21) 9 21 52 00, Fax 9 21 52 08,
✉ 50674, AX DC ED VA
51 Zi, Ez: 129/64-299/150,
Dz: 179/90-399/200, 1 Suite, 1 App, ⌐ WC ⊘
DFÜ, 15 ⌘, Lift, P, ☎, 2⟳30, Restaurant
Auch Zimmer der Kategorie ✷ vorhanden.

✷✷ Hopper Hotel St. Antonius
Dagobertstr. 32 (D 1), **Tel (02 21) 1 66 00,**
Fax 1 66 01 66, ✉ 50668, AX DC ED VA
39 Zi, Ez: 200/100-410/206,
Dz: 260/130-410/206, 15 Suiten, ⌐ WC ⊘
DFÜ, 12 ⌘, Lift, ☎, 2⟳20, Restaurant
Designer Einrichtung. Auch Zimmer der
Kategorie ✷ vorhanden.

✷ Hopper Hotel et cetera
Brüsseler Str. 26 (A 4), **Tel (02 21) 92 44 00,**
Fax 92 44 06, ✉ 50674, AX DC ED VA
47 Zi, Ez: 158/79-389/195,
Dz: 237/119-387/194, 2 Suiten, ⌐ WC ⊘ DFÜ,
5 ⌘, Lift, ☎, 1⟳15, Sauna, Solarium,
Restaurant
Designerausstattung im ehemaligen Kloster.

✷ Com CityClass Hotel
Auf dem Rothenberg 7-9, **Tel (02 21) 92 05 40,**
Fax 92 05 41 00, ✉ 50667, AX DC ED VA, Ⓢ
52 Zi, Ez: 110/55-370/186,
Dz: 205/103-439/221, ⌐ WC ⊘, Lift, 2⟳30,
Sauna, Solarium, garni

✷ Esplanade
Hohenstaufenring 56 (A 4),
Tel (02 21) 9 21 55 70, Fax 21 68 22,
✉ 50674, AX DC ED VA
33 Zi, Ez: 135/67-175/88, Dz: 175/88-225/113,
1 Suite, ⌐ WC ⊘, Lift, 1⟳10, garni

✷ Amsterdam
Ursulastr. 4-8, **Tel (02 21) 13 60 77,**
Fax 13 60 70, ✉ 50668, AX DC ED VA
37 Zi, Ez: 145/73-295/148,
Dz: 185/93-345/173, 1 Suite, 1 App, ⌐ WC ⊘,
6 ⌘, Lift, ☎, 1⟳25, Sauna, Solarium, garni
Auch Zimmer der Kategorie ✷✷ vorhanden.

✷ Astor und Aparthotel
Friesenwall 68-72 (B 3), **Tel (02 21) 20 71 20,**
Fax 25 31 06, ✉ 50672, AX DC ED VA
51 Zi, Ez: 185/93-330/166,
Dz: 265/133-380/191, 1 Suite, 7 App, ⌐ WC ⊘
DFÜ, 14 ⌘, Lift, P, Sauna, garni
geschl.: 22.12.00-2.1.01
Langzeitvermietung möglich.

✷ Drei Kronen
Auf dem Brand 6 (E 3), **Tel (02 21) 2 58 06 92,**
Fax 2 58 06 01, ✉ 50667, AX DC ED VA
20 Zi, Ez: 99/49-169/85, Dz: 119/59-179/90, ⌐
WC ⊘, Lift, Restaurant

✷ Cerano
Elisenstr. 16 (C 2), **Tel (02 21) 9 25 73 00,**
Fax 92 57 30 30, ✉ 50667, AX DC ED VA
18 Zi, Ez: 119/59-395/198,
Dz: 159/80-445/224, ⌐ WC ⊘, Lift, 1⟳12,
garni

✷ Königshof
Top International Hotel
Richartzstr. 14 (D 2), **Tel (02 21) 2 57 87 71,**
Fax 2 57 87 62, ✉ 50667, AX DC ED VA, Ⓢ
82 Zi, Ez: 155/78-285/143,
Dz: 215/108-390/196, 1 Suite, ⌐ WC ⊘, 5 ⌘,
Lift, garni

✷ Am Römerturm im Kolpinghaus
St.-Apern-Str. 32 (B 3), **Tel (02 21) 2 09 30,**
Fax 2 09 32 54, ✉ 50667, AX DC ED VA
55 Zi, Ez: 130/65-145/73, Dz: 210/105, ⌐ WC
⊘, 12 ⌘, Lift, P, ☎, 10⟳240, Kegeln,
Solarium, Restaurant

✷ Central-Hotel am Dom
An den Dominikanern 3 (D 2),
Tel (02 21) 13 50 88, Fax 13 50 80, ✉ 50668,
AX DC ED VA

Köln

61 Zi, Ez: 145/73-265/133,
Dz: 189/95-365/183, 1 App., ⌐ WC ⌀ DFÜ,
Lift, garni
geschl.: 22.12.00-3.1.01

✱ Buchholz
Kunibertsgasse 5 (E 1), Tel (02 21) 16 08 30,
Fax 1 60 83 41, ✉ 50668, AX DC ED VA
17 Zi, ⌐ WC ⌀ DFÜ, 4 ⛷, Lift, 🐾, Golf, garni

🍴🍴🍴 Maître im Börsen-Restaurant 🅣
Unter Sachsenhausen 10, Tel (02 21) 13 30 21,
Fax 13 30 40, ✉ 50667, AX DC ED VA
Hauptgericht 45/22-54/27, geschl.: Sa mittags,
So, 9.-22-4-01

🍴🍴 Börsen-Stube
Unter Sachsenhausen 10-26
Hauptgericht 28/14-40/20, Terrasse, geschl.: Sa
mittags, So

🍴🍴 La Societe
Kyffhäuser Str. 53, Tel (02 21) 23 24 64,
Fax 21 04 51, ✉ 50674, AX DC VA
Hauptgericht 32/16-45/22

🍴🍴 Grande Milano mit Bistro Pinot di Pinot
Hohenstaufenring 29, Tel (02 21) 24 21 21,
Fax 24 48 46, ✉ 50674, AX DC ED VA
Hauptgericht 40/20-52/26, Terrasse, geschl.: So

🍴🍴 Alfredo
Tunisstr. 3, Tel (02 21) 2 57 73 80,
Fax 2 57 73 80, ✉ 50667, AX
Hauptgericht 40/20-49/24, geschl.: sa mittags,
so+feiertags

🍴🍴 Messeturm
Kennedy-Ufer, Tel (02 21) 88 10 08,
Fax 81 85 75, ✉ 50679, AX DC ED VA
⚜, Hauptgericht 35/17-42/21, 🅟,
geschl.: 2.-27.7.01

🍴🍴 Em Krützche
Am Frankenturm 1, Tel (02 21) 2 58 08 39,
Fax 25 34 17, ✉ 50667, AX DC ED VA
⚜, Hauptgericht 40/20, Terrasse, Biergarten,
Gartenlokal, geschl.: Mo

🍴🍴 Alter Wartesaal
Johannisstr. 11, am Hauptbahnhof,
Tel (02 21) 9 12 88 50, Fax 91 28 85 10,
✉ 50668, AX DC ED VA
⚜, Hauptgericht 27/13-40/20, nur abends, So
auch mittags

🍴 Le Moissonnier 🅣
Krefelder Str. 25, Tel (02 21) 72 94 79,
Fax 7 32 54 61, ✉ 50670
Hauptgericht 39/19-47/23, geschl.: So, Mo, 3
Wochen in den Sommerferien

🍴 Bizim
Weidengasse 47-49, Tel (02 21) 13 15 81,
✉ 50668, AX DC ED VA
Hauptgericht 38/19-45/22, geschl.: Mo, So
Beachtenswerte Küche

🍴 Artischocke
Moltkestr. 50, Tel (02 21) 25 28 61, ✉ 50674,
AX DC ED VA
Hauptgericht 39/19-43/21, nur abends,
geschl.: So, Jun-Sep Mo, 3 Wochen im Sommer

🍴 Schönberner
Kleiner Griechenmarkt 23,
Tel (02 21) 21 45 12, Fax 21 45 12, ✉ 50676,
AX DC ED VA
Hauptgericht 29/14-56/28, geschl.: Mo, So, 2
Wochen im Sommer

Vintage ✚
Pfeilstr. 31, Tel (02 21) 92 07 10,
Fax 9 20 71 19, ✉ 50672, AX DC ED VA
Hauptgericht 30/15-42/21, Terrasse,
geschl.: so+feiertags
Bistro mit Weinhandel.

☕ Café Reichard
Unter Fettenhennen 11, Tel (02 21) 2 57 85 42,
Fax 2 08 17 50, ✉ 50667
Terrasse

☕ Café Eigel
Brückenstr. -3, Tel (02 21) 2 57 58 58,
Fax 2 57 13 24, ✉ 50667

Köln-Altkölsche Kneipen

Gasthaus Alt-Köln
Trankgasse 7-9, Tel (02 21) 13 74 71,
Fax 13 68 85, ✉ 50667, AX DC ED VA
⚜, Hauptgericht 13/6-32/16, Terrasse

Köln

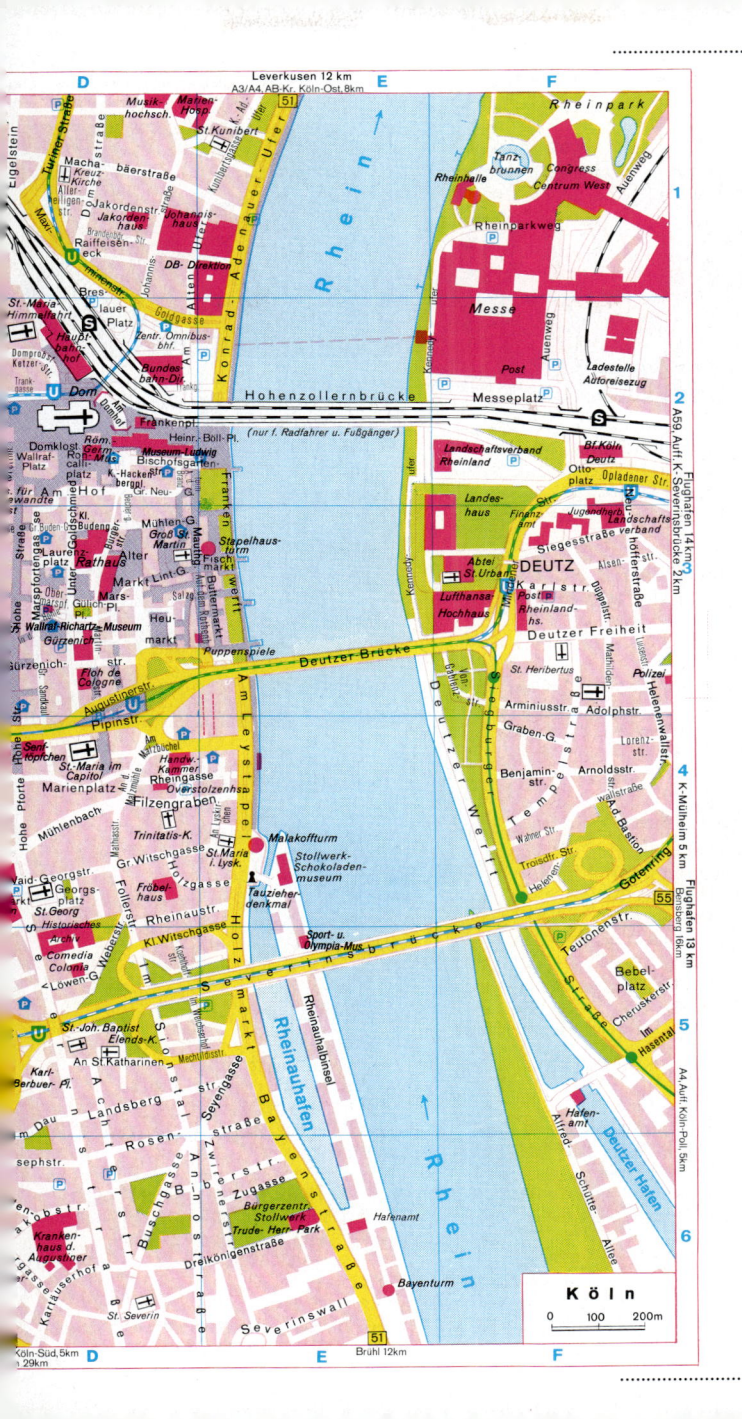

Köln

Brauhaus Früh am Dom
Am Hof 12, Tel (02 21) 2 61 32 11,
Fax 2 61 32 99, ✉ 50667
Hauptgericht 13/6-34/17, Biergarten

Brauhaus Sion
Unter Taschenmacher 5, Tel (02 21) 2 57 85 40,
Fax 2 08 17 50, ✉ 50667
Hauptgericht 15/7-26/13, Terrasse, Biergarten, Kegeln

Haus Töller
Weyer Str. 96, Tel (02 21) 2 40 91 87,
Fax 9 23 55 77, ✉ 50676
☏, Hauptgericht 15/7-25/12, nur abends,
geschl.: So
Haus Töller besteht seit 1862 fast unverändert in Einrichtung und Abwicklung. Das Kölsch wird aus Holzfässern ohne Kohlensäure gezapft. Spezialität: Hämchen und in Schmalz gebackener Reibekuchen.

Braunsfeld (4 km ←)

*** Best Western Regent International
Melatengürtel 15, Tel (02 21) 5 49 90,
Fax 5 49 99 98, ✉ 50933, AX DC ED VA, S
₴, 148 Zi, Ez: 171/86-451/227,
Dz: 171/86-451/227, 6 Suiten, ⌐ WC ⓒ DFÜ,
53 ↵, Lift, P, 7⌂120, Sauna, Solarium, garni
geschl.: 22.12.00-1.1.01
Auch Zimmer der Kategorie ** vorhanden.

Brück (8 km →)

** Silencium
Olpener Str. 1031, Tel (02 21) 89 90 40,
Fax 8 99 04 89, ✉ 51109, AX DC ED VA
67 Zi, Ez: 165/83-295/148,
Dz: 215/108-355/178, 1 Suite, ⌐ WC ⓒ DFÜ,
31 ↵, Lift, P, 2⌂25, Solarium, Golf, garni
geschl.: 23.12.00-1.1.01, 13-16.4.01
Auch Zimmer der Kategorie * vorhanden.

¶¶ Weinhaus Zur alten Schule
Olpener Str. 928, Tel (02 21) 84 48 88,
Fax 84 48 08, ✉ 51109, AX ED
Hauptgericht 40/20, Gartenlokal

Buchforst (5 km →)

** Kosmos
Waldecker Str. 11, Tel (02 21) 6 70 90,
Fax 6 70 93 21, ✉ 51065, AX DC ED VA, S
161 Zi, Ez: 186/93-349/175,
Dz: 257/129-432/217, 6 App, ⌐ WC ⓒ, 19 ↵,
Lift, P, ☎, 9⌂140, ☂, Sauna, Restaurant
geschl.: 22.12.00-4.1.01
Auch Zimmer der Kategorie * vorhanden.

Dellbrück (9 km ↗)

* Uhu
Dellbrücker Hauptstr. 201,
Tel (02 21) 6 89 34 10, Fax 6 80 50 37,
✉ 51069, AX DC ED VA
35 Zi, Ez: 96/48-150/75, Dz: 142/71-220/110, ⌐
WC ⓒ, Lift, garni

* Haus An den sieben Wegen
Grafenmühlenweg 220, Tel (02 21) 68 28 50,
Fax 68 93 00 20, ✉ 51069, AX ED VA
15 Zi, Ez: 80/40-250/125, Dz: 150/75-260/130,
⌐ WC ⓒ, P, garni
geschl.: 19.12.00-6.1.01
Auch Zimmer der Kategorie ** vorhanden.

Köln

Ehrenfeld (4 km ←)

✱ Imperial
Barthelstr. 93, Tel (02 21) 51 70 57,
Fax 52 09 93, ✉ 50823, AX DC ED VA,
35 Zi, Ez: 180/90-260/130,
Dz: 298/150-360/181, ⌐ WC ☺ DFÜ, 9 ⇔, Lift,
P, ☎, 2↻45, Sauna, Solarium, Restaurant

Hochkirchen (6 km ↓)

✱ An der Tennisanlage Schmitte
Großrotter Weg 1, Tel (0 22 33) 92 10 00,
Fax 2 39 61, ✉ 50997, AX DC ED VA,
18 Zi, Ez: 125/62-150/75, Dz: 160/80-180/90,
⌐ WC ☺, P, 7 Tennis, Restaurant

Holweide (7 km ↗)

🍴🍴🍴 Isenburg
Johann-Bensberg-Str. 49, Tel (02 21) 69 59 09,
Fax 69 87 03, ✉ 51067, AX ED VA,
☺, Hauptgericht 39/19-45/22, P, geschl.: Mo,
Sa, So, 1.-15.10.00, 15.2.-15.3.01

Immendorf (8 km ↓)

🍴🍴 Bitzerhof
Immendorfer Hauptstr. 21,
Tel (0 22 36) 6 19 21, Fax 6 29 87, ✉ 50997,
AX ED VA
☺, Hauptgericht 35/17, Terrasse, P

Junkersdorf (7 km ←)

✱✱ Brenner'scher Hof
Wilhelm-von-Capitaine-Str. 15-17,
Tel (02 21) 9 48 60 00, Fax 94 86 00 10,
✉ 50858, AX DC ED VA
28 Zi, Ez: 175/88-435/219,
Dz: 240/120-460/231, 12 Suiten, 8 App, ⌐ WC
☺ DFÜ, Lift, ☎, 3↻60, Restaurant

✱ Dorint Budget
Aachener Str. 1059-1061, Tel (02 21) 4 89 80,
Fax 48 98 10 00, ✉ 50858, AX DC ED VA
145 Zi, Ez: 175/88-345/173,
Dz: 200/100-370/186, ⌐ WC ☺ DFÜ, 45 ⇔, Lift,
☎, 6↻80, Restaurant

🍴🍴 Vogelsanger Stübchen
Vogelsanger Weg 28, Tel (02 21) 48 14 78,
✉ 50858, ED
Hauptgericht 43/21, Gartenlokal, geschl.: Mo,
So, 15.2.-1.3.01, 15.8.-1.9.01

Klettenberg (4 km ↙)

🍴🍴 Filippo Nisi
Gottesweg 108, Tel (02 21) 42 86 18,
Fax 41 42 14, ✉ 50939, AX DC ED VA
Hauptgericht 40/20-49/24, Terrasse, geschl.: Di

Lindenthal (3 km ←)

✱✱ Queens Hotel
Dürener Str. 287, Tel (02 21) 4 67 60,
Fax 43 37 65, ✉ 50935, AX DC ED VA, Ⓢ
♪ ✦, 147 Zi, Ez: 245/123-275/138,
Dz: 305/153-335/168, ⌐ WC ☺, 60 ⇔, Lift, P,
☎, 7↻600

🍴🍴 Im Stadtwald
Hauptgericht 27/13-42/21, Biergarten

🍴🍴 Bruno Lucchesi
Dürener Str. 218, Tel (02 21) 40 80 22,
Fax 4 00 98 97, ✉ 50931, AX DC ED VA
Hauptgericht 40/20-55/27, P, geschl.: Mo,
15.7.-5.8.01

Lövenich (8 km ←)

✱ Landhaus Gut Keuchhof
Braugasse 14, Tel (0 22 34) 94 60 00,
Fax 9 46 00 58, ✉ 50859, AX DC ED VA
♪, 43 Zi, Ez: 130/65-180/90,
Dz: 180/90-280/141, ⌐ WC ☺, P, Fitnessraum,
Sauna, Solarium, Restaurant

Marienburg (4 km ↓)

✱✱ Marienburger Bonotel
Bonner Str. 478-482, Tel (02 21) 3 70 20,
Fax 3 70 21 32, ✉ 50968, AX DC ED VA
89 Zi, Ez: 145/73-395/198, Dz: 195/98-395/198,
3 Suiten, 1 App, ⌐ WC ☺, 34 ⇔, Lift, P, ☎,
2↻120, Sauna, Solarium

🍴🍴 Lenny's Restaurant
Hauptgericht 14/7-36/18, Biergarten, nur
abends

🍴🍴 Grand Duc
Bonner Str. 471, Tel (02 21) 37 37 25,
Fax 38 37 16, ✉ 50968, AX DC ED VA
Hauptgericht 38/19, Gartenlokal

Merheim (7 km →)

🛏 Engelshof
Gütersloher Str. 16, Tel (02 21) 6 99 99 10,
Fax 6 99 99 16, ✉ 51109, ED VA

Köln

15 Zi, Ez: 120/60-170/85, Dz: 170/85-220/110, ⌐ Ⓒ, Ⓟ, 1⌾24, Restaurant
geschl.: So

🍽🍽🍽 Goldener Pflug
Olpener Str. 421, Tel (02 21) 89 61 24,
Fax 8 90 81 76, ✉ 51109, AX ED VA
Hauptgericht 49/24, Gartenlokal, Ⓟ,
geschl.: so+feiertags, Sa mittags

Mülheim

✶✶ Park Plaza
Clevischer Ring 121, Tel (02 21) 9 64 70,
Fax 9 64 71 00, ✉ 51063, AX DC ED VA
188 Zi, 10 Suiten, ⌐ WC Ⓒ DFÜ, 40 ⊱, Lift, 🚗,
9⌾220, Fitnessraum, Sauna, Solarium,
Restaurant

The New Yorker
Deutz-Muelheimer Str. 204 / 214,
Tel (02 21) 4 73 30, Fax 4 73 31 00, ✉ 51063,
AX DC ED VA
37 Zi, Ez: 190/95-290/146,
Dz: 240/120-310/156, 3 App, ⌐ WC Ⓒ DFÜ,
18 ⊱, Lift, Ⓟ, 2⌾30, Fitnessraum, Sauna,
Solarium, garni

Müngersdorf (6 km ←)

🍽🍽🍽 Landhaus Kuckuck Im Stadtwald
Olympiaweg 2, Tel (02 21) 49 31 71,
Fax 4 97 28 47, ✉ 50933, AX DC ED VA
einzeln, Hauptgericht 40/20-46/23, Terrasse, Ⓟ,
geschl.: So abends, Mo
Zufahrt nur über Junkersdorfer Str..

Nippes (2 km ↑)

🍽🍽 Paul's Restaurant
Bülowstr. 2, Tel (02 21) 76 68 39,
Fax 76 68 39, ✉ 50733, AX ED
Hauptgericht 37/18-39/19, nur abends,
geschl.: Mo

Porz (12 km ↘)

✶✶✶ Holiday Inn
Waldstr. 255, Tel (0 22 03) 56 10, Fax 56 19,
✉ 51147, AX DC ED VA, Ⓢ
177 Zi, Ez: 336/169-565/284,
Dz: 423/213-665/334, ⌐ WC Ⓒ, 53 ⊱, Lift, Ⓟ,
13⌾110

🍽🍽 Vivaldi
Hauptgericht 18/9-40/20, Biergarten

✶✶ Concorde Hotel Terminal
Theodor-Heuss-Str. 78, Tel (0 22 03) 3 70 30,
Fax 3 70 39, ✉ 51149, AX DC ED VA
61 Zi, Ez: 155/78-310/156,
Dz: 205/103-335/168, ⌐ WC Ⓒ, 13 ⊱, Lift, Ⓟ,
2⌾80, Sauna, Solarium, Restaurant
geschl.: 23.12.00-3.1.01

✶✶ Ambiente
Oberstr. 53, in Porz-Westhoven,
Tel (0 22 03) 91 18 60, Fax 9 11 86 36,
✉ 51149, AX DC ED VA
27 Zi, Ez: 135/67-180/90, Dz: 180/90-230/115,
⌐ WC Ⓒ, Lift, Ⓟ, 1⌾25, garni
geschl.: 24.12.00-2.1.01

✶ Mercure Relais Köln-Airport
Hauptstr. 369, Tel (0 22 03) 5 50 36,
Fax 5 59 31, ✉ 51143, AX DC ED VA, Ⓢ
59 Zi, Ez: 163/82-399/200, Dz: 187/94-399/200,
⌐ WC Ⓒ, 11 ⊱, Lift, Ⓟ, 🚗, 2⌾60, garni
Auch Zimmer der Kategorie ✶✶ vorhanden.

✶ Spiegel
Hermann-Löns-Str. 122, in Porz-Grengel,
Tel (0 22 03) 6 10 46, Fax 69 56 53, ✉ 51147,
AX ED VA
27 Zi, Ez: 120/60-220/110, Dz: 160/80-320/161,
⌐ WC Ⓒ, 13 ⊱, Ⓟ, 🚗, 1⌾20
Auch Zimmer der Kategorie ✶✶ vorhanden.
🍽🍽 Hauptgericht 45/22, geschl.: Fr

✶ Geisler
Frankfurter Str. 172, in Porz-Wahn,
Tel (0 22 03) 6 10 27, Fax 6 15 97, ✉ 51147, ED VA
65 Zi, Ez: 95/47-225/113, Dz: 160/80-235/118,
⌐ WC Ⓒ, Lift, Ⓟ, 1⌾45, garni
geschl.: 24.12.00-2.1.01, 12-17.4.01

🍽🍽🍽 Zur Tant
Rheinbergstr. 49, in Porz-Langel,
Tel (0 22 03) 8 18 83, Fax 8 73 27, ✉ 51143,
AX DC ED VA
🍴, Hauptgericht 38/19-52/26, Gartenlokal, Ⓟ,
geschl.: Do, 2.-12.10.00, 19.-27.2.01
Fachwerkhaus, unter Denkmalschutz.

¶ Hütter's Piccolo
Rheinbergstr. 49
§, Hauptgericht 26/13-32/16, Terrasse,
Gartenlokal, geschl.: Do, 2.-12.10.00,
19.-27.2.01

Rodenkirchen (5 km ↓)

* Atrium Rheinhotel
Karlstr. 2, Tel (02 21) 93 57 20,
Fax 93 57 22 22, ✉ 50996, AX DC ED VA
70 Zi, Ez: 123/61-378/190, Dz: 198/99-428/215,
4 Suiten, 6 App, ⊐ WC Ⓒ, 4 ⇔, Lift, ≘, Sauna,
garni
geschl.: 22.12.00-2.1.01
Auch Zimmer der Kategorie ** vorhanden.

* Rheinblick
Uferstr. 20, Tel (02 21) 39 12 82, Fax 39 21 39,
✉ 50996, AX DC ED VA
♪ §, 16 Zi, Ez: 120/60-140/70,
Dz: 140/70-170/85, 11 App, ⊐ WC Ⓒ, ≘, ≙,
garni
Rezeption: 6.30-23

* Cerano Hotel
Hauptstr. 78, Tel (02 21) 35 01 50,
Fax 3 50 15 77, ✉ 50996, AX DC ED VA
22 Zi, Ez: 119/59-425/214, Dz: 139/70-425/214,
⊐ WC Ⓒ DFÜ, Lift, Ⓟ, ≘, garni

Sürth (7 km ↓)

** Falderhof
Falderstr. 29, Tel (0 22 36) 96 69 90,
Fax 96 69 98, ✉ 50999, AX DC ED VA
♪, 33 Zi, Ez: 160/80-235/118,
Dz: 215/108-295/148, ⊐ WC Ⓒ DFÜ, 6 ⇔, Ⓟ,
2⇌100, Golf

¶¶ Altes Fachwerkhaus im Falderhof
Tel 6 87 16
Hauptgericht 25/12-40/20

Weiden (8 km ←)

* Ponick
Königsberger Str. 9, Tel (0 22 34) 4 08 70,
Fax 40 87 87, ✉ 50858, AX ED VA
♪, 33 Zi, Ez: 120/60-180/90,
Dz: 180/90-230/115, ⊐ WC Ⓒ, 11 ⇔, Lift, ≘,
garni
geschl.: 23.12.00-3.1.01

Zollstock (3 km ↙)

* Christina
Bischofsweg 52, Tel (02 21) 37 63 10,
Fax 3 76 31 99, ✉ 50968, AX DC ED VA
67 Zi, Ez: 118/59-238/119, Dz: 148/74-268/134,
⊐ WC Ⓒ, 3 ⇔, Lift, Ⓟ, ≘, garni
geschl.: 20.12.00-6.1.01

Kölpinsee siehe Usedom

Köngen 62←

Baden-Württemberg
Kreis Esslingen
EW 9000
🛈 Tel (0 70 24) 8 00 70, Fax 80 07 60
Gemeindeverwaltung
✉ 73257 Oberdorfstr. 2

** Zum Schwanen mit Gästehaus
Schwanenstr. 1, Tel (0 70 24) 9 72 50,
Fax 9 72 56, ✉ 73257, AX DC ED VA
43 Zi, Ez: 105/52-130/65, Dz: 155/78-170/85,
1 Suite, ⊐ WC Ⓒ, Lift, Ⓟ, 3⇌80, Golf
geschl.: 1.-7.1.01
¶¶ Hauptgericht 28/14-40/20, Terrasse,
geschl.: Mo, So abends, 1.-7.1.01

* Neckartal
Bahnhofstr. 19, Tel (0 70 24) 9 72 20,
Fax 97 22 22, ✉ 73257, AX ED VA
39 Zi, Ez: 118/59, Dz: 160/80, ⊐ Ⓒ, Lift, 3⇌60
Auch einfachere Zimmer vorhanden.
¶ Hauptgericht 16/8-35/17, geschl.: Fr

König, Bad 55←

Hessen / Odenwaldkreis
EW 9500
🛈 Tel (0 60 63) 5 81 82, Fax 55 17
Kurzentrum
✉ 64732 Elisabethenstr. 13

** Büchner
Frankfurter Str. 6, Schwimmbadstr.,
Tel (0 60 63) 5 00 50, Fax 5 71 01, ✉ 64732,
AX ED VA
♪, 33 Zi, Ez: 70/35-140/70, Dz: 110/55-160/80,
1 Suite, ⊐ WC Ⓒ DFÜ, 10 ⇔, Ⓟ, ≘, 2⇌50, ≙,
Fitnessraum, Sauna, Solarium
geschl.: Do
¶ Frankfurter Str. 6,
Hauptgericht 18/9-40/20, Terrasse, geschl.: Mi
abends, Do, 27.9.-10.11.00

Königs Wusterhausen 30 ↘

Brandenburg
Kreis Dahme-Spreewald
EW 17700
ℹ Tel (0 33 75) 25 20 19, Fax 25 20 28
Tourist-Information
✉ 15711 Am Bahnhof

✱ Brandenburg
Karl-Liebknecht-Str. 10, Tel (0 33 75) 67 60,
Fax 6 76 66, ✉ 15711, AX DC ED VA
34 Zi, Ez: 95/47-135/67, Dz: 120/60-150/75, ⌐
WC ⌀ DFÜ, 2 ⇄, Lift, **P**, ⌂, 2⌒60, Solarium,
garni
geschl.: 22.12.00-2.1.01

Königsbach-Stein 61 ↖

Baden-Württemberg / Enzkreis
EW 9700
ℹ Tel (0 72 32) 3 00 80, Fax 30 08 99
Gemeindeverwaltung
✉ 75203 Marktstr. 15

Königsbach

✱ Europäischer Hof
Steiner Str. 100, Tel (0 72 32) 8 09 80,
Fax 80 98 50, ✉ 75203, AX DC ED VA
20 Zi, Ez: 95/47, Dz: 160/80, 1 App, ⌐ ⌀ DFÜ,
⌂, 4⌒40
geschl.: 3 Wochen im Aug
🍴🍴 Hauptgericht 40/20, geschl.: Sa
mittags, So abends, Mo, 3 Wochen im Aug

Königsberg 56 ↗

Bayern / Kreis Haßberge
EW 4200
ℹ Tel (0 95 25) 92 22 11, Fax 95 03 43
Gästeinformation
✉ 97486 Marktplatz

✱ Goldner Stern
Marktplatz 6, Tel (0 95 25) 9 22 10,
Fax 92 21 33, ✉ 97486, ED VA
14 Zi, Ez: 85/42, Dz: 145/73, 1 Suite, ⌐ WC ⌀
DFÜ, **P**, 2⌒50, Golf, Restaurant

⊨ Hof-Café Herrenschenke
Marienstr. 3, Tel (0 95 25) 9 23 20,
Fax 92 32 22, ✉ 97486, ED VA
8 Zi, Ez: 53/26, Dz: 87/43, ⌐ WC ⌀, **P**, 1⌒30,
Restaurant

Königsbronn 62 →

Baden-Württemberg
Kreis Heidenheim
EW 7740
Gemeindeverwaltung
✉ 89551

Zang (6 km ↙)

🍴🍴 Löwen
Struthstr. 17, Tel (0 73 28) 9 62 70,
Fax 96 27 10, ✉ 89551, AX VA
Hauptgericht 18/9-42/21, Biergarten,
Gartenlokal, **P**, geschl.: Di

Königsbrunn 71 ↖

Bayern / Kreis Augsburg
EW 26130
ℹ Tel (0 82 31) 91 64 87, Fax 91 64 88
Kulturbüro
✉ 86343 Rathausstr. 2

✱✱ Arkadenhof
Rathausstr., Tel (0 82 31) 9 68 30, Fax 8 60 20,
✉ 86343, AX DC ED VA
57 Zi, Ez: 115/57-165/83, Dz: 125/62-185/93,
3 Suiten, 5 App, ⌐ WC ⌀, 28 ⇄, Lift, **P**, ⌂,
3⌒60, Fitnessraum, Sauna, Golf, garni
geschl.: 22.12.00-2.1.01

✱ Zeller
Hauptstr. 78, Tel (0 82 31) 99 60, Fax 99 62 22,
✉ 86343, AX ED VA
80 Zi, Ez: 104/52-130/65, Dz: 142/71-162/81, ⌐
WC ⌀, 12 ⇄, Lift, **P**, ⌂, 4⌒250, Kegeln, Golf,
Restaurant

Königsdorf 72 ↙

Bayern
Kreis Bad Tölz-Wolfratshausen
EW 2900
ℹ Tel (0 81 79) 9 31 20, Fax 93 12 22
Gemeindeverwaltung
✉ 82549 Hauptstr. 54

✱ Posthotel Hofherr Landidyll
Hauptstr. 31 a, Tel (0 81 79) 50 90, Fax 6 59,
✉ 82549, AX DC ED VA
60 Zi, Ez: 70/35-150/75, Dz: 120/60-190/95, ⌐
WC ⌀ DFÜ, 18 ⇄, Lift, **P**, ⌂, 8⌒35, Kegeln,
Sauna, Solarium, Golf, Restaurant
Skulpturenpark mit Werken internationaler
Künstler.

Königsfeld 68 ↖

Baden-Württemberg
Schwarzwald-Baar-Kreis
EW 6000
🛈 Tel (0 77 25) 80 09 45, Fax 80 09 44
Tourist-Info
✉ 78126 Friedrichstr. 5

✱✱ Fewotel Schwarzwald Treff
Klimschpark, Tel (0 77 25) 80 80,
Fax 80 88 08, ✉ 78126, AX DC ED VA, Ⓢ
einzeln ♪, 130 Zi, Ez: 128/64-153/77,
Dz: 216/108-266/133, 18 Suiten, 86 App, ⌐ WC
⌀, 19 ⌂, Lift, Ⓟ, 4⌬120, ⌂, Sauna, Solarium,
4 Tennis

¥¥ Markgraf
Hauptgericht 25/12-34/17

✱ Schiller
Albert-Schweitzer-Weg 4,
Tel (0 77 25) 9 38 70, Fax 93 87 70, ✉ 78126
♪, 5 Zi, Ez: 60/30-130/65, Dz: 120/60-140/70,
3 Suiten, 2 App, ⌐ WC ⌀, 5 ⌂, Ⓟ, Restaurant

Königslutter am Elm 27 ✓

Niedersachsen / Kreis Helmstedt
EW 16802
🛈 Tel (0 53 53) 91 21 29, Fax 91 21 55
Fremdenverkehrsamt
✉ 38154 Am Markt 1, Rathaus

✱✱ Avalon Hotelpark Königshof
Braunschweiger Str. 21 a, Tel (0 53 53) 50 30,
Fax 50 32 44, ✉ 38154, AX DC ED VA
175 Zi, Ez: 120/60-205/103,
Dz: 180/90-285/143, 10 App, ⌐ WC ⌀, 21 ⌂,
Lift, Ⓟ, 15⌬650, ⌂, Kegeln, Bowling, Sauna,
Solarium, Golf, 8 Tennis
Auch Zimmer der Kategorie ✱ vorhanden.

¥¥¥ La Trevise 🚩
Hauptgericht 42/21-59/29, Terrasse, Biergarten,
nur abends, geschl.: Mo, So, 2 Wochen im Jan,
4 Wochen im Sommer

✱ Kärntner Stub'n
Fallersleber Str. 23, Tel (0 53 53) 9 54 60,
Fax 95 46 95, ✉ 38154, AX ED VA
23 Zi, Ez: 85/42-110/55, Dz: 140/70-160/80, ⌐
WC ⌀, 3 ⌂, Ⓟ, ⌂, 2⌬50, Kegeln, Restaurant
geschl.: 27.12.00-10.1.01
Auch einfachere Zimmer vorhanden.

Bornum (5 km ←)

✱ Lindenhof
Im Winkel 23, Tel (0 53 53) 92 00,
Fax 9 20 20, ✉ 38154, ED VA
18 Zi, Ez: 92/46-105/52, Dz: 100/50-135/67,
1 Suite, ⌐ WC ⌀, 2 ⌂, 2⌬60, Restaurant

Königssee siehe Schönau

Königstein 51 ↑

Sachsen / Kreis Pirna
EW 3000
🛈 Tel (03 50 21) 6 82 61, Fax 6 88 87
Tourist-Information
✉ 01824 Schreiberberg 2

Ebenheit

⎯ Panoramahotel Lilienstein
Ebenheit 7, Tel (03 50 22) 5 30, Fax 5 31 10,
✉ 01824, AX ED VA
einzeln, 31 Zi, Ez: 80/40-105/52,
Dz: 120/60-140/70, 2 Suiten, ⌐ WC ⌀, Ⓟ,
2⌬50, Restaurant
Zufahrt über Waltersdorf.

Königstein 58 □

Bayern / Kreis Amberg-Sulzbach
EW 950
🛈 Tel (0 96 65) 17 64, Fax 91 31 30
Tourismusverein
✉ 92281 Oberer Markt 20

✱ Wilder Mann
Oberer Markt 1, Tel (0 96 65) 2 37, Fax 6 47,
✉ 92281, ED VA
24 Zi, Ez: 53/26-88/44, Dz: 90/45-130/65,
3 Suiten, ⌐ WC ⌀, 4 ⌂, Lift, Ⓟ, ⌂, 1⌬30,
Sauna, Solarium, Golf, Restaurant
Auch einfachere Zimmer vorhanden.

⎯ Königsteiner Hof
Marktplatz 10, Tel (0 96 65) 9 14 20,
Fax 91 42 70, ✉ 92281
19 Zi, Ez: 50/25-55/27, Dz: 87/43-92/46, 1 App,
⌐ WC ⌀, Lift, Ⓟ, Sauna, Solarium, Restaurant
geschl.: 15.11.-15.12.00

⎯ Gasthof Reif
Oberer Markt 5, Tel (0 96 65) 91 50 20,
Fax 9 15 02 50, ✉ 92281
16 Zi, Ez: 44/22-54/27, Dz: 80/40-88/44,
6 Suiten, 1 App, ⌐ WC ⌀ DFÜ, Ⓟ, ⌂, Sauna,
Solarium, Golf, 1 Tennis, Restaurant
geschl.: 5.11.-15.12.00

Königstein im Taunus 44 ↘

Hessen
EW 17900
❶ Tel (0 61 74) 20 22 51, Fax 20 22 84
Kur- und Stadtinformation
✉ 61462 Hauptstr. 21

⋆⋆ Königshof
Wiesbadener Str. 30, Tel (0 61 74) 2 90 70,
Fax 29 07 52, ✉ 61462, AX DC ED VA
⌣, 26 Zi, Ez: 145/73-200/100,
Dz: 215/108-250/125, ⌐ WC ⌀ DFÜ, 🅿, 1↻30,
Fitnessraum, Sauna, Solarium, garni
geschl.: Mitte Jul-Anfang Aug

🍴🍴 Sonnenhof
Falkensteiner Str. 9, Tel (0 61 74) 2 90 80,
Fax 29 08 75, ✉ 61462,
Hauptgericht 38/19-44/22, Terrasse, 🅿, 🛏
Beachtenswerte Küche.

🍴 Leimeister
Hauptstr. 27, Tel (0 61 74) 2 18 37,
Fax 2 28 41, ✉ 61462, AX DC ED VA
Hauptgericht 38/19-46/23, Terrasse, geschl.: So,
1.-15.1.01

Falkenstein

⋆⋆⋆⋆ Kempinski Hotel Falkenstein & Residenz
Debusweg 4, Tel (0 61 74) 9 00, Fax 90 90 90,
✉ 61462, AX DC ED VA
§, 36 Zi, Ez: 265/133-455/229,
Dz: 415/209-515/259, 22 Suiten, ⌐ WC ⌀ DFÜ,
15 ⤺, Lift, 🅿, 6↻50, ☰, ⌂, Fitnessraum,
Sauna, Solarium, Golf
Neoklassizistischer Zentralbau mit sechs
repräsentativen Gebäuden im englischen
Landhausstil in einem Park. Auch Zimmer der
Kategorie ⋆⋆⋆ vorhanden.
🍴🍴🍴 Hauptgericht 35/17-50/26, Terrasse

Königswinter 43 ↖

Nordrhein-Westfalen
Rhein-Sieg-Kreis
EW 39000
❶ Tel (0 22 23) 91 77 11, Fax 91 77 20
Tourismus Siebengebirge GmbH
✉ 53639 Drachenfelsstr. 11

⋆⋆⋆⋆ Gästehaus Petersberg
Auf dem Petersberg, Tel (0 22 23) 7 40,
Fax 7 44 43, ✉ 53639, AX DC ED VA
einzeln ⌣ §, 87 Zi, Ez: 280/141-540/271,
Dz: 420/211-540/271, 12 Suiten, ⌐ WC ⌀ DFÜ,
21 ⤺, Lift, 🕿, 13↻500, ⌂, Fitnessraum,
Sauna, Solarium
Wird zeitweise als Gästehaus der Regierung
genutzt. Anmeldung empfehlenswert.

🍴🍴🍴🍴 Rheinterrassen
§ einzeln, Hauptgericht 48/24-56/28, Terrasse,
🅿, nur abends

⋆⋆⋆ Maritim
Rheinallee 3, Tel (0 22 23) 70 70, Fax 70 78 11,
✉ 53639, AX DC ED VA, Ⓢ
§, 216 Zi, Ez: 217/109-401/201,
Dz: 278/140-472/237, 32 Suiten, ⌐ WC ⌀,
56 ⤺, Lift, 🕿, 10↻500, ⌂, Sauna, Solarium

🍴🍴🍴 Rheinterrassen
§, Hauptstr. 45/22, Terrasse, 🅿

⋆ Rheinhotel Loreley
Rheinallee 12, Tel (0 22 23) 92 50,
Fax 92 51 00, ✉ 53639, AX DC ED VA
§, 50 Zi, Ez: 160/80-180/90,
Dz: 190/95-200/100, 2 Suiten, ⌐ WC ⌀, 6 ⤺,
Lift, 🕿, 2↻50, Restaurant

⋆ Krone
Hauptstr. 374, Tel (0 22 23) 2 24 00, Fax 48 04,
✉ 53639, ED VA
18 Zi, Ez: 95/47-125/62, Dz: 150/75-180/90, ⌐
WC ⌀, 4 ⤺, 🅿, 🕿, Restaurant

* **Hindenburg**
Hauptstr. 357, **Tel (0 22 23) 90 19 40**,
Fax 2 48 57, ✉ 53639, AX ED VA
14 Zi, Ez: 105/52-120/60, Dz: 160/80-180/90,
⌐ WC ⌀, P, 🏠, Solarium, garni
Rezeption: 6-13, 16-1

Ittenbach

* **Waldhotel Refugium Sophienhof**
Löwenburger Str. 1, **Tel (0 22 23) 9 01 93 60**,
Fax 9 01 93 61, ✉ 53639, AX ED VA
16 Zi, Ez: 95/47-150/75, Dz: 170/85-240/120,
⌐ WC ⌀ DFÜ, Lift, P, 2⇨30, Restaurant
Rezeption: 6.30-23

Margarethenhöhe (6 km →)

* **Im Hagen**
Ölbergringweg 45, **Tel (0 22 23) 9 21 30**,
Fax 92 13 99, ✉ 53639, AX DC VA
♪ 🍴, 17 Zi, Ez: 80/40-120/60,
Dz: 140/70-180/90, ⌐ WC ⌀ DFÜ, P, 1⇨12
🍴🍴 🍴, Hauptgericht 30/15, Terrasse

Könnern 38 □

Sachsen-Anhalt / Kreis Bernburg
EW 3600
ℹ Tel (03 46 91) 2 02 23, Fax 2 02 24
Stadtverwaltung
✉ 06420 Markt 1

** **Henning Hof**
Große Freiheit 78, **Tel (03 46 91) 29 00**,
Fax 29 03 10, ✉ 06420, AX ED VA
45 Zi, Ez: 120/60, Dz: 150/75, ⌐ WC ⌀, Lift, P,
🏠, Restaurant

Kösen, Bad 38 ↓

Sachsen-Anhalt / Burgenlandkreis
EW 5300
ℹ Tel (03 44 63) 2 82 89, Fax 2 82 80
Kurverwaltung
✉ 06628 Loreleypromenade

siehe auch Crölpa-Löbschütz

* **Kurhotel Mutiger Ritter**
R.-Breitscheid-Str. 2, **Tel (03 44 63) 3 70**,
Fax 3 77 99, ✉ 06628, AX DC ED VA
124 Zi, Ez: 75/37-100/50, Dz: 100/50-150/75,
⌐ WC ⌀, 15 ♿, Lift, P, 6⇨361, Restaurant

* **Villa Ilske Flair Hotel**
Ilskeweg 2, **Tel (03 44 63) 36 60**, Fax 3 66 20,
✉ 06628, AX DC ED VA
♪ 🍴, 16 Zi, Ez: 70/35-100/50,
Dz: 100/50-140/70, ⌐ WC ⌀, P, ≋, Kegeln,
Sauna, Solarium, Restaurant

* **Schöne Aussicht**
Ilskeweg 1, **Tel (03 44 63) 2 73 67**,
Fax 2 73 67, ✉ 06628, AX ED VA
♪ 🍴, 21 Zi, Ez: 75/37, Dz: 110/55, ⌐ WC ⌀, P,
3⇨100, Sauna, Solarium, Restaurant

* **Café Schoppe**
Naumburger Str. 1, **Tel (03 44 63) 2 85 85**,
Fax 2 85 86, ✉ 06628
9 Zi, Ez: 80/40, Dz: 120/60, ⌐ WC ⌀, P, 🏠,
garni

* **Zum Wehrdamm**
Loreleypromenade 3, **Tel (03 44 63) 2 84 05**,
Fax 2 83 96, ✉ 06628
🍴, 4 Zi, Ez: 68/34-95/47, Dz: 92/46-120/60,
4 Suiten, ⌐ WC ⌀, P, 🏠, Restaurant

Kösen, Bad-Außerhalb (2 km ✓)

* **Berghotel Wilhelmsburg Flair Hotel**
Eckartsbergaerstr. 20, an der B 87,
Tel (03 44 63) 36 70, Fax 3 67 20, ✉ 06628, AX DC ED VA
einzeln 🍴, 39 Zi, Ez: 80/40-120/60,
Dz: 110/55-150/75, ⌐ WC ⌀, P, 2⇨50, ≋,
Kegeln, Sauna, Solarium, Restaurant

Kössen 73 ✓

Tirol / Kreis Bezirk Kitzbühel
EW 3800
ℹ Tel (0 53 75) 62 87, Fax 69 89
Tourismusverband
✉ 6345 Dorf 15

Kössen-Außerhalb (4,5 km →)

*** **Peternhof**
Moserbergweg 60, **Tel (0 53 75) 62 85**,
Fax 69 44, ✉ 6345, AX
129 Zi, Ez: 969 (ATS)-1422 (ATS)
Dz: 1700 (ATS)-1950 (ATS), 5 Suiten, ⌐ WC ⌀,
Lift, P, 🏠, ≋, ⌂, Sauna, Solarium
geschl.: 6.11.-16.12.00, 23.4.-5.5.01
Fußweg nach Reit im Winkel, 50 m.
🍴🍴🍴 Hauptgericht 18/9-55/27,
geschl.: 6.11.-16.12.00

Köstritz, Bad 49 ↖

Thüringen / Kreis Greiz
EW 3790
🛈 Tel (03 66 05) 3 50 35, Fax 3 50 35
Stadtverwaltung Bad Köstritz
✉ 07586 Julius-Sturm-Str. 10

★★ Goldner Loewe
Heinrich-Schütz-Str. 5, Tel (03 66 05) 3 80,
Fax 3 81 00, ✉ 07586, AX DC ED VA
33 Zi, Ez: 100/50-115/57, Dz: 145/73, 2 Suiten,
⊣ WC ⌀ DFÜ, 14 ⇎, Lift, P, 4⇔250,
Fitnessraum, Kegeln, Sauna, Solarium
Auch Zimmer der Kategorie ✱ vorhanden.
🍴🍴 Hauptgericht 15/7-25/12

★★ Schloßhotel
Julius-Sturm-Platz 9, Tel (03 66 05) 3 30,
Fax 3 33 33, ✉ 07586, AX DC ED VA
86 Zi, Ez: 90/45-110/55, Dz: 110/55-130/65, ⊣
WC ⌀, 30 ⇎, Lift, P, 4⇔100, Sauna, Solarium,
Restaurant

✱ Pension Egerer
Bahnhofstr. 60, Tel (03 66 05) 26 71,
Fax 80 23, ✉ 07586, ED
5 Zi, Ez: 70/35-85/42, Dz: 85/42, ⊣ WC ⌀, 2 ⇎,
P, garni

Köthen/Anhalt 38 ↗

Sachsen-Anhalt
EW 33000
🛈 Tel (0 34 96) 21 62 17, Fax 21 62 17
Köthen-Information
✉ 06366 Hallesche Str. 10, Hallescher Turm

✱ Anhalt
Ludwigstr. 5, Tel (0 34 96) 55 00 11,
Fax 55 00 10, ✉ 06366, AX ED VA
68 Zi, Ez: 110/55, Dz: 130/65, 1 App, ⊣ WC ⌀,
10 ⇎, Lift, P, 2⇔40, garni

Kötschlitz 38 →

Sachsen-Anhalt
Kreis Merseburg-Querfurt
EW 767
🛈 Tel (03 46 38) 5 60, Fax 56 01 23
✉ 06254 Gemeindeholz 2

Günthersdorf (1 km ↓)

★★ Holiday Inn Garden Court
Aue-Park-Allee 3-7, Tel (03 46 38) 5 10,
Fax 5 12 20, ✉ 06254, AX DC ED VA
♪, 89 Zi, 1 Suite, ⊣ WC ⌀ DFÜ, 40 ⇎, Lift, P,
🏰, 9⇔300, Fitnessraum, Sauna, Solarium,
Restaurant

Kötzting 65 ↗

Bayern / Kreis Cham
EW 7500
🛈 Tel (0 99 41) 60 21 50, Fax 60 21 55
Kurverwaltung/Tourist-Information
✉ 93444 Herrenstr. 10

Kneippkurort im Bayerischen Wald; alljährl.
Pfingstritt. Neu: Spielbank. www.koetzting.de

★★ Gasthof Amberger Hof
Torstr. 2, Tel (0 99 41) 95 00, Fax 95 01 10,
✉ 93444, AX DC ED VA
34 Zi, Ez: 75/37-79/39, Dz: 110/55-124/62, ⊣
WC ⌀, Lift, P, 🏰, Solarium, Restaurant

Liebenstein (5 km ↑)

★★ Bayerwaldhof
Liebenstein 1, Tel (0 99 41) 13 97, Fax 48 06,
✉ 93444
♪ §, 56 Zi, Ez: 80/40-160/80,
Dz: 140/70-300/151, 3 Suiten, ⊣ WC ⌀, Lift, P,
2⇔50, 🏰, Sauna, Solarium, Restaurant
Auch Zimmer der Kategorien ✱ und ★★★
vorhanden. Elegante Wellness- und
Thermenlandschaft.

Kohlgrub, Bad 71 ↙

Bayern
Kreis Garmisch-Partenkirchen
EW 2200
🛈 Tel (0 88 45) 7 42 20, Fax 74 22 44
Kurverwaltung
✉ 82433 Hauptstr. 27

★★ Astron Hotel Schillingshof
Fallerstr. 11, Tel (0 88 45) 70 10, Fax 83 49,
✉ 82433, AX DC ED VA, Ⓢ
♪ §, 131 Zi, Ez: 205/103-245/123,
Dz: 300/151-350/176, ⊣ WC ⌀, Lift, P, 🏰, 🏰,
Kegeln, Sauna, Solarium, Restaurant

✱ Gertraud
Kehrstr. 22, Tel (0 88 45) 8 50, Fax 85 44,
✉ 82433
§, 18 Zi, Ez: 50/25-70/35, Dz: 100/50-146/73, ⊣
WC ⌀, P, Solarium, garni
geschl.: 1.11.00-31.1.01

🍴 Pfeffermühle
Trillerweg 10, Tel (0 88 45) 7 40 60, Fax 10 47,
✉ 82433, ED
Hauptgericht 30/15, Terrasse, geschl.: Do,
Anfang Nov-Mitte Dez
Pfeffermühlensammlung.

Kohren-Sahlis 49 ↗

Sachsen / Kreis Leipziger Land
EW 3000
ℹ Tel (03 43 44) 6 12 58, Fax 6 16 13
Fremdenverkehrsverband
✉ 04655 Dorfstr. 20a

Terpitz (2 km →)

Elisenhof
Haus Nr 27, Tel (03 43 44) 6 14 39,
Fax 6 28 15, ✉ 04655, AX ED
Hauptgericht 22/11, P, geschl.: Jan
✱ ☽, 8 Zi, Ez: 100/50-120/60,
Dz: 140/70-160/80, ⌐ WC ☾, ☎

Kolbermoor 72 ↘

Bayern / Kreis Rosenheim
EW 17450
ℹ Tel (0 80 31) 2 96 80, Fax 29 22 19
Stadtverwaltung
✉ 83059 Rosenheimer Str. 30 b

✱ Heider
Rosenheimer Str. 35, Tel (0 80 31) 9 60 76,
Fax 9 14 10, ✉ 83059, ED VA
34 Zi, Ez: 85/42-98/49, Dz: 149/75-189/95,
3 Suiten, 4 App, ⌐ WC ☾, 14 ↳, Lift, Golf,
garni
geschl.: 15.12.00-15.1.01

Kolkwitz 41 ↖

Brandenburg
Landkreis Spree-Neiße
EW 3400
ℹ Tel (03 55) 2 42 54, Fax 79 19 31
Cottbus-Information
✉ 03044 Karl-Marx-Str. 68

Kolkwitz-Außerhalb (1,5 km →)

✱ Haus Irmer
Berliner Str. 90 c, Tel (03 55) 28 74 74,
Fax 28 74 77, ✉ 03099, AX ED VA
35 Zi, Ez: 98/49-110/55, Dz: 120/60-138/69, ⌐
WC ☾, Lift, P, 2↻50, Sauna, Solarium
🍴 Hauptgericht 8/4-25/12

Konstanz 69 ↙

Baden-Württemberg
EW 78000
ℹ Tel (0 75 31) 13 30 30, Fax 13 30 60
Tourist-Information
✉ 78462 Bahnhofplatz 13
Cityplan siehe Seite 542

✱✱✱✱ Steigenberger Inselhotel
Auf der Insel 1 (B 2), Tel (0 75 31) 12 50,
Fax 2 64 02, ✉ 78462, AX DC ED VA, Ⓢ
✵, 102 Zi, Ez: 200/100-400/201,
Dz: 350/176-480/241, 2 Suiten, ⌐ WC ☾, 22 ↳,
Lift, P, 5↻400, Seezugang, Sauna, Solarium
Auch Zimmer der Kategorie ✱✱✱ vorhanden.

🍴🍴🍴 **Seerestaurant**
✵, Hauptgericht 39/19-48/24, Terrasse

🍴🍴 **Dominikaner-Stube**
☺, Hauptgericht 39/19, Terrasse

✱✱✱ Mercure Halm
Bahnhofplatz 6 (B 3), Tel (0 75 31) 12 10,
Fax 2 18 03, ✉ 78462, AX DC ED VA, Ⓢ
✵, 85 Zi, Ez: 169/85-285/143,
Dz: 233/117-308/155, 14 Suiten, ⌐ WC ☾,
39 ↳, Lift, 4↻130, Sauna, Solarium,
Restaurant

✱✱ Parkhotel am See
Seestr. 25 a (C 1), Tel (0 75 31) 89 90,
Fax 89 94 00, ✉ 78464, AX DC ED VA
☽ ✵, 39 Zi, Ez: 169/85-225/113,
Dz: 220/110-360/181, 6 Suiten, 6 App, ⌐ WC ☾
DFÜ, Lift, ☎, 2↻50, Sauna, Solarium
🍴🍴 Hauptgericht 25/12, Terrasse,
geschl.: Nov-Mär Mo, Di

✱ Stadthotel
Bruderturmgasse 2 (A 3), Tel (0 75 31) 9 04 60,
Fax 90 46 46, ✉ 78462, AX DC ED VA
24 Zi, Ez: 120/60-140/70, Dz: 165/83-210/105,
⌐ WC ☾ DFÜ, Lift, garni
geschl.: 20.12.00-10.1.01

✱ Bayrischer Hof
Rosgartenstr. 30 (B 3), Tel (0 75 31) 1 30 40,
Fax 13 04 13, ✉ 78462, AX ED VA
25 Zi, Ez: 118/59-150/75, Dz: 178/89-190/95,
⌐ WC ☾ DFÜ, 6 ↳, Lift, P, garni
geschl.: 22.12.00-10.1.01

✱ Waldhaus Jakob
Eichhornstr. 84 (C 1), Tel (0 75 31) 8 10 00,
Fax 81 00 67, ✉ 78464, AX DC ED VA
✵, 37 Zi, Ez: 100/50-140/70, Dz: 160/80-180/90,
⌐ WC ☾, 13 ↳, Lift, P, 4↻100, Solarium
geschl.: 26.12.-10.1.00
🍴 ✵, Hauptgericht 18/9-32/16,
Biergarten, geschl.: 26.12.00-10.1.01

🍴🍴🍴 **Siber** 🍷
L'Art de Vivre-Restaurant
Seestr. 25, Tel (0 75 31) 9 96 69 90,
Fax 99 66 99 33, ✉ 78464, ED VA
Hauptgericht 48/24, Terrasse, P

Konstanz

★★★ Seehotel
Relais & Châteaux
♩ ⑂, 11 Zi, Ez: 170/85-410/206,
Dz: 200/100-410/206, 1 Suite, ⇌ WC Ⓒ, 🏠, Golf
Jugendstilvilla direkt am See.

¶¶ Casino-Restaurant
Seestr. 21, Tel (0 75 31) 81 57 65,
Fax 81 57 70, ✉ 78464, AX DC ED VA
Hauptgericht 27/13-60/30, Terrasse, Ⓟ, nur abends

¶ Pinocchio
Untere Laube 47, Tel (0 75 31) 1 57 77,
Fax 19 18 40, ✉ 78462, AX DC ED VA
Hauptgericht 30/15, Gartenlokal

Staad (4 km ↗)

★★ Ringhotel Schiff am See
William-Graf-Platz 2, Tel (0 75 31) 3 10 41,
Fax 3 19 81, ✉ 78464, AX DC ED VA, Ⓢ
⑂, 23 Zi, Ez: 130/65-185/93,
Dz: 185/93-250/125, 5 Suiten, ⇌ WC Ⓒ, Lift,
Ⓟ, 1🍽25

¶¶ ⑂, Hauptgericht 22/11-36/18, Terrasse

Korb 61 →

Baden-Württemberg
Rems-Murr-Kreis
EW 10000
🛈 Tel (0 71 51) 9 33 40, Fax 93 34 23
Gemeinde Korb
✉ 71404 J-F-Weishaar-Str 7-9

★★ Hahnen
Heppacher Str. 24, Tel (0 71 51) 93 90 20,
Fax 9 39 02 55, ✉ 71404, ED VA
25 Zi, Ez: 98/49-115/57, Dz: 135/67, ⇌ WC Ⓒ,
Ⓟ, 🏠, 1🍽35, Restaurant

★★ Rommel
Boschstr. 7, Tel (0 71 51) 93 10, Fax 93 12 40,
✉ 71404, ED VA
47 Zi, Ez: 109/54-129/64, Dz: 159/80-179/90,
⇌ WC Ⓒ, 8 ⚲, Lift, Ⓟ, 🏠, 1🍽, Restaurant
geschl.: 22.12.00-6.1.01
Auch Zimmer der Kategorie ✸ vorhanden.

Steinreinach (0,5 km ↘)

🍴 Zum Lamm
Buocher Str. 34, **Tel** (0 71 51) 3 25 77, ✉ 71404
Hauptgericht 25/12, **P**, geschl.: Mo, Di,
24.12.00–26.1.01

Korbach 35 ↙

Hessen / Kreis Waldeck-Frankenberg
EW 25000
ℹ Tel (0 56 31) 5 32 31, Fax 5 32 00
Tourist-Information
✉ 34497 Stechbahn 1

✱ Am Rathaus Landidyll
Stechbahn 8, **Tel** (0 56 31) 5 00 90,
Fax 3 65 52 12, ✉ 34497, AX ED VA
33 Zi, Ez: 85/42–150/75, Dz: 149/75–190/95,
2 Suiten, 2 App, ⇨ WC ☯ DFÜ, 1 ⇄, Lift, **P**, 🏠,
2⟳120, Sauna, Restaurant

✱ Touric
Medebacher Landstr. 10, **Tel** (0 56 31) 95 85,
Fax 95 84 50, ✉ 34497, AX DC ED VA
40 Zi, Ez: 88/44–102/51, Dz: 146/73–195/98, ⇨
WC ☯, 5 ⇄, Lift, 5⟳800, ≋, 🏠, Kegeln, Sauna,
Solarium, Restaurant

Kordel 52 ↑

Rheinland-Pfalz
Kreis Trier-Saarburg
EW 2500
ℹ Tel (0 65 05) 17 44
Gemeindeverwaltung
✉ 54306 Kreuzfeld

✱ Neyses am Park
Kreuzfeld 1, **Tel** (0 65 05) 9 14 00,
Fax 91 40 40, ✉ 54306, AX ED
15 Zi, Ez: 62/31–74/37, Dz: 124/62–136/68, ⇨
WC ☯, Lift, **P**, 2⟳30, Restaurant

Korntal-Münchingen 61 □

Baden-Württemberg
Kreis Ludwigsburg
EW 17364
ℹ Tel (07 11) 8 36 70, Fax 8 36 73 00
Stadtverwaltung
✉ 70825 Saalplatz 4

Münchingen

✱✱ Mercure
Siemensstr. 50, **Tel** (0 71 50) 1 30, Fax 1 32 66,
✉ 70825, AX DC ED VA, Ⓢ

200 Zi, Ez: 175/88–199/100,
Dz: 213/107–237/119, 6 Suiten, ⇨ WC ☯, 28 ⇄,
Lift, **P**, 14⟳130, 🏠, Sauna, Solarium

🍴🍴 Rebkammer
Hauptgericht 16/8–38/19

✱ Strohgäu-Hotel
Stuttgarter Str. 60, **Tel** (0 71 50) 9 29 30,
Fax 92 93 99, ✉ 70825
48 Zi, Ez: 132/66–138/69, Dz: 184/92–190/95,
⇨ WC ☯ DFÜ, 8 ⇄, **P**, 3⟳60, Sauna,
Solarium
🍴 Hauptgericht 30/15–39/19

Kornwestheim 61 →

Baden-Württemberg
Kreis Ludwigsburg
EW 30000
ℹ Tel (0 71 54) 20 23 00, Fax 20 22 22
Bürgerinformation
✉ 70806 Jakob-Sigle-Platz 1

✱✱ Domizil
Stuttgarter Str. 1, **Tel** (0 71 54) 80 90,
Fax 80 92 00, ✉ 70806, AX DC ED VA
42 Zi, Ez: 119/59–139/70, Dz: 149/75–165/83, ⇨
WC ☯, 3 ⇄, Lift, **P**, 🏠, 4⟳60, Restaurant

✱ Hasen mit Gästehaus
Christofstr. 22, **Tel** (0 71 54) 81 35 00,
Fax 81 38 70, ✉ 70806, AX DC ED VA
22 Zi, Ez: 80/40–85/42, Dz: 105/52–120/60, ⇨
WC ☯, **P**, Restaurant

Korschenbroich 32 ↘

Nordrhein-Westfalen / Kreis Neuss
EW 33000
ℹ Tel (0 21 61) 61 30, Fax 61 31 08
Stadtverwaltung
✉ 41352 Sebastianusstr. 1

Kleinenbroich (4 km →)

✱ Gästehaus Bienefeld
Im Kamp 5, **Tel** (0 21 61) 99 83 00,
Fax 9 98 30 99, ✉ 41352, AX DC ED VA
♪, 15 Zi, Ez: 99/49–120/60, Dz: 170/85–190/95,
⇨ WC ☯, garni
geschl.: 15.–29.7.01

Steinhausen-Liedberg

🍴 Gasthaus Stappen ✚
Steinhausen 39, **Tel** (0 21 66) 8 82 26,
Fax 85 92 42, ✉ 41352

Hauptgericht 17/8-33/16, Biergarten, Kegeln, P, nur abends, geschl.: Di

Kraiburg 73

Bayern / Kreis Mühldorf a. Inn
EW 4000
ℹ Tel (0 86 38) 9 83 80, Fax 98 38 29
Gemeindeverwaltung
✉ 84559 Marktplatz 1

🍴🍴 Restaurant im Hardthaus ✚
Marktplatz 31, Tel (0 86 38) 7 30 67,
Fax 7 30 68, ✉ 84559
☺, Hauptgericht 28/14-30/15, geschl.: Mo, Di
Ehemaliges Kolonialwarengeschäft.

Krakow am See 20 ↗

Mecklenburg-Vorpommern
Kreis Güstrow
EW 3500
ℹ Tel (03 84 57) 2 22 58, Fax 2 36 13
Krakow-Information
✉ 18292 Schulplatz 1

🍴🍴 Ich weiß ein Haus am See
Altes Forsthaus 2, Tel (03 84 57) 2 32 73,
Fax 2 32 74, ✉ 18292
§, Hauptgericht 38/19-47/23, P, nur abends, geschl.: Mo
✱ einzeln ♪ §, 10 Zi,
Ez: 180/90-220/110, Dz: 220/110-250/125, ⊣ WC ⊘, 8 ⇔

Kranichfeld 47 ↗

Thüringen / Kreis Weimarer Land
EW 6000
ℹ Tel (03 64 50) 1 94 33, Fax 4 20 21
Kultur- und Tourismusamt
✉ 99448 Baumbachstraße 11

Stiefelburg

✱ Stiefelburg
Stiefelburg 53, Tel (03 62 09) 4 40, Fax 44 26, ✉ 99438, ED

einzeln ♪, 13 Zi, Ez: 60/30-80/40, Dz: 120/60, ⊣ WC, P, 🐾, 1⇔40, Restaurant
geschl.: Mo

Krauschwitz 41 □

Sachsen
Niederschlesischer Oberlausitzkreis
EW 4100
ℹ Tel (03 57 71) 52 50, Fax 5 25 17
Gemeindeamt Krauschwitz
✉ 02957 Geschwister-Scholl-Str 100

✱✱ Fürst Pückler Hotel
Görlitzer Str. 26, Tel (03 57 71) 5 70,
Fax 5 71 99, ✉ 02957, AX DC ED VA
45 Zi, Ez: 88/44-98/49, Dz: 128/64-138/69,
2 Suiten, ⊣ WC ⊘, 20 ⇔, Lift, P, Fitnessraum, Restaurant

Krausenbach siehe Dammbach

Krausnick 31 ↙

Brandenburg / Kreis Lübben
ℹ Tel (0 35 46) 30 90, Fax 25 43
Spreewaldinfo Lübben
✉ 15910 Ernst-von-Houwald-Damm 15

✱ Landhotel Krausnick
Dorfstr. 94, Tel (0 35 47 2) 6 10, Fax 6 11 22, ✉ 15910, AX DC ED VA
38 Zi, Ez: 85/42, Dz: 130/65, ⊣ WC ⊘, P,
2⇔50, Sauna, Solarium, Restaurant
geschl.: 23.12.00-1.1.01

Krefeld 32 ↘

Nordrhein-Westfalen
EW 241000
ℹ Tel (0 21 51) 86 15 01, Fax 86 15 10
Verkehrs- und Werbeamt
✉ 47798 Rathaus, Von-der-Leyen-Platz
Cityplan siehe Seite 546

✱✱✱ Parkhotel Krefelder Hof
Uerdinger Str. 245, Tel (0 21 51) 58 40,
Fax 5 84 35, ✉ 47800, AX DC ED VA, Ⓢ
♪, 141 Zi, Ez: 175/88-330/166,
Dz: 225/113-420/211, 9 Suiten, ⊣ WC ⊘ DFÜ,
24 ⇔, Lift, P, 🐾, 10⇔450, ⚓, Sauna, Solarium, Golf
Auch Zimmer der Kategorie ✱✱ vorhanden.
🍴🍴🍴 Hauptgericht 35/17-50/25, Terrasse

✱ Garden Hotel
Schönwasserstr. 12 A, Tel (0 21 51) 59 02 96,
Fax 59 02 99, ✉ 47800, AX DC ED VA

51 Zi, ⌐ WC ⌀ DFÜ, 8 ⇔, Lift, **P**, 🏠, Golf, garni

✱ City Hotel
Philadelphiastr. 63 (C 2), Tel (0 21 51) 62 60,
Fax 62 61 00, ⌧ 47799, AX DC ED VA
68 Zi, Ez: 90/45-140/70, Dz: 140/70-180/90,
4 Suiten, ⌐ WC ⌀, 16 ⇔, Lift, **P**, 3↻50,
Restaurant

¶¶ Villa Medici
Schönwasserstr. 73, Tel (0 21 51) 5 06 60,
Fax 50 66 50, ⌧ 47809, AX DC ED VA
Hauptgericht 25/12-47/23, Gartenlokal, **P**,
geschl.: Sa, 3 Wochen in den Sommerferien
✱ 9 Zi, Ez: 110/55, Dz: 150/75-160/80,
⌐ WC ⌀

¶¶ Koperpot
Rheinstr. 30, Tel (0 21 51) 61 48 14,
Fax 60 18 24, ⌧ 47799, AX DC ED VA
Hauptgericht 25/12-40/20, Terrasse,
Gartenlokal, geschl.: So

¶ Weinhaus St.Urbans Hof ✚
Ostwall 48, Tel (0 21 51) 31 17 89,
Fax 39 44 24, ⌧ 47800, AX DC ED VA
Hauptgericht 35/17-42/21, nur abends,
geschl.: So

Bockum (3 km →)

✱ Alte Post
Uerdinger Str. 550 a, Tel (0 21 51) 5 88 40,
Fax 50 08 88, ⌧ 47800, AX DC ED VA
33 Zi, Ez: 90/45-160/80, Dz: 140/70-250/125,
⌐ WC ⌀, 6 ⇔, Lift, **P**, 🏠, garni
Rezeption: 6.30-23, geschl.: 24.12.00-1.1.01
Auch einfachere Zimmer vorhanden.

✱ Benger
Uerdinger Str. 620, Tel (0 21 51) 9 55 40,
Fax 95 54 44, ⌧ 47800, AX DC ED VA
20 Zi, Ez: 100/50-130/65, Dz: 150/75-180/90,
⌐ WC ⌀, 3 ⇔, **P**, 🏠, Restaurant
geschl.: Sa, 24.12.00-3.1.01

¶¶ La Capannina
Uerdinger Str. 552, Tel (0 21 51) 59 14 61,
Fax 50 12 29, ⌧ 47800, AX DC ED VA
Hauptgericht 30/15-45/22, geschl.: Sa mittags, So

¶ Sonnenhof
Uerdinger Str. 421, Tel (0 21 51) 59 35 40,
Fax 50 51 65, ⌧ 47800, AX ED VA
Hauptgericht 24/12-58/29, Biergarten, Kegeln,
P

Fichtenhain (5 km ↓)

✱ Sol Inn
Europark Fichtenhain A 1, Tel (0 21 51) 83 60,
Fax 83 64 44, ⌧ 47807, AX DC ED VA, Ⓢ
96 Zi, Ez: 115/57-254/127, Dz: 133/66-272/137,
3 Suiten, ⌐ WC ⌀ DFÜ, 25 ⇔, Lift, **P**, 3↻120,
Sauna, Solarium, Restaurant

Traar (6 km ↗)

✱✱✱ Dorint
Elfrather Weg 5, Tel (0 21 51) 95 60,
Fax 95 61 00, ⌧ 47802, AX DC ED VA, Ⓢ
155 Zi, Ez: 225/113-385/193,
Dz: 265/133-430/216, 5 Suiten, ⌐ WC ⌀, 53 ⇔,
Lift, **P**, 🏠, 12↻280, 🏊, Sauna, Solarium, Golf
Auch Zimmer der Kategorie ✱✱ vorhanden.
¶ Hauptgericht 20/10-45/22, Terrasse

Uerdingen (7 km →)

✱ Imperial
Bahnhofstr. 60 a, Tel (0 21 51) 4 92 80,
Fax 49 28 49, ⌧ 47829
26 Zi, Ez: 105/52-280/141, Dz: 150/75-280/141,
⌐ WC ⌀ DFÜ, Lift, **P**, garni
geschl.: 24.12.00-2.1.01

Kreischa 51 ↖

Sachsen / Weißeritzkreis
EW 4320
ℹ Tel (03 52 06) 2 09 21, Fax 2 09 28
Rathaus Kreischa
⌧ 01731 Dresdner Str. 10

✱ Kreischaer Hof
Alte Str. 4, Tel (03 52 06) 2 20 51, Fax 2 20 51,
⌧ 01731, AX ED VA
49 Zi, Ez: 85/42-98/49, Dz: 110/55-130/65, ⌐
WC ⌀, 6 ⇔, Lift, **P**, 2↻50, Sauna, Restaurant
geschl.: 22-27.12.00

Kremperheide 17 ↗

Schleswig-Holstein
Kreis Steinburg
EW 2490
ℹ Tel (0 48 21) 8 47 10, Fax 8 61 53
Gemeindeverwaltung
⌧ 25569 Ostpreußenweg 5

✱ Gästehaus Steffens
Dorfstr. 9, Tel (0 48 21) 8 99 10, Fax 89 91 14,
⌧ 25569, AX ED VA
8 Zi, Ez: 95/47, Dz: 150/75, 1 App, ⌐ WC ⌀
DFÜ, **P**, Restaurant

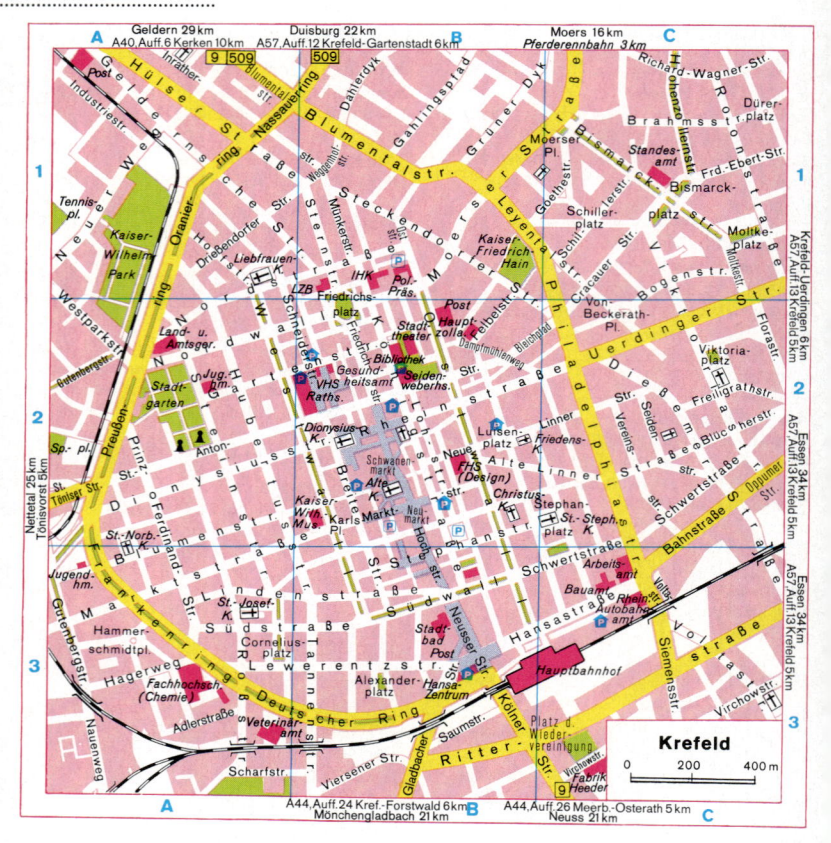

Kressbronn am Bodensee 69 ↓

Baden-Württemberg / Bodenseekreis
EW 7300
🅘 Tel (0 75 43) 9 66 50, Fax 96 65 15
Tourist-Information
✉ 88079 Seestr. 20

Fremdenverkehrsort zwischen Lindau u. Friedrichshafen direkt am Bodensee gelegen. 70 km Wanderwegenetz durch Obstanlagen und Weinberge. Großes Freizeit-, Veranstaltungsangebot, Kinderprogramme, Naturstrandbad, Schiffsanlegestelle. Info u. Prospekte: Tourist-Information, Seestr. 20, 88079 Kressbronn.

★★ Zur Kapelle
Hauptstr. 15, Tel (0 75 43) 9 63 40,
Fax 96 34 10, ✉ 88079, AX DC ED VA

15 Zi, Ez: 90/45-130/65, Dz: 150/75-160/80,
2 App, ⌐ WC ✆, 3 ⇃, Lift, 1⊃0, Restaurant
Im Altbau Zimmer der Kategorie ✱ vorhanden.

✱ Strandhotel
Uferweg 5, Tel (0 75 43) 9 61 00, Fax 70 02,
✉ 88079, AX ED
♪ ✦, 34 Zi, Ez: 125/62-150/75,
Dz: 170/85-200/100, ⌐ WC ✆, Lift, P, 🏠,
Seezugang

🍴 Am Kretzergrund
VA
✦, Hauptgericht 28/14-33/16, Terrasse,
geschl.: 2.1.-10.3.01

✱ Krone
Hauptstr. 41-45, Tel (0 75 43) 9 60 80,
Fax 96 08 15, ✉ 88079, ED VA
24 Zi, Ez: 80/40-115/57, Dz: 110/55-150/75,
2 App, ⌐ WC ✆ DFÜ, P, 🏠, ≋, Kegeln,
Restaurant
Im Neubau Zimmer der Kategorie ✱✱
vorhanden.

✱ Landgasthof Frohe Aussicht
Kümmertsweiler 1, Tel (0 75 43) 87 66,
Fax 87 82, ✉ 88079
einzeln, 11 Zi, Ez: 70/35-90/45,
Dz: 90/45-110/55, ⌐ WC ✆, 11 ⇃, P,
Restaurant
geschl.: Mo, Di, Mi, Do, 15.12.-10.2.00

Kreuth 72 ↓

Bayern / Kreis Miesbach
EW 3700
🛈 Tel (0 80 29) 18 19, Fax 18 28
Kurverwaltung
✉ 83708 Nördliche Hauptstr. 3

✱✱ Zur Post
Nördliche Hauptstr. 5, Tel (0 80 29) 9 95 50,
Fax 3 22, ✉ 83708, AX ED VA
♪, 78 Zi, Ez: 105/52-160/80,
Dz: 160/80-220/110, ⌐ WC ✆, Lift, P, 🏠,
6⊃100, Sauna, garni
Auch Zimmer der Kategorie ✱ vorhanden.

Scharling (3 km ↓)

🍴🍴 Gasthaus zum Hirschberg
Nördliche Hauptstr. 89, Tel (0 80 29) 3 15,
Fax 99 78 02, ✉ 83708
Terrasse, P, geschl.: 1.-5.11.00

Scharling-Außerhalb (1 km ←)

🍴 Almgasthaus Aibl
Berghaus 49, Tel (0 80 29) 4 37, Fax 12 42,
✉ 83708

✦ einzeln, Hauptgericht 13/6-34/17, Terrasse, P,
geschl.: Mi, Do mittags

Kreuznach, Bad 53 ↗

Rheinland-Pfalz
EW 44000
🛈 Tel (06 71) 8 36 00 50, Fax 8 36 00 85
Tourismus- u. Marketing GmbH
✉ 55543 Kurhausstr. 28

siehe auch Hackenheim

✱✱✱ Parkhotel Kurhaus
Kurhausstr. 28, Tel (06 71) 80 20, Fax 3 54 77,
✉ 55543, AX DC ED VA
♪, 108 Zi, Ez: 160/80-180/90,
Dz: 250/125-270/135, 7 Suiten, ⌐ WC ✆ DFÜ,
1 ⇃, Lift, P, 10⊃600, ≋, 🏠, Fitnessraum,
Sauna, Solarium
Direkter, kostenloser Zugang zu den Crucenia-
Thermen.

🍴🍴 Parkrestaurant
Hauptgericht 19/9-37/18

✱✱ Landhotel Kauzenburg
Auf dem Kauzenberg, Tel (06 71) 3 80 00,
Fax 3 80 01 24, ✉ 55545, AX DC ED VA
einzeln ♪, 44 Zi, Ez: 125/62-165/83,
Dz: 165/83-225/113, ⌐ WC ✆, 4 ⇃, P, 4⊃55,
Sauna, Solarium
Rezeption: 6.30-3
Zufahrt über Hüffelsheimer Str. in Richtung
Kauzenburg.
🍴🍴 ✦, Hauptgericht 15/7-33/16, Terrasse,
Biergarten
5 Gehminuten vom Hotel entfernt.

✱✱ Victoria
Kaiser-Wilhelm-Str. 16, Tel (06 71) 84 45 00,
Fax 8 44 50 10, ✉ 55543, AX ED VA
21 Zi, Ez: 105/52-160/80, Dz: 180/90-210/105,
⌐ WC ✆, 6 ⇃, Lift, P, 1⊃30, Restaurant

✱✱ Der Quellenhof
Nachtigallenweg 2, Tel (06 71) 83 83 30,
Fax 3 52 18, ✉ 55543, DC ED VA
♪, 36 Zi, Ez: 100/50-140/70,
Dz: 190/95-240/120, 3 Suiten, ⌐ WC ✆, P, 🏠,
🏠, Sauna, Solarium, Restaurant
geschl.: 24-26.12.00

✱✱ Engel im Salinental
Heinrich-Held-Str. 10, Tel (06 71) 38 10,
Fax 4 38 05, ✉ 55543, AX DC ED VA
28 Zi, Ez: 95/47-135/67, Dz: 145/73-190/95, ⌐
WC ✆ DFÜ, 5 ⇃, Lift, P, 2⊃40, Sauna,
Restaurant

Kreuznach, Bad

**✶✶ Insel-Stuben
Flair Hotel**
Kurhausstr. 10, Tel (06 71) 83 79 90,
Fax 8 37 99 55, ✉ 55543, ED VA
22 Zi, Ez: 112/56-130/65, Dz: 170/85-190/95, ⌐
WC ◯, 5 ⇔, Lift, P, Restaurant

✶ Michel Mort
Eiermarkt 9, Tel (06 71) 83 93 30,
Fax 8 39 33 10, ✉ 55545, AX DC ED VA
18 Zi, Ez: 99/49, Dz: 135/67, ⌐ WC ◯, P, ⌂,
1◯25, Restaurant

❦❦❦ Im Gütchen
Hüffelsheimer Str. 1, Tel (06 71) 4 26 26,
Fax 48 04 35, ✉ 55545
Hauptgericht 40/20-48/24, Terrasse, P, nur
abends, so+feiertags auch mittags, geschl.: Di,
10-18.10.00
Beachtenswerte Küche.

Dienheimer Hof
Mannheimer Str. 6, Tel (06 71) 4 44 42,
Fax 4 82 03 26, ✉ 55545
⊕, Hauptgericht 22/11-39/19, Terrasse, P, nur
abends, geschl.: So, 22.12.00-15.1.01

Kreuztal 44 ↖

Nordrhein-Westfalen
Kreis Siegen-Wittgenstein
EW 33000
🛈 Tel (0 27 32) 5 13 50, Fax 5 13 60
Stadt Kreuztal
✉ 57223 Siegener Str. 5

✶ Keller
Siegener Str. 33, Tel (0 27 32) 5 95 70,
Fax 59 57 57, ✉ 57223, AX ED VA
15 Zi, Ez: 95/47-115/57, Dz: 150/75-175/88,
1 App, ⌐ WC ◯, 3 ⇔, P, 1◯40, Golf,
Restaurant

Krombach (7 km ↑)

✶ Zum Anker
Hagener Str. 290, an der B 54,
Tel (0 27 32) 8 95 50, Fax 89 55 33, ✉ 57223,
ED VA
18 Zi, Ez: 75/37-130/65, Dz: 150/75-210/105, ⌐
WC ◯, P, ⌂, 1◯, Kegeln, Restaurant
Auch Zimmer der Kategorie ✶✶ vorhanden.

Kreuzwertheim 55 ↗

Bayern / Kreis Main-Spessart
EW 4033
🛈 Tel (0 93 42) 92 62 29, Fax 92 62 33
Gemeindeverwaltung
✉ 97892 Lengfurter Str. 8

✶ Herrnwiesen ♛
In den Herrnwiesen 4, Tel (0 93 42) 9 31 30,
Fax 93 13 11, ✉ 97892, AX ED VA
⫳, 20 Zi, Ez: 90/45-130/65, Dz: 140/70-180/90,
2 App, ⌐ WC ◯ DFÜ, 10 ⇔, P, ⌂, Restaurant
Auch Zimmer der Kategorie ✶✶ vorhanden.

✶ Lindenhof
Lindenstr. 41, Tel (0 93 42) 10 41, Fax 43 53,
✉ 97892, ED
⫳, 14 Zi, Ez: 120/60-135/67,
Dz: 145/73-210/105, 1 Suite, ⌐ ◯ DFÜ, 10 ⇔,
P, ⌂, Solarium
Auch Zimmer der Kategorie ✶✶ vorhanden.
❦❦ ⫳, Hauptgericht 30/15, Terrasse,
Biergarten

Krippehna 39 ←

Sachsen / Kreis Delitzsch
EW 504
🛈 Tel (0 34 23) 60 08 97
Gemeindeverwaltung Krippehna
✉ 04838 Alte Hauptstr. 11

✶ Alpha Hotel
Am Dorfplatz 4, Tel (0 34 23) 60 26 13,
Fax 60 26 14, ✉ 04838, ED VA
20 Zi, Ez: 69/34-89/44, Dz: 98/49-118/59, ⌐
WC ◯, P, ⌂, 2◯24, Sauna, Golf

Krippen 51 ↗

Sachsen / Kreis Pirna
EW 790
🛈 Tel (03 50 28) 8 04 01, Fax 8 03 66
Gemeindeverwaltung
✉ 01814 Friedrich-Gottlob-Keller-Str 54

✶ Erbgericht
Bächelweg 4, Tel (03 50 28) 8 09 41,
Fax 8 09 43, ✉ 01814, AX ED VA
47 Zi, Ez: 65/32-95/47, Dz: 98/49-154/77,
2 Suiten, 8 App, ⌐ WC ◯, 2 ⇔, P, 3◯180,
Sauna, Solarium, Restaurant

✶ Grundmühle
Friedrich-Gottlob-Keller-Str. 69,
Tel (03 50 28) 8 07 18, Fax 8 04 20, ✉ 01814,
AX ED VA
41 Zi, Ez: 60/30-95/47, Dz: 98/49-138/69,
1 Suite, ⌐ WC ◯, 4 ⇔, P, ⌂, 1◯80, Sauna,
Solarium, Restaurant

Kronach 48 ↓

Bayern
EW 20000
🛈 Tel (0 92 61) 9 72 36, Fax 9 73 10
Fremdenverkehrbüro
✉ 96317 Lucas-Cranach-Str 19

¶¶ Bauer's ✣
Kulmbacher Str. 7, Tel (0 92 61) 9 40 58,
Fax 5 22 98, ✉ 96317, AX DC ED VA
Hauptgericht 25/12, Biergarten, P, geschl.: sa
mittags, so abends, 1.-10.1.01, 10.-20.8.01
✱ ♪, 18 Zi, Ez: 88/44-99/49,
Dz: 139/70-147/74, ⇘ WC ✆

Kronberg im Taunus 44 ↘

Hessen / Hochtaunuskreis
EW 18000
🛈 Tel (0 61 73) 70 32 20, Fax 70 32 00
Verkehrs- und Kulturamt
✉ 61476 Katharinenstr. 7

✱✱✱✱ Schloßhotel Kronberg ♛
The Leading Hotels
of the World
Hainstr. 25, Tel (0 61 73) 7 01 01,
Fax 70 12 67, ✉ 61476, AX DC ED VA, Ⓢ
einzeln ♪ ♨ ⚘, 51 Zi, Ez: 355/178-685/345,
Dz: 495/249-735/370, 7 Suiten, ⇘ WC ✆ DFÜ,
5 ⚐, Lift, P, 9◯60, Golf, 4 Tennis
Erbaut von 1891-1894 als Alterssitz für die
Kaiserinwitwe Viktoria. Noch heute fasziniert
die Stilmischung - englisches Tudor und
deutsches Fachwerk.
¶¶¶¶ einzeln ⚘, Hauptgericht 52/26 ⚘
Terrasse

✱✱ Concorde Hotel Viktoria
Viktoriastr. 7, Tel (0 61 73) 9 21 00,
Fax 92 10 50, ✉ 61476, AX DC ED VA
♪, 37 Zi, Ez: 195/98-405/203,
Dz: 245/123-420/211, 2 Suiten, 3 App., ⇘ WC
✆, 10 ⚐, Lift, P, 🅿, 2◯25, Sauna, garni

✱ Posthaus Hotel Residenz
Berliner Platz 7-9, Tel (0 61 73) 92 79 50,
Fax 92 79 55, ✉ 61476, AX DC ED VA
18 Zi, Ez: 145/73-255/128,
Dz: 235/118-330/166, 3 Suiten, ⇘ WC ✆ DFÜ,
Lift, 1◯20, Restaurant
Auch Zimmer der Kategorie ✱✱ vorhanden.

✱ Kronberger Hof
Bleichstr. 12, Tel (0 61 73) 70 90 60, Fax 59 05,
✉ 61476, AX ED VA
7 Zi, Ez: 100/50-140/70, Dz: 180/90-200/100,
3 Suiten, ⇘ WC ✆, P, 1◯60, Golf
¶ Hauptgericht 27/13-40/20, geschl.: Sa

¶ Zum Feldberg
Grabenstr. 5, Tel (0 61 73) 7 91 19, Fax 43 93,
✉ 61476, AX VA
Hauptgericht 25/12, Gartenlokal

Kropp 10 ←

Schleswig-Holstein
Kreis Schleswig-Flensburg
EW 5800
🛈 Tel (0 46 24) 7 20, Fax 72 50
Gemeinde Kropp
✉ 24848 Am Markt 10

✱✱ Wikingerhof
Tetenhusener Chaussee 1, Tel (0 46 24) 7 00,
Fax 26 13, ✉ 24848, AX DC ED VA
52 Zi, Ez: 98/49, Dz: 170/85, 4 App., ⇘ WC ✆,
2 ⚐, P, 3◯60, Sauna, Solarium, Restaurant

Krozingen, Bad 67 ←

Baden-Württemberg
Kreis Breisgau-Hochschwarzwald
EW 14500
🛈 Tel (0 76 33) 40 08 63, Fax 40 08 22
Kur- und Bäderverwaltung
✉ 79189 Herbert-Hellmann-Allee 12

Mineral-Thermalheilbad zwischen Rhein und
südlichem Schwarzwald; Sehenswert: Schloß
mit hist. Tasteninstrumenten; Litschgihaus;
Glöcklehof-Kapelle in Oberkrozingen.

✱✱ Barthel's Hotellerie
An den Thermen
Thürachstr. 1, Tel (0 76 33) 1 00 50,
Fax 10 05 50, ✉ 79189, AX DC ED VA
♪, 35 Zi, Ez: 115/57-150/75,
Dz: 190/95-250/125, 1 Suite, 2 App., ⇘ WC ✆
DFÜ, 2 ⚐, Lift, P, 1◯30
¶¶ Hauptgericht 30/15-45/22, Terrasse

✱✱ Ott an der Vita Classica
Thürachstr. 3, Tel (0 76 33) 4 00 60,
Fax 40 06 10, ✉ 79189, ED VA

➡

51 Zi, Ez: 70/35-110/55, Dz: 150/75-180/90, 1 Suite, ⌐ WC ⌀, Lift, 🅿, 🏠, 1⤸25, Golf, Restaurant
geschl.: Mo, 17.12.00-1.2.01

✱ Hofmann Zur Mühle
Litschgistr. 6, Tel (0 76 33) 9 08 85 90, Fax 9 08 85 99, ✉ 79189, 🆊 🆍 🆎 🆅
17 Zi, Ez: 80/40-120/60, Dz: 150/75-170/85, 2 Suiten, 3 App, ⌐ WC ⌀ DFÜ, 5 ⛏, 🅿, 🏠, Sauna, garni

✱ Biedermeier
In den Mühlenmatten 12, Tel (0 76 33) 91 03 00, Fax 91 03 40, ✉ 79189, 🆎 🆅
🍴, 15 Zi, Ez: 65/32-95/47, Dz: 110/55-130/65, 2 Suiten, 8 App, ⌐ WC ⌀ DFÜ, 🅿, 🏠, Fitnessraum, Sauna, garni
geschl.: 15.12.00-1.2.01

☕ Café Mohrenköpfle
Schwarzwaldstr. 1, Tel (0 76 33) 37 64, Fax 1 39 14, ✉ 79189
Terrasse, 🅿, 9-18.30, so+feiertags 13-18, geschl.: Mo

Biengen (3 km ↑)

✱ Gästehaus Rosi
In der Breite 21, Tel (0 76 33) 36 52, Fax 15 01 02, ✉ 79189
🍴, 8 Zi, Ez: 44/22-70/35, Dz: 88/44-125/62, 1 App, ⌐ WC, 🅿, 🏠, 🏠, Fitnessraum, Sauna, Solarium, garni

Schmidhofen (2 km ↘)

🍴 Gasthaus Storchen
Felix-Nabor-Str. 2, Tel (0 76 33) 53 29, Fax 70 19, ✉ 79189
🍷, Hauptgericht 36/18, Gartenlokal, geschl.: Mo, Di, 2 Wochen im Feb, 2 Wochen im Sep
Traditioneller Landgasthof aus dem 17. Jh. Beachtenswerte Küche.

Krün 71 ↓

Bayern
Kreis Garmisch-Partenkirchen
EW 2000
🛈 Tel (0 88 25) 10 94, Fax 22 44
Verkehrsamt
✉ 82494 Rathaus

Erholungsort zu allen vier Jahreszeiten, Wintersportplatz; Weitläufiges, sonniges Hochtal umrahmt v. herrlicher Gebirgskulisse; Wander-, Rad- u. Langlauf-Paradies; schön gelegene, warme Badeseen; Kirche St. Sebastian v. 1763; Lüftlmalereien; Kapelle „Maria Rast in den Buckelwiesen"; Hüttlebachklamm.

✱ Alpenhof
Edelweissstr. 11, Tel (0 88 25) 10 14, Fax 10 16, ✉ 82494, 🆊 🆅
🍴 🍷, 37 Zi, Ez: 60/30-98/49, Dz: 114/57-180/90, 3 Suiten, 1 App, ⌐ WC ⌀, 5 ⛏, 🅿, 🏠, 2⤸25, 🏠, Sauna, Golf, Restaurant
geschl.: So, 5.11.-16.12.00, 1-22.4.01

Elmau

Schloss Elmau mit Dependance Müllerhaus
Tel (0 88 23) 1 80, Fax 37 19, ✉ 82493, 🆊 🆎 🆅
einzeln 🍴 🍷 🍷, 165 Zi, Ez: 150/75-330/166, Dz: 140/70-600/302, 12 Suiten, 13 App, ⌐ WC ⌀, 30 ⛏, Lift, 🅿, 🏠, 8⤸350, ≋, 🏠, Sauna, Solarium, 3 Tennis, Restaurant
Zufahrt über gebührenpflichtige Privatstraße. Denkmalgeschütztes Schloss, 1916 von dem Philosophen Dr. Johannes Müller und dem Architekten Prof. Carlo Sattler erbaut. Zimmer unterschiedlicher Kategorien vorhanden.

✱ Alpengut Elmau
Elmau 10, Tel (0 88 23) 91 80, Fax 34 37, ✉ 82493, 🆎 🆅
einzeln 🍴 🍷, 17 Zi, Ez: 111/55-199/100, Dz: 206/103-332/167, 7 Suiten, ⌐ WC ⌀, 🅿, 🏠, ≋, 🏠, Fitnessraum, Sauna, Solarium
geschl.: 30.10.-22.12.00, 26.3.-6.4.01
Dependance von Schloss Elmau. Auch einfachere Zimmer vorhanden.
🍴 🍷, Hauptgericht 17/8-32/16, Terrasse, Biergarten, geschl.: 30.10.-22.12.00, 26.3.-6.4.01

Krumbach (Schwaben) 70 ↑

Bayern / Kreis Günzburg
EW 12650
🛈 Tel (0 82 82) 90 20, Fax 9 02 33
Stadtverwaltung
✉ 86381 Nattenhauser Str. 5, Rathaus

✱ Gasthof Diem
Kirchenstr. 5, Tel (0 82 82) 8 88 20, Fax 88 82 50, ✉ 86381, 🆎 🆅
30 Zi, Ez: 60/30-75/37, Dz: 100/50-140/70, 3 App, ⌐ WC ⌀, 8 ⛏, 🅿, 🏠, 3⤸80, Sauna, Solarium, Golf, Restaurant

Krummbek 11 ←

Schleswig-Holstein / Kreis Plön
EW 300
🛈 Tel (0 43 44) 3 80
Gemeindeverwaltung
✉ 24217 Knüll 4

✱ Witt's Gasthof
Im Dorfe 9, Tel (0 43 44) 15 68, Fax 66 15,
✉ 24217, ED
♪, 45 Zi, Ez: 65/32-85/42, Dz: 100/50-120/60,
⌐ WC ◎, 2 ✉, 🅿, 🚗, 2⟳125, Kegeln,
Restaurant
geschl.: Mi

Krummhörn 15 □

Niedersachsen / Kreis Aurich
EW 14000
🛈 Tel (0 49 26) 9 18 80, Fax 20 29
Tourist-Information
✉ 26736 Zur Hauener Hooge 15

Greetsiel

✱✱ Landhaus Steinfeld
Kleinbahnstr. 16, Tel (0 49 26) 9 18 10,
Fax 91 81 46, ✉ 26736
♪, 21 Zi, Ez: 140/70-275/138,
Dz: 195/98-325/163, 2 App., ⌐ WC ◎, 🅿,
1⟳20, 🏊, Sauna, Solarium, Restaurant
geschl.: 2.11.-22.12.00, 7.1.-16.2.01
Auch Zimmer der Kategorie ✱ vorhanden.

✱ Hohes Haus
Hohe Str. 1, Tel (0 49 26) 18 10, Fax 1 81 99,
✉ 26736, AX ED VA
33 Zi, Ez: 95/47-175/88, Dz: 190/95-235/118,
⌐ WC ◎, 🅿, 1⟳60
🍴 Hauptgericht 20/10, Terrasse,
Biergarten

✱ Witthus
Kattrepel 7, Tel (0 49 26) 9 20 00,
Fax 92 00 92, ✉ 26736, ED VA
16 Zi, Ez: 110/55-165/83, Dz: 150/75-230/115,
4 Suiten, ⌐ WC ◎, 8 ✉, 🅿
geschl.: 12.11.-14.12.00
🍴 Hauptgericht 27/13-36/18, Terrasse,
geschl.: Nov-Apr Di, 12.11.-14.12.00

Krusaa 9 ↑

Jütland
🛈 Tel (00 45) 74 67 21 71, Fax 74 67 14 67
Turistbureau
✉ 6340

Kollund (5 km →)

✱✱ Fakkelgaarden
Fjordvejen 44, Tel (74) 67 83 00, Fax 67 83 63,
✉ 6340, DC ED VA
♪ ☆, 21 Zi, Ez: 945(dKr)-1095 (dKr), Dz: 1095
(dKr)-1295 (dKr), ⌐ WC ◎, 2 ✉, 🅿, 2⟳60,
Golf
geschl.: 21-30.12.00, 1-4.1.01

🍴🍴🍴 ☆, Hauptgericht 215 (dKr)-295 (dKr),
Terrasse, geschl.: 21-30.12.00, 1-4.1.01

Kuchelmiß 20 ↗

Mecklenburg-Vorpommern
Kreis Güstrow
EW 800
🛈 Tel (03 84 56) 6 01 53
Gemeindeverwaltung
✉ 18292

Serrahn-Außerhalb (1,5 km ↓)

✱✱ Landhaus am Serrahner See
Dobbiner Weg 24, Tel (03 84 56) 6 50,
Fax 6 52 55, ✉ 18292, AX DC ED VA
einzeln ♪, 34 Zi, Ez: 150/75, Dz: 180/90, ⌐ WC
◎, 🅿, 2⟳90, 🏊, Fitnessraum, Sauna, Solarium,
Golf, 2 Tennis
Auch Zimmer der Kategorie ✱ vorhanden.

🍴🍴 Zum Ritter
einzeln, Hauptgericht 17/8-30/15

Kühlungsborn 12 ✓

Mecklenburg-Vorpommern
Kreis Bad Doberan
EW 7500
🛈 Tel (03 82 93) 84 90
Kurverwaltung
✉ 18225 Ostseeallee 19

✶✶ Europa
Ostseeallee 8, Tel (03 82 93) 8 80, Fax 8 84 44,
✉ 18225, AX DC ED VA
54 Zi, Ez: 120/60-160/80, Dz: 150/75-230/115,
8 App, ⇨ WC ✆, 23 ⇌, Lift, P, 3⇔100, Sauna,
Solarium, Restaurant
Auch Zimmer der Kategorie ✶✶✶ vorhanden.

✶✶ Aquamarin
Hermannstr. 33, Tel (03 89 23) 40 20,
Fax 4 02 77, ✉ 18225, ED VA
⚜, 67 Zi, Ez: 120/60-150/75,
Dz: 180/90-250/125, 23 App, ⇨ WC ✆, 2 ⇌,
Lift, P, 2⇔40, ⌂, Sauna, Solarium, Restaurant

✶✶ Neptun
Strandstr. 37, Tel (03 82 93) 6 30, Fax 6 32 99,
✉ 18225, AX ED VA
24 Zi, Ez: 150/75-190/95, Dz: 180/90-210/105,
1 Suite, ⇨ WC ✆, Lift, P, ⌂, 2⇔50, Sauna,
Solarium, Golf, Restaurant
Auch Zimmer der Kategorie ✶✶✶ vorhanden.

✶✶ Am Strand
Ostseeallee 16, Tel (03 82 93) 8 00,
Fax 8 01 18, ✉ 18225, AX DC ED VA
36 Zi, Ez: 90/45-130/65, Dz: 120/60-220/110,
30 Suiten, ⇨ WC ✆, Lift, P, Sauna, Solarium,
Restaurant
In der Strandvilla Suite's Belvedere
Ferienappartements.

✶✶ Residenz Waldkrone
Tannenstr. 4, Tel (03 82 93) 40 00, Fax 4 00 11,
✉ 18225, AX ED VA
20 Zi, Ez: 130/65-150/75, Dz: 180/90, 5 Suiten,
24 App, ⇨ WC ✆ DFÜ, 3 ⇌, Lift, P, 2⇔10,
Restaurant
geschl.: 1.11.-9.12.00

✶✶ Strandhotel Sonnenburg
Ostseeallee 15, Tel (03 82 93) 83 90,
Fax 8 39 13, ✉ 18225, AX ED VA
29 Zi, Ez: 100/50-165/83, Dz: 120/60-195/98,
19 App, ⇨ WC ✆, Lift, P, ⌂, Sauna, Restaurant

✶✶ Ringhotel Strandblick
Ostseeallee 6, Tel (03 82 93) 6 33, Fax 6 35 00,
✉ 18225, AX DC ED VA, Ⓢ
34 Zi, Ez: 110/55-190/95, Dz: 140/70-250/125,
6 Suiten, ⇨ WC ✆ DFÜ, 12 ⇌, Lift, P, 3⇔40,
Sauna, Solarium, Golf, Restaurant

✶✶ Villa Konzertgarten
Ostseeallee 12, Tel (03 82 93) 8 10 00,
Fax 8 10 81, ✉ 18225
20 Zi, Ez: 75/37-165/83, Dz: 99/49-198/99, ⇨
WC ✆, Lift, P, 1⇔25, Fitnessraum, Sauna,
Solarium, Restaurant

✶✶ Edison
Dünenstr. 15, Tel (03 82 93) 4 20, Fax 4 21 11,
✉ 18225, ED VA
37 Zi, Ez: 110/55-130/65, Dz: 130/65-170/85, ⇨
WC ✆ DFÜ, 20 ⇌, Lift, P, 4⇔36, Sauna,
Solarium, Restaurant

✶✶ Beauty-Vital-Residenz Hubertusburg
Ostseeallee 3, Tel (03 82 93) 1 52 70,
Fax 1 52 71, ✉ 18225
8 Zi, Ez: 110/55-190/95, Dz: 110/55-190/95,
2 Suiten, 4 App, ⇨ WC

✶✶ Schweriner Hof
Ostseeallee 46, Tel (03 82 93) 7 90,
Fax 7 94 10, ✉ 18225, AX ED VA
⚜, 28 Zi, Ez: 110/55-170/85,
Dz: 140/70-299/150, 2 Suiten, 13 App, ⇨ WC
✆, 15 ⇌, Lift, P, 1⇔25, Sauna, Solarium,
Restaurant

✶✶ Esplanade
Hermann-Häcker-Str. 44, Tel (03 82 93) 83 50,
Fax 8 35 32, ✉ 18225, ED VA
⚜, 23 Zi, Ez: 90/45-130/65, Dz: 120/60-170/85,
2 Suiten, ⇨ WC ✆, 10 ⇌, P, 1⇔18,
Fitnessraum, Solarium

★★ Rosenhof
Poststr. 18, Tel (03 82 93) 7 86, Fax 7 87 87,
✉ 18225, AX DC ED VA
22 Zi, Ez: 70/35-100/75, Dz: 98/49-190/95,
2 Suiten, 17 App, ⌐ WC ⌀, 6 ⇐, Lift, P, ♠,
Sauna, Restaurant

★★ Westfalia
Ostseeallee 17, Tel (03 82 93) 1 21 95,
Fax 1 21 96, ✉ 18225
9 Zi, Ez: 100/50-140/70, Dz: 135/67-190/95,
5 Suiten, ⌐ WC ⌀, 4 ⇐, Lift, P, garni
geschl.: 1.-26.12.00

★ Arendsee Travel Charme Hotel
Ostseeallee 30, Tel (03 82 93) 7 03 00,
Fax 7 04 00, ✉ 18225, AX DC ED VA
60 Zi, Ez: 115/57-155/78, Dz: 130/65-205/103,
6 App, ⌐ WC ⌀, 15 ⇐, Lift, P, 3⌂60, Sauna,
Solarium, Restaurant

★ Villa Patricia
Ostseeallee 2, Tel (03 82 93) 85 40,
Fax 8 54 85, ✉ 18225, AX DC ED VA
⚜ ☺, 18 Zi, Ez: 90/45-135/67,
Dz: 140/70-210/105, 8 Suiten, ⌐ WC ⌀, P,
1⌂20, Sauna, Golf, garni

★ Von Jutrzenka
Dünenstr. 1, Tel (03 82 93) 85 60, Fax 8 56 12,
✉ 18225, AX DC ED VA
12 Zi, Ez: 85/42-110/55, Dz: 110/55-160/80, ⌐
WC ⌀, P, ♠, Restaurant
geschl.: 6.-24.11.00, 4.1.-10.2.01

★ Nordwind
Hermannstr. 23, Tel (03 82 93) 72 07,
Fax 1 22 11, ✉ 18225, AX ED VA
27 Zi, Ez: 105/52-140/70, Dz: 160/80, 1 Suite,
⌐ WC ⌀, P, Restaurant
Auch Zimmer der Kategorie ★★ vorhanden.

★ Poseidon
Hermannstr. 6, Tel (03 82 93) 8 92 80,
Fax 8 92 81 30, ✉ 18225, AX ED VA
21 Zi, Ez: 75/37-125/62, Dz: 99/49-160/80,
2 Suiten, ⌐ WC ⌀, P, Restaurant
geschl.: 1.11.-3.12.00

Brunshöver Möhl
An der Mühle 3, Tel (03 82 93) 9 37, Fax 9 37,
✉ 18225, AX DC ED VA
☺, Hauptgericht 22/11, P

Arendsee

★ Schloß am Meer
Tannenstr. 8, Tel (03 82 93) 8 53 00,
Fax 8 53 06, ✉ 18225, AX ED VA
⚜, 27 Zi, Ez: 95/47-140/70, Dz: 160/80-200/100,
7 Suiten, 7 App, ⌐ WC ⌀ DFÜ, 3 ⇐, P, ♠,
2⌂30, Sauna, Solarium, garni
geschl.: 17.12.00-31.1.01

Kümmersbruck 58 ↘

Bayern / Kreis Amberg-Sulzbach
EW 10140
ℹ Tel (0 96 21) 70 80, Fax 7 08 40
Gemeinde/Sekretariat
✉ 92245 Schulstr. 37

Haselmühl (0,5 km ↙)

★ Gasthof Zur Post
Vilstalstr. 82, Tel (0 96 21) 77 50, Fax 7 47 30,
✉ 92245, AX DC ED VA
30 Zi, Ez: 95/47-108/54, Dz: 145/73, ⌐ WC ⌀

Künzell 46 □

Hessen / Kreis Fulda
EW 16080
ℹ Tel (06 61) 3 90 39, Fax 3 90 49
Rathaus
✉ 36093 Unterer Ortesweg 23

★★★ Bäder-Park-Hotel/Rhön-Therme
Harbacher Weg 1, Tel (06 61) 39 70,
Fax 39 71 51, ✉ 36093, AX DC ED VA
119 Zi, Ez: 99/49-190/95, Dz: 158/79-260/130,
⌐ WC ⌀ DFÜ, Lift, P, ♠, 11⌂320, ≈, ♨,
Kegeln, Sauna, Solarium, Golf, 15 Tennis,
Restaurant
Direkter, freier Zugang zum Freizeitbad Rhön-Therme.

★ Landgasthof Reith
Keuloser Str. 10, Tel (06 61) 9 39 70,
Fax 9 39 71 97, ✉ 36093
24 Zi, Ez: 79/39, Dz: 122/61, ⌐ WC ⌀, P, ♠,
2⌂100, Restaurant
geschl.: Mo

Küps 48 ↓

Bayern / Kreis Kronach
EW 8000
ℹ Tel (0 92 64) 6 80, Fax 68 10
Rathaus Küps
✉ 96328 Am Rathaus 1

🍴 Werner's Restaurant ✞
Griesring 16, Tel (0 92 64) 64 46, Fax 78 50,
✉ 96328
Hauptgericht 25/12-38/19, Gartenlokal, nur
abends, geschl.: So, 2 Wochen im Jun

Oberlangenstadt (1 km ✓)

✱ Hubertus
Hubertusstr. 7, Tel (0 92 64) 96 00,
Fax 9 60 55, ✉ 96328, DC ED VA
🌙, 24 Zi, Ez: 78/39, Dz: 130/65, 🛏 WC ⓒ, 11 ⛌,
P, ☎, 1⇌40, ⇌, Sauna, Restaurant
geschl.: 3.-12.1.01

Küsten 19 ↓

Niedersachsen
Kreis Lüchow-Dannenberg
EW 1396
🛈 Tel (0 58 41) 12 62 49, Fax 12 62 81
Tourist-Information
✉ 29439 Theodor-Körner-Str 4

✱ Wirtshaus Belitz
Belitz 11, Tel (0 58 41) 31 82, Fax 7 01 98,
✉ 29482
14 Zi, Ez: 50/25-70/35, Dz: 100/50-120/60, 🛏
WC, P, Restaurant
Alter Gutshof im Dorfinneren.

Lübeln (2 km →)

✱ Avoessel
Haus Nr 10, Tel (0 58 41) 93 40, Fax 9 34 44,
✉ 29482, AX DC ED VA
🌙, 24 Zi, Ez: 85/42-90/45, Dz: 160/80, 🛏 WC
ⓒ, P, 3⇌80, Restaurant
Restaurierter Fachwerkhof, teilweise mit
Antiquitäten ausgestattet.

✱ 1. Deutsches Kartoffelhotel
Haus Nr 1, Tel (0 58 41) 13 60, Fax 16 88,
✉ 29482, AX DC ED VA
🌙, 34 Zi, Ez: 85/42-95/47, Dz: 150/75-200/100,
4 Suiten, 3 App, 🛏 WC ⓒ, P, 1⇌10, Sauna,
Solarium
Schöner Fachwerkhof aus dem 18. Jh..
🍴 ⓒ, Hauptgericht 20/10
Vorwiegend Kartoffelgerichte.

Kulmain 58 ↗

Bayern / Kreis Tirschenreuth
EW 2400
🛈 Tel (0 96 42) 9 12 46, Fax 9 12 47
Gemeinde Kulmain
✉ 95508 Hauptstr. 28

✱ Post/Gasthof Wiesend
Hauptstr. 15, Tel (0 96 42) 93 00,
Fax 93 03 00, ✉ 95508, AX DC ED VA
29 Zi, Ez: 59/29-98/49, Dz: 90/45-140/70, 🛏
WC ⓒ DFÜ, 9 ⛌, P, ☎, 1⇌20, ⇌, Sauna,
Solarium
Im Hotel Post auch Zimmer der Kategorie ✱✱
vorhanden.
🍴 Hauptgericht 15/7

Kulmbach 48 ↓

Bayern / Kreisstadt
EW 30000
🛈 Tel (0 92 21) 9 58 80, Fax 95 88 44
Tourist-Information
✉ 95326 Sutte 2

✱✱ Astron
Luitpoldstr. 2, Tel (0 92 21) 60 30,
Fax 60 31 00, ✉ 95326, AX DC ED VA, Ⓢ
🌙, 103 Zi, Ez: 140/70-185/93,
Dz: 160/80-205/103, 🛏 ⓒ, Lift, 6⇌150, Sauna,
Solarium
🍴🍴 Hauptgericht 16/8-45/22, Terrasse

✱✱ Hansa-Hotel
Weltrichstr. 2 a, Tel (0 92 21) 6 00 90,
Fax 6 68 87, ✉ 95326, AX DC ED VA
30 Zi, Ez: 132/66-162/81, Dz: 177/89-220/110,
1 Suite, 🛏 WC ⓒ, 3 ⛌, Lift, P, ☎, 2⇌40
Das Haus wurde von dem Designer Dirk Obliess
gestaltet.
🍴🍴 Hauptgericht 30/15, Terrasse,
Biergarten, geschl.: So

✱ Kronprinz
Fischergasse 4, Tel (0 92 21) 9 21 80,
Fax 92 18 36, ✉ 95326, AX DC ED VA
22 Zi, Ez: 108/54-180/90, Dz: 135/67-250/125,
🛏 WC ⓒ DFÜ, ☎, 1⇌25, Golf, Restaurant
geschl.: 24-28.12.00

✱ Purucker
Melkendorfer Str. 4, Tel (0 92 21) 9 02 00,
Fax 90 20 90, ✉ 95326, AX DC ED VA
23 Zi, Ez: 89/44-125/62, Dz: 135/67-175/88, 🛏
WC ⓒ DFÜ, Lift, P, ☎, ⇌, Sauna, Solarium,
Restaurant
geschl.: Mitte Aug-Anfang Sep

✱ Ertl
Hardenbergstr. 3, Tel (0 92 21) 97 40 00,
Fax 97 40 50, ✉ 95326, AX DC ED VA
35 Zi, Ez: 100/50-130/65, Dz: 150/75-180/90,
🛏 WC ⓒ, P, ☎, 2⇌50
geschl.: 20.12.00-6.1.01
🍴 Hauptgericht 20/10, Biergarten,
geschl.: Fr-So, 20.12.00-6.1.01

✱ **Christl**
Bayreuther Str. 7, Tel (0 92 21) 79 55,
Fax 6 64 02, ✉ 95326, AX ED VA
24 Zi, Ez: 65/32-80/40, Dz: 125/62, 2 Suiten, ⌐
WC ⊘, ℙ, ⌂, Restaurant

Zum Mönchshof Bräuhaus
Hofer Str. 20, Tel (0 92 21) 8 05 14,
Fax 8 05 15, ✉ 95326
Hauptgericht 11/5, Terrasse, Biergarten, ℙ,
geschl.: Mo
Im Haus befindet sich das bayrische
Brauereimuseum.

☕ **Café am Holzmarkt**
Klostergasse 12, Tel (0 92 21) 8 17 22,
Fax 8 30 51, ✉ 95326

Höferänger (4 km ↖)

✱✱ **Dobrachtal**
Flair Hotel
Haus Nr 10, Tel (0 92 21) 94 20, Fax 94 23 55,
✉ 95326, AX DC ED VA
57 Zi, Ez: 78/39-140/70, Dz: 148/74-210/105, ⌐
WC ⊘, Lift, ℙ, ⌂, 3⌒60, ⌂, Sauna, Solarium
geschl.: 20.12.00-5.1.01
Auch Zimmer der Kategorie ✱ vorhanden.
🍴🍴 Hauptgericht 18/9-35/17, Terrasse,
geschl.: Fr, 20.12.00-5.1.01

Kunreuth 57 □

Bayern / Kreis Forchheim
EW 1385
🛈 Tel (0 91 91) 7 95 00, Fax 79 50 40
Verwaltungsgemeinschaft
✉ 91361 Reuther Str. 1

Regensberg (5 km ↘)

✱ **Berg-Gasthof Hötzelein**
Auf dem Regensberg 10, Tel (0 91 99) 80 90,
Fax 8 09 99, ✉ 91358, ED VA
☾ ⚡, 32 Zi, Ez: 90/45-99/49, Dz: 120/60-150/75,
1 App, ⌐ WC ⊘, Lift, ℙ, 3⌒30, Sauna
geschl.: Di, 24.11.-24.12.00
Auch Zimmer der Kategorie ✱✱ vorhanden.
🍴 ⚡, Hauptgericht 15/7-35/17, Terrasse,
geschl.: Di, 24.11.-24.12.00

Kuppenheim 60 →

Baden-Württemberg / Kreis Rastatt
EW 7490
Stadtverwaltung
✉ 76456 Schlosstr. 6

🍴 **Zur Blume**
Rheinstr. 7, Tel (0 72 22) 9 47 80,
Fax 94 78 80, ✉ 76456, ED VA
Hauptgericht 18/9-34/17, Gartenlokal, ℙ,
geschl.: Mo, 24.12.00-9.1.01, 30-14.8.01
✱ 15 Zi, Ez: 65/32-85/42,
Dz: 110/55-140/70, ⌐ WC ⊘

Oberndorf (2 km ↘)

🍴🍴🍴 **Raub's Restaurant** 🍷
Hauptstr. 41, Tel (0 72 25) 7 56 23,
Fax 7 93 78, ✉ 76456, VA
Hauptgericht 50/25, ℙ, ⎘, geschl.: Mo, So, 2
Wochen im Sommer

🍴🍴 **Kreuz-Stübl** ✠
Hauptgericht 29/14, geschl.: Mo, So

Kuppentin 20 →

Mecklenburg-Vorpommern
Kreis Parchim
EW 225
🛈 Tel (03 87 32) 2 05 95
Bürgermeisteramt
✉ 19386 Mühlbach 9

Daschow (1 km ↗)

✱ **Landhotel Schloß Daschow**
Schlosstr. 5, Tel (03 87 32) 50 00, Fax 5 00 91,
✉ 19386, DC ED VA
einzeln ☾ ⚡, 16 Zi, Ez: 98/49, Dz: 150/75, ⌐
WC ⊘ DFÜ, ℙ, 4⌒80, Restaurant
12 ha Parklandschaft mit See.

Kusterdingen 61 ↘

Baden-Württemberg / Kreis Tübingen
EW 7900
🛈 Tel (0 70 71) 1 30 80, Fax 13 08 10
Gemeindeverwaltung
✉ 72127 Kirchentellinsfurter Str. 9

Mähringen (3 km ↙)

✱ **Mayer's Waldhorn**
Neckar-Alb-Str. 47, Tel (0 70 71) 1 33 30,
Fax 13 33 99, ✉ 72127, ED VA
18 Zi, Ez: 95/47-120/60, Dz: 150/75-170/85, ⌐
WC ⊘, Lift, ℙ, 2⌒70
Rezeption: 12-13.30, 17-24, geschl.: Mo
🍴 Hauptgericht 25/12-35/17, geschl.: Mo

Kyritz 20 ↘

Brandenburg
Kreis Ostprinitz-Ruppin
EW 10000
🛈 Tel (03 39 71) 5 23 31, Fax 7 37 29
Fremdenverkehrsverein
✉ 16866 Maxim-Gorki-Str 32

✱ Landhaus Muth
Pritzwalker Str. 40, Tel (03 39 71) 7 15 12,
Fax 7 15 13, ✉ 16866, AX DC ED VA
19 Zi, Ez: 85/42-100/50, Dz: 115/57-130/65, ⊟
WC ©, 4 ⇔, P, 1⊖20
🍴 Hauptgericht 21/10, Terrasse

✱ Kyritzer Hof
Maxim-Gorki-Str. 4, am Markt,
Tel (03 39 71) 7 23 69, Fax 7 23 71, ✉ 16866,
AX DC ED VA
14 Zi, Ez: 80/40, Dz: 110/55, ⊟ WC ©, P,
Restaurant

Laasphe, Bad 44 ↗

Nordrhein-Westfalen
Kreis Siegen-Wittgenstein
EW 15000
🛈 Tel (0 27 52) 8 98, Fax 77 89
Kurverwaltung
✉ 57334 Wilhelmsplatz

Kneippheilbad in Wittgenstein. Reizvolle Altstadt.

Feudingen (9 km ←)

✱✱ Landhotel Doerr
Sieg-Lahn-Str. 8, Tel (0 27 54) 37 00,
Fax 37 01 00, ✉ 57334, AX DC ED VA
42 Zi, Ez: 115/57-145/73, Dz: 230/115-290/146,
5 Suiten, ⊟ WC ©, 7 ⇔, Lift, P, 3⊖80, ⌂,
Kegeln, Sauna, Solarium, 6 Tennis
Preise inkl. Halbpension. Auch Zimmer der
Kategorie ✱✱✱ vorhanden.

🍴🍴 **Wittgenstein**
Hauptgericht 35/17, Terrasse

✱✱ Lahntalhotel
Sieg-Lahn-Str. 23, Tel (0 27 54) 12 85,
Fax 12 86, ✉ 57334, AX ED VA
25 Zi, Ez: 125/62-155/78, Dz: 250/125-320/161,
3 Suiten, ⊟ WC © DFÜ, 15 ⇔, Lift, P, 2⊖120,
Sauna, Solarium, Restaurant
Auch Zimmer der Kategorie ✱✱✱ vorhanden.

✱ Im Auerbachtal
Wiesenweg 5, Tel (0 27 54) 37 58 80,
Fax 3 75 88 88, ✉ 57334
⌓, 15 Zi, Ez: 72/36, Dz: 134/67, 1 Suite, ⊟ WC
©, 15 ⇔, P, ⇌, 2⊖20, ⌂, Sauna, Restaurant
geschl.: 23.12.00-31.1.01

Glashütte (14 km ←)

✱✱✱ Jagdhof Glashütte ♛♛♛
Glashütter Str. 20, Tel (0 27 54) 39 90,
Fax 39 92 22, ✉ 57334, AX DC ED VA
⌓, 19 Zi, Ez: 198/99-300/151,
Dz: 380/191-440/221, 10 Suiten, ⊟ WC ©, Lift,
P, 3⊖60, ⌂, Kegeln, Sauna, Solarium

🍴🍴🍴 **Ars Vivendi** 🏆
Hauptgericht 52/26-59/29, Terrasse, nur abends,
geschl.: Mo, So

🍴🍴 **Jagdhof-Stuben**
☻, Hauptgericht 24/12-38/19, Terrasse,
Biergarten, geschl.: Mo

Hesselbach (8,5 km ↙)

🍴🍴🍴 **L'école** 🏆🏆
Hesselbacher Str. 23, Tel (0 27 52) 53 42,
Fax 69 00, ✉ 57334, AX ED
Hauptgericht 45/22, Terrasse, P, nur abends,
geschl.: Mo, Di, Jan, 2 Wochen im Sept

Laatzen 26 ↙

Niedersachsen / Kreis Hannover
EW 39000
🛈 Tel (05 11) 8 20 50, Fax 8 20 53 73
Stadt Laatzen
✉ 30880 Marktplatz 13/Rathaus

✱✱✱ Copthorne
Würzburger Str. 21, Tel (05 11) 9 83 60,
Fax 9 83 66 66, ✉ 30880, AX DC ED VA
222 Zi, Ez: 290/146-550/277,
Dz: 390/196-650/327, 7 Suiten, ⊣ WC ℂ DFÜ,
107 ↦, Lift, P, 🏠, 10⇨700, 🏊, Sauna,
Solarium, Golf

🍴🍴 Bentleys
Hauptgericht 23/11-44/22, Terrasse, Biergarten

✱✱ Mercure
Karlsruher Str. 8a, Tel (05 11) 87 57 30,
Fax 87 57 35 55, ✉ 30880, AX DC ED VA
120 Zi, Dz: 239/120-628/316, 2 Suiten, ⊣ WC
ℂ DFÜ, 30 ↦, Lift, P, 7⇨200, Restaurant
Direkt am Messegelände, gegenüber der Halle 13.

✱✱ Treff Hotel Britannia
Karlsruher Str. 26, Tel (05 11) 8 78 20,
Fax 86 34 66, ✉ 30880, AX DC ED VA, Ⓢ
100 Zi, Ez: 139/70-560/282,
Dz: 168/84-630/317, 4 Suiten, ⊣ WC ℂ DFÜ,
38 ↦, Lift, P, 5⇨200, Fitnessraum, Sauna,
Solarium, 4 Tennis, Restaurant

✱✱ Opal
Kronsbergstr. 53, Tel (05 11) 8 20 98 10,
Fax 82 09 81 77, ✉ 30880
18 Zi, Ez: 130/65-380/191, Dz: 180/90-380/191,
⊣ WC ℂ

Grasdorf (2 km ↓)

✱✱ Am Kamp
Am Kamp 12, Tel (05 11) 98 29 40,
Fax 9 82 94 66, ✉ 30880, AX DC ED VA
45 Zi, Ez: 169/85-495/249, Dz: 195/98-495/249,
⊣ WC ℂ, Lift, P, 🏠, garni

✱ Haase
Am Thie 4, Tel (05 11) 82 01 60,
Fax 8 20 16 66, ✉ 30880, AX DC ED VA
43 Zi, Ez: 80/40-185/93, Dz: 120/60-320/161,
⊣ WC ℂ DFÜ, Lift, P, 2⇨46
Rezeption: 6.30-23
Auch einfachere Zimmer vorhanden.
🍴 Hauptgericht 18/9-35/17, Terrasse

Laboe 10→
Schleswig-Holstein / Kreis Plön
EW 5100
🛈 Tel (0 43 43) 42 75 53, Fax 17 81
Kurbetrieb Ostseebad Laboe
✉ 24235 Strandstr. 25

Ostseebad an der Kieler Außenförde. Sehenswert: Marine-Ehrenmal Aussicht (85 m hoch), U-Boot-Museum „U 995", Meeresbiologische Station.

✱ Seeterrassen
Strandstr. 84-88, Tel (0 43 43) 60 70,
Fax 6 07 70, ✉ 24235, AX DC ED VA
♪ ❦, 40 Zi, Ez: 72/36-95/47, Dz: 124/62-156/78,
⊣ WC ℂ, Lift, P, Sauna, Solarium, Restaurant
geschl.: 1.12.00-31.1.01

Ladbergen 24 ✓
Nordrhein-Westfalen
Kreis Steinfurt
EW 6300
🛈 Tel (0 54 85) 36 35, Fax 35 68
Tourist-Information
✉ 49549 Alte Schulstr. 1

🍴🍴 Rolinck's Alte Mühle
Mühlenstr. 17, Tel (0 54 85) 14 84,
Fax 83 11 73, ✉ 49549, AX ED VA
♛, Hauptgericht 42/21, Terrasse, P, geschl.: Di, 1.-15.1.01

🍴🍴 Waldhaus an de Miälkwellen
Grevener Str. 43, Tel (0 54 85) 9 39 90,
Fax 93 99 93, ✉ 49549, AX DC ED VA
einzeln, Hauptgericht 25/12-40/20, Terrasse,
Biergarten, Gartenlokal, P
✱✱ einzeln ♪, 7 Zi, Ez: 85/42-95/47,
Dz: 125/62-155/78, ⊣ WC ℂ DFÜ, 4⇨150

Ladenburg 54 ↘

Baden-Württemberg
Rhein-Neckar-Kreis
EW 12000
ℹ Tel (0 62 03) 92 26 03, Fax 92 47 09
Stadtinformation
✉ 68526 Dr.-Carl-Benz-Platz 1

✶✶ Nestor
Benzstr. 21, Tel (0 62 03) 93 90, Fax 93 91 13,
✉ 68526, AX DC ED VA, Ⓢ
113 Zi, Ez: 148/74-230/115,
Dz: 148/74-275/138, 15 Suiten, ⊐ WC ✆ DFÜ,
64 ⇤, Lift, **P**, 🕭, 7⇌180, Sauna, Solarium

¶¶ Trajan
Hauptgericht 25/12-35/17, Terrasse

✶ Cronberger Hof
Cronberger Gasse 10, Tel (0 62 03) 9 26 10,
Fax 92 61 50, ✉ 68526, AX DC ED VA
20 Zi, Ez: 112/56-140/70, Dz: 165/83-195/98, ⊐
WC ✆, **P**, 🕭, garni

¶ Weinstube Sackpfeife
Kirchenstr. 45, Tel (0 62 03) 31 45, Fax 31 45,
✉ 68526
⌬, Hauptgericht 30/15
Holzbau von 1598 mit Galerien und
bleiverglasten Schiebefenstern, Beispiel
alemannisch-oberrheinischer Hauskultur der
Renaissancezeit.

Laer, Bad 24 ↓

Niedersachsen / Kreis Osnabrück
EW 8548
ℹ Tel (0 54 24) 29 11 88, Fax 29 11 89
Kurverwaltung
✉ 49196 Glandorfer Str. 5

✶✶ Becker
Thieplatz 13, Tel (0 54 24) 2 21 10, Fax 91 95,
✉ 49196, ED
30 Zi, Ez: 80/40-105/52, Dz: 150/75-200/100,
3 App, ⊐ WC ✆, 10 ⇤, Lift, **P**, 🕭, ⇌, Sauna,
Solarium, Restaurant
geschl.: 26.11.00-15.2.01

✶ Landhaus Meyer zum Alten Borgloh
Iburger Str. 23, Tel (0 54 24) 2 92 10,
Fax 29 21 55, ✉ 49196, AX ED VA
22 Zi, Ez: 65/32-75/37, Dz: 110/55-130/65, ⊐
WC ✆ DFÜ, **P**, 1⇌30, Sauna, Solarium,
Restaurant

☕ Café Aschenberg
Thieplatz 10, Tel (0 54 24) 91 70, ✉ 49196

Lage 25 ✓

Nordrhein-Westfalen / Kreis Lippe
EW 38000
ℹ Tel (0 52 32) 81 93, Fax 8 95 31
Fremdenverkehrsamt
✉ 32791 Freibadstr. 3

Luftkurort im Teutoburger Wald.

Hörste (6 km ✓)

🛌 Haus Berkenkamp
Im Hesskamp 50, über Billinghauser Str,
Tel (0 52 32) 7 11 78, Fax 96 10 33, ✉ 32791
einzeln ♪, 20 Zi, Ez: 58/29-65/32,
Dz: 108/54-115/57, ⊐ WC ✆, **P**, 🕭, Sauna,
Restaurant
geschl.: 29.9.-15.10.00

Lahnau 44 →

Hessen / Lahn-Dill-Kreis
EW 8610
ℹ Tel (0 64 41) 9 64 40, Fax 96 44 44
Gemeindeverwaltung
✉ 35633 Rathausstr. 1/3

Atzbach

¶¶ Bergschenke ✤
Bergstr. 27, Tel (0 64 41) 9 64 30,
Fax 96 43 26, ✉ 35633, AX ED VA
ᛤ, Hauptgericht 26/13-40/20, Terrasse, **P**,
geschl.: Sa mittags

Waldgirmes

✶ Triangel
Rodheimer Str. 50 a, Tel (0 64 41) 6 51 77,
Fax 6 52 92, ✉ 35633, AX ED VA
15 Zi, Ez: 99/49, Dz: 149/75, 1 App, ⊐ WC ✆,
P, garni

Lahnstein 43 ↘

Rheinland-Pfalz / Rhein-Lahn-Kreis
EW 19380
ℹ Tel (0 26 21) 9 14 17 11 72, Fax 91 43 40
Städt. Verkehrsamt
✉ 56112 Stadthallenpassage

Lahnstein auf der Höhe

✶✶✶ Dorint Hotel Rhein-Lahn
im Kurzentrum, Tel (0 26 21) 91 20,
Fax 91 21 00, ✉ 56112, AX DC ED VA, Ⓢ
♪ ᛤ, 203 Zi, Ez: 210/105-450/226,
Dz: 295/148-495/249, 8 Suiten, 16 App, ⊐ WC

⌀ DFÜ, 75 ⌥, Lift, **P**, 🏠, 18⌬400, ≋, ⌂,
Kegeln, Sauna, Solarium
Auch Zimmer der Kategorie ∗∗ vorhanden.
Direkter Zugang zum Dorimar-Erlebnisbad.

🍴🍴 **Panorama**
❦, Hauptgericht 33/16

Lahr (Schwarzwald) 60 ✓

Baden-Württemberg / Ortenaukreis
EW 42000
i Tel (0 78 21) 95 02 10, Fax 95 02 12
Kul Tour Büro
✉ 77933 Kaiserstr. 1

∗∗ **Euro Ring Hotel Schulz**
Alte Bahnhofstr. 6, Tel (0 78 21) 91 50,
Fax 2 26 74, ✉ 77933, AX DC ED VA
40 Zi, Ez: 115/57-135/67, Dz: 175/88-195/98,
⏏ DFÜ, Lift, **P**, 🏠, 2⌬30
Anfahrt über die Tiergartenstr., B 415..

🍴🍴 **Badische Stuben**
Hauptgericht 35/17

∗ **Zum Löwen**
Obertorstr. 5, Tel (0 78 21) 2 30 22, Fax 15 14,
✉ 77933, AX DC ED VA
30 Zi, Ez: 85/42-100/50, Dz: 110/55-130/65, ⏏
WC ⌀, **P**, 🏠, 1⌬250
geschl.: 23.12.00-7.1.01
🍴 Hauptgericht 26/13, geschl.: So,
24.7.-6.8.00

∗ **Am Westend**
Schwarzwaldstr. 97, Tel (0 78 21) 9 50 40,
Fax 95 04 95, ✉ 77933, ED VA
34 Zi, Ez: 108/54, Dz: 148/74-158/79, ⏏ WC ⌀,
4 ⌥, Lift, **P**, 🏠, Fitnessraum, Sauna, Solarium,
Restaurant
geschl.: 23.12.00-7.1.01

🍴🍴 **Schwanen**
Gärtnerstr. 1, Tel (0 78 21) 91 20, Fax 91 23 20,
✉ 77933, AX DC ED VA
Hauptgericht 25/12-38/19, **P**, geschl.: Fr+Sa
mittags, So

Reichenbach (6 km →)

∗∗ **Adler**
Hauptstr. 18, Tel (0 78 21) 90 63 90,
Fax 9 06 39 33, ✉ 77933, AX ED VA
24 Zi, Ez: 105/52-140/70, Dz: 180/90-220/110,
1 Suite, ⏏ WC ⌀ DFÜ, 5 ⌥, **P**, 🏠, 1⌬25
geschl.: 18.2.-7.3.01
🍴🍴🍴 Hauptgericht 38/19-49/24 🍷
Terrasse, geschl.: Di, 18.2.-7.3.01

Sulz (3 km ↓)

🍴 **Dammenmühle**
Dammenmühle 1, Tel (0 78 21) 9 39 30,
Fax 93 93 93, ✉ 77933, ED VA
Hauptgericht 30/15, **P**
∗ ♪, 18 Zi, Ez: 78/39-108/54,
Dz: 135/67-195/98, 2 Suiten, ⏏ WC ⌀, 🏠,
4⌬80, ≋
Hotelbetrieb besteht aus drei Gästehäusern,
auch Zimmer der Kategorie ∗∗ vorhanden.

Laichingen 62 ↓

Baden-Württemberg
Alb-Donau-Kreis
EW 10500
i Tel (0 73 33) 85 16, Fax 85 25
Tourist-Information
✉ 89150 Bahnhofstr. 26

∗∗ **Krehl Zur Ratstube**
Radstr. 7, Tel (0 73 33) 9 66 50, Fax 96 65 11,
✉ 89150, DC ED VA
29 Zi, Ez: 70/35-93/46, Dz: 112/56-124/62,
2 App, ⏏ WC ⌀ DFÜ, Lift, **P**, 2⌬50, Sauna

🍴 **Zirbelstube**
Hauptgericht 16/8-32/16, geschl.: So

Feldstetten (5 km ✓)

∗ **Zur Post**
an der B 28, Tel (0 73 33) 9 63 50,
Fax 96 35 20, ✉ 89150, ED
32 Zi, Ez: 60/30-80/40, Dz: 95/47-120/60,
6 Suiten, 6 App, ⏏ WC ⌀ DFÜ, 10 ⌥, Lift, **P**,
🏠, 4⌬180, Sauna, Solarium, Restaurant
geschl.: Mo

Lalendorf 20 ↗

Mecklenburg-Vorpommern
Kreis Güstrow
EW 1660
i Tel (03 84 52) 3 10 23, Fax 2 00 23
Gemeindeamt
✉ 18279 Hauptstr. 5

🛏 **Im Wiesengrund**
Hauptstr. 3, an der B 104,
Tel (03 84 52) 2 05 42, Fax 2 05 42, ✉ 18279,
ED VA
10 Zi, Ez: 65/32-80/40, Dz: 110/55-115/57, ⏏
WC ⌀, **P**, Restaurant

Lam 66

Bayern / Kreis Cham
EW 3000
🛈 Tel (0 99 43) 7 77, Fax 81 77
Tourist-Info Lam
✉ 93462 Marktplatz 1

✶✶✶ Steigenberger
Himmelreich 13, Tel (0 99 43) 3 70, Fax 81 91,
✉ 93462, AX DC ED VA, Ⓢ
♪ ⑂, 169 Zi, Ez: 132/66-170/85,
Dz: 204/102-280/141, 4 Suiten, ⊟ WC Ⓒ, 80 ⇐,
Lift, Ⓟ, ☎, 7�️200, ≋, 🝛, Kegeln, Sauna,
Solarium, 6 Tennis

🍴🍴 Petrusstube
Hauptgericht 25/12, Terrasse

✶ Bayerwald
Arberstr. 73, Tel (0 99 43) 95 30, Fax 83 66,
✉ 93462, AX DC ED VA
⑂, 52 Zi, Ez: 60/30-65/32, Dz: 120/60-130/65,
1 Suite, 1 App., ⊟ WC Ⓒ, Ⓟ, ☎, 1�️80, 🝛,
Sauna, Solarium
🍴 Hauptgericht 10/5-28/14, Terrasse,
geschl.: So abends, 1.-14.12.00

Lambrechtshagen 12

Mecklenburg-Vorpommern
Kreis Bad Doberan
EW 2780
🛈 Tel (03 82 07) 63 30, Fax 6 33 19
Amt Warnow West
✉ 18198

Sievershagen

✶✶ Atrium Hotel Krüger
Ostsee-Park-Str. 2, an der B 105,
Tel (03 81) 8 00 23 43, Fax 8 00 23 42,
✉ 18069, AX DC ED VA
57 Zi, Ez: 85/42-95/47, Dz: 99/49-130/65,
2 Suiten, ⊟ WC Ⓒ DFÜ, 8 ⇐, Lift, Ⓟ, 1⏲30,
Fitnessraum, garni
geschl.: 23-27.12.00

Lampertheim 54

Hessen / Kreis Bergstraße
EW 32100
🛈 Tel (0 62 06) 93 50, Fax 93 53 00
Rathaus-Service
✉ 68623 Römerstr. 102

✶✶ Treff Page Hotel
Andreasstr. 4, Tel (0 62 06) 5 20 97,
Fax 5 20 98, ✉ 68623, AX DC ED VA, Ⓢ
67 Zi, Ez: 140/70-160/80, Dz: 170/85-190/95,
⊟ WC Ⓒ, 12 ⇐, Lift, ☎, 1⏲25, garni

🍴🍴🍴 Waldschlössl
Luisenstr. 2 a, Tel (0 62 06) 5 12 21,
Fax 1 26 30, ✉ 68623, AX ED VA
Hauptgericht 45/22-56/28, Terrasse,
Gartenlokal, Ⓟ, nur abends, geschl.: So, Mo

🍴🍴 Geo's Stube
Neuschlosstr. 12 a
Hauptgericht 18/9-40/20, Gartenlokal,
geschl.: Sa mittags, So, Mo

Landau a. d. Isar 65

Bayern / Kreis Dingolfing-Landau
EW 12860
🛈 Tel (0 99 51) 94 11 15, Fax 94 12 10
Tourismusbüro
✉ 94405 Oberer Stadtplatz 1

✶ Gästehaus Numberger
Dr.-Aicher-Str. 2, Tel (0 99 51) 9 80 20,
Fax 9 80 22 00, ✉ 94405, AX DC ED
♪, 19 Zi, Ez: 66/33-89/44, Dz: 104/52-134/67,
⊟ WC Ⓒ DFÜ, 10 ⇐, Ⓟ, ☎, Golf, garni

Appartementhotels/Boardinghäuser

Isar Park
Straubinger Str. 36, Tel (0 99 51) 9 81 90,
Fax 98 19 31, ✉ 94405, ED VA
15 Zi, Ez: 79/39-89/44, Dz: 139/70, 12 App., ⊟
WC Ⓒ DFÜ, Lift, Ⓟ, garni
Zimmer der Kategorie ✶✶

Landau in der Pfalz 60

Rheinland-Pfalz
EW 42000
🛈 Tel (0 63 41) 1 31 82, Fax 1 31 95
Büro für Tourismus
✉ 76829 Marktstr. 50

Zweitgrößte Weinbaugemeinde Dtls., Gästeführ., Rebsortenwanderungen, Fröhliche Weinbergsfahrt, Kutschenfahrten im LANDAUER; Weinproben, -feste, Mai- u. Herbstmarkt, LD-er Sommer (1.Juli-WOende), Festd. Federweißen (3. Okt-WOende), Zoo, Museen, Jugenst.-Festhalle, Stiftskirche, Marienkirche, u.v.m.

✶✶ Parkhotel
Mahlastr. 1 (C 2), Tel (0 63 41) 14 50,
Fax 14 54 44, ✉ 76829, AX ED VA
⑂, 78 Zi, Ez: 150/75-170/85,
Dz: 200/100-250/125, ⊟ WC Ⓒ, 9 ⇐, Lift, ☎,
7⏲100, 🝛, Sauna, Solarium, Golf

🍴🍴 Landauer
Hauptgericht 28/14, Kegeln

Landsberg a. Lech

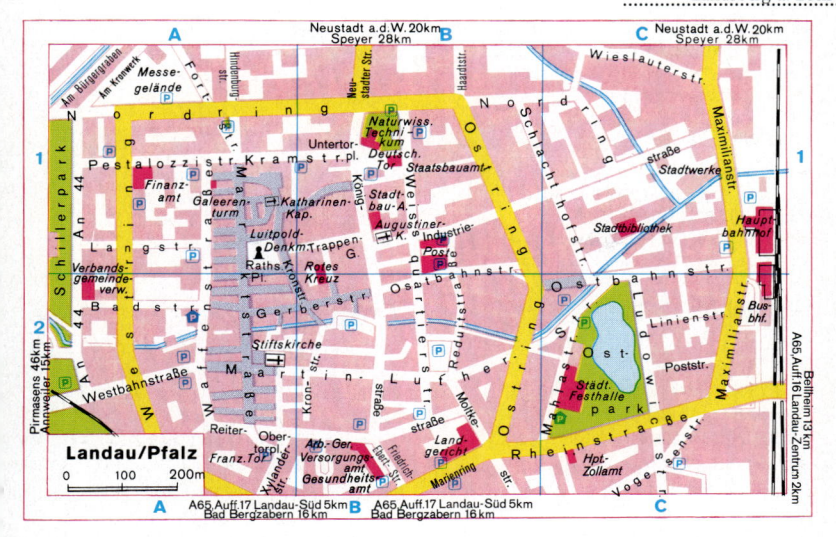

Nußdorf (4 km ↑)

¶¶ Landhaus Herrenberg
Lindenbergstr. 72, **Tel (0 63 41) 6 02 05**,
Fax 6 07 09, ✉ 76829, AX ED VA
Hauptgericht 27/13-39/19, Terrasse,
Gartenlokal, P, nur abends, geschl.: Do
✱✱ 9 Zi, Ez: 115/57, Dz: 170/85-210/105,
1 Suite, 🛏 WC ✆, 2🐕70

Queichheim (1 km →)

¶¶ Provencal
Queichheimer Hauptstr. 136,
Tel (0 63 41) 95 25 52, Fax 5 07 11, ✉ 76829
Hauptgericht 25/12-40/20, Gartenlokal, P,
geschl.: Mo

Landesbergen 25 □

Niedersachsen
Kreis Nienburg (Weser)
EW 8900
🛈 Tel (0 50 25) 9 80 80, Fax 98 08 70
Samtgemeindeverwaltung
✉ 31628 Hinter den Höfen 13

Brokeloh (6 km →)

✱ Der Dreschhof
Haus Nr 48, **Tel (0 50 27) 9 80 80**,
Fax 98 08 55, ✉ 31628, AX ED VA
♪, 23 Zi, Ez: 70/35-122/61, Dz: 130/65-165/83,
🛏 WC ✆ DFÜ, P, 1🐕36, Restaurant
geschl.: Di, 27.12.00-10.1.01

Landsberg a. Lech 71 ↖

Bayern
EW 25000
🛈 Tel (0 81 91) 12 82 46, Fax 12 81 60
Fremdenverkehrsamt
✉ 86899 Hauptplatz 1

✱ Goggl
Herkomer Str. 19-20, **Tel (0 81 91) 32 40**,
Fax 32 41 00, ✉ 86899, AX DC ED VA
55 Zi, Ez: 98/49-130/65, Dz: 168/84-195/98,
2 Suiten, 🛏 WC ✆ DFÜ, 7 ✉, Lift, 🏠, 3🐕400,
Golf, garni
Auch Zimmer der Kategorie ✱✱ vorhanden.

✱ Landhotel Endhart
Erpftinger Str. 19, **Tel (0 81 91) 9 20 74**,
Fax 3 23 46, ✉ 86899, ED VA
16 Zi, Ez: 82/41-105/52, Dz: 115/57-125/62, 🛏
WC ✆, P, 🏠, garni

✱ Landsberger Hof
Weilheimer Str. 5, **Tel (0 81 91) 3 20 20**,
Fax 3 20 21 00, ✉ 86899, AX DC ED VA
33 Zi, Ez: 55/27-89/44, Dz: 110/55-160/80, 🛏
WC ✆, P, 🏠, Restaurant

Außerhalb (2 km)

✱✱ Mercure Landsberg
Graf-Zeppelin-Str. 6, **Tel (0 81 91) 9 29 00**,
Fax 9 29 04 44, ✉ 86899, AX DC ED VA, Ⓢ

107 Zi, Ez: 109/54-179/90, Dz: 129/64-219/110, ⇨ WC ⌀ DFÜ, 38 ⇌, Lift, **P**, 4⇨120, Restaurant
Im Gewerbegebiet gelegen.

Pitzling (5 km ↓)

⊨ Aufeld
Aufeldstr. 3, Tel (0 81 91) 9 47 50,
Fax 94 75 50, ⊠ 86899, ED VA
♪, 19 Zi, Ez: 60/30-70/35, Dz: 90/45-110/55,
1 Suite, ⇨ WC ⌀, **P**, Sauna, Solarium

Landshut 65 ✓

Bayern
EW 59700
H Tel (08 71) 92 20 50, Fax 8 92 75
Verkehrsverein Landshut e.V.
⊠ 84028 Altstadt 315/Rathaus

✱✱ Lindner Hotel Kaiserhof
Papiererstr. 2 (B 2), Tel (08 71) 68 70,
Fax 68 74 03, ⊠ 84034, AX DC ED VA, Ⓢ
ⓈⓈ, 147 Zi, Ez: 156/78-270/135,
Dz: 197/99-305/153, ⇨ WC ⌀, 56 ⇌, Lift, **P**,
🐾, 10⇨300, Fitnessraum, Sauna, Solarium,
Restaurant

✱✱ Romantik Hotel Fürstenhof
Stethaimer Str. 3 (B 1), Tel (08 71) 9 25 50,
Fax 92 55 44, ⊠ 84034, AX DC ED VA
♪, 24 Zi, Ez: 140/70-180/90,
Dz: 190/95-260/130, ⇨ WC ⌀, 3 ⇌, **P**, 🐾,
1⇨18, Sauna, Solarium, Golf, 12 Tennis
🍴🍴 Hauptgericht 28/14-45/22 🚩
Terrasse, geschl.: So

✱ Lifestyle
Flurstr. 2 (außerhalb A 1), Tel (08 71) 9 72 70,
Fax 97 27 27, ⊠ 84034, AX DC ED VA
44 Zi, Ez: 130/65-160/80, Dz: 180/90-220/110,
10 Suiten, ⇨ WC ⌀ DFÜ, 16 ⇌, Lift, **P**, 🐾,
5⇨120, Fitnessraum, Sauna, Solarium,
Restaurant
Zimmerausstattung im modern,farbigen Design.

✱ Goldene Sonne
Neustadt 520 (B 2), Tel (08 71) 9 25 30,
Fax 9 25 33 50, ⊠ 84028, AX DC ED VA
55 Zi, Ez: 120/60-140/70, Dz: 180/90-200/100,
2 App, ⇨ WC ⌀, 5 ⇌, Lift, **P**, 2⇨100,
Restaurant
Auch Zimmer der Kategorie ✱✱ vorhanden.

🍴🍴 Bernlochner ✙
Ländtorplatz 2-5, Tel (08 71) 8 99 90,
Fax 8 99 94, ⊠ 84028
Hauptgericht 25/12-35/17, Terrasse, Biergarten

☕ Café Belstner
Altstadt 295, Tel (08 71) 2 21 90, Fax 27 36 90,
⊠ 84028
Terrasse, geschl.: So

Schönbrunn

✱✱ Schloß Schönbrunn
Schönbrunn 1, Tel (08 71) 9 52 20,
Fax 9 52 22 22, ⊠ 84036, AX DC ED VA
33 Zi, Ez: 120/60-150/75, Dz: 170/85-200/100,
⇨ WC ⌀, Lift, **P**, 4⇨85, Restaurant

Landstuhl 53 ↓

Rheinland-Pfalz
Kreis Kaiserslautern
EW 9559
H Tel (0 63 71) 8 30, Fax 8 31 01
Verbandsgemeindeverwaltung
⊠ 66849 Kaiserstr. 47

✱✱ Schlosshotel
Burgweg 10, Tel (0 63 71) 9 21 40,
Fax 92 14 29, ⊠ 66849, AX ED VA
einzeln ♪, 39 Zi, Ez: 95/47-120/60,
Dz: 160/80-180/90, ⇨ WC ⌀ DFÜ, Lift, **P**,
3⇨60, Sauna, Solarium, Restaurant

✱✱ Moorbad
Hauptstr. 39, Tel (0 63 71) 1 40 66,
Fax 1 79 90, ⊠ 66849, AX DC ED VA
♪ ⓈⓈ, 24 Zi, Ez: 125/62, Dz: 170/85, ⇨ WC ⌀
DFÜ, Lift, **P**, garni

✱✱ Landhaus Schattner
Kaiserstr. 143, Tel (0 63 71) 91 23 45,
Fax 1 62 49, ⊠ 66849, AX DC ED VA
32 Zi, Ez: 95/47-110/55, Dz: 140/70, ⇨ WC ⌀,
Lift, **P**, 🐾, garni
Rezeption: 6.30-22

✱ Christine
Kaiserstr. 3, Tel (0 63 71) 90 20, Fax 90 22 22,
⊠ 66849, AX DC ED VA
25 Zi, Ez: 100/50-120/60, Dz: 140/70-160/80,
11 Suiten, 17 App, ⇨ WC ⌀, Lift, garni

✱ Grüne Laterne
Am Alten Markt 7, Tel (0 63 71) 9 23 70,
⊠ 66849
15 Zi, Dz: 150/75, 3 App, ⇨ WC ⌀, **P**
geschl.: 15.12.00-10.1.01

✱ Café Goldinger
Von-Richthofen-Str. 18, Tel (0 63 71) 9 24 90,
Fax 92 49 24, ⊠ 66849
13 Zi, Ez: 95/47-110/55, Dz: 140/70-160/80, ⇨ WC ⌀

Langdorf 66 ↖

Bayern / Kreis Regen
EW 2040
🛈 Tel (0 99 21) 94 11 13, Fax 94 11 20
Tourist-Information
✉ 94264 Hauptstr. 8

✶✶ **Zur Post**
Regener Str. 2, Tel (0 99 21) 8 82 80,
Fax 88 28 28, ✉ 94264
44 Zi, Ez: 47/23–75/37, Dz: 82/41–144/72, ⌐
WC ⊘, 1 ⇜, Lift, Ⓟ, 🍴, 🛌, Sauna, Solarium,
Restaurant
geschl.: Di, 15.11.–24.12.00
Auch einfachere Zimmer vorhanden.

Langebrück 40 ↘

Sachsen / Kreis Kamenz
EW 3500
🛈 Tel (03 52 01) 7 02 30, Fax 7 05 37
Gemeindeverwaltung
✉ 01465 Schillerstr. 5

✶ **Euro Ring Hotel Lindenhof**
Dresdner Str. 36, Tel (03 52 01) 7 50,
Fax 7 51 11, ✉ 01465, AX ED VA
35 Zi, Ez: 98/49, Dz: 140/70, ⌐ WC ⊘ DFÜ,
7 ⇜, Lift, Ⓟ, 🍴, 3⊙100, Restaurant

Langelsheim 36 ↗

Niedersachsen / Kreis Goslar
EW 14700
🛈 Tel (0 53 25) 44 44, Fax 69 17
Tourist-Info Lautenthal
✉ 38685 Kaspar-Bitter-Str 7 B

Wolfshagen (5 km ↓)

✶ **Wolfshof**
Kreuzallee 22, Tel (0 53 26) 79 90,
Fax 79 91 19, ✉ 38685, AX DC ED VA

✤, 50 Zi, Ez: 110/55-150/75,
Dz: 180/90-260/130, 3 Suiten, 12 App., ⌐ WC ⊘, Lift, ℙ, 1⟳60, 🍴, Kegeln, Sauna, Solarium
Auch Zimmer der Kategorie ✱✱ vorhanden.

🍴🍴 Hauptgericht 35/17

✱ Berghotel Wolfshagen
Heimbergstr. 1, Tel (0 53 26) 40 62, Fax 44 32,
✉ 38685, ED
✤, 51 Zi, Ez: 93/46, Dz: 153/77, ⌐ WC ⊘, Lift,
ℙ, 2⟳50, 🍴, Kegeln, Sauna, Solarium,
Restaurant

Langen 54 ↗
Hessen / Kreis Offenbach
EW 35000
🛈 Tel (0 61 03) 20 30, Fax 2 63 02
Stadt Info
✉ 63225 Südliche Ringstr. 80

✱✱ Victoria Park
Rheinstr. 25-29, Tel (0 61 03) 50 50,
Fax 50 51 00, ✉ 63225, ED VA
☾, 100 Zi, Ez: 160/80-323/162,
Dz: 195/98-350/176, 1 App, ⌐ WC ⊘ DFÜ,
65 ⊵, Lift, 🍴, 5⟳36, Sauna, Solarium
Auch Zimmer der Kategorie ✱✱✱ vorhanden.

🍴 Victor's ✚
Café-Bar-Bistro
Hauptgericht 25/12-45/22, Terrasse, ℙ

✱ Dreieich
Frankfurter Str. 49, Tel (0 61 03) 91 50,
Fax 5 20 30, ✉ 63225, AX DC ED VA

70 Zi, Ez: 100/50-150/75, Dz: 130/65-190/95,
12 App, ⌐ WC ⊘, 5 ⊵, Lift, ℙ, 🍴, Restaurant
Langzeitvermietung möglich.

Appartementhotels/Boardinghäuser

Achat
Robert-Bosch-Str. 58, Tel (0 61 03) 75 60,
Fax 75 69 99, ✉ 63225, AX ED VA
169 Zi, Ez: 88/44-255/128, Dz: 110/55-312/157,
10 Suiten, 169 App, ⌐ WC ⊘ DFÜ, 65 ⊵, Lift,
ℙ, 🍴, 4⟳80, Restaurant
geschl.: 23.12.00-3.1.01
Zimmer der Kategorie ✱.

Langen-Außerhalb (2 km →)

🍴🍴 Merzenmühle
Außerhalb 12, Tel (0 61 03) 5 35 33,
Fax 5 36 55, ✉ 63225, AX DC ED VA
Hauptgericht 28/14-42/21, Terrasse, ℙ,
geschl.: Mo, So abends

Neurott (1 km ↘)

✱✱ Steigenberger Maxx
Robert-Bosch-Str. 26, Tel (0 61 03) 97 20,
Fax 97 25 55, ✉ 63225, AX DC ED VA, Ⓢ
☾, 208 Zi, Ez: 225/113-325/163,
Dz: 265/133-395/198, ⌐ WC ⊘ DFÜ, 68 ⊵,
Lift, ℙ, 🍴, 6⟳100, Sauna, Solarium,
Restaurant

Langen-Brütz 20 ↖
Mecklenburg-Vorpommern
Landkreis Parchim
EW 538
🛈 Tel (0 38 66) 8 06 07
Gemeinde Langen Brütz
✉ 19067 Riechenberger Weg 8

✱ Landhaus Bondzio
Hauptstr. 21 a, Tel (0 38 66) 4 60 50, Fax 7 45,
✉ 19067, AX ED VA
18 Zi, Ez: 69/34-79/39, Dz: 98/49-115/57,
2 App, ⌐ WC ⊘, 8 ⊵, ℙ, Sauna, Solarium,
Restaurant

Langenargen 69 ↓
Baden-Württemberg / Bodenseekreis
EW 7150
🛈 Tel (0 75 43) 93 30 92, Fax 46 96
Tourist-Information
✉ 88085 Obere Seestr. 2/2

✱✱ Engel
Marktplatz 3, Tel (0 75 43) 9 34 40,
Fax 9 34 41 00, ✉ 88085, DC ED VA

§, 38 Zi, Ez: 95/47-180/90, Dz: 170/85-240/120,
5 App, ⌐ WC ⊘, 10 ⮿, Lift, ℙ, 🏠, Fitnessraum,
Seezugang, Sauna, Solarium
geschl.: 22.12.00-1.3.01

🍴🍴 Grillstube Graf Anton
Hauptgericht 15/7-35/17, Terrasse,
geschl.: 22.12.00-1.3.01

★★ Schiff
Marktplatz 1, **Tel (0 75 43) 24 07**, Fax 45 46,
✉ 88085, 🆔 🆅
§, 46 Zi, Ez: 110/55-190/95,
Dz: 170/85-280/141, 3 Suiten, ⌐ WC ⊘, Lift,
Sauna, Solarium
Auch Zimmer der Kategorie ★★★ vorhanden.
🍴🍴 §, Hauptgericht 15/7-34/17, Terrasse

★★ Akzent-Hotel Löwen
Obere Seestr. 4, **Tel (0 75 43) 30 10**,
Fax 3 01 51, ✉ 88085, 🆊 🆍 🆔 🆅
§, 27 Zi, Ez: 140/70-190/95,
Dz: 200/100-260/130, ⌐ WC ⊘ DFÜ, Lift, ℙ,
🏠, 2⇌25
geschl.: 2.1.-28.2.00
🍴🍴 §, Hauptgericht 14/7-38/19, Terrasse,
Biergarten, geschl.: Di, 2.1.-28.2.01

★ Seeterrasse
Obere Seestr. 52, **Tel (0 75 43) 9 32 90**,
Fax 93 29 60, ✉ 88085, 🆔 🆅
♪ §, 41 Zi, Ez: 100/50-170/85,
Dz: 190/95-270/135, 4 Suiten, ⌐ WC ⊘, 38 ⮿,
Lift, ℙ, 🏠, 1⇌30, ≋, Restaurant
geschl.: 1.11.00-30.3.01

★ Litz
Obere Seestr. 11, **Tel (0 75 43) 9 31 10**,
Fax 9 31 12 00, ✉ 88085, 🆔 🆅
§, 39 Zi, Ez: 80/40-180/90, Dz: 160/80-280/141,
1 Suite, 11 App, ⌐ WC ⊘, 2 ⮿, Lift, ℙ, 🏠,
Solarium, Restaurant
geschl.: 1.11.00-1.4.01

★ Klett
Obere Seestr. 15, **Tel (0 75 43) 22 10**,
Fax 91 23 77, ✉ 88085, 🆅
§, 18 Zi, Ez: 100/50-120/60,
Dz: 150/75-200/100, ⌐ WC, Restaurant
geschl.: Mo, 23.10.-8.11.00, 7.1.-2.3.01

🍴🍴🍴 Adler 🚮
Oberdorfer Str. 11, **Tel (0 75 43) 30 90**,
Fax 3 09 50, ✉ 88085, 🆊 🆍 🆔 🆅
Hauptgericht 35/17-55/27, Terrasse, ℙ,
geschl.: So, Mo mittags

Langenargen-Außerhalb (2,5 km ↖)

★ Schwedi
Tel (0 75 43) 93 49 50, Fax 93 49 51 00,
✉ 88085, 🆔
♪ §, 28 Zi, Ez: 100/50-125/62,
Dz: 200/100-230/115, 1 Suite, ⌐ WC ⊘, Lift, ℙ,
🏠, Sauna, Solarium
Auch Zimmer der Kategorie ★★ vorhanden.
🍴 §, Hauptgericht 36/18, geschl.: Di

Oberdorf (3 km ↗)

★ Hirsch
Ortsstr. 1, **Tel (0 75 43) 9 30 30**, Fax 16 20,
✉ 88085, 🆔 🆅
♪, 23 Zi, Ez: 85/42-110/55, Dz: 130/65-160/80,
2 Suiten, ⌐ WC ⊘, ℙ
geschl.: Mo, 20.12.00-1.2.01
🍴 Hauptgericht 25/12-30/15, Terrasse,
nur abends, geschl.: Mo, 20.12.00-1.2.01

Langenau 62 ↘

Baden-Württemberg
Alb-Donau-Kreis
EW 13240
ℹ **Tel (0 73 45) 96 22 40**, Fax 96 22 55
Kulturamt
✉ 89129 Marktplatz 1

★★ Lobinger-Hotel Weißes Roß
Hindenburgstr. 29, **Tel (0 73 45) 80 10**,
Fax 80 15 51, ✉ 89129, 🆊 🆍 🆔 🆅
81 Zi, Ez: 98/49-138/69, Dz: 125/62-168/84, ⌐
WC ⊘, 30 ⮿, Lift, ℙ, 🏠, 7⇌100, Restaurant

★ Gasthof zum Bad
Burghof 11, **Tel (0 73 45) 9 60 00**,
Fax 96 00 50, ✉ 89129, 🆔 🆅
21 Zi, Ez: 72/36-90/45, Dz: 112/56-130/65, ⌐
WC ⊘, 2 ⮿, Lift, ℙ, 🏠, 2⇌100, Kegeln,
Restaurant
geschl.: Mo, Ende Jul-Anfang Aug

Langenfeld 33 ↙

Nordrhein-Westfalen
Kreis Mettmann
EW 58300
ℹ **Tel (0 21 73) 79 40**, Fax 7 94 11 53
Stadtverwaltung-Presse/Öfentlichkeitsarbeit
✉ 40764 Konrad-Adenauer-Platz 1

★★ Romantik Hotel Gravenberg
Elberfelder Str. 45, **Tel (0 21 73) 9 22 00**,
Fax 2 27 77, ✉ 40764, 🆊 🆍 🆔 🆅

Langenfeld

48 Zi, Ez: 165/83-230/115,
Dz: 240/120-330/166, 3 Suiten, ⌐ WC ℗ DFÜ,
9 ⇌, 🅿, 🏠, 3⇔60, ⌂, Sauna, Solarium
geschl.: 23.12.-3.1.01

🍴🍴 Hauptgericht 34/17-48/24, geschl.: So abends, Mo, 5.-26.7.01

** **Landhotel Lohmann**
Opladener Str. 19, Tel (0 21 73) 9 16 10,
Fax 1 45 43, ✉ 40764, AX DC ED VA
25 Zi, Ez: 135/67-165/83, Dz: 175/88-205/103,
⌐ WC ℗, 4 ⇌, 🅿, 2⇔150
🍴🍴 Hauptgericht 20/10-42/21, Terrasse, Biergarten, geschl.: Mi

Langenhagen 26 ←

Niedersachsen / Kreis Hannover
EW 50400
🛈 Tel (05 11) 7 30 70, Fax 7 30 71 30
Stadtverwaltung
✉ 30853 Marktplatz 1

** **Allegro**
Walsroder Str. 107, Tel (05 11) 7 71 96 10,
Fax 77 19 61 96, ✉ 30853, AX DC ED VA
130 Zi, Ez: 178/89-625/314,
Dz: 218/109-625/314, 58 App, ⌐ WC ℗, 30 ⇌,
Lift, 🏠, 5⇔550, Sauna, Solarium, Restaurant
Auch Zimmer der Kategorie ✱ vorhanden.

** **Ringhotel Ambiente**
Walsroder Str. 70, Tel (05 11) 7 70 60,
Fax 7 70 61 11, ✉ 30853, AX DC ED VA, Ⓢ
66 Zi, Ez: 172/86-525/264,
Dz: 218/109-625/314, 10 App, ⌐ WC ℗ DFÜ,
25 ⇌, Lift, 🅿
🍴🍴 Hauptgericht 15/7-30/15, nur abends, geschl.: Sa, So

✱ **Grethe**
Walsroder Str. 151, Tel (05 11) 7 26 29 10,
Fax 77 24 18, ✉ 30853, AX ED VA
51 Zi, Ez: 140/70-255/128, Dz: 185/93-300/151,
⌐ WC ℗, 10 ⇌, Lift, 🅿, 🏠, 3⇔80, ⌂, Sauna, Restaurant
geschl.: 23.12.00-5.1.01

✱ **Zollkrug**
Walsroder Str. 36, Tel (05 11) 78 67 10,
Fax 74 43 75, ✉ 30851, AX DC ED VA
23 Zi, Ez: 120/60-185/93, Dz: 185/93-245/123,
⌐ WC ℗ DFÜ, 🅿, garni
geschl.: 22.12.00-7.1.01

🛏 **Wegner**
Walsroder Str. 39-41, Tel (05 11) 72 69 10,
Fax 7 26 91 90, ✉ 30851, AX DC ED VA
73 Zi, Ez: 79/39-135/67, Dz: 135/67-215/108,
17 App, ⌐ WC ℗ DFÜ, Lift, 🅿, 🏠, garni
geschl.: 22.12.00-2.1.01

Godshorn (2 km ↙)

🍴 **Frick's Restaurant**
Alt-Godshorn 45, Tel (05 11) 78 48 12,
Fax 74 89 99, ✉ 30855
Hauptgericht 20/10-55/27, Terrasse, Kegeln, 🅿, geschl.: Mo

Krähenwinkel (2 km ↑)

** **Jägerhof**
Walsroder Str. 251, Tel (05 11) 7 79 60,
Fax 7 79 61 11, ✉ 30855, AX DC ED VA
76 Zi, Ez: 90/45-185/93, Dz: 180/90-320/161,
1 Suite, ⌐ WC ℗ DFÜ, 10 ⇌, 🅿, 🏠, 4⇔60,
Sauna, Golf
geschl.: So, 23.12.00-8.1.01
Auch Zimmer der Kategorie ✱ vorhanden.
🍴🍴 Hauptgericht 20/10-45/22, Terrasse, Biergarten, geschl.: so+feiertags, 23.12.00-12.1.01

Langenhagen-Flughafen (3 km ←)

**** **Maritim Airport Hotel**
Flughafenstr. 5, Tel (05 11) 9 73 70,
Fax 9 73 75 90, ✉ 30669, AX DC ED VA, Ⓢ
₺, 490 Zi, Ez: 252/126-658/331,
Dz: 310/156-738/371, 8 Suiten, ⌐ WC ℗ DFÜ,
258 ⇌, Lift, 🏠, 24⇔1400, ⌂, Sauna, Solarium

🍴🍴🍴 **Bistro Bottaccio**
Hauptgericht 35/17, 🅿, geschl.: Mo, So

🍴🍴 **Rôtisserie**
Hauptgericht 32/16, 🅿

*** **Holiday Inn**
Petzelstr. 60, Tel (05 11) 7 70 70, Fax 73 77 81,
✉ 30855, AX DC ED VA, Ⓢ
209 Zi, Ez: 225/113-999/503,
Dz: 246/123-999/503, 2 Suiten, ⌐ WC ℗ DFÜ,
115 ⇌, Lift, 🅿, ⌂, Sauna, Solarium
🍴🍴 Hauptgericht 25/12-45/22, Terrasse

Mövenpick

Flughafenstr., im Flughafengebäude,
Tel (05 11) 9 77 25 09, Fax 9 77 27 09,
✉ 30669, AX DC ED VA
₰, Hauptgericht 20/10-30/15

Langensalza, Bad 37 ↙

Thüringen
EW 21050
🛈 Tel (0 36 03) 85 90
Stadtverwaltung
✉ 99947 Neumarkt 13

Alpha Hotel Hermann von Salza Treff Hotel

Kurpromenade 1, Tel (0 36 03) 8 58 00,
Fax 81 56 92, ✉ 99947, AX DC ED VA, Ⓢ
75 Zi, Ez: 88/44-125/62, Dz: 150/75-160/80,
1 Suite, ⌐ WC Ⓒ, 3 🛏, Lift, Ⓟ, 🐕, 12⇨40,
Sauna, Solarium, Restaurant

Aschara (7 km ↓)

Ortris

Hauptstr. 50, Tel (0 36 03) 84 85 14,
Fax 84 85 83, ✉ 99958, AX DC ED VA
12 Zi, Ez: 60/30-78/39, Dz: 95/47-118/59, ⌐
WC Ⓒ, 2 🛏, Ⓟ, 1⇨20

Langenselbold 45 ↙

Hessen / Kreis Main-Kinzig
EW 12300
🛈 Tel (0 61 84) 8 02 60, Fax 8 02 53
Bürgerbüro
✉ 63505 Schloßpark 2

Holiday Inn Garden Court

Gelnhäuser Str. 5, Tel (0 61 84) 92 60,
Fax 92 61 10, ✉ 63505, AX DC ED VA
81 Zi, Ez: 100/50-180/90, Dz: 130/65-240/120,
⌐ WC Ⓒ DFÜ, 25 🛏, Lift, Ⓟ, 🐕, 8⇨250,
Sauna, Golf, Restaurant

Langenweißbach 49 ☐

Sachsen / Kreis Zwickauer Land
EW 3160
🛈 Tel (03 76 03) 82 79, Fax 26 85
Gemeindeverwaltung
✉ 08134 Hauptstr. 52

Weißbach

Landhotel Schnorrbusch

Schulstr. 9, Tel (03 76 03) 32 12, Fax 30 46,
✉ 08134, AX ED VA

19 Zi, Ez: 85/42-100/50, Dz: 120/60-160/80,
1 Suite, ⌐ WC Ⓒ, Ⓟ, Restaurant

Langeoog 15 ↗

Niedersachsen / Kreis Wittmund
EW 2150
🛈 Tel (0 49 72) 69 32 01, Fax 69 32 05
Kurverwaltung
✉ 26465 Hauptstr. 28

La Villa

Vormann-Otten-Weg 12, Tel (0 49 72) 7 77,
Fax 13 90, ✉ 26465
♪, 6 Zi, Ez: 120/60-175/88,
Dz: 240/120-280/141, 6 Suiten, ⌐ WC Ⓒ,
Sauna, Solarium, Restaurant

Flörke

Hauptstr. 17, Tel (0 49 72) 9 22 00, Fax 16 90,
✉ 26465
♪, 46 Zi, Ez: 110/55-145/73,
Dz: 180/90-230/115, 4 Suiten, ⌐ WC Ⓒ, Lift,
Sauna, Solarium, Restaurant
geschl.: 6.11.00-15.3.01, 5.11.01-15.3.02

Kolb

Barkhausenstr. 32, Tel (0 49 72) 9 10 40,
Fax 91 04 90, ✉ 26465, ED VA
♪, 20 Zi, Ez: 145/73-155/78,
Dz: 180/90-220/110, 1 Suite, ⌐ WC Ⓒ, Sauna,
Solarium, Restaurant

Upstalsboom

Am Wasserturm, Tel (0 49 72) 68 60, Fax 8 78,
✉ 26465, AX DC ED VA
♪, 35 Zi, Ez: 85/42-270/135,
Dz: 170/85-270/135, ⌐ WC Ⓒ, Sauna,
Solarium, Restaurant
Rezeption: 8-19

Lamberti

Hauptstr. 31, Tel (0 49 72) 9 10 70,
Fax 91 07 70, ✉ 26465
18 Zi, Ez: 125/62-185/93, Dz: 140/70-210/105,
2 Suiten, ⌐ WC Ⓒ, 1 🛏, 1⇨30, Sauna,
Solarium, Restaurant

Ostfriesische Teestube

Am Hafen 27, Tel (0 49 72) 61 56, Fax 18 80,
✉ 26465
₰ ⌂, Terrasse, geschl.: Do, 5.11.-25.12.00,
8.1.-15.3.01
Spezialität: Sanddornkuchen.

Langerringen 70 ↗

Bayern / Kreis Augsburg
EW 3710
ℹ Tel (0 82 32) 9 60 30, Fax 96 03 21
Gemeindeverwaltung
✉ 86853 Hauptstr. 16

Schwabmühlhausen (5 km ↓)

✱✱ Untere Mühle
Untere Mühle 1, Tel (0 82 48) 12 10, Fax 72 79,
✉ 86853, AX DC ED VA
♪, 39 Zi, Ez: 78/39-98/49, Dz: 145/73-160/80,
⊒ WC ⌀, Lift, **P**, ⌂, 5✿40, ⌘, Solarium
Auch Zimmer der Kategorie ✱ vorhanden.
🍴 Hauptgericht 15/7-37/18, Terrasse

Langwedel 17 ↓

Niedersachsen / Kreis Verden
EW 14500
ℹ Tel (0 42 32) 3 90, Fax 39 90
Gemeindeverwaltung
✉ 27299 Große Str. 1

✱ Gästehaus Lange
Hollenstr. 71, Tel (0 42 32) 79 84,
Fax 94 43 60, ✉ 27299
10 Zi, Ez: 85/42-90/45, Dz: 110/55, ⊒ WC ⌀,
10 ✉, **P**, garni

Lanke 30 ↗

Brandenburg / Kreis Barnim
EW 670
ℹ Tel (03 33 97) 6 61 31, Fax 6 61 68
Tourismusverein Naturpark Banim e.V.
✉ 16348 Prenzlauer Chaussee 157

✱ Seeschloß
Am Obersee 6, Tel (0 33 37) 20 43, Fax 34 12,
✉ 16359, AX ED VA
22 Zi, Ez: 85/42-110/55, Dz: 120/60-150/75,
4 Suiten, ⊒ WC ⌀, 8 ✉, **P**, 2✿40,
Fitnessraum, Sauna, Solarium, Golf, Restaurant

Lathen 23 ↗

Niedersachsen / Kreis Emsland
EW 5600
ℹ Tel (0 59 33) 66 47, Fax 66 66
Gäste-Info-Service
✉ 49762 Große Str. 3

✱ Pingel-Anton Team Hotel
Sögeler Str. 2, Tel (0 59 33) 9 33 30,
Fax 93 33 93, ✉ 49762, AX DC ED VA
25 Zi, Ez: 60/30-120/60, Dz: 110/55-150/75, ⊒
WC ⌀, 5 ✉, **P**, ⌂, 1✿35, Restaurant

Laubach 45 ←

Hessen / Kreis Gießen
EW 10500
ℹ Tel (0 64 05) 92 13 21, Fax 92 13 13
Kultur- u. Tourismusbüro
✉ 35321 Friedrichstr. 11

Laubach-Außerhalb (1,5 km →)

✱✱ Waldhaus
An der Ringelshöhe 7, Tel (0 64 05) 9 14 00,
Fax 91 40 44, ✉ 35321, AX ED VA
♪, 31 Zi, Ez: 90/45-115/57, Dz: 148/74-158/79,
⊒ WC ⌀, Lift, **P**, 2✿60, ⌂, Sauna
Auch Zimmer der Kategorie ✱ vorhanden.
🍴🍴 **Hessenstube**
Hauptgericht 20/10-42/21, geschl.: So abends

Münster (6 km ←)

✱ Zum Hirsch
Licher Str. 32, Tel (0 64 05) 14 56, Fax 74 67,
✉ 35321, AX DC ED VA
18 Zi, Ez: 55/27-65/32, Dz: 100/50-105/52, ⊒
WC ⌀, **P**, 1✿20, Fitnessraum, Restaurant
geschl.: Mo, 12-26.2.01, 9-24.7.01

Lauben 70 □

Bayern / Kreis Oberallgäu
EW 3350
ℹ Tel (0 83 74) 5 82 20, Fax 64 88
Gemeindeverwaltung
✉ 87493 Dorfstr. 2

Heising

✱✱ Andreashof
Sportplatzstr. 15, Tel (0 83 74) 9 30 20,
Fax 9 30 23 00, ✉ 87493, ED VA
♪ ❄, 41 Zi, Ez: 120/60-150/75,
Dz: 180/90-210/105, 3 Suiten, ⊒ WC ⌀, 25 ✉,
Lift, **P**, ⌂, 3✿100, Sauna, Solarium,
Restaurant

Laucha an der Unstrut 38 ↓

Sachsen-Anhalt / Burgenlandkreis
EW 3000
ℹ Tel (03 44 62) 2 05 09, Fax 2 02 02
Stadtverwaltung
✉ 06636 Markt 1

✱ Schützenhaus
Nebraer Str. 4, Tel (03 44 62) 2 03 25, ✉ 06636

14 Zi, Ez: 80/40, Dz: 120/60, 1 Suite, ⌐ WC ⊘, Restaurant

Lauchringen 67 ↘

Baden-Württemberg / Kreis Waldshut
EW 7100
ℹ Tel (0 77 41) 6 09 50, Fax 60 95 43
Bürgermeisteramt
✉ 79787 Hohrainstr. 59

✱ Feldeck
Klettgaustr. 1 - an der B 34,
Tel (0 77 41) 8 30 70, Fax 83 07 50, ✉ 79787,
ED VA
36 Zi, Ez: 70/35-95/47, Dz: 125/62-150/75, ⌐
WC ⊘, 12 ⌫, Lift, **P**, 🜨, 2⇔45, ≘, Sauna,
Restaurant
geschl.: Sa

Lauchstädt, Bad 38 □

Sachsen-Anhalt / Kreis Merseburg
EW 5000
ℹ Tel (03 46 35) 2 16 34, Fax 2 16 35
Fremdenverkehrsamt
✉ 06246 Querfurter Str. 5a

✱ Lauchstädter Hof
Markt 15, Tel (03 46 35) 2 05 87, Fax 2 05 87,
✉ 06246, ED VA
10 Zi, Ez: 70/35-85/42, Dz: 110/55-140/70, ⌐
WC ⊘, **P**, Restaurant

🍴 Lauchstedter Gaststuben
Parkstr. 16, Tel (03 46 35) 2 03 53,
Fax 9 00 22, ✉ 06246, AX DC ED VA
Hauptgericht 14/7-30/15, Terrasse, Gartenlokal,
P, geschl.: Jan-Mär Mo

Lauda-Königshofen 55 →

Baden-Württemberg
Main-Tauber-Kreis
EW 15670
ℹ Tel (0 93 43) 50 11 28, Fax 50 11 00
Tourist-Information
✉ 97922 Marktplatz 1

Beckstein (Erholungsort, 3 km ↓)

✱ Adler
Weinstr. 24, Tel (0 93 43) 20 71, Fax 89 07,
✉ 97922, ED VA
26 Zi, Ez: 58/29-70/35, Dz: 100/50-140/70, ⌐
WC ⊘, **P**, 1⇔50, Sauna, Solarium, Restaurant

✱ Gästehaus Birgit
Am Nonnenberg 12, Tel (0 93 43) 9 98,
Fax 9 90, ✉ 97922, ED VA

⌀ ⚘, 16 Zi, Ez: 70/35-80/40, Dz: 98/49-120/60,
⌐ WC ⊘, 6 ⌫, **P**, 🜨, garni
geschl.: 1.-30.1.01

Königshofen

🍴 Landhaus Gemmrig
Hauptstr. 68, Tel (0 93 43) 70 51, Fax 70 53,
✉ 97922
Hauptgericht 20/10-32/16, Terrasse, **P**,
geschl.: Mo
✱ 5 Zi, Ez: 58/29-70/35,
Dz: 100/50-120/60, ⌐ WC ⊘
an der B 290.

Lauda

🍴 Ratskeller
Josef-Schmitt-Str. 17, Tel (0 93 43) 6 20 70,
Fax 62 07 16, ✉ 97922, AX ED VA
Hauptgericht 19/9-42/21, Biergarten, **P**,
geschl.: Mo mittags, 2 Wochen im Aug
✱ 11 Zi, Ez: 80/40-90/45,
Dz: 120/60-140/70, ⌐ WC ⊘, 10 ⌫, 1⇔40

Laudenbach 55 □

Bayern / Kreis Miltenberg
EW 1510
ℹ Tel (0 93 72) 22 69, Fax 1 22 29
Verkehrsverein
✉ 63925 Im Bruch 4

✱ Romantik Hotel Zur Krone
Obernburger Str. 4, Tel (0 93 72) 24 82,
Fax 1 01 12, ✉ 63925, AX DC ED VA
16 Zi, Ez: 100/50-160/80, Dz: 190/95-220/110,
⌐ WC ⊘, Lift, **P**, 🜨, 1⇔20
Auch Zimmer der Kategorie ✱✱ vorhanden.
🍴🍴 Hauptgericht 35/17-43/21, Terrasse,
geschl.: Do, Fr mittags, 1.-18.8.01, 23.2.-16.3.01

Lauenau 25 ✓

Niedersachsen / Kreis Schaumburg
EW 3650
Gemeindeverwaltung
✉ 31867

Lauenau-Außerhalb (2 km ↖)

✱ Montana
Hanomagstr. 1, an der BAB 2,
Tel (0 50 43) 9 11 90, Fax 9 11 91 00, ✉ 31867,
ED VA
53 Zi, Ez: 79/39-145/73, Dz: 99/49-180/90, ⌐
WC ⊘ DFÜ, 22 ⌫, **P**, 1⇔30, garni

Lauenburg/Elbe 19←

Schleswig-Holstein
Kreis Herzogtum Lauenburg
EW 11000
ℹ Tel (0 41 53) 52 02 67, Fax 52 02 69
Gästeservice DeOpenDoor
✉ 21481 Elbstr. 91

** Lauenburger Mühle
Bergstr. 17, Tel (0 41 53) 58 90, Fax 5 55 55,
✉ 21481, ED VA
♪ $, 34 Zi, Ez: 120/60-135/67,
Dz: 165/83-185/93, ⊣ WC ☎ DFÜ, Lift, **P**, 🏠,
2⇔80, Restaurant
Historische Windmühle mit Mühlenmuseum.

Lauenstein siehe Ludwigsstadt

Lauf a. d. Pegnitz 57 □

Bayern / Kreis Nürnberger Land
EW 26100
ℹ Tel (0 91 23) 18 41 13, Fax 18 41 84
Verkehrsamt
✉ 91207 Urlasstr. 22

** Zur Post
Friedensplatz 8, Tel (0 91 23) 95 90,
Fax 95 94 00, ✉ 91207, AX DC ED VA
40 Zi, Ez: 115/57, Dz: 160/80, 1 Suite, ⊣ WC ☎
DFÜ, 7 ⤸, Lift, **P**, 🏠, 3⇔35
Rezeption: 6.30-22.30, geschl.: 1.-12.1.01
🍴 Hauptgericht 12/6-32/16, geschl.: Mo,
1.-12.1.01

Letten (3 km ↓)

** Waldgasthof Am Letten
Am Letten 13, Tel (0 91 23) 95 30, Fax 20 64,
✉ 91207, AX ED
52 Zi, Ez: 115/57-160/80, Dz: 159/80-220/110,
⊣ WC ☎, Lift, **P**, 5⇔150, Sauna, Solarium
Auch Zimmer der Kategorie * vorhanden.
🍴🍴 Hauptgericht 30/15, Terrasse,
Biergarten, geschl.: So, 23.12.00-8.1.01

Lauffen am Neckar 61 ↗

Baden-Württemberg
Kreis Heilbronn
EW 11000
ℹ Tel (0 71 33) 10 60, Fax 1 06 19
Stadtverwaltung
✉ 74348 Rathausstr. 10

Sehenswert: Ev. Regiswindis-Kirche; alte Neckarbrücke; Römische Gutshofanlage; Pfalzgrafenburg; Rathaus; Stadtmuseum.

* Gästehaus Kraft
Nordheimer Str. 50, Tel (0 71 33) 9 82 50,
Fax 98 25 23, ✉ 74348, AX ED VA
21 Zi, Ez: 65/32, Dz: 105/52, ⊣ WC ☎ DFÜ, **P**,
garni
geschl.: 22.12.00-6.1.01
Auch Zimmer der Kategorie ** vorhanden.

* Elefanten
Bahnhofstr. 12, Tel (0 71 33) 9 50 80,
Fax 95 08 29, ✉ 74348, AX DC ED VA
12 Zi, Ez: 110/55-125/62, Dz: 170/85-195/98, ⊣
WC ☎ DFÜ, 2 ⤸, Lift, **P**, 🏠
geschl.: Fr, 1.-20.1.01
🍴🍴 Hauptgericht 35/17, Terrasse,
geschl.: Fr, 1.-20.1.01

Lauingen (Donau) 63 ✓

Bayern
Kreis Dillingen a.d. Donau
EW 10860
ℹ Tel (0 90 72) 99 81 13, Fax 99 81 90
Fremdenverkehrsamt
✉ 89415 Herzog-Georg-Str 17

** Kannenkeller
Dillinger Str. 26, Tel (0 90 72) 70 70,
Fax 70 77 07, ✉ 89415, AX ED VA
26 Zi, Ez: 120/60, Dz: 160/80, 1 Suite, ⊣ WC ☎
DFÜ, 10 ⤸, Lift, **P**, 🏠, 2⇔20
🍴 Hauptgericht 25/12, Biergarten

* Gasthof Reiser
Bahnhofstr. 4, Tel (0 90 72) 9 60 30, Fax 30 97,
✉ 89415, ED VA
26 Zi, Ez: 70/35-90/45, Dz: 130/65, 1 Suite,
1 App, ⊣ WC ☎, **P**, 1⇔40, Restaurant
geschl.: Sa, 14.8.-2.9.01

Laupheim 69 ↗

Baden-Württemberg
Kreis Biberach an der Riß
EW 18200
ℹ Tel (0 73 92) 70 42 35, Fax 70 42 56
Stadt Laupheim
✉ 88471 Marktplatz 1

* Laupheimer Hof
Rabenstr. 13, Tel (0 73 92) 97 50,
Fax 97 52 22, ✉ 88471
32 Zi, Ez: 102/51-125/62, Dz: 150/75-160/80,
⊣ WC ☎ DFÜ, **P**, 1⇔25, Restaurant
Rezeption: 7-1

Lausick, Bad 39 ↓

Sachsen / Muldentalkreis
EW 9100
🛈 Tel (03 43 45) 1 94 33, Fax 2 24 66
Kur GmbH
✉ 04651 Straße der Einheit 17

*** Ringhotel Michels Kurhaus
Badstr. 35, Tel (03 43 45) 3 21 00, Fax 3 22 00,
✉ 04651, AX DC ED VA, Ⓢ
120 Zi, Ez: 115/57-185/93, Dz: 145/73-200/100,
9 Suiten, 16 App, ⌐ WC ⊘, 8 ⊨, Lift, 🅿, 🚗,
5⊃300, ⌂, Sauna, Solarium, Restaurant
Auch Zimmer der Kategorie ** vorhanden.

* Ränker Am Kurpark
Badstr. 36, Tel (03 43 45) 70 70, Fax 7 07 88,
✉ 04651, ED VA
21 Zi, Ez: 75/37-90/45, Dz: 120/60, ⌐ WC ⊘,
7 ⊨, 🅿, Restaurant

* Am Markt
Straße der Einheit 23, Tel (03 43 45) 50 60,
Fax 5 06 66, ✉ 04651, AX DC ED VA
50 Zi, Ez: 55/27-79/39, Dz: 90/45-118/59, ⌐
WC ⊘, 15 ⊨, Lift, 2⊃30, garni

Lautenbach 60 ↘

Baden-Württemberg / Ortenaukreis
EW 1930
🛈 Tel (0 78 02) 92 59 13, Fax 92 59 59
Verkehrsamt
✉ 77794 Hauptstr. 48

¶¶ Zur Sonne
Hauptstr. 51, Tel (0 78 02) 9 27 60,
Fax 92 76 62, ✉ 77794, AX DC ED VA
Hauptgericht 20/10, Terrasse, 🅿, geschl.: Mi

** Gästehaus Sonnenhof
23 Zi, Ez: 62/31-96/48, Dz: 116/58-140/70, ⌐
WC ⊘, Lift, 🚗, 1⊃40

Lauter 50 ✓

Sachsen / Kreis Aue
EW 5180
🛈 Tel (0 37 71) 70 31 30, Fax 70 31 21
Fremdenverkehrsbüro
✉ 08312 Hermann-Uhlig-Platz 1

* Danelchristelgut
Antonsthaler Str. 44, Tel (0 37 71) 70 47 50,
Fax 2 29 77, ✉ 08312, AX ED VA
einzeln ☾ ⚤, 36 Zi, Ez: 75/37-105/52,
Dz: 115/57-130/65, 1 Suite, ⌐ WC ⊘, 4 ⊨, 🅿,
1⊃40, Sauna, Solarium, Restaurant

Lauterbach siehe Rügen (Putbus)

Lauterbach 45 □

Hessen / Vogelsbergkreis
EW 14000
🛈 Tel (0 66 41) 18 41 12, Fax 18 41 67
Verkehrsamt
✉ 36341 Marktplatz 14

** Ringhotel Schubert
Kanalstr. 12, Tel (0 66 41) 9 60 70, Fax 51 71,
✉ 36341, AX DC ED VA, Ⓢ
31 Zi, Ez: 110/55-187/94, Dz: 162/81-220/110,
2 Suiten, ⌐ WC ⊘, 10 ⊨, 🅿, 🚗, 2⊃30, Golf
¶¶ Hauptgericht 30/15, Biergarten ✚
geschl.: Mo, So abends, 2 Wochen im Sommer

Maar (3 km ↖)

* Jägerhof
Hauptstr. 9, Tel (0 66 41) 9 65 60, Fax 6 21 32,
✉ 36341, AX ED VA
28 Zi, Ez: 70/35-95/47, Dz: 100/50-135/67, ⌐
WC ⊘, 🅿, 3⊃80, Kegeln, Golf
¶¶ Hauptgericht 25/12, Biergarten

Lauterberg, Bad 37 ←

Niedersachsen / Kreis Osterode
EW 13000
🛈 Tel (0 55 24) 9 20 40, Fax 55 06
Kurverwaltung
✉ 37431 Ritscherstr. 4

*** Revita
Promenade 56, Tel (0 55 24) 8 31, Fax 8 04 12,
✉ 37431
⚤, 230 Zi, Ez: 174/87-203/102,
Dz: 262/131-288/145, ⌐ WC ⊘, Lift, 🅿, 🚗,
21⊃450, ≋, ⌂, Kegeln, Sauna, Solarium
Auch Zimmer anderer Kategorien vorhanden.

Lauterberg, Bad

¶¶ Dachgarten-Restaurant
🥂, Hauptgericht 35/17, nur abends, geschl.: So, Mo

Lauterecken 53 □

Rheinland-Pfalz / Kreis Kusel
EW 2472
🛈 Tel (0 63 82) 7 91 65, Fax 7 91 49
Verbandsgemeindeverwaltung
✉ 67742 Schulstr. 6 a

▬ **Pfälzer Hof**
Hauptstr. 12, Tel (0 63 82) 73 38, Fax 66 52, ✉ 67742
19 Zi, Ez: 70/35-77/38, Dz: 96/48-110/55, ⌐ WC, 🅿, 🚗, 1⌂80, Kegeln, Sauna, Solarium, Restaurant

Lechenich siehe Erftstadt

Leck 9 ↖

Schleswig-Holstein
Kreis Nordfriesland
EW 7810
🛈 Tel (0 46 62) 8 10, Fax 81 50
Gemeindeverwaltung
✉ 25917 Marktstr. 7-9

▬ **Deutsches Haus mit Gästehaus Friesland und Nordfriesland**
Hauptstr. 8, Tel (0 46 62) 8 71 10, Fax 73 41, ✉ 25917, AX ED VA
44 Zi, Ez: 68/34, Dz: 120/60, ⌐ WC ⊘, 🅿, Kegeln, Solarium, Restaurant

Leer 15 ↘

Niedersachsen
EW 32910
🛈 Tel (04 91) 9 78 25 00, Fax 9 78 25 11
Stadtverwaltung
✉ 26789 Rathausstr. 1

✱✱✱ **Best Western Hotel Frisia**
Bahnhofsring 16-20 (B 1), Tel (04 91) 9 28 40, Fax 9 28 44 00, ✉ 26789, AX DC ED VA, Ⓢ
72 Zi, Ez: 129/64-154/77, Dz: 158/79-193/97, 4 Suiten, 2 App, ⌐ WC ⊘ DFÜ, 34 🛏, Lift, 🅿, 🚗, 3⌂60, Sauna, Solarium, Restaurant

Auch Zimmer der Kategorie ✱✱ vorhanden.

✱✱ **Akzent-Hotel Ostfriesen Hof**
Groninger Str. 109, Tel (04 91) 6 09 10, Fax 6 09 11 99, ✉ 26789, AX DC ED VA
57 Zi, Ez: 100/50-160/80, Dz: 160/80-210/105, 3 Suiten, ⌐ WC ⊘ DFÜ, 10 🛏, Lift, 🅿, 🚗, 6⌂300, 🚗, Kegeln, Sauna, Solarium
Auch Zimmer der Kategorie ✱ vorhanden.
¶¶ Hauptgericht 25/12, Terrasse, Biergarten

¶¶ Zur Waage und Börse ✚
Neue Str. 1, Tel (04 91) 6 22 44, Fax 46 65, ✉ 26789
🥂, Hauptgericht 35/17, Terrasse

Nettelburg (4 km ↘)

✱ **Lange**
Zum Schöpfwerk 1, Tel (04 91) 91 92 80, Fax 9 19 28 16, ✉ 26789, AX DC ED VA
einzeln ♪, 48 Zi, Ez: 99/49-140/70, Dz: 160/80-195/98, 1 Suite, ⌐ WC ⊘ DFÜ, 10 🛏, Lift, 🅿, 2⌂60, 🚗, Seezugang, Sauna, Solarium, Restaurant
Auch einfache Zimmer vorhanden.

Leese 25 □

Niedersachsen
Kreis Nienburg (Weser)
EW 1180
🛈 Tel (0 50 25) 9 80 80, Fax 98 08 70
Tourist-Information
✉ 31628 Hinter den Höfen 13

✱ **Asche**
Loccumer Str. 35, Tel (0 57 61) 22 62, Fax 77 70, ✉ 31633, AX ED VA
13 Zi, Ez: 80/40-125/62, Dz: 130/65-180/90, ⌐ WC ⊘ DFÜ, Lift, 🅿, 🚗, 3⌂250, Golf, 6 Tennis, Restaurant
geschl.: 23.12.00-12.1.01

Leezen

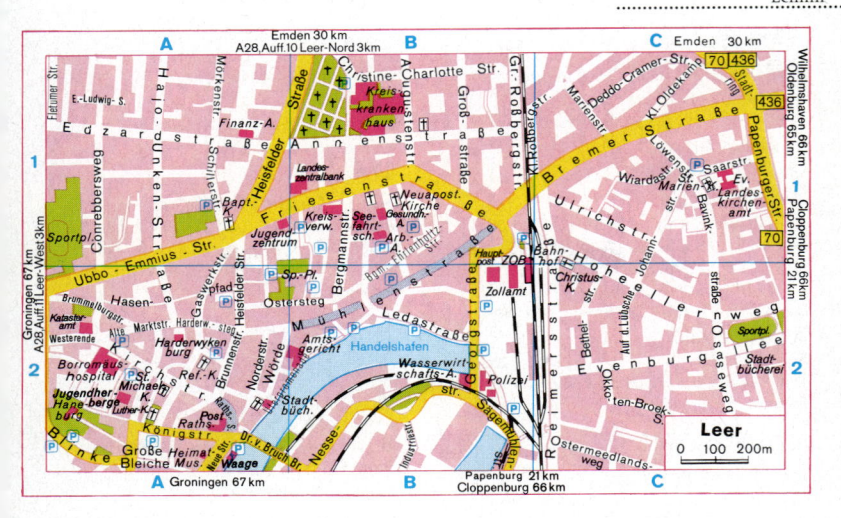

10 ↘

Schleswig-Holstein
Kreis Segeberg
EW 1400
🛈 Tel (0 45 52) 9 97 70, Fax 99 77 25
Amtsverwaltung
✉ 23816 Hamburger Str. 28

✱ Teegen
Heiderfelder Str. 5, Tel **(0 45 52) 9 96 70**,
Fax 91 69, ✉ 23816, AX DC ED VA
15 Zi, Ez: 65/32-75/37, Dz: 80/40-130/65,
1 App, ⌐ WC ⌀, P, 🚗, ♨, Sauna, Restaurant
geschl.: Mo

Legden

23 ↓

Nordrhein-Westfalen / Kreis Borken
EW 6400
🛈 Tel (0 25 66) 95 03, Fax 95 05
Verkehrsverein
✉ 48739 Amtshausstr. 1

✱✱ Hotel und Freizeitpark Dorf Münsterland
Haidkamp 1, Tel (0 25 66) 20 80, Fax 20 81 04,
✉ 48739, AX DC ED VA
131 Zi, Ez: 80/40-150/75, Dz: 130/65-240/120,
1 Suite, 66 App, ⌐ WC ⌀, Lift, P, 6⌬850,
Restaurant
Hotel- und Freizeitpark im Fachwerkstil.

Lehnin

29 □

Brandenburg
Kreis Potsdam-Mittelmark
EW 3120
🛈 Tel (0 33 82) 7 30 70
Amt Lehnin
✉ 14797 Friedensstr. 3

✱✱ Markgraf
Friedensstr. 13, Tel **(0 33 82) 76 50**,
Fax 76 54 30, ✉ 14797, AX ED VA
39 Zi, Ez: 85/42-125/62, Dz: 130/65-160/80,
1 Suite, ⌐ WC ⌀, 4 ⚘, P, 3⌬50

🍴 Hauptgericht 17/8, Terrasse, Biergarten

Lehrte 26 □

Niedersachsen / Kreis Hannover
EW 44202
ℹ Tel (0 51 32) 50 50, Fax 50 51 50
Stadtverwaltung
✉ 31275 Rathausplatz 1

★★ Median
Zum Blauen See 3, Tel (0 51 32) 8 29 00,
Fax 8 29 05 55, ✉ 31275, AX DC ED VA
135 Zi, Ez: 140/70-235/118,
Dz: 190/95-320/161, 5 App., ⌐ WC ⊘ DFÜ,
24 ⊨, Lift, **P**, 11↻200, Sauna, Solarium

¶¶ Vivaldi
Tel 82 90 94
Hauptgericht 35/17, Terrasse, Biergarten, nur abends

Ahlten (4 km ✓)

★ Trend-Hotel
Raiffeisenstr. 18, Tel (0 51 32) 8 69 10,
Fax 86 91 70, ✉ 31275, ED VA
56 Zi, Ez: 110/55-230/115, Dz: 160/80-290/146,
⌐ WC ⊘, Lift, **P**, 1↻25, Sauna, Solarium,
garni

Leichlingen 33 ✓

Nordrhein-Westfalen
Rheinisch-Bergischer Kreis
EW 26600
ℹ Tel (0 21 75) 99 21 02, Fax 99 21 07
Fremdenverkehrsangelegenheiten
✉ 42799 Am Büscherhof 1

¶ Al Dente
Ostlandweg 24, Tel (0 21 75) 9 82 04, ✉ 42799,
AX DC VA
Hauptgericht 29/14-40/20, Gartenlokal,
geschl.: Mo, 2 Wochen im Sommer

Witzhelden (8 km →)

¶¶ Landhaus Lorenzet
Neuenhof 1, Tel (0 21 74) 3 86 86, Fax 3 95 18,
✉ 42799, AX DC ED VA
Hauptgericht 35/17, **P**

Leidersbach 55 ↖

Bayern / Kreis Miltenberg
EW 4700
ℹ Tel (0 60 28) 9 74 10, Fax 38 17
Gemeindeverwaltung
✉ 63849 Hauptstr. 123

⊨ Gasthof Zur Krone
Hauptstr. 106, Tel (0 60 28) 14 62, Fax 84 23,
✉ 63849
10 Zi, Ez: 65/32, Dz: 110/55, ⌐ WC ⊘, **P**, 🚗,
Restaurant

Leimen 54 ↘

Baden-Württemberg
Rhein-Neckar-Kreis
EW 25000
ℹ Tel (0 62 24) 70 42 15, Fax 70 41 50
Fremdenverkehrsamt
✉ 69181 Rathausstr. 8

★★ Kurpfalz–Residenz/Markgrafen
Markgrafenstr. 4, Tel (0 62 24) 70 80,
Fax 70 81 14, ✉ 69181, AX ED VA
153 Zi, Ez: 138/69, Dz: 176/88, 12 Suiten,
116 App., ⌐ WC ⊘ DFÜ, 8 ⊨, Lift, **P**, 6↻60,
Sauna, Solarium, Restaurant
Langzeitvermietung möglich.

★★ Engelhorn
Ernst-Naujoks-Str. 2, Tel (0 62 24) 70 70,
Fax 70 72 00, ✉ 69181, AX DC ED VA
37 Zi, Ez: 130/65-150/75, Dz: 170/85-190/95,
3 Suiten, 4 App., ⌐ WC ⊘, Lift, **P**, 1↻60,
Restaurant
Auch Zimmer der Kategorie ★ vorhanden.

★★ Seipel
Bürgermeister-Weidemaier-Str. 26,
Tel (0 62 24) 98 20, Fax 98 22 22, ✉ 69181, AX
DC ED VA
23 Zi, Ez: 128/64-135/67, Dz: 165/83-175/88,
⌐ WC ⊘ DFÜ, Lift, **P**, garni
Auch Zimmer der Kategorie ★ vorhanden.

★★ Bären
Rathausstr. 20, Tel (0 62 24) 98 10,
Fax 98 12 22, ✉ 69181, ED VA
26 Zi, Ez: 115/57, Dz: 165/83, ⌐ WC ⊘ DFÜ,
Lift, **P**, 1↻30
¶ Hauptgericht 29/14, Biergarten,
geschl.: Mo

★ Boulevard
St. Ilgener Str. 19, Tel (0 62 24) 9 73 40,
Fax 97 34 44, ✉ 69181, ED VA

14 Zi, Ez: 108/54-118/59, Dz: 148/74-158/79, 🛏 WC ⌀, 6 🛌, 🅿, 1🍽20, garni

Gauangelloch (8 km →)

🍴🍴 Zum Schwanen
Hauptstr. 38, Tel **(0 62 26) 9 25 50**,
Fax 92 55 11, ✉ 69181, AX DC ED VA
Hauptgericht 45/22, 🅿, nur abends, geschl.: Di
** ♪, 5 Zi, Ez: 110/55-125/62,
Dz: 140/70-165/83, 🛏 WC ⌀, 🐕, 1🍽20

Lingental (3 km ↗, Richtung Gaiberg)

* Lingentaler Hof
Kastanienweg 2, Tel **(0 62 24) 9 70 10**,
Fax 97 01 19, ✉ 69181
15 Zi, Ez: 98/49-110/55, Dz: 150/75-165/83, 🛏
WC ⌀, Lift, 🅿, Restaurant
geschl.: 1.-18.1.01, 1.-31.8.01

Leinfelden-Echterdingen 61 □

Baden-Württemberg
Kreis Esslingen
EW 35200
🅱 Tel (07 11) 1 60 02 37, Fax 1 60 02 69
Stadtverwaltung
✉ 70771 Neuer Markt 3

Echterdingen

* Filderland
Tübinger Str. 16, Tel **(07 11) 9 49 46**,
Fax 9 49 48 88, ✉ 70771, AX DC ED VA
48 Zi, Ez: 104/52-135/67, Dz: 150/75-180/90,
🛏 WC ⌀ DFÜ, 12 🛌, Lift, 🅿, 🐕, 1🍽15, garni
geschl.: 23.12.00-6.1.01

* Martins Klause
Martin-Luther-Str. 1, Tel **(07 11) 94 95 90**,
Fax 9 49 59 59, ✉ 70771, AX ED VA
18 Zi, Ez: 105/52, Dz: 140/70-160/80, 🛏 WC ⌀,
Lift, 🅿, Kegeln, Restaurant

Echterdingen-Außerhalb (2 km →)

*** Mövenpick Stuttgart-Airport
Randstr., Tel **(07 11) 7 90 70**, Fax 79 35 85,
✉ 70771, AX DC ED VA, Ⓢ

229 Zi, Ez: 218/109-333/167,
Dz: 246/123-401/201, 🛏 WC ⌀, 83 🛌, Lift, 🅿,
9🍽60, Fitnessraum, Sauna, Solarium

🍴🍴 Hauptgericht 25/12, Terrasse

🍴🍴🍴 Top Air
Airport Stuttgart
im Flughafengebäude, Terminal 1,
Tel **(07 11) 9 48 21 37**, Fax 7 97 92 10,
✉ 70629, AX DC ED VA
🍷, Hauptgericht 48/24, geschl.: Sa, 4 Wochen im Aug

Leinfelden

* Am Park
Lessingstr. 4-6, Tel **(07 11) 90 31 00**,
Fax 9 03 10 99, ✉ 70771, AX DC ED VA
42 Zi, Ez: 140/70, Dz: 187/94, 🛏 WC ⌀ DFÜ,
12 🛌, Lift, 🅿, 1🍽25
geschl.: 24.12.00-10.1.01
🍴🍴 Hauptgericht 20/10-45/22, geschl.: Sa,
So, 24.12.00-10.1.01

Stetten (3 km ↘)

** Alber
Stettener Hauptstr. 25, Tel **(07 11) 9 47 43**,
Fax 9 47 44 00, ✉ 70771, AX DC ED VA
36 Zi, Ez: 124/62-144/72, Dz: 164/82-184/92,
2 Suiten, 🛏 WC ⌀, 16 🛌, Lift, 🅿, 🐕, 3🍽50,
Restaurant
geschl.: 24.12.00-7.1.01

** Nödingerhof
Unterer Kasparswald 22, Tel (07 11) 99 09 40,
Fax 9 90 94 94, ⌧ 70771, AX DC ED VA
52 Zi, Ez: 122/61-132/66, Dz: 185/93-195/98,
⇨ WC ⊘, Lift, P, 🐾, 3⇔60, Kegeln
🍴 §, Hauptgericht 17/8-43/21, Terrasse

Leingarten 61 ↗
Baden-Württemberg
Kreis Heilbronn
EW 10000
🛈 Tel (0 71 31) 4 06 10, Fax 40 61 38
Gemeindeverwaltung Leingarten
⌧ 74211 Heilbronner Str. 38

🍴🍴 Löwen
mit Dorfkrug
Heilbronner Str. 43, Tel (0 71 31) 40 36 78,
Fax 90 00 60, ⌧ 74211
Hauptgericht 40/20, Gartenlokal, geschl.: Mo
Preiswerte Regionalküche im Dorfkrug, auch
mittags geöffnet.

Leinsweiler 60 ↑
Rheinland-Pfalz
Kreis Südliche Weinstraße
EW 460
🛈 Tel (0 63 45) 35 31, Fax 24 57
Büro für Tourismus Landau-Land
⌧ 76829 Rathaus

** Silencehotel Leinsweiler Hof
Weinstr., Tel (0 63 45) 40 90, Fax 36 14,
⌧ 76829, DC ED VA
§, 50 Zi, Ez: 135/67-160/80,
Dz: 198/99-238/119, 3 Suiten, 14 App, ⇨ WC
⊘, 15 ⛷, P, 🐾, 3⇔30, ♨, Sauna, Solarium,
Golf
🍴🍴 AX, Hauptgericht 20/10-48/24,
Terrasse, Biergarten, geschl.: Mo, 3.-22.1.01

** Castell
Hauptstr. 24 a, Tel (0 63 45) 70 03, Fax 70 04,
⌧ 76829, ED VA
16 Zi, Ez: 99/49-115/57, Dz: 165/83-175/88, ⇨
WC ⊘ DFÜ, P, 🐾
🍴 Hauptgericht 19/9-39/19, Terrasse,
geschl.: Di

* Rebmann
Weinstr. 8, Tel (0 63 45) 25 30, Fax 77 28,
⌧ 76829, DC ED VA
8 Zi, Ez: 90/45, Dz: 140/70, 3 Suiten, 1 App, ⇨
WC ⊘, 🐾, 2⇔35, Restaurant

Leipheim 62 ↘
Bayern / Kreis Günzburg
EW 6600
🛈 Tel (0 82 21) 70 70, Fax 7 07 90
Stadtverwaltung
⌧ 89340 Marktstr. 5

* Gasthof Zur Post
Bahnhofstr. 6, Tel (0 82 21) 27 70,
Fax 27 72 00, ⌧ 89340, AX DC ED VA
54 Zi, Ez: 75/37, Dz: 120/60, ⇨ WC ⊘, Lift, P,
🐾, 2⇔100, Kegeln, Restaurant

Leipheim-Außerhalb

* Landgasthof Waldvogel
Grüner Weg 1, Tel (0 82 21) 2 79 70,
Fax 27 97 34, ⌧ 89340, DC ED VA
32 Zi, Ez: 75/37, Dz: 120/60, ⇨ WC ⊘, 13 ⛷,
P, 🐾, 4⇔80, Restaurant
geschl.: 2.-7.1.01

Leipzig 39 ↙
Sachsen
EW 500000
🛈 Tel (03 41) 7 10 42 60, Fax 7 10 42 71
Leipzig Tourist Service e.V.
⌧ 04109 Richard-Wagner-Str 1
Cityplan siehe Seite 578

Messestadt, seit d. Mittelalter bedeut. Handelszentrum, Zentrum der Kultur u. Wissenschaft.
Sehensw.: Markt, Renaissancerathaus; Neues
Rathaus; alte Handelsbörse, Alte Waage,
Naschmarkt, Thomaskirche, Nicolaikirche, Russ.
Kirche, Bachdenkmal, Mendebrunnen, Mädlerpassage mit Porzellanglockenspiel.

**** Kempinski Hotel Fürstenhof
Tröndlinring 8 (A 2), Tel (03 41) 14 00,
Fax 1 40 37 00, ⌧ 04105, AX DC ED VA, Ⓢ
♪ 🍷, 80 Zi, Ez: 370/186-500/251,
Dz: 420/211-550/277, 12 Suiten, ⇨ WC ⊘ DFÜ,
44 ⛷, Lift, P, 🐾, 6⇔90, ♨, Fitnessraum,
Sauna, Solarium
Auch Zimmer der Kategorie *****
vorhanden.

🍴🍴🍴 Hauptgericht 35/17-54/27, Terrasse

★★★★ Marriott
Am Hallischen Tor 1 (B 2), **Tel (03 41) 9 65 30**,
Fax 9 65 39 99, ✉ 04109, AX DC ED VA, Ⓢ
220 Zi, Ez: 149/75-295/148,
Dz: 145/73-295/148, 11 Suiten, 🚻 WC 🕿 DFÜ,
105 🛏, Lift, 🚗, 6⟳370, 🛋, Fitnessraum, Sauna,
Solarium, Restaurant

★★★ Renaissance
Großer Brockhaus 3 (C 3), **Tel (03 41) 1 29 20**,
Fax 1 29 28 00, ✉ 04103, AX DC ED VA, Ⓢ
356 Zi, Ez: 148/74-240/120,
Dz: 176/88-260/130, 61 Suiten, 🚻 WC 🕿 DFÜ,
140 🛏, 🚗, 17⟳500, 🛋, Sauna, Solarium
Auch Zimmer der Kategorie ★★★★ vorhanden.
Zufahrt über Salomonstr.
🍴🍴 Hauptgericht 30/15, **P**

★★★ Inter-Continental
Gerberstr. 15 (B 1), **Tel (03 41) 98 80**,
Fax 9 88 12 29, ✉ 04105, AX DC ED VA, Ⓢ
❦, 426 Zi, Ez: 180/90-330/166,
Dz: 180/90-370/186, 21 Suiten, 🚻 WC 🕿,
105 🛏, Lift, **P**, 20⟳700, 🛋, Fitnessraum,
Bowling, Sauna, Solarium, Golf

🍴🍴🍴 **Brühl**
Hauptgericht 36/18-42/21
🍴 **Yamato**
Tel 2 11 10 68, Fax 5 26 39 39
Hauptgericht 40/20, geschl.: 24-24.12.00

★★ Seaside Park Hotel
Richard-Wagner-Str. 7 (B 2),
Tel (03 41) 9 85 20, Fax 9 85 27 50, ✉ 04109,
AX DC ED VA
280 Zi, Ez: 150/75-268/134,
Dz: 178/89-268/134, 8 Suiten, 🚻 WC 🕿 DFÜ,
142 🛏, Lift, 🚗, 6⟳200, Sauna, Solarium,
Restaurant

★★ Dorint
Stephanstr. 6 (C 4), **Tel (03 41) 9 77 90**,
Fax 9 77 91 00, ✉ 04103, AX DC ED VA, Ⓢ
177 Zi, Ez: 214/107-284/143,
Dz: 237/119-307/154, 1 Suite, 2 App, 🚻 WC 🕿,
80 🛏, Lift, 🚗, 6⟳220, Sauna, Solarium,
Restaurant

★★ Galerie Hotel Leipziger Hof
Hedwigstr. 1-3 (außerhalb C 1),
Tel (03 41) 6 97 40, Fax 6 97 41 50, ✉ 04315,
AX DC ED VA, Ⓢ
69 Zi, Ez: 99/49-195/98, Dz: 149/75-235/118,
1 Suite, 4 App, 🚻 WC 🕿 DFÜ, 19 🛏, Lift, **P**,
3⟳88, Sauna, Solarium, Restaurant

★★ Mercure Am Gutenbergplatz
Gutenbergplatz 1-5 (außerhalb C 4),
Tel (03 41) 1 29 30, Fax 1 29 34 44, ✉ 04103,
AX DC ED VA, Ⓢ
122 Zi, Ez: 119/59-185/93, Dz: 139/70-225/113,
1 Suite, 🚻 WC 🕿 DFÜ, 54 🛏, Lift, 2⟳30, garni

★★ Michaelis
Paul-Gruner-Str. 44 (B 6), **Tel (03 41) 2 67 80**,
Fax 2 67 81 00, ✉ 04107, AX DC ED VA
57 Zi, Ez: 135/67-180/90, Dz: 160/80-220/110,
1 Suite, 1 App, 🚻 WC 🕿 DFÜ, 20 🛏, Lift, 🚗,
3⟳70

🍴🍴 Hauptgericht 26/13, Terrasse, **P**,
geschl.: So

★★ Markgraf
Körnerstr. 36 (außerhalb B 6),
Tel (03 41) 30 30 30, Fax 3 03 03 99, ✉ 04107,
AX DC ED VA

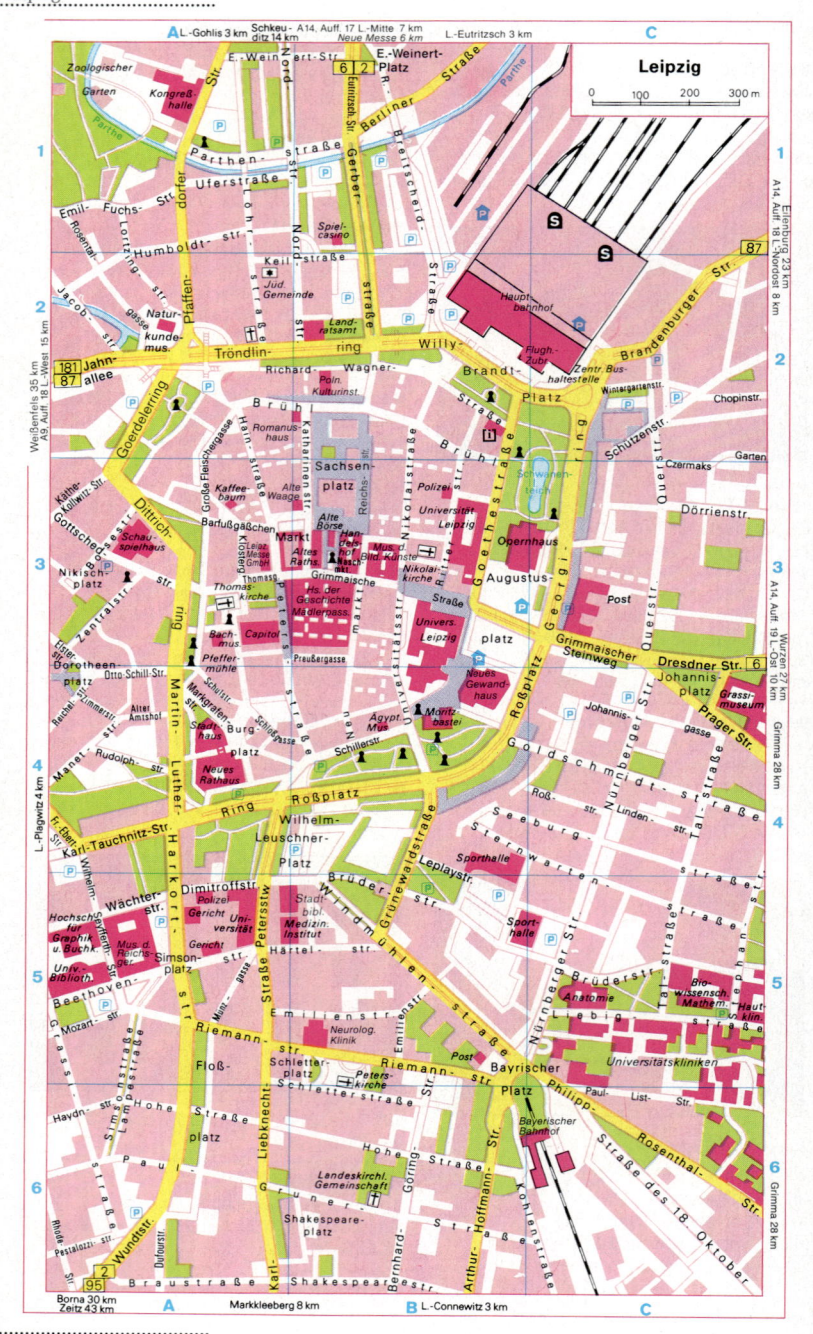

Leipzig

49 Zi, Ez: 95/47-257/129, Dz: 155/78-275/138,
5 Suiten, 5 App, ⌐ WC ⊘ DFÜ, 24 ⇔, Lift, ⌂,
1⟲60, Sauna, Solarium, Restaurant

** Holiday Inn Garden Court
Rudolf-Breitscheid-Str. 3 (B 2),
Tel (03 41) 1 25 10, Fax 1 25 11 00, ✉ 04105,
AX DC ED VA, S
113 Zi, Ez: 119/59-240/120,
Dz: 139/70-280/141, 8 Suiten, ⌐ WC ⊘, 54 ⇔,
Lift, P, 1⟲25, Sauna, Solarium, Restaurant

** Mercure am Augustusplatz
Augustusplatz 5 / 6 (B 3), Tel (03 41) 2 14 60,
Fax 9 60 49 16, ✉ 04109, AX DC ED VA, S
273 Zi, Ez: 109/54-170/85, Dz: 149/75-210/105,
10 Suiten, ⌐ WC ⊘, 123 ⇔, Lift, P, 4⟲150,
Restaurant

* Novotel
Goethestr. 11 (B 2), Tel (03 41) 9 95 80,
Fax 9 95 82 00, ✉ 04109, AX DC ED VA, S
181 Zi, Ez: 124/62-197/99, Dz: 158/79-229/115,
2 Suiten, 17 App, ⌐ WC ⊘ DFÜ, 84 ⇔, Lift,
9⟲160, Sauna, Solarium, Restaurant

* Ringhotel Adagio
Seeburgstr. 96 (C 4), Tel (03 41) 21 66 99,
Fax 9 60 30 78, ✉ 04103, AX DC ED VA, S
30 Zi, Ez: 150/75-195/98, Dz: 195/98-280/141,
1 Suite, 1 App, ⌐ WC ⊘, Lift, ⌂, 1⟲30,
Sauna, Solarium, Restaurant
Preise exkl. Frühstück. Auch Zimmer der
Kategorie ** vorhanden.

* Altes Leipzig
Goldschmidtstr. 29 a, Tel (03 41) 98 28 00,
Fax 9 82 80 40, ✉ 04103, ED VA
14 Zi, Ez: 110/55-135/67, Dz: 130/65-175/88,
WC ⊘, 7 ⇔, Lift, P, garni

* Berlin
Riebeckstr. 30 (außerhalb C 4),
Tel (03 41) 2 67 30 00, Fax 2 67 32 80,
✉ 04317, AX DC ED VA
51 Zi, Ez: 95/47-149/75, Dz: 95/47-159/80,
2 Suiten, ⌐ WC ⊘, 11 ⇔, Lift, 2⟲25, garni

* Am Bayrischen Platz
Paul-List-Str. 5, Tel (03 41) 14 08 60,
Fax 1 40 86 48, ✉ 04103, AX DC ED VA
32 Zi, Ez: 98/49-168/84, Dz: 128/64-180/90, ⌐
WC ⊘, 10 ⇔, Lift, P, 1⟲14, garni

* Völkerschlachtdenkmal
Prager Str. 153 (außerhalb C 4),
Tel (03 41) 26 99 00, Fax 9 90 20 99, ✉ 04317,
AX ED VA

🍴, 27 Zi, Ez: 105/52-135/67,
Dz: 145/73-175/88, 3 App, ⌐ WC ⊘ DFÜ,
13 ⇔, P, 2⟲50, Restaurant
Jugendstilgebäude mit stilvoller
Antiquitäteneinrichtung.

¶¶ Gohliser Schlößchen
Menckestr. 23, Tel (03 41) 5 85 61 13,
Fax 5 85 61 20, ✉ 04155, AX DC ED VA
Hauptgericht 28/14-38/19, Terrasse

¶¶ Classico
Nikolaistr. 16, Tel (03 41) 2 11 13 55,
Fax 2 11 13 55, ✉ 04109, AX
Hauptgericht 29/14-42/21, Terrasse, geschl.: So

¶¶ Medici
Nikolaikirchhof 5, Tel (03 41) 2 11 38 78,
Fax 9 12 92 82, ✉ 04109, AX DC ED VA
Hauptgericht 29/14-42/21, Terrasse, geschl.: So

¶¶ Auerbachs Keller
Historische Weinstuben
Grimmaischestr. 2-4, Mädler-Passage,
Tel (03 41) 21 61 00, Fax 2 16 10 11, ✉ 04109,
AX DC ED VA
🍴, Hauptgericht 35/17-48/24, nur abends,
geschl.: So, 25.12.00-6.1.01
Beachtenswerte Küche.

¶ Großer Keller
🍴, Hauptgericht 16/8-35/17

¶ Paulaner im Mückenschlösschen
Waldstr. 86, Tel (03 41) 9 83 20 51,
Fax 9 83 20 52, ✉ 04105, AX DC ED VA
🍴, Hauptgericht 17/8-34/17, Biergarten

¶ Apels Garten
Kolonnadenstr. 2, über Dorotheenplatz,
Tel (03 41) 9 60 77 77, Fax 9 60 77 79,
✉ 04109, AX ED VA
Hauptgericht 15/7-30/15, Terrasse

🍽 Thüringer Hof
Burgstr. 19, Tel (03 41) 9 94 49 99,
Fax 9 94 49 33, ✉ 04109, AX ED VA
Hauptgericht 20/10-24/12, Biergarten

Kabarett-Gastronomie

Academixer-Club
Kupfergasse 3-5, Tel (03 41) 9 60 20 00,
Fax 2 11 42 58, ✉ 04109
Hauptgericht 9/4-18/9

Leipziger Funzel
Nikolaistr. 6-10, Tel (03 41) 9 60 32 32,
Fax 9 60 20 44, ✉ 04109
Hauptgericht 15/7-23/11, nur abends,
geschl.: Mo, So

Appartementhotels/Boardinghäuser

Am Ratsholz
Anton-Zickmantel-Str. 44,
Tel (03 41) 4 94 45 00, Fax 4 94 45 55,
✉ 04249, AX DC ED VA
113 Zi, Ez: 77/39-99/49, Dz: 119/59-134/67,
113 App, ⌐ WC ⌀ DFÜ, 47 ⌁, Lift, P, ⌂,
1⌘30, Fitnessraum, Sauna, Restaurant
Zimmer der Kategorie ★★ und ★★★.

Böhlitz-Ehrenberg

★ Astral
Fabrikstr. 17, Tel (03 41) 4 49 70,
Fax 4 49 79 99, ✉ 04430, AX ED VA
100 Zi, Ez: 69/34-95/47, Dz: 89/44-115/57,
4 App, ⌐ WC ⌀, 50 ⌁, Lift, P, Restaurant

Breitenfeld

★★ Breitenfelder Hof
Top International Hotel
Lindenallee 8, Tel (03 41) 4 65 10,
Fax 4 65 11 33, ✉ 04466, AX DC ED VA, S
75 Zi, Ez: 131/65-181/91, Dz: 152/76-202/101,
⌐ WC ⌀ DFÜ, P, 5⌘120, Fitnessraum, Sauna,
Solarium, Golf, Restaurant

Connewitz (5 km ✓)

★★★ Leonardo
Windscheidstr. 21 / 23, Tel (03 41) 3 03 30,
Fax 3 03 35 55, ✉ 04277, AX DC ED VA
50 Zi, Ez: 95/47-180/90, Dz: 120/60-195/98,
3 Suiten, 14 App, ⌐ WC ⌀ DFÜ, 5 ⌁, Lift, ⌂,
2⌘35, Sauna, Solarium

⌘⌘ Mona Lisa
Hauptgericht 28/14

★ Avantgarde
Arno-Nitzsche-Str. 14, Tel (03 41) 30 80 60,
Fax 3 08 06 99, ✉ 04277, AX ED VA
29 Zi, Ez: 100/50-180/90, Dz: 160/80-210/105,
⌐ WC ⌀, Lift, P, ⌂, 1⌘30, Sauna, Solarium,
garni
Auch Zimmer der Kategorie ★★ vorhanden.

★ Alt-Connewitz
Flair Hotel
Meusdorfer Str. 47 A, Tel (03 41) 3 01 37 70,
Fax 3 01 38 00, ✉ 04277, AX ED VA
33 Zi, Ez: 98/49-120/60, Dz: 130/65-160/80,
1 App, ⌐ WC ⌀, 6 ⌁, Lift, P, 1⌘30, Sauna,
Restaurant

Engelsdorf

★ Alt Engelsdorf
Hauptstr. 16, Tel (03 41) 6 56 10,
Fax 6 56 11 51, ✉ 04439, AX ED VA
26 Zi, Ez: 100/50, Dz: 125/62-145/73, ⌐ WC ⌀,
P, Bowling, Restaurant

Eutritzsch (2 km ↑)

★★ Vivaldi
Top International Hotel
Wittenberger Str. 87, Tel (03 41) 9 03 60,
Fax 9 03 62 34, ✉ 04129, AX DC ED VA
107 Zi, Ez: 120/60-160/80, Dz: 130/65-170/85,
1 Suite, 4 App, ⌐ WC ⌀, 20 ⌁, Lift, ⌂, 2⌘40,
Sauna, Solarium, garni

★ Am St. Georg
Brodauer Weg 25, Tel (03 41) 9 12 27 35,
Fax 9 12 32 27, ✉ 04129, AX ED VA
14 Zi, Ez: 65/32-126/63, Dz: 90/45-156/78, ⌐
WC ⌀, 5 ⌁, P, garni

Gohlis (3 km ↑)

★ De Saxe
Gohliser Str. 25, Tel (03 41) 5 93 80,
Fax 5 93 82 99, ✉ 04155, AX DC ED VA
33 Zi, Ez: 105/52-145/73, Dz: 130/65-160/80,
1 Suite, ⌐ WC ⌀, 9 ⌁, Lift, P, ⌂, Restaurant
Auch Zimmer der Kategorie ★★ vorhanden.

Großzschocher (8 km ✓)

★★ Best Western Windorf
Gerhard-Ellrodt-Str. 21, Tel (03 41) 4 27 70,
Fax 4 27 72 22, ✉ 04249, AX DC ED VA, S
♪, 94 Zi, Ez: 115/57-165/83,
Dz: 136/68-185/93, 1 Suite, ⌐ WC ⌀, 38 ⌁,
Lift, P, 3⌘65, Golf, Restaurant

Hohenheida

★ Residenz
Residenzstr. 43, Tel (03 42 98) 4 50,
Fax 4 52 22, ✉ 04356, AX ED VA
50 Zi, Ez: 99/49-126/63, Dz: 119/59-166/83,
3 Suiten, ⌐ WC ⌀, 10 ⌁, Lift, P, ⌂, 3⌘80,
Sauna, Solarium, Restaurant

Leutzsch (4 km ↖)

★★★ Lindner
Hans-Driesch-Str. 27, Tel (03 41) 4 47 80,
Fax 4 47 84 78, ✉ 04179, AX DC ED VA, S
178 Zi, Ez: 125/62-255/128,
Dz: 175/88-280/141, 15 Suiten, 7 App, ⌐ WC ⌀
DFÜ, 73 ⌁, Lift, ⌂, 8⌘160, Fitnessraum,
Sauna, Solarium

⌘⌘ Am Wasserschloß
Hauptgericht 19/9, Terrasse, P

★ Am Auewald
Paul-Michael-Str. 12-14,
Tel (03 41) 4 51 10 03, Fax 4 51 24 55,
✉ 04179, AX ED VA

37 Zi, Ez: 49/24-110/55, Dz: 80/40-150/75,
1 Suite, ⌀, 🅿, 2⟲15, Restaurant
Auch einfachere Zimmer vorhanden.

Liebertwolkwitz

✱ Zum Prager
Leipziger Str. 44, Tel (03 42 97) 6 96 10,
Fax 69 61 30, ✉ 04445, AX ED VA
11 Zi, Ez: 69/35-119/61, Dz: 99/51-119/61, ⌐
WC ⌀, 🅿, Restaurant

Lindenau (3 km ←)

✱ Lindenau
Georg-Schwarz-Str. 33-35,
Tel (03 41) 4 48 03 10, Fax 4 48 03 00,
✉ 04177, AX ED VA
48 Zi, Ez: 99/49-114/57, Dz: 130/65-160/80,
1 Suite, ⌐ WC ⌀ DFÜ, 8 ⌘, Lift, 🅿, 1⟲30,
Sauna, Solarium, Restaurant
Auch Zimmer der Kategorie ✱✱ vorhanden.

✱ Merseburger Hof
Merseburgerstr. 107 / Ecke Hebelstr. 24,
Tel (03 41) 4 77 44 62, Fax 4 77 44 13,
✉ 04177, AX DC ED VA
50 Zi, Ez: 89/44-178/89, Dz: 128/64-198/99, ⌐
WC ⌀, 2 ⌘, Lift, 🅿, Bowling, Restaurant
Auch Zimmer der Kategorie ✱✱ vorhanden.

Möckern (4 km ↖)

✱✱ Silencium
Georg-Schumann-Str. 268,
Tel (03 41) 90 82 70, Fax 9 01 29 91, ✉ 04159,
AX ED VA
35 Zi, Ez: 99/49-169/85, Dz: 140/70-169/85, ⌐
WC ⌀ DFÜ, 5 ⌘, Lift, 🅿, 🛆, 2⟲50, garni`
Auch Zimmer der Kategorie ✱ vorhanden.

Paunsdorf (7 km →)

✱✱✱ Treff Hotel
Schongauerstr. 39, Gewerbegebiet Lehdenweg,
Tel (03 41) 25 40, Fax 2 54 15 50, ✉ 04329, AX DC ED VA, Ⓢ
291 Zi, Ez: 129/64-249/125,
Dz: 179/90-299/150, 144 App, ⌐ WC ⌀ DFÜ,
90 ⌘, Lift, 🅿, 18⟲850, Sauna, Solarium
Langzeitvermietung möglich.

🍴🍴 Tiffany
Schongauerstr. 39
Hauptgericht 30/15, Terrasse

Portitz (7 km ↗)

✱✱ Accento
Tauchaer Str. 260, Tel (03 41) 9 26 20,
Fax 9 26 21 00, ✉ 04349, AX DC ED VA, Ⓢ
111 Zi, Ez: 119/59-269/135,
Dz: 139/70-289/145, 4 Suiten, ⌐ WC ⌀ DFÜ,
40 ⌘, Lift, 🅿, 🛆, 6⟲100, Fitnessraum, Sauna,
Solarium, Restaurant
geschl.: 21.12.00-2.1.01

Probstheida (6 km ↘)

✱✱ Parkhotel Diani
Connewitzer Str. 19, Tel (03 41) 8 67 40,
Fax 8 67 42 50, ✉ 04289, AX DC ED VA
♪, 69 Zi, Ez: 130/65-160/80,
Dz: 175/88-195/98, 2 App, ⌐ WC ⌀ DFÜ,
33 ⌘, Lift, 🅿, 🛆, 2⟲50, Sauna, Solarium
🍴🍴 Tel 8 67 42 75, Hauptgericht 22/11

Rückmarsdorf (3 km ←)

✱ 3 Linden
Merseburger Str. 12, Tel (03 41) 9 41 01 24,
Fax 9 41 01 29, ✉ 04430, AX DC ED VA
40 Zi, Ez: 110/55-145/73, Dz: 130/65-165/83, ⌐
WC ⌀, 8 ⌘, Lift, 🅿, 2⟲55, Bowling, Sauna,
Solarium, Restaurant

Seehausen

✱✱ Im Sachsenpark
Walter-Köhn-Str. 3, Tel (03 41) 5 25 20,
Fax 5 25 25 28, ✉ 04356, AX DC ED VA
112 Zi, Ez: 139/70-239/120,
Dz: 158/79-298/150, ⌐ WC ⌀, 20 ⌘, Lift, 🅿,
4⟲60, Sauna, Solarium, Golf, Restaurant

Sellerhausen (2 km →)

✱✱✱ Artis Suite Hotel
Permoserstr. 50, Tel (03 41) 2 58 90,
Fax 2 58 94 44, ✉ 04328, AX ED VA
82 Zi, Ez: 135/67-180/90, Dz: 175/88-235/118,
82 Suiten, ⌐ WC ⌀ DFÜ, 22 ⌘, Lift, 🛆, 1⟲20,
Sauna, Restaurant
Rezeption: 6.30-22.30
Originell gestaltete Appartements.
Langzeitvermietung möglich.

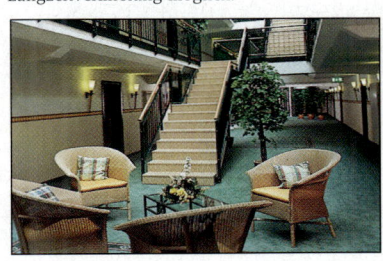

Stötteritz

★★ Holiday Inn Alte Messe
Wasserturmstr. 33, Tel (03 41) 8 67 90,
Fax 8 67 94 44, ✉ 04299, AX DC ED VA, Ⓢ
☾, 126 Zi, Ez: 110/55-180/90, Dz: 220/110,
9 Suiten, 7 App, ⊣ WC ⌀ DFÜ, 33 ⇐, Lift, 🍴,
3↻46, Sauna, Solarium, Restaurant
Auch Zimmer der Kategorie ★★★ vorhanden.

Wiederitzsch

★★ Astron Leipzig Messe
Fuggerstr. 2, Tel (03 41) 5 25 10,
Fax 5 25 13 00, ✉ 04448, AX DC ED VA, Ⓢ
308 Zi, Ez: 113/56-223/112,
Dz: 136/68-246/123, ⊣ WC ⌀ DFÜ, 143 ⇐,
Lift, 🍴, 2↻300, Fitnessraum, Sauna, Solarium
🍴 Hauptgericht 18/9-45/22, Terrasse, 🅿

★★ Hiemann
Delitzscher Landstr. 75, Tel (03 41) 5 25 30,
Fax 5 25 31 54, ✉ 04448, AX DC ED VA
37 Zi, Ez: 95/47-135/67, Dz: 120/60-170/85, ⊣
WC ⌀ DFÜ, 12 ⇐, Lift, 🅿, 🍴, 1↻30, Bowling,
Sauna, Solarium
🍴 Hauptgericht 17/8-32/16, Terrasse

★ Atrium
Seehausener Str. 29, Tel (03 41) 5 24 00,
Fax 5 24 01 33, ✉ 04448, AX DC ED VA, Ⓢ
54 Zi, Ez: 90/45-120/60, Dz: 130/65-160/80, ⊣
WC ⌀ DFÜ, 20 ⇐, Lift, 🅿, 🍴, 2↻60, Sauna,
Solarium, Restaurant

★ Papilio
Delitzscher Landstr. 100, Tel (03 41) 52 61 10,
Fax 5 26 11 10, ✉ 04448, AX DC ED VA
28 Zi, Ez: 95/47-125/62, Dz: 120/60-160/80,
2 App, ⊣ WC ⌀ DFÜ, 10 ⇐, 🅿, Sauna,
Restaurant

★ Zum Abschlepphof
Bahnhofstr. 5-9, Tel (03 41) 52 60 70,
Fax 5 26 07 15, ✉ 04448, AX DC ED VA
35 Zi, Ez: 95/47-115/57, Dz: 120/60-145/73, ⊣
WC ⌀ DFÜ, 10 ⇐, 🅿, 🍴, Restaurant

★ Sachsenstern
Podelwitzer Str. 23, Tel (03 41) 52 61 90,
Fax 5 21 72 17, ✉ 04448, AX DC ED VA
14 Zi, Ez: 88/44-115/57, Dz: 98/49-125/62,
1 Suite, 1 App, ⊣ WC ⌀ DFÜ, 🅿, 🍴

Leißling 38 ↘

Sachsen-Anhalt / Kreis Weißenfels
EW 1540
🅘 Tel (0 34 43) 29 09 13, Fax 29 09 99
Verwaltungsgemeinschaft
✉ 06667 Kirchbergstr. 10

★ Schöne Aussicht
Naumburger Landstr. 1, Tel (0 34 43) 47 07 90,
Fax 80 54 10, ✉ 06667, AX VA
20 Zi, Ez: 90/45-110/55, Dz: 110/55-140/70,
1 Suite, ⊣ WC ⌀, 🅿, 3↻250, Restaurant

Leiwen 52 ↗

Rheinland-Pfalz
Kreis Trier-Saarburg
EW 1600
🅘 Tel (0 65 07) 31 00, Fax 30 52
Tourist-Information
✉ 54340 Römerstr. 1

Leiwen-Außerhalb (3 km ↘)

★ Zummethof
Panoramaweg 1, Tel (0 65 07) 9 35 50,
Fax 93 55 44, ✉ 54340, ED VA
einzeln ☾, 25 Zi, Ez: 70/35-80/40,
Dz: 110/55-140/70, ⊣ WC ⌀ DFÜ, 🅿, 2↻130,
Fitnessraum, Sauna, Solarium
🍴 ✦ einzeln, Hauptgericht 25/12-38/19,
Terrasse, geschl.: 27.12.00-9.3.01

Lembruch 24 →

Niedersachsen / Kreis Diepholz
EW 1050
🅘 Tel (0 54 47) 2 42, Fax 2 42
Fremdenverkehrsamt
✉ 49459 Große Str. 142

★★ Ringhotel Seeschlößchen
Große Str. 154, Tel (0 54 47) 9 94 40,
Fax 17 96, ✉ 49459, AX DC ED VA, Ⓢ
✦, 20 Zi, Ez: 108/54-120/60, Dz: 155/78-170/85,
2 App, ⊣ WC ⌀, 5 ⇐, 🅿, 🍴, 3↻120, Kegeln,
Sauna, Solarium
🍴🍴 Hauptgericht 26/13-48/24, Terrasse

★ Seeblick
Birkenallee, Tel (0 54 47) 9 95 80, Fax 14 41,
✉ 49459, AX DC ED VA
☾ ✦, 30 Zi, Ez: 100/50-140/70,
Dz: 160/80-240/120, 1 Suite, 2 App, ⊣ WC ⌀,
10 ⇐, Lift, 🅿, 🍴, 3↻50, 🅰, Sauna, Solarium
🍴 Hauptgericht 40/20

✶ Dümmerhotel Strandlust

Seestr. 51, Tel **(0 54 47) 9 93 30**, Fax 99 33 44,
✉ 49459, DC ED VA
♪ ≰, 13 Zi, Ez: 75/37-115/57,
Dz: 115/57-180/90, ⌐ WC ⌀, **P**, 🐾, 2🔵100,
Restaurant

¶¶¶ Landhaus Götker 🔴

Tiemanns Hof 1, Tel **(0 54 47) 12 57**,
Fax 10 57, ✉ 49459, AX DC ED VA
🌀, Hauptgericht 50/25, Terrasse, **P**, geschl.: Mo,
Di, 15.10.-1.11.00, 2-20.1.01

Lemförde 24 →

Niedersachsen / Kreis Diepholz
EW 683
i Tel **(0 54 43) 20 90**, Fax 2 09 50
Samtgemeinde
✉ 49448 Bahnhofstr. 10 a

Stemshorn

✶✶ Tiemann's Hotel

An der Brücke 26, Tel **(0 54 43) 99 90**,
Fax 9 99 50, ✉ 49448, AX DC ED VA
27 Zi, Ez: 98/49-120/60, Dz: 160/80-180/90,
2 Suiten, ⌐ WC ⌀ DFÜ, 4 🛏, **P**, 🐾, 2🔵60,
Kegeln, Sauna, Solarium
geschl.: 2 Wochen im Jul
Auch Zimmer der Kategorie ✶ vorhanden.

¶¶ Hauptgericht 30/15, Terrasse

Lemgo 25 ✓

Nordrhein-Westfalen / Kreis Lippe
EW 42000
i Tel **(0 52 61) 18 77 50**, Fax 18 90 35
Lemgo Marketing e.V.
✉ 32657 Am hist. Marktplatz

✶ Hansa-Hotel

Breite Str. 14, Tel **(0 52 61) 9 40 50**,
Fax 94 05 55, ✉ 32657, AX DC ED VA
30 Zi, Ez: 78/39-92/46, Dz: 140/70, ⌐ WC ⌀
DFÜ, 3 🛏, Lift, **P**, 🐾, 2🔵60, Sauna,
Restaurant

Kirchheide (8 km ↑)

✶ Im Borke

Salzufler Str. 132, Tel **(0 52 66) 16 91**,
Fax 12 31, ✉ 32657, ED VA
♪, 37 Zi, Ez: 75/37-100/50, Dz: 130/65-160/80,
⌐ WC ⌀, Lift, **P**, 3🔵150, Kegeln, Sauna,
Restaurant

Matorf (5 km ↑)

✶ An der Ilse

Vlothoer Str. 77, Tel **(0 52 66) 80 90**,
Fax 10 71, ✉ 32657, AX DC ED VA
33 Zi, Ez: 74/37-79/39, Dz: 119/59-129/64,
3 App, ⌐ WC ⌀, 2 🛏, Lift, **P**, 4🔵300, 🐾,
Kegeln, Sauna, Solarium

¶¶ Gasthof Hartmann

Tel **9 90 85**, Fax 9 90 86
Hauptgericht 15/7-30/15, Biergarten,
geschl.: Di, 30.1.-27.2.01

Lengefeld 37 ✓

Thüringen / Kreis Mühlhausen
EW 728
i Tel **(03 60 23) 5 02 46**, Fax 5 02 46
Gemeindeverwaltung
✉ 99976 Bei der Kirche 7

Lengefeld-Außerhalb

✶ Lengefelder Warte

Lengefelder Warte, an der B 247,
Tel **(03 60 23) 5 02 06**, Fax 5 23 01, ✉ 99976
einzeln, 11 Zi, Ez: 60/30-70/35,
Dz: 90/45-110/55, 1 Suite, ⌐ WC ⌀, **P**, 1🔵60,
Restaurant

Lengenfeld 49 □

Sachsen / Vogtlandkreis
EW 8800
i Tel **(03 76 06) 30 50**, Fax 3 05 46
Stadtverwaltung
✉ 08485 Hauptstr. 1

✶ Lengenfelder Hof

Auerbacher Str. 2, Tel **(03 76 06) 87 70**,
Fax 22 43, ✉ 08485, AX DC ED VA
51 Zi, Ez: 70/35-95/47, Dz: 100/50-125/62,
2 Suiten, ⌐ WC ⌀ DFÜ, 10 🛏, Lift, **P**, 2🔵80,
Bowling, Sauna, Solarium, Restaurant

Lengenfeld unterm Stein 36 ↘

Thüringen / Unstrut-Hainich-Kreis
EW 1459
i Tel **(03 60 27) 7 02 17**
Gemeindeverwaltung
✉ 99976 Unterm Kirchberg 1

✶ Hagemühle

Hagemühle 1, Tel **(03 60 27) 7 00 80**,
Fax 7 00 82, ✉ 99976, DC ED VA
≰, 16 Zi, Ez: 68/34, Dz: 120/60-130/65, ⌐ WC
⌀, **P**, 2🔵150, 🐾, Kegeln, Sauna, Solarium,
Restaurant

Lengerich 24 ✓

Nordrhein-Westfalen
Kreis Steinfurt
EW 22900
☏ Tel (0 54 81) 8 24 22, Fax 78 80
Verkehrsamt
✉ 49525 Rathausplatz 1

¶¶¶ Hinterding 🍷
Bahnhofstr. 72, Tel **(0 54 81) 9 42 40**,
Fax 94 24 21, ✉ 49525, AX DC ED VA
Hauptgericht 45/22-52/26, Terrasse, **P**, nur
abends, sa+so auch mittags, geschl.: Do, 3
Wochen im Sommer
Restaurierte Stadtvilla von 1904.
** 6 Zi, Ez: 130/65, Dz: 180/90, ⊣ WC
☾, 4 ⊷

Lenggries 72 ✓

Bayern
Kreis Bad Tölz-Wolfratshausen
EW 9000
☏ Tel (0 80 42) 50 08 20, Fax 50 08 40
Verkehrsamt
✉ 83661 Rathausplatz 1

* Altwirt
Marktstr. 13, Tel **(0 80 42) 80 85**, Fax 53 57,
✉ 83661, ED VA
19 Zi, Ez: 75/37-80/40, Dz: 105/52-130/65, ⊣
WC ☾, **P**, 🕾, 1⊖30, Fitnessraum, Sauna,
Solarium, Restaurant

* Alpenrose
Brauneckstr. 1, Tel **(0 80 42) 9 15 50**,
Fax 49 94, ✉ 83661, DC ED VA
27 Zi, Ez: 70/35-80/40, Dz: 106/53-120/60, ⊣
WC, 7 ⊷, **P**, 🕾, Sauna, Restaurant
Rezeption: 8-13, 15-22, geschl.: 20.11.-10.12.01

Fall (15 km ↓)

** Jäger von Fall
Ludwig-Ganghofer-Str. 8, Tel **(0 80 45) 1 30**,
Fax 1 32 22, ✉ 83661, AX DC ED VA
♪, 69 Zi, Ez: 109/54-200/100,
Dz: 160/80-200/100, 1 App, ⊣ WC ☾, 10 ⊷,
Lift, **P**, 10⊖150, Sauna, Solarium, Restaurant
Rezeption: 6.30-22

Schlegldorf (3 km ↖)

¶¶ Schweizer Wirt
Haus Nr 83, Tel **(0 80 42) 89 02**, Fax 34 83,
✉ 83661, AX DC ED VA
Hauptgericht 19/9-44/22, **P**, geschl.: Mo, Di

Lennestadt 34 ↓

Nordrhein-Westfalen / Kreis Olpe
EW 28620
☏ Tel (0 27 23) 60 88 01, Fax 60 88 02
Fremdenverkehrsamt
✉ 57368 Helmut-Kumpf-Str 25

Altenhundem

* Cordial
Hundemstr. 93, Tel **(0 27 23) 67 71 00**,
Fax 67 71 01, ✉ 57368, ED VA
21 Zi, Ez: 70/35-85/42, Dz: 140/70, 4 App, ⊣
WC ☾ DFÜ, 12 ⊷, Lift, **P**, 4⊖80, Kegeln,
Restaurant
Rezeption: 6.30-23, geschl.: 8.-12.7.01

Bilstein (6 km ←)

** Faerber-Luig
Freiheit 42, Tel **(0 27 21) 98 30**, Fax 98 32 99,
✉ 57368, AX ED VA
75 Zi, Ez: 98/49-138/69, Dz: 176/88-226/113,
⊣ WC ☾ DFÜ, Lift, **P**, 9⊖120, 🕾,
Fitnessraum, Kegeln, Sauna, Solarium
Auch Zimmer der Kategorie ******* vorhanden.
¶¶ Hauptgericht 29/14-49/24

Bonzel (3 km ←)

* Kramer
Bonzeler Str. 7, Tel **(0 27 21) 9 84 20**,
Fax 98 42 20, ✉ 57368, AX ED
♪, 27 Zi, Ez: 74/37-76/38, Dz: 136/68, ⊣ WC
☾, 5 ⊷, Lift, **P**, 2⊖80, 🕾, Kegeln, Sauna,
Solarium, Restaurant

Burbecke

* Landhotel Klaukenhof
Hammecketalstr. 3, Tel **(0 27 25) 70 71**,
Fax 70 75, ✉ 57368
35 Zi, Ez: 58/29, Dz: 50/25, 2 App, ⊣ WC ☾,
Lift, **P**, 🕾, 7⊖200, Kegeln, Sauna, Solarium,
Restaurant

Grevenbrück

✱ Landhotel An den Eichen
Tel (0 27 21) 13 70, ✉ 57638
28 Zi, Ez: 99/49-110/55, Dz: 176/88-270/135, ⌐
WC Ⓒ, Restaurant

Kirchveischede (5 km ←)

🍴🍴 Laarmann
Westfälische Str. 52, Tel (0 27 21) 98 50 30,
Fax 9 85 03 55, ✉ 57368, AX DC ED VA
Hauptgericht 22/11-45/22, Terrasse, Biergarten,
Kegeln, Ⓟ, 🛏

Oedingen (9 km ↗)

✱ Haus Buckmann
Rosenweg 10, Tel (0 27 25) 2 51, Fax 73 40,
✉ 57368, AX ED VA
16 Zi, Ez: 79/39-90/45, Dz: 140/70-180/90, ⌐
WC Ⓒ, Ⓟ, 🏠, 1⟲100, Kegeln, Sauna, Solarium
🍴🍴 Hauptgericht 35/17-55/27, Terrasse,
Biergarten

Saalhausen (6 km →)

✱✱ Haus Hilmeke
Lennestr. 14, Tel (0 27 23) 9 14 10,
Fax 8 00 16, ✉ 57368
einzeln ♪ ∮, 30 Zi, Ez: 98/49-140/70,
Dz: 154/77-206/103, 6 App, ⌐ WC Ⓒ, Lift, Ⓟ,
🏠, 🛁, Sauna, Solarium, Restaurant
geschl.: 6.11.-26.12.00, 23.7.-2.8.01

Lenzen (Elbe) 20 ✓

Brandenburg / Kreis Prignitz
EW 2600
🛈 Tel (03 87 92) 98 80, Fax 9 88 60
Gemeindeverwaltung
✉ 19309 Kellerstr. 4

✱ Am Rudower See
Mühlenweg 6, Tel (03 87 92) 99 10,
Fax 99 11 24, ✉ 19309, DC ED VA
16 Zi, Ez: 80/40-100/50, Dz: 120/60, 5 App, ⌐
WC Ⓒ, 3 🛏, Ⓟ, 2⟲20, Restaurant

Lenzkirch 67 →

Baden-Württemberg
Kreis Breisgau-Hochschwarzwald
EW 4900
🛈 Tel (0 76 53) 6 84 39, Fax 6 84 20
Kur & Touristik Lenzkirch
✉ 79853 Am Kurpark 2

✱✱ Vogt Am Kurpark
Am Kurpark 7, Tel (0 76 53) 7 06, Fax 67 78,
✉ 79853, DC ED VA
♪, 8 Zi, Ez: 85/42-110/55, Dz: 130/65-156/78,
2 Suiten, 5 App, ⌐ WC Ⓒ DFÜ, Lift, Ⓟ
geschl.: Mo, 29.10.-26.11.00
Jugenstilvilla. Auch Zimmer der Kategorie
✱✱✱ vorhanden.
🍴 Hauptgericht 14/7-38/19, Terrasse,
geschl.: Mo, 29.10.-26.11.00

Kappel (3 km ↗)

✱ Gasthof Pfauen
Mühlhaldeweg 1, Tel (0 76 53) 7 88, Fax 62 57,
✉ 79853, AX DC ED VA
∮, 27 Zi, Ez: 45/22-65/32, Dz: 80/40-100/50, ⌐
WC Ⓒ, Lift, Ⓟ, Sauna, Solarium, Restaurant
Auch Zimmer der Kategorie **✱✱** vorhanden.

✱ Gasthof Straub
Neustädter Str. 3, Tel (0 76 53) 2 22, Fax 94 29,
✉ 79853
∮, 33 Zi, Ez: 46/23-80/40, Dz: 78/39-162/81,
4 Suiten, 19 App, ⌐ WC Ⓒ, Lift, Ⓟ, 🏠, 1⟲30,
Sauna, Solarium, Restaurant
geschl.: Sa, 15.11.-20.12.00

Raitenbuch (3 km ←)

✱ Grüner Baum
Haus Nr 17, Tel (0 76 53) 2 63, Fax 4 66,
✉ 79853, ED VA
16 Zi, Ez: 60/30-65/32, Dz: 100/50-120/60,
2 App, ⌐ WC, Ⓟ, 🏠, Restaurant
geschl.: 15.11.-15.12.00, 22.3.-10.4.01

Ruhbühl (3 km →)

✱✱ Ruhbühl
Am Schönenberg 6, Tel (0 76 53) 68 60,
Fax 68 65 55, ✉ 79853, DC ED VA
♪, 35 Zi, Ez: 110/55-150/75,
Dz: 190/95-280/141, 3 App, ⌐ WC Ⓒ, Lift, Ⓟ,
🛁, Kegeln, Sauna, Solarium, Restaurant
geschl.: Mo, Nov

Saig (6 km ↘)

✱✱ Saigerhöh
Saigerhöh 8-10, Tel (0 76 53) 68 50, Fax 7 41,
✉ 79853, AX DC ED VA

einzeln ♪ ⓘ, 90 Zi, Ez: 120/60-220/110,
Dz: 210/105-330/166, 16 Suiten, ⌐ WC ⓒ,
20 ⇔, Lift, Ⓟ, ⌂, 8⇔120, ⌂, Fitnessraum,
Kegeln, Sauna, Solarium, 3 Tennis
Auch Zimmer der Kategorie **✶✶✶** vorhanden.

¶ Jägerstube
Hauptgericht 35/17, Terrasse

✶✶ Gasthof Ochsen
Dorfplatz 1, Tel (0 76 53) 9 00 10,
Fax 90 01 70, ⌂ 79853, AX ED VA
ⓘ, 35 Zi, Ez: 95/47-119/59, Dz: 144/72-204/102,
⌐ WC ⓒ, Lift, Ⓟ, ⌂, ⌂, Fitnessraum, Sauna,
Solarium, 1 Tennis, Restaurant
Auch Zimmer der Kategorie **✶** vorhanden.

✶ Sonnhalde
Hochfirstweg 24, Tel (0 76 53) 6 80 80,
Fax 6 80 81 00, ⌂ 79853, ED VA
♪ ⓘ, 38 Zi, Ez: 60/30-120/60,
Dz: 136/68-214/107, ⌐ WC ⓒ, Ⓟ, ⌂, 4⇔60,
⌂, Kegeln, Sauna, Solarium, Restaurant
geschl.: Mo

✶ Hochfirst
Dorfplatz 5, Tel (0 76 53) 7 51, Fax 5 05,
⌂ 79853, ED VA
25 Zi, Ez: 70/35-95/47, Dz: 100/50-190/95,
1 Suite, ⌐ WC ⓒ, Ⓟ, ⌂, ⌂, Sauna, Solarium
geschl.: Do, 2.11.-20.12.00
¶ Hauptgericht 20/10-35/17, Terrasse,
geschl.: Do, 2.11.-20.12.00

Leonberg 61 ▢

Baden-Württemberg
Kreis Böblingen
EW 44000
ⓘ Tel (0 71 52) 7 30 22, Fax 97 55 97
Verkehrsverein
⌂ 71229 Römerstr. 110

Eltingen (2 km ←)

✶ Hirsch
Hindenburgstr. 1, Tel (0 71 52) 9 76 60,
Fax 97 66 88, ⌂ 71229, AX DC ED VA
60 Zi, Ez: 105/52-165/83, Dz: 170/85-220/110,
1 App, ⌐ WC ⓒ, 21 ⇔, Lift, Ⓟ, 5⇔80, Sauna
Auch Zimmer der Kategorie **✶✶** vorhanden.
¶ ¶ Hauptgericht 16/8-40/20

Weinstube Alt Eltingen
Hauptgericht 16/8-35/17

✶ Kirchner
Leonberger Str. 14-16, Tel (0 71 52) 6 06 30,
Fax 60 63 60, ⌂ 71229, AX DC ED VA

34 Zi, Ez: 104/52-130/65, Dz: 140/70-170/85, ⌐
WC ⓒ, Lift, Ⓟ, 3⇔60, Restaurant
Im Stammhaus auch Zimmer der Kategorie **✶✶**
vorhanden.

Ramtel (2 km ↓)

✶✶ Quality Hotel Eiss
Neue Ramtelstr. 28, Tel (0 71 52) 94 40,
Fax 94 44 40, ⌂ 71229, AX DC ED VA, Ⓢ
70 Zi, Ez: 115/57-160/80, Dz: 155/78-200/100,
5 Suiten, 1 App, ⌐ WC ⓒ, 12 ⇔, Lift, Ⓟ, ⌂,
7⇔150, Sauna, Solarium
¶ ¶ Hauptgericht 15/7-32/16

✶ Online
Böblinger Str. 9 (Gewerbegebiert),
Tel (0 71 52) 97 98 70, Fax 9 79 87 50,
⌂ 71229, AX ED VA
23 Zi, Ez: 98/49-115/57, Dz: 120/60-138/69, ⌐
WC ⓒ, 10 ⇔, Ⓟ, 1⇔, garni
Rezeption: 6.30-22

Leun 44 ▢

Hessen / Kreis Lahn-Dill
EW 5910
ⓘ Tel (0 64 73) 9 14 40, Fax 91 44 50
Tourist-Information
⌂ 35638 Bahnhofstr. 25

Biskirchen

✶ Landhotel Adler
Am Hain 13, Tel (0 64 73) 9 29 20,
Fax 92 92 92, ⌂ 35638, AX DC ED VA
♪, 21 Zi, Ez: 80/40-100/50, Dz: 125/62-170/85,
⌐ WC ⓒ DFÜ, 14 ⇔, Lift, Ⓟ, 2⇔40, Kegeln,
Restaurant
Auch Zimmer der Kategorie **✶✶** vorhanden.

Leutershausen siehe Hirschberg

Leuth siehe Nettetal

Leutkirch im Allgäu 70 ←

Baden-Württemberg
Kreis Ravensburg
EW 23000
ⓘ Tel (0 75 61) 8 71 54, Fax 8 71 86
Gästeamt
⌂ 88299 Am Gänsbühl 6

Leutkirch

✱ Linde
Lindenstr. 1, Tel (0 75 61) 24 15, Fax 7 02 30,
✉ 88299, ED VA
8 Zi, Ez: 85/42-110/55, Dz: 130/65-150/75, 🛁 WC ⌀, P, Restaurant

Leverkusen 43 ↖

Nordrhein-Westfalen
EW 161000
ℹ Tel (02 14) 4 06 33 84, Fax 4 06 33 86
Stadt-Info
✉ 51373 Friedrich-Ebert-Platz 1, im City Point
Cityplan siehe Seite 588

✱✱✱ Ramada
Am Büchelter Hof 11 (B 2), Tel (02 14) 38 30,
Fax 38 38 00, ✉ 51373, AX DC ED VA, Ⓢ
200 Zi, Ez: 99/49-570/287, Dz: 99/49-570/287,
🛁 WC ⌀ DFÜ, 75 ✱, Lift, P, 6⇨110, 🍽, Sauna, Restaurant

✱✱ Lindner Hotel BayArena
Bismarckstr. 118 (C 2), Tel (02 14) 8 66 30,
Fax 8 66 38 66, ✉ 51373, AX DC ED VA
109 Zi, Dz: 235/118-445/224, 10 Suiten, 2 App,
🛁 WC ⌀ DFÜ, 54 ✱, Lift, P, 12⇨200, Fitnessraum, Sauna, Solarium, Restaurant
Tagunsbereich mit Blick auf das Spielfeld. Nutzung des Freizeitbereichs für die Hotelgäste im angrenzenden Sportpark möglich.

✱ Arkade
Hauptstr. 104 (A 3), Tel (02 14) 83 07 80,
Fax 8 30 78 50, ✉ 51373, AX ED VA
32 Zi, Ez: 90/45-170/85, Dz: 159/80-230/115,
3 App, 🛁 WC ⌀ DFÜ, 5 ✱, Lift, P, 🍽, 4⇨50, Restaurant
Zimmer der Kategorie ✱✱ vorhanden.

✱ City-Hotel
Wiesdorfer Platz 8 (B 3), Tel (02 14) 8 32 80,
Fax 8 32 82 00, ✉ 51373, AX DC ED VA
71 Zi, Ez: 145/73-295/148, Dz: 195/98-380/191,
🛁 WC ⌀ DFÜ, 14 ✱, Lift, P, 1⇨30, garni

🍴🍴 La Concorde
Hardenbergstr. 91, westl. parallel zum Europaring, Tel (02 14) 6 39 38, Fax 6 39 38,
✉ 51373, AX DC ED VA
Hauptgericht 40/20, Terrasse, P, geschl.: Sa mittags, So

Schlebusch (6 km →)

✱ Kürten
Saarstr., Tel (02 14) 5 50 51, Fax 5 70 97,
✉ 51375, ED VA
29 Zi, Ez: 110/55-170/85, Dz: 150/75-190/95, 🛁 WC ⌀, P, 1⇨20, 🍽, Sauna, garni

Lich 45 ←

Hessen / Kreis Gießen
EW 13400
ℹ Tel (0 64 04) 80 60, Fax 80 62 24
Stadtverwaltung
✉ 35423 Unterstadt 1

✱✱ Ambiente
Hungener Str. 46, Tel (0 64 04) 9 15 00,
Fax 91 50 50, ✉ 35423, ED VA
19 Zi, Ez: 99/49-125/62, Dz: 140/70-160/80, 🛁 WC ⌀ DFÜ, 5 ✱, P, Golf, Restaurant

✱ Bergfried
Kreuzweg 25, Tel (0 64 04) 9 11 70,
Fax 91 17 55, ✉ 35423, AX ED VA
24 Zi, Ez: 80/40-95/47, Dz: 150/75-170/85, 🛁 WC ⌀, 4 ✱, P, Sauna, garni

Arnsburg (4 km ↙)

✱✱ Landhaus Klosterwald
an der B 488, Tel (0 64 04) 9 10 10,
Fax 91 01 34, ✉ 35423, AX ED VA
18 Zi, Ez: 115/57-130/65, Dz: 168/84-180/90,
🛁 WC ⌀, Lift, P, 3⇨100, Sauna, Restaurant

✱✱ Alte Klostermühle
Tel (0 64 04) 9 19 00, Fax 91 90 91, ✉ 35423,
AX DC ED VA

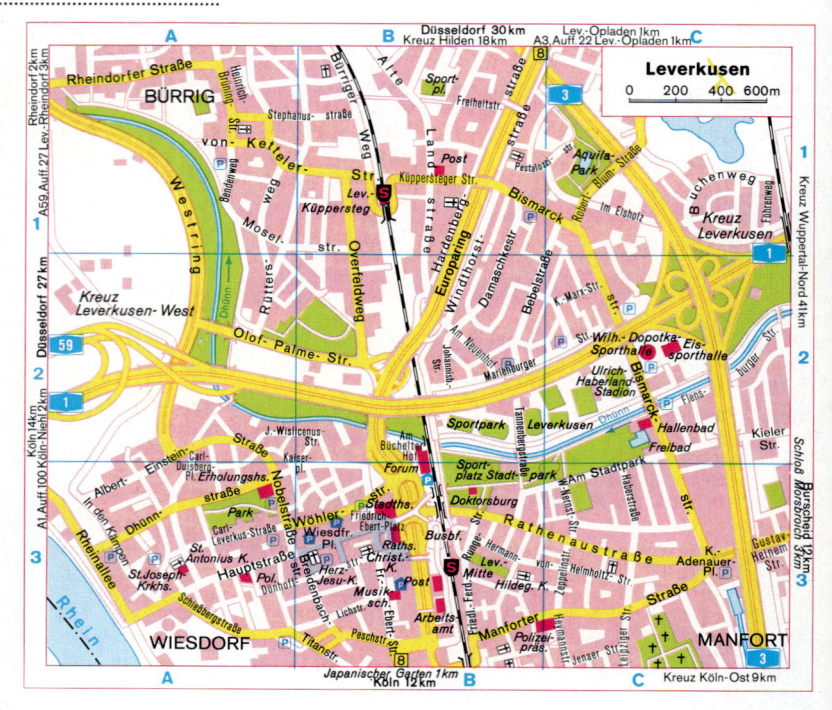

☽ ⌂, 26 Zi, Ez: 95/47-140/70,
Dz: 170/85-235/118, ⌐ WC ⌀, 4 ⌒, 4⇔35
†† ††   Hauptgericht 21/10-46/23, Biergarten

Lichte 48 ←

Thüringen
Kreis Saalfeld-Rudolstadt
EW 2111
🛈 Tel (03 67 01) 2 91 19, Fax 2 91 11
Fremdenverkehrsamt
✉ 98739 Saalfelder Str. 4

⌐ Am Kleeberg

Saalfelder Str. 115, Tel (03 67 01) 26 10,
Fax 2 61 28, ✉ 98739
20 Zi, Ez: 40/20-60/30, Dz: 60/30-90/45,
1 Suite, ⌐ WC ⌀, 🅿, 🏠, Sauna, Solarium,
Restaurant
Auch Zimmer der Kategorie ✱ vorhanden.

Geiersthal

✱   Feldbachthal
    Ferienanlage Lichte
Schulweg 3, Tel (03 67 01) 2 76 90,
Fax 2 76 96, ✉ 98739

☽, 22 Zi, Ez: 65/32-80/40, Dz: 100/50-120/60,
⌐ WC ⌀, Bowling, Restaurant

Lichtenau Kr. Paderborn 35 □

Nordrhein-Westfalen
EW 10680
🛈 Tel (0 52 95) 89 65, Fax 89 70
Stadtverwaltung
✉ 33165 Lange Str. 39

Herbram-Wald (9 km ↗)

✱   **Silencehotel Hubertushof**
Hubertusweg 5, Tel (0 52 59) 8 00 90,
Fax 80 09 99, ✉ 33165, AX DC ED VA
☽, 50 Zi, Ez: 105/52-115/57,
Dz: 150/75-160/80, ⌐ WC ⌀, 🅿, 3⇔30, 🏠,
Kegeln, Sauna, Solarium
†† Hauptgericht 25/12, Terrasse

Lichtenau Kr. Rastatt 60 □

Baden-Württemberg / Kreis Rastatt
EW 5000
🛈 Tel (0 72 27) 9 57 70, Fax 95 77 95
Stadtverwaltung
✉ 77839 Hauptstr. 15

Scherzheim (2 km ✓)

✱ Gasthaus Zum Rössel
Rösselstr. 6, Tel (0 72 27) 9 59 50,
Fax 95 95 50, ✉ 77839, AX ED VA
♪, 18 Zi, Ez: 85/42, Dz: 130/65, ⇨ WC ⌀ DFÜ,
Lift, 🅿, 3⇔50, Kegeln
🍴 Hauptgericht 28/14, geschl.: Di

Lichtenberg 48 ↘

Bayern / Kreis Hof/Saale
EW 1230
🛈 Tel (0 92 88) 9 73 70, Fax 97 37 37
Verkehrsamt
✉ 95192 Marktplatz 16

✱✱ Burghotel
Schloßberg 1, Tel (0 92 88) 51 51, Fax 54 59,
✉ 95192, AX DC ED VA
♪, 25 Zi, Ez: 88/44, Dz: 140/70, ⇨ WC ⌀, Lift,
🅿, 1⇔40, Seezugang
🍴🍴 Hauptgericht 20/10, Biergarten

🍴🍴 Burgrestaurant Harmonie ✚
Schloßberg 2, Tel (0 92 88) 2 46, Fax 92 45 41,
✉ 95192, VA
🌱, Hauptgericht 35/17, Gartenlokal, geschl.: Di,
10.-25.1.01

Lichtenberg siehe Fischbachtal

Lichtenfels 35 ✓

Hessen / Kreis Waldeck-Frankenberg
EW 4400
🛈 Tel (0 56 36) 97 97 15, Fax 97 97 20
Stadtverwaltung
✉ 35104 Aarweg 10

Fürstenberg

✱ Zur Igelstadt
Mittelstr. 2, Tel (0 56 36) 9 79 90,
Fax 97 99 49, ✉ 35104, AX DC ED VA
♪, 29 Zi, Ez: 64/32-83/41, Dz: 96/48-126/63,
1 Suite, ⇨ WC ⌀ DFÜ, 6 🛏, Lift, 🅿, 🐕,
3⇔150, Kegeln, Sauna, Solarium,
Restaurant
geschl.: 8.-31.1.01

Lichtenfels 48 ✓

Bayern
EW 21000
🛈 Tel (0 95 71) 79 50, Fax 94 06 16
Städt. Verkehrsamt
✉ 96215 Marktplatz 1

Die Deutsche Korbstadt im Maintal, Korbmarkt,
Floßfahrt, Flechtkurs, Therme, Radfahren, wandern, Fossilien etc.

✱✱ City Hotel
Bahnhofstr. 5, Tel (0 95 71) 9 24 30,
Fax 92 43 40, ✉ 96215, ED VA
26 Zi, Ez: 73/36-95/47, Dz: 116/58-156/78, ⇨
⌀, 8 🛏, Lift, 🅿, garni

✱ Preußischer Hof
Bamberger Str. 30, Tel (0 95 71) 50 15,
Fax 28 02, ✉ 96215, AX ED VA
40 Zi, Ez: 70/35-98/49, Dz: 105/52-130/65, ⇨
WC ⌀, 5 🛏, Lift, 🅿, 1⇔30, Sauna, Solarium,
Restaurant
Auch Zimmer der Kategorie ✱✱ vorhanden.

Reundorf (4 km ✓)

✱ Gasthof Müller
Kloster-Banz-Str. 4, Tel (0 95 71) 60 21,
Fax 7 09 47, ✉ 96215
♪, 41 Zi, Ez: 55/27-58/29, Dz: 96/48-102/51, ⇨
WC ⌀, 🅿, Sauna, Solarium, Restaurant

Lichtenstein 50 ←

Sachsen / Kreis Chemnitzer Land
EW 15000
🛈 Tel (03 72 04) 8 33 41, Fax 8 33 40
Lichtenstein-Information
✉ 09350 Mühlgraben 1

✱✱ Goldener Helm
Innere Zwickauer Str. 6, Tel (03 72 04) 6 20,
Fax 6 21 10, ✉ 09350, AX DC ED VA
40 Zi, Ez: 120/60-140/70, Dz: 150/75-170/85,
2 Suiten, ⇨ WC ⌀, 5 🛏, Lift, 🅿, 🐕, 4⇔120,
Sauna, Solarium
Großzügige Badelandschaft im Römerbad-Stil
im Haus vorhanden.
🍴🍴 Hauptgericht 15/7-25/12

Lichtenstein-Außerhalb (2 km ✓)

✱ Alberthöhe
Niclaser Str. 51, Tel (03 72 04) 8 34 74,
Fax 8 34 75, ✉ 09350, AX ED VA
einzeln ♪ 🍴, 8 Zi, Ez: 60/30-75/37,
Dz: 80/40-120/60, ⇨ WC ⌀, 4 🛏, 🅿,
Restaurant

Lichtenstein 61 ↘

Baden-Württemberg
Kreis Reutlingen
EW 9580
🛈 Tel (0 71 29) 69 60, Fax 63 89
Gemeindeverwaltung
✉ 72805 Rathausplatz 17

Honau

✱ Forellenhof Rößle
Heerstr. 20, Tel (0 71 29) 9 29 70,
Fax 92 97 50, ✉ 72805
27 Zi, Ez: 85/42-98/49, Dz: 125/62-149/75,
1 App, ⊟ WC ⌀, 13 ⤴, Lift, 🅿, 4⟲100,
Restaurant
geschl.: 15-19.1.01
Auch Zimmer der Kategorie ✱✱ vorhanden.

✱ Adler
Heerstr. 26, Tel (0 71 29) 40 41, Fax 6 02 20,
✉ 72805, ED VA
55 Zi, Ez: 65/32-150/75, Dz: 90/45-180/90,
8 Suiten, 9 App, ⊟ WC ⌀, 20 ⤴, Lift, 🅿, 🏢,
4⟲100, Fitnessraum, Kegeln, Sauna, Solarium,
Restaurant
Auch Zimmer der Kategorie ✱✱ vorhanden.

Lichtentanne 49 □

Sachsen / Kreis Zwickauer Land
EW 7200
🛈 Tel (03 75) 5 69 70, Fax 5 69 71 00
Gemeineverwaltung
✉ 08115 Hauptstr. 69

Schönfels

✱ Zum Löwen
Zwickauer Str. 25, Tel (03 76 00) 7 01 45,
Fax 7 01 52, ✉ 08115
15 Zi, Ez: 80/40-90/45, Dz: 120/60-130/65, ⊟
WC ⌀ DFÜ, 🅿, 🏢, 1⟲120, Restaurant

Liebenau 25 □

Niedersachsen
Kreis Nienburg (Weser)
EW 6625
🛈 Tel (0 50 23) 2 90, Fax 17 22
Gemeindeverwaltung
✉ 31618 Ortstr. 28

✱ Schweizerlust
Am Sündern 272, Tel (0 50 23) 5 88,
Fax 45 91, ✉ 31618, AX ED VA
einzeln ☾, 9 Zi, Ez: 65/32-75/37,
Dz: 110/55-130/65, ⊟ WC ⌀, 🅿, 5⟲250,
Fitnessraum, Kegeln, Solarium, Restaurant

Liebenstein, Bad 47 ↖

Thüringen / Wartburgkreis
EW 4240
🛈 Tel (03 69 61) 5 60, Fax 5 61 01
Kurverwaltung
✉ 36448 Esplanade 9

✱✱ Herzog Georg
Herzog-Georg-Str. 36, Tel (03 69 61) 5 50,
Fax 5 52 22, ✉ 36448, AX DC ED VA
38 Zi, Ez: 95/47, Dz: 150/75-160/80, ⊟ WC ⌀,
26 ⤴, Lift, 🏢, 2⟲50, Restaurant

Liebenwalde 29 ↗

Brandenburg / Kreis Oberhavel
EW 4500
🛈 Tel (03 30 54) 8 05 10, Fax 8 05 70
Amt Liebenwalde
✉ 16559 Marktplatz 20

Bischofswerder

✱ Preußischer Hof
City Line & Country Line Hotels
Bischofswerder Weg 12, Tel (03 30 54) 8 70,
Fax 8 71 87, ✉ 16559, AX DC ED VA, ⓢ
einzeln ☾, 93 Zi, Ez: 130/65-180/90,
Dz: 195/98-250/125, 3 Suiten, ⊟ WC ⌀ DFÜ,
10 ⤴, 🅿, 15⟲250, Kegeln, Sauna, Solarium,
Restaurant

Liebenzell, Bad 61 ←

Baden-Württemberg / Kreis Calw
EW 9100
🛈 Tel (0 70 52) 40 80, Fax 40 81 08
Kurverwaltung
✉ 75378 Kurhausdamm 4

✱✱ Thermen-Hotel
Am Kurpark, Tel (0 70 52) 92 80, Fax 92 81 00,
✉ 75378
einzeln ☾, 20 Zi, Ez: 140/70, Dz: 205/103,
3 Suiten, ⊟ WC ⌀, 3⟲60, 🅿, Restaurant

✱✱ Kronen-Hotel
Badweg 7, Tel (0 70 52) 40 90, Fax 40 94 20,
✉ 75378
43 Zi, Ez: 112/56-210/105,
Dz: 230/115-290/146, ⊟ WC ⌀, 10 ⤴, Lift, 🅿,
1⟲35, 🏢, Sauna, Solarium, Golf
Rezeption: 6.30-21
🍴🍴 AX DC ED VA,
Hauptgericht 25/12-50/25, Terrasse

✱ Waldhotel-Post
Hölderlinstr. 1, Tel (0 70 52) 9 32 00,
Fax 93 20 99, ✉ 75378, AX DC ED VA
☾ ⚜, 52 Zi, Ez: 98/49-130/65,
Dz: 150/75-230/115, ⊟ WC ⓒ, Lift, P, 🛎,
3↭40, 🛋, Sauna, Solarium, Restaurant
Auch Zimmer der Kategorie ✱✱ vorhanden.

🛏 Am Bad-Wald
Reuchlinweg 19, Tel (0 70 52) 92 70,
Fax 30 14, ✉ 75378
☾ ⚜, 33 Zi, Ez: 51/25-61/30, Dz: 102/51-122/61,
4 App, ⊟ WC ⓒ, Lift, 🛎, 🛋, Sauna, Solarium,
garni
Rezeption: 8-19.30, geschl.: 1.-25.12.00

Liederbach 54 ↑

Hessen / Main-Taunus-Kreis
EW 7695
ℹ Tel (0 69) 30 09 80, Fax 3 00 98 35
Gemeindeverwaltung
✉ 65835 Villebon-Platz 9-11

Oberliederbach

✱ Liederbacher Hof
Höchster Str. 9, Tel (0 69) 3 39 96 60,
Fax 33 99 66 23, ✉ 65835, ED VA
☾, 20 Zi, Ez: 120/60-200/100,
Dz: 195/98-260/130, 14 App, ⊟ WC ⓒ, P,
garni
Rezeption: 8-13, 16-22,
geschl.: 16.12.00-8.1.01

Lieser 52 ↗

Rheinland-Pfalz
Kreis Bernkastel-Wittlich
EW 1600
ℹ Tel (0 65 31) 38 33, Fax 30 27
Verkehrsbüro
✉ 54470 Paulsstr. 113

✱ Weinhaus Stettler
Moselstr. 41, Tel (0 65 31) 75 50, Fax 73 25,
✉ 54470, AX ED VA
⚜, 20 Zi, Ez: 76/38-82/41, Dz: 116/58-128/64, ⊟
WC ⓒ, P, Sauna, Solarium
Auch Zimmer der Kategorie ✱✱ vorhanden.

🛏 Wein- und Gästehaus Rosenlay
Beethovenstr. 3, Tel (0 65 31) 33 22, Fax 86 84,
✉ 54470, ED VA
☾, 14 Zi, Ez: 45/22-60/30, Dz: 80/40-100/50, ⊟
WC, P, Sauna, Solarium, garni
geschl.: 15.11.00-1.4.01

Lilienthal 17 ✓

Niedersachsen / Kreis Osterholz
EW 16500
ℹ Tel (0 42 98) 92 91 18, Fax 65 47
Gemeindeverwaltung
✉ 28865 Klosterstr. 21

✱ Schomacker Landidyll
Heidberger Str. 25, Tel (0 42 98) 9 37 40,
Fax 42 91, ✉ 28865, AX ED VA
☾, 28 Zi, Ez: 95/47-115/57, Dz: 150/75-190/95,
⊟ WC ⓒ, 4 🛏, P, 🛎, 1↭20, Kegeln
🍽 Hauptgericht 25/12-34/17, Terrasse

✱ Akzent-Hotel Rohdenburg
Trupermoorer Landstr. 28, Tel (0 42 98) 36 10,
Fax 32 69, ✉ 28865, AX DC ED VA
23 Zi, Ez: 105/52-130/65, Dz: 160/80-190/95,
⊟ WC ⓒ, 10 🛏, P, 🛎, 1↭18, Kegeln, Golf
🍽 Hauptgericht 28/14,
geschl.: 28.6.-8.7.01

Limbach 55 ✓

Baden-Württemberg
Neckar-Odenwald-Kreis
EW 4800
ℹ Tel (0 62 87) 9 20 00, Fax 92 00 28
Bürgermeisteramt
✉ 74838 Muckentalerstr. 9

✱ Volk Landidyll
Baumgarten 3, Tel (0 62 87) 93 00,
Fax 93 01 80, ✉ 74838, AX DC ED VA
☾, 27 Zi, Ez: 78/39-120/60, Dz: 140/70-160/80,
1 Suite, ⊟ WC ⓒ, P, 2↭30, 🛋, Kegeln, Sauna,
Solarium, Golf
🍽 Hauptgericht 18/9-38/19, Terrasse

Limbach 43 ↗

Rheinland-Pfalz / Westerwaldkreis
EW 450
i Tel (0 26 62) 76 21, Fax 93 90 45
Gemeindeverwaltung
✉ 57629 Hardtweg 3

🍴🍴 Peter Hilger
Hardtweg 5, Tel (0 26 62) 71 06, Fax 93 92 31,
✉ 57629, ED VA
Hauptgericht 23/11-45/22, **P**, geschl.: Mo, Di

Limbach-Oberfrohna 50 ↖

Sachsen / Kreis Chemnitzer Land
EW 28000
i Tel (0 37 22) 7 80, Fax 7 83 03
Stadtinformation
✉ 09212 Rathausplatz 1

✶✶ Lay-Haus
Markt 3, Tel (0 37 22) 7 37 60, Fax 73 76 99,
✉ 09212, AX DC ED VA
45 Zi, Ez: 95/47-110/55, Dz: 130/65, 1 Suite,
2 App, ⌐ WC ⌀, 12 ⌫, Lift, **P**, 2⌬65,
Restaurant

✶ Cityhotel
Jägerstr. 11-17, Tel (0 37 22) 9 55 12,
Fax 9 54 77, ✉ 09212, AX DC ED VA
36 Zi, Ez: 70/35-90/45, Dz: 100/50-120/60,
2 Suiten, ⌐ WC ⌀, 3 ⌫, Lift, **P**, ⌂, Sauna
Etagenhotel.

🍴 Zur Spindel ✚
Körnerstr. 14, Tel (0 37 22) 9 22 94,
Fax 9 54 26, ✉ 09212, AX ED VA
Hauptgericht 18/9-36/18, Terrasse, Gartenlokal,
Kegeln, **P**, nur abends, geschl.: So, 4.-12.1.01
✶ 7 Zi, Ez: 95/47-120/60,
Dz: 100/50-140/70, 1 Suite, ⌐ WC ⌀, ⌂, 1⌬30

Limburg a. d. Lahn 44 ✓

Hessen / Kreis Limburg-Weilburg
EW 35000
i Tel (0 64 31) 61 66, Fax 32 93
Verkehrsverein
✉ 65549 Hospitalstr. 2

✶✶ Romantik Hotel Zimmermann ♛
Blumenröder Str. 1, Tel (0 64 31) 46 11,
Fax 4 13 14, ✉ 65549, AX DC ED VA
26 Zi, Ez: 140/70-210/105, Dz: 160/80-295/148,
4 Suiten, ⌐ WC ⌀ DFÜ, 8 ⌫, **P**, 1⌬12,
Restaurant
geschl.: 20.12.00-4.1.01
Auch Zimmer der Kategorie ✶✶✶ vorhanden.

✶✶ Dom Hotel
Grabenstr. 57, Tel (0 64 31) 90 10, Fax 68 56,
✉ 65549, AX DC ED VA
48 Zi, Ez: 145/73-205/103, Dz: 195/98-250/125,
2 Suiten, ⌐ WC ⌀ DFÜ, 9 ⌫, Lift, **P**, 4⌬120

🍴🍴 De Prusse
Hauptgericht 22/11-45/22, geschl.: So abends,
Mo mittags, Jul

✶✶ Nassauer Hof
Brückengasse 1, Tel (0 64 31) 99 60,
Fax 99 65 55, ✉ 65549, AX DC ED VA
37 Zi, 1 Suite, ⌐ WC ⌀, Lift, **P**, 2⌬90,
Restaurant

✶✶ Mercure
Schiede 10, Tel (0 64 31) 20 70, Fax 20 74 44,
✉ 65549, AX DC ED VA, Ⓢ
100 Zi, Ez: 130/65-220/110,
Dz: 160/80-220/110, ⌐ WC ⌀ DFÜ, 25 ⌫, Lift,
P, ⌂, 3⌬60

🍴 Die Gabel
Rütsche 5, Tel (0 64 31) 69 42, ✉ 65549, AX DC
ED VA
⌀, Hauptgericht 30/15, nur abends, geschl.: Mo

Limburgerhof 54 ↓

Rheinland-Pfalz
Kreis Ludwigshafen
EW 10800
i Tel (0 62 36) 69 10, Fax 69 11 73
Gemeindeverwaltung
✉ 67117 Burgunderplatz 2

✶✶ Residenz Limburgerhof
Rheingönheimer Weg 1, Tel (0 62 36) 47 10,
Fax 47 11 00, ✉ 67117, AX DC ED VA, Ⓢ
124 Zi, Ez: 135/67-220/110,
Dz: 190/95-250/125, 9 Suiten, 133 App, ⌐ WC
⌀ DFÜ, 15 ⌫, Lift, **P**, ⌂, 4⌬120, Fitnessraum,
Solarium, Golf, Restaurant

Limpach siehe Deggenhausertal

Lindau (Bodensee) 69 ↓

Bayern
EW 24000
🛈 Tel (0 83 82) 26 00 30, Fax 26 00 26
Verkehrsverein e.V. Lindau
✉ 88131 Ludwigstr. 68

Auf dem Festland Aeschach (2 km ↗)

＊ Am Holdereggenpark
Giebelbachstr. 1, Tel (0 83 82) 60 66,
Fax 56 79, ✉ 88131, ED
♪, 29 Zi, Ez: 80/40-89/44, Dz: 140/70-170/85,
⌐ WC ℂ, 🏠, Restaurant
geschl.: 1.11.00-31.3.01

Café Ebner
Friedrichshafener Str. 19, Tel (0 83 82) 9 30 70,
Fax 93 07 40, ✉ 88131, AX DC ED VA
Terrasse, P
＊＊ 20 Zi, Ez: 88/44-118/59,
Dz: 140/70-195/98, ⌐ WC ℂ, 2 🛏, 🏠,
Fitnessraum, garni

Auf der Insel

＊＊＊ Bayerischer Hof
Seepromenade (B 3), Tel (0 83 82) 91 50,
Fax 91 55 91, ✉ 88131, AX DC ED VA
§, 98 Zi, Ez: 185/93-360/181,
Dz: 270/135-550/277, 2 Suiten, ⌐ WC ℂ DFÜ,
Lift, P, 🏠, 8↻300, ⛱, Seezugang, Sauna,
Solarium, Golf

＊＊ Reutemann mit Seegarten
Seepromenade 23
§, 64 Zi, Ez: 135/67-230/115,
Dz: 215/108-380/191, WC ℂ
Auch Zimmer der Kategorie ＊＊＊ vorhanden.

🍴🍴 Reutemann mit Seegarten
Seepromenade 23
§, Hauptgericht 25/12-43/21, Terrasse

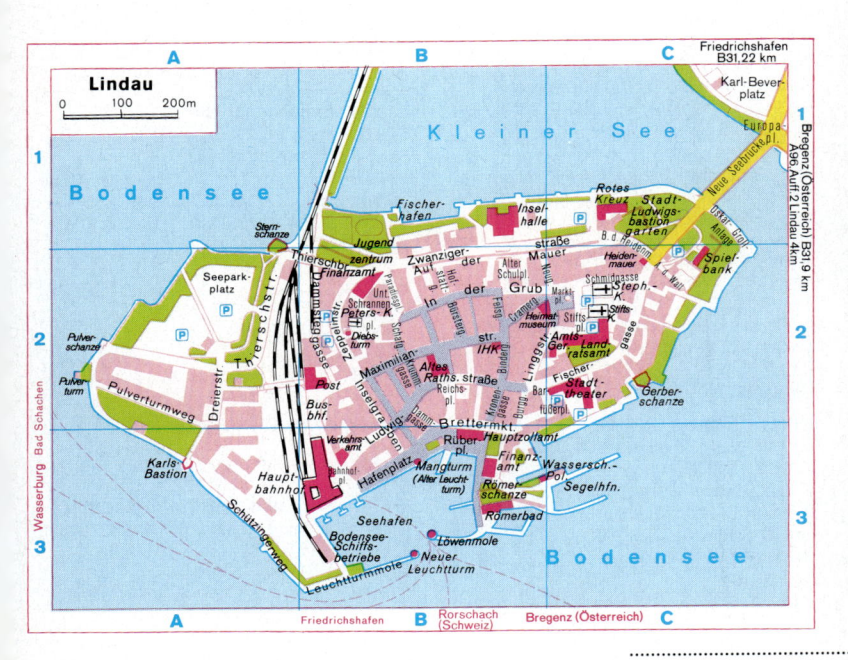

Lindau (Bodensee)

** Lindauer Hof
Seepromenade (B 3), Tel (0 83 82) 40 64,
Fax 2 42 03, ✉ 88131, AX ED VA
✱, 30 Zi, Ez: 100/50-175/88,
Dz: 180/90-350/176, 2 Suiten, ⤍ WC ✆ DFÜ,
Lift, P, 🚗
Auch Zimmer der Kategorie *** vorhanden.

🍴🍴 ✱, Hauptgericht 28/14, Terrasse

🍴 Alte Post
Fischergasse 3, Tel (0 83 82) 9 34 60,
Fax 93 46 46, ✉ 88131, ED VA
Hauptgericht 13/6-32/16, Biergarten,
geschl.: 8.-25.11.00, 22.12.00.-15.3.01
✱ 12 Zi, Ez: 90/45-140/70,
Dz: 170/85-200/100, ⤍ WC ✆

Hoyren (4 km ↑)

** Villino
Hoyerberg 34, Tel (0 83 82) 9 34 50,
Fax 93 45 12, ✉ 88131, ED VA
einzeln ♪ ✱, 16 Zi, Ez: 160/80-240/120,
Dz: 240/120-320/161, 8 Suiten, ⤍ WC ✆, 5 🛏,
P, Sauna, Solarium
geschl.: 10-31.1.01
Auch Zimmer der Kategorie *** vorhanden.
🍴🍴 Hauptgericht 52/26-54/27
nur abends, geschl.: Mo, 10-31.1.01

🍴🍴🍴 Hoyerberg Schlößle
Hoyerbergstr. 64, Tel (0 83 82) 2 52 95,
Fax 18 37, ✉ 88131, AX DC ED VA
✱ einzeln, Hauptgericht 50/25, Terrasse, P,
geschl.: Mo, Di mittags, Feb

Reutin (3 km ↗)

** Reulein
Steigstr. 28, Tel (0 83 82) 9 64 50, Fax 7 52 62,
✉ 88131, AX ED VA
♪ ✱, 26 Zi, Ez: 140/70-180/90,
Dz: 210/105-280/141, 6 Suiten, ⤍ WC ✆ DFÜ,
Lift, P, Sauna, Solarium
geschl.: 20.12.00-1.2.01

Schachen, Bad (5 km ↖)

*** Bad Schachen
Bad Schachen 1, Tel (0 83 82) 29 80,
Fax 2 53 90, ✉ 88131, AX VA
einzeln ♪ ✱, 105 Zi, Ez: 215/108-372/187,
Dz: 326/164-398/200, 20 Suiten, ⤍ WC ✆, Lift,
P, 🚗, 6⤸200, 🏊, 🛥, Seezugang, Solarium,
Golf, 2 Tennis
geschl.: 9.10.00-5.4.01
Traditionshotel im großen Park am See gelegen.

🍴🍴🍴 ✱ einzeln, Hauptgericht 40/20

* Lindenhof
Dennenmoos 3, Tel (0 83 82) 9 31 90,
Fax 93 19 31, ✉ 88131, ED VA
♪, 19 Zi, Ez: 100/50-185/93,
Dz: 160/80-250/125, ⤍ WC ✆ DFÜ, P, 1⤸15,
🛥, Seezugang, Sauna, Solarium, Golf, 2 Tennis,
Restaurant
geschl.: 10.11.00-22.1.02
Auch Zimmer der Kategorie ** vorhanden.

🍴🍴 Schachener Hof
Schachener Str. 76, Tel (0 83 82) 31 16,
Fax 54 95, ✉ 88131, AX ED VA
Hauptgericht 38/19, Terrasse, Biergarten, P, nur
abends, geschl.: Di, Mi, 2.1.-1.2.01
* 8 Zi, Ez: 100/50, Dz: 150/75-170/85,
⤍ WC

Lindberg
Bayern / Kreis Regen
EW 2390
ℹ Tel (0 99 22) 12 00, Fax 84 34 30
Verkehrsamt
✉ 94227 Zwieselauer Str. 1

Lehen

** Kur- und Sporthotel Ahornhof
Lehen 35 A, Tel (0 99 22) 85 30, Fax 85 35 00,
✉ 94227, AX DC ED VA
✱, 156 Zi, Ez: 80/40-130/65,
Dz: 160/80-220/110, ⤍ WC ✆, 50 🛏, Lift, P,

🅿, 3⟲100, ⚒, ⌂, Sauna, Solarium, Golf, Restaurant

Zwieslerwaldhaus (10 km ↑)

✱ Zwieseler Waldhaus
Haus Nr 28, Tel **(0 99 25) 90 20 20**,
Fax 90 20 21, ✉ 94227
☾, 7 Zi, Ez: 58/29-80/40, Dz: 96/48-140/70,
48 App., ⌐ WC, 🅿, Fitnessraum, Sauna
geschl.: 5.11.-22.12.00
Historisches Gasthaus von 1768.
🍽   ☻, Hauptgericht 20/10

✱ Waldhotel Naturpark
Haus Nr 42, Tel **(0 99 25) 9 41 10**,
Fax 94 11 49, ✉ 94227
☾, 17 Zi, Ez: 75/37, Dz: 130/65-150/75, ⌐ WC
⊘, ⌂, ⚒, Sauna, Solarium, Restaurant
geschl.: 28.10.-22.12.00

Linden 44 →

Hessen / Kreis Gießen
EW 11800
🛈 Tel **(0 64 03) 60 50**, Fax 6 05 25
Stadtverwaltung
✉ 35440 Konrad-Adenauer-Str 25

Leihgestern (2 km →)

✱ Gästehaus Zum Löwen
Schulstr., Tel **(0 64 03) 6 26 95**, Fax 6 48 52,
✉ 35440, AX ED VA
16 Zi, Ez: 90/45, Dz: 140/70, 2 App., ⌐ WC ⊘,
🅿, 3⟲50, Restaurant
Anmeldung und Frühstück im 100 m entfernten Gasthof in der Rathausstr. 6.

Lindenfels 54 →

Hessen / Kreis Bergstraße
EW 5500
🛈 Tel **(0 62 55) 24 25**, Fax 3 06 45
Kur- und Touristikservice
✉ 64678 Burgstr. 37-39

Winterkasten (3 km ↑)

✱ Landhaus Sonne
Bismarckturmstr. 24, Tel **(0 62 55) 25 23**,
Fax 25 86, ✉ 64678
☾ ♣, 8 Zi, Ez: 74/37-98/49, Dz: 134/67-146/73,
2 Suiten, ⌐ WC ⊘, 🅿, ⌂, Sauna, Solarium,
garni

Linderhofe siehe Extertal

Lingen (Ems) 23 □

Niedersachsen
EW 55880
🛈 Tel **(05 91) 9 14 41 44**, Fax 9 14 41 49
Stadt Lingen Verkehrsbüro
✉ 49808 Elisabethstr. 14-16

✱✱ Van Olfen
Frerener Str. 4, Tel **(05 91) 80 01 00**,
Fax 5 90 52, ✉ 49809, AX DC ED VA
21 Zi, Ez: 70/35-77/38, Dz: 108/54-118/59, ⌐
WC ⊘, Sauna, garni

✱✱ Park-Hotel
Marienstr. 29, Tel **(05 91) 91 21 60**,
Fax 5 44 55, ✉ 49808, AX DC ED VA
31 Zi, Ez: 125/62-140/70, Dz: 165/83-200/100,
2 Suiten, ⌐ WC ⊘ DFÜ, 2 ⚐, Lift, 🅿, 3⟲135,
Sauna, Solarium, Golf, Restaurant

✱ Altes Landhaus
Lindenstr. 45, Tel **(05 91) 80 40 90**,
Fax 5 91 34, ✉ 49808, AX DC ED VA
21 Zi, Ez: 75/37-125/62, Dz: 135/67-195/98, ⌐
WC ⊘, 🅿, 1⟲25, Solarium
🍽   Hauptgericht 23/11-35/17, nur abends

Lingen-Außerhalb (8 km ↓)

✱✱ Am Wasserfall
Am Wasserfall 2 (Hanekenfähr),
Tel **(05 91) 80 90**, Fax 22 78, ✉ 49808, AX DC ED VA
♣, 58 Zi, Ez: 84/42-119/59, Dz: 125/62-145/73,
3 Suiten, ⌐ WC ⊘, 4 ⚐, Lift, 🅿, ⌂, 9⟲200,
⚒, Kegeln, Sauna, Solarium, Restaurant
Auch Zimmer der Kategorie ✱ vorhanden.

Schepsdorf (2 km ↙)

✱ Hubertushof
Nordhorner Str. 18, Tel **(05 91) 91 29 20**,
Fax 9 12 92 90, ✉ 49808, DC ED VA
40 Zi, Ez: 80/40-110/55, Dz: 140/70-160/80, ⌐
WC ⊘, 🅿, ⌂, 3⟲60, Kegeln, Restaurant
Auch Zimmer der Kategorie ✱✱ vorhanden.

Linnich 42 ↑

Nordrhein-Westfalen / Kreis Düren
EW 12300
🛈 Tel (0 24 62) 9 90 80, Fax 99 08 18
Stadt Linnich
✉ 52441 Rurdorfer Str. 64

🍴 Rheinischer Hof
Rurstr. 21, Tel (0 24 62) 10 32, Fax 71 37,
✉ 52441, DC VA
Hauptgericht 30/15, Terrasse, geschl.: Mo, Di,
15-30.8.01

Linsengericht 45 ↓

Hessen / Main-Kinzig-Kreis
EW 9399
🛈 Tel (0 60 51) 70 90, Fax 70 91 00
Gemeindeverwaltung
✉ 63589 Amtshofstr. 1

Eidengesäß (4 km ↘)

🍴🍴 Der Löwe
Hauptstr. 20, Tel (0 60 51) 7 13 43,
Fax 7 53 39, ✉ 63589, ED VA
Hauptgericht 28/14, Gartenlokal, geschl.: So
abends, Mo, Di mittags, 1.-10.1.01, 2 Wochen
im Sommer

Linz 43 □

Rheinland-Pfalz / Kreis Neuwied
EW 6160
🛈 Tel (0 26 44) 1 94 33, Fax 98 11 26
Touristinformation
✉ 53545 Marktplatz 14

☕ Café Weiss
Mittelstr. 7-11, Tel (0 26 44) 96 24 12,
Fax 96 24 30, ✉ 53545
8 Zi, Ez: 100/50, Dz: 140/70-150/75, ⌐ WC
©, Lift, garni

Lippborg siehe Lippetal

Lippetal 34 □

Nordrhein-Westfalen / Kreis Soest
EW 12850
🛈 Tel (0 29 23) 98 02 23, Fax 98 02 32
Gemeindeverwaltung
✉ 59510 Bahnhofstr. 7

Lippborg

🍴🍴 Gasthof Willenbrink ✚
Hauptstr. 10, Tel (0 25 27) 2 08, Fax 14 02,
✉ 59510
Hauptgericht 25/12-39/19, Terrasse, P, nur
abends, geschl.: Mo, 23.12.00-7.1.01, Anfang
Jul-Anfang Aug
✱ 6 Zi, Ez: 80/40-85/42, Dz: 135/67, ⌐
WC ©, 2 ↳, 🏠, Golf

Lippspringe, Bad 35 ↖

Nordrhein-Westfalen
Kreis Paderborn
EW 15000
🛈 Tel (0 52 52) 95 01, Fax 93 01 83
Touristik & Markting GmbH
✉ 33175 Peter-Hartmann-Allee 1

✱✱✱ Best Western Parkhotel
Peter-Hartmann-Allee 4, Tel (0 52 52) 96 30,
Fax 96 31 11, ✉ 33175, AX DC ED VA, Ⓢ
♪, 101 Zi, Ez: 130/65-398/200,
Dz: 170/85-454/228, ⌐ WC © DFÜ, 26 ↳, Lift,
P, 12♡350, 🏠, Sauna, Solarium, Golf

🍴🍴 Parkrestaurant
🍴, Hauptgericht 22/11-37/18, Terrasse

✱✱ Vital-Hotel
Schwimmbadstr. 14, Tel (0 52 52) 96 41 00,
Fax 96 41 70, ✉ 33175, AX ED VA
47 Zi, Ez: 150/75, Dz: 190/95, 1 Suite, ⌐ WC ©
DFÜ, 24 ↳, Lift, 3♡200, ≋, 🏠, Fitnessraum,
Sauna, Solarium, Golf, Restaurant

✱ Gästehaus Scherf
Arminiusstr. 23, Tel (0 52 52) 20 40,
Fax 20 41 88, ✉ 33175, AX ED VA
♪, 32 Zi, Ez: 70/35-160/80, Dz: 130/65-190/95,
6 Suiten, 22 App, ⌐ WC ©, Lift, P, 🏠, 🏡,
Fitnessraum, Sauna, Solarium, Golf, garni

✱ Aparthotel am Kurpark
Arminiusstr. 39, Tel (0 52 52) 96 55 80,
Fax 96 55 88, ✉ 33175, AX DC ED VA
21 Zi, Ez: 80/40-120/60, Dz: 140/70-180/90,
21 App, ⌐ WC © DFÜ, 6 ↳, Lift, P, Sauna,
Solarium, Restaurant

Lippstadt 34 ↗

Nordrhein-Westfalen / Kreis Soest
EW 70000
🛈 Tel (0 29 41) 5 85 15, Fax 7 97 17
Verkehrsverein
✉ 59555 Lange Str. 14

Lippe Residenz ★★

Lipper Tor 1, Tel (0 29 41) 98 90, Fax 98 95 29,
✉ 59555, AX DC ED VA, Ⓢ
80 Zi, Ez: 110/55-175/88, Dz: 160/80-260/130,
1 Suite, ⊐ WC ⌀, 25 ⇔, Lift, ℙ, 4⇔170,
Restaurant

Lippischer Hof ★

Cappelstr. 3, Tel (0 29 41) 9 72 20,
Fax 9 72 24 99, ✉ 59555, AX DC ED VA
49 Zi, Ez: 105/52-140/70, Dz: 150/75-180/90,
⊐ WC ⌀ DFÜ, 12 ⇔, Lift, 🐾, 2⇔80, Golf,
Restaurant

Peters Café 🍴

Am Markt, Tel (0 29 41) 40 37, Fax 40 38,
✉ 59555

Waldliesborn, Bad (Heilbad - 5 km ↑)

Jonathan ★

Parkstr. 13, Tel (0 29 41) 88 80, Fax 8 23 10,
✉ 59556, AX DC ED VA
68 Zi, Ez: 98/49, Dz: 170/85, ⊐ WC ⌀, 4⇔80,
Restaurant
Auch Zimmer der Kategorie ★★ vorhanden.

List siehe Sylt

Lobbe siehe Rügen (Middelhagen)

Lobberich siehe Nettetal

Lobenstein 48 ↘

Thüringen / Saale-Orla-Kreis
EW 7500
🛈 Tel (03 66 51) 25 43, Fax 25 43
Fremdenverkehrsamt
✉ 07356 Graben 18

Oberland ★

Topfmarkt 2, Tel (03 66 51) 24 94, Fax 25 77,
✉ 07356, ED VA
19 Zi, Ez: 75/37-95/47, Dz: 120/60-150/75, ⊐
WC ⌀, Lift, ℙ, 2⇔35, Sauna, Solarium,
Restaurant

Markt-Stuben ★

Markt 24, Tel (03 66 51) 82 70, Fax 8 27 27,
✉ 07356, AX DC ED VA
13 Zi, Ez: 70/35-95/47, Dz: 120/60-150/75, ⊐
WC ⌀ DFÜ, Restaurant
geschl.: 3.-20.1.01

Löbau 41 ↘

Sachsen
EW 18030
🛈 Tel (0 35 85) 45 04 50, Fax 45 04 52
Löbau-Information
✉ 02708 Altmarkt 1

Stadt Löbau ★

Elisenstr. 1, Tel (0 35 85) 86 18 30,
Fax 86 20 86, ✉ 02708, ED VA
33 Zi, Ez: 95/47, Dz: 130/65, 2 Suiten, ⊐ WC ⌀,
1⇔35, Restaurant

Löhnberg 44 □

Hessen / Kreis Limburg-Weilburg
EW 4710
🛈 Tel (0 64 71) 9 86 60
Gemeindeverwaltung
✉ 35792 Obertorstr. 5

Zur Krone ★★

Obertorstr. 1, Tel (0 64 71) 60 70, Fax 6 21 07,
✉ 35792, AX ED VA
42 Zi, Ez: 95/47-105/52, Dz: 138/69-158/79,
3 Suiten, ⊐ WC ⌀, 10 ⇔, Lift, ℙ, 3⇔120,
Sauna, Solarium
Auch einfachere Zimmer vorhanden.
🍴🍴 Hauptgericht 25/12, Biergarten

Löhne 25 ↙

Nordrhein-Westfalen
Kreis Herford
EW 43000
🛈 Tel (0 57 32) 1 94 33, Fax 10 05 52
Kultur-u. Verkehrsamt
✉ 32584 Alte Bünder Str. 14

Entenhof ★★

Bünder Str. 290 + 292, Tel (0 57 32) 8 10 55,
Fax 89 17 44, ✉ 32584, AX DC ED VA
38 Zi, Ez: 135/67, Dz: 240/120, 2 Suiten, ⊐ WC
⌀, 4⇔, ℙ, 3⇔50, Restaurant
Historische Mühlengebäude.

Löningen 24 ↖

Niedersachsen / Kreis Cloppenburg
EW 13750
🛈 Tel (0 54 32) 42 22, Fax 9 20 78
Verkehrsverein Hasetal e.V.
✉ 49624 Poststr.21

Le Cha-Cha-Cha 🍴🍴 ✛

Langenstr. 53, Tel (0 54 32) 5 85 60,
Fax 5 85 62, ✉ 49624, DC ED VA
Hauptgericht 34/17, Terrasse, ℙ, geschl.: Mo

Löpten 30 ↘

Brandenburg
Kreis Dahme-Spreewald
EW 180
ℹ Tel (03 37 66) 68 90, Fax 6 89 54
Amt Schenkenländchen
✉ 15755 Markt 9

✱ Eichenhof
Eichenweg 35, Tel (03 37 66) 4 16 70,
Fax 4 20 76, ✉ 15757
♪, 13 Zi, Ez: 40/20, Dz: 80/40-180/90, ⌐ WC
Ⓒ, Ⓟ, 🏠, 2⇨35, Kegeln, Restaurant
Reiterhof mit Reitschule.

Lörrach 67 ↙

Baden-Württemberg
EW 45000
ℹ Tel (0 76 21) 9 40 89 13, Fax 9 40 89 14
Tourist-Information
✉ 79539 Herrenstr. 5

✱✱ Parkhotel David
Turmstr. 24, Tel (0 76 21) 3 04 10, Fax 8 88 27,
✉ 79539, AX DC ED VA
35 Zi, Ez: 120/60-250/125, Dz: 160/80-320/161,
2 Suiten, ⌐ WC Ⓒ, 10 🛏, Lift, 2⇨100, garni

✱✱ Stadt-Hotel
Weinbrennerstr. 2, Tel (0 76 21) 4 00 90,
Fax 40 09 66, ✉ 79539, AX DC ED VA
28 Zi, Ez: 128/64-250/125, Dz: 170/85-280/141,
2 App, ⌐ WC Ⓒ, 12 🛏, Lift, Ⓟ, garni

✱✱ Villa Elben
Hünerbergweg 26, Tel (0 76 21) 20 66,
Fax 4 32 80, ✉ 79539, AX ED VA
♪ ♮, 34 Zi, Ez: 110/55-140/70,
Dz: 140/70-180/90, ⌐ WC Ⓒ DFÜ, 4 🛏, Lift, Ⓟ,
🏠, garni

✱✱ Meyerhof
Basler Str. 162, Tel (0 76 21) 9 34 30,
Fax 93 43 43, ✉ 79539, AX DC ED VA
31 Zi, Ez: 115/57-270/135, Dz: 170/85-320/161,
⌐ WC Ⓒ, 15 🛏, Lift, 🏠, garni

🍴🍴 Zum Kranz
Basler Str. 90, Tel (0 76 21) 8 90 83,
Fax 1 48 43, ✉ 79540, AX DC ED VA
Hauptgericht 24/12-44/22, Gartenlokal, Kegeln,
Ⓟ, geschl.: So
✱ 9 Zi, Ez: 90/45-120/60,
Dz: 140/70-200/100, ⌐ WC Ⓒ, 1⇨70

Löwenstein 61 ↗

Baden-Württemberg
Kreis Heilbronn
EW 3141
ℹ Tel (0 71 30) 2 20, Fax 22 50
Bürgermeisteramt
✉ 74245 Maybachstr. 32

🍴 Gasthof Lamm
Maybachstr. 43, Tel (0 71 30) 5 42, Fax 5 14,
✉ 74245
Hauptgericht 25/12, Ⓟ, geschl.: Mo, 1.-10.1.01,
5.-26.8.01
✱ 8 Zi, Ez: 70/35, Dz: 110/55, ⌐ WC Ⓒ

Hößlinsülz (3 km ↑)

✱ Roger Flair Hotel
Heiligenfeldstr. 56, Tel (0 71 30) 2 30,
Fax 60 33, ✉ 74245, ED VA
♪ ♮, 45 Zi, Ez: 85/42-120/60,
Dz: 110/55-170/85, 2 Suiten, ⌐ WC Ⓒ DFÜ,
6 🛏, Lift, Ⓟ, 🏠, 3⇨80, Restaurant

Lohmar 43 ↖

Nordrhein-Westfalen
Rhein-Sieg-Kreis
EW 30000
ℹ Tel (0 22 46) 1 53 60, Fax 1 59 41
Kulturamt Stadt Lohmar
✉ 53797 Hauptstr. 27-29

✱ Am Rathaus
Hauptstr. 35a, Tel (0 22 46) 9 20 40,
Fax 92 04 10, ✉ 53797, AX DC ED VA
16 Zi, Ez: 110/55-150/75, Dz: 160/80-170/85, ⌐
WC Ⓒ DFÜ, 4 🛏, Ⓟ, garni

Wahlscheid (7 km ↗)

✱✱ Golfhotel Schloss Auel
Tel (0 22 06) 6 00 30, Fax 6 00 32 22,
✉ 53797, AX DC ED VA
einzeln ☎, 20 Zi, Ez: 150/75-195/98,
Dz: 220/110-320/161, 2 Suiten, ⌐ WC Ⓒ, Ⓟ,
6⇨120, Kegeln, 2 Tennis, Restaurant
Ehemaliges Wasserschloß mit Barockkapelle.
Auch Zimmer der Kategorie ✱ vorhanden.

✱ Zur alten Linde
Bartholomäusstr. 8, **Tel (0 22 06) 9 59 30**,
Fax 95 93 45, ✉ 53797, AX DC ED VA
26 Zi, Ez: 145/73-200/100,
Dz: 200/100-280/141, 1 App, ⌐ WC ⌀ DFÜ, **P**,
🏠, 3⇔40, Kegeln, Sauna
geschl.: So, 22.12.00-3.1.01
🍴🍴 Hauptgericht 35/17, Terrasse,
Biergarten, geschl.: So, 22.12.00-3.1.01

✱ Haus Säemann
Am Alten Rathaus 17, **Tel (0 22 06) 77 87**,
Fax 8 30 17, ✉ 53797, AX ED
🌙, 17 Zi, Ez: 95/47-130/65, Dz: 140/70-160/80,
⌐ WC ⌀
geschl.: Mo
🍴 Hauptgericht 35/17-45/22, Biergarten,
P, geschl.: Mo

Wahlscheid-Außerhalb (4 km ↗)

✱ Naafs Häuschen
An der B 484, **Tel (0 22 06) 60 80**,
Fax 60 81 00, ✉ 53797, AX DC ED VA
45 Zi, Ez: 149/75-175/88, Dz: 210/105, ⌐ WC ⌀
DFÜ, **P**, 🏠, 7⇔80, Kegeln, Sauna, Solarium,
Golf, Restaurant

Lohme siehe Rügen

Lohmen 20 ↗
Mecklenburg-Vorpommern
Kreis Güstrow
EW 555
ℹ Tel (03 84 58) 2 03 15, Fax 2 00 19
Gemeindeverwaltung
✉ 18276 Dorfstr. 20 A

✱ Mecklenburg
Zum Suckwitzer See 1, **Tel (03 84 58) 30 10**,
Fax 3 01 55, ✉ 18276, AX ED VA
32 Zi, Ez: 70/35-85/42, Dz: 100/50, ⌐ WC ⌀
DFÜ, 13 🛏, **P**, Restaurant

Lohmen 51 ↑
Sachsen / Kreis Sächsische Schweiz
EW 3360
ℹ Tel (0 35 01) 58 10 24, Fax 58 10 25
Gemeindeverwaltung
✉ 01847 Basteistr. 79

✱✱ Landhaus Nicolai
Basteistr. 22, **Tel (0 35 01) 5 81 20**,
Fax 58 12 88, ✉ 01847, AX ED VA
37 Zi, Ez: 98/49-108/54, Dz: 138/69-148/74,
2 Suiten, 2 App, ⌐ WC ⌀ DFÜ, 8 🛏, **P**, 1⇔50,
Restaurant

Lohne 24 ↗
Niedersachsen / Kreis Vechta
EW 24850
ℹ Tel (0 44 42) 85 86 12, Fax 85 86 13
Tourist-Information
✉ 49393 Kapitelplatz 3

✱ Ibis
Am Bahnhof 12, **Tel (0 44 42) 9 34 30**,
Fax 93 43 10, ✉ 49393, AX DC ED VA
37 Zi, Ez: 80/40-123/61, Dz: 80/40-123/61, ⌐
WC ⌀, 10 🛏, **P**, 1⇔25, Solarium, garni

Lohne-Außerhalb (6 km ←)

🍴🍴 Landhaus Stuben
Dinklager Str. 132, **Tel (0 44 43) 43 83**,
Fax 37 67, ✉ 49393, AX DC ED VA
Hauptgericht 30/15-42/21, Gartenlokal, **P**,
geschl.: Mo, 2.-12.1.01, 1.-15.8.01
An der Autobahnabfahrt Richtung Dinklage.

Lohr 55 ↗
Bayern / Kreis Main-Spessart
EW 15700
ℹ Tel (0 93 52) 51 52, Fax 7 02 95
Touristinformation
✉ 97816 Schloßplatz 5

✱✱ Parkhotel Leiss
Jahnstr. 2, **Tel (0 93 52) 60 90, Fax 60 94 09**,
✉ 97816, AX DC ED VA
57 Zi, Ez: 110/55, Dz: 160/80, ⌐ WC ⌀, 27 🛏,
Lift, 1⇔17, Sauna, garni

✱ Bundschuh
Am Kaibach 7, **Tel (0 93 52) 8 76 10**,
Fax 87 61 39, ✉ 97816, AX DC ED VA
🌙, 35 Zi, Ez: 99/49-138/69,
Dz: 150/75-220/110, ⌐ WC ⌀, 10 🛏, Lift, **P**,
🏠, 1⇔45, Restaurant
Rezeption: 6.30-23, geschl.: 22.12.00-10.1.01
Auch Zimmer der Kategorie ✱✱ vorhanden.

Sendelbach (1 km ↓)

✱ Landhotel Zur alten Post
Steinfelder Str. 1, **Tel (0 93 52) 8 75 20**,
Fax 87 52 24, ✉ 97816, AX ED VA
12 Zi, Ez: 75/37-98/49, Dz: 125/62, 2 Suiten, ⌐
WC ⌀, **P**, 2⇔60
geschl.: 7.-30.1.01

🍴 Postillion-Stuben
Hauptgericht 25/12, geschl.: Mi, 7.-30.1.01

Wombach (3 km ↓)

✱ Spessarttor mit Gästehaus Bergwiesen
Wombacher Str. 140, Tel (0 93 52) 8 73 30, Fax 87 33 44, ✉ 97816, AX DC ED VA
⌓, 30 Zi, Ez: 85/42-115/57, Dz: 120/60-160/80, ⌐ WC ⌀ DFÜ, 2 ⇌, P, ⌂
Auch Zimmer der Kategorie ✱✱ vorhanden.
🍴 Hauptgericht 20/10-38/19, Terrasse, geschl.: Di, Aug

Loiching 65 □

Bayern / Kreis Dingolfing-Landau
EW 3000
ℹ Tel (0 87 31) 80 94, Fax 4 00 99
Gemeindeverwaltung
✉ 84180 Kirchplatz 4

Oberteisbach (4 km ↘)

✱ Gasthof Räucherhansl
Haus Nr 2, Tel (0 87 31) 32 00, Fax 4 06 70, ✉ 84180, AX ED VA
⌓, 55 Zi, Ez: 95/47-110/55, Dz: 140/70, ⌐ WC ⌀, 8 ⇌, Lift, P, ⌂, 2⌬80, Kegeln, Sauna, Solarium, Restaurant
Rezeption: 6.30-22

Loitz 13 ↘

Mecklenburg-Vorpommern
Kreis Demmin
EW 4570
ℹ Tel (03 99 98) 15 30, Fax 1 53 20
Stadtverwaltung
✉ 17121 Langestr. 83

✱ Am Markt
Marktstr. 162, Tel (03 99 98) 30 10, Fax 3 01 28, ✉ 17121, ED
11 Zi, Ez: 75/37-85/42, Dz: 95/47, ⌐ WC ⌀, garni

Longuich 52 ↗

Rheinland-Pfalz
Kreis Trier-Saarburg
EW 1300
ℹ Tel (0 65 02) 17 16
Tourist Information
✉ 54340 Maximinstr. 17

🛏 Zur Linde
Cerisiersstr. 10, Tel (0 65 02) 55 82, Fax 78 17, ✉ 54340
13 Zi, Ez: 65/32-105/52, Dz: 105/52, 4 App, ⌐ WC, P, 2⌬50, Restaurant

Lorsch 54 →

Hessen / Kreis Bergstraße
EW 11700
ℹ Tel (0 62 51) 5 96 74 00, Fax 5 96 74 00
Kultur- und Verkehrsabteilung
✉ 64653 Marktplatz 1

🍴🍴 Zum Schwanen
Nibelungenstr. 52, Tel (0 62 51) 5 22 53, Fax 58 88 42, ✉ 64653, AX
Hauptgericht 40/20-50/25, Gartenlokal, nur abends, geschl.: Mo

Losheim am See 52 □

Saarland / Kreis Merzig-Wadern
EW 15000
ℹ Tel (0 68 72) 16 16, Fax 84 89
Verkehrsbüro
✉ 66679 Zum Stausee

Losheim-Außerhalb (1,5 km ↖)

✱ Seehotel
Zum Stausee 202, Tel (0 68 72) 6 00 80, Fax 60 08 11, ✉ 66679, AX ED VA
⌓ ✸, 42 Zi, Ez: 93/46-98/49, Dz: 150/75-155/78, 1 App, ⌐ WC ⌀ DFÜ, 3 ⇌, Lift, P, ⌂, 2⌬50, Seezugang, Sauna, Solarium

Lossburg 60 ↘

Baden-Württemberg
Kreis Freudenstadt
EW 6300
ℹ Tel (0 74 46) 9 50 60, Fax 95 06 14
Lossburg-Information
✉ 72290 Hauptstr. 46

Luftkurort im Schwarzwald; Sehenswert: Klosterkirche in Alpirsbach (8 km ↓); Marktplatz mit Stadtkirche in Freudenstadt (8 km ↑).

✱ Landgasthof Hirsch
Hauptstr. 5, Tel (0 74 46) 9 50 50, Fax 95 05 55, ✉ 72290, ED VA
43 Zi, Ez: 77/38-124/62, Dz: 130/65-178/89, ⌐ WC ⌀ DFÜ, Lift, P, ⌂, Restaurant
geschl.: 3.-24.1.01
Auch Zimmer der Kategorie ✱✱ vorhanden.

🛏 Zur Traube
Gartenweg 3, Tel (0 74 46) 15 14, Fax 32 97, ✉ 72290
⌓, 35 Zi, Ez: 70/35-85/42, Dz: 130/65-150/75, ⌐ WC, Lift, P, ⌂, ⌂, Solarium, Golf, Restaurant

Luckenwalde 29 ↘

Brandenburg / Kreis Teltow-Fläming
EW 22500
🛈 Tel (0 33 71) 63 21 12, Fax 63 21 12
Tourist- und Stadtinformation
✉ 14943 Markt 12

✶✶ Vierseithof
Haag 20, Tel (0 33 71) 6 26 80, Fax 62 68 68,
✉ 14943, AX DC ED VA
43 Zi, Ez: 155/78-195/98, Dz: 195/98-245/123,
1 Suite, ⇩ WC ✆, 8 🛏, 🅿, 3⇌100, ≙, Sauna,
Solarium
Denkmalgeschützte ehemalige Tuchfabrik. 1782 erbaut. Angeschlossene Kunsthalle und Kunstseminare im Hause. Auch Zimmer der Kategorie ✶✶✶ vorhanden.
🍴🍴 Hauptgericht 25/12-46/23, Terrasse

✶ Märkischer Hof
Poststr. 8, Tel (0 33 71) 60 40, Fax 60 44 44,
✉ 14943, AX DC ED VA
49 Zi, Ez: 80/40-110/55, Dz: 100/50-150/75, ⇩
WC ✆, 4 🛏, Lift, 🅿, 1⇌, garni

✶ Luckenwalder Hof
Dahmer Str. 34, Tel (0 33 71) 61 01 45,
Fax 61 01 46, ✉ 14943, AX DC ED VA
⌛, 19 Zi, Ez: 94/47-125/62, Dz: 145/73, ⇩ WC
✆ DFÜ, 4 🛏, 🅿
   Bistro
Hauptgericht 35/17, Terrasse, nur abends,
geschl.: Sa, So, 23.12.00-15.1.01

✶ Pelikan
Puschkinstr. 27, Tel (0 33 71) 61 29 96,
Fax 61 29 96, ✉ 14943, DC ED VA
19 Zi, Ez: 80/40-90/45, Dz: 110/55-150/75, ⇩
WC ✆ DFÜ, 🅿, 1⇌16, Restaurant
geschl.: 23.12.00-1.1.01

Kolzenburg (5 km ↓)

✶ Zum Eichenkranz
Unter den Eichen 1, Tel (0 33 71) 61 07 29,
Fax 61 07 30, ✉ 14943, ED VA
⌛, 21 Zi, Ez: 75/37-90/45, Dz: 100/50-130/65,
⇩ WC ✆, 5 🛏, 🅿, 1⇌35, Restaurant

Ludorf 21 ←

Mecklenburg-Vorpommern
Kreis Müritz
EW 410
🛈 Tel (03 99 31) 5 06 51, Fax 5 06 51
Tourist-Information
✉ 17207 Am Hafen

✶ Schloßhotel Gutshaus Ludorf
Röbeler Str. 34, Tel (03 99 31) 84 00,
Fax 8 46 20, ✉ 17207, ED VA
🛎, 17 Zi, Ez: 90/45-180/90, Dz: 150/75-190/95,
1 Suite, ⇩ WC ✆ DFÜ, 10 🛏, 🅿, 3⇌48, Sauna,
Solarium, Restaurant
geschl.: 23.12.00-6.1.01
Backsteingutshaus aus dem 17. Jh., Zimmer mit historischen Holzdeckenmalereien.

Zielow

✶ Seehof Zielow
Seeufer 11, Tel (03 99 23) 70 20, Fax 7 02 44,
✉ 17207, DC ED VA
25 Zi, Ez: 92/46-138/69, Dz: 161/81-199/100,
8 Suiten, 1 App, ⇩ WC ✆, 4 🛏, 🅿, 1⇌24, ≙,
Sauna, Solarium, Restaurant
Auch Zimmer der Kategorie ✶✶ vorhanden.

Ludwigsburg 61 ↗

Baden-Württemberg
EW 86000
🛈 Tel (0 71 41) 9 10 22 52, Fax 9 10 27 74
Tourist-Information
✉ 71638 Wilhelmstr. 10
Cityplan siehe Seite 602

✶✶ Nestor
Stuttgarter Str. 35 / 2 (B3), Tel (0 71 41) 96 70,
Fax 96 71 13, ✉ 71638, AX DC ED VA, Ⓢ
140 Zi, Ez: 166/83-209/105,
Dz: 196/98-259/130, 10 Suiten, ⇩ WC ✆ DFÜ,
62 🛏, Lift, 🅿, 8⇌200, Sauna, Solarium
🍴🍴 **Orangerie**
Hauptgericht 25/12-38/19, Terrasse, Biergarten

✶✶ Favorit
Gartenstr. 18 (A 2), Tel (0 71 41) 97 67 70,
Fax 90 29 91, ✉ 71638, AX DC ED VA
92 Zi, Ez: 120/60-160/80, Dz: 170/85-220/110,
⇩ WC ✆, 44 🛏, Lift, ≙, 1⇌20, Sauna,
Solarium, garni

✶ Comfort Hotel
Schillerstr. 19, Tel (0 71 41) 9 41 00,
Fax 90 22 59, ✉ 71638, AX DC ED VA
44 Zi, Ez: 99/49-129/64, Dz: 139/70-169/85, ⇩
WC ✆, 14 🛏, Lift, 🅿, ≙, garni
Langzeitvermietung möglich.

🍴🍴🍴 Alte Sonne
Bei der kath. Kirche 3, Tel (0 71 41) 92 52 31,
Fax 90 26 35, ✉ 71634, AX DC ED VA
Hauptgericht 36/18-56/28, geschl.: So
Mittags schwäbische Küche mit Lilien-Niveau.

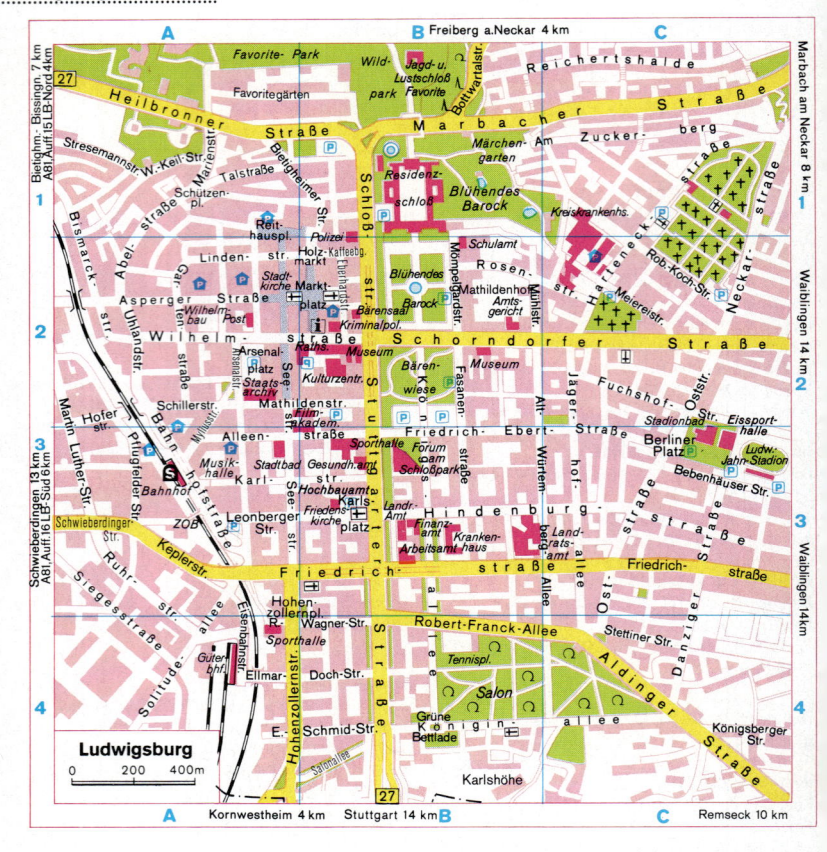

Ludwigsburg

🍴🍴 Post-Cantz
Eberhardstr. 6, Tel (0 71 41) 92 35 63,
Fax 90 56 07, ✉ 71634, AX DC ED VA
Hauptgericht 30/15, geschl.: Mi, Do

Ludwigsburg-Außerhalb (4 km ↗)

★★★ Schlosshotel Monrepos
Schloss Monrepos 22, Tel (0 71 41) 30 20,
Fax 30 22 00, ✉ 71634, AX DC ED VA, Ⓢ
☾, 81 Zi, Ez: 180/90-260/130,
Dz: 300/151-360/181, 3 Suiten, ⌑ WC ℗ DFÜ,
18 🛏, Lift, 11⌂180, ⌂, Seezugang, Sauna,
Solarium, Golf

🍴🍴 Gutsschenke
Hauptgericht 17/8-40/20, Kegeln, Bowling

Ludwigslust

Hoheneck (2 km ↑)

✱ Hoheneck
Uferstr., Tel (0 71 41) 5 11 33, Fax 5 20 77,
✉ 71642, AX ED VA
♪, 15 Zi, Ez: 116/58-120/60,
Dz: 170/85-180/90, ⇨ WC ⌀, **P**, Restaurant

Pflugfelden (1 km ←)

✱✱ Stahl
Dorfstr. 4, Tel (0 71 41) 4 41 10, Fax 44 11 42,
✉ 71636, AX DC ED VA
24 Zi, Ez: 140/70-150/75, Dz: 180/90-190/95,
⇨ WC ⌀ DFÜ, Lift, **P**, ⌂, 2⌂25

▯▯ Zum Goldenen Pflug
Hauptgericht 15/7-37/18, Terrasse, geschl.: Sa
mittags, So abends

Ludwigsfelde 30 □

Brandenburg / Kreis Teltow-Fläming
EW 22584
❚ Tel (0 33 78) 82 71 07, Fax 82 41 24
Stadtverwaltung Ludwigsfelde
✉ 14974 Rathausstr. 3

Löwenbruch

✱ Landhotel Löwenbruch
Dorfstr. 3, Tel (0 33 78) 8 62 70, Fax 86 27 77,
✉ 14974, AX DC ED VA
30 Zi, Ez: 99/49-132/66, Dz: 120/60-165/83, ⇨
WC ⌀ DFÜ, 8 ⌂, **P**, 2⌂35, Fitnessraum,
Sauna, Solarium, Restaurant

Ludwigshafen am Rhein 54 ↓

Rheinland-Pfalz
EW 171370
❚ Tel (06 21) 51 20 35, Fax 62 42 95
Tourist-Information
✉ 67059 Bahnhofstr. 119
Cityplan siehe Seite 604

Kreisfreie Stadt; Rheinhafen; Theater im Pfalz-
bau: Prinzregenten Theater im Hemshof; Hems-
hofschachtel; Sehenswert: Wallfahrtskirche u.
Schillerhaus i.Oggersheim; Kath. Kirche in
Mundenheim; Wilh.-Hack-Museum; Scharpf-
Galerie; Lutherkirche; Rathaus-Center m.Stadt-
museum; Walzmühle; Ebert-Park uvm

✱✱✱ Ramada
Pasadena Allee 4 (A 3), Tel (06 21) 5 95 10,
Fax 51 19 13, ✉ 67059, AX DC ED VA, **S**
192 Zi, Ez: 175/88-290/146,
Dz: 200/100-315/158, ⇨ WC ⌀, Lift, **P**, ⌂,
8⌂200, ⌂, Sauna, Solarium, Restaurant

**✱✱ Europa Hotel
Top International Hotel**
Am Ludwigsplatz 5 (B 2), Tel (06 21) 5 98 70,
Fax 5 98 71 22, ✉ 67059, AX DC ED VA, **S**
113 Zi, Ez: 195/98-228/114,
Dz: 240/120-288/145, 2 Suiten, ⇨ WC ⌀, 22 ⌂,
Lift, **P**, ⌂, 5⌂250, ⌂, Sauna, Solarium

▯▯ Windrose
Hauptgericht 35/17, geschl.: Sa, So

✱✱ Excelsior
Lorientallee 16, Tel (06 21) 5 98 50,
Fax 5 98 55 00, ✉ 67059, AX DC ED VA
160 Zi, Ez: 85/42-125/62, Dz: 110/55-150/75, ⇨
WC ⌀, 10 ⌂, Lift, **P**, ⌂, 3⌂50, garni

Friesenheim (3 km ↖)

✱ Ebertpark
Kopernikusstr. 67, Tel (06 21) 6 90 60,
Fax 6 90 66 01, ✉ 67063, AX DC ED VA
93 Zi, Ez: 89/44-135/67, Dz: 119/59-166/83, ⇨
WC ⌀, Lift, **P**, Restaurant

Gartenstadt (2 km ↙)

✱ Gartenstadt-Hotel
Maudacher Str. 188, Tel (06 21) 55 10 51,
Fax 55 10 54, ✉ 67065, AX DC ED VA
50 Zi, Ez: 115/57-120/60, Dz: 160/80-200/100,
4 App, ⇨ WC ⌀, 12 ⌂, Lift, **P**, ⌂, 1⌂24, ⌂,
Sauna, Solarium, Restaurant

Hemshof (2 km ↑)

▯▯ Marly
Seilerstr. 41, Tel (06 21) 5 20 78 00,
Fax 5 20 78 01, ✉ 67063
Hauptgericht 28/14-39/19, geschl.: Sa mittags,
So, 2 Wochen im sommer

Ludwigslust 19 →

Mecklenburg-Vorpommern
EW 12800
❚ Tel (0 38 74) 66 68 51, Fax 66 68 53
Ludwigslust-Information
✉ 19288 Schloßfreiheit 8

✱✱✱ Erbprinz
Schweriner Str. 38, Tel (0 38 74) 4 71 74,
Fax 2 91 60, ✉ 19288, AX DC ED VA
40 Zi, Ez: 120/60-140/70, Dz: 140/70-190/95,
1 Suite, ⇨ WC ⌀, 4 ⌂, Lift, **P**, ⌂, 2⌂80,
Sauna, Solarium, Restaurant

✱✱ Landhotel de Weimar
Schlosstr. 15, Tel (0 38 74) 41 80,
Fax 41 81 90, ✉ 19288, AX DC ED VA

Ludwigslust

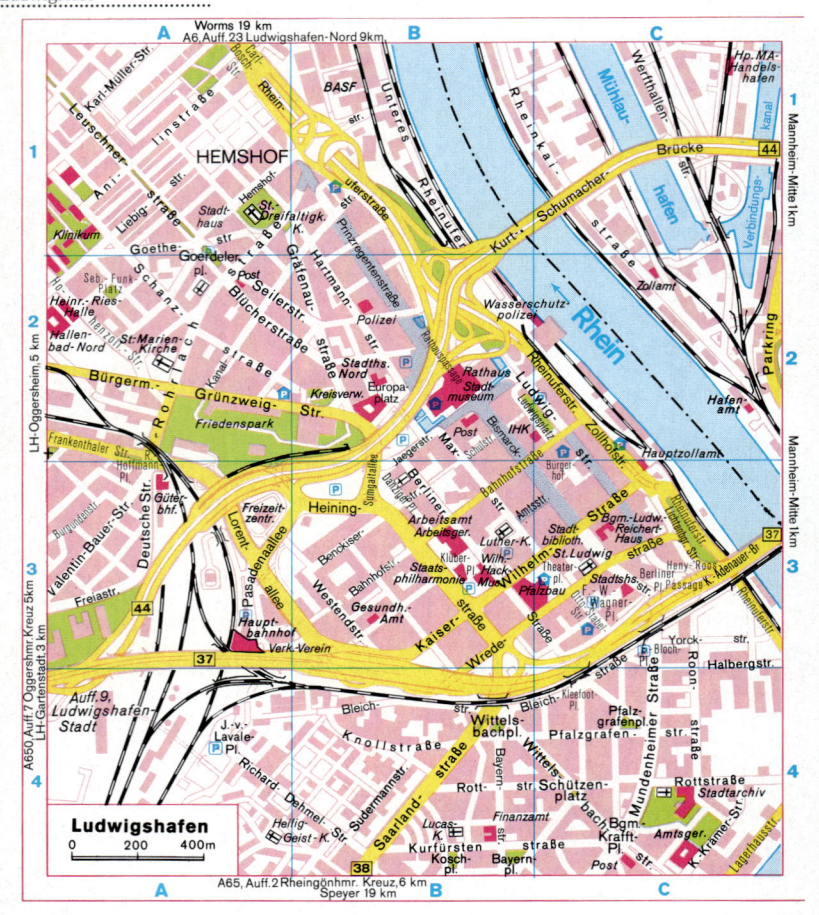

49 Zi, Ez: 115/57-130/65, Dz: 148/74-178/89,
2 Suiten, ⌑ WC ⌀ DFÜ, 6 ⌇, Lift, Ⓟ, 4⌇100

❧❧ Ambiente
Hauptgericht 25/12-45/22

★★ Mecklenburger Hof
Lindenstr. 40, Tel (0 38 74) 41 00,
Fax 41 01 00, ✉ 19288, AX DC ED VA
37 Zi, Ez: 88/44-146/73, Dz: 130/65-185/93, ⌑
WC ⌀ DFÜ, 3 ⌇, Lift, Ⓟ, ☎, 3⌇50

❧❧ Fürst Blücher
Hauptgericht 14/7-34/17, Terrasse

Ludwigsstadt 48 ☐

Bayern / Kreis Kronach
EW 4050
🛈 Tel (0 92 63) 9 49 30, Fax 9 49 40
Fremdenverkehrsbüro
✉ 96337 Lauensteiner Str. 1

Lauenstein (2 km ↑)

✶✶ Posthotel
Orlamünder Str. 2, **Tel (0 92 63) 9 91 30**,
Fax 99 13 99, ✉ 96337, DC ED VA
⚜, 26 Zi, Ez: 70/35-88/44, Dz: 110/55-140/70, ⌐
WC ⊘ DFÜ, Lift, P, 2⟲30, ⌂, Sauna, Solarium
Auch Zimmer der Kategorie ✶ vorhanden.
🍴🍴 ⚜, Hauptgericht 10/5-34/17, Terrasse

Lübbecke 25 ↙

Nordrhein-Westfalen
Kreis Minden-Lübbecke
EW 26000
ℹ Tel (0 57 41) 27 60, Fax 9 05 61
Stadtverwaltung
✉ 32312 Kreishausstr. 2-4

✶ Quellenhof
Obernfelder Allee 1, **Tel (0 57 41) 3 40 60**,
Fax 34 06 59, ✉ 32312, DC ED VA
♪, 23 Zi, Ez: 106/53-130/65,
Dz: 160/80-200/100, 1 Suite, ⌐ WC ⊘, 2 ⊱,
Lift, P, 2⟲50, Solarium
Rezeption: 12-14, 18-23, geschl.: Fr, 13-31.7.01
🍴 Hauptgericht 30/15, Terrasse,
geschl.: Fr, 13-31.7.01

Lübben (Spreewald) 31 ↙

Brandenburg
EW 15100
ℹ Tel (0 35 46) 30 90, Fax 25 43
Spreewaldinfo Lübben
✉ 15907 Ernst-von-Houwald-Damm 15

Lübben

✶ Stephanshof
Lehnigksberger Weg 1, **Tel (0 35 46) 2 72 10**,
Fax 27 21 60, ✉ 15907, DC ED VA
31 Zi, Ez: 85/42-115/57, Dz: 130/65-160/80, ⌐
WC ⊘, 3 ⊱, P, 1⟲25, Restaurant
Auch Zimmer der Kategorie ✶✶ vorhanden.

✶ Spreeufer
Hinter der Mauer 4, **Tel (0 35 46) 2 72 60**,
Fax 27 26 34, ✉ 15907
23 Zi, Ez: 90/45-125/62, Dz: 110/55-155/78, ⌐
WC ⊘, P, Restaurant

✶ Spreeblick
Gubener Str. 53, **Tel (0 35 46) 23 20**,
Fax 23 22 00, ✉ 15907
28 Zi, Ez: 80/40-100/50, Dz: 100/50-130/65, ⌐
WC ⊘, P, 2⟲50, Sauna, Solarium, Restaurant
Auch einfachere Zimmer vorhanden.

Lübbenau 40 ↗

Brandenburg / Kreis Calau
EW 20530
ℹ Tel (0 35 42) 36 68, Fax 4 67 70
Spreewaldfremdenverkehrsverein
✉ 03222 Ehm-Welk-Str 15

✶✶✶ Schloß Lübbenau
Schloßbezirk 6, **Tel (0 35 42) 87 30**,
Fax 87 36 66, ✉ 03222, AX ED VA
♪ ☯, 46 Zi, Ez: 120/60-180/90,
Dz: 190/95-280/141, 6 Suiten, ⌐ WC ⊘, 4 ⊱,
Lift, P, ⌂, 4⟲100, Fitnessraum, Sauna,
Solarium, Restaurant
Auch Zimmer der Kategorie ✶✶ vorhanden.

✶✶ Turmhotel
Nach Stottoff 1, **Tel (0 35 42) 8 91 00**,
Fax 89 10 47, ✉ 03222
12 Zi, Ez: 100/50-140/70, Dz: 160/80-200/100,
⌐ WC ⊘, P, 2⟲20, Sauna, Solarium,
Restaurant

✶ Spreewaldeck
Dammstr. 31, **Tel (0 35 42) 8 90 10**,
Fax 89 01 10, ✉ 03222, AX ED VA
26 Zi, Ez: 110/55-140/70, Dz: 170/85-190/95,
1 Suite, ⌐ WC ⊘, Lift, P, 2⟲40, Restaurant

Boblitz (4 km ↘)

✶ Spreewaldhotel
An der B 115, **Tel (0 35 42) 8 91 50**, ✉ 03222,
ED VA
30 Zi, Ez: 65/32-85/42, Dz: 105/52-125/62, ⌐
WC ⊘, P, Restaurant

Leipe (10 km →)

✶ Spreewaldhotel Leipe
Dorfstr. 29, **Tel (0 35 42) 22 34**, Fax 38 91,
✉ 03226, AX DC ED VA
einzeln ♪, 21 Zi, Ez: 95/47-125/62,
Dz: 130/65-190/95, ⌐ WC ⊘ DFÜ, P, 1⟲35,
Restaurant

Lübeck 19 ↖

Schleswig-Holstein
EW 238280
ℹ Tel (04 51) 7 23 00, Fax 70 48 90
Verkehrsverein/Tourist Service
✉ 23552 Holstenstr. 20
Cityplan siehe Seite 606

✶✶✶ Radisson SAS Senator
Willy-Brandt-Allee 6 (A 3), **Tel (04 51) 14 20**,
Fax 1 42 22 22, ✉ 23554, AX DC ED VA, Ⓢ

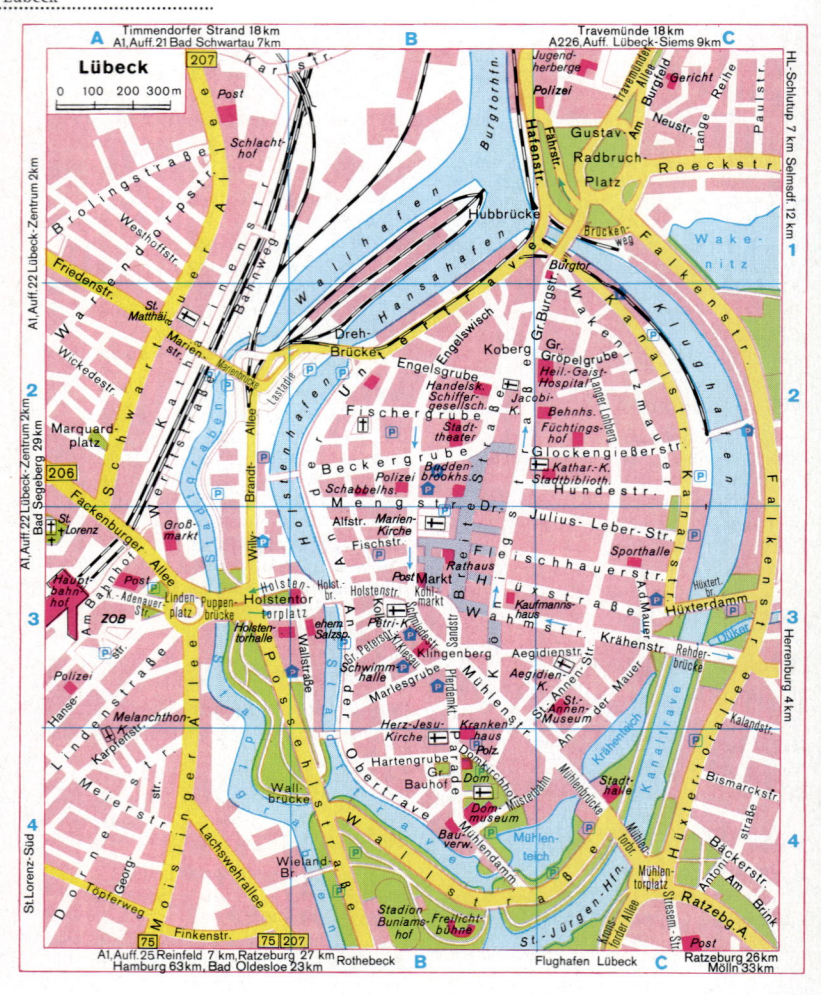

🛏, 221 Zi, Ez: 215/108-235/118,
Dz: 265/133-285/143, 3 Suiten, ⌐ WC ⓒ, 22 ⇙,
Lift, 🛎, 10⇨320, 🛌, Sauna, Solarium,
Restaurant

***** **Holiday Inn**
Travemünder Allee 3 (C 1), Tel (04 51) 3 70 60,
Fax 3 70 66 66, ✉ 23568, AX DC ED VA, Ⓢ
155 Zi, Ez: 175/88-295/148,
Dz: 195/98-315/158, 3 Suiten, ⌐ WC ⓒ DFÜ,
59 ⇙, Lift, P, 🛎, 10⇨220, 🛌, Fitnessraum,
Sauna, Solarium

🍴🍴 **Rhapsody**
Hauptgericht 29/14-37/18, Terrasse

***** **Mövenpick**
Beim Holstentor (A 3), Tel (04 51) 1 50 40,
Fax 1 50 41 11, ✉ 23554, AX DC ED VA, Ⓢ

197 Zi, Ez: 183/92-233/117,
Dz: 236/118-296/149, 3 Suiten, ⌐ WC ⌀ DFÜ,
118 ⇃, Lift, **P**, 12⇌500
Auch Zimmer der Kategorie **✱** vorhanden.

🍴🍴 Hauptgericht 20/10, Terrasse

✱✱ Kaiserhof
Kronsforder Allee 11-13 (C 4),
Tel **(04 51) 70 33 01**, Fax 79 50 83, ✉ 23560,
AX DC ED VA
54 Zi, Ez: 145/73-215/108, Dz: 195/98-260/130,
6 Suiten, ⌐ WC ⌀ DFÜ, Lift, **P**, ⌂, 3⇌25, ⌂,
Fitnessraum, Sauna, Solarium, garni
Auch Zimmer der Kategorie **✱✱✱** vorhanden.

✱ Ringhotel Jensen
An der Obertrave 4 (C 3), Tel **(04 51) 7 16 46**,
Fax 7 33 86, ✉ 23552, AX DC ED VA, Ⓢ
42 Zi, Ez: 125/62-165/83, Dz: 165/83-210/105,
2 Suiten, ⌐ WC ⌀, Lift, **P**, ⌂
geschl.: 23-26.12.00

🍴🍴 **Yachtzimmer**
Tel 7 72 82, Fax 89 92 85
Hauptgericht 30/15-50/25

✱ Park-Hotel
Lindenplatz 2 (A 3), Tel **(04 51) 87 19 70**,
Fax 8 71 97 29, ✉ 23554, AX DC ED VA, Ⓢ
18 Zi, Ez: 103/51-155/78, Dz: 130/65-200/100,
⌐ WC ⌀ DFÜ, 4 ⇃, **P**, ⌂, garni

✱ Ibis
Fackenburger Allee 54, Tel **(04 51) 4 00 40**,
Fax 4 00 44 44, ✉ 23554, AX DC ED VA

85 Zi, Ez: 105/52, Dz: 120/60-140/70, ⌐ WC ⌀
DFÜ, 52 ⇃, Lift, **P**, ⌂, 1⇌14

✱ Alter Speicher
Beckergrube 91-93 (B 2), Tel **(04 51) 7 10 45**,
Fax 70 48 04, ✉ 23552, DC ED VA
43 Zi, Ez: 130/65-190/95, Dz: 180/90-250/125,
3 Suiten, ⌐ WC ⌀, 7 ⇃, Lift, 2⇌50, Sauna,
Solarium, garni
Auch Zimmer der Kategorie **✱✱** vorhanden.

**✱ Klassik Altstadt Hotel
City Line & Country Line Hotels**
Fischergrube 52 (B 2), Tel **(04 51) 70 29 80**,
Fax 7 37 78, ✉ 23552, AX DC ED VA, Ⓢ
28 Zi, Ez: 85/42-195/98, Dz: 145/73-240/120,
2 Suiten, ⌐ WC ⌀ DFÜ, 4 ⇃, **P**, 1⇌18, garni

🍴🍴🍴 **Wullenwever**
Beckergrube 71, Tel **(04 51) 70 43 33**,
Fax 7 06 36 07, ✉ 23552, AX DC VA
⌂, Hauptgericht 45/22-68/34, Terrasse, nur
abends, geschl.: Mo, So, 8.-29.10.00

🍴🍴 **Das kleine Restaurant**
An der Untertrave 39, Tel **(04 51) 70 59 59**,
Fax 70 59 59, ✉ 23552, AX DC ED
Hauptgericht 35/17, nur abends, geschl.: So

🍴🍴 **Historischer Weinkeller
unter dem Heiligen Geist
Hospital**
Koberg 8-9, Tel **(04 51) 7 62 34**, Fax 7 53 44,
✉ 23552, DC ED VA
⌂, Hauptgericht 18/9, Gartenlokal, **P**,
geschl.: Di

🍴🍴 **Zimmermann's Lübecker Hanse**
Kolk 3, Tel **(04 51) 7 80 54**, Fax 7 13 26,
✉ 23552, AX DC VA
⌂, Hauptgericht 33/16, geschl.: Sa, So, Anfang
Jan

🍴 **Haus der Schiffergesellschaft**
Breite Str. 2, Tel **(04 51) 7 67 76**, Fax 7 32 79,
✉ 23552
⌂, Hauptgericht 18/9-35/17

☕ **Café Niederegger**
Breite Str. 89, Tel **(04 51) 5 30 11 26**,
Fax 7 76 24, ✉ 23552
Terrasse, 9-19, Sa+So bis 9-18
Spezialität: Marzipan; Nußtorte.

Israelsdorf (2 km ↘)

✱ Waldhotel Twiehaus
Waldstr. 41-43, Tel **(04 51) 39 87 40**,
Fax 3 98 74 30, ✉ 23568, AX DC ED VA

Lübeck

♪, 10 Zi, Ez: 110/55-120/60, Dz: 160/80-170/85, ⊐ WC ⊘ DFÜ, 10 ⇐, 🅿, 🈁, 2⇔25, Restaurant

Kücknitz (9 km ↗)

🍴 Waldhusen
Waldhusener Weg 22, Tel (04 51) 39 87 30, Fax 3 98 73 33, ✉ 23569, ED VA
Hauptgericht 16/8-40/20, Kegeln, 🅿, geschl.: Mo, 1.-7.1.01
✱ 10 Zi, Ez: 80/40, Dz: 120/60, 2 Suiten, ⊐ WC ⊘

Moisling (4 km ↙)

✱✱ Treff Hotel
Dr.-Luise-Klinsmann-Str. 1, Tel (04 51) 8 80 20, Fax 8 40 33, ✉ 23558, AX DC ED VA, Ⓢ
120 Zi, Ez: 128/64-150/75, Dz: 160/80-180/90, ⊐ WC ⊘, Lift, 🅿, 3⇔15, Restaurant
Langzeitvermietung möglich.

St. Gertrud

✱ Pergola
Adolfstr. 2, Tel (04 51) 3 53 56, Fax 3 88 76 20, ✉ 23568, ED VA
7 Zi, Ez: 85/42-90/45, Dz: 135/67-140/70, ⊐ WC ⊘, garni

St. Lorenz-Nord (3 km ↖)

✱ Zum Ratsherrn
Herrendamm 2, Tel (04 51) 4 33 39, Fax 4 79 16 62, ✉ 23556, AX DC ED VA
30 Zi, Ez: 95/47-125/62, Dz: 150/75-180/90, ⊐ WC ⊘, 9 ⇐, 🅿, 1⇔65, Restaurant
Auch einfachere Zimmer vorhanden.

Travemünde (20 km ↗)

✱✱✱ Maritim
Trelleborgallee 2, Tel (0 45 02) 8 90, Fax 89 20 20, ✉ 23570, AX DC ED VA, Ⓢ
♪ ☙, 220 Zi, Ez: 159/80-329/165, Dz: 222/111-388/195, 10 Suiten, ⊐ WC ⊘, 24 ⇐, Lift, 🈁, 12⇔1400, 🛎, Kegeln, Sauna, Solarium

🍴🍴 Ostseerestaurant
☙, Hauptgericht 35/17, Terrasse, 🅿

✱ Strand-Schlößchen
Strandpromenade 7, Tel (0 45 02) 7 50 35, Fax 7 58 22, ✉ 23570, ED VA
♪ ☙, 33 Zi, Ez: 110/55-140/70, Dz: 220/110-280/141, ⊐ WC ⊘, 🅿, Restaurant
Auch Zimmer der Kategorie ✱✱ vorhanden.

🍴 Lord Nelson
Vorderreihe 56, Tel (0 45 02) 63 69, Fax 63 37, ✉ 23570, AX DC ED VA
Hauptgericht 25/12, Terrasse

☕ Café Niederegger
Vorderreihe 56, Tel (0 45 02) 20 31, ✉ 23570
9-20

Lübstorf 19 ↗

Mecklenburg-Vorpommern
Kreis Nordwestmecklenburg
EW 1517
🛈 Tel (0 38 67) 87 05, Fax 80 45
Amt Lübstorf
✉ 19069 Wiligrader Str. 1

Seehof

🛏 Pension am See
Eschenweg 30, Tel (03 85) 55 76 50, Fax 55 76 52, ✉ 19069
♪, 11 Zi, Ez: 65/32-68/34, Dz: 82/41-90/45, ⊐ WC ⊘, 🅿, garni

Lüchow/Wendland 19 ↓

Niedersachsen
EW 10060
🛈 Tel (0 58 41) 1 26 24 92 51, Fax 12 62 81
Tourist-Information
✉ 29439 Theodor-Körner-Str 4

siehe auch Küsten

✱ Alte Post
Kirchstr. 15, Tel (0 58 41) 9 75 40, Fax 50 48, ✉ 29439, AX ED VA
14 Zi, Ez: 90/45-120/60, Dz: 150/75, ⊐ WC ⊘, 3 ⇐, 🅿

🍴 Post-Kontor ✚
Hauptgericht 24/12-38/19, nur abends, geschl.: Di, 5.-13.10.00

✱ Katerberg
Bergstr. 6, Tel (0 58 41) 9 77 60, Fax 97 76 60, ✉ 29439, AX ED VA
27 Zi, Ez: 65/32-80/40, Dz: 129/64, ⊐ WC ⊘ DFÜ, 19 ⇐, 🅿, 🈁, 2⇔150, 🛎, Sauna, Solarium, Restaurant

Dangenstorf (10 km ↘)

✱ Landgasthof Rieger
Dörpstroat 33, Tel (0 58 83) 6 38, Fax 13 30, ✉ 29488, AX ED
10 Zi, Ez: 60/30-90/45, Dz: 90/45-130/65, 2 Suiten, ⊐ WC ⊘, 3 ⇐, 🅿, 2⇔24, Sauna, Solarium, Restaurant

Lüdenscheid 33 ↘

Nordrhein-Westfalen
Märkischer Kreis
EW 81600
🛈 Tel (0 23 51) 1 70, Fax 17 17 17
Stadtverwaltung
✉ 58507 Rathausplatz 2
Cityplan siehe Seite 610

✶✶▬▬ Mercure
Parkstr. 66 (A 1), Tel (0 23 51) 15 60,
Fax 3 91 57, ✉ 58509, AX DC ED VA, Ⓢ
☽ ✲, 169 Zi, Ez: 142/71-228/114,
Dz: 184/92-268/134, 10 Suiten, 10 App, ⊐ WC
Ⓒ, 18 ⊨, Lift, Ⓟ, ☎, 14⇔320, ⌒, Kegeln,
Sauna, Solarium
Auch Zimmer der Kategorie **✶✶✶** vorhanden.

♦♦▬▬ Wintergarten
Hauptgericht 35/17, Terrasse

✶✶▬▬ Haus Kattenbusch
Leifringhauser Str. 53, Tel (0 23 51) 9 49 20,
Fax 94 92 94, ✉ 58511, AX DC ED VA
55 Zi, 2 Suiten, 8 App, ⊐ WC Ⓒ DFÜ, 3 ⊨, Lift,
Ⓟ, ☎, 6⇔130, Sauna, Restaurant
Im Gästehaus auch einfachere Zimmer
vorhanden.

✶▬▬ Zur Altstadt
Grabenstr. 20, Tel (0 23 51) 1 77 90,
Fax 17 79 90, ✉ 58511, ED VA
16 Zi, Ez: 105/52-115/57, Dz: 150/75-170/85, ⊐
WC Ⓒ, Ⓟ, garni

✶▬▬ Sport Hotel Kalve
Kalverstr. 36, Tel (0 23 51) 9 48 00,
Fax 94 80 83, ✉ 58511, AX DC ED VA
26 Zi, Ez: 99/49, Dz: 149/75-165/83, 2 Suiten,
⊐ WC Ⓒ DFÜ, 4 ⊨, Ⓟ, 2⇔100, Kegeln, Golf,
2 Tennis, Restaurant

☕▬▬ Café Kersting
Rathausplatz 15, Tel (0 23 51) 2 34 47,
Fax 3 90 73, ✉ 58509
Terrasse, geschl.: So

Lüdersburg 19 ←

Niedersachsen / Kreis Lüneburg
EW 543
🛈 Tel (0 41 53) 62 12
Gemeindeverwaltung
✉ 21379 Hausnummer 20

Appartementhotels/Boardinghäuser

Golfanlage Schloß Lüdersburg
Tel (0 41 39) 6 97 00, Fax 69 70 70, ✉ 21379,
AX ED VA
8 Suiten, 19 App, ⊐ WC Ⓒ, Ⓟ, 1⇔50, Sauna,
Golf, Restaurant
Suiten und Appartements der Kategorie **✶✶** bis
✶✶✶✶.

Lüdersfeld 25 ↘

Niedersachsen / Kreis Schaumburg
EW 1090
🛈 Tel (0 57 25) 82 13, Fax 84 72
Gemeindeverwaltung
✉ 31702 Niedernhagen 10

**✶▬▬ Zum dicken Heinrich
　　　　 Heinrichs Gästehof**
Am Hülsenbrink 10, Tel (0 57 25) 3 97,
Fax 42 48, ✉ 31702, ED VA
38 Zi, Ez: 95/47, Dz: 140/70, ⊐ WC Ⓒ, 13 ⊨,
Ⓟ, 2⇔50, Kegeln, Sauna, Solarium, Restaurant
Rezeption: 6-15, 17-24

Lüdinghausen 33 ↗

Nordrhein-Westfalen
Kreis Coesfeld
EW 21500
🛈 Tel (0 25 91) 7 80 08, Fax 7 80 10
Verkehrsverein
✉ 59348 Münsterstr. 37

✶▬▬ Borgmann
Münsterstr. 17, Tel (0 25 91) 9 18 10,
Fax 91 81 30, ✉ 59348, AX DC ED VA
14 Zi, Ez: 85/42-95/47, Dz: 130/65-150/75, ⊐
WC Ⓒ, Ⓟ, ☎, 1⇔20, Restaurant
geschl.: So

Seppenrade (4 km ←)

✶▬▬ Schulzenhof
Tel (0 25 91) 9 86 50, Fax 8 80 82, ✉ 59348,
AX DC ED VA
10 Zi, Ez: 75/37-80/40, Dz: 145/73-150/75, ⊐
WC Ⓒ, Restaurant

Lügde 35 ↗

Nordrhein-Westfalen / Kreis Lippe
EW 11700
🛈 Tel (0 52 81) 7 80 29, Fax 97 96 43
Touristik-Information
✉ 32676 Vordere Str. 81

Elbrinxen (6 km ↓)

✶▬▬ Landhotel Lippischer Hof
Untere Dorfstr. 3, Tel (0 52 83) 98 70,
Fax 98 71 89, ✉ 32676, ED VA

Lügde

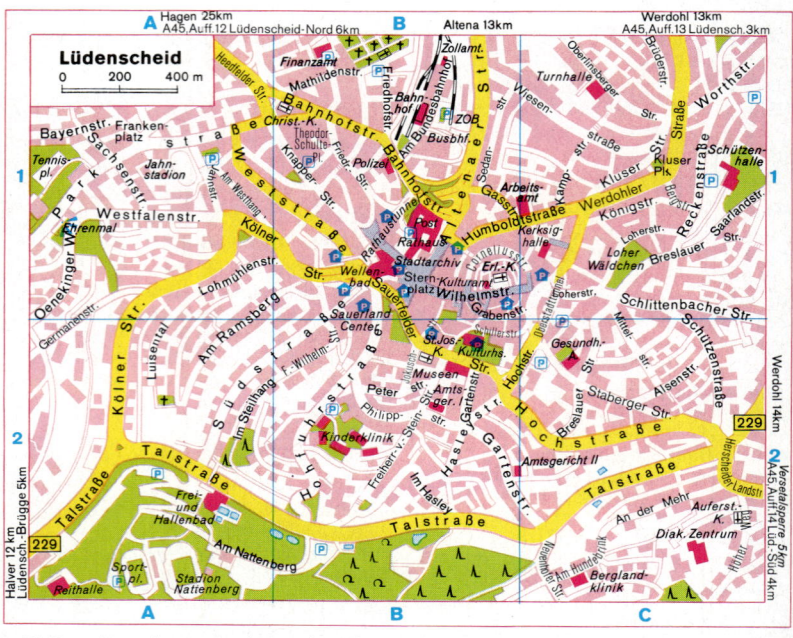

36 Zi, Ez: 80/40-95/47, Dz: 140/70-154/77, ⌑
WC ⓒ DFÜ, Lift, 🅿, 4⌾60, Kegeln, Sauna,
Solarium, Golf, Restaurant

Lüneburg 18 ↘

Niedersachsen
EW 68000
🛈 Tel (0 41 31) 2 07 66 20, Fax 2 07 66 44
Lüneburg Marketing GmbH
✉ 21335 Am Markt, Rathaus

siehe auch Reinstorf

*** Mövenpick Hotel Bergström
Bei der Lüner Mühle (C 2), Tel (0 41 31) 30 80,
Fax 30 84 99, ✉ 21335, AX DC ED VA, Ⓢ
⌓ ✸, 108 Zi, Ez: 200/100-240/120,
Dz: 240/120-280/141, 8 Suiten, ⌑ WC ⓒ DFÜ,
7 ⌱, Lift, 🅿, ☎, 17⌾180, ⌂, Fitnessraum,
Sauna, Solarium, Golf
Auch Zimmer der Kategorie ****** vorhanden.

¶¶ Brasserie
Hauptgericht 20/10-40/20, Terrasse

** Bargenturm
Lambertiplatz (A 3), Tel (0 41 31) 72 90,
Fax 72 94 99, ✉ 21335, AX DC ED VA, Ⓢ

40 Zi, Dz: 179/90-232/116, 4 Suiten, ⌑ WC ⓒ
DFÜ, 4 ⌱, Lift, 🅿, ☎, 7⌾300, Sauna,
Solarium, Restaurant

¶¶¶ Zum Heidkrug ✚
Am Berge 5, Tel (0 41 31) 2 41 60,
Fax 24 16 20, ✉ 21335, ED VA
⌓, Hauptgericht 32/16, Gartenlokal, ⌑,
geschl.: Mo, So, 2.-22.1.01
Bürgerhaus von 1455.

¶ Ratskeller
Am Markt 1, Tel (0 41 31) 3 17 57,
Fax 3 45 26, ✉ 21335, AX ED VA
⌓, Hauptgericht 15/7-35/17, Biergarten,
geschl.: Mi, 3.-17.1.01

Lüneburg-Kurgebiet

** Seminaris
Soltauer Str. 3 (A 4), Tel (0 41 31) 71 30,
Fax 71 31 28, ✉ 21335, AX DC ED VA
161 Zi, Ez: 153/77-179/90, Dz: 179/90-225/113,
24 Suiten, ⌑ WC ⓒ DFÜ, 48 ⌱, Lift, ☎,
19⌾350, ≋, ⌂, Kegeln, Sauna, Solarium,
Restaurant

Lüneburg

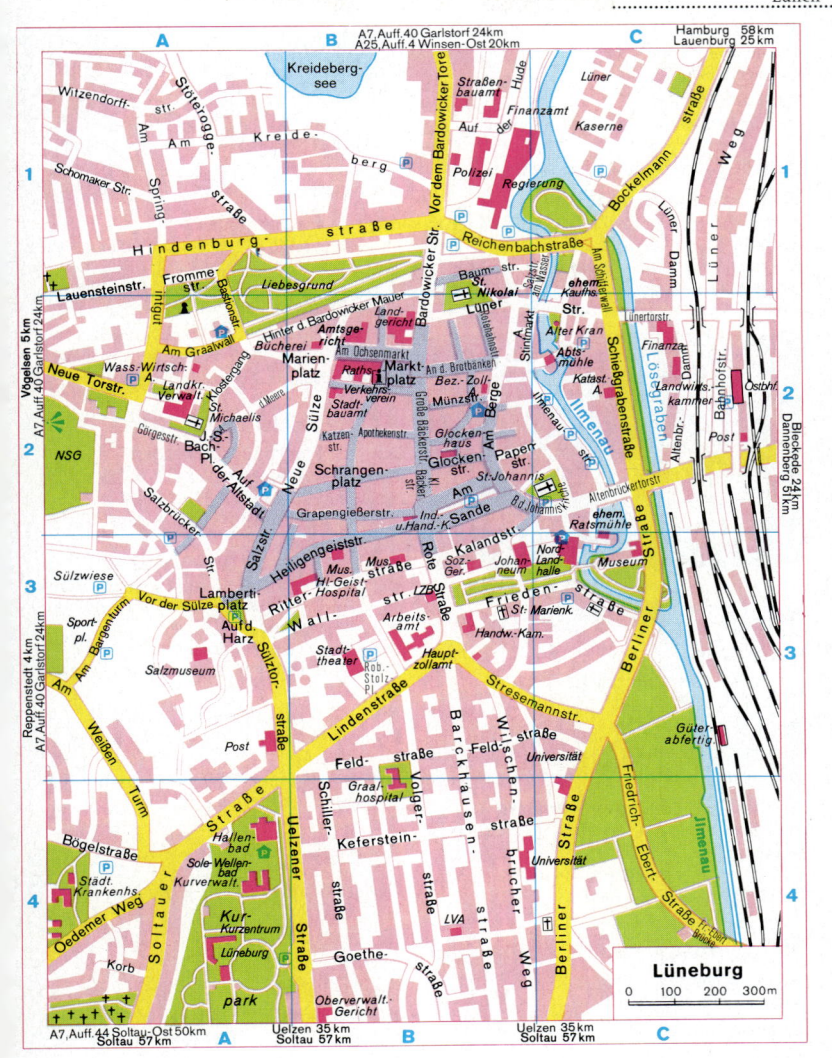

★★ ▰▰▰▰ **Ringhotel Residenz**
Munstermannskamp 10, Tel (0 41 31) 75 99 10,
Fax 7 59 91 75, ✉ 21335, AX DC ED VA, Ⓢ
♪, 30 Zi, Ez: 145/73-185/93,
Dz: 230/115-280/141, ⌐ WC Ⓒ DFÜ, 10 ⛟, Lift,
🅿, ⌂, 2⌾35, Golf
Auch Zimmer der Kategorie ★ vorhanden.

🍴🍴 ▰▰▰▰ **Die Schnecke**
Hauptgericht 35/17, Terrasse, geschl.: So

Lünen 33 ↗

Nordrhein-Westfalen / Kreis Unna
EW 92600
🛈 Tel (0 23 06) 1 04 15 77, Fax 1 04 13 45
Stadt Lünen
✉ 44532 Willy-Brandt-Platz 1

★★ ▰▰▰▰ **Ringhotel Am Stadtpark**
Kurt-Schumacher-Str. 43, Tel (0 23 06) 2 01 00,
Fax 20 10 55, ✉ 44532, AX DC ED VA, Ⓢ
→

65 Zi, Ez: 145/73-178/89, Dz: 178/89-204/102, 5 Suiten, ⌐ WC ⌀, 30 ⇃, Lift, ℗, ☎, 8⌬300, ⌂, Kegeln, Sauna, Solarium

🍴🍴 **Flamingo**
Hauptgericht 38/19, Terrasse, Biergarten

Lünen-Außerhalb (1,5 km ↘)

🍴🍴 **Schloß Schwansbell**
Schwansbeller Weg 32, **Tel (0 23 06) 20 68 10**, Fax 2 34 54, ⌐ 44532, AX ED
☏, Hauptgericht 40/20, Gartenlokal, ℗, ⇌,
nur abends, so+feiertags auch mittags,
geschl.: Mo, 2 Wochen im Sommer

Lüsse 29 ↙

Brandenburg
Kreis Potsdam-Mittelmark
EW 165
🛈 Tel (03 38 41) 82 08
Gemeindeverwaltung
⌐ 14806 Dorfstr. 32

✱ **Zum Landhaus Sternberg**
Dorfstr. 31, Tel (03 38 41) 81 45, Fax 3 40 75,
⌐ 14806, ED
9 Zi, Ez: 45/22-85/42, Dz: 90/45-120/60, 2 App,
⌐ WC ⌀, ℗, ⋘, Restaurant

Lütjenburg 11 ←

Schleswig-Holstein / Kreis Plön
EW 5600
🛈 Tel (0 43 81) 41 99 41, Fax 41 99 43
Touristinformation
⌐ 24321 Markt 4

✱ **Ostseeblick**
Am Bismarckturm 3, Tel (0 43 81) 66 88,
Fax 72 40, ⌐ 24321
☾ ₷, 24 Zi, Ez: 90/45-125/62,
Dz: 148/74-176/88, 6 Suiten, ⌐ WC ⌀, ℗, ⌂,
Kegeln, Sauna, Solarium, Golf, garni
Auch einfachere Zimmer vorhanden.

Lütjensee 18 ↗

Schleswig-Holstein
Kreis Stormarn
EW 2993
🛈 Tel (0 41 54) 8 07 90, Fax 80 79 75
Amtsverwaltung
⌐ 22946 Europaplatz 5

🍴 **Fischerklause**
Am See 1, Tel (0 41 54) 79 22 00, Fax 7 51 85,
⌐ 22952, ED VA
₷, Hauptgericht 30/15-40/20, Terrasse, ℗,
geschl.: Do
✱ ☾ ₷, 15 Zi, Ez: 100/50-115/57,
Dz: 140/70-170/85, ⌐ WC ⌀, ☎, Seezugang
Auch einfachere Zimmer vorhanden.

Lütjensee-Außerhalb (1,5 km ←)

🍴🍴 **Forsthaus Seebergen**
Seebergen 9-15, Tel (0 41 54) 7 92 90,
Fax 7 06 45, ⌐ 22952, AX DC ED VA
₷, Hauptgericht 30/15-55/27, Terrasse, ℗,
geschl.: Mo
✱ ☾ ₷, 11 Zi, Ez: 65/32-115/57,
Dz: 110/55-170/85, 6 Suiten, ⌐ WC ⌀, 2⌬25

🍴🍴 **Seehof**
Seeredder 22, am Lütjensee,
Tel (0 41 54) 7 00 70, Fax 70 07 30, ⌐ 22952,
ED
₷, Hauptgericht 18/9-58/29, Terrasse, ℗
Fische aus eigener Teichwirtschaft. Eigene
Fischräucherei.
✱ einzeln ☾, 6 Zi, Ez: 95/47-105/52,
Dz: 190/95-220/110, ⌐ WC ⌀

Lützen 38 ↘

Sachsen-Anhalt / Kreis Weißenfels
EW 7600
🛈 Tel (03 44 44) 31 50, Fax 3 15 55
Tourist-Information
⌐ 06686 Markt 1

✱ **Landhotel Lützen**
Merseburger Str. 16, Tel (03 44 44) 4 00,
Fax 4 02 00, ⌐ 06686, AX DC ED VA
38 Zi, Ez: 98/49, Dz: 120/60, ⌐ WC ⌀ DFÜ,
12 ⇃, ℗, 1⌬60
🍴🍴 Hauptgericht 20/10-35/18

Lützenhardt siehe Waldachtal

Lützschena-Stahmeln 39 ✓

Sachsen / Kreis Leipziger Land
EW 2250
🛈 Tel (03 41) 46 74 60
Gemeindeverwaltung
✉ 04469 Am Brunnen 4

Lützschena

✱ Laval
Hallesche Str. 30, Tel (03 41) 4 61 84 15,
Fax 46 18 08 22 22, ✉ 04469, AX DC ED VA
32 Zi, Ez: 95/47-105/52, Dz: 135/67, 2 Suiten,
⊟ WC ⌀, 20 ⇌, Lift, 🅿, 1⇔60, garni
geschl.: 23.12.00-2.1.01

Luhden 25 ↓

Niedersachsen / Kreis Schaumburg
EW 1070
🛈 Tel (0 57 22) 8 86 50, Fax 8 86 51
Tourist-Info
✉ 31707 Bückeburger Str. 2

Schermbeck (2 km ←)

¶¶ Landhaus Schinken-Kruse
Steinbrink 10, Tel (0 57 22) 44 04,
Fax 88 11 59, ✉ 31711, AX DC ED VA
♨, Hauptgericht 17/8-34/17, Terrasse, 🅿,
geschl.: Mo

Luisenthal 47 ↖

Thüringen / Kreis Gotha
EW 1580
🛈 Tel (03 62 57) 4 02 27, Fax 4 02 27
Fremdenverkehrsverein
✉ 99885 Siedlung 12

✱✱ Waldhotel Berghof
Langenburgstr. 18, Tel (0 36 24) 37 70,
Fax 37 74 44, ✉ 99885, AX DC ED VA
einzeln ♪, 92 Zi, Ez: 110/55, Dz: 180/90,
13 App, ⊟ WC ⌀, 29 ⇌, Lift, 🅿, 📞, 7⇔300,
Fitnessraum, Kegeln, Sauna, Solarium, 1 Tennis,
Restaurant

✱ Luchs
Friedrich-Engels-Str. 59,
Tel (03 62 54) 4 01 00, Fax 4 04 33, ✉ 99885,
AX DC ED VA
36 Zi, Ez: 80/40-100/50, Dz: 120/60-135/67, ⊟
WC ⌀, 🅿, 📞, 1⇔30, Restaurant

Lychen 21 ↘

Brandenburg / Kreis Uckermark
EW 3500
🛈 Tel (03 98 88) 22 55, Fax 41 78
Fremdenverkehrsverein
✉ 17279 Fürstenberger Str. 11a

✱✱ Seehotel Lindenhof
Lindenhof 1, Tel (03 98 88) 6 43 10,
Fax 6 43 11, ✉ 17279
1 Zi, Ez: 95/47, Dz: 180/90-220/110, 7 Suiten,
4 App, 🅿, Restaurant

Wurlgrund (1 km ←)

✱ Waldhaus Grünheide
Wurlweg 1, Tel (03 98 88) 32 32, Fax 32 35,
✉ 17279, ED
♪, 18 Zi, Ez: 70/35-90/45, Dz: 90/45-130/65, ⊟
WC ⌀, 🅿, 📞, 1⇔40, Sauna, Solarium,
Restaurant
geschl.: 8.-16.1.01
Auch einfachere Zimmer vorhanden.

Maasholm 10 ↗

Schleswig-Holstein
Kreis Schleswig-Flensburg
EW 700
🛈 Tel (0 46 42) 96 50 10
Gemeinde Maasholm
✉ 24404 Hauptstr. 46

✱ Maasholm
Uhleweg 26, Tel (0 46 42) 60 42, Fax 6 91 37,
✉ 24404
♪, 15 Zi, Ez: 80/40-120/60, Dz: 120/60-150/75,
⊟ WC ⌀, 🅿, Restaurant

Machern 39 ✓

Sachsen / Kreis Wurzen
EW 2240
🛈 Tel (03 42 92) 7 20 79, Fax 7 28 30
Schloß Machern
✉ 04827 Schloßplatz 1

✱✱ Kavalierhaus
Schloßplatz, Tel (03 42 92) 80 90, Fax 8 09 33,
✉ 04827, AX ED VA
47 Zi, Ez: 95/47-125/62, Dz: 150/75-160/80,
2 App, ⊟ WC ⌀ DFÜ, Lift, 🅿, 3⇔30,
Fitnessraum, Sauna, Solarium, Golf
Auch Zimmer der Kategorie ✱ vorhanden.
¶ Hauptgericht 23/11-28/14, Terrasse

Magdeburg 28 ✓

Sachsen-Anhalt
EW 258000
🛈 Tel (03 91) 1 94 33, Fax 5 40 49 10
Magdeburg Information
✉ 39104 Alter Markt 12

siehe auch Beyendorf

★★★★ Maritim
Otto-von-Guericke-Str. 87 (A 2),
Tel (03 91) 5 94 90, Fax 5 94 99 90, ✉ 39104,
AX DC ED VA, Ⓢ
501 Zi, Ez: 223/112-336/169,
Dz: 300/151-402/202, 12 Suiten, 1 App, ⊟ WC
⊘ DFÜ, 150 ⌨, Lift, 🚗, 15⌘150, ⌂, Sauna,
Solarium

🍴🍴 Da Capo
Hauptgericht 20/10-35/17, 🅿, nur abends

★★★ Upstalsboom Hotel Ratswaage
Ratswaageplatz 1 (B 2), Tel (03 91) 5 92 60,
Fax 5 61 96 15, ✉ 39104, AX DC ED VA
167 Zi, Ez: 236/118, Dz: 288/145, 7 Suiten, ⊟
WC ⊘ DFÜ, 85 ⌨, Lift, 🚗, 10⌘500, ⌂, Sauna,
Solarium, Restaurant

★★ Geheimer Rat von G
Goethestr. 38, Tel (03 91) 7 38 03,
Fax 7 38 05 99, ✉ 39108, AX DC ED VA
65 Zi, Ez: 165/83, Dz: 195/98, 2 Suiten, ⊟ WC
⊘ DFÜ, 19 ⌨, Lift, 🅿, 🚗, 2⌘25, Sauna,
Restaurant
Auch Zimmer der Kategorie ★ vorhanden.

★★ Residenz Joop ♛
Jean-Burger-Str. 16, Tel (03 91) 6 26 20,
Fax 6 26 21 00, ✉ 39112, AX ED VA
♪, 25 Zi, Ez: 165/83-245/123,
Dz: 200/100-285/143, ⊟ WC ⊘ DFÜ, 20 ⌨, Lift,
🅿, 🚗, 1⌘18, Golf, garni

★ InterCityHotel
Bahnhofstr. 69 (A 2), Tel (03 91) 5 96 20,
Fax 5 96 24 99, ✉ 39104, AX DC ED VA, Ⓢ
175 Zi, Ez: 128/64-210/105,
Dz: 156/78-210/105, 5 Suiten, ⊟ WC ⊘ DFÜ,
38 ⌨, Lift, 🅿, 5⌘90, Fitnessraum, Restaurant

★ Uni-Hotel
Walter-Rathenau-Str. 6, Tel (03 91) 5 95 80,
Fax 5 95 81 99, ✉ 39106
43 Zi, Ez: 90/45-105/52, Dz: 120/60-145/73,
1 App, ⊟ WC ⊘ DFÜ, 🅿, 1⌘50, garni

Magdeburg-Außerhalb (3,5 km ↗)

★★★ Herrenkrug Parkhotel
Herrenkrug 3, Tel (03 91) 8 50 80,
Fax 8 50 85 01, ✉ 39114, AX DC ED VA, Ⓢ
einzeln ♪, 147 Zi, Ez: 198/99-248/124,
Dz: 258/129-298/150, 15 Suiten, ⊟ WC ⊘ DFÜ,
34 ⌨, Lift, 🅿, 9⌘400, ⌂, Fitnessraum,
Bowling, Sauna, Restaurant
Hotel in einem von P.J. Lenné gestalteten,
weitläufigen Park gelegen. Auch Zimmer der
Kategorie ★★★★ vorhanden.

Ottersleben (7 km ✓)

★ Löwenhof
Halberstädter Chaussee 19,
Tel (03 91) 6 31 35 76, Fax 6 31 35 83,
✉ 39116, AX DC ED VA
22 Zi, Ez: 90/45, Dz: 120/60, ⊟ WC ⊘, 🅿,
1⌘30, Restaurant
geschl.: So

Prester (6 km ↘)

★ Alt Prester
Alt Prester 102, Tel (03 91) 8 19 30,
Fax 8 19 31 18, ✉ 39114, AX ED VA
♪ 🍴, 30 Zi, Ez: 95/47-125/62,
Dz: 130/65-170/85, ⊟ WC ⊘, 8 ⌨, Lift, 🅿,
2⌘60, Restaurant

🍴 Damm-Mühle
Alt Prester 1, Tel (03 91) 8 11 02 20,
Fax 8 11 02 35, ✉ 39114, AX ED VA
⌘, Hauptgericht 13/6-34/17, Terrasse,
Biergarten, 🅿, geschl.: So

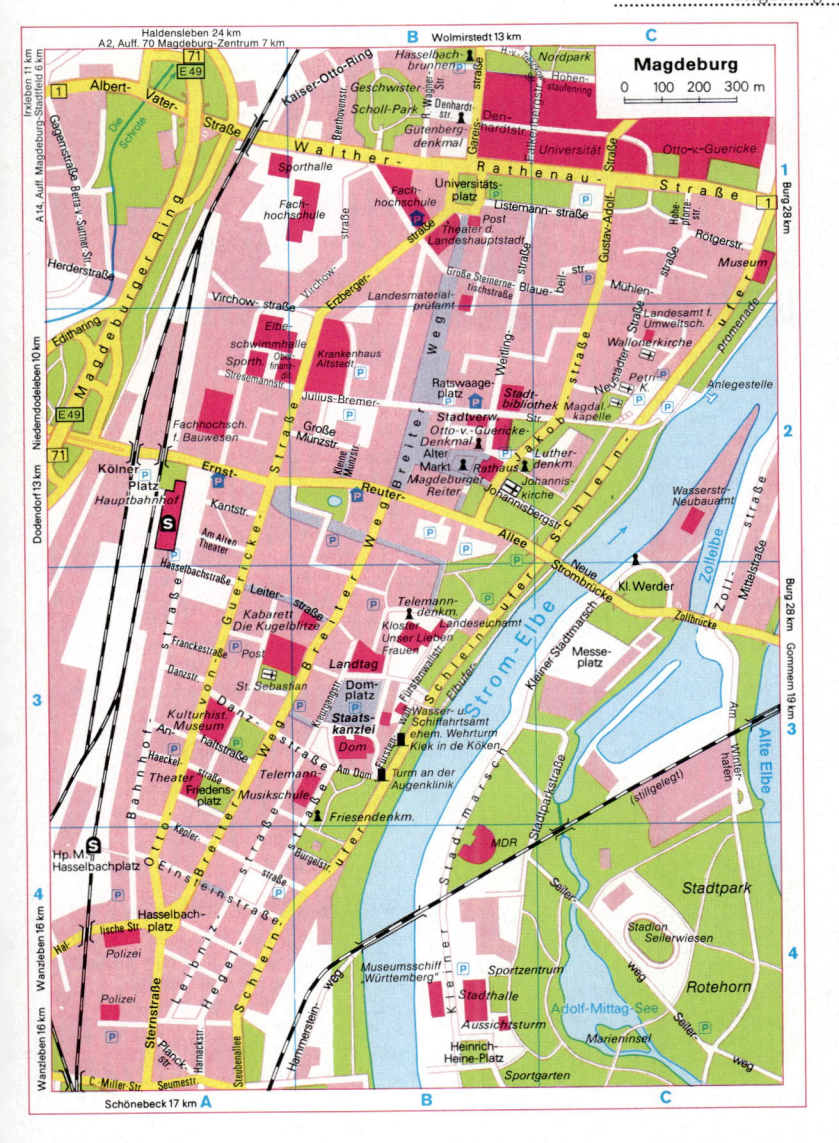

Sudenburg (4,5 km)

★★★ Treff Hansa Hotel
Hansapark 2, Tel (03 91) 6 36 30,
Fax 6 36 35 50, ✉ 39116, AX DC ED VA, Ⓢ
243 Zi, Ez: 175/88-210/105,
Dz: 225/113-260/130, 6 Suiten, ⌑ WC ℗ DFÜ,
69 ⛷, Lift, Ⓟ, 🏠, 9⌬500, ⌂, Fitnessraum,
Sauna, Solarium, Restaurant

★★ Plaza
Halberstädter Str. 146-150, Tel (03 91) 6 05 10,
Fax 6 05 11 00, ✉ 39112, AX ED VA

Magdeburg

99 Zi, Ez: 130/65-200/100, Dz: 165/83-215/108,
5 Suiten, ⌐ WC ⊘, 20 ⊨, Lift, P, 🄰, 4⊂⊃120,
Sauna, Restaurant

Mahlberg 60 ✓

Baden-Württemberg / Ortenaukreis
EW 4480
🛈 Tel (0 78 25) 8 43 80, Fax 12 34
Bürgermeisteramt
✉ 77972 Rathausplatz 7

Ort am Westrand des Schwarzwaldes. Sehenswert: Tabakmuseum.

✱✱ Löwen

Karl-Kromer-Str. 8, Tel (0 78 25) 10 06,
Fax 28 30, ✉ 77972, AX DC ED VA
26 Zi, Ez: 95/47-115/57, Dz: 150/75-200/100, ⌐
WC ⊘, 13 ⊨, P, 🄰, Kegeln
Auch Zimmer der Kategorie ✱ vorhanden.
🍴🍴 Hauptgericht 32/16-44/22, Terrasse,
geschl.: So

Mahlow 30 □

Brandenburg / Kreis Teltow-Fläming
EW 7600
🛈 Tel (0 33 79) 33 31 35, Fax 37 23 94
Amt Blankenfelde-Mahlow
✉ 15827 Karl-Marx-Str 4

✱✱ Mahlow

Bahnhofstr. 3, Tel (0 33 79) 33 60,
Fax 33 64 00, ✉ 15831, AX DC ED VA
100 Zi, Ez: 90/45-135/67, Dz: 130/65-180/90,
⌐ WC ⊘, 22 ⊨, Lift, P, 🄰, 2⊂⊃50, Golf, garni

Maierhöfen 70 ✓

Bayern / Kreis Lindau (Bodensee)
EW 1531
🛈 Tel (0 83 83) 9 80 40, Fax 9 80 42
Verkehrsamt
✉ 88167 Brunnenweg 2

Maierhöfen-Außerhalb (3 km ↑)

✱ Zur Grenze

Schanz 2, Tel (0 75 62) 97 55 10,
Fax 9 75 51 29, ✉ 88167
🍴, 14 Zi, Ez: 75/37-95/47, Dz: 130/65-150/75,
⌐ WC ⊘ DFÜ, P, 🄰, Restaurant

Maikammer 54 ✓

Rheinland-Pfalz
Kreis Südliche Weinstraße
EW 4000
🛈 Tel (0 63 21) 58 99 17, Fax 58 99 16
Büro für Tourismus
✉ 67487 Johannes-Damm-Str 11

Weinbauort an der Haardt. Sehenswert: Kath.
Kirche; Kropsburg, 364 m Aussicht (3 km + 20
Min. ↩); Kalmit, 673 m Aussicht (8 km ↩);
Alsterweiler Kapelle; Historienpfad „Maikammerer Traube".

✱ Immenhof mit Gästehaus Residenz

Immengartenstr. 26, Tel (0 63 21) 95 50,
Fax 95 52 00, ✉ 67487, AX DC ED VA
♪, 47 Zi, Ez: 93/46-110/55, Dz: 140/70-170/85,
4 Suiten, ⌐ WC ⊘, 5 ⊨, Lift, P, 🄰, 4⊂⊃40, 🄰,
Fitnessraum, Kegeln, Sauna, Solarium,
Restaurant
In der Residenz Zimmer der Kategorie ✱✱
vorhanden.

✱ Am Immengarten

Marktstr. 71, Tel (0 63 21) 95 83 00,
Fax 95 83 20, ✉ 67487, DC VA
♪, 13 Zi, Ez: 80/40-85/42, Dz: 120/60-130/65,
⌐ WC ⊘ DFÜ, 3 ⊨, P, garni
geschl.: 3.-14.1.01

Maikammer-Außerhalb (2 km ↩)

✱ Waldhaus Wilhelm

Kalmithöhenstr. 6, Tel (0 63 21) 5 80 44,
Fax 5 85 64, ✉ 67487, AX DC ED VA
einzeln ♪ 🍴, 22 Zi, Ez: 70/35-95/47,
Dz: 130/65-150/75, ⌐ WC ⊘, P, 1⊂⊃
🍴🍴 Hauptgericht 30/15, Terrasse
geschl.: Mo

Mainburg 64 ↘

Bayern / Kreis Kelheim
EW 13920
🛈 Tel (0 87 51) 70 40, Fax 7 04 25
Stadtverwaltung
✉ 84048 Marktplatz 1

✱ Seidlbräu
Liebfrauenstr. 3, Tel (0 87 51) 8 62 90,
Fax 40 00, ✉ 84048, AX DC ED VA
37 Zi, Ez: 58/29, Dz: 93/46, ⌐ WC ✆, Lift, P,
Restaurant

Mainhardt 62 ↖

Baden-Württemberg
Kreis Schwäbisch Hall
EW 5000
▯ Tel (0 79 03) 9 15 00, Fax 91 50 50
Bürgermeisteramt
✉ 74535 Hauptstr. 1

Stock (1 km →)

✱✱ Gasthof Löwen mit Gästehaus
an der B 14, Tel (0 79 03) 93 10, Fax 14 98,
✉ 74535, ED VA
35 Zi, Ez: 80/40, Dz: 130/65, ⌐ WC ✆, ≏,
Sauna, Solarium, Restaurant

Maintal 54 ↗

Hessen / Main-Kinzig-Kreis
EW 40000
▯ Tel (0 61 81) 40 00, Fax 40 04 59
Stadtverwaltung
✉ 63477 Klosterhofstr. 4-6

Dörnigheim

✱✱ Doorm Hotel
Westendstr. 77, Tel (0 61 81) 94 80,
Fax 94 82 77, ✉ 63477, AX DC ED VA
140 Zi, Ez: 198/99-280/141,
Dz: 285/143-360/181, 40 App, ⌐ WC ✆, 38 ↩,
Lift, ≏, Sauna, Solarium, Restaurant

✱ Zum Schiffchen
Untergasse 23, Tel (0 61 81) 9 40 60,
Fax 94 06 16, ✉ 63477, ED VA
28 Zi, Ez: 98/49-115/57, Dz: 150/75, 1 Suite, ⌐
WC ✆ DFÜ, P, Restaurant
Auch Zimmer der Kategorie ✱✱ vorhanden.

✱ Zur Mainlust
Fischergasse 28, Tel (0 61 81) 9 49 30,
Fax 49 30 44, ✉ 63477, AX DC ED VA
21 Zi, Ez: 91/45-180/90, Dz: 142/71-180/90,
1 App, ⌐ WC ✆, P, Restaurant

✱ Pension Irmchen
Berliner Str. 4, Tel (0 61 81) 4 30 00,
Fax 43 00 43, ✉ 63477, ED VA
20 Zi, Ez: 100/50-128/64, Dz: 155/78-165/83,
3 App, ⌐ WC, 10 ↩, Lift, P, ≏, garni

**¶¶¶¶ Hessler
mit Kathis Bistro** 🍷
Am Bootshafen 4, Tel (0 61 81) 4 30 30,
Fax 43 03 33, ✉ 63477, AX ED VA
Hauptgericht 49/24-55/27, Terrasse, P,
geschl.: Mo, Di, 3 Wochen im Jul
✱✱✱ 7 Zi, Ez: 180/90-285/143,
Dz: 235/118-395/198, ⌐ WC ✆ DFÜ, Golf

Mainz 54 ↖

Rheinland-Pfalz
EW 190000
▯ Tel (0 61 31) 28 62 10, Fax 2 86 21 55
Touristik Centrale Mainz
✉ 55116 Brückenturm /Rheinstraße
Cityplan siehe Seite 618

✱✱✱✱ Hyatt Regency
Malakoff-Terrasse 1, Tel (0 61 31) 73 12 34,
Fax 73 12 35, ✉ 55116, AX DC ED VA, Ⓢ
265 Zi, Ez: 300/151-580/292,
Dz: 340/171-580/292, 3 Suiten, ⌐ WC ✆ DFÜ,
169 ↩, Lift, ≏, 8⟳600, ≏, Fitnessraum,
Sauna, Solarium

¶¶ Bellpepper
Hauptgericht 27/13-42/21, Terrasse, Biergarten,
P

✱✱✱✱ City Hilton
Münsterstr. 3 (A 3), Tel (0 61 31) 27 80,
Fax 27 85 67, ✉ 55116, AX DC ED VA, Ⓢ
125 Zi, Ez: 295/148-415/209,
Dz: 335/168-455/229, ⌐ WC ✆ DFÜ, 31 ↩, Lift,
≏, 2⟳50
Preise exkl. Frühstück.

¶¶ Davor & Danach
Hauptgericht 16/8-32/16, Terrasse, Biergarten,
P

✱✱✱ Dorint
Augustusstr. 6 (A 4), Tel (0 61 31) 95 40,
Fax 95 41 00, ✉ 63477, AX DC ED VA, Ⓢ
217 Zi, Ez: 283/142-358/180,
Dz: 346/174-446/224, 1 Suite, ⌐ WC ✆, 96 ↩,
Lift, ≏, 12⟳150, ≏, Fitnessraum, Sauna,
Solarium

¶¶ Bajazzo
Hauptgericht 28/14-42/21, Terrasse

¶ Kasematten
🍷, Hauptgericht 20/10-36/18, nur abends

✱✱ Favorite Parkhotel
Karl-Weiser-Str. 1 (D4), Tel (0 61 31) 8 01 50,
Fax 8 01 54 20, ✉ 55131, AX DC ED VA
❦, 42 Zi, Ez: 183/92-229/115,
Dz: 248/124-310/156, 1 Suite, ⌐ WC ✆, 8 ↩,
Lift, ≏, ≏, Sauna, Solarium

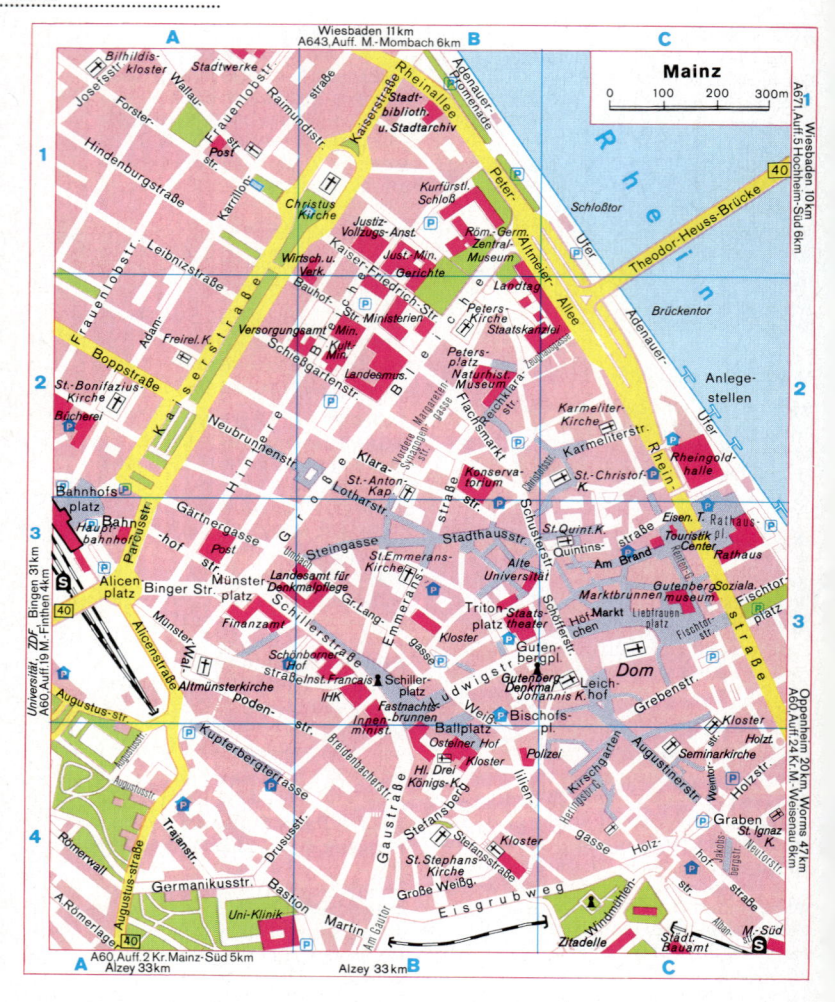

🍴🍴 Stadtparkrestaurant
Hauptgericht 30/15, **P**

★★ Best Western Europa Hotel
Kaiserstr. 7 (A 2), **Tel (0 61 31) 97 50**,
Fax 97 55 55, ✉ 55116, AX DC ED VA, Ⓢ
86 Zi, Ez: 175/88-299/150, Dz: 299/150,
3 Suiten, 9 App., 🚻 WC ⊘, 16 ♿, Lift, 🚗,
9 🍴 120

🍴🍴 Walderdorff
Hauptgericht 35/17

★★ Hammer Top International Hotel
Bahnhofplatz 6 (A 2), **Tel (0 61 31) 96 52 80**,
Fax 9 65 28 88, ✉ 55116, AX DC ED VA, Ⓢ
40 Zi, Ez: 155/78-190/95, Dz: 168/84-250/125,
🚻 WC ⊘, 20 ♿, Lift, **P**, 2 🍴 40, Sauna,
Solarium, Restaurant

★★ Mainzer Hof
Kaiserstr. 98 (B 1), **Tel (0 61 31) 28 89 90**,
Fax 22 82 55, ✉ 55116, AX DC ED VA, Ⓢ
3 Zi, Ez: 165/83-230/115, Dz: 210/105-320/161,
1 Suite, 🚻 WC ⊘, 15 ♿, Lift, 3 🍴 60, Sauna,
Solarium, Restaurant

Mainz

✱ Stiftswingert
Am Stiftswingert (außerha),
Tel **(0 61 31) 8 24 41**, Fax 83 24 78, ✉ 55131,
AX DC ED VA
30 Zi, Ez: 138/69-240/120, Dz: 196/98-240/120,
⊟ WC ⊘ DFÜ, 5 ⬚, **P**, ⌂, Restaurant

🍴🍴🍴 Drei Lilien
Ballplatz 2, Tel **(0 61 31) 22 50 68**,
Fax 23 77 23, ✉ 55116, AX DC ED VA
Hauptgericht 38/19, Terrasse

🍴 Gebert's Weinstuben
Frauenlobstr. 94, Tel **(0 61 31) 61 16 19**,
Fax 61 16 62, ✉ 55118, AX DC ED VA
Hauptgericht 18/9-53/26, geschl.: Sa, So mittags

☕ Dom-Café
Markt 12, Tel **(0 61 31) 22 23 65**, Fax 22 23 65,
✉ 55116
Terrasse, geschl.: So

Bretzenheim (3 km ✓)

✱ Novotel
Haifa Allee 8, Tel **(0 61 31) 93 42 40**,
Fax 36 67 55, ✉ 55128, AX DC ED VA, Ⓢ
121 Zi, Ez: 158/79-183/92,
Dz: 200/100-226/113, ⊟ WC ⊘, 70 ⬚, Lift, **P**,
7⟳250, ⌂, Restaurant

✱ Römerstein
Draiser Str. 136 f, Tel **(0 61 31) 93 66 60**,
Fax 9 35 53 35, ✉ 55128, AX DC ED VA
♩, 25 Zi, Ez: 123/61-160/80,
Dz: 175/88-195/98, ⊟ WC ⊘ DFÜ, 7 ⬚, **P**,
Sauna, Solarium, Restaurant

Finthen (6 km ←)

✱✱✱ Atrium
Flugplatzstr. 44, Tel **(61 31) 49 10**,
Fax 49 11 28, ✉ 55126, AX DC ED VA
72 Zi, Ez: 240/120-350/176,
Dz: 280/141-390/196, 32 App, ⊟ WC ⊘ DFÜ,
12 ⬚, Lift, **P**, ⌂, 6⟳200, ⌂, Sauna, Solarium
geschl.: 22.12.00-8.1.01
Auch Zimmer der Kategorie ✱✱ vorhanden.

🍴🍴 Heinrich's
Hauptgericht 21/10-45/22, Terrasse, nur abends,
geschl.: So, 22.12.00-8.1.01

🍴🍴 Stein's Traube
Poststr. 4, Tel **(0 61 31) 4 02 49**, Fax 4 02 49,
✉ 55126, ED
Hauptgericht 15/7-40/20, Terrasse, Gartenlokal,
P, geschl.: Mo, 3 Wochen im Sommer

🍴 Gasthaus Adler
Flugplatzstr. 1, Tel **(0 61 31) 4 04 47**, ✉ 55162
Hauptgericht 25/12-40/20, ⬚, geschl.: Mi, Do mittags

🍴 Gänsthaler's Kuchlmasterei
Kurmainzstr. 35, Tel **(0 61 31) 47 42 75**,
Fax 47 42 78, ✉ 55126, ED
Hauptgericht 35/17, Gartenlokal, **P**,
geschl.: Mo, So, 3 Wochen im Sommer

Hechtsheim (5 km ↓)

✱ Hechtsheimer Hof
Alte Mainzer Str. 31, Tel **(0 61 31) 91 60**,
Fax 91 61 00, ✉ 55129, AX DC ED VA
24 Zi, Ez: 105/52-120/60, Dz: 135/67-160/80,
⊟ WC ⊘, 3 ⬚, **P**, garni

✱ Am Hechenberg
Am Schinnergraben 82, Tel **(0 61 31) 25 08 20**,
Fax 25 08 23 05, ✉ 55129, AX DC ED VA
68 Zi, Ez: 71/35-96/48, Dz: 135/67, ⊟ WC ⊘
DFÜ, **P**, Sauna, Solarium, garni

Kastel (3 km ↗)

✱ Alina
Wiesbadener Str. 124, Tel **(0 61 34) 29 50**,
Fax 6 93 12, ✉ 55252, AX ED VA
35 Zi, Ez: 119/59, Dz: 159/80, ⊟ WC ⊘, Lift, **P**, garni

Weisenau (4 km ↘)

✱✱ Günnewig Bristol
Friedrich-Ebert-Str. 20, Tel **(0 61 31) 80 60**,
Fax 80 61 00, ✉ 55130, AX DC ED VA

75 Zi, Ez: 175/88-245/123,
Dz: 210/105-340/171, 3 Suiten, ⌐ WC ⊘ DFÜ,
20 ⌂, Lift, **P**, 7⇔100, ⌂, Sauna, Solarium,
Restaurant

Malchow 20→

Mecklenburg-Vorpommern
Kreis Müritz
EW 8000
i Tel (03 99 32) 8 31 86, Fax 8 31 25
Tourist-Information
✉ 17213 An der Drehbrücke

✱ Insel-Hotel
Lange Str. 7, An der Drehbrücke,
Tel (03 99 32) 86 00, Fax 8 60 30, ✉ 17213,
ED VA
§, 16 Zi, Ez: 90/45-115/57, Dz: 120/60-150/75,
2 Suiten, 1 App, ⌐ WC ⊘, **P**, Restaurant

✱ Am Fleesensee
Strandstr. 4 a, Tel (03 99 32) 16 30,
Fax 1 63 10, ✉ 17213, ED VA
♪, 11 Zi, Ez: 80/40-110/55, Dz: 120/60-140/70,
4 App, ⌐ WC ⊘, **P**, 1⇔12, Restaurant

Malchow-Außerhalb (1 km←)

✱ Sporthotel
Friedensstr. 56 b, Tel (03 99 32) 8 90,
Fax 8 92 22, ✉ 17213, AX ED VA
40 Zi, Ez: 90/45-105/52, Dz: 120/60-150/75, ⌐
WC ⊘, 4 ⌂, Lift, **P**, 1⇔20, Kegeln, Sauna,
Solarium, 2 Tennis, Restaurant
Auch Zimmer der Kategorie ✱✱ vorhanden.

Malente-Gremsmühlen, Bad 11 ✓

Schleswig-Holstein
Kreis Ostholstein
EW 11000
i Tel (0 45 23) 9 89 90, Fax 98 99 99
Touristik-Information
✉ 23714 Bahnhofstr. 3

Gremsmühlen

✱✱ Diksee
Dikseepromenade 13-15, Tel (0 45 23) 99 50,
Fax 99 52 00, ✉ 23714, ED VA
♪ §, 69 Zi, Ez: 115/57-150/75,
Dz: 160/80-230/115, 1 Suite, ⌐ WC ⊘ DFÜ,
Lift, **P**, ⌂, 2⇔30, ⌂, Fitnessraum, Sauna,
Solarium
geschl.: 8.1.-7.3.01
¶¶ §, Hauptgericht 19/9-43/21, Terrasse,
geschl.: 10.1.-9.3.01

✱✱ See-Villa ♛
Frahmsallee 11, Tel (0 45 23) 18 71,
Fax 99 78 14, ✉ 23714
9 Zi, Ez: 80/40-110/55, Dz: 120/60-190/95,
3 Suiten, ⌐ WC ⊘ DFÜ, **P**, Sauna, garni
geschl.: 1.12.00-31.1.01

✱✱ Dieksee-Hörn
Olandsweg 27, Tel (0 45 23) 9 92 30,
Fax 99 23 24, ✉ 23714
Ez: 70/35-85/42, Dz: 110/55-180/90, 11 App, ⌐
WC ⊘, **P**, ⌂, garni

✱✱ Seerose
Dikseepromenade, Tel (0 45 23) 30 81,
Fax 67 38, ✉ 23714
§, 32 Zi, Ez: 77/38-110/55, Dz: 120/60-140/70,
⌐ WC ⊘, **P**, Restaurant

Krummsee (5 km ↗)

✱ Bruhns Koppel
Bruhnskoppeler Weg, Tel (0 45 23) 20 80,
Fax 20 82 02, ✉ 23714, DC VA
einzeln ♪, 48 Zi, Ez: 100/50-140/70,
Dz: 140/70-190/95, ⌐ WC ⊘, 12 ⌂, **P**, 7⇔80,
⌂, Sauna, Solarium, Restaurant

Malterdingen 67 ↖

Baden-Württemberg
Kreis Emmendingen
EW 2700
i Tel (0 76 44) 9 11 10, Fax 81 89
Gemeindeverwaltung
✉ 79364 Hauptstr. 18

✱✱ Hotel de Charme
Gartenstr. 21, Tel (0 76 44) 41 30, Fax 41 46,
✉ 79364, AX ED VA
♪, 16 Zi, Ez: 115/57-145/73,
Dz: 168/84-198/99, ⌐ WC ⊘ DFÜ, 6 ⌂, **P**, ⌂,
1⇔30
Elegantes Interieur.

¶¶ Landhaus Keller
Hauptgericht 28/14-48/24, geschl.: Sa mittags,
So, 2 Wochen im Sommer

Manching 64 □

Bayern
Kreis Pfaffenhofen a. d. Ilm
EW 10920
i Tel (0 84 59) 8 50, Fax 85 47
Tourist-Information
✉ 85077 Ingolstädter Str. 2

✱✱ Zaunerhof
Geisenfelder Str. 15, Tel (0 84 59) 8 60,
Fax 86 86, ✉ 85077, AX ED VA

28 Zi, Ez: 98/49-120/60, Dz: 110/55-200/100,
1 App, ⌐ WC ⌀ DFÜ, 4 ⊨, ℙ, 3⌬40, Kegeln,
Restaurant
geschl.: 23-24.12.00

Mandelbachtal 53 ✓

Saarland / Saarpfalz-Kreis
EW 11700
🛈 Tel (0 68 93) 80 90, Fax 45 46
Tourist-Information
✉ 66399 Theo-Carlen-Platz 2

Heckendalheim

🛏 Dorfkrug
St. Ingberter Str. 64, Tel (0 68 03) 6 02,
Fax 6 92, ✉ 66399, 💳 💳
11 Zi, Ez: 65/32, Dz: 110/55, ⌐ WC ⌀,
Restaurant

Manderscheid 42 ↘

Rheinland-Pfalz
Kreis Bernkastel-Wittlich
EW 1280
🛈 Tel (0 65 72) 92 15 49, Fax 92 15 51
Tourist-Information
✉ 54531 Grafenstr

✶ Zens
Kurfürstenstr. 35, Tel (0 65 72) 9 23 20,
Fax 92 32 52, ✉ 54531, 💳 💳 💳
♪, 30 Zi, Ez: 75/37-109/54, Dz: 154/77-196/98,
⌐ WC ⌀ DFÜ, ℙ, 🏠, 🛆, Sauna, Solarium
Auch Zimmer der Kategorie ✶✶ vorhanden.
🍴 Hauptgericht 18/9-40/20, Terrasse,
Biergarten, geschl.: Mo

Mannheim 54 □

Baden-Württemberg
EW 326085
🛈 Tel (01 90) 77 00 20, Fax 2 41 41
Tourist-Information
✉ 68161 Willy-Brandt-Platz 3
Cityplan siehe Seite 622

siehe auch Viernheim

✶✶✶ Dorint Kongress Hotel
Friedrichsring 6 (C 3), Tel (06 21) 1 25 10,
Fax 1 25 11 00, ✉ 68161, 💳 💳 💳 💳, Ⓢ
287 Zi, Ez: 253/127-393/197,
Dz: 321/161-461/232, ⌐ WC ⌀ DFÜ, Lift, 🏠,
13⌬600, 🛆, Sauna, Solarium

🍴🍴 Rosengarten
Hauptgericht 19/9-45/22, Terrasse, ℙ

✶✶✶ Holiday Inn
N 6,3 Kurfürstenarkade (B 3),
Tel (06 21) 1 07 10, Fax 1 07 11 67, ✉ 68161,
💳 💳 💳 💳, Ⓢ
146 Zi, Ez: 232/116-325/163,
Dz: 309/155-402/202, 1 Suite, ⌐ WC ⌀, 35 ⊨,
Lift, ℙ, 5⌬180, 🛆, Sauna, Solarium

🍴🍴 Le Pavillon
Hauptgericht 14/7-35/17, geschl.: Sa+So abends

✶✶✶ Maritim Parkhotel
Friedrichsplatz 2 (B 3), Tel (06 21) 1 58 80,
Fax 1 58 88 00, ✉ 68165, 💳 💳 💳 💳, Ⓢ
187 Zi, Ez: 169/85-338/170,
Dz: 228/114-384/193, 3 Suiten, ⌐ WC ⌀, 47 ⊨,
Lift, ℙ, 6⌬200, 🛆, Sauna, Solarium
Auch Zimmer der Kategorie ✶✶ vorhanden.

🍴🍴🍴 Parkrestaurant
Hauptgericht 35/17

✶✶✶ Steigenberger Mannheimer Hof
Augustaanlage 4-8 (C 3), Tel (06 21) 4 00 50,
Fax 4 00 51 90, ✉ 68165, 💳 💳 💳 💳, Ⓢ
155 Zi, Ez: 180/90-415/209,
Dz: 210/105-440/221, 9 Suiten, ⌐ WC ⌀, 49 ⊨,
Lift, 🏠, 7⌬310, Kegeln
Auch Zimmer der Kategorie ✶✶ vorhanden.

🍴🍴 Avalon
Hauptgericht 35/17

✶✶ Best Western Delta Parkhotel
Keplerstr. 24 (C 4), Tel (06 21) 4 45 10,
Fax 4 45 18 88, ✉ 68165, 💳 💳 💳 💳, Ⓢ
130 Zi, Ez: 155/78-350/176,
Dz: 260/130-420/211, 5 Suiten, ⌐ WC ⌀ DFÜ,
40 ⊨, Lift, 🏠, 11⌬200, Restaurant
Auch Zimmer der Kategorie ✶✶✶ vorhanden.

✶✶ Wartburg
Top International Hotels
F 4,4 (A 2), Tel (06 21) 12 00 90,
Fax 12 00 94 44, ✉ 68159, 💳 💳 💳 💳, Ⓢ
150 Zi, Ez: 145/73-170/85, Dz: 190/95-230/115,
2 Suiten, ⌐ WC ⌀ DFÜ, 20 ⊨, Lift, ℙ, 🏠,
9⌬500, Restaurant
Auch Zimmer der Kategorie ✶ vorhanden.

✶✶ Augusta
Augustaanlage 43-45 (außerhalb C 4),
Tel (06 21) 4 20 70, Fax 4 20 71 99, ✉ 68165,
💳 💳 💳 💳
105 Zi, Ez: 185/93-225/113, 1 Suite, ⌐ WC ⌀,
24 ⊨, Lift, 🏠, 6⌬40

🍴🍴 Mannemer Stubb
Hauptgericht 15/7-35/17, nur abends,
geschl.: Sa, So

** Treff Page Hotel

L 12,15 (B 3), Tel **(06 21) 1 27 40 00**,
Fax 1 27 40 99, ✉ 68161, AX DC ED VA, Ⓢ
62 Zi, Ez: 169/85-186/93, Dz: 210/105-222/111,
🛏 WC ⌀, 20 ⛔, Lift, 🏠, 1⇆25, garni
geschl.: 23.12.00-1.1.01

* Novotel

Friedensplatz, Tel **(06 21) 4 23 40**,
Fax 41 73 43, ✉ 68165, AX DC ED VA, Ⓢ
180 Zi, Ez: 124/62-198/99, Dz: 158/79-242/121,
🛏 WC ⌀, 66 ⛔, Lift, 🅿, 10⇆300, ≋,
Restaurant

* Mack

Mozartstr. 14, Tel **(06 21) 1 24 20**,
Fax 1 24 23 99, ✉ 68161, AX DC ED VA
49 Zi, Ez: 92/46-140/70, Dz: 133/66-190/95, 🛏
WC ⌀, 10 ⛔, Lift, 🏠, garni

geschl.: 23.12.00-8.1.01
Auch Zimmer der Kategorie ** vorhanden.

* Acora

C 7, 9-11 (A 2), Tel **(06 21) 1 59 20**,
Fax 2 22 48, ✉ 68159, AX DC ED VA, Ⓢ
162 Zi, Ez: 86/43-200/100, Dz: 132/66-215/108,
10 Suiten, 10 App, 🛏 WC ⌀, 29 ⛔, Lift, 🅿, 🏠,
3⇆20, Restaurant

* Central

Kaiserring 26, Tel **(06 21) 1 23 00**,
Fax 1 23 01 00, ✉ 68161, AX ED VA
34 Zi, Ez: 99/49-150/75, Dz: 130/65-200/100,
🛏 WC ⌀, 11 ⛔, Lift, 🏠, 1⇆30, Golf, garni
geschl.: 22.12.00-2.1.01

Mannheim

✱ Am Bismarck
Bismarckplatz 9 (B 4), Tel (06 21) 40 30 96,
Fax 44 46 05, ✉ 68165, AX DC ED VA
50 Zi, Ez: 128/64-135/67, Dz: 160/80-180/90,
⌐ WC ⌀ DFÜ, Lift, garni
geschl.: 22-26.12.00, 30.12.00-2.1.01

🍴🍴🍴🍴 Da Gianni
R 7, 34, Tel (06 21) 2 03 26, Fax 2 57 71,
✉ 68161, AX ED
Hauptgericht 55/27-73/36, geschl.: Mo,
28.7.-18.8.00

🍴🍴🍴🍴 Dobler's Restaurant L'Epi d'Or
H 7, 3, Tel (06 21) 1 43 97, Fax 2 05 13,
✉ 68159, DC ED VA
Hauptgericht 46/23-50/25, P, geschl.: Mo, So,
18.6.-7.7.01

🍴🍴🍴🍴 Blass
Friedrichsplatz 12, Tel (06 21) 44 80 04,
Fax 44 80 05, ✉ 68165, AX ED VA
Hauptgericht 52/26-58/29, geschl.: Sa mittags,
So, 1.-31.8.00

🍴🍴 Kopenhagen
Friedrichsring 2 a, Tel (06 21) 1 48 70,
Fax 15 51 69, ✉ 68161, AX DC ED VA
Hauptgericht 45/22-68/34, Terrasse, geschl.: So

🍴🍴 Grissini
M 3, 6, Tel (06 21) 1 56 57 24, Fax 1 60 11,
✉ 68161, AX ED VA
Hauptgericht 40/20-48/24, geschl.: So,
23.12.00-7.1.01, 30.7.-20.8.01

Henninger's Gutsschänke
T 6, 28, Tel (06 21) 1 49 12, ✉ 68161
🍷, Hauptgericht 20/10-35/17, ab 17
Rustikale Weinstube mit Eigenbauweinen.
Deftige Regionalküche.

☕ Café Kiemle
P 6, 25, Tel (06 21) 2 39 48, ✉ 68161
8-18.30, geschl.: So
Spezialität: Mannemer Dreck.

☕ Café Herrdegen
E 2, 8, Tel (06 21) 2 01 85, Fax 2 78 89,
✉ 68159
8-18.30, geschl.: so+feiertags
Spezialität: Biertorte und Mannemer Dreck.

Feudenheim (6 km →)

🍴 Zum Ochsen
Hauptstr. 70, Tel (06 21) 79 95 50,
Fax 7 99 55 33, ✉ 68259, DC ED VA
Hauptgericht 16/8-42/21, Terrasse, Gartenlokal,
P, geschl.: 29.12.00-7.1.01
Gasthof von 1632.
✱ 12 Zi, Ez: 118/59-138/69,
Dz: 158/79-178/89, ⌐ WC ⌀ DFÜ

Neckarstadt (1 km ↑)

🍴🍴 Martin
Lange Rötterstr. 53, Tel (06 21) 33 38 14,
Fax 33 52 42, ✉ 68167, AX DC ED VA
Hauptgericht 39/19-55/27, Terrasse,
Gartenlokal, P, geschl.: Mo, Sa mittags,
26.8.-22.9.00

Sandhofen (8 km ↑)

✱✱ Weber
Frankenthaler Str. 85, Tel (06 21) 7 70 10,
Fax 7 70 11 13, ✉ 68307, AX DC ED VA
140 Zi, Ez: 99/49-197/99, Dz: 192/96-240/120,
3 Suiten, 14 App, ⌐ WC ⌀ DFÜ, Lift, P,
7⌣50, ≋, Sauna, Solarium
Auch Zimmer der Kategorie ✱ vorhanden.

🍴🍴 Reblaus
Tel 78 77 91, Fax 77 22 00
Hauptgericht 34/17-56/28, geschl.: So

Seckenheim (7 km ↘)

✱✱ Löwen
Seckenheimer Hauptstr. 159,
Tel (06 21) 4 80 80, Fax 4 81 41 54, ✉ 68239,
ED VA
63 Zi, Ez: 99/49-165/83, Dz: 149/75-215/108,
⌐ WC ⌀, Lift, P, ≋, 1⌣40
Auch Zimmer der Kategorie ✱ vorhanden.
🍴🍴 Hauptgericht 13/6-45/22, Terrasse,
geschl.: Mo+Sa mittags, So

Marbach am Neckar 61 ↗

Baden-Württemberg
Kreis Ludwigsburg
EW 14500
🛈 Tel (0 71 44) 10 20, Fax 10 23 00
Bürgermeisteramt
✉ 71672 Marktstr. 23

✱ Art Hotel Marbach
Güntterstr. 2 / Ecke Wildermuthstr.,
Tel (0 71 44) 8 44 40, Fax 84 44 13, ✉ 71672,
AX ED
23 Zi, Ez: 98/49-125/62, Dz: 149/75-189/95, ⌐
WC ✆ DFÜ, Lift, 1↻15

✱ Parkhotel
Schillerhöhe 14, Tel (0 71 44) 90 50,
Fax 9 05 88, ✉ 71672, AX ED VA
♪, 43 Zi, Ez: 109/54, Dz: 159/80-179/90, ⌐ WC
✆, Lift, ♨, garni

Marburg 45 ↖

Hessen
EW 78500
🛈 Tel (0 64 21) 9 91 20, Fax 99 12 12
Tourismus und Marketing GmbH
✉ 35037 Pilgrimstein 26
Cityplan siehe Seite 626

Kreis- u. Universitätsstadt an d. Lahn; Nord-
hess. Landestheater. Sehensw.: Elisabethkirche,
Luth. Pfarrkirche St. Marien; ref. Dominikaner-
kirche (Universitätskirche); Landgrafenschloß;
Alte Universität; Markt m. Rathaus, Univer-
sitätsmuseum f. Kulturgeschichte im Wilhelms-
bau; Botanische Gärten u.v.m..

✱✱✱✱ Vila Vita Hotel & Residenz Rosenpark
Rosenstr. 18-28, Tel (0 64 21) 6 00 50,
Fax 6 00 51 00, ✉ 35037, AX DC ED VA
58 Zi, Ez: 265/133-305/153, Dz: 340/171,
21 Suiten, 29 App, ⌐ WC ✆ DFÜ, 40 ⇝, Lift, P,
♨, 8↻180, ⌂, Fitnessraum, Sauna, Solarium

¶¶¶ Gourmet-Restaurant
Hauptgericht 35/17-42/21, nur abends, So nur
mittags, geschl.: Mo, Di

¶¶ Rosenkavalier
Hauptgericht 30/15-35/17

✱✱ Sorat Hotel Marburg
Pilgrimstein 29 (B 2), Tel (0 64 21) 91 80,
Fax 91 84 44, ✉ 35037, AX DC ED VA, Ⓢ
146 Zi, Ez: 185/93-245/123,
Dz: 225/113-285/143, ⌐ WC ✆, 77 ⇝, Lift,
6↻350, Fitnessraum, Sauna, Solarium, Golf,
Restaurant

✱ Europäischer Hof
Elisabethstr. 12 (B 2), Tel (0 64 21) 69 60,
Fax 6 64 04, ✉ 35037, AX DC ED VA
95 Zi, Ez: 85/42-170/85, Dz: 140/70-290/146,
5 Suiten, ⌐ WC ✆ DFÜ, Lift, ♨, 5↻120,
Restaurant

✱ Waldecker Hof
Bahnhofstr. 23 (C 1), Tel (0 64 21) 6 00 90,
Fax 60 09 59, ✉ 35037, AX DC ED VA
40 Zi, Ez: 80/40-180/90, Dz: 165/83-250/125,
⌐ WC ✆ DFÜ, 6 ⇝, Lift, P, ♨, 3↻80, ⌂,
Fitnessraum, Sauna, Solarium, garni
Auch Zimmer der Kategorie ✱✱ vorhanden.

¶¶ Das kleine Restaurant ✚
Barfüßertor 25, am Wilhelmsplatz,
Tel (0 64 21) 2 22 93, Fax 5 14 95, ✉ 35037,
ED
Hauptgericht 30/15-35/17, Biergarten, P,
geschl.: Mo, 20.7.-15.8.01

¶¶ Atelier
Elisabethstr. 12, im Europäischen Hof,
Tel (0 64 21) 6 22 55, ✉ 35037, AX DC ED VA
Hauptgericht 30/15, geschl.: Jul-Aug So

¶¶ Alter Ritter
Steinweg 44, Tel (0 64 21) 6 28 38,
Fax 6 67 20, ✉ 35037, AX DC ED VA
Hauptgericht 23/11-39/19, Terrasse

Gisselberg (5 km ↓)

✱✱ Fasanerie
Zur Fasanerie 15, Tel (0 64 21) 9 74 10,
Fax 97 41 77, ✉ 35043, ED VA
§, 40 Zi, Ez: 90/45-195/98, Dz: 160/80-230/115,
1 Suite, ⌐ WC ✆, 8 ⇝, P, 2↻60, Sauna,
Solarium, Restaurant
geschl.: Fr, 22.12.00-7.1.01
Im Haupthaus Zimmer der Kategorie ✱
vorhanden.

Michelbach (7 km ↖)

✱ Stümpelstal
Stümpelstal 2, **Tel (0 64 20) 90 70**, Fax 5 14,
✉ 35041, ED VA
51 Zi, Ez: 85/42-120/60, Dz: 160/80-180/90, ⌐
WC ⌀, **P**, 🚗, 2🛏80, Restaurant

March 67 □

Baden-Württemberg
Kreis Breisgau-Hochschwarzwald
EW 8000
i Tel (0 76 65) 4 22 30, Fax 4 22 45
Bürgermeisteramt
✉ 79232 Am Felsenkeller 2

Neuershausen

✱ Zum Löwen
Eichstetter Str. 4, **Tel (0 76 65) 9 20 90**,
Fax 9 20 99 99, ✉ 79232
14 Zi, Ez: 80/40-98/49, Dz: 140/70-170/85,
1 Suite, ⌐ WC ⌀, 7 🛏, **P**, 1🛏40
geschl.: Mo, 12.2.-5.3.00
🍴 Hauptgericht 16/8-40/20, geschl.: Mo

Margetshöchheim 56 ↖

Bayern / Kreis Würzburg
EW 3250
i Tel (09 31) 4 68 62 10, Fax 46 29 28
VGem Margetshöchheim
✉ 97276 Mainstr. 15

✱✱ Eckert
City Line & Country Line Hotels
Friedenstr. 41, **Tel (09 31) 4 68 50**,
Fax 4 68 51 00, ✉ 97276, AX ED VA
§, 36 Zi, Ez: 109/54-189/95,
Dz: 165/83-265/133, 1 Suite, ⌐ WC ⌀, 7 🛏,
Lift, **P**, 🚗, 2🛏40, Sauna, Solarium, Restaurant

Maria Laach siehe Glees

Marienberg 50 →

Sachsen
Kreis Mittlerer Erzgebirgskrs.
EW 12690
i Tel (0 37 35) 9 05 14, Fax 9 05 65
Fremdenverkehrsamt
✉ 09496 Am frischen Brunnen 1

✱✱ Weißes Roß
Annaberger Str. 12, **Tel (0 37 35) 6 80 00**,
Fax 68 00 77, ✉ 09496, AX DC ED VA
50 Zi, Ez: 85/42-95/47, Dz: 120/60-160/80, ⌐
WC ⌀ DFÜ, 19 🛏, Lift, **P**, 2🛏100, Sauna,
Restaurant

Wolfsberg (3 km ←)

✱ Berghotel Drei Brüder Höhe
Drei Bruder Höhe 1, **Tel (0 37 35) 60 00**,
Fax 6 00 50, ✉ 09496, AX ED
einzeln ♪, 36 Zi, Ez: 75/37-90/45,
Dz: 120/60-150/75, 1 Suite, ⌐ WC ⌀, 17 🛏,
Lift, **P**, 2🛏40, Bowling, Sauna, Restaurant

Marienberg, Bad 44 ↖

Rheinland-Pfalz / Westerwaldkreis
EW 6000
i Tel (0 26 61) 70 31, Fax 93 17 47
Touristinformation
✉ 56470 Wilhelmstr. 10

✱ Kristall
Goethestr. 21, **Tel (0 26 61) 9 57 60**,
Fax 95 76 50, ✉ 56470, ED VA
♪ §, 20 Zi, Ez: 65/32-80/40, Dz: 120/60-180/90,
1 App, ⌐ WC ⌀, Lift, **P**, 2🛏30
🍴 Hauptgericht 35/17

☕ **Café Wäller**
Bismarckstr. 14, **Tel (0 26 61) 54 91**,
Fax 93 91 84, ✉ 56470
geschl.: Mo
Spezialität: Trüffel.

Marienheide 33 ↘

Nordrhein-Westfalen
Oberbergischer Kreis
EW 13326
i Tel (0 22 64) 2 20, Fax 22 61
Der Gemeindedirektor
✉ 51709 Hauptstr. 20

Rodt (3 km ↘)

✱ Landhaus Wirth
Friesenstr. 8, **Tel (0 22 64) 2 70**, Fax 27 88,
✉ 51709, AX DC ED VA
50 Zi, Ez: 115/57-220/110, Dz: 190/95-280/141,
⌐ WC ⌀, 10 🛏, **P**, 🚗, 4🛏80, 🛁, Kegeln,
Sauna, Solarium
Auch Zimmer der Kategorie **✱✱** vorhanden.

🍴🍴 **Im Krug**
Hauptgericht 35/17-60/30, Terrasse, Biergarten

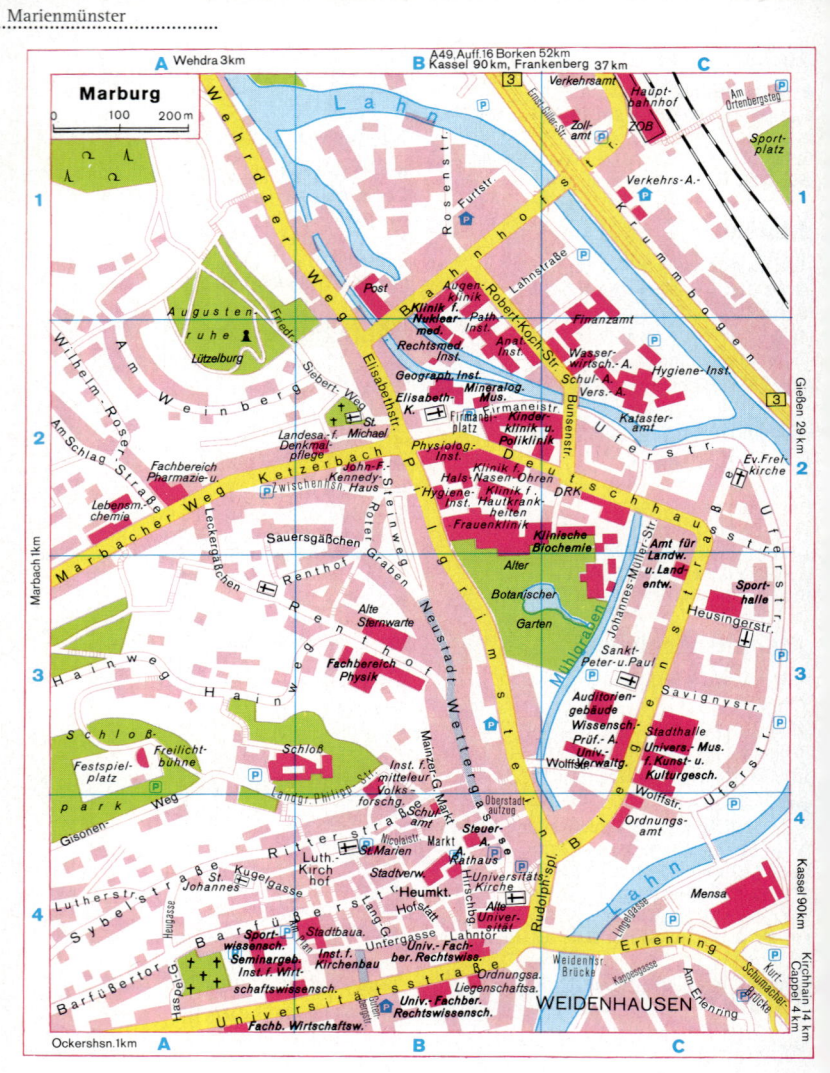

Marienmünster

Nordrhein-Westfalen / Kreis Höxter
EW 5180
☎ Tel (0 52 76) 9 51 50, Fax 98 98 90
Tourist-Information
✉ 37696 Niederstr. 7

35 ↗

Bredenborn

Germanenhof
Heideweg 26, Tel (0 52 76) 2 24, Fax 70 33,
✉ 37696
Hauptgericht 18/9-30/15
✴ 5 Zi, Ez: 55/27, Dz: 100/50, WC, P,
2⇌100, Sauna, Solarium

Vörden

✱ Gasthof Weber
Marktstr. 2, Tel (0 52 76) 9 89 60, ✉ 37696, AX DC ED VA
12 Zi, Ez: 70/35-80/40, Dz: 95/47-110/55, ⊐ WC ✆, ℙ, Kegeln, Restaurant

Markdorf 69 ✓

Baden-Württemberg / Bodenseekreis
EW 11750
❶ Tel (0 75 44) 50 02 90, Fax 50 02 89
Tourist-Information
✉ 88677 Marktstr. 1

**✱✱✱ Bischofschloß
Gast im Schloß**
Schloßweg 2, Tel (0 75 44) 5 09 10,
Fax 50 91 52, ✉ 88677, AX DC ED VA
29 Zi, Ez: 145/73-175/88, Dz: 210/105-260/130,
2 Suiten, ⊐ WC ✆, Lift, 🕿, 2⇔60, Sauna,
Solarium, Restaurant

Markgröningen 61 □

Baden-Württemberg
Kreis Ludwigsburg
EW 14141
❶ Tel (0 71 45) 1 30, Fax 1 31 31
Stadtverwaltung
✉ 71706 Marktplatz 1

✱ Zum treuen Bartel
Am Marktplatz 11, Tel (0 71 45) 9 62 90,
Fax 96 29 29, ✉ 71706, AX DC ED VA
24 Zi, Ez: 88/44-98/49, Dz: 128/64-138/69, ⊐ WC ✆, 4 ⊨, Lift, ℙ, 2⇔100
🍴 Hauptgericht 12/6-35/17, geschl.: Do

Markkleeberg 39 ✓

Sachsen / Kreis Leipziger Land
EW 22730
❶ Tel (03 41) 3 53 32 15, Fax 3 53 32 62
Stadtinformation
✉ 04416 Rathausplatz 1

✱ Markkleeberger Hof
Städtelner Str. 122, Tel (03 41) 2 17 00,
Fax 21 72 22, ✉ 04416, AX ED VA
60 Zi, Ez: 115/57-135/67, Dz: 135/67-165/83,
⊐ WC ✆ DFÜ, 10 ⊨, Lift, ℙ, 🕿, 2⇔70,
Fitnessraum, Sauna, Solarium, Golf, Restaurant

Wachau (3 km →)

**✱✱ Atlanta Park Inn
International**
Südring 21, Tel (03 42 97) 8 40, Fax 8 49 99,
✉ 04445, AX DC ED VA, Ⓢ
196 Zi, Ez: 110/55-138/69, Dz: 140/70-168/84,
⊐ WC ✆ DFÜ, Lift, ℙ, 11⇔250, Sauna,
Solarium, Restaurant

Markranstädt 39 ✓

Sachsen / Kreis Leipziger Land
EW 11093
❶ Tel (03 42 05) 6 10, Fax 6 11 75
Stadtverwaltung
✉ 04420 Markt 1

✱ Advena Park Hotel
Krakauer Str. 49, Tel (03 42 05) 6 00,
Fax 6 02 00, ✉ 04420, AX DC ED VA
58 Zi, Ez: 135/67-155/78, Dz: 165/83-185/93,
⊐ WC ✆, 30 ⊨, Lift, ℙ, 6⇔120, Sauna,
Solarium, Restaurant
Auch Zimmer der Kategorie ✱✱ vorhanden.

✱ Apart Hotel Am Grünen Zweig
Am Grünen Zweig 1, Tel (03 42 05) 7 46 00,
Fax 7 46 30, ✉ 04420, AX DC ED VA
24 Zi, Ez: 75/37-112/56, Dz: 105/52-155/78,
9 App, ⊐ WC ✆, 3 ⊨, Lift, ℙ, garni

Appartementhotels/Boardinghäuser

Appart'otel Stadtresidenz
Leipziger Str. 2 c, Tel (03 42 05) 6 40 00,
Fax 6 40 65, ✉ 04420, AX DC ED VA
27 Zi, Ez: 83/41, Dz: 116/58, 27 App, ⊐ WC ✆
DFÜ, 5 ⊨, Lift, ℙ, 🕿, Sauna, Restaurant
Zimmer der Kategorie ✱ vorhanden.

Quesitz

✱ Kastanienhof
Lützenerstr. 116, Tel (03 42 05) 79 50,
Fax 79 51 51, ✉ 04420, ED VA
30 Zi, Ez: 85/42-115/57, Dz: 120/60-140/70, ⊐ WC ✆, ℙ, 3⇔50, Restaurant

Markt Erlbach 56 →

Bayern
Kreis Neustadt a.d. Aisch/Bad Windsheim
EW 5820
❶ Tel (0 91 06) 92 93 24, Fax 92 93 25
Fremdenverkehrsamt
✉ 91459 Neue Straße 16

Linden (5 km ←)

🛏 Zum Stern
Linden 60, Tel (0 91 06) 8 91, Fax 66 66,
✉ 91459
15 Zi, Ez: 48/24-55/27, Dz: 86/43-104/52,
1 Suite, ⊐ WC, ℙ, 1⇔50, Solarium, Restaurant
geschl.: Mi, 15.1.-15.2.01

Markt Schwaben 72 ↗

Bayern / Kreis Ebersberg
EW 11000
🛈 Tel (0 81 21) 41 80, Fax 4 18 99
Markt Markt Schwaben
✉ 85570 Schloßplatz 2

✶✶ Georgenhof
Bahnhofstr. 39, Tel (0 81 21) 92 00,
Fax 9 20 60, ✉ 85570, AX DC ED VA
35 Zi, Ez: 100/50-150/75, Dz: 200/100-280/141,
2 App., ⌙ WC 🌀 DFÜ, 10 🛏, Lift, 🅿, 🚗, 2⌬35,
Restaurant

Marktheidenfeld 55 ↗

Bayern / Kreis Main-Spessart
EW 11500
🛈 Tel (0 93 91) 50 04 41, Fax 79 40
Fremdenverkehrsamt
✉ 97828 Luitpoldstr. 17

✶✶ Anker
Obertorstr. 6, Tel (0 93 91) 6 00 40,
Fax 60 04 77, ✉ 97828, AX ED VA
35 Zi, Ez: 119/59-159/80, Dz: 179/90-230/115,
4 Suiten, ⌙ WC 🌀 DFÜ, 9 🛏, Lift, 🅿, 🚗,
4⌬100, Golf, Kinderbetreuung, Restaurant

✶ Zum Löwen
Marktplatz 3, Tel (0 93 91) 91 53 45,
Fax 17 21, ✉ 97828, ED VA
30 Zi, Ez: 70/35-90/45, Dz: 110/55-140/70, ⌙
WC, 2 🛏, 🅿, 🚗, Restaurant

🍴 Gasthof Mainblick
Mainkai 11, Tel (0 93 91) 9 86 50,
Fax 98 65 44, ✉ 97828, AX ED VA
Hauptgericht 19/9-30/15, Terrasse, geschl.: Mo
✶✶ 🍴, 18 Zi, Ez: 90/45,
Dz: 125/62-130/65, ⌙ WC 🌀

Altfeld (4 km ↙)

✶ Spessarttor
Michelriether Str. 38, Tel (0 93 91) 6 00 30,
Fax 60 03 99, ✉ 97828, AX DC ED VA

⌙, 20 Zi, Ez: 90/45-140/70, Dz: 150/75-190/95,
⌙ WC 🌀, 18 🛏, Lift, 🅿, 🚗, Sauna, Solarium,
Golf, garni
Auch Zimmer der Kategorie ✶✶ vorhanden.

Marienbrunn (4 km ↗)

✶ Villa Christalina
Am Lauterpfad 2, Tel (0 93 91) 8 11 36,
Fax 88 91, ✉ 97828
⌙, 8 Zi, Ez: 100/50-110/55, Dz: 150/75-170/85,
⌙ WC 🌀, 8 🛏, 🅿, Fitnessraum, Sauna, garni
Auch Zimmer der Katgorie ✶✶ vorhanden.

Marktleugast 48 ↘

Bayern / Kreis Kulmbach
EW 3880
🛈 Tel (0 92 55) 94 70, Fax 9 47 50
Gemeindeverwaltung
✉ 95352 Kulmbacher Str. 2

Hermes (4 km ↙)

✶ Landgasthof Haueis
Haus Nr. 1, Tel (0 92 55) 2 45, Fax 72 63,
✉ 95352, ED VA
⌙, 36 Zi, Ez: 51/25-58/29, Dz: 90/45-120/60, ⌙
WC 🌀, 🅿, 🚗, 1⌬25
geschl.: 1.-7.11.00, 10.1.-28.2.01,
🍴 Hauptgericht 9/4-39/19, Biergarten

Marktleuthen 49 ↙

Bayern
Kreis Wunsiedel im Fichtelgebirge
EW 4100
🛈 Tel (0 92 85) 96 90, Fax 9 69 69
Stadtverwaltung
✉ 95168 Marktplatz 3

✶ Gasthof Aulinger
Lindenweg 18, Tel (0 92 85) 12 67, Fax 64 86,
✉ 95168, ED VA
11 Zi, Ez: 40/20-75/37, Dz: 70/35-130/65, ⌙
WC 🌀, 🅿, 🚗, Restaurant

Marktoberdorf 70 →

Bayern / Kreis Ostallgäu
EW 18500
🛈 Tel (0 83 42) 40 08 45, Fax 40 08 65
Stadtverwaltung
✉ 87616 Jahnstr. 1

✶✶ Sepp
Bahnhofstr. 13, Tel (0 83 42) 70 90,
Fax 70 91 00, ✉ 87616, ED VA

64 Zi, Ez: 95/47-130/65, Dz: 135/67-160/80, ⌐⌐
WC ⌀, 5 ⌫, Lift, P, 6○100, Kegeln, Sauna,
Solarium, Restaurant

* **St. Martin**
Wiesenstr. 21, Tel (0 83 42) 9 62 60,
Fax 96 26 96, ✉ 87616, ED VA
26 Zi, Ez: 85/42-95/47, Dz: 130/65-140/70, ⌐⌐
WC ⌀ DFÜ, 2 ⌫, Lift, P, ⌂, Sauna, Solarium,
Restaurant

Marktredwitz 58 ↗

Bayern / Kreis Wunsiedel
EW 19000
i Tel (0 92 31) 50 11 28, Fax 50 11 29
Tourist Information
✉ 95615 Markt 29 / Historisches Rathaus

Stadt im Fichtelgebirge. Sehenswert: St. Bartholomäuskirche; Theresienkirche; Hist. Rathaus; Neues Rathaus: Goethezimmer; Egerland-Museum.

* **Marktredwitzer Hof**
  Meister Bär's Privat Hotels
Scherdelstr. 7, Tel (0 92 31) 95 60,
Fax 95 61 50, ✉ 95615, AX DC ED VA
50 Zi, Ez: 79/39-158/79, Dz: 118/59-198/99,
2 Suiten, 2 App, ⌐⌐ WC ⌀, 8 ⌫, Lift, P,
3○100, Fitnessraum, Sauna, Solarium,
Restaurant

* **Bairischer Hof**
Markt 40-42, Tel (0 92 31) 6 20 11,
Fax 6 35 50, ✉ 95615, AX DC ED VA
55 Zi, Ez: 90/45-140/70, Dz: 135/67-190/95,
1 Suite, 3 App, ⌐⌐ WC ⌀, 3 ⌫, Lift, P, 3○80,
Kegeln, Restaurant
Hotelanfahrt über Leopoldstr.

Marktrodach 48 ↓

Bayern / Kreis Kronach
EW 4080
i Tel (0 92 61) 6 03 10, Fax 60 31 50
Markt Marktrodach
✉ 96364 Kirchplatz 3

Unterrodach

** **Flößerhof**
Kreuzbergstr. 35, Tel (0 92 61) 6 06 10,
Fax 60 61 62, ✉ 96364, ED VA
♪ ♣, 33 Zi, Ez: 80/40-165/83,
Dz: 115/57-190/95, 3 App, ⌐⌐ WC ⌀, P, 2○60,
≋, ⌂, Sauna, Solarium
¶¶ Hauptgericht 18/9-35/17

Marktschellenberg 73 ↘

Bayern
Kreis Berchtesgadener Land
EW 1850
i Tel (0 86 50) 98 88 30, Fax 98 88 31
Verkehrsamt Marktschellenberg
✉ 83487 Salzburger Str. 2

Marktschellenberg-Außerhalb (4 km ↓)

🛏 **Gasthaus Kugelmühle**
Kugelmühlweg 18, Tel (0 86 50) 4 61, Fax 4 16,
✉ 83487
♪, 16 Zi, Ez: 55/27-80/40, Dz: 90/45-130/65, ⌐⌐
WC, 8 ⌫, P, Restaurant
geschl.: 31.10.-25.12.00, 10.1.-1.3.01

Marktzeuln 48 ↙

Bayern / Kreis Lichtenfels
EW 1660
i Tel (0 95 74) 6 23 60, Fax 62 36 36
Gemeindeverwaltung
✉ 96275 Am Flecken 29

* **Mainblick**
Schwürbitzer Str. 25, Tel (0 95 74) 30 33,
Fax 40 05, ✉ 96275, VA
♪ ♣, 18 Zi, Ez: 67/33-75/37, Dz: 104/52-110/55,
⌐⌐ WC ⌀, P, ⌂, Sauna
¶ Hauptgericht 16/8-34/17, Terrasse,
geschl.: Nov-Apr So abends

Marl 33 ↖

Nordrhein-Westfalen
Kreis Recklinghausen
EW 93220
i Tel (0 23 65) 9 19 70, Fax 91 97 18
i-Punkt Marl
✉ 45768 Creiler Platz 1

* **Parkhotel**
Eduard-Weitsch-Weg 2, Tel (0 23 65) 10 20,
Fax 10 24 88, ✉ 45768, AX DC ED VA
93 Zi, Ez: 157/79-187/94, Dz: 179/90-209/105,
⌐⌐ WC ⌀, 19 ⌫, Lift, P, 7○300, ≋, Sauna,
Solarium, Restaurant

Hüls (4 km →)

* **Loemühle**
Loemühlenweg 221, Tel (0 23 65) 4 14 50,
Fax 4 14 51 99, ✉ 45770, AX DC ED VA
55 Zi, Ez: 80/40-180/90, Dz: 140/70-235/118,
1 Suite, 1 App, ⌐⌐ WC DFÜ, 4 ⌫, P, ⌂,
4○100, ≋, ⌂, Sauna, Solarium
¶ Hauptgericht 35/17, Terrasse

Marquartstein 73 ✓

Bayern / Kreis Traunstein
EW 3200
🛈 Tel (0 86 41) 82 36, Fax 6 17 01
Verkehrsamt
✉ 83250 Bahnhofstr. 3

Pettendorf (1 km ↑)

✱✱ Weßnerhof
Pettendorf 11, Tel (0 86 41) 9 78 40,
Fax 6 19 62, ✉ 83250
33 Zi, Ez: 68/34-85/42, Dz: 128/64-144/72, ⌐
WC ⊘, 6 ⚑, Lift, Ⓟ, 🏠, 3↺30, Restaurant
geschl.: Mi, 6.11.-3.12.00

Marsberg 35 ←

Nordrhein-Westfalen
Hochsauerlandkreis
EW 25000
🛈 Tel (0 29 92) 33 88, Fax 14 61
Verkehrsamt
✉ 34431 Hauptstr. 23a

🍽 Mücke
Stobkeweg 8, Tel (0 29 92) 26 29, Fax 27 71,
✉ 34431, ED
Hauptgericht 22/11, Terrasse, Gartenlokal, Ⓟ,
geschl.: Mo, 2 Wochen im Jan
🛏 8 Zi, Ez: 70/35-80/40, Dz: 120/60-130/65,
⌐ WC, 8 ⚑, 🏠

Marxzell 60 →

Baden-Württemberg
Kreis Karlsruhe (Land)
EW 5240
🛈 Tel (0 72 48) 9 14 70, Fax 91 47 25
Bürgermeisteramt
✉ 76359 Karlsruher Str. 2

✱✱ Landgasthof Marxzeller Mühle
Albtal 1, Tel (0 72 48) 9 19 60, Fax 91 96 49,
✉ 76359, AX ED VA
16 Zi, Ez: 140/70-160/80, Dz: 230/115, 1 Suite,
⌐ WC ⊘, 4 ⚑, Lift, Ⓟ, 🏠, 3↺60
🍴🍴 Hauptgericht 27/13-48/24

Maschen siehe Seevetal

Maselheim 69 ↗

Baden-Württemberg
Kreis Biberach an der Riß
EW 4460
🛈 Tel (0 73 51) 78 31, Fax 1 31 34
Gemeindeverwaltung
✉ 88437 Wennedacher Str. 3

✱ Maselheimer Hof
Kronenstr. 1, Tel (0 73 51) 7 12 99,
Fax 7 25 93, ✉ 88437, AX DC ED VA
23 Zi, Ez: 95/47-135/67, Dz: 135/67-185/93, ⌐
WC ⊘, 2 ⚑, Lift, Ⓟ, 🏠, 2↺30, Sauna,
Solarium, Restaurant

Masserberg 47 □

Thüringen / Kreis Hildburghausen
EW 3350
🛈 Tel (03 68 70) 5 70 15, Fax 5 70 28
Masserberg Information
✉ 98666 Hauptstr. 37

✱✱ Rennsteig
Rennsteigstr. 5, Tel (03 68 70) 80, Fax 83 88,
✉ 98666, AX ED VA
♪ §, 87 Zi, Ez: 130/65-150/75,
Dz: 240/120-280/141, 3 Suiten, ⌐ WC ⊘, Lift,
Ⓟ, 5↺150, Restaurant
Benutzung der Freizeiteinrichtungen im
Badehaus Masserberg möglich.

✱ Am Badehaus
Hauptstr. 10-14, Tel (03 68 70) 24 90,
Fax 24 93 33, ✉ 98666
19 Zi, Ez: 60/30-100/50, Dz: 95/47-120/60,
4 App, ⌐ WC ⊘, Ⓟ, Sauna, Solarium, garni

✱ Auerhahn
Neustädter Str. 1, Tel (03 68 70) 5 60,
Fax 56 56, ✉ 98666, AX ED VA
35 Zi, Ez: 80/40, Dz: 140/70, 3 App, ⌐ WC ⊘,
Sauna, Restaurant

Fehrenbach

**✱ Werrapark Hotel
Am Sommerberg**
Schulstr. 23, Tel (03 68 74) 9 40 00,
Fax 9 47 77, ✉ 98666, DC ED VA
♪ §, 62 Zi, Ez: 68/34-92/46, Dz: 106/53-154/77,
19 Suiten, ⌐ WC ⊘, Lift, 3↺120, Sauna,
Solarium, Restaurant
geschl.: 1.-31.3.01
24 Ferienhäuser vohanden.

Heubach

✱ Werrapark Hotel Heubacher Höhe
Rudolf-Breitscheid-Str. 41,
Tel (03 68 74) 9 30 00, Fax 9 37 77, ✉ 98666,
DC ED VA
♪ ⚒, 122 Zi, Ez: 68/34-83/41,
Dz: 106/53-154/77, ⌐ WC ⌀, 12 ⌚, Lift, ⌂,
Bowling, Sauna, Solarium, Restaurant
geschl.: 1.11.-15.12.00, 1.-31.3.01

Schnett

✱ Werrapark Hotel Frankenblick
Am Kirchberg 15, Tel (03 68 74) 9 50 00,
Fax 9 57 77, ✉ 98666, DC ED VA
♪ ⚒, 56 Zi, Ez: 74/37-100/50,
Dz: 118/59-170/85, 4 Suiten, ⌐ WC ⌀, Lift,
2⌘230, ⌂, Kegeln, Sauna, Solarium,
Restaurant
geschl.: 1.-30.11.00, 1.-31.3.01

Maßweiler 53 ↓

Rheinland-Pfalz
Kreis Südwestpfalz
EW 1147
ℹ Tel (0 63 34) 44 11 01, Fax 44 11 11
Verbandsgemeindeverwaltung
✉ 66987 Hauptstr. 52

¶¶ Borst 🍷
Luitpoldstr. 4, Tel (0 63 34) 14 31, Fax 14 31,
✉ 66506
Hauptgericht 23/11-44/22, Terrasse, P, ⌚,
geschl.: Mo, Di, 2 Wochen im Sommer

Maulbronn 61 ↖

Baden-Württemberg / Enzkreis
EW 6400
ℹ Tel (0 70 43) 10 30, Fax 1 03 45
Stadtverwaltung
✉ 75433 Postfach 47

Erholungsort. Sehenswert: Ehem. Zisterzienserkloster, seit 1993 UNESCO-Weltkulturerbe.

✱ Klosterpost
Frankfurter Str. 2, Tel (0 70 43) 10 80,
Fax 10 82 99, ✉ 75433, AX DC ED VA
39 Zi, Ez: 99/49-139/70, Dz: 159/80-199/100,
⌐ WC ⌀ DFÜ, Lift, P, ⌂, 3⌘45
geschl.: Mo
Auch Zimmer der Kategorie ✱✱ vorhanden.
¶¶ Hauptgericht 30/15, geschl.: Nov-Mär
Mo

Maulburg 67 ✓

Baden-Württemberg / Kreis Lörrach
EW 4000
ℹ Tel (0 76 22) 3 99 10, Fax 39 91 27
Bürgermeisteramt
✉ 79689 Hermann-Burte-Str 55

✱ Murperch
Hotzenwaldstr. 1, Tel (0 76 22) 6 78 70,
Fax 67 87 30, ✉ 79689, AX DC ED VA
13 Zi, Ez: 75/37-115/57, Dz: 130/65-160/80,
1 Suite, 5 App, ⌐ WC ⌀ DFÜ, P, garni

¶ Wiesenthäler Hof
Hauptstr. 49, Tel (0 76 22) 20 44, Fax 6 45 45,
✉ 79689, AX ED VA
Hauptgericht 25/12-40/20, Biergarten,
Gartenlokal, P, geschl.: Sa, So abends,
1.-15.1.01
✱ 6 Zi, Ez: 90/45, Dz: 160/80, ⌐ WC ⌀
DFÜ

Mauth 66 ↗

Bayern / Kreis Freyung-Grafenau
EW 2800
ℹ Tel (0 85 57) 96 00 85, Fax 96 00 15
Verkehrsamt
✉ 94151 Giesekestr. 2

Finsterau (6 km ↑)

✱ Gasthof Bärnriegel mit Gästehaus
Halbwaldstr. 32, Tel (0 85 57) 9 60 20,
Fax 96 02 49, ✉ 94151
♪ ⚒, 23 Zi, Ez: 65/32-90/45, Dz: 95/47-115/57,
⌐ WC ⌀, P, 1⌘70, Sauna, Solarium,
Restaurant
geschl.: 6.11.-15.12.00
Auch Zimmer der Kategorie ✱✱ vorhanden.

Mayen 43 ✓

Rheinland-Pfalz
Kreis Mayen-Koblenz
EW 20000
ℹ Tel (0 26 51) 90 30 04, Fax 90 30 09
Verkehrsamt
✉ 56727 Am Markt, Altes Rathaus

Stadt in der Eifel; Sehenswert: Kath. St.-Clemens-Kirche; kath. St.-Veit-Kirche; Genovevaburg (Eifelmuseum); Rathaus; Brückentor; Schloß Bürresheim (5 km N→).

✱ Maifelder Hof
Polcher Str. 74, Tel (0 26 51) 9 60 40,
Fax 7 65 58, ✉ 56727, DC ED VA
13 Zi, Ez: 82/41-110/55, Dz: 130/65-180/90, ⊟ WC ⌀, **P**, 🍴, Kegeln, Restaurant
geschl.: 20.12.-3.1.00

✱ Traube
Bäckerstr. 6, Tel (0 26 51) 9 60 10, Fax 7 21 87,
✉ 56727, AX DC ED VA
12 Zi, Ez: 80/40-95/47, Dz: 125/62-130/65, ⊟ WC ⌀, 🍴, garni
geschl.: 24.12.00-1.1.01

✱ Im Römer
Marktstr. 46, Tel (0 26 51) 23 15, Fax 90 02 94,
✉ 56727
⌀, Hauptgericht 12/6-32/16, Terrasse,
geschl.: Mo, So mittags

Mayschoß 43 ←

Rheinland-Pfalz / Kreis Ahrweiler
EW 1050
ℹ Tel (0 26 43) 83 08, Fax 93 60 93
Verkehrsverein
✉ 53508 Ahr-Rotweinstr. 42

Sehenswert: Weinkeller der ältesten Winzergenossenschaft Deutschlands mit dem neuen Mittelahr-Weinbaumuseum, gepflegte Wanderwege, Burgruine Saffenburg (älteste Burganlage des Ahrtales) mit herrlicher Aussicht: Viele Freizeitmöglichkeiten.

Laach (1 km ✓)

✱✱ Lochmühle
Ahrrotweinstr. 62, Tel (0 26 43) 80 80,
Fax 80 84 45, ✉ 53508, AX DC ED VA
§, 103 Zi, Ez: 152/76-223/112,
Dz: 215/108-242/121, 1 Suite, ⊟ WC ⌀, Lift, **P**,
🍴, 9⟳150, ⚬, Sauna, Solarium
Auch Zimmer der Kategorie ✱ vorhanden.
🍴🍴 Hauptgericht 25/12-48/24, Kegeln

Mechernich 42 →

Nordrhein-Westfalen
Kreis Euskirchen
EW 26000
ℹ Tel (0 24 43) 4 91 67, Fax 4 91 99
Stadt Mechernich
✉ 53894 Bergstr

Kommern (4 km ↑)

✱ Sport-Hotel Kommern am See
Ernst-Becker-Weg, Tel (0 24 43) 9 90 90,
Fax 99 09 55, ✉ 53894, AX DC ED VA
30 Zi, Ez: 100/50-150/75, Dz: 150/75-175/88,
⊟, 8 🛏, 🍴, 2⟳30, ⚬, Kegeln, Sauna,
Solarium, Golf, 5 Tennis
Auch einfachere Zimmer vorhanden.

🍴🍴 **Pfeffermühle**
Hauptgericht 30/15

Meckenbeuren 69 ↓

Baden-Württemberg / Bodenseekreis
EW 13100
ℹ Tel (0 75 42) 97 83 41, Fax 97 83 44
Touristinformation
✉ 88074 Theodor-Heuss-Platz 1

Buch

✱ Zum Löwen
Hauptstr. 136, Tel (0 75 42) 9 40 20,
Fax 94 02 80, ✉ 88074, AX DC ED VA
40 Zi, Ez: 95/47-130/65, Dz: 140/70-180/90, ⊟ WC ⌀, 4 🛏, Lift, **P**, Sauna, Solarium,
Restaurant

Madenreute (4 km ↗)

✱✱ Jägerhaus
Madenreute 13, Tel (0 75 42) 9 45 50,
Fax 94 55 56, ✉ 88074, DC ED VA
☾, 38 Zi, Ez: 90/45-140/70, Dz: 130/65-170/85,
⊟ WC ⌀, 6 🛏, Lift, **P**, 🍴, Sauna, Restaurant

Meckenheim 43 ←

Nordrhein-Westfalen
Rhein-Sieg-Kreis
EW 24500
ℹ Tel (0 22 25) 91 71 43, Fax 91 71 02
Stadtverwaltung
✉ 53340 Hauptstr. 29

✱✱ City-Hotel
Bonner Str. 25, Tel (0 22 25) 60 95,
Fax 1 77 20, ✉ 53340, AX DC ED VA

89 Zi, Ez: 100/50-160/80, Dz: 140/70-230/115,
2 Suiten, 2 App, ⌐ WC ⌀, 9 ⇔, Lift, **P**,
10⇌100, ⌂, Fitnessraum, Kegeln, Sauna,
Solarium

🍴 Zum Brotbäcker
Hauptgericht 15/7-25/12, Terrasse, Biergarten

✱ Zwei Linden
Merler Str. 1, **Tel (0 22 25) 9 42 00**,
Fax 94 20 40, ⌧ 53340, DC ED VA
18 Zi, Ez: 100/50-120/60, Dz: 140/70-160/80,
1 Suite, ⌐ WC ⌀ DFÜ, 8 ⇔, **P**, 1⇌25, garni

Medebach 35 ↙

Nordrhein-Westfalen
Hochsauerlandkreis
EW 8300
ℹ Tel (0 29 82) 4 00 48, Fax 4 00 38
Touristik GmbH
⌧ 59964 Oberstraße 26

🍴 Brombach
Oberstr. 6, **Tel (0 29 82) 85 70**, Fax 34 52,
⌧ 59964, AX DC ED VA
Hauptgericht 19/9-39/19, Terrasse, Kegeln, **P**,
geschl.: Mo

▬ 9 Zi, Ez: 60/30-65/32, Dz: 90/45-100/50,
⌐ WC, Lift, ⌂, 1⇌

Meerane 49 ↑

Sachsen / Kreis Chemnitzer Land
EW 20000
ℹ Tel (0 37 64) 5 42 88, Fax 5 42 32
Stadtverwaltung
⌧ 08393 Leipziger Str. 32-34

**✱✱✱ Meerane
Top International Hotel**
An der Hohen Str. 3, **Tel (0 37 64) 59 10**,
Fax 59 15 91, ⌧ 08393, AX DC ED VA, Ⓢ
117 Zi, Ez: 130/65-190/95, Dz: 170/85-240/120,
20 Suiten, ⌐ WC ⌀ DFÜ, 56 ⇔, Lift, **P**, ⌂,
14⇌300, Sauna, Solarium, Restaurant

✱✱ Schwanefeld
Schwanefelder Str. 22, an der B 93,
Tel (0 37 64) 40 50, Fax 40 56 06, ⌧ 08393,
AX DC ED VA
63 Zi, Ez: 110/55-125/62, Dz: 130/65-160/80, ⌐
WC ⌀ DFÜ, Lift, **P**, 8⇌220, Bowling, Sauna,
Solarium, Restaurant
Im Gästehaus Anett Zimmer der Kategorie ✱.

✱ Parkhotel
Martinstr. 54, **Tel (0 37 64) 4 72 77**,
Fax 4 72 78, ⌧ 08393, AX DC ED VA
♪, 41 Zi, Ez: 85/42-115/57, Dz: 135/67, ⌐ WC
⌀ DFÜ, 9 ⇔, Lift, **P**, ⌂, 3⇌80, Fitnessraum,
Sauna, Solarium, Restaurant

✱ Zur Eiche
Karl-Schiefer-Str. 32, **Tel (0 37 64) 41 80**,
Fax 46 69, ⌧ 08393, ED VA
16 Zi, Ez: 65/32-95/47, Dz: 100/50-120/60, ⌐
WC ⌀, Restaurant

Meerbusch 32 ↘

Nordrhein-Westfalen / Kreis Neuss
EW 52930
ℹ Tel (0 21 32) 91 60, Fax 91 63 20
Stadtverwaltung
⌧ 40667 Moerser Str. 28

Büderich

✱✱ Gut Dyckhof
Am Dyckhof 3, **Tel (0 21 32) 97 77**, Fax 97 75,
⌧ 40667, AX DC ED VA
39 Zi, Ez: 155/78-250/125,
Dz: 220/110-320/161, ⌐ WC ⌀ DFÜ, 9 ⇔, **P**,
2⇌40, Golf, Restaurant

✱ Zum Deutschen Eck
Düsseldorfer Str. 87, **Tel (0 21 32) 9 92 20**,
Fax 99 22 20, ⌧ 40667, DC ED VA
24 Zi, Dz: 180/90-275/138, 2 App, ⌐ WC ⌀,
Lift, ⌂, Golf, Restaurant
geschl.: 22.12.00-6.1.01

🍴🍴🍴 Landsknecht
Poststr. 70, **Tel (0 21 32) 9 33 90**, Fax 1 09 78,
⌧ 40667, AX ED VA
Hauptgericht 38/19, Terrasse, Biergarten, **P**,
geschl.: Mo

🍴 Lindenhof ✚
Dorfstr. 48, **Tel (0 21 32) 26 64**, Fax 1 01 96,
⌧ 40667, AX VA
Hauptgericht 20/10-39/19, Terrasse, geschl.: Mo

Meerbusch

Langst-Kierst

✱✱✱ Best Western Vier Jahreszeiten
Zur Rheinfähre 14-15, Tel **(0 21 50) 91 40**,
Fax 91 49 00, ✉ 40668, AX DC ED VA, Ⓢ
§, 75 Zi, Ez: 148/74-388/195,
Dz: 198/99-388/195, 9 Suiten, ⊣ WC ⊘ DFÜ,
16 ⊭, Lift, P, 7🡒180, Sauna, Solarium, Golf

⊪⊪⊪ Bellevue
§, Hauptgericht 40/20-55/27, Terrasse,
Biergarten, nur abends, geschl.: Mo

Osterath

✱ Osterather Hof
Kirchplatz 30, Tel **(0 21 59) 24 90**, Fax 5 12 49,
✉ 40670, AX DC ED VA
26 Zi, Ez: 128/64, Dz: 190/95, ⊣ WC ⊘, P, 🏠,
2🡒50

⊪ Hauptgericht 20/10-40/20

⊪⊪ Gschwind
Hochstr. 29, Tel **(0 21 59) 24 53**, Fax 24 22,
✉ 40670, AX DC ED VA
Hauptgericht 24/12-42/21, geschl.: Mo, Sa+So
mittags

Meersburg 69 ✓

Baden-Württemberg / Bodenseekreis
EW 5000
🛈 Tel **(0 75 32) 43 11 10**, Fax 43 11 20
Kur- und Verkehrsverwaltung
✉ 88709 Kirchstr. 4

✱✱ 3 Stuben
Kirchstr. 7 (B 1), Tel **(0 75 32) 8 00 90**,
Fax 13 67, ✉ 88709, AX ED VA
25 Zi, Ez: 145/73-195/98, Dz: 230/115-270/135,
1 Suite, ⊣ WC ⊘, Lift, P, 🏠, 2🡒25, Sauna
geschl.: 15.12.00-1.3.01

⊪⊪⊪ Tel 8 00 20 Fax 91 76,
Hauptgericht 59/29, nur abends, geschl.: Di
Beachtenswerte Küche.

✱✱ Romantik Hotel Residenz am See ♛
Uferpromenade 11 (C 2), Tel **(0 75 32) 8 00 40**,
Fax 80 04 70, ✉ 88709, AX DC ED VA
§, 21 Zi, Ez: 133/66-188/94,
Dz: 210/105-322/162, 1 Suite, ⊣ WC ⊘, 10 ⊭,
Lift, P, 2🡒40
geschl.: 13.11.00-15.3.01

⊪⊪ §, Hauptgericht 36/18-50/25, Terrasse,
geschl.: 13.11.00-15.3.01

✱ Villa Bellevue
Am Rosenhag 5, Tel **(0 75 32) 97 70**,
Fax 13 67, ✉ 88709, AX ED VA
♪ §, 11 Zi, Ez: 105/52-145/73,
Dz: 210/105-240/120, ⊣ WC ⊘, P, 🏠, garni
geschl.: 22.10.00-1.4.01

✱ Wilder Mann
Bismarckplatz 2 (B 2), Tel **(0 75 32) 90 11**,
Fax 90 14, ✉ 88709, AX ED VA
§, 31 Zi, Ez: 110/55-250/125,
Dz: 150/75-275/138, 2 Suiten, 2 App, ⊣ WC ⊘,
P, 🏠, Restaurant
Auch Zimmer der Kategorie ✱✱ vorhanden.

✱ Seehotel Off
Uferpromenade 51 (C 2), Tel **(0 75 32) 4 47 40**,
Fax 44 74 44, ✉ 88709, DC ED VA
♪ §, 21 Zi, Ez: 99/49-150/75,
Dz: 165/83-231/116, ⊣ WC ⊘, Lift, P, 🏠,
1🡒30, Seezugang
geschl.: 2.1.-2.2.01
Auch Zimmer der Kategorie ✱✱ vorhanden.

⊪ Hauptgericht 30/15, Terrasse,
geschl.: 2.1.-2.2.01

✱ Seegarten
Uferpromenade 47 (C 2), Tel **(0 75 32) 8 00 30**,
Fax 80 03 33, ✉ 88709
♪ §, 15 Zi, Ez: 100/50-120/60,
Dz: 140/70-220/110, 9 App, ⊣ WC ⊘, Lift, P,
Seezugang, Sauna, Solarium, garni

✱ Zum Bären
Marktplatz 11, Tel **(0 75 32) 4 32 20**,
Fax 43 22 44, ✉ 88709
🍴, 20 Zi, Ez: 85/42-95/47, Dz: 135/67-185/93,
⊣ WC ⊘ DFÜ, 🏠, Restaurant
geschl.: 15.11.00-15.3.01

⊪ Winzerstube Zum Becher
Höllgasse 4, beim Neuen Schloß,
Tel **(0 75 32) 90 09**, Fax 16 99, ✉ 88709,
AX DC VA

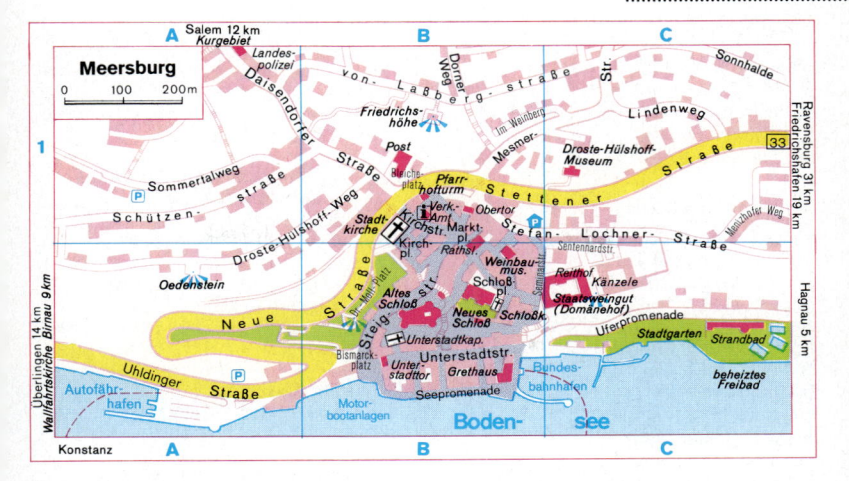

[Map: Meersburg]

🕽, Hauptgericht 20/10-44/22, Terrasse,
geschl.: Mo, 3.-20.1.01

Mehring 52 ↗

Rheinland-Pfalz
Kreis Trier-Saarburg
EW 2300
🛈 Tel (0 65 02) 14 13, Fax 12 53
Touristikverein
✉ 54346 Bachstr. 47

⛳ Weinhaus Molitor
Maximinstr. 7, Tel (0 65 02) 27 88,
Fax 98 88 22, ✉ 54346, ED
10 Zi, Ez: 65/32-75/37, Dz: 95/47-120/60,
1 Suite, ⌐ WC, P, 🚗
geschl.: Jan

Mehring 73 ↗

Bayern / Kreis Altötting
EW 2087
🛈 Tel (0 86 79) 98 73 13, Fax 98 73 30
Verwaltungsgemeinschaft
✉ 84547 Untere Dorfstr. 3

Hohenwart (1 km ↑)

✱ Schwarz
Hohenwart 10, Tel (0 86 77) 9 84 00,
Fax 14 40, ✉ 84561, ED VA
22 Zi, Ez: 70/35-78/39, Dz: 106/53-128/64, ⌐
WC ⊙, P, 1⇨250
🍴 Hauptgericht 20/10, Terrasse,
Biergarten, geschl.: Di, 3 Wochen im Sommer

Meinberg, Bad

siehe Horn-Bad Meinberg

Meinerzhagen 33 ↘

Nordrhein-Westfalen
Märkischer Kreis
EW 21990
🛈 Tel (0 23 54) 7 71 32, Fax 7 72 20
Verkehrsamt
✉ 58540 Bahnhofstr. 11

🍴 La Provence
Kirchstr. 11, Tel (0 23 54) 1 21 06,
Fax 14 60 04, ✉ 58540, AX DC ED VA
Hauptgericht 23/11-34/17, Terrasse, P,
geschl.: Mo

Meinhard 36 ↘

Hessen / Werra-Meißner-Kreis
EW 5750
🛈 Tel (0 56 51) 7 48 00, Fax 74 80 55
Gemeindeverwaltung
✉ 37276 Sandstr. 15

Schwebda-Außerhalb (1,5 km ↗)

*** Schloß Wolfsbrunnen European Castle
Tel (0 56 51) 30 50, Fax 30 53 33, ✉ 37276,
AX DC ED VA
einzeln ♪ ≬ 🐕, 55 Zi, Ez: 153/77-248/124,
Dz: 178/89-308/155, 5 Suiten, ⊟ WC ⊘, Lift, P,
5⌂80, 🐾, Sauna, Solarium
Herrensitz von 1904. Auch Zimmer der Kategorie ** vorhanden.

🍴🍴🍴 Gelber Salon
Hauptgericht 30/15-50/25

Meiningen 47 ←

Thüringen
Kreis Schmalkalden-Meiningen
EW 23000
🛈 Tel (0 36 93) 4 46 50, Fax 44 65 44
Tourist Information
✉ 98617 Bernhardstr. 6

Sehenswert: Theater; Schloss Elisabethenburg mit Meininger Museen. Theatermuseum „Zauberwelt der Kulisse" in der Reithalle; Büchernsches Hinterhaus; Alte Posthalterei; Steinernes Haus; Brahms Denkmal; Engl. Garten; Schloss Landsberg; Literaturmuseum Baumbachhaus.

** Romantik Hotel Sächsischer Hof
Georgstr. 1, Tel (0 36 93) 45 70, Fax 45 74 01,
✉ 98617, AX DC ED VA
37 Zi, Ez: 135/67-165/83, Dz: 175/88-220/110,
3 Suiten, ⊟ WC ⊘, 24 ⇌, Lift, P, 1⌂150

🍴🍴 Die Posthalterei ✚
Hauptgericht 25/12, Terrasse

** Altstadthotel
Nachtigallenstr. / Baumbachstr.,
Tel (0 36 93) 8 76 90, Fax 87 69 40, ✉ 98617,
AX ED VA
14 Zi, Ez: 100/50, Dz: 150/75-170/85, ⊟ WC ⊘,
Lift, P, 1⌂14, Sauna, Solarium

* Schlundhaus mit Gästehaus Rautenkranz
Schlundgasse 4, Tel (0 36 93) 81 38 38,
Fax 81 38 39, ✉ 98617, AX DC ED VA
15 Zi, Ez: 85/42-125/62, Dz: 135/67-180/90,
2 Suiten, 3 App, ⊟ WC ⊘ DFÜ, Lift, 🐾,
3⌂120, Kegeln, Restaurant
Im Gästehaus auch Zimmer der Kategorie ** vorhanden.

* Im Kaiserpark
Günther-Raphael-Str. 9, Tel (0 36 93) 81 57 00,
Fax 81 57 40, ✉ 98617, AX ED VA
37 Zi, Ez: 85/42-110/55, Dz: 135/67-150/75, ⊟
WC ⊘, 7 ⇌, Lift, P, 🐾, 1⌂85, Restaurant

Meiningen-Außerhalb (5 km ↖)

** Schloß Landsberg Gast im Schloß
Landsberger Str. 150, Tel (0 36 93) 4 40 90,
Fax 44 09 44, ✉ 98617, AX DC ED VA
einzeln ♪ ≬ 🐕, 11 Zi, Ez: 100/50-200/100,
Dz: 170/85-250/125, 7 Suiten, ⊟ WC ⊘ DFÜ,
Lift, P, 🐾, 3⌂80
Historische Schloßanlage in neugotischem Stil. Möblierung nach Vorbildern des 19. Jh.. Auch Zimmer der Kategorie *** vorhanden.

🍴🍴 🐕, Hauptgericht 20/10-30/15,
Terrasse, Biergarten

Meisdorf 38 ↖

Sachsen-Anhalt
Kreis Aschersleben-Staßfurt
EW 1220
🛈 Tel (03 47 43) 82 00, Fax 82 00
Tourist-Info
✉ 06463 Hauptstr. 31

** Parkhotel Schloß Meisdorf mit Forsthaus Meisdorf und Talmühle
Allee 5, Tel (03 47 43) 9 80, Fax 9 83 33,
✉ 06463, AX DC ED VA
♪, 95 Zi, Ez: 118/59-198/99,
Dz: 190/95-332/167, 2 Suiten, ⊟ WC ⊘, 23 ⇌,
Lift, P, 6⌂180, 🐾, Kegeln, Sauna, Solarium,
Golf, 2 Tennis, Restaurant
Auch Zimmer der Kategorie *** vorhanden.

Meißen 40 ↓

Sachsen
EW 30000
🛈 Tel (0 35 21) 4 19 40, Fax 41 94 19
Tourist-Information
✉ 01662 Markt 3
Cityplan siehe Seite 638

Porzellan- und Weinstadt. Sehenswert: Burgberg mit Dom und Albrechtsburg; Großer Wendelstein; Frauenkirche; Brauhaus; Tuchmachertor; Porzellan-Manufaktur; Nikolaikirche; historische Altstadt.

✱✱✱ Parkhotel Pannonia
Hafenstr. 27-31 (B 1), Tel (0 35 21) 7 22 50,
Fax 72 29 04, ✉ 01662, AX DC ED VA, Ⓢ
☽ ₰, 92 Zi, Ez: 165/83-245/123,
Dz: 213/107-248/124, 5 Suiten, ⊣ WC ⓒ, 26 ⇔,
Lift, P, 🕿, 6⇔60, Sauna, Solarium
Auch Zimmer der Kategorie ✱✱ vorhanden.
🍴🍴 ₰, Hauptgericht 25/12-38/19, Terrasse

✱✱ Ross
Minotel
Großenhainer Str. 9 (C 2), Tel (0 35 21) 75 10,
Fax 75 19 99, ✉ 01662, AX DC ED VA, Ⓢ
41 Zi, Ez: 100/50-150/75, Dz: 150/75-240/120,
1 Suite, 10 App, ⊣ WC ⓒ, 14 ⇔, Lift, P, 🕿,
3⇔50, Sauna, Solarium, Restaurant
Auch Zimmer der Katergorie ✱ vorhanden.
Langzeitvermietung möglich.

✱✱ Goldgrund
Goldgrund 14, Tel (0 35 21) 4 79 30,
Fax 47 93 44, ✉ 01662, AX DC ED VA
einzeln ☽, 22 Zi, Ez: 75/37-95/47,
Dz: 95/47-150/75, 1 Suite, ⊣ WC ⓒ, 4 ⇔, P,
1⇔110, Restaurant
Berglage, Haus über 70 Stufen zu erreichen.
Auch Zimmer der Kategorie ✱ vorhanden.

✱✱ Am Markt 6 mit
Hotel Am Markt Residenz
Am Markt 6, Tel (0 35 21) 4 10 70,
Fax 41 07 20, ✉ 01662, AX DC ED VA
37 Zi, Ez: 95/47-125/62, Dz: 165/83-185/93, ⊣
WC ⓒ, 21 ⇔, Lift, P, Restaurant
Auch Zimmer der Kategorie ✱ vorhanden.
Frühstück im Haus Markt Residenz.

✱ Siebeneichen
Wilsdruffer Str. 35, Tel (0 35 21) 4 77 60,
Fax 47 76 50, ✉ 01662, DC ED VA
56 Zi, Ez: 80/40-105/52, Dz: 120/60-130/65, ⊣
WC ⓒ, Lift, 🕿, 2⇔40, Sauna, Restaurant
Auch Zimmer der Kategorie ✱✱ vorhanden.

✱ Andree
Ferdinandstr. 2, Tel (0 35 21) 75 50,
Fax 75 51 30, ✉ 01662, AX DC ED VA
86 Zi, Ez: 110/55-150/75, Dz: 140/70-190/95, ⊣
WC ⓒ, 33 ⇔, Lift, P, 3⇔50, Restaurant
Auch Zimmer der Kategorie ✱✱ vorhanden.

Romantik Restaurant
Vincenz Richter
An der Frauenkirche 12, Tel (0 35 21) 45 32 85,
Fax 45 37 63, ✉ 01662, AX DC ED VA
♻, Hauptgericht 22/11-29/14, Terrasse,
Gartenlokal, nur abends, sa+so auch mittags,
geschl.: Mo, 8.-24.1.01
Historisches Gebäude von 1523. Seit 1873
Weinstube. Ausstattung mit Antiquitäten.
Eigenbauweine.

Oberspaar (2 km ↘)

Weinstube Bauernhäusl
Oberspaarer Str. 20, Tel (0 35 21) 73 33 17,
Fax 73 87 15, ✉ 01662, AX DC ED VA
♻, Hauptgericht 18/9, Gartenlokal, P,
geschl.: Mo, 1.-28.2.01
Historische Weinstube seit 1850.

Meldorf 9 ✓

Schleswig-Holstein
Kreis Dithmarschen
EW 7500
🛈 Tel (0 48 32) 70 45, Fax 70 46
Fremdenverkehrsverein
✉ 25704 Nordermarkt 10

🍴 Zur Linde
Südermarkt 1, Tel (0 48 32) 9 59 50, Fax 43 12,
✉ 25704, AX DC ED VA
Hauptgericht 25/12-37/18, Terrasse, P

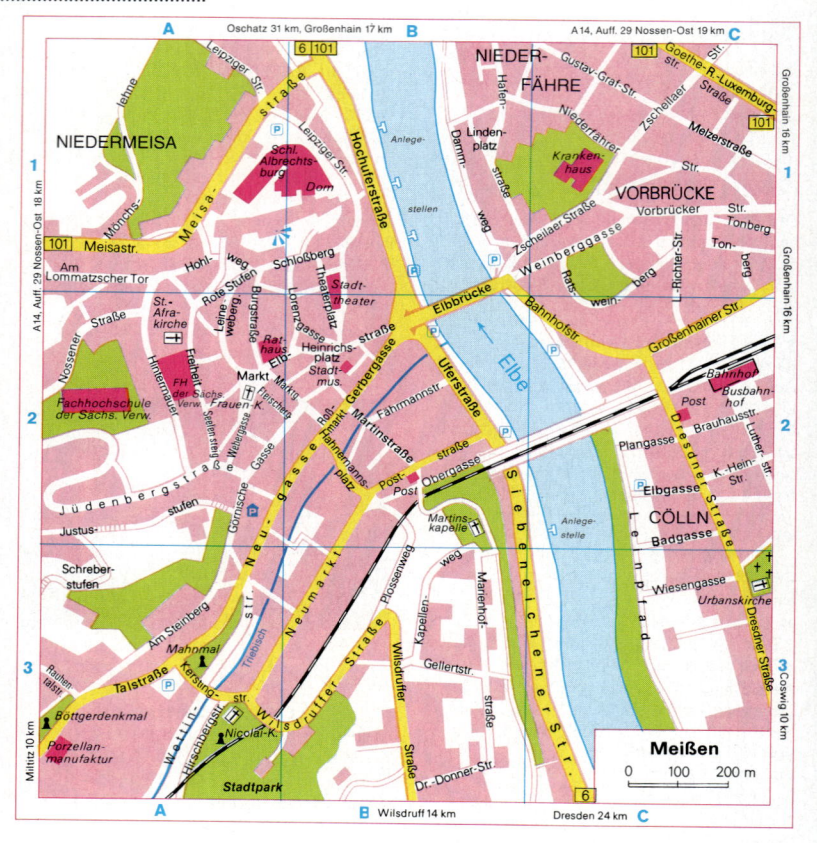

Melle 24 ↘

Niedersachsen
Landkreis Osnabrück
EW 48000
🛈 Tel (0 54 22) 96 53 12, Fax 96 53 20
Fremdenverkehrs- u. Kulturamt
✉ 49324 Markt 22, Rathaus

Riemsloh

🛏 Alt Riemsloh
Alt Riemsloh 51, **Tel (0 52 26) 55 44**,
Fax 15 56, ✉ 49328, ED
11 Zi, Ez: 70/35, Dz: 118/59, 🍴 WC ⓒ, P, 🏠,
Restaurant

Mellingen 48 ↑

Thüringen / Kreis Weimarer Land
EW 1284
🛈 Tel (03 64 53) 8 03 50
Verwaltungsgemeinschaft
✉ 99441 Karl-Alexanderstr. 134 a

✱ Ilmtal
Hirtentorstr., im Gewerbegebiet,
Tel (03 64 53) 86 00, Fax 8 60 86, ✉ 99441, AX
DC ED VA
44 Zi, Ez: 113/56, Dz: 127/63, 1 Suite, 6 App, 🍴
WC ⓒ DFÜ, 21 ⛄, P, 3⟲65, Sauna, Restaurant
Langzeitvermietung möglich..

Mellrichstadt 46 →

Bayern / Kreis Rhön-Grabfeld
EW 6500
🛈 Tel (0 97 76) 92 41, Fax 73 42
Aktives Mellrichstadt e.V.
✉ 97638 Marktplatz 2

** Silencehotel Sturm
Ignaz-Reder-Str. 3, **Tel (0 97 76) 8 18 00**,
Fax 81 80 40, ✉ 97638, AX DC ED VA
48 Zi, Ez: 95/47-125/62, Dz: 125/62-165/83, ⊣
WC Ⓒ DFÜ, 18 ⇔, Lift, P, 5⊙50, Sauna,
Solarium
Auch Zimmer der Kategorie * vorhanden.

¶¶ Sturm
Hauptgericht 17/8-35/17, geschl.: So

Melsungen 36 ✓

Hessen / Schwalm-Eder-Kreis
EW 14900
🛈 Tel (0 56 61) 92 11 00, Fax 92 11 12
Tourist-Info & Kulturamt
✉ 34212 Kasseler Str. 44

* Sonnenhof
Franz-Gleim-Str. 11, **Tel (0 56 61) 73 89 99**,
Fax 73 89 98, ✉ 34212, AX ED VA
24 Zi, Ez: 80/40-155/78, Dz: 130/65-185/93,
1 Suite, 1 App, ⊣ WC Ⓒ DFÜ, 8 ⇔, Lift, P,
2⊙40, Restaurant

* Comfort Hotel Melsungen
Am Bürstoß 2a, **Tel (0 56 61) 73 91 00**,
Fax 73 92 99, ✉ 34212, AX DC ED VA
99 Zi, Ez: 119/59, Dz: 139/70, ⊣ WC Ⓒ DFÜ,
52 ⇔, P, 1⊙50, Solarium, Restaurant

¶¶ Gasthaus Alte Apotheke ✚
Brückenstr. 5, **Tel (0 56 61) 73 81 18**,
Fax 73 81 12, ✉ 34212, ED VA
Hauptgericht 30/15-44/22, Terrasse, geschl.: Mo
mittags, So

Memmelsdorf 57 ↖

Bayern / Kreis Bamberg
EW 8670
🛈 Tel (09 51) 4 09 60, Fax 40 96 96
Gemeindeverwaltung
✉ 96117 Pödeldorfer Str. 11

* Drei Kronen
Flair Hotel
Hauptstr. 19, **Tel (09 51) 94 43 30**,
Fax 9 44 33 66, ✉ 96117, AX ED VA
30 Zi, Ez: 75/37-100/50, Dz: 115/57-150/75, ⊣
WC Ⓒ DFÜ, 6 ⇔, P, 2⊙40, Restaurant
Auch Zimmer der Kategorie ** vorhanden.

Memmingen 70 ↖

Bayern
EW 41000
🛈 Tel (0 83 31) 85 01 72, Fax 85 01 78
Fremdenverkehrsamt
✉ 87700 Marktplatz 3

** Falken
Roßmarkt 3, **Tel (0 83 31) 9 45 10**,
Fax 9 45 15 00, ✉ 87700, AX DC ED VA
39 Zi, ⊣ WC Ⓒ DFÜ, 12 ⇔, Lift, ⌂, garni
geschl.: Ende Dez-Anfang Jan, Aug

* Parkhotel an der Stadthalle
Ulmer Str. 7, **Tel (0 83 31) 93 20, Fax 4 84 39**,
✉ 87700, AX ED VA
89 Zi, Ez: 125/62-149/75, Dz: 165/83-205/103,
2 Suiten, ⊣ WC Ⓒ, 60 ⇔, Lift, ⌂, 5⊙35,
Sauna, Solarium, Golf, Restaurant
Auch Zimmer der Kategorie ** vorhanden.

¶ Weinhaus Knöringer
Weinmarkt 6, **Tel (0 83 31) 27 15, Fax 8 42 01**,
✉ 87700, ED
Hauptgericht 30/15, geschl.: Di

Menden (Sauerland) 34 ←

Nordrhein-Westfalen
Märkischer Kreis
EW 57904
🛈 Tel (0 23 73) 90 32 88, Fax 90 33 86
Verkehrsverein
✉ 58706 Neumarkt 5

Lendringsen

* Haus Lenze
Bieberkamp 83, **Tel (0 23 73) 98 80 80**,
Fax 9 88 08 28, ✉ 58710, ED VA
9 Zi, Ez: 87/43, Dz: 137/69, ⊣ WC Ⓒ DFÜ, 3 ⇔,
P, 1⊙30, Restaurant

Mengen 69 ←

Baden-Württemberg
Kreis Sigmaringen
EW 10000
🛈 Tel (0 75 72) 60 75 01, Fax 60 77 00
Stadtverwaltung
✉ 88512 Hauptstr. 90

* Rebstock
Hauptstr. 93, **Tel (0 75 72) 7 66 80**,
Fax 76 68 37, ✉ 88512, DC ED VA
11 Zi, Ez: 75/37, Dz: 140/70, ⊣ WC Ⓒ DFÜ,
5 ⇔, P, ⌂, Golf, Restaurant
geschl.: 22.12.00-5.1.01, 5-17.5.01

Mengen

✷ Zum Lamm
Hauptstr. 131, Tel (0 75 72) 7 66 10,
Fax 76 61 23, ✉ 88512, ED VA
10 Zi, Ez: 60/30-80/40, Dz: 124/62-140/70, ⌐
WC ✆ DFÜ, 3 ⌫, Lift, P, 🏠, Restaurant

Mengeringhausen siehe Arolsen

Mengerskirchen 44 ☐

Hessen / Kreis Limburg-Weilburg
EW 6000
🛈 Tel (0 64 76) 9 13 60, Fax 91 36 25
Marktflecken Mengerskirchen
✉ 35794 Schlosstr. 3

Probbach (4,5 km ↘)

✷ Landhaus Höhler
Flair Hotel
Am Waldsee 3, Tel (0 64 76) 80 31, Fax 88 86,
✉ 35794, AX ED
einzeln ☾ §, 22 Zi, Ez: 85/42-125/62,
Dz: 160/80-210/105, ⌐ WC ✆, P, 2⌬40, 🏠,
Sauna, Solarium
🍴 Hauptgericht 25/12-38/19, Terrasse

✷ Tannenhof
Am Waldsee 1, Tel (0 64 76) 9 10 60,
Fax 9 10 62, ✉ 35794
einzeln ☾ §, 12 Zi, Ez: 75/37, Dz: 120/60, ⌐
WC, P, 1⌬30, Restaurant

Mengersgereuth-Hämmern 47 ↘

Thüringen / Kreis Sonneberg
EW 3200
🛈 Tel (0 36 75) 74 62 07, Fax 74 62 72
Fremdenverkehrsbüro
✉ 96529 Freiherr-von-Stein-Str 37

Hämmern

✷ Am Heidersberg
Heidersberg, Tel (0 36 75) 7 47 20,
Fax 74 72 47, ✉ 96529
28 Zi, Ez: 50/25-73/36, Dz: 70/35-105/52, ⌐
WC ✆

Mengkofen 65 ☐

Bayern / Kreis Dingolfing/Landau
EW 5180
🛈 Tel (0 87 33) 6 19, Fax 13 22
Gemeindeverwaltung
✉ 84152 Von-Haniel-Allee 12

✷✷ Zur Post
Hauptstr. 20, Tel (0 87 33) 9 22 70,
Fax 9 22 71 70, ✉ 84152, AX DC ED VA
20 Zi, Ez: 80/40-120/60, Dz: 130/65-165/83,
2 App, ⌐ WC ✆ DFÜ, 8 ⌫, Lift, P, 🏠, 2⌬120,
Sauna, Solarium
geschl.: 8.-19.1.01, 13.-27.8.01

🍴🍴 Hauptgericht 26/13-38/19 ✢
Terrasse, geschl.: Mo, 8.-19.1.01, 13.-27.8.01

Menzenschwand siehe St. Blasien

Meppen 23 ↗

Niedersachsen / Kreis Emsland
EW 34000
🛈 Tel (0 59 31) 15 31 06, Fax 15 33 30
Tourist Information
✉ 49716 Markt 43

✷✷ Pöker
Herzog-Arenberg-Str. 15 a, Tel (0 59 31) 49 10,
Fax 49 11 00, ✉ 49716, AX DC ED VA
47 Zi, Ez: 85/42-120/60, Dz: 130/65-198/99,
5 Suiten, 3 App, ⌐ WC ✆, 4 ⌫, Lift, P, 🏠,
5⌬80, Restaurant
Auch Zimmer der Kategorie ✷ vorhanden.

✷ Altstadt-Hotel
Nicolaus-Augustin-Str. 3, Tel (0 59 31) 9 32 00,
Fax 8 72 14, ✉ 49716, ED VA
15 Zi, Ez: 80/40-100/50, Dz: 130/65-140/70, ⌐
WC ✆, Lift, P, garni

✷ Schmidt am Markt
Am Markt 17, Tel (0 59 31) 9 81 00,
Fax 98 10 10, ✉ 49716, AX DC ED VA
19 Zi, Ez: 75/37-100/50, Dz: 140/70, 1 Suite, ⌐
WC ✆, 6 ⌫, Lift, P, 🏠, Restaurant
Hotelanfahrt über Nicolaus-Augustin-Str.

✷ Park-Hotel
Lilienstr. 21, Tel (0 59 31) 9 79 00,
Fax 97 90 50, ✉ 49716, AX DC ED VA
☾, 31 Zi, Ez: 65/32-95/47, Dz: 120/60-150/75,
1 Suite, 1 App, ⌐ WC ✆, Lift, P, 1⌬150,
Kegeln, Restaurant

Nödike (2 km ↓)

✱ Tiek
Junkersstr. 2, **Tel (0 59 31) 1 20 51**,
Fax 1 40 54, ✉ 49716, AX DC ED VA
15 Zi, Ez: 85/42, Dz: 140/70, ⌿ WC ⌀, 🅿, 🏠,
Restaurant

Merching 71 ↖

Bayern / Kreis Aichach-Friedberg
EW 2900
🛈 **Tel (0 82 33) 7 44 10**, Fax 74 41 29
Gemeindeverwaltung
✉ 86504 Hauptstr. 26

Steinach (3 km ↘)

✱ Dominikus Hof
Kapellenweg 1, **Tel (0 82 02) 9 60 90**,
Fax 96 09 40, ✉ 86504
16 Zi, Ez: 65/32-70/35, Dz: 100/50-120/60, ⌿
WC ⌀, 🅿, 🏠, garni

Mergentheim, Bad 55 ↘

Baden-Württemberg
Main-Tauber-Kreis
EW 22090
🛈 **Tel (0 79 31) 5 71 35**, Fax 5 73 00
Kultur- und Verkehrsamt
✉ 97980 Marktplatz 3

✱✱✱ Victoria
L'Art de Vivre-Residenz
Poststr. 2, **Tel (0 79 31) 59 30**, Fax 59 35 00,
✉ 97980, AX DC ED VA
75 Zi, Ez: 145/73-240/120, Dz: 190/95-246/123,
3 Suiten, ⌿ WC ⌀ DFÜ, 4 🛌, Lift, 🅿, 🏠,
5↻120, Sauna, Solarium, Golf, 6 Tennis
Auch Zimmer der Kategorie ✱✱✱✱ und
einfache Zimmer vorhanden.

🍴🍴🍴 **Zirbelstube**
L'Art de Vivre-Restaurant
Hauptgericht 42/21, Terrasse

Vinothek Markthalle
Hauptgericht 24/12, Terrasse
Beachtenswerte Küche.

✱✱ Silencehotel Bundschu
Cronbergstr. 15, **Tel (0 79 31) 93 30**,
Fax 93 36 33, ✉ 97980, AX DC ED VA
50 Zi, Ez: 105/52-160/80, Dz: 150/75-190/95,
⌿ WC ⌀ DFÜ, 10 🛌, 🅿, 🏠, 5↻20
geschl.: 2.-23.1.01
Auch Zimmer der Kategorie ✱ vorhanden.
🍴🍴 Hauptgericht 18/9-38/19 ✤
geschl.: Mo, 2.-23.1.01

✱ Gästehaus Alte Münze
Münzgasse 12, **Tel (0 79 31) 56 60**,
Fax 56 62 22, ✉ 97980, ED VA
29 Zi, Ez: 88/44, Dz: 148/74, 2 Suiten, 2 App, ⌿
⌀, 10 🛌, Lift, 🏠, garni
Auch Zimmer der Kategorie ✱✱ vorhanden.

Brauereigasthof Klotzbücher
Boxberger Str. 6, **Tel (0 79 31) 52 34 00**,
✉ 97980
Hauptgericht 15/7, Biergarten

Markelsheim (6 km →)

✱✱ Weinstube Lochner
Flair Hotel
Hauptstr. 39, **Tel (0 79 31) 93 90**, Fax 93 91 93,
✉ 97980, ED VA
55 Zi, Ez: 80/40-120/60, Dz: 140/70-180/90, ⌿
WC ⌀, Lift, 🅿, 🏠, 5↻60, 🏠, Kegeln, Sauna,
Solarium
Auch Zimmer der Kategorie ✱ vorhanden.
🍴 Hauptgericht 25/12-35/17, Biergarten,
geschl.: Mo

Mering 71 ↖

Bayern / Kreis Aichach-Friedberg
EW 11662
🛈 **Tel (0 82 33) 3 80 10**, Fax 28
Gemeindeverwaltung
✉ 86415 Kirchplatz 4

⛔ Schlosserwirt
Münchener Str. 29, **Tel (0 82 33) 95 04**,
Fax 78 13 32, ✉ 86415, ED
21 Zi, Ez: 65/32-75/37, Dz: 110/55-130/65, ⌿
WC, 🅿, 🏠, garni

Merklingen 62 ↓

Baden-Württemberg
Alb-Donau-Kreis
EW 1800
🛈 Tel (0 73 37) 9 62 00, Fax 96 20 90
Bürgermeisteramt
✉ 89188 Hauptstr. 31

✱ Ochsen
Hauptstr. 12, **Tel** (0 73 37) 9 61 80,
Fax 9 61 82 00, ✉ 89188, AX ED VA
19 Zi, Ez: 98/49-108/54, Dz: 135/67-150/75, ⊐
WC ⊘, 12 ⇌, P, 🚗
geschl.: So
🍴 Hauptgericht 12/6-35/17, Terrasse,
geschl.: So

Merseburg 38 ↘

Sachsen-Anhalt
EW 39000
🛈 Tel (0 34 61) 21 41 70, Fax 21 41 77
Merseburg-Information
✉ 06217 Burgstr. 5

✱✱✱ Radisson SAS
Oberaltenburg 4, **Tel** (0 34 61) 4 52 00,
Fax 45 21 00, ✉ 06217, AX DC ED VA, S
⚑, 134 Zi, Ez: 130/65-250/125,
Dz: 150/75-270/135, 4 Suiten, ⊐ WC ⊘ DFÜ,
70 ⇌, Lift, P, 🚗, 5⌂260, Sauna, Solarium,
Restaurant

✱✱ Stadt Merseburg
Christianenstr. 25, **Tel** (0 34 61) 35 00,
Fax 35 01 00, ✉ 06217, AX DC ED VA, S
71 Zi, Ez: 130/65-180/90, Dz: 200/100-250/125,
3 Suiten, ⊐ WC ⊘ DFÜ, 23 ⇌, Lift, 5⌂60, 🚗,
Sauna, Solarium, Restaurant

✱ C'est la vie
König-Heinrich-Str. 47, **Tel** (0 34 61) 20 44 20,
Fax 20 44 44, ✉ 06217, AX
9 Zi, Ez: 80/40-105/52, Dz: 120/60-140/70, ⊐
WC ⊘, P, garni

Meuschau (2 km ↑)

✱ Check-Inn
Dorfstr. 12, **Tel** (0 34 61) 44 70, Fax 44 71 20,
✉ 06217, AX DC ED VA
52 Zi, Ez: 89/44-129/64, Dz: 99/49-169/85, ⊐
WC ⊘, 25 ⇌, Lift, P, 🚗, 3⌂60, Sauna,
Solarium, Restaurant

Mertesdorf 52 □

Rheinland-Pfalz
Kreis Trier-Saarburg
EW 1790
🛈 Tel (06 51) 5 51 24, Fax 5 51 59
Touristinformation
✉ 54292 Rheinstr. 44

✱✱ Weis
Eitelsbacher Weg 4, **Tel** (06 51) 9 56 10,
Fax 9 56 11 50, ✉ 54318, AX ED VA
53 Zi, Ez: 95/47-175/88, Dz: 115/57-175/88,
2 Suiten, 3 App., ⊐ WC ⊘, 10 ⇌, Lift, P, 🚗,
4⌂100
Auch Zimmer der Kategorie ✱ vorhanden.

🍴🍴 Hauptgericht 23/11-60/30
Eigenbauweine.

🍴🍴 Grünhäuser Mühle
Hauptstr. 4, **Tel** (06 51) 5 24 34, Fax 5 39 46,
✉ 54318, AX DC ED VA
⚑, Hauptgericht 35/17, Terrasse, P, geschl.: Mo,
Di, 3 Wochen im Sommer

Merzig 52 ↓

Saarland / Kreis Merzig-Wadern
EW 31000
🛈 Tel (0 68 61) 1 94 33, Fax 7 21 20
Fremdenverkehrsamt
✉ 66663 Zur Stadthalle 4

✱ Roemer
Schankstr. 2, **Tel** (0 68 61) 9 33 90,
Fax 93 39 30, ✉ 66663, ED VA
42 Zi, Ez: 98/49-108/54, Dz: 150/75-170/85, ⊐
WC ⊘, 2 ⇌, Lift, P, 🚗, 3⌂100, Golf,
Restaurant

Meschede 34 ↘

Nordrhein-Westfalen
Hochsauerlandkreis
EW 34000
🛈 Tel (02 91) 20 52 77, Fax 20 51 35
Touristikinformation
✉ 59872 Franz-Stahlmecke-Platz 2

Hennedamm ★★

Am Stadtpark, an der B 55, Tel **(02 91) 9 96 00**,
Fax 99 60 60, ✉ 59872, AX ED VA
33 Zi, Ez: 95/47-160/80, Dz: 150/75-190/95,
1 Suite, 3 App, ⌐ WC ⌀, 9 ⇖, Lift, **P**, 🕿,
3⇔40, ⌂, Fitnessraum, Sauna, Solarium,
Restaurant
geschl.: 20.12.00-6.1.01

¥¥ Von Korff

Le-Puy-Str. 19, Nähe Bahnhof,
Tel (02 91) 9 91 40, Fax 99 14 24, ✉ 59872,
AX DC ED VA
Hauptgericht 25/12, Terrasse
★ Le-Puy-Str. 19, 10 Zi,
Ez: 100/50-165/83, Dz: 150/75-225/113, ⌐ WC
⌀ DFÜ, 7 ⇖, **P**

Berghausen

★★ Welcome Hotel Hennesee Residenz

Berghausen 14, Tel **(02 91) 2 00 00**,
Fax 2 00 01 00, ✉ 59872, AX DC ED VA
105 Zi, Ez: 175/88-185/93,
Dz: 265/133-285/143, 1 Suite, 10 App, ⌐ WC ⌀
DFÜ, 30 ⇖, Lift, **P**, 8⇔300, Kegeln, Sauna,
Solarium, 9 Tennis, Restaurant

Freienohl (10 km ←)

★ Haus Luckai

Christine-Koch-Str. 11, Tel **(0 29 03) 9 75 20**,
Fax 97 52 52, ✉ 59872, ED VA
12 Zi, Ez: 68/34-85/42, Dz: 118/59-140/70,
1 Suite, 1 App, ⌐ WC ⌀ DFÜ, 2 ⇖, **P**, 🕿,
1⇔60, Kegeln, Restaurant
Rezeption: 7-14, 17-24

Grevenstein (14 km ←)

★ Gasthof Becker

Burgstr. 9, Tel **(0 29 34) 9 60 10**, ✉ 59872,
AX DC ED VA
§, 11 Zi, Ez: 95/47-115/57, Dz: 140/70-160/80,
⌐ WC ⌀, **P**
¥¥ Hauptgericht 28/14

Remblinghausen

★ Donner

Zur alten Schmiede 4, Tel **(02 91) 95 27 00**,
Fax 9 52 70 10, ✉ 59872
13 Zi, Ez: 71/35-76/38, Dz: 132/66-142/71, ⌐
WC ⌀, Restaurant
Hauptgericht 17/8-38/19
geschl.: 18.1.-7.2.01
Auch Zimmer der Kategorie **★★** vorhanden.

Mesekenhagen 13 ↘

Mecklenburg-Vorpommern
Kreis Greifswald
EW 363
ℹ Tel **(03 83 51) 2 18**
Gemeindeverwaltung
✉ 17498 Greifswalder Str. 25

★★ Terner

Greifswalder Str. 40, Tel **(03 83 51) 55 40**,
Fax 55 44 33, ✉ 17498, AX DC ED VA
einzeln, 14 Zi, Ez: 110/55-150/75,
Dz: 160/80-190/95, ⌐ WC ⌀ DFÜ, 6 ⇖, **P**,
garni
geschl.: 20.12.00-20.3.01

Mespelbrunn 55 ↑

Bayern / Kreis Aschaffenburg
EW 2500
ℹ Tel **(0 60 92) 3 19**, Fax 55 37
Verkehrsverein
✉ 63875 Hauptstr. 164

★★ Schloßhotel

Schloßallee 25, Tel **(0 60 92) 60 80**,
Fax 60 81 00, ✉ 63875, AX DC ED VA
♪, 40 Zi, Ez: 115/57-135/67,
Dz: 165/83-310/156, ⌐ WC ⌀, 8 ⇖, Lift, **P**, 🕿,
3⇔45, Sauna, Solarium
¥ Hauptgericht 11/5-35/17

★ Zum Engel

Hauptstr. 268, Tel **(0 60 92) 9 73 80**,
Fax 97 38 39, ✉ 63875, ED VA
23 Zi, Ez: 65/32-90/45, Dz: 130/65-170/85, ⌐
WC ⌀, Lift, **P**, 🕿, 1⇔25, Sauna, Solarium,
Restaurant
Auch Zimmer der Kategorie **★★** vorhanden.

Meßkirch 68 →

Baden-Württemberg
Kreis Sigmaringen
EW 8800
ℹ Tel (0 75 75) 2 06 46, Fax 47 32
Touristinformation
✉ 88605 Schlosstr. 1

Menningen (5 km ↗)

✳ Adler Leitishofen
Leitishofen 35, Tel (0 75 75) 31 57, Fax 47 56,
✉ 88605, ED
15 Zi, Ez: 65/32-75/37, Dz: 104/52-116/58, ⊣
WC ⊘, **P**, ☎, 1⇔50
🍴 Hauptgericht 13/6-33/16, geschl.: Di

Meßstetten 68 ↗

Baden-Württemberg
Kreis Zollernalb
EW 10800
ℹ Tel (0 74 31) 6 34 90, Fax 6 20 43
Stadtverwaltung
✉ 72469 Hauptstr. 9

✳ Schwane
Haupstr. 11, Tel (0 74 31) 9 49 40,
Fax 94 94 94, ✉ 72469, ED VA AX
22 Zi, Ez: 80/40-95/47, Dz: 130/65-160/80, ⊣
WC ⊘ DFÜ, 4 ⬚, Lift, **P**
geschl.: Sa mittags, 6.-12.8.01
Regionaler Gasthof mit moderner Einrichtung.
🍴🍴 Hauptgericht 38/19 ✤
Terrasse, geschl.: Sa mittags, 1.-7.1.01,
5.-12.8.01

Hartheim

🍴🍴 **Lammstuben**
Römerstr. 2, Tel (0 75 79) 6 21, Fax 24 60,
✉ 72469, ED VA
Hauptgericht 28/14, **P**, geschl.: Di, Mi mittags,
3.-17.2.01, 2.-23.8.01

Metelen 23 ↓

Nordrhein-Westfalen
Kreis Steinfurt
EW 5981
ℹ Tel (0 25 56) 77 88, Fax 5 33
Verkehrsverein
✉ 48629 Sendplatz 20

✳ Haus Herdering Hülso
Neutor 13, Tel (0 25 56) 9 39 50, Fax 93 95 50,
✉ 48629, AX ED VA
15 Zi, Ez: 65/32-75/37, Dz: 90/45-120/60, ⊣
WC ⊘, 2 ⬚, **P**, ☎, Sauna, Solarium, garni

🍴🍴 **Pfefferkörnchen**
Viehtor 2, Tel (0 25 56) 13 99, ✉ 48629, AX ED
Hauptgericht 40/20-45/22, Terrasse, **P**, nur
abends, so auch mittags, geschl.: Di, 2 Wochen
im Aug
Mittags nur Menüs.

Mettingen 24 ↙

Nordrhein-Westfalen
Kreis Steinfurt
EW 12750
ℹ Tel (0 54 52) 52 13, Fax 52 18
Tourist-Information
✉ 49497 Rathausplatz 1

✳✳ Romantik Hotel Telsemeyer
Markt 6-8, Tel (0 54 52) 91 10, Fax 91 11 21,
✉ 49497, AX DC ED VA
50 Zi, Ez: 120/60-180/90, Dz: 170/85-280/141,
1 Suite, ⊣ WC ⊘, 20 ⬚, Lift, **P**, ☎, 8⇔80, ☎,
Kegeln
Besonderheit ist das dem Haus angeschlossene
Tüöttenmuseum.
🍴🍴 Hauptgericht 24/12-45/22

Mettlach 52 □

Saarland / Kreis Merzig-Wadern
EW 12000
ℹ Tel (0 68 64) 83 34, Fax 83 29
Saarschleife Touristik
✉ 66693 Freiherr-vom-Stein-Str 64

✳✳ Saarpark
Bahnhofstr. 31, Tel (0 68 64) 92 00,
Fax 92 02 99, ✉ 66693, AX ED VA
48 Zi, Ez: 130/65-200/100, Dz: 180/90-260/130,
6 Suiten, ⊣ WC ⊘ DFÜ, 5 ⬚, Lift, **P**, ☎,
5⇔250, Fitnessraum, Sauna, Solarium,
Restaurant

✱ Zum Schwan mit Gästehaus
Freiherr-vom-Stein-Str. 34, **Tel (0 68 64) 72 79**,
Fax 72 77, ✉ 66693, ED VA
17 Zi, Ez: 100/50-110/55, Dz: 150/75, ⌐ WC ⌀
DFÜ, Lift, **P**, 2⟳50, Restaurant
Auch Zimmer der Kategorie **✱✱** vorhanden.

Orscholz (6 km ↖)

✱ Zur Saarschleife mit Gästehaus Landidyll
Cloefstr. 44, **Tel (0 68 65) 17 90**, Fax 1 79 30,
✉ 66693, AX DC ED VA
48 Zi, Ez: 98/49-150/75, Dz: 170/85-220/110,
1 Suite, 3 App, ⌐ WC ⌀ DFÜ, 7 ⌨, Lift, **P**, ⌂,
2⟳30, ⌂, Kegeln, Sauna, Solarium, Golf,
1 Tennis
geschl.: 2 Wochen im Feb
Auch Zimmer der Kategorie **✱✱** vorhanden.
🍴🍴 Hauptgericht 26/13-50/25, Terrasse,
Biergarten, geschl.: Mo, 2 Wochen im Feb

Mettmann 33 ✓

Nordrhein-Westfalen
EW 39219
ℹ Tel (0 21 04) 98 00, Fax 98 01 69
Stadtverwaltung
✉ 40822 Neanderstr. 85

✱✱ Treff Hansa Hotel
Peckhauser Str. 5, **Tel (0 21 04) 98 60**,
Fax 98 61 50, ✉ 40822, AX DC ED VA, Ⓢ
178 Zi, Ez: 145/73-365/183,
Dz: 205/103-425/214, 12 App, ⌐ WC ⌀, 43 ⌨,
Lift, **P**, ⌂, 6⟳200, Fitnessraum, Sauna,
Solarium, Restaurant
Langzeitvermietung möglich.

🍴 **Cavallino**
Nordstr. 3, **Tel (0 21 04) 7 57 67**, ✉ 40822,
AX DC ED VA
Hauptgericht 48/24, geschl.: Mo

Mettmann-Außerhalb (2 km ←)

✱✱✱ Gut Höhne Flair Hotel
Düsseldorfer Str. 253, **Tel (0 21 04) 77 80**,
Fax 77 87 78, ✉ 40822, AX DC ED VA
129 Zi, Ez: 170/85-390/196,
Dz: 270/135-540/271, 5 Suiten, ⌐ WC ⌀, 30 ⌨,
Lift, **P**, 18⟳350, ⌂, ⌂, Fitnessraum, Kegeln,
Sauna, Solarium, Golf, 3 Tennis
Rustikales Landgut.

🍴 Hauptgericht 33/16-48/24

Metzingen 61 ↘

Baden-Württemberg
Kreis Reutlingen
EW 21000
ℹ Tel (0 71 23) 92 50, Fax 92 52 10
Stadtverwaltung
✉ 72555 Stuttgarter Str. 2-4

✱✱ Schwanen Landidyll
Bei der Martinskirche 10, **Tel (0 71 23) 94 60**,
Fax 94 61 00, ✉ 72555, AX DC ED VA
55 Zi, Ez: 95/47-195/98, Dz: 135/67-260/130,
1 Suite, ⌐ WC ⌀, 17 ⌨, Lift, **P**, ⌂, 4⟳140
🍴 Hauptgericht 30/15

Glems-Außerhalb (1,5 km ✓)

✱ Stausee-Hotel
Unterer Hof 3, **Tel (0 71 23) 9 23 60**,
Fax 92 36 63, ✉ 72555, AX DC ED VA
einzeln ☾ ⁑, 20 Zi, Ez: 98/49-110/55,
Dz: 150/75, 1 App, ⌐ WC ⌀ DFÜ, **P**, 3⟳40,
Kegeln
🍴 ⁑, Hauptgericht 20/10-45/22, Terrasse,
geschl.: Mo

Meuro 40 →

Brandenburg
Kreis Oberspreewald-Lausitz
EW 482
ℹ Tel (03 57 54) 93 74
Amt Schipkau
✉ 01993 Klettwitzer Str. 1

✱✱✱ Landhaus Meuro
Drochower Str. 4, **Tel (03 57 54) 74 40**,
Fax 7 44 24, ✉ 01994, DC ED VA

Meuro

♪, 16 Zi, Ez: 140/70-215/108,
Dz: 195/98-350/176, 1 App, ⌐ WC ⌀, 4 ⌂, Lift,
P, 1⌂35, Restaurant

Meuselbach-Schwarzmühle 47 →

Thüringen / Saale-Schwarza-Kreis
EW 1600
i Tel (03 67 05) 20 96 02, Fax 6 38 85
Fremdenberkehrsbüro
✉ 98746 Hauptstr. 82

Schwarzmühle

* Waldfrieden ♛
   Flair Hotel
Mellenbacher Str. 2, Tel (03 67 05) 6 10 00,
Fax 6 10 13, ✉ 98746, AX ED VA
♪, 20 Zi, Ez: 80/40-120/60, Dz: 120/60-168/84,
1 Suite, ⌐ WC ⌀, 6 ⌂, P, ⌂, 1⌂80, Sauna,
Solarium, Restaurant
Auch Zimmer der Kategorie ****** vorhanden.

Meuselwitz 49 ↑

Thüringen / Kreis Altenburger Land
EW 11000
i Tel (0 34 48) 44 30, Fax 34 98
Stadtverwaltung
✉ 04610 Rathausstr. 1

Sehenswert: Orangerie (Barockbauwerk mit
Festsaal u. Restaurant), Heimatmuseum, barocke
Martinskirche, Kirche Zipsendorf, von-Secken-
dorff-Park, Wirkerpark, neoromanische Kirche
St. Elisabeth. „Schnaudertalhalle" (Sport- und
Kulturhalle)

* Zur Börse
Friedrich-Naumann-Str. 1, Tel (0 34 48) 80 31,
Fax 80 32, ✉ 04610, AX DC ED VA
10 Zi, Ez: 70/35-80/40, Dz: 100/50-120/60, ⌐
WC ⌀, P, Restaurant
geschl.: 4.-17.6.01

Michelfeld siehe Angelbachtal

Michelsrombach siehe Hünfeld

Michelstadt 55 ←

Hessen / Odenwaldkreis
EW 18000
i Tel (0 60 61) 7 41 46, Fax 7 41 30
Tourist-Information
✉ 64720 Marktplatz 1

* Akzent-Hotel Mark
Friedrich-Ebert-Str. 83, Tel (0 60 61) 7 00 40,
Fax 1 22 69, ✉ 64720, AX DC ED VA
49 Zi, Ez: 99/49-170/85, Dz: 180/90-309/155,
⌐ WC ⌀, 6 ⌂, Lift, P, Golf, garni
Auch Zimmer der Kategorie ****** vorhanden.

|◉| Da Domenico
Friedrich-Ebert-Str. 83, Tel (0 60 61) 1 23 00,
✉ 64720
Hauptgericht 20/10-35/17

☕ Café Siefert
Braunstr. 17, Tel (0 60 61) 30 68, Fax 1 21 18,
✉ 64720

Vielbrunn (13 km ↗)

* Talblick
Ohrnbachtalstr. 61, Tel (0 60 66) 2 15,
Fax 16 73, ✉ 64720, AX ED
7 Zi, Ez: 50/25-80/40, Dz: 90/45-130/65,
1 Suite, 3 App, ⌐ WC ⌀, garni
Rezeption: 8-20, geschl.: 6.11.-8.12.00

Vielbrunn-Außerhalb (2 km ↘)

🍴🍴 Geiersmühle
Tel (0 60 66) 7 21, Fax 92 01 26, ✉ 64720
einzeln, Hauptgericht 50/25, Gartenlokal, P,
geschl.: Mo, Di

Weiten-Gesäß (6 km ↗)

* Berghof
Dorfstr. 106, Tel (0 60 61) 37 01, Fax 7 35 08,
✉ 64720, AX DC ED VA
♪ ⚜, 16 Zi, Ez: 65/32-90/45, Dz: 120/60-135/67,
⌐ WC ⌀ DFÜ, P, ⌂, 2⌂30, Kegeln, Golf
geschl.: Mitte Feb-Mitte Mär

🍴 Hohenzollernstube
Hauptgericht 28/14, Terrasse, geschl.: Di, Mitte
Feb-Mitte Mär

Michendorf 29 □

Brandenburg
Kreis Potsdam-Mittelmark
EW 3800
ℹ Tel (03 32 05) 5 98 33, Fax 5 98 50
Amt Michendorf
✉ 14552 Potsdamer Str. 33

✱ Sol Inn
Potsdamer Str. 96, Tel (03 32 05) 7 80,
Fax 7 84 44, ✉ 14552, AX DC ED VA
122 Zi, Ez: 136/68-180/90, Dz: 153/77-200/100,
3 Suiten, ⌐ WC ⌀ DFÜ, 60 ↩, Lift, Ⓟ, 4⟳250,
Sauna, Solarium, Restaurant

Middelhagen siehe Rügen

Miesbach 72 ↘

Bayern
EW 11000
ℹ Tel (0 80 25) 7 00 00, Fax 70 00 11
Kultur- u. Fremdenverkehrsamt
✉ 83714 Schlierseer Str. 16

✱✱✱ Bayerischer Hof
Oskar-von-Miller-Str. 2-4, Tel (0 80 25) 28 80,
Fax 28 82 88, ✉ 83714, AX DC ED VA
122 Zi, Ez: 180/90-230/115,
Dz: 220/110-340/171, 12 Suiten, ⌐ WC ⌀,
10 ↩, Lift, Ⓟ, 12⟳500, Sauna, Solarium, Golf,
9 Tennis

🍴🍴 Spitzweg
Hauptgericht 25/12, Terrasse, Biergarten

Miltenberg 55 □

Bayern
EW 9800
ℹ Tel (0 93 71) 40 41 19, Fax 40 41 05
Städtisches Verkehrsbüro
✉ 63897 Rathaus, Engelplatz 69

Stadt im Maintal, zwischen Odenwald und
Spessart; Sehenswert: Stadtbild; Schnatterloch;
Altes Rathaus; Mildenburg; Museum der Stadt
mit Toutonenstein.

✱ Brauerei Keller
Hauptstr. 66-70, Tel (0 93 71) 50 80,
Fax 50 81 00, ✉ 63897, ED VA
32 Zi, Ez: 96/48-99/49, Dz: 158/79-175/88, ⌐
WC ⌀ DFÜ, Lift, 🛎, 3⟳60, Restaurant

✱ Jagdhotel Rose
Minotel
Hauptstr. 280, Tel (0 93 71) 4 00 60,
Fax 40 06 17, ✉ 63897, AX DC ED VA, Ⓢ
💲, 23 Zi, Ez: 125/62-155/78, Dz: 180/90-195/98,
⌐ WC ⌀ DFÜ, Ⓟ, 🛎, 4⟳50
🍴🍴 Hauptgericht 40/20, Terrasse,
geschl.: So abends, Mo mittags

🛏 Hopfengarten
Flair Hotel
Ankergasse 16, Tel (0 93 71) 9 73 70,
Fax 6 97 58, ✉ 63897, ED VA
13 Zi, Ez: 65/32-90/45, Dz: 128/64-160/80, ⌐
WC ⌀, Restaurant
geschl.: 27.10.-15.11.00, 1.1.01-10.1.00

🍴 Altes Bannhaus
Hauptstr. 211, Tel (0 93 71) 30 61, Fax 6 87 54,
✉ 63897, AX DC ED VA
🍷, Hauptgericht 30/15, Ⓟ, 🛏, geschl.: Di,
3.-23.1.01

☕ Café Sell
Hauptstr. 152, Tel (0 93 71) 30 71, Fax 30 74,
✉ 63897, ED
Terrasse

Mindelheim 70 ↗

Bayern / Kreis Unterallgäu
EW 14000
ℹ Tel (0 82 61) 73 73 00, Fax 73 79 29
Verkehrsbüro Mindelheim
✉ 87719 Beim Rathaus

✱ Alte Post
Maximilianstr. 39, Tel (0 82 61) 76 07 60,
Fax 7 60 76 76, ✉ 87719, AX ED VA
42 Zi, Ez: 90/45-130/65, Dz: 110/55-150/75, ⌐
WC ⌀, Lift, 🛎, 2⟳40, Fitnessraum, Sauna,
Solarium, Restaurant
Auch Zimmer der Kategorie ✱✱ vorhanden.

✱ Gasthof Stern
Frundsbergstr. 17, Tel (0 82 61) 50 55,
Fax 18 03, ✉ 87719
55 Zi, Ez: 70/35-90/45, Dz: 125/62-150/75, ⌐
WC ⌀, Ⓟ, 🛎, Restaurant

🍴 Weberhaus
Mühlgasse 1, Tel (0 82 61) 36 35, Fax 2 15 34,
✉ 87719
Hauptgericht 19/9-38/19, Terrasse, geschl.: Di

Minden 25 ✓

Nordrhein-Westfalen
EW 87000
ℹ Tel (05 71) 8 29 06 59, Fax 8 29 06 63
Tourist-Information
✉ 32423 Domstr. 2

✶✶✶ Holiday Inn
Lindenstr. 52 (B 3), Tel (05 71) 8 70 60,
Fax 8 70 61 60, ✉ 32423, AX DC ED VA
101 Zi, Ez: 190/95-230/115,
Dz: 220/110-260/130, ⊟ WC ⌀ DFÜ, 38 ⇌, Lift,
P, 🚗, 8⇔220, Sauna
🍴🍴 Hauptgericht 30/15, Terrasse

✶✶ Bad Minden
Portastr. 36, Tel (05 71) 9 56 33 00,
Fax 9 56 33 69, ✉ 32429, AX DC ED VA
30 Zi, Ez: 102/51-198/99, Dz: 148/74-238/119,
⊟ WC ⌀ DFÜ, **P**, 3⇔150, Fitnessraum, Sauna,
Solarium
Auch Zimmer der Kategorie ✶ vorhanden.
🍴🍴 Hauptgericht 16/8-39/19, geschl.: Sa mittags

✶✶ Altes Gasthaus Grotehof
Wettinerallee 14, Tel (05 71) 5 04 50,
Fax 5 04 51 50, ✉ 32429, AX DC ED VA
34 Zi, Ez: 108/54-165/83, Dz: 168/84-238/119,
⊟ WC ⌀ DFÜ, 12 ⇌, Lift, **P**, 🚗, 3⇔40,
Fitnessraum, Sauna, Solarium, Restaurant
Auch Zimmer der Kategorie ✶ vorhanden.

Mingolsheim, Bad siehe
Schönborn, Bad

Mittegroßefehn siehe Großefehn

Mittelberg siehe Kleinwalsertal

Mittelzell siehe Reichenau

Mittenaar 44 □

Hessen / Lahn-Dill-Kreis
EW 5190
ℹ Tel (0 27 72) 9 65 00, Fax 96 50 50
Gemeindeverwaltung
✉ 35756 Leipziger Str. 1

Bicken

✶ Thielmann
Wiesenstr. 5, Tel (0 27 72) 65 90 20,
Fax 6 59 02 44, ✉ 35756, AX DC ED VA
☽, 18 Zi, Ez: 75/37-110/55, Dz: 110/55-150/75,
⊟ WC, 7 ⇌, **P**, 1⇔30, Fitnessraum
geschl.: Fr

🍴🍴 Walliser Stuben
Hauptgericht 30/15, geschl.: Fr

Mittenwald 71 ↓

Bayern
Kreis Garmisch-Partenkirchen
EW 8500
ℹ Tel (0 88 23) 3 39 81, Fax 27 01
Kurverwaltung
✉ 82481 Dammkarstr. 3
Cityplan siehe Seite 650

✶✶ Posthotel
Karwendelstr. 14, Tel (0 88 23) 10 94,
Fax 10 96, ✉ 82481
§, 74 Zi, Ez: 95/47-140/70, Dz: 170/85-240/120,
7 Suiten, ⊟ WC ⌀, 22 ⇌, Lift, **P**, 🚗, 2⇔80,
⌂, Sauna, Solarium, Restaurant
geschl.: 15.11.-15.12.00
Auch Zimmer der Kategorien ✶✶✶ und ✶ vorhanden.

✶ Rieger
Dekan-Karl-Platz 28 (B 2),
Tel (0 88 23) 9 25 00, Fax 9 25 02 50,
✉ 82481, AX DC ED VA
§, 44 Zi, Ez: 100/50, Dz: 150/75-200/100,
7 Suiten, ⊟ WC ⌀, 🚗, ⌂, Sauna, Solarium,
Restaurant

✶ Der Bichlerhof
Adolf-Baader-Str. 5 (B 2), Tel (0 88 23) 91 90,
Fax 45 84, ✉ 82481, AX DC ED VA, Ⓢ
☽ §, 24 Zi, Ez: 65/32-180/90,
Dz: 130/65-180/90, 2 Suiten, 2 App, ⊟ WC ⌀,
P, 🚗, ⌂, Fitnessraum, Sauna, Solarium,
Restaurant

Mittenwald

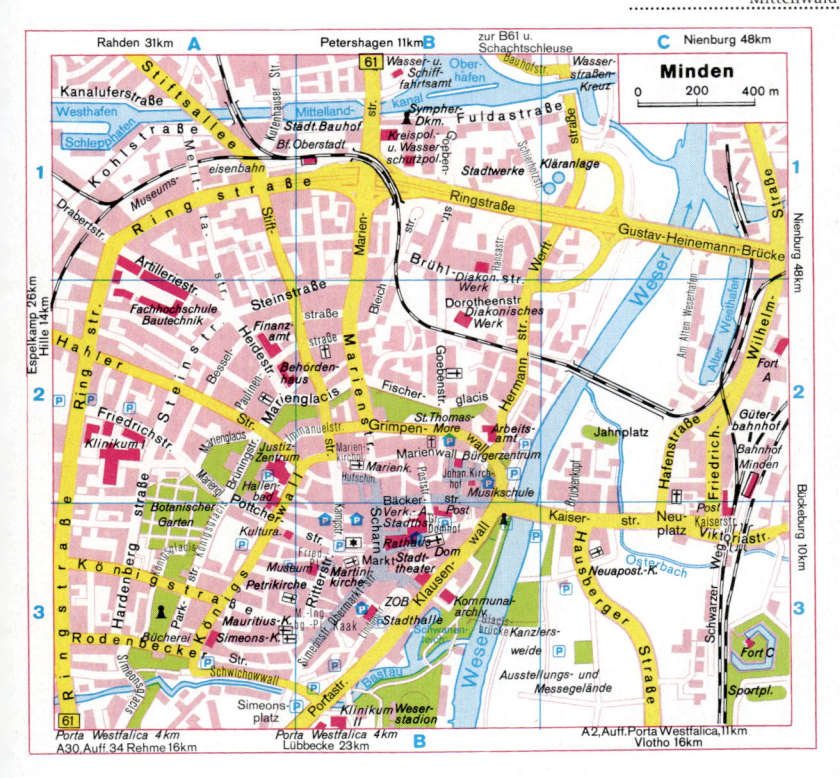

✱ Gästehaus Franziska
Innsbrucker Str. 24 (B 2), **Tel (0 88 23) 9 20 30**,
Fax 92 03 49, ✉ 82481, AX VA
₰, 16 Zi, Ez: 65/32-120/60, Dz: 120/60-155/78,
2 Suiten, 2 App., ⊟ WC ✆ DFÜ, 4 ⚓, P, 🏠,
Sauna, Solarium, garni
geschl.: 4.11.-15.12.00

🍴🍴 Arnspitze ✛
Innsbrucker Str. 68, **Tel (0 88 23) 24 25**,
✉ 82481, AX

Hauptgericht 28/14-39/19, Terrasse, P,
geschl.: Di, 30.10.-19.12.00, 17.4.-8.5.01

Mittenwald-Außerhalb (2 km ←)

🍴 Lautersee-Stub'n
Am Lautersee 1, **Tel (0 88 23) 10 17**, **Fax 52 46**,
✉ 82481
Hauptgericht 38/19, Terrasse,
geschl.: 1.11.-20.12.00
✱ einzeln ☾ ₰, 7 Zi, Ez: 75/37-95/47,
Dz: 180/90-210/105, 2 Suiten, 1 App., ⊟ WC ✆,
P, Seezugang, Golf
Zufahrt über private Forststraße für
Übernachtungsgäste möglich.

✱ Gröbl-Alm
Tel (0 88 23) 91 10, **Fax 29 21**, ✉ 82481, ED
einzeln ☾ ₰, 26 Zi, Ez: 85/42-105/52,
Dz: 120/60-180/90, 1 Suite, 2 App., ⊟ WC ✆,
Lift, P, Sauna, Solarium, Restaurant
geschl.: Mo, 1.11.-20.12.00
Auch einfachere Zimmer vorhanden.

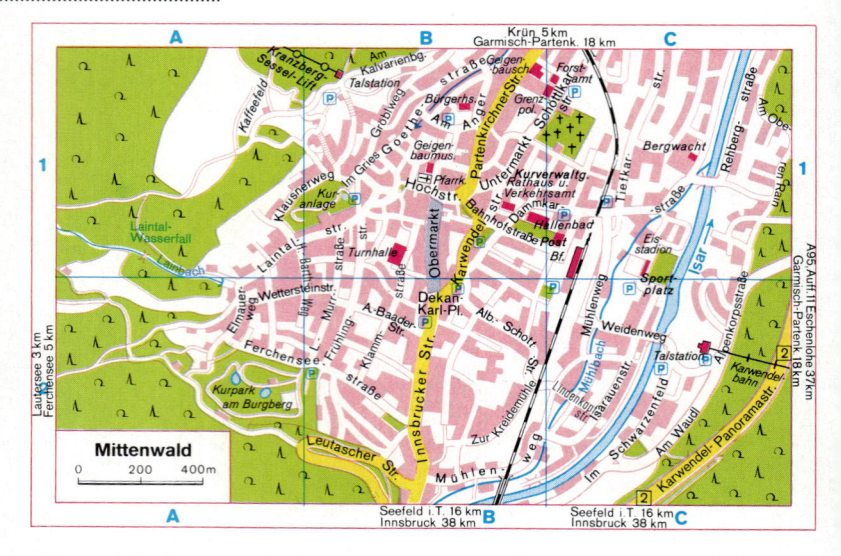

Mittweida 50 ↑

Sachsen
EW 18000
ℹ Tel (0 37 27) 28 04, Fax 28 06
Mittweida-Information
✉ 09648 Rochlitzer Str. 58

✱ Deutsches Haus
Rochlitzer Str. 5, Tel (0 37 27) 6 24 50,
Fax 62 45 11, ✉ 09648, AX DC ED VA
23 Zi, Ez: 90/45, Dz: 120/60, ⇨ WC ⓒ, P,
Restaurant

Lauenhain

✱ Waldhaus Lauenhain
An der Talsperre 10, Tel (0 37 27) 93 02 64,
Fax 6 26 19 41, ✉ 09648, ED VA
24 Zi, Ez: 74/37-90/45, Dz: 98/49-130/65, ⇨
WC ⓒ, 1 ⌘, P, 2⇨30, Sauna, Restaurant

Mitwitz 48 ✓

Bayern / Kreis Kronach
EW 3200
ℹ Tel (0 92 66) 18 76, Fax 99 06 66
Fremdenverkehrsverein
✉ 96268 Coburger Str. 14

Sehenswert: Wasserschloß; Naturpark Frankenwald.

✱ Wasserschloß
L.-Frhr.-v.-Würzburg-Str. 14,
Tel (0 92 66) 96 70, Fax 87 51, ✉ 96268, ED VA
40 Zi, Ez: 70/35-80/40, Dz: 119/59-124/62, ⇨
WC ⓒ, 5 ⌘, Lift, P, ☎, ≋, Sauna, Solarium,
Restaurant
geschl.: 7.-28.1.01

Mitwitz-Außerhalb (4 km ↗)

**✱✱ Waldhotel Bächlein
Flair Hotel**
Tel (0 92 66) 96 00, Fax 9 60 60, ✉ 96268,
AX ED VA
♪, 75 Zi, Ez: 85/42-150/75, Dz: 145/73-190/95,
2 Suiten, 5 App, ⇨ WC ⓒ, 6 ⌘, Lift, P,
2⇨120, ☎, Fitnessraum, Kegeln, Sauna,
Solarium
Auch Zimmer der Kategorie ✱ vorhanden.
🍴 Hauptgericht 30/15-45/22

Möckern 28 ↓

Sachsen-Anhalt / Kreis Burg
EW 3500
ℹ Tel (03 92 21) 9 50, Fax 2 48
Stadtverwaltung
✉ 39291 Am Markt 10

✱ Schützenhaus
Burger Str. 7, Tel (03 92 21) 2 55, Fax 50 42,
✉ 39291, AX ED VA
9 Zi, Ez: 65/32, Dz: 110/55, ⇨ WC ⓒ DFÜ, P,
Kegeln, Restaurant

Möckmühl 55 ↓

Baden-Württemberg
Kreis Heilbronn
EW 8280
ℹ Tel (0 62 98) 20 20, Fax 2 02 70
Stadtverwaltung
✉ 74219 Hauptstr. 23

Städtchen im Jagsttal; Sehenswert: Stadtmauer; Burg; Rathaus; Altstadt.

🍴 Württemberger Hof
Bahnhofstr. 11, Tel (0 62 98) 50 02, Fax 77 79, ✉ 74219, AX DC ED VA
Hauptgericht 21/10-36/18, Terrasse, **P**, geschl.: Sa mittags, 20.12.00-10.1.01

Möhnesee 34 □

Nordrhein-Westfalen / Kreis Soest
EW 10660
ℹ Tel (0 29 24) 4 97, Fax 17 71
Tourist-Information
✉ 59519 Küerbiker Str. 1

Delecke-Außerhalb (1,5 km ←)

✱✱✱ Haus Delecke
Linkstr. 10, Tel (0 29 24) 80 90, Fax 8 09 67, ✉ 59519, AX ED VA
einzeln ♪ ⚜, 35 Zi, Ez: 110/55-190/95, Dz: 200/100-290/146, 4 Suiten, ⌐ WC ⓒ, 3 ⌕, Lift, **P**, 🚗, 5⌬120, Kegeln, Solarium, Golf, 2 Tennis
Auch Zimmer der Kategorie ✱✱ vorhanden.

🍴🍴🍴 ⚜, Hauptgericht 29/14-49/24, Terrasse, Biergarten

Möhrendorf 57 □

Bayern / Kreis Erlangen-Höchstadt
EW 4100
ℹ Tel (0 91 31) 7 55 10, Fax 75 51 30
Gemeindeverwaltung
✉ 91096 Kirchenweg 1

✱ Schützenhof
Hauptstr. 26, Tel (0 91 31) 7 54 00, Fax 75 40 75, ✉ 91096, AX DC ED VA
19 Zi, Ez: 102/51, Dz: 148/74, ⌐ WC ⓒ, 6 ⌕, 🚗, 2⌬30, Sauna, garni

Möllenhagen 21 ↑

Mecklenburg-Vorpommern
Landkreis Müritz
EW 2230
ℹ Tel (03 99 28) 80 10, Fax 8 01 30
Amt Möllenhagen
✉ 17219 Am Markt 2

✱ Zum Eichenhof
Chaussee 9, Tel (03 99 28) 53 93, ✉ 17219, AX ED VA
11 Zi, Ez: 80/40-100/50, Dz: 135/67, ⌐ WC ⓒ, **P**, Restaurant

Mölln 19 ↖

Schleswig-Holstein
Kreis Herzogtum Lauenburg
EW 18000
ℹ Tel (0 45 42) 70 90, Fax 8 86 56
Städt. Kurverwaltung
✉ 23879 Hindenburgstr

Kneippkurort; Sehenswert: Nicolai-Kirche; Marktplatz mit Rathaus und Gerichtslaube; Eulenspiegelbrunnen; histor. Wasserturm; Fachwerkhäuser; Wildpark; Naturkundliches Museum; Eulenspiegelmuseum; Schiffahrt auf den Möllner Seen.

✱✱ Quellenhof
Hindenburgstr. 16, Tel (0 45 42) 30 28, Fax 72 26, ✉ 23879, AX DC ED VA
18 Zi, Ez: 90/45-110/55, Dz: 140/70-170/85, ⌐ WC ⓒ, **P**, 5⌬450, Kegeln, Restaurant

✱✱ Beim Wasserkrüger
Wasserkrüger Weg 115, Tel (0 45 42) 70 91, Fax 18 11, ✉ 23879, AX ED VA

Mölln

25 Zi, Ez: 79/39-105/52, Dz: 120/60-150/75,
2 Suiten, 3 App, ⌐ WC ⌀, 4 ⇍, **P**, 🕾, 1🗘16,
Sauna, Solarium, garni

∗∗ Silencehotel Schwanenhof
Am Schulsee, Tel (0 45 42) 8 48 30,
Fax 84 83 83, ✉ 23879, AX DC ED VA
einzeln ♪ ⚡, 31 Zi, Ez: 105/52-130/65,
Dz: 175/88-180/90, 1 Suite, ⌐ WC ⌀, Lift, **P**,
2🗘30, Sauna, Solarium, Golf, Restaurant

∗ Haus Hubertus
Villenstr. 15, Tel (0 45 42) 8 57 70, Fax 27 32,
✉ 23879
♪, 34 Zi, Ez: 75/37-90/45, Dz: 120/60-140/70,
3 Suiten, 4 App, ⌐ WC, 6 ⇍, **P**, Sauna,
Solarium, garni

Mömbris 55 ↖

Bayern / Kreis Aschaffenburg
EW 12750
i Tel (0 60 29) 7 05 12, Fax 7 05 59
Gemeindeverwaltung
✉ 63776 Schimborner Str. 6

∗ Ölmühle
Markthof 2, Tel (0 60 29) 95 00, Fax 95 05 09,
✉ 63776, AX DC ED VA
26 Zi, Ez: 85/42-170/85, Dz: 120/60-170/85, ⌐
WC, 4 ⇍, Lift, **P**, 🕾, 2🗘40, Solarium,
Restaurant
Auch Zimmer der Kategorie **∗∗** vorhanden.

Mönchberg 55 □

Bayern / Kreis Miltenberg
EW 2350
i Tel (0 93 74) 70 00, Fax 76 40
Tourist Information
✉ 63933 Hauptstr. 42

∗ Schmitt
Urbanusstr. 12, Tel (0 93 74) 20 90,
Fax 20 92 50, ✉ 63933, ED VA
♪ ⚡, 40 Zi, Ez: 74/37-100/50,
Dz: 136/68-152/76, ⌐ WC ⌀, 40 ⇍, Lift, **P**, 🕾,
2🗘30, 🕳, Sauna, Solarium, 2 Tennis,
Restaurant
geschl.: 10.1.-1.2.01

Mönchengladbach 32 ↓

Nordrhein-Westfalen
EW 270000
i Tel (0 21 61) 25 24 21, Fax 25 24 39
Verkehrsverein
✉ 41061 Regentenstr. 21
Cityplan siehe Seite 654

Münster (12. Jhdt.), Museum Schloß Rheydt,
Schloß Wickrath, Museum Abteiberg, Bunter
Garten, Theater, Tagungsmöglichkeiten.

∗∗∗ Dorint Parkhotel
Hohenzollernstr. 5 (B 1), Tel (0 21 61) 89 30,
Fax 8 72 31, ✉ 41061, AX DC ED VA, Ⓢ
146 Zi, Ez: 247/124-527/265,
Dz: 267/134-527/265, 15 Suiten, ⌐ WC ⌀,
62 ⇍, Lift, **P**, 🕾, 15🗘150, 🕳, Fitnessraum,
Sauna, Solarium, Restaurant

∗∗∗ Queens Hotel
Speicker Str. 49 (A 2), Tel (0 21 61) 93 80,
Fax 93 88 07, ✉ 41061, AX DC ED VA, Ⓢ
126 Zi, Ez: 135/67-555/279,
Dz: 175/88-555/279, ⌐ WC ⌀ DFÜ, 40 ⇍, Lift,
P, 14🗘200, 🕳, Sauna, Solarium

🍴🍴 **L'Image**
Hauptgericht 17/8-37/18, Terrasse

∗∗ Golden Tulip Craan Hotel
Aachener Str. 120 (A 2), Tel (0 21 61) 93 30 60,
Fax 30 61 40, ✉ 41061, AX DC ED VA, Ⓢ
97 Zi, Ez: 110/55-320/161, Dz: 150/75-400/201,
⌐ WC ⌀, 14 ⇍, Lift, **P**, 🕾, 4🗘150, Restaurant

∗ Burgund
Kaiserstr. 85 (B 1), Tel (0 21 61) 18 59 70,
Fax 1 85 97 40, ✉ 41061, AX DC ED VA
14 Zi, Ez: 95/47-130/65, Dz: 145/73-160/80,
1 Suite, ⌐ WC ⌀, Lift, **P**, garni
geschl.: 24.12.00-8.1.01, 8.7.-5.8.01

☕ **Café Heinemann**
Bismarckstr. 91, Tel (0 21 61) 1 70 31,
Fax 20 51 63, ✉ 41061
9-18.30, Sa 9-17.30, So 10-17.30

Hardt (6 km ←)

🍴🍴 **Lindenhof**
Vorsterstr. 535, Tel (0 21 61) 55 93 40,
Fax 55 11 22, ✉ 41169
Hauptgericht 35/17-60/30, **P**, nur abends,
geschl.: Mo, So
∗ 16 Zi, Ez: 96/48-150/75,
Dz: 135/67-225/113, ⌐ WC ⌀, 🕾

Hockstein (5 km ↓)

∗∗ Elisenhof
Klusenstr. 97, Tel (0 21 66) 93 30,
Fax 93 34 00, ✉ 41239, AX DC ED VA
66 Zi, Ez: 145/73, Dz: 200/100, 2 Suiten, ⌐ WC
⌀ DFÜ, 10 ⇍, Lift, **P**, 🕾, 4🗘80, 🕳, Kegeln
🍴 Hauptgericht 25/12

Mülfort (6 km ↘)

✱✱✱ Coenen
Giesenkirchener Str. 41, **Tel (0 21 66) 1 60 06**,
Fax 18 67 95, ✉ 41238, AX DC ED VA, Ⓢ
47 Zi, Ez: 179/90-205/103,
Dz: 208/104-278/140, 3 Suiten, ⊣ WC ⌀ DFÜ,
5 ⇌, Lift, 🅿, 🚗, 2⊖80, Kegeln
geschl.: 22.12.00-5.1.01

¶¶ Jürgens
Hauptgericht 34/17-54/27, Terrasse, nur
abends, So nur mittags, geschl.: Mi,
22.12.00-5.1.01

Rheydt (4 km ↓)

✱✱ Spickhofen
Dahlener Str. 88 (A 2), **Tel (0 21 66) 4 30 71**,
Fax 4 22 34, ✉ 41239, AX DC ED VA
55 Zi, Ez: 99/49-169/85, Dz: 140/70-180/90,
3 Suiten, ⊣ WC ⌀, 2 ⇌, Lift, 🅿, 🚗, 4⊖80,
Kegeln, Restaurant

✱✱ Rheydter Residenz
Lehwaldstr. 27 (C 2), **Tel (0 21 66) 6 29 60**,
Fax 62 96 99, ✉ 41236, AX DC ED VA
♪, 22 Zi, Ez: 139/70-219/110,
Dz: 168/84-268/134, ⊣ WC ⌀ DFÜ, Lift, 🅿, 🚗,
1⊖35, Sauna, Solarium
geschl.: 23-26.12.00

¶¶ Casa Bonita
Hauptgericht 28/14-33/16, nur abends,
geschl.: So, 23-26.12.00

Windberg (1 km ↖)

¶ Haus Baues
Bleichgrabenstr. 23, **Tel (0 21 61) 8 73 73**,
Fax 89 63 21, ✉ 41063, AX DC ED VA
Hauptgericht 30/15, Terrasse, Kegeln, 🅿,
geschl.: Di, 1.-16.8.01

Mörfelden-Walldorf 54 ↗

Hessen / Kreis Groß-Gerau
EW 31000
🛈 **Tel (0 61 05) 93 80, Fax 93 82 22**
Stadtverwaltung
✉ 64546 Westendstr. 8

Ausserhalb Mörfelden-Walldorf

¶¶ Mönchbruchmühle
Mönchbruch 1, **Tel (0 61 05) 9 24 30**,
Fax 92 43 40, ✉ 64546, AX DC ED VA
Hauptgericht 24/12-48/24, Biergarten,
Gartenlokal, 🅿, 🚂, geschl.: Do

Mörfelden

✱✱ Astron
Hessenring 9, **Tel (0 61 05) 20 40**,
Fax 20 41 00, ✉ 64546, AX DC ED VA, Ⓢ
299 Zi, Ez: 145/73-500/251,
Dz: 170/85-525/264, ⊣ WC ⌀ DFÜ, 106 ⇌,
Lift, 🅿, 🚗, 24⊖550, Sauna, Solarium,
Restaurant
Im Gewerbegebiet.

✱ Burisch
Karlstr. 3, **Tel (0 61 05) 9 34 10**, **Fax 2 20 60**,
✉ 64546, AX ED VA
11 Zi, Ez: 110/55-150/75, Dz: 150/75-200/100,
1 Suite, 2 App, ⊣ WC ⌀ DFÜ, 🅿, garni

Walldorf

✱✱ Zum Löwen
Langstr. 68, **Tel (0 61 05) 94 90, Fax 94 91 44**,
✉ 64546, AX DC ED VA
50 Zi, Ez: 120/60-190/95, Dz: 160/80-230/115,
4 App, ⊣ WC ⌀ DFÜ, 3 ⇌, Lift, 🅿, 4⊖120,
🚗, Fitnessraum, Sauna, garni

✱✱ Airport-Domizil
Top International Hotel
Nordendstr. 4a, am Gewerbegebiet Nord,
Tel (0 61 05) 95 70, Fax 95 72 22, ✉ 64546,
AX DC ED VA, Ⓢ
65 Zi, Ez: 150/75-250/125,
Dz: 180/90-260/130, 2 Suiten, 20 App, ⊣ WC
⌀ DFÜ, 18 ⇌, Lift, 🅿, 🚗, 6⊖12, garni
Langzeitvermietung möglich.

✱ Comfort Inn Hotel Feger
Am Zollstock 10, **Tel (0 61 05) 70 50**,
Fax 7 05 80, ✉ 64546, AX DC ED VA
39 Zi, Ez: 140/70-300/151,
Dz: 180/90-350/176, ⊣ WC ⌀ DFÜ, 6 ⇌, Lift,
2⊖60, garni
Im Gewerbegebiet.

¶¶ La Fattoria
Jourdanallee 4, **Tel (0 61 05) 7 41 01**,
Fax 7 65 92, ✉ 64546, AX DC ED VA
Hauptgericht 40/20, Terrasse, 🅿, geschl.: Mo
Beachtenswerte Küche.

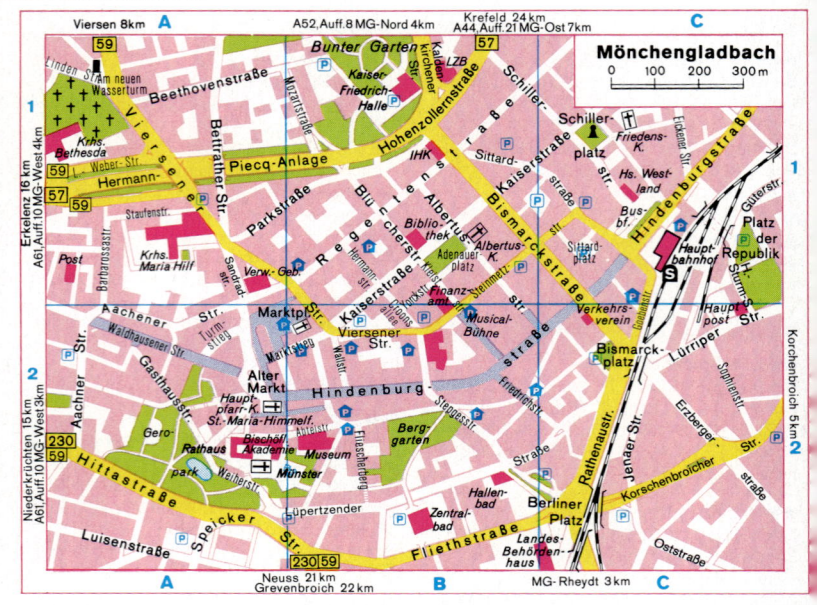

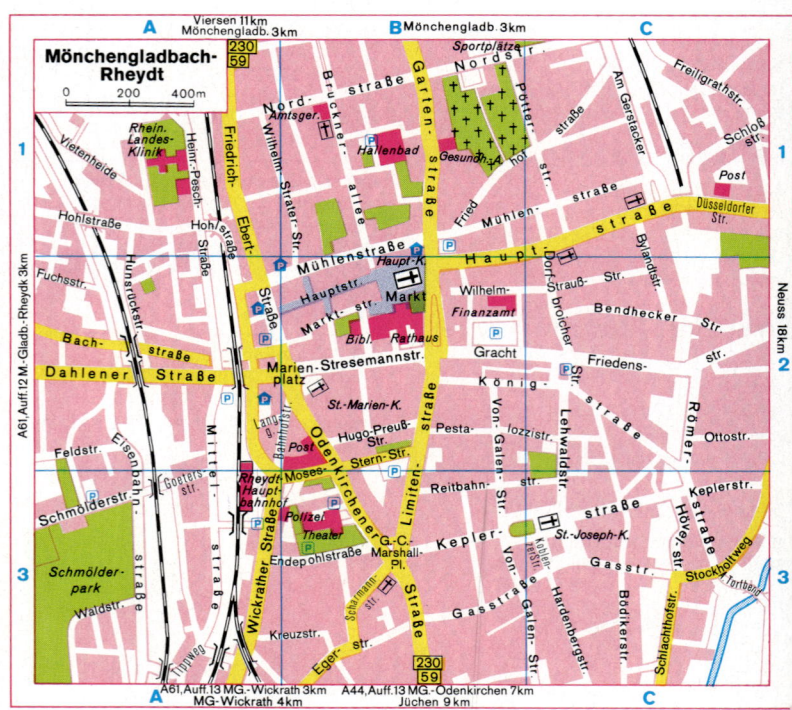

Mörnsheim

Mörnsheim 63 →

Bayern / Kreis Eichstätt
EW 1930
📞 Tel (0 91 45) 83 15 10, Fax 83 15 21
Markt Mörnsheim
✉ 91804 Kastnerplatz 1

🍴🍴 Lindenhof
Marktstr. 25, Tel (0 91 45) 8 38 00, Fax 71 59,
✉ 91804, AX DC ED VA
Hauptgericht 16/8-46/23, Terrasse, geschl.: Di, 15.1.-3.2.01

✱✱ Gästehaus Lindenhof
Marktstr. 12
14 Zi, Ez: 65/32-75/37, Dz: 98/49-110/55,
1 Suite, ⌐ WC ⊘, 🅿, 🛎
geschl.: 15.1.-3.2.01

Moers 32 →

Nordrhein-Westfalen / Kreis Wesel
EW 106390
📞 Tel (0 28 41) 20 17 77, Fax 20 17 21
Stadtinformation
✉ 47441 Unterwallstr. 9

🍴 Kurlbaum
Burgstr. 7, Tel (0 28 41) 2 72 00, ✉ 47441, AX
Hauptgericht 39/19, Terrasse, geschl.: Di, 3 Wochen im Sommer

Asberg (2 km ↘)

✱ Moerser Hof
Römerstr. 464, Tel (0 28 41) 9 52 10,
Fax 95 21 44, ✉ 47441, AX ED VA
33 Zi, Ez: 102/51-145/73, Dz: 134/67-195/98,
⌐ WC ⊘, Lift, 🅿, 🛎, 1⊖20, garni

Repelen (4 km ↑)

✱✱ Wellings Hotel Zur Linde
An der Linde 2, Tel (0 28 41) 97 60,
Fax 9 76 66, ✉ 47445, AX DC ED VA
35 Zi, Ez: 104/52-204/102, Dz: 138/69-228/114,
5 Suiten, ⌐ WC ⊘ DFÜ, 12 🛏, Lift, 🅿, 🛎,
6⊖80, Fitnessraum, Sauna, Solarium
Auch Zimmer der Kategorie ✱ vorhanden.

🍴🍴 Wildente
Hauptgericht 19/9-45/22

Schwafheim (3 km ↓)

✱ Schwarzer Adler
Düsseldorfer Str. 309, Tel (0 28 41) 38 21,
Fax 3 46 30, ✉ 47447, AX DC ED VA
39 Zi, Ez: 102/51-112/56, Dz: 152/76-167/84, ⌐
WC ⊘ DFÜ, 10 🛏, Lift, 🅿, 3⊖200, Kegeln,
Restaurant

Möser 28 ↙

Sachsen-Anhalt
Kreis Jerichower Land
EW 1651
📞 Tel (03 92 22) 90 80
Verwaltungsgemeinschaft
✉ 39291 Thälmannstr. 59

🛏 Neu Külzau
Schermener Weg 21a, Tel (03 92 22) 20 55,
Fax 9 51 64, ✉ 39291, ED VA
21 Zi, Ez: 50/25-90/45, Dz: 100/50-150/75, ⌐
WC ⊘, 🅿, Restaurant
Rezeption: 17-24

Mössingen 61 ↓

Baden-Württemberg / Kreis Tübingen
EW 18600
📞 Tel (0 74 73) 37 01 22, Fax 37 01 63
Stadtverwaltung/Kulturamt
✉ 72116 Freiherr-vom-Stein-Str 20

🛏 Fischer's Brauhaus
Auf der Lehr 30, Tel (0 74 73) 9 54 40,
Fax 95 44 95, ✉ 72116
30 Zi, Ez: 78/39, Dz: 125/62, ⌐ WC ⊘, Lift, 🛎,
garni
geschl.: Sa

Mohlsdorf 49 ☐

Thüringen / Kreis Greiz
EW 3102
🛈 Tel (0 36 61) 43 00 63, Fax 4 20 18
Gemeindeverwaltung
✉ 07987 Straße der Einheit 6

✱ Gudd
Raasdorfer Str. 2, Tel (0 36 61) 43 00 25,
Fax 43 00 27, ✉ 07987, AX ED VA
15 Zi, Ez: 65/32-88/44, Dz: 90/45-130/65, ⌐
WC ⊘, 🅿, 🏠, 1⇆40, Kegeln, Restaurant

Molbergen 24 ↑

Niedersachsen / Kreis Cloppenburg
EW 7050
🛈 Tel (0 44 75) 9 49 40, Fax 94 94 90
Gemeindeverwaltung
✉ 49696 Cloppenburger Str. 22

Dwergte (4 km ↑)

🍴🍴 Dorfkrug
Molberger Str. 1, Tel (0 44 75) 18 07,
Fax 53 94, ✉ 49696, ED VA
Hauptgericht 18/9-32/16, Biergarten, 🅿,
geschl.: Mo, 2 Wochen im Sommer
🛏 5 Zi, Ez: 65/32, Dz: 95/47, ⌐ WC ⊘,
2⇆50, Fitnessraum, Sauna, Golf

Molfsee 10 ↘

Schleswig-Holstein
Kreis Rendsburg-Eckernförde
EW 5100
🛈 Tel (04 31) 65 00 90, Fax 65 09 14
Gemeinde Molfsee
✉ 24113 Mielkendorfer Weg 2

✱✱ Bärenkrug
Hamburger Chaussee 10, Tel (0 43 47) 7 12 00,
Fax 71 20 13, ✉ 24113, AX DC ED VA
22 Zi, Ez: 95/47-140/70, Dz: 180/90-220/110, ⌐
WC ⊘ DFÜ, 7 🛌, 🅿, Kegeln, Sauna
geschl.: 23.12.00-2.1.01
🍴🍴 Hauptgericht 16/8-44/22 ✚
geschl.: 23.12.00-2.1.01

Rammsee (2 km ↑)

🍴 Drathenhof
Hamburger Landstr. 99, Tel (04 31) 65 08 89,
Fax 65 07 23, ✉ 24113, ED
☺, Hauptgericht 15/7-35/17, Gartenlokal, 🅿,
geschl.: Mo, 1.-31.1.01

Monheim am Rhein 33 ✓

Nordrhein-Westfalen
Kreis Mettmann
EW 44000
🛈 Tel (0 21 73) 95 11 31, Fax 95 11 39
Stadtverwaltung
✉ 40789 Rathausplatz 2

✱ Achat
Delitzscher Str. 1, Tel (00 49) 33 03 80,
Fax 33 03 89 99, ✉ 40789, AX ED VA
83 Zi, Dz: 132/66-360/181, 29 App, ⌐ WC ⊘
DFÜ, 40 🛌, Lift, 🅿, 2⇆120, Restaurant
Langzeitvermietung möglich.

Baumberg (3 km ↑)

✱ Baumberg
Sandstr. 84, Tel (0 21 73) 68 80, Fax 68 81 10,
✉ 40789, AX DC ED VA
40 Zi, Ez: 130/65-160/80, Dz: 160/80-210/105,
⌐ WC ⊘, 🅿, 🏠, Kegeln, Bowling, Restaurant

**✱ Lehmann
mit Gästehaus**
Thomasstr. 24, Tel (0 21 73) 9 66 10,
Fax 96 61 11, ✉ 40789, ED VA
24 Zi, Ez: 99/49, Dz: 130/65, ⌐ WC ⊘, 🅿, garni

Monschau 42 ☐

Nordrhein-Westfalen / Kreis Aachen
EW 13300
🛈 Tel (0 24 72) 33 00, Fax 45 34
Monschau Touristik GmbH
✉ 52156 Stadtstr. 1

✱ Lindenhof
Laufenstr. 77, Tel (0 24 72) 41 86, Fax 31 34,
✉ 52156
12 Zi, Ez: 75/37-95/47, Dz: 110/55-140/70, ⌐
WC ⊘, 4 🛌, 🅿, garni

🍴🍴🍴 Remise 🎀
im Alten Getreidehaus
Stadtstr. 14, Tel (0 24 72) 80 08 00,
Fax 8 00 80 20, ✉ 52156, ED VA

Hauptgericht 42/21-52/26, 🅿, nur abends, geschl.: Di, 3 Wochen im Nov, 2 Wochen im Feb

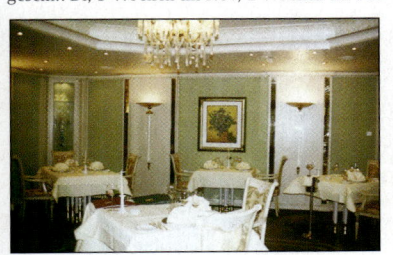

🍴 Altes Getreidehaus
Hauptgericht 18/9-32/16, Terrasse, geschl.: Di, 3 Wochen im Nov, 2 Wochen im Feb

🍴 Alte Herrlichkeit
Stadtstr. 7, Tel (0 24 72) 22 84, Fax 49 62, ✉ 52156, AX DC VA
☺, Hauptgericht 25/12-45/22, geschl.: Di

Montabaur 43 →

Rheinland-Pfalz / Westerwaldkreis
EW 13240
🛈 Tel (0 26 02) 3 00 10, Fax 30 01 15
Westerwald Gäste-Service e.V.
✉ 56410 Kirchstr. 48 a

✱✱ Am Peterstor
Peterstorstr. 1, Tel (0 26 02) 16 07 20, Fax 16 07 30, ✉ 56410, ED VA
16 Zi, Ez: 110/55-125/62, Dz: 150/75-170/85, 2 App, ⊐ WC ✆, Lift, 🅿, 1⌭60, Sauna, garni

Moormerland 15 →

Niedersachsen / Kreis Leer
EW 21210
🛈 Tel (0 49 54) 80 10, Fax 80 11 11
Gemeindeverwaltung
✉ 26802 Theodor-Heuss-Str 12

Warsingsfehn

✱ Up't Fehn
Rudolf-Eucken-Str. 22, Tel (0 49 54) 9 50 50, Fax 95 05 49, ✉ 26802, AX DC ED
25 Zi, Ez: 85/42, Dz: 140/70-160/80, ⊐ WC ✆
DFÜ, 11 🛏, Lift, 🅿, Restaurant

Moos 68 ↘

Baden-Württemberg / Kreis Konstanz
EW 3000
🛈 Tel (0 77 32) 99 96 17, Fax 99 96 20
Verkehrsamt
✉ 78345 Bohlinger Str. 18

✱ Silencehotel Gottfried
Böhringer Str. 1, Tel (0 77 32) 41 61, Fax 5 25 02, ✉ 78345, AX DC ED VA
☾, 15 Zi, Ez: 110/55-140/70, Dz: 170/85-190/95, 1 Suite, 2 App, ⊐ WC ✆ DFÜ, 8 🛏, 🅿, 🏠, ⌂, Sauna
geschl.: Do, 2.-24.1.01
🍴🍴 Hauptgericht 29/14, geschl.: Do, Fr ✚ mittags, 2.-24.1.01
Spezialität: Bodenseefisch..

Moraas 19 →

Mecklenburg-Vorpommern
Kreis Hagenow
EW 580
🛈 Tel (0 38 83) 72 90 96, Fax 72 10 87
Hagenow-Information
✉ 19230 Lange Straße 97

✱ Heidehof
Hauptstr. 15, Tel (0 38 83) 72 21 40, Fax 72 91 18, ✉ 19230, ED VA
☾, 11 Zi, Ez: 75/37-95/47, Dz: 115/57-135/67, ⊐ WC ✆, 🅿, 1⌭15
🍴 Hauptgericht 17/8-31/15, Terrasse

Morbach 53 ↖

Rheinland-Pfalz
Kreis Bernkastel-Wittlich
EW 11000
🛈 Tel (0 65 33) 7 11 17, Fax 30 03
Verkehrsamt
✉ 54497 Unterer Markt 1

Luftkurort im Hunsrück; Sehenswert: Burgruinen Baldenau und Hunolstein, Hunsrücker Holzmuseum im OT Weiperath; Deutsches Telefonmuseum in Morbach.

✱ Landhaus am Kirschbaum
Am Kirschbaum 55a, Tel (0 65 33) 9 39 50, Fax 93 95 22, ✉ 54497
22 Zi, Ez: 70/35, Dz: 110/55-120/60, 9 Suiten, 11 App, ⊐ WC ✆, 14 🛏, 🅿, ⌂, Sauna, Solarium, Restaurant
Auch Zimmer der Kategorie ✱✱ vorhanden.
Ferienwohnungen.

Morbach

🛏 Hochwald-Café
Unterer Markt 4, Tel (0 65 33) 33 78,
Fax 20 76, ✉ 54497, 🔲
14 Zi, Ez: 60/30, Dz: 110/55, 🛁 WC ⓒ, 🅿, 🐾,
garni
geschl.: Sa ab 13

Moringen 36 □

Niedersachsen / Kreis Northeim
EW 7500
🅗 Tel (0 55 54) 2 02 10, Fax 2 02 14
Stadtverwaltung
✉ 37186 Amtsfreiheit 8

Fredelsloh (8 km ↖)

¶¶ ▰▰▰▰ Pfeffermühle
Schafanger 1, Tel (0 55 55) 4 10, Fax 10 28,
✉ 37186, 🆊 🆍 🆎 🆅
Hauptgericht 20/10-35/17, Gartenlokal, 🅿,
geschl.: Mo, 15.2.-15.3.01

✱ ▰▰▰▰ Jägerhof
4 Zi, Ez: 85/42, Dz: 130/65, 🛁 WC ⓒ
Rezeption: 10-24, geschl.: Mo, 15.2.-15.3.01

Moritzburg 40 ↘

Sachsen / Kreis Meißen
EW 8000
🅗 Tel (03 52 07) 85 40, Fax 8 54 20
Tourist-Information
✉ 01468 Schloßallee 3 B

✱ ▰▰▰▰ Landhaus
Schloßallee 37, Tel (03 52 07) 8 16 02,
Fax 8 16 04, ✉ 01468, 🆎 🆅
⌔, 16 Zi, Ez: 130/65-180/90,
Dz: 170/85-190/95, 1 Suite, 3 App, 🛁 WC ⓒ,
3 ⇐, 🅿, 1⇔15, Sauna, Restaurant
Zimmer der Kategorie ✱✱ vorhanden.

✱ ▰▰▰▰ Eisenberger Hof
Kötzschenbrodaer Str. 8, Tel (03 52 07) 8 16 73,
Fax 8 16 84, ✉ 01468, 🆊 🆎 🆅
⌔, 24 Zi, Ez: 90/45-110/55, Dz: 140/70-160/80,
1 Suite, 🛁 WC ⓒ, 🅿, 2⇔40, Sauna, Solarium,
Restaurant
Auch Zimmer der Kategorie ✱✱ vorhanden.

Moritzburg-Außerhalb (1,5 km →)

✱✱ ▰▰▰▰ Churfuerstliche Waldschaenke
Grose Fasanenstr., Tel (03 52 07) 86 00,
Fax 8 60 93, ✉ 01468, 🆊 🆍 🆎 🆅
einzeln ⌔, 33 Zi, Ez: 125/62-155/78,
Dz: 158/79-260/130, 2 Suiten, 🛁 WC ⓒ, 🅿,
2⇔35, Golf, Restaurant
Auch Zimmer der Kategorie ✱✱✱ vorhanden.

Boxdorf

✱✱ ▰▰▰▰ Baumwiese Landidyll
Dresdner Str. 2, Tel (03 51) 8 32 50,
Fax 8 32 52 52, ✉ 01468, 🆊 🆍 🆎 🆅
36 Zi, Ez: 160/80-190/95, Dz: 205/103-250/125,
3 App, 🛁 WC ⓒ DFÜ, 4 ⇐, Lift, 🅿, 3⇔80,
Sauna, Solarium, Golf, Restaurant

Reichenberg

✱ ▰▰▰▰ Sonnenhof
August-Bebel-Str. 69, Tel (03 51) 8 30 55 27,
Fax 8 30 54 69, ✉ 01468, 🆊 🆍 🆎 🆅
⌔, 17 Zi, Ez: 75/37-125/62, Dz: 130/65-160/80,
🛁 WC ⓒ, 10 ⇐, 🅿, Sauna, garni

Morsbach 43 ↗

Nordrhein-Westfalen
Oberbergischer Kreis
EW 11000
🅗 Tel (0 22 94) 69 90, Fax 69 91 87
Gemeindeverwaltung
✉ 51597 Bahnhofstr. 2

Erholungsort; Sehenswert: Kath. Pfarrkirche;
Burg Volperhausen; Fachwerkhäuser.

✱ ▰▰▰▰ Goldener Acker
Zum Goldenen Acker 44, Tel (0 22 94) 80 24,
Fax 73 75, ✉ 51597, 🆍 🆎 🆅
⌔, 33 Zi, Ez: 89/44-94/47, Dz: 135/67-145/73,
🛁 WC ⓒ, 🅿, 5⇔40, Kegeln, Sauna, Solarium
Auch Zimmer der Kategorie ✱✱ vorhanden.
¶¶ ¶¶ Hauptgericht 30/15, Terrasse,
geschl.: Mo, So abends, 8.-21.01.01, 9.-29.7.01

Morsum siehe Sylt

Morsum 17 ↓

Niedersachsen / Kreis Verden
EW 2393
Samtgemeinde Thedinghausen
✉ 27321 Braunschweiger Str. 10

🛏 Döhlings Gasthaus
Zum Fleet 1, Tel (0 42 04) 9 17 10,
Fax 91 71 91, ✉ 27321
11 Zi, Ez: 60/30, Dz: 100/50, 🛁 WC ⓒ,
Restaurant

Mosbach 55 ↙

Baden-Württemberg
Neckar-Odenwald-Kreis
EW 24800
🛈 Tel (0 62 61) 8 22 36, Fax 8 22 49
Verkehrsamt
✉ 74821 Hauptstr. 29

Nüstenbach (4 km ↖)

🍴🍴 **Zum Ochsen** ✚
Im Weiler 6, Tel (0 62 61) 1 54 28, ✉ 74821
Hauptgericht 30/15, Gartenlokal, 🅿, geschl.: Di

Mossautal 55 ←

Hessen / Odenwaldkreis
EW 2600
🛈 Tel (0 60 62) 40 19, Fax 91 20 26
Gemeindeverwaltung
✉ 64756 Ortsstr. 124

Güttersbach

✱ **Zentlinde**
Hüttenthaler Str. 37, Tel (0 60 62) 20 80,
Fax 59 00, ✉ 64756, ED VA
35 Zi, Ez: 90/45-110/55, Dz: 170/85-180/90,
9 App, 🚿 WC ⓒ, Lift, 🅿, 7⟲40, ⌂, Kegeln,
Sauna, Solarium, Restaurant
geschl.: Mo, Jan

Motzen 30 ↘

Brandenburg
Kreis Königs Wusterhausen
EW 991
🛈 Tel (03 37 69) 5 02 13
Amtsverwaltung
✉ 15749 Bahnhofstr. 3a

✱✱✱ **Residenz am Motzener See**
Töpchiner Str. 4, Tel (03 37 69) 8 50,
Fax 8 51 00, ✉ 15741, AX ED VA
♪ ♣, 60 Zi, Ez: 155/78-195/98,
Dz: 195/98-255/128, 🚿 WC ⓒ DFÜ, Lift, 🅿, ⌂,
6⟲100, ⌂, Sauna, Solarium, Golf
geschl.: 2.-7.1.01

Mücke

🍴🍴 ♣, Hauptgericht 28/14, Terrasse,
geschl.: 2.-7.1.01

Much 43 ↑

Nordrhein-Westfalen
Rhein-Sieg-Kreis
EW 14800
🛈 Tel (0 22 45) 6 80, Fax 68 50
Verkehrsverein
✉ 53804 Hauptstr. 57

Bövingen (3 km ↖)

✱✱ **Kranichhöhe**
Bövingen 129, Tel (0 22 45) 60 80,
Fax 60 81 00, ✉ 53804, AX DC ED VA
♣, 114 Zi, Ez: 165/83-235/118,
Dz: 238/119-308/155, 5 Suiten, 🚿 WC ⓒ, 8 ⛱,
Lift, 🅿, 20⟲250, ⌂, Fitnessraum, Sauna,
Solarium, Golf, 6 Tennis

🍴🍴 **Terracotta**
Hauptgericht 45/22, Terrasse

Mudau 55 □

Baden-Württemberg
Kreis Neckar-Odenwald
EW 5160
🛈 Tel (0 62 84) 78 34, Fax 78 20
Tourist-Information
✉ 69427 Schloßauer Str. 2

✱ **Zum Löwen**
Hauptstr. 25, Tel (0 62 84) 9 21 10,
Fax 92 11 55, ✉ 69427, ED VA
22 Zi, Ez: 38/19-50/25, Dz: 70/35-94/47, 🚿 WC,
3 ⛱, 🅿, ⌂, Golf, Restaurant
geschl.: Fr
Auch einfache Zimmer vorhanden.

Mücke 45 □

Hessen / Vogelsbergkreis
EW 10000
🛈 Tel (0 64 00) 9 10 20, Fax 91 02 50
Verkehrsamt
✉ 35325 Im Herrnhain 2

✱ **Gärtner**
Bahnhofstr. 116, Tel (0 64 00) 81 91, Fax 63 60,
✉ 35325, AX ED VA
14 Zi, Ez: 89/44-98/49, Dz: 135/67-150/75, 🚿
WC ⓒ, 🅿, ⌂, 3⟲120, Kegeln
Rezeption: 7-14, 17-23
🍴 Hauptgericht 17/8, geschl.: Mo

Müden (Mosel) 43 ↓

Rheinland-Pfalz
Kreis Cochem-Zell
EW 800
🛈 Tel (0 26 72) 21 10
Ortsgemeinde Müden
✉ 56254 Bergstr. 2

✱ Sewenig
Moselweinstr. 82, Tel (0 26 72) 13 34,
Fax 17 30, ✉ 56254, DC ED VA
₰, 30 Zi, Ez: 65/32-70/35, Dz: 120/60-130/65,
⊐ WC ⌀, Lift, P, ≋, 2⌒80, Sauna, Solarium,
Restaurant
geschl.: 3.-31.1.01

Müden (Örtze) siehe Faßberg

Mühbrook 10 ↘

Schleswig-Holstein
Kreis Rendsburg-Eckernförde
EW 480
🛈 Tel (0 43 22) 69 51 62, Fax 69 51 64
Tourismusverein
✉ 24582 Marktplatz

✱ Seeblick/Seeschlößchen
Dorfstr. 18, Tel (0 43 22) 69 90 90,
Fax 69 90 92 00, ✉ 24582, AX DC ED VA
⌄, 45 Zi, Ez: 68/34, Dz: 98/49, 3 Suiten, 2 App,
⊐ WC ⌀, 8 ⊱, P, 3⌒250, Sauna, Solarium,
Restaurant

Mühldorf a. Inn 73 ↖

Bayern
EW 17000
🛈 Tel (0 86 31) 61 22 26, Fax 61 22 06
Fremdenverkehrsamt
✉ 84453 Stadtplatz 36

✱ Komfort Hotel
Rheinstr. 44, Tel (0 86 31) 38 10, Fax 38 14 81,
✉ 84453, AX DC ED VA
100 Zi, Ez: 90/45-150/75, Dz: 120/60-250/125,
⊐ WC ⌀ DFÜ, 35 ⊱, P, 3⌒60, Restaurant
Im Industriegebiet Süd gelegen.

✱ Bastei
Münchener Str. 69, Tel (0 86 31) 3 67 80,
Fax 36 78 10, ✉ 84453, AX ED VA
35 Zi, Ez: 70/35-80/40, Dz: 91/45-160/80, ⊐
WC ⌀, 5 ⊱, Lift, P, ≋, 2⌒40, Restaurant

Mühlhausen 57 ←

Bayern / Kreis Erlangen-Höchstadt
EW 1606
🛈 Tel (0 95 48) 2 02, Fax 6 29 55
Verwaltungsgemeinschaft
✉ 91315 Schloßberg 9

✱ Gästehaus Hiltel
Hauptstr. 18, Tel (0 95 48) 60 66, Fax 62 37,
✉ 96172, ED VA
8 Zi, Ez: 65/32, Dz: 95/47, ⊐ WC ⌀ DFÜ, 3 ⊱,
P, Restaurant

Mühlhausen 37 ↙

Thüringen / Kreis Unstrut-Hainich
EW 38000
🛈 Tel (0 36 01) 45 23 35, Fax 45 23 16
Mühlhausen - Information
✉ 99974 Ratsstr. 20

✱✱ Mirage
Karl-Marx-Str. 9, Tel (0 36 01) 43 90,
Fax 43 91 00, ✉ 99974, AX DC ED VA
70 Zi, Ez: 109/54-119/59, Dz: 135/67-159/80,
4 Suiten, ⊐ WC ⌀ DFÜ, 30 ⊱, Lift, P, ≋,
2⌒90, Restaurant

✱ An der Stadtmauer
Breitenstr. 15, Tel (0 36 01) 4 65 00,
Fax 46 50 50, ✉ 99974, AX DC ED VA
19 Zi, Ez: 78/39-108/54, Dz: 125/62-135/67, ⊐
WC ⌀, 8 ⊱, P, ≋, Solarium, Restaurant

✱ Brauhaus Zum Löwen
Kornmarkt 3, Tel (0 36 01) 47 10,
Fax 44 07 59, ✉ 99974, ED VA
33 Zi, Ez: 105/52-120/60, Dz: 140/70-160/80,
3 Suiten, ⊐ WC ⌀, 5 ⊱, Lift, P, 2⌒80
Auch Zimmer der Kategorie ✱✱ vorhanden.
🍴 AX DC, Hauptgericht 15/7-40/20,
Biergarten

✱ Ammerscher Bahnhof
Ammerstr. 83, Tel (0 36 01) 87 31 32,
Fax 44 07 50, ✉ 99974, AX ED VA
14 Zi, Ez: 90/45, Dz: 130/65, ⊐ WC ⌀ DFÜ, P,
2⌒50, Restaurant

Mühlhausen im Täle 62 ↙

Baden-Württemberg
Kreis Göppingen
EW 1070
🛈 Tel (0 73 35) 9 60 10, Fax 96 01 25
Bürgermeisteramt
✉ 73347 Gosbacher Str. 16

** Bodoni
Flair Hotel
Bahnhofstr. 4, Tel (0 73 35) 9 62 50,
Fax 96 25 29, ✉ 73347, AX ED VA
15 Zi, Ez: 100/50, Dz: 150/75, ⌐ WC ⌀, Sauna,
Solarium, Restaurant
Rezeption: 6-12, 14-22

* Höhenblick
mit Gästehaus
Obere Sommerbergstr. 10,
Tel (0 73 35) 96 99 00, Fax 9 69 90 13,
✉ 73347, AX DC ED VA
♪ ⚘, 60 Zi, Ez: 75/37-120/60,
Dz: 130/65-160/80, ⌐ WC ⌀, Lift, P, 🛎,
5⌬80, Kegeln, Sauna, Solarium, Restaurant
Im Stammhaus auch einfache Zimmer.

Mühlheim am Main 45 ✓

Hessen / Kreis Offenbach
EW 25000
❚ Tel (0 61 08) 60 10, Fax 60 11 25
Stadtverwaltung
✉ 63165 Friedensstr. 20

* Dreispitz
Offenbacher Str. 86, Tel (0 61 08) 9 09 80,
Fax 13 75, ✉ 63165, AX DC ED VA
24 Zi, Ez: 90/45-220/110, Dz: 120/60-220/110,
⌐ WC ⌀, P, 2⌬60
🍴 Hauptgericht 18/9-40/20, nur abends,
So auch mittags, geschl.: Do

🍴🍴 Abthof
Pfarrgasse 10, Tel (0 61 08) 6 75 53,
Fax 6 88 18, ✉ 63165, AX DC ED VA
Hauptgericht 33/16, Terrasse, Gartenlokal, P,
nur abends, geschl.: Mo

Lämmerspiel (5 km ↘)

*** Landhaus Waitz
Bischof-Ketteler-Str. 26, Tel (0 61 08) 60 60,
Fax 60 64 88, ✉ 63165, AX DC ED VA
75 Zi, Ez: 165/83-215/108,
Dz: 230/115-260/130, 7 Suiten, ⌐ WC ⌀ DFÜ,
10 🛏, Lift, P, 🛎, 13⌬80, Sauna, Solarium,
8 Tennis
geschl.: 27.12.00-7.1.01
🍴🍴 Hauptgericht 36/18-50/25, Terrasse,
geschl.: 27.12.00-7.1.01

Mühltal 54 ↗

Hessen / Kreis Darmstadt-Dieburg
EW 13500
❚ Tel (0 61 51) 1 41 70, Fax 14 17 38
Gemeindeverwaltung
✉ 64367 Ober-Ramstädter-Str 2

Traisa

** Hofgut Dippelshof
Am Dippelshof 1, am Golfplatz,
Tel (0 61 51) 91 71 88, Fax 91 71 89, ✉ 64367,
DC ED VA
einzeln ♪, 18 Zi, Ez: 135/67-165/83,
Dz: 210/105-320/161, ⌐ WC ⌀, 6 🛏, P, 3⌬90,
Golf
Auch Zimmer der Kategorie * vorhanden.

🍴🍴 Hauptgericht 30/15-45/22, Terrasse,
Restaurierter Jugendstilsaal.

Trautheim (2 km ↑)

* Waldesruh
Am Bessunger Forst 28, Tel (0 61 51) 9 11 50,
Fax 91 15 63, ✉ 64367, ED VA
♪, 36 Zi, Ez: 88/44-95/47, Dz: 135/67-140/70,
⌐ WC ⌀, Lift, P, 1⌬10, 🛎, Solarium,
Restaurant
geschl.: Do, 21.12.00-4.1.01

Mühltroff 49 ←

Sachsen / Vogtlandkreis
EW 2138
❚ Tel (03 66 45) 30 30, Fax 3 03 33
Stadtverwaltung
✉ 07919 Markt 16

* Villa am Gutsweg
Gutsweg 6, Tel (03 66 45) 2 22 24,
Fax 2 22 24, ✉ 07919, ED VA
7 Zi, Ez: 75/37-85/42, Dz: 98/49-120/60, ⌐ WC
⌀, 2 🛏, P, Restaurant

Mülheim an der Ruhr 33←

Nordrhein-Westfalen
EW 176350
🛈 Tel (02 08) 4 55 80 80, Fax 4 55 80 88
City-Shop
✉ 45468 Hans-Böckler-Platz 1

✹✹ Clipper
Hans-Böckler-Platz 19 (B 2),
Tel (02 08) 30 86 30, Fax 30 86 31 13,
✉ 45468, AX DC ED VA, Ⓢ
51 Zi, Ez: 159/80-259/130,
Dz: 199/100-299/150, ⌐ WC ⌀, 10 ⚑, Lift,
1⟳15, Fitnessraum, Sauna, garni
Rezeption: 6.30-23

✹✹ Thiesmann
Dimbeck 56, **Tel (02 08) 30 68 90**,
Fax 3 06 89 90, ✉ 45470, AX DC ED
34 Zi, Ez: 145/73-195/98, Dz: 175/88-235/118,
⌐ WC ⌀ DFÜ, 18 ⚑, Lift, P, 🏠, 2⟳40,
Fitnessraum, Kegeln, Sauna, Restaurant

✹✹ Luisental
Trooststr. 2 (B 3), **Tel (02 08) 99 21 40**,
Fax 9 92 14 40, ✉ 45468, AX DC ED VA
20 Zi, Ez: 138/69-228/114, Dz: 148/74-248/124,
⌐ WC ⌀ DFÜ, 4 ⚑, Lift, P, 🏠, Golf, garni
Auch Zimmer der Kategorie ✹ vorhanden.

✹ Noy
Schlosstr. 28-30 (B 2), **Tel (02 08) 4 50 50**,
Fax 4 50 53 00, ✉ 45468, AX DC ED VA
50 Zi, Ez: 116/58-230/115, Dz: 186/93-340/171,
⌐ WC ⌀, Lift, 🏠, 2⟳40, Solarium
Auch Zimmer der Kategorie ✹✹ vorhanden.

✹ Friederike
Friedrichstr. 32 (B 3), **Tel (02 08) 99 21 50**,
Fax 9 92 15 45, ✉ 45468, AX ED VA
28 Zi, Ez: 98/49-178/89, Dz: 138/69-198/99,
2 Suiten, 4 App, ⌐ WC ⌀ DFÜ, 18 ⚑, P, 🏠,
Sauna, Golf, garni

¶¶ Am Kamin
Striepensweg 62, **Tel (02 08) 76 00 36**,
Fax 76 07 69, ✉ 45473, AX DC ED VA
☯, Hauptgericht 29/14-45/22, Terrasse,
Biergarten, Gartenlokal, Kegeln, P

Dümpten (5 km ↑)

✹ Kuhn
Mellinghofer Str. 277, **Tel (02 08) 79 00 10**,
Fax 7 90 01 68, ✉ 45475, AX ED VA
61 Zi, Ez: 98/49-180/90, Dz: 120/60-240/120,
WC ⌀, Lift, P, 🏠, Kegeln, Sauna, Solarium,
Golf

¶ Distel
Hauptgericht 20/10-37/18, geschl.: So

Menden (4 km ↓)

Müller-Menden
Mendener Str. 109, **Tel (02 08) 37 40 15**,
Fax 3 79 33, ✉ 45470, ED VA
Hauptgericht 25/12-38/19, Terrasse, P

Mintard (8 km ↓)

✹ Mintarder Wasserbahnhof
August-Thyssen-Str. 129, **Tel (0 20 54) 9 59 50**,
Fax 95 95 55, ✉ 45481, AX DC ED VA
☽ ⚑, 33 Zi, Ez: 87/43-105/52,
Dz: 140/70-185/93, 1 App, ⌐ WC ⌀, 4 ⚑, P,
🏠, Golf, Restaurant
geschl.: 27.12.00-15.1.01

Speldorf (4 km ←)

✹ Landhaus Sassenhof
Schellhockerbruch 21-23, **Tel (02 08) 99 91 80**,
Fax 5 14 65, ✉ 45478, AX DC ED VA
16 Zi, Ez: 115/57-175/88, Dz: 155/78-230/115,
1 Suite, 1 App, ⌐ WC ⌀, P
Auch Zimmer der Kategorie ✹✹ vorhanden.
¶ Hauptgericht 30/15, Biergarten,
geschl.: Mo

¶¶ Altes Zollhaus ✚
Duisburger Str. 228, **Tel (02 08) 5 03 49**,
Fax 5 03 49, ✉ 45478
Hauptgericht 28/14-39/19, P, geschl.: Mo, Sa
mittags, 15-30.7.01

Mülheim (Mosel) 52 ↗

Rheinland-Pfalz
Kreis Bernkastel-Wittlich
EW 980
🛈 Tel (0 65 34) 3 69, Fax 13 87
Verkehrsbüro
✉ 54486 Hauptstr. 52

✹✹ Landhaus Schiffmann
Veldenzer Str. 49 a, **Tel (0 65 34) 9 39 40**,
Fax 1 82 01, ✉ 54486
☽, 22 Zi, Ez: 95/47-110/55, Dz: 135/67-170/85,
⌐ WC ⌀, 22 ⚑, P, Sauna, Solarium,
Restaurant
geschl.: 3.12.00-2.1.01

Mülheim-Kärlich

Rheinland-Pfalz
Kreis Mayen-Koblenz
EW 10000
🛈 Tel (0 26 30) 9 45 50, Fax 94 55 49
Stadtverwaltung
✉ 56218 Kapellenstr. 16

Kärlich

✱▬▬▬ Zur Krone
Schweizerstr. 2, Tel (0 26 30) 9 42 60,
Fax 94 26 55, ✉ 56218, AX ED VA
33 Zi, Ez: 75/37-85/42, Dz: 140/70, 2 Suiten, ⌐
WC ⊘, 🅿, 2⇌100, Sauna, Solarium, Restaurant

Mülheim-Kärlich

Mülheim

✱ Grüters
Ringstr. 1, Tel (0 26 30) 9 41 60, Fax 4 94 67,
✉ 56218, AX ED
39 Zi, Ez: 80/40, Dz: 130/65, ⇌ WC ◐, Lift, P,
2⇆100, Restaurant
geschl.: 20.12.00-15.1.01

¶¶ Zur Linde
Bachstr. 12, Tel (0 26 30) 41 30, Fax 41 29,
✉ 56218, ED VA
Hauptgericht 32/16, Gartenlokal, P, geschl.: Di

Müllheim 67 ↙

Baden-Württemberg
Kreis Breisgau-Hochschwarzwald
EW 17000
🛈 Tel (0 76 31) 40 70, Fax 1 66 54
Touristikinformation
✉ 79379 Werderstr. 48

✱✱ Alte Post
Landidyll
An der Bundesstr. 3, Tel (0 76 31) 1 78 70,
Fax 17 87 87, ✉ 79379, AX DC ED VA
50 Zi, Ez: 96/48-130/65, Dz: 152/76-200/100,
2 Suiten, ⇌ WC ◐, 10 ⇔, P, ☎, 4⇆100,
Fitnessraum, Sauna, Solarium
Auch einfache Zimmer vorhanden.
¶¶ Hauptgericht 35/17, Terrasse
Beachtenswerte Küche.

✱ Bauer mit Gästehaus
Eisenbahnstr. 2, Tel (0 76 31) 24 62, Fax 40 73,
✉ 79379, ED VA
56 Zi, Ez: 70/35-95/47, Dz: 130/65-150/75, ⇌
WC ◐, Lift, P, ☎, 1⇆20, Restaurant
geschl.: 20.12.00-15.1.01

Appartementhotels/Boardinghäuser

Im Weingarten
Kochmatt 8, Tel (0 76 31) 3 69 40,
Fax 36 94 25, ✉ 79379
♪, 13 Zi, Ez: 95/47-130/65, Dz: 140/70-180/90,
1 Suite, 6 App, ⇌ WC ◐, P, ☎, ☒, Sauna,
Solarium, garni
Zimmer der Kategorie ✱✱.

Feldberg (6 km ↘)

¶ Ochsen
Bürgelnstr. 32, Tel (0 76 31) 35 03,
Fax 1 09 35, ✉ 79379, ED VA
☉, Hauptgericht 30/15, Gartenlokal, P,
geschl.: Do, 7.-30.1.01
Eigenbauweine, Gasthof von 1763.

Niederweiler (2 km →)

✱ Pension Weilertal
Weilertalstr. 15, Tel (0 76 31) 57 94,
Fax 1 48 26, ✉ 79379, ED VA
10 Zi, Ez: 60/30-110/55, Dz: 120/60-160/80,
3 App, ⇌ WC ◐, P, garni
geschl.: 11.11.-15.12.00, 13.1.-10.2.01

Mülsen 49 ↗

Sachsen / Kreis Zwickauer Land
🛈 Tel (03 76 01) 50 00
Gemeindeverwaltung
✉ 08132 August-Bebel-Str 9

siehe auch Glauchau

Niedermülsen

✱ Nordsee
Hauptstr. 45, Tel (03 76 04) 26 60, Fax 26 67,
✉ 08138, AX ED VA
51 Zi, Ez: 70/35-95/47, Dz: 115/57-140/70,
1 Suite, ⇌ WC ◐, P, 2⇆45, Sauna, Solarium,
Restaurant

Münchberg 48 ↘

Bayern / Kreis Hof
EW 12500
🛈 Tel (0 92 51) 8 74 12, Fax 8 74 24
Fremdenverkehrsamt
✉ 95213 Ludwigstr. 15

✱ Braunschweiger Hof
Bahnhofstr. 13, Tel (0 92 51) 9 94 00,
Fax 64 04, ✉ 95213, DC ED VA
21 Zi, Ez: 70/35-85/42, Dz: 100/50-150/75, ⇌
WC ◐, P, ☎
geschl.: Anfang Mär
¶ Tel 81 81, Hauptgericht 14/7-36/18,
Terrasse, geschl.: Anfang Mär

Münchberg-Außerhalb (1 km ↓)

✱✱ Hintere Höhe
Hintere Höhe 7, Tel (0 92 51) 9 46 10,
Fax 39 76, ✉ 95213, AX DC ED VA
♪ ¢, 33 Zi, Ez: 98/49-138/69,
Dz: 158/79-198/99, ⇌ WC ◐, 14 ⇔, P, ☎,
4⇆120, Sauna, Solarium
Rezeption: 6.30-21.30
¶¶ ¢, Hauptgericht 14/7-34/17, Terrasse,
geschl.: Fr

Müncheberg 31

Brandenburg
Kreis Märkisch Oderland
EW 6020
🛈 Tel (03 34 32) 8 11 47, Fax 8 11 43
Stadtinformation
✉ 15374 Rathausstr. 1

★ Sternthaler
Poststr. 6, Tel (03 34 32) 8 94 40, Fax 8 94 43,
✉ 15374
13 Zi, Ez: 76/38-86/43, Dz: 132/66-146/73, ⌐
WC ⊘, 13 ⇐, ☎, 1⇨30
geschl.: Mo, 3.-12.1.01
🍴 ⊕, Hauptgericht 21/10

★ Pension Mönchsberg
Florastr. 25 c, Tel (03 34 32) 3 67, Fax 5 05,
✉ 15374, ED VA
♪, 10 Zi, Ez: 99/49, Dz: 130/65, ⌐ WC ⊘ DFÜ,
1 ⇐, P, Restaurant
geschl.: 20.12.00-1.1.01

München 72

Bayern
EW 1300000
🛈 Tel (0 89) 2 33 03 00, Fax 23 33 02 33
Tourismus-Information
✉ 80331 Sendlinger Str. 1
Cityplan siehe Seite 668-669

siehe auch Erding

★★★★★ Mandarin Oriental ♛
Neuturmstr. 1 (E 5), Tel (0 89) 29 09 80,
Fax 22 25 39, ✉ 80331, AX DC ED VA, Ⓢ
53 Zi, Ez: 470/236-590/297,
Dz: 680/342-750/377, 20 Suiten, ⌐ WC ⊘ DFÜ,
Lift, ☎, 3⇨70, ≋

🍴🍴🍴🍴 Mark's Restaurant
Hauptgericht 40/20-68/34, nur abends,
geschl.: Mo abends

★★★★ Kempinski Hotel
Vier Jahreszeiten
Maximilianstr. 17 (E 5), Tel (0 89) 2 12 50,
Fax 21 25 20 00, ✉ 80539, AX DC ED VA, Ⓢ
266 Zi, Ez: 440/221-740/372,
Dz: 520/261-820/413, 50 Suiten, ⌐ WC ⊘ DFÜ,
99 ⇐, Lift, P, ☎, 10⇨450, ≘, Sauna, Solarium
Auch Zimmer anderer Kategorien vorhanden.

🍴🍴 Bistro
Hauptgericht 30/15

★★★★ Bayerischer Hof
Promenadeplatz 2-6 (CD 4), Tel (0 89) 2 12 00,
Fax 2 12 09 06, ✉ 80333, AX DC ED VA
428 Zi, Ez: 330/166-400/201,
Dz: 430/216-650/327, 45 Suiten, 1 App., ⌐ WC
⊘, 13 ⇐, Lift, ☎, 33⇨1200, ≋, ≘, Sauna,
Solarium
Zimmer unterschiedlicher Kategorien
vorhanden.

🍴🍴🍴 Garden-Restaurant
Hauptgericht 27/13-59/29, Terrasse, P

★★★★ Königshof
L'Art de Vivre-Residenz
Karlsplatz 25 (B4), Tel (0 89) 55 13 60,
Fax 55 13 61 13, ✉ 80335, AX DC ED VA
80 Zi, Ez: 390/196-435/219,
Dz: 470/236-625/314, 10 Suiten, ⌐ WC ⊘ DFÜ,
24 ⇐, Lift, ☎, 4⇨80, Fitnessraum, Sauna
Auch Zimmer der Kategorie ★★★ vorhanden.

🍴🍴🍴🍴🍴 Hauptgericht 52/26-68/34, P

★★★★ Hilton München Park
Am Tucherpark 7, Tel (0 89) 3 84 50,
Fax 38 45 25 88, ✉ 80538, AX DC ED VA, Ⓢ
♪ ♣, 479 Zi, Ez: 350/176-590/297,
Dz: 430/216-670/337, 16 Suiten, ⌐ WC ⊘ DFÜ,
90 ⇐, Lift, ☎, 14⇨1200, ≘, Sauna, Solarium

🍴🍴 Tivoli
Hauptgericht 22/11-45/22, Terrasse, P

★★★★ ArabellaSheraton Grand Hotel
Arabellastr. 6, Tel (0 89) 9 26 40, Fax 91 68 77,
✉ 81925, AX DC ED VA
♣, 613 Zi, Ez: 350/176-490/246,
Dz: 400/201-580/292, 31 Suiten, ⌐ WC ⊘ DFÜ,
60 ⇐, Lift, ☎, 21⇨1250, ≘, Sauna, Solarium

🍴🍴 Ente von Lehel
Hauptgericht 30/15-45/22, Biergarten, P

★★★ Das Palace ♛
Trogerstr. 21, Tel (0 89) 41 97 10,
Fax 41 97 18 19, ✉ 81675, AX DC ED VA

München

65 Zi, Ez: 270/135-510/256,
Dz: 360/181-510/256, 6 Suiten, ⌐ WC ⌀ DFÜ,
14 ⌬, Lift, ⌂, 3⌬30, Fitnessraum, Sauna
Auch Zimmer der Kategorie **** vorhanden. Idyllischer Innengarten.
¶¶ Hauptgericht 48/24-168/84, Terrasse

*** Excelsior
Schützenstr. 11 (B 4), Tel (0 89) 55 13 70,
Fax 55 13 71 21, ✉ 80335, AX DC ED VA
109 Zi, Ez: 295/148-330/166,
Dz: 390/196-435/219, 4 Suiten, ⌐ WC ⌀ DFÜ,
28 ⌬, Lift, ⌂, 2⌬30

Geisels Vinothek
☺, Hauptgericht 25/12-36/18, Terrasse

*** Marriott
Berliner Str. 93, Tel (0 89) 36 00 20,
Fax 36 00 22 00, ✉ 80805, AX DC ED VA, S
348 Zi, Ez: 219/110-499/251,
Dz: 219/110-499/251, 32 Suiten, ⌐ WC ⌀ DFÜ,
240 ⌬, Lift, ⌂, 13⌬500, ⌂, Fitnessraum, Sauna, Solarium, Restaurant

*** Maritim
Goethestr. 7 (B 4), Tel (0 89) 55 23 50,
Fax 55 23 59 00, ✉ 80336, AX DC ED VA, S
328 Zi, Ez: 211/106-528/265,
Dz: 278/140-595/299, 11 Suiten, ⌐ WC ⌀ DFÜ, 52 ⌬, Lift, ⌂, 9⌬550, ⌂, Sauna
¶¶¶ Hauptgericht 25/12-45/22, Terrasse, Biergarten

*** Holiday Inn City-Nord
Leopoldstr. 194 (E 1), Tel (0 89) 38 17 90,
Fax 38 17 98 88, ✉ 80804, AX DC ED VA, S
365 Zi, Ez: 190/95-623/313,
Dz: 220/110-706/355, 2 Suiten, ⌐ WC ⌀,
120 ⌬, Lift, ⌂, 15⌬600, ⌂, Sauna, Solarium

¶¶ Oma's Küche
Hauptgericht 35/17, Terrasse, P

*** Renaissance
Theodor-Dombart-Str. 4, Tel (0 89) 36 09 90,
Fax 3 60 99 69 00, ✉ 80805, AX DC ED VA, S
♪, 174 Zi, Ez: 185/93-500/251,
Dz: 185/93-500/251, 87 Suiten, ⌐ WC ⌀ DFÜ,
100 ⌬, Lift, P, ⌂, 7⌬80, Sauna, Solarium, Restaurant

*** ArabellaSheraton Westpark
Garmischer Str. 2, Tel (0 89) 5 19 60,
Fax 51 96 30 00, ✉ 80339, AX DC ED VA
239 Zi, Ez: 205/103-449/226,
Dz: 263/132-478/240, 5 Suiten, 4 App, ⌐ WC ⌀ DFÜ, 98 ⌬, Lift, P, ⌂, 9⌬80, ⌂, Sauna, Solarium
geschl.: 22.12.00-8.1.01

¶¶ Ambiente
Hauptgericht 30/15, Terrasse,
geschl.: 22.12.00-8.1.01

*** Eden-Hotel-Wolff
Arnulfstr. 4 (B 4), Tel (0 89) 55 11 50,
Fax 55 11 55 55, ✉ 80335, AX DC ED VA
210 Zi, Ez: 228/114-460/231,
Dz: 290/146-490/246, 2 Suiten, ⌐ WC ⌀ DFÜ,
70 ⌬, Lift, ⌂, 10⌬260, Fitnessraum
Auch Zimmer der Kategorie ** vorhanden.

¶¶ Zirbelstube
Hauptgericht 18/9-44/22

** Prinzregent
Ismaninger Str. 42, Tel (0 89) 41 60 50,
Fax 41 60 54 66, ✉ 81675, AX DC ED VA, S
64 Zi, Ez: 195/98-395/198,
Dz: 250/125-395/198, 2 Suiten, ⌐ WC ⌀ DFÜ,
20 ⌬, Lift, P, ⌂, 1⌬40, Sauna, garni
Auch Zimmer der Kategorie *** vorhanden.

** Vitalis
Kathi-Kobus-Str. 20-22, Tel (0 89) 12 00 80,
Fax 1 29 83 82, ✉ 80797, AX DC ED VA
108 Zi, Ez: 170/85-310/156,
Dz: 220/110-420/211, ⌐ WC ⌀, 15 ⌬, Lift, P,
⌂, 3⌬100, ⌂, Restaurant

** DeragHotel Prinzessin Elizabeth
Geyerstr. 34, Tel (0 89) 72 01 70,
Fax 72 01 71 60, ✉ 80469, AX DC ED VA
34 Zi, Ez: 155/78-240/120,
Dz: 200/100-310/156, 4 Suiten, 108 App, ⌐ WC ⌀, 17 ⌬, Lift, ⌂, 2⌬25, Fitnessraum, Sauna, Solarium, Restaurant
Langzeitvermietung möglich.

München

★★ Exquisit
Pettenkoferstr. 3 (B 5), Tel (0 89) 5 51 99 00,
Fax 55 19 94 99, ✉ 80336, AX DC ED VA
39 Zi, Ez: 205/103-290/146,
Dz: 290/146-350/176, 11 Suiten, ⊟ WC ⊘,
5 🛏, Lift, 🚗, 1⊙30, Sauna, Solarium, garni

★★ Mercure City
Senefelderstr. 9 (B 4), Tel (0 89) 55 13 20,
Fax 59 64 44, ✉ 80336, AX DC ED VA, S
167 Zi, Dz: 290/146-490/246, ⊟ WC ⊘ DFÜ,
69 🛏, Lift, 5⊙100, Restaurant

★★ Platzl Hotel
Sparkassenstr. 10 (E 5), Tel (0 89) 23 70 30,
Fax 23 70 38 00, ✉ 80331, AX DC ED VA, S
167 Zi, Ez: 247/124-417/210,
Dz: 322/162-442/222, ⊟ WC ⊘ DFÜ, 50 🛏,
Lift, 🚗, 7⊙140, Fitnessraum, Sauna, Solarium
Auch Zimmer der Kategorie ★★★ vorhanden.

🍴🍴 Pfistermühle
Pfisterstr. 4, Tel 23 70 38 65
Hauptgericht 25/12-38/19, Terrasse, Biergarten,
P, geschl.: So

★★ Opera
St.-Anna-Str. 10 (F 4), Tel (0 89) 22 55 33,
Fax 22 55 38, ✉ 80538, AX ED VA
23 Zi, Ez: 280/141-460/231,
Dz: 320/161-460/231, 2 Suiten, ⊟ WC ⊘ DFÜ,
Lift, 1⊙12, garni

★★ Drei Löwen
Schillerstr. 8 (B 4), Tel (0 89) 55 10 40,
Fax 55 10 49 05, ✉ 80336, AX DC ED VA
155 Zi, Ez: 150/75-340/171,
Dz: 185/93-365/183, 3 Suiten, 2 App, ⊟ ⊘,
42 🛏, Lift, P, 🚗, 1⊙30, Restaurant
Auch Zimmer der Katgorie ★★★ vorhanden.
Im Gästehaus Löwen Residenz Zimmer der
Kategorie ★ vorhanden.

★★ Prinz
Top International Hotel
Hochstr. 45, Tel (0 89) 4 80 29 81,
Fax 48 41 37, ✉ 81541, AX DC ED VA, S
40 Zi, Ez: 155/78-355/178,
Dz: 195/98-355/178, 1 Suite, ⊟ WC ⊘ DFÜ,
10 🛏, Lift, P, 🚗, 2⊙30, Restaurant
Auch Zimmer der Kategorie ★★★ vorhanden.

★★ Forum Hotel
Hochstr. 3 (F 6), Tel (0 89) 4 80 30,
Fax 4 48 82 77, ✉ 81669, AX DC ED VA
⚡, 570 Zi, Ez: 351/176-440/221,
Dz: 412/207-470/236, 12 Suiten, ⊟ WC ⊘, Lift,
🚗, 16⊙700, 🛁, Sauna, Solarium, Restaurant

★★ Four Points Hotel Central
Schwanthalerstr. 111 (A 5), Tel (0 89) 51 08 30,
Fax 51 08 37 67, ✉ 80339, AX DC ED VA
91 Zi, Ez: 287/144-318/160,
Dz: 271/136-297/149, 11 App, ⊟ WC ⊘, 19 🛏,
Lift, 🚗, 4⊙60, Sauna, Solarium, garni
Auch Zimmer der Kategorie ★★★ vorhanden.

★★ Four Points Hotel Olympiapark
Helene-Mayer-Ring 12, Tel (0 89) 35 75 10,
Fax 35 75 18 00, ✉ 80809, AX DC ED VA
⚡, 105 Zi, Ez: 233/117-327/164,
Dz: 257/129-350/176, ⊟ WC ⊘, 25 🛏, Lift, P,
🚗, 3⊙40, Restaurant

★★ Carathotel
Lindwurmstr. 13 (B 6), Tel (0 89) 23 03 80,
Fax 23 03 81 99, ✉ 80337, AX DC ED VA, S
70 Zi, Ez: 205/103-265/133,
Dz: 265/133-320/161, ⊟ WC ⊘, 12 🛏, Lift, 🚗,
1⊙15, garni

★★ Torbräu
Tal 41 (E 5), Tel (0 89) 24 23 40,
Fax 24 23 42 35, ✉ 80331, AX ED VA, S
83 Zi, Ez: 215/108-370/186,
Dz: 295/148-370/186, 3 Suiten, ⊟ WC ⊘ DFÜ,
55 🛏, Lift, P, 🚗, 2⊙50, Restaurant
geschl.: 22-26.12.00

★★ Queens Hotel
Effnerstr. 99, Tel (0 89) 92 79 80,
Fax 98 38 13, ✉ 81925, AX DC ED VA, S
150 Zi, Ez: 145/73-500/251,
Dz: 195/98-525/264, 2 Suiten, ⊟ WC ⊘ DFÜ,
25 🛏, P, 🚗, 5⊙320, Fitnessraum, Sauna,
Solarium, Restaurant

★★ Europa
Dachauer Str. 115, Tel (0 89) 54 24 20,
Fax 54 24 25 00, ✉ 80335, AX DC ED VA
165 Zi, Ez: 160/80-460/231,
Dz: 198/99-490/246, 9 Suiten, ⊟ WC ⊘, 12 🛏,
Lift, P, 🚗, 2⊙60, Restaurant

★★ Internationale de Ville
Schillerstr. 10, Tel (0 89) 8 90 53 70,
Fax 89 05 37 37, ✉ 80336, AX ED VA

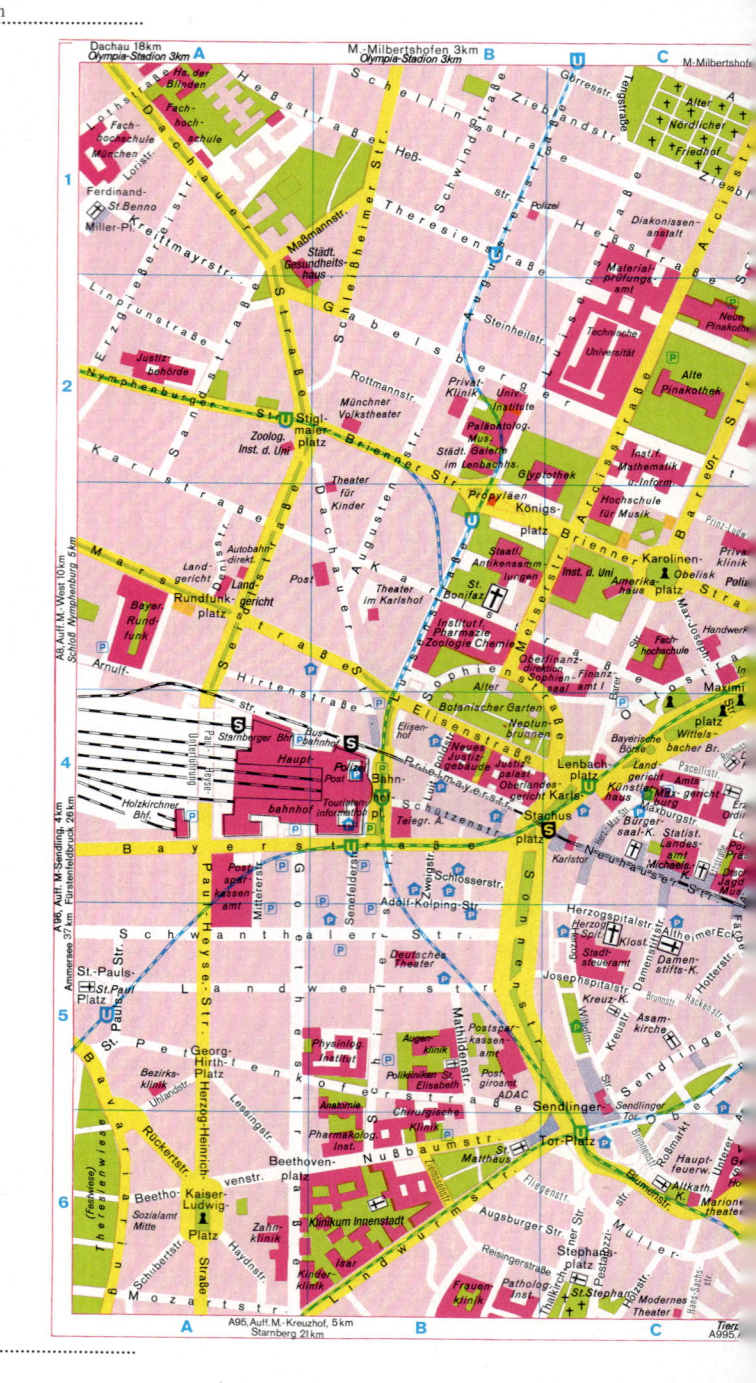

München

München

77 Zi, Ez: 190/95-260/130,
Dz: 250/125-380/191, 12 App., ⊿ WC ⓒ DFÜ,
26 ⌂, Lift, 2○70, Restaurant

** Ambiente
Schillerstr. 12 (B5), Tel **(0 89) 54 51 70**,
Fax 54 51 72 00, ✉ 80336, AX DC ED VA
45 Zi, Ez: 160/80-230/115,
Dz: 230/115-280/141, ⊿ WC ⓒ, 18 ⌂, Lift, ⌂

** Erzgießerei Europe
   Top International Hotel
Erzgiesereistr. 15 (A 2), Tel **(0 89) 12 68 20**,
Fax 1 23 61 98, ✉ 80335, AX DC ED VA, Ⓢ
106 Zi, Ez: 170/85-270/135,
Dz: 200/100-310/156, 1 Suite, ⊿ WC ⓒ, 20 ⌂,
Lift, P, 2○70, Restaurant

** King's Classic Hotel
Dachauer Str. 13 (B 4), Tel **(0 89) 55 18 70**,
Fax 55 18 73 00, ✉ 80335, AX DC ED VA, Ⓢ
96 Zi, Ez: 240/120-275/138,
Dz: 295/148-325/163, 7 Suiten, ⊿ WC ⓒ DFÜ,
48 ⌂, Lift, P, ⌂, 2○40, Sauna, Solarium,
garni

** Admiral ♛
   Select Marketing Hotels
Kohlstr. 9 (E 6), Tel **(0 89) 21 63 50**,
Fax 29 36 74, ✉ 80469, AX DC ED VA, Ⓢ
33 Zi, Ez: 220/110-340/171,
Dz: 280/141-400/201, ⊿ WC ⓒ DFÜ, 6 ⌂, Lift,
P, garni

** Best Western Cristal
Schwanthalerstr. 36 (B 5), Tel **(0 89) 55 11 10**,
Fax 55 11 19 92, ✉ 80336, AX DC ED VA, Ⓢ
100 Zi, Ez: 219/110-330/166,
Dz: 259/130-390/196, 4 Suiten, 2 App, ⊿ WC ⓒ
DFÜ, Lift, P, ⌂, 3○100, garni

** Krone
Theresienhöhe 8, Tel **(0 89) 5 08 08 00**,
Fax 50 80 80 70, ✉ 80339, AX DC ED VA
30 Zi, Ez: 149/75-350/176, Dz: 169/85-390/196,
⊿ WC ⓒ DFÜ, 2 ⌂, Lift, P, 1○60, Solarium,
garni
Auch Zimmer der Kategorie ✱ vorhanden.

** Apollo
Mittererstr. 7 (A 4-5), Tel **(0 89) 53 95 31**,
Fax 53 40 33, ✉ 80336, AX DC ED VA
74 Zi, Ez: 120/60-235/118, Dz: 158/79-315/158,
⊿ WC ⓒ DFÜ, Lift, P, ⌂, garni

✱ Altmünchen
Mariahilfplatz 4, Tel **(0 89) 45 84 40**,
Fax 45 84 44 00, ✉ 81541, AX DC ED VA, Ⓢ
31 Zi, Ez: 109/54-270/135, Dz: 158/79-300/151,
⊿ WC ⓒ DFÜ, Lift, ⌂, 1○40, garni
Auch Zimmer der Kategorie ✱✱ vorhanden.

✱ Sol Inn
Paul-Heyse-Str. 24 (A 5), Tel **(0 89) 51 49 00**,
Fax 51 49 07 01, ✉ 80336, AX DC ED VA, Ⓢ
207 Zi, Ez: 195/98-330/166,
Dz: 225/113-350/176, ⊿ WC ⓒ DFÜ, 21 ⌂, Lift,
⌂, 2○70, Fitnessraum, Sauna, Solarium,
Restaurant

✱ Senator
Martin-Greif-Str. 11, Tel **(0 89) 53 04 68**,
Fax 5 38 04 44, ✉ 80336, AX DC VA
47 Zi, Ez: 100/50-240/120, Dz: 130/65-290/146,
⊿ WC ⓒ DFÜ, 8 ⌂, Lift, P, ⌂, 1○40,
Solarium, garni
geschl.: 22-28.12.00
Auch Zimmer der Kategorie ✱✱ vorhanden.

München

✱ Schlicker
Zum goldenen Löwen
Tal 8 (E5), **Tel** (0 89) 2 42 88 70, Fax 29 60 59,
✉ 80331, AX DC ED VA
68 Zi, Ez: 130/65-180/90, Dz: 180/90-280/141,
3 Suiten, ⊒ WC ⌀, **P**, garni
geschl.: 24.12.00-7.1.01
Auch Zimmer der Kategorie ✱✱ vorhanden.

✱ Domus
St.-Anna-Str. 31 (F 4), **Tel** (0 89) 22 17 04,
Fax 2 28 53 59, ✉ 80538, AX DC ED VA
43 Zi, Ez: 198/99-240/120,
Dz: 240/120-270/135, 2 Suiten, ⊒ WC ⌀, 18 🛏,
Lift, 🍴, garni
geschl.: 22-28.12.00

✱ Cosmopolitan
Hohenzollernstr. 5, **Tel** (0 89) 38 38 10,
Fax 38 38 11 11, ✉ 80801, AX DC ED VA
71 Zi, Ez: 170/85-195/98, Dz: 195/98-230/115,
⊒ WC ⌀ DFÜ, 15 🛏, Lift, 🍴, garni

✱ Deutsches Theater
Schwanthalerstr. 15 (B 5),
Tel (0 89) 5 52 24 90, Fax 5 52 24 96 14,
✉ 80336, AX DC ED VA
24 Zi, Ez: 165/83-175/88, Dz: 195/98, 1 Suite,
⊒ WC ⌀, 5 🛏, Lift, 🍴, 1🍽20, Restaurant

✱ Deutsches Theater
Landwehrstr. 18 (B 5), **Tel** (0 89) 5 45 85 25,
Fax 54 58 52 61, ✉ 80336, AX DC ED VA
27 Zi, Ez: 139/70-240/120, Dz: 159/80-320/161,
1 Suite, ⊒ WC ⌀, 12 🛏, Lift, **P**, garni
Auch Zimmer der Kategorie ✱✱ vorhanden.

✱ Präsident
Schwanthalerstr. 20, **Tel** (0 89) 5 49 00 60,
Fax 54 90 06 28, ✉ 80336, AX ED VA
42 Zi, Ez: 145/73-205/103, Dz: 155/78-335/168,
1 Suite, ⊒ WC ⌀ DFÜ, 14 🛏, Lift, **P**, 1🍽15

✱ Meier City München
Schützenstr. 12, **Tel** (0 89) 5 49 03 40,
Fax 5 49 03 43 40, ✉ 80335, AX DC ED VA
50 Zi, Ez: 165/83-248/124,
Dz: 215/108-310/156, ⊒ WC ⌀ DFÜ, 12 🛏, Lift,
garni

✱ Daniel
Sonnenstr. 5 (B4), **Tel** (0 89) 54 82 40,
Fax 55 34 20, ✉ 80331, AX ED VA
101 Zi, Ez: 142/71-499/251,
Dz: 191/96-549/276, ⊒ WC ⌀ DFÜ, 35 🛏, Lift,
1🍽40, garni

✱ Astor
Schillerstr. 24, **Tel** (0 89) 54 83 70,
Fax 54 83 76 66, ✉ 80336, AX DC ED VA, Ⓢ
46 Zi, Ez: 140/70-280/141, Dz: 170/85-330/166,
⊒ WC ⌀, 9 🛏, Lift, **P**, 🍴, Sauna

✱ Müller
Fliegenstr. 4, **Tel** (0 89) 2 32 38 60,
Fax 26 86 24, ✉ 80337, AX DC ED VA
44 Zi, Ez: 138/69-208/104, Dz: 158/79-298/150,
⊒ WC ⌀ DFÜ, 4 🛏, Lift, **P**, garni
geschl.: 20.12.00-7.1.01

✱ Einhorn
Paul-Heyse-Str. 10 (A 5), **Tel** (0 89) 53 98 20,
Fax 53 98 26 63, ✉ 80336, AX DC ED VA
112 Zi, Ez: 125/62-250/125,
Dz: 180/90-350/176, ⊒ WC ⌀, 30 🛏, Lift, 🍴,
1🍽25, garni

✱ Blattl's Parkhotel in Lehel
Unsöldstr. 10 (F 4), **Tel** (0 89) 21 10 50,
Fax 21 10 51 29, ✉ 80538, AX DC ED VA, Ⓢ
57 Zi, Ez: 120/60-300/151, Dz: 180/90-350/176,
3 Suiten, ⊒ WC ⌀ DFÜ, 20 🛏, Lift, **P**, 🍴,
1🍽20, garni

✱ Wallis
Schwanthalerstr. 8, **Tel** (0 89) 59 16 64,
Fax 5 50 37 52, ✉ 80336, AX DC ED VA
54 Zi, Ez: 139/70-249/125, Dz: 159/80-309/155,
2 Suiten, ⊒ WC ⌀ DFÜ, 16 🛏, Lift, **P**, 🍴, garni

✱ Mercure
Leopoldstr. 120, **Tel** (0 89) 3 89 99 30,
Fax 34 93 44, ✉ 80802, AX DC ED VA, Ⓢ
65 Zi, Ez: 171/86-272/137,
Dz: 232/116-307/154, ⊒ WC ⌀, 23 🛏, Lift, 🍴,
garni

✱ Best Western Atrium
Landwehrstr. 59, **Tel** (0 89) 51 41 90,
Fax 53 50 66, ✉ 80336, AX DC ED VA, Ⓢ
162 Zi, Ez: 217/109-355/178,
Dz: 295/148-415/209, 1 Suite, ⊒ WC ⌀, 51 🛏,
Lift, 🍴, 2🍽50, Sauna, Solarium, garni

✱ Akzent-Hotel Bavaria
Gollierstr. 9, **Tel** (0 89) 5 08 07 90,
Fax 5 02 68 56, ✉ 80339, AX DC ED VA
50 Zi, Ez: 125/62-280/141, Dz: 160/80-310/156,
3 App, ⊒ WC ⌀ DFÜ, 10 🛏, Lift, 🍴, 2🍽50,
garni

✱ Advokat
Baaderstr. 1, **Tel** (0 89) 21 63 10,
Fax 2 16 31 90, ✉ 80469, AX DC ED VA

München

49 Zi, Ez: 180/90-280/141,
Dz: 220/110-320/161, 1 Suite, ⌐ WC ℗ DFÜ,
9 ⛌, Lift, garni

✱ Acanthus
An der Hauptfeuerwache 14 (C 6),
Tel (0 89) 23 18 80, Fax 2 60 73 64, ✉ 80331,
AX ED VA
36 Zi, Ez: 159/80-230/115, Dz: 195/98-295/148,
⌐ WC ℗ DFÜ, Lift, 🐾, garni
geschl.: 23.12.00-7.1.01

✱ An der Oper
Falkenturmstr. 10 (E 4), **Tel (0 89) 2 90 02 70**,
Fax 29 00 27 29, ✉ 80331, AX ED VA
68 Zi, Ez: 170/85-230/115,
Dz: 240/120-360/181, 6 Suiten, 7 App, ⌐ WC
℗, Lift, 1⟲15, garni
geschl.: 25-27.12.00

⚑ Ibis Nord
Ungerer Str. 139, **Tel (0 89) 36 08 30**,
Fax 36 37 93, ✉ 80805, AX DC ED VA
138 Zi, Ez: 148/74-220/110,
Dz: 183/92-220/110, ⌐ WC ℗, 79 ⛌, Lift, 🐾,
5⟲60, Restaurant

🍴🍴🍴🍴 Tantris
Johann-Fichte-Str. 7, **Tel (0 89) 3 61 95 90**,
Fax 3 61 84 69, ✉ 80805, AX DC ED VA
Hauptgericht 49/24-79/39, Terrasse,
Gartenlokal, **P**, geschl.: Mo, So, Anfang Jan

🍴🍴🍴 Am Marstall
Maximilianstr. 16, **Tel (0 89) 29 16 55 11**,
Fax 29 16 55 12, ✉ 80539, AX DC ED VA
Hauptgericht 46/23-61/30, geschl.: Mo, So,
1.-16.1.01, 4 Wochen in den Sommerferien

🍴🍴 Weinhaus Neuner ✤
Herzogspitalstr. 8, Tel (0 89) 2 60 39 54,
Fax 26 69 33, ✉ 80331, AX ED VA
🍷, Hauptgericht 26/13-36/18, Terrasse,
geschl.: So

🍴🍴 Hunsinger's Pacific
Maximiliansplatz 5, Tel (0 89) 55 02 97 41,
Fax 55 02 97 42, ✉ 80333, AX ED
Hauptgericht 30/15, Terrasse, geschl.: Mai-Okt
So

🍴🍴 Käferschänke
Prinzregentenstr. 73, Tel (0 89) 4 16 82 47,
Fax 4 16 86 23, ✉ 81675, AX DC ED VA
Hauptgericht 36/18-52/26, Terrasse,
geschl.: so+feiertags
Delikatessengeschäft mit rustikal-regional
eingerichteten Stuben. Beachtenswerte Küche.

🍴🍴 Gasthaus Glockenbach
Kapuzinerstr. 29, Tel (0 89) 5 38 97 31,
Fax 53 40 43, ✉ 80337, AX ED VA
Hauptgericht 45/22-60/30, **P**, ab Jan nur
abends, geschl.: Mo, So
Beachtenswerte Küche.

🍴🍴 Werneckhof
Werneckstr. 11, Tel (0 89) 39 99 36,
Fax 33 72 99, ✉ 80802, AX ED VA
Hauptgericht 32/16-39/19, geschl.: Jul-Aug So

🍴🍴 Boettner's
Pfisterstr. 9, Tel (0 89) 22 12 10,
Fax 29 16 20 24, ✉ 80331, AX DC ED VA
Hauptgericht 48/24-78/39, geschl.: so+feiertags

🍴🍴 Halali
Schönfeldstr. 22, Tel (0 89) 28 59 09,
Fax 28 27 86, ✉ 80539, AX ED VA
Hauptgericht 40/20, geschl.: So

Acquarello
Mühlbaurst 36, **Tel (0 89) 4 70 48 48**,
Fax 47 64 64, ✉ 81677, AX ED
Hauptgericht 42/21, Terrasse, nur abends

Seehaus im Englischen Garten
Kleinhesselohe 3, Anfahrt über Isarring,
Tel (0 89) 3 81 61 30, Fax 34 18 03, ✉ 80802,
AX ED VA
⌘, Hauptgericht 29/14-42/21, **P**

Dallmayr
Dienerstr. 14-15, im Delikatessenhaus Dallmayr,
Tel (0 89) 2 13 51 00, Fax 2 13 51 67,
✉ 80331, AX DC ED VA
Hauptgericht 30/15-45/22, 9.30-19,
geschl.: so+feiertags, Sa abends

Locanda Picolit
Siegfriedstr. 11, **Tel (0 89) 39 64 47**,
Fax 34 66 53, ✉ 80803, AX DC ED VA
Hauptgericht 32/16-39/19, Terrasse, geschl.: Sa
+ So mittags

Galleria
Sparkassenstr. 2, **Tel (0 89) 29 79 95**,
Fax 2 91 36 53, ✉ 80331, AX DC ED VA
Hauptgericht 44/22, nur abends, geschl.: So,
12-31.8.00, 1-15.1.01

Casale
Ostpreusenstr. 42, **Tel (0 89) 93 62 68**,
Fax 9 30 67 22, ✉ 81927, AX DC ED VA
Hauptgericht 40/20, Terrasse

Zum Alten Markt
Dreifaltigkeitsplatz 3, **Tel (0 89) 29 99 95**,
Fax 2 28 50 78, ✉ 80331
Hauptgericht 20/10-38/19, Terrasse,
Gartenlokal, **P**, geschl.: So

Katzlmacher
Kaulbachstr. 48, **Tel (0 89) 34 81 29**,
Fax 33 11 04, ✉ 80539, ED
Hauptgericht 36/18-43/21, Terrasse, **P**,
geschl.: So, Mo

Il Borgo
Georgenstr. 144, **Tel (0 89) 1 29 21 19**,
Fax 12 39 15 75, ✉ 80797, AX
Hauptgericht 30/15-45/22, Terrasse, geschl.: Sa,
So

Austernkeller
Stollbergstr. 11, **Tel (0 89) 29 87 87**,
Fax 22 31 66, ✉ 80539, AX DC ED VA
Hauptgericht 37/18-54/27, nur abends,
geschl.: 23-26.12.00

Olympiaturm-Drehrestaurant
Spiridon-Louis-Ring 7, **Tel (0 89) 30 66 85 85**,
Fax 30 66 85 85, ✉ 80809, AX DC ED VA
Hauptgericht 20/10-46/23
Im Olympiapark in 182 m Höhe, mittags
preiswerte Gerichte, Cafébetrieb bis 17.

Bistro Terrine
Amalienstr. 89, **Tel (0 89) 28 17 80**,
Fax 2 80 93 16, ✉ 80799, AX ED VA
Hauptgericht 29/14-45/22, Terrasse,
geschl.: so+feiertags

Vecchia Grado
Amalienstr. 20, **Tel (0 89) 28 98 63 64**,
Fax 2 80 02 22, ✉ 80333, AX ED VA
Hauptgericht 20/10-65/32, geschl.: Aug

Perazzo
Oskar-von-Miller-Ring 36,
Tel (0 89) 28 98 60 90, Fax 28 98 60 80,
✉ 80333, AX VA
Hauptgericht 29/14-42/21, geschl.: So

Bei Grazia
Ungerer Str. 161, **Tel (0 89) 36 69 31**,
Fax 3 16 43 16, ✉ 80805, AX ED VA
Hauptgericht 25/12-35/17, Terrasse, geschl.: Sa,
So

Bamberger Haus
Brunnenstr. 2 (im Luitpoldpark),
Tel (0 89) 3 08 89 66, Fax 3 00 33 04,
✉ 80804
⌘, Hauptgericht 19/9-36/18
Historische Gastwirtschaft in einem
rekonstruiertem Schlößchen von 1913.

Weinstadl
Burgstr. 5, **Tel (0 89) 22 80 74 20**,
Fax 22 80 74 19, ✉ 80331
Hauptgericht 14/7-34/17, geschl.: So
Restaurant-Stuben, Brasserie und Vinothek.

Ratskeller
Marienplatz 8, **Tel (0 89) 2 19 98 90**,
Fax 21 99 89 30, ✉ 80331
⌘, Hauptgericht 13/6-36/18

Hundskugel
Hotterstr. 18, **Tel (0 89)** 26 42 72, ✉ 80331
🍴, Hauptgericht 16/8-40/20, Biergarten
Älteste Gaststätte Münchens.

☕ Literaturhauscafé Dukatz
Salvatorplatz 1, **Tel (0 89)** 2 91 96 00,
Fax 29 19 60 28, ✉ 80333
Terrasse

☕ Confiserie Rottenhöfer Café Hag
Residenzstr. 25, **Tel (0 89)** 22 29 15,
Fax 29 86 08, ✉ 80333
Mo-Fr 8.45-19, Sa 8-18, geschl.: so+feiertags

☕ Café Luitpold
Brienner Str. 11, **Tel (0 89)** 2 42 87 50,
Fax 24 28 75 10, ✉ 80333, AX ED VA
9-20, geschl.: so+feiertags, 24.12.00-1.1.01

☕ Café Wünsche
St.-Anna-Str. 13, **Tel (0 89)** 22 60 51, ✉ 80538
7-18,30, So 10-18

Kay's Bistro
Utzschneiderstr. 1, **Tel (0 89)** 2 60 35 84,
Fax 2 60 55 26, ✉ 80469, AX ED VA
Hauptgericht 38/19, Terrasse, nur abends

Brauerei-Gaststätten

Zum Franziskaner
Perusastr. 5, **Tel (0 89)** 2 31 81 20,
Fax 23 18 12 44, ✉ 80333, AX DC ED VA
Hauptgericht 20/10-30/15, Terrasse, Biergarten

Augustiner Großgaststätten
Neuhauser Str. 27, **Tel (0 89)** 23 18 32 57,
Fax 2 60 53 79, ✉ 80331, AX DC ED VA
Hauptgericht 28/14
In den traditionsreichen Räumen wurde schon im Jahr 1328 Augustiner-Bier ausgeschenkt.

Spatenhaus an der Oper
Residenzstr. 12, **Tel (0 89)** 2 90 70 60,
Fax 2 91 30 54, ✉ 80333, AX ED VA
Hauptgericht 30/15, Terrasse

Altes Hackerhaus
Sendlinger Str. 14, **Tel (0 89)** 2 60 50 26,
Fax 2 60 50 27, ✉ 80331, AX DC ED VA
Hauptgericht 18/9-38/19, Terrasse, Biergarten, Gartenlokal, P

Löwenbräukeller
Nymphenburger Str. 2, **Tel (0 89)** 52 60 21,
Fax 52 89 33, ✉ 80335, AX ED VA
Hauptgericht 9/4-42/21, Biergarten, Gartenlokal, P

Weisses Bräuhaus
Tal 7, **Tel (0 89)** 29 98 75, **Fax** 29 01 38 15,
✉ 80331, AX
Hauptgericht 17/8, Terrasse

Münchner Haupt
Zielstattstr. 6, **Tel (0 89)** 78 69 40,
Fax 78 44 53, ✉ 81379
Hauptgericht 15/7-30/15, Gartenlokal, P,
geschl.: 23.12.00-7.1.01

Zum Dürnbräu
Dürnbräugasse 2, **Tel (0 89)** 22 21 95,
Fax 22 14 17, ✉ 80331, AX DC ED VA
🍴, Hauptgericht 25/12, Gartenlokal

Paulaner Bräuhaus
Kapuzinerplatz 5, **Tel (0 89)** 5 44 61 10,
Fax 54 46 11 18, ✉ 80337, ED VA
🍴, Hauptgericht 30/15

Appartementhotels/Boardinghäuser

Park-Hotel Theresienhöhe
Parkstr. 31, **Tel (0 89)** 51 99 50,
Fax 51 99 54 20, ✉ 80339, AX DC ED VA, Ⓢ
♪, 10 Zi, Ez: 150/75-340/171,
Dz: 190/95-398/200, 6 Suiten, 16 App, ⌐ WC
Ⓒ, 3 ♿, Lift, P, 3⇔50, garni
geschl.: 23.12.00-7.1.01
Zimmer der Kategorie ★★★.

DeragHotel Max Emanuel
Rablstr. 10, **Tel (0 89)** 45 83 00,
Fax 45 83 08 15, ✉ 81669, AX DC ED VA
72 Zi, Ez: 139/70-245/123, Dz: 173/87-266/133,
267 App, ⌐ WC Ⓒ, 12 ♿, Lift, 🐾, 1⇔8, Sauna, Solarium, Restaurant
Zimmer der Kategorie ★★ und ★★★.

Astron
Ottobrunner Str. 17, **Tel (0 89)** 68 95 30,
Fax 68 95 36 00, ✉ 81737, AX DC ED VA, Ⓢ
161 Zi, Ez: 130/65-520/261,
Dz: 130/65-520/261, 7 App, ⌐ WC Ⓒ DFÜ, Lift,
🐾, Sauna, Solarium, Restaurant
Rezeption: 6.30-23
Zimmer der Kategorie ★★ und ★★★.

Blattl's Comfort Aparthotel
Dachauer Str. 199, **Tel (0 89)** 15 92 40,
Fax 15 92 48 00, ✉ 80637, AX DC ED VA, Ⓢ
187 Zi, 8 Suiten, 187 App, ⌐ WC Ⓒ DFÜ, 32 ♿,
Lift, P, 🐾, Fitnessraum, Sauna, Solarium, garni
Zimmer der Kategorie ★★.

H'Otello
Fallmerayrstr. 22, **Tel (0 89)** 3 07 92 00,
Fax 30 79 20 97, ✉ 80796, AX DC ED VA

70 Zi, Ez: 125/62-175/88, Dz: 155/78-205/103,
2 Suiten, ⊣ WC ⌀ DFÜ, Lift, 2⊂⊃30
Appartements der Kategorie ★★.

Appartment Hotel Brudermühlstraße
Brudermühlstr. 33, Tel (0 89) 72 49 40,
Fax 72 49 47 00, ✉ 81371, AX ED VA
92 Zi, Ez: 153/77-356/179,
Dz: 201/101-405/203, 6 Suiten, 98 App, ⊣ WC
⌀ DFÜ, 5 ⇔, Lift, ≘, Sauna, Solarium,
Restaurant
Zimmer der Kategorie ★★.

München Appart Hotel
Heimgartenstr. 14, Tel (0 89) 62 03 90,
Fax 62 03 96 14, ✉ 81539, AX ED VA
266 Zi, Ez: 153/77-347/174,
Dz: 210/105-395/198, 217 App, ⊣ WC ⌀ DFÜ,
25 ⇔, Lift, ≘, 1⊂⊃65, Fitnessraum, Sauna,
Solarium, Restaurant
Zimmer der Kategorie ★★.

DeragHotel Karl Theodor
Paschstr. 46, Tel (0 89) 15 70 80,
Fax 15 70 86 00, ✉ 80637, AX DC ED VA
30 Zi, Ez: 115/57-175/88, Dz: 140/70-215/108,
3 Suiten, 218 App, ⊣ WC ⌀, 20 ⇔, Lift, P, ≘,
1⊂⊃8, Sauna, Solarium, Restaurant
Zimmer der Kategorie ★ und ★★.

Allach (12 km ↖)

★ Lutter
Eversbuschstr. 109, Tel (0 89) 8 92 67 80,
Fax 89 26 78 10, ✉ 80999, ED VA
26 Zi, Ez: 110/55-190/95, Dz: 140/70-210/105,
2 App, ⊣ WC ⌀, Lift, P, garni

Au (2 km ↓)

★★ Aurbacher
Aurbacher Str. 5, Tel (0 89) 48 09 10,
Fax 48 09 16 00, ✉ 81541, AX DC ED VA, Ⓢ
59 Zi, Ez: 130/65-370/186, Dz: 160/80-390/196,
1 Suite, ⊣ WC ⌀ DFÜ, 24 ⇔, Lift, ≘, garni
Auch Zimmer der Kategorie ★ vorhanden.

Aubing (13 km ←)

★ Pollinger
Aubinger Str. 162, Tel (0 89) 8 71 40 44,
Fax 8 71 22 03, ✉ 81243, AX DC ED VA
♪, 53 Zi, Ez: 110/55-230/115,
Dz: 140/70-280/141, 2 Suiten, ⊣ WC ⌀, Lift, ≘,
4⊂⊃50, Sauna, Solarium, Restaurant

★ Grünwald
Altostr. 38, Tel (0 89) 86 30 10,
Fax 86 30 12 22, ✉ 81245, AX ED VA

32 Zi, Ez: 110/55-158/79, Dz: 148/74-198/99,
2 App, ⊣ WC ⌀, 9 ⇔, Lift, P, ≘, garni
geschl.: 21.12.00-8.1.01

Bogenhausen

★★ Rothof
Denninger Str. 114, Tel (0 89) 9 10 09 50,
Fax 91 50 66, ✉ 81925, AX DC ED VA
♪, 37 Zi, Ez: 228/114-298/150,
Dz: 298/150-390/196, ⊣ WC ⌀ DFÜ, 18 ⇔, ≘,
Sauna, Solarium, 20 Tennis, garni
geschl.: 22.12.00-7.1.01
Fitneßbereich befindet sich ca. 100 m hinter
dem Haus im 'Rothof Sportanger'.

¶¶ Carpe Diem
Hauptgericht 35/17

Fasanengarten

★ Am Fasangarten
Balanstr. 223, Tel (0 89) 6 80 09 40,
Fax 68 00 94 44, ✉ 81549, AX ED VA
13 Zi, Ez: 115/57-160/80, Dz: 150/75-210/105,
⊣ WC ⌀ DFÜ, Lift, ≘, garni
geschl.: 20.12.00-10.1.01

Freimann

★ Amadeus
Situlistr. 70, Tel (0 89) 3 23 63 76,
Fax 32 36 37 02, ✉ 80939, AX ED VA
45 Zi, Ez: 165/83-265/133, Dz: 195/98-265/133,
⊣ WC ⌀ DFÜ, Lift, ≘, 1⊂⊃16, garni
Auch Zimmer der Kategorie ★★ vorhanden.

Großhadern (10 km ↙)

★ Säntis
Waldfriedhofstr. 90, Tel (0 89) 7 41 52 50,
Fax 74 15 25 55, ✉ 81377, AX ED VA
57 Zi, Ez: 140/70-250/125, Dz: 180/90-300/151,
2 Suiten, 1 App, ⊣ WC ⌀ DFÜ, 19 ⇔, Lift, P,
Restaurant
Auch Zimmer der Kategorie ★★ vorhanden.

Haidhausen

★★ Preysing
Preysingstr. 1 (F 6), Tel (89) 45 84 50,
Fax 45 84 54 44, ✉ 81667, AX DC ED VA
71 Zi, Ez: 199/100-285/143, Dz: 310/156,
5 Suiten, 14 App, ⊣ WC ⌀, 24 ⇔, Lift, P, ≘,
≘, Sauna, Restaurant
geschl.: 22.12.00-6.1.01

¶¶¶ Massimiliano
im DeragHotel Max Emanuel
Rablstr. 10, Tel (0 89) 4 48 44 77,
Fax 4 48 44 05, ✉ 81669, DC ED VA

München

Hauptgericht 32/16-58/29, Terrasse, **P**,
geschl.: Sa mittags
Beachtenswerte Küche.

¶¶ Bogenhauser Hof
Ismaninger Str. 85, Tel **(0 89) 98 55 86**,
Fax **9 81 02 21**, ✉ 81675, AX DC VA
Hauptgericht 42/21-55/27, Terrasse, geschl.: So

¶ Zum Huterer ✚
Grützner Str. 8, Tel **(0 89) 4 89 12 87**,
Fax **4 89 14 97**, ✉ 81667
Hauptgericht 19/9-34/17, geschl.: Mo, So

¶ Le Bousquérey Bistrot Parisien
Rablstr. 37, Tel **(0 89) 48 84 55**,
Fax **40 90 85 22**, ✉ 81669
Hauptgericht 30/15-35/17, Terrasse, nur abends

¶ Vinaiolo
Steinstr. 42, Tel **(0 89) 48 95 03 56**, ✉ 81667
Hauptgericht 36/18-40/20

¶ Rue Des Halles
Steinstr. 18, Tel **(0 89) 1 30 39**, Fax **1 30 38**,
✉ 81667, ED VA
Hauptgericht 36/18-40/20, nur abends

Harlaching (8 km ↓)

¶ Gutshof Menterschwaige
Menterschwaigstr. 4, Tel **(0 89) 64 07 32**,
Fax **6 42 29 71**, ✉ 81545, AX ED VA
Hauptgericht 25/12, Biergarten, Gartenlokal

Johanneskirchen (8 km →)

✱✱ Country Inn By Carlson
Musenbergstr. 25-27, Tel **(0 89) 95 72 90**,
Fax **95 72 94 00**, ✉ 81929, AX DC ED VA
167 Zi, Ez: 199/100-429/216,
Dz: 239/120-469/236, 5 Suiten, ⊣ WC ⌀ DFÜ,
47 ⇥, Lift, ☎, 1⟳20, Sauna, Restaurant

Laim (5 km ←)

✱✱ Park Hotel Laim
Zschokkestr. 55, Tel **(0 89) 57 93 60**,
Fax **57 93 61 00**, ✉ 80686, AX DC ED VA
74 Zi, Ez: 120/60-290/146, Dz: 180/90-320/161,
2 Suiten, ⊣ WC ⌀ DFÜ, 40 ⇥, ☎, 4⟳50,
Sauna, Restaurant

¶¶ Il Sorriso
Gotthardstr. 8, Tel **(0 89) 5 80 31 70**,
Fax **5 80 31 70**, ✉ 80686, AX DC ED VA
Hauptgericht 26/13-42/21, Terrasse, **P**,
geschl.: So

¶ Conviva
Friedenheimer Str. 59a, Tel **(0 89) 54 77 99 00**,
Fax **54 77 99 93**, ✉ 80686, DC ED VA
Hauptgericht 42/21, geschl.: So

Milbertshofen (13 km ↑)

✱✱ Country Inn By Carlson
Frankfurter Ring 20-22, Tel **(0 89) 35 71 70**,
Fax **35 71 77 00**, ✉ 80807, AX DC ED VA
167 Zi, Ez: 149/75-479/241,
Dz: 149/75-539/271, ⊣ WC ⌀ DFÜ, Lift, ☎,
garni

✱ Königstein
Frankfurter Ring 28, Tel **(0 89) 35 03 60**,
Fax **35 03 61 00**, ✉ 80807, DC ED VA
42 Zi, Ez: 165/83-265/133,
Dz: 210/105-280/141, ⊣ WC ⌀, 3 ⇥, Lift, **P**,
☎, garni
geschl.: 23.12.00-7.1.01

Moosach

✱✱ Mayerhof
Dachauer Str. 421, Tel **(0 89) 14 36 60**,
Fax **1 40 24 17**, ✉ 80992, AX DC VA
64 Zi, Ez: 160/80-330/166, Dz: 180/90-380/191,
3 Suiten, ⊣ WC ⌀, 23 ⇥, Lift, **P**, ☎, 1⟳25,
garni

Neuhausen (3 km ↖)

✱ Pannonia Hotel Königin Elisabeth
Leonrodstr. 79, Tel **(0 89) 12 68 60**,
Fax **12 68 64 59**, ✉ 80636, AX DC ED VA, Ⓢ
79 Zi, Ez: 193/97-282/142,
Dz: 285/143-305/153, ⊣ WC ⌀, Lift, ☎, 1⟳60,
Sauna, Solarium, garni

✱ Rotkreuzplatz
Rotkreuzplatz 2, Tel **(0 89) 1 39 90 80**,
Fax **16 64 69**, ✉ 80634, AX DC ED VA
56 Zi, Ez: 140/70-220/110,
Dz: 200/100-320/161, ⊣ WC ⌀ DFÜ, 11 ⇥, Lift,
P, ☎, garni
geschl.: 23.12.00-10.1.01

Neuperlach (8 km ↘)

✱✱ Mercure Orbis
Karl-Marx-Ring 87, Tel **(0 89) 6 32 70**,
Fax **6 32 74 07**, ✉ 81735, AX DC ED VA, Ⓢ
185 Zi, Ez: 213/107-400/201,
Dz: 250/125-450/226, 4 Suiten, ⊣ WC ⌀ DFÜ,
59 ⇥, Lift, **P**, ☎, 7⟳160, ⌂, Sauna, Solarium,
Restaurant

✱ Novotel
Rudolf-Vogel-Bogen 3, Tel **(0 89) 63 80 00**,
Fax **6 35 13 09**, ✉ 81739, AX DC ED VA, Ⓢ

München

253 Zi, Ez: 205/103-315/158,
Dz: 255/128-380/191, ⌐ WC ⊘, 170 ⇔, Lift, ☎,
8⇄170, ⇔, Sauna, Solarium, Restaurant

✱ Ambient Hotel Colina
Stemplinger Anger 20, **Tel (0 89) 62 70 10**,
Fax 62 70 11 60, ⊠ 81737, AX DC ED VA, Ⓢ
73 Zi, Ez: 110/55-230/115, Dz: 150/75-290/146,
8 App, ⌐ WC ⊘, 15 ⇔, Lift, P, ☎, 2⇄70,
Sauna, garni
geschl.: 22.12.00-7.1.01

Oberföhring (8 km ↗)

¶ Freisinger Hof ✚
Oberföhringer Str. 189, **Tel (0 89) 95 23 02**,
Fax 9 57 85 16, ⊠ 81925, AX DC ED VA
Hauptgericht 16/8-36/18, Biergarten,
Gartenlokal, P
Bayerische Küche.
✱ 13 Zi, Ez: 170/85-300/151, ⌐ WC ⊘
DFÜ

¶ Wirtshaus im Grüntal
Grüntal 15, **Tel (0 89) 9 98 41 10**,
Fax 98 18 67, ⊠ 81925, AX ED VA
⊕, Hauptgericht 18/9-35/17, Biergarten, P

Obermenzing (10 km ↖)

✱ Blutenburg
Verdistr. 130, **Tel (0 89) 8 91 24 20**,
Fax 89 12 42 42, ⊠ 81247, AX DC ED VA
19 Zi, Ez: 100/50-130/65, Dz: 140/70-180/90,
⌐ WC ⊘, 5 ⇔, P, ☎, Golf, garni

¶ Weichandhof
Betzenweg 81, **Tel (0 89) 8 91 16 00**,
Fax 89 11 60 12, ⊠ 81247
⊕, Hauptgericht 22/11, Biergarten, Gartenlokal,
P, geschl.: Sa

Pasing (8 km ←)

✱✱ Econtel
Bodenseestr. 227, **Tel (0 89) 87 18 90**,
Fax 87 18 94 00, ⊠ 81243, AX ED VA
69 Zi, Ez: 116/58-231/116, Dz: 133/66-248/124,
2 Suiten, ⌐ WC ⊘, 39 ⇔, Lift, P, ☎, 4⇄120,
Solarium, garni

✱✱ Seibel's Park-Hotel
Maria-Eich-Str. 32, **Tel (0 89) 8 29 95 20**,
Fax 82 99 52 99, ⊠ 81243, AX DC ED VA
40 Zi, Ez: 119/59-299/150, Dz: 159/80-399/200,
20 ⇔, Lift, P, ☎, 1⇄10, Sauna, Restaurant
Auch Zimmer der Kategorie ✱ vorhanden.

✱ Zur Post
Bodenseestr. 4 a, **Tel (0 89) 89 69 50**,
Fax 83 73 19, ⊠ 81241, AX DC ED VA

96 Zi, Ez: 145/73-205/103, Dz: 180/90-290/146,
⌐ WC ⊘ DFÜ, Lift, P, ☎, Restaurant

¶¶ Zur Goldenen Gans ✚
Planegger Str. 31, **Tel (0 89) 83 70 33**,
Fax 8 20 46 80, ⊠ 81241, DC ED VA
⊕, Hauptgericht 30/15, Biergarten, P
Ehem. Bauernhaus aus dem 17. Jh..

Perlach (7 km ↘)

✱ Blattl's Hotel Altperlach
Pfanzeltplatz 11, **Tel (0 89) 6 70 02 20**,
Fax 6 70 02 23 11, ⊠ 81737, AX DC ED VA, Ⓢ
29 Zi, Ez: 105/52-240/120, Dz: 150/75-280/141,
1 App, ⌐ WC ⊘ DFÜ, Lift, P, garni

Riem (10 km →)

✱ Landhotel Martinshof
Martin-Empl-Ring 8, **Tel (0 89) 92 20 80**,
Fax 92 20 84 00, ⊠ 81829, AX DC ED VA
♪, 58 Zi, Ez: 145/73-250/125,
Dz: 175/88-310/156, ⌐ WC ⊘, ☎, Restaurant

¶ Martins Gans
Martin-Empl-Ring 8, **Tel (0 89) 94 50 04 11**,
Fax 94 50 04 11, ⊠ 81829
Hauptgericht 27/13-35/17, geschl.: Sa+So
mittags

Sendling (6 km ↙)

✱✱ Holiday Inn München-Süd
Kistlerhofstr. 142, **Tel (0 89) 78 00 20**,
Fax 78 00 26 72, ⊠ 81379, AX DC ED VA, Ⓢ
320 Zi, Ez: 215/108-583/293,
Dz: 215/108-611/307, 14 Suiten, ⌐ WC ⊘ DFÜ,
70 ⇔, Lift, ☎, 11⇄180, ⇔, Sauna, Solarium,
Restaurant

✱✱ Carmen
Top International Hotel
Hansastr. 146, **Tel (0 89) 7 43 14 10**,
Fax 7 43 14 14 28, ⊠ 81373, AX DC ED VA, Ⓢ
♪, 63 Zi, Ez: 150/75-399/200,
Dz: 183/92-489/246, ⌐ WC ⊘ DFÜ, 21 ⇔, Lift,
P, 2⇄30, Restaurant
Auch Zimmer der Kategorie ✱ vorhanden.

München

✱ Ambassador Parkhotel
Plinganser Str. 102, Tel (0 89) 72 48 90,
Fax 72 48 91 00, ✉ 81369, AX DC ED VA
42 Zi, Ez: 135/67-375/188, Dz: 165/83-395/198,
1 Suite, ⌐ WC ⌀, 24 ↳, Lift, P, 🐾, 1⌗20,
Restaurant
geschl.: 23.12.00-6.1.01

✱ Best Western K+K Hotel am Harras
Albert-Roßhaupter-Str. 4, Tel (0 89) 74 64 00,
Fax 7 21 28 20, ✉ 81369, AX DC ED VA, Ⓢ
106 Zi, Ez: 230/115-430/216,
Dz: 275/138-430/216, ⌐ WC ⌀ DFÜ, 39 ↳, Lift,
🐾, 1⌗35, garni

✱ Amenity
Passauer Str. 28, Tel (0 89) 7 43 47 00,
Fax 7 69 48 43, ✉ 81369, AX DC ED VA
42 Zi, Ez: 155/78-298/150, Dz: 198/99-400/201,
⌐ WC ⌀, Lift, 🐾, garni

✱ Rivoli
Albert-Roßhaupter-Str. 18,
Tel (0 89) 7 43 51 50, Fax 7 69 71 38,
✉ 81369, AX ED VA
55 Zi, Ez: 160/80-345/173,
Dz: 205/103-395/198, ⌐ WC ⌀, Lift, 🐾,
1⌗40, Restaurant

Solln (10 km ↙)

✱ Pegasus
Wolfratshauser Str. 211, Tel (0 89) 7 49 15 30,
Fax 7 91 29 70, ✉ 81479, AX ED VA
22 Zi, Ez: 128/64-185/93, Dz: 158/79-280/141,
⌐ WC ⌀ DFÜ, P, 🐾, Sauna, Solarium, garni

✱ Sollner Hof mit Villa Solln
Herterichstr. 63-65, Tel (0 89) 7 49 82 90,
Fax 7 90 03 94, ✉ 81479, AX DC ED VA
53 Zi, Ez: 125/62-185/93, Dz: 145/73-230/115,
⌐ WC ⌀, 1⌗45, Sauna, garni

✱ Heigl
Bleibtreustr. 15, Tel (0 89) 7 49 83 70,
Fax 7 90 09 71, ✉ 81479, AX DC ED VA
♪, 38 Zi, Ez: 120/60-180/90,
Dz: 170/85-225/113, ⌐ WC ⌀ DFÜ, 9 ↳, Lift,
P, 🐾, 1⌗20, Golf, Restaurant

🍴🍴 Al Pino
Franz-Hals-Str. 3, Tel (0 89) 79 98 85,
Fax 79 98 72, ✉ 81479, AX ED VA
Hauptgericht 29/14-39/19, geschl.: Sa mittags

🍴 Gasthaus Sollner Hof
Herterichstr. 65, Tel (0 89) 7 49 82 90,
Fax 7 90 03 94, ✉ 81479, ED
Hauptgericht 20/10-33/16, Terrasse,
Gartenlokal, P, geschl.: Sa, 23.12.00-7.1.01,
28.7.-19.8.01

🍴 Zum Hirschen
Sollner Str. 43, Tel (0 89) 7 49 83 50,
Fax 74 98 35 14, ✉ 81479, ED VA
Hauptgericht 10/5-35/17, Biergarten,
Gartenlokal, P

Trudering (8 km →)

✱✱ Am Moosfeld
Am Moosfeld 35, Tel (0 89) 42 91 90,
Fax 42 46 62, ✉ 81829, AX DC ED VA
170 Zi, Ez: 198/99-398/200,
Dz: 220/110-398/200, 12 App, ⌐ WC ⌀, 87 ↳,
Lift, P, 🐾, 1⌗30, ☕, Fitnessraum, Sauna,
Solarium

🍴 Kaminstube
Hauptgericht 25/12-40/20

✱ Obermaier
Truderinger Str. 304 b, Tel (0 89) 42 90 21,
Fax 42 64 00, ✉ 81825, AX DC ED VA
53 Zi, Ez: 135/67-390/196, Dz: 185/93-390/196,
4 App, ⌐ WC ⌀, Lift, P, 🐾, Restaurant

✱ Am Schatzbogen
Truderinger Str. 198, Tel (0 89) 4 20 90 40,
Fax 42 09 04 30, ✉ 81825, AX DC ED VA
20 Zi, Ez: 130/65-360/181, Dz: 180/90-360/181,
⌐ WC ⌀, 4 ↳, P, 🐾, garni
geschl.: 24.12.00-3.1.01

Untermenzing (11 km ↖)

✱✱ Romantik Hotel Insel-Mühle
Von-Kahr-Str. 87, Tel (0 89) 8 10 10,
Fax 8 12 05 71, ✉ 80999, DC ED VA
37 Zi, Ez: 185/93-320/161,
Dz: 320/161-440/221, 7 Suiten, ⌐ WC ⌀, P, 🐾,
2⌗50
Auch Zimmer der Kategorie ✱ und ✱✱✱
vorhanden.
🍴🍴 ☕, Hauptgericht 35/17, Terrasse,
Biergarten, geschl.: so+feiertags
Ehemalige Wassermühle.

Waldperlach

✱✱ Villa Waldperlach
Putzbrunner Str. 250, Tel (0 89) 6 60 03 00,
Fax 66 00 30 66, ✉ 81739, AX DC ED VA
21 Zi, Ez: 150/75-210/105, Dz: 180/90-320/161,
⌐ WC ⌀ DFÜ, 4 ↳, Lift, 🐾, garni

Zamdorf (8 km →)

★★ Astron
Eggenfelder Str. 100, Tel (0 89) 99 34 50,
Fax 99 34 54 00, ✉ 81929, AX DC ED VA, Ⓢ
253 Zi, Ez: 130/65-520/261,
Dz: 130/65-520/261, 2 Suiten, ⌐ WC ✆ DFÜ,
60 ⇌, Lift, Ⓟ, ☏, 9⇨200, Fitnessraum, Sauna,
Solarium, Restaurant
Auch Zimmer der Kategorie ★★★ vorhanden.

Münchweiler a.d. Alsenz 53 ↓

Rheinland-Pfalz / Donnersbergkreis
EW 1070
🛈 Tel (0 63 02) 22 23
Gemeindeverwaltung
✉ 67728 Jahnstr. 5

★ Klostermühle
Mühlstr. 19, Tel (0 63 02) 9 22 00,
Fax 92 20 20, ✉ 67728, AX ED VA
15 Zi, Ez: 85/42-98/49, Dz: 138/69-152/76,
2 App, ⌐ WC ✆ DFÜ, 7 ⇌, Ⓟ, 2⇨25,
Restaurant

Münder am Deister, Bad 25 ↘

Niedersachsen
Kreis Hameln-Pyrmont
EW 8000
🛈 Tel (0 50 42) 92 98 04, Fax 92 98 05
Tourist-Information
✉ 31848 Hannoversche Str. 14a

★★ Kastanienhof
Am Stadtbahnhof 11, Tel (0 50 42) 30 63,
Fax 38 85, ✉ 31848, ED VA
40 Zi, Ez: 165/83-300/151,
Dz: 210/105-330/166, 2 Suiten, ⌐ WC ✆, 2 ⇌,
Lift, Ⓟ, ☏, 3⇨40, ⚓, Kegeln, Sauna, Solarium
🍴🍴 Hauptgericht 18/9-40/20

★ Goldenes M
Lange Str. 70 a, Tel (0 50 42) 27 17, Fax 61 66,
✉ 31848
♪, 22 Zi, Ez: 95/47-120/60, Dz: 140/70-170/85,
1 Suite, 1 App, ⌐ WC, 10 ⇌, Ⓟ, 2⇨36, garni
geschl.: 15.12.00-6.1.01

Klein Süntel (8 km ↙)

★ Zur Schönen Aussicht
Klein Sünteler Str. 6, Tel (0 50 42) 9 55 90,
Fax 95 59 66, ✉ 31848, ED VA
♪ ♀, 17 Zi, Ez: 97/48-140/70,
Dz: 125/62-160/80, ⌐ WC ✆, Ⓟ, ☏, 1⇨60
geschl.: 8.11.-1.12.00
🍴🍴 Hauptgericht 32/16, Terrasse,
Biergarten, geschl.: Di, 8.11.-1.12.00

Münnerstadt 46 ↘

Bayern / Kreis Bad Kissingen
EW 8300
🛈 Tel (0 97 33) 81 05 28, Fax 81 05 45
Tourismusbüro
✉ 97702 Marktplatz 1

★ Tilman
Riemenschneiderstr. 42, Tel (0 97 33) 8 13 30,
Fax 81 33 66, ✉ 97702, ED VA
21 Zi, Ez: 55/27-75/37, Dz: 98/49-120/60, ⌐
WC ✆, Ⓟ, ☏, 3⇨80, Restaurant

★ Pension Hubertushof
Friedhofstr. 5, Tel (0 97 33) 8 11 50,
Fax 81 15 25, ✉ 97702
13 Zi, Ez: 49/24-59/29, Dz: 94/47-110/55, ⌐
WC ✆, Ⓟ, ⚓, Restaurant
geschl.: 1.2.-15.3.01

Münsing 71 □

Bayern
Kreis Bad Tölz-Wolfratshausen
EW 3700
🛈 Tel (0 81 77) 93 01 93, Fax 93 01 99
Gästeinformation
✉ 82541 Weipertshauser Str. 5

🍴 Limm
Hauptstr. 29, Tel (0 81 77) 4 11,
Fax 9 33 78 18, ✉ 82541, ED
Hauptgericht 15/7-40/20, Terrasse, Biergarten,
Ⓟ, geschl.: Mi, So abends, Ende Aug-Anfang
Sep

Ambach

★★ Landhotel Huber am See
Holzbergstr. 7, Tel (0 81 77) 93 20,
Fax 93 22 22, ✉ 82541, AX ED VA
♀, 42 Zi, Ez: 80/40-160/80, Dz: 155/78-185/93,
1 Suite, 3 App, ⌐ WC ✆, Lift, Ⓟ, ☏, Seezugang,
Sauna, Solarium, Restaurant
Im Altbau einfachere Zimmer vorhanden.

Oberambach

★★ Schlossgut Oberambach
Oberambach 1, Tel (0 81 77) 93 23,
Fax 93 24 00, ✉ 82541, AX DC ED VA
einzeln ♪, 38 Zi, Ez: 178/89-488/245,
Dz: 286/144-616/310, 6 Suiten, ⌐ WC ✆, 38 ⇌,
Lift, Ⓟ, ☏, Sauna, Solarium, Restaurant
Auch Zimmer der Kategorie ★ vorhanden.

St. Heinrich (9 km ↓)

✱ Schöntag
Beuerberger Str. 7, Tel (0 88 01) 9 06 10,
Fax 90 61 33, ✉ 82541, AX ED VA
14 Zi, Ez: 89/44-109/54, Dz: 145/73-190/95, ⌐
WC ✆, P, Sauna, Solarium, Golf, Restaurant

Münsingen 62 ✓

Baden-Württemberg
Kreis Reutlingen
EW 13500
❶ Tel (0 73 81) 18 21 45, Fax 18 21 01
Tourist-Information
✉ 72525 Bachwiesenstr. 7

**✱ Gasthof Herrmann
mit Gästehäusern**
Ernst-Bezler-Str. 1, Tel (0 73 81) 22 02,
Fax 62 82, ✉ 72525, DC ED VA
33 Zi, Ez: 80/40-95/47, Dz: 128/64-164/82, ⌐
WC ✆, 7 ⌧, Lift, P, ☏, 3⌬140, Sauna,
Solarium
Auch Zimmer der Kategorie ✱✱ vorhanden.
🍴🍴 Hauptgericht 20/10-38/19, Terrasse,
geschl.: Fr

Münster 34 ↖

Nordrhein-Westfalen
EW 279000
❶ Tel (02 51) 4 92 27 10, Fax 4 92 77 43
Stadtwerbung und Touristik
✉ 48143 Klemensstr. 9

✱✱✱ Mövenpick
Kardinal-von-Galen-Ring 65,
Tel (02 51) 8 90 20, Fax 8 90 26 16, ✉ 48149,
AX DC ED VA, Ⓢ
♪, 222 Zi, Ez: 223/112-280/141,
Dz: 288/145-345/173, 2 Suiten, ⌐ WC ✆, 88 ⌧,
Lift, P, ☏, 18⌬360, Sauna, Solarium
Auch Zimmer der Kategorie ✱✱ vorhanden.
🍴🍴 **Chesa Rössli**
Hauptgericht 25/12-42/21, Terrasse

✱✱ Dorint
Engelstr. 39 (C 3), Tel (02 51) 4 17 10,
Fax 4 17 11 00, ✉ 48143, AX DC ED VA, Ⓢ
156 Zi, Ez: 230/115-270/135,
Dz: 290/146-330/166, 2 Suiten, ⌐ WC ✆ DFÜ,
51 ⌧, Lift, ☏, 8⌬200, Sauna, Solarium,
Restaurant

**✱✱ Mauritzhof
Design Hotel**
Eisenbahnstr. 15 (C 2), Tel (02 51) 4 17 20,
Fax 4 66 86, ✉ 48143, AX DC ED VA
30 Zi, Ez: 180/90-230/115,
Dz: 230/115-260/130, 9 Suiten, ⌐ WC ✆ DFÜ,
15 ⌧, Lift, 3⌬45, Restaurant
Designerausstattung mit Mobiliar von Phillippe
Starck.

✱✱ Röhrig's Hotel Windsor
Warendorfer Str. 177 (außerhalb C2),
Tel (02 51) 13 13 30, Fax 39 16 10, ✉ 48145,
AX DC ED VA
29 Zi, Ez: 128/64-148/74, Dz: 168/84-188/94,
1 Suite, ⌐ WC ✆, 2 ⌧, Lift, 1⌬15, Restaurant

✱✱ Am Schloßpark
Schmale Str. 2 (A 1), Tel (02 51) 8 99 82 00,
Fax 8 99 82 44, ✉ 48149, AX DC ED VA
25 Zi, Ez: 148/74-172/86, Dz: 195/98-245/123,
3 Suiten, ⌐ WC ✆ DFÜ, Lift, P, Golf, garni

✱✱ Windthorst
Windthorststr. 19 (C 3), Tel (02 51) 48 45 90,
Fax 4 08 37, ✉ 48143, AX DC ED VA
20 Zi, Ez: 140/70-190/95, Dz: 195/98-250/125,
⌐ WC ✆, Lift, 1⌬20, garni

✱✱ Europa
Kaiser-Wilhelm-Ring 26 (außerha),
Tel (02 51) 3 70 62, Fax 39 43 39, ✉ 48145, AX
DC ED VA
61 Zi, Ez: 99/49-189/95, Dz: 149/75-199/100,
2 Suiten, ⌐ WC ✆ DFÜ, 12 ⌧, Lift, P, ☏,
3⌬80, Restaurant
Auch Zimmer der Kategorie ✱ vorhanden.

✱✱ Überwasserhof
Überwasserstr. 3 (B 1), Tel (02 51) 4 17 70,
Fax 4 17 71 00, ✉ 48143, AX DC ED VA
60 Zi, Ez: 150/75-175/88, Dz: 190/95-230/115,
3 Suiten, ⌐ WC ✆ DFÜ, Lift, P, ☏, 3⌬70,
Restaurant
geschl.: 23.12.00-7.1.01
Auch Zimmer der Kategorie ✱ vorhanden.

✱ Central
Aegidiistr. 1 (B 2), Tel (02 51) 51 01 50,
Fax 5 10 15 50, ✉ 48143, AX DC ED VA
15 Zi, Ez: 165/83-195/98, Dz: 195/98-255/128,
5 Suiten, ⌐ WC ✆ DFÜ, 5 ⌧, Lift, P, ☏, garni
geschl.: 23.7.-8.8.00, 20.12.00-4.1.01
Garagenanfahrt über Lütke Gasse. Auch Zimmer
der Kategorie ✱✱ vorhanden.

✱ Sol Inn Kongesshotel
Albersloher Weg 28, Tel (02 51) 1 42 00,
Fax 1 42 04 44, ✉ 48155, AX DC ED VA
130 Zi, Ez: 139/70-229/115,
Dz: 158/79-248/124, 2 Suiten, ⌐ WC ✆, 65 ⌧,
Lift, 4⌬150, Sauna, Solarium, Restaurant

Münster

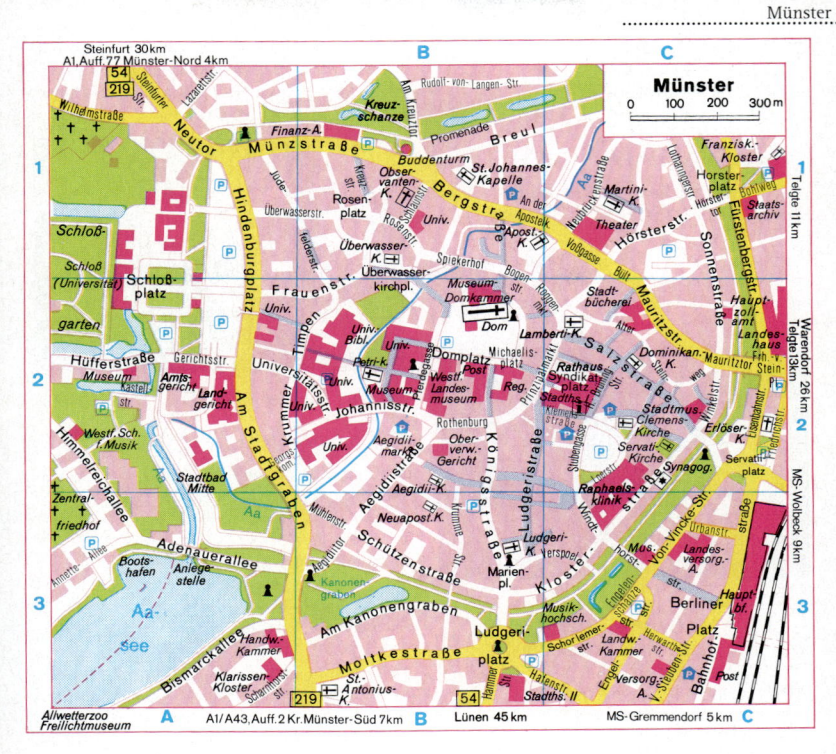

✱ Kolping Tagungshotel
Aegidiistr. 21 (B 3), Tel **(02 51) 4 81 20**,
Fax 4 81 21 23, ✉ 48143, AX DC ED VA
107 Zi, Ez: 130/65-155/78, Dz: 180/90-205/103,
⌐ WC ⓒ, 32 ↳, Lift, 🅿, 8⌬180, Restaurant

✱ Feldmann
An der Clemenskirche 14 (C 2),
Tel **(02 51) 41 44 90**, Fax 4 14 49 10, ✉ 48143,
AX ED VA
⌐, 24 Zi, Ez: 120/60-170/85,
Dz: 160/80-220/110, ⌐ WC ⓒ, Lift, 🔔
🍴🍴 Hauptgericht 30/15, Terrasse,
geschl.: Mo, So, 1.-28.8.01

⛱ Martinihof
Hörsterstr. 25 (C 1), Tel **(02 51) 41 86 20**,
Fax 5 47 43, ✉ 48143, DC ED VA
33 Zi, Ez: 110/55-115/57, Dz: 165/83-178/89, ⌐
WC ⓒ, Lift, 🅿, Kegeln, Restaurant

🍴🍴 Villa Medici
Ostmarkstr. 15, Tel **(02 51) 3 42 18**,
Fax 39 30 94, ✉ 48145, AX
Hauptgericht 40/20, nur abends, geschl.: Mo,
So, 3 Wochen im Sommer

🍴🍴 Il Cucchiaio D'Argento
Warendorfer Str. 177, im Hotel Windsor,
Tel **(02 51) 39 20 45**, ✉ 48145, AX DC ED VA
Hauptgericht 28/14-42/21, Terrasse,
Gartenlokal, geschl.: Mo, 2 Wochen im Sommer

☕ Café Grotemeyer
Salzstr. 24, Tel **(02 51) 4 24 77**, Fax 51 92 80,
✉ 48143
Terrasse

Münster

🍵 Café Krimphove
Ludgeristr. 85, Tel (02 51) 4 32 82,
Fax 4 32 73, ✉ 48163, ED VA
Terrasse, geschl.: So

Brauerei-Gaststätten

Altbierhaus Pinkus Müller
Kreuzstr. 4-10, Tel (02 51) 4 51 51, Fax 5 71 36,
✉ 48143, ED
🍷, Hauptgericht 25/12-38/19, Terrasse,
geschl.: so+feiertags
Spezialbrauereiausschank, der auf das Jahr
1860 zurückgeht.

Altes Gasthaus Leve
Alter Steinweg 37, Tel (02 51) 4 55 95,
Fax 5 78 37, ✉ 48143
🍷, Hauptgericht 17/8, geschl.: Mo

Drübbelken
Buddenstr. 14, Tel (02 51) 4 21 15, Fax 4 21 95,
✉ 48143, ED VA
🍷, Hauptgericht 15/7-37/18

Wielers Kleiner Kiepenkerl
Spiekerhof 47, Tel (02 51) 4 34 16,
Fax 4 34 17, ✉ 48143, AX DC ED VA
🍷, Hauptgericht 20/10-45/22, Terrasse,
Biergarten, geschl.: Mo

Münster-Außerhalb (2 km ↑)

🍴 Wienburg
Kanalstr. 237, Tel (02 51) 2 01 28 00,
Fax 2 01 28 15, ✉ 48147, AX DC ED VA
einzeln, Hauptgericht 35/17
✱ 🌙, 9 Zi, Ez: 98/49, Dz: 160/80, ⎯ WC
⊘, 2⇨150

✱✱✱ Schloß Wilkinghege ♛
Relais & Châteaux
Steinfurter Str. 374, Tel (02 51) 21 30 45,
Fax 21 28 98, ✉ 48159, AX DC ED VA
einzeln ♣ 🍷, 23 Zi, Ez: 195/98-320/161,
Dz: 270/135-580/292, 13 Suiten, ⎯ WC ⊘, P,
4⇨50, Golf

Wasserschloß der Spätrenaissance mit zum Teil
antikem Mobiliar. Dependance in den
ehemaligen Wirtschaftsgebäuden. Auch Zimmer
anderer Kategorien vorhanden.

🍴🍴🍴 🍷, Hauptgericht 44/22-55/27, Terrasse

Amelsbüren (10 km ↓)

✱ Zur Davert
Davertstr. 40, Tel (0 25 01) 9 61 10,
Fax 96 11 96, ✉ 48163, AX ED VA
17 Zi, Ez: 109/54, Dz: 159/80, ⎯ WC ⊘, P, 🏠,
1⇨16, Restaurant

🍴🍴🍴 Davert Jagdhaus 🚩
Wiemannstr. 4, Tel (0 25 01) 5 80 58,
Fax 5 80 59, ✉ 48163, AX DC ED VA
Hauptgericht 28/14-54/27, Terrasse, geschl.: 3
Wochen im Sommer

Gremmendorf (3 km ↓)

✱ Münnich
Heeremannsweg 13 (außerha),
Tel (02 51) 6 18 70, Fax 6 18 71 99, ✉ 48167,
AX ED VA
70 Zi, Ez: 95/47-110/55, Dz: 140/70-155/78, ⎯
WC ⊘, 20 ⛌, Lift, P, 🏠, 3⇨55, Kegeln, Sauna,
Restaurant

Handorf (7 km ↗)

✱✱ Romantik Hotel ♛
Hof Zur Linde
Handorfer Werseufer 1, Tel (02 51) 3 27 50,
Fax 32 82 09, ✉ 48157, AX DC ED VA
🌙 🍷, 33 Zi, Ez: 170/85-240/120,
Dz: 210/105-270/135, 3 Suiten, ⎯ WC ⊘, 8 ⛌,
Lift, P, 🏠, 5⇨32, Fitnessraum, Sauna,
Solarium, Golf
Im Landhaus am Werseufer Zimmer der
Kategorie ✱✱✱ und Suiten vorhanden.
🍴🍴 🍷, Hauptgericht 45/22

✱ Deutscher Vater
Handorfer Str. 4, Tel (02 51) 93 20 90,
Fax 9 32 09 44, ✉ 48157, AX DC ED VA

Münster

27 Zi, Ez: 90/45-110/55, Dz: 130/65-190/95, ⌐ WC ⓒ, 1 ⛔, Lift, 🅿, 🚗, 3⇔60, Sauna
Auch Zimmer der Kategorie ** vorhanden.
🍴 Hauptgericht 30/15, Terrasse

* Handorfer Hof
Handorfer Str. 22, Tel (02 51) 93 20 50,
Fax 9 32 05 55, ✉ 48157, ED VA
15 Zi, Ez: 90/45, Dz: 130/65-160/80, ⌐ WC ⓒ DFÜ, 🅿, 2⇔25, Restaurant

Handorf-Außerhalb (4 km ↑)

** Ringhotel Landhaus Eggert
Zur Haskenau 81, Tel (02 51) 32 80 40,
Fax 3 28 04 59, ✉ 48157, AX DC ED VA, Ⓢ
einzeln ☾ ⚲, 38 Zi, Ez: 135/67-150/75,
Dz: 220/110-240/120, 3 Suiten, ⌐ WC ⓒ, 5 ⛔,
🅿, 🚗, 6⇔80, Sauna, Solarium

🍴🍴 Hauptgericht 28/14-45/22, Terrasse

Hiltrup (7 km ↓)

** Zur Prinzenbrücke
Osttor 16, Tel (0 25 01) 4 49 70, Fax 44 97 97,
✉ 48165, AX ED VA
35 Zi, Ez: 109/54-139/70, Dz: 160/80-179/90,
1 Suite, ⌐ WC ⓒ, 9 ⛔, Lift, 🅿, 2⇔40,
Restaurant

* Ambiente
Marktallee 44, Tel (0 25 01) 2 77 60,
Fax 27 76 10, ✉ 48165, AX DC ED VA
21 Zi, Ez: 120/60-130/65, Dz: 160/80-180/90,
⌐ WC ⓒ, 5 ⛔, Lift, 🅿, 🚗, garni

🍴🍴 Gästehaus Landgraf
Thierstr. 26, Tel (0 25 01) 12 36, Fax 34 73,
✉ 48165, AX DC ED VA
einzeln, Hauptgericht 30/15-45/22, Terrasse, 🅿,
geschl.: Mo
* ☾, 10 Zi, Ez: 100/50, Dz: 140/70, ⌐
WC ⓒ, 2⇔30

Hiltrup-Außerhalb (2 km ↓)

*** Krautkrämer
Relais & Châteaux
Zum Hiltruper See 173, Tel (0 25 01) 80 50,
Fax 80 51 04, ✉ 48165, AX DC ED VA
einzeln ⚲, 72 Zi, Ez: 198/99-260/130,
Dz: 280/141-340/171, 4 Suiten, ⌐ WC ⓒ DFÜ,
Lift, 🅿, 🚗, 6⇔200, 🛥, Sauna, Solarium, Golf,
11 Tennis

🍴🍴🍴 ⚲, Hauptgericht 38/19-55/27, Terrasse,
geschl.: 22-27.12.00

Roxel-Hohenfeld (4 km ←)

** Parkhotel Schloß Hohenfeld
Dingbängerweg 400, Tel (0 25 34) 80 80,
Fax 71 14, ✉ 48161, AX DC ED VA
einzeln ☾, 97 Zi, Ez: 157/79-190/95,
Dz: 219/110-241/121, 1 Suite, 13 App, ⌐ WC ⓒ
DFÜ, 20 ⛔, Lift, 🅿, 7⇔180, 🛥, Kegeln, Sauna,
Solarium
Auch Zimmer der Kategorie * vorhanden.

🍴🍴 Landhausrestaurant
Hauptgericht 30/15, Terrasse

Börneken
🍷, Hauptgericht 15/7-28/14, Terrasse,
Biergarten, nur abends

St. Mauritz (4 km →)

🍴🍴 Tannenhof
Prozessionsweg 402, Tel (02 51) 3 13 73,
Fax 3 11 14 06, ✉ 48155

683

Münster

Hauptgericht 28/14-44/22, Terrasse,
Gartenlokal, Kegeln, **P**, geschl.: Mo
✱ ▇▇▇ 8 Zi, Ez: 110/55-139/70 ♕
Dz: 140/70-189/95, ⊐ WC ⊘, 2 ⊭
Zimmereinrichtung im Designerstil.

Wolbeck (10 km ↘)

✱ ▇▇▇ **Thier-Hülsmann**
Münsterstr. 33, Tel (0 25 06) 8 31 00,
Fax 83 10 35, ✉ 48167, AX DC ED VA
35 Zi, Ez: 119/59-215/108, Dz: 155/78-255/128,
2 Suiten, ⊐ WC ⊘, 4 ⊭, 🚗, 3⟳60
Hist. Fachwerkhaus von 1676. Auch Zimmer
der Kategorie ✱✱ vorhanden.
🍴🍴 ▇▇▇ 🌣, Hauptgericht 40/20

Münster a. Stein, Bad 53 ↗

Rheinland-Pfalz
Kreis Bad Kreuznach
EW 4200
🛈 Tel (0 67 08) 39 93, Fax 39 99
Verkehrsverein
✉ 55583 Berliner Str. 60

✱✱ ▇▇▇ **Am Kurpark**
Kurhausstr. 10, Tel (0 67 08) 62 90 00,
Fax 6 29 00 29, ✉ 55583
☽, 31 Zi, Ez: 65/32-98/49, Dz: 130/65-194/97,
⊐ WC ⊘, **P**, Sauna, Solarium, Restaurant
geschl.: 1.11.-20.12.00, 4.1.-15.3.01

Münster-Sarmsheim 53 ↗

Rheinland-Pfalz
Kreis Mainz-Bingen
EW 2770
🛈 Tel (0 67 21) 99 41 01, Fax 99 47 06
Gemeindeverwaltung
✉ 55424 Rathaus, Kirchstr. 14

✱ ▇▇▇ **Münsterer Hof**
Rheinstr. 35, Tel (0 67 21) 4 10 23 24,
Fax 4 10 25, ✉ 55424, AX ED VA
13 Zi, Ez: 95/47, Dz: 145/73, 2 App, ⊐ WC ⊘,
🚗, 2⟳45, garni

Münstereifel, Bad 42 →

Nordrhein-Westfalen
Kreis Euskirchen
EW 18000
🛈 Tel (0 22 53) 50 51 82, Fax 50 51 83
Kurverwaltung
✉ 53902 Langenhecke 2

Kneippheilbad; Sehenswert: Ehem. Stiftskirche;
Rathaus; Burgruine; Stadtbefestigung; Haus
Windeck; Römische Kalkbrennerei im Stadtteil
Iversheim (4 km ↑); Römische Glashütte; Zinn-
gießerei; Apothekenmuseum; Romanisches
Haus; Radioteleskop Effelsberg (13 km ↓).

✱✱ ▇▇▇ **Amber Kurhotel**
Nöthener Str. 10, Tel (0 22 53) 5 40 00,
Fax 64 08, ✉ 53902, AX DC ED VA
☽ ⚓, 34 Zi, Ez: 120/60-160/80,
Dz: 160/80-218/109, ⊐ WC ⊘, 10 ⊭, Lift, **P**,
7⟳200, 🚗, Fitnessraum, Sauna, Solarium
Auch Zimmer der Kategorie ✱ vorhanden.
🍴🍴 ▇▇▇ **Eifelgarten**
Hauptgericht 17/8-30/15, Terrasse

✱ ▇▇▇ **Amber Parkhotel**
im Kurpark Schleid, Tel (0 22 53) 31 40,
Fax 31 41 80, ✉ 53902, AX DC ED VA, Ⓢ
☽, 38 Zi, Ez: 135/67-145/73,
Dz: 225/113-245/123, 6 Suiten, ⊐ WC ⊘, **P**, 🚗,
4⟳100, 🚗, Sauna, Solarium, Golf, Restaurant

☕ ▇▇▇ **Heinos Rathauscafé**
Marktstr. 18, Tel (0 22 53) 66 50, Fax 85 32,
✉ 53902

Langscheid (8 km ↓)

✱✱ ▇▇▇ **Megaplan Centrum**
Irmgardweg 1, Tel (0 22 53) 50 80, Fax 85 10,
✉ 53902, AX ED VA
☽, 56 Zi, Ez: 79/39-125/62, Dz: 138/69-190/95,
3 Suiten, ⊐ WC ⊘, 12 ⊭, Lift, **P**, 6⟳180,
Kegeln, Sauna, Solarium, Restaurant

Münstertal 67 □

Baden-Württemberg
Kreis Breisgau-Hochschwarzwald
EW 5000
🛈 Tel (0 76 36) 7 07 30, Fax 7 07 48
Touristinformation
✉ 79244 Wasen 47

Obermünstertal

✱✱✱ ▇▇▇ **Romantik Hotel Spielweg** ♕
Spielweg 61, Tel (0 76 36) 70 90, Fax 7 09 66,
✉ 79244, AX DC ED VA
☽ ⚓, 40 Zi, Ez: 130/65-470/236,
Dz: 200/100-400/201, 2 Suiten, 11 App, ⊐ WC
⊘, Lift, 🚗, 1⟳15, ≋, Sauna, Solarium
Anspruchsvoller Gasthof seit 1705. Traditionell gewachsener
Familienbetrieb seit 1861. Weitläufige Anlage
mit Stammhaus und 2 verbundenen Häusern.
Auch Zimmer der Kategorie ✱✱ vorhanden.

🍴🍴 🅢, Hauptgericht 39/19-52/26 🗑
Terrasse
Hauseigene Käserei.

✱ **Historisches Landgasthaus Zur Linde**
Krumlinden 13, **Tel (0 76 36) 4 47**, Fax 16 32,
✉ 79244, ⒺⒹ ⓋⒶ
12 Zi, Ez: 72/36-145/73, Dz: 158/79-190/95,
2 Suiten, ⇌ WC ⓒ, 2 ⊱
🍴 Hauptgericht 24/12-32/16, Terrasse,
Ⓟ, geschl.: Nov-Jun Mo

Untermünstertal

✱✱ **Ringhotel Gasthof Adler-Stube**
Münster 59, **Tel (0 76 36) 2 34**, Fax 73 90,
✉ 79244, ⒶⓍ ⒹⒸ ⒺⒹ ⓋⒶ, Ⓢ
18 Zi, Ez: 100/50-130/65, Dz: 158/79-202/101,
⇌ WC ⓒ, Ⓟ, Sauna, Solarium
🍴🍴 Hauptgericht 25/12-45/22, geschl.: Di

🍴🍴 **Schmidt's Gasthof zum Löwen**
Wasen 54, **Tel (0 76 36) 5 42**, Fax 7 79 19,
✉ 79244, ⒺⒹ ⓋⒶ
Hauptgericht 38/19, Terrasse, Gartenlokal, Ⓟ,
geschl.: Di, Mi, 20.1.-1.3.01

Müssen   19 ←
Schleswig-Holstein
Kreis Herzogtum Lauenburg
EW 900
ℹ Tel (0 41 55) 8 00 90, Fax 80 09 34
Gemeindeverwaltung Büchen
✉ 21514 Amtsplatz 1

✱ **Landgasthof Lüchau**
Dorfstr. 15, **Tel (0 41 55) 8 13 00**,
Fax 81 30 40, ✉ 21516
16 Zi, Ez: 75/37, Dz: 110/55, ⇌ WC ⓒ, Ⓟ
🍴 Hauptgericht 30/15, Kegeln,
geschl.: Di

Muggendorf siehe Wiesenttal

Muldenberg   49 □
Sachsen / Vogtlandkreis
EW 210
ℹ Tel (03 74 65) 67 61, Fax 67 61
Gemeindeverwaltung
✉ 08269 Schönecker Str. 8

✱ **Flösserstube**
Klingenthaler Str. 3, **Tel (03 74 65) 67 64**,
Fax 60 40, ✉ 08269, ⒺⒹ ⓋⒶ
11 Zi, Ez: 95/47-115/57, Dz: 140/70-160/80, ⇌
WC ⓒ, Lift, Ⓟ, 🐕, Restaurant

Mulfingen   56 ✓
Baden-Württemberg / Hohenlohekreis
EW 3890
ℹ Tel (0 79 38) 9 04 00, Fax 90 40 13
Bürgermeisteramt Mulfingen
✉ 74673 Kirchweg 1

Ailringen (6 km ↖)

🍴🍴🍴 **Altes Amtshaus**   ✚
Kirchbergweg 3, **Tel (0 79 37) 97 00**,
Fax 9 70 30, ✉ 74673, ⒶⓍ ⒹⒸ ⒺⒹ ⓋⒶ
Hauptgericht 42/21-46/23, Ⓟ, nur abends,
so+feiertags auch mittags, geschl.: Mo, Di,
2.-17.1.01
✱✱✱ ♪, 15 Zi, Ez: 105/52-155/78, 2 Suiten,
6 App, ⇌ WC ⓒ, 2⇌10

Heimhausen (2,5 km ↓)

✱ **Jagstmühle**
Mühlenweg 10, **Tel (0 79 38) 9 03 00**,
Fax 75 69, ✉ 74673, ⒶⓍ ⒹⒸ ⒺⒹ ⓋⒶ
♪, 21 Zi, Ez: 118/59-128/64,
Dz: 138/69-148/74, 1 Suite, 1 App, ⇌ WC ⓒ
DFÜ, Ⓟ, 🐕, 2⇌30
Auch Zimmer der Kategorie ✱✱ vorhanden.
🍴 Hauptgericht 22/11, Terrasse,
Biergarten, nur abends, Fr-So auch mittags

Munkmarsch siehe Sylt

Munster 18 ↓

Niedersachsen
Kreis Soltau-Fallingbostel
EW 18000
i Tel (0 51 92) 13 02 48, Fax 13 02 15
Tourist-Information
✉ 29633 Wilh-Bockelmann-Str 32

✱✱ Residenzia Hotel Grenadier
Rohrhofer Weg 121, Tel (0 51 92) 9 83 80,
Fax 98 38 38, ✉ 29633
28 Zi, Ez: 75/37-199/100, Dz: 129/64-398/200,
⊟ WC ⌀

Oerrel (7 km ↘)

✱ Kaminhof
Salzwedeler Str. 5, Tel (0 51 92) 28 41,
✉ 29633
☾, 18 Zi, Ez: 65/32-75/37, Dz: 110/55-115/57,
⊟ WC ⌀, 2 ⇆, **P**, ☎, Golf, Restaurant
geschl.: 1.2.-3.3.01

Örtze

✱ Kaiserhof
Breloher Str. 50, Tel (0 51 92) 9 85 50,
Fax 70 79, ✉ 29633, AX DC ED VA
20 Zi, Ez: 60/30-80/40, Dz: 120/60-150/75, ⊟
WC ⌀, **P**, ☎, 2⇌120, Sauna, Restaurant
geschl.: Mo

Murnau a. Staffelsee 71 □

Bayern
Kreis Garmisch-Partenkirchen
EW 12000
i Tel (0 88 41) 6 14 10, Fax 34 91
Verkehrsamt
✉ 82418 Kohlgruber Str. 1

✱✱✱ Alpenhof Murnau ♛
Relais & Châteaux
Ramsachstr. 8, Tel (0 88 41) 49 10,
Fax 49 11 00, ✉ 82418, AX ED VA
☾ ≋, 60 Zi, Ez: 195/98-295/148,
Dz: 270/135-475/239, 4 Suiten, 13 App, ⊟ WC
⌀ DFÜ, 2 ⇆, Lift, **P**, ☎, 6⇌200, ≋, ⌂,
Fitnessraum, Sauna, Solarium
🍴🍴🍴 Hauptgericht 39/19, Terrasse 🛎
geschl.: Nov-Mär Mo

✱ Gästehaus Steigenberger
Ramsachstr. 10, Tel (0 88 41) 22 69,
Fax 9 02 18, ✉ 82418
≋, 10 Zi, Ez: 80/40-110/55, Dz: 150/75, 4 App,
⊟ WC ⌀, 1⇌20, Sauna, Solarium, garni

✱ Klausenhof am Kurpark
Burggraben 8, Tel (0 88 41) 6 11 60, Fax 50 43,
✉ 82418, AX ED VA
23 Zi, Ez: 92/46-120/60, Dz: 146/73-196/98, ⊟
WC ⌀, Lift, **P**, ☎, 2⇌20, Sauna, Solarium,
Restaurant

Murr 61 ↗

Baden-Württemberg
Kreis Ludwigsburg
EW 5600
i Tel (0 71 44) 2 69 90, Fax 26 99 30
Bürgermeisteramt Murr
✉ 71711 Hindenburgstr. 60

Sehenswert: Ev. Peterskirche; Bergkelter von
1521; Mineralfreibad „Wellarium"; Katz-und-
Maus-Brunnen auf dem Dorfplatz.

🍴🍴 Trollinger
Dorfplatz 2, Tel (0 71 44) 20 84 76,
Fax 28 18 36, ✉ 71711, AX DC ED VA
Hauptgericht 33/16-43/21, Terrasse, **P**,
geschl.: Mo, 3 Wochen im Aug

Murrhardt 62 ↖

Baden-Württemberg
Rems-Murr-Kreis
EW 14000
i Tel (0 71 92) 21 31 24, Fax 52 83
Verkehrsamt
✉ 71540 Marktplatz 10

Fornsbach (6 km →)

🍴 Landgasthof Krone
Rathausplatz 3, Tel (0 71 92) 54 01,
Fax 2 07 61, ✉ 71540, AX ED VA
Hauptgericht 18/9-30/15, Gartenlokal, **P**,
geschl.: Mo, Di, 23.2.-6.3.01, 28.5.-12.6.01
✱ 7 Zi, Ez: 65/32-70/35,
Dz: 115/57-130/65, ⊟ WC ⌀

Muskau, Bad 41 □

Sachsen
Kreis Oberlausitz/Niederschl.
EW 4080
i Tel (03 57 71) 5 04 92, Fax 6 99 06
Bad Muskau-Touristik
✉ 02953 Schloßstr. 3

✱ Am Schloßbrunnen
Köbelner Str. 68, Tel (03 57 71) 52 30,
Fax 5 23 50, ✉ 02953, AX DC ED VA
13 Zi, Ez: 75/37-95/47, Dz: 100/50-130/65, ⊟
WC ⌀, 1 ⇆, **P**, ☎, 1⇌35, Restaurant
Auch Zimmer der Kategorie ✱✱ vorhanden.

Mutterstadt 54 ↓

Rheinland-Pfalz
Kreis Ludwigshafen am Rhein
EW 12907
☎ Tel (0 62 34) 8 30, Fax 8 32 48
Gemeindeverwaltung
✉ 67112 Oggersheimer Str. 10

✱ Ebnet
Neustadter Str. 53, Tel (0 62 34) 9 46 00,
Fax 94 60 60, ✉ 67112, AX ED VA
22 Zi, Ez: 75/37-95/47, Dz: 130/65, ⌐ WC ⌀
DFÜ, 6 ↙, P, 2⊃35, Golf
geschl.: Anfang Jan
🍴🍴 Hauptgericht 25/12-35/17, Biergarten,
geschl.: Do, Anfang Jan

Mylau 49 □

Sachsen / Vogtlandkreis
EW 3840
☎ Tel (0 37 65) 3 42 47, Fax 38 51 24
Fremdenverkehrsverein
✉ 08499 Burg 1

✱ Meisinger
Markt 5, Tel (0 37 65) 3 42 62, Fax 3 10 18,
✉ 08499, ED VA
13 Zi, Ez: 85/42-95/47, Dz: 100/50-120/60,
1 Suite, ⌐ WC ⌀, Lift, P, Restaurant

Nabburg 59 ✓

Bayern / Kreis Schwandorf
EW 6300
☎ Tel (0 94 33) 18 26, Fax 18 33
Stadtverwaltung/Gästeinformation
✉ 92507 Oberer Markt 16

🛏 Pension Ruhland
Am Kastanienbaum 1, Tel (0 94 33) 5 34,
Fax 5 35, ✉ 92507
♪ ✱, 15 Zi, Ez: 40/20-50/25, Dz: 70/35-80/40,
⌐ WC ⌀, P, ☂, Restaurant

Nachrodt-Wiblingwerde 34 ✓

Nordrhein-Westfalen
Märkischer Kreis
EW 7200
☎ Tel (0 23 52) 9 38 30, Fax 93 83 50
Gemeindeverwaltung
✉ 58769 Hagener Str. 76

Veserde (8 km ←)

✱ Holzrichter
Hohenlimburger Str. 15, Tel (0 23 34) 92 99 60,
Fax 15 15, ✉ 58769, AX ED VA

♪ ✱, 24 Zi, Ez: 110/55, Dz: 160/80, ⌐ WC ⌀, P,
☂, 4⊃150, Kegeln, Restaurant
geschl.: 18.12.00-2.1.01

Nackenheim 54 ↑

Rheinland-Pfalz
Kreis Mainz-Bingen
EW 5000
☎ Tel (0 61 35) 56 25, Fax 8 02 57
Ortsgemeinde
✉ 55299 Carl-Zuckmayer-Platz 1

✱ St. Gereon
Carl-Zuckmayer-Platz 3, Tel (0 61 35) 9 29 90,
Fax 92 99 92, ✉ 55299, AX DC ED VA
14 Zi, Ez: 95/47-115/57, Dz: 145/73-170/85, ⌐
WC ⌀, 6 ↙, P, 2⊃100

🍴 **Weinstube**
Hauptgericht 28/14, geschl.: Di, Mi

Nagold 61 ✓

Baden-Württemberg / Kreis Calw
EW 22000
☎ Tel (0 74 52) 68 10, Fax 68 11 22
Stadtverwaltung
✉ 72202 Marktstr. 27

Stadt im nördlichen Schwarzwald; Sehenswert:
Remigiuskirche, Wandmalereien; Rathaus;
Fachwerkbauten; Burgruine Hohennagold Aussicht.

✱ Adler
Badstr. 1, Tel (0 74 52) 6 75 34, Fax 6 70 80,
✉ 72202, AX ED
♪, 32 Zi, Ez: 95/47-120/60, Dz: 150/75-175/88,
⌐ WC ⌀, P, 1⊃75, Restaurant

🍴🍴 Eles ✚
Neuwiesenweg 44, Tel (0 74 52) 54 85,
Fax 97 08 98, ✉ 72202
Hauptgericht 32/16, Gartenlokal, P,
geschl.: Mo, Di

🍴 Burg
Burgstr. 2, Tel (0 74 52) 37 35, Fax 6 62 91,
✉ 72202, ED VA
Hauptgericht 18/9-38/19, Gartenlokal, P,
geschl.: Mo abends, Di, 21.2.-1.3.01,
29.5.-12.6.01

Pfrondorf (6 km ↑)

✱✱ Pfrondorfer Mühle
an der B 463, Tel (0 74 52) 8 40 00,
Fax 84 00 48, ✉ 72202, AX DC ED VA

19 Zi, Ez: 94/47-130/65, Dz: 146/73-210/105,
2 Suiten, ⌐ WC ⊘ DFÜ, 10 ⌫, **P**, 1⌬32,
Fitnessraum
geschl.: 2.-16.1.00
¶ Hauptgericht 22/11-45/22, Terrasse,
Biergarten, geschl.: 2.-16.1.01

Nahetal-Waldau 47 □

Thüringen / Kreis Hildburghausen
EW 960
ℹ Tel (03 68 78) 6 12 58, Fax 6 15 78
Gemeindeverwaltung
✉ 98667 Hauptstr. 86

✱✱ Bergkristall
Am Steinbacher Berg 1, Tel (03 68 78) 68 10,
Fax 68 11 70, ✉ 98667, AX DC ED VA
❦, 68 Zi, Ez: 85/42-110/55, Dz: 130/65-156/78,
2 Suiten, ⌐ WC ⊘, 16 ⌫, Lift, **P**, 3⌬150, ⌂,
Fitnessraum, Sauna, Solarium, Restaurant

Nahmitz 29 ✓

Brandenburg
Kreis Potsdam-Mittelmark
EW 590
ℹ Tel (0 33 82) 7 30 70, Fax 73 07 62
Amt Lehnin
✉ 14797 Friedenstr. 3

✱ Am Klostersee
Klosterstr 2, Tel (0 33 82) 7 32 20,
Fax 7 32 23 01, ✉ 14797
30 Zi, Ez: 80/40-100/50, Dz: 120/60-160/80,
4 ⌫, 2⌬50
Auch Zimmer der Kategorie **✱✱** vorhanden.

Naila 48 ↘

Bayern / Kreis Hof/Saale
EW 9015
ℹ Tel (0 92 82) 68 29, Fax 68 37
Tourist-Information
✉ 95119 Marktplatz 12

✱ Grüner Baum
Marktplatz 5, Tel (0 92 82) 70 61, Fax 73 56,
✉ 95119, ED VA
28 Zi, Ez: 67/33-84/42, Dz: 108/54-122/61, ⌐
WC ⊘, 7 ⌫, **P**, ⌂, Sauna, Solarium, Restaurant
geschl.: Do, 20.8.-10.9.01

Narsdorf 50 ↖

Sachsen / Kreis Leipziger Land
EW 2090
ℹ Tel (03 43 46) 6 02 74, Fax 6 18 86
Gemeindeverwaltung
✉ 04657 Siedlung Nr 13

✱ Zum Heiteren Blick
Hauptstr. 21, Tel (03 43 46) 6 17 10,
Fax 6 17 11, ✉ 04657, AX DC ED VA
9 Zi, Ez: 80/40-90/45, Dz: 135/67-150/75, ⌐
WC ⊘, **P**, Restaurant

Nassau 51 ←

Sachsen / Kreis Freiberg
EW 1200
ℹ Tel (03 73 27) 2 01 02, Fax 2 01 02
Heimat- u. Fremdenverkehrsverein
✉ 09623 Wiesenweg 3

✱ Conrad
Dorfstr. 116, Tel (03 73 27) 71 25, Fax 13 11,
✉ 09623, AX DC ED VA
24 Zi, Ez: 65/32-80/40, Dz: 90/45-120/60,
1 Suite, ⌐ WC ⊘, 15 ⌫, **P**, ⌂, 1⌬20,
Restaurant
geschl.: Mo

Nastätten 44 ✓

Rheinland-Pfalz / Kreis Rhein-Lahn
EW 15300
ℹ Tel (0 67 72) 32 10, Fax 9 69 91 89
Fremdenverkehrsverein
✉ 56355 Im Museum

¶ Oranien
Oranienstr. 10, Tel (0 67 72) 10 35, Fax 29 62,
✉ 56355, AX ED VA
Hauptgericht 25/12, Biergarten, Gartenlokal, **P**,
geschl.: Mo, 2.-12.1.01, 16.-31.7.01

Natternberg siehe Deggendorf

Nauheim, Bad 45 ✓

Hessen / Wetteraukreis
EW 28000
ℹ Tel (0 60 32) 34 40, Fax 34 42 39
Kurverwaltung
✉ 61231 Ludwigstr. 20-22

**✱✱✱ Best Western
Parkhotel am Kurhaus**
Nördlicher Park 16 (B 1), Tel (0 60 32) 30 30,
Fax 30 34 19, ✉ 61231, AX DC ED VA, Ⓢ

Nauheim, Bad

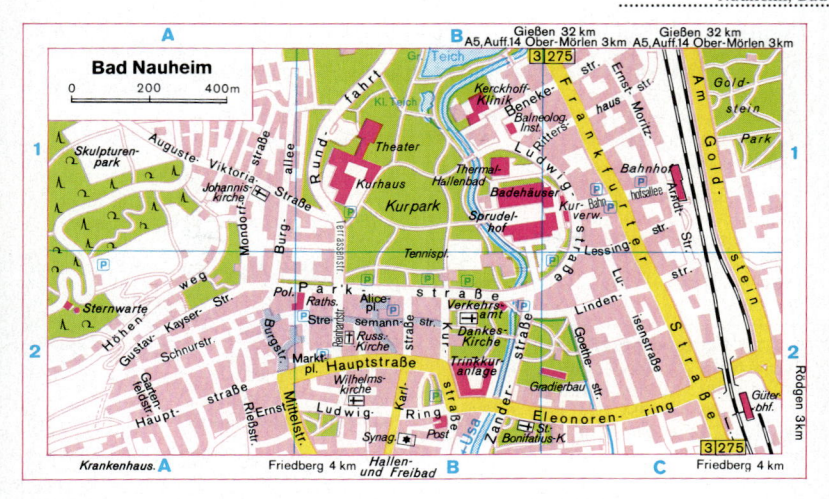

⏰ 159 Zi, Ez: 198/99-214/107,
Dz: 261/131-314/158, 13 Suiten, 🚪 WC ⌀,
19 🛏, Lift, 🅿, 🛎, 22⌒750, 🏊, Sauna, Solarium

🍴🍴 Theaterrestaurant
Hauptgericht 30/15-70/35

✱✱ Advena Hotel Rosenau
Steinfurther Str. 1, Tel (0 60 32) 9 64 60,
Fax 9 64 66 66, ✉ 61231, AX DC ED VA
54 Zi, Ez: 155/78-175/88, Dz: 205/103, 🚪 WC
⌀, Lift, 🅿, 6⌒120, 🏊, Sauna, Solarium,
Restaurant

✱ Sportpark
In der Aue, Tel (0 60 32) 40 04, Fax 18 15,
✉ 61231, AX DC ED VA
25 Zi, Ez: 164/82, Dz: 218/109, 🚪 WC ⌀, Lift,
🅿, 3⌒60, Sauna, Solarium, Restaurant

✱ Brunnenhof
Ludwigstr. 13 (C 2), Tel (0 60 32) 20 17,
Fax 54 08, ✉ 61231, AX DC ED VA
⏰ 26 Zi, Ez: 85/42-98/49, Dz: 135/67-155/78,
1 Suite, 1 App, WC ⌀, Lift, 🅿, garni

✱ Spöttel
Luisenstr. 5-7, Tel (0 60 32) 9 30 40,
Fax 93 04 59, ✉ 61231, AX ED VA
32 Zi, Ez: 75/37-155/78, Dz: 130/65-180/90,
1 Suite, 1 App, 🚪 WC ⌀ DFÜ, 9 🛏, Lift, 🅿, 🛎,
2⌒35, Solarium, Restaurant

🍴🍴 Elsass
Mittelstr. 17, Tel (0 60 32) 12 10, ✉ 61231, AX
DC ED VA
Hauptgericht 35/17, nur abends, so+feiertags
auch mittags, geschl.: Di, 1.-8.1.01

🍴 La Toscana
Friedrichstr. 8, Tel (0 60 32) 51 21, ✉ 61231,
AX ED VA
Hauptgericht 30/15, 🛏

☕ Café Müller
Aliceplatz 6, Tel (0 60 32) 91 29 00,
Fax 91 29 18, ✉ 61231
Gartenlokal, geschl.: Mo

Steinfurth (4 km ↑)

✱✱✱ Herrenhaus von Löw
Steinfurther Hauptstr. 36, Tel (0 60 32) 9 69 50,
Fax 96 95 50, ✉ 61231, AX ED VA
⏰ 20 Zi, Ez: 150/75-199/100,
Dz: 199/100-250/125, 🚪 WC ⌀, 4 🛏, 🅿,
2⌒25, Fitnessraum, Sauna, Solarium
🍴🍴 Hauptgericht 35/17-45/22

Naumburg (Saale) 38 ↓

Sachsen-Anhalt / Burgenlandkreis
EW 31000
i Tel (0 34 45) 20 16 14, Fax 26 60 47
Tourist- und Tagungsservice
✉ 06618 Markt 6

✽ Sankt Wenzel
Friedrich-Nietzsche-Str. 21,
Tel (0 34 45) 7 17 90, Fax 7 17 93 01,
✉ 06618, ED VA
13 Zi, Ez: 80/40, Dz: 125/62, ⌐ WC ⊘, 7 ⇐, P,
Restaurant

✽ Center-Hotel Kaiserhof
Bahnhofstr. 35-37, Tel (0 34 45) 24 40,
Fax 24 41 00, ✉ 06618, AX DC ED VA
80 Zi, Ez: 89/44-109/54, Dz: 135/67-155/78, ⌐
WC ⊘ DFÜ, 24 ⇐, Lift, P, ≘, 3⇨80, Sauna,
Restaurant

✽ Zur alten Schmiede
Lindenring 36-37, Tel (0 34 45) 2 43 60,
Fax 24 36 66, ✉ 06618, AX ED VA
41 Zi, Ez: 85/42-130/65, Dz: 110/55-160/80,
5 App, ⌐ WC ⊘ DFÜ, Lift, P, 1⇨20, Sauna,
Restaurant

✽ St. Marien
Marienstr. 12, Tel (0 34 45) 2 35 40,
Fax 23 54 22, ✉ 06618, ED VA
11 Zi, Ez: 75/37-105/52, Dz: 100/50-140/70, ⌐
WC ⊘ DFÜ, P, ≘, garni

Gieckau (8 km ↘)

✽ Falkenhof
Am Trichterholz, Tel (03 44 45) 2 14 21,
Fax 2 02 76, ✉ 06618, ED VA
§, 10 Zi, Ez: 98/49, Dz: 138/69, 1 Suite, ⌐ WC
⊘, P, garni

Naunhof 39 ↙

Sachsen / Muldentalkreis
EW 8643
i Tel (03 42 93) 4 21 19, Fax 4 21 68
Stadtverwaltung
✉ 04683 Markt 1

✽ Estrela
Mühlgasse 2, Tel (03 42 93) 3 20 45,
Fax 3 20 49, ✉ 04683, AX ED VA
☾, 34 Zi, Ez: 95/47, Dz: 130/65-150/75,
4 Suiten, ⌐ WC ⊘, P, 2⇨30, Sauna, Solarium,
Restaurant

✽ Carolinenhof
Bahnhofstr. 32, Tel (03 42 93) 6 13 00,
Fax 3 08 35, ✉ 04683, AX ED VA
34 Zi, Ez: 89/44-145/73, Dz: 149/75-185/93,
1 App, ⌐ WC ⊘ DFÜ, 7 ⇐, Lift, P, ≘, 3⇨50,
Sauna, Solarium, Restaurant

✽ Rosengarten
Nordstr. 22, Tel (03 42 93) 4 30, Fax 2 91 79,
✉ 04683, ED VA
29 Zi, Ez: 120/60-145/73, Dz: 150/75-195/98,
⌐ WC ⊘, 1 ⇐, P, 1⇨25, Sauna, Solarium
Auch Zimmer der Kategorie ✱✱ vorhanden.

Naurath (Wald) 52 ↗

Rheinland-Pfalz
Kreis Trier-Saarburg
EW 180
i Tel (0 65 03) 80 92 04, Fax 80 92 00
Tourist-Information
✉ 54411 Langer Markt 17

Ort im Naturpark Saar-Hunsrück; Sehenswert:
histor. Felsenkapelle (1350).

Büdlicherbrück (1 km ↗)

¶¶ Landhaus St. Urban
Haus Nr 1, Tel (0 65 09) 9 14 00, Fax 91 40 40,
✉ 54426, AX ED VA
einzeln, Hauptgericht 50/25-58/29, Terrasse, P,
geschl.: Di, Mi, 2 Wochen im Jan
✽ einzeln ☾, 15 Zi ♛
Ez: 105/52-125/62, Dz: 150/75-250/125,
2 Suiten, 1 App, ⌐ WC ⊘, 1⇨70

Nebel siehe Amrum

Nebra (Unstrut) 38 ↙

Sachsen-Anhalt
EW 3430
i Tel (03 44 61) 20 14
Stadtverwaltung
✉ 06642 Rosental 4

✽ Schloßhotel
Schloßhof 4, Tel (03 44 61) 2 27 50,
Fax 2 27 59, ✉ 06642, ED VA
☾, 21 Zi, Ez: 95/47-140/70, Dz: 160/80-180/90,
2 Suiten, ⌐ ⊘ DFÜ, 4 ⇐, P, ≘, 3⇨80,
Fitnessraum, Restaurant
Auch Zimmer der Kategorie ✱✱ vorhanden.

Neckargemünd 54 ↘

Baden-Württemberg
EW 15000
i Tel (0 62 23) 35 53, Fax 80 42 80
Tourist-Information
✉ 69151 Hauptstr. 25

Dilsberg (4 km →)

⌘ Zur Sonne
Obere Str. 14, Tel (0 62 23) 22 10, Fax 64 52,
✉ 69151, AX ED VA
Hauptgericht 26/13, Terrasse, Gartenlokal,
geschl.: 2 Wochen im Feb

Kleingemünd (1 km ↑)

⌘⌘ Zum Schwanen
Uferstr. 16, Tel (0 62 23) 9 24 00, Fax 24 13,
✉ 69151, AX DC ED VA
§, 20 Zi, Ez: 140/70-195/98,
Dz: 180/90-230/115, 1 Suite, ⌐ WC ⌀, P,
2⌂25, Restaurant

Rainbach (3 km →)

⌘⌘ Die Rainbach
Ortsstr. 9, Tel (0 62 23) 24 55, Fax 7 14 91,
✉ 69151, ED VA
♨, Hauptgericht 28/14-49/24, Terrasse,
Biergarten, P, geschl.: im Winter Mo

Neckarsteinach 54 ↘

Hessen / Kreis Bergstraße
EW 3930
🛈 Tel (0 62 29) 9 20 00, Fax 3 18
Städtisches Verkehrsamt im Rathaus
✉ 69239 Hauptstr. 7

⌘⌘ Ambtman
Hirschgasse 1, Tel (0 62 29) 21 15, Fax 21 15,
✉ 69239, AX ED VA
♨, Hauptgericht 28/14-49/24, nur abends,
so+feiertags auch mittags, geschl.: Di

Neckarsulm 61 ↗

Baden-Württemberg
Kreis Heilbronn
EW 26000
🛈 Tel (0 71 32) 3 52 08, Fax 3 53 64
Stadtverwaltung
✉ 74172 Marktstr. 18

✱✱ Nestor
Sulmstr. 2, Tel (0 71 32) 38 80, Fax 38 81 13,
✉ 74172, AX DC ED VA, Ⓢ
84 Zi, Ez: 155/78-189/95, Dz: 205/103-239/120,
2 Suiten, ⌐ WC ⌀, 46 ♿, Lift, P, ☎, 7⌂150,
Sauna, Solarium, Restaurant

✱✱ Mercure
Heiner-Fleischmann-Str. 8, im Gewerbegebiet,
Tel (0 71 32) 91 00, Fax 91 04 44, ✉ 74172, AX
DC ED VA, Ⓢ
96 Zi, Ez: 129/64-163/82, Dz: 159/80-210/105,
⌐ WC ⌀ DFÜ, 44 ♿, Lift, P, ☎, 6⌂80,
Restaurant

✱ An der Linde
Stuttgarter Str. 11, Tel (0 71 32) 9 86 60,
Fax 9 86 62 22, ✉ 74172, AX ED VA
28 Zi, Ez: 110/55-148/74, Dz: 165/83-190/95, ⌐
WC ⌀, P, 1⌂80
⌘⌘ Hauptgericht 25/12, geschl.: Sa, So,
27.12.00-7.1.01

Neckarwestheim 61 ↗

Baden-Württemberg
Kreis Heilbronn
EW 3400
🛈 Tel (0 71 33) 18 40, Fax 1 84 30
Bürgermeisteramt
✉ 74382 Marktplatz 1

✱ Am Markt
Tel (0 71 33) 9 81 00, Fax 1 44 23, ✉ 74382,
AX ED VA
14 Zi, Ez: 88/44-95/47, Dz: 140/70, 2 App, ⌐
WC ⌀, Lift, ☎, Golf, garni

Neckarwestheim-Außerhalb (1 km ↓)

✱✱ Schlosshotel Liebenstein
Liebenstein 1, Tel (0 71 33) 9 89 90, Fax 60 45,
✉ 74382, AX DC ED VA
☾ §, 24 Zi, Ez: 150/75-250/125,
Dz: 220/110-280/141, ⌐ WC ⌀ DFÜ, 11 ♿, Lift,
P, 3⌂100, Golf

⌘⌘⌘ Lazuli
§, Hauptgericht 40/20, Terrasse, geschl.: Sa, So

⌘⌘ Kurfürst
§, Hauptgericht 30/15

Neckarzimmern 55 ↙

Baden-Württemberg
Neckar-Odenwald-Kreis
EW 1700
🛈 Tel (0 62 61) 9 23 10, Fax 92 31 30
Bürgermeisteramt
✉ 74865 Hauptstr. 4

Neckarzimmern-Außerhalb (1,5 km ↘)

✱ Burg Hornberg
European Castle
Tel (0 62 61) 9 24 60, Fax 92 46 44, ✉ 74865,
ED VA
§, 22 Zi, Ez: 145/73-190/95,
Dz: 195/98-250/125, 2 Suiten, ⌐ WC ⌀, P,
3⌂40
Auch Zimmer der Kategorie ✱✱ vorhanden.
⌘⌘ § ♨, Hauptgericht 27/13, Terrasse

Neheim-Hüsten siehe Arnsberg

Nehren 43 ↙

Rheinland-Pfalz
Kreis Cochem-Zell
EW 100
🛈 Tel (0 26 75) 13 44, Fax 16 43
Verkehrsamt Moselkrampen
✉ 56814 Pelzer Str. 1

✱ Quartier Andre
Moselstr. 2, an der B 49, Tel (0 26 73) 40 15,
Fax 41 68, ✉ 56820, AX DC ED VA
⚥, 9 Zi, Ez: 70/35, Dz: 120/60, 4 App, ⌐ WC ℗
DFÜ, 🅿, Restaurant
geschl.: Di, 11.11.-20.12.00, 3.1.-10.3.01

Nellingen siehe Ostfildern

Nellingen 62 ↓

Baden-Württemberg
Alb-Donau-Kreis
EW 1760
🛈 Tel (0 73 37) 9 63 00, Fax 96 30 90
Bürgermeisteramt
✉ 89191 Schulplatz 17

✱ Landgasthof Krone
Aicher Str. 7-9, Tel (0 73 37) 9 69 60,
Fax 96 96 96, ✉ 89191, AX ED VA
40 Zi, Ez: 55/27-85/42, Dz: 95/47-128/64,
2 Suiten, 3 App, ⌐ WC ℗, 10 ⚷, Lift, 🅿, 🏠,
3⌬60
geschl.: 24.12.00-6.1.01
Im Gästehaus Zimmer der Kategorie ✱✱
vorhanden.
🍴 Hauptgericht 20/10,
geschl.: so+feiertags, 24.12.00-10.1.01

Nenndorf siehe Rosengarten

Nenndorf, Bad 25 ↘

Niedersachsen / Kreis Schaumburg
EW 10070
🛈 Tel (0 57 23) 34 49, Fax 14 35
Tourist-Information
✉ 31542 Am Thermalbad 1

Heilbad am Deister, vielfältige Freizeit-,
Fitness-, Wellness- und Beautyangebote als
Pauschalen geschnürt.

✱✱ Hannover
Buchenallee 1, Tel (0 57 23) 79 20,
Fax 79 23 00, ✉ 31542, DC ED VA
118 Zi, Ez: 95/47-300/151, Dz: 140/70-330/166,
⌐ WC ℗, 20 ⚷, Lift, 🅿, 9⌬30, Sauna,
Restaurant
Auch Zimmer der Kategorie ✱ vorhanden.

✱✱ Die Villa
Kramerstr. 4, Tel (0 57 23) 94 61 70,
Fax 94 61 88, ✉ 31542, ED VA
13 Zi, Ez: 120/60-250/125, Dz: 170/85-320/161,
1 Suite, ⌐ WC ℗ DFÜ, 7 ⚷, Lift, 🅿, 1⌬12
geschl.: 1.-10.1.01, 4 Wochen im Sommer

🍴🍴 Hauptgericht 26/13-42/21, Terrasse ✤
geschl.: Mo, 4 Wochen im Sommer, 1-10.1.01

✱✱ Harms
Gartenstr. 5, Tel (0 57 23) 95 00, Fax 95 02 80,
✉ 31542, AX ED VA
☽, 60 Zi, Ez: 83/41-150/75,
Dz: 130/65-230/115, 3 App, ⌐ WC ℗, 20 ⚷,
Lift, 🅿, 🏠, 🏊, Sauna, Solarium, Restaurant
Auch Zimmer der Kategorie ✱ vorhanden.

✱ Parkhotel Deutsches Haus
Bahnhofstr. 22, Tel (0 57 23) 9 43 70,
Fax 9 43 75 00, ✉ 31542, AX DC ED VA
43 Zi, Ez: 85/42-230/115, Dz: 110/55-280/141,
⌐ WC ℗, Lift, 🅿, 🏠, 3⌬40, Kegeln, Sauna,
Restaurant
Auch einfachere Zimmer vorhanden.

✱ Tallymann
Hauptstr. 59, Tel (0 57 23) 61 67, Fax 70 78 69,
✉ 31542, AX DC ED VA
52 Zi, Ez: 95/47-165/83, Dz: 145/73-239/120,
⌐ WC ⌀, 15 ⇥, Lift, Ⓟ, 5⟲180, ⌂, Kegeln,
Sauna, Solarium
🍴🍴 Hauptgericht 28/14-35/17, Biergarten

✱ Aparthotel Berlin
Hauptstr. 35a, Tel (0 57 23) 9 45 60,
Fax 94 56 99, ✉ 31542, AX DC ED VA
31 Zi, Ez: 150/75, Dz: 190/95, 10 App, ⌐ WC ⌀,
2 ⇥, Lift, Ⓟ, 3⟲35, Restaurant

✱ Esplanade
Bahnhofstr. 8, Tel (0 57 23) 70 24 60,
Fax 70 25 90, ✉ 31542, AX ED VA
97 Zi, Ez: 110/55-300/151, Dz: 180/90-370/186,
⌐ WC ⌀, 5 ⇥, Lift, Ⓟ, ⌂, 12⟲110,
Fitnessraum, Solarium, Restaurant

✱ Schaumburg Diana mit Gästehaus Gartenhaus
Rodenberger Allee 28, Tel (0 57 23) 50 94,
Fax 35 85, ✉ 31542, AX DC ED VA
35 Zi, Ez: 114/57-295/148, Dz: 190/95-360/181,
⌐ WC ⌀, Ⓟ, ⌂, 1⟲10

Riepen (3 km ←)

✱ Schmiedegasthaus Gehrke
Riepener Str. 21, Tel (0 57 25) 9 44 10,
Fax 94 41 41, ✉ 31542, AX DC VA
⌓, 19 Zi, Ez: 78/39-170/85,
Dz: 140/70-350/176, ⌐ WC ⌀, Ⓟ, ⌂, 4⟲300,
Kegeln
Im Gästehaus Gauther Rouhe Zimmer der
Kategorie ✱✱✱ vorhanden.

🍴🍴🍴 **La forge**
Hauptgericht 56/28, nur abends, geschl.: Mo, Di,
2 Wochen im Jan, 3 Wochen im Sommer

🍴🍴 **Schmiede-Restaurant** ✤
Hauptgericht 21/10-39/19, geschl.: Mo

Waltringhausen (3 km ↗)

✱ Deisterblick
Finkenweg 1, Tel (0 57 23) 30 36, Fax 46 86,
✉ 31542
⌓, 20 Zi, Ez: 85/42-116/58, Dz: 136/68, ⌐ WC
⌀, 1⟲20, garni

Nentershausen 46 ↑
Hessen / Kreis Hersfeld-Rotenburg
EW 3500
🛈 Tel (0 66 27) 92 02 13, Fax 92 02 20
Gemeindeverwaltung
✉ 36214 Burgstr. 2

Weißenhasel (3 km ↑)

✱ Johanneshof
Kupferstr. 24, Tel (0 66 27) 9 20 00,
Fax 92 00 99, ✉ 36214, AX DC ED VA
21 Zi, Ez: 80/40-90/45, Dz: 120/60-165/83, ⌐
WC ⌀, Ⓟ, 2⟲60

Neppermin siehe Usedom

Neresheim 63 ←
Baden-Württemberg / Ostalbkreis
EW 8000
🛈 Tel (0 73 26) 81 49, Fax 81 46
Tourist-Information
✉ 73450 Hauptstr. 21

Ohmenheim (3 km ↑)

✱ Zur Kanne Landidyll
Brühlstr. 2, Tel (0 73 26) 80 80, Fax 8 08 80,
✉ 73450, AX DC ED VA
56 Zi, Ez: 85/42-109/54, Dz: 58/29-160/80, ⌐
WC ⌀, Lift, Ⓟ, ⌂, 4⟲35, Kegeln, Sauna
Auch einfache Zimmer vorhanden.
🍴 Hauptgericht 14/7-35/17, Biergarten

Nesselwang 70 ↘
Bayern / Kreis Ostallgäu
EW 3500
🛈 Tel (0 83 61) 92 30 40, Fax 92 30 44
Gästeinformation
✉ 87484 Lindenstr. 16

✱ Alpenrose Minotel
Jupiterstr. 9, Tel (0 83 61) 9 20 40,
Fax 92 04 40, ✉ 87484, AX DC ED VA
⚥, 25 Zi, Ez: 80/40-140/70, Dz: 110/55-190/95,
3 Suiten, 3 App, ⌐ WC ⌀, 2 ⇥, Lift, Ⓟ, ⌂,
1⟲25, Sauna, Solarium, Restaurant
Auch Zimmer der Kategorie ✱✱ vorhanden.

✱ Flair Hotel Post
Hauptstr. 25, Tel (0 83 61) 3 09 10,
Fax 3 09 73, ✉ 87484, ED VA
22 Zi, Ez: 72/36-98/49, Dz: 140/70-164/82,
1 Suite, ⌐ WC ⌀, Ⓟ, ⌂, 1⟲40, Restaurant
geschl.: 11-14.12.00

Netphen 44 ↑

Nordrhein-Westfalen
Kreis Siegen-Wittgenstein
EW 25500
i Tel (0 27 38) 60 30, Fax 60 31 25
Verkehrsamt
✉ 57250 Lahnstr. 47

Lahnhof (16 km ↘)

🍴 Forsthaus Lahnquelle
Tel (0 27 37) 2 41, Fax 2 43, ✉ 57250, ED
♨ ♯, Hauptgericht 15/7-42/21, Terrasse,
Biergarten, Gartenlokal, **P**
✱ einzeln ♪, 22 Zi, Ez: 75/37-115/57,
Dz: 140/70-180/90, ⏋ WC ⌀ DFÜ, 9 ⇌,
4⇨120, Sauna, Solarium

Nettetal 32 □

Nordrhein-Westfalen
Kreis Viersen
EW 41000
i Tel (0 21 53) 8 98 13 00, Fax 8 98 81 88
Fremdenverkehrsverein
✉ 41334 Doerkesplatz 11

Breyell

✱✱ Hermitage
Lobbericher Str. 51, Tel (0 21 53) 97 80,
Fax 97 81 78, ✉ 41334, AX DC ED VA
30 Zi, Ez: 140/70-180/90, Dz: 160/80-200/100,
4 Suiten, ⏋ WC ⌀, 3 ⇌, **P**, 3⇨80, Restaurant

Hinsbeck

✱✱ Haus Josten
Wankumer Str. 3, Tel (0 21 53) 9 16 70,
Fax 1 31 88, ✉ 41334, AX DC ED VA
18 Zi, Ez: 120/60-150/75, Dz: 160/80-190/95,
⏋ WC ⌀ DFÜ, 3 ⇌, **P**, 4⇨100
🍴🍴 Hauptgericht 22/11-40/20, Biergarten,
geschl.: Mi

Hinsbeck - außerhalb

🍴🍴🍴 La Mairie im Haus Bey 🌶
An Haus Bey 15, Tel (0 21 53) 91 97 20,
Fax 91 97 66, ✉ 41334, AX DC ED VA
Hauptgericht 48/24-56/28, Terrasse, Biergarten,
Gartenlokal, **P**, geschl.: Mo, Di, 2 Wochen im
Jan
Bistro im Gebäude des Golfclubs.

Leuth

✱✱ Leuther Mühle
Hinsbecker Str. 34, Tel (0 21 57) 13 20 61,
Fax 13 25 27, ✉ 41334, AX ED VA
26 Zi, Ez: 120/60-170/85, Dz: 150/75-170/85,
⏋ WC ⌀ DFÜ, 6 ⇌, **P**, 2⇨20, ≋, ⌂, Kegeln,
Golf
🍴🍴 Hauptgericht 28/14-57/28, Terrasse

Lobberich

🍴🍴 Burg Ingenhofen
Tel (0 21 53) 91 25 25, Fax 91 25 26, ✉ 41334
Hauptgericht 20/10-35/17, Terrasse, **P**,
geschl.: Mo

Lobberich-Außerhalb (3 km ↓)

✱ Zum Schänzchen
Am Schänzchen 5, Tel (0 21 53) 91 57 10,
Fax 91 57 42, ✉ 41334, AX ED VA
21 Zi, Ez: 70/35-95/47, Dz: 120/60-150/75, ⏋
WC ⌀ DFÜ, **P**, ⌂, 1⇨140
Auch Zimmer der Kategorie **✱✱** vorhanden.
🍴 Hauptgericht 17/8-46/23, geschl.: Mo,
3 Wochen in den Sommerferien

Netzen 29 ✓

Brandenburg
Kreis Potsdam-Mittelmark
EW 650
i Tel (0 33 82) 7 30 70
Amt Lehnin
✉ 14797 Friedensstr. 3

Netzen-Außerhalb (1,5 km →)

✱ Seehof
Am See 7, Tel (0 33 82) 76 70, Fax 8 42,
✉ 14797, ED VA
einzeln ♪ ♯, 32 Zi, Ez: 95/47-130/65,
Dz: 120/60-170/85, ⏋ WC ⌀ DFÜ, 3 ⇌, **P**,
2⇨40, Restaurant

Neu Golm 31 ✓

Brandenburg / Kreis Fürstenwalde
EW 280
i Tel (03 36 31) 4 51 27
Amt Scharmützelsee
✉ 15524 Forsthausstraße

✱ Landhaus Neu Golm
Dorfstr. 4, Tel (03 36 31) 20 77, Fax 20 69,
✉ 15526, AX ED VA
♪, 22 Zi, Ez: 75/37-85/42, Dz: 100/50-125/62,
⏋ WC ⌀, **P**, 2⇨72, Sauna, Restaurant

Neu Kaliß 19 ↘

Mecklenburg-Vorpommern
Kreis Ludwigslust
EW 2226
🛈 Tel (03 87 58) 2 22 37
Amt Malliß
✉ 19294 Alter Postweg 90

Heiddorf

✶✶ Eichenhof Heiddorf
Ludwigsluter Str. 2, **Tel (03 87 58) 31 50**,
Fax 3 15 92, ✉ 19294, AX DC ED VA
39 Zi, Ez: 85/42-130/65, Dz: 150/75-180/90,
1 Suite, ⌐ WC ⌀, 20 🛏, P, 7♻300, 🞵, Sauna,
Solarium, 2 Tennis
🍴 Hauptgericht 33/16, Terrasse

Neu Wulmstorf 18 ↖

Niedersachsen / Kreis Harburg
EW 18500
🛈 Tel (0 40) 70 07 80, Fax 70 07 81 89
Gemeindeverwaltung
✉ 21629 Bahnhofstr. 39

✶ Hermes
Bahnhofstr. 18, **Tel (0 40) 7 00 40 40**,
Fax 70 04 04 70, ✉ 21629, AX DC ED VA
24 Zi, Ez: 89/44-129/64, Dz: 129/64-159/80, ⌐
WC ⌀ DFÜ, 6 🛏, Lift, P, 1♻16, garni

Neu-Isenburg 54 ↗

Hessen / Kreis Offenbach
EW 35190
🛈 Tel (0 61 02) 74 74 11, Fax 3 81 77
Kultur- und Sportamt
✉ 63263 Frankfurter Str. 152

siehe auch Frankfurt am Main

✶✶✶ Holiday Inn
Wernher-von-Braun-Str. 12,
Tel (0 61 02) 74 60, Fax 74 67 46, ✉ 63263,
AX DC ED VA
147 Zi, Ez: 215/108-410/206,
Dz: 215/108-410/206, 10 Suiten, 14 App, ⌐ WC
⌀ DFÜ, 50 🛏, Lift, P, 🞵, 8♻200, Sauna,
Solarium
geschl.: 23.12.00-2.1.01

🍴🍴 Amadeo
Hauptgericht 25/12-40/20,
geschl.: 23.12.00-2.1.01

✶✶ Hugenottenhof
Carl-Ulrich-Str. 161, Tel **(0 61 02) 2 90 09**,
Fax 2 90 04 44, ✉ 63263, AX DC ED VA
86 Zi, Ez: 145/73-200/100, Dz: 180/90-240/120,
3 Suiten, ⌐ WC ⌀, 23 🛏, Lift, 🞵, 1♻25, garni

✶ Wessinger Minotel
Alicestr. 2, **Tel (0 61 02) 80 80**, Fax 80 82 80,
✉ 63263, AX DC ED VA, Ⓢ
37 Zi, Ez: 122/61-198/99, Dz: 189/95-275/138,
1 Suite, ⌐ WC ⌀, 24 🛏, Lift, P, 2♻50
Auch Zimmer der Kategorie **✶✶** vorhanden.
🍴🍴 Hauptgericht 29/14, Terrasse

Frankfurter Haus
Darmstädter Landstr. 741, **Tel (0 61 02) 3 14 66**,
Fax 32 68 99, ✉ 63263, AX
☕, Hauptgericht 25/12, Biergarten, Gartenlokal,
P

Gravenbruch (2 km →)

✶✶✶✶ Kempinski Hotel Gravenbruch
Tel (0 61 02) 50 50, Fax 50 59 00, ✉ 63263,
AX DC ED VA, Ⓢ
♪, 283 Zi, Ez: 295/148-665/334,
Dz: 435/219-725/365, 29 Suiten, 2 App, ⌐ WC
⌀, 59 🛏, Lift, P, 🞵, 19♻600, ≈, 🞵, Sauna,
Solarium, 2 Tennis, Restaurant
Auch Zimmer der Kategorie **✶✶✶** vorhanden.

Neu-Ulm 62 ↘

Bayern
EW 50000
🛈 Tel (07 31) 1 61 28 30, Fax 1 61 16 41
Tourist-Information
✉ 89073 Münsterplatz 50 (Stadthaus)

✶✶✶ Mövenpick
Silcherstr. 40 (B 3), **Tel (07 31) 8 01 10**,
Fax 8 59 67, ✉ 89231, AX DC ED VA, Ⓢ
♪ 🍴, 135 Zi, Ez: 188/94-268/134,
Dz: 286/144-331/166, 3 Suiten, ⌐ WC ⌀, 36 🛏,
Lift, P, 🞵, 12♻845, 🞵, Solarium, Restaurant
Auch Zimmer der Kategorie **✶✶** vorhanden.

✶✶ Römer Villa
Parkstr. 1 (B 3), **Tel (07 31) 80 00 40**,
Fax 8 00 04 50, ✉ 89231, AX ED VA

→

Neu-Ulm

§ ⊕, 23 Zi, Ez: 126/63-166/83,
Dz: 179/90-228/114, ⊣ WC ⊘, 1 ⇥, **P**, 2⇔100,
Sauna, Solarium
†¶ †¶ Hauptgericht 16/8-35/17, Terrasse,
geschl.: So abends

✱ City Hotel
Ludwigstr. 27 (C 3), Tel (07 31) 97 45 20,
Fax 9 74 52 99, ⊠ 89231, AX DC ED VA
20 Zi, Ez: 125/62-145/73, Dz: 160/80-175/88,
⊣ WC ⊘ DFÜ, Lift, **P**, garni
Rezeption: 6-19, geschl.: 23.12.00-6.1.01,
1-14.8.01

†¶ †¶ Stephans-Stuben ✚
Bahnhofstr. 65, Tel (07 31) 72 38 72,
Fax 72 38 72, ⊠ 89231, AX ED VA
Hauptgericht 12.9/64-38.5/193, geschl.: Mo, Sa,
1.-13.8.01

†¶ †¶ Glacis
Schützenstr. 72, Tel (07 31) 8 68 43,
Fax 8 68 44, ⊠ 89231, AX DC ED VA
Hauptgericht 25/12, Terrasse, Gartenlokal, **P**,
geschl.: Mo

Finningen (7 km →)

✱ Landgasthof Hirsch Minotel
Dorfstr. 4, Tel (07 31) 97 07 44, Fax 72 41 31,
⊠ 89233, AX DC ED VA, Ⓢ
22 Zi, Ez: 132/66, Dz: 170/85, ⊣ WC ⊘ DFÜ,
6 ⇥, Lift, **P**, 🞴, 4⇔125, Kegeln
†¶ Hauptgericht 25/12, Terrasse,
Biergarten

Pfuhl

✱ Sonnenkeller
Leipheimer Str. 97, Tel (07 31) 7 17 70,
Fax 71 77 60, ⊠ 89233, AX ED VA
42 Zi, Ez: 85/42-125/62, Dz: 120/60-160/80, ⊣
WC ⊘, Lift, **P**, 🞴, 1⇔25, Restaurant
geschl.: 25.12.00-5.1.01
Auch Zimmer der Kategorie ✱✱ vorhanden.

Reutti (7 km ↘)

✱✱ Silence-Landhof Meinl
Marbacher Str. 4, Tel (07 31) 7 05 20,
Fax 7 05 22 22, ⊠ 89233, AX DC ED VA
♪, 30 Zi, Ez: 112/56-147/74,
Dz: 140/70-210/105, ⊣ WC ⊘, 16 ⇥, Lift, **P**,
🞴, Fitnessraum, Sauna, Solarium, Restaurant
geschl.: 24.12.00-10.1.01

Schwaighofen (3 km ↘)

✱✱ Zur Post
Reuttier Str. 172, Tel (07 31) 9 76 70,
Fax 9 76 71 00, ⊠ 89233, AX ED VA

28 Zi, Ez: 140/70, Dz: 180/90, ⊣ WC ⊘ DFÜ,
6 ⇥, Lift, **P**, 🞴, 2⇔40
geschl.: 3.-17.8.01
†¶ †¶ Hauptgericht 25/12-40/20, Biergarten,
geschl.: Fr, 3.-17.8.01

Neuberg 45 ✓

Hessen / Main-Kinzig-Kreis
EW 5500
🛈 Tel (0 61 83) 80 10, Fax 8 01 80
Gemeindeverwaltung
⊠ 63543 Bahnhofstr. 21

Ravolzhausen

✱ Bei den Tongruben
Im Unterfeld 19, Tel (0 61 83) 20 40,
Fax 7 41 31, ⊠ 63543, AX DC ED VA
28 Zi, Ez: 125/62-150/75, Dz: 160/80-190/95,
⊣ WC ⊘, 7 ⇥, **P**, 1⇔20, Sauna, garni
Auch Zimmer der Kategorie ✱✱ vorhanden.

Neubeuern 72 ↘

Bayern / Kreis Rosenheim
EW 4000
🛈 Tel (0 80 35) 21 65, Fax 87 62 00
Verkehrsamt Neubeuern
⊠ 83115 Marktplatz 4

✱ Burgdacherl
Marktplatz 23, Tel (0 80 35) 24 56, Fax 13 12,
⊠ 83115, AX DC ED VA
§, 16 Zi, Ez: 75/37-120/60, Dz: 120/60-175/88,
⊣ WC ⊘, Lift, **P**, Sauna, Solarium
†¶ §, Hauptgericht 22/11, Terrasse,
Biergarten, geschl.: Mo

Neubiberg 72 □

Bayern / Kreis München
EW 11050
🛈 Tel (0 89) 6 00 12 44, Fax 6 01 17 38
Gemeindeverwaltung
⊠ 85579 Rathausplatz 12

Unterbiberg (2,5 km ←)

✱ Am Hachinger Bach
Zwergerstr. 3, Tel (0 89) 6 73 69 80,
Fax 67 36 98 55, ⊠ 85579, AX ED VA
12 Zi, Ez: 125/62-210/105, Dz: 180/90-250/125,
1 App, ⊣ WC ⊘ DFÜ, **P**, 🞴, garni

Neubrandenburg 21 ↗

Mecklenburg-Vorpommern
EW 74000
ℹ Tel (03 95) 1 94 33, Fax 5 82 22 67
Tourist-Information
✉ 17033 Marktplatz 1
Cityplan siehe Seite 698

✱✱ Radisson SAS
Treptower Str. 1 (A 2), Tel (03 95) 5 58 60,
Fax 5 58 66 05, ✉ 17033, AX DC ED VA, Ⓢ
180 Zi, Ez: 95/47-150/75, Dz: 130/65-180/90,
10 Suiten, ⊣ WC ⊘, Lift, Ⓟ, 4⟲110, Restaurant

✱ Andersen Hotel
Große Krauthöfer Str. 1 (C 2), Tel (03 95) 55 60,
Fax 5 56 26 82, ✉ 17033, AX DC ED VA
180 Zi, Ez: 99/49-125/62, Dz: 128/64-150/75,
5 Suiten, ⊣ WC ⊘, 28 ⇐, Lift, Ⓟ, 5⟲170,
Kegeln, Sauna, Solarium, Restaurant

✱ St. Georg
Flair Hotel
Sankt Georg 6, Tel (03 95) 5 44 37 88,
Fax 5 60 70 50, ✉ 17033, AX DC ED VA
27 Zi, Ez: 90/45-110/55, Dz: 120/60, 4 Suiten,
⊣ WC ⊘, Ⓟ, 1⟲20, Sauna, Solarium,
Restaurant

✱ Parkhotel
Windbergsweg 4, Tel (03 95) 5 59 00,
Fax 5 59 02 00, ✉ 17033, AX DC ED VA
♪, 75 Zi, Ez: 115/57, Dz: 150/75, ⊣ WC ⊘,
23 ⇐, Lift, Ⓟ, 4⟲250, Restaurant

🍴 Gasthaus Werderbruch
Lessingstr. 14, Tel (03 95) 5 82 37 95,
Fax 5 82 37 95, ✉ 17033, AX ED VA
Hauptgericht 20/10, Terrasse, Ⓟ

Weitin (4 km ↖)

✱ Horizont
Otto-von-Guericke-Str. 7,
Tel (03 95) 5 69 84 28, Fax 5 69 81 97,
✉ 17033, AX DC ED VA
65 Zi, Ez: 70/35-109/54, Dz: 90/45-150/75, ⊣
WC ⊘, 15 ⇐, Ⓟ, 🏠, 4⟲100, Sauna, Solarium,
Restaurant
geschl.: So
Auch Zimmer der Kategorie ✱✱ vorhanden.

Neuburg a. d. Donau 64 ←

Bayern
Kreis Neuburg-Schrobenhausen
EW 27640
ℹ Tel (0 84 31) 5 52 40, Fax 5 52 42
Gästeinformation
✉ 86633 Residenzstr. A 65

✱ Am Fluss
Ingolstadter Str. 2, an der Donaubrücke,
Tel (0 84 31) 6 76 80, Fax 67 68 30, ✉ 86633,
AX ED VA
22 Zi, Ez: 98/49-120/60, Dz: 150/75-190/95,
1 Suite, ⊣ WC ⊘ DFÜ, Ⓟ, 🏠, 1⟲35, Sauna,
Solarium, Golf

✱ Kieferlbräu
Eybstr. 32, Tel (0 84 31) 6 73 40, Fax 67 34 44,
✉ 86633, AX ED VA
26 Zi, Ez: 55/27-79/39, Dz: 95/47-110/55, ⊣
WC ⊘ DFÜ, 2 ⇐, Ⓟ, 1⟲55, Fitnessraum,
Restaurant

🛏 Im Schrannenhaus
Schrannenplatz C 153 1 / 2,
Tel (0 84 31) 6 72 10, Fax 4 17 99, ✉ 86633,
ED
13 Zi, Ez: 60/30-65/32, Dz: 93/46-98/49, ⊣ WC
⊘, garni
Rezeption: 6-18, geschl.: 23.12.00-6.1.01

🍴 Weissbräuhaus
Schrannenplatz 131, Tel (0 84 31) 61 79 01,
Fax 61 79 02, ✉ 86633
🛏

Bergen (8 km ↖)

✱✱ Zum Klosterbräu
Flair Hotel
Kirchplatz 1, Tel (0 84 31) 6 77 50,
Fax 4 11 20, ✉ 86633, ED VA
24 Zi, Ez: 89/44-108/54, Dz: 128/64-158/79, ⊣
WC ⊘ DFÜ, 6 ⇐, Lift, Ⓟ, 🏠, 2⟲40, Sauna,
Golf
geschl.: 23.12.00-11.1.01
Auch Zimmer der Kategorie ✱ vorhanden.
🍴 Hauptgericht 15/7-35/17 ✚
geschl.: Mo, So abends, 23.12.00-11.1.01

Bittenbrunn (1,5 km ↖)

🛏 Kirchbaur Hof
Monheimer Str. 119, Tel (0 84 31) 61 99 80,
Fax 4 11 22, ✉ 86633, ED VA
♻, 31 Zi, Ez: 85/42-110/55, Dz: 120/60-180/90,
⊣ WC ⊘, Ⓟ, 🏠, 2⟲50, Golf, Restaurant
geschl.: 23.12.00-7.1.01
Traditioneller Landgasthof. Auch einfache
Zimmer vorhanden.

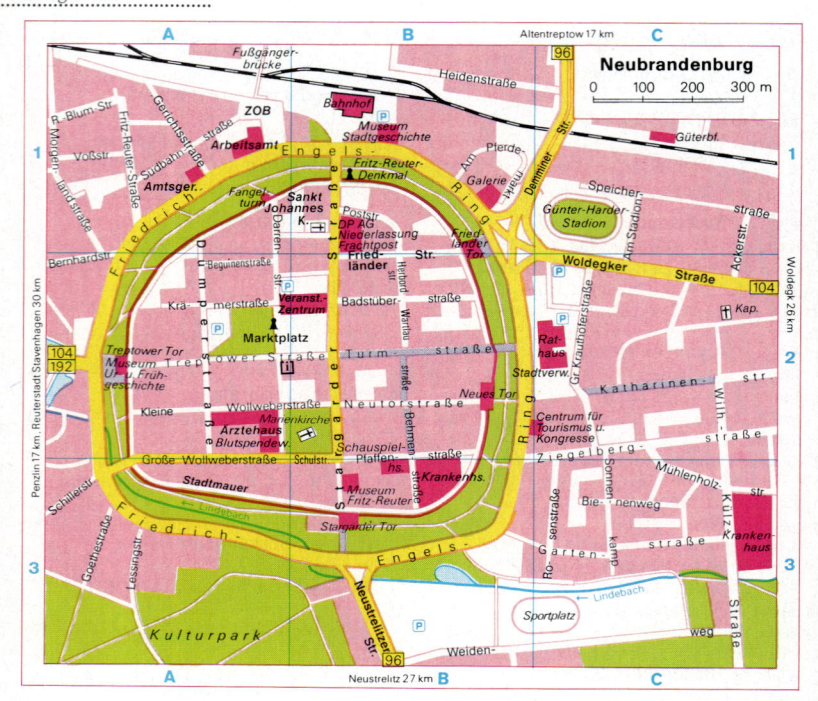

Neuburg a. Inn 66

Bayern / Kreis Passau
EW 3850
🛈 Tel (0 85 02) 9 00 80, Fax 90 08 30
Gemeindeverwaltung
✉ 94127 Raiffeisenstr. 6

★★ Hoftaverne Schloss Neuburg
Am Burgberg 5, Tel (0 85 07) 91 10 00,
✉ 94127
34 Zi, Ez: 160/80, Dz: 280/141, ⌐ WC ⊘
🍴🍴 Fax 91 19 11, AX DC ED VA,
Hauptgericht 23/11-38/19, Biergarten, P

Neukirchen (6 km ↖)

🍴 Wirtshaus Beim Bräu
Kirchplatz 7, Tel (0 85 02) 4 00, Fax 2 48,
✉ 94127, ED VA
Hauptgericht 19/9-30/15, P, 🛏, geschl.: Di,
15.1.-10.2.01

Neudrossenfeld 57 ↗

Bayern / Kreis Kulmbach
EW 3650
🛈 Tel (0 92 03) 99 30, Fax 9 93 19
Gemeindeverwaltung
✉ 95512 Adam-Seiler-Str 1

Altdrossenfeld (0,5 km ↙)

★ Brauerei-Gasthof Schnupp
Altdrossenfeld 8, Tel (0 92 03) 99 20,
Fax 9 92 50, ✉ 95512, AX ED VA
27 Zi, Ez: 82/41-160/80, Dz: 120/60-185/93,
2 Suiten, ⌐ WC ⊘, Lift, P, 🚗, 2⇔80
geschl.: Fr
Im Brauhaus auch Zimmer der Kategorie **★★**
vorhanden.
🍴 Hauptgericht 15/7, Terrasse,
Biergarten, geschl.: Fr

Neuenahr-Ahrweiler, Bad 43 ←

Rheinland-Pfalz / Kreis Ahrweiler
EW 28000
🛈 Tel (0 26 41) 9 77 30, Fax 97 73 73
Tourismus- & Servce Center
✉ 53474 Felix-Rütten-Str. 2

Ahrweiler

✹✹ Rodderhof
Oberhutstr. 48, Tel (0 26 41) 39 90,
Fax 39 93 33, ✉ 53474, AX DC ED VA
49 Zi, Ez: 127/63, Dz: 202/101-222/111, ⊣ WC
Ⓒ, Lift, Ⓟ, 🜨, 4⊖25, Fitnessraum, Sauna,
Solarium, Golf, Restaurant
Denkmalgeschützter Bau von 1248, von
Augustinermönchen errichtet.

✹ Zum Stern
Marktplatz 9, Tel (0 26 41) 9 78 90,
Fax 97 89 55, ✉ 53474, AX DC ED VA
19 Zi, Ez: 110/55, Dz: 180/90, ⊣ WC Ⓒ,
Restaurant

🍴🍴 Gasthaus Prümer Hof Ahrweinstuben
Markt 12, Tel (0 26 41) 47 57, Fax 90 12 18,
✉ 53474, ED VA
Ⓖ, Hauptgericht 20/10-34/17, Terrasse,
geschl.: Mo, 3 Wochen im Feb

🍴 Historisches Gasthaus Eifelstube
Ahrhutstr. 26, Tel (0 26 41) 3 48 50,
Fax 3 60 22, ✉ 53474, ED VA
Ⓖ, Hauptgericht 29/14, geschl.: Di, Mi

Ahrweiler-Außerhalb (1 km ←)

✹✹ Hohenzollern
Silberberg 50, Tel (0 26 41) 97 30, Fax 59 97,
✉ 53474, AX DC ED VA
einzeln ♪ §, 25 Zi, Ez: 110/55-135/67,
Dz: 180/90-250/125, ⊣ WC Ⓒ DFÜ, 20 ⇌, Lift,
Ⓟ, 1⊖
🍴🍴🍴 §, Hauptgericht 32/16-52/26, Terrasse

Heppingen (2 km →)

🍴🍴🍴 Steinheuers L'Art de Vivre-Restaurant
Landskroner Str. 110, Tel (0 26 41) 9 48 60,
Fax 94 86 10, ✉ 53474, AX DC ED VA
Hauptgericht 55/27-65/32, Ⓟ, geschl.: Di, Mi
mittags, Jul

✹✹ Steinheuers Zur Alten Post ♛ mit Landhaus
10 Zi, Ez: 150/75-250/125,
Dz: 240/120-260/130, 1 Suite, 3 App, ⊣ WC Ⓒ,
Lift, 1⊖20, Sauna, Solarium, Golf
Im Landhaus nur Suiten der Kategorie ✹✹✹✹
mit exklusiven Bädern.

🍴🍴 Landgasthof Poststuben ✢
Hauptgericht 25/12-38/19, geschl.: Di, Mi
mittags

Neuenahr, Bad

✹✹✹ Steigenberger
Kurgartenstr. 1, Tel (0 26 41) 94 10, Fax 70 01,
✉ 53474, AX DC ED VA, Ⓢ
§, 201 Zi, Ez: 195/98-325/163,
Dz: 320/161-350/176, 23 Suiten, ⊣ WC Ⓒ,
80 ⇌, Lift, Ⓟ, 13⊖250, 🜨, Sauna, Solarium
Auch Zimmer der Kategorie ✹✹✹✹ vorhanden.

🍴🍴 Parkrestaurant
Hauptgericht 30/15, Terrasse

🍴🍴 Kurhaus-Restaurant
Hauptgericht 15/7-30/15, geschl.: Mo, Di

✹✹✹ Dorint Parkhotel
Am Dahliengarten, Tel (0 26 41) 89 50,
Fax 89 58 17, ✉ 53474, AX DC ED VA, Ⓢ
♪, 250 Zi, Ez: 185/93-250/125,
Dz: 235/118-300/151, 9 Suiten, ⊣ WC Ⓒ, 60 ⇌,
Lift, Ⓟ, 🜨, 26⊖800, 🜨, Kegeln, Sauna,
Solarium, Golf

🍴🍴 §, Hauptgericht 32/16-49/24

✹✹ Seta-Hotel
Landgrafenstr. 41, Tel (0 26 41) 80 30,
Fax 80 33 99, ✉ 53474, AX DC ED VA
♪, 105 Zi, Ez: 145/73, Dz: 195/98-265/133, ⊣
WC Ⓒ, 21 ⇌, Lift, Ⓟ, 8⊖200, 🜨, Sauna,
Solarium, Golf, Restaurant
Auch Zimmer der Kategorie ✹✹✹ vorhanden.

✹✹ Villa Aurora
Georg-Kreuzberg-Str. 8, Tel (0 26 41) 94 30,
Fax 94 32 00, ✉ 53474, AX DC ED VA

Neuenahr-Ahrweiler, Bad

§, 52 Zi, Ez: 115/57-180/90,
Dz: 230/115-290/146, 4 Suiten, ⌐ WC ✆, Lift,
🅿, 🏠, 1⌕20, 🛀, Sauna, Solarium, Restaurant
geschl.: 15.11.-14.12.00
Auch Zimmer der Kategorie ✱✱✱ vorhanden.

✱ Fürstenberg mit Beethovenhaus
Mittelstr. 4-6, Tel (0 26 41) 9 40 70,
Fax 94 07 11, ✉ 53474, AX
27 Zi, Ez: 88/44-95/47, Dz: 150/75-190/95, ⌐
WC ✆, Lift, 🅿, Restaurant
Auch Zimmer der Kategorie ✱✱ vorhanden.

🍴🍴 Idille
Am Johannisberg 101, Tel (0 26 41) 2 84 29,
Fax 2 50 09, ✉ 53474
§, Hauptgericht 33/16-39/19, Terrasse, 🅿, nur
abends, geschl.: Mo, Di

🍴 Milano da Gianni
Kreuzstr. 8 c, Tel (0 26 41) 2 43 75, ✉ 53474,
AX DC ED VA
Hauptgericht 28/14, geschl.: 4 Wochen im
Sommer

☕ Café Küpper
Konditorei Im Hofgarten
Poststr. 2, Tel (0 26 41) 66 68, Fax 94 05 50,
✉ 53474
Biergarten, 9.30-18.30

Walporzheim (2 km ←)

🍴🍴🍴🍴 Romantik Restaurant Brogsitter's Sanct Peter Brogsitter
Walporzheimer Str. 134, Tel (0 26 41) 9 77 50,
Fax 97 75 25, ✉ 53474, AX DC ED VA
Hauptgericht 39/19-59/29, Terrasse, 🅿,
geschl.: Mo
Historisches Gasthaus seit 1246.

🍴🍴🍴 Historisches Gasthaus
Hauptgericht 39/19
Beachtenswerte Küche

Neuenbürg 61 ←

Baden-Württemberg / Enzkreis
EW 8000
🛈 Tel (0 70 82) 7 91 00, Fax 79 10 65
Stadtverwaltung
✉ 75305 Rathausstr. 2

Malerische Stadt an der Enz. Sehenswert:
Schloßanlage; St. Georg-Kirche; Besucherbergwerk; Forellenzucht; Altstadt.

Neuenbürg-Außerhalb (5 km ↙)

✱ Zur alten Mühle
Im Gänsebrunnen, Tel (0 70 82) 9 24 00,
Fax 92 40 99, ✉ 75305, AX DC ED VA
einzeln ♪, 26 Zi, Ez: 93/46, Dz: 148/74, ⌐ WC
✆, 5 🛌, Lift, 2⌕25, Bowling
🍴 einzeln, Hauptgericht 35/17
Eigene Fischzucht.

Neuenburg am Rhein 67 ✓

Baden-Württemberg
Kreis Breisgau-Hochschwarzwald
EW 10800
🛈 Tel (0 76 31) 79 11 11, Fax 79 12 22
Tourist-Information
✉ 79395 Rathausplatz 5

✱ Krone
Breisacher Str. 1, Tel (0 76 31) 78 04,
Fax 70 39 79, ✉ 79395, DC ED VA
§, 28 Zi, Ez: 95/47-115/57, Dz: 138/69-150/75,
2 Suiten, ⌐ WC ✆ DFÜ, 4 🛌, Lift, 🅿, 🏠,
Restaurant

✱ Anika
Freiburger Str. 2a, Tel (0 76 31) 7 90 90,
Fax 7 39 56, ✉ 79395, AX ED VA
32 Zi, Ez: 60/30-96/48, Dz: 115/57-160/80, ⌐
WC ✆ DFÜ, 4 🛌, 🅿, 🏠, Golf, garni

🍴🍴 Blauel's Restaurant
Zähringer Str. 13, Tel (0 76 31) 7 96 66,
Fax 7 96 67, ✉ 79395, ED VA

Hauptgericht 45/22-49/24, Terrasse, **P**,
geschl.: Mo, So, 3 Wochen im Sommer
Mediterrane Küche.

✱ 4 Zi, Ez: 90/45, Dz: 144/72, ⌐ WC ⊘
DFÜ, 2 ⇌

Neuendettelsau 57 ✓

Bayern / Kreis Ansbach
EW 7800
ℹ Tel (0 98 74) 50 20, Fax 5 02 47
Gemeindeverwaltung
✉ 91564 Johann-Flierl-Str 19

Sehenswert: Ev. theol. Hochschule; Missionsmuseum; Zollhundeschule; Hostienbäckerei;
Löhe-Zeit-Museum.

✱ **Gasthof Sonne**
Hauptstr. 43, Tel (0 98 74) 50 80, Fax 5 08 18,
✉ 91564, AX ED VA
37 Zi, Ez: 78/39-89/44, Dz: 115/57-160/80, ⌐
WC ⊘ DFÜ, Lift, **P**, ☎, 4⇔150, Kegeln
geschl.: 10-31.8.01
🍴 Hauptgericht 20/10, Terrasse,
geschl.: 10-31.8.01

Neuenhaus 23 □

Niedersachsen
Kreis Grafschaft Bentheim
EW 9180
ℹ Tel (0 59 41) 91 10, Fax 91 12 60
Bürgerbüro Stadt Neuenhaus
✉ 49828 Veldhausener Str. 26

🍴🍴 **Haus Brünemann**
Kirchstr. 11, Tel (0 59 41) 50 25, Fax 45 95,
✉ 49828, AX DC ED VA
Hauptgericht 35/17-70/35, geschl.: Mo
✱✱ 7 Zi, Ez: 85/42, Dz: 150/75, ⌐ WC ⊘

Neuenkirchen 13 ↘

Mecklenburg-Vorpommern
Kreis Ostvorpommern
EW 1310
ℹ Tel (0 38 34) 1 94 33, Fax 1 94 33
Fremdenverkehrsverein
✉ 17489 Schuhhagen 22

✱✱ **Stettiner Hof**
Theodor-Körner-Str. 20, Tel (0 38 34) 89 96 24,
Fax 89 96 27, ✉ 17498, AX DC ED VA
22 Zi, Ez: 90/45-130/65, Dz: 140/70-160/80, ⌐
WC ⊘, **P**, 1⇔25, Restaurant

Neuenkirchen 18 ✓

Niedersachsen
Kreis Soltau-Fallingbostel
EW 5580
ℹ Tel (0 51 95) 51 39, Fax 51 28
Verkehrsverein
✉ 29643 Kirchstr. 9

🛏 **Tödter's Hotel**
Hauptstr. 2, Tel (0 51 95) 12 47, Fax 12 98,
✉ 29643, ED VA
12 Zi, Dz: 120/60, ⌐ WC ⊘, **P**, ☎, 3⇔160,
Kegeln, Restaurant
geschl.: 20.10.-15.11.00

Tewel (4 km ↖)

🍴🍴 **Landhaus Tewel**
Dorfstr. 17, an der B 71, Tel (0 51 95) 18 57,
Fax 27 46, ✉ 29643, AX DC ED VA
Hauptgericht 25/12, Biergarten, **P**, geschl.: Mo,
29.1.-28.2.01
✱ Dorfstr. 17, 7 Zi, Ez: 65/32-75/37,
Dz: 100/50-120/60, ⌐ WC ⊘

Neuenkirchen 23 ↘

Nordrhein-Westfalen
Kreis Steinfurt
EW 13500
ℹ Tel (0 59 73) 54 54, Fax 57 92
Verkehrsverein
✉ 48485 Alphons-Hecking-Platz 1

✱✱ **Wilminks Parkhotel
Landidyll**
Wettringer Str. 46, Tel (0 59 73) 9 49 60,
Fax 18 17, ✉ 48485, AX DC ED VA
30 Zi, Ez: 100/50-130/65, Dz: 155/78-180/90,
⌐ WC ⊘ DFÜ, 5 ⇌, **P**, ☎, 4⇔60, Sauna,
Solarium
Auch Zimmer der Kategorie ✱ vorhanden.

Neuenkirchen

🍴🍴 Hauptgericht 20/10-45/22, geschl.: So abends, Mo mittags

Sutrum-Harum

🍴🍴 **Kleines Restaurant Thies** ✙
Sutrum-Harum 9, Tel (0 59 73) 27 09,
Fax 7 80, ✉ 48485
Hauptgericht 35/17, Terrasse, P, nur abends,
geschl.: Mo, Di, 3 Wochen im Sommer

Neuenrade 34 ✓

Nordrhein-Westfalen
Märkischer Kreis
EW 12500
🛈 Tel (0 23 92) 69 30, Fax 6 93 48
Verkehrsverein Neuenrade
✉ 58809 Alte Burg 1

Sehenswert: Stadtbrunnen; Rennofen; Pfarrkirche in Affeln; Kohlberg 514 m Aussichtsturm (3,5 km N⇥).

Küntrop

🏨 **Schweitzer**
Küntroper Str. 158-162, Tel (0 23 94) 9 19 00,
Fax 81 30, ✉ 58809, ED VA
25 Zi, Ez: 70/35, Dz: 119/59, ⇨ WC ⌀ DFÜ,
10 ⇥, P, 🐕, 2⟷90, Kegeln, Sauna, Solarium, Restaurant

Neuenstein 62 ↖

Baden-Württemberg / Hohenlohekreis
EW 6100
🛈 Tel (0 79 42) 10 50, Fax 1 05 66
Stadtverwaltung
✉ 74632 Schlosstr. 20

✱ **Café am Schloß**
Hintere Str. 18, Tel (0 79 42) 20 95, Fax 40 84,
✉ 74632, AX DC ED VA
11 Zi, Ez: 90/45, Dz: 145/73, ⇨ WC ⌀, P,
Kegeln, Restaurant
Auch Zimmer der Kategorie ✱✱ vorhanden.

🍴🍴 **Goldene Sonne**
Vorstadt 2, Tel (0 79 42) 30 55, ✉ 74632
Hauptgericht 13/6-36/18, geschl.: Mo,
2.1.-16.2.01

Neuenstein 46 ↖

Hessen / Kreis Hersfeld-Rotenburg
EW 3530
🛈 Tel (0 66 77) 9 21 00, Fax 92 10 21
Verkehrsamt
✉ 36286 Freiherr-vom-Stein-Str 5

Aua

✱ **Landgasthof Hess**
Geistalstr. 8, Tel (0 66 77) 4 44, Fax 13 22,
✉ 36286, AX DC ED VA
47 Zi, Ez: 80/40-130/65, Dz: 120/60-200/100,
⇨ WC ⌀, 10 ⇥, Lift, P, 🐕, 4⟷60, Sauna,
Solarium, Restaurant

Neufahrn b. Freising 72 ↑

Bayern
EW 17000
🛈 Tel (0 81 65) 60 70, Fax 6 22 88
Gewerbeamt
✉ 85375 Bahnhofstr. 32

✱✱ **Quality Hotel Amadeus**
Dietersheimer Str. 58, Tel (0 81 65) 63 00,
Fax 63 01 00, ✉ 85375, AX DC ED VA
154 Zi, Ez: 198/99, Dz: 228/114, ⇨ WC ⌀,
19 ⇥, Lift, P, 🐕, 4⟷60, Sauna, Solarium,
Restaurant

✱✱ **Maisberger**
Bahnhofstr. 54, Tel (0 81 65) 6 20 03,
Fax 6 11 90, ✉ 85375, AX DC ED VA
39 Zi, Ez: 120/60-160/80, Dz: 160/80-200/100,
⇨ WC ⌀, Lift, P, 1⟷20, Sauna, Restaurant

✱✱ **Gumberger**
Echinger Str. 1, Tel (0 81 65) 94 80,
Fax 94 84 99, ✉ 85375, AX DC ED VA
55 Zi, Ez: 120/60-150/75, Dz: 150/75-180/90,
⇨ WC ⌀, Lift, P, 🐕, 3⟷150, Kegeln,
Restaurant
geschl.: 27.12.00-5.1.01, 11-26.8.01

Neufahrn i. NB. 65 ←

Bayern / Kreis Landshut (Land)
EW 4051
🛈 Tel (0 87 73) 9 60 60, Fax 15 65
Gemeindeverwaltung
✉ 84088 Hauptstr. 40

✱✱ **Schloßhotel European Castle**
Schloßweg 2, Tel (0 87 73) 70 90, Fax 15 59,
✉ 84088, AX DC ED VA
60 Zi, Ez: 110/55-140/70, Dz: 180/90-220/110,
⇨ WC ⌀, P, 4⟷150, Sauna, Solarium
geschl.: 1.-10.1.01
Auch Zimmer der Kategorie ✱ vorhanden.

🍴🍴 **Montgelas**
Hauptgericht 30/15, Terrasse

Neuferchau 27 □

Sachsen-Anhalt
Altmarkkreis Salzwedel
🛈 Tel (03 90 08) 2 30
Gemeindeverwaltung
✉ 38486 Wiesenweg 4

✱ Landhaus Birkenmoor
Kuseyer Str. 1, **Tel (03 90 08) 7 61**, Fax 7 62,
✉ 38486
13 Zi, Ez: 65/32-100/50, Dz: 120/60, 1 App, ⌐
WC ⊘, 🅿, 🏠
geschl.: 21.12.00-1.1.01

Neuffen 61 ↘

Baden-Württemberg
Kreis Esslingen
EW 6000
🛈 Tel (0 70 25) 10 60, Fax 10 62 93
Bürgermeisteramt
✉ 72639 Hauptstr. 19

🍴 Traube
Hauptstr. 24, **Tel (0 70 25) 9 20 90**,
Fax 92 09 29, ✉ 72639, AX DC ED VA
Hauptgericht 28/14, Gartenlokal, 🅿,
geschl.: Sa+So abends
✱✱ 16 Zi, Ez: 90/45-120/60, Dz: 150/75,
2 Suiten, ⌐ WC ⊘ DFÜ, 🏠, Sauna

Neuhardenberg 31 ↖

Brandenburg
Kreis Märkisch-Oderland
EW 3079
🛈 Tel (03 34 76) 59 50
Amtsverwaltung
✉ 15320 Karl-Marx-Allee 72

Wulkow (2,5 km ↓)

**✱✱✱ Parkhotel
Schloß Wulkow**
Tel (03 34 76) 5 80, Fax 5 84 44, ✉ 15320, AX
DC ED VA
♪, 50 Zi, Ez: 98/49-178/89,
Dz: 148/74-228/114, ⌐ WC ⊘ DFÜ, Lift, 🅿,
4⌂150, Fitnessraum, Sauna, Solarium, Golf,
1 Tennis, Restaurant
Im Schloß auch Zimmer der Kategorie **✱✱**, in
der Remise Zimmer der Kategorie **✱** vorhanden.

Neuharlingersiel 16 ↖

Niedersachsen / Kreis Wittmund
EW 1200
🛈 Tel (0 49 74) 18 80, Fax 7 88
Touristinformation
✉ 26427 Edo-Edzards-Str 1

✱ Mingers Hotel
Am Hafen West 1, **Tel (0 49 74) 91 30**,
Fax 9 13 21, ✉ 26427, ED VA
🐕, 26 Zi, Ez: 99/49-150/75, Dz: 148/74-200/100,
8 App, ⌐ WC ⊘, Lift, 🅿, 🏠, Restaurant
geschl.: 10.11.00-1.3.01
Auch Zimmer der Kategorie **✱✱** vorhanden.

✱ Janssens Hotel
Am Hafen West 7, **Tel (0 49 74) 9 19 50**,
Fax 7 02, ✉ 26427, AX DC ED
🐕, 27 Zi, Ez: 105/52-125/62, Dz: 162/81-178/89,
⌐ WC ⊘ DFÜ, Lift, 🅿, Solarium, Restaurant

🍴 Poggenstool
Addenhausen 1, **Tel (0 49 74) 9 19 10**,
Fax 91 91 20, ✉ 26427
Hauptgericht 12/6-54/27, Terrasse, 🅿,
geschl.: Mo abends, Di, 10.1.-2.2.01
Beachtenswerte Küche.
✱ Adenhausen 1, 7 Zi, Ez: 90/45-120/60,
Dz: 158/79-206/103, 1 Suite, ⌐ WC ⊘, 2 🛏, 🏠,
1⌂14

Neuhaus a. Rennweg 48 ←

Thüringen / Kreis Sonneberg
EW 6900
🛈 Tel (0 36 79) 72 20 61, Fax 70 02 28
Fremdenverkehrsbüro
✉ 98724 Passage am Markt

✱✱ Schieferhof
Eisfelder Str. 26, **Tel (0 36 79) 77 40**,
Fax 77 41 00, ✉ 98724, AX ED VA
♪, 39 Zi, Ez: 115/57-140/70,
Dz: 140/70-200/100, 2 App, ⌐ WC ⊘, 25 🛏,
Lift, 🅿, 4⌂100, Fitnessraum, Sauna, Solarium
🍴🍴 Hauptgericht 25/12, Terrasse ✚

✱ An der alten Porzelline
Eisfelder Str. 16, **Tel (0 36 79) 72 40 41**,
Fax 72 40 44, ✉ 98724, AX DC ED VA
🐕, 22 Zi, Ez: 65/32-95/47, Dz: 130/65-150/75,
⌐ WC ⊘, 15 🛏, 🅿, 🏠, Sauna, Solarium,
Restaurant
Auch Zimmer der Kategorie **✱✱** vorhanden.

✱ Herrnberger Hof
Eisfelder Str. 44, **Tel (0 36 79) 7 92 00**,
Fax 79 20 99, ✉ 98724, AX ED VA

23 Zi, Ez: 80/40-120/60, Dz: 140/70-160/80,
1 Suite, ⌐ WC ⦵, 7 ⇐, Lift, 🅿, 🚗, 1⇨35,
Sauna, Restaurant

Neuhaus i. Solling siehe Holzminden

Neuhausen a.d. Fildern 61 ↘

Baden-Württemberg
Kreis Esslingen
EW 11060
🛈 Tel (0 71 58) 1 70 00, Fax 17 00 77
Hauptamt
✉ 73765 Schloßplatz 1

¶¶ Ochsen

Kirchstr. 12, Tel (0 71 58) 6 70 16, Fax 6 70 16,
✉ 73765
Hauptgericht 35/17, Gartenlokal, geschl.: Mo,
Di, 23.5.-13.6.01

Neuhof 46 ✓

Hessen / Kreis Fulda
EW 11670
🛈 Tel (0 66 55) 97 00, Fax 9 70 50
Gemeindeverwaltung
✉ 36119 Lindenplatz 4, Zimmer 1

⇌ Schmitt

Michaelstr. 2, Tel (0 66 55) 9 69 70,
Fax 96 97 98, ✉ 36119
24 Zi, Ez: 44/22-60/30, Dz: 78/39-110/55,
1 App, ⌐ WC, 🅿, 🚗, 3⇨60, Sauna, Restaurant

Neuhof a. d. Zenn 56 ↘

Bayern
Kreis Neustadt Aisch-Bad Windsheim
EW 2040
🛈 Tel (0 91 07) 13 91, Fax 14 71
Gemeindeverwaltung
✉ 90616 Marktplatz 10

** Riesengebirge

Marktplatz 14, Tel (0 91 07) 92 00,
Fax 92 03 00, ✉ 90616, AX DC ED VA
56 Zi, Ez: 154/77-164/82, Dz: 179/90-198/99,
1 Suite, ⌐ WC DFÜ, 13 ⇐, Lift, 🚗, 6⇨80,
Kegeln, Sauna, Solarium
Rezeption: 6.30-22.30
Auch Zimmer der Kategorie * vorhanden.

¶¶ Rübezahl

Hauptgericht 35/17, Terrasse

Neuhütten 52 →

Rheinland-Pfalz
Kreis Trier-Saarburg
EW 880
🛈 Tel (0 65 03) 80 92 90, Fax 80 92 00
Tourist Information
✉ 54411 Langer Markt 17

Sehenswert: Natur- u. Waldlehrpfad, Wintersportanlage „Dollberg" mit Schlepplift, Freizeitgelände mit „Köhlerhütte".

¶¶ Le temple du gourmet 🍴

Saarstr. 2, Tel (0 65 03) 76 69, Fax 98 05 53,
✉ 54422, ED
Hauptgericht 42/21-45/22, 🅿, ⇌, nur abends,
so+feiertags auch mittags, geschl.: Mi,
3 Wochen im Sommer

Neukalen 13 ↓

Mecklenburg-Vorpommern
Landkreis Demmin
EW 2470
🛈 Tel (03 99 56) 25 10, Fax 2 51 26
Stadtverwaltung
✉ 17154 Rathaus 1

Warsow (3,5 km ↗)

⇌ Moll

Dorfstr. 44, Tel (03 99 56) 2 08 27,
Fax 2 01 54, ✉ 17154, ED VA
18 Zi, Ez: 60/30-70/35, Dz: 80/40, 1 App, ⌐ WC
⦵, 🅿, 2⇨20, Sauna, Restaurant

Neukirchen 50 □

Sachsen / Kreis Stolberg
EW 7420
🛈 Tel (03 71) 2 71 02 36, Fax 21 70 93
Gemeindebibliothek
✉ 09221 Hauptstr. 77

* Almenrausch

Bahnhofstr. 5, Tel (03 71) 26 66 60,
Fax 2 66 66 40, ✉ 09221, AX ED VA
16 Zi, Ez: 95/47-125/62, Dz: 150/75, ⌐ WC ⦵
DFÜ, 1 ⇐, 🅿, 🚗, 1⇨35, Restaurant

Neukirchen 9 ↖

Schleswig-Holstein
Kreis Nordfriesland
EW 1200
🛈 Tel (0 46 68) 3 13, Fax 3 19
Informationszentrum Wiedingharde
✉ 25927 Toft 1

Fegetasch

Osterdeich 65, Tel (0 46 64) 2 02, Fax 9 55 99,
✉ 25927
22 Zi, Ez: 38/19-65/32, Dz: 68/34-95/47,
Restaurant
geschl.: 22.12.00-6.1.01

Neukirchen 45 ↗

Hessen / Schwalm-Eder-Kreis
EW 7900
☎ Tel (0 66 94) 8 08 12, Fax 8 08 38
Kurverwaltung
✉ 34626 Am Rathaus 10

✷ Combecher

Kurhessenstr. 32, Tel (0 66 94) 97 80,
Fax 97 82 00, ✉ 34626, AX DC ED VA
40 Zi, Ez: 60/30-90/45, Dz: 90/45-150/75, ⇃
WC ✆ DFÜ, 4 ⛌, 🅿, 🕿, 4⇨100, Kegeln, Sauna,
Solarium, Restaurant
Auch einfache Zimmer vorhanden.

Zur Stadt Cassel

Kurhessenstr. 56, Tel (0 66 94) 9 62 40,
Fax 60 43, ✉ 34626, ED VA
13 Zi, Ez: 60/30, Dz: 110/55, ⇃ WC ✆, 🅿, 🕿,
1⇨36, Restaurant

Neukirchen 65 ↗

Bayern / Kreis Straubing-Bogen
EW 1750
☎ Tel (0 99 61) 91 02 10, Fax 91 02 12
Tourist-Information
✉ 94362 Hauptstr. 2

✷ Hotel Feriendorf Pürgl

Pürgl 30, Tel (0 99 61) 95 50, Fax 95 51 10,
✉ 94362
36 Zi, Ez: 65/32, Dz: 130/65, 18 App, ⇃ WC ✆
Ferienanlage mit Holzhäusern. Zimmer und
Appartements der Kategorie ✷✷.

Neukirchen b. Hl. Blut 66 ↖

Bayern / Kreis Cham
EW 4300
☎ Tel (0 99 47) 94 08 21, Fax 94 08 44
Tourist-Information
✉ 93453 Marktplatz 10

✷✷ Klosterhof

Marktstr. 49, Tel (0 99 47) 95 10, Fax 95 11 00,
✉ 93453, AX DC ED VA
213 Zi, Ez: 85/42-120/60, Dz: 110/55-175/88,
4 Suiten, 90 App, ⇃ WC ✆ DFÜ, 108 ⛌, Lift, 🅿,
🕿, 3⇨250, ⛲, Sauna, Solarium, Restaurant

Mais (3 km ↘)

✷✷✷ Burghotel Am Hohen Bogen

Haus Nr 20, Tel (0 99 47) 20 10, Fax 20 12 93,
✉ 93453, AX DC ED VA
♪ ⚡, 123 Zi, 2 Suiten, 4 App, ⇃ WC ✆, 5 ⛌,
Lift, 🅿, 🕿, 5⇨120, ⛲, ⛲, Sauna, Solarium,
2 Tennis, Restaurant

Neukirchen-Vluyn 32 →

Nordrhein-Westfalen / Kreis Wesel
EW 29000
☎ Tel (0 28 45) 39 10, Fax 39 11 00
Stadtverwaltung
✉ 47506 Hans-Böckler-Str 26, Rathaus

✷ Relais Mercure Hotel Dampfmühle

Krefelderstr. 9, Tel (0 28 45) 9 34 90,
Fax 93 49 99, ✉ 47506, AX DC ED VA
48 Zi, Ez: 153/77-198/99, Dz: 201/101-256/128,
⇃ WC ✆ DFÜ, 8 ⛌, Lift, 🅿, 2⇨100, Sauna,
Solarium, Restaurant

✷ Landhaus Vluyner Stuben

Vluyner Südring 73, Tel (0 28 45) 16 55,
Fax 16 60, ✉ 47506, AX DC ED VA
14 Zi, Ez: 125/62, Dz: 180/90, 1 Suite, ⇃ WC ✆,
🅿, 1⇨50, Sauna, Solarium, Golf, Restaurant

Neukirchen/Pleiße 49 ↑

Sachsen / Kreis Zwickauer Land
EW 4500
☎ Tel (0 37 62) 9 52 40, Fax 95 24 24
Gemeindeverwaltung
✉ 08459 Pestalozzistr. 40

✷ Zum Anger

Am Pleißenanger 2, Tel (0 37 62) 7 00 80,
Fax 70 08 13, ✉ 08459
23 Zi, Ez: 80/40-90/45, Dz: 120/60-140/70, ⇃
WC ✆, 🅿, 2⇨50, Kegeln, Restaurant

Neuleiningen 54 ↙

Rheinland-Pfalz
Kreis Bad Dürkheim
EW 870
☎ Tel (0 63 59) 94 33 13, Fax 94 33 25
Touristinformation Grünstadt-Land
✉ 67278 Weinstr. 91 b

🍴🍴🍴 Alte Pfarrey

Untergasse 54, Tel (0 63 59) 8 60 66,
Fax 8 60 60, ✉ 67271, DC ED VA
Hauptgericht 38/19-56/28, Terrasse,
geschl.: Mo, Di mittags, 2 Wochen im Aug

Elegant eingerichtetes Restaurant in historischem Gebäude. Beachtenswerte Küche.
✱ ⏺ ♪, 9 Zi, Ez: 120/60-180/90 ♛
Dz: 160/80-280/141, ⊣ WC ⌀

Tal

✱ ⏺ **Felsenmühle im Tal**
Talstraße 2, Tel (0 63 59) 91 92 31,
Fax 8 54 80, ✉ 67271
15 Zi, Ez: 95/47, Dz: 120/60-135/67, ⊣ WC ⌀,
Restaurant

Neumagen-Dhron 52 ↗

Rheinland-Pfalz
Kreis Bernkastel-Wittlich
EW 2900
🛈 Tel (0 65 07) 65 55, Fax 65 50
Tourist-Information
✉ 54347 Hinterburg 8

✱ ⏺ **Gutshotel
Reichsgraf von Kesselstatt**
Balduinstr. 1, Tel (0 65 07) 20 35, Fax 56 44,
✉ 54347, AX ED VA
♪ §, 18 Zi, Ez: 115/57-160/80,
Dz: 160/80-240/120, 5 Suiten, ⊣ WC ⌀, Ⓟ,
1⇨, 🏊, Fitnessraum, Sauna, Solarium,
Restaurant
geschl.: 10.1.-10.2.01
Auch einfachere Zimmer vorhanden.

⏹ **Zum Anker**
Moselstr. 14, Tel (0 65 07) 63 97, Fax 63 99,
✉ 54347, AX ED VA
§, 15 Zi, Ez: 56/28-60/30, Dz: 105/52-120/60,
1 Suite, ⊣ WC ⌀, Ⓟ, 1⇨80, Restaurant
Rezeption: 11-24, geschl.: Mi, 7.1.-20.2.01

Neumark 49 □

Sachsen / Vogtlandkreis
EW 3160
🛈 Tel (03 76 00) 94 10
Gemeindeverwaltung
✉ 08496 Markt 3

✱ ⏺ **Cegra-Hotel**
Ernst-Ahnert-Str. 14, Tel (03 76 00) 94 50,
Fax 9 45 30, ✉ 08496, ED VA
11 Zi, Ez: 79/39-99/49, Dz: 129/64, ⊣ WC ⌀
DFÜ, 4 🛏, Ⓟ, 1⇨150, Fitnessraum, Restaurant

Neumarkt i. d. Oberpfalz 58 ✓

Bayern
EW 39000
🛈 Tel (0 91 81) 1 94 33, Fax 25 51 98
Tourist-Information
✉ 92318 Rathauspassage

✱ ⏺ **Gasthof Lehmeier
Landidyll**
Oberer Markt 12, Tel (0 91 81) 2 57 30,
Fax 25 73 37, ✉ 92318, AX DC ED VA
20 Zi, Ez: 105/52-115/57, Dz: 139/70-159/80,
1 Suite, ⊣ WC ⌀ DFÜ, 5 🛏, 🏠
🍴 Tel 17 22, Hauptgericht 17/8, Terrasse,
Ⓟ, geschl.: Di

✱ ⏺ **Mehl**
Am Viehmarkt, Tel (0 91 81) 29 20,
Fax 29 21 10, ✉ 92318, AX DC ED VA
23 Zi, Ez: 99/49-110/55, Dz: 130/65-170/85, ⊣
WC ⌀ DFÜ, 5 🛏, Lift, Ⓟ, Golf, Restaurant

✱ ⏺ **Gasthof Dietmayr**
Bahnhofstr. 4, Tel (0 91 81) 2 58 70,
Fax 25 87 49, ✉ 92318, DC ED VA
20 Zi, Ez: 99/49-115/57, Dz: 145/73-165/83, ⊣
WC ⌀ DFÜ, 6 🛏, Lift, Ⓟ, 🏠
geschl.: 1.-14.1.01
🍴 Hauptgericht 15/7-25/12, Terrasse,
geschl.: Di, 1.-14.1.01

✱ ⏺ **Stern**
Oberer Markt 32, Tel (0 91 81) 25 30,
Fax 25 32 00, ✉ 92318, AX DC ED VA
34 Zi, Ez: 85/42-125/62, Dz: 130/65-160/80,
2 Suiten, 4 App, ⊣ WC ⌀ DFÜ, 10 🛏, Lift, Ⓟ,
🏠, Restaurant

✱ ⏺ **Nürnberger Hof**
Nürnberger Str. 28 a, Tel (0 91 81) 4 84 00,
Fax 4 44 67, ✉ 92318, ED VA
59 Zi, Ez: 95/47-120/60, Dz: 140/70-160/80,
2 Suiten, ⊣ WC ⌀, Ⓟ, 🏠, Sauna, Restaurant
geschl.: So, 24.12.00-6.1.01

Oberer Ganskeller
Ringstr. 2, **Tel (0 91 81) 90 74 86**, Fax 2 09 38,
✉ 92318, AX DC ED VA
Hauptgericht 7/3-32/16

Neumünster 10 ↘

Schleswig-Holstein
EW 80000
Tel (0 43 21) 4 32 80, Fax 20 23 99
Tourist-Information
✉ 24534 Großflecken 26 a (Pavillon)
Cityplan siehe Seite 708

** Prisma
Max-Johannsen-Brücke 1, **Tel (0 43 21) 90 40**,
Fax 90 44 44, ✉ 24537, AX DC ED VA, S
93 Zi, Ez: 150/75-220/110, Dz: 180/90-250/125,
WC ⊘ DFÜ, 36 ⊱, Lift, P, 🚗, 6⟷150,
Fitnessraum, Sauna, Solarium, Restaurant

** Am Teich
Am Teich 5-6 (B 2), **Tel (0 43 21) 4 90 40**,
Fax 49 04 44, ✉ 24534, AX DC ED VA
16 Zi, Ez: 145/73-167/84, Dz: 169/85-189/95,
WC ⊘ DFÜ, 4 ⊱, Lift, P

* Firzlaff's Hotel
Rendsburger Str. 183, **Tel (0 43 21) 9 07 80**,
Fax 5 42 48, ✉ 24537, ED VA
18 Zi, Ez: 85/42-105/52, Dz: 125/62-145/73,
WC ⊘ DFÜ, P, garni

* Pries
Luisenstr. 3 (B 1), **Tel (0 43 21) 9 17 00**,
Fax 1 63 55, ✉ 24534, AX DC ED VA
15 Zi, Ez: 80/40-100/50, Dz: 130/65, WC ⊘,
P, garni

¶¶ Presse-Keller
Gänsemarkt 1, **Tel (0 43 21) 4 23 93**,
Fax 4 81 41, ✉ 24534, AX DC ED VA
Hauptgericht 30/15, Biergarten, P

Einfeld (4 km ↑)

* Tannhof
Kieler Str. 452, an der B 4,
Tel (0 43 21) 9 55 80, Fax 95 58 55, ✉ 24536,
AX ED VA
33 Zi, Ez: 95/47, Dz: 145/73, 3 Suiten, WC ⊘
DFÜ, 10 ⊱, P, 🚗, Restaurant

* Einfelder Hof
Einfelder Schanze 2, an der B 4,
Tel (0 43 21) 52 92 17, Fax 52 81 68, ✉ 24536,
AX DC ED VA
33 Zi, Ez: 63/31-70/35, Dz: 96/48-120/60,
WC ⊘, 12 ⊱, P, Fitnessraum, Kegeln, Sauna,
Solarium, Restaurant

¶¶ Zur Alten Schanze
Einfelder Schanze 96, **Tel (0 43 21) 95 95 80**,
Fax 95 95 82, ✉ 24536, AX ED VA
🍴, Hauptgericht 20/10-37/18, Terrasse, P

Gadeland (3 km ↓)

* Kühl
Segeberger Str. 74, an der B 205,
Tel (0 43 21) 70 80, Fax 7 08 80, ✉ 24534,
ED VA
34 Zi, Ez: 80/40-90/45, Dz: 120/60-130/65,
WC ⊘, P, 🚗, 3⟷80, Kegeln, Restaurant

Neunburg vorm Wald 59 ✓

Bayern / Kreis Schwandorf
EW 8070
Tel (0 96 72) 92 08 21, Fax 92 08 66
Tourist-Information
✉ 92431 Schrannenplatz 1

Hofenstetten (6 km. ✓)

** Birkenhof
Hofenstetten 11, **Tel (0 94 39) 95 00**,
Fax 95 01 50, ✉ 92431, AX ED VA
40 Zi, Ez: 93/46-150/75, Dz: 180/90-220/110,
4 Suiten, WC ⊘, Lift, P, 🚗, 3⟷100, 🛏,
Fitnessraum, Sauna, Solarium, Golf, Restaurant

Neunkirchen 55 ✓

Baden-Württemberg
Neckar-Odenwald-Kreis
EW 1600
Tel (0 62 62) 9 21 20, Fax 92 12 33
Bürgermeisteramt
✉ 74867 Marktplatz 1

** Stumpf
Zeilweg 16, **Tel (0 62 62) 9 22 90**,
Fax 9 22 91 00, ✉ 74867, AX DC ED VA
🌙 ✴, 44 Zi, Ez: 114/57-145/73,
Dz: 212/106-252/126, 2 Suiten, WC ⊘ DFÜ,
20 ⊱, Lift, P, 5⟷25, 🛏, Sauna, Solarium,
Golf, 1 Tennis

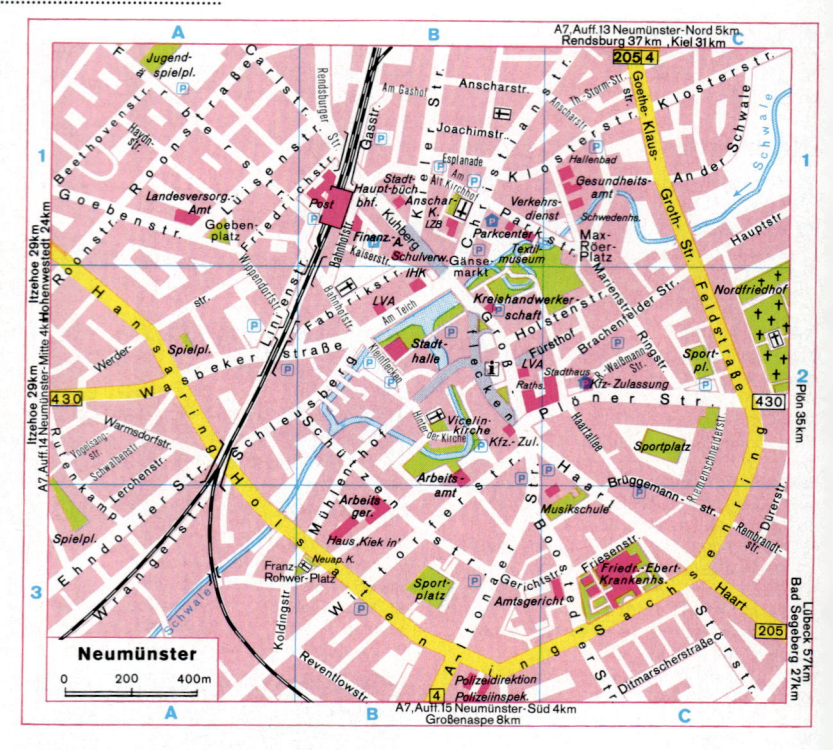

Neunkirchen

🍴🍴 ▦▦▦▦ Hauptgericht 26/13, Terrasse, Biergarten

Neunkirchen a. Brand 57 □

Bayern / Kreis Forchheim
EW 7500
🛈 Tel (0 91 34) 70 50, Fax 7 05 80
Gemeindeverwaltung
✉ 91077 Klosterhof 2-4

✱✱ ▦▦▦▦ Selau

In der Selau 5, Tel (0 91 34) 70 10,
Fax 70 11 87, ✉ 91077, AX DC ED VA
☾, 62 Zi, Ez: 130/65, Dz: 160/80, 1 Suite, ⌐ WC
𝄞, Lift, P, 8⇔120, 🛋, Kegeln, Sauna,
Solarium, 4 Tennis, Restaurant

Neunkirchen (Saar) 53 ✓

Saarland
EW 52000
🛈 Tel (0 68 21) 20 23 25, Fax 20 23 24
Stadtverwaltung
✉ 66538 Oberer Markt 16

✱ ▦▦▦▦ Am Zoo

Zoostr. 29, Tel (0 68 21) 90 46 90,
Fax 90 46 92 22, ✉ 66538, AX ED VA
☾, 34 Zi, Ez: 95/47, Dz: 160/80, 2 Suiten, ⌐ WC
𝄞, 12 🛌, Lift, P, 2⇔60, Restaurant

✱ ▦▦▦▦ Scheiber Hof

Friedrichstr. 69, Tel (0 68 21) 8 83 81, ✉ 66538
8 Zi, Ez: 85/42, Dz: 140/70, ⌐ WC 𝄞,
Restaurant

Kohlhof (4 km ↘)

🍴🍴🍴 ▦▦▦▦ Hostellerie Bacher

Limbacher Str. 2, Tel (0 68 21) 3 13 14,
Fax 3 34 65, ✉ 66539, AX DC ED VA
Hauptgericht 32/16-58/29, Terrasse, P,
geschl.: Mo, So, 3 Wochen im Sommer
✱✱ ▦▦▦▦ 15 Zi, Ez: 85/42-120/60
Dz: 160/80-220/110, ⌐ WC 𝄞 DFÜ, 🛋, 🛋,
Sauna

Neunkirchen-Seelscheid 43 ↑

Nordrhein-Westfalen
Rhein-Sieg-Kreis
EW 20000
🛈 Tel (0 22 47) 3 03 26, Fax 3 03 70
Schul- und Kulturamt
✉ 53819 Hauptstr. 78

Seelscheid

⁋ Gasthof Röttgen

Kirchweg 6, Tel (0 22 47) 61 53, Fax 61 53,
✉ 53819, ED
Hauptgericht 30/15, Terrasse, Kegeln
🛏 5 Zi, Ez: 48/24-55/27, Dz: 96/48-110/55,
⌐, P

Neupetershain 41 ←

Brandenburg
Kreis Oberspreewald-Lausitz
EW 1850
🛈 Tel (03 54 34) 6 00 53, Fax 6 00 60
Amt Altdöbern
✉ 03229 Marktstraße 1

Neupetershain Nord

** Zum Gutshof Landidyll

Karl-Marx-Str. 6, Tel (03 57 51) 25 60.
Fax 2 56 80, ✉ 03103, AX DC ED VA
33 Zi, Ez: 100/50, Dz: 100/70-180/90, ⌐ WC ⌀,
1 ↩, P, 3⌂80, Restaurant
Im 20 m entfernten Gästehaus auch Zimmer der
Kategorie * vorhanden.

Neupotz 60 ↗

Rheinland-Pfalz
Kreis Germersheim
EW 1651
🛈 Tel (0 72 71) 59 90, Fax 59 91 15
Amtsgemeinde Jockgrim
✉ 76751 Untere Buchstr. 22

⁋ Zum Lamm ✢

Hauptstr. 7, Tel (0 72 72) 28 09, Fax 7 72 30,
✉ 76777
Hauptgericht 30/15, geschl.: Di, so+feiertags
abends, 3 Wochen im Sommer
🛏 7 Zi, Ez: 45/22-55/27, Dz: 90/45-110/55, ⌐
WC ⌀ DFÜ, P, 🌂

Neuried 60 ✓

Baden-Württemberg / Ortenaukreis
EW 9090
🛈 Tel (0 78 07) 9 70, Fax 9 71 77
Bürgerbüro
✉ 77743 Friedrichstr. 2

Altenheim

* Gasthof Zum Ratsstüble

Kirchstr. 38, Tel (0 78 07) 9 28 60,
Fax 92 86 50, ✉ 77743
♪, 31 Zi, Ez: 65/32, Dz: 100/50, ⌐ ⌀, 6 ↩, P,
🌂, Kegeln, Restaurant
Rezeption: 6.30-12, 17.30-24, geschl.: So

Neuruppin 29 ↑

Brandenburg
Kreis Ostprignitz-Ruppin
EW 32500
🛈 Tel (0 33 91) 4 54 60, Fax 45 46 66
Bürger Bahnhof
✉ 16816 Karl-Marx-Str 1

** Altes Kasino am See

Seeufer 11, Tel (0 33 91) 30 59, Fax 35 86 84,
✉ 16816, AX ED VA
♪ 🍴, 20 Zi, Ez: 75/37-135/67,
Dz: 100/50-195/98, ⌐ WC ⌀, P, 🌂, 1⌂40,
Seezugang, Restaurant

* Waldfrieden

Lindenallee 50, Tel (0 33 91) 37 93, Fax 37 98,
✉ 16816
♪ 🍴, 23 Zi, Ez: 85/42-95/47, Dz: 140/70-160/80,
⌐ WC ⌀

* Zum alten Siechenhospital

Siechenstr. 4, Tel (0 33 91) 39 88 44,
Fax 65 20 50, ✉ 16816
🍴, 17 Zi, Ez: 60/30-100/50, Dz: 90/45-160/80,
⌐ WC ⌀, P, Restaurant
Im Hof liegt das Up Hus, ältestes Fachwerk der
Stadt aus dem 17. Jh.

Alt Ruppin (4 km ↗)

** Seehotel Gildenhall

Wuthenower Str. 10, Tel (0 33 91) 76 70,
Fax 76 72 28, ✉ 16827
einzeln 🍴, 45 Zi, Ez: 100/50-125/62,
Dz: 140/70-165/83, 3 Suiten, ⌐ WC ⌀, Sauna,
Restaurant
Hotel mit Parkanlage am Ruppiner See.

Neuruppin

* Am alten Rhin
Friedrich-Engels-Str. 12, Tel (0 33 91) 76 50,
Fax 7 65 15, ⊠ 16827, AX DC ED VA
62 Zi, Ez: 95/47-125/62, Dz: 130/65-150/75,
5 Suiten, 10 App., ⌐ WC ⊘ DFÜ, 15 ⇔, P,
4⇔120, Restaurant

Gühlen-Glienicke (18 km ↑)

* Boltenmühle
Tel (03 39 29) 7 05 00, Fax 7 01 03, ⊠ 16818
einzeln, 30 Zi, Ez: 75/37, Dz: 130/65, ⌐ WC ⊘,
Seezugang
Rekonstruierte Wassermühle aus dem 17. Jh.,
rustikal-stilvolles Ambiente, in landschaftlich
schöner Umgebung. Auch Zimmer der Kategorie
** vorhanden.
¶ einzeln, Hauptgericht 12/6-25/12

Neuschönau 66 ↗

Bayern / Kreis Freyung-Grafenau
EW 2350
ℹ Tel (0 85 58) 96 03 33, Fax 96 03 77
Tourismusbüro Neuschönau
⊠ 94556 Kaiserstr. 13

* Sporthotel Heidelberg
Säumerweg 39, Tel (0 85 58) 9 60 60,
Fax 96 06 99, ⊠ 94556
♦, 24 Zi, Ez: 77/38, Dz: 124/62, 2 App, ⌐ WC
⊘, P, Fitnessraum, Kegeln, Sauna, Solarium,
Restaurant

Neuss 32 ↘

Nordrhein-Westfalen
EW 15220
ℹ Tel (0 21 31) 27 32 42, Fax 22 25 59
Tourist-Information
⊠ 41460 Markt 4

*** Swissôtel
Rheinallee 1, Tel (0 21 31) 77 00, Fax 77 13 66,
⊠ 41460, AX DC ED VA
♦, 246 Zi, Ez: 308/155-628/316,
Dz: 387/194-657/330, 6 Suiten, ⌐ WC ⊘, 80 ⇔,
Lift, P, ⌂, 15⇔1800, ⌂, Fitnessraum, Sauna,
Solarium

¶¶ Petit Paris
Hauptgericht 35/17

*** Dorint Am Rosengarten
Selikumer Str. 25 (C 3), Tel (0 21 31) 26 20,
Fax 26 21 00, ⊠ 41460, AX DC ED VA, Ⓢ
204 Zi, Ez: 248/124-435/219,
Dz: 256/128-276/139, 5 Suiten, ⌐ WC ⊘ DFÜ,
100 ⇔, Lift, P, ⌂, 20⇔1200, Fitnessraum,
Sauna, Solarium
¶¶ Hauptgericht 30/15-40/20,
geschl.: Mo, So
Mittags Buffetangebot.

** Holiday Inn
Anton-Kux-Str. 1 (außerhalb C 3),
Tel (0 21 31) 18 40, Fax 18 41 84, ⊠ 41460,
AX DC ED VA
220 Zi, 51 Suiten, ⌐ WC ⊘ DFÜ, 115 ⇔, Lift,
⌂, 6⇔220, Sauna, Restaurant
geschl.: 22.12.00-1.1.01

* Park Hotel Viktoria
Kaiser-Friedrich-Str. 2 (A 2),
Tel (0 21 31) 2 39 90, Fax 2 39 91 00,
⊠ 41460, AX DC ED VA, Ⓢ
♪, 75 Zi, Ez: 171/86-245/123,
Dz: 216/108-286/144, ⌐ WC ⊘, 25 ⇔, Lift, P,
⌂, garni
Auch Zimmer der Kategorie ** vorhanden.

¶¶ Herzog von Burgund 🔴
Erftstr. 88, Tel (0 21 31) 2 35 52, Fax 2 35 52,
⊠ 41460, AX ED
♦, Hauptgericht 45/22, nur abends, geschl.: Do,
Sa+So mittags, 2 Wochen im Feb

☕ Café Heinemann
Krefelder Str. 57, Tel (0 21 31) 2 57 33,
⊠ 41460
9-18.30

Erfttal (4 km ↘)

* Novotel
Am Derikumer Hof 1, Tel (0 21 31) 13 80,
Fax 12 06 87, ⊠ 41469, AX DC ED VA, Ⓢ
110 Zi, Ez: 124/62-343/172,
Dz: 158/79-386/194, 6 App, ⌐ WC ⊘ DFÜ,
30 ⇔, Lift, P, ⌂, 6⇔130, ≋, Sauna, Solarium,
Restaurant

Gnadental (2 km ↘)

* Marienhof
Kölner Str. 187 a, Tel (0 21 31) 15 05 41,
Fax 12 08 50, ⊠ 41468, DC ED VA
23 Zi, Ez: 100/50-165/83, Dz: 165/83-200/100,
⌐ WC ⊘, 10 ⇔, P, garni

Neustadt a. d. Aisch

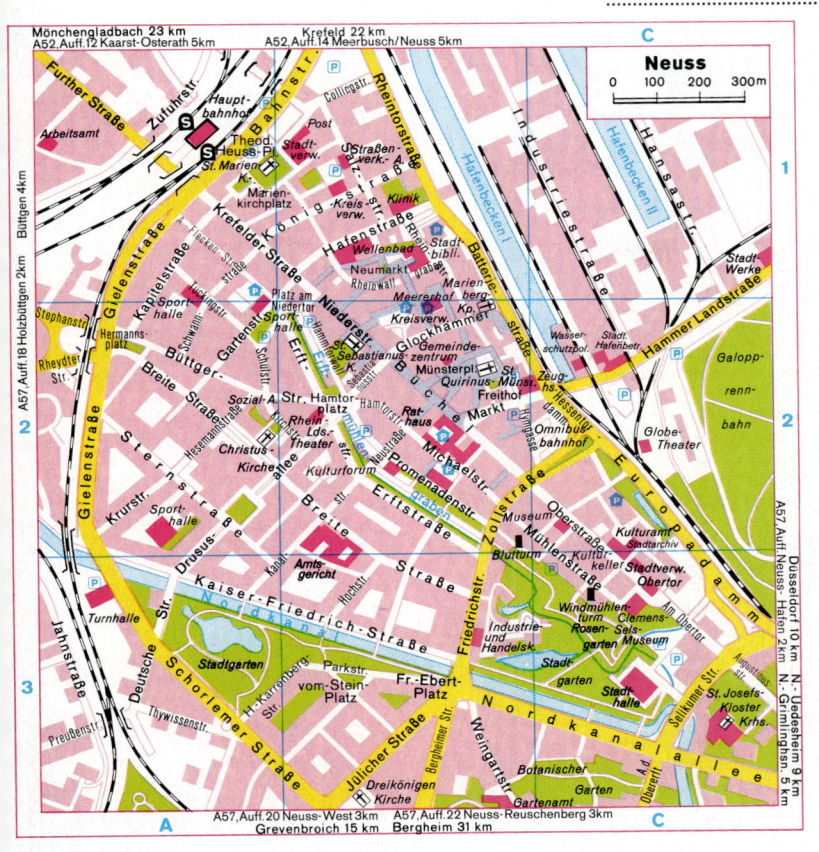

Grimlinghausen (5 km ↘)

** ▬▬▬ **Landhaus Hotel**
    Top International Hotel
Hüsenstr. 17, Tel (0 21 31) 3 10 10,
Fax 31 01 51, ✉ 41468, AX ED VA, S
28 Zi, Ez: 149/75–290/146, Dz: 175/88–390/196,
1 Suite, 1 App, 🍽 WC ✆, 6 ♿, Lift, P, 🚗,
2⊙80, Restaurant

Neustadt a. d. Aisch   56 →

Bayern
EW 13000
ℹ Tel (0 91 61) 6 66 14, Fax 6 66 15
Amt für Kultur, Sport u. Tourismus
✉ 91413 Marktplatz 5

Kreisstadt; Sehenswert: Ev. Pfarrkirche; Rathaus; Nürnberger Tor; Stadtmauer; Heimatmuseum.

** ▬▬▬ **Allee Hotel**
Alleestr. 14, Tel (0 91 61) 8 95 50,
Fax 89 55 89, ✉ 91413, ED VA
25 Zi, Ez: 110/55, Dz: 172/86, 2 Suiten, 1 App,
🍽 WC ✆ DFÜ, 16 ♿, Lift, P, 🚗, 2⊙24, garni

711

Neustadt a. d. Donau 64 →

Bayern / Kreis Kelheim
EW 12000
🛈 Tel (0 94 45) 9 57 50, Fax 95 75 33
Kurverwaltung
✉ 93333 Heiligenstädter Str. 3-5

Gögging, Bad (Heilbad 3 km ↗)

**** Vier Jahreszeiten
Kaiser-Augustus-Str. 36, Tel (0 94 45) 9 80,
Fax 9 88 88, ✉ 93333, ED VA
280 Zi, Ez: 189/95-245/123,
Dz: 239/120-311/156, 40 Suiten, ⊐ WC ⊘, Lift,
P, 🐾, 5⇔80, ≋, ≈, Fitnessraum, Sauna,
Solarium, Golf, Restaurant

**** Marc Aurel
Heiligenstädter Str. 36, Tel (0 94 45) 95 80,
Fax 95 84 44, ✉ 93333, AX DC ED VA
♪, 149 Zi, Ez: 150/75-175/88,
Dz: 210/105-250/125, 16 Suiten, ⊐ WC ⊘ DFÜ,
55 ⇐, Lift, P, 🐾, 9⇔150, ≋, ≈, Sauna,
Solarium, Restaurant
Außergewöhnliche Bäder - Erlebniswelt.

*** Eisvogel
An der Abens 20, Tel (0 94 45) 96 90,
Fax 84 75, ✉ 93333, AX DC ED VA
♪, 34 Zi, Ez: 85/42-140/70,
Dz: 140/70-200/100, ⊐ WC ⊘, Lift, P, 🐾,
4⇔100, ≋, Fitnessraum, Sauna, Solarium
Auch Zimmer der Kategorie ** vorhanden.
🍴 Hauptgericht 20/10-39/19, Biergarten,
geschl.: Mo mittags

Neustadt a. d. Saale, Bad 46 ↘

Bayern / Kreis Rhön-Grabfeld
EW 15700
🛈 Tel (0 97 71) 13 84, Fax 99 11 58
Kurverwaltung
✉ 97616 Löhriether Str. 2

** Schloßhotel Neuhaus
Kurhausstr. 37, Tel (0 97 71) 6 16 10,
Fax 25 33, ✉ 97616, AX DC ED VA
♪ ⚜, 13 Zi, Ez: 120/60-160/80,
Dz: 180/90-250/125, 4 Suiten, ⊐ WC ⊘, 2 ⇐,
Lift, P, 2⇔60, Sauna, Solarium
🍴🍴 Hauptgericht 27/13, Terrasse

** Residenz Minotel
An der Stadthalle 5, Tel (0 97 71) 90 10,
Fax 90 11 20, ✉ 97616, AX ED VA
30 Zi, Ez: 85/42-90/45, Dz: 145/73, ⊐ WC ⊘
DFÜ, 6 ⇐, P, 🐾, 6⇔200, Golf, Restaurant

* Da Rosario
Schweinfurter Str. 4, Tel (0 97 71) 22 31,
Fax 99 11 80, ✉ 97616, AX ED VA
22 Zi, Ez: 80/40-120/60, Dz: 120/60-185/93,
3 Suiten, ⊐ ⊘, 🐾, 2⇔120, Restaurant

* Schwan & Post
Hohnstr. 35, Tel (0 97 71) 9 10 70,
Fax 91 07 67, ✉ 97616, AX ED VA
32 Zi, Ez: 80/40-123/61, Dz: 120/60-160/80,
3 Suiten, ⊐ WC ⊘, 4 ⇐, P, 🐾, 5⇔180, Sauna,
Solarium, Restaurant

* Fränkischer Hof
Spörleinstr. 3, Tel (0 97 71) 6 10 70,
Fax 99 44 52, ✉ 97616, AX ED VA
11 Zi, Ez: 88/44-98/49, Dz: 138/69-158/79, ⊐
WC ⊘ DFÜ, 2 ⇐, P, Restaurant
Rezeption: 7-14.30, 17.30-24

* Stadthotel Geis
An der Stadthalle 6, Tel (0 97 71) 9 19 80,
Fax 91 98 50, ✉ 97616, AX ED VA
34 Zi, Ez: 45/22-80/40, Dz: 100/50-105/52, ⊐
WC ⊘ DFÜ, 14 ⇐, P, 🐾, 3⇔70, Golf,
Restaurant

* Zum goldenen Löwen
Hohnstr. 26, Tel (0 97 71) 6 15 20,
Fax 61 52 40, ✉ 97616, ED
29 Zi, Ez: 60/30-80/40, Dz: 110/55-130/65, ⊐
WC ⊘, P, 🐾

🍴 Hauptgericht 19/9, Terrasse,
geschl.: Mo

Neustadt a. d. Waldnaab 59 ←

Bayern
EW 6250
🛈 Tel (0 96 02) 94 34 25, Fax 94 34 66
Stadtverwaltung
✉ 92660 Stadtplatz 2

** Am Hofgarten
Knorrstr. 18, Tel (0 96 02) 92 10, Fax 85 48,
✉ 92660, AX DC ED VA

27 Zi, Ez: 85/42-90/45, Dz: 120/60-133/66, ⌐
WC ⊘, 2 ⌫, Lift, 🅿, 🏠, 1🕝30, Sauna,
Solarium

🍴🍴 Hauptgericht 20/10, geschl.: Sa, So

✱ **Flair Hotel Grader**
Freyung 39, Tel **(0 96 02) 9 41 80, Fax 28 42**,
✉ 92660, AX ED VA
44 Zi, Ez: 65/32-95/47, Dz: 100/50-120/60, ⌐
WC ⊘, 4 ⌫, Lift, 🅿, 🏠, 1🕝25, garni

Neustadt a.d. Weinstraße 54 ✓

Rheinland-Pfalz
EW 56000
🛈 Tel (0 63 21) 92 68 92, Fax 92 68 91
Tourist GmbH
✉ 67433 Hetzelplatz 1

Größte deutsche Weinbaugemeinde, hist. Altstadt..

✱✱ **Treff Page Kongreßhotel**
Exterstr. 2 (B 2), Tel **(0 63 21) 89 80**,
Fax **89 81 50**, ✉ 67433, AX DC ED VA, Ⓢ
116 Zi, Ez: 165/83-185/93,
Dz: 205/103-225/113, 7 Suiten, ⌐ WC ⊘, 36 ⌫,
Lift, 🏠, 6🕝170, Sauna, Solarium, Golf,
Restaurant

🍴🍴 **Brezel**
Rathausstr. 32, Tel **(0 63 21) 48 19 71**,
Fax **48 19 72**, ✉ 67433, ED
Hauptgericht 27/13-44/22, Terrasse, geschl.: Di,
Mi mittags, 2 Wochen im Sommer

Diedesfeld

🍴🍴🍴 **Beckers Gut**
Weinstr. 507 a, Tel **(0 63 21) 21 95, Fax 21 01**,
✉ 67434, AX DC ED VA
Hauptgericht 36/18-55/27, Terrasse, 🅿,
geschl.: Mo, Di

Haardt (2 km ↑)

✱ **Tenner Minotel**
Mandelring 216, Tel **(0 63 21) 96 60**,
Fax **96 61 00**, ✉ 67433, AX ED VA, Ⓢ
♪ ≈, 32 Zi, Ez: 120/60-140/70,
Dz: 160/80-190/95, ⌐ WC ⊘, 🅿, 🏠, 1🕝25, ≋,
Sauna, Solarium, garni
Auch Zimmer der Kategorie ✱✱ vorhanden.

Neustadt am Rübenberge 25→

Niedersachsen / Kreis Hannover
EW 43000
🛈 Tel (0 50 36) 9 21 21, Fax 9 21 23
VerkehrsvereinTourist-Info Neustädter Land
✉ 31535 Aloys-Bunge-Platz

✱ **Neustädter Hof**
Königsberger Str. 43, Tel **(0 50 32) 20 44**,
Fax **6 30 00**, ✉ 31535, AX DC ED VA
28 Zi, Ez: 98/49-120/80, Dz: 155/78-185/93,
2 Suiten, ⌐ WC ⊘, 14 ⌫, Lift, 🅿, 1🕝50, garni

✱ **Scheve**
Marktstr. 21, Tel **(0 50 32) 9 51 60**,
Fax **95 16 95**, ✉ 31535, AX ED VA
27 Zi, Ez: 95/47-160/80, Dz: 160/80, 1 Suite, ⌐
WC ⊘, Lift, 🅿, 1🕝110, Kegeln, Restaurant

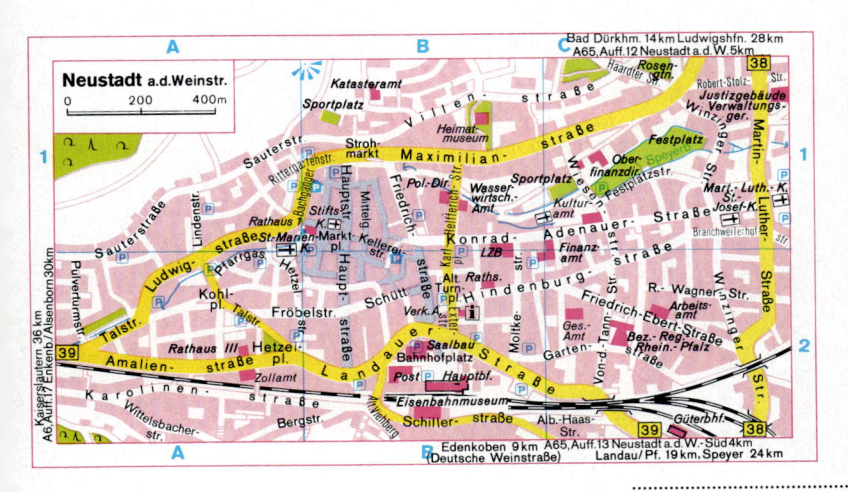

Neustadt am Rübenberge

✱ City-Hotel Brunnenhof

Wallstr. 1, Tel (0 50 32) 9 81 70, Fax 98 17 98,
✉ 31535, AX DC ED VA
12 Zi, Ez: 99/49-199/100, Dz: 149/75-299/150,
1 App, ⌐ WC ⌀, 6 ⇆, Lift, 1⟲20, Restaurant
Denkmalgeschütztes renoviertes Fachwerk von 1854, ehemaliges Auktionshaus.

Neustadt b. Coburg 48 ✓

Bayern
EW 16800
ℹ Tel (0 95 68) 8 11 33, Fax 8 11 38
Tourist-Information
✉ 96465 Georg-Langbein-Str 1

Fürth am Berg (7 km ↘)

✱ Grenzgasthof

Allee 37, Tel (0 95 68) 9 42 80, Fax 94 28 99,
✉ 96465, ED VA
↻ 65 Zi, Ez: 75/37-95/47, Dz: 120/60, 1 App,
⌐ WC ⌀, Lift, P, 🏠, 2⟲150, Sauna, Solarium,
Restaurant
Auch einfachere Zimmer vorhanden.

Wellmersdorf (5 km ↓)

✱ Heidehof

Wellmersdorfer Str. 50, Tel (0 95 68) 21 55,
Fax 40 42, ✉ 96465, ED VA
↻ ⚐, 42 Zi, Ez: 72/36-79/39, Dz: 110/55-130/65,
⌐ WC ⌀, 2 ⇆, P, 🏠, 3⟲50, Restaurant

Neustadt (Dosse) 28 ↗

Brandenburg
Kreis Ostprignitz-Ruppin
EW 3460
ℹ Tel (03 39 70) 9 52 12, Fax 1 34 45
Gemeindeverwaltung
✉ 16845 Bahnhofstr. 6

✱ Parkhotel St. Georg

Prinz-v-Homburg-Str. 35, Tel (03 39 70) 9 70,
Fax 97 40, ✉ 16845, AX DC ED VA
16 Zi, Ez: 95/47-109/54, Dz: 139/70-149/75, ⌐
WC ⌀, P, 1⟲25, Sauna, Solarium, Restaurant

Neustadt (Harz) 37 □

Thüringen / Kreis Nordhausen
EW 1313
ℹ Tel (03 63 31) 3 20 33, Fax 3 20 35
Südharztouristik e. V.
✉ 99768 Neanderplatz 6a

✱✱ Neustädter Hof

Burgstr. 17, Tel (03 63 31) 90 90, Fax 90 91 00,
✉ 99762, AX DC ED VA
↻, 46 Zi, Ez: 98/49-165/83, Dz: 135/67-165/83,
1 Suite, 20 App, ⌐ WC ⌀ DFÜ, Lift, P, 🏠,
3⟲40, Sauna, Solarium
🍴 Hauptgericht 24/12-30/15, Terrasse

Neustadt in Holstein 11 ✓

Schleswig-Holstein
Kreis Ostholstein
EW 15000
ℹ Tel (0 45 61) 70 11, Fax 70 13
Kurverwaltung
✉ 23730 Dünenweg 7

Pelzerhaken (5 km ↘)

✱✱ Ringhotel Seehotel Eichenhain

Tel (0 45 61) 5 37 30, Fax 53 73 73, ✉ 23730,
AX ED VA, Ⓢ
↻ ⚐, 21 Zi, Ez: 125/62-170/85,
Dz: 160/80-230/115, 1 Suite, 9 App, ⌐ WC ⌀
DFÜ, P, 1⟲40, ≋, ⌂
geschl.: 10-28.11.00, 10.1.-15.2.01
🍴🍴 Hauptgericht 28/14, Terrasse,
geschl.: 10-28.11.00, 10.1.-15.2.01

✱ Eos

Pelzerhakener Str. 43, Tel (0 45 61) 72 16,
Fax 79 71, ✉ 23730, AX ED VA
18 Zi, Ez: 65/32-100/50, Dz: 120/60-170/85,
7 App, ⌐ WC ⌀, 3 ⇆, P, Sauna, Restaurant
geschl.: 15-30.11.00, 15.1.-15.2.01

Neustadt in Sachsen 51 ↗

Sachsen / Kreis Sächsische Schweiz
EW 11500
ℹ Tel (0 35 96) 60 47 86, Fax 58 75 56
Tourismus-Servicezentrum
✉ 01844 Johann-Sebastian-Bach-Str 15

✱ Parkhotel Neustadt

Johann-Sebastian-Bach-Str. 20,
Tel (0 35 96) 56 20, Fax 56 25 00, ✉ 01844, AX
ED VA
52 Zi, Ez: 99/49-148/74, Dz: 138/69-178/89, ⌐
WC ⌀ DFÜ, 20 ⇆, Lift, P, 4⟲400, ≋, ⌂,

Fitnessraum, Bowling, Sauna, Solarium, Restaurant
Auch Zimmer der Kategorie ✶✶ vorhanden.

Neustadt (Orla) 48 ↗

Thüringen / Saale-Orla-Kreis
EW 10000
🛈 Tel (03 64 81) 8 51 21, Fax 8 51 04
Fremdenverkehrsamt
✉ 07806 Markt 1

Sehenswert: Stadtkirche; histor. Fleischbänke; spätgotisches Rathaus; Postmeilensäulen; Bürgerhäuser.

✶✶ Ringhotel Schlossberg
Ernst-Thälmann-Str. 62, Tel (03 64 81) 6 60, Fax 6 61 00, ✉ 07806, AX DC ED VA, Ⓢ
31 Zi, Ez: 90/45-115/57, Dz: 140/70-175/88, 2 Suiten, ⊣ WC ⌀, 12 ⇌, Lift, P, 3↻60
Auch Zimmer der Kategorie ✶ vorhanden.
🍴🍴 Hauptgericht 24/12 ✢

✶ Stadt Neustadt
Ernst-Thälmann-Str. 1, Tel (03 64 81) 2 27 49, Fax 2 39 29, ✉ 07806, AX ED VA
24 Zi, Ez: 60/30-90/45, Dz: 100/50-120/60, ⊣ WC ⌀, P, 2↻60, Sauna, Restaurant

Neustadt-Glewe 20 ←

Mecklenburg-Vorpommern
Kreis Ludwigslust
EW 7600
🛈 Tel (03 87 57) 50 00, Fax 5 00 12
Stadtinformation
✉ 19306 Markt 1

✶✶✶ Grand Hotel Mercure Schloß Neustadt-Glewe
Schloßfreiheit 1, Tel (03 87 57) 53 20, Fax 5 32 99, ✉ 19306, AX DC ED VA
🎇, 42 Zi, Ez: 125/62-165/83, Dz: 190/95-230/115, 9 Suiten, ⊣ WC ⌀, 3 ⇌, Lift, P, 3↻100, Sauna, Restaurant
Herzögliches Barockschloß von 1717, 1600 qm Deckenstukkaturen in Zimmern und Sälen.

✶ Merten
Lindenweg 1, Tel (03 87 57) 52 70, ✉ 19306, AX DC ED VA
15 Zi, Ez: 65/32, Dz: 130/65, ⊣ WC ⌀, P, 2↻50, Kegeln, Restaurant

Neustrelitz 21 □

Mecklenburg-Vorpommern
Kreis Mecklenburg-Strelitz
EW 24000
🛈 Tel (0 39 81) 25 31 19, Fax 20 54 43
Stadtinformation
✉ 17235 Markt 1

✶✶ Park Hotel Fasanerie
Karbe-Wagner-Str. 59, Tel (0 39 81) 4 89 00, Fax 44 35 53, ✉ 17235, AX DC ED VA
♪ ✦, 68 Zi, Ez: 95/47-130/65, Dz: 135/67-160/80, 1 App, ⊣ WC ⌀ DFÜ, 5 ⇌, Lift, P, 6↻100, Sauna, Restaurant

✶✶ Kiefernheide
Lessingstr. 70, Tel (0 39 81) 47 70, Fax 47 72 99, ✉ 17235, AX DC ED VA
53 Zi, Ez: 85/42-99/49, Dz: 120/60-150/75, 26 ⇌, Lift, P, 2↻100, Kegeln, Sauna, Solarium, Restaurant

✶ Schlossgarten
Tiergartenstr. 15, Tel (0 39 81) 2 45 00, Fax 24 50 50, ✉ 17235, AX ED VA
♪, 24 Zi, Ez: 94/47-104/52, Dz: 125/62-159/80, ⊣ WC ⌀, 9 ⇌, P, 🏠, Restaurant
Auch Zimmer der Kategorie ✶✶ vorhanden.

✶ Pinus
Ernst-Moritz-Arndt-Str. 55, Tel (0 39 81) 44 53 50, Fax 44 53 52, ✉ 17235, AX DC ED VA
23 Zi, Ez: 72/36-90/45, Dz: 108/54-120/60, ⊣ WC ⌀, 10 ⇌, Lift, P, 1↻25, garni

✶ Haegert
Zierkerstr. 44, Tel (0 39 81) 20 03 05, Fax 20 31 57, ✉ 17235, AX ED VA
22 Zi, Ez: 80/40-85/42, Dz: 99/49-120/60, 2 App, ⊣ WC ⌀, 6 ⇌, P, 🏠, Restaurant

Prälank (7 km ←)

✶ Café Prälank
Prälank 4, Tel (0 39 81) 20 09 10, Fax 20 32 85, ✉ 17235, AX ED VA
einzeln, 18 Zi, Ez: 85/42-90/45, Dz: 130/65, 2 Suiten, ⊣ WC ⌀, P, 1↻100, Sauna, Solarium, Restaurant

Neutraubling 65

Bayern / Kreis Regensburg (Land)
EW 12710
🛈 Tel (0 94 01) 80 00, Fax 8 00 66
Stadtverwaltung
✉ 93073 Regensburger Str. 9

✱✱ Gasthof am See
Teichstr. 6, Tel (0 94 01) 94 60, Fax 94 62 22,
✉ 93073, AX ED VA
40 Zi, Ez: 99/49-165/83, Dz: 150/75-215/108,
⌐ WC ⊘ DFÜ, 22 ⇌, Lift, P, ≋, 4↺100
🍴🍴 Hauptgericht 18/9-38/19, Terrasse,
geschl.: Mo, 3 Wochen im Aug

Neuweier siehe Baden-Baden

Neuweilnau siehe Weilrod

Neuwied 43

Rheinland-Pfalz
EW 70000
🛈 Tel (0 26 31) 80 22 60, Fax 80 28 01
Tourismusbüro
✉ 56564 Engerser Landstr. 284

✱ Stadthotel
Pfarrstr. 1 a, Tel (0 26 31) 2 21 96, Fax 2 13 35,
✉ 56564, AX DC ED VA
19 Zi, Ez: 105/52-135/67, Dz: 165/83-180/90,
⌐ WC ⊘, Lift, ≋, 1↺30, Golf, garni

✱ Stadtpark-Hotel
Heddesdorfer Str. 84, Tel (0 26 31) 3 23 33,
Fax 3 23 32, ✉ 56564, AX DC ED VA
10 Zi, Ez: 100/50-105/52, Dz: 140/70-155/78, ⌐
WC ⊘
geschl.: 22.12.00-8.1.01

Engers (6 km →)

✱ Euro Hotel Fink
Werner-Egk-Str. 2, Tel (0 26 22) 92 80,
Fax 8 36 78, ✉ 56566
65 Zi, Ez: 55/27-85/42, Dz: 100/50-150/75, ⌐
WC
geschl.: Fr

Neuzelle 31

Brandenburg / Landkreis Oder-Spree
EW 2000
🛈 Tel (03 36 52) 61 02, Fax 80 77
Tourismus-Information
✉ 15898 Stiftsplatz 7

✱ Prinz Albrecht
Frankfurter Str. 34, Tel (03 36 52) 8 13 22,
Fax 8 13 25, ✉ 15898, ED VA
17 Zi, Ez: 109/54-139/70, Dz: 139/70-199/100,
⌐ WC ⊘ DFÜ, 17 ⇌, P, 1↺40, Restaurant
geschl.: 24-25.12.00, 1.1.01-

Nidda 45

Hessen / Wetteraukreis
EW 19300
🛈 Tel (0 60 43) 96 33 33, Fax 27 63
Verkehrsamt
✉ 63667 Kurstr. 7

Brauereigasthof Zur Traube
Markt 21, Tel (0 60 43) 40 47 00, Fax 40 47 10,
✉ 63667
Hauptgericht 12/6-28/14
✱ AX DC ED VA, 17 Zi, Ez: 90/45-110/55,
Dz: 130/65-150/75, ⌐ WC ⊘, 10 ⇌, 3↺100

Geiß-Nidda (2 km ✓)

🛏 Gottmann
Bergwerksring 9, Tel (0 60 43) 4 04 90,
Fax 40 49 10, ✉ 63667, ED VA
8 Zi, Ez: 65/32-70/35, Dz: 120/60-130/65, ⌐
WC ⊘, P, Solarium, Restaurant

Salzhausen, Bad (Heilbad, 2 km ←)

✱✱✱ Jäger ♛
Kurstr. 9-13, Tel (0 60 43) 40 20, Fax 40 21 00,
✉ 63667, AX DC ED VA
♪, 29 Zi, Ez: 120/60-200/100,
Dz: 200/100-280/141, ⌐ WC ⊘, Lift, P, ≋,
3↺40, Fitnessraum, Sauna, Solarium
🍴🍴🍴 Hauptgericht 35/17-45/22, Terrasse

Nidderau 45

Hessen / Main-Kinzig-Kreis
EW 19580
🛈 Tel (0 61 87) 29 90, Fax 29 91 01
Stadtverwaltung
✉ 61130 Am Steinweg 1

Heldenbergen

✱ Adler
Windecker Str. 2, Tel (0 61 87) 92 70,
Fax 92 72 23, ✉ 61130, ED
33 Zi, Ez: 70/35-90/45, Dz: 120/60-150/75, ⌐
WC ⊘, P, Restaurant
geschl.: 27.12.00-10.1.01
Auch einfachere Zimmer vorhanden.

Nideggen 42 ↗

Nordrhein-Westfalen / Kreis Düren
EW 10240
🛈 Tel (0 24 27) 80 90, Fax 8 09 47
Verkehrsamt
✉ 52385 Zülpicher Str. 1

✱ Ratskeller
Markt 1, Tel (0 24 27) 9 45 40, Fax 94 54 54,
✉ 52385, AX DC ED VA
11 Zi, Ez: 95/47, Dz: 140/70, ⇥ WC ✆ DFÜ, 🅿
geschl.: Di

✱✱ Stich's Restaurant Zur Linde
Markt 3, Tel 17 51
Hauptgericht 34/17, geschl.: Mi, Do, 3.-19.10.00

✱✱ Burggaststätte Burg Nideggen
Kirchgasse 10, Tel (0 24 27) 12 52, Fax 69 79,
✉ 52385, AX ED
Terrasse, 🅿, geschl.: Mo

Rath (2 km ↑)

✱ Gästehaus Thomé
Im Waldwinkel 25, Tel (0 24 27) 61 73,
Fax 88 17, ✉ 52385
♪, 10 Zi, Ez: 70/35, Dz: 125/62, ⇥ WC ✆, 2 ⛌,
🅿, 🏠, Solarium, garni

Niebüll 9 ↖

Schleswig-Holstein
Kreis Nordfriesland
EW 7500
🛈 Tel (0 46 61) 94 10 15, Fax 85 95
Fremdenverkehrsverein
✉ 25899 Hauptstr. 44

🛏 Insel-Pension
Gotteskoogstr. 4, Tel (0 46 61) 21 45,
Fax 94 20 30, ✉ 25899, ED VA
9 Zi, Ez: 80/40-85/42, Dz: 110/55-115/57, ⇥
WC ✆, 🅿, 🏠, garni

Nieder-Olm 54 ↖

Rheinland-Pfalz
Kreis Mainz-Bingen
EW 6700
🛈 Tel (0 61 36) 6 90, Fax 6 92 10
Verbandsgemeindeverwaltung
✉ 55268 Pariser Str. 110

✱✱ Dietrich
Maler-Metten-Weg 20, Tel (0 61 36) 50 85,
Fax 38 87, ✉ 55268, DC ED VA
♪, 29 Zi, Ez: 140/70, Dz: 170/85, 1 App, ⇥ WC
✆, Lift, 🅿, 🏠, 2⇌25, 🏠, Sauna, Solarium,
garni
Auch Zimmer der Kategorie ✱ vorhanden.

✱ CB Hotel Becker
Backhausstr. 12, Tel (0 61 36) 75 55,
Fax 75 00, ✉ 55268, AX ED VA
12 Zi, Ez: 99/49-125/62, Dz: 147/74-165/83, ⇥
WC ✆, 🅿, Restaurant

Niederaula 46 ↖

Hessen / Kreis Hersfeld-Rotenburg
EW 6050
🛈 Tel (0 66 25) 9 20 30, Fax 92 03 22
Gemeindeverwaltung Niederaula
✉ 36272 Bahnhofstr. 34

✱✱ Schlitzer Hof
Hauptstr. 1, Tel (0 66 25) 33 41, Fax 33 55,
✉ 36272, ED VA
🍽, Hauptgericht 25/12-38/19, 🅿, geschl.: Di
🛏 9 Zi, Ez: 68/34-95/47, Dz: 120/60-145/73,
⇥ WC ✆, 🏠

Niederdorfelden 45 ✓

Hessen / Main-Kinzig-Kreis
EW 3000
🛈 Tel (0 61 01) 5 35 30, Fax 53 53 30
Gemeindeverwaltung
✉ 61138 Burgstr. 5

✱ Schott
Hainstr. 19, Tel (0 61 01) 53 66 60,
Fax 5 36 66 77, ✉ 61138, ED VA
♪, 10 Zi, Ez: 90/45-95/47, Dz: 140/70-150/75,
⇥ WC ✆, 4 ⛌, 🅿, garni
geschl.: 23.12.00-7.1.01

Niederelfringhausen siehe Hattingen

Niederfinow 31 ↖

Brandenburg / Kreis Eberswalde
EW 704
🛈 Tel (03 33 62) 2 53, Fax 2 53
Gemeindeverwaltung
✉ 16248 F.-Böhme-Str 43

✱ Am Schiffshebewerk
Hebewerkstr. 43, Tel (03 33 62) 7 00 99,
Fax 2 09, ✉ 16248
20 Zi, Ez: 70/35-95/47, Dz: 110/55-125/62, ⇥
WC ✆, 🏠, 1⇌26, Kegeln, Restaurant

Niederfischbach 44 ↖

Rheinland-Pfalz
Kreis Altenkirchen
EW 4800
ℹ Tel (0 27 34) 54 83, Fax 5 57 34
Gemeindeverwaltung
✉ 57572 Hahnseifstr. 6

Fischbacherhütte (1 km ↙)

✶✶ Landhotel Bähner Landidyll
Konrad-Adenauer-Str. 26, Tel (0 27 34) 57 90,
Fax 57 93 99, ✉ 57572, AX DC ED VA
☾ ⚥, 37 Zi, Ez: 135/67-150/75,
Dz: 180/90-250/125, 2 Suiten, ⇾ WC ⓒ DFÜ,
20 ⇐, 🅿, 3⇨80, 🞄, Kegeln, Sauna, Solarium

🍴🍴 Giebelwald
Hauptgericht 18/9-39/19

Niederfrohna 50 ↖

Sachsen
Kreis Glauchau-Chemnitzer Land
EW 2600
ℹ Tel (0 37 22) 9 22 45, Fax 8 71 01
Gemeindeverwaltung
✉ 09243 Obere Hauptstr. 20

🛏 Fichtigsthal
Limbacher Str. 40, Tel (0 37 22) 61 16,
Fax 61 18, ✉ 09243, ED VA
16 Zi, Ez: 50/25-60/30, Dz: 80/40-90/45, ⇾ WC
ⓒ, 🅿, garni

Niederkassel 43 ↖

Nordrhein-Westfalen
Rhein-Sieg-Kreis
EW 33700
ℹ Tel (0 22 08) 9 46 62 04, Fax 94 66 29
Stadtverwaltung
✉ 53859 Rathausstr. 19

Rheidt

🍴🍴 Wagner's Restaurant 🞄
Marktstr. 11, Tel (0 22 08) 7 27 00,
Fax 7 31 27, ✉ 53859
Hauptgericht 41/20-49/24, Terrasse, 🅿,
geschl.: Di, Sa mittags, 2 Wochen über Karneval

Uckendorf (2 km →)

✶✶✶ Clostermanns Hof
Heerstr., Tel (0 22 08) 9 48 00, Fax 9 48 01 00,
✉ 53859, AX DC ED VA
☾, 66 Zi, Ez: 160/80-420/211,
Dz: 200/100-480/241, 3 Suiten, ⇾ WC ⓒ, 11 ⇐,
Lift, 🅿, 6⇨120, Fitnessraum, Sauna, Solarium,
Golf, Restaurant
geschl.: 22.12.00-6.1.01

Niederkrüchten 32 ↙

Nordrhein-Westfalen
Kreis Viersen
EW 13300
ℹ Tel (0 21 63) 98 01 05, Fax 98 01 11
Gemeindeverwaltung
✉ 41372 Laurentiusstr. 19

Brempt (1 km ↑)

🍴🍴 Kupferpfanne ✚
Wiesenstr. 29, Tel (0 21 63) 8 04 28,
Fax 89 84 43, ✉ 41372, AX DC ED VA
Hauptgericht 33/16-40/20, Terrasse, 🅿,
geschl.: Mi

🛏 Pension Haus Andrea
Kahrstr. 24, Tel (0 21 63) 8 20 87, Fax 8 31 25,
✉ 41372
10 Zi, Ez: 60/30-75/37, Dz: 110/55-120/60,
5 App, ⇾ WC ⓒ, 🅿, 🞄, garni

Overhetfeld (5 km ↖)

🍽 Zur Kapelle an der Heide
An der Heiden 1-3, Tel (0 21 63) 8 32 62,
Fax 8 25 20, ✉ 41372, DC ED VA
Hauptgericht 25/12, Kegeln, 🅿

🛏 Haus Hildegard
10 Zi, Ez: 55/27-70/35, Dz: 120/60-125/62, ⇾
WC ⓒ
geschl.: Do

Venekoten (3 km ↖)

✶ Venekotensee
Venekotenweg 4, Tel (0 21 63) 98 33 00,
Fax 9 83 30 77, ✉ 41372, ED VA
☾, 12 Zi, Ez: 119/59-198/99,
Dz: 159/80-229/115, 7 App, ⇾ WC ⓒ DFÜ, 4 ⇐,
🅿, 2⇨25, 6 Tennis, Restaurant
geschl.: Di

Niedernhall 55 ↘

Baden-Württemberg / Hohenlohekreis
EW 3772
ℹ Tel (0 79 40) 9 12 50, Fax 91 25 31
Bürgermeisteramt
✉ 74676 Hauptstr. 30

🍴🍴 Zum Rößle
Hauptstr. 12, Tel (0 79 40) 9 16 50,
Fax 91 65 50, ✉ 74676, AX ED VA

Hauptgericht 28/14, Terrasse, **P**, geschl.: So
✱ 16 Zi, Ez: 86/43-96/48,
Dz: 120/60-140/70, 1 Suite, 4 App, ⌐ WC ⊘,
6 ⇔, ⌂, 1⟳10

Niedernhausen 44 ↓

Hessen / Rheingau-Taunus-Kreis
EW 15900
i Tel (0 61 27) 90 31 24, Fax 90 31 88
Gemeindeverwaltung
✉ 65527 Wilrijkplatz

Niedernhausen-Außerhalb (2 km ↓)

✱✱ Micador Taunushotel
Zum grauen Stein 1, Tel (0 61 27) 90 10,
Fax 90 16 41, ✉ 65527, AX DC ED VA
einzeln ♪, 244 Zi, Ez: 175/88-230/115,
Dz: 230/115-295/148, 15 Suiten, 35 App, ⌐ WC
⊘, 40 ⇔, Lift, **P**, ⌂, 14⟳500, Sauna,
Solarium, Restaurant

Engenhahn (8 km ⤢)

✱ Wildpark-Hotel
Trompeterstr. 21, Tel (0 61 28) 97 40,
Fax 7 38 74, ✉ 65527, AX DC ED VA
♪, 39 Zi, Ez: 95/47-150/75,
Dz: 150/75-260/130, 3 Suiten, ⌐ WC ⊘, **P**, ⌂,
3⟳50, Sauna, Solarium, Restaurant
Zimmer der Kategorie ✱✱ vorhanden.

Niedernwöhren 25 □

Niedersachsen / Kreis Schaumburg
EW 1900
i Tel (0 57 21) 9 70 60, Fax 97 06 18
Gemeindeverwaltung
✉ 31712 Hauptstr. 46

🍴 Landhaus Heine
Brunnenstr. 17, Tel (0 57 21) 21 21,
Fax 92 25 39, ✉ 31712, DC ED VA
Hauptgericht 25/12-35/17, **P**, geschl.: Mo, Di

Niederstetten 56 ✓

Baden-Württemberg
Main-Tauber-Kreis
EW 5700
i Tel (0 79 32) 91 02 38, Fax 91 02 39
Informations- und Kulturamt
✉ 97996 Bahnhofstr. 15

Sehenswert: Jagdmuseum im Schloß Haltenbergstetten, Albert-Sammt-Zeppelin-Museum; Kelter- und Weinbaumuseum; Mörikestube; Alte Dorfschmiede und ein mittelalterl. Dorfarrest. Besonderheiten: größter freier Ferkelmarkt Deutschlands (montags 10-12 Uhr) auf dem Frickentalplatz.

✱✱ Krone Minotel
Marktplatz 3, Tel (0 79 32) 89 90, Fax 8 99 60,
✉ 97996, AX DC ED VA, Ⓢ
32 Zi, Ez: 90/45-110/55, Dz: 140/70-180/90, ⌐
WC ⊘, 6 ⇔, Lift, **P**, ⌂, 3⟳70, Sauna, Solarium

🍴 Gute Stube
Hauptgericht 14/7-35/17, Biergarten, Kegeln

Niederstotzingen 62 ↘

Baden-Württemberg
Kreis Heidenheim
EW 4840
i Tel (0 73 25) 10 20, Fax 1 02 36
Stadtverwaltung
✉ 89168 Im Städtle 26

✱ Zur Krone
Im Städtle 9, Tel (0 73 25) 50 61, Fax 50 65,
✉ 89168, ED VA
29 Zi, Ez: 72/36-85/42, Dz: 115/57-135/67, ⌐
WC ⊘, **P**, ⌂, 3⟳150, Restaurant

Oberstotzingen (2 km ←)

✱✱ Vila Vita Schloßhotel Oberstotzingen ♛
Stettener Str. 37, Tel (0 73 25) 10 30,
Fax 1 03 70, ✉ 89168, AX DC ED VA
♪ ⚜ ☺, 17 Zi, Ez: 220/110-240/120,
Dz: 310/156-325/163, 1 Suite, ⌐ WC ⊘, **P**,
4⟳80, Sauna, Solarium, Golf
geschl.: 17.12.00-14.1.01

🍴🍴🍴 Vogelherd
Hauptgericht 48/24-55/27, Terrasse,
geschl.: Mo, So, 17.12.00-15.1.01

🍴 Schloßschenke
Hauptgericht 20/10-35/17, geschl.: Mi,
19.12.00-14.1.01

Niederwinkling 65 ↗

Bayern / Kreis Straubing-Bogen
EW 2020
i Tel (0 99 62) 94 02 33, Fax 94 02 40
Verwaltungsgemeinschaft
✉ 94374 Hauptstr. 20

Welchenberg (2 km ↙)

🍴🍴 Landgasthof Buchner ✢
Freymannstr. 15, Tel (0 99 62) 7 30, Fax 24 30,
✉ 94559, ED
Hauptgericht 27/13-39/19, **P**, geschl.: Mo, Di,
1.-15.11.00

Niederwürschnitz 50 ←

Sachsen / Kreis Stollberg
EW 3500
☎ Tel (03 72 96) 52 30, Fax 5 23 60
Gemeindeverwaltung
✉ 09399 Stollberger Str. 2

✱ Weinhotel Vinum
Chemnitzer Str. 29, Tel (03 72 96) 1 51 26,
Fax 1 51 29, ✉ 09399, VA
13 Zi, Ez: 92/46-130/65, Dz: 124/62-195/98, ⊣
WC ⊘, 4 ⊱, P, 🛎, 1⊂⊃30, Restaurant

Niederwürzbach siehe Blieskastel

Niefern-Öschelbronn 61 ↖

Baden-Württemberg / Enzkreis
EW 11700
☎ Tel (0 72 33) 9 62 20, Fax 15 02
Bürgermeisteramt Niefern
✉ 75223 Friedenstr. 11

Niefern

✱✱ Ringhotel Krone
Schlosstr. 1, Tel (0 72 33) 70 70, Fax 7 07 99,
✉ 75223, AX DC ED VA
56 Zi, Ez: 98/49-190/95, Dz: 148/74-188/94,
1 Suite, 3 App, ⊣ WC ⊘, 15 ⊱, Lift, P, 🛎,
3⊂⊃48
geschl.: 27.12.00-8.1.01
Auch Zimmer der Kategorie ✱ vorhanden.

❙❙ Hauptgericht 22/11, Terrasse,
geschl.: Sa, 27.12.00-8.1.01

Niemegk 29 ↙

Brandenburg
Kreis Potsdam-Mittelmark
EW 2382
☎ Tel (03 38 48) 62 70
Gemeindeverwaltung
✉ 14823

Neuendorf

✱✱ Falken Hof
Zum Reiterhof 1, Tel (03 38 43) 64 50,
Fax 64 51 02, ✉ 14823
52 Zi, Ez: 90/45, Dz: 130/65-180/90, ⊣ WC ⊘,
Restaurant
Gestüt mit Reitanlagen, Dressurplatz,
Springplatz.

Nienburg 38 ↑

Sachsen-Anhalt / Kreis Bernburg
EW 4970
☎ Tel (03 47 21) 2 21 21
Gemeindeverwaltung
✉ 06429 Nienburger Str. 22

✱ Zum Löwen
Schlossstr. 7, Tel (03 47 21) 2 22 34,
Fax 2 28 51, ✉ 06429, AX DC ED VA
25 Zi, Ez: 95/47, Dz: 135/67, ⊣ WC ⊘ DFÜ,
4 ⊱, P, 1⊂⊃45, Restaurant
Rezeption: 6.30-23

Nienburg (Weser) 25 ↗

Niedersachsen / Kreis Nienburg
EW 33000
☎ Tel (0 50 21) 8 73 55, Fax 8 73 01
Touristbüro
✉ 31582 Lange Str. 18

Nienburg - Zentrum an der Mittelweser, 1000-
jährige historische Altstadt, reges Kulturleben,
Stadtführungen, Weserfahrten, Pauschalangebote.

✱✱ Weserschlößchen
Mühlenstr. 20, Tel (0 50 21) 6 20 81,
Fax 6 32 57, ✉ 31582, AX DC ED VA
♪ ⌘, 36 Zi, Ez: 120/60-185/93,
Dz: 155/78-230/115, 9 App, ⊣ WC ⊘ DFÜ,
15 ⊱, Lift, P, 🛎, 5⊂⊃450, Kegeln, Sauna

❙❙ Brückenrestaurant
⌘, Hauptgericht 20/10-25/12, Biergarten

✱ Am Posthof
Poststr. 2, Tel (0 50 21) 9 70 70, Fax 97 07 16,
✉ 31582, AX DC ED VA
10 Zi, Ez: 88/44-98/49, Dz: 130/65-150/75, ⊣
WC ⊘, 1⊂⊃50, garni

☕ Café Meinecke
Friedrich-Ludwig-Jahn-Str. 12,
Tel (0 50 21) 33 29, Fax 91 29 95, ✉ 31582
Terrasse
Spezialität: Nienburger Bärentatzen.

Nienstädt 25 □

Niedersachsen / Kreis Schaumburg
EW 4900
☎ Tel (0 57 24) 39 80, Fax 3 98 30
Gemeindeverwaltung
✉ 31688 Sülbecker Str. 8

Sülbeck (2 km ←)

✱ Sülbecker Krug
Mindener Str. 6, **Tel (0 57 24) 9 55 00**,
Fax 95 50 50, ✉ 31688, AX DC ED VA
♣, 12 Zi, Ez: 85/42, Dz: 130/65, ⌐ WC ⊘, 🅿, 🏠,
Golf
Rezeption: 7-15, 17-23
🍴🍴 Hauptgericht 29/14-42/21 🍷
geschl.: Sa mittags, So abends, Mo

✱ Berghotel Sülbeck
Bergstr. 4, **Tel (0 57 24) 82 32**, Fax 5 19 61,
✉ 31688, ED
10 Zi, Ez: 85/42, Dz: 130/65, 2 App, ⌐ WC ⊘,
🅿, Restaurant

Nierstein 54 ↑

Rheinland-Pfalz
Kreis Mainz-Bingen
EW 7430
ℹ Tel (0 61 33) 96 05 06, Fax 51 81
Verkehrsamt
✉ 55283 Bildstockstr. 10

✱✱✱ Wein & Parkhotel Nierstein
An der Kaiserlinde 1, **Tel (0 61 33) 50 80**,
Fax 50 83 33, ✉ 55283, AX DC ED VA
55 Zi, Ez: 210/105-275/138,
Dz: 275/138-350/176, ⌐ WC ⊘ DFÜ, 6 ⚲, Lift,
🅿, 🏠, 6⟲320, 🏊, Fitnessraum, Sauna,
Solarium, Golf

🍴🍴 Hauptgericht 25/12-46/23, Terrasse

✱✱ Villa Spiegelberg
Hinter Saal 21, **Tel (0 61 33) 51 45**,
Fax 5 74 32, ✉ 55283
☽ ♣, 12 Zi, Ez: 140/70, Dz: 190/95, 1 Suite, ⌐
WC ⊘ DFÜ, 3 ⚲, 🅿, 1⟲30, 🏊, Restaurant

Niestetal 36 ✓

Hessen / Kreis Kassel
EW 10200
ℹ Tel (05 61) 5 20 20, Fax 52 02 60
Gemeindeverwaltung
✉ 34266 Heiligenröder Str. 70

Heiligenrode

✱ Althans
Friedrich-Ebert-Str. 65, **Tel (05 61) 52 50 61**,
Fax 52 69 81, ✉ 34266, ED
22 Zi, Ez: 70/35-90/45, Dz: 110/55-150/75, ⌐
WC ⊘ DFÜ, 3 ⚲, 🅿, 🏠, garni
geschl.: Fr, 20.12.00-2.1.01

Niewitz 31 ✓

Brandenburg
Kreis Dahme-Spreewald
EW 379
ℹ Tel (03 54 74) 7 51
Gemeindeverwaltung
✉ 15910 Dorfstr. 11

Rickshausen (6 km →)

✱✱✱ Spreewald-Park-Hotel
Tel (03 54 74) 2 70, Fax 2 74 44, ✉ 15910, AX
DC ED VA
einzeln ☽, 93 Zi, Ez: 88/44-140/70,
Dz: 116/58-170/85, 5 Suiten, ⌐ WC ⊘, 8 ⚲,
Lift, 🅿, 8⟲320, Sauna, Restaurant

Nischwitz 39 □

Sachsen / Muldentalkreis
EW 900
ℹ Tel (0 34 25) 44 71
Gemeindeverwaltung
✉ 04808 Dorfstr. 37

✱ Zur Mühle
Eilenburger Str. 22 b, **Tel (0 34 25) 98 90**,
Fax 98 91 00, ✉ 04808, AX DC ED VA
52 Zi, Ez: 100/50-180/90, Dz: 130/65-180/90,
1 Suite, 1 App, ⌐ WC ⊘ DFÜ, 15 ⚲, Lift, 🅿,
7⟲150, Bowling, Sauna, Solarium, 5 Tennis

🍴 Wintergarten
Hauptgericht 20/10-35/17, Terrasse

Nittel 52 □

Rheinland-Pfalz
Kreis Trier-Saarburg
EW 1800
Heimat- und Verkehrsverein
✉ 54453 Uferstr. 4a

✱ Zum Mühlengarten
Uferstr. 5, Tel **(0 65 84) 9 14 20**, Fax **91 42 42**,
✉ 54453, AX ED VA
⌀, 24 Zi, Ez: 60/30-75/37, Dz: 90/45-100/50, ⌐
WC ✆, P, 2⌂80, Sauna, Solarium, Restaurant
geschl.: Mo, 15.1.-15.2.01

Nittenau 65 ↖

Bayern / Kreis Schwandorf
EW 8700
🛈 Tel **(0 94 36) 90 27 33**, Fax **90 27 32**
Touristikbüro
✉ 93149 Hauptstr. 14

✱✱ Aumüller
Brucker Str. 7, Tel **(0 94 36) 5 34**, Fax **24 33**,
✉ 93149, AX DC ED VA
♪, 40 Zi, Ez: 75/37-120/60, Dz: 120/60-170/85,
⌐ WC ✆, 6 ♿, P, 🍴, 3⌂100
🍴🍴🍴 Hauptgericht 32/16, Terrasse

Nördlingen im Ries 63 ←

Bayern / Kreis Donau-Ries
EW 20800
🛈 Tel **(0 90 81) 43 80**, Fax **8 41 13**
Verkehrsamt
✉ 86720 Marktplatz 2

Nördlingen

✱✱ Klösterle
Beim Klösterle 1 (B 1), Tel **(0 90 81) 8 70 80**,
Fax **8 70 81 00**, ✉ 86720, AX DC ED VA, Ⓢ
98 Zi, Ez: 143/72-213/107, Dz: 166/83-256/128,
⌐ WC ✆, 10 ♿, Lift, 🍴, 8⌂500, Sauna,
Solarium
🍴🍴 Hauptgericht 30/15

✱ Am Ring
Bürgermeister-Reiger-Str. 14 (C 2),
Tel **(0 90 81) 40 28**, Fax **2 31 70**, ✉ 86720,
AX DC ED VA
39 Zi, Ez: 85/42-105/52, Dz: 120/60-180/90, ⌐
WC ✆, 5 ♿, Lift, P, 🍴, 4⌂40
🍴 Hauptgericht 25/12, Terrasse,
geschl.: So abends

✱ Goldene Rose
Baldinger Str. 42 (A 1), Tel **(0 90 81) 8 60 19**,
Fax **2 45 91**, ✉ 86720, AX ED VA
16 Zi, Ez: 65/32-80/40, Dz: 100/50-120/60,
1 App, ⌐ WC ✆, P, garni

🍴🍴 Meyer's Keller
Marienhöhe 8, Tel **(0 90 81) 44 93**,
Fax **2 49 31**, ✉ 86720, AX ED VA
Hauptgericht 30/15-49/24, Biergarten, P,
geschl.: Mo

☕ Café Altreuter
Marktplatz 11, Tel **(0 90 81) 43 19**, Fax **97 97**,
✉ 86720, AX
Terrasse, 🛏

Nörten-Hardenberg 36 □

Niedersachsen / Kreis Northeim
EW 8620
🛈 Tel **(0 55 03) 80 81 33**, Fax **80 81 88**
Gemeindeverwaltung
✉ 37176 Burgstr. 2

✱✱✱ Burghotel Hardenberg
Im Hinterhaus 11a, Tel **(0 55 03) 98 10**,
Fax **98 16 66**, ✉ 37176, AX DC ED VA
einzeln ♪, 44 Zi, Ez: 160/80-220/110,
Dz: 240/120-300/151, 1 Suite, ⌐ WC ✆ DFÜ,
13 ♿, Lift, P, 🍴, 7⌂120, Fitnessraum, Sauna,
Solarium, Golf

🍴🍴🍴 Novalis 🍷
Hauptgericht 42/21-46/23, Terrasse, geschl.: Mo,
So

🍴🍴 Keilerschänke
Hauptgericht 9/4-33/16, Terrasse, geschl.: Di, Mi

Nohfelden 53 ←

Saarland / Kreis St. Wendel
EW 11500
🛈 Tel **(0 68 52) 88 52 51**, Fax **80 22 39**
Kultur- und Verkehrsamt
✉ 66625 An der Burg

Nonnenhorn

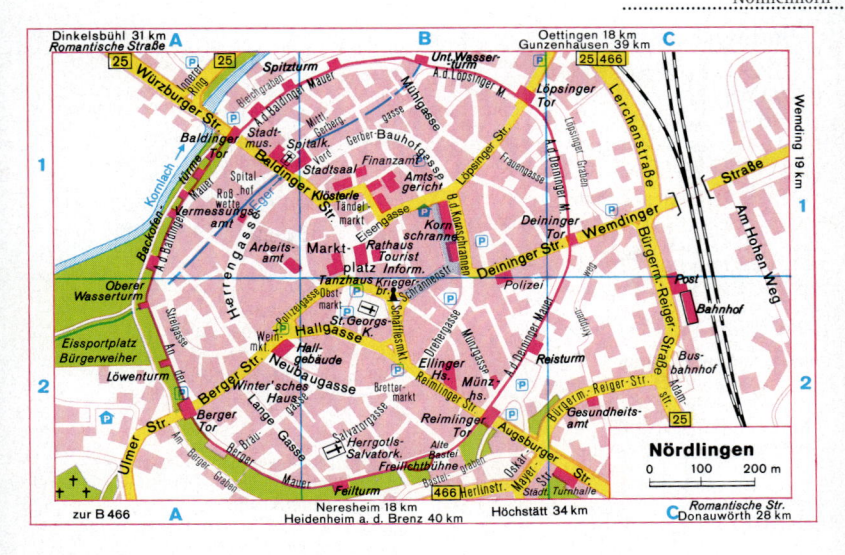

Map of Nördlingen with scale 0–100–200 m. Surrounding distances: Dinkelsbühl 31 km, Romantische Straße, Oettingen 18 km, Gunzenhausen 39 km, Wending 19 km, zur B 466, Neresheim 18 km, Heidenheim a. d. Brenz 40 km, Höchstätt 34 km, Romantische Str., Donauwörth 28 km.

Bosen (7 km ✓)

★★ Ringhotel Seehotel Weingärtner
Bostalstr. 12, Tel (0 68 52) 88 90, Fax 8 16 51,
✉ 66625, AX DC ED VA, Ⓢ
♪ ⓢ, 99 Zi, Ez: 99/49–188/94, Dz: 174/87–274/138,
⌐ WC ⓒ, Lift, 🅿, 🚗, 8⟳120, 🏠, Kegeln,
Sauna, Solarium
Auch Zimmer der Kategorien ★ und ★★★ vorhanden.
🍴🍴 Hauptgericht 30/15, Terrasse

Neunkirchen (7,5 km ✓)

★ Landhaus Mörsdorf
Nahestr. 27, Tel (0 68 52) 9 01 20,
Fax 90 12 90, ✉ 66625, AX DC ED VA
17 Zi, Ez: 87/43, Dz: 120/60, ⌐ WC ⓒ, 🅿, 🚗,
2⟳40, Restaurant

Nonnenhorn 69 ↓

Bayern / Kreis Lindau
EW 1500
🛈 Tel (0 83 82) 82 50, Fax 8 90 76
Verkehrsamt
✉ 88149 Seehalde 2

★★ Seewirt
Seestr. 15, Tel (0 83 82) 98 85 00, Fax 8 93 33,
✉ 88149, ED VA
♪ ⓢ, 30 Zi, Ez: 88/44–160/80,
Dz: 160/80–245/123, ⌐ WC ⓒ, Lift, 🅿, 🚗,
Sauna, Solarium
geschl.: 20.11.00–4.2.01
Auch Zimmer der Kategorie ★ vorhanden.
🍴🍴 Hauptgericht 18/9–40/20,
geschl.: 20.11.00–9.2.01

★ Haus am See
Uferstr. 23, Tel (0 83 82) 98 85 10,
Fax 9 88 51 75, ✉ 88149
♪ ⓢ, 26 Zi, Ez: 85/42–100/50,
Dz: 159/80–206/103, ⌐ WC ⓒ, Restaurant
geschl.: Mi, 10.11.00–1.2.01
Auch Zimmer der Kategorie ★★ vorhanden.

★ Zum Torkel
Seehalde 14, Tel (0 83 82) 9 86 20,
Fax 98 62 62, ✉ 88149, AX DC ED VA
23 Zi, ⌐ WC ⓒ, 🅿, 🚗
Im Stammhaus einfachere Zimmer vorhanden.
🍴 Hauptgericht 20/10

🍴 Gasthof zur Kapelle
Kapellenplatz 3, Tel (0 83 82) 82 74,
Fax 8 91 81, ✉ 88149, ED VA
Hauptgericht 25/12–38/19, Gartenlokal, 🅿,
geschl.: 2.11.–15.12.00, 22.1.–28.2.01
★★ 17 Zi, Ez: 74/37–110/55,
Dz: 112/56–170/85, ⌐ WC ⓒ, 1⟳50

723

Nonnweiler 52 →

Saarland / Kreis Sankt Wendel
EW 9000
🛈 Tel (0 68 73) 66 00
Kur- und Verkehrsamt
✉ 66620 Trierer Str. 5

✱ Parkschenke Simon
Auensbach 68, Tel (0 68 73) 60 44, Fax 60 55,
✉ 66620, AX DC ED VA
17 Zi, Ez: 70/35-75/37, Dz: 120/60-135/67, ⌑
WC ⓒ, P, 🏠, 1🔄40, Restaurant

Sitzerath (4 km ←)

🍴🍴 Landgasthof ✜
Paulus & Der Laden
Prälat-Faber-Str. 42, Tel (0 68 73) 9 10 11,
Fax 9 11 91, ✉ 66620, VA
Hauptgericht 23/11-40/20, Terrasse, P,
geschl.: Mo, Di

Norddorf siehe Amrum

Norden 15 ↗

Niedersachsen / Kreis Aurich
EW 25000
🛈 Tel (0 49 31) 9 86 02, Fax 98 62 90
Kurverwaltung Norddeich
✉ 26506 Dörper Weg 22

✱ Reichshof
mit Gästehaus
Neuer Weg 53, Tel (0 49 31) 17 50,
Fax 1 75 75, ✉ 26506, AX DC ED VA
35 Zi, Ez: 80/40-120/60, Dz: 80/80-200/100,
3 Suiten, 1 App, ⌑ WC ⓒ, 2 ↳, Lift, P, 🏠,
4🔄350, Restaurant
Auch Zimmer der Kategorie ✱✱ vorhanden.

Norddeich (4 km ⤴)

✱✱ Apart Hotel
Norddeicher Str. 86, Tel (0 49 31) 95 78 00,
Fax 95 78 01, ✉ 26506, DC ED VA
43 Zi, Ez: 95/47-135/67, Dz: 145/73-185/93, ⌑
WC, 2 ↳, Lift, P, 🏠, 2🔄36, Fitnessraum,
Sauna, Solarium

✱✱ Regina Maris
Badestr. 7 c, Tel (0 49 31) 1 89 30,
Fax 18 93 75, ✉ 26506, AX ED VA
☾, 62 Zi, Ez: 100/50-210/105,
Dz: 160/80-270/135, 6 Suiten, ⌑ WC ⓒ, 8 ↳,
Lift, P, 5🔄350, 🏠, Sauna, Solarium,
Restaurant
geschl.: 3.1.-15.3.01

✱✱ Fährhaus
Hafenstr. 1, Tel (0 49 31) 9 88 77,
Fax 98 87 88, ✉ 26506, Ⓢ
✦, 40 Zi, Ez: 100/50-140/70,
Dz: 160/80-200/100, ⌑ WC ⓒ, 9 ↳, Lift,
P, 🏠, 🛁
geschl.: 3.11.-26.12.00
🍴 ED, ✦ geschl.: 3.11.-26.12.00

✱ Deichkrone
Muschelweg 21, Tel (0 49 31) 9 28 28 28,
Fax 9 28 28 88, ✉ 26506
☾, 30 Zi, 8 App, ⌑ WC ⓒ, P, 🏠, Sauna,
Solarium, Restaurant

✱ Apart Hotel Möwchen
Norddeicher Str. 56, Tel (0 49 31) 95 78 00,
Fax 95 78 01, ✉ 26506, AX DC ED VA
43 Zi, Ez: 75/37-135/67, Dz: 135/67-185/93, ⌑
WC, 2 ↳, Lift, P, 🏠, 2🔄60, Sauna, Solarium,
Restaurant

Nordenau siehe Schmallenberg

Nordenham 16 →

Niedersachsen / Kreis Wesermarsch
EW 29100
🛈 Tel (0 47 31) 9 36 40, Fax 93 64 46
Verkehrsverein Nordenham e.V.
✉ 26954 Poststr. 4

✱✱ Am Markt
Marktstr. 12, Tel (0 47 31) 9 37 20,
Fax 93 72 55, ✉ 26954, AX DC ED VA
39 Zi, Ez: 130/65, Dz: 190/95, 5 Suiten, ⌑ WC
ⓒ DFÜ, 26 ↳, Lift, 🏠, 3🔄80, Sauna, Solarium

🍴 Wikinger
Hauptgericht 30/15-45/22, P

Abbehausen (8 km ✓)

✱ Butjadinger Tor
Butjadinger Str. 67, Tel (0 47 31) 9 38 80,
Fax 93 88 88, ✉ 26954, AX DC ED VA

27 Zi, Ez: 85/42, Dz: 120/60, ⌐ WC ✆, ℗,
1⟲80, Kegeln, Restaurant

Norderney 15 ↑
Niedersachsen / Kreis Aurich
EW 6500
🛈 Tel (0 49 32) 9 18 50, Fax 8 24 94
Verkehrsbüro
✉ 26548 Bülowallee 5

** Strandhotel an der Georgshöhe
Kaiserstr. 24, Tel (0 49 32) 89 80,
Fax 89 82 00, ✉ 26548
♪ ⚡, 79 Zi, Ez: 57/28-165/83,
Dz: 142/71-330/166, 11 Suiten, 13 App, ⌐ WC
✆ DFÜ, Lift, ℗, ≋, ⌂, Sauna, Solarium,
7 Tennis, Restaurant
geschl.: 4.-25.12.00, 8.1.-18.2.01

** Villa Ney ♛
Gartenstr. 59, Tel (0 49 32) 91 70, Fax 9 17 31,
✉ 26548, AX DC ED VA
♪, 4 Zi, Ez: 160/80-250/125,
Dz: 260/130-380/191, 10 Suiten, ⌐ WC ✆ DFÜ,
Lift, Fitnessraum, Sauna, Solarium, Golf,
Restaurant
geschl.: 1.-15.12.00, 15.1.-1.2.01

** Haus am Meer
Kaiserstr. 3, Tel (0 49 32) 89 30, Fax 36 73,
✉ 26548, ED
♪ ⚡, 23 Zi, Ez: 90/45-214/107,
Dz: 185/93-298/150, 10 Suiten, 15 App, ⌐ WC
✆, Lift, ℗, ≋, ⌂, Sauna, Solarium, Golf, garni

** Belvedere am Meer
Viktoriastr. 13 / Ecke str.andstr.,
Tel (0 49 32) 9 23 90, Fax 8 35 90, ✉ 26548
10 Zi, Ez: 145/73-230/115,
Dz: 245/123-310/156, 2 Suiten, 9 App, ⌐ WC
✆, 2 ⚭, Lift, ℗, ≋, ⌂, Sauna, garni
geschl.: 25.10.00-1.4.01
Denkmalgeschützte Villa von 1870 im Tudorstil.

** Ennen
Luisenstr. 16, Tel (0 49 32) 91 50, Fax 8 21 10,
✉ 26548
61 Zi, Ez: 120/60, Dz: 190/95-250/125, ⌐ WC
✆, Lift, Sauna, Solarium, Restaurant
Auch Zimmer der Kategorie ✱ vorhanden.

** Strandhotel Pique
Am Weststrand 3-4, Tel (0 49 32) 9 39 30,
Fax 93 93 93, ✉ 26548
♪ ⚡, 18 Zi, Ez: 80/40-178/89,
Dz: 160/80-296/149, 2 Suiten, 1 App, ⌐ WC ✆
DFÜ, Lift, ℗, 1⟲18, ⌂, Sauna, Solarium, Golf,
Restaurant

** Inselhotel König
Bülowallee 8, Tel (0 49 32) 80 10,
Fax 80 11 25, ✉ 26548, DC ED VA
95 Zi, Ez: 110/55-175/88, Dz: 160/80-280/141,
⌐ WC ✆, Lift, 2⟲450, Sauna, Solarium,
Restaurant
geschl.: 24.11.-20.12.00
Auch Zimmer der Kategorie ✱ vorhanden.

* Meeresburg
Victoriastr. 14, Tel (0 49 32) 80 90,
Fax 80 94 01, ✉ 26548
24 Zi, Ez: 85/42-130/65, Dz: 170/85-260/130,
⌐ WC ✆, Lift, ℗, 1⟲25, ⌂, Fitnessraum,
Sauna, Solarium, garni

¶¶ Veltins-Stübchen
Jann-Berghaus-Str. 78, Tel (0 49 32) 34 99,
Fax 8 42 29, ✉ 26548, AX DC ED VA
Hauptgericht 40/20, nur abends, geschl.: Mi
Beachtenswerte Küche.

Norderney

♨♨ Lenz
Benekestr. 3, Tel **(0 49 32) 22 03**, ✉ 26548,
AX DC ED VA
Hauptgericht 30/15-45/22, geschl.: Mo,
15.1.-15.2.01

Norderney-Außerhalb (5 km →)

✱✱ Golf-Hotel
Am Golfplatz 1, Tel **(0 49 32) 89 60**,
Fax 8 96 66, ✉ 26548, AX DC ED VA
einzeln ♪ ✸, 26 Zi, Ez: 98/49-198/99,
Dz: 196/98-336/169, 9 Suiten, 2 App., ⌐ WC ⊘,
▣, 🅿, 2♻60, 🌀, Sauna, Solarium, Restaurant

Norderstedt 18 ↑

Schleswig-Holstein
Kreis Segeberg
EW 73000
ℹ Tel **(0 40) 53 59 50**, Fax 5 26 44 32
Stadtverwaltung
✉ 22846 Rathausallee 50

✱✱✱ Park-Hotel
Buckhörner Moor 100, Tel **(0 40) 52 65 60**,
Fax 52 65 64 00, ✉ 22846, AX DC ED VA
71 Zi, Ez: 165/83-190/95, Dz: 185/93-220/110,
7 Suiten, ⌐ WC ⊘, 8 ⛌, Lift, ▣, 🅿, 3♻130,
Sauna, Solarium, garni
Auch Zimmer der Ketegorie ✱✱ vorhanden.

✱✱ Friesenhof
Segeberger Chaussee 84a-b,
Tel **(0 40) 52 99 20**, Fax 52 99 21 00, ✉ 22850,
AX DC ED VA
40 Zi, Ez: 140/70-200/100, Dz: 170/85-230/115,
7 App., ⌐ WC ⊘ DFÜ, 8 ⛌, Lift, ▣, 🅿, garni
Auch Zimmer der Kategorie ✱ vorhanden.

✱✱ Avalon Hotel Wilhelm Busch
Wilhelm-Busch-Platz, Tel **(0 40) 5 29 90 00**,
Fax 52 99 00 19, ✉ 22850, AX DC ED VA
68 Zi, Ez: 180/90-195/98, Dz: 210/105-225/113,
⌐ WC ⊘, 2 ⛌, Lift, ▣, 🅿, 3♻40, Restaurant

Garstedt (2 km ↙)

✱ Heuberg
Kahlenkamp 2, Tel **(0 40) 52 80 70**,
Fax 5 23 80 67, ✉ 22848, AX DC ED VA
48 Zi, Ez: 120/60-150/75, Dz: 150/75-195/98,
4 Suiten, ⌐ WC ⊘, 5 ⛌, Lift, ▣, 🅿, 1♻15,
garni
Auch Zimmer der Kategorie ✱✱ vorhanden.

✱ Maromme
Marommer Str. 58, Tel **(0 40) 52 10 90**,
Fax 5 21 09 30, ✉ 22850, AX DC ED VA
18 Zi, Ez: 125/62, Dz: 160/80, ⌐ WC ⊘, ▣,
garni

Glashütte (2 km →)

✱✱ City Line Hotel
Tangstedter Landstr. 508, Tel **(0 40) 52 99 90**,
Fax 52 99 92 99, ✉ 22851, AX DC ED VA
27 Zi, Ez: 120/60-160/80, Dz: 150/75-210/105,
⌐ WC ⊘, 5 ⛌, Lift, 🅿, 🏠, 1♻25, garni
Auch Zimmer der Kategorie ✱ vorhanden.

✱✱ Norderstedter Hof
Mittelstr. 54, Tel **(0 40) 5 24 00 46**,
Fax 5 24 83 66, ✉ 22851, AX DC ED VA
85 Zi, Ez: 115/57-180/90, Dz: 150/75-200/100,
⌐ WC ⊘ DFÜ, 11 ⛌, Lift, 🅿, 1♻32,
Fitnessraum, Sauna, Solarium
Auch Zimmer der Kategorie ✱ vorhanden.

♨♨ Eichenstuben
Tel 5 29 19 11, Fax 5 29 19 66
Hauptgericht 15/7-35/17, Terrasse, nur abends,
geschl.: Sa, So

✱ Zur Glashütte
Segeberger Chaussee 309,
Tel **(0 40) 5 29 86 60**, Fax 52 98 66 35,
✉ 22851, ED VA
16 Zi, Ez: 80/40-90/45, Dz: 130/65-140/70, ⌐
WC ⊘, 🅿, 🏠, 🌀, Restaurant
Rezeption: 6-11, 16-22

Harksheide (1 km ↑)

✱✱ Best Western Hotel Schmöker Hof
Oststr. 18, Tel **(0 40) 52 60 70**, Fax 5 26 22 31,
✉ 22844, AX DC ED VA, Ⓢ
122 Zi, Ez: 154/77-184/92, Dz: 169/85-199/100,
2 Suiten, ⌐ WC ⊘, 21 ⛌, Lift, 🏠, 9♻100,
Sauna, Solarium
Auch Zimmer der Kategorie ✱ vorhanden.
♨♨ Hauptgericht 28/14, Biergarten, 🅿

✱ Nordic
Ulzburger Str. 387-389, Tel **(0 40) 5 26 85 80**,
Fax 5 26 67 08, ✉ 22846, AX DC ED VA
30 Zi, Ez: 135/67-145/73, Dz: 165/83-180/90,
⌐ WC ⊘, 🅿, 1♻15, garni
Auch Zimmer der Kategorie ✱✱ vorhanden.

Nordhausen 37 ☐

Thüringen
EW 47500
ℹ Tel **(0 36 31) 90 21 55**, Fax 90 21 55
Tourismusverband
✉ 99734 Bahnhofsplatz 3a

✱✱ Handelshof
Bahnhofsstr. 12, Tel **(0 36 31) 62 50**,
Fax 62 51 00, ✉ 99734, AX DC ED VA

38 Zi, Ez: 95/47-130/65, Dz: 155/78-170/85,
1 Suite, ⌐ WC ⊘, 18 ⇥, Lift, P, ⌂, 4⊖90,
Fitnessraum, Sauna, Solarium, garni
Auch Zimmer der Kategorie ✱ vorhanden.

✱ Avena
Hallesche Str. 13, **Tel (0 36 31) 60 20 60**,
Fax 60 20 06, ✉ 99734, AX ED VA
43 Zi, Ez: 68/34-80/40, Dz: 114/57, ⌐ WC ⊘,
P, garni

✱ Zur Sonne
Hallesche Str. 8, **Tel (0 36 31) 60 21 10**,
Fax 99 89 37, ✉ 99734, AX ED VA
35 Zi, Ez: 50/25-95/47, Dz: 100/50-140/70,
2 App, ⌐ WC ⊘, Lift, P, 2⊖90, Restaurant

Bielen (2 km ↘)

✱ Zur Goldenen Aue
Nordhäuser Str. 135, **Tel (0 36 31) 60 30 21**,
Fax 60 30 23, ✉ 99735, AX DC ED VA
40 Zi, Ez: 65/32-93/46, Dz: 100/50-140/70,
2 Suiten, 1 App, ⌐ WC ⊘, 11 ⇥, Lift, P, ⌂,
3⊖40, Fitnessraum, Kegeln, Sauna, Solarium,
Restaurant

Nordheim a. Main 56 ↑
Bayern / Kreis Kitzingen
EW 1000
🛈 Tel (0 93 81) 4 01 12, Fax 4 01 16
Tourist-Information
✉ 97332 Rathaus

✱ Gasthof Markert
Am Rain 22, **Tel (0 93 81) 8 49 00**,
Fax 8 49 04 00, ✉ 97334, ED VA
24 Zi, Ez: 70/35-75/37, Dz: 100/50-110/55, ⌐
WC ⊘, P, ⌂, 2⊖50
🍴 Hauptgericht 13/6-30/15

✱ Gästehaus Weininsel
Mainstr. 17, **Tel (0 93 81) 80 36 90**,
Fax 80 36 91, ✉ 97334
☾, 12 Zi, Ez: 55/27-65/32, Dz: 85/42-120/60, ⌐
⊘, 3 ⇥, P, ⌂, Restaurant
geschl.: 27.12.00-24.1.01

🍴 Gasthaus Zur Sonne
Hauptstr. 18, **Tel (0 93 81) 8 07 10**,
Fax 80 71 55, ✉ 97334
Hauptgericht 32/16, Biergarten, P, geschl.: Di

Nordhorn 23 ☐
Niedersachsen
Kreis Grafschaft Bentheim
EW 52000
🛈 Tel (0 59 21) 8 03 90, Fax 80 39 39
VVV Nordhorn e.V.
✉ 48529 Firnhaberstr. 17

✱✱ Am Stadtring
Stadtring 31, **Tel (0 59 21) 8 83 30**,
Fax 7 53 91, ✉ 48527, AX DC ED VA
56 Zi, Ez: 79/39-170/85, Dz: 100/50-205/103, ⌐
WC ⊘, 10 ⇥, Lift, P, ⌂, 4⊖80, Kegeln
🍺

✱ Eichentor
Bernhard-Niehues-Str. 12,
Tel (0 59 21) 8 98 60, **Fax 7 79 48**, ✉ 48529,
AX DC ED VA
47 Zi, Ez: 85/42-110/55, Dz: 125/62-170/85, ⌐
WC ⊘, Lift, P, ⌂, 2⊖100, ⌬, Sauna, Solarium,
Restaurant

Northeim 36 ↗
Niedersachsen
EW 33000
🛈 Tel (0 55 51) 91 30 66, Fax 91 30 67
Tourist Information
✉ 37154 Am Münster 6

Fachwerkstadt im westlichen Harzvorland;
Sehenswert: Spätgotische Hallenkirche St. Sixti
(1519); ehem. Hl.-Geist-Hospital; Teile der
Stadtbefestigung (Brauereiturm); Kloster St.
Blasien; Bürgerhäuser (Fachwerk). Freizeit:
Wandern - Radfahren - Kanu - Segeln - Surfen.

✱✱ Schere
Breite Str. 24, **Tel (0 55 51) 96 90**,
Fax 96 91 96, ✉ 37154, AX DC ED VA
39 Zi, Ez: 130/65-170/85, Dz: 190/95-230/115,
1 Suite, ⌐ WC ⊘ DFÜ, 10 ⇥, Lift, P, ⌂,
3⊖35, Golf, Restaurant
Auch Zimmer der Kategorie ✱ vorhanden.

Northeim

Northeim-Außerhalb (2 km ←)

Leineturm
Leineturm 1, Tel (0 55 51) 9 78 50,
Fax 97 85 22, ✉ 37154, AX DC ED VA
Hauptgericht 12/6-36/18, P, geschl.: Mo
✻ 8 Zi, Ez: 95/47, Dz: 150/75, ⊣ WC ⊘,
2⊖40

Waldhotel Gesundbrunnen
Am Gesundbrunnen, Tel (0 55 51) 60 70,
Fax 60 72 00, ✉ 37154, DC ED VA, S
einzeln ♪, 84 Zi, Ez: 90/45-150/75,
Dz: 150/75-195/98, ⊣ WC ⊘, Lift, P, 🐾,
7⊖120, Kegeln, Sauna, Golf, Restaurant

Nortorf 10 ↓

Schleswig-Holstein
Kreis Rendsburg-Eckernförde
EW 6900
🛈 Tel (0 43 92) 8 96 20, Fax 8 96 11
Fremdenverkehrsverein
✉ 24589 Niedernstr. 6

Kirchspiels Gasthaus mit Gästehaus
Grose Mühlenstr. 9, Tel (0 43 92) 2 02 80,
Fax 20 28 10, ✉ 24589, AX DC ED VA
14 Zi, Ez: 70/35-130/65, Dz: 100/50-170/85,
1 Suite, ⊣ WC ⊘, 2 ⊱, P, 🐾, 2⊖50, Kegeln
Hauptgericht 30/15, Terrasse

Nossen 50 ↗

Sachsen / Kreis Meißen-Radebeul
EW 6900
🛈 Tel (03 52 42) 6 87 00, Fax 6 87 00
Tourismusverein
✉ 01683 Am Schloß 3

Stadt Dresden
Markt 1, Tel (03 52 42) 42 20, Fax 4 22 40,
✉ 01683, AX DC ED VA
12 Zi, Ez: 60/30-98/49, Dz: 140/70-150/75, ⊣
WC ⊘, 4 ⊱, P, Restaurant

Nottuln 33 ↑

Nordrhein-Westfalen
Kreis Coesfeld
EW 18920
🛈 Tel (0 25 02) 94 20, Fax 94 22 22
Tourist-Information
✉ 48301 Stiftsplatz 8

Nottuln-Außerhalb (2 km ↗)

Steverburg
Baumberg 6, Tel (0 25 02) 94 30, Fax 98 76,
✉ 48301, DC ED VA
₰ einzeln ♬, Hauptgericht 25/12-45/22,
Terrasse, Biergarten, Gartenlokal, P, geschl.: Do
✻✻ einzeln ♪ ₰, 19 Zi, Ez: 100/50,
Dz: 160/80, 1 Suite, ⊣ WC ⊘, 4 ⊱, 🐾, 2⊖30

Schapdetten (5 km →)

Landhaus Schapdetten
Roxeler Str. 7, Tel (0 25 09) 9 90 50,
Fax 99 05 33, ✉ 48301, AX ED VA
19 Zi, Ez: 75/37-85/42, Dz: 135/67, 1 Suite, ⊣
WC ⊘, 2 ⊱, P, 🐾, 3⊖50, Kegeln
Hauptgericht 14/7-38/19, Terrasse,
Biergarten

Stevern (3 km →)

Gasthaus Stevertal
Stevern 36, Tel (0 25 02) 9 40 10,
Fax 94 01 49, ✉ 48301
Hauptgericht 25/12, Terrasse, P
✻ 7 Zi, Ez: 75/37, Dz: 140/70, ⊣ WC ⊘,
🐾, 2⊖70

Nümbrecht 43 ↗

Nordrhein-Westfalen
Oberbergischer Kreis
EW 17040
🛈 Tel (0 22 93) 5 18, Fax 5 10
Nümbrechter Kur-GmbH
✉ 51588 Lindchenweg 1

Heilklimatischer Kurort im Bergischen Land;
Sportpark inkl. öffentl. Golf-Center; Sehenswert: Schloß Homburg; hist. Postkutschlinie;
Kirche mit Wandmalerien.

Park-Hotel
Parkstr., Tel (0 22 93) 30 30, Fax 30 33 65,
✉ 51588, AX DC ED VA

☽, 89 Zi, Ez: 130/65-205/103,
Dz: 190/95-275/138, ⊣ WC ⌀ DFÜ, 21 ↤, Lift,
🅿, 13⟳300, 🏊, Kegeln, Sauna, Solarium,
Restaurant

✱✱ Derichsweiler Hof
Jacob-Engel-Str. 22, **Tel (0 22 93) 60 61 63**,
Fax 42 22, ✉ 51588, ⒶⓍ ⒹⒸ ⒺⒹ ⒱Ⓐ
☽ ✧, 55 Zi, Ez: 125/62-135/67,
Dz: 160/80-170/85, ⊣ WC ⌀, Lift, 🅿, 6⟳80,
Sauna, Solarium, Restaurant

￥￥ Olivers Gasthaus
Hauptstr. 52, **Tel (0 22 93) 9 11 10, Fax 9 11 18**,
✉ 51588, ⒺⒹ ⒱Ⓐ
Hauptgericht 36/18-56/28, Terrasse, 🅿,
geschl.: Mo, 3 Wochen über Karenval
✱✱ 4 Zi, Ez: 120/60-190/95,
Dz: 150/75-240/120, ⊣ WC ⌀ DFÜ

Nürburg 43 ✓

Rheinland-Pfalz / Kreis Ahrweiler
EW 200
🄸 Tel (0 26 91) 23 04, Fax 86 84
Verkehrsverein
✉ 53520 Neuhausstr. 4

✱✱✱ Dorint
Grand-Prix-Strecke, **Tel (0 26 91) 30 90**,
Fax 30 94 60, ✉ 53520, ⒶⓍ ⒹⒸ ⒺⒹ ⒱Ⓐ, Ⓢ
✧, 206 Zi, Ez: 280/141-480/241,
Dz: 300/151-580/292, 3 Suiten, ⊣ WC ⌀, Lift,
🅿, 🍴, 14⟳500, 🏊, Kegeln, Sauna, Solarium,
Restaurant

✱ Am Tiergarten
Kirchweg 4, **Tel (0 26 91) 9 22 00, Fax 79 11**,
✉ 53520, ⒶⓍ ⒹⒸ ⒺⒹ ⒱Ⓐ
33 Zi, Ez: 70/35-115/57, Dz: 120/60-160/80, ⊣
WC ⌀ DFÜ, 5 ↤, 🅿, 🍴, 1⟳25, Restaurant

Nürnberg 57 ↓

Bayern
EW 496000
🄸 Tel (09 11) 2 33 60, Fax 2 33 61 66
Congress- und Tourismus-Zentrale
✉ 90443 Frauentorgraben 3
Cityplan siehe Seite 732-733

✱✱✱ Le Méridien Grand Hotel
Bahnhofstr. 1-3 (D 3), **Tel (09 11) 2 32 20**,
Fax 2 32 24 44, ✉ 90402, ⒶⓍ ⒹⒸ ⒺⒹ ⒱Ⓐ, Ⓢ
✪, 182 Zi, Ez: 240/120-420/211,
Dz: 340/171-420/211, 4 Suiten, ⊣ WC ⌀ DFÜ,
41 ↤, Lift, 🅿, 🍴, 5⟳250, Fitnessraum, Sauna,
Solarium
Preise exkl. Frühstück.

￥￥￥ Brasserie
Hauptgericht 32/16-46/23

✱✱✱ Holiday Inn Crowne Plaza
Valznerweiherstr. 200, **Tel (09 11) 4 02 90**,
Fax 40 40 67, ✉ 90480, ⒶⓍ ⒹⒸ ⒺⒹ ⒱Ⓐ, Ⓢ
☽, 149 Zi, Ez: 185/93-425/214,
Dz: 185/93-525/264, 3 Suiten, ⊣ WC ⌀ DFÜ,
52 ↤, Lift, 🅿, 20⟳350, 🍴, 🏊, Sauna,
Solarium
Auch Zimmer der Kategorie ✱✱ vorhanden.

￥￥ Rhapsody
Hauptgericht 30/15, Terrasse

✱✱✱ Maritim
Frauentorgraben 11 (D 4), **Tel (09 11) 2 36 30**,
Fax 2 36 38 36, ✉ 90443, ⒶⓍ ⒹⒸ ⒺⒹ ⒱Ⓐ, Ⓢ
307 Zi, Ez: 235/118-395/198,
Dz: 264/132-454/228, 9 Suiten, ⊣ WC ⌀ DFÜ,
154 ↤, Lift, 🍴, 9⟳850, 🏊, Sauna, Solarium
Auch Zimmer der Kategorie ✱✱ vorhanden.

￥￥ Nürnberger Stuben
Hauptgericht 40/20, 🅿

✱✱✱ Atrium Hotel
Münchener Str. 25, **Tel (09 11) 4 74 80**,
Fax 4 74 84 20, ✉ 90478, ⒶⓍ ⒹⒸ ⒺⒹ ⒱Ⓐ, Ⓢ
☽ ✧, 200 Zi, Ez: 175/88-398/200,
Dz: 198/99-448/225, 5 Suiten, ⊣ WC ⌀, 50 ↤,
Lift, 🅿, 🍴, 5⟳200, 🏊, Fitnessraum, Sauna,
Solarium, Golf
Direkter Zugang zur Meistersingerhalle.

￥￥ Rôtisserie Médoc
Hauptgericht 35/17, Terrasse,
geschl.: 25.12.00-7.1.01

✱✱ Akzent-Hotel Am Heideloffplatz
Heideloffplatz 7-11, **Tel (09 11) 94 45 30**,
Fax 4 46 96 61, ✉ 90478, ⒶⓍ ⒹⒸ ⒺⒹ ⒱Ⓐ, Ⓢ
32 Zi, Ez: 165/83-210/105,
Dz: 210/105-265/133, ⊣ WC ⌀ DFÜ, 10 ↤, Lift,
🅿, 🍴, 1⟳20, Sauna, Solarium, garni
geschl.: 23.12.00-4.1.01

** Nestor
Bucherstr. 125, Tel **(09 11) 3 47 60**,
Fax **3 47 61 13**, ✉ 90419, AX DC ED VA, S
74 Zi, Ez: 169/85-266/133,
Dz: 219/110-289/145, 1 Suite, ⊐ WC Ⓒ DFÜ,
15 ⊱, Lift, 🏠, 2⟲60, Sauna, Solarium,
Restaurant
Auch Zimmer der Kategorie ✱ vorhanden.

** Queens City Hotel
Kaulbachstr. 1 (außerhalb CV1),
Tel **(09 11) 3 65 70**, Fax **3 65 74 88**, ✉ 90408,
AX DC ED VA, S
121 Zi, 39 App., ⊐ WC Ⓒ, 50 ⊱, Lift, 🏠, Sauna,
Restaurant
Auch Zimmer der Kategorie ✱ vorhanden.

** Wöhrdersee Hotel Mercure
Dürrenhofstr. 8 (F3), Tel **(09 11) 9 94 90**,
Fax **9 94 94 44**, ✉ 90402, AX DC ED VA, S
145 Zi, Ez: 132/66-345/173,
Dz: 159/80-389/195, 3 Suiten, ⊐ WC Ⓒ DFÜ,
51 ⊱, Lift, 🏠, 5⟲180, Sauna, Solarium,
Restaurant

** Ringhotel Loews Merkur
Pillenreuther Str. 1 (D 4), Tel **(09 11) 44 02 91**,
Fax **45 90 37**, ✉ 90459, AX DC ED VA, S
200 Zi, Ez: 180/90-280/141,
Dz: 210/105-380/191, 1 Suite, ⊐ WC Ⓒ, 9 ⊱,
Lift, P, 🏠, 12⟲120, 🏊, Sauna, Solarium,
Restaurant
Auch Zimmer der Kategorie ✱ vorhanden.

** Appart Hotel Tassilo
Tassilostr. 21, Tel **(09 11) 3 26 66**,
Fax **3 26 67 99**, ✉ 90429, AX DC ED VA
78 Zi, Ez: 172/86-375/188,
Dz: 229/115-395/198, 1 Suite, ⊐ WC Ⓒ, 7 ⊱,
Lift, 🏠, 2⟲56, Sauna, Restaurant

* Dürer Hotel
Top International Hotel
Neutormauer 32 (C 1), Tel **(09 11) 20 80 91**,
Fax **22 34 58**, ✉ 90403, AX DC ED VA, S
100 Zi, Ez: 195/98-235/118,
Dz: 235/118-300/151, 5 Suiten, ⊐ WC Ⓒ, 20 ⊱,
Lift, 🏠, 1⟲40, Sauna, Solarium, garni

* Agneshof
Agnesgasse 10 (C 1), Tel **(09 11) 21 44 40**,
Fax **21 44 41 44**, ✉ 90403, AX DC ED VA
74 Zi, Ez: 145/73-265/133, Dz: 188/94-348/175,
⊐ WC Ⓒ DFÜ, 22 ⊱, Lift, P, 🏠, 2⟲60, Sauna,
Solarium, garni

* InterCityHotel
Eilgutstr. 8 (D 4), Tel **(09 11) 2 47 80**,
Fax **2 47 89 99**, ✉ 90443, AX DC ED VA, S
158 Zi, Ez: 205/103-300/151,
Dz: 255/128-375/188, ⊐ WC Ⓒ DFÜ, 47 ⊱,
Lift, 5⟲90, Restaurant

* Garden-Hotel
Vordere Ledergasse 12 (C 2),
Tel **(09 11) 20 50 60**, Fax **2 05 06 60**, ✉ 90403,
AX DC ED VA
33 Zi, Ez: 128/64-180/90, Dz: 180/90-235/118,
⊐ WC Ⓒ, 20 ⊱, Lift, garni

* Avenue
Josephsplatz 10 (C 2), Tel **(09 11) 24 40 00**,
Fax **24 36 00**, ✉ 90403, AX DC ED VA, S
40 Zi, Ez: 145/73-205/103,
Dz: 205/103-285/143, 1 Suite, ⊐ WC Ⓒ, 10 ⊱,
Lift, P, 🏠, 1⟲25, garni
geschl.: 23.12.00-10.1.01
Auch Zimmer der Kategorie ** vorhanden.

* Advantage
Dallinger Str. 5, Tel **(09 11) 9 45 50**,
Fax **9 45 52 00**, ✉ 90459, AX DC ED VA
50 Zi, Ez: 139/70-210/105,
Dz: 205/103-259/130, 1 Suite, 3 App., ⊐ WC Ⓒ,
10 ⊱, Lift, 🏠, Sauna, Solarium, Restaurant

* Senator Apart Hotel
Landgrabenstr. 25, Tel **(09 11) 4 18 09 71**,
Fax **4 18 09 78**, ✉ 90443, AX DC ED VA, S
70 Zi, Ez: 115/57-350/176, Dz: 155/78-450/226,
4 Suiten, ⊐ WC Ⓒ, Lift, P, 🏠, 2⟲20, Sauna,
Solarium, garni
geschl.: 22.12.00-8.1.01

* Concorde Hotel Viva
Sandstr. 4-8 (C 4), Tel **(09 11) 2 40 00**,
Fax **2 40 04 99**, ✉ 90443, AX DC ED VA

Nürnberg

153 Zi, Ez: 125/62-360/181,
Dz: 155/78-460/231, ⊒ WC ⌀ DFÜ, 32 ⊷, Lift,
🏠, 2⇨80, Sauna, Solarium, Restaurant
geschl.: 22.12.00-2.1.01

✱ Prinzregent
Prinzregentenufer 11 (E 2), **Tel (09 11) 58 81 88**,
Fax 55 62 36, ✉ 90489, AX DC ED VA, Ⓢ
34 Zi, Ez: 98/49-198/99, Dz: 149/75-249/125,
⊒ WC ⌀, 8 ⊷, Lift, **P**, Golf, garni
Rezeption: 6.30-23, geschl.: 23.12.00-6.1.01
Auch Zimmer der Kategorie ✱✱ vorhanden.

✱ Victoria
Königstr. 80 (D3), **Tel (09 11) 2 40 50**,
Fax 22 74 32, ✉ 90402, AX DC ED VA, Ⓢ
64 Zi, Ez: 139/70-329/165, Dz: 179/90-329/165,
1 Suite, 1 App, ⊒ WC ⌀ DFÜ, 15 ⊷, Lift, **P**,
2⇨50, garni

✱ Am Jakobsmarkt
Schottengasse 5 (C 3), **Tel (09 11) 2 00 70**,
Fax 2 00 72 00, ✉ 90402, AX DC ED VA, Ⓢ
77 Zi, Ez: 152/76-190/95, Dz: 202/101-232/116,
5 App, ⊒ WC ⌀, 19 ⊷, Lift, **P**, 🏠, Sauna,
Solarium, Golf, garni
geschl.: 24.12.00-2.1.01
Auch einfachere Zimmer vorhanden.

✱ Fackelmann
Essenweinstr. 10 (C 4), **Tel (09 11) 20 68 40**,
Fax 2 06 84 60, ✉ 90443, AX ED VA
34 Zi, Ez: 99/49-140/70, Dz: 165/83-199/100,
⊒ WC ⌀, 11 ⊷, Lift, 🏠, Fitnessraum, Sauna,
Solarium, garni
geschl.: 24.12.00-7.1.01
Auch einfachere Zimmer vorhanden.

✱ Marienbad
Eilgutstr. 5 (D4), **Tel (09 11) 22 69 12**,
Fax 20 42 60, ✉ 90443, AX DC ED VA
53 Zi, 1 Suite, ⊒ WC ⌀, 8 ⊷, Lift, **P**, 🏠, garni

✱ Tulip Inn Transmar Lux
Zufuhrstr. 22 (B 4), **Tel (09 11) 2 77 60**,
Fax 2 77 61 00, ✉ 90443, AX DC ED VA, Ⓢ
103 Zi, Ez: 99/49-359/180, Dz: 139/70-399/200,
1 Suite, 1 App, ⊒ WC ⌀, 48 ⊷, Lift, **P**, 1⇨20,
Sauna, Solarium, Restaurant
geschl.: 24.12.00-2.1.01
In der Bar werden kleine Gerichte für Hausgäste serviert.

✱ Drei Raben
Königstr. 63 (D 3), **Tel (09 11) 20 45 83**,
Fax 23 26 11, ✉ 90402, AX DC ED VA
27 Zi, Ez: 80/40-240/120, Dz: 100/50-290/146,
⊒ WC ⌀ DFÜ, 17 ⊷, Lift, garni

✱ Weinhaus Steichele Flair Hotel
Knorrstr. 2 (C 3), **Tel (09 11) 20 22 80**,
Fax 22 19 14, ✉ 90402, AX DC ED VA
52 Zi, Ez: 105/52-170/85, Dz: 150/75-240/120,
⊒ WC ⌀, Lift, **P**
Auch einfachere Zimmer vorhanden.

🍴 Weinhaus
🍷, Hauptgericht 18/9, geschl.: so+feiertags

✱ Burgschmiet
Burgschmietstr. 8 (C1), **Tel (09 11) 93 33 60**,
Fax 9 33 36 20, ✉ 90419, AX ED VA
38 Zi, Ez: 109/54-198/99, Dz: 149/75-208/104,
⊒ WC ⌀, 9 ⊷, Lift, 🏠, garni

🍴🍴 Essigbrätlein 🚩
Weinmarkt 3, **Tel (09 11) 22 51 31**,
Fax 22 51 31, ✉ 90403, AX DC ED VA
🍷, Hauptgericht 43/21, geschl.: Mo, So,
24.12.00-2.1.01, 12-28.8.01

🍴 Zum Sudhaus
Bergstr. 20, **Tel (09 11) 20 43 14**,
Fax 2 41 83 73, ✉ 90403, AX DC ED VA
Hauptgericht 28/14-42/21, Terrasse, geschl.: So

🍴 Ishihara
Schottengasse 3, **Tel (09 11) 22 63 95**,
Fax 2 05 99 57, ✉ 90402, AX DC ED VA
Hauptgericht 38/19, geschl.: So, 24-26.12.00
Japanische Teppanyaki-Küche.

Biss
Johannisstr. 38, **Tel (09 11) 39 62 15**,
Fax 39 62 56, ✉ 90419
Hauptgericht 25/12-32/16, Gartenlokal, nur
abends, geschl.: Mo, So

Barfüßer
Hallplatz 2, **Tel (09 11) 20 42 42**, **Fax** 20 41 86,
✉ 90402, AX ED VA
🍷, Hauptgericht 15/7, Gartenlokal
Originelle Brauhausatmosphäre im Keller der
historischen Mauthalle. Eigene Bierherstellung
in der Schaubrauerei.

Sommer
Hochstr. 41, **Tel (09 11) 26 85 91**, **Fax** 26 40 15,
✉ 90429, ED VA
Hauptgericht 18/9-28/14, Terrasse, nur abends,
geschl.: So, Ende Jan, Ende Jul

☕ Café Kröll
Hauptmarkt 6, **Tel (09 11) 22 75 11**,
Fax 2 41 96 08, ✉ 90403
§ 9-19
Spezialität: Elisenlebkuchen.

Bratwurstküchen

Bratwursthäusle
Rathausplatz 1, Tel **(09 11) 22 76 95**,
Fax 22 76 45, ✉ 90403
Hauptgericht 10/5-18/9, geschl.: So

Bratwurstglöcklein
Im Handwerkerhof, Tel **(09 11) 22 76 25**,
Fax 22 76 45, ✉ 90402, ED VA
Hauptgericht 13/6, Terrasse, Gartenlokal,
geschl.: So, 31.12.00-20.3.01

Bratwurst - Röslein
Rathausplatz 6, Tel **(09 11) 21 48 60**,
Fax 2 14 86 66, ✉ 90403, AX DC ED VA
Hauptgericht 11/5, Biergarten

Historische Bratwurstküche Zum Gulden Stern
Zirkelschmiedsgasse 26, Tel **(09 11) 2 05 92 88**,
Fax 2 05 92 98, ✉ 90402
☉, Hauptgericht 11/5-17/8, Terrasse

Nürnberg

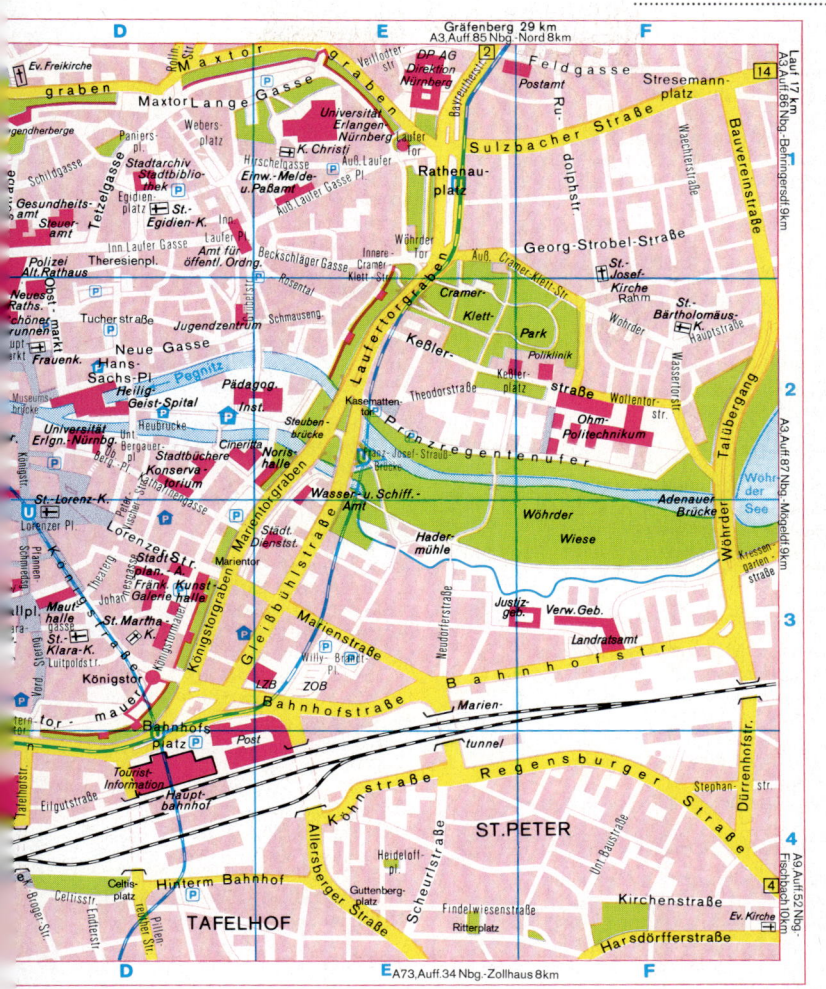

Altenfurt (8 km ↘)

★ Treff Landhotel
Oelser Str. 2, Tel (09 11) 9 84 64 90,
Fax 9 84 64 95 00, ✉ 90475, AX DC ED VA, Ⓢ
70 Zi, Ez: 189/95-300/151,
Dz: 231/116-390/196, 🛏 WC 📞 DFÜ, 10 🛌, Lift,
🅿, 4⌂150, Sauna, Solarium, Restaurant

Boxdorf (8 km ↑)

★★ Schindlerhof
Steinacher Str. 6-8, Tel (09 11) 9 30 20,
Fax 9 30 26 20, ✉ 90427, AX DC ED VA

♪, 72 Zi, Ez: 175/88-215/108,
Dz: 239/120-279/140, 🛏 WC 📞 DFÜ, 18 🛌, 🅿,
🏠, 7⌂200, Fitnessraum, Sauna, Solarium, Golf
🍴🍴 Hauptgericht 21/10-39/19, Terrasse

Eibach (7 km ↓)

★★ Arotel
Eibacher Hauptstr. 135, Tel (09 11) 9 62 90,
Fax 6 49 30 52, ✉ 90451, AX DC ED VA
50 Zi, Ez: 180/90-230/115,
Dz: 230/115-300/151, 21 App, 🛏 WC 📞, 6 🛌,
Lift, 🅿, 🏠, 5⌂100, Sauna, Solarium
Auch Zimmer der Kategorie ★ vorhanden.

733

Nürnberg

ᛐᛐ Frankenland
Hauptgericht 32/16

✱ Am Hafen
Isarstr. 37, Tel (09 11) 6 49 30 78,
Fax 64 47 78, ⌧ 90451, AX ED VA
29 Zi, Ez: 120/60-145/73, Dz: 155/78-185/93,
⤴ WC ⌀, 19 ⊱, P, Sauna, garni
geschl.: 23.12.00-14.1.01
Es gibt ein separates Nichtraucherhaus.

Fischbach (9 km ↘)

✱ Fischbacher Stuben
Hutbergstr. 2, Tel (09 11) 83 10 11,
Fax 83 24 73, ⌧ 90475, AX DC ED VA
7 Zi, Ez: 100/50-140/70, Dz: 125/62-170/85,
5 App, ⤴ WC ⌀, 2 ⊱, P, ⌂
geschl.: 1.-31.8.01

Gebersdorf (8 km ↙)

✱✱ Süd-West-Park Hotel
Südwestpark 5, Tel (09 11) 6 70 60,
Fax 67 20 71, ⌧ 90449, AX ED VA
≋, 252 Zi, Ez: 153/77, Dz: 196/98, ⤴ WC ⌀
DFÜ, 10 ⊱, Lift, ⌂, 8⟳250, Sauna, Restaurant

Gleißhammer (4 km ↘)

✱✱ Mercure An der Messe
Münchener Str. 283, Tel (09 11) 9 46 50,
Fax 46 88 65, ⌧ 90471, AX DC ED VA, Ⓢ
144 Zi, Ez: 178/89-375/188,
Dz: 271/136-474/238, ⤴ WC ⌀ DFÜ, 36 ⊱, Lift,
P, 7⟳200, Fitnessraum, Sauna, Solarium,
Restaurant
Auch Zimmer der Kategorie ✱ vorhanden.

Gostenhof (1 km ←)

✱✱ DeragHotel Maximilian
Obere Kanalstr. 11 (A 3), Tel (09 11) 9 29 50,
Fax 9 29 56 10, ⌧ 90429, AX DC ED VA
285 Zi, Ez: 155/78-180/90, Dz: 190/95-220/110,
⤴ WC ⌀, Lift, ⌂, 1⟳13, Sauna, Solarium,
Restaurant
Auch Zimmer der Kategorie ✱ vorhanden.
Appartements nur für Langzeitvermietung.

Großgründlach/Reutles (10 km ↑)

✱ Höfler
Reutleser Str. 61, Tel (09 11) 9 30 39 60,
Fax 93 03 96 99, ⌧ 90427, AX DC ED VA
♪, 35 Zi, Ez: 135/67-200/100,
Dz: 150/75-240/120, ⤴ WC ⌀ DFÜ, P, ⌂,
3⟳25, ≋, Sauna, Solarium, Restaurant
geschl.: 24.12.00-6.1.01

Großreuth (4 km ↖)

✱✱ Rottner
Winterstr. 15, Tel (09 11) 65 84 80,
Fax 65 84 82 03, ⌧ 90431, AX DC ED VA
37 Zi, Ez: 190/95, Dz: 260/130, 4 App, ⤴ WC ⌀
DFÜ, 18 ⊱, Lift, P, ⌂, 2⟳30
geschl.: 24.12.00-10.1.01
ᛐᛐ ⌬, Hauptgericht 38/19-48/24
Terrasse, Biergarten, geschl.: Sa mittags, So,
24.12.00-10.1.01

Kraftshof (8 km ↑)

ᛐᛐᛐ Schwarzer Adler
Kraftshofer Hauptstr. 166, Tel (09 11) 30 58 58,
Fax 30 58 67, ⌧ 90427, AX DC ED VA
⌬, Hauptgericht 28/14-48/24, Biergarten

ᛐ Gasthof Alte Post
Kraftshofer Hauptstr. 164, Tel (09 11) 30 58 63,
Fax 30 56 54, ⌧ 90427, AX DC ED VA
⌬, Hauptgericht 24/12-35/17, Biergarten

Langwasser (7 km ↘)

✱ Best Western Arvena Park
Görlitzer Str. 51, Tel (09 11) 8 92 20,
Fax 8 92 21 15, ⌧ 90473, AX DC ED VA, Ⓢ
242 Zi, Ez: 185/93-385/193,
Dz: 240/120-470/236, ⤴ WC ⌀, Lift, P,
15⟳580, Fitnessraum, Sauna, Solarium

ᛐ Arve
Hauptgericht 21/10-44/22, Biergarten,
geschl.: Sa mittags, So

✱ Novotel
Münchener Str. 340, Tel (09 11) 8 12 60,
Fax 8 12 61 37, ⌧ 90471, AX DC ED VA, Ⓢ
117 Zi, Ez: 125/62-265/133,
Dz: 158/79-336/169, ⤴ WC ⌀, 32 ⊱, Lift, P,
8⟳250, ≋, Sauna, Restaurant

Laufamholz (7 km ↗)

ᛐ Landgasthof Zur Krone
Moritzbergstr. 29, Tel (09 11) 50 25 28,
Fax 50 25 28, ⌧ 90482, AX DC ED VA
Hauptgericht 14/7-34/17, Terrasse, P,
geschl.: Fr mittags
Böhmische Küche.

Lohe (5 km ↑)

✱✱ Mövenpick Nürnberg Airport
Flughafenstr. 100, Tel (09 11) 3 50 10,
Fax 3 50 13 50, ⌧ 90411, AX DC ED VA, Ⓢ
150 Zi, Ez: 154/77-219/110,
Dz: 178/89-243/122, ⤴ WC ⌀ DFÜ, 75 ⊱, Lift,
⌂, 23⟳200, Fitnessraum, Sauna, Solarium,
Restaurant

Mögeldorf
Doktorshof
Mögeldorfer Hauptstr. 47,
Tel **(09 11) 5 43 03 09**, ✉ 90482
⌘, Hauptgericht 11/5-28/14, Gartenlokal,
geschl.: Mo, 20.12.00-6.1.01
Altfränkisches Wirtshaus.

Schoppershof (3 km ↗)

* **Wirtsstuben Drei Linden Minotel**
Äußere Sulzbacher Str. 1-3,
Tel **(09 11) 53 32 33**, Fax **55 40 47**, ✉ 90489,
AX ED VA, Ⓢ
28 Zi, Ez: 100/50-130/65, Dz: 150/75-180/90,
⊣ WC ⊘, 3 ⊵, ℗, ⌂, 1◯25

🍴🍴 Hauptgericht 25/12

* **Cristal**
Willibaldstr. 7, Tel **(09 11) 95 11 90**,
Fax **95 11 92 70**, ✉ 90491, AX DC ED VA
45 Zi, Ez: 110/55-125/62, Dz: 120/60-160/80,
1 Suite, 2 App, ⊣ WC ⊘ DFÜ, 4 ⊵, Lift, ℗, ⌂,
Sauna, Solarium, garni
Auch einfachere Zimmer vorhanden.

🍴 **Quo Vadis Bei Pino**
Elbinger Str. 28, Tel **(09 11) 51 55 53**,
Fax **5 10 90 33**, ✉ 90491, AX ED VA
Hauptgericht 30/15-44/22, Terrasse, ℗,
geschl.: Mo

St. Jobst (4 km ↗)

* **Erlenstegen**
Äußere Sulzbacher Str. 157,
Tel **(09 11) 59 10 33**, Fax **59 10 36**, ✉ 90491,
AX ED VA
40 Zi, Ez: 135/67-325/163, Dz: 185/93-365/183,
⊣ WC ⊘, 8 ⊵, Lift, ℗, garni

Thon (3 km ↑)

* **Kreuzeck**
Schnepfenreutherweg 1, Ecke Erlanger Str.,
Tel **(09 11) 3 49 61**, Fax **38 33 04**, ✉ 90425
AX DC ED VA

30 Zi, Ez: 95/47-150/75, Dz: 120/60-180/90,
1 App, ⊘ DFÜ, ℗, ⌂, Restaurant

Ziegelstein (4 km ↗)

* **Alpha**
Ziegelsteinstr. 197, Tel **(09 11) 95 24 50**,
Fax **9 52 45 45**, ✉ 90411, AX DC ED VA
24 Zi, Ez: 115/57-125/62, Dz: 150/75-170/85,
1 Suite, ⊣ WC ⊘ DFÜ, 4 ⊵, Lift, ℗, ⌂, garni
geschl.: 24.12.00-2.1.01
Auch einfachere Zimmer vorhanden.

Nürtingen 61 ↘

Baden-Württemberg
Kreis Esslingen
EW 39000
🛈 Tel **(0 70 22) 7 50**, Fax **7 53 80**
Stadtverwaltung
✉ 72622 Marktstr. 7

Stadt am Neckar; Sehenswert: Ev. Kirche St.
Laurentius; Rathaus; hist. Stadtkern; Hölderlin-
Ausstellung.

*** **Best Western Hotel Am Schlossberg**
Europastr., Tel **(0 70 22) 70 40**, Fax **70 43 43**,
✉ 72622, AX DC ED VA, Ⓢ
169 Zi, Ez: 194/97-219/110,
Dz: 238/119-253/127, 1 Suite, ⊣ WC ⊘ DFÜ,
54 ⊵, Lift, ⌂, 18◯430, ⌂, Kegeln, Sauna,
Solarium, Golf, Restaurant

Nürtingen

✶ Vetter
Marienstr. 59, Tel (0 70 22) 9 21 60,
Fax 3 26 17, ✉ 72622, AX DC ED VA
40 Zi, Ez: 98/49-115/57, Dz: 155/78, ⌐ WC ⌀,
6 ⇥, Lift, P, Restaurant
geschl.: 22.12.00-6.1.01
Auch Zimmer der Kategorie ✶✶ vorhanden.

**✶ Pflum
mit Gästehaus**
Steinengrabenstr. 6, Tel (0 70 22) 92 80,
Fax 92 81 50, ✉ 72622, ED
44 Zi, Ez: 95/47-120/60, Dz: 140/70-160/80, ⌐
WC ⌀, Sauna, Solarium
 ¶ Hauptgericht 28/14, P, geschl.: Sa

Hardt (4 km ↖)

¶¶¶ Die Ulrichshöhe
Herzog-Ulrich-Str. 14, Tel (0 70 22) 5 23 36,
Fax 5 49 40, ✉ 72622, DC VA
Hauptgericht 48/24-59/29, Terrasse, P,
geschl.: Mo, So, 27.12.00-19.1.01

Ober-Mörlen 44 ↘

Hessen / Wetteraukreis
EW 5900
🛈 Tel (0 60 02) 50 20, Fax 5 02 32
Gemeindeverwaltung
✉ 61239 Frankfurter Str. 31

Ziegenberg (6 km ←)

✶ Landhaus Lindenhof Möckel
Usinger Str. 149 / 146, Tel (0 60 02) 99 00,
Fax 99 01 52, ✉ 61239, AX ED VA
21 Zi, Ez: 72/36-115/57, Dz: 125/62-156/78, ⌐
WC ⌀, Lift, P, 4⤸130, Restaurant
Auch Zimmer der Kategorie ✶✶ vorhanden.

Ober-Ramstadt 54 ↗

Hessen / Kreis Darmstadt-Dieburg
EW 15410
🛈 Tel (0 61 54) 7 02 24, Fax 7 02 55
Stadtverwaltung
✉ 64372 Darmstädter Str. 29

✶ Hessischer Hof
Schulstr. 14, Tel (0 61 54) 6 34 70,
Fax 63 47 50, ✉ 64372, DC ED VA
24 Zi, Ez: 75/37-95/47, Dz: 140/70-160/80,
1 Suite, ⌐ WC ⌀, 9 ⇥, Lift, P, ⌂, 2⤸80
geschl.: Fr, 27.12.00-5.1.01, 5-30.7.01

 ¶ Galerie
Hauptgericht 28/14-43/21, geschl.: Fr, Sa
mittags, 27.12.00-5.1.01, 5.-30.7.01

Ober-Roden siehe Rödermark

Oberammergau 71 ✓

Bayern
Kreis Garmisch-Partenkirchen
EW 5300
🛈 Tel (0 88 22) 9 23 10, Fax 92 31 90
Oberammergau Tourismus
✉ 82487 Eugen-Papst-Str 9a

✶ Landhaus Feldmeier
Ettaler Str. 29, Tel (0 88 22) 30 11, Fax 66 31,
✉ 82487, ED VA
21 Zi, Ez: 90/45-140/70, Dz: 160/80-195/98, ⌐
WC ⌀, Lift, P, ⌂, 1⤸30, Sauna, Restaurant
geschl.: Di, 5.-30.11.00

✶ Parkhotel Sonnenhof
König-Ludwig-Str. 12, Tel (0 88 22) 91 30,
Fax 30 47, ✉ 82487, AX DC ED VA
♪ ⚡, 65 Zi, Ez: 95/47-110/55,
Dz: 170/85-190/95, 2 Suiten, ⌐ WC ⌀, 67 ⇥,
Lift, P, 1⤸20, ⌂, Sauna, Restaurant
Auch einfachere Zimmer vorhanden.

**✶ Turmwirt
Minotel**
Ettaler Str. 2, Tel (0 88 22) 9 26 00, Fax 14 37,
✉ 82487, AX DC ED VA, Ⓢ
22 Zi, Ez: 110/55-130/65, Dz: 150/75-195/98, ⌐
WC ⌀ DFÜ, 2 ⇥, P, 2⤸25, Golf, Restaurant
geschl.: 15.10.-3.12.00, 7-27.1.01

✶ Wolf
Dorfstr. 1, Tel (0 88 22) 9 23 30, Fax 92 33 33,
✉ 82487, AX DC ED VA
32 Zi, Ez: 80/40-120/60, Dz: 130/65-180/90, ⌐
WC ⌀ DFÜ, Lift, P, ⌂, ≋, Sauna, Solarium,
Restaurant

✶ Wittelsbach
Dorfstr. 21, Tel (0 88 22) 9 28 00,
Fax 9 28 01 00, ✉ 82487, AX DC ED VA
46 Zi, Ez: 90/45-100/50, Dz: 130/65-180/90, ⌐
WC ⌀ DFÜ, Lift, P, Golf, Restaurant
geschl.: 15-31.10.00

Oberasbach 57 ✓

Bayern / Kreis Fürth
EW 17780
🛈 Tel (09 11) 9 69 10, Fax 69 31 74
Stadtverwaltung
✉ 90522 Rathausplatz 1

✶ Jesch
Am Rathaus 5, Tel (09 11) 96 98 60,
Fax 9 69 86 99, ✉ 90522, AX DC ED VA

35 Zi, Ez: 95/47-139/70, Dz: 119/59-159/80, ⌐⌐
WC ⌀ DFÜ, 4 ⌐, Lift, Ⓟ, ⌐, 2⌐30, Restaurant

Oberaudorf 72 ↘

Bayern / Kreis Rosenheim
EW 4681
🛈 Tel (0 80 33) 30 97 43, Fax 3 01 29
Verkehrsamt
✉ 83080 Kufsteiner Str. 6

✱✱ Wilder Kaiser

Naunspitzstr. 1, Tel (0 80 33) 40 15, Fax 31 06,
✉ 83080, AX ED VA
97 Zi, Ez: 68/34-90/45, Dz: 106/53-136/68,
1 Suite, ⌐ WC ⌀, Lift, Ⓟ, 2⌐80, ⌐,
Fitnessraum, Sauna, Solarium, Restaurant

✱ Am Rathaus

Kufsteiner Str. 4, Tel (0 80 33) 14 70,
Fax 44 56, ✉ 83080
11 Zi, Ez: 70/35, Dz: 110/55, ⌐ WC ⌀,
Restaurant
geschl.: Mi, 15.11.-15.12.00, 15-25.4.00
Im Haus des Gastes.

Oberaudorf-Außerhalb (10 km ↘)

✱ Feuriger Tatzlwurm

Tel (0 80 34) 3 00 80, Fax 71 70, ✉ 83080,
AX DC ED VA
einzeln ⌐ ⌐, 40 Zi, Ez: 70/35-105/52,
Dz: 140/70-210/105, 5 Suiten, 4 App, ⌐ WC ⌀,
2 ⌐, Lift, Ⓟ, 4⌐40, Fitnessraum, Sauna,
Solarium, Restaurant
Auch Zimmer der Kategorie ✱✱ vorhanden.

Oberaula 46 ↘

Hessen / Schwalm-Eder-Kreis
EW 3700
🛈 Tel (0 66 28) 92 08 18, Fax 92 08 88
Verkehrsbüro
✉ 36280 Hersfelder Str. 4

Luftkurort/Freibad/Tenniscenter/18-Loch-Golfplatz.

✱✱ Zum Stern mit Gästehaus Flair Hotel

Hersfelder Str. 1, Tel (0 66 28) 9 20 20,
Fax 92 02 35, ✉ 36280, AX ED VA
66 Zi, Ez: 79/39-108/54, Dz: 130/65-178/89,
2 App, ⌐ WC ⌀ DFÜ, 11 ⌐, Lift, Ⓟ, ⌐, 6⌐80,
⌐, Kegeln, Sauna, Solarium, Golf, 4 Tennis
🍴🍴 Hauptgericht 22/11-38/19, Biergarten

✱ Haus Berlin

Borgmannstr. 2, Tel (0 66 28) 12 41, Fax 89 44,
✉ 36280

33 Zi, Ez: 69/34-81/40, Dz: 116/58-133/66, ⌐
WC ⌀, 3 ⌐, Ⓟ, 2⌐60, Kegeln, 4 Tennis,
Restaurant

Oberaurach 56 ↗

Bayern / Kreis Haßberge
EW 4300
🛈 Tel (0 95 22) 72 10, Fax 7 21 30
Fremdenverkehrsamt
✉ 97514 Rathausstr. 25

Oberschleichach

✱ Landhaus Oberaurach

Steigerwaldstr. 23, Tel (0 95 29) 9 22 00,
Fax 92 20 60, ✉ 97514, DC ED VA
⌐ ⌐, 16 Zi, Ez: 75/37-90/45, Dz: 135/67-140/70,
1 App, ⌐ WC ⌀ DFÜ, 6 ⌐, Ⓟ, 1⌐, ⌐, Sauna,
Solarium, Restaurant

Oberbergen siehe Vogtsburg

Oberboihingen 62←

Baden-Württemberg
Kreis Esslingen
EW 5300
🛈 Tel (0 70 22) 6 00 00, Fax 60 00 70
Bürgermeisteramt
✉ 72644 Rathausgasse 3

🍴 Zur Linde

Nürtinger Str. 24, Tel (0 70 22) 6 11 68,
Fax 6 17 68, ✉ 72644
Hauptgericht 29/14, Kegeln, Ⓟ, geschl.: Mo

🍴 Traube

Steigstr. 45, Tel (0 70 22) 6 68 46, Fax 6 74 02,
✉ 72644, VA
Hauptgericht 18/9-32/16, Terrasse, Kegeln, Ⓟ,
⌐

Oberderdingen 61 ↘

Baden-Württemberg
Kreis Karlsruhe
EW 10000
🛈 Tel (0 70 45) 4 30, Fax 4 32 50
Bürgermeisteramt
✉ 75038 Amthof 13

Sehenswert: Amthof; Metternich'sches Wasserschloß; Gotische Grabkirche.

✱ Lindner

Im Hemrich 7, Tel (0 70 45) 9 63 30,
Fax 9 63 32 00, ✉ 75038, ED VA

&, 26 Zi, Ez: 85/42-95/47, Dz: 140/70-160/80,
⇨ WC ⌀, 8 ⇌, Lift, 2⇔25, Restaurant

Oberding 72 ↗

Bayern / Kreis Erding
EW 4410
i Tel (0 81 22) 9 70 10, Fax 97 01 40
Verwaltungsgemeinschaft
✉ 85445 Tassilostr. 17

Aufkirchen (3 km ↙)

** Comfort Hotel München Airport
Dorfstr. 15 a, Tel (0 81 22) 86 70,
Fax 86 78 67, ✉ 85445, AX DC ED VA
75 Zi, Ez: 145/73-350/176, Dz: 160/80-350/176,
4 Suiten, 49 App, ⇨ WC ⌀ DFÜ, 21 ⇌, Lift, **P**,
7⇔250, Sauna, Solarium, Golf, Restaurant
Langzeitvermietung möglich.

Schwaig (2 km ↑)

*** ArabellaSheraton Airport Hotel
Freisinger Str. 80, Tel (0 89) 92 72 27 50,
Fax 92 72 28 00, ✉ 85445, AX DC ED VA
162 Zi, 7 Suiten, 1 App, ⇨ WC ⌀ DFÜ, 66 ⇌,
Lift, **P**, 🏠, 14⇔200, 🏊, Sauna, Solarium

¶¶ Zur Schwaige
Hauptgericht 24/12-48/24

** Astron München-Airport
Lohstr. 21, Tel (0 81 22) 96 70, Fax 96 71 00,
✉ 85445, AX DC ED VA, Ⓢ
236 Zi, Ez: 180/90-495/249,
Dz: 205/103-495/249, ⇨ WC ⌀ DFÜ, 100 ⇌,
Lift, **P**, 12⇔400, Fitnessraum, Sauna,
Solarium, Restaurant

Oberdorf, Bad siehe Hindelang

Oberelfringhausen siehe Hattingen

Oberelsbach 46 ↘

Bayern / Kreis Rhön-Grabfeld
EW 3400
i Tel (0 97 74) 92 40, Fax 92 41
Haus der langen Rhön
✉ 97656 Unterelsbacher Str. 4

Unterelsbach (3 km ↘)

** Hubertus
mit Gästehaus Diana
Röderweg 9, Tel (0 97 74) 4 32, Fax 17 93,
✉ 97656, ED
♪ &, 14 Zi, Ez: 75/37-95/47, Dz: 120/60-160/80,
4 Suiten, ⇨ WC ⌀, **P**, 🏠, 🏊, Sauna, Solarium,
Golf, 4 Tennis, Restaurant

Oberhaching 71 ↗

Bayern / Kreis München
EW 12220
i Tel (0 89) 61 37 71 34, Fax 6 13 11 28
Gemeindeverwaltung
✉ 82041 Alpenstr. 11

* Hachinger Hof
Pfarrer-Socher-Str. 39, Tel (0 89) 61 37 80,
Fax 61 37 82 00, ✉ 82041, AX DC ED VA
♪, 75 Zi, Ez: 120/60-175/88,
Dz: 145/73-260/130, ⇨ WC ⌀ DFÜ, 20 ⇌, Lift,
P, 🏠, Sauna, Solarium, Restaurant
geschl.: 24.12.00-6.1.01
Auch Zimmer der Kategorie ****** vorhanden.

Oberharmersbach 67 ↗

Baden-Württemberg / Ortenaukreis
EW 2400
i Tel (0 78 37) 2 77, Fax 6 78
Tourismus e.V.
✉ 77784 Reichstalhalle

🛏 Zur Stube
Dorfstr. 32, Tel (0 78 37) 2 07, Fax 4 94,
✉ 77784
Ez: 75/37, Dz: 130/65, ⇨ WC, **P**

🛏 Grünwinkel
Grünwinkel 5, Tel (0 78 37) 16 11, Fax 16 13,
✉ 77784
46 Zi, Ez: 65/32-115/57, Dz: 110/55-210/105, ⇨
WC ⌀, Lift, **P**, 🏠, Sauna, Restaurant

Riersbach-Außerhalb (3 km ↗)

🛌 Schwarzwald-Idyll
Obertal 50, **Tel (0 78 37) 9 29 90**,
Fax 92 99 15, ✉ 77784, AX DC ED VA
♪, 23 Zi, Ez: 43/21-82/41, Dz: 74/37-138/69,
Lift, **P**, 1🍴25, Solarium, Restaurant
geschl.: Di, 15.11.-10.12.00, 10-24.1.01

Oberhausen 33 ←

Nordrhein-Westfalen
EW 225660
i Tel (02 08) 82 45 70, Fax 8 24 57 11
Tourist Information
✉ 46045 Willy-Brandt-Platz 2

✱✱ Astron
Düppelstr. 2, **Tel (02 08) 8 24 40**,
Fax 8 24 42 00, ✉ 46045, AX DC ED VA, Ⓢ
172 Zi, Ez: 155/78-233/117,
Dz: 178/89-256/128, ⊟ WC Ⓕ DFÜ, 54 ⌇, Lift,
P, ♨, 7🍴200, Fitnessraum, Sauna, Solarium,
Restaurant

✱ Zum Eisenhammer
Zum Eisenhammer 8, **Tel (02 08) 85 09 70**,
Fax 8 50 97 33, ✉ 46049, AX DC ED VA
22 Zi, Ez: 99/49-116/58, Dz: 137/69-162/81, ⊟
WC Ⓕ, **P**, garni

✱ Sol Inn Hotel Centro
Centroallee 280, **Tel (02 08) 8 20 20**,
Fax 8 20 24 44, ✉ 46047, AX DC ED VA, Ⓢ
140 Zi, Ez: 150/75-420/211,
Dz: 170/85-440/221, 3 Suiten, ⊟ WC Ⓕ DFÜ,
34 ⌇, Lift, **P**, 3🍴100, Restaurant

Appartementhotels/Boardinghäuser

Residenz Oberhausen
Hermann-Albertz-Str. 69 (A 2),
Tel (02 08) 8 20 80, **Fax 8 20 81 50**, ✉ 46045,
AX DC ED VA
Ez: 129/64-267/134, Dz: 186/93-304/153,
8 Suiten, 97 App, ⊟ WC Ⓕ DFÜ, Lift, **P**, ♨,
4🍴60, Fitnessraum, Solarium, Restaurant
geschl.: 22.12.00-2.1.01
Zimmer der Kategorie ✱✱.

Osterfeld (5 km ↗)

✱✱ Best Western Parkhotel
Teutoburger Str. 156, **Tel (02 08) 6 90 20**,
Fax 6 90 21 58, ✉ 46119, AX DC ED VA, Ⓢ
80 Zi, Ez: 128/64-198/99, Dz: 175/88-216/108,
2 Suiten, ⊟ WC Ⓕ DFÜ, 15 ⌇, Lift, **P**, ♨,
6🍴120, Fitnessraum, Kegeln, Sauna, Solarium,
Golf, 6 Tennis
geschl.: 24-26.12.00
Auch Zimmer der Kategorie ✱ vorhanden.

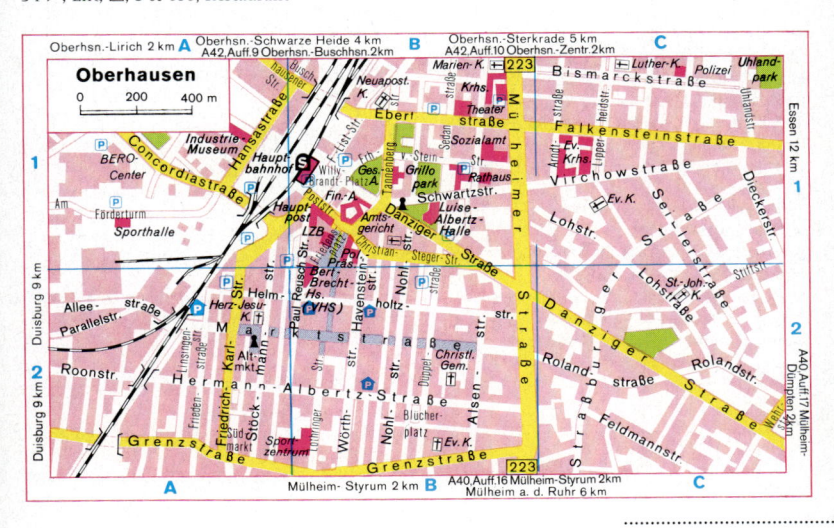

Oberhausen

¶¶ Zur Bockmühle
Hauptgericht 35/17-45/22, geschl.: So,
24.12.00-7.1.01

Schmachtendorf

∗ Gerlach-Thiemann
Buchenweg 14, Tel (02 08) 62 09 00,
Fax 62 09 02 00, ⌧ 46147, AX DC ED VA
21 Zi, Ez: 115/57-150/75, Dz: 160/80-190/95, ⌐
WC ⊘ DFÜ, 4 ⇌, Lift, P, ☎, 3⇔80,
Fitnessraum, Sauna, Solarium, Restaurant

Oberhof 47 □

Thüringen
Kreis Schmalkalden-Meiningen
EW 2000
🛈 Tel (03 68 42) 26 90, Fax 2 69 20
Oberhof-Information
⌧ 98559 Crawinkler Str. 2

∗∗ Treff Hotel Panorama
Theodor-Neubauer-Str. 29, Tel (03 68 42) 5 00,
Fax 2 25 51, ⌧ 98559, AX DC ED VA, Ⓢ
♪ ₰, 409 Zi, Ez: 135/67-145/73,
Dz: 185/93-195/98, 3 Suiten, 80 App, ⌐ WC ⊘,
Lift, P, 17⇔320, ☎, Kegeln, Sauna, Solarium,
Restaurant

∗ Oberland
Crawinkler Str. 3, Tel (03 68 42) 2 22 01,
Fax 2 22 02, ⌧ 98559, AX DC ED VA
66 Zi, Ez: 76/38-101/50, Dz: 111/55-146/73,
2 App, ⌐ WC ⊘, P, ☎, 1⇔60, Sauna,
Solarium, Restaurant
Auch Zimmer der Kategorie ∗∗ vorhanden.

∗ Berghotel
Theodor-Neubauer-Str. 14, Tel (03 68 42) 2 70,
Fax 2 71 00, ⌧ 98559, AX ED VA
69 Zi, Ez: 86/43-120/60, Dz: 132/66-145/73,
12 Suiten, ⌐ WC ⊘, Lift, P, 1⇔80, Bowling,
Sauna, Solarium, Restaurant
In der Gästevilla Zimmer der Kategorie ∗∗
vorhanden.

∗ Sporthotel
Am Harzwald 1, Tel (03 68 42) 28 60,
Fax 2 25 95, ⌧ 98559, AX ED VA
58 Zi, Ez: 70/35-90/45, Dz: 120/60-140/70,
1 Suite, 2 App, ⌐ WC ⊘, P, 7⇔60, Bowling,
Sauna, Solarium, 4 Tennis, Restaurant

Oberkirch 60 ↓

Baden-Württemberg / Ortenaukreis
EW 19000
🛈 Tel (0 78 02) 8 22 42, Fax 8 21 79
Tourist-Information
⌧ 77704 Eisenbahnstr. 1

**∗∗ Romantik Hotel
Zur Oberen Linde**
Hauptstr. 25-27, Tel (0 78 02) 80 20,
Fax 30 30, ⌧ 77704, AX DC ED VA
37 Zi, Ez: 130/65-175/88, Dz: 195/98-260/130,
1 Suite, ⌐ WC ⊘, Lift, P, 5⇔200, Kegeln

¶¶ Hauptgericht 30/15-45/22, Terrasse

∗ Pflug
Fernacher Platz 1, Tel (0 78 02) 92 90,
Fax 92 93 00, ⌧ 77704, AX ED VA
34 Zi, Ez: 85/42-110/55, Dz: 125/62-160/80, ⌐
WC ⊘, Lift, P, ☎, 1⇔40
geschl.: Mi
¶ Hauptgericht 18/9-32/16, geschl.: Mi

∗ Gasthof Pfauen
Josef-Geldreich-Str. 18, Tel (0 78 02) 9 39 40,
Fax 45 29, ⌧ 77704, AX DC ED VA
11 Zi, Ez: 52/32-75/37, Dz: 110/55-130/65, ⌐
WC ⊘, P, ☎, 2⇔40, Kegeln, Restaurant
geschl.: Jan

Oberkirch-Außerhalb

¶¶ Haus am Berg ✣
Am Rebhof 5, Tel (0 78 02) 47 01, Fax 29 53,
⌧ 77704
₰ einzeln, Hauptgericht 20/10-47/23, Terrasse,
P, geschl.: Di, Nov-Mär Mo, Di, 2 Wochen im
Feb, 2 Wochen im Nov
Anfahrt über B 28, in den Weinbergen gelegen.
**∗ einzeln ♪ ₰, 9 Zi, Ez: 65/32-95/47,
Dz: 108/54-160/80, ⌐ WC**

Gaisbach (2,5 km ↖)

∗ Gasthof Lamm
Gaisbach 1, Tel (0 78 02) 9 27 80, Fax 59 66,
⌧ 77704, DC ED VA
♪, 19 Zi, Ez: 84/42, Dz: 149/75, ⌐ WC ⊘, 3 ⇌,
Lift, P, 2⇔130

Oedsbach (5 km ↓)

** **Ringhotel**
Waldhotel Grüner Baum
Alm 33, **Tel (0 78 02) 80 90**, **Fax 8 09 88**,
✉ 77704, AX DC ED VA, Ⓢ
🌙, 53 Zi, Ez: 108/54-190/95,
Dz: 170/85-300/151, 1 Suite, ⌐ WC ⓓ, Lift, Ⓟ,
🛏, 4↻50, 🏞, Fitnessraum, Kegeln, Sauna,
Solarium, 2 Tennis
🍴🍴 Hauptgericht 24/12-45/22, Terrasse,
Biergarten

Oberkirchen siehe Schmallenberg

Oberkochen 62 →

Baden-Württemberg / Ostalbkreis
EW 8300
🛈 Tel (0 73 64) 2 70, Fax 27 27
Touristinfo
✉ 73447 Eugen-Bolz-Platz 1

* **Am Rathaus**
Eugen-Bolz-Platz 2, **Tel (0 73 64) 9 63 30**,
Fax 59 55, ✉ 73447, AX DC ED VA
🌙, 40 Zi, Ez: 98/49-160/80, Dz: 151/76-197/99,
⌐ WC ⓓ DFÜ, 4 🛏, Lift, Ⓟ, 🛏, 2↻100,
Restaurant
Auch Zimmer der Kategorie ****** vorhanden.

Oberkreuzberg siehe Spiegelau

Obermaiselstein 70 ↓

Bayern / Kreis Oberallgäu
EW 870
🛈 Tel (0 83 26) 2 77, Fax 94 08
Verkehrsamt
✉ 87538 Am Scheid 18

Sehenswert: Sturmannshöhle; Hirschsprung,
Riedbergpaß, Skiparadies Grasgehren, sonniges
Bergdorf bei Oberstdorf, Luftkurort, Ferien im
Sommer und Winter, familienfreundlich - bei
uns sind Sie willkommen!

** **Berwanger Hof**
Flair Hotel
Niederdorf 11, **Tel (0 83 26) 3 63 30**,
Fax 36 33 36, ✉ 87538
🍴, 28 Zi, Ez: 80/40-99/49, Dz: 160/80-190/95,
6 App., ⌐ WC ⓓ, Lift, Ⓟ, 🛏, Sauna, Solarium
geschl.: Do, 1.11.-15.12.00
Auch Zimmer der Kategorie ***** vorhanden.

🍴🍴 **Zum Heuwirt**
Hauptgericht 19/9-32/16, Terrasse, geschl.: Do,
1.-15.12.00

Obernburg a. Main 55 ↖

Bayern / Kreis Miltenberg
EW 8800
🛈 Tel (0 60 22) 6 19 10, Fax 61 91 39
Stadtverwaltung
✉ 63785 Römerstr. 62-64

* **Zum Karpfen**
Mainstr. 8, **Tel (0 60 22) 86 45**, **Fax 52 76**,
✉ 63785, AX ED VA
26 Zi, Ez: 95/47, Dz: 135/67, ⌐ WC ⓓ, Lift, Ⓟ,
1↻25, Restaurant
Auch Zimmer der Kategorie ****** vorhanden.

* **Zum Anker**
Mainstr. 3, **Tel (0 60 22) 6 16 70**, **Fax 61 67 60**,
✉ 63785, AX DC ED VA
35 Zi, Ez: 120/60, Dz: 170/85, ⌐ WC ⓓ DFÜ,
14 🛏, Ⓟ, 1↻20, Restaurant

Oberndorf am Neckar 68 ↑

Baden-Württemberg / Kreis Rottweil
EW 14700
🛈 Tel (0 74 23) 7 70, Fax 7 71 11
Stadtverwaltung
✉ 78727 Klosterstr. 3

* **Zum Wasserfall**
Lindenstr. 60, **Tel (0 74 23) 92 80**,
Fax 92 81 13, ✉ 78727, DC ED VA
35 Zi, Ez: 80/40-110/55, Dz: 120/60-150/75,
1 Suite, ⌐ WC ⓓ, Lift, Ⓟ, 2↻30, Kegeln,
Sauna
geschl.: 28.7.-13.8.01
🍴 Hauptgericht 25/12, geschl.: Fr, Sa,
28.7.-13.8.01

Lindenhof (2 km ←)

* **Bergcafé Link**
Mörikeweg 1, **Tel (0 74 23) 34 91**, **Fax 66 91**,
✉ 78727, ED VA
15 Zi, Ez: 65/32-75/37, Dz: 90/45-120/60, ⌐
WC ⓓ, Ⓟ, 🛏, 1↻20, Restaurant
geschl.: Sa, 8.-23.8.00, 3.-10.1.01

Obernkirchen 25 ↓

Niedersachsen / Kreis Schaumburg
EW 10500
🛈 Tel (0 57 24) 39 50, Fax 3 95 49
Stadtverwaltung
✉ 31683 Marktplatz 4

✶✶ Zum Stadttor
Lange Str. 53, Tel (0 57 24) 40 16, Fax 40 17,
✉ 31683, ED VA
13 Zi, Ez: 90/45-98/49, Dz: 170/85-180/90,
1 App., ⌐ WC ✆, Lift, P, garni

Obernzell 66 ↘

Bayern / Kreis Passau
EW 3700
🛈 Tel (0 85 91) 9 11 61 19, Fax 9 11 61 50
Tourist-Information Obernzell
✉ 94130 Marktplatz 42

✶ Treff Hotel Fohlenhof
Matzenberger Str. 36, Tel (0 85 91) 91 65,
Fax 91 66, ✉ 94130, AX DC ED VA, ⓢ
♪ ≷, 32 Zi, Ez: 95/47-114/57,
Dz: 140/70-178/89, 66 App., ⌐ WC ✆, P, ≘,
Sauna, Solarium, Restaurant

Erlau (6 km ←)

✶ Zum Edlhof
Edlhofstr. 10, Tel (0 85 91) 4 66, Fax 5 22,
✉ 94130
29 Zi, Ez: 55/27-65/32, Dz: 85/42-100/50, ⌐
WC ✆, P, Restaurant
geschl.: Di, 10.1.-20.2.01

Oberorke siehe Vöhl

Oberpframmern 72 □

Bayern / Kreis Ebersberg
EW 2000
🛈 Tel (0 80 93) 9 09 70, Fax 23 20
Verwaltungsgemeinschaft
✉ 85625 Marktplatz 1

✶ Bockmaier
Münchner Str. 3, Tel (0 80 93) 57 80,
Fax 5 78 50, ✉ 85667, AX ED VA

28 Zi, Ez: 85/42-100/50, Dz: 120/60-130/65,
2 App., ⌐ WC ✆, 10 ⇔, P, ≘, Solarium, garni

Oberreute 69 ↘

Bayern / Kreis Lindau (Bodensee)
EW 1500
🛈 Tel (0 83 87) 12 33, Fax 87 07
Gästeamt
✉ 88179 Hauptstr. 34

✶ Sonnenhalde
Hochgratstr. 312, Tel (0 83 87) 12 38,
Fax 12 39, ✉ 88179, AX VA
≷, 15 Zi, Ez: 60/30-70/35, Dz: 120/60, ⌐ WC,
P, Sauna, Restaurant

🛏 Martinshöhe
Freibadweg 4, Tel (0 83 87) 13 13, Fax 28 83,
✉ 88179, ED VA
♪, 13 Zi, Ez: 58/29-70/35, Dz: 95/47-105/52, ⌐
WC, 2 ⇔, P, ≘, 9 Tennis, Restaurant
geschl.: 1.11.-15.12.00

Oberried 67 □

Baden-Württemberg
Kreis Breisgau-Hochschwarzwald
EW 2605
🛈 Tel (0 76 61) 93 05 66, Fax 93 05 88
Verkehrsbüro
✉ 79254 Klosterplatz 4

✶ Gasthof Zum Hirschen
Hauptstr. 5, Tel (0 76 61) 90 29 30,
Fax 90 29 50, ✉ 79254, DC ED VA
14 Zi, Ez: 75/37, Dz: 120/60, ⌐ WC ✆,
Restaurant

Weilersbach (1 km ←)

✶ Zum Schützen
Weilersbacher Str. 7, Tel (0 76 61) 9 84 30,
Fax 98 43 18, ✉ 79254, AX ED VA
♪, 13 Zi, Ez: 70/35-85/42, Dz: 100/50-140/70,
2 App., ⌐ WC ✆, 13 ⇔, P, Restaurant
geschl.: Di, 15.1.-15.2.01

Oberröblingen 38 ←

Sachsen-Anhalt
Kreis Sangerhausen
EW 1480
🛈 Tel (0 34 64) 52 18 44, Fax 51 79 58
Gemeindeverwaltung
✉ 06528 Hauptstr. 22

✶ Zum Löwen
Sangerhäuser Str. 24, Tel (0 34 64) 67 42 62,
Fax 67 42 30, ✉ 06528, AX ED VA
28 Zi, Ez: 75/37-95/47, Dz: 120/60-140/70, ⊣
WC ⌀, 10 🛏, P, 1⟳50, Kegeln, Restaurant

Oberscheinfeld 56 →

Bayern
Kreis Neustadt a. d. Aisch
🛈 Tel (0 91 67) 2 44
Tourist-Information
✉ 91483 Rathaus, Markt Platz 1

✶ Ziegelmühle Hotel
Tel (0 91 67) 9 99 90, Fax 99 99 35, ✉ 91483,
VA
10 Zi, Ez: 80/40-90/45, Dz: 120/60-140/70, ⊣
⌀, P, 🐾, 1⟳20, ≋, Sauna, Solarium

Oberschleißheim 72 ↖

Bayern / Kreis München
EW 12000
🛈 Tel (0 89) 3 15 61 30, Fax 31 56 13 21
Gemeindeverwaltung
✉ 85764 Freisinger Str. 15

✶ Blauer Karpfen
Dachauer Str. 1, Tel (0 89) 3 15 71 50,
Fax 31 57 15 50, ✉ 85764, AX ED VA
37 Zi, Ez: 120/60-140/70, Dz: 150/75-170/85,
⊣ WC ⌀, Lift, P, 🐾, Restaurant
Rezeption: 6.30-23

Lustheim (2 km →)

✶✶ Hotel am Schloßpark Zum Kurfürst
Kapellenweg 5, Tel (0 89) 31 57 90,
Fax 31 57 94 00, ✉ 85764, AX DC ED VA
♪, 90 Zi, Ez: 110/55-180/90,
Dz: 150/75-240/120, 2 Suiten, ⊣ WC ⌀ DFÜ,
11 🛏, Lift, P, 🐾, 4⟳45, ≋, Kegeln, Sauna,
Solarium
Auch Zimmer der Kategorie ✶ vorhanden
🍴🍴 Hauptgericht 15/7-40/20

Oberschönau 47 ↖

Thüringen
Kreis Schmalkalden-Meiningen
EW 970
🛈 Tel (03 68 47) 3 04 25, Fax 3 04 25
Gästeinformation
✉ 98587 Schulstr. 8

Staatlich anerkannter Erholungsort/Thüringer Wald.

✶ Berghotel Simon
Am Hermannsberg 13, Tel (03 68 47) 3 03 28,
Fax 3 36 25, ✉ 98587, AX ED VA
♪, 33 Zi, Ez: 68/34-80/40, Dz: 96/48-120/60, ⊣
WC ⌀, P, 1⟳30, Sauna, Solarium, Restaurant

Oberstaufen 70 ✓

Bayern / Kreis Oberallgäu
EW 7200
🛈 Tel (0 83 86) 9 30 00, Fax 93 00 20
Kurverwaltung
✉ 87534 Hugo-von-Königsegg-Str 8

✶✶✶ Lindner Parkhotel ♛
Argenstr. 1, Tel (0 83 86) 70 30, Fax 70 37 04,
✉ 87534, AX DC ED VA
91 Zi, Ez: 155/78-245/123,
Dz: 298/150-368/185, 10 Suiten, ⊣ WC ⌀,
12 🛏, Lift, P, 🐾, 1⟳, ≋, Fitnessraum, Sauna,
Solarium, Golf, Restaurant

✶✶✶ Allgäu Sonne mit Gästehäusern
Stießberg 1, Tel (0 83 86) 70 20, Fax 78 26,
✉ 87534, AX DC ED VA
♪ ≋, 120 Zi, Ez: 155/78-295/148,
Dz: 400/201-470/236, 7 Suiten, 35 App, ⊣ WC
⌀, Lift, P, 🐾, 2⟳24, ≋, ≋, Sauna, Solarium
🍴🍴 Allgäu Sonne
Hauptgericht 28/14-43/21, Terrasse

✶✶✶ Concordia ♛
Im Pfalzen 8, Tel (0 83 86) 48 40,
Fax 48 41 30, ✉ 87534

743

Oberstaufen

§, 56 Zi, Ez: 137/69-195/98,
Dz: 239/120-310/156, 3 Suiten, ⌐ WC ⌀, 4 ⊷,
Lift, **P**, 🖃, ⌒, Sauna, Solarium, Golf, 6 Tennis,
Restaurant

*** Allgäuer Rosen Alp
Am Lohacker 5, Tel (0 83 86) 70 60,
Fax 70 64 35, ⌧ 87534, ED VA
♪ §, 79 Zi, Ez: 145/73-250/125,
Dz: 290/146-350/176, 7 Suiten, ⌐ WC ⌀ DFÜ,
19 ⊷, Lift, **P**, 🖃, 1⌬20, ≋, ⌒, Bowling,
Sauna, Solarium, Golf, 12 Tennis, Restaurant
geschl.: 20.11.-25.12.01

*** Alpenkönig
Kalzhofer Str. 25, Tel (0 83 86) 9 34 50,
Fax 43 44, ⌧ 87534
♪, 20 Zi, Ez: 100/50-160/80,
Dz: 210/105-310/156, ⌐ WC ⌀, Lift, **P**, 🖃, ⌒,
Sauna, Solarium, Golf, Restaurant
geschl.: 25.11.-24.12.00

** Kurhotel Hirsch
Kalzhofer Str. 4, Tel (0 83 86) 49 10,
Fax 49 11 44, ⌧ 87534
36 Zi, Ez: 95/47-160/80, Dz: 170/85-220/110,
4 Suiten, ⌐ WC ⌀, Lift, **P**, 🖃, ⌒, Sauna,
Solarium, Restaurant

** Kurhotel Alpina
Am Kurpark 7, Tel (0 83 86) 9 32 00,
Fax 29 91, ⌧ 87534, VA
§, 14 Zi, Ez: 100/50-140/70,
Dz: 180/90-240/120, 1 Suite, ⌐ WC ⌀, **P**, 🖃,
⌒, Fitnessraum, Sauna, Solarium, garni

* Zum Adler mit Gästehaus
Kirchplatz 6, Tel (0 83 86) 9 32 10, Fax 47 63,
⌧ 87534, AX ED VA
28 Zi, Ez: 85/42-150/75, Dz: 170/85-220/110,
1 Suite, 1 App, ⌐ WC ⌀, **P**, 1⌬14, Sauna,
Solarium
Auch Zimmer der Kategorie ** vorhanden.
🍴 Hauptgericht 25/12, Terrasse,
Biergarten, geschl.: 20.11.-20.12.00

🍴🍴 Postürmle
Bahnhofsplatz 4, Tel (0 83 86) 74 12,
Fax 18 82, ⌧ 87534
Hauptgericht 28/14-49/24, nur abends,
geschl.: Di, 2 Wochen im Dez, 2 Wochen im Jun

Altstaufener Einkehr
Bahnhofstr. 4, Tel (0 83 86) 71 93, Fax 76 39,
⌧ 87534

☕ Café Princess
Lindauer Str. 6, Tel (0 83 86) 22 13, Fax 73 85,
⌧ 87534
Spezialität: Nußkranz.

Buflings (2 km ↑)

** Kurhotel Engel
Buflings 3, Tel (0 83 86) 70 90, Fax 70 94 82,
⌧ 87534
§, 56 Zi, Ez: 118/59-202/101,
Dz: 200/100-304/153, 3 Suiten, ⌐ WC ⌀, Lift,
P, 🖃, 1⌬40, ⌒, Kegeln, Bowling, Sauna,
Solarium, Golf
geschl.: 10.11.-20.12.00
Auch Zimmer der Kategorie *** vorhanden.
🍴 Hauptgericht 20/10, Terrasse,
geschl.: Mo, Di, 15.11.-20.12.00

Rain, Bad (1,5 km ↘)

* Alpengasthof Bad Rain
Tel (0 83 86) 9 32 40, Fax 93 24 99, ⌧ 87534
einzeln ♪, 25 Zi, Ez: 75/37-125/62,
Dz: 150/75-230/115, 1 Suite, ⌐ WC ⌀ DFÜ,
5 ⊷, **P**, 🖃, ⌒, Sauna, Solarium, Golf
geschl.: 12.11.-9.12.00
🍴 einzeln, Hauptgericht 18/9-40/20,
Terrasse, Biergarten, geschl.: 12.11.-9.12.00

Steibis (6 km ↓)

** Kur- und Sporthotel Burtscher
Im Dorf 29, Tel (0 83 86) 89 10, Fax 89 13 17,
⌧ 87534, ED VA
♪, 74 Zi, Ez: 100/50-265/133,
Dz: 200/100-400/201, 7 Suiten, ⌐ WC ⌀, Lift,
≋, ⌒, Sauna, Solarium, Restaurant

* Birkenhof
Am Anger 30, Tel (0 83 86) 9 80 80,
Fax 98 08 20, ⌧ 87534
einzeln §, 21 Zi, Dz: 170/85-240/120, 3 Suiten,
3 App, ⌐ WC ⌀, 21 ⊷, **P**, Sauna, Solarium,
Restaurant

Thalkirchdorf (6 km →)

* Ringhotel Traube
Tel (0 83 25) 92 00, Fax 9 20 39, ⌧ 87534,
AX DC ED VA, Ⓢ
♪ ♨, 29 Zi, Ez: 102/51-142/71,
Dz: 150/75-208/104, ⌐ WC ⌀ DFÜ, **P**, 🖃, ⌒,
Fitnessraum, Sauna, Solarium, Golf, 4 Tennis
geschl.: Mitte Nov-Mitte Dez
🍴 Hauptgericht 30/15-38/19, Biergarten,
geschl.: Di, Mitte Nov-Mitte Dez

Weißach (1 km ↓)

*** Kur- und Sporthotel Königshof
Mühlenstr. 16, Tel (0 83 86) 49 30,
Fax 49 31 25, ⌧ 87534, AX DC ED VA
♪ §, 62 Zi, Ez: 135/67-220/110,
Dz: 240/120-340/171, 2 Suiten, ⌐ WC ⌀, 28 ⊷,
Lift, **P**, 🖃, 1⌬15, ⌒, Sauna, Solarium, Golf,
Restaurant

Willis

⋆⋆ Bergkristall
Willis Nr.8, **Tel (0 83 86) 91 10**, Fax 91 11 50,
✉ 87534, AX ED VA
⚹, 37 Zi, Ez: 86/43-204/102,
Dz: 172/86-360/181, ⊣ WC ⌀, Lift, P, 🚗,
1⟲16, ⌂, Sauna, Solarium, Restaurant
Auch Zimmer der Kategorie ⋆⋆⋆ vorhanden.

Oberstdorf 70 ↓
Bayern / Kreis Oberallgäu
EW 11000
🛈 Tel (0 83 22) 70 00, Fax 70 02 36
Kurverwaltung
✉ 87561 Marktplatz 7
Cityplan siehe Seite 746

⋆⋆⋆ Parkhotel Frank
Sachsenweg 11 (B 2), **Tel (0 83 22) 70 60**,
Fax 70 62 86, ✉ 87561, AX ED VA
☾, 57 Zi, Ez: 145/73-310/156,
Dz: 300/151-460/231, 5 Suiten, ⊣ WC ⌀ DFÜ,
2 ⛌, Lift, P, 🚗, 1⟲80, ⌂, Sauna, Solarium,
Golf
🍴🍴 Hauptgericht 36/18-44/22, Terrasse

⋆⋆⋆ Kur- und Ferienhotel Filser
Freibergstr. 15 (A 2), **Tel (0 83 22) 70 80**,
Fax 70 85 30, ✉ 87561
☾, 88 Zi, Ez: 114/57-156/78,
Dz: 228/114-290/146, 3 Suiten, ⊣ WC ⌀, Lift,
P, 🚗, 2⟲35, ⌂, Fitnessraum, Sauna,
Solarium, Restaurant
geschl.: 19.11.-17.12.00
Auch Zimmer der Kategorie ⋆⋆ vorhanden.

⋆⋆ Exquisit ♛
Prinzenstr. 17 (B 2), **Tel (0 83 22) 9 63 30**,
Fax 96 33 60, ✉ 87561, AX DC VA
☾ ⚹, 34 Zi, Ez: 141/71-240/120,
Dz: 202/101-420/211, 1 Suite, ⊣ WC ⌀, Lift, P,
1⟲35, ⌂, Sauna, Solarium, Golf, Restaurant
geschl.: 5.11.-17.12.00

⋆⋆ Mohren
Marktplatz 6, **Tel (0 83 22) 91 20**,
Fax 91 24 44, ✉ 87561, AX ED VA
50 Zi, Ez: 100/50-230/115,
Dz: 200/100-460/231, 5 Suiten, ⊣ WC ⌀ DFÜ,
25 ⛌, Lift, 🚗, 2⟲50, Sauna, Solarium, Golf,
Restaurant

⋆⋆ Geldernhaus
Lorettostr. 16, **Tel (0 83 22) 97 75 70**,
Fax 9 77 57 30, ✉ 87561
11 Zi, Ez: 130/65-165/83, Dz: 196/98-240/120,
3 Suiten, ⊣ WC ⌀ DFÜ, 8 ⛌, P, 🚗, 1⟲20, ⌂,
Fitnessraum, Sauna

⋆⋆ Wittelsbacher Hof
Prinzenstr. 24, **Tel (0 83 22) 60 50**,
Fax 60 53 00, ✉ 87561, AX DC ED VA
☾ ⚹, 74 Zi, Ez: 95/47-185/93,
Dz: 164/82-244/122, 10 Suiten, ⊣ WC ⌀, 12 ⛌,
Lift, P, 🚗, 4⟲70, ≋, ⌂, Sauna, Golf,
Restaurant
geschl.: 29.10.-20.12.00, 22.4.-18.5.01
Auch Zimmer der Kategorie ⋆⋆⋆ vorhanden.

⋆⋆ Sporthotel Menning
Oeschlesweg 18, **Tel (0 83 22) 9 60 90**,
Fax 85 32, ✉ 87561
☾ ⚹, 22 Zi, Ez: 80/40, Dz: 150/75-200/100,
1 Suite, 1 App., ⊣ WC ⌀, 4 ⛌, Lift, P, 🚗, ⌂,
Fitnessraum, Sauna, Solarium, Golf, garni

⋆ Gerberhof
Zweistapfenweg 7 (A 2), **Tel (0 83 22) 70 70**,
Fax 70 71 00, ✉ 87561, AX DC ED VA
☾, 45 Zi, Ez: 86/43-150/75, Dz: 150/75-194/97,
4 Suiten, 4 App., ⊣ WC ⌀, Lift, P, 🚗, ⌂,
Sauna, Solarium, garni
geschl.: 6.11.-6.12.00
Auch Zimmer der Kategorie ⋆⋆ vorhanden.

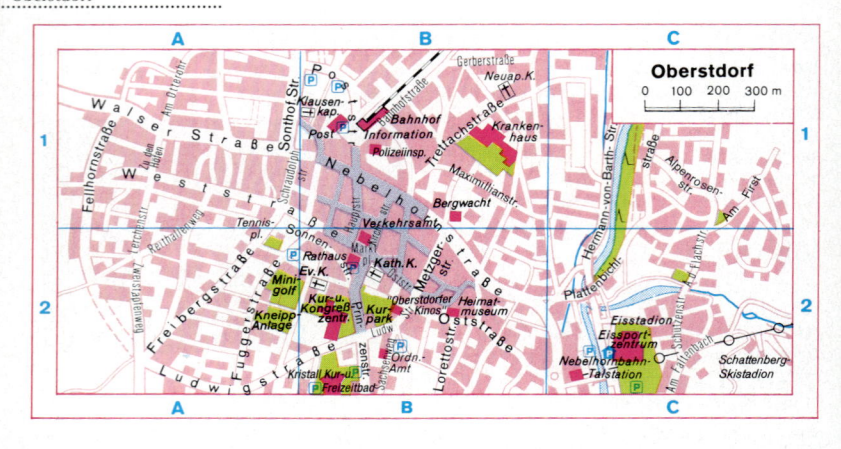

Oberstdorf

✱ Adler
Fuggerstr. 1 (A 2), Tel (0 83 22) 9 61 00,
Fax 81 87, ✉ 87561, AX ED VA
33 Zi, Ez: 99/49-150/75, Dz: 190/95-250/125,
⌐ WC ∅, P, 🏠
geschl.: 15.11.-10.12.00, 22.4.-12.5.01
🍴 Hauptgericht 28/14, Terrasse,
geschl.: Di, 5.11.-15.12.00, 22.4.-12.5.01

✱ Kurparkhotel
Prinzenstr. 1 (B 2), Tel (0 83 22) 9 65 60,
Fax 96 56 19, ✉ 87561
22 Zi, Ez: 75/37-99/49, Dz: 138/69-178/89, ⌐
WC ∅, P, Sauna, Solarium, garni
Rezeption: 9-20, geschl.: 29.10.-20.12.00,
22.4.-10.5.01

✱ Fuggerhof
Speichackerstr. 2, Tel (0 83 22) 9 64 30,
Fax 96 43 30, ✉ 87561, AX
♪ §, 20 Zi, Ez: 65/32-150/75,
Dz: 130/65-250/125, 1 Suite, 1 App, ⌐ WC ∅,
P, Fitnessraum, Solarium, 8 Tennis, Restaurant
geschl.: 15.11.-16.12.00

🍴🍴 Maximilians
Freibergstr. 21, Tel (0 83 22) 9 67 80,
Fax 96 78 43, ✉ 87561
Hauptgericht 35/17-50/25, Terrasse, P, 🛏,
nur abends, geschl.: So, 3 Wochen im Nov

🍴 Oberstdorfer Einkehr 7 Schwaben
Pfarrstr. 9, Tel (0 83 22) 97 78 50,
Fax 9 77 85 20, ✉ 87561, AX DC ED VA
Hauptgericht 30/15, P, 🛏

☕ Café Franziskus
Oststr. 1, Tel (0 83 22) 9 84 50, ✉ 87561

Oberstdorf-Außerhalb

✱ Waldesruhe
Alte Walserstr. 20, Tel (0 83 22) 60 10,
Fax 60 11 00, ✉ 87561, AX DC ED VA
einzeln ♪ §, 38 Zi, Ez: 80/40-145/73,
Dz: 190/95-320/161, 2 Suiten, 3 App, ⌐ WC ∅,
Lift, P, 1⟳25, 🏠, Fitnessraum, Sauna,
Solarium, Golf, Restaurant

✱ Haus Wiese
Stillachstr. 4 a, Tel (0 83 22) 30 30, Fax 31 35,
✉ 87561
§, 10 Zi, Ez: 105/52-160/80,
Dz: 180/90-200/100, 3 App, ⌐ WC ∅, P, 🏠,
garni

Kornau (6 km ✓)

✱✱ Silencehotel Nebelhornblick
Kornau 49, Tel (0 83 22) 9 64 20,
Fax 96 42 50, ✉ 87561, ED VA
♪ §, 27 Zi, Ez: 75/37-220/110,
Dz: 140/70-250/125, 2 Suiten, 6 App, ⌐ WC ∅,
Lift, P, 🏠, 🏠, Sauna, Solarium, Restaurant
geschl.: 5.11.-15.12.00

Tiefenbach (6 km ←)

***   Alpenhotel Vollmann
Falkenstr. 15, **Tel (0 83 22) 70 20**,
Fax 70 22 22, ✉ 87561, AX ED VA
♪ ✱, 23 Zi, Ez: 172/86-196/98,
Dz: 346/177-520/266, 24 Suiten, 10 App., ⊔ WC
✐, Lift, P, 🔔, 2⟳25, ≋, ⌂, Fitnessraum,
Sauna, Solarium, Restaurant
Auch Zimmer der Kategorie ****** vorhanden.

**   Bergruh
Im Ebnat 2, **Tel (0 83 22) 91 90**, Fax 91 92 00,
✉ 87561, AX DC ED VA
♪ ✱, 33 Zi, Ez: 100/50-160/80, Dz: 200/100,
8 Suiten, 6 App., ⊔ WC ✐, P, 🔔, 1⟳20,
Sauna, Solarium
¶   Hauptgericht 25/12, Terrasse

Oberstenfeld 61 ↗

Baden-Württemberg
Kreis Ludwigsburg
EW 7800
🛈 Tel (0 70 62) 26 10, Fax 2 61 13
Gemeinde Oberstenfeld
✉ 71720 Großbottwarer Str. 20

**   Gasthof Zum Ochsen
Großbottwarer Str. 31, **Tel (0 70 62) 93 90**,
Fax 93 94 44, ✉ 71720, AX DC ED VA
30 Zi, Ez: 75/37-98/49, Dz: 165/83-190/95, ⊔
WC ✐, 9 ⇌, Lift, P, 🔔, 3⟳50, Sauna,
Solarium
geschl.: 1.-5.1.01
Auch Zimmer der Kategorie ***** vorhanden.
¶¶   Hauptgericht 28/14-42/21, Terrasse,
geschl.: Di, 1.-5.1.01

Oberstreu 46 ↘

Bayern / Kreis Rhön-Grabfeld
EW 1500
🛈 Tel (0 97 76) 58 24
Gemeindeverwaltung
✉ 97640 Bogenstr. 11

Mittelstreu (1 km ↙)

*   Gästehaus Storath
Hauptstr. 18, **Tel (0 97 73) 50 17**, Fax 89 01 99,
✉ 97640, AX DC ED VA
12 Zi, Ez: 45/22-60/30, Dz: 90/45, 1 Suite, ⊔
WC ✐, P, 2⟳50, Restaurant
Auch Zimmer der Kategorie ****** vorhanden.

Obersulm 61 ↗

Baden-Württemberg
Kreis Heilbronn
EW 12990
🛈 Tel (0 71 30) 2 80, Fax 2 81 99
Bürgermeisteramt Obersulm
✉ 74182 Bernhardstr. 1

Sülzbach

¶¶   Alter Klosterhof Herrmann
Eberstädter Str. 7, **Tel (0 71 34) 1 88 55**,
Fax 90 11 35, ✉ 74182, AX ED
Hauptgericht 40/20, Terrasse, P, nur abends,
geschl.: Mo, So, Ende Jul-Ende Aug

Oberteuringen 69 ↙

Baden-Württemberg / Bodenseekreis
EW 4000
🛈 Tel (0 75 46) 2 99 25, Fax 2 99 88
Tourist-Information
✉ 88094 St-Martin-Platz 9

Bitzenhofen (2 km ↖)

*   Am Obstgarten
Gehrenbergstr. 16 / 1, **Tel (0 75 46) 92 20**,
Fax 9 22 88, ✉ 88094, AX ED VA
21 Zi, Ez: 65/32-98/49, Dz: 110/55-148/74,
4 App., ⊔ WC ✐, 7 ⇌, Lift, P, 3⟳50, Sauna,
Solarium, Restaurant

Oberthal 52 →

Saarland / Kreis St. Wendel
EW 6600
🛈 Tel (0 68 54) 9 01 70, Fax 90 17 17
Gemeindeverwaltung
✉ 66649 Brühlstr. 4

Steinberg-Deckenhardt (5 km ↗)

¶¶¶   Zum Blauen Fuchs
Walhausener Str. 1, **Tel (0 68 52) 67 40**,
Fax 8 13 03, ✉ 66649, ED VA
Hauptgericht 40/20-44/22, P, nur abends,
so+feiertags auch mittags, geschl.: Mo, Di
Beachtenswerte Küche.

Oberthulba 46 ↓

Bayern / Kreis Bad Kissingen
EW 4950
ℹ Tel (0 97 36) 8 12 20, Fax 81 22 55
Verkehrsverein Thulbatal
✉ 97723 Kirchgasse 16

✱✱ Rhöner Land
Zum Weißen Kreuz 20, **Tel (0 97 36) 70 70,**
Fax 70 74 44, ✉ 97723, AX ED VA
27 Zi, Ez: 92/46-101/50, Dz: 125/62-135/67,
1 Suite, 4 App., ⌐, **P**, 🕿, 4⇔70, Fitnessraum,
Sauna
¶ Hauptgericht 20/10-33/16, Terrasse,
Biergarten

Obertraubling 65 ↖

Bayern / Kreis Regensburg (Land)
EW 6460
ℹ Tel (0 94 01) 9 60 10, Fax 96 01 19
Gemeinde Obertraubling
✉ 93083 Josef-Bäumel-Platz 1

✱ Stocker
St.-Georg-Str. 2, **Tel (0 94 01) 5 00 45,**
Fax 62 73, ✉ 93083, AX DC ED VA
32 Zi, Ez: 49/24-68/34, Dz: 78/39-108/54, ⌐
WC Ⓒ, **P**, Restaurant
Rezeption: 6.30-22

Obertrubach 57 →

Bayern / Kreis Forchheim
EW 2300
ℹ Tel (0 92 45) 9 88 13, Fax 9 88 20
Verkehrsamt
✉ 91286 Teichstr. 5

Bärnfels

⊨ Drei Linden
Bärnfels 12, Tel (0 92 45) 3 25, Fax 4 09,
✉ 91286
35 Zi, Ez: 46/23-61/30, Dz: 76/38-106/53, ⌐
WC, **P**, 🕿, 3⇔110, Restaurant
geschl.: 1.11.00-25.11.00, 2 Wochen im Jan
Im Gästehaus Zimmer der Kategorie **✱**
vorhanden.

Obertshausen 54 ↗

Hessen / Kreis Offenbach am Main
EW 25730
ℹ Tel (0 61 04) 70 30, Fax 70 31 88
Stadtverwaltung
✉ 63179 Schubertstr. 11

✱✱ Parkhotel
Münchener Str. 12, **Tel (0 61 04) 9 50 20,**
Fax 95 02 99, ✉ 63179, AX DC ED VA
40 Zi, Ez: 97/48-158/79, Dz: 148/74-220/110, ⌐
WC Ⓒ DFÜ, **P**, 2⇔60

¶¶ Lederstubb
Hauptgericht 24/12-41/20, Terrasse, geschl.: So
abends

✱ Haus Dornheim
Bieberer Str. 141, **Tel (0 61 04) 9 50 50,**
Fax 4 50 22, ✉ 63179, AX DC ED VA
16 Zi, Ez: 95/47-150/75, Dz: 135/67-170/85,
2 App., ⌐ WC Ⓒ, **P**, garni

Oberursel 44 ↘

Hessen / Hochtaunuskreis
EW 45000
ℹ Tel (0 61 71) 50 23 05, Fax 50 24 30
Stadtverwaltung
✉ 61440 Rathausplatz 1

✱✱ Mövenpick
Zimmersmühlenweg 35, **Tel (0 61 71) 50 00,**
Fax 50 06 00, ✉ 61440, AX DC ED VA, Ⓢ
158 Zi, Ez: 150/75-399/200,
Dz: 150/75-449/226, ⌐ WC Ⓒ DFÜ, 104 ✉, Lift,
🕿, 11⇔250, Fitnessraum, Sauna, Solarium,
Restaurant
Auch Zimmer der Kategorie **✱✱✱** vorhanden.

✱✱ Parkhotel Waldlust
Hohemarkstr. 168, **Tel (0 61 71) 92 00,**
Fax 2 66 27, ✉ 61440, AX ED VA
105 Zi, Ez: 142/71-230/115,
Dz: 196/98-280/141, ⌐ WC Ⓒ, Lift, **P**, 🕿,
7⇔100, Restaurant
Auch Zimmer der Kategorie **✱** vorhanden.

¶¶ Deiana
Marktplatz 6, **Tel (0 61 71) 5 27 55,**
Fax 5 27 55, ✉ 61440
Hauptgericht 39/19-48/24
Beachtenswerte Küche.

¶ Ratskeller Weinstuben
Marktplatz 1, Tel **(0 61 71) 33 11**, Fax 33 27,
✉ 61440, ED
🍴, Hauptgericht 38/19, P, nur abends,
geschl.: so+feiertags, 23.12.00-8.1.01

Oberstedten

∗ Sonnenhof
Weinbergstr. 94, Tel **(0 61 72) 96 29 30**,
Fax 30 12 72, ✉ 61440, ED VA
☾, 18 Zi, Ez: 120/60-140/70,
Dz: 150/75-180/90, 12 App, ⌐ WC ⊘, P, garni

Oberweißbach 47 →

Thüringen
Kreis Saalfeld-Rudolstadt
EW 1790
🛈 Tel (03 67 05) 6 21 23, Fax 6 22 49
Fröbelstadt Marketing GmbH
✉ 98744 Markt 10

∗ Burghof
Sonneberger Str. 67, Tel **(03 67 05) 68 70**,
Fax 6 87 44, ✉ 98744, AX ED VA
20 Zi, Ez: 79/39-84/42, Dz: 100/50-128/64, ⌐
WC ⊘, 6 ⥽, P, 🏠, 1⇌25, Fitnessraum, Sauna,
Solarium, Restaurant

Oberwesel 43 ↘

Rheinland-Pfalz
Rhein-Hunsrück-Kreis
EW 5000
🛈 Tel (0 67 44) 71 06 24, Fax 15 40
Tourist-Information
✉ 55430 Rathausstr. 3

🛏 Weinhaus Weiler
Marktplatz 4, Tel **(0 67 44) 70 03**,
Fax 93 05 20, ✉ 55430, AX ED VA
§, 10 Zi, Ez: 80/40-100/50, Dz: 115/57-160/80,
⌐ WC ⊘, 1 ⥽, Restaurant
geschl.: 11.12.00-16.2.01

¶¶ Römerkrug
Marktplatz 1, Tel **(0 67 44) 70 91**, Fax 16 77,
✉ 55430, AX ED VA
🍴, Hauptgericht 28/14, Terrasse, 🛏,
geschl.: Mi, 1.-30.1.01

Historische Weinwirtschaft
Liebfrauenstr. 17, Tel **(0 67 44) 81 86**,
Fax 70 49, ✉ 55430, AX DC ED VA
🍴, Hauptgericht 20/10-28/14, Terrasse, ab 16,
geschl.: Di, Jan

Oberwesel-Außerhalb (1 km ↘)

∗∗ Burghotel Auf Schönburg ♛
Tel **(0 67 44) 9 39 30**, Fax 16 13, ✉ 55430,
DC ED VA
einzeln §🍴, 22 Zi, Ez: 115/57-340/171,
Dz: 265/133-365/183, 2 Suiten, ⌐ WC ⊘, Lift,
P, 2⇌24
geschl.: Mo, 1.1.-30.3.01

¶¶ einzeln, Hauptgericht 30/15-46/23,
Terrasse, geschl.: Mo, 1.1.-30.3.01

Oberwiesenthal 50 ↓

Sachsen / Kreis Annaberg-Buchholz
EW 3600
🛈 Tel (03 73 48) 6 14, Fax 77 98
Fremdenverkehrs GmbH
✉ 09484 Markt 8

∗∗ Vier Jahreszeiten
Annabergerstr. 83, Tel **(03 73 48) 1 80**,
Fax 73 26, ✉ 09484, AX DC ED VA
☾ §, 100 Zi, Ez: 120/60-170/85,
Dz: 185/93-230/115, 2 Suiten, ⌐ WC ⊘, 8 ⥽,
Lift, P, 🏠, 4⇌200, Sauna, Solarium,
Restaurant

∗∗ Best Western
Hotel Birkenhof
Vierenstr. 18, Tel **(03 73 48) 1 40**, Fax 1 44 44,
✉ 09484, AX DC ED VA
☾ §, 184 Zi, Ez: 125/62-165/83,
Dz: 165/83-195/98, 30 Suiten, 6 App, ⌐ WC ⊘,
50 ⥽, Lift, P, 10⇌300, Sauna, Solarium
¶ Hauptgericht 13/6-32/16, Terrasse

∗ Ringhotel Panorama
Vierenstr. 11, Tel **(03 73 48) 7 80**, Fax 7 81 00,
✉ 09484, AX DC ED VA, Ⓢ
☾ §, 100 Zi, Ez: 140/70-150/75,
Dz: 170/85-200/100, 24 Suiten, ⌐ WC ⊘, 13 ⥽,
Lift, P, 🏠, 6⇌130, 🛎, Kegeln, Bowling,
Sauna, Solarium, 4 Tennis
geschl.: 25.3.-5.4.01
¶ §, Hauptgericht 16/8-39/19, Terrasse,
Biergarten, geschl.: 25.3.-5.4.01

Oberwiesenthal

✱ Am Kirchberg
Annaberger Str. 9, Tel (03 73 48) 12 90,
Fax 84 86, ✉ 09484, AX ED VA
25 Zi, Ez: 80/40-95/47, Dz: 100/50-165/83,
2 Suiten, ⌐ WC ✆ DFÜ, 6 ⇐, ℗, 1↻22,
Restaurant

✱ Zum Alten Brauhaus
Brauhausstr. 2, Tel (03 73 48) 86 88,
Fax 2 00 70, ✉ 09484, DC ED VA
17 Zi, Ez: 60/30, Dz: 100/50, 9 Suiten, ⌐ WC ✆,
℗, Restaurant

Oberwiesenthal-Außerhalb (3 km ↖)

✱ Hotelbaude Berg-Kristall
Philosophenweg 1, Tel (03 73 48) 82 08,
Fax 73 01, ✉ 09484
einzeln ☽ ⚥, 9 Zi, Ez: 55/27-80/40,
Dz: 100/50-130/65, 5 Suiten, 1 App, ⌐ WC ✆,
9 ⇐, ℗, Sauna, Restaurant
geschl.: 1.-20.11.00

Oberwolfach 67 ↗

Baden-Württemberg / Ortenaukreis
EW 2700
ℹ Tel (0 78 34) 8 38 30, Fax 44 37
Tourist-Info
✉ 77709 Rathausstr. 1

✱✱ Drei Könige
Wolftalstr. 28, Tel (0 78 34) 8 38 00, Fax 2 85,
✉ 77709, AX DC ED VA
48 Zi, Ez: 92/46-150/75, Dz: 140/70-160/80,
3 Suiten, 1 App, ⌐ WC ✆, 42 ⇐, Lift, ℗, ≋,
2↻60
Auch Zimmer der Kategorie ✱ vorhanden.
🍴 Hauptgericht 25/12

✱✱ Schacher
Alte Str. 2 a, Tel (0 78 34) 60 13, Fax 93 50,
✉ 77709, ED VA
13 Zi, Ez: 70/35-90/45, Dz: 120/60-140/70,
4 App, ⌐ WC ✆, 13 ⇐, Lift, ℗, ≋, Restaurant
Nichtraucherhaus.

Walke (3 km ↑)

✱✱ Hirschen Landidyll
Schwarzwaldstr. 2, Tel (0 78 34) 83 70,
Fax 67 75, ✉ 77709, AX DC ED VA
41 Zi, Ez: 75/37-98/49, Dz: 116/58-170/85, ⌐
WC ✆, 5 ⇐, Lift, ℗, ≋, 3↻40, Kegeln,
Bowling, Sauna, Solarium, 3 Tennis
geschl.: 10-30.1.00
Auch Zimmer der Kategorie ✱✱✱ vorhanden.
🍴🍴 Hauptgericht 25/12, geschl.: Mo,
10-31.1.01

✱ Zum Walkenstein
Burgfelsen 1, Tel (0 78 34) 3 95, Fax 46 70,
✉ 77709
30 Zi, Ez: 55/27, Dz: 100/50, ⌐ WC, 6 ⇐, Lift,
℗
🍴 Hauptgericht 12/6

Obing 73 ←

Bayern / Kreis Traunstein
EW 3900
ℹ Tel (0 86 24) 89 86 25, Fax 89 86 33
Verwaltungsgemeinschaft Obing
✉ 83119 Kienberger Str. 5

✱ Oberwirt
Kienberger Str. 14, Tel (0 86 24) 42 96,
Fax 29 79, ✉ 83119, ED VA
37 Zi, Ez: 84/42-89/44, Dz: 120/60-140/70,
5 App, ⌐ WC ✆, Lift, ℗, ≋, 4↻80, Sauna,
Solarium
geschl.: 12-31.10.00
🍴 Hauptgericht 17/8-38/19, Biergarten,
geschl.: Mi, 12.10.-31.12.00

Ochsenfurt 56 □

Bayern / Kreis Würzburg
EW 12000
ℹ Tel (0 93 31) 58 55, Fax 74 93
Verkehrsbüro
✉ 97199 Hauptstr. 39

🍽 Gasthof Kauzen
Hauptstr. 37, Tel (0 93 31) 22 37, Fax 8 07 82,
✉ 97199
Hauptgericht 25/12, geschl.: Di
✱✱ 6 Zi, Ez: 95/47, Dz: 130/65, ℗

Ochsenfurt-Außerhalb (2 km →)

✱✱ Wald- und Sporthotel Polisina Landidyll
Marktbreiter Str. 265, Tel (0 93 31) 84 40,
Fax 76 03, ✉ 97199, AX DC ED VA
einzeln ⚥, 87 Zi, Ez: 160/80-180/90,
Dz: 220/110-250/125, 6 Suiten, ⌐ WC ✆, Lift,
℗, 8↻200, ≋, Sauna, Solarium, Golf, 4 Tennis,
Restaurant

Ochsenhausen 69 →

Baden-Württemberg / Kreis Biberach
EW 8400
ℹ Tel (0 73 52) 92 20 26, Fax 92 20 19
Städtisches Verkehrsamt
✉ 88416 Marktplatz 1

✶✶ Ringhotel Mohren
Grenzenstr. 4, Tel (0 73 52) 92 60,
Fax 92 61 00, ✉ 88416, AX DC ED VA, Ⓢ
26 Zi, Ez: 99/49-135/67, Dz: 160/80-230/115,
2 Suiten, ⌐ WC ⊘, 5 ⌫, Lift, Ⓟ, ⌂, 6⊃100,
Kegeln, Sauna, Solarium
Auch Zimmer der Kategorie ✶ vorhanden.
🍴🍴 Hauptgericht 30/15-60/30

✶ Gasthof zum Adler
Schlosstr. 7, Tel (0 73 52) 9 21 40,
Fax 92 14 60, ✉ 88416, ED VA
9 Zi, Ez: 75/37, Dz: 125/62, ⌐ WC ⊘
🍴 Hauptgericht 25/12

Ochtendung 43 ↓

Rheinland-Pfalz
Kreis Mayen-Koblenz
EW 5200
🅘 Tel (0 26 25) 45 77, Fax 52 04
Gemeindeverwaltung
✉ 56299 Raiffeisenplatz 1

🍴🍴 Gutshof Arosa
Koblenzer Str. 2, Tel (0 26 25) 44 71,
Fax 52 61, ✉ 56299, AX ED
Hauptgericht 25/12-35/17, Biergarten,
geschl.: Mo

Ockfen 52 □

Rheinland-Pfalz
Kreis Trier-Saarburg
EW 690
🅘 Tel (0 65 81) 8 12 15, Fax 8 12 90
Saar-Obermosel Touristik e.V.
✉ 54339 Graf-Siegfriedstr. 32

✶ Klostermühle
Hauptstr. 1, Tel (0 65 81) 9 29 30,
Fax 92 93 20, ✉ 54441
22 Zi, Ez: 70/35-95/47, Dz: 110/55-125/62, ⌐
WC ⊘, Ⓟ, ⌂, Fitnessraum, Sauna, Restaurant
geschl.: 2.-26.1.01

Odelzhausen 71 ↑

Bayern / Kreis Dachau
EW 3642
🅘 Tel (0 81 34) 9 30 80, Fax 93 08 44
Verwaltungsgemeinschaft
✉ 85235 Schulstr. 14

✶ Staffler
Hauptstr. 3, Tel (0 81 34) 60 06, Fax 77 37,
✉ 85235, AX ED VA
28 Zi, Ez: 90/45-95/47, Dz: 120/60-125/62, ⌐
WC ⊘ DFÜ, garni

Odenthal

✶ Schloßhotel
Am Schloßberg 3, Tel (0 81 34) 65 98,
Fax 51 93, ✉ 85235, ED VA
7 Zi, Ez: 135/67-160/80, Dz: 185/93-220/110, ⌐
WC ⊘, 7 ⌫, Ⓟ, ⌂, ⌂, Sauna, Solarium, Golf

✶ Schloßbrauerei mit Gutshaus
Am Schloßberg 1, Tel (0 81 34) 9 98 70,
Fax 9 98 72 90, ✉ 85235
8 Zi, Ez: 95/47-110/55, Dz: 140/70-160/80, ⌐
WC ⊘, Ⓟ, ⌂, 1⊃20, ⌂, Sauna, Solarium

🍴 Bräustüberl
Tel 9 98 71 00, Fax 9 98 71 50
Hauptgericht 17/8-34/17, Terrasse

Odenthal 43 ↖

Nordrhein-Westfalen
Rheinisch-Bergischer Kreis
EW 14500
🅘 Tel (0 22 02) 71 01 30, Fax 71 01 90
Gemeindeverwaltung
✉ 51519 Bergisch Gladbacher Str. 2

Sehenswert: im Ortsteil Altenberg: „Bergischer
Dom"; St. Pankratius; hist. Ortskern; Märchenwald; Wildpark.

🍴🍴 Alte Post
Altenberger Domstr. 32, Tel (0 22 02) 97 77 80,
Fax 9 77 78 49, ✉ 51519, AX DC ED VA
Hauptgericht 36/18-46/23, Terrasse, Ⓟ,
geschl.: Do
Rustikal-elegante Gaststuben. Beachtenswerte
Küche.

Altenberg (3 km ↗)

✶✶ Altenberger Hof
mit Gästehaus Torschänke
Eugen-Heinen-Platz 7, Tel (0 21 74) 49 70,
Fax 49 71 23, ✉ 51519, AX DC ED VA
♪ ☻, 38 Zi, Ez: 165/83-250/125,
Dz: 225/113-385/193, ⌐ WC ⊘, 6 ⌫, Lift, Ⓟ,
4⊃100
Auch Zimmer der Kategorie ✶✶✶ vorhanden.
🍴🍴 Hauptgericht 36/18-52/26

Eikamp (7 km →)

✶ Eikamper Höhe
Schallemicher Str. 11, Tel (0 22 07) 23 21,
Fax 47 40, ✉ 51519, AX DC ED VA
§, 23 Zi, Ez: 90/45-160/80, Dz: 120/60-190/95,
1 App, ⌐ WC ⊘ DFÜ, Ⓟ, ⌂, 1⊃15, Sauna,
Solarium, garni

Oederan 50 ↗

Sachsen / Kreis Freiberg
EW 7000
ℹ Tel (03 72 92) 2 23 10, Fax 2 23 10
Stadtinformation
✉ 09569 Markt 9

✱✱ Andersen Hotel Oederan
Durchfahrt 1 a, Tel (03 72 92) 6 03 30,
Fax 6 06 07, ✉ 09569, AX DC ED VA
24 Zi, Ez: 85/42-95/47, Dz: 120/60-135/67,
1 App., ⇥ WC ⌀, 10 ⤸, Lift, **P**, 1⇨30, garni

Öhningen 68 ↘

Baden-Württemberg / Kreis Konstanz
EW 3600
ℹ Tel (0 77 35) 8 19 20, Fax 8 19 30
Verkehrsamt
✉ 78337 Klosterplatz 1

Wangen (3 km →)

✱✱ Residenz am See ♛
Seeweg 2, Tel (0 77 35) 9 30 00, Fax 93 00 20,
✉ 78337, AX ED VA
♪ §, 10 Zi, Ez: 90/45-190/95,
Dz: 110/55-220/110, 2 Suiten, ⇥ WC ⌀, **P**
🍴🍴 §, Hauptgericht 28/14-45/22, Terrasse,
geschl.: Mo

Öhringen 62 ↖

Baden-Württemberg / Hohenlohekreis
EW 21900
ℹ Tel (0 79 41) 6 81 18, Fax 6 82 22
Stadtverwaltung
✉ 74613 Marktplatz 15

siehe auch Zweiflingen

✱✱ Württemberger Hof
Am Oberen Tor, Tel (0 79 41) 9 20 00,
Fax 92 00 80, ✉ 74613
52 Zi, Ez: 118/59-148/74, Dz: 158/79-228/114,
⇥ WC ⌀, 4⇨50
Auch einfache und Zimmer der Kategorie ✱
vorhanden.
🍴🍴 Hauptgericht 18/9-38/19

✱ Sporthotel Öhringen
An der Lehmgrube 17, im Gewerbegebiet,
Tel (0 79 41) 94 33 10, Fax 94 33 99, ✉ 74613,
ED VA
16 Zi, Ez: 70/35-90/45, Dz: 130/65-145/73, ⇥
WC ⌀, **P**, ☎, 2⇨200, Fitnessraum, Kegeln,
Sauna, Solarium, Restaurant
Rezeption: 6.30-13

Oelde 34 ↗

Nordrhein-Westfalen
Kreis Warendorf
EW 28500
ℹ Tel (0 25 22) 9 20 01, Fax 92 00 24
Touristik Oelde GmbH
✉ 59302 Poststr. 6

✱✱ Engbert
Lange Str. 26, über Paulsburg,
Tel (0 25 22) 9 33 90, Fax 93 39 39, ✉ 59302,
AX DC ED VA
35 Zi, Ez: 93/46-115/57, Dz: 140/70-160/80, ⇥
WC ⌀, 8 ⤸, Lift, **P**, ☎, garni
geschl.: 22.12.00-8.1.01

✱✱ Mühlenkamp
Geiststr. 36, Tel (0 25 22) 9 35 60,
Fax 93 56 45, ✉ 59302, AX DC ED VA
30 Zi, Ez: 95/47-120/60, Dz: 130/65-180/90, ⇥
WC ⌀, Lift, ☎, 1⇨45, Kegeln
🍴🍴 Hauptgericht 19/9-45/22, geschl.: Sa
mittags

Oelsnitz (Vogtl) 49 ✓

Sachsen
EW 13010
ℹ Tel (03 74 21) 2 07 85, Fax 2 07 94
Kultur- und Fremdenverkehrsamt
✉ 08606 Grabenstr. 31

✱ Altdeutsche Bierstube
Feldstr. 9, Tel (03 74 21) 2 22 48, Fax 2 76 64,
✉ 08606, ED VA
22 Zi, Ez: 70/35-110/55, Dz: 100/50-170/85, ⇥
WC ⌀, Lift, **P**, ☎, Restaurant

Oer-Erkenschwick 33 □

Nordrhein-Westfalen
Kreis Recklinghausen
EW 28500
ℹ Tel (0 23 68) 69 11, Fax 69 12 98
Stadtverwaltung
✉ 45739 Agnesstr. 1

✱ Stimbergpark
Am Stimbergpark 78, Tel (0 23 68) 98 40,
Fax 5 82 06, ✉ 45739, AX ED VA
♪ §, 91 Zi, Ez: 98/49-130/65,
Dz: 140/70-160/80, ⇥ WC ⌀, 54 ⤸, **P**, ☎,
11⇨400, ⛱, Kegeln, Sauna, Solarium,
Restaurant

✱ Giebelhof
Friedrichstr. 5, Tel (0 23 68) 91 00,
Fax 91 02 22, ✉ 45739, ED VA
32 Zi, Ez: 115/57, Dz: 170/85, ⇥ WC ⌀ DFÜ,
4 ⤸, Lift, **P**, 3⇨40, Kegeln, Sauna, Solarium,
Restaurant

Oestrich-Winkel 54

Hessen / Rheingau-Taunus-Kreis
EW 12000
i Tel (0 67 23) 1 94 33
Verkehrsamt
✉ 65375 An der Basilika 11a

✱ Schönleber
Hauptstr. 1 b, Tel (0 67 23) 9 17 60, Fax 47 59,
✉ 65375, AX ED VA
16 Zi, Ez: 95/47, Dz: 130/65-150/75, ⌐ WC ⊘,
16 ⌫, **P**, Restaurant

Hallgarten-Außerhalb (1,5 km ↑)

✱ Zum Rebhang
Rebhangstr. 53, Tel (0 67 23) 21 66, Fax 18 13,
✉ 65375
♪ ☆, 14 Zi, Ez: 85/42-100/50,
Dz: 150/75-170/85, ⌐ WC ⊘ DFÜ, **P**, 2⌬40,
Restaurant
Auch Zimmer der Kategorie ✱✱ vorhanden.

Oestrich

🍴 Grüner Baum
Rheinstr. 45, Tel (0 67 23) 16 20, Fax 8 83 43,
✉ 65375, AX DC ED VA
Hauptgericht 25/12, Gartenlokal, geschl.: Do, Fr mittags

Winkel

🍴 Gutsausschank Brentanohaus
Am Lindenplatz 2, Tel (0 67 23) 74 26,
Fax 74 96, ✉ 65375
Hauptgericht 24/12-35/17, Gartenlokal, **P**, ab 17, sa,so+feiertags ab 12, im Feb nur Sa+So,
geschl.: Do, 27.12.00-31.1.01

✱✱ Nägler am Rhein
Hauptstr. 1, Tel (0 67 23) 9 90 20,
Fax 99 02 80, ✉ 65375, AX DC ED VA
☆, 45 Zi, Ez: 149/75-169/85,
Dz: 198/99-268/134, ⌐ WC ⊘, 12 ⌫, Lift, **P**,
4⌬100, Sauna, Solarium
Auch Zimmer der Kategorie ✱ vorhanden.

🍴🍴 Bellevue
☆, Hauptgericht 32/16, Terrasse

Östringen 61

Baden-Württemberg
Kreis Karlsruhe
EW 12660
i Tel (0 72 53) 20 70, Fax 2 15 58
Stadtverwaltung
✉ 76684 Am Kirchberg 19

✱ Östringer Hof
Hauptstr. 113, Tel (0 72 53) 2 10 87,
Fax 2 10 80, ✉ 76684, AX DC ED VA
19 Zi, Ez: 98/49-100/50, Dz: 140/70-160/80, ⌐
WC ⊘
🍴 Hauptgericht 35/17, nur abends,
geschl.: Sa, So

Tiefenbach

✱✱ Kreuzberghof
Am Kreuzbergsee, Tel (0 72 59) 9 11 00,
Fax 91 10 13, ✉ 76684, AX DC ED VA
36 Zi, Ez: 85/42-185/93, Dz: 145/73-220/110, ⌐
WC ⊘, 7 ⌫, Lift, **P**, 3⌬170, Sauna, Solarium,
Restaurant
Auch Zimmer der Kategorie ✱ und ✱✱✱ vorhanden.

Ötisheim 61

Baden-Württemberg / Enzkreis
EW 4800
i Tel (0 70 41) 9 50 10, Fax 95 01 30
Tourist-Information
✉ 75443 Schönenberger Str. 2

✱ Krone
Maulbronner Str. 11, Tel (0 70 41) 28 07,
Fax 86 15 21, ✉ 75443
17 Zi, Ez: 65/32, Dz: 100/50, ⌐ WC, 5 ⌫, **P**, ⌂
🍴 Hauptgericht 10/5-29/14, geschl.: Mo

🍴 Sternenschanz
Gottlob-Linck-Str. 1, Tel (0 70 41) 66 67,
✉ 75443
geschl.: Di

Oevenum siehe Föhr

Oeversee 9 ↗

Schleswig-Holstein
Kreis Schleswig-Flensburg
EW 1900
i Tel (0 46 38) 89 84 04, Fax 89 84 05
Gebietsgemeinschaft
✉ 24963 Stapelholmer Weg 13

🍴🍴🍴 Privileg ✣
im Romantik Hotel
Historischer Krug
an der B 76, Tel (0 46 30) 94 00, Fax 7 80,
✉ 24988, AX DC ED VA

Oeversee

☺ 🅿, 🛏, nur abends, geschl.: Di, Mi, 15.1.-15.2.01
Nur Menüs.

🍴🍴 Krugwirtschaft
☺, Hauptgericht 28/14-42/21, Terrasse

Frörup (1 km ↓)

✶ Frörup
Stapelholmer Weg 43, Tel (0 46 38) 8 94 50,
Fax 89 45 50, ✉ 24988, ED VA
32 Zi, Ez: 75/37-90/45, Dz: 120/60-150/75, ⌐
WC ☾, 🅿, 🐕, 1⌒25, Restaurant
Rezeption: 7-12, 17-23, geschl.: So,
22.12.00-2.1.01

Oeynhausen, Bad   25 ✓

Nordrhein-Westfalen
Kreis Minden-Lübbecke
EW 51000
ℹ Tel (0 57 31) 13 17 00, Fax 13 17 17
Touristinformation
✉ 32545 Verkehrshaus Am Kurpark

✶✶ Mercure am Kurpark
Morsbachallee 1, Tel (0 57 31) 25 70,
Fax 25 74 44, ✉ 32545, AX DC ED VA, Ⓢ
144 Zi, Ez: 175/88-215/108,
Dz: 205/103-245/123, 3 Suiten, ⌐ WC ☾ DFÜ,
89 ⛌, Lift, 🐕, 4⌒110, Golf

✶✶ Königshof
Am Kurpark 5, Tel (0 57 31) 24 60,
Fax 24 61 05, ✉ 32545, ED VA
70 Zi, Ez: 98/49-138/69, Dz: 135/67-185/93,
4 Suiten, 20 App, ⌐ WC ☾, Lift, 🅿, 🐕, 1⌒60

🍴🍴 Scarlett
Hauptgericht 28/14-48/24, Terrasse, nur abends,
geschl.: Mo, So, 1.-31.1.01

✶✶ Mercure City
Königstr. 3-7, Tel (0 57 31) 2 58 90,
Fax 25 89 99, ✉ 32545, AX DC ED VA, Ⓢ
57 Zi, Ez: 139/70-267/134, Dz: 139/70-267/134,
⌐ WC ☾ DFÜ, 32 ⛌, Lift, 🐕, 3⌒28, Sauna,
garni

✶✶ Stickdorn
Kaiser-Wilhelm-Platz, Tel (0 57 31) 1 75 70,
Fax 17 57 40, ✉ 32545, AX ED VA
28 Zi, Ez: 136/68, Dz: 163/82, ⌐ WC ☾, 🅿
🍴 Hauptgericht 30/15

✶ Trollinger Hof
Detmolder Str. 89, Tel (0 57 31) 7 95 70,
Fax 79 57 10, ✉ 32545, AX DC ED VA
§, 20 Zi, Ez: 115/57-160/80,
Dz: 148/74-210/105, 1 App, ⌐ WC ☾ DFÜ, 🅿,
2⌒16
🍴 Hauptgericht 24/12-38/19, Terrasse,
geschl.: Do

✶ Brunnenhof
Brunnenstr. 8, Tel (0 57 31) 2 11 11,
Fax 2 11 48, ✉ 32545, AX DC ED VA
21 Zi, Ez: 90/45-110/55, Dz: 130/65-150/75,
1 App, ⌐ WC ☾, Lift, 🅿, Restaurant

🍴 Weinhaus Möhle
Weinstr. 38, Tel (0 57 34) 9 30 02,
Fax 51 13 47, ✉ 32549
Hauptgericht 18/9-32/16, Gartenlokal, Mo ab
18, Di-Fr ab 14, Sa+So ab 11
✶ 13 Zi, Ez: 99/49-109/54, Dz: 149/75,
⌐ WC

Bergkirchen (6 km ↑)

✶✶ Wittekindsquelle
Bergkirchener Str. 476, Tel (0 57 34) 9 10 00,
Fax 91 00 91, ✉ 32549, AX DC ED VA
20 Zi, Ez: 115/57-140/70, Dz: 190/95, 4 Suiten,
⌐ WC ☾, 🅿, 2⌒30
🍴🍴 Hauptgericht 21/10-42/21, Biergarten

Dehme (4 km ↗)

✶ Akzent-Hotel Hahnenkamp
Alte Reichsstr. 4, Tel (0 57 31) 7 57 40,
Fax 75 74 75, ✉ 32549, AX DC ED VA
35 Zi, Ez: 120/60-170/85, Dz: 195/98-210/105,
2 Suiten, ⌐ WC ☾ DFÜ, 6 ⛌, 🅿, 4⌒70, Golf
geschl.: 23-24.12.00
Auch Zimmer der Kategorie ✶✶ vorhanden.
🍴 Hauptgericht 18/9-42/21, Terrasse,
Biergarten, geschl.: 23-24.12.00

Lohe

🍴🍴🍴 Die Windmühle   🚩
Detmolder Str. 273, Tel (0 57 31) 9 24 62,
Fax 9 65 83, ✉ 32545
Hauptgericht 52/26-79/39, Gartenlokal, 🅿,
geschl.: Mo, So, 2 Wochen im Feb, 2 Wochen im Sep
Im Bistro ô Crèpe auch regionale Küche.

Offenbach am Main 54 ↗

Hessen
EW 116453
🛈 Tel (0 69) 80 65 20 52, Fax 80 65 31 99
Offenbach-Information
✉ 63065 Am Stadthof 17

Park Plaza
Buchhügelallee 26, Tel **(0 69) 85 70 49 90**,
Fax 85 70 49 91, ✉ 63071, AX DC ED VA
152 Zi, Ez: 195/98-475/239,
Dz: 245/123-475/239, 3 Suiten, 🚻 WC ⊘ DFÜ,
70 ⌁, Lift, 🅿, 🚗, 7⟲140, Fitnessraum, Sauna,
Solarium, Restaurant
Eröffnung voraussichtlich Herbst 2000.

★★★ ArabellaSheraton am Büsing Palais
Berliner Str. 111 (B 1), Tel **(0 69) 82 99 90**,
Fax 82 99 98 00, ✉ 63065, AX DC ED VA, Ⓢ
220 Zi, Dz: 321/161-511/257, 1 Suite, 🚻 WC ⊘
DFÜ, 107 ⌁, Lift, 🅿, 🚗, 13⟲450, Fitnessraum,
Sauna, Solarium

🍴🍴 Juilliard's
Hauptgericht 17/8-44/22, Terrasse

★★ Holiday Inn
Kaiserleistr. 45 (A 1), Tel **(0 69) 8 06 10**,
Fax 8 06 16 66, ✉ 63067, AX DC ED VA, Ⓢ
⚐, 251 Zi, Ez: 154/77-435/219,
Dz: 184/92-435/219, 1 Suite, 🚻 WC ⊘ DFÜ,
80 ⌁, Lift, 🚗, 6⟲200, ⛱, Sauna, Solarium,
Restaurant
Auch Zimmer der Kategorie ★★★ vorhanden.

★ Novotel
Strahlenberger Str. 12, Tel **(0 69) 82 00 40**,
Fax 82 00 41 26, ✉ 63067, AX DC ED VA, Ⓢ
119 Zi, Ez: 124/62-272/137,
Dz: 158/79-315/158, 🚻 WC ⊘ DFÜ, 37 ⌁, Lift,
🅿, 7⟲240, 🍽, Restaurant

★ Graf
Ziegelstr. 4, Tel **(0 69) 8 00 85 10**,
Fax 80 08 51 51, ✉ 63065, AX DC ED VA
32 Zi, Ez: 98/49-180/90, Dz: 128/64-230/115,
🚻 WC ⊘ DFÜ, 8 ⌁, Lift, 🅿, 🚗, 1⟲30,
Restaurant
geschl.: 24-31.12.00

★ Yimpas Hotel Bismarckhof
Bismarckstr. 99-101 (B 2), Tel **(0 69) 82 98 00**,
Fax 82 98 03 33, ✉ 63065, AX DC ED VA

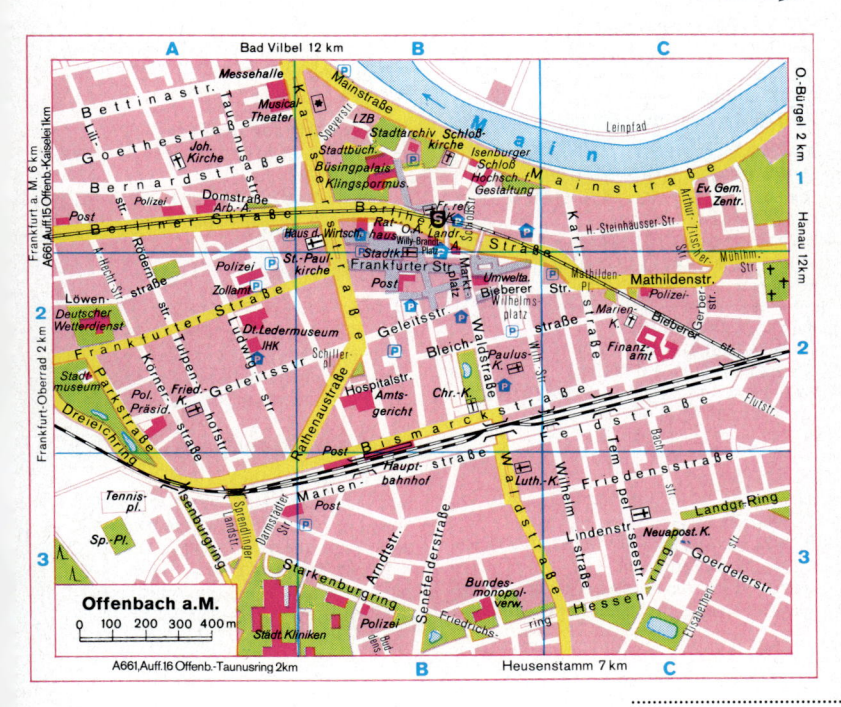

51 Zi, Ez: 179/90-279/140,
Dz: 233/117-333/167, 1 Suite, ⌐ WC ⊘, Lift, ☎,
1⊂⊃70, Restaurant

🍴 Dino
Luisenstr. 63, Tel (0 69) 88 46 45,
Fax 88 33 95, ✉ 63067, DC ED VA
Hauptgericht 48/24, Terrasse, P, geschl.: So

Appartementhotels/Boardinghäuser

Winters Eurotel
Friedhofstr. 8, Tel (0 69) 98 24 20,
Fax 9 82 42 42, ✉ 63065, AX DC ED VA
Ez: 115/57-295/148, Dz: 185/93-295/148,
69 App, P, ☎
geschl.: Sa, So
Zimmer der Kategorie ★★.

Bürgel (2 km ↗)

✱ Parkhotel Lindenhof
Mecklenburger Str. 10, Tel (0 69) 9 86 45 00,
Fax 98 64 50 13, ✉ 63075, AX DC ED VA
♪, 35 Zi, Ez: 90/45-98/49, Dz: 120/60-140/70,
1 Suite, ⌐ WC ⊘ DFÜ, 4 ⊭, Lift, P, 4⊂⊃50,
Restaurant

Offenburg 60 ✓

Baden-Württemberg / Ortenaukreis
EW 56000
ℹ Tel (07 81) 82 22 53, Fax 82 72 51
Stadtinformation
✉ 77652 Fischmarkt 2 im Bürger Büro

★★ Mercure
Messeplatz (A 2), Tel (07 81) 50 50,
Fax 50 55 13, ✉ 77656, AX DC ED VA, Ⓢ
127 Zi, Ez: 191/96-211/106,
Dz: 244/122-254/127, 5 Suiten, ⌐ WC ⊘ DFÜ,
42 ⊭, Lift, P, 7⊂⊃400, ☎, Kegeln, Sauna,
Restaurant

✱ Centralhotel
Poststr. 5 (B 1), Tel (07 81) 7 20 04,
Fax 2 55 98, ✉ 77652, AX ED VA
20 Zi, Ez: 125/62-145/73, Dz: 140/70-180/90,
⌐ WC ⊘ DFÜ, P, garni
geschl.: 20.12.00-10.1.01

✱ Sonne
Hauptstr. 94, Tel (07 81) 7 10 39, Fax 7 10 33,
✉ 77652, ED VA
🍴, 31 Zi, Ez: 70/35-125/62, Dz: 98/49-200/100,
⊘, 2 ⊭, P, ☎,
Restauriertes historisches Haus mit 600-jähriger
Tradition. Auch einfache Zimmer vorhanden.

🍴🍴 Beck's Restaurant
Hauptstr. 94, im Hotel Sonne,
Tel (07 81) 7 37 88, Fax 7 37 98, ✉ 77652, AX
ED VA
🍴, Hauptgericht 26/13-38/19, Terrasse,
geschl.: Mo, So

Albersbösch (2 km W, über B 33 in A 2)

✱ Hubertus
Kolpingstr. 4, Tel (07 81) 6 13 50,
Fax 61 35 35, ✉ 77656, AX DC ED VA
26 Zi, Ez: 110/55-130/65, Dz: 160/80-190/95,
2 App, ⌐ WC ⊘ DFÜ, 2 ⊭, Lift, P, ☎, 2⊂⊃60,
Restaurant
Auch Zimmer der Kategorie ★★ vorhanden.

Rammersweier (3 km ↗)

🍴🍴 Gasthof Blume ✚
Weinstr. 160, Tel (07 81) 3 36 66,
Fax 44 06 03, ✉ 77654, ED VA
Hauptgericht 35/17, Terrasse, geschl.: So
abends, Mo, 16.2.-2.3.01, 1-18.8.01
🛏 6 Zi, Ez: 85/42, Dz: 120/60, P

Zell-Weierbach (3 km →)

✱ Rebenhof
Talweg 48, Tel (07 81) 46 80, Fax 46 81 35,
✉ 77654, ED VA
♪, 40 Zi, Ez: 85/42-108/54, Dz: 138/69-152/76,
⌐ WC ⊘, 9 ⊭, Lift, P, 1⊂⊃35, ☎, Sauna,
Solarium, Restaurant

🍴 Gasthaus zur Sonne
Obertal 1, Tel (07 81) 9 38 80, Fax 93 88 99,
✉ 77654, ED VA
Hauptgericht 42/21, Gartenlokal, P, geschl.: Mi
✱ 6 Zi, Ez: 80/40, Dz: 130/65, ⌐ WC ⊘

Ofterschwang 70 ✓

Bayern / Kreis Oberallgäu
EW 1880
ℹ Tel (0 83 21) 8 90 19, Fax 8 97 77
Verkehrsamt Ofterschwang
✉ 87527 Rathaus in Sigishofen

Ofterschwang-Außerhalb (4 km ↘)

★★★★ Sonnenalp 👑👑
Tel (0 83 21) 27 20, Fax 27 22 42, ✉ 87527
einzeln ♪ ✦, 183 Zi, Ez: 232/116-379/190,
Dz: 532/267-764/384, 23 Suiten, 17 App, ⌐ WC
⊘, Lift, P, ☎, 6⊂⊃160, ≋, ☎, Kegeln, Sauna,
Solarium, Golf, 6 Tennis, Kinderbetreuung,
Restaurant

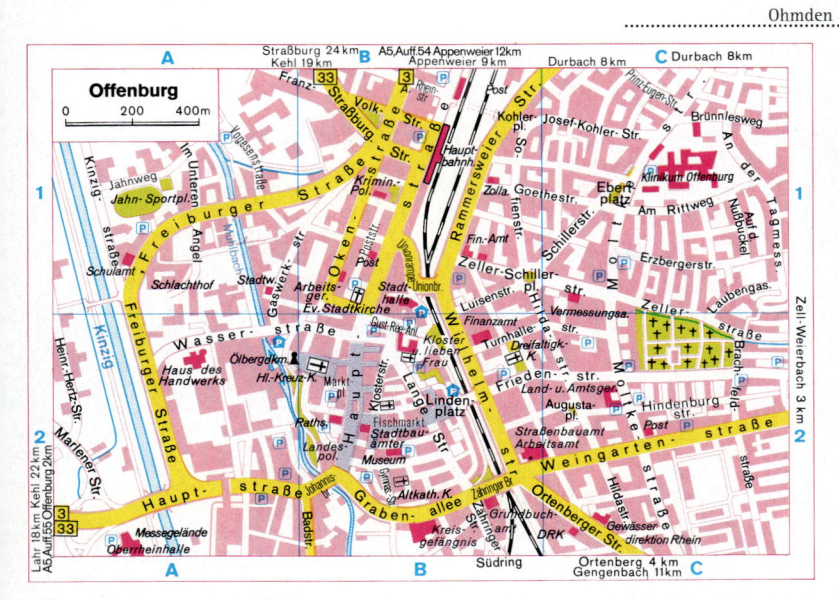

Auch Zimmer der Kategorie *** vorhanden.
Preise inkl. Halbpension.

Schweineberg (5 km →)

**** Dora**
Schweineberg 20, Tel **(0 83 21) 35 09**,
Fax 8 42 44, ⌧ 87527
🌙, 16 Zi, Ez: 85/42-205/103, Dz: 110/55-170/85,
1 Suite, 2 App, ⌐ WC ⌀, 🏠, ≙, Fitnessraum,
Sauna, Solarium, Golf, Restaurant

Tiefenberg (5 km ↘)

*** Gästehaus Gisela**
Tiefenberg 43, Tel **(0 83 21) 6 69 40**,
Fax 66 94 68, ⌧ 87527
🌙 ⚜, 14 Zi, Ez: 35/17-60/30, Dz: 85/42-100/50,
⌐ WC ⌀, **P**, 🏠, ≙, Sauna, Solarium,
Restaurant
geschl.: Do, 1.11.-15.12.00

Ohlsbach 67 ↑

Baden-Württemberg / Ortenaukreis
EW 2700
i Tel **(0 78 03) 32 50**, Fax 51 05
Verkehrsverein
⌧ 77797 Boerscher Platz 3

*** Kranz**
Hauptstr. 28, Tel **(0 78 03) 33 12**, Fax 20 47,
⌧ 77797, AX ED VA
12 Zi, Ez: 85/42-90/45, Dz: 120/60-135/67, ⌐
WC ⌀, Restaurant

Ohmden 62 ✓

Baden-Württemberg
Kreis Esslingen
EW 1750
i Tel **(0 70 23) 9 51 00**, Fax 95 10 16
Bürgermeisteramt
⌧ 73275 Hauptstr. 18

🍴🍴🍴 **Landgasthof am Königsweg**
Hauptstr. 58, Tel **(0 70 23) 20 41**, Fax 82 66,
⌧ 73275, AX ED VA
Hauptgericht 42/21, Gartenlokal, **P**,
geschl.: Mo, Di+Sa mittags, 2 Wochen über
Fasching
**** 7 Zi, Ez: 120/60-140/70,
Dz: 180/90-220/110, ⌐ WC ⌀, 🏠

Olbernhau 50 →

Sachsen / Mittl. Erzgebirgskreis
EW 12550
f Tel (03 73 60) 1 51 35, Fax 1 51 39
Tourist-Service Olbernhau
✉ 09526 Grünthaler Str. 28

✱ Lösers Gasthof
Grünthaler Str. 85, Tel (03 73 60) 7 42 67,
Fax 7 53 54, ✉ 09526, AX ED
7 Zi, Ez: 85/42, Dz: 120/60, ⇨ WC ⌀ DFÜ, **P**,
🚗, 1⇨350
geschl.: Mo
¶¶ Hauptgericht 20/10, Biergarten,
geschl.: Mo

Olbersdorf 41 ↗

Sachsen / Kreis Löbau-Zittau
EW 6850
f Tel (0 35 83) 6 98 50, Fax 69 85 13
Gemeindeverwaltung
✉ 02785 Oberer Viebig 2a

✱ Olbersdorfer Hof
Oybiner Str. 8, Tel (0 35 83) 6 97 50,
Fax 69 75 99, ✉ 02785
29 Zi, Ez: 57/28, Dz: 97/48, ⇨ WC ⌀,
Restaurant

Olbersdorf-Außerhalb

✱ Bahnhof Bertsdorf
Am Bahnhof 1, Tel (0 35 83) 6 98 00,
Fax 69 80 99, ✉ 02785
23 Zi, Ez: 79/39-100/50, Dz: 120/60-140/70, ⇨
WC ⌀, Restaurant

Olching 71 ↑

Bayern / Kreis Fürstenfeldbruck
EW 20800
f Tel (0 81 42) 20 00, Fax 20 01 76
Gemeindeverwaltung
✉ 82140 Rebhuhnstr. 18

✱✱ Schiller
Nöscherstr. 20, Tel (0 81 42) 47 30,
Fax 47 33 99, ✉ 82140, AX DC ED VA
57 Zi, Ez: 85/42-200/100, Dz: 130/65-260/130,
⇨ WC ⌀ DFÜ, 22 🛌, Lift, **P**, 🚗, 2⇨50, 🏊,
Sauna, Solarium, Restaurant
geschl.: 22.12.00-3.1.01
Auch Zimmer der Kategorie ✱ vorhanden.

✱ Landhotel Am Mühlbach
Heinrich-Nicolaus-Str. 19, Tel (0 81 42) 28 20,
Fax 2 82 60, ✉ 82140, AX DC ED VA
43 Zi, Ez: 110/55-160/80, Dz: 145/73-210/105,
2 Suiten, ⇨ WC ⌀, 15 🛌, Lift, **P**, 🚗, 2⇨45,
Sauna, Solarium, Restaurant

Neu-Esting (1 km ↑)

✱✱ Am Krone Park
Kemeter Str. 55, Tel (0 81 42) 29 20,
Fax 1 87 06, ✉ 82140, AX DC ED VA
37 Zi, Ez: 79/39-105/52, Dz: 110/55-145/73, ⇨
WC ⌀ DFÜ, 12 🛌, **P**, 1⇨18, garni
geschl.: 23.12.-8.1.00

Oldenburg in Holstein 11 □

Schleswig-Holstein
Kreis Ostholstein
EW 10500
f Tel (0 43 61) 49 80, Fax 49 82 00
Tourist-Büro
✉ 23758 Markt 1

✱ Zur Eule
Hopfenmarkt 1, Tel (0 43 61) 4 99 70,
Fax 4 99 72 02, ✉ 23758, AX DC ED VA
22 Zi, Ez: 90/45-125/62, Dz: 130/65-165/83,
1 App, ⇨ WC ⌀, **P**, garni
Rezeption: 7-12, 15-22,
geschl.: 20.12.00-7.1.01

Oldenburg (Oldb) 16 ↘

Niedersachsen
EW 155000
f Tel (04 41) 1 57 44, Fax 2 48 92 02
Verkehrsverein Oldenburg e.V.
✉ 26122 Wallstr. 14

✱✱ City-Club-Hotel
Europaplatz 4-6 (C 1), Tel (04 41) 80 80,
Fax 80 81 00, ✉ 26123, AX DC ED VA
86 Zi, Ez: 170/85, Dz: 220/110, 2 Suiten, ⇨ WC
⌀ DFÜ, 12 🛌, Lift, **P**, 8⇨200, 🏊, Sauna,
Solarium
Konferenzbereich in der Weser-Ems-Halle.

¶¶ Kiebitz-Stube
Hauptgericht 25/12, Terrasse

✱✱ Heide
Melkbrink 47 (B 1), Tel (04 41) 80 40,
Fax 88 40 60, ✉ 26121, AX DC ED VA
92 Zi, Ez: 98/49-150/75, Dz: 160/80-190/95,
5 Suiten, 5 App, ⇨ WC ⌀, 6 🛌, Lift, **P**, 🚗,
7⇨120, 🏊, Sauna, Solarium
Auch Zimmer der Kategorie ✱ vorhanden.

¶¶ Heidekate
Hauptgericht 25/12, Terrasse

Oldenburg (Oldb)

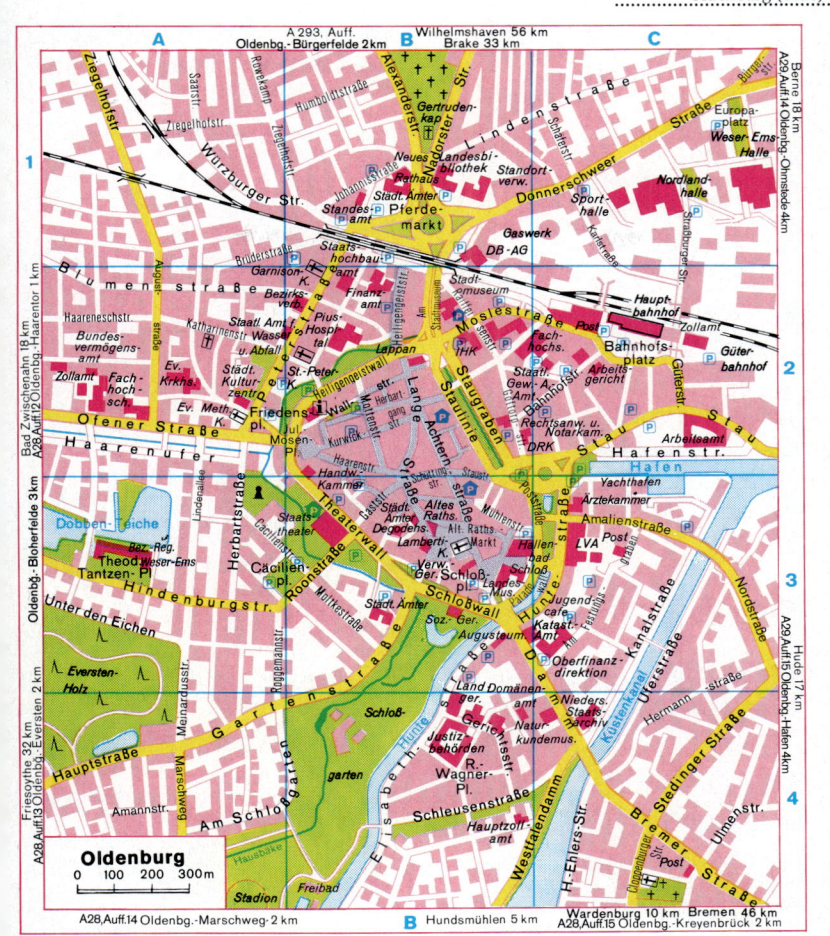

✱ Antares-Hotel
Staugraben 8 (B 2), **Tel (04 41) 9 22 50**,
Fax 9 22 51 00, ✉ 26122, AX DC ED VA
45 Zi, Ez: 150/75, Dz: 210/105, 6 Suiten, ⌐ WC
Ⓒ DFÜ, 10 ⇗, Lift, Ⓟ, 2⇨100, Sauna,
Solarium, garni

✱ Wieting
Damm 29 (C 4), **Tel (04 41) 92 40 05**,
Fax 9 24 02 22, ✉ 26135, AX DC ED VA
70 Zi, Ez: 135/67-145/73, Dz: 175/88-220/110,
⌐ WC Ⓒ DFÜ, 10 ⇗, Lift, Ⓟ, ⌂, Restaurant
Auch Zimmer der Kategorie ✱✱ vorhanden.

✱ Posthalter
Mottenstr. 13 (B 2), **Tel (04 41) 21 90 80**,
Fax 2 19 08 90, ✉ 26122, AX DC ED VA
34 Zi, Ez: 98/49-160/80, Dz: 140/70-190/95,
6 App, ⌐ WC Ⓒ, Lift, 1⇨16
Auch einfachere Zimmer vorhanden.

✱ Bavaria
Bremer Heerstr. 196 (C4), **Tel (04 41) 20 67 00**,
Fax 2 06 70 10, ✉ 26135, AX DC ED VA
40 Zi, Ez: 99/49-145/73, Dz: 140/70-195/98, ⌐
WC Ⓒ DFÜ, 3 ⇗, Lift, Ⓟ, ⌂, 3⇨50, Kegeln,
Sauna, Solarium, Restaurant

Oldenburg (Oldb)

¶¶ Le Journal
Wallstr. 13, Tel (04 41) 1 31 28, Fax 88 56 54,
⊠ 26122, AX DC ED VA
Hauptgericht 25/12-39/19, nur abends,
geschl.: So

¶¶ Klöter
Herbartgang 6, Tel (04 41) 1 29 86,
Fax 2 48 81 29, ⊠ 26122
Hauptgericht 26/13-39/19, Terrasse, Kegeln,
11.30-18.30, geschl.: So
Restaurant in einem Feinkostgeschäft.

☕ Café Klinge
Theaterwall 47, Tel (04 41) 2 50 12,
Fax 2 61 48, ⊠ 26122
Terrasse

Etzhorn (6 km ↑)

¶ Der Patentkrug
Wilhelmshavener Heerstr. 359,
Tel (04 41) 3 94 71, Fax 39 10 38, ⊠ 26125, AX DC ED VA
Hauptgericht 35/17, Terrasse, Biergarten,
Gartenlokal, Kegeln, P, ⌧, geschl.: Mo

Oldentrup siehe Bielefeld

Oldesloe, Bad   18 ↗

Schleswig-Holstein
Kreis Stormarn
EW 24500
🛈 Tel (0 45 31) 50 40, Fax 50 41 21
Bürgerinformation
⊠ 23843 Markt 5

✱ Wiggers Gasthof
Bahnhofstr. 33, Tel (0 45 31) 8 99 60,
Fax 8 79 18, ⊠ 23843, AX DC ED VA
26 Zi, Ez: 85/42-90/45, Dz: 125/62, ⌐ WC ✆
DFÜ, P, 1⌂25, Restaurant

Olfen   33 ↗

Nordrhein-Westfalen
Kreis Coesfeld
EW 11500
🛈 Tel (0 25 95) 38 90, Fax 38 91 64
Stadtverwaltung
⊠ 59399 Kirchstr. 5

✱ Zum Steverstrand
Lüdinghauser Str. 31, Tel (0 25 95) 30 77,
Fax 30 70, ⊠ 59399, ED VA
10 Zi, Ez: 90/45, Dz: 160/80, ⌐ WC ✆, Lift, P,
3⌂80, Kegeln, Restaurant

Kökelsum-Außerhalb (1 km ↘)

¶¶ Füchtelner Mühle
Kökelsum, Tel (0 25 95) 4 30, Fax 4 30,
⊠ 59399
Hauptgericht 34/17-44/22, P, Jan-Feb nur
Sa+So, geschl.: Mo, Di

Olpe   44 ↖

Nordrhein-Westfalen
EW 25000
🛈 Tel (0 27 61) 83 12 29, Fax 83 13 30
Verkehrsabteilung
⊠ 57462 Franziskanerstr. 6

✱✱ Koch's Hotel
Bruchstr. 16, Tel (0 27 61) 8 25 20,
Fax 82 52 99, ⊠ 57462, AX DC ED VA
25 Zi, Ez: 108/54-158/79, Dz: 158/79-228/114,
⌐ WC ✆ DFÜ, P, 5⌂130
Auch Zimmer der Kategorie ✱ vorhanden.

¶¶ Altes Olpe
Hauptgericht 30/15-48/24, geschl.: So

✱ Zum Schwanen
Westfälische Str. 26, Tel (0 27 61) 9 38 90,
Fax 93 89 48, ⊠ 57462, AX DC ED VA
24 Zi, Ez: 130/65-150/75, Dz: 170/85-190/95,
⌐ WC ✆, Lift, P, 1⌂100, Kegeln
Auch Zimmer der Kategorie ✱✱ vorhanden.
¶ Hauptgericht 25/12, geschl.: So

Griesemert (3 km ↗)

✱✱ Haus Albus
Auf der Griesemert 17, Tel (0 27 61) 94 54 40,
Fax 6 20 74, ⊠ 57462, AX VA
§, 27 Zi, Ez: 85/42-125/62, Dz: 135/67-175/88,
⌐ WC ✆ DFÜ, 8 ⌧, P, ☎, 2⌂40, ⌂,
Fitnessraum, Sauna, Solarium
geschl.: So
Auch Zimmer der Kategorie ✱ vorhanden.
¶ Hauptgericht 24/12-38/19

Oberveischede (10 km ↗)

✱✱ Landhotel Sangermann
Veischeder Str. 13, Tel (0 27 22) 81 66,
Fax 8 91 00, ⊠ 57462, ED VA
15 Zi, Ez: 79/39-90/45, Dz: 139/70-149/75,
1 Suite, ⌐ WC ✆, P, 2⌂80, Kegeln, Solarium
Auch Zimmer der Kategorie ✱ vorhanden.
¶ Hauptgericht 18/9-36/18, Biergarten

Olsberg 34 ↘

Nordrhein-Westfalen
Hochsauerlandkreis
EW 17000
☎ Tel (0 29 62) 9 73 70, Fax 97 37 37
Kur- und Verkehrsverein
✉ 59939 Ruhrstr. 32

✱✱✱ Kurpark Villa Egert ♛
Mühlenufer 4, Tel (0 29 62) 9 79 70,
Fax 97 97 97, ✉ 59939, ED
19 Zi, Ez: 100/50-190/95, Dz: 200/100-340/171,
1 Suite, ⊟ WC ⌀ DFÜ, 2 ⇥, Lift, P, 🅿, Sauna,
Solarium, Restaurant
geschl.: 7.-21.1.01

✱ Am See
Carls-Aue-Str. 36, Tel (0 29 62) 27 76,
Fax 68 36, ✉ 59939
🍴, 35 Zi, Ez: 75/37-110/55, Dz: 130/65-300/151,
⊟ WC ⌀, 4 ⇥, Lift, P, 🅿, 2⟳100, ⌂, Sauna,
Solarium, Restaurant
geschl.: Do, 10.11.-15.12.00

Elleringhausen (4 km ↘)

✱ Haus Keuthen
Elleringhauser Str. 57, Tel (0 29 62) 24 51,
Fax 8 42 83, ✉ 59939
20 Zi, Ez: 85/42-115/57, Dz: 140/70-180/90,
1 Suite, ⊟ WC ⌀, 4 ⇥, P, 🅿, Sauna, Solarium,
Restaurant

Oppenau 60 ↓

Baden-Württemberg / Ortenaukreis
EW 5100
☎ Tel (0 78 04) 91 08 30, Fax 91 08 32
Verkehrsamt
✉ 77728 Allmendplatz 3

Luftkurort im Renchtal, Schwarzwald. Sehenswert: Klosterruine und Wasserfälle in Allerheiligen (12 km ↑).

Lierbach (5 km ↑)

⛳ Gasthof Blume
Rotenbachstr. 1, Tel (0 78 04) 30 04,
Fax 30 17, ✉ 77728, AX DC ED VA
♪, 10 Zi, Ez: 70/35-80/40, Dz: 100/50-150/75,
1 App, ⊟ WC ⌀, P, 🅿, Sauna, Solarium
geschl.: 25.1.-15.2.01
🍴 Hauptgericht 25/12-38/19, Terrasse,
geschl.: Do, 25.1.-15.12.01

Löcherberg (5 km ↓)

✱ Schwarzwaldhotel Erdrichshof
Schwarzwaldstr. 57, Tel (0 78 04) 9 79 80,
Fax 97 98 98, ✉ 77728, AX DC ED VA
15 Zi, ⊟ WC ⌀ DFÜ, 2 ⇥, P, 🅿, 1⟳25, ⌂,
Sauna, Solarium
🍴 Hauptgericht 20/10-48/24, Biergarten

Ramsbach (3 km ↖)

✱ Höhenhotel Kalikutt
Kalikutt 10, Tel (0 78 04) 4 50, Fax 4 52 22,
✉ 77728, ED VA
♪ 🍴, 30 Zi, Ez: 65/32-100/50,
Dz: 116/58-170/85, ⊟ WC ⌀, Lift, P, 🅿,
2⟳25, Sauna, Solarium
🍴 Hauptgericht 18/9-39/19, Terrasse

Oppurg 48 □

Thüringen / Kreis Pößneck
EW 1542
☎ Tel (0 36 47) 41 34 27, Fax 41 34 27
Gemeindeverwaltung
✉ 07381 Hauptstr. 15

✱ Landhotel Oppurg
Hauptstr. 2, Tel (0 36 47) 43 70, Fax 41 28 77,
✉ 07381, ED VA
40 Zi, Ez: 85/42-105/52, Dz: 120/60-160/80,
4 Suiten, ⊟ WC ⌀, 9 ⇥, P, 4⟳120, Restaurant
Rezeption: 7.00-22.00

Oranienbaum 39 ↖

Sachsen-Anhalt
Kreis Anhalt-Zerbst
EW 3800
☎ Tel (03 49 04) 2 20 33, Fax 2 20 33
Fremdenverkehrsverein
✉ 06785 Schlossstr. 17

✱ Goldener Fasan
Dessauer Str. 41-42, Tel (03 49 04) 5 60,
Fax 5 61 00, ✉ 06785, AX ED VA
28 Zi, Ez: 85/42-110/55, Dz: 129/64-149/75, ⊟
WC ⌀, 5 ⇥, Lift, P, 🅿, 1⟳150, Restaurant

Oranienburg 29 ↗

Brandenburg / Kreis Oberhavel
EW 30500
☎ Tel (0 33 01) 70 48 33, Fax 70 48 34
Tourist-Information
✉ 16515 Lehnitzstr. 21c

✱✱ Stadthotel
Andre-Pican-Str. 23, Tel (0 33 01) 69 00,
Fax 69 09 99, ✉ 16515, AX ED VA

57 Zi, Ez: 95/47-120/60, Dz: 110/55-150/75,
2 Suiten, ⌐ WC ✆, 20 ⇐, Lift, **P**, 4⌂130,
Sauna, Golf, Restaurant

✶✶ An der Havel
Albrecht-Buchmann-Str. 1, **Tel (0 33 01) 69 20**,
Fax 69 24 44, ✉ 16515, ED VA
63 Zi, Ez: 100/50-130/65, Dz: 140/70-160/80,
4 App, ⌐ WC ✆ DFÜ, 21 ⇐, Lift, **P**, 3⌂70,
Fitnessraum, Sauna, Solarium, Restaurant

Orb, Bad 45 ↘

Hessen / Main-Kinzig-Kreis
EW 9900
ℹ Tel (0 60 52) 8 30, Fax 47 80
Bad Orb Werbung GmbH
✉ 63619 Kurparkstr. 1

✶✶✶ Steigenberger
Horststr. 1, **Tel (0 60 52) 8 80, Fax 8 81 35**,
✉ 63619, AX DC ED VA, Ⓢ
♪, 104 Zi, Ez: 165/83-381/191,
Dz: 258/129-381/191, 8 Suiten, ⌐ WC ✆, 56 ⇐,
Lift, **P**, 🏠, 10⌂220, ≈, 🛌, Sauna, Solarium,
Golf

¶¶ Kurpark
Hauptgericht 32/16, Terrasse

✶✶ Lorösch
Sauerbornstr. 14, **Tel (0 60 52) 9 15 50**,
Fax 65 49, ✉ 63619, AX DC ED VA
20 Zi, Ez: 120/60-170/85, Dz: 200/100-270/135,
7 Suiten, ⌐ WC ✆, Lift, **P**, 🏠, 1⌂12, 🛌,
Fitnessraum, Sauna, Solarium, Restaurant
Zimmer der Kategorie ✶✶✶ vorhanden.

✶ Rheinland
Lindenallee 36, **Tel (0 60 52) 9 14 90**,
Fax 91 49 88, ✉ 63619, AX ED VA
35 Zi, Ez: 85/42-100/50, Dz: 160/80-190/95, ⌐
WC ✆, Lift, **P**, 🏠, 1⌂40, Sauna, Solarium,
Restaurant
geschl.: 10.11.-19.12.00, 6.1.-28.2.01
Auch Zimmer der Kategorie ✶✶ vorhanden.

✶ Parkhotel
Kurparkstr. 23, **Tel (0 60 52) 80 60**,
Fax 80 63 90, ✉ 63619, AX DC ED VA
60 Zi, Ez: 90/45-160/80, Dz: 160/80-250/125,
4 Suiten, ⌐ WC ✆, 20 ⇐, Lift, **P**, 🏠, 2⌂28,
🛌, Fitnessraum, Sauna, Solarium, Golf,
Restaurant

✶ Elisabethpark
Rotahornallee 5, **Tel (0 60 52) 30 51**,
Fax 62 13, ✉ 63619, AX ED VA
28 Zi, 2 Suiten, ⌐ WC ✆, 10 ⇐, Lift, **P**, 🏠,
3⌂35, 🛌, Sauna, Solarium, Restaurant

Appartementhotels/Boardinghäuser

Appartment-Hotel Spessart
Bennweg 2-6, **Tel (0 60 52) 8 00 80**,
Fax 80 08 41, ✉ 63619
22 Zi, Ez: 65/32, Dz: 130/65, ⌐ WC ✆, **P**, 🏠,
2⌂24, Restaurant
Zimmer der Kategorie ✶✶, im Gästehaus
Spessartruh auch Zimmer der Kategorie ✶.

Orsingen-Nenzingen 68 ↘

Baden-Württemberg / Kreis Konstanz
EW 2810
ℹ Tel (0 77 71) 9 34 10, Fax 93 41 41
Bürgermeisteramt
✉ 78359 Stockacher Str. 2

Nenzingen

✶ Landgasthof Ritter
Stockacher Str. 69, **Tel (0 77 71) 21 14**,
Fax 57 69, ✉ 78359, ED VA
23 Zi, Ez: 65/32-80/40, Dz: 130/65-140/70, ⌐
WC ✆, Lift, **P**, Kegeln, Sauna, Solarium,
Restaurant
geschl.: 2 Wochen im Nov, 2 Wochen im Feb

Ortenberg 67 ↑

Baden-Württemberg / Ortenaukreis
EW 3080
ℹ Tel (07 81) 9 33 50, Fax 93 35 40
Bürgermeisteramt
✉ 77799 Dorfplatz 1

¶¶ Edy's im Glattfelder
Kinzigtalstr. 20, **Tel (07 81) 9 34 90**,
Fax 93 49 29, ✉ 77799, ED VA
Hauptgericht 27/13-43/21, Terrasse, 🛏,
geschl.: Mo, So abends

Oschatz 39 ↘

Sachsen
EW 18000
ℹ Tel (0 34 35) 97 02 42, Fax 97 02 42
Oschatz-Information
✉ 04758 Neumarkt 2

✶✶ Gasthaus Zum Schwan
Sporerstr. 2, am Neumarkt,
Tel (0 34 35) 97 53 00, Fax 97 55 99,
✉ 04758, AX DC ED VA
15 Zi, Ez: 99/49-119/59, Dz: 139/70-149/75, ⌐
WC ✆ DFÜ, Lift, **P**, 2⌂120, Restaurant

✶ Collm
Striesaer Weg 9, **Tel (0 34 35) 9 04 30**,
Fax 90 43 70, ✉ 04758, AX DC ED VA

52 Zi, Ez: 89/44, Dz: 129/64, WC ⊘, 34 ⚑, Lift, 🅿, 2⟲30, garni

Oschersleben 37 ↗

Sachsen-Anhalt / Bördekreis
EW 15910
🛈 Tel (0 39 49) 91 20, Fax 91 21 59
Stadt Oschersleben
✉ 39387 Markt 1

Oschersleben-Außerhalb (2 km ↘)

** Motopark
Anderslebener Str. 72, Tel (0 39 49) 92 09 20,
Fax 92 09 00, ✉ 39387, AX DC ED VA
§, 95 Zi, Ez: 130/65-176/88,
Dz: 195/98-252/126, 7 Suiten, ⊟ WC ⊘ DFÜ,
Lift, 🅿, 7⟲300, Sauna, Solarium, Restaurant
Teils Zimmer mit Aussicht auf den Motodrom.

Osnabrück 24 ↓

Niedersachsen
EW 159000
🛈 Tel (05 41) 3 23 22 08, Fax 3 23 27 09
Marketing und Tourismus GmbH
✉ 49074 Krahnstr. 58
Cityplan siehe Seite 764

*** Remarque
Natruper-Tor-Wall 1 (A 1), Tel (05 41) 6 09 60,
Fax 6 09 66 00, ✉ 49076, AX DC ED VA
139 Zi, Ez: 200/100-220/110,
Dz: 225/113-245/123, 17 Suiten, ⊟ WC ⊘ DFÜ,
74 ⚑, Lift, 🏠, 10⟲350, Sauna, Solarium, Golf

🍴🍴🍴 Vila Real
Natruper -Tor-Wall 1
Hauptgericht 42/21-46/23, Terrasse, nur abends,
geschl.: Mo, So, 2.-16.1.01

🍴 Brasserie Angers
Natruper -Tor-Wall 1
Hauptgericht 26/13-33/16, Terrasse

** Westerkamp
Bremer Str. 120, Tel (05 41) 9 77 70,
Fax 70 76 21, ✉ 49084, AX DC ED VA
47 Zi, Ez: 148/74-175/88, Dz: 185/93-204/102,
⊟ WC ⊘ DFÜ, 8 ⚑, Lift, 🅿, 🏠, 6⟲90,
Fitnessraum, Kegeln, Sauna, Solarium, Golf
Auch Zimmer der Kategorie ✱ vorhanden.
🍴 Hauptgericht 19/9-45/22, Biergarten

** Walhalla
Bierstr. 24 (A 1), Tel (05 41) 3 49 10,
Fax 3 49 11 44, ✉ 49074, AX DC ED VA
64 Zi, Ez: 156/78-170/85, Dz: 195/98-205/103,
1 Suite, ⊟ WC ⊘ DFÜ, 6 ⚑, Lift, 🅿, 🏠, 2⟲30,
Sauna, Solarium, Golf
🍴 ⊙, Hauptgericht 30/15-40/20,
Biergarten

** Nikolai
Kamp 1 (B 2), Tel (05 41) 33 13 00,
Fax 3 31 30 88, ✉ 49074, AX DC ED VA
29 Zi, Ez: 125/62-165/83, Dz: 160/80-200/100,
2 App., ⊟ WC ⊘, 10 ⚑, Lift, 2⟲18, garni

** Residenz
Johannistr. 138, Tel (05 41) 50 52 50,
Fax 5 05 25 55, ✉ 49074, AX ED VA
22 Zi, Ez: 110/55-140/70, Dz: 140/70-180/90, ⊟
WC ⊘, 2 ⚑, Lift, 🅿, garni

** Parkhotel
Am Heger Holz, Tel (05 41) 9 41 40,
Fax 9 41 42 00, ✉ 49076, AX DC ED VA
82 Zi, Ez: 105/52-170/85, Dz: 150/75-190/95,
1 Suite, ⊟ WC ⊘, Lift, 🅿, 🏠, 7⟲150, ♨,
Kegeln, Sauna, Solarium
Auch Zimmer der Kategorie ✱ vorhanden.

🍴🍴 Altes Gasthaus Kampmeier
Hauptgericht 24/12-42/21, Terrasse, Biergarten

** Kulmbacher Hof
Schloßwall 65-67, Tel (05 41) 3 57 00,
Fax 35 70 20, ✉ 49074, AX DC ED VA
43 Zi, Ez: 115/57-125/62, Dz: 160/80-180/90,
⊟ WC ⊘, 14 ⚑, Lift, 🅿, 🏠, 2⟲50, Kegeln,
Restaurant

* Welp
Natruper Str. 227, Tel (05 41) 91 30 70,
Fax 9 13 07 34, ✉ 49090, AX DC ED VA
24 Zi, Ez: 95/47-115/57, Dz: 130/65-160/80, ⊟
WC ⊘, Lift, 🅿, 🏠, Restaurant
Auch Zimmer der Kategorie ** vorhanden.

* Akzent-Hotel Klute
Lotter Str. 30 (A 1), Tel (05 41) 40 91 20,
Fax 4 09 12 48, ✉ 49078, AX DC ED VA
20 Zi, Ez: 105/52-180/90, Dz: 150/75-220/110,
⊟ WC ⊘ DFÜ, 3 ⚑, 🅿, 🏠, 1⟲30, Golf
🍴 Hauptgericht 19/9-36/18, ab 17,
geschl.: So

Osnabrück

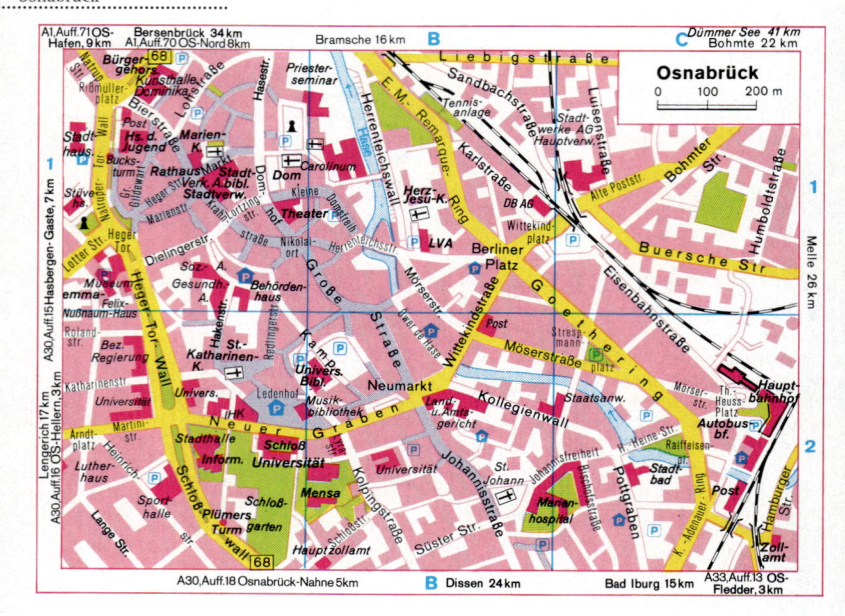

✱ Bürgerbräu
Blumenhaller Weg 41, Tel (05 41) 40 43 50,
Fax 4 04 35 30, ✉ 49080, ED VA
39 Zi, Ez: 85/42-105/52, Dz: 120/60-140/70,
5 Suiten, ⌐ WC ⊘, 2 ⇌, Lift, P, 1⇨100,
Kegeln

¶¶¶ La Vie
Krahnstr. 1-2, Tel (05 41) 43 02 20,
Fax 43 26 15, ✉ 49074, AX DC ED VA
Hauptgericht 45/22-65/32, P, geschl.: Mo, 3
Wochen im Sommer
Beachtenswerte Küche.

☕ Café am Markt
Am Markt 26, Tel (05 41) 2 69 35, ✉ 49074

☕ Café Leysieffer
Krahnstr. 41, Tel (05 41) 33 81 50,
Fax 3 38 15 49, ✉ 49074, AX DC ED VA
Terrasse

Atter (5 km ←)

¶¶ Gensch
Zum Flugplatz 85, Tel (05 41) 12 68 81,
✉ 49076, AX DC ED VA
Hauptgericht 35/17, Terrasse, P, geschl.: Mo, Sa
mittags, Do abends

Ostbevern 24 ✓

Nordrhein-Westfalen
Kreis Warendorf
EW 7100
🛈 Tel (0 25 32) 82 17, Fax 82 46
Verkehrsverein Ostbevern e. V.
✉ 48346 Am Rathaus 1

✱ Beverhof
Hauptstr. 35, Tel (0 25 32) 51 62, Fax 16 88,
✉ 48346
13 Zi, Ez: 60/30, Dz: 100/50, 2 Suiten, ⌐ WC ⊘,
4 ⇌, P, 🏠, Kegeln, Restaurant

🛏 Alte Post
Hauptstr. 32, Tel (0 25 32) 2 11, Fax 96 34 62,
✉ 48346
7 Zi, Ez: 60/30-65/32, Dz: 100/50-110/55, ⌐
WC, Restaurant

Osterburg (Altmark) 28 ↖

Sachsen-Anhalt / Kreis Stendal
EW 8250
🛈 Tel (0 39 37) 89 50 12, Fax 89 50 13
Stadtinformation
✉ 39606 Wallpromenade 26

Osterwieck

✱ Reichskanzler
Stendaler Str. 10, Tel **(0 39 37) 8 20 82**,
Fax 8 54 89, ✉ 39606, AX ED VA
16 Zi, Ez: 70/35-75/37, Dz: 90/45, ⌐ WC ⊘, **P**,
1⊂⊃80, Restaurant

Osterburken 55 ↘

Baden-Württemberg
Neckar-Odenwald-Kreis
EW 6200
ℹ Tel **(0 62 91) 40 10**, Fax 4 01 30
Stadtverwaltung
✉ 74706 Marktplatz 3

✱✱ Märchenwald
Boschstr. 14, Tel **(0 62 91) 6 42 00**,
Fax 64 20 40, ✉ 74706, ED VA
♪, 20 Zi, Ez: 80/40-95/47, Dz: 135/67-160/80,
⌐ WC ⊘ DFÜ, 10 ⊨, **P**, 3⊂⊃50, Sauna,
Solarium, Restaurant
geschl.: 3 Wochen über Fasching

Osterfeld 38 ↘

Sachsen-Anhalt / Burgenlandkreis
EW 1700
ℹ Tel **(03 44 22) 41 40**, Fax 4 14 15
Stadtverwaltung
✉ 06721 Markt 24

Osterfeld-Außerhalb

✱✱ Amadeus
Pretzscher Str. 20, Tel **(03 44 22) 2 12 72**,
Fax 2 12 84, ✉ 06721, AX DC ED VA
einzeln ♪, 147 Zi, 5 Suiten, ⌐ WC ⊘, Lift, **P**,
8⊂⊃150, Sauna, Solarium
🍴🍴 Hauptgericht 20/10

Osterholz-Scharmbeck 17 ✓

Niedersachsen
Landkreis Osterholz
EW 33000
ℹ Tel **(0 47 91) 1 73 06**, Fax 1 73 04
Stadtverwaltung
✉ 27711 Rathausstr. 1

Außerhalb (5 km ↘)

🍴 Tietjen`s Hütte/Moordiele
An der Hamme 1, Tel **(0 47 91) 9 22 00**,
Fax 92 20 36, ✉ 27711, AX DC ED VA
⚜ einzeln ⊕, Hauptgericht 25/12, Terrasse,
Biergarten, **P**, geschl.: Mo

Osterode am Harz 36 ↗

Niedersachsen
EW 28600
ℹ Tel **(0 55 22) 9 09 48 14**, Fax 31 83 36
Tourist-Information
✉ 37520 Dörgestr. 40

✱ Harzer Hof
Bahnhofstr. 26, Tel **(0 55 22) 9 09 00**,
Fax 90 90 90, ✉ 37520, AX DC ED VA
31 Zi, Ez: 80/40-120/60, Dz: 140/70-170/85,
2 Suiten, ⌐ WC ⊘ DFÜ, **P**, 📞, 4⊂⊃50, Kegeln,
Restaurant

✱ Börgener
Hoelemannpromenade 10 a,
Tel **(0 55 22) 9 09 00**, Fax 33 45, ✉ 37520, ED
VA
♪, 21 Zi, Ez: 75/37-110/55, Dz: 110/55-180/90,
⌐ WC ⊘ DFÜ, 5 ⊨, **P**, 📞, garni

Lerbach (4 km ↗)

✱✱ Akzent-Hotel Sauerbrey
Friedrich-Ebert-Str. 129, Tel **(0 55 22) 5 09 30**,
Fax 50 93 50, ✉ 37520, AX DC ED VA
♪, 31 Zi, Ez: 145/73-190/95,
Dz: 195/98-240/120, 2 Suiten, ⌐ WC ⊘ DFÜ,
Lift, **P**, 📞, 2⊂⊃40, 🏠, Fitnessraum, Sauna,
Solarium

🍴🍴 Zum Trost
Hauptgericht 25/12-35/17, Terrasse

Osterweddingen 28 ✓

Sachsen-Anhalt / Bördekreis
EW 1170
ℹ Tel **(03 92 05) 6 46 12**
Verwaltungsgemeinschaft
✉ 39171 Dodendorfer Str. 30

✱ Landhotel Schwarzer Adler
Dorfstr. 2, Tel **(03 92 05) 65 20**, Fax 65 28,
✉ 39171, AX ED VA
15 Zi, Ez: 95/47-120/60, Dz: 120/60-160/80,
2 App, ⌐ WC ⊘ DFÜ, 2 ⊨, **P**, 3⊂⊃80, Sauna,
Solarium, Restaurant
geschl.: So

Osterwieck 37 ↑

Sachsen-Anhalt / Kreis Halberstadt
EW 4279
ℹ Tel **(03 94 21) 2 94 41**
Stadtinformation
✉ 38835 Am Markt 1

✱ Brauner Hirsch
Stephanikirchgasse 1-2, Tel **(03 94 21) 79 50**,
Fax 7 95 99, ✉ 38835, ED VA ⟶

24 Zi, Ez: 86/43, Dz: 152/76, ⌐ WC Ⓒ DFÜ,
15 ⊨, ℗, Kegeln, Sauna, Restaurant

Ostfildern 61 →

Baden-Württemberg
Kreis Esslingen
EW 30350
🛈 Tel (07 11) 3 40 48 17, Fax 3 00 42 01
Stadtverwaltung GästeService
✉ 73760 Klosterhof 6

Kemnat

✱ Am Brunnen
Heumadener Str. 19, Tel (07 11) 16 77 70,
Fax 1 67 77 99, ✉ 73760, AX DC ED VA
22 Zi, Ez: 125/62-145/73, Dz: 160/80-185/93,
⌐ WC Ⓒ DFÜ, 4 ⊨, Lift, ℗, ⌂
Rezeption: 6.30-23

✱ Kemnater Hof
Sillenbucher Str. 1, Tel (07 11) 4 51 04 50,
Fax 4 56 95 16, ✉ 73760, AX DC ED VA
28 Zi, Ez: 120/60-155/78, Dz: 155/78-195/98,
⌐ WC Ⓒ, 8 ⊨, Lift, ℗, 2⌀40, 12 Tennis

🍴 Les Oliviers
Hauptgericht 45/22, Terrasse, Bowling

🍴 Gasthaus Krone
Neidlinger Str. 2, Tel (07 11) 4 51 03 60,
Fax 45 10 36 29, ✉ 73760
Hauptgericht 12/6-25/12, 🛏, geschl.: Sa

Nellingen

✱ Filderhotel
In den Anlagen 1, Tel (07 11) 3 40 19 50,
Fax 34 01 95 55, ✉ 73760, AX DC ED VA
45 Zi, Ez: 120/60-184/92, Dz: 158/79-229/115,
⌐ WC Ⓒ DFÜ, 21 ⊨, Lift, ℗, ⌂, 7⌀500,
Kegeln, Restaurant

Ruit

✱✱ Hirsch Hotel Gehrung
Stuttgarter Str. 7, Tel (07 11) 44 13 00,
Fax 44 13 04 44, ✉ 73760, AX DC ED VA
60 Zi, Ez: 118/59-178/89, Dz: 198/99-228/114,
1 Suite, 6 App, ⌐ WC Ⓒ DFÜ, Lift, ℗, ⌂,
3⌀50, Kegeln
Auch Zimmer der Kategorie ✱ vorhanden.

🍴🍴 Hirschstuben
Hauptgericht 18/9-45/22, geschl.: So

Scharnhausen

✱ Lamm
Plieninger Str. 3, Tel (0 71 58) 1 70 60,
Fax 17 06 44, ✉ 73760, AX DC ED VA
32 Zi, Ez: 99/49-178/89, Dz: 128/64-228/114,
⌐ WC Ⓒ, 10 ⊨, Lift, ℗, ⌂, 3⌀150, Sauna,
Solarium, Restaurant
Auch Zimmer der Kategorie ✱✱ vorhanden. Im
Gasthof auch einfache Zimmer vorhanden.

Ostheim v. d. Rhön 46 →

Bayern / Kreis Rhön-Grabfeld
EW 3800
🛈 Tel (0 97 77) 18 50, Fax 32 45
Fremdenverkehrsverein
✉ 97645 Im Schlößchen 5

Luftkurort. Sehenswert: Kirchenburg: ev. Kirche,
Rathaus; Lichtenburg-Ruine, 505 m Aussicht (3
km ↑); Hansteinsches Schloß mit Orgelbaumuseum.

✱✱ Landhotel Thüringer Hof
Kleiner Burgweg 3, Tel (0 97 77) 9 12 10,
Fax 17 00, ✉ 97645, AX DC ED VA
♪ ⚡, 58 Zi, Ez: 73/36-86/43, Dz: 106/53-142/71,
⌐ WC Ⓒ, 10 ⊨, ℗, 3⌀60, Fitnessraum,
Kegeln, Sauna, Solarium, Restaurant

Ostrach 69 ←

Baden-Württemberg
Kreis Sigmaringen
EW 6800
🛈 Tel (0 75 85) 3 00 18, Fax 3 00 55
Gemeindeverwaltung
✉ 88356 Rathaus

✱ Gasthof zum Hirsch
Hauptstr. 27, Tel (0 75 85) 6 01, Fax 31 59,
✉ 88356, ED VA
16 Zi, Ez: 78/39-88/44, Dz: 135/67, ⌐ WC Ⓒ,
Lift, ℗, ⌂, 2⌀50
🍴 Hauptgericht 28/14, Terrasse,
Biergarten

Otterndorf 17 ↖

Niedersachsen / Kreis Cuxhaven
EW 6200
🛈 Tel (0 47 51) 91 91 31, Fax 91 91 14
Tourist-Information
✉ 21762 Rathaus

Erholungsort nahe der Elbmündung. Sehenswert: Ev. Kirche; Rathaus; Bürgerhäuser; Stadtwall; Schöpfwerk am Elbdeich.

Am Medemufer
Goethestr. 15, Tel (0 47 51) 9 99 90,
Fax 99 99 44, ✉ 21762, AX ED VA

26 Zi, Ez: 85/42-105/52, Dz: 138/69-168/84, ⌐ WC ⊘, 9 ⊱, Lift, **P**, **≋**, 1⇔20, Restaurant Eröffnung nach Redaktionsschluss.

* **Eibsen's Hotel**
Marktstr. 33, **Tel (0 47 51) 27 73**, Fax 41 79, ✉ 21762
20 Zi, Ez: 75/37-100/50, Dz: 130/65-160/80, 5 Suiten, 1 App, ⌐ WC, **P**, **≋**, Kegeln, Restaurant, garni

¶¶ Ratskeller
Rathausplatz 1, **Tel (0 47 51) 38 11**, Fax 38 11, ✉ 21762, AX DC ED VA
Hauptgericht 30/15, Terrasse, ⊨, geschl.: Di

Ottobeuren 70 □

Bayern / Kreis Unterallgäu
EW 8000
ℹ Tel (0 83 32) 92 19 51, Fax 92 19 92
Touristikamt
✉ 87724 Marktplatz 14

** **Gästehaus Am Mühlbach**
Luitpoldstr. 57, **Tel (0 83 32) 9 20 50**, **Fax 85 95**, ✉ 87724, AX ED VA
♪, 20 Zi, Ez: 86/43-102/51, Dz: 140/70-153/77, ⌐ WC ⊘, 10 ⊱, Lift, **P**, **≋**, Golf, garni
Rezeption: 8-20, geschl.: 15.12.00-15.1.01

Ottobrunn 72 □

Bayern / Kreis München
EW 18650
ℹ Tel (0 89) 60 80 80, Fax 60 80 81 03
Gemeindeverwaltung
✉ 85521 Rathausplatz 1

** **Blattl's Golden Leaf Hotel Pazific**
Rosenheimer Landstr. 91, **Tel (0 89) 6 09 10 51**, **Fax 6 08 32 43**, ✉ 85521, AX DC ED VA
54 Zi, 8 Suiten, 8 App, ⌐ WC ⊘ DFÜ, 4 ⊱, Lift, **P**, **≋**, 1⇔40, Solarium, Restaurant

** **Aigner**
Rosenheimer Landstr. 118, **Tel (0 89) 60 81 70**, Fax 6 08 32 13, ✉ 85521, AX ED VA
73 Zi, Ez: 155/78-340/171, Dz: 175/88-360/181, 3 App, ⌐ WC ⊘ DFÜ, 10 ⊱, Lift, **P**, **≋**, Golf, garni

* **Prinz Eugen**
Rosenheimer Landstr. 26 b,
Tel (0 89) 6 09 50 44, Fax 6 08 41 83,
✉ 85521, AX ED VA
24 Zi, Ez: 140/70-200/100, Dz: 170/85-230/115, ⌐ WC ⊘, **P**, garni

Ottweiler 53 ✓

Saarland / Kreis Neunkirchen/Saar
EW 16000
ℹ Tel (0 68 24) 35 11, Fax 35 13
Tourist-Information
✉ 66564 Schlosshof 5

* **Schafbrücker Mühle**
Schafbrücker Mühle 9, **Tel (0 68 24) 32 37**, Fax 58 55, ✉ 66564, AX ED VA
16 Zi, Ez: 70/35, Dz: 95/47-120/60, ⌐ WC ⊘, **P**, Restaurant

¶¶ Eisel in der Ziegelhütte
Mühlstr. 15a, **Tel (0 68 24) 75 77**, Fax 82 14, ✉ 66564, AX ED VA
Hauptgericht 39/19-48/24

Overath 43 ↑

Nordrhein-Westfalen
Rheinisch-Bergischer Kreis
EW 26000
ℹ Tel (0 22 06) 60 21 03, Fax 60 21 93
Verkehrsamt
✉ 51491 Hauptstr. 25

* **Bergischer Hof**
Hauptstr. 99, **Tel (0 22 06) 9 57 70**, Fax 95 77 43, ✉ 51491, AX ED VA
10 Zi, Ez: 126/63, Dz: 180/90, 1 App, ⌐ WC ⊘ DFÜ, 2 ⊱, **P**, 1⇔20, Restaurant

Immekeppel (9 km ↘)

¶¶¶ Sülztaler Hof
Lindlarer Str. 83, **Tel (0 22 04) 9 75 00**, Fax 97 50 50, ✉ 51491, AX ED VA
Hauptgericht 39/19-58/29, Terrasse, **P**, geschl.: Di

¶¶ Haus Thal
Haus Thal 4, **Tel (0 22 04) 9 75 50**, Fax 97 55 50, ✉ 51491

★★ ▢▢ DC ED VA, 17 Zi, Ez: 140/70-230/115, Dz: 190/95-360/181, 1 App, ⊣ WC ⌀ DFÜ, P, 🏠

Owschlag 10 ←

Schleswig-Holstein
Kreis Rendsburg-Eckernförde
EW 3300
🛈 Tel (0 43 53) 9 97 20
Amt Hütten
✉ 24358 Schulberg 6

✱ Förster-Haus am See
Beekstr. 41, Tel (0 43 36) 9 97 70,
Fax 99 77 99, ✉ 24811, AX DC ED VA
🌙 ✸, 54 Zi, Ez: 85/42-109/54,
Dz: 150/75-185/93, 3 Suiten, 7 App, ⊣ WC ⌀,
10 🛌, P, 🏠, 4⇨250, Kegeln, Sauna, Solarium,
Golf, Restaurant

Oy-Mittelberg 70 ↘

Bayern / Kreis Oberallgäu
EW 4600
🛈 Tel (0 83 66) 2 07, Fax 14 27
Tourismusbüro
✉ 87466 Wertacher Str. 11

Mittelberg

★★ Die Mittelburg
Mittelburgweg 1-3, Tel (0 83 66) 1 80,
Fax 18 35, ✉ 87466
🌙 ✸, 30 Zi, ⊣ WC ⌀, P, 🏠, ≈, Sauna,
Solarium, Restaurant
Auch Zimmer der Kategorie ✱ vorhanden.

Oy

★★ Kurhotel Tannenhof Land Flair
Tannenhofstr. 19, Tel (0 83 66) 5 52, Fax 8 94,
✉ 87466
🌙 ✸, 28 Zi, Ez: 90/45-115/57,
Dz: 160/80-290/146, ⊣ WC ⌀, Lift, P, 🏠,
1⇨30, ≈, Sauna, Solarium
Auch Zimmer der Kategorie ★★★ vorhanden.
🍴🍴 ✸, Hauptgericht 18/9-36/18

Oybin 41 ↗

Sachsen / Kreis Löbau-Zittau
EW 1800
🛈 Tel (03 58 44) 7 33 11, Fax 7 33 23
Tourist-Information
✉ 02797 Hauptstr. 15

Erholungsort; Sehenswert: Berg Oybin (514 m):
Burg- und Klosteranlage, Bergfriedhof, Camera
obscura; barocke Bergkirche; Umgebindehäuser.

★★ Parkhotel Zur alten Rodelbahn
Straße der Jugend 4, Tel (03 58 44) 71 20,
Fax 7 12 19, ✉ 02797, AX ED
14 Zi, Ez: 80/40-100/50, Dz: 110/55-140/70,
2 App, ⊣ WC ⌀ DFÜ, P, 1⇨24, Restaurant

★★ Felsenkeller
Hauptstr. 6, Tel (03 58 44) 84 90, Fax 8 49 10,
✉ 02797, AX ED VA
12 Zi, Ez: 80/40, Dz: 120/60-130/65, ⊣ WC ⌀,
P, Restaurant

✱ Café-Pension Meier
Hauptstr. 1, Tel (03 58 44) 71 40, Fax 7 14 13,
✉ 02797, ED
31 Zi, Ez: 62/31-75/37, Dz: 94/47, 5 App, ⊣ WC
⌀, 22 🛌, P, Fitnessraum, Bowling, Sauna
geschl.: Do

Oyten 17 ↓

Niedersachsen
Kreis Verden (Aller)
EW 15000
🛈 Tel (0 42 07) 9 14 00, Fax 91 40 36
Gemeindeverwaltung
✉ 28876 Hauptstr. 55

✱ Am Steendamm
Oyterdamm 29, Tel (0 42 07) 9 17 00,
Fax 91 70 50, ✉ 28876, DC ED VA
19 Zi, Ez: 96/48, Dz: 144/72, 2 Suiten, ⊣ WC ⌀
DFÜ, P, 🏠, Restaurant
geschl.: 22.12.00-7.1.01, 13-16.4.01

✱ Oyten am Markt
Hauptstr. 85, Tel (0 42 07) 45 54, Fax 41 49,
✉ 28876, AX DC ED VA
24 Zi, Ez: 91/45, Dz: 130/65, ⊣ WC ⌀, Lift, P,
🏠, Restaurant
geschl.: 23.12.00-8.1.01

🛏 Im Forth
Thünen 32, Tel (0 42 07) 9 19 50, Fax 50 20,
✉ 28876
🌙, 13 Zi, Ez: 61/30-69/34, Dz: 99/49-111/55, ⊣
WC ⌀, P, garni

Paderborn 35 ↖

Nordrhein-Westfalen
EW 134920
🛈 Tel (0 52 51) 88 29 80, Fax 88 29 90
Verkehrsverein
✉ 33098 Marienplatz 2 a

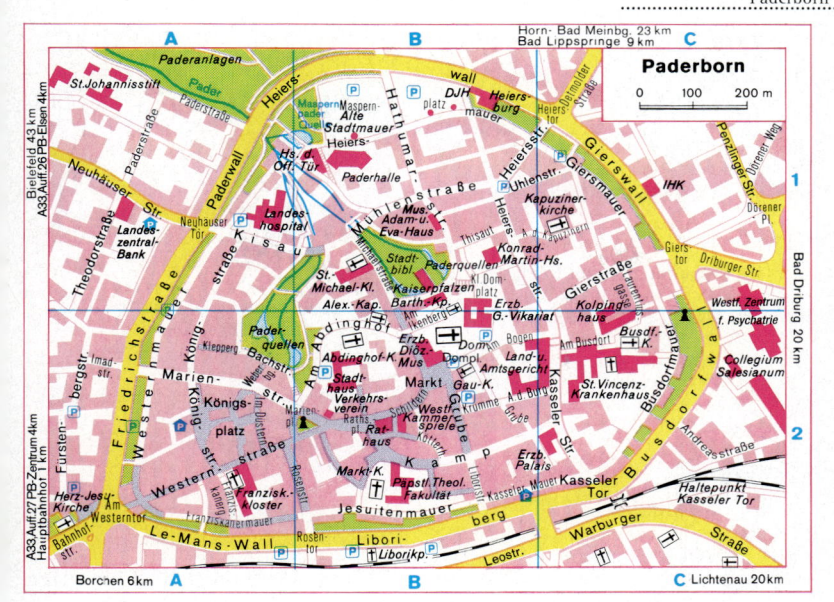

⁕⁕ Best Western Hotel Arosa

Westernmauer 38 (A 2), Tel (0 52 51) 12 80,
Fax 12 88 06, ✉ 33098, AX DC ED VA, Ⓢ
109 Zi, Ez: 150/75-260/130,
Dz: 260/130-321/161, 3 Suiten, ⌐ WC 🛁 DFÜ,
32 🛏, Lift, 🕿, 4⇔140, 🏊, Sauna, Solarium
Auch Zimmer der Kategorie ⁕⁕⁕ vorhanden.

🍴🍴 Chalet
Hauptgericht 32/16-42/21, Ⓟ

⁕⁕ Stadthaus

Hathumarstr. 22 / Ükern 1,
Tel (0 52 51) 1 88 99 10, Fax 1 88 99 15 55,
✉ 33098, AX ED VA
20 Zi, Ez: 145/73-175/88, Dz: 174/87-198/99,
⌐ WC 🛁 DFÜ, 20 🛏, Lift, 1⇔15, Sauna, Golf,
Restaurant

⁕⁕ Gerold

Dr.-Rörig-Damm 170, Tel (0 52 51) 1 44 50,
Fax 14 45 44, ✉ 33100, AX ED VA
40 Zi, Ez: 115/57-125/62, Dz: 170/85-190/95, ⌐
WC 🛁, Lift, Ⓟ, 3⇔150, Sauna, Solarium,
Restaurant
Auch Zimmer der Kategorie ⁕ vorhanden.

⁕ Galerie-Hotel Abdinghof

Bachstr. 1a, Tel (0 52 51) 1 22 40,
Fax 12 24 19, ✉ 33098, AX DC ED VA
13 Zi, Ez: 115/57-135/67, Dz: 145/73-175/88,
⌐ WC 🛁, Ⓟ, 🕿, garni

⁕ Zur Mühle

Mühlenstr. 2, Tel (0 52 51) 1 07 50,
Fax 10 75 45, ✉ 33098
25 Zi, Ez: 125/62-150/75, Dz: 150/75-190/95,
⌐ WC 🛁, garni

🍴🍴 Balthasar
An der Alten Synagoge 1,
Tel (0 52 51) 2 44 48, Fax 2 44 58, ✉ 33098
Hauptgericht 45/22, nur abends, geschl.: Mo

Elsen (5 km ←)

⁕ Zur Heide

Sander Str. 37, Tel (0 52 54) 9 56 50,
Fax 9 56 59 50, ✉ 33106, AX ED VA
23 Zi, Ez: 90/45-100/50, Dz: 130/65-140/70, ⌐
WC 🛁 DFÜ, Ⓟ, 🕿, 11 Tennis, Restaurant

Päwesin 29 ←

Brandenburg
Kreis Potsdam-Mittelmark
EW 643
🛈 Tel (03 38 38) 4 02 12
Gemeindeverwaltung
✉ 14778 Brandenburger Str. 6

Bollmannsruh

✱✱ Bollmannsruh am Beetzsee
Bollmannsruh Nr. 10, Tel (03 38 38) 47 90,
Fax 47 91 00, ✉ 14778, AX DC ED VA
♪ ⚡, 79 Zi, Ez: 135/67-250/125,
Dz: 170/85-299/150, 5 App, ⊣ WC ⊘, 30 ⇔,
Lift, 🅿, 6⇨200, Fitnessraum, Sauna, Solarium,
Golf, 1 Tennis, Restaurant
geschl.: 24.12.00-31.1.01

Palling 73 □

Bayern / Kreis Traunstein
EW 3084
🛈 Tel (0 86 29) 13 01, Fax 16 56
Gemeinde Palling
✉ 83349 Bräuhausgasse 1

✱✱ Michlwirt
Steiner Str. 3, Tel (0 86 29) 9 88 10,
Fax 98 81 81, ✉ 83349, ED VA
39 Zi, Ez: 60/30-70/35, Dz: 100/50-120/60, ⊣
WC ⊘, Lift, 🅿, 🏠, 1⇨25, Kegeln
geschl.: So, 10.9.-5.10.00, 8-21.1.01
Auch Zimmer der Kategorie ✱ vorhanden.
🍽 Hauptgericht 14/7, Terrasse,
geschl.: So, 10.9.-5.10.00, 8.-21.1.01

Panker 11 ←

Schleswig-Holstein / Kreis Plön
EW 1500
🛈 Tel (0 43 81) 41 99 41, Fax 41 99 43
Luftkurort Lütjenburg
✉ 24321 Markt 4

¶¶ Ole Liese
Gutshof, Tel (0 43 81) 9 06 90, Fax 90 69 20,
✉ 24321
☺, Hauptgericht 21/10-46/23, Terrasse,
geschl.: Mo, 1.-23.11.00
Beachtenswerte Küche. Restaurierter Gasthof im
Herrenhauses Panker.
✱ ♪, 6 Zi, Ez: 150/75-240/120,
Dz: 250/125, 1 Suite, ⊣ WC ⊘, 🅿

Panker-Außerhalb (3 km ←)

¶ Forsthaus Hessenstein
Tel (0 43 81) 94 16, Fax 94 16, ✉ 24321

einzeln ☺, Hauptgericht 20/10-45/22, Terrasse,
🅿, nur abends, So auch mittags, geschl.: Mo

Papenburg 15 ↘

Niedersachsen / Kreis Emsland
EW 35000
🛈 Tel (0 49 61) 8 22 21, Fax 8 23 30
Fremdenverkehrsverein
✉ 26871 Rathausstr. 2

✱✱✱ Alte Werft
Ölmühlenweg 1, Tel (0 49 61) 92 00,
Fax 92 01 00, ✉ 26871, AX DC ED VA
72 Zi, Ez: 144/72-178/89, Dz: 211/106-246/123,
8 Suiten, ⊣ WC ⊘ DFÜ, 32 ⇔, Lift, 🅿, 🏠,
5⇨878, Sauna, Solarium, Golf
Hotel mit moderner Einrichtung in ehemaligen
Werfthallen aus dem 19 Jh..

¶¶¶¶ Graf Goetzen
Hauptgericht 30/15-33/16, Biergarten, nur
abends

¶¶¶ Schnürboden
Hauptgericht 20/10-29/14, Biergarten

✱ Comfort-Hotel Stadt Papenburg
Am Stadtpark 25, Tel (0 49 61) 9 18 20,
Fax 34 71, ✉ 26871, AX DC ED VA
45 Zi, Ez: 105/52-130/65, Dz: 145/73-160/80,
5 Suiten, ⊣ WC ⊘, 19 ⇔, Lift, 🅿, 🏠, 3⇨40,
Sauna, Solarium, Restaurant

✱ Graf Luckner
Hümmlinger Weg 2, Tel (0 49 61) 7 60 57,
Fax 97 99 01 30, ✉ 26871, AX DC ED VA
28 Zi, Ez: 78/39-90/45, Dz: 118/59-140/70,
2 App, ⊣ WC ⊘, 🅿, 🏠, Kegeln, Sauna,
Solarium, Restaurant
Auch einfachere Zimmer vorhanden.

Pappenheim 63 ↗

Bayern
Kreis Weißenburg-Gunzenhausen
EW 4200
🛈 Tel (0 91 43) 6 06 66, Fax 6 06 67
Haus des Gastes
✉ 91788 Stadtvogteigasse 1

✱ Seebauer Hotel Krone
Marktplatz 6, Tel (0 91 43) 8 38 00,
Fax 83 80 38, ✉ 91788
19 Zi, Ez: 80/40, Dz: 120/60-130/65, 1 App, ⊣
WC ⊘ DFÜ, 🅿, 2⇨200
🍽 Hauptgericht 20/10-30/15

🛏 Gasthof Zur Sonne
W.-Deisinger-Str. 20, Tel (0 91 43) 8 31 40,
Fax 83 14 50, ✉ 91788

12 Zi, Ez: 50/25-70/35, Dz: 98/49-112/56, ⌐
WC ⌀, 5 🛏, Restaurant

Parchim 20 □

Mecklenburg-Vorpommern
EW 21000
i Tel (0 38 71) 21 28 43, Fax 21 28 43
Stadtinformation
✉ 19370 Lindenstr. 38

✱ Stadt Hamburg
Lange Str. 87, **Tel (0 38 71) 6 20 40**,
Fax 62 04 13, ✉ 19370, AX ED VA
16 Zi, Ez: 80/40-98/49, Dz: 100/50-120/60, ⌐
WC ⌀ DFÜ, 8 🛏, **P**, Restaurant

✱ Stadtkrug
Apothekenstr. 12, **Tel (0 38 71) 6 23 00**,
Fax 26 44 46, ✉ 19370, ED VA
25 Zi, Ez: 75/37-88/44, Dz: 110/55-120/60,
1 Suite, 1 App., ⌐ WC ⌀, 2 🛏, Restaurant

Parsberg 64 ↗

Bayern
Kreis Neumarkt (Oberpfalz)
EW 6500
i Tel (0 94 92) 90 57 67, Fax 94 18 30
Touristinformation
✉ 92331 Alte-Seer-Str 2

✱ Flair Hotel Zum Hirschen und Hirschenhof
Dr.-Schrettenbrunner-Str. 1,
Tel (0 94 92) 60 60, Fax 60 62 22, ✉ 92331, ED VA
77 Zi, Ez: 110/55-160/80, Dz: 155/78-200/100,
5 App., ⌐ WC ⌀, Lift, **P**, 🐕, 7⟲180,
Fitnessraum, Sauna, Solarium, Golf, Restaurant
geschl.: 23-27.12.00

Pasewalk 22 ↑

Mecklenburg-Vorpommern
Kreis Uecker-Randow
EW 13100
i Tel (0 39 73) 21 39 95, Fax 21 39 72
Stadtinformation
✉ 17309 Am Markt 2

✱✱ Pasewalk
Dargitzer Str. 26-29, **Tel (0 39 73) 22 20**,
Fax 22 22 00, ✉ 17309, AX ED VA
70 Zi, Ez: 110/55, Dz: 160/80, 3 Suiten, 2 App,
⌐ WC ⌀ DFÜ, Lift, 2⟲80, 🐕, Kegeln, Sauna,
Solarium, Restaurant

✱✱ Villa Knobelsdorff
Ringstr. 121, **Tel (0 39 73) 2 09 10**,
Fax 20 91 10, ✉ 17309, AX ED VA
♨, 18 Zi, Ez: 85/42-100/50, Dz: 130/65-140/70,
⌐ WC ⌀, **P**, 🐕, 1⟲25, Restaurant

Passau 66 ↘

Bayern
EW 50000
i Tel (08 51) 95 59 80, Fax 3 51 07
Tourist-Info
✉ 94032 Bahnhofstr. 36
Cityplan siehe Seite 772

✱✱✱ Holiday Inn
Bahnhofstr. 24 (A 1), **Tel (08 51) 5 90 00**,
Fax 5 90 05 29, ✉ 94032, AX DC ED VA, Ⓢ
129 Zi, Ez: 185/93-322/162,
Dz: 185/93-394/198, 2 Suiten, ⌐ WC ⌀, 52 🛏,
Lift, **P**, 9⟲260, Sauna, Restaurant

✱✱ Residenz
Fritz-Schäffer-Promenade (B 1),
Tel (08 51) 3 50 05, Fax 3 50 08, ✉ 94032, AX DC ED VA
₰, 52 Zi, Ez: 105/52-145/73,
Dz: 185/93-230/115, ⌐ WC ⌀, 10 🛏, Lift, **P**,
🐕, Golf, garni
geschl.: 6.1.-28.2.01

✱✱ König
Untere Donaulände 1 (B 1), **Tel (08 51) 38 50**,
Fax 38 54 60, ✉ 94032, AX DC ED VA
₰, 41 Zi, Ez: 95/47-115/57, Dz: 160/80-220/110,
⌐ WC ⌀, 9 🛏, Lift, **P**, 1⟲40, Sauna,
Solarium, garni
Auch Zimmer der Kategorie ✱ vorhanden.

✱✱ Weisser Hase
Ludwigstr. 23 (B 1), **Tel (08 51) 9 21 10**,
Fax 9 21 11 00, ✉ 94032, AX DC ED VA
107 Zi, Ez: 120/60-160/80, Dz: 190/95-250/125,
1 Suite, ⌐ WC ⌀, 20 🛏, Lift, 🐕, 4⟲200,
Sauna, Solarium, Restaurant
geschl.: 3.-31.1.01
Auch Zimmer der Kategorie ✱ vorhanden.

Passau

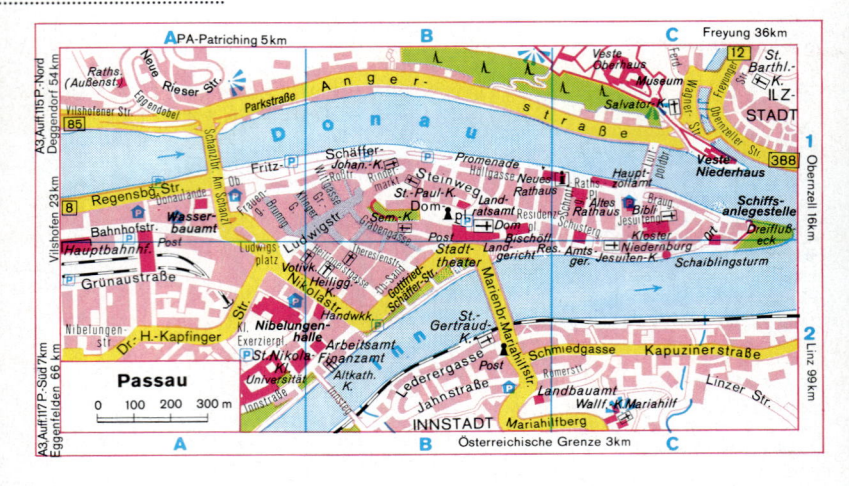

✱ Passauer Wolf
Rindermarkt 6, über Untere Donaulände (B 1),
Tel (08 51) 9 31 51 10, Fax 9 31 51 50,
✉ 94032, AX DC ED VA
§, 40 Zi, Ez: 125/62-160/80,
Dz: 185/93-280/141, ⌐ WC Ⓓ DFÜ, Lift, 🏠,
2⊖40
Auch Zimmer der Kategorie ✱✱ vorhanden.
🍴🍴 §, Hauptgericht 25/12-46/23 ✚
geschl.: Sa mittags, So

✱ Best Western
Am Fernsehturm
Neuburger Str. 79 (A 2), **Tel (08 51) 9 51 80**,
Fax 9 51 81 00, ✉ 94036, AX DC ED VA, Ⓢ
64 Zi, Ez: 115/57-155/78, Dz: 160/80-210/105,
⌐ WC Ⓓ DFÜ, Lift, P, 🏠, 4⊖100, Sauna,
Solarium, Restaurant

✱ Altstadt-Hotel
Bräugasse 23 (C 1), **Tel (08 51) 33 70**,
Fax 33 71 00, ✉ 94032, AX DC ED VA
§, 57 Zi, Ez: 75/37-142/71, Dz: 100/50-244/122,
⌐ WC Ⓓ, 4 ⌐, Lift, P, 🏠, 3⊖80
Auch Zimmer der Kategorie ✱✱ vorhanden.

🍴 Donaustuben
§, Hauptgericht 26/13-38/19, Terrasse

✱ Dreiflüssehof
mit Gästehaus
Danziger Str. 42-44, **Tel (08 51) 7 20 40**,
Fax 7 24 78, ✉ 94036, AX DC ED VA
67 Zi, Ez: 85/42-95/47, Dz: 120/60-150/75, ⌐
WC Ⓓ, 12 ⌐, Lift, P, 🏠, 1⊖50, Restaurant

✱ Spitzberg
Neuburger Str. 29 (A 2), **Tel (08 51) 95 54 80**,
Fax 9 55 48 48, ✉ 94032, AX DC ED VA
29 Zi, Ez: 85/42-120/60, Dz: 110/55-160/80, ⌐
WC Ⓓ DFÜ, 5 ⌐, 🏠, Sauna, Solarium, garni
Rezeption: 6.30-22

✱ Am Jesuitenschlößl
Kapuzinerstr. 32 (C 2), **Tel (08 51) 38 64 01**,
Fax 38 64 04, ✉ 94032, AX DC ED VA
160 Zi, Ez: 98/49-111/55, Dz: 135/67-165/83,
2 Suiten, 30 App, ⌐ WC Ⓓ, 35 ⌐, Lift, 🏠,
4⊖100, Sauna, Solarium, Restaurant

✱ Herdegen
Bahnhofstr. 5 (A 1), **Tel (08 51) 95 51 60**,
Fax 5 41 78, ✉ 94032, AX ED VA
35 Zi, Ez: 70/35-90/45, Dz: 130/65-165/83, ⌐
WC Ⓓ, 4 ⌐, Lift, P, garni

🍴🍴 Wilder Mann
Am Rathausplatz, **Tel (08 51) 3 50 75**,
Fax 3 17 12, ✉ 94032, AX DC ED VA
Hauptgericht 26/13-42/21, Terrasse, 🛏
Historisch elegantes Ambiente. Beachtenswerte Küche.

Heilig-Geist-Stift-Schenke
Heiliggeistgasse 4, **Tel (08 51) 26 07**,
Fax 3 53 87, ✉ 94032, ED VA
☕, Hauptgericht 22/11-35/17, Gartenlokal,
geschl.: Mi, 7.-31.1.01

☕ Café Simon
Rindermarkt 10, **Tel (08 51) 3 83 88 50**,
Fax 3 83 88 59, ✉ 94032, ED VA
8-18, So ab 10

Kohlbruck (5 km ↙)

✱ Albrecht
Kohlbruck 18, Tel (08 51) 95 99 60,
Fax 9 59 96 40, ✉ 94036, AX DC ED VA
40 Zi, Ez: 85/42, Dz: 135/67, ⊣ WC ⊘, 20 ⊭,
P, ⌂, garni

Pattensen 26 ↙

Niedersachsen / Kreis Hannover
EW 13620
☎ Tel (0 51 01) 1 00 10, Fax 10 01 81
Rathaus
✉ 30982 Auf der Burg 1

✱✱ Leine-Hotel
Schöneberger Str. 43, Tel (0 51 01) 91 80,
Fax 1 33 67, ✉ 30982, AX DC ED VA
♪, 80 Zi, Ez: 139/70-350/176,
Dz: 220/110-450/226, 1 App, ⊣ WC ⊘, 18 ⊭,
Lift, P, ⌂, 4↻80, Sauna, Solarium

¶ Zur Lüchte
Hauptgericht 25/12, Terrasse, nur abends,
geschl.: So

✱ Calenberger Hof
Göttinger Str. 26, Tel (0 51 01) 1 20 87,
Fax 1 20 87, ✉ 30982, ED VA
13 Zi, Ez: 75/37-220/110, Dz: 150/75-250/125,
⊣ WC ⊘, P, 2↻90, Kegeln, Restaurant

✱ Zur Linde
Göttinger Str. 14, Tel (0 51 01) 9 98 70,
Fax 99 87 11, ✉ 30982, AX DC ED VA
40 Zi, Ez: 65/32-200/100, Dz: 150/75-270/135,
1 Suite, ⊣ WC ⊘ DFÜ, P, 3↻150
¶¶ Hauptgericht 40/20, Terrasse,
geschl.: Mo

Paulsdorf 51 ↖

Sachsen / Kreis Dippoldiswalde
EW 305
☎ Tel (0 35 04) 61 21 24
Gemeindeverwaltung Paulsdorf
✉ 01744 Am Bad 1 a

✱ Paulsdorfer Hof
Am Mühlfeld 1, Tel (0 35 04) 6 45 80,
Fax 64 58 58, ✉ 01744, AX ED VA
16 Zi, Ez: 65/32-105/52, Dz: 110/55-165/83,
4 Suiten, ⊣ WC ⊘ DFÜ, 10 ⊭, P, 2↻40,
Bowling, Restaurant

Pegnitz 58 □

Bayern / Kreis Bayreuth
EW 15000
☎ Tel (0 92 41) 7 23 11, Fax 7 23 10
Verkehrsamt
✉ 91257 Hauptstr. 37

**✱✱✱ Pflaums Posthotel Pegnitz ♕
Relais & Châteaux**
Nürnberger Str. 14, Tel (0 92 41) 72 50,
Fax 8 04 04, ✉ 91257, AX DC ED VA
25 Zi, Ez: 195/98-395/198, Dz: 195/98-590/297,
25 Suiten, ⊣ WC ⊘, 25 ⊭, Lift, P, ⌂, 5↻100,
⌂, Kegeln, Sauna, Solarium, Golf
Zimmer und Suiten teilweise von Designer Dirk
Obliers gestaltet. Auch Zimmer anderer
Kategorien vorhanden.

¶¶¶ Pflaumen-Garten
Hauptgericht 50/25, Terrasse
Beachtenswerte Küche.

¶¶ Posthalter Stube
Hauptgericht 28/14
In den Restaurants vorzugsweise Menüs.

✱ Ratsstube
Hauptstr. 43, Tel (0 92 41) 22 79, ✉ 91257, AX
ED VA
14 Zi, Ez: 75/37-84/42, Dz: 130/65-150/75, ⊣
WC ⊘, Restaurant

Peine 26 ↘

Niedersachsen
EW 50000
☎ Tel (0 51 71) 4 82 00, Fax 4 82 01
Verkehrsverein Peine e.V.
✉ 31224 Bahnhofsplatz 1

✱ Madz
Schwarzer Weg 70, Tel (0 51 71) 99 60,
Fax 9 96 66, ✉ 31224, AX DC ED VA
70 Zi, 1 Suite, 1 App, ⊣ WC ⊘, 14 ⊭, Lift, P,
⌂, 2↻35, garni

✱ Stadthotel
Duttenstedter Str. 13, Tel (0 51 71) 4 89 61,
Fax 4 89 63, ✉ 31224, AX ED VA
17 Zi, Ez: 90/45, Dz: 140/70, ⊣ WC ⊘, garni

✱ Stadtklause
Schwarzer Weg 98, Tel (0 51 71) 1 38 55,
Fax 99 00 20, ✉ 31224
10 Zi, Ez: 90/45, Dz: 130/65, ⊣ WC ⊘, P,
Restaurant

✱ Bürgerschänke
Schwarzer Weg 60, Tel (0 51 71) 7 75 30,
Fax 77 53 40, ✉ 31224, ED VA

Peine

20 Zi, Ez: 80/40-160/80, Dz: 140/70-180/90, ⌐
WC ⊘, **P**, ☎, Restaurant
geschl.: Mi

🍴 Gasthof Löns-Krug
Braunschweiger Str. 72, **Tel (0 51 71)** 5 20 31,
Fax 5 59 05, ✉ 31226, ED
Hauptgericht 40/20, **P**, geschl.: So, Jul
✱ 7 Zi, Ez: 80/40-85/42,
Dz: 150/75-160/80, ⌐ WC ⊘, 1⌬40

Essinghausen

✱ Am Steinkamp
August-Bebel-Str. 7, **Tel (0 51 71)** 7 66 80,
Fax 76 68 10, ✉ 31224, ED VA
12 Zi, Ez: 95/47-155/78, Dz: 130/65-195/98, ⌐
WC ⊘, 6 ⇄, **P**, 1⌬30, Restaurant

Stederdorf (2 km ↑)

✱✱ Quality
Ammerweg 1, **Tel (0 51 71)** 99 59,
Fax 99 52 88, ✉ 31228, AX DC ED VA
98 Zi, Ez: 110/55-210/105, Dz: 145/73-295/148,
⌐ WC ⊘, 41 ⇄, Lift, **P**, 2⌬40
🍴 Hauptgericht 27/13

✱✱ Schönau
Peiner Str. 17, **Tel (0 51 71)** 99 80,
Fax 99 81 66, ✉ 31228, AX DC ED VA
41 Zi, Ez: 120/60-220/110, Dz: 170/85-280/141,
5 Suiten, ⌐ WC ⊘, Lift, **P**, 5⌬300
geschl.: So
Auch einfachere Zimmer vorhanden.
🍴🍴 Hauptgericht 25/12-55/27, geschl.: Sa, So abends

Peißen Saalkreis 38 →

Sachsen-Anhalt / Saalkreis
EW 1120
🛈 Tel (03 45) 5 60 16 27
Gemeindeamt
✉ 06188 Gewerbehof 1

✱✱ Hansa Hotel
Hansaplatz 1, **Tel (03 45)** 5 64 70,
Fax 5 64 75 50, ✉ 06188, AX DC ED VA, Ⓢ
301 Zi, Ez: 150/75-199/100,
Dz: 198/99-247/124, ⌐ WC ⊘ DFÜ, 123 ⇄,
Lift, 16⌬450, Sauna, Solarium, Restaurant

✱ Alba Hotel
An der Mühle 180, **Tel (03 45)** 5 75 00,
Fax 5 75 01 00, ✉ 06188, AX DC ED VA, Ⓢ
158 Zi, Ez: 95/47-110/55, Dz: 160/80-210/105,
1 Suite, ⌐ WC ⊘, 80 ⇄, Lift, **P**, 6⌬300,
Fitnessraum, Solarium, Restaurant

Peiting 71 ←

Bayern / Kreis Weilheim-Schongau
EW 11500
🛈 Tel (0 88 61) 65 35, Fax 5 91 40
Verkehrsverein
✉ 86971 Ammergauerstr. 2

✱ Alpenhotel Pfaffenwinkel
Am Hauptplatz, **Tel (0 88 61)** 2 52 60,
Fax 25 26 27, ✉ 86971, ED VA
12 Zi, Ez: 75/37-90/45, Dz: 130/65-150/75, ⌐
WC ⊘, 6 ⇄, **P**, ☎, Restaurant

Pellworm 8 →

Schleswig-Holstein
Kreis Nordfriesland
EW 1150
🛈 Tel (0 48 44) 1 89 40 43, Fax 1 89 44
Kurverwaltung
✉ 25849 Uthlandestr. 2

Hoogerfähre

✱ Kiek ut
Hoogerfähre 6, **Tel (0 48 44)** 90 90,
Fax 9 09 40, ✉ 25849
♪, 21 Zi, Ez: 63/31-78/39, Dz: 106/53-116/58,
4 App., ⌐ WC ⊘, 3 ⇄, Lift, **P**, 2⌬80,
Fitnessraum, Sauna, Solarium, Restaurant
Rezeption: 8-12, 17-19

Pentling 65 ↖

Bayern / Kreis Regensburg
EW 5934
🛈 Tel (09 41) 92 08 20, Fax 9 20 82 20
Gemeindeverwaltung
✉ 93080 Schulstr. 7

Großberg (1,5 km ↓)

✱✱ Tulip Inn
An der Steinernen Bank 10, **Tel (0 94 05)** 3 30,
Fax 3 34 10, ✉ 93080, AX DC ED VA
225 Zi, Ez: 140/70-180/90, Dz: 180/90, 3 Suiten,
⌐ WC ⊘, 33 ⇄, Lift, **P**, ☎, 20⌬600, Kegeln,
Sauna, Solarium, 6 Tennis
🍴🍴 Hauptgericht 20/10-30/15, Terrasse, Biergarten

Penzberg 72 ↙

Bayern / Kreis Weilheim-Schongau
EW 15000
🛈 Tel (0 88 56) 81 30, Fax 81 31 36
Stadtverwaltung
✉ 82377 Karlstr. 25

✻✻ Stadthotel Berggeist
Bahnhofstr. 47, Tel (0 88 56) 80 10,
Fax 8 19 13, ⌧ 82377, AX ED VA
45 Zi, Ez: 124/62-134/67, Dz: 175/88-195/98,
14 App., ⌐ WC ⊘, Lift, 3❍70, Sauna, Solarium,
Restaurant

🍴 Bayrischer Hof
Am Hauptplatz, Tel (0 88 56) 50 65, Fax 44 35,
⌧ 82377, AX DC ED VA
Hauptgericht 25/12, Biergarten, P, geschl.: Mo

Perl 52 ✓

Saarland / Kreis Merzig-Wadern
EW 6200
🛈 Tel (0 68 67) 6 60, Fax 6 61 00
Touristinformation Dreiländereck
⌧ 66706 Trierer Str. 28

Nennig (9 km ↑)

✻✻✻ Victor's Residenz Schloss Berg
L'Art de Vivre Residenz
Schlosshof 7, Tel (0 68 66) 7 90, Fax 7 91 00,
⌧ 66706, AX DC ED VA
♪ ⚘, 123 Zi, Ez: 195/98-330/166,
Dz: 235/118-370/186, 17 Suiten, ⌐ WC ⊘ DFÜ,
30 ⋈, Lift, P, 6❍360, ≋, Fitnessraum, Sauna,
Solarium, Golf
Auch Zimmer anderer Kategorien vorhanden.

🍴🍴🍴🍴 Hauptgericht 50/25, Terrasse
geschl.: Mo, Di

Perleberg 20 ↓

Brandenburg / Kreis Prignitz
EW 14100
🛈 Tel (0 38 76) 61 22 59, Fax 61 29 65
Stadtinformation
⌧ 19348 Mönchort 7

✻ Deutscher Kaiser
Bäckerstr. 18, Tel (0 38 76) 7 91 40,
Fax 79 14 79, ⌧ 19348, AX DC ED VA
25 Zi, Ez: 95/47-125/62, Dz: 110/55-140/70,
1 Suite, ⌐ WC ⊘, P, ☎, 2❍230, Restaurant

✻ Neuer Hennings Hof
Hennings Hof 3, Tel (0 38 76) 61 50 31,
Fax 61 50 35, ⌧ 19348, AX ED VA
24 Zi, Ez: 80/40-135/67, Dz: 100/50-160/80, ⌐
WC ⊘, P, 3❍200, ≋, Sauna, Solarium,
5 Tennis, Restaurant
Auch einfachere Zimmer vorhanden.

Petersberg 46 □

Hessen / Kreis Fulda
EW 14800
🛈 Tel (06 61) 6 20 60, Fax 62 06 50
Rathaus
⌧ 36100 Rathausplatz 1

✻ Am Rathaus
Am Neuen Garten 1, Tel (06 61) 6 90 03,
Fax 6 32 57, ⌧ 36100, ⌐ WC ⊘, garni
Anmeldung im Hotel Berghof.

Almendorf (2 km ↗)

✻ Berghof
Almendorfer Str. 1-3, Tel (06 61) 96 79 00,
Fax 9 67 90 88, ⌧ 36100, AX DC ED VA
54 Zi, Ez: 95/47-100/50, Dz: 138/69-145/73, ⌐
WC ⊘, Lift, P, 5❍120, ≋, Kegeln, Sauna,
Restaurant

Petershagen 25 □

Nordrhein-Westfalen
Kreis Minden-Lübbecke
EW 26850
🛈 Tel (0 57 02) 82 20, Fax 82 22 98
Stadtverwaltung Petershagen
⌧ 32469 Bahnhofstr. 63

✻✻ Romantik Hotel
Schloss Petershagen
Schlosstr. 5, Tel (0 57 07) 9 31 30, Fax 23 73,
⌧ 32469, AX DC ED VA
⚘ ⌘, 12 Zi, Ez: 140/70, Dz: 250/125-290/146,
1 Suite, ⌐ WC ⊘ DFÜ, P, 2❍80, ≋, 1 Tennis

🍴🍴🍴 Orangerie
⚘, Hauptgericht 20/10-45/22, Terrasse,
geschl.: Jan-Apr Mo-Fr mittags

Heisterholz (2 km ↓)

✻ Waldhotel Morhoff
Forststr. 1, Tel (0 57 07) 9 30 30, Fax 22 07,
⌧ 32469, ED
24 Zi, Ez: 85/42-100/50, Dz: 140/70-160/80, ⌐
WC ⊘, P, Kegeln, Restaurant

Petershagen-Eggersdorf 30 →

Brandenburg
Kreis Märkisch-Oderland
EW 10818
🛈 Tel (03 34 39) 7 98 68, Fax 7 98 03
Gemeindeverwaltung
✉ 15370 Rathaus

Eggersdorf (3 km ↗)

✱✱ Landhaus Villago
Altlandsberger Chaussee 88,
Tel (0 33 41) 46 90, Fax 46 94 69, ✉ 15345, AX ED VA
§, 61 Zi, Ez: 158/79, Dz: 198/99, 1 Suite, ⌐ WC
© DFÜ, Lift, P, 6⊃90, ≋, ⌂, Sauna, Solarium

Bötz
Hauptgericht 24/12-30/15, Terrasse

✱ Landgasthof zum Mühlenteich
Karl-Marx-Str. 32, Tel (0 33 41) 4 26 60,
Fax 42 66 66, ✉ 15345, AX ED VA
20 Zi, Ez: 110/55-160/80, Dz: 150/75-190/95,
1 Suite, ⌐ WC © DFÜ, Lift, P, 3⊃180, Kegeln,
Restaurant
Auch Zimmer der Kategorie ✱✱ vorhanden.

Peterstal-Griesbach, Bad 60 ↘

Baden-Württemberg / Ortenaukreis
EW 3000
🛈 Tel (0 78 06) 79 33, Fax 79 50
Kurverwaltung
✉ 77740 Schwarzwaldstr. 11

Griesbach, Bad

✱✱ Kurhotel Adlerbad Landidyll
Kniebisstr. 55, Tel (0 78 06) 10 71, Fax 84 21,
✉ 77740, ED VA
30 Zi, Ez: 70/35-105/52, Dz: 124/62-186/93, ⌐
WC ©, Lift, P, ⌂, Sauna, Solarium
Im Gästehaus auch Zimmer der Kategorie ✱
vorhanden.

🍴🍴 Hauptgericht 18/9-39/19, Terrasse,
geschl.: Mi

✱ Döttelbacher Mühle
Kniebisstr. 8, Tel (0 78 06) 9 92 60, Fax 13 19,
✉ 77740, ED VA
12 Zi, Ez: 65/32-80/40, Dz: 130/65, ⌐ WC ©, P
🍴 Hauptgericht 15/7-40/20, Kegeln,
geschl.: Di

Griesbach, Bad-Außerhalb (2 km ↗)

✱✱✱ Kur- und Sporthotel Dollenberg Relais & Châteaux 👑
Dollenberg 3, Tel (0 78 06) 7 80, Fax 12 72,
✉ 77740
☾ §, 31 Zi, Ez: 134/67-223/112,
Dz: 232/116-310/156, 3 Suiten, 42 App, ⌐ WC
© DFÜ, Lift, P, ⌂, 2⊃30, ⌂, Bowling, Sauna,
Solarium, 1 Tennis
Auch Zimmer der Kategorie ✱✱ vorhanden.

🍴🍴🍴 AX DC ED VA, §
Hauptgericht 32/16-44/22, geschl.: Mi
Auch preiswerte Regionalküche mit
"Lilienniveau."

Peterstal, Bad

✱ Schauinsland
Forsthausstr. 21, Tel (0 78 06) 9 87 80,
Fax 15 32, ✉ 77740, ED
☾ §, 27 Zi, Ez: 81/40-103/51,
Dz: 156/78-168/84, ⌐ WC ©, 2 ⤴, Lift, P, ⌂,
⌂, Sauna, Solarium, Restaurant
geschl.: 20.11.-15.12.00
Auch Zimmer der Kategorie ✱✱ vorhanden.

Pfäffingen siehe Ammerbuch

Pfaffenweiler 67 □

Baden-Württemberg
Kreis Breisgau-Hochschwarzwald
EW 2800
🛈 Tel (0 76 64) 52 15, Fax 5 97 01
Verkehrsverein
✉ 79227 Alemannenstr. 22

🍴🍴🍴 **Zehners Stube**
Weinstr. 39, Tel (0 76 64) 62 25, Fax 6 16 24,
✉ 79292, ED VA
Hauptgericht 42/21-59/29, Terrasse, P,
geschl.: Mo, im Jul+Aug So mittags

Pfaffing 72 →

Bayern / Kreis Rosenheim (Land)
EW 3567
i Tel (0 80 76) 9 19 80
Verwaltungsgemeinde Pfaffing
✉ 83539 Schulstraße 3

Forsting (3 km ↖)

*   Gasthof Forsting
Münchner Str. 21, **Tel (0 80 94) 9 09 70**,
Fax 90 97 40, ✉ 83539, DC ED VA
23 Zi, Ez: 80/40-100/50, Dz: 110/55-140/70, ⊣
WC ⌀ DFÜ, **P**, 🏠, 2⇔200, Solarium,
Restaurant
Rezeption: 6.30-22

Pfaffroda 50 →

Sachsen
Mittlerer Erzgebirgskreis
EW 2100
i Tel (03 73 60) 62 30, Fax 64 17
Gemeindeverwaltung
✉ 09526 Am Hofteich 3

Hallbach

🛏   Bielatal
Dresdner Str. 10, **Tel (03 73 60) 7 28 53**,
Fax 7 48 30, ✉ 09526
10 Zi, Ez: 50/25-75/37, Dz: 100/50-110/55, ⊣
WC ⌀, 2⇔50, Restaurant
Rezeption: 10-22

Pfalzgrafenweiler 61 ✓

Baden-Württemberg
Kreis Freudenstadt
EW 6700
i Tel (0 74 45) 85 90 01, Fax 85 90 02
Gäste-Information
✉ 72285 Am Marktplatz

*   Thome's Schwanen
Marktplatz 1, **Tel (0 74 45) 85 80 70**,
Fax 85 80 74 00, ✉ 72285, ED
37 Zi, Ez: 72/36-95/47, Dz: 130/65-155/78, ⊣
WC ⌀ DFÜ, 3 🛏, Lift, **P**, 🏠, 2⇔35
🍴   Hauptgericht 13/6-32/16, Terrasse,
geschl.: 2 Wochen im Aug

Pfalzgrafenweiler-Außerhalb (3 km ←)

**   Silencehotel Waldsägmühle
Tel (0 74 45) 8 51 50, Fax 67 50, ✉ 72285,
ED VA
einzeln ♪, 38 Zi, Ez: 90/45-125/62,
Dz: 165/83-205/103, ⊣ WC ⌀, Lift, **P**, 🏠,
Sauna, Solarium
🍴🍴   einzeln, Hauptgericht 25/12, Terrasse,
geschl.: So abends, Mo mittags, Anfang
Jan-Anfang Feb

Herzogsweiler (3 km ✓)

*   Sonnenschein mit Gästehaus
Birkenbuschweg 11, **Tel (0 74 45) 85 80 40**,
Fax 8 58 04 20, ✉ 72285, ED VA
♪, 31 Zi, Ez: 55/27-57/28, Dz: 108/54-112/56,
⊣ WC ⌀, **P**, 🏠, Restaurant
geschl.: Mi, 8.11.-14.12.00

Kälberbronn (7 km ←)

**   Schwanen
Grosse Tannenstr. 10, **Tel (0 74 45) 18 80**,
Fax 1 88 99, ✉ 72285, AX DC ED VA
♪ §, 60 Zi, Ez: 125/62-150/75,
Dz: 230/115-250/125, 4 Suiten, ⊣ WC ⌀, 5 🛏,
Lift, **P**, 3⇔60, 🏠, Kegeln, Bowling, Sauna,
Solarium, Golf, 10 Tennis
geschl.: 5.11.-8.12.00
🍴🍴   Hauptgericht 15/7-50/25, Terrasse,
geschl.: 5.11.-8.12.00

Pfarrkirchen 73 ↗

Bayern / Kreis Rottal-Inn
EW 12000
i Tel (0 85 61) 3 06 32, Fax 3 06 34
Verkehrsamt
✉ 84347 Stadtplatz 2

*   Ederhof
Ziegelstadl 1 a, **Tel (0 85 61) 2 38 70**,
Fax 64 02, ✉ 84347, AX DC ED VA
20 Zi, Ez: 70/35, Dz: 115/57, ⊣ WC ⌀, 2 🛏,
Lift, **P**, 2⇔50, Restaurant

Pfeffenhausen 64 →

Bayern / Kreis Landshut
EW 4600
i Tel (0 87 82) 9 60 00, Fax 96 00 22
Tourist-Information
✉ 84076 Marktplatz 3

🛏   Gasthof Pöllinger
Moosburger Str. 23, **Tel (0 87 82) 16 70**,
Fax 83 80, ✉ 84076, ED VA
26 Zi, Ez: 60/30-75/37, Dz: 100/50-135/67, ⊣
WC ⌀, **P**, 3⇔500, Restaurant

Pfinztal 61

Baden-Württemberg
Kreis Karlsruhe
EW 17700
🛈 Tel (0 72 40) 6 20, Fax 62 50
Gemeindeverwaltung
✉ 76327 Hauptstr. 70

Söllingen

★★★★ Villa Hammerschmiede
Relais & Châteaux
Hauptstr. 162, Tel (0 72 40) 60 10, Fax 6 01 60,
✉ 76327, AX DC ED VA
♪, 30 Zi, Ez: 237/119-347/174,
Dz: 346/174-456/229, 5 Suiten, ⌐ WC ⊘ DFÜ,
Lift, P, 🚗, 5⌒40, ☁, Sauna, Solarium

🍴🍴🍴 Hauptgericht 39/19-60/30, Terrasse 🍷

Pfofeld 63 ↗

Bayern
Kreis Weißenburg-Gunzenhausen
EW 1350
🛈 Tel (0 98 31) 6 77 40, Fax 67 74 26
Gemeinde Pfofeld
✉ 91710 Reutberger Str. 34

Langlau (3,5 km ↗)

★★ Strandhotel Seehof
Seestr. 33, Tel (0 98 34) 98 80, Fax 98 89 88,
✉ 91738, AX ED VA
♪ ⚡, 82 Zi, Ez: 122/61-198/99,
Dz: 183/92-222/111, 3 Suiten, ⌐ WC ⊘ DFÜ,
41 ⌐, Lift, P, 🚗, 7⌒120, ☁, Kegeln, Sauna,
Solarium, Restaurant
Auch Zimmer der Kategorie ★★★ vorhanden.

Pforzheim 61

Baden-Württemberg / Enzkreis
EW 120000
🛈 Tel (0 72 31) 1 45 45 60, Fax 1 45 45 70
Pforzh. Kongress- u. Marketing GmbH
✉ 75175 Marktplatz 1

★★★ Parkhotel Pforzheim
Deimlingstr. 36 (B 2), Tel (0 72 31) 16 10,
Fax 16 16 90, ✉ 75175, AX DC ED VA, Ⓢ
133 Zi, Ez: 162/81-222/111,
Dz: 202/101-272/137, 10 Suiten, ⌐ WC ⊘ DFÜ,
43 ⌐, Lift, P, 🚗, 9⌒300, Sauna, Solarium,
Restaurant

★★ Royal
Wilferdinger Str. 64 (A 1),
Tel (0 72 31) 1 42 50, Fax 14 25 99, ✉ 75179,
AX DC ED VA
43 Zi, Ez: 135/67-155/78, Dz: 175/88-195/98,
4 Suiten, ⌐ WC ⊘ DFÜ, 10 ⌐, Lift, P, 🚗,
3⌒50, Restaurant

★ Hasenmayer
Heinrich-Wieland-Allee 105,
Tel (0 72 31) 31 10, Fax 31 13 45, ✉ 75177,
ED VA
44 Zi, Ez: 80/40-112/56, Dz: 139/70-154/77, ⌐
WC ⊘, 2 ⌐, Lift, P, Kegeln, Restaurant
geschl.: 23.12.00-4.1.01

🍴🍴 Goldener Bock
Eberststr. 1, Tel (0 72 31) 10 51 23,
✉ 75177, AX DC ED VA
Hauptgericht 25/12, geschl.: Do, Fr mittags,
27.12.00-4.1.01, 3 Wochen im Sommer

Brötzingen (3 km ←)

🍴🍴 Silberburg
Dietlinger Str. 27, Tel (0 72 31) 44 11 59,
Fax 46 54 04, ✉ 75179, AX DC ED VA
Hauptgericht 38/19-45/22, geschl.: Mo
Beachtenswerte Küche.

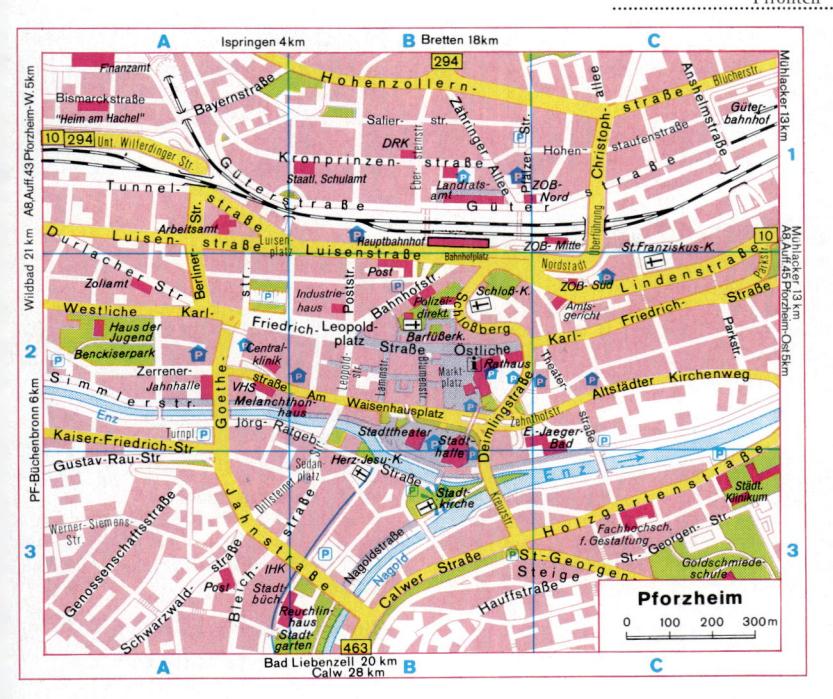

Pfrondorf siehe Nagold

Pfronten 70 ↘

Bayern / Kreis Ostallgäu
EW 7650
🛈 Tel (0 83 63) 6 98 88, Fax 6 98 66
Verkehrsamt im Ortsteil Ried
✉ 87459 Vilstalstr. 2

Dorf

✱✱✱ **Silencehotel Bavaria**
Kienbergstr. 62, Tel (0 83 63) 90 20, Fax 68 15,
✉ 87459, DC ED VA
einzeln ♩ ₰, 45 Zi, Ez: 119/59-149/75,
Dz: 238/119-318/160, 3 Suiten, ⌐ WC Ⓒ DFÜ,
Lift, Ⓟ, 🏠, 4⌬80, ≋, ⌂, Sauna, Solarium
🍴🍴 Hauptgericht 30/15, Terrasse

✱✱ **Ringhotel Alpenhotel Krone**
Tiroler Str. 29, Tel (0 83 63) 6 90 50,
Fax 6 90 55 55, ✉ 87459, AX DC ED VA, Ⓢ
30 Zi, Ez: 130/65-140/70, Dz: 190/95-220/110,
2 Suiten, ⌐ WC Ⓒ, 15 ⛷, Lift, Ⓟ, 🏠, 2⌬40
🍴🍴 Hauptgericht 25/12, Terrasse
geschl.: Mo

✱ **Christina**
Kienbergstr. 56, Tel (0 83 63) 60 01, Fax 60 03,
✉ 87459
♩ ₰, 19 Zi, Ez: 88/44-100/50,
Dz: 136/68-184/92, 1 App, ⌐ WC Ⓒ, Ⓟ, 🏠, ⌂,
Fitnessraum, Sauna, Solarium, Restaurant
geschl.: Mi

Meilingen

✱✱ **Berghof**
Falkensteinweg 13, Tel (0 83 63) 9 11 30,
Fax 91 13 25, ✉ 87459
♩ ₰, 31 Zi, Ez: 75/37-150/75,
Dz: 150/75-234/117, 1 Suite, 12 App, ⌐ WC Ⓒ,
Lift, Ⓟ, 🏠, 1⌬25, ⌂, Sauna, Solarium,
Restaurant
Auch Zimmer der Kategorie ✱ vorhanden.

Obermeilingen

🍴🍴 **Schloßanger-Alp**
Am Schloßanger 1, Tel (0 83 63) 91 45 50,
Fax 91 45 55 55, ✉ 87459, AX DC ED VA
₰, Hauptgericht 20/10-40/20, Terrasse, Ⓟ
✱✱ einzeln ♩ ₰, 10 Zi, Ez: 125/62,
Dz: 180/90-270/135, 6 Suiten, 14 App, ⌐ WC
Ⓒ, 4 ⛷, 🏠, 1⌬0, ⌂, Sauna, Solarium

Pfronten

Steinach

⁕⁕ Chesa Bader
Enzianstr. 12, Tel (0 83 63) 83 96, Fax 86 96,
✉ 87459
♪ ⚜, 8 Zi, Ez: 86/43-105/52, Dz: 150/75-170/85,
3 Suiten, ⎤ WC ⌀, Ⓟ, 🏠, 🏡, Fitnessraum,
Sauna, Solarium, garni

Pfullendorf 69 ←

Baden-Württemberg
Kreis Sigmaringen
EW 13000
🛈 Tel (0 75 52) 25 11 31, Fax 93 11 30
Verkehrsamt
✉ 88630 Kirchplatz 1

⁕⁕ Adler
 Flair Hotel
Heiligenberger Str. 20, Tel (0 75 52) 9 20 90,
Fax 9 20 98 00, ✉ 88630, DC ED VA
46 Zi, Ez: 95/47-125/62, Dz: 140/70-195/98,
2 Suiten, 2 App, ⎤ WC ⌀ DFÜ, Lift, Ⓟ, 1⇨50
🍴🍴 Hauptgericht 30/15, Biergarten, nur
abends, So nur mittags, geschl.: Mo

⁕ Krone
Hauptstr. 18, Tel (0 75 52) 9 21 70,
Fax 92 17 34, ✉ 88630, AX DC ED VA
35 Zi, Ez: 85/42-98/49, Dz: 145/73-160/80, ⎤
WC ⌀, Ⓟ, 🏠, 2⇨30
geschl.: 20.12.00-10.1.01
Auch einfachere Zimmer vorhanden.
🍴 Hauptgericht 30/15,
geschl.: 22.12.00-10.1.01

Pfullingen 69 ↖

Baden-Württemberg
Kreis Reutlingen
EW 17700
🛈 Tel (0 71 21) 70 32 08, Fax 70 32 13
Stadtverwaltung
✉ 72793 Marktplatz 5

Sehenswert: Ehem. Klosterkirche; Martinskirche; Pfullinger Hallen; Württ. Trachtenmuseum; Mühlenmuseum; Stadtgeschichtliches Museum.

⁕⁕ Engelhardt
Hauffstr. 111, Tel (0 71 21) 9 92 00,
Fax 9 92 02 22, ✉ 72793, AX DC ED VA
58 Zi, Ez: 110/55-145/73, Dz: 160/80-185/93, ⎤
WC ⌀ DFÜ, Lift, Ⓟ, 🏠, 1⇨30, Sauna, garni

Pfungstadt 54 ↗

Hessen / Kreis Darmstadt-Dieburg
EW 24400
🛈 Tel (0 61 57) 98 81 35, Fax 98 83 00
Stadtverwaltung
✉ 64319 Kirchstr. 12-14

🍴🍴 VM ✢
Borngasse 16, Tel (0 61 57) 8 54 40,
Fax 6 98 89, ✉ 64319
Hauptgericht 28/14-38/19, geschl.: So, Mo, Sa
mittags, Anfang Jan, Mitte Mai

Philippsreut 66 ↗

Bayern / Kreis Freyung-Grafenau
EW 730
🛈 Tel (0 85 50) 9 10 17, Fax 9 10 19
Verkehrsamt
✉ 94158 Hauptstr. 17

⁕ Hubertusstuben
Obermoldauer Str. 1, Tel (0 85 50) 7 81,
Fax 4 22, ✉ 94158
10 Zi, Ez: 70/35-80/40, Dz: 120/60-140/70, ⎤
WC ⌀, Restaurant

Mitterfirmiansreut (4 km ↖)

⁕ Sporthotel Mitterdorf
Schmelzer Str. 47, Tel (0 85 57) 97 00,
✉ 94158
89 Zi, Ez: 70/35-80/40, Dz: 120/60-140/70, ⎤
WC ⌀

Piding 73 ↘

Bayern
Kreis Berchtesgadener Land
EW 5100
🛈 Tel (0 86 51) 38 60, Fax 6 34 47
Verkehrsamt
✉ 83451 Petersplatz 2

Piding-Außerhalb (4 km ↖)

⁕⁕ Berg- und Sporthotel
 Neubichler Alm
Neubichel 5, Tel (0 86 56) 7 00 90, Fax 12 33,
✉ 83451, ED VA
einzeln ♪ ⚜, 50 Zi, Ez: 95/47-150/75,
Dz: 150/75-220/110, ⎤ WC ⌀, 5 ⛷, Lift, Ⓟ, 🏠,
🏡, Fitnessraum, Kegeln, Sauna, Solarium, Golf,
2 Tennis
🍴🍴 ⚜, Hauptgericht 25/12, Terrasse

Mauthausen (2 km)

✶ Alpenblick
Gaisbergstr. 9, **Tel (0 86 51) 9 88 70**,
Fax 98 87 35, ✉ 83451, ED VA
16 Zi, Ez: 71/35-79/39, Dz: 106/53-140/70,
1 Suite, ⊣ WC ⊘, ℗, Restaurant
geschl.: 1.11.-15.12.00

Piesport 52 ↗

Rheinland-Pfalz
Kreis Bernkastel-Wittlich
EW 2200
ℹ Tel (0 65 07) 20 27, Fax 20 26
Verkehrsbüro Piesport/Minheim
✉ 54498 St-Martin-Str 27

✶ Winzerhof
Bahnhofstr. 8 a, **Tel (0 65 07) 9 25 20**,
Fax 92 52 52, ✉ 54498, AX DC ED VA
15 Zi, Ez: 70/35-100/50, Dz: 113/56-170/85, ⊣
WC ⊘ DFÜ, ℗, garni
geschl.: 11.3.-9.4.01

Pilsach 58 ✓

Bayern
Kreis Neumarkt (Oberpfalz)
EW 2515
ℹ Tel (0 91 81) 29 12 16, Fax 29 12 20
Gemeindeverwaltung
✉ 92367 Raiffeisenstr. 10

✶ Gasthof Am Schloß
Litzloher Str. 8, **Tel (0 91 81) 3 00 21**,
Fax 34 03, ✉ 92367, AX ED VA
16 Zi, Ez: 65/32, Dz: 95/47, ⊣ WC ⊘, ℗, ☎,
1⌘150, Golf, Restaurant
Rezeption: 7-1, geschl.: Di, 6.-21.8.01

Pinneberg 18 ↖

Schleswig-Holstein
EW 40200
ℹ Tel (0 41 01) 21 10, Fax 21 14 44
Stadtverwaltung
✉ 25421 Bismarckstr. 8

✶✶ Thesdorfer Hof
Rellinger Str. 35, **Tel (0 41 01) 5 45 40**,
Fax 54 54 54, ✉ 25421, AX DC ED VA
22 Zi, Ez: 130/65-160/80, Dz: 150/75-200/100,
⊣ WC ⊘ DFÜ, ℗, 1⌘30, Sauna, garni

🍴🍴 Zur Landdrostei
Dingstätte 23, **Tel (0 41 01) 20 77 72**,
Fax 59 22 00, ✉ 25421, AX DC ED VA
Hauptgericht 34/17, Gartenlokal, ℗

Pinzberg 57 □

Bayern / Kreis Forchheim
EW 1874
ℹ Tel (0 91 91) 7 95 00
Gemeindeverwaltung
✉ 91361 Gosberg 38

⛳ Landgasthof Schrüfer
Hauptstr. 27, **Tel (0 91 91) 7 09 70**,
Fax 70 97 27, ✉ 91361
11 Zi, Ez: 60/30-85/42, Dz: 100/50-130/65,
1 App, ⊣ WC, Lift, ℗, 2⌘50, Restaurant

Pirmasens 53 ↓

Rheinland-Pfalz
EW 50000
ℹ Tel (0 63 31) 84 23 55, Fax 84 23 51
Fremdenverkehrsamt
✉ 66953 Rathaus am Exerzierplatz

✶ Lindner Hotel Landauer Tor
Landauer Str. 7, **Tel (0 63 31) 2 46 40**,
Fax 24 64 44, ✉ 66953, AX DC ED VA
27 Zi, Ez: 90/45-150/75, Dz: 140/70-200/100,
⊣ WC ⊘, 8 ⛱, Lift, ℗, 2⌘50, garni
Rezeption: 6.30-22

Winzeln (3 km ←)

✶✶ Kunz ♛
Bottenbacher Str. 74, **Tel (0 63 31) 87 50**,
Fax 87 51 25, ✉ 66954, AX DC ED VA
46 Zi, Ez: 85/42-105/52, Dz: 140/70-160/80, ⊣
WC ⊘, 10 ⛱, ℗, ☎, 3⌘102, ☎, Sauna
geschl.: Fr, 22.12.00-5.1.01
Auch Zimmer der Kategorie ✶✶✶ vorhanden.
🍴🍴 Hauptgericht 23/11-44/22, Terrasse,
geschl.: 22.12.00-5.1.01, 6-22.7.01

Pirna 51 ↑

Sachsen / Kreis Sächsische Schweiz
EW 42300
ℹ Tel (0 35 01) 4 65 70, Fax 46 57 15
Touristservice
✉ 01796 Am Markt 7

siehe auch Wehlen

✶✶ Romantik Hotel Deutsches Haus
Niedere Burgstr. 1, **Tel (0 35 01) 44 34 40**,
Fax 52 81 04, ✉ 01796, AX ED VA

Pirna

⏺ ☎, 40 Zi, Ez: 100/50-149/75,
Dz: 140/70-183/92, ⌐ WC Ⓒ DFÜ, 4 ⇔, Lift, Ⓟ,
⌂, 1⇔50, Restaurant

✱ Pirna'scher Hof
Am Markt 4, Tel (0 35 01) 4 43 80,
Fax 4 43 80, ⊠ 01796, AX ED VA
21 Zi, Ez: 80/40-120/60, Dz: 120/60-140/70, ⌐
WC Ⓒ DFÜ, Ⓟ, 1⇔30, Solarium
Ständig wechselnde Kunstausstellungen.

¶ Galerierestaurant
Hauptgericht 15/7-30/15

✱ Sächsischer Hof
Gartenstr. 21, Tel (0 35 01) 44 75 51,
Fax 44 75 54, ⊠ 01796, AX ED VA
27 Zi, Ez: 95/47-122/61, Dz: 122/61-142/71, ⌐
WC Ⓒ, Ⓟ, 1⇔55, Sauna, Restaurant

Zehista (2 km ↓)

✱✱ Gasthof Zur Post
Liebstädter Str. 30, Tel (0 35 01) 55 00,
Fax 52 77 12, ⊠ 01796, AX DC ED VA
61 Zi, Ez: 78/39-130/65, Dz: 98/49-175/88, ⌐
WC Ⓒ, Lift, Ⓟ, 2⇔100, ⌂, Kegeln, Sauna,
Solarium, Restaurant
Auch einfachere Zimmer vorhanden.

Pivitsheide siehe Detmold

Planegg 71 ↗

Bayern / Kreis München
EW 10774
🛈 Tel (0 89) 89 92 60, Fax 89 92 61 02
Gemeindeverwaltung
⊠ 82152 Pasinger Str. 8

✱ Planegg
Gumstr. 13, Tel (0 89) 8 99 67 60,
Fax 8 59 60 16, ⊠ 82152, ED VA
⏺, 40 Zi, Ez: 95/47-140/70, Dz: 140/70-180/90,
⌐ WC Ⓒ, 9 ⇔, Lift, Ⓟ, garni
geschl.: 23.12.00-10.1.01
Auch Zimmer der Kategorie ✱✱ vorhanden.

Plattling 65 →

Bayern / Kreis Deggendorf
EW 12580
🛈 Tel (0 99 31) 70 80, Fax 7 08 98
Touristikamt
⊠ 94447 Preysingplatz 1

✱ Zur Grünen Isar
Passauer Str. 2, Tel (0 99 31) 95 20,
Fax 95 22 22, ⊠ 94447, AX DC ED VA
67 Zi, Ez: 90/45-126/63, Dz: 152/76-172/86, ⌐
WC Ⓒ, Lift, Ⓟ, ⌂, 2⇔80, Restaurant
Rezeption: 6-11, 17-23
Auch Zimmer der Kategorie ✱✱ vorhanden.

✱ Bahnhofshotel Liebl
Bahnhofsplatz 3, Tel (0 99 31) 24 12,
Fax 67 09, ⊠ 94447, AX DC ED VA
30 Zi, Ez: 65/32-80/40, Dz: 110/55-140/70, ⌐
WC Ⓒ, 5 ⇔, Ⓟ, ⌂, 1⇔20, Restaurant

Pankhofen

¶¶ Reiterstuben Hutter
Altholz 6, Tel (09 91) 73 20, Fax 38 28 87,
⊠ 94447, AX ED VA
Hauptgericht 22/11-33/16, Terrasse, 🛏

Plau am See 20 →

Mecklenburg-Vorpommern
Kreis Parchim
EW 6200
🛈 Tel (03 87 35) 4 56 78, Fax 4 14 21
Tourist-Information
⊠ 19395 Burgplatz 2

Luftkurort; Sehenswert: Bergfried; Burgverließ;
Plauer See; Fachwerkhäuser; Bürgerhäuser;
Hallenkirche; Eldeschleuse; Fahrgastschifffahrt;
Wassersport.

✱✱ Parkhotel Klüschenberg
Klüschenberg 14, Tel (03 87 35) 4 43 79,
Fax 4 43 71, ⊠ 19395, AX ED VA
68 Zi, Ez: 92/46-129/64, Dz: 129/64-190/95,
1 Suite, ⌐ WC Ⓒ, Lift, Ⓟ, 6⇔180, Fitnessraum,
Sauna, Solarium, Restaurant
Auch Zimmer der Kategorie ✱ vorhanden.

Heidenholz

✱ Marianne Kiek In
Quetziner Str. 77, Tel (03 87 35) 82 30,
Fax 8 23 40, ⊠ 19395, AX ED VA
18 Zi, Ez: 80/40-100/50, Dz: 120/60-160/80,
1 Suite, ⌐ WC Ⓒ, 4 ⇔, Ⓟ, 1⇔30, Sauna,
Solarium, Restaurant

Plötzenhöhe

✱ Strandhotel
Seestr. 6, Tel (03 87 35) 4 12 02, Fax 4 12 02,
✉ 19395
10 Zi, Ez: 89/44-99/49, Dz: 129/64-149/75, ⊣
WC ⓒ, Restaurant

Quetzin (5 km ↑)

✱ Landhotel Rosenhof
August-Bebel-Str. 10, Tel (03 87 35) 8 90,
Fax 8 91 89, ✉ 19395, ED
♪ ✻, 31 Zi, Ez: 80/40-109/54,
Dz: 139/70-169/85, ⊣ WC ⓒ DFÜ, P, 1⇌20,
Sauna, Restaurant

Seelust

✱ Seehotel Plau am See
Hermann-Niemann-Str. 6, Tel (03 87 35) 8 40,
Fax 8 41 66, ✉ 19395, AX DC ED VA
♪ ✻, 83 Zi, Ez: 98/49-129/64,
Dz: 158/79-178/89, 1 Suite, 5 App, ⊣ WC ⓒ,
8 🛏, P, 12⇌120, 🐾, Kegeln, Sauna, Solarium,
Restaurant

✱ Seeresidenz Gesundbrunn
Hermann-Niemann-Str. 11,
Tel (03 87 35) 4 68 38, Fax 4 68 38, ✉ 19395,
ED
♪ ✻, 17 Zi, Ez: 100/50-135/67,
Dz: 130/65-180/90, ⊣ WC ⓒ, P, Restaurant
Auch Zimmer der Kategorie ✱✱ vorhanden.

Plaue 47 ↑

Thüringen / Ilmkreis
EW 1850
ℹ Tel (03 62 07) 5 62 13, Fax 5 62 13
Fremdenverkehrsamt
✉ 99338 Hauptstr. 38

✱ Plauescher Grund
Bahnhofstr. 18, Tel (03 62 07) 53 20,
Fax 5 32 75, ✉ 99338, ED VA
22 Zi, Ez: 75/37-95/47, Dz: 98/49-130/65,
1 Suite, 1 App, ⊣ WC ⓒ, 3⇌250, Kegeln,
Sauna, Solarium
Rezeption: 16-23

Plauen 49 ←

Sachsen / Kreis Stadt Plauen
EW 72400
ℹ Tel (0 37 41) 1 94 33, Fax 2 91 18 09
Tourist-Information
✉ 08523 Unterer Graben 1

✱✱ Alexandra
Bahnhofstr. 17, Tel (0 37 41) 22 14 14,
Fax 22 67 47, ✉ 08523, AX DC ED VA
70 Zi, Ez: 128/64-144/72, Dz: 154/77-199/100,
2 Suiten, ⊣ WC ⓒ DFÜ, 20 🛏, Lift, P, 🐾,
3⇌140, Sauna, Solarium
Auch Zimmer der Kategorie ✱ vorhanden.

🍴🍴 Royal
Hauptgericht 25/12, Terrasse, Biergarten

✱✱ Am Theater
Theaterstr. 7, Tel (0 37 41) 12 10, Fax 12 14 44,
✉ 08523, AX DC ED VA, Ⓢ
118 Zi, Ez: 115/57-130/65, Dz: 130/65-160/80,
4 Suiten, ⊣ WC ⓒ DFÜ, 66 🛏, Lift, 🐾, 3⇌80,
Restaurant

✱✱ Holiday Inn Garden Court
Straßberger Str. 37-41, Tel (0 37 41) 25 20,
Fax 25 21 00, ✉ 08523, AX DC ED VA, Ⓢ
63 Zi, Ez: 129/64-149/75, Dz: 169/85-189/95,
1 Suite, ⊣ WC ⓒ DFÜ, 29 🛏, Lift, 4⇌85, Golf,
Restaurant

✱ Parkhotel
Rädelstr. 18, Tel (0 37 41) 2 00 60,
Fax 20 06 60, ✉ 08523, ED VA
17 Zi, Ez: 85/42-119/59, Dz: 135/67-155/78, ⊣
WC ⓒ DFÜ, P, 2⇌20, Restaurant

✱ Cityhotel
Flair Hotel
Neundorferstr 23, Tel (0 37 41) 1 52 30,
Fax 15 23 99, ✉ 08523, AX ED VA
21 Zi, Ez: 98/49-108/54, Dz: 138/69, ⊣ WC ⓒ,
6 🛏, Lift, P, 2⇌40, Restaurant

Jößnitz

✱✱ Landhotel Zur Warth
Steinsdorfer Str. 8, Tel (0 37 41) 5 71 10,
Fax 5 71 15, ✉ 08547, AX DC ED VA
22 Zi, Ez: 99/49, Dz: 139/70, 1 Suite, 3 App, ⊣
WC ⓒ DFÜ, 5 🛏, Lift, P, 3⇌130, Sauna,
Solarium, Restaurant

Neundorf (3 km ←)

✱ Ambiente
Schulstr. 23 b, Tel (0 37 41) 13 41 02,
Fax 13 41 68, ✉ 08527, AX ED VA
21 Zi, Ez: 68/34-100/50, Dz: 110/55-136/68,
1 App, ⊣ WC ⓒ, 12 🛏, P, 🐾, 2⇌25,
Fitnessraum, Bowling, Sauna, Solarium,
Restaurant

Plauen

Zwoschwitz

✱ Landhotel Gasthof Zwoschwitz
Talstr. 1, Tel (0 37 41) 13 16 74, Fax 13 41 36,
✉ 08525, AX DC ED VA
♪, 25 Zi, Ez: 45/22-92/46, Dz: 75/37-134/67, ⇨
WC ⌀, P, 2⇨100, Restaurant

Plech 58 □

Bayern / Kreis Bayreuth
EW 1200
ℹ Tel (0 92 44) 3 60, Fax 13 92
Gemeindeverwaltung
✉ 91287 Hauptstr. 15

Bernheck (2 km ↑)

✱ Veldensteiner Forst
Haus Nr. 38, Tel (0 92 44) 98 11 11,
Fax 98 11 89, ✉ 91287, AX ED VA
♪, 31 Zi, Ez: 75/37-95/47, Dz: 136/68-156/78,
2 Suiten, ⇨ WC ⌀, 10 ⇆, Lift, P, ☎, 4⇨50, ⌂,
Sauna, Solarium, Restaurant
geschl.: Mo, Mitte Feb-Mitte Mär
Auch Zimmer der Kategorie ✱✱ vorhanden.

Pleidelsheim 61 ↗

Baden-Württemberg
Kreis Ludwigsburg
EW 6000
ℹ Tel (0 71 44) 26 40, Fax 2 64 28
Haupt- und Kulturamt
✉ 74385 Marbacher Str. 5, Rathaus

✱ Ochsen
Beihinger Str. 2, Tel (0 71 44) 8 14 10,
Fax 8 14 14 30, ✉ 74385, AX DC ED VA
47 Zi, Ez: 125/62-155/78, Dz: 175/88-260/130,
3 Suiten, ⇨ WC ⌀ DFÜ, 8 ⇆, P, ☎, garni
geschl.: 20.12.00-6.1.01

Pleinfeld 63 ↗

Bayern
Kreis Weißenburg-Gunzenhausen
EW 7063
ℹ Tel (0 91 44) 67 77, Fax 92 00 50
Verkehrsbüro
✉ 91785 Marktplatz 11

✱ Landhotel Sonnenhof
Sportpark 9-11, Tel (0 91 44) 96 00,
Fax 96 01 90, ✉ 91785, AX ED VA
55 Zi, Ez: 119/59-169/85, Dz: 149/75-199/100,
⇨ WC ⌀ DFÜ, 4 ⇆, Lift, P, 8⇨120, Sauna,
Solarium, 6 Tennis, Restaurant
Auch einfachere Zimmer vorhanden.

¶¶ Landgasthof Siebenkäs ✙
Kirchenstr. 1, Tel (0 91 44) 82 82, Fax 83 07,
✉ 91785, ED VA
Hauptgericht 20/10-39/19, Terrasse, P,
geschl.: Mo, Sep-Apr So abends, Mo, 2.-9.1.01,
20.8.-5.9.01

Plettenberg 34 ↙

Nordrhein-Westfalen
Märkischer Kreis
EW 30200
ℹ Tel (0 23 91) 92 30, Fax 92 31 28
Stadtverwaltung, Hauptamt
✉ 58840 Grünestr. 12

✱ Battenfeld
Landemerter Weg 1, Tel (0 23 91) 9 28 70,
Fax 92 87 46, ✉ 58840, ED VA
26 Zi, Ez: 75/37-95/47, Dz: 140/70-150/75, ⇨
WC ⌀, ☎, 2⇨24, Kegeln, Restaurant

Pleystein 59 □

Bayern
Kreis Neustadt a. d. Waldnaab
EW 2700
ℹ Tel (0 96 54) 15 15, Fax 7 45
Tourismusbüro
✉ 92714 Neuenhammer Str. 1

🛏 Gasthof Zum Weißen Lamm
Neuenhammer Str. 11, Tel (0 96 54) 2 73,
Fax 2 73, ✉ 92714
24 Zi, Ez: 48/24, Dz: 84/42, ⇨ WC, P, ☎,
2⇨120, Restaurant
geschl.: 1.-30.11.00

Pliezhausen 61 ↘

Baden-Württemberg
Kreis Reutlingen
EW 8700
ℹ Tel (0 71 27) 97 70, Fax 97 71 60
Gemeindeverwaltung
✉ 72124 Marktplatz 1

✱✱ Schönbuch
Lichtensteinstr. 45, Tel (0 71 27) 97 50,
Fax 97 51 00, ✉ 72124, AX DC ED VA
31 Zi, Ez: 140/70-170/85, Dz: 230/115, 2 Suiten,
2 App, ⇨ WC ⌀ DFÜ, Lift, P, ☎, 3⇨150, ⌂,
Sauna, Solarium
geschl.: 1.-10.1.01, 7.-21.8.01
¶¶ Hauptgericht 30/15-49/24,
geschl.: 1.-10.1.01, 7.-21.8.01

Plochingen 62 ←

Baden-Württemberg
Kreis Esslingen
EW 13470
ℹ Tel (0 71 53) 70 05 91, Fax 7 00 51 99
Bürgerbüro im Rathaus
✉ 73207 Schulstr. 7

★★ Princess
Widdumstr. 3, Tel (0 71 53) 60 50,
Fax 60 54 99, ✉ 73207, AX DC ED VA
36 Zi, Ez: 119/59-209/105, Dz: 169/85-209/105,
4 Suiten, 2 App, ⌐ WC ⊘, Lift, Ⓟ, ≋, 1⌒25
geschl.: 23.12.00-3.1.01

Bistro Nessi
Hauptgericht 10/5-23/11, Terrasse,
geschl.: Fr, Sa

★ Apartment-Hotel Prisma
Geschwister-Scholl-Str. 6,
Tel (0 71 53) 83 08 05, Fax 83 08 99, ✉ 73207,
AX DC ED VA
24 Zi, Ez: 91/45-140/70, Dz: 138/69-177/89,
24 App, ⌐ WC ⊘ DFÜ, 12 ⌫, Lift, Ⓟ, ≋, garni
Langzeitvermietung möglich.

☕ Café unterm Regenturm
Neckarstr., Tel (0 71 53) 7 62 26, Fax 7 62 27,
✉ 73207
Terrasse, 9-18.30

Stumpenhof (2 km →)

🍴🍴 Stumpenhof ✤
Stumpenhof 1, Tel (0 71 53) 2 24 25,
Fax 7 63 75, ✉ 73207
Hauptgericht 30/15-40/20, Ⓟ, geschl.: Mo, Di,
26.2.-6.3.01

Plön 11 ✓

Schleswig-Holstein
EW 13000
ℹ Tel (0 45 22) 5 09 50, Fax 50 95 20
Tourist Info Plön
✉ 24306 Am Lübschen Tor 1

Luftkurort in der Holsteinischen Schweiz;
Sehenswert: Schloß Aussicht; Prinzenhaus im
Schloßpark; Museum des Kreises Plön; Parnaß-
Aussichtsturm.

★ Landhaus Hohe Buchen
Lütjenburgerstr. 34, Tel (0 45 22) 78 94 10,
Fax 44 22, ✉ 24306
8 Zi, Ez: 85/42, Dz: 130/65, garni

🍴 Altes Fährhaus
Eutiner Str. 4, Tel (0 45 22) 7 67 90,
Fax 6 02 14, ✉ 24306
⚘, Hauptgericht 23/11, Terrasse, Biergarten, Ⓟ,
geschl.: Mo

Plüderhausen 62 ←

Baden-Württemberg
Rems-Murr-Kreis
EW 9500
ℹ Tel (0 71 81) 80 09 32, Fax 80 09 55
Bürgermeisteramt
✉ 73655 Am Marktplatz 11

🍴 Altes Rathaus
Brühstr. 30, Tel (0 71 81) 98 95 65,
Fax 98 95 66, ✉ 73655
Hauptgericht 32/16-44/22, Terrasse, Ⓟ,
geschl.: Mo, So
Fachwerkhaus aus dem 16. Jh..

Pobershau 50 →

Sachsen
Mittlerer Erzgebirgskreis
EW 2015
ℹ Tel (0 37 35) 2 34 36, Fax 2 34 35
Fremdenverkehrsbüro
✉ 09496 Dorfstr. 68

Hinterer Grund

**★★ Schwarzbeerschänke
Flair Hotel**
Haus Nr 2, Tel (0 37 35) 9 19 10, Fax 91 91 99,
✉ 09496, AX DC ED VA
einzeln ♪, 32 Zi, Ez: 75/37-85/42,
Dz: 128/64-150/75, 1 Suite, 1 App, ⌐ WC ⊘,
4 ⌫, Ⓟ, ≋, 2⌒50, ≋, Sauna, Solarium,
Restaurant
Auch Zimmer der Kategorie ✱ vorhanden.

Pockau 50 →

Sachsen
Mittlerer Erzgebirgskreis
EW 4700
🛈 Tel (03 73 67) 3 13 19, Fax 3 13 18
Tourist-Information
✉ 09509 Rathausstr. 10

✱ **Bergschlößchen**
Mühlenweg 2, **Tel (03 73 67) 97 66, Fax 97 66**,
✉ 09509, AX DC ED VA
22 Zi, Ez: 72/36-85/42, Dz: 110/55-130/65, 🛁
WC ⓒ DFÜ, **P**, 1⟳25, Restaurant

Flöhatal

✱ **Landhotel Pockau**
Otto Hertel Str. 4 a, **Tel (03 73 67) 8 79 75**,
Fax 8 79 77, ✉ 09509, AX DC ED VA
17 Zi, Ez: 65/32, Dz: 100/50, 🛁 WC ⓒ, 10 🛏,
P, Restaurant

Pöcking 71 ↑

Bayern / Kreis Starnberg
EW 5500
🛈 Tel (0 81 57) 9 30 60, Fax 73 47
Gemeindeverwaltung
✉ 82343 Feldafinger Str. 4

Niederpöcking (3 km ↗)

✱ **La Villa**
Ferdinand-v.-Miller-Str. 39,
Tel (0 81 51) 7 70 60, Fax 77 06 99, ✉ 82343,
AX ED VA
einzeln 🌙 ✤ 🍷, 28 Zi, Ez: 230/115, Dz: 330/166,
1 Suite, 🛁 WC ⓒ, Lift, 3⟳100, 🧖, Sauna, Golf
Historische Villa von 1854. Übernachtung nur nach Reservierung möglich.

Possenhofen (1 km ↘)

✱✱ **Forsthaus am See**
Am See 1, **Tel (0 81 57) 9 30 10, Fax 42 92**,
✉ 82343, AX ED VA
einzeln 🌙 ✤, 20 Zi, Ez: 120/60-230/115,
Dz: 170/85-280/141, 1 Suite, 🛁 WC ⓒ, Lift, **P**,
🧖, 3⟳30, Golf
🍴🍴 ✤, Hauptgericht 35/17, Terrasse ✚

Pößneck 48 □

Thüringen / Saale-Orla-Kreis
EW 15000
🛈 Tel (0 36 47) 41 22 95, Fax 50 47 68
Fremdenverkehrsamt
✉ 07381 Gerberstr. 6 (Glockenturm)

✱ **Villa Altenburg**
Straße des Friedens 49, **Tel (0 36 47) 42 20 01**,
Fax 42 20 02, ✉ 07381, ED VA
🌙 🍷, 14 Zi, Ez: 75/37-90/45,
Dz: 110/55-130/65, 🛁 WC ⓒ, 6 🛏, **P**, 2⟳40,
🧖, Sauna, Restaurant
Herrschaftliche Villa aus dem Jahre 1928 mit teilweise historisch eingerichteten Zimmern.
Auch Zimmer der Kategorie **✱✱** vorhanden.

Pogeez 19 ↖

Schleswig-Holstein
Kreis Herzogtum Lauenburg
EW 380
🛈 Tel (0 45 41) 8 60 60
Gemeindeverwaltung
✉ 23911 Alte Salzstr. 7

🍴 **Erlenhof**
Alte Salzstr. 7, **Tel (0 45 41) 8 60 60**,
Fax 86 06 60, ✉ 23911, ED VA
🍷, Hauptgericht 26/13-38/19, **P**

Pohlheim 44 →

Hessen / Kreis Gießen
EW 17600
🛈 Tel (0 64 03) 60 60, Fax 6 06 66
Stadtverwaltung
✉ 35415 Ludwigstr. 31

Watzenborn-Steinberg

✱ **Goldener Stern**
Kreuzplatz 6, **Tel (0 64 03) 6 16 24**,
Fax 6 84 26, ✉ 35415, ED
14 Zi, Ez: 80/40, Dz: 120/60, 🛁 WC ⓒ, **P**
🍴 Hauptgericht 15/7-29/14, geschl.: Fr,
Sa mittags

Poing 72 ↗

Bayern / Kreis Ebersberg
EW 10950
🛈 Tel (0 81 21) 9 79 40, Fax 97 94 49
Gemeindeverwaltung
✉ 85586 Rathausstr. 3

✱ **Poinger Hof**
Gruber Str, **Tel (0 81 21) 98 80, Fax 98 81 88**,
✉ 85586, AX ED VA
58 Zi, Ez: 155/78-240/120, Dz: 195/98-240/120,
2 Suiten, 4 App, 🛁 WC ⓒ DFÜ, 10 🛏, Lift, **P**,
🧖, 3⟳120, Fitnessraum, Sauna, Solarium,
Restaurant

Pommelsbrunn 58 □

Bayern / Kreis Nürnberger Land
EW 4800
🛈 Tel (0 91 54) 91 98 13, Fax 91 98 22
Fremdenverkehrsverein
✉ 91224 Rathaus

Hubmersberg (4 km ↖)

✶✶ Ringhotel Lindenhof
Hubmersberg 2, Tel (0 91 54) 2 70, Fax 2 73 70,
✉ 91224, AX DC ED VA, Ⓢ
☾, 39 Zi, Ez: 110/55-146/73,
Dz: 180/90-230/115, 5 Suiten, ⇥ WC ⓒ, Lift, Ⓟ,
🏠, 6⌬120, ⌂, Sauna, Solarium, Restaurant
Auch Zimmer der Kategorie ✶ vorhanden.

Pommersfelden 57 ←

Bayern / Kreis Bamberg
EW 2650
🛈 Tel (0 95 48) 9 22 00, Fax 80 77
Gemeindeverwaltung
✉ 96178 Hauptstr. 11

✶✶ Schloßhotel
Im Schloß Weißenstein, Tel (0 95 48) 6 80,
Fax 6 81 00, ✉ 96178, AX ED VA
☾ ⚜, 85 Zi, Ez: 77/38-122/61,
Dz: 100/50-180/90, ⇥ WC ⓒ DFÜ, Lift, Ⓟ, 🏠,
10⌬100, ⌂, Fitnessraum, Kegeln, Bowling,
Sauna, Solarium, Restaurant
Auch Zimmer der Kategorie ✶ vorhanden.

Poppenhausen (Wasserkuppe) 46 □

Hessen / Kreis Fulda
EW 2600
🛈 Tel (0 66 58) 96 00 13, Fax 96 00 22
Tourist-Information
✉ 36163 Von-Steinrück-Platz 1

✶ Sonnenhof
Fliegerstr. 24, Tel (0 66 58) 9 60 60,
Fax 96 06 40, ✉ 36163
25 Zi, Ez: 75/37-130/65, Dz: 150/75-260/130,
⇥ WC ⓒ, Restaurant

✶ Hof Wasserkuppe
Pferdskopfstr. 3, Tel (0 66 58) 98 10, Fax 16 35,
✉ 36163
☾, 16 Zi, Ez: 63/31-83/41, Dz: 102/51-142/71,
1 Suite, 9 App, ⇥ WC ⓒ, Ⓟ, ⌂, Sauna,
Solarium, garni

Außerhalb (2 km ↗)

✶ Grabenhöfchen
Bundesstr. 458, Tel (0 66 58) 3 16, Fax 16 98,
✉ 36163, AX DC ED VA
18 Zi, Ez: 80/40, Dz: 130/65, ⇥ WC ⓒ, Ⓟ,
1⌬25, Sauna, Solarium, Restaurant

Rodholz (2 km →)

✶ Berghotel Rhöndistel
Tel (0 66 58) 5 81, Fax 5 65, ✉ 36163, ED
einzeln ☾ ⚜, 11 Zi, Ez: 75/37-85/42,
Dz: 105/52-130/65, 3 App, ⇥ WC ⓒ, 2 ⇤, Ⓟ,
3⌬80, Restaurant

Schwarzerden (5 km →)

✶✶✶ Rhön-Hotel Sonnenwinkel
Kohlstöcken 4, Tel (0 66 58) 8 80,
Fax 91 88 16, ✉ 36163, AX ED VA
⚜, 47 Zi, Ez: 90/45-115/57, Dz: 168/84-188/94,
⇥ WC ⓒ, Lift, Ⓟ, 🏠, ⌂, Kegeln, Sauna,
Solarium, Restaurant
Auch Zimmer der Kategorie ✶✶ vorhanden.

Porschdorf 51 ↗

Sachsen / Kreis Sächsische Schweiz
EW 1500
🛈 Tel (03 50 22) 4 12 47, Fax 4 43 76
Touristinformation Im Bahnhof
✉ 01814 Am Bahnhof 6

🛏 Erbgericht
Hauptstr. 31, Tel (03 50 22) 4 20 57,
Fax 4 06 72, ✉ 01814
7 Zi, Ez: 65/32-85/42, Dz: 80/40-120/60, ⇥
WC, Ⓟ, Restaurant
geschl.: 1.1.-28.2.01

Porta Westfalica 25 ✓

Nordrhein-Westfalen
Kreis Minden-Lübbecke
EW 38000
🛈 Tel (05 71) 79 12 80, Fax 79 12 79
Fremdenverkehrsamt
✉ 32457 Kempstr. 6

Kneipp- und Luftkurort an der Weser; Sehenswert: Porta Westfalica; Wittekindsberg, 270 m Aussicht (2 km ←) mit Kaiser-Wilhelm-I.-Denkmal; Jacobsberg, 238 m Aussicht mit Bismarck-Gedenkstätte; Ortskern, Fachwerkhäuser

Barkhausen

★ Friedenstal
Alte Poststr. 4, Tel (05 71) 97 55 50,
Fax 9 75 55 39, ✉ 32457
21 Zi, Ez: 60/30-120/60, Dz: 100/50-180/90, ⌐ WC ⓒ, 🅿, 🏠, 3⌬200
geschl.: Fr, 3.1.-2.2.01
🍴 Hauptgericht 20/10, geschl.: Fr, 3.1.-2.2.01

Hausberge

★★ Porta Berghotel
Hauptstr. 1, Tel (05 71) 7 90 90,
Fax 7 90 97 89, ✉ 32457, AX DC ED VA
§, 120 Zi, Ez: 165/83-210/105,
Dz: 250/125-320/161, 3 Suiten, 5 App, ⌐ WC ⓒ, 6 ⇌, Lift, 🅿, 🏠, 11⌬180, ⚓, Kegeln, Sauna, Solarium, Golf
Auch Zimmer der Kategorie ★★★ vorhanden.
🍴🍴 §, Hauptgericht 32/16, Terrasse, Biergarten

Lohfeld

★ Landhaus Edler
Lohfelder Str. 281, Tel (0 57 06) 9 40 20,
Fax 94 02 50, ✉ 32457, ED
11 Zi, Ez: 95/47-120/60, Dz: 140/70-200/100,
1 App, ⌐ WC ⓒ DFÜ, 7 ⇌, 🅿, 🏠, 3⌬100,
Sauna, Solarium, Restaurant
geschl.: Do
Individuelle geschmackvolle Zimmereinrichtung.

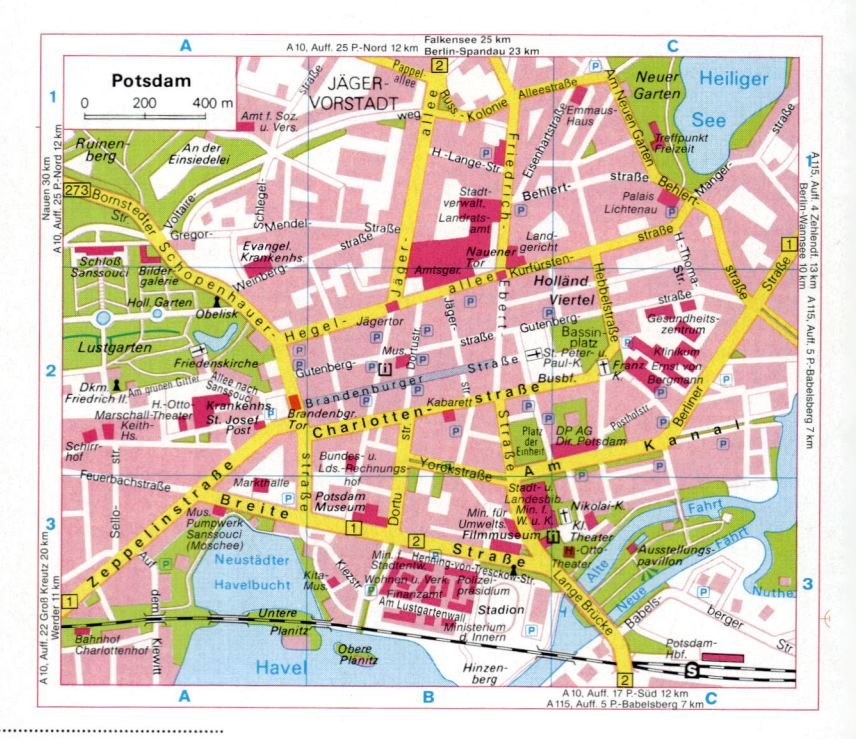

Postmünster
Bayern / Kreis Rottal-Inn
EW 2370
🛈 Tel (0 85 61) 58 84, Fax 83 90
Gemeindeverwaltung
✉ 84389 Hauptstr. 23

★★ Landhotel am See
Seestr. 10, Tel (0 85 61) 4 70, Fax 59 04,
✉ 84389, AX DC ED VA
einzeln ♪ ℱ, 73 Zi, Ez: 90/45-109/54,
Dz: 140/70-178/89, 3 Suiten, ⏤ WC ⌀, Lift, P,
7⌒140, ⚓, Kegeln, Sauna, Solarium, Golf,
Restaurant

Potsdam
Brandenburg
EW 130000
🛈 Tel (03 31) 2 75 58 55, Fax 2 75 58 99
Potsdam-Information
✉ 14467 Friedrich-Ebert-Str 5

★★★ Dorint Hotel Sanssouci
Jägeralle 20, Tel (03 31) 27 40, Fax 2 74 10 00,
✉ 14469, AX DC ED VA, S
270 Zi, Ez: 188/94-308/155,
Dz: 251/126-371/186, 4 Suiten, 18 App, ⏤ WC
⌀ DFÜ, 180 ⌂, Lift, ⚓, 13⌒800, Fitnessraum,
Sauna, Solarium, Restaurant

★★ Steigenberger Maxx Hotel Sanssouci
Allee nach Sanssouci 1, Tel (03 31) 9 09 10,
Fax 9 09 19 09, ✉ 14471, AX DC ED VA, S
133 Zi, Ez: 190/95-250/125,
Dz: 230/115-250/125, 4 Suiten, ⏤ WC ⌀, 63 ⌂,
Lift, P, ⚓, 6⌒100, Fitnessraum, Sauna,
Solarium, Restaurant

★★ Astron Hotel Voltaire
Friedrich-Ebert-Str. 88, Tel (03 31) 2 31 70,
Fax 2 31 71 00, ✉ 14467, AX DC ED VA, S
143 Zi, Ez: 190/95-332/167,
Dz: 213/107-355/178, ⏤ WC ⌀ DFÜ, Lift, ⚓,
10⌒250, Sauna, Solarium
Auch Zimmer der Kategorie ★★★ vorhanden.

¶¶ Hofgarten
Hauptgericht 25/12-48/24, Terrasse

★★ Am Luisenplatz
Luisenplatz 5, Tel (03 31) 97 19 00,
Fax 9 71 90 19, ✉ 14471, AX DC ED VA
12 Zi, Ez: 139/70-199/100, Dz: 180/90-260/130,
3 Suiten, 10 App, ⏤ WC ⌀, Lift, P, ⚓, 3⌒50,
garni
Auch Zimmer der Kategorie ★★★ vorhanden.

★★ Schlosshotel Cecilienhof
Neuer Garten (C 1), Tel (03 31) 3 70 50,
Fax 29 24 98, ✉ 14469, AX DC ED VA
einzeln ♪ ℱ, 39 Zi, Ez: 205/103-550/277,
Dz: 295/148-550/277, 3 Suiten, ⏤ WC ⌀, P,
9⌒100, Sauna
Auch Zimmer der Kategorie ★ vorhanden.
¶¶¶¶ ℱ, Hauptgericht 28/14-48/24,
Biergarten

★★ Best Western Parkhotel
Forststr. 80, Tel (03 31) 9 81 20,
Fax 9 81 21 00, ✉ 14471, AX DC ED VA, S
90 Zi, Ez: 170/85-210/105, Dz: 190/95-230/115,
1 Suite, ⏤ WC ⌀, 15 ⌂, Lift, P, ⚓, 3⌒80,
Sauna, Solarium, Restaurant

★★ Inselhotel Hermannswerder
Halbinsel Hermannswerder, Tel (03 31) 2 32 00,
Fax 2 32 01 00, ✉ 14478, AX DC ED VA
ℱ, 86 Zi, Ez: 165/83-195/98,
Dz: 195/98-220/110, 2 Suiten, ⏤ WC ⌀, 32 ⌂,
Lift, P, 4⌒200, ⚓, Seezugang, Sauna,
Solarium, Restaurant
Auch Zimmer der Kategorie ★ vorhanden.

★★ art'otel Potsdam Design Hotel
Zeppelinstr. 136, Tel (03 31) 9 81 50,
Fax 9 81 55 55, ✉ 14471, AX DC ED VA
♪ ℱ, 121 Zi, Ez: 195/98, Dz: 235/118, 7 Suiten,
⏤ WC ⌀ DFÜ, 35 ⌂, Lift, P, 4⌒80, Sauna,
Solarium, Restaurant
150 jähriger, hist. Kornspeicher. Ausstattung
vom Designer Jasper Morrison. Auch Zimmer
der Kategorie ★ vorhanden.

★ Mercure
Lange Brücke (C 3), Tel (03 31) 27 22,
Fax 2 72 02 33, ✉ 14467, AX DC ED VA, S
ℱ, 210 Zi, Ez: 183/92-206/103, Dz: 206/103,
4 Suiten, 4 App, ⏤ WC ⌀, 16 ⌂, Lift, P,
11⌒150, Restaurant

★ Reinhold
Dortustr. 10 (B 2), Tel (03 31) 28 49 90,
Fax 2 84 99 30, ✉ 14467, AX DC ED VA
11 Zi, Ez: 115/57-115/57, Dz: 155/78, 1 Suite, ⏤
WC ⌀ DFÜ, Lift, P, ⚓, Solarium, Restaurant

★ Mark Brandenburg
Heinrich-Mann-Allee 71, Tel (03 31) 88 82 30,
Fax 8 88 23 44, ✉ 14478, ED VA
17 Zi, Ez: 85/42-130/65, Dz: 140/70-170/85, ⏤
WC ⌀ DFÜ, P, Restaurant

Potsdam

🍴🍴 Speckers Gaststätte Zur Ratswaage ✚
Am neuen Markt 10, Tel (03 31) 2 80 43 11,
Fax 2 80 43 19, ✉ 14467
Hauptgericht 38/19-52/26, Terrasse, geschl.: So abends, Mo

Babelsberg

✱✱ Am Griebnitzsee
Rudolph Breitscheid-Str. 190,
Tel (03 31) 7 09 10, Fax 70 91 11, ✉ 14482, AX DC ED VA
§, 35 Zi, Ez: 140/70-205/103,
Dz: 205/103-235/118, 5 Suiten, ⊣ WC ⊘, 12 ⇦,
Lift, 🏠, 6⇆200, Restaurant

✱ Zur Alten Rennbahn
Lessingstr. 35, Tel (03 31) 74 79 80,
Fax 7 47 98 18, ✉ 14482, AX ED VA
14 Zi, Ez: 125/62-145/73, Dz: 190/95-220/110,
⊣ WC ⊘ DFÜ, Lift, P, 🏠, 1⇆30, Sauna,
Solarium, Restaurant
Auch Zimmer der Kategorie ✱✱ vorhanden.

✱ Lili Marleen Filmhotel
Grosbeerenstr. 75, Tel (03 31) 74 32 00,
Fax 7 43 20 18, ✉ 14482, AX VA
35 Zi, Ez: 95/47-118/59, Dz: 110/55-148/74, ⊣
WC ⊘, 5 ⇦, 🏠, 1⇆32, Restaurant

✱ Apart Pension Babelsberg
August-Bier-Str. 9, Tel (03 31) 74 75 70,
Fax 7 47 57 66, ✉ 14482, DC ED VA
15 Zi, Ez: 85/42-145/73, Dz: 99/49-180/90,
1 App, ⊣ WC ⊘ DFÜ, 5 ⇦, P, 🏠, Sauna,
Solarium, Restaurant

Drewitz

✱✱ Ascot Bristol
Asta-Nielsen-Str. 2, Tel (03 31) 6 69 10,
Fax 6 69 12 00, ✉ 14480, AX DC ED VA
94 Zi, Ez: 145/73-200/100, Dz: 185/93-260/130,
5 Suiten, 19 App, ⊣ WC ⊘ DFÜ, 38 ⇦, Lift, 🏠,
3⇆120, Sauna, Solarium, Restaurant

Langzeitvermietung möglich. Barrierefreies Hotel.

Pirschheide (4 km ✓)

✱✱ Seminaris SeeHotel
An der Pirschheide, Tel (03 31) 9 09 00,
Fax 9 09 09 00, ✉ 14471, AX DC ED VA
einzeln §, 215 Zi, Ez: 175/88-215/108,
Dz: 245/123-265/133, 10 Suiten, ⊣ WC ⊘ DFÜ,
75 ⇦, Lift, P, 🏠, 32⇆500, 🏠, Kegeln, Sauna,
Solarium, Restaurant

Pottenstein   58 ↖

Bayern / Kreis Bayreuth
EW 5600
🅸 Tel (0 92 43) 7 08 41, Fax 7 08 40
Kurverwaltung
✉ 91278 Forchheimer Str. 1

Luftkurort in der Fränkischen Schweiz. Sehenswert: hist. Altstadt; kath. Kirche (Hochaltar); Burg; Teufelshöhe (2 km S→); Fränk.-Schweiz-Museum in Tüchersfeld.

✱ Schwan
Am Kurzentrum 6, Tel (0 92 43) 98 10,
Fax 73 51, ✉ 91278, AX ED VA
♪, 27 Zi, Ez: 77/38-86/43, Dz: 134/67-152/76,
⊣ WC ⊘, Lift, P, 1⇆20, 🏠, Sauna, Solarium,
garni

Kirchenbirkig (3 km ↓)

🛏 Gasthof Bauernschmitt
St.-Johannes-Str. 25, Tel (0 92 43) 98 90,
Fax 9 89 45, ✉ 91278, AX ED VA
25 Zi, Ez: 50/25-66/33, Dz: 96/48-110/55,
2 Suiten, ⊣ WC ⊘, P, 🏠, 2⇆30, Kegeln, Golf,
Restaurant
geschl.: 16.11.-15.12.00
Auch Zimmer der Kategorie ✱ vorhanden.

Preetz 10 →

Schleswig-Holstein / Kreis Plön
EW 15000
🛈 Tel (0 43 42) 22 07, Fax 56 98
Tourist-Information
✉ 24211 An der Mühlenau 5

Dammdorf (3 km ↗)

✱ **Neeth**
Flair Hotel
Preetzer Str. 1, Tel (0 43 42) 8 23 74,
Fax 8 47 49, ✉ 24211, AX DC ED VA
13 Zi, Ez: 98/49-118/59, Dz: 130/65, ⌐ WC ⓒ
DFÜ, 2 ⌫, 🅿, 🏠, 1⟳20, Restaurant

Premnitz 28 →

Brandenburg / Kreis Havelland
EW 9100
🛈 Tel (0 33 85) 51 23 36, Fax 51 23 36
Tourismusverband
✉ 14712 Goethestr. 4a

Stadt im Grünen in wald- und wasserreicher Umgebung. Sehenswert: Fit point (Freizeitzentrum mit Schwimm- und Nichtschwimmerbecken im Freibadbereich und einer Riesenwasserrutsche, Sauna, Fitness, Solarium), Kirche (1858).

✱ **Superbowl**
Bunsenstr. 24, Tel (0 33 86) 24 36 23,
✉ 14727, ED VA
11 Zi, Ez: 49/24-119/59, Dz: 75/37-145/73, ⌐
WC ⓒ DFÜ, 🅿, Bowling, garni
Auch einfachere Zimmer vorhanden.

Prenzlau 22 □

Brandenburg / Landkreis Uckermark
EW 21000
🛈 Tel (0 39 84) 86 51 40, Fax 86 51 49
Stadtinformation
✉ 17291 Uckerwiek 813

✱✱ **Uckermark**
Friedrichstr. 2, Tel (0 39 84) 3 64 00,
Fax 36 42 99, ✉ 17291, AX ED VA
30 Zi, Ez: 80/40-100/50, Dz: 120/60-130/65, ⌐
WC ⓒ, 3 ⌫, Lift, 🅿, 3⟳50, Restaurant

✱ **Overdiek**
Baustr. 33, Tel (0 39 84) 85 66 00,
Fax 85 66 66, ✉ 17291, AX ED VA
27 Zi, Ez: 65/32-105/52, Dz: 99/49-130/65,
2 Suiten, ⌐ WC ⓒ DFÜ, 7 ⌫, Lift, 🅿, 1⟳20,
Solarium, Restaurant

✱ **Wendenkönig**
Neubrandenburger Str. 66, Tel (0 39 84) 86 00,
Fax 86 01 51, ✉ 17291, AX ED VA
42 Zi, Ez: 76/38-85/42, Dz: 116/58-125/62, ⌐
WC ⓒ, 6 ⌫, 🅿, 1⟳25

✱ **Parkhotel**
Grabowstr. 14, Tel (0 39 84) 85 40,
Fax 85 41 31, ✉ 17291, AX DC ED VA
33 Zi, Ez: 75/37-110/55, Dz: 120/60-160/80, ⌐
WC ⓒ, 3 ⌫, 🅿, 🏠, 2⟳70, Sauna, Restaurant

Röpersdorf (2 km ↓)

✱ **Schilfland**
Flair Hotel
Kirchstr. 1 A, Tel (0 39 84) 67 48,
Fax 80 08 37, ✉ 17291, ED VA
20 Zi, Ez: 79/39-115/57, Dz: 115/57-129/64, ⌐
WC ⓒ, 6 ⌫, 🅿, 1⟳16, Restaurant

Prerow 13 ←

Mecklenburg-Vorpommern
Kreis Nordvorpommern
EW 1800
🛈 Tel (03 82 33) 61 00, Fax 6 10 20
Kur- und Tourismusbetrieb
✉ 18375 Gemeindeplatz 1

Ostseebad auf dem Darß im Nationalpark.

✱✱ **Bernstein**
Travel Charme Hotel
Buchenstr. 42, Tel (03 82 33) 6 40, Fax 3 29,
✉ 18375, AX DC ED VA, Ⓢ
127 Zi, Ez: 98/49-159/80, Dz: 256/128-368/185,
13 Suiten, ⌐ WC ⓒ, 40 ⌫, Lift, 🅿, 4⟳60, ≋,
Fitnessraum, Kegeln, Sauna, Solarium,
Restaurant
geschl.: 1.11.00-1.3.01

✱✱ **Waldschlösschen**
Bernsteinweg 4, Tel (03 82 33) 61 70, Fax 4 03,
✉ 18375, DC ED VA
33 Zi, Ez: 127/63-145/73, Dz: 156/78-210/105,
11 Suiten, ⌐ WC ⓒ, 3 ⌫, 🅿, 2⟳40, 🏠, Sauna,
Solarium, Restaurant
geschl.: 12.11.-8.12.00

✱ Haus Linden
Gemeindeplatz, Tel (03 82 33) 6 36,
Fax 6 37 36, ✉ 18375, ED
32 Zi, Ez: 105/52-130/65, Dz: 150/75-180/90,
3 Suiten, ⊣ WC ⊘, 32 ⊨, P, 1⇔60, Sauna,
Restaurant
Nichtraucherhaus.

🍴 Landhaus Lange
Lange Str. 9, Tel (03 82 33) 2 23, Fax 2 23,
✉ 18375
Hauptgericht 18/9-28/14, Terrasse, P,
geschl.: Nov-Mär So, Mo, 10.1.-10.2.01
⊨ Tel 6 01 53, 14 Zi, Ez: 95/47,
Dz: 120/60-150/75, 1 Suite, ⊣ WC ⊘

Pretzschendorf 51 ←

Sachsen / Weißeritzkreis
EW 1937
ℹ Tel (03 50 58) 46 10, Fax 4 61 28
Gemeindeverwaltung
✉ 01774 Thomas-Müntzer-Str 69 a

Klingenberg

✱ Zur Neuklingenberger Höhe
Flair Hotel
Neuklingenberg 11, Tel (03 52 02) 93 50,
Fax 5 09 01, ✉ 01738
♪ ⚜, 24 Zi, Ez: 70/35-120/60,
Dz: 110/55-150/75, ⊣ WC ⊘, Restaurant
Auch Zimmer der Kategorie ✱✱ vorhanden.

Preußisch Oldendorf 24 ↘

Nordrhein-Westfalen
Kreis Minden-Lübbecke
EW 13200
ℹ Tel (0 57 42) 93 11 30, Fax 56 80
Verkehrsamt
✉ 32361 Rathausstr. 3

✱✱ Forsthaus Limberg
Burgstr. 3, Tel (0 57 42) 9 69 90, Fax 96 99 40,
✉ 32361
einzeln ♪, 14 Zi, Ez: 100/50, Dz: 160/80, ⊣ WC
⊘ DFÜ, Lift, P, 1⇔60, Restaurant
Rezeption: 15-22, geschl.: Di

🍴 Altes Brennhaus
Spiegelstr. 10 (B 65), Tel (0 57 42) 65 65,
Fax 66 37, ✉ 32361
⚜, Hauptgericht 21/10-34/17, Biergarten, P,
geschl.: Di

Prichsenstadt 56 □

Bayern / Kreis Kitzingen
EW 3000
ℹ Tel (0 93 83) 97 50 11, Fax 97 50 40
Stadtverwaltung
✉ 97357 Karlsplatz 5

Sehenswert: Rathaus; Eulenturm; Westtor;
Stadtturm; Fachwerkhäuser; Freihof; Altstadt.

🍴 Zum Goldenen Adler
Karlsplatz 10, Tel (0 93 83) 60 31, Fax 60 32,
✉ 97357, AX DC ED VA
Hauptgericht 28/14, Gartenlokal, geschl.: Mi,
1.-28.2.01
⊨ 6 Zi, Ez: 50/25, Dz: 86/43, ⊣ WC ⊘,
1⇔90

🍴 Zum Storch
Luitpoldstr. 7, Tel (0 93 83) 65 87, Fax 67 17,
✉ 97357
Hauptgericht 20/10, P, geschl.: Di, Nov-Mär
Mo, Di, Jan
✱ 9 Zi, Ez: 65/32-75/37,
Dz: 95/47-110/55, ⊣ WC ⊘
Eigenbauweine.

Alte Schmiede
Karlsplatz 7, Tel (0 93 83) 9 72 20,
Fax 97 22 49, ✉ 97357
Hauptgericht 20/10, Terrasse
✱ 8 Zi, Ez: 60/30, Dz: 100/50-150/75,
1⇔25

Neues am Sand (3 km ↑)

🍴 Landhotel Neuses
Haus Nr 19, an der B 22, Tel (0 93 83) 71 55,
Fax 65 56, ✉ 97357, AX DC ED VA
Hauptgericht 13/6-39/19, Terrasse, Biergarten,
Gartenlokal, P, nur abends, sa auch mittags,
geschl.: So, 1.2.-1.3.01
✱ 8 Zi, Ez: 50/25-100/50,
Dz: 80/40-160/80, 2 Suiten, ⊣ WC ⊘, 2⇔100
Auch Zimmer der Kategorie ✱✱ vorhanden.

Prien a. Chiemsee 73 ✓

Bayern / Kreis Rosenheim
EW 9100
ℹ Tel (0 80 51) 6 90 50, Fax 69 05 40
Kurverwaltung
✉ 83209 Alte Rathausstr. 11

✱✱ Golf-Hotel Reinhart
Seestr. 117, Tel (0 80 51) 69 40, Fax 69 41 00,
✉ 83209, AX DC ED VA
♪ ⚜, 64 Zi, Ez: 120/60-140/70,
Dz: 160/80-230/115, 4 Suiten, 4 App, ⊣ WC ⊘,

14 ⚑, Lift, P, ☎, 1⌖150, ⚓, Sauna, Solarium, Golf
geschl.: 20.10.-12.12.00, 10.1.-15.4.01
Auch Zimmer der Kategorie ✶ vorhanden.
🍴 §, Hauptgericht 25/12-35/17

✶ Luitpold am See
Seestr. 110, Tel (0 80 51) 60 91 00,
Fax 60 91 75, ✉ 83209, ED VA
§, 48 Zi, Ez: 98/49-165/83, Dz: 160/80-185/93,
3 Suiten, ⌐ WC ⌀, Lift, P, ☎, 4⌖60,
Restaurant

✶ Bayerischer Hof
Bernauer Str. 3, Tel (0 80 51) 60 30,
Fax 6 29 17, ✉ 83209, AX ED VA
46 Zi, Ez: 92/46-150/75, Dz: 170/85-180/90, ⌐
WC ⌀, 9 ⚑, Lift, P, ☎, 2⌖30, Golf, Restaurant
geschl.: 1.11.-1.12.00, 20.1.-1.2.01

Harras (3 km ↘)

✶✶✶ Yachthotel Chiemsee
Harrasser Str. 49, Tel (0 80 51) 69 60,
Fax 51 71, ✉ 83209, AX DC ED VA
♪ §, 97 Zi, Ez: 195/98-260/130,
Dz: 255/128-320/161, 5 Suiten, ⌐ WC ⌀, Lift,
P, ☎, 6⌖200, ⚓, Kegeln, Sauna, Solarium,
Golf
Eigene Yacht für 24 Personen, eigener
Yachthafen.

🍴🍴 §, Hauptgericht 21/10-42/21, Terrasse

✶ Villa am See
Harrasser Str. 8, Tel (0 80 51) 10 13,
Fax 6 43 46, ✉ 83209

§, 15 Zi, Ez: 95/47-110/55, Dz: 170/85, ⌐ WC
⌀, P, ☎, 2⌖40, Restaurant

🍴 Fischer am See
Harrasser Str. 145, Tel (0 80 51) 9 07 60,
Fax 6 29 40, ✉ 83209, AX DC VA
Hauptgericht 16/8-43/21, geschl.: Mo
Überwiegend Fischgerichte.
✶ ♪ §, 13 Zi, Ez: 60/30-110/55,
Dz: 150/75-170/85, ⌐ WC ⌀, P

Prieros   30 ↘
Brandenburg
Kreis Dahme Spreewald
EW 885
ℹ Tel (03 37 67) 79 50, Fax 7 95 10
Amt Friedersdorf
✉ 15752 Lindenstr. 14 b

Prieros-Außerhalb (2 km ↓)

✶ Waldhaus Prieros
Waldstr. 1, am Streganzer See,
Tel (03 37 68) 99 90, Fax 5 02 52, ✉ 15752, ED VA
einzeln ♪, 25 Zi, Ez: 90/45-125/62,
Dz: 125/62-160/80, 3 Suiten, 1 App., ⌐ WC ⌀,
P, 3⌖25, ≋, Sauna, Restaurant
Auch Zimmer der Kategorie ✶✶ vorhanden.

Prisannewitz   12 ↘
Mecklenburg-Vorpommern
Kreis Bad Doberan
EW 590
ℹ Tel (03 82 08) 62 80
Amt Warnow-Ost
✉ 18196 Griebnitzer Weg 2

Groß Potrems

✶✶ Schlosshotel Nordland
Schloss Nr 9, Tel (03 82 08) 8 50, Fax 85 55,
✉ 18196, AX DC ED VA
♛, 30 Zi, Ez: 90/45-120/60, Dz: 120/60-160/80,
1 Suite, ⌐ WC ⌀, 5 ⚑, P, 2⌖70, Restaurant

Pritzwalk   20 ↘
Brandenburg / Landkreis Prignitz
EW 11300
ℹ Tel (0 33 95) 70 07 03, Fax 70 07 05
Fremdenverkehrsverein
✉ 16928 Marktstr. 19

✶ Pritzwalker Hof
Havelberger Str. 59, Tel (0 33 95) 30 20 04,
Fax 30 20 03, ✉ 16928, AX ED VA

Pritzwalk

9 Zi, Ez: 80/40-100/50, Dz: 125/62, ⌐ WC ⌀,
P, 3⌬230, Kegeln, Restaurant

Pronstorf 11 ✓

Schleswig-Holstein
Kreis Segeberg
EW 1420
i Tel (0 45 06) 4 70, Fax 10 68
Gemeindeverwaltung Pronstorf
✉ 23820

✱ Pronstorfer Krug
Lindenstr. 2, Tel (0 45 53) 9 97 90, Fax 3 36,
✉ 23820, AX DC ED VA
♪, 27 Zi, Ez: 65/32-95/47, Dz: 100/50-150/75,
⌐ WC ⌀, 6 ⌂, **P**, 3⌬30, ≋, Golf
Auch Zimmer der Kategorie ✱✱ vorhanden.
🍴 Hauptgericht 15/7-45/22, Terrasse

Strenglin (3 km ↑)

✱✱ Akzent-Hotel Strengliner Mühle
Mühlenstr. 2, Tel (0 45 56) 99 70 99,
Fax 99 70 16, ✉ 23820, AX ED VA
♪, 35 Zi, Ez: 90/45-120/60,
Dz: 140/70-200/100, 1 App, ⌐ WC ⌀ DFÜ, 4 ⌂,
Lift, **P**, ⌂, 3⌬70, Sauna, Solarium, Golf,
1 Tennis
Auch Zimmer der Kategorie ✱ vorhanden.
🍴 Hauptgericht 20/10-40/20

Prüm 42 ↓

Rheinland-Pfalz
EW 6000
i Tel (0 65 51) 5 05, Fax 76 40
Tourist-Information
✉ 54595 Hahnplatz 1

⛴ Tannenhof
Am Kurpark 2, Tel (0 65 51) 24 06, Fax 8 54,
✉ 54595, DC ED VA
♪, 26 Zi, Ez: 70/35-85/42, Dz: 105/52-120/60,
2 App, ⌐ WC ⌀, **P**, ⌂, ⌂, Kegeln, Sauna,
Restaurant

Püttlingen 52 ↘

Saarland / Kreis Saarbrücken
EW 21000
i Tel (0 68 98) 69 11 78, Fax 69 11 76
Tourist-Information Kulturamt
✉ 66346 Völklinger Str. 9

✱ Stadt Püttlingen
Am Burgplatz 18, Tel (0 68 98) 69 06 00,
Fax 6 90 60 50, ✉ 66346, AX ED VA
19 Zi, Ez: 99/49-105/52, Dz: 149/75-155/78,
1 Suite, ⌐ WC ⌀, 4 ⌂, Restaurant

🍴🍴🍴 Gasthaus Zum Schwan
Derlerstr. 34, Tel (0 68 98) 6 19 74,
Fax 6 19 74, ✉ 66346, AX DC ED VA
Hauptgericht 36/18-48/24, **P**, nur abends,
geschl.: Di
Bistro auch mittags geöffnet.

Pulheim 42 ↗

Nordrhein-Westfalen / Erftkreis
EW 51400
i Tel (0 22 38) 80 80, Fax 80 83 45
Stadtverwaltung
✉ 50259 Alte Kölner Str. 26

✱✱ Ascari
Jacobstr., Tel (0 22 38) 80 40, Fax 80 41 40,
✉ 50259, AX DC ED VA
70 Zi, Ez: 140/70-320/161, Dz: 185/93-350/176,
4 Suiten, ⌐ WC ⌀ DFÜ, 19 ⌂, Lift, ⌂, 5⌬80,
Fitnessraum, Restaurant

Brauweiler (5 km ↓)

✱ Abtei-Park Hotel
Bernhardstr. 50, Tel (0 22 34) 8 10 58,
Fax 8 92 32, ✉ 50259, AX DC ED VA
41 Zi, Ez: 130/65-178/89, Dz: 168/84-220/110,
1 Suite, 1 App, ⌐ WC ⌀, 15 ⌂, Lift, 7⌬199,
Golf, garni

Dansweiler (6 km ✓)

🍴🍴🍴 Landhaus Ville
Friedenstr. 10, Tel (0 22 34) 8 33 45, ✉ 50259,
ED VA
Hauptgericht 43/21, Terrasse, **P**, nur abends,
geschl.: So, Mo

🍴🍴 Il Paradiso
Zehnthofstr. 26, Tel (0 22 34) 8 46 13,
Fax 80 28 48, ✉ 50259
Hauptgericht 38/19, Gartenlokal, **P**

Stommeln

¶¶ Gut Lärchenhof
Hahnenstr., **Tel (0 22 38) 92 31 00**,
Fax 9 23 10 30, ✉ 50259, AX DC ED VA
Hauptgericht 30/15
Restaurant im Golfclub.

Pullach i. Isartal 71 ↗

Bayern / Kreis München
EW 9000
🛈 **Tel (0 89) 7 44 74 40, Fax 74 47 44 59**
Gemeindeverwaltung
✉ 82049 Johann-Bader-Str 21

✱✱ Seitner Hof
Habenschadenstr. 4, **Tel (0 89) 74 43 20**,
Fax 74 43 21 00, ✉ 82049, AX ED VA
38 Zi, Ez: 165/83-200/100,
Dz: 225/113-270/135, ⌐ WC ⌀ DFÜ, 6 ⟵, Lift,
P, 🏠, 2⟳40, Sauna, Golf, Restaurant
geschl.: 23.12.00-6.1.01

¶¶ Villa Antica
Habenschadenstr. 1, **Tel (0 89) 7 93 88 61**,
Fax 7 93 82 35, ✉ 82049, AX DC ED VA
Hauptgericht 30/15, Terrasse, P

Großhesselohe (2 km ↑)

✱ Bittmann
Pullacher Str. 24, **Tel (0 89) 7 49 11 70**,
Fax 7 49 11 70, ✉ 82049, AX DC ED VA
17 Zi, Ez: 130/65-185/93, Dz: 205/103-230/115,
1 Suite, ⌐ WC ⌀, P, 1⟳20
Auch Zimmer der Kategorie **✱✱** vorhanden.

¶¶ Frühauf
Hauptgericht 32/16-46/23

Pulsnitz 40 ↘

Sachsen / Kreis Kamenz
EW 6850
🛈 **Tel (03 59 55) 4 42 46, Fax 4 42 46**
Pulsnitz-Information
✉ 01896 Am Markt 3

Sehenswert: Stadtkirche St. Nikolai; Schloßanlage, Stadtmuseum, Galerie des Ernst-Rietschel-Kulturringes e.V.; Pfefferkuchenschauwerkstatt.

✱ Schützenhaus
Wettinplatz 1, **Tel (03 59 55) 4 47 92**,
Fax 7 25 41, ✉ 01896, AX DC ED VA
17 Zi, Ez: 60/30, Dz: 80/40, 1 Suite, ⌐ WC ⌀,
P, Restaurant

Friedersdorf

✱ Waldblick
Königsbrücker Str. 119, **Tel (03 59 55) 4 52 27**,
Fax 4 47 70, ✉ 01896, ED VA
27 Zi, Ez: 60/30-80/40, Dz: 110/55-130/65,
1 Suite, ⌐ WC ⌀, P, 🏠, 2⟳70, Restaurant
geschl.: 2.-12.1.01

Putbus siehe Rügen

Pyrbaum 57 ↘

Bayern
Kreis Neumarkt (Oberpfalz)
EW 4576
🛈 **Tel (0 91 80) 7 77**
Gemeindeverwaltung
✉ 90602 Am Marktplatz 1

Pyrbaum-Außerhalb (7 km ←)

¶ Faberhof
Tel (0 91 80) 6 13, Fax 29 77, ✉ 90602,
AX ED VA
§ einzeln, Hauptgericht 20/10-40/20, P,
geschl.: Di

Pyrmont, Bad 25 ↓

Niedersachsen
Kreis Hameln-Pyrmont
EW 23660
🛈 **Tel (0 52 81) 94 05 11, Fax 94 05 55**
Fremdenverkehrsverein
✉ 31812 Europaplatz 1
Cityplan siehe Seite 796

Erholungsort, Heilbad im Weserbergland; Spielbank; Sehenswert: Kurpark mit Palmengarten; Brunnenplatz mit Hylligem Born und Wandelhalle; Dunsthöhle; Schloß mit Museum; Expo-Objekt „AQUA Bad Pyrmont".

✱✱✱✱ Steigenberger ♛
Heiligenangerstr. 2 (B 2), **Tel (0 52 81) 15 02**,
Fax 15 20 20, ✉ 31812, AX DC ED VA, Ⓢ
♪ §, 145 Zi, Ez: 180/90-250/125,
Dz: 265/133-365/183, 6 Suiten, ⌐ WC ⌀, 70 ⟵,
Lift, P, 🏠, 6⟳210, 🏊, Sauna, Solarium, Golf →

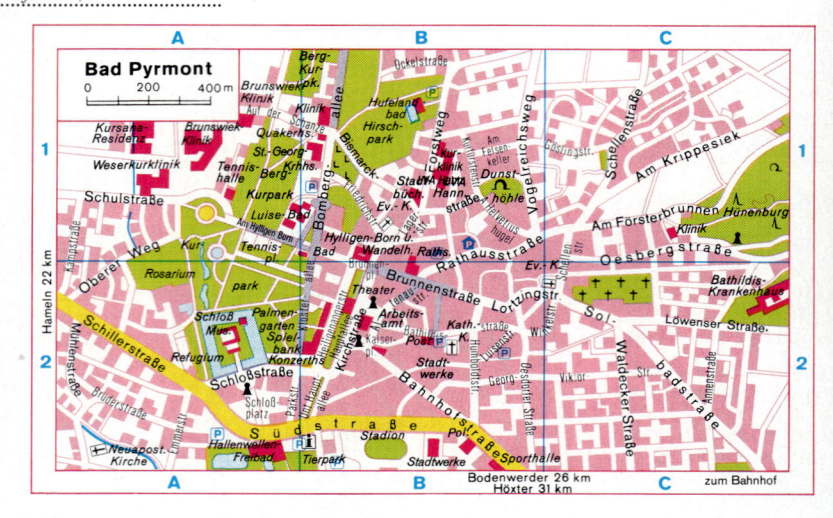

Palmengarten
Hauptgericht 34/17, Terrasse

★★ Bergkurpark
Ockelstr. 11 (B 1), Tel (0 52 81) 40 01,
Fax 40 04, ✉ 31812, AX ED VA
♪, 52 Zi, Ez: 75/37-195/98,
Dz: 190/95-350/176, 3 Suiten, ⌐ WC ✆, Lift,
P, 🕿, 3○120, ♨, Sauna, Solarium, Golf,
Restaurant
Auch Zimmer der Kategorie ★★★ vorhanden.

★★ Apparthotel Haus Dorothea
Seipstr. 8, Tel (0 52 81) 9 40 90, Fax 94 09 30,
✉ 31812, ED VA
24 Zi, Ez: 75/37-190/95, Dz: 120/60-220/110,
24 App, ⌐ WC ✆, 12 ⌂, Lift, P, garni

★★ Westfalen
Altenauplatz 1 (B 2), Tel (0 52 81) 9 32 90,
Fax 1 84 39, ✉ 31812, AX DC VA
19 Zi, Ez: 95/47-160/80, Dz: 160/80-240/120,
1 Suite, 9 App, ⌐ WC ✆ DFÜ, 2 ⌂, Lift, P,
1○40, Restaurant
Restauriertes, denkmalgeschütztes Haus, das mit
modernem Hotelkomfort ausgestattet ist.

★ Akzent-Hotel Oldenburg am Palmengarten
Schlosstr. 4, Tel (0 52 81) 6 05 40,
Fax 60 54 60, ✉ 31812, ED VA
20 Zi, 1 App, ⌐ WC ✆, Lift, P, 🕿, 2○60,
Solarium, Restaurant

★ Villa Fürst von Waldeck und Königin Luise
Schlosstr. 8, Tel (0 52 81) 60 41 01,
Fax 60 41 54, ✉ 31812
♺, 45 Zi, Ez: 85/42-110/55, Dz: 170/85-200/100,
3 Suiten, 2 App, ⌐ WC ✆, 7 ⌂, Lift, P,
Solarium, Restaurant
Zwei historisch gut erhaltene Jugendstilvillen,
teils antike Ausstattung.

★ Ritter
Altenaustr. 8, Tel (0 52 81) 6 05 60,
Fax 60 56 40, ✉ 31812, DC VA
25 Zi, Ez: 65/32-105/52, Dz: 110/55-200/100,
1 Suite, ⌐ WC ✆, Lift, P, Restaurant
geschl.: 1.11.00-20.3.01

★ Zur Krone
Brunnenstr. 41 (B 2), Tel (0 52 81) 9 34 30,
Fax 37 47, ✉ 31812, ED VA
16 Zi, Ez: 68/34-128/64, Dz: 128/64-176/88, ⌐
WC ✆, 2 ⌂, P, garni
Rezeption: 6.30-22

★ Carolinenhof
Rathausstr. 15, Tel (0 52 81) 9 33 40,
Fax 93 34 34, ✉ 31812, ED VA
17 Zi, Ez: 70/35-90/45, Dz: 110/55-170/85, ⌐
WC ✆, Lift, P, garni

Pyrmont, Bad -Außerhalb (1 km ↑)

★ Landhaus Stukenbrock Zu den Erdfällen
Erdfällenstr., Tel (0 52 81) 9 34 40,
Fax 93 44 34, ✉ 31812, AX ED VA, Ⓢ

einzeln ☾ ⚑, 9 Zi, Ez: 125/62-185/93,
Dz: 189/95-298/150, ⊐ WC ⌀ DFÜ, 4 ⌘, ℙ, ⌂,
Sauna, Solarium, Golf
🍴 ▦▦▦▦ ⚑, Hauptgericht 28/14, Biergarten,
geschl.: Di

Holzhausen

* ▦▦▦▦ Hamborner Mühle
Hamborner Weg, Tel **(0 52 81) 60 86 60**,
Fax 60 72 02, ✉ 31812
12 Zi, Ez: 90/45-140/70, Dz: 180/90, ⊐ WC ⌀,
ℙ, Golf, Restaurant
Hotel im Landhausstil, inmitten einer reizvollen
Teichlandschaft gelegen mit rustikalem
Biergarten.

Quedlinburg 37 ↗

Sachsen-Anhalt
EW 25200
🛈 Tel **(0 39 46) 90 56 24**, Fax 90 56 29
Quedlinburg-Information
✉ 06484 Markt 2

siehe auch Warnstedt

** ▦▦▦▦ Romantik Hotel Am Brühl
Billungstr. 11, Tel **(0 39 46) 9 61 80**,
Fax **9 61 82 46**, ✉ 06484, AX DC ED VA
46 Zi, Ez: 145/73-175/88, Dz: 190/95-210/105,
4 Suiten, 1 App., ⊐ WC ⌀, 22 ⌘, Lift, ℙ,
1⟳60, Sauna, Solarium, Restaurant

** ▦▦▦▦ Ringhotel Schlossmühle
Kaiser-Otto-Str. 28, Tel **(0 39 46) 78 70**,
Fax **78 74 99**, ✉ 06484, AX DC ED VA
70 Zi, Ez: 140/70-160/80, Dz: 180/90-210/105,
⊐ WC ⌀, 46 ⌘, Lift, ℙ, ⌂, 3⟳100, Sauna,
Solarium, Restaurant

** ▦▦▦▦ Parkhotel Otto III
Westerhäuser Str. 43, Tel **(0 39 46) 7 72 20**,
Fax **77 22 22**, ✉ 06484, AX DC ED VA
30 Zi, Ez: 95/47-145/73, Dz: 160/80-240/120,
15 App., ⊐ WC ⌀, 14 ⌘, Lift, ℙ, 1⟳30, ≋, ⌂,
Sauna, Solarium, 1 Tennis, Restaurant
12 Ferienhäuser.

** ▦▦▦▦ Zum Bär
Markt 8-9, Tel **(0 39 46) 77 70**, Fax 70 02 68,
✉ 06484
50 Zi, Ez: 95/47-165/83, Dz: 145/73-195/98, ⊐
WC ⌀, 40 ⌘, ℙ, 1⟳50, Restaurant

** ▦▦▦▦ Romantik Hotel Theophano
Markt 13, Tel **(0 39 46) 9 63 00**, Fax 96 30 36,
✉ 06484, AX ED VA
⚑, 22 Zi, Ez: 130/65-180/90,
Dz: 160/80-220/110, ⊐ WC ⌀, 8 ⌘, ℙ, ⌂,
1⟳20, Restaurant
geschl.: 22-26.12.00
Unter Denkmalschutz stehendes Fachwerkhaus
aus dem 17. Jh..

* ▦▦▦▦ Zur goldenen Sonne
Steinweg 11, Tel **(0 39 46) 9 62 50**,
Fax **96 25 30**, ✉ 06484, AX ED VA
27 Zi, Ez: 90/45-130/65, Dz: 140/70-170/85, ⊐
WC ⌀, 11 ⌘, ℙ, 2⟳50, Restaurant

* ▦▦▦▦ Domschatz
Mühlenstr. 20, Tel **(0 39 46) 70 52 70**,
Fax **70 52 71**, ✉ 06484, AX DC ED VA
16 Zi, Ez: 80/40-120/60, Dz: 140/70-180/90, ⊐
WC ⌀, ℙ, garni
Wohlerhaltener Fachwerkbau aus dem 17. Jh..

* ▦▦▦▦ Acron
Oeringerstr. 7, Tel **(0 39 46) 7 70 20**,
Fax **77 02 30**, ✉ 06484, ED VA
64 Zi, Ez: 79/39-89/44, Dz: 114/57, ⊐ WC,
32 ⌘, ℙ, 2⟳20, garni
Zufahrt über Gartenstr..

Querfurt 38 ✓

Sachsen-Anhalt
Kreis Merseburg-Querfurt
EW 10885
🛈 Tel **(03 47 71) 2 37 99**, Fax 2 37 98
Stadtinformation
✉ 06268 Markt 14

* ▦▦▦▦ Querfurter Hof
Merseburger Str. 5, Tel **(03 47 71) 52 40**,
Fax **52 41 99**, ✉ 06268, AX DC ED VA
23 Zi, Ez: 90/45-110/55, Dz: 120/60-140/70,
2 Suiten, ⊐ WC ⌀ DFÜ, 8 ⌘, Lift, ℙ, 2⟳30,
Fitnessraum, Sauna, Solarium, Restaurant

Vitzenburg (12 km ↓)

* ▦▦▦▦ Landhotel Schweizerhaus
Am Weinberg 4, Tel **(03 44 61) 2 25 62**,
Fax **2 42 55**, ✉ 06268, AX ED VA
10 Zi, Ez: 75/37, Dz: 110/55-130/65, ⊐ WC ⌀,
ℙ, 1⟳14, Restaurant

Quern 10 ↑

Schleswig-Holstein
Kreis Schleswig-Flensburg
EW 1350
🛈 Tel (0 46 32) 74 14, Fax 17 76
Touristinformation
✉ 24972 Holmlück 2

Nübelfeld (4 km ↗)

¶¶ Landhaus Schütt
Nübelfeld 34, Tel (0 46 32) 8 43 18,
Fax 84 31 31, ✉ 24972, AX DC ED VA
Hauptgericht 36/18-48/24, Terrasse, ℗, nur
abends, Sa+So auch mittags, geschl.: Mo, Di
mittags, Anfang Jan-Anfang Feb
🛏 8 Zi, Ez: 50/25-65/32, Dz: 100/50-130/65,
⊟ WC, 🅐, 2♻80

Quickborn 18 ↖

Schleswig-Holstein
Kreis Pinneberg
EW 19490
🛈 Tel (0 41 06) 61 12 13, Fax 61 14 13
Stadtverwaltung
✉ 25451 Rathausplatz 1

✱ Euro Ring Sporthotel Quickborn
Harksheider Weg 258, Tel (0 41 06) 6 36 70,
Fax 6 71 95, ✉ 25451, AX DC ED VA
⌬ 27 Zi, Ez: 145/73, Dz: 185/93, ⊟ WC ⊘, ℗,
3♻30, Kegeln, Sauna, Solarium

¶¶ Seegarten
§, Hauptgericht 26/13-38/19

Quickborn-Außerhalb (3 km ↑)

✱✱ Romantik Hotel Jagdhaus Waldfrieden
Kieler Str., B 4, Tel (0 41 06) 6 10 20,
Fax 6 91 96, ✉ 25451, AX DC ED VA
einzeln ⌬, 24 Zi, Ez: 140/70-185/93,
Dz: 260/130-300/151, ⊟ WC ⊘ DFÜ, ℗, 🅐,
2♻30

¶¶¶ einzeln, Hauptgericht 40/20,
geschl.: Mo mittags

Rabenau 51 ↖

Sachsen / Weißeritzkreis
EW 4750
🛈 Tel (03 51) 6 47 01 32, Fax 6 47 01 32
Fremdenverkehrsamt
✉ 01734 Hauptstr. 3

✱✱ König Albert Höhe
Höhenstr. 26, Tel (03 51) 64 47 50,
Fax 6 44 75 55, ✉ 01734, AX DC ED VA
⌬ §, 42 Zi, Ez: 78/39-90/45, Dz: 125/62-168/84,
1 Suite, ⊟ WC ⊘, 20 🛏, ℗, 🅐, 5♻170,
Restaurant
Auch Zimmer der Kategorie ✱ vorhanden.

✱ Rabenauer Mühle
Bahnhofstr. 23, Tel (03 51) 4 60 20 61,
Fax 4 60 20 62, ✉ 01734, AX ED VA
⌬, 17 Zi, Ez: 75/37-85/42, Dz: 130/65, 4 Suiten,
⊟ WC ⊘, 7 🛏, ℗, 1♻50, Kegeln, Sauna,
Solarium, Restaurant

Radeberg 40 ↘

Sachsen / Kreis Dresden-Land
EW 14280
🛈 Tel (0 35 28) 45 02 13, Fax 45 01 00
Bürgerbüro
✉ 01454 Markt 18

✱✱ Sportwelt
Am Sandberg 2, Tel (0 35 28) 4 88 00,
Fax 48 80 88, ✉ 01454, AX ED VA
43 Zi, Ez: 119/59-129/64, Dz: 155/78-165/83,
1 App, ⊟ WC ⊘, 16 🛏, Lift, ℗, 3♻140, 🅐,
Fitnessraum, Sauna, Solarium, Restaurant

🛏 Görner
Lotzdorfer Str. 64, Tel (0 35 28) 44 20 72,
Fax 44 20 72, ✉ 01454, ED VA
⌬, 9 Zi, Ez: 60/30-70/35, Dz: 90/45-95/47, ⊟
WC, 1 🛏, ℗, Restaurant

Radebeul 40 ↓

Sachsen / Kreis Meißen
EW 33000
🛈 Tel (03 51) 8 31 19 05, Fax 8 31 19 02
Tourist-Information
✉ 01445 Pestalozzistr. 6 a

✱✱✱ Steigenberger Parkhotel
Nizzastr. 55, Tel (03 51) 8 32 10,
Fax 8 32 14 45, ✉ 01445, AX DC ED VA, Ⓢ
⌬ §, 189 Zi, Ez: 230/115-270/135,
Dz: 270/135-310/156, 11 Suiten, 216 App, ⊟
WC ⊘ DFÜ, 100 🛏, Lift, ℗, 🅐, 14♻480, 〰, 🅐,
Sauna, Solarium, Golf
Weitläufiger Komplex mit 9 Villen.
Langzeitvermietung möglich.

Lössnitz
Hauptgericht 30/15-60/30, Terrasse, Biergarten

** Lindenau
Moritzburgerstr. 91, **Tel (03 51) 83 92 30**,
Fax 8 39 23 91, ✉ 01445, AX DC ED VA
20 Zi, Ez: 110/55, Dz: 160/80, 4 Suiten, 4 App,
DFÜ, 3 ⌣, Lift, P, 🏠
Hauptgericht 26/13-42/21, Terrasse,
Biergarten

** Goldener Anker
Altkötzschenbroda 61, **Tel (03 51) 8 39 90 10**,
Fax 8 39 90 67, ✉ 01445, AX ED VA
60 Zi, Ez: 120/60-180/90, Dz: 150/75-180/90,
WC, 52 ⌣, Lift, 3⌣70, Restaurant

Goldne Weintraube
Meißner Str. 152, **Tel (03 51) 8 36 34 13**,
Fax 8 38 18 40, ✉ 01445
Hauptgericht 13/6-25/12, Biergarten, P,
geschl.: Mo, Aug

Radeburg   40 ↘
Sachsen / Kreis Meißen
EW 7850
ℹ Tel (03 52 08) 96 10, Fax 9 61 25
Stadtverwaltung
✉ 01471 Heinrich Zille Str. 11

🛏 Deutsches Haus
Heinrich-Zille-Str. 5, **Tel (03 52 08) 95 10**,
Fax 20 14, ✉ 01471
18 Zi, Ez: 75/37-90/45, Dz: 100/50, WC

Berbisdorf

* Landgasthof Berbisdorf
Hauptstr. 38, **Tel (03 52 08) 20 27**, Fax 28 66,
✉ 01471, AX ED VA
12 Zi, Ez: 95/47, Dz: 140/70, 1 Suite, 1 App,
WC, P, 2⌣100, Kegeln, Restaurant

Radevormwald   33 ↓
Nordrhein-Westfalen
Oberbergischer Kreis
EW 25900
ℹ Tel (0 21 95) 60 60, Fax 60 61 16
Stadtverwaltung
✉ 42477 Hohenfuhrstr. 13

* Park-Hotel
Telegrafenstr. 18, **Tel (0 21 95) 4 00 52**,
Fax 4 00 54, ✉ 42477, AX DC ED VA
14 Zi, Ez: 115/57-125/62, Dz: 165/83-170/85,
WC, 4 ⌣, P, 🏠, garni
geschl.: 20.12.00-2.1.01

Neuenhof (4 km →)

** Hufschmiede
Neuenhof 1, **Tel (0 21 95) 82 38**, Fax 87 42,
✉ 42477
Hauptgericht 30/15, P, geschl.: Do, Fr, Sa
mittags, 22.12.00-2.1.01, 3 Wochen im Aug

** AX ED VA, ♪, 20 Zi,
Ez: 120/60-145/73, Dz: 185/93-195/98, WC
, 10 ⌣, 🏠, Sauna

Radolfzell am Bodensee   68 ↘
Baden-Württemberg / Kreis Konstanz
EW 28000
ℹ Tel (0 77 32) 8 15 00, Fax 8 15 10
Tourist-Information
✉ 78315 Im Bahnhof

* Am Stadtgarten
Höllturmpassage Haus 2, **Tel (0 77 32) 9 24 60**,
Fax 92 46 46, ✉ 78315, AX DC ED VA
31 Zi, Ez: 125/62-135/67, Dz: 165/83-225/113,
1 Suite, WC DFÜ, 6 ⌣, Lift, P, 🏠, 1⌣0,
garni
Rezeption: 7-22, geschl.: 20.12.00-10.1.01

Güttingen (5 km ↑)

🍴 Gasthof Adler
Schlosbergstr. 1, **Tel (0 77 32) 1 50 20**,
Fax 15 02 50, ✉ 78315
Hauptgericht 20/10, Gartenlokal, Kegeln, P,
geschl.: Di

** Gästehaus Sonnhalde
28 Zi, Ez: 65/32-75/37, Dz: 120/60-160/80,
1 Suite, WC, Lift, Sauna, Solarium, garni
geschl.: Di

Mettnau (1 km ↘)

** Art Villa am See
Rebsteig 2 / 2, **Tel (0 77 32) 9 44 40**,
Fax 94 44 10, ✉ 78315, ED VA
♪, 9 Zi, Ez: 150/75-270/135,
Dz: 220/110-320/161, 1 Suite, 3 App, WC

Radolfzell am Bodensee

DFÜ, 7 ⛌, Lift, 🅿, 🏠, Seezugang, Sauna, Golf, garni
geschl.: 22.12.00-31.1.01
Elegante Einrichtung, Privatatmosphäre.

✻ Café Schmid
St.-Wolfgang-Str. 2, Tel (0 77 32) 9 49 80,
Fax 1 01 62, ✉ 78315, AX ED VA
🌙, 20 Zi, Ez: 110/55-150/75,
Dz: 150/75-200/100, ⊐ WC ⌀, 🅿, 🏠,
Restaurant
geschl.: Mo, 18.12.00-10.1.01

✻ Iris am See
Rebsteig 2, Tel (0 77 32) 9 47 00, Fax 94 70 30,
✉ 78315, AX ED VA
🌙 ₰, 17 Zi, Ez: 88/44-106/53,
Dz: 170/85-192/96, ⊐ WC ⌀, 🅿, garni
geschl.: 15.12.00-1.2.01

Raesfeld 33 ↖

Nordrhein-Westfalen / Kreis Borken
EW 10550
🛈 Tel (0 28 65) 95 51 27, Fax 95 51 20
Verkehrsverein
✉ 46348 Weseler Str. 19

✻✻ Landhaus Keller
Weseler Str. 71, Tel (0 28 65) 6 08 50,
Fax 60 85 50, ✉ 46348, AX DC ED VA
28 Zi, Ez: 135/67, Dz: 190/95, 4 Suiten, ⊐ WC
⌀ DFÜ, 15 ⛌, Lift, 🅿, 3⊃80, Kegeln
🍴 Hauptgericht 15/7-54/27, Terrasse,
Biergarten, geschl.: Mo

Raguhn 39 ↖

Sachsen-Anhalt / Kreis Bitterfeld
EW 7360
🛈 Tel (03 49 06) 2 02 88, Fax 2 03 67
Verwaltungsgemeinschaft
✉ 06779 Rathausstr. 16

Lingenau (8 km ↖)

✻ Landgasthof Lingenau
Hauptstr. 15, Tel (03 49 06) 2 06 34,
Fax 2 11 06, ✉ 06779
20 Zi, Ez: 90/45, Dz: 100/50, ⊐ WC ⌀, 2 ⛌, 🅿
Im Altbau auch einfachere Zimmer vorhanden.

Rahden 25 ←

Nordrhein-Westfalen
Kreis Minden-Lübbecke
EW 16000
🛈 Tel (0 57 71) 7 30, Fax 73 50
Stadtverwaltung
✉ 32369 Lange Str. 9

Sehenswert: Museumshof; Wasserburg-Ruine;
Der Große Stein von Tonnenheide (größter Eiszeit-Findling in Norddeutschland); Bockwindmühle im Stadtteil Wehe (4 km N→); Hochzeitsmühle Tonnenheide.

✻✻ Ringhotel Westfalen Hof
Rudolf-Diesel-Str. 13, Tel (0 57 71) 9 70 00,
Fax 55 39, ✉ 32369, AX DC ED VA, Ⓢ
29 Zi, Ez: 109/54, Dz: 169/85, 1 Suite, ⊐ WC ⌀
DFÜ, 7 ⛌, 🅿, 4⊃140, ⚓, Kegeln, Sauna,
Solarium, Golf, 3 Tennis

🍴🍴 **Mühlen-Restaurant**
Hauptgericht 23/11-37/18, Terrasse

Rain am Lech 63 ↘

Bayern / Kreis Donau-Ries
EW 8200
🛈 Tel (0 90 90) 70 30, Fax 45 29
Stadtverwaltung
✉ 86641 Hauptstr. 60

**✻✻✻ Dehner Blumenhotel
City Line & Country Line Hotels**
Bahnhofstr. 19, Tel (0 90 90) 7 60, Fax 7 64 00,
✉ 86641, AX DC ED VA
60 Zi, Ez: 155/78, Dz: 200/100, 1 Suite, 2 App,
⊐ WC ⌀, 20 ⛌, Lift, 🅿, 🏠, 5⊃360,
Fitnessraum, Sauna, Solarium

🍴🍴 **Rosenstube**
Hauptgericht 30/15, Terrasse

Rammingen 62 ↘

Baden-Württemberg
Alb-Donau-Kreis
EW 1300
🛈 Tel (0 73 45) 9 12 50, Fax 91 25 12
Bürgermeisteramt
✉ 89192 Rathausgasse 7

✻ Romantik Hotel Adler
Riegestr. 15, Tel (0 73 45) 9 64 10,
Fax 96 41 10, ✉ 89192, AX DC ED VA
🌙, 14 Zi, Ez: 80/40-120/60, Dz: 189/95, ⊐ WC
⌀, 6 ⛌, 2⊃35
geschl.: Mo, 9.-23.1.01, 1.-22.8.01
🍴🍴 Hauptgericht 22/11, 🅿 ✜
geschl.: Mo, 9.-23.1.01, 1.-22.8.01

Ramsau 73 ↘

Bayern
Kreis Berchtesgadener Land
EW 1800
🛈 Tel (0 86 57) 98 89 20, Fax 7 72
Kurverwaltung
✉ 83486 Im Tal 2

Randersacker

★★ Rehlegg ♛
Holzengasse 16, Tel (0 86 57) 9 88 40,
Fax 9 88 44 44, ✉ 83486, ⒺⒹ
♪ ⚜, 61 Zi, Ez: 119/59-272/137,
Dz: 196/98-298/150, 1 Suite, ⇨ WC ⓒ, 12 ⇆,
Lift, Ⓟ, 1◯50, ☵, ⌂, Sauna, Solarium,
1 Tennis
Auch Zimmer anderer Kategorien vorhanden.
🍴🍴 ⚜, Hauptgericht 23/11-40/20 ✠
Terrasse

★ Alpenhotel Hochkalter
Im Tal 4, Tel (0 86 57) 98 70, Fax 12 05,
✉ 83486
47 Zi, Ez: 70/35-180/90, Dz: 130/65-260/130,
13 Suiten, ⇨ WC ⓒ, Lift, Ⓟ, ⌂, ⌂, Sauna,
Solarium, Restaurant
geschl.: 29.10.-21.12.00

Au (2 km ↘)

★ Wimbachklamm
Rotheben 1, Tel (0 86 57) 9 88 80,
Fax 98 88 70, ✉ 83486
♪, 26 Zi, Ez: 60/30-80/40, Dz: 100/50-140/70,
⇨ WC ⓒ, Lift, Ⓟ, ⌂, ⌂, Sauna, Solarium,
Restaurant
geschl.: Di, 1.11.-20.12.00, 10.1.-1.2.01

Schwarzeck (8 km ↑)

★★ Gasthof Nutzkaser
Am Gseng 10, Tel (0 86 57) 3 88, Fax 6 59,
✉ 83486, ⒶⓍ ⒺⒹ ⓋⒶ
♪ ⚜, 23 Zi, Ez: 108/54, Dz: 146/73-226/113, ⇨
WC ⓒ, Lift, ⌂, Sauna, Solarium, Restaurant
geschl.: 18.11.-15.12.00

Ramsen 54 ←

Rheinland-Pfalz / Donnersbergkreis
EW 1876
Verbandsgemeinde Eisenberg
✉ 67304

Eiswoog

🍴 Landgasthof Forelle
Am Eiswoog 1, Tel (0 63 56) 3 42, Fax 52 45,
✉ 67305, ⒶⓍ ⒹⒸ ⒺⒹ ⓋⒶ
einzeln, Hauptgericht 15/7-38/19, Terrasse, Ⓟ,
geschl.: Mo

Ramstein-Miesenbach 53 ↓

Rheinland-Pfalz
Kreis Kaiserslautern
EW 8692
🛈 Tel (0 63 71) 59 20, Fax 59 21 99
Verbandsgemeindeverwaltung
✉ 66877 Am Neuen Markt 6

Ramstein

★★ Europa
Auf der Pirsch 4, Tel (0 63 71) 9 65 50,
Fax 96 55 50, ✉ 66877
38 Zi, Ez: 100/50, Dz: 140/70, ⇨ WC ⓒ DFÜ

★★ Landgasthof Pirsch
Auf der Pirsch 12, Tel (0 63 71) 59 30,
Fax 59 31 99, ✉ 66877, ⒶⓍ ⒹⒸ ⒺⒹ ⓋⒶ
33 Zi, Ez: 95/47-135/67, Dz: 145/73-155/78,
4 App, ⇨ WC ⓒ, Lift, Ⓟ, ⌂, Restaurant
Auch Zimmer der Kategorie ★ vorhanden.

★ Ramsteiner Hof
Miesenbacher Str. 26, Tel (0 63 71) 97 20,
Fax 5 76 00, ✉ 66877, ⒶⓍ ⒹⒸ ⒺⒹ ⓋⒶ
22 Zi, Ez: 95/47-110/55, Dz: 145/73-165/83, ⇨
WC ⓒ, Ⓟ, ⌂, Restaurant

Ramsthal 46 ↘

Bayern / Kreis Bad Kissingen
EW 1170
🛈 Tel (0 97 04) 3 02
Gemeinde Ramsthal
✉ 97729 Kirchgasse 11

⌂ Gasthof Wahler
Hauptstr. 28, Tel (0 97 04) 15 50, Fax 76 85,
✉ 97729
11 Zi, Ez: 40/20, Dz: 70/35, ⇨ WC, Restaurant
geschl.: Mo, 23.12.00-22.1.01, 28.7.-20.8.01

Randersacker 56 ↖

Bayern / Kreis Würzburg
EW 3600
🛈 Tel (09 31) 70 53 17, Fax 70 53 20
Touristinformation
✉ 97236 Maingasse 9, Rathaus

★ Gasthof Bären
Würzburger Str. 6, Tel (09 31) 7 05 10,
Fax 70 64 15, ✉ 97236, ⒺⒹ
36 Zi, Ez: 85/42-102/51, Dz: 130/65-158/79, ⇨
WC ⓒ, Ⓟ, 2◯30
geschl.: 5.-28.2.01, 13.-29.8.01
Auch Zimmer der Kategorie ★★ vorhanden.

Randersacker

🍴 Hauptgericht 25/12,
geschl.: 5.-28.2.01, 13.-29.8.01

* **Zum Löwen**
Ochsenfurter Str. 4, Tel (09 31) 7 05 50,
Fax 7 05 52 22, ⊠ 97236, AX ED VA
31 Zi, Ez: 75/37-95/47, Dz: 125/62-150/75,
1 Suite, 1 App, ⌐ WC ⌀ DFÜ, Lift, P, 🏠,
Restaurant
geschl.: Di, 20.12.00-10.1.01
Auch einfachere Zimmer vorhanden.

Ransbach-Baumbach 43 →

Rheinland-Pfalz / Westerwaldkreis
EW 7400
🛈 Tel (0 26 23) 9 88 00, Fax 98 80 20
Stadt
⊠ 56235 Rheinstr. 50

** **Sporthotel Kannenbäckerland**
Zur Fuchsshohl, Tel (0 26 23) 8 82 00,
Fax 80 20 60, ⊠ 56235, AX DC ED VA
26 Zi, Ez: 99/49-125/62, Dz: 145/73-165/83, ⌐
WC ⌀, 4 🛏, P, 2⌂30, Fitnessraum, Sauna,
Solarium, Golf, 5 Tennis, Restaurant
Auch Zimmer der Kategorie * vorhanden.

* **Eisbach**
Schulstr. 2, Tel (0 26 23) 88 13 30,
Fax 8 81 33 98, ⊠ 56235, AX DC ED VA
28 Zi, Ez: 69/34-95/47, Dz: 130/65-155/78,
1 Suite, ⌐ WC ⌀, P
geschl.: 22-25.12.00
🍴 Hauptgericht 25/12, Terrasse,
geschl.: 22-25.12.00

🍴🍴 **Gala**
Rheinstr. 103, in der Stadthalle,
Tel (0 26 23) 45 41, Fax 44 81, ⊠ 56235,
AX DC ED VA
Hauptgericht 35/17-46/23, Terrasse, Kegeln, P,
geschl.: Mo, 9.7.-9.8.01

Rantum siehe Sylt

Rappenau, Bad 61 ↑

Baden-Württemberg
Kreis Heilbronn
EW 19000
🛈 Tel (0 72 64) 8 61 26, Fax 8 61 82
Verkehrsamt
⊠ 74906 Salinenstr. 22

** **Salinenhotel**
Salinenstr. 7, Tel (0 72 64) 9 16 60,
Fax 91 66 39, ⊠ 74906, ED VA
31 Zi, Ez: 97/48-150/75, Dz: 198/99-240/120,
3 Suiten, ⌐ WC ⌀, 6 🛏, Lift, P, 4⌂40, Golf
Rezeption: 6.30-23
Auch Zimmer der Kategorie * vorhanden.
🍴🍴 Hauptgericht 32/16, Terrasse,
Biergarten

** **Häffner Bräu**
Salinenstr. 24, Tel (0 72 64) 80 50,
Fax 80 51 19, ⊠ 74906, AX DC ED VA
♪, 62 Zi, Ez: 72/36-138/69, Dz: 214/107, ⌐ WC
⌀, Lift, P, 🏠, 3⌂80, Sauna, Solarium,
Restaurant
geschl.: 20.12.00-20.1.01
Auch Zimmer der Kategorie * vorhanden.

Heinsheim (5 km ↗)

** **Schloßhotel Heinsheim
European Castle**
Gundelsheimer Str. 36, Tel (0 72 64) 9 50 30,
Fax 42 08, ⊠ 74906, AX DC ED VA
♪, 41 Zi, Ez: 120/60-170/85,
Dz: 140/70-300/151, 1 Suite, ⌐ WC ⌀, Lift, P,
🏠, 6⌂150, ≋
geschl.: 1.-31.1.01
Barockschloß mit Hochzeitskapelle. Auch
Zimmer der Kategorie * vorhanden.

🍴🍴🍴 **Schloßrestaurant**
Tel 9 50 60, Fax 95 06 14
Hauptgericht 26/13, Terrasse, geschl.: Mo, Di,
1.1.-15.2.01
Eigenbauweine.

Rastatt 60 □

Baden-Württemberg
EW 46000
🛈 Tel (0 72 22) 97 24 62, Fax 97 21 18
Stadtinformation
⊠ 76437 Herrenstr. 18, Schloß

** **Holiday Inn Garden Court**
Karlsruher Str. 29, Tel (0 72 22) 92 40,
Fax 92 41 15, ⊠ 76437, AX DC ED VA, Ⓢ
129 Zi, Ez: 140/70-207/104,
Dz: 170/85-229/115, ⌐ WC ⌀, 42 🛏, Lift, P,
5⌂300, Fitnessraum, Sauna, Golf, Restaurant

** **Ringhotel Schwert**
Herrenstr. 3 a (B 2), Tel (0 72 22) 76 80,
Fax 76 81 20, ⊠ 76437, AX DC ED VA, Ⓢ
50 Zi, Ez: 130/65-179/90, Dz: 170/85-226/113,
⌐ WC ⌀ DFÜ, 6 🛏, Lift, P, 🏠, 2⌂40
Auch Zimmer der Kategorie * vorhanden.

🍴🍴 **Sigi's**
Tel 76 81 24
Hauptgericht 28/14-46/23, Terrasse, geschl.: So,
2.-14.1.01

Rastede

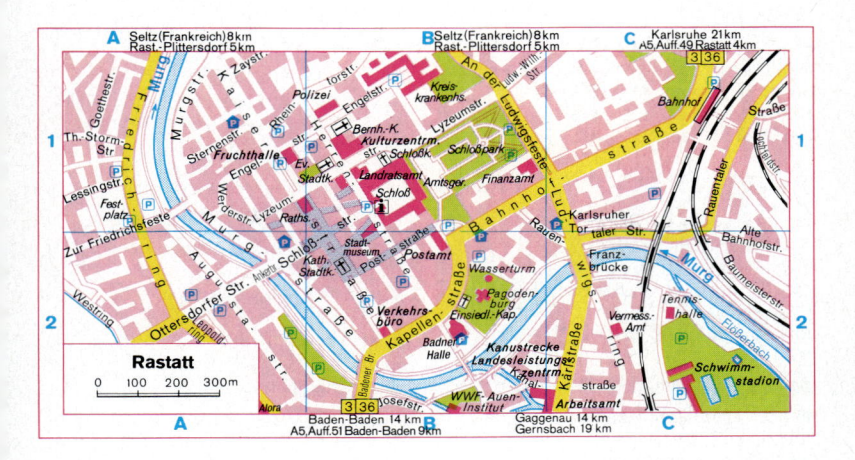

Rastatt

✱ Am Schloß
Schlosstr. 15 (B 1), **Tel (0 72 22) 9 71 70**,
Fax 97 17 71, ✉ 76437, ED VA
16 Zi, Ez: 90/45-105/52, Dz: 130/65-150/75,
1 Suite, ⌐ WC ✆, ℗, ⌂, Restaurant

✱ Zum Engel
Kaiserstr. 65 (A 1), **Tel (0 72 22) 7 79 80**,
Fax 77 98 77, ✉ 76437, AX DC ED VA
19 Zi, Ez: 105/52-115/57, Dz: 150/75, 2 Suiten,
⌐ WC ✆, 2 ⌫, Lift, ⌂, Restaurant

✱ Astra
Dr.-Schleyer-Str. 16, **Tel (0 72 22) 9 27 70**,
Fax 6 94 40, ✉ 76437, AX ED VA
21 Zi, Ez: 109/54, Dz: 149/75, 1 Suite, 4 App, ⌐
WC ✆ DFÜ, ℗, ⌂, Kegeln, Sauna, Solarium,
garni

✱ Phönix
Dr.-Schleyer-Str. 12, **Tel (0 72 22) 9 24 90**,
Fax 92 49 32, ✉ 76437, ED VA
15 Zi, Ez: 90/45-95/47, Dz: 130/65, ⌐ WC ✆,
5 ⌫, ℗, ⌂, garni

¶¶ Zum Storchennest
Karlstr. 24, **Tel (0 72 22) 3 22 60, Fax 3 22 67**,
✉ 76437, DC ED VA
Hauptgericht 35/17, Biergarten, Gartenlokal, ℗,
geschl.: Do

Rastede 16 ☐

Niedersachsen / Kreis Ammerland
EW 19663
ℹ **Tel (0 44 02) 93 98 23, Fax 10 04**
Tourist-Information
✉ 26180 Bahnhof-Ladestraße

✱ Am Ellernteich ♛
Mühlenstr. 43, **Tel (0 44 02) 9 24 10**,
Fax 92 41 92, ✉ 26180, AX DC ED VA
10 Zi, Ez: 90/45-105/52, Dz: 140/70-160/80, ⌐
WC ✆ DFÜ, 4 ⌫, ℗, 1⌂20, Fitnessraum,
Sauna, Solarium, garni

¶¶ Das weiße Haus ✢
Südender Str. 1, **Tel (0 44 02) 32 43**,
Fax 8 47 26, ✉ 26180
Hauptgericht 20/10-45/22, Gartenlokal, ℗,
🛏, geschl.: Do

Kleibrok (2 km ↑)

✶ Zum Zollhaus
Kleibroker Str. 139, Tel (0 44 02) 9 38 10,
Fax 93 81 19, ✉ 26180, AX DC ED VA
32 Zi, Ez: 69/34-88/44, Dz: 145/73, ⌐ WC ⌀,
4 ↤, P, 🕾, 3⟲80, Restaurant

Ratekau 11 ↓

Schleswig-Holstein
Kreis Ostholstein
EW 15390
🛈 Tel (0 45 04) 80 30, Fax 8 01 11
Gemeindeverwaltung
✉ 23626 Bäderstr. 19

Kreuzkamp (4 km ↘)

✶ Motel Kreuzkamp
Offendorfer Str. 5, Tel (04 51) 39 30 61,
Fax 39 66 19, ✉ 23626, AX DC ED VA
⌐, 40 Zi, Ez: 78/39, Dz: 130/65, ⌐ WC ⌀
🍴 Hauptgericht 18/9-36/18, Terrasse

Warnsdorf

✶✶ Landhaus Töpferhof
Fuchsbergstr. 5-9, Tel (0 45 02) 21 24,
Fax 30 20 40, ✉ 23626
5 Zi, Dz: 185/93-225/113, 1 Suite, 12 App, ⌐
WC ⌀, P, 4⟲50, Fitnessraum, Sauna,
Solarium
Rezeption: 8-20
Töpferkurse, Kreativkurse, eigene Backstube
und Räucherei.

Rathen 51 ↗

Sachsen / Kreis Pirna
EW 600
🛈 Tel (03 50 24) 7 04 22, Fax 7 04 22
Gästeamt Kurort Rathen
✉ 01824 Niederrathen Nr. 17 b

Kurort. Sehenswert: Naturtheater Felsenbühne;
Basteibrücke und Basteiaussicht; Burg Neurathen.

✶ Amselgrundschlößchen
Niederrathen 10 b, Tel (03 50 24) 7 43 33,
Fax 7 44 44, ✉ 01824, AX ED VA
40 Zi, Ez: 90/45-125/62, Dz: 130/65-195/98,
1 Suite, ⌐ WC ⌀, Lift, P, Kegeln, Sauna,
Solarium, Restaurant
Zufahrt nur mit Sondergenehmigung, diese ist
bei Reservierung oder Ankunft erhältlich.

✶ Erbgericht
Tel (03 50 24) 77 30, Fax 77 33 77, ✉ 01824,
ED VA
⌐ ⚐, 39 Zi, Ez: 80/40-105/52,
Dz: 140/70-218/109, 3 App, ⌐ WC ⌀, Lift, P,
2⟲100, 🕾, Fitnessraum, Sauna, Solarium,
Restaurant
geschl.: 3.-31.1.01
Zufahrt nur mit Sondergenehmigung, diese ist
bei Reservierung oder Ankunft erhältlich.

Rathenow 28 ↗

Brandenburg / Kreis Havelland
EW 29250
🛈 Tel (0 33 85) 51 23 36, Fax 51 23 36
Tourismusverband
✉ 14712 Goethestr. 4a

Sehenswert: St. Marien-Andreas-Kirche; St.
Georgs-Kirche; Kurfürstendenkmal; Bismarckturm; Grab von J.H.A. Duncker, Geburtshaus
von Duncker, Kreismuseum, Reste der Stadtmauer.

✶✶ Fürstenhof
Bahnhofstr. 13, Tel (0 33 85) 55 80 00,
Fax 55 80 80, ✉ 14712, AX ED VA
47 Zi, Ez: 95/47-165/83, Dz: 150/75-210/105, ⌐
WC ⌀, 12 ↤, Lift, P, 🕾, 2⟲70, Restaurant
Rezeption: 6.30-22.30, geschl.: 22.12.00-5.1.01
Stilvolle Einrichtung mit Antiquitäten.

Ratingen 33 ↙

Nordrhein-Westfalen
Kreis Mettmann
EW 89500
🛈 Tel (0 21 02) 98 25 35, Fax 9 83 98
Verkehrsverein
✉ 40878 Minoritenstr. 3 a

✶ Kronenthal
Brachter Str. 85, Tel (0 21 02) 8 50 80,
Fax 85 08 50, ✉ 40882, AX DC ED VA
28 Zi, Ez: 147/74-197/99, Dz: 213/107-293/147,
2 Suiten, ⌐ WC ⌀ DFÜ, 11 ↤, Lift, P, 🕾,
2⟲60, Restaurant

✶ Astoria
Mülheimer Str. 72, Tel (0 21 02) 8 56 70,
Fax 85 67 77, ✉ 40878, AX DC ED VA
27 Zi, Ez: 147/74-196/98, Dz: 184/92-290/146,
⌐ WC ⌀ DFÜ, 10 ↤, Lift, P, garni
geschl.: 20.12.00-5.1.01

✶ Am Düsseldorfer Platz
Düsseldorfer Platz 1-3, Tel (0 21 02) 2 01 80,
Fax 20 18 50, ✉ 40878, AX DC ED VA

42 Zi, Ez: 140/70-180/90, Dz: 180/90-240/120,
2 Suiten, 5 App, ⟿ WC ⌀, Lift, 🅿, garni
geschl.: 16.12.00-2.1.01
Auch Zimmer der Kategorie ✱✱ vorhanden.

✱ Altenkamp
Marktplatz 17, **Tel (0 21 02) 9 90 20**,
Fax 2 12 17, ✉ 40878, AX DC ED VA
25 Zi, Ez: 160/80-220/110,
Dz: 240/120-290/146, ⟿ WC ⌀ DFÜ, 2 ⇥, Lift,
🚗, Golf

✱ Allgäuer Hof
Beethovenstr. 24, **Tel (0 21 02) 9 54 10**,
Fax 95 41 23, ✉ 40878, AX DC ED VA
16 Zi, Ez: 117/58-175/88, Dz: 175/88-225/113,
⟿ WC ⌀, 2 ⇥, Lift, 🅿, 🚗, 1⟳15
geschl.: 22.12.00-8.1.01
🍴 Hauptgericht 30/15, geschl.: Sa,
22.12.00-8.1.01, 3 Wochen im Jul

Breitscheid (7 km ↗)

✱✱ Dorint Budget Hotel
An der Pönt 50, **Tel (0 21 02) 91 85**,
Fax 91 89 00, ✉ 40885, AX DC ED VA, Ⓢ
118 Zi, Ez: 135/67-235/118,
Dz: 155/78-235/118, ⟿ WC ⌀ DFÜ, 50 ⇥, Lift,
🅿, 🚗, 7⟳120, Golf, Restaurant

✱ Novotel
Lintorfer Weg 75, **Tel (0 21 02) 18 70**,
Fax 1 84 18, ✉ 40885, AX DC ED VA, Ⓢ
116 Zi, Ez: 190/95-423/213,
Dz: 233/117-446/224, ⟿ WC ⌀ DFÜ, 33 ⇥, Lift,
🅿, 🚗, 7⟳150, 🌊, Sauna, Restaurant

Ratingen West (3 km ←)

✱✱✱ Holiday Inn Airport
Broichhofstr. 3, **Tel (0 21 02) 45 60**,
Fax 45 64 44, ✉ 40882, AX DC ED VA, Ⓢ
199 Zi, Ez: 182/91-666/335,
Dz: 182/91-692/348, ⟿ WC ⌀, 121 ⇥, 🅿,
6⟳250, 🌊, 🌊, Sauna, Solarium, Restaurant

✱✱✱ Relexa Hotel Airport
Berliner Str. 95, **Tel (0 21 02) 45 80**,
Fax 45 85 99, ✉ 40880, AX DC ED VA
168 Zi, Ez: 140/70-820/413,
Dz: 160/80-820/413, 8 Suiten, ⟿ WC ⌀, 39 ⇥,
Lift, 🅿, 🚗, 13⟳160, Fitnessraum, Sauna,
Solarium, Restaurant

Tiefenbroich (2 km ↖)

✱✱ Inn Side Residence Hotel
Am Schimmersfeld 9, **Tel (0 21 02) 42 70**,
Fax 42 74 27, ✉ 40880, AX DC ED VA

137 Zi, Ez: 165/83-440/221,
Dz: 165/83-505/254, ⟿ WC ⌀ DFÜ, Lift, 🅿,
3⟳120, Fitnessraum, Sauna, Solarium,
Restaurant

✱✱ Villa Ratingen
Sohlstättenstr. 66, **Tel (0 21 02) 5 40 80**,
Fax 54 08 10, ✉ 40880, AX DC ED VA
31 Zi, Ez: 105/52-295/148, Dz: 135/67-345/173,
⟿ WC ⌀, 8 ⇥, 🅿

🍴🍴 La Villa
Hauptgericht 35/17, Terrasse, geschl.: Sa

Rattenberg 65 ↗

Bayern / Kreis Straubing-Bogen
EW 1850
🛈 **Tel (0 99 63) 94 10 30, Fax 94 10 33**
Tourist-Information
✉ 94371 Dorfplatz 15

✱✱ Posthotel Rattenberg
Dorfplatz 2, **Tel (0 99 63) 95 00, Fax 95 02 22**,
✉ 94371, AX ED VA
52 Zi, Ez: 67/33-73/36, Dz: 100/50-106/53,
3 Suiten, ⟿ WC ⌀, Lift, 🅿, 🚗, 3⟳60, 🌊,
Sauna, Solarium, 2 Tennis
🍴 Hauptgericht 15/7, Terrasse

Ratzeburg 19 ↖

Schleswig-Holstein
Kreis Herzogtum Lauenburg
EW 12700
🛈 **Tel (0 45 41) 85 85 65, Fax 53 27**
Ratzeburg-Information
✉ 23909 Schlosswiese 7

✱✱ Hansa Hotel
Schrangenstr. 25, **Tel (0 45 41) 20 94**,
Fax 86 41 41, ✉ 23909, ED
27 Zi, Ez: 100/50-130/65, Dz: 140/70-170/85, ⟿
WC ⌀, Lift, 🅿, 🚗
🍴🍴 Hauptgericht 30/15 ✚
geschl.: Mo

✱✱ Wittlers Hotel mit Gästehaus
Grose Kreuzstr. 11, **Tel (0 45 41) 32 04**,
Fax 38 15, ✉ 23909, ED VA
31 Zi, Ez: 90/45-140/70, Dz: 140/70-220/110, ⟿
WC ⌀, 4 ⇥, 🅿, 🚗, 4⟳90
Auch Zimmer der Kategorien ✱ und ✱✱✱
vorhanden.
🍴 Hauptgericht 22/11-35/17

✱ Heckendorf
Gustav-Peters-Platz 1, **Tel (0 45 41) 8 89 80**,
Fax 88 98 99, ✉ 23909, AX ED VA

11 Zi, Ez: 60/30-90/45, Dz: 100/50-150/75,
2 Suiten, 11 App, ⇨ WC ⊘ DFÜ, 3 ⇌, **P**, 🏠,
garni

Farchau (5 km ↓)

** Farchauer Mühle
Tel (0 45 41) 8 60 00, Fax 86 00 86, ✉ 23909,
AX DC ED VA
einzeln ⊘ ⚡, 19 Zi, Ez: 110/55-130/65,
Dz: 150/75-180/90, ⇨ WC ⊘, 4 ⇌, **P**, 2⟳25,
Sauna
Am Südende des Küchensees gelegen.
🍴 Hauptgericht 14/7-35/17, Terrasse

Rauenberg 54 ↘

Baden-Württemberg
Rhein-Neckar-Kreis
EW 7330
🛈 Tel (0 62 22) 61 90, Fax 6 19 16
Stadtverwaltung
✉ 69231 Wieslocher Str. 21

** Ringhotel Winzerhof
Bahnhofstr. 6, Tel (0 62 22) 95 20,
Fax 95 23 50, ✉ 69231, AX DC ED VA, Ⓢ
65 Zi, Ez: 149/75-173/87, Dz: 198/99-208/104,
5 Suiten, ⇨ WC ⊘, 16 ⇌, Lift, **P**, 🏠, 5⟳120,
🏠, Kegeln, Sauna, Solarium

🍴🍴🍴 Martins Gute Stube 🍷
Hauptgericht 35/17-42/21, nur abends,
geschl.: Mo, So, Jan, 3 Wochen im Sommer
🍴🍴 Hauptgericht 20/10-38/19, Terrasse,
Biergarten
Eigenbauweine.

** Gutshof
Suttenweg 1, Tel (0 62 22) 95 10, Fax 95 11 00,
✉ 69231, ED VA
30 Zi, Ez: 129/64-149/75, Dz: 175/88-195/98,
1 App, ⇨ WC ⊘ DFÜ, 14 ⇌, Lift, **P**,
Fitnessraum, Sauna, Restaurant
Rezeption: 6.30-11, 14-23, geschl.: So,
22.12.00-15.1.01, 3 Wochen im Aug
Eigenbauweine.

** Kraski
Hohenaspen 58, im Gewerbegebiet,
Tel (0 62 22) 6 15 70, Fax 61 57 55, ✉ 69231,
AX ED VA
27 Zi, Ez: 135/67-145/73, Dz: 169/85-189/95,
⇨ WC ⊘, **P**, Sauna
geschl.: 23.12.00-7.1.01
🍴🍴 Hauptgericht 30/15, nur abends,
geschl.: Sa, So

Raunheim 54 ↑

Hessen / Kreis Groß-Gerau
EW 11800
🛈 Tel (0 61 42) 40 21, Fax 40 22 28
Stadtverwaltung
✉ 65479 Schulstr. 2

** Mecure Hotel Wings
Anton-Flettner-Str. 8, Tel (0 61 42) 7 90,
Fax 79 17 91, ✉ 65479, AX DC ED VA, Ⓢ
147 Zi, Ez: 198/99-258/129,
Dz: 249/125-309/155, 20 App, ⇨ WC ⊘ DFÜ,
63 ⇌, Lift, **P**, 🏠, 11⟳100, Sauna, Solarium,
Restaurant
Langzeitvermietung möglich.

** Astron Hotel Rhein-Main
Kelsterbacher Str. 19-21, Tel (0 61 42) 99 00,
Fax 99 01 00, ✉ 65479, AX DC ED VA, Ⓢ
309 Zi, Ez: 145/73-500/251,
Dz: 145/73-500/251, 2 Suiten, ⇨ WC ⊘ DFÜ,
140 ⇌, Lift, **P**, 15⟳300, 🏠, Sauna, Solarium,
Restaurant

* City-Hotel
Ringstr. 107, Tel (0 61 42) 4 40 66, Fax 2 11 38,
✉ 65479, AX DC ED VA
27 Zi, Ez: 110/55-145/73, Dz: 125/62-165/83, ⇨
WC ⊘ DFÜ, 5 ⇌, **P**, 2⟳40, Restaurant

* Attaché
Frankfurter Str. 34, Tel (0 61 42) 20 40,
Fax 20 45 00, ✉ 65479, AX DC ED VA
27 Zi, Ez: 135/67-185/93, Dz: 155/78-245/123,
⇨ WC ⊘, 5 ⇌, **P**, ≋, Restaurant

Ravensburg 69 ↓

Baden-Württemberg
EW 47000
🛈 Tel (07 51) 8 23 24, Fax 8 24 66
Verkehrsamt
✉ 88212 Kirchstr. 16

Mittelalterlicher Stadtkern mit zahlreichen
historischen Gebäuden, z.B. dem Mehlsack als
Wahrzeichen der Stadt, spätgotisches Rathaus,
Blaserturm mit Waaghaus, die Veitsburg, mit

524 m auf dem höchsten Punkt gelegen. Im Stadtteil Weißenau: ehemalige Klosterkirche.

** Romantik Hotel Waldhorn mit Gästehaus Schulgasse
Marienplatz 15, **Tel** (07 51) 3 61 20, **Fax** 3 61 21 00, ✉ 88212, AX DC ED VA
♪, 39 Zi, Ez: 115/57-158/79, Dz: 210/105-280/141, 1 Suite, 9 App, ⊣ WC ✆, Lift, **P**, 🏠, 3↻150
Auch Zimmer der Kategorie *** vorhanden.

⁙⁙⁙ Altdeutsche Stuben
🍴, Hauptgericht 50/25-60/30, geschl.: Mo, So

⁙⁙ Rebleutehaus
🍴, Hauptgericht 35/17, nur abends

** Rebgarten
Zwergerstr. 7, **Tel** (07 51) 36 23 30, **Fax** 36 23 31 10, ✉ 88214, AX ED VA
29 Zi, Ez: 145/73, Dz: 185/93, 1 App, ⊣ WC ✆
DFÜ, Lift, **P**, 🏠, 1↻40, Sauna, Solarium, garni
geschl.: 24.12.00-8.1.01
Auch Zimmer der Kategorie * vorhanden.

* Obertor
Marktstr. 67, **Tel** (07 51) 3 66 70, **Fax** 3 66 72 00, ✉ 88212, AX DC ED VA
30 Zi, Ez: 120/60-180/90, Dz: 182/91-224/112, 2 App, ⊣ WC ✆, 15 ⛌, **P**, 🏠, Sauna, Solarium
⁙ Hauptgericht 20/10-42/21, Terrasse, geschl.: So

* Storchen
Wilhelmstr. 1, **Tel** (07 51) 36 25 10, **Fax** 3 62 51 20, ✉ 88212, AX DC ED VA
19 Zi, Ez: 89/44, Dz: 150/75, 1 Suite, ⊣ WC ✆, 2↻50, Restaurant

🍽 Gasthof zum Engel
Marienplatz 71, **Tel** (07 51) 2 34 84, **Fax** 1 75 00, ✉ 88212, DC ED VA
🍴, Hauptgericht 25/12, Terrasse
* 9 Zi, Ez: 90/45, Dz: 150/75, ⊣ WC ✆

Rebling siehe Bernried (Bayern)

Rechlin 21 ←
Mecklenburg-Vorpommern
Landkreis Müritz
EW 2410
☎ Tel (03 98 23) 25 50, Fax 2 13 42
Amt Rechlin
✉ 17248 Müritzstr. 51

Boek (10 km ↗)

* Müritz-Park
Boeker Str. 3, **Tel** (03 98 23) 2 15 59, **Fax** 2 15 60, ✉ 17248
13 Zi, Ez: 80/40-100/50, Dz: 100/50-140/70, 3 Suiten, 3 App, ⊣ WC ✆, **P**, 1↻25, Sauna, Solarium, Restaurant

Recke 24 ←
Nordrhein-Westfalen
Kreis Steinfurt
EW 11900
☎ Tel (0 54 53) 91 00, Fax 9 10 11
Gemeindeverwaltung
✉ 49509 Hauptstr. 28

* Altes Gasthaus Greve
Markt 1, **Tel** (0 54 53) 30 99, **Fax** 36 89, ✉ 49509, ED
17 Zi, Ez: 65/32-80/40, Dz: 120/60-130/65, ⊣ WC ✆, **P**, 🏠, 1↻120, Kegeln, Restaurant

Recklinghausen 33 □
Nordrhein-Westfalen
EW 126000
☎ Tel (0 23 61) 50 13 51, Fax 50 13 52
Stadtverwaltung
✉ 45657 Rathausplatz 3
Cityplan siehe Seite 808

*** Best Western Parkhotel Engelsburg
Augustinessenstr. 10 (B 3), **Tel** (0 23 61) 20 10, **Fax** 20 11 20, ✉ 45657, AX DC ED VA, Ⓢ
65 Zi, Ez: 160/80-225/113, Dz: 195/98-255/128, 5 Suiten, 14 App, ⊣ WC ✆, 8 ⛌, Lift, **P**, 🏠, 6↻110, Sauna

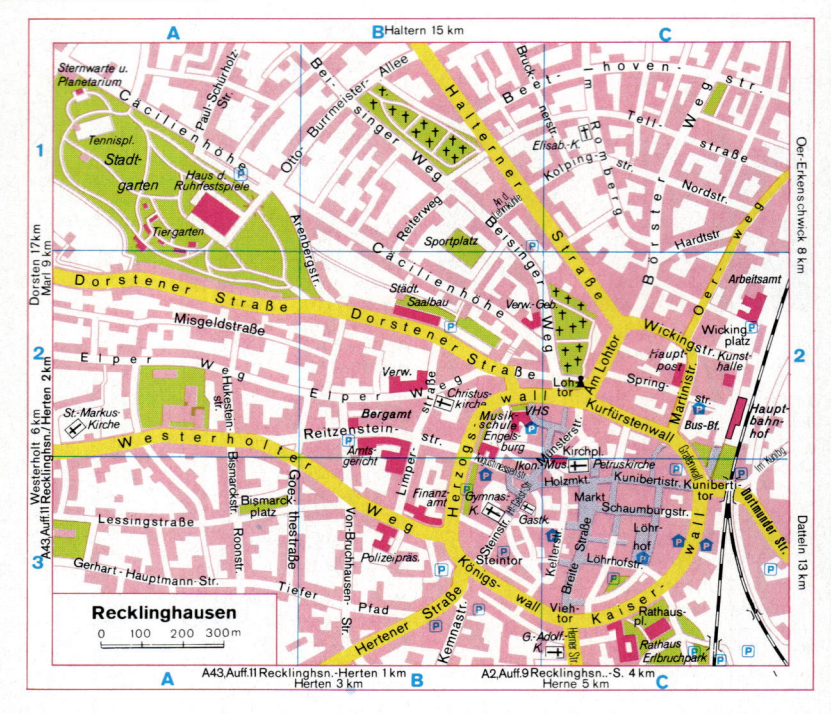

🍴🍴🍴 Hauptgericht 32/16-48/24, geschl.: So

✱ Mercure Barbarossa
Löhrhof 8 (C 3), **Tel** (0 23 61) 2 50 71,
Fax 5 70 51, ✉ 45657, AX DC ED VA
64 Zi, Ez: 160/80, Dz: 180/90, 2 Suiten, ⌐ WC
Ⓒ, 11 ⇐, Lift, **P**, 🚗, 2⇌60, garni

Bockholt (3 km ↖)

🍴🍴 **Landhaus Scherrer**
Bockholter Str. 385, **Tel** (0 23 61) 1 03 30,
Fax 10 33 17, ✉ 45659, AX DC ED VA
einzeln, Hauptgericht 35/17, Terrasse,
Biergarten, Gartenlokal, **P**, geschl.: So abends,
Mo, Sa mittags
✱✱ 12 Zi, Ez: 130/65-160/80,
Dz: 190/95-220/110, ⌐ WC Ⓒ, 8 ⇐, 2⇌50

Hillen (2 km ↘)

✱ Sporthotel Quellbergpark
Holunderweg 9, **Tel** (0 23 61) 4 80 50,
Fax 48 05 50, ✉ 45665, AX DC ED VA
80 Zi, Ez: 85/42-110/55, Dz: 120/60-160/80, ⌐
WC Ⓒ, 5 ⇐, Lift, Sauna, Solarium, Restaurant
Auch einfachere Zimmer vorhanden.

Rednitzhembach 57 ↓

Bayern / Kreis Roth
EW 6690
ℹ Tel (0 91 22) 6 92 23, Fax 6 92 43
Gemeindeverwaltung
✉ 91126 Rother Str. 16

✱ Hembacher Hof
Untermainbacher Weg 21,
Tel (0 91 22) 6 30 80, **Fax** 6 30 82 22,
✉ 91126, AX ED VA
22 Zi, Ez: 90/45-133/66, Dz: 125/62-185/93, ⌐
WC Ⓒ DFÜ, **P**, 4⇌400, Kegeln, Restaurant
geschl.: So

Redwitz a. d. Rodach 48 ✓

Bayern / Kreis Lichtenfels
EW 3650
ℹ Tel (0 95 74) 6 22 40, Fax 62 24 44
Gemeindeverwaltung
✉ 96257 Kronacher Str. 41

✱ Rösch
Gries 19, **Tel** (0 95 74) 6 33 20, **Fax** 63 32 33,
✉ 96257, AX DC ED VA

⌂, 10 Zi, Ez: 79/39-85/42, Dz: 99/49-130/65,
1 Suite, 5 App, ⊟ WC ⌀, 4 ⌂, P, Golf,
Restaurant
geschl.: 22.12.00-7.1.01

Rees 32 ↗

Nordrhein-Westfalen / Kreis Kleve
EW 21000
i Tel (0 28 51) 5 11 74, Fax 5 11 96
Stadtverwaltung
✉ 46459 Markt 1

Stadt am Niederrhein. Sehenswert: Städt. Museum Koenraad Bosman, Stadtbefestigung mit Zoll- und Mühlenturm; Wächtertürmchen; Pfarrkirche Maria Himmelfahrt

✱ Rheinhotel Dresen
Markt 6, Tel (0 28 51) 12 55, Fax 28 38,
✉ 46459
₰, 12 Zi, Ez: 85/42, Dz: 150/75, ⊟ WC ⌀, garni

¶¶ Op de Poort ✚
Vor dem Rheintor 5, Tel (0 28 51) 74 22,
Fax 91 77 20, ✉ 46459
₰, Hauptgericht 29/14-44/22, Terrasse, P,
geschl.: Mo, Di, 27.12.00-17.2.01

Grietherort (9 km ↖)

Insel-Gasthof
Haus Nr 1, Tel (0 28 51) 63 24, Fax 60 15,
✉ 46459
₰, Hauptgericht 25/12-49/24, Terrasse,
geschl.: Mo
Fischrestaurant. Gemälde von namhaften niederrheinischen Malern.
✱ Grietherort 1, ⌂ ₰, 7 Zi, Ez: 70/35,
Dz: 140/70, ⊟ WC ⌀

Haldern (5 km →)

✱ Lindenhof
Isselburgerstr. 3, Tel (0 28 50) 9 13 20,
Fax 91 32 50, ✉ 46459, AX DC ED VA
8 Zi, Ez: 75/37, Dz: 120/60, ⊟ WC ⌀, P, ☎,
Restaurant

Reeserward

¶ Landhaus Drei Raben
Reeserward 5, Tel (0 28 51) 18 52, ✉ 46459
₰ einzeln, Hauptgericht 28/14-46/23, Terrasse,
Gartenlokal, geschl.: Mo, Di

Regen 66 ↖

Bayern
EW 11236
i Tel (0 99 21) 29 29, Fax 6 04 32
Verkehrsamt
✉ 94209 Stadtplatz 2

Schweinhütt (6 km ↗)

✱ Mühl
Köpplgasse 1, Tel (0 99 21) 95 60, Fax 9 56 56,
✉ 94209, AX DC ED VA
33 Zi, Ez: 65/32-80/40, Dz: 100/50-130/65,
7 Suiten, ⊟ WC ⌀, Lift, P, 5⌂70, Sauna,
Solarium, Restaurant
geschl.: 4.11.-4.12.00, 4-4.11.01
Auch Zimmer der Kategorie ✱✱ vorhanden.

Regensburg 65 ↖

Bayern
EW 141500
i Tel (09 41) 5 07 44 10, Fax 5 07 44 19
Tourist-Information
✉ 93047 Altes Rathaus
Cityplan siehe Seite 810

✱✱✱ Sorat Insel-Hotel
Müllerstr. 7 (B 1), Tel (09 41) 8 10 40,
Fax 8 10 44 44, ✉ 93059, AX DC ED VA, Ⓢ
₰, 75 Zi, Ez: 245/123-250/125,
Dz: 285/143-295/148, 12 Suiten, ⊟ WC ⌀,
22 ⌂, Lift, ☎, 4⌂130, Sauna, Solarium, Golf

¶¶ Brandner
Hauptgericht 28/14-33/16, geschl.: So mittags

✱✱ Hansa Apart Hotel
Friedensstr. 7, Tel (09 41) 9 92 90,
Fax 9 92 90 95, ✉ 93051, AX DC ED VA
121 Zi, Ez: 115/57-225/113,
Dz: 150/75-225/113, 20 Suiten, 80 App, ⊟ WC
⌀ DFÜ, 75 ⌂, Lift, P, ☎, 4⌂70, Restaurant

✱✱ Park-Hotel Maximilian
Maximilianstr. 28, Tel (09 41) 5 68 50,
Fax 5 29 42, ✉ 93047, AX DC ED VA, Ⓢ
52 Zi, Ez: 218/109-238/119,
Dz: 278/140-298/150, 3 Suiten, ⊟ WC ⌀ DFÜ,
20 ⌂, Lift, ☎, 5⌂180, Solarium, Golf,
Restaurant

✱✱ Ringhotel Altstadthotel Arch
Haidplatz 4 (B 2), Tel (09 41) 5 86 60,
Fax 5 86 61 68, ✉ 93047, AX DC ED VA, Ⓢ
65 Zi, Ez: 128/64-190/95, Dz: 160/80-210/105,
1 Suite, ⊟ WC ⌀, 10 ⌂, Lift, 3⌂40, garni
Auch Zimmer der Kategorie ✱ vorhanden.

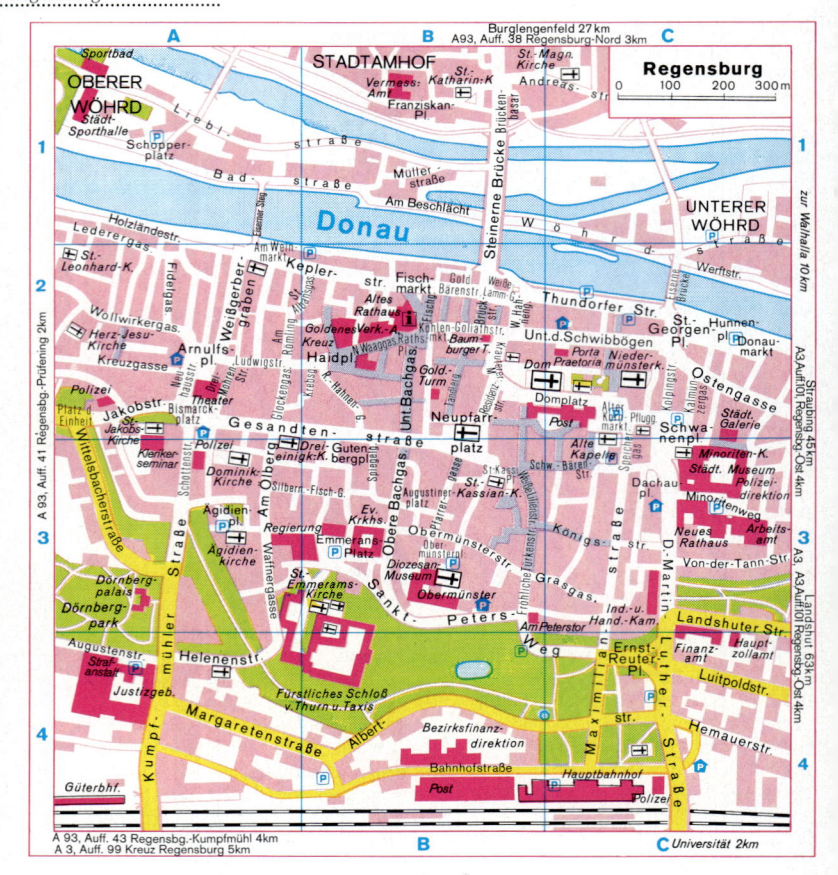

★★ Bischofshof am Dom

Krauterer Markt 3 (B 2), Tel (09 41) 5 84 60,
Fax 5 84 61 46, ✉ 93047, AX DC VA
55 Zi, Ez: 125/62-185/93, Dz: 225/113-250/125,
⊐ WC ⌀, 13 ⊾, Lift, 🏠, 3⟲45, Restaurant
geschl.: 23-26.12.00

★★ Quality Hotel

Grunewaldstr. 16, Tel (09 41) 7 88 20,
Fax 7 88 22 30, ✉ 93053, AX DC ED VA
139 Zi, Ez: 125/62, Dz: 160/80, ⊐ WC ⌀, 28 ⊾,
Lift, P, 🏠, 6⟲160, Sauna, Solarium,
Restaurant
Langzeitvermietung möglich.

★ Münchner Hof

Tändlergasse 9 (B 2), Tel (09 41) 5 84 40,
Fax 56 17 09, ✉ 93047, AX DC ED VA
☾, 52 Zi, Ez: 110/55-130/65,
Dz: 150/75-180/90, 1 Suite, 1 App, ⊐ WC ⌀,
10 ⊾, Lift, 1⟲30, Golf, garni

★ Weidenhof

Maximilianstr. 23 (C 3), Tel (09 41) 5 30 31,
Fax 56 51 66, ✉ 93047, AX DC ED VA
49 Zi, Ez: 90/45-100/50, Dz: 135/67-150/75, ⊐
WC ⌀ DFÜ, Lift, 🏠, 2⟲40, Restaurant

🍴🍴 Historisches Eck

Watmarkt 6, Tel (09 41) 5 89 20, Fax 56 29 69,
✉ 93047, AX DC ED VA
Hauptgericht 38/19-45/22, geschl.: Mo, So
Beachtenswerte Küche.

🍴🍴 David

Watmarkt 5, Tel (09 41) 56 18 58,
Fax 99 04 42, ✉ 93047, AX DC ED VA
Hauptgericht 35/17, geschl.: Mo, So
Dachgartenrestaurant.

¶¶ Hagens Auberge
Badstr. 54, Tel **(09 41) 8 44 13**, Fax 8 44 14,
✉ 93059, AX DC ED VA
$, Hauptgericht 20/10-43/21, Terrasse,
Gartenlokal, nur abends, geschl.: So

Alte Münz
Fischmarkt 8, Tel **(09 41) 5 48 86**,
Fax 56 03 97, ✉ 93047, DC ED VA
☼, Hauptgericht 25/12, Terrasse

Beim Dampfnudel-Uli
Am Watmarkt 4, Tel **(09 41) 5 32 97**,
Fax 9 69 10, ✉ 93047
☼, Hauptgericht 15/7, geschl.: Mo, So
Historische Dampfnudelbäckerei.

Irl (5 km ↘)

✱ Richard Held
Irl 11, Tel **(0 94 01) 94 20**, Fax 76 82, ✉ 93055,
AX ED VA
80 Zi, Ez: 80/40-110/55, Dz: 130/65-180/90,
3 Suiten, ⌐ WC ✆, 10 ⇌, Lift, P, 🐕, 3⟳80,
🍽, Kegeln, Sauna, Solarium, Restaurant
geschl.: 23-28.12.00

Pfaffenstein (2 km ↗)

✱✱✱ Courtyard by Marriott
Bamberger Str. 28, Tel **(09 41) 8 10 10**,
Fax 8 40 47, ✉ 93059, AX DC ED VA, S
125 Zi, Ez: 111/55-161/81, Dz: 111/55-182/91,
7 Suiten, ⌐ WC ✆ DFÜ, 56 ⇌, Lift, P, 4⟳180,
Fitnessraum, Sauna, Solarium, Restaurant

Reinhausen (2 km ↗)

✱✱ Avia-Hotel
Frankenstr. 1-3, Tel **(09 41) 4 09 80**,
Fax 4 20 93, ✉ 93059, AX DC ED VA, S
80 Zi, Ez: 135/67-167/84, Dz: 148/74-182/91,
1 Suite, ⌐ WC ✆, 18 ⇌, Lift, P, 🐕, 2⟳70,
Golf
Auch Zimmer der Kategorie ✱✱✱ vorhanden.
¶¶ Hauptgericht 17/8, Terrasse,
geschl.: 27.12.00-6.1.01

✱✱ Best Western Atrium
Im Gewerbepark D 90, Tel **(09 41) 4 02 80**,
Fax 4 91 72, ✉ 93059, AX DC ED VA, S
94 Zi, Ez: 155/78-185/93, Dz: 170/85-200/100,
2 Suiten, ⌐ WC ✆ DFÜ, 16 ⇌, Lift, P, 🐕,
8⟳240, Kegeln, Bowling, Sauna, Solarium,
Restaurant

Wutzlhofen (5 km ↑)

✱ Götzfried
Wutzlhofen 1, Tel **(09 41) 6 96 10**,
Fax 6 96 12 32, ✉ 93057, AX DC ED VA

52 Zi, Ez: 98/49-110/55, Dz: 135/67-155/78,
1 Suite, ⌐ WC ✆ DFÜ, 18 ⇌, Lift, P, 🐕,
1⟳30, Restaurant
geschl.: Mo

Ziegetsdorf (2 km ↙)

✱ Ringhotel St. Georg
Karl-Stieler-Str. 8, Tel **(09 41) 9 10 90**,
Fax 94 81 74, ✉ 93051, AX DC ED VA, S
60 Zi, Ez: 90/45-159/80, Dz: 120/60-180/90,
3 Suiten, ⌐ WC ✆, 16 ⇌, Lift, P, 🐕, 3⟳146,
Sauna, Solarium, Restaurant
Auch Zimmer der Kategorie ✱✱ vorhanden.

Regenstauf 65 ↖

Bayern / Kreis Regensburg
EW 1499
🅘 Tel (0 94 02) 50 90, Fax 5 09 50
Framdenverkehrsamt
✉ 93128 Bahnhofstr. 15

Heilinghausen (8 km ↑)

¶ Landgasthof Heilinghausen
Alte Regenstr. 5, Tel **(0 94 02) 42 38**,
Fax 42 38, ✉ 93128, AX ED
Hauptgericht 14/7-35/17, Terrasse, P,
geschl.: Di, 2 Wochen im Nov

Rehburg-Loccum 25 □

Niedersachsen
Kreis Nienburg (Weser)
EW 10690
🅘 Tel (0 50 37) 9 70 10, Fax 97 01 18
Stadtverwaltung
✉ 31547 Heidtorstr. 2

Sehenswert: Ehem. Zisterzienserkloster im Ortsteil Loccum; Dinosaurierpark in Münchehagen
(3 km S→); Naturpark „Schwimmende Wiesen"
in Winzlar (7 km →).

Loccum

✱ Rodes Hotel
Marktstr. 22, Tel **(0 57 66) 2 38**, Fax 71 32,
✉ 31547
♪, 19 Zi, Ez: 78/39-94/47, Dz: 130/65-148/74,
4 App, ⌐ WC ✆, P, Kegeln, Solarium, Golf,
Restaurant

Rehden 24 ↗

Niedersachsen / Kreis Diepholz
EW 1589
🛈 Tel (0 54 46) 20 90, Fax 2 09 60
Samtgemeindeverwaltung
✉ 49453 Schulstr. 18

✱ Rats-Stuben
Düversbrucher Str. 16, Tel (0 54 46) 9 93 40,
Fax 21 75, ✉ 49453, AX ED VA
10 Zi, Ez: 70/35, Dz: 100/50, ⇨ WC ✆ DFÜ, P,
1⇨300, Restaurant

Rehlingen-Siersburg 52 ↓

Saarland / Kreis Saarlouis
EW 16000
🛈 Tel (0 68 35) 50 81 36, Fax 50 81 19
Gemeindeverwaltung/Gewerbeamt
✉ 66780 Bahnhofstr. 23

Niedaltdorf (7 km ↙)

¶¶ Olive zur Naturtropfsteinhöhle
Neunkircher Str. 10, Tel (0 68 33) 3 77,
Fax 1 73 00 71, ✉ 66780, AX ED VA
Hauptgericht 24/12-36/18, Terrasse,
Gartenlokal, P, geschl.: Mo, Mi abends,
2.-16.10.00

Rehren siehe Auetal

Reichelsheim 54 →

Hessen / Odenwaldkreis
EW 9200
🛈 Tel (0 61 64) 5 08 26, Fax 5 08 33
Verkehrsamt
✉ 64385 Bismarckstr. 43

¶¶ ¶¶ Treusch im Schwanen mit Johann's Stube
Rathausplatz 2, Tel (0 61 64) 22 26, Fax 8 09,
✉ 64385, AX DC ED VA
Hauptgericht 30/15-50/25, Gartenlokal, P, nur
abends, sa+so auch mittags, geschl.: Do, Ende
Jan-Anfang Mär

Eberbach (3 km ↖)

✱ Landhaus Lortz
Ortsstr. 3, Tel (0 61 64) 49 69, Fax 5 55 28,
✉ 64385
☽ ✸, 25 Zi, Ez: 58/29-77/38, Dz: 100/50-152/76,
11 App, ⇨ WC ✆, P, ⌂, Sauna, Solarium
Rezeption: 8-20

Rohrbach (7 km ↓)

✱ Lärmfeuer
Im Oberdorf 40, Tel (0 61 64) 12 54, Fax 58 46,
✉ 64385
einzeln ☽ ✸, 21 Zi, Ez: 40/20-52/26,
Dz: 80/40-104/52, ⇨ WC ✆, Lift, P, ⌂, Kegeln,
Restaurant
geschl.: 9.-31.7.01
Auch Zimmer der Kategorie ✱✱ vorhanden.

Reichelshofen siehe Steinsfeld

Reichenau 68 ↘

Baden-Württemberg / Kreis Konstanz
EW 4800
🛈 Tel (0 75 34) 9 20 70, Fax 92 07 77
Verkehrsbüro
✉ 78479 Ergat 5

Mittelzell

✱✱ Seehotel Seeschau
An der Schiffslände 8, Tel (0 75 34) 72 10,
Fax 72 64, ✉ 78479, AX DC ED VA
☽ ✸, 22 Zi, Ez: 190/95-250/125,
Dz: 230/115-330/166, 1 App, ⇨ WC ✆ DFÜ,
2 🛏, Lift, P, ⌂, 1⇨60
geschl.: 7.1.-28.2.01
Auch Zimmer der Kategorie ✱✱✱ vorhanden.

¶¶ ¶¶ Tel 2 57, Hauptgericht 17/8-40/20,
Terrasse, geschl.: 7.1.-28.2.01

✱✱ Mohren
Pirminstr. 141, Tel (0 75 34) 9 94 40,
Fax 9 94 46 10, ✉ 78479, AX DC ED VA
37 Zi, Ez: 95/47-155/78, Dz: 160/80-225/113,
⇨ WC ✆, Lift, P, 2⇨40
¶¶ ¶¶ Hauptgericht 30/15, Terrasse

✱✱ Strandhotel Löchnerhaus
An der Schiffslände 12, Tel (0 75 34) 80 30,
Fax 5 82, ✉ 78479, DC ED VA

♪ ≴, 42 Zi, Ez: 120/60-200/100,
Dz: 220/110-290/146, 1 Suite, ⊣ WC ⊘, 6 ⇞,
Lift, **P**, 🕿, 2🍽65, Solarium
geschl.: Nov, Jan, Feb

🍴🍴 Seeterrassen-Restaurant
Hauptgericht 30/15, Terrasse, geschl.: Nov, Jan-Feb

Reichenbach siehe Waldbronn

Reichenbach 41 ↘

Sachsen
Niederschlesischer Oberlausitzkreis
EW 4796
ℹ Tel (03 58 28) 7 43 14, Fax 7 43 19
Stadtinformation
✉ 02894 Görlitzer Str. 4

✱ Ringhotel Reichenbacher Hof
Oberreichenbach 8a, Tel (03 58 28) 7 50,
Fax 7 52 35, ✉ 02894, AX DC ED VA, Ⓢ
50 Zi, Ez: 95/47-135/67, Dz: 135/67-175/88, ⊣
WC ⊘ DFÜ, 16 ⇞, Lift, **P**, 🕿, 5🍽240, ≋,
Kegeln, Bowling, Sauna, Restaurant

Reichenbach an der Fils 62 ←

Baden-Württemberg
Kreis Esslingen
EW 8000
ℹ Tel (0 71 53) 50 05 15, Fax 95 70 21 02
Gemeinde Reichenbach
✉ 73262 Hauptstr. 7

✱✱ Apart
Wilhelmstr. 47, Tel (0 71 53) 9 55 00,
Fax 95 50 33, ✉ 73262, AX DC ED VA
12 Zi, Ez: 90/45-110/55, Dz: 140/70-160/80, ⊣
WC ⊘, 5 ⇞, **P**, 🕿, Kegeln, Restaurant

✱ Gasthaus zum Bock
Karlstr. 6, Tel (0 71 53) 5 00 40, Fax 50 04 99,
✉ 73262, AX DC ED VA
30 Zi, Ez: 95/47-120/60, Dz: 150/75-170/85, ⊣
WC ⊘ DFÜ, 9 ⇞, Lift, **P**, 🕿
🍴 Hauptgericht 15/7-32/16, Biergarten,
geschl.: Sa

✱ Gasthaus Goldener Hirsch
Stuttgarter Str. 19, Tel (0 71 53) 9 84 90,
Fax 98 49 40, ✉ 73262, AX ED VA
20 Zi, Ez: 95/47-105/52, Dz: 140/70, ⊣ WC ⊘,
P, 🕿, 2🍽30, Restaurant
geschl.: Fr

Reichenbach (Vogtl.) 49 □

Sachsen / Vogtlandkreis
EW 25000
ℹ Tel (0 37 65) 52 40, Fax 52 43 00
Stadtverwaltung
✉ 08468 Markt 6

Sehenswert: Neuberin-Museum; Neuberin-Haus.
Wasserturm mit Aussichtsplattform.

✱✱ Burgberg
Am Burgberg 2, Tel (0 37 65) 78 00,
Fax 78 01 11, ✉ 08468, AX DC ED VA
♪, 29 Zi, Ez: 110/55-130/65,
Dz: 155/78-190/95, ⊣ WC ⊘, 13 ⇞, Lift, **P**,
1🍽35, Sauna, Solarium, Restaurant
Auch Zimmer der Kategorie ✱✱✱ vorhanden.

Reichenhall, Bad 73 ↘

Bayern
Kreis Berchtesgadener Land
EW 17500
ℹ Tel (0 86 51) 60 63 03, Fax 60 63 11
Kur- und Verkehrsverein
✉ 83435 Wittelsbacherstr. 15
Cityplan siehe Seite 814

✱✱✱✱ Steigenberger Axelmannstein
Salzburger Str. 2 (B 1), Tel (0 86 51) 77 70,
Fax 59 32, ✉ 83435, AX DC ED VA, Ⓢ
♪, 151 Zi, Ez: 225/113-350/176,
Dz: 390/196-540/271, 8 Suiten, ⊣ WC ⊘, 45 ⇞,
Lift, **P**, 🕿, 5🍽180, ⌂, Fitnessraum, Kegeln,
Sauna, Solarium, Golf

🍴🍴🍴 Parkrestaurant
Hauptgericht 38/19, Terrasse, nur abends
Beachtenswerte Küche.

🍴 Axel-Stüberl
Hauptgericht 23/11

✱✱✱ Parkhotel Luisenbad
Ludwigstr. 33 (B 2), Tel (0 86 51) 60 40,
Fax 6 29 28, ✉ 83435, DC ED VA
♪, 75 Zi, Ez: 113/56-200/100,
Dz: 175/88-346/174, 8 Suiten, ⊣ WC ⊘, Lift,
P, 🕿, 3🍽120, ⌂, Sauna, Solarium
geschl.: 9.1.-9.2.01
Auch Zimmer der Kategorie ✱✱ vorhanden.
🍴🍴 Hauptgericht 35/17, Terrasse,
geschl.: 9.1.-9.2.01

✱✱ Sonnenbichl
Adolf-Schmid-Str. 2 (C 1),
Tel (0 86 51) 7 80 80, Fax 78 08 59, ✉ 83435,
AX DC ED VA
♪, 35 Zi, Ez: 85/42-100/50, Dz: 140/70-170/85,
5 App, ⊣ WC ⊘, Lift, **P**, 🕿, 1🍽20, Sauna,
Solarium, Restaurant

Reichenhall, Bad

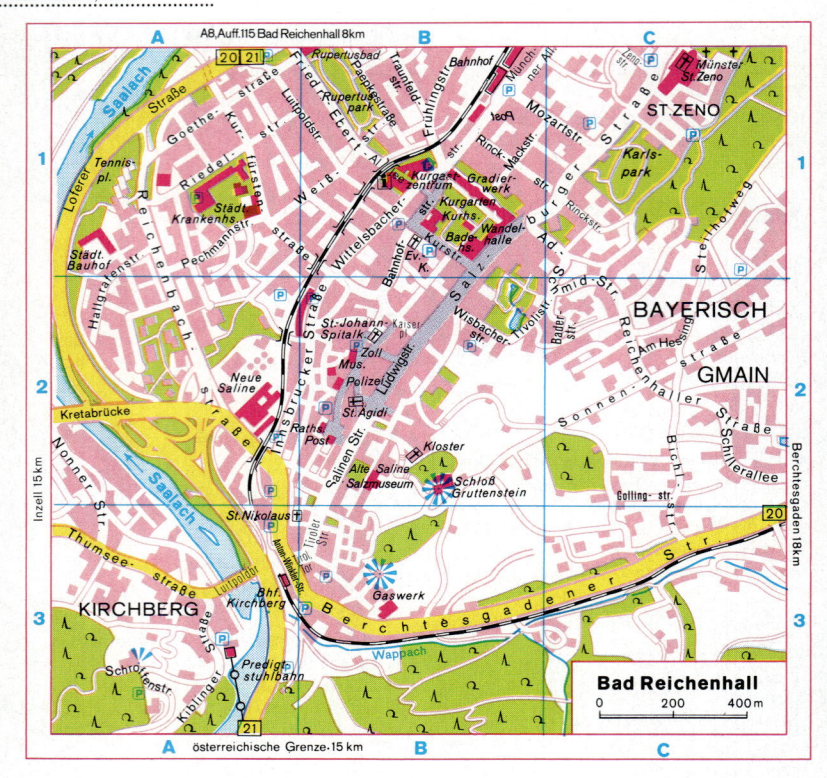

** Gasthof Bürgerbräu
Waaggasse 2 / Am Rathausplatz,
Tel (0 86 51) 60 89, Fax 60 85 04, ✉ 83435, AX DC ED VA
32 Zi, Ez: 94/47-124/62, Dz: 177/89-190/95, ⌐ WC ⊘, Lift, Restaurant

** Residenz Bavaria
Am Münster 3 (C 1), **Tel (0 86 51) 77 60,**
Fax 6 57 86, ✉ 83435, AX ED VA
♪, 113 Zi, Ez: 125/62-145/73,
Dz: 207/104-247/124, 30 Suiten, 30 App, ⌐ WC ⊘ DFÜ, 50 🛏, Lift, P, 🏠, 2⊃80, 🏠, Sauna, Solarium

🍴 St.-Zeno-Stuben
Hauptgericht 23/11, Terrasse

** Kurhotel Alpina
mit Landhaus Friedrichshöhe
Adolf-Schmid-Str. 5 (C 2), **Tel (0 86 51) 97 50,**
Fax 6 53 93, ✉ 83435

♪ ₷, 65 Zi, Ez: 73/36-108/54,
Dz: 140/70-200/100, ⌐ WC ⊘, Lift, P, 🏠,
Sauna, Solarium, Golf, Restaurant
geschl.: 29.10.00-31.1.01
Auch Zimmer der Kategorie ✱ vorhanden.

✱ Hofwirt
Salzburger Str. 21 (C 1), **Tel (0 86 51) 9 83 80,**
Fax 98 38 36, ✉ 83435, ED
♪, 22 Zi, Ez: 70/35-108/54, Dz: 140/70-155/78,
⌐ WC ⊘, Lift, P, Restaurant
Historisches Gasthaus seit 1583.

✱ Kurhotel Mozart
Mozartstr. 8 (C1), **Tel (0 86 51) 7 80 30,**
Fax 6 24 15, ✉ 83435
♪, 27 Zi, Ez: 58/29-115/57, Dz: 126/63-160/80,
⌐ WC ⊘, 27 🛏, Lift, P, 🏠, garni
Rezeption: 6-19, geschl.: 1.11.00-1.3.01
Nichtraucherhaus. Auch Zimmer der Kategorie
✱✱ vorhanden.

Reichshof

✱ Erika
Adolf-Schmid-Str. 3, Tel (0 86 51) 9 53 60,
Fax 9 53 62 00, ✉ 83435, AX ED VA
🌙, 34 Zi, Ez: 70/35-135/67,
Dz: 130/65-199/100, 1 App, ⌐ WC ⌀ DFÜ, Lift,
P, 🍴, Restaurant
geschl.: 1.11.00-28.2.01

☕ Café Reber
Ludwigstr. 10, Tel (0 86 51) 60 03 23,
Fax 60 03 45, ✉ 83435
9-18, so+feiertags ab 10

Karlstein

✱✱ Haus Seeblick ♛
Thumsee 10, Tel (0 86 51) 9 86 30,
Fax 98 63 88, ✉ 83435, ED
einzeln 🌙 ♯, 40 Zi, Ez: 70/35-150/75,
Dz: 140/70-208/104, 12 App, ⌐ WC, Lift, **P**, 🍴,
🍴, Kegeln, Sauna, Solarium, 1 Tennis,
Restaurant
geschl.: 4.11.-18.12.00

✱ Hubertus
Thumsee 5, Tel (0 86 51) 22 52, Fax 6 38 45,
✉ 83435
🌙 ♯, 30 Zi, Ez: 40/20-50/25, Dz: 80/40-100/50,
2 Suiten, ⌐ WC ⌀, **P**, 1⇔40, Restaurant

Kirchberg

¶¶¶ Kirchberg-Schlößl
Thumseestr. 11, Tel (0 86 51) 27 60, Fax 25 24,
✉ 83435, AX DC ED VA
Hauptgericht 28/14-42/21, Terrasse, **P**,
geschl.: Mi, 3 Wochen im Frühling
Ehemaliges Barockschloß.

Nonn (2 km ↖)

✱✱ Neu Meran
Nonn 94, Tel (0 86 51) 40 78, Fax 7 85 20,
✉ 83435, ED VA
🌙 ♯, 18 Zi, Ez: 90/45-180/90, Dz: 180/90,
12 Suiten, ⌐ WC ⌀, 1 🍴, **P**, 🍴, Sauna,
Solarium
geschl.: Di, 5.11.-10.12.00, 12.1.-15.2.01
¶¶ ♯, Hauptgericht 29/14-39/19, Terrasse,
geschl.: Di, Mi, 1.11.-10.12.00, 10.1.-15.2.01

✱ Landhotel Sonnleiten
Haus Nr 27, Tel (0 86 51) 6 10 09, Fax 6 85 85,
✉ 83435
🌙 ♯, 9 Zi, Ez: 105/52-127/63,
Dz: 146/73-170/85, 1 Suite, 1 App, ⌐ WC ⌀, **P**,
Golf, Restaurant

Reichenow-Möglin 31 ↖

Brandenburg
Kreis Märkisch Oderland
EW 630
Amt Barnim-Oderbruch
✉ 16269 Freienwalder Str. 48

✱ Schloss Reichenow
Dorfstr. 1, Tel (03 34 37) 30 80, Fax 3 08 88,
✉ 15345, ED VA
🌙 🍷, 19 Zi, Ez: 150/75-175/88,
Dz: 190/95-290/146, 1 Suite, 2 App, ⌐ WC ⌀,
19 🍴, **P**, 4⇔120, Sauna, Solarium, Restaurant
geschl.: Mo, Di

Reichenschwand 58 ✓

Bayern / Kreis Nürnberger Land
EW 2380
ℹ Tel (0 91 51) 8 69 20, Fax 86 92 33
Tourist-Information
✉ 91244 Nürnberger Str. 20

¶¶¶ Entnstub'n
Schloßweg 8-12, Tel (0 91 51) 86 93 36,
Fax 86 93 90, ✉ 91244, AX ED
Hauptgericht 43/21-50/25, Terrasse
Beachtenswerte Küche.

✱ Schloßhotel Reichenschwand
Tel 86 93 40
19 Zi, Ez: 99/49, Dz: 170/85, ⌐ WC ⌀

Reichshof 43 ↗

Nordrhein-Westfalen
Oberbergischer Kreis
EW 20000
ℹ Tel (0 22 65) 4 70, Fax 3 56
Kurverwaltung
✉ 51580 Barbarossastr. 5

Eckenhagen

✱ Zur Post
Hauptstr. 30, Tel (0 22 65) 9 94 50,
Fax 99 45 26, ✉ 51580
12 Zi, Ez: 69/34, Dz: 138/69, ⌐ WC ⌀,
Restaurant

✱ Lévêque
Am Aggerberg 33, Tel (0 22 65) 9 97 90,
Fax 99 79 39, ✉ 51580, DC ED VA
🌙 ♯, 15 Zi, Ez: 90/45, Dz: 130/65, ⌐ WC ⌀, **P**,
1⇔15, Fitnessraum, Sauna, Solarium,
Restaurant

Wildbergerhütte-Bergerhof

✱▬▬▬ Landhaus Wuttke
Crottorfer Str. 57, **Tel (0 22 97) 9 10 50**,
Fax 78 28, ✉ 51580, AX ED VA
21 Zi, Ez: 98/49, Dz: 160/80, ⊐ WC ⌀, 3 ⊷, P,
2⊖35, Sauna, Solarium, 12 Tennis, Restaurant

Reil 53 ↖

Rheinland-Pfalz
Kreis Bernkastel-Wittlich
EW 1300
🛈 Tel (0 65 42) 2 10 36, Fax 24 44
Verkehrsbüro
✉ 56861 Dorfstr. 23

✱▬▬▬ Reiler Hof
Moselweinstr. 27, **Tel (0 65 42) 26 29**,
Fax 14 90, ✉ 56861, AX ED VA
❦, 26 Zi, Ez: 50/25-75/37, Dz: 110/55-135/67, ⊐
WC ⌀, 1 ⊷, P, ☎, 2⊖60
geschl.: 20.11.00-1.2.01
🍴▬▬▬ ❦, Hauptgericht 21/10, Terrasse,
geschl.: 20.11.00-1.2.01

Reilingen 54 ↘

Baden-Württemberg
Rhein-Neckar-Kreis
EW 7000
🛈 Tel (0 62 05) 95 22 06, Fax 95 22 10
Gemeindeverwaltung
✉ 68799 Hockenheimer Str. 1-3

✱✱✱▬ Walkershof
Hockenheimer Str. 86, **Tel (0 62 05) 95 90**,
Fax 95 94 44, ✉ 68799, AX DC ED VA, Ⓢ
☾, 118 Zi, Ez: 187/94-350/176,
Dz: 224/112-350/176, ⊐ WC ⌀ DFÜ, 59 ⊷, Lift,
P, 4⊖25, Sauna, Golf
geschl.: 26.12.00-6.1.01
🍴🍴▬▬ Hauptgericht 35/17, Terrasse, nur
abends, geschl.: 26.12.00-6.1.01

Reinbek 18 ↗

Schleswig-Holstein
Kreis Stormarn
EW 25000
🛈 Tel (0 40) 72 75 00, Fax 72 75 02 62
Stadtverwaltung
✉ 21465 Hamburger Str. 5-7

Naherholungsgebiet am Rande des Sachsenwalds. Sehenswert: niederländ. Spätrenaissanceschloß (s. Bild), Museum Rade am Schloss Reinbek (Sammlung volkstüml. Kunst aus aller Welt), Sachsenwald-Forum mit vielfältigem Theater- und Konzertprogramm, Freizeitbad Reinbek mit angrenzendem Sportpark.

Foto: Gert v. Bassewitz

✱✱✱▬ Waldhaus Reinbek
Loddenallee 2, **Tel (0 40) 72 75 20**,
Fax 72 75 21 00, ✉ 21465, AX DC ED VA
☾, 44 Zi, Ez: 240/120-290/146,
Dz: 290/146-330/166, 6 Suiten, ⊐ WC DFÜ,
6 ⊷, Lift, P, ☎, 8⊖130, Kegeln, Sauna,
Solarium, Golf
🍴🍴▬▬ Hauptgericht 32/16-59/29, Terrasse
Beachtenswerte Küche.

✱▬▬▬ Sachsenwald
Hamburger Str. 4, **Tel (0 40) 72 76 10**,
Fax 72 76 12 15, ✉ 21465, AX ED VA
58 Zi, Ez: 110/55-125/62, Dz: 150/75-180/90,
2 Suiten, ⊐ WC ⌀, 6 ⊷, Lift, ☎, 7⊖670,
Sauna, Solarium, Restaurant
Auch Zimmer der Kategorie ✱✱ vorhanden.

Reinfeld (Holstein) 18 ↗

Schleswig-Holstein
Kreis Stormarn
EW 8300
🛈 Tel (0 45 33) 2 00 10, Fax 20 01 69
Stadtverwaltung
✉ 23858 Paul-von-Schoenaich-Str. 14

✱▬▬▬ Stadt Reinfeld
Bischofsteicher Weg 1, **Tel (0 45 33) 20 32 03**,
Fax 20 32 51, ✉ 23858, AX ED VA
11 Zi, Ez: 85/42-95/47, Dz: 110/55-140/70, ⊐
WC ⌀ DFÜ, P, ☎, 1⊖60, Kegeln, Restaurant
Auch Zimmer der Kategorie ✱✱ vorhanden.

✱▬▬▬ Gästehaus Freyer
Bolande 41 a, **Tel (0 45 33) 7 00 10**,
Fax 70 01 22, ✉ 23858, ED VA

☽, 9 Zi, Ez: 70/35, Dz: 95/47, ⌐ WC ✆, 1 ⊭,
🅿, garni
geschl.: 2.-21.1.01

🍴 ▪▪▪▪ Holsteinischer Hof
Paul-von-Schönaich-Str. 50,
Tel **(0 45 33) 23 41**, Fax 6 12 62, ✉ 23858, ▥
Hauptgericht 28/14, 🅿
✱ ▪▪▪▪ ▥, 5 Zi, Ez: 55/27-65/32, Dz: 100/50,
⌐ WC

Reinhardshagen 36 ←

Hessen / Kreis Kassel
EW 5200
ℹ Tel **(0 55 44) 95 03 50**
Touristik Agentur Sallwey
✉ 34359 Karlshafener Str. 12

Luftkurort an der Weser. Sehenswert: Ehem.
Eisenhütte im Ortsteil Veckerhagen; alte Wehrkirche (13.Jhd.) im Ortsteil Vaake; Ruine Bramburg Aussicht (4 km ↑); Sababurg, 335 m Aussicht (16 km ↖); Gierseil-Fähre im Ortsteil Veckerhagen.

Veckerhagen

✱ ▪▪▪▪ Peter
Weserstr. 2, Tel **(0 55 44) 10 38**, Fax 72 16,
✉ 34359, ▥ ▥ ▥
☙, 13 Zi, Ez: 66/33-94/47, Dz: 102/51-132/66,
1 Suite, ⌐ WC, 🅿, Restaurant

Reinhardtsdorf 51 ↗

Sachsen / Kreis Pirna
EW 1916
ℹ Tel **(03 50 22) 4 12 47**, Fax 4 43 76
Touristinformation
✉ 01814 Am Bahnhof 6

✱ ▪▪▪▪ Panoramahotel Wolfsberg
Wolfsberg 102, Tel **(03 50 28) 8 04 44**,
Fax 8 08 13, ✉ 01814

einzeln ☽ ☙, 30 Zi, Ez: 65/32-100/50,
Dz: 100/50-140/70, ⌐ WC ✆, 🅿, 1↻30,
Restaurant
geschl.: 20-26.12.00

Reinheim 54 →

Hessen / Kreis Darmstadt-Dieburg
EW 17293
ℹ Tel **(0 61 62) 80 50**, Fax 8 05 65
Stadtverwaltung
✉ 64354 Cestas-Platz 1

Georgenhausen

✱ ▪▪▪▪ Sunibel Inn
Comfort Appart Hotel
Hirschbachstr. 46, Tel **(0 61 62) 94 10**,
Fax 94 11 13, ✉ 64354, ▥ ▥
18 Zi, Ez: 85/42-135/67, Dz: 130/65-170/85,
3 Suiten, 1 App., ⌐ WC ✆ DFÜ, 8 ⊭, Lift, 🅿, 🏠,
2↻36, Restaurant
Rezeption: 6-18

Reinstorf 19 ←

Niedersachsen / Kreis Lüneburg
EW 1101
ℹ Tel **(0 41 37) 80 08 25**, Fax 80 08 40
Samtgemeinde Ostheide
✉ 21379 Schulstr. 2

✱✱✱ ▪▪▪▪ Hof Reinstorf
Alte Schulstr. 6, Tel **(0 41 37) 80 90**,
Fax 80 91 00, ✉ 21400, ▥ ▥ ▥ ▥
86 Zi, Ez: 120/60-125/62, Dz: 190/95,
14 Suiten, 5 App., ⌐ WC ✆ DFÜ, 21 ⊭, Lift, 🏠,
14↻300, 🏠, Fitnessraum, Kegeln, Bowling,
Sauna, Solarium, Golf
Auch Zimmer der Kategorie ✱✱ vorhanden.

🍴🍴🍴 ▪▪▪▪ Vitus
Hauptgericht 40/20, Terrasse, 🅿, nur abends,
Sa + So auch mittags, geschl.: So abends, Mo,
Di, 4.-20.1.01

Reisbach 65 ↘

Bayern / Kreis Dingolfing-Landau
EW 7600
ℹ Tel **(0 87 34) 4 90**, Fax 49 50
Markt Reisbach
✉ 94419 Landauer Str. 18

✱ ▪▪▪▪ Schlappinger Hof
Marktplatz 40, Tel **(0 87 34) 9 21 10**,
Fax 92 11 92, ✉ 94419, ▥ ▥
26 Zi, Ez: 65/32-80/40, Dz: 110/55-130/65, ⌐
WC ✆, 🅿, 3↻80, Restaurant
Rezeption: 6-14, 17-22,
geschl.: 27.12.00-15.1.01

Reit im Winkl 73 ✓

Bayern / Kreis Traunstein
EW 3600
🏠 Tel (0 86 40) 8 00 20, Fax 8 00 29
Verkehrsamt
✉ 83242 Rathausplatz 1

Sommer: Wandern, Baden, Tennis, Golf, Natur.
Winter: Ski, Snowboard, Langlauf, Rodeln, Eislauf usw.

** Unterwirt
Kirchplatz 2, Tel (0 86 40) 80 10, Fax 80 11 50,
✉ 83242
66 Zi, Ez: 95/47-210/105, Dz: 182/91-440/221,
3 Suiten, 1 App, ⌐ WC ©, Lift, P, 🐕, 1⌂30,
≋, ≙, Sauna, Solarium
Auch Zimmer der Kategorie *** vorhanden.
🍴🍴 Hauptgericht 20/10-45/22, Terrasse

** Sonnhof's Ferienresidenz
Gartenstr. 3, Tel (0 86 40) 9 88 00,
Fax 98 80 25, ✉ 83242
45 Zi, Ez: 59/29-79/39, Dz: 118/59-158/79,
30 App, ⌐ WC ©, 7 🛏, P, 🐕, Sauna, Solarium,
garni

* Gästehaus am Hauchen
Am Hauchen 5, Tel (0 86 40) 87 74, Fax 4 10,
✉ 83242
⌐, 26 Zi, Ez: 58/29-154/77, Dz: 116/58-168/84,
⌐ WC ©, P, 1⌂20, ≙, Fitnessraum, Sauna,
Solarium, garni
Rezeption: 7-20, geschl.: 1.11.-15.12.00

* Sonnwinkl
Kaiserweg 12, Tel (0 86 40) 9 84 70,
Fax 98 47 50, ✉ 83242, ED
⌐ $, 22 Zi, Ez: 50/25-95/47, Dz: 100/50-180/90,
⌐ WC ©, P, ≙, Sauna, Solarium, Golf, garni
geschl.: 30.10.-15.12.00

🍴🍴 Klausers Weinstube ✚
Birnbacher Str. 8, Tel (0 86 40) 84 24,
Fax 84 64, ✉ 83242

Hauptgericht 21/10-58/29, P, 🛏, geschl.: Mo,
1.11.-18.12.00, 19.4.-15.5.01
Großes Speiseangebot nur abends.

☕ Café Zirbelstube
Am Hauchen 10, Tel (0 86 40) 82 85,
Fax 53 71, ✉ 83242
Terrasse, Biergarten, P, 🛏,
geschl.: 23.10.-14.12.00, 26.3.-18.5.01

Appartementhotels/Boardinghäuser

Landgasthof Rosi Mittermaier
Chiemseestr. 2 a, Tel (0 86 40) 10 11,
Fax 10 13, ✉ 83242, AX ED VA
$, 8 Zi, Ez: 105/52-145/73, Dz: 75/37-95/47,
1 Suite, 7 App, ⌐ WC ©, Sauna
Appartements der Kategorie ***.
🍴🍴 Hauptgericht 30/15

Reit im Winkl-Außerhalb (9 km →)

🛏 Alpengasthof Winklmoosalm
Dürrnbachhornweg 6, Tel (0 86 40) 9 74 40,
Fax 97 44 44, ✉ 83242, ED VA
einzeln ⌐ $, 16 Zi, Ez: 57/28-118/59,
Dz: 98/49-216/108, 2 App, ⌐ WC © DFÜ, P,
Sauna, Restaurant
Rezeption: 8-19, geschl.: 9.10.-22.12.00,
18.3.-11.5.01
Mautgebühr.

Blindau (1 km ↓)

** Steinbacher Hof
Steinbachweg 10, Tel (0 86 40) 80 70,
Fax 80 71 00, ✉ 83242, ED
einzeln ⌐ $, 54 Zi, Ez: 92/46-230/115,
Dz: 160/80-410/206, 1 Suite, ⌐ WC ©, 26 🛏,
Lift, P, 🐕, 2⌂80, ≙, Sauna, Solarium, Golf,
Restaurant
geschl.: 7.11.-15.12.00
Auch Zimmer der Kategorie * vorhanden.

Rellingen 18 ↖

Schleswig-Holstein
Kreis Pinneberg
EW 13700
🛈 Tel (0 41 01) 56 41 75, Fax 56 41 65
Gemeindeverwaltung
✉ 25462 Hauptstr. 60

✶ Rellinger Hof mit Gästehäusern
Hauptstr. 31, **Tel (0 41 01) 21 30, Fax 51 21 21**,
✉ 25462, ED VA
44 Zi, Ez: 98/49-135/67, Dz: 140/70-230/115, ⊒ WC ⌀, 7 ⌘, 🅿, Restaurant
Auch Zimmer der Kategorie ✶✶ vorhanden.

Krupunder (5 km ↘)

✶✶ Fuchsbau
Altonaer Str. 357, **Tel (0 41 01) 3 82 50**,
Fax 3 39 52, ✉ 25462, AX DC ED VA
♪, 40 Zi, Ez: 125/62-140/70,
Dz: 165/83-180/90, ⊒ WC ⌀, 10 ⌘, 🅿, 2⇌25, Restaurant
Auch Zimmer der Kategorie ✶ vorhanden.

✶✶ Krupunder Park
Altonaer Str. 325, **Tel (0 41 01) 3 91 90**,
Fax 3 50 40, ✉ 25462, ED VA
35 Zi, Ez: 120/60, Dz: 150/75, 2 App, ⊒ WC ⌀,
12 ⌘, Lift, 🅿, 2⇌150, Restaurant
Auch Zimmer der Kategorie ✶ vorhanden.

Remagen 43 ←

Rheinland-Pfalz / Kreis Ahrweiler
EW 16780
🛈 Tel (0 26 42) 2 01 87, Fax 2 01 27
Touristinformation
✉ 53424 Kirchstr. 6

Rolandseck (6 km ↑)

¶¶ Bellevuechen
Bonner Str. 68, **Tel (0 22 28) 79 09, Fax 79 09**,
✉ 53424, AX DC ED VA
❦ ☯, Hauptgericht 35/17-39/19, Terrasse,
Gartenlokal, 🅿, geschl.: Mo, Di

Remchingen 61 ↖

Baden-Württemberg / Enzkreis
EW 11330
🛈 Tel (0 72 32) 7 97 90, Fax 79 79 23
Gemeindeverwaltung
✉ 75196 Hauptstr. 5

Wilferdingen (1 km ↘)

✶ Landgasthof Hirsch
Hauptstr. 23, **Tel (0 72 32) 7 96 36**,
Fax 7 96 38, ✉ 75196, AX ED VA
21 Zi, Ez: 90/45, Dz: 130/65-140/70, ⊒ WC ⌀
DFÜ, 6 ⌘, 🅿, Solarium, Golf, Restaurant

Remscheid 33 ✓

Nordrhein-Westfalen
EW 125000
🛈 Tel (0 21 91) 9 23 20, Fax 92 32 50
Wirtschaftsförderung
✉ 42853 Elberfelder Str. 41
Cityplan siehe Seite 820

✶✶✶ Andersen Hotel Remscheider Hof
Bismarckstr. 39 (C 2), **Tel (0 21 91) 43 20**,
Fax 43 21 58, ✉ 42853, AX DC ED VA
106 Zi, Ez: 129/64-259/130,
Dz: 148/74-298/150, 3 Suiten, ⊒ WC ⌀ DFÜ,
20 ⌘, Lift, 🅿, ☎, 6⇌350, Kegeln

¶¶ Bergischer Löwe
Hauptgericht 30/15

✶ Noll
Alleestr. 85 (B 2), **Tel (0 21 91) 4 70 00**,
Fax 47 00 13, ✉ 42853, AX DC ED VA
24 Zi, Ez: 110/55-120/60, Dz: 160/80-180/90, ⊒
WC ⌀, Lift, ☎, garni

Hasten (3 km ↖)

✶ Ascot
Hastener Str. 100, **Tel (0 21 91) 88 80**,
Fax 8 22 09, ✉ 42855, AX DC ED VA
38 Zi, Ez: 120/60-160/80, Dz: 160/80, ⊒ WC ⌀,
Lift, 🅿, garni

Lennep (6 km →)

✶ Dorint Budget Hotel
Jägerwald 4, an der B 229,
Tel (0 21 91) 6 07 10, Fax 6 07 11 00, ✉ 42897,
AX DC ED VA, Ⓢ
116 Zi, Ez: 150/75-300/151,
Dz: 185/93-330/166, ⊒ WC ⌀ DFÜ, 63 ⌘, Lift,
🅿, ☎, 7⇌120, Restaurant

Lüttringhausen (8 km ↗)

✶✶ Fischer mit Gästehaus
Lüttringhauser Str. 131, **Tel (0 21 91) 9 56 30**,
Fax 95 63 99, ✉ 42899, AX DC ED VA
47 Zi, Ez: 105/52-160/80, Dz: 150/75-210/105,
⊒ WC ⌀, 7 ⌘, Lift, 🅿, 2⇌25, Fitnessraum,
Kegeln, Sauna, Restaurant
Auch Zimmer der Kategorie ✶ vorhanden.

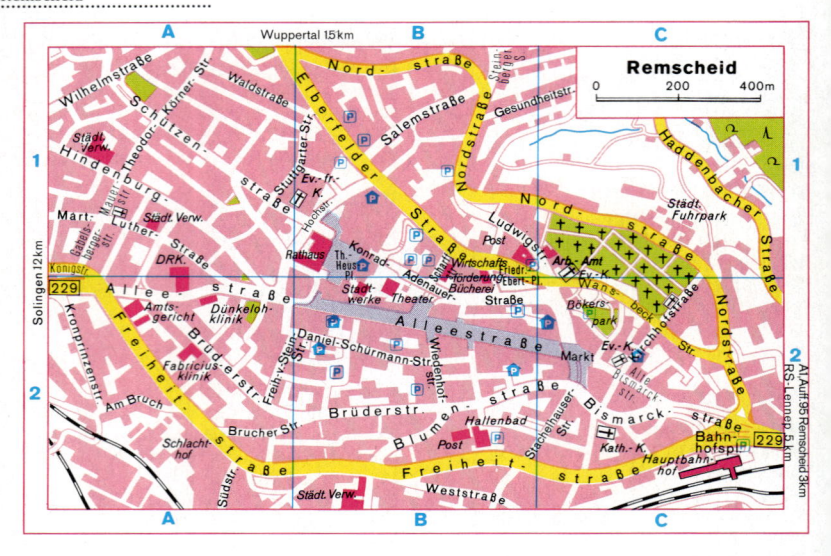

Remscheid

✱ Kromberg
Kreuzbergstr. 24, Tel (0 21 91) 59 00 31,
Fax 5 18 69, ✉ 42899, AX DC ED VA
17 Zi, Ez: 98/49–110/55, Dz: 160/80, ⌐ WC ⊘,
5 ⌐, P, ☎, Restaurant
geschl.: 27.12.00–7.1.01

Remseck am Neckar 61 →

Baden-Württemberg
Kreis Ludwigsburg
EW 20100
🛈 Tel (0 71 46) 28 90, Fax 28 91 14
Gemeindeverwaltung
✉ 71686 Fellbacher Str. 2

Aldingen (2 km ↙)

¶¶ Schiff
Neckarstr. 1, Tel (0 71 46) 9 05 40,
Fax 9 16 16, ✉ 71686, ED VA
Hauptgericht 19/9–45/22, geschl.: Mi, Do

Hochberg (3 km ↑)

¶ Gengenbach's Adler
Am Schloß 2, Tel (0 71 46) 57 49, ✉ 71686,
ED VA
Hauptgericht 44/22, P, geschl.: Mo, 1.–10.1.01
Haus aus dem 15. Jh. Kaminzimmer mit
wertvollem Kachelofen.

Remshalden 62 ←

Baden-Württemberg
Rems-Murr-Kreis
EW 13500
🛈 Tel (0 71 51) 9 73 10, Fax 9 73 11 24
Bürgermeisteramt
✉ 73630 Rathausstr. 24

Hebsack

¶¶ Gasthof zum Lamm ✚
Winterbacher Str. 1, Tel (0 71 81) 4 50 61,
Fax 4 54 10, ✉ 73630, AX ED VA
Hauptgericht 29/14–42/21, Terrasse, Kegeln, P,
geschl.: Sa mittags, So abends

✱✱ Flair Hotel Lamm Hebsack
23 Zi, Ez: 118/59–140/70, Dz: 160/80–200/100,
⌐ WC ⊘, Lift, ☎, 2⌓30

Rendsburg 10 ☐

Schleswig-Holstein
Kreis Rendsburg-Eckernförde
EW 30000
🛈 Tel (0 43 31) 2 11 20, Fax 2 33 69
Tourist-Information
✉ 24768 Altes Rathaus

✱ Pelli-Hof
Materialhofstr. 1 (C 2-3), Tel (0 43 31) 2 22 16,
Fax 2 38 37, ✉ 24768, AX DC ED VA

28 Zi, Ez: 105/52-120/60, Dz: 170/85, 1 Suite, 1 App, ⌐ WC ⊘, **P**, 🚗, 1⌂100
Auch Zimmer der Kategorie ** vorhanden.

🍴 Klöndeel
Hauptgericht 27/13, geschl.: Mo

❋ Tüxen
Lancasterstr. 44, Tel **(0 43 31) 2 70 99**, Fax 2 70 90, ✉ 24768, AX DC ED VA
20 Zi, Ez: 95/47, Dz: 145/73, ⌐ WC ⊘, 5 ⇌, **P**, 1⌂25, Restaurant

❋ Hansen
Bismarckstr. 29, Tel **(0 43 31) 5 90 00**, Fax 2 16 47, ✉ 24768, AX DC ED VA
26 Zi, Ez: 90/45, Dz: 140/70, ⌐ WC ⊘, 5 ⇌, **P**, 3⌂100
geschl.: So, 29.7.-12.8.01

🍴 Bismarckstube
Hauptgericht 25/12, geschl.: So, 29.7.-12.8.01

Rengsdorf 43 □

Rheinland-Pfalz / Kreis Neuwied
EW 2500
ℹ Tel **(0 26 34) 23 41**, Fax 77 06
Kurverwaltung
✉ 56579 Westerwaldstr. 32 a

❋❋ Seminar- u. Freizeithotel
Andree 27, Tel **(0 26 34) 65 80**, Fax 65 84 10, ✉ 56579, ED VA
♪, 38 Zi, Ez: 99/49-140/70, Dz: 150/75-240/120, ⌐ WC ⊘, 38 ⇌, **P**, 4⌂60, Kegeln, Restaurant

Rengsdorf-Außerhalb (2 km ↗)

❋ Obere Mühle
Tel **(0 26 34) 22 29**, Fax 75 77, ✉ 56579
einzeln ♪, 12 Zi, Ez: 70/35-90/45, Dz: 140/70-170/85, 3 Suiten, ⌐ WC ⊘, **P**, 1⌂20, 🛁, Sauna, Solarium
geschl.: Do

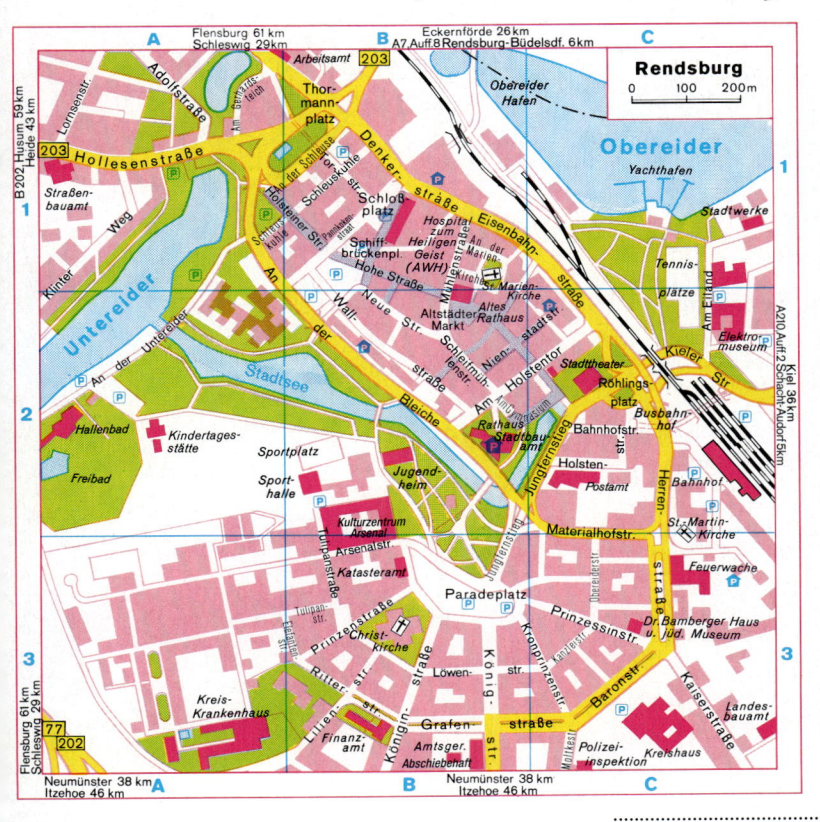

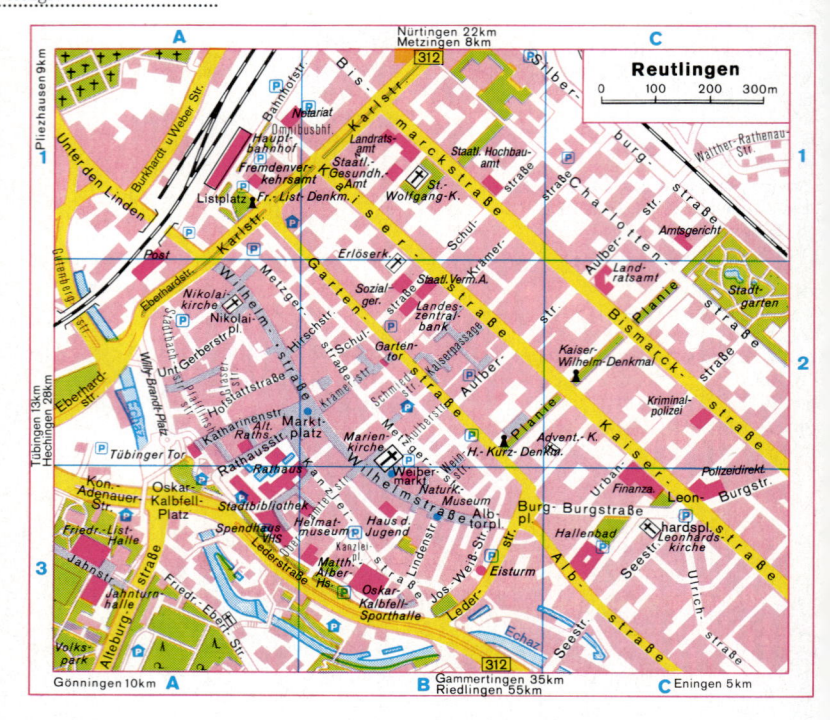

🍴 ⓢ, Hauptgericht 26/13, Terrasse, geschl.: Do, 1.11.-25.12.00

Rennerod 44 □

Rheinland-Pfalz / Westerwaldkreis
EW 4320
🛈 Tel (0 26 64) 50 67 15, Fax 59 57
Tourist-Information
✉ 56477 Hauptstr. 55

✱ Pitton

Hauptstr. 54, Tel (0 26 64) 66 35, Fax 9 01 56, ✉ 56477
6 Zi, Ez: 80/40-90/45, Dz: 130/65-150/75, ⌐
WC ⓒ, Lift, Ⓟ, Restaurant

✱ Röttger

Hauptstr. 50, Tel (0 26 64) 10 75, Fax 9 04 53, ✉ 56477, AX ED VA
14 Zi, Ez: 78/39-98/49, Dz: 130/65-160/80, ⌐
WC ⓒ, 2 ↙, Ⓟ
🍴🍴 Hauptgericht 40/20, geschl.: Mo, So

Renningen 61 □

Baden-Württemberg
Kreis Böblingen
EW 16300
🛈 Tel (0 71 59) 92 40, Fax 92 41 03
Stadtverwaltung
✉ 71272 Hauptstr. 1

✱✱ Walker

Rutesheimer Str. 62, Tel (0 71 59) 60 45,
Fax 74 55, ✉ 71272, AX DC ED VA
23 Zi, Ez: 115/57-155/78, Dz: 145/73-185/93,
2 Suiten, ⌐ WC ⓒ DFÜ, Lift, 🛎, 2⊙50, Kegeln
🍴🍴 Tel 60 45 48, Hauptgericht 30/15,
Terrasse, geschl.: So

Rettenberg 70 ↓

Bayern / Kreis Oberallgäu
EW 3600
🛈 Tel (0 83 27) 9 30 40, Fax 93 04 29
Gäste- u. Sportamt
✉ 87549 Burgbergerstr. 15

✱ Brauereigasthof Adler-Post
Burgberger Str. 8, **Tel (0 83 27) 2 26,**
Fax 12 35, ✉ 87549
14 Zi, Ez: 50/25-60/30, Dz: 90/45-110/55,
1 App, ⌐ WC ⊘, **P**, 🕿, 3⇨180
geschl.: Mi, 6.11.-6.12.00
🍴 Hauptgericht 16/8-32/16, Terrasse,
geschl.: Mi, 6.11.-6.12.00

Reutlingen 61 ↘

Baden-Württemberg
EW 110000
i Tel (0 71 21) 3 03 25 26, Fax 33 95 90
Tourist-Information
✉ 72764 Listplatz 1

Stadt am Rande der Schwäbischen Alb; Sehenswert: Ev. Marienkirche; Tübinger Tor und Gartentor - Achalm, 707 m Aussicht (4 km+1/4 Std →); Städtisches Kunstmuseum Spendhaus Reutlingen; Naturkundemuseum; Heimatmuseum; Originalreste der Stadtmauer.

✱✱ Fora
Am Echazufer 22 (B 3), **Tel (0 71 21) 92 40,**
Fax 92 44 44, ✉ 72764, AX DC ED VA
156 Zi, Ez: 135/67-205/103,
Dz: 165/83-205/103, 5 Suiten, 52 App, ⌐ WC ⊘
DFÜ, 83 🛏, Lift, **P**, 🕿, 14⇨350, Sauna,
Solarium, Restaurant

✱✱ Fürstenhof
Kaiserpassage 5 (B 2), **Tel (0 71 21) 31 80,**
Fax 31 83 18, ✉ 72764, AX DC ED VA
♪, 51 Zi, Ez: 106/53-185/93,
Dz: 160/80-220/110, 2 Suiten, ⌐ WC ⊘, 37 🛏,
Lift, 🕿, 1⇨17, 🏊, Kegeln, Sauna, Solarium,
Restaurant

✱✱ Württemberger Hof
Kaiserstr. 3 (B 1), **Tel (0 71 21) 1 70 56,**
Fax 4 43 85, ✉ 72764, AX DC ED VA
50 Zi, Ez: 95/47-130/65, Dz: 150/75-190/95, ⌐
WC ⊘, 10 🛏, **P**, Restaurant
geschl.: 24.12.00-2.1.01

✱ Germania
Unter den Linden 18-20 (A 1),
Tel (0 71 21) 3 19 00, Fax 31 90 77, ✉ 72762,
AX DC ED VA
44 Zi, Ez: 99/49-110/55, Dz: 155/78-175/88,
1 Suite, 1 App, ⌐ WC ⊘, 4 🛏, Lift, **P**, 🕿,
Restaurant

☕ Café Sommer
Wilhelmstr. 100, **Tel (0 71 21) 30 03 80,**
Fax 33 00 15, ✉ 72764

☕ Café Finckh
Wilhelmstr. 122, **Tel (0 71 21) 34 65 08,**
✉ 72764
Terrasse, ab 8, geschl.: Mo

Betzingen (3 km ←)

✱✱ Fortuna
Carl-Zeiß-Str. 75, **Tel (0 71 21) 58 40,**
Fax 58 41 13, ✉ 72770, AX DC ED VA
100 Zi, Ez: 126/63-158/79, Dz: 180/90-192/96,
⌐ WC ⊘, 8 🛏, Lift, **P**, 🕿, Sauna, Solarium,
Restaurant

Rhauderfehn 15 ↘

Niedersachsen / Kreis Leer
EW 16670
i Tel (0 49 52) 87 00, Fax 87 00
Rhauderfehn-Information
✉ 26817 Rajen 1

Sehenswert: Fehn-Schiffahrtsmuseum; Windmühlen; Kirchen; Moorgebiete; direkt an der „Deutschen Fehnroute".

Westrhauderfehn

✱ Nanninga
Untenende 44, **Tel (0 49 52) 28 06, Fax 18 03,**
✉ 26817, AX ED VA
19 Zi, Ez: 78/39-88/44, Dz: 138/69-148/74, ⌐
WC ⊘, 1 🛏, **P**, 🕿, Kegeln, Restaurant
Auch einfachere Zimmer vorhanden.

Rheda-Wiedenbrück 34 ↗

Nordrhein-Westfalen
Kreis Gütersloh
EW 45000
i Tel (0 52 42) 9 30 10, Fax 93 01 20
Flora Westfalica
✉ 33378 Mittelhegge 11

Lintel (4 km →)

✱ Landhotel Pöppelbaum
Postdamm 86, **Tel (0 52 42) 76 92,**
Fax 92 85 10, ✉ 33378, AX DC ED VA
15 Zi, Ez: 65/32-70/35, Dz: 100/50-110/55,
1 App, ⌐ WC ⊘, **P**, Kegeln, Restaurant

Rheda

✱ Reuter
Bleichstr. 3, **Tel (0 52 42) 9 45 20, Fax 4 27 88,**
✉ 33378, AX ED VA
31 Zi, Ez: 90/45-150/75, Dz: 145/73-200/100,
5 App, ⌐ WC ⊘, 10 🛏, Lift, **P**, 🕿, 1⇨20,
Kegeln
Auch Zimmer der Kategorie ✱✱ vorhanden.

Rheda-Wiedenbrück

🍴🍴 Tel 4 20 51, 🅳🅲, Hauptgericht 45/22 ✣
Terrasse, geschl.: Fr, Sa mittags

✱ Am Doktorplatz ♛
Berliner Str. 19, Tel (0 52 42) 9 42 50,
Fax 94 25 79, ✉ 33378, 🆇 🅴🅳 🆅🅰
17 Zi, Ez: 120/60-190/95, Dz: 198/99-210/105,
1 Suite, ⊟ WC ⊘ DFÜ, 4 ⇔, Lift, Ⓟ, 1⇔40
Historischer Fachwerkbau mit eleganten
Zimmern im Landhausstil. Zimmer der
Kategorie ✱✱ vorhanden.

🍴🍴🍴 Büdels Restaurant 🍷
Hauptgericht 47/23-54/27, Biergarten, nur
abends, geschl.: So, Mo

Docter's Wirtshaus ✣
🍷, Hauptgericht 24/12-36/18, Biergarten

Wiedenbrück

✱✱ Sonne
Hauptstr. 31, Tel (0 52 42) 9 37 10,
Fax 93 71 71, ✉ 33378, 🆇 🅳🅲 🅴🅳 🆅🅰
19 Zi, Ez: 125/62-145/73, Dz: 155/78-185/93,
2 App, ⊟ WC ⊘ DFÜ, 8 ⇔, Lift, Ⓟ, 1⇔10,
Sauna, garni
geschl.: 22.12.00-1.1.01

✱✱ Romantik Hotel Ratskeller
Lange Str. am Marktplatz, Tel (0 52 42) 92 10,
Fax 92 11 00, ✉ 33378, 🆇 🅳🅲 🅴🅳 🆅🅰
🍷, 33 Zi, Ez: 135/67-178/89,
Dz: 198/99-270/135, 1 Suite, 1 App, DFÜ, 8 ⇔,
Lift, Ⓟ, 1⇔20, Sauna, Solarium, Golf
geschl.: 23-25.12.00
Auch Zimmer der Kategorie ✱ vorhanden.
🍴🍴 🍷, Hauptgericht 35/17, Terrasse ✣
Biergarten, geschl.: 23-25.12.00

✱✱ Sport Hotel Wiedenbrück
Wasserstr. 40, Tel (0 52 42) 95 33, Fax 95 34,
✉ 33378, 🆇 🅳🅲 🅴🅳 🆅🅰
64 Zi, Ez: 120/60-140/70, Dz: 160/80-190/95,
3 App, ⊟ WC ⊘ DFÜ, 22 ⇔, Lift, Ⓟ, ⛿,
2⇔100, Fitnessraum, Kegeln, Sauna, Solarium,
Golf, Restaurant
Auch Zimmer der Kategorie ✱ vorhanden.

✱ Zur Wartburg
Mönchstr. 4, Tel (0 52 42) 9 25 20,
Fax 92 52 52, ✉ 33378, 🆇 🅳🅲 🅴🅳 🆅🅰
19 Zi, Ez: 75/37-95/47, Dz: 125/62-160/80, ⊟
WC ⊘ DFÜ, 3 ⇔, Ⓟ, garni

✱ Hohenfelder Brauhaus
Lange Str. 10, Tel (0 52 42) 84 06, Fax 85 07,
✉ 33378
10 Zi, Ez: 85/42-95/47, Dz: 150/75, ⊟ WC ⊘,
Ⓟ, ⛿, Kegeln, Restaurant

Rhede 32 ↗

Nordrhein-Westfalen / Kreis Borken
EW 18000
🛈 Tel (0 28 72) 93 01 00, Fax 93 04 51
Verkehrsgemeinschaft Rhede e. V.
✉ 46414 Rathausplatz 9

✱ Hungerkamp
Dännendiek 12, Tel (0 28 72) 9 25 60,
Fax 92 56 14, ✉ 46414, 🅴🅳 🆅🅰
11 Zi, Ez: 85/42-95/47, Dz: 160/80, ⊟ WC ⊘,
Ⓟ, ⛿, 3⇔140, Sauna

Krechting

✱ Zur Alten Post
Krommerter Str. 6, Tel (0 28 72) 9 27 30,
Fax 75 62, ✉ 46414, 🆇 🅴🅳 🆅🅰
22 Zi, Ez: 95/47-150/75, Dz: 160/80, ⊟ WC ⊘
DFÜ, Ⓟ, ⛿, 2⇔100, Kegeln, Sauna, Solarium,
Restaurant
Auch einfachere Zimmer vorhanden.

Rheinau 60 □

Baden-Württemberg / Ortenaukreis
EW 10566
🛈 Tel (0 78 44) 40 00, Fax 4 00 13
Stadtverwaltung
✉ 77866 Rheinstr. 52

Diersheim

✱ La Provence ♛
Hanauer Str. 1, Tel (0 78 44) 4 70 15,
Fax 4 76 63, ✉ 77866, 🆇 🅴🅳 🆅🅰
12 Zi, Ez: 68/34-88/44, Dz: 108/54-119/59, ⊟
WC ⊘, Ⓟ, ⛿, garni
geschl.: 20.12.-10.1.

Rheinbrohl 43 □

Rheinland-Pfalz / Kreis Neuwied
EW 4123
🛈 Tel (0 26 35) 26 26, Fax 49 11
Ortsgemeindeverwaltung
✉ 56598 Gertrudenhof

Klauke's Krug ¶¶ ✠

Kirchstr. 11, Tel (0 26 35) 24 14, Fax 52 95,
✉ 56598, AX DC ED VA
Hauptgericht 30/15, Gartenlokal, geschl.: Di

Rheine 23 ↘

Nordrhein-Westfalen
Kreis Steinfurt
EW 75000
🛈 Tel (0 59 71) 5 40 55, Fax 5 29 88
Verkehrsverein
✉ 48431 Bahnhofstr. 14

** City-Club-Hotel

Humboldtplatz 10, Tel (0 59 71) 8 08 00,
Fax 8 08 01 55, ✉ 48429, AX DC ED VA
₰, 56 Zi, Ez: 145/73-170/85,
Dz: 200/100-220/110, 2 Suiten, ⌐ WC ⊘ DFÜ,
5 ⇖, Lift, P, ☎, 7⟲1050

¶¶ Stadthalle

Tel 8 80 09, Fax 8 75 00
₰, Hauptgericht 25/12-39/19, Terrasse

✱ Freye

Emsstr. 1, Tel (0 59 71) 20 69, Fax 5 35 68,
✉ 48431, AX ED VA
18 Zi, Ez: 85/42-105/52, Dz: 120/60-150/75, ⌐
WC ⊘, garni
Auch Zimmer der Kategorie ** vorhanden.

✱ Lücke

Heilig-Geist-Platz 1, Tel (0 59 71) 1 61 80,
Fax 16 18 16, ✉ 48431, AX DC ED VA
₰, 40 Zi, Ez: 128/64-165/83, Dz: 175/88-195/98,
⌐ WC ⊘, 11 ⇖, Lift, P, ☎, 3⟲100, Kegeln,
Sauna, Solarium, Golf
geschl.: 22.12.00-4.1.01
¶ Hauptgericht 25/12-43/21, geschl.: So,
22.12.00-4.1.01

✱ Zum alten Brunnen

Dreierwalder Str. 25, Tel (0 59 71) 96 17 15,
Fax 9 61 71 66, ✉ 48429, ED VA
14 Zi, Ez: 110/55-165/83, Dz: 155/78-185/93,
1 Suite, 2 App, ⌐ WC ⊘, 3 ⇖, P, ☎
geschl.: 23.12.00-2.1.01
Auch Zimmer der Kategorie ** vorhanden.
¶ Hauptgericht 27/13, Kegeln, nur
abends, geschl.: So, 23.12.00-2.1.01

¶¶ Petito's Bistro

Bonifatiusstr. 305, Tel (0 59 71) 6 52 34,
Fax 79 93 50, ✉ 48432, ED VA
Hauptgericht 40/20, geschl.: Sa, So,
22.12.00-7.1.01

Mesum (7 km ↘)

¶¶ Altes Gasthaus Borcharding

Alte Bahnhofstr. 13, Tel (0 59 75) 12 70,
Fax 35 07, ✉ 48432, AX DC ED VA
₰, Hauptgericht 30/15, Terrasse, Biergarten,
Gartenlokal, P, geschl.: Do, Fr+Sa mittags
** 9 Zi, Ez: 80/40-120/60,
Dz: 120/60-170/85, ⌐ WC ⊘, ☎, 4⟲120, Golf
Im Stammhaus auch einfachere Zimmer
vorhanden.

Rheinfelden (Baden) 67 ↓

Baden-Württemberg / Kreis Lörrach
EW 31441
🛈 Tel (0 76 23) 9 50, Fax 9 52 20
Bürgermeisteramt
✉ 79618 Kirchplatz 2

✱ Danner

Alte Landstr. 1, Tel (0 76 23) 7 21 70,
Fax 6 39 73, ✉ 79618, AX ED VA
33 Zi, Ez: 99/49, Dz: 148/74, 1 Suite, ⌐ WC ⊘,
Lift, P, ☎, garni

✱ Oberrhein

Werderstr. 13, Tel (0 76 23) 7 21 10,
Fax 72 11 50, ✉ 79618, AX DC ED VA
21 Zi, Ez: 98/49-112/56, Dz: 146/73, ⌐ WC ⊘
DFÜ, 10 ⇖, Lift, P, ☎, 1⟲30, garni

¶ I Fratelli im Haus Salmegg

Rheinbrückstr. 8, Tel (0 76 23) 3 02 54,
Fax 71 95 23, ✉ 79618, ED VA
Hauptgericht 40/20, Terrasse, Gartenlokal, P,
geschl.: Mo, 15-30.8.00

Eichsel (7 km ↑)

✱ Maien

Maienplatz 2, Tel (0 76 23) 7 21 50,
Fax 72 15 30, ✉ 79618, DC ED VA
21 Zi, Ez: 89/44-170/85, Dz: 140/70-230/115, ⌐
WC ⊘ DFÜ, 12 ⇖, Lift, P, ☎, 2⟲80, Kegeln,
Restaurant

☕ Café Elke

Saaleweg 8, Tel (0 76 23) 44 37, Fax 4 05 50,
✉ 79618, ED VA
Terrasse, P, geschl.: Mo, Di, 10-16.1.01

Riedmatt (4 km ↗)

✱ Alexandras Storchenhotel

Brombachstr. 3, Tel (0 76 23) 7 51 10,
Fax 51 98, ✉ 79618, ED VA
31 Zi, Ez: 90/45-165/83, Dz: 135/67-210/105,
1 Suite, ⌐ WC ⊘, 13 ⇖, Lift, P, ☎, 1⟲15

🍴 Alexandras Storchenrestaurant
Hauptgericht 18/9-42/21, geschl.: Fr

Rheinmünster 60 □

Baden-Württemberg / Kreis Rastatt
EW 6400
ℹ Tel (0 72 27) 9 55 50, Fax 95 55 55
Bürgermeisteramt
✉ 77836 Lindenbrunnenstr. 1

Baden-Airpark

Da Vinci
Airport Boulevard B 311,
Tel (0 72 29) 66 50 00, Fax 66 50 15,
✉ 77836, AX ED VA
Hauptgericht 54/27, Terrasse, **P**, geschl.: So, Mo, 4 Wochen in den Sommerferien

Schwarzach

🍴 Engel
Hurststr. 3, Tel (0 72 27) 24 19, Fax 9 83 30,
✉ 77836, ED VA
Hauptgericht 15/7-40/20, Biergarten, Kegeln, **P**, ⛳, geschl.: Do, 1.-22.6.01

Rheinsberg 21 ✓

Brandenburg
Kreis Ostprignitz-Ruppin
EW 5200
ℹ Tel (03 39 31) 20 59, Fax 20 59
Tourist-Information
✉ 16831 Markt-Kavalierhaus

★★ Deutsches Haus
Seestr. 13, Tel (03 39 31) 3 90 59, Fax 3 90 63,
✉ 16831, AX ED VA
28 Zi, Ez: 100/50-130/65, Dz: 180/90-200/100,
4 App, ⌐ WC ⓧ, 8 ⛔, Lift, **P**, 2⌑40
🍴🍴 Hauptgericht 23/11-32/16

✱ Der Seehof Rheinsberg
Seestr. 18, Tel (03 39 31) 40 30, Fax 4 03 99,
✉ 16831, AX ED VA
16 Zi, Ez: 100/50-170/85, Dz: 180/90-210/105,
3 App, ⌐ WC ⓧ, 2⌑25, Restaurant

Rhens 43 ↘

Rheinland-Pfalz
Kreis Mayen-Koblenz
EW 3000
ℹ Tel (0 26 28) 96 05 42, Fax 96 05 24
Verkehrsamt
✉ 56321 Am Viehtor 1

🍴🍴 Königstuhl
Am Rhein 1, Tel (0 26 28) 22 44, ✉ 56321,
AX DC ED VA
§ ⓧ, Hauptgericht 19/9-38/19, Terrasse,
Biergarten, Gartenlokal, **P**
⛔, 12 Zi, Ez: 68/34-120/60,
Dz: 120/60-165/83, ⌐ WC ⓧ, ⛳, 4⌑70

🍴 Schiffchen
Am Rhein 4, Tel (0 26 28) 22 16, Fax 30 99,
✉ 56321, AX DC ED VA
§, Hauptgericht 29/14, Gartenlokal, **P**,
geschl.: Mi

Rheydt siehe Mönchengladbach

Ribnitz-Damgarten 13 ←

Mecklenburg-Vorpommern
Landkreis Nordvorpommern
EW 17230
ℹ Tel (0 38 21) 22 01, Fax 89 47 50
Stadtinformation
✉ 18311 Am Markt 1

Sehenswert: Spätgotische Stadtkirche St. Marien; Klosterensemble mit Bernsteinmuseum; Rostocker Tor; Ribnitzer Madonnen; Freilichtmuseum Klockenhagen; Pilzmuseum Neuheide; Bernsteinschmuck-Schaumanufaktur.

✱ Zum Bodden
Lange Str. 54, Tel (0 38 21) 56 21,
Fax 81 35 76, ✉ 18311, AX DC ED VA
32 Zi, Ez: 80/40-120/60, Dz: 125/62-150/75, ⌐
WC ⓧ, 1⌑50, Restaurant

Riddagshausen siehe Braunschweig

Rieden 43 ✓

Rheinland-Pfalz
Kreis Mayen-Koblenz
EW 1312
ℹ Tel (0 26 52) 98 00 14, Fax 98 00 19
Tourist-Information
✉ 56743 Marktplatz 3

Riedener Mühle (2 km ✓)

✱ Forsthaus
Tel (0 26 55) 9 59 90, Fax 41 36, ✉ 56745, AX DC ED VA
♪, 12 Zi, Ez: 65/32-75/37, Dz: 90/45-120/60, ⌐
WC ⓧ, **P**, ⛳, 1⌑20, Sauna, Solarium
🍴 Hauptgericht 16/8-36/18, geschl.: Di

Rieden 58 ↘

Bayern / Kreis Amberg-Sulzbach
EW 2900
i Tel (0 96 24) 9 20 20, Fax 92 02 27
Rathaus
✉ 92286 Hirschwalder Str. 27

Kreuth (4 km ↓)

** Waldhotel Gut Matheshof
Kreuth 2, Tel (0 96 24) 91 90, Fax 9 19 28 28,
✉ 92286, AX ED VA
130 Zi, Ez: 116/58-126/63, Dz: 172/86-182/91,
81 Suiten, 81 App., ⌐ WC ⊘ DFÜ, 60 ⊷, Lift, **P**,
☗, 25⇔2000, Kegeln, Sauna, Solarium, Golf,
Restaurant

Riederich 61 ↘

Baden-Württemberg
Kreis Reutlingen
EW 4300
i Tel (0 71 23) 9 35 90, Fax 93 59 11
Bürgermeisteramt
✉ 72585 Mittelstädter Str. 16

** Albhotel Fortuna
Hegwiesenstr. 20, Tel (0 71 23) 3 80 30,
Fax 3 55 44, ✉ 72585, AX DC VA
51 Zi, Ez: 145/73, Dz: 225/113, 1 Suite, ⌐ WC
⊘ DFÜ, 20 ⊷, Lift, **P**, 4⇔30, Fitnessraum,
Sauna, Solarium, Restaurant

Riedlingen 69 □

Baden-Württemberg / Kreis Biberach
EW 10000
i Tel (0 73 71) 18 30, Fax 1 83 50
Bürgermeisteramt
✉ 88499 Marktplatz 1

* Charisma-Hotel Brücke
Hindenburgstr. 4, Tel (0 73 71) 1 22 66,
Fax 1 30 15, ✉ 88499, AX DC ED VA
54 Zi, Ez: 70/35-85/42, Dz: 110/55-128/64, ⌐
WC ⊘, **P**, ☗, 4⇔350, Solarium, Restaurant

Altheim

* Landgasthof Donautal
Donaustr. 75, Tel (0 73 71) 85 11, Fax 1 37 76,
✉ 88499, AX DC ED VA
♩, 13 Zi, Ez: 65/32-95/47, Dz: 105/52-145/73,
4 Suiten, ⌐ WC ⊘ DFÜ, 2 ⊷, **P**, ☗, Restaurant

Riedstadt 54 ↗

Hessen / Kreis Groß-Gerau
EW 18700
i Tel (0 61 58) 18 10, Fax 18 11 00
Gemeindeverwaltung
✉ 64560 Bahnhofstr. 1

Goddelau

* Riedstern
Stahlbaustr. 7, Tel (0 61 58) 9 22 10,
Fax 92 21 99, ✉ 64560, AX DC ED VA
32 Zi, Ez: 99/49-165/83, Dz: 142/71-198/99, ⌐
WC ⊘ DFÜ, Lift, **P**, 4⇔50, Restaurant
Im Industriegebiet Goddelau Süd-West.

Riegel 67 ↖

Baden-Württemberg
Kreis Emmendingen
EW 3350
i Tel (0 76 42) 9 04 40, Fax 90 44 26
Bürgermeisteramt
✉ 79359 Hauptstr. 31

* Riegeler Hof
Hauptstr. 69, Tel (0 76 42) 68 50, Fax 6 85 68,
✉ 79359, AX DC ED VA
55 Zi, Ez: 90/45, Dz: 140/70, ⌐ WC ⊘, 30 ⊷,
P, 2⇔70

¶ Winzerstube
Hauptgericht 23/11-45/22
Eigenbauweine.

Rielasingen-Worblingen 68 ↘

Baden-Württemberg / Kreis Konstanz
EW 11500
i Tel (0 77 31) 93 21 45, Fax 93 21 55
Gemeindeverwaltung
✉ 78239 Lessingstr. 2

Rielasingen

* Krone
Hauptstr. 3, Tel (0 77 31) 8 78 50,
Fax 87 85 10, ✉ 78239, DC ED VA

25 Zi, Ez: 80/40-98/49, Dz: 130/65-155/78, ⌐
WC ⓒ, **P**, ⌂, 4⇔100, Fitnessraum, Sauna,
Solarium, Restaurant
geschl.: 27.12.00-7.1.01
Auch Zimmer der Kategorie ✱✱ vorhanden.

Worblingen

ⵠⵠ   Salzburger Stub'n
Hardstr. 29, Tel (0 77 31) 2 73 49, Fax 2 73 49,
✉ 78239, ED
Hauptgericht 35/17, Terrasse, **P**, ⍽,
geschl.: Do

Rieneck 55 ↗

Bayern / Kreis Main-Spessart
EW 2311
ℹ Tel (0 93 54) 9 73 30, Fax 97 33 33
Stadtverwaltung
✉ 97794 Schulgasse 4

Rieneck-Außerhalb (1 km ↑)

**✱✱   Gut Dürnhof
         Landidyll**
Burgsinner Str. 3, Tel (0 93 54) 10 01,
Fax 15 12, ✉ 97794, AX DC ED VA
einzeln ✸, 26 Zi, Ez: 78/39-130/65,
Dz: 138/69-158/79, 7 Suiten, 8 App., ⌐ WC ⓒ
DFÜ, 10 ↦, **P**, ⌂, 2⇔24, ⌂, Sauna, Solarium
Historischer Gasthof, erstmals 1356 erwähnt.
ⵠ   Hauptgericht 20/10-35/17, Terrasse

Riesa 40 ↙

Sachsen / Kreis Riesa-Großenhain
EW 41000
ℹ Tel (0 35 25) 60 14 84, Fax 60 14 10
FVG Riesa
✉ 01589 Pausitzer Str. 60

✱✱   Mercure
Bahnhofstr. 40, Tel (0 35 25) 70 90,
Fax 70 99 99, ✉ 01587, AX ED VA
100 Zi, Ez: 115/57-129/64, Dz: 145/73-169/85,
4 Suiten, ⌐ WC ⓒ, 50 ↦, Lift, **P**, 6⇔120,
Restaurant

✱✱   Wettiner Hof
Hohe Str. 4, Tel (0 35 25) 71 80, Fax 71 82 22,
✉ 01587, AX ED VA
43 Zi, Ez: 110/55, Dz: 140/70, ⌐ WC ⓒ, Lift,
Restaurant

Rietberg 34 ↗

Nordrhein-Westfalen
Kreis Gütersloh
EW 28600
ℹ Tel (0 52 44) 98 62 19, Fax 98 64 00
Tourist Information
✉ 33397 Rügenstr. 1, Bürgerbüro

Mastholte (7 km ↙)

ⵠⵠ   Domschenke   🍷
Lippstädter Str. 1, Tel (0 29 44) 3 18,
Fax 69 31, ✉ 33397
Hauptgericht 45/22, Biergarten, **P**, geschl.: Di,
Sa mittags, 1.-9.1., 7.-19.4., 26.7.-14.8.01

Riethnordhausen 47 ↗

Thüringen / Kreis Sömmerda
EW 919
ℹ Tel (03 62 04) 5 09 40, Fax 5 09 40
Gemeindeverwaltung
✉ 99195 Untere Dorfstr. 121

✱   Landvogt
Erfurter Str. 29, Tel (03 62 04) 5 25 11,
Fax 5 25 13, ✉ 99195, AX ED VA
☾, 16 Zi, Ez: 85/42-95/47, Dz: 110/55-130/65,
⌐ WC ⓒ, 4 ↦, **P**, 1⇔30, Sauna, Solarium
ⵠ   Hauptgericht 16/8-26/13

Riezlern siehe Kleinwalsertal

Rinchnach 66 ↖

Bayern / Kreis Regen
EW 3300
ℹ Tel (0 99 21) 58 78, Fax 68 63
Tourist-Information
✉ 94269 Gehmannsberger Str. 12

Oberasberg (4 km ↑)

⍽   **Haus am Berg mit Gästehaus**
Haus Nr 2, Tel (0 99 22) 30 63, Fax 14 38,
✉ 94269
☾ ✸, 13 Zi, Ez: 50/25-60/30, Dz: 100/50-120/60,
4 App., ⌐ WC ⓒ, **P**, ⌂, Fitnessraum, Sauna,
Solarium, Restaurant

Ringelai 66 □

Bayern / Kreis Freyung-Grafenau
EW 1900
ℹ Tel (0 85 55) 96 14 11, Fax 96 14 18
Tourist-Information
✉ 94160 Pfarrer-Kainz-Str 6

✱ **Wolfsteiner Ohe**
Perlesreuter Str. 5, **Tel (0 85 55) 9 70 00**,
Fax 82 42, ✉ 94160, ED
♪, 30 Zi, Ez: 53/26-64/32, Dz: 82/41-104/52,
1 App, ⌐ WC ⌀, P, 3⇔300, ≈, Sauna,
Solarium, Restaurant
geschl.: 6.-24.11.00
Auch Zimmer der Kategorie ✱✱ vorhanden.

✱ **Groß**
Dorfstr. 22, **Tel (0 85 55) 2 58**, **Fax 17 90**,
✉ 94160
30 Zi, Ez: 55/27, Dz: 90/45, ⌐ WC ⌀, Lift, P,
5⇔300, ≋, Kegeln, Sauna, Solarium,
Restaurant
Auch einfachere Zimmer vorhanden.

Ringgau 36 ↘

Hessen / Werra-Meißner-Kreis
EW 1200
🛈 **Tel (0 56 58) 2 01**, **Fax 2 01**
Verkehrsamt
✉ 37296 Finkenweg 9

Datterode (6 km ↖)

✱ **Fasanenhof**
Hasselbachstr. 28, **Tel (0 56 58) 13 14**,
Fax 84 40, ✉ 37296, AX DC ED VA
♪, 7 Zi, Ez: 68/34, Dz: 115/57, ⌐ WC ⌀, 2⇤,
P, 1⇔20, Restaurant
geschl.: 1.-15.2.01

Rinteln 25 ↓

Niedersachsen / Kreis Schaumburg
EW 29240
🛈 **Tel (0 57 51) 1 94 33**, **Fax 92 58 34**
Verkehrsbüro
✉ 31737 Marktplatz 7

✱ **Stadt Kassel**
Klosterstr. 42, **Tel (0 57 51) 9 50 40**,
Fax 4 40 66, ✉ 31737, AX DC ED VA
45 Zi, Ez: 75/37-110/55, Dz: 130/65-165/83,
2 App, ⌐ WC ⌀, 1⇤, Lift, P, 2⇔40, Kegeln,
Restaurant

✱ **Zum Brückentor**
Weserstr. 1, **Tel (0 57 51) 9 53 80**, **Fax 4 47 62**,
✉ 31737, AX DC ED VA
§, 22 Zi, Ez: 95/47-110/55, Dz: 140/70-150/75,
⌐ WC ⌀, 10⇤, Lift, P, ≈, Restaurant

🍵 **Café Sinke**
Marktplatz 13, **Tel (0 57 51) 29 01**, ✉ 31737
Terrasse, 9-18, geschl.: Mo
Spezialität: Weserkies.

Rinteln-Außerhalb (3 km ↑)

✱✱ **Waldkater**
City Line & Country Line Hotels
Waldkaterallee 27, **Tel (0 57 51) 1 79 80**,
Fax 17 98 83, ✉ 31737, AX DC ED VA, Ⓢ
einzeln ♪, 31 Zi, Ez: 160/80-280/141,
Dz: 210/105-280/141, 2 Suiten, ⌐ WC ⌀, 11⇤,
Lift, P, ≈, 3⇔100, Sauna, Solarium, Golf,
4 Tennis, Restaurant
Fachwerkkomplex mit alten Baumbestand,
Gasthofbrauerei und Ausflugsterrasse.

Todenmann (3 km ↖)

✱✱ **Altes Zollhaus**
Hauptstr. 5, **Tel (0 57 51) 7 40 57**, **Fax 77 61**,
✉ 31737, AX DC ED VA
§, 19 Zi, Ez: 110/55-150/75, Dz: 190/95,
2 Suiten, ⌐ WC ⌀, P, 4⇔200, Sauna,
Solarium
Ehemalige kurfürstliche Zollstation von 1804.
Geburtsort des „Weserliedes".
🍴🍴 Hauptgericht 30/15

Rippoldsau-Schapbach, Bad 60 ↘

Baden-Württemberg
Kreis Freudenstadt
EW 2540
🛈 **Tel (0 74 40) 91 39 40**, **Fax 9 13 94 94**
Tourist-Information
✉ 77776 Kurhausstr. 2

Luftkurort und Heilbad im Schwarzwald.
Sehenswert: Klösterle-Kirche; Wallfahrtskirche;
Burgbachwasserfall; Mineral-Thermalbad; Glas-
waldsee; Kastelstein.

Rippoldsau, Bad

✱✱ **Kranz**
Reichenbachstr. 2, **Tel (0 74 40) 91 39 00**,
Fax 5 11, ✉ 77776, VA
♪, 26 Zi, Ez: 95/47-120/60, Dz: 180/90-190/95,
⌐ WC ⌀ DFÜ, Lift, P, ≈, 2⇔20, ≋, Sauna,
Solarium, 1 Tennis, Restaurant

✱ **Landhotel Rosengarten**
Fürstenbergstr. 46, **Tel (0 74 40) 2 36**, **Fax 5 86**,
✉ 77776
10 Zi, Ez: 65/32-75/37, Dz: 100/50-150/75, ⌐
WC ⌀, Lift, P, 1⇔20
🍴🍴 Hauptgericht 17/8-32/16, Terrasse ✚

🛏 **Klösterlehof**
Klösterleweg 2, **Tel (0 74 40) 2 15**, **Fax 6 23**,
✉ 77776, ED VA
10 Zi, Ez: 55/27-98/49, Dz: 98/49-150/75,
1 Suite, ⌐ WC, P, ≈, Restaurant
geschl.: Mo

Schapbach-Außerhalb

✱ Zum Letzten G'stehr
Wolftalstr. 17, Tel (0 74 40) 7 14, Fax 7 15,
✉ 77776
15 Zi, Ez: 65/32-78/39, Dz: 116/58-130/65,
2 Suiten, ⌐ WC ✆, Lift, **P**, Solarium
geschl.: Di, 15-31.1.01
🍴 Hauptgericht 13/6-38/19, Terrasse,
geschl.: Di, 15-31.1.01

Ritterhude 17 ✓

Niedersachsen / Kreis Osterholz
EW 13500
ℹ Tel (0 42 92) 88 91 06, Fax 8 89 22 06
Tourist-Information
✉ 27721 Riesstraße 40

Ritterhude-Außerhalb (3 km ↓)

✱ Nordseite
Nordseite 1, Tel (0 42 92) 13 58, Fax 44 61,
✉ 27721, ED VA
16 Zi, Ez: 90/45, Dz: 130/65, 3 App, ⌐ WC, **P**,
Restaurant

Rittersdorf 52 ↑

Rheinland-Pfalz
Kreis Bitburg-Prüm
EW 1235
ℹ Tel (0 65 61) 9 43 40, Fax 94 34 20
Tourist-Information
✉ 54634 Im Graben 2

✱ Am Wisselbach
Bitburger Str. 2, Tel (0 65 61) 70 57,
Fax 1 22 93, ✉ 54634, AX ED VA
22 Zi, Ez: 105/52-135/67, Dz: 178/89-198/99,
⌐ WC ✆ DFÜ, **P**, 🏊, 3⌘80, Fitnessraum,
Kegeln, Sauna, Solarium, Golf
Auch einfachere Zimmer vorhanden.
🍴 Hauptgericht 15/7-33/16, Biergarten,
geschl.: Di+Mi mittags

🍴🍴 Dorint Burg Rittersdorf
Bitburger Str, Tel (0 65 61) 9 65 70, Fax 79 09,
✉ 54636, AX DC ED VA
✆, Hauptgericht 27/13-38/19, Terrasse, **P**,
geschl.: Mo, 2.-26.1.01
Wasserschloß von 1263.

Rockenhausen 53 →

Rheinland-Pfalz / Donnersbergkreis
EW 5767
ℹ Tel (0 63 61) 45 10, Fax 45 12 60
Gemeindeamt
✉ 67806 Bezirksamtstr. 7

✱ Pfälzer Hof
Kreuznacher Str. 30, Tel (0 63 61) 79 68,
Fax 37 33, ✉ 67806, AX ED VA
13 Zi, Ez: 78/39-85/42, Dz: 120/60-130/65,
2 Suiten, ⌐ WC ✆, **P**, 🏊, Restaurant

Rodach, Bad 47 ↓

Bayern / Kreis Coburg
EW 6700
ℹ Tel (0 95 64) 15 50, Fax 92 32 32
Kurverwaltung
✉ 96476 Markt 1

✱✱ Kurhotel am Thermalbad
Kurring 2, Tel (0 95 64) 9 23 00,
Fax 9 23 04 00, ✉ 96476, AX ED VA
♪ ⚭, 48 Zi, Ez: 87/43-110/55,
Dz: 135/67-164/82, 2 Suiten, ⌐ WC ✆ DFÜ,
24 🛏, Lift, **P**, 🏊, 2⌘80, Restaurant

✱✱ Alte Molkerei
Ernststr. 6, Tel (0 95 64) 83 80, Fax 8 38 55,
✉ 96476, ED VA
♪, 66 Zi, Ez: 55/27-125/62, Dz: 88/44-170/85,
2 App, ⌐ WC ✆, Lift, **P**, 🏊, 3⌘65, 🏊,
Fitnessraum, Sauna, Solarium, Restaurant

Heldritt (3 km ↗)

✱ Pension Tannleite
Obere Tannleite 4, Tel (0 95 64) 7 44, Fax 7 44,
✉ 96476
♪, 13 Zi, Ez: 43/21-53/26, Dz: 74/37-89/44,
1 App, ⌐ WC ✆, 8 🛏, **P**, Restaurant
geschl.: 20.11.-20.12.00

Rodalben 53 ↓

Rheinland-Pfalz
Kreis Südwestpfalz
EW 7850
ℹ Tel (0 63 31) 23 41 80, Fax 23 41 05
Tourist-Information
✉ 66976 Am Rathaus 9

✱ Zum Grünen Kranz mit Gästehaus Villa Bruderfels
Hauptstr. 210, Tel (0 63 31) 2 31 70,
Fax 23 17 30, ✉ 66976, AX DC ED VA
15 Zi, Ez: 68/34-85/42, Dz: 100/50-150/75, ⌐
WC ✆, **P**, 2⌘40
Auch Zimmer der Kategorie ✱✱ vorhanden.

🍴🍴 ▒▒▒▒ Hauptgericht 20/10-35/17 ✚
geschl.: Do

* ▒▒▒▒ **Pfälzer Hof**
Hauptstr. 108, Tel **(0 63 31) 1 71 23**,
Fax 1 63 89, ✉ 66976, AX ED VA
8 Zi, Ez: 75/37, Dz: 120/60, ⌐ WC ⊘, P, 🏠,
3⟲70, Restaurant

Rodenbach 55 ↖

Hessen / Main-Kinzig-Kreis
EW 11800
🛈 Tel **(0 61 84) 59 90**, Fax 5 04 72
Gemeindeverwaltung
✉ 63517 Buchbergstr. 2

Oberrodenbach

* ▒▒▒▒ **Barbarossa**
Somborner Str. 24, Tel **(0 61 84) 9 58 50**,
Fax 95 85 42, ✉ 63517, AX DC ED VA
25 Zi, Ez: 75/37-130/65, Dz: 130/65-165/83,
1 Suite, 1 App, ⌐ WC ⊘, 4 ⇐, 🏠, 2⟲45,
Solarium, Golf

🍴 ▒▒▒▒ **Bruno's Restaurant**
Hauptgericht 25/12-35/17, Biergarten, P, nur
abends, So nur mittags, geschl.: 1.-10.1.01

Rodgau 55 ↖

Hessen / Kreis Offenbach
EW 43612
🛈 Tel **(0 61 06) 69 30**, Fax 69 34 95
Stadtverwaltung
✉ 63110 Hintergasse 15

Jügesheim

** ▒▒▒▒ **Haingraben**
Haingrabenstr., Tel **(0 61 06) 6 99 90**,
Fax 6 19 60, ✉ 63110, AX ED VA
22 Zi, Ez: 135/67-150/75, Dz: 180/90-200/100,
6 App, ⌐ WC ⊘, 🏠, garni

Nieder-Roden

** ▒▒▒▒ **Holiday Inn**
Kopernikusstr. 1, Tel **(0 61 06) 82 40**,
Fax 82 45 55, ✉ 63110, AX DC ED VA, Ⓢ
110 Zi, Ez: 140/70-230/115,
Dz: 205/103-295/148, ⌐ WC ⊘, Lift, P, 🏠,
19⟲300, Fitnessraum, Sauna, Solarium,
Restaurant

* ▒▒▒▒ **Weiland**
Borsigstr. 15, Tel **(0 61 06) 8 71 70**,
Fax 87 17 50, ✉ 63110, DC ED VA

30 Zi, Ez: 95/47-140/70, Dz: 180/90-200/100,
⌐ WC ⊘, Lift, P, 1⟲50, Restaurant
geschl.: Sa
Auch einfachere Zimmer vorhanden.

Roding 59 ↓

Bayern / Kreis Cham
EW 11500
🛈 Tel **(0 94 61) 94 18 15**, Fax 94 18 60
Tourismusbüro
✉ 93426 Schulstr. 15

Neubäu (10 km ↖)

* ▒▒▒▒ **Am See**
Seestr. 1, Tel **(0 94 69) 3 41**, Fax 4 03,
✉ 93426, ED VA
55 Zi, Ez: 60/30-80/40, Dz: 90/45, 3 Suiten, ⌐
WC, P, 🏠, 5⟲80, 🏖, Sauna, Solarium,
Restaurant

Röbel/Müritz 21 ←

Mecklenburg-Vorpommern
EW 6000
🛈 Tel **(03 99 31) 5 06 51**, Fax 5 35 91
Haus des Gastes
✉ 17207 Str der Dt. Einheit 7

** ▒▒▒▒ **Landhaus Müritzgarten**
Seebadstr. 45, Tel **(03 99 31) 88 10**,
Fax 88 11 13, ✉ 17207
22 Zi, Ez: 120/60-160/80, Dz: 145/73-190/95,
1 Suite, ⌐ WC ⊘, 22 ⇐, P, Fitnessraum,
Sauna, Solarium, garni
geschl.: 1.11.00-15.3.01
Auch Zimmer der Kategorie * vorhanden.

* ▒▒▒▒ **Seelust**
Seebadstr. 33 a, Tel **(03 99 31) 58 30**,
Fax 5 83 43, ✉ 17207, ED VA
⌐ 🍴, 26 Zi, Ez: 85/42-150/75,
Dz: 145/73-185/93, 3 Suiten, Lift, P, 🏠, 1⟲50,
Sauna, Solarium
Auch Zimmer der Kategorie ** vorhanden.

✱ Müritzterrasse
Straße der Deutschen Einheit 27,
Tel **(03 99 31) 89 10**, Fax **8 91 26**, ✉ 17207,
ED VA
₰, 13 Zi, Ez: 90/45-120/60, Dz: 120/60-150/75,
1 Suite, ⌐ WC ℗, ℙ, Restaurant

✱ Seestern
Müritzpromenade 12, Tel **(03 99 31) 5 80 30**,
Fax **5 92 95**, ✉ 17207, AX ED VA
♪ ₰, Ez: 85/42-120/60, Dz: 120/60-140/70,
5 Suiten, ⌐ WC ℗, Lift, ℙ, Restaurant
Auch einfachere Zimmer vorhanden.

Rödelsee 56 □

Bayern / Kreis Kitzingen
EW 1400
🛈 Tel **(0 93 23) 16 99**, Fax **8 99 53**
Touristikverein Rödelsee e.V.
✉ 97348 Wiesenbronner Str. 5

✱ Zum Rödelseer Schwan
Am Buck 1, Tel **(0 93 23) 8 71 40**,
Fax **87 14 40**, ✉ 97348, AX ED VA
25 Zi, Ez: 75/37, Dz: 115/57, ⌐ WC ℗ DFÜ, ℙ,
2↻35
🍴 Hauptgericht 10/5-25/12, geschl.: So
abends, 1.-14.1.01

Rödental 47 ↘

Bayern / Kreis Coburg
EW 14000
🛈 Tel **(0 95 63) 9 60**, Fax **96 69**
Stadtverwaltung
✉ 96472 Bürgerplatz 1

Oberwohlsbach

✱ Alte Mühle
Mühlgarten 5, Tel **(0 95 63) 7 23 80**,
Fax **72 38 66**, ✉ 96472, AX ED VA
♪, 24 Zi, Ez: 95/47-125/62, Dz: 155/78-180/90,
⌐ WC ℗ DFÜ, 4 ⇥, Lift, ℙ, 1↻20, Restaurant

Oeslau

✱ Brauereigasthof Grosch
Oeslauer Str. 115, Tel **(0 95 63) 75 00**,
Fax **75 01 47**, ✉ 96472, ED VA
15 Zi, Ez: 98/49, Dz: 140/70, ⌐ WC ℗ DFÜ,
7 ⇥, ℙ, Kegeln
🍴 Hauptgericht 14/7-35/17

Röderau-Bobersen 40 ✓

Sachsen / Kreis Riesa-Grossenhain
EW 2600
🛈 Tel **(0 35 25) 76 62 70**, Fax **76 62 72**
Gemeindeverwaltung
✉ 01619 Moritzer Str. 2

Moritz (1,5 km ↘)

✱✱ Moritz an der Elbe
Dorfstr. 1, Tel **(0 35 25) 76 11 11**, Fax **76 11 14**,
✉ 01619, AX ED VA
♪ ₰, 40 Zi, Ez: 80/40-105/52,
Dz: 138/69-155/78, 1 Suite, 3 App, ⌐ WC ℗
DFÜ, 2 ⇥, Lift, ℙ, 🏠, 1↻40, Restaurant

Rödermark 54 ↗

Hessen / Kreis Offenbach
EW 27360
🛈 Tel **(0 60 74) 91 10**, Fax **91 13 33**
Stadtverwaltung
✉ 63322 Dieburger Str. 13

Ober-Roden

✱ Eichenhof
Carl-Zeiss-Str. 30, Tel **(0 60 74) 9 40 41**,
Fax **9 40 44**, ✉ 63322, AX ED VA
36 Zi, Ez: 135/67, Dz: 185/93, 1 App, ⌐ WC ℗,
Lift, ℙ, 3↻40, Sauna, Solarium
🍴 DC, Hauptgericht 30/15, geschl.: Sa
mittags

✱ Rein
Nieder-Röder-Str. 22, Tel **(0 60 74) 89 90**,
Fax **89 91 00**, ✉ 63322, DC ED VA
20 Zi, Ez: 95/47-135/67, Dz: 125/62-175/88, ⌐
WC ℗, ℙ, garni

Rollwald

✱✱ Best Western Parkhotel
Niederröder Str. 24, Tel **(0 61 06) 7 09 20**,
Fax **7 09 22 82**, ✉ 63322, AX DC ED VA, Ⓢ
128 Zi, Dz: 130/65-240/120, 1 Suite, ⌐ WC ℗,
14 ⇥, Lift, ℙ, 20↻150, 🏠, Fitnessraum,
Kegeln, Sauna, Solarium

🍴 La Fontaine
Hauptgericht 18/9-42/21, Terrasse,
geschl.: 23.12.00-2.1.01

Urberach

✱ Jägerhof
Im Mühlengrund 18, Tel **(0 60 74) 8 74 80**,
Fax **87 48 48**, ✉ 63322, AX ED VA
24 Zi, Ez: 98/49, Dz: 140/70, ⌐ WC ℗, ℙ,
Sauna, Solarium, Restaurant

Röhrnbach 66 →

Bayern / Kreis Freyung-Grafenau
EW 4500
ℹ Tel (0 85 82) 96 09 40, Fax 96 09 16
Tourismusbüro
✉ 94133 Rathausplatz 1

✶ Jagdhof

Marktplatz 11, **Tel (0 85 82) 97 00**,
Fax 97 02 22, ✉ 94133
70 Zi, Ez: 65/32-84/42, Dz: 94/47-146/73, ⌐
WC ⊘, Lift, **P**, 🕿, ≋, ⌂, Kegeln, Sauna,
Solarium, Restaurant
Auch Zimmer der Kategorie ✶✶ vorhanden.

Röhrsdorf 51 ↖

Sachsen / Kreis Pirna
EW 1300
ℹ Tel (03 51) 2 81 65 56
Gemeindeverwaltung
✉ 01809 Hauptstr. 24

✶✶ Schloß Röhrsdorf

Hauptstr. 3, **Tel (03 51) 28 57 70**,
Fax 28 57 72 63, ✉ 01809, AX DC ED VA
♪, 22 Zi, Ez: 100/50-120/60, Dz: 150/75, ⌐ WC
⊘, 12 ⇔, **P**, 4⟳70
🍴🍴 Hauptgericht 15/7-25/12

Röhrsdorf 49 ↗

Sachsen / Kreis Chemnitzer Land
EW 2400
ℹ Tel (0 37 22) 50 01 25
Gemeindeverwaltung
✉ 09247 Rathausplatz 4

✶✶ Amber Hotel Plaza Chemnitz Park

Wildparkstr. 6, **Tel (0 37 22) 51 30**,
Fax 51 31 00, ✉ 09247, AX DC ED VA, Ⓢ
104 Zi, Dz: 175/88-185/93, ⌐ WC ⊘, 57 ⇔,
Lift, **P**, 5⟳110, Sauna, Solarium, Restaurant

Römerberg 54 ↓

Rheinland-Pfalz
Kreis Ludwigshafen
EW 9100
ℹ Tel (0 62 32) 81 90, Fax 8 19 37
Gemeindeverwaltung
✉ 67354 Am Rathaus 4

Berghausen

✶ Morgenstern

Germesheimer Str. 2 b, **Tel (0 62 32) 80 01**,
Fax 80 28, ✉ 67354, AX ED VA
21 Zi, Ez: 70/35-95/47, Dz: 135/67-180/90, ⌐
WC ⊘, **P**, 🕿, 1⟳18
Auch Zimmer der Kategorie ✶✶ vorhanden.
🍴🍴 Hauptgericht 30/15, Terrasse ✚
geschl.: Di, 19.2.-3.3.01, 9-29.8.01

Mechtersheim

✶✶ Pfälzer Hof

Schwegenheimer Str. 1, **Tel (0 62 32) 81 70**,
Fax 81 71 60, ✉ 67354, AX ED
48 Zi, Ez: 80/40-95/47, Dz: 130/65-150/75, ⌐
WC ⊘, Lift, **P**, 🕿, 7⟳350, Kegeln, Sauna,
Solarium, Restaurant
Auch einfache Zimmer vorhanden.

Römhild 47 ✓

Thüringen / Kreis Hildburghausen
EW 1960
ℹ Tel (03 69 48) 8 81 20, Fax 8 81 22
Verwaltungsgemeinschaft
✉ 98631 Griebelstr. 28

Römhild-Außerhalb (4 km →)

✶ Waldhaus mit Gästehaus Villa Steinsburg

Tel (03 69 48) 8 01 47, Fax 8 01 48, ✉ 98631,
ED
einzeln, 17 Zi, Ez: 70/35-80/40,
Dz: 90/45-130/65, 2 Suiten, ⌐ WC ⊘, 14 ⇔, **P**,
🕿, 2⟳60, Sauna, Restaurant

Römnitz 19 ↖

Schleswig-Holstein
Kreis Herzogtum Lauenburg
EW 66
ℹ Tel (0 45 41) 8 00 20, Fax 80 02 40
Amtsverwaltung
✉ 23909 Fünfhausen 1

✶ Römnitzer Mühle Kiek In

Dorfstr. 32, **Tel (0 45 41) 70 32**, Fax 70 26,
✉ 23909
⚜, 16 Zi, Ez: 90/45, Dz: 140/70, 2 App, ⌐ WC ⊘,
P, 🕿, 1⟳35, Restaurant

Rösrath 43

Nordrhein-Westfalen
Rheinisch-Bergischer Kreis
EW 26000
Ⓘ Tel (0 22 05) 80 21 20, Fax 80 21 31
Gemeindeverwaltung
✉ 51503 Hauptstr. 229

¶¶¶ Klostermühle
Zum Eulenbroicher Auel 15,
Tel (0 22 05) 47 58, Fax 8 78 68, ✉ 51503,
AX DC ED VA
☻, Hauptgericht 40/20, Terrasse, nur abends,
geschl.: Mo, Di, 1 Woche im Jan, 2 Wochen
Jul-Aug

Oberschönrath (5 km →)

¶ Zum Häuschen
Schönrather Str. 141, Tel (0 22 05) 8 17 66,
Fax 8 67 12, ✉ 51503
Hauptgericht 24/12-39/19, Biergarten, **P**, ⊨,
geschl.: Mo, 2.-9.1.01, 2 Wochen im Sommer

Röt siehe Baiersbronn

Roetgen 42

Nordrhein-Westfalen / Kreis Aachen
EW 8000
Ⓘ Tel (0 24 71) 1 80, Fax 18 89
Gemeindeverwaltung
✉ 52159 Hauptstr. 55

¶¶ Zum genagelten Stein
Bundesstr. 2, an der B 258,
Tel (0 24 71) 92 09 90, Fax 9 20 99 20,
✉ 52159, AX DC ED VA
Hauptgericht 43/21, Terrasse, **P**, geschl.: Do, So
abends
✱ 5 Zi, Ez: 110/55-130/65,
Dz: 160/80-200/100, ⊣ WC ⊘, ☎

Rötz 59 ↓

Bayern / Kreis Cham
EW 3600
Ⓘ Tel (0 99 76) 90 20 73, Fax 90 20 75
Tourismusbüro
✉ 92444 Böhmerstraße 18

Hillstett (4 km ←)

✱✱✱ Wutzschleife
City Line & Country Line Hotels
Hillstett 40, Tel (0 99 76) 1 80, Fax 1 81 80,
✉ 92444, AX DC ED VA
♪ ♨, 130 Zi, Ez: 200/100-300/151,
Dz: 320/161-520/261, 60 App, ⊣ WC ⊘, 10 ⊨,
Lift, **P**, 7⊂150, ☺, Sauna, Solarium, Golf,
4 Tennis
Weitläufige Hotelanlage mit Feriendorf
Glasgarten Wutzschleife, bestehend aus 18
Häusern. Auch Zimmer der Kategorie ✱✱
vorhanden.

¶¶ Spiegelstube
Hauptgericht 18/9-36/18, Biergarten

Roggosen 41

Brandenburg
Landkreis Spree-Neiße
EW 630
Ⓘ Tel (03 56 05) 2 17
Gemeindeverwaltung
✉ 03058 Bräsinchener Str. 6

✱ Waldhotel
Dorfstr. 61, Tel (03 56 05) 42 60, Fax 4 05 02,
✉ 03058, ED VA
♪, 34 Zi, Ez: 80/40-95/47, Dz: 120/60-140/70,
⊣ WC ⊘, 8 ⊨, **P**, 1⊂80, Restaurant

Rohlstorf 11 ↙

Schleswig-Holstein
Kreis Segeberg
EW 1000
Ⓘ Tel (0 45 59) 9 97 20, Fax 99 72 27
Amt Wensin
✉ 23827 Segeberger Str. 3

Warder (2 km ←)

✱ Gasthof am See
Seestr. 25, Tel (0 45 59) 18 90, Fax 7 20,
✉ 23821, AX DC ED VA
♪ ♨, 41 Zi, Ez: 130/65-150/75,
Dz: 165/83-185/93, ⊣ WC ⊘, 4 ⊨, Lift, Sauna,
Solarium
Rezeption: 6.30-22, geschl.: 1.-14.1.01
Im Gästehaus Zimmer der Kategorie ✱✱
vorhanden.

🍴🍴 Hauptgericht 18/9, Terrasse, geschl.: 1.-14.1.01

Rohrdorf 72 ↘

Bayern / Kreis Rosenheim
EW 5280
🛈 Tel (0 80 32) 95 64 26, Fax 95 64 50
Gemeinde Rohrdorf
✉ 83101 St-Jakobus-Platz 2

✻ Zur Post

Dorfplatz 14, Tel (0 80 32) 18 30, Fax 58 44, ✉ 83101, AX DC ED VA
110 Zi, Ez: 65/32-88/44, Dz: 86/43-110/55, Lift, 🅿, 🚗, 3🛏150, Restaurant

✻ Christl

Anzengruberstr. 10, Tel (0 80 32) 9 56 50, Fax 95 65 66, ✉ 83101, AX ED VA
27 Zi, Ez: 79/39-90/45, Dz: 112/56-130/65, ⊒ WC ⌀ DFÜ, 🅿, garni

Roigheim 55 ↓

Baden-Württemberg
Kreis Heilbronn
EW 1460
🛈 Tel (0 62 98) 9 20 50, Fax 49 06
Bürgermeisteramt
✉ 74255 Hauptstr. 20

Landgem.im Seckachtal; Hist. Schwefelquelle, Elektromuseum.

🍴 Hägele

Gartenstr. 6, Tel (0 62 98) 52 05, Fax 55 35, ✉ 74255
Hauptgericht 15/7-39/19, Terrasse, Kegeln, 🅿, geschl.: Mo, 25.2.-5.3.01

Rollwald siehe Rödermark

Romrod 45 □

Hessen / Vogelsbergkreis
EW 3050
🛈 Tel (0 66 36) 5 62, Fax 3 24
Stadtverwaltung
✉ 36329 Jahnstr. 2

Erholungsort. Sehenswert: Ev. Kirche; Schloß.

✻✻ Best Western Landhotel Vogelsberg

Kneippstr. 1, Tel (0 66 36) 8 90, Fax 8 94 27, ✉ 36329, AX DC ED VA
☾, 100 Zi, Ez: 80/40-150/75,
Dz: 120/60-160/80, ⊒ WC ⌀ DFÜ, 16 ⛷, Lift, 🅿, 10🛏80, 🚗, Kegeln, Sauna, Solarium, Golf, 3 Tennis, Restaurant

Ronneburg 49 ↖

Thüringen / Kreis Greiz
EW 6100
🛈 Tel (03 66 02) 2 30 44, Fax 2 25 59
Schloß Ronneburg
✉ 07580 Schlosstr. 19

✻ Gambrinus

Markt 40, Tel (03 66 02) 34 20 45, Fax 3 42 06, ✉ 07580
25 Zi, Ez: 80/40, Dz: 100/50-120/60, ⊒ WC ⌀, 🅿, 🚗, 2🛏40, Restaurant

Ronnenberg 26 ✓

Niedersachsen / Kreis Hannover
EW 22000
🛈 Tel (05 11) 4 60 01 81, Fax 4 60 02 98
Stadtverwaltung
✉ 30952 Hansastr. 38

Benthe (4 km ↖)

✻✻ Benther Berg

Vogelsangstr. 18, Tel (0 51 08) 6 40 60, Fax 6 40 60, ✉ 30952, AX DC ED VA
☾ ✸, 67 Zi, Ez: 145/73-188/94,
Dz: 180/90-350/176, ⊒ WC ⌀, Lift, 🅿, 🚗, 4🛏80, 🚗, Sauna
🍴🍴🍴 Hauptgericht 30/15-55/27, Terrasse

Empelde

✻✻ Öhlers

Nenndorfer Str. 64, Tel (05 11) 43 87 20, Fax 4 38 72 72, ✉ 30952, ED VA
30 Zi, Ez: 120/60-180/90, Dz: 160/80-220/110, ⊒ WC ⌀, Lift, 🅿, 2🛏80, Restaurant

Ronshausen 46 ↑

Hessen / Kreis Hersfeld-Rotenburg
EW 2700
🛈 Tel (0 66 22) 92 31 19, Fax 92 31 29
Verkehrsamt
✉ 36217 Eisenacher Str. 20-22

✱▬▬ Waldhotel Marbach
Berliner Str. 7, Tel (0 66 22) 9 21 40,
Fax 92 14 10, ✉ 36217, AX DC ED VA
37 Zi, Ez: 65/32-100/50, Dz: 100/50-130/65, ⌐
WC ⌀ DFÜ, Lift, P, 🛋, 4⌬110, 🛁, Sauna,
Solarium, Restaurant

Rosbach v. d. Höhe 44 ↘

Hessen / Wetteraukreis
EW 10960
🛈 Tel (0 60 03) 82 20, Fax 8 22 50
Bürgeramt
✉ 61191 Homburger Str. 64

✱▬▬ Hotel Garni
Homburger Str. 84, Tel (0 60 03) 9 12 20,
Fax 91 22 40, ✉ 61191, AX ED VA
22 Zi, Ez: 92/46-135/67, Dz: 148/74-190/95, ⌐
WC ⌀, garni
Rezeption: 6.30-14, 16-22

✱▬▬ Post
Nieder-Rosbacher-Str. 11, Tel (0 60 03) 9 41 00,
Fax 94 10 10, ✉ 61191, AX DC ED VA
12 Zi, Ez: 90/45-135/67, Dz: 130/65-220/110,
1 Suite, 1 App., ⌐ WC ⌀ DFÜ, 6 🛏, P, 2⌬200,
12 Tennis, garni

Rosenberg 62 ↗

Baden-Württemberg / Ostalbkreis
EW 2700
🛈 Tel (0 79 67) 9 00 00, Fax 90 00 50
Gemeindeverwaltung
✉ 73494 Haller Straße 15

🍴🍴▬▬ Landgasthof Adler 🚩
Ellwanger Str. 15, Tel (0 79 67) 5 13,
Fax 71 03 00, ✉ 73494
♨, Hauptgericht 18/9-55/27, P, geschl.: Do, Fr,
3 Wochen im Jan, 3 Wochen im Aug
✱▬▬ ♨, 15 Zi, Ez: 110/55-140/70,
Dz: 160/80-190/95, 3 Suiten, ⌐ WC ⌀, 10 🛏,
🛋

Rosengarten 18 □

Niedersachsen / Kreis Harburg
EW 11000
🛈 Tel (0 41 08) 4 33 30, Fax 43 33 39
Gemeindeverwaltung
✉ 21224 Bremer Str. 42

Nenndorf

✱▬▬ Rosenhof
Rußweg 6, Tel (0 41 08) 71 81, Fax 75 12,
✉ 21224, AX DC ED VA
♪, 10 Zi, Ez: 90/45, Dz: 150/75, ⌐ WC ⌀,
2⌬90, Restaurant

Sieversen

✱✱▬▬ Ringhotel Holst
Hauptstr. 29, Tel (0 41 08) 59 10, Fax 59 12 98,
✉ 21224, AX DC ED VA, Ⓢ
66 Zi, Ez: 145/73-175/88, Dz: 195/98-225/113,
3 Suiten, 3 App., ⌐ WC ⌀, 6 🛏, Lift, P, 🛋,
14⌬90, 🛁, Kegeln, Sauna, Solarium
Auch Zimmer der Kategorie ✱ vorhanden.
🍴▬▬ Hauptgericht 17/8-50/25, Biergarten

Tötensen

✱▬▬ Rosengarten
Woxdorfer Weg 2, Tel (0 41 08) 59 50,
Fax 5 95 81, ✉ 21224, AX DC ED VA
29 Zi, Ez: 130/65, Dz: 160/80-180/90, 1 Suite,
22 App., ⌐ WC ⌀, P, 🛋, 4⌬30, Sauna,
Restaurant
Langzeitvermietung möglich. Im 100m
entfernten Appartementhaus Zimmer der
Kategorie **✱✱**.

Rosengarten 62 ↑

Baden-Württemberg
Kreis Schwäbisch Hall
EW 5100
🛈 Tel (07 91) 95 01 70, Fax 9 50 17 27
Bürgermeisteramt
✉ 74538 Hauptstr. 39

Sehenswert: Spätgotische Pfarrkirche in Rieden;
Schloß in Tullau; Kirchhofkapelle in Westheim.

Westheim

🛏▬▬ Landgasthof Rössle
Marktplatz 1, Tel (07 91) 5 16 07, Fax 5 61 96,
✉ 74538, ED
10 Zi, Ez: 60/30-75/37, Dz: 100/50-140/70,
4 App., ⌐ WC ⌀, P, 2⌬60, Golf, 4 Tennis,
Restaurant

Rosenheim 72 →

Bayern
EW 60000
🛈 Tel (0 80 31) 3 65 90 61, Fax 3 65 90 60
Touristinfo
✉ 83022 Kufsteiner Str. 4

** Panorama Cityhotel
Brixstr. 3, Tel (0 80 31) 30 60, Fax 30 64 15,
✉ 83022, AX DC ED VA
89 Zi, Ez: 125/62-160/80, Dz: 160/80-195/98,
2 App, ⌑ WC ✆ DFÜ, 32 🛏, Lift, P, 🅷,
6⌬150, garni

* Parkhotel Crombach
Kufsteiner Str. 2, Tel (0 80 31) 35 80,
Fax 3 37 27, ✉ 83022, AX DC ED VA
59 Zi, Ez: 138/69-218/109, Dz: 198/99-238/119,
3 App, ⌑ WC ✆, 14 🛏, Lift, P, 🅷, 2⌬140,
Restaurant

* Wendelstein
Bahnhofstr. 4, Tel (0 80 31) 3 30 23,
Fax 3 30 24, ✉ 83022, AX DC ED VA
34 Zi, Ez: 105/52, Dz: 170/85, ⌑ WC ✆, Lift, P,
1⌬20, Sauna, Solarium
Auch Zimmer der Kategorie ** vorhanden.
🍴 Hauptgericht 16/8

Zum Santa
Max-Josefs-Platz 20, Tel (0 80 31) 3 41 21,
Fax 38 08 87, ✉ 83022, AX DC ED VA
🍷, Hauptgericht 15/7-45/22

Heilig Blut (2 km ↓)

* Fortuna
Hochplattenstr. 42, Tel (0 80 31) 61 63 63,
Fax 61 63 64 00, ✉ 83026, AX DC ED VA
17 Zi, Ez: 95/47-160/80, Dz: 135/67-160/80, ⌑
WC ✆ DFÜ, P, 🅷
Italienische Küche.
🍴 Hauptgericht 23/11-37/18, geschl.: Di

Rossau 50 ↑

Sachsen / Kreis Mittweida
EW 3800
🛈 Tel (0 37 27) 28 04, Fax 28 06
Mittweida-Information
✉ 09648 Rochlitzer Str. 58

* Rossau
Hauptstr. 131, Tel (0 37 27) 21 14, Fax 20 50,
✉ 09661, AX DC VA
♪, 36 Zi, Ez: 85/42-105/52, Dz: 140/70-150/75,
⌑ WC ✆, P, 2⌬50, Sauna, Solarium

🍴 Rossauer Stube
Hauptgericht 14/7-28/14, Terrasse

Roßbach 43 □

Rheinland-Pfalz / Kreis Neuwied
EW 1330
🛈 Tel (0 26 38) 40 17, Fax 66 88
Touristik-Information
✉ 56588 Neuwieder Str. 61

* Strand-Café
Neustadter Str. 9, Tel (0 26 38) 9 33 90,
Fax 93 39 39, ✉ 53547
♪ 🍷, 24 Zi, Ez: 62/31-100/50,
Dz: 110/55-152/76, 2 Suiten, ⌑ WC ✆ DFÜ, P,
2⌬50, Restaurant
geschl.: 20.11.-15.12.00, 10.1.-18.2.01

Roßdorf 54 ↗

Hessen / Kreis Darmstadt-Dieburg
EW 11120
🛈 Tel (0 61 54) 80 81 10, Fax 80 88 21 10
Hauptamt der Gemeinde
✉ 64380 Erbacher Str. 1

** Aron
Arheiliger Weg 9, Tel (0 61 54) 80 03 50,
Fax 80 03 52, ✉ 64380, AX DC ED VA
67 Zi, Ez: 125/62-250/125, Dz: 145/73-280/141,
⌑ WC ✆, 10 🛏, P, 🅷, 4⌬90, Restaurant

Bessunger Forst

** Bessunger Forst
Darmstädterstr. 90, Tel (0 61 54) 60 80,
Fax 60 81 11, ✉ 64380, AX DC ED VA
57 Zi, Ez: 110/55-150/75, Dz: 160/80-190/95,
4 Suiten, ⌑ WC ✆ DFÜ, 19 🛏, Lift, P, 4⌬100,
Sauna, Solarium

🍴 Landgasthof Spitzenwirt
Hauptgericht 18/9-40/20

Roßhaupten 70 ↘

Bayern / Kreis Ostallgäu
EW 2000
🛈 Tel (0 83 67) 3 64, Fax 12 67
Verkehrsamt Roßhaupten
✉ 87672 Hauptstr. 10

* Kaufmann
Füssener Str. 44, Tel (0 83 67) 9 12 30,
Fax 12 23, ✉ 87672, AX ED
♪ 🍷, 7 Zi, Ez: 87/43-97/48, Dz: 154/77-174/87,
1 Suite, 1 App, ⌑ WC ✆, 3 🛏, P, 🅷, Sauna,
Solarium, Restaurant
geschl.: 15.1.-25.2.00

Roßlau

Roßlau 39

Sachsen-Anhalt
Landkreis Anhalt-Zerbst
EW 15000
🛈 Tel (0 34 91 01) 8 24 67, Fax 8 24 67
Stadtinformation
✉ 06862 Südstr. 9

✱ Astra

Hauptstr. 128, Tel **(0 34 91 01) 6 20**, Fax 6 21 00,
✉ 06862
51 Zi, Ez: 109/54, Dz: 139/70, ⌐ WC ⓒ, 12 ⚓,
Lift, 3⇆70, Sauna, Restaurant

Rostock 12

Mecklenburg-Vorpommern
EW 205800
🛈 Tel (03 81) 3 81 22 22, Fax 3 81 26 02
Tourismuszentrale
✉ 18055 Neuer Markt 3

siehe auch Sievershagen

✱✱✱ Sonne

Neuer Markt 2, Tel **(03 81) 4 97 30**,
Fax 4 97 33 51, ✉ 18055, AX DC ED VA, ⓢ
124 Zi, Ez: 165/83-295/148,
Dz: 219/110-375/188, 10 Suiten, ⌐ WC ⓒ DFÜ,

56 ⌂, Lift, 🅿, 5⌇350, Fitnessraum, Sauna, Solarium
Auch Zimmer der Kategorie ★★★★ vorhanden.

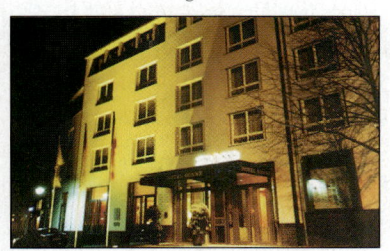

🍴🍴 Reuters
Hauptgericht 25/12-39/19, Terrasse, 🅿

★★★ Courtyard by Marriott
Kröpeliner / Schwaansche Str. 6,
Tel (03 81) 4 97 00, Fax 4 97 07 00, ✉ 18055,
AX DC ED VA, Ⓢ
150 Zi, Ez: 175/88-225/113,
Dz: 175/88-245/123, ⌐ WC ⓒ DFÜ, 49 ⌂, Lift,
8⌇160, Fitnessraum, Sauna, Solarium

🍴🍴 Fischer's Fritze
Hauptgericht 20/10-30/15

★★ Radisson SAS
Lange Str. 40 (A 1), Tel (03 81) 4 59 70,
Fax 4 59 78 00, ✉ 18055, AX DC ED VA, Ⓢ
🕭, 338 Zi, Ez: 145/73-175/88,
Dz: 165/83-185/93, 7 Suiten, ⌐ WC ⓒ, 87 ⌂,
Lift, 🅿, 🏠, 10⌇350

🍴🍴 Malmö
Hauptgericht 25/12-45/22

★★ Nordland
Steinstr. 7 (B 2), Tel (03 81) 4 92 22 85,
Fax 4 92 37 06, ✉ 18055, AX DC ED VA
38 Zi, Ez: 120/60-135/67, Dz: 160/80-175/88,
⌐ WC ⓒ, Lift, 2⌇50, Sauna, Solarium

★ InterCityHotel
Herweghstr. 51 (A 3), Tel (03 81) 4 95 00,
Fax 4 95 09 99, ✉ 18055, AX DC ED VA, Ⓢ
171 Zi, Ez: 138/69-180/90, Dz: 158/79-220/110,
3 Suiten, ⌐ WC ⓒ DFÜ, 80 ⌂, Lift, 🅿, 6⌇100,
Restaurant

Zur Kogge
Wokrenterstr. 27, Tel (03 81) 4 93 44 93,
Fax 4 93 44 93, ✉ 18055, AX DC ED VA
🍴, Hauptgericht 18/9
Nautische Ausstattung von 1856.

Brinckmansdorf (3 km →)

★ Ringhotel TriHotel Am Schweizer Wald
Tessiner Str. 103, Tel (03 81) 6 59 70,
Fax 6 59 76 00, ✉ 18055, AX DC ED VA, Ⓢ
101 Zi, Ez: 149/75-179/90, Dz: 195/98-248/124,
⌐ WC ⓒ DFÜ, 14 ⌂, Lift, 🅿, 🏠, 15⌇155, ⌂,
Sauna, Solarium, Restaurant

Dierkow

★ Landhaus Dierkow
Gutenbergstr. 5, Tel (03 81) 6 58 00,
Fax 6 58 01 00, ✉ 18146, ED VA
45 Zi, Ez: 99/49-125/62, Dz: 139/70, 2 App, ⌐
WC ⓒ DFÜ, 10 ⌂, 🅿, 1⌇26, Restaurant

Reutershagen (2 km ←)

★ Elbotel
Fritz-Triddelfitz-Weg 2, Tel (03 81) 8 08 80,
Fax 8 08 87 08, ✉ 18069, AX DC ED VA
99 Zi, Ez: 120/60, Dz: 150/75, 9 Suiten, ⌐ WC
ⓒ DFÜ, 20 ⌂, Lift, 🅿, 2⌇50, Sauna, Solarium,
Restaurant

Warnemünde (12 km ↑, Seebad)

★★★ Strand-Hotel Hübner
Seestr. 12, Tel (03 81) 5 43 40, Fax 5 43 44 44,
✉ 18119, AX DC ED VA, Ⓢ
🕭, 89 Zi, Ez: 198/99-430/216,
Dz: 238/119-470/236, 6 Suiten, ⌐ WC ⓒ DFÜ,
29 ⌂, Lift, 🅿, 🏠, 5⌇100, Fitnessraum, Sauna,
Solarium

🍴🍴 Hauptgericht 30/15, Terrasse

★★★ Neptun
Seestr. 19, Tel (03 81) 77 70, Fax 5 40 23,
✉ 18119, AX DC ED VA, Ⓢ
🕭, 325 Zi, Ez: 199/100-350/176,
Dz: 299/150-450/226, 10 Suiten, ⌐ WC ⓒ,
50 ⌂, Lift, 🅿, 🏠, 10⌇600, ⌂, Fitnessraum,
Kegeln, Sauna, Solarium
Auch Zimmer der Kategorie ★★ und einfachere
Zimmer vorhanden.

Rostock

🍴🍴 Kranich
§, Hauptgericht 28/14-38/19, Terrasse

✱✱ Am Leuchtturm
Am Leuchtturm 16, Tel (03 81) 5 43 70,
Fax 54 37 12, ✉ 18119, AX DC ED VA
§, 29 Zi, Ez: 175/88-210/105,
Dz: 195/98-350/176, 1 Suite, 4 App, ⌐ WC ⌀,
10 ⇌, Lift, 1⤳40, Restaurant

✱✱ Best Western Hanse Hotel
Parkstr. 51, Tel (03 81) 54 50, Fax 5 45 30 06,
✉ 18119, AX DC ED VA, Ⓢ
§, 5 Zi, Ez: 160/80-220/110,
Dz: 185/93-245/123, 6 Suiten, 61 App, ⌐ WC
⌀, Lift, P, 1⤳50, Fitnessraum, Sauna,
Solarium, Restaurant

✱✱ Kurparkhotel
Kurhausstr. 4, Tel (03 81) 51 98 90,
Fax 5 19 89 38, ✉ 18119, AX DC ED VA
14 Zi, Ez: 200/100, Dz: 240/120-280/141,
4 Suiten, ⌐ WC ⌀ DFÜ, Lift, P, Sauna,
Solarium, Restaurant
Auch Zimmer der Kategorien ✱ und ✱✱✱
vorhanden.

✱ Warnemünde
Kirchenplatz, Tel (03 81) 5 12 16, Fax 5 20 54,
✉ 18119, AX DC ED VA
20 Zi, Ez: 115/57-145/73, Dz: 130/65-160/80,
⌐ WC ⌀, Restaurant

🍴 Atlantic
Am Strom 107, Tel (03 81) 5 26 55,
Fax 5 26 05, ✉ 18119, AX ED VA
Hauptgericht 25/12, Terrasse, P

🍴🍴 Il Ristorante Atlantic   ✚
Tel 5 26 74
§, Hauptgericht 33/16, nur abends

🍴 Meyer's Mühle
Mühlenstr. 44, Tel (03 81) 5 42 50,
Fax 5 19 27 64, ✉ 18119, AX ED VA
☺, Hauptgericht 17/8-43/21, Terrasse,
Biergarten, P

Warnemünde-Diedrichshagen (2 km ←)

✱✱ Warnemünder Hof
City Line & Country Line Hotels
Stolteraer Weg 8, Tel (03 81) 5 43 00,
Fax 5 43 04 44, ✉ 18119, AX DC ED VA, Ⓢ
♪, 91 Zi, Ez: 165/83-195/98,
Dz: 195/98-220/110, ⌐ WC ⌀, 38 ⇌, Lift, P,
6⤳120, Sauna, Solarium, Restaurant
Auch Zimmer der Kategorie ✱✱✱ vorhanden.

✱✱ Wilhelmshöhe
Waldweg 1, Tel (03 81) 54 82 80,
Fax 5 48 28 66, ✉ 18119
♪ §, 16 Zi, Ez: 85/42-100/50,
Dz: 130/65-200/100, 5 Suiten, ⌐ WC ⌀, P,
Seezugang, Sauna, Restaurant
Landhaus im Naturschutzgebiet Stoltera. Auch
Zimmer der Kategorie ✱✱✱ vorhanden.

✱ Landhotel Immenbarg
Groß-Kleiner-Weg 19, Tel (03 81) 77 69 30,
✉ 18109, AX ED VA
Ez: 100/50-150/75, Dz: 160/80-180/90, ⌐ WC
⌀, Lift, P, Sauna, Restaurant
Auch Zimmer der Kategorie ✱✱ vorhanden.

✱ Landhaus Frommke
Stolteraaer Weg 3, Tel (03 81) 5 19 19 04,
Fax 5 19 19 05, ✉ 18119, AX ED VA
♪, 9 Zi, Ez: 100/50-140/70, Dz: 140/70-170/85,
⌐ WC ⌀, P, 🏠, 🏠, Fitnessraum, Kegeln,
Sauna, Solarium, garni

Warnemünde-Markgrafenheide (3 km →)

✱✱ Godewind
Warnemünder Str. 5, Tel (03 81) 60 95 70,
Fax 60 95 71 11, ✉ 18146, ED VA
48 Zi, Ez: 111/55-150/75, Dz: 130/65-185/93,
11 App, ⌐ WC ⌀, 15 ⇌, Lift, P, 2⤳26, 🏠,
Sauna, Solarium, Restaurant
Auch Zimmer der Kategorie ✱ vorhanden.

✱ Dünenhotel Niendorf
Waldsiedlung 8, Tel (03 81) 2 06 60,
Fax 2 06 61 99, ✉ 18146, AX DC ED VA
21 Zi, Ez: 89/44-140/70, Dz: 120/60-199/100, ⌐
WC ⌀, P, 1⤳25, Seezugang, Golf, Restaurant

✱ Markgraf
Warnemünder Str. 1, Tel (03 81) 66 99 88,
Fax 66 99 87, ✉ 18146, ED VA
35 Zi, Ez: 99/49-115/57, Dz: 120/60-180/90, ⌐
WC ⌀ DFÜ, P, 1⌀40, Sauna, Solarium,
Restaurant
Rezeption: 17-22

Rot an der Rot 70 ↖

Baden-Württemberg / Kreis Biberach
EW 4320
🛈 Tel (0 83 95) 9 40 50, Fax 94 05 30
Gemeindeverwaltung
✉ 88430 Klosterhof 14

✱ Landhotel Seefelder
Theodor-Her-Str. 11, Tel (0 83 95) 9 40 00,
Fax 94 00 50, ✉ 88430, AX DC ED VA
23 Zi, Ez: 85/42-94/47, Dz: 130/65-158/79, ⌐
WC ⌀, 1 ⌙, P, 3⌀100, Kegeln, Sauna

¶ Klosterkeller
Hauptgericht 10/5-30/15, Terrasse, geschl.: Di

Rotenburg a. d. Fulda 46 ↑

Hessen / Kreis Hersfeld-Rotenburg
EW 15000
🛈 Tel (0 66 23) 55 55, Fax 93 31 63
Verkehrs- und Kulturamt
✉ 36199 Marktplatz 15

Luftkurort, romant. Waldlage, hist. Innenstadt,
Kirchen, Schloss, Campingpl., Frei- u. Hallenbäder.

✱✱✱ Meirotels Rodenberg
Hans-Meise-Str. 98, Tel (0 66 23) 88 11 00,
Fax 88 84 10, ✉ 36199, AX DC ED VA
§, 186 Zi, Ez: 140/70-195/98,
Dz: 220/110-285/143, 10 Suiten, ⌐ WC ⌀ DFÜ,
27 ⌙, Lift, P, ☏, 15⌀300, ≋, ⌂, Kegeln,
Sauna, Solarium
Im Meirotels Kongresszentrum auch Zimmer der
Kategorie ✱✱ vorhanden. Direkter Zugang zum
Felsen-Erlebnisbad.

¶¶¶ Zinne
§, Hauptgericht 30/15

✱✱ Meirotels zur Post
Poststr. 20, Tel (0 66 23) 93 10, Fax 93 14 15,
✉ 36199, AX DC ED VA
68 Zi, Ez: 110/55, Dz: 158/79, 3 App, ⌐ WC ⌀
DFÜ, 14 ⌙, Lift, P, ☏, 7⌀200, Restaurant

✱ Landhaus Silbertanne
Am Wäldchen 2, Tel (0 66 23) 9 22 00,
Fax 92 20 99, ✉ 36199, AX DC ED VA
♪ §, 26 Zi, Ez: 75/37-106/53,
Dz: 122/61-172/86, ⌐ WC ⌀ DFÜ, 8 ⌙, P,
2⌀60
Rezeption: 7-1, geschl.: 2.-24.1.01

¶¶ Leineweberstube
Hauptgericht 34/17, Terrasse, Biergarten,
geschl.: 2.-24.1.01

☕ Café Iris im Hotel Rodenberg
Panoramastr. 98, Tel (0 66 23) 88 11 00,
Fax 88 84 10, ✉ 36199, AX DC ED VA
Kegeln, P

Rotenburg (Wümme) 17 ↘

Niedersachsen / Kreis Rotenburg
EW 21470
🛈 Tel (0 42 61) 7 11 00, Fax 7 11 47
Informationsbüro
✉ 27356 Große Str. 1

✱✱✱✱ Landhaus Wachtelhof ♛
Gerberstr. 6, Tel (0 42 61) 85 30, Fax 85 32 00,
✉ 27356, AX DC ED VA
♪, 36 Zi, Ez: 270/135-290/146,
Dz: 370/186-390/196, 2 Suiten, ⌐ WC ⌀ DFÜ,
Lift, P, ☏, 5⌀120, ⌂, Sauna, Solarium, Golf
Auch Zimmer der Kategorie ✱✱✱ vorhanden.

¶¶¶ L'Auberge
Hauptgericht 45/22-50/25, Terrasse

Waffensen

✱ Taranga
Zum Glockenturm, Tel (0 42 68) 93 05 00,
Fax 93 05 90, ✉ 27356
37 Zi, Ez: 80/40-100/50, Dz: 110/55-150/75,
1 App., ⌐ WC ⌀ DFÜ, 28 ⊭, P, 6⊃100,
Restaurant

Waffensen-Außerhalb (6 km ←)

¶¶ Lerchenkrug
an der B 75, Tel (0 42 68) 3 43, Fax 15 46,
✉ 27356, AX DC ED VA
Hauptgericht 24/12-48/24, Terrasse,
Gartenlokal, P, geschl.: Mo, Di, 1.-14.1.01,
11.-31.7.01

Roth 57 ↓

Bayern
EW 25000
🛈 Tel (0 91 71) 84 83 30, Fax 84 83 33
Tourist-Information
✉ 91154 Hauptstr. 1 im Schloß Ratibor

¶¶ Ratsstuben Schloß Ratibor ✤
Hauptstr. 1, Tel (0 91 71) 68 87, Fax 68 54,
✉ 91154, AX ED VA
Hauptgericht 26/13-38/19, Terrasse, geschl.: Mo

Rothaurach

✱ Böhm
Schwabacher Str. 1-3, Tel (0 91 71) 9 71 50,
Fax 6 35 65, ✉ 91154, AX ED VA
33 Zi, Ez: 85/42-95/47, Dz: 115/57-135/67, ⌐
WC ⌀ DFÜ, 6 ⊭, P, 2⊃20, Fitnessraum,
Sauna, Solarium, Restaurant
Rezeption: 6.30-23, geschl.: 8.-29.1.01,
6.-24.8.01

Rothenberg 55 ✓

Hessen / Odenwaldkreis
EW 2600
🛈 Tel (0 62 75) 9 13 10, Fax 91 31 31
Gemeindeverwaltung
✉ 64757 Hauptstr. 23

✱ Hirsch
Schulstr. 3-7, Tel (0 62 75) 9 13 00,
Fax 91 30 16, ✉ 64757, ED VA
☽, 30 Zi, Ez: 75/37-90/45, Dz: 115/57-145/73,
⌐ WC ⌀ DFÜ, 8 ⊭, Lift, P, ⌂, 2⊃40, Kegeln,
Sauna, Solarium, Restaurant

Rothenbuch 55 ↑

Bayern / Kreis Aschaffenburg
EW 2000
🛈 Tel (0 60 94) 94 00, Fax 9 40 23
Gemeindeverwaltung
✉ 63860 Schulstr. 4

✱✱ Schloßhotel Rothenbuch
Schulstr. 1, Tel (0 60 94) 94 40, Fax 94 44 44,
✉ 63860, ED VA
☽, 38 Zi, Ez: 109/54-220/110,
Dz: 178/89-300/151, ⌐ WC ⌀ DFÜ, 20 ⊭, P,
5⊃150, Sauna, Solarium
geschl.: 3.-10.1.01, 5.-15.8.01
¶¶ ¶¶ ☽, Hauptgericht 18/9-42/21, Terrasse,
Biergarten, geschl.: 3.-10.1.01, 5.-15.8.01

Rothenburg ob der Tauber 56 ↓

Bayern / Kreis Ansbach
EW 12000
🛈 Tel (0 98 61) 4 04 92, Fax 8 68 07
Rothenburg Tourismus Service
✉ 91541 Marktplatz 2

✱✱ Eisenhut
European Castle
Herrngasse 3 (A 2), Tel (0 98 61) 70 50,
Fax 7 05 45, ✉ 91541, AX DC ED VA
☽, 79 Zi, Ez: 215/108-370/186,
Dz: 300/151-395/198, 3 Suiten, ⌐ WC ⌀, 5 ⊭,
Lift, P, ⌂, 4⊃80
geschl.: 3.1.-13.2.01
Das Hotel besteht aus vier Patrizierhäusern aus
dem 15. und 16. Jh.. Auch Zimmer der
Kategorien ✱ und ✱✱✱ vorhanden.
¶¶ ¶¶ ¶¶ Hauptgericht 40/20, Terrasse,
Biergarten, geschl.: 3.-13.1.01

✱✱ Silence-Burghotel
Klostergasse 1-3 (A 1), Tel (0 98 61) 9 48 90,
Fax 94 89 40, ✉ 91541, AX DC ED VA
☽ ⚘, 15 Zi, Ez: 160/80-180/90,
Dz: 210/105-300/151, 5 Suiten, ⌐ WC ⌀, 11 ⊭,
⌂, garni
Im Klostergarten gelegen.

✱✱ Prinzhotel Rothenburg
An der Hofstatt 3 (B 2), Tel (0 98 61) 97 50,
Fax 9 75 75, ✉ 91541, AX DC ED VA
51 Zi, Ez: 150/75-225/113, Dz: 195/98-245/123,
1 Suite, ⌐ WC ⌀ DFÜ, Lift, Restaurant
Rezeption: 6.30-23
Auch Zimmer der Kategorie ✱ vorhanden.

✱✱ Zum Rappen
Vorm Würzburger Tor 10 (C 1),
Tel (0 98 61) 9 57 10, Fax 60 76, ✉ 91541,
AX DC ED VA

Rothenburg ob der Tauber

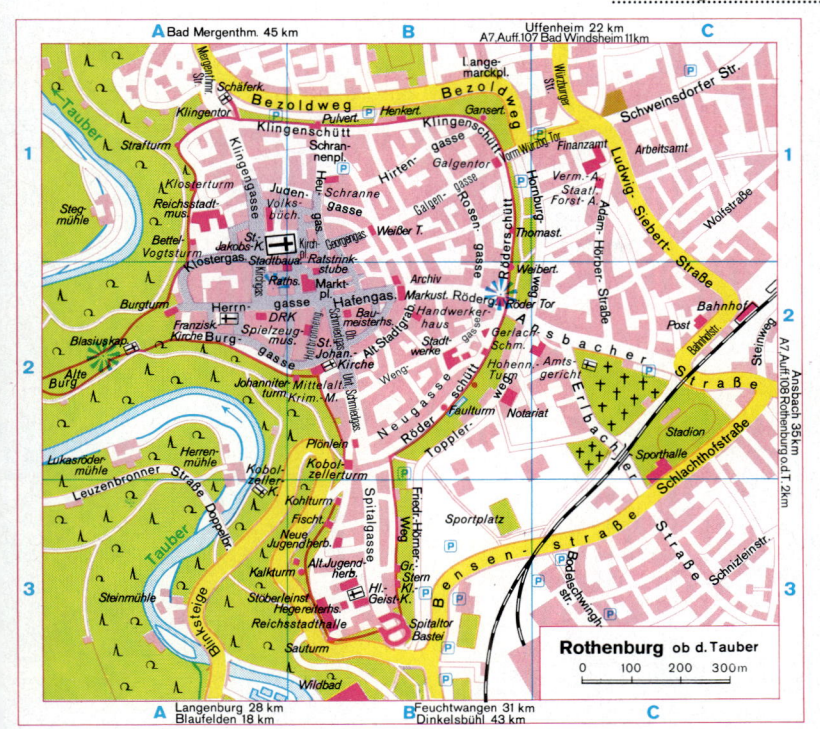

35 Zi, Ez: 115/57-195/98, Dz: 170/85-250/125,
⊿ WC ⓒ, Lift, **P**, 3🐕300, Restaurant
Im Gästehaus Gasthof zum Rappen Zimmer der
Kategorie ✱ vorhanden.

✱✱ Meistertrunk

Herrngasse 26 (A 2), **Tel** (0 98 61) 60 77,
Fax 12 53, ✉ 91541, AX DC ED VA
15 Zi, Ez: 100/50-120/60, Dz: 140/70-250/125,
2 Suiten, ⊿ WC ⓒ, Lift, **P**, Golf
Auch Zimmer der Kategorie ✱ vorhanden.

🍴 Hauptgericht 12/6-35/17, Terrasse,
geschl.: 10.1.-1.3.01

✱✱ Romantik Hotel Markusturm

Rödergasse 1 (B 2), **Tel** (0 98 61) 9 42 80,
Fax 26 92, ✉ 91541, AX DC ED VA
25 Zi, Ez: 160/80-320/161,
Dz: 220/110-370/186, ⊿ WC ⓒ, **P**, 🏠
Im Gästehaus Spitzweg auch einfachere Zimmer
vorhanden.

🍴 Hauptgericht 23/11-39/19, geschl.: Di

✱ Tilman Riemenschneider

Georgengasse 11 (B 1), **Tel** (0 98 61) 97 90,
Fax 29 79, ✉ 91541, AX DC ED VA
60 Zi, Ez: 160/80-330/166,
Dz: 200/100-420/211, 1 Suite, ⊿ WC ⓒ, Lift, **P**,
🏠, 4🐕60, Sauna, Solarium
Auch einfachere Zimmer vorhanden.

🍴 Hauptgericht 22/11-55/27, Terrasse

✱ Best Western Merian

Ansbacher Str. 42 (C 2), **Tel** (0 98 61) 30 96,
Fax 8 67 87, ✉ 91541, AX DC ED VA, Ⓢ
40 Zi, Ez: 95/47-165/83, Dz: 125/62-220/110, ⊿
WC ⓒ DFÜ, 25 ⚑, Lift, **P**, garni

843

Besuchen Sie Käthe Wohlfahrt's Weihnachtsdorf
Rothenburg ob der Tauber

ganzjährig geöffnet

Öffnungszeiten:
Mo. - Fr: 9 -18.30 Uhr
Sa.: 9- 16 Uhr
So.: 11 -18 Uhr*
(*Von Mitte Mai bis 24. Dezember)

Käthe Wohlfahrt
Rothenburg ob der Tauber

Das »Weihnachtsdorf®« bietet Ihnen das ganze Jahr die weltweit größte Auswahl an traditionellem deutschen Weihnachtsschmuck. Erleben Sie in einem faszinierenden Ambiente die Freude am Fest.

Das unvergessliche Einkaufserlebnis für die ganze Familie

Käthe Wohlfahrt GmbH & Co. KG
Herrngasse 1
91541 Rothenburg o. d.Tauber
Telefon: 098 61 / 40 90
Telefax: 098 61 / 40 94 10
http://www.wohlfahrt.com
e-mail: info@wohlfahrt.com

Besuchen Sie auch unsere ganzjährig geöffneten Weihnachtsfachgeschäfte Heidelberg, Oberammergau, Garmisch-Partenkirchen, Rüdesheim Nürnberg und Riquewihr/Frankreich
Wir freuen uns auf Ihren Besuch.

Neueröffnung

Eintritt: DM 5,-
Anmeldung von Gruppen erbeten.
Telefon 09861/409365

Deutsches Weihnachtsmuseum
Rothenburg ob der Tauber

Erleben Sie auf 250 Quadratmetern eine einzigartige Sammlung historischer Weihnachtsdekorationen. Kunstvoller Christbaumschmuck, Nikoläuse, Nussknacker, Räuchermännchen, Papierkrippen, Pyramiden, Leuchterengel... erzählen die Geschichte vergangener Weihnachtsfeste.
Besuchen Sie jetzt das erste ganzjährig geöffnete Deutsche Weihnachtsmuseum.

Öffnungszeiten: täglich von 9.00 bis 18.00 Uhr*
*vom 15.1. bis 16.4.2001 nur an den Wochenenden geöffnet.

Deutsches Weihnachtsmuseum Rothenburg ob der Tauber GmbH · Herrngasse 1 · 91541 Rothenburg o. d. Tauber

* ▅▅▅▅ **Mittermeier**
Vorm Würzburger Tor 9 (C 1),
Tel (0 98 61) 9 45 40, Fax 94 54 94, ✉ 91541,
AX DC ED VA
19 Zi, Ez: 100/50-130/65, Dz: 130/65-250/125,
3 Suiten, ⌐ WC ⌀ DFÜ, 3 ⇚, Lift, **P**, 🏠, ⌂,
Sauna
 🍴🍴 ▅▅▅▅ Hauptgericht 24/12-42/21 ✚
Terrasse, geschl.: So

* ▅▅▅▅ **Klosterstüble**
Heringsbronnengasse 5 (A 2),
Tel (0 98 61) 67 74, Fax 64 74, ✉ 91541, ED VA
12 Zi, Ez: 100/50, Dz: 150/75-180/90, 1 App, ⌐
WC, Restaurant
Auch einfachere Zimmer vorhanden.

* ▅▅▅▅ **Ringhotel Glocke**
Plönlein 1 (B 2), **Tel (0 98 61) 95 89 90**,
Fax 9 58 99 22, ✉ 91541, AX DC ED VA, Ⓢ
24 Zi, Ez: 108/54-138/69, Dz: 164/82-194/97,
⌐ WC ⌀, 4 ⇚, 🏠, 1⇌30, Restaurant
geschl.: 23.12.00-7.1.01

* ▅▅▅▅ **Gasthof Goldenes Faß**
Ansbacher Str. 39 (C 2), **Tel (0 98 61) 9 45 00**,
Fax 83 71, ✉ 91541, AX DC ED VA, Ⓢ
30 Zi, Ez: 85/42-140/70, Dz: 130/65-210/105,
1 Suite, ⌐ WC ⌀ DFÜ, 4 ⇚, **P**, 🏠, 1⇌60,
Solarium, Restaurant
Auch einfachere Zimmer vorhanden.

* ▅▅▅▅ **Roter Hahn**
Obere Schmiedgasse 21 (B 2),
Tel (0 98 61) 97 40, Fax 51 40, ✉ 91541,
AX DC ED VA
26 Zi, Ez: 140/70-165/83, Dz: 200/100-295/148,
1 Suite, ⌐ WC ⌀ DFÜ, 4 ⇚, Lift, **P**, 1⇌12,
Restaurant
Auch einfachere Zimmer vorhanden.

🏨 ▅▅▅▅ **Sonne**
Hafengasse 11 (B 2), **Tel (0 98 61) 21 66**,
Fax 89 19, ✉ 91541, DC ED VA
18 Zi, Ez: 70/35, Dz: 130/65, 2 Suiten, ⌐ WC ⌀
DFÜ, 7 ⇚, **P**, 🏠, Restaurant

🍴🍴 ▅▅▅▅ **Louvre** 🍷
Klingengasse 15, **Tel (0 98 61) 8 78 09**,
Fax 48 81, ✉ 91541, AX ED VA
Hauptgericht 39/19, nur abends, geschl.: Mo, So

Rothenfelde, Bad 24 ↓

Niedersachsen / Kreis Osnabrück
EW 7000
🛈 Tel (0 54 24) 18 75, Fax 6 93 51
Tourist-Information
✉ 49214 Salinenstr. 2

** ▅▅▅▅ **Drei Birken**
Birkenstr. 3, **Tel (0 54 24) 64 20**, Fax 6 42 89,
✉ 49214, AX DC ED VA
39 Zi, Ez: 90/45-120/60, Dz: 130/65-150/75,
1 Suite, 10 App, ⌐ WC ⌀, Lift, **P**, 🏠, 2⇌26,
⌂, Sauna, Solarium, Restaurant

* ▅▅▅▅ **Dreyer**
Salinenstr. 7, **Tel (0 54 24) 2 19 00**,
Fax 21 90 29, ✉ 49214, ED VA
16 Zi, Ez: 70/35-100/50, Dz: 110/55-120/60,
3 App, ⌐ WC ⌀, 2 ⇚, **P**, 🏠, garni
Rezeption: 7-20

Rottach-Egern 72 ↓

Bayern / Kreis Miesbach
EW 6900
🛈 **Tel (0 80 22) 67 13 41**, Fax 67 13 47
Kuramt
✉ 83700 Nördliche Hauptstr. 9

Heilklimatischer Kurort am Tegernsee. Sehenswert: Kath. Kirche; Wallberg (Seilbahn), 1722 m
(7 km + 30 Min ↓).

**** ▅▅▅▅ **Bachmair am See
mit Gästehaus Alpina**
Seestr. 47, **Tel (0 80 22) 27 20**, Fax 27 27 90,
✉ 83700, AX DC ED
♪ ✻, 203 Zi, Ez: 205/103-335/168,
Dz: 380/191-500/251, 75 Suiten, ⌐ WC ⌀, Lift,
P, 🏠, 5⇌220, ≋, ⌂, Kegeln, Sauna, Solarium,
Golf
Hotelkomplex mit mehreren Gebäuden. Auch
Zimmer der Kategorie ***** vorhanden.
Preise inkl. Halbpension.

🍴🍴🍴 ▅▅▅▅ **Terrassen-Restaurant**
Hauptgericht 24/12-45/22

Rottach-Egern

✼✼✼ **Parkhotel Egerner Hof**
Aribostr. 19-23, Tel (0 80 22) 66 60,
Fax 66 62 00, ✉ 83700
♪ ⚜, 76 Zi, Dz: 299/150-445/224, 14 Suiten, ⌐
WC Ⓞ, Lift, **P**, 🕿, 3↔55, 🌊, Fitnessraum,
Sauna, Solarium

¶¶ ¶ **Dichter Stube** 🔴
Hauptgericht 58/29, Terrasse, nur abends,
geschl.: Di

¶¶ ¶¶ **Hubertusstüberl**
Hauptgericht 28/14-46/23, nur abends

✼✼ **Walter's Hof**
Seestr. 77, Tel (0 80 22) 27 70, Fax 27 71 54,
✉ 83700, AX DC ED VA
♪ ⚜, 19 Zi, Ez: 145/73-225/113,
Dz: 255/128-325/163, 16 Suiten, ⌐ WC Ⓞ, Lift,
P, 🕿, 2↔90, Sauna, Solarium, Golf
Auch Zimmer der Kategorie ✼✼✼ vorhanden.

¶¶ ¶¶ **Egerer Stadl**
Hauptgericht 12/6-32/16, Terrasse

✼✼ **Haltmair am See**
Seestr. 33, Tel (0 80 22) 27 50, Fax 2 75 64,
✉ 83700
♪ ⚜, 35 Zi, Ez: 75/37-115/57,
Dz: 170/85-205/103, 10 App, ⌐ WC Ⓞ, Lift,
🕿, 1↔15, Sauna, Solarium, Golf, garni
Auch Zimmer anderer Kategorien vorhanden.

Weißach (1 km ←)

¶¶ ¶¶ **Laurenzikeller**
Wiesseer Str. 1, ✉ 83700
nur abends, Sa, so+feiertags auch mittags

✼✼ **Parkresidenz Weißach**
Tel (0 80 22) 27 80, Fax 27 85 50
50 Zi, Ez: 95/47-160/80, Dz: 195/98-265/133,
2 Suiten
Hotelbetrieb in der Parkresidenz Bachmair-
Weissach am Tegernsee.

Rottenburg am Neckar 61 ↓

Baden-Württemberg / Kreis Tübingen
EW 40000
🛈 Tel (0 74 72) 91 62 36, Fax 91 62 33
Amt für Tourismus
✉ 72108 Marktplatz 18

✼✼✼ **Convita**
Röntgenstr. 38, Tel (0 74 72) 92 90,
Fax 92 98 88, ✉ 72108, AX DC ED VA
60 Zi, Ez: 148/74, Dz: 185/93, 3 Suiten, ⌐ WC
Ⓞ DFÜ, 12 ⛌, Lift, **P**, 🕿, 6↔150

¶¶ ¶¶ **Remus**
Hauptgericht 30/15-38/19, Terrasse, geschl.: Sa
mittags, So abends

✼✼ **Martinshof**
Eugen-Bolz-Platz 5, Tel (0 74 72) 2 10 21,
Fax 2 46 91, ✉ 72108, AX DC ED VA
34 Zi, Ez: 80/40-110/55, Dz: 130/65-145/73, ⌐
WC Ⓞ, Lift, 🕿, 5↔120
geschl.: 16-29.8.00, 15.8.-5.9.01
¶¶ ¶¶ Hauptgericht 28/14, Terrasse, **P**,
geschl.: Mo, 16-29.8.00, 15.8.-5.9.01

✼ **Württemberger Hof**
Tübinger Str. 14, Tel (0 74 72) 9 63 60,
Fax 4 33 40, ✉ 72108, ED VA
16 Zi, Ez: 90/45-95/47, Dz: 145/73-160/80,
2 Suiten, ⌐ WC Ⓞ, 6 ⛌, **P**, Kegeln, Restaurant

Rottendorf 56 ☐

Bayern / Kreis Würzburg
EW 5000
🛈 Tel (0 93 02) 9 09 00, Fax 90 90 30
Gemeindeverwaltung
✉ 97228 Am Rathaus 4

✼ **Zum Kirschbaum**
Würzburger Str. 18, Tel (0 93 02) 9 09 50,
Fax 90 95 20, ✉ 97228, ED VA
40 Zi, Ez: 96/48-120/60, Dz: 132/66-150/75,
1 Suite, ⌐ WC Ⓞ, Lift, **P**, 2↔30
Auch Zimmer der Kategorie ✼✼ vorhanden.
¶¶ Hauptgericht 25/12-38/19

Rotthalmünster 66 ↓

Bayern / Kreis Passau
EW 5140
🛈 Tel (0 85 33) 9 60 00, Fax 96 00 55
Verwaltungsgemeinschaft
✉ 94094 Marktplatz 10

Asbach (4 km ↑)

✼ **Klosterhof St. Benedikt**
Hauptstr. 52, Tel (0 85 33) 20 40, Fax 2 04 44,
✉ 94094
25 Zi, Ez: 54/27-62/31, Dz: 98/49-108/54, ⌐
WC Ⓞ, **P**, 3↔70, garni
geschl.: 15.12.00-28.2.01

Rottweil 68 ↑

Baden-Württemberg
EW 25000
🛈 Tel (07 41) 49 42 80, Fax 49 43 73
Tourist-Information
✉ 78628 Hauptstr. 21

✼✼ **Ringhotel Johanniterbad**
Johannsergasse 12, Tel (07 41) 53 07 00,
Fax 4 12 73, ✉ 78628, AX DC ED VA, Ⓢ

32 Zi, Ez: 105/52-145/73, Dz: 164/82-194/97,
1 Suite, ⇨ WC ⊘ DFÜ, 4 ⊨, Lift, ℙ, 2⇨60
geschl.: 1.-18.1.01
Auch Zimmer der Kategorie ✱ vorhanden.
🍴🍴 Hauptgericht 25/12-40/20, geschl.: So
abends, 1.-18.1.01

✱✱ Romantik Hotel Haus zum Sternen

Hauptstr. 60, Tel (07 41) 5 33 00, Fax 53 30 30,
✉ 78628, AX ED VA
🍷, 14 Zi, Ez: 98/49-150/75,
Dz: 185/93-220/110, 1 Suite, ⇨ WC ⊘, 1 ⊨, 🏠,
1⇨8
Rezeption: 6-13, 16-22
Eines der ältesten Gasthäuser, mit gut
erhaltenen gotischen Elementen im Haus. Auch
Zimmer der Kategorie ✱ vorhanden.
🍴🍴 🍷, Hauptgericht 27/13-37/18, ℙ, nur
abends, geschl.: Mo, 23.10.-5.11.00, 1-4.3.01

✱ Bären

Hochmaurenstr. 1, Tel (07 41) 17 46 00,
Fax 1 74 60 40, ✉ 78628, ED VA
31 Zi, Ez: 100/50-125/62, Dz: 140/70-170/85, ⇨
WC ⊘, 3 ⊨, Lift, ℙ, 🏠, 1⇨40, Sauna,
Solarium
geschl.: 23.12.00-10.1.01
🍴 Hauptgericht 20/10-35/17, geschl.: Sa,
So abends, 23.12.00-10.1.01

✱ Park-Hotel

Königstr. 21, Tel (07 41) 5 34 30, Fax 53 43 30,
✉ 78628, ED VA
15 Zi, Ez: 95/47-130/65, Dz: 160/80-190/95, ⇨
WC ⊘, 8 ⊨
geschl.: 24.12.00-7.1.01
🍴 **Bacchusstube**
Hauptgericht 30/15, Biergarten, geschl.: So,
24.12.00-7.1.01

✱ Lamm

Hauptstr. 45, Tel (07 41) 4 50 15, Fax 4 42 73,
✉ 78628, AX ED VA
11 Zi, Ez: 70/35-100/50, Dz: 95/47-140/70, ⇨
WC ⊘, Lift, ℙ, 🏠, 2⇨80
🍴 Hauptgericht 30/15, geschl.: Mo, 3
Wochen im Aug

Weinstube Grimm

Oberamteigasse 5, Tel (07 41) 68 30, Fax 64 54,
✉ 78628
Hauptgericht 15/7-34/17, Biergarten, ℙ,
geschl.: So, Mo mittags, 3 Wochen im Aug

☕ Café Armleder

Hauptstr. 13, Tel (07 41) 77 48, Fax 4 28 10,
✉ 78628
Terrasse, Biergarten

Rubkow 14 ✓

Mecklenburg-Vorpommern
Kreis Ostvorpommern
EW 822
🛈 Tel (0 39 71) 2 08 10
Amt Ziethen
✉ 17390 Dorfstr. 68 a

Bömitz

✱ Rittergut Bömitz

Dorfstr. 14, Tel (03 97 24) 2 25 40,
Fax 2 25 41, ✉ 17390, AX ED VA
🍷, 18 Zi, Ez: 95/47-105/52, Dz: 140/70-150/75,
3 Suiten, ⇨ WC ⊘, ℙ, 3⇨120
Rittergut aus dem 18. Jh. mit Antiquitäten-
Ausstattung.
🍴🍴 **Hermann Christoph von Hertell**
🍷, Hauptgericht 27/13-34/17, Terrasse

Rubow 19 ↗

Mecklenburg-Vorpommern
Landkreis Parchim
EW 806
🛈 Tel (0 38 66) 8 02 06
Gemeinde Rubow
✉ 19067 Schulstr. 5

Flessenow (5 km ↖)

✱ Seewisch

Am Schweriner See 1 D, Tel (0 38 66) 4 61 10,
Fax 4 61 11 66, ✉ 19067, ED
🌙 🍴, 20 Zi, Ez: 85/42-110/55,
Dz: 130/65-160/80, 3 App, ⇨ WC ⊘, ℙ, 1⇨25,
Sauna, Restaurant

Rudersberg 62 ←

Baden-Württemberg
Rems-Murr-Kreis
EW 11340
🛈 Tel (0 71 83) 3 00 50, Fax 30 05 55
Bürgermeisteramt
✉ 73635 Backnanger Str. 26

Schlechtbach (2 km ↓)

✱✱ Sonne

Heilbronner Str. 70, Tel (0 71 83) 30 59 20,
Fax 30 59 24 44, ✉ 73635, ED VA
43 Zi, Ez: 105/52-145/73, Dz: 158/79-165/83,
2 Suiten, ⇨ WC ⊘ DFÜ, 8 ⊨, Lift, ℙ, 2⇨60,
Fitnessraum, Kegeln, Sauna, Solarium,
Restaurant

Rudolstadt 48 □

Thüringen
EW 30000
🛈 Tel (0 36 72) 42 45 43, Fax 43 12 86
Tourist-Information
✉ 07407 Marktstr. 57

Cumbach

★★ **Am Marienturm**
Marienturm 1, Tel (0 36 72) 4 32 70,
Fax 43 27 85, ✉ 07407, AX DC ED VA
einzeln ♪ ⚜, 29 Zi, Ez: 95/47-115/57,
Dz: 145/73-165/83, ⊐ WC ⏀ DFÜ, 13 🛏, **P**,
1⇌45, Sauna, Solarium, Restaurant

Mörla (3 km ↩)

★ **Gast- und Pensionshaus Hodes mit Gästehaus**
Mörla Nr. 1, Tel (0 36 72) 41 01 01,
Fax 42 45 68, ✉ 07407, AX DC ED VA
14 Zi, Ez: 75/37-85/42, Dz: 110/55-120/60,
1 Suite, ⊐ WC ⏀ DFÜ, 4 🛏, **P**, 2⇌100,
Restaurant

Rückersdorf 57 □

Bayern / Kreis Nürnberger Land
EW 4300
🛈 Tel (09 11) 57 05 40, Fax 5 70 54 40
Gemeindeverwaltung
✉ 90607 Hauptstr. 20

🍴 **Roter Ochsen** ✚
Hauptstr. 57, Tel (09 11) 5 75 57 50,
Fax 5 75 57 51, ✉ 90607, ED
Hauptgericht 24/12-44/22, Terrasse,
Gartenlokal, **P**, geschl.: Di, Fr mittags

Rückholz 70 ↘

Bayern / Kreis Ostallgäu
EW 850
🛈 Tel (0 83 69) 2 27, Fax 2 27
Verkehrsamt
✉ 87494 Ortsstr. 10

Rückholz-Außerhalb (4 km →)

★ **Panorama**
Seeleuten 62, Tel (0 83 64) 2 48, Fax 84 69,
✉ 87494
♪ ⚜, 14 Zi, Ez: 55/27-75/37, Dz: 90/45-130/65,
1 Suite, ⊐ WC, 14 🛏, **P**, 🏠
geschl.: 29.10.-25.12.00

Rüdesheim am Rhein 53 ↗

Hessen / Rheingau-Taunus-Kreis
EW 10300
🛈 Tel (0 67 22) 1 94 33, Fax 34 85
Tourist-Information
✉ 65385 Rheinstr. 16

Weinbauort. Sehensw.: Kirche St. Jakobus;
Brömserburg: Rheingau- u. Weinmuseum;
Brömserhof m. Musikmuseum; Adlerturm; alte
Gassen (Drosselgasse); Burgruine; Ehrenfels (45
Min ↩); Niederwalddenkmal (Seilbahn) 308 m;
Autofähre n. Bingen ab 1. Mai-31. Okt. v. 6-9
Uhr alle 20 Min., v. 9-21 Uhr nach Bedarf.

★★ **Breuer's Rüdesheimer Schloss**
Steingasse 10, Tel (0 67 22) 9 05 00,
Fax 4 79 60, ✉ 65385, AX DC ED VA
20 Zi, Ez: 155/78-195/98, Dz: 180/90-260/130,
1 Suite, ⊐ WC ⏀ DFÜ, Lift, **P**, 🏠, 2⇌40,
Restaurant
geschl.: 23.12.00-6.1.01
Ehem. Zehnthof der Kurfürsten von Mainz mit
Designerausstattung.

★★ **Trapp**
Kirchstr. 7, Tel (0 67 22) 9 11 40, Fax 4 77 45,
✉ 65385, AX DC ED VA
38 Zi, Ez: 99/49-178/89, Dz: 138/69-240/120,
1 Suite, ⊐ WC ⏀, Lift, **P**, 🏠, 1⇌20, Solarium,
Restaurant
geschl.: 20.12.00-1.3.01

★★ **Ringhotel Central-Hotel**
Kirchstr. 6, Tel (0 67 22) 91 20, Fax 28 07,
✉ 65385, AX DC ED VA, Ⓢ
50 Zi, Ez: 111/55-159/80, Dz: 156/78-225/113,
⊐ WC ⏀ DFÜ, 10 🛏, Lift, **P**, 🏠, 1⇌16
geschl.: 17-28.12.00, 2.1.-10.3.01

🍴🍴 **Stiebler's Rauchfang**
Hauptgericht 25/12-32/16, geschl.: Do,
17-28.12.00, 2.1.-10.3.01

★ **Zum Bären Flair Hotel**
Schmidtstr. 24, Tel (0 67 22) 9 02 50,
Fax 90 25 13, ✉ 65385, ED VA
23 Zi, Ez: 122/61-218/109, Dz: 148/74-300/151,
1 App., ⊐ WC ⏀, Lift, **P**, 🏠, 1⇌40, Restaurant
Auch Zimmer der Kategorie ★★ vorhanden.

★ **Aumüller-Traube**
Rheinstr. 6 +9, Tel (0 67 22) 91 40, Fax 15 73,
✉ 65385, AX DC ED VA
115 Zi, Ez: 90/45-180/90, Dz: 140/70-280/141,
1 Suite, ⊐ WC ⏀, 20 🛏, Lift, **P**, 🏠, 1⇌35, 🏠,
Sauna, Restaurant
geschl.: 18.12.00-28.2.01
Auch Zimmer der Kategorie ★★ vorhanden.

✳ Zum Felsenkeller

Oberstr. 41, Tel (0 67 22) 9 42 50, Fax 4 72 02,
✉ 65385, AX ED VA
60 Zi, Ez: 95/47-220/110, Dz: 140/70-220/110,
⊟ WC ⌀ DFÜ, Lift, P, ☎, 1↻50, Restaurant
geschl.: 5.11.00-26.3.01

✳ Rüdesheimer Hof

Geisenheimer Str. 1, Tel (0 67 22) 9 11 90,
Fax 9 11 92 60, ✉ 65385, AX ED VA
35 Zi, Ez: 90/45-140/70, Dz: 130/65-180/90, ⊟
WC ⌀, Lift, P, 1↻12, Restaurant
geschl.: 15.11.-1.12.00, 17.12.-5.3.00

✳ Rheinhotel

Kaiserstr. 1, Tel (0 67 22) 90 30, Fax 90 31 99,
✉ 65385, AX DC ED VA
35 Zi, Ez: 77/38-133/66, Dz: 99/49-164/82, ⊟
WC ⌀, Lift, P, 1↻18, ☎, garni
geschl.: 5.11.00-23.3.01

Rüdesheim am Rhein-Außerhalb (7 km ↘)

✳✳ Jagdschloß Niederwald

Auf dem Niederwald 1, Tel (0 67 22) 7 10 60,
Fax 7 10 66 66, ✉ 65385, AX DC ED VA, Ⓢ
einzeln ☾ ≋, 47 Zi, Ez: 150/75-195/98,
Dz: 240/120-280/141, 3 Suiten, ⊟ WC ⌀, 10 ⇌,
Lift, P, ☎, 3↻65, ☎, Sauna, Solarium,
Restaurant
Rezeption: 7-24
Ehem. Jagdschloß der Herzöge von Nassau und
Fürstbischöfe von Mainz. Im Naturpark
Rheingau/Untertaunus.

Assmannshausen (5 km ←)

✳✳✳ Krone
L'Art de Vivre-Residenz

Rheinuferstr. 10, Tel (0 67 22) 40 30,
Fax 30 49, ✉ 65385, AX DC ED VA
≋ ⌀, 55 Zi, Ez: 175/88-320/161,
Dz: 295/148-395/198, 10 Suiten, ⊟ WC ⌀, 5 ⇌,
Lift, P, ☎, 6↻100, ≋, Sauna
Auch Zimmer der Kategorie ✳✳✳✳ vorhanden.
¶¶ ≋, Hauptgericht 44/22-62/31, Terrasse

✳ Alte Bauernschänke
Nassauer Hof
Minotel

Niederwaldstr. 23, Tel (0 67 22) 4 99 90,
Fax 4 79 12, ✉ 65385, AX ED VA
54 Zi, Ez: 110/55-160/80, Dz: 150/75-250/125,
3 Suiten, ⊟ WC ⌀, Lift, P, 3↻35, Kegeln
geschl.: 15.11.00-15.3.01
Auch Zimmer der Kategorie ✳✳ vorhanden.
¶¶ Hauptgericht 16/8-36/18, Terrasse,
geschl.: 15.11.00-15.3.01

✳ Schön

Rheinuferstr. 4, Tel (0 67 22) 9 06 66 00,
Fax 9 06 66 50, ✉ 65385, ED VA
≋, 25 Zi, Ez: 90/45-135/67, Dz: 145/73-195/98,
2 Suiten, ⊟ WC ⌀, 5 ⇌, Lift, P, ☎
geschl.: 1.11.00-15.3.01
¶ Hauptgericht 27/13-40/20, Terrasse,
geschl.: 1.11.00-15.3.01
Eigenbauweine.

Rügen 13 □

Altefähr

Mecklenburg-Vorpommern
Kreis Rügen
EW 650
🛈 Tel (03 83 06) 61 60, Fax 6 16 66
Touristik Centrum Rügen
✉ 18573 Hauptstr. 2

✳ Sundblick

Fährberg 8 b, Tel (03 83 06) 71 30, Fax 71 31,
✉ 18573, ED VA
10 Zi, Ez: 80/40-120/60, Dz: 120/60-150/75, ⊟
WC ⌀, ☎, Sauna

Baabe

Mecklenburg-Vorpommern
Kreis Rügen
EW 772
🛈 Tel (03 83 03) 14 20, Fax 1 42 99
Kurverwaltung
✉ 18586 Fritz-Worm-Str 1

✳✳ Solthus am See

Bollwerkstr. 1, Tel (03 83 03) 8 71 60,
Fax 87 16 99, ✉ 18586, AX ED VA
einzeln ☾ ≋, 37 Zi, Ez: 140/70-210/105,
Dz: 190/95-280/141, 2 Suiten, ⊟ WC ⌀ DFÜ,
15 ⇌, P, 1↻50, ☎, Seezugang, Sauna,
Solarium, Restaurant
geschl.: 1.-30.11.00

✳ Villa Granitz

Birkenallee 17, Tel (03 83 03) 14 10,
Fax 1 41 44, ✉ 18586
44 Zi, Ez: 85/42-135/67, Dz: 110/55-160/80,
8 Suiten, 8 App, ⊟ WC ⌀, 4 ⇌, P, garni
geschl.: Nov-Mär

✳ Strandhotel

Strandstr. 24-28, Tel (03 83 03) 1 50,
Fax 1 51 50, ✉ 18586
☾, 43 Zi, Ez: 80/40-130/65, Dz: 150/75-190/95,
13 Suiten, ⊟ WC ⌀, P, 1↻50, Kegeln, Sauna,
Solarium, Restaurant

Rügen

...das ganze Jahr

Übernachten auf Rügen

Ob Sie in Ruhe planen oder kurzfristig vorbeikommen, bei uns erhalten Sie alles aus einer Hand:

geprüfte Unterkünfte vom Spitzenhotel bis zur Pension, Ticketservice, Insiderinformationen.

Telefon 03 83 06 · 6 16- 0
Telefax 03 83 06 · 6 16- 66
http://www.insel-ruegen.com

Touristik Service Rügen GmbH
Hauptstr. 18
18 573 Rambin

Die 24-h-Hotline für Ihren Rügen-Urlaub:
Telefon 03 83 06 - 61 60

---

* Strandpavillon
Strandstr. 37, Tel (03 83 03) 1 83, Fax 8 60 01, ✉ 18586, ED
⌀, 33 Zi, Ez: 60/30-120/60, Dz: 140/70-190/95, 1 Suite, ⌐ WC ⌀ DFÜ, Lift, P, 3⌀60, Sauna, Solarium, Restaurant
Auch Zimmer der Kategorie ** vorhanden.

* Strandallee
Strandstr. 18, Tel (03 83 03) 14 40, Fax 1 44 19, ✉ 18586
16 Zi, Ez: 85/42-120/60, Dz: 100/50-160/80, 15 App, ⌐ WC ⌀ DFÜ, P, Sauna, Restaurant

* Villa Fröhlich
Göhrener Weg 2, Tel (03 83 03) 8 61 91, Fax 8 61 90, ✉ 18586
15 Zi, Ez: 60/30-120/60, Dz: 120/60-140/70, 2 App, ⌐ WC ⌀, P, Sauna, Solarium, Restaurant

---

Bergen
Mecklenburg-Vorpommern
Kreis Rügen
EW 17000
🛈 Tel (0 38 38) 25 60 95, Fax 25 60 96
Touristeninformation Bergen
✉ 18528 Markt 23

** Treff Hotel Rügen
Stralsunder Chaussee 1, Tel (0 38 38) 81 50, Fax 81 55 00, ✉ 18528, AX DC ED VA, Ⓢ
154 Zi, Ez: 105/52-163/82, Dz: 190/95-256/128, ⌐ WC ⌀ DFÜ, 49 ⌀, Lift, P, ⌀, 7⌀250, Fitnessraum, Sauna, Solarium, Restaurant

---

Binz
Mecklenburg-Vorpommern
Kreis Rügen
EW 6000
🛈 Tel (03 83 93) 3 06 75, Fax 3 06 76
Kurverwaltung
✉ 18609 Heinrich-Heine-Str 7

**** Kempinski Resort Hotel Bel Air
Strandpromenade 7, Tel (03 83 93) 1 50, Fax 1 55 55, ✉ 18609, AX DC ED VA
⌀, 128 Zi, Ez: 310/156-420/211, Dz: 350/176-460/231, ⌐ WC ⌀ DFÜ, 65 ⌀, Lift, ⌀, 2⌀80, ⌀, Fitnessraum, Sauna, Solarium, Restaurant
1000 qm Bade- und Saunalandschaft, mit Meerwasseranwendungen.

*** Dorint
Strandpromenade 58, Tel (3 83 93) 4 30, Fax 4 31 00, ✉ 18609, AX DC ED VA, Ⓢ

Rügen

$, 63 Zi, Dz: 265/133-335/168, 54 Suiten, ⌐ WC ⊘ DFÜ, Lift, **P**, ≙, 2⌑15, ≙, Fitnessraum, Seezugang, Sauna, Solarium, Golf, Restaurant
Vorwiegend Suiten der Kategorie ★★★★.

★★★ Binz-Therme
Strandpromenade 76, Tel (03 83 93) 60,
Fax 6 15 00, ⌧ 18609, AX DC ED VA
115 Zi, Ez: 185/93-215/156,
Dz: 250/125-310/156, 6 Suiten, 129 App, ⌐ WC ⊘, 44 ⌫, Lift, 5⌑240, ≙, Seezugang, Sauna, Solarium

¶¶ Sanddorn
Hauptgericht 34/17,

★★ Arkona
Strandpromenade 59, Tel (03 83 93) 5 70,
Fax 5 77 77, ⌧ 18609, AX ED VA
$, 164 Zi, Ez: 95/47-200/100,
Dz: 150/75-330/166, 24 Suiten, ⌐ WC ⊘ DFÜ, Lift, **P**, ≙, 5⌑240, ≙, Sauna, Solarium, Restaurant

★★ Vineta
Hauptstr. 20, Tel (03 83 93) 3 90, Fax 3 94 44,
⌧ 18609, AX ED VA
31 Zi, Ez: 105/52-190/95, Dz: 130/65-300/151, 7 Suiten, ⌐ WC ⊘ DFÜ, Lift, **P**, Fitnessraum, Sauna, Solarium, Restaurant
Auch Zimmer der Kategorie ★★★ vorhanden.

★★ Goldener Löwe
Hauptstr. 22, Tel (03 83 93) 53 50,
Fax 5 35 55, ⌧ 18609, AX ED VA
$, 35 Zi, 2 Suiten, 2 App, ⌐ WC ⊘, Lift, **P**, ≙, Restaurant
Auch Zimmer der Kategorie ★★★ vorhanden.

★★ Vier Jahreszeiten
Zeppelinstr. 8, Tel (03 83 93) 5 00,
Fax 5 04 30, ⌧ 18609, AX ED VA
77 Zi, Ez: 110/55-270/135, Dz: 140/70-290/146, 3 Suiten, ⌐ WC ⊘, 20 ⌫, Lift, **P**, 1⌑100, ≙, Fitnessraum, Sauna, Solarium, Restaurant

★★ Lissek
Strandpromenade 33, Tel (03 83 93) 38 10,
Fax 38 14 30, ⌧ 18609, AX ED VA
$, 40 Zi, Ez: 100/50-190/95,
Dz: 160/80-275/138, ⌐ WC ⊘, 6 ⌫, Lift, **P**, Sauna, Golf

¶ Fischmarkt
Tel 38 14 43
Hauptgericht 15/7-38/19

★★ Am Meer
Strandpromenade 34, Tel (03 83 93) 4 40,
Fax 4 44 44, ⌧ 18609
$, 49 Zi, Ez: 155/78-310/156,
Dz: 180/90-330/166, 11 Suiten, ⌐ WC ⊘ DFÜ, 30 ⌫, Lift, **P**, 1⌑25, Sauna, Solarium, Restaurant

★★ Binzer Hof
Lottumstr. 15, Tel (03 83 93) 23 26, Fax 23 82,
⌧ 18609, AX ED VA
45 Zi, Ez: 80/40-160/80, Dz: 140/70-195/98, ⌐ WC ⊘, Lift, **P**, 1⌑40, Restaurant

★ Merkur
Schillerstr. 15, Tel (03 83 93) 13 50,
Fax 1 35 39, ⌧ 18609, AX ED VA
20 Zi, Ez: 95/47-165/83, Dz: 125/62-225/113, 5 Suiten, ⌐ WC ⊘, **P**, Fitnessraum, Sauna, Solarium, Restaurant
geschl.: 8.1.-10.2.01
Auch Zimmer der Kategorie ★★ vorhanden.

★ Aparthotel Getreuer Eckart
Jasmunder Str. 3, Tel (03 83 93) 52 80,
Fax 5 28 88, ⌧ 18609, AX ED VA
21 Zi, Ez: 90/45-175/88, Dz: 110/55-195/98, ⌐ WC ⊘ DFÜ, Sauna, Solarium, garni
Auch Zimmer der Kategorie ★★ vorhanden.

★ Central-Hotel
Hauptstr. 13, Tel (03 83 93) 3 47, Fax 34 64 01,
⌧ 18609, AX DC ED VA
50 Zi, Ez: 90/45-160/80, Dz: 120/60-190/95, 3 Suiten, 11 App, ⌐ WC ⊘, Lift, **P**, Sauna, Solarium, Restaurant

★ Villa Meeresgruß
Margarethenstr. 19, Tel (03 83 93) 38 20,
Fax 3 82 40, ⌧ 18609, AX ED VA
14 Zi, Ez: 70/35-150/75, Dz: 100/50-200/100, 4 Suiten, ⌐ WC ⊘, garni

★ Villa Schwanebeck
Margarethenstr. 18, Tel (03 83 93) 20 13,
Fax 3 17 34, ⌧ 18609
14 Zi, Ez: 70/35-150/75, Dz: 80/40-200/100, 7 Suiten, ⌐ WC ⊘, Lift, **P**, 1⌑40, Sauna, Solarium, Golf, Restaurant
Rezeption: 8-12, 15-21, geschl.: 1.11.-27.12.00

¶¶ Orangerie-Granitz
Wylichstr. 6a, Tel (03 83 93) 37 73 01,
Fax 37 73 01, ⌧ 18609, ED
Hauptgericht 30/15

¶ Poseidon
Lottumstr. 1, Tel (03 83 93) 26 69, Fax 3 37 12,
⌧ 18609, AX ED VA
Hauptgericht 16/8-42/21, Terrasse, **P**

Brasserie

Strandpromenade 41, **Tel (03 83 93) 22 23**,
Fax 1 36 29, ✉ 18609, AX ED VA
Hauptgericht 25/12, Terrasse

✶✶ Villa Salve

≋, 12 Zi, Ez: 95/47-235/118,
Dz: 120/60-310/156, 1 Suite, 15 App, ⌐ WC ⊘,
P, ⌂, 1⇌35
Auch Zimmer der Kategorie ✶✶✶ vorhanden.

Breege-Juliusruh

Mecklenburg-Vorpommern
Kreis Rügen
EW 820
i Tel (03 83 91) 3 11, Fax 1 32 35
Informationsamt
✉ 18556 Wittower Str. 5

Juliusruh

✶✶ Aquamaris Strandresidenz

Wittower Str. 4, **Tel (03 83 91) 4 40**,
Fax 4 41 40, ✉ 18556, AX DC ED VA
≋, 140 Zi, Ez: 89/44-162/81,
Dz: 126/63-284/143, 68 Suiten, 52 App, ⌐ WC
⊘, 35 ⇌, **P**, 6⇌420, ⌂, Fitnessraum, Kegeln,
Sauna, Solarium, 2 Tennis, Kinderbetreuung,
Restaurant
Ferienanlage mit Hotel und Ferienwohnungen.
Zimmer unterschiedlicher Kategorien
vorhanden.

✶✶ Atrium am Meer

Am Waldwinkel 2-3, **Tel (03 83 91) 40 30**,
Fax 4 03 41, ✉ 18556, ED VA
44 Zi, Ez: 75/37-130/65, Dz: 100/50-160/80,
9 App, ⌐ WC ⊘, 20 ⇌, Lift, **P**, 3⇌50,
Restaurant
geschl.: 3.1.-15.2.01

Buschvitz

Mecklenburg-Vorpommern
Kreis Rügen
EW 204
i Tel (0 38 38) 25 60 95, Fax 25 60 96
Touristeninformation Bergen
✉ 18528 Markt 23

✶✶ Sonnenhaken

Grüner Weg 9, **Tel (0 38 38) 82 10**,
Fax 82 11 99, ✉ 18528, AX DC ED VA
☽ ≋, 27 Zi, Ez: 125/62-165/83,
Dz: 160/80-230/115, 7 Suiten, ⌐ WC ⊘, **P**,
1⇌30
🍴🍴 Hauptgericht 18/9-35/17

Glowe

Mecklenburg-Vorpommern
Kreis Rügen
EW 960
i Tel (03 83 02) 52 21, Fax 52 52
Tourismusbüro
✉ 18551 Hauptstraße 37

✶✶ Schloßhotel Spyker

Schloßallee, **Tel (03 83 02) 7 70**, Fax 5 33 86,
✉ 18551, AX ED VA
einzeln ☽ ♨, 35 Zi, Ez: 140/70-205/103,
Dz: 160/80-340/171, ⌐ WC ⊘ DFÜ, 3 ⇌, **P**,
2⇌30, Restaurant
Ehemaliges Schloß des Feldmarschalls Gustav
von Wrangel.

✶✶ Bel Air

Waldsiedlung 130 a, **Tel (03 83 02) 74 70**,
Fax 74 71 20, ✉ 18551, AX DC ED VA
37 Zi, Ez: 150/75-190/95, Dz: 190/95-240/120,
5 Suiten, ⌐ ⊘, 20 ⇌, Lift, **P**, 2⇌12, ⌂, Sauna,
Solarium, Restaurant
geschl.: 1.11.00-31.3.01

🍴 Fischerhus

Hauptstr. 53, **Tel (03 83 02) 52 35**, Fax 52 35,
✉ 18551, AX ED VA
♨, Hauptgericht 13/6-26/13, **P**, ⚏

Göhren

Mecklenburg-Vorpommern
Kreis Rügen
EW 1320
i Tel (03 83 08) 6 67 90, Fax 2 59 11
Kurverwaltung
✉ 18586 Poststr. 9

✶✶ Stranddistel

Katharinenstr. 9, **Tel (03 83 08) 54 50**,
Fax 5 45 55, ✉ 18586, AX ED VA
16 Zi, Ez: 90/45-165/83, Dz: 120/60-195/98,
16 App, ⌐ WC ⊘, Lift, **P**, Sauna, Solarium

✶✶ Meeresblick

Friedrichstr. 2, **Tel (03 83 08) 56 50**,
Fax 56 52 00, ✉ 18586
53 Zi, Ez: 140/70-210/105, Dz: 170/85-240/120,
⌐ WC ⊘, ⌂, Sauna, Restaurant

✶✶ Nordperd mit Villen Lo + Brunhilde Travel Charme Hotel

Nordperdstr. 11, **Tel (03 83 08) 70**, Fax 71 60,
✉ 18586, AX DC ED VA
☽, 87 Zi, Ez: 90/45-175/88,
Dz: 130/65-240/120, 7 Suiten, 1 App, ⌐ WC ⊘,
34 ⇌, Lift, **P**, 2⇌50, Sauna, Solarium
geschl.: 1.11.00-5.4.01

Rügen

🍴 Hauptgericht 27/13, nur abends, geschl.: 1.11.00-5.4.01

* **Akzent Waldhotel Göhren**
Waldstr. 7, Tel (03 83 08) 5 05 00, Fax 2 53 80,
✉ 18586, AX ED VA
36 Zi, Ez: 60/30-160/80, Dz: 75/37-170/85,
4 Suiten, 25 App, ⊣ WC ⊘, ℗, 🏠, 3⇔200, 🐾,
Sauna, Solarium, Restaurant
Auch Zimmer der Kategorie ****** vorhanden.

* **Inselhotel**
Wilhelmstr. 6, Tel (03 83 08) 55 50,
Fax 5 55 55, ✉ 18586, ED VA
24 Zi, Ez: 65/32-140/70, Dz: 130/65-200/100,
1 Suite, 5 App, ⊣ WC ⊘, 3 ⊱, Lift, Sauna,
Solarium, Restaurant

* **Albatros**
Flair Hotel
Ulmenallee 5, Tel (03 83 08) 54 30,
Fax 5 43 70, ✉ 18586, ED VA
12 Zi, Ez: 70/35-140/70, Dz: 99/49-185/93,
2 Suiten, ⊣ WC ⊘, ℗, Sauna, Solarium,
Restaurant
geschl.: 15.11.-20.12.00, 5-20.2.01

Gustow
Mecklenburg-Vorpommern
Kreis Rügen
EW 656
🛈 Tel (03 83 04) 84 40
Amt Garz
✉ 18574 Am Burgwall 11

Prosnitz (2 km ↓)

* **Gutshaus Kajahn**
Prosnitz 1, Tel (03 83 07) 4 01 50, Fax 4 01 69,
✉ 18574
einzeln ♪ ♨, 21 Zi, Ez: 90/45-110/55,
Dz: 120/60-180/90, ⊣ WC ⊘, 5 ⊱, ℗, garni

Insel Hiddensee
Mecklenburg-Vorpommern
Kreis Rügen
EW 1290
🛈 Tel (03 83 00) 6 42 26, Fax 6 42 25
Insel Information
✉ 18565 Norderende 162

Vitte

** **Post Hiddensee**
Wiesenweg 26, Tel (03 83 00) 64 30,
Fax 6 43 33, ✉ 18565
♪ ♨, Ez: 90/45-180/90, 6 Suiten, 6 App, ⊣ WC
⊘ DFÜ, garni

** **Heiderose**
In den Dünen 127, 2,5 km in Richtung
Neuendorf, Tel (03 83 00) 6 30, Fax 6 31 24,
✉ 18565
einzeln ♪ ♨, 31 Zi, Ez: 95/47-140/70,
Dz: 112/56-199/100, 1 Suite, 39 App, ⊣ WC ⊘,
1⇔80, Sauna, Solarium
geschl.: 16.11.-22.12.00
Hotelanlage mit FeWo.
🍴 Hauptgericht 15/7, Terrasse,
geschl.: 16.11.-22.12.00

Lohme
Mecklenburg-Vorpommern
Kreis Rügen
EW 620
🛈 Tel (03 83 02) 92 43, Fax 92 43
Tourismusverein
✉ 18551 Dorfstr. 23

* **Silence Panorama Hotel**
Dorfstr. 35, Tel (03 83 02) 92 21, Fax 92 34,
✉ 18551
♪ ♨, 39 Zi, Ez: 90/45-190/95,
Dz: 90/45-250/125, 1 Suite, 6 App, ⊣ WC ⊘,
5 ⊱, ℗, 2⇔20, Restaurant
Im Gästehaus Greys individuelle Zimmer der
Kategorie ******.

Middelhagen
Mecklenburg-Vorpommern
Kreis Rügen
EW 551
🛈 Tel (03 83 03) 1 63
Amt Mönchgut-Granitz
✉ 18586 Göhrener Weg 1

* **Zur Linde**
Dorfstr. 20, Tel (03 83 08) 55 40, Fax 9 10 36,
✉ 18586, ED VA
20 Zi, Ez: 70/35-140/70, Dz: 90/45-160/80, ⊣
WC ⊘, ℗, Restaurant

Alt Reddevitz

🍴 **Kliesow's Reuse**
Dorfstr. 23 a, Tel (03 83 08) 21 71, Fax 21 71,
✉ 18586, AX ED
🍽, Hauptgericht 21/10, 🛏, geschl.: Di mittags,
1.11.00-10.3.01

Lobbe

** **Aparthotel Eldena**
Göhrener Weg 40, Tel (03 83 08) 5 00,
Fax 22 32, ✉ 18586, AX ED VA
♪, 28 Zi, Ez: 80/40-130/65, Dz: 110/55-160/80,
3 Suiten, 20 App, ⊣ WC ⊘, ℗, 🏠, 1⇔25,
Fitnessraum, Seezugang, Sauna, Solarium
🍴 Hauptgericht 13/6-26/13, Terrasse

Rügen

Putbus
Mecklenburg-Vorpommern
Kreis Rügen
EW 5200
🛈 Tel (03 83 01) 4 31, Fax 4 31
Putbus-Information
✉ 18581 Alleestr. 5

Lauterbach

✶ Clemens
Dorfstr. 14, Tel (03 83 01) 8 20, Fax 6 13 81,
✉ 18581, AX DC ED VA
🍴, 18 Zi, Ez: 90/45-110/55, Dz: 150/75-200/100,
1 Suite, 1 App., ⌐ WC ⌀, P, Restaurant
Auch Zimmer der Kategorie ✶✶ vorhanden.

Wreechen (4 km ↙)

✶✶ Ringhotel Wreecher Hof
Kastanienallee 1, Tel (03 83 01) 8 50,
Fax 8 51 00, ✉ 18581, AX DC ED VA
einzeln ☽ 🍴, 13 Zi, Ez: 125/62-210/105,
Dz: 175/88-245/123, 30 Suiten, ⌐ WC ⌀, P,
2○25, ⌂, Fitnessraum, Sauna, Solarium,
Restaurant
Reetgedeckte Häuser in einer von Wiesen
umgebenen Gartenanlage. Überwiegend Suiten
mit bis zu drei Schlafräumen.

✶ Koos
Bahnhofsstr., Tel (03 83 01) 2 78, Fax 8 11 45,
✉ 18581, VA
28 Zi, Ez: 90/45, Dz: 130/65, ⌐ WC ⌀, P,
Kegeln, Restaurant

Sagard (Rügen)
Mecklenburg-Vorpommern
Kreis Rügen
EW 3600
🛈 Tel (03 83 02) 8 00 22, Fax 8 00 29
Amt Jasmund
✉ 18551 Ernst-Thälmann-Str 37

Neddesitz (4 km ↗)

✶✶ Steigenberger Maxx
Neddesitz, Tel (03 83 02) 95, Fax 9 66 20,
✉ 18551, AX DC ED VA
139 Zi, Ez: 102/51-166/83, Dz: 152/76-247/124,
4 Suiten, 17 App., ⌐ WC ⌀, 21 ⌂, Lift, P,
10○700, ⌂, ⌂, Fitnessraum, Bowling, Sauna,
Solarium, Restaurant
Im Gutsherrenhaus 6 Herrschafts-Suiten,
Hochzeitskapelle. Jasmund Therme mit 920 qm
Badelandschaft.

Sassnitz
Mecklenburg-Vorpommern
Kreis Rügen
EW 13250
🛈 Tel (03 83 92) 51 60, Fax 5 16 16
Fremdenverkehrsbüro
✉ 18546 Seestr. 1

✶✶ Kurhotel
Hauptstr. 1, Tel (03 83 92) 5 30, Fax 5 33 33,
✉ 18546, AX ED VA
81 Zi, Ez: 90/45-150/75, Dz: 160/80-220/110,
2 Suiten, ⌐ WC ⌀, 2 ⌂, Lift, P, 1○30, ⌂,
Sauna, Solarium, Restaurant

✶ Ringhotel Villa Aegir
Mittelstr. 5, Tel (03 83 92) 30 20, Fax 3 30 46,
✉ 18546, AX DC ED VA, S
☽ 🍴, 34 Zi, Ez: 100/50-150/75,
Dz: 150/75-190/95, 2 Suiten, ⌐ WC ⌀, P, ⌂,
1○25, Sauna, Restaurant
Im Neubau Zimmer der Kategorie ✶✶
vorhanden.

✶ Parkhotel
Hauptstr. 36, Am Nationalpark,
Tel (03 83 92) 69 50, Fax 69 51 99, ✉ 18546
21 Zi, Ez: 75/37-160/80, Dz: 100/50-200/100, ⌐
WC ⌀

✶ Waterkant
Walterstr. 3, Tel (03 83 92) 5 09 41,
Fax 5 08 44, ✉ 18546, DC ED VA
☽ 🍴, 16 Zi, Ez: 70/35-120/60,
Dz: 100/50-170/85, ⌐ WC ⌀, P, garni
geschl.: 15.1.-15.2.01

Schaprode
Mecklenburg-Vorpommern
Kreis Rügen
EW 625
🛈 Tel (03 83 05) 5 30 00
Amt Gingst
✉ 18569 Mühlenstr. 33 a

Poggenhof

** Zur alten Schmiede
Poggenhof 25, **Tel (03 83 09) 21 00**,
Fax 2 10 43, ✉ 18569, ED VA
♪ ⚡, 20 Zi, Ez: 150/75, Dz: 195/98-260/130, ⌐
WC Ⓒ, Ⓟ, ⛬, 1⇨17, Sauna
geschl.: 15.1.-15.2.01
🍴🍴 Hauptgericht 24/12-38/19, Terrasse,
geschl.: 15.1.-15.2.01

Sellin
Mecklenburg-Vorpommern
Kreis Rügen
EW 2860
ℹ **Tel (03 83 03) 8 70 06, Fax** 8 60 75
Tourist-Information
✉ 18586 Wilhelmstr. 40

*** Hotel-Park Ambiance ♛
Wilhelmstr. 34, **Tel (03 83 03) 12 20**,
Fax 12 21 22, ✉ 18586, AX ED VA
24 Zi, Ez: 130/65-310/156,
Dz: 210/105-360/181, 30 Suiten, ⌐ WC Ⓒ DFÜ,
13 ⛵, Lift, Ⓟ, 1⇨14, ⛬, Fitnessraum, Sauna,
Solarium
Die restaurierten Häuser Rugia, Vineta, Finja,
Marina und Sella wurden miteinander zum
Hotel-Park Ambiance verbunden. Auch Suiten
der Kategorie **** vorhanden.
🍴🍴 Hauptgericht 20/10-50/25 ✚
Terrasse, nur abends

** Cliff-Hotel Rügen
Siedlung am Wald 22, **Tel (03 83 03) 84 84**,
Fax 84 90, ✉ 18586, AX DC ED VA
einzeln ♪ ⚡, 29 Zi, Ez: 115/57-200/100,
Dz: 230/115-280/141, 6 Suiten, ⌐ WC Ⓒ, 24 ⛵,
Lift, Ⓟ, ⛬, 8⇨250, ⛬, Fitnessraum, Kegeln,
Sauna, Solarium, Golf, Restaurant

** Bernstein
Hochuferpromenade 8, **Tel (03 83 03) 17 17**,
Fax 17 18, ✉ 18586, AX DC ED VA
♪ ⚡, 55 Zi, Ez: 100/50-180/90,
Dz: 160/80-220/110, 13 Suiten, 20 ⛵
🍴 ⚡, Hauptgericht 20/10, nur abends

Moritzdorf

* Moritzdorf
Dorfstr. 15, **Tel (03 83 03) 1 86, Fax** 1 87 40,
✉ 18586
♪ ⚡, 20 Zi, Ez: 86/43, Dz: 140/70-200/100, ⌐
WC Ⓒ

Trent
Mecklenburg-Vorpommern
Kreis Rügen
EW 964
ℹ **Tel (03 83 05) 5 30 00**
Amt Gingst
✉ 18569 Mühlenstr. 33 a

Vaschvitz (3 km ↗)

*** Radisson SAS
Vaschvitz 17, **Tel (03 83 09) 2 20, Fax** 2 25 99,
✉ 18569, AX DC ED VA
einzeln ♪ ⚡, 153 Zi, Ez: 135/67-295/148,
Dz: 170/85-340/171, 7 Suiten, ⌐ WC Ⓒ, Lift, Ⓟ,
4⇨130, ⛬, ⛬, Fitnessraum, Sauna, Solarium,
2 Tennis

🍴🍴 Cokij
Hauptgericht 30/15

Wiek
Mecklenburg-Vorpommern
Kreis Rügen
EW 1279
ℹ **Tel (03 83 91) 40 10**
Amt Wittow
✉ 18556 Hs.Nr. 10

Bohlendorf (3 km ↘)

** Herrenhaus Bohlendorf
Dorfstr. 6, **Tel (03 83 91) 7 70, Fax** 7 02 80,
✉ 18556, AX DC ED VA
einzeln ♪, 1 Zi, Ez: 90/45-130/65,
Dz: 140/70-180/90, 2 App, ⌐ WC Ⓒ, 2 ⛵, Ⓟ,
1⇨60, Restaurant
geschl.: 15.1.-15.2.01

Rülzheim 60 ↗
Rheinland-Pfalz
Kreis Germersheim
EW 8170
ℹ **Tel (0 72 72) 70 02 24, Fax** 70 02 99
Verbandsgemeinde Rülzheim
✉ 76761 Am Deutschordensplatz 1

* Südpfalz
Schubertring 48, **Tel (0 72 72) 80 61**,
Fax 7 57 96, ✉ 76761, AX DC ED VA
25 Zi, Ez: 75/37-85/42, Dz: 110/55, 4 App, ⌐
WC Ⓒ, Ⓟ, ⛬, garni

Rüsselsheim 54 ↑

Hessen / Kreis Groß-Gerau
EW 60000
🛈 Tel (0 61 42) 83 22 14, Fax 83 22 43
Stadt Rüsselsheim
✉ 65428 Mainstr. 7

★★★ Columbia
Stahlstr. 2-4, Tel (0 61 42) 87 60, Fax 87 68 05,
✉ 65428, AX DC ED VA, Ⓢ
140 Zi, Ez: 138/69-338/170,
Dz: 178/89-378/190, 10 Suiten, ⌐ WC Ⓒ DFÜ,
101 ⇐, Lift, P, 🏠, 5⇨150, 🏠, Fitnessraum,
Sauna, Solarium
Im Büro- und Gewerbezentrum Hasengrund.
🍴🍴 Hauptgericht 25/12, Terrasse

★★ Domicil
Karlsbader Str. 37, Tel (0 61 42) 94 34,
Fax 94 39 99, ✉ 65428, AX DC ED VA, Ⓢ
66 Zi, Ez: 155/78-230/115, Dz: 195/98-270/135,
3 Suiten, ⌐ WC Ⓒ DFÜ, 27 ⇐, Lift, P, 🏠,
4⇨30, garni

★★ Best Western Atrium
Marktstr. 2-4 (A 1), Tel (0 61 42) 91 50,
Fax 91 51 11, ✉ 65428, AX DC ED VA, Ⓢ
82 Zi, Ez: 179/90-239/120,
Dz: 219/110-259/130, 2 Suiten, 2 App., ⌐ WC Ⓒ
DFÜ, 42 ⇐, Lift, 🏠, 2⇨45, Fitnessraum, Sauna,
Solarium, garni

★★ Dorint
Eisenstr. 54, Tel (0 61 42) 60 70, Fax 60 71 00,
✉ 65428, AX DC ED VA, Ⓢ
126 Zi, Ez: 235/118-345/173,
Dz: 315/158-425/214, 6 Suiten, ⌐ WC Ⓒ DFÜ,
38 ⇐, Lift, P, 11⇨200, Sauna, Solarium,
Restaurant
Auch Zimmer der Kategorie ★ vorhanden. Im
Büro- und Gewerbezentrum Hasengrund.

★★ Golden Tulip Dom Hotel
Eisenstr. 6-8, Tel (0 61 42) 89 40,
Fax 89 44 50, ✉ 65428, AX DC ED VA
84 Zi, Ez: 140/70-360/181, Dz: 180/90-400/201,
⌐ WC Ⓒ DFÜ, 24 ⇐, Lift, P, 7⇨65, garni
Im Büro- und Gewerbezentrum Hasengrund.
Langzeitvermietung möglich..

★ Travellers Inn
Eisenstr. 28, Tel (0 61 42) 85 80, Fax 85 84 44,
✉ 65428, AX DC ED VA
107 Zi, Ez: 169/85-235/118,
Dz: 219/110-285/143, 1 Suite, ⌐ WC Ⓒ DFÜ,
38 ⇐, Lift, P, 3⇨25, Restaurant
geschl.: 23.12.00-2.1.01
Im Büro- und Gewerbezentrum Hasengrund.

🍴 La Rosa
Karlsbader Str. 33, Tel (0 61 42) 2 17 21,
✉ 65428
Hauptgericht 23/11-43/21, geschl.: Sa

Appartementhotels/Boardinghäuser

Mikado
Karlsbader Str. 52-53, Tel (0 61 42) 92 30,
Fax 92 31 90, ✉ 65428, AX DC ED VA
Ez: 130/65-240/120, Dz: 150/75-300/151,
9 Suiten, 25 App., ⌐ WC Ⓒ DFÜ, Lift, P, 🏠,
Fitnessraum, Sauna, Solarium
Zimmer der Kategorie ★★ vorhanden.

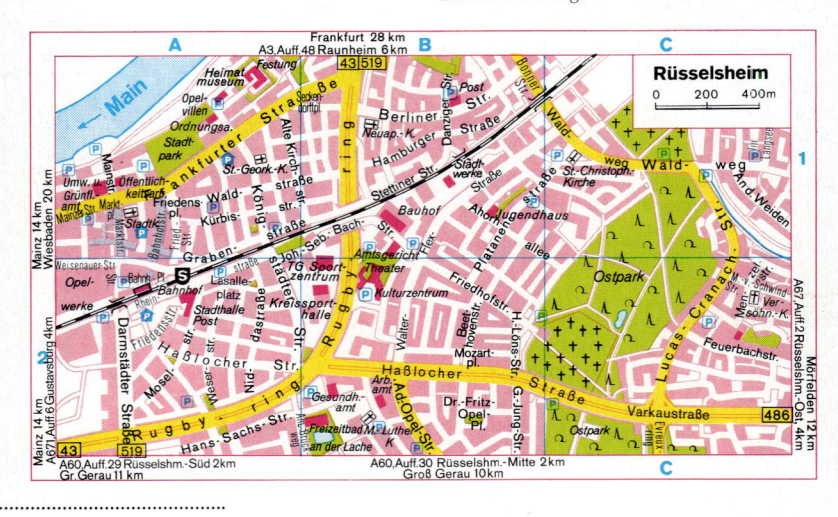

Bauschheim (5 km ✓)

✱✱ Rüsselsheimer Residenz
Am Weinfaß 133, Tel **(0 61 42)** 9 74 10,
Fax 7 27 70, ✉ 65428, AX ED VA
26 Zi, Ez: 170/85-240/120,
Dz: 200/100-260/130, 4 App., ⌐ WC ✆, 5 ⇔,
Lift, P, 🏠, 2⊃24, Sauna, Solarium, Restaurant

🍴🍴 Ambiente
Am Weinfaß 133, Tel **(0 61 42)** 97 76 94,
Fax 97 76 96, ✉ 65428, AX DC ED VA
Hauptgericht 35/17-42/21, Gartenlokal, P, Sa
nur abends, geschl.: So, 3 Wochen im Sommer
Beachtenswerte Küche.

Rüthen 34 →

Nordrhein-Westfalen / Kreis Soest
EW 12200
🛈 Tel (0 29 52) 81 80, Fax 81 81 70
Fremdenverkehrsamt
✉ 59602 Hochstr. 14

Kallenhardt (6 km ✓)

✱ Romantik Hotel Knippschild
Theodor-Ernst-Str. 1, Tel (0 29 02) 8 03 30,
Fax 80 33 10, ✉ 59602, AX DC ED VA
22 Zi, Ez: 95/47-110/55, Dz: 160/80-180/90, ⌐
WC ✆, 5 ⇔, P, 🏠, 3⊃40, Sauna, Solarium
🍴🍴 Hauptgericht 25/12-35/17 ✚
Terrasse, geschl.: Do, Fr mittags

Ruhla 47 ↖

Thüringen / Wartburgkreis
EW 7200
🛈 Tel (03 69 29) 8 90 13, Fax 8 03 65
Fremdenverkehrsamt
✉ 99842 Carl-Gareis-Str. 16

Bergstadt am Rennsteig im Thüringer Wald.
Sehenswert: Heimatpark „mini-a-thür", Museum, Alexanderturm, Winkelkirche, Tropfsteinhöhle, Ruine Scharfenberg.

Ruhla-Außerhalb

🛏 Waldhotel Rennsteighof
Liebensteiner Str. 108, Tel (03 69 29) 60 20,
Fax 60 21 11, ✉ 99842, ED
einzeln, 21 Zi, Ez: 70/35-85/42,
Dz: 95/47-110/55, ⌐ WC ✆

Ruhpolding 73 ↓

Bayern / Kreis Traunstein
EW 6400
🛈 Tel (0 86 63) 8 80 60, Fax 88 06 20
Kurverwaltung
✉ 83324 Hauptstr. 60

Luftkurort und Wintersportplatz Sehenswert:
Kath. Kirche; Holzknechtmuseum; Rauschberg
(Seilbahn), Märchenpark, 1670 m Aussicht,
Unternberg (Sesselbahn) Märchenpark

✱✱ Steinbach-Hotel
Maiergschwendter Str. 8, Tel (0 86 63) 54 40,
Fax 3 70, ✉ 83324
🌙 ✦, 75 Zi, Ez: 75/37-115/57, Dz: 150/75-230/115,
8 Suiten, ⌐ WC ✆, P, 🏠, 1⊃20, ⌂, Sauna,
Solarium, Golf
geschl.: 4.11.-19.12.00
Auch Zimmer der Kategorie **✱✱✱** vorhanden.
🍴🍴 Hauptgericht 30/15, Terrasse,
geschl.: 4.11.-19.12.00

✱✱ Europa
Obergschwendter Str. 17, Tel (0 86 63) 8 80 40,
Fax 88 04 49, ✉ 83324
🌙 ✦, 25 Zi, 2 Suiten, 1 App., ⌐ WC ✆, ⌂,
Sauna, Solarium, Restaurant

✱✱ Alpina mit Gästehaus
Niederfeldstr. 11, Tel (0 86 63) 99 05,
Fax 50 85, ✉ 83324
🌙, 27 Zi, Ez: 70/35-80/40, Dz: 130/65-160/80,
⌐ WC ✆, Fitnessraum, Sauna, Solarium,
Restaurant
Im Stammhaus Zimmer der Kategorie **✱**
vorhanden.

✱ Ruhpoldinger Hof
Hauptstr. 30, Tel (0 86 63) 12 12, Fax 57 77,
✉ 83324, DC ED VA
37 Zi, Ez: 75/37-120/60, Dz: 130/65-180/90,
5 Suiten, ⌐ WC ✆, 6 ⇔, Lift, P, 🏠, ⌂, Sauna,
Solarium, Golf, Restaurant
geschl.: Di, 12.11.-12.12.00

Ruhpolding

✱ Haus Flora
Zeller Str. 13, Tel (0 86 63) 88 58 80,
Fax 8 85 88 88, ✉ 83324
☾, 26 Zi, Ez: 78/39, Dz: 136/68-146/73,
2 Suiten, ⌐ WC ⌀, ℙ, 🚗, ⌂, Sauna, Solarium,
garni
geschl.: 15.11.-15.12.00

✱ Vitalhotel Sonnenbichl
Brandstätter Str. 48, Tel (0 86 63) 12 33,
Fax 58 40, ✉ 83324
☾, 15 Zi, Ez: 52/26-90/45, Dz: 100/50-132/66,
⌐ WC ⌀, Sauna, Solarium

✱ Gasthof Zum Fuchs
Brandstätter Str. 38 a, Tel (0 86 63) 8 80 00,
Fax 88 00 40, ✉ 83324, ED VA
☾, 20 Zi, Ez: 60/30-75/37, Dz: 120/60-140/70,
⌐ WC ⌀, Lift, ℙ, 🚗, Sauna, Solarium, Golf,
Restaurant

🍰 Café Windbeutelgräfin
Branderstr. 37, im Mühlbauernhof,
Tel (0 86 63) 16 85, Fax 13 32, ✉ 83324
☕, Terrasse, ℙ, 10-18, geschl.: Sa, Nov-Mitte
Dez
Spezialität: Lohengrin-Windbeutel.

Appartementhotels/Boardinghäuser

Aparthotel Sonnenhof
Hauptstr. 70, Tel (0 86 63) 54 10, Fax 5 41 60,
✉ 83324, AX ED VA
40 Zi, Ez: 85/42-140/70, Dz: 160/80-220/110,
32 Suiten, 40 App, ⌐ WC ⌀, 10 🛏, Lift, ℙ, 🚗,
1⌓40, Sauna, Solarium, Golf, Restaurant

Ruhpolding-Außerhalb (3 km ↓)

✱ Ortnerhof
Ort 6, Tel (0 86 63) 8 82 30, Fax 96 99,
✉ 83324
☾ 🍴, 18 Zi, Ez: 62/31-116/58,
Dz: 132/66-164/82, 2 App, ⌐ WC ⌀, ℙ,
Fitnessraum, Kegeln, Sauna, Solarium, Golf
geschl.: Di, 22.10.-30.11.00, 24.3.-11.4.01
Auch Zimmer der Kategorie ✱✱ vorhanden.
🍽 Hauptgericht 16/8-36/18, Terrasse,
Biergarten, geschl.: Di, 22.10.-30.11.00,
24.3.-11.4.01

Maiergschwendt (2 km ↙)

✱ Landhotel Maiergschwendt
Maiergschwendt 1, Tel (0 86 63) 8 81 50,
Fax 88 15 60, ✉ 83324
☾ 🍴, 27 Zi, Ez: 80/40-145/73,
Dz: 170/85-200/100, ⌐ WC ⌀, 15 🛏, ℙ, 🚗,
Sauna, Solarium
geschl.: 1.11.-15.12.00

🍽 Hauptgericht 26/13, Terrasse,
geschl.: 1.11.-15.12.00
Vollwertküche.

Weingarten (3 km ↙)

🍽 Berggasthof Weingarten
Weingarten 1, Tel (0 86 63) 92 19, Fax 57 83,
✉ 83324
🍴 einzeln, Hauptgericht 10/5-23/11, Terrasse, ℙ,
🏨, geschl.: Mo, 1.11.-25.12.00, 22.4.-19.5.01

Ruhstorf a. d. Rott   66 ↓

Bayern / Kreis Passau
EW 6005
📞 Tel (0 85 31) 9 31 20, Fax 93 12 30
Gemeindeverwaltung
✉ 94099 Am Schulplatz 10

✱✱ Antoniushof
Ernst-Hatz-Str. 2, Tel (0 85 31) 9 34 90,
Fax 9 34 92 10, ✉ 94099, AX DC ED VA, Ⓢ
30 Zi, Ez: 110/55-165/83, Dz: 176/88-240/120,
1 Suite, ⌐ WC ⌀ DFÜ, 10 🛏, Lift, ℙ, 🚗,
1⌓35, ⌨, ⌂, Fitnessraum, Sauna, Solarium,
Restaurant
geschl.: 20-24.12.00
Auch Zimmer der Kategorien ✱ und ✱✱✱
vorhanden.

Ruit siehe Ostfildern

Runkel   44 □

Hessen / Kreis Limburg-Weilburg
EW 9665
📞 Tel (0 64 82) 9 16 10, Fax 16 50
Fremdenverkehrsbehörde
✉ 65594 Burgstr. 4

✱✱ Landhaus Schaaf
Oberstr. 15, Tel (0 64 82) 29 80, Fax 2 98 20,
✉ 65594, ED VA
31 Zi, Ez: 65/32-95/47, Dz: 98/49-160/80, ⌐
WC ⌀ DFÜ, Lift, ℙ, 3⌓100, Kegeln, Restaurant
Auch Zimmer der Kategorie ✱ vorhanden.

Ruppichteroth 43 ↑

Nordrhein-Westfalen
Rhein-Sieg-Kreis
EW 10018
🛈 Tel (0 22 95) 4 90, Fax 49 39
Gemeindeverwaltung
✉ 53809 Rathausstr. 18

Winterscheid

✱ Zur Post
Hauptstr. 29, Tel (0 22 47) 20 68, Fax 20 60,
✉ 53809, AX
14 Zi, Ez: 80/40-130/65, Dz: 140/70-160/80, ⊐
WC ⊘, 🅿, Kegeln, Restaurant

Rust 67 ↖

Baden-Württemberg / Ortenaukreis
EW 3100
🛈 Tel (0 78 22) 6 10 41, Fax 6 10 42
Fremdenverkehrsamt-Rust
✉ 77977 Karl-Friedrich-Str 6

✱✱ Erlebnishotel El Andaluz mit Castillo Alcazar
Storettenstr. 1, Tel (0 78 22) 86 00,
Fax 8 60 55 47, ✉ 77977, AX DC ED VA
312 Zi, Ez: 198/99-600/302,
Dz: 254/127-600/302, 18 Suiten, 224 App., ⊐
WC ⊘, Lift, 🅿, 2⊃60, ≋, Sauna, Solarium,
Restaurant
geschl.: Okt-Mär
Erlebnishotel im Europapark Rust. Gebäude im Stil einer spanischen Sommervilla und einer altspanischen Ritterburg. Auch Zimmer der Kategorie ✱✱✱ vorhanden.

✱ Rebstock
Klarastr. 14, Tel (0 78 22) 76 80, Fax 7 61 06,
✉ 77977, AX ED VA
40 Zi, Ez: 90/45-120/60, Dz: 130/65-160/80, ⊐
WC ⊘, Lift, 🅿, 2⊃100, Restaurant

✱ Müllers Mühle
Hausener Str. 1, Tel (0 78 22) 8 62 90,
Fax 86 68 88, ✉ 77977
10 Zi, Ez: 95/47-115/57, Dz: 140/70, ⊐ WC ⊘,
Restaurant

Saaldorf-Surheim 73 ↘

Bayern
Kreis Berchtesgadener Land
EW 5000
🛈 Tel (0 86 82) 18 10
Touristikverband
✉ 83410 Schlossrondell 2

Saaldorf

⊨ Mayrwirt
Untere Str. 24, Tel (0 86 54) 69 03 90,
Fax 74 40, ✉ 83416, ED
21 Zi, Ez: 65/32, Dz: 110/55, ⊐ WC ⊘, 🅿,
2⊃24, Restaurant
geschl.: Mo, 6.-13.11.00, 2.-22.1.01

⊨ Sonnenheim
Weiherstr. 16, Tel (0 86 54) 26 26, Fax 6 47 12,
✉ 83416, ED VA
12 Zi, Ez: 60/30-70/35, Dz: 110/55-140/70, ⊐
WC ⊘, 🅿, 2⊃50, Sauna

Saalfeld 48 □

Thüringen
Landkreis Saalfeld-Rudolstadt
EW 32000
🛈 Tel (0 36 71) 52 21 81, Fax 52 21 83
Fremdenverkehrsamt
✉ 07318 Markt 6, Saalfeld-Information

✱ Anker
Am Markt 25, Tel (0 36 71) 59 90,
Fax 51 29 24, ✉ 07318, AX ED VA
54 Zi, Ez: 74/37-115/57, Dz: 125/62-170/85,
2 Suiten, ⊐ WC ⊘, 10 ⇥, 🅿, 🕿, 2⊃40,
Restaurant
Auch Zimmer der Kategorie ✱✱ vorhanden.

✱ Tanne
Saalstr. 35, Tel (0 36 71) 82 60, Fax 82 64 00,
✉ 07318, AX DC ED VA
64 Zi, Ez: 69/34-105/52, Dz: 110/55-135/67, ⊐
WC ⊘, 20 ⇥, Lift, 🕿, 2⊃100, Fitnessraum,
Sauna, Solarium, Restaurant
Auch einfachere Zimmer vorhanden.

✱ Müller
Lachenstr. 52, Tel (0 36 71) 51 26 32,
Fax 51 26 41, ✉ 07318, ED VA
30 Zi, Ez: 75/37, Dz: 120/60, ⊐ WC ⊘, Lift, 🅿,
Restaurant

✱ Am Hohen Schwarm
Schwarmgasse 18, Tel (0 36 71) 28 84,
Fax 51 01 85, ✉ 07318, ED VA
16 Zi, Ez: 70/35-90/45, Dz: 110/55-150/75, ⊐
WC ⊘, 1 ⇥, 🅿, Restaurant

Saalfeld-Außerhalb (2 km ↓)

✱ Bergfried
Zum Fuchsturm 5, Tel (0 36 71) 5 54 40,
Fax 3 53 03, ✉ 07318, DC ED VA
✆, 31 Zi, Ez: 75/37, Dz: 100/50, ⊐ WC ⊘ DFÜ,
6 ⇥, 🅿, 2⊃70, Restaurant

Saalfeld

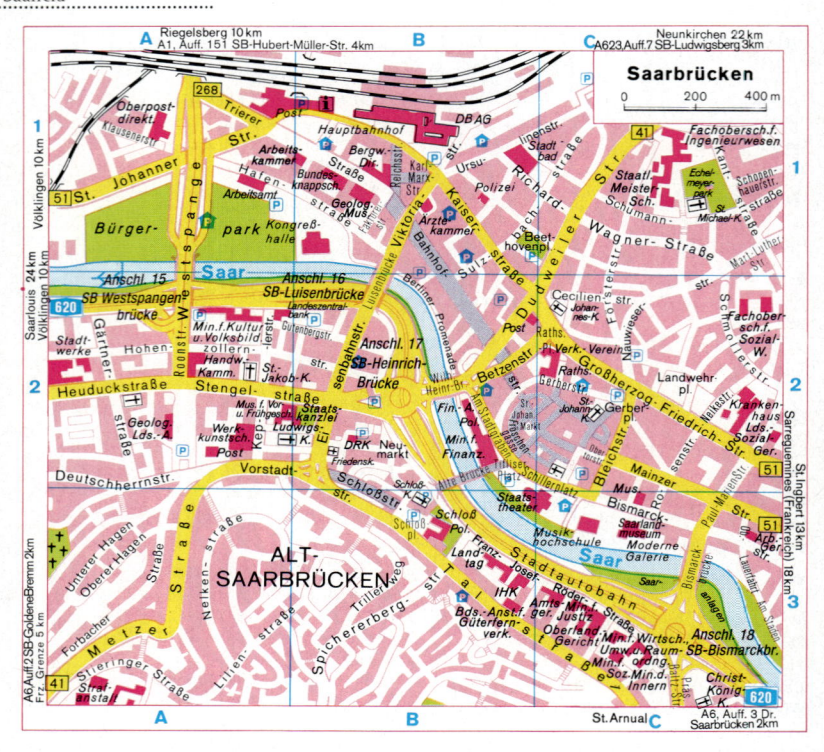

✱ Obstgut Gehlen
Hohe Str. 1, Tel (0 36 71) 20 27, Fax 51 60 16,
✉ 07318, AX DC ED VA
♪ ♿, 13 Zi, Ez: 75/37-95/47, Dz: 125/62, ⊣ WC
☿, **P**
geschl.: 1.-15.1.01

🍴 Fax 20 27, Hauptgericht 25/12,
geschl.: 1.-15.1.01

Remschütz (3 km ↖)

✱ Am Saaleufer
Dorfanger 1, Tel (0 36 71) 5 72 60,
Fax 57 26 50, ✉ 07318, AX ED VA
♿, 27 Zi, Ez: 70/35-80/40, Dz: 120/60-140/70, ⊣
WC ☿, 7 🛏, **P**, 1🚗20, Restaurant

Wittmannsgereuth (5 km ↙)

✱ Waldhotel Mellestollen
Flair Hotel
Wittmannsgereuther Str, Tel (0 36 71) 82 00,
Fax 82 02 22, ✉ 07318, AX DC ED VA
einzeln ♪, 29 Zi, Ez: 75/37-120/60,
Dz: 100/50-150/75, 2 Suiten, ⊣ WC ☿, 10 🛏,
P, 2🚗40, Sauna, Solarium, Restaurant
Anfahrt über B85 und Beulwitzer Str.

Saalhausen siehe Lennestadt

Saara 49 ↑

Thüringen
Landkreis Altenburger Land
EW 3300
🛈 Tel (0 34 47) 50 14 33, Fax 50 14 36
Gemeindeverwaltung
✉ 04603 Alte Schule 42

Gleina

✱ Kertscher Hof
Dorfstr. 1, an der B 7, **Tel (0 34 47) 50 23 51**,
Fax 50 23 53, ✉ 04603, AX ED VA
12 Zi, Ez: 60/30-80/40, Dz: 100/50-120/60, ⌐
WC ⊘, 1 ⊨, **P**, Restaurant
Auch einfachere Zimmer vorhanden.

Saarbrücken 52 ↘

Saarland
EW 204000
🛈 Tel (06 81) 3 69 01, Fax 39 03 53
Kontour GmbH Saar
✉ 66111 Großherzog-Friedrich-Str 1

✱✱✱ Victor's Residenz
Deutschmühlenthal 4, **Tel (06 81) 58 82 10**,
Fax 5 88 21 99, ✉ 66117, AX DC ED VA
146 Zi, Ez: 222/111-343/172,
Dz: 245/123-366/184, 5 Suiten, 10 App, ⌐ WC
⊘ DFÜ, 50 ⊨, Lift, **P**, 🏠, 7⇌120, Fitnessraum,
Sauna, Solarium

¶¶ Hauptgericht 15/7-60/30, Terrasse, Biergarten

✱✱✱ Best Western Victor's Residenz Hotel Rodenhof
Kalmanstr. 47 (außerhalb B 1),
Tel (06 81) 4 10 20, Fax 4 37 85, ✉ 66113, AX
DC ED VA, Ⓢ
♩, 86 Zi, Ez: 215/108-240/120,
Dz: 260/130-280/141, 14 Suiten, 17 App, ⌐ WC
⊘, 43 ⊨, Lift, 🏠, 5⇌150, ⌂, Sauna, Solarium

¶¶ Provence
Hauptgericht 30/15-45/22, Terrasse, **P**

✱✱ Am Triller
Trillerweg 57 (B 3), **Tel (06 81) 58 00 00**,
Fax 58 00 03 03, ✉ 66117, AX DC ED VA, Ⓢ
♩, 112 Zi, Ez: 188/94-205/103, Dz: 254/127,
2 Suiten, 10 App, ⌐ WC ⊘ DFÜ, 30 ⊨, Lift, **P**,
🏠, 7⇌150, ⌂, Sauna, Solarium
Auch Zimmer der Kategorie ✱✱✱ vorhanden.

¶¶ Galerie Marianne
♩, Hauptgericht 27/13-36/18, Biergarten

✱✱ La Residence Top International Hotel
Faktoreistr. 2 (B 1), **Tel (06 81) 3 88 20**,
Fax 3 88 21 85, ✉ 66111, AX DC ED VA, Ⓢ
126 Zi, Ez: 130/65-230/115,
Dz: 170/85-270/135, 7 Suiten, 2 App, ⌐ WC ⊘
DFÜ, 83 ⊨, Lift, 🏠, 5⇌100, Fitnessraum,
Sauna, Solarium, Restaurant

✱✱ Mercure Kongress
Hafenstr. 8 (B 1), **Tel (06 81) 3 89 00**,
Fax 3 89 09 89, ✉ 66111, AX DC ED VA, Ⓢ
145 Zi, Ez: 180/90-220/110,
Dz: 226/113-276/139, 5 Suiten, ⌐ WC ⊘, 90 ⊨,
Lift, 🏠, 5⇌150, Sauna, Solarium

¶¶ Hauptgericht 28/14

✱✱ Domicil Leidinger
Mainzer Str. 10 (C 2), **Tel (06 81) 9 32 70**,
Fax 3 80 13, ✉ 66111, AX DC ED VA
60 Zi, Ez: 149/75-169/85, Dz: 180/90, 9 Suiten,
⌐ WC ⊘, 5 ⊨, Lift, **P**, 🏠, 4⇌60

Gourmet Bistro Seimetz
Hauptgericht 35/17, Biergarten, geschl.: So, Mo
mittags

✱ Novotel Goldene Bremm
Zinzinger Str. 9 (außerhalb A 3),
Tel (06 81) 5 86 30, Fax 5 86 33 00, ✉ 66117,
AX DC ED VA, Ⓢ
99 Zi, Ez: 124/62-150/75, Dz: 158/79-196/98,
⌐ WC ⊘, 41 ⊨, Lift, **P**, 8⇌250, ≋, Restaurant
Im Gewerbegebiet am Zollbahnhof.

✱ Crystal
Gersweiler Str. 39 ((außerhalb A 2)),
Tel (06 81) 5 88 90, Fax 5 88 91 11, ✉ 66117,
ED VA
68 Zi, Ez: 99/49-179/90, Dz: 149/75-189/95,
1 Suite, 4 App, ⌐ WC ⊘, 8 ⊨, Lift, **P**, 🏠,
4⇌80, Restaurant

✱ Bruchwiese
Preusenstr. 68, **Tel (06 81) 96 71 00**,
Fax 9 67 10 33, ✉ 66111, AX DC ED VA
13 Zi, Ez: 98/49-105/52, Dz: 170/85, ⌐ WC ⊘,
Restaurant

Saarbrücken

✱ Europa
Gutenbergstr. 29 (A 2), Tel (06 81) 92 70 80,
Fax 9 27 08 55, ✉ 66117, AX DC ED VA
26 Zi, Ez: 85/42-125/62, Dz: 110/55-145/73, ⊖
WC ⌀, Lift, P, ☎, garni

¶¶¶¶ Handelshof
Wilhelm-Heinrich-Str. 17, Tel (06 81) 5 69 20,
Fax 5 84 77 07, ✉ 66117, AX DC ED VA
Hauptgericht 46/23-49/24, geschl.: Sa mittags,
So abends, Mo

¶¶¶ La Touraine
Hafenstr. 2, in der Kongreßhalle,
Tel (06 81) 4 93 33, Fax 4 90 03, ✉ 66111,
AX DC ED VA
Hauptgericht 38/19-45/22, Biergarten, P,
geschl.: So

¶¶ Bitburger Residenz
Dudweiler Str. 56, Tel (06 81) 37 23 12,
Fax 3 90 40 10, ✉ 66111, AX ED VA
Hauptgericht 24/12-44/22, Gartenlokal,
geschl.: Sa mittags

¶¶ Gavi
Im Ludwigspark
Saarlandhalle, Tel (06 81) 4 70 00, Fax 4 48 47,
✉ 66113, ED VA
Hauptgericht 38/19-46/23, P, geschl.:
Sa mittags, So abends

¶¶ Winzerstube
Restaurant Quack
Deutschherrnstr. 3, Tel (06 81) 5 21 53,
Fax 5 84 99 10, ✉ 66117, ED VA
Hauptgericht 35/17-46/23, Terrasse, P,
geschl.: Mo, So

¶¶ Die Traube
Grülingstr. 101-103, Tel (06 81) 94 85 00,
Fax 4 73 31, ✉ 66113, AX ED VA
Hauptgericht 26/13-41/20, Terrasse, Biergarten,
P, ⊨, geschl.: Mo

¶¶ Michelangelo
Rathausplatz 6, Tel (06 81) 37 27 31,
Fax 37 24 30, ✉ 66111, AX ED VA
Hauptgericht 25/12-45/22

¶¶ Casino Restaurant am Staden
Bismarckstr. 47, Tel (06 81) 6 23 64,
Fax 6 30 27, ✉ 66121, AX DC ED VA
Hauptgericht 35/17, geschl.: So abends

¶¶ Fröschengasse
Fröschengasse 18, Tel (06 81) 37 17 15,
Fax 37 34 23, ✉ 66111, AX DC ED VA
Hauptgericht 36/18, geschl.: So, 1.-5.1.01

¶ Du Midi
St. Ingberter Str. 6, Tel (06 81) 68 79 60,
Fax 6 87 96 34, ✉ 66123, AX VA
Hauptgericht 29/14-40/20, Terrasse, P, ⊨,
geschl.: So, 2 Wochen im Sommer

☕ Café Schubert
Sulzbachstr. 2, Tel (06 81) 3 55 99,
Fax 3 23 99, ✉ 66111, ED VA
Terrasse, 8-19, So ab 13

Saarburg 52 □

Rheinland-Pfalz
Kreis Trier-Saarburg
EW 6500
ℹ Tel (0 65 81) 8 12 15, Fax 8 12 90
Verkehrsverein
✉ 54439 Graf-Siegfried-Str 32

✱ Am Markt
Am Markt 10-12, Tel (0 65 81) 9 26 20,
Fax 92 62 62, ✉ 54439, AX ED VA
14 Zi, Ez: 90/45-140/70, Dz: 110/55-170/85, ⊖
WC ⌀, P, Restaurant
Auch Zimmer der Kategorie ✱✱ vorhanden.

¶¶ Saarburger Hof Diewald ✚
Graf-Siegfried-Str. 37, Tel (0 65 81) 9 28 00,
Fax 92 80 80, ✉ 54439, AX ED VA
Hauptgericht 32/16-40/20, Terrasse, P,
geschl.: Mo, 27.12.00-27.1.01
✱ 12 Zi, Ez: 95/47-105/52,
Dz: 135/67-160/80, 1 Suite, 1 App, ⊖ WC ⌀,
2 ⊨, ☎, 1⊃20

¶ Burg-Restaurant
Auf dem Burgberg 1, Tel (0 65 81) 99 38 18,
Fax 99 38 19, ✉ 54439, AX DC ED VA
⚞, Hauptgericht 17/8-42/21, Terrasse, geschl.: Di

Beurig

¶¶ Villa Keller
Brückenstr. 1, Tel (0 65 81) 9 29 10, Fax 66 95,
✉ 54439, AX DC ED VA
Hauptgericht 26/13-38/19, Terrasse, Biergarten,
Gartenlokal, P, geschl.: Mo, 1.-15.2.01
✱✱ 11 Zi, Ez: 90/45, Dz: 150/75-180/90,
⊖ WC ⌀, 5 ⊨

Saarlouis 52 ↘

Saarland
EW 38200
ℹ Tel (0 68 31) 44 32 63, Fax 44 34 95
Stadtinfo
✉ 66740 Großer Markt

Akzent-Hotel Posthof
Postgäßchen 5, Tel (0 68 31) 9 49 60,
Fax 9 49 61 11, ✉ 66740, AX DC ED VA
Hauptgericht 30/15-40/20, Terrasse, 🛏,
geschl.: So abends, Mo

Beaumarais (2 km ✓)

** **Altes Pfarrhaus Beaumarais**
Hauptstr. 2, Tel (0 68 31) 63 83, Fax 6 28 98,
✉ 66740, AX DC ED VA
♨, 36 Zi, Ez: 150/75-185/93, Dz: 210/105,
2 Suiten, ⌐ WC ⌀, P, 2↔10
Auch Zimmer der Kategorie ✻ vorhanden.
Ehemalige Sommervilla der Baronin von Salis.
Spätbarockes Gebäude von 1762.

ᵗᵗ ᵗᵗ **Trampert**
Tel 96 56 70, Fax 96 56 71
Hauptgericht 32/16-48/24, Terrasse, geschl.: Mo
+ Sa mittags, So

Roden (1 km ↑)

** **Pannonia Alleehaus**
Bahnhofsallee 4, Tel (0 68 31) 98 00,
Fax 98 06 03, ✉ 66740, AX DC ED VA, Ⓢ
116 Zi, Ez: 145/73-185/93, Dz: 165/83-250/125,
⌐ WC ⌀ DFÜ, 42 ⇌, Lift, P, 🐕, 6↔130,
Sauna, Solarium, Golf, Restaurant

Saarmund 30 ☐

Brandenburg / Kreis Potsdam
EW 980
🅘 Tel (03 32 00) 8 58 00
Gemeindeverwaltung
✉ 14558 Arthur-Scheunert-Allee 103

✻ **Saarmund**
Alleestr. 14, Tel (03 32 00) 81 80, Fax 8 18 77,
✉ 14552, AX DC ED
57 Zi, Ez: 99/49-125/62, Dz: 130/65-170/85,
3 Suiten, ⌐ WC ⌀, 2 ⇌, P, 2↔35, Sauna,
Solarium, garni

Saarow-Pieskow, Bad 31 ✓

Brandenburg / Landkreis Oder-Spree
EW 4000
🅘 Tel (03 36 31) 86 80, Fax 86 81 20
Saarow-Centrum/Gästeinformation
✉ 15526 Ulmenstr. 15

Saarow-Mitte

** **Palais Am See** 👑
Karl-Marx-Damm 23, Tel (03 36 31) 86 10,
Fax 8 61 86, ✉ 15526, AX ED VA
♪ 🐾, 12 Zi, Ez: 190/95-240/120,
Dz: 260/130-320/161, ⌐ WC ⌀, P, 🐕, 1↔62,
Sauna, Solarium, garni

✻ **Azur**
Ahornallee 5, Tel (03 36 31) 52 14, Fax 52 16,
✉ 15526, AX ED VA
♪, 14 Zi, Ez: 95/47-125/62, Dz: 140/70-180/90,
⌐ WC ⌀, P, Restaurant

Appartementhotels/Boardinghäuser

Residenz Victoria am See
Am Kurpark 3, Tel (03 36 31) 86 60,
Fax 8 66 88, ✉ 15526, AX ED VA
27 App, ⌐, Lift, P, 🐕
Rezeption: 8-19
Zimmer der Kategorie ✻✻.

Saarow-Dorf

✻ **Landhaus Alte Eichen**
Alte Eichen 21, Tel (03 36 31) 41 15,
Fax 20 58, ✉ 15526, AX ED
39 Zi, Ez: 129/64-260/130, Dz: 160/80-280/141,
6 Suiten, ⌐ WC ⌀, P, 1↔50, Fitnessraum,
Sauna, Solarium, Restaurant
Auch Zimmer der Kategorie ✻✻ vorhanden.

✻ **Am Werl**
Silberbergstr. 51, Tel (03 36 31) 86 90,
Fax 8 69 51, ✉ 15526, AX ED
♪, 13 Zi, Ez: 95/47-130/65, Dz: 145/73-170/85,
⌐ WC ⌀ DFÜ, P, 1↔25, Sauna, Restaurant

Saarow-Pieskow,Bad

Radisson SAS
Seestr. 51, Tel (03 36 31) 88 00,
Fax 8 80 80 00, ✉ 15526, AX DC ED VA
191 Zi, Ez: 180/90-230/115,
Dz: 240/120-340/171, 6 Suiten, ⌐ WC ⌀ DFÜ,
Lift, P, 3↔120, 🛁, 🏊, Fitnessraum, Sauna,
Solarium, Kinderbetreuung, Restaurant
Eröffnung voraussichtlich Ende 2000.

Saarow-Pieskow, Bad

Silberberg

★★★★ Kempinski Hotel Bad Saarow Sporting Club Berlin
Parkallee 1, Tel (03 36 31) 60, Fax 6 20 00,
✉ 15526, AX DC VA
einzeln ♪ ≋, 201 Zi, Ez: 295/148-355/178,
Dz: 335/168-395/198, 63 App, ⌐ WC ✆, Lift,
🅿, 🕿, 11⟳160, ≋, 🛌, Seezugang, Sauna,
Solarium, Golf
Auch Zimmer der Kategorie ★★★ vorhanden.

🍴🍴🍴 Lakeside
≋, Hauptgericht 30/15, Terrasse

Strand

🍽 Café Dorsch
Humboldtstr. 16, Tel (03 36 31) 24 04,
Fax 24 04, ✉ 15526, AX ED VA
≋, Hauptgericht 20/10-40/20, Terrasse,
Gartenlokal

Sachsa, Bad 37 ←

Niedersachsen / Kreis Osterode
EW 10000
🛈 Tel (0 55 23) 3 00 90, Fax 30 09 49
Tourist-Information
✉ 37441 Am Kurpark 6

★★★ Romantischer Winkel
Bismarckstr. 23, Tel (0 55 23) 30 40,
Fax 30 41 22, ✉ 37441, AX ED VA
♪ ≋, 74 Zi, Ez: 132/66-238/119,
Dz: 240/120-320/161, 3 Suiten, ⌐ WC ✆, 25 🛌,
Lift, 🅿, 🕿, 2⟳24, 🛌, Fitnessraum, Sauna,
Solarium, Golf, 10 Tennis
Auch Zimmer der Kategorie ★★ vorhanden.

🍴🍴 ≋, Hauptgericht 28/14-49/24, Terrasse,
geschl.: 6.11.-18.12.00

★★ Sonnenhof
Glasberg 20 a, Tel (0 55 23) 9 43 70,
Fax 94 37 50, ✉ 37441, ED
♪, 17 Zi, Ez: 85/42-120/60,
Dz: 130/65-220/110, ⌐ WC ✆ DFÜ, 3 🛌, Lift,
🅿, 🕿, garni
geschl.: 1.11.-15.12.00
Auch Zimmer der Kategorie ★★★ vorhanden.

🛌 Frohnau
Waldsaumweg 19, Tel (0 55 23) 5 35, Fax 5 36,
✉ 37441, ED
♪, 23 Zi, Ez: 55/27-62/31, Dz: 95/47-110/55, ⌐
WC ✆, Lift, 🅿, garni

🛌 Haus Annemarie
Marktstr. 5, Tel (0 55 23) 9 31 55, Fax 9 31 56,
✉ 37441, AX ED VA
9 Zi, Ez: 50/25-80/40, Dz: 100/50-110/55, ⌐
WC, 🅿, 🕿, garni

Steina (2 km ←)

★ Zum Mühlenberg
Grundweg 8, Tel (0 55 23) 5 42, Fax 89 89,
✉ 37441
61 Zi, Ez: 85/42-95/47, Dz: 160/80-190/95,
11 Suiten, 9 App, ⌐ WC, 4 🛌, 🅿, 🕿, 🛌, Sauna,
Solarium, Restaurant

★ Landhaus Helmboldt
Waldpromenade 15, Tel (0 55 23) 18 55,
Fax 25 05, ✉ 37441, ED VA
♪, 18 Zi, Ez: 65/32-80/40, Dz: 116/58-160/80,
⌐ WC ✆ DFÜ, Sauna, Solarium, Restaurant
geschl.: Do

Sachsenheim 61 ↗

Baden-Württemberg
Kreis Ludwigsburg
EW 16500
🛈 Tel (0 71 47) 2 80, Fax 2 82 00
Stadtverwaltung
✉ 74343 Äußerer Schloßhof 5

Ochsenbach (10 km ↖)

🍴🍴 Zum Schwanen ✚
Dorfstr. 47, Tel (0 70 46) 21 35, Fax 27 29,
✉ 74343
Hauptgericht 30/15, Gartenlokal, 🅿,
geschl.: Mo, 6.-28.1.01

Säckingen, Bad 67 ↓

Baden-Württemberg / Kreis Waldshut
EW 17000
🛈 Tel (0 77 61) 5 68 30, Fax 56 83 17
Kurverwaltung
✉ 79713 Waldshuter Str. 20

✱✱ Goldener Knopf
Rathausplatz 9, Tel (0 77 61) 56 50,
Fax 56 54 44, ✉ 79713, AX DC ED VA
❁, 70 Zi, Ez: 117/58-147/74, Dz: 177/89-197/99,
1 Suite, ⌐ WC ⊘, 44 ⊷, Lift, P, ⌂, 3⇔100
Auch Zimmer der Kategorie ✱ vorhanden.
🍴🍴 Hauptgericht 24/12-46/23

✱ Zur Flüh
Weihermatten 38, Tel (0 77 61) 92 44 80,
Fax 9 24 48 24, ✉ 79713, AX DC ED VA
♫, 32 Zi, Ez: 98/49-120/60, Dz: 160/80-170/85,
1 Suite, ⌐ WC ⊘, P, ⌂, 2⇔60, ⌂, Sauna
🍴 Hauptgericht 26/13-36/18, Terrasse,
Biergarten, geschl.: So nur abends

🍴🍴 Fuchshöhle ✚
Münsterplatz 24, Tel (0 77 61) 73 13, ✉ 79713,
DC ED VA
🍽, Hauptgericht 34/17, Terrasse, geschl.: Mo,
So, 2 Wochen über Karneval, 2 Wochen im
Sommer
400jähriges Gebäude mit Fassadenmalereien.
Gasthaus seit 1863.

Saerbeck 24 ✓

Nordrhein-Westfalen
Kreis Steinfurt
EW 6000
🛈 Tel (0 25 74) 8 90, Fax 89 50
Gemeindeverwaltung
✉ 48369 Emsdettener Str. 1

Westladbergen (4 km ↘)

✱ Stegemann
Haus Nr. 71, Tel (0 25 74) 92 90, Fax 9 29 29,
✉ 48369, AX DC ED VA
38 Zi, Ez: 70/35-100/50, Dz: 130/65-160/80, ⌐
WC ⊘, P, 3⇔300, ⌂, Kegeln, Sauna,
Solarium, Restaurant

Sailauf 55 ↖

Bayern / Kreis Aschaffenburg
EW 3900
🛈 Tel (0 60 93) 9 73 30, Fax 97 33 33
Gemeindeverwaltung
✉ 63877 Rathausstr. 9

Sailauf-Außerhalb

Schlosshotel Die Weyberhöfe
Tel (0 60 93) 94 00, Fax 94 01 00, ✉ 63877,
AX DC ED VA
♫ ❁ 🍽, 26 Zi, Ez: 195/98-215/108, Dz: 295/148,
5 Suiten, ⌐ WC ⊘, 1 ⊷, P, 3⇔80, ⌂,
Fitnessraum, Sauna, Solarium, Golf
Hotelerweiterung auf 40 Zimmer
vorraussichtlich im Herbst 2000 beendet.

🍴🍴🍴 Carême 🔑🍷
🍽, Hauptgericht 36/18-58/29, nur abends,
geschl.: So, Mo

🍴🍴 Schlossrestaurant
Hauptgericht 28/14-42/21

Salach 62 ☐

Baden-Württemberg
Kreis Göppingen
EW 7800
🛈 Tel (0 71 62) 4 00 80, Fax 40 08 70
Bürgermeisteramt
✉ 73084 Rathausplatz 1

✱ Klaus
Hauptstr. 87 b, Tel (0 71 62) 9 63 00,
Fax 96 30 51, ✉ 73084, AX ED VA
18 Zi, Ez: 119/59-150/75, Dz: 180/90, ⌐ WC ⊘,
Lift, P, 2⇔30, ⌂
🍴🍴 Hauptgericht 24/12-36/18, nur
abends, geschl.: Mo, So

Salach-Außerhalb (2 km →)

🍴🍴 Burgrestaurant 🔑🍷🍷
     Staufeneck
Tel (0 71 62) 93 34 40, Fax 9 33 44 55,
✉ 73084, VA
❁, Hauptgericht 39/19-60/30, Terrasse, P, 🛏,
geschl.: Mo

Salem 19 ↖

Schleswig-Holstein
Kreis Herzogtum Lauenburg
EW 570
ℹ Tel (0 45 41) 8 21 67
Gemeindeverwaltung
✉ 23911 Seestr. 10

✱ Seehof
Seestr. 50, Tel (0 45 41) 8 21 82, Fax 8 38 40,
✉ 23911
Hauptgericht 13/6-26/13, Terrasse, **P**, ⛌,
geschl.: Mi, 15.10.-3.11.00

Salem 69 ↙

Baden-Württemberg / Bodenseekreis
EW 11000
ℹ Tel (0 75 53) 82 30, Fax 8 23 33
Verkehrsamt
✉ 88682 Leutkircher Str. 1

✱ Markgräflicher Badischer Gasthof Schwanen
Im Schloß 1, Tel (0 75 53) 2 83, Fax 64 18,
✉ 88682
16 Zi, Ez: 105/52-130/65, Dz: 148/74, 2⇌50
¶ ☯, Hauptgericht 35/17

¶ Salmannsweiler Hof
Salmannsweiler Weg 5, Tel (0 75 53) 9 21 20,
Fax 92 12 25, ✉ 88682, ⓔⓓ Ⓥⓐ
Hauptgericht 25/12, Terrasse, **P**, ⛌,
geschl.: Do

Neufrach (3 km ↘)

✱ Apfelblüte
Markdorfer Str. 45, Tel (0 75 53) 9 21 30,
Fax 92 13 90, ✉ 88682
29 Zi, Ez: 72/36-78/39, Dz: 98/49-128/64, ⊣
WC ✆, **P**, Solarium, Restaurant

⛌ Gasthof Reck
Bahnhofstr. 111, Tel (0 75 53) 2 01, Fax 2 02,
✉ 88682, ⓔⓓ Ⓥⓐ
14 Zi, Ez: 50/25-90/45, Dz: 90/45-160/80,
2 App, ⊣ WC ✆, Lift, **P**, 🏠, Kegeln
geschl.: 22.2.-8.3.01
Im Anbau Zimmer der Kategorien ✱✱ und
✱✱✱ vorhanden.
¶ Hauptgericht 26/13, Terrasse,
geschl.: Mi abends, Do

Salzdetfurth, Bad 26 ↓

Niedersachsen / Kreis Hildesheim
EW 7000
ℹ Tel (0 50 63) 22 77
Fremdenverkehrsverein
✉ 31162 Salzpfännerstr. 2

✱ Kronprinz
Unterstr. 105, Tel (0 50 63) 9 08 10,
Fax 90 81 66, ✉ 31162, Ⓐⓧ ⓔⓓ Ⓥⓐ
31 Zi, Ez: 110/55-160/80, Dz: 155/78-245/123,
⊣ WC ✆ DFÜ, 6 ⛌, Lift, **P**, 2⇌36, Restaurant

Detfurth (2 km ↑)

✱✱ Relexa
An der Peesel 1, Tel (0 50 63) 2 90,
Fax 2 91 13, ✉ 31162, Ⓐⓧ Ⓓⓒ ⓔⓓ Ⓥⓐ, Ⓢ
♪ 🍴, 112 Zi, Ez: 149/75-319/160,
Dz: 199/100-399/200, 4 Suiten, 14 App, ⊣ WC
✆, 47 ⛌, Lift, **P**, 16⇌400, 🛏, Fitnessraum,
Kegeln, Sauna, Solarium
Auch Zimmer der Kategorie ✱ vorhanden.

¶¶ Kaminrestaurant
Hauptgericht 24/12-48/24, Terrasse, Biergarten

Salzgitter 26 ↘

Niedersachsen
EW 120000
ℹ Tel (0 53 41) 39 37 38, Fax 39 18 16
Tourist-Information
✉ 38259 Vorsalzer Str. 11

Bad

✱✱ Golfhotel am Gittertor
Gittertor 5, Tel (0 53 41) 30 10, Fax 30 11 99,
✉ 38259, Ⓐⓧ ⓔⓓ Ⓥⓐ
32 Zi, Ez: 95/47-200/100, Dz: 138/69-240/120,
⊣ WC ✆, 18 ⛌, Lift, **P**, 🏠, 1⇌20, garni

✱✱ Quellenhof
Hinter dem Salze 32, Tel (0 53 41) 3 40 81,
Fax 39 48 28, ✉ 38259, Ⓐⓧ ⓔⓓ Ⓥⓐ
36 Zi, Ez: 105/52-150/75, Dz: 145/73-190/95,
⊣ WC ✆ DFÜ, Lift, **P**, 1⇌23, Sauna,
Restaurant

✱✱ Ringhotel Ratskeller
Marktplatz 10, Tel (0 53 41) 30 13 20, Fax
3 01 32 42, ✉ 38259, Ⓐⓧ Ⓓⓒ ⓔⓓ Ⓥⓐ, Ⓢ
44 Zi, Ez: 100/50-150/75, Dz: 150/75-180/90,
⊣ WC ✆ DFÜ, 7 ⛌, Lift, **P**, 🏠, 6⇌300,
Kegeln, Golf
Auch Zimmer der Kategorie ✱ vorhanden.
¶ Hauptgericht 28/14, Terrasse

✱ Kniestedter Hof
Breslauer Str. 20, **Tel (0 53 41) 80 08 00**,
Fax 80 08 88, ✉ 38259, Ez: 95/47-140/70, Dz: 140/70-190/95, ⊟
WC ⊘, 6 ⇌, Lift, P, ⇧, Sauna, garni
geschl.: 22.12.00-2.1.01

Gebhardshagen

✱ Gasthaus Keune
Weddemweg 4, **Tel (0 53 41) 8 72 70**,
Fax 87 27 37, ✉ 38229, ED VA
21 Zi, Ez: 80/40-100/50, Dz: 120/60-155/78,
3 App, ⊟ WC DFÜ, P, ⇧, 2⟳50, Kegeln,
Restaurant
Auch einfachere Zimmer und Zimmer der
Kategorie ✱✱ vorhanden.

Lebenstedt

✱✱ Hotel am See
Gästehaus der Salzgitter AG
Kampstr. 37-41, **Tel (0 53 41) 1 89 00**,
Fax 1 89 01 00, ✉ 38226, AX ED VA
46 Zi, Ez: 98/49-248/124, Dz: 198/99-298/150,
1 Suite, ⊟ WC ⊘, 19 ⇌, Lift, P, ⇧, 8⟳140,
Kegeln, Restaurant

Lichtenberg

✱✱ Waldhotel Burgberg
Burgbergstr. 147, **Tel (0 53 41) 8 59 40**,
Fax 85 94 20, ✉ 38228, ED VA
einzeln ☾, 15 Zi, Ez: 160/80-180/90,
Dz: 230/115-270/135, 2 App, ⊟ WC ⊘, P,
Sauna, Solarium, Restaurant
Auch Zimmer der Kategorie ✱✱✱ vorhanden.

Salzhausen 18 ↘

Niedersachsen / Kreis Harburg
EW 3400
🛈 Tel (0 41 72) 90 99 15, Fax 90 99 36
Verkehrs- und Kulturverein
✉ 21376 Rathausplatz 1

✱ Romantik Hotel Josthof
Am Lindenberg 1, **Tel (0 41 72) 9 09 80**,
Fax 62 25, ✉ 21376, AX DC ED VA
☻, 16 Zi, Ez: 110/55-145/73,
Dz: 179/90-240/120, ⊟ WC ⊘ DFÜ, P, 1⟳15
350 Jahre altes niedersächsisches Gehöft. Auch
Zimmer der Kategorie ✱✱ vorhanden.
🍴🍴 ☻, Hauptgericht 28/14-42/21,
Biergarten

Salzhemmendorf 26 ✓

Niedersachsen
Kreis Hameln-Pyrmont
EW 11000
🛈 Tel (0 51 53) 8 08 80, Fax 8 08 36
Tourist-Information
✉ 31020 Hauptstr. 2

Oldendorf (3 km ↗)

✱ Catharinenhof
Im Hohen Feld 48, **Tel (0 51 53) 93 80**,
Fax 58 39, ✉ 31020, AX DC ED VA
17 Zi, Ez: 87/43-135/67, Dz: 132/66-175/88, ⊟
WC ⊘ DFÜ, P, 1⟳30, garni
Rezeption: 6-12, 16-22

Salzkotten 35 ←

Nordrhein-Westfalen
Kreis Paderborn
EW 23270
🛈 Tel (0 52 58) 50 71 18, Fax 5 07 27
Informations- und Verkehrsamt
✉ 33154 Marktstr. 8

✱ Walz
Paderborner Str. 21, **Tel (0 52 58) 98 80**,
Fax 48 49, ✉ 33154, AX DC VA
35 Zi, Ez: 99/49, Dz: 140/70, 1 App, ⊟ WC ⊘
DFÜ, P, 2⟳50, Kegeln, Sauna, Solarium, Golf,
Restaurant

✱ Westfälischer Hof
Lange Str. 4, **Tel (0 52 58) 9 86 10**,
Fax 98 61 40, ✉ 33154, AX ED VA
12 Zi, Ez: 95/47-100/50, Dz: 140/70, ⊟ WC ⊘,
P, ⇧, Kegeln, Restaurant

Salzschlirf, Bad 46 ←

Hessen / Kreis Fulda
EW 3300
🛈 Tel (0 66 48) 22 66, Fax 23 68
Kur- und Tourismus GmbH
✉ 36364 Bahnhofstr. 22

✱✱ Haus der Standesbeamten
Bahnhofstr. 12, **Tel (0 66 48) 30 81**, Fax 35 27,
✉ 36364
☾, 82 Zi, Ez: 75/37-85/42, Dz: 130/65, ⊟ WC,
15 ⇌, Lift, P, 4⟳50, Restaurant
geschl.: Sa

✱ Pension Schober
Bahnhofstr. 16, **Tel (0 66 48) 93 39 00**,
Fax 93 39 90, ✉ 36364
48 Zi, Ez: 60/30-75/37, Dz: 120/60-150/75, ⊟
WC ⊘, 5 ⇌, Lift, P, ⇧, Sauna, Solarium
geschl.: 1.10.-15.12.00, 5.1.-15.3.01

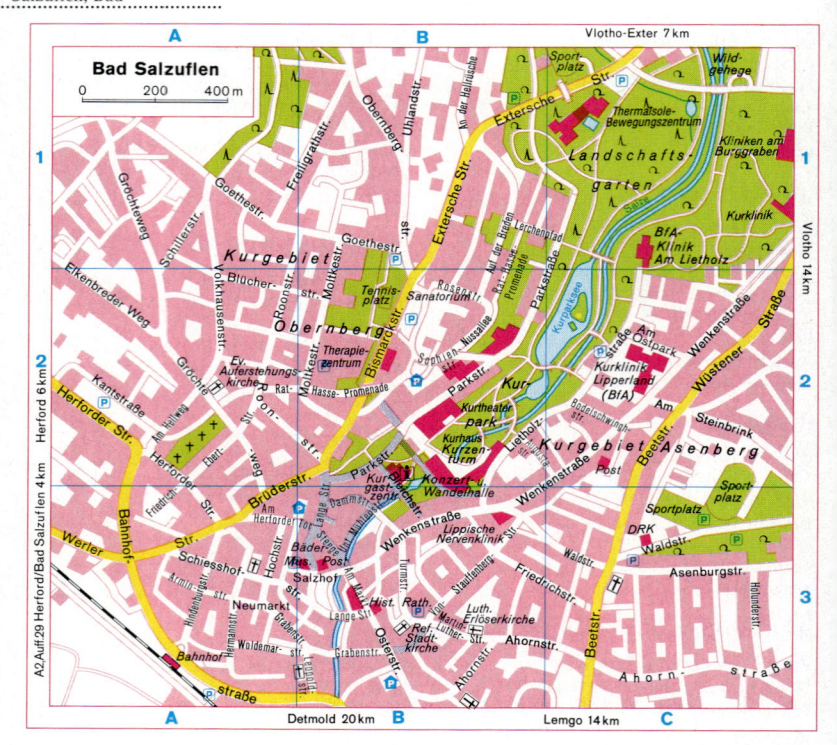

Salzuflen, Bad

Salzuflen, Bad 25 ✓

Nordrhein-Westfalen / Kreis Lippe
EW 55000
🛈 Tel (0 52 22) 18 31 83, Fax 1 71 54
Kur- und Verkehrsverein
✉ 32105 Parkstr. 20

✱✱✱ Arminius
Ritterstr. 2 (B 3), Tel (0 52 22) 36 60,
Fax 36 61 11, ✉ 32105, AX DC ED VA, Ⓢ
51 Zi, Ez: 150/75-190/95, Dz: 210/105-240/120,
7 Suiten, 10 App, ⊟ WC ⊘, 7 ⛌, Lift, Ⓟ, 🏠,
3◯100, Sauna, Solarium, Golf
Auch Zimmer der Kategorie ✱✱ vorhanden.

🍴🍴 Varus
🍷, Hauptgericht 39/19, Terrasse

✱✱ Kurparkhotel
Parkstr. 1 (B 2), Tel (0 52 22) 39 90,
Fax 39 94 62, ✉ 32105, AX DC ED VA
♪, 73 Zi, Ez: 110/55-203/102,
Dz: 220/110-302/152, 1 Suite, 1 App, ⊟ WC ⊘,
Lift, 2◯60
geschl.: 3.1.-6.2.01

Auch Zimmer der Kategorie ✱✱✱ vorhanden.
🍴🍴 Hauptgericht 30/15, Terrasse,
geschl.: 3.1.-6.2.01

✱✱ Vitalotel Roonhof
Roonstr. 9 (A 2), Tel (0 52 22) 34 30,
Fax 34 31 00, ✉ 32105, AX DC ED VA
32 Zi, Ez: 150/75-175/88, Dz: 220/110, 22 App,
⊟ WC ⊘ DFÜ, 8 ⛌, Lift, Ⓟ, 🏠, 2◯40, 🏠,
Fitnessraum, Sauna, Solarium, Restaurant

✱✱ Ringhotel Lippischer Hof
Mauerstr. 1 (A 3), Tel (0 52 22) 53 40,
Fax 5 05 71, ✉ 32107, AX DC ED VA, Ⓢ
49 Zi, Ez: 152/76-206/103,
Dz: 206/103-275/138, 3 Suiten, 1 App, ⊟ WC ⊘
DFÜ, 18 ⛌, Lift, Ⓟ, 🏠, 3◯, 🏠, Fitnessraum,
Sauna, Solarium, Golf
Auch Zimmer der Kategorie ✱ vorhanden.
🍴🍴 Hauptgericht 20/10-40/20

✱ Otto
Friedenstr. 2 / Ecke Gröchteweg (A 2),
Tel (0 52 22) 93 04 40, Fax 5 84 64, ✉ 32105,
AX ED VA

♪, 22 Zi, Ez: 98/49-140/70, Dz: 170/85-190/95,
⌐ WC ⊘, 10 ⊭, Lift, P, ⌂, garni
geschl.: 20.11.00-15.1.01

⚓ Rosengarten
Bismarckstr. 8 (B 2), Tel (0 52 22) 9 15 50,
Fax 91 55 10, ✉ 32105, AX DC ED VA
13 Zi, Ez: 80/40-112/56, Dz: 155/78-175/88, ⌐
WC ⊘, P

¶ Alexandra
Untere Mühlenstr. 2, Tel (0 52 22) 40 05 75,
Fax 63 84 02, ✉ 32105, ED VA
☯, Hauptgericht 23/11-38/19, Biergarten,
geschl.: Mi, Do mittags

Appartementhotels/Boardinghäuser

Atrium
Lietholzstr. 22 (C 2), Tel (0 52 22) 6 29 90,
✉ 32105
24 Zi, Ez: 155/78, Dz: 230/115, ⌐ WC ⊘
Appartements der Kategorie **.

Salzuflen, Bad-Außerhalb (3 km ↑)

** Mercure Schwaghof
Schwaghof 1, Tel (0 52 22) 9 16 20,
Fax 9 16 21 00, ✉ 32108, ED VA, Ⓢ
einzeln ♪ §, 80 Zi, Ez: 135/67-149/75,
Dz: 165/83-250/125, 6 Suiten, ⌐ WC ⊘, 6 ⊭,
Lift, P, ⌂, 8⌬200, ⌂, Kegeln, Sauna,
Solarium, Golf, 2 Tennis

Sylbach (7 km ↓)

* Zum Löwen
Sylbacher Str. 223, Tel (0 52 32) 9 56 50,
Fax 95 65 65, ✉ 32107, ED VA
33 Zi, Ez: 90/45-120/60, Dz: 150/75-180/90, ⌐
WC ⊘ DFÜ, P, 3⌬50, ≋, Restaurant
geschl.: 2 Wochen im Jul

Salzungen, Bad 46 ↗

Thüringen / Wartburgkreis
EW 17500
🛈 Tel (0 36 95) 69 34 20, Fax 69 34 21
Tourist-Information
✉ 36433 Am Flößrasen 1

** Salzunger Hof
Bahnhofstr. 41, Tel (0 36 95) 67 20,
Fax 60 17 00, ✉ 36433, AX DC ED VA
67 Zi, Ez: 115/57-145/73, Dz: 145/73-185/93,
5 Suiten, 10 App, ⌐ WC ⊘ DFÜ, 5 ⊭, Lift, P,
⌂, 5⌬300, Sauna, Solarium
¶ Hauptgericht 16/8, Terrasse,
Biergarten

Salzwedel 27 ↑

Sachsen-Anhalt
Altmarkkreis Salzwedel
EW 22540
🛈 Tel (0 39 01) 42 24 38, Fax 3 10 77
Tourist-Information
✉ 29410 Neuperverstr. 29

* Union
Goethestr. 11, Tel (0 39 01) 42 20 97,
Fax 42 21 36, ✉ 29410, AX DC ED VA
33 Zi, Ez: 75/37-110/55, Dz: 100/50-145/73, ⌐
WC ⊘, 14 ⊭, P, ⌂, Sauna
¶ Hauptgericht 15/7-28/14

* Siebeneichen
Kastanienweg 3, Tel (0 39 01) 3 50 30,
Fax 3 50 32, ✉ 29410, AX ED VA
12 Zi, Ez: 85/42-95/47, Dz: 120/60-130/65,
1 App, ⌐ WC ⊘, P, ⌂, Restaurant

☕ Café Kruse
Holzmarktstr. 4 / 6, Tel (0 39 01) 42 21 07,
Fax 4 92, ✉ 29410
Gartenlokal, P
Stammhaus des Original Salzwedeler
Baumkuchens.

Salzwedel-Außerhalb (3 km ↙)

* Kastanienhof
An der Warthe 4, an der B 248,
Tel (0 39 01) 8 39 00, Fax 3 88 84, ✉ 29410,
ED VA
18 Zi, Ez: 80/40-80/40, Dz: 120/60-125/62, ⌐
WC ⊘ DFÜ, P, 2⌬60, Restaurant

Salzweg 66 ↘

Bayern / Kreis Passau
EW 6610
🛈 Tel (08 51) 94 99 80, Fax 9 49 98 20
Verkehrsamt
✉ 94121 Passauer Str. 42

* Gasthof Holler
Büchlberger Str. 1, Tel (08 51) 94 99 60,
Fax 4 12 97, ✉ 94121, AX DC ED VA
27 Zi, Ez: 65/32, Dz: 110/55, ⌐ WC ⊘, 10 ⊭,
Lift, P, ⌂, 3⌬450, Restaurant

Samerberg 73 ✓

Bayern / Kreis Rosenheim
EW 2300
ℹ Tel (0 80 32) 86 06, Fax 88 87
Verkehrsamt
✉ 83122 Dorfplatz 3

Törwang

🍽 **Post**
Dorfplatz 4, Tel (0 80 32) 86 13, Fax 89 29,
✉ 83122, ED VA
🍴, Hauptgericht 20/10, Biergarten, P, 🛏,
geschl.: Di

Samtens 13 →

Mecklenburg-Vorpommern
Kreis Rügen
EW 2395
ℹ Tel (03 83 06) 1 59 24
Gemeindeverwaltung Rambin
✉ 18573 Gemeindeweg 2

**⋆⋆ Best Western Sporthotel
Tiet un Wiel**
Bergener Str. 1, Tel (03 83 06) 22 20,
Fax 2 22 15, ✉ 18573, ED VA
62 Zi, Dz: 150/75-195/98, 12 App, ⊐ WC ⌀,
24 🛏, Lift, P, 4⊂⊃1000, 🛁, Fitnessraum,
Kegeln, Bowling, Sauna, Solarium, Restaurant

Sand siehe Emstal

Sand a. Main 56 ↗

Bayern / Kreis Haßberge
EW 3080
ℹ Tel (0 95 24) 8 22 20, Fax 82 22 50
Gemeindeverwaltung
✉ 97522 Kirchplatz 2

🛏 **Goger**
Hauptstr. 28, Tel (0 95 24) 2 27, Fax 2 07,
✉ 97522
19 Zi, Ez: 49/24, Dz: 84/42, ⊐ WC, P,
Restaurant

Sande 16 □

Niedersachsen / Kreis Friesland
EW 9500
ℹ Tel (0 44 22) 9 58 80, Fax 95 88 40
Gemeindeverwaltung
✉ 26452 Hauptstr. 79

⋆ Landhaus Tapken
Bahnhofstr. 46, Tel (0 44 22) 9 58 60,
Fax 95 86 99, ✉ 26452, DC ED VA
18 Zi, Ez: 88/44-128/64, Dz: 128/64-178/89,
2 Suiten, ⊐ WC ⌀ DFÜ, 3 🛏, P, 3⊂⊃200,
Kegeln, Restaurant
geschl.: 22-26.12.00

Sandkrug 22 ↓

Brandenburg / Landkreis Barnim
ℹ Tel (0 33 34) 6 45 20, Fax 6 45 21
Tourist-Information
✉ 16225 Steinstraße 3

⋆ Mühlenhaus
Ragöser Mühle 1, Tel (03 33 66) 5 23 60,
Fax 52 36 99, ✉ 16230, AX DC ED VA
30 Zi, Ez: 90/45-120/60, Dz: 120/60-160/80,
3 Suiten, ⊐ WC ⌀ DFÜ, Lift, P, 3⊂⊃120,
Sauna, Solarium, Restaurant

Sandweier siehe Baden-Baden

Sanitz 13 ✓

Mecklenburg-Vorpommern
Kreis Doberan
EW 5495
ℹ Tel (03 82 09) 48 00, Fax 4 80 49
Gemeindeverwaltung Sanitz
✉ 18190 Rostocker Str. 19

Reppelin

⋆ Gutshaus Neu Wendorf
Tel (03 82 09) 8 02 70, Fax 8 02 71, ✉ 18190,
ED VA
🍴, 9 Zi, Ez: 70/35-110/55, Dz: 120/60-150/75,
⊐ WC ⌀, P, 🛁, Golf, Restaurant
geschl.: Di, 20-28.12.00

Sankelmark 9 ↗

Schleswig-Holstein
Kreis Schleswig-Flensburg
EW 1300
🛈 Tel (0 46 38) 8 01 78, Fax 89 84 05
Touristinformation
✉ 24963 Stapelholmer Weg 13

Zentraler Ort im landschaftlich schönen Treenetal gelegen mit gut ausgebautem Wanderwegenetz. Anschluß an BAB A7 und DB-Strecke FL-HH. Reichhaltige Angebote in den Bereichen Erwachsenenbildung, Sport, Kultur und Freizeit. Reges Geschäftsleben mit vielfältigen Dienstleistungen. Beheiztes Freibad.

Bilschau

* **Seeblick**
Bundesstr. 76 Nr. 8-10, Tel (0 46 30) 13 56,
Fax 13 57, ✉ 24988, DC ED VA
20 Zi, Ez: 65/32-85/42, Dz: 98/49-128/64, ⌐ WC ✆ DFÜ, P
🍴 Hauptgericht 14/7-36/18, Terrasse

Sarstedt 26 ✓

Niedersachsen / Kreis Hildesheim
EW 17500
🛈 Tel (0 50 66) 8 05 37, Fax 8 05 70
Bürgercenter Stadt Sarstedt
✉ 31157 Steinstr. 22

*** **Residencia Aparthotel**
   City Line & Country Line Hotels
Ziegelbrennerstr. 8, Tel (0 50 66) 7 00 00,
Fax 70 00 84, ✉ 31157, AX DC ED VA, Ⓢ
Ez: 175/88-595/299, Dz: 225/113-655/329,
4 Suiten, 25 App, ⌐ WC ✆ DFÜ, 25 ♨, Lift, P,
7⌣110, Golf

🍴🍴 **Residencia Garden**
Hauptgericht 20/10-38/19, Terrasse, geschl.: Sa mittags, So, Mo mittags

* **Kipphut**
Messeschnellweg / B 6, Tel (0 50 66) 98 30,
Fax 9 83 22, ✉ 31157, AX DC ED VA
15 Zi, Ez: 96/48-220/110, Dz: 141/71-290/146,
1 Suite, ⌐ WC ✆, P, Golf, Restaurant

Heisede (4 km ↑)

* **Hof Picker**
Dorfstr. 16, Tel (0 50 66) 7 00 50,
Fax 70 05 30, ✉ 31157, ED VA
17 Zi, Ez: 100/50-210/105, Dz: 160/80-260/130,
⌐ WC ✆, 10 ♨, P, Golf, Restaurant, garni

Sasbach 67 ↖

Baden-Württemberg
Kreis Emmendingen
EW 3100
🛈 Tel (0 76 42) 9 10 10, Fax 91 01 30
Gemeindeverwaltung
✉ 79361 Hauptstr. 15

Leiselheim (2,5 km ↘)

* **Leiselheimer Hof**
Meerweinstr. 3, Tel (0 76 42) 72 70, Fax 20 12,
✉ 79361, ED VA
12 Zi, Ez: 65/32-70/35, Dz: 110/55-120/60, ⌐ WC ✆, Lift, P, Kegeln
🍴 Hauptgericht 28/14, Terrasse, geschl.: Mi

Sasbachwalden 60 □

Baden-Württemberg / Ortenaukreis
EW 5300
🛈 Tel (0 78 41) 6 86 20, Fax 70 94 52
Tourist-Information
✉ 77880 Kirchplatz 4

** **Talmühle**
Talstr. 36, Tel (0 78 41) 62 82 90,
Fax 6 28 29 99, ✉ 77887, AX DC ED VA
30 Zi, Ez: 72/36-180/90, Dz: 168/84-280/141,
1 Suite, ⌐ WC ✆, 9 ♨, Lift, P, 🏠, 1⌣25
geschl.: 22.1.-15.2.01

🍴🍴🍴 **Fallert**
Hauptgericht 29/14-60/30, Terrasse,
geschl.: 22.1.-15.2.01

* **Engel**
Talstr. 14, Tel (0 78 41) 30 00, Fax 2 63 94,
✉ 77887, VA
11 Zi, Ez: 55/27-85/42, Dz: 140/70-160/80, ⌐ WC ✆, P, 🏠
geschl.: Mo, 8.-25.1.01

🍴🍴 ED, Hauptgericht 30/15, geschl.: Mo, 8.-25.1.01

Sasbachwalden

¶ Sonne
Talstr. 32, Tel (0 78 41) 2 52 58, Fax 2 91 21,
✉ 77887
🍴, Hauptgericht 32/16, Terrasse, geschl.: Mi, Do

Brandmatt (5 km →)

★★ Forsthof
Brandrüttel 26, Tel (0 78 41) 64 40,
Fax 64 42 69, ✉ 77887, AX DC ED VA
♪ ♯, 129 Zi, Ez: 135/67, Dz: 230/115, ⊣ WC ⓒ,
Lift, P, 🚗, 5⇔450, 🛁, Sauna, Solarium

Sassendorf, Bad 34 □

Nordrhein-Westfalen / Kreis Soest
EW 10100
ℹ Tel (0 29 21) 5 01 45 16, Fax 5 01 45 99
Kurverwaltung
✉ 59505 Kaiserstr. 14

★★★ Maritim Hotel Schnitterhof
Salzstr. 5, Tel (0 29 21) 95 20, Fax 95 24 99,
✉ 59505, AX DC ED VA, Ⓢ
♪, 142 Zi, Ez: 186/93-236/118,
Dz: 272/137-322/162, 3 Suiten, ⊣ WC ⓒ, 13 ⛌,
Lift, P, 🚗, 9⇔150, 🛁, Fitnessraum, Kegeln,
Sauna, Solarium
¶¶ 🍴, Hauptgericht 35/17

★★ Hof Hueck mit Gästehäusern
im Kurpark, Tel (0 29 21) 9 61 30,
Fax 96 13 50, ✉ 59505, AX DC ED VA
♪, 55 Zi, Ez: 115/57-130/65,
Dz: 170/85-230/115, 2 Suiten, ⊣ WC ⓒ,
14 ⛌, P
¶¶ 🍴, Hauptgericht 32/16, Terrasse ✚
geschl.: Mo
Restauriertes 200 Jahre altes Bauernhaus.

★ Wulff
Berliner Str. 31, Tel (0 29 21) 9 60 30,
Fax 96 03 35, ✉ 59505, ED
♪, 30 Zi, Ez: 80/40-120/60, Dz: 155/78-170/85,
4 Suiten, 2 App, ⊣ WC ⓒ, P, 🚗, 🛁, Sauna,
Solarium, Restaurant
geschl.: 1.-30.11.00

Sassnitz siehe Rügen

Satow 12 ↓

Mecklenburg-Vorpommern
Kreis Bad Doberan
EW 2074
ℹ Tel (03 82 95) 3 25
Gemeindeverwaltung
✉ 18239 Straße der DSF

★ Weide Landidyll
Hauptstr. 52, Tel (03 82 95) 7 50, Fax 7 85 18,
✉ 18239, AX DC ED VA
50 Zi, Ez: 100/50-115/57, Dz: 125/62-140/70,
1 App, ⊣ WC ⓒ, P, 3⇔50, Restaurant

Sauensiek 18 ←

Niedersachsen / Kreis Stade
EW 2078
ℹ Tel (0 41 69) 91 90 11, Fax 91 90 12
Gemeindeverwaltung
✉ 21644 Im Dorfe 27

🛏 Klindworths Gasthof
Hauptstr. 1, Tel (0 41 69) 9 11 00, Fax 91 10 10,
✉ 21644, AX DC ED VA
21 Zi, Ez: 56/28, Dz: 96/48, ⊣ WC ⓒ, P,
Kegeln, 3 Tennis, Restaurant

¶ Hüsselhus
Hauptstr. 12, Tel (0 41 69) 15 15, Fax 91 91 92,
✉ 21644, DC ED VA
🍴, Hauptgericht 16/8-40/20, Terrasse, nur
abends, So auch mittags, geschl.: Mo

Sauerlach 72 □

Bayern / Kreis München
EW 5850
ℹ Tel (0 81 04) 6 64 60, Fax 79 26
Gemeindeverwaltung
✉ 82054 Bahnhofstr. 1

★★ Sauerlacher Post
Tegernseer Landstr. 2, Tel (0 81 04) 8 30,
Fax 83 83, ✉ 82054, AX DC ED VA
51 Zi, Ez: 160/80-230/115, Dz: 180/90-250/125,
⊣ WC ⓒ, 13 ⛌, Lift, P, 🚗, 4⇔70
Freier Zugang zur Fitness- und
Saunaeinrichtung im gegenüberliegenden
Fitnesscenter.
¶¶ Hauptgericht 18/9-40/20, Biergarten

★ Neuwirt
Bahnhofstr. 13, Tel (0 81 04) 6 67 90,
Fax 66 79 22, ✉ 82054, AX DC ED VA

Saulgau 69 □

Baden-Württemberg
Kreis Sigmaringen
EW 17000
ℹ Tel (0 75 81) 48 39 38, Fax 48 39 69
Kur- und Gästeamt
✉ 88348 Am Schönen Moos

✶✶✶ Ringhotel Kleber Post
Hauptstr. 100, **Tel (0 75 81) 50 10**,
Fax 50 14 61, ✉ 88348, AX DC ED VA, Ⓢ
65 Zi, Ez: 148/74-170/85, Dz: 218/109-260/130,
1 Suite, 1 App, ⌐ WC ✆, 40 ⊨, Lift, ℗, ☎,
4⇔90, Golf
Im Stammhaus auch einfachere Zimmer
vorhanden.
🍴🍴 ⍟, Hauptgericht 28/14-49/24, Terrasse

✶ Gasthof Schwarzer Adler
Hauptstr. 41, **Tel (0 75 81) 73 30**, Fax 70 30,
✉ 88348, ED VA
13 Zi, Ez: 75/37-90/45, Dz: 120/60-130/65,
1 Suite, ⌐ WC ✆, ℗, ☎, Golf, Restaurant

Saulheim 54 ↖

Rheinland-Pfalz
Kreis Alzey-Worms
EW 6520
ℹ Tel (0 67 32) 50 75, Fax 6 40 69
Gemeindeverwaltung
✉ 55291 Auf dem Römer 8

✶ Weinstube Lehn
Neupforte 19, **Tel (0 67 32) 9 41 00**,
Fax 94 10 33, ✉ 55291, AX DC ED VA
15 Zi, Ez: 85/42-105/52, Dz: 120/60-140/70,
2 App, ⌐ WC ✆, 9 ⊨, ℗, 1⇔, Sauna,
Solarium, Restaurant

Sayda 50 →

Sachsen / Kreis Freiberg
EW 2350
ℹ Tel (03 73 65) 9 72 22, Fax 14 70
Fremdenverkehrsamt
✉ 09619 Am Markt 1

Friedebach-Außerhalb (2 km ↘)

✶✶ Waldhotel Kreuztanne
Kreuztannenstr. 1, **Tel (03 73 65) 9 80**,
Fax 72 15, ✉ 09619, AX ED
einzeln ☾ ✿, 56 Zi, Ez: 80/40-105/52,
Dz: 120/60-160/80, 2 Suiten, ⌐ WC ✆, Lift, ☎

Schäftlarn 72 ←

Bayern / Kreis München
EW 5000
ℹ Tel (0 81 78) 9 30 30, Fax 42 71
Gemeindeverwaltung
✉ 82069 Starnberger Str. 50

Ebenhausen

✶ Gut Schwaige
Rodelweg 7, Tel (0 81 78) 9 30 00, Fax 40 54,
✉ 82067, AX DC ED VA
17 Zi, Ez: 125/62-135/67, Dz: 155/78-185/93,
1 Suite, ⌐ WC ✆ DFÜ, 3 ⊨, ℗, garni

🍴🍴 Hubertus 🚮
Wolfratshauser Str. 53, Tel (0 81 78) 48 51,
Fax 33 18, ✉ 82067, AX
Hauptgericht 28/14-38/19, Gartenlokal, ℗,
geschl.: Mo, So

Schalkenmehren 42 ↘

Rheinland-Pfalz / Kreis Daun
EW 500
ℹ Tel (0 65 92) 40 85
Gemeindeverwaltung
✉ 54552 Auf dem Flur 2

✶✶ Landgasthof Michels Landidyll
St.-Martin-Str. 9, **Tel (0 65 92) 92 80**,
Fax 92 81 60, ✉ 54552, AX DC ED VA
38 Zi, Ez: 90/45-135/67, Dz: 140/70-195/98,
1 Suite, ⌐ WC ✆, 8 ⊨, Lift, ℗, ☎, 1⇔28, ☎,
Sauna, Solarium
Auch Zimmer der Kategorien ✶ und ✶✶✶
vorhanden.
🍴 Hauptgericht 24/12-38/19

✶ Haus am Maar
Maarstr. 22, **Tel (0 65 92) 9 55 10**,
Fax 95 51 40, ✉ 54552, ED VA
20 Zi, Ez: 55/27-95/47, Dz: 110/55-150/75,
3 Suiten, ⌐ WC ✆, 5 ⊨, ℗, ☎, Fitnessraum,
Sauna, Solarium, Restaurant

⛵ Kraterblick
Auf Koop 6, **Tel (0 65 92) 39 43**, Fax 27 19,
✉ 54552
11 Zi, Ez: 50/25-70/35, Dz: 100/50-130/65, ⌐
WC, 2 ⊨, ℗, ☎, 1⇔30, garni

Schallbach 67 ✓

Baden-Württemberg / Kreis Lörrach
EW 669
ℹ Tel (0 76 21) 8 46 05, Fax 1 80 49
Gemeindeverwaltung
✉ 79597 Dorfstr. 6

✱ Zur alten Post
Alte Poststr. 19, Tel (0 76 21) 9 40 94 90,
Fax 94 09 49 33, ✉ 79597, AX ED VA
♪ 19 Zi, Ez: 90/45-95/47, Dz: 140/70-150/75,
1 Suite, ⊣ WC ⌀, **P**, 1⇨25
geschl.: 1.-7.1.01
🍴 Hauptgericht 25/12, geschl.: Do, Fr mittags, 1.-7.1.01

Schallstadt 67 □

Baden-Württemberg
Kreis Breisgau-Hochschwarzwald
EW 5700
ℹ Tel (0 76 64) 6 10 90, Fax 61 09 91
Bürgermeisteramt
✉ 79227 Kirchstr. 16

Mengen

✱ Alemannenhof
Weberstr. 10, Tel (0 76 64) 50 60, Fax 20 29,
✉ 79227
59 Zi, Ez: 90/45, Dz: 140/70, ⊣ WC ⌀, Lift, **P**,
🏠, Restaurant

Wolfenweiler (1 km ↗)

✱ Ochsen
Baseler Str. 50, Tel (0 76 64) 65 11, Fax 67 27,
✉ 79227
52 Zi, Ez: 83/41-99/49, Dz: 85/42-148/74, ⊣
WC, Lift, **P**, Solarium, Restaurant
Rezeption: 6-15, 17-23
Im Stammhaus auch einfache Zimmer vorhanden.

Schandau, Bad 51 ↗

Sachsen / Kreis Sächsische Schweiz
EW 3000
ℹ Tel (03 50 22) 9 00 30, Fax 9 00 34
Kur- und Tourismus GmbH
✉ 01814 Markt 12

Kurort; Sehenswert: Brauhof (Renaissancebau);
Kirche St. Johannis; Umgebinde- und Fachwerkhäuser; Elbsandsteingebirge; Sächsische Dampfschifffahrt.

✱✱ Parkhotel
Rudolf-Sendig-Str. 12, Tel (03 50 22) 5 20,
Fax 5 22 15, ✉ 01814, AX ED VA
♪, 86 Zi, Ez: 51/25-146/73, Dz: 72/36-192/96,
3 Suiten, WC, Lift, **P**, 1⇨40, Fitnessraum,
Sauna, Solarium, Restaurant
Im Gästehaus einfachere Zimmer vorhanden.

Ostrau

✱ Ostrauer Scheibe
Alter Schulweg 12, Tel (03 50 22) 48 80,
Fax 4 88 88, ✉ 01814, ED VA
♪ ♣, 28 Zi, Ez: 100/50-260/130,
Dz: 160/80-260/130, ⊣ WC ⌀ DFÜ, 8 ⇆, Lift,
P, 2⇨100, Sauna, Solarium, Restaurant
Auch Zimmer der Kategorie ✱✱ vorhanden.

Schaprode siehe Rügen

Scharbeutz 11 ↓

Schleswig-Holstein
Kreis Ostholstein
EW 10800
ℹ Tel (0 45 03) 7 42 55, Fax 7 21 22
Tourist-Information
✉ 23683 Strandallee 134

✱ Martensen
Strandallee 123, Tel (0 45 03) 3 52 70,
Fax 7 35 40, ✉ 23683, AX DC ED VA
♣, 12 Zi, Ez: 80/40-120/60, Dz: 150/75-240/120,
1 Suite, 15 App, ⊣ WC ⌀, Lift, **P**, garni
geschl.: 15.10.00-6.4.01
Auch Zimmer der Kategorie ✱✱ vorhanden.

✱ Villa Scharbeutz
Seestr. 26, Tel (0 45 03) 8 70 90, Fax 35 12 40,
✉ 23683
22 Zi, Ez: 70/35-90/45, Dz: 130/65-168/84, ⊣
WC ⌀, **P**, garni

✱ Petersen's Landhaus
Seestr. 56 a, Tel (0 45 03) 3 55 10,
Fax 35 51 15, ✉ 23683
14 Zi, Ez: 108/54-138/69, Dz: 149/75-172/86,
3 Suiten, 9 App, ⊣ WC ⌀, 4 ⇆, **P**, 🏠,
Solarium, garni

Schürsdorf (4 km ↘)

🍴🍴 Brechtmann ✙
Hackendohrredder 9, Tel (0 45 24) 99 52,
Fax 16 96, ✉ 23684, ED

Hauptgericht 20/10, Terrasse, P, geschl.: Di, Anfang Jan-Anfang Mär

Restaurant Landgasthof Brechtmann

23684 Schürsdorf
bei Scharbeutz
Hackendohrredder 9
Tel. 0 45 24 / 99 52
Fax 0 45 24 / 16 96

Scharnhausen siehe Ostfildern

Schauenburg 35 ↘

Hessen / Kreis Kassel
EW 10980
🛈 Tel (0 56 01) 9 32 50, Fax 93 25 40
Tourist-Information
✉ 34270 Raiffeisenstr. 5

Breitenbach

⊨ Kraft
Hauptstr. 38, Tel (0 56 01) 9 31 80, Fax 57 70, ✉ 34270
14 Zi, Ez: 60/30-70/35, Dz: 100/50, 3 App, ⇨ WC Ø, P, ⌂, Kegeln, Restaurant

Scheer 69 ←

Baden-Württemberg
Kreis Sigmaringen
EW 2700
🛈 Tel (0 75 72) 7 61 60, Fax 76 16 52
Bürgermeisteramt
✉ 72516 Hauptstr. 1

✳ Donaublick
Bahnhofstr. 24, Tel (0 75 72) 7 63 80, Fax 76 38 66, ✉ 72516, DC ED VA
21 Zi, Ez: 69/34-75/37, Dz: 110/55-130/65, ⇨ WC Ø DFÜ, 3 ⇌, P, Golf, Restaurant

Scheibenberg 50 ↙

Sachsen / Kreis Annaberg
EW 2370
🛈 Tel (03 73 49) 66 30
Stadtverwaltung
✉ 09481 Rudolf-Breitscheid-Str 35

Scheibenberg-Außerhalb (2 km ↘)

🍴 Berghotel
Auf dem Berg 1, Tel (03 73 49) 82 71, Fax 89 12, ✉ 09481
einzeln, Hauptgericht 10/5-22/11
✳ einzeln ☾, 11 Zi, Ez: 40/20-80/40, Dz: 80/40-120/60, ⇨ WC Ø, P, Solarium

Scheidegg 69 ↘

Bayern / Kreis Lindau
EW 4200
🛈 Tel (0 83 81) 8 95 55, Fax 8 95 50
Kurverwaltung
✉ 88175 Rathausplatz 4

✳ Haus Birkenmoor
Am Brunnenbühl 10, Tel (0 83 81) 9 20 00, Fax 92 00 30, ✉ 88175
☾ ⚜, 16 Zi, Ez: 99/49-170/85,
Dz: 198/99-210/105, ⇨ WC Ø, P, ⌂, ⌂, Sauna, Solarium, garni
geschl.: 6.11.-25.12.00

⊨ Pension Montfort
Höhenweg 4, Tel (0 83 81) 14 50, Fax 14 50, ✉ 88175
⚜, 11 Zi, Ez: 60/30-68/34, Dz: 98/49-108/54, ⇨ WC, P, ⌂, 1 Tennis, garni
Rezeption: 8-18, geschl.: Nov

Scheinfeld 56 →

Bayern
Kreis Neustadt a. d. Aisch-Bad Wind
EW 4700
🛈 Tel (0 91 62) 9 29 10, Fax 92 91 26
Stadtverwaltung
✉ 91443 Hauptstr. 1-3

✳ Posthorn
Adi-Dassler-Str. 4, Tel (0 91 62) 9 27 50, Fax 9 27 52, ✉ 91443
⚘, 11 Zi, Ez: 80/40, Dz: 120/60, ⇨ WC Ø, P, Restaurant

Schelkau 38 ↘

Sachsen-Anhalt / Kreis Weißenfels
EW 260
🛈 Tel (03 44 43) 2 04 21
Verwaltungsgemeinschaft
✉ 06682 Markt 21

Bonau

✳ Wasserschloss Bonau
Dorfstr. 1, Tel (03 44 43) 61 00, Fax 6 10 29, ✉ 06682, AX DC ED VA

875

14 Zi, Ez: 80/40-125/62, Dz: 110/55-150/75, ⊣ WC ⌀, 9 ⊷, 🅿, 1🟠14, Restaurant

Schenefeld 18 ↖

Schleswig-Holstein
Kreis Pinneberg
EW 15600
🛈 Tel (0 40) 83 03 70, Fax 83 03 71 77
Stadtverwaltung
✉ 22869 Holstenplatz 3

✱✱ Klövensteen
Hauptstr. 83, Tel (0 40) 8 39 36 30,
Fax 83 93 63 43, ✉ 22869, AX DC ED VA
60 Zi, Ez: 140/70-160/80, Dz: 180/90-200/100,
⊣ WC ⌀ DFÜ, 10 ⊷, Lift, 🅿, 🏠, 2🟠100,
Fitnessraum, Sauna, Solarium
Auch Zimmer der Kategorie ✱ vorhanden.

🍴 Peter's Bistro
Hauptgericht 20/10-40/20, Terrasse

Schenkenzell 60 ↘

Baden-Württemberg / Kreis Rottweil
EW 2020
🛈 Tel (0 78 36) 93 97 51, Fax 93 97 50
Kurverwaltung
✉ 77773 Landstr. 2

Luftkurort im Schwarzwald; Sehenswert: Ruine Schenkenburg (1 km ↙); Klosterkirche in Alpirsbach (7 km N→).

✱ Sonne
Reinerzaustr. 13, Tel (0 78 36) 10 41,
Fax 10 49, ✉ 77773, AX DC ED VA
36 Zi, Ez: 75/37-108/54, Dz: 130/65-210/105,
2 Suiten, ⊣ WC ⌀, 🅿, 3🟠100, Kegeln, Sauna,
Solarium, Restaurant

✱ Winterhaldenhof
Winterhalde 8, Tel (0 78 36) 72 48, Fax 76 49,
✉ 77773
☾ ✺, 16 Zi, Ez: 69/34-114/57,
Dz: 148/74-188/94, 3 App, ⊣ WC ⌀, Lift, 🅿, 🏠,
Golf, Restaurant
geschl.: 6.11.-10.12.00, Mär
Auch Zimmer der Kategorie ✱✱ vorhanden.

🍴 Waldblick
Schulstr. 12, Tel (0 78 36) 9 39 60,
Fax 93 96 99, ✉ 77773, AX DC ED VA
Hauptgericht 24/12-35/17, Terrasse, 🅿,
geschl.: Sep-Mai Fr
✱ 8 Zi, Ez: 79/39-89/44,
Dz: 118/59-178/89, 1 Suite, ⊣ WC ⌀

Scherenbostel siehe Wedemark

Schermbeck 33 ↖

Nordrhein-Westfalen / Kreis Wesel
EW 14100
🛈 Tel (0 28 53) 91 00, Fax 91 01 19
Toruist-Information
✉ 46514 Weseler Str. 2

✱ Comfort-Hotel
Weseler Str. 5 A, Tel (0 28 53) 9 19 30,
Fax 91 93 11, ✉ 46514, AX DC ED VA
42 Zi, Dz: 139/70-259/130, ⊣ WC ⌀, Lift, 🅿,
🏠, garni

✱ Zur Linde
Mittelstr. 98, Tel (0 28 53) 9 13 60,
Fax 91 36 30, ✉ 46514, AX ED VA
50 Zi, Ez: 95/47, Dz: 140/70, ⊣ WC ⌀, 🅿,
1🟠20, Kegeln, Restaurant

Gahlen (4 km ↓)

✱ Op den Hövel
Kirchstr. 71, Tel (0 28 53) 9 14 00,
Fax 91 40 50, ✉ 46514
35 Zi, Ez: 60/30-70/35, Dz: 100/50, ⊣ WC ⌀
DFÜ, 🅿, 🏠, 1🟠60, ⌂, Fitnessraum, Sauna,
Solarium, Restaurant

🍴🍴 Peter Nikolay's culinarische Welt
Kirchhellener Str. 1, Tel (0 23 62) 4 11 32,
Fax 4 14 57, ✉ 46514, AX ED VA
Hauptgericht 22/11-48/24, Terrasse, 🅿, nur abends, So auch mittags, geschl.: Mo

Voshövel (14 km ↖)

✱✱ Landhotel Voshövel
Am Voshövel 1, Tel (0 28 56) 9 14 00,
Fax 7 44, ✉ 46514, AX DC ED VA
54 Zi, Ez: 115/57-185/93, Dz: 185/93-265/133,
4 App, ⊣ WC ⌀, 20 ⊷, Lift, 🅿, 🏠, 8🟠200,
Sauna, Solarium
Im Haupthaus auch Zimmer der Kategorie ✱ vorhanden.
🍴🍴 Hauptgericht 40/20, Biergarten

Scheßlitz 57 ↖

Bayern / Kreis Bamberg
EW 7100
🛈 Tel (0 95 42) 9 49 00, Fax 94 90 30
Stadtverwaltung
✉ 96110 Hauptstr. 34

Krapp

Oberend 3, **Tel (0 95 42) 80 66, Fax 7 00 41,**
✉ 96110
31 Zi, Ez: 50/25-75/37, Dz: 90/45-120/60,
🚿 WC Ⓓ, 5 ♿, Ⓟ, 1⭕40, Kegeln, Sauna,
Solarium
Im Gästehaus Zimmer der Kategorie ★★
vorhanden.
🍴 Hauptgericht 30/15, Terrasse,
geschl.: Mi

Würgau (5 km →)

🍽 Brauerei-Gasthof Hartmann ✚
Fränkische-Schweiz-Str. 26,
Tel (0 95 42) 92 03 00, Fax 92 03 09, ✉ 96110,
AX ED VA
Hauptgericht 37/18, Biergarten, Gartenlokal, Ⓟ
🛏 9 Zi, Ez: 55/27-60/30, Dz: 95/47-100/50,
🚿 WC

Schieder-Schwalenberg 35 ↑

Nordrhein-Westfalen / Kreis Lippe
EW 10000
ℹ **Tel (0 52 82) 6 01 71, Fax 6 01 73**
Kurverwaltung
✉ 32816 Im Kurpark 1

Kneipp-Kurort; Maler- und Trachtenstadt;
Sehenswert: Hist. Stadtkern.

Schieder

✱ Landhaus Schieder mit Gästehaus
Domäne 1, **Tel (0 52 82) 9 80 90, Fax 16 46,**
✉ 32816, AX ED VA
🌙, 17 Zi, Ez: 108/54-118/59,
Dz: 180/90-200/100, 6 App., 🚿 WC Ⓓ DFÜ,
4 ♿, Lift, Ⓟ, 2⭕50, 🏠, Sauna, Solarium

🍴 Hauptgericht 12/6-45/22, Terrasse,
Biergarten, geschl.: 21-24.12.00

Schierke 37 ↖

Sachsen-Anhalt / Kreis Wernigerode
EW 850
ℹ **Tel (03 94 55) 3 10, Fax 4 03**
Kurverwaltung
✉ 38879 Brockenstr. 10

✱ Waldschlösschen
Hermann-Löns-Weg 1, **Tel (03 94 55) 86 70,**
Fax 8 67 77, ✉ 38879
26 Zi, Ez: 100/50, Dz: 150/75, 🚿 WC Ⓓ, 18 ♿,
1⭕35

✱ Andrä
Brockenstr. 12, **Tel (03 94 55) 5 12 57,**
Fax 4 54, ✉ 38879
🌙, 8 Zi, Ez: 75/37-85/42, Dz: 100/50-130/65,
1 Suite, 1 App., 🚿 WC Ⓓ, Ⓟ, Restaurant

Drei Annen Hohne (8 km →)

✱ Der Kräuterhof Drei Annen Hohne
Drei Annen Hohne 104, **Tel (03 94 55) 8 40,**
Fax 8 41 99, ✉ 38879
einzeln, 40 Zi, Ez: 95/47-110/55,
Dz: 150/75-180/90, 2 Suiten, 🚿 WC Ⓓ, 7 ♿,
Lift, Ⓟ, 🏠, 2⭕25, Sauna, Solarium, Restaurant

Schifferstadt 54 ↓

Rheinland-Pfalz
Kreis Ludwigshafen
EW 19600
ℹ **Tel (0 62 35) 4 40, Fax 4 41 95**
Stadtverwaltung
✉ 67105 Marktplatz 2

★★ Salischer Hof
Burgstr. 12-14, **Tel (0 62 35) 93 10,**
Fax 93 12 00, ✉ 67105, AX ED VA
24 Zi, Ez: 130/65-140/70, Dz: 160/80-180/90,
🚿 WC Ⓓ, Ⓟ, 2⭕20, Golf

🍴🍴 Hauptgericht 24/12-39/19, geschl.: Sa
mittags

Schifferstadt

** Kaufmann
Bahnhofstr. 81, Tel (0 62 35) 49 60,
Fax 49 62 99, ✉ 67105, AX DC ED VA
34 Zi, Ez: 95/47-130/65, Dz: 120/60-150/75,
1 Suite, ⌐ WC ✆, 9 🛏, Ⓟ, 🚗, 2⟲25
🍴 Hauptgericht 35/17, Biergarten ✚
geschl.: Sa, 22.12.00-1.1.01

* Zur Kanne
Kirchenstr. 7, Tel (0 62 35) 4 90 00,
Fax 49 00 66, ✉ 67105, AX ED VA
38 Zi, Ez: 85/42-95/47, Dz: 130/65, 1 Suite,
1 App, ⌐ WC ✆ DFÜ, Ⓟ
🍴 Hauptgericht 20/10, Biergarten,
geschl.: Di, 27.12.00-3.1.01

Schildow 30 ↑

Brandenburg / Kreis Oranienburg
EW 3092
ℹ Tel (03 30 56) 84 10, Fax 8 41 70
Amt Schildow
✉ 16567 Liebenwalder Str. 1

* Schildow
Mühlenbecker Str. 2-4, Tel (03 30 56) 8 57 00,
Fax 8 57 50, ✉ 16552, AX ED VA
34 Zi, Ez: 85/42-135/67, Dz: 100/50-160/80, ⌐
WC ✆, 2 🛏, Ⓟ, 2⟲40, garni

Schillig siehe Wangerland

Schillingsfürst 63 ↖

Bayern / Kreis Ansbach
EW 2970
ℹ Tel (0 98 68) 9 86 82 22, Fax 9 86 82 53
Info-Center
✉ 91583 Rothenburger Str. 2

*** Die Post
Flair Hotel**
Rothenburger Str. 1, Tel (0 98 68) 95 00,
Fax 95 02 50, ✉ 91583, DC ED VA
§, 13 Zi, Ez: 75/37-100/50, Dz: 96/48-180/90,
⌐ WC ✆ DFÜ, 3 🛏, Ⓟ, 🚗, 1⟲12, Restaurant
Auch einfachere Zimmer vorhanden.

Schiltach 60 ↘

Baden-Württemberg / Kreis Rottweil
EW 4100
ℹ Tel (0 78 36) 58 50, Fax 58 58
Tourist Information
✉ 77761 Hauptstr. 5

**🍴 Gasthof zum weyßen Rößle
zu Schiltach**
Schenkenzeller Str. 42, Tel (0 78 36) 3 87,
Fax 79 52, ✉ 77761, AX ED VA
🍷, Hauptgericht 25/12, geschl.: Mo

** 8 Zi, Ez: 78/39 ♛
Dz: 130/65-140/70, ⌐ WC ✆, Ⓟ, 🚗

🍴 Gasthof Sonne
Marktplatz 3, Tel (0 78 36) 20 02, Fax 79 05,
✉ 77761, AX ED VA
Hauptgericht 14/7-29/14, Terrasse, Ⓟ,
geschl.: Do
🛏 DC, 8 Zi, Ez: 45/22-80/40,
Dz: 82/41-120/60, ⌐ WC ✆, 🚗

Schirgiswalde 41 ✓

Sachsen / Kreis Bautzen
EW 3200
ℹ Tel (0 35 92) 3 48 97, Fax 50 13 97
Tourist-Information
✉ 02681 Sohlander Str. 3 a

🛏 Am Lärchenberg
Lärchenbergweg 2, Tel (0 35 92) 36 60,
Fax 3 68 55, ✉ 02681, AX DC ED VA
☾, 30 Zi, Ez: 65/32-65/32, Dz: 100/50-130/65,
⌐ WC, Ⓟ, 2⟲25, 4 Tennis, Restaurant

Schkeuditz 39 ←

Sachsen / Kreis Delitzsch
EW 19350
ℹ Tel (03 42 04) 8 80, Fax 8 81 70
Stadtverwaltung/Touristinformation
✉ 04435 Rathausplatz 3

**** Globana Airport Hotel
Top International Hotel**
Frankfurter Str. 4, Tel (03 42 04) 3 33 33,
Fax 3 33 34, ✉ 04435, AX DC ED VA, Ⓢ
141 Zi, Ez: 120/60-213/107,
Dz: 160/80-271/136, 5 Suiten, 12 App, ⌐ WC ✆
DFÜ, 70 🛏, Lift, Ⓟ, 17⟲1200, Fitnessraum,
Sauna, Solarium, Restaurant
Haus mit großzügigem Tagungs- und
Veranstaltungs-Center. Auch Zimmer der
Kategorie *** vorhanden.

₩ ₩ Schillerstuben ✚
Lindenstr. 26, Tel (03 42 04) 1 47 16,
Fax 1 47 16, ✉ 04435
Hauptgericht 21/10-32/16, Terrasse, nur abends,
So auch mittags, geschl.: Mo

Radefeld

✱✱ Sorat Messe-Hotel Leipzig
Haynaer Weg 1, Tel (3 42 07) 4 20,
Fax 4 24 00, ✉ 04509, AX DC ED VA
108 Zi, Ez: 150/75-180/90, Dz: 180/90-210/105,
⌐ WC ⌀ DFÜ, 54 ⊨, Lift, ⌂, 7⇨150, Sauna,
Restaurant

Schlangenbad 44 ✓

Hessen / Rheingau-Taunus-Kreis
EW 7200
ℹ Tel (0 61 29) 5 80 90, Fax 5 80 92
Verkehrsbüro
✉ 65388 Landgrafenplatz

✱✱✱ Parkhotel Schlangenbad
City Line & Country Line Hotels
Rheingauer Str. 47, Tel (0 61 29) 4 20,
Fax 4 14 20, ✉ 65388, AX DC ED VA
♪, 88 Zi, Ez: 185/93-263/132,
Dz: 280/141-350/176, 7 Suiten, ⌐ WC ⌀, Lift,
P, ⌂, 8⇨150, ≋, ⌂, Sauna, Solarium
Auch Zimmer der Kategorie ✱✱ vorhanden.
Direkter Zugang zum öffentlichen Thermalbad.

₩ ₩ ₩ Les Thermes
Hauptgericht 35/17, Biergarten

Schleching 73 ✓

Bayern / Kreis Traunstein
EW 1750
ℹ Tel (0 86 49) 2 20, Fax 13 30
Verkehrsamt
✉ 83259 Schulstr. 4

Luftkurort und Wintersportplatz; Sehenswert:
Streichenkapelle, 810 m Aussicht (3 km S→),
Paß Klobenstein Aussicht (4 km ↓); hist. Hammerschmiede.

✱ Zur Post
Kirchplatz 7, Tel (0 86 49) 12 14, Fax 13 32,
✉ 83259
28 Zi, Ez: 86/43, Dz: 132/66-144/72, ⌐ WC ⌀,
P, 2⇨150, Sauna, Solarium, Restaurant
geschl.: Mo
Auch Zimmer der Kategorie ✱✱ vorhanden.

Schleiden-Gemünd 42 ☐

Nordrhein-Westfalen
Kreis Euskirchen
EW 14000
ℹ Tel (0 24 44) 20 11, Fax 16 41
Touristik Schleidener Tal e. V.
✉ 53937 Kurhausstr. 6

Appartementhotels/Boardinghäuser

Ferienresidenz Gemünd
Am Lieberg 1, Tel (0 24 44) 9 52 50,
Fax 95 25 10, ✉ 53937, ED VA
40 Zi, Ez: 79/39-89/44, Dz: 124/62-144/72, ⌐
WC ⌀, **P**, ⌂, Sauna, Solarium
Appartements der Kategorie ✱✱.

Gemünd (6 km ↑)

✱ Akzent-Hotel Friedrichs
Alte Bahnhofstr. 16, Tel (0 24 44) 95 09 50,
Fax 95 09 40, ✉ 53937, AX DC ED VA
23 Zi, Ez: 99/49-130/65, Dz: 150/75-170/85,
2 Suiten, ⌐ WC ⌀ DFÜ, 6 ⊨, Lift, **P**, ⌂,
2⇨40, Fitnessraum, Sauna, Solarium
Auch einfachere Zimmer vorhanden.
₩ Hauptgericht 22/11-38/19, Terrasse,
geschl.: Di

Schleiz 48 →

Thüringen
EW 7668
ℹ Tel (0 36 63) 40 23 98, Fax 40 23 98
Gemeindeverwaltung
✉ 07907 Ortsstr. 32

Heinrichsruh (3 km ↓)

✱ Luginsland
Flair Hotel
Am Schleizer Dreieck 8, Tel (0 36 63) 4 80 50,
Fax 48 05 40, ✉ 07907, ED VA
18 Zi, Ez: 98/49-110/55, Dz: 140/70-160/80, ⌐
WC ⌀, 1 ⊨, **P**, ⌂, 1⇨20, Restaurant

Schlema 49 →

Sachsen / Kreis Aue-Schwarzenberg
EW 6000
ℹ Tel (0 37 71) 38 04 50, Fax 38 04 53
Fremdenverkehrsamt Schlema
✉ 08301 Richard-Friedrich-Straße 18

✱ Parkhotel
Markus-Semmler-Str. 73, Tel (0 37 72) 35 40,
Fax 35 42 69, ✉ 08301, AX ED VA
38 Zi, Ez: 75/37-95/47, Dz: 110/55-130/65,
4 Suiten, ⌐ WC ⌀, **P**, 1⇨25, Restaurant

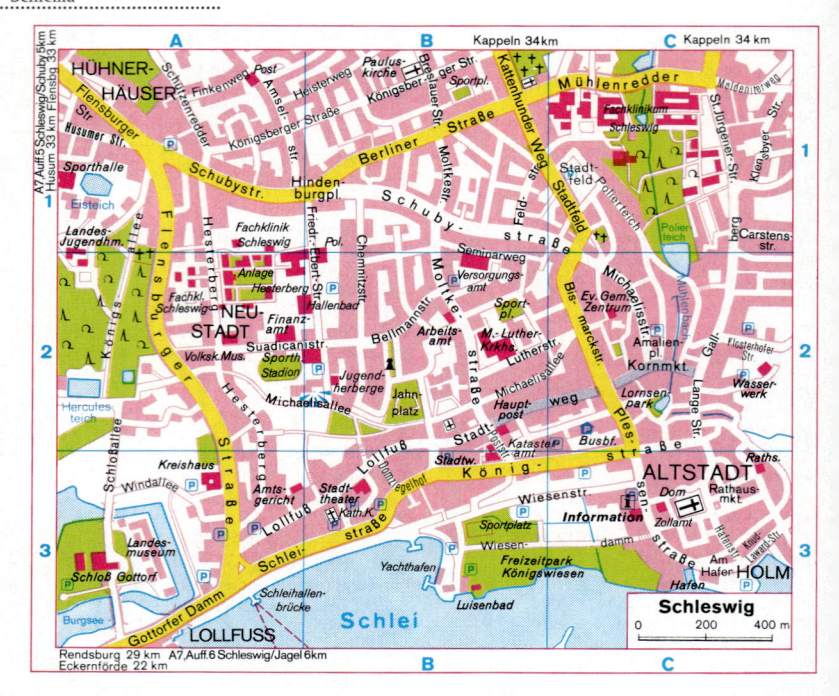

Schlema

✱ Sachsenhof
Schneeberger Weg 25, **Tel (0 37 72) 2 06 14**,
Fax 2 00 35, ✉ 08301
14 Zi, Ez: 65/32-75/37, Dz: 90/45, ⌐ WC ⊘,
2 ⇔, **P**, Restaurant

Schlepzig 31 ↙

Brandenburg / Kreis Lübben
EW 640
i Tel (0 35 47) 6 40 25, Fax 6 40 24
Tourist-Info Unterspreewald
✉ 15910 Dorfstraße 26

✱ Landgasthof
Zum grünen Strand der Spree
Dorfstr. 53, **Tel (03 54 72) 66 20**, Fax 4 73,
✉ 15910, AX ED VA
⌐, 25 Zi, Ez: 110/55-160/80,
Dz: 149/75-190/95, 5 Suiten, ⌐ WC ⊘, **P**,
2⇔15
¶¶ Hauptgericht 25/12

Schleswig 10 ↖

Schleswig-Holstein
Kreis Schleswig-Flensburg
EW 26000
i Tel (0 46 21) 98 16 16, Fax 98 16 19
Touristinformation
✉ 24837 Plessenstr. 7

✱✱✱ Ringhotel Waldschlößchen
Kolonnenweg 152 (außerhab A 3),
Tel (0 46 21) 38 32 83, Fax 38 31 05, ✉ 24837,
AX DC ED VA
einzeln ⌐, 117 Zi, Ez: 125/62-175/88,
Dz: 145/73-225/113, 1 Suite, ⌐ WC ⊘, 15 ⇔,
Lift, **P**, 6⇔300, ⌂, Kegeln, Sauna, Solarium
Auch einfachere Zimmer vorhanden.

¶¶ ¶¶ Hauptgericht 27/13-39/19, Terrasse

✱ Ringhotel Strandhalle
Strandweg 2 (B 3), **Tel (0 46 21) 90 90**,
Fax 91 00, ✉ 24837, AX DC ED VA
§, 25 Zi, Ez: 125/62-159/80,
Dz: 170/85-215/108, ⌐ WC ⊘, 4 ⇔, **P**, ⌂, ⌂,
Solarium, Restaurant

¶¶ Olschewski's ✣
Hafenstr. 40, **Tel (0 46 21) 2 55 77**,
Fax 2 21 41, ✉ 24837, AX ED VA
Hauptgericht 20/10-45/22, Terrasse, geschl.: Mo
abends, Di, 10.1.-28.2.01

Schleusegrund 47 □

Thüringen / Kreis Hildburghausen
EW 3755
i Tel (03 68 74) 7 97 13, Fax 79 79
Gemeindeverwaltung
✉ 98667 Eisfelder Str. 11

Sehenswert: Talsperre; St.-Jacobus-Kirche;
Forsthaus; Naturschutzgebiet „Obere Gabel-
täler"; „Gießübler Schweiz" mit Naturlehrpfad;
Naturtheater Steinbach-Langenbach.

Schönbrunn

⊨ Zur Hütte
Eisfelder Str. 22, **Tel (03 68 74) 7 01 37**,
Fax 7 01 39, ✉ 98667
16 Zi, Ez: 60/30, Dz: 100/50, ⊣ WC ⊘,
Restaurant

Schleusingen 47 □

Thüringen / Kreis Hildburghausen
EW 6000
i Tel (03 68 41) 3 15 61, Fax 3 15 63
Fremdenverkehrsbüro
✉ 98553 Markt 6

✱ Haus am See
Am Langen Teich 3, **Tel (03 68 41) 33 70**,
Fax 3 37 37, ✉ 98553, AX DC ED VA
23 Zi, Ez: 79/39-85/42, Dz: 111/55, ⊣ WC ⊘,
Restaurant

Schliengen 67 ✓

Baden-Württemberg / Kreis Lörrach
EW 4800
i Tel (0 76 35) 31 09 11, Fax 31 09 27
Bürgermeisteramt
✉ 79418 Wasserschloß Entenstein

Obereggenen (6 km →)

⊨ Landhotel Winzerhof Rebstock
Kanderner Str. 4, **Tel (0 76 35) 12 89**,
Fax 88 44, ✉ 79418, ED
8 Zi, Ez: 61/30-68/34, Dz: 106/53-118/59,
4 Suiten, ⊣ WC ⊘, **P**, 🏡, Golf, Restaurant
geschl.: 18.12.00-8.2.01, 17.6.-7.7.01
Eigene Weine und Schnäpse.

Schlier 69 ↘

Baden-Württemberg
Kreis Ravensburg
EW 3580
i Tel (0 75 29) 97 70
Gemeindeverwaltung
✉ 88281 Rathausstr. 10

Fuchsenloch

✱ Fuchsenlohe Bed & Breakfast
Fuchsenloch 1-2, **Tel (0 75 29) 9 73 60**,
Fax 97 36 10, ✉ 88281
einzeln, 8 Zi, Ez: 75/37-90/45, Dz: 130/65, ⊣ ⊘
DFÜ, **P**

Schliersee 72 ↘

Bayern / Kreis Miesbach
EW 5600
i Tel (0 80 26) 6 06 50, Fax 60 65 20
Gäste-Information Schliersee
✉ 83727 Postfach 146

Luftkurort und Wintersportplatz; Sehenswert:
Kath. Pfarrkirche; Rathaus.

✱✱ Schlierseer Hof am See
Seestr. 21, **Tel (0 80 26) 94 00**, Fax 94 01 00,
✉ 83727
₴, 45 Zi, Ez: 110/55-160/80,
Dz: 170/85-280/141, 4 Suiten, ⊣ WC ⊘, Lift, **P**,
1⟳40, ≋, Sauna, Restaurant
Auch Zimmer der Kategorie ✱ vorhanden.

✱ Gästehaus Lechner am See
Seestr. 33, **Tel (0 80 26) 9 43 80**, Fax 94 38 99,
✉ 83727
12 Zi, Ez: 70/35-90/45, Dz: 140/70-170/85, ⊣
WC ⊘, Lift, Sauna, Solarium

✱ Terofal
Xaver-Terofal-Platz 2, **Tel (0 80 26) 40 45**,
Fax 26 76, ✉ 83727
22 Zi, Ez: 75/37-115/57, Dz: 100/50-170/85, ⊣
WC ⊘, **P**, 🏡, 2⟳200, Restaurant

Neuhaus (4 km ↓)

✱ Gästehaus Hubertus
Bayrischzeller Str. 8, **Tel (0 80 26) 7 10 35**,
Fax 7 19 58, ✉ 83727
19 Zi, Ez: 85/42, Dz: 98/49-150/75, ⊣ WC ⊘,
P, 🏡, Sauna, Solarium

¶¶ Sachs
Neuhauser Str. 12, **Tel (0 80 26) 72 38**,
Fax 7 19 58, ✉ 83727, AX DC ED
Hauptgericht 25/12, **P**, geschl.: Mo

Schliersee

Spitzingsee (10 km ↓)

*** ArabellaSheraton Alpenhotel
Seeweg 5, Tel **(0 80 26) 79 80**, Fax 79 88 79,
✉ 83727, AX DC ED VA
♪ $, 108 Zi, Ez: 209/105-275/138,
Dz: 293/147-360/181, 13 Suiten, ⊟ WC ⌀ DFÜ,
27 ⇌, Lift, P, ⌂, 9⇌160, ⌂, Kegeln, Sauna,
Solarium, 1 Tennis

¶¶ Hauptgericht 30/15-45/22, Terrasse

Schlitz 46←

Hessen / Vogelsbergkreis
EW 10300
🅗 Tel **(0 66 42) 9 70 60**, Fax 9 70 56
Tourist-Information
✉ 36110 An der Kirche 4

* Vorderburg
An der Vorderburg 1, Tel **(0 66 42) 9 63 00**,
Fax 96 30 80, ✉ 36110, AX DC ED VA
♪ $, 28 Zi, Ez: 83/41-95/47, Dz: 125/62-135/67,
⊟ WC ⌀ DFÜ, Lift, P, 2⇌35
geschl.: Mi

¶¶ Hauptgericht 23/11-30/15, Terrasse,
geschl.: Mi

Schloß Holte-Stukenbrock 35 ↖

Nordrhein-Westfalen
Kreis Gütersloh
EW 25000
🅗 Tel **(0 52 07) 8 90 50**, Fax 8 90 55 41
Gemeindeverwaltung
✉ 33758 Rathausstr. 2

Stukenbrock

* Westhoff
Hauptstr. 24, Tel **(0 52 07) 9 11 00**,
Fax 91 10 51, ✉ 33758, AX ED VA
32 Zi, Ez: 98/49-110/55, Dz: 160/80-200/100, ⊟
WC ⌀, Lift, P, Kegeln, Golf, Restaurant

* Senne
Bokelfenner Str, Tel **(0 52 07) 9 18 80**,
Fax 91 88 80, ✉ 33758, AX DC ED VA
34 Zi, Ez: 98/49, Dz: 140/70, 1 Suite, ⊟ WC ⌀,
19 ⇌, Lift, ⌂, 6 Tennis, garni

Schluchsee 67 ↘

Baden-Württemberg
Kreis Breisgau-Hochschwarzwald
EW 2700
🅗 Tel **(0 76 56) 77 32**, Fax 77 59
Tourist-Information
✉ 79859 Fischbacher Str. 7

*** Vier Jahreszeiten
Am Riesenbühl 13, Tel **(0 76 56) 7 00**,
Fax 7 03 23, ✉ 79859, AX DC ED VA
♪ $, 175 Zi, Ez: 195/98-330/166,
Dz: 370/186-505/254, 10 Suiten, 24 App, ⊟ WC
⌀, 28 ⇌, Lift, P, ⌂, 9⇌180, ≋, ⌂, Sauna,
Solarium, 8 Tennis

¶ **Kachelofen**
Hauptgericht 13/6-32/16, Terrasse

** Heger's Silence-Parkhotel Flora
Sonnhalde 22, Tel **(0 76 56) 9 74 20**,
Fax 14 33, ✉ 79859, AX DC ED VA
♪ $, 35 Zi, Ez: 110/55-150/75,
Dz: 180/90-240/120, 4 Suiten, 3 App, ⊟ WC ⌀,
P, ⌂, 1⇌25, ⌂, Sauna, Solarium, Restaurant
geschl.: Mitte Nov-Mitte Dez

** Mutzel
im Wiesengrund 3, Tel **(0 76 56) 5 56**,
Fax 91 75, ✉ 79859, AX ED VA
24 Zi, Ez: 80/40, Dz: 140/70-170/85, 2 App, ⊟
WC ⌀, Lift, P, ⌂, Sauna, Solarium

¶ **Schmalztöpfle**
Hauptgericht 15/7-48/24, geschl.: Mi

Aha (4 km ↖)

** Auerhahn
Vorderaha 4, Tel **(0 76 56) 5 42**, Fax 92 70,
✉ 79859
$, 70 Zi, Ez: 135/67-175/88,
Dz: 248/124-288/145, ⊟ WC ⌀, 50 ⇌, Lift, P,
2⇌50, ⌂, Fitnessraum, Sauna, Solarium,
2 Tennis

¶ Hauptgericht 35/17

Seebrugg (2 km ↘)

** Seehotel Hubertus
Haus Nr 16, Tel **(0 76 56) 5 24**, Fax 2 61,
✉ 79859, VA

einzeln ⚐, 14 Zi, Ez: 69/34-89/44,
Dz: 118/59-178/89, 1 Suite, ⌐ WC ⌀, P, ⌂,
1⌬25, Sauna, Solarium
1897 gebautes Jagdschloß. Denkmalgeschützt.
Auf einem Felsvorsprung in den Schluchsee
hineinragend.
🍴🍴 ⚐, Hauptgericht 30/15

Schlüchtern 46

Hessen / Main-Kinzig-Kreis
EW 17000
🛈 Tel (0 66 61) 8 53 61, Fax 8 53 69
Verkehrsbüro
✉ 36381 Krämerstr. 2

✱ Elisa
Zur Lieserhöhe 14, Tel (0 66 61) 80 94,
Fax 80 96, ✉ 36381, ED VA
☾ ⚐, 9 Zi, Ez: 70/35-98/49, Dz: 116/58-134/67,
1 Suite, 1 App, ⌐ WC ⌀, P, ⌂, Sauna,
Solarium, garni
Rezeption: 7-13, 15-22,
geschl.: 23.12.00-5.1.01

🍴 Zeppelin
Schlosstr. 13, Tel (0 66 61) 58 32,
Fax 73 00 02, ✉ 36381, AX ED
Hauptgericht 19/9-39/19, Terrasse, Gartenlokal,
Kegeln, nur abends, geschl.: Mo

Ramholz (8 km ↘)

🍴 Schloß Ramholz Orangerie ✣
Parkstr. 4, Tel (0 66 64) 91 94 00,
Fax 91 94 02, ✉ 36381, AX DC ED VA
Hauptgericht 23/11, Terrasse, P, geschl.: Mo. Di,
2.1.-15.3.01

Schlüsselfeld 56 →

Bayern / Kreis Bamberg
EW 5890
🛈 Tel (0 95 52) 9 22 20, Fax 92 22 30
Stadtverwaltung Schlüsselfeld
✉ 96132 Marktplatz 5

✱ Gasthof zum Storch Minotel
Marktplatz 20, Tel (0 95 52) 92 40,
Fax 92 41 00, ✉ 96132, AX ED VA
57 Zi, Ez: 75/37-95/47, Dz: 115/57-145/73, ⌐
WC ⌀, 8 ⚍, Lift, P, ⌂, 3⌬70, Solarium, Golf,
Restaurant
Im Gästehaus Hotel Storch Zimmer der
Kategorie ✱✱ vorhanden.

Schmalkalden 47 ↖

Thüringen
Kreis Schmalkalden-Meiningen
EW 20000
🛈 Tel (0 36 83) 40 31 82, Fax 60 40 14
Tourist-Information
✉ 98574 Mohrengasse 1a

✱✱ Stadthotel Patrizier ♛
Weidebrunner Gasse 9, Tel (0 36 83) 60 45 14,
Fax 60 45 18, ✉ 98574, AX DC ED VA
☾, 15 Zi, Ez: 95/47, Dz: 160/80-170/85, 1 Suite,
⌐ WC ⌀, P
Auch Zimmer der Kategorie ✱✱✱ vorhanden.

🍴🍴 Hauptgericht 20/10

✱ Teichhotel
Teichstr. 21, Tel (0 36 83) 40 01 41,
Fax 40 01 41, ✉ 98574, AX DC ED VA
14 Zi, Ez: 78/39, Dz: 130/65, ⌐ WC ⌀, 3 ⚍, P,
Restaurant

✱ Jägerklause
Pfaffenbach 45, Tel (0 36 83) 60 01 43,
Fax 60 45 13, ✉ 98574, ED VA
☾, 38 Zi, Ez: 75/37-80/40, Dz: 120/60-150/75,
⌐ WC ⌀, 4 ⚍, Lift, P, 2⌬40, Restaurant

Schmalkalden-Außerhalb (4 km ↑)

✱ Silence-Waldhotel im Ehrental
Im Ehrental, Tel (0 36 83) 68 90, Fax 68 91 99,
✉ 98574, ED
einzeln ☾, 50 Zi, Ez: 85/42-95/47,
Dz: 125/62-135/67, 2 App, ⌐ WC ⌀ DFÜ,

Schmalkalden

13 🛏, Lift, **P**, 🏠, 4🍽55, Fitnessraum, Sauna, Solarium, Restaurant

** Henneberger Haus
Notstr., Tel (0 36 83) 6 50 00, Fax 6 50 01 99, ✉ 98574, AX DC ED VA
einzeln ♪ ⚡, 48 Zi, Ez: 120/60-140/70,
Dz: 160/80, 1 Suite, 🚿 WC ⌀, 2 🛏, Lift, **P**, 🏠, 3🍽80, Bowling, Sauna, Solarium, 2 Tennis, Restaurant

Schmallenberg 34 ↘

Nordrhein-Westfalen
Hochsauerlandkreis
EW 28000
ℹ Tel (0 29 72) 9 74 00, Fax 97 40 26
Gästeinformation
✉ 57392 Poststr. 7

Wanderzentrum am Rothaarsteig.

** Ringhotel Störmann
Weststr. 58, Tel (0 29 72) 99 90, Fax 99 91 24, ✉ 57392, AX DC ED VA, Ⓢ
⚡, 35 Zi, Ez: 90/45-145/73, Dz: 180/90-260/130,
1 Suite, 🚿 WC ⌀, 6 🛏, Lift, **P**, 🏠, 1🍽30, 🏊, Sauna, Solarium
geschl.: 20-27.12.00, 4-30.3.01

🍴🍴 Alte Posthalterei
Hauptgericht 29/14-44/22, Terrasse, geschl.: So abends, 4.-30.3.01

Fleckenberg (2 km ↙)

* Landgasthof Hubertus
Latroper Str. 24, Tel (0 29 72) 50 77, Fax 17 31, ✉ 57392
♪ ⚡, 25 Zi, Ez: 79/39-119/59,
Dz: 152/76-225/113, 3 App, 🚿 WC ⌀, 20 🛏, Lift, **P**, 🏠, Sauna, Solarium
geschl.: 5.-25.12.00
Auch Zimmer der Kategorie ** vorhanden.
🍴 ⚡, Hauptgericht 23/11-39/19, Terrasse, Biergarten, geschl.: 5.-25.12.00

Fredeburg, Bad (8 km ↗)

* Kurhotel Hochland
In der Schmiedinghausen 9,
Tel (0 29 74) 9 63 00, Fax 96 30 99, ✉ 57392
30 Zi, Ez: 80/40-88/44, Dz: 144/72-216/108,
3 Suiten, 🚿 WC ⌀, **P**, 🏠, 2🍽40, 🏊, Sauna, Solarium, Restaurant

Fredeburg, Bad-Außerhalb (4 km ↑)

* Kleins Wiese
Tel (0 29 74) 3 76, Fax 51 15, ✉ 57392
einzeln ♪, 19 Zi, Ez: 75/37-120/60,
Dz: 140/70-240/120, 1 App, 🚿 WC ⌀, 2 🛏, **P**, 🏠, 2🍽25, Fitnessraum, Sauna, Solarium, Restaurant

Grafschaft (3 km →)

** Maritim Hotel Grafschaft
An der Almert 11, Tel (0 29 72) 30 30,
Fax 30 31 68, ✉ 57392, AX DC ED VA, Ⓢ
♪ ⚡, 102 Zi, Ez: 135/67-210/105,
Dz: 206/103-286/144, 12 Suiten, 2 App, 🚿 WC ⌀, 12 🛏, Lift, **P**, 🏠, 9🍽200, 🏊, Kegeln, Sauna, Solarium, 1 Tennis

🍴🍴 Hochsauerland und Jagdstübchen
⚡, Hauptgericht 25/12, Terrasse

Jagdhaus (7 km ↓)

** Jagdhaus Wiese
Tel (0 29 72) 30 60, Fax 30 62 88, ✉ 57392
♪ ⚡, 53 Zi, Ez: 106/53-200/100,
Dz: 192/96-324/163, 13 Suiten, 🚿 WC ⌀, Lift, **P**, 🏠, 1🍽15, 🏊, Fitnessraum, Sauna, Solarium, Golf, 1 Tennis
geschl.: 27.11.-27.12.00

🍴🍴 ⚡, Hauptgericht 30/15-38/19, Terrasse, geschl.: 27.11.-27.12.00
Überwiegend Mittagstisch. Ab 18.30 Uhr nur auf Voranmeldung.

* Gasthaus Tröster
Jagdhaus 7, Tel (0 29 72) 9 73 00,
Fax 9 73 01 30, ✉ 57392

◠, 20 Zi, Ez: 65/32-110/55, Dz: 126/63-188/94, ⊟ WC ⊘, Lift, Ⓟ, Solarium, Restaurant
geschl.: 20.11.-27.12.00

Latrop (8 km ↘)

✱ Hanses-Bräutigam
Haus Nr 27, Tel (0 29 72) 99 00, Fax 99 02 22, ✉ 57392, AX DC ED VA
◠, 22 Zi, Ez: 87/43-118/59, Dz: 170/85-234/117, 2 Suiten, ⊟ WC ⊘, Lift, Ⓟ, ⌂, Sauna, Solarium, Restaurant
geschl.: 20.11.-25.12.00

Nordenau (11 km →)

✱✱ Kur- und Sporthotel Gnacke
Astenstr. 6, Tel (0 29 75) 8 30, Fax 8 31 70, ✉ 57392, ED VA
◠ ≬, 51 Zi, Ez: 93/46-153/77,
Dz: 172/86-294/148, 2 Suiten, ⊟ WC ⊘, 12 ⊱, Lift, Ⓟ, ⌂, 2◯35, ⌂, Fitnessraum, Sauna, Solarium, Golf
geschl.: 26.11.-25.12.00
Auch Zimmer der Kategorie ✱✱✱ vorhanden.

🍴🍴 Kutscherstuben
Hauptgericht 15/7-41/20, Terrasse,
geschl.: 26.11.-25.12.00

Oberkirchen (7 km →)

✱✱✱ Gasthof Schütte
Eggeweg 2, Tel (0 29 75) 8 20, Fax 8 25 22, ✉ 57392, AX DC ED VA
◠, 68 Zi, Ez: 108/54-176/88,
Dz: 194/97-368/185, 4 Suiten, 6 App, ⊟ WC ⊘, Lift, Ⓟ, ⌂, 1◯26, ≋, ⌂, Sauna, Solarium, Golf
geschl.: 26.11.-27.12.00
Auch Zimmer der Kategorie ✱✱ vorhanden.

**🍴🍴 ** Hauptgericht 35/17-46/23, Terrasse,
geschl.: 26.11.-27.12.00
Beachtenswerte Küche.

🍴 Gasthof Schauerte
Alte Poststr. 13, Tel (0 29 75) 3 75, Fax 3 37, ✉ 57392, ED
Hauptgericht 23/11-33/16, Terrasse, Gartenlokal, Ⓟ, geschl.: Mo
✱ 13 Zi, Ez: 75/37, Dz: 150/75, ⊟ WC ⊘, 1 ⊱, Sauna

Ohlenbach (14 km →)

✱✱ Silence-Waldhaus Ohlenbach ♛
Tel (0 29 75) 8 40, Fax 84 48, ✉ 57392, AX DC ED VA
einzeln ◠ ≬, 50 Zi, Ez: 110/55-150/75,
Dz: 220/110-300/151, 2 Suiten, ⊟ WC ⊘, Lift, Ⓟ, ⌂, 2◯20, ⌂, Sauna, Solarium, Golf, 1 Tennis
geschl.: 14.11.-20.12.00
Auch Zimmer der Kategorie ✱✱✱ vorhanden.

🍴🍴🍴 Schneiderstube
≬ einzeln, Hauptgericht 45/22, Terrasse,
geschl.: 14.11.-20.12.00

Sellinghausen (12 km ↑)

✱✱ Stockhausen
Tel (0 29 71) 31 20, Fax 31 21 02, ✉ 57392
◠ ≬, 72 Zi, Ez: 118/59-163/82,
Dz: 224/112-368/185, 2 Suiten, ⊟ WC ⊘ DFÜ, Lift, Ⓟ, ⌂, 6◯80, ≋, ⌂, Kegeln, Sauna, Solarium, Golf, 1 Tennis
Auch Zimmer der Kategorie ✱✱✱ vorhanden.
🍴 Hauptgericht 25/12-43/21

Westfeld (11 km →)

✱ Bischof
Am Birkenstück 3, Tel (0 29 72) 9 66 00,
Fax 96 60 70, ✉ 57392

Schmallenberg

♪, 20 Zi, Ez: 61/30, Dz: 112/56-142/71, 1 App,
⌐ WC ⊘, ℗, 🐾, Sauna, Solarium, Golf,
Restaurant
geschl.: Mi

Westfeld-Außerhalb (3 km →)

**★★ Ringhotel Berghotel
Hoher Knochen**
Tel (0 29 75) 8 50, Fax 4 21, ✉ 57392, AX DC ED
VA, Ⓢ
einzeln ♪ $, 60 Zi, Ez: 97/48-153/77,
Dz: 180/90-330/166, 5 Suiten, ⌐ WC ⊘, Lift,
℗, 🐾, 3⇔120, 🛏, Sauna, Solarium, Golf
Zimmer unterschiedlicher Kategorien
vorhanden. Im Haus Rothaarblick Zimmer der
Kategorie ★★★★.
🍴🍴 Hauptgericht 24/12-38/19, Terrasse

Winkhausen (5 km →)

★★★ Deimann Zum Wilzenberg
Haus Nr 5, Tel (0 29 75) 8 10, Fax 8 12 89,
✉ 57392, AX ED VA
50 Zi, Ez: 115/57-240/120, Dz: 190/95-360/181,
1 Suite, ⌐ WC ⊘, 9 🛏, Lift, ℗, 🐾, 1⇔30, 🛏,
Fitnessraum, Kegeln, Sauna, Solarium, Golf
Auch Zimmer der Kategorie ★★★★ vorhanden.
🍴🍴 Hauptgericht 15/7-60/30, Terrasse

Schmelz 52 ↘

Saarland / Kreis Saarlouis
EW 17900
ℹ Tel (0 68 87) 30 10, Fax 78 34
Gemeindeverwaltung
✉ 66839 Rathausplatz 1

★ Vital
Am Rathausplatz 3, Tel (0 68 87) 9 12 10,
Fax 9 12 18, ✉ 66839, ED VA
15 Zi, Ez: 100/50, Dz: 150/75, ⌐ WC ⊘, 5 🛏,
Lift, ℗, 1⇔25, Sauna, Solarium, Golf,
Restaurant

Schmiedeberg 51 ↖

Sachsen / Weißeritzkreis
EW 3450
ℹ Tel (03 50 52) 22 40, Fax 2 24 20
Gemeindeverwaltung
✉ 01762 Pöbeltalstr. 1

Schönfeld

★ Am Rennberg
Am Rennberg 17, Tel (03 50 52) 23 60,
Fax 2 36 10, ✉ 01776, AX ED VA
♪ $, 15 Zi, Ez: 78/39-95/47, Dz: 108/54-130/65,
1 App, ⌐ WC ⊘, 1 🛏, ℗, 2⇔25, Sauna,
Solarium
Auch Zimmer der Kategorie ★★ vorhanden.

🍴 $, Hauptgericht 28/14, Terrasse,
Biergarten

Schmiedeberg, Bad 39 ↑

Sachsen-Anhalt / Kreis Wittenberg
EW 4400
ℹ Tel (03 49 25) 7 11 01, Fax 7 11 03
Kur- und Tourismusinformation
✉ 06905 Rehhahnweg 1c

★ Ringhotel Parkhotel
Dommitzscher Str. 3, Tel (03 49 25) 6 70,
Fax 6 71 67, ✉ 06905, AX DC ED VA
56 Zi, Ez: 95/47-145/73, Dz: 115/57-160/80, ⌐
WC ⊘, Lift, ℗, 🐾, 2⇔30, Fitnessraum, Kegeln,
Sauna, Solarium, Restaurant

★ Griedel
Dommitzscher Str. 36 d, Tel (03 49 25) 7 11 67,
Fax 7 11 70, ✉ 06905, AX DC ED VA
36 Zi, Ez: 85/42, Dz: 100/50, ⌐ WC ⊘, 4 🛏,
Lift, ℗, 1⇔60

Schmiedefeld a. Rennsteig 47 □

Thüringen / Ilmkreis
EW 2220
fi Tel (03 67 82) 6 13 24, Fax 6 13 24
Fremdenverkehrsamt
✉ 98711 Suhler Str. 4

✽ Grüner Baum
Suhler Str. 3, **Tel (03 67 82) 6 12 77**,
Fax 6 17 49, ✉ 98711
10 Zi, Ez: 80/40, Dz: 98/49-120/60, ⊟ WC ✆,
Ⓟ, Solarium, Restaurant

✽ Pension im Kurpark
Friedrichsweg 21, **Tel (03 67 82) 63 60**,
Fax 6 36 45, ✉ 98711
einzeln ♪, 15 Zi, Ez: 65/32-85/42,
Dz: 95/47-120/60, 1 Suite, ⊟ WC ✆, 5 ⊱, Ⓟ,
🐕, 2⇌25, Sauna, Restaurant

✽ Gastinger
Ilmenauer Str. 21, **Tel (03 67 82) 6 17 08**,
Fax 6 17 02, ✉ 98711, ED VA
11 Zi, Ez: 80/40, Dz: 105/52, 1 Suite, 1 App, ⊟
WC ✆ DFÜ, Ⓟ, Sauna, Solarium, Restaurant

Schmitten 44 ↘

Hessen / Hochtaunuskreis
EW 8000
fi Tel (0 60 84) 46 23, Fax 46 46
Tourismus- und Kulturverein
✉ 61389 Parkstr. 2

✽✽ Kurhaus Ochs
Kanonenstr. 6, **Tel (0 60 84) 4 80, Fax 48 80**,
✉ 61389, AX ED VA
43 Zi, Ez: 110/55-190/95, Dz: 160/80-240/120,
⊟ WC ✆ DFÜ, Lift, Ⓟ, 4⇌45, 🐕, Fitnessraum,
Kegeln, Sauna, Solarium, Golf
🍴🍴 Hauptgericht 24/12-42/21, Terrasse,
Biergarten

Oberreifenberg-Außerhalb (6 km ✓)

✽ Naturpark Hotel Weilquelle
Limesstr. 16, **Tel (0 60 82) 97 00, Fax 97 01 13**,
✉ 61389
einzeln ⚥, 28 Zi, Ez: 135/67, Dz: 210/105, ⊟ WC
✆, Restaurant

Schmölln 49 ↑

Thüringen / Kreis Altenburger Land
EW 13500
fi Tel (03 44 91) 76 92, Fax 8 21 74
Stadtinformation Schmölln
✉ 04626 Kirchplatz 8/9

✽ Bellevue ♛
Am Pfefferberg 7, **Tel (03 44 91) 70 00**,
Fax 7 00 77, ✉ 04626, AX DC ED VA
15 Zi, Ez: 95/47-135/67, Dz: 135/67-195/98, ⊟
WC ✆, 4 ⊱, Ⓟ, 🐕, 1⇌30
Auch Zimmer der Kategorie ✽✽ vorhanden.

🍴🍴 Hauptgericht 25/12-45/22 ✠

✽ Reussischer Hof
Gößnitzer Str. 14, **Tel (03 44 91) 2 31 08**,
Fax 2 77 58, ✉ 04626, AX ED VA
34 Zi, Ez: 80/40-90/45, Dz: 120/60-150/75, ⊟
WC ✆, 12 ⊱, Lift, 🐕, 2⇌40, Restaurant

🛏 Café Baum
Brückenplatz 18, **Tel (03 44 91) 36 20**,
Fax 3 62 10, ✉ 04626, AX ED VA
9 Zi, Ez: 70/35, Dz: 113/56, ⊟ WC ✆, Ⓟ,
Restaurant
geschl.: Mo

Schnait-Baach siehe Weinstadt

Schnaittach 57 ↘

Bayern / Kreis Nürnberger Land
EW 8600
fi Tel (0 91 53) 40 91 21, Fax 40 91 70
Verkehrsverein Schnaittachtal e.V.
✉ 91220 Marktplatz 1

Staatl. anerkannter Erholungsort in der Franken-Alb; Sehenswert: Festungsruine Rothenberg, 555 m Aussicht (3 km →); Pfarrkirche mit 14-Nothelfer-Altar im Ortsteil Osternohe (4 km N→); Synagoge mit Jüdischen Museum Franken und Heimatmuseum.

Hormersdorf

✽ Motel Hormersdorf
Arzbühlstr. 8, **Tel (0 91 52) 9 29 60**,
Fax 92 96 54, ✉ 91220, ED VA
32 Zi, Ez: 72/36-86/43, Dz: 96/48-124/62, ⊟
WC ✆, 2 ⊱, Ⓟ, Restaurant

Schnaittach

Osternohe (4 km ↗)

🛏 Goldener Stern
An der Osternohe 2, Tel (0 91 53) 75 86,
Fax 58 77, ✉ 91220
17 Zi, Ez: 52/26-70/35, Dz: 112/56-132/66, ⌑
WC, 🅿, ☎, 1⟲20, Restaurant
geschl.: Do, 6.-30.11.00
Auch Zimmer der Kategorie ✱ vorhanden.

Schneeberg 49 →

Sachsen / Kreis Aue-Schwarzenberg
EW 18500
🛈 Tel (0 37 72) 2 03 14, Fax 2 23 47
Touristinformation Schneeberg
✉ 08289 Markt 1

✱ Steiger
Am Mühlberg 2a, Tel (0 37 72) 3 94 90,
Fax 39 49 69, ✉ 08289, AX DC ED VA
§, 32 Zi, Ez: 75/37-85/42, Dz: 120/60-140/70,
1 Suite, ⌑ WC ⊘, 9 ⇥, 🅿, ☎, 2⟲80,
Fitnessraum, Sauna, Solarium, Restaurant
Auch Zimmer der Kategorie ✱✱ vorhanden.

🍴🍴 Büttner ✱
Markt 3, Tel (0 37 72) 35 30, Fax 35 32 00,
✉ 08289, ED VA
Hauptgericht 21/10-38/19, Terrasse, 🅿,
geschl.: Di, Mi mittags, 2 Wochen im Jan, 2
Wochen im Aug
✱✱ 12 Zi, Ez: 90/45-110/55,
Dz: 130/65-145/73, ⌑ WC ⊘
400 Jahre alter Gewölbekeller vorhanden.

Schnelldorf 56 ↓

Bayern / Kreis Ansbach
EW 3500
🛈 Tel (0 79 50) 9 80 10, Fax 7 12
Verkehrsamt
✉ 91625 Rothenburger Str. 13

✱ Kellermann's
Am Birkenberg 1, Tel (0 79 50) 9 88 00,
Fax 98 80 80, ✉ 91625, AX DC ED VA
32 Zi, Ez: 79/39-97/48, Dz: 152/76, ⌑ WC ⊘
DFÜ, Lift, 🅿, ☎, 3⟲60
🍴 Hauptgericht 19/9-33/16, Terrasse

Hilpertsweiler (5 km ↘)

✱ Residenz
Rudolf-Diesel-Str. 3, Tel (0 79 50) 97 00,
Fax 97 01 00, ✉ 91625, AX DC ED VA
83 Zi, Ez: 114/57-136/68, Dz: 134/67-154/77,
⌑ WC ⊘ DFÜ, Lift, 🅿, ☎, 4⟲100, Sauna,
Solarium

Schneverdingen 18 ✓

Niedersachsen
Kreis Soltau-Fallingbostel
EW 18500
🛈 Tel (0 51 93) 9 31 80, Fax 9 31 84
Schneverdinger Touristik
✉ 29640 Schulstr. 6 a

✱✱ Der Heide Treff
Osterwaldweg 55, Tel (0 51 93) 80 80,
Fax 80 84 04, ✉ 29640, AX DC ED VA, 🅂
135 Zi, Ez: 155/78-160/80,
Dz: 230/115-240/120, ⌑ WC ⊘, 30 ⇥, Lift, 🅿,
5⟲1000, ☎, Fitnessraum, Kegeln, Sauna,
Solarium, 12 Tennis
🍴 Hauptgericht 30/15, Terrasse,
Biergarten

✱ Gästehaus Zum alten Krug
Bruchstr. 2, Tel (0 51 93) 34 50, Fax 66 23,
✉ 29640
♪, 9 Zi, Ez: 65/32-80/40, Dz: 115/57-130/65, ⌑
WC ⊘, 🅿, Sauna, Solarium, Restaurant
Rezeption: 10-22, geschl.: Di

Schneverdingen- Außerhalb (10 km →)

✱ Hof Tütsberg
Landidyll
Im Naturschutzpark, Tel (0 51 99) 9 00,
Fax 90 50, ✉ 29640, AX DC ED VA
einzeln ♪ 🐾, 24 Zi, Ez: 99/49-149/75,
Dz: 159/80-199/100, 7 Suiten, ⌑ WC ⊘, 3 ⇥,
🅿, ☎, 2⟲25, Sauna, Solarium, Restaurant
Reizvoll abgelegenes historisches Heidegut.

Barrl (10 km ↗)

🍴 Hof Barrl
an der B 3, Tel (0 51 98) 3 51, Fax 6 05,
✉ 29640, AX ED VA
Hauptgericht 35/17, 🅿, geschl.: Mo, Di,
15.1.-15.2.01

Höpen (2 km ↑)

✱✱✱ Landhaus Höpen
Höpener Weg 13, Tel (0 51 93) 8 20,
Fax 8 21 13, ✉ 29640, ED
♪ ✸, 49 Zi, Ez: 150/75-280/141,
Dz: 240/120-310/156, 3 Suiten, ⊣ WC ⌀, P,
7⌂180, 🛁, Kegeln, Sauna, Solarium, Golf,
Restaurant

Schobüll 9 ↖

Schleswig-Holstein
Kreis Nordfriesland
EW 1660
🛈 Tel (0 48 41) 49 20, Fax 8 15 23
Fremdenverkehrsbüro
✉ 25875 Nordseestr

Hockensbüll (1,5 km ↓)

❚❚ Zum Krug ✚
Alte Landstr. 2 a, Tel (0 48 41) 6 15 80,
Fax 6 15 40, ✉ 25875, AX DC ED VA
☕, Hauptgericht 32/16-42/21, P, nur abends,
geschl.: Mo, Nov-Mär Mo, Di, 15.1.-15.2.01
Denkmalgeschütztes Reetdachhaus seit 1707.

Schöfweg 66 □

Bayern / Kreis Freyung-Grafenau
EW 1340
🛈 Tel (0 99 08) 2 79, Fax 14 17
Verkehrsamt
✉ 94572 Rachelstr. 1

Sonnenwald (7 km ↙)

✱✱ Sporthotel Sonnenwald
Haus Nr 1, Tel (0 99 08) 89 10, Fax 10 19,
✉ 94572, AX ED
einzeln ♪ ✸, 31 Zi, Ez: 80/40-189/95,
Dz: 154/77, ⊣ WC ⌀, Lift, P, 🏠, 2⌂40, 🛁,
Sauna, Solarium, Restaurant

Schömberg b. Balingen 68 ↗

Baden-Württemberg
Zollernalbkreis
EW 4500
🛈 Tel (0 74 27) 9 49 80, Fax 94 98 30
Touristikgemeinschaft Oberes Schlichemtal
✉ 72355 Schillerstr. 29

Schömberg

⊨ Café Baier mit Gästehaus
Balinger Str. 1, Tel (0 74 27) 25 50, Fax 61 46,
✉ 72355, ED VA
30 Zi, Ez: 69/34, Dz: 125/62, ⊣ WC ⌀, P, 🏠

Schömberg b. Neuenbürg 61 ←

Baden-Württemberg / Kreis Calw
EW 8790
🛈 Tel (0 70 84) 1 44 44, Fax 1 44 45
Touristik und Kur
✉ 75328 Lindenstr. 7

Heilklimatischer und Kneipp-Kurort im
Schwarzwald.

siehe auch Unterreichenbach

Schömberg

✱ Krone
Liebenzeller Str. 15, Tel (0 70 84) 70 77,
Fax 66 41, ✉ 75328, AX DC ED VA
40 Zi, Ez: 58/29-95/47, Dz: 110/55-150/75,
2 Suiten, 3 App, ⊣ WC ⌀, 14 🛏, Lift, P, 🏠,
3⌂80, Restaurant
Auch Zimmer der Kategorie ✱✱ vorhanden.

Oberlengenhardt (3 km ↘)

✱ Landgasthof Ochsen
Burgweg 3, Tel (0 70 84) 92 79 50,
Fax 9 27 95 13, ✉ 75328, ED VA
♪, 11 Zi, Ez: 70/35-85/42, Dz: 120/60-134/67,
⊣ WC ⌀, P, 1⌂20
❚ Hauptgericht 27/13, geschl.: Di

Schönaich 61 □

Baden-Württemberg
Kreis Böblingen
EW 9834
🛈 Tel (0 70 31) 63 90, Fax 6 39 99
Bürgermeisteramt
✉ 71101 Bühlstr. 10

Schönaich-Außerhalb (3,5 km →)

✱ Waldhotel Sulzbachtal
An der Str. nach Steinenbronn,
Tel (0 70 31) 7 57 80, Fax 75 78 10, ✉ 71101,
AX DC ED VA
einzeln ♪, 20 Zi, Ez: 98/49-118/59,
Dz: 163/82-183/92, ⊣ WC ⌀ DFÜ, 16 🛏, P,
1⌂50, garni
geschl.: 15.12.00-7.1.01
Auch Zimmer der Kategorie ✱✱ vorhanden.

Schönaich

🍴 Sulzbachtal
An der Str. nach Steinenbronn,
Tel **(0 70 31) 7 54 80**, Fax **75 48 22**, ✉ 71101,
AX DC ED VA
Hauptgericht 25/12, Gartenlokal, P,
geschl.: Mo, Di, 28.12.00-15.1.01

Schönau a. d. Brend 46 ↘
Bayern / Kreis Rhön-Grabfeld
EW 900
🛈 Tel **(0 97 75) 13 07**
Verkehrsverein
✉ 97659 Sandweg 3

✱ Im Krummbachtal
Minotel
Krummbachstr. 24, Tel **(0 97 75) 9 19 10**,
Fax **91 91 91**, ✉ 97659, AX DC ED VA
♪ , 27 Zi, Ez: 100/50, Dz: 180/90, ⌐ WC ✎,
27 ⇌, P, ⌂, Kegeln, Bowling, Sauna, Solarium,
Restaurant

Schönau a. Königssee 73 ↘
Bayern
Kreis Berchtesgadener Land
EW 5600
🛈 Tel **(0 86 52) 17 60**, Fax **40 50**
Tourist Info
✉ 83471 Rathausplatz 1

Die südöstlichste Gemeinde Dtls. im Alpen
Nationalpark BGL. Heilklima. Kurort; internat.
Wintersportplatz, großz. erschlossenes alpines
Skigebiet m. mod. Beschneiungsanlage am Jenner.
Austragungsort der 2er und 4er Bob EM
vom 18.-21.01.2001. Schifffahrt auf dem
Königssee ganzjährig in Betrieb!!!

✱✱ Zechmeisterlehen
Wahlstr. 35, Tel **(0 86 52) 94 50**, Fax **94 52 99**,
✉ 83471, ED VA
♪ 🍴, 39 Zi, Ez: 86/43-180/90,
Dz: 172/86-348/175, 4 Suiten, ⌐ WC ✎ DFÜ,

Lift, P, ⌂, 1🏊20, ⛱, ⌂, Fitnessraum, Sauna,
Solarium, Golf, Restaurant
geschl.: 31.3.-7.4.01
Auch Zimmer der Kategorie ✱✱✱ vorhanden.

✱ Georgenhof
Modereggweg 21, Tel **(0 86 52) 95 00**,
Fax **95 02 00**, ✉ 83471, AX DC ED VA
♪ 🍴, 15 Zi, Ez: 75/37-162/81,
Dz: 130/65-162/81, 8 Suiten, ⌐ WC ✎, 5 ⇌, P,
⌂, Sauna, Solarium, Restaurant
geschl.: 10.11.-15.12.00

✱ Koeppleck
Am Koepplwald 15, Tel **(0 86 52) 94 20**,
Fax **94 22 22**, ✉ 83471, AX ED VA
44 Zi, Ez: 85/42, Dz: 140/70, ⌐ WC ✎, Lift, P,
Sauna, Solarium, Restaurant

✱ Bärenstüberl mit Gästehaus
Grünsteinstr. 65, Tel **(0 86 52) 9 53 20**,
Fax **95 32 27**, ✉ 83471
18 Zi, Ez: 60/30-140/70, Dz: 120/60-260/130,
⌐ WC ✎, P, ⌂, Sauna, Solarium, Restaurant
geschl.: Mo, 10.11.-1.12.00
Im Gästehaus auch einfachere Zimmer
vorhanden.

Faselsberg (5 km ↘)

✱✱ Alpenhof
Richard-Voß-Str. 30, Tel **(0 86 52) 60 20**,
Fax **6 43 99**, ✉ 83471, DC ED VA
♪ 🍴, 55 Zi, Ez: 115/57-316/159,
Dz: 202/101-538/270, 1 Suite, ⌐ WC ✎ DFÜ,
5 ⇌, Lift, P, ⌂, 1🏊, ⌂, Fitnessraum, Sauna,
Solarium, Golf, 1 Tennis, Restaurant
geschl.: 1.11.-18.12.00

Königssee (3 km ↘)

✱✱ Bergheimat
Brandnerstr. 16, Tel **(0 86 52) 60 80**,
Fax **60 83 00**, ✉ 83471
♪, 42 Zi, Ez: 60/30-75/37, Dz: 90/45-170/85,
28 Suiten, ⌐ WC ✎, 2 ⇌, Lift, P, Sauna,
Solarium, Restaurant
geschl.: 4.11.-1.12.00

✱ Seeklause
Seestr. 6, **Tel (0 86 52) 25 10**, Fax 56 67,
✉ 83471, AX DC ED VA
15 Zi, Ez: 85/42-130/65, Dz: 120/60-230/115,
⌐ WC ⌀, **P**, 1⇔25, Sauna, Solarium,
Restaurant

Schönau (Pfalz) 60 ↖

Rheinland-Pfalz
Kreis Südwestpfalz
EW 569
ℹ Tel (0 63 91) 58 11, Fax 40 61 99
Tourist-Information
✉ 66996 Schulstr. 29

✱ Zur Wegelnburg
Hauptstr. 8, **Tel (0 63 93) 9 21 20**,
Fax 92 12 11, ✉ 66996, ED VA
15 Zi, Ez: 70/35-85/42, Dz: 140/70-150/75, ⌐
WC ⌀, 5 ⇌, **P**, 2⇔80, Restaurant
geschl.: 10.1.-20.2.01

🍴 Landhaus Mischler
Gebüger Str. 2, **Tel (0 63 93) 14 25**, ✉ 66996,
AX ED VA
Hauptgericht 17/8-36/18, Terrasse, **P**

Schönbach 41 ↓

Sachsen / Kreis Löbau Zittau
ℹ Tel (03 58 72) 3 43 36
Gemeindeverwaltung
✉ 02708 Löbauer Str. 4

✱ Kretscham
Löbauer Str, **Tel (03 58 72) 36 50**, Fax 3 65 55,
✉ 02708, ED VA
13 Zi, Ez: 60/30, Dz: 90/45, ⌐ WC ⌀, **P**,
Kegeln, Restaurant

Schönberg 66 □

Bayern / Kreis Freyung-Grafenau
EW 5000
ℹ Tel (0 85 54) 9 60 40, Fax 26 10
Touristikbüro
✉ 94513 Marktplatz 16

Maukenreuth (3 km ↓)

✱ Landhaus zur Ohe
Maukenreuth 1, **Tel (0 85 54) 9 60 70**,
Fax 5 56, ✉ 94513, ED
52 Zi, Ez: 80/40-90/45, Dz: 140/70-160/80,
2 Suiten, ⌐ WC ⌀, Lift, **P**, ☎, 1⇔35, ≋, ☎,
Fitnessraum, Sauna, Solarium, Restaurant

Schönberg (Holstein) 10 →

Schleswig-Holstein / Kreis Plön
EW 5500
ℹ Tel (0 43 44) 4 14 10, Fax 41 41 14
Touristservice
✉ 24217 Am Schierbek 6

✱ Stadt Kiel
Kiek In
Markt 8, **Tel (0 43 44) 3 05 10**, Fax 30 51 51,
✉ 24217, AX DC ED VA
15 Zi, Ez: 80/40-120/60, Dz: 140/70-160/80,
1 Suite, ⌐ WC ⌀, 10 ⇌, **P**, Sauna, Solarium
geschl.: Di
🍴 Hauptgericht 25/12-38/19, Terrasse,
Biergarten, geschl.: Di

✱ Ruser's Hotel
mit Gästehaus Eichenhof
Albert-Koch-Str. 4, **Tel (0 43 44) 20 13**,
Fax 20 15, ✉ 24217
44 Zi, Ez: 65/32-90/45, Dz: 110/55-140/70, ⌐
WC ⌀, 3 ⇌, Lift, **P**, ☎, Fitnessraum, Sauna,
Solarium, Restaurant

Kalifornien (5 km ↑)

✱ Gasthaus Kalifornien
Deichweg 3, **Tel (0 43 44) 3 05 80**,
Fax 30 58 52, ✉ 24217, AX DC ED VA
36 Zi, Ez: 65/32-90/45, Dz: 100/50-180/90,
1 App, ⌐ WC ⌀ DFÜ, 8 ⇌, **P**, ☎, Restaurant
geschl.: 16.10.-21.11.00

Schönberg (Meckl) 19 ↑

Mecklenburg-Vorpommern
Kreis Nordwestmecklenburg
EW 4440
ℹ Tel (03 88 28) 30 30, Fax 3 03 62
Stadtverwaltung
✉ 23923 Straße des Friedens 1

✱ Stadt Lübeck
Lübecker Str. 10, **Tel (03 88 28) 2 41 25**,
Fax 2 41 26, ✉ 23923, AX DC ED VA
9 Zi, Ez: 85/42-95/47, Dz: 120/60-130/65, ⌐
WC ⌀, 4 ⇌, **P**, 1⇔50, Restaurant

Schönborn, Bad 54 ↘

Baden-Württemberg
Kreis Karlsruhe
EW 11000
🛈 Tel (0 72 53) 9 43 10, Fax 94 31 14
Kurverwaltung
✉ 76669 Kraichgaustr. 10

Mingolsheim, Bad

✶ Waldparkstube
Waldparkstr. 3, Tel (0 72 53) 97 10,
Fax 9 71 50, ✉ 76669, AX ED VA
30 Zi, Ez: 105/52-165/83, Dz: 160/80-210/105,
1 Suite, 1 App, ⌐ WC ✆ DFÜ, 5 ⇔, P, ⚐,
3⇔35, Fitnessraum, Sauna, Restaurant
geschl.: 22.12.00-7.1.01

✶ Gästehaus Prestel
Beethovenstr. 20, Tel (0 72 53) 41 07,
Fax 53 22, ✉ 76669, ED
27 Zi, Ez: 75/37-85/42, Dz: 110/55-120/60,
6 App, ⌐ WC ✆, Lift, garni

Schönebeck/Elbe 28 ✓

Sachsen-Anhalt
EW 37000
🛈 Tel (0 39 28) 70 55 24, Fax 70 55 42
Stadtinformation
✉ 39218 Badepark 1

Eggersdorf (5 km ↓)

🛏 Zu den zwei Linden
Am Bahnhof 3, Tel (0 39 28) 65 68 78,
Fax 6 56 89, ✉ 39221
10 Zi, Ez: 40/20-65/32, Dz: 70/35-90/45, ⌐ WC
✆, 1⇔30, Restaurant

Salzelmen (1 km ←)

✶✶ Kneipp-Hotel
Magdeburger Str. 1, Tel (0 39 28) 7 08 00,
Fax 70 80 99, ✉ 39218, AX ED VA
45 Zi, Ez: 110/55-145/73, Dz: 165/83-195/98, ⌐
WC ✆ DFÜ, 20 ⇔, Lift, P, 3⇔80, Sauna,
Solarium, Restaurant

✶ Tannenhof
Luisenstr. 8, Tel (0 39 28) 6 55 65, Fax 6 55 63,
✉ 39218, ED VA
11 Zi, Ez: 60/30-100/50, Dz: 90/45-120/60,
1 Suite, 4 App, ⌐ WC ✆, 4 ⇔, P, Sauna,
Solarium, garni

Schöneck 45 ✓

Hessen / Kreis Main-Kinzig
EW 10640
🛈 Tel (0 61 87) 9 56 20, Fax 95 62 60
Gemeindeverwaltung
✉ 61137 Herrnhofstr. 8

Kilianstädten

✶ Lauer
Frankfurter Str. 17, Tel (0 61 87) 9 50 10,
Fax 95 01 20, ✉ 61137, AX ED VA
17 Zi, Ez: 70/35-100/50, Dz: 120/60-160/80, ⌐
WC ✆, P, garni

Schöneck/Vogtl. 49 □

Sachsen / Vogtlandkreis
EW 4000
🛈 Tel (03 74 64) 8 89 10, Fax 8 00 50
Tourismusbüro
✉ 08261 Am Sonnenwirbel 3

Schöneck-Außerhalb

✶✶ Ifa Ferienpark Hohe Reuth
Hohe Reuth 5, Tel (03 74 64) 30, Fax 3 10 00,
✉ 08261, AX ED VA
⚐, 100 Zi, Ez: 91/45-105/52, Dz: 152/76-160/80,
220 App, ⌐ WC ✆, Lift, P, 6⇔100, ⚐, ⚐,
Fitnessraum, Kegeln, Bowling, Sauna, Solarium,
4 Tennis, Restaurant

Schöneiche bei Berlin 30 →

Brandenburg / Landkreis Oder-Spree
EW 11300
🛈 Tel (0 30) 6 49 11 05, Fax 6 49 88 75
Heimathaus
✉ 15566 Dorfaue 8

✶ Alte Mühle
Brandenburgische Str. 122,
Tel (0 30) 6 43 05 50, Fax 6 43 05 55 00,
✉ 15566, AX ED VA
⚐, 43 Zi, Ez: 95/47-115/57, Dz: 130/65-157/79,
⌐ WC ✆ DFÜ, P, 4⇔50, Sauna, Solarium,
Restaurant

Schönheide 50 ✓

Sachsen / Kreis Aue-Schwarzenberg
EW 5767
🛈 Tel (03 77 55) 5 16 23, Fax 5 16 29
Fremdenverkehrsamt
✉ 08304 Hauptstr. 43

✱ Zum Forstmeister
Flair Hotel
Auerbacher Str. 15, Tel (03 77 55) 6 30,
Fax 63 99, ✉ 08304, AX DC ED VA
♪ ✦, 51 Zi, Ez: 80/40-100/50,
Dz: 100/50-140/70, 1 Suite, ⌐ WC ⊘, P,
2⟲40, Sauna, Solarium, 2 Tennis, Restaurant
geschl.: 20-24.12.00

✱ Zur Post
Hauptstr. 110, Tel (03 77 55) 51 30,
Fax 5 13 29, ✉ 08304, AX DC ED VA
11 Zi, Ez: 75/37-90/45, Dz: 100/50-140/70,
2 Suiten, ⌐ WC ⊘, P, 1⟲30, Sauna, Solarium,
Restaurant

Schönmünzach siehe Baiersbronn

Schönsee 59 □

Bayern / Kreis Schwandorf
EW 2900
🛈 Tel (0 96 74) 3 17, Fax 91 31 30
Tourist-Information
✉ 92539 Hauptstr. 25

✱✱ St. Hubertus
St. Hubertus 1, Tel (0 96 74) 9 22 90,
Fax 92 29 29, ✉ 92539, AX DC ED VA
♪ ✦, 75 Zi, Ez: 80/40-120/60,
Dz: 130/65-180/90, 3 Suiten, ⌐ WC ⊘, Lift, P,
🏠, 6⟲150, ⌂, Fitnessraum, Kegeln, Sauna,
Solarium, Restaurant
Dem Haus angeschlossen ist ein Jagdmuseum,
geöffnet 13-17. Auch Zimmer der Kategorie ✱
vorhanden.

Gaisthal (6 km ✓)

✱ Gaisthaler Hof
Schönseer Str. 16, Tel (0 96 74) 2 38,
Fax 86 11, ✉ 92539, AX DC ED VA
35 Zi, Ez: 46/23-72/36, Dz: 83/41-105/52, ⌐
WC ⊘, P, 1⟲16, ⌂, Fitnessraum,
Solarium, Restaurant
geschl.: 4.11.-15.12.00
Auch einfachere Zimmer vorhanden.

Schöntal 55 ↘

Baden-Württemberg
Kreis Hohenlohe
EW 5800
🛈 Tel (0 79 43) 9 10 00, Fax 14 20
Bürgermeisteramt
✉ 74214 Klosterhof 1

⚑ Zeller
Honigsteige 23, Tel (0 79 43) 6 00, Fax 6 00,
✉ 74214
18 Zi, Ez: 49/24-70/35, Dz: 86/43-110/55, ⌐
WC, P, 🏠, Solarium, Restaurant
geschl.: 10.12.00-10.1.01

Schönwald 67 →

Baden-Württemberg
Schwarzwald-Baar-Kreis
EW 2700
🛈 Tel (0 77 22) 86 08 31, Fax 86 08 34
Tourist-Information
✉ 78141 F.-Schubert-Str 3

✱✱ Ringhotel Zum Ochsen ♛
Ludwig-Uhland-Str. 18, Tel (0 77 22) 10 45,
Fax 30 18, ✉ 78141, AX DC ED VA, S
♪, 39 Zi, Ez: 107/53-176/88,
Dz: 188/94-250/125, ⌐ WC ⊘, P, 🏠, 1⟲50,
⌂, Fitnessraum, Sauna, Solarium, Golf,
1 Tennis
🍴🍴 Hauptgericht 40/20, Terrasse,
geschl.: Di, Mi, 10-25.1.01

✱✱ Dorer
Schubertstr. 20, Tel (0 77 22) 9 50 50,
Fax 95 05 30, ✉ 78141, AX DC ED VA
♪, 19 Zi, Ez: 95/47-100/50, Dz: 160/80-190/95,
4 Suiten, ⌐ WC ⊘, P, 🏠, ⌂, Solarium,
Restaurant
Auch Zimmer der Kategorie ✱ vorhanden.

✱ Adlerschanze
Goethestr. 8, Tel (0 77 22) 9 68 80,
Fax 96 88 29, ✉ 78141, ED VA
♪ ✦, 11 Zi, Ez: 70/35-100/50,
Dz: 110/55-150/75, 2 Suiten, ⌐ WC ⊘, 5 ⇆, P,
Sauna, Solarium
geschl.: Mo
🍴 Hauptgericht 15/7-39/19, Terrasse,
geschl.: Mo

✱ Silke
Feldbergstr. 8, Tel (0 77 22) 95 40, Fax 78 40,
✉ 78141, AX ED VA
♪ ✦, 37 Zi, Ez: 60/30-70/35, Dz: 104/52-140/70,
⌐ WC ⊘, P, 🏠, ⌂, Fitnessraum, Sauna,
Solarium, Restaurant
geschl.: 1.11.-24.12.00

✱ Falken
Hauptstr. 5, Tel (0 77 22) 43 12, Fax 32 33,
✉ 78141, DC ED VA
14 Zi, Ez: 65/32-75/37, Dz: 110/55-130/65, ⌐
WC ⊘, P, 1⟲60, Sauna, Solarium
geschl.: Mi
🍴🍴 Hauptgericht 30/15, geschl.: Mi

Schönwald

✱ Appart Hotel Julia
Richard-Wagner-Str. 11, **Tel (0 77 22) 9 60 70**,
Fax 96 07 33, ✉ 78141
4 Zi, Ez: 59/29-75/37, Dz: 98/49-116/58,
4 Suiten, 7 App, ⇩ WC ⊘, 🅿, 🐕, 🛀, Sauna,
Solarium, Restaurant
geschl.: 2.11.-23.12.00, 22.4.-4.5.01

Schönwald 49 ✓

Bayern
Kreis Wunsiedel i. Fichtelgebirge
EW 4200
🛈 Tel (0 92 87) 95 94 20, Fax 95 94 33
Verkehrsamt
✉ 95173 Schulstr. 6

Grünhaid (1 km ↑)

✱✱ Landgasthof Ploss
Haus Nr 1, **Tel (0 92 87) 51 61, Fax 5 91 87**,
✉ 95173
38 Zi, Ez: 65/32-75/37, Dz: 110/55-130/65, ⇩
WC ⊘, 14 🛏, Lift, 🅿, 2⟲45, Kegeln, Sauna,
Solarium, Restaurant

Schönwalde (Glien) 30 ↖

Brandenburg / Kreis Havelland
EW 3490
🛈 Tel (0 33 21) 4 03 51 19, Fax 4 03 51 23
Tourismusverband Havelland
✉ 14641 Goethestr. 59-60

✱ Diana
Berliner Allee 16, **Tel (0 33 22) 2 97 90**,
Fax 29 79 29, ✉ 14621, AX ED VA
12 Zi, Ez: 115/57-125/62, Dz: 170/85, ⇩ WC ⊘
DFÜ, 🅿, 1⟲20, Restaurant

Schöppingen 23 ↓

Nordrhein-Westfalen / Kreis Borken
EW 7000
🛈 Tel (0 25 55) 8 80, Fax 88 11
Gemeindeverwaltung
✉ 48624 Amtsstr. 17

✱✱ Zum Rathaus mit Gästehaus
Hauptstr. 52, **Tel (0 25 55) 93 87 50**,
Fax 93 87 51, ✉ 48624, AX DC ED VA
26 Zi, Ez: 75/37-120/60, Dz: 150/75-200/100,
⇩ WC ⊘, Lift, 3⟲100, Kegeln, Restaurant

Eggerode (4 km ↓)

✱ Winter
Gildestr. 3, **Tel (0 25 45) 9 30 90, Fax 93 09 15**,
✉ 48624
17 Zi, Ez: 80/40-90/45, Dz: 120/60-140/70, ⇩
WC ⊘, 🅿, 🐕, Sauna, Solarium, Restaurant

🍴🍴 Haus Tegeler ✝
Vechtestr. 24, **Tel (0 25 45) 9 30 30**,
Fax 93 03 23, ✉ 48624, AX DC ED VA
Terrasse, Gartenlokal, 🅿, geschl.: Do
✱ 13 Zi, Ez: 75/37-85/42,
Dz: 130/65-160/80, ⇩ WC ⊘, 4 🛏, 🐕, 4⟲130

Schollbrunn 55 ↗

Bayern / Kreis Main-Spessart
EW 930
🛈 Tel (0 93 94) 92 62 29, Fax 92 62 33
Gemeinde Schollbrunn
✉ 97852 Zur Kartause 1

✱ Zur Sonne
Brunnenstr. 1, **Tel (0 93 94) 9 70 70**,
Fax 97 07 67, ✉ 97852, ED VA
43 Zi, Ez: 65/32-75/37, Dz: 100/50-110/55, ⇩
WC ⊘, 🅿, 🐕, 2⟲60, Restaurant
geschl.: Di

Schonach i. Schwarzwald 67 ↗

Baden-Württemberg
Schwarzwald-Baar-Kreis
EW 4300
🛈 Tel (0 77 22) 96 48 10, Fax 25 48
Tourist-Information
✉ 78136 Hauptstr. 6

✱ Rebstock
Sommerbergstr. 10, **Tel (0 77 22) 9 61 60**,
Fax 96 16 56, ✉ 78136, AX DC ED VA
26 Zi, Ez: 85/42-95/47, Dz: 160/80-180/90,
1 Suite, ⇩ WC ⊘, Lift, 🅿, 1⟲50, 🛀, Sauna,
Solarium, Restaurant
geschl.: Di, 2.-15.11.00

Schongau 71 ←

Bayern / Kreis Weilheim-Schongau
EW 12000
🛈 Tel (0 88 61) 72 16, Fax 26 26
Tourist Information Schongau
✉ 86956 Münzstr. 5

✱✱ Rössle
Christophstr. 49, **Tel (0 88 61) 2 30 50**,
Fax 26 48, ✉ 86956, AX DC ED VA
17 Zi, Ez: 120/60, Dz: 150/75, ⇩ WC ⊘, 10 🛏,
Lift, 🐕, garni

✱ Blaue Traube
Münzstr. 10, Tel (0 88 61) 30 60, Fax 30 71,
✉ 86956, AX DC ED VA
13 Zi, Ez: 90/45, Dz: 140/70-150/75, ⌐ WC ⓒ
DFÜ, 4 ⚭, 🅿, 3⇔31, Restaurant
geschl.: Nov

Schopfheim 67 ↓

Baden-Württemberg / Kreis Lörrach
EW 18300
🛈 Tel (0 76 22) 39 61 45, Fax 39 62 02
Touristinformation
✉ 79650 Am Marktplatz 1

✱ Im Lus
Hohe Flum Str. 55, Tel (0 76 22) 6 75 00,
Fax 67 50 50, ✉ 79650, ED VA
28 Zi, Ez: 82/41-92/46, Dz: 125/62-145/73,
1 Suite, 2 App, ⌐ WC ⓒ DFÜ, 5 ⚭, 🅿, 1⇔40,
Restaurant

🍴🍴 Alte Stadtmühle
Entegaststr. 9, Tel (0 76 22) 24 46,
Fax 67 21 57, ✉ 79650, ED VA
♻, Hauptgericht 26/13-48/24, Gartenlokal,
geschl.: Mo, So

Gersbach (16 km ↗)

✱✱ Mühle zu Gersbach
Zum Bühl 4, Tel (0 76 20) 9 04 00,
Fax 90 40 55, ✉ 79650, ED VA
♪, 14 Zi, Ez: 88/44-135/67, Dz: 132/66-188/94,
⌐ WC ⓒ, 🅿, 1⇔20
🍴🍴 Hauptgericht 26/13-44/22 ✚
geschl.: Di, Mi mittags, 7.1.-7.2.01

Wiechs (3 km ↓)

✱ Krone
Am Rain 6, Tel (0 76 22) 3 99 40,
Fax 39 94 20, ✉ 79650, ED VA
♪ ⚜, 45 Zi, Ez: 85/42-95/47, Dz: 150/75-160/80,
1 App, ⌐ WC ⓒ DFÜ, 🅿, 🍴, 1⇔30, ♒, Sauna,
Solarium, Restaurant
geschl.: Fr

Schopsdorf 28 ↘

Sachsen-Anhalt
Kreis Jerichower Land
🛈 Tel (03 92 25) 2 02
Gemeindeverwaltung
✉ 39291 Bahnhofstr. 23

✱ Best Hotel
Heidestr. 10, Tel (0 39 21) 92 60, Fax 92 62 53,
✉ 39291, AX DC ED VA

74 Zi, Ez: 90/45-115/57, Dz: 150/75-160/80, ⌐
WC ⓒ DFÜ, 18 ⚭, Lift, 🅿, 2⇔70, 2 Tennis,
Restaurant

Schorndorf 62 ←

Baden-Württemberg
Rems-Murr-Kreis
EW 38000
🛈 Tel (0 71 81) 60 20, Fax 60 21 60
Amt für Öffentlichkeitsarbeit
✉ 73614 Marktplatz 1

🍴 Erlenhof
Mittlere Uferstr. 70, Tel (0 71 81) 7 56 54,
✉ 73614, ED VA
Hauptgericht 25/12, Kegeln, 🅿, geschl.: Mo, So

☕ Café Weiler
Am Marktplatz, Tel (0 71 81) 6 20 89,
Fax 6 60 85, ✉ 73614
Terrasse, 8-18.30

Schotten 45 □

Hessen / Vogelsbergkreis
EW 12500
🛈 Tel (0 60 44) 66 51, Fax 66 79
Tourist-Information
✉ 63679 Vogelsbergstr. 180

✱ Haus Sonnenberg
Laubacher Str. 25, Tel (0 60 44) 9 62 10,
Fax 96 21 88, ✉ 63679, AX ED VA
50 Zi, Ez: 65/32-95/47, Dz: 120/60-160/80, ⌐
WC ⓒ, Lift, 🅿, 🍴, 5⇔80, ♒, Kegeln, Sauna,
Solarium, 3 Tennis, Restaurant

🍴🍴 Zur Linde
Schloßgasse 3, Tel (0 60 44) 15 36, Fax 30 93,
✉ 63679, AX DC VA
Hauptgericht 35/17, 🅿, nur abends, geschl.: So
abends, Mo, Di

Schramberg 68 ↖

Baden-Württemberg / Kreis Rottweil
EW 19500
🛈 Tel (0 74 22) 2 92 15, Fax 2 93 63
Stadt u. Bürgerinformation
✉ 78713 Hauptstr. 25

✱ Park-Hotel
Bauernhofweg 25, Tel (0 74 22) 2 08 18,
Fax 2 11 91, ✉ 78713, AX DC ED VA
♪ ♻, 12 Zi, Ez: 75/37-95/47,
Dz: 138/69-160/80, ⌐ WC ⓒ, 2 ⚭
Villa von 1886 im Stadtpark gelegen.
🍴 Hauptgericht 18/9-35/17, geschl.: So
mittags, Mo

Schramberg

¶¶¶ Gasthof Hirsch
Hauptstr. 11, Tel (0 74 22) 2 05 30,
Fax 2 54 46, ⌧ 78713, ED
Hauptgericht 49/24

★★▬▬ AX VA, 5 Zi, Ez: 130/65-160/80
Dz: 260/130-280/141, 1 Suite, ⌐ WC ⊘, 5 ⊱,
P, 🏠

Sulgen (5 km →)

★★ Drei Könige
Birkenhofweg 10, Tel (0 74 22) 9 94 10,
Fax 99 41 41, ⌧ 78713, ED VA
♪ ♣, 25 Zi, Ez: 95/47, Dz: 158/79, ⌐ WC ⊘,
Lift, P
¶▬▬▬ Hauptgericht 30/15, geschl.: Fr

Sulgen-Außerhalb (3 km ↑)

¶¶▬▬ Waldeslust
Lienberg 59, Tel (0 74 22) 84 44, Fax 5 35 19,
⌧ 78713, ED VA
Hauptgericht 30/15, Terrasse, P
★▬▬▬ einzeln ♣, 5 Zi, Ez: 90/45, Dz: 150/75,
⌐ WC ⊘

Schriesheim 54 ↘

Baden-Württemberg
Rhein-Neckar-Kreis
EW 14000
ℹ Tel (0 62 03) 60 20, Fax 60 21 91
Stadtverwaltung
⌧ 69198 Friedrichstr. 28-30

⎯ Scheid
Talstr. 175, Tel (0 62 03) 60 50, Fax 6 05 80,
⌧ 69198, AX ED VA
♪, 60 Zi, Ez: 70/35-80/40, Dz: 120/60-140/70,
⌐ WC ⊘, P, 1↻20, Restaurant

¶¶¶¶ Strahlenberger Hof
Kirchstr. 2, Tel (0 62 03) 6 30 76, Fax 6 85 90,
⌧ 69198, DC ED
♛, Hauptgericht 36/18-42/21, Terrasse, nur
abends, geschl.: 3 Wochen im Sommer
Historisches Gut mit Innenhof. Beachtenswerte
Küche.

¶▬▬▬ Gasthaus ✚
zum goldenen Hirsch
Heidelberger Str. 3, Tel (0 62 03) 69 24 37,
Fax 69 24 39, ⌧ 69198, ED VA
♛, Hauptgericht 26/13-42/21, Terrasse,
geschl.: Mo, Di mittags, 26.2.-15.3.01

Schrobenhausen 64 ✓

Bayern
Kreis Neuburg-Schrobenhausen
EW 15360
ℹ Tel (0 82 52) 9 00, Fax 9 02 25
Stadtverwaltung
⌧ 86529 Lenbachplatz 18

★▬▬▬ Griesers Hotel Zur Post
Lenbachplatz 9-10, Tel (0 82 52) 8 94 80,
Fax 89 49 42, ⌧ 86529, AX ED VA
46 Zi, Ez: 79/39-105/52, Dz: 116/58-145/73, ⌐
WC ⊘ DFÜ, 18 ⊱, Lift, 🏠, 1↻25, garni

Hörzhausen (5 km ←)

★▬▬▬ Gästehaus Eder
Bernbacher Str. 3, Tel (0 82 52) 24 15,
Fax 50 05, ⌧ 86529, AX DC ED VA
14 Zi, Ez: 70/35, Dz: 120/60, ⌐ WC, P, 🏠,
1↻20, ⌂, Fitnessraum, Sauna, Solarium, Golf,
Restaurant
geschl.: 1.-15.1.01

Schüttorf 23 ☐

Niedersachsen
Kreis Grafschaft Bentheim
EW 11470
ℹ Tel (0 59 23) 9 65 90, Fax 96 59 65
Samtgemeinde
⌧ 48465 Markt 1

★★▬▬ Nickisch
Nordhorner Str. 71, Tel (0 59 23) 9 66 00,
Fax 96 60 66, ⌧ 48465, AX DC ED VA
34 Zi, Ez: 105/52-115/57, Dz: 150/75-160/80, ⌐
WC ⊘ DFÜ, 10 ⊱, Lift, P, 3↻120, Sauna
¶▬▬▬ Hauptgericht 20/10, Biergarten

★▬▬▬ Am See
Drievordenerstr. 25, Tel (0 59 23) 53 94,
Fax 23 25, ⌧ 48465, AX ED VA
♪, 15 Zi, Ez: 60/30-90/45, Dz: 120/60-160/80,
⌐ WC ⊘, 1 ⊱, P, 1↻90, Sauna, Solarium,
Restaurant

Schussenried, Bad 69 ☐

Baden-Württemberg
Kreis Biberach an der Riß
EW 8100
ℹ Tel (0 75 83) 94 01 71, Fax 47 47
Kur- u. Verkehrsamt
⌧ 88427 Klosterhof 1

★▬▬▬ Amerika
Zeppelinstr., Tel (0 75 83) 9 42 50,
Fax 94 25 11, ⌧ 88427, AX ED VA

46 Zi, Ez: 80/40-100/50, Dz: 115/57-160/80, ⇨
WC ⌀, P, 🏠, Restaurant

✽ Barbara
Georg-Kaess-Str. 2, Tel (0 75 83) 26 50,
Fax 41 33, ✉ 88427, DC ED VA
20 Zi, Ez: 40/20-70/35, Dz: 80/40-110/55, ⇨
WC ⌀, P, Solarium, garni

Steinhausen (5 km →)

**🍴 Zur Barockkirche
Zwerger's Gourmet-Stüble**
Dorfstr. 6, Tel (0 75 83) 39 30, Fax 32 85,
✉ 88427, ED
§ einzeln 🍷, Hauptgericht 12/6-29/14, Terrasse,
P, geschl.: Okt-Mär Do

Schwabach 57 ✓

Bayern
EW 39390
ℹ Tel (0 91 22) 86 02 41, Fax 86 02 44
Tourismus-Büro
✉ 91126 Ludwigstr. 16

✽ Schwarzer Bär
Ludwigstr. 16, Tel (0 91 22) 9 92 30,
Fax 99 23 35, ✉ 91126, ED VA
21 Zi, Ez: 95/47-180/90, Dz: 140/70-250/125,
⇨ ⌀, Lift, P, 🏠, Solarium, Restaurant

Forsthof (2 km ↓)

✽ Gasthof Raab
Äußere Rittersbacher Str. 14,
Tel (0 91 22) 9 38 80, Fax 93 88 60, ✉ 91126,
AX ED VA
31 Zi, Ez: 90/45-115/57, Dz: 130/65-150/75,
1 Suite, ⇨ WC ⌀, P, 🏠, 2⟲120, Restaurant

Schwabenheim 54 ↖

Rheinland-Pfalz
Kreis Mainz-Bingen
EW 2610
ℹ Tel (0 61 30) 2 06, Fax 2 06
Gemeindeverwaltung
✉ 55270 Mainzer Str. 1

✽ Pfaffenhofen
Bubenheimer Str. 10, Tel (0 61 30) 2 96,
Fax 14 68, ✉ 55270, AX ED VA
30 Zi, Ez: 95/47-105/52, Dz: 130/65-140/70, ⇨
WC ⌀, 7 ⚿, P, 🏠, Restaurant

🍴🍴 Zum alten Weinkeller
Schulstr. 6, Tel (0 61 30) 94 18 00,
Fax 9 41 80 80, ✉ 55270, ED VA
Hauptgericht 28/14-40/20, Gartenlokal, P, nur
abends, geschl.: Mo, Di, 10.6.-10.7.01

🍽 Landgasthof Engel
Markt 8, Tel (0 61 30) 92 93 94,
Fax 9 41 80 80, ✉ 55270, ED VA
🍷, Hauptgericht 20/10-30/15, Gartenlokal

Schwabmünchen 70 ↗

Bayern / Kreis Augsburg
EW 13000
ℹ Tel (0 82 32) 9 63 30, Fax 96 33 23
Stadtverwaltung
✉ 86830 Fuggerstr. 50

✽ Deutschenbaur
Fuggerstr. 11, Tel (0 82 32) 95 96 00,
Fax 9 59 60 97, ✉ 86830, AX ED VA
29 Zi, Ez: 80/40-90/45, Dz: 120/60-125/62, ⇨
WC ⌀ DFÜ, 7 ⚿, P, 🏠, 1⟲35
Rezeption: 6.30-22, geschl.: 24.12.00-7.1.01
🍴 Hauptgericht 20/10, geschl.: Fr, Sa,
24.12.00-7.1.01

Schwäbisch Gmünd 62 □

Baden-Württemberg / Ostalbkreis
EW 63000
ℹ Tel (0 71 71) 60 34 55, Fax 60 34 59
Verkehrsverein
✉ 73525 Kornhausstr. 14
Cityplan siehe Seite 898

✽✽ Rühle City Hotel Pelikan
Türlensteg 9 (B 1), Tel (0 71 71) 35 90,
Fax 35 93 59, ✉ 73525, AX DC ED VA

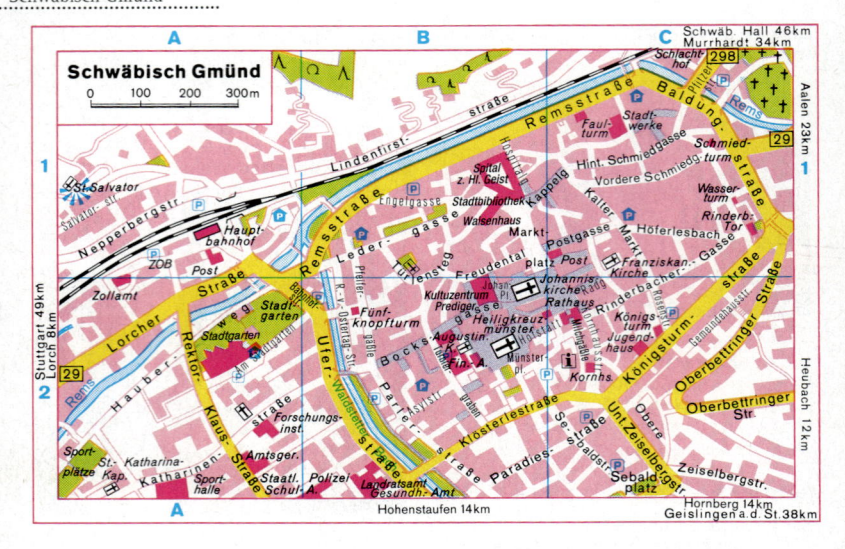

62 Zi, Ez: 99/49-155/78, Dz: 189/95, ⌐ WC ⊘
DFÜ, 5 ⇌, Lift, P, ☏, 3⊖180
¶¶ Hauptgericht 20/10-40/20, geschl.: Sa
mittags, So abends

** Fortuna

Hauberweg 4 (A 2), Tel (0 71 71) 10 90,
Fax 10 91 13, ✉ 73525, AX DC ED VA
115 Zi, Ez: 114/57-136/68, Dz: 178/89-188/94,
2 Suiten, 2 App, ⌐ WC ⊘, 15 ⇌, Lift, P,
7⊖60, Fitnessraum, Kegeln, Bowling, Sauna,
Solarium, Restaurant

¶¶ Fuggerei ✝

Münstergasse 2, Tel (0 71 71) 3 00 03,
Fax 3 83 82, ✉ 73525, ED VA
Hauptgericht 20/10-42/21, Gartenlokal, P,
geschl.: Di, 2 Wochen im Sommer

Straßdorf

* Krone

Einhornstr. 12, Tel (0 71 71) 94 74 80,
Fax 9 47 48 49, ✉ 73529, ED VA
29 Zi, Ez: 80/40, Dz: 130/65, ⌐ WC ⊘, P,
Restaurant
Auch einfachere Zimmer vorhanden.

Schwäbisch Hall   62 ↑

Baden-Württemberg
EW 35600
🛈 Tel (07 91) 75 12 46, Fax 75 13 75
Touristik-Information
✉ 74523 Am Markt 9

*** Ringhotel Hohenlohe

Weilertor 14 (A 1), Tel (07 91) 7 58 70,
Fax 75 87 84, ✉ 74523, AX DC ED VA, Ⓢ
§, 96 Zi, Ez: 167/84-227/114,
Dz: 228/114-268/134, 2 Suiten, 5 App, ⌐ WC
⊘, 50 ⇌, Lift, P, ☏, 6⊖100, ≋, ⌂,
Fitnessraum, Kegeln, Sauna, Solarium, Golf
Auch Zimmer der Kategorie ** vorhanden.
¶¶ Hauptgericht 24/12-46/23, Terrasse

** Adelshof

Am Markt 12 (B 1), Tel (07 91) 7 58 90,
Fax 60 36, ✉ 74523, AX DC ED VA
♨, 46 Zi, Ez: 140/70-400/201,
Dz: 205/103-220/110, 1 Suite, ⌐ WC ⊘, Lift, P,
☏, 4⊖80, Sauna, Solarium, Golf
¶¶ Hauptgericht 15/7-40/20, Biergarten

** Goldener Adler

Am Markt 11 (B 1), Tel (07 91) 61 68,
Fax 73 15, ✉ 74523, AX DC ED VA
20 Zi, Ez: 92/46-120/60, Dz: 155/78-195/98,
1 Suite, ⌐ WC ⊘, P, ☏, 2⊖80
¶¶ Hauptgericht 25/12, Terrasse

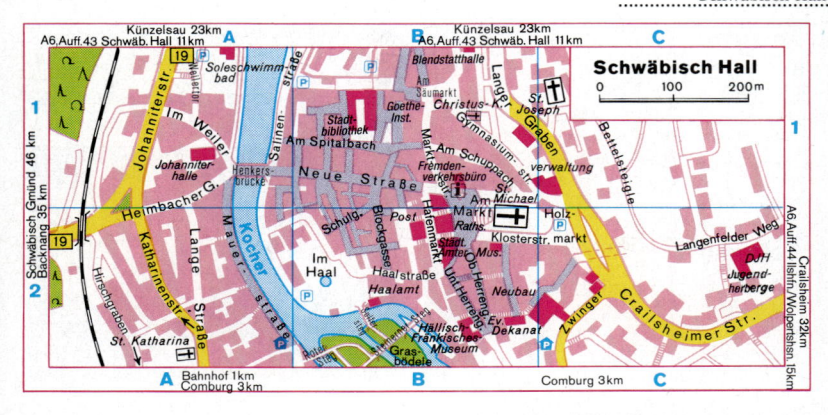

Schwäbisch Hall

** Kronprinz
Bahnhofstr. 17, Tel (07 91) 9 77 00,
Fax 9 77 01 00, ✉ 74523, AX DC ED VA
44 Zi, Ez: 98/49-135/67, Dz: 150/75-180/90, ⌐
WC ⊘ DFÜ, 37 ⇌, Lift, Ⓟ, ⌂, 7⟳60, Sauna,
Solarium, Golf, Restaurant

* Scholl
Klosterstr. 2 (B 2), Tel (07 91) 9 75 50,
Fax 97 55 80, ✉ 74523, AX ED VA
32 Zi, Ez: 110/55-130/65, Dz: 160/80-170/85, ⌐
WC ⊘ DFÜ, Lift, ⌂, garni
Auch Zimmer der Kategorie ** vorhanden.

¥¥ Blauer Bock
Lange Str. 51, Tel (07 91) 8 94 62,
Fax 85 61 15, ✉ 74523, ED VA
Hauptgericht 25/12, Terrasse, Biergarten,
geschl.: Mo, 24.8.-10.9.01
* 4 Zi, Ez: 80/40-90/45, Dz: 130/65, ⌐
WC ⊘, ⌂

¥¥ Sonne
Gelbinger Gasse, Tel (07 91) 97 08 40,
Fax 9 70 84 20, ✉ 74523, ED VA
Hauptgericht 25/12-31/15, Biergarten,
geschl.: Mo, 20.8.-10.9.01

☕ Café Hammel
Am Milchmarkt, Tel (07 91) 63 27, ✉ 74523
Terrasse, Gartenlokal, geschl.: So

Gottwollshausen

* Sonneck
Fischweg 2, Tel (07 91) 97 06 70,
Fax 9 70 67 89, ✉ 74523
26 Zi, Ez: 65/32-75/37, Dz: 100/50-115/57, ⌐
WC ⊘, Lift, Ⓟ, ⌂, 1⟳36, Kegeln, Restaurant
geschl.: Di

Hessental (3 km →)

** Ringhotel Die Krone
Wirtsgasse 1, Tel (07 91) 9 40 30,
Fax 94 03 84, ✉ 74523, AX DC ED VA, Ⓢ
83 Zi, Ez: 145/73-169/85, Dz: 179/90-209/105,
3 App, ⌐ WC ⊘ DFÜ, 40 ⇌, Lift, Ⓟ, ⌂,
14⟳240, Sauna, Solarium, Golf
¥¥ Hauptgericht 22/11-39/19, Terrasse,
geschl.: 24-25.12.00

** Wolf
Flair Hotel
Karl-Kurz-Str. 2, Tel (07 91) 93 06 60,
Fax 93 06 61 10, ✉ 74523, AX DC ED VA
27 Zi, Ez: 95/47-110/55, Dz: 145/73-165/83, ⌐
WC ⊘, Lift, Ⓟ
Rezeption: 8-14, 17-20, geschl.: 24.8.-7.9.01,
24.2.-4.3.01

¥¥ Eisenbahn
Hauptgericht 40/20-52/26, geschl.: Mo, Sa
mittags, 24.2.-4.3.01, 24.8.-7.9.01

* Haller Hof
Schmiedsgasse 9, Tel (07 91) 4 07 20,
Fax 4 07 22 00, ✉ 74523, AX ED VA
40 Zi, Ez: 93/46, Dz: 139/70, 1 Suite, 6 App, ⌐
WC ⊘, Ⓟ, 3⟳50, Kegeln, Restaurant

899

Schwäbisch Hall

Weckrieden (3km ↗)

🍴 Pflug ✚
Weckriedener Str. 2, Tel **(07 91) 93 12 30**,
Fax **9 31 23 45**, ✉ 74523, ED VA
Hauptgericht 19/9-37/18, Biergarten, P,
geschl.: Mo, 2 Wochen über Fasching
✱ 13 Zi, Ez: 89/44, Dz: 139/70, 1 App, ⊐
WC ⊘, 1⇔20

Schwaig 57 ↘

Bayern / Kreis Nürnberger Land
EW 8440
ℹ Tel **(09 11) 50 09 90**, Fax **5 00 99 55**
Gemeindeverwaltung
✉ 90571 Gartenstr. 1

✱ **Avenon Schwaiger Hof**
Röthenbacher Str. 1 b, Tel **(09 11) 5 06 98 90**,
Fax **50 69 89 49**, ✉ 90571, AX ED VA
27 Zi, Ez: 105/52-145/73, Dz: 135/67-185/93,
1 App, ⊐ WC ⊘ DFÜ, Lift, 🏠, 1⇔20,
Restaurant

Schwaigern 61 ↑

Baden-Württemberg
Kreis Heilbronn
EW 10500
ℹ Tel **(0 71 38) 21 53**, Fax **21 14**
Stadt Schwaigern
✉ 74193 Marktstr. 2

🍴🍴 Zum Alten Rentamt
Schlosstr. 6, Tel **(0 71 38) 52 58**, Fax **13 25**,
✉ 74193, ED VA
Hauptgericht 35/17, Gartenlokal, geschl.: So,
1.-31.8.01
✱ 🍴, 13 Zi, Ez: 98/49-125/62,
Dz: 158/79-200/100, ⊐ WC ⊘, 3 🛏, P, 1⇔12

Schwalbach, Bad 44 ↙

Hessen / Rheingau-Taunus-Kreis
EW 11300
ℹ Tel **(0 61 24) 50 24 28**, Fax **50 24 64**
Kurverwaltung
✉ 65307 Am Kurpark 1

Kreisstadt, Klassisches Mineral- und Moorheilbad im Taunus.

✱✱ Eden Parc
Goetheplatz 1, Tel **(0 61 24) 70 40**,
Fax **70 46 00**, ✉ 65307, AX DC ED VA
🌙 🍴, 77 Zi, Ez: 140/70, Dz: 220/110, 4 Suiten, ⊐
WC ⊘, 9 🛏, Lift, P, 6⇔140, 🏠, Sauna,
Solarium, Restaurant
Auch Zimmer der Kategorie ✱✱✱ vorhanden.

🍴🍴 Malepartus
Brunnenstr. 43, Tel **(0 61 24) 23 05**,
Fax **7 75 65**, ✉ 65307, ED VA
Hauptgericht 23/11-40/20, 🛏, geschl.: Mo, So
abends

Schwalbach (Saar) 52 ↘

Saarland / Kreis Saarlouis
EW 18980
ℹ Tel **(0 68 34) 57 10**, Fax **57 11 11**
Gemeindeverwaltung
✉ 66773 Ensdorfer Str. 2 a

Elm (2 km ↓)

✱ Mühlenthal
Bachtalstr. 214, Tel **(0 68 34) 9 55 90**,
Fax **56 85 11**, ✉ 66773
🌙, 23 Zi, Ez: 85/42-100/50, Dz: 120/60-140/70,
2 Suiten, ⊐ WC ⊘ DFÜ, Lift, P, 🏠, Sauna,
Solarium, Restaurant
Auch einfachere Zimmer vorhanden.

Schwalmstadt 45 ↑

Hessen / Schwalm-Eder-Kreis
EW 19230
ℹ Tel **(0 66 91) 7 12 12**, Fax **57 76**
Schwalm Touristik e.V.
✉ 34613 Paradeplatz 7

Treysa

✱ Stadt Treysa
Bahnhofstr. 21, Tel **(0 66 91) 9 63 30**,
Fax **96 33 44**, ✉ 34613
14 Zi, Ez: 70/35-90/45, Dz: 110/55-130/65, ⊐
WC ⊘, 6 🛏, Lift, 🏠, garni

Ziegenhain

✱ Hof Weidelbach
Nordbahnhof 3, Tel **(0 66 91) 47 26**,
Fax **7 22 40**, ✉ 34613, AX DC ED VA

einzeln ↘, 19 Zi, Ez: 70/35-80/40,
Dz: 120/60-140/70, 2 App, ⊣ WC ⌀, Lift, P,
2⟳70, Kegeln, Sauna, Solarium, Restaurant

Schwanau 60 ↙

Baden-Württemberg / Ortenaukreis
EW 6500
🛈 Tel (0 78 24) 6 49 90, Fax 40 09
Gemeindeverwaltung
✉ 77963 Kirchstr. 16

Allmannsweier

✱ Schwanau
Waldweg 43, im Gewerbegebiet,
Tel (0 78 24) 64 40, Fax 64 41 00, ✉ 77963,
AX DC ED VA
28 Zi, Ez: 98/49, Dz: 135/67, ⊣ WC ⌀ DFÜ,
6 ⚕, Lift, P, 1⟳30, garni
Rezeption: 7-12, 17-23,
geschl.: 24.12.00-6.1.01

Schwandorf 59 ↙

Bayern
EW 28260
🛈 Tel (0 94 31) 4 51 75, Fax 35 97
Tourismusbüro
✉ 92421 Kirchengasse 1

✱ Zur Schwefel-Quelle
An der Schwefelquelle 12,
Tel (0 94 31) 7 14 70, Fax 71 47 40, ✉ 92421,
AX DC ED VA
23 Zi, Ez: 70/35, Dz: 118/59, ⊣ WC ⌀, P, 🏠,
1⟳120, Sauna, Solarium, Restaurant
Auch einfachere Zimmer vorhanden.

Ettmannsdorf

✱ Ziegelhütte
Haus Nr. 4, Tel (0 94 31) 4 10 00, Fax 41 00 60,
✉ 92421
27 Zi, Ez: 70/35, Dz: 120/60, ⊣ WC ⌀

Haselbach (6 km ↗)

🛏 Landgasthof Fischer
Kreuzstr. 16, Tel (0 94 31) 2 11 52, Fax 2 09 09,
✉ 92421
12 Zi, Ez: 45/22-60/30, Dz: 75/37-78/39, 1 App,
⊣ WC ⌀, P, Restaurant

Schwangau • 70 ↘

Bayern / Kreis Ostallgäu
EW 3800
🛈 Tel (0 83 62) 8 19 80, Fax 81 98 25
Kurverwaltung
✉ 87645 Münchener Str. 2

✱✱ König Ludwig
Kreuzweg 11, Tel (0 83 62) 88 90, Fax 8 17 79,
✉ 87645
↘ ⚜, 140 Zi, Ez: 120/60-150/75,
Dz: 180/90-270/135, 10 Suiten, 48 App, ⊣ WC
⌀, 105 ⚕, Lift, P, 🏠, 4⟳60, 🏠, Sauna,
Solarium, Restaurant
Auch Zimmer der Kategorie ✱✱✱ vorhanden.

✱✱ Schwanstein
Kröb 2, Tel (0 83 62) 9 83 90, Fax 98 39 61,
✉ 87645, AX DC ED VA
31 Zi, Ez: 70/35-95/47, Dz: 130/65-190/95, ⊣
WC ⌀, P, Restaurant

✱ Helmer
Mitteldorf 10, Tel (0 83 62) 98 00,
Fax 98 02 00, ✉ 87645
45 Zi, Ez: 65/32-115/57, Dz: 126/63-196/98, ⊣
WC ⌀, 20 ⚕, Lift, P, Fitnessraum, Sauna,
Restaurant
geschl.: 13-25.12.00, 8-17.1.01

✱ Weinbauer
Füssener Str. 3, Tel (0 83 62) 98 60,
Fax 98 61 13, ✉ 87645, ED VA
40 Zi, Ez: 57/28-80/40, Dz: 114/57-150/75,
2 App, ⊣ WC ⌀, 2 ⚕, Lift, P, 🏠, Restaurant
geschl.: Mi, 10.1.-10.2.01, 12-19.12.00

Brunnen (3 km ↑)

✱ See-Klause
Seestr. 75, Tel (0 83 62) 8 10 91, Fax 8 10 92,
✉ 87645
↘ ⚜, 11 Zi, Ez: 50/25-62/31, Dz: 49/24-56/28,
2 App, ⊣ WC ⌀, P, Restaurant

✱ Huberhof
Seestr. 67, Tel (0 83 62) 8 13 62, Fax 8 18 11,
✉ 87645
↘ ⚜ 🏠, 26 Zi, Ez: 60/30-110/55,
Dz: 120/60-180/90, 2 App, ⊣ WC, P, Sauna,
Solarium, Restaurant

Schwangau

Hohenschwangau (3 km ↓)

★★ Müller
Alpseestr. 16, Tel (0 83 62) 8 19 90,
Fax 81 99 13, ✉ 87645, AX DC ED VA
₰, 39 Zi, Ez: 140/70-240/120,
Dz: 220/110-300/151, 4 Suiten, ⌐ WC, 20 ⇥,
Lift, P
geschl.: 3.1.-28.2.01
Auch Zimmer der Kategorie ★★★ vorhanden.
🍴🍴 ₰, Hauptgericht 18/9-45/22

★★ Lisl-Jägerhaus European Castle
Neuschwansteinstr. 1, Tel (0 83 62) 88 70,
Fax 8 11 07, ✉ 87645, AX DC ED VA
₰, 42 Zi, Ez: 139/70-219/110,
Dz: 228/114-328/165, 3 Suiten, ⌐ WC ☏, 8 ⇥,
Lift, P, ⌂, 3⟳160, Restaurant
Auch einfache Zimmer vorhanden.

Horn (2 km ←)

★★ Rübezahl
Am Ehberg 31, Tel (0 83 62) 88 88,
Fax 8 17 01, ✉ 87645, VA
☽ ₰, 29 Zi, Ez: 85/42-150/75,
Dz: 150/75-250/125, 4 Suiten, 1 App, ⌐ WC ☏,
Lift, P, 1⟳30, Sauna, Solarium
geschl.: 8.11.-9.12.00
🍴🍴 Hauptgericht 15/7-40/20, Terrasse,
geschl.: Mi, 8.11.-9.12.00

★ Helmerhof
Frauenbergstr. 9, Tel (0 83 62) 80 69,
Fax 84 37, ✉ 87645, ED VA
☽, 26 Zi, Ez: 48/24-148/74, Dz: 104/52-166/83,
3 Suiten, 6 App, ⌐ WC ☏, P, Sauna, Solarium,
Restaurant
geschl.: 26.10.-17.11.00, 19.3.-6.4.01
Auch Zimmer der Kategorie ★★ vorhanden.

Waltenhofen (2 km ↖)

★★ Kur- und Ferienhotel Waltenhofen
Marienstr. 16, Tel (0 83 62) 98 80,
Fax 98 84 10, ✉ 87645, AX DC ED VA
☽ ₰, 30 Zi, Ez: 100/50-140/70,
Dz: 160/80-180/90, ⌐ WC ☏, Lift, P, ⌂,
Sauna, Solarium, Restaurant

★ Gasthof am See
Forggenseestr. 81, Tel (0 83 62) 9 30 30,
Fax 93 03 39, ✉ 87645, ED VA
☽ ₰, 22 Zi, Ez: 69/34, Dz: 98/49-138/69, ⌐ WC
☏, Lift, P, Sauna, Solarium, Restaurant
geschl.: Di, 13.11.-14.12.00

★ Gerlinde
Forggenseestr. 85, Tel (0 83 62) 82 33,
Fax 84 86, ✉ 87645
☽, 9 Zi, Ez: 65/32-85/42, Dz: 110/55-140/70,
10 App, ⌐ WC, P, Sauna, Solarium, Restaurant
geschl.: Mo, 6.11.-22.12.00

Schwarmstedt 26 ↖

Niedersachsen
Kreis Soltau-Fallingbostel
EW 5000
🛈 Tel (0 50 71) 86 88, Fax 86 89
Fremdenverkehrsamt
✉ 29690 Bahnhofstr. 15

siehe auch Essel

★★ Ringhotel Bertram
Moorstr. 1, Tel (0 50 71) 80 80, Fax 8 08 45,
✉ 29690, AX DC ED VA, Ⓢ
37 Zi, Ez: 130/65-200/100, Dz: 160/80-300/151,
⌐ WC ☏, 9 ⇥, Lift, P, ⌂, 6⟳100, Kegeln
🍴🍴 Hauptgericht 12/6-35/17

⊟ Leine-Hotel
Kirchstr. 12, Tel (0 50 71) 9 81 20,
Fax 98 12 20, ✉ 29690, AX DC ED VA
9 Zi, Ez: 68/34-98/49, Dz: 125/62-145/73, ⌐
WC, 3 ⇥, P, 2⟳40, Kegeln, Restaurant

Bothmer (2,5 km ↖)

★★ Gästehaus Schloß Bothmer
Alte Dorfstr. 15, Tel (0 50 71) 30 37, Fax 30 39,
✉ 29690, AX ED VA
☽, 9 Zi, Ez: 150/75-180/90,
Dz: 200/100-280/141, ⌐ WC ☏, P, 1⟳15,
Sauna, Restaurant

Schwartau, Bad 11 ↙

Schleswig-Holstein
Kreis Ostholstein
EW 20000
🛈 Tel (04 51) 2 00 02 42, Fax 2 00 02 02
Tourist-Information
✉ 23611 Markt 15

Jodsole- u. Moorheilbad; Sehenswert: Pariner
Berg, 72 m, Bismarckturm Aussicht (3 km ↗);
Holstein-Therme.

★ Waldhotel Riesebusch
Sonnenweg 1, Tel (04 51) 29 30 50,
Fax 28 36 46, ✉ 23611, AX ED VA
☽, 25 Zi, Ez: 105/52-120/60,
Dz: 150/75-170/85, 4 Suiten, ⌐ WC ☏, P, ⌂
🍴 Hauptgericht 32/16, geschl.: Do

✱ Akzent-Hotel Elisabeth
Elisabethstr. 4, Tel (04 51) 21 78 13,
Fax 28 38 50, ✉ 23611, AX DC ED VA
23 Zi, Ez: 110/55-135/67, Dz: 145/73-175/88, ⌐
WC ⊘, 3⟳50, Golf, Restaurant

🍴 Olive
Am Kurpark 3, in der Holstein-Therme,
Tel (04 51) 28 36 82, Fax 28 44 97, ✉ 23611
Hauptgericht 28/14, Gartenlokal, geschl.: Mo mittags

Schwarzach 55 ✓

Baden-Württemberg
Neckar-Odenwald-Kreis
EW 3230
ℹ Tel (0 62 62) 9 20 90, Fax 92 09 33
Gemeindeverwaltung
✉ 74869 Hauptstr. 14

Unterschwarzach

✱ Akzent-Landhotel Kranz
Wildparkstr. 8, Tel (0 62 62) 9 22 00,
Fax 92 20 46, ✉ 74869, ED VA
25 Zi, Ez: 96/48-105/52, Dz: 135/67-148/74, ⌐
WC ⊘, P, 3⟳40, ☖, Kegeln, Sauna, Solarium, Restaurant

Schwarzach a. Main 56 □

Bayern / Kreis Kitzingen
EW 3500
ℹ Tel (0 93 24) 9 73 90, Fax 97 39 39
Gemeindeverwaltung
✉ 97359 Marktplatz 1

Münsterschwarzach

✱ Zum Benediktiner Flair Hotel
Weideweg 7, Tel (0 93 24) 91 20, Fax 91 29 00,
✉ 97359, ED VA
♪ ✸, 45 Zi, Ez: 105/52-110/55,
Dz: 136/68-150/75, ⌐ WC ⊘, Lift, P, ☖,
2⟳60, Restaurant
Auch Zimmer der Kategorie ✱✱ vorhanden.

Schwarzenbach a. d. Saale 49 ✓

Bayern / Kreis Hof
EW 8500
ℹ Tel (0 92 84) 93 30, Fax 66 04
Stadtverwaltung
✉ 95126 Ludwigstr. 4

✱✱ Jean-Paul Hotel
Ludwigstr. 13, Tel (0 92 84) 80 70, Fax 8 07 77,
✉ 95126, AX ED VA
52 Zi, Ez: 99/49-130/65, Dz: 134/67-160/80, ⌐
WC ⊘, 5 ⇌, Lift, P, ☖, 4⟳120, Sauna, Solarium
🍴🍴 Hauptgericht 18/9-45/22, Terrasse, Biergarten

Schwarzenbach am Wald 48 ↘

Bayern / Kreis Hof
EW 5980
ℹ Tel (0 92 89) 50 55, Fax 50 50
Verkehrsamt
✉ 95131 Frankenwaldstr. 16

Gottsmannsgrün (2 km ✓)

⌂ Gasthof Zegasttal
Gottsmannsgrün 8, Tel (0 92 89) 14 06,
Fax 68 07, ✉ 95131, ED
♪, 13 Zi, Ez: 55/27-75/37, Dz: 90/45-110/55, ⌐
WC ⊘, 1 ⇌, P, 1⟳20, Restaurant

Schübelhammer (8 km ✓)

✱ Zur Mühle
Haus Nr 3, Tel (0 92 89) 4 24, Fax 67 17,
✉ 95131
19 Zi, Ez: 70/35, Dz: 120/60, ⌐ WC ⊘, P, ☖,
Sauna, Solarium
geschl.: Mitte Nov-Mitte Dez
🍴 Hauptgericht 20/10, Terrasse,
geschl.: Mitte Nov-Mitte Dez

Schwarzenberg siehe Baiersbronn

Schwarzenberg 50 ✓

Sachsen / Kreis Aue-Schwarzenberg
EW 21000
ℹ Tel (0 37 74) 2 25 40, Fax 2 25 40
Schwarzenberg-Information
✉ 08340 Oberes Tor 5

✱✱ Neustädter Hof
Grünhainer Str. 24, Tel (0 37 74) 12 50,
Fax 12 55 00, ✉ 08340, AX ED VA
72 Zi, Ez: 100/50-139/70, Dz: 159/80-179/90,
3 Suiten, 2 App, ⌐ WC ⊘ DFÜ, 21 ⇌, Lift, P,
☖, 4⟳80, Sauna, Solarium, Restaurant

✱ Erzgebirge
Straße der Einheit 130, Tel (0 37 74) 1 61 60,
Fax 16 16 16, ✉ 08340, AX ED VA
21 Zi, Ez: 55/27-95/47, Dz: 95/47-105/52, ⌐
WC ⊘, P, 1⟳30, Restaurant

Schwarzenberg

Ratskeller
Markt 1, Tel (0 37 74) 1 55 70, Fax 1 55 71 58,
✉ 08340, AX DC ED VA
Hauptgericht 25/12, Terrasse, P, geschl.: So abends
** 12 Zi, Ez: 85/42, Dz: 120/60, ⇨ WC ⊘ DFÜ, 2⇔120, Sauna, Solarium

Bermsgrün (3 km ↓)

** Am Hohen Hahn
Gemeindestr. 92, Tel (0 37 74) 13 10,
Fax 13 11 50, ✉ 08340, AX DC ED VA
einzeln ♪, 46 Zi, Ez: 115/57-135/67,
Dz: 160/80-180/90, ⇨ WC ⊘, P, 4⇔80, ≘,
Sauna, Solarium, Restaurant
Im Altbau auch Zimmer der Kategorie ✱ vorhanden.

Wildenau (2 km ↗)

✱ Parkhotel Schwarzenberg
Klempnerweg 13, Tel (0 37 74) 2 57 08,
Fax 2 56 18, ✉ 08340, AX ED VA
♪ §, 25 Zi, Ez: 72/36-110/55,
Dz: 117/58-140/70, 2 Suiten, 6 App, ⇨ WC ⊘,
5 ⊭, P, ≘, 1⇔35, ≋, Sauna, Solarium,
Restaurant

Schwarzenfeld 59 ↙

Bayern / Kreis Schwandorf
EW 6000
🛈 Tel (0 94 35) 30 90, Fax 30 92 27
Verwaltungsgemeinschaft
✉ 92521 Viktor-Koch-Str. 4

*** Schloß Schwarzenfeld
Schloß Str. 13-15, Tel (0 94 35) 55 50,
Fax 55 51 99, ✉ 92521, AX DC ED VA
88 Zi, Ez: 130/65-380/191,
Dz: 200/100-480/241, ⇨ WC ⊘ DFÜ, 39 ⊭, Lift,
P, 4⇔190, Sauna, Solarium

¶¶ Le Château
Hauptgericht 25/12-50/25

Schwarzengrund siehe Hohenroda

Schwarzheide 40 →

Brandenburg / Kreis Senftenberg
🛈 Tel (03 57 52) 9 19 16, Fax 9 19 22
Stadtverwaltung
✉ 01987 Ruhlander Str. 2

** Treff Page Hotel
Ruhlander Str. 75, Tel (03 57 52) 8 40,
Fax 8 41 00, ✉ 01987, AX DC ED VA, Ⓢ
135 Zi, Ez: 145/73-190/95, Dz: 175/88-230/115,
⇨ WC ⊘ DFÜ, 42 ⊭, Lift, P, 4⇔70,
Fitnessraum, Kegeln, Sauna, Solarium,
Restaurant
Auch Zimmer der Kategorie ✱ vorhanden.
Langzeitvermietung möglich.

Schwedt/Oder 22 ↘

Brandenburg / Kreis Uckermark
EW 44480
🛈 Tel (0 33 32) 2 55 90, Fax 25 59 59
Tourist-Information
✉ 16303 Lindenallee 36

** Turm-Hotel
Heinersdorfer Damm 1-11, Tel (0 33 32) 44 30,
Fax 44 32 99, ✉ 16303, AX ED VA
31 Zi, Ez: 80/40-130/65, Dz: 138/69-160/80,
3 App, ⇨ WC ⊘, 8 ⊭, Lift, P, 2⇔100,
Restaurant

** Andersen Hotel
Gartenstr. 9, Tel (0 33 32) 52 47 48,
Fax 52 47 50, ✉ 16303, AX DC ED VA
32 Zi, Ez: 100/50-130/65, Dz: 120/60-170/85,
⇨ WC ⊘ DFÜ, 16 ⊭, Lift, P, ≘, 2⇔35,
Restaurant

✱ Stadtparkhotel
Bahnhofstr. 3, Tel (0 33 32) 5 37 60,
Fax 53 76 31, ✉ 16303, AX ED VA
18 Zi, Ez: 120/60, Dz: 150/75, ⇨ WC ⊘, P,
1⇔45, Restaurant

Schweich 52 ↗

Rheinland-Pfalz
Kreis Trier-Saarburg
EW 6000
🛈 Tel (0 65 02) 40 70, Fax 40 71 80
Tourist-Information
✉ 54338 Brückenstr. 26

✱ Zur Moselbrücke
Brückenstr. 1, Tel (0 65 02) 9 19 00,
Fax 91 90 91, ✉ 54338, AX DC ED VA
27 Zi, Ez: 80/40-100/50, Dz: 120/60-150/75, ⇨
WC ⊘, 8 ⊭, P, ≘, 2⇔40, Restaurant
geschl.: 15.12.00-15.1.01

Schweicheln-Bermbeck

siehe **Hiddenhausen**

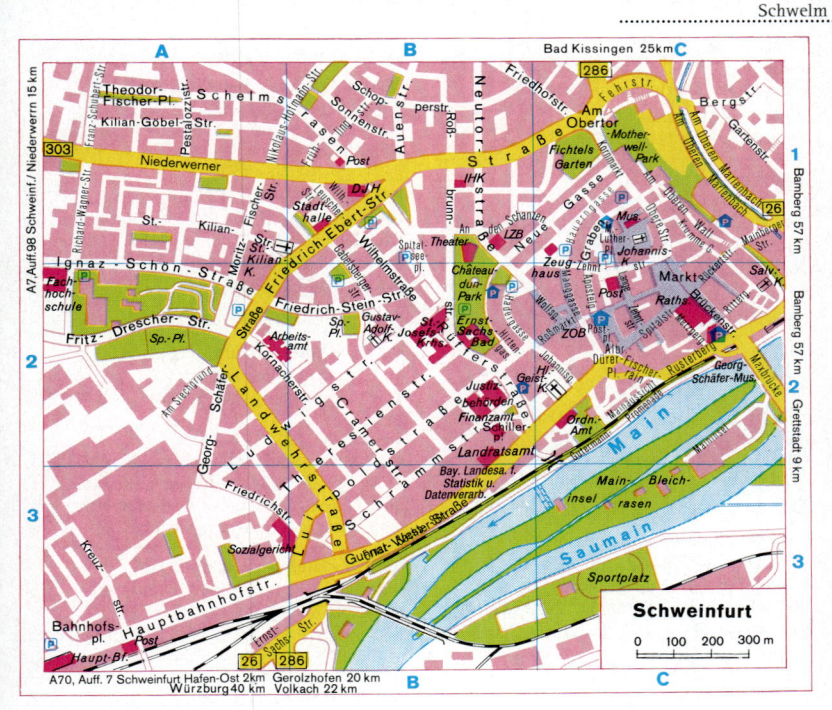

Schweinfurt 56 ↑

Bayern
EW 54357
🛈 Tel (0 97 21) 5 14 98, Fax 5 16 05
Schweinfurt - Information
✉ 97421 Brückenstr. 14

★★ Ross
Postplatz 9 (C 2), Tel (0 97 21) 2 00 10,
Fax 20 01 13, ✉ 97421, AX DC ED VA
46 Zi, Ez: 120/60-175/88, Dz: 150/75-230/115,
1 Suite, 2 App, ⌐ WC ✆, 22 🛏, Lift, P, 🚗,
1⃝35, 🚿, Sauna, Solarium
geschl.: 23.12.00-7.1.01
Auch Zimmer der Kategorie ✱ vorhanden.

🍴 Ross-Stuben
Hauptgericht 18/9-35/17, Terrasse, geschl.: So,
23.12.00-7.1.01

✱ Primula
Friedr.-Rätzer-Str. 11, Gewerbegebiet Hafen-Ost,
Tel (0 97 21) 77 90, Fax 77 92 00, ✉ 97424, AX
DC ED VA
62 Zi, Ez: 130/65, Dz: 144/72, ⌐ WC ✆, 20 🛏,
Lift, P, 3⃝50, Restaurant

Bergl (2 km ←)

✱ Am Bergl
Berliner Platz 1, Tel (0 97 21) 93 60,
Fax 9 36 99, ✉ 97424, AX ED VA
39 Zi, Ez: 100/50, Dz: 150/75, 3 Suiten, ⌐ WC
✆, 6 🛏, Lift, P, 🚗, Restaurant

Schwelm 33 ↓

Nordrhein-Westfalen
Ennepe-Ruhr-Kreis
EW 31000
🛈 Tel (0 23 36) 80 14 44, Fax 80 13 70
Stadtverwaltung
✉ 58332 Hauptstr. 14

★★ Am Mühlenteich
Obermauer Str. 11, Tel (0 23 36) 9 19 00,
Fax 91 90 99, ✉ 58332, AX DC ED VA
31 Zi, Ez: 147/74-272/137, Dz: 192/96-292/147,
8 Suiten, ⌐ WC ✆, 11 🛏, Lift, P, 🚗, 1⃝25,
Restaurant

★★ Haus Friedrichsbad
Brunnenstr. 24-28, Tel (0 23 36) 4 00 80,
Fax 4 00 81 50, ✉ 58332, AX DC ED VA

Schwelm

64 Zi, Ez: 125/62-220/110, Dz: 160/80-220/110,
2 Suiten, ⌐ WC ⊘, 23 ⇔, Lift, **P**, 🕿, 15⇔120,
Fitnessraum, Kegeln, Sauna, Solarium

🍴🍴 Kaisersaal
Hauptgericht 36/18-44/22, Terrasse

🍴🍴 Carstens
Obermauer Str. 11, im Hotel Mühlenteich,
Tel (0 23 36) 91 90 90, ✉ 58332, AX DC ED VA
Hauptgericht 36/18-44/22, Terrasse, **P**, nur
abends, geschl.: So

Schwend siehe Birgland

Schwendi 70 ↖

Baden-Württemberg / Kreis Biberach
EW 5840
🛈 Tel (0 73 53) 9 80 00, Fax 98 00 14
Tourist-Information
✉ 88477 Obere Str. 28

★★ Oberschwäbischer Hof
Hauptstr. 9-15, **Tel (0 73 53) 9 84 90**,
Fax 9 84 92 00, ✉ 88477, ED VA
30 Zi, Ez: 125/62, Dz: 188/94, 2 Suiten, ⌐ WC
⊘, 9 ⇔, Lift, **P**, 🕿, 2⇔120, Kegeln, Sauna,
Solarium

🍴🍴 Hauptstr. 39, Hauptgericht 27/13,
geschl.: So abends

Schwepnitz 40 ↘

Sachsen / Kreis Kamenz
EW 3052
🛈 Tel (03 57 97) 7 36 28, Fax 7 36 08
Gemeindeverwaltung Schwepnitz
✉ 01936 Dresdner Str. 4

★ Büka-Ambiente
Industriestr. 1-5, im Gewerbegebiet,
Tel (03 57 97) 6 61 93, Fax 6 61 92, ✉ 01936,
DC ED VA
20 Zi, Ez: 44/22-88/44, Dz: 65/32-130/65, ⌐
WC ⊘, 10 ⇔, **P**, 1⇔35, Sauna, Solarium,
Restaurant

Schwerin 19 ↗

Mecklenburg-Vorpommern
EW 126000
🛈 Tel (03 85) 5 92 52 13, Fax 55 50 94
Schwerin-Information
✉ 19055 Am Markt 10

siehe auch Pampow

★★★★ Holiday Inn Crowne Plaza
Bleicher Ufer 23 (außerhalb A 3),
Tel (03 85) 5 75 50, Fax 5 75 57 77, ✉ 19053,
AX DC ED VA, Ⓢ
88 Zi, Ez: 198/99-230/115,
Dz: 230/115-250/125, 4 Suiten, 8 App, ⌐ WC ⊘
DFÜ, 40 ⇔, Lift, **P**, 🕿, 9⇔250, Fitnessraum,
Sauna, Solarium
Preise exkl. Frühstück.

🍴🍴🍴 Marco Polo
Hauptgericht 27/13-34/17, Terrasse

★★★ Speicher am Ziegelsee
Speicherstr. 11, über Lagerstr.,
Tel (03 85) 5 00 30, Fax 5 00 31 11, ✉ 19055,
AX ED VA
⚓, 59 Zi, Ez: 150/75-230/115,
Dz: 190/95-250/125, 20 App, ⌐ WC ⊘ DFÜ,
15 ⇔, Lift, **P**, 3⇔60, Seezugang, Restaurant
Siebenstöckiger Backstein-Getreidespeicher von
1939. Langzeitvermietung möglich.

★★★ Niederländischer Hof
Karl-Marx-Str. 12, **Tel (03 85) 59 11 00**,
Fax 59 11 09 99, ✉ 19055, AX ED VA
24 Zi, Ez: 175/88, Dz: 225/113, 6 Suiten, ⌐ WC
⊘ DFÜ, **P**, 1⇔30, Restaurant

★★ InterCityHotel
Grunthalplatz 5-7 (A 1), **Tel (03 85) 5 95 00**,
Fax 5 95 09 99, ✉ 19055, AX DC ED VA, Ⓢ
180 Zi, Ez: 138/69-179/90, Dz: 158/79-200/100,
⌐ WC ⊘ DFÜ, 60 ⇔, Lift, 🕿, 7⇔120,
Restaurant
Auch Zimmer der Kategorie ★ vorhanden.

★ Mercure Marienplatz
Wismarschestr. 107-109, **Tel (03 85) 5 95 50**,
Fax 59 55 59, ✉ 19053, AX DC ED VA, Ⓢ
46 Zi, Ez: 143/72-153/77, Dz: 166/83-176/88,
1 Suite, ⌐ WC ⊘, 28 ⇔, Lift, **P**, 2⇔40, garni

★ Elefant
Goethestr. 39, **Tel (03 85) 5 30 70**,
Fax 5 30 71 55, ✉ 19053, DC ED VA
33 Zi, Ez: 125/62, Dz: 160/80-190/95, ⌐ WC ⊘
DFÜ, Lift, **P**, 🕿, 3⇔120, Restaurant
Auch Zimmer der Kategorie ★★ vorhanden.
Parkplatzzufahrt in der Mecklenburgstr 101.

★ An den Linden
Franz-Mehring-Str. 26 (B 2),
Tel (03 85) 51 20 84, Fax 51 22 81, ✉ 19053,
AX DC ED VA
12 Zi, Ez: 125/62, Dz: 150/75-175/88, ⌐ WC ⊘,
Lift, **P**, Sauna, garni

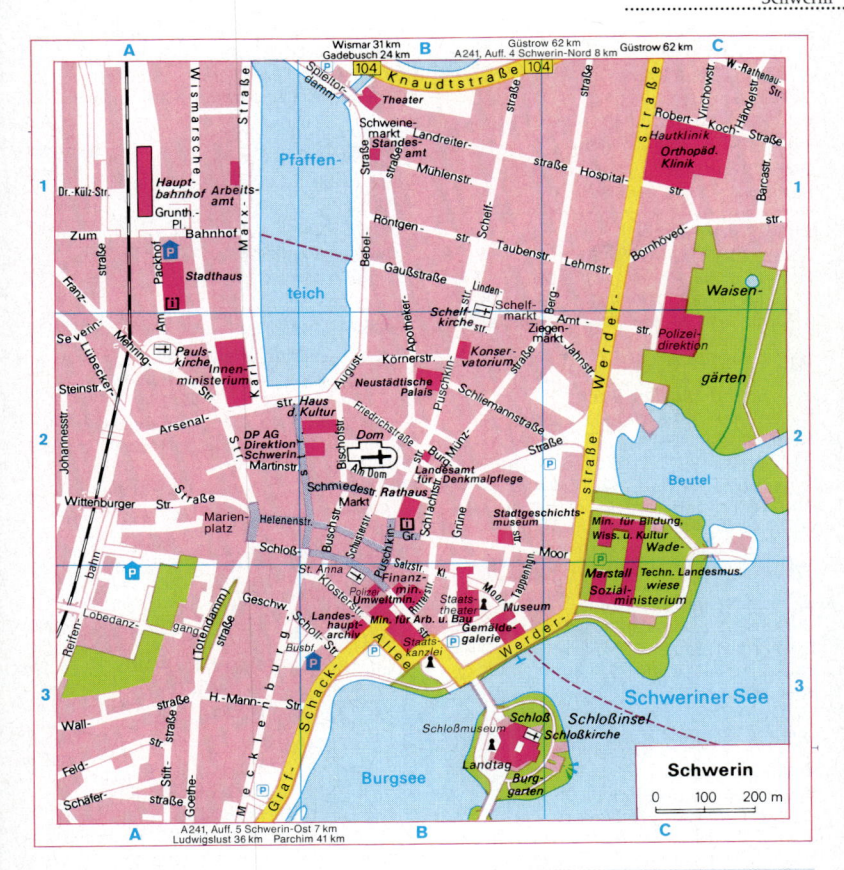

Schwerin

🍴🍴 Schröter's 🍷
Körnerstr. 21, Tel **(03 85) 5 50 76 98**,
Fax **5 50 77 19**, ✉ 19055, DC VA
Hauptgericht 24/12–45/22, Terrasse, nur abends

Schwerin-Außerhalb (6 km ↑)

★★ Best Western Seehotel Frankenhorst
Frankenhorst 5, Tel **(03 85) 55 50 71**,
Fax **55 50 73**, ✉ 19055, AX DC ED VA, S
einzeln ♪ ⚡, 50 Zi, Ez: 150/75–180/90,
Dz: 180/90–210/105, ⌐ WC ⓒ DFÜ, P, 2⇆60,
Fitnessraum, Sauna, Solarium
Auch Zimmer der Kategorie ★ vorhanden.

🍴🍴 Bootshaus
Hauptgericht 19/9–29/14, Terrasse

Grosser Dreesch (6 km ↘)

★★★ Best Western Plaza
Am Grünen Tal 39, Tel **(03 85) 3 99 20**,
Fax **3 99 21 88**, ✉ 19063, AX DC ED VA, S
76 Zi, Ez: 125/62–155/78, Dz: 150/75–175/88,
1 Suite, ⌐ WC ⓒ DFÜ, 20 ⇆, Lift, P, 4⇆100,
Sauna, Solarium

🍴🍴 Primavera
Hauptgericht 19/9–45/22

Krebsförden (5 km ↓)

★★ Astron
Im Schulacker 1, Tel **(03 85) 6 37 00**,
Fax **6 37 05 00**, ✉ 19061, AX DC ED VA, S
144 Zi, Ez: 125/62–165/83, Dz: 148/74–200/100,
9 Suiten, 9 App, ⌐ WC ⓒ DFÜ, 57 ⇆, Lift, P,
9⇆200, Sauna, Solarium, Restaurant
Auch Zimmer der Kategorie ★★★ vorhanden.

Schwerin

⋆⋆ Ringhotel Arte
Dorfstr. 6, Tel (03 85) 6 34 50, Fax 6 34 51 00,
✉ 19061, AX DC ED VA, Ⓢ
♪, 40 Zi, Ez: 135/67-187/94,
Dz: 150/75-236/118, 1 Suite, ⌐ WC Ⓒ, 10 ⌐,
Lift, Ⓟ, 3⌐30, Sauna, Solarium

❚❚ Fontane
Hauptgericht 30/15, Terrasse

⋆ Fritz-Hotel
Dorfstr. 3 B, Tel (03 85) 64 63 70,
Fax 6 46 37 99, ✉ 19061, AX ED VA
22 Zi, Ez: 96/48-116/58, Dz: 131/65-151/76,
2 Suiten, ⌐ WC Ⓒ, 5 ⌐, Ⓟ, 2⌐60, Restaurant

Mueß (3,5 km →)

⋆ Zur Mueßer Bucht
Mueßer Bucht 1, Tel (03 85) 64 45 00,
Fax 6 44 50 44, ✉ 19063, ED VA
20 Zi, Ez: 90/45-110/55, Dz: 120/60-150/75,
6 App., ⌐ WC Ⓒ, Ⓟ, 3⌐80, Restaurant
Auch 6 separate Häuser mit Ferienwohnungen
der Kategorie ⋆⋆ vorhanden.

Neumühle (2.5 km ↖)

⋆ Neumühler Hof
Neumühler Str. 45, Tel (03 85) 71 93 61,
Fax 71 93 61, ✉ 19057, ED VA
14 Zi, Ez: 90/45-100/50, Dz: 140/70, ⌐ WC Ⓒ,
11 ⌐, Ⓟ, garni

Raben-Steinfeld (11 km ↘)

⋆⋆⋆ Dobler
Peckateler Str. 5, Tel (0 38 60) 80 11,
Fax 80 06, ✉ 19065, AX ED VA, Ⓢ
♪, 30 Zi, Ez: 95/47-135/67, Dz: 115/57-165/83,
1 Suite, ⌐ WC Ⓒ DFÜ, 16 ⌐, Lift, Ⓟ, 2⌐25,
garni

Schwerin-Süd (5 km ↙)

⋆⋆ Europa
Werkstr. 209, Tel (03 85) 6 34 00,
Fax 6 34 06 66, ✉ 19061, AX DC ED VA

&, 70 Zi, Ez: 99/49-165/83, Dz: 129/64-190/95,
⌐ WC Ⓒ, 16 ⌐, Lift, Ⓟ, 2⌐30, Sauna,
Solarium, Restaurant
Auch Zimmer der Kategorie ⋆⋆⋆ vorhanden.

Schwerte 33 →

Nordrhein-Westfalen / Kreis Unna
EW 52890
🛈 Tel (0 23 04) 10 46 23, Fax 10 46 96
Stadtverwaltung
✉ 58239 Schützenstr. 41

Geisecke (4 km →)

❚❚ Gutshof Wellenbad
Zum Wellenbad 7, Tel (0 23 04) 48 79,
Fax 4 59 79, ✉ 58239, AX DC ED VA
Hauptgericht 26/13-50/25, Terrasse, Biergarten,
Gartenlokal, Ⓟ, geschl.: Mo mittags, Do, 3
Wochen im Sommer
⋆⋆ 12 Zi, Ez: 140/70, Dz: 190/95-210/105,
⌐ WC Ⓒ

Schwetzingen 54 ↘

Baden-Württemberg
Rhein-Neckar-Kreis
EW 21500
🛈 Tel (0 62 02) 49 33, Fax 27 08 27
Verkehrsverein
✉ 68723 Schloßplatz 2

⋆⋆ Mercure
Carl-Benz-Str. 1, Tel (0 62 02) 28 10,
Fax 28 12 22, ✉ 68723, AX DC ED VA, Ⓢ
110 Zi, Ez: 170/85, Dz: 215/108, 6 Suiten, ⌐ WC
Ⓒ DFÜ, 30 ⌐, Lift, Ⓟ, 🖨, 5⌐50, Restaurant

⋆⋆ Ringhotel Adler-Post
Schlosstr. 3, Tel (0 62 02) 2 77 70,
Fax 27 77 77, ✉ 68723, AX DC ED VA, Ⓢ
29 Zi, Ez: 133/66-175/88, Dz: 218/109-274/138,
⌐ WC Ⓒ, 3 ⌐, 🖨, 2⌐25, Sauna
geschl.: 31.12.00-13.1.01
Auch Zimmer der Kategorie ⋆ vorhanden.
❚❚ Hauptgericht 29/14, Terrasse, Ⓟ,
geschl.: So abends, Mo, 1.-13.1.01, 31.7.-22.8.01

⋆⋆ Achat
Schälzigweg 1-3, Tel (0 62 02) 20 60,
Fax 20 63 33, ✉ 68723, AX ED VA, Ⓢ
67 Zi, Ez: 164/82, Dz: 213/107, 1 Suite, 1 App,
⌐ WC Ⓒ DFÜ, 28 ⌐, Lift, Ⓟ, 2⌐35, Sauna,
garni

⋆ Zum Erbprinzen
Karlsruher Str. 1, Tel (0 62 02) 9 32 70,
Fax 93 27 93, ✉ 68723, AX ED VA

25 Zi, Ez: 120/60-190/95, Dz: 190/95-220/110, ⌐ WC ⌀ DFÜ, 1♻15
Auch Zimmer der Kategorie ✱✱ vorhanden.

Bistro/Café Journal
Hauptgericht 14/7-35/17, Terrasse

✱ **Villa Guggolz** ♛
Zähringer Str. 51, Tel (0 62 02) 2 50 47, Fax 2 50 49, ✉ 68723, AX ED VA
10 Zi, Ez: 110/55-135/67, Dz: 155/78-175/88, ⌐ WC ⌀, 2 ⌖, P, garni
Rezeption: 6-19
Auch Zimmer der Kategorie ✱✱ vorhanden.

✱ **Romantik Hotel Goldener Löwe**
Schlosstr. 4, Tel (0 62 02) 2 80 90, Fax 1 07 26, ✉ 68723, AX DC ED VA
20 Zi, Ez: 130/65-190/95, Dz: 190/95-360/181, 2 Suiten, 3 App, ⌐ WC ⌀, 1 ⌖, P, ⌂, Restaurant

✱ **Zagreb**
Robert-Bosch-Str. 9, Tel (0 62 02) 28 40, Fax 28 42 00, ✉ 68723, AX ED VA
38 Zi, Ez: 120/60, Dz: 175/88, ⌂, Kegeln, Sauna, Solarium, Restaurant

Schwieberdingen 61 □

Baden-Württemberg
Kreis Ludwigsburg
EW 9400
🛈 Tel (0 71 50) 30 50, Fax 30 51 05
Bürgermeisteramt
✉ 71701 Schloßhof 1

✱✱ **Ambrosino**
Markgröninger Str. 57 (Gewerbegebiet), Tel (0 71 50) 3 00 40, Fax 30 04 99, ✉ 71701, AX DC ED VA
54 Zi, Ez: 65/32-180/90, Dz: 90/45-180/90, ⌐ WC ⌀, Lift, Restaurant

Schwörstadt 67 ↓

Baden-Württemberg / Kreis Lörrach
EW 2500
🛈 Tel (0 77 62) 5 22 00, Fax 52 20 30
Fremdenverkehrsamt
✉ 79739 Hauptst 107

✱ **Schloßmatt**
Lettenbünde 5, Tel (0 77 62) 5 20 70, Fax 52 07 50, ✉ 79739, ED VA
26 Zi, Ez: 95/47-140/70, Dz: 145/73-180/90, ⌐ WC ⌀ DFÜ, 10 ⌖, P, ⌂, 1♻24, Sauna, Solarium
🍴🍴 Hauptgericht 28/14-44/22, Terrasse, nur abends

Sebnitz 51 ↗

Sachsen / Kreis Sächsische Schweiz
EW 10290
🛈 Tel (03 59 71) 5 30 79, Fax 5 31 82
Touristinformation
✉ 01855 Schillerstr. 3

✱✱ **Sebnitzer Hof**
Markt 13, Tel (03 59 71) 5 64 54, Fax 5 64 54, ✉ 01855, AX ED VA
36 Zi, Ez: 98/49-120/60, Dz: 140/70, 1 Suite, ⌐ WC ⌀, 14 ⌖, Lift, 1♻30, Restaurant

✱ **Brückenschänke**
Schandauer Str. 62, Tel (03 59 71) 5 75 92, Fax 5 75 93, ✉ 01855, AX ED VA
13 Zi, Ez: 85/42-99/49, Dz: 100/50-130/65, ⌐ WC ⌀, P, 1♻25, Sauna, Solarium, Restaurant

Seebach 60 ↘

Baden-Württemberg / Ortenaukreis
EW 1500
🛈 Tel (0 78 42) 94 83 20, Fax 94 83 99
Tourist-Information
✉ 77889 Ruhesteinstr. 21

🛏 **Seebach-Hotel**
Ruhesteinstr. 67, Tel (0 78 42) 99 29 00, Fax 99 29 29, ✉ 77889
❄, 16 Zi, Ez: 65/32, Dz: 110/55-120/60, ⌐ WC ⌀, P, ⌂, Sauna, Solarium, Restaurant

Seeg 70 ↘

Bayern / Kreis Ostallgäu
EW 2800
🛈 Tel (0 83 64) 98 30 33, Fax 98 30 40
Verkehrsamt
✉ 87637 Hauptstr. 39

✱ **Pension Heim**
Aufmberg 8, Tel (0 83 64) 2 58, Fax 10 51, ✉ 87637
☾ ❄, 18 Zi, Ez: 73/36-80/40, Dz: 130/65-150/75, ⌐ WC ⌀, P, Sauna, garni
geschl.: 1.11.-25.12.00

Seeheim-Jugenheim 54 →

Hessen / Kreis Darmstadt-Dieburg
EW 17000
ℹ Tel (0 62 57) 20 60, Fax 99 00
Verkehrsverein Jugenheim
✉ 64342 Hauptstr. 14

Jugenheim

✱ Jugenheim
Hauptstr. 54, Tel (0 62 57) 20 05, Fax 20 06,
✉ 64342, AX DC ED VA
18 Zi, Ez: 90/45, Dz: 130/65, ⊣ WC ✆, P, garni

Malchen

✱ Malchen
Im Grund 21, Tel (0 61 51) 9 46 70,
Fax 94 67 20, ✉ 64342, AX DC ED VA
♪, 20 Zi, Ez: 110/55-180/90,
Dz: 160/80-230/115, 3 App., ⊣ WC ✆ DFÜ, 5 🛏,
P, 🐕, garni

Seelbach 67 ↑

Baden-Württemberg / Ortenaukreis
EW 5200
ℹ Tel (0 78 23) 94 94 52, Fax 94 94 51
Verkehrsamt
✉ 77960 Hauptstr. 7

✱ Ochsen
Hauptstr. 100, Tel (0 78 23) 9 49 50, Fax 20 36,
✉ 77960, DC VA
34 Zi, Ez: 75/37-90/45, Dz: 118/59-136/68, ⊣
WC ✆, P, 🐕, 2⟲70, Kegeln, Restaurant

Schönberg (6 km ↗)

🍴 Herberge Zum Löwen
Ludwigstr. 1, Tel (0 78 23) 20 44, Fax 55 00,
✉ 77960, AX DC ED VA
♿, Hauptgericht 15/7-41/20, Terrasse,
Biergarten, Gartenlokal, P, geschl.: Mo,
10-24.2.01
Das älteste Gasthaus in Deutschland, 1231 erbaut und 1370 erstmals urkundlich erwähnt.

Wittelbach

🍴 Ochsen
Schuttertalstr. 5, Tel (0 78 23) 22 57,
Fax 56 31, ✉ 77960, ED VA
Hauptgericht 17/8-37/18, Gartenlokal, P,
geschl.: Mo mittags, Di, 13-23.11.00, 2-13.1.01
🛏 10 Zi, Ez: 60/30-70/35, Dz: 110/55-120/60,
⊣ WC, 4 🛏, 🐕

Seelow 31 ☐

Brandenburg
EW 5410
ℹ Tel (0 33 46) 84 98 08, Fax 84 98 07
Tourist-Information Oderbruch
✉ 15306 Puschkinplatz 15

✱✱ Brandenburger Hof
Apfelstr. 1, Tel (0 33 46) 8 89 40, Fax 8 89 42,
✉ 15306, AX ED VA
38 Zi, Ez: 80/40-120/60, Dz: 140/70-160/80, ⊣
WC ✆, 9 🛏, Sauna, Solarium, Restaurant

Seelze 26 ←

Niedersachsen / Kreis Hannover
EW 34000
ℹ Tel (0 51 37) 82 84 80, Fax 82 81 99
Stadtverwaltung
✉ 30926 Rathausplatz 1

✱ Galerie
Bonhoefferstr. 3, Tel (0 51 37) 9 32 03,
Fax 9 42 03, ✉ 30926, ED VA
12 Zi, Ez: 120/60-190/95, Dz: 160/80-260/130,
⊣ WC ✆ DFÜ, P, garni

Lohnde (2 km ←)

✱ Krumme Masch
Krumme Masch 16, Tel (0 51 37) 9 26 57,
Fax 9 11 20, ✉ 30926, AX ED VA
12 Zi, Ez: 110/55-130/65, Dz: 170/85-190/95, ⊣
WC ✆, P, 🐕, garni

Seeon-Seebruck 73 ←

Bayern / Kreis Traunstein
EW 4986
ℹ Tel (0 86 67) 71 39, Fax 74 15
Verkehrsamt
✉ 83358 Am Anger 1

Lambach

✱ Malerwinkel
Lambach 23, Tel (0 86 67) 8 88 00,
Fax 88 80 44, ✉ 83358
♪ ♿, 20 Zi, Ez: 100/50, Dz: 170/85-210/105, ⊣
WC ✆, P, 2⟲52, Sauna
Auch Zimmer der Kategorie ✱✱ vorhanden.
🍴🍴 ♿, Hauptgericht 15/7, Terrasse

✱ Lambach
Lambach 8, Tel (0 86 67) 4 27, Fax 15 04,
✉ 83358
♿, 31 Zi, Ez: 102/51-152/76,
Dz: 154/77-254/127, ⊣ WC ✆, P, 1⟲80, 🐕,
Sauna

🍽 ⌂, Hauptgericht 13/6-35/17,
Biergarten, geschl.: Di
Spezialität: Fangfrische Fische vom See.

Seebruck

✱ Wassermann
Ludwig-Thoma-Str. 1, Tel (0 86 67) 87 10,
Fax 87 14 98, ✉ 83358, AX ED VA
§, 42 Zi, Ez: 91/45-140/70, Dz: 124/62-220/110,
2 Suiten, 2 App., ⊣ WC ⊘ DFÜ, 16 ⇌, Lift, P,
🎾, 2⇨40, 🏊, Sauna, Solarium, Golf
geschl.: 3.1.-15.2.01
🍽 Hauptgericht 35/17, Terrasse,
geschl.: 3.1.-15.2.01

Seesen 36 ↗

Niedersachsen / Kreis Goslar
EW 22600
ℹ Tel (0 53 81) 7 52 43, Fax 7 52 61
Tourist-Information
✉ 38723 Marktstr. 1

✱✱ Ringhotel Goldener Löwe
Jacobsonstr. 20, Tel (0 53 81) 93 30,
Fax 93 34 44, ✉ 38723, AX DC ED VA, ⓢ
40 Zi, Ez: 135/67-185/93, Dz: 185/93-215/108,
1 Suite, ⊣ WC ⊘ DFÜ, 4 ⇌, Lift, 🎾, 6⇨120
🍽🍽 Hauptgericht 17/8-34/17, Terrasse,
Biergarten, P

✱ Seesen
Lautenthaler Str. 70, Tel (0 53 81) 53 81,
Fax 20 90, ✉ 38723, AX DC ED VA
17 Zi, Ez: 85/42-100/50, Dz: 120/60-150/75,
2 Suiten, ⊣ WC ⊘, 6 ⇌, P, Sauna, Solarium,
4 Tennis, garni

Seeshaupt 71 □

Bayern / Kreis Weilheim-Schongau
EW 2720
ℹ Tel (0 88 01) 90 71 12, Fax 24 27
Gemeinde Seeshaupt
✉ 82402 Weilheimer Str. 1-3

✱ Sterff
Penzberger Str. 6, Tel (0 88 01) 9 06 30,
Fax 90 63 40, ✉ 82402, ED VA
19 Zi, Ez: 90/45, Dz: 140/70, 2 Suiten, 1 App, ⊣
WC ⊘ DFÜ, P, Golf, garni
geschl.: 20.12.00-8.1.01

Seestermühe 17 ↗

Schleswig-Holstein
Kreis Pinneberg
EW 790
ℹ Tel (0 41 25) 3 73
Gemeindeverwaltung
✉ 25371 Schulstr. 20

🍽🍽 Ton Vossbau
Tel (0 41 25) 3 13, Fax 3 13, ✉ 25371, ED
Hauptgericht 18/9, Gartenlokal, P, nur abends,
so+feiertags nur mittags, geschl.: Di

Seevetal 18 □

Niedersachsen / Kreis Harburg
EW 39730
ℹ Tel (0 41 05) 5 50, Fax 5 52 90
Gemeindeverwaltung
✉ 21218 Kirchstr. 11

Sehenswert: Kirche im Ortsteil Hittfeld; Klecker-
wald: Hünengrab; Stiftskirche in Ramelsloh.

Hittfeld

✱ Krohwinkel
Kirchstr. 15, Tel (0 41 05) 24 09, Fax 5 37 99,
✉ 21218, AX DC ED VA
16 Zi, Ez: 99/49, Dz: 152/76, ⊣ WC ⊘, P,
1⇨40, Restaurant

✱ Zur Linde
Lindhorster Str. 3, Tel (0 41 05) 20 23,
Fax 5 30 31, ✉ 21218
36 Zi, Ez: 90/45-96/48, Dz: 150/75-158/79, ⊣
WC ⊘, P, 🎾, 2⇨70, Kegeln, Restaurant
Auch einfachere Zimmer vorhanden.

Zum 100jährigen
Harburger Str. 2, Tel (0 41 05) 23 00,
Fax 5 16 73, ✉ 21218
⌂, Hauptgericht 18/9, nur abends, geschl.: Mo,
Di
Reetgedeckter Gasthof von 1707.

Karoxbostel

✱ Derboven
Karoxbosteler Chaussee 68, Tel (0 41 05) 24 87,
Fax 5 42 33, ✉ 21218, AX DC ED VA
20 Zi, Ez: 80/40-110/55, Dz: 120/60-130/65, ⊣
WC ⊘, 6 ⇌, P, Kegeln
🍽 Hauptgericht 20/10-38/19

Maschen

✶✶ ▬ Maack
Hamburger Str. 6, Tel **(0 41 05) 81 70**,
Fax **81 77 77**, ✉ 21220, AX DC ED VA
85 Zi, Ez: 85/42-148/74, Dz: 138/69-178/89, ⌐ WC ⌀, Lift, **P**, 🛏, 2⟲60
Auch Zimmer der Kategorie ✶ vorhanden.
🍴 ▬ Hauptgericht 19/9-39/19, Terrasse

Seewald 60 ↘

Baden-Württemberg
Kreis Freudenstadt
EW 2350
ℹ Tel **(0 74 47) 94 60 11**, Fax **94 60 15**
Kurverwaltung
✉ 72297 Wildbader Str. 1

Besenfeld

✶✶ ▬ Oberwiesenhof
Freudenstädter Str. 60, Tel **(0 74 47) 28 00**,
Fax **28 03 33**, ✉ 72297, AX DC ED VA
♪, 48 Zi, Ez: 88/44-110/55, Dz: 164/82-190/95,
7 Suiten, ⌐ WC ⌀, 4 🛏, Lift, **P**, 🛏, 4⟲60, 🏊,
Fitnessraum, Sauna, Solarium, 3 Tennis
geschl.: 8.-21.1.01
Auch Zimmer der Kategorie ✶ vorhanden.

🍴🍴 ▬ Hubertusstube
Hauptgericht 35/17, Terrasse, geschl.: 8.-21.1.01

▬ Sonnenblick
Freudenstädter Str. 40, Tel **(0 74 47) 93 30**,
Fax **93 32 00**, ✉ 72297
44 Zi, Ez: 51/25-66/33, Dz: 108/54-128/64,
10 Suiten, ⌐ WC, Lift, **P**, 🛏, 🏊, Solarium,
Restaurant
geschl.: Di, 10.11.-10.12.00

▬ Konradshof
Freudenstädter Str. 65, Tel **(0 74 47) 9 46 40**,
Fax **94 64 13**, ✉ 72297, AX ED VA
♪ ❄, 15 Zi, Ez: 52/26-75/37, Dz: 90/45-122/61,
1 App, ⌐ WC ⌀, Lift, **P**, 🛏, 1⟲60, garni
geschl.: 15.11.-15.12.00

Segeberg, Bad 10 ↘

Schleswig-Holstein
Kreis Segeberg
EW 15619
ℹ Tel **(0 45 51) 9 64 90**, Fax **96 49 15**
Tourist-und Kur-Information
✉ 23795 Oldesloer Str. 20

✶ ▬ Residence
Kurhausstr. 54, Tel **(0 45 51) 96 50**,
Fax **96 54 00**, ✉ 23795, ED VA
30 Zi, Ez: 95/47-115/57, Dz: 150/75-169/85,
1 Suite, 2 App, ⌐ WC ⌀ DFÜ, 10 🛏, Lift, **P**, 🛏,
1⟲60, Sauna, garni
Auch Zimmer der Kategorie ✶✶ vorhanden.

✶ ▬ Central
Kirchstr. 32, Tel **(0 45 51) 9 57 00**, Fax **9 22 45**,
✉ 23795, ED VA
11 Zi, Ez: 52/26-95/47, Dz: 92/46-130/65, ⌐ WC ⌀, **P**, 🛏, 1⟲30, Restaurant
Rezeption: 10-23

Högersdorf (2 km ↓)

🍴 ▬ Holsteiner Stuben
Dorfstr. 19, Tel **(0 45 51) 40 41**, Fax **15 76**,
✉ 23795, AX DC ED VA
Hauptgericht 30/15, Terrasse, Biergarten,
Gartenlokal, **P**, geschl.: Mi, 28.1.-16.2.01
✶ ▬ 7 Zi, Ez: 90/45, Dz: 140/70, ⌐ WC ⌀

Sehnde 26 □

Niedersachsen / Kreis Hannover
EW 20000
ℹ Tel **(0 51 38) 7 02 83**, Fax **70 72 47**
Stadtverwaltung
✉ 31319 Nordstr. 21

✶ ▬ Apart-Hotel
Peiner Str. 7, Tel **(0 51 38) 61 80**, Fax **61 81 86**,
✉ 31319, AX DC ED VA
190 Zi, Ez: 130/65-500/251,
Dz: 150/75-500/251, 8 Suiten, ⌐ WC ⌀, 60 🛏,
Lift, **P**, 3⟲80, garni
Langzeitvermietung möglich. Auch Zimmer der
Kategorie ✶✶ vorhanden.

Bilm (5 km ↖)

✶✶ ▬ Parkhotel Bilm
Behmerothsfeld 6, Tel **(0 51 38) 60 90**,
Fax **60 91 00**, ✉ 31319, AX DC ED VA
♪, 50 Zi, Ez: 118/59-495/249,
Dz: 165/83-540/271, ⌐ WC ⌀, 12 🛏, Lift, **P**,
🛏, 3⟲80, 🏊, Sauna, Solarium, Restaurant
geschl.: 23.12.00-2.1.01
Auch Zimmer der Kategorie ✶ vorhanden.

✶ ▬ Fachwerkhof Rahlfes
Freienstr. 11, Tel **(0 51 38) 6 19 30**,
Fax **61 93 80**, ✉ 31319, AX ED VA
40 Zi, Ez: 65/32-120/60, Dz: 120/60-260/130,
⌐ WC ⌀, **P**, 2⟲70, Restaurant

Bolzum

✶ ▬ Landhaus Bolzum
Schmiedestr. 10, Tel **(0 51 38) 60 82 90**,
Fax **6 08 29 20**, ✉ 31319, AX ED VA

20 Zi, Ez: 60/30-200/100, Dz: 110/55-220/110,
2 App, ⌐ WC, 8 ⌫, 🅿, 🏠, garni
geschl.: 15.12.00-5.1.01

Ilten (5 km ↖)

★★ Steiner
Sehnder Str. 21, Tel (0 51 32) 65 90,
Fax 86 59 19, ⌫ 31319, ED
13 Zi, Ez: 90/45-140/70, Dz: 140/70-180/90, ⌐
WC Ⓒ, 🅿, Restaurant

Seiffen 51←

Sachsen / Kreis Marienberg
EW 3323
🛈 Tel (03 73 62) 2 18
Gemeindeverwaltung
✉ 09548 Am Rathaus 4

★★★ Best Western Wettiner Höhe
Jahnstr. 23, Tel (03 73 62) 14 00, Fax 1 41 40,
✉ 09548, AX DC ED VA, Ⓢ
60 Zi, Ez: 105/52-160/80, Dz: 140/70-260/130,
6 Suiten, ⌐ WC Ⓒ DFÜ, 30 ⌫, Lift, 🅿, 4⇌200,
Fitnessraum, Kegeln, Sauna, Solarium,
Restaurant

★ Erbgericht Buntes Haus
Hauptstr. 94, Tel (03 73 62) 77 60,
Fax 7 76 60, ✉ 09548, AX DC ED VA
42 Zi, Ez: 85/42-120/60, Dz: 130/65-180/90, ⌐
WC Ⓒ DFÜ, 18 ⌫, Lift, 🅿, 1⇌25, Sauna,
Restaurant
Auch Zimmer der Kategorie ★★ vorhanden.

★ Seiffner Hof
Hauptstr. 31, Tel (03 73 62) 1 30, Fax 13 13,
✉ 09548, AX ED VA
♪, 25 Zi, Ez: 70/35-110/55, Dz: 100/50-190/95,
⌐ WC Ⓒ, 11 ⌫, Lift, 🅿, 1⇌30, Restaurant
geschl.: 8.-21.1.01

★ Landhotel zu Heidelberg
Hauptstr. 196, Tel (03 73 62) 83 22, Fax 72 01,
✉ 09548, AX ED VA
♪, 28 Zi, Ez: 76/38-86/43, Dz: 112/56-127/63,
1 Suite, 1 App, ⌐ WC Ⓒ, 🅿, Kegeln, Sauna,
Solarium, Restaurant

★ Gasthof Bergmannsschänke
Bergmannsweg 1, Tel (03 73 62) 7 69 95,
Fax 7 60 25, ✉ 09548, AX DC ED VA
11 Zi, Ez: 70/35-80/40, Dz: 84/42-114/57, ⌐
WC Ⓒ, 🅿, Restaurant
Rezeption: 11.30-21.30

Seiffen-Außerhalb (3 km →)

★ Berghof
Kurhausstr. 36, Tel (03 73 62) 77 20,
Fax 77 22 20, ✉ 09548, ED VA
einzeln ♪ §, 20 Zi, Ez: 80/40-100/50,
Dz: 120/60-160/80, 1 Suite, 2 App, ⌐ WC Ⓒ,
Lift, 🅿, 1⇌25, Sauna, Restaurant

Selb 49↙

Bayern / Kreis Wunsiedel
EW 20000
🛈 Tel (0 92 87) 88 30, Fax 88 31 90
Stadtverwaltung
✉ 95100 Ludwigstr. 6

Sehenswert: Porzellanbrunnen; Porzellangäßchen; Fabrikfassaden; Stadtkirche St. Andreas; Rosenthal-Theater; Gropius-Porzellanfabrik; Porzellanrundwanderweg.

★★ Rosenthal-Casino
Casinostr. 3, Tel (0 92 87) 80 50, Fax 8 05 48,
✉ 95100, AX DC ED VA
♪, 20 Zi, Ez: 105/52, Dz: 150/75, ⌐ WC Ⓒ, 🅿
Die Zimmer sind von Künstlern der
Porzellanmanufaktur Rosenthal gestaltet und
eingerichtet worden.
🍴🍴 Hauptgericht 28/14, geschl.: Sa
mittags, So

★ Schmidt
Bahnhofstr. 19, Tel (0 92 87) 9 91 60,
Fax 99 16 16, ✉ 95100, AX ED VA
17 Zi, Ez: 80/40-95/47, Dz: 110/55-130/65, ⌐
WC Ⓒ, 5 ⌫, 🅿, Restaurant

Seligenstadt 55↖

Hessen / Kreis Offenbach
EW 20000
🛈 Tel (0 61 82) 8 71 77, Fax 2 94 77
Verkehrsbüro
✉ 63500 Einhardhaus am Marktplatz

Stadt am Main; Sehenswert: Einhardbasilika; Klosteranlage; Romanisches Haus; mainfränkisches Fachwerk; mittelalterliches Stadtbild; Stauferruine.

★ Elysee
Ellenseestr. 45, Tel (0 61 82) 8 90 70,
Fax 2 02 80, ✉ 63500, AX DC ED VA
18 Zi, Ez: 88/44-105/52, Dz: 140/70-150/75, ⌐
WC Ⓒ DFÜ, 5 ⌫, 🅿, 🏠, garni
geschl.: 22.12.00-9.1.01

Seligenstadt

✱ Mainterrasse
Kleine Maingasse 18, **Tel (0 61 82) 9 27 60**,
Fax 92 76 77, ✉ 63500, AX DC ED VA
§, 26 Zi, Ez: 105/52-115/57, Dz: 165/83-185/93,
⌐ WC, 3↻45
🍴🍴 §, Hauptgericht 39/19-51/25, Terrasse
Beachtenswerte Küche.

✱ Zum Ritter
Würzburger Str. 31, **Tel (0 61 82) 8 93 50**,
Fax 89 35 37, ✉ 63500, DC ED VA
20 Zi, Ez: 90/45, Dz: 140/70, ⌐ WC Ⓒ DFÜ, 🅿,
🚗, Restaurant
Rezeption: 7-12, 17-22,
geschl.: 15.12.00-7.1.01

🍴 Römischer Kaiser
Frankfurter Str. 9, **Tel (0 61 82) 2 22 96**,
Fax 2 92 27, ✉ 63500
Hauptgericht 30/15, Terrasse, Biergarten, 🅿,
geschl.: Do

Sellin siehe Rügen

Selm   33 ↗

Nordrhein-Westfalen / Kreis Unna
EW 26470
ℹ Tel (0 25 92) 6 90, Fax 6 91 00
Stadtverwaltung
✉ 59379 Adenauerplatz 2

Cappenberg (10 km ↘)

🍴🍴 Kreutzkamp
Cappenberger Damm 3, **Tel (0 23 06) 75 04 10**,
Fax 7 50 41 10, ✉ 59379, AX DC ED VA
Hauptgericht 30/15, Terrasse, Biergarten,
geschl.: Mo
✱✱ ⌒, 15 Zi, Ez: 100/50, Dz: 130/65, ⌐
WC Ⓒ, 🅿, 🚗, 3↻200

Semlin   28 ↗

Brandenburg / Kreis Havelland
EW 410
ℹ Tel (0 33 85) 51 23 36, Fax 51 23 36
Tourismusverband
✉ 14712 Goethestr. 4a

Sehenswert: Fachwerkkirche (1732).

✱✱✱ Golf- und Landhotel Semlin
City Line & Country Line Hotels
Ferchesarer Str, **Tel (0 33 85) 55 40**,
Fax 55 44 00, ✉ 14715, AX DC ED VA

einzeln ⌒ §, 72 Zi, Ez: 140/70-175/88,
Dz: 190/95-250/125, 3 Suiten, 2 App., ⌐ WC Ⓒ,
18 ⚐, Lift, 🅿, 5↻200, Fitnessraum, Sauna,
Solarium, Golf, Restaurant

✱ Antik-Hotel The Cottage
Dorfstr. 15, **Tel (0 33 85) 53 00 53**,
Fax 53 00 30, ✉ 14715, AX DC ED VA
14 Zi, Ez: 90/45-110/55, Dz: 150/75, 2 Suiten,
2 App., ⌐ WC Ⓒ, 5 ⚐, 🅿, 1↻10, Sauna,
Solarium, Golf, Restaurant

Senden   62 ↘

Bayern / Kreis Neu-Ulm
EW 22000
ℹ Tel (0 73 07) 94 50, Fax 94 51 01
Stadtverwaltung
✉ 89250 Hauptstr. 34

✱ Feyrer
Bahnhofstr. 18, **Tel (0 73 07) 94 10**,
Fax 94 11 50, ✉ 89250, AX ED VA
35 Zi, Ez: 115/57-140/70, Dz: 145/73-170/85, ⌐
WC Ⓒ, 5 ⚐, Lift, 🅿, 🚗, 3↻60
Auch Zimmer der Kategorie ✱✱ vorhanden.
🍴🍴 Hauptgericht 15/7-38/19

Aufheim (2 km ↗)

✱ Gasthof Rössle
Unterdorf 12, **Tel (0 73 07) 9 86 00**,
Fax 2 12 88, ✉ 89250, AX DC ED VA
23 Zi, Ez: 89/44, Dz: 130/65, ⌐ WC Ⓒ, Lift, 🅿,
🚗, 2↻70, Sauna, Solarium, Restaurant

Sendenhorst   34 ↖

Nordrhein-Westfalen
Kreis Warendorf
EW 12680
ℹ Tel (0 25 26) 30 31 66, Fax 30 31 00
Bürgerservice
✉ 48324 Kirchstr. 1 / Rathaus

Hardt (3 km ↘)

** Waldmutter
Hardt 6, Tel (0 25 26) 9 32 70, Fax 93 27 27,
✉ 48324, ED VA
21 Zi, Ez: 98/49, Dz: 150/75, ⌐ WC ⊘ DFÜ, P,
2⇌20, Kegeln
¶ Hauptgericht 35/17, geschl.: Mo mittags

Senftenberg 40 →

Brandenburg
Kreis Oberspreewald-Lausitz
EW 27000
🛈 Tel (0 35 73) 1 49 90 10, Fax 1 49 90 11
Fremdenverkehrsamt
✉ 01968 Kirchplatz 18

* Kronprinz
Ernst-Thälmann-Str. 44, Tel (0 35 73) 21 51,
Fax 79 17 58, ✉ 01968, ED VA
16 Zi, Ez: 105/52-130/65, Dz: 140/70-175/88,
⌐ WC ⊘, P, 2⇌25, Restaurant

* Parkhotel
Steindamm 20, Tel (0 35 73) 7 38 61,
Fax 20 74, ✉ 01968, AX ED VA
20 Zi, Ez: 95/47-125/62, Dz: 140/70-160/80,
1 Suite, ⌐ WC ⊘, P, 2⇌60, Restaurant

Senheim/Mosel 53 ↖

Rheinland-Pfalz
Kreis Cochem-Zell
EW 700
🛈 Tel (0 26 73) 45 83, Fax 41 08
Gemeindeverwaltung
✉ 56820 Am Drillesplatz 6

Senheim

¶ Zehnthof
Altmai 23, Tel (0 26 73) 40 88, Fax 42 92,
✉ 56820, AX ED VA
Hauptgericht 25/12, P, ⊨, geschl.: Mi, Do,
1.11.00-30.4.01
Eigenbauweine.

Senne I siehe Bielefeld

Sennestadt siehe Bielefeld

Sensbachtal 55 ↙

Hessen / Odenwaldkreis
EW 1100
🛈 Tel (0 60 68) 13 92, Fax 45 52
Gemeindeverwaltung
✉ 64759 Hauptstr. 26

Sensbachtal-Außerhalb (1,5 km ↑)

* Reußenkreuz
Siegfriedstr. 2, Tel (0 60 68) 22 63, Fax 46 51,
✉ 64759, ED VA
einzeln ⌒ ⚑, 14 Zi, Ez: 68/34,
Dz: 136/68-156/78, 6 Suiten, ⌐ WC ⊘, P, ⌂,
1⇌15, Sauna, Restaurant

Seßlach 47 ↓

Bayern / Kreis Coburg
EW 4000
🛈 Tel (0 95 69) 92 25 40, Fax 92 25 25
Tourist-Information
✉ 96145 Marktplatz 98

* Neue Fränkische Landherberge
Hans-Reiser-Str. 33, Tel (0 95 69) 9 22 70,
Fax 92 27 50, ✉ 96145, AX ED VA
33 Zi, Ez: 65/32-80/40, Dz: 100/50-130/65, ⌐
WC ⊘, P, garni
Rezeption: 7-12, 14-21,
geschl.: 18.12.00-7.1.01

Sewekow 21 ↙

Brandenburg
Kreis Ostprignitz-Ruppin
EW 230
🛈 Tel (0 33 94) 43 34 42, Fax 43 34 42
Fremdenverkehrsbüro
✉ 16909 Markt 1

Seereich, Tor zur mecklenburgischen Kleinseeplatte.

* Seehotel Ichlim
Am Nebelsee, Tel (03 39 66) 6 02 53,
Fax 6 02 53, ✉ 16909, AX DC ED VA
einzeln ⚑, 25 Zi, Ez: 95/47-120/60,
Dz: 151/76-187/94, 1 Suite, 2 App, ⌐ WC ⊘,
2 ⇌, P, 2⇌40, Fitnessraum, Sauna, Solarium,
Restaurant

Siebeldingen 60 ↑

Rheinland-Pfalz
Kreis Südliche Weinstraße
EW 1090
🛈 Tel (0 63 45) 35 31, Fax 24 57
Büro für Tourismus Landau-Land
✉ 76829 Rathaus

✱ Sonnenhof
Mühlweg 2, Tel (0 63 45) 33 11, Fax 53 16,
✉ 76833, ED VA
13 Zi, Ez: 95/47-105/52, Dz: 135/67, ⇨ WC ⌀,
6 ⇲, P
Rezeption: 7-15, 18-23
🍴🍴 Hauptgericht 24/12-38/19 ✚
Terrasse, geschl.: Do

Siebenlehn 50 ↗

Sachsen / Kreis Freiberg
EW 2500
🛈 Tel (03 52 42) 6 82 24, Fax 6 42 46
Stadtverwaltung
✉ 09634 Markt 29

✱ Schwarzes Roß
Freiberger Str. 9, Tel (03 52 42) 6 77 76,
Fax 6 77 77, ✉ 09634, AX ED VA
18 Zi, Ez: 89/44, Dz: 119/59, 1 Suite, ⇨ WC ⌀,
P, 3⟳250, Solarium, Restaurant

Siedenbrünzow 13 ↘

Mecklenburg-Vorpommern
Kreis Demmin
EW 518
🛈 Tel (0 39 98) 22 50 77, Fax 22 50 77
Hansestadt Demmin
✉ 17109 Am Markt 23

Vanselow (2,5 km ↓)

✱✱ Schloßhotel Vanselow
Dorfstr. 16, Tel (0 39 98) 2 80 90,
Fax 28 09 25, ✉ 17111
einzeln ♪ ✤, 10 Zi, Ez: 120/60-150/75,
Dz: 170/85-200/100, 2 App, ⇨ WC ⌀,
Restaurant
Rezeption: 8-16, geschl.: 1.11.-28.2.

Siegburg 43 ↖

Nordrhein-Westfalen
Rhein-Sieg-Kreis
EW 39000
🛈 Tel (0 22 41) 9 69 85 33, Fax 9 69 85 31
Tourismus und Kulturservice
✉ 53721 Markt 46

Kreisstadt; Sehenswert: Benediktiner-Abtei St.
Michael: Annoschrein, Aussicht; Kath. St.-Ser-
vatius-Kirche: Schatzkammer; Stadtmuseum;
Wahnbachtalsperre (8 km →)

✱✱✱ Kranz Parkhotel
Mühlenstr. 32, Tel (0 22 41) 54 70,
Fax 54 74 44, ✉ 53721, AX DC ED VA
70 Zi, Ez: 216/108-290/146,
Dz: 295/148-315/158, ⇨ WC ⌀ DFÜ, 48 ⇲, Lift,
P, ⌂, 6⟳160, Kegeln, Sauna, Solarium, Golf

🍴🍴 **Parkrestaurant**
Hauptgericht 22/11-44/22, Terrasse

✱ Kaiserhof
Kaiserstr. 80, Tel (0 22 41) 1 72 30,
Fax 17 23 50, ✉ 53721, AX ED VA
30 Zi, Ez: 135/67-170/85, Dz: 180/90-220/110,
1 Suite, ⇨ WC ⌀ DFÜ, 4 ⇲, Lift, ⌂
🍴🍴 Hauptgericht 35/17, Terrasse, P

✱ Zum Stern
Select Marketing Hotel
Am Markt 14-15, Tel (0 22 41) 1 75 10,
Fax 1 75 11 85, ✉ 53721, AX DC ED VA, Ⓢ
53 Zi, Ez: 98/49-155/78, Dz: 160/80-175/88, ⇨
WC ⌀, 12 ⇲, Lift, P, ⌂, 1⟳30, garni
geschl.: 23.12.00-2.1.01

🍽 Bartmännchen
Burggasse 5, Tel (0 22 41) 6 82 63,
Fax 59 15 09, ✉ 53721, AX DC ED
♨, Hauptgericht 25/12, geschl.: 15.7.-7.8.00

☕ Café Fassbender
Am Markt 12, Tel (0 22 41) 17 07 17,
Fax 17 07 18, ✉ 53721
Terrasse

Kaldauen

✱✱ Waldhotel Grunge
Höhenweg 1, Tel (0 22 41) 93 90, Fax 9 39 50,
✉ 53721, AX DC ED VA
65 Zi, Ez: 215/108-300/151,
Dz: 305/153-375/188, ⇨ WC ⌀ DFÜ, 4 ⇲, Lift,
P, ⌂, 9⟳150, ⌂, Kegeln, Sauna
🍴🍴 Hauptgericht 20/10-40/20,

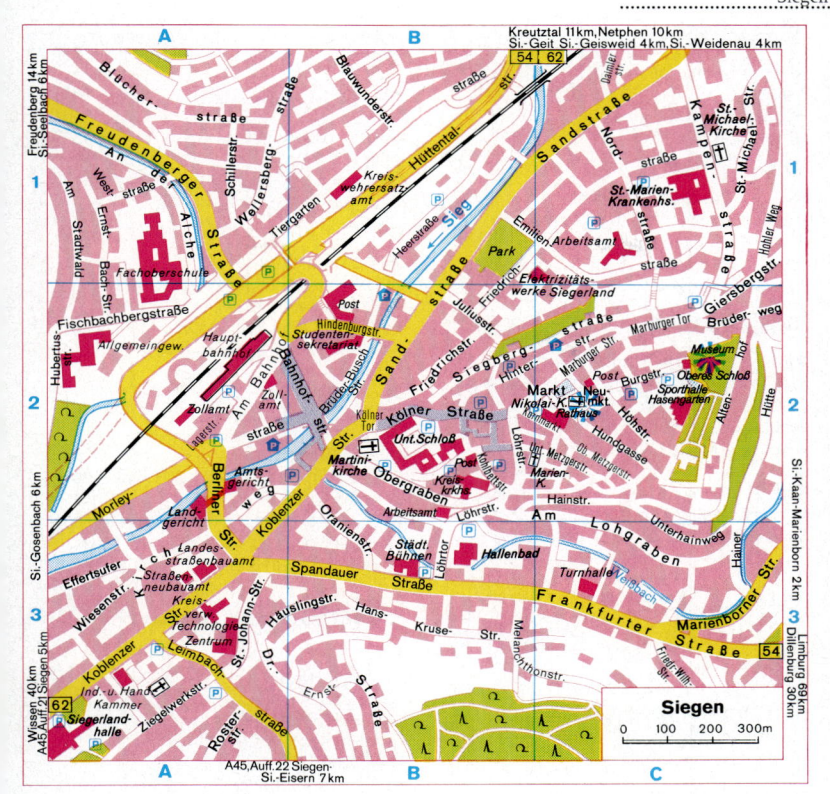

Siegen

Nordrhein-Westfalen
Kreis Siegen-Wittgenstein
EW 110850
Tel (02 71) 4 04 13 16, Fax 2 26 87
Gesellschaft für Stadtmarketing
⊠ 57072 Markt 2

** Mercure
Kampenstr. 83 (C 1), **Tel (02 71)** 5 01 10,
Fax 5 01 11 50, ⊠ 57072, AX DC ED VA, Ⓢ
92 Zi, Ez: 143/72-210/105, Dz: 166/83-233/117,
2 Suiten, 36 ⌨, Lift, 7⌂90, ⌒, Sauna,
Solarium

** Pfeffermühle
Frankfurter Str. 261 (C 3), **Tel (02 71)** 2 08 99,
Fax 5 10 19, ⊠ 57074, ED VA
24 Zi, Ez: 110/55, Dz: 145/73-159/80, 1 Suite,
⌐ WC ∅ DFÜ, 4 ⌨, Lift, P, Restaurant
geschl.: So

¶¶ Schwarzbrenner
Untere Metzgerstr. 29, Tel (02 71) 5 12 21,
⊠ 57072, ED
⌂, Hauptgericht 30/15, nur abends, geschl.: Mo,
1.-15.8.01

Geiswied (5 km ↑)

¶¶ Ratskeller
Lindenplatz 7, **Tel (02 71)** 8 43 33,
Fax 8 70 64 83, ⊠ 57072, AX DC ED VA
Hauptgericht 15/7-45/22, Gartenlokal,
geschl.: Fr, Sa mittags

Siegsdorf 73 □

Bayern / Kreis Traunstein
EW 7000
ℹ Tel (0 86 62) 49 87 45 48, Fax 49 87 50
Verkehrsamt
✉ 83313 Rathausplatz 2

🛏 Gasthof Alte Post
Traunsteiner Str. 7, Tel (0 86 62) 94 54,
Fax 1 25 26, ✉ 83313
19 Zi, Ez: 75/37, Dz: 120/60, 3 App, ⌐ WC ⓒ,
P, Golf, Restaurant

Hammer (6 km ↘)

⁑ Hörterer Hammerwirt
Schmiedstr. 1, Tel (0 86 62) 93 21, Fax 71 46,
✉ 83313, AX DC ED VA
20 Zi, Ez: 60/30-75/37, Dz: 120/60-150/75,
2 Suiten, 4 App, ⌐ WC ⓒ, **P**, 3 Tennis
geschl.: Mi, 5.11.-10.12.00, 19.3.-4.4.01
Auch Zimmer der Kategorie ✱ vorhanden.
🍴 Hauptgericht 20/10, Terrasse,
Biergarten, geschl.: Mi, 5.11.-10.12.00,
19.3.-4.4.01

Sierksdorf 11 ✓

Schleswig-Holstein
Kreis Ostholstein
EW 1300
ℹ Tel (0 45 63) 47 89 90, Fax 4 78 99 18
Kurverwaltung
✉ 23730 Vogelsang 1

✱ Ringhotel Seehof
Gartenweg 30, Tel (0 45 63) 70 31, Fax 74 85,
✉ 23730, AX DC ED VA
♪ ✣, 12 Zi, Ez: 125/62-165/83,
Dz: 185/93-215/108, 1 Suite, 8 App, ⌐ WC ⓒ,
4 ⌕, **P**, ☎
geschl.: 3.1.-1.2.01

🍴 Seehof
Tel 82 40, Fax 82 55
✣, Hauptgericht 25/12-38/19, Terrasse,
geschl.: Okt-Apr Mo, Di, 2.-12.1.01

Lütt Hus
Hauptgericht 25/12-35/17, nur abends,
geschl.: Okt-Apr Mo, Di, 2.-12.1.01

Wintershagen (3 km ↗9

🍴 Gutshof
Zwischen Neustadt + Hansapark,
Tel (0 45 61) 20 70, Fax 1 77 09, ✉ 23730
Hauptgericht 24/12-39/19, Terrasse, **P**, nur
abends, So auch mittags, geschl.: Di, Sa abends

Sieversen siehe Rosengarten

Sigmaringen 69 ←

Baden-Württemberg
EW 17000
ℹ Tel (0 75 71) 10 62 23, Fax 10 61 66
Verkehrsamt
✉ 72488 Schwabstr. 1

✱ Fürstenhof
Zeppelinstr. 14, Tel (0 75 71) 7 20 60,
Fax 72 06 44, ✉ 72488, AX DC ED VA
34 Zi, Ez: 108/54-120/60, Dz: 158/79, 2 App, ⌐
WC ⓒ, 6 ⌕, Lift, **P**, ☎, 2⌬80, Sauna,
Solarium
geschl.: So
🍴 Hauptgericht 22/11

✱ Jägerhof
Wentelstr. 4, Tel (0 75 71) 20 21, Fax 5 04 76,
✉ 72488, AX DC ED VA
18 Zi, Ez: 78/39-88/44, Dz: 115/57-120/60,
4 App, ⌐ WC ⓒ, 11 ⌕, **P**, ☎, garni
geschl.: 1.-15.1.01

Silberborn siehe Holzminden

Silberstedt 9 □

Schleswig-Holstein
Kreis Schleswig-Flensburg
EW 2000
ℹ Tel (0 46 26) 9 60, Fax 96 96
Amtsverwaltung
✉ 24887 Hauptstr. 41

✱ Schimmelreiter Landidyll
Hauptstr. 58-60, Tel (0 46 26) 18 00,
Fax 18 01 00, ✉ 24887, AX ED VA
28 Zi, Ez: 85/42-95/47, Dz: 150/75-170/85, ⌐
WC ⓒ, 2 ⌕, **P**, ☎, 3⌬140, Restaurant

Simbach 66 ✓

Bayern / Kreis Rottal-Inn
EW 9980
ℹ Tel (0 85 71) 60 60, Fax 66 09
Stadtverwaltung
✉ 84359 Innstr. 14

✱ Göttler
Pfarrkirchner Str. 24, Tel (0 85 71) 9 11 80,
Fax 91 18 18, ✉ 84359, ED VA
15 Zi, Ez: 59/29, Dz: 89/44, ⌐ WC ⓒ, **P**, ☎,
2⌬60, Sauna, Restaurant
geschl.: Ende Aug-Anfang Sep

Simmerath 42 □

Nordrhein-Westfalen / Kreis Aachen
EW 14900
🛈 Tel (0 24 73) 60 71 39, Fax 60 71 00
Gemeindeverwaltung
✉ 52152 Rathausplatz

Erkensruhr

✱ Nadolnys Wellness Hotel
Erkensruhrstr. 108, Tel (0 24 85) 9 55 00,
Fax 95 50 50, ✉ 52152, ED VA
☾, 44 Zi, Ez: 140/70, Dz: 230/115, 1 Suite, ⇥
WC ⌀ DFÜ, 22 ⇤, Lift, P, 4⇔50, ☕, Sauna,
Solarium, 1 Tennis, Restaurant

Simmern 53 ↑

Rheinland-Pfalz
Rhein-Hunsrück-Kreis
EW 7900
🛈 Tel (0 67 61) 83 71 06, Fax 83 71 20
Tourist-Information
✉ 55469 Brühlstr. 2

✱ Bergschlößchen
Nannhauser Str, Tel (0 67 61) 90 00,
Fax 90 01 00, ✉ 55469, AX DC ED VA
22 Zi, Ez: 85/42-105/52, Dz: 140/70-180/90, ⇥
WC ⌀, Lift, P, ☕, 2⇔25, Kegeln, Restaurant
geschl.: 15.2.-15.3.01
Auch Zimmer der Kategorie ✱✱ vorhanden.

Simmern-Außerhalb (5 km ↗)

✱ Silencehotel Birkenhof
Tel (0 67 61) 9 54 00, Fax 95 40 50, ✉ 55469,
AX DC ED VA
einzeln ☾ ☙, 22 Zi, Ez: 95/47-115/57,
Dz: 140/70-180/90, ⇥ WC ⌀ DFÜ, Lift, P, 1⇔,
Sauna, Solarium
geschl.: 4.-30.1.01
🍴 Hauptgericht 24/12-42/21, Terrasse,
Biergarten, geschl.: Di, 4.-30.1.01

Simonsberg 9 ←

Schleswig-Holstein
Kreis Nordfriesland
EW 700
🛈 Tel (0 48 41) 8 98 70, Fax 47 28
Tourist-Information
✉ 25813 Grosstr. 27

Simonsberger Koog (7 km ↙)

✱ Lundenbergsand
Lundenbergweg 3, Tel (0 48 41) 8 39 30,
Fax 83 93 50, ✉ 25813, ED VA
einzeln ☾, 16 Zi, Ez: 90/45-160/80,
Dz: 160/80-180/90, 1 Suite, ⇥ WC ⌀, 3 ⇤, P,
1⇔30, Solarium
geschl.: 15.1.-5.2.01
🍴 Hauptgericht 17/8-30/15, Terrasse,
geschl.: im Winter Mo, 15.1.-5.2.01

Simonswald 67 ↗

Baden-Württemberg
Kreis Emmendingen
EW 3000
🛈 Tel (0 76 83) 2 55, Fax 14 32
Touristinformation
✉ 79263 Talstr. 14 a

✱ Tannenhof
Talstr. 13, Tel (0 76 83) 3 25, Fax 14 66,
✉ 79263, ED VA
☙, 34 Zi, Ez: 85/42, Dz: 130/65, ⇥ WC ⌀, Lift,
P, 3⇔80, ☕, Kegeln, Sauna, Solarium,
Restaurant
geschl.: Di, 1.11.-23.12.00, 6.1.-30.3.01

✱ Pension Krone-Post
Talstr. 8, Tel (0 76 83) 12 67, Fax 6 88,
✉ 79263, ED
34 Zi, Ez: 55/27-65/32, Dz: 100/50-110/55, ⇥
WC ⌀, P, ☕, 1⇔150, ≋, 1 Tennis, Restaurant

Obersimonswald

✱ Engel mit Gästehaus
Obertalstr. 44, Tel (0 76 83) 2 71, Fax 13 36,
✉ 79263, DC ED VA
Ez: 65/32-70/35, Dz: 100/50-120/60, 1 Suite, ⇥
WC, P, ☕, 1⇔30, Kegeln, Bowling, Sauna,
Solarium, Restaurant
geschl.: Mo, Di, 29.10.-21.11.00, 29.1.-20.2.01

Sindelfingen 61 □

Baden-Württemberg
Kreis Böblingen
EW 60000
🛈 Tel (0 70 31) 9 43 25, Fax 9 47 86
Sindelfinger Veranstaltungs-GmbH
✉ 71065 Schillerstr. 23

✱✱✱ Marriott
Mahdentalstr. 68, Tel (0 70 31) 69 60,
Fax 69 68 80, ✉ 71065, AX DC ED VA, Ⓢ
257 Zi, Ez: 149/75-325/163,
Dz: 149/75-325/163, 3 Suiten, 1 App, ⇥ WC ⌀
DFÜ, 141 ⇤, Lift, ☕, 10⇔400, ☕, Sauna,
Solarium
🍴🍴 Hauptgericht 25/12-35/17, P

Sindelfingen

✱✱✱ Erikson
Hanns-Martin-Schleyer-Str. 8,
Tel (0 70 31) 93 50, Fax 93 55 55, ✉ 71063, AX DC ED VA
92 Zi, Ez: 168/84-224/112,
Dz: 212/106-279/140, 2 Suiten, ⇨ WC ✆ DFÜ,
55 ⇤, Lift, **P**, 🐕, 6⇨90, Sauna, Solarium,
Restaurant
Auch Zimmer der Kategorie ✱✱ vorhanden.

✱✱ Mercure
Wilhelm-Haspel-Str. 101, **Tel (0 70 31) 61 50**,
Fax 87 49 81, ✉ 71065, AX DC ED VA, Ⓢ
141 Zi, Ez: 138/69-258/129,
Dz: 186/93-335/168, 1 Suite, ⇨ WC ✆, 40 ⇤,
Lift, **P**, 7⇨220, Sauna, Solarium, Restaurant

✱✱ Novotel
Schwertstr. 65, **Tel (0 70 31) 6 19 60**,
Fax 81 49 90, ✉ 71065, AX DC ED VA, Ⓢ
186 Zi, Ez: 124/62-261/131,
Dz: 158/79-284/143, 1 Suite, ⇨ WC ✆, 89 ⇤,
Lift, **P**, 🐕, 9⇨200, 🏊, Sauna, Solarium,
Restaurant

✱✱ Astron
Riedmühlestr. 18, **Tel (0 70 31) 69 80**,
Fax 69 86 00, ✉ 71063, AX DC ED VA, Ⓢ
76 Zi, Ez: 220/110-250/125,
Dz: 220/110-250/125, 27 App, ⇨ WC ✆ DFÜ,
48 ⇤, Lift, **P**, 🐕, 1⇨35, Sauna, Solarium,
garni

✱✱ Residence
Calwer Str. 16, **Tel (0 70 31) 93 30**,
Fax 93 31 00, ✉ 71065, AX DC ED VA
135 Zi, Ez: 180/90, Dz: 225/113, 88 App, ⇨ WC
✆ DFÜ, 10 ⇤, Lift, 🐕, 3⇨98, Sauna, Solarium,
garni
Langzeitvermietung möglich.

✱✱ Knote
Vaihinger Str. 14, **Tel (0 70 31) 61 10**,
Fax 61 12 22, ✉ 71065, AX DC ED VA
40 Zi, Ez: 120/60-175/88, Dz: 195/98-220/110,
2 Suiten, 3 App, ⇨ WC ✆, **P**, 2⇨40
Auch Zimmer der Kategorie ✱ vorhanden.

🍴🍴 Wolfis Rôtisserie
Hauptgericht 30/15

✱✱ Klostersee
Burghaldenstr. 6, **Tel (0 70 31) 79 35 00**,
Fax 7 93 50 97, ✉ 71063, AX DC ED VA
70 Zi, Ez: 145/73-160/80, Dz: 215/108, 1 Suite,
⇨ WC ✆ DFÜ, 50 ⇤, Lift, **P**, 🐕, 1⇨20,
Restaurant

✱ Akzent-Hotel Torgauer Hof
Hirsauer Str. 10, **Tel (0 70 31) 9 30 00**,
Fax 93 00 93, ✉ 71065, AX DC ED VA
38 Zi, Ez: 110/55-185/93, Dz: 160/80-210/105,
4 Suiten, ⇨ WC ✆ DFÜ, 5 ⇤, Lift, **P**, 🐕, Sauna,
garni

✱ Carle
Bahnhofstr. 37, **Tel (0 70 31) 87 40 01**,
Fax 81 44 27, ✉ 71063, AX DC ED VA
14 Zi, Ez: 115/57-145/73, Dz: 165/83-185/93,
⇨ WC ✆, Lift, **P**, garni

🍴🍴 Piu Di Prima
Gartenstr. 24, **Tel (0 70 31) 87 88 90**,
Fax 87 22 56, ✉ 71063, AX DC ED VA
Hauptgericht 25/12, Terrasse, **P**, geschl.: So

🍴 Zum Hirsch
Ziegelstr. 32, **Tel (0 70 31) 80 90 06**,
Fax 80 53 32, ✉ 71063, AX DC ED VA
Hauptgericht 44/22, Terrasse, geschl.: Mo

Appartementhotels/Boardinghäuser

Central
Vaihinger Str. 15, **Tel (0 70 31) 86 98 10**,
Fax 86 98 70, ✉ 71063, AX DC ED VA
Ez: 105/52-135/67, Dz: 135/67-165/83, 25 App,
⇨ WC ✆ DFÜ, Lift, **P**
Zimmer der Kategorie ✱✱. Preise exkl.
Frühstück.

Goldberg

✱✱ Best Western Hotel Berlin
Berliner Platz 1, **Tel (0 70 31) 86 55**,
Fax 86 56 00, ✉ 71065, AX DC ED VA
96 Zi, Ez: 125/62-195/98, Dz: 160/80-240/120,
3 Suiten, ⇨ WC ✆ DFÜ, 20 ⇤, Lift, **P**, 🐕,
2⇨80, 🏊, Sauna, Solarium
Auch Zimmer der Kategorie ✱ vorhanden.

🍴 Salvia
Hauptgericht 28/14-38/19, Terrasse, geschl.: Sa
mittags, So

✱✱ Dorint Budget Hotel
Waldenbucher Str. 84, **Tel (0 70 31) 86 50**,
Fax 86 54 00, ✉ 71065, AX DC ED VA, Ⓢ
75 Zi, Ez: 160/80-195/98, Dz: 195/98-230/115,
⇨ WC ✆, 22 ⇤, Lift, **P**, 🐕, Restaurant

Sindringen siehe Forchtenberg

Singen (Hohentwiel)   68 ↘

Baden-Württemberg / Kreis Konstanz
EW 43000
🛈 Tel (0 77 31) 8 52 62, Fax 8 52 63
Verkehrsamt - Tourist-Info
✉ 78224 August-Ruf-Str 13

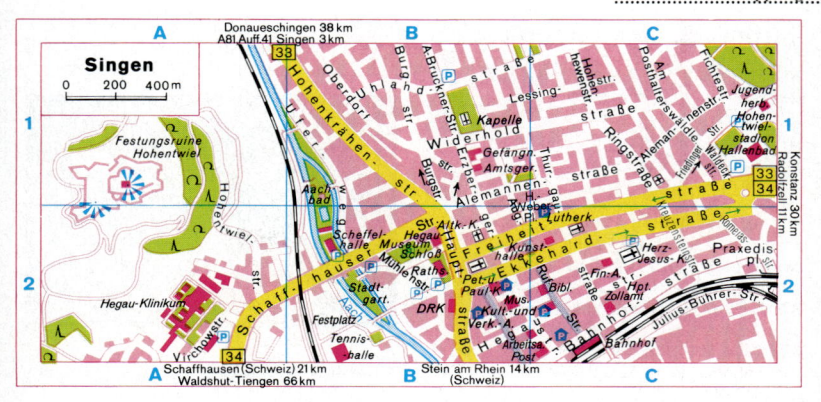

Sipplingen

✳ Jägerhaus
Ekkehardstr. 86 (C 2), **Tel (0 77 31) 6 50 97**,
Fax 6 33 38, ✉ 78224, AX DC ED VA
28 Zi, Ez: 90/45-110/55, Dz: 140/70-160/80, ⊟
WC ⊘, Lift, 🅿, 🏠, 2⟲80
🍴🍴 Hauptgericht 25/12-41/20, geschl.: So

✳ Lamm
Alemannstr. 42 (C 1), **Tel (0 77 31) 40 20**,
Fax 40 22 00, ✉ 78224, AX DC ED VA
79 Zi, Ez: 143/72-163/82, Dz: 161/81-183/92,
⊟ WC ⊘, 13 🛏, Lift, 🅿, 🏠, 4⟲120, Restaurant
geschl.: 16.12.00-7.1.01

Überlingen a. Ried

🍴🍴🍴 Flohr's
Brunnenstr. 11, **Tel (0 77 31) 9 32 30**,
Fax 93 23 23, ✉ 78224, AX ED VA
Hauptgericht 48/24-58/29, 🅿, geschl.: Mo, So
✳✳ ♪, 8 Zi, Ez: 135/67-150/75,
Dz: 198/99-220/110, ⊟ WC ⊘ DFÜ, 1 🛏, 1⟲50

Sinsheim   54 ↘

Baden-Württemberg
Rhein-Neckar-Kreis
EW 33000
ℹ Tel (0 72 61) 40 41 10, Fax 40 41 65
Verkehrsamt
✉ 74889 Wilhelmstr. 14-16

Stadt im Kraichgau; Sehenswert: Altes Rathaus
mit Stadtmuseum; Auto- und Technik-Museum
mit 3-D-Kino; Burg Steinsberg; Lerchennest mit
Museum im Ortsteil Steinsfurt (5 km S→).

✳ Bär
Hauptstr. 131, **Tel (0 72 61) 15 80**,
Fax 15 81 00, ✉ 74889, AX DC ED VA
50 Zi, Ez: 99/49-147/74, Dz: 155/78-192/96,
1 Suite, ⊟ WC ⊘, Lift, 🅿, 1⟲20, Sauna,
Solarium, garni

✳ Zum Prinzen
Hauptstr. 22, **Tel (0 72 61) 9 20 70**,
Fax 1 28 92, ✉ 74889, AX ED VA
20 Zi, Ez: 98/49-150/75, Dz: 130/65-190/95, ⊟
WC ⊘, 4 🛏, Lift, 🅿, 🏠, Golf, garni
geschl.: 23.12.00-7.1.01, 12.-17.4.01

Dühren

✳ Villa Italia
Augrund 2, an der B 292, **Tel (0 72 61) 9 21 30**,
Fax 92 13 13, ✉ 74889, AX ED VA
35 Zi, Ez: 100/50-130/65, Dz: 140/70-160/80,
1 Suite, ⊟ WC ⊘, 🅿, 3⟲24, Restaurant

Sipplingen   68 ↘

Baden-Württemberg / Bodenseekreis
EW 2210
ℹ Tel (0 75 51) 80 96 29, Fax 35 70
Verkehrsamt
✉ 78354 Seestr

✳ Akzent-Hotel Seeblick
Prielstr. 4, **Tel (0 75 51) 6 12 27**, **Fax 6 71 57**,
✉ 78354, AX ED VA
♪ ⚓, 11 Zi, Ez: 110/55-150/75,
Dz: 160/80-250/125, ⊟ WC ⊘ DFÜ, 🅿, 🏠,
Sauna, Solarium, Golf, Restaurant
geschl.: 15.12.00-5.3.01

✳ Gasthof Sternen
Burkhard-von-Hohenfels-Str. 20,
Tel (0 75 51) 6 36 09, **Fax 31 69**, ✉ 78354
♪ ⚓, 17 Zi, Ez: 70/35-97/48, Dz: 119/59-146/73,
5 Suiten, ⊟ WC ⊘, 🅿, 🏠, Restaurant
geschl.: Di, 15.11.-15.12.00, 15.1.-15.3.01

Sittensen 17 →

Niedersachsen
Kreis Rotenburg (Wümme)
EW 10200
🛈 Tel (0 42 82) 9 30 00, Fax 93 00 24
Samtgemeindeverwaltung
✉ 27419 Am Markt 11

✱ Zur Mühle
Bahnhofstr. 25, Tel (0 42 82) 9 31 40,
Fax 93 14 22, ✉ 27419, AX DC ED VA
11 Zi, Ez: 90/45-100/50, Dz: 130/65-140/70, ⌐
WC ⓒ, 🅿, Sauna, Solarium, Restaurant

🍴 Landhaus De Bur
Bahnhofstr. 3, Tel (0 42 82) 9 34 50, Fax 41 42,
✉ 27419, AX DC ED VA
Hauptgericht 25/12, 🅿, geschl.: Do
▬ 11 Zi, Ez: 85/42, Dz: 120/60, ⌐ WC ⓒ, 🐕,
Golf

Groß Meckelsen (4 km ←)

✱ Schröder
Am Kuhbach 1, Tel (0 42 82) 5 08 80,
Fax 35 35, ✉ 27419, AX DC ED VA
41 Zi, Ez: 80/40-100/50, Dz: 125/62-140/70, ⌐
WC ⓒ, 🅿, 🐕, 2⌬120, Fitnessraum, Kegeln,
Sauna, Solarium, Golf, Restaurant

🍴 Gasthaus Zur Klostermühle
Kuhmühlenweg 7, Tel (0 42 82) 7 84,
Fax 47 25, ✉ 27419, ED
Hauptgericht 18/9-36/18, Terrasse, Biergarten,
Gartenlokal, 🅿, geschl.: Mo

Sobernheim, Bad 53 □

Rheinland-Pfalz
Kreis Bad Kreuznach
EW 7000
🛈 Tel (0 67 51) 8 12 41, Fax 8 12 40
Kur- und Touristinformation
✉ 55566 Bahnhofstr. 4

Bad Sobernheim-Außerhalb (3 km ↑)

✱✱ Maasberg Therme
Eckweiler Landstr., Tel (0 67 51) 87 60,
Fax 87 62 01, ✉ 55566, AX
einzeln ♪ ✚, 81 Zi, Ez: 133/66-177/89,
Dz: 210/105-278/140, 5 Suiten, ⌐ WC ⓒ, 50 ⛌,
Lift, 🅿, 3⌬60, ≈, 🐕, Sauna, Solarium,
1 Tennis, Restaurant
Auch Zimmer der Kategorie ✱ vorhanden.

Meddersheim (3 km ✓)

🍴 Langendorf's Zur Traube ✚
Sobernheimer Str. 2, Tel (0 67 51) 95 03 82,
Fax 95 02 20, ✉ 55566
👁, Hauptgericht 22/11-42/21, Terrasse, 🅿,
geschl.: Di abends, Mi, 27.12.00-15.1.01

Soden am Taunus, Bad 44 ↘

Hessen / Main-Taunus-Kreis
EW 20000
🛈 Tel (0 61 96) 6 70 70 13, Fax 6 70 70 20
Kurverwaltung
✉ 65812 Parkstr. 1

✱✱✱ Treff Parkhotel
Königsteiner Str. 88, Tel (0 61 96) 20 00,
Fax 20 01 53, ✉ 65812, AX DC ED VA, Ⓢ
130 Zi, Ez: 340/171-350/176,
Dz: 315/158-405/203, ⌐ WC ⓒ, 72 ⛌, Lift, 🅿,
13⌬550, Sauna, Solarium, Restaurant

✱✱ Concorde
Am Bahnhof 2, Tel (0 61 96) 20 90,
Fax 2 70 75, ✉ 65812, AX DC ED VA
112 Zi, Ez: 165/83-285/143,
Dz: 230/115-365/183, 1 Suite, 1 App, ⌐ WC ⓒ
DFÜ, Lift, 🅿, 2⌬25, Solarium, Restaurant

✱✱ Salina Hotel
Bismarckstr. 20, Tel (0 61 96) 56 40,
Fax 56 45 55, ✉ 65812, AX ED VA
♪, 45 Zi, Ez: 115/57-265/133,
Dz: 165/83-330/166, 2 Suiten, ⌐ WC ⓒ DFÜ,
3 ⛌, Lift, 🅿, 4⌬60, 🐕, Sauna, Solarium,
Restaurant

✱ Thermen-Hotel
Kronberger Str. 17, Tel (0 61 96) 5 94 30,
Fax 64 32 30, ✉ 65812, AX DC ED VA
14 Zi, Ez: 110/55-150/75, Dz: 180/90, ⌐ WC ⓒ
DFÜ, 🅿, Restaurant
Rezeption: 7-15, 17.30-23

* **Rheinischer Hof**
Am Bahnhof 3, **Tel (0 61 96) 56 20**,
Fax 56 22 22, ✉ 65812, AX ED VA
58 Zi, Ez: 145/73-290/146,
Dz: 220/110-360/181, 3 Suiten, ⌐ WC ⌀, Lift,
garni

* **Waldfrieden**
Sebastian-Kneipp-Str. 1, **Tel (0 61 96) 50 28 00**,
Fax 5 02 80 11, ✉ 65812, AX DC ED VA
♪, 35 Zi, Ez: 85/42-135/67,
Dz: 140/70-200/100, ⌐ WC ⌀ DFÜ, P, ⌂,
Sauna, Solarium, garni

¶¶ **Maximilians**
Zum Quellenpark 29, **Tel (0 61 96) 2 82 66**,
Fax 64 20 02, ✉ 65812, AX DC ED VA
Hauptgericht 26/13-42/21, Terrasse, P, nur
abends

¶¶ **Casa dell'Arte**
Königsteiner Str. 89, **Tel (0 61 96) 64 33 90**,
✉ 65812
Hauptgericht 34/17-44/22, geschl.: So

Soden-Salmünster, Bad 45 ↘

Hessen / Main-Kinzig-Kreis
EW 14002
🛈 **Tel (0 60 56) 74 41 44**, Fax 74 41 47
Tourist-Information
✉ 63628 Frowin-von-Hutten-Str 5

* **Quality Hotel Kress**
Sprudelallee 26, **Tel (0 60 56) 7 30 60**,
Fax 73 06 66, ✉ 63628, AX ED VA
42 Zi, Ez: 90/45-130/65, Dz: 132/66-172/86, ⌐
WC ⌀, 2 ⌬, Lift, P, 5⌬200
¶¶ Hauptgericht 30/15, Terrasse,
geschl.: Mo

* **Landhotel Betz**
Brüder-Grimm-Str. 21, **Tel (0 60 56) 73 90**,
Fax 80 80, ✉ 63628, AX ED VA
♪ §, 68 Zi, Ez: 85/42-125/62,
Dz: 130/65-175/88, ⌐ WC ⌀ DFÜ, 20 ⌬, Lift,
P, 7⌬60, ⌂, Sauna, Solarium, Golf,
Restaurant
Auch einfachere Zimmer vorhanden.

Sögel 23 ↗

Niedersachsen / Kreis Emsland
EW 6400
🛈 Tel (0 59 52) 2 06 27, Fax 2 06 66
Tourist-Information
✉ 49751 Schlammallee 1

siehe auch Esterwegen

* **Clemenswerther Hof**
Clemens-August-Str. 31-35,
Tel (0 59 52) 12 30, Fax 12 68, ✉ 49751,
DC ED VA
36 Zi, Ez: 80/40, Dz: 120/60, 1 App, ⌐ WC ⌀,
Lift, P, 2⌬100, Restaurant

Söhlde 26 ↘

Niedersachsen / Kreis Hildesheim
EW 8500
🛈 Tel (0 51 29) 97 20, Fax 9 72 13
Gemeinde Söhlde
✉ 31185 Bürgermeister-Burgdorf-Str 8

Nettlingen (9 km ←)

¶ **Hamburger Hof**
Landwehr 43, an der B 444, **Tel (0 51 23) 97 10**,
Fax 9 71 50, ✉ 31185, AX DC ED VA
Hauptgericht 17/8-40/20, Biergarten, Kegeln
* 15 Zi, Ez: 80/40-150/75,
Dz: 130/65-200/100, ⌐ WC ⌀, 1 ⌬, P, ⌂,
3⌬30

Söllingen siehe Pfinztal

Sömmerda 37 ↘

Thüringen
EW 23669
🛈 Tel (0 36 34) 35 02 41, Fax 2 14 77
Sömmerda-Information
✉ 99610 Marktstr. 1

** **Erfurter Tor**
Kölledaer Str. 33, **Tel (0 36 34) 33 20**,
Fax 33 22 99, ✉ 99610, AX DC ED VA
41 Zi, Ez: 90/45-122/61, Dz: 120/60-155/78,
1 Suite, ⌐ WC ⌀, 21 ⌬, Lift, P, ⌂, 2⌬80,
Fitnessraum, Sauna, Solarium, Restaurant

Soest 34 □

Nordrhein-Westfalen
EW 50000
i Tel (0 29 21) 10 33 23, Fax 3 30 39
Tourist-Information
✉ 59494 Am Seel 5

✱✱ Hanse Hotel
Siegmund-Schultze-Weg 100,
Tel (0 29 21) 7 09 00, Fax 70 90 75, ✉ 59494,
AX DC ED VA
45 Zi, Ez: 99/49-115/57, Dz: 150/75-160/80,
1 Suite, ⌐ WC ⌀, 1 ⚒, **P**, 4⌐60,
Restaurant

✱ Stadt Soest
Brüderstr. 50 (A 1), Tel (0 29 21) 3 62 20,
Fax 36 22 27, ✉ 59494, AX DC ED VA
20 Zi, Ez: 85/42-110/55, Dz: 140/70-170/85, ⌐
WC ⌀, **P**, 🏠, garni

🍴🍴 Im Wilden Mann
Markt 11, Tel (0 29 21) 1 50 71, Fax 1 40 78,
✉ 59494, AX DC ED VA
🍷, Hauptgericht 17/8-35/17, Terrasse,
Biergarten
✱ 12 Zi, Ez: 95/47-105/52,
Dz: 140/70-160/80, ⌐ WC ⌀, 2⌐100

🍴🍴 Pilgrim Haus Anno 1304
Jakobistr. 75, Tel (0 29 21) 18 28, Fax 1 21 31,
✉ 59494, ED VA
🍷, Hauptgericht 30/15, Gartenlokal, geschl.: Di,
24.12.00-3.1.01
Ältester Gasthof Westfalens. Erstmals im Jahre
1304 als Pilgerherberge erwähnt.
✱ 10 Zi, Ez: 130/65, Dz: 160/80-180/90,
2 Suiten, 4 App, ⌐ WC ⌀, **P**

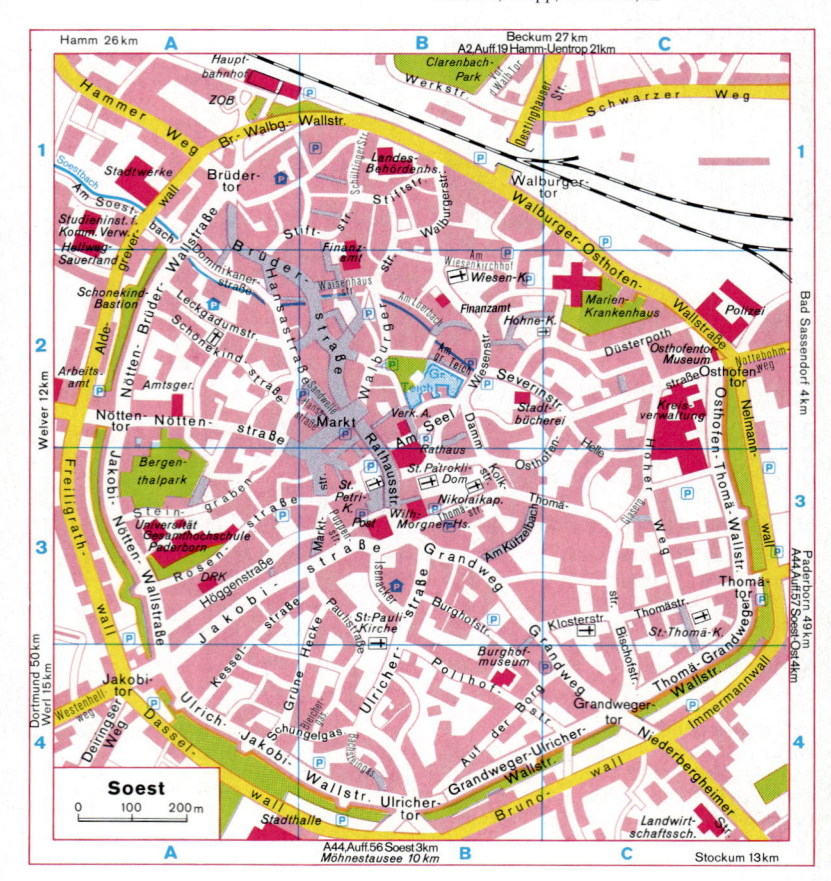

Sohland am Rotstein 41 ↘

Sachsen
Kreis Niederschlesischer Oberlausitz
EW 1400
🛈 Tel (03 58 28) 7 01 07, Fax 7 01 07
Gemeindeverwaltung
✉ 02894 Mittelhof 182

Sohland

━ Berghotel Rotstein
Tel (03 58 28) 7 07 77, Fax 7 07 77, ✉ 02894,
AX ED
einzeln ♪, 19 Zi, Ez: 50/25-70/35,
Dz: 100/50-120/60, ⏁ WC ⌀, 5 ⇆, P, 3⌇70,
Restaurant

Sohland an der Spree 41 ↓

Sachsen / Kreis Bautzen
EW 8070
🛈 Tel (03 59 36) 3 98 21, Fax 3 98 88
Fremdenverkehrsamt Sohland
✉ 02689 Bahnhofstr. 26

Wehrsdorf

🍴 Wehrsdorfer Erbgericht
Oppacher Str. 1, Tel (03 59 36) 45 00,
Fax 4 50 29, ✉ 02689, AX ED VA
Hauptgericht 12/6-35/17, Bowling, P
★★★ 12 Zi, Ez: 105/52-132/66,
Dz: 150/75-190/95, 1 App, ⏁ WC ⌀, 12 ⇆, Lift,
Sauna, Solarium

Solingen 33 ✓

Nordrhein-Westfalen
EW 163000
🛈 Tel (02 12) 2 90 32 01, Fax 2 90 32 09
Bürgerbüro
✉ 42651 Mummstr. 10
Cityplan siehe Seite 927

★★ City Club Hotel
Kronprinzenstr., neben dem Theater (A 1),
Tel (02 12) 2 20 60, Fax 2 20 61 00, ✉ 42655,
AX DC ED VA
100 Zi, Ez: 160/80-200/100,
Dz: 220/110-260/130, ⏁ WC ⌀, 25 ⇆, Lift, P,
1⌇40, garni

✱ Turmhotel
Kölner Str. 99 (B 3), Tel (02 12) 22 30 70,
Fax 2 23 07 77, ✉ 42651, AX DC ED VA
⚡, 39 Zi, Ez: 120/60-230/115,
Dz: 150/75-260/130, 1 App, ⏁ WC ⌀ DFÜ, Lift,
🚗, 2⌇40, Restaurant

Appartementhotels/Boardinghäuser

Caspersbroich Quality Hotel
Caspersbroicher Weg 3, Tel (02 12) 2 35 30,
Fax 2 35 33 00, ✉ 42697, AX DC ED VA
93 Zi, Ez: 99/49-230/115, Dz: 185/93-310/156,
⏁ WC ⌀, Lift, P, 🚗, 2⌇80, Restaurant
Zimmer der Kategorie ★★.

Burg an der Wupper (8 km ↘)

✱ Haus Niggemann
Wermelskirchener Str. 22, Tel (02 12) 4 10 22,
Fax 4 91 75, ✉ 42659, AX DC ED VA
26 Zi, Ez: 95/47-200/100, Dz: 150/75-200/100,
⏁ WC ⌀, Lift, P, 🚗, 4⌇150, Kegeln,
Restaurant

Gräfrath (5 km ↑)

🍴 Brasserie de Leuw
In der Freiheit 27, Tel (02 12) 59 37 34,
Fax 2 24 31 69, ✉ 42653, ED
🍷, Hauptgericht 29/14-44/22, Gartenlokal, nur
abends, geschl.: Mo

Ohligs (9 km ←)

★★ Ringhotel Seidler Parkhotel
Hackhauser Str. 62, Tel (02 12) 7 06 00,
Fax 7 46 62, ✉ 42697, AX DC ED VA, Ⓢ
63 Zi, Ez: 120/60-320/161, Dz: 160/80-360/181,
2 Suiten, ⏁ WC ⌀, 11 ⇆, Lift, P, 🚗, 5⌇150,
Sauna

🍴🍴🍴 La Table
Hauptgericht 34/17, geschl.: Sa mittags

Wald (2 km ↖)

━ Hölscher
Friedrich-Ebert-Str. 71, Tel (02 12) 31 00 41,
Fax 31 11 70, ✉ 42719, AX DC ED VA
10 Zi, Ez: 95/47-150/75, Dz: 150/75-180/90, ⏁
WC ⌀, P, 🚗, 2⌇70, Kegeln, Restaurant

Solnhofen 63 ↗

Bayern
Kreis Weißenburg-Gunzenhausen
EW 1880
🛈 Tel (0 91 45) 83 20 20, Fax 83 20 50
Tourist-Information
✉ 91807 Bahnhofstr. 8

━ Gasthof Adler
Pappenheimer Str. 5, Tel (0 91 45) 8 31 10,
Fax 83 11 33, ✉ 91807
16 Zi, Ez: 65/32-70/35, Dz: 110/55, ⏁ WC, P,
🚗, 2⌇70, Restaurant

Soltau 18 ✓

Niedersachsen
EW 20000
☎ Tel (0 51 91) 82 82 82, Fax 82 82 99
Reise-und Verkehrsbüro
✉ 29614 Bornemannstr. 7

Erholungsort im Herzen der Lüneburger Heide mit Sole-Kurbetrieb; Sehenswert: Nordd. Spielzeugmuseum, Soltau Therme, historischer Stadtkern mit altem Rathaus, Museum; Umgebung: Heide-Park Soltau (5 km N→) - Nordd. größter Freizeit- und Familienpark.

✱✱ Meyn
Poststr. 19, Tel (0 51 91) 20 01, Fax 1 75 75,
✉ 29614, AX DC ED VA
51 Zi, Ez: 88/44-115/57, Dz: 130/65-175/88,
2 App, ⊣ WC ⊘, 4 ⊱, **P**, 🏠, 2⇌150,
Fitnessraum
Auch Zimmer der Kategorie ✱ vorhanden.

🍴 Heideblüte
Hauptgericht 20/10-39/19

✱✱ Soltauer Hof
Winsener Str. 109, Tel (0 51 91) 96 60,
Fax 96 64 66, ✉ 29614, AX DC ED VA
53 Zi, Ez: 130/65-165/83, Dz: 200/100, ⊣ WC
⊘, **P**, 7⇌250, Fitnessraum, Kegeln, Sauna,
Solarium, Restaurant
Auch Zimmer der Kategorie ✱ vorhanden.

✱ Herz der Heide
Ernst-August-Str. 7, Tel (0 51 91) 22 48,
Fax 1 77 65, ✉ 29614, AX DC ED VA
♪, 11 Zi, Ez: 59/29-95/47, Dz: 125/62-155/78,
7 Suiten, ⊣ WC ⊘, 3 ⊱, 🏠, Sauna, Solarium,
garni

✱ Anna
Saarlandstr. 2, Tel (0 51 91) 1 50 26,
Fax 1 54 01, ✉ 29614, AX ED VA
16 Zi, Ez: 80/40-120/60, Dz: 100/50-150/75,
1 App, ⊣ WC ⊘, 2 ⊱, **P**, 1⇌15, Sauna,
Restaurant

✱ An der Therme
Stubbendorffweg 8, Tel (0 51 91) 32 93,
Fax 7 12 22, ✉ 29614, AX ED
10 Zi, Ez: 90/45-110/55, Dz: 140/70, ⊣ WC ⊘,
1 ⊱, **P**, 2⇌60, Sauna, Solarium, Restaurant

Sommerach 56 □

Bayern / Kreis Kitzingen
EW 1400
☎ Tel (0 93 81) 12 29, Fax 47 20
Gemeindeverwaltung
✉ 97334 Volkacher Str. 1

✱ Bocksbeutelherberge
Weinstr. 22, Tel (0 93 81) 8 48 50,
Fax 84 85 22, ✉ 97334
♪, 7 Zi, Ez: 65/32-75/37, Dz: 86/43-98/49,
1 Suite, ⊣ WC ⊘, 4 ⊱, **P**, Restaurant

🍴 Gasthof Zum Weißen Lamm
Hauptstr. 2, Tel (0 93 81) 93 77, Fax 49 33,
✉ 97334
Hauptgericht 20/10, Terrasse, 🛏, geschl.: Di,
15-31.1.01, 30.6.-15.7.01
Eigenbauweine.

Sommerfeld 29 ↗

Brandenburg / Kreis Oranienburg
EW 1060
☎ Tel (03 30 55) 99 80, Fax 9 98 66
Amt Kremmen
✉ 16766 Am Markt 1

✱✱ Ringhotel Am See
Beetzer Str. 1a, Tel (03 30 55) 9 70,
Fax 9 74 45, ✉ 16766, AX DC ED VA, Ⓢ
einzeln §, 100 Zi, Ez: 165/83-180/90,
Dz: 210/105-250/125, 2 Suiten, 3 App, ⊣ WC
⊘, 10 ⊱, Lift, **P**, 9⇌150, 🏠, Sauna, Solarium,
Restaurant
Auch Zimmer der Kategorie ✱✱✱ vorhanden.

Sommerhausen 56 □

Bayern / Kreis Würzburg
EW 1500
☎ Tel (0 93 33) 82 56, Fax 82 56
Verkehrsbüro
✉ 97286 Hauptstr. 15

✱ Ritter Jörg
Maingasse 14, Tel (0 93 33) 9 73 00,
Fax 9 73 02 30, ✉ 97286
22 Zi, Ez: 85/42-110/55, Dz: 130/65-150/75, ⊣
WC ⊘, **P**
geschl.: 24.12.00-20.1.01
🍴 Hauptgericht 20/10-33/16, Terrasse,
geschl.: Mo, 24.12.00-20.1.01

✱ Zum Weinkrug
Steingraben 5, Tel (0 93 33) 2 92, Fax 2 81,
✉ 97286, ED VA
13 Zi, Dz: 125/62-145/73, ⊣ WC ⊘, 5 ⊱, **P**, 🏠,
garni

Sommerhausen

✱ Gästehaus Mönchshof
Mönchshof 7, Tel (0 93 33) 7 58, Fax 7 65, ✉ 97286
☽, 14 Zi, Ez: 57/28, Dz: 95/47–105/52, 1 App, ⌴ WC ✆, 🅿, garni

🍴🍴 Philipp
Hauptstr. 12, Tel (0 93 33) 14 06, Fax 90 22 50, ✉ 97286, ED

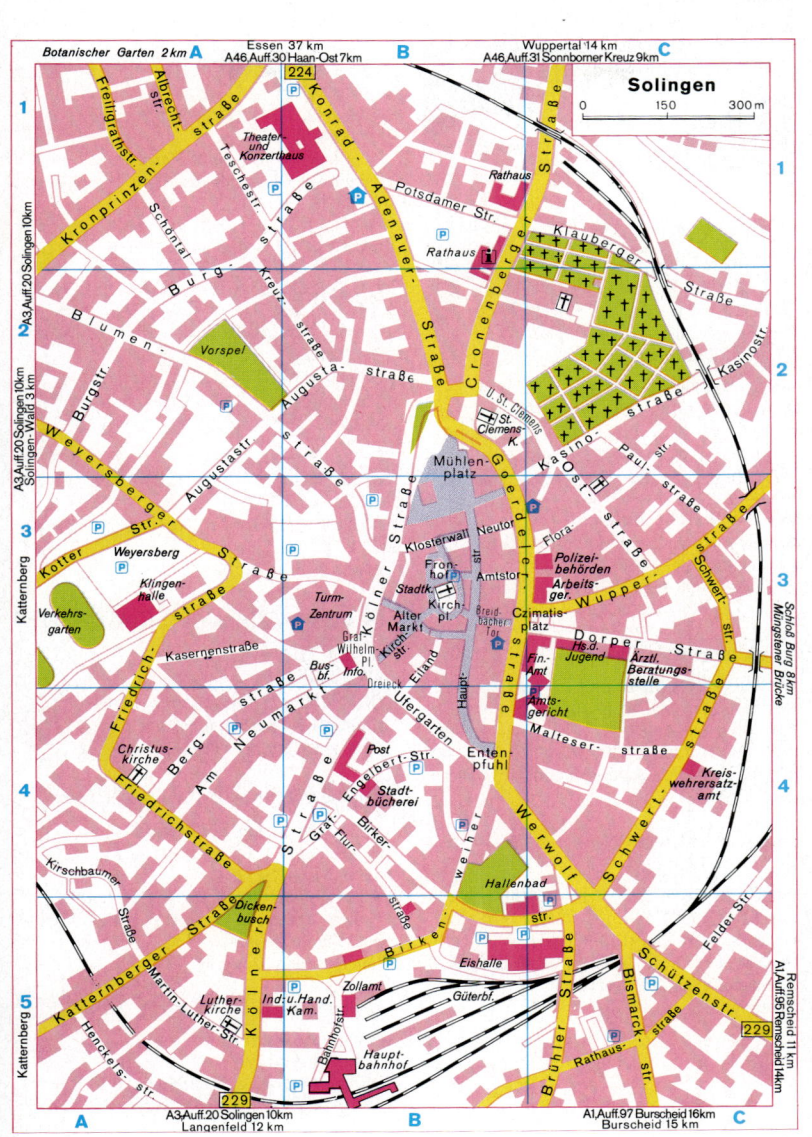

Sommerhausen

🍽, Hauptgericht 38/19-42/21, 🛏, nur abends,
sa+so auch mittags, geschl.: Mo, Di, 2 Wochen
im Jan, 2 Wochen im Aug
Beachtenswerte Küche.

Sonneberg 47 ↘

Thüringen
EW 25000
ℹ Tel (0 36 75) 70 27 11, Fax 74 20 02
Fremdenverkehrsbüro
✉ 96515 Bahnhofstr

✱✱ Parkhotel Sonne
Dammstr. 3, Tel (0 36 75) 82 30, Fax 82 33 33,
✉ 96515, AX ED VA
36 Zi, Ez: 90/45-105/52, Dz: 140/70-160/80, ⊡
WC ⌀ DFÜ, 10 🛏, Lift, P, 4⟷60, Restaurant

🛏 Schöne Aussicht
Schöne Aussicht 24, Tel (0 36 75) 80 40 40,
Fax 80 40 41, ✉ 96515, ED VA
11 Zi, Ez: 79/39-89/44, Dz: 130/65-140/70,
1 App, ⊡ WC ⌀, P, 1⟷20, Restaurant

Hüttensteinach (2 km ←)

✱ Hüttensteinach
Steinacher Str. 118, Tel (0 36 75) 4 08 00,
Fax 40 80 44, ✉ 96515
24 Zi, Ez: 35/17-75/37, Dz: 70/35-110/55, WC
⌀, Lift, P, 1⟷50, Sauna, Solarium, Restaurant
geschl.: Mo

Steinbach (2 km →)

🛏 Waldblick
Mönchsberger Str. 13 a, Tel (0 36 75) 74 47 49,
Fax 74 44 48, ✉ 96515, AX ED VA
einzeln ♪ ♯, 16 Zi, Ez: 79/39-90/45,
Dz: 100/50-130/65, 2 App, ⊡ WC ⌀ DFÜ, P,
🏠, Sauna, Solarium, Restaurant
Rezeption: 11-14, 17-23

Sonnenbühl 61 ↘

Baden-Württemberg
Kreis Reutlingen
EW 6800
ℹ Tel (0 71 28) 9 25 18, Fax 9 25 50
Touristinfo
✉ 72820 Haupstr. 2

Erpfingen (Luftkurort)

🍽🍽 Hirsch
Im Dorf 12, Tel (0 71 28) 9 29 10, Fax 31 21,
✉ 72820, VA
Hauptgericht 35/17-55/27, Terrasse,
Gartenlokal, P, geschl.: Di, 23.10.-9.11.00,
18-25.6.01
✱ 11 Zi, Ez: 105/52-125/62,
Dz: 140/70-190/95, ⊡ WC ⌀, Lift, Golf

Sonthofen 70 ↓

Bayern / Kreis Oberallgäu
EW 22000
ℹ Tel (0 83 21) 61 52 91, Fax 61 52 93
Gästeamt
✉ 87527 Rathausplatz 1

✱ Haus Grünten
Bahnhofsplatz 15, Tel (0 83 21) 70 16,
Fax 7 11 03, ✉ 87527
50 Zi, Ez: 65/32, Dz: 120/60, ⊡ WC ⌀, Lift, P,
garni
geschl.: So, 1.11.-20.12.00

Sooden-Allendorf, Bad 36 ↘

Hessen / Werra-Meißner-Kreis
EW 10000
ℹ Tel (0 56 52) 95 87 18, Fax 95 87 13
Kur-GmbH Bad Sooden-Allendorf
✉ 37242 Landgraf-Philipp-Platz 1/2

Appartementhotels/Boardinghäuser

Haus am Söderwald
Westerburgstr. 4, Tel (0 56 52) 22 24,
Fax 95 64 64, ✉ 37242
2 Zi, Ez: 77/38-120/60, Dz: 122/61-164/82,
7 Suiten, 10 App, ⊡ WC ⌀, 19 🛏, P, 🏠, Sauna,
Solarium, Restaurant
Zimmer der Kategorie ✱.

Ahrenberg

✱ Ahrenberg Landidyll
Auf dem Ahrenberg, Tel (0 56 52) 9 57 30,
Fax 18 54, ✉ 37242, AX DC ED VA

🍴, 25 Zi, Ez: 90/45-105/52, Dz: 130/65-160/80,
2 Suiten, ⊣ WC ⌀ DFÜ, 8 ✓, Lift, **P**, 🏠,
1⇔35, Kegeln, Sauna, Solarium, Restaurant
Auch Zimmer der Kategorie **✯✯** vorhanden.

Sooden, Bad

✯✯ **Waldhotel Soodener Hof**
Hardtstr. 7, Tel (0 56 52) 95 60, Fax 95 62 22,
✉ 37242, AX DC ED VA
♪, 47 Zi, Ez: 115/57-125/62,
Dz: 182/91-220/110, ⊣ WC ⌀ DFÜ, 15 ✓, Lift,
P, 3⇔45, 🏠, Sauna, Solarium, Restaurant

Spaichingen 68 □

Baden-Württemberg
Kreis Tuttlingen
EW 12000
ℹ Tel (0 74 24) 9 57 10, Fax 95 71 19
Stadtverwaltung
✉ 78549 Marktplatz 19

siehe auch Hausen ob Verena

🍴 **Bonne Auberge**
Neuer Marktplatz 4, Tel (0 74 24) 21 61,
✉ 78549, AX DC ED VA
Hauptgericht 26/13-35/17, Terrasse, **P**,
geschl.: So

Spalt 63 ↗

Bayern / Kreis Roth
EW 5000
ℹ Tel (0 91 75) 7 96 50, Fax 79 65 35
Touristinformation
✉ 91174 Herrengasse 10

✯ **Bayrischer Hof**
Albrecht-Achilles-Str. 2, Tel (0 91 75) 7 96 00,
Fax 79 60 50, ✉ 91174, ED
10 Zi, Ez: 55/27-70/35, Dz: 100/50-130/65, ⊣
WC ⌀ DFÜ, 10 ✓, **P**, 🏠, Restaurant
Auch einfachere Zimmer vorhanden.

Appartementhotels/Boardinghäuser

Zur Hopfenkönigin
Enderndorf 99, Tel (0 91 75) 7 97 90,
Fax 79 79 79, ✉ 91174, ED VA
34 Zi, Ez: 105/52-180/90, 4 Suiten, 30 App., ⊣
WC ⌀ DFÜ, 12 ✓, **P**, 🏠, 2⇔35, Sauna,
Restaurant
Zimmer der Kategorie **✯✯** und **✯✯✯**.

Spalt-Außerhalb (5 km ↖)

🍴 **Blumental**
Stiegelmühle 42, Tel (0 98 73) 3 32, Fax 13 75,
✉ 91174
einzeln, Hauptgericht 13/6-36/18, Biergarten,
P, geschl.: Mo, Di

Spangenberg 36 ↙

Hessen / Schwalm-Eder-Kreis
EW 7000
ℹ Tel (0 56 63) 72 97, Fax 93 04 06
Service-Center Spangenberg
✉ 34286 Kirchplatz 4

✯✯ **Schloß Spangenberg**
Gast im Schloß
Tel (0 56 63) 8 66, Fax 75 67, ✉ 34286, AX DC
ED VA
einzeln ♪ 🍴, 24 Zi, Ez: 130/65-185/93,
Dz: 170/85-230/115, 1 Suite, ⊣ WC ⌀, 5 ✓, **P**,
3⇔150
geschl.: 5.-15.1.01

🍴🍴 **Burgrestaurant**
Hauptgericht 30/15, geschl.: Di, So abends,
5.-15.1.01

🍴🍴 **Ratskeller**
Markt 1, Tel (0 56 63) 3 41, Fax 3 41, ✉ 34286,
VA
Hauptgericht 25/12-45/22, Terrasse,
geschl.: Mo, Di nur mittags, 2 Wochen im
Sommer

Sparneck 48 ↘

Bayern / Kreis Hof
EW 2089
ℹ Tel (0 92 51) 99 03 22, Fax 74 44
Gemeindeverwaltung
✉ 95234 Marktplatz 4

Sparneck-Außerhalb (1 km ↓)

✯✯ **Waldhotel Heimatliebe**
Landidyll
Tel (0 92 51) 9 95 90, Fax 75 98, ✉ 95234, AX
DC ED VA
einzeln ♪ 🍴, 25 Zi, Ez: 85/42-110/55,
Dz: 150/75-180/90, 1 Suite, ⊣ WC ⌀, 7 ✓, **P**,
🏠, 4⇔60, Sauna, Solarium

🍴🍴 **Vier Jahreszeiten**
Hauptgericht 16/8-38/19, Terrasse, geschl.: Mo
mittags

Spay 43 ↘

Rheinland-Pfalz
Kreis Mayen-Koblenz
EW 2200
☎ Tel (0 26 28) 87 78
Gemeindeverwaltung
✉ 56322 Koblenzerstr. 20

* Alter Posthof
Flair Hotel

Mainzer Str. 47, Tel (0 26 28) 87 08, Fax 30 01,
✉ 56322
15 Zi, Ez: 65/32-90/45, Dz: 110/55-155/78,
1 App, ⌐ WC ⌀, **P**, 🏠, 2⌬40, Kegeln, Golf,
Restaurant
geschl.: 23.12.00-20.1.01

Speichersdorf 58 ↗

Bayern / Kreis Bayreuth
EW 6000
☎ Tel (0 92 75) 98 80, Fax 9 88 88
Gemeindeverwaltung
✉ 95469 Kemnather Str. 9

* Gasthof Imhof

Kemnather Str. 18, Tel (0 92 75) 98 40,
Fax 9 84 84, ✉ 95469, AX DC ED VA
27 Zi, Ez: 60/30-70/35, Dz: 98/49-110/55, ⌐
WC ⌀, **P**, 🏠, 1⌬50, Kegeln
🍴 Hauptgericht 20/10, Terrasse,
Biergarten, geschl.: So abends, Mo mittags

Spelle 23 →

Niedersachsen / Kreis Emsland
EW 6890
☎ Tel (0 59 02) 94 08 00, Fax 94 08 02
Touristikverein
✉ 49832 Mühlenstr. 9

** Krone

Bernard-Krone-Str. 15, Tel (0 59 77) 9 39 20,
Fax 93 92 92, ✉ 48480, AX ED VA
28 Zi, Ez: 90/45-100/50, Dz: 120/60-150/75, ⌐
WC ⌀, 6 ✎, Lift, **P**, 2⌬140, Golf, Restaurant

Speyer 54 ↓

Rheinland-Pfalz
EW 50000
☎ Tel (0 62 32) 14 23 92, Fax 14 23 32
Tourist-Information
✉ 67346 Maximilianstr. 11

** Domhof

Bauhof 3 (B 2), Tel (0 62 32) 1 32 90,
Fax 13 29 90, ✉ 67346, AX DC ED VA
49 Zi, Ez: 160/80-165/83, Dz: 195/98-235/118,
⌐ WC ⌀, 13 ✎, Lift, **P**, 🏠, 6⌬150, Restaurant

** Goldener Engel

Mühlturmstr. 1 a (A 2), Tel (0 62 32) 1 32 60,
Fax 13 26 95, ✉ 67346, AX DC ED VA
44 Zi, Ez: 98/49-140/70, Dz: 140/70-190/95,
2 Suiten, ⌐ WC ⌀ DFÜ, Lift, **P**, 2⌬20
Rezeption: 6.30-22.30

🍴 Zum alten Engel

Tel 7 09 14
Hauptgericht 15/7-40/20, nur abends,
geschl.: So
Historischer Ziegelkeller.

* Hotel Am Technik Museum

Geibstr. 2, Tel (0 62 32) 6 71 00, Fax 67 10 20,
✉ 67346, AX ED VA
108 Zi, Ez: 89/44, Dz: 119/59, ⌐ WC ⌀, 60 ✎,
P, 3⌬120, garni

* Steigenberger Esprix

Karl-Leiling-Allee 6, Tel (0 62 32) 20 80,
Fax 20 83 33, ✉ 67346, AX DC ED VA, Ⓢ
86 Zi, Ez: 118/59-135/67, Dz: 148/74-165/83,
⌐ WC ⌀, 24 ✎, Lift, **P**, 3⌬50, Restaurant

* Am Wartturm

Landwehrstr. 28, Tel (0 62 32) 6 43 30,
Fax 64 33 21, ✉ 67346, ED
17 Zi, Ez: 85/42-110/55, Dz: 130/65-180/90, ⌐
WC ⌀, **P**

🍴🍴 Backmulde

Karmeliterstr. 11, Tel (0 62 32) 7 15 77,
Fax 62 94 74, ✉ 67346, AX DC ED VA
Hauptgericht 42/21, Terrasse, geschl.: Mo, So,
Mitte Aug-Anfang Sep

🍴🍴 Zweierlei

Johannesstr. 1, Tel (0 62 32) 6 11 10,
Fax 6 11 29, ✉ 67346, ED VA
Hauptgericht 20/10-32/16, geschl.: im Sommer
So, Mo mittags
Modern-elegantes Ambiente. Beachtenswerte
Küche.

🍴 Kutscherhaus

Fischmarkt 5 a, Tel (0 62 32) 7 05 92,
Fax 62 09 22, ✉ 67346, AX ED VA
Hauptgericht 19/9-40/20, Biergarten, **P**, 🛏,
geschl.: Mi

🍴 Domhof

Große Himmelsgasse 6, Tel (0 62 32) 6 74 40,
Fax 7 12 71, ✉ 67346, AX DC ED VA
Hauptgericht 12/6, Biergarten, **P**
Brauereiausschank mit rustikalem Ambiente.

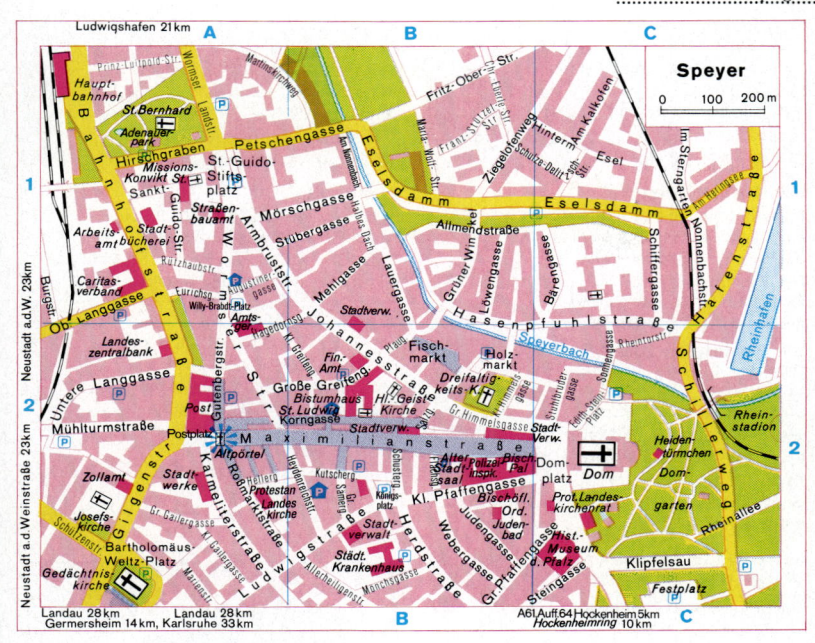

Spiegelau

Binshof (2 km ↑)

★★★ Binshof
Binshof 1, **Tel (0 62 32) 64 70**, Fax 64 71 99,
✉ 67346, AX DC ED VA
♪, 63 Zi, Ez: 240/120-365/183,
Dz: 390/196-460/231, 4 Suiten, ⌐ WC ☏, 25 ↔,
Lift, **P**, ♨, 4⊃80, ≈, ⌂, Fitnessraum, Sauna,
Solarium, 4 Tennis
Bade- und Saunalandschaft Binshof Therme auf
4500 qm.

¶¶¶ Fresco
Hauptgericht 45/22, nur abends, geschl.: Mo, So

¶¶ Salierhof
Hauptgericht 38/19

Spiegelau 66 ↑
Bayern / Kreis Freyung-Grafenau
EW 4180
i Tel (0 85 53) 96 00 17, Fax 96 00 42
Tourist-Information Spiegelau
✉ 94518 Konrad-Wilsdorf-Str. 5

Tor zum Nationalpark Bayer. Wald. Sehensw.:
Gr. Rachel, Kurpark, Glashütte mit Führungen,
Schnapsmuseum.

Hochreuth (1 km ←)

★ Landhotel Tannenhof
Auf der List 27, **Tel (0 85 53) 97 30**,
Fax 97 32 00, ✉ 94518
♪ ♨, 92 Zi, Ez: 73/36-83/41, Dz: 126/63-146/73,
⌐ WC ☏, **P**, ♨, ⌂, Fitnessraum, Sauna,
Solarium, Restaurant

Klingenbrunn (5 km ←)

★ Hochriegel
Frauenauer Str. 31, **Tel (0 85 53) 97 00**,
Fax 97 01 97, ✉ 94518
♪ ♨, 40 Zi, Ez: 61/30-96/48, Dz: 61/30-158/79,
21 App, ⌐ WC ☏, Lift, **P**, ⌂, Sauna, Solarium,
Golf, 1 Tennis, Restaurant
geschl.: 1.-29.4.01

Oberkreuzberg (7 km ↓)

★ Berggasthof Grobauer
mit Gästehaus
Kreuzbergstr. 8, **Tel (0 85 53) 9 11 09**,
Fax 9 11 10, ✉ 94518
♪ ♨, 37 Zi, Ez: 40/20-58/29, Dz: 78/39-116/58,
⌐ WC, Lift, **P**, ⌂, Fitnessraum, Sauna,
Solarium, Restaurant
geschl.: 8.11.-21.12.00, 18.3.-6.4.01
Im Gästehaus Zimmer der Kategorie ★★
vorhanden.

Spiekeroog 16

Niedersachsen / Kreis Wittmund
EW 720
🅸 Tel (0 49 76) 9 19 30, Fax 91 93 47
Kurverwaltung
✉ 26474 Noorderpad 25

✶✶ Inselfriede
Süderloog 12, Tel (0 49 76) 9 19 20,
Fax 91 92 66, ✉ 26474
♪, 18 Zi, Ez: 120/60-160/80,
Dz: 200/100-240/120, 3 Suiten, 10 App., ⊐ WC
Ⓒ, 1⇌35, ⌂, Sauna, Solarium
geschl.: 15.11.-26.12.00, 6.1.-23.2.01

¶¶ Friesenstube
Hauptgericht 25/12, Terrasse,
geschl.: 15.11.-26.12.00, 6.1.-23.2.01

✶ Huus Süder Mens
Richelweg 1 a, Tel (0 49 76) 91 20 33,
Fax 5 30, ✉ 26474
♪, 27 Zi, Ez: 85/42-90/45, Dz: 150/75-160/80,
1 App, ⊐ WC, 1⇌40, garni

Spornitz 20

Mecklenburg-Vorpommern
Kreis Parchim
EW 1620
🅸 Tel (0 38 71) 4 21 30, Fax 42 13 18
Amt Parchim-Land
✉ 19370 Walter-Hase-Str 42

✶ Landhotel Spornitz
An der B191, Tel (03 87 26) 8 80, Fax 8 84 90,
✉ 19372, ⒶⓍ ⒹⒸ ⒺⒹ ⓋⒶ
70 Zi, Ez: 99/49-135/67, Dz: 99/49-165/83,
2 Suiten, ⊐ WC Ⓒ, 35 ⌂, Lift, Ⓟ, 7⇌120,
Sauna, Solarium, Restaurant

Spreenhagen 31

Brandenburg / Kreis Fürstenwalde
EW 1640
🅸 Tel (03 36 33) 87 10
Gemeindeverwaltung
✉ 15528 Hauptstr. 13

✶ Gasthaus Paesch
Hauptstr. 27, Tel (03 36 33) 2 16, Fax 6 57 41,
✉ 15528, ⒺⒹ ⓋⒶ
10 Zi, Ez: 70/35-90/45, Dz: 100/50-110/55, ⊐
WC Ⓒ, Ⓟ, 1⇌60, Restaurant

Spremberg 41

Brandenburg / Spree-Neiße-Kreis
EW 26500
🅸 Tel (0 35 63) 45 30, Fax 45 30
Tourist-Information
✉ 03130 Am Markt 2

✶ Zur Post
Lange Str. 24, Tel (0 35 63) 3 95 50,
Fax 39 55 30, ✉ 03130, ⒶⓍ ⒺⒹ ⓋⒶ
19 Zi, Ez: 75/37-85/42, Dz: 105/52-140/70, ⊐
WC Ⓒ DFÜ, 3 ⌂, Lift, Ⓟ, Restaurant

✶ Zur Börse
Karl-Marx-Str. 4, Tel (0 35 63) 3 95 00,
Fax 39 50 40, ✉ 03130, ⓋⒶ
13 Zi, Ez: 75/37-80/40, Dz: 99/49-110/55,
3 Suiten, ⊐ WC Ⓒ, Ⓟ, Restaurant

✶ Am Berg
Bergstr. 30, Tel (0 35 63) 28 39, Fax 9 48 37,
✉ 03130, ⒶⓍ ⒹⒸ ⒺⒹ ⓋⒶ
♪, 16 Zi, Ez: 80/40, Dz: 135/67, ⊐ WC Ⓒ, Ⓟ,
1⇌50, Restaurant

Sprendlingen siehe Dreieich

Sprendlingen 53

Rheinland-Pfalz
Kreis Mainz-Bingen
EW 3600
🅸 Tel (0 67 01) 20 10, Fax 2 01 50
Verbandsgemeinde
✉ 55576 Elisabethenstr. 1

✶ Apart Hotel Blessing
Bahnhofstr. 9, Tel (0 67 01) 9 30 10,
Fax 93 01 50, ✉ 55576
18 Zi, Ez: 88/44-98/49, Dz: 138/69-148/74, ⊐
WC Ⓒ, 2 ⌂, Ⓟ, ⌂, 1⇌12, garni

St. Andreasberg

Springe 26 ✓

Niedersachsen / Kreis Hannover
EW 30000
🛈 Tel (0 50 41) 7 32 73, Fax 58 85
Tourist-Information
✉ 31832 Auf dem Burghof 1

Erholungsort; Sehenswert: Saupark mit Wisent-
gehege (4 km ↓); Jagdschloß; histor. Innenstadt; Museum auf dem Burghof.

🛏 Hotel Garni
Zum Oberntor 9, Tel (0 50 41) 9 43 90,
Fax 94 39 94, ✉ 31832, ED VA
19 Zi, Ez: 75/37-110/55, Dz: 110/55-160/80,
1 App, ⊟ WC ⌀, P, garni

Gestorf (15 km →)

🍴🍴 **Zum weißen Roß**
In der Welle 21, Tel (0 50 45) 76 19, Fax 76 19,
✉ 31832
Hauptgericht 13/6-39/19, Biergarten
✱ 5 Zi, Ez: 95/47-120/60,
Dz: 120/60-160/80, 2 Suiten, ⊟ WC ⌀, P,
2⊙100

Sprockhövel 33 □

Nordrhein-Westfalen
Ennepe-Ruhr-Kreis
EW 26460
🛈 Tel (0 23 24) 7 99 94, Fax 7 98 18
Verkehrsverein
✉ 45549 Hauptstr. 44

Frielinghausen (6 km ✓)

✱ **Golf-Hotel Vesper**
Haus Nr 1, Tel (02 02) 64 82 20, Fax 64 98 91,
✉ 45549, AX DC ED VA
einzeln ♪ ⚜, 32 Zi, Ez: 135/67, Dz: 180/90, ⊟
WC ⌀

Herzkamp (9 km ✓)

🍴 **Zur Alten Post**
Elberfelder Str. 139, Tel (02 02) 52 26 07,
Fax 5 28 88 36, ✉ 45549, AX DC ED VA
Hauptgericht 30/15, Terrasse, Biergarten,
geschl.: Do

Niedersprockhövel (1 km ↑)

✱ **Eggers**
Hauptstr. 78, Tel (0 23 24) 7 17 80,
Fax 7 72 90, ✉ 45549
11 Zi, Ez: 90/45-100/50, Dz: 140/70-150/75, ⊟
WC ⌀, P, 2⊙50, Kegeln
🍴 Hauptgericht 20/10-30/15, Terrasse,
geschl.: Mi, Sa mittags, 3 Wochen im Sommer

🍴🍴 **Tante Anna**
Hauptstr. 58, Tel (0 23 24) 7 96 12, ✉ 45549,
AX DC ED VA
Hauptgericht 28/14-45/22, Terrasse,
Gartenlokal, P, nur abends, geschl.: Mo

St. Andreasberg 37 ↖

Niedersachsen / Kreis Goslar
EW 2560
🛈 Tel (0 55 82) 8 03 36, Fax 8 03 39
Kurverwaltung
✉ 37444 Am Glockenberg 12

Heilkl. Kurort, Wintersportplatz im Oberharz.
Sehenswert: Bergbaumuseum, Grube Samson
und Catharina Neufang, Nationalparkhaus,
Superrutsche.

✱ **Landhaus Fischer**
Hangweg 1, Tel (0 55 82) 13 11, Fax 13 75,
✉ 37444
♪ ⚜, 7 Zi, Ez: 80/40, Dz: 108/54-136/68, ⊟ WC
⌀, 5 ⚐, P, ⌂, Sauna, Solarium, garni

✱ **Kiek In Tannhäuser mit Gästehaus**
Am Gesehr 1 A, Tel (0 55 82) 9 18 80,
Fax 91 88 50, ✉ 37444, AX DC ED VA

23 Zi, Ez: 65/32-135/67, Dz: 110/55-165/83, ⌐ WC ⊘, 3 ⌘, **P**, 1⌂30, Sauna, Solarium, Restaurant
geschl.: Mi, 13-27.11.00

⌘ Vier Jahreszeiten
Quellenweg 3, Tel (0 55 82) 5 21, Fax 5 78, ✉ 37444
10 Zi, Ez: 60/30-80/40, Dz: 90/45-120/60, ⌐ WC, **P**, ⌂, Sauna, Solarium, garni

St. Augustin 43 ↖
Nordrhein-Westfalen
Rhein-Sieg-Kreis
EW 58000
🛈 Tel (0 22 41) 24 33 54, Fax 92 74 40
Stadtverwaltung
✉ 53757 Markt 1

✱ Regina
Markt 81, Tel (0 22 41) 86 90, Fax 2 83 85, ✉ 53757, AX ED VA
56 Zi, Ez: 99/49-265/133, Dz: 159/80-365/183, 3 Suiten, 1 App, ⌐ WC ⊘ DFÜ, 5 ⌘, Lift, **P**, ⌂, 6⌂450, Kegeln, Sauna, Solarium

¶ Regina-Stube
Hauptgericht 25/12-45/22, Terrasse

✱ Augustiner Hof
Uhlandstr. 6-8, Tel (0 22 41) 9 28 80, Fax 2 13 04, ✉ 53757, AX ED
34 Zi, Ez: 95/47-145/73, Dz: 145/73-185/93, ⌐ WC ⊘ DFÜ, 13 ⌘, ⌂, Kegeln
¶ Hauptgericht 25/12-48/24, **P**

Hangelar (2 km ✓)

✱ Hangelar
Lindenstr. 21, Tel (0 22 41) 9 28 60, Fax 92 86 13, ✉ 53757, AX ED VA
44 Zi, Ez: 105/52-140/70, Dz: 140/70-180/90, ⌐ WC ⊘, 8 ⌘, **P**, ⌂, 2⌂40, ⌂, Sauna, Solarium, Restaurant

¶ Die Glocke
Kölnstr. 170, Tel (0 22 41) 92 18 80, Fax 92 18 81, ✉ 53757, AX DC ED VA
Hauptgericht 25/12-40/20

St. Blasien 67 ↘
Baden-Württemberg / Kreis Waldshut
EW 3740
🛈 Tel (0 76 72) 4 14 30, Fax 4 14 38
Tourismus-Information
✉ 79837 Am Kurgarten 1-3

☕ Café Aich
Hauptstr. 31, Tel (0 76 72) 14 29, Fax 20 62, ✉ 79837
P
✱✱ 5 Zi, Ez: 85/42-90/45, Dz: 120/60-170/85, ⌐ WC ⊘, 5 ⌘, ⌂

Menzenschwand (9 km ↖)

✱ Sonnenhof
Vorderdorfstr. 58, Tel (0 76 75) 9 05 60, Fax 90 56 50, ✉ 79837, ED
♪ ⚐, 27 Zi, Ez: 65/32-75/37, Dz: 110/55-190/95, ⌐ WC ⊘, **P**, 2⌂40, ⌂, Sauna, Solarium, Restaurant
geschl.: Di, 11.11.-15.12.00

St. Englmar 65 ↗
Bayern / Kreis Straubing-Bogen
EW 1440
🛈 Tel (0 99 65) 84 03 20, Fax 84 03 30
Kurverwaltung/Tourist-Information
✉ 94379 Rathausstr. 6

✱✱✱ Angerhof
Am Anger 38, Tel (0 99 65) 18 60, Fax 1 86 19, ✉ 94379
♪ ⚐, 57 Zi, Ez: 113/56-187/94, Dz: 226/113-304/153, 6 Suiten, ⌐ WC ⊘, 3 ⌘, Lift, **P**, ⌂, 1⌂160, ⌂, ⌂, Fitnessraum, Sauna, Solarium
geschl.: 5.11.-17.12.00
1000 qm große Badelandschaft mit Vital- und Wellnesstherme. Auch Zimmer der Kategorie ✱✱ vorhanden.
¶ ¶ ⚐, Hauptgericht 21/10-36/18, Terrasse, geschl.: 5.11.-17.12.00

Grün (3 km ↖)

✱ Reiner Hof
Haus Nr 9, Tel (0 99 65) 85 10, Fax 85 11 25, ✉ 94379
⚐, 38 Zi, Ez: 54/27-71/35, Dz: 98/49-140/70, 2 App, ⌐ WC ⊘, Lift, **P**, ⌂, ⌂, Fitnessraum, Sauna, Solarium, Restaurant
geschl.: 29.10.-15.12.00, 27.10.-14.12.01

Maibrunn (4 km ↖)

✱✱✱ Berghotel Maibrunn ♛
Maibrunn 1, Tel (0 99 65) 85 00, Fax 85 01 00, ✉ 94379, AX DC ED VA
einzeln ♪ ⚐, 52 Zi, Ez: 84/42-185/93, Dz: 148/74-264/132, 2 Suiten, ⌐ WC ⊘ DFÜ, 6 ⌘, Lift, **P**, ⌂, 2⌂40, ⌂, ⌂, Sauna, Solarium
Im Stammhaus auch einfachere Zimmer vorhanden.
¶ ¶ Hauptgericht 38/19, Terrasse

Rettenbach (4 km ↘)

****   Romantik Hotel
         Gut Schmelmerhof**
Rettenbach 24, Tel **(0 99 65) 18 90**,
Fax 18 91 40, ✉ 94379, AX ED VA
einzeln ☾, 42 Zi, Ez: 88/44-165/83,
Dz: 74/37-145/73, 12 Suiten, 7 App., ⌐ WC ✆,
Lift, **P**, 🍴, 2⟲60, ≈, ⌂, Fitnessraum, Sauna,
Solarium, Golf
Auch Zimmer der Kategorie ******* vorhanden.
**🍴🍴   **Hauptgericht 30/15, Terrasse

St. Georgen   68 ↖

Baden-Württemberg
Schwarzwald-Baar-Kreis
EW 14000
ℹ Tel **(0 77 24) 8 71 94**, Fax 8 71 20
Tourist-Information
✉ 78112 Hauptstr. 9/Rathaus

*   Kammerer
Hauptstr. 23, Tel **(0 77 24) 9 39 20**, Fax 31 80,
✉ 78112, AX DC ED VA
§, 22 Zi, Ez: 76/38-98/49, Dz: 128/64, ⌐ WC ✆,
Lift, **P**, 🍴, garni
Auch Zimmer der Kategorie ****** vorhanden.

St. Goar   43 ↘

Rheinland-Pfalz
Rhein-Hunsrück-Kreis
EW 3500
ℹ Tel **(0 67 41) 3 83**, Fax 72 09
Tourist Information
✉ 56329 Heerstr. 86

🍴   Zum goldenen Löwen
Heerstr. 82, Tel **(0 67 41) 16 74**, Fax 28 52,
✉ 56329
§, Hauptgericht 25/12-45/22, Terrasse, **P**
***   **§, 12 Zi, Ez: 85/42-160/80,
Dz: 120/60-210/105, ⌐ WC ✆, 1⟲40

St. Goar-Außerhalb (1 km ←)

****   Schloßhotel & Villa Rheinfels
         European Castle**
Schloßberg 47, Tel **(0 67 41) 80 20**,
Fax 80 28 02, ✉ 56329, AX DC ED VA
§, 55 Zi, Ez: 155/78-210/105,
Dz: 240/120-285/143, 2 Suiten, ⌐ WC ✆, Lift,
P, 🍴, 6⟲120, ⌂, Fitnessraum, Sauna,
Solarium, Golf
Auch Zimmer der Kategorie ******* vorhanden.

**🍴🍴   **§, Hauptgericht 28/14-48/24, Terrasse,
Biergarten

Zu Fellen (3 km ↖)

🍴   Landsknecht
Rheinuferstr., Tel **(0 67 41) 20 11**, Fax 74 99,
✉ 56329, AX DC ED VA
§, Hauptgericht 19/9-43/21, Terrasse, **P**,
geschl.: 15.11.-1.12.00, 15.1.-15.2.01
****   **§, 14 Zi, Ez: 105/52-130/65,
Dz: 130/65-200/100, 2 Suiten, ⌐ WC ✆, 🍴,
2⟲30

St. Goarshausen   43 ↘

Rheinland-Pfalz / Rhein-Lahn-Kreis
EW 1800
ℹ Tel **(0 67 71) 91 00**, Fax 9 10 15
Tourist Information
✉ 56346 Bahnhofstr. 8

Loreley (4 km ↓)

*   Berghotel Auf Der Loreley
Tel **(0 67 71) 22 82**, Fax 15 51, ✉ 56346, AX ED VA
einzeln §, 12 Zi, Ez: 80/40, Dz: 110/55-130/65,
⌐ WC ✆, **P**, Restaurant

St. Ingbert   52 ↘

Saarland / Saar-Pfalz-Kreis
EW 41493
ℹ Tel **(0 68 94) 1 35 14**, Fax 1 35 30
Kulturamt
✉ 66386 Am Markt 12

*   Absatz-Schmitt
Ensheimer Str. 134, Tel **(0 68 94) 9 63 10**,
Fax 96 31 24, ✉ 66386, AX ED VA
14 Zi, Ez: 90/45-110/55, Dz: 125/62-160/80, ⌐
WC ✆ DFÜ, **P**, Restaurant

St. Ingbert

Sengscheid (2 km ↙)

✱✱ Sengscheider Hof
Zum Ensheimer Gelösch 30,
Tel **(0 68 94) 98 20**, Fax **98 22 00**, ✉ 66386, DC ED VA
☽, 44 Zi, Ez: 95/47-150/75,
Dz: 160/80-220/110, 1 Suite, 1 App, ⬒ WC ⓒ
DFÜ, 14 ⚞, Lift, Ⓟ, 🕿, 1⇨70, ≋, Fitnessraum,
Sauna, Solarium
Auch Zimmer der Kategorie ✱ vorhanden.
🍴🍴 Hauptgericht 38/19-46/23, Terrasse,
Biergarten, geschl.: Sa

✱ Alfa-Hotel
Ensheimer Gelösch 2, Tel **(0 68 94) 98 50**,
Fax **98 52 99**, ✉ 66386, AX DC EJ VA
47 Zi, Ez: 99/49-209/105, Dz: 145/73-315/158,
⬒ WC ⓒ, 5 ⚞, Ⓟ, 🕿, 2⇨50, Sauna, Solarium
geschl.: 23-30.12.00
Im Altbau einfachere Zimmer vorhanden.

🍴🍴 Le Jardin
Hauptgericht 17/8-38/19, Terrasse, geschl.: Sa
miitags, So abends, Mo mittags

St. Johann 61 ↘

Baden-Württemberg
Kreis Reutlingen
EW 5100
🛈 Tel **(0 71 22) 92 31**, Fax **36 79**
Tourist-Info
✉ 72813 Kirchgasse 1

Lonsingen

✱ Gasthof Grüner Baum mit Albhotel Bauder
Albstr. 4, Tel **(0 71 22) 1 70**, Fax **1 72 17**,
✉ 72813
81 Zi, Ez: 60/30-80/40, Dz: 120/60-140/70, ⬒
WC ⓒ, Lift, Ⓟ, 🕿, 2⇨50, Sauna, Solarium,
Restaurant
Im Albhotel Bauder auch Zimmer der Kategorie
✱✱✱ vorhanden.

St. Kilian 47 □

Thüringen / Kreis Hildburghausen
EW 3300
🛈 Tel **(03 68 41) 4 72 71**, Fax **4 81 92**
Fremdenverkehrsamt
✉ 98553 Hauptstr. 67

Hirschbach (7 km ↑)

✱ Gasthof Zum Goldenen Hirsch
Hauptstr. 33, Tel **(0 36 81) 72 00 37**,
Fax **30 35 09**, ✉ 98553, AX ED VA
30 Zi, Ez: 80/40-95/47, Dz: 120/60-130/65, ⬒
WC ⓒ, 6 ⚞, Ⓟ, 2⇨80, Sauna, Solarium,
Restaurant

St. Märgen 67 →

Baden-Württemberg
Kreis Breisgau-Hochschwarzwald
EW 1900
🛈 Tel **(0 76 69) 91 18 17**, Fax **91 18 40**
Tourist Information
✉ 79274 Rathausplatz 1

✱✱ Hirschen
Feldbergstr. 9, Tel **(0 76 69) 94 06 80**,
Fax **9 40 68 88**, ✉ 79274, AX DC ED VA
☽, 44 Zi, Ez: 78/39-90/45, Dz: 130/65-172/86,
⬒ WC ⓒ, Lift, Ⓟ, 🕿, 2⇨75, Fitnessraum,
Sauna, Solarium
geschl.: Mi, 4.-19.12.00, 8.-25.1.01
Auch Zimmer der Kategorie ✱ vorhanden.
🍴🍴 Hauptgericht 18/9-38/19, Terrasse,
geschl.: Mi

St. Martin 54 ✓

Rheinland-Pfalz
Kreis Südliche Weinstraße
EW 1900
🛈 Tel **(0 63 23) 53 00**, Fax **98 13 28**
Büro für Tourismus
✉ 67487 Kellerstr. 1

✱✱ Das Landhotel
Maikammererstr. 39, Tel **(0 63 23) 9 41 80**,
Fax **94 18 40**, ✉ 67487
₴, 16 Zi, Ez: 95/47-125/62, Dz: 155/78-170/85,
1 App., ⬒ WC ⓒ, 8 ⚞, Ⓟ, garni
geschl.: 15-31.1.01
Eigenes Weingut.

✱✱ Albert Val. Schneider
Maikammerer Str. 44, Tel **(0 63 23) 80 40**,
Fax **80 44 26**, ✉ 67487
39 Zi, Ez: 110/55-135/67, Dz: 176/88, ⬒ WC ⓒ,
Lift, Ⓟ, 3⇨25, Sauna, Solarium
geschl.: 27.12.00-23.1.01
Eigenes Weingut.
🍴🍴 Hauptgericht 18/9-33/16, Terrasse,
geschl.: Mo, So abends, 27.12.00-23.1.01

✱✱ St. Martiner Castell
Maikammerer Str. 2, Tel **(0 63 23) 95 10**,
Fax **20 98**, ✉ 67487
26 Zi, Ez: 100/50-120/60, Dz: 168/84, ⬒ WC ⓒ,
4 ⚞, Lift, Ⓟ, 2⇨40, Sauna, Solarium
🍴🍴 Hauptgericht 30/15, Terrasse,
geschl.: Di, 1.2.-1.3.01

✱ Haus Am Rebenhang
Einlaubstr. 64-66, Tel **(0 63 23) 9 44 30**,
Fax 94 43 30, ✉ 67487, 🆔
🌙 ✦, 19 Zi, Ez: 70/35-120/60,
Dz: 142/71-160/80, 🛏 WC Ⓒ DFÜ, **P**, Sauna,
Solarium, Restaurant
geschl.: 2.1.-8.2.01

🍴🍴 Gasthaus Grafenstuben
Edenkobener Str. 38, Tel **(0 63 23) 27 98**,
Fax 8 11 64, ✉ 67487, 🆔 VA
Hauptgericht 19/9-38/19, geschl.: Mo

Außerhalb (1 km ↑)

✱ Haus am Weinberg
Oberst-Barret-Str. 1, Tel **(0 63 23) 94 50**,
Fax 8 11 11, ✉ 67487, 🆔 VA
einzeln ✦, Ez: 95/47-135/67,
Dz: 148/74-168/84, 3 App, 🛏 WC Ⓒ, Lift, **P**, 🚗,
8🛏160, 🏠, Sauna, Solarium, Restaurant
Auch einfachere Zimmer vorhanden.

St. Michaelisdonn 9 ↓

Schleswig-Holstein
Kreis Dithmarschen
EW 3600
🛈 Tel (0 48 53) 8 00 20, Fax 80 02 50
Amtsverwaltung
✉ 25693 Am Rathaus 8

✱ Ringhotel Landhaus Gardels
Westerstr. 15-19, Tel **(0 48 53) 80 30**,
Fax 80 31 83, ✉ 25693, AX DC 🆔 VA, Ⓢ
63 Zi, Ez: 145/73-185/93, Dz: 180/90-200/100,
5 Suiten, 🛏 WC Ⓒ, 25 🛌, **P**, 🚗, 3🛏60, 🏠,
Kegeln, Sauna, Solarium
🍴 Hauptgericht 32/16-56/28, Terrasse,
geschl.: Sa mittags

St. Oswald-Riedlhütte 66 ↗

Bayern / Kreis Freyung-Grafenau
EW 3130
🛈 Tel (0 85 52) 96 11 38, Fax 96 11 42
Verkehrsamt
✉ 94568 Klosterallee 4

Riedlhütte

✱ Berghotel Wieshof
Anton-Hilz-Str. 8, Tel **(0 85 53) 4 77**,
Fax 68 38, ✉ 94566
🌙 ✦, 12 Zi, Ez: 53/26-60/30, Dz: 96/48-102/51,
🛏 WC, **P**, 1🛏30, Sauna, Restaurant

St. Oswald

✱ Pausnhof
Goldener Steig 7, Tel **(0 85 52) 40 88 60**,
Fax 4 08 86 16, ✉ 94568
25 Zi, Ez: 62/31-77/38, Dz: 108/54-126/63,
1 Suite, 🛏 WC Ⓒ DFÜ, **P**, 1🛏30, Sauna,
Solarium, Restaurant

✱ Aparthotel Residence
Klosterberg 2, Tel **(0 85 52) 97 00**,
Fax 97 01 50, ✉ 94568, AX 🆔
40 Zi, Ez: 62/31-80/40, Dz: 103/51-114/57,
40 App, 🛏 WC Ⓒ, 5 🛌, **P**, 1🛏35, 🏠,
Fitnessraum, Sauna, Solarium, Restaurant
geschl.: Di, 12.11.-15.12.00, 10.11.-15.12.01

St. Peter 67 □

Baden-Württemberg
Kreis Breisgau-Hochschwarzwald
EW 2300
🛈 Tel (0 76 60) 91 02 24, Fax 91 02 44
Kurverwaltung
✉ 79271 Klosterhof 11

✱ Zur Sonne
Zähringer Str. 2, Tel **(0 76 60) 9 40 10**,
Fax 94 01 66, ✉ 79271, 🆔 VA
14 Zi, Ez: 78/39-110/55, Dz: 102/51-250/125,
1 Suite, 🛏 WC Ⓒ, 1 🛌, **P**, 🚗, 1🛏25
geschl.: Mitte Jan-Mitte Feb

🍴🍴 Hauptgericht 45/22-55/27
Terrasse, geschl.: Mo,di, Mitte Jan-Mitte Feb
badische Küche.

St. Peter

Pension Erle
Glottertalstr. 2, Tel (0 76 60) 2 57, ⌧ 79271, AX
10 Zi, Ez: 45/22-70/35, Dz: 85/42-110/55,
1 App, ⊒ WC ⌀, P, garni
geschl.: Do, 15.11.-25.12.00

St. Peter-Ording 8 →

Schleswig-Holstein
Kreis Nordfriesland
EW 4250
🛈 Tel (0 48 63) 99 90, Fax 99 91 80
Kurverwaltung
⌧ 25823 Postfach 100

Ording

** Landhaus Idel
Friesenstr. 5, Tel (0 48 63) 9 69 50,
Fax 9 69 59, ⌧ 25826
17 Zi, Ez: 149/75-329/165, Dz: 169/85-349/175,
⊒ WC ⌀, 8 ⌂, ⌂, Restaurant

* Waldesruh
Waldstr. 7, Tel (0 48 63) 20 56, Fax 13 87,
⌧ 25826
⌓, 35 Zi, Ez: 99/49-229/115,
Dz: 129/64-249/125, ⊒ WC ⌀, 1⌬25,
Restaurant

* Ordinger Hof
Am Deich 31, Tel (0 48 63) 90 80, Fax 9 08 49,
⌧ 25826, ED VA
⌓, 12 Zi, ⊒ WC ⌀, P

🍴 Gambrinus
Strandweg 4, Tel (0 48 63) 29 77, Fax 10 53,
⌧ 25826
Hauptgericht 33/16, Gartenlokal, P, ⌂,
geschl.: Mo

St. Peter-Bad

** Ringhotel Vier Jahreszeiten
Friedrich-Hebbel-Str. 2, Tel (0 48 63) 70 10,
Fax 26 89, ⌧ 25826, AX ED VA, Ⓢ
⌓ ⚜, 52 Zi, Ez: 167/84-237/119,
Dz: 254/127-314/158, 10 Suiten, ⊒ WC ⌀,
24 ⌂, Lift, P, ⌂, 1⌬35, ≋, ⌂, Fitnessraum,
Sauna, Solarium, Golf
Auch Zimmer der Kategorie ******* vorhanden.

🍴🍴 Hauptgericht 35/17

** Landhaus an de Dün ♛
Im Bad 63, Tel (0 48 63) 9 60 60,
Fax 96 06 60, ⌧ 25826
15 Zi, Ez: 185/93-375/188,
Dz: 220/110-370/186, 2 Suiten, ⊒ WC ⌀, P,
2⌬30, ⌂, Sauna, Solarium, Golf, garni
geschl.: 17-26.12.00, 7.1.-1.2.01

** Apart – Hotel Friesenhof
Im Bad 58, Tel (0 48 63) 9 68 60,
Fax 96 86 76, ⌧ 25826
8 Zi, Ez: 130/65-180/90, Dz: 160/80-280/141,
4 Suiten, 12 App, ⊒ WC ⌀, 4 ⌂, P, ⌂, ⌂,
Sauna, Solarium, Golf, garni

**** Best Western
Ambassador**
Im Bad 26, Tel (0 48 63) 70 90, Fax 26 66,
⌧ 25826, AX DC ED VA
⌓ ⚜, 90 Zi, Ez: 190/95-350/176,
Dz: 210/105-350/176, ⊒ WC ⌀ DFÜ, 24 ⌂, Lift,
P, ⌂, 6⌬250, ⌂, Sauna, Solarium, Golf

🍴🍴 La Mer
Hauptgericht 32/16

*** Euro Ring Hotel St. Peter
mit Gästehaus**
Rungholtstieg 4, Tel (0 48 63) 90 40,
Fax 90 44 00, ⌧ 25826
52 Zi, Ez: 75/37-300/151, Dz: 130/65-200/100,
5 Suiten, 7 App, ⊒ WC ⌀ DFÜ, Lift, P, ⌂,
Sauna, Solarium, Restaurant
Auch Zimmer der Kategorie ****** vorhanden.

St. Peter-Ording

* Kölfhamm
Kölfhamm 6, Tel (0 48 63) 99 50, Fax 9 95 45,
⌧ 25826
25 Zi, Ez: 100/50-130/65, Dz: 140/70-240/120,
⊒ WC ⌀, P, ⌂, Restaurant

St. Wendel 53 ✓

Saarland
EW 28000
ℹ Tel (0 68 51) 9 39 55 14, Fax 9 39 55 15
Tourist-Information
✉ 66606 Fruchtmarkt 1/Im Alten Rathaus

⌂ Haus Coburg
Coburger Str. 3-5, **Tel (0 68 51) 7 03 63**,
Fax 8 17 19, ✉ 66606, VA
8 Zi, Ez: 62/31-72/36, Dz: 85/42-100/50, 1 App,
⊐ WC ⊘, **P**, 🛎, Sauna, Solarium, garni

Bliesen (5 km ↖)

ⓎⓎ Kunz 🍷
Kirchstr. 22, **Tel (0 68 54) 81 45**, Fax 72 54,
✉ 66606, AX ED VA
Hauptgericht 42/21-48/24, Terrasse, Kegeln, **P**,
geschl.: Mo, Di, Sa mittags, 2 Wochen im
Sommer

St. Wolfgang 72 ↗

Bayern / Kreis Erding
EW 3800
ℹ Tel (0 80 85) 18 80, Fax 1 88 28
Gemeindeverwaltung
✉ 84427 Hauptstr. 9

✱ St. Georg
Hauptstr. 28, an der B 15,
Tel (0 80 85) 9 30 30, ✉ 84427
14 Zi, Ez: 78/39, Dz: 108/54, ⊐ WC ⊘

Stade 17 ↗

Niedersachsen
EW 46000
ℹ Tel (0 41 41) 40 91 73, Fax 40 91 10
Stade Tourismus-GmbH
✉ 21682 Schiffertorsstr. 6

✱✱ Treff Hotel Herzog Widukind
Grose Schmiedestr. 14, **Tel (0 41 41) 9 99 80**,
Fax 9 99 84 44, ✉ 21682, AX DC ED VA, Ⓢ
♪, 45 Zi, Ez: 159/80-189/95,
Dz: 189/95-229/115, ⊐ WC ⊘ DFÜ, 16 🛏, Lift,
🛎, garni

✱✱ Parkhotel Stader Hof
Schiffertorsstr. 8, **Tel (0 41 41) 49 90**,
Fax 49 91 00, ✉ 21682, AX DC ED VA
100 Zi, Ez: 120/60-140/70, Dz: 170/85, 6 Suiten,
⊐ WC ⊘ DFÜ, 13 🛏, Lift, **P**, 8⊂⊃1200,
Sauna, Restaurant

✱ Treff Hotel
Am Kommandantenteich 1-3,
Tel (0 41 41) 9 99 70, Fax 99 97 11, ✉ 21680
65 Zi, Ez: 179/90, Dz: 209/105-250/125, ⊐ WC
⊘

ⓎⓎ Contrescarpe
Schiffertorstr. 6, **Tel (0 41 41) 40 91 99**,
Fax 49 91 00, ✉ 21682, AX DC ED VA
🐟, Hauptgericht 25/12, Terrasse, **P**, geschl.: So

Ⓨ Insel-Restaurant
Auf der Insel, **Tel (0 41 41) 20 31**, Fax 4 78 69,
✉ 21680, ED VA
Hauptgericht 30/15, **P**

Schölisch (1,5 km ↖)

✱ Vier Linden
Kiek In
Schölischer Str. 63, **Tel (0 41 41) 9 27 02**,
Fax 28 65, ✉ 21682, AX DC ED VA
45 Zi, Ez: 99/49-110/55, Dz: 150/75-165/83,
1 Suite, ⊐ WC ⊘ DFÜ, 2 🛏, **P**, 🛎, 6⊂⊃120,
Kegeln, Sauna, Solarium, Restaurant

Stadecken-Elsheim 54 ↖

Rheinland-Pfalz
Kreis Mainz-Bingen
EW 4000
ℹ Tel (0 61 36) 22 48, Fax 67 01
Gemeindeverwaltung
✉ 55271 Auf der Langweid 10

Stadecken

✱✱ Christian ♛
Chr-Reichert-Str. 3, **Tel (0 61 36) 9 16 50**,
Fax 91 65 55, ✉ 55271, ED VA
22 Zi, Ez: 139/70-179/90, Dz: 169/85-199/100,
1 Suite, 1 App, ⊐ WC ⊘, 10 🛏, **P**, 🛎, 2⊂⊃40,
🛎, Sauna, Golf, Restaurant

Stadtallendorf 45 ↖

Hessen / Kreis Marburg-Biedenkopf
EW 22000
ℹ Tel (0 64 28) 70 70, Fax 70 74 00
Stadtverwaltung
✉ 35260 Bahnhofstr. 2

✱✱ Ringhotel Parkhotel
Schillerstr. 1, **Tel (0 64 28) 70 80**,
Fax 70 82 59, ✉ 35260, AX DC ED VA, Ⓢ
46 Zi, Ez: 110/55-220/110, Dz: 160/80-240/120,
4 Suiten, ⊐ WC ⊘, 4 🛏, **P**, 🛎, 5⊂⊃70, Kegeln
ⓎⓎ Hauptgericht 30/15, Terrasse,
Biergarten

Stadtallendorf

✱ Germania
Obergasse 1, Tel (0 64 29) 9 23 60,
Fax 92 36 49, ✉ 35260, AX ED VA
21 Zi, Ez: 70/35-85/42, Dz: 120/60, ⊖ WC ✪
DFÜ, 6 ↙, P, 🏠, Sauna, Restaurant
geschl.: Di

Stadtbergen 63 ↘

Bayern / Kreis Augsburg
EW 14000
🛈 Tel (08 21) 2 43 81 37, Fax 2 43 81 07
Kulturamt
✉ 86391 Oberer Stadtweg 2

🛏 Schlößle
Bauernstr. 37, Tel (08 21) 24 39 30,
Fax 43 74 51, ✉ 86391, AX ED VA
12 Zi, Ez: 60/30-80/40, Dz: 115/57-130/65, ⊖
WC ✪, 12 ↙, P, garni
Rezeption: 8-12, 15-22, geschl.: 1.-31.8.00,
1.-1.8.01

Stadthagen 25 □

Niedersachsen / Kreis Schaumburg
EW 23800
🛈 Tel (0 57 21) 78 20, Fax 78 21 10
Stadtverwaltung
✉ 31655 Rathauspassage 1

✱ Zur Amtspforte
Obernstr. 31, Tel (0 57 21) 98 40, Fax 98 44 44,
✉ 31655, AX ED VA
25 Zi, Ez: 98/49-160/80, Dz: 168/84-250/125,
⊖ WC ✪ DFÜ, 5 ↙, P, 1⌲40, Restaurant

✱ Gerber Hotel La Tannerie
Echternstr. 14, Tel (0 57 21) 98 60,
Fax 9 86 66, ✉ 31655, AX DC ED VA
19 Zi, Ez: 89/44-165/83, Dz: 149/75-189/95,
1 App, ⊖ WC ✪, 7 ↙, Lift, P, 🏠, 1⌲18,
Restaurant

✱ Parkhotel
Büschingstr. 10, Tel (0 57 21) 9 72 70,
Fax 97 27 37, ✉ 31655, AX DC ED VA
16 Zi, Ez: 79/39-149/75, Dz: 149/75-169/85,
1 App, ⊖ WC ✪ DFÜ, 4 ↙, P, 🏠, 1⌲20,
Fitnessraum, Sauna, Solarium, Golf, garni

🍴 Torschreiberhaus
Krumme Str. 42, Tel (0 57 21) 64 50,
Fax 92 31 84, ✉ 31655
Hauptgericht 34/17-42/21, Terrasse, P,
geschl.: Mo, 25-30.10.00, 1-15.1.01

Obernwöhren (4 km ↘)

✱ Oelkrug
Waldstr. 2, Tel (0 57 21) 80 25 25,
Fax 80 25 50, ✉ 31655, AX ED VA
♪, 18 Zi, Ez: 105/52, Dz: 158/79, ⊖ WC ✪,
9 ↙, Lift, P, 🏠, 3⌲120, Golf
Auch einfachere Zimmer vorhanden.
🍴 Hauptgericht 12/6-38/19, Terrasse,
nur abends, geschl.: Mo

Stadtkyll 42 ↘

Rheinland-Pfalz / Kreis Daun
EW 1500
🛈 Tel (0 65 97) 28 78, Fax 48 71
Verkehrsverein Oberes Kylltal
✉ 54589 Burgberg 22

✱✱✱ Am Park
Kurallee 1, Tel (0 65 97) 1 50, Fax 1 52 50,
✉ 54589, AX DC ED VA
♪, 67 Zi, Ez: 135/67-165/83,
Dz: 220/110-255/128, 4 Suiten, 18 App, ⊖ WC
✪, Lift, P, 8⌲250, 🏠, Kegeln, Sauna,
Solarium
Freie Benutzung des Erlebnisbades Vulkamar.
🍴🍴 Hauptgericht 25/12-55/27, Terrasse,
Biergarten

Stadtoldendorf 36 ↖

Niedersachsen / Kreis Holzminden
EW 6460
🛈 Tel (0 55 32) 9 00 50, Fax 90 05 10
Verkehrsamt
✉ 37627 Kirchstr. 4

✱✱ Villa Mosler
Hoopstr. 2, Tel (0 55 32) 50 60, Fax 50 64 00,
✉ 37627, AX DC ED VA
61 Zi, Ez: 120/60-290/146, Dz: 160/80-350/176,
6 Suiten, ⊖ WC ✪, 14 ↙, Lift, P, 🏠, 4⌲120,
Sauna, Solarium

🍴🍴🍴 Topas
Hauptgericht 34/17, Terrasse, nur abends

Stadtroda 48 ↗

Thüringen / Saale-Holzland Kreis
EW 6700
🛈 Tel (03 64 28) 4 41 24, Fax 6 11 92
Fremdenverkehrsamt
✉ 07646 Straße des Friedens 17

Staatl. anerk. Erholungsort. Sehenswert: Ruine
der Klosterkirche, Rotes Tor; Heilig-Kreuz-Kirche; St.-Salvator-Kirche; Felsenpark Baderberg;
Stadtmuseum.

✱ ▓▓▓▓ **Hammermühle**
Hammermühlenweg 2, Tel (0 36 28) 57 90,
Fax 5 79 90, ✉ 07646, AX DC ED VA
23 Zi, Ez: 90/45-110/55, Dz: 120/60-150/75,
4 App, ⌐ WC ⌀, 10 ⇔, Ⓟ, 1⇔60, Sauna,
Solarium, 2 Tennis

🍴 ▓▓▓▓ **Scheune**
Hauptgericht 16/8-26/13, Terrasse

Staffelstein 57 ↖

Bayern / Kreis Lichtenfels
EW 10460
ℹ Tel (0 95 73) 41 92, Fax 41 73
Verkehrsamt „Alte Darre"
✉ 96231 Bamberger Str. 25

✱✱✱ ▓▓ **Kurhotel an der Obermain-Therme**
Am Kurpark 7, Tel (0 95 73) 33 30,
Fax 33 32 99, ✉ 96231, AX DC ED VA
⌄, 113 Zi, Ez: 118/59-118/59, Dz: 168/84,
113 App, ⌐ WC ⌀, 39 ⇔, Lift, Ⓟ, 🚗, 4⇔200,
🏠, Sauna, Solarium

🍴🍴 ▓▓▓ Hauptgericht 25/12, Terrasse

✱✱ ▓▓▓▓ **Rödiger**
Zur Herrgottsmühle 2, Tel (0 95 73) 92 60,
Fax 92 62 62, ✉ 96231, AX DC ED VA
51 Zi, Ez: 85/42-95/47, Dz: 125/62-145/73, ⌐
WC ⌀, 18 ⇔, Lift, Ⓟ, 🚗, 4⇔80, 🏠, Sauna,
Solarium

🍴🍴 ▓▓▓ Hauptgericht 18/9-35/17, Terrasse,
geschl.: Fr, 3.-24.8.01

✱✱ ▓▓▓▓ **Vierjahreszeiten**
Annaberger Str. 1, Tel (0 95 73) 68 38,
✉ 96231
⌄, 18 Zi, Ez: 75/37-95/47, Dz: 120/60, ⌐ WC,
18 ⇔, garni

End (7 km ↘)

✱ ▓▓▓▓ **Schwarzer Adler**
Haus Nr 13, Tel (0 95 73) 8 45, Fax 3 12 36,
✉ 96231
11 Zi, Ez: 65/32-80/40, Dz: 120/60, ⌐ WC ⌀,
Ⓟ, 2⇔100, Sauna, Solarium, Restaurant
Auch einfachere Zimmer vorhanden.

Stapelfeld 18 ↗

Schleswig-Holstein
Kreis Stormarn
EW 1360
ℹ Tel (0 41 07) 8 89 30, Fax 88 93 88
Amtsverwaltung
✉ 22962 Hauptstr. 49

Stapelfeld-Außerhalb (1 km →)

✱ ▓▓▓▓ **Zur Windmühle**
Hauptstr. 99, Tel (0 40) 67 50 70,
Fax 67 50 72 99, ✉ 22145, AX DC ED VA
49 Zi, Ez: 110/55-150/75, Dz: 168/84-175/88, ⌐
WC ⌀, Ⓟ, 4⇔40

🍴 ▓▓▓▓ **Müllerstube**
Hauptgericht 24/12-51/25, Terrasse

Starnberg 72 ←

Bayern
EW 21000
ℹ Tel (0 81 51) 9 06 00, Fax 90 60 90
Tourismusverband
✉ 82319 Wittelsbacherstr. 2c

✱ ▓▓▓▓ **Seehof**
Bahnhofsplatz 4, Tel (0 81 51) 90 85 00,
Fax 2 81 36, ✉ 82319, AX DC ED VA
38 Zi, Ez: 140/70-160/80, Dz: 170/85-235/118,
⌐ WC ⌀ DFÜ, Lift, Ⓟ, 🚗, Restaurant
Auch Zimmer der Kategorie **✱✱** vorhanden.

✱ ▓▓▓▓ **Fischerhaus**
Achheimstr. 1, Tel (0 81 51) 9 05 50,
Fax 90 55 20, ✉ 82319, AX ED VA
11 Zi, Ez: 160/80-190/95, Dz: 220/110, ⌐ WC
⌀, Ⓟ, Golf, garni
Auch Zimmer der Kategorie **✱✱** vorhanden.

🍴 ▓▓▓▓ **Starnberger Alm** ✠
   Illguths Gasthaus
Schlossbergstr. 24, Tel (0 81 51) 1 55 77,
✉ 82319, AX ED VA
🏠, Hauptgericht 14/7-30/15, Terrasse, Ⓟ, nur
abends, geschl.: Mo, So, Ende Dez-Anfang Jan,
3 Wochen im Sommer

🍴 ▓▓▓▓ **Isola d'Elba**
Theresienstr. 9, Tel (0 81 51) 1 67 80, ✉ 82319,
AX DC ED VA
Hauptgericht 25/12, Terrasse, Gartenlokal, Ⓟ,
geschl.: Mo

🍴 ▓▓▓▓ **Al Gallo Nero**
Bahnhofsplatz 4, im Hotel Seehof,
Tel (0 81 51) 22 21, ✉ 82319, AX DC ED VA
Hauptgericht 25/12-40/20, Ⓟ

Staßfurt 38

Sachsen-Anhalt
EW 21000
🛈 Tel (0 39 25) 98 12 95, Fax 98 13 15
Staßfurt Information
✉ 39418 Steinstr. 19

✱ Salzland-Center
Hecklinger Str. 80, Tel (0 39 25) 87 00 10,
Fax 87 00 40, ✉ 39418, ED VA
22 Zi, Ez: 85/42, Dz: 140/70, ⎯ WC ⊘, Lift, Ⓟ,
2⟳40, Bowling, garni

Staufen im Breisgau 67

Baden-Württemberg
Kreis Breisgau-Hochschwarzwald
EW 7200
🛈 Tel (0 76 33) 8 05 36, Fax 5 05 93
Verkehrsamt
✉ 79219 Hauptstr. 53

Erholungsort am Rande des südlichen Schwarzwaldes; Sehenswert: Rathaus; Marktbrunnen;
Ruine Staufenburg.

🍴🍴 Kreuz-Post ✠
Hauptstr. 65, Tel (0 76 33) 9 53 20,
Fax 95 32 32, ✉ 79219, ED VA
Hauptgericht 18/9-46/23, Terrasse, geschl.: Mi,
2 Wochen im Jan

✱✱ 5 Zi, Ez: 155/78-165/83,
Dz: 175/88-185/93, ⎯ WC ⊘, 5 🛌

🍴🍴 Zum Löwen – Fauststube
Hauptstr. 47, Tel (0 76 33) 70 78, Fax 50 01 21,
✉ 79219
♨, Hauptgericht 26/13-39/19, Terrasse, Ⓟ, 🛌

🍴 Die Krone
Hauptstr. 30, Tel (0 76 33) 58 40, Fax 8 29 03,
✉ 79219, AX ED VA
Hauptgericht 25/12, Gartenlokal, geschl.: Fr, Sa
✱ 9 Zi, Ez: 90/45-100/50,
Dz: 130/65-150/75, ⎯ WC ⊘ DFÜ, Ⓟ

🍷 Café Decker
Hauptstr. 70, Tel (0 76 33) 53 16, Fax 50 03 78,
✉ 79219
geschl.: Mo

Staufenberg 44 →

Hessen / Kreis Gießen
EW 8024
🛈 Tel (0 64 06) 8 09 37, Fax 8 09 55
Stadtverwaltung
✉ 35460 Taxjanplatz 1

✱✱ Burg Staufenberg
Burggasse 10, Tel (0 64 06) 30 12, Fax 7 24 92,
✉ 35460, AX DC ED VA
♪ ♧, 28 Zi, Ez: 98/49-150/75,
Dz: 175/88-210/105, ⎯ WC ⊘, Restaurant

Stavenhagen-Reuterstadt 21

Mecklenburg-Vorpommern
Kreis Demmin
EW 8000
🛈 Tel (03 99 54) 2 83 44, Fax 2 83 18
Bürger- und Verwaltungszentrum
✉ 17153 Schloss 1

siehe auch Jürgenstorf

Stavenhagen

✱✱ Reutereiche
Werdohler Str. 10, Tel (03 99 54) 3 40,
Fax 34 11 13, ✉ 17153, AX DC ED VA
67 Zi, Ez: 60/30-95/47, Dz: 90/45-140/70,
6 Suiten, ⎯ WC ⊘, Lift, Ⓟ, 1⟳35, Restaurant

✱ Lindenschlößchen
Malchiner Str. 80, Tel (03 99 54) 2 23 55,
Fax 3 06 72, ✉ 17153, AX ED VA
27 Zi, Ez: 80/40, Dz: 120/60, 4 Suiten, 2 App, ⎯
WC ⊘, Ⓟ, Restaurant

✱ Reuterhof
Werdohler Str. 7, Tel (03 99 54) 3 20,
Fax 3 23 51, ✉ 17153, AX ED VA
163 Zi, Ez: 85/42-110/55, Dz: 130/65, 76 App,
⎯ WC ⊘, Lift, Ⓟ, 🕿, 4⟳200, 🏊, Fitnessraum,
Sauna, Solarium, Restaurant

✱ Kutzbach
Malchiner Str. 2, Tel (03 99 54) 2 10 96,
Fax 3 08 38, ✉ 17153, AX ED VA
17 Zi, Ez: 85/42-100/50, Dz: 120/60, ⎯ WC ⊘,
Ⓟ, 2⟳20, Restaurant

Steben, Bad 48 ↘

Bayern / Kreis Hof
EW 3700
☎ Tel (0 92 88) 9 60 20, Fax 9 60 10
Tourist Information
✉ 95138 Badstr. 31

*** Relexa
Sport- und Kurhotel
Badstr. 26, Tel (0 92 88) 7 20, Fax 7 21 13,
✉ 95138, AX DC ED VA
♪, 122 Zi, Ez: 140/70-170/85,
Dz: 210/105-250/125, 7 Suiten, ⊒ WC ✆, 36 ⇔,
Lift, P, 6⇌400, ⌂, Fitnessraum, Kegeln,
Sauna, Solarium

¶¶ Humboldtstube
Hauptgericht 18/9-35/17, Terrasse

** Promenade
Badstr. 16, Tel (0 92 88) 9 74 30,
Fax 9 74 34 05, ✉ 95138
52 Zi, Ez: 75/37-95/47, Dz: 150/75-160/80, ⊒
WC ✆, Lift, P, 2⇌80, Sauna, Solarium,
Restaurant

☕ Café Reichl
Peuntstr. 5, Tel (0 92 88) 4 20, Fax 4 20,
✉ 95138
P, 10-18, geschl.: Mi
Spezialität: Moorpralinen.

Stedesand 9 ↖

Schleswig-Holstein
Kreis Nordfriesland
EW 830
☎ Tel (0 46 67) 9 50 00, Fax 4 55
Gemeindeverwaltung Stedesand
✉ 25920 Heie-Juuler-Wai 1

* Stedesander Hof
Mühlenweg 1, Tel (0 46 62) 30 91, Fax 53 10,
✉ 25920
32 Zi, Ez: 85/42-90/45, Dz: 120/60, ⊒ WC ✆,
Restaurant

Stegaurach 57 ↖

Bayern / Kreis Bamberg
EW 6145
☎ Tel (09 51) 99 22 20, Fax 9 92 22 66
Verwaltungsgemeinschaft
✉ 96135 Schloßplatz 1

** Der Krug
Mühlendorfer Str. 4, Tel (09 51) 99 49 90,
Fax 9 94 99 10, ✉ 96135, AX ED VA
25 Zi, Ez: 110/55, Dz: 150/75-170/85, 1 App., ⊒
WC ✆ DFÜ, 8 ⇔, P, ⌂, 3⇌70, ⌂, Fitnessraum,
Sauna, Solarium
geschl.: 7.-23.1.01

¶¶ ☺, Hauptgericht 36/18, Terrasse,
Biergarten, geschl.: Di, 7.-23.1.01
Erstmals im Jahre 1550 als Freihof derer von
Lichtenstein erwähnt. Original fränkische
Braustube mit alter Holzbalkendecke.

* Winfelder
Hartlandener Str. 13, Tel (09 51) 99 22 70,
Fax 9 92 27 88, ✉ 96135
16 Zi, Ez: 70/35, Dz: 120/60-160/85, 1 Suite, ⊒
WC ✆, P, 1⇌, Sauna, Solarium, 4 Tennis,
Restaurant

Stegen 67 □

Baden-Württemberg
Kreis Breisgau-Hochschwarzwald
EW 4300
☎ Tel (0 76 61) 3 96 90, Fax 39 69 69
Bürgermeisteramt
✉ 79252 Dorfplatz 1

Eschbach (2 km ↑)

¶¶ Landhotel Reckenberg
Reckenbergstr. 2, Tel (0 76 61) 6 11 12,
Fax 6 12 21, ✉ 79252, ED VA
Hauptgericht 42/21-48/24, Terrasse, Biergarten,
geschl.: Di, Mi mittags, 6.-16.11.00,
19.2.-15.3.01
** ♪, 8 Zi, Ez: 80/40-100/50,
Dz: 140/70-200/100, 1 Suite, ⊒ WC ✆, 5 ⇔, P
Auch Zimmer der Kategorie * vorhanden.

Stein 10 →

Schleswig-Holstein / Kreis Plön
EW 700
☎ Tel (0 43 43) 92 99, Fax 92 99
Fremdenverkehrsverein
✉ 24235 Dorfring 20 a

** Bruhn's Deichhotel mit
Steiner Deichappartements
Dorfring 36, Tel (0 43 43) 49 50, Fax 49 52 99,
✉ 24235
⚜, 30 Zi, Ez: 150/75-160/80,
Dz: 170/85-220/110, 1 Suite, 30 App., ⊒ WC ✆
DFÜ, 10 ⇔, P, ⌂, Sauna, Solarium
geschl.: Mo, 23.10.-9.11.00, 22.1.-1.3.01

¶¶ Bruhn's Deichhotel
⚜, Hauptgericht 33/16, Terrasse, geschl.: Mo,
23.10.-9.11.00, 22.1.-1.3.01

Steinach 65 ↗

Bayern / Kreis Straubing-Bogen
EW 2638
i Tel (0 94 28) 6 75
Gemeindeverwaltung
✉ 94377 Am Sportzentrum 1

🍴 Krone
Hafnerstr. 1, Tel (09 42 80) 94 28 00,
Fax 84 65, ✉ 94377, AX DC ED VA
Hauptgericht 15/7-29/14, Ⓟ, geschl.: Di
❋ 15 Zi, Ez: 55/27-90/45,
Dz: 65/32-75/37, 1 App, ⊟ WC ⌀ DFÜ, 1 ⛌,
2⊖100, Golf

Steinau an der Straße 45 ↘

Hessen / Main-Kinzig-Kreis
EW 11834
i Tel (0 66 63) 9 63 10, Fax 96 31 33
Verkehrsbüro Steinau
✉ 36396 Brüder-Grimm-Str. 70

✱ Burgmannenhaus
Brüder-Grimm-Str. 49, Tel (0 66 63) 9 64 00,
Fax 50 87, ✉ 36396, AX ED VA
⛨, 5 Zi, Ez: 65/32-78/39, Dz: 98/49-124/62, ⊟
WC ⌀, Golf, Restaurant
geschl.: 3.-15.10.00, 1.-15.1.00
400 Jahre altes Söldnerhaus.

Steinbach 44 ↘

Hessen / Hochtaunuskreis
EW 11000
i Tel (0 61 71) 70 00 26, Fax 70 00 27
Hauptamt
✉ 61449 Gartenstr. 20

✱ Alt Steinbach
Bahnstr. 8, Tel (0 61 71) 7 80 51, Fax 7 20 63,
✉ 61449, AX DC ED VA
12 Zi, Ez: 110/55-150/75, Dz: 160/80-190/95, ⊟
WC ⌀, Lift, garni
Rezeption: 7-20
Auch einfachere Zimmer vorhanden.

Steinbach a. Wald 48 □

Bayern / Kreis Kronach
EW 3700
i Tel (0 92 63) 5 25, Fax 70 55
Gemeindeverwaltung
✉ 96361 Ludwigsstädter Str. 2

✱ Rennsteig
Rennsteigstr. 33, Tel (0 92 63) 94 80,
Fax 94 81 00, ✉ 96361, AX ED
16 Zi, Ez: 60/30-70/35, Dz: 95/47-105/52, ⊟
WC ⌀ DFÜ, Ⓟ, 1⊖60, Sauna, Solarium,
Restaurant
geschl.: 1.-9.11.00, 1.-15.11.01

Steinbach-Hallenberg 47 ↖

Thüringen
Kreis Schmalkalden-Meiningen
EW 6200
i Tel (03 68 47) 4 10 65, Fax 4 10 66
Heimathof/Gästeinformation
✉ 98587 Hauptstr. 45

✱ Holland-Moritz
Hennebergstr. 6, Tel (03 68 47) 36 20,
Fax 3 62 14, ✉ 98587, ED VA
♪, 8 Zi, Ez: 75/37-95/47, Dz: 110/55-140/70, ⊟
WC ⌀, 2 ⛌, Ⓟ, 2⊖60, Fitnessraum, Restaurant

Steinen 67 ↗

Baden-Württemberg / Kreis Lörrach
EW 10050
i Tel (0 76 27) 9 10 00, Fax 91 00 22
Bürgermeisteramt
✉ 79585 Eisenbahnstr. 31

Höllstein (1 km ↓)

✱ Tannenhof
Friedrichstr. 9 / 1, Tel (0 76 27) 91 82 80,
Fax 34 68, ✉ 79585, ED VA
18 Zi, Ez: 75/37-85/42, Dz: 130/65, 1 App, ⊟
WC ⌀, garni

Steinenbronn 61 □

Baden-Württemberg
Kreis Böblingen
EW 6000
i Tel (0 71 57) 1 29 10, Fax 12 91 14
Bürgermeisteramt
✉ 71144 Stuttgarter Str. 5

✱ Löwen
Stuttgarter Str. 3, Tel (0 71 57) 5 24 40,
Fax 52 44 24, ✉ 71144, AX DC ED VA
23 Zi, Ez: 85/42-120/60, Dz: 120/60-145/73, ⊟
WC ⌀, Lift, Ⓟ, 🐕, 2⊖50, Sauna, Solarium,
garni
🍴 Hauptgericht 15/7-42/21, Terrasse,
geschl.: Mi

✱ Residenz Steinenbronn
Lerchenstr. 14, Tel (0 71 57) 73 60, Fax 30 74,
✉ 71144, AX DC ED VA

170 Zi, Ez: 109/54-135/67, Dz: 129/64-165/83, 170 App, ⌐ WC ⌀ DFÜ, 39 ⌧, Lift, 🅿, 🚗, 1⌀,
Sauna, garni
geschl.: Sa, So
Langzeitvermietung möglich.

Steinfeld (Oldenburg) 24 □

Niedersachsen / Kreis Vechta
EW 9000
i Tel (0 54 91) 99 66 67, Fax 99 66 68
Tourist-Information
✉ 49401 Mühlenstr. 18

Steinfeld-Außerhalb (3 km ↘)

** Schemder Bergmark
Zur Schemder Bergmark 20, Tel (0 54 92) 8 90,
Fax 89 59, ✉ 49439, AX DC ED VA
einzeln ♪ ✱, 40 Zi, Ez: 89/44-125/62,
Dz: 150/75-180/90, ⌐ WC ⌀, 🅿, 🚗, 5⌀80, ⌧,
Kegeln, Sauna, Solarium, Golf, 1 Tennis

¶¶ Panorama
✱, Hauptgericht 18/9-51/25, Terrasse, Biergarten

Steinfurt 23 ↘

Nordrhein-Westfalen
EW 33900
i Tel (0 25 51) 13 83, Fax 73 26
Verkehrsverein
✉ 48565 Markt 2

Borghorst

** Schünemann
Altenberger Str. 109, Tel (0 25 52) 39 82,
Fax 6 17 28, ✉ 48565, AX DC ED VA
33 Zi, Ez: 117/58, Dz: 167/84, ⌐ WC ⌀, 2 ⌧,
🅿, 🚗, 1⌀20, ⌧, Sauna, Solarium
¶¶ Hauptgericht 10/5-45/22, Biergarten,
geschl.: So abends

* Schützenhof
Arnold-Kock-Str. 24, Tel (0 25 52) 33 22,
Fax 6 29 88, ✉ 48565, ED VA
7 Zi, Ez: 75/37, Dz: 120/60, ⌐ WC ⌀, 🅿,
Kegeln, Restaurant

* Posthotel Riehemann
Münsterstr. 8, Tel (0 25 52) 9 95 10,
Fax 6 24 84, ✉ 48565, AX DC ED VA
15 Zi, Ez: 75/37-95/47, Dz: 140/70, ⌐ WC ⌀,
6 ⌧, 🅿, 🚗, 3⌀50, Golf, Restaurant

Steinhagen 34 ↗

Nordrhein-Westfalen
Kreis Gütersloh
EW 20000
i Tel (0 52 04) 99 73 14, Fax 99 72 25
Gemeinde Steinhagen
✉ 33803 Am Pulverbach 25

¶¶ Alte Schmiede
Kirchplatz 22, Tel (0 52 04) 70 01, Fax 8 91 29,
✉ 33803, AX DC ED VA
⌀, Hauptgericht 24/12-44/22, Gartenlokal, 🅿,
nur abends, geschl.: So, 24.12.01-

Steinhagen 13 □

Mecklenburg-Vorpommern
Kreis Nordvorpommern
EW 1296
i Tel (03 83 27) 6 02 10
Gemeindeverwaltung
✉ 18442

Negast (4 km ↗)

** Jagdhof am Borgwallsee
Hauptstr. 60, Tel (03 83 27) 6 06 40,
Fax 6 56 50, ✉ 18442, AX ED VA
18 Zi, Ez: 98/49, Dz: 130/65, 2 App, ⌐ WC ⌀,
🅿, 1⌀50, Restaurant

Steinheim 35 ↑

Nordrhein-Westfalen / Kreis Höxter
EW 13870
i Tel (0 52 33) 99 73 29, Fax 99 73 28
Stadt Steinheim
✉ 32839 Emmerstr. 7

Sandebeck (10 km ↙)

** Germanenhof
Teutoburger-Wald-Str. 29,
Tel (0 52 38) 9 89 00, Fax 98 90 90, ✉ 32839,
AX DC ED VA
♪, 25 Zi, Ez: 70/35-90/45, Dz: 130/65-160/80,
1 Suite, ⌐ WC ⌀, Lift, 🅿, 🚗, 4⌀120, Sauna,
Solarium
¶¶ Hauptgericht 28/14, Terrasse,
geschl.: Di

Steinheim am Albuch 62 →

Baden-Württemberg
Kreis Heidenheim
EW 8900
🛈 Tel (0 73 29) 96 06 56, Fax 96 06 70
Gemeindeverwaltung
✉ 89555 Hauptstr. 24

✱✱ Ringhotel Gasthof Zum Kreuz
Hauptstr. 26, Tel **(0 73 29) 9 61 50**,
Fax 96 15 55, ✉ 89555, AX DC ED VA, Ⓢ
♪, 29 Zi, Ez: 139/70, Dz: 142/71-188/94, 🛏 WC
Ⓒ DFÜ, 7 ⛟, Lift, Ⓟ, 5⌂60, Sauna
Im Stammhaus auch Zimmer der Kategorie ✱.
🍴🍴 Hauptgericht 25/12-42/21 ✢
geschl.: So abends

Sontheim im Stubental (2 km ↓)

🍴🍴 Sontheimer Wirtshäusle
An der B 466, Tel **(0 73 29) 50 41**, Fax 17 70,
✉ 89555, ED VA
Hauptgericht 25/12, Ⓟ, geschl.: Sa,
29.12.00-18.1.01, 15.8.-6.9.01
✱ 17 Zi, Ez: 89/44-95/47,
Dz: 150/75-165/83, 1 App, 🛏 WC Ⓒ, 4 ⛟, 🏠
Im Gästehaus einfache Zimmer vorhanden.

Steinheim an der Murr 61 ↗

Baden-Württemberg
Kreis Ludwigsburg
EW 11000
🛈 Tel (0 71 44) 26 31 17, Fax 26 31 00
Stadtverwaltung-Hauptamt
✉ 71711 Marktstr. 29

✱✱ Mühlenscheuer
Mühlweg 5, Tel **(0 71 44) 8 27 70**,
Fax 82 77 60, ✉ 71711, AX ED VA
28 Zi, Ez: 89/44-125/62, Dz: 149/75-169/85,
1 App, 🛏 WC Ⓒ, 17 ⛟, Ⓟ, 1⌂20, Sauna,
Restaurant

🛏 Gasthof Zum Lamm
Marktstr. 32, Tel **(0 71 44) 2 93 90**,
Fax 20 87 98, ✉ 71711, ED VA
24 Zi, Ez: 70/35-80/40, Dz: 98/49-118/59,
1 App, 🛏 WC, Ⓟ, 🏠, Restaurant

Steinhude siehe Wunstorf

Steinkirchen Kr Stade 18 ↖

Niedersachsen / Kreis Lüneburg
EW 1735
🛈 Tel (0 41 42) 89 90
Samtgemeinde Lühe
✉ 21720 Nr 18

✱ Windmüller
Kirchweg 3, Tel **(0 41 42) 8 19 80**,
Fax 81 98 20, ✉ 21720, DC ED VA
19 Zi, Ez: 90/45-170/85, Dz: 140/70-180/90,
1 Suite, 2 App, 🛏 WC Ⓒ DFÜ, 8 ⛟, Ⓟ, 3⌂30,
Fitnessraum, Sauna
Rezeption: 8-20
🍴 Hauptgericht 24/12-40/20, geschl.: Di

Steinsfeld 56 ↓

Bayern / Kreis Ansbach
EW 1200
🛈 Tel (0 98 61) 35 61
Gemeindeverwaltung
✉ 91628 Haus Nr 55

Hartershofen (1 km →)

🍽 Gasthof Zum Schwan
Hartershofen 39, Tel **(0 98 61) 33 87**,
Fax 30 87, ✉ 91628, ED VA
Hauptgericht 18/9-32/16, Terrasse, Ⓟ,
geschl.: Di, 1 Woche im Nov, 2 Wochen im Feb
🛏 14 Zi, Ez: 50/25-64/32, Dz: 72/36-100/50,
🛏 WC, 🏠

Reichelshofen (2 km ↑)

✱✱ Gasthof Landwehrbräu Flair Hotel
Reichelshofen 8, Tel **(0 98 65) 98 90**,
Fax 98 96 86, ✉ 91628, DC ED VA
30 Zi, Ez: 103/51-113/56, Dz: 138/69-168/84, 🛏
WC Ⓒ DFÜ, Lift, Ⓟ, 🏠, 2⌂25
geschl.: 2.1.-2.2.01
Auch Zimmer der Kategorie ✱ vorhanden.

🍴🍴 Hauptgericht 16/8-30/15, Terrasse,
geschl.: 2.1.-2.2.01

Steinwenden 53 ↓

Rheinland-Pfalz
Kreis Kaiserslautern
EW 2400
🛈 Tel (0 63 71) 59 20, Fax 59 21 99
Verbandsgemeindeverwaltung
✉ 66877 Am Neuen Markt 6

🍴🍴 Raisch
Moorstr. 40, Tel (0 63 71) 5 90 60,
Fax 59 06 20, ✉ 66879, AX DC ED VA
Hauptgericht 17/8-44/22, Gartenlokal, nur
abends, So nur mittags
✱ 16 Zi, Ez: 89/44, Dz: 125/62, 🛏 WC
✆, P, Golf

Steißlingen 68 ↘

Baden-Württemberg / Kreis Konstanz
EW 4200
🛈 Tel (0 77 38) 92 93 40, Fax 92 93 59
Verkehrsbüro
✉ 78256 Schulstr. 19

✱ Café Sättele
Schillerstr. 9, Tel (0 77 38) 9 29 00,
Fax 92 90 59, ✉ 78256, ED VA
♪, 15 Zi, Ez: 72/36-90/45, Dz: 138/69-170/85,
1 App, 🛏 WC ✆, P, 🚗, 2⇄80, Golf,
Restaurant
Rezeption: 11.30-24, geschl.: Do, 24.7.-10.8.01,
15.2.-2.3.01

Stemmen 17 ↘

Niedersachsen
Kreis Rotenburg (Wümme)
EW 890
🛈 Tel (0 42 67) 7 88, Fax 95 36 44
Gemeindeverwaltung
✉ 27389 Im Kamp 5

✱ Stemmer Landkrug
Große Str. 12, Tel (0 42 67) 9 30 40, Fax 17 85,
✉ 27389, DC ED VA
♪, 32 Zi, Ez: 80/40-125/62, Dz: 125/62-180/90,
🛏 WC ✆, 12 ⛔, Lift, P, 🚗, 3⇄66, Kegeln,
Sauna, Solarium, Restaurant

geschl.: Mo, 15-30.7.01
Auch Zimmer der Kategorie ✱✱ vorhanden.

Stemwede 24 →

Nordrhein-Westfalen
Kreis Minden-Lübbecke
EW 14731
🛈 Tel (0 57 45) 1 09 30, Fax 1 09 45
Fremdenverkehrsamt
✉ 32351 Buchhofstr. 17

Haldem (5 km ←)

✱✱ Berggasthof Wilhelmshöhe
Zur Wilhelmshöhe 14, Tel (0 54 74) 10 10,
Fax 13 71, ✉ 32351, AX DC ED VA
einzeln ♪, 15 Zi, Ez: 70/35-100/50,
Dz: 135/67-165/83, 🛏 WC ✆, P, 🚗, 9⇄150,
Fitnessraum
🍴 Hauptgericht 26/13, Terrasse,
Biergarten, geschl.: Di

Stendal 28 □

Sachsen-Anhalt
EW 40090
🛈 Tel (0 39 31) 65 11 93, Fax 65 11 95
Stendal-Information
✉ 39576 Kornmarkt 8

✱ Altstadt-Hotel
Breite Str. 60, Tel (0 39 31) 6 98 90,
Fax 69 89 39, ✉ 39576, AX ED VA
27 Zi, Ez: 95/47-135/67, Dz: 160/80-176/88,
1 App, 🛏 WC ✆ DFÜ, 2 ⛔, P, 🚗, 3⇄0,
Restaurant

✱ Am Bahnhof
Bahnhofstr. 30, Tel (0 39 31) 71 55 48,
Fax 71 55 35, ✉ 39576, AX DC ED VA
29 Zi, Ez: 85/42-110/55, Dz: 110/55-130/65,
2 Suiten, 🛏 WC ✆, Lift, P, 2⇄60, Sauna,
Restaurant

Sternberg 20

Mecklenburg-Vorpommern
Kreis Parchim
EW 5000
🛈 Tel (0 38 47) 45 10 12, Fax 45 10 12
Fremdenverkehrsamt
✉ 19406 Luckower Str. 3

** Falk Seehotel Sternberg am See
J.-Dörwald-Allee 1, Tel (0 38 47) 35 00,
Fax 35 01 66, ✉ 19406, AX DC ED VA
45 Zi, Ez: 129/64-139/70, Dz: 178/89-198/99,
2 Suiten, ⇨ WC ⌀, 10 ⛌, P, 4⌂350, ⌂,
Kegeln, Sauna, Solarium, Restaurant

Stetten siehe Kernen im Remstal

Stimpfach 62

Baden-Württemberg
Kreis Schwäbisch Hall
EW 3200
🛈 Tel (0 79 67) 9 00 11, Fax 89 27
Bürgermeisteramt
✉ 74597 Kirchstr. 22

Rechenberg (4 km →)

** Landgasthof Rössle
Ortsstr. 22, Tel (0 79 67) 9 00 40, Fax 13 87,
✉ 74597
☾, 75 Zi, Ez: 85/42-90/45, Dz: 145/73-155/78,
2 Suiten, 1 App, ⇨ WC ⌀ DFÜ, 5 ⛌, P,
7⌂100, Kegeln, Sauna, Solarium, 1 Tennis
geschl.: 1.-10.1.01
Auch Zimmer der Kategorie * vorhanden.
🍴 Hauptgericht 23/11, geschl.: 1.-10.1.01

Stockach 68

Baden-Württemberg / Kreis Konstanz
EW 15600
🛈 Tel (0 77 71) 92 02 40, Fax 92 02 42
Verkehrsbüro/Tourist-Information
✉ 78333 Bodanstr. 2

** Ringhotel Zum Goldenen Ochsen
Zoznegger Str. 2, Tel (0 77 71) 9 18 40
Fax 9 18 41 84, ✉ 78333, AX DC ED VA
38 Zi, Ez: 130/65-160/80, Dz: 170/85-210/105,
⇨ WC ⌀ DFÜ, 4 ⛌, Lift, P, ⌂, 1⌂45, Sauna,
Golf
Auch Zimmer der Kategorie * vorhanden.

🍴🍴 Hauptgericht 21/10-48/24

* Zur Linde
Goethestr. 23, Tel (0 77 71) 6 10 66,
Fax 6 12 20, ✉ 78333, AX DC ED VA
30 Zi, Ez: 75/37-145/73, Dz: 125/62-185/93, ⇨
WC ⌀, 10 ⛌, Lift, P, 3⌂70, Kegeln, Restaurant
Auch Zimmer der Kategorie ** vorhanden.

* Fortuna
Bahnhofstr. 8, Tel (0 77 71) 6 10 18, Fax 23 16,
✉ 78333, ED VA
32 Zi, Ez: 70/35-105/52, Dz: 110/55-150/75,
4 App, ⇨ WC ⌀, Lift, P, ⌂, 3⌂50, Kegeln,
Sauna, Restaurant

Wahlwies

🍴 Adler
Leonhardtstr. 29, Tel (0 77 71) 35 27, ✉ 78333,
ED
Hauptgericht 15/7-35/17, Terrasse, geschl.: Mo,
1.-15.11.00

Stockelsdorf 11

Schleswig-Holstein
Kreis Ostholstein
EW 16950
🛈 Tel (04 51) 4 90 10, Fax 4 90 12 34
Gemeindeverwaltung
✉ 23617 Ahrensböker Str. 7

** Best Western Lübecker Hof
Ahrensböker-Str. 4-8, Tel (04 51) 49 07 07,
Fax 4 94 61 12, ✉ 23617, AX DC ED VA
113 Zi, Ez: 145/73-170/85, Dz: 170/85-195/98,
17 App, ⇨ WC ⌀, 33 ⛌, Lift, ⌂, 4⌂250,
Fitnessraum, Sauna, Solarium
🍴 Hauptgericht 26/13, Terrasse,
Biergarten, P, geschl.: So

Stockstadt a. Main 55

Bayern / Kreis Aschaffenburg
EW 7664
i Tel (0 60 27) 2 00 50, Fax 20 05 88
Gemeindeverwaltung
✉ 63811 Hauptstr. 19

✱ Brößler
Obernburger Str. 2, Tel (0 60 27) 42 20,
Fax 42 21 00, ✉ 63811, AX DC ED VA
34 Zi, Ez: 95/47, Dz: 140/70, ⌐ WC ⊘, P, 🐾,
1⌬20, Solarium, Restaurant
geschl.: 1.-7.1.01

Stolberg (Harz) 37

Sachsen-Anhalt
Kreis Sangerhausen
EW 1500
i Tel (03 46 54) 4 54, Fax 7 29
Fremdenverkehrsamt
✉ 06547 Markt 2

✱ Akzent-Hotel Zum Bürgergarten
Thyratal 1, Tel (03 46 54) 81 10, Fax 81 11 00,
✉ 06547, AX DC ED VA
27 Zi, Ez: 70/35-110/55, Dz: 100/50-160/80, ⌐
WC ⊘, P, 🐾, 2⌬60, Sauna, Solarium

🍽 Hauptgericht 20/10, Terrasse

✱ Stolberger Hof
Markt 6, Tel (03 46 54) 3 20, Fax 4 37,
✉ 06547, ED
19 Zi, Ez: 60/30-80/40, Dz: 90/45-110/55,
4 App, ⌐ WC, 9 🛏, Lift, P, 2⌬70, Kegeln,
Restaurant
geschl.: 15-31.1.01

✱ Waldblick
Thyrahöhe 24, Tel (03 46 54) 8 20, Fax 8 21 11,
✉ 06547, ED VA
🌙 ⚦, 16 Zi, Ez: 60/30-90/45, Dz: 90/45-120/60,
1 Suite, ⌐ WC ⊘, P, 3⌬50, Fitnessraum,
Restaurant

✱ Zum Kanzler
Markt 8, Tel (03 46 54) 2 05, Fax 3 15,
✉ 06547, AX ED VA
27 Zi, Ez: 70/35-90/45, Dz: 110/55-130/65, ⌐
WC ⊘, 4 🛏, P, 1⌬40, Kegeln, Restaurant

✱ Kupfer
Am Markt 23, Tel (03 46 54) 1 02 25,
Fax 1 02 24, ✉ 06547, AX ED VA
23 Zi, Ez: 70/35-90/45, Dz: 90/45-110/55,
1 Suite, ⌐ WC ⊘, P, 1⌬30, Restaurant

✱ Beutel
Chalet Waldfrieden
Rittergasse 77, Tel (03 46 54) 80 90,
Fax 8 09 41, ✉ 06547
18 Zi, Ez: 64/32-84/42, Dz: 108/54, ⌐ WC ⊘,
12 🛏, P, 1⌬25, Restaurant

Stolberg (Harz)-Außerhalb (4 km ↗)

✱ Forsthaus Auerberg
Auerberg, Tel (03 46 54) 80 60, Fax 8 06 40,
✉ 06547, ED VA
14 Zi, Ez: 60/30-80/40, Dz: 120/60, ⌐ WC ⊘
DFÜ, P, Restaurant

✱ Harzhotel Schindelbruch
Schindelbruch 1, Tel (03 46 54) 80 80,
Fax 80 84 58, ✉ 06547, AX DC ED VA
einzeln 🌙 ⚦, 36 Zi, Ez: 110/55,
Dz: 130/65-160/80, ⌐ WC ⊘, Lift, P, 3⌬35,
Sauna, Solarium, Restaurant

Stolberg (Rhld.) 42

Nordrhein-Westfalen / Kreis Aachen
EW 59910
i Tel (0 24 02) 1 34 99, Fax 1 36 32
Amt für Wirtschaftsförderung
✉ 52222 Rathausstr. 11-13

✱✱ Romantik Parkhotel am Hammerberg
Hammerberg 11, Tel (0 24 02) 1 23 40,
Fax 12 34 80, ✉ 52222, AX DC ED VA
28 Zi, Dz: 198/99-260/130, 2 App, ⌐ WC ⊘
DFÜ, 15 🛏, P, 1⌬20, 🐾, Sauna, garni
Auch Zimmer der Kategorie ✱ vorhanden.

Stolberg (Rhld.)

✱ **Stadthalle**
Rathausstr. 71, Tel (0 24 02) 2 30 56 57,
Fax 8 42 11, ⌧ 52222, AX DC ED VA
19 Zi, Ez: 86/43-90/45, Dz: 120/60, ⌐ WC ℂ,
Lift, P, garni

🍴🍴 **Romantik Hotel Altes Brauhaus Burgkeller**
Klatterstr. 8, Tel (0 24 02) 2 72 72, Fax 2 72 70,
⌧ 52222, AX DC ED VA
🍷, Hauptgericht 25/12-40/20, Terrasse, P,
geschl.: Sa mittags
✱✱ Klatterstr. 8-12, 5 Zi, Ez: 150/75,
Dz: 220/110-240/120, ⌐ WC ℂ, 🐕, 1⟲20

Stolberg-Außerhalb (4 km ↖)

🍴🍴 **Gut Schwarzenbruch**
Würselener Str, Tel (0 24 02) 2 22 75,
Fax 44 32, ⌧ 52222, AX ED
🍷, Hauptgericht 40/20, Gartenlokal, P

Vicht (5 km ↘)

✱ **Vichter Landhaus**
Münsterau 140, Tel (0 24 02) 9 89 10,
Fax 98 91 92, ⌧ 52224, AX ED VA
30 Zi, Ez: 86/43-95/47, Dz: 140/70-160/80, ⌐
WC ℂ, P, 🐕, 1⟲25, Restaurant

Zweifall (7 km ↓)

✱✱ **Hotel zum Walde**
Klosterstr. 4, Tel (0 24 02) 76 90, Fax 7 69 10,
⌧ 52224, AX DC ED VA
32 Zi, Ez: 133/66-154/77, Dz: 193/97-211/106,
6 Suiten, 23 App, ⌐ WC ℂ, Lift, P, 🐕, 4⟲40,
≋, Fitnessraum, Kegeln, Sauna, Solarium,
Restaurant
Auch Zimmer der Kategorie ✱ vorhanden.

Stolberg (Erzgeb.) 50 ←

Sachsen / Kreis Stollberg
EW 14000
🛈 Tel (03 72 96) 22 37, Fax 21 47
Stadtinfinforamtion
⌧ 09366 Schillerpaltz 2

✱ **Goldener Adler**
Postplatz 7, Tel (03 72 96) 6 99 50,
Fax 69 95 14, ⌧ 09366, AX DC ED VA
15 Zi, Ez: 78/39, Dz: 117/58, ⌐ WC ℂ,
Restaurant

Mitteldorf (2 km ↙)

✱ **Zur Grünen Laube**
Hartensteiner Str. 59, Tel (03 72 96) 24 84,
Fax 36 03, ⌧ 09366, AX DC ED VA
15 Zi, Ez: 75/37-89/44, Dz: 95/47-120/60, ⌐
WC ℂ, P, 1⟲20, Restaurant

Stolpe (bei Anklam) 14 ↙

Mecklenburg-Vorpommern
Kreis Ostvorpommern
EW 400
🛈 Tel (03 97 23) 25 00
Amt Krien
⌧ 17391 Bauernstr. 20

✱✱✱ **Gutshaus Stolpe** ♛
Dorfstr. 37, Tel (03 97 21) 55 00, Fax 5 50 99,
⌧ 17391, ED VA
♪ 🍷, 22 Zi, Ez: 180/90-240/120,
Dz: 220/110-270/135, 5 Suiten, 2 App, ⌐ WC ℂ,
5 🛏, P, 🐕, Sauna, Solarium, 2 Tennis
Restaurierte Gutsanlage mit stilvoller
Einrichtung im Park gelegen.
🍴🍴🍴 Hauptgericht 32/16-42/21 ✚
nur abends, geschl.: Mo

🍽 **Stolper Fährkrug**
Dorfstr. 25, Tel 5 22 25
§ 🍷, Hauptgericht 10/5-28/14, Biergarten
In 200 m Entfernung an der Peene gelegen,
Bootsanleger.

Stolpe (Oder) 22 ↘

Brandenburg / Kreis Uckermark
EW 420
🛈 Tel (01 80) 5 00 19 05, Fax 29 76 61
Touristinformation
⌧ 16278 Brüderstr. 20

✱ **Stolper Turm**
Dorfstr. 40, Tel (03 33 38) 8 63 60, Fax 3 34,
⌧ 16278, ED
♪ §, 12 Zi, Ez: 79/39-90/45, Dz: 99/49-110/55,
⌐ WC ℂ, P, 1⟲50, Restaurant

Stolpen 51 ↑

Sachsen / Kreis Sächsische Schweiz
EW 6000
🛈 Tel (03 59 73) 2 73 13, Fax 2 44 38
Stolpen-Information
✉ 01833 Schlosstr. 14 A

✱ Burghotel Stolpen
Schlossstr. 12, Tel (03 59 73) 2 62 34,
Fax 2 79 12, ✉ 01833, ED VA
♪ ♣, 44 Zi, Ez: 95/47-145/73,
Dz: 135/67-165/83, 1 Suite, ⇘ WC ⦿, Lift, P,
3⭕55, Restaurant

Stolzenau 25 □

Niedersachsen / Kreis Nienburg
EW 7918
🛈 Tel (0 57 61) 70 50, Fax 7 05 19
Gemeindeverwaltung
✉ 31592 Am Markt 4

¶ Zur Post
Am Markt 10, Tel (0 57 61) 8 92, Fax 23 63,
✉ 31592, AX ED VA
Hauptgericht 20/10, Kegeln, P, geschl.: Di
✱ 10 Zi, Ez: 70/35-90/45, Dz: 115/57, ⇘
WC ⦿

Storkau 28 □

Sachsen-Anhalt / Kreis Stendal
EW 197
🛈 Tel (03 93 21) 21 90
Gemeindeverwaltung
✉ 39590 Stendaler Weg 1

✱✱✱ Schloß Storkau
Im Park, Tel (03 93 21) 52 10, Fax 52 20,
✉ 39590, AX DC ED VA
einzeln ♪ ♣, 95 Zi, Ez: 120/60-280/141,
Dz: 180/90-320/161, 1 Suite, 5 App, ⇘ WC ⦿,
Lift, P, 8⭕90, Sauna
¶¶ ♣, Hauptgericht 30/15, Terrasse,
Biergarten

Storkow (Mark) 31 ✓

Brandenburg / Landkreis Oder-Spree
EW 6380
🛈 Tel (03 36 78) 7 31 08, Fax 7 36 42
Amt Storkow (Mark)
✉ 15859 Ernst-Thälmann-Str 1

Kleinstadt am Storkower See. Naturpark
Dahme-Heideseen. Radwegenetz zwischen Berlin und Spreewald. Nachbar von Bad Saarow.

Hubertushöhe

¶¶¶ Windspiel
Robert-Koch-Str. 1, Tel (03 36 78) 4 30,
Fax 4 31 00, ✉ 15859, AX DC ED VA
♣ einzeln ⦿, Hauptgericht 42/21-62/31,
Terrasse, P, geschl.: Mo, Jan

✱✱✱ Schloß Hubertushöhe ♛
einzeln ♣ ⦿, 19 Zi, Ez: 190/95-640/322,
Dz: 230/115-680/342, 3 Suiten, ⇘ WC ⦿ DFÜ,
4 ⛝, 3⭕12
geschl.: Jan
Im Kutscherhaus auch Zimmer der
Kategorie ✱✱ vorhanden.

Straelen 32 □

Nordrhein-Westfalen / Kreis Kleve
EW 15000
🛈 Tel (0 28 34) 70 20, Fax 70 21 01
Stadtverwaltung
✉ 47638 Rathausstr. 1

✱ Straelener Hof
Annastr. 68, Tel (0 28 34) 9 14 10,
Fax 91 41 47, ✉ 47638, AX DC ED VA
26 Zi, Ez: 105/52-140/70, Dz: 150/75-185/93,
⇘ WC ⦿, P, 2⭕100, Kegeln
Auch einfachere Zimmer vorhanden.
¶ Hauptgericht 15/7-45/22

Stralsund 13 □

Mecklenburg-Vorpommern
EW 61340
🛈 Tel (0 38 31) 2 46 90, Fax 24 69 49
Stralsund-Information
✉ 18439 Alter Markt 9
Cityplan siehe Seite 952

✱✱✱ Arkona Hotel Baltic
Frankendamm 22 (C 3), Tel (0 38 31) 20 40,
Fax 20 49 99, ✉ 18439, AX DC ED VA, Ⓢ

Stralsund

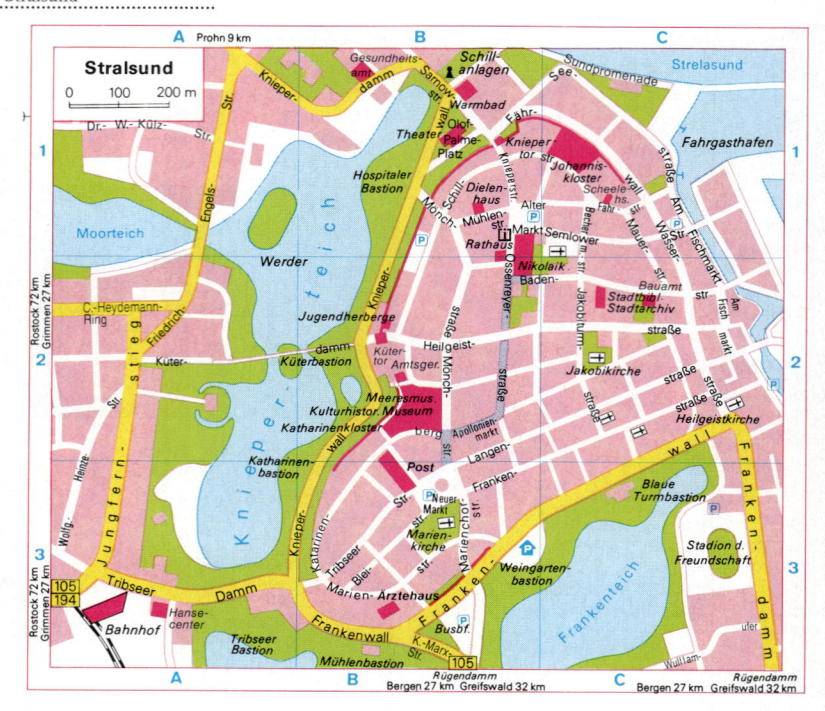

[Map of Stralsund]

130 Zi, Ez: 150/75-195/98, Dz: 185/93-235/118,
5 Suiten, ⌐ WC ⌀ DFÜ, 77 ⌫, Lift, 🚗, 4⟳180,
Sauna, Solarium

🍴🍴 Hauptgericht 22/11-33/16, Ⓟ

✱✱ **Zur Post**
Am Neuen Markt / Tribseerstr. 22 (B 2),
Tel **(0 38 31) 20 05 00**, Fax 20 05 10, ✉ 18439,
AX ED VA
108 Zi, Ez: 115/57-145/73, Dz: 145/73-190/95,
2 Suiten, 8 App, ⌐ WC ⌀, 33 ⌫, Lift, 🚗,
4⟳120, Sauna, Solarium
Auch Zimmer der Kategorie **✱✱✱** vorhanden.

🍴 Am Neuen Markt / Tribseer Str. 22,
Hauptgericht 25/12, Terrasse, Ⓟ

✱ **InterCityHotel**
Tribseer Damm 76, Tel **(0 38 31) 20 20**,
Fax 20 25 99, ✉ 18437
114 Zi, Ez: 122/61-162/81, Dz: 154/77-194/97,
⌐ WC ⌀, Lift, Restaurant
Auch Zimmer der Kategorie **✱✱** vorhanden.

✱ **Royal Hotel am Bahnhof**
Tribseer Damm 4 (A 3), Tel **(0 38 31) 29 52 68**,
Fax 29 26 50, ✉ 18437, AX ED VA
59 Zi, Ez: 99/49-125/62, Dz: 99/49-155/78,
1 Suite, ⌐ WC ⌀, 6 ⌫, Lift, Ⓟ, 2⟳40,
Fitnessraum, Sauna, Solarium, Restaurant
Auch Zimmer der Kategorie **✱✱** vorhanden.

✱ **Villa Beer**
Carl-Heydemann-Ring 27,
Tel **(0 38 31) 2 63 90**, Fax 26 39 99, ✉ 18437,
DC ED VA
12 Zi, Ez: 95/47-100/50, Dz: 120/60-130/65,
1 Suite, ⌐ WC ⌀, 1 ⌫, Ⓟ, garni
Rezeption: 8-20

Straubenhardt

Franken (2 km ↓)

✱ Zum Brauhaus
Greifswalder Chaussee 45, an der B 96,
Tel (0 38 31) 2 77 30, Fax 27 73 73, ✉ 18439
9 Zi, Ez: 98/49, Dz: 120/60-130/65, 1 App, ⌐
WC ⊘, garni

✱ Pension Quast
Greiswalder Chaussee 54, an der B 96
(außerhalb C 3), Tel (0 38 31) 27 05 32,
Fax 27 05 33, ✉ 18439
13 Zi, Ez: 98/49, Dz: 120/60-130/65, ⌐ WC ⊘,
garni

Braugasthaus Zum alten Fritz
Greifswalder Chaussee 84-85,
Tel (0 38 31) 25 55 00, Fax 25 55 13, ✉ 18439,
ED VA
☺, Hauptgericht 10/5-30/15, Biergarten

Grünhufe (3 km ←)

✱✱✱ Dorint
Grünhufer Bogen, Tel (0 38 31) 3 77 30,
Fax 3 77 31 00, ✉ 18435
$, 114 Zi, Ez: 192/96-202/101,
Dz: 244/122-254/127, ⌐ WC ⊘, Lift, Restaurant
Dem Hanseodom angeschlossen, mit
Wassererlebniswelt und vielen Sportanlagen.

**✱✱ Parkhotel Stralsund
Select Marketing Hotels**
Lindenallee 61, Tel (0 38 31) 47 40,
Fax 47 48 60, ✉ 18437, AX DC ED VA, Ⓢ
116 Zi, Ez: 99/49-195/98, Dz: 119/59-215/108,
4 Suiten, ⌐ WC ⊘, 68 ⌂, Lift, P, 9⇨180,
Sauna, Solarium, Restaurant

✱ Unter den Linden
Lindenallee 41, Tel (0 38 31) 44 20,
Fax 44 22 70, ✉ 18437, AX DC ED VA
40 Zi, Ez: 92/46, Dz: 145/73, 7 Suiten, ⌐ WC ⊘
DFÜ, 20 ⌂, Fitnessraum, Sauna, Restaurant

Knieper (3 km ↖)

✱ An den Bleichen
An den Bleichen 45 (A 1),
Tel (0 38 31) 39 06 75, Fax 39 21 53, ✉ 18435,
AX ED VA
☾, 23 Zi, Ez: 95/47-105/52, Dz: 99/49-135/67,
⌐ WC ⊘, 18 ⌂, P, Sauna, Solarium, garni

✱ Stralsund
Heinrich-Heine-Ring 105 (A 3),
Tel (0 38 31) 36 70, Fax 36 71 11, ✉ 18435,
AX DC ED VA
74 Zi, Ez: 70/35-90/45, Dz: 120/60-160/80, ⌐
WC ⊘, Lift, P, 2⇨25, Kegeln, Sauna,
Solarium, Restaurant

Strande   10 →

Schleswig-Holstein
Kreis Rendsburg-Eckernförde
EW 1600
🛈 Tel (0 43 49) 80 90, Fax 8 09 60
Amtsverwaltung
✉ 24229 Sturenhagener Weg 14

✱✱ Strandhotel
Strandstr. 21, Tel (0 43 49) 9 17 90,
Fax 9 17 92 10, ✉ 24229, AX ED VA
23 Zi, Ez: 155/78-185/93, Dz: 200/100-260/130,
⌐ WC ⊘, P, 2⇨120, Sauna, Solarium
🍴🍴 $, Hauptgericht 30/15, Terrasse

✱ Haus am Meer
Bülkerweg 47, Tel (0 43 49) 3 30 12 34,
Fax 15 44, ✉ 24229, AX ED VA
☾ $, 10 Zi, Ez: 80/40-131/65,
Dz: 116/58-140/70, ⌐ WC ⊘, 5 ⌂, P,
Seezugang, garni

✱ Yachthafen-Hotel
Rudolf-Kinau-Weg 2, Tel (0 43 49) 80 80,
Fax 8 08 11, ✉ 24229, AX ED VA
15 Zi, Ez: 105/52-155/78, Dz: 145/73-195/98,
⌐ WC ⊘, P, 1⇨50, Restaurant

Straßenhaus   43 □

Rheinland-Pfalz / Kreis Neuwied
EW 2000
🛈 Tel (0 26 34) 95 61 83, Fax 95 61 85
Gemeindeverwaltung
✉ 56587 Reiweg 17

Luftkurort im Rheinischen Westerwald.

✱✱ Zur Post
Raiffeisenstr. 5, Tel (0 26 34) 50 90,
Fax 50 94 11, ✉ 56587, AX ED VA
65 Zi, Ez: 98/49-130/65, Dz: 130/65-160/80, ⌐
WC ⊘, Lift, P, 🐕, 6⇨220, Kegeln, Sauna,
Solarium
🍴🍴 Hauptgericht 14/7-45/22

Straubenhardt   61 ←

Baden-Württemberg / Enzkreis
EW 10000
🛈 Tel (0 70 82) 94 86 23, Fax 94 86 41
Verkehrsamt
✉ 75334 Herrenalber Str. 18

Langenalb-Außerhalb (2 km ←)

✱ Waldhotel Bergschmiede
Holzbachtal 80, Tel (0 72 48) 92 10,
Fax 92 12 00, ✉ 75334, ED VA

einzeln ⌂, 22 Zi, Ez: 72/36-89/44,
Dz: 124/62-132/66, 2 Suiten, 1 App, ⌐ WC ⌀,
P, 🏠, 1⌂30, ⌂, Sauna
🍴 Hauptgericht 30/15-40/20, Terrasse,
geschl.: Di

Schwann

✱ Silence Landhotel Adlerhof
Mönchstr. 1, Tel (0 70 82) 9 23 40,
Fax 9 23 41 30, ✉ 75334, AX ED VA
⌂ §, 21 Zi, Ez: 90/45-101/50,
Dz: 146/73-166/83, 1 Suite, ⌐ WC ⌀ DFÜ, 8 ⌂,
P, 🏠, 2⌂25
geschl.: 4.-24.1.01
🍴 Hauptgericht 35/17, Terrasse,
Biergarten, geschl.: Mo, 4.-24.1.01

Straubing   65 □

Bayern
EW 45000
🛈 Tel (0 94 21) 94 43 07, Fax 94 41 03
Amt für Tourismus
✉ 94315 Theresienplatz 20

✱✱ Quality Hotel Theresientor
Theresienplatz 41, Tel (0 94 21) 84 90,
Fax 84 91 00, ✉ 94315, AX DC ED VA
33 Zi, Ez: 119/59-199/100, Dz: 169/85-249/125,
⌐ WC ⌀, Lift, 🏠, garni
Rezeption: 7-1
Ausstattung in modernem Design. Auch
Zimmer der Kategorie ✱✱✱ vorhanden.

✱ Seethaler
Theresienplatz 25, Tel (0 94 21) 9 39 50,
Fax 93 95 50, ✉ 94315, AX ED VA
20 Zi, Ez: 105/52-120/60, Dz: 165/83-180/90,
1 Suite, ⌐ WC ⌀ DFÜ, **P**, 🏠, 2⌂70
Auch Zimmer der Kategorie ✱✱ vorhanden.
🍴 Hauptgericht 22/11, Terrasse,
geschl.: Mo, So

✱ Römerhof
Ittlinger Str. 136, Tel (0 94 21) 9 98 20,
Fax 99 82 29, ✉ 94315, AX DC ED VA
24 Zi, Ez: 100/50-130/65, Dz: 145/73-165/83,
1 Suite, 1 App, ⌐ WC ⌀, 12 ⌂, Lift, **P**, 🏠, 1⌂,
Restaurant
Auch Zimmer der Kategorie ✱✱ vorhanden.

✱ Gasthof Wenisch
Innere Passauer Str. 59-61,
Tel (0 94 21) 9 93 10, Fax 99 31 80, ✉ 94315,
AX DC ED VA
34 Zi, Ez: 50/25-95/47, Dz: 95/47-145/73,
2 App, ⌐ WC ⌀, 13 ⌂, **P**, 🏠, Restaurant

🍴🍴 Kienberger's Restaurant
Schlesische Str. 131, im Comfort Hotel,
Tel (0 94 21) 92 36 50, ✉ 94315, AX DC ED VA
Hauptgericht 28/14-38/19, **P**, geschl.: So,
1.-8.1.01

☕ Café Krönner
Theresienplatz 22, Tel (0 94 21) 1 09 94,
Fax 1 09 92, ✉ 94315, AX ED VA
Terrasse, 8-18.15
Spezialität: Agnes-Bernauer-Torte.

Strausberg   31 ↖

Brandenburg
Kreis Märkisch-Oderland
EW 26000
🛈 Tel (0 33 41) 31 10 66, Fax 31 46 35
Stadt- und Tourist-Information
✉ 15344 August-Bebel-Str 1

✱✱ The Lakeside
Gielsdorfer Chaussee 6, Tel (0 33 41) 3 46 90,
Fax 34 69 15, ✉ 15344, AX DC ED VA
53 Zi, Ez: 148/74, Dz: 196/98, 3 Suiten, ⌐ WC
⌀ DFÜ, 3 ⌂, Lift, **P**, 6⌂150, ⌂, Sauna, Golf,
Restaurant

Vorstadt

✱ Annablick
Ernst-Thälmann-Str. 82 a,
Tel (0 33 41) 42 39 17, Fax 47 18 29, ✉ 15344,
ED VA
13 Zi, Ez: 65/32-95/47, Dz: 120/60-130/65, ⌐
WC ⌀, **P**, Restaurant
geschl.: 20.12.00-10.1.01

Strehla   40 ✓

Sachsen / Kreis Riesa-Großenhain
EW 4032
🛈 Tel (03 52 64) 95 90, Fax 9 59 50
Stadtverwaltung
✉ 01616 Markt 1

✱✱ Ambiente
Torgauer Str. 20, Tel (03 52 64) 9 02 24,
Fax 9 02 24, ✉ 01616, ED VA
16 Zi, Ez: 55/27-88/44, Dz: 90/45-110/55, ⌐
WC ⌀ DFÜ, 5 ⌂, **P**, garni
Rezeption: 7-12, 14-21
Auch Zimmer der Kategorie ✱ vorhanden.

✱ August der Starke
Oppitzscher Weg 18, Tel (03 52 64) 9 08 63,
Fax 9 08 64, ✉ 01616, AX ED VA
⌂ §, 26 Zi, Ez: 99/49-119/59,
Dz: 119/59-129/64, 2 Suiten, ⌐ WC ⌀, 4 ⌂, **P**,
2⌂90, Kegeln, Sauna, Solarium, Restaurant

Stromberg 53 ↗

Rheinland-Pfalz
Kreis Bad Kreuznach
EW 3100
🛈 Tel (0 67 24) 2 74, Fax 2 27
Tourist-Information
✉ 55442 Marktplatz 2

Erh.ort zw. Rhein und Nahe. Stadt des Deutschen Michel.

Johann Lafer's Stromburg
Relais & Châteaux
Michael-Obentraut-Str, Tel (0 67 24) 9 31 00,
Fax 93 10 90, ✉ 55442

🍴🍴🍴🍴 **Le Val d'Or** 👕👕
AX DC ED VA
Hauptgericht 55/27-65/32, Terrasse, P, nur abends, Sa, so+feiertags auch mittags, geschl.: Mo

🍴 **Turmstube** ✣
AX DC ED VA
Hauptgericht 40/20, Terrasse, P

✱✱✱ **Johann Lafer`s Stromburg** 👑👑
AX DC ED VA
13 Zi, Ez: 190/95-240/120,
Dz: 280/141-420/211, 1 Suite, ⌐ WC ⓦ DFÜ, P, 3⇌120

Schindeldorf

✱✱✱ **Land- & Golf Hotel Stromberg**
Buchenring 6, Tel (0 67 24) 60 00,
Fax 60 04 33, ✉ 55442, AX DC ED VA
⌬, 165 Zi, Ez: 175/88-225/113,
Dz: 225/113-245/123, 5 Suiten, ⌐ WC ⓦ, 54 ⌾,
Lift, P, 20⇌320, ☂, Fitnessraum, Sauna,
Solarium, Golf

🍴🍴 **Gute Stube**
Hauptgericht 28/14, Terrasse

Strümpfelbach siehe Weinstadt

Struppen 51 ↑

Sachsen / Kreis Sächsische Schweiz
🛈 Tel (03 50 20) 7 04 18, Fax 7 01 54
Gemeindeverwaltung
✉ 01796 Hauptstr. 39

Weißig

✱✱ **Rathener Hof**
Nr 7 d, Tel (03 50 21) 7 20, Fax 7 24 44,
✉ 01824, AX ED VA

29 Zi, Ez: 79/39-128/64, Dz: 118/59-178/89, ⌐
WC ⓦ DFÜ, 10 ⌾, Lift, P, 2⇌50, Sauna,
Solarium, Restaurant

Stubenberg 73 ↗

Bayern / Kreis Rottal-Inn
EW 1380
🛈 Tel (0 85 71) 25 27, Fax 72 10
Gemeinde Stubenberg
✉ 94116 Hofmark 14

Prienbach (3 km ↓)

✱ **Gasthof Zur Post**
Poststr. 1, Tel (0 85 71) 60 00, Fax 60 02 30,
✉ 94166, AX DC ED VA
32 Zi, Ez: 80/40-100/50, Dz: 135/67-150/75, ⌐
WC ⓦ, 24 ⌾, P, ☂, 1⇌30, Sauna, Solarium
🍴 Hauptgericht 15/7-40/20 ✣
Biergarten, geschl.: So, 1 Woche im Aug

Stühlingen 68 ✓

Baden-Württemberg / Kreis Waldshut
EW 5300
🛈 Tel (0 77 44) 5 32 34, Fax 5 32 22
Verkehrsamt
✉ 79780 Schlosstr. 9

✱ **Landgasthof Rebstock**
Schlosstr. 10, Tel (0 77 44) 9 21 20,
Fax 92 12 99, ✉ 79780, ED VA
29 Zi, Ez: 63/31-68/34, Dz: 110/55-120/60, ⌐
WC ⓦ, 4 ⌾, P, ☂, 1⇌, Restaurant

🛏 **Krone**
Stadtweg 2, Tel (0 77 44) 9 21 00,
Fax 92 10 30, ✉ 79780, DC ED VA
19 Zi, Ez: 60/30-65/32, Dz: 100/50-105/52, ⌐
WC ⓦ, P, ☂, Restaurant

Weizen (4 km ↗)

✱✱ **Sonne**
Ehrenbach Str. 10, Tel (0 77 44) 9 21 10,
Fax 92 11 40, ✉ 79780, ED VA
20 Zi, Ez: 85/42, Dz: 140/70, ⌐ WC ⓦ, 8 ⌾, P
geschl.: 22.12.00-7.1.01
🍴🍴 Hauptgericht 25/12, geschl.: im
Sommer Di, im Winter Sa

Stuer, Bad 20 →

Mecklenburg-Vorpommern
Landkreis Müritz
EW 434
🛈 Tel (03 99 31) 8 00
Gemeindeverwaltung Röbel Land
✉ 17207 Bahnhofstr. 20

Stuer, Bad-Außerhalb (3 km ↖)

✱ **Stuersche Hintermühle**
Seeufer 6, Tel (03 99 24) 7 20, Fax 72 47,
✉ 17209, AX DC ED VA
einzeln ♪, 48 Zi, Ez: 100/50, Dz: 160/80,
4 Suiten, ⏃ WC ⊘, P, 🚘, 3⏎70, Sauna,
Restaurant

Stuhr 17 ↙

Niedersachsen / Kreis Diepholz
EW 30000
🛈 Tel (04 21) 5 69 50, Fax 5 69 53 00
Gemeindeverwaltung
✉ 28816 Blockener Str. 6

Moordeich (2 km ←)

🍴🍴 **Nobel**
Neuer Weg 13, Tel (04 21) 5 68 00,
Fax 56 36 48, ✉ 28816, AX DC ED VA
Hauptgericht 20/10, Biergarten, Gartenlokal,
Kegeln, P, geschl.: Di

Moordeich-Außerhalb

✱✱ **A 1 Business und Fun Hotel**
Moordeicher Landstr. 79, Tel (0 42 06) 44 90,
Fax 44 91 00, ✉ 28816, AX ED VA
75 Zi, Ez: 129/64-235/118, Dz: 184/92-280/141,
⏃ WC ⊘ DFÜ, 21 ⊾, Lift, P, 4⏎80,
Fitnessraum, Sauna, Solarium, Restaurant
Auch Zimmer der Kategorie ✱ vorhanden.

Stutensee 60 ↗

Baden-Württemberg
Kreis Karlsruhe
EW 21180
🛈 Tel (0 72 44) 96 90, Fax 96 91 09
Tourist-Information
✉ 76297 Rathausstr. 1-3

Blankenloch

✱ **Hotel Stutensee**
Helmholtzstr. 7, Gewerbegebiet Süd II,
Tel (0 72 44) 7 36 10, Fax 73 61 99, ✉ 76297,
AX ED VA

20 Zi, Ez: 98/49-135/67, Dz: 128/64-170/85, ⏃
WC ⊘, P, Restaurant

Stuttgart 61 →

Baden-Württemberg
EW 560980
🛈 Tel (07 11) 2 22 80, Fax 2 22 82 53
Touristinformation i-Punkt
✉ 70173 Königstr. 1 A
Cityplan siehe Seite 958-959

siehe auch Leinfelden-Echterdingen

✱✱✱✱ **Steigenberger Graf Zeppelin**
Arnulf-Klett-Platz 7 (D 2), Tel (07 11) 2 04 80,
Fax 2 04 85 42, ✉ 70173, AX DC ED VA, Ⓢ
180 Zi, Ez: 252/126-492/247,
Dz: 304/153-524/263, 15 Suiten, ⏃ WC ⊘, Lift,
🚘, 12⏎400, 🛁, Sauna, Golf

🍴🍴🍴 **Graf Zeppelin** 🍷
Hauptgericht 38/19-54/27, P, nur abends,
geschl.: Mo, So, 3 Wochen im Sommer

🍴 **Zeppelinstüble**
Hauptgericht 20/10-45/22, Terrasse, P,
geschl.: So

✱✱✱✱ **Inter-Continental**
Willy-Brandt-Str. 30 (E 2), Tel (07 11) 2 02 00,
Fax 20 20 20 20, ✉ 70173, AX DC ED VA
276 Zi, Ez: 268/134-425/214,
Dz: 268/134-475/239, 28 Suiten, ⏃ WC ⊘ DFÜ,
62 ⊾, Lift, 🚘, 22⏎580, 🛁, Sauna, Solarium,
Golf
🍴🍴 Hauptgericht 32/16

✱✱✱✱ **Althoff Hotel Am Schlossgarten**
L'Art de Vivre-Residenz
Schillerstr. 23 (E 2), Tel (07 11) 2 02 60,
Fax 2 02 68 88, ✉ 70173, AX DC ED VA
♪ 🎵, 116 Zi, Ez: 285/143-420/211,
Dz: 365/183-420/211, 10 Suiten, ⏃ WC ⊘ DFÜ,
55 ⊾, Lift, P, 🚘, 5⏎130

🍴🍴🍴🍴🍴 **Zirbelstube** 🍷
L'Art de Vivre-Restaurant
Hauptgericht 49/24-65/32, Terrasse,
geschl.: Mo, So, 1.-31.8.01

Schlossgarten-Restaurant
❦, Hauptgericht 36/18-49/24, Terrasse

Vinothek
Hauptgericht 20/10-42/21, Terrasse, geschl.: So

**** Maritim
Seidenstr. 34 (B 2), **Tel (07 11) 94 20**,
Fax 9 42 10 00, ✉ 70174, AX DC ED VA, Ⓢ
441 Zi, Ez: 199/100-410/206,
Dz: 252/126-480/241, 82 Suiten, ⊟ WC ⓒ DFÜ,
104 ⚑, Lift, Ⓟ, 🅿, 8⤴800, 🛌, Sauna,
Solarium, Golf
Veranstaltungsräume in historischer Reithalle.
🍴🍴 Hauptgericht 35/17

*** Kronen-Hotel
Verband Christlicher Hotels
Kronenstr. 48 (C 1), **Tel (07 11) 2 25 10**,
Fax 2 25 14 04, ✉ 70174, AX DC ED VA
☾, 84 Zi, Ez: 140/70-230/115,
Dz: 220/110-340/171, ⊟ WC ⓒ, 35 ⚑, Lift, 🅿,
2⤴12, Sauna, Solarium, garni
geschl.: 22.12.00-8.1.01
Auch Zimmer der Kategorie ** vorhanden.

** Parkhotel am Rundfunk
Villastr. 21 (F 1), **Tel (07 11) 2 80 10**,
Fax 2 86 43 53, ✉ 70190, AX DC ED VA
72 Zi, Ez: 180/90-240/120,
Dz: 220/110-260/130, 1 Suite, 1 App, ⊟ WC ⓒ,
Lift, Ⓟ, 🅿, 5⤴100

🍴🍴 Villa Berg
Hauptgericht 40/20

Radio Stüble
Hauptgericht 20/10
Hotelbar mit Speisenangebot. Sehenswert: 12
mundgeblasene Glasfenster.

** Bergmeister
Rotenbergstr. 16, **Tel (07 11) 2 68 48 50**,
Fax 28 37 19, ✉ 70190, AX DC ED VA
47 Zi, Ez: 132/66-165/83, Dz: 179/90-240/120,
3 Suiten, 2 App, ⊟ WC ⓒ DFÜ, 10 ⚑, Lift, 🅿,
Sauna, Solarium, garni

** Unger
Kronenstr. 17 (D 2), **Tel (07 11) 2 09 90**,
Fax 2 09 91 00, ✉ 70173, AX DC ED VA, Ⓢ
94 Zi, Ez: 149/75-249/125,
Dz: 199/100-349/175, ⊟ WC ⓒ, 42 ⚑, Lift, 🅿,
1⤴20, garni
Auch Zimmer der Kategorie * vorhanden.

** Rega Hotel
Ludwigstr. 18 (B 4), **Tel (07 11) 61 93 40**,
Fax 6 19 34 77, ✉ 70176, AX DC ED VA
60 Zi, Ez: 140/70-195/98, Dz: 185/93-235/118,
⊟ WC ⓒ, 3 ⚑, Lift, 🅿, 1⤴22, Restaurant

* Dorint Budget Hotel
Heilbronner Str. 88, **Tel (07 11) 25 55 80**,
Fax 25 55 81 00, ✉ 70191, AX DC ED VA
174 Zi, Ez: 170/85-210/105,
Dz: 190/95-250/125, ⊟ WC ⓒ DFÜ, 102 ⚑, Lift,
🅿, 6⤴150, Restaurant

* Wörtz zur Weinsteige
Flair Hotel
Hohenheimer Str. 28-30 (E 5),
Tel (07 11) 2 36 70 00, Fax 2 36 70 07,
✉ 70184, AX DC ED VA
25 Zi, Ez: 140/70-220/110, Dz: 160/80-300/151,
⊟ WC ⓒ, 7 ⚑, Ⓟ, 🅿

🍴 ❦, Hauptgericht 35/17 ✚
geschl.: So, Mo, 1.-22.1.01, 10.-31.8.01

* Best Western Ketterer
Marienstr. 3 (C 4), **Tel (07 11) 2 03 90**,
Fax 2 03 96 00, ✉ 70178, AX DC ED VA, Ⓢ
104 Zi, Ez: 179/90-235/118,
Dz: 235/118-360/181, ⊟ WC ⓒ DFÜ, 42 ⚑, Lift,
🅿, 4⤴60, Sauna, Solarium, Restaurant
geschl.: 23-27.12.00
Zufahrt über Fußgängerzone möglich. Auch
Zimmer der Kategorie ** vorhanden.

* City Hotel
Uhlandstr. 18 (E 4), **Tel (07 11) 21 08 10**,
Fax 2 36 97 72, ✉ 70182, AX DC ED VA
31 Zi, Ez: 150/75-165/83, Dz: 185/93-220/110,
⊟ WC, Ⓟ, 🅿, garni

* Wartburg
Lange Str. 49 (C 3-4), **Tel (07 11) 2 04 50**,
Fax 2 04 54 50, ✉ 70174, AX DC ED VA
81 Zi, Ez: 168/84-185/93, Dz: 240/120-265/133,
⊟ WC ⓒ DFÜ, 10 ⚑, Lift, Ⓟ, 🅿, 1⤴60,
Restaurant
geschl.: 22.12.-2.1.01

* Merit
Tübinger Str. 17 b, **Tel (07 11) 6 01 74 10**,
Fax 60 17 41 60, ✉ 70173
30 Zi, Ez: 125/62-150/75, Dz: 160/80-195/98,
⊟ WC ⓒ

Stuttgart

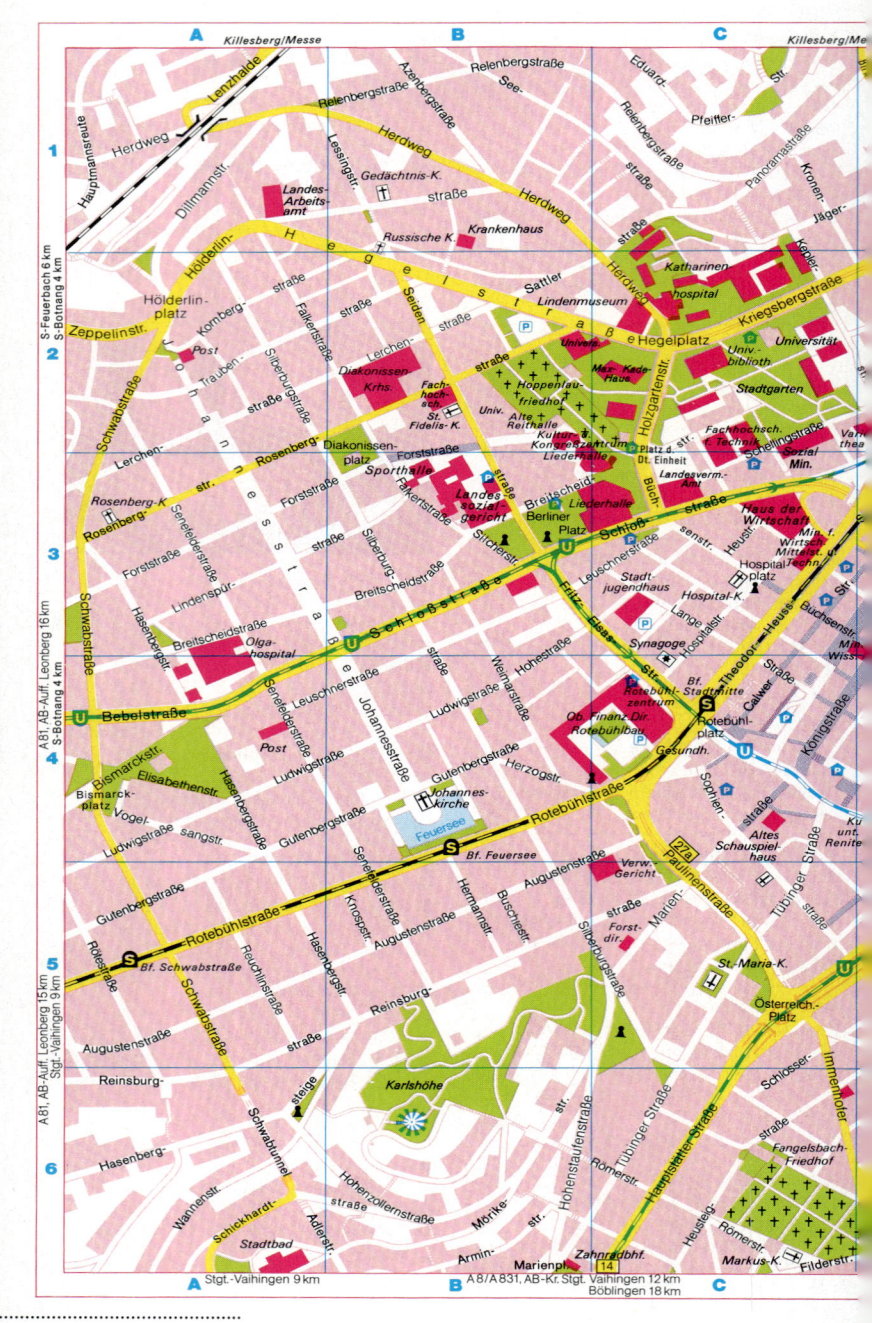

Stuttgart

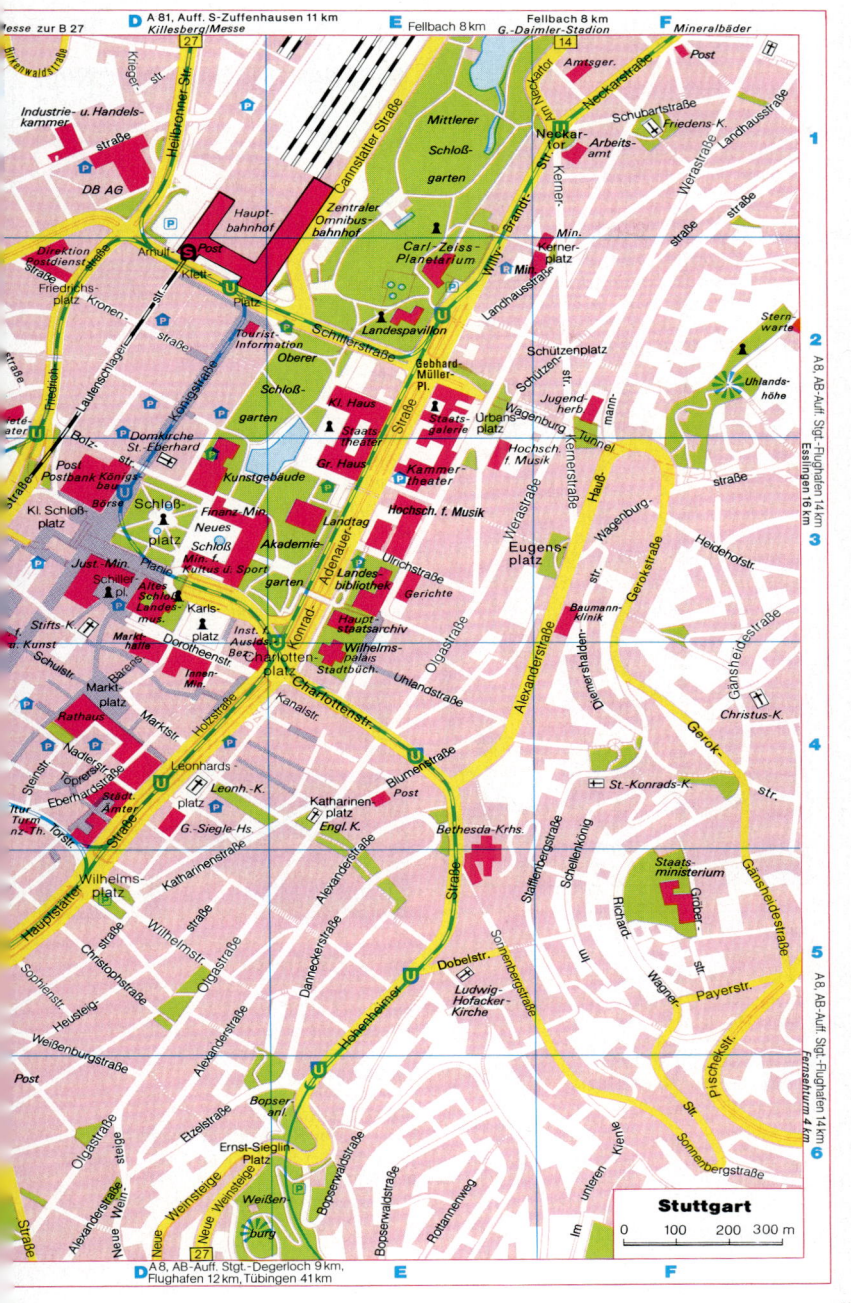

Stuttgart

✱ Central Classic Hotel
Hasenbergstr. 49 A, Tel **(07 11) 6 15 50 50**,
Fax **61 55 05 30**, ✉ 70176, AX DC ED VA
30 Zi, Ez: 119/59-149/75, Dz: 149/75-179/90,
⇨ WC ⊘, Lift, **P**, garni

✱ Sautter
Johannesstr. 28 (A 3), Tel **(07 11) 6 14 30**,
Fax **61 16 39**, ✉ 70176, AX DC ED VA
58 Zi, Ez: 135/67-160/80, Dz: 170/85-210/105,
1 Suite, ⇨ WC ⊘, Lift, 🕭, 2⇔40, Restaurant

✱ Stadthotel Am Wasen
Schlachthofstr. 19, Tel **(07 11) 16 85 70**,
Fax **1 68 57 57**, ✉ 70188, AX DC ED VA
31 Zi, Ez: 98/49-140/70, Dz: 140/70-190/95,
1 App, ⇨ WC ⊘, Lift, **P**, 🕭, garni

✱ Rieker am Hauptbahnhof
Friedrichstr. 3 (D 2), Tel **(07 11) 22 13 11**,
Fax **29 38 94**, ✉ 70174, AX DC ED VA, Ⓢ
65 Zi, Ez: 138/69-208/104, Dz: 188/94-268/134,
⇨ WC ⊘ DFÜ, 26 ⊵, Lift, **P**, 🕭, garni

¶¶ Der Goldener Adler ✛
Böheimstr. 38, Tel **(07 11) 6 40 17 62**,
Fax **6 49 99 70**, ✉ 70178, AX ED VA
Hauptgericht 30/15-69/34, Gartenlokal, **P**, nur abends, so+feiertags auch mittags, geschl.: Mo, 3 Wochen im Sommer

¶¶ La Fenice
Rotebühlplatz 29, Tel **(07 11) 6 15 11 44**,
Fax **6 15 11 46**, ✉ 70178, AX
Hauptgericht 34/17-48/24, Terrasse, nur abends, geschl.: Mo

¶¶ Der kleine Fritz
Feuerbacher Weg 101, Tel **(07 11) 13 56 50**,
Fax **1 35 65 65**, ✉ 70192
Hauptgericht 36/18-46/23, Gartenlokal, nur abends, geschl.: Mo, feiertags, 2 Wochen im Dez, 2 Wochen im Aug

✱ Alter Fritz am Killesberg
10 Zi, Ez: 130/65-160/80, Dz: 180/90-215/108,
⇨ WC ⊘ DFÜ, **P**, Golf
geschl.: 2 Wochen im Aug, 2 Wochen im Dez

¶¶ Délice
Hauptstätter Str. 61, Tel **(07 11) 6 40 32 22**,
✉ 70178
Hauptgericht 49/24-56/28, nur abends, geschl.: so+feiertags, Sa

¶¶ Krämer's Bürgerstuben
Gablenberger Hauptstr. 4, Tel **(07 11) 46 54 81**,
Fax **48 65 08**, ✉ 70186, AX DC ED VA
Hauptgericht 45/22, **P**, geschl.: Sa mittags, So abends, Mo, Anfang Jan, 3 Wochen im Sommer

¶¶ Da Franco
Calwer Str. 23, Tel **(07 11) 29 15 81**,
Fax **29 45 49**, ✉ 70173, AX DC ED VA
Hauptgericht 25/12-50/25, geschl.: Mo
Trattoria durchgehend geöffnet. Hier auch preiswertere Gerichte.

¶¶ Logo
im Haus der Wirtschaft
Willi-Bleicher-Str. 19, Tel **(07 11) 2 26 50 02**,
Fax **2 26 15 45**, ✉ 70174, AX DC ED VA
Hauptgericht 17/8-39/19, geschl.: Sa, So

La Scala
Friedrichstr. 41 (1.Etage), Tel (07 11) 29 06 07,
Fax 2 99 16 40, ✉ 70174, AX DC ED VA
Hauptgericht 35/17, geschl.: So, 30.7.-20.8.01

Der Zauberlehrling
Rosenstr. 38, Tel (07 11) 2 37 77 70,
Fax 2 37 77 75, ✉ 70182, AX
Hauptgericht 35/17-45/22, P, 🛏, geschl.: So

Kicho
Jakobstr. 19, Tel (07 11) 24 76 87,
Fax 2 36 10 20, ✉ 70182, AX DC ED VA
Hauptgericht 50/25, geschl.: So mittags
japanische Küche.

Café am Schloßgarten
Schillerstr. 23, im Althoff Hotel Am
Schloßgarten, Tel (07 11) 2 02 60,
Fax 2 02 68 88, ✉ 70173, AX DC ED VA
Terrasse, P

Café Königsbau
Königstr. 28, Tel (07 11) 29 07 87,
Fax 29 04 03, ✉ 70173, ED VA
Terrasse, 9-19

Café So
Charlottenplatz 17, Tel (07 11) 29 25 53,
Fax 2 26 12 49, ✉ 70173, VA
Terrasse, P

Weinstuben

Zur Kiste
Kanalstr. 2, Tel (07 11) 24 40 02, ✉ 70182
🍷, Hauptgericht 15/7-34/17, ab 17, Sa nur
mittags, geschl.: so+feiertags
Eine der ältesten Weinstuben Stuttgarts, erbaut
Ende des 18. Jh..

Weinstube Kachelofen
Eberhardstr. 10, Tel (07 11) 24 23 78, ✉ 70173
Hauptgericht 25/12, Gartenlokal, nur abends,
geschl.: So

Weinstube Klink
Epplestr. 1, Tel (07 11) 7 65 32 05,
Fax 76 03 07, ✉ 70597
Gartenlokal, nur abends, geschl.: Sa, So,
22.12.00-7.1.01

Appartementhotels/Boardinghäuser

Stella-Suites
im Stella Erlebnis-Center
Plieninger Str. 101-107, Tel (07 11) 72 78 50,
Fax 7 27 85 55, ✉ 70561, AX DC ED VA
194 Zi, Ez: 270/135-290/146,
Dz: 310/156-330/166, 84 Suiten, 110 App, ⌐
WC ⊘, 68 ♿, Lift, ⌂, Fitnessraum, Sauna,
Solarium
Zimmer der Kategorie ★★★.

Stuttgart-Außerhalb (13 km ←)

Schloss Solitude
Gourmet-Restaurant
Kavaliersbau Haus 2, Tel (07 11) 69 20 25,
Fax 6 99 07 71, ✉ 70197, AX DC ED VA
einzeln, Hauptgericht 46/23-48/24, P, nur
abends, geschl.: Mo, So

Büsnau (9 km ↙)

★★★ Relexa Waldhotel Schatten
Magstadter Str, Tel (07 11) 6 86 70,
Fax 6 86 79 99, ✉ 70569, AX DC ED VA, Ⓢ
124 Zi, Ez: 210/105-390/196,
Dz: 270/135-390/196, 12 Suiten, ⌐ WC ⊘ DFÜ,
68 ♿, Lift, P, ⌂, 10⇨120, Fitnessraum, Sauna,
Solarium
Auch Zimmer der Kategorie ★★ vorhanden.

La Fenêtre
Hauptgericht 39/19-45/22, Terrasse,
geschl.: so+feiertags, Mo

Kaminrestaurant
Hauptgericht 20/10-40/20, Terrasse, Biergarten

Cannstatt, Bad (4 km ↗)

★★ Pannonia
Teinacher Str. 20, Tel (07 11) 9 54 00,
Fax 9 54 06 30, ✉ 70372, AX DC ED VA, Ⓢ
156 Zi, Ez: 155/78-305/153,
Dz: 205/103-305/153, 5 Suiten, 18 App, ⌐ WC
⊘, 85 ♿, Lift, ⌂, 4⇨130, Sauna, Solarium
Hauptgericht 14/7-42/21, P

★★ Spahr
Waiblinger Str. 63, Tel (07 11) 55 39 30,
Fax 55 39 33 33, ✉ 70372, AX DC ED VA
60 Zi, Ez: 150/75-180/90, Dz: 175/88-280/141,
⌐ WC ⊘, 12 ♿, Lift, P, ⌂, garni
geschl.: 23.12.00-6.1.01

Krehl`s Linde
Obere Waiblinger Str. 113,
Tel (07 11) 5 20 49 00, Fax 52 04 90 13,
✉ 70374, AX ED VA
Hauptgericht 21/10-49/24, Biergarten,
Gartenlokal, Kegeln, P, 🛏, geschl.: Mo, So,
15.8.-5.9.01

Alt Cannstatt
Königsplatz 1, Tel (07 11) 56 11 15,
Fax 56 00 80, ✉ 70372
Hauptgericht 17/8-39/19, Terrasse, geschl.: So
abends, Mo

Stuttgart

🍴🍴 Pfund
Waiblinger Str. 61 a, Tel **(07 11) 56 63 63**,
Fax 56 63 63, ✉ 70372, AX DC ED VA
Hauptgericht 25/12-45/22, **P**,
geschl.: so+feiertags

Degerloch (4 km ↓)

🍴🍴🍴 Weber's Gourmet im Turm 🍷
Jahnstr. 120, Tel **(07 11) 24 89 96 10**,
Fax 24 89 96 27, ✉ 70597, AX ED VA
⚑ einzeln, Hauptgericht 52/26-68/34,
geschl.: Mo, So, 3 Wochen im Sommer

🍴🍴🍴 Wielandshöhe
Alte Weinsteige 71, Tel **(07 11) 6 40 88 48**,
Fax 6 40 94 08, ✉ 70597, AX DC ED VA
⚑, Hauptgericht 48/24-68/34, geschl.: Mo, So

🍴🍴 Fässle ✛
Löwenstr. 51, Tel **(07 11) 76 01 00**,
Fax 76 44 32, ✉ 70597, AX DC ED VA
Hauptgericht 29/14-42/21, Gartenlokal,
geschl.: Mo mittags, So

Fasanenhof

★ Fora Hotel im Business Park
Vor dem Lauch 20, Tel **(07 11) 7 25 50**,
Fax 7 25 56 66, ✉ 70567, AX DC ED VA, Ⓢ
101 Zi, Ez: 138/69-208/104,
Dz: 168/84-238/119, ⊟ WC Ⓒ DFÜ, 35 ⛳, Lift,
🐾, 6⟳100, Sauna, Solarium, Restaurant

Feuerbach (5 km ↑)

★★★ Messehotel Europe
Siemensstr. 33, Tel **(07 11) 81 00 40**,
Fax 8 10 04 25 55, ✉ 70469, AX DC ED VA, Ⓢ
114 Zi, Ez: 200/100-205/103,
Dz: 250/125-255/128, 4 Suiten, ⊟ WC Ⓒ, 13 ⛳,
Lift, 🐾, Fitnessraum, Sauna, Solarium,
Restaurant
Freizeitangebote im gegenüberliegenden
Kongresshotel Europe.

★★ Weinsberg
Grazer Str. 32, Tel **(07 11) 13 54 60**,
Fax 1 35 46 66, ✉ 70469, AX DC ED VA
37 Zi, Ez: 100/50-180/90, Dz: 160/80-210/105,
⊟ WC Ⓒ, 4 ⛳, Lift, **P**, 🐾, 1⟳50, Restaurant

Hohenheim (12 km ↓)

🍴🍴🍴🍴 Speisemeisterei 🔑🍷🍷
Am Schloß Hohenheim, Tel **(07 11) 4 56 00 37**,
Fax 4 56 00 38, ✉ 70599
P, nur abends, So nur mittags, geschl.: Mo,
1.-15.1.01, 23.7.-15.8.01

Historisch restaurierte Räume in der
Schlossanlage mit Park. Vorzugsweise Menüs.

Möhringen (7 km ↓)

★★★★ Copthorne Hotel Stuttgart International
Plieninger Str. 100, Tel **(07 11) 7 21 10 50**,
Fax 7 21 29 31, ✉ 70567, AX DC ED VA
⚑, 454 Zi, Ez: 279/140-369/185,
Dz: 319/160-409/206, 29 Suiten, ⊟ WC Ⓒ,
69 ⛳, Lift, 🐾, 17⟳1000, Sauna, Solarium,
Restaurant
Im Stuttgart International Zimmer der Kategorie
★★★ vorhanden. Im Stella Erlebnis-Center
Stuttgart eine Vielzahl unterschiedlicher
Restaurants.

★★ Mercure
Eichwiesenring 1 / 1, Tel **(07 11) 7 26 60**,
Fax 7 26 64 44, ✉ 70567, AX DC ED VA, Ⓢ
148 Zi, Ez: 196/98-241/121,
Dz: 242/121-297/149, ⊟ WC Ⓒ, 55 ⛳, Lift, **P**,
🐾, 5⟳170, Sauna, Solarium

🍴🍴 Le Faisan
Hauptgericht 31/15, Terrasse

★★ Fora
Filderbahnstr. 43, Tel **(07 11) 71 60 80**,
Fax 7 16 08 50, ✉ 70567, AX DC ED VA, Ⓢ
41 Zi, Ez: 138/69-178/89, Dz: 168/84-208/104,
⊟ WC Ⓒ DFÜ, 3 ⛳, Lift, 🐾, garni

★ Körschtal
Richterstr. 23, Tel **(07 11) 71 60 90**,
Fax 7 16 09 29, ✉ 70567, AX DC ED VA
30 Zi, Ez: 115/57-135/67, Dz: 165/83-195/98,
⊟ WC Ⓒ DFÜ, 4 ⛳, Lift, **P**, 🐾, garni
Rezeption: 7-20

★ Alpha Class Hotel
Plieninger Str. 50, Tel **(07 11) 72 81 00**,
Fax 7 28 10 99, ✉ 70567, AX ED VA
16 Zi, Ez: 150/75-170/85, Dz: 190/95-250/125,
⊟ WC Ⓒ, **P**, 🐾, 1⟳20, Sauna, Solarium,
Restaurant

Stuttgart

🍴🍴 Ecco
Plieninger Str. 100, Tel (07 11) 9 00 72 72,
Fax 9 00 72 73, ✉ 70567, AX DC ED VA
Hauptgericht 22/11-33/16, Terrasse
Bistro in der Spielbank.

Obertürkheim (9 km ↘)

★★ Brita
Augsburger Str. 671, Tel (07 11) 32 02 30,
Fax 32 44 40, ✉ 70329, AX DC ED VA
70 Zi, Ez: 135/67-172/86, Dz: 235/118, ⊣ WC ⊘
DFÜ, 16 ⊱, Lift, 🅿, 3⊃120
geschl.: 22.12.00-2.1.01
🍴🍴 Hauptgericht 27/13-31/15, 🅿,
geschl.: 22.12.00-2.1.01

Plieningen (13 km ↓)

★ Apart-Business-Hotel
Scharnhauser Str. 4, Tel (07 11) 4 50 10,
Fax 4 50 11 00, ✉ 70599, AX DC ED VA
56 Zi, Ez: 115/57-145/73, Dz: 155/78-165/83,
⊣ WC ⊘ DFÜ, Lift, 🅿, 🛎, garni
Langzeitvermietung möglich.

★ Romantik Hotel Traube
Brabandtgasse 2, Tel (07 11) 45 89 20,
Fax 4 58 92 20, ✉ 70599, DC ED VA
19 Zi, Ez: 160/80-220/110,
Dz: 200/100-320/161, ⊣ WC ⊘ DFÜ, 8 ⊱, 🅿,
1⊃20, Restaurant
geschl.: 24.12.00-6.1.01
Auch Zimmer der Kategorie ★★ vorhanden.

Stammheim (9 km ↑)

★ Novotel
Korntaler Str. 207, Tel (07 11) 98 06 20,
Fax 98 06 21 37, ✉ 70439, AX DC ED VA, Ⓢ
113 Zi, Ez: 124/62-200/100,
Dz: 158/79-235/118, ⊣ WC ⊘, 72 ⊱, Lift, 🅿,
6⊃250, ≋, Sauna, Restaurant

Uhlbach (12 km →)

★ Gästehaus Münzmay
Rührbrunnenweg 19, Tel (07 11) 9 18 92 70,
Fax 9 18 92 71, ✉ 70329, ↙, 11 Zi, Ez: 130/65, Dz: 175/88, ⊣ WC ⊘, Lift,
🅿, 🛎, Sauna, Solarium, garni
geschl.: 24.12.00-10.1.01

Untertürkheim

★ Petershof
Klabundeweg 10, Tel (07 11) 3 06 40,
Fax 3 06 42 22, ✉ 70327, AX DC ED VA
30 Zi, Ez: 125/62-150/75, Dz: 160/80-200/100,
⊣ WC ⊘ DFÜ, 4 ⊱, Lift, 🅿, 🛎, Restaurant
geschl.: 18.12.00-2.1.01

Vaihingen (8 km ↙)

★★★ Dorint Fontana
Vollmoellerstr. 5, Tel (07 11) 73 00,
Fax 7 30 25 25, ✉ 70563, AX DC ED VA, Ⓢ
224 Zi, Ez: 278/140-333/167,
Dz: 308/155-363/182, 5 Suiten, 21 App, ⊣ WC
⊘ DFÜ, 115 ⊱, Lift, 🅿, 🛎, 9⊃500, ≋, Sauna,
Solarium

🍴🍴 Schwabissimo Gastronomie
Hauptgericht 45/22

★ Fremd Gambrinus
Möhringer Landstr. 26, Tel (07 11) 90 15 80,
Fax 9 01 58 60, ✉ 70563, AX ED VA
17 Zi, Ez: 105/52-135/67, Dz: 145/73-170/85,
⊣ WC ⊘ DFÜ, 8 ⊱, 🅿, 🛎
geschl.: 22.12.00-7.1.01
🍴 Hauptgericht 25/12, geschl.: Di,
22.12.00-7.1.01

Wangen (5 km →)

★★ Hetzel Hotel Löwen
Ulmer Str. 331, Tel (07 11) 4 01 60,
Fax 4 01 63 33, ✉ 70327, AX DC ED VA
60 Zi, Ez: 124/62-174/87, Dz: 154/77-194/97,
6 App, ⊣ WC ⊘, Lift, 🅿, 🛎, 1⊃20, Restaurant

★ Ochsen
Ulmer Str. 323, Tel (07 11) 4 07 05 00,
Fax 40 70 50 99, ✉ 70327, AX DC ED VA
22 Zi, Ez: 128/64-188/94, Dz: 165/83-239/120,
⊣ WC ⊘, 8 ⊱, Lift, 🅿, Restaurant

Weilimdorf (8 km ↖)

★★ Holiday Inn
Mittlerer Pfad 27, Tel (07 11) 98 88 80,
Fax 98 88 89, ✉ 70499, AX DC ED VA, Ⓢ
288 Zi, Ez: 150/75-390/196,
Dz: 180/90-390/196, 6 Suiten, 31 App, ⊣ WC ⊘
DFÜ, 167 ⊱, Lift, 🛎, 11⊃350, Fitnessraum,
Sauna, Solarium, Restaurant
Auch Zimmer der Kategorie ★★★ vorhanden.

🍴🍴 Hasen
Solitudestr. 261, Tel (07 11) 9 89 89 80,
Fax 98 98 98 16, ✉ 70499, ED VA
Hauptgericht 35/17-45/22, geschl.: Mo, So,
1.-15.1.01, 1.-21.8.01

Suderburg 26 ↗

Niedersachsen / Kreis Uelzen
EW 4300
🛈 Tel (0 58 26) 16 16, Fax 83 32
Verkehrsverein Radautal
✉ 29556 Räberweg 3

✱✱ Hof Suderburg
In den Twieten 14, Tel (0 58 26) 9 53 50,
Fax 95 35 35, ✉ 29556, DC ED VA
34 Zi, Ez: 120/60-130/65, Dz: 180/90-190/95,
2 Suiten, ⌐ WC ✆ DFÜ, 17 ⚑, Lift, P, 3⟳100,
Fitnessraum, Sauna, Solarium, Restaurant

Suderode, Bad 37 ↗

Sachsen-Anhalt / Kreis Quedlinburg
EW 1940
🛈 Tel (03 94 85) 5 10, Fax 4 85
Kurverwaltung
✉ 06507 Felsenkellerpromenade 4

✱ Haus Kehrwieder
Ellernstr. 19, Tel (03 94 85) 54 10,
Fax 54 11 19, ✉ 06507, ED VA
22 Zi, Ez: 80/40, Dz: 120/60, ⌐ WC ✆

Süderbrarup 10 ↑

Schleswig-Holstein
Kreis Schleswig-Flensburg
EW 3500
🛈 Tel (0 46 41) 20 47, Fax 34 61
Fremdenverkehrsverein Schleidörfer e.V.
✉ 24392 Königstr. 3

✱ Hamester
Bahnhofstr. 24, Tel (0 46 41) 9 29 10,
Fax 92 91 34, ✉ 24392, ED
10 Zi, Ez: 80/40, Dz: 120/60, ⌐ WC ✆, P, ☎,
1⟳30, Restaurant

Südergellersen 18 ↘

Niedersachsen / Kreis Lüneburg
EW 1450
🛈 Tel (0 41 35) 2 88, Fax 2 88
Gemeindeverwaltung
✉ 21394 Kirchgellerser Str. 12

Heiligenthal

✱ Wassermühle Heiligenthal
Hauptstr. 10, Tel (0 41 35) 8 22 50, Fax 70 28,
✉ 21394, AX ED VA
11 Zi, Ez: 65/32-75/37, Dz: 139/70, 1 Suite, ⌐
WC ✆, P, 2⟳30, Restaurant
Ausgebaute Wassermühle mit
Fachwerkscheune von 1691.

Süderlügum 9 ↖

Schleswig-Holstein
Kreis Nordfriesland
EW 1972
🛈 Tel (0 46 63) 1 85 00
Amt Süderlügum
✉ 25923 Hauptstr. 9

✱ Tetens Gasthof
Hauptstr. 24, Tel (0 46 63) 1 85 80,
Fax 18 58 88, ✉ 25923, DC ED VA
11 Zi, Ez: 69/34-79/39, Dz: 129/64-145/73,
1 App., ⌐ WC ✆, P, 2⟳50, Restaurant

Südgeorgsfehn siehe Uplengen

Südlohn 33 ↖

Nordrhein-Westfalen / Kreis Borken
EW 7787
🛈 Tel (0 28 62) 9 50 70, Fax 9 60 12
Tourist-Information
✉ 46354 Jakobistr. 8

✱ Südlohner Hof
Kirchstr. 3, Tel (0 28 62) 9 98 80,
Fax 99 88 77, ✉ 46354, AX DC ED VA
22 Zi, Ez: 85/42-95/47, Dz: 140/70-150/75, ⌐
WC ✆ DFÜ, 4 ⚑, P, ☎, 3⟳40, Kegeln
🍴 Hauptgericht 20/10-42/21, Biergarten,
geschl.: Mo, Sa mittags

Oeding (4 km ←)

✱ Burghotel Pass
Burgplatz 1, Tel (0 28 62) 58 30, Fax 5 83 70,
✉ 46354, AX ED VA
46 Zi, Ez: 90/45-110/55, Dz: 135/67-180/90, ⌐
WC ✆, Lift, 4⟳100, ☎, Sauna

Sünna 46 ↗

Thüringen / Wartburgkreis
EW 1390
🛈 Tel (03 69 62) 2 03 53
Gemeindeverwaltung
✉ 36404 Pferdsdorferstr. 2

🛏 Kelten-Wald-Hotel Goldene Aue
Tel (03 69 62) 26 70, Fax 2 67 77, ✉ 36404, AX ED VA
einzeln ☾, 23 Zi, Ez: 59/29-78/39,
Dz: 80/40-130/65, 2 Suiten, ⌐ WC ✆, 6 ⚑, P,
☎, 1⟳40, ≋, Sauna
Auch Zimmer der Kategorie ✱ vorhanden.
🍴 einzeln, Hauptgericht 14/7-26/13,
Terrasse

Süßen 62 ☐

Baden-Württemberg
Kreis Göppingen
EW 10300
fi Tel (0 71 62) 9 61 60, Fax 96 16 96
Rathaus Sueßen
✉ 73079 Heidenheimer Str. 30

✱ Löwen

Hauptstr. 3, an der B 10, Tel (0 71 62) 50 88,
Fax 83 63, ✉ 73079, AX DC ED VA
50 Zi, Ez: 46/23-96/48, Dz: 98/49-148/74,
1 Suite, ⌐ WC ⊘, 10 ⚲, **P**, ⚐, 1⭘50,
Kegeln, Sauna, Solarium, Golf, Restaurant
geschl.: 24.12.00-5.1.01

Suhl 47 ☐

Thüringen
EW 50000
fi Tel (0 36 81) 78 84 05, Fax 72 00 52
Tourist-Information
✉ 98527 Friedrich-König-Str 7

„Stadt der Büchsenmacher"; Sehenswert:
Marktbrunnen mit Waffenschmied-Denkmal;
historische Fachwerkhäuser (Malzhaus, heute
Waffenmuseum;Heinrichser Rathaus); Hauptkirche St. Marien; Kreuzkirche; Rathaus; Steinweg
mit Bürgerhäusern, z. B. Rokokohaus Nr 26;
Tierpark.

✱✱✱ Mercure Kongress

Friedrich-König-Str. 1, **Tel (0 36 81) 71 00**,
Fax 71 03 33, ✉ 98527, AX DC ED VA, Ⓢ
🕯, 133 Zi, Ez: 153/77, Dz: 186/93-201/101,
6 Suiten, ⌐ WC ⊘ DFÜ, 40 ⚲, Lift, **P**, ⚐,
19⭘1000, ⚐, Kegeln, Bowling, Sauna,
Solarium, Restaurant
Direktanbindung an das Congress Centrum
Suhl. Freizeiteinrichtungen im Atrium des
Congress Centrums.

✱✱ Thüringen

Platz der Deutschen Einheit 2,
Tel (0 36 81) 76 76, Fax 72 43 79, ✉ 98527, AX DC ED VA
116 Zi, Ez: 130/65, Dz: 150/75-160/80, 8 Suiten,
⌐ WC ⊘, 15 ⚲, Lift, **P**, ⚐, 7⭘110, Sauna,
Solarium, Restaurant

✱ Goldener Hirsch

An der Hasel 91, **Tel (0 36 81) 7 95 90**,
Fax 79 59 20, ✉ 98527, ED VA
⌐, 20 Zi, Ez: 80/40-100/50, Dz: 110/55-120/60,
⌐ WC ⊘, **P**, Restaurant

Ringberg (5 km)

✱✱ Ringberg Resort

Ringberg 10, **Tel (0 36 81) 38 90**, Fax 38 98 90,
✉ 98527, AX DC ED VA
einzeln ⌐ 🕯, 313 Zi, Ez: 135/67-165/83,
Dz: 145/73-290/146, ⌐ WC ⊘, 56 ⚲, Lift, **P**,
12⭘550, ⚐, Kegeln, Sauna, Solarium,
Restaurant

Vesser (11 km →)

✱ Vessertal Forellenhof

Suhler Weg 1, **Tel (03 67 82) 6 14 68**,
Fax 6 24 90, ✉ 98711, AX ED VA
⌐, 11 Zi, Ez: 50/25-100/50, Dz: 80/40-120/60,
1 Suite, ⌐ WC ⊘ DFÜ, **P**, Sauna, Restaurant
geschl.: 10.11.-10.12.00

Suhlendorf 27 ↖

Niedersachsen / Kreis Uelzen
EW 2800
fi Tel (0 58 20) 3 46, Fax 98 79 31
Verkehrsverein
✉ 29562 Güstauer Str. 2

Kölau (2 km ↓)

✱✱ Brunnenhof Landidyll

Kölau Nr 7, **Tel (0 58 20) 8 80**, Fax 17 77,
✉ 29562, AX DC ED VA
⌐, 30 Zi, Ez: 85/42-148/74, Dz: 140/70-210/105,
5 Suiten, ⌐ WC ⊘, **P**, 4⭘100, ⚐, Sauna,
Solarium, 1 Tennis
Auch Zimmer der Kategorie ✱ vorhanden.
🍴 Hauptgericht 30/15, Terrasse,
Biergarten

Sulingen 25 ↖

Niedersachsen / Kreis Diepholz
EW 12600
fi Tel (0 42 71) 8 80, Fax 88 33
Stadtverwaltung
✉ 27232 Galtener Str. 12

✱ Zur Börse

Lange Str. 50, **Tel (0 42 71) 9 30 00**, Fax 57 80,
✉ 27232, AX DC ED VA
29 Zi, Ez: 95/47-140/70, Dz: 175/88-195/98, ⌐
WC ⊘, 6 ⚲, **P**, ⚐, 3⭘50
Im Gästehaus auch Zimmer der Kategorie ✱✱
vorhanden.
🍴 Hauptgericht 24/12-45/22, Terrasse,
geschl.: Fr abends, Sa+So mittags

Sulz am Neckar 61 ✓

Baden-Württemberg / Kreis Rottweil
EW 12370
🛈 Tel (0 74 54) 9 65 00, Fax 96 50 12
Verkehrsamt
✉ 72172 Obere Hauptstr. 2

Glatt (4 km ↑)

✱▬▬▬ Kaiser
Oberamtstr. 23, Tel (0 74 82) 92 20,
Fax 92 22 22, ✉ 72172, DC ED VA
33 Zi, Ez: 75/37-90/45, Dz: 150/75-180/90,
2 Suiten, ⌐ WC ∅, 3 ⊭, P, 🕾, 2◯35, 🌢,
Sauna, Solarium, Restaurant

Hopfau

✱▬▬▬ Hotel an der Glatt
Neunthausen 19, Tel (0 74 54) 9 64 10,
Fax 96 41 41, ✉ 72172, AX DC ED VA
23 Zi, Ez: 80/40-95/47, Dz: 160/80, 1 Suite, ⌐
WC ∅, Lift, P, 🕾, 3◯40, 🌢, Sauna, Restaurant

Sulza, Bad 48 ↑

Thüringen / Kreis Weimarer Land
EW 3300
🛈 Tel (03 64 61) 8 21 10, Fax 8 21 11
Gäste-Information Kur-GmbH
✉ 99518 Kurpark 2

✱▬▬▬ Hotel an der Therme
Wunderwaldstr. 2, Tel (03 64 61) 9 28 81,
Fax 9 28 35, ✉ 99518, AX ED VA
155 Zi, Ez: 85/42-89/44, Dz: 136/68-144/72,
16 App, ⌐ WC ∅, Lift, P, 12◯40, ≋, 🌢,
Fitnessraum, Sauna, Solarium, Restaurant

🍴🍴▬▬▬ Ratskeller
Markt 1, Tel (03 64 61) 2 23 22, Fax 2 23 21,
✉ 99518, AX DC ED VA
Hauptgericht 20/10-35/17, Terrasse, geschl.: Mo,
Di mittags

Sulzbach (Saar) 52 ↘

Saarland
Kreis Stadtverband Saarbrücken
EW 19900
🛈 Tel (0 68 97) 50 80
Stadtverwaltung
✉ 66280 Sulzbachtalstr. 81

✱▬▬▬ L'auberge Stadt Sulzbach
Lazarettstr. 3, Tel (0 68 97) 57 20,
Fax 57 22 00, ✉ 66280, AX ED VA
55 Zi, Ez: 105/52-140/70, Dz: 150/75-195/98,
⌐ WC ∅ DFÜ, 41 ⊭, Lift, P, 1◯40
Auch Zimmer der Kategorie ✱✱ vorhanden.

Sulzbach (Taunus) 44 ↘

Hessen / Main-Taunus-Kreis
EW 8600
🛈 Tel (0 61 96) 7 02 10, Fax 7 38 27
Gemeindeverwaltung
✉ 65843 Hauptstr. 11

Sulzbach (Taunus)-Außerhalb (1 km ↙)

✱✱✱▬▬▬ Dorint
Am Main-Taunus-Zentrum 1,
Tel (0 61 96) 76 30, Fax 7 29 96, ✉ 65843, AX
DC ED VA
289 Zi, Ez: 313/157-475/239,
Dz: 361/181-503/253, 4 Suiten, 1 App, ⌐ WC ∅
DFÜ, 82 ⊭, Lift, P, 12◯350, Restaurant

Sulzbach-Laufen 62 ↗

Baden-Württemberg
Kreis Schwäbisch Hall
EW 2560
🛈 Tel (0 79 76) 2 83, Fax 5 22
Bürgermeisteramt
✉ 74429 Eisbachstr. 24

🍴🍴▬▬▬ Gasthof Krone
Hauptstr. 44, an der B 19,
Tel (0 79 76) 9 85 20, Fax 98 52 51, ✉ 74429,
AX ED VA
Hauptgericht 14/7-28/14, Biergarten, Kegeln, P
✱▬▬▬ DC, 16 Zi, Ez: 89/44-141/71,
Dz: 127/63-147/74, 2 Suiten, ⌐ WC ∅, 🕾,
1◯20, Sauna, Solarium, Golf
Im Gästehaus Zimmer der Kategorie ✱✱
vorhanden.

Sulzbach-Rosenberg 58 □

Bayern
EW 21000
🛈 Tel (0 96 61) 51 01 10, Fax 43 33
Tourismusbüro
✉ 92237 Bühlgasse 5

Erholungsort; Sehenswert: Schloß; Rathaus;
Bayerisches Schulmuseum; Literaturarchiv;
Stadtpfarrkirche St. Marien; Stadtmuseum und
Schaustollen „MAX".

🍴▬▬▬ Villa Max ✚
Theodor-Heuss-Str. 2, Tel (0 96 61) 1 05 10,
Fax 10 51 94, ✉ 92237, AX ED VA
Hauptgericht 25/12-39/19, Gartenlokal, P, nur
abends, so nur mittags, geschl.: Mo
✱✱▬▬▬ 7 Zi, Ez: 90/45-115/57,
Dz: 165/83-195/98, 2 Suiten, ⌐ WC ∅ DFÜ,
2 ⊭, 1◯25

Sulzberg 70 □

Bayern / Kreis Oberallgäu
EW 4370
🛈 Tel (0 83 76) 9 20 10, Fax 92 01 40
Gästeinformation
✉ 87477 Rathausplatz 4

✱ Flair Hotel Sulzberger Hof
Sonthofener Str. 17, Tel (0 83 76) 3 01,
Fax 86 60, ✉ 87477, AX DC ED VA
☾ ≋, 22 Zi, Ez: 90/45-120/60,
Dz: 170/85-210/105, ⇨ WC ⊘, P, 🏠, 1⇔30,
⌂, Sauna, Solarium, Golf, Restaurant
Im Gästehaus Zimmer der Kategorie **✱✱**
vorhanden.

Sulzburg 67 ✓

Baden-Württemberg
Kreis Breisgau-Hochschwarzwald
EW 2500
🛈 Tel (0 76 34) 56 00 40, Fax 56 00 34
Tourist-Information
✉ 79295 Hauptstr. 56

🍴🍴🍴 Hirschen 🔴
Hauptstr. 69, Tel (0 76 34) 82 08, Fax 67 17,
✉ 79295
Hauptgericht 58/29, geschl.: Mo, Di, 8.-25.1.01,
23.7.-9.8.01
✱ 5 Zi, Ez: 120/60-190/95,
Dz: 160/80-230/115, 4 Suiten, ⇨ WC, 🏠

Laufen (2 km ←)

🍴🍴 La Vigna 🔴
Weinstr. 7, Tel (0 76 34) 80 14, Fax 6 92 52,
✉ 79295
Hauptgericht 35/17-52/26, Terrasse, P,
geschl.: So, Mo, 27.12.00-9.1.01, 24.6.-9.7.01

🍴 Winzerstube Drei Lilien ✚
Weinstr. 38, Tel (0 76 34) 59 25 82,
Fax 59 25 20, ✉ 79295
Hauptgericht 23/11-35/17, Terrasse,
Gartenlokal, P, 🛏, geschl.: Mi, Do mittags,
20.1.-22.2.01

Sulzfeld a. Main 56 □

Bayern / Kreis Kitzingen
EW 1270
🛈 Tel (0 93 21) 9 16 60, Fax 91 66 40
Verwaltungsgemeinschaft
✉ 97318 Kaiserstr. 37

Sulzfeld a.Main

**✱ Gasthof Zum Stern
   mit Gästehaus**
Peuntgasse 5, Tel (0 93 21) 1 33 50,
Fax 13 35 10, ✉ 97320
25 Zi, Ez: 55/27-70/35, Dz: 85/42-100/50, ⇨
WC ⊘, Restaurant
geschl.: Di

Sulzheim 56 ↗

Bayern / Kreis Schweinfurt
EW 800
🛈 Tel (0 93 82) 90 35 12, Fax 90 35 13
Verkehrsamt
✉ 97447 Marktplatz 20

Alitzheim (1 km ↓)

✱ Gasthof Grob
Dorfplatz 1, Tel (0 93 82) 9 72 50, Fax 2 87,
✉ 97529, AX ED VA
31 Zi, Ez: 60/30-87/43, Dz: 97/48-128/64, ⇨
WC ⊘ DFÜ, 8 ⇌, P, 🏠, 2⇔120, Restaurant
geschl.: So, 27.12.00-7.1.01
Im Gästehaus Zimmer der Kategorie **✱✱**
vorhanden.

Sundern 34 ↓

Nordrhein-Westfalen
Hochsauerlandkreis
EW 30000
🛈 Tel (0 29 33) 8 12 51, Fax 8 11 11
Verkehrsamt
✉ 59846 Rathausplatz 1

✱✱ Sunderland
Rathausplatz 2, Tel (0 29 33) 98 70,
Fax 98 71 11, ✉ 59846, DC ED VA

Sundern

46 Zi, Ez: 130/65-165/83, Dz: 160/80-210/105,
4 Suiten, 5 App, ⌐ WC ⌀ DFÜ, 22 ≦, Lift, **P**,
4⌂160, Kegeln, Sauna, Solarium
¶¶ Hauptgericht 32/16, Terrasse

Allendorf (Erholungsort, 7 km S⌐)

✱ **Clute-Simon**
Allendorfer Str. 85, Tel (0 23 93) 9 18 00,
Fax 91 80 28, ⌧ 59846, AX DC ED VA
14 Zi, Ez: 70/35-80/40, Dz: 120/60-140/70,
1 App, ⌐ WC ⌀ DFÜ, **P**, ⌂, 2⌂50, Sauna,
Solarium, Restaurant

Langscheid (6 km ↖)

✱✱ **Seegarten**
Zum Sorpedamm 21, Tel (0 29 35) 9 64 60,
Fax 71 92, ⌧ 59846, DC ED VA
§, 35 Zi, Ez: 80/40-100/50, Dz: 140/70-160/80,
⌐ WC ⌀, 5 ≦, Lift, **P**, 5⌂90, ⌂, Solarium,
Restaurant

✱✱ **Seehof**
Langscheider Str. 2, Tel (0 29 35) 9 65 10,
Fax 96 51 30, ⌧ 59846, ED
♪ §, 8 Zi, Ez: 60/30-95/47, Dz: 120/60,
5 Suiten, ⌐ WC ⌀, **P**, ⌂, 3⌂180, Sauna,
Restaurant

Sundern siehe Hiddenhausen

Syke 17 ↙

Niedersachsen / Kreis Diepholz
EW 24400
🛈 Tel (0 42 42) 16 41 21, Fax 44 80
Stadtverwaltung Syke
⌧ 28857 Kirchstr. 4

✱ **Vollmer's Gasthaus**
Hauptstr. 60, Tel (0 42 42) 5 02 60,
Fax 6 02 80, ⌧ 28857, AX DC ED VA
10 Zi, Ez: 85/42, Dz: 125/62, ⌐ WC ⌀, Sauna,
Solarium, Restaurant

Sylt 8 ↖

Kampen
Schleswig-Holstein
Kreis Nordfriesland
EW 620
🛈 Tel (0 46 51) 46 98 33, Fax 46 98 40
Zimmernachweis
⌧ 25999 Hauptstr. 12

✱✱✱ **Rungholt**
Kurhausstr., Tel (0 46 51) 44 80, Fax 4 48 40,
⌧ 25999
♪ §, 43 Zi, Ez: 175/88-390/196,
Dz: 360/181-460/231, 17 Suiten, ⌐ WC ⌀, **P**,
1⌂60, ⌂, Sauna, Solarium, Golf, Restaurant
geschl.: 1.11.-15.12.00

✱✱✱ **Walter's Hof**
Kurhausstr. 23, Tel (0 46 51) 9 89 60,
Fax 4 55 90, ⌧ 25999
♪ §, 18 Zi, Ez: 223/112-415/209,
Dz: 251/126-451/227, 17 Suiten, 9 App, ⌐ WC
⌀, **P**, 1⌂30, ⌂, Sauna, Solarium, Restaurant
Auch Zimmer der Kategorie **✱✱** vorhanden.

✱✱✱ **Village Kampen**
Alte Dorfstr. 7, Tel (0 46 51) 4 69 70,
Fax 46 97 77, ⌧ 25999, AX DC ED VA
9 Zi, Ez: 250/125-450/226,
Dz: 280/141-490/246, 5 Suiten, ⌐ WC ⌀ DFÜ,
P, ⌂, Fitnessraum, Sauna, Solarium, Golf,
garni

✱✱ **Golf- und Landhaus**
Braderuper Weg 12, Tel (0 46 51) 4 69 10,
Fax 46 91 11, ⌧ 25999, AX
♪, 5 Zi, 4 Suiten, ⌐ WC ⌀ DFÜ, **P**, ⌂, Sauna,
Solarium, Golf, garni
Gediegenes Landhaus-Ambiente. Kamin-Suiten
der Kategorie **✱✱✱** vorhanden.

✱✱ **Reethüs**
Hauptstr. 18, Tel (0 46 51) 9 85 50,
Fax 4 52 78, ⌧ 25999
16 Zi, Ez: 200/100-365/183,
Dz: 250/125-425/214, 2 Suiten, ⌐ WC ⌀, **P**, ⌂,
Sauna, Solarium, Golf, garni

✱ **Hamburger Hof**
Kurhausstr. 3, Tel (0 46 51) 9 46 00,
Fax 4 39 75, ⌧ 25999
15 Zi, Ez: 255/128-275/138,
Dz: 370/186-440/221, ⌐ WC ⌀ DFÜ, **P**, Sauna,
Solarium, garni

✱ **Kamphörn**
Norderheide 2, Tel (0 46 51) 9 84 50,
Fax 98 45 19, ⌧ 25999, ED

12 Zi, Ez: 90/45-150/75, Dz: 180/90-320/161,
2 Suiten, ⌐ WC ⌀, 12 ⇌, ℙ, garni
geschl.: 1.11.-15.12.00, 10.1.-15.2.01

✱ Ahnenhof
Kurhausstr. 8, Tel (0 46 51) 4 26 45,
Fax 4 40 16, ✉ 25999, AX
♪ §, 13 Zi, Ez: 120/60-155/78,
Dz: 220/110-310/156, 1 App, ⌐ WC ⌀, ℙ,
Solarium, garni
geschl.: 20.11.-26.12.00, 10.1.-15.2.01

¶¶¶ Tappe's im Walter's Hof
Kurhausstr. 3, Tel (0 46 51) 9 89 60,
Fax 4 55 90, ✉ 25999, AX
Hauptgericht 39/19-58/29, Terrasse
Mittags Bistroangebot.

¶ Dorfkrug
Braderuper Weg 3, Tel (0 46 51) 4 35 00,
Fax 4 18 79, ✉ 25999, AX ED VA
🕮, Hauptgericht 30/15, Terrasse, geschl.: Mo

Kampen-Außerhalb

¶ Vogelkoje
Lister Str, Tel (0 46 51) 9 52 50, Fax 95 25 95,
✉ 25999
einzeln, Hauptgericht 30/15-55/27, Gartenlokal,
ℙ

List
Schleswig-Holstein
Kreis Nordfriesland
EW 2700
🅘 Tel (0 46 51) 9 52 00, Fax 87 13 98
Kurverwaltung
✉ 25992 Listlandstr

Der nördlichste Ort der Bundesrepublik; Nordseebad; Sehenswert: Wanderdünen im Naturschutzgebiet; ACHTUNG Fährverbindung mit der dänischen Insel Römö, 🅘 Platzreservierung ⌀.(0180) 310 30 30.

¶ Über 100 Jahre alter Gasthof
Alte Dorfstr. 5, Tel (0 46 51) 87 72 44,
Fax 87 14 00, ✉ 25992, AX ED VA
🕮, Hauptgericht 35/17, Gartenlokal, ℙ

¶ Alte Backstube
Süderhörn 2, Tel (0 46 51) 87 05 12,
Fax 95 80 93, ✉ 25992
🕮, Hauptgericht 10/5-34/17, Terrasse,
Gartenlokal, ℙ, geschl.: Mi, 18-25.12.00,
11.1.-16.2.01

Rantum
Schleswig-Holstein
Kreis Nordfriesland
EW 500
🅘 Tel (0 46 51) 80 70, Fax 8 07 66
Kurverwaltung Rantum
✉ 25980 Strandstr. 7

✱✱✱ Dorint Söl'ring Hof
Am Sandwall 1, Tel (0 46 51) 83 62 00,
Fax 8 36 20 20, ✉ 25980, AX DC ED VA
♪ §, 5 Zi, Dz: 430/216-650/327, 10 App, ⌐ WC
⌀ DFÜ, 5 ⇌, ℙ, Fitnessraum, Sauna, Solarium
Einrichtung im hochwertigem, elegantem
Landhausstil.
¶¶¶¶ Hauptgericht 25/12-65/32
Terrasse, nur abends, geschl.: So, 3 Wochen im Jan

✱✱ Watthof
Alte Dorfstr. 40, Tel (0 46 51) 80 20,
Fax 8 02 22, ✉ 25980, AX ED VA
♪ §, 24 Zi, Ez: 150/75-490/246,
Dz: 200/100-550/277, 11 Suiten, ⌐ WC ⌀ DFÜ,
ℙ, 2⌂60, ⌂, Sauna, Solarium, Golf,
Restaurant
Im Gästehaus Zimmer der Kategorie ✱✱✱.

✱ Alte Strandvogtei
Merret-Lassen-Wai 6, Tel (0 46 51) 9 22 50,
Fax 2 91 57, ✉ 25980
♪, 14 Zi, Ez: 120/60-180/90,
Dz: 190/95-320/161, 1 Suite, 7 App, ⌐ WC ⌀,
ℙ, Sauna, Solarium, garni

¶¶ Landhaus Rantum
Stiindeelke 1, Tel (0 46 51) 82 44 33 22,
Fax 82 44 33 11, ✉ 25980, AX DC ED VA
Hauptgericht 25/12-48/24, Terrasse, Biergarten,
ℙ, ⇌

Rantum-Außerhalb (5 km ↓)

Sansibar
Hörnumer Str. 417, Tel (0 46 51) 96 46 46,
Fax 96 46 47, ✉ 25980

§ einzeln, Hauptgericht 30/15-45/22, Terrasse, Biergarten, Gartenlokal, P

Sylt-Ost
Schleswig-Holstein
Kreis Nordfriesland
EW 21850
🛈 Tel (0 46 51) 33 70, Fax 3 37 37
Kurverwaltung
✉ 25980 Am Tipkenhoog 5

Archsum

✱✱✱ Christian VIII
Heleeker 1, Tel (0 46 51) 9 70 70, Fax 97 07 77, ✉ 25980, AX ED
2 Zi, Dz: 295/148-430/216, 20 Suiten, ⌐ WC ⌀ DFÜ, P, ⌂, Sauna, Solarium, garni
Einrichtung im hochwertigem, elegantem Landhausstil. 7000 qm Parkanlage.

Keitum

✱✱✱ Aarnhoog ♛
Gaat 13, Tel (0 46 51) 39 90, Fax 3 99 99, ✉ 25980, ED
☾ 3 Zi, Ez: 290/146-320/161, Dz: 420/211, 11 App, ⌐ WC ⌀, P, ⌂, ⌂, Sauna, garni
Rezeption: 8-20

✱✱✱ Benen-Diken-Hof ♛
Süderstr. 3, Tel (0 46 51) 9 38 30, Fax 9 38 31 83, ✉ 25980, AX DC ED VA
☾ 28 Zi, Ez: 210/105-300/151, Dz: 260/130-450/226, 5 Suiten, 8 App, ⌐ WC ⌀ DFÜ, P, ⌂, Sauna, Solarium, Golf, Restaurant
Rezeption: 8-20
Auch Zimmer der Kategorie ✱✱ vorhanden.

✱ Ringhotel Seiler Hof
Gurtstig 7, Tel (0 46 51) 9 33 40, Fax 93 34 44, ✉ 25980
☾ ♨, 7 Zi, Ez: 175/88-245/123, Dz: 275/138-320/161, 2 Suiten, 1 App, ⌐ WC ⌀ DFÜ, P, Fitnessraum, Sauna, Solarium, garni

✱ Groot's Hotel
Gaat 5, Tel (0 46 51) 9 33 90, Fax 3 29 53, ✉ 25980
☾, 11 Zi, Ez: 130/65-170/85, Dz: 220/110-330/166, ⌐ WC ⌀, P, Sauna, Solarium, Golf, garni
geschl.: 27.11.-17.12.00, 15.1.-15.2.01

¶¶ Fisch-Fiete
Weidemannweg 3, Tel (0 46 51) 3 21 50, Fax 3 25 91, ✉ 25980
♨, Hauptgericht 40/20-59/29, Terrasse, Gartenlokal, P, geschl.: Nov-Mär Mi, 3.-21.12.00, 7.1.-16.2.01

Salon 1900
Süderstr. 40, Tel (0 46 51) 93 60 00, Fax 93 60 05, ✉ 25980, AX ED
♨, Hauptgericht 29/14-49/24, P, geschl.: 10.1.-10.2.01
Restaurant und Bar.

Morsum (2 km →)

¶¶¶¶ Landhaus Nösse 🍷
Nösistig 13, Tel (0 46 51) 9 72 20, Fax 89 16 58, ✉ 25980, AX ED
§, Hauptgericht 55/27, Terrasse, geschl.: Mo
✱✱✱ einzeln ☾ §, 10 Zi ♛
Dz: 360/181-495/249, 2 Suiten, ⌐ WC ⌀, P, 1⌂50

Munkmarsch

✱✱✱ Fährhaus ♛
Heefwai 1, Tel (0 46 51) 9 39 70, Fax 93 97 10, ✉ 25980, AX ED VA
☾, 14 Zi, Ez: 180/90-320/161, Dz: 260/130-420/211, 6 Suiten, ⌐ WC ⌀ DFÜ, 4 ⌂, Lift, P, 1⌂40, ⌂, Fitnessraum, Sauna, Solarium
geschl.: 4.-20.12.00
Beachtenswerter Wellnessbereich.

Sylt

¥¥¥ Hauptgericht 45/22-66/33 🍷
Terrasse, nur abends, geschl.: Mo, Di außer
Jun-Sep, 4.-20.12.00, 15.1.-15.2.01

¥¥ Käpt'n Selmer-Stube
⚓, Hauptgericht 34/17-45/22, Terrasse,
geschl.: 4.-20.12.00

Wenningstedt
Schleswig-Holstein
Kreis Nordfriesland
EW 1500
i Tel (0 46 51) 9 89 00, Fax 4 57 72
Verkehrsverein
✉ 25996 Westerlandstr. 1

✶✶ Strandhörn ♛
Dünenstr. 1, Tel (0 46 51) 9 45 00, Fax 4 57 77,
✉ 25996, AX
♪, 11 Zi, Ez: 155/78-360/181,
Dz: 260/130-400/201, 10 Suiten, 5 App, ⌐ WC
Ⓒ, P, 1⌂24, 🏊, Fitnessraum, Sauna, Solarium
geschl.: 10.1.-15.2.01
Auch Zimmer der Kategorie ✶✶✶ vorhanden.

¥¥¥ Lässig im Strandhörn 🍷
Hauptgericht 45/22-60/30, Terrasse, geschl.: Mi,
10.1.-15.2.01

✱ Windrose
Strandstr. 21-23, Tel (0 46 51) 94 00,
Fax 94 08 77, ✉ 25996, AX DC ED VA
77 Zi, Ez: 140/70-250/125,
Dz: 200/100-400/201, 27 Suiten, ⌐ WC Ⓒ,
10 ⛏, Lift, P, 4⌂400, 🏊, Sauna, Solarium,
Golf
In den Dépendancen Suiten der Kategorie ✶✶
vorhanden.

¥¥ Veneto 🍷
nur abends, geschl.: Di, 15.11.-18.12.00,
22.2.-15.3.02

✱ Sylter Domizil
Hauptstr. 3, Tel (0 46 51) 8 29 00,
Fax 82 90 29, ✉ 25996, AX ED VA
11 Zi, Ez: 139/70-179/90, Dz: 159/80-299/150,
2 Suiten, ⌐ WC Ⓒ DFÜ, 2 ⛏, P, Fitnessraum,
Sauna, Solarium, Golf, garni

✱ Landhaus am Meer
Westring 2, Tel (0 46 51) 4 51 00, Fax 4 56 75,
✉ 25996
11 Zi, Ez: 80/40-160/80, Dz: 140/70-180/90,
4 Suiten, ⌐ WC Ⓒ, P, Sauna, Solarium, garni
Rezeption: 8-20, geschl.: 5.11.-23.12.00

✱ Garten Hotel
Lerchenweg 6, Tel (0 46 51) 9 45 40,
Fax 94 54 31, ✉ 25996
29 Zi, Ez: 110/55-230/115, Dz: 170/85-250/125,
⌐ WC Ⓒ, P, 🏊, Sauna, Solarium, garni

Westerland
Schleswig-Holstein
Kreis Nordfriesland
EW 10000
i Tel (0 46 51) 99 88, Fax 99 81 00
Fremden-Verkehrs-Zentrale
✉ 25980 Stephanstr. 6

✶✶✶ Stadt Hamburg ♛♛
Relais & Châteaux
Strandstr. 2, Tel (0 46 51) 85 80, Fax 85 82 20,
✉ 25980, AX DC ED VA
🍷, 48 Zi, Ez: 181/91-329/165,
Dz: 308/155-548/276, 24 Suiten, ⌐ WC Ⓒ, Lift,
🏊, 5⌂50, Golf
Zimmer unterschiedlicher Kategorien
vorhanden.

¥¥¥ Hauptgericht 48/24-62/31, P, nur
abends

Bistro Stadt Hamburg
Hauptgericht 24/12-36/18, Terrasse, P

✶✶✶ Strandhotel Sylt
Friedrichstr., Margarethenstr. 9,
Tel (0 46 51) 83 80, Fax 83 84 54, ✉ 25980, AX
DC ED VA
⚓, 53 Zi, Ez: 280/141-340/171,
Dz: 400/201-430/216, 45 Suiten, ⌐ WC Ⓒ DFÜ,
Lift, 🏊, 1⌂15, Sauna, Solarium, Golf, garni
Auch Zimmer der Kategorie ✶✶ vorhanden.

✶✶✶ Dorint
Schützenstr. 22-26, Tel (0 46 51) 85 00,
Fax 85 01 50, ✉ 25980, AX DC ED VA

Sylt

⚓, Ez: 320/161-400/201, Dz: 350/176-450/226, 72 App, 🚽 WC ⊘, Lift, 🅿, 1🍴50, 🏊, Sauna, Solarium, Golf

🍴🍴 Bistro Lakshüs
Hauptgericht 16/8-50/25, Terrasse

✱✱✱ Miramar
Friedrichstr. 43, Tel (0 46 51) 85 50,
Fax 85 52 22, ✉ 25980, AX DC ED VA
§ ☏, 82 Zi, Ez: 180/90-630/317,
Dz: 280/141-660/332, 11 Suiten, 🚽 WC ⊘, Lift,
🅿, 🏠, 3🍴70, 🏊, Seezugang, Sauna, Solarium, Golf
geschl.: 19.11.-20.12.00, 18.11.-20.12.01

🍴🍴 §, Hauptgericht 29/14, Terrasse,
geschl.: 19.11.-20.12.00, 18.11.-20.12.01

✱✱ Wiking
Steinmannstr. 11, Tel (0 46 51) 8 30 02,
Fax 83 02 99, ✉ 25980, ED
§, 28 Zi, Ez: 100/50-250/125,
Dz: 190/95-410/206, 🚽 WC ⊘, 6 🛏, Lift, 🏠, garni

✱ Wünschmann
Andreas-Dirks-Str. 4, Tel (0 46 51) 50 25,
Fax 50 28, ✉ 25980, AX
34 Zi, Ez: 130/65-280/141,
Dz: 206/103-446/224, 1 Suite, 🚽 WC ⊘, Lift, 🅿,
🏠, Golf, Restaurant

geschl.: 15.11.-15.12.00
Auch Zimmer der Kategorie ✱✱ vorhanden.

✱ Sylter Hof
Norderstr. 9, Tel (0 46 51) 85 70, Fax 8 57 55,
✉ 25980, AX DC ED VA
22 Zi, Ez: 145/73-225/113,
Dz: 240/120-380/191, 2 Suiten, 🚽 WC ⊘, Lift,
🅿, 🏠, 🏊, Sauna, Solarium
🍴🍴 Hauptgericht 29/14, nur abends,
geschl.: Mo in Vor+Nachsaison

✱ Villa Kristina
Norderstr. 7, Tel (0 46 51) 2 52 01, Fax 2 77 11,
✉ 25980, AX ED VA
14 Zi, Ez: 140/70-200/100,
Dz: 210/105-340/171, 🚽 WC ⊘ DFÜ, 14 🛏, Lift,
🅿, Golf
Zimmereinrichtung im Designerstil.

✱ Uthland
Elisabethstr. 12, Tel (0 46 51) 9 86 00,
Fax 98 60 60, ✉ 25980, AX ED
16 Zi, Ez: 160/80-320/161,
Dz: 260/130-360/181, 🚽 WC ⊘ DFÜ, Lift, 🅿,
🏠, Sauna, Solarium, Restaurant
geschl.: 27.11.-25.12.00

✱ Vier Jahreszeiten
Johann-Möller-Str. 40, Tel (0 46 51) 9 86 70,
Fax 98 67 77, ✉ 25980, AX ED VA
19 Zi, Ez: 140/70-270/135,
Dz: 260/130-350/176, 10 Suiten, 🚽 WC ⊘ DFÜ,
Lift, 🅿, 1🍴10, garni
Auch Zimmer der Kategorie ✱✱ vorhanden.

✱ Clausen
Friedrichstr. 20, Tel (0 46 51) 9 22 90,
Fax 2 80 07, ✉ 25980
19 Zi, Ez: 100/50-175/88, Dz: 160/80-260/130,
🚽 WC ⊘, 🏠, garni

✱ Marin Hotel
Elisabethstr. 1, Tel (0 46 51) 9 28 00,
Fax 2 86 94, ✉ 25980
30 Zi, Ez: 100/50-190/95, Dz: 180/90-300/151,
1 Suite, 6 App, 🚽 WC ⊘ DFÜ, 🅿, garni

🍴🍴🍴🍴 Jörg Müller
Süderstr. 8, Tel **(0 46 51) 2 77 88**,
Fax 20 14 71, ✉ 25980, AX DC ED VA
Hauptgericht 54/27-78/39, **P**, nur abends,
geschl.: Di, 14.1.-23.2.01
Appartements und Doppelzimmer im eleganten
Landhausstil vorhanden.

🍴🍴 Pesel
Hauptgericht 34/17-56/28, geschl.: Di, Mi
mittags

🍴🍴 Webchristel
Süderstr. 11, Tel **(0 46 51) 2 29 00**, ✉ 25980
❂, Hauptgericht 33/16, **P**, geschl.: Mi

🍴🍴 Franz Ganser
Das kleine Restaurant
Bötticherstr. 2, Tel **(0 46 51) 2 29 70**,
Fax 83 49 80, ✉ 25980, AX ED VA
Hauptgericht 42/21-58/29, Terrasse, geschl.: Mo,
19.11.-15.12.00, 27.2.-20.3.01

🍴 Alte Friesenstube
Gaadt 4, Tel **(0 46 51) 12 28**, Fax 83 44 10,
✉ 25980, AX
❂, Hauptgericht 29/14-42/21, Gartenlokal, Nov-
Apr nur abends, geschl.: Mo
Friesenhaus erbaut anno 1648.

☕ Café Wien
Strandstr. 13, Tel **(0 46 51) 53 35**, Fax 2 95 10,
✉ 25980
Terrasse, Biergarten, Gartenlokal, **P**
Spezialität: Friesentorte.

Tabarz 47 ↖

Thüringen / Kreis Gotha
EW 4390
ℹ Tel (03 62 59) 56 00, Fax 5 60 18
Kurgesellschaft Tabarz mbH
✉ 99891 Zimmerbergstr. 4

✱✱ Zur Post
Lauchagrundstr. 16, Tel **(03 62 59) 66 60**,
Fax 6 66 66, ✉ 99891, AX DC ED VA
38 Zi, Ez: 95/47-115/57, Dz: 160/80, 4 App, ⊟
WC Ⓒ, 10 ⛔, Lift, **P**, 3⟲80, Sauna, Solarium,
Restaurant

✱✱ Frauenberger
Max-Alvary-Str. 9, Tel **(03 62 59) 52 20**,
Fax 52 21 00, ✉ 99891, AX ED VA
43 Zi, Ez: 90/45-125/62, Dz: 145/73-190/95,
1 Suite, ⊟ WC Ⓒ, 8 ⛔, Lift, **P**, 🚗, 2⟲25, ⌂,
Sauna, Solarium, Restaurant

🛏 Am Zimmerberg
Zoobergstr. 14, Tel **(03 62 59) 6 22 96**,
Fax 6 22 96, ✉ 99891
13 Zi, Ez: 70/35-85/42, Dz: 110/55-130/65, ⊟
WC Ⓒ, 1 ⛔, **P**, Restaurant
geschl.: Do

Tailfingen siehe Albstadt

Tamm 61 ☐

Baden-Württemberg
Kreis Ludwigsburg
EW 12000
ℹ Tel (0 71 41) 60 60, Fax 60 61 85
Gemeindeverwaltung
✉ 71732 Bahnhofstr. 1

✱✱ Ochsen
Hauptstr. 40, Tel **(0 71 41) 6 93 30**,
Fax 69 33 30, ✉ 71732, AX DC ED VA
17 Zi, Ez: 140/70-160/80, Dz: 195/98-205/103,
⊟ WC Ⓒ, **P**, ⌂, 2⟲40
🍴🍴 ❂, Hauptgericht 40/20

Tangermünde 28 ☐

Sachsen-Anhalt / Kreis Stendal
EW 10200
ℹ Tel (03 93 22) 37 10, Fax 4 37 70
Tourist-Information
✉ 39590 Marktstr. 13

✱✱ Ringhotel
Schwarzer Adler ♛
Lange Str. 52, Tel **(03 93 22) 23 91**, Fax 36 42,
✉ 39590, AX DC ED VA, Ⓢ
43 Zi, Ez: 95/47-110/55, Dz: 140/70-160/80,
11 Suiten, ⊟ WC Ⓒ, **P**, 6⟲220, Sauna,
Solarium

🍽 Kutscherstübchen
Hauptgericht 17/8, Terrasse

✱ Stars Inn
Lange Str. 47, Tel **(03 93 22) 98 70**,
Fax 9 87 70, ✉ 39590, ED VA
18 Zi, Ez: 72/36-92/46, Dz: 110/55-124/62,
1 Suite, 1 App, ⊟ WC Ⓒ, 5 ⛔, **P**, 1⟲30,
Sauna, Solarium, garni

🛏 Sturm
Arneburger Str. 37, Tel **(03 93 22) 30 48**,
Fax 9 33 50, ✉ 39590, VA
28 Zi, Ez: 68/34-71/35, Dz: 86/43, ⊟ WC Ⓒ, **P**,
Restaurant

Tangstedt 18 ↑

Schleswig-Holstein
Kreis Stormarn
EW 5930
🅗 Tel (0 41 09) 5 10, Fax 51 51
Gemeindeverwaltung
✉ 22889 Hauptstr. 93

✱ Tangstedter Mühle
Hauptstr. 96, Tel (0 41 09) 92 17, Fax 27 90 13,
✉ 22889, AX ED VA
18 Zi, Ez: 100/50-120/60, Dz: 150/75-170/85,
1 Suite, ⊣ WC ⊘, P, 🐾, Restaurant
Rezeption: 7-11, 16-20

Tangstedt Kr. Pinneberg 18 ↖

Schleswig-Holstein
EW 1900
🅗 Tel (0 41 01) 79 72 27, Fax 79 72 48
Amtsverwaltung Pinneberg-Land
✉ 25421 Elmshorner Str 49

🍴 Zur Wulfsmühle
Mühlenstr. 97, Tel (0 41 01) 2 88 22,
Fax 51 34 24, ✉ 25499, ED VA
einzeln, Hauptgericht 28/14, P
✱ einzeln, 8 Zi, Ez: 90/45-100/50,
Dz: 145/73, ⊣ WC ⊘

Tann 46 ↗

Hessen / Kreis Fulda
EW 5000
🅗 Tel (0 66 82) 16 55, Fax 89 22
Tourist-Information
✉ 36142 Am Kalkofen 6

✱ Landhaus Kehl
Eisenacher Str. 15, Tel (0 66 82) 3 87,
Fax 14 35, ✉ 36142
38 Zi, Ez: 48/24-58/29, Dz: 78/39-94/47, ⊣ WC
⊘, Lift, P, 🐾, 2⇨40, Fitnessraum, Sauna,
Solarium, Restaurant
geschl.: Di, 16.10.-2.11.00
Im Gasthof einfachere Zimmer.

Tannenberg 50 ↑

Sachsen / Kreis Annaberg
EW 1225
🅗 Tel (0 37 33) 5 28 20, Fax 5 32 05
Gemeindeverwaltung
✉ 09468 Rittergut 1

✱ Zum Hammer
Untere Dorfstr. 21, Tel (0 37 33) 5 29 51,
Fax 5 29 51, ✉ 09468
15 Zi, Ez: 69/34-75/37, Dz: 98/49-110/55,
2 App, ⊣ WC, 9 🛏, P, Kegeln, Restaurant

Tauberbischofsheim 55 →

Baden-Württemberg
Main-Tauber-Kreis
EW 13000
🅗 Tel (0 93 41) 8 03 33, Fax 8 03 89
Tourist-Information
✉ 97941 Marktplatz 8

✱ Am Brenner
Goethestr. 10, Tel (0 93 41) 9 21 30,
Fax 92 13 34, ✉ 97941, AX DC ED VA
♪ ⚡, 30 Zi, Ez: 87/43-99/49, Dz: 130/65-145/73,
1 App, ⊣ WC ⊘ DFÜ, 3 🛏, P, 🐾, 1⇨35,
Fitnessraum, Sauna, Solarium, Golf, Restaurant
Auch Zimmer der Kategorie ✱✱ vorhanden.

✱ Badischer Hof
Am Sonnenplatz, Tel (0 93 41) 98 80,
Fax 98 82 00, ✉ 97941, AX DC ED VA
26 Zi, Ez: 85/42-100/50, Dz: 120/60-140/70,
1 Suite, ⊣ WC ⊘ DFÜ, P, 🐾, Restaurant
geschl.: Fr, 15.12.00-15.1.01
Auch Zimmer der Kategorie ✱✱ vorhanden.

Tauberrettersheim 56 ✓

Bayern / Kreis Würzburg
EW 791
🅗 Tel (0 93 38) 4 62
Gemeindeverwaltung
✉ 97285 Bergstr. 1

🛏 Gasthof Zum Hirschen
Mühlenstr. 1, Tel (0 93 38) 3 22, Fax 82 17,
✉ 97285
12 Zi, Ez: 60/30-65/32, Dz: 100/50-120/60, ⊣
WC ⊘, P, 🐾, 2⇨100, Kegeln, Sauna, Solarium,
Restaurant
geschl.: Mi, 27.11.-8.12.00, 1.2.-1.3.01

Taucha 39 ✓

Sachsen / Kreis Leipzig (Land)
EW 14800
🅗 Tel (03 42 98) 7 00, Fax 7 01 34
Stadtverwaltung
✉ 04425 Schlosstr. 13

✱ Apart
Weststr. 1, Tel (03 42 98) 3 08 18, Fax 3 08 16,
✉ 04425, AX DC ED VA
32 Zi, Ez: 100/50-130/65, Dz: 120/60-150/75,
⊣ WC, 5 🛏, P, Restaurant

✱ Comfort-Hotel
Leipziger Str. 125, Tel (03 42 98) 39 71 00,
Fax 39 72 99, ✉ 04425, AX DC ED VA
103 Zi, Ez: 89/44-112/56, Dz: 99/49-138/69, ⊣
WC ⊘ DFÜ, 51 🛏, Lift, P, Restaurant

Taufkirchen 72 □

Bayern / Kreis München
EW 17000
ℹ Tel (0 89) 66 67 20, Fax 6 12 74 93
Gemeindeverwaltung
✉ 82024 Köglweg 3

** **Limmerhof**
Münchener Str. 43, **Tel** (0 89) 61 43 20,
Fax 61 43 23 33, ✉ 82024, AX ED VA
83 Zi, Ez: 175/88-235/118,
Dz: 225/113-280/141, ⌐ WC ⊘, 8 ⌂, Lift,
4⇌80, Sauna, Solarium
🍴🍴 Hauptgericht 32/16

Taufkirchen/Vils 72 ↗

Bayern / Kreis Erding
EW 8400
ℹ Tel (0 80 84) 3 70, Fax 37 23
Gemeindeverwaltung
✉ 84416 Attinger Weg 9

* **Am Hof**
Hierlhof 2, **Tel** (0 80 84) 9 30 00, Fax 93 00 28,
✉ 84416, AX ED VA
12 Zi, Ez: 80/40-98/49, Dz: 140/70-160/80,
1 Suite, 5 App, ⌐ WC ⊘ DFÜ, Lift, **P**, 🏠, garni
Rezeption: 6.30-12, 16.30-21,
geschl.: 22.12.00-1.1.01

Hörgersdorf (8 km ✓)

🍴🍴 **Landgasthof Forster** ✢
Haus Nr 23, **Tel** (0 80 84) 23 57, Fax 23 57,
✉ 84416
Hauptgericht 27/13, Terrasse, **P**, nur abends,
sa+so auch mittags, geschl.: Mo, Di, Ende
Aug-Mitte Sep

Taunusstein 44 ↓

Hessen / Rheingau-Taunus-Kreis
EW 29000
ℹ Tel (0 61 28) 24 11 00, Fax 24 11 72
Stadtverwaltung
✉ 65232 Aarstraße 150

Wehen

🍴🍴 **Alt Straßburg**
Dresdener Str. 4, **Tel** (0 61 28) 66 67,
Fax 64 29, ✉ 65232, AX ED VA
Hauptgericht 32/16, Terrasse, nur abends,
geschl.: Mo, Di, Mi, Do
** 4 Zi, Ez: 135/67, Dz: 190/95-230/115,
⌐ WC ⊘, **P**, 🏠

Tautenhain 48 ↗

Thüringen / Saale/Holzlandkreis
EW 1810
ℹ Tel (03 66 01) 8 00 50, Fax 8 00 51
Kurbetriebsgesellschaft mbH
✉ 07639 Hermann-Sachse-Str 44

* **Holzland Gasthof Zur Kanone**
Dorfstr. 3, **Tel** (03 66 01) 4 05 11, Fax 4 05 15,
✉ 07639, ED VA
♪, 29 Zi, Ez: 75/37-80/40, Dz: 105/52-120/60,
⌐ WC ⊘, **P**, 1⇌2, Restaurant

Tecklenburg 24 ✓

Nordrhein-Westfalen
Kreis Steinfurt
EW 9600
ℹ Tel (0 54 82) 9 38 90, Fax 93 89 19
Tecklenburg Touristik GmbH
✉ 49545 Markt 7

Ringhotel Parkhotel Burggraf
Meesenhof 5, **Tel** (0 54 82) 4 25, Fax 61 25,
✉ 49545, AX DC ED VA, Ⓢ
♪ ⚡, 43 Zi, Ez: 135/67-150/75,
Dz: 150/75-178/89, 2 Suiten, ⌐ WC ⊘, 7 ⌂,
Lift, **P**, 🏠, 4⇌80, 🏊, Sauna, Solarium, Golf,
Restaurant
Geschlossen wegen Umbau vom 1.1.-
31.12.2000.

☕ **Café Rabbel**
Markt 6, **Tel** (0 54 82) 2 19, Fax 78 85,
✉ 49545
Terrasse
Spezialität: Kapuziner-Torte, Tecklenburger-
Grafentorte.

Brochterbeck (7 km ←)

** **Ringhotel Teutoburger Wald**
Im Bocketal 2, **Tel** (0 54 55) 9 30 00,
Fax 93 00 70, ✉ 49545, AX DC ED VA, Ⓢ
43 Zi, Ez: 100/50-140/70, Dz: 150/75-200/100,
1 Suite, ⌐ WC ⊘ DFÜ, 10 ⌂, Lift, **P**, 🏠,
3⇌65, 🏊, Sauna, Solarium, Restaurant

975

Leeden-Außerhalb (3 km ↘)

Altes Backhaus
Am Ritterkamp 27, Tel (0 54 81) 65 33,
Fax 8 31 02, ✉ 49545, DC ED VA
Hauptgericht 24/12-48/24, Kegeln, Bowling, P,
geschl.: Di

Tegernsee 72 ↓

Bayern / Kreis Miesbach
EW 4300
🛈 Tel (0 80 22) 18 01 40, Fax 37 58
Kuramt Tegernsee
✉ 83684 Hauptstr. 2

** Bayern
Neureuthstr. 23, Tel (0 80 22) 18 20, Fax 37 75,
✉ 83684, AX ED VA
♪ ⚭, 63 Zi, Ez: 151/76-235/118,
Dz: 251/126-309/155, 4 Suiten, ⊟ WC ⓒ DFÜ,
27 ⇌, Lift, P, 🅿, 9⚬120, ⚬, Fitnessraum,
Kegeln, Sauna, Solarium

⚭, Hauptgericht 26/13-46/23, Terrasse,
Biergarten

* Forum am Tegernsee/Seehaus
Schwaighofstr. 53, Tel (0 80 22) 1 80 80,
Fax 18 08 88, ✉ 83684, AX DC ED VA
17 Zi, Ez: 100/50-140/70, Dz: 160/80-180/90,
⊟ WC ⓒ, P, 3⚬16, Seezugang, Restaurant
geschl.: 1.2.-31.3.01

* Guggemos
Hauptstr. 23, Tel (0 80 22) 91 40, Fax 91 43 00,
✉ 83684, AX DC ED VA
⚭, 28 Zi, Ez: 82/41-98/49, Dz: 132/66-182/91, ⊟
WC ⓒ, P, 1⚬150, Restaurant

Der Leeberghof
Ellinger Str. 10, Tel (0 80 22) 39 66, Fax 17 20,
✉ 83684, ED VA
⚭, Hauptgericht 38/19-58/29, Terrasse, P, 🛏,
nur abends, sa+so auch mittags, geschl.: Mo,
Nov-Apr Mo, Di, 6.-19.11.00, 8.1.-20.2.01
Beachtenswerte Küche.

Trastevere
Rosenstr. 5, Tel (0 80 22) 43 82, ✉ 83684, AX
ED VA
Hauptgericht 25/12-40/20, Terrasse, Biergarten,
P, geschl.: Mi, Do mittags, 1.-30.11.00,
6.-22.6.01

Bräustüberl
Schloßplatz 1, Tel (0 80 22) 41 41, Fax 34 55,
✉ 83684
⚭, Hauptgericht 10/5-17/8, Terrasse,
geschl.: 6.11.-15.12.00

Teinach-Zavelstein, Bad 61 ←

Baden-Württemberg / Kreis Calw
EW 2800
🛈 Tel (0 70 53) 9 20 50 40, Fax 9 20 50 44
Teinachtal-Touristik
✉ 75385 Otto-Neidhart-Allee 6

Teinach, Bad

*** Bad-Hotel
Otto-Neidhart-Allee 5, Tel (0 70 53) 2 90,
Fax 2 91 77, ✉ 75385, AX DC ED VA
54 Zi, Ez: 145/73-196/98, Dz: 254/127-292/147,
4 Suiten, ⊟ WC ⓒ DFÜ, 18 ⇌, Lift, P, 🅿,
6⚬120, ⚬, ⚬, Kegeln, Sauna, Solarium,
1 Tennis
Direkter Zugang zum Thermalbad und Kurhaus.

Quellenrestaurant
Hauptgericht 35/17-45/22, Terrasse

* Mühle
Otto-Neidhart-Allee 2, Tel (0 70 53) 9 29 50,
Fax 92 95 99, ✉ 75385, ED
17 Zi, Ez: 58/29-60/30, Dz: 120/60, 3 App, ⊟
WC ⓒ, 5 ⇌, Lift, P, 🅿, Solarium, garni
geschl.: Fr, 1.11.-10.12.00

Zavelstein

** Berlin's Hotel Krone & Lamm
Marktplatz 2-3, Tel (0 70 53) 9 29 40,
Fax 92 94 30, ✉ 75385, ED VA
28 Zi, Ez: 75/37-100/50, Dz: 120/60-160/80, ⊟
WC ⓒ DFÜ, 10 ⇌, Lift, P, 1⚬40, Sauna

Marktplatz 2, Hauptgericht 22/11,
Terrasse, Biergarten

Teisendorf 73 □

Bayern
Kreis Berchtesgadener Land
EW 8600
🛈 Tel (0 86 66) 2 95, Fax 16 47
Verkehrsverein
✉ 83317 Poststr. 11

Holzhausen (3 km ↑)

✱✱ Seidl
Holzhausen 2, Tel (0 86 66) 80 10,
Fax 80 11 02, ✉ 83317, DC ED VA
♪ ♯, 65 Zi, Ez: 99/49-150/75,
Dz: 170/85-260/130, ⊒ WC ⌀, Lift, P, ≙,
2⇨80, ≙, Fitnessraum, Sauna, Solarium,
2 Tennis, Kinderbetreuung
🍴🍴 Hauptgericht 16/8-36/18, Terrasse

Teistungen 36 →

Thüringen / Kreis Eichsfeld
EW 1600
Tourist-Information
✉ 37339 Klosterweg 5

✱✱ Victor's Residenz-Hotel Teistungenburg
Klosterweg 6-7, Tel (03 60 71) 8 40,
Fax 8 44 44, ✉ 37339, AX DC ED VA
97 Zi, Ez: 110/55-210/105, Dz: 150/75-230/115,
7 Suiten, ⊒ WC ⌀, 41 ⛌, Lift, P, 8⇨400, ≋,
≙, Sauna, Solarium, Restaurant

Telgte 34 ↖

Nordrhein-Westfalen
Kreis Warendorf
EW 18900
🛈 Tel (0 25 04) 7 75 71, Fax 7 20 15
Stadttouristik
✉ 48291 Markt 1

✱ Marienlinde
Münstertor 1, Tel (0 25 04) 9 31 30,
Fax 93 13 50, ✉ 48291, AX DC ED VA
20 Zi, Ez: 92/46-98/49, Dz: 132/66-138/69,
2 App, ⊒ WC ⌀, 10 ⛌, P, 1⇨38, Restaurant
Rezeption: 6.30-22.30

🍴 Alter Gasthof Seiling
Markt 6, Tel (0 25 04) 7 22 68, ✉ 48291, ED VA
Hauptgericht 28/14, Terrasse, Biergarten,
Gartenlokal, geschl.: Mo

Telgte-Außerhalb (2 km ↗)

✱✱ Silence Heidehotel Waldhütte
Im Klatenberg 19, Tel (0 25 04) 92 00,
Fax 92 01 40, ✉ 48291, AX DC ED VA
einzeln ♪, 31 Zi, Ez: 125/62-145/73,
Dz: 185/93-225/113, ⊒ WC ⌀ DFÜ, P, ≙,
4⇨40, Sauna, Solarium
geschl.: 2.-12.1.01

🍴🍴 Hauptgericht 35/17, Terrasse,
Biergarten, geschl.: 2.-12.1.01

Teltow 29 →

Brandenburg
Kreis Potsdam-Mittelmark
EW 15000
🛈 Tel (03 32 04) 3 50 30, Fax 3 50 32
Märkischer Fremdenverkehrsverein
✉ 14547 Berliner Straße 202

✱✱ Courtyard by Marriott
Warthestr. 20, Tel (0 33 28) 44 00,
Fax 44 04 40, ✉ 14513, AX DC ED VA, Ⓢ
195 Zi, Ez: 126/63-182/91, Dz: 126/63-204/102,
⊒ WC ⌀, 66 ⛌, Lift, P, 17⇨290, Sauna,
Solarium, Restaurant
Auch Zimmer der Kategorie ✱✱✱ vorhanden.

✱ Hoteltow
Potsdamer Str. 53, Tel (0 33 28) 4 00,
Fax 4 01 10, ✉ 14513, AX ED VA
61 Zi, Ez: 90/45-120/60, Dz: 130/65-165/83, ⊒
WC ⌀, 29 ⛌, Lift, P, ≙, 4⇨100, Fitnessraum,
Sauna, Solarium, Restaurant

Ruhlsdorf (3 km ↓)

✱ Hammer's Landhotel
Genshagener Str. 1, Tel (0 33 28) 4 14 23,
Fax 47 46 80, ✉ 14513
19 Zi, Ez: 110/55-135/67, Dz: 145/73-165/83,
1 App, ⊒ WC ⌀, 3 ⛌, P, ≙, 1⇨30, Restaurant

Templin 21 ↘

Brandenburg / Kreis Uckermark
EW 14000
🛈 Tel (0 39 87) 26 31, Fax 5 38 33
Tourismus-Service
✉ 17268 Obere Mühlenstr. 11

✱✱ Fährkrug
Fährkrug 1, Tel (0 39 87) 4 80, Fax 4 81 11,
✉ 17268, AX ED VA
einzeln ⌒ ⚡, 36 Zi, Ez: 95/47-135/67,
Dz: 130/65-180/90, 1 Suite, 3 App., ⌐ WC ⊘,
2 ⚭, Lift, P, 3⊂⊃50, Restaurant

✱ Zum Eichwerder
Werderstr. 38, Tel (0 39 87) 5 27 00,
Fax 5 27 01, ✉ 17268, AX ED VA
22 Zi, Ez: 85/42-115/57, Dz: 130/65-140/70, ⌐
WC ⊘, P, 🏠, 1⊂⊃34, Sauna, Restaurant

⚓ Mühlenseeperle
Am Mühlentor 2, Tel (0 39 87) 5 09 50,
Fax 5 09 60, ✉ 17268
12 Zi, Ez: 70/35-85/42, Dz: 99/49-125/62,
2 App., ⌐ WC ⊘, P, 1⊂⊃70, Restaurant

Tennenlohe siehe Erlangen

Tennstedt, Bad 37 ↓

Thüringen / Unstrut-Hainich-Kreis
EW 2940
🛈 Tel (03 60 41) 5 70 76, Fax 5 70 76
Stadtverwaltung
✉ 99955 Markt 1

✱ Am Kurpark
Am Osthöfer Tor 1, Tel (03 60 41) 37 00,
Fax 37 00, ✉ 99955
14 Zi, Ez: 65/32-76/38, Dz: 98/49, ⌐ WC ⊘
DFÜ, P, 1⊂⊃18, Sauna, garni

Teterow 21 ↖

Mecklenburg-Vorpommern
Kreis Güstrow
EW 11000
🛈 Tel (0 39 96) 17 20 28, Fax 18 77 95
Tourist-Information
✉ 17166 Mühlenstr. 1

✱ Blücher
Warener Str. 50-52, Tel (0 39 96) 17 21 96,
Fax 12 02 95, ✉ 17166, ED
16 Zi, Ez: 95/47, Dz: 125/62, 1 Suite, ⌐ WC ⊘,
P, 1⊂⊃40, Fitnessraum, Sauna, Solarium, garni

Tettnang 69 ↓

Baden-Württemberg / Bodenseekreis
EW 17430
🛈 Tel (0 75 42) 95 38 39, Fax 93 91 96
Tourist-Info-Büro
✉ 88069 Montfortstr. 1/1

Sehenswert: Museum im Neuen Montfortschloß,
Montfortmuseum im Torschloß.

✱ Ringhotel Rad
Lindauer Str. 2, Tel (0 75 42) 54 00,
Fax 5 36 36, ✉ 88069, AX DC ED VA, Ⓢ
72 Zi, Ez: 105/52-150/75, Dz: 150/75-220/110,
⌐ WC ⊘, Lift, P, 🏠, 3⊂⊃130, Kegeln, Sauna,
Solarium
geschl.: 3 Wochen im Jan
🍽 Hauptgericht 30/15, geschl.: 3 Wochen
im Nov

✱ Ritter
Karlstr. 2, Tel (0 75 42) 5 30 20, Fax 53 02 30,
✉ 88069, AX DC ED VA
23 Zi, Ez: 70/35-120/60, Dz: 120/60-180/90,
2 Suiten, 2 App., ⌐ WC ⊘, Lift, P, 🏠, Kegeln,
Restaurant
geschl.: 3.-18.11.00

Thale (Harz) 37 ↗

Sachsen-Anhalt / Kreis Quedlinburg
EW 14500
🛈 Tel (0 39 47) 25 97, Fax 22 77
Thale-Information
✉ 06502 Rathausstr. 1

✱ Haus Sonneneck
Ferienwohnanlage Hubertus
Heimburgstr. 1 a, Tel (0 39 47) 4 96 10,
Fax 4 96 23, ✉ 06502
9 Zi, Ez: 60/30-90/45, Dz: 100/50-140/70,
3 Suiten, ⌐ WC ⊘, 6 ⚭, P, ≋, Sauna, garni

Thale-Außerhalb (5 km ✓)

✱ Berghotel Hexentanzplatz
Hexentanzplatz 1, Tel (0 39 47) 47 30,
Fax 4 73 38, ✉ 06502, AX ED VA
einzeln, 16 Zi, Ez: 70/35-140/70,
Dz: 130/65-180/90, ⌐ WC ⊘, P, 3⊂⊃50,
Restaurant

Thalfang 52 →

Rheinland-Pfalz
Kreis Bernkastel-Wittlich
EW 1800
🛈 Tel (0 65 04) 91 40 50, Fax 87 73
Tourist-Information
✉ 54424 Saarstr. 3

Haus Vogelsang
Vogelsang 7, Tel (0 65 04) 10 88, Fax 23 32,
✉ 54424, ED VA
♪, 11 Zi, Ez: 55/27-62/31, Dz: 98/49-114/57, ⌐
WC ⌀, P, Restaurant

Thalheim (Erzgeb.) 50 □

Sachsen / Kreis Stollberg
EW 7890
☎ Tel (0 37 21) 2 62 26, Fax 8 41 80
Thalheim-Information
✉ 09380 Hauptstr. 5

Pension Wiesenmühle
Chemnitzer Str. 48, Tel (0 37 21) 2 33 71,
Fax 2 23 34, ✉ 09380
♪ ⚐, 14 Zi, Ez: 55/27-71/35, Dz: 80/40-90/45,
2 App, ⌐ WC, P, ☎, garni
Hist. Ölmühle von 1838.

Thannhausen 70 ↗

Bayern / Kreis Günzburg
EW 6250
☎ Tel (0 82 81) 90 10, Fax 9 01 20
Stadtverwaltung
✉ 86470 Christoph-von-Schmid-Str. 7

** Schreiegg's Post ♛
Postgasse 1-2, Tel (0 82 81) 9 95 10, ✉ 86470,
AX ED VA
10 Zi, Ez: 120/60-150/75, Dz: 180/90-200/100,
⌐ WC ⌀ DFÜ, 5 ⛌, Lift, P, ☎, 2⌂16, Sauna,
Solarium
Rezeption: 6.30-23, geschl.: 2.-31.1.01
🍴🍴 Fax 99 51 51,
Hauptgericht 30/15-40/20, Terrasse
Biergarten, geschl.: Mo, Di, 2.-31.1.01

Tharandt 51 ↖

Sachsen / Kreis Weißeritzkreis
EW 2632
☎ Tel (03 52 03) 3 74 51
Stadtverwaltung
✉ 01737 Schillerstr. 5

* Schützenhaus
Wilsdruffer Str. 20, Tel (03 52 03) 3 04 11,
Fax 3 04 22, ✉ 01737, AX ED VA
12 Zi, Ez: 68/34, Dz: 90/45, ⌐ WC ⌀, 1⌂35,
Sauna, Restaurant

Thiendorf 40 ↘

Sachsen / Kreis Riesa-Großenhain
EW 2388
☎ Tel (03 52 48) 84 00, Fax 8 40 20
Gemeindeverwaltung
✉ 01561 Kamenzer Str. 25

* Lindenhof
Kamenzer Str. 1, Tel (03 52 48) 8 42 22,
Fax 8 42 23, ✉ 01561, ED VA
20 Zi, Ez: 95/47, Dz: 120/60, ⌐ WC ⌀, P,
1⌂24, Restaurant

Thierhaupten 63 ↘

Bayern / Kreis Augsburg
EW 3400
☎ Tel (0 82 71) 8 05 70, Fax 80 57 50
Gemeindeverwaltung
✉ 86672 Marktplatz 1

** Klostergasthof
Augsburger Str. 3, Tel (0 82 71) 8 18 10,
Fax 81 81 50, ✉ 86672, AX ED VA
47 Zi, Ez: 105/52-130/65, Dz: 140/70-170/85, ⌐
WC ⌀ DFÜ, 17 ⛌, Lift, P, ☎, 2⌂35,
Fitnessraum, Sauna
🍴 Hauptgericht 30/15, Terrasse

Tholey 52 →

Saarland / Kreis St. Wendel
EW 13400
☎ Tel (0 68 53) 5 08 45, Fax 3 01 78
Verkehrsamt
✉ 66636 Im Kloster 1

🍴🍴🍴 Hubertus
Metzer Str. 1, Tel (0 68 53) 9 10 30,
Fax 3 06 01, ✉ 66636, AX DC VA
Hauptgericht 42/21-55/27, Terrasse, geschl.: Mo,
Do mittags, So abends
** 17 Zi, Ez: 85/42-120/60,
Dz: 160/80-210/105, ⌐ WC ⌀

Thum 50 □

Sachsen / Kreis Annaberg
EW 6300
☎ Tel (03 72 97) 39 70, Fax 3 97 77
Stadtverwaltung
✉ 09419 Rathausplatz 4

Staatlich anerkannter Erholungsort, Haus des
Gastes, neu ab 2002: Tagen im Grünen, Info
anfordern.

* Erzgebirgischer Hof
Annaberger Str. 6, Tel (03 72 97) 41 04,
Fax 24 62, ✉ 09419, AX DC ED VA

16 Zi, Ez: 48/24-85/42, Dz: 90/45-120/60,
1 Suite, ⌐ WC ⊘, 4 ⊨, 🅿, 1⟲80, Restaurant
Auch Zimmer der Kategorie ** vorhanden.

✶ Ratskeller
Markt 3, Tel (03 72 97) 23 75, Fax 78 72,
✉ 09419, ED VA
13 Zi, Ez: 69/34-80/40, Dz: 90/45, ⌐ WC ⊘, 🅿,
1⟲30, Restaurant

Thumby 10 ↑

Schleswig-Holstein
Kreis Rendsburg-Eckernförde
EW 561
🛈 Tel (0 43 52) 9 17 60, Fax 91 76 60
Amtsverwaltung Schwansen
✉ 24351 Auf der Höhe 16

Sieseby (3 km ←)

¶¶ Schlie-Krog ✢
Dorfstr. 19, Tel (0 43 52) 25 31, Fax 15 80,
✉ 24351
Hauptgericht 30/15, Terrasse, Biergarten, 🅿,
🛏, geschl.: Mo

Thyrnau 66 ↘

Bayern / Kreis Passau
EW 4040
🛈 Tel (0 85 01) 3 20, Fax 17 77
Tourist-Informatuon
✉ 94136 St.-Blasius-Str 10

Hundsdorf (2 km ↗)

✶✶✶ Parkschlößl zu Thyrnau
Hundsdorf 20 a, Tel (0 85 01) 92 20,
Fax 92 21 23, ✉ 94136, ED VA
⌣ ✦, 39 Zi, Ez: 105/52-125/62,
Dz: 160/80-240/120, 10 Suiten, ⌐ WC ⊘ DFÜ,
15 ⊨, Lift, 🅿, 🛎, 2⟲60, ≋, ⌂, Fitnessraum,
Kegeln, Sauna, Solarium, Restaurant
Auch Zimmer der Kategorie **** vorhanden.

Kellberg (4 km ↘)

✶ Lindenhof
Kurpromenade 12, Tel (0 85 01) 80 80,
Fax 8 08 15, ✉ 94136, ED VA
⌣, 37 Zi, Ez: 52/26-72/36, Dz: 90/45-116/58, ⌐
WC ⊘, 3 ⊨, Lift, 🅿, 1⟲30, Fitnessraum,
Sauna, Solarium, Golf, garni

Raßbach (2 km ↘)

✶ Golf-Hotel
Raßbach 8, Tel (0 85 01) 9 13 13, Fax 9 13 14,
✉ 94136
einzeln ⌣ ✦, 15 Zi, Ez: 82/41, Dz: 124/62,
15 App, ⌐ WC ⊘, 🅿, 1⟲40, Sauna, Solarium,
Golf, Restaurant
geschl.: 15.12.00-15.3.01

Tiefenbach 59 ↓

Bayern / Kreis Oberpfalz
EW 2230
🛈 Tel (0 96 73) 92 21 11, Fax 92 21 30
Tourismusbüro
✉ 93464 Hauptstr. 33

✶ Russenbräu
Irlacher Str. 2, Tel (0 96 73) 2 04, Fax 18 08,
✉ 93464, ED VA
13 Zi, Ez: 42/21-55/27, Dz: 78/39-90/45, ⌐ WC
⊘, 🅿, 🛎, 1⟲250
¶ Hauptgericht 10/5-28/14

Tiefenbronn 61 □

Baden-Württemberg / Enzkreis
EW 5270
🛈 Tel (0 72 34) 9 50 00, Fax 95 00 50
Bürgermeisteramt
✉ 75233 Gemmingenstr. 1

✶ Ochsen-Post
Franz-Josef-Gall-Str. 13, Tel (0 72 34) 9 54 50,
Fax 9 54 51 45, ✉ 75233, ED VA
19 Zi, Ez: 89/44-138/69, Dz: 120/60-160/80, ⌐
WC ⊘, 🅿, 🛎
Auch Zimmer der Kategorie ** vorhanden.

¶ Bauernstuben
🍴, Hauptgericht 18/9-40/20, geschl.: Di, 3 Wochen im Jan

Tiefenbronn-Außerhalb (4 km ↖)

★★ Häckermühle
Im Würmtal 5, Tel (0 72 34) 61 11, Fax 57 69, ✉ 75233, AX ED VA
einzeln, 15 Zi, Ez: 75/37-115/57,
Dz: 140/70-180/90, ⇥ WC ✆, 🅿, 2⇨20, Sauna
¶¶ Hauptgericht 28/14-60/30, Terrasse, geschl.: Mo mittags, Di, 6.-20.1.01
Spezialität: Süßwasserfische. Beachtenswerte Küche.

Mühlhausen (4 km ↘)

★★ Arnegger's Adler mit Gästehaus Anita
Tiefenbronner Str. 20, Tel (0 72 34) 95 35 30, Fax 9 53 53 50, ✉ 75233, AX DC ED VA
24 Zi, Ez: 93/46-98/49, Dz: 139/70-152/76, ⇥ WC ✆, Lift, 🅿, 🍴, 3⇨40, Sauna, Solarium
geschl.: 1.-31.1.01

¶¶ Arnegger`s Adler
Hauptgericht 30/15-46/23, geschl.: 1.-31.1.01

Tietzow 29 ↑

Brandenburg / Kreis Havelland
EW 313
ℹ Tel (0 33 21) 40 31 43
Fremdenverkehrsverband Havelland
✉ 14641 Goethestr. 59-60

★★ Helenenhof
Dorfstr. 66, Tel (0 33 32 30) 5 03 17, Fax 5 02 90, ✉ 14641, AX ED VA
🎵, 21 Zi, Ez: 130/65, Dz: 180/90, ⇥ WC ✆, 🅿, 1⇨60, Golf
¶ Hauptgericht 17/8-22/11, Terrasse

Timmendorfer Strand 11 ↓

Schleswig-Holstein
Kreis Ostholstein
EW 9200
ℹ Tel (0 45 03) 3 58 50, Fax 35 85 45
Tourist-Service e.V.
✉ 23669 Timmendorfer Platz 10

★★★ Seeschlößchen
Strandallee 141, Tel (0 45 03) 60 11, Fax 60 13 33, ✉ 23669
🎵 🍴, 128 Zi, Ez: 165/83-355/178,
Dz: 255/128-395/198, 9 Suiten, 1 App, ⇥ WC ✆, Lift, 🅿, 🍴, 5⇨250, ☕, 🌊, Sauna, Solarium
geschl.: Mitte Jan-Mitte Feb
Im von Oven's Landhaus auch Zimmer der Kategorie ★★ vorhanden.

¶¶ Panorama im Seeschlößchen
🍴, Hauptgericht 30/15, geschl.: Mitte Jan-Mitte Feb

★★★ Maritim Golf- und Sporthotel
An der Waldkapelle 26, Tel (0 45 03) 60 70, Fax 29 96, ✉ 23669, AX DC ED VA, Ⓢ
🎵 🍴, 191 Zi, Dz: 174/87-374/188, ⇥ WC ✆, 17 🛏, Lift, 🍴, 10⇨230, ☕, 🌊, Fitnessraum, Sauna, Solarium, Golf, 5 Tennis

¶¶ Ostsee-Restaurant
🍴, Terrasse, Biergarten, Kegeln, Bowling, 🅿

★★ Landhaus Carstens
Strandallee 73, Tel (0 45 03) 60 80, Fax 6 08 60, ✉ 23669, AX DC ED VA
22 Zi, Ez: 165/83-210/105,
Dz: 220/110-365/183, 5 Suiten, ⇥ ✆, Lift, 🅿, 1⇨60, Sauna, Solarium, Golf

¶¶¶ Kleines Landhaus 🍷
Hauptgericht 43/21-53/26, Terrasse, geschl.: 2.1.-22.2.01
¶¶ Hauptgericht 30/15-68/34, Terrasse, Biergarten

★★ Country Inn & Suites By Carlson
Strandallee 136-140, Tel (0 45 03) 80 80, Fax 80 86 66, ✉ 23669, AX DC ED VA
93 Zi, Ez: 157/79-230/115, Dz: 174/87-320/161, 5 Suiten, ⇥ WC ✆ DFÜ, 29 🛏, Lift, 🅿, 🍴, 5⇨120, Fitnessraum, Sauna, Solarium, Restaurant

---

★★ Bellevue
Strandallee 139 a, Tel (0 45 03) 6 00 30, Fax 60 03 60, ✉ 23669
🍴, 45 Zi, Ez: 120/60-270/135,
Dz: 165/83-285/143, 5 Suiten, ⇥ WC ✆, Lift, 🅿, 🌊, Sauna, garni

---

★★ Royal
Kurpromenade 2, Tel (0 45 03) 3 59 50, Fax 68 20, ✉ 23669
40 Zi, Ez: 130/65-305/153, Dz: 155/78-340/171, ⇥ WC ✆, Lift, 🍴, 2⇨20, 🌊, Sauna, Solarium, Restaurant
Auch Zimmer der Kategorie ★★★ vorhanden.

★★ Holsteiner Hof
Strandallee 92, Tel (0 45 03) 3 57 40, Fax 35 74 19, ✉ 23669, AX ED
28 Zi, Ez: 85/42-180/90, Dz: 140/70-260/130, 6 Suiten, 8 App, ⇥ WC ✆ DFÜ, Lift, 🅿, 🍴, 2⇨20, Sauna, Solarium, Golf
Auch Zimmer der Kategorie ★★★ vorhanden.

¶ Bierlachs
Hauptgericht 25/12, Terrasse

Timmendorfer Strand

** Villa Röhl
Strandallee 50-52, **Tel (0 45 03) 22 44**,
Fax 83 53, ✉ 23669
36 Zi, Ez: 95/47-170/85, Dz: 150/75-240/120,
3 Suiten, ⌐ WC ⊘, 3 ⇋, **P**, Golf

¶¶ Villa Gropius
☺, Hauptgericht 20/10-40/20, Terrasse, nur abends, geschl.: Mi

** Atlantis
Strandallee 60, **Tel (0 45 03) 80 90**, **Fax 50 56**,
✉ 23669, ED VA
47 Zi, Ez: 80/40-135/67, Dz: 130/65-195/98, ⌐ WC ⊘ DFÜ, Lift, **P**, ⌂, 3⊂64, ⌂, Sauna, Solarium, Golf, Restaurant

** Park Hotel
Am Kurpark 4, **Tel (0 45 03) 6 00 60**,
Fax 60 06 50, ✉ 23669, ED
25 Zi, Ez: 80/40-166/83, Dz: 130/65-240/120,
⌐ WC ⊘, Lift, **P**, Sauna, Solarium, garni

** Princess
Strandallee 198, **Tel (0 45 03) 6 00 10**,
Fax 6 00 15 00, ✉ 23669, AX DC ED VA
56 Zi, Ez: 125/62-290/146, Dz: 150/75-290/146,
33 App, ⌐ WC ⊘, 17 ⇋, Lift, **P**, ⌂, 4⊂70, ⌂,
Fitnessraum, Kegeln, Sauna, Solarium, Golf

¶ Hauptgericht 20/10-39/19, Terrasse

* Gorch Fock mit Gästehaus
Strandallee 152, **Tel (0 45 03) 89 90**,
Fax 89 91 11, ✉ 23669, ED

42 Zi, Ez: 80/40-150/75, Dz: 145/73-210/105,
2 Suiten, ⌐ WC ⊘, 8 ⇋, **P**, ⌂, Sauna,
Solarium, Restaurant
Auch Zimmer der Kategorie ** vorhanden.

¶¶¶¶ Orangerie
Strandallee 73 b, im Maritim Seehotel,
Tel (0 45 03) 60 50, **Fax 29 32**, ✉ 23669, AX DC ED VA
Hauptgericht 41/20-62/31, Terrasse, nur abends,
So auch mittags, geschl.: Mo, Di, 15.11.-1.12.00,
5.2.-1.3.01

¶¶ Portobello
Am Platz 4, **Tel (0 45 03) 12 21**, **Fax 63 97**,
✉ 23669, AX DC ED VA
Hauptgericht 32/16, Terrasse

Groß Timmendorf (3 km ✓)

* Fuchsbau Landidyll
Dorfstr. 11, **Tel (0 45 03) 80 20**, **Fax 57 67**,
✉ 23669, AX DC ED VA
41 Zi, Ez: 90/45-115/57, Dz: 160/80-200/100, ⌐ WC ⊘, **P**, 5⊂100, Fitnessraum, Sauna, Solarium
¶ Hauptgericht 28/14

Hemmelsdorf (4 km ↓)

¶ Zum Zander
Seestr. 16, **Tel (0 45 03) 58 50**, **Fax 8 64 83**,
✉ 23669, VA
Hauptgericht 32/16-54/27, Terrasse, Kegeln, **P**, geschl.: Di

---

Niendorf (4 km →)

** Yachtclub
Strandstr. 94, **Tel (0 45 03) 80 60**,
Fax 80 61 10, ✉ 23669, AX DC ED VA
52 Zi, Ez: 200/100-250/125,
Dz: 300/151-350/176, 5 Suiten, ⌐ WC ⊘, 4 ⇋,
Lift, **P**, 6⊂80, ⌂, Kegeln, Sauna, Solarium, Golf
geschl.: 3.-31.1.01
¶¶ Terrasse, geschl.: 3.-31.1.01

** Miramar
Strandstr. 59, **Tel (0 45 03) 80 10**, **Fax 80 11 11**,
✉ 23669
☽ ☆, 36 Zi, Ez: 125/62-175/88,
Dz: 160/80-280/141, ⌐ WC ⊘, Lift, **P**, 1⊂20,
Sauna, Restaurant

¶ Fischkiste
Strandstr. 56, **Tel (0 45 03) 3 15 43**, **Fax 45 68**,
✉ 23669, AX ED VA
Hauptgericht 20/10-46/23, Terrasse, **P**

Altes Zollhaus
Im Hafen 1, **Tel (0 45 03) 10 83**, Fax 8 79 60,
✉ 23669, ED VA
♦, Hauptgericht 20/10, Terrasse

Titisee-Neustadt 67 →

Baden-Württemberg
Kreis Breisgau-Hochschwarzwald
EW 12000
ℹ Tel (0 76 51) 9 80 40, Fax 98 04 40
Tourist-Information
✉ 79822 Strandbadstr. 4

Jostal (10 km ↖)

✶   Schwarzwald-Hotel Josen
Jostalstr. 90, **Tel (0 76 51) 91 81 00**,
Fax 9 18 10 44, ✉ 79822, ED VA
♦, 29 Zi, Ez: 103/51-145/73,
Dz: 175/88-245/123, 2 Suiten, 2 App, ⌐ WC ⊘
DFÜ, 6 ↔, Lift, P, 3↻60, ⌂, Sauna, Solarium
geschl.: Do, 1.-15.12.00

¶¶   Hauptgericht 35/17-50/25, Terrasse,
geschl.: Do, 1.-15.12.00

¶   Jostalstüble
Jostalstr. 60, **Tel (0 76 51) 91 81 60**,
Fax 9 18 16 40, ✉ 79822, DC ED VA
Hauptgericht 26/13, Gartenlokal, Kegeln, P,
geschl.: Mo, Di mittags, 10.1.-10.2.01
✶✶   13 Zi, Ez: 50/25-85/42,
Dz: 100/50-146/73, 2 Suiten, ⌐ WC ⊘, ⌂,
1↻60, Sauna, Solarium
Auch einfachere Zimmer vorhanden.

Langenordnach

⚑   Schwarzwaldgasthof Löwen
Langenordnach 4, **Tel (0 76 51) 10 64**,
Fax 38 53, ✉ 79822, ED VA
17 Zi, Ez: 55/27-159/80, Dz: 86/43-172/86, ⌐
WC ⊘ DFÜ, P, ⌂, 2↻50, Restaurant
geschl.: 20.11.-20.12.00

Neustadt

✶   Jägerhaus
Postplatz 1, **Tel (0 76 51) 50 55**, Fax 50 52,
✉ 79822
27 Zi, Ez: 70/35-130/65, Dz: 140/70-170/85, ⌐
WC ⊘, Lift, P, Solarium, Restaurant

Titisee

✶✶✶   Treschers Schwarzwald Hotel ♛
Seestr. 10, **Tel (0 76 51) 80 50**, Fax 81 16,
✉ 79822, AX DC ED VA
♪ ♦, 85 Zi, Ez: 230/115-320/161,
Dz: 260/130-390/196, 2 Suiten, ⌐ WC ⊘, Lift,
P, ⌂, 3↻150, ⌂, Kegeln, Sauna, Solarium,
Golf, 1 Tennis
geschl.: 4.11.-22.12.01
Auch Zimmer der Kategorie ✶✶ vorhanden.
¶¶   Hauptgericht 40/20, Terrasse ✚
geschl.: 4.11.-22.12.01

✶✶✶   Maritim Titisee-Hotel
Seestr. 16, **Tel (0 76 51) 80 80**, Fax 80 86 03,
✉ 79822, AX DC ED VA, Ⓢ
♪ ♦, 130 Zi, Ez: 158/79-228/114,
Dz: 246/123-326/164, 1 Suite, ⌐ WC ⊘, 10 ↔,
Lift, P, ⌂, 6↻300, ⌂, Fitnessraum, Kegeln,
Sauna, Solarium
¶¶   ♦, Hauptgericht 24/12-42/21, nur
abends

✶✶   Brugger am See
Strandbadstr. 14, **Tel (0 76 51) 80 10**,
Fax 82 38, ✉ 79822, ED VA
♪ ♦, 65 Zi, Ez: 130/65-160/80, Dz: 230/115, ⌐
WC ⊘, Lift, P, ⌂, 4↻100, ⌂, Kegeln, Sauna,
Solarium
¶¶   Hauptgericht 20/10-49/24, Terrasse

✶✶   Seehotel Wiesler
Strandbadstr. 5, **Tel (0 76 51) 9 80 90**,
Fax 98 09 80, ✉ 79822, ED VA
♪ ♦, 28 Zi, 2 Suiten, ⌐ WC ⊘, Lift, P, ⌂, ⌂,
Sauna, Solarium
geschl.: 10.11.-21.12.00
¶¶   Hauptgericht 24/12-36/18, Terrasse,
Biergarten, geschl.: 10.11.-21.12.00

**✶✶   Ringhotel Parkhotel Waldeck
         mit Gästehaus**
Parkstr. 4-6, **Tel (0 76 51) 80 90**, Fax 8 09 99,
✉ 79822, AX DC ED VA, Ⓢ
42 Zi, Ez: 98/49-145/73, Dz: 156/78-236/118,
9 Suiten, ⌐ WC ⊘, 7 ↔, Lift, P, ⌂, 3↻50, ⌂,
Sauna, Solarium
Auch Zimmer der Kategorie ✶ vorhanden.
¶¶   Hauptgericht 32/16, Terrasse

Titisee-Neustadt

✱ Bären
Neustädter Str. 35, **Tel (0 76 51) 80 60**,
Fax 80 66 04, ✉ 79822, ED VA
61 Zi, Ez: 90/45-145/73, Dz: 155/78-230/115,
2 Suiten, 22 App, ⌐ WC ⌀, Lift, P, ≘, Sauna,
Solarium, Restaurant
geschl.: 1.11.-20.12.00

Waldau (10 km ↑)

✱ Gasthof Sonne-Post
Landstr. 13, **Tel (0 76 69) 9 10 20**, Fax 14 18,
✉ 79822, ED VA
⚜, 3 Zi, Ez: 66/33-69/34, Dz: 118/59-124/62,
2 Suiten, 14 App, ⌐ WC, Lift, P, ≘, Restaurant
geschl.: Mo, 13.11.-14.12.00, 26.3.-12.4.01

Titting 64 ↖

Bayern / Kreis Eichstätt
EW 2600
ℹ Tel (0 84 23) 9 92 10, Fax 99 21 11
Marktgemeinde Titting
✉ 85135 Rathausplatz 1

Emsing (5 km →)

✱✱ Dirsch
Hauptstr. 13, **Tel (0 84 23) 18 90**, Fax 13 70,
✉ 85135, AX ED VA
110 Zi, Ez: 90/45-110/55, Dz: 135/67-195/98, ⌐
WC ⌀, Lift, P, ≘, 10♡100, Fitnessraum,
Kegeln, Sauna, Solarium, Restaurant
Auch Zimmer der Kategorie ✱ vorhanden.

Todtmoos 67 ↘

Baden-Württemberg / Kreis Waldshut
EW 2300
ℹ Tel (0 76 74) 9 06 00, Fax 90 60 25
Kurverwaltung/Tourist-Information
✉ 79682 Wehratalstr. 19

✱✱ Schwarzwälder Hof
Hauptstr. 3, **Tel (0 76 74) 84 90**, Fax 84 92 02,
✉ 79682, AX DC ED VA
59 Zi, Ez: 85/42, Dz: 150/75, 2 Suiten, ⌐ WC ⌀,
Lift, ≘, 1♡30, Sauna, Solarium, Restaurant

✱ Wehrahof
Hohwehraweg 1, **Tel (0 76 74) 9 29 60**,
Fax 92 96 30, ✉ 79682, DC ED VA
19 Zi, Ez: 65/32-90/45, Dz: 116/58-150/75,
1 Suite, ⌐ WC ⌀, Lift, P, ≘, Solarium, garni

✱ Löwen
Hauptstr. 23, **Tel (0 76 74) 9 05 50**,
Fax 9 05 51 50, ✉ 79682, AX DC ED VA
50 Zi, Ez: 75/37-110/55, Dz: 120/60-155/78,
2 Suiten, ⌐ WC ⌀, 10 ⇋, Lift, P, ≘, ⌂, Sauna,
Solarium, Restaurant
geschl.: 5.11.-19.12.00, 12.3.-11.4.01

Strick (2 km ↑)

✱ Gasthof Rössle
Kapellenweg 2, **Tel (0 76 74) 9 06 60**,
Fax 88 38, ✉ 79682, ED VA
☽ ⚜, 27 Zi, Ez: 80/40-95/47,
Dz: 150/75-200/100, 3 App, ⌐ WC ⌀, 4 ⇋, Lift,
P, 2♡60, Sauna, Solarium, Golf, 1 Tennis,
Restaurant
geschl.: 2.11.-20.12.00
1670 als Gasthof und Pferdewechselstation
erbaut und seitdem in Familienbesitz.
Denkmalgeschützt.

Weg (3 km ↖)

🍴🍴 Schwarzwald-Hotel
Alte Dorfstr. 29, **Tel (0 76 74) 9 05 30**,
Fax 90 53 90, ✉ 79682, DC ED VA
Hauptgericht 38/19, Terrasse, P, geschl.: Mo,
5.11.-10.12.00
✱ Tel 90 50, ☽, 15 Zi, Ez: 60/30-70/35,
Dz: 120/60-150/75, 4 App, ⌐ WC ⌀, ≘, Sauna

Todtnau 67 □

Baden-Württemberg / Kreis Lörrach
EW 5100
ℹ Tel (0 76 71) 96 96 90, Fax 92 20
Tourist-Information
✉ 79674 Kurhausstr. 18

Fahl (7 km ↗)

✱ Gasthof Lawine
Haus Nr 7, **Tel (0 76 76) 3 55**, Fax 3 66,
✉ 79674, AX DC ED VA
18 Zi, Ez: 65/32-90/45, Dz: 118/59-132/66, ⌐
WC ⌀, P, ≘, 1♡20, Sauna, Solarium,
Restaurant
geschl.: Do, 6.11.-6.12.00, 19.4.-10.5.01

Präg (7 km ↘)

✱ Landhaus Sonnenhof
Hochkopfstr. 1, **Tel (0 76 71) 5 38**, Fax 17 65,
✉ 79674, AX DC ED VA
☽, 20 Zi, Ez: 75/37-80/40, Dz: 150/75-170/85,
⌐ WC, P, 1♡30, ⌂, Fitnessraum, Sauna,
Solarium, Restaurant
geschl.: Mo, 4.-18.3.01

Todtnauberg (6 km ↑)

✶✶ Kur- und Sporthotel Mangler
Ennerbachstr. 28, **Tel (0 76 71) 9 69 30**,
Fax 86 93, ✉ 79674, 🅴 🆅
☾ ✸, 25 Zi, Ez: 126/63-165/83,
Dz: 188/94-250/125, 6 Suiten, 🚻 WC ⓒ, Lift,
🅿, ≘, Sauna, Solarium
geschl.: 3.-20.12.00

🍴🍴 Sonnenwinkel
Hauptgericht 28/14-36/18, Terrasse,
geschl.: 3.-20.12.00

✶ Sonnenalm
Hornweg 21, **Tel (0 76 71) 18 00**, Fax 92 12,
✉ 79674
☾ ✸, 15 Zi, Ez: 85/42-100/50,
Dz: 140/70-180/90, 🚻 WC ⓒ, 🅿, ≘, Sauna,
Solarium, Restaurant
Auch Zimmer der Kategorie ✶✶ vorhanden.

✶ Engel
Kurhausstr. 3, **Tel (0 76 71) 9 11 90**,
Fax 9 11 92 00, ✉ 79674, 🅰🆇 🅴 🆅
26 Zi, Ez: 84/42-105/52, Dz: 117/58-188/94,
6 Suiten, 🚻 WC ⓒ, 9 ⛱, Lift, 🅿, ☂, 1⌬30, ≘,
Sauna, Solarium, Restaurant
Auch Zimmer der Kategorie ✶✶ vorhanden.

Tölz, Bad   71 →

Bayern
EW 17000
ℹ Tel (0 80 41) 7 86 70, Fax 78 67 56
Tourist-Information
✉ 83646 Ludwigstr. 11

✶✶ Jodquellenhof-Alpamare
Ludwigstr. 13-15 (A), **Tel (0 80 41) 50 90**,
Fax 50 94 41, ✉ 83646, 🅰🆇 🅳🅲 🅴 🆅
☾, 70 Zi, Ez: 210/105-440/221,
Dz: 360/181-540/271, 1 Suite, 🚻 WC ⓒ, Lift, 🅿,
☂, 4⌬108, ≋, ≘, Sauna, Solarium, Golf
Auch Zimmer der Kategorie ✶✶✶ vorhanden.
Freier Eintritt in das Erlebnisbad Alpamare und
Tölzer Thermen.

🍴🍴 Jodquellenhof Alpamare
Hauptgericht 28/14-42/21, Terrasse

✶✶ Eberl
Buchener Str. 17 (A), **Tel (0 80 41) 7 87 20**,
Fax 78 72 78, ✉ 83646, 🅴
☾, 28 Zi, Ez: 115/57-135/67,
Dz: 205/103-225/113, 3 Suiten, 🚻 WC ⓒ, 28 ⛱,
Lift, 🅿, ☂, ≘, Sauna, Solarium, Restaurant
geschl.: 1.-26.12.00

✶✶ Bellaria
Top International Hotel
Ludwigstr. 22 (A), **Tel (0 80 41) 8 00 80**,
Fax 80 08 44, ✉ 83646, 🅳🅲 🅴 🆅
22 Zi, Ez: 88/44-140/70, Dz: 138/69-190/95,
1 Suite, 1 App., 🚻 WC ⓒ, 8 ⛱, Lift, 🅿, ☂,
1⌬12, Fitnessraum, Sauna, Solarium,
Restaurant, garni
Rezeption: 7-19

✶✶ Alpenhof
Buchener Str. 14, **Tel (0 80 41) 7 87 40**,
Fax 7 23 83, ✉ 83646, 🅴 🆅
23 Zi, Ez: 85/42-115/57, Dz: 160/80-170/85,
4 App., 🚻 WC ⓒ, 5 ⛱, Lift, 🅿, ☂, ≘,
Fitnessraum, Sauna, Solarium, Restaurant
geschl.: 25.11.-15.12.00

✶✶ Kur- und Sporthotel Tölzer Hof
Rieschstr. 21, **Tel (0 80 41) 80 60**,
Fax 80 63 33, ✉ 83646, 🅰🆇 🅳🅲 🅴 🆅
☾, 82 Zi, Ez: 138/69-198/99,
Dz: 196/98-276/139, 4 Suiten, 🚻 WC ⓒ, 4 ⛱,
Lift, 🅿, ☂, 3⌬90, Fitnessraum, Sauna, Golf,
Restaurant
Kurmittelhaus, Thermalhallenbad im
Nebengebäude.

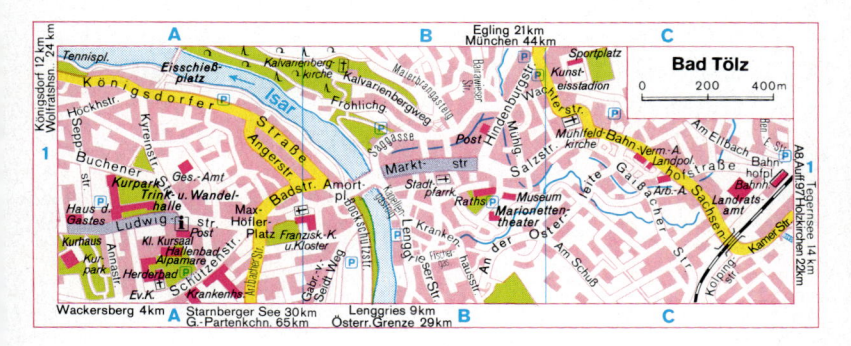

Tölz, Bad

✱ Das Schlössel
Schützenstr. 23, Tel (0 80 41) 7 81 10,
Fax 78 11 44, ✉ 83646
12 Zi, Ez: 80/40, Dz: 140/70, ⊣ WC ⊘,
Restaurant

✱ Alexandra
Kyreinstr. 13 (A), Tel (0 80 41) 7 84 30,
Fax 78 43 99, ✉ 83646, ED VA
♪, 23 Zi, Ez: 75/37-135/67, Dz: 138/69-180/90,
⊣ WC ⊘, 20 ⇜, P, ⌂, 1⟳25, Fitnessraum,
Sauna, Solarium

✱ Tannenberg
Tannenbergstr. 1, Tel (0 80 41) 7 66 50,
Fax 76 65 65, ✉ 83646, ED
♪, 13 Zi, Ez: 75/37-120/60, Dz: 65/32-100/50,
⊣ WC ⊘, 13 ⇜, Lift, P, Fitnessraum, Sauna,
Golf, garni
Nichtraucherhaus.

✱ Posthotel Kolberbräu
Marktstr. 29 (B), Tel (0 80 41) 7 68 80,
Fax 7 68 82 00, ✉ 83646, AX DC ED VA
37 Zi, Ez: 80/40-150/75, Dz: 140/70-250/125,
1 Suite, ⊣ WC ⊘, 5 ⇜, Lift, P, ⌂, 2⟳30,
Restaurant

¶¶ Amalfi
Nockhergasse, Tel (0 80 41) 7 42 37, ✉ 83646
Hauptgericht 35/17, geschl.: Mi, 2 Wochen im
Sommer

☕ Café Schuler
Marktstr. 9, Tel (0 80 41) 40 14, Fax 7 12 65,
✉ 83646
Terrasse, Gartenlokal, geschl.: Mo

Tölz, Bad-Außerhalb (3 km ↖)

¶¶ Zum alten Fährhaus
An der Isarlust 1, Tel (0 80 41) 60 30,
Fax 7 22 70, ✉ 83646
einzeln, Hauptgericht 40/20, Gartenlokal,
geschl.: Mo, Di, je 10 Tage im Nov+Feb
✱✱ ♪ ⚜, 5 Zi, Ez: 125/62 ♛
Dz: 180/90, ⊣ WC ⊘, P

Wackersberg

✱ Gästehaus Willibald
Dorfstr. 30, Tel (0 80 41) 4 16 41, Fax 29 89,
✉ 83646, VA
♪ ⚜, 31 Zi, Ez: 45/22-55/27, Dz: 80/40-86/43,
8 Suiten, ⊣ WC ⊘, P, Sauna, Solarium,
Restaurant
geschl.: 10.11.-20.12.00

Tönisvorst 32 ↘

Nordrhein-Westfalen
Kreis Viersen
EW 30400
ℹ Tel (0 21 51) 99 91 71, Fax 9 93 11
Stadtverwaltung
✉ 47918 Bahnstr. 15

St. Tönis

✱ Gästehaus Bayernstube
Schelthofer Str. 180 / 188,
Tel (0 21 51) 7 92 50, Fax 70 03 75, ✉ 47918,
AX ED VA
17 Zi, Ez: 90/45-110/55, Dz: 140/70-160/80, ⊣
WC ⊘, P, Sauna, Restaurant

Tönning 9 ←

Schleswig-Holstein
Kreis Nordfriesland
EW 5000
ℹ Tel (0 48 61) 6 14 41, Fax 6 14 44
Tourist-Information
✉ 25832 Am Markt 1

✱✱ Miramar
Westerstr. 21, Tel (0 48 61) 90 90,
Fax 90 94 04, ✉ 25832, AX DC ED VA
34 Zi, Ez: 88/44-158/79, Dz: 156/78-256/128,
⊣ WC ⊘, 5 ⇜, Lift, P, Restaurant

Töplitz 29 □

Brandenburg
Kreis Potsdam-Mittelmark
EW 1500
ℹ Tel (03 31) 2 75 58 55, Fax 2 75 58 99
Potsdam-Information
✉ 14467 Friedrich-Ebert-Str 5

✱ Mohr
Neu Töplitzer Str. 1, Tel (03 32 02) 62 90,
Fax 6 29 41, ✉ 14476
31 Zi, Ez: 80/40-100/50, Dz: 120/60-140/70, ⊣
WC ⊘, P, 3⟳60, Restaurant

Törwang siehe Samerberg

Tötensen siehe Rosengarten

Torgau 39 →

Sachsen
EW 20000
ℹ Tel (0 34 21) 71 25 71, Fax 71 02 80
Torgau-Informations-Center
✉ 04860 Schlosstr. 11

✱ Sachsen Hotel
Süptitzer Weg 250, **Tel (0 34 21) 7 33 40**, Fax 73 34 66, ✉ 04860, 🆎 🆅🅰
35 Zi, Ez: 60/30-80/40, Dz: 80/40-120/60, 6 Suiten, 🚽 WC ⌀, **P**, 2⌒70, 🆎, Fitnessraum, Kegeln, Sauna, Solarium, Restaurant
Auch Zimmer der Kategorie **✱✱** vorhanden.

✱ Central-Hotel
Friedrichplatz 8, **Tel (0 34 21) 7 32 80**, Fax 73 28 50, ✉ 04860, 🆎 🅴🅳 🆅🅰
38 Zi, Ez: 70/35-130/65, Dz: 120/60-180/90, 🚽 WC ⌀, Lift, **P**, 2⌒25, Restaurant

✱ Torgauer Brauhof
Warschauer Str. 7, **Tel (0 34 21) 7 30 00**, Fax 73 00 17, ✉ 04860, 🆎 🅳🅲 🅴🅳 🆅🅰
37 Zi, Ez: 80/40-100/50, Dz: 110/55-140/70, 🚽 WC ⌀ DFÜ, 19 🛌, **P**, 1⌒25, Bowling, Solarium, Restaurant

✱ Goldener Anker
Markt 6, **Tel (0 34 21) 7 32 13**, Fax 73 21 50, ✉ 04860
16 Zi, Ez: 75/37-90/45, Dz: 120/60, 1 Suite, 🚽 WC ⌀, Lift, **P**, Restaurant

Tornesch   18 ↖

Schleswig-Holstein
Kreis Pinneberg
EW 12800
🛈 Tel (0 41 22) 95 72 12, Fax 95 72 72
Gemeindeverwaltung
✉ 25436 Jürgen-Siemsen-Str 8

✱ Esinger Hof
Denkmalstr. 7, **Tel (0 41 22) 9 52 70**, Fax 95 27 69, ✉ 25436
🌙, 23 Zi, Ez: 80/40, Dz: 120/60, 4 App, 🚽 WC ⌀, **P**, garni

Tossens siehe Butjadingen

Traben-Trarbach   53 ↖

Rheinland-Pfalz
Kreis Bernkastel-Wittlich
EW 6720
🛈 Tel (0 65 41) 8 39 80, Fax 83 98 39
Verkehrsamt
✉ 56841 Bahnstr. 22

Traben

✱✱ Moselschlößchen mit Villa Oase
Neue Rathausstr. 12, **Tel (0 65 41) 83 20**, Fax 83 22 55, ✉ 56841, 🅴🅳 🆅🅰
🌙 🍴, 5 Zi, Ez: 147/74, Dz: 195/98-255/128, 64 App, 🚽 WC ⌀, Lift, **P**, 🆎, 10⌒120, Sauna, Solarium, Restaurant
Ausschließlich Appartements.

Trarbach

✱ Moseltor
Moselstr. 1, **Tel (0 65 41) 65 51**, Fax 49 22, ✉ 56841, 🆎 🅳🅲 🅴🅳 🆅🅰
11 Zi, Ez: 88/44-148/74, Dz: 138/69-200/100, 🚽 WC ⌀, 6 🛌, **P**, 🆎, Golf
geschl.: Di, 1.2.-1.3.01

🍴🍴 Bauer's Restaurant   ✚
Hauptgericht 28/14-38/19, Terrasse, geschl.: Di, 1.2.-1.3.01

Traitsching   59 ↓

Bayern / Kreis Cham
EW 4030
🛈 Tel (0 99 74) 94 04 30, Fax 94 04 50
Gemeindeverwaltung
✉ 93455 Rathausstr. 1

Sattelbogen (6 km ↓)

✱✱ Sattelbogener Hof mit Gästehaus Birkenhof
Im Wiesental 2, **Tel (0 99 74) 3 77**, Fax 8 14, ✉ 93455
80 Zi, Ez: 70/35-85/42, Dz: 110/55-130/65, 6 Suiten, 🚽 WC ⌀, Lift, **P**, 2⌒80, 🆎, Kegeln, Sauna, Restaurant
geschl.: 30.10.-5.11.00
Auch Zimmer der Kategorie **✱** vorhanden.

Trassem   52 □

Rheinland-Pfalz
Kreis Trier-Saarburg
EW 1200
🛈 Tel (0 65 81) 1 94 33, Fax 1 94 33
Verkehrsverein/Tourist-Information
✉ 54439 Graf-Siegfried-Str 32

✱ St. Erasmus mit Gästehäusern Minotel
Kirchstr. 6 a, **Tel (0 65 81) 92 20**, Fax 92 21 99, ✉ 54441, 🆎 🅳🅲 🅴🅳 🆅🅰
25 Zi, Ez: 60/30-100/50, Dz: 90/45-130/65, 2 Suiten, 9 App, 🚽 WC ⌀, Lift, **P**, 🆎, 2⌒80, Kegeln, Sauna, Solarium
Auch Zimmer der Kategorie **✱✱** vorhanden.
🍴 Hauptgericht 22/11, Terrasse

🛏 Jochem
Brückenstr. 2 a, **Tel (0 65 81) 25 20**, ✉ 54441
23 Zi, Ez: 70/35, Dz: 110/55, 🚽 WC ⌀, Kegeln, Restaurant

Trauchgau siehe Halblech

Traunstein 73 □

Bayern
EW 18000
🛈 Tel (08 61) 9 86 95 23, Fax 9 86 95 24
Touristinformation
✉ 83278 Am Stadtpark

✱✱ Parkhotel Traunsteiner Hof
Bahnhofstr. 11, Tel (08 61) 98 88 20,
Fax 85 12, ✉ 83278, AX DC ED VA
60 Zi, Ez: 95/47-100/50, Dz: 160/80-180/90,
2 Suiten, ⌐ WC ✆, Lift, P, 🏠, 1⟲30
Auch Zimmer der Kategorie ✱ vorhanden.
🍴🍴 Hauptgericht 25/12, geschl.: Sa,
14.10.-5.11.00, 1-13.1.01

✱✱ Rosenheimer Hof
Rosenheimer Str. 58, Tel (08 61) 98 65 90,
Fax 9 86 59 40, ✉ 83278, DC ED VA
13 Zi, Ez: 95/47-125/62, Dz: 155/78, ⌐ WC ✆
DFÜ, P
Designerausstattung im Zimmerbereich.
🍴 Hauptgericht 25/12, Biergarten, nur
abends, geschl.: So

Travemünde siehe Lübeck

Trebbin 29 ↘

Brandenburg / Kreis Luckenwalde
EW 6358
🛈 Tel (03 37 31) 84 20, Fax 8 42 57
Stadt Trebbin
✉ 14959 Markt 1

✱ Akzent-Parkhotel Trebbin
Parkstr. 5, Tel (03 37 31) 7 10, Fax 7 11 11,
✉ 14959, AX DC ED VA
☾, 38 Zi, Ez: 120/60-140/70,
Dz: 150/75-170/85, 1 Suite, ⌐ WC ✆ DFÜ,
20 ⇌, Lift, P, 🏠, 3⟲80, Restaurant

Treben 49 ↑

Thüringen / Kreis Altenburg
EW 1220
🛈 Tel (03 43 43) 5 13 88
Gemeindeverwaltung
✉ 04617 Markt 2

Serbitz (2 km ↑)

✱ Serbitzer Hof
Leipziger Str. 18, Tel (03 43 43) 5 23 37 38,
Fax 5 23 39, ✉ 04617, AX DC ED VA
11 Zi, Ez: 79/39-90/45, Dz: 110/55-130/65,
1 App, ⌐ WC ✆, P, 🏠, Restaurant
Auch einfache Zimmer vorhanden.

Trebgast 57 ↗

Bayern / Kreis Kulmbach
EW 1730
🛈 Tel (0 92 27) 9 37 12, Fax 7 37 55
Verwaltungsgemeinschaft
✉ 95367 Kulmbacher Str. 36

Trebgast-Außerhalb (3,5 km ←)

✱ Röhrleinshof
Eichholz 6, Tel (0 92 27) 95 50, Fax 95 51 90,
✉ 95367, ED VA
einzeln ☾ ✝, 23 Zi, Ez: 75/37-95/47,
Dz: 150/75-160/80, ⌐ WC ✆, P, 3⟲60, 🏠,
Sauna, Solarium
🍴 Hauptgericht 10/5-28/14, Terrasse, ab
14, geschl.: Mo, Di

Trebsen 39 ↓

Sachsen / Muldentalkreis
EW 4531
🛈 Tel (03 43 83) 60 40, Fax 6 04 22
Stadtverwaltung
✉ 04687 Markt 13

✱ Schloßblick
Markt 8, Tel (03 43 83) 60 80, Fax 4 22 37,
✉ 04687, AX ED VA
34 Zi, Ez: 85/42, Dz: 105/52, ⌐ WC ✆, 4 ⇌, P,
2⟲50, Bowling, Restaurant

Trebur 54 ↑

Hessen / Kreis Groß-Gerau
EW 12050
🛈 Tel (0 61 47) 2 08 16, Fax 39 69
Kulturamt
✉ 65468 Herrngasse 3

✱ Zum Erker
Hauptstr. 1, Tel (0 61 47) 9 14 80,
Fax 91 48 40, ✉ 65468, AX ED VA
23 Zi, Ez: 100/50-120/60, Dz: 130/65-170/85,
⌐ WC ✆, 4 ⇌, P, 🏠, 2⟲100
Zimmer der Kategorie ✱✱ vorhanden.
🍴 Hauptgericht 11/5-38/19, geschl.: So
abends, Mo

Astheim

✱ Astheimer Schlösschen
Hans-Böcklerstr. 6, im Gewerbegebiet,
Tel (0 61 47) 9 14 40, Fax 91 44 44, ✉ 65468
21 Zi, Ez: 90/45-120/60, Dz: 120/60-150/75, ⌐
WC ✆, Restaurant

Treffelstein 59 ↓

Bayern / Kreis Cham
EW 1100
🛈 Tel (0 96 73) 9 21 11, Fax 92 21 30
Tourismusbüro
✉ 93464 Hauptstr. 33

Kritzenthal (3 km ↗)

✻ Katharinenhof
Tel (0 96 73) 93 00, Fax 93 01 00, ✉ 93492, AX DC ED VA
einzeln ♪, 47 Zi, Ez: 55/27-80/40,
Dz: 75/37-105/52, ⊣ WC ⊘ DFÜ, P, 3⇔200,
⌂, Kegeln, Sauna, Solarium, Restaurant

Treis-Karden 43 ✓

Rheinland-Pfalz
Kreis Cochem-Zell
EW 2600
🛈 Tel (0 26 72) 61 37, Fax 27 80
Verkehrsamt
✉ 56253 Hauptstr. 27

Karden

✻ Schloß-Hotel Petry
St.-Castor-Str. 80, Tel (0 26 72) 93 40,
Fax 84 23, ✉ 56253
74 Zi, Ez: 77/38-110/55, Dz: 144/72-200/100, ⊣
WC ⊘, 14 ⌂, Lift, P, ⌂, 7⇔100, Fitnessraum,
Kegeln, Sauna, Solarium
Im Haus Kohlbecher Zimmer der Kategorie
✻✻✻ vorhanden.

¶¶ Schloß-Stube
AX DC ED VA
Hauptgericht 38/19-42/21, Terrasse, geschl.: Di,
Mi, 2 Wochen im Feb
Eigenbauweine.

Treis-Außerhalb (4 km →)

✻ Ostermann
Lützbach 1, Tel (0 26 72) 12 38, Fax 77 89,
✉ 56253, ED
⌂, 18 Zi, Ez: 80/40, Dz: 140/70, ⊣ WC ⊘,
2⇔120, ⌂, Sauna, Solarium, Restaurant

Tremsbüttel 18 ↗

Schleswig-Holstein
Kreis Stormarn
EW 1500
🛈 Tel (0 45 32) 4 04 50, Fax 40 45 99
Amtsverwaltung Bargteheide-Land
✉ 22941 Eckhorst 34

Tremsbüttel-Außerhalb (3 km ↗)

¶¶ Rohlfshagener Kupfermühle
Kupfermühle, Tel (0 45 31) 8 12 06,
Fax 8 65 08, ✉ 22967, AX DC ED VA
Hauptgericht 18/9-45/22, Terrasse, Gartenlokal,
P, geschl.: Di, Jan-Feb

Trent siehe Rügen

Treppeln 31 ↘

Brandenburg / Kreis Oder Spree
🛈 Tel (03 36 52) 61 02
Tourismusinformation
✉ 15898 Stiftsplatz 7

✻ Waldseehotel am Wirchensee
Tel (03 36 73) 6 60, Fax 6 61 99, ✉ 15898, AX DC ED VA
38 Zi, Ez: 91/45-131/65, Dz: 125/62-162/81,
3 Suiten, ⊣ WC ⊘ DFÜ, 5 ⌂, P, ⌂, 5⇔70,
Sauna, Solarium, Restaurant

Treseburg 37 ↗

Sachsen-Anhalt / Kreis Wernigerode
EW 120
🛈 Tel (03 94 56) 2 23, Fax 2 23
Kurverwaltung
✉ 38889 Ortsstr. 24

✻ Bodeblick
An der Halde 1, Tel (03 94 56) 56 10,
Fax 5 61 94, ✉ 38889, ED VA
13 Zi, Ez: 60/30-100/50, Dz: 110/55-140/70,
2 Suiten, ⊣ WC ⊘, 8 ⌂, P, 1⇔14, Sauna,
Solarium, Restaurant
Auch Zimmer der Kategorie ✻✻ vorhanden.

✻ Forelle
Ortsstr. 28, Tel (03 94 56) 56 40, Fax 5 64 44,
✉ 38889
34 Zi, Ez: 80/40-110/55, Dz: 110/55-160/80,
1 Suite, 1 App, ⊣ WC ⊘, 12 ⌂, P, 2⇔70,
Sauna, Restaurant

Treuchtlingen 63 ↗

Bayern
Kreis Weißenburg-Gunzenhausen
EW 13560
🛈 Tel (0 91 42) 31 21, Fax 31 20
Verkehrsamt
✉ 91757 Heinrich-Aurnhammer-Str 3

✻ Schloßhotel Treuchtlingen
Heinrich-Aurnhammer-Str. 5,
Tel (0 91 42) 97 60, Fax 97 61 76, ✉ 91757, AX DC ED VA

22 Zi, Ez: 130/65, Dz: 200/100, 3 Suiten, ⌐ WC
⊘ DFÜ, Lift, 1⇔50, ≋, Sauna, Solarium,
Restaurant

∗ Gästehaus Stuterei Stadthof
Luitpoldstr. 27, Tel (0 91 42) 9 69 60,
Fax 96 96 96, ✉ 91757, AX ED VA
♪, 33 Zi, Ez: 91/45-100/50, Dz: 152/76-170/85,
1 App, ⌐ WC ⊘, 18 ⇔, P, 2⇔40, garni
Gutshof mit Araberzucht.

Treuen 49 □

Sachsen / Vogtlandkreis
EW 9500
ℹ Tel (03 74 68) 6 38 39, Fax 6 38 54
Stadtverwaltung Treuen
✉ 08233 Markt 7

∗ Wettin
Bahnhofstr. 18 a, Tel (03 74 68) 26 90,
Fax 47 52, ✉ 08233, AX ED VA
16 Zi, Ez: 96/48-116/58, Dz: 132/66-155/78, ⌐
WC ⊘ DFÜ, 2 ⇔, P, Restaurant

Triberg im Schwarzwald 67 ↗

Baden-Württemberg
Schwarzwald-Baar-Kreis
EW 5740
ℹ Tel (0 77 22) 95 32 30 31, Fax 95 32 36
Tourist-Information
✉ 78098 Luisenstr. 10

Heilklimatischer Kurort. Sehenswert: barocke
Wallfahrtskirche „Maria in der Tanne",
Schwarzwaldmuseum mit Europas größter Dreh-
orgelsammlung, holzgeschnitzter Rathaussaal
und Deutschlands höchste Wasserfälle, Stadt
der Kuckucksuhren.

∗∗∗ Romantik Parkhotel Wehrle
mit Gästehäusern
Gartenstr. 24, Tel (0 77 22) 8 60 20,
Fax 86 02 90, ✉ 78098, AX DC ED VA
⊕, 52 Zi, Ez: 115/57-165/83,
Dz: 195/98-355/178, 2 Suiten, ⌐ WC ⊘ DFÜ,
27 ⇔, Lift, P, ≋, 3⇔60, ≋, ≋, Fitnessraum,
Sauna, Solarium
Auch Zimmer der Kategorie ∗∗ vorhanden.

¶¶ Ochsenstube
Hauptgericht 39/19-56/28, Terrasse

¶ Zur alten Schmiede
⊕, Hauptgericht 25/12-38/19, Terrasse

∗∗ Best Western Schwarzwald
Residenz
Bürgermeister-De-Pellegrini-Str. 20,
Tel (0 77 22) 9 62 30, Fax 96 23 65, ✉ 78098,
AX DC ED VA, Ⓢ
41 Zi, Ez: 115/57-145/73, Dz: 168/84-189/95, ⌐
WC ⊘, Lift, P, ≋, ≋, Sauna, Solarium,
Restaurant

☕ Café Adler
Hauptstr. 52, Tel (0 77 22) 45 74, Fax 45 56,
✉ 78098, AX DC ED VA
Terrasse, P

∗ Adler
10 Zi, Ez: 65/32-85/42, Dz: 100/50-140/70, ⌐
WC ⊘
Rezeption: 8-20

Appartementhotels/Boardinghäuser

Berghotel Tannenhof
Im Hoflehen 65, Tel (0 77 22) 96 96 00,
Fax 96 96 66, ✉ 78098, ED
♪ ⁂, 25 Zi, Dz: 85/42-120/60, 3 Suiten, 25 App,
⌐ WC ⊘, Lift, P, ≋, 2⇔30, ≋, Fitnessraum,
Sauna, Solarium, Restaurant
Zimmer der Kategorie ∗∗.

Trier 52 □

Rheinland-Pfalz
EW 104000
ℹ Tel (06 51) 97 80 80, Fax 4 47 59
Tourist-Information
✉ 54290 Simeonstift/An d. Porta Nigra

∗∗∗ Dorint Porta Nigra
Porta-Nigra-Platz 1 (BC 2), Tel (06 51) 2 70 10,
Fax 2 70 11 70, ✉ 54292, AX DC ED VA, Ⓢ
104 Zi, Ez: 184/92-224/112,
Dz: 285/143-325/163, 2 Suiten, ⌐ WC ⊘, 25 ⇔,
Lift, P, ≋, 4⇔200

Trier

¶¶ ¶¶ Porta
Hauptgericht 29/14–40/20

**✱✱✱ Mercure
An den Kaiserthermen**
Metzer Allee 89, Tel (06 51) 9 37 70,
Fax 9 37 73 33, ✉ 54295, AX DC ED VA, Ⓢ
100 Zi, Ez: 141/71–188/94, Dz: 164/82–291/146,
3 Suiten, ⌿ WC ⊘ DFÜ, 25 ⇔, Lift, Ⓟ, 🚗,
9⇨200, Restaurant

✱✱ Deutscher Hof
Südallee 25 (B 4), Tel (06 51) 9 77 80,
Fax 9 77 84 00, ✉ 54290, AX DC ED VA

102 Zi, Ez: 115/57–145/73, Dz: 175/88–200/100,
⌿ WC ⊘, 13 ⇔, Lift, Ⓟ, 🚗, 5⇨140, Kegeln,
Sauna, Solarium
geschl.: 20.12.00–5.1.01
¶¶ ¶¶ Hauptgericht 25/12, Terrasse,
geschl.: 20.12.00–5.1.01

✱✱ Römischer Kaiser
Am Porta-Nigra-Platz 6 (BC 2),
Tel (06 51) 9 77 00, Fax 97 70 99, ✉ 54292, AX
DC ED VA

43 Zi, Ez: 130/65–150/75, Dz: 190/95–210/105,
⌿ WC ⊘, Lift, Ⓟ, 1⇨25

991

Trier

Auch Zimmer der Kategorie ✱ vorhanden.
🍴🍴 Hauptgericht 24/12-38/19, Terrasse

✱✱ Altstadt Hotel
Am Porta-Nigra-Platz (C 2), Tel (06 51) 4 80 41,
Fax 4 12 93, ✉ 54290, AX DC ED VA
56 Zi, Ez: 130/65-170/85, Dz: 190/95-230/115,
⌐ WC ✆, Lift, Ⓟ, garni
Auch Zimmer der Kategorie ✱ vorhanden.

✱✱ Aulmann
Fleischstr. 47-48, Tel (06 51) 9 76 70,
Fax 9 76 71 02, ✉ 54290, AX DC ED VA
66 Zi, Ez: 90/45-170/85, Dz: 120/60-250/125,
⌐ WC ✆, 10 ⇜, Lift, Ⓟ, 🏠, 1⇢50, Restaurant
Im Gästehaus einfachere Zimmer vorhanden.

✱✱ Villa Hügel ♕
Bernhardstr. 14, Tel (06 51) 3 30 66,
Fax 3 79 58, ✉ 54295, AX DC ED VA
☾ ✦, 34 Zi, Ez: 120/60-160/80,
Dz: 170/85-245/123, ⌐ WC ✆, 12 ⇜, Ⓟ, 🏠, 🏊,
Sauna, Solarium
Auch Zimmer der Kategorie ✱ vorhanden.

✱✱ Paulin
Paulinstr. 13, Tel (06 51) 14 74 00,
Fax 1 47 40 10, ✉ 54292, AX DC ED VA
24 Zi, Ez: 95/47-130/65, Dz: 150/75-190/95, ⌐
WC ✆, 2 ⇜, Lift, Ⓟ, 🏠, garni

✱ Alte Villa
Saarstr. 133, Tel (06 51) 93 81 20,
Fax 9 38 12 12, ✉ 54290, AX DC ED VA
20 Zi, Ez: 105/52-130/65, Dz: 160/80, 2 Suiten,
⌐ WC ✆, 4 ⇜, Ⓟ, 🏠, 1⇢20, Sauna,
Restaurant
Auch Zimmer der Kategorie ✱✱ vorhanden.

✱ Nell's Parkhotel
Dasbachstr. 12 (außerhalb C1),
Tel (06 51) 1 44 40, Fax 1 44 42 22, ✉ 54292,
AX DC ED VA
56 Zi, Ez: 98/49-140/70, Dz: 140/70-160/80, ⌐
WC ✆ DFÜ, 12 ⇜, Lift, Ⓟ, 🏠, 4⇢200
🍴🍴 Hauptgericht 14/7-38/19

✱ Zur Römerbrücke
Aachener Str. 5, Tel (06 51) 8 26 60,
Fax 8 26 65 00, ✉ 54294, AX DC ED VA
✦, 45 Zi, Ez: 70/35-140/70, Dz: 100/50-170/85,
⌐ WC ✆ DFÜ, 5 ⇜, Lift, Ⓟ, 1⇢80, Restaurant

✱ Berghotel Petrisberg
Sickingenstr. 11-13, Tel (06 51) 46 40,
Fax 4 64 50, ✉ 54296, ED VA
einzeln ☾ ✦, 35 Zi, Ez: 110/55-120/60,
Dz: 170/85-190/95, 2 Suiten, ⌐ WC ✆, 30 ⇜,
Lift, Ⓟ, 🏠, garni

✱ Kessler
Brückenstr. 23 (AB 3), Tel (06 51) 97 81 70,
Fax 9 78 17 97, ✉ 54290, AX DC ED VA
21 Zi, Ez: 100/50-170/85, Dz: 140/70-250/125,
1 Suite, 1 App, ⌐ WC ✆, 5 ⇜, Lift, Ⓟ, 🏠, garni

✱ Casa Chiara
Engelstr. 8 (B 2), Tel (06 51) 27 07 30,
Fax 2 78 81, ✉ 54292, AX DC ED VA
20 Zi, Ez: 105/52-135/67, Dz: 175/88-210/105,
1 Suite, ⌐ WC ✆ DFÜ, 5 ⇜, Lift, Ⓟ, garni

✱ Constantin
St. Barbara-Ufer 1-2, Tel (06 51) 97 85 70,
Fax 9 78 57 57, ✉ 54290, AX DC ED VA
✦, 31 Zi, Ez: 80/40-110/55, Dz: 130/65-180/90,
⌐ WC ✆, Ⓟ

🍴🍴🍴 Pfeffermühle
Zurlaubener Ufer 76, Tel (06 51) 2 61 33,
✉ 54292, ED VA
Hauptgericht 45/22, Terrasse, Ⓟ, geschl.: So, Mo
mittags, 24-26.12.00, 31.12.00-1.1.01

Schlemmereule
Domfreihof 1, Tel (06 51) 9 94 50 00,
Fax 9 94 50 01, ✉ 54293, AX DC ED VA
Hauptgericht 30/15-45/22, Terrasse, geschl.: Di
Bistro, Vinothek und Bar.

Trier-Außerhalb (5 km ↓)

✱ Berghotel Kockelsberg
Kockelsberg 1, Tel (06 51) 8 24 80 00,
Fax 8 24 82 90, ✉ 54293, AX ED VA
einzeln ✦, 32 Zi, Ez: 60/30-100/50,
Dz: 100/50-150/75, 1 Suite, 1 App, ⌐ WC ✆
DFÜ, Ⓟ, 2⇢100, Restaurant
Im Gästehaus einfachere Zimmer vorhanden.

✱ Estricher Hof
Estricher Hof 85, Tel (06 51) 93 80 40,
Fax 30 90 81, ✉ 54296, AX ED VA
✦, 16 Zi, Ez: 95/47-110/55, Dz: 140/70-170/85,
⌐ WC ✆, Lift, Ⓟ, 🏠, 2⇢50, Restaurant

Ehrang (7 km ↗)

🍴🍴 Kupfer-Pfanne ✛
Ehranger Str. 200, Tel (06 51) 6 65 89,
Fax 6 65 89, ✉ 54293, ED VA
Hauptgericht 27/13-41/20, Gartenlokal, Ⓟ, nur
abends, geschl.: Do

Euren (3 km ↙)

✱✱ Eurener Hof
Eurener Str. 171, Tel (06 51) 8 24 00,
Fax 80 09 00, ✉ 54294, AX ED VA

88 Zi, Ez: 120/60-148/74, Dz: 168/84-206/103, 3 Suiten, 4 App, ⊐ WC ⌀, Lift, **P**, 🏠, 3⟲50, ⌂, Sauna, Solarium, Golf
geschl.: 24-26.12.00
Auch Zimmer der Kategorie **★★★** und **★** vorhanden.
🍴🍴 Hauptgericht 19/9-50/25, Terrasse, geschl.: 24-26.12.00

Olewig (3 km ↘)

★ Blesius-Garten
Olewiger Str. 135, **Tel (06 51) 3 60 60**, Fax 36 06 33, ✉ 54295, AX DC ED VA
60 Zi, Ez: 98/49-140/70, Dz: 140/70-215/108, ⊐ WC ⌀, Lift, **P**, 🏠, 2⟲70, ⌂, Sauna, Solarium, Golf
🍴🍴 Hauptgericht 20/10, Biergarten, geschl.: 24.12.00-

🍴🍴 **Weinhaus Becker**
Olewiger Str. 206, **Tel (06 51) 93 80 80**, Fax 9 38 08 88, ✉ 54295, ED VA
Hauptgericht 38/19-52/26, Terrasse, **P**, nur abends, so+feiertags auch mittags, geschl.: Mo, 3 Wochen im Feb
★ 18 Zi, Ez: 80/40-95/47, Dz: 140/70-160/80, 4 App, ⊐ WC ⌀, 1⟲70

Pfalzel (6 km ↗)

🍴🍴 **Klosterschenke**
Klosterstr. 10, **Tel (06 51) 96 84 40**, Fax 9 68 44 30, ✉ 54293, AX ED VA
🍷, Hauptgericht 25/12, Biergarten, Gartenlokal, **P**
★★ ♪ ♯, 11 Zi, Ez: 90/45-120/60, Dz: 140/70-170/85, ⊐ WC ⌀

Zewen-Außerhalb

🍴🍴 **Schloß Monaise**
Schloß Monaise 7, **Tel (06 51) 82 86 70**, Fax 82 86 71, ✉ 54294, ED VA
🍷, Hauptgericht 30/15-41/20, Gartenlokal, **P**, geschl.: Mitte Sep-Mitte Mär Di, 14 Tage über Karneval

Trippstadt 53 ↘

Rheinland-Pfalz
Kreis Kaiserslautern
EW 3000
ℹ Tel (0 63 06) 3 41, Fax 15 29
Tourist-Info
✉ 67705 Hauptstr. 26

🛏 **Gunst**
Hauptstr. 99 a, **Tel (0 63 06) 17 85**, Fax 17 85, ✉ 67705

♪ ♯, 7 Zi, Ez: 40/20-55/27, Dz: 85/42-95/47, 2 Suiten, 2 App, ⊐ WC, 2 🛏, **P**, garni

Triptis 48 ↗

Thüringen / Saale-Orla-Kreis
EW 4700
ℹ Tel (03 64 82) 35 90, Fax 3 59 34
Stadtverwaltung
✉ 07819 Markt 1

Sehenswert: Rundschloß Oberpöllnitz; Kirche St. Marien; Wehrkirche Döblitz; Orlastau; Schloßturm mit Stadtmauer.

Miesitz (1,5 km ←)

★ Wutzler
Hauptstr. 18, **Tel (03 64 82) 3 08 47**, Fax 3 08 48, ✉ 07819, AX DC ED VA
35 Zi, Ez: 80/40-99/49, Dz: 110/55-140/70, 1 Suite, ⊐ WC ⌀, Lift, **P**, 4⟲35, Sauna, Solarium, 2 Tennis, Restaurant

Oberpöllnitz (3 km ↗)

★ Zur Goldenen Aue
Mittelpöllnitzer Str. 1, **Tel (03 64 82) 37 00**, Fax 3 70 53, ✉ 07819, AX DC ED VA
♪, 34 Zi, Ez: 80/40-98/49, Dz: 120/60-140/70, ⊐ WC ⌀, Lift, **P**, 🏠, 3⟲200, Sauna, Solarium, Restaurant

Trittau 18 ↗

Schleswig-Holstein
Kreis Stormarn
EW 7323
ℹ Tel (0 41 54) 8 07 90
Gemeindeverwaltung
✉ 22946 Europaplatz 5

★ Vorburg
Vorburgstr. 3, **Tel (0 41 54) 8 44 10**, Fax 84 41 11, ✉ 22946, AX DC ED VA
20 Zi, Ez: 80/40, Dz: 120/60, ⊐ WC ⌀, Restaurant

Trittenheim 52 ↗

Rheinland-Pfalz
Kreis Bernkastel-Wittlich
EW 1300
ℹ Tel (0 65 07) 22 27, Fax 20 40
Tourist-Information
✉ 54349 Moselweinstr. 55

🛏 **Moselperle**
Moselweinstr. 42, **Tel (0 65 07) 22 21**, Fax 67 37, ✉ 54349, AX DC ED VA

Trittenheim

14 Zi, Ez: 60/30-80/40, Dz: 90/45-120/60,
7 App, ⌐ WC ⌀, **P**, 🕭, 🛆, Restaurant

🍴🍴 **Landgasthof** ✚
Grans-Fassian
Moselpromenade 4, Tel **(0 65 07) 20 33**,
Fax **70 10 92**, ✉ 54349, ED VA
Hauptgericht 19/9-33/16, Terrasse, **P**,
geschl.: Mi, 2.1.-18.2.01
Eigenbauweine.

Trochtelfingen 69 ↖

Baden-Württemberg
Kreis Reutlingen
EW 6500
i Tel **(0 71 24) 48 21**, Fax **48 48**
Stadtverwaltung
✉ 72818 Rathausplatz 9

✱ **Flair Hotel Rössle**
Marktstr. 48, Tel **(0 71 24) 92 50**, Fax **92 52 00**,
✉ 72818, ED VA
30 Zi, Ez: 60/30-90/45, Dz: 99/49-135/67, ⌐
WC ⌀, 8 🛏, **P**, 🕭, 2🛆50, 🛆, Sauna, Solarium
Auch Zimmer der Kategorie ✱✱ vorhanden.
🍴 Hauptgericht 23/11-30/15,
geschl.: Mo, 1.-14.8.01

🍴 **Zum Ochsen**
Marktstr. 21, Tel **(0 71 24) 22 00**, Fax **93 11 68**,
✉ 72818, ED
Hauptgericht 24/12, Kegeln, **P**

Trockenborn-Wolfersdorf 48 ↗

Thüringen / Saale-Holzland-Kreis
EW 620
i Tel **(03 64 28) 4 09 30**, Fax **6 48 23**
Touristinformation (ATIS)
✉ 07646 Dorfstr. 24

Wolfersdorf

✱ **Am Kellerberg**
Dorfstr. 18, Tel **(03 64 28) 4 70**, Fax **4 71 08**,
✉ 07646, AX ED VA
39 Zi, Ez: 89/44-94/47, Dz: 109/54-149/75,
1 App, ⌐ WC ⌀ DFÜ, **P**, 3🛆, Restaurant

Tröstau 58 ↗

Bayern / Kreis Wunsiedel
EW 2600
i Tel **(0 92 32) 99 21 61**, Fax **99 21 15**
Verkehrsamt
✉ 95709 Hauptstr. 6

✱ **Bergcafé Bauer**
Kemnather Str. 20, Tel **(0 92 32) 28 42**,
Fax **16 97**, ✉ 95709, ED
♪ ✸, 10 Zi, Ez: 50/25-75/37, Dz: 100/50-120/60,
⌐ WC, 1 🛏, **P**, 🕭, 1🛆30, Golf
geschl.: Mi
🍽 Hauptgericht 15/7-36/18, Biergarten,
geschl.: Mi

Fahrenbach (1 km ↘)

✱✱ **Golfhotel Fahrenbach**
Fahrenbach 1, Tel **(0 92 32) 88 20**,
Fax **88 23 45**, ✉ 95709, AX DC ED VA
einzeln ♪ ✸, 71 Zi, 1 Suite, ⌐ WC ⌀, 20 🛏, Lift,
4🛆120, Sauna, Solarium, Golf
🍴🍴 Hauptgericht 30/15

Troisdorf 43 ↖

Nordrhein-Westfalen
Rhein-Sieg-Kreis
EW 73000
i Tel **(0 22 41) 90 01 70**, Fax **90 08 70**
Stadtverwaltung
✉ 53840 Kölner Str. 176

✱ **Wald-Hotel Haus Ravensberg**
Altenratherstr. 51, Tel **(0 22 41) 9 82 40**,
Fax **7 41 84**, ✉ 53840, AX DC ED VA
24 Zi, Ez: 105/52-200/100, Dz: 120/60-250/125,
2 App, ⌐ WC ⌀, 12 🛏, Lift, **P**, 🕭, 5🛆80,
Fitnessraum, Kegeln, Restaurant

✱ **Primula**
Am Bürgerhaus 16, Tel **(0 22 41) 87 50**,
Fax **87 51 00**, ✉ 53840, AX DC ED VA
72 Zi, Ez: 110/55-280/141, Dz: 135/67-305/153,
⌐ WC ⌀, 19 🛏, Lift, 🕭, 2🛆50, Restaurant

✱ **Regina**
Hippolytusstr. 23, Tel **(0 22 41) 8 70 50**,
Fax **7 07 35**, ✉ 53840, AX DC ED VA
36 Zi, Ez: 99/49-199/100, Dz: 110/55-265/133,
4 Suiten, ⌐ WC ⌀, 6 🛏, Lift, **P**, 1🛆30,
Restaurant

Sieglar

✱✱ **Quality Hotel**
Larstr. 1, Tel **(0 22 41) 99 79**, Fax **99 72 88**,
✉ 53840, AX DC ED VA
80 Zi, Ez: 99/49-500/251, Dz: 121/60-500/251,
⌐ WC ⌀, 15 🛏, Lift, **P**, 4🛆80
🍴🍴 Hauptgericht 25/12-45/22

Spich

¶¶ Forsthaus Telegraph
Mauspfad 3, Tel **(0 22 41) 7 66 49**,
Fax 7 04 94, ✉ 53840, AX DC ED VA
einzeln, Hauptgericht 39/19-47/23, P, nur
abends, geschl.: Mo

Trollenhagen 21 ↗

Mecklenburg-Vorpommern
Kreis Mecklenburg-Strelitz
EW 582
🅸 Tel **(03 96 08) 25 10**, Fax 2 51 26
Amt Nevrin
✉ 17039 Neubrandenburger Str. 48

Hellfeld (4 km ↓)

✱ Hellfeld
Hellfelder Str. 15, Tel **(03 95) 42 98 10**,
Fax 42 98 11 39, ✉ 17039, AX DC ED VA
30 Zi, Ez: 89/44-100/50, Dz: 120/60-135/67, ⌐
WC ⌀, 2 ⛌, P, 2⊂⊃80, Restaurant

Trossingen 68 □

Baden-Württemberg
Kreis Tuttlingen
EW 15000
🅸 Tel **(0 74 25) 2 51 12**, Fax 2 51 50
Verkehrsamt/Bürgerbüro
✉ 78647 Schultheiß-Koch-Platz 1

✱ Bären
Hohnerstr. 25, Tel **(0 74 25) 60 07**, Fax 2 13 95,
✉ 78647, AX DC ED VA
20 Zi, Ez: 95/47-110/55, Dz: 135/67-165/83,
1 Suite, ⌐ WC ⌀ DFÜ, P, 🚗, Solarium
¶ Hauptgericht 20/10-36/18, Biergarten,
geschl.: Fr, Sa, Aug

Tübingen 61 ↘

Baden-Württemberg
EW 83000
🅸 Tel **(0 70 71) 9 13 60**, Fax 3 50 70
Verkehrsverein Tübingen
✉ 72072 An der Neckarbrücke 1
Cityplan siehe Seite 996

✱✱ Krone
Uhlandstr. 1 (B 3), Tel **(0 70 71) 1 33 10**,
Fax 13 31 32, ✉ 72072, AX DC ED VA

46 Zi, Ez 175/88-195/98, Dz: 230/115-290/146,
2 Suiten, ⌐ WC ⌀, 10 ⛌, Lift, P, 🚗, 2⊂⊃60,
Restaurant

✱ Hospiz
Neckarhalde 2 (B2), Tel **(0 70 71) 92 40**,
Fax 92 42 00, ✉ 72070, AX ED VA
50 Zi, Ez: 115/57-140/70, Dz: 170/85-220/110,
⌐ WC ⌀, Lift, P, 🚗, 1⊂⊃40, Restaurant

✱ Kreuzberg
Vor dem Kreuzberg 23 (außerhalb A 1),
Tel **(0 70 71) 9 44 10**, Fax 94 41 10, ✉ 72070,
ED
9 Zi, Ez: 104/52-120/60, Dz: 150/75-170/85,
1 App, ⌐ WC ⌀, P, 🚗, 2⊂⊃40, Restaurant
Rezeption: 6.30-22.30, geschl.: Mi

✱ Kupferhammer mit Gästehaus
Westbahnhofstr. 57, Tel **(0 70 71) 41 80**,
Fax 41 82 99, ✉ 72072, AX ED VA
20 Zi, Ez: 112/56-125/62, Dz: 145/73-170/85, ⌐
WC ⌀ DFÜ, 10 ⛌, P, 🚗, garni
geschl.: 20.12.00-7.1.01

✱ Katharina
Lessingweg 2 (außerhalb B 1),
Tel **(0 70 71) 6 70 21**, Fax 61 08 82, ✉ 72076,
ED VA
16 Zi, Ez: 85/42-150/75, Dz: 175/88-195/98, ⌐
WC ⌀ DFÜ, P, 🚗, garni

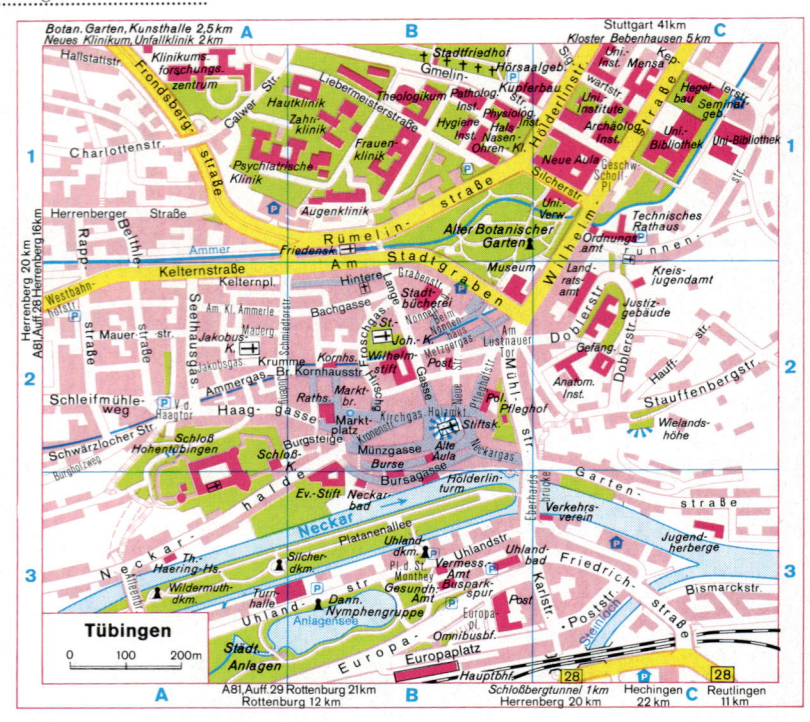

Tübingen

🍴🍴🍴 Rosenau
Rosenau 15, Tel (0 70 71) 6 88 66,
Fax 68 86 80, ✉ 72076, AX DC ED VA
Hauptgericht 28/14-42/21, Terrasse, P,
geschl.: Mo

Bebenhausen (4 km ↑)

✶✶ Landhotel Hirsch
Schönbuchstr. 28, Tel (0 70 71) 6 09 30,
Fax 60 93 60, ✉ 72074, AX DC ED VA
12 Zi, Ez: 135/67-180/90, Dz: 240/120-270/135,
⊐ WC ✆, P, 🛎, 1⇨50
geschl.: Di
Landhaus mit stilvoller behaglicher
Einrichtung.
🍴🍴🍴 Hauptgericht 38/19-45/22 ✠
geschl.: Di

🍴🍴🍴 Waldhorn
Schönbuchstr. 49, Tel (0 70 71) 6 12 70,
Fax 61 05 81, ✉ 72074, AX
Hauptgericht 45/22, Gartenlokal, geschl.: Mo, Di

Kilchberg (5 km ←)

✶ Gasthaus Hirsch
Closenweg 4, Tel (0 70 71) 9 77 90,
Fax 97 79 77, ✉ 72072, AX ED
14 Zi, Ez: 85/42-100/50, Dz: 130/65, ⊐ WC ✆
DFÜ, 4 ⚑, P, Restaurant

Lustnau (3 km ↗)

🍴🍴 Basilikum
Kreuzstr. 24, Tel (0 70 71) 8 75 49, Fax 8 75 49,
✉ 72074, AX ED VA
Hauptgericht 38/19-40/20, Terrasse,
Gartenlokal, P, geschl.: So

Unterjesingen (7 km ←)

🛏 Am Schönbuchrand
Klemsenstr. 3, Tel (0 70 73) 60 47, Fax 5 02 65,
✉ 72070, VA
12 Zi, Ez: 85/42-95/47, Dz: 112/56-130/65,
3 Suiten, ⊐ WC ✆, Lift, P, 🛎, Sauna, garni
geschl.: 24.12.00-10.1.01

Türkenfeld 71 ↖

Bayern / Kreis Fürstenfeldbruck
EW 3000
🛈 Tel (0 81 93) 9 30 70, Fax 64 58
Gemeindeverwaltung
✉ 82299 Schloßweg 2

✱ Zum Unterwirt
Duringstr. 5, Tel (0 81 93) 99 95 17,
Fax 99 95 18, ✉ 82299, 🆔
10 Zi, Ez: 65/32-75/37, Dz: 105/52-110/55, ⇌
WC, 🅿, 🍴, Restaurant
geschl.: 15.8.-1.9.01

Türkheim 70 ↗

Bayern / Kreis Unterallgäu
EW 6500
🛈 Tel (0 82 45) 5 30, Fax 53 22
Verwaltungsgemeinschaft
✉ 86842 Maximilian-Philipp-Str 32

🛏 Rosenbräu
Rosenstr. 14, Tel (0 82 45) 16 36, Fax 29 02,
✉ 86842, 🆔 🆅
16 Zi, Ez: 65/32-80/40, Dz: 96/48, ⇌ WC, 🅿,
Restaurant
Rezeption: 8-14, 17-21, geschl.: So

Tüßling 73 ↖

Bayern / Kreis Altötting
EW 2900
🛈 Tel (0 86 33) 8 98 80, Fax 89 88 22
Markt Tüßling
✉ 84577 Marktplatz 2

Kiefering (4 km ↘)

✱ Bauernsepp Flair Hotel
Kiefering 42, Tel (0 86 33) 89 40,
Fax 89 42 00, ✉ 84577, 🆏 🆔 🆅
♪, 38 Zi, Ez: 95/47-100/50,
Dz: 140/70-200/100, ⇌ WC ⓒ DFÜ, 3⟲50,
Kegeln, Restaurant

Turnow 41 ↖

Brandenburg / Spree-Neiße Kreis
EW 11000
🛈 Tel (03 56 01) 1 94 33, Fax 8 15 15
Tourismus-Information
✉ 03185 Markt 1

✱✱ Landhotel Turnow
Frankfurter Str. 11 a, Tel (03 56 01) 37 00,
Fax 3 70 80, ✉ 03185, 🆔

35 Zi, Ez: 70/35-90/45, Dz: 100/50-110/55, ⇌
WC ⓒ, 🅿, Restaurant, garni

Tuttlingen 68 □

Baden-Württemberg
EW 35000
🛈 Tel (0 74 62) 94 82 20, Fax 75 72
Touristikbüro
✉ 78532 Hermann-Leiber-Str 4
Cityplan siehe Seite 998

siehe auch Hausen ob Verena

✱✱ Stadt Tuttlingen mit Gästehaus
Donaustr. 30 (B), Tel (0 74 61) 93 00,
Fax 93 02 50, ✉ 78532, 🆏 🆔 🆅
80 Zi, Ez: 150/75-170/85, Dz: 195/98-235/118,
⇌ WC ⓒ, Lift, 🍴, 5⟲120
🍴🍴 Hauptgericht 17/8-38/19

Tutzing 71 □

Bayern / Kreis Starnberg
EW 10000
🛈 Tel (0 81 51) 9 06 00, Fax 90 60 90
Tourismusverband
✉ 82319 Wittelsbacherstr. 2c

✱ Zum Reschen
Marienstr. 7, Tel (0 81 58) 93 90, Fax 93 91 00,
✉ 82327
18 Zi, Ez: 95/47-111/55, Dz: 137/69-159/80,
1 App, ⇌ WC ⓒ, 🅿, 🍴, garni
geschl.: 17.12.00-15.1.01

🍴 Häring's Wirtschaft im Midgardhaus
Midgardstr. 3, Tel (0 81 58) 12 16, Fax 79 35,
✉ 82327, 🆏 🆔 🆅
§, Hauptgericht 19/9-37/18, Terrasse, 🅿,
geschl.: Mo, 8.1.-10.3.01

Oberzeismering

🍴🍴 Forsthaus Ilkahöhe
Tel (0 81 58) 82 42, Fax 28 66, ✉ 82327
§ einzeln, Hauptgericht 25/12-35/17, 🅿,
geschl.: Mo, Di, 18.12.00-31.1.01

Twist 23

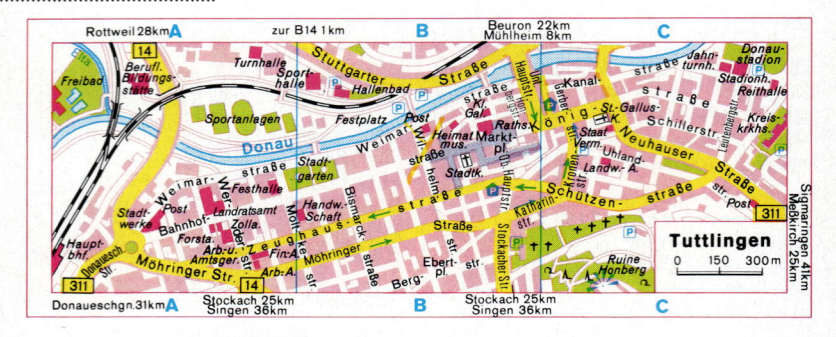

Niedersachsen / Kreis Emsland
EW 9200
🛈 Tel (0 59 36) 9 33 00, Fax 93 30 44
Gemeindeverwaltung
✉ 49767 Flensbergstr. 1

Bült

🍴🍴 **Gasthof Backers
Zum alten Dorfkrug** ✚

Kirchstr. 25, Tel (0 59 36) 90 47 70,
Fax 90 47 79, ✉ 49767, ED VA
Hauptgericht 30/15, **P**, geschl.: Di, 17-23.10.00,
1-7.1.01
✱ 4 Zi, Ez: 70/35, Dz: 110/55, ⌐ WC ⊘

Übach-Palenberg 42

Nordrhein-Westfalen
Kreis Heinsberg
EW 24000
🛈 Tel (0 24 51) 97 91 55, Fax 97 91 61
Stadtverwaltung
✉ 52531 Rathausplatz 4

Palenberg

✱ **Weydenhof**

Kirchstr. 17, Tel (0 24 51) 4 14 10, Fax 4 89 58,
✉ 52531, ED VA
29 Zi, Ez: 50/25-80/40, Dz: 90/45-140/70, ⌐
WC ⊘, Lift, **P**, 🛋, 1⟲100, Kegeln, Restaurant
Rezeption: 7-14, 16-23, geschl.: Fr
Auch einfachere Zimmer vorhanden.

Überherrn 52

Saarland / Kreis Saarlouis
EW 12930
🛈 Tel (0 68 36) 90 90, Fax 90 91 92
Gemeindeverwaltung
✉ 66802 Rathausstr. 101

✱✱ **Linslerhof**

Tel (0 68 36) 80 70, Fax 8 07 17, ✉ 66802, AX
ED VA
einzeln, 62 Zi, Ez: 155/78-170/85,
Dz: 195/98-210/105, 5 App, ⌐ WC ⊘, Lift, **P**,
5⟲60, Solarium, Golf
Historische Gutsanlage.
🍴 Tel 8 07 66 Fax 8 07 69,
Hauptgericht 28/14-48/24, Terrasse, Biergarten,
geschl.: 1.-6.1.01

Felsberg (6 km ↑)

✱ **Felsberger Hof**

Metzer Str. 117, Tel (0 68 37) 7 40 11,
Fax 7 40 14, ✉ 66802, AX ED VA
36 Zi, Ez: 75/37-105/52, Dz: 115/57-145/73, ⌐
WC ⊘ DFÜ, **P**, 2⟲30, Restaurant

Überkingen, Bad 62

Baden-Württemberg
Kreis Göppingen
EW 3800
🛈 Tel (0 73 31) 96 19 19, Fax 96 19 99
Kurverwaltung
✉ 73337 Gartenstr. 1

✱✱✱ **Bad-Hotel**

Otto-Neidhart-Platz 1, Tel (0 73 31) 30 20,
Fax 3 02 20, ✉ 73337, AX DC ED VA
47 Zi, Ez: 145/73-185/93, Dz: 170/85-265/133,
3 Suiten, 3 App, ⌐ WC ⊘, 21 ⌫, Lift, 4⟲45,
≋, Solarium, Golf

🍴🍴🍴 **Helfensteinrestaurant**

♛, Hauptgericht 28/14-42/21, Terrasse

🍴 Zum Stern
Badstr. 3, Tel (0 73 31) 6 39 00, Fax 6 53 10,
✉ 73337
⌂, Hauptgericht 18/9-30/15, 🅿, geschl.: Do, Fr mittags
Liebevoll gestalteter schwäbischer Landgasthof mit regionaler Küche.

Überlingen 69 ✓

Baden-Württemberg
Kreis Friedrichshafen
EW 22000
🛈 Tel (0 75 51) 99 11 22, Fax 99 11 35
Kur- und Touristik GmbH
✉ 88662 Landungsplatz 14

✱✱✱ Parkhotel St. Leonhard
Obere St.-Leonhard-Str. 71,
Tel (0 75 51) 80 81 00, Fax 80 85 31, ✉ 88662,
AX ED VA
♪ §, 145 Zi, Ez: 155/78-210/105,
Dz: 250/125-310/156, 3 App, ⇨ WC ⊘ DFÜ,
33 ⇌, Lift, 🅿, 🏠, 8⇌200, ♨, Sauna, Solarium,
6 Tennis
Auch Zimmer der Kategorie ✱✱ vorhanden.
🍴🍴 §, Hauptgericht 28/14, Terrasse

✱✱ Bad-Hotel mit Villa Seeburg
Christophstr. 2, Tel (0 75 51) 83 70,
Fax 83 71 00, ✉ 88662, AX ED VA
§, 64 Zi, Ez: 99/49-180/90, Dz: 154/77-270/135,
3 Suiten, ⇨ WC ⊘, 50 ⇌, Lift, 🅿, 🏠, 4⇌300,
Restaurant

✱✱ Rosengarten
Bahnhofstr. 12, Tel (0 75 51) 9 28 20,
Fax 92 82 39, ✉ 88662, AX ED VA
15 Zi, Ez: 120/60-150/75, Dz: 180/90-200/100,
4 Suiten, ⇨ WC ⊘, 🅿, 🏠, 1⇌10, Golf,
Restaurant
geschl.: 2.-16.1.01

✱ Wiestor
Wiestorstr. 17, Tel (0 75 51) 8 30 60,
Fax 83 06 12, ✉ 88662, AX DC ED VA
13 Zi, Ez: 110/55-130/65, Dz: 160/80-200/100,
3 Suiten, 1 App, ⇨ WC ⊘, 5 ⇌, Lift, 🏠, Golf,
Restaurant
Rezeption: 6.30-21, geschl.: 1.12.00-1.2.01

✱ Seegarten
Seepromenade 7, Tel (0 75 51) 91 88 90,
Fax 39 81, ✉ 88662, ED VA
§, 21 Zi, Ez: 90/45-140/70, Dz: 190/95-270/135,
⇨ WC ⊘, Lift, 🅿, 🏠, 1⇌30
geschl.: 15.11.-31.12.00, 1.1.-1.3.01
🍴 Hauptgericht 27/13,
geschl.: 15.11.-31.12.00, 1.1.-1.3.01

🍴 Bürgerbräu
Aufkircher Str. 20, Tel (0 75 51) 9 27 40,
Fax 6 60 17, ✉ 88662, AX DC ED VA
Hauptgericht 24/12-38/19, 🅿, geschl.: Mi, Do
✱ 12 Zi, Ez: 85/42-120/60,
Dz: 140/70-160/80, ⇨ WC ⊘

Andelshofen (3 km ↗)

✱✱✱ Romantik Hotel Johanniter-Kreuz
Johanniterweg 11, Tel (0 75 51) 6 10 91,
Fax 6 73 36, ✉ 88662, DC ED VA
♪, 26 Zi, Ez: 110/55-160/80,
Dz: 185/93-280/141, ⇨ WC ⊘, Lift, 🅿, 🏠,
2⇌35, Fitnessraum, Kegeln, Sauna, Solarium,
Golf
Im Altbau Zimmer der Kategorie ✱ vorhanden.
🍴🍴 Hauptgericht 37/18, Terrasse,
geschl.: Mo, Di mittags

✱ Sonnenbühl
Zum Brandbühl 19, Tel (0 75 51) 8 30 00,
Fax 83 00 80, ✉ 88662, AX ED VA
♪, 20 Zi, Ez: 98/49-135/67, Dz: 165/83-195/98,
1 App, ⇨ WC ⊘, 🅿, 1⇌15, Sauna, Golf, garni
geschl.: 31.10.00-31.3.01
Auch Zimmer der Kategorie ✱✱ vorhanden.

Lippertsreute (7 km ↗)

⌂ Landgasthof Brauerei Keller
Riedweg 2, Tel (0 75 53) 2 23, Fax 74 88,
✉ 88662, ED VA
13 Zi, Ez: 50/25-75/37, Dz: 98/49-135/67,
2 Suiten, 3 App, ⇨ WC ⊘, 🅿, 🏠, Restaurant
geschl.: Di, 27.12.00-23.1.01
Im Anbau Zimmer der Kategorien ✱ und ✱✱ vorhanden.

🍴 Landgasthof Zum Adler ✚
Hauptstr. 44, Tel (0 75 53) 8 25 50,
Fax 82 55 70, ✉ 88662, ED
⌂, Hauptgericht 10/5-37/18, Terrasse,
Gartenlokal, 🅿, geschl.: Mi abends, Do,
30.10.-16.11.01

Überlingen

✱ ▒▒▒ 17 Zi, Ez: 80/40-95/47,
Dz: 100/50-165/83, 6 Suiten, 4 App, ⌐ WC ⊘,
Lift, ⬒
Im Stammhaus einfachere Zimmer vorhanden.

Ueckermünde 22 ↑

Mecklenburg-Vorpommern
Kreis Uecker-Randow
EW 12000
i Tel (03 97 71) 2 84 84, Fax 2 84 87
Touristik-Info
✉ 17373 Ueckerstraße 96

✱✱ ▒▒▒ Pommern Mühle
Liepgartener Str. 88 A, Tel (03 97 71) 20 00,
Fax 2 00 99, ✉ 17373, ED VA
30 Zi, Ez: 95/47, Dz: 135/67, ⌐ ⊘, 12 ⇔, P, ⬒,
1↻45, Sauna, Solarium, Restaurant

✱ ▒▒▒ Stadtkrug mit Gästehaus
Markt 3, Tel (03 97 71) 8 00, Fax 8 04 09,
✉ 17373, AX DC ED VA
⬚, 30 Zi, Ez: 80/40-120/60, Dz: 110/55-140/70,
1 Suite, 1 App, ⌐ WC ⊘, 5 ⇔, Lift, P, ⬒,
3↻80, Restaurant

✱ ▒▒▒ Pommernyacht
Flair Hotel
Altes Bollwerk 1 b, Tel (03 97 71) 21 50,
Fax 2 43 95, ✉ 17373, AX ED VA
§, 18 Zi, Ez: 105/52-135/67, Dz: 130/65-180/90,
⌐ WC ⊘, 2 ⇔, P, 1↻35, Restaurant

Ühlingen-Birkendorf 68 ✓

Baden-Württemberg / Kreis Waldshut
EW 4200
i Tel (0 77 43) 3 80, Fax 12 77
Tourist-Information
✉ 79777 Schwarzwaldstr. 44

Birkendorf

⇌ Sonnenhof
mit Gästehaus Sonnhalde
Schwarzwaldstr. 9, Tel (0 77 43) 9 20 10,
Fax 17 89, ✉ 79777, AX DC ED VA
16 Zi, Ez: 55/27-70/35, Dz: 90/45-100/50, ⌐
WC ⊘, P, 2↻100, ⬒, Sauna, Solarium,
Restaurant

Uelsen 23 ←

Niedersachsen
Kreis Grafschaft Bentheim
EW 4282
i Tel (0 59 42) 20 90, Fax 2 09 60
Samtgemeinde Uelsen
✉ 49843 Itterbecker Str. 11

✱✱ ▒▒▒ Am Waldbad
Am Waldbad 1, Tel (0 59 42) 9 39 30,
Fax 19 52, ✉ 49843
einzeln ↻, 19 Zi, Ez: 70/35-120/60,
Dz: 130/65-170/85, ⌐ WC ⊘, P, ⬒, Kegeln,
Solarium
Auch Zimmer der Kategorie ✱ vorhanden.
Zugang zum städtischen Hallenbad.
🍴🍴 ▒▒▒ Hauptgericht 19/9-40/20

Uelzen 19 ✓

Niedersachsen
EW 37000
i Tel (05 81) 80 04 42, Fax 80 01 00
Stadt- und Touristinformation
✉ 29525 Herzogenplatz 2

✱ ▒▒▒ Uelzener Hof
Lüneburger Str. 47, Tel (05 81) 9 09 30,
Fax 7 01 91, ✉ 29525, AX DC ED VA
31 Zi, Ez: 80/40-90/45, Dz: 120/60, ⌐ WC ⊘,
P, ⬒, 1↻45
🍴 ▒▒▒ Ausspann
Hauptgericht 28/14

✱ ▒▒▒ Am Stern
Sternstr. 13, Tel (05 81) 7 63 00, Fax 1 69 45,
✉ 29525, ED VA
33 Zi, Ez: 50/25-70/35, Dz: 100/50-120/60,
3 App, ⌐ WC ⊘, 6 ⇔, Lift, P, ⬒, Sauna,
Solarium, Restaurant
Auch Zimmer der Kategorie ✱✱ vorhanden.

✱ ▒▒▒ Gasthof Stadthalle Uelzen
Am Schützenplatz 1, Tel (05 81) 9 02 00,
Fax 90 20 50, ✉ 29525
13 Zi, Ez: 65/32-75/37, Dz: 120/60, 1 App, ⌐
WC ⊘, Lift, P, 5↻800, Kegeln, Restaurant

⇌ Gasthof Bürgerhotel
Lüneburger Str. 15, Tel (05 81) 9 79 60,
Fax 52 92, ✉ 29525
15 Zi, Ez: 65/32-70/35, Dz: 130/65, ⌐ WC ⊘,
Restaurant

Außerhalb (5 km →)

Meyers Gasthaus
Hanstedter Str. 4, Tel (0 58 04) 97 50,
Fax 97 54 00, ✉ 29525
25 Zi, Ez: 70/35, Dz: 120/60, ⌐ WC ⊘, P,
5↻150, Restaurant
Wiedereröffnung voraussichtlich Nov.

Veerßen (1 km ↓)

✱✱ ▒▒▒ Ringhotel Deutsche Eiche
Soltauer Str. 14, Tel (05 81) 9 05 50,
Fax 7 40 49, ✉ 29525, AX DC ED VA, Ⓢ

37 Zi, Ez: 120/60, Dz: 170/85, ⊟ WC ✆, 4 ⇌, 1⇌60, Kegeln
Auch Zimmer der Kategorie ★★★ vorhanden.
🍴🍴 Hauptgericht 20/10-30/15, Terrasse

Ürzig 52 ↗

Rheinland-Pfalz
Kreis Bernkastel-Wittlich
EW 1000
☎ Tel (0 65 32) 26 20, Fax 51 60
Verkehrsbüro
✉ 54539 Rathausplatz 7

✱ Ringhotel Weinhaus Moselschild
Moselufer 14, Tel (0 65 32) 9 39 30,
Fax 93 93 93, ✉ 54539, AX DC ED VA, Ⓢ
♨, 14 Zi, Ez: 117/58-175/88,
Dz: 150/75-220/110, ⊟ WC ✆, Ⓟ, 🕿, Sauna, Solarium
geschl.: 10.-31.1.01

🍴🍴 Blauer Salon
♨, Hauptgericht 24/12-52/26, Terrasse, geschl.: 10.-31.1.01

✱ Zur Traube
Moselufer, Tel (0 65 32) 93 08 30,
Fax 9 30 83 11, ✉ 54539, AX ED VA
♨, 12 Zi, Ez: 85/42-160/80, Dz: 110/55-190/95,
1 Suite, ⊟ WC ✆ DFÜ, 7 ⇌, Ⓟ, 🕿, Restaurant
geschl.: 10.1.-18.2.01

Uetersen 18 ↖

Schleswig-Holstein
Kreis Pinneberg
EW 18000
☎ Tel (0 41 22) 71 40, Fax 71 42 88
Stadtverwaltung
✉ 25436 Wassermühlenstr. 7

✱✱ Mühlenpark
Mühlenstr. 49, Tel (0 41 22) 9 25 50,
Fax 92 55 10, ✉ 25436, AX DC ED VA
27 Zi, Ez: 110/55-135/67, Dz: 150/75-195/98,
2 Suiten, 1 App., ⊟ WC ✆, 27 ⇌, Lift, Ⓟ, 3⇌60
🍴🍴 Hauptgericht 20/10, Terrasse

✱ Im Rosarium
Berliner Str. 10, Tel (0 41 22) 70 66,
Fax 4 53 76, ✉ 25436, AX ED VA
☽ ♨, 44 Zi, Ez: 98/49-152/76,
Dz: 140/70-170/85, ⊟ WC ✆ DFÜ,
3 ⇌, Lift, Ⓟ, 🕿, 3⇌60, Golf
🍴 ♨, Hauptgericht 23/11, Terrasse

Uetze 26 →

Niedersachsen
Kreis Hannover (Land)
EW 20000
☎ Tel (0 51 73) 9 70 00, Fax 97 00 97
Gemeinde Uetze
✉ 31311 Marktstr. 9

🍴🍴 Bockler im Uttensener Hof 🚩
Kaiserstr. 29, Tel (0 51 73) 21 90, Fax 21 90,
✉ 31311
Hauptgericht 29/14-52/26, Terrasse, geschl.: Di, Sa mittags

Uffenheim 56 ▢

Bayern
Kreis Neustadt a. d. Aisch
EW 6330
☎ Tel (0 98 42) 20 70, Fax 2 07 32
Stadt Uffenheim
✉ 97215 Marktplatz 16

🍴 Schwarzer Adler
Adelhofer Str. 1, Tel (0 98 42) 9 88 00,
Fax 98 80 80, ✉ 97215, AX DC ED VA
Hauptgericht 10/5-30/15, Ⓟ, geschl.: Mo
🚩 13 Zi, Ez: 48/24-58/29, Dz: 84/42-88/44,
⊟ WC ✆ DFÜ, 7 ⇌, 🕿, 1⇌20

Uhingen 62 ▢

Baden-Württemberg
Kreis Göppingen
EW 13600
☎ Tel (0 71 61) 9 38 00, Fax 9 38 01 99
Stadtverwaltung
✉ 73066 Kirchstr. 2

✱ Ochsen
Ulmer Str. 8, Tel (0 71 61) 3 20 68,
Fax 3 23 99, ✉ 73066, ED VA
14 Zi, Ez: 72/36-125/62, Dz: 149/75, ⊟ WC ✆,
Ⓟ, 🕿, 2⇌30, Restaurant
geschl.: 23.12.00-7.1.01, 1.8.-1.9.01

Albershausen (2 km ✓)

✱✱ Stern
Uhinger Str. 1, Tel (0 71 61) 93 36 00,
Fax 9 33 60 74, ✉ 73095, ED VA
50 Zi, Ez: 103/51, Dz: 150/75, ⊟ WC ✆, Lift, Ⓟ,
1⇌30, 🕿, Kegeln
🍴🍴 Hauptgericht 25/12

Uhldingen-Mühlhofen 69 ✓

Baden-Württemberg / Bodenseekreis
EW 7500
ℹ Tel (0 75 56) 9 21 60, Fax 92 16 20
Fremdenverkehrsbüro
✉ 88690 Schulstr. 12

Erholungsort am Bodensee; Sehenswert: Wallfahrtskirche Birnau; Pfahlbaumuseum in Unteruhldingen.

Maurach

** Seehalde
Birnau-Maurach 1, Tel (0 75 56) 9 22 10,
Fax 65 22, ✉ 88690
♪ ≋, 21 Zi, Ez: 115/57-140/70,
Dz: 188/94-234/117, ⌐ WC Ⓒ, **P**, ≙, ≙, Sauna
geschl.: Di, 10.1.-1.3.01
🍴🍴 ≋, Hauptgericht 25/12-48/24 ✚
Terrasse, geschl.: Di, Mi mittags, 10.1.-1.3.01

** Pilgerhof mit Rebmannshof
Maurach 2, Tel (0 75 56) 93 90, Fax 65 55,
✉ 88690, AX DC ED VA
♪ ≋, 48 Zi, Ez: 95/47-130/65,
Dz: 170/85-190/95, 7 Suiten, ⌐ WC Ⓒ DFÜ,
8 ⇌, **P**, ≙, 3⌒30, Sauna, Solarium
🍴🍴 Hauptgericht 25/12, Terrasse,
Biergarten

Seefelden

** Fischerhaus mit Gästehäusern ♛
Seefelden 2, Tel (0 75 56) 85 63, Fax 60 63,
✉ 88690
♪ ≋, 22 Zi, Ez: 160/80-200/100,
Dz: 300/151-400/201, 4 Suiten, ⌐ WC Ⓒ, **P**, ≋,
Sauna, Solarium, Restaurant
geschl.: Anfang Nov-Mitte Mär
Großzügige Gartenanlage mit Teich auf 15000 qm.

Unteruhldingen

** Seevilla
Seefelder Str. 36, Tel (0 75 56) 9 33 70,
Fax 93 37 70, ✉ 88690
30 Zi, Ez: 160/80-200/100, Dz: 190/95-220/110,
2 Suiten, ⌐ WC Ⓒ, 2 ⇌, Lift, **P**, ≙, 1⌒25,
Sauna, Solarium, Restaurant

* Knaus
Seestr. 1, Tel (0 75 56) 80 08, Fax 55 33,
✉ 88690, AX ED
28 Zi, Ez: 90/45-120/60, Dz: 145/73-215/108,
1 Suite, 1 App, ⌐ WC Ⓒ, **P**, ≙, ≋, Restaurant
geschl.: 1.11.00-1.3.01, 1.11.01-1.3.02

Uhlstädt 48 ↑

Thüringen
Kreis Saalfeld-Rudolstadt
EW 1960
ℹ Tel (03 67 42) 6 22 75, Fax 6 22 78
Verwaltungsgemeinschaft
✉ 07407 Jenaische Str. 90

Der staatlich anerk. Erholungsort Uhlstädt liegt im reizvollen mittleren Saaletal, im Süden geprägt von d. auf einem Felssporn 40 m über d. Saale thronenden Weißenburg. In unmittelb. Nähe d. alten Schlosses bef. sich d. Komplex d. neuen Rehaklink. Attraktion mehrstündige tour. Floßfahrten a. d. Saale

Weißen (3 km ✓)

* Kains Hof
Ortsstr. 19, Tel (03 67 42) 6 11 30, Fax 6 10 11,
✉ 07407, ED VA
♪, 15 Zi, Ez: 90/45, Dz: 120/60-140/70, ⌐ WC
Ⓒ, **P**, ≙, Restaurant

Ulm 62 ↘

Baden-Württemberg
EW 115000
ℹ Tel (07 31) 1 61 28 30, Fax 1 61 16 41
Tourist-Information
✉ 89073 Münsterplatz 50 (Stadthaus)

*** Maritim
Basteistr. 40, Am Kongresszentrum (C 1),
Tel (07 31) 92 30, Fax 9 23 10 00, ✉ 89073, AX
DC ED VA, Ⓢ
≋, 276 Zi, Ez: 243/122-322/162,
Dz: 295/148-375/188, 10 Suiten, 1 App, ⌐ WC
Ⓒ, 76 ⇌, Lift, ≙, 18⌒1500, ≙, Sauna,
Solarium
🍴🍴 Hauptgericht 32/16-43/21, **P**

** Stern
Sterngasse 17 (A 2), Tel (07 31) 1 55 20,
Fax 15 52 99, ✉ 89073, ED VA

60 Zi, Ez: 140/70-160/80, Dz: 180/90-260/130,
⌐ WC Ⓒ DFÜ, 18 ✍, Lift, Ⓟ, ♠, Sauna
Auch Zimmer der Kategorie ✱ vorhanden.
🍴🍴 ▨, Hauptgericht 27/13

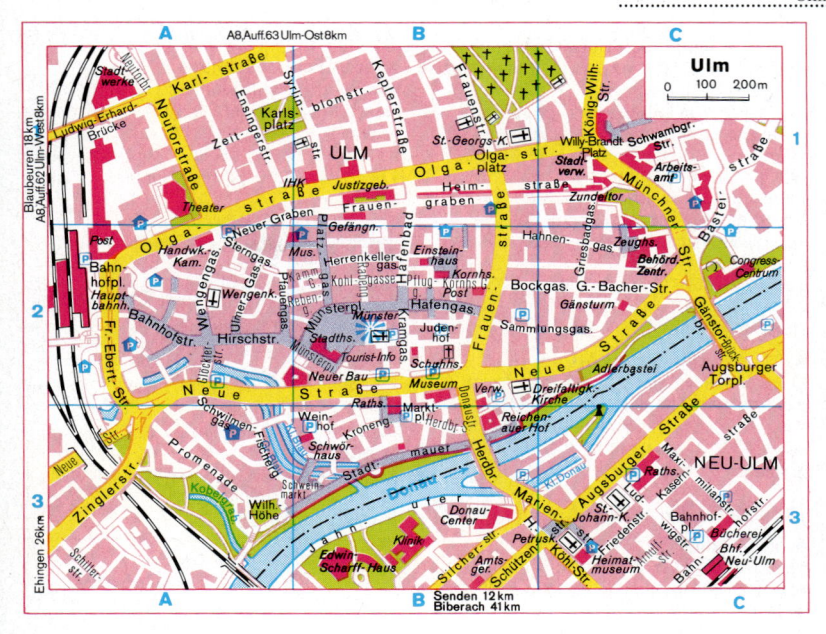

✱✱ Comfor
Frauenstr. 51 (B 2), **Tel (07 31) 9 64 90**,
Fax 9 64 94 99, ✉ 89073, ㎹ ㏈ ㎽ ㎺
153 Zi, Ez: 163/82-174/87, Dz: 175/88-211/106,
17 Suiten, 20 App, ⌐ WC Ⓒ, 10 ✍, Lift, ♠,
garni
Langzeitvermietung möglich.

✱ Schiefes Haus
Schwörhausgasse 6 (B 3), **Tel (7 31) 96 79 30**,
Fax 9 67 93 33, ✉ 89073, ㎹ ㏈
🛏, 11 Zi, Ez: 195/98, Dz: 255/128, ⌐ WC Ⓒ
DFÜ, 3 ✍, 1⌂20, Restaurant
Mittelalterliches Haus mit individueller
Einrichtung in hochaktuellem Design.

✱ Blaubeurer Tor
Blaubeurer Str. 19, **Tel (07 31) 9 34 60**,
Fax 9 34 62 00, ✉ 89077, ㎹ ㏈ ㎽ ㎺
40 Zi, Ez: 115/57-140/70, Dz: 145/73-190/95, ⌐
WC Ⓒ, 5 ✍, Lift, Ⓟ, ♠, garni
Auch Zimmer der Kategorie ✱✱ vorhanden.

✱ InterCityHotel
Bahnhofplatz 1 (A 2), **Tel (07 31) 9 65 50**,
Fax 9 65 59 99, ✉ 89073, ㎹ ㏈ ㎽ ㎺, Ⓢ

135 Zi, Ez: 138/69-209/105,
Dz: 158/79-229/115, ⌐ WC Ⓒ, 42 ✍, Lift, ♠,
5⌂90, Restaurant

✱ Goldenes Rad
Neue Str. 65 (B 2), **Tel (07 31) 9 69 92 50**,
Fax 96 99 25 30, ✉ 89073, ㎹ ㏈ ㎽ ㎺
23 Zi, Ez: 90/45-145/73, Dz: 155/78-185/93,
1 Suite, 1 App, ⌐ WC Ⓒ DFÜ, Lift, garni
geschl.: 23.12.00-8.1.01
Auch Zimmer der Kategorie ✱✱ vorhanden.

✱ Akzent-Hotel Roter Löwe
Ulmergasse 8 (A2), **Tel (07 31) 6 20 31**,
Fax 6 02 15 02, ✉ 89073, ㎹ ㏈ ㎽ ㎺
36 Zi, Ez: 130/65-168/84, Dz: 155/78-185/93,
⌐ WC Ⓒ DFÜ, Lift, ♠, ♠, Sauna, Solarium,
Restaurant
Auch Zimmer der Kategorie ✱✱ vorhanden.

✱ Astra
Steinhövelstr. 6, **Tel (07 31) 92 26 20**,
Fax 2 46 46, ✉ 89075, ㎽ ㎺
19 Zi, Ez: 95/47-120/60, Dz: 130/65-160/80, ⌐
WC Ⓒ, Lift, Ⓟ, ♠, Restaurant

✱ Am Römerplatz
Römerstr. 67, **Tel (93 40 60) 9 34 06 33**,
Fax 3 74 63, ✉ 89077, ㎹ ㏈ ㎽ ㎺
18 Zi, Ez: 100/50-105/52, Dz: 130/65-160/80,
⌐ WC Ⓒ, 1⌂15, garni

Weinstube Pflugmerzler
Pfluggasse 6, Tel (07 31) 6 80 61, Fax 6 80 62,
✉ 89073, 🆔
🍴, Hauptgericht 37/18, geschl.: Sa abends,
so+feiertags, 24.12.00-6.1.01, 1.-23.8.01

🍴 Café Tröglen
Münsterplatz 5, Tel (07 31) 6 62 94,
Fax 61 05 59, ✉ 89073
🍴, Terrasse, Gartenlokal, Mo-Fr 8-18.30, Sa 8-18, So 10-18
Spezialität: Süße Ulmer Spatzen.

Böfingen (4 km ↗)

✱ Best Western Atrium Hotel
Eberhard-Finckh-Str. 7, Tel (07 31) 9 27 10,
Fax 9 27 12 00, ✉ 89075, AX DC ED VA
73 Zi, Ez: 150/75-170/85, Dz: 195/98-215/108,
⊟ WC ✆ DFÜ, 20 🛏, Lift, 🅿, 7⇔60, Sauna,
Restaurant

Grimmelfingen (6 km ↙)

✱ Adler
Kirchstr. 12, Tel (07 31) 38 50 61,
Fax 38 28 19, ✉ 89081, AX ED VA
40 Zi, Ez: 120/60, Dz: 170/85, 1 Suite, 2 App, ⊟
WC ✆, Lift, 🅿, 🐕, 1⇔20, Sauna, Solarium,
Restaurant
Auch Zimmer der Kategorie ✱✱ vorhanden.

✱ Hirsch
Schultheisenstr. 9, Tel (07 31) 93 79 30,
Fax 9 37 93 60, ✉ 89081, AX DC ED VA
25 Zi, Ez: 90/45-105/52, Dz: 122/61-150/75, ⊟
WC ✆, 🅿, 🐕, Restaurant
geschl.: 23.12.00-8.1.01

Lehr (2 km ↑)

✱ Engel
Loher Str. 35, Tel (07 31) 14 04 00,
Fax 14 04 03 00, ✉ 89081, AX DC ED VA
46 Zi, Ez: 108/54-148/74, Dz: 150/75-180/90,
⊟ WC ✆ DFÜ, 10 🛏, Lift, 🅿, 3⇔45, Sauna,
Solarium
Auch Zimmer der Kategorie ✱✱ vorhanden.
🍴 Hauptgericht 25/12, Terrasse

Ulmet 53 □

Rheinland-Pfalz / Kreis Kusel
EW 820
ℹ Tel (0 63 81) 4 20 90, Fax 42 09 49
Verbandsgemeindeverwaltung
✉ 66885 Schulstr. 3-7

Ulmet-Außerhalb (1 km ←)

✱ Felschbachhof
Haus Nr 1, an der B 420, Tel (0 63 87) 91 10,
Fax 91 12 34, ✉ 66887, AX ED VA
einzeln ♪, 27 Zi, Ez: 75/37-85/42,
Dz: 130/65-148/74, 1 Suite, 1 App, ⊟ WC ✆,
4 🛏, 🅿, 🐕, 2⇔40, Sauna, Solarium,
Restaurant

Ulrichstein 45 □

Hessen / Vogelsbergkreis
EW 3830
ℹ Tel (0 66 45) 96 10 14, Fax 96 10 22
Verkehrsamt
✉ 35327 Hauptstr. 9

✱ Zur Traube
Marktstr. 1, Tel (0 66 45) 2 26, Fax 3 97,
✉ 35327
11 Zi, Ez: 49/24-62/31, Dz: 86/43-107/53, ⊟
WC, 🅿, 🐕, Restaurant
geschl.: Mitte-Ende Okt

✱ Landgasthof Groh
Hauptstr. 1, Tel (0 66 45) 3 10, Fax 80 02,
✉ 35327
13 Zi, Ez: 50/25-75/37, Dz: 90/45-125/62, ⊟
WC ✆ DFÜ, 🐕, Sauna, Solarium, Restaurant

Umkirch 67 □

Baden-Württemberg
Kreis Breisgau-Hochschwarzwald
EW 5100
ℹ Tel (0 76 65) 50 50, Fax 5 05 39
Bürgermeisteramt
✉ 79224 Hauptstr. 4

✱ Zum Pfauen
Hugstetter Str. 2, Tel (0 76 65) 9 37 60,
Fax 5 19 49, ✉ 79224, AX ED
20 Zi, Ez: 89/44-98/49, Dz: 128/64-148/74, ⊟
WC ✆, 8 🛏, 🅿
🍴🍴 Terrasse

✱ Heuboden
Am Gansacker 6a, Tel (0 76 65) 5 00 90,
Fax 50 09 96, ✉ 79224, AX ED VA
60 Zi, Ez: 89/44-95/47, Dz: 130/65, 2 Suiten,
8 App, ⊟ WC ✆ DFÜ, Lift, 🅿, 4⇔100,
Restaurant

🍴🍴 Heuboden
Am Gansacker 3, Tel (0 76 65) 50 09 99,
Fax 50 09 91, ✉ 79224, AX DC ED VA
Hauptgericht 30/15-38/19, Terrasse, 🅿,
geschl.: So
Cocktailbar, Tanzlokal.

Ummendorf 69 →

Baden-Württemberg
Kreis Biberach an der Riß
EW 4030
🛈 Tel (0 73 51) 3 47 70, Fax 34 77 15
Bürgermeisteramt
✉ 88444 Biberacher Str. 9

✱ Adler Landhotel
Häuserner Str. 2, Tel (0 73 51) 3 25 24,
Fax 3 26 23, ✉ 88444
6 Zi, Ez: 78/39-89/44, Dz: 98/49-125/62, 2 App,
⌐ WC Ø, ℙ, 🚗, Restaurant

Undeloh 18 ↓

Niedersachsen / Kreis Harburg
EW 850
🛈 Tel (0 41 89) 1 94 33, Fax 5 07
Verkehrsverein
✉ 21274 Zur Dorfeiche 27

✱ Heiderose mit Gästehaus Heideschmiede
Wilseder Str. 13, Tel (0 41 89) 3 11, Fax 3 14,
✉ 21274, 𝔼𝔻
♪, 58 Zi, Ez: 95/47-100/50, Dz: 160/80-220/110,
⌐ WC Ø, Lift, ℙ, 3⌘180, Fitnessraum, Sauna,
Solarium, Restaurant

✱ Ringhotel Witte's Hotel
Zum Loh 2, Tel (0 41 89) 2 00, Fax 6 29,
✉ 21274, 𝔸𝕏 𝔼𝔻 𝕍𝔸, Ⓢ
♪, 22 Zi, Ez: 75/37-100/50, Dz: 136/68-156/78,
⌐ WC Ø, 1⌘25, Restaurant
geschl.: Mo, 10.12.00-15.2.01

Unna 33 →

Nordrhein-Westfalen
EW 68000
🛈 Tel (0 23 03) 10 32 13, Fax 10 32 12
I-Punkt Unna
✉ 59423 Rathausplatz 1

✱✱ Ringhotel Katharinen Hof
Bahnhofstr. 49, Tel (0 23 03) 92 00,
Fax 92 04 44, ✉ 59423, 𝔸𝕏 𝔻ℂ 𝔼𝔻 𝕍𝔸, Ⓢ
69 Zi, Ez: 140/70-175/88, Dz: 180/90-208/104,
1 Suite, ⌐ WC Ø, 23 🛏, Lift, 🚗, 5⌘140,
Fitnessraum, Sauna, Solarium, Restaurant

✱✱ Akzent-Hotel Gut Höing
Hammer Str, Tel (0 23 03) 96 86 60,
Fax 9 68 66 50, ✉ 59425, 𝔸𝕏 𝔻ℂ 𝔼𝔻 𝕍𝔸
♪, 50 Zi, Ez: 115/57-145/73,
Dz: 160/80-190/95, 8 App, ⌐ WC Ø, 5 🛏,
4⌘25

Massen (5 km ✓)

✱ Landhaus Massener Heide
Massener Heide 16, Tel (0 23 03) 8 31 60,
Fax 8 93 53, ✉ 59427
♪, 12 Zi, Ez: 85/42, Dz: 150/75, ⌐ WC Ø,
12 🛏, 3⌘80, Restaurant
Nichtraucher Hotel.

Unterelchingen siehe Elchingen

Unterföhring 72 ↖

Bayern / Kreis München
EW 7551
🛈 Tel (0 89) 95 08 10, Fax 9 50 81 39
Gemeindeverwaltung
✉ 85774 Münchner Str. 70

✱✱ Lechnerhof
Eichenweg 4, Tel (0 89) 95 82 80,
Fax 95 82 81 40, ✉ 85774, 𝔸𝕏 𝔻ℂ 𝔼𝔻 𝕍𝔸
45 Zi, Ez: 150/75-320/161, Dz: 180/90-380/191,
4 Suiten, 2 App, ⌐ WC Ø DFÜ, 17 🛏, Lift, ℙ,
🚗, 4⌘60, Fitnessraum, Sauna, Solarium, garni

✱✱ Feringapark
Feringastr. 2, Tel (0 89) 95 71 60,
Fax 95 71 61 11, ✉ 85774, 𝔸𝕏 𝔻ℂ 𝔼𝔻 𝕍𝔸, Ⓢ
🏊, 125 Zi, Ez: 147/74-494/248,
Dz: 169/85-498/250, 8 Suiten, 40 App, ⌐ WC Ø
DFÜ, 33 🛏, Lift, ℙ, 🚗, 8⌘240, Fitnessraum,
Restaurant

✱✱ Büro-Suite-Hotel Feringapark
Feringastr. 6, Tel (0 89) 99 27 20,
Fax 99 27 22 22, ✉ 85774, 𝔸𝕏 𝔻ℂ 𝔼𝔻 𝕍𝔸
42 Zi, Ez: 200/100-450/226,
Dz: 300/151-450/226, 8 Suiten, 34 App, ⌐ WC
Ø DFÜ, 7 🛏, Lift, ℙ, 🚗, 1⌘35, Restaurant
Preise exkl. Frühstück. Langzeitvermietung
möglich.

✱ Tele-Hotel
Bahnhofstr. 15, Tel (0 89) 9 58 46 50,
Fax 9 58 46 55 50, ✉ 85774, 𝔸𝕏 𝔻ℂ 𝔼𝔻 𝕍𝔸
58 Zi, Ez: 150/75-200/100, Dz: 180/90-220/110,
1 Suite, ⌐ WC Ø, Lift, ℙ, 🚗, 2⌘20, Kegeln,
Restaurant

✱ Zum Gockl
Münchner Str. 73, Tel (0 89) 95 83 00,
Fax 9 50 65 42, ✉ 85774, 𝔸𝕏 𝔻ℂ 𝔼𝔻 𝕍𝔸
74 Zi, Ez: 75/37-170/85, Dz: 150/75-220/110, ⌐
WC Ø, Lift, 🚗, 3⌘50, Sauna, Solarium,
Restaurant
Auch einfachere Zimmer vorhanden.

Unterföhring

* **Gasthof Zur Post**
Münchner Str. 79, Tel (0 89) 95 09 80,
Fax 95 09 84 00, ⊠ 85774, AX ED VA
31 Zi, Ez: 110/55-170/85, Dz: 150/75-200/100,
⊣ WC ⊘, 10 ⇔, P, ☎, Fitnessraum, Solarium
🍽 Hauptgericht 10/5-30/15, Biergarten,
geschl.: Mo, So abends

Untergriesbach 66 ↘

Bayern / Kreis Passau
EW 6237
🛈 Tel (0 85 93) 10 66, Fax 90 09 30
Tourist-Information
⊠ 94107 Marktplatz 24

* **Sonnenhof**
Burgweg 7, Tel (0 85 93) 91 30, Fax 91 31 12,
⊠ 94107, ED VA
24 Zi, Ez: 59/29, Dz: 98/49, ⊣ WC ⊘, P,
Sauna, Solarium, Restaurant
geschl.: 3.-31.1.01

* **Flair Hotel Obermüller**
Sonnenweg 12, Tel (0 85 93) 9 00 50,
Fax 90 05 44, ⊠ 94107, ED VA
33 Zi, Ez: 62/31-75/37, Dz: 104/52-120/60, ⊣
WC ⊘, 10 ⇔, Lift, P, 2⟳50, Sauna, Solarium,
Restaurant
geschl.: 9.-30.11.00, 5.-25.11.01

Unterhaching 72 □

Bayern / Kreis München
EW 20300
🛈 Tel (0 89) 66 55 10, Fax 66 55 11 87
Gemeinde Unterhaching
⊠ 82008 Rathausplatz 7

*** **Holiday Inn Garden Court**
Inselkammerstr. 7-9, Tel (0 89) 66 69 10,
Fax 66 69 16 00, ⊠ 82008, AX ED VA
271 Zi, Ez: 244/122-426/214,
Dz: 320/161-453/228, 17 Suiten, ⊣ WC ⊘ DFÜ,
82 ⇔, Lift, P, ☎, 12⟳500, Fitnessraum,
Sauna, Solarium
Auch Zimmer der Kategorie ** vorhanden.
🍽🍽 Hauptgericht 30/15, Biergarten

*** **Astron Suite-Hotel**
Leipziger Str. 1, Tel (0 89) 66 55 20,
Fax 66 55 22 00, ⊠ 82008, AX DC ED VA, Ⓢ
80 Zi, Ez: 255/128-320/161,
Dz: 310/156-460/231, 80 Suiten, ⊣ WC ⊘ DFÜ,
23 ⇔, Lift, P, ☎, 1⟳10, Sauna, Solarium,
garni

* **Schrenkhof** ♛
Leonhardsweg 6, Tel (0 89) 6 10 09 10,
Fax 61 00 91 50, ⊠ 82008, AX DC ED VA
♪ 🍴, 25 Zi, Ez: 140/70-220/110,
Dz: 180/90-290/146, 1 Suite, ⊣ WC ⊘, Lift, ☎,
2⟳35, Sauna, Solarium, garni
geschl.: 22.12.00-8.1.01
Zimmer und Etagen mit Repliken kunstvoll
geschnitzter Wandvertäfelungen im südtiroler
Renaissance-Stil.

* **Huber**
Kirchfeldstr. 8, Tel (0 89) 61 04 00,
Fax 6 11 38 42, ⊠ 82008, AX DC ED VA
♪ 🍴, 72 Zi, Ez: 130/65-210/105,
Dz: 200/100-250/125, 2 Suiten, 1 App, ⊣ WC
⊘, 40 ⇔, Lift, P, ☎, 3⟳40, ⌂, Sauna,
Solarium, 1 Tennis, Restaurant

* **Demas**
Hauptstr. 32, Tel (0 89) 66 52 20,
Fax 66 52 22 22, ⊠ 82008, AX ED VA
23 Zi, Ez: 110/55-150/75, Dz: 130/65-190/95, ⊣
WC ⊘ DFÜ, Lift, P, ☎, garni

Unterkirnach 68 ←

Baden-Württemberg
Schwarzwald-Baar-Kreis
EW 2850
🛈 Tel (0 77 21) 80 08 37, Fax 80 08 40
Tourismusbüro

🍽🍽 **Gasthof Rößle-Post**
Hauptstr. 16, Tel (0 77 21) 5 45 21,
Fax 50 30 26, ⊠ 78089, AX ED VA
🍴, Hauptgericht 25/12, P, geschl.: Mo, Di

🍽 **Zum Stadthof**
Hauptstr. 6, Tel (0 77 21) 5 70 77, Fax 5 83 58,
⊠ 78089, AX DC ED VA
Hauptgericht 25/12-45/22, geschl.: Do

Untermeitingen 71 ↖

Bayern / Kreis Augsburg
EW 6500
🛈 Tel (0 82 32) 50 09 11, Fax 50 09 70
Verwaltungsgemeinschaft
⊠ 86836 Von-Imhof-Str 6

★★ Lechpark
Lagerlechfelder Str. 28, Gewerbegebiet,
Tel (0 82 32) 99 80, Fax 99 81 00, ✉ 86836, AX DC ED VA
59 Zi, Ez: 120/60-135/67, Dz: 165/83-185/93,
4 App, ⊣ WC ⌀, 15 ⊨, Lift, P, ☎, 4⟳70,
Sauna, 1 Tennis, Restaurant

Unterreichenbach 61←

Baden-Württemberg / Kreis Calw
EW 2280
ℹ Tel (0 72 35) 93 33 22, Fax 93 33 33
Bürgermeisteramt
✉ 75399 Im Oberdorf 15

siehe auch Schömberg

Kapfenhardt (3 km ✓)

★★ Ringhotel Mönch's Waldhotel Kapfenhardter Mühle
Tel (0 72 35) 79 00, Fax 79 01 90, ✉ 75399, AX DC ED VA, Ⓢ
einzeln ♪ §, 65 Zi, Ez: 89/44-150/75,
Dz: 185/93-270/135, 1 Suite, ⊣ WC ⌀, 3 ⊨,
Lift, P, 7⟳120, ☎, Fitnessraum, Kegeln,
Sauna, Solarium
¶¶ §, Hauptgericht 16/8-45/22, Terrasse

★ Untere Kapfenhardter Mühle Landidyll
Tel (0 72 35) 9 32 00, Fax 71 80, ✉ 75399, AX DC ED VA
einzeln ♪, 40 Zi, Ez: 85/42-100/50,
Dz: 150/75-190/95, ⊣ WC ⌀, 3 ⊨, Lift, P, ☎,
3⟳80, Kegeln, Sauna, Solarium, Restaurant
Schwarzwaldmühle, eigene Forellenteiche.

★ Jägerhof
Kapfenhardter Tal, Tel (0 72 35) 9 70 40,
Fax 97 04 44, ✉ 75399, ED
einzeln ♪, 14 Zi, Ez: 60/30-80/40,
Dz: 110/55-140/70, ⊣ WC ⌀, P, ☎, Restaurant
geschl.: 1.-14.11.00

Unterschleißheim 72 ↖

Bayern / Kreis München
EW 25360
ℹ Tel (0 89) 31 00 90, Fax 3 10 37 05
Gemeindeverwaltung
✉ 85716 Rathausplatz 1

★★ Victor's Residenz-Hotel
Keplerstr. 14, Tel (0 89) 3 21 03 09,
Fax 32 10 38 99, ✉ 85716, AX DC ED VA
207 Zi, Ez: 185/93-335/168,
Dz: 255/128-385/193, 22 Suiten, ⊣ WC ⌀,
130 ⊨, Lift, P, ☎, 6⟳150, Restaurant

★★ Mercure
Rathausplatz 8, Tel (0 89) 3 10 20 34,
Fax 3 17 35 96, ✉ 85716, AX DC ED VA, Ⓢ
57 Zi, Ez: 129/64-315/158, Dz: 169/85-315/158,
1 App, ⊣ WC ⌀, 9 ⊨, Lift, P, ☎, 2⟳40,
Fitnessraum, Sauna, Solarium, garni

★★ Alarun
Weihenstephaner Str. 2, Tel (0 89) 31 77 80,
Fax 31 77 81 78, ✉ 85716, AX DC ED VA, Ⓢ
♪, 53 Zi, Ez: 170/85-220/110,
Dz: 260/130-350/176, 3 Suiten, 2 App, ⊣ WC
⌀, 14 ⊨, Lift, P, ☎, 2⟳20, Sauna, garni

¶ Landgasthof Alter Wirt
Hauptstr. 36, Tel (0 89) 3 10 66 28,
Fax 3 17 16 91, ✉ 85716, AX DC ED VA
Hauptgericht 13/6-38/19, Terrasse, Biergarten,
Gartenlokal, P
★ 10 Zi, Ez: 125/62-155/78,
Dz: 165/83-195/98, ⊣ WC ⌀, 2⟳120
Ehem. Benediktinerklosterschänke.

Unterwössen 73 ✓

Bayern / Kreis Traunstein
EW 3100
ℹ Tel (0 86 41) 82 05, Fax 97 89 26
Tourist-Information
✉ 83246 Rathausplatz 1

★★ Astrid
Wendelweg 15-17, Tel (0 86 41) 9 78 00,
Fax 97 80 44, ✉ 83246
20 Zi, Ez: 95/47-110/55, Dz: 138/69-144/72,
3 Suiten, 6 App, ⊣ WC ⌀ DFÜ, 6 ⊨, Lift, P, ☎,
Sauna, Solarium, Golf, Restaurant
geschl.: Di, 25.3.-7.4.01, 1.11.-20.12.01

★ Gasthof Zum Bräu
Hauptstr. 70, Tel (0 86 41) 9 75 60,
Fax 97 56 50, ✉ 83246
23 Zi, Ez: 70/35-105/52, Dz: 110/55-160/80,
2 Suiten, ⊣ WC ⌀, Lift, P, 2⟳180, Restaurant
geschl.: Mo, 30.10.-7.12.00

Uplengen 16 ←

Niedersachsen / Kreis Leer
EW 10560
🛈 Tel (0 49 56) 91 21 77, Fax 91 21 78
Tourist-Information
✉ 26670 Alter Postweg 103

Südgeorgsfehn

¶¶ Ostfriesischer Fehnhof
Südgeorgsfehner Str. 85, Tel (0 44 89) 27 79,
Fax 35 41, ✉ 26670, AX DC ED VA
Hauptgericht 25/12, nur abends, sa+so auch
mittags, geschl.: Mo, Di, 2 Wochen im Mär

Urach, Bad 62 ✓

Baden-Württemberg
Kreis Reutlingen
EW 12600
🛈 Tel (0 71 25) 9 43 20, Fax 94 32 22
Tourist-Information
✉ 72574 Bei den Thermen 4

★★ Graf Eberhard
Bei den Thermen 2, Tel (0 71 25) 14 80,
Fax 82 14, ✉ 72574, AX DC ED VA
67 Zi, Ez: 113/56-190/95, Dz: 175/88-270/135,
9 Suiten, 4 App, ⌐ WC ☏, 8 ⇐, Lift, P, 🚗,
3⇨70, Sauna, Solarium, Restaurant

★ Frank Vier Jahreszeiten Flair Hotel
Stuttgarter Str. 5, Tel (0 71 25) 9 43 40,
Fax 94 34 94, ✉ 72574, AX DC ED VA
48 Zi, Ez: 110/55-140/70, Dz: 165/83-195/98,
4 Suiten, ⌐ WC ☏ DFÜ, 5 ⇐, Lift, 🚗, 2⇨30
Auch Zimmer der Kategorie ★★ vorhanden.
¶ Hauptgericht 25/12-42/21, P

★ Buck
Neue Str. 5, Tel (0 71 25) 9 49 40,
Fax 94 94 94, ✉ 72574, AX DC ED VA
23 Zi, Ez: 59/29-98/49, Dz: 120/60-160/80,
7 App, ⌐ WC ☏, Lift, 🚗, 1⇨25, Restaurant
Auch Zimmer der Kategorie ★★ vorhanden.

Urberach siehe Rödermark

Usedom 14 ↘

Ahlbeck

Mecklenburg-Vorpommern
Kreis Ostvorpommern
EW 3650
🛈 Tel (01 80) 58 37 83, Fax 2 44 18
ZVB Seebäder Usedom
✉ 17419 Dünenstr. 45

★★★ Romantik Seehotel Ahlbecker Hof ♛
Dünenstr. 47, Tel (03 83 78) 6 20, Fax 6 21 00,
✉ 17419, AX ED VA
♪ ✴, 67 Zi, Ez: 140/70-210/105,
Dz: 220/110-360/181, 19 Suiten, ⌐ WC ☏, Lift,
P, 🚗, 1⇨25, ⇌, Sauna, Solarium, Golf,
Restaurant
Auch Zimmer der Kategorie ★★ vorhanden.
500 qm große Bade- und Wellnesslandschaft.

★★ Villa Auguste Viktoria
Bismarckstr. 1, Tel (03 83 78) 24 10,
Fax 2 41 44, ✉ 17419, AX ED VA
♪, 12 Zi, Ez: 90/45-160/80, Dz: 140/70-210/105,
4 Suiten, 2 App, ⌐ WC ☏, 2 ⇐, P, Sauna,
Solarium, Golf, Restaurant
geschl.: Jan

★★ Ringhotel Ostseehotel
Dünenstr. 41, Tel (03 83 78) 6 00, Fax 6 01 00,
✉ 17419, AX ED VA, S
♪ ✴, 70 Zi, Ez: 90/45-170/85,
Dz: 120/60-250/125, 12 App, ⌐ WC ☏, Lift, P,
🚗, 1⇨70, ⇌, Seezugang, Sauna, Solarium,
Golf, Restaurant

** Ostende
Dünenstr. 24, Tel (03 83 78) 5 10, Fax 5 14 03,
✉ 17419, AX ED VA
♪ ⚜, 21 Zi, Ez: 100/50-235/118,
Dz: 180/90-255/128, 6 Suiten, ⌐ WC Ⓒ DFÜ,
P, 2⇔30, Fitnessraum, Sauna, Solarium
geschl.: 5.-31.1.01

¶¶ Hauptgericht 28/14-38/19, Terrasse,
geschl.: 5.-31.1.01

** Strandhotel
Dünenstr. 19, Tel (03 83 78) 5 20, Fax 3 01 01,
✉ 17419, AX DC ED VA
♪ ⚜, 99 Zi, Ez: 100/50-195/98,
Dz: 135/67-275/138, 10 Suiten, 11 App, ⌐ WC
Ⓒ, Lift, P, 2⇔80, ⌂, Sauna, Solarium,
Restaurant

** Residenz Waldoase
Dünenstr. 1, Tel (03 83 78) 5 00, Fax 5 02 99,
✉ 17419, AX DC ED VA
einzeln ♪, 41 Zi, Ez: 152/76-171/86,
Dz: 223/112-241/121, 5 Suiten, 22 App, ⌐ WC
Ⓒ, 10 ⇔, ⌂, 2⇔100, ⌂, Sauna, Solarium,
Restaurant
Auch Zimmer der Kategorie ✱ vorhanden.

✱ Eden
Goethestr. 2, Tel (03 83 78) 23 80, Fax 3 04 70,
✉ 17419
♪, 32 Zi, Ez: 70/35-170/85, Dz: 100/50-230/115,
3 Suiten, ⌐ WC Ⓒ, Lift, P, garni

Appartementhotels/Boardinghäuser

Kastell
Dünenstr. 3, Tel (03 83 78) 4 70 10,
Fax 47 01 19, ✉ 17419, AX DC ED VA
26 Suiten, 26 App, ⌐ WC Ⓒ, Lift, ⌂, Restaurant
geschl.: Mo, Di, 1.11.00-31.3.01
Zimmer der Kategorie ✱✱✱.

Bansin
Mecklenburg-Vorpommern
Kreis Ostvorpommern
EW 2400
🛈 Tel (03 83 78) 4 70 50, Fax 47 05 15
Kurverwaltung
✉ 17429 An der Seebrücke

** Romantik Strandhotel Atlantic
Strandpromenade 18, Tel (03 83 78) 6 05,
Fax 6 06 00, ✉ 17429, AX ED VA
♪ ⚜, 26 Zi, Ez: 120/60-180/90,
Dz: 180/90-280/141, 2 Suiten, ⌐ WC Ⓒ, P, ⌂,
1⇔20, Kegeln, Sauna, Golf

** Zur Post
Seestr. 5, Tel (03 83 78) 5 60, Fax 5 62 20,
✉ 17429, ED VA
60 Zi, Ez: 95/47-160/80, Dz: 168/84-218/109,
⌐ WC Ⓒ, Lift, P, ⌂, 4⇔80, Fitnessraum,
Sauna, Solarium, Golf, Restaurant

✱ Promenadenhotel Admiral
Strandpromenade 36, Tel (03 83 78) 6 60,
Fax 6 63 66, ✉ 17429
♪ ⚜, 68 Zi, Ez: 60/30-140/70,
Dz: 140/70-250/125, 2 Suiten, ⌐ WC Ⓒ, P,
1⇔30, Sauna, Solarium, Restaurant

Heringsdorf
Mecklenburg-Vorpommern
Kreis Ostvorpommern
EW 3550
🛈 Tel (03 83 78) 24 51, Fax 24 54
Kurverwaltung
✉ 17424 Kulmstr. 3e 33

*** Maritim Hotel Kaiserhof
Strandpromenade, Tel (03 83 78) 6 50,
Fax 6 58 00, ✉ 17424, AX DC ED VA, Ⓢ
⚜, 129 Zi, Ez: 151/76-255/128,
Dz: 180/90-348/175, 5 Suiten, ⌐ WC Ⓒ, 32 ⇔,
Lift, ⌂, 8⇔600, ⌂, Sauna, Solarium, Golf

¶¶ Palmengarten
Hauptgericht 30/15, Terrasse, P

Usedom

✯✯✯ Upstalsboom Hotel Ostseestrand
Eichenweg 4-5, Tel (03 83 78) 6 30,
Fax 6 34 44, ✉ 17424, AX DC ED VA
98 Zi, Ez: 125/62-286/144, Dz: 176/88-336/169,
4 Suiten, ⌐ WC ⌀, 19 ⚑, Lift, Ⓟ, 2↻110, ⌂,
Sauna, Solarium, Golf

❖❖ Theodor Fontane
Hauptgericht 28/14, Terrasse

✯✯ Oasis
Puschkinstr. 10, Strandpromenade,
Tel (03 83 78) 26 50, Fax 2 65 99, ✉ 17424, AX DC ED VA
♪ §, 21 Zi, Ez: 120/60-240/120,
Dz: 180/90-350/176, 5 Suiten, ⌐ WC ⌀, Ⓟ, ⌂,
Sauna, Solarium, Golf, Restaurant
Restaurierte Jugendstilvilla von 1896.

✯✯ Ostseeblick
Kulmstr. 28, Tel (03 83 78) 5 40, Fax 5 42 99,
✉ 17424, AX ED VA
§, 61 Zi, Ez: 135/67-195/98,
Dz: 195/98-295/148, 5 Suiten, ⌐ WC ⌀, 21 ⚑,
Lift, Ⓟ, ⌂, 2↻40, Sauna, Solarium, Golf
Vineta Therme mit Saunalandschaft. Auch
Zimmer der Kategorie ✯✯✯ vorhanden.

❖❖ Bernstein
§, Hauptgericht 28/14-43/21, Terrasse

✯✯ Seetel-Hotel Pommerscher Hof
Seestr. 41, Tel (03 83 78) 6 10, Fax 6 11 00,
✉ 17424, AX ED VA
95 Zi, Ez: 80/40-160/80, Dz: 130/65-220/110, ⌐
⌀, Ⓟ, 2↻70, Golf, Restaurant
Auch Zimmer der Kategorie ✯ vorhanden.

✯ Strand-Hotel
Liehrstr. 10, Tel (03 83 78) 23 20, Fax 3 00 25,
✉ 17424, DC ED VA
§, 38 Zi, Ez: 80/40-168/84, Dz: 110/55-210/105,
13 App, ⌐ WC, Ⓟ, ⌂, Golf, Restaurant

Korswandt
Mecklenburg-Vorpommern
Kreis Ostvorpommern
ℹ Tel (03 83 78) 2 21 32
Gemeindeverwaltung
✉ 17419 Hauptstr. 2

✯ Idyll Am Wolgastsee
Landidyll
Hauptstr. 9, Tel (03 83 78) 2 21 16,
Fax 2 25 46, ✉ 17419, AX ED VA
19 Zi, Ez: 75/37-160/80, Dz: 140/70-220/110,
1 Suite, ⌐ WC ⌀, Ⓟ, 3↻50, Fitnessraum,
Sauna, Solarium, Restaurant

Koserow
Mecklenburg-Vorpommern
Kreis Ostvorpommern
ℹ Tel (03 83 75) 2 02 31, Fax 2 04 17
Kurverwaltung
✉ 17459 Hauptstr. 34

✯✯ Nautic
Hauptstr. 46, Tel (03 83 75) 25 50,
Fax 2 55 55, ✉ 17459, ED VA
25 Zi, Ez: 89/44-139/70, Dz: 99/49-148/74, ⌐
WC ⌀ DFÜ, Ⓟ, 3↻40, Restaurant

✯ Hanse-Kogge
Hauptstr. 22, Tel (03 83 75) 26 00,
Fax 2 60 77, ✉ 17459, AX ED VA
26 Zi, Ez: 100/50-120/60, Dz: 160/80, 3 Suiten,
⌐ ⌀, Ⓟ, 3↻140, Sauna, Solarium, Golf,
Restaurant

Damerow (2 km ↖)

✯✯ Forsthaus Damerow
Tel (03 83 75) 5 60, Fax 5 64 00, ✉ 17459, AX ED VA
einzeln ♪, 47 Zi, Ez: 75/37-125/62,
Dz: 120/60-210/105, 1 Suite, 17 App, ⌐ WC ⌀,
Lift, Ⓟ, 4↻150, Sauna, Solarium, Restaurant

Loddin
Mecklenburg-Vorpommern
Kreis Ostvorpommern
ℹ Tel (03 83 75) 2 06 12, Fax 2 06 12
Gemeindeverwaltung
✉ 17459 Strandstr. 23

Kölpinsee

✯✯ Strandhotel Seerose
Strandstr. 1, Tel (03 83 75) 5 40, Fax 5 41 99,
✉ 17459, ED VA
§, 57 Zi, Ez: 95/47-240/120,
Dz: 100/50-325/163, 2 Suiten, ⌐ WC ⌀ DFÜ,

Usedom

12 ⛄, Lift, **P**, 4⬠120, 🛁, Sauna, Solarium, Golf, Restaurant
Auch Zimmer der Kategorie **★★★** vorhanden.

★★ Seeschlößchen
Strandstr. 15, Tel (03 83 75) 26 10, Fax 26 14, ✉ 17459, AX ED VA
13 Zi, Ez: 100/50-140/70, Dz: 130/65-220/110, ⊟ WC ⊘, 3 ⛄, **P**, Fitnessraum, Sauna, Solarium, Restaurant

Neppermin
Mecklenburg-Vorpommern
Kreis Ostvorpommern
EW 378
i Tel (03 83 78) 36 50
Amt Am Schmollensee
✉ 17429 Waldstr. 1

Balm

★★★ Golf- und Landhotel Balmer See
Drewinscher Str, Tel (03 83 79) 2 80, Fax 2 82 22, ✉ 17429, AX DC ED VA
einzeln ♪ ♣, 89 Zi, Ez: 110/55-245/123, Dz: 180/90-260/130, 22 Suiten, ⊟ WC ⊘, **P**, 🏠, 1⬠25, 🛁, Sauna, Solarium, Restaurant
Ensemble von 5 reetgedeckten Landhäusern.
Auch Zimmer der Kategorie **★★** vorhanden.

Zempin
Mecklenburg-Vorpommern
Kreis Ostvorpommern
EW 850
i Tel (03 83 77) 4 21 62
Fremdenverkehrsamt
✉ 17459 Fischerstr. 1

★ Zum Achterwasser
Fischerstr. 10, Tel (03 83 77) 4 03 71, Fax 4 27 26, ✉ 17459
♪, 13 Zi, Ez: 60/30-105/52, Dz: 90/45-140/70, 2 Suiten, ⊟ WC, **P**, garni
geschl.: 1.-30.11.00

Zinnowitz
Mecklenburg-Vorpommern
Kreis Ostvorpommern
EW 3738
i Tel (03 83 77) 49 20, Fax 4 22 29
Kurverwaltung
✉ 17454 Neue Strandstr. 30

★★★★ Palace
Dünerstr. 8, Tel (03 83 77) 39 60, Fax 3 96 99, ✉ 17454
♣ 🛋, 43 Zi, Ez: 150/75-240/120, Dz: 220/110-410/206, ⊟ WC ⊘, 🛁, Fitnessraum, Sauna, Restaurant

★★★ Strandhotel Zinnowitz
Tel (3 83 77) 3 80 00, Fax 3 85 55, ✉ 17454, AX DC ED VA
55 Zi, Ez: 108/54-194/97, Dz: 156/78-256/128, 2 Suiten, 18 App, ⊟ WC ⊘ DFÜ, 51 ⛄, Lift, **P**, 1⬠20, Sauna, Solarium, Restaurant
geschl.: 1.11.00-28.2.01

★★ Parkhotel Am Glienberg
Glienbergweg 10, Tel (03 83 77) 7 20, Fax 7 24 34, ✉ 17454, AX DC ED VA
♪, 23 Zi, Ez: 110/55-165/83, Dz: 190/95-225/113, 5 Suiten, ⊟ WC ⊘, **P**, 🏠, 1⬠24, Fitnessraum, Sauna, Solarium, Restaurant

★★ Asgard's Meereswarte
Dünerstr. 20, Tel (03 83 77) 46 70, Fax 46 71 24, ✉ 17454, AX ED VA
♪ ♣, 34 Zi, Ez: 90/45-170/85, Dz: 160/80-220/110, 50 App, ⊟ WC ⊘, Lift, **P**, 🏠, 1⬠40, 🛁, Fitnessraum, Sauna, Solarium, Restaurant

★★ Zinnowitzer Hof mit Villen Wald und See
Dünerstr. 24, Tel (03 83 77) 3 90, Fax 3 95 10, ✉ 17454, AX ED VA
♪ ♣, 13 Zi, Ez: 90/45-165/83, Dz: 110/55-260/130, 5 Suiten, 27 App, ⊟ WC ⊘ DFÜ, Lift, **P**, 1⬠25
Anmeldung über die Rezeption des Preussenhofes.

¶¶ Düne
♣, Hauptgericht 24/12-36/18

★ Kormoran
Dünerstr. 14, Tel (03 83 77) 3 90, Fax 3 95 10, ✉ 17454, AX ED VA
22 Zi, Ez: 85/42-155/78, Dz: 100/50-240/120, 4 Suiten, ⊟ WC ⊘, garni
Anmeldung über die Rezeption des Preussenhofes. Auch Zimmer der Katgorie **★★** vorhanden.

★ Akzent-Hotel Dünenschloß
Neue Strandstr. 27, Tel (03 83 77) 7 90, Fax 7 92 59, ✉ 17454, ED VA
27 Zi, Ez: 80/40-130/65, Dz: 110/55-175/88, 5 Suiten, ⊟ WC ⊘, **P**, Sauna, Solarium, Restaurant
geschl.: 26.11.-26.12.00

Appartementhotels/Boardinghäuser

Preussenhof
Dünerstr. 10, Tel (03 83 77) 3 90, Fax 3 95 10, ✉ 17454, AX ED VA

4 Zi, Ez: 100/50-135/67, Dz: 130/65-200/100,
9 Suiten, 37 App, ⊟ WC ⌀ DFÜ, Lift, P,
1⊖200, Restaurant
Appartements im Landhausstil.

Usingen 44 ↘

Hessen / Hochtaunuskreis
EW 14500
🛈 Tel (0 60 81) 10 24 30, Fax 10 24 95
Bürgerbüro Stadt Usingen
✉ 61250 Pfarrgasse 1

Usingen-Außerhalb (1 km →)

¶¶ Walkmühle
Walkmühle 1, Tel (0 60 81) 20 94, Fax 1 68 09,
✉ 61250
🍴, Hauptgericht 30/15, ⊨

Uslar 36 ↖

Niedersachsen / Kreis Northeim
EW 17000
🛈 Tel (0 55 71) 9 22 40, Fax 92 24 22
Touristik-Information
✉ 37170 Mühlentor 1

✱✱ Romantik Hotel Menzhausen
Lange Str. 12, Tel (0 55 71) 9 22 30,
Fax 92 23 30, ✉ 37170, AX DC ED VA
40 Zi, Ez: 115/57-195/98, Dz: 185/93-285/143,
⊟ WC ⌀, Lift, P, 🏠, 4⊖40, 🍽, Sauna,
Solarium
Auch Zimmer der Kategorie ✱ vorhanden. Im
Gästehaus Mauerschlößchen Zimmer der
Kategorie ✱✱✱ vorhanden.
¶¶ Hauptgericht 35/17, Biergarten

Schönhagen

✱ Gasthaus Zur Harburg
Mittelstr. 2, Tel (0 55 71) 9 23 90,
Fax 92 39 29, ✉ 37170
17 Zi, Ez: 52/26-55/27, Dz: 104/52-110/55, ⊟
WC, P, 🏠, 3⊖200, Kegeln, Sauna, Solarium,
Restaurant

geschl.: Di, 5.11.-5.12.00
Auch einfachere Zimmer vorhanden.

Volpriehausen (8 km →)

✱ Am Rothenberg
Rothenbergstr. 4, Tel (0 55 73) 95 90,
Fax 95 91 00, ✉ 37170, AX ED VA
🍷, 73 Zi, Ez: 90/45-140/70, Dz: 100/50-220/110,
3 Suiten, 5 App, ⊟ WC ⌀ DFÜ, 40 🛏, Lift, P,
🏠, 7⊖250, 🍽, Kegeln, Sauna, Solarium,
Restaurant
geschl.: 15.12.00-10.1.01

Usseln siehe Willingen

Utting a. Ammersee 71 ↖

Bayern / Kreis Landsberg am Lech
EW 3600
🛈 Tel (0 88 06) 92 02 13, Fax 92 02 22
Touristikinformation
✉ 86919 Eduard-Thöny-Str 1

🍴 Landgasthof Schneiderwirt
Schondorfer Str. 7, Tel (0 88 06) 75 88,
Fax 78 80, ✉ 86919, AX
Hauptgericht 20/10-30/15, Biergarten, P,
geschl.: Di, 2 Wochen im Nov

Holzhausen (2,5 km ↓)

✱ Sonnenhof
Ammerseestr. 1, Tel (0 88 06) 9 23 30,
Fax 27 89, ✉ 86919, ED VA
🍷, 30 Zi, Ez: 120/60-140/70,
Dz: 140/70-220/110, 3 App, ⊟ WC ⌀ DFÜ, P,
🏠, 2⊖35, Sauna, Solarium, Restaurant
Auch Zimmer der Kategorie ✱✱ vorhanden.

Vacha 46 ↗

Thüringen / Wartburgkreis
EW 3961
🛈 Tel (03 69 62) 26 10, Fax 2 61 17
Stadtverwaltung
✉ 36404 Markt 4

✱ Adler
Markt 1, Tel (03 69 62) 26 50, Fax 2 65 47,
✉ 36404, AX DC ED VA
23 Zi, Ez: 80/40-100/50, Dz: 120/60-170/85,
1 Suite, 1 App, ⊟ WC ⌀ DFÜ, 2 🛏, P, 🏠,
2⊖120, Solarium, Restaurant
Auch einfachere Zimmer vorhanden.

Vachdorf 47 ←

Thüringen
Kreis Schmalkalden-Meiningen
EW 860
🛈 Tel (03 69 49) 2 05 28
Gemeindeverwaltung
✉ 98617 Landstr. 123

✱ Gästehaus am Ökomarkt
Riedweg 239, Tel (03 69 49) 29 70,
Fax 2 97 21, ✉ 98617, ED
34 Zi, Ez: 70/35, Dz: 130/65, 3 Suiten, ⌐ WC ⊘,
10 ⇋, Lift, P, 2⊖75, Fitnessraum, Sauna,
Solarium, Restaurant
geschl.: Mo

Vaihingen/Enz 61 □

Baden-Württemberg
Kreis Ludwigsburg
EW 27200
🛈 Tel (0 70 42) 1 82 29, Fax 1 83 17
Stadtverwaltung
✉ 71665 Marktplatz 4

Horrheim

✱✱ Gasthof Lamm
Klosterbergstr. 45, Tel (0 70 42) 8 32 20,
Fax 83 22 50, ✉ 71665, AX DC ED VA
15 Zi, Ez: 105/52, Dz: 160/80, 3 Suiten, 5 App,
⌐ WC ⊘ DFÜ, Lift, P, ☎, 3⊖40
🍴🍴 Hauptgericht 33/16-44/22, Terrasse,
geschl.: So abends
Beachtenswerte Küche.

Roßwag (4 km ←)

🍴 Gasthaus Krone
Kronengäßle 1, Tel (0 70 42) 2 40 36,
Fax 2 41 14, ✉ 71665
Hauptgericht 37/18, Gartenlokal

Valwig 43 ✓

Rheinland-Pfalz
Kreis Cochem-Zell
EW 365
🛈 Tel (0 26 71) 31 16, Fax 53 26
Gemeindeverwaltung
✉ 56812 Kreuzerstr. 9

Weinbauort an der Mosel; Heimat des Apollo-Falters.

✱ Rebenhof
Brühlstr. 69, Tel (0 26 71) 72 16, Fax 84 29,
✉ 56812
♪, 20 Zi, Ez: 55/27, Dz: 80/40-100/50, ⌐ WC
⊘, P, ☎, Sauna, Solarium, garni

Vanselow siehe Siedenbrünzow

Varel 16 □

Niedersachsen / Kreis Friesland
EW 24000
🛈 Tel (0 44 51) 9 11 40, Fax 91 14 35
Kurverwaltung Nordsee Dangast
✉ 26316 Am Alten Deich 4-10

✱✱ Friesenhof mit Gästehaus
Neumarktplatz 4-6, Tel (0 44 51) 92 50,
Fax 92 52 00, ✉ 26316, AX DC ED VA
♪, 97 Zi, Ez: 70/35-115/57, Dz: 120/60-180/90,
13 Suiten, ⌐ WC ⊘, 5 ⇋, Lift, P, ☎, 6⊖220,
Sauna, Solarium, Restaurant
Auch Zimmer der Kategorie ✱ vorhanden.

🍴 Schienfatt
Neumarktplatz 3, Tel (0 44 51) 47 61,
Fax 95 68 49, ✉ 26316, ED VA
☎, Hauptgericht 26/13-35/17, nur abends,
so+feiertags auch mittags, geschl.: Mo,
15-30.1.01
Restaurant in einem Heimatmuseum, Gasträume
im Stil eines Bürgerhauses aus dem 18 Jh,
historische Bildersammlung.

Dangast (6 km ↑)

✱✱ Graf Bentinck
Dauenser Str. 7, Tel (0 44 51) 13 90,
Fax 13 92 22, ✉ 26316, AX DC ED VA
♪, 42 Zi, Ez: 120/60-150/75,
Dz: 180/90-220/110, ⌐ WC ⊘, 10 ⇋, Lift, P,
4⊖80, Sauna, Solarium, Restaurant

✱ Strand-Hotel
Edo-Wiemken-Str. 59, Tel (0 44 51) 96 68 20,
Fax 9 66 82 33, ✉ 26316, AX DC ED VA
15 Zi, Ez: 98/49-116/58, Dz: 135/67-160/80, ⌐
WC ⊘, 6 ⇋, P, garni

Obenstrohe-Außerhalb (1,5 km ←)

✱✱ Waldschlößchen Mühlenteich
Mühlenteichstr. 78, Tel (0 44 51) 92 10,
Fax 92 11 00, ✉ 26316, ED VA
einzeln ♪ ⚜, 46 Zi, 2 Suiten, 4 App, ⌐ WC ⊘,
P, 5⊖150, ☎, Kegeln, Sauna, Solarium
Auch Zimmer der Kategorie ✱✱✱ vorhanden.

🍴🍴 Entenblick
Hauptgericht 25/12

Vaterstetten 72 □

Bayern / Kreis Ebersberg
EW 20150
🛈 Tel (0 81 06) 38 30, Fax 51 07
Gemeindeverwaltung
✉ 85591 Wendelsteinstr. 7

Neufarn (8 km ↗)

✶✶ Gutsgasthof Stangl
Münchener Str. 1, Tel (0 89) 90 50 10,
Fax 90 50 13 63, ✉ 85646, AX DC ED VA
60 Zi, Ez: 130/65-200/100, Dz: 170/85-260/130,
1 Suite, ⌐ WC ©, 20 ⇐, Lift, Ⓟ, 🍴, 4⟶50
Im Gasthof auch Zimmer der Kategorie ✶ vorhanden.

🍴 Hauptgericht 17/8-35/17, Terrasse, Biergarten

✶ Landhotel Anderschitz
Münchner Str. 13, Tel (0 89) 9 03 51 17,
Fax 9 04 55 60, ✉ 85646, ED
27 Zi, Ez: 95/47-135/67, Dz: 150/75-180/90, ⌐,
3 ⇐, Ⓟ, 🍴, garni
geschl.: 22.12.00-8.1.01

Parsdorf (5 km ↗)

✶ Erb mit Gästehaus
Posthalterring 1, Tel (0 89) 99 11 00,
Fax 99 11 01 55, ✉ 85599, AX DC ED VA
63 Zi, Ez: 100/50-210/105, Dz: 145/73-250/125,
3 Suiten, ⌐ WC © DFÜ, 12 ⇐, Lift, Kegeln,
Sauna, Solarium, Restaurant
Im Gewerbegebiet gelegen. Auch Zimmer der Kategorie ✶✶ vorhanden.

✶ Herian
Posthalterring 7, Tel (0 89) 9 91 89 00,
Fax 99 18 90 20, ✉ 85599, AX DC ED VA
29 Zi, Ez: 137/69-157/79, Dz: 172/86-197/99,
⌐ WC ©, 🍴, 1⟶30, Sauna, Solarium, garni

Vechta 24 ↗

Niedersachsen
EW 28880
🛈 Tel (0 44 41) 85 86 12, Fax 85 86 13
Tourist-Information
✉ 49377 Kapitelplatz 3

✶ Bremer Tor
Bremer Str. 1-3, Tel (0 44 41) 9 99 90,
Fax 99 99 99, ✉ 49377, AX DC ED VA
35 Zi, Ez: 120/60, Dz: 180/90, 2 Suiten, 1 App,
⌐ WC © DFÜ, 15 ⇐, Lift, Ⓟ, 🍴, 4⟶120, Golf, Restaurant

✶ Am Kaponier
Große Str. 47, Tel (0 44 41) 9 23 20,
Fax 92 32 62, ✉ 49377, AX DC ED VA
23 Zi, Ez: 80/40-100/50, Dz: 130/65, 1 Suite,
2 App, ⌐ WC ©, 2 ⇐, Lift, Ⓟ, 1⟶20, Kegeln,
Sauna, Solarium, Restaurant
Auch Zimmer der Kategorie ✶✶ vorhanden.

✶ Igelmann
Lohner Str. 22, Tel (0 44 41) 50 66, Fax 43 42,
✉ 49377, AX DC ED VA
21 Zi, Ez: 90/45, Dz: 130/65, ⌐ WC ©, Ⓟ, garni

✶ Schäfers Hotel
Große Str. 115, Tel (0 44 41) 9 28 30,
Fax 92 83 30, ✉ 49377, AX DC ED VA
17 Zi, Ez: 89/44-95/47, Dz: 110/55-130/65, ⌐
WC © DFÜ, 5 ⇐, Ⓟ, 🍴, Restaurant

Veckerhagen siehe Reinhardshagen

Veitshöchheim 56 ↖

Bayern / Kreis Würzburg
EW 10300
🛈 Tel (09 31) 9 80 27 40, Fax 9 80 27 42
Touristik GmbH
✉ 97209 Erwin-Vornberger-Platz

✶✶ Weißes Lamm mit Gästehaus
Kirchstr. 24, Tel (09 31) 9 80 23 00,
Fax 9 80 24 99, ✉ 97209, AX ED VA
53 Zi, Ez: 110/55-125/62, Dz: 165/83-175/88,
1 App, ⌐ WC © DFÜ, 12 ⇐, Lift, Ⓟ, 3⟶100
Auch Zimmer der Kategorie ✶ vorhanden.

🍴 Büttnerschänke
Hauptgericht 15/7-35/17, Biergarten

✶✶ Am Main
Untere Maingasse 35, Tel (09 31) 9 80 40,
Fax 9 80 41 21, ✉ 97209, AX DC ED VA
♪ ♯, 36 Zi, Ez: 100/50-110/55,
Dz: 145/73-160/80, ⌐ WC ©, Ⓟ, 1⟶20, garni
geschl.: 24.12.00-7.1.01

✱✱ Café Müller
Thüngersheimer Str. 8, Tel (09 31) 98 06 00,
Fax 9 80 60 42, ✉ 97209, AX DC ED VA
21 Zi, Ez: 99/49-120/60, Dz: 145/73-165/83,
2 App., ⊸ WC ⊘, 12 ⇔, P, garni
Rezeption: 7-20

🍴 Wirtshaus Spundloch
Kirchstr. 19, Tel (09 31) 90 08 40,
Fax 9 00 84 20, ✉ 97209, AX DC ED VA
Hauptgericht 15/7-40/20, Gartenlokal
✱ ♪, 8 Zi, Ez: 105/52, Dz: 145/73,
1 Suite, ⊸ WC ⊘ DFÜ, P, 🐕, 1⟜20

🍴 Ratskeller
Erwin-Vornberger-Platz, Tel (09 31) 98 09 40,
Fax 9 80 94 30, ✉ 97209, ED VA
Hauptgericht 11/5-29/14, geschl.: Okt-Apr Mo
✱ ♪, 8 Zi, Ez: 99/49-110/55, Dz: 149/75,
⊸ WC ⊘

Velbert 33 ✓

Nordrhein-Westfalen
Kreis Mettmann
EW 90000
🛈 Tel (0 20 51) 95 89 28, Fax 95 89 40
Verkehrsverein
✉ 42551 Friedrichstr. 181 a
Cityplan siehe Seite 1016

✱✱✱ Queens Parkhotel
Günther-Weisenborn-Str. 7 (A 2),
Tel (0 20 51) 49 20, Fax 49 21 75, ✉ 42549, AX DC ED VA
♪, 81 Zi, Ez: 121/60-400/201,
Dz: 161/81-500/251, 2 Suiten, ⊸ WC ⊘, 10 ⇔,
Lift, P, 6⟜120, Fitnessraum, Sauna, Solarium

🍴🍴 Elisabeth
Hauptgericht 32/16-49/24, Terrasse, Biergarten

✱ Stüttgen
Friedrichstr. 168 (B 2), Tel (0 20 51) 42 61,
Fax 5 55 61, ✉ 42551, DC ED VA
22 Zi, Ez: 104/52-174/87, Dz: 194/97-238/119,
1 Suite, ⊸ WC ⊘, 6 ⇔, P, 3⟜30, garni
geschl.: Sa, So, 23.12.00-6.1.01

✱ Zur Traube
Friedrichstr. 233 (C 3), Tel (0 20 51) 9 20 60,
Fax 92 06 66, ✉ 42551, AX DC ED VA
30 Zi, Ez: 85/42-120/60, Dz: 130/65-180/90, ⊸
WC ⊘, P, Restaurant

Neviges (5 km ↘)

🍴🍴 Haus Stemberg ✚
Kuhlendahler Str. 295, Tel (0 20 53) 56 49,
Fax 4 07 85, ✉ 42553, AX DC ED VA
Hauptgericht 33/16-49/24, Terrasse, P,
geschl.: Do, Fr, 3 Wochen im Sommer

Velburg 58 ↓

Bayern
Kreis Neumarkt (Oberpfalz)
EW 5000
🛈 Tel (0 91 82) 93 02 25, Fax 23 74
Fremdenverkehrs-Verein
✉ 92355 Hinterer Markt 1

🛏 Zur Traube
Untere Gasse 13, Tel (0 91 82) 16 42,
Fax 22 39, ✉ 92355, AX DC ED VA
30 Zi, Ez: 56/28-70/35, Dz: 88/44-98/49, ⊸ WC,
P, 🐕, 1⟜40, Sauna, Solarium, Restaurant

Lengenfeld (3 km ←)

✱✱ Winkler Bräustüberl
Flair Hotel
St.-Martin-Str. 6, Tel (0 91 82) 1 70,
Fax 1 71 10, ✉ 92355, AX DC ED VA
57 Zi, Ez: 100/50-143/72, Dz: 140/70-188/94,
⊸ WC ⊘ DFÜ, Lift, P, 🐕, 7⟜70, 🛁, Sauna,
Solarium, Golf
geschl.: 3..-7.1.01
Auch Zimmer der Kategorie ✱ vorhanden.

🍴, Hauptgericht 15/7-36/18, Terrasse,
geschl.: 3.-7.1.01

Velen 33 ↖

Nordrhein-Westfalen / Kreis Borken
EW 12800
🛈 Tel (0 28 63) 92 62 19, Fax 92 62 99
Verkehrsverein
✉ 46342 Ramsdorfer Str. 19

✱✱ SportSchloss Velen
Schloßplatz 1, Tel (0 28 63) 20 30,
Fax 20 37 88, ✉ 46342, AX DC ED VA
♪ 🍴, 108 Zi, Ez: 180/90-295/148,
Dz: 280/141-390/196, 2 Suiten, ⊸ WC ⊘ DFÜ,
28 ⇔, Lift, P, 🐕, 13⟜200, 🛁, Kegeln, Sauna,
Solarium, Golf, 9 Tennis

🍴🍴 Orangerie-Keller
Hauptgericht 40/20, Terrasse, nur abends
Die Orangerie des romantischen Schlosses Velen
und ihr feingegliedertes Kellergewölbe wurden
1752 nach Plänen Johann Konrad Schlauns
errichtet.

🛏 Emming Hillers
Kirchplatz 1, Tel (0 28 63) 13 70, Fax 48 18,
✉ 46342, ED
6 Zi, Ez: 55/27-65/32, Dz: 100/50-120/60, ⊸
WC ⊘, Restaurant

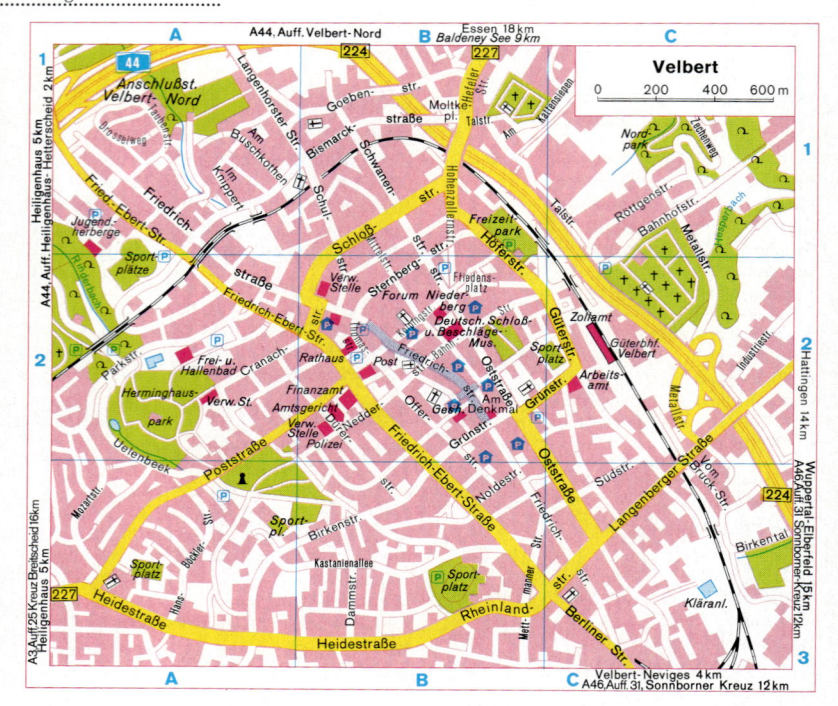

Vellberg

62 ↗

Baden-Württemberg
Kreis Schwäbisch Hall
EW 4300
🛈 Tel (0 79 07) 87 70, Fax 8 77 12
Stadtverwaltung
✉ 74541 Im Städtle 1

✱ Schloss Vellberg
Im Städtle 31, Tel (0 79 07) 87 60, Fax 8 76 58,
✉ 74541, AX DC ED VA
45 Zi, Ez: 110/55-150/75, Dz: 180/90-220/110,
2 Suiten, 3 App, ⌐ WC ⌀, P, 4⌂80, Sauna,
Solarium

¶¶¶ Schloßrestaurant
Hauptgericht 28/14-45/22, Terrasse

Eschenau (2 km →)

¶ Rose
Ortsstr. 13, Tel (0 79 07) 22 94, Fax 85 69,
✉ 74541, DC ED VA
Hauptgericht 16/8-34/17, P, nur abends, Fr-So
auch mittags, geschl.: Mo, 20.2.-9.3.00,
31.7.-17.8.01
Überwiegend Vegetarische und Vollwertküche
Vollwertküche.

Verden (Aller)

17 ↘

Niedersachsen / Kreis Verden
EW 28000
🛈 Tel (0 42 31) 1 23 17, Fax 1 23 45
Tourist-Information
✉ 27283 Ostertorstr. 7 a

✱✱ Akzent-Hotel Höltje
Obere Str. 13, Tel (0 42 31) 89 20,
Fax 89 21 11, ✉ 27283, AX DC ED VA
⌂, 60 Zi, Ez: 200/100-220/110,
Dz: 235/118-285/143, 3 Suiten, ⌐ WC ⌀ DFÜ,
4⚓, Lift, P, ⌂, 4⌂60, ⌂, Sauna, Solarium,
Golf, Restaurant

✱ Parkhotel Grüner Jäger
Bremer Str. 48, Tel (0 42 31) 76 50,
Fax 7 65 45, ✉ 27283, AX ED VA
41 Zi, Ez: 95/47-175/88, Dz: 140/70-260/130,
⌐ WC ⌀, Lift, P, ⌂, 7⌂500, Golf, Restaurant

✱ Haag's Hotel Niedersachsenhof
Lindhooper Str. 97, Tel (0 42 31) 66 60,
Fax 6 48 75, ✉ 27283, AX DC ED VA
82 Zi, Ez: 105/52-185/93, Dz: 160/80-220/110,
2 Suiten, ⌐ WC ⌀ DFÜ, 2⚓, Lift, P, 14⌂600,
Kegeln, Sauna, Solarium, Restaurant

Versmold

¶¶¶ Pades Restaurant im Haus Schlepegrell
Anita-Augspurg-Platz 7, **Tel (0 42 31) 30 60**, Fax 8 10 43, ✉ 27283, AX ED VA
Hauptgericht 40/20, nur abends, geschl.: Mo, So, 1.-12.1.01, 3 Wochen im Sommer

¶◎¶ Pades Bistro
Hauptgericht 17/8-25/12

☕ Café Erasmie
Große Str. 102, **Tel (0 42 31) 24 06**, Fax 8 24 13, ✉ 27283
geschl.: Mo
Spezialität: Seiferthsche Spezialtorte.

Dauelsen (3 km ↑)

¶ Landhaus Hesterberg
Hamburger Str. 27, **Tel (0 42 31) 7 39 49**, ✉ 27283, ED
Hauptgericht 19/9-40/20, Terrasse, Gartenlokal, Ⓟ, geschl.: So, Mo mittags, 3 Wochen im Sommer

---

Walle (5 km ↑)

✱ Quellengrund
Waller Heerstr. 73, **Tel (0 42 30) 9 30 20**, Fax 93 02 33, ✉ 27283, AX DC ED VA
17 Zi, Ez: 68/34-98/49, Dz: 125/62-155/78, 2 App, ⌐ WC Ⓒ DFÜ, 5 ⊱, Ⓟ, 🅿, Golf, garni

---

Verl   34 ↗

Nordrhein-Westfalen
Kreis Gütersloh
EW 23670
🛈 Tel (0 52 46) 96 10, Fax 96 11 59
Gemeindeverwaltung
✉ 33415 Paderborner Str. 5

✱ Landhotel Altdeutsche
Sender Str. 23, **Tel (0 52 46) 96 60**, Fax 96 62 99, ✉ 33415, AX DC ED VA, Ⓢ
43 Zi, Ez: 130/65-165/83, Dz: 195/98-215/108, 2 Suiten, 1 App, ⌐ WC Ⓒ DFÜ, 5 ⊱, Lift, Ⓟ, 4🍴120, Kegeln, Sauna, Solarium

¶ Blaue Donau
Hauptgericht 20/10-35/17, geschl.: So, 10.7.-10.8.01

✱ Papenbreer
Gütersloher Str. 82, **Tel (0 52 46) 9 20 40**, Fax 92 04 20, ✉ 33415
18 Zi, Ez: 70/35-80/40, Dz: 110/55-130/65, ⌐ WC Ⓒ, 3 ⊱, Ⓟ, 1🍴30, garni

---

Sende (4 km ↗)

¶¶ Zur Friedenslinde
Sender Str. 348, **Tel (0 52 46) 35 23**, Fax 14 15, ✉ 33415, AX ED
Hauptgericht 35/17, Terrasse, Biergarten, Gartenlokal, Ⓟ, nur abends, geschl.: Mo, Di

---

Versmold   24 ↓

Nordrhein-Westfalen
Kreis Gütersloh
EW 20340
🛈 Tel (0 54 23) 95 41 13, Fax 95 41 15
FG 1.1 „Allgemeine Verwaltung"
✉ 33775 Münsterstr. 16

✱✱ Altstadt-Hotel
Wiesenstr. 4, **Tel (0 54 23) 95 20**, Fax 4 31 49, ✉ 33775, AX DC ED VA
♪, 39 Zi, Ez: 136/68-197/99, Dz: 177/89-192/96, 1 App, ⌐ WC Ⓒ DFÜ, Lift, Ⓟ, 🅿, 4🍴200, Kegeln, Sauna, Solarium, Golf

¶¶ Kachelstube
Hauptgericht 25/12-41/20, Terrasse, geschl.: So

✱ Froböse
Gestermannstr. 15, **Tel (0 54 23) 9 48 20**, Fax 94 82 50, ✉ 33775, AX DC ED VA
30 Zi, Ez: 95/47-110/55, Dz: 150/75-160/80, 1 Suite, ⌐ WC Ⓒ, Ⓟ, 🅿, 2🍴50, Solarium, Restaurant
geschl.: 24.12.00-2.1.01

Bockhorst (6 km ↗)

¶¶ Gasthaus Alte Schenke
Haus Nr 3, **Tel (0 54 23) 9 42 80**, Fax 94 28 28, ✉ 33775, AX ED VA
♨, Hauptgericht 30/15, Gartenlokal, nur abends, so+feiertags auch mittags, geschl.: Mo, 2 Wochen im Sommer
✱ ♪, 3 Zi, Ez: 85/42, Dz: 170/85, ⌐ WC Ⓒ, Golf, garni

Vetschau 40 ↗

Brandenburg
Kreis Oberspreewald-Lausitz
EW 7640
🛈 Tel (03 54 33) 77 70, Fax 23 02
Stadt Vetschau / Spreewald
✉ 03226 Schloßstraße 10

★★ **Ringhotel Ratskeller**
Am Markt 5-6, Tel (03 54 33) 5 10,
Fax 7 03 87, ✉ 03226, AX DC ED VA, Ⓢ
39 Zi, Ez: 125/62-145/73, Dz: 170/85-190/95,
⇨ WC ⊘, Lift, Ⓟ, 2⇨60, Sauna, Solarium,
Restaurant

Viechtach 65 ↗

Bayern / Kreis Regen
EW 8700
🛈 Tel (0 99 42) 8 08 25, Fax 61 51
Tourist-Information
✉ 94234 Stadtplatz 1

Sehenswert: Stadtpfarrkirche St. Augustin mit Sankt-Anna-Kapelle; Ägayrische Gewölbe; Gläserne Scheune; Burgruine Neunußberg; Naturschutzgebiet „Großer und Kleiner Pfahl"; Galerie Weber; Galerie Pegasus; Kristallmuseum; Wachsstöcklmuseum, Museum Viechtach.

★★ **Ringhotel Schmaus**
Stadtplatz 5, Tel (0 99 42) 9 41 60,
Fax 94 16 30, ✉ 94234, AX DC ED VA, Ⓢ
⚑, 41 Zi, Ez: 95/47-125/62, Dz: 160/80-220/110,
⇨ WC ⊘, Lift, Ⓟ, ⌂, 5⇨150, ⌂, Sauna
geschl.: 6.1.-5.2.01
🍴 Hauptgericht 25/12, Terrasse,
geschl.: 6.1.-5.2.01

Viechtach-Außerhalb (2,5 km ↓)

★★ **Sporthotel Am Pfahl**
Waldfrieden 1, Tel (0 99 42) 9 57 00,
Fax 95 71 50, ✉ 94234, AX ED VA
115 Zi, Ez: 60/30-94/47, Dz: 140/70-160/80, ⇨
WC ⊘, Lift, Ⓟ, ⌂, 2⇨80, ⌂, Sauna, Solarium,
Restaurant
Auch Zimmer der Kategorie ★ vorhanden.

★ **Schnitzmühle**
Schnitzmühle, Tel (0 99 42) 18 77, Fax 55 76,
✉ 94234, DC ED VA
⚑, 33 Zi, Ez: 50/25-58/29, Dz: 100/50-116/58,
⇨ WC, 2⇦, Ⓟ, ⌂, 1⇨30, Sauna, Solarium,
Restaurant
geschl.: 1.-30.11.00

Neunußberg (5 km →)

★★ **Burghotel Neunußberg**
Neunußberg 35, Tel (0 99 42) 80 50,
Fax 80 52 00, ✉ 94234
⚑, 30 Zi, Ez: 75/37-90/45, Dz: 146/73-160/80,
4 Suiten, ⇨ WC ⊘, Lift, Ⓟ, ⌂, ⌂, ⌂,
Fitnessraum, Sauna, Solarium, Restaurant
geschl.: 6.-30.11.00

★ **Burggasthof Sterr**
Neunußberg 15, Tel (0 99 42) 96 10,
Fax 96 12 29, ✉ 94234, DC ED VA
⚑, 35 Zi, Ez: 62/31-74/37, Dz: 104/52-132/66,
5 Suiten, 3 App, ⇨ WC ⊘, Lift, Ⓟ, ⌂, ⌂, ⌂,
Fitnessraum, Sauna, Solarium, Restaurant
geschl.: 5.11.-1.12.00

★ **Nußberger Hof**
Haus Nr 20, Tel (0 99 42) 13 83, Fax 64 40,
✉ 94234
⚑, 30 Zi, Ez: 45/22-60/30, Dz: 80/40-100/50,
⇨ WC, Ⓟ, ⌂, Sauna, Solarium, Restaurant

Vielbrunn siehe Michelstadt

Vienenburg 37 ↗

Niedersachsen / Kreis Goslar
EW 11700
🛈 Tel (0 53 24) 17 77, Fax 40 44
Tourist-Information
✉ 38690 Bahnhofstr. 8

★ **Harzhotel Glück Auf**
Goslarer Str. 78, Tel (0 53 24) 80 60,
Fax 8 06 99, ✉ 38690, ED
29 Zi, Ez: 70/35, Dz: 120/60, ⇨ WC ⊘, Ⓟ, ⌂,
1⇨40, Restaurant

Viernheim 54 ↘

Hessen / Kreis Bergstraße
EW 32000
🛈 Tel (0 62 04) 98 82 40, Fax 98 83 00
Stadtverwaltung
✉ 68519 Kettelerstr. 3

★★★ **Best Western Continental**
Am Rhein-Neckar-Zentrum,
Tel (0 62 04) 60 90, Fax 60 92 22, ✉ 68519, AX
DC ED VA, Ⓢ
121 Zi, Ez: 140/70-290/146,
Dz: 170/85-390/196, 1 Suite, ⇨ WC ⊘ DFÜ,
30 ⇦, Lift, Ⓟ, 14⇨300, ⌂, Sauna, Solarium,
Golf
Designer-Ausstattung.
🍴🍴 Hauptgericht 30/15

Sporthotel
Einsteinstr. 13, **Tel (0 62 04) 9 60 10**,
Fax 96 01 33, ✉ 68519, ED VA
19 Zi, Ez: 80/40-89/44, Dz: 100/50-123/61, ⇨
WC ⊘, P, 2⇨150, Kegeln, Solarium,
Restaurant

Am Kappellenberg
Mannheimer Str. 59, **Tel (0 62 04) 7 70 77**,
Fax 6 59 78, ✉ 68519, AX ED VA
18 Zi, Ez: 85/42-89/44, Dz: 115/57, ⇨ WC ⊘,
garni

Central-Hotel
Hölderlinstr. 4, **Tel (0 62 04) 9 64 20**,
Fax 96 42 99, ✉ 68519, AX DC ED VA
25 Zi, Ez: 109/54-155/78, Dz: 155/78-185/93,
4 Suiten, 3 App, ⇨ WC ⊘, Lift, P, 🐕, Sauna,
Solarium

Neuzenlache (1 km →)

Pfeffer & Salz
Neuzenlache 10, **Tel (0 62 04) 7 70 33**,
Fax 7 70 35, ✉ 68519, AX
Hauptgericht 39/19-46/23, Terrasse, P,
geschl.: Mo, So

Viersen 32 ↓

Nordrhein-Westfalen
EW 78000
ℹ Tel (0 21 62) 10 12 24, Fax 10 11 00
Bürgerbüro Infothek
✉ 41747 Bahnhofstr. 23

Dülken (5 km ←)

Cornelius
Rheindahlener Str. 3, **Tel (0 21 62) 43 03 43 05**,
Fax 4 28 28, ✉ 41751, DC ED VA
31 Zi, Ez: 100/50-195/98, Dz: 160/80-325/163,
⇨ WC ⊘ DFÜ, 7 🛏, P, 🐕, 3⇨30, garni

Süchteln (5 km ↘)

Alte Villa Ling 🔴
Josefine
Hindenburgstr. 34, **Tel (0 21 62) 97 01 50**,
Fax 9 70 15 10, ✉ 41749, DC ED VA
🍴, Hauptgericht 40/20-50/25, Biergarten, P,
geschl.: Mo, Di, 2 Wochen im Sommer
** 🍴, 16 Zi, Ez: 155/78,
Dz: 180/90-190/95, ⇨ WC ⊘, 2 🛏, 🐕, 1⇨40
Unter Denkmalschutz stehende Villa aus dem
Jahre 1899 mit moderner Zimmerausstattung.

Petit Château
Hindenburgstr. 67, **Tel (0 21 62) 72 77**,
Fax 8 03 59, ✉ 41749, AX DC ED VA
Hauptgericht 34/17-45/22, Gartenlokal, P, nur
abends, geschl.: So

Höhenhotel Gehring
Tel 72 77 78
14 Zi, Ez: 110/55-150/75, Dz: 140/70-170/85, ⇨
WC ⊘, 🐕, Sauna, Solarium

Vilbel, Bad 45 ✓

Hessen / Wetteraukreis
EW 27000
ℹ Tel (0 61 01) 60 22 47, Fax 60 23 03
Kur- und Verkehrsbüro
✉ 61118 Parkstr. 15

Am Kurpark
Parkstr. 20, **Tel (0 61 01) 60 07 00**,
Fax 60 07 07, ✉ 61118, AX ED VA
35 Zi, Ez: 85/42-155/78, Dz: 120/60-185/93,
2 App, ⇨ WC ⊘, 10 🛏, Lift, P, garni
geschl.: 22.12.00-6.1.01

🛏 Kreiling's Höfchen
Ritterstr. 3, **Tel (0 61 01) 8 55 16**, Fax 1 23 01,
✉ 61118
19 Zi, Ez: 80/40-150/75, Dz: 130/65-190/95,
1 App, ⇨ WC, 3 🛏, P, 🐕, garni

Hubertus
Frankfurter Str. 192, **Tel (0 61 01) 8 84 44**,
Fax 12 80 11, ✉ 61118, AX ED VA
Hauptgericht 18/9-45/22, Terrasse, P,
geschl.: Mi

Dortelweil

Golfclub Lindenhof
Lindenhof, **Tel (0 61 01) 5 24 51 40**,
Fax 5 24 52 02, ✉ 61118, AX DC ED VA
Hauptgericht 20/10-30/15, Terrasse, P,
geschl.: Mo mittags
** ♪ 🎵, 18 Zi, Ez: 150/75, Dz: 190/95,
1 Suite, ⇨ WC ⊘ DFÜ, 3⇨45, Golf

Heilsberg

Golden Tulip City Hotel
Alte Frankfurter Str. 13, **Tel (0 61 01) 58 80**,
Fax 58 84 88, ✉ 61118, AX DC ED VA
92 Zi, Ez: 205/103-295/148,
Dz: 245/123-325/163, 4 Suiten, ⇨ WC ⊘, 48 🛏,
Lift, P, 🐕, 5⇨50, Sauna, Solarium

Toscana
Hauptgericht 18/9-50/25, Terrasse, geschl.: Sa,
So

Villingen-Schwenningen 68 ←

Baden-Württemberg
Schwarzwald-Baar-Kreis
EW 81000
i Tel (0 77 21) 82 23 40, Fax 82 23 47
Tourist Service
✉ 78050 Rietstr. 8

Obereschach (6 km ↑)

* Café Alte Oelmühle
Stumpenstr. 27, Tel (0 77 21) 9 47 50,
Fax 7 27 46, ✉ 78052, ED VA
16 Zi, Ez: 55/27-65/32, Dz: 48/24-59/29, 2 App,
⌐ WC ⊘, P, ☎, 1⌒25, Restaurant
geschl.: Do

* Gasthaus Sonne
Steinatstr. 17, Tel (0 77 21) 9 51 60,
Fax 95 16 50, ✉ 78052, ED VA
16 Zi, Ez: 58/29-65/32, Dz: 95/47-100/50, ⌐
WC ⊘, P, ☎, 1⌒30, Restaurant

Schwenningen

** Akzent-Hotel Ochsen
Bürkstr. 59 (B 1), Tel (0 77 20) 83 90,
Fax 83 96 39, ✉ 78054, AX DC ED VA
40 Zi, Ez: 105/52-150/75, Dz: 170/85-210/105,
1 Suite, ⌐ WC ⊘ DFÜ, 23 ⌂, Lift, P, ☎, 3⌒50

¶¶ Ochsenstuben
Hauptgericht 29/14-38/19, geschl.: Mo

** Central
Alte Herdstr. 12-14, Tel (0 77 20) 30 30,
Fax 30 31 00, ✉ 78054, AX DC ED VA
57 Zi, Ez: 99/49-120/60, Dz: 145/73-160/80,
1 Suite, ⌐ WC ⊘, 19 ⌂, Lift, ☎, 3⌒50,
Solarium, garni
geschl.: 21.12.00-3.1.01
Auch Zimmer der Kategorie * vorhanden.

* Neckarquelle
Wannerstr. 5 (C 2), Tel (0 77 20) 9 78 29,
Fax 97 82 30, ✉ 78056, ED VA
17 Zi, Ez: 85/42-105/52, Dz: 130/65-150/75, ⌐
WC ⊘, P, ☎, 1⌒40, Restaurant

Villingen

* Bosse
Oberförster-Ganter-Str. 9, Tel (0 77 21) 5 80 11,
Fax 5 80 13, ✉ 78048, AX DC ED VA
♪, 33 Zi, Ez: 98/49-135/67, Dz: 150/75-190/95,
⌐ WC ⊘, P, ☎, 3⌒75
Auch Zimmer der Kategorie ** vorhanden.
¶¶ ¶¶ Tel 5 80 12, Hauptgericht 24/12-39/19,
Terrasse, geschl.: Fr

* Rindenmühle
Am Kneippbad 9, Tel (0 77 21) 8 86 80,
Fax 88 68 13, ✉ 78052, AX ED VA
18 Zi, Ez: 105/52-115/57, Dz: 155/78-165/83,
1 Suite, 1 App, ⌐ WC ⊘ DFÜ, 10 ⌂, P, ☎,
3⌒30
¶¶ ¶¶ Hauptgericht 35/17, Terrasse,
geschl.: So abends, Mo

Villingendorf 68 ↑

Baden-Württemberg / Kreis Rottweil
EW 3050
i Tel (07 41) 9 29 80, Fax 92 98 29
Bürgermeisteramt
✉ 78667 Hauptstr. 2

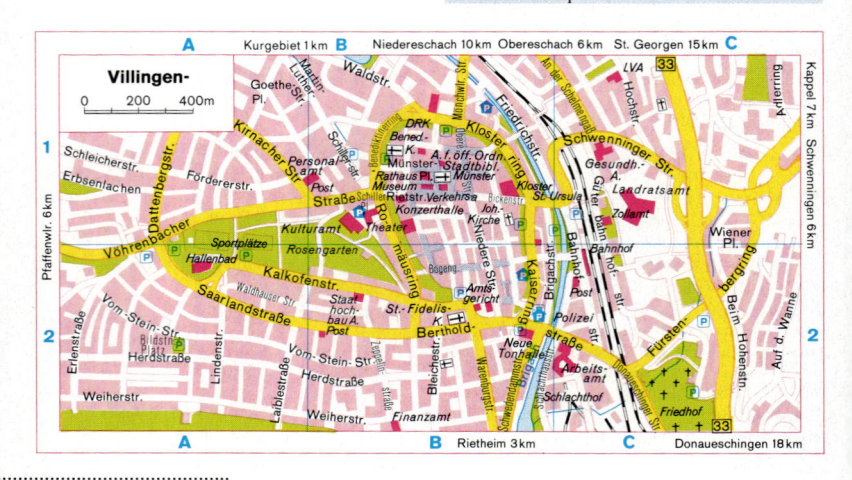

🍴🍴 Gasthof Linde ✚
Rottweiler Str. 3, **Tel** (07 41) 3 18 43,
Fax 3 41 81, ✉ 78667
Hauptgericht 28/14-48/24, Terrasse, **P**,
geschl.: Mo abends, Di, 2 Wochen im Sommer

🍴 Gasthof Kreuz
Hauptstr. 8, **Tel** (07 41) 3 40 57, Fax 34 72 17,
✉ 78667, ED
Hauptgericht 25/12, Gartenlokal, **P**
✱ VA, 8 Zi, Ez: 60/30-68/34,
Dz: 110/55-120/60, 🛏 WC ⓒ DFÜ, 2⇨40

Vilsbiburg 65 ↓

Bayern / Kreis Landshut
EW 11000
ℹ Tel (0 87 41) 3 05 34, Fax 3 05 55
Tourist-Information
✉ 84137 Stadtplatz 26

Achldorf (1 km ✓)

✱ Kongressissimo
Hauptstr. 2, **Tel** (0 87 41) 96 60, Fax 96 62 99,
✉ 84137, AX ED VA
38 Zi, Ez: 98/49, Dz: 144/72, 5 Suiten, 🛏 WC ⓒ
DFÜ, 7 ♿, Lift, **P**, 3⇨80, 🍴, Sauna, Solarium,
Golf, 4 Tennis, Restaurant

Vilseck 58 →

Bayern / Kreis Amberg-Sulzbach
EW 6400
ℹ Tel (0 96 62) 9 90, Fax 99 19
Stadtverwaltung
✉ 92249 Marktplatz 13

✱✱ Gästehaus Turmhotel
Herrengasse 8, **Tel** (0 96 62) 70 90,
Fax 70 93 00, ✉ 92249
36 Zi, Ez: 69/34-108/54, Dz: 110/55-138/69, 🛏
WC ⓒ, 3⇨120, 🍴, Restaurant
Anmeldung im Gasthof Zum Hirschen,
Marktplatz 4.

Vilshofen 66 □

Bayern / Kreis Passau
EW 16400
ℹ Tel (0 85 41) 2 08 16, Fax 2 08 43
Touristik-Information
✉ 94474 Stadtplatz 29

✱ Bayerischer Hof
Vilsvorstadt 29, **Tel** (0 85 41) 50 65, Fax 69 72,
✉ 94474, AX DC VA
29 Zi, Ez: 75/37-95/47, Dz: 120/60-140/70, 🛏
WC ⓒ, 2 ♿, **P**, 🍴, Restaurant
geschl.: 23.12.00-7.1.01

Visbek 24 ↗

Niedersachsen / Kreis Vechta
EW 9390
ℹ Tel (0 44 45) 8 90 00, Fax 89 00 77
Gemeindeverwaltung
✉ 49429 Goldenstedter Str. 1

✱ Wübbolt
Astruper Str. 19, **Tel** (0 44 45) 9 67 70,
Fax 96 77 10, ✉ 49429, DC ED VA
16 Zi, Ez: 75/37, Dz: 129/64, 🛏 WC ⓒ, **P**, 🍴,
garni

Visselhövede 17 ↘

Niedersachsen
Kreis Rotenburg (Wümme)
EW 10200
ℹ Tel (0 42 62) 16 67, Fax 20 42
Tourist-Information
✉ 27374 Burgstr. 3

** Luisenhof
Worthstr. 10, Tel (0 42 62) 93 30, Fax 93 31 00,
✉ 27374, DC ED VA
61 Zi, Ez: 155/78-180/90, Dz: 200/100-220/110,
⌐ WC ⊘, 31 ⇤, Lift, P, 8⌒120, ⌂, Sauna,
Solarium, Restaurant
Auch Zimmer der Kategorie * vorhanden.

Hiddingen (3 km ↗)

* Röhrs Gasthaus
Neuenkirchener Str. 3, Tel (0 42 62) 9 31 80,
Fax 44 35, ✉ 27374, AX ED
36 Zi, Ez: 85/42-105/52, Dz: 120/60-160/80, ⌐
WC ⊘, P, Sauna, Solarium, Restaurant
Im Gästehaus Zimmer der Kategorie ** vorhanden.

Jeddingen (5 km ↙)

* Jeddinger Hof mit Gästehaus
Heidmark 1, Tel (0 42 62) 93 50, Fax 7 36,
✉ 27374, AX DC ED VA
54 Zi, Ez: 85/42-115/57, Dz: 125/62-170/85, ⌐
WC ⊘, P, 4⌒60, Kegeln, Sauna, Restaurant
Auch einfachere Zimmer vorhanden.

Nindorf (2 km ↖)

⦿ Möhmes Hof
Zur Einigkeit 3, Tel (0 42 62) 9 42 33,
Fax 9 42 34, ✉ 27374, DC ED VA
Hauptgericht 25/12, P

Vlotho 25 ↙

Nordrhein-Westfalen
Kreis Herford
EW 20500
ℹ Tel (0 57 33) 92 44 92, Fax 92 42 00
Vlotho Touristik
✉ 32602 Lange Str. 60

Bonneberg (2 km ←)

** Best Western Bonneberg
Wilhelmstr. 8, Tel (0 57 33) 79 30,
Fax 79 31 11, ✉ 32602, AX DC ED VA, Ⓢ
126 Zi, Ez: 99/49-220/110, Dz: 149/75-350/176,
⌐ ⊘, Lift, P, 10⌒280, Kegeln, Sauna,
Solarium, Restaurant

Exter (8 km ↙)

¶¶ Grotegut
Detmolder Str. 252, Tel (0 52 28) 2 16,
Fax 10 27, ✉ 32602, AX DC ED VA
Hauptgericht 23/11-41/20, geschl.: Mo
✱ 12 Zi, Ez: 80/40-90/45,
Dz: 140/70-150/75, ⌐ WC ⊘, P, ⌂, Golf

Vöhl 35 ↓

Hessen / Kreis Waldeck-Frankenberg
EW 6300
ℹ Tel (0 56 23) 99 98 10, Fax 14 78
Edersee Touristik GmbH
✉ 34516 Schlosstr. 1

Oberorke (13 km ↙)

** Akzent-Hotel Freund
Sauerlandstr. 6, Tel (0 64 54) 70 90,
Fax 7 09 14 88, ✉ 34516, AX DC ED VA
90 Zi, Ez: 100/50-160/80, Dz: 180/90-280/141,
3 Suiten, 10 App, ⌐ WC ⊘, 10 ⇤, Lift, P, ⌂,
10⌒200, ⌂, Fitnessraum, Kegeln, Sauna,
Solarium, 1 Tennis, Restaurant

Vöhrenbach 67 →

Baden-Württemberg
Schwarzwald-Baar-Kreis
EW 4400
ℹ Tel (0 77 27) 50 11 15, Fax 50 11 19
Verkehrsamt
✉ 78147 Friedrichstr. 8

¶¶ Gasthaus Zum Engel ✚
Schützenstr. 2, Tel (0 77 27) 70 52, Fax 78 73,
✉ 78147, VA
Hauptgericht 36/18, P, ⊨, geschl.: Mo, Di
mittags, Mitte Mai-Mitte Jun

Vöhringen 62 ↘

Bayern / Kreis Neu-Ulm
EW 13000
ℹ Tel (0 73 06) 9 62 20, Fax 96 22 62
Stadtverwaltung
✉ 89269 Hettstedter Platz 1

* Sport-Hotel Ihle
Sportparkstr. 11, Tel (0 73 06) 9 67 00,
Fax 24 49, ✉ 89269, ED VA
22 Zi, Ez: 85/42, Dz: 120/60, ⌐ WC ⊘, P,
Sauna, Solarium, 4 Tennis, Restaurant

Illerberg (3 km ↗)

¶¶ Burgthalschenke
Hauptstr. 4, **Tel (0 73 06) 52 65**, Fax 3 43 94,
✉ 89269, AX DC ED VA
Hauptgericht 19/9-42/21, Terrasse, P,
geschl.: Mo

Völklingen 52 ↘

Saarland
Kreis Stadtverband Saarbrücken
EW 44000
ℹ Tel (0 68 98) 2 11 00, Fax 29 49 16
Tourist-Information
✉ 66333 Rathausstr. 57

✱✱✱ Parkhotel Gengenbach ♛
Kühlweinstr. 70, **Tel (0 68 98) 91 47 00**,
Fax 2 36 55, ✉ 66333, AX DC ED VA
♪, 9 Zi, Ez: 150/75, Dz: 200/100, 2 Suiten, ⊟
WC ⊘ DFÜ, 2 ⊷, P, 1⊂⊃40
geschl.: 1.-15.1.01

¶¶¶¶ Orangerie 🍷
Hauptgericht 39/19-59/29, geschl.: 1.-15.1.01

¶ Kurtz
Kühlweinstr. 19, **Tel (0 68 98) 2 63 11**,
Fax 2 79 78, ✉ 66333, ED
Hauptgericht 28/14, ⊨

Fürstenhausen (1 km ↓)

✱ Saarhof
Saarbrücker Str. 65, **Tel (0 68 98) 3 72 39**,
✉ 66333
14 Zi, Ez: 85/42-95/47, Dz: 150/75-170/85, ⊟
WC ⊘, P, ⊕, Restaurant

Voerde 32 →

Nordrhein-Westfalen / Kreis Wesel
EW 40000
ℹ Tel (0 28 55) 8 03 00, Fax 8 03 01
Stadtverwaltung
✉ 46562 Rathausplatz 20

✱✱ Niederrhein
Friedrichsfelder Str. 15, **Tel (0 28 55) 96 20**,
Fax 96 21 11, ✉ 46562, AX DC ED VA
56 Zi, Ez: 145/73-150/75, Dz: 185/93-210/105,
⊟ WC ⊘ DFÜ, 6 ⊷, Lift, P, 3⊂⊃60,
Fitnessraum, Sauna, Solarium, garni

¶¶ Wasserschloß Haus Voerde
Allee 64, **Tel (0 28 55) 36 11**, Fax 36 16,
✉ 46562, ED
Hauptgericht 40/20, geschl.: Mo
Wasserschloß von 1668. Schloßkeller, Rittersaal.

Vogtsburg im Kaiserstuhl 67 ↖

Baden-Württemberg
Kreis Breisgau-Hochschwarzwald
EW 5600
ℹ Tel (0 76 62) 9 40 11, Fax 8 12 46
Touristik-Information
✉ 79235 Bahnhofstr. 20

Achkarren

✱ Zur Krone
Schlosbergstr. 16, **Tel (0 76 62) 9 31 30**,
Fax 93 13 50, ✉ 79235, ED VA
23 Zi, Ez: 75/37-95/47, Dz: 105/52-150/75,
1 Suite, ⊟ WC ⊘ DFÜ, 2 ⊷, P, ⊕, 1⊂⊃30,
1 Tennis
Auch Zimmer der Kategorie ✱✱ vorhanden.
**¶ Hauptgericht 18/9-39/19, Terrasse,
geschl.: Mi

Bickensohl

✱✱ Rebstock
Neunlindenstr. 23, **Tel (0 76 62) 9 33 30**,
Fax 93 33 20, ✉ 79235
13 Zi, Ez: 70/35, Dz: 140/70-164/82, ⊟ WC ⊘,
P
geschl.: Mo, 17.12.00-9.2.01, 23.7.-4.8.01
**¶¶ Hauptgericht 27/13-42/21, Terrasse,
geschl.: Mo, Di mittags, 17.12.00-9.2.01,
23.7.-4.8.01

Bischoffingen-Außerhalb

✱ Steinbuck
Steinbuckstr. 20, **Tel (0 76 62) 91 12 10**,
Fax 60 79, ✉ 79235
♪ ⚜, 18 Zi, Ez: 85/42-95/47, Dz: 158/79-168/84,
1 Suite, ⊟ WC ⊘, P, ⊕, 1⊂⊃30, Sauna,
Solarium
geschl.: Di
**¶¶ Tel 7 71, ⚜, Hauptgericht 35/17-48/24,
Terrasse, geschl.: Di, Mi mittags

Burkheim

✱ Posthotel Kreuz-Post
Landstr. 1, **Tel (0 76 62) 9 09 10**, Fax 12 98,
✉ 79235, VA
35 Zi, Ez: 69/34-99/49, Dz: 98/49-160/80, ⊟
WC ⊘, 35 ⊷, Lift, P, ⊕, 2⊂⊃45, Kegeln
geschl.: Di, 5.11.-1.12.00
Im Neubau Zimmer der Kategorie ✱✱
vorhanden.
**¶ Hauptgericht 27/13, Terrasse,
geschl.: Di, 5.11.-1.12.00

Vogtsburg im Kaiserstuhl

Niederrotweil

¶ ▬▬▬▬ Gasthaus Zum Kaiserstuhl
Haus Nr. 4, Tel (0 76 62) 2 37, ✉ 79235
Hauptgericht 17/8-44/22, Terrasse, **P**,
geschl.: So abends, Mo, 7.-30.8.00, 9.8.-2.9.01

Oberbergen

¶¶¶ ▬▬▬▬ Schwarzer Adler
Badbergstr. 23, Tel (0 76 62) 9 33 00, Fax 7 19,
✉ 79235, DC ED VA
Hauptgericht 38/19-50/25, Terrasse, **P**,
geschl.: Mi, Do, Mitte Jan-Mitte Feb
✻✻ ▬▬▬▬ Badbergstrasse 23, 15 Zi, Ez: 150/75,
Dz: 240/120, ⊟ WC ⌀, 8 ⚐, Lift, 🞈, ⚘, Sauna

Vohenstrauß 59 ←

Bayern
Kreis Neustadt a. d. Waldnaab
EW 7560
ℹ Tel (0 96 51) 92 22 30, Fax 92 22 41
Tourismusbüro
✉ 92648 Marktplatz 9

▬▬ Drei Lilien
Friedrichstr. 15, Tel (0 96 51) 23 61,
Fax 91 61 81, ✉ 92648
22 Zi, Ez: 46/23-52/26, Dz: 80/40-96/48, ⊟
WC, **P**, 🞈, Restaurant

Volkach 56 ↑

Bayern / Kreis Kitzingen
EW 9442
ℹ Tel (0 93 81) 40 10
Verkehrsamt
✉ 97332 Marktplatz 1

Erholungsort Kath. Wallfahrtskirche St.Maria im
Weingarten m.Riemenschneider-Madonna
i.Rosenrkanz; Rathaus; Bürgerhäuser; Vogels-
burg, Hallburg, Museum Kartause Astheim;
Schelfenhaus.

**✻ ▬▬▬▬ Romantik Hotel
Zur Schwane** ♛
Hauptstr. 12, Tel (0 93 81) 8 06 60,
Fax 80 66 66, ✉ 97332, AX ED VA
24 Zi, Ez: 85/42-150/75, Dz: 160/80-270/135,
2 Suiten, ⊟ WC ⌀, **P**, 🞈, 1⚬12, Sauna
geschl.: 22.12.00-3.1.01
Auch Zimmer der Kategorie ✻✻ vorhanden.

¶¶ ▬▬▬▬ ⚭, Hauptgericht 35/17, Terrasse,
geschl.: Mo, 20.12.00-20.1.01
Gebäude von 1404. Antike Möbel. Älteste
Weinstube in Franken. Spirituosen aus eigener
Obstweinbrennerei. Eigenbauweine.
Beachtenswerte Küche.

✻ ▬▬▬▬ Vier Jahreszeiten
Hauptstr. 31, Tel (0 93 81) 8 48 40,
Fax 84 84 44, ✉ 97332, AX ED VA
⚭, 19 Zi, Ez: 95/47-140/70, Dz: 160/80-210/105,
1 Suite, ⊟ WC ⌀ DFÜ, 11 ⚐, **P**, 2⚬15, garni
Auch Zimmer der Kategorie ✻✻ vorhanden.

✻ ▬▬▬▬ Kreuzer
Hauptstr. 33, Tel (0 93 81) 8 07 20,
Fax 80 72 11, ✉ 97332, ED VA
11 Zi, Ez: 90/45, Dz: 130/65-150/75, 1 Suite, ⊟
WC ⌀, 9 ⚐, **P**, garni
geschl.: 24.12.00-7.1.01
Auch Zimmer der Kategorie ✻✻ vorhanden.

✻ ▬▬▬▬ Am Torturm
Hauptstr. 41, Tel (0 93 81) 8 06 70,
Fax 80 67 44, ✉ 97332, AX ED VA
15 Zi, Ez: 95/47-150/75, Dz: 140/70-190/95,
1 App, ⊟ WC ⌀, 🞈, garni
Auch Zimmer der Kategorie ✻✻ vorhanden.

Wadern

✱ Weingasthof Rose
Oberer Markt 7, **Tel (0 93 81) 84 00**,
Fax 84 03 33, ✉ 97332, ED VA
29 Zi, Ez: 90/45-120/60, Dz: 140/70-180/90,
1 Suite, ⌐ WC ⊘, 3 ⌦, Lift, P, 1⟲40,
Restaurant
Auch Zimmer der Kategorie **✱✱** vorhanden.

¶ Mephisto
Gaibacher Str. 5, **Tel (0 93 81) 80 39 80**,
Fax 80 39 81, ✉ 97332
Hauptgericht 28/14-38/19, Gartenlokal, nur
abends, geschl.: Di
Italienische Küche.

Astheim (2 km ←)

¶ Zum Schwan
Kartäuserstr. 13, **Tel (0 93 81) 12 15**, Fax 61 77,
✉ 97332, AX ED VA
♥, Hauptgericht 15/7-29/14, Gartenlokal,
geschl.: Di, Mi mittags

Escherndorf (5 km ←)

¶ Gasthaus Zur Krone ✚
Bocksbeutelstr. 1, **Tel (0 93 81) 28 50**,
Fax 60 82, ✉ 97332, ED VA
Hauptgericht 20/10-39/19, Terrasse, P,
geschl.: Di, 3 Wochen im Jan

Wachenheim (Weinstraße) 54 ✓

Rheinland-Pfalz
Kreis Bad Dürkheim
EW 4610
ℹ Tel (0 63 22) 95 80 32, Fax 95 80 59
Touris-Information
✉ 67157 Weinstr. 16

✱ Goldbächel
Waldstr. 99, **Tel (0 63 22) 9 40 50**, Fax 50 68,
✉ 67157, ED VA
⌐, 16 Zi, Ez: 80/40-115/57, Dz: 150/75-160/80,
⌐ WC ⊘, P, ☎, 1⟲30, Sauna, Solarium
¶ Hauptgericht 30/15, Terrasse,
Biergarten, geschl.: 14-28.1.01

Wachtberg 43 ←

Nordrhein-Westfalen
Rhein-Sieg-Kreis
EW 19000
ℹ Tel (02 28) 95 44 01 78, Fax 9 54 41 23
Gemeindeverwaltung
✉ 53343 Rathausstr. 34

Adendorf

¶¶¶ Gasthaus Kräutergarten
Töpferstr. 30, **Tel (0 22 25) 75 78**,
Fax 70 28 01, ✉ 53343
Hauptgericht 38/19-48/24, P, geschl.: Sa
mittags, So, Mo, 1.-16.10.00, 7.-17.10.01

Niederbachem

✱ Dahl
Heideweg 9, **Tel (02 28) 34 10 71**,
Fax 34 50 01, ✉ 53343, AX DC ED VA
67 Zi, Ez: 120/60-150/75, Dz: 180/90-230/115,
1 Suite, ⌐ WC ⊘, Lift, P, 8⟲300, ☎, Kegeln,
Sauna, Solarium, Restaurant
geschl.: 21-29.12.00, 23-26.2.00

Wadern 52 ↘

Saarland / Kreis Merzig-Wadern
EW 17290
ℹ Tel (0 68 71) 50 70, Fax 5 07 16
Stadtverwaltung
✉ 66687 Marktplatz 13

Sehenswert: Schloß und Burg Dagstuhl, Schloß
Münchweiler; Öttinger Schlößchen, hist. Stadt-
fest.

Lockweiler

✱ Castello bianco
Steinkreuzweg 18, **Tel (0 68 71) 9 11 37**,
Fax 9 11 38, ✉ 66687
9 Zi, Ez: 80/40, Dz: 120/60, ⌐ WC

Wadersloh 34 ↗

Nordrhein-Westfalen
Kreis Warendorf
EW 13660
🛈 Tel (0 25 23) 95 00, Fax 95 01 79
Verkehrsamt
✉ 59329 Liesborner Str. 5

** Ringhotel Bomke ♛
Kirchplatz 7, Tel (0 25 23) 9 21 60, Fax 13 66,
✉ 59329, AX DC ED VA
20 Zi, Ez: 115/57-160/80, Dz: 180/90-260/130,
⌐ WC ⌀ DFÜ, 4 ⊭, 🅿, 🚗, 3⊖45, Kegeln, Golf

🍴🍴 Hauptgericht 39/19-54/27 🚩
Terrasse, geschl.: Do, sa mittags, 1 Woche im Jan, 3 Wochen im Sommer

Wadgassen 52 ↘

Saarland / Kreis Saarlouis
EW 19100
🛈 Tel (0 68 34) 94 41 28, Fax 94 41 27
Gemeindeverwaltung
✉ 66787 Lindenstr. 114

* Wadegotia
Lindenstr. 30, Tel (0 68 34) 9 41 50,
Fax 4 66 98, ✉ 66787, AX ED VA
60 Zi, Ez: 75/37-95/47, Dz: 120/60-140/70, ⌐
WC ⌀ DFÜ, 🅿, Restaurant
Langzeitvermietung möglich.

🍴🍴 **Lux in der Cristallerie**
Saarstr. 20, Tel (0 68 34) 94 33 83, ✉ 66787
geschl.: Sa mittags, So abends

Waging am See 73 □

Bayern / Kreis Traunstein
EW 5900
🛈 Tel (0 86 81) 3 13, Fax 96 76
Verkehrsamt Waging am See
✉ 83329 Salzburger Str. 32

** Eichenhof
Angerpoint 1, Tel (0 86 81) 40 30, Fax 4 03 25,
✉ 83329, ED VA
einzeln ☾, 41 Zi, Ez: 141/71, Dz: 232/116,
2 Suiten, 3 App, ⌐ WC ⌀, 12 ⊭, 🅿, 🚗, 2⊖50,
Fitnessraum, Sauna, Solarium, Restaurant

** Wölkhammer
Haslacher Weg 3, Tel (0 86 81) 40 80,
Fax 43 33, ✉ 83329
45 Zi, Ez: 70/35-150/75, Dz: 120/60-240/120,
2 Suiten, ⌐ WC, Lift, 🅿, 2⊖45, Fitnessraum,
Sauna, Solarium, Restaurant
geschl.: Fr, Anfang Nov-Mitte Dez, 2 Wochen im Jan
Auch Zimmer der Kategorie * vorhanden.

🍴🍴🍴 Kurhaus-Stüberl
Am See 1, im Kurhaus, Tel (0 86 81) 40 09 12,
Fax 40 09 25, ✉ 83329, AX DC ED VA
🍷, Hauptgericht 49/24-59/29, Terrasse, 🅿,
geschl.: Mo, Di, 8.1.-28.2.01

Wahlsburg 36 ↖

Hessen / Kreis Kassel
EW 2550
🛈 Tel (0 55 72) 9 37 80, Fax 93 78 27
Verkehrsamt
✉ 37194 Am Mühlbach 15

Lippoldsberg

Lippoldsberger Hof
Schäferhof 16, Tel (0 55 72) 3 36, Fax 13 27,
✉ 37194
☾, 17 Zi, Ez: 54/27-76/38, Dz: 96/48-100/50,
1 Suite, 1 App, ⌐ WC, 3 ⊭, 🅿, 🚗, Restaurant
geschl.: 15-31.3.01

Wahlscheid siehe Lohmar

Wahrenholz 27 ↖

Niedersachsen / Kreis Gifhorn
EW 3550
🛈 Tel (0 58 35) 2 74, Fax 71 18
Tourist-Information
✉ 29399 An der Sägemühle 1

* Landhotel Heiner Meyer
Hauptstr. 50, Tel (0 58 35) 70 70, Fax 16 62,
✉ 29399
22 Zi, Ez: 70/35-75/37, Dz: 114/57-128/64, ⌐
WC ⌀, 5 ⊭, 🅿, Restaurant
geschl.: 1.-15.1.01

Waiblingen 61 →

Baden-Württemberg
Rems-Murr-Kreis
EW 51000
ℹ Tel (0 71 51) 5 00 14 23, Fax 5 00 14 46
Stadtinformation
✉ 71332 Marktgasse 1

✱✱ Koch
Bahnhofstr. 81, Tel (0 71 51) 95 83 20,
Fax 5 59 76, ✉ 71332, AX DC ED VA
52 Zi, Ez: 125/62-135/67, Dz: 160/80-190/95,
1 Suite, ⌐ WC ⌀ DFÜ, 5 ⌘, Lift, P, 🐾, Kegeln,
Restaurant
Auch Zimmer der Kategorie ✱ vorhanden.

✱ Adler
Kurze Str. 15, Tel (0 71 51) 5 39 39,
Fax 56 27 79, ✉ 71332, AX DC ED VA
28 Zi, Ez: 108/54-140/70, Dz: 170/85-185/93,
1 Suite, ⌐ WC ⌀, 10 ⌘, garni

¶¶ Remsstuben
An der Talaue 4, Tel (0 71 51) 2 10 78,
Fax 2 42 06, ✉ 71334, AX DC ED VA
Hauptgericht 18/9-39/19, Terrasse, Kegeln,
geschl.: Mo

¶ Ambiente ✚
Neustädter Str. 28, Tel (0 71 51) 2 97 92,
✉ 71334, ED
Hauptgericht 35/17-45/22, Terrasse, geschl.: So

Waidhaus 59 ☐

Bayern
Kreis Neustadt a. d. Waldnaab
EW 2600
ℹ Tel (0 96 52) 8 22 00, Fax 82 20 20
Gästebüro Waidhaus
✉ 92726 Schulstr. 4

🛏 Gasthof Biehler
Vohenstraußer Str. 9, Tel (0 96 52) 4 55,
Fax 17 87, ✉ 92726, ED VA
18 Zi, Ez: 58/29, Dz: 98/49, ⌐ WC ⌀, P,
1⌘30, 🐾, Kegeln, Sauna, Restaurant

Waischenfeld 57 ↗

Bayern / Kreis Bayreuth
EW 3280
ℹ Tel (0 92 02) 96 01 17, Fax 96 01 29
Tourist-Information
✉ 91344 Marktplatz 58

🛏 Zur Post
Marktplatz 108, Tel (0 92 02) 98 00,
Fax 98 01 00, ✉ 91344

114 Zi, Ez: 45/22-85/42, Dz: 85/42-140/70, ⌐
WC ⌀, Lift, P, 11⌘50, Sauna, Solarium,
Restaurant
geschl.: 6.1.-1.3.01

Eichenbirkig (4 km ↘)

¶ Gut Schönhof
Haus Nr 10, Tel (0 92 02) 12 28, Fax 9 54 01,
✉ 91344, ED VA
Hauptgericht 15/7-35/17, Biergarten, P,
geschl.: 7.2.-7.3.01
Haus steht unter Denkmalschutz. Eigenprodukte
aus ökologischer Wirtschaft.

Wald-Michelbach 54 →

Hessen / Kreis Bergstraße
EW 11500
ℹ Tel (0 62 07) 94 70, Fax 94 71 70
Gemeindeverwaltung
✉ 69483 In der Gass 17

Erholungsort im Odenwald.

Aschbach (2 km ↗)

¶¶ Vetters Hof ✚
Waldstr. 12, Tel (0 62 07) 23 13, Fax 39 71,
✉ 69483, AX DC ED VA
Hauptgericht 24/12-46/23, Gartenlokal, P,
geschl.: Mo, 2 Wochen im Sommer

Waldachtal 61 ✓

Baden-Württemberg
Kreis Freudenstadt
EW 5870
ℹ Tel (0 74 43) 96 34 40, Fax 3 01 62
Gäste-Information
✉ 72178 Hauptstr. 18

Lützenhardt

✱ Sattelackerhof
Sattelackerstr. 21, Tel (0 74 43) 28 30,
Fax 28 31 70, ✉ 72178, ED VA
§, 36 Zi, Ez: 65/32-80/40, Dz: 130/65-150/75,
⌐ WC ⌀, 5 ⌘, Lift, P, 1⌘65, 🐾, Sauna,
Solarium, Restaurant

Waldbronn 60 ↗

Baden-Württemberg
Kreis Karlsruhe
EW 12500
ℹ Tel (0 72 43) 5 65 70, Fax 56 57 58
Kurverwaltung
✉ 76337 Bergstr. 32

Ort mit Heilquellen-Kurbetrieb, attrakt. Thermalbad.

Busenbach

¶ La Cigogne
Ettlinger Str. 97, **Tel (0 72 43) 5 65 20**,
Fax 56 52 56, ✉ 76337, AX DC ED VA
Hauptgericht 17/8-43/21, **P**, nur abends,
so+feiertags auch mittags, geschl.: Mi
✱ 11 Zi, Ez: 99/49-102/51,
Dz: 158/79-160/80, ⌐ WC ⌀ DFÜ, 3 ⇐, Lift, ⌂

Reichenbach (2 km ↘)

✱ **Weinhaus Steppe**
Neubrunnenschlag 18, **Tel (0 72 43) 5 65 60**,
Fax 56 56 56, ✉ 76337, ED VA
☽ ☽, 30 Zi, Ez: 95/47-120/60, Dz: 150/75, ⌐ WC
⌀, **P**, ⌂, 3⇨85, Sauna, Solarium, Restaurant

Waldburg 69 ↘

Baden-Württemberg
Kreis Ravensburg
EW 2700
ℹ Tel (0 75 29) 9 71 70, Fax 97 17 55
Gästeamt
✉ 88289 Hauptstr. 20

✱ **Krone**
Hauptstr. 21, **Tel (0 75 29) 99 80, Fax 99 83 00**,
✉ 88289, ED VA
30 Zi, Ez: 85/42, Dz: 135/67-155/78, 1 Suite, ⌐
WC ⌀, 9 ⇐, **P**, ⌂, 2⇨150, Bowling, Sauna,
Solarium, Restaurant

Waldeck 35 ↓

Hessen
EW 7500
ℹ Tel (0 56 23) 9 99 80, Fax 99 98 30
Edersee Touristic GmbH
✉ 34513 Sachsenhäuser Str. 10

✱✱ **Ringhotel Roggenland**
Schlosstr. 11, **Tel (0 56 23) 99 88, Fax 60 08**,
✉ 34513, AX DC ED VA, **S**
68 Zi, Ez: 125/62-160/80, Dz: 166/83-240/120,
1 Suite, 6 App, ⌐ WC ⌀, Lift, **P**, 5⇨100, ⌂,
Kegeln, Sauna, Solarium, Golf

geschl.: 18-26.12.00
Auch Zimmer der Kategorie ✱✱✱ vorhanden.
¶ Hauptgericht 26/13, Terrasse,
geschl.: So abends, 18-26.12.00

Waldeck-Außerhalb (2 km ↙)

✱ **Waldhotel Wiesemann**
Oberer Seeweg 2, **Tel (0 56 23) 53 48**,
Fax 54 10, ✉ 34513, VA
☽ ☽, 14 Zi, Ez: 70/35-140/70,
Dz: 120/60-240/120, 1 Suite, ⌐ WC ⌀, 5 ⇐, **P**,
⌂, 1⇨30, ⌂, Sauna, Solarium, Golf,
Restaurant
geschl.: Do

⇌ Haus am See
Klippenberg 1, **Tel (0 56 23) 54 38, Fax 60 55**,
✉ 34513, AX
13 Zi, Ez: 65/32-85/42, Dz: 110/55-130/65,
3 App, ⌐ WC, **P**, Restaurant

Nieder-Werbe (6 km ←)

✱✱ **Werbetal
Flair Hotel**
Uferstr. 28, **Tel (0 56 34) 9 79 60**,
Fax 97 96 95, ✉ 34513, AX ED VA
☽, 26 Zi, Ez: 65/32-105/52, Dz: 92/46-175/88,
2 App, ⌐ WC ⌀, **P**, ⌂, 3⇨100, Restaurant
geschl.: 3.1.00-1.3.01
Auch Zimmer der Kategorie ✱ vorhanden.

Waldenbuch 61 ↘

Baden-Württemberg
Kreis Böblingen
EW 8590
ℹ Tel (0 71 57) 12 93 14, Fax 12 93 75
Stadtverwaltung/Rathaus
✉ 71111 Marktplatz 1

✱ **Landgasthof Rößle**
Auf dem Graben 5, **Tel (0 71 57) 73 80**,
Fax 2 03 26, ✉ 71111, AX DC ED VA
33 Zi, Ez: 98/49-125/62, Dz: 160/80-170/85,
3 App, ⌐ WC ⌀, Lift, **P**, 1⇨30, Kegeln, Sauna,
Restaurant
geschl.: 2 Wochen im Feb, 2 Wochen im Aug

Waldenburg 49 ↗

Sachsen / Kreis Chemnitzer Land
EW 4200
ℹ Tel (03 76 08) 2 10 00, Fax 2 10 06
Fremdenverkehrsamt
✉ 08396 Markt 22

Oberwinkel (3 km ↘)

**✱ Glänzelmühle
Flair Hotel**
Am Park 9 b, Tel (03 76 08) 2 10 15,
Fax 2 10 17, ✉ 08396, ED VA
einzeln ♪, 15 Zi, Ez: 80/40-95/47,
Dz: 91/45-130/65, 1 Suite, ⇥ WC ✆, P, 1↻20,
Restaurant

Waldenburg 62 ↖

Baden-Württemberg / Hohenlohekreis
EW 3200
🛈 Tel (0 79 42) 10 80, Fax 1 08 88
Stadtverwaltung
✉ 74638 Hauptstr. 13, Rathaus

✱✱ Panoramahotel
Hauptstr. 84, Tel (0 79 42) 9 10 00,
Fax 9 10 08 88, ✉ 74638, AX DC ED VA, Ⓢ
♪ ✦, 69 Zi, Ez: 132/66-195/98, Dz: 249/125,
4 Suiten, ⇥ WC ✆, 13 ↝, Lift, P, ☎, 9↻150,
⌂, Sauna, Solarium, Golf
Direkter Zugang zum städtischen Hallenbad.
🍴🍴 Fax 8 88, ✦, Hauptgericht 18/9-42/21,
Terrasse

✱ Bergfried
Hauptstr. 30, Tel (0 79 42) 9 14 00,
Fax 91 40 45, ✉ 74638, ED VA
♪ ✦, 15 Zi, Ez: 80/40-90/45, Dz: 125/62-135/67,
⇥ WC ✆, P
Rezeption: 7-14, 17-24, geschl.: Mi,
27.12.00-10.1.01
🍴 ✦, Hauptgericht 25/12, Terrasse

Waldesch 43 ↘

Rheinland-Pfalz
Kreis Mayen-Koblenz
EW 2100
🛈 Tel (0 26 28) 96 05 42, Fax 96 05 24
Verkehrsamt
✉ 56321 Am Viehtor

✱✱ Waldhotel König von Rom
Hübinger Weg 73a, Tel (0 26 28) 96 11 00,
Fax 96 11 46, ✉ 56323, AX DC ED VA
♪ ✦, 19 Zi, Ez: 90/45-140/70,
Dz: 130/65-198/99, ⇥ WC ✆, 5 ↝, P, ☎,
2↻35
🍴🍴 Tel 9 61 10, Hauptgericht 25/12-35/17,
Terrasse, geschl.: Di

Waldfischbach-Burgalben 53 ↓

Rheinland-Pfalz
Kreis Südwestpfalz
EW 5397
🛈 Tel (0 63 33) 92 51 60, Fax 92 51 90
Vergandsgemeindeverwaltung
✉ 67714 Friedhofstr. 3

✱✱ Zum Schwan
Hauptstr. 119, Tel (0 63 33) 9 24 20,
Fax 92 42 92, ✉ 67714, ED
20 Zi, Ez: 70/35, Dz: 110/55-120/60, ⇥ WC ✆
DFÜ, 3 ↝, P, ☎, Restaurant

Waldkirch 67 ☐

Baden-Württemberg
Kreis Emmendingen
EW 20000
🛈 Tel (0 76 81) 1 94 33, Fax 40 41 07
Tourist-Information
✉ 79183 Kirchplatz 2

✱ Felsenkeller
Schwarzenbergstr. 18, Tel (0 76 81) 4 02 50,
Fax 40 25 80, ✉ 79183, AX DC ED VA
♪ ✦, 30 Zi, Ez: 95/47, Dz: 135/67, ⇥ WC ✆,
2↻80, Sauna, Solarium, Restaurant

Buchholz (3 km ↙)

**✱ Hirschenstube
mit Gästhaus Gehri**
Schwarzwaldstr. 45, Tel (0 76 81) 47 77 70,
Fax 4 77 77 40, ✉ 79183, ED VA
♪, 20 Zi, Ez: 82/41-98/49, Dz: 120/60-150/75,
1 Suite, 5 App, ⇥ WC ✆, P, ☎, Sauna,
Solarium
Im Haupthaus auch einfachere Zimmer
vorhanden.
🍴 Hauptgericht 28/14-36/18,
geschl.: Mo, So abends, 28.1.-18.2.00

✱ Landgasthof Löwen
Schwarzwaldstr. 34, Tel (0 76 81) 98 68,
Fax 2 52 53, ✉ 79183, AX DC ED VA
♪, 21 Zi, Ez: 85/42-95/47, Dz: 120/60-140/70,
3 Suiten, ⇥ WC ✆ DFÜ, Lift, P, ☎, 3↻100,
Restaurant
geschl.: 2.-20.1.01

Kollnau (2 km ↗)

✱ Kohlenbacher Hof
Kohlenbach 8, Tel (0 76 81) 80 56, Fax 52 37,
✉ 79183, AX DC ED VA
einzeln ♪ ✦, 18 Zi, Ez: 80/40-90/45,
Dz: 130/65-140/70, ⇥ WC ✆, P, 1↻40,
Restaurant

Suggental (4 km ✓)

✱✱ Suggenbad
Talstr. 1, Tel (0 76 81) 80 91, Fax 80 46,
✉ 79183, AX ED VA
35 Zi, Ez: 70/35-100/50, Dz: 155/78-200/100, ⊟
WC ⊘, Lift, ℗, 🏠, 2⟲40, Sauna, Solarium
Rezeption: 11-23
Auch Zimmer der Kategroie ✱ vorhanden.
🍴 Hauptgericht 38/19, geschl.: Do, 2
Wochen im Jan

Waldkirchen 66 →

Bayern / Kreis Freyung-Grafenau
EW 11060
🛈 Tel (0 85 81) 1 94 33, Fax 40 90
Tourismusbüro
✉ 94065 Ringmauerstr. 14

Luftkur- und Wintersportort im Bayerischen Wald.

✱✱ Vier Jahreszeiten
Hauzenberger Str. 48, Tel (0 85 81) 20 50,
Fax 20 54 44, ✉ 94065, AX DC ED VA
♪ ६, 112 Zi, Ez: 77/38-95/47,
Dz: 144/72-164/82, 6 Suiten, 6 App, ⊟ WC ⊘,
℗, 1⟲30, ≋, 🏠, Sauna, Solarium, Restaurant
Verbindungsgang zum städtischen
Bäderzentrum.

✱✱ Karoli
VdK-Str. 26, Tel (0 85 81) 97 00, Fax 97 02 90,
✉ 94065
76 Zi, Ez: 70/35, Dz: 130/65, ⊟ WC ⊘, Lift,
Sauna, Solarium, Restaurant

Dorn

✱ Sporthotel Reutmühle Familotel
Frauenwaldstr. 7, Tel (0 85 81) 20 30,
Fax 20 31 70, ✉ 94065, AX DC ED VA
♪, 137 Zi, Ez: 109/54-149/75,
Dz: 178/89-218/109, 35 Suiten, 137 App, ⊟ WC
⊘, 20 ⊱, ℗, 🏠, 3⟲80, 🏠, Kegeln, Sauna,
Solarium, Golf, Kinderbetreuung, Restaurant
Hoteldorf im niederbayerischen Landhausstil.

Waldkraiburg 73 ↖

Bayern / Kreis Mühldorf am Inn
EW 25000
🛈 Tel (0 86 38) 95 93 15, Fax 95 93 16
Haus der Kultur
✉ 84478 Braunauer Str. 10

✱ City Hotel
Berliner Str. 35, Tel (0 86 38) 9 67 50,
Fax 96 75 50, ✉ 84478, AX DC ED VA
22 Zi, Ez: 100/50-120/60, Dz: 160/80, 3 Suiten,
1 App, ⊟ WC ⊘, 3 ⊱, ℗, 🏠, Restaurant

Waldliesborn, Bad siehe Lippstadt

Waldmohr 53 ✓

Rheinland-Pfalz / Kreis Kusel
EW 5710
🛈 Tel (0 63 73) 50 30, Fax 44 07
Verbandsgemeindeverwaltung
✉ 66914 Rathausstr. 14

Waldmohr-Außerhalb (1 km →)

🍴🍴 Le Marmiton
Am Mühlweiher 1, Tel (0 63 73) 91 56,
Fax 91 56, ✉ 66914, DC ED VA
६, Hauptgericht 28/14-44/22

Waldziegelhütte (2 km ↖)

🛏 Landhaus Hess
Waldziegelhütte 35, Tel (0 63 73) 24 11,
Fax 2 04 02, ✉ 66914, ED
15 Zi, Ez: 60/30, Dz: 90/45-100/50, ⊟ WC ⊘,
℗, Restaurant

Waldmünchen 59 ↘

Bayern / Kreis Cham
EW 7700
🛈 Tel (0 99 72) 3 07 24 25, Fax 3 07 40
Tourist-Information
✉ 93449 Marktplatz 16

Luftkurort im Bayer. Wald, Stadt der Trenck-
Festspiele (Juli/August) mit dem Perlsee (Baden-
Bootfahren-Angeln-Campen), dem Erlebnisbad
„Aquafit" und vielen Urlaubsangeboten.

✱✱ Bayerischer Hof
Torweiherweg 5, Tel (0 99 72) 95 00 01,
Fax 95 04 55, ✉ 93449, AX DC ED VA
144 Zi, Ez: 75/37-90/45, Dz: 120/60-160/80,
15 Suiten, 9 App, ⊟ WC ⊘, 23 ⊱, Lift, ℗,
1⟲120, Sauna, Solarium, 9 Tennis, Restaurant

✱ Residenz-Hotel
Residenzstr. 4, Tel (0 99 72) 95 40,
Fax 95 45 55, ✉ 93449
27 Zi, Ez: 70/35-89/44, Dz: 120/60-168/84,
2 Suiten, ⊟ WC ⊘, 27 ⊱, Lift, ℗, 🏠, 2⟲40,
🏠, Sauna, Solarium, Restaurant

Waldrach 52 □

Rheinland-Pfalz
Kreis Trier-Saarburg
EW 2230
ℹ Tel (06 51) 5 51 24, Fax 5 51 59
Tourist-Information
✉ 54292 Rheinstr. 44

⛵ Landgasthof Simon
Bahnhofstr. 14, Tel (0 65 00) 6 77, Fax 14 40,
✉ 54320
21 Zi, Ez: 60/30, Dz: 90/45, ⊟ WC, Restaurant

Waldsassen 59 ↖

Bayern / Kreis Tirschenreuth
EW 8000
ℹ Tel (0 96 32) 8 81 60, Fax 54 80
Tourist-Information
✉ 95652 Johannisplatz 11

Klosterstadt, Tor zu Böhmen, Sehenswürdigkeiten: Basilika mit Krypta, Bibliothekssaal, Wallfahrtskirche Kappel, Stiftlandmuseum, Basilikakonzerte.

✱ Zrenner
Dr.-Otto-Seidel-Str. 13, Tel (0 96 32) 12 26,
Fax 54 27, ✉ 95652, ED
21 Zi, Ez: 40/20-65/32, Dz: 90/45-130/65, ⊟
WC ⓒ, 3 🛏, 🅿, 🚗
🍴🍴 Hauptgericht 18/9, geschl.: Fr

✱ Bayerischer Hof
Bahnhofstr. 15, Tel (0 96 32) 12 08, Fax 49 24,
✉ 95652, AX ED VA
15 Zi, Ez: 55/27-65/32, Dz: 90/45-100/50, ⊟
WC ⓒ, 4 🛏, 🅿, 1↔40
geschl.: Mi, 20.11.-1.12.00, 20-30.4.01
🍴 Hauptgericht 20/10, Biergarten,
geschl.: Mi, 20.11.-11.12.00, 20-30.4.01

✱ Zum ehem. Königlich-
Bayerischen Forsthaus
Basilikaplatz 5, Tel (0 96 32) 9 20 40,
Fax 92 04 44, ✉ 95652, ED

♪, 27 Zi, Ez: 55/27-65/32, Dz: 95/47, ⊟ WC ⓒ,
🅿, Fitnessraum, Restaurant

Waldsee, Bad 69 □

Baden-Württemberg
Kreis Ravensburg
EW 18600
ℹ Tel (0 75 24) 94 13 42, Fax 94 13 45
Kurverwaltung
✉ 88339 Ravensburger Str. 1

✱ Altes Tor
Hauptstr. 49, Tel (0 75 24) 9 71 90,
Fax 97 19 97, ✉ 88339, AX ED VA
27 Zi, Ez: 110/55-125/62, Dz: 150/75-170/85, ⊟
WC ⓒ DFÜ, 7 🛏, Lift, 🅿, 🚗, Sauna, Golf, garni
geschl.: 22.12.00-7.1.01

✱ Grüner Baum
Hauptstr. 34, Tel (0 75 24) 9 79 00,
Fax 97 90 50, ✉ 88339, AX ED VA
15 Zi, Ez: 95/47-140/70, Dz: 140/70-170/85, ⊟
WC ⓒ DFÜ, 🅿, 1↔20, Golf
🍴🍴 Hauptgericht 13/6-32/16, Terrasse,
geschl.: Mi

✱ Gästehaus Rössle
Wurzacher Str. 30, Tel (0 75 24) 4 01 00,
Fax 40 10 40, ✉ 88339
18 Zi, Ez: 66/33-105/52, Dz: 105/52-120/60, ⊟
WC ⓒ DFÜ, 🅿, garni

Gaisbeuren (3 km ✓)

✱✱ Adler
Bundesstr. 15, Tel (0 75 24) 99 80,
Fax 99 81 52, ✉ 88339, AX DC ED VA
30 Zi, Ez: 93/46-115/57, Dz: 132/66-172/86,
1 Suite, ⊟ WC ⓒ DFÜ, Lift, 🅿, 🚗, 4↔150
geschl.: 16.2.-2.3.01
🍴 Hauptgericht 19/9-36/18, Terrasse,
Biergarten, geschl.: Do, 16.2.-2.3.01

Hopfenweiler

✱✱✱ Im Hofgut
Golf & Vitalpark
Hopfenweiler 13, Tel (0 75 24) 4 01 70,
Fax 4 01 71 00, ✉ 88339, AX DC ED VA

einzeln ♨ ≋, 40 Zi, Ez: 115/57-130/65, Dz: 180/90-200/100, ⊣ WC ⌀ DFÜ, Lift, **P**, 4⟳0, Fitnessraum, Sauna, Solarium, Golf
geschl.: 3.-29.1.01

🍴🍴 ▬▬▬ Hauptgericht 25/12-35/17, Terrasse, Biergarten, geschl.: 3.-29.1.01

Kurgebiet

✱ ▬▬▬ **Kurpension Notz**
Badstr. 25, Tel (0 75 24) 9 70 80, Fax 97 08 29, ✉ 88339, AX DC VA
23 Zi, Ez: 70/35, Dz: 115/57-120/60, ⊣ WC ⌀

✱ ▬▬▬ **Kurparkhotel**
Badstr. 30, Tel (0 75 24) 9 70 70, Fax 97 07 75, ✉ 88339
♨, 60 Zi, Ez: 60/30-110/55, Dz: 120/60-200/100, ⊣ WC ⌀, Lift, Sauna, Solarium, Restaurant
Auch einfachere Zimmer vorhanden.

Waldshut-Tiengen 67 ↘

Baden-Württemberg / Kreis Waldshut
EW 22000
ℹ Tel (0 77 51) 83 31 99, Fax 83 31 26
Tourist-Information
✉ 79761 Wallstr. 26

Breitenfeld (3 km ↗)

✱ ▬▬▬ **Landgasthof Hirschen**
Breitenfeld 13, Tel (0 77 41) 6 82 50, Fax 68 25 68, ✉ 79761, ED VA
25 Zi, Ez: 66/33-75/37, Dz: 120/60-138/69, ⊣ WC ⌀, Lift, **P**, 🞖, 2⟳30, Fitnessraum, Sauna, Solarium, Restaurant
geschl.: 10-31.1.01
Im Gästehaus Cäcilia Zimmer der Kategorie **✱✱** vorhanden.

Tiengen

✱✱ ▬▬▬ **Bercher**
Bahnhofstr. 1, Tel (0 77 41) 4 74 70, Fax 4 74 71 00, ✉ 79761, ED VA
40 Zi, Ez: 75/37-135/67, Dz: 138/69-210/105, 2 Suiten, 1 App, ⊣ WC ⌀, 2 ⚐, Lift, **P**, 🞖, 3⟳150, Sauna, Solarium
geschl.: 6.-13.1.01
🍴🍴 ▬▬▬ Hauptgericht 25/12, geschl.: So, Mitte-Ende Aug

✱✱ ▬▬▬ **Brauerei Walter**
Hauptstr. 23, Tel (0 77 41) 8 30 20, Fax 83 02 40, ✉ 79761, ED VA
26 Zi, Ez: 65/32-90/45, Dz: 125/62-160/80, WC ⌀, **P**, 🞖, 1⟳80
geschl.: So
Auch einfachere Zimmer vorhanden.
🍴 ▬▬▬ Hauptgericht 25/12, geschl.: So

Waldshut

✱✱ ▬▬▬ **Waldshuter Hof**
Kaiserstr. 56, Tel (0 77 51) 20 08, Fax 87 51 70, ✉ 79761, ED VA
23 Zi, Ez: 98/49-105/52, Dz: 150/75-155/78, ⊣ WC ⌀, Lift, 🞖
🍴🍴 ▬▬▬ Hauptgericht 30/15, Terrasse, **P**, geschl.: Mo

Waldstetten 62 □

Baden-Württemberg / Ostalbkreis
EW 7000
ℹ Tel (0 71 71) 40 30, Fax 4 44 18
Gemeindeverwaltung
✉ 73550 Hauptstr. 1

🍴🍴 ▬▬▬ **Sonnenhof** ✚
Lauchgasse 19, Tel (0 71 71) 94 77 70, Fax 9 47 77 10, ✉ 73550, AX DC ED
Hauptgericht 18/9-45/22, Terrasse, Gartenlokal, **P**, geschl.: Mo

Weilerstoffel

✱ ▬▬▬ **Hölzle**
Waldstetter Str. 19, Tel (0 71 71) 4 00 50, Fax 40 05 31, ✉ 73550, ED
17 Zi, Ez: 75/37-95/47, Dz: 125/62-145/73, ⊣ WC ⌀, 8 ⚐, Lift, **P**, 🞖, 1⟳180, Restaurant

Walldorf 54 ↘

Baden-Württemberg
Rhein-Neckar-Kreis
EW 13900
ℹ Tel (0 62 27) 3 51 50, Fax 3 52 00
Sport- und Kulturamt
✉ 69190 Nußlocher Str. 45

✱✱✱ ▬▬▬ **Holiday Inn**
Roter Str, Tel (0 62 27) 3 60, Fax 3 65 04, ✉ 69190, AX DC ED VA, Ⓢ

146 Zi, Ez: 181/91-398/200,
Dz: 211/106-474/238, 12 Suiten, ⌑ WC ⓓ DFÜ,
93 ⌫, Lift, P, 🞈, 9⌬240, ≋, ⌂, Fitnessraum,
Sauna, Solarium, Golf, 1 Tennis
🍴🍴 Hauptgericht 18/9-45/22, Terrasse

** Vorfelder Minotel

Bahnhofstr. 2, **Tel (0 62 27) 69 90**,
Fax 3 05 41, ✉ 69190, AX DC ED VA, Ⓢ
65 Zi, Ez: 140/70-185/93, Dz: 220/110-260/130,
3 Suiten, ⌑ WC ⓓ, 15 ⌫, Lift, P, 5⌬60,
Sauna, Solarium, Golf
🍴🍴 Hauptgericht 28/14, Terrasse,
Biergarten, Kegeln

** Astralis Hotel Ambiente

Am Neuen Schulhaus 4, **Tel (0 62 27) 69 70**,
Fax 69 71 00, ✉ 69190, AX DC ED VA, Ⓢ
72 Zi, Ez: 130/65-350/176, Dz: 180/90-398/200,
1 Suite, ⌑ WC ⓓ DFÜ, 26 ⌫, Lift, P, 🞈,
2⌬80, Fitnessraum, Sauna, Solarium,
Restaurant

Walldorf siehe Mörfelden

Walldürn 55 ▢

Baden-Württemberg
Neckar-Odenwald-Kreis
EW 11800
🛈 Tel (0 62 82) 6 71 07, Fax 6 71 03
Tourist-Information
✉ 74731 Hauptstr. 27

Erholungsort. Sehenswert: Wallfahrtskirche;
Elfenbeinmuseum; Odenwälder Freilandmuseum;
Stadt- und Wallfahrtsmuseum; Lichtermuseum;
Römerausgrabungen.

* Landgasthof Zum Riesen

Hauptstr. 14, **Tel (0 62 82) 9 24 20**,
Fax 92 42 50, ✉ 74731, AX DC ED VA
25 Zi, Ez: 110/55, Dz: 170/85, 1 Suite, 1 App., ⌑
WC ⓓ, Lift, P, 2⌬50
Auch Zimmer der Kategorie ** vorhanden.
🍴🍴 Hauptgericht 38/19, geschl.: Mi

* Zum Ritter

Untere Vorstadtstr. 2, **Tel (0 62 82) 60 55**,
Fax 60 58, ✉ 74731, ED VA
20 Zi, Ez: 35/17-85/42, Dz: 70/35-130/65, ⌑
WC ⓓ, P, 🞈, 1⌬60, Restaurant
geschl.: Fr, 23.12.00-10.1.01, 8-30.8.00
Auch einfache Zimmer vorhanden.

Reinhardsachsen (9 km ↑)

** Akzent-Hotel Frankenbrunnen

Am Kaltenbach 3, **Tel (0 62 86) 9 20 20**,
Fax 13 30, ✉ 74731, AX DC ED VA
♪, 27 Zi, Ez: 115/57-145/73,
Dz: 160/80-195/98, 2 Suiten, 2 App., ⌑ WC ⓓ
DFÜ, 14 ⌫, P, 🞈, 3⌬150, Fitnessraum, Sauna,
Solarium, Golf, 2 Tennis

🍴🍴 Hauptgericht 24/12-49/24, Biergarten

Wallenhorst 24 ▢

Niedersachsen / Kreis Osnabrück
EW 23500
🛈 Tel (0 54 07) 88 80, Fax 88 89 99
Gemeindeverwaltung
✉ 49134 Hollager Str. 127

* Bitter

Große Str. 26, **Tel (0 54 07) 88 10**,
Fax 88 11 00, ✉ 49134, AX DC ED VA
48 Zi, Ez: 89/44-129/64, Dz: 129/64-176/88,
1 Suite, ⌑ WC ⓓ, 11 ⌫, Lift, P, 🞈, 6⌬400,
Restaurant

Wallerfangen 52 ↓

Saarland / Kreis Saarlouis
EW 9920
🛈 Tel (0 68 31) 6 80 90, Fax 6 07 69
Gemeindeverwaltung
✉ 66798 Fabrikplatz

🍴🍴🍴 Villa Fayence

Hauptstr. 12, **Tel (0 68 31) 9 64 10**,
Fax 6 20 68, ✉ 66798, AX DC ED VA
Hauptgericht 35/17-48/24, Terrasse, P,
geschl.: Mo, Sa mittags, So abends
** ♪, 4 Zi, Ez: 155/78, Dz: 240/120,
1 Suite, ⌑ WC ⓓ, Golf

Kerlingen (6 km ←)

** Scheidberg Sympathie Hotel

Tel (0 68 37) 7 50, Fax 75 30, ✉ 66798,
AX ED VA

..... Wallerfangen .....

einzeln ♪ ≋, 60 Zi, Ez: 99/49-150/75,
Dz: 165/83-180/90, 2 Suiten, 2 App., ⊒ WC ⌀,
8 ⊷, Lift, P, 12⇔850, Kegeln, Sauna,
Solarium, Golf, Restaurant
Auch Zimmer der Kategorie ✱ vorhanden.

Oberlimberg (3 km ↖)

✱ Waldesruh
Siersburger Str. 8, Tel (0 68 31) 9 66 00,
Fax 96 60 60, ⊠ 66798, AX ED VA
♪, 7 Zi, Ez: 90/45-105/52, Dz: 160/80, ⊒ WC
⌀, P, ⌂, Golf, Restaurant

Wallgau 71 ↓

Bayern
Kreis Garmisch-Partenkirchen
EW 1300
🛈 Tel (0 88 25) 92 50 50, Fax 92 50 66
Verkehrsamt
⊠ 82499 Mittenwalder Str. 8

✱✱ Parkhotel
Barmseestr. 1, Tel (0 88 25) 2 90, Fax 3 66,
⊠ 82499
♪, 34 Zi, Ez: 120/60-155/78,
Dz: 240/120-260/130, 14 Suiten, ⊒ WC ⌀, Lift,
P, ⌂, 1⇔40, ≋, Fitnessraum, Sauna,
Solarium, Golf
geschl.: 2.11.-20.12.00
Auch Zimmer der Kategorie ✱ vorhanden.
🍴🍴 Hauptgericht 25/12, Terrasse,
geschl.: 2.11.-20.12.00, 2 Wochen im Apr

✱✱ Post
Dorfplatz 6, Tel (0 88 25) 91 90, Fax 9 19 99,
⊠ 82499, ED
22 Zi, Ez: 72/36-135/67, Dz: 154/77-184/92, ⊒
WC ⌀, Lift, P, 1⇔20, Sauna, Solarium, Golf,
Restaurant
Auch Zimmer der Kategorie ✱ vorhanden.

Walluf 54 ↖

Hessen / Rheingau-Taunus-Kreis
EW 6050
🛈 Tel (0 61 23) 79 20, Fax 79 22 58
Fremdenverkehrsamt
⊠ 65396 Mühlstr. 40

Niederwalluf

✱ Zum Neuen Schwan
Rheinstr. 3, Tel (0 61 23) 9 95 90,
Fax 99 59 50, ⊠ 65396, AX DC ED VA
26 Zi, Ez: 110/55-150/75, Dz: 158/79-203/102,
⊒ WC ⌀, P, 1⇔25, Restaurant
geschl.: 22.12.00-8.1.01

🍴🍴 Schwan
Rheinstr. 4, Tel (0 61 23) 7 24 10, Fax 7 54 42,
⊠ 65396, AX DC ED VA
♨, Hauptgericht 19/9-38/19, Terrasse, P,
geschl.: Di

Zum Treppchen
Kirchgasse 14, Tel (0 61 23) 7 17 68, ⊠ 65396
♨, Hauptgericht 20/10-35/17

Walsrode 26 ↖

Niedersachsen
Kreis Soltau-Fallingbostel
EW 24000
🛈 Tel (0 51 61) 1 94 33, Fax 7 33 95
Tourist-Information
⊠ 29664 Lange Str. 20

Erholungsort. Sehensw.: 1000-jähr. Kloster; Heidemuseum „Rischmannshof" m. Lönszimmer;
weltgr. Vogelpark m. Vogelbauermuseum (2 km
N→); 7 Steinhäuser (Hünengräber 17 km SO ü.
Westenholz; Naturschutzgeb. „Grundloses
Moor" (5 km ↑) m. See; Lönshütte in Westenholz; Stellichter u. Meinerdinger Kirche.

siehe auch Essel

✱✱✱ Landhaus Walsrode ♛
Oskar-Wolff-Str. 1, Tel (0 51 61) 9 86 90,
Fax 23 52, ⊠ 29664, AX ED VA
16 Zi, Ez: 105/52-240/120, Dz: 165/83-335/168,
2 Suiten, ⊒ WC ⌀ DFÜ, P, ⌂, 3⇔50, ≋, Golf,
garni
geschl.: 15.12.00-15.1.01
Auch Zimmer der Kategorie ✱✱ vorhanden.

✱✱ Holiday Inn Garden Court
Gottlieb-Daimler-Str. 11, Tel (0 51 61) 60 70,
Fax 60 74 44, ⊠ 29664, AX DC ED VA
79 Zi, Ez: 136/68-276/139, Dz: 159/80-367/184,
⊒ WC ⌀ DFÜ, 30 ⊷, P, 2⇔40, Restaurant

✱ Kopp
Lange Str. 4, Tel (0 51 61) 9 81 10,
Fax 98 11 50, ⊠ 29664, AX DC ED VA
15 Zi, Ez: 80/40-120/60, Dz: 130/65-200/100,
⊒ WC ⌀ DFÜ, P, 6⇔500, Kegeln, Restaurant

✱ Hannover
Lange Str. 5, Tel (0 51 61) 55 16, Fax 55 13,
⊠ 29664, AX ED VA
25 Zi, Ez: 80/40-95/47, Dz: 120/60-135/67, ⊒
WC ⌀, 1 ⊷, P, 1⇔80, Restaurant
geschl.: 2.-16.1.01

Waltrop

Walsrode-Außerhalb (2 km ↑)

✶✶ Luisenhöhe
Am Vogelpark, Tel **(0 51 61) 9 86 20**,
Fax 23 87, ✉ 29664, AX DC ED VA
47 Zi, Ez: 150/75-180/90, Dz: 185/93-335/168,
⌐ WC ⦰, 3 ⇐, Lift, P, ⌂, 6⊃250
Auch Zimmer der Kategorie **✶✶✶** vorhanden.
🍴🍴 Hauptgericht 20/10-38/19, Terrasse

Hünzingen (5 km ↑)

**✶✶ Forellenhof
Landidyll**
Hünzingen, Tel **(0 51 61) 97 00**, Fax 97 01 23,
✉ 29664, AX ED VA
⌒, 64 Zi, Ez: 90/45-135/67, Dz: 150/75-180/90,
4 Suiten, ⌐ WC ⦰, P, 9⊃150, Kegeln, Sauna,
Solarium
Auch Zimmer der Kategorie **✶** vorhanden.
🍴 Hauptgericht 25/12

Waltenhofen 70 □

Bayern / Kreis Oberallgäu
EW 8793
🛈 Tel (0 83 03) 7 90, Fax 79 30
Gästeinformation
✉ 87448 Immenstädter Str. 7

Martinszell (6 km ↓)

✶ Gasthof Adler
Illerstr. 10, Tel **(0 83 79) 92 07 00**,
Fax 92 07 27, ✉ 87448, ED VA
29 Zi, Ez: 71/35, Dz: 129/64, ⌐ WC ⦰ DFÜ, P,
⌂, 3⊃100, Golf, Restaurant
geschl.: 8.-21.1.01

Oberdorf (6 km ↓)

✶ Pension Sonnenhang
Niedersonthofener Str. 26,
Tel **(0 83 79) 9 20 20**, Fax 92 02 30, ✉ 87448
⌒, 10 Zi, Ez: 57/28-83/41, Dz: 84/42-116/58, ⌐
WC ⦰, P, ⌂, ⌂, Sauna, Solarium, garni
geschl.: 2.11.-20.12.00

Waltershausen 47 ↖

Thüringen / Kreis Gotha
EW 12300
🛈 Tel (0 36 22) 63 01 48, Fax 90 25 55
Stadtinformation
✉ 99880 Markt 1

✶ Landgraf
Gothaer Str. 1, Tel **(0 36 22) 6 50 00**,
Fax 65 00 65, ✉ 99880, AX DC ED VA
68 Zi, Ez: 80/40-100/50, Dz: 120/60-140/70, ⌐
WC ⦰, 11 ⇐, Lift, P, 3⊃70, Fitnessraum,
Kegeln, Sauna, Solarium, Restaurant

Walting 64 ↖

Bayern / Kreis Eichstätt
EW 2380
🛈 Tel (0 84 21) 9 74 00, Fax 97 40 50
Gemeindeverwaltung
✉ 85072 Pfahlstr. 17

**✶ Gut Moierhof
Landidyll**
Leonhardistr. 11, Tel **(0 84 26) 9 87 80**,
Fax 9 87 81 88, ✉ 85137, AX DC ED VA
29 Zi, Ez: 85/42-115/57, Dz: 130/65-140/70, ⌐
WC ⦰ DFÜ, 27 ⇐, P, 2⊃45, Sauna, Solarium

Waltrop 33 □

Nordrhein-Westfalen
Kreis Recklinghausen
EW 30300
🛈 Tel (0 23 09) 93 00, Fax 93 03 00
Stadtverwaltung
✉ 45731 Münsterstr. 1

🛌 **Haus der Handweberei**
Bahnhofstr. 95, Tel **(0 23 09) 9 60 90**,
Fax 7 58 99, ✉ 45731, ED VA
⌒, 24 Zi, Ez: 70/35-80/40, Dz: 125/62-145/73,
⌐ WC ⦰, garni
Rezeption: 6-20

🛌 **Kranefoer**
Hilberstr. 12, Tel **(0 23 09) 9 52 30**,
Fax 95 23 30, ✉ 45731, AX ED VA
8 Zi, Ez: 75/37-80/40, Dz: 120/60-130/65, ⌐
WC ⦰, P, ⌂, Restaurant
geschl.: 20.12.00-6.1.01, 2 Wochen im sommer

🍴 **Rôtisserie Stromberg**
Isbruchstr., Tel **(0 23 09) 42 28**, Fax 92 03 17,
✉ 45731, AX DC ED VA
Hauptgericht 25/12, Terrasse, Biergarten,
Kegeln, geschl.: Mo

Wandlitz 30 ↗

Brandenburg / Kreis Barnim
EW 3320
🛈 Tel (03 33 97) 6 61 31, Fax 6 61 68
Fremdenverkehrsverein
✉ 16348 Prenzlauer Chaussee 157

✱✱ Clubotel Wandlitzsee
Stolzenhagener Chaussee 22-24,
Tel (03 33 97) 73 50, Fax 73 59 10, ✉ 16348,
AX DC ED VA
Ez: 96/48-265/133, Dz: 96/48-265/133, 48 App,
⌐ WC ✆ DFÜ, 🅿, 2↔70, Sauna, Solarium,
Restaurant
Preise exkl. Frühstück. Ferienanlage mit sechs
Sylter Ferienhäusern.

✱✱ Kurhotel Seepark am Wandlitzsee
Kirchstr. 10, Tel (03 33 97) 7 50, Fax 7 51 99,
✉ 16348, ED VA
48 Zi, Ez: 125/62-165/83, Dz: 165/83, 4 Suiten,
⌐ WC ✆, 48 ⇄, 🅿, 2↔60, Sauna, Golf,
Restaurant
Auch Zimmer der Kategorie ✱ vorhanden.

✱ Waldhotel
Bernauer Chaussee 28, Tel (03 33 97) 2 21 13,
Fax 66 98 01, ✉ 16348, AX DC ED VA
73 Zi, Ez: 90/45-110/55, Dz: 120/60-140/70, ⌐
WC ✆

Wangels 11 □

Schleswig-Holstein
Kreis Ostholstein
EW 2150
🛈 Tel (0 43 61) 5 50, Fax 55 27 20
Kurverwaltung Weissenhäuser Strand
✉ 23758 Seestr. 1

Weißenhäuser Strand

✱✱ Strandhotel im Ferienzentrum Weißenhäuser Strand
Seestr. 1, Tel (0 43 61) 55 27 71, Fax 55 27 10,
✉ 23758, AX DC ED VA
§, 184 Zi, Ez: 105/52-137/69,
Dz: 162/81-230/115, 1050 App, ⌐ WC ✆, Lift,
🅿, 7↔200, ☎, Fitnessraum, Kegeln, Bowling,
Sauna, Solarium, Restaurant

Wangen 62 ←

Baden-Württemberg
Kreis Göppingen
EW 3300
🛈 Tel (0 71 61) 91 41 80, Fax 9 14 18 33
Bürgermeisteramt
✉ 73117 Pfarrberg 2

✱ Linde
Hauptstr. 30, Tel (0 71 61) 91 11 10,
Fax 9 11 11 22, ✉ 73117, AX DC ED VA
29 Zi, Ez: 75/37-105/52, Dz: 130/65-180/90, ⌐
WC ✆ DFÜ, 🅿, ☎, 2↔35
geschl.: 3 Wochen in den Sommerferien
🍴🍴 Hauptgericht 22/11-30/15, Terrasse,
geschl.: 3 Wochen in den Sommerferien

🍴🍴 Landgasthof Adler
Hauptstr. 103, Tel (0 71 61) 2 11 95,
Fax 2 11 95, ✉ 73117, AX ED
Hauptgericht 38/19-42/21, 🅿, geschl.: Mo, Di

Wangen im Allgäu 69 ↘

Baden-Württemberg
Kreis Ravensburg
EW 25700
🛈 Tel (0 75 22) 7 42 11, Fax 7 42 14
Gästeamt /Tourist-Information
✉ 88239 Marktplatz 1

✱✱ Romantik Hotel Postvilla
Schönhalde 2, Tel (0 75 22) 9 74 60,
Fax 2 93 23, ✉ 88239, AX DC ED VA
§ ☎, 9 Zi, Ez: 100/50-130/65,
Dz: 175/88-210/105, 1 Suite, ⌐ WC ✆, 4 ⇄,
Lift, 🅿, garni
geschl.: 8.-20.1.01
Auch Zimmer der Kategorie ✱✱✱ vorhanden.

✱ Flair Hotel Vierk
Bahnhofsplatz 1, Tel (0 75 22) 9 31 10,
Fax 93 11 88, ✉ 88239, ED VA
29 Zi, Ez: 93/46-130/65, Dz: 150/75-180/90, ⌐
WC ✆, Lift, Sauna, Solarium
🍴🍴 Hauptgericht 30/15, Terrasse, 🅿   ✚
geschl.: Mo, So abends

✱ Romantik Hotel Alte Post
Postplatz 2, Tel (0 75 22) 9 75 60, Fax 2 26 04,
✉ 88239, AX DC ED VA

19 Zi, Ez: 108/54-160/80, Dz: 170/85-220/110, ⊣ WC ⊘, 10 ⌫, 🏠, 2⊃60, Restaurant

✱ Rössle
Ebnetstr. 2, **Tel (0 75 22) 40 71**, **Fax** 43 19, ✉ 88239, AX DC ED VA
6 Zi, Ez: 88/44-120/60, Dz: 145/73, 2 Suiten, ⊣ WC ⊘, 2 ⌫, P, 🏠, garni
Rezeption: 6.30-22

Neuravensburg (9 km ⌫)

✱✱ Winkelmann
Bodenseestr. 31, **Tel (0 75 28) 95 90**, **Fax** 9 59 59, ✉ 88239, DC ED VA
12 Zi, Ez: 85/42-110/55, Dz: 125/62-146/73, ⊣ WC ⊘ DFÜ, 6 ⌫, P, garni

✱ Landgasthof Mohren
Bodenseestr. 7, **Tel (0 75 28) 95 00**, **Fax** 9 50 95, ✉ 88239, AX DC ED VA
29 Zi, Ez: 85/42-100/50, Dz: 135/67-165/83, ⊣ WC ⊘, 1 ⌫, P, 🏠, 1⊃50, ⌫, Sauna, 3 Tennis
geschl.: Mo, 15.10.-1.12.00
🍴 Hauptgericht 18/9, geschl.: Mo, 15.10.-1.12.00

Wangerland 16 ↑

Niedersachsen / Kreis Friesland
EW 9500
ℹ Tel (0 44 26) 98 70, Fax 98 71 87
Wangerland Touristik GmbH
✉ 26434 Zum Hafen 3

Hooksiel

✱ Friesenhof
Tegeler Plate 40, **Tel (0 44 25) 9 58 90**, **Fax** 95 89 33, ✉ 26434, ED VA
18 Zi, Ez: 90/45-110/55, Dz: 125/62-160/80, ⊣ WC ⊘, P, 2⊃32, Restaurant
geschl.: Mi

Horumersiel

✱✱ Leuchtfeuer
Pommernweg 1, **Tel (0 44 26) 9 90 30**, **Fax** 9 90 31 10, ✉ 26434, AX DC ED VA
24 Zi, Ez: 118/59, Dz: 196/98, 3 Suiten, 7 App, ⊣ WC ⊘ DFÜ, 17 ⌫, Lift, P, 1⊃30, Fitnessraum, Sauna, Solarium, Kinderbetreuung, Restaurant

✱ Schmidts Hoern
Heinrich-Tiarks-Str. 5, **Tel (0 44 26) 9 90 10**, **Fax** 99 01 32, ✉ 26434
17 Zi, Ez: 71/35-140/70, Dz: 165/83, ⊣ WC ⊘, P, Sauna, Solarium, garni
Rezeption: 8-17

✱ Pension Mellum
Fasanenweg 9, **Tel (0 44 26) 9 90 80**, **Fax** 99 08 31, ✉ 26434
22 Zi, Ez: 62/31-77/38, Dz: 104/52-134/67, ⊣ WC ⊘, P, Restaurant
geschl.: Mi, 15.11.-15.12.00

Minsen-Förrien

✱ Zum Deichgrafen
Förriener Loog 13, **Tel (0 44 26) 9 90 00**, **Fax** 99 00 99, ✉ 26434, AX DC ED VA
25 Zi, Ez: 56/28-77/38, Dz: 88/44-144/72, ⊣ WC ⊘, P, Sauna, Restaurant
Im Gästehaus auch einfachere Zimmer vorhanden.

Schillig

✱✱ Upstalsboom Hotel Am Strand
Mellumweg 6, **Tel (0 44 26) 8 80**, **Fax** 8 81 01, ✉ 26434, AX DC ED VA
⌫ ✦, 63 Zi, Ez: 96/48-132/66, Dz: 142/71-214/107, 7 App, ⊣ WC ⊘, 10 ⌫, Lift, P, 1⊃50, Sauna, Solarium, Restaurant

Wangerooge 16 ↑

Niedersachsen / Kreis Friesland
EW 1250
🛈 Tel (0 44 69) 9 90, Fax 9 91 14
Kurverwaltung
✉ 26486 Strandpromenade 3

✶✶ Strandhotel Upstalsboom
Obere Strandpromenade 21,
Tel (0 44 69) 87 60, Fax 87 65 11, ✉ 26486, AX ED VA
◒ ⚹, 67 Zi, Ez: 125/62-250/125,
Dz: 200/100-270/135, 12 Suiten, ⌐ WC ⊘, 5 ⇐,
Lift, ⌂, Sauna, Solarium, Restaurant

✶ Hanken
Zedeliusstr. 38, Tel (0 44 69) 87 70,
Fax 8 77 88, ✉ 26486, AX DC ED VA
◒, 50 Zi, Ez: 105/52-160/80,
Dz: 193/97-260/130, ⌐ WC ⊘, Lift, 1⇆30,
Restaurant
geschl.: 3.11.-25.12.00
Auch einfachere Zimmer vorhanden.

Warburg 35 □

Nordrhein-Westfalen / Kreis Höxter
EW 23500
🛈 Tel (0 56 41) 9 25 55, Fax 9 25 83
Fremdenverkehrsverband
✉ 34414 Zwischen den Städten

🍴🍴 Romantik Hotel Alt Warburg 🔴
Kalandstr. 11, Tel (0 56 41) 42 11, Fax 6 09 10,
✉ 34414, AX DC ED VA
Hauptgericht 40/20-45/22, Kegeln, 🅿, nur
abends, Sa mittags, geschl.: So, 1.-8.1.01
✶ 20 Zi, Ez: 120/60,
Dz: 180/90-200/100, ⌐ WC ⊘, ⌂, 2⇆70
Hist. denkmalgeschütztes Fachwerkhaus aus
dem Jahre 1510. Im Gästehaus Zimmer der
Kategorie ✶✶ vorhanden.

☕ Café Eulenspiegel
Marktstr. 13, Tel (0 56 41) 22 09, Fax 45 52,
✉ 34414
geschl.: Mi, 10-30.8.01

Germete

✶ Landgasthof Deele
Zum Kurgarten 24, Tel (0 56 41) 84 83,
Fax 41 64, ✉ 34414, AX DC ED VA
13 Zi, Ez: 85/42-95/47, Dz: 150/75-170/85, ⌐
WC ⊘, 🅿, 1⇆40, ⌂, Kegeln, Sauna, Solarium,
Restaurant

Nörde (6 km ↖)

✶ Löseke
Allernborn 1, Tel (0 56 42) 84 73, Fax 54 87,
✉ 34414, AX DC ED VA
12 Zi, Ez: 70/35-90/45, Dz: 130/65-150/75,
1 Suite, ⌐ WC ⊘, 🅿, 1⇆40, Kegeln, Sauna,
Solarium, Restaurant
geschl.: Do, 15-30.1.01, 1-17.7.01

Wardenburg 16 ↓

Niedersachsen
Landkreis Oldenburg
EW 15590
🛈 Tel (0 44 07) 2 09 07, Fax 7 31 00
Umtreff
✉ 26203 Friedrichstr. 16

✶ Wardenburger Hof
Oldenburger Str. 255, Tel (0 44 07) 9 21 00,
Fax 2 07 10, ✉ 26203, AX DC ED VA
24 Zi, Ez: 90/45-105/52, Dz: 135/67-165/83, ⌐
WC ⊘ DFÜ, 11 ⇐, 🅿, ⌂, 3⇆400, Kegeln,
Solarium, Restaurant

Waren (Müritz) 21 ↖

Mecklenburg-Vorpommern
Landkreis Müritz
EW 22121
🛈 Tel (0 39 91) 66 61 83, Fax 66 43 30
Waren (Müritz) - Information
✉ 17192 Neuer Markt 1

✶✶ Ringhotel Villa Margarete
Fontanestr. 11, Tel (0 39 91) 62 50,
Fax 62 51 00, ✉ 17192, AX DC ED VA, Ⓢ
30 Zi, Ez: 110/55-200/100, Dz: 155/78-220/110,
1 Suite, ⌐ WC ⊘ DFÜ, 3 ⇐, 🅿, 1⇆25, Sauna,
Solarium

🍴 Hauptgericht 27/13-37/18, Terrasse

✶✶ Am Yachthafen
Strandstr. 2, Tel (0 39 91) 6 72 50,
Fax 67 25 25, ✉ 17192

19 Zi, Ez: 95/47-140/70, Dz: 150/75-170/85, ⊟ WC ⌀, garni

** Ingeborg
Rosenthalstr. 5, Tel (0 39 91) 6 13 00,
Fax 61 30 30, ✉ 17192, AX DC ED VA
27 Zi, Ez: 111/55, Dz: 127/63-168/84, 1 Suite, ⊟ WC ⌀ DFÜ, 12 ⛌, P, garni

** Ecktannen
Fontanestr. 51, Tel (0 39 91) 62 90,
Fax 62 91 00, ✉ 17192, AX ED VA
24 Zi, Ez: 115/57-135/67, Dz: 160/80-199/100, 14 Suiten, 10 App, ⊟ WC ⌀, 7 ⛌, Lift, P, 2⊂⊃25, Sauna, Solarium, Restaurant

* Kleines Meer
Country Line & City Line Hotels
Alter Markt 7, Tel (0 39 91) 64 80,
Fax 64 82 22, ✉ 17192, AX ED VA
₴, 28 Zi, Ez: 135/67-160/80,
Dz: 175/88-235/118, 2 Suiten, ⊟ WC ⌀ DFÜ, 10 ⛌, Lift, ☎, 2⊂⊃35, Fitnessraum, Seezugang, Sauna

🍴🍴 Hauptgericht 33/16, P ✢
nur abends, sa+so auch mittags

* Für Dich
Papenbergstr. 51, Tel (0 39 91) 6 44 50,
Fax 64 45 55, ✉ 17192
13 Zi, Ez: 80/40-120/60, Dz: 120/60-140/70, 2 Suiten, ⊟ WC ⌀, P, 1⊂⊃25, Restaurant

* Paulshöhe
Falkenhäger Weg, Tel (0 39 91) 1 71 40,
Fax 17 14 44, ✉ 17192, AX ED VA
7 Zi, Ez: 80/40-110/55, Dz: 120/60-150/75, 7 Suiten, ⊟ WC ⌀, P, 2⊂⊃70, Solarium, Restaurant

* Gasthof Kegel
Grose Wasserstr. 4, Tel (0 39 91) 6 20 70,
Fax 62 07 14, ✉ 17192, AX ED VA
16 Zi, Ez: 80/40-120/60, Dz: 120/60-145/73, ⊟ WC ⌀, P, Restaurant

Warendorf 34 ↑
Nordrhein-Westfalen
EW 37530
🅷 Tel (0 25 81) 78 77 00, Fax 78 77 11
Verkehrsverein
✉ 48231 Emsstr. 4

** Ringhotel Mersch
Dreibrückenstr. 66, Tel (0 25 81) 6 37 30,
Fax 63 73 40, ✉ 48231, AX DC ED VA, Ⓢ
24 Zi, Ez: 120/60-135/67, Dz: 170/85-195/98, ⊟ WC ⌀ DFÜ, 3 ⛌, Lift, ☎, 3⊂⊃90, Sauna, Solarium
geschl.: So

🍴🍴 Hauptgericht 28/14-36/18. Terrasse, nur abends, geschl.: So

** Im Engel
Brünebrede 37, Tel (0 25 81) 9 30 20,
Fax 6 27 26, ✉ 48231, AX DC ED VA
28 Zi, Ez: 95/47-115/57, Dz: 155/78-185/93, 4 App, ⊟ WC ⌀, Lift, P, 4⊂⊃150, Sauna, Solarium

🍴🍴 ♨, Hauptgericht 32/16, Terrasse ✢
geschl.: Do, 1.-13.1.01

🛏 Johann
Emsstr. 15, Tel (0 25 81) 6 38 00, Fax 63 80 80,
✉ 48231, ED VA
15 Zi, Ez: 70/35-90/45, Dz: 130/65-140/70, ⊟ WC ⌀, P, garni

Historisches Brauhaus Warintharpa
Kirchstr. 14, Tel (0 25 81) 63 39 66,
Fax 63 39 68, ✉ 48231, AX DC ED VA
♨, Hauptgericht 19/9-35/17, Biergarten, Kegeln

☕ Café Menge
Heumarkt 2, Tel (0 25 81) 27 00, Fax 63 32 23,
✉ 48231
Terrasse, P, geschl.: Mo
Spezialität: Warendorfer Pferdeäppel.

Gröblingen

* Landhaus Wiesenhof
Gröblingen 52, Tel (0 25 81) 92 30,
Fax 92 32 00, ✉ 48231, AX DC ED VA
♩, 16 Zi, Ez: 80/40, Dz: 160/80, ⊟ WC ⌀ DFÜ, P, 1⊂⊃30

🍴 Hauptgericht 25/12, Biergarten

Warmensteinach 58 ↗

Bayern / Kreis Bayreuth
EW 2570
🛈 Tel (0 92 77) 14 01, Fax 16 13
Verkehrsamt
✉ 95485 Oberwarmensteinacher Str. 420

✶✶ Krug
Siebensternweg 15, Tel (0 92 77) 99 10,
Fax 9 91 99, ✉ 95485
☾ ❀, 32 Zi, Ez: 85/42-150/75,
Dz: 140/70-250/125, 1 Suite, 3 App, ⌐ WC ✆,
9 ⇌, Lift, P, 🕭, 2⟲40, ⌂, Sauna, Solarium
Rezeption: 8-20, geschl.: 20.11.-10.12.00
Auch Zimmer der Kategorien ✶ und ✶✶✶ vorhanden.
🍴 Hauptgericht 15/7-43/21, Terrasse,
geschl.: Mo, 20.11.-10.12.00

✶✶ Gästehaus Preißinger
Bergstr. 134, Tel (0 92 77) 15 54, Fax 62 89,
✉ 95485
☾ ❀, 35 Zi, Ez: 65/32-90/45, Dz: 135/67-145/73,
⌐ WC, 3 ⇌, P, ⌂, Fitnessraum, Sauna, Solarium
geschl.: 4.11.-4.12.00

Warnemünde siehe Rostock

Warnstedt 37 ↗

Sachsen-Anhalt / Kreis Quedlinburg
EW 705
🛈 Tel (0 39 47) 23 79
Gemeindeverwaltung
✉ 06502 Hauptstr

✶ Warnstedter Krug
Hauptstr. 118, Tel (0 39 47) 27 10, Fax 6 13 87,
✉ 06502, ED
18 Zi, Ez: 90/45, Dz: 125/62, ⌐ WC ✆, 5 ⇌, P,
2⟲100, ☗, Fitnessraum, Kegeln, Sauna,
Solarium, Restaurant

Warstein 34 →

Nordrhein-Westfalen / Kreis Soest
EW 30000
🛈 Tel (0 29 02) 8 12 10, Fax 8 12 16
Stadtmarketing
✉ 59581 Dieplohstr. 1

🍴🍴 Domschänke
Dieplohstr. 12, Tel (0 29 02) 25 59,
Fax 88 14 09, ✉ 59581, AX DC ED VA
❁, Hauptgericht 28/14, Kegeln, P

Warstein-Außerhalb (3 km ↓)

✶ Gästehaus Waldfrieden
Am Tüppel 10, Tel (0 29 02) 98 10,
Fax 88 14 26, ✉ 59581
☾, 20 Zi, Ez: 85/42, Dz: 130/65, garni

Allagen

✶ Landhotel Haus Püster
Marmorweg 27, Tel (0 29 25) 9 70 70,
Fax 9 70 67, ✉ 59581, AX ED VA
30 Zi, Ez: 85/42-108/54, Dz: 150/75-180/90,
4 Suiten, 10 App, ⌐ WC ✆ DFÜ, 4 ⇌, P,
1⟲36, ⌂, Sauna, Solarium, Restaurant

Hirschberg (7 km ←)

✶ Gasthof Cramer
Prinzenstr. 2, Tel (0 29 02) 98 80,
Fax 98 82 60, ✉ 59581, AX DC ED VA
30 Zi, Ez: 85/42, Dz: 130/65, 2 App, ⌐ WC ✆,
P, 🕭, 2⟲110
🍴 Hauptgericht 27/13, Biergarten

Wartenberg 72 ↗

Bayern / Kreis Erding
EW 4160
🛈 Tel (0 87 62) 7 30 90, Fax 94 42
Gemeindeverwaltung
✉ 85456 Marktplatz 10

✶✶ Antoniushof
Fichtenstr. 24, Tel (0 87 62) 7 31 90,
Fax 73 19 55, ✉ 85456, AX ED VA
☾, 17 Zi, Ez: 95/47-160/80,
Dz: 160/80-200/100, 3 App, ⌐ WC ✆ DFÜ,
13 ⇌, Lift, P, 🕭, ⌂, Sauna, Solarium, garni

✶ Reiter-Bräu
Untere Hauptstr. 2, Tel (0 87 62) 7 35 80,
Fax 73 58 50, ✉ 85456, AX DC ED VA
34 Zi, Ez: 80/40-90/45, Dz: 125/62-140/70, ⌐
WC ✆ DFÜ, Lift, P, 1⟲35, Kegeln, Restaurant

Wartenberg-Außerhalb

🍴🍴 Bründlhof 🍷
Badstr. 44, Tel (0 87 62) 35 53, Fax 32 47,
✉ 85456, AX DC ED VA
Hauptgericht 40/20-48/24, Terrasse, P,
geschl.: Di, Mi, 27.12.00-5.1.01, 6-30.8.01

Warthausen 69 ↗

Baden-Württemberg / Kreis Biberach
EW 4472
🛈 Tel (0 73 51) 5 09 30, Fax 50 93 23
Gemeindeverwaltung
✉ 88447 Alte Biberacher Str. 13

Wasserburg (Bodensee)

✱ Café Schloßblick
Brauerstr. 6, **Tel** (0 73 51) 1 52 90,
Fax 15 29 30, ✉ 88447, AX DC ED VA
6 Zi, Ez: 85/42, Dz: 115/57-135/67, ⌐ WC ⊘
DFÜ, 6 ⇔, ☎, 1⟲30, Restaurant

Wartmannsroth 46 ↓

Bayern / Kreis Bad Kissingen
EW 2500
ℹ **Tel** (0 97 37) 9 10 20, **Fax** 91 02 22
Gemeindeverwaltung
✉ 97797 Hauptstr. 15

Wartmannsroth-Außerhalb (7 km ↘)

✱✱ Neumühle ♛
Neumühle 54, **Tel** (0 97 32) 80 30, **Fax** 8 03 79,
✉ 97797, AX DC ED VA
einzeln ♪ ✿ ⊕, 28 Zi, Ez: 200/100,
Dz: 280/141-360/181, 5 Suiten, ⌐ WC ⊘ DFÜ,
P, 3⟲30, ☎, Sauna, Solarium, Golf, 1 Tennis
geschl.: 2.1.-2.2.01
Historischer Gebäudekomplex in idyllischer
Lage am Ufer der fränkischen Saale. Zimmer
der Kategorie ✱✱✱ vorhanden.

¶¶ Scheune ✚
⊕, Hauptgericht 32/16-38/19,
geschl.: 2.1.-2.2.01

Wassenberg 32 ✓

Nordrhein-Westfalen
Kreis Heinsberg
EW 15670
ℹ **Tel** (0 24 32) 4 90 00, **Fax** 49 00 90
Stadtverwaltung
✉ 41849 Roermonder Str. 25-27

✱✱ Burg Wassenberg
Gast im Schloß
Kirchstr. 17, **Tel** (0 24 32) 94 90, **Fax** 94 91 00,
✉ 41849, AX ED VA
⊕, 31 Zi, Ez: 160/80-190/95,
Dz: 260/130-390/196, 1 Suite, ⌐ WC ⊘, 5 ⇔,
P, ☎, 5⟲260, ☎, Kegeln, Sauna, Solarium
geschl.: 8.1.00-2.2.01

¶¶ Graf Gerhard
Hauptgericht 30/15-55/27, Terrasse, Biergarten,
geschl.: 8.1.-2.2.01

Effeld (6 km ↖)

✱ Haus Wilms
Steinkirchener Str. 3, **Tel** (0 24 32) 30 71,
Fax 59 82, ✉ 41849, ED VA
♪, 14 Zi, Ez: 95/47-110/55, Dz: 130/65-170/85,
⌐ WC ⊘, Lift, **P**, 2⟲23, Solarium, Golf
¶¶ Hauptgericht 20/10-45/22, Terrasse

Wasserburg a. Inn 73 ←

Bayern / Kreis Rosenheim
EW 11300
ℹ **Tel** (0 80 71) 1 05 22, **Fax** 1 05 70
Verkehrsbüro
✉ 83512 Rathaus, Marienplatz 2

✱✱ Fletzinger-Bräu-Hotel
Fletzingergasse 1, **Tel** (0 80 71) 9 08 90,
Fax 9 08 91 77, ✉ 83512, AX ED VA
40 Zi, Ez: 98/49-150/75, Dz: 150/75-200/100,
⌐ WC ⊘, 6 ⇔, Lift, **P**, ☎, 3⟲120
Auch Zimmer der Kategorie ✱ vorhanden.

Fletzinger
Hauptgericht 20/10-34/17, Biergarten

¶¶ Herrenhaus
Herrengasse 17, **Tel** (0 80 71) 28 00, ✉ 83512,
ED VA
Hauptgericht 26/13-48/24, geschl.: Mo, So
abends, 1.-31.8.00, 1.-31.8.01

Wasserburg-Außerhalb (10 km ↓)

¶ Fischerstüberl Attel
mit Traumbistro
Elend 1, an der B 15, **Tel** (0 80 71) 25 98,
Fax 5 11 35, ✉ 83512
Hauptgericht 10/5-20/10, Terrasse, **P**, ⇌, nur
abends, geschl.: Di, 5.-22.6.01

Burgau (2 km ←)

✱ Pichlmayr
Anton-Woger-Str. 2, **Tel** (0 80 71) 4 00 21,
Fax 87 28, ✉ 83512, AX DC ED VA
26 Zi, Ez: 90/45-120/60, Dz: 130/65-160/80, ⌐
WC ⊘, **P**, ☎, 1⟲20, Sauna
¶¶ Hauptgericht 15/7-30/15, geschl.: Fr

Wasserburg (Bodensee) 69 ↓

Bayern / Kreis Lindau
EW 3000
ℹ **Tel** (0 83 82) 88 74 74, **Fax** 8 90 42
Verkehrsamt
✉ 88142 Am Lindenplatz 1

✱✱ Zum Lieben Augustin am See
Halbinselstr. 70, **Tel** (0 83 82) 98 00,
Fax 88 70 82, ✉ 88142, DC ED VA
♪ ✿, 40 Zi, Ez: 100/50-200/100,
Dz: 175/88-210/105, 4 Suiten, 4 App, ⌐ WC ⊘
DFÜ, **P**, ☎, 1⟲15, ☎, Sauna, Solarium
geschl.: 7.1.-4.3.01
Hotelkomplex mit 5 Gebäudeteilen,
überwiegend Appartements.
¶¶ Hauptgericht 35/17, Terrasse,
geschl.: 7.1.-4.3.01

Wasserburg (Bodensee)

✱✱ Lipprandt
Halbinsel 63, Tel (0 83 82) 9 87 60,
Fax 88 72 45, ✉ 88142, ED VA
☾ ♣, 34 Zi, Ez: 95/47-130/65,
Dz: 150/75-220/110, 2 Suiten, ⌐ WC ⊘ DFÜ,
P, 🛋, 1⟲20, ⌂, Sauna, Solarium
geschl.: 6.-24.11.00
Auch Zimmer der Kategorie ✱ vorhanden.
🍴 Hauptgericht 24/12-36/18, Terrasse,
geschl.: 6.-24.11.00

✱ Kraft
Dorfstr. 11, Tel (0 83 82) 9 86 10, Fax 98 61 30,
✉ 88142
9 Zi, Ez: 73/36-95/47, Dz: 122/61-152/76,
2 Suiten, ⌐ WC ⊘, P, Solarium, garni

✱ Walserhof
Nonnenhorner Str. 15, Tel (0 83 82) 9 85 60,
Fax 98 56 10, ✉ 88142
27 Zi, 1 Suite, ⌐ WC ⊘, Lift, P, 🛋, ⌂, Sauna,
Solarium
🍴 Hauptgericht 15/7-40/20 ✚
Terrasse
geschl.: 10.1.-15.2.01

✱ Seestern
Halbinselstr. 60, Tel (0 83 82) 88 70 10,
Fax 99 81 53, ✉ 88142, AX DC
☾, 26 Zi, Dz: 170/85-198/99, 1 Suite, 4 App, ⌐
WC ⊘, Lift, P, 🛋, ⌂, Solarium, Restaurant
geschl.: 15.1.-15.2.01

Hege (2 km ↑)

✱ Gierer
Hege 9, Tel (0 83 82) 9 87 20, Fax 98 72 13,
✉ 88142
54 Zi, Ez: 77/38-114/57, Dz: 104/52-178/89,
4 Suiten, ⌐ WC ⊘, 5 ⛌, Lift, P, 🛋, 2⟲80, ⌂,
Sauna, Solarium, Golf, Restaurant
Im Altbau einfachere Zimmer vorhanden.

Wassertrüdingen 63 ↖

Bayern / Kreis Ansbach
EW 6400
🛈 Tel (0 98 32) 97 61 63, Fax 97 61 62
Fremdenverkehrsverband Hesselberg
✉ 91717 Marktstr. 9

✱ Zur Ente
Flair Hotel
Dinkelsbühler Str. 1, Tel (0 98 32) 8 14,
Fax 10 95, ✉ 91717, ED VA
28 Zi, Ez: 69/34-138/69, Dz: 110/55-220/110, ⌐
WC ⊘, 6 ⛌, P, 🛋, 3⟲30, Sauna, Solarium,
Restaurant
Auch einfachere Zimmer vorhanden.

Wasungen 47 ←

Thüringen
Kreis Schmalkalden-Meiningen
EW 4000
🛈 Tel (03 69 41) 7 15 05, Fax 7 15 15
Stadt-Information Wasungen
✉ 98634 Damenstift / Untertor 1

Thüringische Kleinstadt im mittleren Werratal.
Sehenswert: histor. Stadtkern; Hochburg der
Volkskarnevals.

✱ Burg Maienluft
Tel (03 69 41) 78 40, Fax 7 84 50, ✉ 98634,
AX DC ED VA
einzeln ☾ ♣, 13 Zi, Ez: 68/34-120/60,
Dz: 125/62-185/93, ⌐ WC ⊘, P, 2⟲35,
Restaurant
geschl.: 7.-19.8.00, 3.-27.1.01

Wattenscheid siehe Bochum

Wedel 18 ↖

Schleswig-Holstein
Kreis Pinneberg
EW 31300
🛈 Tel (0 41 03) 70 77 07, Fax 70 77 08
Tourismusverein
✉ 22880 Rathausplatz 3-5

✱✱ Kreuzer
Rissener Str. 195, Tel (0 41 03) 12 70,
Fax 1 27 99, ✉ 22880, AX DC ED VA
50 Zi, Ez: 130/65-165/83, Dz: 180/90-220/110,
⌐ WC ⊘ DFÜ, 10 ⛌, Lift, P, ⌂, Sauna,
Restaurant
Auch Zimmer der Kategorie ✱✱✱ vorhanden.

✱ Diamant
Schulstr. 2-4, Tel (0 41 03) 70 26 00,
Fax 70 27 00, ✉ 22880, AX DC ED VA
39 Zi, Ez: 145/73-165/83, Dz: 180/90-195/98,
⌐ WC ⊘ DFÜ, 4 ⛌, Lift, 🛋, 1⟲30, garni

✱ Freihof Hotel am Roland
Am Marktplatz 6-8, Tel (0 41 03) 12 80,
Fax 32 94, ✉ 22880, AX DC ED VA
41 Zi, Ez: 102/51-127/63, Dz: 154/77-179/90,
1 Suite, ⌐ WC ✆, Lift, P, 4↔60, Sauna
🍴 Hauptgericht 25/12-37/18, nur
abends, Sa+So auch mittags

✱ Senator Marina
Hafenstr. 28, Tel (0 41 03) 8 07 70,
Fax 8 07 72 50, ✉ 22880, AX DC ED VA
43 Zi, Ez: 138/69, Dz: 178/89, ⌐ WC ✆, Lift, P,
1↔50, garni

✱ Pension Wedel
Pinneberger Str. 69, Tel (0 41 03) 9 13 60,
Fax 91 36 13, ✉ 22880, AX DC ED VA
8 Zi, Ez: 110/55-130/65, Dz: 160/80-180/90,
10 Suiten, 19 App, ⌐ WC ✆ DFÜ, Lift, P, 🏠,
Sauna, Golf, garni
Rezeption: 7-19
Auch Zimmer der Kategorie ✱✱ vorhanden.

Wedemark 26←

Niedersachsen / Kreis Hannover
EW 28000
🛈 Tel (0 51 30) 58 13 61, Fax 58 13 96
Gemeinde Wedemark
✉ 30900 Stargarder Str. 28

Scherenbostel

🍴🍴 **Höpershof**
Am Husalsberg 1, Tel (0 51 30) 6 05 00,
Fax 6 05 00, ✉ 30900, AX DC ED VA
☉, Hauptgericht 19/9-48/24, Terrasse, nur
abends, Sa+So 12-18, geschl.: Mo

Wegberg 32↓

Nordrhein-Westfalen
Kreis Heinsberg
EW 28000
🛈 Tel (0 24 34) 8 31 02, Fax 8 38 88
Stadt Wegberg
✉ 41844 Rathausplatz 25

**✱✱ Burg Wegberg
Top International Hotel**
Burgstr. 8, Tel (0 24 34) 9 82 20,
Fax 9 82 22 22, ✉ 41844, AX DC ED VA
27 Zi, Ez: 145/73, Dz: 205/103-245/123, ⌐ WC
✆, P, 4↔150, Sauna, Solarium, Golf,
Restaurant

Kipshoven (5 km →)

✱ Esser
Von-Agris-Str. 43, Tel (0 21 61) 5 86 20,
Fax 57 08 54, ✉ 41844, AX DC ED VA
☉, 41 Zi, Ez: 135/67, Dz: 180/90, 5 App, ⌐ WC
✆, P, 🏠, 4↔60, Kegeln, Sauna, Solarium
Im gegenüberliegenden Gästehaus Zimmer der
Kategorie ✱✱ vorhanden.
🍴 Hauptgericht 25/12, Terrasse,
geschl.: Mo in den Sommerferien

Rickelrath (3 km ↑)

🍴🍴 **Molzmühle**
Im Bollenberg 41, Tel (0 24 34) 2 43 33,
Fax 2 57 23, ✉ 41844, AX DC ED VA
☉, Hauptgericht 28/14, P, ▬, geschl.: Mo, Di

Tüschenbroich (3 km ↙)

🍴🍴 **Tüschenbroicher Mühle**
Tel (0 24 34) 42 80, Fax 2 59 17, ✉ 41844, AX
DC ED VA
$, Hauptgericht 43/21, Terrasse, Biergarten, P,
geschl.: Jan-Mär Mo

Wegscheid 66→

Bayern / Kreis Passau
EW 5700
🛈 Tel (0 85 92) 4 77, Fax 8 88 40
Tourismusbüro
✉ 94110 Marktstr. 1

✱ Rosenberger
Mitterweg 11, Tel (0 85 92) 88 90,
Fax 88 91 00, ✉ 94110, AX ED VA
127 Zi, Ez: 72/36-77/38, Dz: 124/62-134/67,
17 App, ⌐ WC ✆, Lift, P, 2↔500, 🏠, Kegeln,
Sauna, Solarium, 4 Tennis, Restaurant

Wehen siehe Taunusstein

Wehingen 68□

Baden-Württemberg
Kreis Tuttlingen
EW 3600
🛈 Tel (0 74 26) 9 47 00, Fax 94 70 20
Bürgermeisteramt
✉ 78564 Gosheimer Str. 14-18

✱ Café Keller
Bahnhofstr. 5, Tel (0 74 26) 9 47 80,
Fax 94 78 30, ✉ 78564, AX ED VA
30 Zi, Ez: 78/39-99/49, Dz: 130/65-150/75,
1 Suite, 4 App, ⌐ WC ✆, P, 🏠, 2↔40,
Restaurant
Im gegenüberliegenden Gästehaus Zimmer der
Kategorie ✱✱ vorhanden.

Wehlen, Stadt 51 ↑

Sachsen / Kreis Pirna
EW 1800
🛈 Tel (03 50 24) 7 04 14, Fax 7 04 34
Gästeamt der Stadtverwaltung i
✉ 01829 Markt 5

✱ Strandhotel mit Gästehaus
Markt 9, Tel (03 50 24) 7 84 90,
Fax 7 84 94 01, ✉ 01829, ED
♪ ♨, 49 Zi, Ez: 70/35-150/75,
Dz: 100/50-230/115, 2 Suiten, ⊐ WC ∅, Lift, 🏠,
1⇆45, Restaurant
Auch Zimmer der Kategorie ✱✱ vorhanden.

Bastei

✱✱ Berghotel Bastei
Tel (03 50 24) 7 04 06, Fax 7 04 81, ✉ 01847,
AX DC ED VA
einzeln ♨, 63 Zi, Ez: 80/40-120/60,
Dz: 150/75-220/110, ⊐ WC ∅, 8 ⇆, Lift, P, 🏠,
5⇆60, Bowling, Sauna, Solarium
Auch Zimmer der Kategorie ✱ vorhanden.
🍴🍴 ♨, Hauptgericht 11/5-28/14

Wehr 67 ↓

Baden-Württemberg / Kreis Waldshut
EW 13600
🛈 Tel (0 77 62) 8 08 88, Fax 8 08 61
Kultur- und Verkehrsamt
✉ 79664 Hauptstr. 14

✱ Klosterhof
Frankenmatt 8, Tel (0 77 62) 5 20 90,
Fax 52 09 15, ✉ 79664, DC ED VA
40 Zi, Ez: 68/34-95/47, Dz: 110/55-140/70, ⊐
WC ∅, Lift, P, ⚓, 🏠, Kegeln, Restaurant

Weibersbrunn 55 ↑

Bayern / Kreis Aschaffenburg
EW 2150
🛈 Tel (0 60 94) 5 15, Fax 18 34
Gemeindeverwaltung
✉ 63879 Jakob-Gross-Str 20

✱ Brunnenhof
Hauptstr. 231, Tel (0 60 94) 4 64, Fax 10 64,
✉ 63879, AX ED VA
46 Zi, Ez: 90/45-120/60, Dz: 126/63-160/80, ⊐
WC ∅, Lift, P, 🏠, 3⇆200, Restaurant

Weida 49 ↖

Thüringen / Kreis Greiz
EW 8900
🛈 Tel (03 66 03) 5 41 30, Fax 6 22 57
Stadtverwaltung Weida
✉ 07570 Markt 1

„Wiege des Vogtlands" an der preussischen Fürstenstrasse. Hauptsehenswürdigkeit: Osterburg - Begegnungsstätte von Historie, Kunst und Kultur.

✱ Goldener Ring
Markt 18, Tel (03 66 03) 5 85 10, Fax 5 85 11,
✉ 07570, AX ED VA
27 Zi, Ez: 80/40-100/50, Dz: 120/60-135/67,
4 Suiten, ⊐ WC ∅ DFÜ, 5 ⇆, 🏠, 1⇆35,
Restaurant

Weiden 59 ←

Bayern
EW 43100
🛈 Tel (09 61) 1 94 33, Fax 4 16 14 03
Kultur- und Tourismusbüro
✉ 92637 im Alten Rathaus

Sehenswert: Ev. Kirche St. Michael; Jugendstil-Kirche St. Josef; spätgotisches Rathaus; Altes Schulhaus; Stadt-Archiv und -Museum mit Max-Reger-Sammlung; internationales Keramikmuseum.

✱✱ Admira
Brenner-Schäffer-Str. 27, Tel (09 61) 4 80 90,
Fax 4 80 96 66, ✉ 92637, AX DC ED VA
104 Zi, Ez: 145/73-280/141, Dz: 185/93, 1 Suite,
⊐ WC ∅ DFÜ, 45 ⇆, Lift, P, 🏠, 10⇆800,
Sauna, Solarium, Golf, Restaurant

✱ Klassik Hotel Am Tor
Schlörplatz 1 a, Tel (09 61) 4 74 70,
Fax 4 74 72 00, ✉ 92637, AX ED VA
♪, 38 Zi, Ez: 117/58-157/79,
Dz: 137/69-197/99, 2 Suiten, ⊐ WC ∅ DFÜ,
7 ⇆, Lift, P, 🏠, 1⇆12, Sauna, Solarium, Golf,
garni
Auch einfachere Zimmer vorhanden.

🛏 Stadtkrug
Wolframstr. 5, Tel (09 61) 3 88 90, Fax 3 62 68,
✉ 92637, DC ED VA
52 Zi, Ez: 69/34-89/44, Dz: 99/49-139/70, ⊐
WC ∅ DFÜ, P, Restaurant
Auch Zimmer der Kategorie ✱ vorhanden.

Frauenricht

✱ Europa
Frauenrichter Str. 173, Tel (09 61) 67 07 10,
Fax 6 70 71 14, ✉ 92637, ED VA
24 Zi, Ez: 85/42-105/52, Dz: 130/65-160/80,
2 Suiten, ⌐ WC ✆, 2 ⊭, Lift, P, 🎧, 2⌒50

🍴🍴 L'Escargot ✙
Tel 6 70 71 11
Hauptgericht 25/12-35/17, Terrasse, Aug nur abends, geschl.: so+feiertags, Mo mittags

Oberhöll (8 km →)

⎯ Hölltaler Hof
Tel (09 61) 4 30 93, Fax 4 53 39, ✉ 92637, AX DC ED VA
einzeln ♪, 22 Zi, Ez: 65/32-100/50,
Dz: 110/55-160/80, 2 Suiten, ⌐ WC ✆, 6 ⊭, P,
🎧, 2⌒60, Restaurant
Auch Zimmer der Kategorie ✱ vorhanden.

Weikersheim   56 ✓

Baden-Württemberg
Main-Tauber-Kreis
EW 7300
🛈 Tel (0 79 34) 1 02 55, Fax 1 02 58
Verkehrsamt
✉ 97990 Marktplatz 7

🍴🍴 Laurentius 🚩
Flair Hotel
Marktplatz 5, Tel (0 79 34) 9 10 80,
Fax 91 08 18, ✉ 97990, AX DC ED VA
Hauptgericht 30/15-52/26, Terrasse,
Gartenlokal, P, geschl.: Di, Feb
✱ 14 Zi, Ez: 70/35-115/57,
Dz: 135/67-175/88, ⌐ WC ✆ DFÜ, 1 ⊭, Lift, 🎧,
3⌒100, Golf

Weil am Rhein   67 ✓

Baden-Württemberg / Kreis Lörrach
EW 28000
🛈 Tel (0 76 21) 9 56 77 71, Fax 9 56 77 79
Tourist- und Stadtinformation
✉ 79576 Rathausplatz 3

✱✱ Atlas Hotel
Alte Str. 58, Tel (0 76 21) 70 70, Fax 70 76 50,
✉ 79576, AX DC ED VA, Ⓢ
160 Zi, Ez: 137/69-380/191,
Dz: 190/95-380/191, ⌐ WC ✆, 10 ⊭, Lift, P,
6⌒100, Sauna, Solarium
🍴🍴 Hauptgericht 25/12

🍴🍴🍴 Adler 🚩
Hauptstr. 139, Tel (0 76 21) 9 82 30,
Fax 7 56 76, ✉ 79576, ED VA
☺, Hauptgericht 53/26, P, geschl.: Mo, So,
Anfang Jan, Anfang-Mitte Aug
✱✱ 23 Zi, Ez: 110/55-150/75,
Dz: 130/65-250/125, ⌐ WC ✆

🍴 Spatz
Hauptgericht 36/18, geschl.: Anfang Jan,
Anfang-Mitte Aug

🍴🍴 Gasthaus Krone
Hauptstr. 58, Tel (0 76 21) 7 11 64,
Fax 7 89 63, ✉ 79576, AX DC ED VA
Hauptgericht 52/26, Kegeln, P, ⎯,
geschl.: Mo abends, Di

🍴 Gasthaus Schwanen
Hauptstr. 121, Tel (0 76 21) 7 10 47,
Fax 79 30 65, ✉ 79576, AX ED VA
Hauptgericht 45/22, P, geschl.: Mi, Do
✱✱ Tel 9 78 60, 18 Zi, Ez: 110/55-220/110,
Dz: 140/70-260/130, 1 Suite, ⌐ WC ✆ DFÜ, 🎧,
2⌒100

Haltingen (4 km ↑)

✱ Zur Krone mit Gästehaus
Burgunderstr. 21, Tel (0 76 21) 6 22 03,
Fax 6 33 54, ✉ 79576, ED VA
25 Zi, Ez: 75/37-175/88, Dz: 130/65-210/105, ⌐
WC ✆ DFÜ, 2 ⊭, P, 🎧, Kegeln

🍴 Zur Krone
Hauptgericht 13/6-50/25, geschl.: Di

🍴 Landgasthof Rebstock
Große Gass 30, Tel (0 76 21) 6 22 57,
Fax 6 55 50, ✉ 79576, VA
Hauptgericht 38/19-47/23, Gartenlokal, P
✱ ♪, 16 Zi, Ez: 115/57-150/75,
Dz: 180/90-220/110, ⌐ WC ✆ DFÜ, 13 ⊭, 🎧

Märkt 5 km ↖

🍴 Gasthaus Zur Krone ✙
Rheinstr. 17, Tel (0 76 21) 6 23 04,
Fax 6 53 50, ✉ 79576, VA
Hauptgericht 23/11-48/24, Gartenlokal, P,
geschl.: Mo, Di, 2 Wochen im Feb, 2 Wochen im Sep
Überwiegend regionale Fischgerichte.
✱ 9 Zi, Ez: 90/45-95/47,
Dz: 130/65-140/70, ⌐ WC ✆

Weilburg   44 ☐

Hessen
EW 13500
🛈 Tel (0 64 71) 3 14 67, Fax 76 75
Tourist-Information
✉ 35781 Mauerstr. 6-8

✱✱ Schloßhotel
Langgasse 25, Tel (0 64 71) 3 90 96,
Fax 3 91 99, ✉ 35781, AX ED VA, Ⓢ

Weilburg

⌀, 35 Zi, Ez: 139/70-159/80,
Dz: 235/118-265/133, 8 Suiten, ⌐ WC ⌀, 5 ⌫,
Lift, P, ☎, 6⌬450, ⌂, Kegeln, Sauna,
Solarium, Golf
Auch Zimmer der Kategorie ✱ vorhanden.

¶¶ Alte Reitschule
Hauptgericht 31/15, Terrasse

¶¶ La Lucia
Marktplatz 10, Tel (0 64 71) 21 30, Fax 29 09,
✉ 35781, AX ED VA
Hauptgericht 34/17, Terrasse, Biergarten,
Gartenlokal

Kubach (3 km ↘)

✱ Kubacher Hof
Hauptstr. 58, Tel (0 64 71) 48 22, Fax 4 19 37,
✉ 35781, DC ED, 14 Zi, Ez: 64/32, Dz: 128/64, ⌐ WC ⌀, P,
1⌬100, Restaurant

Weiler im Allgäu   70 ⌐

Bayern / Kreis Lindau
EW 6460
ℹ Tel (0 83 87) 3 91 50, Fax 3 91 53
Kur- und Gästeamt
✉ 88171 Hauptstr. 14

Weiler

✱✱ Kur- und Tennishotel Tannenhof
Lindenberger Str. 33, Tel (0 83 87) 12 35,
Fax 16 26, ✉ 88171
⌀ ≋, 48 Zi, Ez: 125/62-165/83,
Dz: 210/105-250/125, 3 Suiten, 3 App, ⌐ WC ⌀
DFÜ, P, 2⌬45, ≋, ⌂, Kegeln, Sauna,
Solarium, Golf, 9 Tennis
Auch Zimmer der Kategorie ✱ vorhanden.

¶ Hauptgericht 25/12

Weiler-Simmerberg

¶◉¶ Gasthaus Zur Traube
Hauptstr. 1, Tel (0 83 87) 9 91 20, Fax 9 91 21,
✉ 88171, ED VA
Hauptgericht 25/12, Gartenlokal, P, geschl.: So
abends, Mo, 12.-25.3.01, 27.8.-9.9.01

Weilerbach   53 □

Rheinland-Pfalz
Kreis Kaiserslautern
EW 4470
ℹ Tel (0 63 74) 92 20, Fax 92 21 49
Tourist-Information
✉ 67685 Rummelstr. 15

✱ Degen
Mackenbacher Str. 2, Tel (0 63 74) 50 55,
Fax 38 16, ✉ 67685, AX ED VA
33 Zi, Ez: 75/37-90/45, Dz: 120/60-140/70, ⌐
WC ⌀, P, 2⌬28, Restaurant

Eulenbis

✱ Pfeifertal
Untere Pfeifermühle, Tel (0 63 74) 92 50,
Fax 92 52 50, ✉ 67685
16 Zi, Ez: 70/35, Dz: 110/55, ⌐ WC ⌀

Weilheim bei Schongau   71 □

Bayern / Kreis Weilheim-Schongau
EW 20300
ℹ Tel (08 81) 68 20, Fax 68 21 23
Veranstaltungsbüro
✉ 82362 Admiral-Hipper-Str 20

✱ Bräuwastl
Lohgasse 9, Tel (08 81) 9 47 70, Fax 6 94 85,
✉ 82362, AX VA
48 Zi, Ez: 118/59-138/69, Dz: 158/79-178/89,
1 App, ⌐ WC ⌀, 7 ⌫, Lift, P, ☎, 4⌬65,
Sauna, Restaurant

Weilrod an der Weil   44 ↘

Hessen / Hochtaunuskreis
EW 6600
ℹ Tel (0 60 83) 9 50 90, Fax 27 53
Gemeinde Weilrod
✉ 61276 Am Senner 1

✱ Zur Linde
Obergasse 2, Tel (0 60 83) 9 13 70,
Fax 2 82 29, ✉ 61276, ED VA
16 Zi, Ez: 70/35-105/52, Dz: 120/60-150/75, ⌐
WC ⌀, 3 ⌫, P, ☎, 3⌬80, Restaurant
geschl.: Mitte Jan-Mitte Feb

Neuweilnau

✱✱ Sporthotel Erbismühle
Tel (0 60 83) 28 80, Fax 28 87 00, ✉ 61276, AX
DC ED VA
einzeln ⌀, 74 Zi, Ez: 120/60-250/125,
Dz: 195/98-280/141, ⌐ WC ⌀, Lift, P,
10⌬200, ⌂, Kegeln, Sauna, Solarium,
Restaurant
Auch Zimmer der Kategorie ✱ vorhanden.

Weimar   44 ↗

Hessen / Kreis Marburg-Biedenkopf
EW 6500
ℹ Tel (0 64 21) 9 74 00, Fax 7 74 04
Gemeindeverwaltung
✉ 35096 Huteweg 4

Wolfshausen

⋆⋆ Ringhotel Bellevue
Hauptstr. 35, Tel (0 64 21) 7 90 90,
Fax 79 09 15, ✉ 35096, AX DC ED VA, Ⓢ
❦, 49 Zi, Ez: 119/59-180/90,
Dz: 170/85-270/135, 3 Suiten, ⊣ WC ⊘, 10 ⊬,
Lift, 🅟, 🗻, 3⇔100, Sauna, Solarium
Auch einfachere Zimmer vorhanden.
🍴🍴 ❦, Hauptgericht 25/12-60/30, 🅟

Weimar 48 ↑

Thüringen
EW 62000
🄷 Tel (0 36 43) 2 40 00, Fax 24 00 40
Tourist-Information
✉ 99423 Markt 10
Cityplan siehe Seite 1048

⋆⋆⋆ Kempinski Hotel Elephant
Markt 19 (B 4), Tel (0 36 43) 80 20,
Fax 80 26 10, ✉ 99423, AX DC ED VA, Ⓢ
♪, 85 Zi, Ez: 311/156-391/196,
Dz: 392/197-472/237, 4 Suiten, ⊣ WC ⊘ DFÜ,
27 ⊬, Lift, 🅟, 3⇔240
Erstmals 1542 erwähnt. Einrichtung im
Bauhausstil mit Werken zeitgenössischer
Künstler. Auch Zimmer der Kategorie ⋆⋆⋆⋆
vorhanden.

🍴🍴🍴 **Anna Amalia**
Hauptgericht 36/18-39/19, Terrasse, nur abends,
sa+so auch mittags, geschl.: Jan

Elephantenkeller
🝕, Hauptgericht 16/8-26/13, geschl.: So abends

⋆⋆⋆ Dorint Am Goethepark
Beethovenplatz 1 / 2, Tel (0 36 43) 87 20,
Fax 87 21 00, ✉ 99423, AX DC ED VA, Ⓢ
136 Zi, Ez: 225/113-355/178,
Dz: 255/128-425/214, 4 Suiten, 3 App., ⊣ WC ⊘
DFÜ, 64 ⊬, Lift, 🗻, 12⇔220, Fitnessraum,
Sauna, Solarium
Wellness-Center Doripool auf 230 qm.

🍴🍴 **Carl Alexander**
Hauptgericht 30/15, Terrasse, 🅟

⋆⋆⋆ DeragHotel Russischer Hof
Goetheplatz 2 (A 3), Tel (0 36 43) 77 40,
Fax 77 48 40, ✉ 99423, AX DC ED VA
119 Zi, Ez: 208/104-340/171,
Dz: 240/120-395/198, 7 Suiten, ⊣ WC ⊘, 57 ⊬,
Lift, 🅟, 🗻, 3⇔128, Fitnessraum, Sauna,
Solarium, Restaurant
Auch Zimmer der Kategorie ⋆⋆ vorhanden.

⋆⋆⋆ Hilton
Belvederer Allee 25, Tel (0 36 43) 72 20,
Fax 72 27 41, ✉ 99425, AX DC ED VA, Ⓢ
♪, 294 Zi, Ez: 265/133-310/156,
Dz: 300/151-345/173, 6 Suiten, ⊣ WC ⊘ DFÜ,
120 ⊬, Lift, 🅟, 🗻, 19⇔500, 🗻, Bowling,
Sauna, Solarium

🍴🍴 **Esplanade**
Hauptgericht 35/17, Terrasse, Biergarten

⋆⋆ Wolff's Art Hotel
Freiherr-vom-Stein-Allee 3 a-b,
Tel (0 36 43) 5 40 60, Fax 54 06 99, ✉ 99425,
AX DC ED VA
♪, 30 Zi, Ez: 210/105, Dz: 250/125, 1 Suite, ⊣
WC ⊘ DFÜ, 10 ⊬, Lift, 🅟, 🗻, 3⇔60, Sauna,
Solarium, Restaurant
Rezeption: 6.30-23.30

⋆ InterCityHotel
Carl-August-Allee 17 (B 1), Tel (0 36 43) 23 40,
Fax 23 44 44, ✉ 99423, AX DC ED VA, Ⓢ
134 Zi, Ez: 140/70-180/90, Dz: 170/85-230/115,
⊣ WC ⊘ DFÜ, 38 ⊬, Lift, 🅟, 🗻, 6⇔120

🍴 **Wintergarten**
Hauptgericht 17/8

⋆ Villa Hentzel
Bauhausstr. 12 (außerhalb B 4),
Tel (0 36 43) 8 65 80, Fax 86 58 19, ✉ 99423,
AX DC ED VA
13 Zi, Ez: 105/52-160/80, Dz: 150/75-190/95,
1 Suite, ⊣ WC ⊘, 2 ⊬, 🅟, garni

⋆ Amalienhof
Verband Christlicher Hotels
Amalienstr. 2 (B 4), Tel (0 36 43) 54 90,
Fax 54 91 10, ✉ 99423, AX ED VA
29 Zi, Ez: 120/60-150/75, Dz: 180/90-200/100,
2 Suiten, ⊣ WC ⊘, Lift, 🅟, garni

⋆ Liszt
Lisztstr. 1 (A 4), Tel (0 36 43) 5 40 80,
Fax 54 08 30, ✉ 99423, AX ED VA
23 App., ⊣ WC ⊘, Lift, 🗻, garni
Rezeption: Nov-Mar 8-20

⋆ Das Kleine Hotel
Jahnstr. 18 (außerhalb A 3),
Tel (0 36 43) 8 35 30, Fax 83 53 53, ✉ 99423

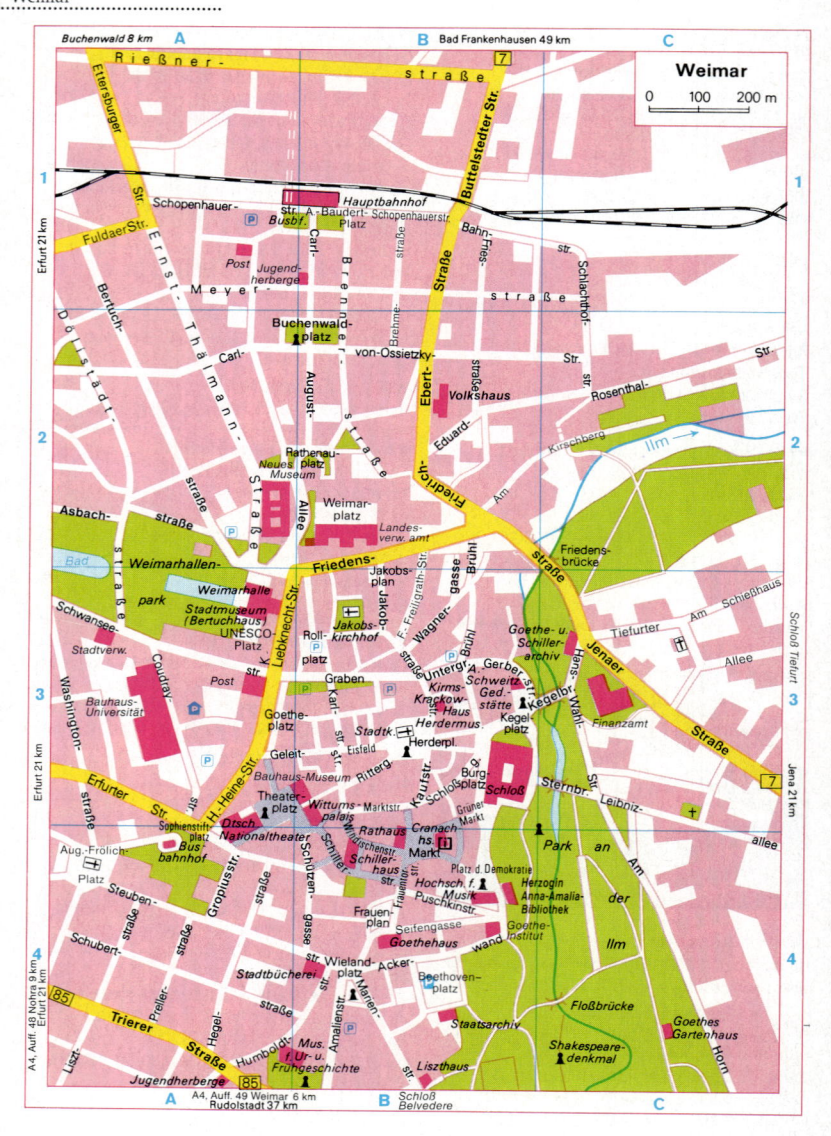

13 Zi, Ez: 100/50-150/75, Dz: 160/80-190/95,
1 App, ⌐ WC ⓒ, 8 ⌂, P, garni

* Alt Weimar
Prellerstr. 2 (A 4), Tel (0 36 43) 8 61 90,
Fax 86 19 10, ✉ 99423, AX DC ED VA

17 Zi, Ez: 155/78, Dz: 195/98, ⌐ WC ⓒ, P,
1 ⓒ 30
🍴 Hauptgericht 25/12, Terrasse

🍴 Zum weißen Schwan
Am Frauenplan, Tel (0 36 43) 20 25 21,
Fax 20 25 75, ✉ 99423, AX DC ED VA

☺, Hauptgericht 25/12, Terrasse, Kegeln, Bowling

Außerhalb (3 km ✓)

* **Apart-Hotel Weimar am Highway**
Berkaer Str. 75, Tel (0 36 43) 81 23 00,
Fax 81 25 00, ✉ 99425, AX DC ED VA
40 Zi, Ez: 85/42-105/52, Dz: 120/60-160/80, ⌐
WC ⊘, 12 ⌙, P, garni
an der B 85 gelegen.

Gelmeroda (3 km ↓)

* **Schwartze**
Im Dorf 65 a, Tel (0 36 43) 5 99 50,
Fax 51 26 14, ✉ 99428, AX ED VA
♪, 30 Zi, Ez: 120/60, Dz: 160/80, ⌐ WC ⊘, P,
Restaurant

Legefeld

*** **Treff Hotel**
Kastanienallee 1, Tel (0 36 43) 80 30,
Fax 80 35 00, ✉ 99438, AX DC ED VA, Ⓢ
♪, 194 Zi, Ez: 165/83-195/98,
Dz: 195/98-225/113, 4 Suiten, ⌐ WC ⊘ DFÜ,
64 ⌙, Lift, P, 10⇌, 🌊, Fitnessraum, Sauna,
Solarium, Restaurant

Schöndorf-Waldstadt (2 km ↑)

** **Dorotheenhof**
Dorotheenhof 1, Tel (0 36 43) 45 90,
Fax 45 92 00, ✉ 99427, AX DC ED VA
einzeln ♪, 58 Zi, Ez: 125/62-180/90,
Dz: 180/90-280/141, 2 Suiten, ⌐ WC ⊘ DFÜ,
7 ⌙, Lift, P, 4⇌80, Sauna, Solarium
🍴🍴 Hauptgericht 19/9-30/15, Biergarten

* **Ibis**
Ernst-Busse-Str. 4, Tel (0 36 43) 45 50,
Fax 45 58 88, ✉ 99427, AX DC ED VA
83 Zi, Ez: 105/52-134/67, Dz: 140/70-175/88,
8 App, ⌐ WC ⊘ DFÜ, 18 ⌙, Lift, 2⇌26,
Restaurant

🛏 **Zum Alten Gutshof**
Wohlsborner Str. 2, Tel (0 36 43) 43 73 00,
Fax 43 73 99, ✉ 99427
18 Zi, Ez: 70/35-130/65, Dz: 120/60-150/75, ⌐
WC ⊘, P, garni
Rezeption: 7-19, geschl.: 22.12.00-8.1.01

Weinähr 43 ↘

Rheinland-Pfalz / Rhein-Lahn-Kreis
EW 446
ℹ Tel (0 26 04) 76 43
Verkehrsverein
✉ 56379 Kellereigasse

* **Weinhaus Treis**
Hauptstr. 1, Tel (0 26 04) 97 50, Fax 45 43,
✉ 56379, AX DC ED VA
♪ ⚡, 50 Zi, Ez: 70/35-82/41, Dz: 120/60-150/75,
1 App, ⌐ WC ⊘, 5 ⌙, P, 3⇌50, 🌊, Kegeln,
Sauna, Solarium, Restaurant
geschl.: 3 Wochen im Jan

Weinböhla 40 ↓

Sachsen / Kreis Meißen
EW 10200
ℹ Tel (03 52 43) 34 30, Fax 3 22 58
Weinböhla-Information
✉ 01689 Rathausplatz 2

** **Wald-und Sporthotel Weinböhla**
Forststr. 66, Tel (03 52 43) 4 10, Fax 4 14 18,
✉ 01689, AX DC ED VA
♪, 114 Zi, Ez: 130/65-185/93,
Dz: 180/90-225/113, 6 Suiten, ⌐ WC ⊘, 20 ⌙,
Lift, P, 7⇌400, Kegeln, Sauna, Solarium,
8 Tennis, Restaurant

** **Ringhotel Elbland**
Dresdner Str. 93, Tel (03 52 43) 4 00,
Fax 4 04 00, ✉ 01689, AX DC ED VA
74 Zi, Ez: 90/45-110/55, Dz: 150/75-170/85,
3 App, ⌐ WC ⊘ DFÜ, Lift, P, 3⇌60, Sauna,
Solarium, Restaurant

🍴🍴 **Laubenhöhe**
Köhler Str. 77, Tel (03 52 43) 3 61 83,
Fax 3 61 51, ✉ 01689
Hauptgericht 16/8-39/19, Terrasse, P,
geschl.: Mo, 13-25.2.01

Weingarten 61

Baden-Württemberg
Kreis Karlsruhe
EW 9200
🛈 Tel (0 72 44) 7 02 00, Fax 70 20 50
Gemeindeverwaltung
✉ 76356 Marktplatz 2

¶¶¶ Walk'sches Haus
Marktplatz 7, Tel (0 72 44) 70 37 00,
Fax 70 37 40, ✉ 76356, AX DC ED VA
🕐, Hauptgericht 35/17-48/24, P, geschl.: Di, Sa mittags, 1.-10.1.01
Beachtenswerte Küche.

✻ Fax 79 37 40, 27 Zi, Ez: 90/45-120/60, Dz: 180/90-200/100, ⎯ WC ⊘, 3⟳100

Weingarten 69

Baden-Württemberg
Kreis Ravensburg
EW 25000
🛈 Tel (07 51) 40 51 25, Fax 4 02 68
Verkehrsamt
✉ 88250 Münsterplatz 1

✻✻✻ Mövenpick
Abt-Hyller-Str. 37-39, Tel (07 51) 50 40,
Fax 50 44 00, ✉ 88250, AX DC ED VA, S
72 Zi, Ez: 132/66-208/104, Dz: 153/77-261/131,
⎯ WC ⊘ DFÜ, 16 🛏, Lift, 6⟳550, Restaurant

✻✻ Akzent-Hotel Altdorfer Hof
Burachstr. 12, Tel (07 51) 5 00 90,
Fax 50 09 70, ✉ 88250, AX DC ED VA
54 Zi, Ez: 115/57-142/71, Dz: 164/82-210/105,
1 Suite, ⎯ WC ⊘ DFÜ, 12 🛏, Lift, P, 🐾,
3⟳45, Golf, Restaurant
geschl.: 20.12.00-10.1.01
Im Gästehaus Zimmer der Kategorie ✻✻✻ vorhanden.

✻ Gasthof Bären
Kirchstr. 3, Tel (07 51) 56 12 00,
Fax 5 61 20 50, ✉ 88250, AX DC ED VA
15 Zi, Ez: 84/42-88/44, Dz: 120/60-135/67,
1 Suite, ⎯ WC DFÜ, 2 🛏, P, 🐾, Kegeln

¶¶ Hauptgericht 25/12, geschl.: Mo, 3 Wochen im Jul

Weinheim 54

Baden-Württemberg
Rhein-Neckar-Kreis
EW 43000
🛈 Tel (0 62 01) 99 11 17, Fax 99 11 35
Verkehrsverein
✉ 69469 Bahnhofstr. 15

✻✻ Astron
Breslauer Str. 52, Tel (0 62 01) 10 30,
Fax 10 33 00, ✉ 69469, AX DC ED VA, S
187 Zi, Ez: 163/82-259/130,
Dz: 193/97-281/141, ⎯ WC ⊘ DFÜ, 52 🛏, Lift,
P, 15⟳300, Sauna, Solarium, Restaurant

✻✻ Ottheinrich
Hauptstr. 126, Tel (0 62 01) 1 80 70,
Fax 18 07 88, ✉ 69469, AX DC ED VA, S
20 Zi, Ez: 253/127-353/177,
Dz: 276/139-376/189, 2 Suiten, 1 App., ⎯ WC
⊘, Lift, 🐾, 3⟳30, Restaurant
Einrichtung im modernem italienischem Design.

✻ Ebert Park Hotel
Freiburger Str. 42, Tel (0 62 01) 10 50,
Fax 10 54 01, ✉ 69469, AX DC ED VA
74 Zi, Ez: 120/60-130/65, Dz: 140/70-160/80,
6 App., ⎯ WC ⊘ DFÜ, 10 🛏, Lift, P, garni

✻ Goldener Pflug
Obertorstr. 5, Tel (0 62 01) 9 02 80,
Fax 90 28 29, ✉ 69469, ED VA
11 Zi, Ez: 95/47, Dz: 120/60-130/65, 1 Suite, ⎯ WC ⊘, 🐾, Restaurant

¶¶ Grüne Gans
Hauptstr. 126, im Hotel Ottheinrich,
Tel (0 62 01) 18 07 68, Fax 18 07 88, ✉ 69469,
AX DC ED VA
Hauptgericht 35/17-52/26, nur abends, Sa+So auch mittags, geschl.: Mo, 1 Woche im Jan

Woinemer Hausbrauerei
Friedrichstr. 23, Tel (0 62 01) 1 20 01,
Fax 1 58 70, ✉ 69469, ⒺⒹ
✪, Hauptgericht 7/3-35/17, Biergarten

Weinheim-Außerhalb (2 km ↗)

✱✱ Fuchs'sche Mühle
Birkenauertalstr. 10, Tel (0 62 01) 1 00 20,
Fax 10 02 22, ✉ 69469, ⒶⓍ ⒹⒸ ⒺⒹ ⓋⒶ
18 Zi, Ez: 140/70, Dz: 180/90, ⌐ WC ⓒ, Lift, Ⓟ,
🏠, ⌂, Sauna
Rezeption: 6-15, 17-23
🍴🍴 Hauptgericht 35/17-48/24, geschl.: So
abends, Mo, Di mittags, 10.1.-1.2.01

Lützelsachsen

🍴🍴 **Winzerstube**
Sommergasse 7, Tel (0 62 01) 5 22 98,
Fax 5 65 20, ✉ 69469, ⒶⓍ ⒺⒹ ⓋⒶ
Hauptgericht 29/14-45/22, Terrasse, Ⓟ, nur
abends, geschl.: Mo, So, 27.12.00-15.1.01

Weinsberg 61 ↗

Baden-Württemberg
Kreis Heilbronn
EW 12000
ℹ Tel (0 71 34) 51 21 06, Fax 51 21 99
Tourist-Information
✉ 74189 Marktplatz 11

Weinsberg-Außerhalb (1,5 km →)

✱✱ Rappenhof
Tel (0 71 34) 51 90, Fax 5 19 55, ✉ 74189, ⒶⓍ
ⒹⒸ ⒺⒹ ⓋⒶ
einzeln ♪ ✿, 38 Zi, Ez: 140/70-180/90,
Dz: 180/90-220/110, ⌐ WC ⓒ DFÜ, 6 ⚒, Lift,
Ⓟ, 3⌬55
geschl.: 20.12.00-10.1.01
Auch Zimmer der Kategorie ✱ vorhanden.
🍴 Hauptgericht 25/12,
geschl.: 20.12.00-10.1.01

Weinstadt 62 ←

Baden-Württemberg
Rems-Murr-Kreis
EW 26000
ℹ Tel (0 71 51) 69 30, Fax 69 32 90
Stadtverwaltung
✉ 71384 Marktplatz 1

Beutelsbach

✱✱ Krone
Marktstr. 41, Tel (0 71 51) 99 70 10,
Fax 9 97 01 11, ✉ 71384, ⒶⓍ ⒹⒸ ⒺⒹ ⓋⒶ
32 Zi, Ez: 105/52, Dz: 165/83, ⌐ WC ⓒ DFÜ,
5 ⚒, Lift, 🏠, 2⌬40
🍴🍴 Hauptgericht 30/15, geschl.: Mi

Beutelsbach - außerhalb (3 km ↓)

✱✱ Landgut Burg
Tel (0 71 51) 9 93 30, Fax 69 03 92, ✉ 71384,
ⒺⒹ ⓋⒶ
einzeln ♪ ✿, 66 Zi, Ez: 104/52-120/60,
Dz: 164/82-184/92, 1 Suite, 1 App, ⌐ WC ⓒ,
Ⓟ, 7⌬100, Fitnessraum, Kegeln, Sauna,
Solarium, Restaurant
geschl.: 23.12.00-7.1.01, 2 Wochen im Aug
Auch Zimmer der Kategorie ✱ vorhanden.

Endersbach

✱ Gästehaus Zefferer
Strümpfelbacher Str. 10,
Tel (0 71 51) 6 08 60 20, Fax 60 86 02 11,
✉ 71384, ⒺⒹ
15 Zi, Ez: 88/44-92/46, Dz: 130/65-145/73, ⌐
WC ⓒ DFÜ, 3 ⚒, Restaurant

☕ **Café Mack**
Strümpfelbacher Str. 17, Tel (0 71 51) 60 00 96,
Fax 60 00 99, ✉ 71384
Terrasse

Schnait-Baach

🍴 **Gasthof Adler**
Forststr. 12, Tel (0 71 51) 6 58 26, Fax 6 65 20,
✉ 71384
Hauptgericht 32/16-43/21, Gartenlokal, Ⓟ,
🛏, geschl.: Mo, Di, 2 Wochen im Feb, 3
Wochen im Sommer

Strümpfelbach

🍴 **Gasthof Zum Lamm**
Hindenburgstr. 16, Tel (0 71 51) 96 76 36,
Fax 96 76 38, ✉ 71384
Hauptgericht 30/15, Terrasse, Ⓟ, 🛏,
geschl.: Mo, Di, 2 Wochen im Jan, 2 Wochen im
Aug

Weisendorf 57 ←

Bayern / Kreis Erlangen-Höchstadt
EW 5740
ℹ Tel (0 91 35) 7 12 00, Fax 71 20 40
Markt Weisendorf
✉ 91085 Neustadter Str. 1

✱ Jägerhof
Auracher Bergstr. 2, Tel (0 91 35) 71 70,
Fax 71 74 44, ✉ 91085, ⒹⒸ ⒺⒹ ⓋⒶ
30 Zi, Ez: 95/47, Dz: 120/60-150/75, ⌐ WC ⓒ
DFÜ, Ⓟ, 🏠, 1⌬30, Restaurant

Weisendorf

Rezeption: 7-14, 17-23,
geschl.: 24.12.00-6.1.01, 1-14.8.01

Weisenheim a. Berg 54 ✓

Rheinland-Pfalz
Kreis Bad Dürkheim
EW 1780
🛈 Tel (0 63 22) 66 78 38, Fax 66 78 40
i-Punkt
✉ 67169 Weinstr. 111

¶¶ **Admiral**
Leistadter Str. 6, **Tel (0 63 53) 41 75**, Fax 41 75,
✉ 67273, ED VA
Hauptgericht 25/12-42/21, Terrasse, P, ⊨,
nur abends, geschl.: Mo, Di, 1.-17.1.01

Weiskirchen 52 →

Saarland / Kreis Merzig-Wadern
EW 6500
🛈 Tel (0 68 76) 7 09 37, Fax 7 09 38
H.T.G. Tourist-Info
✉ 66709 Kirchenweg 2

✱✱ **Parkhotel Weiskirchen**
Kurparkstr. 4, **Tel (0 68 76) 91 90**,
Fax 91 95 19, ✉ 66709, AX DC ED VA
♪, 121 Zi, Ez: 129/64-189/95,
Dz: 179/90-209/105, 2 Suiten, 2 App, ⊣ WC ⊘,
10 ⊨, Lift, P, ⌂, 12⊃300, ⌂, Fitnessraum,
Sauna, Solarium, Golf, Restaurant

Weismain 57 ↑

Bayern / Kreis Lichtenfels
EW 5100
🛈 Tel (0 95 75) 9 22 00, Fax 12 48
Stadtverwaltung
✉ 96260 Am Markt 19

✱ **Alte Post**
Am Markt 14, **Tel (0 95 75) 2 54**, Fax 10 54,
✉ 96260
35 Zi, Ez: 60/30-70/35, Dz: 90/45-100/50, ⊣
WC, 2⊃40, Sauna

Weißenburg 63 ↗

Bayern
Kreis Weißenburg-Gunzenhausen
EW 18000
🛈 Tel (0 91 41) 90 71 24, Fax 90 71 21
Amt für Kultur und Touristik
✉ 91781 Martin-Luther-Platz 3-5

✱ **Am Ellinger Tor**
Flair Hotel
Ellinger Str. 7, Tel (0 91 41) 8 64 60,
Fax 86 46 50, ✉ 91781, AX DC ED VA
27 Zi, Ez: 88/44-138/69, Dz: 118/59-178/89,
1 App, ⊣ WC ⊘ DFÜ, 10 ⊨, ⌂, 1⊃15
Auch Zimmer der Kategorie ✱✱ vorhanden.

¶ Hauptgericht 22/11-30/15,
geschl.: Mo, So abends

✱ **Wittelsbacher Hof**
Friedrich-Ebert-Str. 21, Tel (0 91 41) 8 51 60,
Fax 85 16 50, ✉ 91781, AX ED VA
25 Zi, Ez: 60/30-110/55, Dz: 90/45-160/80, ⊣
WC ⊘ DFÜ, 12 ⊨, P, 2⊃70, Restaurant

✱ **Schwarzer Bär**
Marktplatz 13, Tel (0 91 41) 8 68 80,
Fax 8 68 88, ✉ 91781, ED VA
12 Zi, Ez: 70/35-90/45, Dz: 120/60-130/65, ⊣
WC ⊘, 4 ⊨, P, ⌂, 1⊃35, Restaurant

¶⊙¶ **Goldener Adler**
Marktplatz 5, Tel (0 91 41) 8 55 60,
Fax 85 56 33, ✉ 91781, AX ED VA
Hauptgericht 15/7, Biergarten
✱ 11 Zi, Ez: 70/35-85/42,
Dz: 110/55-140/70, ⊣ WC ⊘, Golf

Weißenfels 38 ↘

Sachsen-Anhalt
EW 34000
🛈 Tel (0 34 43) 30 30 70, Fax 30 30 70
Fremdenverkehrsverein
✉ 06667 Nikolaistr. 37

siehe auch Leißling

✱ Parkhotel Güldene Berge Flair Hotel
Langendorfer Str. 94, Tel (0 34 43) 3 92 00,
Fax 39 20 20, ✉ 06667, AX ED VA
26 Zi, Ez: 95/47-125/62, Dz: 125/62-155/78, 🛏
WC ⌀, 13 ⚒, Lift, P, 🚗, 2⊂⊃40, Fitnessraum,
Restaurant

Weißenhorn 70 ↖

Bayern / Kreis Neu-Ulm
EW 12800
🛈 Tel (0 73 09) 8 40, Fax 84 50
Stadtverwaltung
✉ 89264 Kirchplatz 2

✱ Gasthof Zum Löwen mit Gästehaus
Martin-Kuen-Str. 5, Tel (0 73 09) 9 65 00,
Fax 50 16, ✉ 89264, AX ED VA
⌓, 23 Zi, Ez: 80/40-110/55, Dz: 130/65-150/75,
🛏 WC ⌀, P, 🚗, 1⊂⊃25
geschl.: So
Im Gästehaus Zimmer der Kategorie ✱✱.
🍴 Hauptgericht 16/8-45/22, geschl.: So

✱ Rose
Memminger Str. 64, Tel (0 73 09) 9 69 60,
Fax 96 96 99, ✉ 89264, ED VA
31 Zi, Ez: 75/37, Dz: 110/55, 1 Suite, 🛏 WC ⌀
DFÜ, Lift, P, Restaurant
geschl.: Di, 1.-8.1.01, 8.-31.8.01

Weißensberg 69 ↘

Bayern / Kreis Lindau (Bodensee)
EW 2480
🛈 Tel (0 83 89) 2 78, Fax 82 17
Gemeinde Weißensberg
✉ 88138 Kirchstr. 13

🍴🍴 Weißensberger Stuben
Kirchstr. 42, Tel (0 83 89) 12 96, Fax 6 17,
✉ 88138
Hauptgericht 15/7-32/16, Terrasse, P,
geschl.: Do, 7.-24.10.00, 10.-26.3.01

Lampertsweiler (5 km ↑)

✱✱✱ Golfhotel Bodensee
Lampertsweiler 51, Tel (0 83 89) 89 10,
Fax 8 91 20, ✉ 88138, DC ED VA
einzeln ⌓ ⚘, 22 Zi, Ez: 170/85-190/95,
Dz: 270/135-290/146, 3 Suiten, 🛏 WC ⌀, Lift,
P, 3⊂⊃80, Sauna, Solarium, Golf
🍴🍴 Hauptgericht 25/12-42/21, Terrasse

Weißensee 37 ↘

Thüringen / Kreis Sömmerda
EW 4100
🛈 Tel (03 63 74) 2 20 12, Fax 2 20 30
Fremdenverkehrsamt
✉ 99631 Langer Damm 7

✱ Promenadenhof
An der Promenade, Tel (03 63 74) 22 20,
Fax 2 22 44, ✉ 99631, AX DC ED VA
25 Zi, Ez: 89/44-95/47, Dz: 115/57-125/62, 🛏
WC ⌀, P, 3⊂⊃40, Fitnessraum, Restaurant
Auch Zimmer der Kategorie ✱✱ vorhanden.

Weißenstadt 58 ↗

Bayern / Kreis Wunsiedel
EW 4000
🛈 Tel (0 92 53) 9 50 30, Fax 9 50 39
Tourist-Information
✉ 95163 Kirchplatz 5

✱ Gasthof zum Waldstein
Kirchenlamitzer Str. 8, Tel (0 92 53) 2 70,
Fax 86 76, ✉ 95163
13 Zi, Ez: 35/17-65/32, Dz: 70/35-90/45, 🛏 WC
⌀, 🚗, Restaurant
Rezeption: 7-14, 17-23, geschl.: 20.2.-10.3.01

🍴🍴 Egertal
Wunsiedler Str. 49, Tel (0 92 53) 2 37,
Fax 5 00, ✉ 95163, AX DC ED VA
Hauptgericht 40/20-48/24, P, nur abends,
sa+so nur mittags, geschl.: Di, 2.-30.1.01

Weißwasser 41 □

Sachsen
Kreis Niederschl. Oberlausitz
EW 27470
🛈 Tel (0 35 76) 20 73 57, Fax 20 71 26
Touristinformation
✉ 02943 Schillerstr. 4

✱✱ Kristall
Karl-Liebknecht-Str. 34, Tel (0 35 76) 26 40,
Fax 26 41 02, ✉ 02943, AX DC ED VA
57 Zi, Ez: 95/47-130/65, Dz: 140/70-160/80, 🛏
WC ⌀ DFÜ, 5 ⚒, Lift, P, 2⊂⊃20, Restaurant

✱ Prenzel
Straße des Friedens 11, Tel (0 35 76) 2 78 20,
Fax 27 82 40, ✉ 02943, AX DC ED VA
18 Zi, Ez: 75/37-120/60, Dz: 100/50-140/70, 🛏
WC ⌀, 9 ⚒, Lift, P, 🚗, Restaurant

Weitendorf bei Brüel 20 ↖

Mecklenburg-Vorpommern
Kreis Parchim
EW 510
ℹ Tel (03 84 83) 2 03 75
Gemeindeverwaltung
✉ 19412 Hofplatz 7

Kaarz (3 km ✓)

*** Schloß Kaarz
Obere Dorfstr., Tel (03 84 83) 30 80,
Fax 3 08 40, ✉ 19412
9 Suiten, 3 App., ⊒ WC ⊘, Lift, **P**, 3✿35,
Sauna, Solarium, 1 Tennis, garni
70 000 qm Park mit altem und exotischem
Baumbestand, Kapelle, Mausoleum.
Langzeitvermietung möglich.

Weiterstadt 54 ↗

Hessen / Kreis Darmstadt-Dieburg
EW 23620
ℹ Tel (0 61 50) 40 00, Fax 40 01 18
Stadtverwaltung
✉ 64331 Darmstädter Str. 36

* Hamm
Kreuzstr. 26, Tel (0 61 50) 1 08 80,
Fax 1 57 57, ✉ 64331, AX DC ED VA
27 Zi, Ez: 95/47-120/60, Dz: 130/65-150/75, ⊒
WC ⊘, 4 ⇌, **P**, 🏠, 1✿50, garni
geschl.: So

Gräfenhausen (4 km ↑)

* Zum Löwen
Darmstädter Landstr. 11, Tel (0 61 50) 5 10 25,
Fax 5 02 47, ✉ 64331, ED VA
14 Zi, Ez: 85/42, Dz: 120/60, ⊒ WC ⊘, **P**, 🏠,
1✿60, Restaurant

Welzow 41 ←

Brandenburg / Kreis Spree-Neiße
EW 4691
ℹ Tel (03 57 51) 25 00
Stadtverwaltung Welzow
✉ 03119 Poststraße 8

* City-Hotel
Poststr. 10, Tel (03 57 51) 22 04, Fax 1 35 93,
✉ 03119
24 Zi, Ez: 80/40-90/45, Dz: 130/65-140/70, ⊒
WC ⊘, Restaurant

Wemding 63 □

Bayern / Kreis Donau-Ries
EW 5600
ℹ Tel (0 90 92) 96 90 35, Fax 96 90 50
Verkehrsamt
✉ 86650 Haus des Gastes

* Landhotel Weißer Hahn
Wallfahrtstr. 21, Tel (0 90 92) 9 68 00,
Fax 96 80 44, ✉ 86650, AX DC ED VA
26 Zi, Ez: 70/35-90/45, Dz: 120/60-150/75,
1 Suite, ⊒ WC ⊘ DFÜ, 1 ⇌, **P**, 🏠, 1✿70,
Sauna, Solarium, Restaurant
Im Gästehaus einfachere Zimmer vorhanden.

* Birkhahn
Nördlinger Str. 16, Tel (0 90 92) 9 69 50,
Fax 12 38, ✉ 86650, AX ED VA
19 Zi, Ez: 68/34-85/42, Dz: 120/60-140/70, ⊒
WC ⊘, 3 ⇌, **P**, 🏠, 2✿50, Solarium, Restaurant
geschl.: Do

Wendeburg 26 ↘

Niedersachsen / Kreis Peine
EW 9700
ℹ Tel (0 51 71) 4 82 00, Fax 4 82 01
Verkehrsverein Peine
✉ 31224 Bahnhofplatz 1

Meerdorf (6 km ↖)

* Altes Landhaus
Woltorfer Str. 13, Tel (0 51 71) 9 91 60,
Fax 99 16 55, ✉ 38176
13 Zi, Ez: 85/42, Dz: 125/62, ⊒ WC ⊘, **P**,
1✿25, Kegeln, Restaurant

Rüper (3 km ↖)

* Zum Jägerheim
Meerdorfer Str. 40, Tel (0 53 03) 20 26,
Fax 20 56, ✉ 38176, AX DC ED VA
51 Zi, Ez: 60/30-90/45, Dz: 110/55-150/75, ⊒
WC ⊘, 5 ⇌, Lift, **P**, 🏠, 4✿150, 🏊, Kegeln,
Sauna, Solarium, Restaurant

Wendelstein 57 ↓

Bayern / Kreis Roth
EW 16000
ℹ Tel (0 91 29) 40 12 01, Fax 40 12 07
Verkehrsamt
✉ 90530 Altes Rathaus, Hauptstr. 18

¶¶ Ofenplatt'n
Nürnberger Str. 19, Tel (0 91 29) 34 30,
✉ 90530
Hauptgericht 46/23, Gartenlokal, **P**

Röthenbach bei St. Wolfgang (2 km ↗)

✷ **Kübler Hof**
In der Lach 2, Tel **(0 91 29) 90 00**,
Fax 90 02 92, ✉ 90530, AX DC ED VA
39 Zi, Ez: 80/40-90/45, Dz: 130/65, ⌐ WC ⊘,
Lift, P, ≋, 3⊖35, Kegeln, Restaurant

Wenden 44 ↖

Nordrhein-Westfalen / Kreis Olpe
EW 20040
🛈 Tel (0 27 62) 40 60, Fax 16 67
Verkehrsamt
✉ 57482 Hauptstr. 75

Wenden-Außerhalb (2 km ↓)

✷✷ **Landhaus Berghof** ♕
Tel **(0 27 62) 50 88**, Fax 35 46, ✉ 57482,
AX ED VA
einzeln ♫, 15 Zi, Ez: 80/40-105/52,
Dz: 145/73-155/78, 1 App, ⌐ WC ⊘, P, ≋,
3⊖40, Kegeln, Restaurant
Auch Zimmer der Kategorie ✷ vorhanden.

Bruen

✷✷ **Landhaus Wacker**
Mindener Str. 1, Tel **(0 27 62) 69 90**,
Fax 69 93 99, ✉ 57482, AX DC ED VA
75 Zi, Ez: 95/47-185/93, Dz: 160/80-250/125,
10 App, ⌐ WC ⊘, 40 ⇐, Lift, P, ≋, 5⊖350,
≋, Fitnessraum, Kegeln, Sauna, Solarium,
2 Tennis, Restaurant

Wendisch Rietz 31 ↙

Brandenburg / Kreis Oder-Spree
EW 1300
🛈 Tel (03 36 79) 50 45, Fax 50 45
Tourismusbüro Wendisch Rietz
✉ 15864 Hauptstr. 2

Ort an der südl. Spitze des Scharmützelsees.
Sehenswert: Schleusenanlage, „Neue Mühle",
neugestaltetes Ortszentrum mit Haus des Gastes.

✷ **Seehotel Waldfrieden Scharmützelsee**
Am See 27, Tel **(03 36 79) 60 90**, Fax 6 09 46,
✉ 15864, AX DC ED VA
einzeln ♫, 23 Zi, Ez: 115/57-220/110,
Dz: 170/85-250/125, 3 Suiten, ⌐ WC ⊘, 2⊖40,
Kegeln

🍴 Hauptgericht 29/14-36/18, Terrasse, P

Wendlingen am Neckar 62 ←

Baden-Württemberg
Kreis Esslingen
EW 15500
🛈 Tel (0 70 24) 94 32 89, Fax 94 32 62
Stadtverwaltung
✉ 73240 Am Marktplatz 2

Unterboihingen (1 km ↓)

✷ **Löwen**
Nuertinger Str. 1, Tel **(0 70 24) 94 90**,
Fax 9 49 99, ✉ 73240, AX ED VA
35 Zi, Ez: 80/40-140/70, Dz: 120/60-180/90,
1 Suite, 1 App, ⌐ WC ⊘, 3 ⇐, P, ≋, 2⊖50,
Restaurant

Wenningstedt siehe Sylt

Wentorf b. Hamburg 18 ↗

Schleswig-Holstein
Kreis Herzogtum Lauenburg
EW 9160
🛈 Tel (0 40) 72 00 10, Fax 72 00 12 34
Gemeindeverwaltung
✉ 21465 Hauptstr. 16

✷ **Jungclaus**
Hamburger Str. 21, Tel **(0 40) 7 20 00 90**,
Fax 72 00 09 10, ✉ 21465, ED VA
20 Zi, Ez: 140/70-150/75, Dz: 180/90, 1 App, ⌐
WC ⊘, 2 ⇐, P, 1⊖20, garni

Werdau 49 ↑

Sachsen / Kreis Zwickauer Land
EW 26500
🛈 Tel (0 37 61) 59 40, Fax 59 43 33
Bürgerinformation
✉ 08412 Markt 10-18

✷ **Katharinen-Hof**
Katharinenstr. 18, Tel **(0 37 61) 55 19**,
Fax 36 01, ✉ 08412, AX DC ED VA
♫, 16 Zi, Ez: 80/40-110/55, Dz: 125/62-140/70,
2 App, ⌐ WC ⊘, P, 1⊖25, garni

Werdau

Denkmalgeschütztes Jugendstilgebäude von 1906. Auch Zimmer der Kategorie ✱✱ vorhanden.

✱ Friesen
Zwickauer Str. 58, Tel (0 37 61) 8 80 00, Fax 88 00 50, ✉ 08412, AX DC ED VA
20 Zi, Ez: 70/35-85/42, Dz: 100/50-130/65, ⊟ WC ⌀ DFÜ, 5 ✍, P, 2✆70, Restaurant

Werl 34 □

Nordrhein-Westfalen / Kreis Soest
EW 32000
i Tel (0 29 22) 9 70 30, Fax 97 03 17
Gesellschaft für Stadtentwicklung
✉ 59457 Hedwig-Dransfeld-Str 21

✱ Parkhotel Wiener Hof
Hammer Str. 1, Tel (0 29 22) 26 33, Fax 64 48, ✉ 59457, AX DC ED VA
8 Zi, Ez: 95/47-130/65, Dz: 135/67-170/85, ⊟ WC ⌀, P, 🛎, 2✆60, Golf
🍴🍴 Hauptgericht 25/12-40/20, Terrasse, geschl.: Mo

☕ Café Hemmer
Alter Markt 5, Tel (0 29 22) 44 22, Fax 44 17, ✉ 59457
Terrasse

Wermelskirchen 33 ↓

Nordrhein-Westfalen
Rheinisch-Bergischer Kreis
EW 38500
i Tel (0 21 96) 71 00, Fax 71 05 55
Verkehrsamt
✉ 42929 Telegrafenstr. 29-33

✱✱ Zum Schwanen
Schwanen 1, Tel (0 21 96) 71 10, Fax 71 12 99, ✉ 42929, AX DC ED VA
39 Zi, Ez: 125/62-180/90, Dz: 180/90-230/115, 2 App, ⊟ WC ⌀ DFÜ, 10 ✍, Lift, P, 1✆20, Sauna
Auch Zimmer der Kategorie ✱ vorhanden.
🍴🍴 Hauptgericht 30/15, geschl.: 23-3.8.01

✱ Zur Eich
Eich 7, Tel (0 21 96) 7 27 00, Fax 72 70 70, ✉ 42929, AX DC ED VA
40 Zi, Ez: 98/49-122/61, Dz: 165/83-198/99, ⊟ WC ⌀, P, 🛎, 2✆40, Kegeln
🍴 ☯, Hauptgericht 25/12-35/17, geschl.: 3 Wochen im Jul

Dabringhausen (9 km ↗)

✱ Zur Post
Altenberger Str. 90, Tel (0 21 93) 5 10 00, Fax 51 00 79, ✉ 42929, ED VA
22 Zi, Ez: 85/42-127/63, Dz: 120/60-177/89, ⊟ WC ⌀, 1✆25, Restaurant

Stumpf (5 km ↓)

✱✱ Seminar & Freizeit Hotel Große Ledder
Tel (0 21 93) 2 20, Fax 2 22 22, ✉ 42929, ED VA
einzeln ♪, 86 Zi, Ez: 110/55-170/85, Dz: 150/75-205/103, ⊟ WC ⌀ DFÜ, P, 🛎, 8✆120, Seezugang, Kegeln, Sauna, Solarium
Acht Gästehäuser in einem 50 ha Park gelegen.
Auch Zimmer der Kategorie ✱ vorhanden.
🍴🍴 Hauptgericht 24/12-39/19, geschl.: So abends

Wernau 62 ←

Baden-Württemberg
Kreis Esslingen
EW 12131
i Tel (0 71 53) 9 34 50, Fax 93 45 19
Stadtverwaltung
✉ 73249 Kirchheimer Str. 69

✱✱ Maître
Kirchheimer Str. 83, Tel (0 71 53) 9 30 00, Fax 3 68 35, ✉ 73249, AX DC ED VA
26 Zi, Ez: 107/53-185/93, Dz: 147/74-225/113, ⊟ WC ⌀, Lift, P, 🛎, 1✆15
🍴🍴 Hauptgericht 24/12-44/22 ✚
Terrasse, geschl.: Fr, Sa mittags

Wernberg-Köblitz 59 ←

Bayern / Kreis Schwandorf
EW 6000
i Tel (0 96 04) 9 21 10, Fax 92 11 50
Touristinformation
✉ 92533 Nürnberger Str. 124

✱✱ Burg Wernberg ♛♛
Schloßberg 10, Tel (0 96 04) 93 90, Fax 93 91 39, ✉ 92533, AX ED VA

♪ ☺, 30 Zi, Ez: 120/60-260/130,
Dz: 240/120-360/181, 5 Suiten, ⊣ WC ⌀ DFÜ,
6 ⇖, Lift, ℙ, 🚗, 6⤴120, Sauna, Solarium, Golf

¶¶¶ Kastell
Hauptgericht 45/22-55/27, Terrasse,
geschl.: Mo, Di

¶ Burgkeller
Hauptgericht 24/12-33/16, Terrasse

✻ Landgasthof Burkhard
Marktplatz 10, Tel (0 96 04) 9 21 80,
Fax 92 18 50, ✉ 92533, DC ED VA
17 Zi, Ez: 95/47-110/55, Dz: 150/75-190/95, ⊣
WC ⌀ DFÜ, Lift, ℙ
¶¶ Hauptgericht 12/6, Terrasse
geschl.: So, Do abends

Werne 34 ↖

Nordrhein-Westfalen / Kreis Unna
EW 30000
🛈 Tel (0 23 89) 53 40 80, Fax 53 70 99
Verkehrsverein Werne e.V.
✉ 59368 Markt 19

**✻✻ Baumhove Am Kloster
          mit Gästehaus**
Kurt-Schumacher-Str. 9,
Tel (0 23 89) 98 95 90, Fax 98 95 91 20,
✉ 59368, AX DC ED VA
50 Zi, Ez: 130/65-170/85, Dz: 180/90, 2 Suiten,
2 App, ⊣ WC ⌀ DFÜ, 19 ⇖, Lift, 🚗, 3⤴100,
Restaurant
Im Gästehaus auch einfachere Zimmer.

✻ Kolpinghaus
Alte Münster Str. 12, Tel (0 23 89) 9 85 00,
Fax 9 85 01 25, ✉ 59368, AX ED VA
16 Zi, Ez: 85/42, Dz: 130/65, ⊣ WC ⌀ DFÜ, ℙ,
2⤴300

✻ Ickhorn
Markt 1, Tel (0 23 89) 9 87 70, Fax 98 77 13,
✉ 59368, AX ED VA
27 Zi, Ez: 75/37-95/47, Dz: 120/60-150/75,
1 App, ⊣ WC ⌀, ℙ, 🚗, 3⤴30, Restaurant
Im 100m entfernten Gästehaus Zimmer der
Kategorie ✻✻ vorhanden.

Stockum (5 km →)

✻ Stockumer Hof
Werner Str. 125, Tel (0 23 89) 9 50 70,
Fax 95 07 99, ✉ 59368, ED VA
20 Zi, Ez: 75/37, Dz: 120/60, ⊣ WC ⌀, ℙ, 🚗,
2⤴50, Restaurant

Werneck 56 ↑

Bayern / Kreis Schweinfurt
EW 10400
🛈 Tel (0 97 22) 2 20, Fax 22 31
Markt Werneck
✉ 97440 Balthasar-Neumann-Platz 8

**✻✻ Krone-Post
          Minotel**
Balthasar-Neumann-Str. 1, Tel (0 97 22) 50 90,
Fax 50 91 99, ✉ 97440, AX DC ED VA, Ⓢ
52 Zi, Ez: 98/49-135/67, Dz: 138/69-180/90, ⊣
WC ⌀, 15 ⇖, Lift, ℙ, 🚗, 4⤴32
Auch Zimmer der Kategorie ✻ vorhanden.
¶ Hauptgericht 19/9

Wernigerode 37 ↑

Sachsen-Anhalt
EW 35520
🛈 Tel (0 39 43) 63 30 35, Fax 63 20 40
Wernigerode Tourismus GmbH
✉ 38855 Nicolaiplatz 1

**✻✻✻ Gothisches Haus
              Travel Charme Hotel**
Marktplatz 2, Tel (0 39 43) 67 50,
Fax 67 55 37, ✉ 38855, AX DC ED VA, Ⓢ
126 Zi, Ez: 133/66-200/100,
Dz: 170/85-290/146, ⊣ WC ⌀, 30 ⇖, Lift, ℙ,
3⤴25, Fitnessraum, Sauna, Solarium,
Restaurant
Auch Zimmer der Kategorie ✻✻ vorhanden, im
Gästehaus Nonnenhof Zimmer der Kategorie ✻
vorhanden.

✻✻✻ Treff Hotel
Pfarrstr. 41, Tel (0 39 43) 94 10, Fax 94 15 55,
✉ 38855, AX DC ED VA, Ⓢ
258 Zi, Ez: 165/83-269/135,
Dz: 220/110-378/190, ⊣ WC ⌀, 40 ⇖, Lift, 🚗,
12⤴650, Fitnessraum, Sauna, Solarium,
Restaurant
Auch Zimmer der Kategorie ✻✻ vorhanden.

✻✻ Ringhotel Weißer Hirsch
Marktplatz 5, Tel (0 39 43) 60 20 20,
Fax 63 31 39, ✉ 38855, AX ED VA, Ⓢ

Wernigerode

49 Zi, Ez: 138/69-165/83, Dz: 199/100-265/133, 6 Suiten, ⌐ WC ⌀, 6 ⌥, Lift, **P**, 🐾, 7⌕125, Sauna
Auch Zimmer der Kategorie ✱✱✱ vorhanden.

¶¶ Hauptgericht 17/8-32/16, Terrasse

✱✱ **Erbprinzenpalais**
Lindenallee 27, Tel **(0 39 43) 5 40 50**,
Fax 54 05 99, ⌨ 38855, AX ED VA
31 Zi, Ez: 120/60-220/110, Dz: 160/80-200/100, ⌐ WC ⌀, 10 ⌥, Lift, **P**, 2⌕25, Sauna, Solarium, Restaurant
Als Wohnsitz des Erbprinzen Stolberg zu Wernigerode 1893 erbaut. Auch Zimmer der Kategorie ✱✱✱ vorhanden.

✱✱ **Altwernigeröder Apparthotel**
Marktstr. 14, Tel **(0 39 43) 94 92 60**,
Fax 9 49 26 92, ⌨ 38855, ED VA
12 Zi, Ez: 85/42-95/47, Dz: 140/70-150/75, 2 Suiten, 30 App, ⌐ WC ⌀, 1 ⌥, **P**, 2⌕35, Fitnessraum, Sauna, Solarium, Restaurant
Auch Zimmer der Kategorie ✱ vorhanden.
Zufahrt über Teichstraße.

✱ **Rathaus-Pension**
Breitestr. 9, Tel **(0 39 43) 60 40 10**,
Fax 60 40 27, ⌨ 38855, ED VA
13 Zi, Ez: 70/35-95/47, Dz: 120/60-150/75, 1 Suite, ⌐ WC ⌀ DFÜ, 🐾, Restaurant

✱ **Harz-Krone**
Nöschenröder Str. 42, Tel **(0 39 43) 49 84 68**,
Fax 2 32 56, ⌨ 38855, AX ED VA
18 Zi, Ez: 70/35-100/50, Dz: 120/60, 2 Suiten, 6 App, ⌐ WC ⌀, 2 ⌥, Lift, **P**, 2⌕35, Restaurant
Auch Zimmer der Kategorie ✱✱ vorhanden. In der benachbarten Pension einfachere Zimmer vorhanden.

✱ **Parkhotel Fischer**
Mauergasse 1, Tel **(0 39 43) 69 13 50**,
Fax 69 13 60, ⌨ 38855, ED
18 Zi, Ez: 95/47, Dz: 160/80, ⌐ WC ⌀, 2 ⌥, Lift, **P**, 1⌕30, 🐾, Sauna, Solarium, Restaurant

✱ **Median**
Benzingeröder Chaussee 8,
Tel **(0 39 43) 5 43 90**, Fax 54 39 30, ⌨ 38855, AX DC ED VA
17 Zi, Ez: 78/39-98/49, Dz: 98/49-138/69, ⌐ WC ⌀, 9 ⌥, **P**, garni

☕ **Café am Markt**
Marktplatz 6-8, Tel **(0 39 43) 60 40 30**,
Fax 90 56 56, ⌨ 38855, AX ED VA
Terrasse, Gartenlokal

Silstedt (4 km ↗)

✱ **Blocksberg**
Hauptstr. 55, Tel **(0 39 43) 5 47 10**,
Fax 54 71 46, ⌨ 38855, AX DC ED VA
§, 28 Zi, Ez: 99/49, Dz: 145/73, ⌐ WC ⌀, Lift, **P**, 4⌕100, Sauna, Restaurant

Wershofen 42 →

Rheinland-Pfalz / Kreis Ahrweiler
EW 940
🛈 Tel **(0 26 94) 7 81**
Gemeindeverwaltung
⌨ 53520 Nordstr. 17

✱✱ **Kastenholz**
Hauptstr. 1, Tel **(0 26 94) 3 81**, Fax 5 36,
⌨ 53520
§, 16 Zi, Ez: 85/42, Dz: 150/75, ⌐ WC ⌀, Restaurant

Wertheim 55 □

Baden-Württemberg
Main-Tauber-Kreis
EW 21500
🛈 Tel **(0 93 42) 10 66**, Fax 3 82 77
Fremdenverkehrsgesellschaft
⌨ 97877

Erholungsort, Romantische Stadt an Main und Tauber. Sehenswert: Ev. Stiftskirche: Grabmal; Burgruine; Glasmuseum; ehem. Zisterzienserklosterkirche im Stadtteil Bronnbach (10 km S→): Kapitelsaal, Chorgestühl; ev. Wehrkirche im Stadtteil Urphar (6 km S→); Personenschifffahrt, 09371-3330.

✱ **Schwan**
Mainplatz 8, Tel **(0 93 42) 9 23 30**,
Fax 2 11 82, ⌨ 97877, AX DC ED VA
28 Zi, Ez: 85/42-120/60, Dz: 130/65-160/80, 3 Suiten, ⌐ WC ⌀, 🐾, 1⌕25
Auch Zimmer der Kategorie ✱✱ vorhanden.
¶ Hauptgericht 10/5-35/17, Terrasse, **P**, geschl.: So abends, 23.12.00-23.1.01

✱ **Bronnbacher Hof**
Mainplatz 10, Tel (0 93 42) 9 25 40,
Fax 92 54 55, ✉ 97877, AX DC ED VA
37 Zi, Ez: 89/44-115/57, Dz: 125/62-160/80, ⌐
WC ✆ DFÜ, Lift, 2⇨50, Restaurant
Auch Zimmer der Kategorie ✱✱ vorhanden.

✱ **Am Malerwinkel**
Neuplatz 1, Tel (0 93 42) 90 60, Fax 2 16 28,
✉ 97877, AX DC ED VA
11 Zi, Ez: 85/42, Dz: 130/65, ⌐ WC ✆, ℗,
Restaurant

Bestenheid (2 km ↖)

✱ **Bestenheider Stuben**
Breslauer Str. 1, Tel (0 93 42) 9 65 40,
Fax 96 54 44, ✉ 97877, AX ED VA
20 Zi, Ez: 95/47-120/60, Dz: 120/60-160/80, ⌐
WC ✆ DFÜ, ℗, 🍴, 2⇨50, Kegeln, Restaurant
geschl.: 1.-8.1.01
Moderne Inneneinrichtung. Zimmer der
Kategorie ✱✱ vorhanden.

Bettingen (9 km ↗)

✱✱✱✱ **Schweizer Stuben** ♛
Relais & Châteaux
Geiselbrunnplatz 11, Tel (0 93 42) 30 70,
Fax 30 71 55, ✉ 97877, AX DC ED VA
einzeln ♪, 30 Zi, Ez: 150/75-420/211,
Dz: 200/100-470/236, 3 Suiten, ⌐ WC ✆, ℗,
2⇨40, ≋, ⌂, Sauna, Solarium, Golf
Vier getrennt liegende Gebäude mit Zimmern
unterschiedlicher Kategorien. Die Spannweite
reicht von Zimmern der Kategorie ✱✱ bis zu
Zimmern mit Suite-Charakter.
🍴🍴🍴 Hauptgericht 48/24-65/32 🍷
geschl.: Mo, Di, Jan

🍴🍴🍴 **Taverna La Vigna**
einzeln, Hauptgericht 40/20-58/29, geschl.: Mo,
So, Feb
Beachtenswerte Küche.

🍴🍴 **Landgasthof Schober** ✚
Hauptgericht 30/15, geschl.: Mi, Do

Werther 24 ↘

Nordrhein-Westfalen
Kreis Gütersloh
EW 11150
ℹ Tel (0 52 03) 7 05 22, Fax 7 05 88
Stadtverwaltung
✉ 33824 Mühlenstr. 2

✱ **Stadthotel Werther**
Alte Bielefelder Str. 24, Tel (0 52 03) 97 41 41,
Fax 97 41 59, ✉ 33824, AX DC ED VA
15 Zi, Ez: 85/42, Dz: 140/70, ⌐ WC ✆ DFÜ,
6 🛏, ℗, 2⇨40, garni
Rezeption: 7-12, 16-19

Werther 37 ☐

Thüringen / Kreis Nordhausen
EW 1600
ℹ Tel (0 36 31) 4 33 70, Fax 43 37 21
Ordnungsamt Abt. Tourismus
✉ 99735 Dorfstr. 18

✱ **Zur Hoffnung**
An der B 80, Tel (0 36 31) 60 12 16,
Fax 60 08 26, ✉ 99735
50 Zi, Ez: 70/35-100/50, Dz: 120/60, 2 Suiten,
⌐ WC ✆, Lift, ℗, 🍴, 4⇨200, Kegeln, Sauna,
Solarium, Restaurant

Wertingen 63 ↓

Bayern / Kreis Dillingen
EW 8500
ℹ Tel (0 82 72) 84 36, Fax 84 27
Stadtverwaltung
✉ 86637 Schulstr. 12

Wertingen-Außerhalb (2 km ←)

✱ **Waldgasthof Bergfried**
Am Judenberg 2, Tel (0 82 72) 40 79,
Fax 52 41, ✉ 86637, AX ED
♪, 12 Zi, Ez: 74/37-78/39, Dz: 124/62-128/64,
⌐ WC ✆, ℗, Kegeln, Restaurant

Wesel 32 ↗

Nordrhein-Westfalen
EW 64000
ℹ Tel (02 81) 2 44 98, Fax 1 40 53
Weseler Verkehrsverein
✉ 46483 Großer Markt 11
Cityplan siehe Seite 1060

✱✱✱ **Welcome Hotel Rheinresidenz**
Rheinpromenade 10, Tel (02 81) 3 00 00,
Fax 3 00 03 33, ✉ 46487, AX DC ED VA

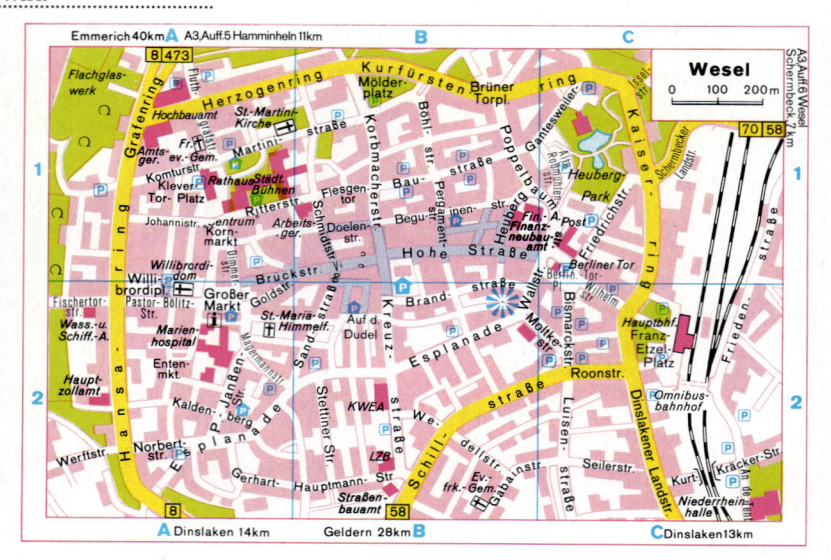

104 Zi, Ez: 159/80-298/150,
Dz: 208/104-348/175, 104 Suiten, ⌑ WC Ⓒ
DFÜ, Lift, Ⓟ, 7⌑150, Fitnessraum, Sauna,
Solarium

⁋ Deichgraf
Hauptgericht 25/12-40/20, Terrasse, Biergarten

Wesel-Außerhalb (2 km ↘)

⁋⁋ Lippeschlößchen
Hindenburgstr. 2, Tel (02 81) 44 88, Fax 47 33,
✉ 46485, AX DC ED VA
Hauptgericht 30/15, Terrasse, Ⓟ, geschl.: Di

Feldmark (1,5 km ↗)

✱✱✱ Waldhotel Tannenhäuschen Wellness-Hotels
Am Tannenhäuschen 7, Tel (02 81) 9 66 90,
Fax 6 41 53, ✉ 46487, AX DC ED VA
42 Zi, Ez: 175/88-185/93, Dz: 220/110-240/120,
4 Suiten, 1 App., ⌑ WC Ⓒ DFÜ, 12 ⌑, Lift, Ⓟ,
🚗, 4⌑45, ⌑, Fitnessraum, Sauna, Solarium,
Golf, 9 Tennis
Auch Zimmer der Kategorie ✱✱ vorhanden.
⁋⁋⁋ Hauptgericht 21/10-43/21, Terrasse

Flüren (4 km ↘)

⁋⁋ Art   ✚
Reeser Landstr. 188, Tel (02 81) 9 75 75,
Fax 9 75 77, ✉ 46483
§, Hauptgericht 24/12-45/22, Terrasse,
Gartenlokal, Ⓟ, geschl.: Di, Sa mittags

Atriumbau, moderne Einrichtung mit
Gemäldeausstellung.

Lackhausen

✱✱ Haus Duden
Konrad-Duden-Str. 99, Tel (02 81) 9 62 10,
Fax 9 62 11 00, ✉ 46485, AX DC ED VA
⌑, 63 Zi, Ez: 155/78-260/130,
Dz: 210/105-315/158, 2 Suiten, ⌑ WC Ⓒ, 20 ⌑,
Ⓟ, 8⌑80, Kegeln, Sauna

⁋⁋⁋ Parkrestaurant
Hauptgericht 20/10-45/22, Terrasse

Wesenberg   21 □

Mecklenburg-Vorpommern
Kreis Mecklenburg-Strelitz
EW 3200
🛈 Tel (03 98 32) 2 06 21, Fax 2 03 83
Informationsbüro Wesenberg
✉ 17255 Burg 1

Wesenberg-Außerhalb (4 km ↑)

✱✱✱ Romantik Hotel Borchard's Rookhus am See
Am Großen Labussee 12, Tel (03 98 32) 5 00,
Fax 5 01 00, ✉ 17255, AX ED VA
einzeln ⌑ §, 38 Zi, Ez: 130/65-250/125,
Dz: 220/110-250/125, 7 Suiten, ⌑ WC Ⓒ, 4 ⌑,
Ⓟ, 4⌑50, Sauna, Solarium
Im Altbau Zimmer der Kategorie ✱.

¶¶¶ **Fürst Nikolaus**
Hauptgericht 29/14-38/19, Terrasse

¶ **Storchennest**
nur abends, geschl.: 31.10.00-1.5.01

Strasen

∗ **Zum Löwen**
Dorfstr. 41, Tel (03 98 28) 2 02 85,
Fax 2 03 91, ✉ 17255, AX ED VA
23 Zi, Ez: 60/30-70/35, Dz: 100/50-120/60, ⌐
WC ⊘, **P**, Sauna, Solarium, Restaurant

Wesseling 43 ↖

Nordrhein-Westfalen / Erftkreis
EW 35740
i Tel (0 22 36) 70 10, Fax 70 13 39
Stadtverwaltung
✉ 50389 Rathausplatz 1

∗ **Haus Burum**
Bonner Str. 83, Tel (0 22 36) 94 39 10,
Fax 9 43 91 27, ✉ 50389
24 Zi, Ez: 80/40-160/80, Dz: 125/62-200/100,
⌐ WC ⊘, Lift, **P**, 🕭, garni
geschl.: 22.12.00-2.1.01

Weßling 71 ↑

Bayern / Kreis Starnberg
EW 4750
i Tel (0 81 51) 9 06 00, Fax 90 60 90
Tourismusverband
✉ 82306 Wittelsbacherstr. 2c

∗∗ **Seehof Weßling**
Seeweg 4, Tel (0 81 53) 93 50, Fax 93 54 35,
✉ 82234, AX DC ED VA
41 Zi, Ez: 175/88-258/129,
Dz: 255/128-338/170, 1 Suite, ⌐ WC ⊘, 5 ⊵,
Lift, **P**, 🕭, 2⊖20, ≋, Sauna, Solarium,
Restaurant

Westerburg 44 ←

Rheinland-Pfalz / Westerwaldkreis
EW 6000
i Tel (0 26 63) 29 10, Fax 29 14 44
Touristinformation
✉ 56457 Neumarkt 1

∗∗ **Deynique**
Auf dem Hilserberg 20, Tel (0 26 63) 2 90 20,
Fax 2 90 22 00, ✉ 56457, AX DC ED VA
♪ ❦, 25 Zi, Ez: 190/95, Dz: 226/113, 5 Suiten, ⌐
WC ⊘, Lift, **P**, 7⊖60
¶¶ ❦, Hauptgericht 35/17, Terrasse

Stahlhofen (4 km ↗)

∗∗∗ **Lindner Hotel & Sporting Club
Wiesensee**
Am Wiesensee, Tel (0 26 63) 9 91 00,
Fax 99 11 99, ✉ 56457, AX DC ED VA
einzeln ♪ ❦, 77 Zi, Ez: 185/93-405/203,
Dz: 260/130-430/216, 28 Suiten, ⌐ WC ⊘ DFÜ,
32 ⊵, Lift, **P**, 8⊖150, 🕭, Sauna, Solarium,
Golf, Kinderbetreuung

¶¶ **Wintergarten** ✚
❦, Hauptgericht 35/17, Terrasse, Biergarten

Westerdeichstrich 9 ✓

Schleswig-Holstein
Kreis Dithmarschen
EW 1000
i Tel (0 48 34) 23 36, Fax 24 90
Kurverwaltung
✉ 25761 Dorfstr. 20

∗ **Der Mühlenhof**
Dorfstr. 22, Tel (0 48 34) 99 80, Fax 9 98 88,
✉ 25761
♪, 23 Zi, Ez: 99/49-125/62,
Dz: 139/70-199/100, 4 Suiten, 1 App, ⌐ WC ⊘,
3 ⊵, **P**, 🕭, 2⊖45, Sauna, Solarium
¶¶ Hauptgericht 25/12, Terrasse,
Biergarten

Westerheim 62 ✓

Baden-Württemberg
Alb-Donau-Kreis
EW 2700
i Tel (0 73 33) 96 66 12, Fax 96 66 20
Bürgermeisteramt
✉ 72589 Kirchenplatz 16

∗∗ **Gästehaus Gartenstrasse**
Gartenstr. 1, Tel (0 73 33) 30 33, Fax 30 35,
✉ 72589
♪, 10 Zi, Ez: 62/31-72/36, Dz: 90/45-100/50,
2 App, ⌐ WC ⊘ DFÜ, 4 ⊵, **P**, 1⊖30, Sauna,
garni

Westerland siehe Sylt

Westernkotten, Bad siehe Erwitte

Westerstede 16 □

Niedersachsen / Kreis Ammerland
EW 21320
fi Tel (0 44 88) 1 94 33, Fax 55 55
Verkehrsverein
✉ 26655 Am Markt 2

** Akzent-Hotel Voss
Am Markt 4, Tel (0 44 88) 51 90, Fax 60 62,
✉ 26655, AX DC ED VA
58 Zi, Ez: 112/56-140/70, Dz: 165/83-195/98,
2 Suiten, ⌐ WC ⊘ DFÜ, 7 ⊷, Lift, **P**, 9⇔250,
⌂, Sauna, Solarium
Auch Zimmer der Kategorie * vorhanden.
¶ Hauptgericht 29/14

** Altes Stadthaus
Albert-Post-Platz 21, Tel (0 44 88) 8 47 10,
Fax 84 71 30, ✉ 26655, ED
17 Zi, Ez: 86/43-95/47, Dz: 140/70-150/75, ⌐
WC ⊘, **P**, 1⇔35
¶ Hauptgericht 27/13, geschl.: Mo

* Busch
Alter Markt / Lange Str. 2,
Tel (0 44 88) 8 47 60, Fax 84 76 60, ✉ 26655,
AX DC ED VA
14 Zi, Ez: 95/47-115/57, Dz: 140/70-180/90, ⌐
WC ⊘, 5 ⊷, 1⇔60, Restaurant
geschl.: Mi
Auch Zimmer der Kategorie ** vorhanden.

* Waldhotel am Wittenheimer Forst
Burgstr. 15, Tel (0 44 88) 8 38 20, Fax 7 28 29,
✉ 26655, AX ED VA
23 Zi, Ez: 85/42-115/57, Dz: 130/65-160/80, ⌐
WC ⊘, 2 ⊷, **P**, ⌂, 1⇔150, Kegeln, Restaurant
geschl.: 19.-30.10.00

Westhausen 62 →

Baden-Württemberg / Ostalbkreis
EW 5800
fi Tel (0 73 63) 84 26, Fax 84 50
Bürgermeisteramt
✉ 73463 Jahnstr. 2

* Adler
Aalener Str. 16, Tel (0 73 63) 50 26, Fax 50 28,
✉ 73463, ED VA

⌀, 20 Zi, Ez: 78/39-88/44, Dz: 125/62-130/65,
⌐ WC ⊘, **P**, garni
Auch Zimmer der Kategorie ** vorhanden.

Lippach (6 km ↗)

* Landgasthof Walter
Tel (0 73 63) 9 68 80, Fax 96 88 60, ✉ 73463,
ED VA
⌀, 15 Zi, Ez: 60/30, Dz: 100/50, ⌐ WC ⊘, **P**,
⌂, Restaurant

Westrhauderfehn siehe Rhauderfehn

Wettenberg 44 →

Hessen / Kreis Gießen
EW 12000
fi Tel (06 41) 8 04 28, Fax 8 04 60
Gemeindeverwaltung
✉ 35435 Sorguesplatz 2

Krofdorf-Gleiberg

* Wettenberg
Am Augarten 1, Tel (06 41) 98 20 50,
Fax 9 82 05 90, ✉ 35435, AX DC ED VA, S
44 Zi, Ez: 98/49-110/55, Dz: 159/80-169/85, ⌐
WC ⊘ DFÜ, 12 ⊷, **P**, 4⇔150, Sauna,
Solarium, Restaurant

Launsbach

* Schöne Aussicht
Gießener Str. 3, Tel (06 41) 98 23 70,
Fax 98 23 71 20, ✉ 35435, AX DC ED VA
39 Zi, Ez: 110/55, Dz: 130/65-150/75, ⌐ WC ⊘
DFÜ, 8 ⊷, Lift, **P**, 5⇔80, Restaurant

Wetter (Ruhr) 33 □

Nordrhein-Westfalen
Ennepe-Ruhr-Kreis
EW 28969
fi Tel (0 23 35) 84 01 84, Fax 84 02 05
Stadtverwaltung
✉ 58300 Kaiserstr. 170

Volmarstein (4 km ↙)

* Burghotel Volmarstein Landidyll
Am Vorberg 12, Tel (0 23 35) 9 66 10,
Fax 65 66, ✉ 58300, AX DC ED VA
$ ⌂, 34 Zi, Ez: 115/57-145/73,
Dz: 160/80-220/110, 2 Suiten, 1 App, ⌐ WC ⊘
DFÜ, 5 ⊷, Lift, **P**, 3⇔100, Kegeln, Restaurant

Wettstetten 64 □

Bayern / Kreis Eichstätt
EW 4660
ℹ Tel (08 41) 99 43 60, Fax 9 94 36 66
Gemeindeverwaltung
✉ 85139 Kirchplatz 10

🍴🍴 Provinz-Restaurant
Kirchplatz 9, Tel (08 41) 3 81 73, Fax 99 22 73,
✉ 85139, ED
Hauptgericht 25/12-38/19, geschl.: Mo, So,
23.12.00-6.1.01

Wetzlar 44 →

Hessen / Lahn-Dill-Kreis
EW 54000
ℹ Tel (0 64 41) 9 93 38, Fax 9 93 39
Tourist-Information
✉ 35578 Domplatz 8

✱✱ Mercure
Bergstr. 41, Tel (0 64 41) 41 70, Fax 4 25 04,
✉ 35578, AX DC ED VA, ⓢ
144 Zi, Ez: 140/70-197/99, Dz: 160/80-229/115,
🛏 WC Ⓒ, 45 🛌, Lift, 🅿, 🕿, 11🔴400, ♨,
Kegeln, Sauna, Solarium

🍴 Charlotte
Hauptgericht 30/15

✱✱ Bürgerhof
Konrad-Adenauer-Promenade 20,
Tel (0 64 41) 90 30, Fax 90 31 00, ✉ 35578, AX DC ED VA
62 Zi, Ez: 98/49-135/67, Dz: 160/80-180/90, 🛏
WC Ⓒ DFÜ, Lift, 🅿, 🕿
Auch Zimmer der Kategorie ✱ vorhanden.

🍴 Der Postreiter
🕯, Hauptgericht 28/14, geschl.: Do

✱ Wetzlarer Hof
Obertorstr. 3, Tel (0 64 41) 90 80, Fax 90 81 00,
✉ 35578, AX DC ED VA, ⓢ
44 Zi, Ez: 130/65-170/85, Dz: 160/80-210/105,
🛏 WC Ⓒ, 10 🛌, Lift, 🅿, 🕿, 8🔴1200,
Restaurant

✱ Quality Hotel
Karl-Kellner-Ring 40, Tel (0 64 41) 90 60,
Fax 90 61 11, ✉ 35576, AX DC ED VA
66 Zi, Ez: 122/61-147/74, Dz: 150/75-175/88,
🛏 WC Ⓒ, 32 🛌, Lift, 🕿, 6🔴100, Restaurant

✱ Blankenfeld
Im Amtmann 20, Tel (0 64 41) 78 70,
Fax 78 72 00, ✉ 35578, AX ED VA
38 Zi, Ez: 95/47-130/65, Dz: 140/70-160/80, 🛏
WC Ⓒ DFÜ, Lift, 🅿, 🕿, 2🔴60, Restaurant

Bömisch Eck
Fischmarkt 4, Tel (0 64 41) 4 66 46,
Fax 7 33 52, ✉ 35578
🕯, Hauptgericht 20/10, nur abends, Sa auch
mittags, geschl.: So

Naunheim (3 km ↑)

✱✱ Landhotel Naunheimer Mühle
An der Mühle 2, Tel.(0 64 41) 9 35 30,
Fax 93 53 93, ✉ 35584, AX ED VA
33 Zi, Ez: 98/49-140/70, Dz: 172/86-220/110,
1 Suite, 🛏 WC Ⓒ DFÜ, 12 🛌, Lift, 🅿, 4🔴60,
3 Tennis, Restaurant

Weyarn 72 □

Bayern / Kreis Miesbach
EW 3020
ℹ Tel (0 80 20) 1 88 70, Fax 18 87 20
Gemeindeverwaltung
✉ 83629 Ignaz-Günther-Str 5

✱✱ Landgasthof Alter Wirt
Miesbacher Str. 2, Tel (0 80 20) 90 70,
Fax 15 15, ✉ 83629, ED VA
44 Zi, Ez: 100/50-140/70, Dz: 150/75-170/85,
2 App, 🛏 WC Ⓒ DFÜ, 2 🛌, 🅿, 🕿, 3🔴80,
Restaurant

🍴 Landgasthof Bruckmühle
Mühlthal 3, Tel (0 80 20) 2 24, Fax 73 68,
✉ 83626, ED
Hauptgericht 13/6-27/13, Terrasse, Biergarten,
Gartenlokal, Kegeln, 🅿, geschl.: Mo

Weyhausen 27 ←

Niedersachsen / Kreis Gifhorn
EW 2500
ℹ Tel (0 53 62) 73 68
Gemeindeverwaltung
✉ 38554 Neue Str. 12

Weyhausen-Außerhalb (1 km →)

✱✱✱ Alte Mühle
Wolfsburger Str. 72, Tel (0 53 62) 9 80 00,
Fax 98 00 60, ✉ 38554, AX DC ED VA

50 Zi, Ez: 180/90-230/115, Dz: 180/90-230/115,
1 Suite, ⌐⌐ WC ⊘ DFÜ, 3 ⊭, Lift, **P**, 7⇌100, ⌂
¶¶¶¶ Hauptgericht 19/9-42/21

Weyhe 17 ✓

Niedersachsen / Kreis Diepholz
EW 30000
ℹ Tel (0 42 03) 7 10, Fax 7 11 42
Gemeindeverwaltung
✉ 28844 Rathausplatz 1

Leeste

✱ **Akzent-Hotel Leeste**
Alte Poststr. 2, Tel (04 21) 80 26 06,
Fax 89 22 65, ✉ 28844, AX ED VA
35 Zi, Ez: 99/49-139/70, Dz: 139/70-179/90, ⌐⌐
WC ⊘, 8 ⊭, **P**, ⌂, 2⇌25, ≋, Sauna, Solarium,
Golf, Restaurant

Weyher 60 ↑

Rheinland-Pfalz
Kreis Edenkoben Südliche Weinstraße
EW 630
ℹ Tel (0 63 23) 18 05
Gemeindeverwaltung
✉ 76835 Oberdorf 8

¶ **Zum Kronprinzen**
Josef-Meyer-Str. 11, Tel (0 63 23) 70 63,
Fax 70 65, ✉ 76835
Hauptgericht 13/6-27/13, Gartenlokal,
geschl.: Di, 7.-27.1.01, 8.-26.7.01
✱ 11 Zi, Ez: 60/30-85/42,
Dz: 45/22-60/30, ⌐⌐ WC ⊘

Wickerode 37 →

Sachsen-Anhalt
Kreis Sangerhausen
EW 330
ℹ Tel (03 46 51) 38 90, Fax 3 89 12
Verwaltungsgemeinschaft
✉ 06536 Wilhelmstr. 4

✱ **Harzhotel Fünf Linden**
Schulplatz 94, Tel (03 46 51) 3 50, Fax 3 51 01,
✉ 06536, DC ED VA
28 Zi, Ez: 60/30-130/65, Dz: 90/45-150/75,
2 Suiten, ⌐⌐ WC ⊘ DFÜ, 5 ⊭, **P**, 2⇌30,
Fitnessraum, Sauna, Solarium, Restaurant
geschl.: Mo

Wieck a. Darß 13 ←

Mecklenburg-Vorpommern
Kreis Nordvorpommern
EW 800
ℹ Tel (03 82 33) 2 73
Gemeindeverwaltung
✉ 18375 Bliesenrader Weg 2

✱✱ **Haferland**
Bauernreihe 5a, Tel (03 82 33) 6 80,
Fax 6 82 20, ✉ 18375, DC VA
♪ ✦, 35 Zi, Ez: 130/65-210/105,
Dz: 170/85-250/125, 14 Suiten, ⌐⌐ WC ⊘, 18 ⊭,
Lift, **P**, 1⇌40, Sauna, Solarium
¶¶ Hauptgericht 24/12-36/18, Terrasse,
geschl.: Nov-Apr Mo, Di

Wiedemar 38 →

Sachsen / Kreis Delitzsch
EW 2204
ℹ Tel (03 42 07) 4 10 37, Fax 4 10 37
Gemeindeverwaltung
✉ 04509 Schulstr. 2

✱ **Quality Hotel Leipzig-Airport**
Junkerstr. 1, Tel (03 42 07) 45 90, Fax 4 59 88,
✉ 04509, AX DC ED VA
108 Zi, Ez: 95/47-145/73, Dz: 135/67-170/85,
⌐⌐ WC ⊘, 48 ⊭, Lift, **P**, 5⇌250, Fitnessraum,
Sauna, Solarium, Restaurant

Wieden 67 □

Baden-Württemberg / Kreis Lörrach
EW 650
ℹ Tel (0 76 73) 3 03, Fax 85 33
Kurverwaltung
✉ 79695 Kirchstr. 2

✱✱ **Moosgrund**
Steinbühl 16, Tel (0 76 73) 79 15, Fax 17 93,
✉ 79695, ED VA
♪ ✦, 15 Zi, Ez: 75/37-82/41, Dz: 96/48-140/70,
4 Suiten, 2 App, ⌐⌐ WC ⊘, Lift, **P**, ⌂,
Fitnessraum, Sauna, Solarium, Restaurant
geschl.: 11.11.-9.12.00

✱ **Hirschen**
Ortsstr. 8, Tel (0 76 73) 8 88 60, Fax 88 86 37,
✉ 79695, ED VA
31 Zi, Ez: 55/27-120/60, Dz: 100/50-170/85, ⌐⌐
WC ⊘, Lift, **P**, ⌂, 1⇌100, ⌂, Kegeln, Sauna,
Solarium
geschl.: 15.11.-15.12.00
Auch einfachere Zimmer vorhanden.

🍴 Hauptgericht 18/9-42/21, Terrasse, Biergarten, geschl.: Mo, 15.11.-15.12.00, 25.3.-7.4.01

✱ **Sonnenhang**
Steinbühl 11, Tel (0 76 73) 91 81 70,
Fax 9 18 17 20, ✉ 79695, ED
§, 12 Zi, Ez: 60/30-85/42, Dz: 114/57-128/64,
1 Suite, 1 App, ⊣ WC ⊘, 🅿, 🏠, Sauna,
Solarium, Restaurant
geschl. Mi, 1.11.-15.12.00

Wieden-Außerhalb (4 km ↖)

✱✱ **Berghotel Wiedener Eck**
Oberwieden 15, Tel (0 76 73) 90 90, Fax 10 09,
✉ 79695, DC ED VA
einzeln §, 29 Zi, Ez: 87/43, Dz: 133/66-194/97,
22 App, ⊣ WC ⊘ DFÜ, Lift, 🅿, 🏠, 1🔵25, 🏠,
Sauna, Solarium
Auch einfachere Zimmer vorhanden.
🍴 §, Hauptgericht 25/12-50/25, Terrasse

Wieder itzsch siehe Leipzig

siehe auch Leipzig

Wiefelstede 16 □

Niedersachsen / Kreis Ammerland
EW 13900
🛈 Tel (0 44 02) 96 51 50, Fax 6 93 81
Touristik Wiefelstede e.V.
✉ 26215 Kleiberg 10

Conneforde (9 km ↖)

✱ **Alter Dorfkrug**
Dorfstr. 11, Tel (0 44 58) 91 60, Fax 9 16 46,
✉ 26215, ED VA
17 Zi, Ez: 62/31, Dz: 112/56, 1 App, ⊣ WC ⊘,
5 🛏, 🅿, 🏠, 2🔵30, Sauna, Solarium,
Restaurant
Rezeption: 6-10, 16-23
Auch einfachere Zimmer vorhanden.

Metjendorf (10 km ↘)

✱ **Trend Hotel**
Jürnweg 5, Tel (04 41) 9 61 10, Fax 9 61 12 00,
✉ 26215, AX ED VA
34 Zi, Ez: 86/43, Dz: 138/69, ⊣ WC ⊘ DFÜ,
5 🛏, 🅿, Restaurant

Spohle (7 km ↖)

🛏 **Spohler Krug**
Wiefelsteder Str. 26, Tel (0 44 58) 4 97,
Fax 15 51, ✉ 26215, ED VA

31 Zi, Ez: 38/19-50/25, Dz: 76/38-90/45, ⊣ WC
⊘, 🅿, 2🔵50, Kegeln, Restaurant

Wiehl 43 ↗

Nordrhein-Westfalen
Oberbergischer Kreis
EW 25500
🛈 Tel (0 22 62) 9 91 95, Fax 9 92 47
Verkehrsamt Wiehl
✉ 51674 Bahnhofstr. 1

✱✱ **Zur Post**
Hauptstr. 6-10, Tel (0 22 62) 79 00,
Fax 9 25 95, ✉ 51674, AX DC ED VA
53 Zi, Ez: 160/80-230/115,
Dz: 220/110-280/141, 4 Suiten, ⊣ WC ⊘ DFÜ,
10 🛏, Lift, 🅿, 9🔵150, 🏠, Kegeln, Sauna,
Solarium, Golf
🍴🍴 Hauptgericht 40/20, Biergarten

Wiehl-Außerhalb (1 km ↓)

✱✱ **Waldhotel Hartmann**
Tropfsteinhöhle, Tel (0 22 62) 79 20,
Fax 9 34 00, ✉ 51674, AX DC ED VA
einzeln ♪, 51 Zi, Ez: 130/65, Dz: 180/90, 3 App,
⊣ WC ⊘, 4 🛏, Lift, 🅿, 4🔵100, 🏠, Kegeln,
Sauna, Restaurant
geschl.: 22-28.12.00, 22-28.12.01

Marienhagen

🍴 **Koppelweide**
Koppelweide 2, Tel (0 22 62) 75 16 61,
Fax 75 16 62, ✉ 51674
Hauptgericht 20/10-40/20, Biergarten, 🅿,
geschl.: Di, Sa mittags

Wiek siehe Rügen

Wienhausen 26 ↗

Niedersachsen / Kreis Celle
EW 4000
🛈 Tel (0 51 49) 88 99, Fax 88 95
Verkehrsverein Flotwedel
✉ 29342 Hauptstr. 7

✱ **Voß**
Hauptstr. 27, Tel (0 51 49) 1 80 60,
Fax 18 06 10, ✉ 29342, AX ED VA
♪, 36 Zi, Ez: 93/46-105/52, Dz: 128/64-158/79,
5 Suiten, ⊣ WC ⊘ DFÜ, 6 🛏, Lift, 🅿, 1🔵60,
Solarium, garni
Alle Zimmer sind unterschiedlich mit
Antiquitäten ausgestattet.

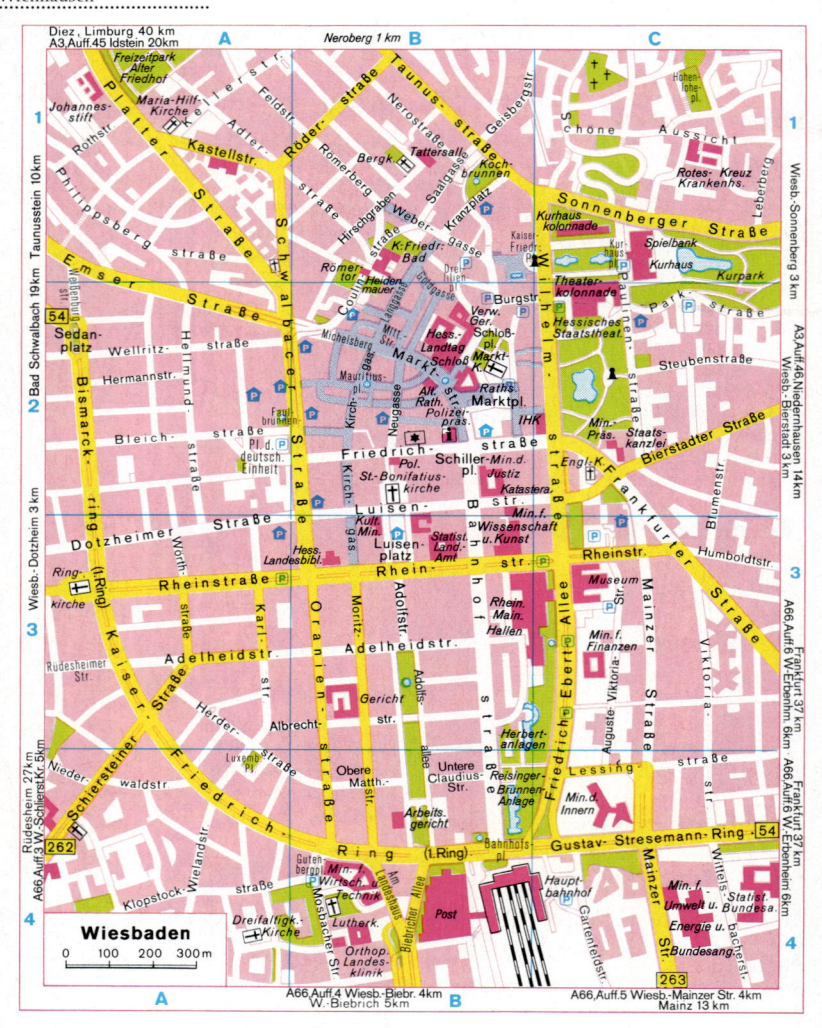

Oppershausen (2 km ↗)

✱ ▬▬▬ **Landhotel Klosterhof
mit Gästehaus**

Dorfstr. 16, Tel (0 51 49) 9 80 30,
Fax 98 03 35, ✉ 29342, ED VA
🌙, 34 Zi, Ez: 98/49-188/94,
Dz: 128/64-248/124, ⏏ WC ⊘, 2 ⛋, **P**,
2⤴100, Sauna, Solarium, Restaurant

Wiesa   50 □

Sachsen / Kreis Annaberg
EW 820
ℹ Tel (0 37 33) 5 60 40, Fax 56 04 16
Fremdenverkehrsamt
✉ 09488 Mühle 3

Schönfeld

✱ ▬▬▬ **Sonnenhof**

Am Sonnenhang 1, Tel (0 37 33) 50 90,
Fax 50 91 00, ✉ 09488, AX ED VA

37 Zi, Ez: 99/49, Dz: 139/70, 1 Suite, 2 App., ⊣
WC ⌀, Lift, **P**, 1⇔40, Sauna, Restaurant

Wiesbaden 44 ↓

Hessen
EW 267440
i Tel (06 11) 1 72 97 80, Fax 1 72 97 98
Touristinformation
✉ 65183 Marktstr. 6

Dorint
Auguste-Viktoria-Str. 15 (C 3),
Tel (06 11) 3 30 60, Fax 30 39 60, ✉ 65185,
AX DC ED VA, Ⓢ
268 Zi, Ez: 350/176-450/226,
Dz: 445/224-545/274, 14 Suiten, 16 App, ⊣ WC
⌀ DFÜ, 100 ⇃, Lift, ☎, 12⇔500, Sauna,
Solarium, Restaurant
Hotelerweiterung voraussichtlich bis Herbst 2000 abgeschlossen.

★★★★ Nassauer Hof ♛
The Leading Hotels of the World
Kaiser-Friedrich-Platz 3 (B 1),
Tel (06 11) 13 30, Fax 13 36 32, ✉ 65183,
AX DC ED VA,
☽, 178 Zi, Ez: 395/198-610/307,
Dz: 505/254-640/322, 20 Suiten, ⊣ WC ⌀ DFÜ,
42 ⇃, Lift, **P**, 8⇔300, ☎, Sauna, Solarium
Auch Zimmer der Kategorie ★★★ vorhanden.

¶¶¶ Ente
Hauptgericht 40/20-58/29, Terrasse

¶¶¶ Orangerie
Hauptgericht 48/24, Terrasse

★★★★ Radisson SAS Schwarzer Bock
Kranzplatz 12 (B 1), Tel (06 11) 15 50,
Fax 15 51 11, ✉ 65183, AX DC ED VA, Ⓢ
136 Zi, Ez: 275/138-510/256,
Dz: 335/168-510/256, 6 Suiten, ⊣ WC ⌀ DFÜ,
54 ⇃, Lift, **P**, ☎, 10⇔210, ☎, Fitnessraum,
Sauna, Solarium
Auch Zimmer der Kategorie ★★★ vorhanden.

¶¶ Capricorne
Hauptgericht 22/11-49/24, Terrasse

★★★ Crowne Plaza
Bahnhofstr. 10 (B 3), Tel (06 11) 16 20,
Fax 30 45 99, ✉ 65185, AX DC ED VA
233 Zi, Ez: 302/152-383/192,
Dz: 342/172-423/213, 2 Suiten, ⊣ WC ⌀ DFÜ,
64 ⇃, Lift, ☎, 6⇔140, ☎, Fitnessraum, Sauna

¶¶ Rheingauner
Hauptgericht 35/17, Terrasse, **P**

★★★ Aukamm-Hotel
Aukammallee 31, Tel (06 11) 57 60,
Fax 57 62 64, ✉ 65191, AX DC ED VA
§, 144 Zi, Ez: 296/149-422/212,
Dz: 367/184-422/212, 14 Suiten, 14 App, ⊣ WC
⌀, 31 ⇃, Lift, **P**, ☎, 8⇔230, Fitnessraum,
Sauna, Solarium

¶¶¶ Marchesa
Hauptgericht 38/19-44/22, Terrasse, nur abends,
geschl.: Sa

¶¶ Imari
Tel 56 31 61, Fax 56 29 69
Hauptgericht 40/20-75/37, geschl.: So
Japanische Küche.

★★ Ramada
Abraham-Lincoln-Str. 17, Tel (06 11) 79 70,
Fax 76 13 72, ✉ 65189, AX DC ED VA
205 Zi, Ez: 165/83-305/153,
Dz: 165/83-330/166, 7 Suiten, 1 App, ⊣ WC ⌀
DFÜ, 37 ⇃, Lift, **P**, ☎, 11⇔450, ☎, Sauna,
Solarium
Auch Zimmer der Kategorie ★★★ vorhanden.

¶ Abraham's
Hauptgericht 28/14, Biergarten

★★ Fontana
Sonnenberger Str. 62 (außerhalb C 1),
Tel (06 11) 18 11 60, Fax 1 81 16 66, ✉ 65193,
AX DC ED VA
25 Zi, Ez: 150/75-300/151, Dz: 180/90-376/189,
3 Suiten, 1 App, ⊣ WC ⌀ DFÜ, 7 ⇃, Lift, **P**, ☎,
2⇔20, 8 Tennis, garni
geschl.: 22.12.00-1.1.01

★★ Klee am Park
Parkstr. 4 (C 2), Tel (06 11) 9 00 10,
Fax 9 00 13 10, ✉ 65189, AX DC ED VA
54 Zi, Ez: 198/99-283/142,
Dz: 291/146-366/184, ⊣ WC ⌀, 32 ⇃, Lift, **P**,
1⇔60
Auch Zimmer der Kategorie ★ vorhanden.
¶¶ Hauptgericht 35/17, Terrasse

★★ Oranien
Platter Str. 2 (A 1), Tel (06 11) 1 88 20,
Fax 1 88 22 00, ✉ 65193, AX DC ED VA

Wiesbaden

80 Zi, Ez: 175/88-260/130,
Dz: 230/115-295/148, ⌐ WC ⌀ DFÜ, 20 ⌂, Lift,
P, ⌂, 3⌁140, Golf
Auch Zimmer der Kategorie ✱ vorhanden.
🍴🍴 Tel 1 88 23, Hauptgericht 28/14-36/18,
Terrasse, geschl.: So

✱ Drei Lilien
Spiegelgasse 3 (B 1), Tel (06 11) 99 17 80,
Fax 9 91 78 88, ✉ 65183, ED VA
15 Zi, Ez: 130/65-200/100, Dz: 175/88-250/125,
⌐ WC ⌀ DFÜ, 2 ⌂, garni

✱ De France
Taunusstr. 49 (B 1), Tel (06 11) 95 97 30,
Fax 9 59 73 74, ✉ 65183, AX DC ED VA
37 Zi, Ez: 150/75-180/90, Dz: 195/98-250/125,
⌐ WC ⌀, 11 ⌂, Lift, P, ⌂
geschl.: 23.12.00-3.1.01
Auch Zimmer der Kategorie ✱✱ vorhanden.

✱ Hansa Hotel
Bahnhofstr. 23 (B 3), Tel (06 11) 3 99 55,
Fax 30 03 19, ✉ 65185, AX DC ED VA
81 Zi, Ez: 165/83-200/100, Dz: 180/90-220/110,
⌐ WC ⌀ DFÜ, 20 ⌂, Lift, P, 1⌁30,
Restaurant

✱ Admiral Top International Hotel
Geisbergstr. 8 (B 1), Tel (06 11) 5 86 60,
Fax 52 10 53, ✉ 65193, AX DC ED VA, Ⓢ
28 Zi, Ez: 145/73-195/98, Dz: 195/98-230/115,
⌐ WC ⌀, Lift, P, garni

✱ Maxi-Hotel
Wellritzstr. 6 (A 2), Tel (06 11) 9 45 20,
Fax 94 52 77, ✉ 65183, AX DC ED VA
41 Zi, Ez: 90/45-130/65, Dz: 120/60-170/85, ⌐
WC ⌀ DFÜ, Lift, ⌂, garni

✱ Alexander
Rheinstr. 72, Tel (06 11) 99 28 50,
Fax 9 92 85 55, ✉ 65185, AX DC ED VA, Ⓢ
26 Zi, Ez: 145/73-195/98, Dz: 165/83-230/115,
⌐ WC ⌀, 4 ⌂, Lift, ⌂, garni

🍴🍴 Käfer's Bistro
Kurhausplatz 1, Tel (06 11) 53 62 00,
Fax 53 62 22, ✉ 65189, AX ED VA
Hauptgericht 35/17, Terrasse, Gartenlokal
Jugendstileinrichtung.

🍴🍴 Pantuso
Kleine Frankfurter Str. 15, Tel (06 11) 30 01 30,
Fax 3 08 22 45, ✉ 65189, AX DC ED VA
Hauptgericht 45/22-55/27, P, geschl.: So

☕ Café Blum
Wilhelmstr. 44, Tel (06 11) 30 00 07,
Fax 30 00 06, ✉ 65183
Terrasse, 8-19
Spezialität: Chef-Sahne.

Wiesbaden-Außerhalb (2 km ↖)

🍴🍴 Landhaus Diedert
Am Kloster Klarenthal 9,
Tel (06 11) 1 84 66 00, Fax 1 84 66 03,
✉ 65195, AX DC ED VA
Hauptgericht 29/14-46/23, Terrasse,
Gartenlokal, P, geschl.: Mo
✱ ♪, 12 Zi, Ez: 150/75-185/93,
Dz: 200/100-250/125, 2 Suiten, 2 App, ⌐ WC
⌀, 1⌁100

Biebrich (5 km ↓)

✱ Zum Scheppen Eck
Rathausstr. 94, Tel (06 11) 67 30, Fax 67 31 59,
✉ 65203, AX DC ED VA
18 Zi, Ez: 130/65, Dz: 170/85, 2 Suiten, ⌐ WC
⌀ DFÜ, 5 ⌂, Lift, P, garni
Rezeption: 6.45-22, geschl.: 22.12.00-7.1.01

Erbenheim-außerhalb

✱✱ Domäne Mechtildshausen
Tel (06 11) 73 74 60, Fax 73 74 79, ✉ 65205,
AX ED VA
15 Zi, Ez: 150/75, Dz: 250/125, ⌐ WC ⌀, P,
3⌁80
🍴🍴 Hauptgericht 40/20, Terrasse,
geschl.: So abends, Mo, 27.12.00-15.1.01
Elegante Landhausausstattung. Beachtenswerte
Küche.

Frauenstein

🍴 Weinhaus Sinz
Herrnbergstr. 17, Tel (06 11) 94 28 90,
Fax 9 42 89 40, ✉ 65201, AX ED VA
Hauptgericht 20/10-35/17, Terrasse, P,
geschl.: So abends, Mo
✱ DC, ♪, 6 Zi, Ez: 100/50, Dz: 150/75,
⌐ WC ⌀, 2⌁30

Naurod (9 km ↗)

¶¶ Zur Rose
Bremthaler Str. 1, Tel **(0 61 27) 40 06**,
Fax **40 07**, ✉ 65207, AX DC ED VA
Hauptgericht 30/15-48/24, Gartenlokal
✱ 9 Zi, Ez: 95/47, Dz: 135/67, ⌐ WC ⊘,
P, 1⊃20

Nordenstadt (8 km ↘)

✱✱ Treff Hotel
Ostring 9, Tel **(0 61 22) 80 10**, Fax **80 11 64**,
✉ 65205, AX DC ED VA, Ⓢ
144 Zi, Ez: 145/73-275/138,
Dz: 195/98-325/163, ⌐ WC ⊘ DFÜ, 48 ↰, Lift,
P, 6⊃300, Restaurant

✱ Merkur
Borsigstr. 1a, Tel **(0 61 22) 91 70**, Fax **91 73 00**,
✉ 65205, AX ED VA
80 Zi, Ez: 130/65, Dz: 160/80, ⌐ WC ⊘, 40 ↰,
Lift, P, ⌂, 3⊃60, Restaurant

Wiesenttal 58 ↖

Bayern / Kreis Forchheim
EW 2700
🛈 Tel **(0 91 96) 1 94 33**, Fax **92 99 30**
Verkehrsamt
✉ 91346 Forchheimer Str. 8

Luftkurort Fränk.-Schweiz, Ausgangsort zu den
schönsten Wanderungen Frankens; Höhlen,
Burgen, Felsen.

Muggendorf

✱ Feiler
Oberer Markt 4, Tel **(0 91 96) 9 29 50**,
Fax **3 62**, ✉ 91346, AX DC ED
15 Zi, Ez: 130/65-150/75, Dz: 205/103, 2 Suiten,
3 App, ⌐ WC ⊘, P, ⌂, 1⊃30, Golf
Auch Zimmer der Kategorie **✱✱** vorhanden.
¶¶ Hauptgericht 45/22, Terrasse,
geschl.: Nov-Mär Mo-Do, im Sommer Mo
Spezialität: Pilzgerichte mit Wildkräutern.

✱ Goldener Stern
Marktplatz 6, Tel **(0 91 96) 9 29 80**, Fax **14 02**,
✉ 91346, ED VA
22 Zi, Ez: 60/30-75/37, Dz: 110/55-160/80,
1 Suite, ⌐ WC ⊘, P, 2⊃60, Sauna
geschl.: 7.1.-28.2.01
Auch einfachere Zimmer vorhanden.

¶ Hauptgericht 26/13, Terrasse,
Biergarten, geschl.: 7.1.-28.2.01

Streitberg

¶ Altes Kurhaus
Streitberg 13, Tel **(0 91 96) 7 36**, Fax **16 68**,
✉ 91346, ED VA
Hauptgericht 25/12, Gartenlokal, P, ⊨

Wiesloch 54 ↘

Baden-Württemberg
Rhein-Neckar-Kreis
EW 25200
🛈 Tel **(0 62 22) 8 43 13**, Fax **8 44 78**
Stadt Wiesloch
✉ 69168 Marktstr. 13

✱✱ Palatin
Ringstr. 17, Tel **(0 62 22) 5 82 01**,
Fax **58 25 55**, ✉ 69168, AX DC ED VA
115 Zi, Ez: 125/62-291/146,
Dz: 165/83-361/181, 2 Suiten, ⌐ WC ⊘ DFÜ,
80 ↰, Lift, ⌂, 11⊃1200, Fitnessraum, Sauna,
Solarium, Golf
¶¶ Hauptgericht 10/5-50/25, P

¶¶ Freihof
Freihofstr. 2, Tel **(0 62 22) 25 17**, Fax **5 16 34**,
✉ 69168, AX DC ED VA
⌂, Hauptgericht 33/16, Gartenlokal, P
Haus aus dem 13. Jh..
✱ 10 Zi, Ez: 128/64-148/74,
Dz: 168/84-228/114, ⌐ WC ⊘, ⌂

Wiesmoor 16←

Niedersachsen / Kreis Aurich
EW 11500
i Tel (0 49 44) 9 19 80, Fax 91 98 99
Touristik GmbH
✉ 26639 Hauptstr. 199

✱ Hotel am Ottermeer
Uferstr. 1, Tel (0 49 44) 9 29 30, Fax 92 93 94,
✉ 26639, AX DC ED VA
⌘ ✦, 31 Zi, Ez: 75/37-85/42, Dz: 140/70-150/75,
1 Suite, ⌐ WC ✪, **P**, 1⌦45, ⌂, Sauna,
Restaurant

✱ Friesengeist
Am Rathaus 1, Tel (0 49 44) 9 22 20,
Fax 92 22 39, ✉ 26639, AX DC ED VA, Ⓢ
34 Zi, Ez: 87/43-105/52, Dz: 175/88-195/98,
2 App, ⌐ WC ✪, 6 ⊷, Lift, **P**, 2⌦100, ⌂,
Kegeln, Sauna, Solarium, Restaurant

Hinrichsfehn (3 km ↓)

✱✱ Blauer Fasan
Fliederstr. 1, Tel (0 49 44) 9 27 00,
Fax 92 70 70, ✉ 26639, ED VA
26 Zi, Ez: 105/52-154/77, Dz: 165/83-217/109,
⌐ WC ✪, **P**, 2⌦80, Sauna, Golf, Restaurant
geschl.: 2.1.-22.2.01

Wiessee, Bad 72 ↓

Bayern / Kreis Miesbach
EW 5050
i Tel (0 80 22) 8 60 30, Fax 86 03 30
Touristinformation-Kuramt
✉ 83707 Adrian-Stoop-Str 20

Heilbad am Westufer des Tegernsees; Spielbank
und Jodschwefelquellen.

✱✱ Romantik Hotel ♛
Landhaus Wilhelmy
Freihausstr. 15, Tel (0 80 22) 9 86 80,
Fax 9 86 82 33, ✉ 83707, AX DC ED VA
⌘ 22 Zi, Ez: 120/60-220/110,
Dz: 230/115-320/161, ⌐ WC ✪ DFÜ, 22 ⊷, **P**,
1⌦15, Solarium
🍴🍴 Hauptgericht 26/13-39/19, Biergarten,
geschl.: Mo, So

✱✱ Lederer am See
Bodenschneidstr. 9-11, Tel (0 80 22) 8 2 90,
Fax 82 92 00, ✉ 83707, AX DC ED VA
⌘ ✦, 91 Zi, 4 Suiten, 17 App, ⌐ WC ✪, Lift, **P**,
2⌦100, ⌂, Fitnessraum, Sauna, Solarium,
Golf, 1 Tennis
🍴🍴 Hauptgericht 25/12-30/15, Terrasse,
Biergarten

✱✱ Terrassenhof
Adrian-Stoop-Str. 50, Tel (0 80 22) 86 30,
Fax 8 17 94, ✉ 83707, ED
⌘ ✦, 98 Zi, Ez: 110/55-185/93,
Dz: 240/120-360/181, 4 Suiten, 18 App, ⌐ WC
✪, Lift, **P**, ⌂, 5⌦200, ⌂, Sauna, Solarium,
Golf, 8 Tennis, Restaurant

✱✱ St. Georg
Jägerstr. 20, Tel (0 80 22) 81 97 00,
Fax 81 96 11, ✉ 83707, AX ED VA
⌘ 23 Zi, Ez: 119/59-155/78,
Dz: 205/103-265/133, 4 Suiten, 4 App, ⌐ WC
✪, Lift, **P**, ⌂, ≋, ⌂, Sauna, Solarium, Golf,
garni

✱✱ Seegarten
Adrian-Stoop-Str. 4, Tel (0 80 22) 9 84 90,
Fax 50 87, ✉ 83707
✦, 18 Zi, Ez: 98/49-128/64, Dz: 198/99-248/124,
⌐ WC ✪, 1⌦15
🍴 ED, ✦, Hauptgericht 20/10

✱✱ Rex
Münchner Str. 25, Tel (0 80 22) 8 62 00,
Fax 8 62 01 00, ✉ 83707
57 Zi, Ez: 92/46-140/70, Dz: 164/82-224/112,
1 Suite, ⌐ WC ✪ DFÜ, Lift, **P**, ⌂, 1⌦50,
Solarium, Golf, Restaurant
geschl.: 1.11.00-27.3.01
Auch Zimmer der Kategorie ✱ vorhanden.

✱✱ Toscana
Freihausstr. 27, Tel (0 80 22) 9 83 60,
Fax 98 36 50, ✉ 83707, ED VA
⌘ 16 Zi, Ez: 93/46-170/85, Dz: 170/85-220/110,
1 Suite, 1 App, ⌐ WC ✪, **P**, ⌂, 2⌦30, Sauna,
Restaurant
geschl.: 15.12.00-10.1.01
Auch Zimmer der Kategorie ✱ vorhanden.

✱ Zur Post
Lindenplatz 7, Tel (0 80 22) 8 60 60,
Fax 8 60 61 55, ✉ 83707, AX DC ED VA
38 Zi, Ez: 105/52-140/70, Dz: 175/85-180/90, ⌐
WC ✪, Lift, **P**, 6⌦40, Kegeln, Restaurant

✱ Gästehaus Margarete
Jägerstr. 8, Tel (0 80 22) 89 50, Fax 9 92 33,
✉ 83707
⌘ 11 Zi, Ez: 60/30-90/45, Dz: 96/48-140/70,
1 Suite, ⌐ WC, 11 ⊷, **P**, Sauna, Solarium,
garni

Wiessee, Bad-Außerhalb (1 km ↖)

🍴🍴 Freihaus Brenner ✚
Freihaus 4, Tel (0 80 22) 8 20 04, Fax 8 38 07,
✉ 83707, ED VA
✦ einzeln ⌂, Hauptgericht 16/8-42/21, Terrasse,
Gartenlokal, **P**, ⌂

Abwinkel (1 km ↓)

✱ Heimgarten
Ringbergstr. 19, Tel (0 80 22) 9 89 30,
Fax 98 93 35, ✉ 83707, ED
♪, 24 Zi, Ez: 62/31-73/36, Dz: 107/53-122/61,
7 App, ⌐ WC ✆, P, 🏠, garni

Wietzendorf 18 ↓

Niedersachsen
Kreis Soltau-Fallingbostel
EW 4110
🛈 Tel (0 51 96) 21 90, Fax 21 90
Verkehrsverein
✉ 29649 Über der Brücke 1

**✱ Hartmann
Kiek In**
Hauptstr. 27, Tel (0 51 96) 96 00, Fax 13 98,
✉ 29649, AX ED VA
25 Zi, Ez: 80/40-95/47, Dz: 123/61-138/69, ⌐
WC ✆, P, Kegeln, Sauna, Restaurant

Wiggensbach 70 □

Bayern / Kreis Oberallgäu
EW 4500
🛈 Tel (0 83 70) 84 35, Fax 3 79
Verkehrsamt
✉ 87487 Kempter Str. 3

✱✱ Ringhotel Goldenes Kreuz
Marktplatz 1a, Tel (0 83 70) 80 90,
Fax 8 09 49, ✉ 87487, AX DC ED VA, S
23 Zi, Ez: 125/62-145/73, Dz: 196/98-250/125,
⌐ WC ✆, Lift, P, 🏠, 5☼240, Sauna, Solarium,
Golf
🍴🍴 Hauptgericht 20/10-35/17, Terrasse,
geschl.: Mo

Unterkürnach (7 km ←)

✱✱ Hofgut Kürnach
Haus Nr. 2, Tel (0 83 70) 80 70, Fax 18 63,
✉ 87487, AX DC ED VA
einzeln ♪ §, 70 Zi, Ez: 82/41-144/72,
Dz: 158/79, 2 Suiten, 44 App, ⌐ WC ✆, P, 🏠,
2☼50, ☁, Kegeln, Sauna, Solarium, Golf,
2 Tennis, Restaurant

Wildbad, Bad 61 ←

Baden-Württemberg / Kreis Calw
EW 11500
🛈 Tel (0 70 81) 1 02 80, Fax 1 02 90
Reise-und Verkehrsbüro
✉ 75323 König-Karl-Str 5-7

✱✱✱ Badhotel
Kurplatz 5, Tel (0 70 81) 17 60, Fax 17 61 70,
✉ 75323, DC ED VA
♪, 80 Zi, Ez: 140/70-180/90,
Dz: 230/115-280/141, 8 Suiten, 8 App, ⌐ WC
✆, Lift, 🏠, 3☼180, ☁, Sauna, Solarium
🍴🍴 **Graf Eberhard**
Hauptgericht 35/17, Terrasse, P

✱✱ Bären
Am Kurplatz 4-6, Tel (0 70 81) 30 10,
Fax 30 11 66, ✉ 75323
44 Zi, Ez: 90/45-130/65, Dz: 165/83-250/125,
⌐ WC ✆, 17 🛏, Lift, 🏠, 2☼50
Auch Zimmer der Kategorie ✱ vorhanden.
🍴🍴 Hauptgericht 30/15

✱ Sonne
Wilhelmstr. 29, Tel (0 70 81) 9 25 70,
Fax 92 57 49, ✉ 75323
25 Zi, Ez: 65/32-120/60, Dz: 140/70-160/80, ⌐
WC ✆, Lift, P, Solarium, Restaurant
geschl.: Mi, 5.1.-15.2.01

✱ Alte Linde
Wilhelmstr. 74, Tel (0 70 81) 92 60,
Fax 92 62 50, ✉ 75323, ED
29 Zi, Ez: 60/30-77/38, Dz: 120/60-144/72, ⌐
WC ✆, Lift, P, 🏠, 1☼150, Kegeln, Restaurant
geschl.: 25.10.-10.12.00

✱ Rothfuß
Olgastr. 47, Tel (0 70 81) 9 24 80,
Fax 92 48 10, ✉ 75323
♪ §, 29 Zi, Ez: 85/42-110/55,
Dz: 140/70-150/75, 4 Suiten, ⌐ WC ✆, 10 🛏,
Lift, P, 🏠, 1☼20, Sauna, Solarium, garni

Wildberg 61 ✓

Baden-Württemberg / Kreis Calw
EW 10100
🛈 Tel (0 70 54) 2 01 22, Fax 2 01 26
Verkehrsamt
✉ 72218 Marktstr. 2

Luftkurort im Nagoldtal, nördlicher Schwarzwald. Schäferlauf in geraden Jahren am 3. Sonntag im Juli.

Wildberg

*   Bären
Marktstr. 15-17, Tel (0 70 54) 9 26 30,
Fax 92 63 66, ⌧ 72218, AX VA
♪ ≉, 23 Zi, Ez: 85/42, Dz: 160/80, ⌐ WC ©,
3 ⇐, ⌂, 4↻60, Fitnessraum, Sauna, Solarium,
Restaurant

*   Krone
Talstr. 68, Tel (0 70 54) 52 71, Fax 3 93,
⌧ 72218, AX ED VA
21 Zi, Ez: 50/25-95/47, Dz: 80/40-155/78,
3 App, ⌐ WC, P, ⌂, Restaurant
geschl.: 5.-20.1.01

Schönbronn (5 km ←)

**   Löwen
Eschbachstr. 1, Tel (0 70 54) 9 26 10,
Fax 50 21, ⌧ 72218
≉, 36 Zi, Ez: 85/42-90/45, Dz: 170/85-180/90,
3 App, ⌐ WC © DFÜ, Lift, P, ⌂, 5↻80,
Kegeln, Sauna, Solarium
geschl.: 2.-8.1.01, 2 Wochen im Jun
🍴 Hauptgericht 28/14, Terrasse,
geschl.: 2.-8.1.01, 2 Wochen im Jun

Wildbergerhütte-Bergerhof

siehe Reichshof

Wildenbruch 29 ↘

Brandenburg
Kreis Potsdam-Mittelmark
EW 1600
🛈 Tel (03 32 05) 59 80, Fax 5 98 50
Amt Michendorf
⌧ 14552 Potsdamer Str. 33

*   Am Wald
Luckenwalder Str. 4, Tel (03 32 05) 4 68 40,
Fax 4 68 41, ⌧ 14552, DC ED
18 Zi, Ez: 105/52, Dz: 145/73, ⌐ WC © DFÜ,
7 ⇐, P, 1↻40, Golf, Restaurant

🍴🍴   Gasthof zur Linde
Kunersdorfer Str. 1, Tel (03 32 05) 6 23 79,
Fax 4 56 40, ⌧ 14552
Hauptgericht 20/10-35/17, Terrasse,
Gartenlokal, geschl.: Jan-Mär Mi, Do,
1.-12.11.00, 29.1.-11.2.01

Wildeshausen 16 ↘

Niedersachsen / Kreis Oldenburg
EW 15250
🛈 Tel (0 44 31) 65 64, Fax 92 92 64
Verkehrsverein
⌧ 27793 Am Markt 1

*   Quality Hotel Huntetal
Im Hagen 3, Tel (0 44 31) 94 00, Fax 9 40 50,
⌧ 27793, AX DC ED VA
43 Zi, Ez: 85/42-120/60, Dz: 120/60-160/80,
2 App, ⌐ WC © DFÜ, 17 ⇐, P, 3↻40,
Restaurant

***   Landhaus Thurm-Meyer
mit Gästehaus**
Dr.-Klingenberg-Str. 15, Tel (0 44 31) 9 90 20,
Fax 99 02 99, ⌧ 27793, AX DC ED VA
♪, 25 Zi, Ez: 80/40-90/45, Dz: 110/55-130/65,
1 Suite, ⌐ WC ©, P, Restaurant

*   Am Rathaus
Kleine Str. 4, Tel (0 44 31) 43 56, Fax 21 61,
⌧ 27793, AX ED VA
21 Zi, Ez: 75/37-85/42, Dz: 130/65, 1 App, ⌐
WC © DFÜ, garni

Wildungen, Bad 35 ↓

Hessen / Kreis Waldeck-Frankenberg
EW 16000
🛈 Tel (0 56 21) 70 41 13, Fax 70 41 07
Kurverwaltung
⌧ 34537 Langemarckstr. 2

***   Maritim Badehotel
Dr.-Marc-Str. 4, Tel (0 56 21) 79 99,
Fax 79 97 99, ⌧ 34537, AX DC ED VA
♪, 45 Zi, Ez: 185/93-245/123,
Dz: 240/120-300/151, 14 Suiten, 1 App, ⌐ WC
© DFÜ, 24 ⇐, Lift, P, ⌂, 13↻900, ≋, Sauna,
Solarium, Golf
Auch Zimmer der Kategorie ******** vorhanden.
🍴🍴🍴 Hauptgericht 33/16, Terrasse

**   Treff Hotel Quellenhof
Brunnenallee 54, Tel (0 56 21) 80 70,
Fax 80 75 00, ⌧ 34537, AX DC ED VA
112 Zi, Ez: 153/77-173/87,
Dz: 224/112-264/132, ⌐ WC ©, 24 ⇐, Lift, P,
⌂, 5↻150, Sauna, Solarium, Golf
Auch Zimmer der Kategorie ******* vorhanden.

🍴🍴   Park Restaurant
Hauptgericht 25/12, Terrasse

*   Villa Heilquell
Hufelandstr. 15, Tel (0 56 21) 23 92, Fax 47 76,
⌧ 34537, ED VA
15 Zi, Ez: 60/30-90/45, Dz: 100/50-140/70,
4 Suiten, 4 App, ⌐ WC ©, 2 ⇐, P, Fitnessraum,
Golf
geschl.: 15.1.00-15.3.01
Auch Zimmer der Kategorie ****** vorhanden.

✱ Wildunger Hof
Langemarktstr. 23, Tel **(0 56 21) 50 71**,
Fax 29 14, ✉ 34537, ED VA
26 Zi, Ez: 78/39-128/64, Dz: 128/64, ⌐ WC ✆,
P, ≘, 2⇔60, Sauna, Solarium, Restaurant

✱ Allee Schlößchen
Brunnenallee 11, Tel **(0 56 21) 7 98 00**,
Fax 79 80 80, ✉ 34537
9 Zi, Ez: 69/34-128/64, Dz: 138/69-178/89,
1 App., ⌐ WC ✆, P, Restaurant

✱ Birkenstern
Goeckestr. 5, Tel **(0 56 21) 7 08 00**,
Fax 70 80 30, ✉ 34537, AX DC ED VA
♪ ✻, 16 Zi, Ez: 64/32-85/42, Dz: 49/24-128/64,
4 App., ⌐ WC ✆ DFÜ, P, ≘, Fitnessraum,
Sauna, Solarium, Restaurant

✱ Bellevue
Am Unterschied 10, Tel **(0 56 21) 20 18**,
Fax 7 20 91, ✉ 34537, ED VA
♪, 21 Zi, Ez: 60/30-90/45, Dz: 100/50-150/75,
⌐ WC ✆ DFÜ, 2 ⇔, P, garni
geschl.: 5.1.-28.2.01

✱ Gimpel
Ludwig-Konrad-Str. 13, Tel **(0 56 21) 7 90 00**,
Fax 79 00 79, ✉ 34537, AX DC ED VA
♪ ✻, 15 Zi, Ez: 50/25-148/74,
Dz: 102/51-150/75, 3 Suiten, ⌐ WC ✆ DFÜ, P,
≘, Sauna, Solarium, garni

¶¶ Weißmann's Profi's im Neuen Kurhaus
Langenmarckstr. 13, Tel **(0 56 21) 96 08 47**,
Fax 96 06 22, ✉ 34537, AX DC ED VA
Hauptgericht 10/5-40/20, Terrasse, P

Reinhardshausen (4 km ✓)

✱✱ Schwanenteich
Hauptstr. 4, Tel **(0 56 21) 78 60**, Fax 78 61 60,
✉ 34537, AX DC ED VA
47 Zi, Ez: 90/45-145/73, Dz: 165/83-210/105,
1 Suite, 6 App., ⌐ WC ✆, 10 ⇔, Lift, P, ≘,
4⇔130, ≘, Sauna, Solarium, Golf, 2 Tennis
Auch Zimmer der Kategorie ✱✱✱ vorhanden.
¶¶ Hauptgericht 17/8-36/18, Terrasse

Wilgartswiesen 53 ↘

Rheinland-Pfalz
Kreis Südwestpfalz
EW 1030
ℹ Tel **(0 63 92) 91 51 10**, Fax 91 51 60
Fremdenverkehrsbüro
✉ 76848 Schulstr. 4

🛏 Wasgauperle
Bahnhofstr. 1, Tel **(0 63 92) 12 37**, Fax 27 27,
✉ 76848
9 Zi, Ez: 45/22-70/35, Dz: 88/44-105/52, ⌐ WC,
5 ⇔, P, Restaurant
geschl.: Mi

Wilhelmshaven 16 □

Niedersachsen
EW 87000
ℹ Tel **(0 44 21) 91 30 00**, Fax 9 13 00 10
Wilhelmshaven-Information
✉ 26382 Bahnhofsplatz 7
Cityplan siehe Seite 1074

siehe auch Sande

✱✱ Am Stadtpark
Friedrich-Paffrath-Str. 116, Tel **(0 44 21) 98 60**,
Fax 98 61 86, ✉ 26389, AX DC ED VA
60 Zi, Ez: 129/64-249/125, Dz: 169/85-249/125,
2 Suiten, ⌐ WC ✆ DFÜ, 15 ⇔, Lift, P, 7⇔110,
≘, Fitnessraum, Sauna, Solarium

¶¶ Alkoven
Hauptgericht 30/15, nur abends

✱✱ Kaiser
Rheinstr. 128 (A 2), Tel **(0 44 21) 94 60**,
Fax 94 64 44, ✉ 26382, AX DC ED VA
69 Zi, Ez: 98/49-145/73, Dz: 145/73-195/98,
5 Suiten, ⌐ WC ✆, 8 ⇔, Lift, P, ≘, 4⇔200
Auch Zimmer der Kategorie ✱ vorhanden.
¶¶ Hauptgericht 22/11-39/19

✱✱ City Hotel Valois
Valoisstr. 1 - Valoisplatz (B 2),
Tel **(0 44 21) 48 50**, Fax 48 54 85, ✉ 26382, AX DC ED VA
55 Zi, Ez: 95/47-195/98, Dz: 175/88-265/133,
2 Suiten, 3 App., ⌐ WC ✆, 22 ⇔, Lift, P, ≘,
1⇔50, Fitnessraum, Sauna, Solarium,
Restaurant
Zufahrt über Ebertstr. Auch Zimmer der
Kategorie ✱ vorhanden.

✱ Residenz
Kopperhörner Str. 7, Tel **(0 44 21) 9 32 20**,
Fax 93 22 66, ✉ 26384, AX DC ED VA
23 Zi, Ez: 128/64-168/84, Dz: 168/84-225/113,
1 Suite, ⌐ WC ✆ DFÜ, 3 ⇔, Lift, P, 1⇔25

🛏 Seerose
Südstrand 112, Tel **(0 44 21) 4 33 66**,
Fax 4 33 11, ✉ 26382, AX DC ED VA
✻, 16 Zi, Ez: 68/34-125/62, Dz: 120/60-150/75,
1 Suite, ⌐ WC, P, garni

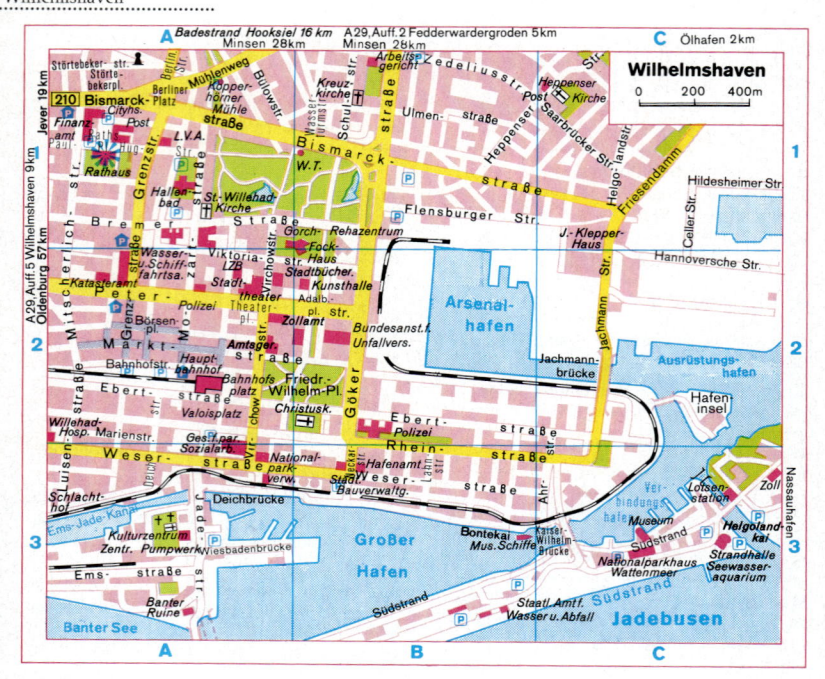

Wilhelmshaven

🍴🍴 ▬▬▬ A la Carte
Valoisstr. 1, im City Hotel Valois,
Tel (0 44 21) 48 54 52, Fax 48 54 85, ✉ 26382

🍴 ▬▬▬ Artischocke
Paulstr. 6, Tel (0 44 21) 3 43 05, Fax 36 63 99,
✉ 26384
Hauptgericht 21/10-40/20, **P**, geschl.: Mo, So abends

☕ ▬▬▬ Café Dobben
Marktstr. 50, Tel (0 44 21) 99 34 66,
Fax 99 34 67, ✉ 26382

☕ ▬▬▬ Café Fürstenwerth
Marktstr. 95, Tel (0 44 21) 2 22 61,
Fax 2 22 61, ✉ 26382

Wilhelmshaven-Außerhalb (4 km ↗)

★★ ▬▬▬ Nordsee-Hotel
Zum Ölhafen 205, Tel (0 44 21) 96 50,
Fax 96 52 80, ✉ 26384, AX DC ED VA
🌙 ✱, 46 Zi, Ez: 55/32-190/95,
Dz: 120/60-190/95, 3 Suiten, 1 App., ⌐ WC ⓒ
DFÜ, 10 ⛱, Lift, **P**, 2⟲50, Sauna, Solarium
Auch Zimmer der Kategorie ★★★ vorhanden.
🍴🍴 Hauptgericht 16/8-39/19

Wilhelmshöhe siehe Kassel

Willich 32 ↘

Nordrhein-Westfalen
Kreis Viersen
EW 49910
☎ Tel (0 21 56) 94 92 03, Fax 94 92 43
Stadt Willich
✉ 47877 Hauptstr. 6

Alt-Willich

✱ Hubertus Hamacher
Anrather Str. 4, **Tel (0 21 54) 91 80,**
Fax 91 81 00, ✉ 47877
28 Zi, Ez: 100/50-150/75, Dz: 150/75-190/95,
4 App, ⌐ WC ⌾, garni

Neersen (7 km ↙)

✱ Landgut Ramshof
Ramshof 1, **Tel (0 21 56) 9 58 90, Fax 6 08 29,**
✉ 47877, AX DC ED VA
26 Zi, Ez: 120/60-170/85, Dz: 170/85-210/105,
⌐ WC ⌾, 4 ⇃, **P**, 🕭, 3🔾50, Restaurant
geschl.: 24-31.12.00

Schiefbahn (4 km ↓)

🍴 Stieger
Unterbruch 8, **Tel (0 21 54) 57 65, Fax 74 18,**
✉ 47877, AX ED
Hauptgericht 27/13-40/20, Terrasse, geschl.: Do,
Sa mittags

Willingen 35 ↙

Hessen / Kreis Waldeck-Frankenberg
EW 8700
ℹ Tel (0 56 32) 40 11 80, Fax 40 11 50
Kur- und Touristikservice
✉ 34508 Waldecker Str. 12

✱✱ Göbel's Landhotel
Briloner Str. 48, **Tel (0 56 32) 98 70,**
Fax 98 71 98, ✉ 34508, AX DC ED VA
68 Zi, Ez: 95/47-176/88, Dz: 184/92-198/99,
1 Suite, 6 App, ⌐ WC ⌾ DFÜ, 12 ⇃, Lift, **P**, 🕭,
6🔾200, 🕭, Fitnessraum, Sauna, Solarium
🍴🍴 Hauptgericht 30/15, Terrasse

✱✱ Fürst von Waldeck
Briloner Str. 1, **Tel (0 56 32) 9 88 99,**
Fax 98 89 88, ✉ 34508
29 Zi, Ez: 89/44-105/52, Dz: 146/73-198/99,
2 Suiten, ⌐ WC ⌾, Lift, **P**, 🕭, 🕭, Sauna,
Solarium, Restaurant
geschl.: Do, 26.11.-20.12.00

✱✱ Zum Hohen Eimberg
Zum Hohen Eimberg 3a, **Tel (0 56 32) 40 90,**
Fax 40 93 33, ✉ 34508, ED VA
♩, 57 Zi, Ez: 99/49-129/64,
Dz: 190/95-240/120, 2 Suiten, 12 App, ⌐ WC ⌾
DFÜ, Lift, **P**, 7🔾140, 🕭, Fitnessraum, Sauna,
Solarium, Restaurant

✱✱ Bürgerstuben
Briloner Str. 40, **Tel (0 56 32) 98 30,**
Fax 98 35 00, ✉ 34508, AX DC ED VA
58 Zi, Ez: 78/39-100/50, Dz: 156/78-200/100,
3 Suiten, 6 App, ⌐ WC ⌾, Lift, **P**, 🕭, Sauna,
Solarium, Restaurant

✱✱ Kur- und Sporthotel Göbel
Waldecker Str. 5, **Tel (0 56 32) 4 00 90,**
Fax 68 84, ✉ 34508
30 Zi, Ez: 82/41-125/62, Dz: 142/71-195/98,
1 Suite, 11 App, ⌐ WC ⌾, 2 ⇃, Lift, **P**, 🕭,
1🔾20, 🕭, Kegeln, Sauna, Solarium, Restaurant
geschl.: Do, 26.11.-19.12.00, 26.11.-19.12.01

✱✱ Waldecker Hof
Waldecker Str. 28, **Tel (0 56 32) 98 80,**
Fax 98 83 60, ✉ 34508, ED VA
38 Zi, Ez: 75/37-105/52, Dz: 140/70-210/105,
3 Suiten, ⌐ WC ⌾, Lift, **P**, 🕭, 3🔾60, 🕭,
Sauna, Solarium, Restaurant

✱✱ Central Flair Hotel
Waldecker Str. 14, **Tel (0 56 32) 9 89 00,**
Fax 90 99 98, ✉ 34508, AX ED VA
29 Zi, Ez: 85/42-100/50, Dz: 150/75-180/90, ⌐
WC ⌾, Lift, **P**, 1🔾20, 🕭, Kegeln, Sauna,
Solarium, Restaurant

Willingen-Außerhalb

✱ Silence-Waldhotel Willingen
Am Köhlerhagen 3, **Tel (0 56 32) 98 20,**
Fax 98 22 22, ✉ 34508
einzeln ♩ §, 33 Zi, Ez: 105/52,
Dz: 170/85-220/110, 7 Suiten, ⌐ WC ⌾, **P**,
2🔾30, 🕭, Sauna, Solarium, Golf
Auch Zimmer der Kategorie ✱✱ vorhanden.

🍴 Köhlerstube
§ einzeln, Hauptgericht 21/10-39/19, Terrasse

Schwalefeld (Luftkurort, 2 km ↑)

✱ Upländer Hof
Uplandstr. 2, **Tel (0 56 32) 9 81 23,**
Fax 6 90 52, ✉ 34508, ED VA
29 Zi, Ez: 80/40-140/70, Dz: 140/70-225/113, ⌐
WC ⌾, Lift, **P**, 2🔾40, Sauna, Solarium,
Restaurant
geschl.: 13.11.-1.12.00
Auch Zimmer der Kategorie ✱✱ vorhanden.

Stryck (2 km ↓)

✱✱ Romantik Hotel Stryckhaus
Mühlenkopfstr. 12, **Tel (0 56 32) 98 60,**
Fax 6 99 61, ✉ 34508, AX DC ED VA
♩, 61 Zi, Ez: 130/65-190/95,
Dz: 260/130-330/166, 1 Suite, ⌐ WC ⌾ DFÜ,
18 ⇃, Lift, **P**, 🕭, 2🔾40, ⛲, 🕭, Sauna,
Solarium
🍴🍴 Hauptgericht 16/8-48/24
Terrasse, Biergarten

Willingen

Usseln (5 km ↘)

★★ **Ringhotel Post**
Korbacher Str. 14, Tel (0 56 32) 9 49 50,
Fax 94 95 96, ✉ 34508, AX DC ED VA, Ⓢ
♪, 22 Zi, Ez: 99/49-149/75, Dz: 164/82-198/99,
4 Suiten, ⌐ WC ⌀, 6 ⇄, Lift, Ⓟ, 🚗, 3⌬60, 🛋,
Sauna, Solarium

🍴🍴 **Poststube**
Hauptgericht 28/14-48/24

Willstätt 60 ↙

Baden-Württemberg / Ortenaukreis
EW 8600
🛈 Tel (0 78 52) 43 29, Fax 43 80
Gemeindeverwaltung
✉ 77731 Hauptstr. 40

🍴🍴 **Kinzigbrücke**
Sandgasse 1, Tel (0 78 52) 22 80, Fax 52 76,
✉ 77731, AX ED VA
Hauptgericht 28/14-54/27, Gartenlokal, Ⓟ,
🛏, geschl.: Sa mittags, So abends, Mo,
27.12.00-8.1.01, 3-18.6.01

Wilnsdorf 44 ↖

Nordrhein-Westfalen
Kreis Siegen-Wittgenstein
EW 22500
🛈 Tel (0 27 39) 80 20, Fax 8 01 39
Gemeindeverwaltung
✉ 57234 Marktplatz 1

Wilgersdorf (4 km ↘)

★ **Gästehaus Wilgersdorf**
Am Kalkhain 23, Tel (0 27 39) 8 96 90,
Fax 89 69 60, ✉ 57234, AX DC ED VA
einzeln ♪ 🛎, 36 Zi, Ez: 85/42-115/57,
Dz: 160/80-220/110, 1 Suite, ⌐ WC ⌀ DFÜ,
2 ⇄, Ⓟ, 🚗, 4⌬68, 🛋, Sauna, Restaurant
geschl.: 3 Wochen im Sommer

Wilsnack, Bad 20 ↓

Brandenburg / Landkreis Prignitz
EW 2830
🛈 Tel (03 87 91) 26 20, Fax 99 91 99
Stadtinformation
✉ 19336 Am Markt 5

★★ **Ambiente am Kurpark**
Dr.-Wilhelm-Külz-Str. 5a, Tel (03 87 91) 7 60,
Fax 7 64 00, ✉ 19336, AX DC ED VA
45 Zi, Ez: 125/62-135/67, Dz: 175/88-195/98,
13 Suiten, ⌐ WC ⌀ DFÜ, 15 ⇄, Lift, Ⓟ, 🚗,
5⌬120, 🛋, Sauna, Solarium, Restaurant

Groß Lüben (2 km ←)

★ **Erbkrug**
Dorfstr. 36, Tel (03 87 91) 27 32, Fax 25 86,
✉ 19336, ED
♪, 20 Zi, Ez: 70/35, Dz: 90/45-120/60, 1 App,
⌐ WC ⌀, Ⓟ, Restaurant

Wilthen 51 ↗

Sachsen / Kreis Bautzen
EW 7500
🛈 Tel (0 35 92) 38 54 16, Fax 38 54 99
Fremdenverkehrsamt
✉ 02681 Bahnhofstr. 8

Tautewalde (2,5 km ←)

★★ **Erbgericht Tautewalde** ♛
Tautewalde 61, Tel (0 35 92) 3 83 00,
Fax 38 32 99, ✉ 02681, AX DC ED VA
28 Zi, Ez: 105/52-120/60, Dz: 130/65-160/80,
2 Suiten, 2 App, ⌐ WC ⌀, 14 ⇄, Ⓟ, 3⌬60,
Sauna, Solarium, 2 Tennis
🍴🍴 Hauptgericht 21/10-32/16 ✚
Terrasse, Biergarten

Wimpfen, Bad 61 ↗

Baden-Württemberg
Kreis Heilbronn
EW 6321
🛈 Tel (0 70 63) 9 72 00
Kurverwaltung
✉ 74206 Osterbergstr. 16

★★ **Am Rosengarten**
Osterbergstr. 16, Tel (0 70 63) 99 10,
Fax 9 91 80 08, ✉ 74206, AX DC ED VA
60 Zi, Ez: 160/80, Dz: 220/110, ⌐ WC ⌀ DFÜ,
20 ⇄, Lift, Ⓟ, 🚗, ≋, 🛋, Kegeln, Sauna,
Solarium, Restaurant

★★ **Am Kurpark**
Kirschenweg 16, Tel (0 70 63) 9 77 70,
Fax 97 77 21, ✉ 74206, ED VA
♪, 9 Zi, Ez: 80/40-130/65, Dz: 150/75-190/95,
⌐ WC ⌀ DFÜ, 1 ⇄, Ⓟ, 🚗, Fitnessraum, Sauna,
Solarium, Golf, garni
geschl.: 18.12.00-10.1.01

🍴 **Sonne**
Hauptstr. 87, Tel (0 70 63) 2 45, Fax 65 91,
✉ 74206, ED VA
Hauptgericht 33/16-44/22, Terrasse, geschl.: Do,
So abends, 22.12.00-16.1.01
★ 18 Zi, Ez: 90/45-100/50, Dz: 160/80,
⌐ WC, 🚗

Windeck 43 ↗

Nordrhein-Westfalen
Rhein-Sieg-Kreis
EW 20100
ℹ Tel (0 22 92) 60 11 07, Fax 60 12 94
Verkehrsverein
✉ 51570 Rathausstr. 12

✱ Gasthaus Willmeroth

Preschlinallee 11, **Tel (0 22 92) 9 13 30**,
Fax 91 33 33, ✉ 51570, ED VA
25 Zi, Ez: 65/32-70/35, Dz: 115/57-120/60, ⌐
WC ⌀, P, 2↻35, Sauna, Solarium, Restaurant
Rezeption: 10-22, geschl.: Mi, 8.10.-3.11.00
Auch Zimmer der Kategorie ✱✱ vorhanden.

Windelsbach 56 ↘

Bayern / Kreis Ansbach
EW 1048
ℹ Tel (0 98 67) 4 43, Fax 6 87
Gemeindeverwaltung
✉ 91635 Rothenburger Str. 5

🍴 Leberts Landhaus ✚

Schlosstr. 8, **Tel (0 98 67) 95 70, Fax 95 67**,
✉ 91635, AX ED VA
Hauptgericht 18/9-38/19, Terrasse, Gartenlokal,
P, ⎯, geschl.: Mo, Do, 2 Wochen im Feb, 2
Wochen im Aug

Winden im Elztal 67 ↗

Baden-Württemberg
Kreis Emmendingen
EW 2700
ℹ Tel (0 76 82) 63 95, Fax 63 99
Touristinformation
✉ 79297 Bahnhofstr. 1

Oberwinden

✱✱✱ Schwarzbauernhof

Rüttlersberg 5, **Tel (0 76 82) 9 11 40**,
Fax 91 14 99, ✉ 79297
♪ ⚡, 65 Zi, Ez: 125/62-190/95,
Dz: 220/110-330/166, 5 Suiten, ⌐ WC ⌀ DFÜ,
Lift, P, ⚐, 3↻25, ⚐, Fitnessraum, Kegeln,
Sauna, Solarium, Golf, 4 Tennis, Restaurant
geschl.: 20.11.-13.12.00
Auch Zimmer der Kategorie ✱✱ vorhanden.

✱ Lindenhof

Bahnhofstr. 14, **Tel (0 76 82) 3 69, Fax 5 44**,
✉ 79297, ED VA
23 Zi, Ez: 70/35-75/37, Dz: 130/65-140/70, ⌐
WC ⌀, P, ⚐, 1↻25, ⚐, Kegeln, Sauna,
Solarium, Restaurant
geschl.: Di

🍴🍴 Gasthof Waldhorn

Hauptstr. 27, **Tel (0 76 82) 91 82 10, Fax 66 35**,
✉ 79297, ED VA
Hauptgericht 25/12, Gartenlokal, P, geschl.: Do,
19.2.-1.3.01, 16-26.8.01

Windesheim 53 ↗

Rheinland-Pfalz
Kreis Bad Kreuznach
EW 1890
ℹ Tel (0 67 07) 82 62
Verkehrsverein
✉ 55452 Talstr. 6

✱ Gästehaus Stempel

Hauptstr. 32, **Tel (0 67 07) 9 13 10, Fax 85 31**,
✉ 55452, AX DC ED VA
13 Zi, Ez: 60/30-80/40, Dz: 96/48-120/60, ⌐
WC ⌀, P, 1↻12, Kegeln, Restaurant
Anmeldung gegenüber in der Gastwirtschaft
Stadt Bingen.

Windhagen 43 □

Rheinland-Pfalz / Kreis Neuwied
EW 4430
ℹ Tel (0 26 45) 25 64
Ortsbürgermeister
✉ 53578 Flammersfelder Str. 1

Rederscheid (4 km ←)

✱✱✱ Dorint Sporthotel Waldbrunnen

Brunnenstr. 7, **Tel (0 26 45) 1 50, Fax 1 55 48**,
✉ 53578, AX DC ED VA
⚡, 116 Zi, Ez: 240/120-350/176,
Dz: 280/141-350/176, 9 Suiten, ⌐ WC ⌀, 68 ⚐,
Lift, P, ⚐, 15↻130, ⚐, ⚐, Kegeln, Sauna,
Solarium
Auch Zimmer der Kategorie ✱✱ vorhanden.
🍴🍴 Hauptgericht 30/15, Terrasse,
Biergarten

Windischeschenbach 59 ↖

Bayern
Kreis Neustadt a. d. Waldnaab
EW 6200
ℹ Tel (0 96 81) 40 12 40, Fax 40 11 00
Tourist-Information
✉ 92670 Hauptstr. 34

⎯ Weißer Schwan

Pfarrplatz 1, **Tel (0 96 81) 12 30, Fax 14 66**,
✉ 92670
19 Zi, Ez: 50/25, Dz: 85/42, ⌐ WC ⌀, Sauna,
Solarium, Restaurant
geschl.: Sa

Windischeschenbach

🛏 Oberpfälzer Hof
Hauptstr. 1, **Tel (0 96 81) 7 88**, Fax 82 23,
✉ 92670, AX ED
33 Zi, Ez: 45/22-70/35, Dz: 85/42-95/47,
1 Suite, 1 App, ⌐ WC ✆, 20 ⛌, 🅿, 📶, 1🔾50,
Solarium, Restaurant
geschl.: Mi

Windorf 66 □
Bayern / Kreis Passau
EW 4400
🅸 Tel (0 85 41) 96 26 40, Fax 70 12
Verkehrsamt
✉ 94575 Marktplatz 23

Rathsmannsdorf-Renholding (5 km ↑)

🛏 Gasthof Zur Alten Post
Schloßplatz 5, **Tel (0 85 46) 10 37**, Fax 24 83,
✉ 94565, AX ED
29 Zi, Ez: 48/24-162/81, Dz: 73/36-162/81,
2 Suiten, ⌐ WC, 1🔾100
Auch Zimmer der Kategorie ✱ vorhanden.
🍴 Hauptgericht 9/4-24/12

Windsheim, Bad 56 ↘
Bayern
EW 12500
🅸 Tel (0 98 41) 40 20, Fax 4 02 99
Kur-, Kongreß- und Touristik GmbH
✉ 91438 Erkenbrechtallee 2

✱✱ Akzent-Hotel Reichsstadt
Pfarrgasse 20, **Tel (0 98 41) 90 70**, Fax 74 47,
✉ 91438, AX DC ED VA
⌓, 110 Zi, Ez: 135/67-190/95,
Dz: 150/75-210/105, 4 Suiten, ⌐ WC ✆ DFÜ,
4 ⛌, Lift, 🅿, 📶, 7🔾50, Fitnessraum, Sauna,
Solarium, Golf
Auch Zimmer der Kategorie ✱ vorhanden.

🍴🍴 Alte Deutsche Schule
Hauptgericht 25/12-65/32, Terrasse

✱✱ Kurhotel Residenz
Erkenbrechtallee 33, **Tel (0 98 41) 9 10**,
Fax 91 26 63, ✉ 91438, AX DC ED VA
⌓, 114 Zi, Ez: 144/72-254/127,
Dz: 163/82-273/137, 3 Suiten, ⌐ WC ✆, 38 ⛌,
Lift, 🅿, 8🔾600, 📶, Fitnessraum, Kegeln,
Sauna, Solarium, Golf

🍴 Brücke
Hauptgericht 25/12

✱✱ Am Kurpark
Oberntiefer Str. 40, **Tel (0 98 41) 90 20**,
Fax 9 02 43, ✉ 91438, AX DC ED VA

⌓, 50 Zi, Ez: 99/49-120/60, Dz: 145/73-170/85,
⌐ WC ✆ DFÜ, 15 ⛌, Lift, 🅿, 📶, 7🔾90, Sauna,
Golf, Restaurant
Auch Zimmer der Kategorie ✱ vorhanden.

✱✱ Reichel's Parkhotel Minotel
Am Stauchbrunnen 7, **Tel (0 98 41) 40 50**,
Fax 40 53 50, ✉ 91438, AX ED VA
⌓, 32 Zi, Ez: 88/44-98/49, Dz: 120/60-160/80,
⌐ WC ✆, 4 ⛌, Lift, 🅿, 📶, 1🔾20, Golf,
Restaurant
Auch Zimmer der Kategorie ✱ vorhanden.

✱ Goldener Schwan
Rothenburger Str. 5, **Tel (0 98 41) 50 61**,
Fax 7 94 40, ✉ 91438, ED VA
23 Zi, Ez: 72/36-80/40, Dz: 98/49-122/61, ⌐
WC ✆, 🅿, 📶, Restaurant

✱ Zum Storchen Flair Hotel
Weinmarkt 6, **Tel (0 98 41) 66 98 90**,
Fax 6 69 89 30, ✉ 91438, AX DC ED VA
18 Zi, Ez: 80/40-125/62, Dz: 130/65-178/89, ⌐
WC ✆ DFÜ, 2 ⛌, 🅿, 📶, 1🔾20, Golf
Auch einfachere Zimmer vorhanden.
🍴 Hauptgericht 12/6-28/14, Biergarten,
geschl.: Mo
Eigener Hauswein: Storchenbrünnle.

Altfränkische Weinstube Zu den drei Kronen
Schüsselmarkt 7, **Tel (0 98 41) 6 48 22**,
Fax 6 48 23, ✉ 91438
⌓, Hauptgericht 12/6-25/12, Gartenlokal, 🅿,
geschl.: Di
Fachwerkbau von 1334.

Wingerode 36 →
Thüringen / Kreis Worbis
EW 1200
🅸 Tel (0 36 05) 51 22 92, Fax 51 22 92
Gemeindeverwaltung
✉ 37327 Hauptstr. 28

🛏 Keppler's Ecke
Hauptstr. 52, **Tel (0 36 05) 50 16 66**,
Fax 50 16 68, ✉ 37327
15 Zi, Ez: 59/29-85/42, Dz: 95/47-110/55, ⌐
WC ✆, 2 ⛌, 🅿, 📶, 2🔾70, Kegeln, Solarium,
Restaurant

Winklarn 59 ✓

Bayern / Kreis Schwandorf
EW 1150
🛈 Tel (0 96 76) 2 37
Gemeindeverwaltung
✉ 92559

Muschenried (3km ↘)

✱ ▪▪▪▪ Seeschmied mit Gästehaus
Lettenstr. 6+7, Tel (0 96 76) 2 41, Fax 12 40,
✉ 92559, ED
15 Zi, Ez: 50/25-70/35, Dz: 98/49-110/55, ⤴
WC ⊘, **P**, 🏠, ⛱, Solarium, 2 Tennis, Restaurant
geschl.: 15-25.11.00, 15.1.-15.2.01

Winnenden 62 ←

Baden-Württemberg
Rems-Murr-Kreis
EW 28000
🛈 Tel (0 71 95) 1 31 41, Fax 1 34 44
Stadtverwaltung
✉ 71364 Torstr. 10

Historischer Stadtkern, Feuerwehrmuseum,
Wunnebad mit Saunalandschaft und Eispark.

✱ ▪▪▪▪ Le Village
Max-Eyth- Str. 41 (Gewerbegebiet),
Tel (0 71 95) 9 27 20, Fax 92 72 52, ✉ 71364,
AX DC ED VA
75 Zi, Ez: 109/54-140/70, Dz: 140/70-180/90, ⤴
WC ⊘, 20 🛏, Lift, **P**, 🏠, 3⊘100, garni
geschl.: 24.12.00-2.1.01

Bürg (6 km →)

✱✱ ▪▪▪▪ Burghotel Schöne Aussicht
Neuffenstr. 18, Tel (0 71 95) 9 75 60,
Fax 97 56 19, ✉ 71364, AX ED VA
☽ 🍴, 16 Zi, Ez: 105/52, Dz: 155/78, ⤴ WC ⊘, **P**,
1⊘30
🍴🍴 ▪▪▪▪ 🍴, Hauptgericht 30/15, Terrasse,
geschl.: Mo

Winningen 43 ↓

Rheinland-Pfalz
Kreis Mayen-Koblenz
EW 2700
🛈 Tel (0 26 06) 22 14, Fax 3 47
Verkehrsamt
✉ 56333 August-Horch-Str 3

✱✱ ▪▪▪▪ Moselblick
an der B 416, Tel (0 26 06) 92 08 10,
Fax 9 20 81 57, ✉ 56333, AX DC ED VA
🍴, 37 Zi, Ez: 110/55-130/65,
Dz: 180/90-200/100, ⤴ WC ⊘, 14 🛏, Lift, **P**,
3⊘80, Restaurant
Auch Zimmer der Kategorie ✱✱✱ vorhanden.

Winsen 26 ↑

Niedersachsen / Kreis Celle
EW 13000
🛈 Tel (0 51 43) 91 22 12, Fax 91 22 13
Tourist-Information
✉ 29308 Am Amtshof 4

╠══ Jann-Hinsch-Hof
Bannetzer Str. 26, Tel (0 51 43) 9 85 00,
Fax 98 50 13, ✉ 29308, ED VA
35 Zi, Ez: 75/37, Dz: 120/60, ⤴ WC ⊘, **P**,
Restaurant

Winsen (Luhe) 18 →

Niedersachsen / Kreis Harburg
EW 32000
🛈 Tel (0 41 71) 65 70, Fax 65 71 68
Hauptamt
✉ 21423 Schloßplatz 1

✱✱ ▪▪▪▪ Europa
Lüneburger Str. 49, Tel (0 41 71) 8 88 80,
Fax 88 88 33, ✉ 21423, ED VA
19 Zi, Ez: 80/40-100/50, Dz: 140/70, ⤴ WC ⊘,
Restaurant

**✱ ▪▪▪▪ Sport & Country Hotel
im Shape Sport Club**
Osttangente 200, Tel (0 41 71) 78 90,
Fax 78 91 99, ✉ 21423, ED VA
18 Zi, Ez: 119/59-149/75, Dz: 159/80-189/95,
1 Suite, ⤴ WC ⊘, 5 🛏, **P**, 3⊘35, Sauna,
Solarium, Golf, 4 Tennis, Restaurant

Winterbach 62 ←

Baden-Württemberg
Rems-Murr-Kreis
EW 7680
🛈 Tel (0 71 81) 7 00 60, Fax 70 06 36
Gemeindeverwaltung
✉ 73650 Marktplatz 2

Gemeinde im Remstal.

✱✱ ▪▪▪▪ Holiday Inn Garden Court
Fabrikstr. 6, im Gewerbegebiet,
Tel (0 71 81) 7 09 00, Fax 7 09 01 90,
✉ 73650, AX DC ED VA
63 Zi, Ez: 185/93-205/103, Dz: 195/98-215/108,
⤴ WC ⊘ DFÜ, 22 🛏, Lift, **P**, 8⊘45,
Restaurant

Winterbach

＊ Gästehaus Raisch
Brunnengasse 10, Tel (0 71 81) 4 30 11,
Fax 4 35 87, ✉ 73650, AX DC ED VA
10 Zi, Ez: 95/47-100/50, Dz: 135/67-140/70,
2 App, ⌐ WC ⦶, 🚗, garni

Winterberg 34 ↘

Nordrhein-Westfalen
Hochsauerlandkreis
EW 15000
ℹ Tel (0 29 81) 9 25 00, Fax 92 50 24
Tourist-Information
✉ 59955 Am Kurpark 6

＊＊ Haus Astenblick
Nuhnestr. 5, Tel (0 29 81) 9 22 30, Fax 9 22 35,
✉ 59955, ED VA
20 Zi, Ez: 90/45-95/47, Dz: 160/80-180/90,
4 Suiten, ⌐ WC ⦶ DFÜ, 5 ⇆, Lift, **P**, 🚗,
2⥀25, Fitnessraum, Sauna, Solarium, Golf,
Restaurant

＊ Schneider
Am Waltenberg 58, Tel (0 29 81) 67 49,
Fax 8 13 67, ✉ 59955
17 Zi, Ez: 70/35-80/40, Dz: 140/70-160/80,
1 Suite, 1 App, ⌐ WC ⦶, Lift, **P**, 🚗, ⌂, Sauna,
Solarium, Restaurant

🍴🍴 Waldhaus
Kiefernweg 12, Tel (0 29 81) 20 42, Fax 36 70,
✉ 59955, AX DC ED VA
Hauptgericht 28/14, Terrasse

Altastenberg (5 km ←)

＊＊＊ Berghotel Astenkrone
Astenstr. 24, Tel (0 29 81) 80 90, Fax 80 91 98,
✉ 59955, ED VA
☽ §, 34 Zi, Ez: 145/73-190/95,
Dz: 230/115-350/176, 5 Suiten, ⌐ WC ⦶, 4 ⇆,
Lift, **P**, 🚗, 6⥀100, ⌂, Kegeln, Sauna,
Solarium

🍴🍴🍴 Kronenrestaurant
Hauptgericht 35/17, Terrasse, nur abends

🍴🍴 Kronenstube
Hauptgericht 40/20, Terrasse

Hildfeld (8 km ↗)

＊ Heidehotel Hildfeld
Am Ufer 13, Tel (0 29 85) 80 30, Fax 3 45,
✉ 59955, AX ED VA
☽ §, 47 Zi, Ez: 85/42-115/57,
Dz: 190/95-210/105, 1 Suite, ⌐ WC ⦶, 🚗,
2⥀30, ⌂, Kegeln, Sauna, Solarium
🍴 §, Hauptgericht 12/6-36/18

Niedersfeld (9 km ↑)

＊ Cramer
Ruhrstr. 50, Tel (0 29 85) 9 79 22,
Fax 97 92 22, ✉ 59955, AX DC ED VA
26 Zi, Ez: 85/42-95/47, Dz: 150/75-190/95, ⌐
WC ⦶, **P**, 🚗, 2⥀22, ⌂, Kegeln, Sauna,
Solarium, Restaurant
geschl.: Mo, 18-25.12.00

Winterhausen 56 ←

Bayern / Kreis Würzburg
EW 1627
ℹ Tel (0 93 33) 2 14, Fax 18 02
Gemeindeverwaltung
✉ 97286 Rathausplatz 2

🍴 Gasthof Schiff
Fährweg 14, Tel (0 93 33) 17 85, Fax 18 32,
✉ 97286
§, Hauptgericht 25/12, Gartenlokal, **P**,
geschl.: So, 23.12.00-6.1.01, 15.8.-1.9.01
＊ §, 10 Zi, Ez: 75/37, Dz: 105/52-140/70,
⌐ WC ⦶ DFÜ, 2 ⇆, 🚗, 1⥀15, Sauna,
Solarium

Winterstein 47 ↖

Thüringen / Kreis Gotha
EW 964
ℹ Tel (03 62 59) 22 60
Gemeindeverwaltung
✉ 99891

＊ Wintersteiner Hof
Liebensteiner Str. 1, Tel (03 62 59) 56 10,
Fax 5 61 10, ✉ 99891, AX DC ED VA
24 Zi, Ez: 65/32, Dz: 130/65, ⌐ WC ⦶, **P**,
1⥀40, Fitnessraum, Sauna, Solarium,
Restaurant

Wintrich 52 ↗

Rheinland-Pfalz
Kreis Bernkastel-Wittlich
EW 1100
ℹ Tel (0 65 34) 86 28, Fax 15 12
Tourist-Information
✉ 54487 Bergstr. 3

＊ Simon
Am Martinergarten 2, Tel (0 65 34) 6 64,
Fax 1 81 49, ✉ 54487
10 Zi, Ez: 60/30-90/45, Dz: 110/55-130/65, ⌐
WC ⦶, **P**, 1⥀40, Sauna, garni

Wintzingerode 37 ←

Thüringen / Kreis Worbis
EW 573
ℹ Tel (03 60 74) 3 12 29
Gemeindeverwaltung
✉ 37339 Frau Ute Wächter

❋ Landhotel Gerdes
Schlosstr. 9, Tel (03 60 74) 3 50, Fax 3 51 99,
✉ 37339, ED VA
☾, 38 Zi, Ez: 80/40-95/47, Dz: 110/55, 8 Suiten,
⌐ WC ⊘, 8 ⇃, Lift, P, ☎, 4⊃70, ⇌, ⌂,
Fitnessraum, Sauna, Solarium
geschl.: 1.1.-15.2.01

❚❚ Merlan ✤
Hauptgericht 20/10-35/17, Biergarten

Wipperfürth 33 ↓

Nordrhein-Westfalen
Oberbergischer Kreis
EW 23000
ℹ Tel (0 22 67) 6 43 36, Fax 6 43 11
Verkehrsamt
✉ 51688 Marktplatz 1

❚❚ Christian's Restaurant ✤
Marktstr. 8, Tel (0 22 67) 8 26 66, ✉ 51688
Hauptgericht 35/17-40/20, Terrasse,
geschl.: Mo, Sa mittags

Neye (2 km ↖)

❚ Landhaus Alte Mühle
Neyetal 2, Tel (0 22 67) 8 86 90, Fax 88 69 50,
✉ 51688, AX DC ED VA
Hauptgericht 28/14, P, ⊨

Wipperfeld

◉ Landhotel Zum Napoleon
Lamsfuß 12, an der B 506,
Tel (0 22 68) 9 14 10, Fax 91 41 59, ✉ 51688
Hauptgericht 16/8-30/15, Terrasse, Kegeln, P,
geschl.: Mo, Di mittags

❋ 16 Zi, Ez: 80/40-90/45,
Dz: 120/60-140/70, ⌐ WC ⊘, 7 ⇃
Auch Zimmer der Kategorie **❋❋** vorhanden.

Wirges 43 →

Rheinland-Pfalz / Westerwaldkreis
EW 5200
ℹ Tel (0 26 02) 68 91 34, Fax 68 91 77
Verbandsgemeindeverwaltung
✉ 56422 Bahnhofstr. 10

Sehenswert: Westerwälder Dom; Tonbergbaumuseum.

❋❋ Paffhausen
Bahnhofstr. 100, Tel **(0 26 02) 9 42 10**,
Fax 9 42 11 10, ✉ 56422, AX ED VA
32 Zi, Ez: 88/44-122/61, Dz: 138/69-178/89,
1 Suite, ⌐ WC ⊘, 12 ⇃, P, 6⊃180, Kegeln
❚❚ Hauptgericht 24/12-35/17, Terrasse,
geschl.: So abends

Wirsberg 58 ↑

Bayern / Kreis Kulmbach
EW 2000
ℹ Tel (0 92 27) 93 20, Fax 9 32 90
Gäste-Information
✉ 95339 Sessenreuther Str. 2

❋❋ Herrmann's Romantik Posthotel
Marktplatz 11, Tel **(0 92 27) 20 80**, Fax 58 60,
✉ 95339, AX DC ED VA
☾, 33 Zi, Ez: 150/75-330/166,
Dz: 198/99-360/181, 15 Suiten, ⌐ WC ⊘, 8 ⇃,
Lift, P, ☎, 2⊃45, ⌂, Sauna, Solarium, Golf
Auch Zimmer der Kategorie **❋❋❋** vorhanden.

❚❚ Herrmann's Restaurant
Hauptgericht 19/9-48/24, Terrasse, geschl.: So

❋ Gasthof Hereth
Hauptstr. 15, Tel **(0 92 27) 9 41 90**,
Fax 94 19 19, ✉ 95339
15 Zi, Ez: 56/28-70/35, Dz: 102/51-122/61, ⌐
WC ⊘, P, ☎, Restaurant
geschl.: Mi

Wirsberg

✱ Hof zur Linde
Am Lindenberg 2, Tel **(0 92 27) 8 60**,
Fax **21 42**, ✉ 95339, AX DC ED VA
♪, 31 Zi, Ez: 75/37-120/60, Dz: 125/62-190/95,
1 Suite, 2 App, ⌐ WC ⌀, 6 ⊱, Lift, **P**, ≈,
1⇔60, ≈, Sauna, Solarium
🍴 Hauptgericht 15/7, Terrasse

Wirsberg-Außerhalb (1 km ↘)

✱✱✱ Reiterhof Flair Hotel
Sessenreuther Str. 50, Tel **(0 92 27) 20 40**,
Fax **70 58**, ✉ 95339, AX DC ED VA
einzeln ♪ §, 50 Zi, Ez: 120/60-175/88,
Dz: 190/95-275/138, 1 Suite, ⌐ WC ⌀, Lift, **P**,
≈, 4⇔100, ≈, Fitnessraum, Sauna, Solarium,
2 Tennis, Restaurant

Wismar 12 ✓

Mecklenburg-Vorpommern
EW 48000
ℹ Tel **(0 38 41) 1 94 33**, Fax **25 18 19**
Tourist-Information Wismar
✉ 23966 Am Markt 11

siehe auch Gägelow

✱✱ Stadt Hamburg Golden Tulip Hotel
Am Markt 24, Tel **(0 38 41) 23 90**,
Fax **23 92 39**, ✉ 23966, AX DC ED VA, Ⓢ
103 Zi, Ez: 155/78-195/98, Dz: 195/98-265/133,
1 Suite, ⌐ WC ⌀, 20 ⊱, Lift, **P**, ≈, 5⇔250,
Fitnessraum, Sauna, Solarium

🍴 **Am Markt**
Hauptgericht 25/12, Terrasse

✱ Hotel Alter Speicher
Bohrstr. 12+12 a, Tel **(0 38 41) 21 17 46**,
Fax **21 17 47**, ✉ 23966, DC ED VA
75 Zi, Ez: 99/49-160/80, Dz: 130/65-250/125,
3 Suiten, ⌐ WC ⌀, 16 ⊱, Lift, **P**, ≈, 4⇔100,
Sauna, Solarium, Restaurant
Auch Zimmer der Kategorie ✱✱ vorhanden.

✱ Willert
Schweriner Str. 9, Tel **(0 38 41) 2 61 20**,
Fax **21 00 59**, ✉ 23970, AX DC ED VA
17 Zi, Ez: 100/50-120/60, Dz: 145/73-175/88,
⌐ WC ⌀, **P**, garni
Auch Zimmer der Kategorie ✱✱ vorhanden.

✱ Am Alten Hafen
Spiegelberg 61, Tel **(0 38 41) 42 60**,
Fax **42 66 66**, ✉ 23966, AX
35 Zi, Ez: 110/55, Dz: 160/80, 5 App, ⌐ WC ⌀,
15 ⊱, Lift, **P**, 2⇔30, Restaurant

✱ Altes Brauhaus
Lübsche Str. 37, Tel **(0 38 41) 21 14 16**,
Fax **28 32 23**, ✉ 23966, AX DC ED VA
16 Zi, Ez: 85/42-110/55, Dz: 120/60-160/80, ⌐
WC ⌀, garni

Wendorf, Bad (2 km ↗)

✱✱ Seeblick
Ernst-Scheelstr. 27, Tel **(0 38 41) 6 27 40**,
Fax **62 74 70**, ✉ 23968, AX DC ED VA
40 Zi, Ez: 90/45-130/65, Dz: 130/65-170/85,
2 App, ⌐ WC ⌀, 13 ⊱, **P**, 2⇔100, Restaurant
Auch Zimmer der Kategorie ✱ vorhanden.

Wittdün siehe Amrum

Witten 33 □

Nordrhein-Westfalen
Ennepe-Ruhr-Kreis
EW 107000
ℹ Tel **(0 23 02) 1 94 33**, Fax **1 22 36**
Verkehrsverein
✉ 58452 Ruhrstr. 43

✱✱ Ringhotel Parkhotel Witten
Berger Str. 23, Tel **(0 23 02) 58 80**,
Fax **58 85 55**, ✉ 58452, AX DC ED VA, Ⓢ
65 Zi, Ez: 145/73-173/87, Dz: 186/93-218/109,
2 App, ⌐ WC ⌀, 32 ⊱, Lift, **P**, 4⇔80, ≈,
Sauna, Solarium, Restaurant

Annen

✱✱ Mercure
Kreisstr. 20, Tel **(0 23 02) 2 02 10**,
Fax **2 02 11 42**, ✉ 58453, AX DC ED VA
88 Zi, Ez: 195/98, Dz: 218/109, 70 App, ⌐ WC
⌀ DFÜ, 30 ⊱, Lift, **P**, 7⇔190, Sauna

🍴🍴 **Rheinischer Esel**
Hauptgericht 32/16-39/19, Terrasse

Herbede

🍴🍴 **Haus Herbede**
Von-Elverfeldt-Allee 12, Tel **(0 23 02) 7 22 58**,
Fax **7 92 83**, ✉ 58456, AX DC ED VA
☏, Hauptgericht 35/17, Biergarten, geschl.: Di
Restaurant in einem Gewölbekeller der
restaurierten Burganlage, wechselndes
Kulturangebot.

Wittenberg 39 ↑

Sachsen-Anhalt
EW 50000
🛈 Tel (0 34 91) 49 86 10, Fax 49 86 11
Wittenberg-Information
✉ 06886 Schloßplatz 2

✱✱ Best Western Stadtpalais
Collegienstr. 56-57, Tel (0 34 91) 42 50,
Fax 42 51 00, ✉ 06886, AX DC ED VA, Ⓢ
78 Zi, Ez: 145/73-195/98, Dz: 185/93-215/108,
1 App, ⊿ WC ⓒ, 26 ⟿, Lift, Ⓟ, ☏, 5⟳100, Sauna
Auch Zimmer der Kategorie ✱✱✱ vorhanden.
🍴🍴 Hauptgericht 18/9-30/15, Biergarten

✱ Park Plaza
Neustr. 7-10, Tel (0 34 91) 46 10, Fax 46 12 00,
✉ 06886, AX DC ED VA, Ⓢ
171 Zi, Ez: 110/55-135/67, Dz: 165/83-260/130,
⊿ WC ⓒ, 47 ⟿, Lift, ☏, 8⟳250, Restaurant

✱ Brauhaus
Markt 6, Tel (0 34 91) 43 31 30, Fax 43 31 31,
✉ 06886, ED VA
14 Zi, Ez: 90/45, Dz: 120/60, ⊿ WC ⓒ DFÜ,
1⟳40, Restaurant

✱ Art Hotel
Puschkinstr. 15 B, Tel (0 34 91) 46 73 10,
Fax 46 73 28, ✉ 06886, AX DC ED VA
16 Zi, Ez: 95/47-145/73, Dz: 130/65-170/85, ⊿
WC ⓒ, 9 ⟿, Lift, Ⓟ, ☏, 1⟳30, Sauna,
Solarium, Restaurant
geschl.: 20.12.00-10.1.01

🛏 Acron
Am Hauptbahnhof 3, Tel (0 34 91) 4 33 20,
Fax 43 32 18, ✉ 06886, ED VA
62 Zi, Ez: 79/39, Dz: 109/54, ⊿ WC ⓒ, 31 ⟿,
Lift, Ⓟ, 1⟳20, Restaurant

🍴 Luther-Schenke
Am Markt 2, Tel (0 34 91) 40 65 92,
Fax 2 03 11, ✉ 06886, AX DC ED VA
Hauptgericht 10/5-22/11

Apollensdorf (8 km ←)

✱✱ Sorat
Braunsdorfer Str. 19, Tel (0 34 91) 64 00,
Fax 64 06 40, ✉ 06886, AX DC ED VA, Ⓢ
72 Zi, Ez: 115/57-155/78, Dz: 160/80-190/95,
⊿ WC ⓒ, 27 ⟿, Lift, Ⓟ, 3⟳140, Sauna,
Solarium, Restaurant
Auch Zimmer der Kategorie ✱ vorhanden.

Piesteritz (3 km ←)

✱ Zur Einkehr
Heinrich-Heine-Str. 15, Tel (0 34 91) 66 20 75,
Fax 66 20 81, ✉ 06886, ED
10 Zi, Ez: 70/35-80/40, Dz: 90/45-100/50,
1 Suite, ⊿ WC ⓒ, 4 ⟿, Ⓟ, Solarium, garni

Reinsdorf

✱ Grüne Tanne
Am Teich 1, Tel (0 34 91) 62 90, Fax 62 92 50,
✉ 06886, AX DC ED VA
🍴, 38 Zi, Ez: 78/39-85/42, Dz: 110/55-125/62,
2 Suiten, ⊿ WC ⓒ, Ⓟ, 2⟳40, Sauna,
Restaurant

Wittenberge 20 ✓

Brandenburg / Kreis Prignitz
EW 23000
🛈 Tel (0 38 77) 40 27 21, Fax 40 27 23
Tourist-Information
✉ 19322 Bahnstr. 56

✱✱ Am Stern
Turmstr. 14, Tel (0 38 77) 98 90, Fax 98 91 00,
✉ 19322, AX DC ED VA
32 Zi, Ez: 115/57-170/85, Dz: 140/70-170/85,
3 Suiten, ⊿ WC ⓒ, 11 ⟿, Lift, Ⓟ, ☏, Restaurant

✱ Prignitz
Bismarckplatz 2, Tel (0 38 77) 9 28 70,
Fax 92 87 77, ✉ 19322
31 Zi, Ez: 79/39-90/45, Dz: 134/67, ⊿ WC ⓒ,
Lift, Ⓟ, Restaurant

Wittenhofen siehe Deggenhausertal

Wittichenau 41 ←

Sachsen / Landkreis Kamenz
EW 6220
🛈 Tel (03 57 25) 75 50, Fax 7 02 56
Stadtverwaltung Wittichenau
✉ 02997 Geschwister-Scholl-Str 6

Spohla (3,5 km ↗)

🍴 Im Schweinekoben ✚
Spohla 14, Tel (03 57 25) 75 20,
Fax 75 21 04, ✉ 02997, AX ED VA
Hauptgericht 20/10-30/15, Terrasse, Ⓟ,
geschl.: So, Mo mittags, 1.-8.1.01
✱ 🍴, 11 Zi, Ez: 75/37-110/55 ♕
Dz: 110/55-150/75, 4 App, ⊿ WC ⓒ, 1 ⟿,
1⟳50
Restaurierter sorbischer Vierseitenhof.

Wittingen 27 ↖

Niedersachsen / Kreis Gifhorn
EW 13570
🛈 Tel (0 58 31) 2 61 46, Fax 2 61 04
Stadtverwaltung-Fremdenverkehr
✉ 29378 Bahnhofstr. 35

✱✱ Wittinger Tor
Salzwedeler Str. 4, Tel (0 58 31) 2 53 00,
Fax 25 30 10, ✉ 29378, AX ED VA
15 Zi, Ez: 130/65, Dz: 170/85-190/95, ⊖ WC ⊘,
P, 2⊖50, Restaurant
Fachwerkhaus von 1880.

✱ Nöhre
Bahnhofstr. 2, Tel (0 58 31) 2 92 50,
Fax 29 25 30, ✉ 29378, AX ED VA
30 Zi, Ez: 86/43, Dz: 130/65, ⊖ WC ⊘, Kegeln,
Sauna, Restaurant

Wittlich 52 ↗

Rheinland-Pfalz
Kreis Bernkastel-Wittlich
EW 17000
🛈 Tel (0 65 71) 40 86, Fax 64 17
Moseleifel-Touristik
✉ 54516 Neustr. 6

✱✱ Lindenhof mit Aparthotel Tannenhof
Am Mundwald, Tel (0 65 71) 69 20,
Fax 69 25 02, ✉ 54516, AX DC ED VA
einzeln ⚑, 32 Zi, Ez: 128/64, Dz: 198/99, ⊖ WC
⊘, Lift, **P**, 4⊖300, ⌂, Kegeln, Sauna,
Solarium
Auch Zimmer der Kategorie ✱ vorhanden.

🍴🍴 La Table
Hauptgericht 22/11-37/18, Biergarten

✱ Well
Marktplatz 5, Tel (0 65 71) 9 11 90,
Fax 91 19 50, ✉ 54516, AX DC ED VA
20 Zi, Ez: 80/40-90/45, Dz: 150/75, ⊖ WC ⊘
DFÜ, 4 ⚑, Lift, **P**, ⌂, garni
geschl.: 22.10.-29.12.00

✱ Wittlicher Hof
Trierer Str. 29, Tel (0 65 71) 9 77 70,
Fax 97 77 77, ✉ 54516, AX DC ED VA
14 Zi, Ez: 104/52-113/56, Dz: 158/79, 2 Suiten,
⊖ WC ⊘ DFÜ, **P**, Restaurant

Wittmund 16 ↖

Niedersachsen
EW 21000
🛈 Tel (0 44 62) 98 31 25, Fax 98 32 99
Gäste-Information-Rathaus
✉ 26409 Kurt-Schwitters-Platz 1

✱✱ Ringhotel Residenz am Schloßpark
Am Markt 13, Tel (0 44 62) 88 60,
Fax 88 61 23, ✉ 26409, AX DC ED VA, Ⓢ
♪, 50 Zi, Ez: 115/57-135/67,
Dz: 145/73-205/103, ⊖ WC ⊘, 18 ⚑, Lift, **P**,
⌂, 6⊖600, Fitnessraum, Sauna, Solarium, Golf
Auch Zimmer der Kategorie ✱ vorhanden.

🍴 Hauptgericht 15/7-35/17, Terrasse,
Biergarten

Carolinensiel

✱ Harlesiel
Am Yachthafen 30, Tel (0 44 64) 9 48 00,
Fax 82 28, ✉ 26409, AX DC ED VA
♪ ⚑, 29 Zi, Ez: 115/57-135/67,
Dz: 160/80-240/120, 8 Suiten, 18 App, ⊖ WC
⊘, 4 ⚑, ⌂, Sauna, Solarium

Wittstock/Dosse 20 ↘

Brandenburg
Kreis Ostprignitz-Ruppin
EW 13910
🛈 Tel (0 33 94) 43 34 42, Fax 43 34 42
Fremdenverkehrsbüro
✉ 16909 Markt 1

Sehenswert: Stadtmauer; ehem. Bischofsburg;
Rathaus; Bürgerhäuser, Kirche; Gröper Tor;
Museen „Alte Bischofsburg" -Museum des 30-
jährigen Krieges, -Ostprignitzmusem.

✱ Deutsches Haus
Markt / Ecke Kirchgasse 1+3,
Tel (0 33 94) 44 43 63, Fax 44 43 65,
✉ 16909, ED VA
18 Zi, Ez: 70/35-85/42, Dz: 99/49-120/60, ⊖
WC ⊘, **P**, Restaurant

Witzhave 18 ↗

Schleswig-Holstein
Kreis Stormarn
EW 1276
🛈 Tel (0 41 54) 8 07 90, Fax 80 79 75
Amtsverwaltung
✉ 22946 Europaplatz 5

✶ Pünjer
Möllner Landstr. 9, Tel (0 41 04) 9 77 70,
Fax 97 77 55, ✉ 22969, ED VA
34 Zi, Ez: 75/37-98/49, Dz: 115/57-130/65, ⌐
WC ⊘, P, Restaurant
Auch Zimmer der Kategorie ✶✶ vorhanden.

Witzhelden siehe Leichlingen

Wörishofen, Bad 70 ↗

Bayern / Kreis Unterallgäu
EW 14800
🛈 Tel (0 82 47) 96 90 55, Fax 3 23 23
Kurverwaltung
✉ 86825 Hauptstr, Kurhaus

✶✶✶ Kur-und Sporthotel Landhaus Tanneck
Hartenthaler Str. 29, Tel (0 82 47) 30 70,
Fax 30 72 80, ✉ 86825, AX ED VA
☾, 112 Zi, Ez: 110/55-210/105,
Dz: 240/120-380/191, 2 Suiten, ⌐ WC ⊘, 50 ⇔,
Lift, P, ≙, 2⊃80, ≋, ⌂, Sauna, Solarium,
2 Tennis, Restaurant
Auch Zimmer der Kategorie ✶✶✶✶ vorhanden.

✶✶✶ Kneippkurhotel Residenz
Bahnhofstr. 8, Tel (0 82 47) 35 20,
Fax 35 22 14, ✉ 86825
☾, 110 Zi, Ez: 135/67-355/178,
Dz: 270/135-590/297, 31 Suiten, ⌐ WC ⊘, Lift,
P, ≙, 2⊃60, ≋, ⌂, Sauna, Solarium, Golf
7000 qm großer Park.

¶¶ Residenz-Stuben
Hauptgericht 35/17

✶✶✶ Kurhotel Fontenay ♛
Eichwaldstr. 10, Tel (0 82 47) 30 60,
Fax 30 61 85, ✉ 86825, AX ED VA
☾, 58 Zi, Ez: 170/85-400/201,
Dz: 280/141-440/221, 4 Suiten, ⌐ WC ⊘ DFÜ,
30 ⇔, Lift, P, ≙, 2⊃14, ≋, ⌂, Fitnessraum,
Sauna, Solarium, Golf, Restaurant

✶✶ Der Sonnenhof
Hermann-Aust-Str. 11, Tel (0 82 47) 40 21,
Fax 89 38, ✉ 86825, AX ED
☾, 79 Zi, 12 Suiten, ⌐ WC ⊘, Lift, P, ≙, ⌂,
Fitnessraum, Sauna, Solarium, Restaurant
Auch Zimmer der Kategorie ✶✶✶ vorhanden.

✶✶ Kneipp-Kurhotel Edelweiß
Bgm.-Singer-Str. 11, Tel (0 82 47) 3 50 10,
Fax 35 01 75, ✉ 86825
52 Zi, Ez: 80/40-110/55, Dz: 160/80-180/90,
3 Suiten, 2 App, ⌐ WC ⊘, 25 ⇔, Lift, P, ≙, ⌂,
Sauna, Solarium, Restaurant
Rezeption: 7-20, geschl.: So, 26.11.00-6.1.01

✶✶ Kurhotel Sonnengarten
Adolf-Scholz-Allee 5, Tel (0 82 47) 30 90,
Fax 30 94 44, ✉ 86825, AX ED VA
☾, 75 Zi, Ez: 110/55-200/100,
Dz: 215/108-355/178, 3 App, ⌐ WC ⊘, 16 ⇔,
Lift, P, ≙, 5⊃150, ⌂, Sauna, Solarium,
Restaurant
Auch Zimmer der Kategorie ✶ vorhanden.

✶✶ Kneipp-Kurhotel Kreuzer
Kneippstr. 4, Tel (0 82 47) 35 30, Fax 35 31 38,
✉ 86825, AX ED VA
☾, 97 Zi, Ez: 110/55-198/99,
Dz: 210/105-310/156, 10 Suiten, 7 App, ⌐ WC
⊘ DFÜ, 2 ⇔, Lift, P, ≙, 2⊃60, ⌂, Sauna,
Solarium, Golf
geschl.: 19.11.00-26.1.01

¶¶ Kreuzer Stuben
Hauptgericht 19/9-35/17, Terrasse,
geschl.: 19.11.00-26.1.01

✶ Kurhotel Eichwald
Eichwaldstr. 20, Tel (0 82 47) 60 94, Fax 66 79,
✉ 86825, ED
☾, 52 Zi, Ez: 80/40-190/95, Dz: 150/75-180/90,
⌐ WC ⊘, Lift, P, ≙, ⌂, Sauna, Solarium,
Restaurant

¶¶ Café Sonnenbüchl ✚
Alpenstr. 4, Tel (0 82 47) 95 99 00,
Fax 95 99 09, ✉ 86825, AX ED VA
Hauptgericht 21/10-38/19, Biergarten, P, ⌘,
geschl.: Mo, eine Woche im Nov, 7.1.-7.2.01

☕ Café Schwermer
Hartenthalerstr. 36, Tel (0 82 47) 9 02 13,
Fax 35 08 14, ✉ 86825
Terrasse, P, geschl.: 15.11.00-15.1.01

Schlingen (5 km ↓)

¶¶ Jagdhof
Allgäuer Str. 1, Tel (0 82 47) 48 79, Fax 25 34,
✉ 86825, AX ED
Hauptgericht 30/15, Terrasse, Kegeln, P,
geschl.: Mo, Di, 3.1.-9.2.01

Wörlitz 39

Sachsen-Anhalt
Kreis Anhalt-Zerbst
EW 2000
🛈 Tel (03 49 05) 2 17 04, Fax 2 02 16
Wörlitz-Information
✉ 06786 Neuer Wall 103

** Ringhotel Zum Stein
Erdmannsdorffstr. 228, Tel (03 49 05) 5 00,
Fax 5 01 99, ✉ 06786, AX DC ED VA, Ⓢ
87 Zi, Ez: 130/65-160/80, Dz: 196/98-226/113,
7 Suiten, ⌐ WC ⌀ DFÜ, 30 ⌇, Lift, Ⓟ,
10⌬150, ⌂, Fitnessraum, Sauna, Solarium,
Restaurant

* Wörlitzer Hof
Markt 96, Tel (03 49 05) 41 10, Fax 4 11 22,
✉ 06786, AX ED VA
50 Zi, Ez: 125/62, Dz: 175/88-198/99, 2 Suiten,
⌐ WC ⌀, 4 ⌇, Lift, Ⓟ, 3⌬150, Fitnessraum,
Sauna, Restaurant

* Akzent Parkhotel
Erdmannsdorffstr. 62, Tel (03 49 05) 2 03 22,
Fax 2 11 43, ✉ 06786, AX DC ED VA
16 Zi, Ez: 115/57-125/62, Dz: 148/74-160/80,
⌐ WC ⌀, 1 ⌇, Ⓟ, 2⌬50, Restaurant
Auch Zimmer der Kategorie ** vorhanden.

Wörrstadt 54

Rheinland-Pfalz
Kreis Alzey-Worms
EW 7108
🛈 Tel (0 67 32) 33 77
Ortsgemeinde Rathaus
✉ 55286 Pariserstr. 75

* WasserUhr
Keppentaler Weg 10, im Gewerbegebiet,
Tel (0 67 32) 91 30, Fax 91 31 13, ✉ 55286,
AX ED VA
38 Zi, Ez: 94/47, Dz: 130/65, 2 App, ⌐ WC ⌀
DFÜ, Lift, Ⓟ, 5⌬120, Restaurant

Wörth a.d. Isar 65

Bayern / Kreis Landshut
EW 2350
🛈 Tel (0 87 02) 94 10 10, Fax 94 01 25
Gemeindeverwaltung
✉ 84109 Am Kellerberg 2 a

** Wörth
Luitpoldpark 1, Tel (0 87 02) 92 00,
Fax 92 04 00, ✉ 84109, AX DC ED VA
76 Zi, Ez: 98/49, Dz: 142/71, ⌐ WC ⌀ DFÜ,
38 ⌇, Lift, Ⓟ, ⌂, 1⌬, Sauna, Solarium, garni

Wohlmirstedt 38

Sachsen-Anhalt / Burgenlandkreis
EW 988
🛈 Tel (03 46 72) 6 03 56
Gemeindeverwaltung
✉ 06642 Platz der Einheit 1

* Zur Kaiserpfalz
Allerstedter Str. 10, Tel (03 46 72) 8 80,
Fax 8 81 30, ✉ 06642, AX DC ED VA
36 Zi, Ez: 80/40-98/49, Dz: 135/67-145/73,
6 Suiten, 4 App, ⌐ WC ⌀, Ⓟ, ⌂, 2⌬200,
Kegeln, Sauna, Solarium, Restaurant

Wolfach 60

Baden-Württemberg / Ortenaukreis
EW 6000
🛈 Tel (0 78 34) 83 53 53, Fax 83 53 59
Tourist-Info
✉ 77709 Hauptstr. 41

* Flair Hotel Kreuz
Am Stadtbrunnen, Tel (0 78 34) 3 20,
Fax 4 76 15, ✉ 77709, ED VA
21 Zi, ⌐ WC ⌀, Ⓟ, ⌂, Restaurant

* Schwarzwaldhotel
Kreuzbergstr. 26, Tel (0 78 34) 40 11,
Fax 40 11, ✉ 77709, ED
♪, 10 Zi, Ez: 68/34-85/42, Dz: 120/60-150/75,
⌐ WC, Ⓟ, ⌂, garni
geschl.: 15.10.-15.12.00

🍽 Gaststätte Straßburger Hof
Saarlandstr. 2, Tel (0 78 34) 63 54,
Fax 4 75 26, ✉ 77709
Hauptgericht 19/9, Gartenlokal, Ⓟ

Kirnbach (5 km ↓)

* Sonne
Talstr. 103, Tel (0 78 34) 69 55, Fax 46 96,
✉ 77709, AX DC ED VA

21 Zi, Ez: 65/32-85/42, Dz: 110/55-140/70,
2 Suiten, ⌑ WC ⊘, Lift, P, Kegeln
geschl.: Mo
Auch Zimmer der Kategorie ** vorhanden.
🍴 Hauptgericht 25/12, Terrasse,
Biergarten, geschl.: Mo

St. Roman (12 km ↗)

** **Silencehotel Adler**
Talstr. 14, Tel (0 78 36) 9 37 80, Fax 74 34,
✉ 77709, ED VA
♪, 29 Zi, Ez: 90/45, Dz: 129/64-168/84, ⌑ WC
⊘ DFÜ, Lift, P, 🏠, 3🛏45, Sauna, Solarium
geschl.: 8.-26.1.01
🍴🍴 Hauptgericht 14/7-40/20, Terrasse,
geschl.: 8.-26.1.01

Wolfenbüttel 27 ✓

Niedersachsen
EW 54000
ℹ Tel (0 53 31) 8 62 80, Fax 8 64 44
Tourist-Information
✉ 38300 Stadtmarkt 9
Cityplan siehe Seite 1088

Sehenswert: Ev. Marienkirche; ev. Kirche St.
Trinitatis; Altstadt: Krambuden mit Laubengängen; Schloß; Rathaus; Zeughaus; Herzog-August-Bibliothek; Lessinghaus; Braunschweigisches Landesmuseum (Archäologie).

* **Parkhotel Altes Kaffeehaus**
Harztorwall 18 (B 2), Tel (0 53 31) 88 80,
Fax 88 81 00, ✉ 38300, AX DC ED VA
75 Zi, Ez: 130/65-210/105, Dz: 170/85-260/130,
⌑ WC ⊘ DFÜ, 8 ♿, Lift, P, 1🛏70, Sauna,
Restaurant
Auch Zimmer der Kategorie ** vorhanden.

* **Treff Hotel**
Bahnhofstr. 9, Tel (0 53 31) 9 88 60,
Fax 98 86 11, ✉ 38300, AX ED VA
48 Zi, Ez: 159/80-199/100,
Dz: 199/100-249/125, ⌑ WC ⊘ DFÜ, 32 ♿, Lift,
P, 3🛏320, Bowling, Golf, Restaurant

* **Landhaus Dürkop**
Alter Weg 47, Tel (0 53 31) 70 53, Fax 7 26 38,
✉ 38302, AX ED VA
♪, 28 Zi, Ez: 99/49-115/57, Dz: 160/80,
2 Suiten, ⌑ WC ⊘ DFÜ, P, 🏠, ≋, Sauna,
Solarium, Golf, garni

🍴 **Bayrischer Hof**
Brauergildenstr. 5, Tel (0 53 31) 50 78,
Fax 2 92 86, ✉ 38300, AX ED VA
Hauptgericht 16/8-38/19, 🛏

🍽 **La Domenica**
Okerstr. 16, Tel (0 53 31) 59 53, ✉ 38300, ED
Hauptgericht 25/12, Gartenlokal

Wolfhagen 35 ↘

Hessen / Kreis Kassel
EW 13200
ℹ Tel (0 56 92) 6 02 26, Fax 6 02 29
Verkehrsamt
✉ 34466 Burgstr. 33-35

* **Zum Schiffchen**
Hans-Staden-Str. 7, Tel (0 56 92) 9 87 50,
Fax 98 75 11, ✉ 34466, AX DC ED VA
14 Zi, Ez: 55/27-65/32, Dz: 100/50-120/60,
3 App, ⌑ WC ⊘, P, 🏠, Restaurant

🍴 **Altes Rathaus**
Kirchplatz 1, Tel (0 56 92) 80 82, Fax 59 53,
✉ 34466, AX DC ED VA
Hauptgericht 17/8-40/20, geschl.: Di, Mi
mittags, 25.2.-10.3.01
* 12 Zi, Ez: 70/35-80/40,
Dz: 90/45-110/55, ⌑ WC ⊘, 2 ♿, Lift

Wolframs-Eschenbach 63 ↑

Bayern / Kreis Ansbach
EW 2900
ℹ Tel (0 98 75) 9 75 50, Fax 96 71
Stadtverwaltung
✉ 91639 Wolfram-von-Eschenbach-Platz 1

Heimat Wolframs von Eschenbach (Parzival).
Sehenswert: Liebfrauenmunster; Altstadt mit
Stadtbefestigung; Marktplatz mit Vogtei;
Deutschordensschloß (Rathaus) und Altes Rathaus; Wolfram-von-Eschenbach-Museum.

* **Alte Vogtei mit Gästehaus**
Hauptstr. 21, Tel (0 98 75) 9 70 00,
Fax 97 00 70, ✉ 91639, DC ED VA
27 Zi, Ez: 60/30-65/32, Dz: 108/54-120/60, ⌑
WC ⊘, 3🛏50, Restaurant
geschl.: Mo, 24-30.12.00
Auch einfachere Zimmer vorhanden.

Zur Sonne
Richard-Wagner-Str, Tel (0 98 75) 9 79 70,
Fax 97 97 77, ✉ 91639, VA
27 Zi, Ez: 56/28, Dz: 100/50, ⌐ WC DFÜ, 5 🛏,
P, 🏠, 2⌂40, Restaurant

Seitz
Duchselgasse 1, Tel (0 98 75) 9 79 00,
Fax 97 90 40, ✉ 91639
20 Zi, Ez: 65/32, Dz: 102/51, ⌐ WC ✆, P, 🏠,
1⌂30, 〰, Sauna, Solarium, Restaurant

Wolfratshausen 71 ↗
Bayern
EW 16000
ℹ Tel (0 81 71) 21 40, Fax 21 41 12
Stadtverwaltung
✉ 82515 Marienplatz 1

✱ Thalhammer
Sauerlacher Str. 47d, Tel (0 81 71) 4 21 90,
Fax 42 19 50, ✉ 82515, AX ED VA
♪, 23 Zi, Ez: 95/47-125/62, Dz: 140/70-175/88,
2 App, ⌐ WC ✆, P, 🏠, Sauna, Solarium, garni

✱ Märchenwald im Isartal
Kräuterstr. 39, Tel (0 81 71) 2 90 96,
Fax 2 22 36, ✉ 82515, ED VA
14 Zi, Ez: 80/40-90/45, Dz: 130/65, 3 App, ⌐
WC ✆, 4 🛏, P, garni
Rezeption: 8-20, geschl.: 16.12.00-14.1.01

🍴🍴 Patrizierhof
Untermarkt 17, Tel (0 81 71) 2 25 33,
Fax 2 24 38, ✉ 82515, ED VA

Hauptgericht 35/17, Gartenlokal, P,
geschl.: Mo, Di, 17.1.-2.2.01

Wolfsbach siehe Bayreuth

Wolfsburg 27 ←
Niedersachsen
EW 125000
ℹ Tel (0 53 61) 1 43 33, Fax 1 23 89
Tourist Information
✉ 38440 Willy-Brandt-Platz 5

✱✱✱✱ The Ritz-Carlton
c / o Autostadt Wolfsburg,
Tel (0 53 61) 60 70 00, Fax 60 80 00, ✉ 38436,
AX DC ED VA
$, 153 Zi, Ez: 520/261-660/332,
Dz: 520/261-660/332, 21 Suiten, ⌐ WC ✆ DFÜ,
50 🛏, Lift, 🏠, 8⌂70, Fitnessraum, Sauna,
Solarium

🍴🍴 Vision
Hauptgericht 28/14, P

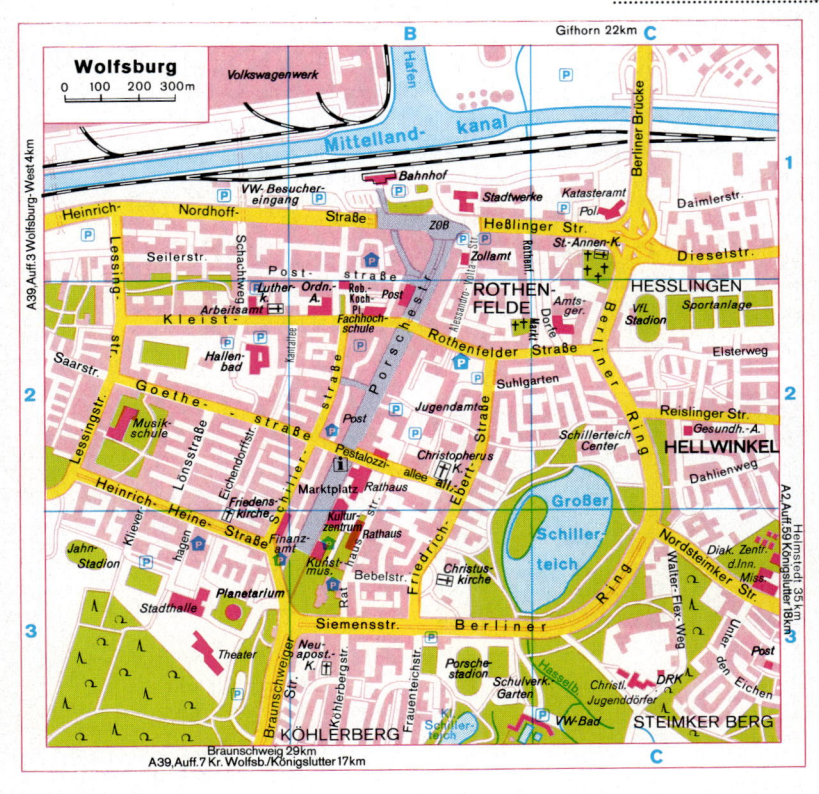

★★★ Holiday Inn
Rathausstr. 1 (B 3), Tel (0 53 61) 20 70,
Fax 20 79 81, ✉ 38440, AX DC ED VA, Ⓢ
205 Zi, Ez: 228/114-308/155,
Dz: 286/144-366/184, 1 Suite, ⊟ WC Ⓒ, 103 ⧖,
Lift, ☎, 6⇆200, ☻, Sauna, Solarium

🍽🍽 Zille-Stube
Hauptgericht 25/12, Terrasse, Ⓟ

★★ Global Inn
Kleiststr. 46, Tel (0 53 61) 27 00, Fax 27 01 50,
✉ 38440, AX DC ED VA
134 Zi, Ez: 89/44-142/71, Dz: 169/85-184/92,
59 App., ⊟ WC Ⓒ DFÜ, 66 ⧖, Lift, Ⓟ, 4⇆30

🍽🍽 Fellini
Hauptgericht 30/15-38/19, Terrasse

★ Parkhotel Steimkerberg
Unter den Eichen 55 (C 3), Tel (0 53 61) 50 50,
Fax 50 52 50, ✉ 38446, AX DC ED VA
☽, 38 Zi, Ez: 140/70-180/90,
Dz: 180/90-280/141, 2 Suiten, 1 App., ⊟ WC Ⓒ
DFÜ, 14 ⧖, Ⓟ, ☎, 3⇆100, Fitnessraum,
Kegeln, Sauna, Solarium
Auch Zimmer der Kategorie ★★ vorhanden.
🍽🍽 Hauptgericht 12/6-41/20, Terrasse,
Biergarten

★ Alter Wolf
Schlosstr. 21, Tel (0 53 61) 8 65 60,
Fax 6 42 64, ✉ 38448, AX DC ED VA
☽, 28 Zi, Ez: 110/55-140/70, Dz: 150/75-180/90,
1 Suite, ⊟ WC Ⓒ, Ⓟ, ☎
🍽🍽 Hauptgericht 25/12-40/20, Terrasse,
geschl.: So abends

★ Primas
Alessandro-Volta-Str. 18 (B 2),
Tel (0 53 61) 2 00 40, Fax 20 04 14, ✉ 38440,
AX ED VA
50 Zi, Ez: 110/55-135/67, Dz: 170/85-180/90, ⊟
WC Ⓒ, Ⓟ, ☎, Sauna, Solarium, Restaurant

Wolfsburg

✱ Goya
Poststr. 34 (B 1), Tel (0 53 61) 2 66 00,
Fax 2 37 77, ✉ 38440, AX DC ED VA
40 Zi, Ez: 125/62-170/85, Dz: 160/80-210/105,
1 App, ⊟ WC ⌀ DFÜ, P, 1⇔30, Restaurant

✱ Porsche-Hotel
Porschestr. 64 b (B 2), Tel (0 53 61) 2 66 20,
Fax 26 62 28, ✉ 38440, AX DC ED VA
17 Zi, Ez: 120/60-145/73, Dz: 160/80-180/90,
⊟ WC ⌀, P, Golf, garni

¶ Bistro Walino ✚
im Kunstmuseum
Porschestr. 53, Tel (0 53 61) 2 55 99,
Fax 86 10 29, ✉ 38440, AX ED VA
Hauptgericht 32/16, Terrasse, P

☕ Café Cadera
Porschestr. 38, Tel (0 53 61) 1 21 25,
Fax 1 56 21, ✉ 38440
Terrasse

Brackstedt (9 km ↑)

✱✱ Brackstedter Mühle
Zum Kühlen Grunde 2, Tel (0 53 66) 9 00,
Fax 90 50, ✉ 38448, AX DC ED VA
48 Zi, Ez: 105/52-155/78, Dz: 160/80-198/99,
2 Suiten, ⊟ WC ⌀, 12 ⛌
Auch Zimmer der Kategorie ✱ vorhanden.
¶¶ Hauptgericht 20/10-45/22

Fallersleben (6 km ←)

✱✱✱ Ludwig im Park
Gifhorner Str. 25, Tel (0 53 62) 94 00,
Fax 94 04 00, ✉ 38442, AX DC ED VA
41 Zi, Ez: 130/65-230/115, Dz: 180/90-230/115,
2 Suiten, ⊟ WC ⌀ DFÜ, Lift, P, ⌂, 4⇔50

¶¶¶ La Fontaine 🚩
Hauptgericht 39/19-58/29, Terrasse, nur abends,
geschl.: So

✱ Hoffmannhaus
Westerstr. 4, Tel (0 53 62) 30 02, Fax 6 41 08,
✉ 38442, DC ED VA
21 Zi, Ez: 100/50-135/67, Dz: 145/73-180/90,
⊟ WC ⌀, P, 5⇔400
Geburtshaus des Dichters August Heinrich
Hoffmann von Fallersleben.
¶ Hauptgericht 15/7-50/25

✱ Fallersleber Spieker
Am Spieker 6-9, Tel (0 53 62) 93 10,
Fax 93 14 00, ✉ 38442, AX ED VA
48 Zi, Ez: 95/47-150/75, Dz: 140/70-210/105, ⊟
WC ⌀ DFÜ, 16 ⛌, P, Restaurant
geschl.: 23.12.00-1.1.01
Zufahrt über Schulzenhof.

¶¶ Neue Stuben
Bahnhofstr. 13, Tel (0 53 62) 9 69 00,
Fax 96 90 30, ✉ 38442, ED VA
Hauptgericht 16/8-32/16, P, geschl.: Sa mittags
✱ 20 Zi, Ez: 110/55-135/67,
Dz: 160/80-180/90, ⊟ WC ⌀ DFÜ, 6 ⛌

¶ Zur Börse
Sandkämper Str. 6, Tel (0 53 62) 9 66 00,
Fax 6 52 14, ✉ 38442, AX DC ED VA
Hauptgericht 15/7-42/21, P, nur abends,
geschl.: So, 26.12.00-4.1.01
🛏 15 Zi, Ez: 130/65-150/75,
Dz: 180/90-200/100, ⊟ WC ⌀ DFÜ, ⌂

Hattorf (10 km ✓)

✱ Landhaus Dieterichs
Krugstr. 31, Tel (0 53 08) 40 80, Fax 40 81 04,
✉ 38444
31 Zi, Ez: 65/32-90/45, Dz: 110/55-130/65,
5 Suiten, 37 App, ⊟ WC ⌀, P, ⌂, Restaurant

Neuhaus (5 km ↘)

✱ An der Wasserburg
An der Wasserburg 2, Tel (0 53 63) 94 00,
Fax 7 15 74, ✉ 38446, AX ED VA
♪, 58 Zi, Ez: 135/67-185/93,
Dz: 185/93-215/108, 1 Suite, 1 App, ⊟ WC ⌀,
26 ⛌, 13⇔150, ⌂, Fitnessraum, Sauna,
Solarium
¶ Hauptgericht 35/17, Terrasse

Sandkamp (2 km ↖)

✱ Jäger
Eulenweg 5, Tel (0 53 61) 3 90 90,
Fax 39 09 44, ✉ 38442, ED VA
♪, 42 Zi, Dz: 180/90-210/105, ⊟ WC ⌀ DFÜ,
5 ⛌, P, garni
Auch Zimmer der Kategorie ✱✱ vorhanden.

Vorsfelde (8 km ↗)

✷ Conni
Am Bahnhof 1, **Tel (0 53 63) 9 77 70**,
Fax 97 77 53, ✉ 38448, ED VA
30 Zi, Ez: 100/50-130/65, Dz: 160/80-180/90,
⊣ WC ℂ DFÜ, 4 ⊨, Lift, P, ⛺, Kegeln,
Restaurant

Westhagen (5 km ✓)

✷✷ Strijewski
Rostocker Str. 2, **Tel (0 53 61) 8 76 40**,
Fax 8 76 44 10, ✉ 38444, AX DC ED VA, Ⓢ
51 Zi, Ez: 125/62-160/80, Dz: 170/85-200/100,
⊣ WC ℂ DFÜ, Lift, P
Auch Zimmer der Kategorie ✷ vorhanden.
🍴 Hauptgericht 30/15, Biergarten,
geschl.: Sa mittags, So abends

Wolfschlugen 61 ↘

Baden-Württemberg
Kreis Esslingen
EW 5460
🛈 Tel (0 70 22) 50 05 15, Fax 50 05 70
Rathaus Wolfschlugen
✉ 72649 Kirchstr. 19

✷ Reinhardtshof ♛
Reinhardtstr. 13, **Tel (0 70 22) 5 67 31**,
Fax 5 41 53, ✉ 72649, AX DC ED VA
♪, 14 Zi, Ez: 110/55-122/61, Dz: 160/80-168/84,
⊣ WC ℂ DFÜ, 6 ⊨, P, ⛺, garni
geschl.: 5.-25.8.01

⛵ Landgasthof Löwen
Nürtinger Str. 2, **Tel (0 70 22) 5 40 10**,
Fax 5 67 20, ✉ 72649, AX ED VA
14 Zi, Ez: 85/42, Dz: 145/73, ⊣ WC ℂ, P,
Restaurant

Wolfshagen siehe Langelsheim

Wolfshausen siehe
Weimar Kr. Marburg-Biedenkopf

Wolgast 14 ✓

Mecklenburg-Vorpommern
Kreis Ost-Vorpommern
EW 15000
🛈 Tel (0 38 36) 60 01 18, Fax 60 01 18
Wolgast-Information
✉ 17438 Rathausplatz 1

✷ Kirchstein
Schützenstr. 25, **Tel (0 38 36) 2 72 20**,
Fax 27 22 50, ✉ 17438
♪, 21 Zi, Ez: 50/25-90/45, Dz: 120/60, ⊣ WC
ℂ, P, Restaurant

Wolmirstedt 28 ✓

Sachsen-Anhalt / Ohrekreis
EW 11050
🛈 Tel (03 92 01) 6 47 03, Fax 6 48 00
Stadtverwaltung
✉ 39326 August-Bebel-Str 24

✷ Wolmirstedter Hof
Augus-Bebel-Str. 1, **Tel (03 92 01) 2 15 43**,
Fax 2 27 28, ✉ 39326, ED VA
20 Zi, Ez: 60/30-110/55, Dz: 110/55-130/65, ⊣
WC ℂ, P, 1↔4, Restaurant

✷ Landhaus Auerbachs Mühle
An der Mühle 2, **Tel (03 92 01) 5 55 55**,
Fax 5 55 18, ✉ 39326, AX ED VA
einzeln ⚡, 17 Zi, Ez: 80/40-100/50,
Dz: 120/60-140/70, ⊣ WC ℂ, 5 ⊨, P, 1↔30,
Restaurant

Wolpertshausen 62 ↑

Baden-Württemberg
Kreis Schwäbisch-Hall
EW 1800
🛈 Tel (0 79 04) 9 79 90, Fax 97 99 10
Bürgermeisteeamt
✉ 74549 Hallerstr. 15

Cröffelbach (3 km ←)

✷✷ Akzent-Hotel Ochsen
Hauptstr. 4, **Tel (0 79 06) 93 00**, Fax 93 02 00,
✉ 74549, AX DC ED VA
28 Zi, Ez: 99/49-129/64, Dz: 119/59-169/85, ⊣
WC ℂ DFÜ, 4 ⊨, Lift, P, 3↔130, Kegeln,
Sauna, Solarium, Restaurant
Auch Zimmer der Kategorie ✷ vorhanden.

Woltersdorf 30 →

Brandenburg / Kreis Oder-Spree
🛈 Tel (0 33 62) 52 21, Fax 51 49
Gemeindeverwaltung
✉ 15569 Rudolf-Breitscheid-Str 24

✷ Kranichsberg
An der Schleuse 3, **Tel (0 33 62) 79 40**,
Fax 79 41 22, ✉ 15569, ED VA
38 Zi, Ez: 114/57, Dz: 160/80, 4 App, ⊣ WC ℂ,
18 ⊨, Lift, P, 1↔40, ⛺, Sauna, Solarium,
Restaurant

Wootz 19 ↘

Brandenburg / Kreis Prignitz
EW 150
🛈 Tel (03 87 92) 73 02
Lenzen-Information
✉ 19309 Berliner Str. 7

Mödlich

* **Alte Fischerkate anno 1787**
Lenzener Str. 35, Tel (03 87 92) 12 12,
Fax 12 66, ✉ 19309, ED VA
🍴, 11 Zi, Ez: 75/37-80/44, Dz: 95/47-110/55, ⌐
WC ⊘, 11 ⇐, P, Restaurant
geschl.: 20.1.-28.2.01

Worbis 37 ←

Thüringen / Kreis Eichsfeld
EW 5800
🛈 Tel (03 60 74) 9 48 56, Fax 9 48 57
Informations- und Besucherzentrum
✉ 37339 Kirchstr. 19

* **Drei Rosen**
Bergstr. 1, Tel (03 60 74) 97 60, Fax 9 76 66,
✉ 37339, AX DC ED VA
42 Zi, Ez: 88/44-98/49, Dz: 128/64-180/90, ⌐
WC ⊘, 6 ⇐, Lift, P, 2⌂40, Sauna, Solarium,
Golf, Restaurant

Worms 54 □

Rheinland-Pfalz
EW 83000
🛈 Tel (0 62 41) 2 50 45, Fax 2 63 28
Touristinfo Worms
✉ 67547 Neumarkt 14

** **Asgard**
City Line & Country Line Hotels
Gutleutstr. 4, Tel (0 62 41) 8 60 80,
Fax 8 60 81 00, ✉ 67547, AX DC ED VA
64 Zi, Ez: 126/63-146/73, Dz: 162/81-182/91,
30 App, ⌐ WC ⊘ DFÜ, 10 ⇐, Lift, 🚭, 1⌂40,
Sauna, Solarium, garni
Langzeitvermietung möglich.

** **Nibelungen Hotel**
Martinsgasse 16 (A 1), Tel (0 62 41) 92 02 50,
Fax 92 02 55 05, ✉ 67547, AX ED VA
46 Zi, Ez: 110/55-130/65, Dz: 160/80-190/95, ⌐
WC ⊘ DFÜ, Lift, Restaurant

* **Domhotel**
Obermarkt 10 (A 1), Tel (0 62 41) 90 70,
Fax 2 35 15, ✉ 67547, AX DC ED VA
62 Zi, Ez: 115/57-150/75, Dz: 170/85-220/110,
2 Suiten, ⌐ WC ⊘ DFÜ, Lift, P, 🚭, 3⌂80
Auch Zimmer der Kategorie ****** vorhanden.

🍴🍴 **Bei Bacchus**
Hauptgericht 35/17, geschl.: So

* **Central**
Kämmererstr. 5 (A 2), Tel (0 62 41) 6 45 70,
Fax 2 74 39, ✉ 67547, AX DC ED VA

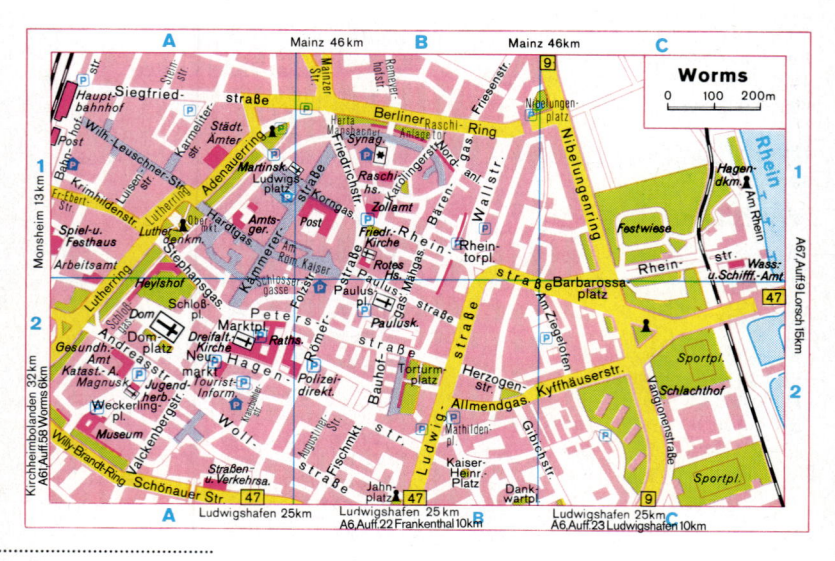

19 Zi, Ez: 85/42-115/57, Dz: 145/73-165/83, ⌐
WC ⊘, 8 ⇔, Lift, 🏠
geschl.: 22.12.00-21.1.01

🍴 Tivoli
Adenauerring 4 b, Tel (0 62 41) 2 84 85,
Fax 42 61 11, ✉ 67547, ED VA
Hauptgericht 30/15-35/17, Terrasse,
geschl.: Mo, im Sommer

☕ Café Schmerker
Wilhelm-Leuschner-Str. 9,
Tel (0 62 41) 2 38 14, Fax 5 65 16, ✉ 67547
8-18.30, So 13.30-18
Spezialität: Wormser Nibelungenschatz.

Heppenheim (4 km ←)

** Landhotel Bechtel
Pfälzer Waldstr. 98, Tel (0 62 41) 3 65 36,
Fax 3 47 45, ✉ 67551, AX ED VA
11 Zi, Ez: 70/35-90/45, Dz: 100/50-120/60, ⌐
WC ⊘, 🅿, 🏠, Sauna, Solarium, garni

Pfeddersheim (5 km ←)

🛏 Pfeddersheimer Hof
Zellertalstr. 35-39, Tel (0 62 47) 8 11,
Fax 16 96, ✉ 67551, ED VA
18 Zi, Ez: 70/35, Dz: 100/50, ⌐ WC, 🅿, 2⌘60,
Kegeln, Restaurant

Rheindürkheim (8 km ↑)

🍴🍴🍴 Rôtisserie Dubs
Kirchstr. 6, Tel (0 62 42) 20 23, Fax 20 24,
✉ 67550, AX DC ED
Hauptgericht 45/22, geschl.: Di, Sa mittags,
1.-31.1.01
Eigenbauweine.

Worpswede 17 ☐

Niedersachsen / Kreis Osterholz
EW 9160
ℹ Tel (0 47 92) 95 01 21, Fax 95 01 23
Worpsweder Touristik GmbH
✉ 27726 Bergstr. 13

** Eichenhof ♛
Ostendorfer Str. 13, Tel (0 47 92) 26 76,
Fax 44 27, ✉ 27726, AX DC ED VA
🌙, 15 Zi, Ez: 170/85-195/98, Dz: 280/141,
3 App, ⌐ WC ⊘, 3 ⇔, 🅿, 1⌘20, Sauna

🍴🍴 Artisst
Hauptgericht 35/17-45/22, Terrasse, nur abends,
geschl.: Mo

---

* Buchenhof
Ostendorfer Str. 16, Tel (0 47 92) 9 33 90,
Fax 93 39 29, ✉ 27726
11 Zi, Ez: 75/37-135/67, Dz: 140/70-230/115, ⌐
WC ⊘ DFÜ, 🅿, 1⌘25, garni
Restaurierte Jugendstilvilla des Malers Hans am
Ende von 1895.

---

* Am Kunstcentrum
Hans-am-Ende-Weg 4, Tel (0 47 92) 94 00,
Fax 38 78, ✉ 27726, AX ED VA
🌙, 27 Zi, Ez: 120/60-145/73,
Dz: 160/80-195/98, 3 Suiten, ⌐ WC ⊘ DFÜ,
5 ⇔, 🅿, 🏠, 2⌘24, 🌧, Sauna, Solarium,
Restaurant

🍴 Worpsweder Bahnhof
Bahnhofstr. 17, Tel (0 47 92) 10 12, Fax 48 90,
✉ 27726
Hauptgericht 20/10-40/20, Terrasse, Biergarten,
🅿, geschl.: 5.-22.2.01

🍴 Kaffee Worpswede
Lindenallee 1, Tel (0 47 92) 10 28,
Fax 31 02 35, ✉ 27726, AX ED VA
Hauptgericht 15/7-40/20, Terrasse, Gartenlokal,
geschl.: Mo, Di
Künstlerisch gestaltetes Restaurant.

Wünnenberg, Bad 35←

Nordrhein-Westfalen
Kreis Paderborn
EW 12155
🛈 Tel (0 29 53) 80 01, Fax 74 30
Kurverwaltung Wünnenberg
✉ 33181 Im Aatal 3

Kneipp-Kurort, Luftkurort. Sehenswert: Pfarrkirche; Aabach-Talsperre; Steinbruch Düstertal; Ohrmarkers Mühle; Paddelteich; Schloß Fürstenberg; Spankenhof; Wildpark.

Wünnenberg-Außerhalb (1 km ↙)

* **Jagdhaus**
Schützenstr. 58, Tel (0 29 53) 70 80,
Fax 7 08 58, ✉ 33181, AX DC ED VA
einzeln ♪ ⚡, 40 Zi, Ez: 98/49-115/57,
Dz: 170/85-196/98, 2 Suiten, ⌐ WC ✆ DFÜ, 🅿,
🚗, 4⊖60, 🏊, Sauna, Solarium
🍴 Hauptgericht 17/8-40/20, Terrasse, Biergarten

Bleiwäsche (7 km ↓)

** **Waldwinkel**
Roter Landweg 3, Tel (0 29 53) 70 70,
Fax 70 72 22, ✉ 33181, AX DC ED VA
einzeln ♪ ⚡, 68 Zi, Ez: 100/50-145/73,
Dz: 190/95-280/141, 2 Suiten, 1 App, ⌐ WC ✆,
15 ✉, Lift, 🅿, 🚗, 5⊖60, 🏊, Sauna, Solarium
Auch Zimmer der Kategorie ******* vorhanden.
🍴🍴 Hauptgericht 24/12-38/19, Terrasse

Würselen 42 ↖

Nordrhein-Westfalen / Kreis Aachen
EW 36500
🛈 Tel (0 24 05) 6 73 51, Fax 6 74 00
Stadtverwaltung
✉ 52146 Morlaixplatz 1, Rathaus

* **Parkhotel**
Aachener Str. 2, Tel (0 24 05) 6 90 00,
Fax 69 00 70, ✉ 52146, ED VA
40 Zi, Ez: 85/42-125/62, Dz: 122/61-160/80, ⌐
WC ✆ DFÜ, 9 ✉, Lift, 🅿, 🚗, Restaurant

🍴 **Rathaus**
Morlaixplatz, über Kaiserstr.,
Tel (0 24 05) 51 30, Fax 1 85 40, ✉ 52146,
AX DC ED VA
Hauptgericht 20/10-40/20, Biergarten, 🅿,
geschl.: Mo

Würzburg 56 ↖

Bayern
EW 130000
🛈 Tel (09 31) 37 23 35, Fax 37 36 52
Cngress&Tourismus Zenrale
✉ 97070 Am Congress Centrum
Cityplan siehe Seite 1096

*** **Maritim**
Pleichertorstr. 5 (A 1), Tel (09 31) 3 05 30,
Fax 3 05 39 00, ✉ 97070, AX DC ED VA, S
282 Zi, Ez: 185/93-357/179,
Dz: 230/115-417/210, 5 Suiten, ⌐ WC ✆, 71 ✉,
Lift, 🚗, 12⊖1635, 🏊, Sauna, Solarium, Golf

🍴🍴 **Viaggio**
Hauptgericht 31/15-38/19, nur abends,
geschl.: So außer Jul+Aug

🍴 **Weinstube**
Hauptgericht 25/12, nur abends, geschl.: Mo

*** **Dorint**
Eichstr. / Ludwigstr. (C 2), Tel (09 31) 3 05 40,
Fax 3 05 44 55, ✉ 97070, AX DC ED VA, S
166 Zi, Ez: 235/118-285/143,
Dz: 300/151-370/186, 1 Suite, 10 App, ⌐ WC ✆
DFÜ, 74 ✉, Lift, 🚗, 8⊖120, 🏊, Sauna,
Solarium, Restaurant
Auch Zimmer der Kategorie ****** vorhanden.

** **Best Western Rebstock** ♛
Neubaustr. 7 (B 3), Tel (09 31) 3 09 30,
Fax 3 09 31 00, ✉ 97070, AX DC ED VA, S
♪, 72 Zi, Ez: 188/94-245/123,
Dz: 298/150-400/201, 2 Suiten, 1 App, ⌐ WC ✆
DFÜ, 26 ✉, Lift, 🚗, 5⊖160
Auch Zimmer der Kategorie ******* vorhanden.

🍴🍴🍴 Hauptgericht 42/21-48/24, nur
abends, geschl.: Mo, So, 2.-8.1.01, 1.-31.8.01
🍴🍴 Hauptgericht 16/8-29/14, 🅿

** **Amberger
Top International Hotel**
Ludwigstr. 17-19 (C 2), Tel (09 31) 3 51 00,
Fax 3 51 08 00, ✉ 97070, AX DC ED VA, S

65 Zi, Ez: 150/75-175/88, Dz: 180/90-280/141,
5 Suiten, ⌐ WC ⌀, Lift, 🕿, 3⬤35
Auch Zimmer der Kategorie ✻ vorhanden.

✻✻ Würzburger Hof
Barbarossaplatz 2 (B 1), Tel (09 31) 5 38 14,
Fax 5 83 24, ✉ 97070, AX DC ED VA
26 Zi, Ez: 140/70-200/100,
Dz: 200/100-265/133, 7 Suiten, 1 App, ⌐ WC
⌀, Lift, 🕿, garni
geschl.: 20.12.00-8.1.01
Stilvoll eingerichtete Zimmer.

✻✻ Walfisch Minotel
Am Pleidenturm 5 (A 3), Tel (09 31) 3 52 00,
Fax 3 52 05 00, ✉ 97070, AX DC ED VA, Ⓢ
₰, 40 Zi, Ez: 165/83-225/113,
Dz: 225/113-285/143, ⌐ WC ⌀ DFÜ, Lift, 🅿,
4⬤36, Restaurant
Auch Zimmer der Kategorie ✻ vorhanden.

✻ Greifensteiner Hof
Häfnergasse 1, Am Marienplatz (A-B 2),
Tel (09 31) 3 51 70, Fax 5 70 57, ✉ 97070, AX
DC ED VA
35 Zi, Ez: 125/62-145/73, Dz: 180/90-260/130,
2 Suiten, ⌐ WC ⌀ DFÜ, 10 🛏, Lift, 🅿, 🕿,
2⬤35, Golf, Restaurant

✻ Grüner Baum
Zeller Str. 35 (A 2), Tel (09 31) 45 06 80,
Fax 4 50 68 88, ✉ 97082, AX DC ED VA
23 Zi, Ez: 130/65-160/80, Dz: 160/80-210/105,
⌐ WC ⌀, 3 🛏, 🅿, 🕿, Restaurant

✻ Till Eulenspiegel
Sanderstr. 1 a (B 3), Tel (09 31) 35 58 40,
Fax 3 55 84 30, ✉ 97070, AX DC ED VA
19 Zi, Ez: 111/55-199/100, Dz: 144/72-219/110,
2 App, ⌐ WC ⌀ DFÜ, 19 🛏, 🅿, 1⬤30,
Restaurant
Rezeption: 7-19
Nichtraucherhotel.

✻ Zur Stadt Mainz
Semmelstr. 39 (B 2), Tel (09 31) 5 31 55,
Fax 5 85 10, ✉ 97070, AX ED VA
15 Zi, Ez: 110/55-130/65, Dz: 170/85-190/95, ⌐
WC ⌀, 🕿, Golf, Restaurant

✻ Strauss
Juliuspromenade 5 (A 2), Tel (09 31) 3 05 70,
Fax 3 05 75 55, ✉ 97070, AX DC ED VA
75 Zi, Ez: 105/52-125/62, Dz: 145/73-170/85,
2 Suiten, ⌐ WC ⌀, Lift, 🅿, 🕿, 1⬤50,
Restaurant
geschl.: 22.12.00-5.1.01

✻ Urlaub
Bronnbachergasse 4, Tel (09 31) 35 27 80,
Fax 5 96 46, ✉ 97070, ED VA
22 Zi, Ez: 95/47-105/52, Dz: 140/70-180/90, ⌐
WC ⌀, Lift, 🕿, Sauna, garni
Rezeption: 6-20, geschl.: 20.12.00-8.1.01

🍴 Weinhaus Zum Stachel
Gressengasse 1, Tel (09 31) 5 27 70,
Fax 5 27 77, ✉ 97070, ED VA
🍷, Hauptgericht 15/7, Terrasse, Gartenlokal,
geschl.: So abends

Schiffbäuerin
Katzengasse 7, Tel (09 31) 4 24 87,
Fax 4 24 85, ✉ 97082
🍷, Hauptgericht 28/14, geschl.: Mo, So abends,
1.-8.1.01, 16.7.-13.8.01

Weinhäuser

Juliusspital-Weinstuben
Juliuspromenade 19, Tel (09 31) 5 40 80,
Fax 57 17 23, ✉ 97070
🍷, Hauptgericht 18/9-34/17, geschl.: Mi
Die in der Weinstube angebotenen Weine
stammen ausschließlich aus dem
stiftungseigenen Juliusspital-Weingut.

Bürgerspital-Weinstuben
Theaterstr. 19, Tel (09 31) 35 28 80,
Fax 3 52 88 88, ✉ 97070
🍷, Hauptgericht 20/10, Terrasse, 9-24,
geschl.: Aug

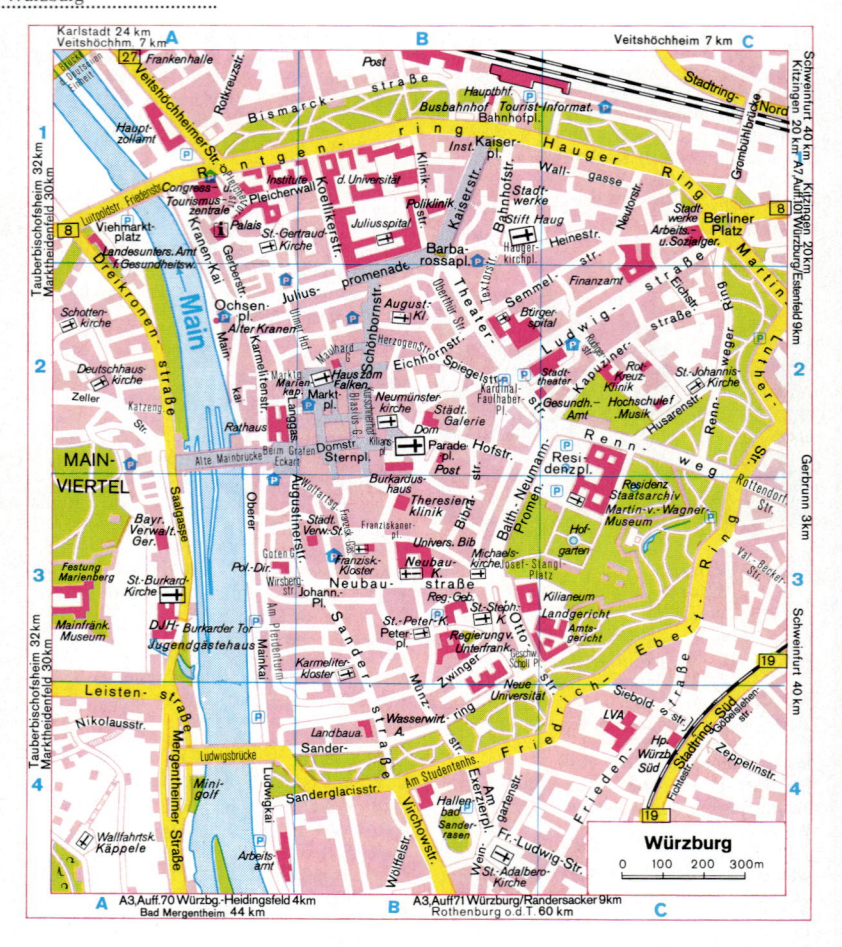

Residenzgaststätten

Residenzplatz 1, im Gesandtenbau der Residenz,
Tel (09 31) 5 46 70, Fax 57 26 32, ✉ 97070
Hauptgericht 12/6-27/13, geschl.: Mo, Jan

24 Zi, Ez: 120/60-170/85, Dz: 160/80-180/90,
24 App, ⌐ WC ⊘ DFÜ, Lift, 🅿, 🛏
Zimmer der Kategorie ★★★

Appartementhotels/Boardinghäuser

Ambassador Hotel
Am Europastern

Urlaubstr. 6, Tel (09 31) 25 04 00,
Fax 2 50 40 77, ✉ 97076, AX DC ED VA

Heidingsfeld (3 km ↓)

✱ **Post-Hotel-Würzburg**
Mergentheimer Str. 162, **Tel (09 31) 6 15 10**, Fax 6 58 50, ✉ 97084, AX DC ED VA
70 Zi, Ez: 125/62-240/120, Dz: 175/88-280/141, ⊟ WC ✆ DFÜ, 22 ⇌, Lift, **P**, ⌂, 4⇌80, ≋, Restaurant

Lengfeld (6 km ↗)

✱ **Karl mit Gästehaus Carolinenhof**
Georg-Engel-Str. 1, **Tel (09 31) 27 96 20**, Fax 2 79 62 20, ✉ 97076, ED VA
13 Zi, Ez: 85/42-95/47, Dz: 130/65-150/75, ⊟ WC ✆, 1 ⇌, Lift, **P**, ⌂
Auch einfachere Zimmer vorhanden.
🍴 Hauptgericht 16/8, Biergarten, nur abends, geschl.: So

Unterdürrbach (6 km ↖)

✱✱ **Schloßhotel Steinburg European Castle**
Auf dem Steinberg, **Tel (09 31) 9 70 20**, Fax 9 71 21, ✉ 97080, AX DC ED VA
§, 52 Zi, Ez: 150/75-220/110, Dz: 210/105-290/146, ⊟ WC ✆ DFÜ, **P**, ⌂, 5⇌65, ⌂, Sauna, Solarium
🍴🍴 Hauptgericht 35/17, Terrasse

Versbach (5 km ↗)

✱ **Mühlenhof Daxbaude**
Frankenstr. 205, **Tel (09 31) 25 04 70**, Fax 25 04 72 50, ✉ 97078, AX ED VA
32 Zi, Ez: 85/42-95/47, Dz: 145/73-175/88, ⊟ WC ✆, 8 ⇌, **P**, 1⇌20, Sauna, Restaurant

Zellerau (3 km ←)

✱ **Pannonia Hotel am Mainufer**
Dreikronenstr. 27 (A 2), **Tel (09 31) 4 19 30**, Fax 4 19 34 60, ✉ 97082, AX DC ED VA, §
129 Zi, Ez: 163/82-183/92, Dz: 206/103-226/113, ⊟ WC ✆ DFÜ, 34 ⇌, Lift, **P**, ⌂, 5⇌80, Restaurant

✱✱ **Ringhotel Wittelsbacher Höh**
Hexenbruchweg 10, **Tel (09 31) 4 20 85**, Fax 41 54 58, ✉ 97082, AX DC ED VA, §
§, 74 Zi, Ez: 138/69-185/93, Dz: 185/93-260/130, 1 Suite, 9 App, ⊟ WC ✆, **P**, 8⇌100, Sauna, Solarium
🍴🍴 §, Hauptgericht 25/12-37/18

Wüstenbrand 50 ↖

Sachsen
Kreis Hohenstein-Ernstthal
EW 2405
🛈 Tel (0 37 23) 71 13 18
Gemeindeverwaltung
✉ 09358 Straße der Einheit

✱ **Bürgerhof**
Straße der Einheit 27, **Tel (0 37 23) 7 20**, Fax 71 13 93, ✉ 09358, AX DC ED VA
44 Zi, Ez: 90/45-130/65, Dz: 110/55-164/82, 1 Suite, ⊟ WC ✆ DFÜ, 6 ⇌, Lift, **P**, 1⇌60, Restaurant

Wüstenrot 62 ↖

Baden-Württemberg
Kreis Heilbronn
EW 6700
🛈 Tel (0 79 45) 91 99 20, Fax 91 99 60
Bürgermeisteramt
✉ 71543 Eichwaldstr. 19

✱✱ **Waldhotel Raitelberg**
Schönblickstr. 39, **Tel (0 79 45) 93 00**, Fax 93 01 00, ✉ 71543, AX DC ED VA
☽ §, 40 Zi, Ez: 88/44-118/59, Dz: 148/74-178/89, 1 Suite, ⊟ WC ✆, **P**, ⌂, 5⇌120, Sauna, Solarium
🍴🍴 Hauptgericht 12/6-34/17, Terrasse

Wunsiedel 58 ↗

Bayern
EW 10700
🛈 Tel (0 92 32) 60 21 62, Fax 60 21 69
Verkehrsamt
✉ 95632 Jean-Paul-Str 5

✱✱ **Wunsiedler Hof**
Jean-Paul-Str. 3, **Tel (0 92 32) 9 98 80**, Fax 24 62, ✉ 95632, AX DC ED VA
40 Zi, Ez: 80/40-95/47, Dz: 120/60-140/70, ⊟ WC ✆ DFÜ, 14 ⇌, Lift, **P**, ⌂, 4⇌500, Kegeln, Sauna, Restaurant

Wunsiedel-Außerhalb (3 km ↓)

🍴🍴🍴 **Jägerstüberl** 🚩
Luisenburg 5, **Tel (0 92 32) 44 34**, Fax 15 56, ✉ 95632, AX DC ED VA
Hauptgericht 38/19, nur abends, So nur mittags, geschl.: Mo

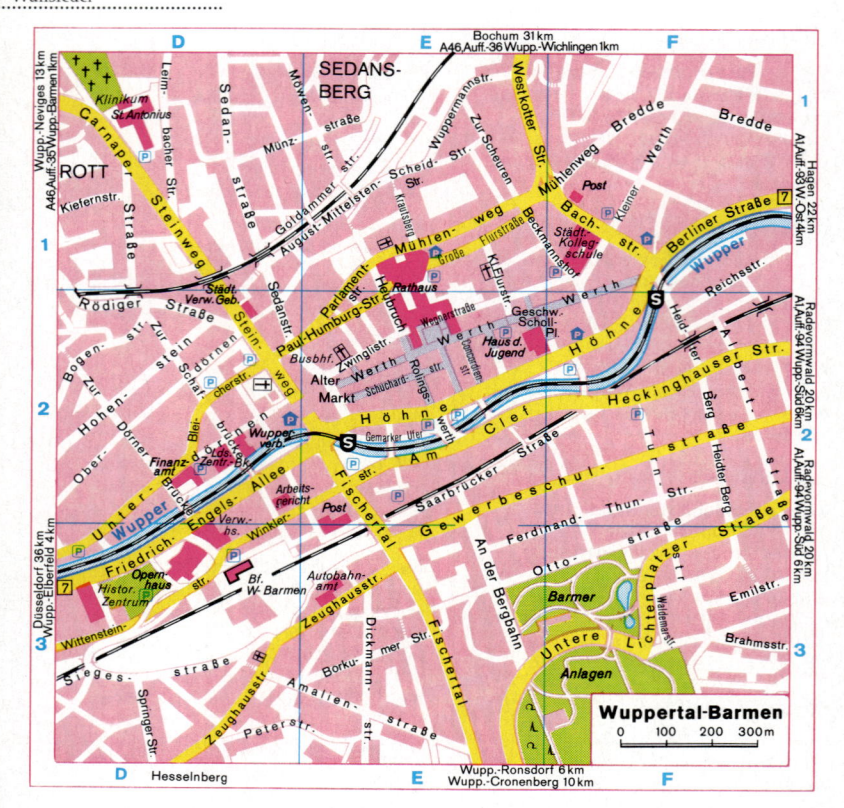

Juliushammer (3 km →)

✱ Juliushammer
Tel (0 92 32) 97 50, Fax 81 47, ✉ 95632, AX DC ED VA

einzeln ♪, 30 Zi, Ez: 90/45-95/47,
Dz: 140/70-145/73, 9 App, ⊟ WC ℗, ℙ, 1⌘30,
⌂, Sauna, Solarium, 3 Tennis

🍴 Hammerschmiede
Hauptgericht 15/7-25/12, Terrasse

Wunstorf 25 →

Niedersachsen / Kreis Hannover
EW 40000
🛈 Tel (0 50 33) 9 50 10, Fax 95 01 20
Tourist-Information
✉ 31515 Meerstr. 2

✱ Wehrmann-Blume
Kolenfelder Str. 86, Tel (0 50 31) 1 79 11,
Fax 17 91 33, ✉ 31515, AX ED VA

25 Zi, Ez: 95/47-105/52, Dz: 140/70-150/75, ⊟
WC ℗ DFÜ, Lift, ℙ, 🏠, Kegeln, Restaurant
Rezeption: 7-12, 14.30-22.30,
geschl.: 24.12.00-1.1.01, 3 Wochen im Sommer

Großenheidorn (4 km ↖)

🍴 Landhaus Burgdorf
Strandallee 1 a, Tel (0 50 33) 83 65, Fax 24 83,
✉ 31515
Hauptgericht 25/12-54/27, Terrasse,
geschl.: Mo, 1.-15.11.00, 10.-24.1.01
✱ ♪, 6 Zi, Ez: 135/67-280/141,
Dz: 185/93-310/156, 1 Suite, ⊟ WC ℗, 6 ⚘, ℙ,
🏠, 1⌘25

Klein Heidorn

✱ Am Fuchsberg
Am Fuchsberg, Tel (0 50 31) 50 11, Fax 50 12,
✉ 31515, ED

12 Zi, ⊟ WC ℗, 2 ⚘, ℙ, Sauna, Solarium, garni
Auch Zimmer der Kategorie ✱✱ vorhanden.

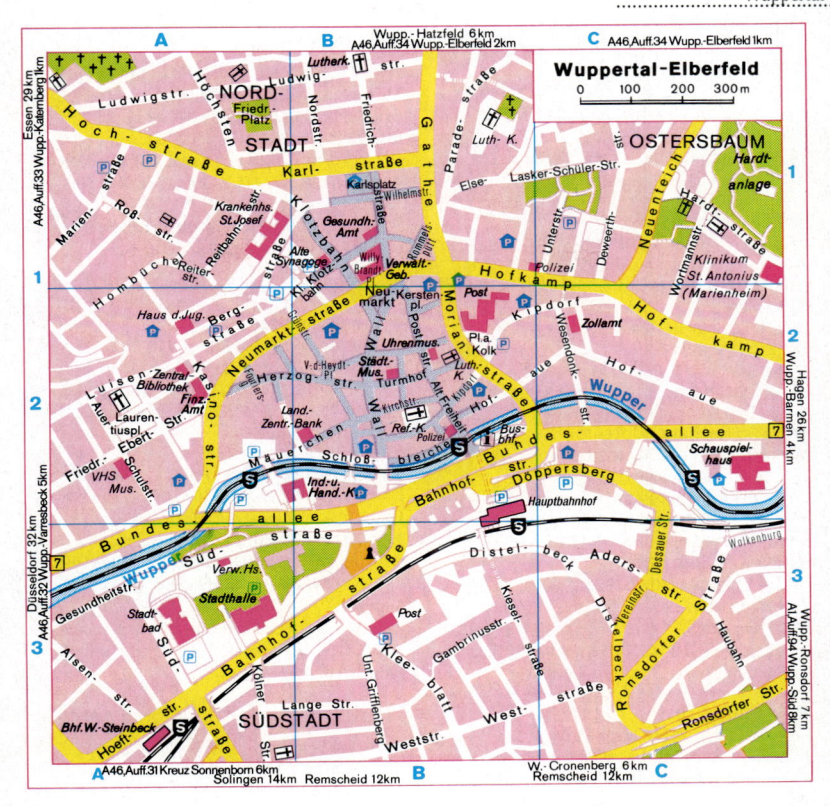

Steinhude (8 km)

✱ ▬▬ Haus am Meer

Uferstr. 3, Tel **(0 50 33) 9 50 60**, Fax 95 06 26,
✉ 31515, AX DC ED VA
13 Zi, Ez: 110/55-130/65, Dz: 170/85-210/105,
🛁 WC ⊘, 🅿, 3⟳40, Restaurant

Strandterrassen

Meerstr. 2, Tel **(0 50 33) 50 00**, Fax 30 03,
✉ 31515, VA
❀, Hauptgericht 15/7-35/17, Terrasse, 🅿,
geschl.: 1.-31.12.00

Wuppertal 33 ↙

Nordrhein-Westfalen
EW 380000
🛈 Tel **(02 02) 1 94 33**, Fax 5 63 80 52
Informationszentrum
✉ 42103 Pavillon Döppersberg

Barmen

🍴🍴 ▬▬ Galerie Palette ✢
Röderhaus

Sedanstr. 68, Tel **(02 02) 50 62 81**,
Fax 2 50 16 35, ✉ 42281, AX DC ED VA
🍷, Hauptgericht 30/15, Terrasse, Gartenlokal,
nur abends, geschl.: Mo, 3 Wochen im Jul

🍴 Pfannkuchenhaus

Uellendahler Str. 691, Tel **(02 02) 70 16 00**,
Fax 70 08 31, ✉ 42281, AX DC ED VA
🍷, Hauptgericht 15/7-38/19, Gartenlokal, 🅿,
nur abends, sa+so auch mittags,
geschl.: 22.12.00-3.1.01, 16.7.-5.8.01

Barmen-Außerhalb (5 km ↙)

🍴🍴 ▬▬ Schmitz Jägerhaus

Jägerhaus 87, an der B 51,
Tel **(02 02) 46 46 02**, Fax 4 60 45 19,
✉ 42287, AX DC ED VA
Hauptgericht 34/17-55/27, Terrasse, Biergarten,
geschl.: Di, 2 Wochen im Sommer

Wuppertal

Elberfeld

*** **InterCityHotel**
Döppersberg 50 (C 2), Tel **(02 02) 4 30 60**,
Fax **45 69 59**, ✉ 42103, AX DC ED VA, Ⓢ
156 Zi, Ez: 219/110-239/120,
Dz: 282/142-302/152, ⊣ WC ✆, 48 ⊨, Lift, 🏠,
4⟲170, Sauna, Solarium, Restaurant

*** **Mercure**
Auf dem Johannisberg
Auf dem Johannisberg 1 (A 3),
Tel **(02 02) 4 96 70**, Fax **4 96 71 77**, ✉ 42103,
AX DC ED VA
117 Zi, Ez: 208/104-240/120,
Dz: 240/120-320/161, 13 Suiten, ⊣ WC ✆ DFÜ,
65 ⊨, Lift, 🏠, 7⟲100, Restaurant
An der Stadthalle, Anfahrt über Bahnhofstr.

** **Rathaus-Hotel**
Wilhelmstr. 7 (B 1), Tel **(02 02) 45 01 48**,
Fax **45 12 84**, ✉ 42105, ED VA
33 Zi, Ez: 138/69-168/84, Dz: 199/100-247/124,
1 Suite, ⊣ WC ✆, 10 ⊨, Lift, garni

* **Nüller Hof**
Nüller Str. 98, Tel **(02 02) 76 13 06**,
Fax **76 32 08**, ✉ 42115, VA
24 Zi, Ez: 105/52-138/69, Dz: 135/67-170/85,
1 Suite, 1 App, ⊣ WC ✆ DFÜ, 4 ⊨, 🅿, 🏠,
Restaurant

* **Zur Post**
Poststr. 4 (B 2), Tel **(02 02) 45 01 31**,
Fax **45 17 91**, ✉ 42103, AX DC ED VA
51 Zi, Ez: 85/42-155/78, Dz: 135/67-195/98, ⊣
WC ✆, 5 ⊨, Lift, Sauna, garni
Fußgängerzone, Hotelanfahrt mit PKW möglich.

🍴🍴 **Gredies im Parkschlösschen**
Katernberger Str. 197, Tel **(02 02) 2 71 23 86**,
Fax **2 71 23 87**, ✉ 42115
Hauptgericht 32/16-42/21, Terrasse, 🅿, nur
abends, geschl.: Di

🍴🍴 **La Lanterna**
Friedrich-Ebert-Str. 15, Tel **(02 02) 30 41 51**,
Fax **30 12 14**, ✉ 42103, DC ED VA
Hauptgericht 30/15, Terrasse, 🅿, geschl.: So

Locanda St. Lorenzo
Untergrünewalderstr. 7 a, Tel **(02 02) 30 77 27**,
Fax **30 77 17**, ✉ 42103, AX DC ED VA
Hauptgericht 32/16, Gartenlokal

☕ **Café Grimm**
Kirchstr. 7, Tel **(02 02) 24 53 90**,
Fax **2 45 39 18**, ✉ 42103
8.30-19, Sa 8-17, geschl.: So

Oberbarmen

** **Lindner Golfhotel Juliana**
Mollenkotten 195, Tel **(02 02) 6 47 50**,
Fax **6 47 57 77**, ✉ 42279, AX DC ED VA
♪, 132 Zi, Ez: 219/110-469/236,
Dz: 279/140-529/266, 1 Suite, 1 App, ⊣ WC ✆,
22 ⊨, Lift, 🅿, 🏠, 11⟲220, 🛏, Fitnessraum,
Sauna, Solarium, Golf
🍴🍴🍴 Hauptgericht 40/20, Terrasse, nur
abends

Varresbeck

* **Novotel**
Otto-Hausmann-Ring 203, Tel **(02 02) 7 19 00**,
Fax **7 19 03 33**, ✉ 42115, AX DC ED VA, Ⓢ
128 Zi, Ez: 183/92-231/116, Dz: 231/116, ⊣ WC
✆ DFÜ, 76 ⊨, Lift, 🅿, 9⟲250, ≋, Sauna,
Solarium, Restaurant

* **Akzent-Waldhotel Eskeshof**
Krummacherstr. 251, Tel **(02 02) 2 71 80**,
Fax **2 71 81 99**, ✉ 42115, AX DC ED VA
§, 61 Zi, Ez: 159/80-239/120,
Dz: 199/100-349/175, 1 Suite, ⊣ WC ✆ DFÜ,
11 ⊨, 🅿, 🏠, 6⟲50, 🛏, Kegeln, Sauna,
Solarium
Auch Zimmer der Kategorie ****** vorhanden.
🍴🍴 Hauptgericht 20/10-43/21, Terrasse,
Biergarten

Vohwinkel

🍴🍴🍴 **Scarpati**
Scheffelstr. 41, Tel **(02 02) 78 40 74**,
Fax **78 98 28**, ✉ 42327, AX DC ED VA
Hauptgericht 45/22, Terrasse, geschl.: So, Mo
Jugendstilvilla. Beachtenswerte Küche.

🍴🍴 **Trattoria**
Hauptgericht 30/15, 🅿, geschl.: So, Mo
** ♪, 7 Zi, Ez: 150/75, Dz: 210/105,
1 Suite, ⊣ WC ✆, 🅿, 2⟲40

Wurmlingen 68 □

Baden-Württemberg
Kreis Tuttlingen
EW 3750
🛈 Tel **(0 74 61) 9 27 60**, Fax **92 76 30**
Bürgermeisteramt
✉ 78573 Obere Hauptstr. 4

** **Traube**
Untere Hauptstr. 43, Tel **(0 74 61) 93 80**,
Fax **93 84 63**, ✉ 78573, AX DC ED VA
65 Zi, Ez: 128/64-148/74, Dz: 174/87-194/97,
1 Suite, 15 App, ⊣ WC ✆ DFÜ, 23 ⊨, Lift, 🅿,
🏠, 2⟲28, 🛏, Fitnessraum, Sauna, Solarium,
Restaurant

✱ **Gasthof Zum Löwen**
Karlstr. 4, Tel (0 74 61) 9 33 00, Fax 93 30 30,
✉ 78573, ED VA
13 Zi, Ez: 60/30-70/35, Dz: 120/60, ⊣ WC ⌀,
Restaurant
geschl.: Mi, 2.-24.8.00

🍴 **Gasthaus Traube**
Untere Hauptstr. 40, Tel (0 74 61) 83 36,
Fax 64 63, ✉ 78573, VA
Hauptgericht 20/10, P, geschl.: Di

Wurzach, Bad   69 →

Baden-Württemberg
Kreis Ravensburg
EW 14100
🛈 Tel (0 75 64) 30 21 50, Fax 30 21 54
Kurverwaltung
✉ 88410 Mühltorstr. 1

✱ **Zum Adler**
Schlosstr. 8, Tel (0 75 64) 9 30 30,
Fax 93 03 40, ✉ 88410, ED VA
18 Zi, Ez: 78/39-85/42, Dz: 120/60-130/65, ⊣
WC ⌀, P, 🏠, Restaurant
geschl.: 23.12.00-3.1.01, 15-30.8.01

Wusterhausen (Dosse)   29 ↖

Brandenburg
Kreis Ostprignitz-Ruppin
EW 3100
🛈 Tel (03 39 79) 87 70, Fax 1 45 65
Gemeindeverwaltung
✉ 16868 Am Markt 1

✱ **Mühlenhof**
Kyritzer Str. 31, Tel (03 39 79) 8 43 00,
Fax 1 47 31, ✉ 16868, AX ED VA
23 Zi, Ez: 85/42-99/49, Dz: 99/49-129/64,
1 Suite, 3 App, ⊣ WC ⌀, 2⟳30, Restaurant
geschl.: 2 Wochen im Nov

Bantikow

✱ **Am Untersee**
Dorfstr. 48, Tel (03 39 79) 1 45 90,
Fax 1 46 22, ✉ 16868, AX ED VA
36 Zi, Ez: 80/40, Dz: 120/60, ⊣ WC ⌀, P,
2⟳24, Kegeln, Sauna, Solarium, Restaurant

Wustrau-Altfriesack   29 ↑

Brandenburg
Kreis Ostprignitz-Ruppin
EW 1190
🛈 Tel (03 39 32) 59 51 11, Fax 7 03 14
Amt Fehrbellin
✉ 16833 Joh-Seb-Bach-Str 6

Wustrau

✱ **Seeschlösschen**
Am Schloß 8, Tel (03 39 25) 88 03,
Fax 8 80 55, ✉ 16818, AX DC ED VA
11 Zi, Ez: 130/65-160/80, Dz: 160/80-215/108,
⊣ WC ⌀ DFÜ, 11 🛏, P, 1⟳20, Seezugang,
Sauna
geschl.: 2.-22.1.01
🍴🍴 ⚜, Hauptgericht 15/7-35/17, Terrasse,
geschl.: 2.-22.1.01

Wustrow   21 □

Mecklenburg-Vorpommern
Kreis Mecklenburg-Strelitz
EW 728
🛈 Tel (03 98 28) 2 02 95
Gemeindebüro
✉ 17255 Dorfstr. 33

Grünplan (7 km ✓)

✱ **Heidekrug**
Dorfstr. 14, Tel (03 98 28) 6 00, Fax 2 02 66,
✉ 17255, AX ED VA
↻, 27 Zi, Ez: 110/55-140/70, Dz: 160/80-180/90,
⊣ WC ⌀, Lift, P, 2⟳25, ≋, Sauna, Solarium,
Restaurant

Wustrow   12 →

Mecklenburg-Vorpommern
Kreis Nordvorpommern
EW 1357
🛈 Tel (03 82 20) 8 07 14
Amt Darß/Fischland
✉ 18347 Karl-Marx-Str 20

✱✱✱ **Dorint**
Strandstr. 46, Tel (03 82 20) 6 50, Fax 6 51 00,
✉ 18347, AX DC ED VA
50 Zi, Ez: 189/95-259/130,
Dz: 218/109-288/145, ⊣ WC ⌀, Lift, P, 🏠,
4⟳120, 🛎, Sauna, Solarium
Auch Zimmer der Kategorie ✱✱ vorhanden.

🍴🍴 **Quarterdeck**
Hauptgericht 28/14-42/21, Terrasse

✱✱ **Sonnenhof**
Strandstr. 33, Tel (03 82 20) 61 90,
Fax 6 19 55, ✉ 18347, AX DC ED VA
10 Zi, Ez: 70/35-110/55, Dz: 110/55-180/90,
4 App, ⊣ WC ⌀, P, 🏠, Sauna, Solarium,
Restaurant
Rezeption: 8-16

Wyk siehe **Föhr**

Xanten 32 □

Nordrhein-Westfalen / Kreis Wesel
EW 19500
🛈 Tel (0 28 01) 77 22 38, Fax 77 22 09
Tourist-Information
✉ 46509 Karthaus 2

✶✶✶ van Bebber
Klever Str. 12, Tel (0 28 01) 66 23, Fax 59 14,
✉ 46509, AX ED VA
☕, 36 Zi, Ez: 110/55-155/78,
Dz: 190/95-255/128, ⊣ WC ✆, 2 ⇐, Lift, 🅿,
3↺45, Kegeln, Golf
🍴🍴 Hauptgericht 25/12-47/23, Terrasse,
Biergarten

✶ Hövelmann
Markt 31, Tel (0 28 01) 40 81, Fax 40 85,
✉ 46509, DC ED VA
23 Zi, Ez: 95/47-100/50, Dz: 145/73-155/78,
1 Suite, ⊣ WC ✆, Lift, 🅿, Kegeln, garni

Obermörmter (15 km ↖)

🍴🍴🍴 Landhaus Köpp 🔴
Husenweg 147, Tel (0 28 04) 16 26,
Fax 91 01 87, ✉ 46509, AX
Hauptgericht 45/22-49/24, 🅿, geschl.: Sa
mittags, So abends, Mo, 2.-26.1.01

Zabeltitz 40 □

Sachsen / Kreis Riesa-Großenhain
EW 3000
🛈 Tel (0 35 22) 50 25 55, Fax 50 25 65
Fremdenverkehrsamt
✉ 01561 Am Park 2

✶ Parkschänke Zabeltitz
Hauptstr. 7, Tel (0 35 22) 50 41 00,
Fax 50 42 40, ✉ 01561, AX ED
14 Zi, Ez: 70/35-75/37, Dz: 80/40-90/45, ⊣ WC
✆, 🅿, ⌂, Sauna, Solarium, Restaurant

Zehna 20 ↑

Mecklenburg-Vorpommern
Kreis Güstrow
EW 530
🛈 Tel (03 84 58) 2 02 36
Gemeinde Zehna
✉ 18276 Dorfstr. 2

✶ Motel Zehna
Neue Ringstr. 1, Tel (03 84 58) 30 30,
Fax 3 03 11, ✉ 18276

14 Zi, Ez: 70/35, Dz: 95/47, 1 Suite, ⊣ ✆, 10 ⇐,
🅿, 1↺35, Restaurant

Groß Breesen

✶ Gutshotel Groß Breesen
Dorfstr. 10, Tel (03 84 58) 5 00, ✉ 18276, ED VA
einzeln ☽ ☕, 24 Zi, Ez: 90/45-120/60,
Dz: 140/70-180/90, 6 Suiten, ⊣ WC ✆ DFÜ, 🅿,
2↺100, Fitnessraum, Restaurant
Umfangreiche Hotelbibliothek.

Zeil a. Main 56 ↗

Bayern / Kreis Haßberge
EW 6200
🛈 Tel (0 95 24) 94 90, Fax 9 49 49
Fremdenverkehrsbüro
✉ 97475 Marktplatz 8

✶ Kolb
Krumer Str. 1, Tel (0 95 24) 90 11, Fax 66 76,
✉ 97475, ED VA
20 Zi, Ez: 60/30-80/40, Dz: 125/62, ⊣ WC ✆,
🅿, ⌂, 2↺50, Restaurant
geschl.: 30.12.00-20.1.01

Zeiskam 54 ↙

Rheinland-Pfalz
Kreis Germersheim
EW 2240
🛈 Tel (0 72 72) 70 08 23, Fax 70 08 55
Verbandsgemeindeverwaltung
✉ 76756 Schubertstr. 18

Zeiskam-Außerhalb

✶ Zeiskamer Mühle
Hauptstr. 87, Tel (0 63 47) 9 74 00,
Fax 97 40 66, ✉ 67378, AX DC ED VA
17 Zi, Ez: 85/42, Dz: 125/62, ⊣ WC ✆ DFÜ,
Lift, 🅿, Restaurant
Auch Zimmer der Kategorie ✶✶ vorhanden.
🍴🍴 Hauptgericht 18/9-39/19, Terrasse,
Gartenlokal, 🅿, geschl.: Mo mittags, Do, 2
Wochen im Jan

Zeitlarn 65 ↖

Bayern / Kreis Regensburg Land
EW 5660
🛈 Tel (09 41) 69 69 30, Fax 6 96 93 30
Gemeindeverwaltung
✉ 93197 Hauptstr. 27

✶ Bartholomäus
Hauptstr. 81, Tel (09 41) 6 96 00,
Fax 6 96 03 60, ✉ 93197, AX DC ED VA

41 Zi, Ez: 80/40-125/62, Dz: 120/60-180/90,
2 Suiten, ⌐ WC ✆, 10 ⌫, Lift, **P**, ⌂, 4⌬80,
Solarium, Restaurant
Auch Zimmer der Kategorie ✱✱ vorhanden.

Zeitz 38 ↘

Sachsen-Anhalt
Kreis Burgenlandkr.Naumb-Nebra-Zeitz
EW 35450
i Tel (0 34 41) 1 94 33, Fax 8 33 31
Zeitz-Information
✉ 06712 Altmarkt 16

✱✱ Drei Schwäne
Altmarkt 6, Am Rathaus,
Tel (0 34 41) 21 26 86, Fax 71 22 86, ✉ 06712,
AX ED VA
36 Zi, Ez: 70/35-120/60, Dz: 120/60-200/100,
⌐ WC ✆, 4 ⌫, 2⌬100, Restaurant
Rezeption: 6-14, 17-23
Auch Zimmer der Kategorie ✱ vorhanden.

✱ Tiergarten
Tiergartenstr. 2, Tel (0 34 41) 25 08 94,
Fax 25 08 94, ✉ 06712, AX ED VA
8 Zi, Ez: 95/47, Dz: 140/70, ⌐ WC ✆, **P**, Sauna,
Solarium, garni

✱ Am Wasserturm
Geußnitzer Str. 73, Tel (0 34 41) 6 17 20,
Fax 61 72 12, ✉ 06712, AX DC ED VA
20 Zi, Ez: 98/49-120/60, Dz: 150/75, ⌐ WC ✆,
P, 1⌬20, Restaurant

✱ Gasthaus am Neumarkt
Neumarkt 15, Tel (0 34 41) 6 16 60,
Fax 61 66 26, ✉ 06712, ED
10 Zi, Ez: 95/47, Dz: 135/67, ⌐ WC ✆, **P**,
Solarium
🍴 Hauptgericht 25/12

Zell am Harmersbach 60 ↓

Baden-Württemberg / Ortenaukreis
EW 7800
i Tel (0 78 35) 63 69 47, Fax 63 69 50
Tourist-Info
✉ 77736 Alte Kanzlei

✱ Sonne
Hauptstr. 5, Tel (0 78 35) 6 37 30,
Fax 63 73 13, ✉ 77736, AX ED VA
19 Zi, Ez: 75/37-85/42, Dz: 130/65-160/80, ⌐
WC ✆, **P**, ⌂, 1⌬16, Solarium, Restaurant
geschl.: Do, 15.1.01-14.2.00

✱ Klosterbräustuben
Blumenstr. 19, Tel (0 78 35) 78 40,
Fax 78 41 11, ✉ 77736, ED VA
50 Zi, Ez: 58/29-63/31, Dz: 112/56-116/58, ⌐
WC ✆, Lift, **P**, 2⌬40, ⌂, Sauna, Solarium,
Restaurant

Unterharmersbach (4 km ↗)

✱ Zum Rebstock
Hauptstr. 104, Tel (0 78 35) 39 13, Fax 37 34,
✉ 77736, DC ED VA
17 Zi, Ez: 62/31, Dz: 108/54, ⌐ WC, **P**,
Restaurant

Zell im Wiesental 67 ↓

Baden-Württemberg / Kreis Lörrach
EW 7000
i Tel (0 76 25) 92 40 92, Fax 1 33 15
Zeller Bergland Tourismus
✉ 79669 Schopfheimer Str. 3

✱ Löwen
Schopfheimer Str. 2, Tel (0 76 25) 9 25 40,
Fax 80 86, ✉ 79669, DC ED VA
34 Zi, Ez: 60/30-80/40, Dz: 90/45-125/62,
4 App, ⌐ WC ✆ DFÜ, 9 ⌫, **P**, ⌂, 2⌬40
🍴 Hauptgericht 25/12, Biergarten,
geschl.: Do abends, Fr, Sa mittags

Zell (Mosel) 53 ↖

Rheinland-Pfalz
Kreis Cochem-Zell
EW 5000
i Tel (0 65 42) 40 31, Fax 56 00
Tourist-Information
✉ 56856 Balduinstr. 44/Rathaus

✱ Haus Notenau
Notenau 7-8, Tel (0 65 42) 50 10, Fax 52 80,
✉ 56856, AX
10 Zi, Ez: 60/30-75/37, Dz: 80/40-110/55,
2 Suiten, ⌐ WC, 10 ⌫, **P**, 1⌬40, Restaurant

✱ Zur Post
Schlosstr. 25, Tel (0 65 42) 42 17, Fax 4 16 93,
✉ 56856, AX DC ED VA
§, 16 Zi, Ez: 65/32-72/36, Dz: 120/60-130/65,
⌐ WC, Lift, **P**, Restaurant
Rezeption: 10-14, 17-22, geschl.: Mo

Kaimt (1 km ←)

✱ Landhaus Vollrath
Marientaler Au 58, Tel (0 65 42) 4 16 55,
Fax 4 16 56, ✉ 56856

♪ ≋, 3 Zi, Ez: 50/25-75/37, Dz: 95/47-130/65,
2 Suiten, 4 App, ⌐ WC ⌀, 🅿, Sauna, Solarium,
1 Tennis, garni
geschl.: 1.11.00-1.3.01

Zella-Mehlis 47 □

Thüringen
Kreis Schmalkalden/Meiningen
EW 13500
🛈 Tel (0 36 82) 48 28 40, Fax 48 71 43
Tourist-Information
✉ 98544 Louis-Anschütz-Str 28

✻ Stadt Suhl
Bahnhofstr. 7, Tel (0 36 82) 4 02 21,
Fax 4 19 31, ✉ 98544, AX ED VA
13 Zi, Ez: 58/29-95/47, Dz: 98/49-132/66, ⌐
WC ⌀, 🅿, ≋, Restaurant
An der B 247 gelegen.

Zella-Mehlis-Außerhalb

✻ Waldmühle
Lubenbachstr. 2 a, Tel (0 36 82) 8 98 33,
Fax 89 81 11, ✉ 98544, AX ED VA
37 Zi, Ez: 90/45-100/50, Dz: 120/60-140/70,
1 Suite, ⌐ WC ⌀, 🅿, ≋, Kegeln, Bowling,
Restaurant
Auch einfachere Zimmer vorhanden.

Zeltingen-Rachtig 52 ↗

Rheinland-Pfalz
Kreis Bernkastel-Wittlich
EW 2500
🛈 Tel (0 65 32) 24 04, Fax 38 47
Verkehrsbüro Zeltingen-Rachtig
✉ 54492 Uferallee 13

Urlaubsort an der Mosel.

Rachtig

✻ Deutschherrenhof
Deutschherrenstr. 23, Tel (0 65 32) 93 50,
Fax 93 51 99, ✉ 54492, AX ED VA
≋, 39 Zi, Ez: 70/35-160/80, Dz: 120/60-180/90,
2 Suiten, 3 App, ⌐ WC ⌀, Lift, 🅿, 2⌬100,
Kegeln, Restaurant

Zeltingen

✻✻ St. Stephanus
Uferallee 9, Tel (0 65 32) 6 80, Fax 6 84 20,
✉ 54492, AX DC ED VA
≋, 46 Zi, Ez: 105/52-165/83,
Dz: 134/67-280/141, ⌐ WC ⌀, 10 ↩, Lift, 🅿,
≋, 2⌬100, ≋, Sauna, Solarium

🍴🍴 Saxler's Restaurant ✢
Hauptgericht 19/9-34/17, Terrasse

✻✻ Nicolay Zur Post
Uferallee 7, Tel (0 65 32) 20 91, Fax 23 06,
✉ 54492, AX DC ED VA
≋, 36 Zi, Ez: 90/45-140/70, Dz: 150/75-210/105,
1 Suite, ⌐ WC ⌀, Lift, 🅿, ≋, Sauna, Solarium
Auch einfachere Zimmer vorhanden.

🍴 Sonnenuhr
Hauptgericht 18/9-58/29, Terrasse, geschl.: Mo,
Di mittags

Zemmer 52 ↑

Rheinland-Pfalz
Kreis Trier-Saarburg
EW 3200
🛈 Tel (0 65 80) 9 50 18, Fax 9 50 18
Gemeindeverwaltung
✉ 54313 Hauptstr. 14

Daufenbach (6 km ✓)

🍴🍴🍴 Landhaus Mühlenberg 🚩
Tel (0 65 05) 87 79, Fax 95 21 11, ✉ 54313, ED
VA
⌬, Hauptgericht 42/21-49/24, Terrasse, 🅿, nur
abends, So auch mittags, geschl.: 2 Wochen im
Jan, 2 Wochen im Jul
Empfohlene Anfahrt über Kordel.

Zerbst 38 ↗

Sachsen-Anhalt
EW 17000
🛈 Tel (0 39 23) 23 51, Fax 76 01 79
Tourist-Information
✉ 39261 Schloßfreiheit 12

✻ Von Rephuns Garten
Rephunstr. 2, Tel (0 39 23) 6 16 05,
Fax 6 16 07, ✉ 39261, AX ED VA
15 Zi, Ez: 100/50-120/60, Dz: 152/76, ⌐ WC ⌀,
🅿, 2⌬140
geschl.: 17.7.-4.8.01
🍴🍴 Hauptgericht 25/12-29/14, Terrasse,
Biergarten, geschl.: 17.7.-4.8.01

✻ Parkhotel
Karl-Marx-Str. 7, Tel (0 39 23) 78 02 13,
Fax 78 02 15, ✉ 39261, AX ED
16 Zi, Ez: 85/42, Dz: 99/49, ⌐ WC ⌀, 🅿,
1⌬40, Restaurant

Zetel 16 □

Niedersachsen / Kreis Friesland
EW 10500
🛈 Tel (0 44 53) 7 15 05, Fax 7 15 05
Fremdenverkehrsbüro
✉ 26340 Markt 7

Neuenburg

✱ **Neuenburger Hof**
Am Markt 12, **Tel (0 44 52) 2 66**, Fax 78 06,
✉ 26340, AX DC ED VA
16 Zi, Ez: 60/30, Dz: 100/50, ⌐ WC ⌀, P, 🛋,
Kegeln, Sauna, Solarium, Restaurant

Zeulenroda 49 ←

Thüringen / Kreis Greiz
EW 15000
🛈 Tel (03 66 28) 8 24 41, Fax 8 92 76
Zeulenroda-Information
✉ 07937 Schuhgasse 7

✱ **Goldener Löwe**
Kirchstr. 15, **Tel (03 66 28) 6 01 44**,
Fax 6 01 45, ✉ 07937, AX ED VA
32 Zi, Ez: 80/40-120/60, Dz: 130/65-160/80, ⌐
WC ⌀ DFÜ, 10 🛌, P, 🛋, 2↻25, Sauna,
Solarium, Restaurant

Zeuthen 30 →

Brandenburg
Kreis Dahme-Spreewald
EW 8000
🛈 Tel (03 37 62) 75 30, Fax 75 35 75
Gemeindeverwaltung
✉ 15738 Schillerstr. 1

✱✱ **Seehotel**
Fontaneallee 27 / 28, **Tel (03 37 62) 8 90**,
Fax 8 94 08, ✉ 15738, AX DC ED VA
💲, 137 Zi, Ez: 115/57-215/108,
Dz: 155/78-215/108, 3 Suiten, 2 App, ⌐ WC ⌀,
45 🛌, Lift, P, 9↻200, Fitnessraum, Sauna,
Solarium, Golf, Restaurant

Zeven 17 □

Niedersachsen
Kreis Rotenburg (Wümme)
EW 22000
🛈 Tel (0 42 81) 71 60, Fax 71 61 26
Samtgemeinde Zeven
✉ 27404 Am Markt 4

✱✱ **Ringhotel Paulsen**
Meyerstr. 22, **Tel (0 42 81) 94 10**, Fax 9 41 42,
✉ 27404, AX DC ED VA, S
38 Zi, Ez: 115/57-155/78, Dz: 155/78-220/110,
⌐ WC ⌀, 12 🛌, Lift, P, 5↻100
Auch Zimmer der Kategorie ✱ vorhanden.
🍴 Hauptgericht 15/7-40/20, Terrasse,
geschl.: So

✱ **Central**
Poststr. 20, **Tel (0 42 81) 9 39 10**, Fax 93 91 91,
✉ 27404, AX DC ED VA
20 Zi, Ez: 85/42-95/47, Dz: 130/65-140/70, ⌐
WC ⌀ DFÜ, 3 🛌, P, 🛋, Solarium, Restaurant

✱ **Spreckels**
Bremer Str. 2, **Tel (0 42 81) 9 37 20**, Fax 65 37,
✉ 27404, ED
23 Zi, Ez: 90/45-95/47, Dz: 130/65, ⌐ WC, P,
Kegeln, Restaurant

✱ **Landhaus Radler**
Kastanienweg 17, **Tel (0 42 81) 30 22**,
Fax 34 11, ✉ 27404, AX DC ED VA
16 Zi, Ez: 76/38-85/42, Dz: 104/52-122/61, ⌐
WC ⌀, 2 🛌, P, 🛋, garni

Ziegenhain siehe Schwalmstadt

Ziegenrück 48 →

Thüringen / Saale-Orla-Kreis
EW 990
🛈 Tel (03 64 83) 2 26 49, Fax 2 23 09
Fremdenverkehrsamt
✉ 07924 Bahnhofstr. 2

✱ **Am Schloßberg**
Paskaer Str. 1, **Tel (03 64 83) 7 50**, Fax 7 51 50,
✉ 07924, AX ED VA
💲, 38 Zi, Ez: 60/30-100/50, Dz: 90/45-130/65,
2 Suiten, ⌐ WC ⌀, Lift, P, 2↻25, Fitnessraum,
Sauna, Solarium, Restaurant

Ziemetshausen 63 ↓

Bayern / Kreis Günzburg
EW 3030
ℹ Tel (0 82 84) 99 79 90, Fax 9 97 99 30
Gemeindeverwaltung
✉ 86473 Rathaus, Bgm.-Haide-Str. 1

⛔ Adler
Oettingen.-Wallerstein-Str. 19,
Tel (0 82 84) 99 79 40, Fax 9 97 94 30,
✉ 86473, AX ED
13 Zi, Ez: 48/24-60/30, Dz: 90/45-105/52, ⊣
WC ⓒ, 3 ⛄, 🅿, Restaurant
geschl.: Mi, 5.-14.3.01, 30.8.-20.9.01

Ziesar 28 ↘

Brandenburg
Kreis Potsdam-Mittelmark
ℹ Tel (03 38 30) 2 19
Stadtverwaltung
✉ 14793 Mühlenstr. 15 A, in der Burg

✶ Burg-Hotel
Frauentor 5, Tel (03 38 30) 66 60,
Fax 66 61 11, ✉ 14793, AX ED VA
13 Zi, Ez: 89/44-115/57, Dz: 126/63-136/68, ⊣
WC ⓒ DFÜ, 🅿, 🏠, 2⊂⊃30, Restaurant

Zingst 13 ↖

Mecklenburg-Vorpommern
Kreis Nordvorpommern
EW 3200
ℹ Tel (03 82 32) 81 50, Fax 8 15 89
Kur-und Tourismus GmbH
✉ 18374 Seestr. 57

✶✶ Meerlust
Seestr. 68, Tel (03 82 32) 88 50, Fax 8 85 99,
✉ 18374, ED VA
30 Zi, Ez: 115/57-185/93, Dz: 140/70-240/120,
1 Suite, 16 App., WC ⓒ, 19 ⛄, Lift, 🅿, 🏠, 🏠,
Fitnessraum, Sauna, Solarium, Restaurant

✶✶ Hus Sünnenkringel
Schulstr. 15, Tel (03 82 32) 88 30, Fax 8 83 88,
✉ 18374
14 Zi, Ez: 65/32-120/60, Dz: 99/49-150/75,
2 Suiten, 6 App., ⊣ WC ⓒ, 🅿, Sauna, Solarium,
garni

✶ Seebrücke
Seestr. 2, Tel (03 82 32) 8 40, Fax 1 57 87,
✉ 18374, AX ED VA
☽ ⓢ, 22 Zi, 8 App., ⊣ WC ⓒ, 🅿, 🏠, 3⊂⊃45,
Sauna, Solarium, Restaurant

✶ Meeresrauschen
Seestr. 3, Tel (03 82 32) 13 01, Fax 8 01 84,
✉ 18374, AX ED VA
☽ ⓢ, 13 Zi, Ez: 80/40-100/50, Dz: 99/49-150/75,
5 Suiten, ⊣ WC ⓒ, 🅿, Restaurant
geschl.: 5.11.-22.12.00

✶ Boddenhus
Hafenstr. 9, Tel (03 82 32) 1 57 13,
Fax 1 56 29, ✉ 18374, AX ED VA
ⓢ, 19 Zi, Ez: 80/40-110/55, Dz: 100/50-180/90,
1 Suite, ⊣ WC ⓒ, 🅿, Restaurant

✶ Am Strand
Birkenstr. 21 / Ecke Seestr.,
Tel (03 82 32) 1 56 00, Fax 1 56 03, ✉ 18374
☽ ⓢ, 11 Zi, Ez: 80/40-146/73,
Dz: 100/50-180/90, 6 Suiten, ⊣ WC ⓒ, 🅿, 🏠,
Sauna, Solarium, Restaurant

Appartementhotels/Boardinghäuser

Steigenberger Esprix
Strandstr. 31, Tel (03 82 32) 8 50, Fax 8 59 99,
✉ 18374, AX DC ED VA
ⓢ, Ez: 105/52-275/138, Dz: 140/70-364/183,
102 App., ⊣ WC ⓒ, Lift, 🅿, 🏠, 3⊂⊃70, Sauna,
Solarium
Zimmer der Kategorie ✶✶✶.

Müggenburg-Außerhalb (5 km →)

✶ Apparthotel Schlößchen
Sundische Wiese, Tel (03 82 32) 81 80,
Fax 8 18 38, ✉ 18374, DC ED VA
einzeln ☽, 15 App., ⊣ WC ⓒ, 🅿, 1⊂⊃25, Sauna,
Restaurant

Zinnowitz siehe Usedom

Zirndorf 57 ↙

Bayern / Kreis Fürth
EW 25967
ℹ Tel (09 11) 9 60 00, Fax 9 60 01 29
Kulturamt
✉ 90513 Fürther Str. 8

✶✶ Akzent-Hotel Rangau
Banderbacher Str. 27, Tel (09 11) 9 60 10,
Fax 9 60 11 00, ✉ 90513, AX ED VA
14 Zi, Ez: 138/69-210/105, Dz: 188/94-249/125,
6 App., ⊣ WC ⓒ DFÜ, 4 ⛄, Lift, 🅿, 3⊂⊃50,
Kegeln
Auch Zimmer der Kategorie ✶ vorhanden.
🍴 Hauptgericht 23/11, Terrasse,
geschl.: Mo

⌁ Gasthof Bub
Fürther Str. 5, Tel **(09 11) 60 67 05**,
Fax **6 00 29 08**, ✉ 90513, AX DC ED VA
20 Zi, Ez: 60/30-70/35, Dz: 94/47, ⊐ WC ⌀, **P**,
1↺60, Restaurant
Historisches Fachwerkgebäude aus dem 17. Jh.
Auch Zimmer der Kategorie ✱ vorhanden.

Zittau 41 ↗

Sachsen / Kreis Löbau-Zittau
EW 29000
ℹ Tel (0 35 83) 75 21 38, Fax 75 21 61
Tourist-Information Zittau
✉ 02763 Markt 1

Stadt im Dreiländereck; Ausstellungsort des in Deutschland einmaligen „Großen Zittauer Fastentuch" (1472), Tor z. Zittauer Gebirge.

siehe auch Bertsdorf-Hörnitz

✱✱ Dreiländereck
Bautzener Str. 9, Tel **(0 35 83) 55 50**,
Fax **55 52 22**, ✉ 02763, AX DC ED VA
44 Zi, Ez: 105/52-130/65, Dz: 139/70-159/80,
3 Suiten, ⊐ WC ⌀, 17 ⛄, Lift, 🅐, 3↺70,
Restaurant
Auch Zimmer der Kategorie ✱✱✱ vorhanden.

✱✱ Dresdner Hof
Äußere Oybiner Str. 9, Tel **(0 35 83) 5 73 00**,
Fax **57 30 50**, ✉ 02763, ED VA
36 Zi, Ez: 90/45-100/50, Dz: 115/57-130/65,
1 Suite, ⊐ WC ⌀, Lift, **P**, 1↺40, Sauna,
Solarium, Restaurant
Auch Zimmer der Kategorie ✱ vorhanden.

✱✱ Lindenhotel
Chr-Keimann-Str. 34, Tel **(0 35 83) 55 20**,
Fax **55 22 99**, ✉ 02763, AX ED VA
32 Zi, Ez: 80/40-100/50, Dz: 130/65-140/70,
1 Suite, 10 App., ⊐ WC ⌀ DFÜ, 4 ⛄, Lift, **P**, 🅐,
2↺50, 🅐, Sauna, Restaurant

✱ Sittavia
Lisa-Tetzner Str. 19, über Schwenninger Weg,
Tel **(0 35 83) 68 79 20**, Fax **6 87 92 99**,
✉ 02763, ED VA
30 Zi, Ez: 75/37-100/50, Dz: 120/60, 1 Suite, ⊐
WC ⌀, **P**, Restaurant

⌁ Riedel
Friedensstr. 23, Tel **(0 35 83) 68 60**,
Fax **68 61 00**, ✉ 02763, ED VA
45 Zi, Ez: 77/38, Dz: 86/43, ⊐ WC ⌀, 4 ⛄, **P**,
Sauna, Restaurant
Rezeption: 6.30-22

Zöllnitz 48 ↗

Thüringen / Kreis Jena
ℹ Tel (0 36 41) 39 58 01
Gemeindeverwaltung
✉ 07751 Dorfstr. 34

✱✱ Fair Hotel
Ilmnitzer Landstr. 3, Tel **(0 36 41) 76 76**,
Fax **76 77 67**, ✉ 07751, AX DC ED VA
112 Zi, Ez: 99/49-119/59, Dz: 129/64-149/75,
1 Suite, ⊐ WC ⌀ DFÜ, 72 ⛄, Lift, **P**, 8↺200,
Restaurant

Zons siehe Dormagen

Zorge 37 ↖

Niedersachsen / Kreis Osterode
EW 1650
ℹ Tel (0 55 86) 96 60 70, Fax 96 60 60
Tourist-Information
✉ 37449 Am Kurpark 4

⌁ Bergschlößchen
Taubental 26a, Tel **(0 55 86) 9 67 60**,
Fax **96 76 56**, ✉ 37449, AX DC VA
9 Zi, Ez: 52/26-68/34, Dz: 98/49-108/54, 3 App,
⊐ WC ⌀, **P**, 🅐, Sauna, Solarium, Restaurant

⌁ Wolfsbach
Hohegeißer Str. 25, Tel **(0 55 86) 4 26**,
Fax **97 12 46**, ✉ 37449
16 Zi, Ez: 60/30-65/32, Dz: 106/53-118/59, ⊐
WC, **P**, Restaurant
geschl.: 25.10.-15.12.00, 21.3.-11.4.01

🍴 Kleine Kommode
Am Kurpark 9, Tel **(0 55 86) 16 94**,
Fax **99 97 18**, ✉ 37449
Hauptgericht 28/14-40/20, nur abends,
geschl.: Do, 30.10.-26.11.00

Zorneding 72 □

Bayern / Kreis Ebersberg
EW 8250
ℹ Tel (0 81 06) 38 40, Fax 2 97 21
Gemeindeverwaltung
✉ 85604 Schulstr. 13

✱✱ Landgasthof Eschenhof
Anton-Grandauer-Str. 17, Tel (0 81 06) 28 82,
Fax 2 20 75, ✉ 85604, AX DC ED VA
29 Zi, Ez: 115/57-175/88, Dz: 145/73-250/125,
2 App, ⊟ WC Ⓒ, **P**, 🚗, Sauna, Solarium, garni

✱ Neuwirt
Münchner Str. 4, Tel (0 81 06) 2 42 60,
Fax 2 42 61 66, ✉ 85604, AX DC ED VA
30 Zi, Ez: 115/57-145/73, Dz: 150/75-180/90,
⊟ WC Ⓒ, 4 ⇔, **P**, 🚗, 2⟲40, Kegeln

🍴 Hauptgericht 18/9, Terrasse, Biergarten

Zossen 30 ↘

Brandenburg / Kreis Teltow-Fleming
EW 6860
ℹ Tel (0 33 77) 30 40 35, Fax 30 40 49
Amt Zossen
✉ 15806 Marktplatz 20/21

✱✱ Berlin
Bahnhofstr. 28, Tel (0 33 77) 32 50,
Fax 32 51 00, ✉ 15806, AX DC ED VA
50 Zi, Ez: 90/45-110/55, Dz: 130/65-140/70,
7 Suiten, 2 App, ⊟ WC Ⓒ, 15 ⇔, Lift, **P**,
3⟲110, Restaurant
Auch Zimmer der Kategorie ✱ vorhanden.

✱ Reuner
Machnower Chaussee 1 a, an der B 96,
Tel (0 33 77) 30 13 70, Fax 30 13 71, ✉ 15806,
AX DC ED VA
17 Zi, Ez: 95/47-130/65, Dz: 130/65-150/75,
1 App, ⊟ WC Ⓒ, 2 ⇔, Lift, **P**, 1⟲40,
Restaurant
Auch Zimmer der Kategorie ✱✱ vorhanden.

Zschorlau 50 ✓

Sachsen / Kreis Aue-Schwarzenberg
EW 526
ℹ Tel (0 37 71) 45 81 27
Gemeinde Zschorlau
✉ 08321 August-Bebel-Str 78

Burkhardtsgrün

✱ Am Alten Zollhaus
Hauptstr. 19, Tel (03 77 52) 62 00, Fax 62 06,
✉ 08318, AX DC ED VA
16 Zi, Ez: 80/40-95/47, Dz: 120/60-150/75,
2 Suiten, ⊟ WC Ⓒ DFÜ, 2 ⇔, **P**, 2⟲25, 🚗,
Sauna, Solarium, Restaurant

Zützen 22 ↘

Brandenburg / Kreis Uckermark
EW 301
ℹ Tel (03 33 36) 6 75 90
Amt Oder-Welse
✉ 16306 Schwedter Straße 46

✱ Oder-Hotel
Apfelallee 2, Tel (0 33 32) 26 60, Fax 26 62 66,
✉ 16306, AX ED VA
33 Zi, Ez: 80/40-110/55, Dz: 100/50-140/70, ⊟
WC Ⓒ, 5 ⇔, **P**, 2⟲50, Restaurant
Auch Zimmer der Kategorie ✱✱ vorhanden.

Zusmarshausen 63 ↓

Bayern / Kreis Augsburg
EW 5930
ℹ Tel (0 82 91) 91 66
Verkehrsverein
✉ 86441 Wertinger Straße 9

✱✱ Die Post
Augsburger Str. 2, Tel (0 82 91) 1 88 00,
Fax 83 63, ✉ 86441, DC ED VA
17 Zi, Ez: 85/42-130/65, Dz: 164/82-184/92,
6 Suiten, 2 App, ⊟ WC Ⓒ, 12 ⇔, Lift, **P**, 🚗,
4⟲180, 🚗, Fitnessraum, Sauna, Solarium,
Golf, Kinderbetreuung
Auch Zimmer der Kategorie ✱ vorhanden.
🍴🍴🍴 Hauptgericht 35/17-50/25, Terrasse,
Biergarten

Zweibrücken 53 ✓

Rheinland-Pfalz
EW 37634
ℹ Tel (0 63 32) 87 11 23, Fax 87 11 00
Büro für Fremdenverkehr
✉ 66482 Herzogstr. 1

1108

✱ Silencehotel Europas Rosengarten
Rosengartenstr. 60, Tel **(0 63 32) 97 70**, Fax **97 72 22**, ✉ 66482, AX DC ED VA
⌁, 47 Zi, Ez: 122/61-140/70, Dz: 174/87-185/93, 1 App, ⌐ WC ⓒ, 10 ⌕, Lift, 3⌬80

¶¶ Lichtergarten
Hauptgericht 25/12, Terrasse, Biergarten

Zweibrücken-Außerhalb (2 km →)

✱✱ Romantik Hotel Fasanerie ♛
Fasanerie 1, Tel **(0 63 32) 97 30**, Fax **97 31 11**, ✉ 66482, AX ED VA
einzeln ⌁, 37 Zi, Ez: 189/95-227/114, Dz: 267/134-342/172, 13 Suiten, 13 App, ⌐ WC ⓒ, 15 ⌕, P, 7⌬120, ⌂, Sauna, Solarium
Auch Zimmer der Kategorie ✱✱✱ vorhanden.

¶¶ Tschifflik
Hauptgericht 48/24-54/27, geschl.: Mo, So, 7.-24.1.01

Landhaus
Hauptgericht 15/7-29/14, ab 15, So ab 11

Zweiflingen 55 ↘

Baden-Württemberg / Hohenlohekreis
EW 1500
🛈 Tel (0 79 48) 4 76, Fax 24 40
Bürgermeisteramt
✉ 74639 Eichacher Str. 21

Friedrichsruhe

✱✱✱✱ Wald- und Schloßhotel Friedrichsruhe ♛
Relais & Châteaux
Tel **(0 79 41) 6 08 70**, Fax **6 14 68**, ✉ 74639, AX DC ED VA
einzeln ⌁, 29 Zi, Ez: 195/98-350/176, Dz: 295/148-420/211, 16 Suiten, ⌐ WC ⓒ DFÜ, Lift, P, ⌂, 3⌬120, ⟆, ⌂, Sauna, Golf, 1 Tennis

Weitläufige Parkanlage mit vier, teilweise historischen Gebäuden. Im Jagdschloß auch einfache, mit antiken Möbeln eingerichtete Zimmer.

¶¶¶ Hauptgericht 48/24-65/32 🍷🍴🍴
Terrasse

¶¶ Jägerstube ✚
Hauptgericht 30/15-38/19, Terrasse

Zwesten, Bad 35 ↓

Hessen / Schwalm-Eder-Kreis
EW 4300
🛈 Tel (0 56 26) 7 73, Fax 99 93 26
Kurverwaltung
✉ 34596 Ringstr. 1

✱ Altenburg
Hardtstr. 1 a, Tel **(0 56 26) 8 00 90**, Fax **80 09 39**, ✉ 34596, AX DC ED VA
46 Zi, Ez: 64/32-150/75, Dz: 112/56-190/95, 4 App, ⌐ WC ⓒ, 11 ⌕, P, 3⌬80, Fitnessraum, Kegeln, Sauna, Solarium, Restaurant
geschl.: 6.-17.11.00, 10.1.-10.2.01

✱ Landhotel Kern
Brunnerstr. 10, Tel **(0 56 26) 99 70**, Fax **99 72 22**, ✉ 34596, AX DC ED VA
58 Zi, Ez: 78/39-120/60, Dz: 136/68-150/75, ⌐ WC ⓒ, Lift, P, 2⌬25, ⌂, Sauna, Solarium, Restaurant
geschl.: 10.1.-15.3.01

Zwethau 39 →

Sachsen / Kreis Torgau-Oschatz
EW 2524
🛈 Tel (0 34 21) 70 72 61
Gemeindeverwaltung
✉ 04886 Elbaue 64e

✱ Wenzels Hof
Herzberger Str. 7, Tel **(0 34 21) 7 31 10**, Fax **73 11 25**, ✉ 04886, AX DC ED VA
22 Zi, Ez: 95/47-115/57, Dz: 135/67-155/78, ⌐ WC ⓒ, 5 ⌕, P, 1⌬60, Sauna, Restaurant

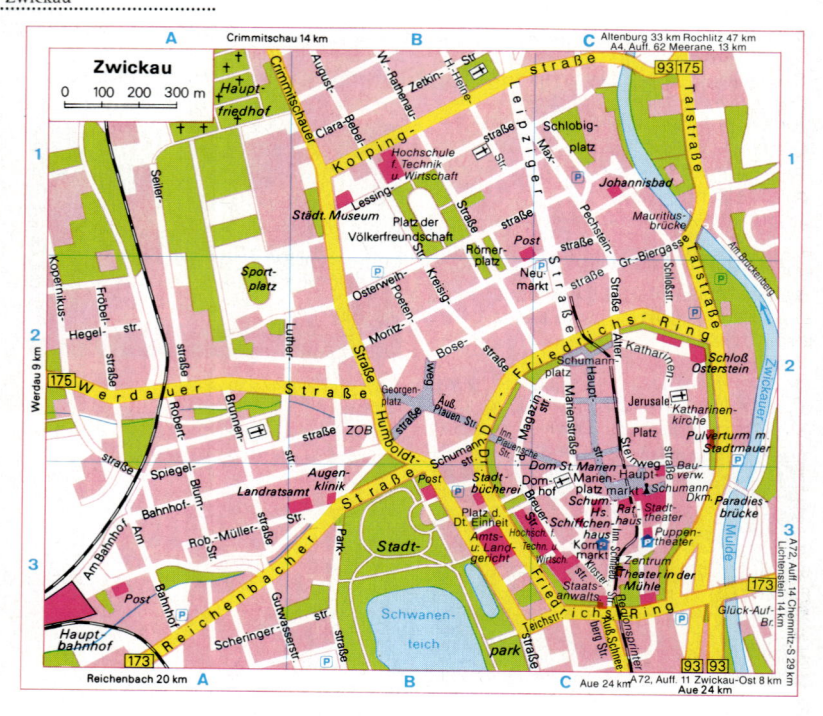

Zwickau

49 ↗

Sachsen
EW 102000
ℹ Tel (03 75) 83 52 70, Fax 29 37 15
Tourist Information
✉ 08056 Hauptstr. 6

siehe auch Fraureuth

★★★ Holiday Inn
Am Kornmarkt 9 (C 3), Tel (03 75) 2 79 20,
Fax 2 79 26 66, ✉ 08056, AX DC ED VA
115 Zi, Ez: 125/62-195/98, Dz: 161/81-229/115,
5 Suiten, 7 App, ⌐ WC ⊘ DFÜ, 76 ⇐, Lift, 🚗,
5⇔200, Fitnessraum, Sauna, Solarium, Golf

¶¶ Pavillon
Hauptgericht 34/17-43/21, nur abends,
geschl.: So, Mo

★★ Best Western Airport Hotel
Olzmannstr. 57, Tel (03 75) 5 60 20,
Fax 5 60 21 51, ✉ 08060, AX DC ED VA, Ⓢ
115 Zi, Ez: 99/49-149/75, Dz: 130/65-180/90,
2 Suiten, 7 App, ⌐ WC ⊘ DFÜ, 72 ⇐, Lift, Ⓟ,
3⇔150, Sauna, Solarium, Restaurant

★ Achat
Leipziger Str. 180, Tel (03 75) 87 20,
Fax 87 29 99, ✉ 08058, AX ED VA, Ⓢ
137 Zi, Ez: 77/38-166/83, Dz: 88/44-216/108,
4 Suiten, 67 App, ⌐ WC ⊘ DFÜ, 64 ⇐, Lift, Ⓟ,
🚗, 4⇔120, Sauna, Restaurant
Langzeitvermietung möglich.

★ Aparthotel 1A
Robert Müller Str. 1 A, Tel (03 75) 27 57 50,
Fax 2 75 75 30, ✉ 08056, ED VA
7 Zi, Ez: 90/45-115/57, Dz: 115/57-130/65,
2 Suiten, 1 App, ⌐ WC ⊘, 2 ⇐, Ⓟ, garni

★ Haus Marienthal
Marienthaler Str. 122, Tel (03 75) 5 67 70,
Fax 56 77 27, ✉ 08060
12 Zi, Ez: 69/34-95/47, Dz: 99/49-129/64, ⌐
WC ⊘, 2 ⇐, Ⓟ, Restaurant

★ Gerisch
Wildenfelser Str. 20 A, Tel (03 75) 21 29 40,
Fax 29 44 51, ✉ 08056
15 Zi, Ez: 85/42, Dz: 120/60, ⌐ WC ⊘ DFÜ,
10 ⇐, Ⓟ

Zwiefalten 69 ↖

Baden-Württemberg
Kreis Reutlingen
EW 2200
🛈 Tel (0 73 73) 2 05 20, Fax 2 05 55
Verkehrsamt
✉ 88529 Marktplatz 3

🛏 **Zur Post**
Hauptstr. 44, Tel (0 73 73) 3 02, Fax 23 60,
✉ 88529
18 Zi, Ez: 45/22-60/30, Dz: 70/35-98/49, 3 App,
⊟ WC ⓒ, 2 ✎, **P**, 🕿, 2⊖70, Restaurant
geschl.: 10-31.1.01

Zwiesel 66 ↖

Bayern / Kreis Regen
EW 10400
🛈 Tel (0 99 22) 13 08, Fax 56 55
Tourist-Information
✉ 94227 Stadtplatz 27

✻ **Zur Waldbahn**
Bahnhofsplatz 2, Tel (0 99 22) 85 70,
Fax 85 72 22, ✉ 94227, AX DC ED VA
25 Zi, Ez: 85/42-110/55, Dz: 140/70-190/95, ⊟
WC ⓒ, 3⊖80, 🕿, Sauna, Solarium, Golf
geschl.: 16.4.-6.5.01
¶¶ Hauptgericht 21/10, Biergarten, **P**,
geschl.: 16.4.-6.5.01

✻ **Magdalenenhof**
Ahornweg 17, Tel (0 99 22) 85 60, Fax 67 08,
✉ 94227, AX DC ED VA
♪ ₤, 35 Zi, Ez: 70/35-90/45, Dz: 100/50-150/75,
23 App, ⊟ WC ⓒ, **P**, 🕿, Sauna, Solarium, Golf,
Restaurant
geschl.: 1.10.-18.12.00

✻ **Kapfhammer**
Holzweberstr. 6-10, Tel (0 99 22) 8 43 10,
Fax 65 46, ✉ 94427
46 Zi, Ez: 70/35-80/40, Dz: 110/55-130/65, ⊟
WC ⓒ, 4 ✎, **P**, Sauna, Solarium, Restaurant
geschl.: 1.11.-10.12.00

✻ **Glas Hotel Bergfeld**
Hochstr. 45, Tel (0 99 22) 85 40, Fax 85 41 00,
✉ 94227
♪ ₤, 25 Zi, Ez: 70/35-95/47, Dz: 140/70-160/80,
1 App, ⊟ WC ⓒ, 25 ✎, **P**, 🕿, 🕿, Sauna,
Solarium, Restaurant
Rezeption: 8-20, geschl.: So, 18.3.-10.4.01,
11.11.-20.12.01

Zwieslerwaldhaus siehe Lindberg

Zwingenberg 54 →

Hessen / Kreis Bergstraße
EW 7050
🛈 Tel (0 62 51) 70 03 22, Fax 70 03 33
Touristinformation
✉ 64673 Untergasse 16

Sehenswert: Historische Altstadt, Fachwerkhäuser, historische Scheuergasse; Weinlehrpfad.

✻✻ **Zur Bergstraße**
Bahnhofstr. 8, Tel (0 62 51) 1 78 50,
Fax 17 85 55, ✉ 64673, AX DC ED VA
21 Zi, Ez: 135/67-155/78, Dz: 175/88-190/95,
2 Suiten, ⊟ ⓒ DFÜ, 5 ✎, Lift, **P**, garni
geschl.: 23.12.00-7.1.01

¶¶ **Freihof**
Marktplatz 8, Tel (0 62 51) 7 95 59,
Fax 7 67 12, ✉ 64673, AX ED VA
Hauptgericht 21/10-42/21, Gartenlokal, **P**,
nur abends, geschl.: So
Italienische Küche.

Zwischenahn, Bad 16 ↓

Niedersachsen / Kreis Ammerland
EW 24334
🛈 Tel (0 44 03) 5 90 81, Fax 6 11 58
Kurverwaltung
✉ 26160 Auf dem Hohen Ufer 24

✻✻✻ **Haus am Meer**
Auf dem Hohen Ufer 25, Tel (0 44 03) 94 00,
Fax 94 03 00, ✉ 26160, AX DC ED VA
70 Zi, Ez: 130/65-200/100, Dz: 190/95-235/118,
1 Suite, ⊟ WC ⓒ DFÜ, 12 ✎, Lift, **P**, 🕿,
5⊖300, Sauna, Golf
Auch Zimmer der Kategorie **✻✻** vorhanden.

¶¶ **Deters**
Hauptgericht 26/13-40/20, Terrasse

✻✻ **Villa am Park**
Unter den Eichen 30, Tel (0 44 03) 9 36 50,
Fax 5 96 20, ✉ 26160, AX ED VA

Zwischenahn, Bad

⏴, 17 Zi, Ez: 145/73-155/78,
Dz: 220/110-320/161, ⇨ WC ⌀ DFÜ, **P**, 🏠,
1⇔16, 🛁, Sauna, Solarium, Golf, garni
Auch Zimmer der Kategorie **✸✸✸** vorhanden.

✸✸ Seehotel Fährhaus
Auf dem Hohen Ufer 8, **Tel (0 44 03) 60 00**,
Fax 60 05 00, ✉ 26160, AX DC ED VA
⏴ ✱, 58 Zi, Ez: 112/56-152/76,
Dz: 172/86-228/114, ⇨ WC ⌀, Lift, **P**, 🏠,
6⇔150, 🛁, Sauna, Solarium

🍴 Panorama
✱, Hauptgericht 18/9-39/19, Terrasse

✸✸ Kopenhagen
Brunnenweg 8, **Tel (0 44 03) 9 18 10**,
Fax 6 40 10, ✉ 26160, AX DC ED VA
14 Zi, Ez: 95/47-135/67, Dz: 80/40-210/105,
2 Suiten, ⇨ WC ⌀, **P**, Sauna, Solarium,
Restaurant

✸✸ Kämper
Minotel
Georgstr. 12, **Tel (0 44 03) 92 60**, **Fax 6 37 97**,
✉ 26160, DC ED VA, Ⓢ
27 Zi, Ez: 90/45-145/73, Dz: 150/75-195/98,
2 App, ⇨ WC ⌀, 20 🛏, Lift, **P**, 3⇔80, Kegeln,
Sauna, Solarium

🍴 Hauptgericht 25/12, Terrasse

✸✸ Ringhotel Burg Hotel
mit Rosenhof
Zum Rosenteich 14, **Tel (0 44 03) 92 30 00**,
Fax 92 31 00, ✉ 26160, AX DC ED VA, Ⓢ
⏴, 75 Zi, Ez: 115/57-145/73,
Dz: 170/85-206/103, 3⇔70
Auch Zimmer der Kategorie **✸** vorhanden.

✸ Bad Zwischenahn
Am Badepark 50, **Tel (0 44 03) 69 60**,
Fax 69 63 73, ✉ 26160, DC ED VA
⏴, 50 Zi, Ez: 90/45, Dz: 170/85, 5 Suiten, ⇨ WC
⌀, 4 🛏, Lift, **P**, 🏠, 3⇔80, Restaurant

✸ Haus Ammerland
Rosmarinweg 24, **Tel (0 44 03) 92 83 00**,
Fax 92 83 83, ✉ 26160, ED

⏴, 21 Zi, Ez: 85/42-115/57, Dz: 145/73-160/80,
3 Suiten, 8 App, ⇨ WC ⌀, 4 🛏, **P**, Solarium,
Restaurant

🍴 Der Ahrenshof
Oldenburger Str, **Tel (0 44 03) 39 89**,
Fax 6 40 27, ✉ 26160, DC ED VA
🍷, Hauptgericht 29/14-48/24, Biergarten, **P**
Ehemaliges Ammerländer Bauernhaus aus dem
Jahr 1688.

Spieker
Am Hogenhagen 3, **Tel (0 44 03) 23 24**,
Fax 8 12 10, ✉ 26160
🍷, Hauptgericht 20/10, Biergarten, Gartenlokal,
P

Der Spieker - älteste Ammerländer Gaststätte
am Zwischenahner Meer. Spezialität:
Smoortaal.

Appartementhotels/Boardinghäuser

Landhaus Haake
Speckener Weg 28, **Tel (0 44 03) 92 00**,
Fax 9 20 92, ✉ 26160
⏴, 19 Zi, Ez: 80/40-100/50, Dz: 115/57-130/65,
4 Suiten, 11 App, ⇨ WC ⌀, 6 🛏, **P**, 🏠, 🛁,
Sauna, Solarium, garni
Zimmer der Kategorien **✸** und **✸✸**

Aschhauserfeld (2 km ↗)

✸✸✸ Romantik Hotel
Jagdhaus Eiden am See
Eidenring, **Tel (0 44 03) 69 80 00**,
Fax 69 83 98, ✉ 26160, ED VA
⏴ ✱, 71 Zi, Ez: 128/64-169/85,
Dz: 184/92-250/125, 2 Suiten, ⇨ WC ⌀ DFÜ,
8 🛏, Lift, **P**, 🏠, 6⇔60, 🛁, Fitnessraum,
Kegeln, Sauna, Solarium, Golf
Auch Zimmer der Kategorie **✸✸** vorhanden.
Spielbank im Haus.

🍴🍴🍴 Apicius 🔴
Hauptgericht 45/22-50/25, geschl.: Mi, So,
7.-29.1.01, 15.-30.7.01

🍴🍴 Jäger- und Fischerstube
Hauptgericht 25/12-48/24, Terrasse

⋆⋆ Tulip Inn Amsterdam
Wiefelsteder Str. 18, Tel (0 44 03) 93 40,
Fax 93 42 34, ✉ 26160, AX DC ED VA
40 Zi, Ez: 99/49-140/70, Dz: 149/75-179/90, ⌐⌐
WC ✪ DFÜ, 18 ⛌, Lift, Ⓟ, 2✪30, Sauna,
Solarium, Restaurant
Auch Zimmer der Kategorie ⋆ vorhanden.

⋆ Pension Andrea
Wiefelsteder Str. 43, Tel (0 44 03) 47 41,
Fax 47 45, ✉ 26160, AX DC ED VA
16 Zi, Ez: 65/32-90/45, Dz: 130/65-160/80,
2 App, ⌐⌐ WC ✪, 8 ⛌, Ⓟ, garni

Aue (3 km ↗)

🍴 Klosterhof
Wiefelsteder Str, Tel (0 44 03) 91 59 90,
Fax 9 15 99 25, ✉ 26160, ED VA
♨, Hauptgericht 15/7-40/20, Terrasse,
Gartenlokal, Ⓟ, geschl.: Mo
Ammerländer Gasthaus.

Dänikhorst (7 km ↙)

⋆ Hubertus mit Neumanns Ponyhof Flair Hotel
Hauptstr. 2, Tel (0 44 03) 9 35 20,
Fax 93 52 50, ✉ 26160, ED VA
23 Zi, Ez: 95/47-110/55, Dz: 140/70-195/98,
1 Suite, ⌐⌐ WC ✪, Ⓟ, ⌂, 2✪45, ⌂, Sauna,
Solarium, Restaurant
geschl.: 5.-26.1.01

Dreibergen

⋆⋆⋆ Seeschlößchen Dreibergen
Dreibergerstr. 21-23, Tel (0 44 03) 98 70,
Fax 98 71 55, ✉ 26160, AX ED VA
☾ ✿, 62 Zi, Ez: 130/65-240/120,
Dz: 210/105-260/130, ⌐⌐ WC ✪, 44 ⛌, Lift, Ⓟ,
⌂, 3✪150, Sauna, Solarium, Restaurant
Bäderabteilung Oasis. Auch Zimmer der
Kategorie ⋆⋆ vorhanden.

Zwönitz 50 □

Sachsen / Kreis Stollberg
EW 12300
ℹ Tel (03 77 54) 3 51 58, Fax 3 51 99
Stadtverwaltung
✉ 08297 Markt 6

Kleinstadt im Erzgebirge; Sehenswert: histor.
Marktplatz mit Postmeilensäule, Nachtwächter.

⋆ Stadt Zwönitz
Am Mühlgraben 10, Tel (03 77 54) 7 20,
Fax 7 24 04, ✉ 08297, AX ED VA
35 Zi, Ez: 90/45, Dz: 132/66-147/74, 1 Suite,
3 App, ⌐⌐ WC ✪ DFÜ, Lift, Ⓟ, 1✪30,
Fitnessraum, Sauna, Solarium, Restaurant
Auch Zimmer der Kategorie ⋆⋆ vorhanden.

⋆ Roß
Markt 1, Tel (03 77 54) 22 52, Fax 7 75 33,
✉ 08297, ED VA
21 Zi, Ez: 70/35-80/40, Dz: 120/60, ⌐⌐ WC ✪,
⌂, 1✪20, Restaurant

Zwota 49 ↓

Sachsen / Vogtlandkreis
EW 1650
ℹ Tel (03 74 67) 2 22 60, Fax 2 30 78
Fremdenverkehrsbüro
✉ 08267 Markneukirchner Str. 32

🛏 Gasthof Zwota
Klingenthaler Str. 56, Tel (03 74 67) 56 70,
Fax 5 67 67, ✉ 08267
35 Zi, Ez: 50/25-80/40, Dz: 80/40-100/50, ⌐⌐
WC ✪, 12 ⛌, Ⓟ, ⌂, Sauna, Solarium,
Restaurant

Rasten an den Autobahnen

Gastronomie und Hotellerie an den Autobahnen haben spezielle Aufgaben zu erfüllen und können deswegen nicht mit den Maßstäben gemessen werden, die der Varta-Führer sonst anlegt.
Um aber Qualitätsunterschiede trotzdem sichtbar werden zu lassen, stellen wir zwei Qualitätsstufen dar:
- Die empfehlenswerten Betriebe werden in die Auswahl aufgenommen.
- Die Betriebe, deren Leistung über dem Durchschnitt liegt, erkennen Sie am rot unterlegtem Betriebsteil.

Öffnungszeiten bei kombinierten Betrieben (Selbstbedienungs- und Service-Restaurant) liegen häufig nicht fest.
Zimmerpreise bitte bei Reservierung nachfragen.

1

Fehmarn – Hamburg – Bremen – Dortmund – Köln

Buddikate Ost
Tel.: (04534) 351, Fax 7397
22965 Todendorf
Service-Restaurant

Stillhorn Ost
Tel.: (040) 750170, Fax 75017189
21109 Hamburg
Straßenverbindung mit Stillhorn West.
Buchungsbüro für Skandinavienfähren
Service-Restaurant, Motel

Hollenstedt Nord
Tel.: (04165) 21430, Fax 214343
21279 Hollenstedt
Motel

Wildeshausen Nord
Tel.: (04431) 93970, Fax 939713
27801 Dötlingen
SB-Restaurant

Brückenrasthaus Dammer Berge
Tel.: (05493) 685, Fax 5745
49451 Holdorf
SB-Restaurant, Service-Restaurant

Tecklenburger Land West
Tel.: (05456) 566, Fax 568
49545 Tecklenburg
Service-Restaurant, Bistro, Motel

Tecklenburger Land Ost
Tel.: (05456) 93060, Fax 930648
49545 Tecklenburg
SB-Restaurant, Service-Restaurant

Münsterland West
Tel.: (02534) 496, Fax 9491
48161 Münster
SB-Restaurant

Münsterland Ost
Tel.: (02534) 62020, Fax 620222
48161 Münster
SB-Restaurant, Service-Restaurant

Lichtendorf Nord
Tel.: (02304) 4966, Fax 41559
44289 Dortmund
Service-Restaurant

Lichtendorf Süd
Tel.: (02304) 941420, Fax 9414242
58239 Schwerte
SB-Restaurant, Service-Restaurant

Remscheid Ost
Tel.: (02191) 9030, Fax 903333
42859 Remscheid
Motel SB-Restaurant, Service-Restaurant

10

Berliner Ring – Michendorf Nord

Michendorf Nord
Tel.: (033205) 54001, Fax 54002
14552 Michendorf
SB-Restaurant

Motels und Raststätten

111

Berlin - Stolper Heide

Stolper Heide
Tel.: (03302) 8803, Fax 880444
16540 Stolpe Kreis Oberhavel
Motel, SB-Restaurant
Zimmer der Kategorie **

13

Berlin - Dresden

Freienhufener Eck-West
Tel.: (035754) 2097, Fax 2098
01994 Drochow
Service-Restaurant

14

Halle - Leipzig-Döbeln - BAB-Dreieck Nossen

Hansens Holz
Tel.: (03425) 20111, Fax 20112
04720 Mochau
SB-Restaurant

2

Berlin - Helmstedt - Hannover - Dortmund

Rhynern Nord
Tel.: (02385) 920050, Fax 9200520
59069 Hamm (Westf)
Motel, SB-Restaurant, SB-Restaurant,
Service-Restaurant

Rhynern Süd
Tel.: (02385) 455, Fax 5984
59069 Hamm (Westf)
Motel

Rhynern Süd
Tel.: (02385) 455, Fax 5984
59069 Hamm (Westf)
SB-Restaurant

Gütersloh Nord
Tel.: (05241) 95520, Fax 955222
33334 Gütersloh
Motel, Service-Restaurant

Gütersloh Süd
Tel.: (05241) 95520, Fax 955222
33334 Gütersloh
Service-Restaurant

Herford Nord
Tel.: (05221) 80026, Fax 80027
32049 Herford
SB-Restaurant

Herford Süd
Tel.: (05221) 81097, Fax 84377
32049 Herford
SB-Restaurant

Bad Eilsen Nord
Tel.: (05722) 8220, Fax 85218
31707 Bad Eilsen
Service-Restaurant

Best Western Autobahnhotel
Rasthaus Garbsen Nord
Tel.: (05137) 72021, Fax 71819
30823 Garbsen
Motel Service-Restaurant, Restaurant,
Bistro

Lehrter See Nord
Tel.: (05132) 4888, Fax 51609
31275 Lehrte
Service-Restaurant

Zweidorfer Holz Süd
Tel.: (05303) 91030, Fax 910316
38176 Wendeburg
Service-Restaurant

Helmstedt Süd
Tel.: (05351) 7061, Fax 41077
38350 Helmstedt
SB-Restaurant, Service-Restaurant

Lappwald Nord
Tel.: (05351) 589480, Fax 9878
38350 Helmstedt
SB-Restaurant
Service-Restaurant

Motels und Raststätten

24
Berlin–Hamburg

Gudow Nord
Tel.: (04547) 712, Fax 1211
23899 Gudow
Motel

Gudow Nord
Tel.: (04547) 777, Fax 1276
23899 Gudow
SB-Restaurant, Bistro

Walsleben West
Tel.: (033920) 69233, Fax 69233
16818 Walsleben
SB-Restaurant

Walsleben Ost
Tel.: (033920) 70005, Fax 70004
16818 Walsleben
SB-Restaurant

Linumer Bruch Nord
Tel.: (033927) 60492, Fax 60493
16833 Linum
SB-Restaurant

Linumer Bruch Süd
Tel.: (033927) 60935, Fax 60936
16833 Linum
SB-Restaurant

3
Emmerich – Duisburg – Köln – Frankfurt – Nürnberg – Regensburg – Passau

Hünxe Ost
Tel.: (02858) 9120, Fax 912110
46569 Hünxe
Motel, SB-Restaurant,
Service-Restaurant

Ohligser Heide West
Tel.: (0212) 74064, Fax 76510
42697 Solingen
Service-Restaurant

Siegburg West
Zur alten Poststraße
Tel.: (02241) 66068, Fax 55863
53721 Siegburg
Motel

Fernthal West
Tel.: (02683) 98630, Fax 986354
53577 Neustadt/Wied
Motel, Service-Restaurant

Urbacher Wald Ost
Tel.: (02689) 94410, Fax 944121
56307 Dernbach
SB-Restaurant

Montabaur Ost
Tel.: (02602) 4078, Fax 103450
56410 Montabaur
SB-Restaurant

Heiligenroth West
Best Western
Tel.: (02602) 1030, Fax 103460
56412 Heiligenroth
Motel, Service-Restaurant

Bad Camberg West
Best Western Motel und Rasthaus
Tel.: (06434) 6066, Fax 7004
65520 Camberg, Bad
Motel, Service-Restaurant

Bad Camberg Ost
Tel.: (06434) 7171, Fax 7050
65520 Camberg, Bad
SB-Restaurant

Medenbach Ost
Tel.: (06122) 98310, Fax 983111
65207 Wiesbaden
SB-Restaurant

Spessart Nord
Tel.: (06094) 97120, Fax 971250
63879 Weibersbrunn
SB-Restaurant
Service-Restaurant

Spessart Süd
Tel.: (06094) 9410, Fax 941253
63879 Weibersbrunn
Motel, SB-Restaurant, Bistro

Würzburg Nord
Tel.: (0931) 614020, Fax 6140222
97084 Würzburg
SB-Restaurant
Service-Restaurant
Bistro

Steigerwald Nord
Tel.: (09548) 407, Fax 8358
96193 Wachenroth
SB-Restaurant, Service-Restaurant

Steigerwald Süd
Tel.: (09548) 92320, Fax 9232166
96193 Wachenroth
Motel

Bayerischer Wald Süd
Tel.: (09422) 1826, Fax 5738
94336 Hunderdorf
SB-Restaurant

4

Lüttich – Köln – Olpe – Sauerlandlinie – Erfurt – Dresden – Bautzen

Aachener Land-Nord
Tel.: (02403) 87740, Fax 36211
52249 Eschweiler
SB-Restaurant

Aachener Land-Süd
Tel.: (02403) 87710, Fax 36211
52249 Eschweiler
SB-Restaurant

Eisenach Nord und Süd
Tel.: (03691) 6880, Fax 68833
99819 Krauthausen
Von beiden Seiten anfahrbar
SB-Restaurant
Service-Restaurant

Eichelborn Süd
Tel.: (036209) 4241, Fax 4248
99198 Mönchenholzhausen
SB-Restaurant

Teufelstal Süd
Tel.: (036428) 42821, Fax 42821
07646 Mörsdorf Saale-Holzland-Kreis
SB-Restaurant

Dresdner Tor Nord
Tel.: (035204) 6740, Fax 67460
01723 Wilsdruff
SB-Restaurant, Service-Restaurant

Dresdner Tor Süd
Tel.: (035204) 9050, Fax 90566
01723 Wilsdruff
Motel, SB-Restaurant, Service-Restaurant,

45

Sauerlandlinie – Sauerland West

Siegerland West
Tel.: (02734) 57630, Fax 576333
57258 Freudenberg (Westfalen)
SB-Restaurant

Siegerland Ost
Tel.: (02734) 57500, Fax 575035
57258 Freudenberg (Westfalen)
Motel

Siegerland Ost
Tel.: (02734) 57500, Fax 575035
57258 Freudenberg (Westfalen)
SB-Restaurant

Dollenberg
Tel.: (02772) 92830, Fax 928334
35745 Herborn
SB-Restaurant, Service-Restaurant

5

BAB-Dreieck Kirchheim – Frankfurt – Karlsruhe – Basel

Bergstraße Ost
Tel.: (06251) 38946, Fax 61478
64625 Bensheim
SB-Restaurant

Reinhardshain Nord
Tel.: (06401) 8890, Fax 88911
35305 Grünberg
Motel

Reinhardshain Süd
Tel.: (06401) 91450, Fax 914545
35305 Grünberg
Bistro

Motels und Raststätten

Gräfenhausen Ost
Tel.: (06150) 52438, Fax 52243
64331 Weiterstadt
SB-Restaurant

Hardtwald Ost
Tel.: (06224) 93020, Fax 930233
69207 Sandhausen
SB-Restaurant

Bruchsal West
Tel.: (07251) 7180, Fax 718222
76694 Forst
Motel

Bruchsal Ost
Tel.: (07251) 300322, Fax 86442
76694 Forst
SB-Restaurant

Baden-Baden West
Tel.: (07221) 65043, Fax 17661
76532 Baden-Baden
Von beiden Seiten anfahrbar
SB-Restaurant, Service-Restaurant,
Motel

Bühl Ost
Tel.: (07221) 98590, Fax 985914
77815 Bühl
SB-Restaurant

Renchtal West
Tel.: (07805) 96990, Fax 969950
77767 Appenweier
SB-Restaurant

Mahlberg Ost
Tel.: (07825) 84950, Fax 849530
77972 Mahlberg
SB-Restaurant, Service-Restaurant

Bad Bellingen West
Tel.: (07635) 811021, Fax 811022
79415 Bellingen, Bad
Service-Restaurant

Weil am Rhein Ost
Tel.: (07621) 77477, Fax 76783
79576 Weil am Rhein
SB-Restaurant

6

Saarbrücken – Heilbron – Nürnberg

Waldmohr Nord
Tel.: (06373) 3235, Fax 9060
66914 Waldmohr
Motel, SB-Restaurant,
Service-Restaurant

Am Hockenheimring West
Tel.: (06205) 6891, Fax 6888
68766 Hockenheim
SB-Restaurant, Service-Restaurant

Kraichgau Nord
Tel.: (07261) 2318, Fax 5802
74889 Sinsheim
SB-Restaurant, Service-Restaurant

Kraichgau Süd
Tel.: (07261) 2128, Fax 65095
74889 Sinsheim
SB-Restaurant

Motel und Restaurant im Bäuerlichen Rastmarkt
Tel.: (09804) 93120, Fax 93123
91589 Aurach

61

BAB-Kreuz Meckenheim – Koblenz – Ludwigshafen – BAB-Kreuz Hockenheim

Brohltal West
Tel.: (02636) 97410, Fax 974130
56651 Niederzissen
SB-Restaurant

Wonnegau West
Tel.: (06241) 978180, Fax 97818202
67551 Worms
SB-Restaurant

67

BAB-Kreuz Darmstadt – BAB-Kreuz Mannheim

Pfungstadt Ost
Tel.: (06157) 303132, Fax 2426
64319 Pfungstadt
Motel, SB-Restaurant, Service-Restaurant

Motels und Raststätten

7

Flensburg – Hamburg – Hannover – Kassel – Würzburg – Ulm – Kempten

Brokenlande Ost
Tel.: (04327) 210, Fax 1370
24623 Großenaspe
SB-Restaurant

Holmmoor West
Tel.: (04106) 69290, Fax 66914
25451 Quickborn
SB-Restaurant, Service-Restaurant

Brunautal West
Tel.: (05194) 98550, Fax 985520
29646 Bispingen
Motel, Service-Restaurant

Brunautal Ost
Tel.: (05194) 98980, Fax 989820
29623 Bispingen
Motel, SB-Restaurant

Seesen Ost
Tel.: (05381) 98780, Fax 987815
38723 Seesen
Service-Restaurant

Göttingen West
Tel.: (05509) 9200, Fax 920157
37124 Rosdorf
SB-Restaurant, Motel

Kassel Ost
Tel.: (0561) 95980, Fax 9598100
34253 Lohfelden
SB-Restaurant, Service-Restaurant, Motel

Hasselberg Ost
Tel.: (05685) 99980, Fax 1097
34593 Knüllwald
SB-Restaurant
Bistro

Best Western Roadhouse Kirchheim
Tel.: (06625) 1080, Fax 8656
36275 Kirchheim/Hessen
Motel mit 140 Zimmern, Fitness-Club mit Hallenbad, Business Center
Motel, Service-Restaurant Wintergarten, SB-Restaurant Der Markt

Uttrichshausen West
Tel.: (09742) 349, Fax 1311
36148 Kalbach
SB-Restaurant

Rhön Ost
Tel.: (09747) 828, Fax 1310
97795 Schondra
SB-Restaurant

Riedener Wald West
Tel.: (09363) 701, Fax 6486
97262 Hausen
Motel, SB-Restaurant

Riedener Wald Ost
Tel.: (09363) 90920, Fax 909222
97262 Hausen
Motel, Service-Restaurant

Ellwanger Berge West
Tel.: (07961) 91620, Fax 916222
73479 Ellwangen (Jagst)
SB-Restaurant

Ellwanger Berge Ost
Tel.: (07961) 54028, Fax 55378
73479 Ellwangen (Jagst)
SB-Restaurant, Service-Restaurant

Lonetal Ost
Tel.: (07324) 96150, Fax 961530
89537 Giengen a. d. Brenz
SB-Restaurant

Kunst-Raststätte Illertal Ost
Tel.: (07354) 93220, Fax 932251
88451 Dettingen an der Iller
SB-Restaurant, Service-Restaurant

8

Karlsruhe – Stuttgart – München – Salzburg

Pforzheim Nord
Tel.: (07233) 96410, Fax 964155
75223 Niefern-Öschelbronn
Bistro

Rasthaus Sindelfinger Wald Süd
Tel.: (07031) 70830, Fax 708320
71069 Sindelfingen
Service-Restaurant

Motels und Raststätten

Gruibingen Süd
Tel.: (07335) 5015, Fax 7912
73344 Gruibingen
SB-Restaurant, Service-Restaurant

Aichen Nord
Tel.: (07337) 218, Fax 217
89191 Nellingen
SB-Restaurant

Leipheim Süd
Tel.: (08221) 27800, Fax 2780243
89340 Leipheim
Motel, SB-Restaurant, Service-Restaurant

Irschenberg Süd
Tel.: (08025) 2071, Fax 5250
83737 Irschenberg
Motel, Service-Restaurant

81

Würzburg – Heilbronn – Stuttgart – Singen

Wunnenstein West
Tel.: (07062) 4203, Fax 22859
74360 Ilsfeld
Service-Restaurant

Schönbuch West
Tel.: (07032) 98880, Fax 988877
71154 Nufringen
SB-Restaurant

9

Berlin – Hof – Nürnberg – München

Fläming West
Tel.: (033843) 6360, Fax 63617
14823 Niemegk
Mövenpick Marché SB-Restaurant

Fläming Ost
Tel.: (033843) 6350, Fax 63537
14823 Niemegk
Mövenpick Marché SB-Restaurant

Hermsdorfer Kreuz West
Tel.: (036601) 82961, Fax 82961
07629 Hermsdorf
Motel, Service-Restaurant
Von beiden Seiten anzufahren

Hirschberg Ost
Tel.: (036644) 30301, Fax 30377
07927 Hirschberg (Saale-Orla-Kreis)
Mövenpick Marche Restaurant
Tel.: (036644) 24956, Fax 24927
Motel

Frankenwald West und Ost
Tel.: (09293) 9400, Fax 94040
95180 Berg
SB-Restaurant, Service-Restaurant

Esso-Autohof Münchberg-Nord
Tel.: (09251) 96279, Fax 96280
95213 Münchberg
Service-Restaurant

Galerie Hotel
Tel.: (09273) 9880, Fax 988105
95502 Himmelkron

Nürnberg-Feucht West
Tel.: (09128) 3335, Fax 2343
90537 Feucht
Service-Restaurant

Greding West
Tel.: (08463) 64260, Fax 642630
91171 Greding
Service-Restaurant

Köschinger Forst Ost
Tel.: (08405) 611, Fax 1397
85120 Hepberg
Service-Restaurant

Best Western
In der Holledau West
Tel.: (08441) 8010, Fax 801498
85301 Schweitenkirchen
Motel, Service-Restaurant

93

Pentling Ost
Tel.: (09405) 5597, Fax 6322
93080 Pentling
SB-Restaurant

Schnelle Hilfen für unterwegs

Hilfen für die Reise

Deutsche Rettungsflugwacht in Verbindung mit der Björn-Steiger-Stiftung
Echterdinger Str 89
70794 Filderstadt
✆ (07 11) 7 00 70
Fax: (07 11) 7 00 72 22
Alarmzentrale: ✆ (07 11) 70 10 70

Pannenhilfe

Allgemeiner-Deutscher-Automobil-Club e.V. ADAC
Am Westpark 8, 81373 München
✆ (0 89) 7 67 60
Fax: (0 89) 76 76 25 00
Info-Zentrale: ✆ (0 18 05) 10 11 12
Pannenhilfe: ✆ (0 18 02) 22 22 22

ACE Auto Club Europa e.V.
Schmidener Str 233, 70374 Stuttgart
✆ (07 11) 5 30 30
Fax: (0 18 02) 34 35 37
ACE-Euro Notruf: ✆ (0 18 02) 34 35 36

Auto- und Reiseclub Deutschland ARCD
Oberntiefer Str 20
91438 Bad Windsheim
✆ (0 98 41) 40 90
Fax: (0 98 41) 70 33
Notruf: ✆ (0 18 02) 23 25 27

Automobilclub von Deutschland e. V. AvD
Lyoner Str 16
60528 Frankfurt am Main
✆ (0 69) 6 60 60
Fax: (0 69) 6 60 67 89
Service: ✆ (0 69) 6 60 63 00
Pannenhilfe: ✆ (01 30) 99 09

Volkswagen/Audi: ✆ (01 30) 99 00
BMW: ✆ (0 18 02) 34 32 34
Ford: ✆ (01 30) 49 64
Mercedes: ✆ (01 30) 50 05
Opel: ✆ (01 30) 49 63

Zentralen der Autovermietungen

Avis ✆ (0 61 71) 68 18 00
Homepage: www.avis.com

Europcar ✆ (0 18 05) 80 00
Homepage: www.europcar.de

Hertz ✆ (0 18 05) 33 35 35
Homepage: www.hertz.de

Sixt/rent a car ✆ (0 18 05) 25 25 25
Homepage: www.sixt.de

Zentralruf der Autoversicherer

Bundesweit unter ✆ (0 18 02) 50 26

Kreditkartenunternehmen (Tel.-Nr. zur Verlustmeldung)

AX American Express
24-Std. Dienst ✆ (0 69) 97 97 10 00

DC Diners Club
24-Std. Dienst ✆ (0 59 21) 86 12 34

ED Eurocard
24-Std. Dienst ✆ (0 69) 79 33 19 10

VA Visa
24-Std. Dienst ✆ (01 30) 81 49 10

EC-Karte ✆ (0 69) 74 09 87

AirPlus-Card ✆ (0 61 02) 20 41 99

Mobilfunk (Info-Nr., Verlustmeldung, Service)

C-Netz Telekom ✆ (01 30) 80 01 61

D1-Netz Telekom ✆ (01 30) 01 71

D2-Netz Privat ✆ (08 00) 172 12 12

E-Plus ✆ (01 77) 10 00

Hier können Sie buchen

Diese Auflistung nennt Ihnen Stellen, die Ihnen bei der Zimmerbuchung behilflich sein können. Zum großen Teil handelt es sich um zentrale Buchungseinrichtungen von Ketten oder Kooperationen, die nur über die bei ihnen zusammengeschlossenen Betriebe verfügen können. Da viele dieser Zusammenschlüsse nicht nur in Deutschland aktiv sind, kann Sie dieses Verzeichnis auch bei der Planung von Auslandsreisen unterstützen.

Die mit R hervorgehobenen Telefonanschlüsse sind überwiegend für Buchungen eingerichtet.

Hotel Reservation Service (HRS)
✆ (02 21) 2 07 76 00
Fax: (02 21) 2 07 76 66
Drususgasse 7-11, 50667 Köln
Internet http://www.hrs.de sowie
www.hrs.com
E-Mail: office@hrs.de

Reich's Hotel & Travel Center
(ehemals Marco Polo Travel Center)
✆ (05 11) 9 23 99 5-0
Fax: (05 11) 21 52-6 55
Ihmeplatz 3, 30449 Hannover
E-Mail: ReichsTravelCenter@t-online.de

Accor Reservation Service
(Buchungen für: Sofitel, Novotel, Mercure, Ibis, Coralia Resort Hotels, Jardins de Paris)
✆ (0 61 96) 48 38 00
Fax: (0 61 96) 48 38 17
Dag-Hammerskjöld-Weg 3, 65760 Eschborn
Internet http://www.accorhotel.com

Akzent-Hotelkooperation
R ✆ (0 18 03) 33 33 63
✆ (05 11) 3 37 06 37,
Fax: (05 11) 3 37 06 39
Yorckstr 3, 30161 Hannover
Internet http://www.akzent.de
E-Mail: webmaster@akzent.de

Arabella Sheraton Hotels
R ✆ (00 800) 325 35 35 35
✆ (0 89) 9 20 03-2 00
Fax: (0 89) 9 20 03-2 01
Arabellastr 13-15, 81925 München
Internet http://www.arabellasheraton.de

Astron Hotels
R ✆ (0 18 02) 30 49 49
✆ (0 89) 66 50 25-0
Fax: (0 89) 66 50 25-50
Hauptstr. 8, 82008 Unterhaching
Internet http://www.astron-hotels.de

Best Western Hotels
R ✆ (0 18 02) 21 25 88
✆ (0 61 96) 47 24-0
Fax: (0 61 96) 47 24 12
Frankfurter Str 10-14, 65760 Eschborn
Internet http://www.bestwestern.com
E-Mail: info@bestwestern.de

Carrera HC Reservationsbank
(Buchungen für Minotels, Days Inn of America, Ramada, Elegant Resorts International, Howard Johnson, Warwick Internat. Hotels)
R ✆ (0 18 05) 24 10 10
Fax-Nr.: (0 69) 41 25 25
Borsigallee 17, 60388 Frankfurt am Main
E-Mail: Herzog@Carrera.de

City Line & Country Line Hotel-Marketing
R ✆ (0 18 02) 22 93 94
✆ (05 21) 91 41 70
Fax: (05 21) 9 14 17 22
Duisburger Str 25, 33647 Bielefeld
Internet http://www.ccl-hotels.com
E-Mail: info@ccl-hotels.com

City Partner Hotels
✆ (0 40) 6 56 94 10
Fax: (0 40) 65 68 34 60
Am Neumarkt 30-Skandinavien
Center-Malmö Haus
22041 Hamburg
Internet http://www.citypartner-hotels.de
E-Mail: cph@citypartner-hotels.de

CM CityClass Hotels
✆ (0 21 29) 9 36 30
Fax: (0 21 29) 93 63 33
Kaiserstr 46, 42781 Haan
E-Mail: cityclass@t-online.de

Design Hotels International Zentrale
✆ (08 21) 3 45 45 45
Fax: (08 21) 3 45 45 95
Konrad-Adenauer-Allee 35, 86150 Augsburg
Internet http://www.designhotels.com
E-Mail: augsburg@designhotels.com

Dorint Hotels & Resorts
R ✆ (0 18 02) 26 25 24
✆ (0 21 61) 8 18-0
Fax: (0 21 61) 8 18-1 37
Kaldenkirchener Str 2,
41063 Mönchengladbach
Internet http://www.dorint.de
E-Mail: info@dorint.com

European Castle Hotels & Restaurants Head Office Europe
✆ (0 63 26) 70 00-0
Fax: (0 63 26) 70 00-22
Weinpalais, P.O. BOX 1111
67142 Deidesheim, Deutsche Weinstrasse
Internet http://www.european-castle.com
E-Mail: service@castle.de

Flair Hotels
Tel.: (0 79 34) 34 34
Fax: (0 79 34) 34 77
Hauptstr. 54, 97990 Weikersheim
Internet http://www.flairhotel.com
E-Mail: info@flairhotel.com

Forte und Le Méridien
Hotels & Resorts
R ✆ (0 18 05) 29 44 00
✆ (0 69) 2 38 54 30
Fax: (0 69) 23 85 43 50
Neue Mainzer Str 22,
60311 Frankfurt am Main
Internet http://www.forte-hotels.com

Golden Tulip Worldwide
✆ (02 11) 56 89 11
Fax: (02 11) 56 89 33
Heerdter Landstr 191, 40549 Düsseldorf
Internet http://www.GoldenTulip.com

Good Night Inn Sleep & Go Hotels
✆ (0 88 25) 92 01-0
Fax: (0 88 25) 92 01-92
Karwendelstr 2, 82494 Krün
Internet http://www.neumann-neumann.de
E-Mail: neumann-neumann@t-online.de

Hilton Sales Worldwide
R ✆ (01 30) 81 81 46
✆ (0 69) 66 55 60
Fax (0 69) 66 55 61 00
Lyoner Str 11, 60528 Frankfurt am Main
Internet http://www.hilton.com

Holiday Inns International Worldwide Service Center
R ✆ (01 30) 81 51 31
Internet http://www.holiday-inn.com

Hyatt Hotels & Resorts
- Service Center -
R ✆ (0 18 05) 23 12 34
Fax-Nr.: (0 61 31) 9 73 12 35
Rheinstr. 4f, 55116 Mainz

IFA Hotel & Touristik
R ✆ (01 30) 18 71 18
✆ (02 03) 9 92 76 60
Fax: (02 03) 9 92 76 91
Düsseldorfer Str. 50, 47051 Duisburg
Internet http://www.ifa-hotels.de
E-Mail: info@ifa-hotels.de

The Leading Hotels
R ✆ (08 00) 8 52 11 00
Fax-Nr.: (0 69) 13 88 51 40
Internet http://www.lhw.com
E-Mail: Reservations.fra@leadinghotels.mailmail.com

Landidyll Hotels
✆ (09 11) 30 58 50
Fax: (09 11) 30 37 98
Sichelweg 6, 90765 Fürth
Internet http://www.landidyll.de
E-Mail: zentrale@landidyll.de

Les Amis de l'Art de Vivre
Hotels & Restaurants,
Reservierungszentrale
✆ (0 74 42) 49 26 64
Fax: (0 74 42) 49 27 42
c/o Hotel Traube-Tonbach, Tonbachstr 37,
72720 Baiersbronn

Land Flair
Gastgeber Deutsche Landpartie
✆ (0 98 46) 5 20
Fax: (0 98 46) 5 08
Postfach 506, 91428 Bad Windsheim
Internet http://www.landpartie.de
E-Mail: info@landpartie.de

Buchungsservice

Mariott-, Ramada-, Renaissance-Reservierungs-Service
R © (01 30) 85 44 22

Maritim Supranational Hotels
R © (0 18 02) 31 21 21
© (0 61 51) 90 57 60
Fax: (0 61 51) 90 57 50
Külpstr 2, 64293 Darmstadt
Internet http://www.maritim.de
E-Mail: info.vkd@maritim.de

Minotels Deutschland
© (0 89) 5 32 95 90
Fax (0 89) 18 44 16
St.-Paul-Str 9, 80336 München
Internet http://www.minotel.com
E-Mail: minotel@compuserve.com

Mövenpick Hotels & Resorts
R © (00 800) 11 11 22 22
Fax-Nr.:(00 41) 1 771 17 11
Zürichstr 106, CH-8134 Adliswil
Internet http://www.movenpick-hotels.com
E-Mail: reservation.center@movenpick-hotels.com

Preferred Hotels & Resorts Worldwide
R © (00 800) 32 37 50 01
Fax-Nr.: (0 69) 6 66 20 00
Lyoner Str 40, 60528 Frankfurt am Main
Internet http://www.preferredhotels.com

Queens Moat Houses Hotel Quality Reservations
R © (0 18 03) 33 94 33
Ostpassage 11, 30853 Langenhagen

Relais & Châteaux Informationsbüro
R © (00 800) 2 00 00 02
© (0 69) 97 58 93 61
Fax: (0 69) 97 58 93 63
Schumannstr 1-3, 60325 Frankfurt/Main
Internet: http://www.relaischateaux.fr
E-Mail: resarc@relaischateaux.fr

Relais du Silence/ Silencehotel International
R © (00 33) 1 44 49 79 00
© (00 33) 1 44 49 90
Fax (00 33) 1 44 49 79 00
17, Rue du Ussant, F-75015 Paris

Ringhotels
R © (0 89) 45 87 03 20
© (0 89) 4 58 70 30
Fax: (0 89) 45 87 03 30
Belfortstr 6-8, 81667 München
Internet http://www.ringhotel.de
E-Mail: info@ringhotels.de

Romantik Hotels u. Restaurants
© (0 61 88) 9 50 20
Fax: (0 61 88) 60 07
Postfach 1144, 63791 Karlstein am Main
Internet http://www.romantikhotels.com
E-Mail: info@romantik.de

Select Marketing Hotels
R © (0 21 32) 96 01 95
© (0 21 32) 1 04 61
Fax: (0 21 32) 96 00 93
Moerser Str 85, 40667 Meerbusch
Internet http://www.selectmarketinghotels.com
E-Mail: SelectMH@AOL.com

Sorat Hotels
R © (08 00) 3 22 55 55
© (0 30) 60 00 88 00
Fax: (0 30) 60 00 88 11
Rudower Str 92, 12351 Berlin
Internet http://www.SORAT-Hotels.com
E-Mail: headoffice@SORAT-Hotels.com

Tibs Buchungsservice Reservierungszentrale (Buchungen für Travel Charme Hotels)
© (07 61) 8 85 81-20
Fax: (07 61) 8 85 81-29
Yorckstr 23, 79110 Freiburg
E-Mail: buchungsservice@tibs.de

Top International Hotels
© (02 11) 55 98 55 55
Fax: (02 11) 55 98 55 54
Alt Niederkassel 76
40547 Düsseldorf
Internet http://www.top-hotels.de
E-Mail: top@top-hotels.de

Travel Charme Hotel GmbH
© (0 30) 42 43 96-52
Fax: (0 30) 42 43 96-96
Grolmannstr 40, 10623 Berlin
Internet http://www.tc-hotels.de
E-Mail: tch-verkauf@t-online.de

TREFF Hotels
R ✆ (00 800) 87 33 37 37
✆ (0 56 91) 89 04 04
Fax: (0 56 91) 89 04 30
Braunser Weg 12, 34454 Bad Arolsen
Internet http://www.treff-hotels.de
E-Mail: reservation@treff-hotels.de

Utell International
R ✆ (0 18 05) 21 26 45
✆ (02 11) 56 89 00
Fax: (02 11) 56 89 33
Heerdter Landstr 191, 40549 Düsseldorf
Internet http://www.hotelbook.com

Wellness-Hotels
R ✆ (0 18 03) 00 3000
✆ (02 11) 6 79 69-29
Fax: (02 11) 6 79 69-28
Wetterstr. 7, 40233 Düsseldorf
Internet http://www.wellness-hotels.de
E-Mail: info@spezialhotels.de

Impressum

Die Redaktion des Varta-Führers ermittelt alle Daten mit größter Sorgfalt. Bei der Auswahl der im Buch genannten Betriebe wird äußerst gewissenhaft vorgegangen. Dasselbe gilt für den Satz und die Herstellung des Buches. Für etwaige Irrtümer können wir keine Haftung übernehmen.

Herausgeber:
VARTA-Führer GmbH
Ostfildern

Verantwortlich für den Inhalt:
Redaktion Varta-Führer
Zeppelinstraße 41, 73760 Ostfildern
Tel.: (0711) 4502-182
Fax: (0711) 4502-185
www.varta-guide.de
E-Mail: varta-fuehrer@mairs.de

Kartografie:
©Mairs Geographischer Verlag
Marco-Polo-Zentrum, 73760 Ostfildern
Tel.: (0711) 4502-0

EDV-Aufbereitung und Satzherstellung:
empolis GmbH
Bertelsmann Mohn Media Group
33310 Gütersloh

Grafik+Design:
Frank Loeser
30163 Hannover

Technische Herstellung:
Körner Rotationsdruck GmbH & Co.
71050 Sindelfingen

Anzeigenverwaltung:
KV Kommunalverlag GmbH
Postfach 810565
81905 München
Tel.: (089) 928096-44/52
Fax: (089) 928096-20
www.kommunal-verlag.de

Copyright 2000
VARTA-Führer GmbH

Nachdruck, auch auszugsweise, nur mit ausdrücklicher Genehmigung der Redaktion.
Printed in Germany